Collected Essays in Honorable Celebration of
Professor Xiang Chu's 80th Birthday

項楚先生八十華誕賀壽文集

四川大學中國俗文化研究所 編

图书在版编目（CIP）数据

項楚先生八十華誕賀壽文集/四川大學中國俗文化研究所編. —成都：巴蜀書社，2021.11
ISBN 978-7-5531-1573-3

Ⅰ.①項… Ⅱ.①四… Ⅲ.①俗文化—中國—文集 Ⅳ.①G122-53

中国版本图书馆 CIP 数据核字（2021）第 223458 号

XIANGCHU XIANSHENG BASHI HUADAN HESHOU WENJI

項楚先生八十華誕賀壽文集	四川大學中國俗文化研究所　編
責任編輯	康麗華
出　　版	巴蜀書社
	四川省成都市錦江區三色路266號新華之星A座36樓
	郵編：610023
	總編室電話：(028)86361843
網　　址	www.bsbook.com
發　　行	巴蜀書社
	發行科電話：(028)86361856
經　　銷	新華書店
印　　刷	成都蜀通印務有限責任公司
	電話：(028)64715762
照　　排	四川勝翔數碼印務設計有限公司
版　　次	2022年3月第1版
印　　次	2022年3月第1次印刷
成品尺寸	168mm×238mm
印　　張	78.5
字　　數	1550千
書　　號	ISBN 978-7-5531-1573-3
定　　價	580.00圓（全二册）

本書若有印裝質量問題，請與工廠調换

項楚先生

目　録

在中國俗文化國際學術研討會開幕式暨《項楚學術文集》首發儀式上的致辭
　　…………………………………………………………………………李言榮（ 1 ）
中國人文學術的標杆
　　——寫在《項楚學術文集》出版之際………………………………徐　俊（ 3 ）
在《項楚學術文集》首發式上的致辭……………………………………張涌泉（ 7 ）
項楚先生致辭………………………………………………………………項　楚（ 9 ）

項楚先生之學問及其寫作思路
　　——以《敦煌歌辭總編匡補》爲例………………………〔中國臺灣〕王三慶（11）
敦煌寫本的"約定俗成"
　　——關於中古時期寫本文化的一點思考……………………………柴劍虹（23）
從寫本原生態論一卷本《王梵志詩》的性質與功能………………〔中國臺灣〕朱鳳玉（28）
王梵志詩"後衙"考
　　——兼論唐代"里正"的職掌………………………………………王啟濤（48）
扭曲與放大：從"隱惡揚善"看儒學普及化中存在的問題
　　——以王梵志詩、《太公家教》爲中心……………………………尹　賦（68）
文獻、文學與圖像：敦煌寫本《劉薩訶和尚因緣記》文本互文研究
　　……………………………………………………………〔中國臺灣〕鄭阿財（88）
俄藏 Ф365V《妙法蓮華經講經文（四）》諸疑再議兼及其撰寫年代……何劍平（125）
敦煌寫本 P.3915《佛説八陽神咒經》校釋及相關問題……………………梁樞天（157）
變文新説
　　——基於部分新資料的論述…………………………………………魯立智（180）
敦煌世俗變文題名中的文體信息探微……………………………………王于飛（197）

敦煌變文疑難字詞校釋 …………………………………………………… 張小豔（207）
《廬山遠公話》續添注
　　——重讀《敦煌變文選注》劄記 …………………………………… 武建宇（221）
漢藏文學交融的結晶
　　——敦煌變文《四獸因緣》考論 ……………………… 王樹平　包得義（231）
S.6631、S.2454和P.3141《維摩五更轉十二時》校議 ………… 孫尚勇　汪淑瓊（242）
敦煌歌辭《十二時·普勸四衆依教修行》流傳情況及作者生平新攷（附新校）
　………………………………………………………………………… 王飛朋（253）
敦煌文獻中孝子故事的類型與源流 ……………………………………… 羅　鷺（270）
《敦煌氾氏家傳》校箋 …………………………………………… 武麗霞　羅　寧（283）
敦煌本《父母恩重經講經文》考論 ……………………………………… 秦丙坤（303）
法藏P.3883、P.2653對傳統化生復仇觀念的文學演繹 …………………… 馮和一（313）
敦煌本唐五代韻書詞語劄記 ……………………………………………… 蔣宗福（326）
敦煌淨土歌贊中的俗字、異體字與通假字 ……………………………… 丘　雅（345）
敦煌文獻包首題符號的研究及其方法論價值 …………………………… 黃　威（356）
折疊與斷裂：論古籍卷軸裝到册葉裝演進之關鍵 ……………………… 劉郝霞（381）
敦煌歸義軍與南山關係研究 ……………………………… 鄭炳林　朱建軍（406）

六朝道教詞彙新質中的高頻同義詞 ……………………………………… 俞理明（427）
竹篦子話
　　——禪宗的語言論 ……………………………………………〔日〕衣川賢次（438）
禪宗文獻詞語訓釋相關問題再論 ………………………………… 雷漢卿　李家傲（454）
出土文獻與傳世文獻互證漫議
　　——讀《吐魯番出土文書》訓詁隨札 ……………………………… 方一新（467）
數詞"百"大寫作"伯"發覆 ………………………………………………… 張涌泉（483）
唐樊綽《蠻書》"苴咩"考 ………………………………………………… 譚　偉（489）
"後堂"考述 ………………………………………………………………… 富世平（498）
形近誤書與《躋春臺》方俗詞考釋 ……………………………………… 龔澤軍（506）
明母字讀[b]域外音譯詞語舉隅 …………………………………………… 楊同軍（513）
清代寫本疑難俗字考釋 …………………………………………………… 楊小平（517）
"分分鐘"的意義及其來源與傳播 ………………………………………… 洪　帥（527）

"又双叒叕"類網絡語構形的歷史淵源及應用 ………… 朱　瑶　李圓媛（539）

巴蜀治水神話傳説芻論 …………………………………… 李　誠（545）
本生、地獄與志怪
　　——從《法苑珠林》看佛教故事的經典化歷程 …………… 張　煜（562）
唐代僧人白話詩"苦海出頭還復没"説的語源 …………〔中國香港〕朱慶之（573）
羅漢與梵志
　　——關於《冷齋夜話》"羅漢失隊"的解讀與校勘 ………… 周裕鍇（592）
《太平廣記會校》商榷（一）…………………………………… 董志翹（598）
《釋氏六帖》的編刻與回傳
　　——以日本東福寺藏宋本爲中心 ……………………… 周　浩（623）
佛教唱導文本與上梁文經典體式的成型 ……………………… 張慕華（636）
三教論衡與戲劇 ……………………………………………… 劉林魁（651）
兩宋禪宗語録與講史話本 …………………………………… 李小榮（667）
"小道"及"小説"觀念考辨 …………………………………… 張鄉里（687）
宋代話本與文言小説的叙事歧異及其文化藴涵 ……………… 李建軍（698）
明代世情小説的社會倫理闡釋 ……………………………… 劉士義（723）
試論俗曲體戲曲及其在中國戲劇史上的地位
　　——以蒲松齡《禳妒咒》爲中心 ……………………… 康保成（739）
清末川刻宣講小説對志怪傳奇小説《陰陽鏡》的改編 ………… 楊宗紅（778）
近代女性彈詞述論 …………………………………………… 張秉國（790）
試論《法華經》之女性觀
　　——以韓半島新羅觀音故事爲中心 ……………………〔韓〕朴鍾茂（801）
The Compiler's Modification of the *Funahashi kōshiden* 船橋孝子傳 for
　　Popular Audiences ……………………………〔美〕Keith N. Knapp（815）
域外中國道教神話、道教傳記、道教小説研究及其啟示 ……… 吴光正（835）

古印度栴檀樹考 …………………………………… 張　勇（子開）（856）
關羽佛教神格生成之淵源探微 ………………………………… 羅　凌（872）
論支遁之彌陀信仰 …………………………………………… 張富春（884）
梁武帝的佛教活動 …………………………………………… 普　慧（896）

北魏慧生行記諸種相關文獻考述 …………………………………… 陽　清（914）
論中晚唐時期禪宗對馬祖"作用即性"的傳承及其反思……… 戒　法(吳進幹)（929）
廣道者悟道因緣考 ……………………………………………〔日〕土屋太祐（953）
雪竇重顯禪師與禪茶文化 ………………………………………… 嚴紅彥（965）
試論西王母神話的發展演變模式 ………………………………… 黃　勇（975）
多重文化視角下桃木辟邪民俗探源 ……………………………… 胡　垚（983）
半官方化：明清樂山趙昱信仰的雙儀式結構 …………………… 邱　碩（994）

先秦賦研究論著叙録 …………………………………… 蹤訓國（蹤凡）（1006）
《春秋左傳注》志疑九則 …………………………………………… 劉長東（1029）
建立"史記學"，促進中華優秀經典傳承 ………………………… 張新科（1090）
"仰皇風而悦化"：三世紀文學中的絲綢之路 …………………… 孔旭榮（1101）
《法書要録》本《十七帖》校理
　　——兼論刻帖在校理右軍書語中的功用問題 ……………… 劉　石（1110）
毗陵易名晉陵索隱 ………………………………………………… 李　賀（1124）
渝西石刻之於方志之史料價值舉隅 ……………………………… 楊　梅（1136）
王安石日常行實疑難考 …………………………………………… 劉成國（1148）
類型學的文學移植：袁枚和傑爾查文自然詩比較研究 ………… 劉亞丁（1162）
從碑記所見陳湛銓先生禪觀考論修竹園詩中禪思 ……〔中國香港〕劉衛林（1177）
饒宗頤與無錫國專關係考 ………………………………………… 孔令彬（1186）
姚華文字學著述芻議 ……………………………………………… 鄭海濤（1200）
石濱純太郎的東方學研究 ………………………………………… 劉進寶（1210）
走好敦煌研究之路，引領後學四通八達
　　——項楚先生之學術成就與影響啟示録 ………… 趙義山　張芷萱（1223）
論項楚先生的教育方法及其教育思想 …………………………… 王國巍（1242）

在中國俗文化國際學術研討會開幕式暨《項楚學術文集》首發儀式上的致辭

李言榮

（四川大學校長、中國工程院院士）

尊敬的項先生，姜書記，各位專家、學者：

大家上午好！

非常高興中國俗文化國際學術研討會暨《項楚學術文集》發布會在川大開幕。首先，我代表四川大學向各位來賓表示熱烈的歡迎！向項楚先生學術文集的出版表示誠摯的祝賀！再過幾天就是享譽海內外的著名敦煌學家、文獻學家、我校文科傑出教授項楚先生的八十壽辰，在此，我謹代表學校并以我個人的名義，向項先生致以生日的衷心祝福和崇高敬意！

我們平時經常說"雅俗共賞"這個詞，由此可見"俗文化"也是我國傳統文化的重要組成部分，正如項先生曾經講的那樣，"俗文化"與"雅文化"共同形成了中華傳統文化的兩翼，它體現出了中華傳統文化所具有的相容并包、融合共生的特點。"俗文化"在傳承民族精神、反映大眾審美等方面都曾經起過并仍然發揮着重要的作用，所以對中國俗文化進行全面、深入的研究，不僅有着很強的學術價值，更有着重要的歷史與現實意義。

大家可能知道，四川大學作爲一所綜合性大學，是我們國內辦學歷史最早、規模最大、學科最齊全的現代大學之一，尤其是在123年的辦學歷史中，積累了深厚的人文底蘊，形成了以新蜀學爲代表的人文學派，產生了包括廖平、龐石帚、楊明照、項楚等一批學術大家。中國俗文化研究作爲我們四川大學人文學科的一張名片，在項楚先生的帶領下，充分整合和發揮了語言、文學、宗教、歷史、政治等多學科會通的優勢，早在2000年就被評爲教育部人文社會科學重點研究基地，已經成爲國內宗教文獻與俗文學研究的重鎮。

項楚先生作爲我們四川大學中國俗文化研究和敦煌學研究的一面旗幟,始終關心和推動着學校人文學科,尤其是文獻學和俗文化領域的發展,在他四十多年的執教生涯中,率先垂範,立德樹人,培養出了百餘名博士生和碩士生,指導過二十多名博士後,包括今天在座的不少知名學者(張涌泉、周裕鍇、張新科、張弘等)都已經成長爲這個領域的學術骨幹,可以説是桃李滿天下。同時在項先生的倡議和推動下,在中國俗文化研究所的基礎上,學校還成立了"中華多民族文化凝聚與全球傳播"協同創新中心等研究平臺①。項先生始終以教育爲己任,視學術爲生命,今天我們首發的這套學術文集,就是項先生學術思想的精華和俗文化研究的集大成之著,具有極高的學術和文化價值,一定會是歷久彌新的傳世之作。

　　我們看到,這次會議彙聚了來自海内外五十多所知名高校和科研單位的一百多位中國俗文化研究領域的著名學者,待會兒其中的一些學者還將帶來精彩的主題發言,相信一定能給大家帶來啓迪和靈感。當前,我們四川大學正在全面推進"雙一流"建設,明確了要"辦一流文科"的發展思路。我們相信,本次大會的舉辦和項先生學術文集的出版,必將進一步促進四川大學人文學科的繁榮發展和學術進步。

　　最後,再次祝願項先生身體健康、學術常青!祝本次會議圓滿成功!

　　謝謝大家!

二〇一九年七月六日

---

① 該協同創新中心已於 2020 年 10 月被批准爲教育部和四川省共建研究平臺。——編者note

中國人文學術的標杆

——寫在《項楚學術文集》出版之際

徐 俊

（中華書局總經理）

《項楚學術文集》是中華書局長期以來致力於中國人文學術出版的代表性成果、標誌性圖書。早在20世紀80年代初，項先生就將他的多篇重要學術論文交由中華書局的《文史》雜誌發表，并先後在中華書局出版了《寒山詩注》《敦煌變文選注》等代表著作。這次收入文集的範圍僅限於學術研究部分，包括此前陸續出版的《敦煌文學叢考》《王梵志詩校注》《寒山詩注（附拾得詩注）》《敦煌變文選注》《敦煌詩歌導論》《敦煌歌辭總編匡補》《柱馬屋存稿》七種，加上這次新編的《柱馬屋存稿二編》，全八種十一册，煌煌五百萬言，是項先生在中國語言學、文獻學、文學史及敦煌學、佛學等主要方面學術成果的集中呈現。

2013年9月25日，在浙江大學張涌泉教授的協調下，我們與四川大學中國俗文化研究所確定了《項楚學術文集》（以下簡稱《文集》）的出版方案。《文集》的收集工作，由項先生與其所在的中國俗文化研究所負責；編校工作，則由中國俗文化研究所的師生與我們編輯部共同承擔①。編校出版歷時五六年時間，首先是項楚先生本人對文稿進

---

① 被收入的八種著作，内容上分爲文獻校注與學術論著兩個類型。項先生本人對於《文集》的編校有自己明確的意見，即：儘量保持著作原貌，如非必要，不作改動。在文字編校上，以尹賦教授爲首的俗文化所編校組與中華書局編輯部合作，按照項先生意見，製定了嚴格的編校原則和操作規範，即：多讀多查，精編精校；尊重原著，保持原貌；如無確據，不擅改動；如需改動，請項先生定奪。《文集》排版後，先由中華書局編輯部校對兩遍，通校、逐字對校底本，讓新排書樣儘量忠實於原書。校對完成後，將校樣寄四川大學，由尹賦教授組織核校。我們事先與尹教授商定了校改範圍和原則，并由其把編校原則告知編校組成員，認真細緻通讀全稿，并覆核全部敦煌卷子和徵引文獻。四川大學方面完成後，再由中華書局編輯部處理校樣，一是全部重新核對敦煌卷子和徵引文獻，二是重點審讀川大中國俗文化所編校組的修改意見。也就是說，川大編校組所做的工作，中華編輯部基本上也要重複做一遍。我們一致認爲，這樣做雖然費工費時，但好處是雙向保證了復核校改的品質。

行了全面修訂,這讓我又一次看到了項先生用鋼筆豎寫的粘貼在書頁邊的一張張紙條(當年《寒山詩注》出版過程中,我就一再收到項先生寄來這樣的補充文字)。四川大學中國俗文化研究所編校組與中華書局編輯部經過六年的持續努力,不僅復核了全部徵引文獻,并按類統一了編排體例格式,每一種書都經過了不少於六個校次。我們做過文書整理的學者,一定能夠理解這項復核工作的繁複程度和必要性。其目的就是爲學術界提供一套項楚先生學術成果的定本。

當我拿到新送來的樣書,迫不及待地打開每一册,那些熟悉的篇章在眼前一一閃現。我本人因爲工作之餘研習敦煌文學的機緣,可以説,項先生的絶大多數著作和論文都曾認真拜讀過。它們給了我太多的指引和啓迪。在項先生曾涉獵的範圍内,我差不多用十年的時間完成了全部敦煌詩歌的輯録考證,對項楚先生治學的格局境界、宏通的視野、精深的探究,有很多的體會。80年代,中國敦煌學又一次起步,以敦煌變文、王梵志詩及補全唐詩三個主題爲中心,敦煌語言文學研究形成了前所未有的迸發式的局面。項楚先生就是其中最受矚目的學者,他的著述超邁前賢時流,享譽海内外。近四十年過去了,我們稍微年長一點的學者,一定還記得"逢人説項"這個今典。我從郭在貽先生的文集中重温了項先生與郭在貽先生的通信,再一次深刻感受到80年代那一代學人惺惺相惜、切磋砥礪、忘我治學的精神。

項楚先生的治學,在我承擔《寒山詩注》責任編輯工作的時候,就有非常深切的體會。當得知項先生的《寒山詩注》即將完稿,并有意交由中華書局出版的時候,我的心情很是激動。1994年秋,項先生給我寄來《寒山詩注》書稿的簡介,并附了《寒山詩校勘劄記》《寒山"弟兄同五郡"詩詮解》兩篇論文。我隨即向書局遞交了"選題組稿審批單",建議列入出版計畫。越年即得時任總編輯傅璿琮先生的批示:"總編辦公會議討論通過。"此後項先生交付了全稿,我通讀全稿後,做了必要的加工,於1996年10月28日發稿。限於當時的排校條件,鉛字排版,因爲書中有很多孤僻字,没有現成的鉛字字模,每一個字都需要單獨鑄刻,所以排版用時很長,一直到2000年3月才正式出版。我對書稿内容没有什麽貢獻,主要是處理編校方面的技術問題,并不斷將項先生的補充和改動,按要求落實到稿面。審讀項先生的書稿,可以説是一種如入寶山的享受。他對一個字詞、一個典故的準確解説,都能使得疑點渙然冰釋,全詩豁然貫通,令人擊節稱快。

項楚先生身爲語言學家、文獻學家,諳熟内典外書,精於校勘考據,尤其對古代通俗文學的研究有着長期的積累,旁徵博引,融會貫通,熔語言、文學、宗教、習俗於一爐,充分體現了注釋者的識見和功力,形成了鮮明的學術特色,當今無二。《寒山詩注》出版後,我寫過一篇書評,我説:"寒山詩一向被稱爲白話通俗詩,但并不意味着淺近易解。

寒山詩中大量當時人口耳相傳的俗語詞,奇譎拔俗的生詞僻典,源於民間社會的世俗觀念,再加上許多佛家語,要準確理解這三百多首寒山詩,實非易事。""寒山詩貌似通俗而含蘊深厚,所謂'粗言軟語,咸彰至理'(擇是居叢刊本《寒山子詩集》釋可朋跋)。因此,《寒山詩注》在對語詞、典故等做出詳細豐贍的注釋的同時,還特別注意對詩歌立意的闡釋和提示,這一點在詩後按語中表現最爲集中,附按'或就全詩內容加以説明,或對某一問題略作考證'(《凡例》),尤以對詩意佛源的闡釋最爲精闢。……《寒山詩注》連類而及的廣徵博引,使寒山詩的取材立意、思想意蘊、承傳流變,得到了充分的揭示和闡發,大有《管錐》《談藝》之風,別處實不多見。"①項先生在著述中也屢引錢默存先生之説,兩位先生先後映照,將中國傳統的闡釋學發揮到了極致。

　　項先生的學術研究呈現的另一個特點就是,他對俗文學與文化非常重視。我們知道,項先生早年是研究雅文學的,20世紀60年代初他從南開大學畢業後隻身入蜀,師從四川大學龐石帚先生攻讀研究生,專治六朝隋唐文學。與此同時,項先生還對俗文化的材料,了然於心。80年代初,項先生即以敦煌俗文學入手,廣涉内典外書中的俗文化史料。他對俗文學的研究,不是專門確立題目,而是在研究對象解讀中,發現其俗文化的内涵和價值,因而取得了舉世矚目的成就。以《寒山詩注》爲例,我認爲:"項楚先生身爲語言學家,又精熟古代文獻和内典道書,尤其對古代通俗文學的研究有着長期的積累,因此《寒山詩注》較之國内外已有的相關成果,絶非泛泛的'後來居上''後出轉精'所能概括。"如果我們將項先生的校注著作放在一般的疏解文意的範圍理解,那就錯了,錯過了琳琅寶山。當年在爲《寒山詩注》封底寫内容推介時,我寫了如下一段話:"注釋詳明豐贍是本書的最大特點,通過對生詞僻典和佛家語的推源溯流式的考釋,揭示寒山詩思想内容、藝術風格、文化意蘊的承傳流變,使本書在文學史的價值之外,更具有了思想史、文化史、社會史和宗教史的意義。"②我認爲這樣的評價是中肯的。今天,我還想用一句古語來概括項先生的學術風格,這就是《中庸》裏的六個字:"盡精微,致廣大!"這就是項先生的著作帶給我的真切感受。

　　學術風尚,因時而易。老一代學者致力的文本校勘注釋研究,爲今天的學術研究打下了堅實的基礎,看似已經不那麽時興了,轉而藝術史、圖像學、書籍史、寫本學、歷史書寫等,似乎成了學術的主流,這當然是學術進步的表現,無可厚非。但是,項楚先生學術文集的出版,使我們藉以重温過去的學術歷程,感受老一輩學者的治學風範,光大老一

①徐俊:《〈寒山詩注〉書評》,見《唐研究》第七卷,北京:北京大學出版社,2001年,第512頁。
②以上參見徐俊:《〈寒山詩注〉書評》,第505頁。

輩學者的治學精神,如沐春風,催人奮進。作爲敦煌學研究領域曾經的一分子,我願意借此呼籲:讓我們重新回到最基礎的研究中來,利用現在强於四十年前太多太多的學術條件和學術積累,站在新的起點,深耕細作,填補空白,將中國的敦煌學、俗文學,以至於中國的人文學術,做出一個嶄新的高度!

在《項楚學術文集》首發式上的致辭

張涌泉

（浙江大學文科資深教授）

非常榮幸，能在這樣一個隆重的場合，代表項老師的學生講幾句話。

首先，請允許我以一個校友、一個學生的身份對會議的召開和項老師學術文集的出版表示熱烈的祝賀！

上學時遇到一個好老師，是人生最大的幸事之一。感謝上蒼的眷顧，我的求學路上碰到了許許多多的好老師。1992年初，在我人生最趨低潮的時候，我有幸成爲項老師的博士研究生，母校以她博大的胸懷接納了我。我在一篇學術自述中曾回憶説：成都的天總是陰沉沉的，但在川大，我感覺到處都是燦爛的陽光。項老師、系領導、研究生部甚至宿管辦的領導都對我這個老學生給予了特殊的照顧，楊明照先生、張永言先生、趙振鐸先生、向熹先生等前輩也給了我許多關心和關懷。宿管辦給我安排了一間10多平方米的單間（新1舍107號，我在《漢語俗字研究》的後記中把它稱作自樂齋），比起我在杭州大學老少三代擠在一起的14平米的小屋來説，我都感到是不是太奢侈了。還有一件事我是永遠銘記在心的。我當年在川大讀書，算是在職的，關係還在杭州大學（時任校長沈善洪先生不同意我脱産讀博士）。當時我的女兒纔六歲，爲了照顧家庭，我向川大研究生部的祝主任提出了一個非常過分的請求：我的博士研究生的外語和政治課能不能就近在杭州大學學習。没想到，祝主任竟爽快地答應了，并且説培養費用由川大來支付。川大爲杭大培養博士，卻由川大向杭大支付有關學習費用，這樣的好事這個世界上恐怕只有我碰到了。老師、母校對我確實是恩重如山。正是在母校和項老師無微不至的關懷下，進入川大以後，我的人生翻開了新的一頁。我在川大讀書短短的兩年半時間，完成了兩部著作，我的兩篇學術論文還獲得了中國社會科學院青年語言學家獎二等獎，我的博士論文後來評獲教育部一等獎、胡繩青年學術獎第一個語言學獎。後來我又兩次評獲中國社會科學院青年語言學家獎一等獎、中國優秀博士後、國家有特出貢獻的中青年專家等許多榮譽。我從心底裏認爲,是項老師、是母校培養了我,沒有母校就沒有我的今天。

2013年10月,繼裘老師、項老師兩位老師之後,我在川大完成的著作《漢語俗字研究》有幸獲得了第二届"思勉原創獎"。我在頒獎儀式上説:

> 母校的陽光和雨露,給了我在治學的道路上繼續前行的勇氣。我的獲獎著作《漢語俗字研究》就是我在川大求學期間完成的,項先生是這本小書的第一位讀者,他的悉心指正,幫我避免了不少疏失。……本書初稿完成後,承蒙裘錫圭先生審讀并賜序,裘先生在對拙稿給予充分肯定的同時,也嚴肅地指出了書中的許多疏誤。書中同樣也凝聚着裘先生的心血。……正因爲如此,我想這一榮譽不僅是屬於我個人的,更是屬於培養我的母校、我的老師和其他許許多多長期給予我關心和幫助的師友。所以,當得知獲獎的消息後,我在給思勉原創獎管理委員會的信中説:"請允許我把本次獲獎的獎金全部捐獻給我的母校四川大學中國俗文化研究所,并在適當的時候以我的老師項楚先生的名義設立一個基金,用於資助該所的人才培養和科學研究工作。"

母校恩重如山,老師恩深似海,我把這樣一份凝聚着老師關愛的獎金捐給母校,只是想表達一個學子對母校、對老師的發自心底的感恩之心。

再過二十多天,項老師將迎來八十華誕,在這裏,請允許我代表項老師所有的學生,提前祝敬愛的老師生日快樂,身體安康,福壽無疆!

二〇一九年七月六日

項楚先生致辭

　　非常感謝剛纔李校長、徐總經理和張涌泉教授熱情的發言！感謝中華書局讓我今天收到了這樣一份特殊的有意義的生日禮物！它讓我又想起了過去的歲月。我是在"文化大革命"以後開始學術活動的,那個時候的中國學術界,瘡痍滿目,百廢待興。在學術條件上,雖然艱苦,但是也充滿了巨大的機遇,像我這樣的學術新人,經過努力,也能夠進入到學術的前沿,和著名的前輩、大師們有了對話的機會。在那個時代,我覺得有很多的問題需要探討,有很多的疑難需要解答,有很多的領域需要開拓,就像剛纔徐俊總經理提到的,20世紀80年代那是一個激動人心的年代,尤其是我非常幸運地得到了許多學術前輩的關懷和同輩學者的幫助。

　　在這套文集裏面,有一部《王梵志詩校注》,它是1991年由上海古籍出版社出版的,實際上在這以前,它曾經以手書影印的方式全文發表過一次,那纔是最初的版本。那是在"文化大革命"以後,中國的敦煌學界一片荒蕪,北大的前輩學者,像季羨林先生,他們要重振中國的敦煌學,培養了中國的第一批敦煌學學生,指導他們發表敦煌學的著作。而我的第一篇敦煌學的論文,就是和北大學者商榷的結果。這篇文章引起了季羨林等老先生們的關注,他們很奇怪從哪冒出來這麽一個人,所以我一下就進入了他們視線,被持續關注。直到1985年,在烏魯木齊的一次學術會議上,老先生們想要揭開心頭的這個迷,於是他們就約我前去見面,幾位老先生,我記得是季羨林先生、周一良先生、王永興先生,還有宿白先生,他是北大考古系的主任。由王永興先生和我深入交談,問起了我的情況,并表態説:"我代表這些老先生們支持你,你以後需要什麽資料,有什麽困難,你告訴我,我們給你解決。"他又問了我手頭的工作,我説我正在爲王梵志詩作注。王先生一聽就非常高興,他説:"你趕快寫,我們給你發表,比出版社快。"所以我回來後就趕緊加倍地工作,每寫五六萬字就用航空掛號的方式寄到北京。當時北京大學中國中古史研究中心有一個不定期的學術叢刊,叫作《敦煌吐魯番文獻研究論集》,是用手書影印的方式出版,所以我的稿子寄去以後,就由一位寫手按照出版的格式再謄寫一遍。大概我寄了有七八次吧,然後,這部書稿就在《敦煌吐魯番文獻研究論集》第四輯上全文發表。我當時拿到一本文集,托人送給了自己很敬仰的日本漢學權威入矢義高先生,這樣又開始了我和日本學界的緣分。曾經有人告訴過我一些學術界的醜陋現象,我相信這些是真的,可是在我的記憶中,充滿了很多讓我感恩、讓我感動的時刻。

這一套文集,基本上是我在四川大學的學術成果。我的母校四川大學培育了我,改變了我,也成就了我。1962 年,我從南開大學來到了四川大學,立刻就感受到了一種不同的學術氛圍:有一點保守,十分的傳統,讓當時的我有一點不太適應。我的老師龐石帚先生給我第一個學年的學習任務就是點《文選》李善注。那些密密麻麻的文字,沒有標點,像一片螞蟻,讓人抓狂,但那就是老師給我的第一次學術訓練,它讓我終身受益。我慢慢適應了這種學習方式,也喜歡上了這種學術方式,同時也開始了我的學術之夢。但是,"文化大革命"打碎了我的夢想。我到大涼山的軍墾農場勞動了兩年,又當了十年的中學老師。告別了過去,我好像又有了新的夢想。我寫的話劇劇本被四川人民藝術劇院採用,在排練的前夕,因為時局的變化而擱淺。我寫的電影劇本由長春電影製片廠拍成故事片,在全國放映。在我人生的十字路口,母校四川大學又召回了我,讓我又開始重溫當年的學術之夢。在那個經濟大潮洶湧的年代,在人們心理浮躁的年代,在四川大學的校園裏,有這麼一些人,他們甘於清貧,皓首窮經,默默地在學術的園地裏耕耘。我也成了他們中的一員。我有幸瞻仰了四川大學學術前輩們的風采,像蒙文通先生、徐中舒先生、繆鉞先生,還有我的老師龐石帚先生、楊明照先生,他們是近代蜀學的最後一批大師,他們建立了四川大學人文科學的學術傳統。我自己嘗試用傳統的方法、現代的觀點和跨學科的思維來研究中國的文化,也是在延續這個學術傳統。今天,我希望四川大學人文學科的學術傳統能夠在新的時代,以新的方式,繼續得到傳承、維新和發揚光大。謝謝!

項楚先生之學問及其寫作思路

——以《敦煌歌辭總編匡補》爲例

〔中國臺灣〕王三慶

（臺灣成功大學）

本篇以項楚匡補任二北《敦煌歌辭總編》爲例，說明項楚學問之養成，以及爲學的門徑及分析問題的方法，乃是承繼了明末清初以來乾嘉學者原具有的考證學風，爲解決每日讀書疑問所得的日知筆記，大異於今時學者接受西方論文規範之撰寫模式，空有理念以及爲了計點湊數的功利論文。也因具有如此顛撲不破的道理，纔能萬古常新，並大勝於今是而昨非的學術專書論文。

一、前言

1990年8月中旬，筆者與鄭阿財一路同行，從香港轉搭地鐵來到大陸廣州，擬赴敦煌參加當年九月舉辦的國際學術會議，這是我第二次進入大陸。在廣州尋訪圖書之後，因交通班機臨時被取消，於是便轉機到成都，並順道拜訪慕名已久的敦煌學家項楚先生。一晃眼之間，二十多年已過，如今恭逢項先生八十嵩壽華誕，謹藉此文剖析其學養、成就與爲學門徑，用爲長者頌壽。

二、著作宏富精深，無意爲文而自然成文

關於項楚的學問深邃，著作宏富，褊陋如我，聞悉其論著凡有《敦煌變文選注》《敦煌文學叢考》《王梵志詩校注》《敦煌詩歌導論》《敦煌歌辭總編匡補》《寒山詩注》《著名

中年語言學家自選集·項楚卷》《柱馬屋存稿》《唐代白話詩派研究》(合著)、《項楚論敦煌學》《古典文獻學》(項楚、張子開主編)、《項楚敦煌語言文學論集》《中國古典文獻學》(項楚、羅鷺主編)、《敦煌文化》(合著)、《大家論學:項楚論敦煌學》《顯學中的敦煌學》等煌煌巨著①。又編輯《中國俗文化研究》《新國學》二刊物。因此,若以時間給予評量,自1990年起,以迄2018年間,平均每兩年必出一書,纔有如此衆多豐碩的論著,而其精力彌滿,用功之勤亦可就此略見一二。更可貴的是每書一出,必也洛陽紙貴,成爲學術界中文學門的排行榜暢銷書。

然而以上的著作幾乎是獨立完成的作品,若是參予團體而不掛個人名義的編著,尚有《宋文選》《敦煌文學作品選》《隋唐五代文學史》(上)(中)、《蘇軾研究資料彙編》《敦煌邈真贊校録並研究》等②。至於單篇論著則更難以蒐羅估算,有的已經集結於上述諸書,有的篇章迄今還未收納於專書之内。這些著作中有些是學門中的基礎性論著,如《敦煌變文選注》《敦煌詩歌導論》,它們都是應教學的需要,爲培養學生堅實的基礎或從事導讀的必備書籍。然後又以個人深厚的學養,針對敦煌文獻或傳統典籍從事實踐性的示範工夫,其成果表現足以讓人嘆爲觀止,如《敦煌文學叢考》《王梵志詩校注》《敦煌歌辭總編匡補》《寒山詩注》等諸種著作,無一不成學界研讀的經典之作。也因順此而下,終有《唐代白話詩派研究》一書的誕生。另外個別自選的示範作品或存稿則有《著名中年語言學家自選集·項楚卷》《柱馬屋存稿》《項楚敦煌語言文學論集》諸作。在此堅實之作的背景下,自然可以宏觀地談論《敦煌文化》《大家論學:項楚論敦煌學》《顯學中的敦煌學》,這是成爲學問大家以後,方能從宏觀的視角切入,深化談論敦煌學

---

① 以上書誌情況分載如下:《敦煌變文選注》(成都:巴蜀書社,1990年;北京:中華書局,2006年增訂本)、《敦煌文學叢考》(上海:上海古籍出版社,1991年)、《王梵志詩校注》(上海:上海古籍出版社,1991年,2010年增訂本)、《敦煌詩歌導論》(臺北:新文豐出版公司,1993年;成都:巴蜀書社,1993年,2001年)、《敦煌歌辭總編匡補》(臺北:新文豐出版公司,1995年;成都:巴蜀書社,2000年)、《寒山詩注》(北京:中華書局,2000年)、《著名中年語言學家自選集·項楚卷》(合肥:安徽教育出版社,2002年)、《柱馬屋存稿》(北京:商務印書館,2003年)、《唐代白話詩派研究》(與張子開、譚偉、何劍平合著,成都:巴蜀書社,2005年;北京:學習出版社,2007年簡體版)、《大家論學:項楚論敦煌學》(上海:上海科技文獻出版社,2008年,2016年)、《古典文獻學》(項楚、張子開主編,重慶:重慶大學出版社,2010年)、《項楚敦煌語言文學論集》(上海:上海古籍出版社,2011年)、《中國古典文獻學》(項楚、羅鷺主編,北京:中國人民大學出版社,2013年)、《敦煌文化》(與戴瑩瑩合著,南京:江蘇人民出版社,2015年)、《顯學中的敦煌學》(北京:生活·讀書·新知三聯書店,2018年)。

② 以上書誌情況分載如下:《宋文選》(北京:人民文學出版社,1980年)、《敦煌文學作品選》(北京:中華書局,1987年)、《隋唐五代文學史》(上)(中)(北京:高等教育出版社,1990年,1994年)、《蘇軾研究資料彙編》(北京:中華書局,1994年)、《敦煌邈真贊校録並研究》(臺北:新文豐出版公司,1994年)。

及敦煌文化等種種重大課題,足以使學界奉爲圭臬。

誠如他在談治學《敦煌文學研究漫談》①一文中的自我剖析,幼年時迷戀着偉大詩人的不朽作品,在南開大學中文系畢業以後,考上四川大學研究生,專攻六朝唐宋文學。正想馳騁壯志的時刻,恰逢"文化大革命"時代的來臨,使他遭遇到幾年的困頓,然而也在此潛龍勿用時期,便如海綿一般,不斷地汲取養分。同時,在幼年憧憬的召喚之下與青年放眼世界的胸懷中,從未就此向時勢屈服,或消磨殆盡於無形。所以一旦峰迴路轉,從中學被借調到《漢語大字典》編寫組的工作期間,接到從《敦煌變文集》中摘取適當的辭條,作爲編寫字典例句的這個任務後,不但決定了他往後的研究走向,同時也讓他有機緣讀遍了《大藏經》、五代以前傳統典籍中的正史、經部和子部等著作。尤其在偉大詩人的憧憬下,《全唐詩》讀了何止一遍;甚至連作爲工具類書的《太平御覽》《太平廣記》和大量筆記小説等,也都通讀一過,造就了深厚的國學根柢,使他具有精於校勘考據的細緻方法,更擅長於融會貫通的宏觀功夫,故其研究能够鎔鑄語言、文學、宗教於一爐,形成了國學大師所獨具的治學特色。尤其他在佛教文學研究中所取得的豐碩成果,都是早年通讀《大藏經》所立下的基礎展現,能開創如此有系統且又大量運用佛教文獻進行中古漢語詞彙研究,纔能折服國内外的研究學者,並獲得賓州大學梅維恒的邀請到美國講學。

正因如此,項楚初始發表的論著蓋以東坡詩及變文爲兩條研究路線,一來是滿足早年對於中國典雅文學中偉大詩人的戀情,再者是爲《漢語大字典》從事編寫組工作時,研讀俗文學或民間文學後的成果表現,這些著作給予後學的啟示不庸贅言。然而,若要剖析其爲學門徑,在衆多著作中最足以説明者,莫過於《敦煌歌辭總編匡補》一書,因此筆者擬借該書進行説明與分析。

三、《敦煌歌辭總編匡補》的啟示

《敦煌歌辭總編》是耗盡任二北幾近三十年的得意之作。他早年編輯出版《散曲叢刊》,並有《散曲概論》《曲諧》等論著,晚年更有《唐戲弄》《唐聲詩》《唐大曲》等無比豐富史料的論著。尤其戲曲研究師承吳梅,學養深厚,毋庸贅言。自1955年起,採取有别於王重民等宋帽唐頭的詞體觀點,從民間歌曲的角度切入,將俗曲收入增編,名爲《敦煌

---

①《文史知識》1987年第6期。

曲校録》一書,共收了545首作品。此後歷經三十餘年的持續工作,更於1987年,完成了煌煌巨著的《敦煌歌辭總編》一書,凡分上、中、下三册,共七卷,1703頁;卷一《雲謠集雜曲子》33首,卷二雜曲隻曲117首,卷三雜曲普通聯章63組399首,卷四雜曲重句聯章19組163首,卷五雜曲定格聯章32套313首,卷六雜曲長篇定格聯章1套134首,另有補遺隻曲13首、組曲40首、五七言體9首;每首之下都有或長或短的説解文字。如此巨著,有别於以往宋詞源於唐代的説法,而是以歌唱曲詞的大家身份及植基於既往諸多的基礎上,勤勉戮力三十年的結果,則必然成爲大家所共信共讀的經典著作,殆無可或疑。

可是在一般讀者眼中視爲經典的著作,經過項楚的審視後,錯漏衍奪者處處皆是,最初原也只是隨手記録於書眉,後來日積月累,陶瓶既已裝滿,則成篇也是自然,於是先有《〈敦煌歌辭總編〉佛教歌辭匡補舉例》①,之後不過二年,更有《〈敦煌歌辭總編〉匡補》(一)—(六)②的發表,以及其他應會議撰寫的零星篇章,偶或也有部分涉及者,如《S.5588號寫本之再探索——〈敦煌歌辭總編〉"求因果"匡補》③《敦煌本〈行路難〉之再探討》④,這些單篇論著都是在任二北《敦煌歌辭總編》完成之後,從事教學餘暇,讀其書後爲學習者的示範之作,沒有刻意爲難前賢的用意。故筆者也願藉此《匡補》一書,説明他的爲學門徑。

有關《敦煌歌辭總編匡補》一書,先後於兩岸排印出版,首版即臺灣新文豐出版公司1995年1月的排印本;2000年6月,又在巴蜀書社再版。二書基本架構及内容大抵相同,只是前者排印時,因身在美國賓州大學,無法親自最後一校,造成不少的錯排及校對上的錯誤,因而纔有新版的刊正,同時也順勢略作小小的修訂及增補,如卷二第0091闋《菩薩蠻》(回鸞輅)"從此後泰階清,齊□呼聖明"及卷三第0216闋《獻忠心》"恩光六塞,瑞氣遍山河",這兩首都是舊版所無。至於個别修訂的文字也就不再多談,故以下所談者蓋據後來的增訂版本爲準。書名既然是《敦煌歌辭總編匡補》,顯然心存忠厚,盡可能在原有框架之下,不掠人之美,保留任氏的成果舊觀,對於舊作從無增加新出的曲文,連原有曲文的標次也都沒有調整,只就每首曲文的問題字句,摘録任氏的"校

---

① 《1990年敦煌學國際研討會文集》(石窟史地·語文編),瀋陽:遼寧美術出版社,1995年,第371—385頁。收入饒宗頤主編《敦煌文藪》(下),臺北:新文豐出版公司,1999年,第49—68頁。
② 《文史》第35—40輯(1992年6月—1994年9月),其後集結成書《敦煌歌辭總編匡補》,臺北:新文豐出版社,1995年。
③ 《九州學刊》1992年第4期,第137—148頁。
④ 《第二屆國際唐代學術會議論文集》,臺北:文津出版社,1993年,第701—725頁。

釋",盡可能如實地保留原貌,其後始加一己之按語給予訂正。每首或一處,或兩三處不等。經此校訂匡補之後,終使《敦煌歌辭總編》得以通讀無礙,文義了然,於是學界從此得到一部良善之本可用矣。只是全書匡正不及卷一,誠如序言所述,因爲潘師重規有過《敦煌雲謠集新書》,以及林玫儀也作《敦煌雲謠集斠證》,可說已經"勝義紛呈""美不勝收",因而避免重複,不再重複下筆。

關於《敦煌歌辭總編匡補》一書的著述體例,就如明末清初顧炎武的《日知録》、乾嘉以來清儒王念孫父子的《讀書雜志》《經義述聞》,錢大昕的《廿二史考異》《潛研堂答問》或俞曲園的《古書疑義舉例》一類的名篇著作,是以讀書所撰述的筆記心得,而非今日爲開會而撰文的模式,因此這種行文叙述的確不同於今日論文的寫作格式,然而並不妨礙條列内容文字的價值,呈現的也是顛撲不破的道理。今是而昨非的論文乃大家目前所習見,可是用簡短的訂正文字,卻能擲地有聲、永爲常式的考據風潮已經爲大家所避談,今日居然接二連三地出現在他的大作中,成爲目前中流砥柱的優良學風,此乃個人之所以欽服者哉! 也因如此,無意於爲文而自然成文,每在讀書不暢,未得其意之下,因能獨具卓眼,翻檢原來文獻,並參閲歷來學人諸多著作,然後平心論斷,全無門户之見,該正者正,該補者補,疑而未定者也不强作解人,心地始終保持着純正善良,盡可能站在作者立場説話;苟若不行,則是保持着"實事求是,莫作調人"的叙述語氣。因此,其考據過程完全是以理校爲主,然後輔以原本或善本,同時參考之前的傳統典籍,尋求歷來語彙的文化傳統和當時階層的語言慣習,用來解釋敦煌歌辭或變文中的文句。以至於著作中,時時展現昔日讀遍唐宋以前四部中的經史詩文,甚至《大藏經》及數部大類書的深厚學養,並在適當的時候,毫不經意地自然出招與派上用場。所謂以經解經,豈非如此乎! 也唯有以子之矛攻子之盾,問題自然瓦解。如今,筆者擬就《匡補》一書,列舉如下數例略作説明:

(一) 疑以存疑

古文獻的真象已隨作者或抄録者的逝去而難以確認,今天我們有幸得睹這些古本或孤本,也只能以善本的角度給予呵護,如獲至寶般地加以珍惜。然而卻又何其不幸的都是民間的俗寫抄本居多,甚至是小沙彌及學童的習書抄卷,與歷來宫中或官方的政府典藏大相逕庭,也與出於儒林士大夫的用書有所區别。因此面對這些殘破不堪,俗寫訛借滿紙的文獻,我們没有宋元刊本可校,連明清刻本都派不上用場。何況敦煌文獻所藏洞窟一被打開之後,已經隨着現場的破壞,分藏世界各地,讓我們絞盡腦汁,尋覓一番;

同時卻也讓我們得以消磨光陰,自我娛樂。若非今日都有影本複製,光是聖彼德堡東方院的典藏,也不知道幾時纔能爲學者遍閱讀盡。也因如此,我們的見聞還是有很多的不足,我們所能了解的還是有限,無論如何,謙虛爲尚,虛懷若谷則是《匡補》一書給我們的啓示。所謂知之爲知之,不知爲不知,不要强作解人,這在以下的一首曲文便做如下的匡正:

0044 思越人(331 頁)

一枝花,一盞酒。小爭不去□□,□□□□終不醉。無花對酒難□。
一枝□□□□,□枝慕我心迷。幾度擬拌拌不得,思量且坐□□。

楚按:原卷缺字在"坐"字上,作"思量且□□坐"。這個"坐"字是韻脚。按此首殘缺頗甚,校釋云:"一'迷'字是通首叶韻之僅存者,非常重要!餘三韻均賴此字爲準,全辭始得復活。"(330 頁)然而"坐"字也處在韻脚地位,與"迷"字不同韻,故知此辭問題尚多,有待今後繼續校理。

(二) 脱文的訂正

古書抄錄每多脱文,劉向校書宮中,今古文經的脱簡情況已多注記。這類脱文是整條簡牘文字遺失了,有如敦煌寫卷上抄錄者因視綫的移動而跳脱抄到下一行文字;有時則是回抄上一行文字,造成重抄一行的情況。如果抄錄者自己發現了,還有補抄或點正的機會,有些不負責任的抄錄者,恐怕就如學郎詩中所説:"且作隨疑過,留與後人看。"至於脱句者的情況不只是明清書誌校讎學者所常言,在我們研究敦煌文獻實踐的過程中,也是常常遇到。大家不要以爲這些僅有古代的過錄卷本纔存在,今天自己謄抄或打寫自己的作品,錯得莫明其妙而不自覺的情況還是常見,甚至經過三校錯漏也没消失,必須改由他人覆校,始能一一挑出。所以敦煌曲詞文獻脱漏情況不少,而處理時不得不多加小心。如下一曲給我們的啓示是:

0047 送征衣【如魚水】

今世共你如魚水,是前世因緣。兩情準擬過千年。轉轉計較難,教汝獨自眠。
每見庭前雙飛燕,他家好自然。夢魂往往到君邊。心專石也穿,愁甚不團圓。

首段：楚按：原卷"眠"上有"孤"字，作"教汝獨自孤眠"。《總編》漏錄。
次段：校釋："夢魂往往"模糊，末字存"廾"形，不似"往"，"專"寫"穿"。（338頁）
楚按：上句前四字原卷缺損，唯末字殘剩右下角，編者摹形失真，但確非"往"字，因此編者擬補的"夢魂往往"，肯定不是原文。此等情況，唯有仍作缺文處理，無須代爲填詞也。又下句原寫"穿"字不誤，"心穿"猶如"眼穿"，都是俗語，改作"專"字，反而失去了原文生動的韻味。

（三）個別字句訂正的舉例

1. 依據文義而訂字形的舉例

"詩者，志之所之也，在心爲志，發言爲詩。"此詩大序所言也。作爲敦煌歌辭，當然也是原作者吟詠心志的表現，所謂辭者，意内而言外而已。因此，讀其歌辭切要心存體貼，了解作者所處的時空背景及立場，推敲其所要正確表達的意念。縱使古人已杳，時空兩隔，無可奈何；或因作者教育水平低下，用的字詞不十分貼切，或因後人過錄的訛奪錯漏，致使所見敦煌文獻中的歌辭字句扞格不通，觸目皆是。在此情況下，我們還是要從前文後義當中仔細推敲原作可能表達的真宰及正字，免得讓古人地下有知急煞，哭訴著我們刻意扭曲了他的表述，讓他背負千古不孝的罵名。如以下這一首即是如此情況：

0325 孝順樂 773 頁

第四咽苦更難言，殷勤育養轉加難。好物阿娘不喫□，調和香餌與兒餐。

校釋：（原本）"餌"寫："義"。（776頁）
楚按：原寫"義"字並非"餌"字之誤，而是"美"字形誤，"香美"指美味食品。

0034《擣衣聲》（三載長征）309 頁

良人去，住邊庭，三載長征。萬家砧杵擣衣聲，坐寒更。添玉漏，嬾頻聽。
向深閨遠聞雁悲鳴，遙望行人，三春月影照階庭。簾前跪拜，人長命，月長生。

《總編》校釋：（原本）"漏"寫"淚"，從蔣校，形聲俱近，而意又較是。
楚按：原寫"淚"字極是，蓋"嬾頻聽"者，乃是上文"萬家砧杵擣衣聲"，而非玉漏之聲。改"淚"作"漏"，反不易見思婦垂淚憶人的索寞心情了。以"玉"形容淚，猶如稱淚爲"玉筯",如沈佺期《雜詩》:"爲許塲相異,欄干玉筯齊。"

2.依據聲音以求本字的舉例

人類之所以異於禽獸,或者號稱萬物之靈,是因我們有着一套複雜的語言,能够傳承我們的文明和記憶。可是語言又因地理空間及時間的延續而有變異,故地理語言學及歷史語言學往往是我們掌握文學的重要兩條軸線。意志既借聲以傳達於外,則所發之聲音,必有意義。印歐語系是以元音及輔音搭配的形式,連綴成各種不同的聲音與音節,加上輕重律等,表述各種不同的意念。奈何漢語的單音節特性異於楔形文字的多音節,因此同音字特多,於是表述語言時,常有段玉裁《説文解字注》所云:"大氐假借之始,始於本無其字;及其後也,既有其字矣,而多爲假借;又其後也,且至後代訛字亦得自冒爲假借,博綜古今,有此三變。"由於古今作者在表意之時,勿論作者之程度高下,或過録者之有意無意,總在記録語言聲音。若非爲官作宰的考試檢核,或者文字學家的力求本字,大可不必過份地講究,而一般讀者平常的書寫更多是通假訛字,文學名家也是多所常見,以至於對於一個積累傳統諸多文學名家的經典作品,既留下假借通用的慣習前例,則後來學者自然借勢援用,無可厚非。也因如此,敦煌文獻勿論官方或民間的抄本,同音或音近的通假俗字觸目皆是,若是古來經典或名家用字如此,誰敢説它是錯别字。所以只要我們能從古代典籍中找到證據,便可解决這個用字問題,《經籍纂詁》即是爲此而編。倒是新發生的借音表意字,的確無典籍依據可尋,只是臨時依音求快的紀録,於是我們只好從聲音方面考求本字了。尤其敦煌歌辭乃爲韻文,其音必多同一韻律,固可借韻以求用字,這在《匡補》一書也給我們很好的示範,如:

0035 定乾坤 311 頁

塞北征戰幾時休,罷風流。汝家夫壻□□□,荏苒已經秋。　寒衣造了無人送,憑□□書將。紗窗孤雁叫,泣淚數千行。

校釋:原本寫:"塞元……"饒編摹絲絹原貌於 107 頁,另録辭於 108 頁。"北"作"原"。按【0803】"北"訛作"几",知"元"乃"北"之形訛,非"原"之同聲,萬通不過。(312 頁)

楚按:"北"之於"元",字形實遠,任校非是。原寫"元"字乃"垣"字音訛,"塞垣"指邊境地區,唐人邊塞詩習用。

0283 皇帝感 735 頁

上説明王行孝道,下論庶俗事先親。儒教之中是第一,孝感天地動鬼神。

校釋:(乙本)"親"寫"宗"。"神"下丙丁均衍"通"字,費解。(739 頁)

楚按:丙丁二本"神"下有"通"字,則全句作"孝感天地動鬼神通"八字,必衍一字,但衍字必非通字,而是動字,此句應作"孝感天地鬼神通",即《孝經·感應章》"孝悌之至,通於神明"之意。由此上推,第二句末字乙本作"宗"是對的,"宗""通"爲韻,並無費解之處。

3. 形近致訛的文字訂正

漢字在五百初文後,逐漸走向拼合初形的會意及記音的形聲,解決了圖像與意念組合的過份重複及難以分辨的課題,也突破了會合其意的困境,於是純粹借用已有的記號聲音來記錄語言的形聲,便成爲新造字的主要方式。奈何漢語單音節的發展,同音字特多,雖有四聲及陰陽調式,用以別異語言的差異性,還是存有不少的同音字。這也是後來漢字記錄語言的聲音外,還需要輔以視覺的部首,用以區別不同表意的同音困擾。尤其兩個部件以上的漢字組合,或左或右,或上或下,或中間等位置的不同,每多異形而義無區別;至於偏旁的有無或點畫的增減,常因抄者不同而有不同的寫法,故《顏氏家訓·雜藝篇》云:

> 晉宋以來,多能書者。故其時俗,遞相染尚,所有部帙,楷正可觀,不無俗字,非爲大損。至梁天監之間,斯風未變;大同之末,訛替滋生。蕭子顯改易字體,邵陵王頗行偽字;朝野翕然,以爲楷式,畫虎不成,多所傷敗。至爲一字,唯見數點,或妄斟酌,逐便轉移。爾後墳籍,略不可看。北朝喪亂之餘,書迹鄙陋,加以專輒造字,猥拙甚於江南,乃以百念爲憂,言反爲變,不用爲罷,追來爲歸,更生爲蘇,先人爲老,如此非一,遍滿經卷。①

以上所舉的例子,敦煌文獻中恰可爲之證,至於張守節《史記正義·論字例》也説:

> 史漢文字,相承已久,若悅字作説,閑字作間,智字作知,汝字作女,早字作蚤,後字作后,既字作溉,勑字作飭,制字作剬,此之般流,緣古少字,通共用之。史漢本

---

① (北齊)顏之推撰、王利器集解:《顏氏家訓·雜藝篇》,臺北:明文書局影中華書局本,1984 年,第 514 頁。又當頁注二校記云:"宋本原注:'一本注:前上爲草,能旁作長之類是也。'"

有此古字者,乃爲好本。程邈變篆爲隸,楷則有常;後代作文,隨時改易。衛宏官書數體,呂忱或字多奇,鍾王等家,以能爲法,致令楷文改變,非復一端,咸著祕書,傳之歷代。又字體乖日久,其黼黻之字法從耑丁履反,今之史本則有從耑音端。……若其黿鼉從龜,辭[亂]從舌,覺學從與,泰恭從小,匿匠從走,巢藻從果,耕籍從禾,席下爲帶,美下爲火,衮下爲衣,極下爲點,析旁著片,惡上安西,餐側出頭,離邊作禹,此之等類例,直是訛字。寵字爲寵勑勇反,錫字爲錫音陽,以支章侈反代文問分反,將無混旡,若兹之流,便成兩失。①

似此現象,證之敦煌文獻上的書寫文字,豈非如此,甚至上從甲金,以迄簡牘帛書及碑石文字,也都存在這類現象,故前賢爲之收集而編有《六朝碑別字》之作,宋元刻本則劉復也輯有《宋元俗字譜》。也因如此,歷朝首要在於改元製曆,訂正文字,許慎《說文解字·序》曾云:"蓋文字者,經藝之本,王政之始,前人所以垂後,後人所以識古。故曰:'本立而道生','知天下之至賾,而不可亂也'。"②尤其面對三百年斷裂分歧的南北朝學術,的確需要進行標準化的工程。經籍課本的整理和詁訓的翻譯,以及石經字樣楷書等的頒行與推動,無疑都是在此目標下的先行工作,而科舉制度更是篩選人才、檢驗成果的最佳方法。所以陸德明(約550—630)的《經典釋文》、孔穎達(574—648)、顏師古(581—645)的五經《正義》及定本,以及初唐諸史的修撰和著名書家的風起雲涌,絕對不是憑空出現,都是緣於此一歷史背景及政治脈動下的必然結果。至於石經之立,字樣書籍的訂正,《干祿字書》的編纂,絕非意外。尤其民間教育水平既已不一,自己一時的任意作爲,很難嚴謹地要求他們一筆一畫如實地表達一己意念,形位上的錯置或筆畫上的增減,更非重點所在。也因"一人一把號,各吹各的調",任意性地抄寫文字在失去約定俗成的信用後,這些文獻便使非作者或過錄者難以了解正確的文義,而遼僧行均的《龍龕手鑑》即是因此類寫本的字形而編設。否則若非博學之士,不解形義間的邏輯性,自然無法訂正敦煌歌辭的字形。可是《匡補》對此類問題都能一一迎刃而解,如:

0036 宮怨春(到邊庭)313頁

柳條垂處處,喜鵲語零零。焚香稽首表君情。慕得蕭郎好武,累歲長征。向沙場裏,輪寶劍,定櫻槍。　去時花欲謝,幾度葉還青。相思夜夜到邊庭。願天下

---

① (漢)司馬遷著,(唐)張守節正義:《史記正義·論字例》,文淵閣四庫全書本。
② (漢)許慎撰,(清)段玉裁注:《說文解字》,臺北:藝文印書館,1966年,第771頁。

銷戈鑄戟，舜日清平。待功成日，麟閣上，畫圖形。

校釋：原本"稽首"寫成"稽"一字，"表君情"寫"告訴君情"。（314 頁）

楚按：原寫"稽"字並非"稽首"二字的合體，而是"稽"字的俗體。《李陵變文》有"兵到龍勒水北，浚稽山南，與單于兵戰"之語（《敦煌變文集》九三頁……）啟功校作"浚稽"，是正確的，"浚稽山"見《漢書·李陵傳》。而本辭的"稽"字又是"啟"字的同音字，《廣韻》上聲十一薺，載"稽"有"康禮切"一音，與"啟"同一小韻。《書·舜典》："禹拜稽首"，注："稽音啟。"故敦煌變文中"稽首"亦寫作"啟首"，如《降魔變文》："忽然差使更失，甘心啟首歸他。"（《變文集》387 頁）"啟首"即"稽首"，與本辭"稽"當作"啟"類似。

又原寫"告"字並非衍文，《總編》誤刪，應予恢復，"啟告"爲詞，如《醜女緣起》："啟告世尊，乞垂加護。"（《變文集》797 頁）《太子成道經》："苦（若）有災難之時，但燒此香，向雪山會上，啟告於我。"（同上 295 頁）説的正是"焚香啟告"之事。又原寫"素"字並非"表"字形誤，而是"素"的同音字。據上文所説，此句應作"焚香啟告訴君情"。

又："想思夜夜到邊庭"。

校釋：（原本）"想思"寫"遙相思"。（314 頁）"遙相思"依據上片句法，改爲"相思"，俟校。王集於"相"下注"想"。（315 頁）

楚按：原本實寫"遙思相"。王集於"相"下注"想"。可從，敦煌寫本中"相""想"往往混用，此句應作"遙思想夜夜到邊庭"。

遍尋《敦煌歌辭總編匡補》的按語，此類例子極多，不再一一贅述。

四、結論

總而言之，《匡補》一書有功於敦煌文獻之整理，以及語言、文學之發明，可説大矣哉！由於任二北處理明清以來的戲曲刊本既多，每每承襲明人刊刻書籍輕易改文的弊端習氣，動輒臆測；加上既是吳梅嫡傳，已是戲曲名家，對於曲文句式過份自信，也多唯我獨尊。一旦面對的是模糊不清的寫本，或數份不同的寫卷，在未加深入考索的情況下，就毫無根據地輕下斷語。何況對於唐宋以前的古籍也多未加把握，佛道典籍或民間俗語也不十分熟悉，於是多用武斷臆測，不但堅持卷一《雲謠集》非三十首，也與潘師重規或饒宗頤的意見頗多扞格，終使《敦煌歌辭總編》中存在着無數處的瑕疵。若非《匡補》一書對其衍、脫、增、刪、移、誤、改文的諸多現象,一一給予列舉匡正,則恐該書貽誤後學多矣。至於清儒校讎古籍,每多出現所謂兩字誤爲一字、誤字與本字並存、旁記字誤入正文、衍字、脫字、誤而兼脫、錯簡、或因誤致誤、不審文義而妄改、因字不習見而妄改、不識假借而妄改、不審文義而妄加、不識假借而妄加、妄加字而失句讀、因妄加數字、不審文義而妄刪、不識假借字而顛倒其文、既誤而又妄改、因誤字誤改、既誤而又妄加、既脫而妄刪者;或字形不習見而誤,因字假借而誤;韻脚字誤而失韻、字脫而失韻、字倒而失韻、句倒而失韻、錯簡而失韻、改字而失韻、雖改字以合韻而實非韻、有加字而失韻、有句讀誤又加字以失韻、有既誤且脫而失韻者。凡此諸多現象,在《敦煌歌辭總編匡補》一書中都可找到不少例證,也可在《敦煌變文選注》《敦煌文學叢考》《王梵志詩校注》等或其他書籍篇章中覓得蹤跡,而清儒所用的校勘及訓詁等條例或術語,亦多見於諸大作中,則諸書之作爲整理敦煌文獻的經典圭臬,無可或疑矣。也因能有如此正確的解讀及寬廣的認識,便可以宏觀正確地加以歸納,得出《敦煌文化》《大家論學:項楚論敦煌學》《顯學中的敦煌學》等一系列的著作。所謂"鴛鴦繡取任君看,不把金針度與人",只見諸多煌煌巨著的展現,卻無視作者的苦心孤詣和設計的心路歷程,終非善讀書者,也對不起作者。因此筆者願藉《敦煌歌辭總編匡補》一書的讀後,作此短文,用以闡述項楚先生的學養、成就與治學門徑,而就教於高明。

(本文原刊於《敦煌學》第 35 期,2019 年 8 月)

敦煌寫本的"約定俗成"

——關於中古時期寫本文化的一點思考

柴劍虹

（中華書局）

近些年來，隨着珍藏於世界各地的敦煌莫高窟藏經洞文獻的全面刊布，人們對我國中古時期寫本文化的研究視野大大擴展，認識逐漸深入，與寫本學相關的理論日益豐富。浙江大學出版社推出的"浙江學者絲路敦煌學術書系"第一輯中張涌泉教授所著《敦煌文獻整理導論》，是從寫本內容以及殘卷綴合等爲相關研究重心的重要著作；而2019 年 1 月，英國劍橋大學亞洲與中東研究系漢學教授高奕睿（Imre Galambos）圍繞中國中古時期的寫本文化所做的系列學術講座，則以"還原中國中古時期寫本產生的社會環境"爲目標，由"寫本的物質形態"切入，力求跨越傳統的文本研究方法，對寫本的文本布局、裝幀形態、字形識別、書寫方式等諸多方面進行"考古"，全面考察了寫本產生的具體社會環境及其功用，並通過展現中國與中亞相互關聯的寫本元素，在更廣闊的視野下揭示了域內外的文化交流。高奕睿教授在講座中指出：研究寫本物質形態應注重細節，進行跨文化比較的同時還需關注寫本自身演變的歷時性；佛經的漢譯、傳播在很大程度上推動了中國紙質卷子本的普及。他還探討了文本布局和字形識別對於判斷寫本年代和起源的重要作用。這些，都對我們進一步深入理解敦煌寫本的文化內涵有很好的啓示作用。

筆者考慮，研究寫本文化，除了關注其寫本內容、物質載體、社會環境等重要因素外，其核心應該是書寫這些寫本的各色人等。"人"是文化傳播、傳承的主體，是"寫本之母"。研究古人所處的社會環境以及不同身份、文化修養、書寫目的、心理活動、性格特徵等，對於詮釋林林總總的古代寫本也至關重要。

例如以張涌泉、黃征教授爲代表的研究敦煌俗字的專家，他們對存在於中國中古時期各類寫本中的"俗字"（其實還擴展到"古今字""碑別字""異體字""避諱字"乃至錯字等)做了詳盡的釋讀和論説。而"俗"與"正"是相對辯證的關係,正如中國古典文學作品中的"俗"與"雅"一樣①。"俗字"的産生、應用與流行(或曰"通行")有其社會因素,也不可否認有其人爲的因素。其中,"約定俗成"不可忽視。内容如此,形式如此,物質載體同樣如此。

内容:如敦煌寫卷中的宗教典籍、説唱文學寫本、社會經濟文書、實用字書韻書、書儀、信札、學郎詩、雜寫等。

形式:如書寫方式(正訛、卜煞、鉤乙、重文、夾注等文獻抄寫通例)、抄經特點(朝廷頒布標準寫經及普通寫經生、一般民衆等)、文體形制(如古今詩體、駢體、八股、契約、曆日、方志、譜牒)等。

載體:如紙張、絹帛、筆墨工具、各色顔料等。

以上這幾方面,既有跨越時代、地域通行的延續性與規範要求(如語言學界公認抄寫中的鉤乙符號亦稱"倒乙""鉤正""鉤逆"等,漢晉時期即普遍使用,且"在《説文》之前的先秦古文字中就已經産生"②),也會有特定社會環境下(包括政治生活、語言環境、物質生産條件)的時限性(如抄寫中的避諱字、則天時期的武后新字,因方言方音的借字,紙張的生産與供應情況等)。

我認爲,約定俗成強調的是不同時期、環境的文化氛圍和人們的認同感、趨同性的關係。這是共性。這帶有一定的"強制性"與感染力(類似唐朝婦女的妝飾,不同民族的服飾,古人今人的追求"時髦")。

我還認爲,約定俗成也不否認與各色人等自身所具備的習性特徵關係密切。這是個性。如我注意到藏經洞所出的敦煌公、私、寺學中,不同民族、年齡、出身、文化程度的學士郎的詩抄既有共性,也有個性———大多數學郎詩寫本均錯別字甚多,也有像張議潮所抄《無名歌》這樣比較規整者。而吐蕃人習寫漢字、漢人習寫藏文亦有自己的特點,水準亦參差不齊。

至於約定俗成的功能性特點,最典型地體現在唐代朝廷頒發的標準譯經寫本和普通寫經生抄本之間的差别上,體現在紙張正背面空白處的充分利用上,也體現在啓蒙讀物(如《千字文》《太公家教》等)和開蒙雜抄、字書(包括雙語對照)、韻書的抄寫上。

對於"寫本學"而言,對"約定俗成"的認識,既要遵循這門學問的學術規範,也要借

---

① 拙文《雅俗之間——簡論敦煌俗文學在中國文學發展史上的地位》,見《敦煌吐魯番研究》卷一六,上海古籍出版社,2016 年,第 1—11 頁。
② 張涌泉:《敦煌文獻整理導論》,杭州:浙江大學出版社,2015 年,第 277—293 頁。

鑒有關專家的突出成果，借鑒比較成熟的"西方寫本學"的研究方法與成果。我曾經在學習我的導師啓功先生的"啓功書法學"時得到如下一些啓示①：

首先，我國的"書法學"既古老又年輕，是一門學習各體文字書寫方法、源流和書家流派、風格以及作品鑒賞並探索相關規律的學問。啓功先生對傳統書法學的揚棄與創新，形成了他的書法學體系。啓功書法學作爲綜合性學問，包含了書寫學、書史學、文字學、敦煌學、繪畫學、詩詞學、篆刻學、臨摹學、鑒定學和美學等多學科知識，可謂宏瞻精深。

其次，書寫學與書史學在啓功書法學中佔有核心地位。書寫學既涉及寫字方法（執筆、運筆、結字、布局、行氣、題款等），又與書寫工具、載體、心理、環境等密切相關，也似可將碑帖學知識攬入其中。書史學則要求對書家、流派及其關聯與作品特色作全面、準確的比較與分析。

再次，一部成熟的書法史，應該是書家（寫字者）、書體、書風、書派的比較史、發展史，是辯證的、靈動的、變革的，而佔中心地位、掌握主動權的是"人"：只有掌握好各位書家的複雜因素（包括他們之間的模仿、借鑒、繼承、揚棄關係），把握住時代的風尚，纔能釐清"史"的脉絡。同時，真正能説明問題的是對書家大量真實不虛的作品的全面把握，追本溯源，求其特質。

我覺得，這些認識，同樣可以運用到對敦煌寫本文化的研究之中。

張涌泉教授在論及寫本文獻與刻本文獻區別時指出：

> 寫本文獻出於一個個單獨的個體，千人千面，本無定式；即便是那些前人傳下來的古書，人們在傳抄過程中，也往往會根據當時抄書的慣例和抄手自己的理解加以改造，從而使古書的形制、字體、内容、用詞、用字、抄寫格式等都會或多或少發生一些變化，都會帶上時代和抄者個人的烙印。②

我的體會，在具體分析研究敦煌寫本的過程中，把握其共性（包括其時代性、地域性、民族性、物質性等）固然重要，瞭解其個性同樣不可忽視（包括書寫者個人的出身經歷、家學師承、知識結構、生活小環境、喜好習俗、物質條件等）。總體把握與個案分析必須兼顧。這正是對"約定俗成"全面理解所需要的。

---

① 拙文《關於"啓功書法學"的斷想》，"第四屆啓功書法學國際研討會"論文，北京師範大學，2012 年。
② 張涌泉：《敦煌文獻整理導論》，杭州：浙江大學出版社，2015 年，第 12 頁。

還是可以用藏經洞的學士郎詩抄作爲例子加以簡要說明。

在敦煌學郎詩的研究中,寫本内容的分類釋讀、分析已有豐碩成果,我感到缺乏的是對這些寫詩抄詩學郎做年齡、階層、身份等方面的具體分析,這也涉及對他們進行教學的"教授"學識水準和施教方法的考察。仍以我最感興趣的韋莊《秦婦吟》寫本殘卷的整理研究爲例做些說明。對這首佚失了一千多年的唐代第一長篇叙事詩的整理、研究,我國自王國維先生 1909 年發端至今,已有百年的歷史;據統計,迄今爲止,藏經洞所出的此詩有 11 個寫本、19 個殘片①。除迻錄、整理殘卷的該詩文字外,研究者基本上都是對詩歌内容、作者生平及爲何諱提此作而使其湮没作探討,幾乎没有涉及對抄寫人的探求。而據我分析,鑒於藏經洞的性質和這些寫本的抄寫文字均比較稚嫩粗糙,錯别字甚多,故我以爲均爲當時的學士郎所抄。下面即對其中的貞明五年(919)敦煌郡金光明寺學士郎安友盛的抄本略作分析。

該英藏 S.0692 號殘卷所抄乃《秦婦吟》結尾的若干行,字跡大小、行距疏密不一,每行字數懸殊,錯字甚夥,以"秦婦吟一卷"結束,詩抄後題署抄寫年月日、身份、姓名,可證確爲學士郎抄寫。值得關注的是題署的左邊還寫有一行五言打油詩:"今日寫書了,合有五升米。高代(貸)不可得,還是自身災。"這裏包含的信息頗有意思:1. 抄寫《秦婦吟》這首 1666 言的長詩可折合"五升米";2. 抄詩是因爲借了高利貸的還貸行爲;3. 他借了寺學教授的高利貸,教授讓他抄詩還貸,而寺院僧人放貸屬於當時正常的寺院經濟活動;4. 寺學教授此詩,是寺學的教學内容之一,教授自己不抄讓學生抄、學生以抄寫爲"災"均反映出他們的心理活動。同時,如果我們結合這個學士郎的身份,則還可以推測出:安姓是昭武九姓之一,他很可能是粟特人後裔,或原本居住在敦煌粟特人聚居的從化鄉;粟特人亦有出家進敦煌佛寺(這裏是金光明寺)學習,不但已有了初步的書寫漢字的基礎,而且還要學習這樣一首當時甚爲流行的長篇叙事詩②。能將如此長詩作爲學士郎的學習内容,連同考察敦煌寫卷中數以百計的詩抄,不僅也可見當時敦煌寺學的教學内容、水準及方法,而且也可以使我們聯想到唐詩從創作、傳播、普及以致繁榮的重要原因。

如此着眼並拓展到其他同題寫本,這個寫本殘卷所包含的豐富的文化内涵是否就可以得到更加充分的展示呢?我想,這也應該可以豐富我們對寫本文化"約定俗成"的認識。

---

①田衛衛:《〈秦婦吟〉敦煌寫本研究綜述》,《敦煌學輯刊》2014 年第 4 期,第 153—161 頁。

②此詩抄寫時間爲貞明五年(919),距作者韋莊去世約十年;已知另一位該寺學郎張龜的《秦婦吟》抄本的時間是天復五年(905),可見儘管作者生前自己諱提此詩,而在其生前身後,該詩一直是作爲敦煌寺學的教材在傳抄。

下面再對"俗"做些補充説明。《説文解字》云:"俗,習也。""俗"的範疇、内容也頗廣泛,如風俗、習俗、民俗等;這些"約定"並"習見""通行"之"俗",可統稱爲"通俗"。當然還有在相當程度上並不能被社會普遍認同而通行的"庸俗""低俗""媚俗""粗俗"等,恐怕更帶有個性化色彩,某種意義上只是"約定俗成"之異化,暫不在本文討論之列①。通俗的形成,無非有"自上而下"及"自下而上"兩種途徑。前者,在敦煌、吐魯番寫本文獻裹最典型的例子就是名家法帖的拓本與臨本。如敦煌莫高窟藏經洞所出唐太宗書《温泉銘》拓本、歐陽詢書《化度寺邕禪師塔銘》拓本、柳公權書《金剛經》拓本、蔣善進臨寫的《千字文》寫本、多個臨寫王羲之的《十七帖》《蘭亭序》寫本;吐魯番所出的多個《急就篇》《千字文》寫本等②。原本鳳毛麟角的書法及著作名家、帝王的個性化創作,被全社會所認同、推崇,乃至刻石立碑,紛紛臨摹、抄寫而廣泛流行,成爲通行的蒙學、書學教材③。後者,最典型的例子是敦煌寫卷中爲數甚多的學士郎詩抄,這些大多是唐五代時期受民衆喜愛的"打油詩",因其内容、形式的簡潔直白與不事雕琢,不但影響到如李白、白居易等大詩人的創作風格,也導致同時在中原地區與西北邊塞廣泛傳抄、仿作④,起到了推動詩歌創作大繁榮的作用。

　　莫高窟藏經洞所出寫卷,除了佛教經、論、疏,道經,以及《論語》《詩經》等四部傳世典籍等寫本外,涉及當時當地通行的民風習俗内容的寫本也甚多,抄寫方式亦各有約定俗成之特色。如講經文、變文類説唱文本的抄寫,地志類寫本,寺院經濟文書,僧傳,民間契約,書儀範本,曆日,星象雲氣占卜,番漢文對抄,等等,均可做細化的分析研究。至於不同時期、不同人抄寫不同内容文本所使用的筆墨紙硯與約定俗成的關係,更是有待學界方家進一步探究的問題。

(本文原刊於《敦煌吐魯番研究》第十九卷,2019 年)

---

①目前在書法界飽受詬病的"醜書",恐怕即屬此類。
②詳見毛秋瑾:《敦煌吐魯番文獻與名家書法》,濟南:山東畫報出版社,2014 年。
③前文所述韋莊《秦婦吟》的例子亦屬此類。
④如文字基本相同的詩歌,出現在敦煌、吐魯番學郎詩抄和長沙銅官窑的瓷器上即是明證。

從寫本原生態論一卷本《王梵志詩》的性質與功能

〔中國臺灣〕朱鳳玉

(臺灣嘉義大學中國文學系)

一、前言

王梵志詩的研究,從 1925 年劉復輯録《敦煌掇瑣》收録三個王梵志詩的卷子開始,九十多年來,發表的論著篇章多達數百篇,可説是敦煌文學研究中最爲熱門的研究課題之一。特別是 20 世紀 80 年代時,有關王梵志詩的整理與研究可謂達到顛峰。

1979 年我就讀博士班,跟隨潘重規師研習敦煌學,當時擬以《王梵志詩》研究作爲學位論文,蒐集寫卷,逐一識讀,并分析歸納寫本系統,校注文本,進行頗爲順利,其間先是聽聞法國戴密微(PAUL DEMIÉVILLE)的整理研究即將出版,心裏爲之一沉,心想恐怕得换題目了。不久《王梵志詩附太公家教》①(1982)出版,潘先生送我一本,閲讀後發現不影響論文的繼續進行。没想到纔隔一年,我的論文即將完稿,潘先生又把我叫住,拿給我中華書局新出版張錫厚的《王梵志詩校輯》②(1983),要我仔細閲讀。我忐忑不安,連夜過了一遍,并標釋出我與校輯不同之處,先生看後哈哈一笑,并出示了他的《簡論"王梵志詩校輯"》文稿③,説你可繼續完成論文吧。1984 年我終於完成了博士論文,

---

① *L'oeuvre de Wang le Zelateur(Wang Fantche) , suivie des Instruction de l'aieul(T'ai-kong Kia-kiao) Poemes populairies des T'ang*, PAUL DEMIÉVILLE, COLLEGE DE FRANCE INSTITUT DES HAUTES ETUDES CHINOISES, PARIS, 1982.

② 張錫厚:《王梵志詩校輯》,北京:中華書局,1983 年。

③ 後分別發表:《簡論"王梵志詩校輯"》,《明報》第 8 期,1984 年 8 月,第 34—36 頁;又載《中央日報》"文藝評論"第 21 期,1984 年 8 月。《"王梵志詩校輯"讀後記》,《敦煌學》第 9 輯,1985 年 1 月,第 15—38 頁。

并出版了《王梵志詩研究》上下册（1986—1987）①。之後，我拜讀了項楚先生1987年發表在《敦煌吐魯番文獻研究論集》第四輯的《王梵志詩校注》②，一時冷汗直流，心想：好險，如果項先生此篇早些時日刊出，我的博士論文可能就要泡湯了，就得另起爐灶，重新選題，多年心血可要付之流水。

我對項先生的學養與功力，衷心感佩，自此執私淑弟子之禮，隔空學習。今欣逢項先生八十榮慶，四川大學中國俗文化研究所主辦"中國俗文化國際學術研討會暨項楚先生八十壽辰慶祝會"，特從寫本原生態的視角出發，重新論述一卷本《王梵志詩》的性質與功能，借以彰顯先生在王梵志詩研究之貢獻，并表達誠摯的慶賀之意。

二、研究旨趣

有關王梵志詩的寫卷，據今所得知，總計有43號，分別庋藏於英國不列顛圖書館、法國國家圖書館、俄羅斯科學院東方研究所聖彼得堡分所，以及日本奈良寧樂美術館等。此外敦煌寫卷《歷代法寶記》等，歷代詩話、筆記亦存有王梵志詩的零篇散句。綜觀43號敦煌寫本，其中除了近二十號寫本没有詩題卷次，其餘均標有詩題卷次，所呈現的標題卷次計有："卷上并序""卷中""法忍抄本""卷第三"及"一卷"等，各卷内容没有重複，不能銜接，經過研究分析，大致可歸納成：卷上并序、卷中、法忍抄本、卷第三、零卷（没有標題的梵志體詩③）、一卷本、輯佚等七系。

除去輯佚，其他六系依據内容研究分析，大致可分爲三個系統，即：社會詩（卷上、卷中之三卷本）；宗教詩（法忍抄本、卷第三、零卷）；教誨詩（一卷本）。其中教誨詩的一卷本，今所知見計有21號。其中有些寫卷抄寫得非常工整，且流傳下來也很完全，所以"一卷本"的《王梵志詩集》在當時一定是頗爲盛行，同時也可説明内容相同的P.2914b卻題爲"卷第一"是不正確的。

一卷本共有詩92首，全篇採五言四句的整齊形式，内容偏重在生活儀節、處世格

---

① 朱鳳玉：《王梵志詩研究》，臺北：中國文化大學中文研究所·博士論文，1984年；又臺北：臺灣學生書局，上下册，1986年、1987年。

② 項楚：《王梵志詩校注》，見《敦煌吐魯番文獻研究論集》第四輯，北京：北京大學出版社，1987年，第128—602頁。又《王梵志詩校注》，上海：上海古籍出版社，1991年。

③ （唐）王維《與胡居士皆病寄此詩兼示學人二首》述古堂本、元本詩題下俱有"梵志體"三字注語。見（唐）王維著、陳鐵民校注：《王維集校注》，北京：中華書局，1997年，第532頁。

言、俗諺等方面,它的整齊形式和内容主旨都和其他卷次的王梵志詩不一樣,這種獨特的風格正是它以"一卷本"形態出現的主因;將這類處世訓、格言詩編在一起,題爲王梵志詩集"一卷本",以獨立的方式流布傳抄,作爲童蒙教育使用①。其内容性質與另一通俗蒙書《太公家教》相似,且二者常合抄流傳,在敦煌地區廣泛流行。又史志記載,都是"王梵志詩一卷",更提供了充分的證據,它當是晚唐時期民間知識分子編寫而依托"王梵志"的名義,以求廣爲流傳的格言詩類蒙書。1980年開始日本遊佐昇便對一卷本《王梵志詩集》中的童蒙倫理教育内容投以關注②。

1991年,項楚《王梵志詩校注》出版,《前言》中對《王梵志詩集》歷來聚訟紛紜的作者及不同編次寫卷的編輯年代問題,廣徵文獻,深入細緻地考證,以爲《王梵志詩集》中的作品并非王梵志一人所作,《王梵志詩集》也非一時編輯而成。同時也用了相當的篇幅考察一卷本《王梵志詩集》的形式、内容特色,并持與《太公家教》對照,比較二者異同與關係,以爲:一卷本《王梵志詩集》是在《太公家教》的基礎上改寫而成的,《太公家教》成書於八世紀後半期,所以"一卷本《王梵志詩集》編寫於晚唐時期","出於唐代一位民間知識份子之手,而借用了王梵志的大名,以廣流傳"③。

我在《王梵志詩研究》一書中也曾對一卷本王梵志詩的内容與《太公家教》進行過比較。特別是與外子鄭阿財共同投入敦煌蒙書的整理研究,前後對幾篇内容性質與一卷本王梵志詩相似的蒙書做探討④,我也認爲"它當是晚唐時期民間知識份子編寫而依託'王梵志'的名義,以求廣爲流傳的格言類蒙書"⑤,項先生主張"一卷本《王梵志詩集》是在《太公家教》的基礎上改寫而成的,《太公家教》成書於八世紀後半期,所以一卷本《王梵志詩集》編寫於晚唐時期"是可信的,斷非臆測。

近年,隨着敦煌寫本原卷圖録及數位掃描的大量公布,以及研究觀點的進展,將一卷本視爲一個機體,從寫本原生態來進行觀察研究,或有助於敦煌寫卷文本性質的判

---

① 其寫卷概況與録文可參見張錫厚:《王梵志詩校輯》,北京:中華書局,1983年;朱鳳玉:《王梵志詩研究》,臺北:臺灣學生書局,1986年;項楚:《王梵志詩校注》,上海:上海古籍出版社,1991年。

② [日] 遊佐昇:《〈王梵志詩〉について兩側面》,見《大正大學大學院研究論集》二,1978.2;《〈王梵志詩集〉一卷について》(一)、(二),《東洋大學大學院紀要》17、18,1980、1981,第128—138、151—163頁。《敦煌文獻にあらわれた童蒙庶民教育倫理—王梵志詩・太公家教を中心として》,《大正大學大學院研究論集》4,1981,第151—161頁。

③ 項楚:《王梵志詩校注》,上海:上海古籍出版社,1991年,第17—21頁。

④ 如《〈太公家教〉研究》,見《漢學研究》4卷2期,臺北:國家圖書館,1986年,第389—408頁。

⑤ 鄭阿財、朱鳳玉:《敦煌蒙書研究》,蘭州:甘肅教育出版社,2002年,第424頁。

定。以此視角,陸續發表了《敦煌詩歌寫本原生態及文本功能析論》等①系列論文,今依此觀點方法審視一卷本《王梵志詩》寫本,借以考察其性質與功能。

三、一卷本《王梵志詩》的寫本原生態

"原生態"是從自然科學生態學科的"生態概念"借鑒而來新生的文化名詞,指一切在自然狀況下生存下來的東西。敦煌文獻中的文學寫本"原生態"則是指没有經過整理改編,保存於敦煌文獻抄寫的原始狀態,包含了作者的草稿、修改、定本、抄論、轉寫;抄者有意識與無意意識的編纂、彙録、叢抄、散篇、塗抹改寫,乃至習文練字等原始的樣態。

現存敦煌寫本一卷本《王梵志詩》,計有21個卷號,分別爲英藏:S.2710、S.3393、S.4669、S.5794 四號;法藏:P.2607V、P.2718、P.2842、P.2914、P.3266、P.3558、P.3656、P.3716、P.4094 九號;俄藏:Дx4754 + Дx890 + Дx891、Дx4935、Дx10736、Дx10740 六號;日本藏:寧樂本、羽30 等二號,經綴合後計得18 件寫本,是所有《王梵志詩集》各系中寫本最多的。除去其中 S.4669、S.5794、P.3656、Дx4754 + Дx890 + Дx891、Дx4935、Дx10736、Дx10740 等9 號,此7 件爲僅抄寫王梵志詩寫卷及殘片外,另12 件所呈現的寫本抄寫原生態,提供考察析論的寫本情況,兹根據寫卷照片圖録及數位掃描,略爲叙録如下:

1. S.2710 卷子本,正背皆書。

正面有二部分:

(1)〔王梵志詩一卷〕,首缺尾完,存57 行。尾題:"王梵志詩一卷。"

題記:"清泰四年(937)丁酉歲十二月舍書吳儒賢從頭自續氾富川。"

(2)〔清泰三年丁酉歲十二月洪閏鄉百姓氾富川雇工契〕

背面有:"□爭食勝曹□□"、"社司轉帖右緣"、小兒習字及"氾富川王梵志詩一卷"等五行文字。

---

① 《敦煌詩歌寫本原生態及文本功能析論》,《敦煌研究》2018 年1 期(總167),2018 年2 月,第9—16 頁;《敦煌變文寫本原生態及其文本講唱特徵析論——以今存寫本原題有"變"爲中心》,2018 年11月10—11 日國立臺灣師範大學國文系主辦"出土文獻與域外漢學國際術研討會"論文;《敦煌曲子詞寫本原生態及文本功能析論》,2019 年4 月16—19 日"敦煌學國際學術研討會·劍橋2019"論文。

2. S.3393　卷子本,正背皆書。

正面爲王梵志詩一卷,首尾俱完,計95行。

首題:"王梵志詩一卷。"尾題:"王梵志詩一卷""王梵志詩一卷。"卷末尾題旁有詩一首,全文爲:"莫道今朝大其(奇)哉,日落西夏(下)眼不開,不是等閑遊行許,前世天生配業來。"又有"王梵志詩一卷　兄弟須和順叔"數字。

卷背:有零落之正、倒雜寫:"社司轉""太傅阿郎""之之之""有錢惜不喫"(王梵志詩句)等,字體拙劣稚嫩。間有"童畫"。

3. P.2607　卷子本,正背皆書。

正面爲"勤讀書抄示頵等"。

背面爲雜寫七行:"王梵志詩一卷詩兄弟須""歲成誠天成一月",又重複地寫着"志""心"等字,似爲習字。另有"孟春猶寒伏惟大兄""尊體起居萬福"等。

4. P.2718　卷子本,有絲欄,分作二部分,係一人所抄,分別爲:

(1)王梵志詩一卷,首尾俱完,計81行。

首題:"王梵志詩一卷。"尾題:"王梵志詩一卷。"

(2)茶酒論一卷并序鄉貢進士王敷撰。

題記:"開寶參年(970)壬申歲正月十四日知術院弟子閻海真自手書記。"

5. P.2842Bis　卷子本,首完尾缺,存19行。

首題:"王梵志詩一卷。"題記:"己酉年二月十三日學仕郎　　全文。"

6. P.2914　卷子本　正背書

正面有絲欄,爲王梵志詩卷第三殘卷,存30行。

尾題:王梵志詩卷第三

尾題後有六十二行雜寫,與前抄者不同。內容爲:

(1)"大漢天福參年(938)庚戌歲潤四月九日金光明寺僧白手建記寫畢"

(2)"大漢天福參年歲次甲寅年七月廿九日金光明寺僧大力自手記"。

(3)"ゝゝ名子ゝゝ名卷子君事ゝゝ"

（4）"王梵志詩卷第一：兄弟須和順，叔侄莫奚（輕）欺。財物同箱"

（5）"櫃，房中莫充（畜）私。夜眠須在後，子（起）勝（則）（妹）每須先。平爲"

（6）"謹請金光明寺都僧錄和尚　索僧政　僧法律劉"

1、2行爲題記。4、5行爲王梵志詩一卷本。

背面：雜抄30行。

內容：前八行爲《新集文詞九經抄》

後有"參帝神……娘子付麵……"一行，及《宣宗皇帝御製勸百寮文》等二十一行雜寫

倒數第三行有：清泰參年歲次甲寅八月廿三日

7. P.3266　卷子本，正背皆書。

正面爲〔全梵志詩〕，首尾俱缺，存38行，首二行上半殘。

背面爲：（一）下女夫詞，（二）董延進投社帖。

8. P.3558　卷子本，首尾俱完，計101行。

首題："□梵志詩一卷。"題記："辛亥三年正月十七日三界寺。"

9. P.3716　卷子本，正背書。

正面爲"瑜伽師地論手記"卷卅一、卅二。

背面分作五部分，分別爲：

（1）新集書儀一卷。有題記："天成五年（930）庚寅歲五月十五日，敦煌伎術院禮生張儒通。"

（2）王梵志詩一卷，首尾俱完，計77行。

首題："王梵志詩一卷。"尾題："王梵志詩一卷。"

（3）晏子賦一首。

（4）趙洽醜婦賦一首。

（5）百鳥名君臣儀仗。

10. P.4094　册子本，存四葉，寫卷書寫整齊，句讀原有。分作二部分：

（1）〔王梵志詩集一卷〕，首缺尾完，存73行。

尾題："王梵志詩集一卷。

王梵志詩上、中、下三卷爲一部，又"

題記："維大漢乾祐二年（949）歲當己酉白藏南

葉節度押衙樊文昇奉　　命遣寫諸□□

册謹錄獻　　上伏乞　　容納請賜□□"

（2）夫子勸世詞。

11. 日本寧樂美術館藏本　卷子本。內容分作二部分：

（1）〔太公家教〕首尾俱缺，存 12 行。

（2）〔王梵志詩〕首缺尾完，存 95 行，句讀原有。卷首上半部破損嚴重。卷末四行筆跡與前不同。

12. 日本杏雨書屋藏羽 30　卷子本　正背書

正面："王梵志詩一卷"94 行，下半多殘。

首題："王梵志詩一卷。"尾題："王梵志詩一卷第一。"

題記："辛巳年十月六日　金光明寺學郎氾員宗寫繼之耳　張巡受書寫。"

背面爲雜寫，分別爲："金光寺""孟母三思""先達宋永落""寺門""社司轉帖　右緣小事商""馬永寶是個"等。

從以上敘錄一卷本《王梵志詩》寫本題記，顯示了抄者或使用者的身份有學郎、知術院弟子、寺院僧人。如：

S.2710 號卷子，正面題記有："清泰四年（937）丁酉歲十二月舍書吳儒賢從頭自續氾富川。"背面題記有："氾富川王梵志詩一卷。"

P.2718 號卷子，分作二部分，皆係一人所抄。一卷本《王梵志詩》與《茶酒論》一卷合抄，《茶酒論》有題記："開寶叄年（970）壬申歲正月十四日知術院弟子閻海真自手書記。"

P.2842 號 Bis，有題記："己酉年二月十三日學仕郎□□□全文。"

P.2914 號，正面有題記："大漢天福參年（938）庚戌歲潤四月九日金光明寺僧自手建記寫畢、大漢天福參年歲次甲寅年七月廿九日金光明寺僧大力自手記。"

P.3558 號卷子，有題記："辛亥三年正月十七日三界寺。"

杏雨書屋羽 30 有題記："辛巳年十月六日　金光明寺學郎氾員宗寫繼之耳　張巡受書寫。"

按：P.2842 號 Bis，題記有"學仕郎"，羽 30 題記有："金光明寺學郎氾員宗"，S.2710 沒有學郎或學士郎稱謂，但"吳儒賢"前有"舍書"二字疑亦爲學士郎，"吳儒賢"一名又見於 P.3691 號卷子《新集吉凶書儀》卷末題記："天福五年庚子歲二月十六日學士郎吳儒賢詩記寫耳讀誦。"天福爲後晉高祖石敬瑭年號，"大漢天福參年"當作"後晉天福參年"（938）；天福五年（940），時"吳儒賢"爲學士郎，則清泰四年（按：清泰僅二年，清泰四年當是天福二年，即 937 年）當亦是學士郎無疑。

唐代佛教發達，莊嚴輝煌而結構完備的寺院，不但是廣大佛教信衆信仰的天堂，也是文化、藝術的寶藏,社會教育的重心。寺院除了讓學子寄寓外,甚至還有義學、寺塾的興辦,即所謂的寺學①。敦煌地區中唐之後,吐蕃佔領敦煌,敦煌地區的州學隨之荒廢。民間教育工作,轉由寺院來接續辦理。歸義軍時期,大半寺院都有寺學的興辦。據今所知見敦煌寫本題記及莫高窟壁畫題記有"某某寺學郎""某某寺學士郎""某某寺學仕郎"②的資料,唐五代北宋初期敦煌地區有對俗家弟子進行童蒙教育的寺學,計有:淨土寺、蓮臺寺、靈圖寺、金光明寺、三界寺、龍興寺、永安寺、大雲寺、乾明寺、顯德寺等十所。歸義軍時期私學教育家學、義學及寺學的學生,稱爲學士,張承奉金山國(876)之後,改稱爲"學士郎",或"學仕郎",省稱作"學郎"③。由此可知王梵志詩在敦煌地區普遍用來作爲一般學童教育的教材。上舉題記亦見有"金光明寺僧大力""三界寺"等,也提示我們《王梵志詩》與敦煌地區的佛教寺學也有着一定的關係。

"開寶叁年壬申歲正月十四日知術院弟子閻海真自手書記。""開寶"是宋太祖趙匡胤年號,"開寶叁年"爲西元970年。"知術院"是敦煌州學下所創置用以培養專門學藝人才的學校。其學生稱弟子,年齡較一般私學學生大。

其次,一卷本《王梵志詩》寫本存在有與敦煌流行的蒙書及勸世詩文合抄的情形。如:P.4094號卷子,一卷本《王梵志詩》與《夫子勸世詞》合抄;日本寧樂美術館藏一卷本《王梵志詩》卷子,則與《太公家教》合抄。這些現象說明了,他們應屬相同的性質。

再者,一卷本《王梵志詩》抄寫的字跡拙劣稚嫩與習字、雜寫、塗鴉的情形,顯示有出自學童書寫的卷子。如:S.3393卷子本,正背皆書。正面爲王梵志詩一卷,卷背:有零落之正、倒雜寫:"社司轉""太傅阿郎""之之之""有錢惜不喫"(王梵志詩)等,字體拙劣稚嫩。間有"童畫";P.2607號卷子,正面爲"勤讀書抄示頗等",背面爲雜寫文字七行,分別爲:"王梵志志中人""王梵志心心""王梵志詩一卷詩兄弟須""心心""心心心志心志志詩一卷兄弟""志志心心心心心""歲成誠天成一月"。

綜合這些寫本原生態的抄寫情形所呈現的現象,說明了他們的性質相同,均屬於蒙書,是當時晚唐五代風行的教誨詩,既是學郎誦習的通俗讀物,也是僧人勸化的通俗勸化詩。

---

① 唐德宗貞元三年(787)正月,右補闕宇文炫上言:"請京畿諸縣鄉村廢寺,并爲鄉學。"見《唐會要》卷三五《學校》"貞元三年正月"條。
② 參李正宇:《敦煌學郎題記輯注》,《敦煌學輯刊》1987年第1期,第26—40頁。
③ 參高明士:《唐代敦煌的教育》,《漢學研究》4卷2期,1986年12月,第231—270頁。

四、一卷本《王梵志詩》的内容析論

今所得見有關王梵志詩,七種卷次系統,除去輯佚外,其餘六種,依其内容,大致可分爲三個系統,即:社會詩(卷上、卷中之三卷本)、宗教詩(法忍抄本、卷第三、零卷)、教誨詩(一卷本)。

一卷本《王梵志詩》的内容,主要爲民間實際生活的禮節,及傳統社會中家庭倫理與人際關係相處之道;大多取材於禮記等書,及民間格言諺語。92 首中有 72 首是以傳統民間日常生活訓世的格言詩爲主體,大抵以儒家生活倫理爲核心,主要圍繞在孝道、勤學、交友、修養、應對進退禮儀等主題。具體内容大致如下:

以孝道爲本,主張爲人子女對於父母必須盡孝,然而爲人子女應如何去實踐孝道,《王梵志詩》中具體地説:

> 尊人相逐出,子莫向前行。識事相逢見,情知乏禮生。(159)①
> 尊人共客語,側立在傍聽。莫向前頭鬧,喧亂作鴉鳴。(160)
> 立身行孝道,省事莫爲愆。但使長無過,耶孃高枕眠。(162)
> 耶孃行不正,萬事任依從。打罵但知默,無應即是能。(163)
> 尊人嗔約束,共語莫肛脝。縱有些些理,無煩説短長。(164)
> 耶孃年七十,不得遠東西。出後傾危起,元知兒故違。(166)
> 耶孃絶年邁,不得離傍邊。曉夜專看侍,仍須省睡眠。(167)
> 四大乖和起,諸方請療醫。長病煎湯藥,求神覓好師。(168)

從以上幾首詩,我們可以看出,這都是儒家教育思想中所謂的"孝行""孝養"的支流餘裔。只是《王梵志詩》中所説的乃日常生活中最平常、通俗、淺近,且最具體的孝道實踐。

中國的政治組織,是以家庭爲最基本的單位,一個人立身要以孝爲根本,除了孝順父母外,進一步對於家庭的每一分子相處要融洽,如此,家庭方能和樂。家齊國始能治,天下方能太平。《論語·學而篇》説:"君子務本,本立而道生,孝悌也者,其爲仁之本歟。"國之本在家,家庭的倫理,除了子女與父母的關係外,最爲親近則首推兄弟,故常

---

① 以下所引王梵志詩,採用項楚先生《王梵志詩校注》編號。

"孝悌"并舉。一卷本《王梵志詩》中亦多强調兄弟的可貴,如:

> 兄弟寶難得,他人不可親。但尋莊子語,手足斷難論。(158)

同胞兄弟實在難得,手足之情應加珍惜,切不可相互輕賤。又云:

> 親中除父母,兄弟更無過;有莫相輕賤,無時始認他。(169)

除了父母之外,兄弟最爲親近,相處應和順,不可有輕欺的舉動。然而如何纔能在日常生活中做到兄弟和睦相處,一卷本《王梵志詩》則云:

> 兄弟須和順,叔姪莫輕欺。財物同箱櫃,房中莫蓄私。(152)
> 夜眠須在後,起則每須先。家中勤檢校,衣食莫令偏。(153)
> 兄弟相憐愛,同生莫異居。若人欲得別,此則是兵奴。(154)
> 好事須相讓,惡事莫相推。但能辨此意,禍去福招來。(155)

《王梵志詩》中不斷就日常生活起居,提出兄弟相處之道,并且舉田真三兄弟分荆事,以告誡世人兄弟當同生,切莫產生異居之心,如:

> 昔日田真分,庭荆當即衰。平章卻不異,其樹復還滋。(156)
> 孔懷須敬重,同氣并連枝。不見恒山鳥,孔子惡聞離。(157)

兄弟義居共生共活,各自婚娶之後,家庭龐大,問題自然萌生。妯娌之間,易生嫌隙,造成糾紛。因此,要使家庭和合,則處理事情不宜聽取婦人之言。故其詩中説:

> 有事須相問,平章莫自專。和同相用語,莫取婦兒言。(165)

除了在家修身須孝順、兄弟須和睦外,《王梵志詩》認爲待人處世、立身行事要敬要忍,與人相交,必得恩來義往,受恩慎勿忘,施恩則慎勿念。所以詩中有:

> 有恩須報上,得濟莫孤恩。但看千里井,誰爲重來尋?(217)
> 知恩須報恩,有恩莫不報。更在枯井中,誰能重來救?(218)

先得他恩重，酬償勿使輕。一餐何所直，感賀百金傾。（219）
蒙人惠一恩，終身酬不極。若濟桑下飢，扶輪可惜力。（220）

《王梵志詩》中對於待人接物之理，亦多勸人謹言慎行，詩中不說高深的道理，不談迂闊的論調，而是直就日常生活的細節，提示世人行爲的規範。如：

主人相屈至，客莫先入門。若是尊人處，臨時自打門。（170）
親家會賓客，在席有尊卑。諸人未下筯，不得在前揩。（171）
親還同席坐，知卑莫上頭。忽然人怪責，可不衆中羞。（172）
尊人立莫坐，賜坐莫背人。存坐無方便，席上被人嗔。（173）
尊人對客飲，卓立莫東西。使喚須依命，躬身莫不齊。（174）
尊人與酒喫，即把莫推辭。性少由方便，圓融莫遣知。（175）
尊人同席飲，不問莫多言。縱有文章好，留將餘處宣。（176）
巡來莫多飲，性少自須監。勿使聞狼狽，交他諸客嫌。（177）
坐見人來起，尊親盡遠迎。無論貧與富，一概總須平。（178）
欲得於身吉，無過莫作非。但知牢閉口，禍去阿寧來。（186）
得言請莫説，有語不須傳。見事如不見，終身無過愆。（212）

以上各首無非是灑掃應對進退之事，猶如今日的國民生活須知、禮儀規範。

一卷本《王梵志詩》中亦頗多教人待人之道，尤其對於柔弱、處下、居後、不爭等處世哲學，更有獨到的見解，不但奉爲立身處世的圭臬，同時更發爲詩作，以諷勸世人。如：

逢人須斂手，避道莫前盈。忽若相衝着，他強必自傷。（196）
見貴當須避，知強遠離他。高飛能去網，豈得值低羅。（198）
有德人心下，無才意即高。但看行濫物，若箇是堅牢？（201）
在鄉須下意，爲客莫高心。相見作先拜，膝下没黄金。（210）

除了傳統儒家的社會倫理、處世哲學之外，還雜揉有當時社會盛行的佛教思想，尤其是後面20首，可説是佛教訓示格言的勸化詩。三皈五戒是接近佛教、修學佛法的基礎。五戒：不殺生，不偷盜，不邪淫，不妄語，不飲酒，是具體的實踐要求。佛家五戒第一

是不殺生,所以一卷本《王梵志詩》勸人第一要戒殺,苦口婆心地勸人莫喫肉,因爲不喫肉則不殺生。如:

> 煞生罪最重,喫肉亦非輕。欲得身長命,無過點續明。(224)
> 喫肉多病報,知者不須餐。一朝無間地,受罪始知難。(227)
> 造酒罪甚重,賣肉亦非輕。若人不信語,撿取涅槃經。(229)

五戒的第二戒是不偷盜。一卷本《王梵志詩》中勸人不可盜竊,蓋物各有主,非自己之物,絕不可妄想竊取,所以詩中説:

> 偷盜須無命,侵欺罪更多。將他物己用,思量得也麽?(225)

五戒的第三戒是不邪淫。一卷本《王梵志詩》更明白地勸誡世人不要耽於女色,不可邪淫,佛教以爲人之所以投胎爲人,蓋因父母淫慾而來,所以淫慾乃生死的源頭,若欲超脱生死,則須戒絕淫慾,出家人對淫慾的戒絕,立戒特嚴,名爲不淫戒。然而在家人均有妻室,不能斷除,故立下不邪淫戒,即除自己妻室之外,不得對他人妻女有邪淫行爲,此稱之爲不邪淫。一卷本《王梵志詩》云:

> 世間難捨割,無過財色深。丈夫須達命,割斷暗迷心。(223)
> 邪淫及妄語,知非總勿作。但知依道行,萬里無迷錯。(226)

佛家五戒中第四戒是不妄語。佛教認爲不顧事實,妄造虛言,顛倒是非,誑惑衆聽,乃是最不好的行爲,亦爲人們最易犯、最常犯的缺失。一卷本《王梵志詩》中亦重此戒,詩中勸人不可妄語,不可欺謾。如:

> 邪淫及妄語,知非總勿作。但知依道行,萬里無迷錯。(226)

不飲酒是第五戒。蓋飲酒足以使人亂性,令人昏亂,神智不清,行爲乖張,是以佛教嚴禁飲酒,而立有不飲酒戒。《王梵志詩》中亦多勸人戒酒,其詩有云:

飲酒是癡報，如人落糞坑。情知有不淨，豈合岸頭行。（228）
造酒罪甚重，賣肉亦非輕，若人不信語，檢取涅槃經。（229）

按：五戒之中，殺、盜、淫的惡業，是由於口業而生的；妄語則出於口業；飲酒則現之於身、口二業。詳究五戒之起，乃針對貪、瞋、癡三毒而設。不殺，蓋所以戒瞋，因殺多半由瞋而起；不盜，蓋所以戒貪，因盜念之起，皆由貪生；不淫，蓋所以戒癡，男女之慾，皆由癡起；不妄語則兼戒貪癡，蓋妄語無非欲隱其惡，或詐取名利。隱惡則由癡起，詐取則因貪生。

三毒中的瞋，是瞋恚無忍，猶如烈火，能燒一切功德，因此佛家教示人們以忍辱來對治瞋癡，一卷本《王梵志詩》中亦多勸人忍辱，無生瞋癡，如：

忍辱生端正，多瞋作毒蛇。若人不停惡，必得上三車。（235）
持戒須含忍，長齋不得瞋。莫隨風火性，參差悮煞人。（238）

綜上所述，從一卷本《王梵志詩》寫本生態考察，呈現抄寫者、使用者有"學仕郎"，顯示王梵志詩在敦煌地區有用來作爲學童教育的教材。而題記中有"金光明寺僧大力""三界寺"等，也提示我們《王梵志詩》與敦煌地區的佛教寺學也有着一定的關係。這與所呈現内容正相契合。

五、一卷本《王梵志詩》與《太公家教》

敦煌石室發現的唐寫本《太公家教》是現存最早的格言諺語類的家訓蒙書，據海内外敦煌漢文寫卷目録資料，今所知見的寫本總計有50個卷號的寫本，分别爲英藏：S. 479、1163、1291、1401、3835、4901、4920、5655、5729、5773、6173、6183、6243、10847等十四號；法藏：P. 2553、2564、2600、2738、2774、2825、2981、2937、3069、3104、3248、3430、3569、3599、3623、3764、3797、3894、4085、4588、4880、4995等二十二號；中國國家圖書館藏：BD08137、BD16465、BD11408等三號；《鳴沙石室佚書》一件；《貞松堂西陲祕籍叢殘》一件；俄藏：Дx003858、Дx03863、Дx03894、Дx12696、Дx12827等五號；日本寧樂美術館藏一件、日本有鄰館藏一件及杏雨書屋羽664（1）R、羽664（9）R等二件。

吐魯番文書也有：大谷3167、3169、3175、3507、4371、4394等6號殘片。敦煌吐番文的文獻中也有翻譯成吐蕃文的《太公家教》寫本,如法藏敦煌藏文文獻 P.T. 987、P.T. 988,以及日本臺東區立書道博物館藏中村不折舊藏敦煌西域文獻中一件藏文寫本。足見唐五代時期《太公家教》盛行的一斑。

其中,抄寫時代最早的是 P.2825,題記作"大中四年(850年)庚午正月十五日學生宋文顯讀,安文德寫";最晚的是 P.3797,題記作"維大宋開寶九年(976年)丙子歲三月十三日寫子文書了"。

抄寫者署名有:S.479"學士吕康三讀誦記"、S.1163"永寧寺學士郎如順進白手書記"、P.2825"學生宋文顯讀,安文德寫"、P.2937"沙洲敦煌郡學士郎兼充行軍除解□太學博士宋英達"、P.3569"蓮臺寺學士索威建記耳"、P.3764"學士郎張厶乙午時寫記之耳"、P.4588"學士郎□盈信記寫"等,從這些我們可清楚地推知抄者身份是敦煌各寺學的學生。特別是 S.728 號《孝經》寫卷,卷末有題記:"丙申年四五日靈圖寺沙彌德榮寫過,後輩弟子梁子校。庚子年二月十五日靈圖學郎李再昌已,梁子校。"後有學郎寫的打油詩說:"學郎大歌(哥)張富千,一下趁到《孝經》邊,《太公家教》多不殘,獿玀兒〔中〕實鄉偏。"更證明了《太公家教》與《孝經》都是當時敦煌地區寺學學郎所使用的課本。

又這些卷子抄寫的時間主要集中在 10 月到 2 月間,這似乎也說明了民間教育主要對象是農村子弟,而受教時間主要在秋收之後的農閒時段,正是一般所謂的"冬學"。這與《齊民要術》卷三引東漢崔寔《四民月令》所說"冬十一月,硯冰凍,命幼童入小學,讀《孝經》《論語》篇章"的情形相吻合。

寺學是唐、五代敦煌教育的主體,而《太公家教》是寺學普遍流行的教材,也是敦煌百姓生活智慧的源泉。因此,當寺院俗講活動時,僧人講唱經文也有援引《太公家教》來闡釋經義的情形。如:P.2418《父母恩重經講經文》中便有:"又《太公家教》:孝子事親,晨省暮醒,知飢知渴,知暖知寒。憂則共戚,樂即同嘆。父母有病,甘羹不餐。食無求飽,居無求安,聞樂不樂,見戲不看,不修身體,不整衣冠,待至疾愈,整易不難。"①不但如此,甚至還成爲當時民間通俗讀物共同取材的對象,如《新集文詞九經抄》《文詞教林》等一類通俗讀物,便大量引用《太公家教》中立身修德的處世箴言②。

根據敦煌寫本得知《太公家教》全篇一卷,分作三部分:首爲序文,計 31 句,139 字;次爲正文,共 281 則,2462 字;後爲跋文,計 13 句,60 字。序文中,作者說明了編撰主旨與成書背景:

---

① 參朱鳳玉:《〈太公家教〉研究》,《漢學研究》4 卷 2 期,1986 年 12 月,第 389—408 頁。
② 參鄭阿財:《敦煌寫卷"新集文詞九經抄"研究》,臺北:文史哲出版社,1989 年。

> 余乃生逢亂代,長值危時。亡鄉失土,波迸流離。只欲隱山居住,不能忍凍受飢;只欲揚名後代,復無晏嬰之識。才輕德薄。不堪人師,徒消人食,浪費人衣。隨緣信業,且逐時之。輒以討論墳典,簡擇詩書,依經傍史,約禮時宜,爲書一卷,助誘童兒。

而跋文也說:

> 余之志也,四海爲宅,五常爲家,不驕身體,不慕容華,食不重味,衣不絲麻,唯貪此書一卷,不用黄金千車,集之數韻,未辨疵瑕;本不呈於君子,意欲教於童兒。

序跋中陳說的是一位亂世流離失所的老者,雖懷才不遇,卻以誨人不倦爲己任,"爲書一卷,助誘童兒"乃依憑經史典籍,因應時代風氣與社會禮俗,兼採民間格言諺語,"意欲教於童兒"編成蒙書一卷。

此書的内容,大抵以儒家傳統的倫理思想爲基礎,强調修身、齊家、治國、平天下,以及爲人處世的原則與態度,這是中國家教的傳統。敦煌寫本《太公家教》也是在這個基調上編寫的。所以,内容性質與古代蒙學施教的旨趣無甚差異,主要在教忠教孝,教導學習灑掃應對進退之節,留意食息言動之際,使之從容周旋,動靜云爲,合宜中節,以達到潛移默化之功。但由於是助誘兒童的村書,尤重實用且求合乎時宜;因此,更加入唐代社會盛行的謙讓柔忍等處世哲理的灌輸,如"柔必勝剛,若必勝强;齒堅則折,舌柔則長","他强莫觸,他弱莫欺","忿能積惡,必須忍之","立身之本,義讓爲先";還有生活教育的具體行爲規範,如:"與人共食,慎莫先嘗;與人同飲,莫先舉觴;行不當路,坐不背堂;路逢尊者,側立路傍;有問善對,必須審詳。子從外來,先須就堂,未見尊者,莫入私房;若得飲食,慎莫先嘗,饗其宗祖,始到爺娘,次霑兄弟,後及兒郎。食必先讓,勞必先當;知過必改,得能莫忘。"使《太公家教》一書成爲唐、五代民間百姓日常生活最爲實用的指導原則,不啻是當代的"生活智慧秘笈"。

這些智慧語言的來源,根據作者序文說:"討論墳典,簡擇詩書,依經傍史,約禮時宜,爲書一卷,助誘兒童,流傳萬代幸願思之。"可知係就"詩書""墳典""經史"等,揀擇嘉句警語,并採輯合乎"時宜"的格言諺語,增減變易,集爲韻語而成編的。經由文本的實際檢驗,可知主要來自於記載我國孝道思想的寶典《孝經》,記述日常生活行爲規矩的《禮記·曲禮》,以及記錄儒家爲人處事之方的《論語》等;此外,還有取材自《荀子》《老子》《莊子》《淮南子》《韓詩外傳》《說苑》《抱朴子》《顏氏家訓》《漢書》《晉書》《千字文》等書。其編撰的方法有：襲用原文，逕自抄取的；有依據經典，增減改易字句的；有櫽括文意，自行改寫的。既遷就經史典籍的原文，又爲方便學童記誦。因此，全篇主要採用傳統蒙書的四言韻語，間有五言、雜言。

特別值得注意的是，除了取材於傳統的經史典籍外，《太公家教》還集録當時社會流行的諺語，且數量相當可觀，實可視爲唐以前民間諺語的結集。這種突破傳統蒙書以詩文成篇的窠臼，將豐富繁雜的經典要義，加以爬梳改寫，成爲琅琅上口的韻語短句，并廣採耐人尋味的諺語，雅俗融合，展現"格言諺語體"的特殊體式，例如"勤是無價之寶，學是明月神珠；積財千萬，不如明解一經；良田千頃，不如薄藝隨軀。慎是護身之符，謙是百行之本"，"香餌之下，必有懸魚；重賞之下，必有勇夫"，"近佞者諂，近偷者賊；近愚者癡，近賢者德；近聖者明，近淫者色"等，今天讀來仍然倍感親切，仿佛家中長者的諄諄教誨，循循善誘。尤其極易於接受、便於口傳、利於記憶，這種特色不但使它成爲流傳久遠的處事箴言，且流傳廣遠。

《太公家教》成書年代學者推測當在 7 世紀下半葉，8 世紀則廣泛傳播於全國各地①。吐魯番出土文書龍谷大學《大谷文書》中也見有《太公家教》殘片多件②，法藏敦煌藏文文獻 P.T987、988 二件寫本，其内容不少即譯自漢文本《太公家教》，日本東京臺東區立書道博物館藏中村不折舊藏敦煌西域文獻中的一件敦煌藏文寫本《太公家教》③顯示漢文本《太公家教》一書，在吐蕃佔領敦煌期間就已在當地非常流行。

又今日遺存唐五代時期重要的民間窰口長沙窰瓷壺上題寫詩歌、聯語、格言、警句等諸多文句中，有不少《太公家教》的字句④，證明了《太公家教》的内容爲當代社會民衆普遍的接受，影響民俗文化的傳播。時代較晚的一卷本《王梵志詩》也和《太公家教》同樣在唐宋時普遍流行於廣大民間，且爲庶民訓誡的通行教材，甚至被奉爲一般民衆立身修德的處世寶箴。

---

①朱鳳玉：《〈太公家教〉研究》，《漢學研究》4 卷 2 期，1986 年 12 月，第 389—408 頁。劉安志：《〈太公家教〉成書年代新探——以吐魯番出土文書爲中心》，《中國史研究》2009 年第 3 期，第 143—150 頁。

②鄭阿財：《學日益齋敦煌學剳記》，見《周一良先生八十生日紀念論文集》，北京，中國社會科學出版社，1993 年，第 193—196 頁。

③陳踐：《敦煌藏文文獻〈古太公家教〉譯釋》（上）（下），西藏民族大學學報（哲學社會科學版）第 38 卷第 2 期，2017 年 3 月，第 46—51 頁；第 38 卷第 3 期，2017 年 5 月，第 51—58 頁。薩爾吉、薩仁高娃：《敦煌藏文儒家格言讀物研究——以中村不折舊藏本〈古太公教〉爲中心》，《中國藏學》2017 年第 1 期，第 39—59 頁。

④參黑田彰：《屏風、酒壺に見る幼學：太公家教について》，《文學》12 卷 6 號，2011 年，第 43—58 頁；張新朋：《長沙窰瓷器之〈太公家教〉題識考辨二則》，《尋根》2017 年 1 月，第 60—64 頁。

以下謹就一卷本《王梵志詩》與《太公家教》的内容,做一考察,不難發現他們之間有許多地方,不但旨趣相同,而且表現的詞語亦多存在着極度相似之處,兹謹略舉數例以窺其關係之一斑。如:

(一)《太公家教》云:

知恩報恩,風流儒雅;有恩不報,豈成人也。

一卷本《王梵志詩》則有:

有恩須報上,得濟莫孤恩。但看千里井,誰爲重來尋。(217)
知恩須報恩,有恩莫不報。更在枯井中,誰能重來救。(218)

(二)《太公家教》云:

禮尚往來,樂尊高下。得人一牛,還人一馬。

一卷本《王梵志詩》有云:

得他一束絹,還他一束羅。計時應大重,直爲歲年多。(221)

(三)《太公家教》云:

他嫌莫道,他事莫知。他貧莫笑,他病莫譏。他財莫願,他色莫思。他強莫觸,他弱莫欺。
貧不可欺,富不可恃。陰陽相催,周而復始。太公未達,釣魚於水。相如未遇,賣卜於市。

一卷本《王梵志詩》有云:

他貧不得笑,他弱不得欺。太公未遇日,猶自獨釣魚。(208)

(四)《太公家教》云:

　　見人善事,必須讚之。見人惡事,必須掩之。
　　聞人善事,乍可稱揚。知人有過,密掩深藏。是故罔談彼短,靡恃己長。

一卷本《王梵志詩》則有:

　　見惡須藏掩,知賢唯讚揚。若能依此語,秘密立身方。(188)

(五)《太公家教》云:

　　對客之前,不得叱狗。對食之前,亦不得漱口。憶而莫忘,終身無咎。
　　客無親疏,來者當受。合食與食,合酒與酒。閉門不看,不如豬狗。拔貧作富,事須方寸。看客不貧,古今實語。

一卷本《王梵志詩》則有:

　　停客勿叱狗,對客莫頻眉。供給千餘日,臨歧請不飢。(193)
　　親客無疏伴,喚即盡須喚。食了寧且休,只可待他散。(194)
　　貧人莫簡棄,有食最須呼。但惠封瘡藥,何愁不奉珠。(211)

(六)《太公家教》云:

　　其父出行,子則從後。路逢尊者,齊脚斂手。尊人之前,不得唾地。尊者賜酒,必須拜受。尊者賜肉、骨不與狗。尊者賜果,懷核在手。勿得棄之,爲禮大醜。

而一卷本《王梵志詩》則有:

　　尊人相逐出,子莫向前行。識事相逢見,情知乏禮生。(159)
　　尊人共客語,側立在傍聽。莫向前頭鬧,喧鬧作鵶鳴。(160)
　　逢人須斂手,避道莫前盪。忽若相衝著,他强必自傷。(196)

尊人與酒喫,即把莫推辭。性少由方便,圓融莫遣知。(175)

(七)《太公家教》云:

勤是無價之寶,學是明月神球。積財千萬,不如明解經書。良田一頃,不如薄藝隨軀。

一卷本《王梵志詩》則有:

黃金未是寶,學問勝珠珍。丈夫無伎藝,虛霑一世人。(179)
養子莫徒使,先教勤讀書。一朝乘駟馬,還得似相如。(180)

除上舉內容外,《太公家教》尚有教人謹言慎行、謙讓柔忍、行善戒惡等爲人處世、待人接物之道,以及立身處世之本,齊家教子之方等。多與王梵志詩相近,尤其與一卷本相通;無怪乎法儒戴密微會將《太公家教》與《王梵志詩》編在一起,合印刊行,不無道理。

六、結語

《太公家教》作爲童蒙教材成書於安史之亂前,約當在7世紀下半葉,而8世紀則流傳於全國各地,遠及西陲吐魯番、敦煌等地,并爲吐蕃所接受而有翻譯。同時,8、9世紀敦煌流行的通俗讀物《新集文詞九經抄》《文詞教林》有大量的引用;當時流行的講唱變文《父母恩重經講經文》也援引講說;長沙窯瓷壺也出現不少《太公家教》字句的題寫,足見其影響之廣泛。

一卷本《王梵志詩》的内容,以孝、悌、敬、慎等儒家教育要求、生活禮儀、處世格言,與《太公家教》性質相同,内容相近。其寫作時代,當爲《王梵志詩》各系中最晚,時間當在晚唐五代。《宋史·藝文志》"別集類"著錄有"王梵志詩集一卷"[1],將其排列次序安置在"廖凝詩集七卷""廖邈師集二卷""廖融詩集四卷"之後。按:廖凝(生卒不詳),後

---

[1] (元)脫脫:《宋史》卷二〇八"藝文志七",北京:中華書局,2011年,第5350頁。

周南康虔化(今江西寧都)人,後唐青泰二年(935)進士。廖融(約936年前後在世)爲廖凝弟。廖邈,五代虔化人,三位均爲五代時期的"廖氏文學集團"(廖匡圖、廖正圖、廖邈、廖融、廖凝)成員。是此"王梵志詩集一卷"當被視爲五代時期的詩集,成編於十世紀初期,似可作爲佐證。

　　項先生主張一卷本《王梵志詩集》編寫於晚唐時期,是在《太公家教》的基礎上改寫而成的,此一見解可説獨到。衡以本文對一卷本《王梵志詩》寫本原生態、內容特性,及其與《太公家教》關係等的考察,項先生的立論確實可信。同時我也覺得這些敦煌庶民通俗讀物的不斷產生,前後相續,且有增刪改易。《太公家教》與一卷本《王梵志詩》的內容均以儒家生活倫理處世哲學爲基調,而一卷本《王梵志詩集》則隨着寺院環境的需求,增益了後20首佛教爲主的勸化詩,這正彰顯了中國俗文化、俗文學所具有的傳承性與變異性;同時也凸顯了詩歌通俗化與口語化的特質。

王梵志詩"後衙"考

——兼論唐代"里正"的職掌

王啟濤

（西南民族大學中國語言文學學院）

將敦煌文學文獻用於歷史研究，一直是學者們孜孜不倦從事的工作①，同樣，將歷史文獻中的相關檔案史料與敦煌文學文獻相比較，又可以使後者的一些疑難問題得到解決。

敦煌文獻中有不少王梵志詩，這些詩歌廣泛涉及當時的政治、經濟、軍事、法律、風俗、宗教、文化。項楚先生在這一方面做出了廣博精深的研究②。恰好，在以吐魯番爲代表的西域地區出土了大量的法制和行政文獻，完全可以與敦煌文獻進行比較研究，也爲王梵志詩的斷代起到一定的旁證參考作用，今以"後衙"一詞爲切入點，考證其真義，同時全面考察唐代"里正"的職掌。

一、"後衙"考

斯 5441/15 王梵志詩《村頭語戶主》："村頭語戶主，鄉頭無處得。在縣用紙多，從吾相便貸。我命自貧窮，獨辦不可得。合村看我面，此度必須得。後衙空手去，定是搦

---

① 項楚、朱雷等先生在這一方面給我們樹立了很好的榜樣。相關著作參看項楚：《王梵志詩校注》，上海：上海古籍出版社，1991 年；又：北京：中華書局，2019 年。朱雷：《朱雷敦煌吐魯番文書論叢》，上海：上海古籍出版社，2012 年。

② 詳參項楚先生所著《王梵志詩校注》一書。

你勒。"①"後衙"一詞,一直是學者們關注的焦點②。吐魯番文獻有助於求其實義。67TAM376:03(a)《唐西州高昌縣諸鄉里正上直暨不到人名籍》(3-291)③:"昌:康達,令狐信,樊度,氾懸。直[仁]。撿不到人過。思仁,白。六日。二月六日,里正後衙到。化:尉思、嚴海、張成、宋感。仁;西:鞏才、馬才、曹儉丞直。仁;順:曹感、賈提、嚴似。仁;平:趙信,史玄,牛信到,張相。仁;戎:陰永。仁;大:[慈]彌□,康洛令直,到,李藝。仁;昌:[令][狐][信],樊□;仁。"④此件文書的寫作年代應該在初唐⑤,這是一件里正按例到縣衙上直簽名簿,有各位里正自己的簽名,每行後有檢查者"思仁"的署名,"思仁"爲高昌縣主簿判尉,里正簽名時以鄉爲單位,每行起首處的昌(寧昌鄉)、化(崇化鄉)、西(安西鄉)、順(順義鄉)、平(太平鄉)、戎(寧戎鄉)、大(大寧鄉)等是高昌縣所轄各鄉名的簡稱,曹儉名字後注"丞直","丞"即縣丞,康洛名字後注"令直","令"即縣令。"丞直""令直"的標注表明,里正是到縣令廳、縣丞廳等部門上直,縣令、縣丞等有廳,《全唐文》所收很多令長廳壁記可以爲證⑥。

上揭吐魯番出土文獻中的"後衙到",即高昌縣各鄉里正在後一班縣衙值班的名籍,當時要按日期記錄當值的各鄉里正和典獄的名字。或許在一天中早些時候,里正要忙碌於鄉里的基層事務,稍晚些時,到縣衙裏報到值班,同時彙報在鄉里的工作情況,向縣裏交納徵收的財物。如上所述,在唐王朝,里正到縣令廳服役,輔佐令工作,稱爲"令

---

① 圖版見中國社會科學院歷史研究所、中國敦煌吐魯番學會敦煌古文獻編輯委員會、英國國家圖書館、倫敦大學亞非學院合編《英藏敦煌文獻》(漢文佛經以外部分),第7册,成都:四川人民出版社,1992年,第90頁。

② 項楚先生釋"後衙"爲"下次衙參之時"。參考氏著《王梵志詩校注》第136頁。蔣禮鴻先生言"後"通"候","後衙"即參衙見官,見蔣禮鴻主編《敦煌文獻語言詞典》,杭州:杭州大學出版社,1994年,第134頁。黄征先生釋"後衙"爲"縣衙中的後廳",又指出:"南衙、北衙、南司、南省,皆以方位稱,'後衙'亦當如此。"參考氏著《敦煌語言文獻研究》,杭州:浙江大學出版社,2016年,第170、209、231頁。

③ "3-291"表明此件文書圖版見於唐長孺主編圖録本《吐魯番出土文書》,北京:文物出版社,1996年,第三册,第291頁。

④ 唐長孺《説明》:"本件騎縫背面押署'仁'字。"

⑤ 其中的"思仁",又見於初唐的另一件文書,請比較64TAM35:24《唐永淳元年(682)西州高昌縣下太平鄉符爲百姓按户等貯糧事》(3-487):"其大麥今既正是收時,即宜貯納訖。速言,德即擬自巡撿。今以狀下鄉,宜准狀,符到奉行。佐朱貞君。主簿判尉思仁。史。永淳元年五月十九日下。"在唐代,諸鄉百姓配役官司,包括給縣令、縣丞、縣尉配役,在吐魯番文獻中還有以下記載,64TAM35:41(a)-2《唐西州高昌縣諸鄉百姓配役官司名籍》(3-490):"化:張成丞;城:趙意令;大:康達令;城:令狐石令;戎:丞;西:鞏才令;大:康洛令;化:康政丞;昌:張禮尉√陳;義:肯(骨?)苟子魏尉。"

⑥ 劉再聰:《唐西州里正銓擬、上直與縣吏分片管理制度》,《西域研究》2011年第2期,第46—54頁。

直",里正到縣丞廳服役驅使、當班,稱爲"丞直"①,里正是唐代最基層的負責人,主要活動場所在鄉里,但他們也因工作需要,上值縣衙,點名簽到②。里正在特定時間集體到縣衙辦公,是基於其職掌而產生的,是工作的一部分。里正按照安排的順序和時間到縣司各廳(令廳、丞廳、二尉廳)值班,協助官員處理事務,他們的上直地點是相對固定的,時間也可能是長期化的。這種具有勞役性質的驅使,應是基於里正雜任身份衍生出來的,是正常工作外的役使③。唐代在吏員闕設的情況下,爲了保證政令及時傳達、對鄉村事務及時瞭解和處理,保證縣司對基層實施有效管理,實行了里正上直及縣吏分片管理制度。上直有直縣和直州之別,上直於縣還可以見於《太平廣記》卷一二三"王表"條(出《三水小牘》)④。

　　在唐代,鄉官到縣衙中當直是普遍現象,以下還有一首王梵志詩,詳細叙述了鄉官到縣局點到、協助處理文簿、差科、賦役的情形,是我們研究里正到縣衙當直的寶貴資料,請比較斯5441/15《當鄉何物貴》:"當鄉何物貴? 不過五里官。縣局南衙點,食並衆

---

①關於"令""丞",考《通典》卷三三《職官》十五"總論縣佐":"大唐縣有令,而置七司,一如郡制(原注:武德元年詔:京令五品,丞一人七品,正六人八品。畿令六品,丞一人七品,正四人八品。上縣令六品,丞一人八品,正四人九品,中下縣各有差)。丞爲副貳(原注:如州上佐)。主簿上轄(原注:如録事參軍,其曹謂之録事司,並司功以下六曹,總之爲七司)。尉分理諸曹(原注:如州判司)。録事省受符歷,佐史行其簿書。丞:漢諸縣皆有,兼主刑獄、囚徒(原注:《史記》曰:'詔捕淮南太子,淮南相怒壽春丞留太子建不遣。'如淳注曰:'丞主刑獄、囚徒,故責之。'《漢書》曰:'黄霸爲潁川太守,務在成就,全安長吏。許丞老,病聾,督郵白欲逐之,霸曰:"許丞廉吏,雖老,尚能拜起送迎,正頗重聽,何傷,且善助之,毋失賢者意。"'如淳曰:'許縣丞也。')後漢令、長、國相各置丞一人,署文書,典知倉獄,署諸曹掾史。凡諸縣署丞,皆銅印黄綬,進賢一梁冠。自晉後無丞。宋時唯建康有獄丞。隋及大唐縣丞各一人,通判縣事(原注:赤縣置二人)。"引文據(唐)杜佑《通典》,北京:中華書局,1996年,第920頁。

②李方:《西州行政體制考論》,哈爾濱:黑龍江教育出版社,2002年,第271—273頁。

③張雨:《吐魯番文書所見唐代里正的上直》,《西域文史》第二輯,北京:科學出版社,2007年。

④原文是:"河東裴光遠,唐龍紀己酉歲,調授滑州衛南縣尉。性貪婪,冒於貨賄,嚴刑峻法,吏民畏而惡之。尤好擊鞠,雖九夏蒸鬱,亦不暫休息。畜一白馬,駿健能馳騁,竟以暑月不勝其役,而致斃於廣場之内。有里長王表者,家雖富贍,早喪其妻。唯一子,可七八歲。白皙端麗,常隨父來縣曹。光遠見而憐之,呼令入宅,遺以服玩,自是率以爲常。光遠令所親謂表曰:'我無子,若能以此兒相餉,當善待汝,縱有大過,亦不汝瑕疵也。'表答曰:'某誠賤微,受制於上,骨肉之間,則無以奉命。況此兒縗袺喪母,豈可複離其父乎,設使以此獲罪於明公,亦甘心矣。'光遠聞而銜之。後數日,乃遣表使於曹南,使盜待諸境上,殺之而取其子。大順辛亥歲春,光遠遘疾,逾月委頓,或時若鬼物所中,獨言曰:'王表來也,當還爾兒。'又爲表言曰:'某雖小吏,慎密未嘗有過,反招殘賊,規奪赤子,已訴於天,令來請命。'又爲己語:'今還爾兒,與爾重作功德,厚賂爾陰錢,免我乎?'皆曰:'不可。'少頃曰:'白馬來也。'則代馬語曰:'爲人乘騎,自有年限。至於負載馳驟,亦有常程。筋力之勞,所不敢憚。豈有盛夏之月,擊鞠不止,斃此微命,實由於君,已訴上天,今來奉取。'又爲己語,祈之如王表,終不聽。數日,光遠遂卒。"引文據(宋)李昉等《太平廣記》,北京:中華書局,2008年,第871—872頁。

廚食。文簿鄉頭執,餘者配雜看。差科取高戶,賦役數千般。處分須平等,併檔出時難。職任無祿料,專仰筆頭鑽。管戶無五百,雷同一槩看。愚者守直坐,點者馺駮看。"①恰好,我們在吐魯番文獻中也發現了類似的檔案史料,它告訴我們里正在夜間當直的情形,2004TAM398:3-2+2004TAM398:3-3《唐某年二月西州高昌縣更簿(一)》(榮、李、孟12)②:"典獄令狐胡卓□□□,翟知[行]□□□□,嚴六仁巡外囚,和寅海惣巡□□□緣今日夜當直里正及獄□□□　□□□謹牒□□□月十五[日]□□□依注告知。洛[白]。十五[日]。[二]月十六日更薄。"以上這條史料自然使我們想到另外一個術語"晚牙(衙)到",也出現在吐魯番文獻中,指高昌縣各鄉里正夜間在官府裏值班的名籍,按日期記録每夜當值的各鄉里正和典獄的名字③。2004TBM607:1-5c《唐某年西州晚牙到簿》(一)(榮、李、孟88):"□□□日晚牙到。"這些文書都是高宗、武則天時期的作品④。"晚衙到"或許與上揭"後衙到"可以比較。"後衙""晚衙"均是初唐時期

---

①圖版見《英藏敦煌文獻》(漢文佛經以外部分)第七卷第90頁。"南衙"應該是縣衙正廳,請比較《隋唐嘉話》卷下:"武后臨朝,薛懷義勢傾當時,雖王主皆下之。蘇良嗣僕射遇諸朝,懷義偃蹇不爲禮,良嗣大怒,使左右牽拽,搭面數十。武后知曰:'阿師當向北門出入,南衙宰相往來,勿犯他。'"

②"榮、李、孟12"表明此件文書圖版見於榮新江、李肖、孟憲實主編《新獲吐魯番出土文獻》,北京:中華書局,2008年,第12頁。

③參考榮新江、李肖、孟憲實:《新獲吐魯番出土文獻概説》,《文物》2007年第2期,第46頁。又參考賴瑞和:《論唐代官員的辦公時間》,《中國史研究》2005年第4期,第73—77頁。

④本組文書出自墓室,共十一殘片。其内容是唐某年西州晚牙到簿,(四)、(五)、(六)人名旁邊有朱筆點記。文書中人名皆係雙名單稱,人名"劉操"見65TAM341:28/1(a)《武周大足元年(701)西州柳中縣籍》(4-55)。"史藏"見大谷1422《唐儀鳳二年(677)西州北館文書》(《大谷》一,圖版一一),又見於大谷2842《北館文書》(《大谷》一,圖版一五),時任西州都督府倉曹府。"田文"見72TAM161:4(a)《唐府史高叡牒爲件録西州諸曹今日當直官典事》(4-378),時任法曹府史。"王行"亦見《唐府史高叡牒爲件録西州諸曹今日當直官典事》,時任功曹府,又見73TAM518:3/3-10(b)《唐西州某縣事目》(3-459~463),該墓所出文書最早爲麟德三年(666),最晚爲神龍二年(706)。"張敏"見72TAM230:10《武周牒尾殘判》(4-77)。"張恭"見73TAM206:42/9-10(a)《唐課錢帳曆(一三)》(2-315),該墓所出紀年文書最早爲高昌義和五年(618),最晚爲武周光宅元年(684)。"張貞",即張文貞,見73TAM191:32(a)《唐史衛智牒爲軍團點兵事》(3-286),時任"府"。該墓所出紀年起永隆元年(680),止永隆二年(681)。"孫感",當爲"孫行感"之省稱,見72TAM230:72《武周天授二年(691)史孫行感殘牒》(4-73),時任西州都督府倉曹史。綜合以上因素,我們推測本組文書的年代當在高宗、武則天時期。參看榮新江、李肖、孟憲實:《新獲吐魯番出土文獻》,北京:中華書局,2008年,第88頁。又參見林曉潔:《唐代西州官吏日常生活的時與空》,《西域研究》2008年第1期。

的詞語①,從這一點看,王梵志詩中有的作品成於初唐。

在敦煌文獻中也有"晚衙"。伯2622《吉凶書儀》:"或遇父母忌辰,如官者,至前一日晚衙,令官典申狀請假。某官,厶乙,牒。厶明日遠忌,伏請准式處分。謹牒。厶年厶月日,厶官姓名,牒。請假訖,即別廳,下簾幕,巾而不櫛,靜念讀經,思惟慘愴,令子弟勾當設齋,至晚衙後燒錢財訖,兄弟子姪於中門外娶(聚)泣,相慰即散。"②

在唐代文獻中,與"晚衙"相關的,還有"暮衙"可以比較,考日僧圓仁《入唐求法巡禮行記》卷二:"唐國風法,官人政理,一日兩衙:朝衙晚衙。須聽鼓聲,方知坐衙,公私賓客候衙時,即得見官人也。"又同卷:"(三月)廿二日,朝衙入州。見錄事、司法。次到尚書押兩蕃使衙門前。擬通入州牒,緣遲來,尚書入毬場,不得參見。卻到登州知後院,送登州文牒壹道。晚衙時入州,到使衙門。令(抄本作'合',從小野本改)劉都使通登州牒。都使出來傳語,喚入使宅。尚書傳語云:'且歸寺院,續有處分。'歸到寺裏,節度副使張員外入寺來相見。又見幕府判官,姓蕭名慶(抄本作'度',據《慈覺大師傳》改)中。"③又考白居易《舒員外游香山寺,數日不歸,兼辱尺書,大誇勝事。時正值坐衙慮囚之際》(《白居易集》卷二二):"白頭老尹府中坐,早衙才退暮衙催。庭前階上何所有,累囚成貫案成堆。"④

從以上考證可知,"晚衙",往往要審問犯人,審理民事糾紛,白居易《李十一舍人松園飲小酎酒得元八侍御詩叙云在台中推院有鞫獄之苦即事書懷因酬四韻》:"早夏我當逃暑日,晚衙君是慮囚時。唯應清夜無公事,新草亭中好一期。"⑤《太平廣記》卷八三"吳堪"(出《原化記》):"晚衙須納,不應此物,罪責非輕。"伯2653《鷰子賦》(甲):"官

―――――――

①又有"衙參","衙參"即官吏到上司衙門,排隊參見,稟告公事。也指在官府裏值班。73TAM518:3/3-16(a)、3/3-12(a)《唐神龍二年(706)史郝住則牒爲具衙參人姓名事》(3-454):"□□載武秀,氾知讓,張駕□□□[氾]感,曹[溫?]意□□才義,馮處□□□會,康處忠□□□李才藝,索義□□□張智通,唐楚□□□達,姜[頭]奴□□□康義感,竹史才□□□□才[人]今日併合衙參,具姓[名]□前,謹牒。神龍二年閏正月[十]□,史郝住則牒。坎城,弘□□□"考唐元稹《酬樂天東南行詩一百韻》:"科試銓衡局,衙參典校尉。"與之相關的是"放衙",免去早晚的參見。李商隱《安平公》詩:"華州留語曉至暮,高聲喝吏放兩衙。"劉崇遠《金華子雜編》卷上:"其旦某入府,遇放衙歸早,忽見不衣裙獨在中門外,疑忌其素非廉人。"

②圖版見上海古籍出版社、法國國家圖書館編:《法國國家圖書館藏敦煌西域文獻》第16册,上海:上海古籍出版社,2001年,第315—316頁。

③引文參考白化文、李鼎霞、許德楠校注,周一良審閱:《入唐求法巡禮行記校注》,石家莊:花山文藝出版社,2007年,第209、236頁。

④引文據(唐)白居易:《白居易全集》,上海:上海古籍出版社,1999年,第337頁。

⑤引文據(唐)白居易:《白居易全集》,第207頁。

不容針私容車,叩頭與脱到晚衙。不須苦死相邀勒,送飯人來定有釵。"

傳世文獻記載"後衙"也承擔有關民事訴訟。檢中村不折藏《搜神記》"王子珍"條:"今有一人著白袴,徒跣,戴紫錦帽子,手把文書一卷,是言弟父之人,即將後衙,向我前來。"①所以,我們認爲"後衙"很有可能與"晚衙"有關。八卷本《搜神記》"即將後衙"句作"其人晡時入衙證問","晡時"即下午三時至下午五時,這無形之中成爲"後衙"的確詁。

上揭"朝衙",即"早衙",它究竟指哪個時段? 在這個時段要處理哪些事項呢? "朝衙"似乎多處理行政日常事務(包括處理行政方面的慵懶散浮拖和違紀事宜),當然也審理民事糾紛。"朝衙"的具體時段可能是始於一天中"平旦",我們在吐魯番文獻中找到不少旁證。67TAM376:02(a)《唐開耀二年(682)寧戎驛長康才藝牒爲請追勘違番不到驛丁事》(3－289):"[開]耀二年二月□驛長康才藝牒,付懷感各取諸鄉,即署專追,限明日平旦將過。"②64TAM35:16《唐西州高昌縣追人勘問帖》(3－545):"高昌縣。帖。大女阿鞏奴磨旺,令狐醜仁□□人□____,匡海洛奴守仁,奴巷々三人挫皮(?)□上明□____。右今須上件人勘問。帖□____五月廿七日佐張文歡帖。即追過(引者按:後有簽名,字難識);高昌縣。帖。廿□____康海進禮、李才達。右今須上件人勘問,帖□____仍限今日平旦將過,明[知]□____日佐張文歡帖。並付玄政即□____白。"

又檢以下三件吐魯番文獻,是縣司處分田畝的案卷,根據處理常式,必須要追喚相關當事人前來縣衙對質,雖然没有明確說明前來對質的具體時間,但我們從前後文揣測

---

① 竇兄懷永與張師涌泉注:"後衙,項校作'候衙',後衙爲參衙見官。按八卷本此句作'其人晡時入衙證問',可參。"參看竇懷永、張涌泉《敦煌小説和集》,杭州:浙江文藝出版社,2010年,第160頁。張師和竇兄爲我們確定"後衙"的具體時間提供了非常寶貴的線索。上引"項校",即項楚先生所撰《敦煌本句道興〈搜神記〉補校》(《文史》第26輯,1986年5月),檢項先生在1991年出版的《王梵志詩校注》中已經調整對"後衙"的詮釋,認爲"後衙"爲"下次衙參之時"(參考氏著《王梵志詩校注》第136頁),我們在本文裏對"後衙"的釋義,與先生的後一說法相近。"衙"是縣衙,請比較斯3721《楊洞芊撰瓜沙兩郡編年》:"洞芊偶有小疾,在於假中,未遂祗候於衙庭,閑悶尤多於鋪席。"伯3146《辛巳年八月三日衙前子弟州司及翻頭等留殘祗衙人數》:"右件留殘祗衙人,每翻各三日三夜,祗衙須得兢兢,勿得怠慢。"

② 又請比較86TAM384:4－1,5－1,5－5《唐顯慶四年(659)史王願住牒爲主帥延儁領兵赴州集事》(柳464):"□好勿使擾惡者。今以狀牒,牒至,仰延儁等主帥點撿前件□□行具、衣常、弓箭、胡祿、鞍韉、籠頭、馬半、黃衫、□識,並須具足____馬並差行,限遣主備安韉、馬韂、籠□____點檢旻從,勿使擾惡到□____欠少。如遇長官之日,不如法,必即科罪。今以狀____廿五日平旦付延儁劼領付州集。顯慶四年十月廿日史王願住____右果毅都尉張□。""平旦"又作"平待",73TAM506:4/32－16之九《唐天寶十四載某館申十三載三至十二月郡坊帖馬食䭉歷牒》(4－521):"同日,平待迎乘磑石郡坊馬七疋,食青麥三斗五升,付健兒陳懷金。"

也應該是平旦,60TAM325:14/1-1,14/1-2《唐西州高昌縣武城鄉范慈□辭爲訴君子奪地營種事》(3-105):"□□三年正月日武城鄉范慈□辭。常田二畝。[縣]司。阿張先共孫男君子分田桃,[各]自別佃。[昨]共孫□君子[平]章,得今年地營種。其阿[張]男□替人安□□身無,卻即奪前件地,[持]□□□□[見]有□□書,各執一本,限中可驗。謹□□□請裁。[謹]□。□城追軍子過果□□□□四日。"75TAM239:9/3《唐景龍三年(709)十二月至景龍四年(710)正月西州高昌縣處分田畝案卷》(3-556):"景□[三]年十二月日寧昌鄉人嚴令子妻白辭。夫堂弟住君。縣司:阿白夫共上件堂弟同藉,各自別居。一戶惣有四丁,三房別坐。藉下見授常田十畝已上,除夫堂兄和德爲是衛士,取四畝分外,餘殘各合均收。乃被前件夫堂見阿白夫並小郎等三人逃走不在,獨取四畝,唯與阿白二畝充二丁分,每年被徵阿白兩丁分租庸,極理辛苦。請乞處分,謹辭。虔白示。廿一日。安樂坊,嚴住君。右奉判付坊追住君過對者,依追到,今將隨送,謹以狀言。□□狀如前,謹牒。撿虔(?)白(?)示。廿二日。"75TAM239:9/16、75TAM239:9/17(a)《唐景龍三年(709)十二月至景龍四年(710)正月西州高昌縣處分田畝案卷》(3-564):"□□□□廿一日行判□□□□撿無稽失,丞判主簿自判,下寧昌等鄉爲追張□□□追董毳頭爲給口分地事。牒行案爲□高屈富地事□□□□張大敏、嚴□行。右得上件□等辭狀,競理田地□頻追責問不到,無憑推勘。下追。亶。牒件檢如前,謹牒。正月日佐趙信牒。肆狀依注諮,晏示。廿一日。□宣示,廿一日。董毳頭□案。牒件狀如前,牒至准狀,□□。寧昌[等]鄉主者件狀如前,符到奉□。景龍四年正月廿一日。"又請比較伯2653《鷰子賦》(一):"你是王法罪人,鳳凰命我責問。明日早起過案,必是更着一頓。杖十已過關天,去死不過半寸。"

如果追述歷史,"平旦"在居延新簡中已經習見,官吏平旦即開始辦公是漢代以來的傳統。E.P.T3:1:"伐胡隊長程望詣廷受奉七月辛未平旦入。"①居延新簡E.P.T43:99:"更始二年正月丙午朔庚午令史業敢言之,迺己巳直符謹行時毋水火盜賊發者即日平旦付令史宏敢言之。"②E.P.T52:266:"封皆完,毋盜賊,發者即日平旦付尉史,並敢□□□。"③居延新簡E.P.T59:126:"匪泄檄以即日平旦時到候官謁報敢言之□□□□。"④

"平旦"究竟指哪一個具體時間段呢?考《孟子·告子上》:"其日夜之所息,平旦之

---

① 圖版見孫占宇:《居延新簡集釋》(一),蘭州:甘肅文化出版社,2016年,第124頁。
② 圖版見孫占宇:《居延新簡集釋》(二),第174頁。
③ 圖版見孫占宇:《居延新簡集釋》(三),第345頁。
④ 圖版見孫占宇:《居延新簡集釋》(五),第137頁。

氣,其好惡與人相近也者幾希。"孫奭疏:"平旦則未至於晝旦,晝所以爲日之中矣。"漢劉向《新序·雜事四》:"君昧爽而櫛冠,平旦而聽朝。"南朝宋鮑照《代放歌行》:"雞鳴洛城裏,禁門平旦開。"唐白居易《郡亭》詩:"平旦起視事,亭午臥掩關。"古人將晝夜分爲夜半、雞鳴、平旦、日出、食時、隅中、正南、日昳、晡時、日入、黄昏、人定等十二時辰,每時辰分爲四刻。上引文獻中"平旦"與"亭午"相對。"亭午"即正午,晉孫綽《游天臺山賦》:"爾乃羲和亭午,遊氣高寒。"宋蘇軾《蘇軾詩集》卷二二《上巳日,與二三子攜酒出遊,隨所見輒作數句,明日集之爲詩,故辭無倫次》詩:"三杯卯酒人徑醉,一枕春眠(引者按:'眠',一本作'睡')日亭午。竹間老人不讀書,留我閉門誰教汝。"

關於古代官吏的早間作息時間,出土文獻和傳世文獻還有明確記載。請比較仁井田陞著、池田温編集《唐令拾遺補·戶令》:"凡内外官日出視事,午而退,有事則直官省之,務繁不在此例。"①《唐會要》卷八二"當直":"故事。尚書省官。每一日一人宿直。都司執直簿轉以爲次(原注:諸長官應通判者,及上佐縣令不直)。凡内外官,日出視事,午而退。有事則直。官省之務繁者。不在此限。故事。尚書左右丞及秘書監,九寺卿,少府監,將作監,御史大夫,國子祭酒,太子詹事,國子司業,少監御史中丞,大理正,外官二佐已上及縣令,准開元式,並不宿直。"②

所以,從上可知:"朝衙"的時間終點應該是"午後",這一點在吐魯番出土文獻中也得到證實。有兩件吐魯番出土行政文獻明確規定有關人要在午時到達,73TAM222:1(b)《唐中軍左虞候帖爲處分解射人事》(3-372):"[依]判某示。一日。牒撿一月事至,謹牒。五月四日典杜奕牒。連道白。四日。中軍[左]□□□□大惣管營□□□□[牒][稱]□[大]惣管處分諸□□□□解射五百人韓郎將□檢校。每下營訖,即教別爲射手隊,不須入大隊者。帖至,仰營所有解射人立即具録姓名通送,待擬簡定,仍准人數差解射主帥押領。限今日午時到者。火急,立待(引者按:此四字後面有四點,可能是着重號)。五月四日典徐豪帖。並弓箭自隨。兵曹訓。惣管左金吾衛郎將韓歡。"2004TMM102:45a+2004TMM102:45b、2004TMM102:45c《唐麟德二年(665)閏三月三日西州交河縣張秋文帖永安城主爲限到縣司事》(榮、李、孟120):"交河縣。帖永安城主□□□□(中缺)□□□□□帖至,仰城主[速]□□□□,[限][今][日]午時到[縣]

---

① [日]仁井田陞著、[日]池田温編輯:《唐令拾遺補》,東京:東京大學出版會,1997年,第742頁。《日本養老公式令》第六十條:"凡京官,皆開門前上,閉門後下,外官日出上,午後下。務繁者,量事而還,宿衛官不在此例。"

② 引文據(宋)王溥:《唐會要》,北京:中華書局,1998年,第1516頁。

[司]□不[得][遲]晚。潤三月三日張秋文即日帖。主薄判尉李秀。"

現在我們把話題說回來。里正在縣衙當直,考勤是必須的,遲到曠工者將遭受皮肉處罰之苦,不僅如此,里正收受百姓好處,不如數徵收交納賦稅,不勤奮辦案,遊手好閑,無故打罵百姓,被人檢舉,均會受到嚴厲處罰,這在王梵志詩中不乏記載,伯3418《當官自慵懶》:"當官自慵懶,不勤判文案。尋常打酒醉,每日出逐伴。衙日唱稽逋,佐史打脊爛。更兼受取錢,差科放卻半。枉棒百姓死,荒忙怕走散。賦斂既不均,曹司即潦亂。啾唧被人言,御史秉正斷。除名仍解官,告身奪入案。官宅不許坐,錢財即分散。路人見心酸,傍看罪過漢。一則恥妻兒,二則羞同伴。無面還本鄉,諸州且遊觀。"以上這首詩也細緻記錄了唐代"里正"作爲基層負責人的管理職責。

二、"里正"的職掌

"里正"是鄉以下一級編制"里"的負責人,是唐代最基層的鄉官,掌管調查戶口(包括造籍帳)、勸農、治安、徵稅以及均田授受等事①,屬雜職掌,往往由勳官、品子或白丁能幹者充任。唐代的里正可以在臨近的里選用,也可以跨鄉擔任。里正又稱爲"百家之長"。吐魯番文獻中有不少關於里正的史料。72TAM150:41(a)《唐貞觀十九年(645)里正趙延洛等牒》(3-21):"貞觀十九年月日里正趙延洛,里正康隆土,里正左相柱,里正張慶相。連仁判示。十一日。"73TAM504:36《唐永徽六年(655)陽士通墓表》(侯、吳483)②:"惟永徽六年,歲次癸卯,十二月丙申朔,十三日戊申。故安西鄉里正陽士通,春秋廿四,殯葬斯墓。"65TAM42:90(a),91(a)《唐令狐鼠鼻等差科簿》(一)(3-112):"七人里正,王善會等廿八單身下上戶。"67TAM83:6《唐先天二年(713)隊副王奉瓊牒爲當隊兵見在及不到人事(二)》(4-7):"韓善住,已上里正,部曲[趙]豐洛轉事天山

---

① 請比較75TAM239:9/13《唐景龍三年(709)十二月至景龍四年(710)正月西州高昌縣處分田畝案卷》(3-562):"昨被前里正左仁德逐追阿彌分地入收授出給,比來阿彌所有戶內□錢,恒是本里代出。其戶內更兩人,戶見未絕,地未出,望乞處分。大女張和[妻]口分常田二畝半,在臨川城□□□"又檢73TAM509:8/16(a)之三《唐開元二十一年(733)西州都督府案卷爲勘給過所事》(4-286):"又問里正趙德宗,欵:上件人戶當第六。其奴婢先來漏藉,已經州司首附下鄉訖。在後雖有小男二人,並不堪祗承弟六戶。有同藉弟嘉瓚見在,請追問能代兄承戶否?""承戶"即代承戶徭。此亦是里正所管之事。

② "侯、吳483"表明此件文書圖版見於侯燦、吳美琳:《吐魯番出土磚誌集注》,成都:巴蜀書社,2003年,第483頁。

縣人斛洪感。"在唐代(尤其是在唐代前期),里正既是鄉官,又是色役,在鄉里享有一定的統治權力,並且自身享有免除兵役在內的各種勞役和租調的權利①。唐朝立國不久,就廢除了鄉正長,里正長成爲地方基層管理的重要力役。吐魯番出土文書反映了高宗、武周時期,西州一帶里正超期任職的現象突出,而且有跨里、跨鄉任用的現象,里正任用在文化上有一定的要求,特別是要能夠按比戶口、催驅賦役、簿帳少解、明閑案牘、一無違慾,但是在戶等上沒有必然的要求,這與宋代不一樣②。

"里正"最重要的一項工作還是徵收課稅、徭役③。《宋史》卷一七七《食貨上五》"役法"上:"役出於民,州縣皆有常數,宋因前代之制,以衙前主官物,以里正、戶長、鄉書手課督賦稅。"里正徵收租調時,一方面要面對被徵收者的橫眉冷對,另一方面可能因徵收不到而遭到縣令的打罵處罰,甚至要自己代爲承擔租調。檢伯3418(伯3724)王梵志詩《貧窮田舍漢》:"貧窮田舍漢,菴子極孤悽。兩共前生種,今世作夫妻。婦即客舂擣,夫即客扶犁。黃昏到家裏,無米複無柴。男女空餓肚,狀似一食齋。里正追庸調,村頭共相催。襆頭巾子露,衫破肚皮開。體上無褌袴,足下複無鞋。醜婦來惡罵,啾唧搦頭灰。里正被腳蹴,村頭被拳搓。駈將見明府,打脊趁迴來。租調無處出,還須里正倍。門前見債主,入戶見貧妻。舍漏兒啼哭,重重逢苦災。如此硬窮漢,村村一兩枚。"④伯3211(斯5441)王梵志詩《工匠莫學巧》:"工匠莫學巧,巧即同人使。身是自來奴,妻亦官人婢。夫婿暫時無,曳將仍被恥。未作道與錢,作了擘眼你。奴人賜酒食,恩言出美氣。無賴不與錢,蛆心打脊使。貧窮實可憐,饑寒肚露地。戶役一槩差,不辦棒下死。

---

① 李方:《唐西州諸鄉的里正》,《敦煌吐魯番研究》第九卷,北京:中華書局,2006年,第187—217頁,引文見第187頁。
② 參看劉再聰:《唐西州里正銓擬、上直與縣吏分片管理制度》,《西域研究》2011年第2期,第46—54頁。又參考凍國棟:《漢唐間"伍伯"淺識》,《魏晉南北朝隋唐史資料》第十七輯,武漢:武漢大學出版社,2006年,第39—45頁(特別是第44—45頁)。賀昌群:《賀昌群文集》第二卷,北京:商務印書館,2003年,第651頁。
③ 《新唐書》卷五二《食貨二》引陸贄上疏:"國家賦役之法,曰租、曰調、曰庸。其取法遠,其斂財均,其域人固。有田則有租,有家則有調,有身則有庸。"
④ 關於"租調",請比較伯3418王梵志詩《男女有亦好》:"男女有亦好,無時亦最精。兒在愁他役,又恐點著徵。一則無租調,二則絕兵名。"

寧可出頭坐,誰肯被鞭恥。何爲拋宅走,良由不得止。"①斯5474/2王梵志詩《可笑世間人》:"忽起相羅拽,啾唧索租調。貧苦無處得,相撮被鞭拷。"②檢杜佑《通典》卷三《食貨》三"鄉黨"載唐《戶令》:"諸戶以百戶爲里,五里爲鄉,四家爲鄰,五家爲保。每里置正一人,掌按比戶口、課植農桑、檢察非違、催驅賦役。"③又:"諸里正,縣司選勳官六品以下、白丁清平强幹者充,其次爲坊正,若當里無人,聽於比鄰里簡用。"④《唐會要》卷六九"丞簿尉":"開元十六年五月二十五日敕:州府及縣倉督,府司佐史、縣録事、里正等,若有景行,明閑案牘,任經十年,不在解限。"⑤《唐律疏議》卷六《名例》"稱反坐罪之"條疏議曰:"以枉法論者,《戶婚律》云:里正及官司,妄脱漏增減以出入課役,贓重入己者,以枉法論。"⑥《唐律疏議》卷三〇《斷獄》"監臨自以杖捶人":"答曰:里正、坊正、村正等,唯掌追呼催督,不合輒加笞杖,其有因公事相毆擊者,理同凡鬪而科。主典檢請是司,理非行罰之職,因公事捶人者,亦與里正同。"⑦

關於里正追索之"差科",檢伯3418王梵志詩《富饒田舍兒》:"富饒田舍兒,論情實

---

①項楚《王梵志詩校注》第205頁:"按《敦煌掇瑣》七十《開元某年某處官廳判牘九種署稅錢不納戶第三十二》:'仰並限此月十六日納畢,不畢,里正攝來,當與死棒'。知梵志詩'不辦'句乃記實也。"與"里正陪"相關的是"鄰保出",斯5474/1《家口惣死盡》:"家口惣死盡,吾死無親表。急首賣資産,與設逆修齋。託生得好處,身死雇人埋。錢遣隣保出,任你自相差。"(《英藏敦煌文獻》第7冊,第147頁)唐代鄉鄰的生死相弔,互幫互助,屢見於吐魯番出土文獻,73TAM208:1《唐永徽四年(653)張元峻墓誌》(侯、吳474):"親羅悲裂,子息號泣。閭里酸吟。嗚呼哀哉,殯葬,故造斯墓。"69TAM111:2《唐貞觀廿二年(648)張子慶妻墓表》(侯、吳457):"何圖一旦,奄然殞逝,遂使四鄰酸楚,宗親悲號,春秋七十有九。"69TAM110:01《高昌延和六年(607)張沂子妻高氏墓表》(侯、吳265):"宜延遐笇,奄然殞逝,宗親悲啼,鄉閭酸泣。"73TAM520:22《高昌延和六年(607)碑兒墓表》(侯、吳259):"終成大器□□□殞逝,宗親悲號,鄉閭啼泣,□□□殯葬斯墓。"66TAM63:1《唐咸亨四年(673)史住者墓誌》(侯、吳547):"爲衢里之楷模,作室家之領袖。何其逝川靡息,鄺影難留。致使冬柏摧柯,春蓧殞質。一朝物化,掩遂風光。隣伍悲傷,行路啼泣。仰思嘉德,尚想餘風。雲淚垂珠,更添斑竹。春秋七十有七,掩然殞逝,即以其日殯葬斯墓。宗袟悲號,鄉閭痛惜。嗚呼哀哉,乃爲頌曰:形神安在,瞻眺傷懷。哭望幾筵,悲戀軒蓋。諸子酸結,宗族攀號,鄰里痛深,鄉閭哽咽。哀哉哀哉,頌之云爾。"《酉陽雜俎》續集卷二"支諾皋下":"別無親戚,爲鄰里殯於此處。"

②圖版見《英藏敦煌文獻》第7冊,第148頁。請比較65TAM341:29/1,23,24(a)《唐景龍三年(709)南郊赦文》(4-59):"□□□所徵逃人四[鄰][伍]保租調□□□[龍]二年□[前]諸色勾徵,並宜□者委□□[使]即分明勘會。"

③(唐)杜佑:《通典》,北京:中華書局,1996年,第63—64頁。

④(唐)杜佑:《通典》,第64頁。

⑤(宋)王溥:《唐會要》,北京:中華書局,1998年,第1222頁。

⑥引文據劉俊文:《唐律疏議箋解》,北京:中華書局,1996年,第505頁。

⑦引文據劉俊文:《唐律疏議箋解》,第2060頁。

好事。廣種如屯田,宅舍青煙起。槽上飼肥馬,仍更買奴婢。牛羊共成群,滿圈養肫子。窖內多埋穀,尋常願米貴。里正追役來,坐著南廳裹。廣設好飲食,多酒勸遣醉。追車即與車,須馬即與馬,須錢便與錢,和市亦不避。索麵驢馱送,續後更有雉。官人應須物,當家皆具備。縣官與恩澤,曹司一家事。縱有重差科,有錢不怕你。"斯778 王梵志詩《他家笑吾貧》:"你富戶役高,差科並用卻。吾無呼喚處,飽吃常展腳。"伯3418 王梵志詩《不見念佛聲》:"早死無差科,不愁怕里長。行行展腳臥,永絕呼征防。生促死路長,久住何益當。"伯3418 王梵志詩《夫婦生五男》:"夫婦生五男,並有一雙女,兒大須嫁處,戶役差科來,牽挽我夫婦。妻即無褐被,夫即無褌袴,父母俱八十,兒年五十五。當頭憂妻兒,不勤養父母。"顏師古《匡謬正俗》卷七"差":"或問曰:'今官曹文書,科發士馬,謂之為差。差者何也?'答曰:'《詩》云既差我馬,《毛傳》云:差,擇也,蓋謂揀擇取強壯者,今云差科取此義。亦言揀擇取應行役者爾。'"考《唐律疏議·戶婚》"差科賦役違法":"諸差科賦役違法及不均平,杖六十。疏議曰:依《令》,凡差科,先富強,後貧弱,先多丁,後少丁,差科賦役違法,及不均平,謂貧富強弱先後閑要等,差科不均平者,各杖六十。"唐朝均田制下,以戶等為差,徵收課稅、徭役。先富強,後貧弱,先多丁,後少丁,徵課內容包括租、調、役、庸等。其中差科是官府臨時性的徭役,差科簿由縣令親自註定①。隨著差科制的發展,後來有以租代役的現象。唐代除租庸調及戶地稅外,按戶等臨時性徵發,徵發內容包括力役、車馬、錢物等,依"差科簿"徵發,所以差科往往是差配、差發、差役、差遣、雜役和科配、科率、科敷、科斂等名號的統稱,差科離不開稅、役兩個方面。吐魯番出土文獻中也有大量的差科資料,65TAM341:29/1,23,24(a)《唐景龍三年(709)南郊赦文》(4-59):"宜免一年差科。"旅順博物館藏《寺觀差科》:"▢▢▢寺觀兩種差科,今▢▢▢▢"②又請比較日本書道博物館藏《唐開元年代西州交河縣名山鄉差科簿》:"名山鄉。交河城。戶一百八十一,應堪差科。戶二,全家外任,戶一,下上。戶劉虔感年卅九,安西戶曹,戶一下中,知半日。戶王行徹年五十二,焉耆戶曹,男承咄年廿八,男承怍年廿六,男承暉年廿四,戶一百八十八,見在,計▢▢▢戶四下上各一日,計四日。"③OR.6405

---

① 參見紀大椿主編:《新疆歷史詞典》,烏魯木齊:新疆人民出版社,1996年,第506頁。又參考張廣達、榮新江:《于闐史叢考》(增訂本),北京:中國人民大學出版社,2008年,第112頁。

② 該件文書原編號為"1523-24-154",圖版見郭富純、王振芬《旅順博物館藏西域文書研究》,瀋陽:萬卷出版公司,2007年,第186頁。

③ 錄文參考[日]池田溫:《中國古代籍帳研究》,北京:中華書局,2007年,第143頁。

(M9A)H.1《唐大曆三年(768)三月典成銑牒》(沙、吳2－331)①:"上件百▢▢▢▢深憂養蒼生頻年被賊損,莫知[其]計。近日蒙差使,移到六城,去載所著差科並納[足],▢▢慈(?)流。今年有小小差科,放至秋熟,依限輸納▢▢糧並在傑謝,未敢就取。伏望商量者。使判:一切並放者。其人糧狀稱並傑謝未有處▢▢▢▢百姓胡書狀訴雜差科准使判牒。所由放其人糧,並在傑謝,欲往使人就取糧,未敢[專]擅執案,諮取處分訖,各牒所由者。使又判任自般運者。故牒。大曆三年三月廿三日典成銑牒。六城質邏刺史阿摩支尉遲信。"又檢杜甫《遭田父泥飲美嚴中丞》詩:"差科死則已,誓不舉家走。"清趙翼《陔餘叢考》卷四三"差":"官府遣役輒曰差。"②

三、里正的進階之路

與里正相關的另一角色是"佐史",縣衙小吏。斯5441王梵志詩《佐史非臺補》:"佐史非臺補,任官州縣上。未是好出身,丁兒避征防。不慮棄家門,狗偷且求養。每日求行案,尋常恐迍杖。食即衆廚食,童兒更護當。有事檢案追,出帖付

---

①"沙、吳2－331"表明此件文書圖版見於沙知、吳芳思《斯坦因第三次考古所獲漢文文獻(非佛經部分)》,上海:上海辭書出版社,2005年,第2冊,331頁。

②參看張澤咸:《唐五代賦役史草》,北京:中華書局,1986年,第356頁。丘古耶夫斯基指出:"差科按戶等和一戶丁中數徵發,重役由多丁戶承擔,輕役由少丁戶承擔。但對天寶年間(742—755)史料的分析說明,這些原則常常被破壞(見西村元祐《唐代敦煌差科簿的研究——以大谷探險隊所獲的敦煌和吐魯番古文書爲參考資料》,王永興《敦煌唐代差科簿考釋》)。差科簿:徵發差科的文簿,登錄納稅民戶所服徭役。其中將鄉內丁中數大別爲'見在'和'破除'兩種。對'見在'者按戶等加以劃分,寫上姓名、與戶主關係、年齡、官位或身份。對'破除'者依次分爲身死、逃走、廢疾等等。"氏著《敦煌漢文文書》(王克孝譯,王國勇校),上海:上海古籍出版社,2000年,第223頁。文欣指出,差科,特別是軍事性差科具有以下四個特點:第一,非常時期的特別稅收。第二,按戶徵收。第三,因支定需。第四,部分有償。參氏著《吐魯番新出唐西州徵錢文書與垂拱年間的西域形勢》,見《敦煌吐魯番研究》第十卷,上海:上海古籍出版社,2007年,第145頁。關於"差科簿",吳立餘指出:"唐代地方機構爲徵發徭役而制定的簿册,由縣令親自訂定,作爲向管內百姓派徭役的依據。敦煌、吐魯番所發現的文書中有這種差科簿的殘卷。從天寶十載(751)燉煌郡燉煌縣六個鄉的差科簿來看,它的內容是以鄉爲單位,首先總計當鄉破除(包括死亡、逃走、沒落、廢疾、單身)的人數與現在的人數,然後在現在人數中按戶登記該戶所有丁男、中男的姓名、年齡、身份(如職官、散官、勳官、品子、三衛、衛士、白丁等),並在人名下注明其現在情况,如正在作官、服兵役、服色役,上番或已納資課、正在服喪、作侍丁及本身患病等,則應該免役或緩役;其餘不注明的人,應當是下次徭役的參承擔者。制定這種簿籍的目的是爲了避免差科不平,所以還要區分戶等。"見中國大百科全書總編輯委員會《中國歷史》編輯委員會隋唐五代史編寫組(唐長孺主編):《隋唐五代史》,北京:中國大百科全書出版社,1988年,第122頁。

里正。(火)急捉將來,險語唯須脪。前人心裏怯,乾喚塊(愧)曹長。紙筆見續到,仍送一縑箱(緗)。錢多早發遣,物少被頡頑。解寫除卻名,楷(揩)赤將頭放。"①

---

①圖版見《英藏敦煌文獻》第7册第90頁。項楚先生釋"撿案"爲"檢視文簿案卷",黃征、黑維强先生認爲"撿案"即"審理的案卷",名詞,並認爲吐魯番出土文獻中的"牒件撿如前"中的"撿",都是名詞,案卷義,同時認爲王梵志詩"有事撿案追"即"遇有刑事即依據撿案傳訊",以上各家之説,分別參看項楚《王梵志詩校注》第122頁。黃征《敦煌語言文字學研究》,蘭州:甘肅教育出版社,2002年,第301頁。黑維强《敦煌吐魯番社會經濟文獻詞彙研究》,北京:民族出版社,2010年,第468—470頁。今暫取項注。"檢案"是判官用語,參考李方:《唐西州天山縣官員編年考證》,中國文物研究所編《出土文獻研究》第七輯,上海:上海古籍出版社,2005年,引文見第273頁。關於"行案",請比較《唐律疏議》卷六《名例》"稱監臨主守"條疏議曰:"主守,謂行案典吏,專主掌其事及守當倉庫、獄囚、雜物之類。"李錦繡指出:"'檢案''出帖'是佐史'行案'的措施。"氏著《唐代財政史稿》第1册,北京:社會科學文獻出版社,2007年,第297頁。李錦繡又指出:"判官、通判官、長官處理文案,可稱爲'判',也可稱爲'押'。四等官在文案上同署,主典地位低下,在文案中的作用稱爲'行案'。判官至長官判案,可統稱爲'押案'。"氏著《從"三官通押"談起》,《中國社會科學院歷史研究所學刊》第二集,北京:商務印書館,2004年,引文見第429頁。關於"佐史",請比較《太平廣記》卷二百五十二"山東佐史"(出《啓顏録》):"唐山東一老佐史,前後縣令,無不遭侮,家致巨富。令初至者,皆以文案試之,即知强弱。有令初至,因差丁造名簿,將身點過。有姓向名明府者,姓宋名郎君者,姓成名老鼠者,姓張名破袋者,此佐史故超越次第,使其名一處,以觀明府强弱。先喚張破袋、成老鼠、宋郎君、向明府,其縣令但點頭而已,意無所問。佐史出而喜曰,帽底可知,竟還即賣之。"《資治通鑑》卷一〇《五晉孝武帝太元八年》:"沖對佐史歎曰:'謝安石頭有廟堂之量,不閑將略。'"胡注:"諸藩府參佐爲佐史。"《資治通鑑》卷二一三"唐玄宗開元二十一年":"是時,官自三師以下一萬七千六百八十六員,吏自佐史以上五萬七千四百一十六員。"《唐六典》卷三〇"三府督護州縣官吏"之"州縣官吏功曹司功參軍"注:"佐史通取六品以下子及白丁充之。"又參考李方:《西州諸縣及敦煌縣縣屬機構"司"(曹)探討》,收入郝春文主編《敦煌文獻論集》,瀋陽:遼寧人民出版社,2001年,第140—169頁。又參考凍國棟:《漢唐間"伍伯"淺識》,《魏晉南北朝隋唐史資料》第十七輯,第39—45頁(特别是第44—45頁)。"紙筆"即紙張筆墨,老百姓造籍、打官司或交納賦税,往往要交納紙筆(錢),紙筆費甚至是公廨雜費(比如長行坊)。"紙筆"也見於吐魯番出土文獻,73TAM206:42/9-6(b)《唐課錢帳歷(三三)》(2-323):"課千三百廿,紙筆卅七,十九日元用六百九十麥子。四箇尼師[年]老,□州稍難。今送多少唇筆?"(此"唇筆"即刑事或民事審理時文案費)OR. 8212/527 Ast. Ⅲ.3.030《唐天寶二年(743)交河郡勘檢倉史汜忠敏案卷之一》(沙、吴1-59):"□□。勾會支供。寧可勒同均出欠踏汜敏實用,即須汜敏獨知紙筆。□□用多[須]。"73TAM210:136/9《唐貞觀二十三年(649)殘牒爲紙筆價錢事》(3-37):"＿＿＿上件錢以不者。其＿＿＿ ＿＿＿紙筆價,謹牒。貞觀廿三年三月日白＿＿＿ ＿＿＿將仕郎秦智。"(這是一件紙筆錢計會案的一部分,諸司有固定錢充紙筆價,而這筆錢,從唐勾官給紙筆及唐公廨本錢的設置情況推測,大致是公廨息利錢)大谷3471(二)《唐開元十九年(731)正月—三月西州天山縣到來符帖目》(《大谷》二,圖版七,録文又見池田温:《中國古代籍帳研究》,第216頁):"兵曹苻,爲鸛鴿鎮官考,限來月衙勒典齎案□＿＿＿度使勾徵麥粟,限符到五日内徵送事。"大谷5839B號文書《開元十六(728)年五月河西市馬使米真陀請筆紙牒付判》(未見圖版,定名及録文參考内藤乾吉:《西域發現唐代文書研究》,《西域文化研究》第三,法藏館1960年,第36—38頁;李方:《唐西州長官編年考證》,殷晴主編《吐魯番學新論》,烏魯木齊:新疆人民出版社,2006年,第101頁):

可見"佐史"可以出具縣衙追喚傳票,可以給里正發出指令,給里正出具辦事便條(帖),要求里正按照便條上羅列的事項逐條辦妥。關於"史"出具"帖"的史料,見於吐魯番文獻,請比較64TAM36:9《唐高昌縣史成忠帖爲催送田參軍地子並麩事》(4-16):"限帖到當日納了。計會如遲,所由[當]杖。六月五日史成忠帖,尉張驗行。"

關於"佐史"的記載,亦廣泛見於吐魯番出土行政文獻,OR.8212/557 Ast.Ⅲ.4.095《唐神龍元年(705)交河縣爲長行官馬致死上西州兵曹狀》(沙、吳1-113):"佐王智

"案紙貳伯張,次紙壹伯張,筆兩管,墨一挺,牒。真陁令緣市馬,要前件紙筆等,請准式處分。謹牒。開元十六年五月二日,河西市馬使米真陁牒。付司,撿令式,河西節度買馬,不是別敕令市,計不合請紙筆,處分過,楚珪(引者按:'珪'後李方所錄有還有'示'字)廿九日。五月廿九日錄事使,錄事參軍沙安付,撿案沙白。一日。牒撿案連如前,謹牒。六月日史藝牒,撿沙白。一日。案紙二百張,次一百張,筆兩管,墨一挺,右得河西市馬史牒。請上件紙筆等,都督判'撿令式,河西節度買馬,不是別敕令市,計不合請紙筆處分過者。'依撿前後市馬使麴中郎等,並無請紙墨等處,牒件撿如前,謹牒。六月日史藝牒,承前市馬,非是一般,或朔方遠湊,或河西頻來,前後只見自供,州縣不曾官給。既無體例可依曹司實。"OR.8212/526 Ast.Ⅲ.3.032《唐天寶二年(743)交河郡勘檢倉史氾忠敏案卷之一》(沙、吳1-59):"□□可與即速對定,連狀同來者。但承前例□□□人應勾紙筆,衆人供給案紙貳佰以下次紙□□□"《虞候司及法曹司請料紙牒》(黃文弼《吐魯番考古記》,北京:線裝書局,2009年,圖版27-30,圖32):"史。六月八日受,即日行判,錄事使,錄事參軍自判,案爲虞候司請六月料紙事。法曹,黃紙十五張,壹拾伍張典李義領,右請上件黃紙寫勅行下請處分。牒件狀如前,請牒。開元十六年六月日府李義牒。"OR.8212/528 Ast.Ⅲ.016《唐天寶二年(743)交河郡檢勘倉史氾忠敏案卷之一》(沙、吳1-61):"右件練□□□□索用充紙筆□□□牒件狀如前謹[牒]。天寶二[年]□□□"又有伯2653《燕子賦》:"今日之下,[乞與]些些方便。還有紙筆當直,莫言空手泠面。"(表明被告一方交納文案的紙筆費)《唐六典》卷三"尚書戶部":"每一歲一造計帳,三年一造戶藉。縣以籍成於州,州成於省,戶部總而領焉。"注:"諸造籍,起正月畢三月,所須紙筆裝潢軸帙皆出當戶內,口別一錢,計帳所須,戶別一錢。"仁井田陞著、池田溫編集《唐令拾遺補·戶令》載開元七年和開元二十五年戶令(第1025頁):"諸戶籍三年一造,起正月上旬,縣司責手實計帳,赴洲依式勘造,鄉別爲卷。總寫三通,其縫皆注某洲某縣某鄉某年籍,洲名用洲印,縣名用縣印,三月三十日納訖。並裝潢一通,送尚書省。州縣各留一通,所須紙筆裝潢,並皆出當戶內,口別一錢。"又:"所須紙筆等調度,皆出當戶。國司勘量所須多少,臨時斟酌。不得侵損百姓,其籍是官,並即先納後勘,若有增減,隱没不同,隨狀下推,國承錯失,即於省籍具注事由國亦注帳籍。"又請比較OR.8211/969-72《唐于闐某寺支用簿》(沙、吳2-327):"出錢壹伯貳拾文,買紙兩帖,夕別卌五文,筆兩管今別一十五文,抄文曆用。"李錦繡指出紙筆費是國家行政費的大宗,諸司所請之紙有黃紙、案紙、次紙三類。其一爲每月請料紙,其二爲臨時支用時請紙筆等。州司對給紙筆有嚴格的規定,並不是所有官府文案用紙都是官府用公廨利錢市紙墨等充用的,涉及百姓的文案,要百姓納紙筆錢,而官府頒給百姓的過所、市券等,可能也和告身、考牒一樣,要百姓收贖,官府支給的紙筆只包括料紙、寫敕行下、下警固文牒等幾項,只有官府各曹司文案用紙纔能向勾司請紙。正因爲官司紙筆有公廨利錢供及當事人交納兩種途徑,紙筆成爲案典勒索當事人的一個借口和納賄的代名詞,氏著《唐代財政史稿》第3冊,第229頁,又參考該書第230—234頁。詳參項楚《王梵志詩校注》第122頁。

感。使。史。"①OR.8212/557Ast.Ⅲ.4.095《唐神龍元年(705)天山縣爲長行馬致死上西州兵曹狀》(沙、吳1-115):"神龍元年三月二日主薄判尉常思獻上。依檢皮兩張到,典張從。准前當。録事索仁禮,佐范立爽,史向州。□□□。"②73TAM507:033(a)《唐佐馬貞濬殘牒》(2-278):"牒撿案連如前謹牒。正月廿七日佐馬貞濬牒。並勒鄉追送,知過白。廿七日。"72TAM204:37《唐西州天山縣案卷牘尾》(2-154):"佐闞文爽。史。五月一日録事氾文才受;録事參軍善順付法。爽(?)[撿][案]□□□[白]。一日。"67TAM91:33(a)《唐史張柱殘文書》(3-6):"佐,史張柱。□□□八月[四]□□□"③72TAM194:12/1,12/12《唐□□五年佐麴和牒》(4-53):"□□□[謹]牒□□□五年五月日佐麴和牒□□□□不同,准狀録申州請。佐麴和。史。"④OR.8212/534背Ast.Ⅶ.2.016《唐西州殘牒》(沙、吳1-64):"(前缺)録事□□□十九日白。佐裴小壽,史[張?]□□□"72TAM228:36《唐天寶三載(744)交河郡蒲昌縣上郡戶曹牒爲録申徵送郡官執衣、白直課錢事(八)》(4-198):"佐:刀抱[瓊](下殘)。"73TAM501:109/7(b)《唐高宗某年西州高昌縣賈致奴等征鎮及諸色人等名籍》(3-385):"賈致奴、張令洛、張勝君、史歡達、張彌達、竹父師、康善生、竹寶達、趙之舊、竹善德,一十二人庭州鎮。董海緒、康堉子、孫住勝、王相才、李力相、郭末德、衛君靜、康辰君、王默婢、張奚默、匡德隆、辛瓶仁,一人先任烏耆佐史不還。白孤易奴、□□先替人庭州鎮□□[富]□[人]疎[勒]。"67TAM376:01(b)《唐欠田簿(二)》(3-293):"六等,賈行通卅二衛士,戶内欠常田四畝,部田六畝。弟孝通十八中,欠常田四畝,部田六畝,令狐高貞廿三庭州佐史,戶内欠常田三畝,部田三畝,安妙何卅五衛士,戶内欠常田二畝,部田六畝,白神寶廿一白丁。"72TAM187:194(b)《唐天寶三載(744)西州高昌縣勘定諸鄉品子、勳官見在、已役、免役、納資諸色人名籍》(一)(4—212):"一人縣佐史。"64TAM5:99《唐殘

---

①武周新字已改爲現代漢字。"佐王智感"即交河縣的司兵佐,參考李方:《西州諸縣及敦煌縣縣屬機構"司"(曹)探討》,收入郝春文主編《敦煌文獻論集》,瀋陽:遼寧人民出版社,2001年,第140—168頁。

②武周新字已改爲現代漢字。李方指出:"佐范立爽,史在司兵管轄的文案中簽署,應該就是天山縣司兵佐史。"氏著《西州諸縣及敦煌縣縣屬機構"司"(曹)探討》,收入郝春文主編《敦煌文獻論集》,引文見第151頁。

③李方認爲此處佐、史與司法、軍事内容有關,應該是高昌縣的司法佐、史。據《唐六典》的記載,縣尉手下没有"史",只有各司佐下纔有"史"。氏著李方:《西州諸縣及敦煌縣縣屬機構"司"(曹)探討》,收入郝春文主編《敦煌文獻論集》,第140—169頁。

④此件文書應該屬於初唐時期,因爲"麴和"又見於2006TAM607:2-4《唐神龍元年(705)六月後西州前庭府牒上州勾所爲當府官馬破除、見在事》(榮、李、孟32、34、36)。

戶籍一(二)》(3-176)"▢▢▢[廿][里]▢▢ ▢▢▢園宅▢▢▢衛士隊正▢▢▢衛士職資妻▢▢▢小男▢▢▢佐史。"大谷2836《武周長安三年(703)三月燉煌縣錄事董文徹牒》(《大谷》一,圖版一二二、一二三):"准牒下鄉,及牓示村坊,使家々知委。每季點撿,有不如法者,隨犯科決。諮,澤白。二日。依判,諮,餘意(?)示。二日。依判,辯示。二日。下十一鄉,件狀如前,今以狀下鄉,宜准狀,符到奉行。長安三年三月二日,佐,史汜藝,三月一日受牒。二日行判。無稽,錄事張,撿無稽失,尉攝主簿,自判。"(武周新字已轉寫爲現代漢字)大谷2845(《大谷》一,圖版八五):"白苟始田肆畝,佃人楊輩子,東桓王寺,西縣公廨佐史田,南王亦奴,北渠。王亦奴田壹畝,佃人王孝矛,東桓王寺,西縣公廨佐史田,南康多允,北白苟始。康多允田貳畝,佃人索武海,東桓王寺,西縣公廨佐史田,南和隆子,北渠。和隆子田壹畝,佃人索武海,東桓王寺,西縣公廨佐史田,南渠,北康多允。縣公廨佐史田拾畝,佃人汜義感,東康多允,西康倚山,南渠,北渠,縣令田貳畝,佃人奴集聚,東縣公廨佐史田,西安文通,南渠,北渠。"①《舊唐書》卷四四《職

---

① "公廨佐史田"即縣公廨田,因其支用爲供縣佐史糧料常食,故稱,其分布在百姓田地與官吏職田中間,多由百姓佃食;"府史田"即州公廨田中屬於府史的田地。"公廨佐史田"與"府史田"的出現表明州縣官與吏的公廨田是分開的。關於"府史田",請比較64TAM27:36(a),37(a)《唐開元四年(716)西州高昌縣安西鄉安樂里籍》(4-145):"壹段貳畝永業,常田,城西武里孔進渠,東府史田,西索歸洛,南趙思德,北索護子。"關於"公廨佐史田",又請比較大谷2845+大谷2851《西州高昌縣佃人文書》(《大谷》一,圖版八五,錄文又見池田温《中國古代籍帳研究》第189頁):"白苟始田肆畝,佃人楊輩子,東桓王寺,西縣公廨佐史田。南王赤奴,北渠。王赤奴田壹畝,佃人王孝道,東桓王寺,西縣公廨佐史田。南康多允,北白苟始。康多允田貳畝,佃人索武海,東桓王寺,西縣公廨佐史田。南和隆子,北渠。和隆子田壹畝,佃人索武海,東桓王寺,西縣公廨佐史田。南渠,北康多允。縣公廨佐史田拾畝,佃人汜義感,東康多允,西康倚山,南渠,北渠。縣令田貳畝,佃人奴集聚,東縣公廨佐史田,西安文通,南渠,北宋神託。康倚山田貳畝,佃人奴集聚,東、西、南、北。安文通田貳畝,自佃,東、西、南、北。宋神託田壹畝,佃人高君定,東縣公廨佐史田,西羅行感,南安文通,北索粟□。羅行感田貳畝,佃人高君定,東宋託,西和隆定,南安文通,北匡點子。和隆定田貳畝,佃人匡鼠輩,東羅行感,西道,南縣令牒,北申屠大智(?)。白未隆田貳畝,佃人蘇感達,東、西、南、北。白赤奴田叄畝,佃人史行成,東、西、南、北。縣令田貳畝,自佃,東白赤奴,西道,南張子仁,北和隆定。張子仁田貳畝,佃人趙孤諾,東白赤奴,西道,南渠,北縣令。牒件通當堰青苗地段四至畝數,佃人具□▢▢▢(後缺)"(武周新字已改爲現代漢字)考《新唐書》卷五五《食貨五》:"天下置公廨本錢,以典史主之,收贏十之七,以供佐史以下不賦粟者常食,餘爲百官俸料。"外官官廚靠公廨田收,外官佐史糧料靠公廨佐史田收。參考李錦繡《唐代財政史稿》第2冊,第259—260頁。

官志三》:"下至執刀、白直、典獄、佐史,各有其職,州府之任備焉。"①就縣一級而言,"佐史"往往指各曹(特別是下縣的司戶、司法、市令)小吏,爲低級吏(往往是雜任),沒有獨立判案的權力(有時是流外出身),他們根據判官的指示,處理各類具體事務,包括催徵錢物、分配田地、統計數位、調查情況、辦理入侍免役等各種手續,並且還要管理檔案、處理公文、書寫符牒等②。"佐"又在"史"("使")之上③。考《釋名·釋言語》:"佐,左也,在左右也。"唐西州時期,高昌縣即屬下縣,下縣在司戶、司法、市令之下均設有左(佐)、史(使)小吏④。

總之,"里正"與"佐史"不是一回事,請比較69TKM39:9/6(b)《唐永徽二年(651年)後某鄉戶口帳(草)(二)》(3-60):"口㊀一佐史,口三里正;口廿一,侍丁。""里正"往往進階爲"佐史",Ll.4.38《唐龍朔三年(663)范隆仁墓誌》(侯、吳507):"一縣銓擢,

---

①檢《通典》卷四〇《職官二十二·秩品五》所記諸色胥吏,有云:"内職掌:齋郎、府史、亭長、掌固、主膳、幕士、習馭、駕士、門僕、陵戶、樂工、供膳、獸醫學生、執禦、門事、學生、後(亦據《新唐書》卷四四《選舉上》作'俊')士、魚師、監門校尉、直屯、備身、主仗、典食、監門直長、親事、帳内等;外職掌:州縣倉督、錄事、佐史、府史、典獄、門事、執刀、白直、市令、市丞、助教、津吏、里正及獄廟齋等並折衝府旅帥、隊正、隊副等,總三十四萬九千八百六十三(内三萬五千一百七十七,外三十一萬四千六百八十六)。"根據《唐六典》卷三〇,州縣無府史,只有佐史,都督、都督府有府史。關於"典獄",請比較72TAM167:3《唐配紙坊驅使殘文書》(4-385):"▢▢▢當上典獄配紙坊驅使▢▢▢"2004TAM395:1-1《唐某年二月西州高昌縣更簿(二)》(榮、李、孟9):"□義嚴武達,巡;典獄嚴六仁,入獄。"2004TAM398:6-2《唐某年二月西州高昌縣更簿(一)》(榮、李、孟9):"武千,巡更▢▢▢▢□蘭囚。"

②以下兩條王梵志詩語料,或許也與"佐史"有關,請比較伯3418(伯3724)《仕人作官職》:"仕人作官職,人中第一好。行即食天廚,坐時請月料。得祿四季領,家口尋常飽。職田佃人送。牛馬足蒭草。每日勤辦案,曹司無鬧閙。差科能均平,欲似車上道。依數向前行,運轉處處到。既能强了官,百姓省煩惱。一得清白狀,二得三上考。選日通好名,得官入京兆。"伯3211(斯5641)王梵志詩《本是達官兒》:"本是達官兒,名作郎君子。從小好讀書,更須多識字。長大人中官,當衙判曹事。高馬衣輕裘,伴涉諸王子。官高漸入朝。供奉親天子,縱得公王侯。終歸不免死。"

③在居延漢簡中就有"佐史",沈剛釋:"低級吏員,書佐和曹史的通稱。《漢書·百官公卿表上》:'百石以下有斗食、佐史之秩,是爲少吏。'顏師古注引《漢官名秩簿》:'佐史月奉八斛也。'"氏著《居延漢簡語詞考釋》,北京:科學出版社,2008年,第116頁。

④侯燦、吳美琳:《吐魯番出土磚誌集注》,成都:巴蜀書社,2003年,第508頁。

任爲百家之長。鄉閭歎其平恕,隣里讚其無私,驅役數年,選任高昌縣佐使。"①"佐使"即"佐史"②。

後　記

　　2002—2006 年間,我在浙江大學古籍研究所跟隨張涌泉先生從事博士後研究,我的出站報告題目是《吐魯番出土文書疑難詞語考釋》,報告完成後,張師請求他的老師項楚先生爲這份《報告》賜序,項先生在百忙之中寫下了評語:"與敦煌文書相比,吐魯番出土文書有自己的獨特價值,也爲漢語史研究提供了獨特的語料。王啟濤的博士後研究報告《吐魯番出土文書疑難詞語考釋》,便是這一領域的最新和最系統、最全面的研究成果。作者掌握了現有最齊備的第一手資料,首先完成近 300 萬字的《吐魯番出土文獻詞典》,再壓縮成 70 萬字的《吐魯番出土文書詞語考釋》,最後精選爲 10 餘萬字的《吐魯番文書疑難詞語考釋》,猶如由乳出酪,由酪出酥,最後提煉爲最上醍醐。報告考釋的疑難詞語超過 150 條,精義勝見,層出不窮,不但解決了吐魯番文書釋讀中的最多難點,也匡正了學界流行的一些錯誤,作者並不滿足於一般性地考釋詞語,具有很高的學術含金量,我認爲《考釋》不但是一份優秀的博士後出站報告,也是漢語史研究和吐魯番研究的有分量的學術著作。"項先生對後學的鼓勵和支持讓我感動不已,也更堅定

---

①又請比較《太平廣記》卷四三二"范端"條(出《廣異記》):"涪陵里正范端者,爲性幹了,充州縣佐使。久之,化爲虎,村鄰苦之,遂以白縣云:'恒引外虎入村,盜食牛畜。'縣令云:'此相惡之辭,天下豈有如此事?'遂召問,端對如令言。久之,有虎夜入倉内盜肉,遇曉不得出,更遞圍之,虎傷數人,逸去。耆老又以爲言。縣令因嚴詰端所由,端乃具伏云:'常思生肉,不能自致。夜中實至於東家欄内竊食一豬,覺有滋味。是故見人肥充者,便欲啖之,但苦無伍耳。每夜東西求覓,遇二虎見隨,所有得者,皆共分之,亦不知身之將變。'然察其舉措,如醉也。縣令以理喻遣之。是夜端去,凡數日而歸,衣服如故。家居三四日,昏後,野虎輒來至村外鳴吼。村人恐懼,又欲殺之。其母告諭令去。端泣涕,辭母而行。數日,或見三虎,其一者後左足是靴。端母乃遍求於山谷,複見。母號哭,二虎走去,有靴者獨留,前就之。虎俯伏閉目,乃爲脱靴,猶是人足。母持之而泣,良久方去。是後鄉人頻見,或呼范里正,二虎驚走,一虎回視,俯仰有似悲愴。自是不知所之也。"
②請比較《太平廣記》卷二六〇"梁士會"條(出《朝野僉載》):"唐滑州靈昌尉梁士會,官科烏翎,里正不送。舉牒判曰:'何物里正,不送烏翎?'佐使曰:'公大好判,烏翎太多。'會索筆曰:'何物里正,不送雁翎?'有識之士,聞而笑之。"(引文據宋李昉《太平廣記》第 2029 頁)又參考李方《西州諸縣及敦煌縣縣屬機構"司"(曹)探討》,收入郝春文主編《敦煌文獻論集》第 140—169 頁。又參考凍國棟《漢唐間"伍伯"淺識》,《魏晉南北朝隋唐史資料》第十七輯,第 39—45 頁(特別是第 44—45 頁)。

了自己不斷學習前賢時彥的研究成果和方法，在吐魯番學領域不斷耕耘下去的信心。2018年11月4日，項先生又出席了我主持的國家社科基金重大項目《吐魯番文獻合集·校注、語言文字研究及語料庫建設》開題報告會，先生在這次盛會上，殷切期望和勉勵我們將《吐魯番文獻合集》做成吐魯番文獻的"定本"。今喜逢先生八十大壽，作爲先生的再傳弟子，我祝敬愛的先生福如東海，壽比南山，永遠快樂。

扭曲與放大：
從"隱惡揚善"看儒學普及化中存在的問題
——以王梵志詩、《太公家教》爲中心

尹 賦

(四川大學中國俗文化研究所)

王梵志詩有云"見惡須藏掩,知賢爲讚揚。但能依此語,祕密立身方"。相似的表達亦見之於敦煌本《太公家教》："見人善事,必須讚之；見人惡事,必須掩之。"又："聞人善事,乍可稱揚；知人有過,密掩深藏。"其中關於"隱惡揚善"的説法學界一般認爲來自儒家典籍,但溯源不足。《論語》中"惡稱人之惡",《禮記·中庸》"舜好問而好察邇言,隱惡而揚善,執其兩端,用其中於民",《孟子》"言人之不善,當如後患何",等等,應是其遠源。但是,梵志詩及《太公家教》說法,卻是對以上經典的誤讀和扭曲,若以此行事,極可能成爲孔子所深惡痛絕的"鄉原"。當然,對"隱惡揚善"的誤讀和扭曲並非始於王梵志和《太公家教》,儒典的歷代注家亦難辭其咎、甚至到今天依然如此；不過,以二者爲代表的通俗讀物在民間的廣泛傳播卻放大了這種影響,一定程度上影響了唐以後國民性的建構。故在儒學的普及化中,我們既要注意民間文化(小傳統)對儒學相關觀念的絕對化或非理性表達,更首先要注意清理精英文化(大傳統)對其的誤讀和扭曲。

一、"隱惡揚善"語源追尋

項楚師《王梵志詩校注》第一八八首有云：

見惡須藏掩,知賢爲讚揚。但能依此語,祕密立身方。

項師在校注中説首二句:"此意釋典、外書屢見,如《孔叢子·論書》:'吾於《洪範》,見君子不忍言人之惡,而質人之美也。'郗超《奉法要》引《正齋經》云:'但得説人百善,不得説人一惡。'《貞觀政要·誠信》:'君子掩人之惡,揚人之善。'《珠林》卷九五《忍辱部》:'經云:讚人之善,不言己美。又書云:君子揚人之美,不伐其美。'"項師並指出敦煌本《太公家教》有相似表達,例舉了其中兩條:

> 見人善事,必須讚之;見人惡事,必須掩之。
> 聞人善事,乍可稱揚;知人有過,密掩深藏。①

檢《太公家教》,另有一條亦可視爲意義差近:

> 揚人之惡,還是自揚;傷人之語,還是自傷。②

此類説法來自何處?《太公家教》作者自序云:

> 余乃生逢亂代,長值危時,亡鄉失土,波迸流離;只欲隱山學道,不能忍凍受飢;只欲揚名後世,復無晏嬰之機;才輕德薄,不堪人師,徒消人食,浪費人衣;隨緣信業,且逐時之宜,輒以討論墳典,簡擇詩書,依經傍史,約禮時宜,爲書一卷,助誘童兒,流傳萬代,幸願思之。③

可見,《太公家教》的作者是一位有一定知識水平、對傳統典籍頗爲熟諳的人;欲立功於當世而無由,故通過寫成此蒙書,立言以傳萬代。他的思想主要是儒家的。同樣,據項師考證,"王梵志詩"實際上包括了從初唐(以及更早)直到宋初的很長時期内,許多無名白話詩人的作品,其中有一些是傳播儒家思想的;而包括上文所舉一八八首在内的一卷本王梵志詩(《王梵志詩校注》中列爲第四卷),實際上是唐代民間的童蒙讀本,其中

---

① 項楚:《王梵志詩校注》(修訂本),北京:中華書局,2019年,第391—392頁。
② 周鳳五:《敦煌寫本太公家教研究》,臺北:明文書局,1986年,第19頁。本文所引《太公家教》,如無特別説明,均據周先生校録本。
③ 周鳳五:《敦煌寫本太公家教研究》,第10頁。

有些詩作(例如一五九、一七五、一八八、二二一等)是在《太公家教》的基礎上改寫而成的。① 則這些詩作的内容與《太公家教》一樣,同樣主要來自儒家典籍。正因爲二者之間的在思想層面上的高度相似性,以至戴密微先生反過來直接把《太公家教》歸集入王梵志詩。②

周鳳五和朱鳳玉二位先生對《太公家教》"討論墳典,簡擇詩書,依經傍史"的情況各自進行了專題考察。③ 指出《太公家教》所引及的儒家經典,以《禮記》《論語》《孝經》爲主,另外還有《荀子》《韓詩外傳》等儒書。他們並對《太公家教》與儒家經子的關係進行了分條比勘,但遺憾的是,上文所列諸條,卻未能指出其經子依據。項楚師所列"外書",亦僅《孔叢子》與《貞觀政要》,且時代靠後④,因此有必要對此問題再加考察。

《孔子家語·辯政》孔子語子貢云:

> 匿人之善,斯謂蔽賢;揚人之惡,斯爲小人。内不相訓,而外相謗,非親睦也。言己(人)之善,若己有之;言人之惡,若己受之。故君子無所不慎焉。⑤

同樣的内容亦見於《説苑·政理》:

> 匿人之善者,是謂蔽賢也;揚人之惡者,是謂小人也;不内相教,而外相謗者,是謂不足親也。言人之善者,有所得而無所傷也;言人之惡者,無所得而有所傷也。故君子慎言語矣,毋先己而後人,擇言出之,令口如耳。⑥

---

①項楚:《王梵志詩校注》(修訂本)之《前言》,北京:中華書局,2019年,第16—17頁。周鳳五亦對二者關係進行了專門討論,參看《敦煌寫本太公家教研究》第三章第三節《太公家教與王梵志詩》,臺北:明文書局,1986年,第50—54頁。

②戴密微、廖伯元、朱鳳玉譯:《〈王梵志詩附太公家教〉引言》,《敦煌學》第9輯,1985年5月,第113頁。

③周鳳五:《敦煌寫本太公家教研究》,第41—48頁。朱鳳玉:《太公家教研究》,《漢學研究》第4卷第2期,1986年12月,第395—399頁。

④《孔叢子》的成書年代,比較可信的説法是東漢延光(122—125)以後,下限在東晉義熙四年(408)前後。參看傅亞庶:《孔叢子校釋》之附録四《孔叢子的成書年代與真偽》,北京:中華書局,2011年,第605—614頁。

⑤(清)陳士珂輯:《孔子家語疏證》卷三,見《叢書集成新編》第十八册,臺北:新文豐出版股份有限公司,1985年,第297頁上。

⑥向宗魯:《説苑校證》,北京:中華書局,1987年,第164頁。

但二書的說法同樣不是最早的。《韓詩外傳》卷六：

> 詩曰："愷悌君子，民之父母。"君子爲民父母何如？曰：君子者，貌恭而行肆，身儉而施博，故不肖者不能逮也。殖盡於己，而區略於人，故可盡身而事也。篤愛而不奪，厚施而不伐。見人有善，欣然樂之，見人不善，惕然掩之，有其過而兼包之。授衣以最，授食以多。法下易由，事寡易爲。是以中立而爲人父母也。築城而居之，別田而養之，立學以教之。使人知親尊。親尊故父服斬縗三年，爲君亦服斬縗三年，爲民父母之謂也。①

《荀子·臣道篇》：

> 事聖君者，有聽從，無諫爭；事中君者，有諫爭，無諂諛；事暴君者，有補削，無撟拂。迫脅於亂時，窮居於暴國，而無所避之，則崇其美，揚其善，違其惡，隱其敗，言其所長，不稱其所短，以爲成俗。②

王念孫云："'違'，讀爲'諱'。'諱其惡'與'隱其敗'同意，《曲禮》注曰：'諱，辟也。'（'辟'與'避'同。）《緇衣》注曰：'違，辟也。''諱''違'皆從韋聲，而皆訓爲'辟'，故字亦相通。"③值得注意的是，以上諸例並非泛論，而均與政事相關：或謂居上臨民當"揚善隱惡"、進賢舉能；或謂爲臣而處亂世暴國，當"揚善隱惡"而明哲保身。

再往前搜尋，我們就會發現孟子曾云"言人之不善，當如後患何"④，《中庸》有："子曰：'舜其大知也與！舜好問而好察邇言，隱惡而揚善，執其兩端，用其中於民，斯以爲舜乎！'"⑤《論語·陽貨》孔子回答子貢"君子亦有惡乎？"問題時說："有惡。惡稱人之惡者，惡居下流而訕上者，惡勇而無禮者，惡果敢而窒者。"⑥以及《論語·顏淵》"君子成人之美，不成人之惡"。《荀子》《韓詩外傳》《說苑》《家語》關於"掩人不善"、不"揚（言）

---

① 許維遹：《韓詩外傳集釋》，北京：中華書局，1980年，第228頁。
② （清）王先謙：《荀子集解》，北京：中華書局，1988年，第251—252頁。
③ （清）王念孫：《讀書雜志》，上海：上海古籍出版社，2014年，第1789頁。
④ （清）焦循：《孟子正義》卷一六《離婁下》，北京：中華書局，1987年，第554頁。
⑤ （宋）朱熹：《四書章句集注》，北京：中華書局，2012年，第20頁。
⑥ 程樹德：《論語集釋》，北京：中華書局，1990年，第1242頁。本文引用《論語》文本，均據《論語集釋》。因引用較多，如無特別需要，僅隨文注出篇名，不一一出注。

人之惡",顯然與《論語》《中庸》《孟子》以上文句存在相當大的關聯。而《孔叢子·論書》所云,日本學者冢田虎謂"質,成也。《論語》曰:'君子成人之美,不成人之惡。'"①則亦出自《論語》。

經過以上追溯,我們找到王梵志詩和《太公家教》有關"隱惡揚善"之類話語的經典源頭,那麼,它們的正當性是否就没有疑問了呢？筆者的回答是否定的,因爲,這些看似來自經典的話頭,卻一定程度上存在着對經典的扭曲與誤讀。

二、《論語》《孟子》三章再解

自漢以來,學者們在解説上引《論語》《孟子》三章時,均將"人"理解爲"他人",但這樣的理解卻存在問題。

先看"惡稱人之惡"句。皇侃《義疏》引苞氏曰:"好稱説人之惡,所以爲惡也。"皇疏云:"君子掩惡揚善,故憎人稱揚他人之惡事者也。"②朱子《集注》亦云:"稱人惡,則無仁厚之意。"③他並隱括馬援誡兄子之言而解釋説:"稱人之惡,在己則長浮淺刻薄之心,於人則絶勸勉愧恥之意,是以君子樂道人之善,聞人之過如聞父母之名,耳可聞而口不可道也。"④劉寶楠亦謂:"君子隱惡揚善,故稱説人惡,爲君子惡也。"⑤今人錢穆譯此句云:"厭惡喜好稱説别人惡的人。"⑥楊伯峻亦譯爲:"憎恨一味傳播别人的壞處的人。"⑦

這些解説顯然存在問題。首先,《論語》中孔子多次稱説他人之惡。比如,《八佾》篇中,孔子對三桓之僭禮,屢次加以指斥,其怒惡之切,致有"是可忍也,孰不可忍也"之

---

① 傅亞庶:《孔叢子校釋》,北京:中華書局,2011 年,第 31 頁注[38]引。
② (魏)何晏集解,(梁)皇侃義疏:《論語集解義疏》卷二,叢書集成初編本,北京:商務印書館,1937年,第 253—254 頁。原書用逗點,徑改爲新式標點,下同。
③ (宋)朱熹:《四書章句集注》,北京:中華書局,2012 年,第 183 頁。
④ (宋)朱熹:《論語或問》卷一七,見《朱子全書》第六册,上海:上海古籍出版社,合肥:安徽教育出版社,2002 年,第 888 頁。《後漢書·馬援傳》:"初,兄子嚴、敦並喜譏議,而通輕俠客。援前在交阯,還書誡之曰:'吾欲汝曹聞人過失,如聞父母之名,耳可得聞,口不可得言也。好論議人長短,妄是非正法,此吾所大惡也,寧死不願聞子孫有此行也。'"但馬援所誡,乃因二侄"喜譏議",其所惡在"好論議人長短,妄是非正法",此與上引苞氏(即包咸)義同。馬援與包咸同代而稍長,或受包咸影響。參看(南朝宋)范曄:《後漢書》卷二四,北京:中華書局,1965 年版,第 844 頁。
⑤ (清)劉寶楠:《論語正義》卷二〇,北京:中華書局,2016 年,第 708 頁。
⑥ 錢穆:《論語新解》,北京:九州出版社,2011 年,第 537 頁。
⑦ 楊伯峻:《論語譯注》,北京:中華書局,2009 年,第 188 頁。

言;他雖然稱讚管仲"如其仁"(《憲問》),但也嚴厲批評其不知儉、不知禮(《八佾》);甚至當面責罵原壤:"幼而不孫弟,長而無述焉,老而不死,是爲賊!"不但罵,還"以杖叩其脛"(《憲問》)。如按照以上學者們的解説,孔子顯然不夠君子的標準,更遑論稱其爲聖人了。其次,"直"是孔子非常推重的一種品德。"人之生也直,罔之生也幸而免。"(《雍也》)"夫達也者,質直而好義","舉直錯諸枉,能使枉者直。"(《顏淵》)"以直報怨,以德報德。"(《憲問》)"直哉史魚!邦有道如矢,邦無道如矢。"(《衛靈公》)他還自道云:"吾之於人也,誰毀誰譽?如有所譽者,其有所試矣。斯民也,三代之所以直道而行也。"(《衛靈公》)直道而行,當然不會詆謗他人,也不會輕易稱譽於人,但於他人之惡,亦當以"直道"對待之,當言則言,當責則責。而皇侃在《義疏》中將孔子作爲一任平等、無有憎愛的超越性存在,朱子將"毀"理解爲"稱人之惡而損其真",都未能達意。①

值得注意的是,孔子強調儒者的自修自爲,關於"修慝""遠怨"提出"攻其惡,無攻人之惡"(《顏淵》)、"躬自厚而薄責于人"(《衛靈公》)。在這一意義上,"惡稱(他)人之惡"有道理②,因爲稱他人之惡並不能減少自己所犯之過惡和所應承擔的責任,反而有掩飾己惡、不敢擔責之嫌。但是,它與"直道"言惡已是不同層面的問題,不可將其泛化而否定後者。如上所述,孔子對於他人之惡並非視而不見、聽而不聞,他多次表達了對模糊是非善惡者的否定。他指鄉原爲"德之賊"(《陽貨》);在回答子貢"鄉人皆好之,何如""鄉人皆惡之,何如"時,俱云"未可也","不如鄉人之善者好之,其不善者惡之"(《子路》)。他的愛憎是相當分明的:"惡紫之奪朱也,惡鄭聲之亂雅樂也,惡利口之覆邦家者。"(《陽貨》)"行夏之時,乘殷之輅,服周之冕,樂則《韶》《舞》。放鄭聲,遠佞人。鄭聲淫,佞人殆。"(《衛靈公》)再者,孔子之作《春秋》,"善善惡惡,賢賢賤不肖"③,其目的正在使亂臣賊子懼。如果掩惡,暴政亂國、殘民以逞之徒何以得揭露?爲惡者何以知懼?當然,孔子講中庸,不爲已甚,疾惡也是如此:"人而不仁,疾之已甚,亂也。"(《泰伯》)從這個意義上看,苞氏所謂"好稱説",錢、楊二位先生在翻譯中加上"喜好"

---

① 皇疏云:"孔子言我之於世,平等如一,無有憎愛毀譽之心,故云誰毀誰譽也。即平等一心,不有毀譽,然君子掩惡揚善,善則宜揚。"見《論語集解義疏》卷八,第221—222頁。朱子解説本章,不廢"惡惡",那麼,"稱人之惡"而不損其真,雖得罪於其人,卻有利於世道人心,可不可以?遺憾的是,結合他對於"惡稱人之惡"的解説,他實際上是將"稱人之惡"與"毀"歸爲一例的。見《四書章句集注》,北京:中華書局,2012年,第167頁。

② 《管子·明法解》針對桓公"然則君子之爲身,無好無惡,然已乎"之問,管仲答曰:"不然。夫學者所以自化,所以自撫。故君子惡稱人之惡……"亦是在修身自爲的意義上來談論"惡稱人之惡"的。參見黎翔鳳:《管子校注》卷二一,北京:中華書局,2004年,第1206頁。

③ (漢)司馬遷:《史記》卷一三〇《太史公自序》,北京:中華書局,2014年,第4003頁。

"一味",有道理,但已屬增字而釋①;而皇侃、朱子與劉寶楠之説,則有將"不稱惡"泛化的傾向,問題更大。②

同樣,對孟子"言人之不善,當如後患何"一句,前人解説亦頗值得商榷。趙岐注此句云:"人之有惡,惡人言之,言之當如後有患難及己乎。"其章指亦云:"好言人惡,殆非君子,故曰'不忮不求,何用不臧'。"③朱子以爲本章當"有爲而言"④,並討論云:"或問:九章所謂後患者,謂得罪於其人邪?抑恐其亦言己之不善邪?曰:是皆有之,然斯言必有爲而發,今不可知其所指矣。"⑤朱子的謹慎值得欽敬,但"得罪於其人"及"恐其亦言己之不善"殊不合孟子之意。如果怕得罪於人,孟子何以會辟楊、墨之徒?何以會對他人言梁襄王不似人君?何以會譬公孫衍、張儀爲妾婦,嚴辭批評梁惠、齊宣、白圭、許行、陳仲子這些人?如果恐他人言己之不善,孟子又何以會讚揚子路"人告之以有過則喜"、禹"聞善言則拜"⑥?朱子引及尹焞關於此句還有"言不可不慎"之説⑦,清人焦循或受其啟發,提出"孟子距楊墨,比之爲禽獸,正所以息其無父無君之患也。若言人之不善,而轉貽將來之患,則患不在人之不善,而轉在吾之言矣。是當審而慎之。"⑧焦氏或許意識到了孟子距楊、墨亦在言楊、墨之不善,故特將其與言人不善而貽將來之患者加

---

①《孔子家語》卷五載顏回告叔孫武叔:"吾聞諸孔子曰:言人之惡,非所以美己;言人之枉,非所以正己。故君子攻其惡,無攻人之惡。"但人之所以告如此,乃因武叔"多稱人之過而己評論之"。可見並非泛言不稱他人之過惡。同卷顏回即對魯定公言東野畢御馬之過失,定公先以爲誣,後嘆服。參見(清)陳士珂輯:《孔子家語疏證》卷五,見《叢書集成新編》第十八冊,第306頁上、304頁下。

②雖然他們在其他篇章的解説中對此會有所補救,但其補救並不能消除此處影響,而且其補救中也存在一定問題。例如,皇侃疏《里仁》"惟仁者能好人,能惡人"章,謂"夫仁人不佞,故能言人之好惡。是能好人,能惡人也。'雍也仁而不佞',是也。結合他對《雍也》"井有仁"章的疏解:"仁者能好人,能惡人,其雖惻隱濟物,若聞惡人墮井,亦不往也。"可見:其一,他所謂的仁人或仁者,是先驗的存在,而非《論語》中,孔子多次用"不知其仁"來表達仁人或仁者是蓋棺論定、見行觀果的結果判評。《公冶》篇孔子對他人"雍也仁而不佞"這一評價的回答,正是"不知其仁,焉用佞?"其二,皇氏的疏解中,隱隱將言人好惡、好惡人作爲仁者所擁有的權力,而非孔子表達的將其作爲仁者之所以爲仁者的前提條件之一。參看(魏)何晏集解,(梁)皇侃義疏:《論語集解義疏》卷二,臺北:新文豐出版股份有限公司,1985年,第45、55頁;卷三,第81頁。

③(清)焦循:《孟子正義》,北京:中華書局,1987年,第554頁。

④(宋)朱熹:《四書章句集注》,北京:中華書局,2012年,第296頁。

⑤(宋)朱熹:《孟子或問》卷八,見《朱子全書》第六冊,上海:上海古籍出版社,合肥:安徽教育出版社,2002年,第960頁。

⑥(清)焦循:《孟子正義》卷七《公孫丑上》,第240頁。

⑦(宋)朱熹:《論孟精義·孟子精義》卷八,見《朱子全書》第七冊,上海:上海古籍出版社,合肥:安徽教育出版社,2002年,第731頁。

⑧(清)焦循:《孟子正義》,第554頁。

以區分,從而認爲應當審慎從事。但是,這樣的區分一則語焉不詳,二則難以一一從事,三則世事遷變,是否貽患將來,很難評判,故難以有可操作性。

再來看"君子成人之美,不成人之惡"句。何晏《論語集解》未引及前人任何解説①。敦煌文書中村不折133號鄭玄《論語注(顔淵、子路)》恰恰殘缺"齊景公問政"至"季康子患盗"之間六章②,本章即在其中,頗爲遺憾。但鄭氏有注的可能性不大,否則何晏應當引及。《穀梁傳》有云:"《春秋》成人之美,不成人之惡。"③《大戴禮記·曾子立事篇》亦云:"君子己善,亦樂人之善也;己能,亦樂人之能也;己雖不能,亦不以援人。""君子不先人以惡,不疑人以不信,不説人之過,成人之美,存往者,在來者,朝有過夕改則與之,夕有過朝改則與之。"④雖非直接解説《論語》,但對後世注疏影響頗大。皇侃疏解此句云:"美與己同,故成之也;惡與己異,故不成之也。"⑤邢昺疏云:"此章言君子之於人,嘉善而矜不能,又復仁恕,故成人之美,不成人之惡也。小人則嫉賢樂禍,而成人之惡,不成人之美,故曰反是。"⑥朱子《集注》云:"成者,誘掖獎勸以成其事也。君子小人,所存既有厚薄之殊,而其所好又有善惡之異,故其用心不同如此。"⑦今人錢穆、楊伯峻、李澤厚等人注譯均未能越皇、邢、朱之藩籬⑧。

值得注意的是,宋人范祖禹解此章與以上諸疏解稍有不同,他特別突出了稱人善惡與成人善惡之間的關係:

> 君子樂道人之善,故成人之美;惡稱人之惡,故不成人之惡。亦己有之也。君子自處也厚,故好人勝己;小人自處也薄,故唯欲人不勝己。與君子處,日聞人之

---

① 參看(魏)何晏注、(宋)邢昺疏:《論語注疏》,見(清)阮元校刻《十三經注疏》,北京:中華書局,1980年,第2504頁中。

② 具體情況請參看張涌泉主編、審訂,許建平撰:《敦煌經部文獻合集》第四册,北京:中華書局,2008年,第1514頁。

③ (清)鍾文烝:《春秋穀梁經傳補注》卷一,北京:中華書局,2009年,第5頁。

④ (清)孔廣森:《大戴禮記補注》卷四,見《續修四庫全書》107册,上海:上海古籍出版社,2002年,第545頁。

⑤ (魏)何晏集解,(梁)皇侃義疏:《論語集解義疏》卷六,北京:商務印書館,1937年,第170頁。

⑥ (清)阮元校刻:《十三經注疏》,第2504頁中。

⑦ (宋)朱熹:《四書章句集注》,北京:中華書局,2012年,第138頁。

⑧ 參看錢穆:《論語新解》,北京:九州出版社,2011年,第361頁;楊伯峻:《論語譯注》,北京:中華書局,2009年,第127頁;李澤厚:《論語今讀》,北京:中華書局,2015年,第232頁。其他不一一列出。

善;與小人處,日聞人之惡。則無以養其内心,故惡日長而善日消也。①

而劉寶楠解此章引孔廣森《大戴禮記補注》則更明確地指出"稱人惡"會導致"成人惡":"彼有過者,方畏人非議,我從而爲之辭説,則彼將無意於改,是成人之惡矣。故君子不爲也。"②孔氏《補注》還區分了"揚""説"之間的差異:"不揚人之過,厚也;不説人之過,忠也。"③朱子批評范祖禹"以成爲稱,則不盡聖人之意"④,成美不成惡從範圍上來説當然不止稱美不稱惡,但不可否認的是,本章與所謂的"隱惡揚善"聯繫也是非常緊密的。

漢魏經師們何以於本章無注解?想必因爲其意義頗爲顯豁,但這樣的"顯豁"恰恰值得我們警惕。如果按皇、邢以來學者們的解釋,將"成人"的"人"理解爲"他人""別人",則本章是從人我關係的角度來區分君子與小人,這樣的解説有其合理性,但意義相對狹隘,忽略了二者在進德修業方面根本性的差異。再者,若稱説他人之過惡就是在"成人惡",那麽,堯、舜、禹、湯、文、武、周公、孔、孟俱難逃誅責,而"四凶""三桓"、桀、紂之類,有以委過也。

前人對以上三章的理解之所以出現問題,關鍵在於對其中"人"字的解説上。筆者認爲,三章中的"人"(除"小人"之"人"外)如果解作類別之"人",亦即人之爲人的"人",則以上問題迎刃而解。據學者們考釋,《論語》中的"人"有多種内涵,其中即有與神、鬼等虛擬觀念和禽、畜等實體概念相對的作爲類別的"人"的涵義⑤。例如:"富與貴,是人之所欲也;……貧與賤,是人之所惡也"(《里仁》),"人之生也直,罔之生也幸而免"(《雍也》),"'傷人乎?'不問馬"(《鄉黨》),"未能事人,焉能事鬼"(《先進》),"人能弘道,非道弘人"(《衛靈公》)。《孟子》中這樣的例證更多:"人皆有不忍人之

---

① (宋)朱熹:《論孟精義·論語精義》卷六下,上海:上海古籍出版社,合肥:安徽教育出版社,2002年,第431頁。
② (清)劉寶楠:《論語正義》卷一五,北京:中華書局,1990年,第504頁。
③ (清)孔廣森:《大戴禮記補注》卷四,見《續修四庫全書》107册,上海:上海古籍出版社,2002年,第545頁。
④ (宋)朱熹:《論語或問》卷一二,見《朱子全書》第六册,上海:上海古籍出版社,合肥:安徽教育出版社,2002年,第807頁。
⑤ 趙紀彬:《釋人民》對《論語》中"民""人"有專門考釋,見氏著《論語新探》,北京:人民出版社,1976年,第1—26頁。楊逢彬《也談〈論語〉中的"人"與"民"》在其基礎上續有考釋,據楊先生統計,《論語》中"人"字凡219見,其中一半以上受形容詞、名詞、代詞的修飾,與"民"構成聯合詞組1次,剩餘108次中,"表示'別人''他人'的,爲79次;表示與'神''畜'相對的'人''人類'或'一個人''某個人'的,爲29次",他並詳細列出這29次的具體内容。遺憾的是,其中未包括上文所討論的兩章在内。參看楊逢彬:《論語新注新譯·附錄》,北京:北京大學出版社,2016年,第433—462頁,特別是第443—445頁。

心。……無惻隱之心,非人也;無羞惡之心,非人也;無辭讓之心,非人也;無是非之心,非人也。……人之有是四端也,猶其有四體也。"①"於人心獨無恔乎?""人亦孰不欲富貴?"②"仁,人心也。義,人路也。""人之於身也兼所愛。"③"人皆可以爲堯舜。"④

如此一來,則以上三章涉及人性問題。"惡稱人之惡"當解爲:厭惡稱説人之爲人惡的方面;"成人之美"句當解爲:君子(應當)成就人之爲人美善的方面,而不(應當)成就人之爲人惡的方面。"言人之不善"章當解爲:宣揚人是不善的,後患來了,該怎麽辦呢?或者,宣揚人之爲人惡的方面,後患來了,該怎麽辦呢?前者"之"字變主謂句爲詞組,後者"之"字表領屬。可見,孔孟的人性論是一脈相承的⑤。將三章中的人理解爲"他人",從而倡導不稱他人之惡而揚他人之善,雖然在強調君子應當自修自爲、注重自我的完善而非責難他人,以及助人成善去惡等方面有其合理性,但不可否認的是,都在相當程度上貶低了它們在孔孟思想體系中的意義與價值。而將"惡稱(他)人之惡"、不"言(他)人之不善"在闡釋中加以泛化,在相當程度上忽視甚至否定"直道"言惡,則不能不說是對孔孟思想的扭曲。

三、《中庸》"隱惡而揚善"再解

"隱惡揚善"更直接的源頭就是前引《禮記·中庸》那句話:"舜好問而好察邇言,隱惡而揚善。"此章論舜之智,顯然與其修齊治平相關。對於"隱惡而揚善",鄭玄與孔穎達正義均未涉及⑥;朱子《集注》云:"邇言者,淺近之言,猶必察焉,其無遺善可知。然於其言之未善者則隱而不宣,其善者則播而不匿,其廣大光明又如此,則人孰不樂告以善哉。"⑦顯然,朱子在這裏僅將善惡局限於言的層面,聯繫前後文,可算一解,但還是需要對其進一步思考:此章是否還有他解?揚誰之善?隱誰之惡?此處的"隱"是否即爲"隱藏""藏匿"之意?即以言語的善惡層面而論,"揚善"暫不必説,關鍵是"隱惡":對

---

①(清)焦循:《孟子正義》卷七《公孫丑上》,北京:中華書局,1987年,第232—235頁。
②(清)焦循:《孟子正義》卷九《公孫丑下》,第284、300頁。
③(清)焦循:《孟子正義》卷二三《告子上》,第786、789頁。
④(清)焦循:《孟子正義》卷二四《告子下》,第810頁。
⑤關於孔孟的人性論,筆者另撰有《孔孟人性論之再探討》一文,待刊。
⑥(漢)鄭玄注、(唐)孔穎達正義:《禮記正義》卷五二,見(清)阮元校刻《十三經注疏》,北京:中華書局,1980年,第1626頁上。
⑦(宋)朱熹:《四書章句集注》,北京:中華書局,2012年,第20頁。

"惡言"是否聽而不聞,聞而不宣,不採不納就可以了?孟子曾説"不得於言,勿求於心,不可"①,言爲心聲,惡言邪説"作於其心,害於其事;作於其事,害於其政"②。聖人含弘光大,若有人偶出惡言,"隱"而知止,當然好;若一再出惡言,且見之於行,害事害政,又當如何?還需要爲之隱匿嗎?故筆者認爲,舜的"隱惡而揚善"應當具有更爲深廣的内涵。以下材料可以爲我們提供重要佐證。

《周易·大有》傳:"《象》曰:火在天上,大有。君子以遏惡揚善,順天休命。"荀爽注云:"謂夏,火王在天。萬物並生,故曰'大有'也。"虞翻注云:"遏,絶。揚,舉也。"③夏日麗天,陽氣盛行,萬物蓬勃;君子則之,當絀惡而舉善,修己以敬,修己以安人、安百姓。此卦同樣與君子修齊治平相關。可見"隱惡"與"遏惡"應當有相近的意義。而朱子所謂的"隱而不宣",其中更重要的也應是遏絶之意。蓋善言進而得行,惡言進而掩止,百姓是以知何爲善何爲惡,是善長而惡抑也。

在先秦文獻中,"隱"本有堵塞之義。《詩·小雅·魚麗》:"魚麗於罶,鱨鯊",毛傳云:"士不隱塞",陸德明《經典釋文》云:"隱,如字。本又作偃,亦如字。"阮元校云"偃"即今之"堰"字④。《管子·輕重甲》:"越人果至,隱曲薔以水齊。"王念孫《讀書雜志》:"'薔',亦當爲'嗇'……隱,塞也,謂塞曲嗇以灌齊都也。"⑤是以"隱惡揚善"的"隱",從其初始用法上來説,應當是止塞、遏絶之意,而非後世普遍理解的隱藏、掩藏義。

結合《易傳》,筆者認爲,"隱惡揚善"的早期用例是針對聖王君子的,其内涵可以從以下幾方面加以理解:

其一,就個體而言,天生烝民,異於萬物,君子當進德修能,無論富貴貧賤,均當保有、長養並弘揚人之爲人美善之端而遏抑其醜惡之端,以順遂天命。孟子云:"舜明於庶物,察於人倫,由仁義行,非行仁義也。"⑥正是因爲"明於庶物",所以知物我有不同;正是因爲"察於人倫",所以知善惡之有分別,知人有仁、義、禮、智之善端,故能隱其惡而揚其善。

其二,在政教層面上,"君子之德風,小人之德草"(《論語·顔淵》),君子修德以臨民,

---

① (清)焦循:《孟子正義》卷六《公孫丑上》,北京:中華書局,1987年,第194頁。
② (清)焦循:《孟子正義》卷一三《滕文公下》,第458頁。
③ (清)李道平:《周易集解纂疏》,北京:中華書局,1994年,第188—189頁。
④ (漢)毛亨傳、鄭玄箋,(唐)孔穎達疏:《毛詩正義》,見(清)阮元校刻《十三經注疏》,北京:中華書局,1980年,第417頁中、418頁下。
⑤ (清)王念孫:《讀書雜志》,上海:上海古籍出版社,2014年,第1173頁。
⑥ (清)焦循:《孟子正義》卷一六《離婁下》,第568頁。

如夏日之麗天,使善日長而惡日消。孟子曰:"禹聞善言則拜。大舜有大焉,善與人同,舍己從人,樂取於人以爲善。自耕稼陶漁以至爲帝,無非取於人者;取諸人以爲善,是與人爲善者也。故君子莫大乎與人爲善。"①舜之"好問好而好察邇言",其目的正在"與人爲善"。

其三,在政事層面上,"隱惡揚善"又有三種表現:一是君子居位,當明法講信,舉直錯枉,使民知善當勸讚而惡應懲止,是故四凶罪而天下服,禹、稷等舉而萬民安。孔子云:"唯仁者能好人,能惡人。"(《論語·里仁》)當政者若好賢德而惡讒佞,則政通人和,天下熙樂,這樣的當政者才是真正的仁者。二是在具體政策上,當"因民之所利而利之"(《論語·堯曰》),因民之所惡而去之。正如《大學》所云:"所惡於上,毋以使下;所惡於下,毋以事上;所惡於前,毋以先後;所惡於後,毋以從前;所惡於右,毋以交於左;所惡於左,毋以交於右:此之謂絜矩之道。《詩》云:'樂只君子,民之父母。'民之所好好之,民之所惡惡之,此之謂民之父母。"②三是君子臨民,亦當含弘光大、勇於擔責。"萬方有罪,罪在朕躬","百姓有過,在予一人"(《論語·堯曰》),"四方有罪無罪惟我在"③;寬以容人,"先有司,赦小過,舉賢才"(《論語·子路》),若非法所不容,不爲誅責。當然,作爲在上位的君子,不僅僅是"含弘"不善,還要"光大"善,要"咸與維新",如此才能真正體現親睦於民、視民如子,才真正是"民之父母"。前引《孔子家語·辯政》《説苑·政理》及《韓詩外傳》卷六的相關內容都是從這一角度來論説"隱惡揚善"的。特別是《韓詩外傳》"見人不善,惕然掩之,有其過而兼包之"的表述,深得孔子"攻其惡,無攻人之惡""躬自厚而薄責於人"之旨。需要説明的是,在這裏"隱惡"或"掩不善",無論是"隱"還是"掩",雖有藏匿義,但更多偏於止塞義④。

在此,我們還需討論《論語》中所涉及的兩類特殊的"隱惡"。一是父子之間"父爲子隱,子爲父隱"。在儒家看來,父子主親,父子關係是基本人倫,若鼓勵父子證罪,是在

---

① (清)焦循:《孟子正義》卷七《公孫丑上》,北京:中華書局,1987年,第240—241頁。
② (宋)朱熹:《四書章句集注》,北京:中華書局,2012年,第10頁。
③ (清)焦循:《孟子正義》卷四《梁惠王下》,第115頁。此處從趙岐注。趙注讀"惟我在"爲"惟在我","四方之善惡皆在己,所謂在予一人"。焦氏所引江聲《尚書集注音疏》否定趙注,訓"在"爲"察",以爲"四方有罪無罪惟我君師司察焉"(第116—117頁),義近朱子(《四書章句集注》,第216頁),實乃大謬!"惟我察"即"察我","惟"字引賓語"我"前置,故其句意仍同於《論語·堯曰》"朕躬有罪,無以萬方;萬方有罪,罪在朕躬"。
④ 《方言》卷一二:"掩,止也。"《周易·繫辭下》:"善不積,不足以成名。惡不積,不足以滅身。小人以小善爲無益而弗爲也,以小惡爲無傷而弗去也。故惡積而不可弇,罪大而不可解。"其中"弇"字,或作"揜""掩",亦止息之義。參看華學誠等:《揚雄方言校釋匯證》,北京:中華書局,2006年,第780頁;(清)李道平:《周易集解纂疏》,北京:中華書局上,1994年,第645—646頁;(清)阮元:《十三經注疏》之《周易正義》卷八及阮氏校勘記,北京:中華書局,1980年,第88頁上—中,第92頁中。

破壞社會的基本細胞。故筆者認爲,其中的"隱"字,亦偏於止塞義,即對於已犯下的一定程度、一定范圍内的過錯①,父子之間不證罪於外,而諫止、誠止於内,以彌補已犯而杜絶將來。二是君臣之間"諱言君惡"。魯昭公娶同姓而違禮,孔子卻以昭公知禮答陳司敗,從而被後者目之爲"黨"。孔子以己之過錯來諱言君過,一方面是不忍,另一方面則是"成事不説,遂事不諫,既往不咎"(《論語·八佾》),仍着眼於懲止將來。由此,我們亦可以明白孔子之作《春秋》,何以會"爲尊者諱,爲親者諱,爲賢者諱"②,正如《孟子·滕文公下》引其語云"知我者其惟《春秋》乎!罪我者其惟《春秋》乎!"③孔子是以己之"有黨"之過,寄望後來之尊者、親者、賢者,能少一些屈恥痛悔,少犯一些過錯。故清人馬驌云:"《坊記》曰:'善則歸君,過則歸己。'是隱惡揚善、義存君親也。是以聖賢作法,通有諱例。"④這裏的"隱惡",顯然不能簡單理解作"隱藏其惡",故不能以後世史論"不虚美、不隱惡"的標準來衡量之⑤。從懲止將來的角度而言,二者實際上是同歸而殊途。

先秦儒典中,"隱惡揚善"也是特定時期君子處世存身之道,前引《荀子·臣道》的説法即如此。必須强調的是,荀子所言乃特指"迫脅於亂時,窮居於暴國,而無所避之",即不得已的情况下"則崇其美,揚其善,違其惡,隱其敗,言其所長,不稱其所短,以爲成俗"。前人已指出荀子的説法當承孔子"邦有道,危言危行;邦無道,危行言遜"(《憲問》)而來⑥,但《論語》書中,孔子既稱贊"邦有道則知,邦無道則愚"的甯武子(《公冶長》),亦稱贊"邦有道如矢,邦無道如矢"的史魚(《衛靈公》),可見孔子非常尊重個人之選擇,並不一例繩之。而且,甯武子之"愚"、孔子之"言遜"是否即如荀子所説崇揚其善美所長,而諱隱其敗惡所短,也是值得討論的,——愚癡佯狂、爛漫其語,遜辭以達意、微言以諷惡,亦可以存身矣!

綜上可知,"惡稱人之惡"、不"言人之不善""成人之美,不成人之惡",以及"隱惡

---

① 儒家在主張"親親相隱"的同時,亦褒揚"大義滅親"。蓋傷及其他個體性命、造成大范圍傷害時,不能"相隱",故若瞽瞍殺人,舜命執之;石厚附逆,石碏誅之。

② (清)陳立:《公羊義疏》卷二七,北京:中華書局,2017年,第1002頁。

③ (清)焦循:《孟子正義》卷一三《滕文公下》,北京:中華書局,1987年,第452頁。

④ (清)馬驌:《左傳事緯前集》卷三,見《文淵閣四庫全書》175册,臺北:臺灣商務印書館,1986年,第665頁上右。

⑤ (漢)王充:《論衡·問孔篇》、(唐)劉知幾《史通·外篇·惑經》等都對孔子提出了質疑。參看黄暉:《論衡校釋(附劉盼遂集解)》,北京:中華書局,1990年,第395—429頁;(清)浦起龍:《史通通釋》,上海:上海古籍出版社,2009年,第369—388頁。

⑥ (清)王先謙:《荀子集解》引楊倞注,北京:中華書局,1988年,第252頁。

揚善"有着豐富的内涵。它們首先表達的是對人之爲人善美之端的認識與堅守;其次,爲仁人君子個體的進德修能提出了應當長善而去惡的具體要求;再次纔可以有條件地用於人我關係。特別是"不言人惡"和"隱惡",當其用於人我關係時,表達的也主要是遏止惡而非掩藏惡的"與人爲善"。正如《周易·繫辭下》引孔子所云:"小人不恥不仁,不畏不義,不見利不勸,不威不懲。小懲而大戒,此小人之福也。《易》曰:'履校滅趾,無咎。'此之謂也。"①若將"不言人惡"泛化而忽視甚至貶低"直道"言惡,將"隱""掩"等理解爲"隱藏""掩藏",從而將其作爲所有世道的"成俗"、作爲普遍的道德觀念,則害莫大焉!小則辱身覆家,大則濁世亂國。《韓非子·内儲説上·七術》:

> 江乞爲魏王使荆,謂荆王曰:"臣入王之境内,聞王之國俗曰:'君子不蔽人之美,不言人之惡。'誠有之乎?"王曰:"有之。""然則若白公之亂,得庶無危乎!誠得如此,臣免死罪矣。"②

白公之亂的釀成,正因爲楚令尹子西不聽葉公子高所言白公之惡③,故當有人問孔子如何評價子西時,孔子連用兩個"彼哉!彼哉!"而不予置評④,蓋子西存楚之功,尚也;招白公之過,難逃也!夫子深爲嘆息焉!

如前所述,揚人美稱人惡在頻次與程度上都不能過其當,否則陷於諂讒詐僞,這不僅是儒家的認識,道家學派也有相似的看法:

> 非其事而事之,謂之摠;莫之顧而進之,謂之佞;希意道言,謂之諂;不擇是非而言,謂之諛;好言人之惡,謂之讒;析交離親,謂之賊;稱譽詐僞以敗惡人,謂之慝;不

---

① (清)李道平:《周易集解纂疏》,北京:中華書局,1994年,第644—645頁。
② (清)王先慎:《韓非子集釋》卷九,北京:中華書局,1998年,第220頁。
③ 具體情況請參看《左傳》《國語》的相關記載。楊伯峻:《春秋左傳注》,北京:中華書局,第1700—1704頁;徐元誥:《國語集解(修訂本)》,北京:中華書局,2002年,第528—532頁。
④ 春秋有三子西:鄭國的公孫夏,楚國鬬宜申,楚國公子申。前兩人在孔子之前,後者與孔子同時。雖然白公之亂發生於魯哀公十六年(前479)七月,其年四月孔子已卒,但《論語·憲問》篇中的子西,筆者仍然認爲當指公子申。據《史記·楚世家》記載,子西以楚惠王二年(即魯哀公八年)召回白公勝,孔子當聞知此事。孔子善識人,對白公勝之品行亦必知如葉公。當有人問起子西之時,一則因其爲當世人物,尚不能蓋棺論定;二則因招白公勝之事,對其頗有微詞,慮有後患,故孔子嘆息而答之。參看程樹德:《論語集釋》,北京:中華書局,1990年,第962—963頁;(漢)司馬遷:《史記》卷四〇,北京:中華書局,2014年,第2071頁。

擇善否,兩容頰適,偷拔其所欲,謂之險。此八疵者,外以亂人,內以傷身,君子不友,明君不臣。①

當然,就人我關係來看,關於"言惡"和"揚善"的最爲恰當的表達當數《韓詩外傳》:

> 君子崇人之德,揚人之美,非道諛也。正言直行,指人之過,非毀疵也。訕柔順從,剛強猛毅,與物周流,道德不外。詩曰:"柔亦不茹,剛亦不吐,不侮矜寡,不畏強禦。"②

"與人爲善"的君子,無論是揚他人之美,還是稱他人之惡,均應正道直行,不諛不毀,當稱則稱,當揚則揚。可惜《論語》《中庸》《孟子》的重要注家們,肯定揚善而較少提醒不應過其實,否定過當稱惡且連正當批評一並抛棄,貌似"仁厚",卻近"鄉原",殊失孔孟學說善善惡惡之旨,以此行之,或有虧於儒家君子正大剛毅之人格精神。

四、儒學普及中的"隱惡揚善"

前引項楚師《王梵志詩校注》第一八八首注中提及,郗超《奉法要》引《正齋經》有云"但得說人百善,不得說人一惡"。郗超對其加以解說云:"說人之善,善心便生;說人之惡,便起忿意。意始雖微,漸相資積。是以一善生巨億萬善,一惡生巨億萬惡。"③他這一解說似將經中的"人"理解爲他人,一定程度受到了前文所引《說苑·政理》與《孔子家語·辯政》的影響。在同篇中,他還用《論語》中"無適無莫""無伐善、無施勞"來解說異出《十二門經》所謂"人有善恒當掩之,有惡宜令彰露",認爲"宜其任行藏於所遇,豈有心於隱顯"④,將此經中的"人"理解爲作爲人的自我。合而言之,則言他人之善而

---

① (清)郭慶藩:《莊子集釋》卷一〇上,北京:中華書局,2012 年,第 1023—1024 頁。另外,《史記·孔子世家》載,孔子辭去,老子送之曰:"聰明深察而近於死者,好議人者也。博辯廣大危其身者,發人之惡也。""發人之惡"承前省"好"字。二句亦有"議人""發惡"不過當之意。見(漢)司馬遷《史記》卷四七,北京:中華書局,2014 年,第 2314 頁。
② 許維遹:《韓詩外傳集釋》卷六,北京:中華書局,1980 年,第 223 頁。
③ (梁)僧祐:《弘明集》卷一三,見《大正新修大藏經》(以下簡稱《大正藏》)52 冊,臺北:新文豐出版公司,1983 年,第 87 頁中。
④ (梁)僧祐:《弘明集》卷一三,見《大正藏》52 冊,第 87 頁上。

不伐己之善,不說他人之惡而彰己之惡。這與儒家之說差别不大。遺憾的是,署爲後漢安世高所譯的大、小兩種《十二門經》,以及幾種《正齋經》①今已不傳,無從知其經文情况。值得注意的是,隋代官修佛經目録——彦琮等撰的《衆經目録》將《佛説正齋經》列入疑僞分中,即認爲其"名雖似正義涉人造"②,是否即郗超所引《正齋經》,亦已無從考知。

不過,佛典中的確有"不説人惡"的教誡。例如,支婁迦讖譯《佛説遺日摩尼寶經》:"菩薩有四事……自守不説人惡及讒溺於人"③;《般舟三昧經·四輩品》:"不得説人惡,無形輕慢行。心無所榮冀,當行是三昧"④;支謙譯《佛説七女經》:"手不盜取人財物,口不説人惡,是則爲好"⑤;竺法護譯《菩薩行五十緣身經》:"菩薩世世不説人惡,有惡者亦不爲他人説。用是故,塵垢不著佛身"⑥;等等。由此而言,《王梵志詩》與《太公家教》中的相關内容,或許也在一定程度上受到佛教的影響,但從《太公家教》作者的自述來看,儒學影響仍然是主要的。

如果説,唐前注家們對儒典中"隱惡揚善"及相關詞句存在着誤讀,理解上有偏頗的話,那麽,《太公家教》和一卷本王梵志詩無疑將其放大了,特别是"隱惡"。於他人的過惡,無論大小、無論影響、無論其是否有自我反省和悛改的可能,二者均以略顯誇張的語言,要求一並加以掩藏,那麽,人世間的公理道義將被置於何地? 爲惡之人,或因不知其惡而覆車繼軌,或因無人敢言而肆無忌憚,鄰里鄉黨、市井朝堂當何以安? 雖然《太公家教》是從慎言、責己的角度來提出掩藏他人之過惡的,而且也提出"見人不是,必須語之"⑦,但反復宣説隱惡諱過,客觀上強調了這一"立身方",所以一卷本王梵志詩只將"掩惡"來加以發揮,而於"語不是"則未涉及。另外,孔子學説中所強調的"勇""剛"之德,《太公家教》在其極少的着墨中或取老氏之語,或僅否定其負面價值:

---

① (梁)僧祐《出三藏記集》卷二著録(西晉)竺法護譯"《菩薩齋法》一卷(一名《菩薩正齋經》,一名《持齋經》)"(《大正藏》55册,臺北:新文豐出版公司,1993年,第8頁下);(隋)費長房《歷代三寶紀》卷四著録(東漢)安世高譯"《正齋經》一卷"(《大正藏》49册,第52頁中),卷七又著録(晉)祇多蜜譯"《菩薩正齋經》一卷(第二出)"(《大正藏》49册,第71頁下);(隋)彦琮《衆經目録》卷四著録"《佛説正齋經》一卷"(《大正藏》55册,第174頁中)。

② (隋)彦琮:《衆經目録》卷四,見《大正藏》55册,第174頁中。

③ (東漢)支婁迦讖譯:《佛説遺日摩尼寶經》,見《大正藏》12册,第189頁下。

④ (東漢)支婁迦讖譯:《般舟三昧經》卷二,見《大正藏》13册,第910頁中-下。

⑤ (三國)支謙譯:《佛説七女經》,見《大正藏》14册,第908頁上。

⑥ (西晉)竺法護譯:《菩薩行五十緣身經》,見《大正藏》17册,第773頁中。此經中"有惡者亦不爲他人説"與前郗超所引《十二門經》"有惡宜令彰露"似相矛盾。

⑦ 周鳳五:《敦煌寫本太公家教研究》,臺北:明文書局,1986年,第13—14、20頁。

> 將軍之門，必出勇夫；博學之家，必有君子。
> 香餌之下，必有懸魚；重賞之下，必有勇夫。
> 欲求其弱，先取其強；欲求其柔，先取其剛。
> 柔必勝剛，弱必勝強；齒堅即折，舌柔則長。①

　　作爲主要反映儒學思想的家教童蒙讀物，《太公家教》是以"君子""賢女"爲其訓導標準的，但是，因爲雜糅着其他學派思想，以及長久以來，在較爲嚴酷的環境中形成的民間生存智慧的影響，其"君子"內涵，比之儒典已大爲消減。剛強勇毅不受推重，形形色色的避禍思想則充斥其中，掩惡藏過即其一。當然，作爲一個生逢亂世、波迸流離、老於鄉村的下層文士，我們不必對作者過多苛求，但其著書目的在於"助誘童兒，流傳萬代"，則不能不細加辨析。因爲，以此教誘童蒙、訓導世人，則儒家之君子人格日衰，而姑息苟且、庸懦偷安之輩日衆也！

　　在今天已知的敦煌文獻中，王梵志詩共有三十五個寫卷，其中一卷本就有十六個②，幾近一半，可見其影響在敦煌地區頗爲廣泛。同樣，《太公家教》寫卷亦在四十個以上③，而且還被廣泛引用於講經文和其他民間通俗讀物，如《父母恩重經講經文》《文詞教林》《新集文詞九經抄》之中，其影響更不可小視。二者的影響當然不局限於敦煌地區。據學者們考證，《太公家教》的成書時間，大致在安史之亂（755）以後，唐憲宗元和六年（811）以前④，唐代古文運動名家、追隨韓愈崇儒排佛的李翱，就曾經在《答朱載言書》中提到《太公家教》：

---

① 周鳳五：《敦煌寫本太公家教研究》，臺北：明文書局，1986年，第25、26、19、24頁。
② 具體情況請參看項楚《王梵志詩校注》（修訂本）書前所列"卷號書名一覽表"。
③ 朱鳳玉統計爲40個，周鳳五統計爲41個，鄭阿財、朱鳳玉（簡稱鄭、朱）統計爲42個。朱鳳玉的統計中將《貞松堂藏西陲秘笈叢殘》兩個斷片算作1個卷子，而周鳳五算2個；周鳳五另有何彥昇與唐蘭所藏2個殘卷，朱鳳玉未提及；朱鳳玉提到日本寧樂美術館藏及日本有鄰館藏2個卷子，周鳳五未提及。鄭、朱統計基本同朱鳳玉，只比朱鳳玉多1個英藏卷子（S.10847）和1個日藏（大谷文書3507殘片），三人均未提及中村不折舊藏藏文《古太公家教》。故按周鳳五標準，通計當有46個寫卷。分別見周鳳五《敦煌寫本太公家教研究》，第1—9頁；朱鳳玉《太公家教研究》，《漢學研究》第4卷第2期，1986年12月，第390頁；鄭阿財、朱鳳玉《敦煌蒙書研究》，蘭州：甘肅教育出版社，2002年，第440頁；陳踐《敦煌藏文文獻〈古太公家教〉譯釋（上下）》，《西藏民族大學學報》，2017年第2期，第46—51頁，2017年第3期，第51—58頁。
④ 參看周鳳五《敦煌寫本太公家教研究》"第五章太公家教的著成時代"，第87—105頁。

义不深,不至於理,言不信,不在於教勸,而詞句怪麗者有之矣,《劇秦美新》、王褒《僮約》是也。其理往往有是者,而詞章不能工者有之矣,劉氏《人物表》、王氏《中說》、俗傳《太公家教》是也。①

而兩宋時的僧人、文士,如汝州香山法成禪師、王明清、嚴有翼、張淏、項安世、朱子等人,都提到此書。從他們的敘述來看,《太公家教》爲童蒙們普遍誦習,早已是家喻戶曉。元、明、清時期,更被改爲雜劇搬演,譯爲蒙文、滿文,大量徵引於民間通俗讀物《明心寶鑒》之中,並且廣泛傳播於日本、越南、朝鮮半島等儒家文化圈。② 同樣,王梵志詩也被敦煌以外的唐宋文人及禪林大德廣爲徵引,其在社會上的流傳想必也是很普遍的。

《明心寶鑒·正己篇第五》關於"隱惡揚善"引"太公曰"以下五條:

太公曰:見人善事,即須記之;見人惡事,即須掩之。
孔子曰:匿人之善,斯謂蔽賢;揚人之惡,斯爲小人。言人之善,若已有之;言人之惡,若已受之。
馬援曰:聞人過失,如聞父母之名,耳可得聞,口不可得言也。
孟子曰:言之人不善,當如後患何?
康節邵先生曰:……聞人言人之惡,未嘗和;聞人言人之善,則就而和之。③

以《太公家教》冠其首,將相關內容聚合在一起,突出了《太公家教》對"隱惡揚善"意義的規範,從而影響及人們對其他材料的理解,也更容易給學習者留下深刻印象。

李翱雖指《太公家教》"詞章不能工",但認爲"其理往往有是者"。與之相對照的是,朱子卻認爲它與王通《中說》一樣,"未見道體":

---

① (清)董誥等編:《全唐文》卷六三五,北京:中華書局,1983 年,第 6411 頁下—6412 頁上。
② 關於《太公家教》的流傳情況,周鳳五、朱鳳玉二位先生有細緻的研究,此處隱栝其內容。參看周鳳五《敦煌寫本太公家教研究》,臺北:明文書局,1986 年,第 107—125 頁;朱鳳玉《太公家教研究》,《漢學研究》第 4 卷第 2 期,1986 年 12 月,第 399—406 頁。
③ 《新鍥京板正譌音釋提頭大字明心寶鑑》卷上,日本寬永辛未(即寬永八年,1631 年)三月道伴刊行本。

> 文中子不曾有説見道體處，只就外面硬生許多話，硬將古今事變來壓衲説或笑，似《太公家法(教)》。①

但是，在如何對待他人之善惡的問題上，包括朱子在内的歷代注家們對儒典相關詞句的闡釋，與《太公家教》在取向上卻有相當程度的一致性。二者一從精英文化、一從民間文化的角度，將掩藏他人之惡、傳揚他人之善，作爲中國人基本的道德規範，並以此作爲忠厚淳樸的人格標誌之一，廣泛影響於後世的家庭教育、學校教育和社會教育，一定程度上影響了唐以後國民性的建構。

結　語

在儒典中，"惡稱人之惡"，"言人之不善，當如後患何"，"君子成人之美，不成人之惡"，指向的是孔孟關於人性的認識，即人之爲人應當選擇並堅守善美而非邪惡，並不如後世所普遍理解的指向人我關係，雖然這樣的理解在一些情况下有其正當性。"隱惡而揚善"，"遏惡揚善"，從其最早用例來説，針對的是聖王君子修身治世，即個體修身層面抑惡端、長善端，政教層面導民向善或者説"與人爲善"，政事層面舉直措枉、興利除弊，以及含弘光大、勇於擔責。"隱""遏"二字正可互訓。其作爲特定時期的處世存身之道，只是荀子關於君臣關係的個人延伸，不可泛化推廣。而《韓詩外傳》所説的崇德揚美、正言指過、非諛非毁，這一對待他人言行善惡的方式，纔是在通常的人我關係中，真正應當加以持守並推廣的。

在漢語中，"隱"的主要義項是隱蔽、隱藏、隱瞞、隱諱，班固贊譽司馬遷"不虛美，不隱惡"的"隱"正取隱藏、隱諱義；而止塞、遏絶義因爲使用很少而被忽視，這就導致"隱惡揚善"的"隱"字在后世被普遍理解成隱藏、隱諱義，并將其由聖王君子修身治世之大道扭曲而爲中國人普遍處世存身的"鄉原"式技巧。儒典的歷代重要注家們顯然難辭其咎，而以《王梵志詩》《太公家教》爲代表的通俗讀物的廣泛傳播無疑放大了它的影響。

法國學者勒龐曾説："觀念只能以群體所假定的簡單形式纔會被群體所接受，而且

---

① (宋)黃士毅編，徐時儀、楊艷彙校：《朱子語類彙校》，上海：上海古籍出版社，2016年，第2467頁。

通常必須要經過最徹底的轉變纔能變得流行。"①因而在普及崇高的哲學或科學觀念時,在將複雜的内容簡單化時,闡釋的準確度就顯得非常重要。一旦存在誤讀和扭曲,且在長時段和大範圍中加以推廣,以後要改變它恐怕是很難的——"各種觀念需要很長的時間纔能在群體的思想中建立根基,但是群體同樣需要很長時間纔能擺脱它們。"②這就提醒我們,儒學的普及化是一個系統工程,它首先有賴於學者們對其内涵的準確闡釋,其次是使用通俗易懂的語言對其準確表達,然後纔是教育推廣。故在今天儒學的普及化中,我們當然要注意民間文化(小傳統)對儒學相關觀念的絕對化或非理性表達,但更應該首先清理精英文化(大傳統)對其的誤讀和扭曲。

(本文原刊於《社會科學戰綫》2020 年第 11 期)

---

①[法]古斯塔夫·勒龐著,趙麗慧譯:《烏合之衆——大衆心理研究》,北京:中國婦女出版社,2017 年,第 47 頁。
②[法]古斯塔夫·勒龐:《烏合之衆——大衆心理研究》,北京:中國婦女出版社,2017 年,第 49 頁。

文獻、文學與圖像：
敦煌寫本《劉薩訶和尚因緣記》文本互文研究

〔中國臺灣〕鄭阿財
(四川大學中國俗文化研究所)

一、研究旨趣

宗教信仰人物事蹟的流傳，一般爲正史所罕載，六朝以來乃有雜傳，記錄高道傳、名僧傳、高僧傳等一類正史史傳之外的人物事蹟，高僧傳即在其列。此類傳記主要是正史之外，以類相從的傳記集。至於有關高僧傳略、高僧讚、高僧因緣記/傳等僧傳文學，篇幅短小，都是單篇、散錄，既不成集，且未有編纂集錄，其流布主要在寺院、道場、齋會之間，以寫本傳抄構成，呈現與實際應用場合相應的文本特色。而不同文類的文本與圖像文本間，彼此具有共性與殊性，既可互證互釋，又可互補。

僧傳文學文本主要透過文字記敘以供僧衆、信徒閱讀或讚頌講說；除了紙本、石刻等文字記錄的物質文本流傳外，基於廣大受衆多爲一般信衆，或不識字，或不便閱讀，或無緣閱讀，因而還有結合線條、色彩、造型而繪製的圖畫；或是透過傳說、歌謠等口耳相傳的方式在民間廣爲傳播，這些文本則有別於文字載體的物質性，甚至保存在信仰民俗之間，是流動變異的非物質文本。

《劉薩訶和尚因緣記》是記述東晉末年到南北朝初期稽胡族的游方僧人劉薩訶，由平凡而成聖的因緣行蹟，極具地域特色，最爲特殊。有關他的籍貫、名號、事蹟、傳說等，自來史籍、僧傳等文獻多有所記載，加上敦煌文獻有《劉薩訶和尚因緣記》，莫高窟壁畫亦有相關的瑞像等，成爲近年學界關注的熱點，研究面向多元，有文獻考訂、事蹟考述、文學闡釋、圖像解讀、佛教信仰與民俗傳說等諸多論題，相關篇章已逾六十篇，論述深淺、專博不一①。基本上大都以《因緣記》的校讀、番禾瑞像文獻與文物的解讀,以及劉薩訶生平的考訂爲主,環繞在史實與傳説的糾葛之中。

《因緣記》是以散文體史傳形式記叙高僧成道因緣及神通事蹟的僧傳文學,是新生的文類。劉薩訶由一介平凡的稽胡出家到成爲"聖僧"的心路歷程,是僧團與信衆景仰崇拜的對象,是高僧傳記叙的典範。在大西北地區受到漢胡各族民衆的崇敬,成爲地域與民族史上重要的事跡與宗教民俗信仰的文化核心,伴隨着豐富而多采的各種物質與非物質的文化呈現,也成爲圍繞有關佛教信仰多元多面的複雜文本。

中國佛教的弘傳,在文學與圖像的傳播上,除了繼承原有佛傳、本生、因緣之外,叙事文學、圖像的經變畫與俗講變文是漢傳佛教獨特的創發,在佛傳傳統與中國佛教傳播發展的實際歷程中,歷代彰顯高僧修行典範與弘法行蹟的僧傳文學,更在中國固有史傳文學發達的影響下蓬勃發展,逐漸成爲中國佛教傳記的主流,也是佛教文學與圖像表述的新題材。

中國佛教史上足以作爲修行學習典範的高僧,往往爲文學與圖像共同表現,亦即同一僧傳傳主,會有多元多樣的文學與圖像流傳。敦煌佛教文獻與佛教藝術中也可見同一僧傳主題,留存着描繪同一傳主的各種人物事蹟的文學與圖像。高僧傳略、高僧讚、高僧"因緣記""因緣傳",主要記叙有關高僧生平,内容多有參考《高僧傳》《續高僧傳》者,文字大同小異,但也有採自民間佛教傳説的部分,均在凸顯高僧的神異事蹟。敦煌石窟壁畫的佛教史蹟畫,也多有此類高僧神通題材的呈現,以作爲傳教弘法之津梁。這些僧傳文學與高僧叙事畫可相互印證,共爲佛教弘傳之資料,值得關注的還有文本與物質所存在文本的互文性。僧傳文獻在佛教弘傳過程中,同樣的也被據以發爲記叙文學,用以作爲傳播利器,尤其是高僧人物事蹟。因此,從歷史到宗教,從平凡到神聖的歷程,由文獻而發展爲文學,甚至發展爲圖像,其間每每存在着通過記憶、重複、修正,進而產生擴散性影響等互文關係。

有鑑於傳世正史、佛教史傳及民間碑記不乏有關劉薩訶行蹟的記載,而基於地緣關係,劉薩訶信仰流行的河西地區,地方文獻及民間傳説亦多有流傳,石窟壁畫、造像,石刻碑記也時有保存,過去研究似乎對於這些文獻文學與圖像的文本屬性少有區別;對於歷史、宗教、文學與藝術各自的特性與相互的關係尚有進一步體認的空間,尤其是跳脱

---

① 有關研究概況:盧秀文:《劉薩訶研究綜述》,《敦煌研究》1991年第3期,第113—115、119頁;尚麗新:《劉薩訶研究綜述》,《敦煌學輯刊》2009年第1期,第135—143頁;紀應昕:《劉薩訶研究綜述》,《敦煌學國際聯絡委員會通訊》2017年7月,第96—104頁。先後有所述介,可資參考。

史實與傳說混同考訂所制約的認知。今所得見敦煌寫本《劉薩訶和尚因緣記》計有法藏 P. 2680、P. 3570、P. 3727 及日本杏雨書屋《敦煌秘笈》羽 698 等四件,有關的傳世文獻如南朝齊王琰《冥祥記》,梁慧皎《高僧傳》,唐道宣《續高僧傳》《廣弘明集》《集神州三寶感通錄》《釋迦方志》《道宣律師感通錄》,唐道世《法苑珠林》等;又基於地緣關係,河西地區劉薩訶信仰流行,地方文獻及民間傳說亦多有所流傳,石窟壁畫、造像,石刻碑記也多有保存。這些物質性的文字文本之間,及其與圖像文本之間,既具有傳承的文本共性,又有因媒介載具材質、時間、空間的制約,在傳播的過程中存在理解、詮釋與表達差異的殊性,彼此既可互證、互釋,又可互補。日本藏中國佛教古逸文獻《畫圖讚文》,現存東京五島美術館・大東急記念文庫卷第二十六,及兵庫白鶴美術館藏卷二十七等二卷。經學者研究以爲係唐道宣編撰。應是在抄錄梁竟陵文宣王子良《淨住子》的基礎上,據西明寺的壁畫內容編撰而成,成書年代蓋在顯慶五年,全書約有三十卷。定源《日藏唐抄本〈畫圖讚文〉及其作者考述》一文除了對作者進行考述外,附錄於後。提供了研究《劉薩訶因緣記》及莫高窟初唐 323 窟有關劉薩訶史蹟畫的珍貴材料。以下謹結合這些傳世文獻與考古資料,着眼於有關的物質文本,將其相關文獻、文學與圖像,依序梳理,進而析論其展現在文獻、文學與圖像間的互文性。

二、唐前及唐有關劉薩訶的傳世文獻

劉薩訶是活動於東晉末至南北朝初期的一位高僧,傳世文獻中有關他的籍貫、名號、事蹟及傳說的記載爲數不少,主要集中在唐前及唐,依據時代先後,主要有:南朝齊王琰(生卒年不詳,約活動在 451—501)《冥祥記》,梁慧皎(497—554)《高僧傳》,唐道宣(596—667)《續高僧傳》《廣弘明集》《集神州三寶感通錄》《釋迦方志》《道宣律師感通錄》《畫圖讚文》,以及唐釋道世(?—683)《法苑珠林》等記載。以下謹以《冥祥記》《高僧傳》《續高僧傳》爲中心,略述唐前及唐傳世文獻中有關劉薩訶的情形。

(一)王琰《冥祥記》中的慧達事蹟

南朝齊王琰的《冥祥記》是中國現存保存故事較多的一部佛教靈應記集,旨在"徵明善惡,勸戒將來,實使聞者,深心感寤"。唐魏徵(580—643)撰《隋書・經籍志二》"史部・雜傳類"著錄:"《冥祥記》十卷,王琰撰。"原書 10 卷,早已亡佚。後世多有輯佚,如魯迅《古小説鈎沈》①、王國良《冥祥記研究》②輯録有133則，基本上屬佛教靈驗傳説。

《冥祥記》有關"劉薩訶"事蹟的載録，見於《法苑珠林》卷八六"懺悔篇第八十六""感應緣"下"晉沙門慧達"條，末註明"右此一驗出《冥祥記》"。全文約1300字。其内容開頭以"晉沙門慧達，姓劉名薩荷，西河離石人也。未出家時，長於軍旅，不聞佛法；尚氣武，好畋獵。年三十一，暴病而死。體尚温柔，家未殮。至七日而蘇。説云：將盡之時，見有兩人執縛將去"等68字簡單介紹了沙門慧達的時代、俗家姓名、里籍、出家前身份，言其暴病而死，七日復甦。之後緊接着以長達1000多字的篇幅記叙劉薩訶入冥、遊歷地獄及其靈驗事蹟，用以彰顯其不平凡的學佛歷程。末尾則僅以"奉法精勤，遂即出家，字曰慧達。太元末，尚在京師。後往許昌，不知所終"等27字簡要作結。

六朝以來，靈驗、感應一類宗教信仰的靈異經驗與宣揚因果報應佛教教義合流，展現了佛教信仰見證與宣傳的風行，成爲當時佛教的"輔教之書"，晉唐高僧大德多所纂集，以爲宣教之利器。如劉義慶的《宣驗記》、朱君台《徵應傳》、王延秀《感應傳》、張演《續觀世音應驗記》、范晏《陰德傳》、王琰《冥祥記》、蕭子良《宣驗記》、陸杲《繫觀世音應驗記》、王曼穎《補續冥祥記》、劉泳《因果記》、顔之推《還冤記》《集靈記》、釋亡名《驗善知識傳》及釋淨辯《感應傳》等，唐代有唐臨《冥報記》、道宣編有《集神州三寶感通録》、孟獻忠《金剛般若經集驗記》、蕭瑀《金剛般若經靈驗記》等，乃至敦煌寫本都保存不少各類靈驗記，集録、單篇皆有，是此類作品的延續與發展③。

《冥祥記》載劉薩訶"暴病而死至七日而蘇"之類冥遊、靈驗的故事，"死亡、入冥、受報、復活、懺悔、出家奉佛"正是南北朝盛行的宣説弘傳模式，也是晉唐佛教靈驗記常見的情節，如敦煌寫本靈驗記《黄仕强傳》《懺悔滅罪金光明經冥報傳》一類，均以無疾暴亡，而入冥、遊冥之後復活，是流傳廣遠，膾炙人口的名篇④。

《冥祥記》爲護教之作，内容主要爲與佛教有關的各種神異事蹟，其材料來源主要爲此前各種佛教靈異記；其次是東晉以後陸續出現記載名僧行跡的各種僧傳、其他雜史、雜傳⑤，以及王琰自己的親見親聞。今存133則中，有18則是有關"入冥還魂"的故

---

① 魯迅：《古小説鈎沈》，北京：人民文學出版社，1951年。
② 王國良：《冥祥記研究》，臺北：文史哲出版社，1999年。
③ 參鄭阿財：《見證與宣傳：敦煌佛教靈驗記研究》，臺北：新文豐出版公司，2010年。
④ 參鄭阿財：《見證與宣傳：敦煌佛教靈驗記研究》，2010年。
⑤ 雜傳起於漢代，興於魏晉南朝，如西漢劉向的《列女傳》，南朝梁代慧皎的《高僧傳》。雜傳之名，最早見於南朝劉宋時王儉撰寫的《七志》。屬於人物傳記性質的"雜傳"之名，當始於南朝蕭梁時代阮孝緒的《七録》，亦見於《隋書·經籍志·史部·雜傳類》小序。雜傳因作者率爾而作，不在正史，離史獨立，其傳主形象反較真實。

事。這類故事情節大都以"人物臨終→死未及斂→數日復蘇→講述地獄遊歷見聞→皈依佛教,終得善果"作爲基本模式。

(二)梁慧皎《高僧傳》"興福·釋慧達傳"

南朝梁慧皎撰《高僧傳》記叙東漢永平十年(67)至梁天監十八年(519)四百五十三年間,著名僧人的傳記凡 257 人,附見 200 餘人。分爲:譯經、義解、神異、習禪、明律、亡身、誦經、興福、經師、唱導十科,凡十四卷。《隋書·經籍志·史部》著錄於"雜傳類",可知其體制、筆法及寫作旨趣,蓋上承中國正史之傳統,旁通南北朝雜傳類史書,雖不免有所制約,然仍有其自我的開拓,尤其是十科之分門,以及傳論之創設,可説極具特色。

《高僧傳》記事止於梁天監十八年(519),是成書時間略晚於《冥祥記》。慧皎自序有云:"嘗以暇日,遇覽群作,輒搜撿雜録數十餘家,及晉宋齊梁春秋書史,秦趙燕涼荒朝僞曆、地理雜篇、孤文片記,并博諮故老,廣訪先達,校其有無,取其同異。"可知其書資料廣泛,不僅可補史闕,且可據以校勘、輯佚,故其書歷來爲佛教學者及史家所重。《高僧傳》"釋慧達一"全文 800 字,内容開頭以 99 字簡要地介紹了高僧慧達的出身,及出家因緣。"釋慧達,姓劉,本名薩河,并州西河離石人。少好田獵。年三十一,忽如暫死,經日還蘇。備見地獄苦報,見一道人云是其前世師,爲其説法訓誨,令出家,往丹陽、會稽、吴郡覓阿育王塔像。禮拜悔過,以懺先罪。既醒,即出家學道,改名慧達。精勤福業,唯以禮懺爲先。"之後以 700 字的篇幅,記叙劉薩訶在江東一帶巡禮阿育王塔的活動行跡,着重在劉薩訶的興福事蹟,最後以"達東西觀禮,屢表徵驗,精勤篤勵,終年無改。後不知所之"22 字做結。與王琰《冥祥記》宣揚佛教報應的寫作動機有别,其繁簡有秩的記述,契合作爲佛教史傳爲高僧立傳的精神與客觀的寫作態度。無疑是有關於劉薩訶早期事蹟最爲可信的記録。

(三)唐道宣《續高僧傳》"感通篇·釋慧達傳"

唐初南山律宗開山祖師道宣(596—667)著録有關劉薩訶的記述甚多,主要爲《續高僧傳》,此外還有《集神州三寶感通録》《道宣律師感通録》《廣弘明集》《釋迦方志》等,是分屬不同性質的記述。

道宣《續高僧傳》的編纂是因他以爲慧皎《高僧傳》收録梁代高僧過少,實有補輯續編之必要,乃賡續慧皎《高僧傳》收録梁代初葉開始,到唐貞觀十九年(645),144 年期間的高僧傳記,編纂成《續高僧傳》,或稱《唐高僧傳》。全書凡三十卷,正傳331人,附見160人。道宣圓寂後,仍迭有補綴,至總章二年(669)收錄更多,達486人。

《續高僧傳》編纂體制遵循慧皎《高僧傳》十科之分,而略有調整。將"神異"改爲"感通","亡身"改爲"遺身","誦經"改爲"讀誦","經師""唱導"合爲"雜科聲德",而另新增"護法",仍爲十科。其中"感通"所錄之傳主皆兼具神異能力并述其感通故事。

由於道宣此書編纂於初唐,時值全國統一的盛世,因此,收錄的傳主南北兼收,大大彌補慧皎寫作於南朝爲時代與地域所局限,補充了《梁高僧傳》關於北魏南齊方面的不足。《續高僧傳》卷二五"感通篇·魏文成沙門釋慧達傳三"是梁慧皎《高僧傳》卷一三"慧達傳"的續編,其内容開頭"釋慧達,姓劉,名窣蘇骨反和,本咸陽東北三城定陽稽胡也。先不事佛,目不識字,爲人凶頑,勇健多力,行獵射,爲梁城突騎,守於襄陽。父母兄弟三人并存,居家大富,豪侈鄉間,縱横不理。後因酒會,遇疾命終,備覩地獄衆苦之相,廣有别傳,具詳聖跡。達後出家,住于文成郡,今慈州東南高平原,即其生地矣,見有廟像,戎、夏禮敬,處于治下安民寺中。曾往吴越,備如前傳"等138字,説明慧達姓名、里籍、命終入冥,復活出家,戎、夏禮敬。之後歷叙:遙禮涼州番禾御谷,預言瑞像。行至肅州酒泉遷化石澗中,遺骨顯靈。後預言瑞像應驗,經像大弘,更崇寺宇等等。最後道宣强調親至謁達之本廟,考察關内道及河東道劉薩訶信仰的情況,云"余以貞觀之初歷遊關表,故謁達之本廟,圖像儼肅,日有隆敬。自石、隰、慈、丹、延、綏、威、嵐等州,并圖寫其形,所在供養,號爲劉師佛焉。因之懲革胡性,奉行戒約者殷矣",并明確表明"見姚道安《製像碑》"。

對於已被慧皎《高僧傳》所載劉薩訶往江東尋找阿育王塔等相關活動,則以"曾往吴越,備如前傳"一筆帶過,不加重複叙述,而將重點放在劉薩訶及番禾瑞像的有關記叙上,這是王琰《冥祥記》、慧皎《高僧傳》所無,凸顯了道宣《續高僧傳》叙述的用心,而標示根據北周"姚道安製像碑"則顯示編纂態度的謹慎。

姚道安,是指北周道安法師,因俗姓姚,故稱姚道安,或有意與東晉著名的道安(312—385)法師區别。姚道安曾作《二教論》爲佛教辯護(收入《廣弘明集》卷八),卒於北周建德三年(574)"五月十七日,普滅佛道一宗"之後。姚道安《製像碑》今已亡佚。然道宣《集神州三寶感通録》《元魏涼州石像山裂出現緣》也提及"備於周釋道安碑",敦煌寫本《劉薩訶因緣記》引"道安法師碑"。可見此碑内容頗多涉及記述慧達與涼州石像事跡,是唐人有關劉薩訶記述的重要史料根據。

道宣有關劉薩訶的記述,除《續高僧傳》外,還有《集神州三寶感通録》《道宣律師感通録》《廣弘明集》《釋迦方志》等,是分屬不同性質的記述。

《集神州三寶感通錄》三卷,原名《東夏二寶感通記》,後稱《集神州塔寺三寶感通錄》,簡稱《三寶感通錄》,爲道宣編撰於唐麟德元年(664)的佛教感應集。全書共收錄150則感通故事,上自東漢,下至唐初。每則故事均有標題。其序有云:"夫三寶利見其來久矣。但以信毀相競。故有感應之緣。自漢洎唐年餘六百,靈相肸向,群録可尋;而神化無方,待機而扣。光瑞出沒,開信於一時;景像垂容,陳跡於萬代。或見於既往,或顯於將來,昭彰於道俗,生信於迷悟,故撮舉其要。"并將感應事蹟依内容分爲:"明舍利表塔""雜明神州山川藏寶等緣""列靈像垂降""聖寺""瑞經"及"神僧"等六部分。

《集神州三寶感通錄》中也有好幾處提到有關劉薩訶的事蹟。如:卷上"西晉會稽鄮塔緣一""東晉金陵長干塔緣二",卷中"元魏涼州石像山裂出現緣十四",《集神州三寶感通錄》卷下"神僧感通錄"之"今慈州郭下安仁寺西劉薩何師廟"内容大抵與《續高僧傳》所記多同,其中記述劉薩訶信仰流行區域,雖同爲八州,然以"銀州"取代《續高僧傳》記載的"威州"。道宣的《釋迦方志》卷二、釋道世《法苑珠林》卷三一所載也是以"銀州"取代"威州"。此外,道宣在撰集的《廣弘明集》三十卷中,卷一五"佛德篇"之"晉代已來佛像感應相"下,載"涼州西番禾縣瑞石像者"。整體而言,唐代的這些記載,基本内容大同小異,而相較於唐前的載録,則明顯有所不同。唐前記述集中在劉薩訶由世俗獵人,入冥復活,懺悔出家,巡禮江南阿育王塔等事蹟爲記敘主軸,是着眼於劉薩訶現世的游化。唐代記述則着眼於劉薩訶後世的信仰發展,關内道、河東道等八州,乃至河西地區劉薩訶信仰的流播,尤其酒泉"涼州番禾縣東北望御谷瑞石像"昭示天下離亂等感通事蹟的盛行。

(四)唐道宣《畫圖讚文》

今存《畫圖讚文》標明援引的典籍有《精異記》及《僧史》,《精異記》當是《旌異記》之音訛。其中記叙有關劉薩訶事蹟的便是《僧史》,"僧史"可作爲通稱,指高僧的史記、史傳。但其文云"撿《僧史》",明顯是書名專稱。史志目錄所載,以《僧史》作爲書名,僅有齊文宣王記室王巾撰《僧史》(十卷)。如梁慧皎《高僧傳》卷一四有云:"瑯瑘王巾所撰僧史,意似該綜而文體未足。"隋費長房《歷代三寶紀》卷一一著録:"文宣王記室王巾一部(十卷僧史)。"定源因《僧史》是否指王巾《僧史》,因該書不存,無從查核,而以爲:

這裏很可能就是指《高僧傳》①。道宣《集神州三寶感通錄》卷三:"余所討尋前後傳記備列如前。至於事條不可具歷。故總出之。"後便列有"《宣驗記》(劉度)、《幽明錄》(宋臨川)、《冥祥傳》(王琰)、《僧史》(王巾)"等,我以爲此《僧史》當即王巾的《僧史》。雖説其所引有關劉薩訶的生平事蹟,散見於慧皎《高僧傳》卷一三、道宣《續高僧傳》卷二五所收"釋慧達"傳等資料,部分事蹟不見於《續高僧傳》,而與《高僧傳》所述内容大體相同,但是不能排除不見於王巾《僧史》,且慧皎《高僧傳》也可能參考王巾《僧史》,這如同慧皎《高僧傳》採用僧祐《出三藏記集》一樣,都是極其合理的。但不論如何,《畫圖讚文》確實提供了過去我們没注意到的訊息。兹據定源校録迻録與劉薩訶有關部分,即《畫圖讚文》卷二七"第二十二圖讚聖迹住法相此神州感通育王瑞像""第二十三圖讚聖迹住法相此神州佛像立塔感通事迹",如下:

第二十二圖讚聖迹住法相此神州感通育王瑞像:

魏吴孫晧時,後園獲一金像,晧穢之,愚患甚篤,求命謝之,乃損。此乃育王本像也。

西晉建興元年,有二石佛浮在吴松江,初疑爲海神。巫祝迎之,風濤彌盛。奉黄老者,爲是天師,往接不獲,風浪大動。有奉佛者,至滬瀆口迎之,風潮忽静。接置岸上,乃是石佛,高七尺,銘其背:一曰維衛;二曰迦葉。以狀奏聞,令(今)吴郡通玄寺。見《精(旌)異記》。

東晉太元中,荆州沙門曇翼造長沙寺,城(寺成)乃祈育王像。不久見於城北,高七尺。後罽賓僧至,識知是育王所造。光在文上,屢放光明。今在州寺。

元魏太武太延元年,沙門惠達行至涼州,望御谷山,禮之曰:不久此山瑞像出見,若形相不具,天下將亂。後八十七年,大風雪震,山裂出像,身長二丈,唯無其首。隨作隨落,魏道陵遲。後於州東得首,安之符合。今感通寺是也。

晉咸和中,丹陽尹高悝逢天竺僧五人,昔遇難,埋像何上,夢云:得之。見浦有

---

① 定源以爲:"但這裏的《僧史》,是否指王巾《僧史》,因該書不存,無從查核。僅從《僧史》名稱看,不能排除泛指某部僧傳著作的可能。上文第一段記載的離石僧慧達,即劉薩訶,有關他的生平事蹟,散見於慧皎《高僧傳》卷一三、道宣《續高僧傳》卷二五所收之'釋慧達'傳等資料。通過比較,如上文所載的'釋慧達'部分事蹟不見於《續高僧傳》,而與《高僧傳》所述内容大體相同。不僅如此,上文第二段'又石趙時……果得盤像焉'部分,也可在《高僧傳》卷九'佛圖澄'傳中找到相應文字。因此,上文所謂的《僧史》,很可能就是指《高僧傳》。"(《日藏唐抄本〈畫圖讚文〉及其作者考述》,《域外漢籍研究集刊》第十五輯,北京:中華書局,2017年,第313頁。)

光,尋之得一金像。於後東海見銅花趺,浮在水上,送安像足符合。又於南海交州得光,又安像背,孔穴懸同。身趺及光皆放明,五代君王莫不歸信。銘云:育王爲第四女造,今在京大興善寺。坊州玉華宫寺鐵礦像,高三丈,因發光明,周宣重之,爲開佛法,號年大像元年也。

第二十三圖讚聖迹住法相此神州佛像立塔感通事迹:

阿育王佛塔遍閻浮州,振旦東川見其塔。自赤澤靈靈,青丘化漸,惟功弗有,而冥感潛通。且育王統御,總此南洲八萬餘塔,遍於環海。生福滅罪,弘利無窮。今姑臧、扶風、彭城、臨淄、丹陽、會稽、蜀郡,咸有塔焉。各顯神異,備如前,故疏時事數條,以顯育王置塔不或(惑)矣。

撿《僧史》云:晉時離石僧慧達,感通靈異,往江南丹陽、會稽吴郡,禮阿育王塔及浮江石像。於揚州登越城,望見異光,乃長干寺刹也。每放光,乃掘入丈許,得三石匣,有鐵銀金函相盛,中有三舍利,一爪甲一髮。髮申長數尺,放卷成螺,光色炫燿。自此以前,無有佛法。今掘得之,明是周宣王時,育王立八萬四千之一塔也。

又往吴郡通玄寺禮浮江石像,三年懺悔。又往會稽禮鄮縣塔,亦是育王所造,歲久荒涼,示存其蹤。又見神光焰發,因立龕砌石。塔上踊非人所造,群鳥不栖,漁田無獲,道俗移信。①

三、《涼州御山石佛瑞像因緣記》碑記

僧傳文學的物質文本除了寫卷、石窟壁畫之外,石刻碑記也是文字載體的一種。1979年5月在武威發現了《涼州御山石佛瑞像因緣記》碑,雖僅存下半段,上段及碑額、碑座皆缺。其時代晚於北周《道安製像碑》、唐初道宣《續高僧傳》《集神州三寶感通錄》、道世《法苑珠林》等,早於歸義軍時期敦煌寫本《劉薩訶因緣記》,提供了有關劉薩訶河西地區涼州瑞像發展的重要材料。

殘碑高152、寬115、厚37厘米。正面真書文字25行,每行容字不等,最多者47字,

---

① 日本白鶴美術館藏《畫圖讚文》卷廿七,收入大阪市立美術館編:《唐鈔本》,京都:同朋社出版社,1981年,第104—110頁。

現存計一千餘字。據碑文第23行有"天寶元年壬午徵士天柱山逸人楊播記",知此碑刻當製於唐天寶元年(742)。以下謹參考孫修身、党壽山:《〈涼州御山石佛瑞像因緣記〉考釋》錄文,校錄斷句,迻錄如下:

（缺）延元年,丹陽僧劉薩何,天生神異,動莫能測,將往天竺觀佛遺跡。行至於此,北面頂禮。弟子怵而問□□□□/2.（缺）□少,即是喪亂之象。言訖而過。至後魏正光元年,相去八十有六年,獵師李師仁趁鹿於此山,忽見一寺,儼然宏□□□□□/3.（缺）□師仁稽首作禮,舉頭不見其僧。竊念常游於茲左,未曾有如是。遂壘石爲記,將擬驗之,行未越界,忽□雷震/4.（缺）□屬魏末喪亂,生靈塗炭,薩何之言至是驗焉。師仁於時懷果,走詣所部,言終,出柰,柰化爲石,於是□□歎此稀有之/5.（缺）□之東七里澗,夜有神光照燭,見像首。衆疑必是御山靈相,捧戴於肩,相去數尺,飛而暗合,無復差殊。於是,四衆悲欣,千里/6.（缺）。周保定元年,敕使宇文儉檢覆,靈驗不虛,便敕涼、甘、肅三州力役三千人造寺。至三年,功畢,肆僧七十人,置屯三/7.（缺）□削逾明至今猶然。至周建德三年,廢三教,勑使將欲毀像,像乃放光溢庭,使人惶怖,具狀聞奏,唯茲一所/8.（缺）□涼州行至寺,放火焚燒,應時大雪翳空而下,祥風繚繞,撲滅其焰。□梁毀棟,今亦見存。又于南岸見一僧/9.（缺）□番禾官人,爲我於僧隱處造一龕功德。今石龕功德見在。又至開皇九年,涼州總管、燕國公詣寺禮拜,忽/10（缺）樊儉等至寺供養,師等見青衣童子八九人,堂内灑掃,就視不見,具狀聞奏,駕遂幸之,改爲感通寺。又至/11（缺）遠之則見,朝看石上依稀有處。至大唐貞觀十年,有鳳凰五色,雙鶴導前,百鳥蔽日,棲於像山,所部以/12（缺）天乃穌活。貞觀十年,三藏法師從五天竺國來,云:□□□下有像一雙,彼國老宿云一像忽然不知去處。玄/13（缺）知此土衆生有緣。神龍兵部尚書郭元振往任安西都護,曾詣寺禮謁,因畫其像。後奉使入强虜烏折勒,宣/14（缺）仰視。是日大雪深尺餘,元振岳歸,移晷不動,虜狂□失神暴卒於夕,虜五男娑葛之徒,凶悍尤甚,勞面枕戈。將/15（缺）遂便聞奏,中宗令御史霍嗣光持幡花□□,繡袈裟各一幅,皆長卅餘尺,闊十三幅,詣寺,申敬禮。其時,當/16（缺）光現,大雲寺僧元明先住彼寺,常聞寺有□鐘響,獨恨未聞,恒自投地禮拜,供養懇撤,自誓,旬月无徵,/17（缺）御山谷中,遠近无泉源,山谷燋涸,獨於□□西北二三里,泊然潛出清流,堪激小輪,經過伽藍,溉寺田二、三十/18（缺）近寺四、五十里,孤遊獨宿,晨去夕還,爰□□□,秋毫不犯。山中石壁,常有鳩鴿群飛,佛殿晝開,曾不敢入。開/19（缺）知運、杜賓客共詣一婆羅門,三藏□□不久皆有大厄,不可過,宜脩福德。運□之,信。賓客即罄舍所有/20(缺)□至今无急事,俱驗焉。若乃鄉曲賤微之人,遠方羈旅之士,或飄□獨往,叩地申冤,或孑爾孤遊,瞻顏乞願,慈/21(缺)□□涼都會,萬里□通,徵稅之□,往來□時之所,填委戎夷雜處,戕害爲常,不有神變之奇,寧革頑嚚之/22(缺)□彰,无微不燭,何異今台山之瑞相,折天竺之慈顏,福于茲方難得而稱者也。且慮人代超忽傳説,差殊有/23(缺)相傳庶□勸善之詞,以表大慈之致。時天寶元年壬午徵士天柱山逸人楊播記/24(缺)□□□□初止此地,後便以此處爲白馬寺,至宇文滅法,其地□俗居者多不安,遂復施爲感通下寺,時五涼/25(缺)□□□赤水軍使京兆王公倕同贊靈跡,以傳海内有緣。

《涼州御山石佛瑞像因緣記》碑文内容記叙有關劉薩訶和尚在河西走廊進行宗教活動,主要在《續高僧傳》的基礎上,記叙了初唐到天寶元年(742)之間的涼州番禾縣御山谷中石佛瑞像出現的故事及瑞像寺的建成和發展史。

唐前各文獻記叙劉薩訶的活動,先是江南地區的巡禮阿育王塔,後是河東道、關内

涼山御山石佛瑞像因緣記碑

道的遊化。《瑞像因緣記》則更强化其在河西地區的諸多行跡,以及最終遷化於酒泉的記述。從地方信仰的視角提供了河西地區劉薩訶信仰的發展及各地瑞像遺跡的豐富訊息。同時還增添了前此所無的劉薩訶將往天竺觀佛遺跡,以爲劉薩訶與河西地區特别是敦煌莫高窟授記的張本。

《瑞像因緣記》還對初唐之前流傳的劉薩訶故事情節,進一步細化,在叙述北魏正光元年涼州瑞像示現的時候,更添加了河西地區民間信仰傳説劉薩訶勸化獵師李師仁的情節。這是唐前及初唐其他文獻所未見的,是敦煌、河西地區特有傳説。莫高窟第61窟(五代)及第98窟(五代)壁畫可見有此一情節繪製的遺存。

四、《劉薩訶和尚因緣記》的文本功能

敦煌文獻中有關《劉薩訶因緣記》的寫本今所得見計有:法藏 P. 2680、P. 3570、P. 3727 及日本杏雨書屋《敦煌秘笈》羽 698 等四件。

敦煌寫本《劉薩訶和尚因緣記》蓋爲歸義軍時期,十世紀的寫本。全文 560 字。内容記叙劉薩訶姓氏、里籍,因遊獵煞鹿而卒亡,入冥,遊諸地獄,因觀世音菩薩勸化,懺悔復活而出家,廣尋聖跡。使驢耳王復人耳,番禾授記現瑞像,西行五天竺感佛缽,秦州敷化、至酒泉遷化,以及莫高窟受記等。

此因緣記的文本性質,自來説法分歧。尚麗新以爲是民間文人對民間傳説的記録和整理①。其材料來源不是僧傳,而是民間傳聞,具有獨特的民間佛教文學價值。其文體雖找不到歸屬,但題名"因緣記",從這些"因緣記"的内容和形式上看不出任何講唱的痕跡,這種形式的"因緣記",根本不可能用於講唱。不過仍然暗示了與講唱因緣文存在着某種聯繫,又説"《劉薩訶因緣記》是講唱因緣文的藍本,極有可能是爲了講唱搜集整理素材"②。

2010 年竇懷永、張涌泉《敦煌小説合集》分敦煌文獻中的小説爲:古體小説與通俗

---

①尚麗新《劉薩訶信仰解讀———關於中古民間佛教信仰的一點探索》一文説:"《劉薩訶因緣記》篇一共 600 多字,大致依時間順序排列了地獄巡遊、朝聖、治病、番禾瑞像等傳聞,從其顛倒錯亂的叙事順序、極度簡略的叙事風格、樸實無華的叙事語言來看,這決不會出自上層知識份子之手,而是民間文人對民間傳説的記録和整理。"(《東方叢刊》2006 年第 3 期,第 6—23 頁。)

②尚麗新:《敦煌本〈劉薩訶因緣記〉解讀》,《文獻》2007 年第 1 期,第 65—74 頁。

小説二種,將《劉薩訶和尚因緣記》歸入通俗小説中的"傳奇類"①。

我以爲"高僧因緣記"的文本功能是多元的。我們從四件《劉薩訶和尚因緣記》的寫本原生態析論中,可以看見 P. 2680、P. 3727《劉薩訶和尚因緣記》均與其他高僧因緣記、菩薩本生緣、高僧讚、《付法藏傳》、榜書底稿等合抄,顯示隋唐以來高僧"因緣記"的高僧隨着各地方信仰的發展,往往被列入佛教寺院宗派祖師法統世系,與一般傳法世系的聖者、菩薩并列,引進歷代祖師付囑心法的傳承之中。同時寺院、石窟也多有據以繪製圖畫、塑像,用以説明祖師來歷,并供禮拜瞻仰的情形。前舉 P. 2971"壁畫榜題底稿"中"第十八無著菩薩、第十九世親菩薩、第二十羅什法師、第二十一佛圖澄、第二十二劉薩訶、第二十三惠遠和尚",既可與 P. 2680、P. 3727 寫本現象相互印證,又可説明《劉薩訶和尚因緣記》等高僧因緣記的文本具有圖像繪製的參考,又是引導信衆石窟、寺院參拜巡禮時,僧人解説之參考文本②。這點通過對敦煌本《劉薩訶和尚因緣記》寫本原生態的析論,似可獲得證實;同時對於《劉薩訶和尚因緣記》的文學性質也大抵可以釐清,他是以散文體史傳形式記叙高僧成道因緣及神通事蹟的中國新生的僧傳文學。他的文本功能多元,兼具有寺院石窟圖像繪製、僧人禮拜祖師及解説聖僧圖像之參考,又可作爲佛教齋會活動,法師唱導、俗講時"雜序因緣""説緣喻"講説的依據或提示之用。

另外,有研究者以爲《劉薩訶因緣記》"採用散文體的形式,確實類似、接近於僧傳。它是對劉薩訶和尚一生事蹟的叙述。這種形式的因緣記,根本不可能用於講唱。顯而易見,它决不是用於講唱的因緣文"③,看似合理,然個人以爲《劉薩訶和尚因緣記》一類的高僧因緣記的本質就是佛教弘傳文學,其文本功能,可兼作唱導活動或齋會中穿插講唱時之參考文本或提示綱要之作用。《敦煌秘笈》羽698《劉薩訶和尚因緣記》另一面爲《十方千五百佛名經》,提供了佛教齋會儀式進行中使用的訊息。南朝梁・慧皎《高僧傳》"唱導傳論"對"唱導"進行論述説:

> 論曰:唱導者,蓋以宣唱佛法,開導衆心也。昔佛法初傳,於時齋集,止宣唱佛名,依文致禮。至中宵疲極,事資啟悟,乃別請宿德昇座説法,或雜序因緣,或傍引譬喻。其後廬山釋慧遠,道業貞華,風才秀發。每至齋集輒自昇高座,躬爲導首,先明三世因果,卻辯一齋大意。後代傳受遂成永則,故道照、曇穎等十有餘人,并駢次

---

① 竇懷永、張涌泉:《敦煌小説合集》,杭州:浙江文藝出版社,2010年,第 417—424 頁。
② 詳參拙文《從寫本原生態析論〈劉薩訶和尚因緣記〉性質與功能》,2018 年 11 月 9 日—12 日,四川大學中國俗文化研究所主辦"第五屆佛教文獻與文學國際學術研討會"論文。
③ 尚麗新:《敦煌本〈劉薩訶因緣記〉解讀》,《文獻》2007 年第 1 期,第 72 頁。

相師,各擅名當世。①

是唱導活動主要出現在八關齋會、禮懺齋會等場合。其目的在"宣唱法理,開導衆心",而内容則是宣唱佛名、依文致禮、昇座説法、明因果、辯齋意等。講經職事包括法師、都講、香火、維那和梵唄。在這些活動中所使用的文學種類除了宣唱佛名時唱和佛、菩薩名的佛讚外,還有受八關齋戒使用的應用文、講經説法相關的文本及穿插於講經説法間"雜序因緣,傍引譬喻"的諸經緣喻因由,以及辯齋意之相關文書,如:咒願、表白、莊嚴、迴向、發願等。"止宣唱佛名,依文致禮。"當是依據《佛名經》,而"雜序因緣","序"同"叙",是叙説、講述的意思。説明了齋會中有插因緣故事的講説,所以篇幅簡短而内容概括,而多具神異、傳奇的文學特性,方能在中宵疲極時,發揮振作精神的作用,其文本雖非變文一類韻散夾雜的説唱,然當具唱導文學功能則無疑。不能僅僅停留在一般俗講變文的講唱概念,忽略實際齋會活動中雜序因緣的具體功能。

唐代的俗講活動中也會穿插因緣故事的講説。敦煌寫本 P.3849V 及 S.4417 的《俗講儀式》,其内容均分抄有《温室經講經文》儀式、《受八關齋戒》儀式及《維摩經講經文》儀式三段,其在講《維摩經講經文》的儀式中便提及:

講《維摩》,先作梵,次念觀世音菩薩三兩聲,便説押座了。便索唱經文了。唱曰法師自説經題了。便説開讚了,便莊嚴了。便念佛一兩聲了。法師科三分經文了。念佛一兩聲。便一一説其經題名字了。便入經。説緣喻了。便説念佛讚了。便施主各各發願了。便迴向發願取散。

這裏的"説緣喻",指的就是講説因緣、譬喻故事。這段也顯示了唐代俗講活動中有時也穿插着因緣、譬喻故事的講説,似可作爲高僧因緣記一類文學文本功能的輔證。

五、劉薩訶因緣經變與瑞像

劉薩訶是東晉末年至南北朝初期稽胡族的游方僧人,他由凡人而成爲聖僧的神異行蹟,基於地緣、民族關係,加上獵人的生活方式,在大西北地區廣受漢胡各族的崇敬,

---

① (南朝梁)慧皎、湯用彤校注:《高僧傳》卷一三,北京:中華書局,1992年,第521頁。

因此有關劉薩訶經變的繪製與瑞像也出現了。

　　瑞像本指稱佛教始祖釋迦牟尼之像。"瑞像之所以爲瑞像,是有光瑞、靈瑞的出現。瑞的意思是指神通、神變,還進一步地延續漢代以來的祥瑞、符瑞思想。"①印度佛教聖地所見的瑞像,包括:釋迦牟尼佛、彌勒佛、觀音菩薩等特定瑞像,瑞像爲近年佛教史、藝術史及圖像學研究的熱點,敦煌石窟、中亞佛教藝術考古的研究者尤爲關注②。

　　敦煌學者關注瑞像,主要基於敦煌文獻中《劉薩訶因緣記》的考釋③而引發,1983年史葦湘《劉薩訶與敦煌莫高窟》,孫修身《古涼州番禾縣調查記》,以及孫修身、党壽山《"涼州御山石佛瑞像因緣記"考釋》④等相關研究的發表,更吸引了中外學者的眼光,開始劉薩訶瑞像的系列考察研究⑤,更走出敦煌,邁向河西及其他地區,不斷有所發現。

　　劉薩訶從一個行脚僧的遊化區,逐漸發展形成唐代劉薩訶信仰的信仰圈。我們從道宣《續高僧傳》所説"余以貞觀之初歷遊關表,故謁達之本廟,圖像儼肅,日有隆敬。自石、隰、慈、丹、延、綏、威、嵐等州,并圖寫其形,所在供養,號爲劉師佛焉",可知唐代劉薩訶信仰流行區域極廣,唯宋以後逐漸消失,劉薩訶終爲後世人所遺忘。

　　劉薩訶瑞像是指因劉薩訶授記(預言)而出現的瑞像。因發現於涼州番禾郡(今甘肅永昌縣)御山(今永昌縣北海子鄉金川西村西),所以又稱"涼州瑞像"或"番禾瑞像",也有稱爲番禾聖容像或御山聖容像等。

　　敦煌文獻發現《劉薩訶因緣記》寫本,由考釋其內容,而引發莫高窟壁畫、塑像、刺繡畫(絹畫)有關劉薩訶瑞像圖像的探究,加上武威"涼州御山石佛瑞像因緣記"碑記的發掘,更激起河西地區,乃至各地劉薩訶瑞像及有關遺跡的調查與研究。總結前輩學者的成果,目前發現的劉薩訶瑞像圖主要集中在唐至五代、北宋時期的敦煌石窟,包括莫高窟及榆林窟。其表現形式有:大型經變畫(莫高窟72窟、61窟、98窟,均爲五代);單

---

①[日]小野勝年:《敦煌の釋迦瑞像圖》,《龍谷史壇》第63期,1970年,第28—61頁。

②汪娟:《中土瑞像傳説的特色與發展——以敦煌瑞像作爲考察的起點》,《敦煌吐魯番研究》第十五卷,上海:上海古籍出版社,2015年,第343—367頁。

③陳祚龍:《劉薩訶研究——敦煌佛教文獻解析之一》,《華岡佛學學報》1973年第3期,第33—56頁。

④史葦湘:《劉薩訶與敦煌莫高窟》,《文物》1983年第6期,第5—13頁;孫修身:《古涼州番禾調查記》,《西北民族文叢》1983年第3期,第147—154頁;孫修身、党壽山:《涼州御山石佛瑞像因緣記考釋》,《敦煌研究》1983(創刊號),第102—107頁。

⑤[法]蘇遠鳴(Michel Soymié):《敦煌石窟中的瑞像圖》,譯自《敦煌研究論文集》第3輯,Conteributions auxetudes de Touenhouang, VOl. III,1984年,第77—102頁,收錄於謝和耐、蘇遠鳴等著,耿昇譯《法國學者敦煌學論文選萃》,北京:中華書局,1993年,第151—175頁。[日]肥田路美著,牛源譯:《涼州番禾縣瑞像故事及造型》,《敦煌學輯刊》2006年第2期,第165—180頁。

體瑞像畫(莫高窟中唐第231窟,西壁佛龕頂,中唐237窟,西壁龕頂東披正中、76窟甬道頂,宋;榆林窟33窟南壁西側佛教聖跡畫中上方中心位置);刺繡畫(藏英國,編號MAS,0.1129,斯坦因編號Ch.00260。藏經洞發現,唐代);泥塑龕像(莫高窟203窟西龕,初唐、300窟西龕,初唐、榆林窟28窟中心柱北向面龕內)。

另外,據文靜、魏文斌調查,敦煌以外尚有"石雕劉薩訶瑞像",分別爲:甘肅省博物館藏唐聖曆元年(698年)寶意造聖容像、山西省博物院藏開元二十五年(737年)李元封等八人造聖容像、炳靈寺石窟晚唐第13號龕造像、甘肅省永昌縣博物館藏劉薩訶瑞像、張掖馬蹄寺石窟群千佛洞第6窟造像①。

敦煌、河西地區多有相關"瑞像"主題石窟與壁畫的營建與繪製,學界多所研究。日本肥田路美對番禾瑞像相關文物進行全面統計,以爲:唐至宋、西夏時期有關番禾瑞像的圖例約有50例之多②。

這些正足説明唐宋時期劉薩訶信仰在敦煌地區的流行。此外,永靖炳靈寺石窟、張掖馬蹄寺石窟群劉薩訶瑞像聖容的石雕造像;涼州番禾縣瑞像、武威永昌乃至甘肅各地的石窟、碑記、文物、傳説、民俗,也説明了劉薩訶信仰在河西走廊的風行,九、十世紀敦煌寫本《劉薩訶和尚因緣記》的流通,更是文獻、文學與圖像的交互輝映。

以下謹參考前賢對敦煌石窟壁畫研究,列舉有關高僧劉薩訶事蹟敘事文本較爲豐富的大型經變,介紹其相關內容,以明文獻、文學與圖像交互輝映的互文性。單體瑞像畫及刺繡瑞像畫,有可供參考者也略加説明。至於泥塑龕像、石雕造像,蓋爲單純瑞像聖容,不涉情節,因略而不論。

(一)敦煌莫高窟初唐第323窟

此窟是初唐時期開鑿的中型洞窟。洞窟主室南北兩壁繪製有內容豐富的佛教史跡故事畫。南壁上畫千佛,中畫佛教史跡畫西晉吳淞江石佛浮江、東晉楊都出金像(大部分被美國人華爾納盜劫破壞),其內容即劉薩訶事蹟。今存主要繪製於南壁西端,以全景式連環畫描繪。南畫面上段自東向西轉下而中,計分七個畫面,畫面附有榜題,如示

---

① 參文靜、魏文斌:《唐代石雕劉薩訶瑞像初步研究》,《華夏考古》2011年第2期,第93—102頁。
② [日]肥田路美著,牛源譯:《涼州番禾縣瑞像故事及造型》,《敦煌學輯刊》2006年第2期,第165—180頁。

意圖①。從榜題內容可知與劉薩訶事蹟有關,內容均本諸梁慧皎《高僧傳》"釋慧達傳"。可見初唐時劉薩訶信仰尚未發展爲地區的民俗信仰。

初唐　莫高窟第 323 窟南壁石佛浮江畫面示意圖

莫高窟第 323 窟南壁,壁畫主題是石佛浮江,謹將榜題、《高僧傳》及《畫圖讚文》相應內容依次條列如下:

1. 長干寺附近發現金佛像

有榜題:"東晉楊都水中晝夜常有五色光明／出現於水上,魚父云:善哉,我之善有,得／見光明,必是如來濟育群生。發願尋／之,度盲令尋之,得一金銅古育王像,長／丈六,空身。不久光趺而至。"

《高僧傳》:"昔晉咸和中,丹陽尹高悝,於張侯橋浦裏,掘得一金像,無有光趺。……悝載像還至長干巷口,……徑趣長干寺。"

《畫圖讚文》"第二十二圖讚聖迹住法相此神州感通育王瑞像":"晉咸和中,丹陽尹高悝逢天竺僧五人,昔遇難,埋像何上,夢云:得之。見浦有光,尋之得一金像。於後東海見銅花趺,浮在水上,送安像足符合。"

2. 長干寺附近發現銅蓮花座

有榜題:"東晉海中,浮一金銅佛趺有,光册／人接得,送楊都,乃是育王像趺／,勘之宛然符合。其佛見在楊都西靈寺供養。"

《高僧傳》:"爾後年許,有臨海漁人張係世,於海□得銅蓮華趺,浮在水上,即取送縣。"

---

① 參孫修身《敦煌石窟全集 12 佛教東傳故事畫卷》第五節"預言滅佛的劉薩訶",香港:商務印書館,1999 年,第 144—164 頁。

《畫圖讚文》"第二十二圖讚聖迹住法相此神州感通育王瑞像"："見浦有光，尋之得一金像。於後東海見銅□花趺，浮在水上，送安像足符合。"

3. 合浦發現佛像身光

有榜題："交州""合浦水""東晉時交州合浦水中有五色光/現其時到俗等照所發願皆稱□/□戒□世之善友得見如來五色光/現應時尋之得一佛佛光豔五/色勘之乃□楊都育王像之光。"

《高僧傳》："晉咸安元年，交州合浦縣採珠人董宗之，於海底得一佛光。"

《畫圖讚文》"第二十二圖讚聖迹住法相此神州感通育王瑞像"："又於南海交州得光，又安像背，孔穴懸同。身趺及光皆放明，五代君王莫不歸信。"

4. 二石佛在漂浮

有榜題："吳松江□此西晉時有二石佛浮游吳/松江波濤雖盛飄飄逆水而又久撈得其佛裙上有□/號第一維衛佛第二迦葉佛/其像見在吳都供養迦葉佛、維衛佛。"其情節當本於下。

《高僧傳》："後東遊吳縣，禮拜石像。以像於西晉將末，建興元年癸酉之歲，浮在吳松江滬瀆口。……遙見二人浮江而至，乃是石像，背有銘誌一名惟衛，二名迦葉。後有奉佛居士吳縣民朱應……乃潔齋共東雲寺帛尼及信者數人，到滬瀆口。"

《畫圖讚文》"第二十二圖讚聖迹住法相此神州感通育王瑞像"："西晉建興元年，有二石佛浮在吳松江，初疑爲海神。巫祝迎之，風濤彌盛。奉黃老者，爲是天師，往接不獲，風浪大動。有奉佛者，至滬瀆口迎之，風潮忽靜。接置岸上，乃是石佛，高七尺，銘其背：一曰維衛；二曰迦葉。以狀奏聞，令（今）吳郡通玄寺。見《精（旌）異記》。"

5. 道士設醮迎接石佛

有榜題："石佛浮江，天下稀/瑞，□□□□謂□/道來降章醮迎之，/數旬不獲而歸"情節。

《高僧傳》："時有奉黃老者。謂是天師之神，復共往接，飄浪如初。"

《畫圖讚文》"第二十二圖讚聖迹住法相此神州感通育王瑞像"："巫祝迎之，風濤彌盛。奉黃老者，爲是天師，往接不獲，風浪大動。"

6. 僧俗迎石佛入通玄寺

有榜題："靈應所之，不在人事。/信佛法者以爲佛降，/風波遂靜，迎送向通/玄寺供養，迄至於今。"

《高僧傳》："稽首盡虔，歌唄至德，即風潮調靜。即接還安置通玄寺。"

《畫圖讚文》"第二十二圖讚聖迹住法相此神州感通育王瑞像"："有奉佛者，至滬瀆口迎之,風潮忽静。接置岸上,乃是石佛,高七尺,銘其背:一曰維衛;二曰迦葉。以狀奏聞,令(今)吴郡通玄寺。見《精(旌)異記》"。

7. 僧俗觀石佛入寺

此情節當本於慧皎《高僧傳》:"吴中士庶嗟其靈異,歸心者衆矣。"

日本藏中國佛教古逸文獻《畫圖讚文》,現存東京五島美術館之大東急記念文庫卷第二十六,及兵庫白鶴美術館藏卷二七等二卷。經學者研究以爲係唐釋道宣編撰。應是在抄録梁竟陵文宣王子良《净住子》的基礎上,據西明寺的壁畫内容編撰而成,成書年代蓋在顯慶五年,全書約有三十卷①。定源《日藏唐抄本〈畫圖讚文〉及其作者考述》一文除了對作者進行考述外,附録於後。提供了研究的寶貴材料,特别對敦煌寫本《劉薩訶因緣記》及莫高窟初唐 323 窟的研究是一重要的發現。定源在考述後還總結出三點價值:增添了一部道宣的久佚著作;可推進《净住子》的研究;爲研究唐代長安寺院壁畫提供一種文字材料。其中第三點做了如下的説明:

> 關於唐代長安寺院的壁畫,實際存世的圖畫作品不多,向來只有通過張彥遠的《歷代名畫記》、韋述的《兩京新記》、段成式的《寺塔記》以及朱景玄的《唐朝名畫録》等文獻的記載,獲得一鱗半爪的信息。而《畫圖讚文》的面世,雖然其圖畫部分没有保存下來,但通過其中聖蹟部分,我們可以瞭解長安西明寺壁畫的具體内容,有助於進一步認識唐代寺院壁畫的題材與榜題,當然也可以與敦煌石窟壁畫等進行比較研究。②

道宣寺畫圖像繪製的文本依據,也是榜題文字的參考。《統略净住子净行法門序》:"又圖而贊之,廣於寺壁,庶使愚智齊曉諷誦之用,識信牢强。"③定源以爲:寺壁圖畫的文本依據并非是《净住子》,而是《畫圖讚文》中的聖蹟部分内容。道宣只是爲了向廣大群衆普及佛教懺悔等基本思想,纔將《净住子》與聖蹟圖畫相互交叉抄寫於寺壁的。讚是圖像的解説文字,文字簡短整齊有韻,適於壁畫圖像榜題之題寫,也便於法會佛事之諷誦,又可作爲傳抄閲讀之文本。高僧傳的文本雖然完備,叙述全面,篇幅廣大,

---

① 詳參定源(王招國):《日藏唐抄本〈畫圖讚文〉及其作者考述》,見《域外漢籍研究集刊》第十五輯,北京:中華書局,2017 年,第 303—347 頁。

② 定源(王招國):《日藏唐抄本〈畫圖讚文〉及其作者考述》,見《域外漢籍研究集刊》第十五輯,2017 年,第 331 頁。

③ 《廣弘明集》卷二七(CBETA,T52,no. 2103,p. 306,b11 - 12)。

有利於參考檢閱，但一般傳寫不易，運用不便，於是纔有高僧傳略、因緣記的產生。其篇幅短小，既可法會講說之參考，又可供傳寫閱讀。

讚文是古代祭禮時讚頌功德的文字。讚的本義，贊美、頌揚；又有解釋、說明的意思。《畫圖讚文》的讚文并非指文體，實際是指繪製壁畫圖像的說明文字。是繪製壁畫的文本依據。我們從以上莫高窟初唐第323 窟南壁石佛浮江畫面及榜題與《畫圖讚文》的對照，至少可以推知如果定源考證的結果無誤，則《畫圖讚文》是道宣於顯慶五年（660）據西明寺的壁畫內容編撰而成；則初唐時長安寺院已有高僧劉薩訶江南禮長干寺、拜阿育王塔等行跡的壁畫繪製。初唐時期的敦煌已成爲西北地方的政治中心及唐王朝西北地區重要軍事後勤基地。7 世紀60 年代以後，更是敦煌的全盛時期，敦煌文化和文明與長安并進，長安的流行很快也傳至敦煌，長安寺院壁畫的畫稿、樣式及設計等等，也極可能隨着高僧、官員、工匠的往來交流，而傳進敦煌，影響敦煌。

（二）莫高窟五代第 72 窟《劉薩訶與涼州山開出像因緣變》

莫高窟第72 窟南壁，五代繪製，下壁殘毀。上畫垂幔，中繪劉薩訶因緣變相一鋪，南壁上端保存較爲完整，主要爲劉薩訶番禾郡御谷山出像故事情節，學界稱之爲"劉薩訶因緣變相"。

另西壁龕沿畫卷草邊飾。龕上畫垂幔、帳頂圖案。龕外南側上畫聖者泗州和尚、毗沙門天王赴那吒會，中普賢變，下模糊。龕外北側上畫"聖者劉薩訶像"、毗沙門天王赴那吒會，中文殊變，下模糊。窟內有聖者劉薩訶和尚像與聖者泗洲和尚像相對，是兩位神僧的單幅畫像，敦煌現存僅此一例，意義特殊。

對於南壁劉薩訶因緣變相一鋪的內容，1983 年史葦湘在《劉薩訶與敦煌莫高窟》[1]一文中曾做過詳細的描述，并注意到此壁畫上殘存的榜題，而據以主張稱此壁畫爲《劉薩訶與涼州瑞像變》。1993 年霍熙亮進一步對第72 窟及其南壁劉薩訶瑞像史跡變做了詳細的描述與考釋[2]。遺憾的是：此壁畫其他部分過於殘破，且遭後人香火燈燭熏燎，畫面漫漶難以辨識，否則必可提供劉薩訶因緣完美的圖文對照研究之進行。

今殘存的壁畫內容，呈現有一無頭佛像，像腳邊列三佛頭，旁有五位僧人與一位世

---

[1] 史葦湘：《劉薩訶與敦煌莫高窟》，《文物》1983 年第6 期，第5—13 頁。
[2] 霍熙亮：《莫高窟第72 窟及其南壁劉薩訶與涼州聖容佛瑞像史跡變》，《文物》1993 年第3 期，第32—47 頁。

俗信士圍觀。有一立佛像手脚木架圍繞,架上有工匠正在安置佛頭,并有僧人持爐禮懺,架下歌舞、百戲雜陳,作慶祝狀。中央有佛説法圖,旁有繪有一大畫框,畫匠正在布帛上畫一身首具備、光趺齊全的立佛,下有一畫僧正持缽揮毫,畫面旁爲儀容莊嚴,身光、寶蓋、蓮花趺具全的"瑞像",瑞像下方繪僧人指揮塑匠執長竿尺等量佛像等畫面。主要畫面約可分爲七段,以下謹以數字標示先後,略加説明如下:

圖 1 南壁西端下:涼州士庶送佛頭入寺

圖 2 南壁上段中:御容山大石佛

圖 3 南壁上段西端上:御容山無頭大佛像。有榜題:"聖容像初下無頭時。"

圖 4 南壁西端上:御容山大佛安裝佛頭。有榜題:"卻得聖容像本頭安置仍舊時。"

圖 5 南壁西端中:百姓慶祝佛頭安裝成功場面

五代　莫高窟　南壁　畫面示意圖

圖 6 南壁上段中:畫師圖寫御容山石佛。有榜題:"請丹青巧匠邈聖容真身時""請工人巧匠等真身造聖容像時",此當本道宣《續高僧傳》:"故令模寫傳形,量不可測,臨度終異。"

圖 7 南壁上段東端:石佛聖容真身乘雲而來。有榜題:"聖容像真身乘雲來時。"

另尚有榜題:"劉薩訶和尚坐禪入定時""劉薩訶和尚見□師□以勸化時""長者以從等詣會□□□□"……"劉薩訶和尚赴發修僧時""劉薩訶和尚焚香啟願時""蕃人放火燒寺天降雷鳴時""以霹靂打煞時"等。惜壁畫下半長年積沙埋沒,以致大都毀壞,漫漶難辨。

將之持與今所得見的相關文獻比勘,可知《劉薩訶與涼州瑞像變》蓋本於道宣《續高僧傳》。根據《姚道安製像碑》的記述,劉薩訶"行及涼州番禾郡東北望御谷而遥禮之",曾預言:"此崖當有像現,若靈相圓備,則世樂時康;如其有闕,則世亂民苦。……爾後八十七年至正光初,忽大風雨,雷震山裂,挺出石像。"以及道宣《集神州三寶感通錄》所稱的"元魏涼州山開出像者"、《廣弘明集》所稱的"涼州西番禾縣瑞石像者",尤其與武威發現唐天寶元年製的《涼州御山石佛瑞像因緣記》碑相結合,則敦煌寫本《劉薩訶和尚因緣記》同爲河西地區的文獻、文物,其記叙關係顯得更加密切。

此外,第98窟(五代)覆斗形頂,中心佛壇,壇上背屏聯接窟頂。背屏正面畫菩提寶蓋、四飛天、二天王;背面畫立佛一鋪,以整壁的畫面繪製了以山巒爲背景的袒垂右臂、左手執襟的巨大立佛。兩側下方南側畫一個獵人馳馬射鹿,北側畫一老僧正訓誨一個胡跪請罪的騎士。此畫面情節當是獵師李師仁在番禾射鹿,劉薩訶和尚見獵師加以勸化。此情節僅見於《涼州御山石佛瑞像因緣記》,唐前及其他唐代各類文獻皆未見。或以爲"李師仁"與"離石人"諧音,是"李師仁"實乃稽胡離石劉薩訶①。《涼州御山石佛瑞像因緣記》在《續高僧傳》的基礎上增加了"李師仁",應是劉薩訶與涼州瑞像故事在中古時期河西民間傳播過程中衍生出來的一個虛構的人物,是歷史撰寫的層累,也是口頭文學特色的展現。究其根源,還是本於《高僧傳》"少好田獵。年三十一,忽如暫死,經日還蘇。備見地獄苦報,見一道人云是其前世師,爲其説法訓誨,令出家",《續高僧傳》"(薩訶)先不事佛,目不識字,爲人凶頑,勇健多力,行獵射"等傳世僧傳記述的影響。也可説是民間信仰亟欲傳達劉薩訶本爲獵人,因殺鹿受勸化,懺悔贖罪,出家得道,更進而藉其親身經歷,勸化獵鹿人李師仁,以展現佛教現身説法的弘化特色。

第61窟(五代),此窟原名文殊堂。是曹元忠建於947—951年間。覆斗形頂,中心設佛壇,壇上背屏連接窟頂。西壁畫有著名的五臺山圖一鋪。背屏正面畫菩提寶蓋、菩薩、天王、力士。背面畫立佛一鋪,情形與第98窟同。

第98窟(五代)背屏後

第61窟(五代)背屏後

---

① 張善慶:《"李師仁"實乃稽胡離石劉薩訶》,《文献》2016年第3期,第14—24頁。

敦煌石窟單體瑞像畫，以莫高窟 231 窟西壁佛龕頂，及 237 窟（中唐）西壁盝頂東披最爲代表，尤其標示有"盤和都督府仰容山番禾縣北聖容瑞像"的榜題，這些單體瑞像畫出現的時間都是在中唐以後。

莫高窟 237 窟西壁盝頂　　　　　　　231 窟（中唐）西壁龕頂東披

（三）"涼州瑞像圖"刺繡畫

1900 年莫高窟藏經洞偶然的發現，爲數六萬多號的寫本文書震鑠古今。此外還伴隨不少卷本、紙本、刺繡等佛教畫像，大部分被英國斯坦因帶走。

劉薩訶因緣圖殘片唐代　　　　　　　劉薩訶因緣圖
（英國倫敦大英博物館藏）　　　　（法國巴黎吉美國立亞洲藝術博物館藏）

上圖左邊繪有僧人的殘片中,右邊可見一尊立佛的大型火焰紋背光。佛祖右肩,右手垂下,掌心向外,其上方繪一大型華蓋,後方以較粗的線條表現峰巒。此立佛即爲絹畫的主尊。僧人面佛而立,内着紅色僧祇支,外披藍色袈裟,頭光爲紅色。僧人的上方及右方皆繪一立佛,描繪的是劉薩訶預言的故事。另一殘片的左上方繪一捧花菩薩,跪於青蓮上,面對一大香爐。菩薩與香爐之間繪一綠色佛首,置於青色長方形橫物上。其餘畫面繪多位人物,榜題無文字記載。

此外,英藏編號 MAS,0.1129(斯坦因編號 Ch.00260)高 241、寬 160 厘米的巨幅刺繡,此畫自來被定名爲《靈鷲山佛説法圖》①,近年經學者研究,以爲不是"靈鷲山佛説法圖",應該定名爲"涼州瑞像圖"②。

這幅刺繡的底部爲男女供養人像及題名榜、發願文榜。發願文榜框居中,左邊爲男供養人五身,其中僧裝一身、官吏俗裝四身(包括侍從一身),供養人榜題四條;右邊女供養人像六身,其中俗裝五身(含侍女一身)、小比丘尼裝一身,供養人榜題四條。發願文及女供養人的字跡,僅存榜框。男供養僧人及身後着官服的一位供養人榜題都繡有字。1997 年馬德受倫敦大學韋陀(Roderick Whitfield)的邀請赴英訪學,對此幅刺繡上的榜題曾進行仔細識讀。辨認出那位僧裝供養人及官吏裝男供養人榜題上的部分文字爲:"崇教寺維那義明供養""……王□□一心供養"。

崇教寺維那義明供養　　　　　　　　　　……王□□一心供養

---

① 如:[英]韋陀、[日]秋山光和:《西域美術——大英博物館斯坦搜集品》第三卷,圖版 1 及第 277—280 頁圖版説明。(東京:講談社,1984 年)

② 見《敦煌刺繡〈靈鷲山説法圖〉的年代及相關問題》,《東南文化》2008 年第 1 期,第 71—73 頁。

按：崇教寺在莫高窟，初唐332窟前室南側原有建窟時立的《李君莫高窟佛龕碑》，殘碑現存敦煌研究院陳列中心。碑文又見P.2551敦煌寫本。此碑乃武周聖曆元年（698）立，又稱《聖曆碑》。碑文內容先叙述此窟創建年代及武周時敦煌佛教的盛況，云："爰自秦建元之日，迄大周聖曆之辰，樂僔、法良發其宗，建平、東陽弘其跡，推甲子四百他歲，計窟室一千餘龕，今見置僧徒，即爲崇教寺也。"後來不見敦煌有"崇教寺"的寺名，李正宇以爲由於"約在開元、天寶間，寺額改稱，其名遂湮"①。

從莫高窟塑像、壁畫與現藏於倫敦大英博物館的敦煌刺繡畫中，可以看出關隴、河西地區少數民族與漢族對於劉薩訶信仰的崇拜。在敦煌、河西、隴右的群衆中是很有影響的，至少自唐武周時期開始，河西地區出現大量劉薩訶與涼州瑞像造像、碑石和石窟，敦煌莫高窟也有大量以涼州瑞像爲主題的洞窟營造，其中繪製有巨幅的涼州瑞像壁畫，同時還出現了大幅的涼州瑞像刺繡。這些都是劉薩訶信仰在河西地區流行盛況的最佳說明。

---

①李正宇、潘玉閃撰"崇教寺"詞條，見《敦煌學大辭典》，上海：上海辭書出版社，1998年，第628頁。

又 S.5663《中論》卷二寫本末尾三界寺道真題記有云:"乙未年正月十五日三界寺修大般若經,兼內道場課念沙門道真,兼修諸經十一部……造劉薩訶和尚〔像〕,施入。番(幡)二七口,銅令(鈴),香盧壹,香兼(櫼),花氈壹,已上施入,和尚永爲供養。"說明晚唐五代敦煌地區劉薩訶信仰極盛,除了寫本《劉薩訶因緣記》外,在圖像方面有石窟壁畫因緣變及聖者劉薩訶像,還有絹畫、紙本的繪製供養。

(四)泉州開元寺鎮國塔南宋"薩訶朝塔"石刻浮雕

福建泉州開元寺寺前東西雙塔,東塔名鎮國塔,西塔名仁受塔。此寺建於唐垂拱二年(686),後屢毀屢建,現存宋建雙石塔和明建大殿。

東塔鎮國塔始建於唐咸通年間(860—873),爲9層木塔。宋天禧年間(1017—1021)改爲13層;紹興年間(1131—1162)又易爲7級磚砌。嘉熙二年(1238)改建石塔,淳祐十年(1250)建成塔高5層,稱鎮國塔。

鎮國塔塔身結構花崗岩,仿宋式木構建築。塔高五層,每層八面,壁面均嵌刻浮雕等人身大小之佛教人物,展現佛教修行的五種境界(即五乘)。第一層至第五層分別爲人天乘、聲聞乘、緣覺乘、菩薩乘和佛乘,并按照人物之間性類相近相應對稱的關係,兩尊一對,排列於各層塔門及塔龕的兩旁,總計80尊,尊卑有序,系統分明,體現了東方娑婆世界的境界①。

塔基須彌座雕刻精美,壺門內所雕刻畫面之主題爲佛陀誕生至成道的佛教故事以及佛教史蹟畫,內容包括佛本生故事、阿育王皈依佛門,佛教東傳史蹟等畫面計39幅。其中有一幅內容爲劉薩訶和尚朝拜阿育王塔,右側有榜題"薩訶朝塔"。

畫面正中爲一山丘,上有塔放光,左有一僧人高跪,手持柄香爐朝塔禮拜。按:劉薩訶早年性好游獵,因殺鹿過多,被鬼使捉入至冥間,遍歷地獄。後受觀音菩薩感化,出家爲僧,四處尋訪朝拜阿育王塔。此畫面正是刻畫其朝拜阿育王塔的情節。有關巡禮朝拜各地阿育王塔,據慧皎《高僧傳》載:"慧達,姓劉,本名薩河。……年三十一,忽如暫死,經日還蘇。備見地獄苦報,見一道人云是其前世師,爲其説法訓誨,令出家,往丹陽、會稽、吳郡覓阿育王塔像,禮拜悔過,以懺先罪。"之後載籍多有所載,如:道宣《集神州

---

①有關泉州元寺雙塔,可參 Ecke, Gustav; Demiéville, Paul, *The twin pagodas of Zayton: a study of later Buddhist sculpture in China*, Cambridge, Mass.: Harvard Univ. Press, 1935。中譯本:林雰、姚鳴琪譯《刺桐雙塔》,北京:九州出版社,2019年。

三寶感通録》卷二:"歷遊江表,禮鄮縣塔。至金陵,開育王舍利。"道世《法苑珠林》卷三一:"高平原上,有人名薩何,姓劉氏。……在冥道中見觀世音,曰:汝罪重,應受苦。念汝無知,且放令活。雒下、齊城、丹陽、會稽,并有育王塔,可往禮拜。"

劉薩訶拜塔立塔的感通事蹟膾炙人口,石窟壁畫,寺院塔壁浮雕每多繪製雕造,前節所引道宣《畫圖讚文》"第二十三圖讚聖迹住法相此神州佛像立塔感通事迹"載之甚詳,可以印證。

有關阿育王塔崇奉的傳播,相關史蹟顯示都與河海港口有關,提供佛教海路入傳的一些訊息。唐代創建的泉州開元寺,地處東南沿海,也有阿育王塔的遺跡。劉薩訶定陽稽胡,爲遊方僧人,基於種族及地緣關係,其行化區域以河東道、關内道等八州爲主。然基於阿育王塔的崇拜,在東南沿海的流行,劉薩訶曾巡歷鄮縣(寧波鄞縣)、建康等沿海地區,覓得阿育王塔,留下諸多史蹟故事與傳說,泉州開元寺有阿育王塔遺跡,因此開元寺東塔塔基浮雕有"薩訶朝塔"的圖像,應是信仰傳播圈的擴大與影響所及。

(五)日本兵庫縣極樂寺"六道繪"劉薩訶入冥圖

日本兵庫縣多可町的極樂寺藏有鎌倉時期十四世紀初的六道繪,計上中下三幅,十王與六道結合的十王六道圖。上部爲十王圖,依次繪製十王坐殿,右幅:秦廣王、初江王、宋帝王、五官王,中幅:閻羅王、變成王、大(泰)山王、平等王,左幅:都市王、五道轉輪王①。

---

① 有關兵庫縣極樂寺藏"六道繪"可參考:[日]菅村亨:《極楽寺本"六道絵"について稽》,《仏教芸術》175號,1987年11月,第2—4、51—71頁。[日]井上泰:《兵庫県極楽寺蔵"六道絵"の〈絵語り〉》,《國文學攷》200號,2008年12月,第1—15頁。

下部爲六道圖，依次描繪六道的各個場景，人道：右幅右。地獄道：右幅左、中幅、左幅右。畜生道、惡鬼道、修羅道、天道：左幅左上中下通。

畫面中部穿插九個佛教冥報靈應故事，有墨書榜題，存八則，一則殘缺不明。分別爲右幅中"宋帝王"下部有"周武帝"；右幅左部"五官王"下，上有"宋武當寺沙門清規"、下有"唐幽州虞安良"；中幅右"閻羅王"下，上靠右"清河□邪見女"、上靠左"劉薩荷"，中部靠上榜題殘缺不明、靠下"高陸秦安義"，中幅左"變成王"下，右上及中幅下"阿輪闍國婆羅門"，右上靠下"隋鷹楊郎將天水姜略"。

中幅右"閻羅王"下，上部靠左畫面繪鬼使押解一赤身亡者，左手抓住亡者頭髮，面對業鏡，鏡前有一小鹿翹首旁觀。榜題有墨書"劉薩荷"三字，"劉薩荷"或作"劉薩訶"，爲歷代載籍常見的異文。如《集神州三寶感通錄》《法苑珠林》等也都作"薩荷"。

按：《冥祥記》《高僧傳》等佛教史傳記載劉薩訶事蹟，主要記叙其出家前，性好遊獵，因殺鹿過多，忽被鬼使捉入冥間，變爲鹿身，遭人射殺，又復爲人身，遍歷地獄諸苦。後受觀音菩薩訓化，出家爲僧，四處尋訪朝拜阿育王塔，最終由凡轉聖，成爲高僧等故事。敦煌寫本《劉薩訶和尚因緣記》的記述情節與兵庫縣極樂寺"六道繪"劉薩訶入冥圖的描繪更爲貼近。《因緣記》載"和尚俗姓劉氏，字薩訶，丹州定陽人也。性好遊獵，多曾煞鹿。後忽卒亡，乃被鬼使擒捉，領至閻羅王所，問薩訶：'汝曾煞鹿以否？'薩訶因即抵諱。須臾，乃見怨家競來相證，即便招承。"儼然是極樂寺"六道繪"此一畫面的解説文字。

六、劉薩訶事蹟物質文本的互文性

佛教文獻是佛教教義、思想及傳播發展的主要載體，佛教文學則爲佛教傳播與體悟主要的呈現方式。二者既同屬佛學領域，又屬文獻學與文學的交叉學科。佛教的傳播，除了經典外,同時也選擇經典内容,或以語言、文字爲媒介,經由口頭講説或文學記述來進行文學傳播。在這傳播的過程中,既存在着理解、詮釋與表達的差異,也受到媒介載具材質、時間、空間等制約。因此,文獻與文學間也就出現了所謂的互文性①。

劉薩訶由凡人成聖,而形成信仰,流行於河西地區,呈現出相關文獻、文學與圖像的多元文本,這諸多的文字文本與圖像文本在傳播的過程中,也不斷地進行再現與改寫,因此造成諸多文本間出現了共相與殊相,爲我們提供了研究文本互文性的空間。

個人認爲劉薩訶的事蹟,是宗教信仰與民俗、文學、藝術的綜合展現。既涉史實,又涉傳説;流傳時間漫長,傳播空間廣闊;文獻載籍既有中央,又有地方;呈現載體既有文字,又有圖像。展現不同的内容情節,既有傳承性,又有變異性,多元而複雜的文本特性,特別要關注的《劉薩訶和尚因緣記》雖是民間傳説的積累,卻不是單純的一般民間文學、俗文學,而是佛教文學。他的屬性、功能、傳播,乃至解讀,當離不開寺院空間與佛教活動。因此,若能依文獻時代、屬性、内容表列,觀察其規律與現象,進而展開解讀與詮釋,當不失爲一新的嘗試。以下先將主要情節爲經,齊梁、初唐、唐五代之文獻、文學、圖像文本爲緯,表列以便説明其文本的互文關係。

情節 \ 文本	冥祥記	高僧傳	續高僧傳	集神州三寶感通録	法苑珠林	涼州瑞像因緣碑記	劉薩訶因緣記	初唐323窟	五代72窟
冥游地獄	○	○					○		
觀音勸化	○	○	○	○	○		○		
復活出家	○	○	○	○	○		○		
訪阿育王塔	○	○		○	○			○	
佛像徵感			○	○				○	
吳中禮像			○					○	
鄮塔禮拜				○					
不知所終									
謁薩訶本廟			○						
本鄉宣佛			○						

---

①"互文性"是20世紀60年代西方文學理論提出的新術語。通常被用來指示兩個或兩個以上文本間發生的互文關係。它包括:兩個具體或特殊文本之間的關係(一般稱爲 transtexuality);某一文本通過記憶、重複、修正,向其他文本產生的擴散性影響(一般稱作 intertexuality)。

續表

文本\情節	冥祥記	高僧傳	續高僧傳	集神州三寶感通錄	法苑珠林	涼州瑞像因緣碑記	劉薩訶因緣記	初唐323窟	五代72窟
瑞像靈異			○						
八州信奉			○	○	○				
廣尋聖跡			○				○		
番禾瑞像			○	○		○	○		○
遺骨顯靈			○	○	○				
勸化獵師						○			○
酒泉遷化				○	○		○		
驢王復人耳							○		
五天竺感鉢							○		
秦州敷化							○		
莫高受記							○		

東晉末到南北朝初期的高僧釋慧達,其姓氏、里籍及出身等基本史料,雖有歧異,大抵不差。釋慧達,因唐寫本"慧""惠"不分,或作"惠達",如《名僧傳抄》"晉長干寺惠達"。俗姓"劉",名"薩訶"。"薩訶"蓋爲稽胡語"蠠繭"的音譯。由於音譯以不同漢字記音,因有多種不同的音寫字。如《冥祥記》作"薩荷""屑荷";《高僧傳》《廣弘明集》作"薩河";《續高僧傳》作"窣荷";《集神州三寶感通錄》作"薩荷""薩何""薩訶""蘇和";《法苑珠林》作"薩荷""薩何";《釋迦方志》《涼州瑞像因緣碑記》《梁書》《南史》作爲"薩何";《涼州瑞像因緣碑記》《劉薩訶因緣記》作"薩訶"。

劉薩訶是稽胡族,文獻所載并無二致。"稽胡"全名"步落稽",是北朝後期纔出現的一種雜胡,唐長孺推測應該與晉代稱"山胡"者同。但北魏後期以來的"稽胡"或"山胡",包括的族類更廣泛,原本北魏初期以各別名稱出現的"屠各""盧水""鐵弗""支胡"等,從"稽胡"出現後就不見記載,可能所有未與漢族同化,避入山谷居住者,一律被稱爲"稽胡"。《周書·稽胡傳》云:"稽胡,一曰步落稽,蓋匈奴別種,劉元海五部之苗裔也。"①稽胡族是包括匈奴、胡人以及當地人的"雜胡"②,散布區域遼闊,在魏晉南北朝

---

① (唐)令狐德棻:《周書》,北京:中華書局,1971年,第896頁。
② 林幹:《稽胡(山胡)略考》,《社會科學戰綫》1984年第1期,第148—156頁。

時期生活在今陝西、山西交界的山谷中,以遊牧、射獵爲業。

至於里籍則小有歧異。《冥祥記》作"西河離石人也";《高僧傳》作"并州西河離石人";《集神州三寶感通錄》《法苑珠林》卷三八作"并州離石人";《續高僧傳》作"三城定陽稽胡也";《法苑珠林》卷八六作"西河離石人也";《集神州三寶感通錄》卷二"有離石沙門劉薩訶者";《釋迦方志》卷二"家于離石南高平原,今慈州也";《涼州瑞像因緣碑記》作"丹陽僧劉薩何",《劉薩訶因緣記》作"丹州定陽人也"。

有關劉薩訶的里籍,可總歸爲:離石、定陽二種説法。而以"離石人"的説法爲主,文獻記載最早,影響也最大。且有西河、并州、慈州之別,齊梁時流行的劉薩訶里籍就是并州西河離石或西河離石;其次則爲三城定陽、丹州定陽、丹陽,三者實爲一地。三城定陽比丹州定陽出現要早,在劉薩訶生時就有;丹州出現於西魏,丹陽出現於北周。按:丹州係因丹陽川而得名。春秋時爲白翟所居,秦屬上郡,漢因之。後魏大統元年(535),割鄜、延二州地置汾州。廢帝(551—553)以河東汾州同名,改爲丹州。隋唐間曾多次改名,肅宗乾元元年(758),復稱丹州。該州的州治設在今陝西省宜川縣。

離石説出現最早,見於南朝王琰《冥祥記》和梁慧皎《高僧傳》,影響深遠,唐代釋道宣、道世等也採用了這種説法。尚麗新《"敦煌高僧"劉薩訶的史實與傳説》以爲"離石説產生最早,具有史源意義。……定陽説應起因於劉薩訶在該地有廣泛深入的傳教活動,而慈州説則是隨着定陽稽胡東渡黃河而來"①,離石是稽胡重要聚居區之一,所以稽胡又被稱爲離石胡。張善慶指出"離石胡某某某"的方式稱呼某位歷史人物,比如"離石胡帥呼延鐵""離石胡劉苗王""離石胡劉季"等②。

除了劉薩訶的姓氏、里籍、出身等基本史實外,其他文獻文本所記敘的情節母題,學者已有論述,2006 年尚麗新《劉薩訶信仰解讀——關於中古民間佛教信仰的一點探索》一文中便借用民間故事的母題研究,以劉薩訶因緣記爲主,析論了劉薩訶傳聞的基本信仰單元和情節單元;2009 年劉苑如《重繪生命地圖——聖僧劉薩荷形象的多重書寫》也附錄了"《冥祥記·劉薩荷》情節單元分析表""《高僧傳·晉并州竺慧達傳》情節單元分析表""《集神州三寶感通錄·神僧感通錄·釋慧達》情節單元分析表",這些研究已對晉唐文獻有關劉薩訶的故事情節(母題)做了很好的梳理,也涉及了相關文本的互文問題,在此則不重複贅述。

---

①尚麗新:《"敦煌高僧"劉薩訶的史實與傳説》,《西南民族大學學報》(人文社科版)2007 年第 4 期,第 76—82 頁。

②張善慶:《"李師仁"實乃稽胡離石劉薩訶文獻》,《文獻》2016 年第 3 期,第 16—17 頁。

有關劉薩訶的佛教行跡及其後之信仰發展的記述,各種文獻載籍的記述,或因文獻屬性不同,記述內容或詳或略,各有所重,分歧亦多,宜加甄別。上述有關劉薩訶的文獻、文學與圖像,依其成書、繪製時代論,大致可分爲:唐前、唐代前期、盛唐五代等三個階段。唐前主要爲齊王琰《冥祥記》與梁慧皎《高僧傳》。王琰《冥祥記》撰於南齊,乃江南早期佛教重要的靈驗記集;慧皎《高僧傳》則是基於南朝江南撰著的佛教僧傳總集。二書距離東晉南北朝劉薩訶時代相近,其所述都以劉薩訶前半生禮佛奉法的重要行蹟爲主。

唐代前期,以道宣《續高僧傳》《集神州三寶感通錄》,以及道世《法苑珠林》等爲主要,另道宣《廣弘明集》《釋迦方志》《道宣律師感通錄》也每有記述,莫高窟初唐323窟也有描繪。盛唐五代時期,主要以天寶元年的《涼州瑞像因緣碑記》及晚唐的敦煌寫本《劉薩訶因緣記》的記述,及莫高窟五代72窟壁畫的繪製。

相較之下,唐道宣《續高僧傳・釋慧達》《集神州三寶感通錄》《涼州瑞像因緣碑記》,敦煌寫本《劉薩訶和尚因緣記》,以及莫高窟現存與劉薩訶行跡有關的壁畫等,蓋因離東晉南北朝時劉薩訶時代相對較遠,自然以劉薩訶成道之後各地遊行敷化行跡以及後世各地崇奉信仰的發展爲焦點。

據文獻、文學與圖像的屬性論,則可分爲傳記類(雜傳):《高僧傳》《續高僧傳》;護教類:《冥祥記》《廣弘明集》《集神州三寶感通錄》《道宣律師感通錄》;纂集類:《法苑珠林》《釋迦方志》。至於《涼州瑞像因緣碑記》與《劉薩訶和尚因緣記》所凸顯的,更是敦煌及河西地區地方佛教信仰,呈現的碑記、別傳,與長安高僧撰述態度、關注點與取材也顯有不同。莫高窟大型經變壁畫的繪製,透過線條、色彩、圖像將劉薩訶故事情節以生動的畫面具像地向廣大信衆進行傳播,也是劉薩訶信仰發展實況的展現。《涼州瑞像因緣碑記》《劉薩訶和尚因緣記》與莫高窟壁畫,相較於道宣、道世等有關文獻,其河西、敦煌劉薩訶信仰的地域特色更是鮮明。

同爲南朝人,王琰以奉佛文士爲護教而作《冥祥記》,其内容主要側重佛教神異事蹟,藉以宣揚佛教因果報應思想。其有關"劉薩訶"事蹟的記述,文字長達1300字,是唐前及唐代記述"劉薩訶"事蹟最長的一篇。然其内容有關劉薩訶的時代、俗家姓名,何方人士,出家前身份,及去處交代,極爲簡單。而卻以長達1000多字的篇幅記叙劉薩訶入冥、遊歷地獄及其靈驗事蹟,尤其記叙其入冥、遊歷地獄舉凡地獄路程、屋舍、寒冰地獄、刀山地獄等等,爲所有有關劉薩訶文獻載籍最早且最爲詳盡的。慧皎《高僧傳》雖亦述及,但卻僅僅以"經日還蘇,備見地獄苦報"。《續高僧傳》也是僅説:"命終備覩地獄衆苦之相,廣有別傳"一句帶過。《劉薩訶因緣記》也以"後忽卒亡,乃被鬼使擒捉,領至閻羅王所……汝可令家人,速爲塡納,即得生處,免歷幽冥也"等約280字,記叙冥遊情節,包含:冥判轉爲鹿身遭射殺,以償生前殺鹿之罪;地獄遇故舊請代轉達親人,設齋造像,以濟幽冥等。這似乎可以理解爲佛教初傳中土,神通、靈驗、感應是見證與宣傳的主要傳播手法。慧皎《高僧傳》以十科立傳,於"譯經""義解"之後立有"神異",且分上下二卷,其盛行可知①。

南朝梁代高僧、佛教史學家慧皎撰寫《高僧傳》,樹立了中國佛教高僧總傳的典範。在卷一三"興福第八"將劉薩訶立傳列爲"釋慧達一",全文計800多字,記叙內容相較於1300字的《冥祥記》,顯得更爲簡要平實;呈現出一代佛教史家嚴謹的寫作態度,這與王琰基於護教,宣揚佛教的用心,重點不一,取材記叙也明顯有所不同。同時展現其爲興福高僧立傳的用心,集中記叙:劉薩訶晉寧康中至京師禮長干寺、拜阿育王塔像等等,及東西觀禮,屢表徵驗之事。至於劉薩訶"忽如暫死"以後,則只用"備見地獄苦報"一筆帶過,與《冥祥記》花費1200字,幾乎全文百分之九十二的篇幅,記叙劉薩訶在地獄冥遊時離奇繁複的經歷,旨趣用意,截然不同。二者詳簡有別,具有互補之功。

南山律宗開山祖師道宣,有關劉薩訶的記述甚多,主要爲《續高僧傳》,此外還有《集神州三寶感通錄》《道宣律師感通錄》《廣弘明集》《釋迦方志》《畫圖讚文》等,是分屬不同性質的記述。《集神州三寶感通錄》爲佛教感應集,其提及有關劉薩訶的事蹟內容大抵多同於《續高僧傳》,然記叙重在神異感通事蹟的描述。

道宣《續高僧傳》最後強調親至拜謁慧達本廟,考察關內道及河東道劉薩訶信仰的情況,云"余以貞觀之初歷遊關表,故謁達之本廟,圖像儼肅,日有隆敬。自石、隰、慈、丹、延、綏、威、嵐等州,并圖寫其形,所在供養,號爲劉師佛焉。因之懲革胡性,奉行戒約者殷矣"。按:石州是離石所在,慈州是隋的文成郡,丹即丹州,以唐地理論,嵐、石、慈、隰諸州屬河東道,丹、綏、延州屬關內道。這些地方古時爲白狄所聚居,後爲稽胡部落。如《元和郡縣圖志》"綏州"云:"秦上郡城……自後漢末已來,荒廢已久,俗是稽胡。……後魏明帝神龜元年……於此置上郡,廢帝元年於此郡內分置綏州。……武德三年……置綏州總管"②,道宣所述爲貞觀初年事,是符合唐初地理狀況的。《集神州三寶感通錄》卷下"神僧感通錄"之"今慈州郭下安仁寺西劉薩何師廟"記述劉薩訶信仰流行區域,雖同爲八州,然以"銀州"取代《續高僧傳》記載的"威州"。《新唐書》卷三一

---

① 湯用彤《漢魏晉南北朝佛教史》在論及魏晉佛法之盛時,便總結説:"然佛教之傳播民間,報應而外,必亦藉方術以推進,此大法之所以興起於魏晉,原因一也。"(北京:中華書局,1983年,第134頁。)
② (唐)李吉甫撰,賀次君點校:《元和郡縣圖志》卷四"關內道·綏州",北京:中華書局,1983年。

"地理·關内道"載,貞觀三年以河濱縣置雲州,四年改曰威州,八年州廢。是此威州即原雲州,都屬觀内道。因使用時間短,故道宣《釋迦方志》、道世《法苑珠林》則以"銀州"取代"威州"。

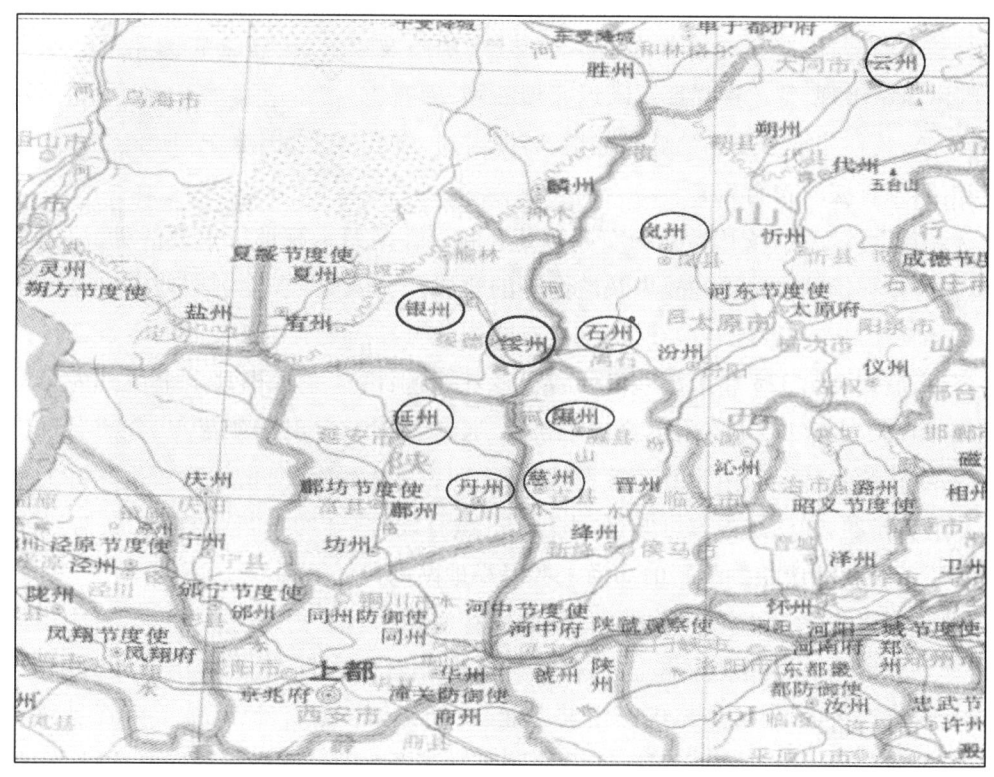

這些州原爲稽胡散布之地,劉薩訶本是定陽稽胡,又爲遊方僧人,基於種族及地緣關係,其以河東道、關内道這八州爲行化區域,尤其容易受到信奉。道宣《續高僧傳》的撰寫,以實際遊歷補充慧皎《高僧傳》不足之處,其記述重考徵,實際考察,提供了劉薩訶行脚僧遊化區的勘定,也說明了唐代劉薩訶信仰圈的形成。

元年楊播記的《涼州御山石佛瑞像因緣記》碑,現存一千餘字。内容記叙有關劉薩訶和尚在河西走廊進行宗教活動,主要在《續高僧傳》的基礎上,記叙了初唐到天寶元年(742)之間的涼州番禾縣御山谷中石佛瑞像出現的故事及瑞像寺的建成和發展史。唐前各文獻記叙劉薩訶的活動,先是江南地區的巡禮阿育王塔,後是河東道、關内道的遊化。《瑞像因緣記》則更强化其在河西地區的諸多行跡,以及最終遷化於酒泉的記述。從地方信仰的視角提供了河西地區劉薩訶信仰的發展及各地瑞像遺跡的豐富訊息。同時還增添了前此所無的劉薩訶將往天竺觀佛遺跡,以及劉薩訶勸化獵師李師仁等情節,爲劉薩訶與河西地區特別是敦煌莫高窟授記的張本。

又敦煌寫本《劉薩訶因緣記》中"和尚西至五天,曾感佛缽出現"S.4654《薩訶上人寄錫雁閣留題并序呈獻》中有"晉左薩訶,祥驗胡虛兮,杳絕龍盂。舊迅赫瞬,奪五印之光",也記述了劉薩訶涉足敦煌、印度的傳說。《高僧法顯傳》中記載有法顯留于闐欲觀行像,慧達與僧景、道整先去那竭國供養佛影、佛齒及頂骨,後慧景病倒弗樓沙國佛缽寺,因留道整護理,慧達遂從那竭國返弗樓沙國,與寶雲、僧景還秦土①。此則記載慧達到過天竺,曾在弗樓沙國的佛缽寺盤桓,時間雖短,卻提供了《因緣記》所記叙和尚游天竺一事明確有據的證明。

《瑞像因緣記》碑文内容記叙有關劉薩訶和尚在河西走廊進行宗教活動,涼州番禾縣御山谷中石佛瑞像出現的故事及瑞像寺的建成和發展史②。除可與傳世文獻相對照外,更是敦煌寫卷及敦煌石窟壁畫、絹畫有關劉薩訶各種文本相互參照的寶貴資料。

莫高窟初唐第323窟南壁中畫西晉吴淞江石佛浮江、東晉楊都出金像其内容即劉薩訶事蹟事。今存:長干寺附近發現銅佛像、長干寺附近發現銅蓮花座、合浦發現佛像身光、二石佛在漂浮、道士設醮迎接石佛、僧俗迎石佛入通玄寺、僧俗觀石佛入寺七個畫面,并附有榜題,從榜題内容可知與劉薩訶事蹟有關,内容均本諸梁慧皎《高僧傳》"釋慧達傳"。可見初唐時劉薩訶信仰尚未發展爲地區的民俗信仰。

莫高窟五代第72窟南壁中繪"劉薩訶因緣變相"一鋪,劉薩訶番禾郡御谷山出像故事情節,殘存畫面主要爲:涼州士庶送佛頭入寺、御容山大石佛、御容山無頭大佛像、御容山大佛安裝佛頭、百姓慶祝佛頭安裝場面、畫師寫御容山石佛、石佛聖容真身乘雲而來等。均有榜題。其他畫面毁壞,尚有榜題可辨識者七則。持與相關文獻比勘,知蓋本於道宣《續高僧傳》《集神州三寶感通録》《廣弘明集》所載"涼州西番禾縣瑞石像者"。尤其與武威發現唐天寶元年製的《涼州御山石佛瑞像因緣記》碑,以及敦煌寫本《劉薩訶和尚因緣記》同爲河西地區的文獻、文物,記叙關係顯得更加密切。

莫高窟五代第98窟(五代)背屏後以及第61窟(五代)背屏後西面均畫有一獵人

---

①《高僧法顯傳》卷一:"昔在長安慨律藏殘缺,於是遂以弘始二年歲在己亥,與慧景、道整、慧應、慧嵬等同契,至天竺尋求戒律。初,發跡長安,度隴至乾歸國夏坐。夏坐訖,前至褥檀國。度養樓山,至張掖鎮。張掖大亂,道路不通。張掖王慇勤,遂留爲作檀越。於是與智嚴、慧簡、僧紹、寶雲、僧景等相遇,欣於同志。便共夏坐。夏坐訖,復進到燉煌。有塞,東西可八十里,南北四十里。共停一月餘日。法顯等五人隨使先發,復與寶雲等別燉煌。太守李浩供給度沙河。……慧景、道整、慧達先發向竭叉國,法顯等欲觀行像,停三月日。"(CBETA,T51,no.2085,p.857,a3-b12)

②全文及相關研究,參見孫修身、党壽山:《〈涼州御山石佛瑞像因緣記〉考釋文獻》,《敦煌研究》創刊號,1983年,第102—107頁。

馳馬射鹿，及一老僧訓誨胡跪請罪的騎士。描繪的內容是獵師李師仁在番禾射鹿，劉薩訶和尚勸化獵師。此情節僅見於《涼州御山石佛瑞像因緣記》，唐前及其他唐代各類文獻皆未見。蓋爲敦煌河西地區民間信仰後期衍生的傳說，藉以傳達劉薩訶本爲獵人，因殺鹿受勸化，懺悔贖罪，出家得道，更進而以勸化獵師李師仁，展現佛教現身說法的弘化特色。張善慶以爲"李師仁"角色的產生，首先是口頭傳播的結果，也是口頭文學的變異，也是涼州瑞像故事層累疊加的呈現①。

七、小結

文獻、文學、圖像，文字文本與非文字文本具有交叉研究的特質。現存各時代的文獻、文學與圖像，呈現歷史與傳說的穿插混搭。時間越晚，傳說比重越高，傳說內容越多，傳播區域越廣，傳說的情節越趨多元，與史實的衝突牴牾也就越多。但其意義，則更能呈現時代、地域與階層的信仰與傳說傳播圈的發展與流布。

敦煌寫本《劉薩訶因緣記》的記叙從劉薩訶的生平開始，依序記叙冥遊、廣尋聖跡、使驢耳王復人耳、番禾授記、西行五天竺感佛鉢、秦州敷化、酒泉遷化、莫高窟受記等。劉薩訶信仰，宋後逐漸消失，劉薩訶也爲後人所遺忘，敦煌文獻發現的因緣記引發莫高窟壁畫、塑像、刺繡絹畫等有關載劉薩訶瑞像圖像的探究，武威碑記的發掘，更豐富劉薩訶研究的材料。

劉薩訶主題的研究，其核心蓋爲僧傳文本，其保存豐富多元的文獻、文學與圖像，是文字文本與非文字文本交叉研究的典型佳例。西方神學對聖傳研究頗早，有從閱讀視角出發，以事實、批判、詮釋來考察聖傳發展，頗有值得借鑒之處②。個人覺得若從俗文化、俗信仰與俗文學的視角加以考察，細爲析論，不難發現其發展、演變與信仰圈、傳播圈的關係極爲密切。尤其要關注的是佛教信仰圈的形成，特別是劉薩訶以稽胡獵人出

---

① 張善慶：《"李師仁"實乃稽胡離石劉薩訶》，《文獻》2016 年第 3 期，第 23—24 頁。
② 劉苑如：《重繪生命地圖——聖僧劉薩荷形象的多重書寫文獻》便借鑒了西方神學對聖傳研究，他說："宗教傳記作爲一種宗教人物的生命書寫，歷經了實用、批判與詮釋三種不同階段的閱讀策略，早期通常又將其當作一種宗教典範人物的史實記載，具有不可懷疑的歷史價值，引發許多研究者的質疑。因有 Hippolyte Delehaye 提出批判的解讀觀點，認爲與其重視傳主本身的生平事蹟，毋寧更重視其所反映的聖傳作者本身，及其活動時代相關的神學、精神領域和政治。"（《中國文哲研究集刊》34 期，2009 年 3 月，第 1—51 頁。）

身,感悟悔罪,出家學佛,游化爲業的特殊背景與特質,這與東晉《佛圖澄傳》《支遁別傳》等一類具有名士風範,與士族交往密切具士族文化特質的高僧不同,其在佛教信仰傳播的獨特性尤爲鮮明。我們在借鑑既有的研究成果的同時,不妨多關照僧傳文本的時代特性、文本屬性,以及文本需求、使用場合與受衆等功能性。

畢竟僧傳文本有史傳、雜傳、別傳、靈驗記、感通記、因緣記等之別,更有文字與圖像之分,甚至還有傳說、民俗、歌謠等不同載體之殊。歷史史實描述的鋪陳與渲染形成傳說,也造就了信仰,傳說的傳播更促進了信仰的發展,擴大了信仰圈,也增添衍生多姿多樣的傳說,層層積累,豐富了信仰文化。從文獻時代、屬性、情節的表列,似可觀察到其中隱約存在着一些規律,即:早期具史傳性質的文獻,對凡人悔悟、學道,由獵人出家到成聖的記敘,以平實爲要;護教宣教文獻,則主要在宣說因果報應觀念,多以感通、靈驗模式作爲宣傳手段。行脚僧遊化爲業的特性,促使傳播圈、信仰圈的擴大,形成地域性的民間信仰,層層疊加的民間傳說,既有其傳承性,有其因時因地衍生的變異性,其中,地域性與民族性的瑞像傳說,情節每有渲染與嫁接,更凸顯了劉薩訶信仰在廣大西北地區的流傳與影響。

俄藏 Φ365V《妙法蓮華經講經文(四)》諸疑再議兼及其撰寫年代

何劍平

（四川大學中國俗文化研究所）

　　本文對俄藏 Φ365V《妙法蓮華經講經文》目前研究中存在的一些疑問進行探討。其一是點校問題。通過校議認爲：講經文作者在談不得爲五種人宣説《法華經》時引《四分律》戒條展開縷説，表明此講經文面對的聽衆當爲寺院僧尼而非庶民，其講經場所應爲僧講而非俗講。其二，討論了俄藏講經文與唐代《法華經》相關注疏的關係。認爲：這篇講經文的主要參考文獻源自唐大中年末栖復所著《法華經玄贊要集》，其産生年代爲晚唐。其三，這篇講經文對觀世音名義及其教化功能的解説表現出對久已成佛示現作菩薩的觀音信仰的尊崇。此種信仰源於在六朝民間廣爲流行、真僞莫辨的《觀世音三昧經》，與南朝齊梁以來在民間流傳的維摩詰、文殊菩薩皆往古如來現爲菩薩之説有着相同的文化背景，在北朝石刻中也有體現。它經由天台智顗、三論宗吉藏的注疏、宣講而廣爲傳播。至唐高宗、武則天時代，由於各宗派義解僧在講經、造疏活動中的推挹、採用，加之大量密教觀世音經典的傳譯，使這一信仰在理論上得以凸顯，其影響及於中土庶民階層。

　　敦煌文學研究一直是熱門學科。前輩學者在資料整理和分類理論方面貢獻卓著，將講經文視爲敦煌文學作品中之一種體裁。近年來關於講經文的伎藝形式以及它與佛教儀式的關係，學者已作較充分的發掘和討論。但在講經文研究的細節問題上，卻仍然有待於更深入的拓展和推進。例如講經文作者在創作時參考了哪些材料？這些材料與當時背景有無關聯？講經文與佛經義疏的關係究竟是如何展開的？講經文作者於其熟知的詩文詞句是如何作省抄的？解決這些問題，無疑有助於我們重構唐代講經的歷史，使敦煌文學研究臻於完整。鑒乎此，本文擬以講經文研究的一份原始文獻——俄藏 Φ365V《妙法蓮華經講經文》——爲研究對象，通過考察原卷及連帶文獻，試就以上相關問題作如下發明。

一、點校獻疑

　　俄藏 Φ365 號《妙法蓮華經講經文》爲正、背兩面書寫，原卷首尾俱殘，未有題記。正、背兩面抄寫的内容，均源自《妙法蓮華經》，然並不銜接，各自獨立。正面所據經文出後秦鳩摩羅什譯《妙法蓮華經》之《藥王菩薩本事品》，背面所據經文則出鳩摩羅什譯《妙法蓮華經》之《觀世音菩薩普門品》。1984 年，俄國孟列夫教授《蓮花經變文》一書的出版，首次全文公布俄藏 Φ365 號《妙法蓮華經講經文》此一罕見孤本寫卷影印本之後，爲《妙法蓮華經講經文》之研究提供珍貴而難得的資料，深受學界重視。一批優秀的學者，相繼點校、撰文研究。1986 年，張錫厚根據孟列夫《蓮花經變文》一書中提供的寫卷影本進行校理，發表《〈妙法蓮華經講經文〉二種》一文①；同年，徐芹《蘇藏〈蓮華經變文〉校録》也根據孟列夫《蓮花經變文》一書所附寫卷影本進行了校録②。1997 年黃征、張涌泉《敦煌變文校注》校録了 P.2305、P.2133、Φ365 正面及 Φ365 背面等四篇《妙法蓮華經講經文》③。這也是學界一般討論《妙法蓮華經講經文》使用的録文最可靠、收文最豐富的文本依據。項楚《敦煌變文新校》(《敦煌學》第 25 輯，2004 年，第 447—448 頁)將閱讀《敦煌變文校注》(黃征、張涌泉著)的劄記，摘論不篇於下，其中有對《妙法蓮華經講經文》(二)的訂補。曾良《敦煌文獻字義通釋》(廈門大學出版社，2001 年)、吴藴慧《〈敦煌變文校注〉校釋零拾》(蘇州大學 2003 年 5 月碩士學位論文)、蕭旭《〈妙法蓮華經講經文(四)〉校補》，以《校注》爲底本，對舊説未盡未確者作訂補；還對諸家未注意的詞語考究其源流④。筆者近日捧讀前賢校理的俄藏 Φ365 號背面録文，獲益匪淺。其間偶然發現有兩處文字似可商議，現條列於下，敬請方家教正。

---

①《法音》，1986 年第 3 期，第 26—34 頁；後收入《敦煌文學源流》，北京：作家出版社，2000 年，第 385—411 頁。
②《中國敦煌吐魯番學會研究通訊》1986 年第 3 期，第 47—50 頁。
③黃征、張涌泉校注：《敦煌變文校注》，北京：中華書局，1997 年，第 706—750 頁。
④蕭旭著：《群書校補(續)——敦煌文獻校補》第六册，新北市：花木蘭文化出版社，2014 年，第 1442—1445 頁。

(一）關於"律戒亦同"

原校如下：

> 經云："云何而爲衆生説法，方便之力，其事云何？"
> 言"云何而爲衆生説[法]"者，即無盡意菩薩問觀世音菩薩，何人説法也。夫説法且須契理契根，《薩遮尼乾子經》云："不令爲五般人説法，律戒亦同。不得爲持刀人説法；人持杖，不得爲説法；人在高坐，己在下坐，不得爲説法；人在前行，己在後行，不得爲説法；人不供敬，不得爲説法。"云云。①

何案，這裏的"經云……"者，指的是《妙法蓮華經・觀世音菩薩普門品》之經文，乃無盡意菩薩問佛之言；"言'云何而爲衆生説[法]'……"者，皆爲撰者解説之辭。撰者引《薩遮尼乾子經》説明説法者勿妄傳授，須善識衆生根器、能應機爲説的道理，並明確區別有五種人不得傳授。於此段文字，前賢所有校本均將"律戒亦同"以下諸句括爲《薩遮尼乾子經》中之經文，置於引號之内。然而，按撿《大薩遮尼乾子所説經》上下並無如上引之文。其來源何在？值得重審。以下將依典據，引文爲證，逐段分析推徵，使可符信。

首先，"夫説法且須契理契根"一句，蓋講經師據《大薩遮尼乾子經》經文概括而成。案，元魏天竺三藏菩提留支譯《大薩遮尼乾子所説經》卷八《如來無過功德品第八之三》記如來十種智力中有"知根智力"之説，云：

> 大王當知！沙門瞿曇知根力者，如實能知一切衆生諸根差别，知有漏根、無漏根、利根、鈍根，知增、知減，能知貪欲、瞋恚、愚癡，有無量種各有輕重，悉如實知。……能知誰可説施説戒，乃至智慧亦復如是。能知誰可爲説四念處乃至八正道分，知誰可爲説聲聞乘、辟支佛乘、無上佛乘……如是知已，而爲説法，是名知根智力。②

---

① 張錫厚：《〈妙法蓮華經講經文〉二種》，《法音》1986 年第 3 期，第 31 頁；徐芹：《蘇藏〈蓮華經變文〉校録》，《中國敦煌吐魯番學會研究通訊》1986 年第 3 期，第 47 頁；黄征、張涌泉校注：《敦煌變文校注》，北京：中華書局，1997 年，第 742 頁。
② 《大正藏》第 9 册，第 355 頁中。

此謂佛於諸衆生根性勝劣,得果大小,皆實徧知,隨其根性,然後爲説,此"説法且須契理契根"之謂也。亦如窺基《妙法蓮華經玄贊》卷第三本《方便品》所説:"佛凡説法,必應機根……根、法相符,故名相應。"①法即法理,所謂契應根、法相當之義。相同的論述亦見於《大薩遮尼乾子所説經》卷一〇《信功德品第十二》引世尊告阿難語:"汝當受持、讀誦此妙法門,爲諸衆生而廣宣説。當觀衆生有大乘根堪信受者,乃可爲説,不得率爾不觀而説。"②

其次,講經文中"《薩遮尼乾子經》云不令爲五般人説法"的説解文應屬上句。案,元魏天竺三藏菩提留支譯《大薩遮尼乾子所説經》卷一《問疑品》記聖者文殊師利法王子菩薩請佛爲諸大衆説菩薩行方便境界奮迅法門(即《大薩遮尼乾子所説經》),佛如是告文殊師利法王子菩薩:

文殊師利!如此甚深微妙之法,若有衆生行惡行者,不知此法、不識此法;諸破戒者,不知此法、不識此法;樂小行者,不信此法;破壞心者,不信此法;爲惡知識所攝持者,不入此法;諸善知識所不攝者,不入此法;不爲諸佛住持衆生,不聞此法——除諸如來力加持者,能聞此法、能信此法,斯有是處。

爾時世尊重宣此義而説偈言:
美妙聲法子,能問我此事,汝今至心聽,我當爲汝説。
衆生無明覆,唯有信小心,聞此大乘法,不信故不説。……
若爲惡知識,毒蛇之所螫,離於善知識,不聞甘露法,
於諸勝法中,起於放逸心,墮大邪見坑,聞説不生信。
衆生心狹劣,不堪受大法,聞退生不信,起於誹謗心,
長夜墮惡道,永不聞佛法,爲彼起悲心,故我不速説③。

可見,佛在此總結共有六類衆生(其中"爲惡知識所攝持者,不入此法"與"諸善知識所不攝者,不入此法"實可合爲一類)不堪受《薩遮尼乾子經》,而同本異譯的《佛説菩薩行方便境界神通變化經》(宋天竺三藏法師求那跋陀羅譯)亦於卷一的對等段落記文殊師利童子請佛爲衆説《菩薩行方便境界神通變化經》,略有不同的是,佛告文殊師利語中

---

① 《大正藏》第 9 册,第 696 頁中—下。
② 《大正藏》第 9 册,第 365 頁中。
③ 《大正藏》第 9 册,第 319 頁中。

則明確提及有五種衆生難教、難度：

諸天世人壞威儀者，及破戒者，不能解知；下衆生等所不能解；諸壞心者所不能信；爲惡知識之所攝者，所不能入；離善知識者，所不能知；不爲諸佛所護持者，不能聽受，況當解趣，無有是處，惟除諸佛所護持者。

爾時世尊而説偈言：
文殊！聽我説，汝所問事義，
下暗不能行，不知此法性；
於先佛不行，調御世不護。
若聞此法者，無有恭敬心，
惡知識所攝，離善知識人，
若聞如是法，疾退墮大山。
小心無進行，無有勝妙心，
下人無信解，是等聞不喜。
佛悲彼不説，勿嬈彼衆生，
不信此法故，長夜無利益。①

令人注意的是，以上兩個版本文雖少異，大義亦同，都在六類或五類不堪受法之衆生中提到破戒者，如北魏菩提留支譯本第二類有"諸破戒者，不知此法、不識此法"，劉宋求那跋陀羅譯本於第一類中有"諸天世人壞威儀者及破戒者"云云，此種梗概式的説法蓋是講經文作者將其與下文佛教戒律相比附之典據。

再次，緣於上述理由，"律戒亦同"四字當屬下讀，其以下內容皆爲節抄佛教戒律而非《大薩遮尼乾子經》之文本，其論意上下相連、鉤鎖相起，我們這樣説，有以下戒律可佐證。

（1）姚秦罽賓三藏佛陀耶舍共竺佛念等譯《四分律》卷二一（初分之二十一）《百衆學法之三》記戒律一百條，其中有以下律條相關者：

爾時佛在舍衛國祇樹給孤獨園。時有六群比丘，與不恭敬反抄衣人説法。……世尊爾時以此因緣，集比丘僧，如上訶責六群比丘，乃至最初犯戒已，告諸

---

① 《大正藏》第 9 册，第 301 頁下—302 頁上。

比丘:"自今已去,與比丘結戒,集十句義乃至正法久住,欲説戒者,當如是説:不得與反抄衣不恭敬人説法,尸叉罽賴尼。"(五十二)……人在高坐、己在下坐。不得爲説法,除病,尸叉罽賴尼。如上。(八十九)人在前行、己在後,不得爲説法,除病,尸叉罽賴尼。如上。(九十)……爾時佛在舍衛國祇樹給孤獨園,時有六群比丘爲執杖不恭敬者説法。時諸比丘聞,呵責如上,往白世尊。世尊爾時亦呵責如上已,告諸比丘:"自今已去,與諸比丘結戒,集十句義乃至正法久住,欲説戒者,當如是説:人持杖,不應爲説法,尸叉罽賴尼。"(九十六)……人持刀,不應爲説法,除病,尸叉罽賴尼。如上。(九十九)①

以上爲半月半月説戒經中戒條。

(2) 後秦三藏佛陀耶舍譯《四分律比丘戒本》卷一記載此衆學戒法:

不得與反抄衣不恭敬人説法,除病,應當學。(五十二)……人在高坐,己在下坐,不得爲説法,除病,應當學。(八十九)人在前行,己在後,不得爲説法,除病,應當學(九十)。……人持杖,不恭敬,不應爲説法,除病,應當學。(九十六)……人持刀,不應爲説法,除病,應當學。(九十九)②

以上所云衆學戒法乃從戒經中來,爲半月半月説。

(3) 姚秦涼州沙門竺佛念譯《鼻奈耶》卷一〇:

彼六群比丘,王在前、自在後,與説法。世尊告曰:"人在前、自在後,不應爲説法。説法者,不應戒行。"……彼六群比丘,己在卑坐、王在高坐,爲説法。世尊告曰:"己在卑坐、人在高坐,不應爲説法。説法者,不應戒行,除其病。"……彼六群比丘,人反抄三衣著肩上與説法。世尊告曰:"人反抄三衣著肩上,不應爲説法。説法者,違戒,除病。"……彼六群比丘,人拄杖,與説法。世尊告曰:"人拄杖,不應爲説法。説法者,不應戒行。"彼六群比丘,人持刀,與法説。世尊告曰:"人持刀,一切不得爲説法。説法者,不應戒行。"③

---

① 《大正藏》第 22 册,第 707 頁中—713 頁下。
② 《大正藏》第 22 册,第 1021 頁下—1022 頁上。
③ 《大正藏》第 24 册,第 898 頁中—899 頁上。

由以上所列文獻可知,講經文作者此處所云"律戒亦同"以下五種違戒情況與上《四分律》《四分律比丘戒本》《鼻奈耶》文意大同,多少有別。講經文中"人不供敬,不得爲説法"句①,《四分律》及《四分律比丘戒本》與之相當的即第五十二條"不得與反抄衣不恭敬人説法"。所謂反抄衣者,沙門慧琳《一切經音義》卷六四《五分尼戒本音義》云:"反抄,楚交反。《考聲》:收也。攬袈裟肩上名爲反抄。《古今正字》:從手少聲也。"②道宣撰述《四分律删繁補闕行事鈔》卷二釋云:"反抄衣者,謂左右反抄著肩上也。"③反抄衣等,本非律儀所許,《彌沙塞部和醯五分律》卷一九説:"復有五法:不應反抄衣、不應左右反抄衣、不應扠腰、不應覆頭,應恭敬僧。"④元魏天竺三藏佛陀扇多譯《佛説正恭敬經》卷一説:"彼應如是敬,不得阿闍梨前啼唾,若寺内若寺東西不得左右反抄衣,不得纏頭隨師所居。"⑤可見,所謂反抄衣、扠腰、覆頭等皆爲深乖儀式、對佛法不恭敬的諸種具體表現,講經文作者僅節略作"人不供敬"以便提示。由這些略去了制戒事由與細節的戒條可以推測,講經文作者極有可能直接節抄道宣以貞觀二十一年(647)於終南山豐德寺依《四分律》删定的《新删定四分僧戒本》⑥。换言之,講經文作者於此大談五種違反律儀之人不得爲説《法華經》的這段文字,皆不見於今本《大薩遮尼乾子所説經》,其出典當爲《四分律》戒條甚明。其面對的聽衆當爲寺院僧尼,其應爲僧講無疑。

敦煌文獻中存有大量的《四分律》及相關律疏寫卷。據統計,《四分律》100件,《四分律比丘戒本》139件,《四分僧戒本》47件,《四分比丘尼戒本》327件,懷素《四分律開宗記》2件,《四分律戒本疏》55件,沙門慧述撰《四分戒本疏》25件,唐道宣《四分律行事鈔》53件,道宣《四分律删補隨機羯磨疏》31件,道宣《四分律比丘含注戒本》41件⑦,共計達820件之多。此足以説明對《四分律》的研習至唐代而全盛,其勢力及於敦煌地區。

---

①供敬,黄征、張涌泉校注《敦煌變文校注》749頁説:"供敬,當讀作'恭敬'。下文:'不恭敬,或喜笑,不得爲説法。'正作'恭敬'。"是。
②《大正藏》第54册,第731頁下。徐時儀校注:《一切經音義三種校本合刊(修訂版)》,上海:上海古籍出版社,2012年,第1641頁。
③《大正藏》第40册,第90頁上。
④《大正藏》第22册,第132頁下。
⑤《大正藏》第24册,第1103頁中。
⑥道宣《新删定四分僧戒本》卷一:"人在高座説法戒第八十九,人在高座己在下座不得爲説法,除病,應當學。人在前行説法戒第九十,人在前行,己在後行,不得爲説法,除病,應當學。……持杖人説法戒第九十六,人持杖,不應爲説法,除病,應當學。……持刀人説法戒第九十九,人持刀,不應爲説法除病,應當學。"(《卍新續藏》第39册,第272頁下—273頁上)
⑦本小段關於《四分律》在敦煌遺書中所存寫卷的數據統計,由博士生計曉雲協助完成。

總上,"律戒亦同"至"不得爲説法"云云,都不是《大薩遮尼乾子經》中的話,"律戒亦同"以下屬於《四分律》中之戒條,理應放在《大薩遮尼乾子經》引號之外。因是,俄藏 Ф365 號《妙法蓮華經講經文》背面此段文字應標點作:

夫説法且須契理契根,《薩遮尼乾子經》云不令爲五般人説法,律戒亦同。不得爲持刀人説法;人持杖,不得爲説法;人在高坐,己在下坐,不得爲説法;人在前行,己在後行,不得爲説法;人不供敬,不得爲説法云云。

(二)關於"念爾彌猴欲入定"

原校如下:

弟三,隨類化身者,或作猿猴鹿馬云云。念爾彌猴欲入定,爲瞿師羅現三尺身。
昔有瞿師長者,身長三尺已來。
爲緣羞見如來,所以不曾聞法。
我佛哀愍之故,也現三尺身形。
向伊家内説經,便乃發心禮拜。
長者身材三尺長,尋常羞見法中王。
如來直爲多方便,我仏慈悲道力强。
便乃隱其清淨相,不教大放白毫光。
也逞三尺同其類,大小高低恰相當。
五百婆羅門睹灰身而起信。啟花(化)之道。
昔有五百長者,身色一似黑灰。……
此是隨類化身云云①。

諸家對"念爾彌猴欲入定,爲瞿師羅現三尺身"的斷句同上,似未盡切當。
案,此二句並非指一事而是分指兩事。此段總述佛三身中之"隨類化身"行化濟度的特

---

① 張錫厚:《〈妙法蓮華經講經文〉二種》,《法音》1986 年第 3 期,第 33 頁;徐芹:《蘇藏〈蓮華經變文〉校録》,《中國敦煌吐魯番學會研究通訊》1986 年第 3 期,第 49 頁;黃征、張涌泉校注:《敦煌變文校注》,北京:中華書局,1997 年,第 746 頁。

徵,撰者爲避免空疏,列舉三個事典予以説明:一是聖人作猿猴鹿馬事,二是佛爲瞿師羅現三尺身,三是五百婆羅門睹灰身而起信事。

有關瞿師羅現三尺身,及五百婆羅門見灰身而起信的故事,是佛經注疏中用於説明佛三身中之"隨類化身"的典型例證,且常同時被徵引。劬師羅者,或譯作瞿史羅、具史羅。在北涼曇無讖譯《大般涅槃經》卷二二《光明遍照高貴德王菩薩品第十之二》記世尊與光明遍照高貴德王菩薩的對話中提及:"如來非短。何以故?久已遠離憍慢結故,是故非短。亦非非短,何以故?爲瞿師羅長者示三尺身故,是故非非短。"①

唐窺基最早在《法華經》注疏引用佛化度瞿師羅及五百婆羅門事典,如其所撰《妙法蓮華經玄贊》卷一(本)在談到佛之三身説法各別、應物現身非定一之理,並舉事典云:"由此劬師羅長者,覩三尺以發心;五百婆羅門,見灰身而起信。"唐崇俊撰、法清集疏《法華玄贊決擇記》卷二對此二事典作了疏解:"劬師羅者,《攝》云:按經音義,此云妙音。然新譯云:具史羅,此人身長三尺,嘗聞世尊身丈六,不生信心,云佛既長大,我身若此,如何得度?佛知根熟,至彼化之,現身三尺。長者至門首,還見世尊身長三尺,遂發勝心,欣求出離等。五百婆羅門者,裸形塗灰,亦名離繫外道。見佛不捨衣服,不生信心。謂是貪著名利,非脩道者。於後世尊知根熟可化之,遂現塗灰,不著衣服。婆羅門見已,而生信心。今此世尊,與我無別,遂於佛所,而得度脱。"唐栖復《法華經玄贊要集》卷八略同:"言由此瞿師羅等者,釋現身説法不同之意也。經音云:劬師羅是梵語,此云妙音居士,住王舍城中。身長三尺,自恥短,羞見如來。自思念言:如來有丈六之身,紫磨金色。每思瞻禮,其如短何。如來知其根熟,現同類身,詣門乞食。長者隔門見已,生希有心。廣作供養,爲説法要,言下遂得初果。言五百婆羅門者,當以青灰塗身,以求解脱。如來欲化彼類,乃爲現身,還作塗灰之身。彼婆羅門見已,心生歡喜。瞿曇今者,學我仙道。如來爲説法要,言下遂證初果。"據此,瞿師羅及五百婆羅門事皆爲佛在人道現身度脱凡夫及外道,而第一事典("或作猿猴鹿馬")則謂佛或者菩薩可出入畜生道、受畜生形教化衆生事。早期漢譯佛典多載之。菩薩受形作鹿馬者,如三國支謙譯《佛説九色鹿經》引佛告諸弟子語:"菩薩所行,雖處畜生不捨於慈,人獸竝度。"②西晉竺法護譯《佛説鹿母經》記佛語阿難:"昔吾所更勤苦如是。爾時,鹿者我身是。……我之所入,興隆道化,種善無厭,分德不住,雖在禽獸,不忘菩薩,權行如應,導利一切,普使

---

①《大正藏》第12册,第495頁上。
②《大正藏》第3册,第453頁下。

衆生度濟獲安,逮是功德疾成至佛真人,至誠忠信,不可不作。"①《大智度論》卷九三《釋淨佛國土品第八十二之餘》記須菩提與佛之問答:"須菩提問:'若菩薩有如是善根成就,云何本生因緣作鹿、馬等?'佛答:'菩薩實有福德善根成就,爲利益衆生故,受畜生形,亦無畜生罪。'"②可見菩薩處畜生道,受畜生形是一種處俗接麁、利益衆生的方便。後秦國主姚興《通聖人放大光明普照十方》(《廣弘明集》卷十八)談及聖人行化方式多途,引經云"聖人亦入鹿馬而度脱之"③,南齊顧歡《夷夏論》所謂"鳥王獸長,往往是佛,無窮世界,聖人代興"④,言及聖者之智有"無方而不入""無物而不爲"之特性,正是在此類佛典影響下的通俗表述。那麼,聖者是否有現身作猿猴之例?於是我們不能不關注原卷"或作猿猴鹿馬云云"與"念爾彌猴欲入定"之間的密切聯繫。

"念爾彌猴欲入定"所指云何,研究者皆未予説明。原卷此"念爾彌猴欲入定"是"弟三,隨類化身者,或作猿猴鹿馬云云"下的雙行小注(前一行抄三字,後一行抄四字),而"爲瞿師羅現三尺身"則是另起一行,爲單行大字,已非小注。原卷如圖一所示。其實"念爾彌猴欲入定"當屬上讀,校錄者據原卷以"念爾彌猴欲入定"與"爲瞿師羅現三尺身"置於同一行連讀,非是。事實上,作爲雙行小注的"念爾彌猴欲入定"與上句正文"或作猿猴鹿馬"立意相關,應係撰者或傳抄者因熟知聖者現身作猿猴之事典而省抄,僅留一關鍵語用作提示⑤。綜合上下文,可以説,"或作猿猴鹿馬"句後面當節刪了一段聖者受猿猴形化導衆生的事例或韻文,而"念爾彌猴欲入定"不妨是其中之一句,顯然是爲"隨類化身者或作猿猴鹿馬"句之宣講用作提示的備注。而聖者受猿猴形化導衆生的事典見於元魏涼州沙門慧覺等在高昌郡譯《賢愚經》卷一三《優波鞠提品》、元魏西域三藏吉迦夜共曇曜譯《付法藏因緣傳》卷三、梁扶南三藏僧伽婆羅譯《阿育王經》卷六《佛記優波笈多因緣》。如《賢愚經》卷一三《優波鞠提品》,云:

尊者告曰:"吾爲畜生時,亦化衆生,使得聖果,何況今日?"衆會白言:"不審先世,所度云何?"尊者告曰:"乃往過去,波羅?儴國,有一仙山,五百辟支佛,止住其中。時有獼猴,日來供養,奉覲儀容。諸辟支佛,後盡涅盤。復有五百梵志,續在中

---

① 《大正藏》第 3 册,第 455 頁上。
② 《大正藏》第 25 册,第 714 頁下。
③ 《大正藏》第 52 册,第 228 頁下。
④ (梁) 蕭子顯:《南齊書》卷五四《高逸·顧歡傳》,北京:中華書局,1972 年,第 931 頁。
⑤ 講經文作者或傳抄者於其熟知詩文詞句,多有省抄之例,參看張涌泉:《敦煌變文校讀釋例》,見《敦煌文獻論叢》,上海:上海古籍出版社,2011 年,第 129—130 頁。

止。諸梵志等,或事日月,或復事火,事日月者,翹脚向之,其事火者,朝夕燃之。時彼獼猴,見其翹脚,便取挽下,見其燃火,便取滅之。獼猴于時,端坐思惟。諸梵志見,自相謂言:"此獼猴者,將爲我曹示茲威儀。"尋各整身,諦察真理,心意開解,盡得辟支佛道。彼獼猴者,我身是也。"①

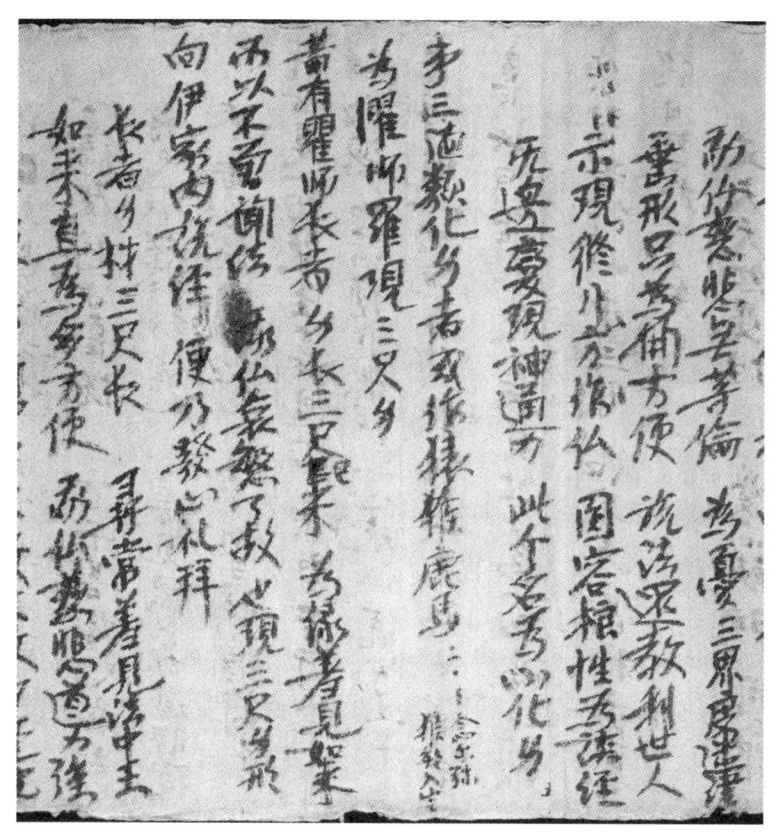

圖一　俄藏 Ф365V《妙法蓮華經講經文》

《付法藏因緣傳》卷三記尊者憂波毱多言前世嘗爲獼猴主事:

又復尊者於過去世那由他劫,憂留茶山有辟支佛,與其同類五百人俱。諸仙人衆,亦住山側。五百獼猴處在一面。時獼猴主(王),發生大信,深修善本。常採花果,施辟支佛。復於一時,緣覺之衆端坐思微(惟),入于三昧。獼猴學之,結加(跏)趺坐。後辟支佛俱入涅槃,獼猴過花,都無取相。挽衣推排,亦不動搖。便知

①《大正藏》第4册,第443頁下。

滅度,深生悲惱。向山一面見諸仙人,修大苦行,眠臥棘(蕀)上。翹足倒懸,五熱炙身,投巖起(赴)火。獼猴即時收其灰棘,除棄糞土,牽足令舒,便於其前加趺而坐。仙人見之,快(怪)其若此。尋學獼猴,端坐繫念。無師自覺,成辟支佛。便作是念:今我得道,由此獼猴。即以香花而用供養。時獼猴主,憂波毱多是。爲畜生時尚能覺悟,志甚黠慧,利智辯才①。

優波鞠提,梵文 Upagupta 音譯,又譯作烏波毱多、鄔波毱多、優波笈多、優波屈、憂波毱多、優波掘多、憂波毱等,意譯近護、或近藏、大護。據《出三藏記集》卷三《新集律來漢地四部記錄第七》,優波掘爲釋迦如來涅槃後之第五代師,刪治八十誦律藏爲《十誦律》②。玄奘《大唐西域記》卷四"鄔波毱多遺迹"條記尊者鄔波毱多於秣菟羅國建伽藍,每説法化導一夫妻則下一籌,積籌滿石室③。同書卷八記其誘導阿育王建舍利塔事④,同書卷一一記烏波毱多大阿羅漢屢遊信度國,演法開導,"所止之處,皆旌遺迹,或建僧伽藍,或樹窣堵波"云云⑤。鄔波毱多爲住持律藏的五羅漢之一,是阿育王的帝師,曾廣泛宣傳佛法。《賢愚經》《付法藏因緣傳》所記載的優波鞠多於過去世受獼猴形而令五百梵志(仙人)得道的故事,頗具教學法意義,隋吉藏《勝鬘寶窟》卷二以設問方式談"授義"時徵引此例:

> 問:緣覺之人,佛在世時,爲其説教。可得是授,出無佛世,豈有授義以不?答:亦有二種授義:一者諸佛菩薩以神通力,起風動樹,因而葉落,令其思量,故云授與。二者以人爲緣,如獼猴教仙人坐禪,遂得緣覺,亦是授義。⑥

可見,吉藏認爲生於無佛(無師説法)之世,"獼猴教仙人坐禪"亦是一種説教方式。上揭《賢愚經》所謂獼猴"端坐思惟"自是禪定的另一表述⑦。據此,書作雙行小字的"念爾獼猴欲入定"七字當屬上讀,是對獼猴"端坐思惟"以教仙人坐禪此一故事的提示句,

---

① 《大正藏》第 50 册,第 305 頁上。
② (南朝梁)釋僧祐撰,蘇晉仁、蕭鍊子點校:《出三藏記集》,北京:中華書局,1995 年,第 116 頁。
③ (唐)玄奘、辯機原著,季羨林等校注:《大唐西域記》,北京:中華書局,1985 年,第 385—386 頁。
④ (唐)玄奘、辯機原著,季羨林等校注:《大唐西域記》,第 631 頁。
⑤ (唐)玄奘、辯機原著,季羨林等校注:《大唐西域記》,第 928 頁。
⑥ 《大正藏》第 37 册,九册。
⑦ 《大智度論》卷一七《釋初品中禪波羅蜜》曰:"禪,此言思惟修,言禪波羅蜜一切皆攝。"

自不當與"爲瞿師羅現三尺身"並置連書,原卷撰者或抄者將後者另起一行用單行大字,自有其道理。

總上,俄藏 Φ365 號《妙法蓮華經講經文》背面此段文字前三行應標點作:

弟三,隨類化身者,或作猿猴鹿馬云云。念爾獼猴欲入定
爲瞿師羅現三尺身。
昔有瞿師長者,身長三尺已來。(下略)

二、俄藏 Φ365V《妙法蓮華經講經文》與栖復《法華經玄贊要集》之聯繫

據朱鳳玉研究,敦煌寫本《妙法蓮華經講經文》的研究,截至目前爲止,所得見敦煌文獻中的《法華經講經文》寫本計有:法藏 P.2305、P.2133、中國國家圖書館藏 BD07849(制 49、北 6204)、俄藏 Φ365、Φ365V 以及日本羽 153V 等六件。其所講釋的經文内容分別是《提婆達多品》《藥王菩薩本事品》《觀世音菩薩普門品》等[1]。而對於法華經講經文與佛經注疏之關係,則研究者甚尠。日本學者平野顯照在《唐代的文學與佛教》一書,論及"講經文與經疏"時,以爲:P.2305 號講經文的出典乃參考慈恩疏完成[2],朱鳳玉則進一步論證,P.2305《妙法蓮華經講經文》殘卷,有四處注明引《慈恩疏》,且其引經方式與科文正、慈恩法師窺基的《妙法蓮華經玄贊》相應,足見此《妙法蓮華經講經文》係參考窺基《法華玄贊》編撰而成。至於 P.2133、Φ365V《妙法蓮華經講經文》殘卷雖未注明引《慈恩疏》,但將其科文、韻文持與窺基《法華玄贊》相互對照,亦不難窺見此講經文之作者在進行經文闡述與詮釋時,亦當曾參考《玄贊》。以上這些討論爲俄藏 Φ365V《妙法蓮華經講經文》與佛經注疏之關係的研究提供了研究思路和啓發。但是,現在的疑問是,俄藏 Φ365V《妙法蓮華經講經文》的作者除了參考窺基《法華玄贊》是否還對其他相關經疏也有攝受參考?其撰造年代是否可以稽考、推原?因爲歷史的實況是,在窺

---

[1]《敦煌〈妙法蓮華經講經文〉(普門品)殘卷新論》,《敦煌寫本研究年報》第七號(2013.03),第 9—11 頁。
[2] 見《唐代的文學與佛教》之《第三章唐代的講唱文學》第二節"講經文與經疏",臺灣業強出版社,1987 年,第 214—244 頁;又見《講經文的組織與内容》,《講座敦煌 7 敦煌和中國佛教》1984 年 12 月,第 321—358 頁。

基《法華玄贊》產生已後，一些與《法華玄贊》相關的輔助注本也應運而生。其最著者有以下三種：

（一）唐撲揚沙門智周所撰四卷《法華玄贊攝釋》；

（二）經由杭州天竺寺沙門崇俊草創、門人法清修飾潤色的《法華經玄贊決擇記》；

（三）唐鏡水寺沙門栖復所著《法華經玄贊要集》三十五卷（撰成於大中年末）。

據智周《法華玄贊攝釋》前序言，《法華經》因"辭約理秘"而爲中外智者所尊崇，然而沒有相關"註記券疏"，凡朦實難窺其玄義，因是《法華經》的注疏成爲信衆游心佛典奧義的重要憑準，窺基《法華玄贊》因其"蓮剖芬馥、膳含珍味"之學術價值，成爲當世"尚道"之士"手儷頂載"的注本，然信衆證悟有淺深，爲啓凡朦以窺法華奧義，沙門智周在"敬述先誨"的基礎上，又"捃諸所遺"，勒成四卷，名爲《攝釋》。此《攝釋》徵引窺基《法華玄贊》、慧沼《法華玄贊義決》①等多種勝義對《法華經》進行解說，後繫以"議曰"，判是非而得正解。智周於乖於經本之解釋（"謬釋"）則不取；而於先德有一家之言，亦見採錄②。顯然，智周所撰《〈法華玄贊〉攝釋》是對窺基《法華玄贊》的助釋和補遺，其撰作時間在開元八年（720）以後③。

杭州天竺寺沙門崇俊撰、揚州禪智寺釋法清集疏的《法華經玄贊決擇記》，由揚州龍興寺沙門藏諸爲之作序。藏諸在《法華玄贊決擇記序》中認爲：《法華經玄贊決擇記》一書實乃窺基《法華玄贊》的輔助之書。雖然佛教傳入中土後，對《法華經》的剖判、注釋頗多，窺基的《法華玄贊》仍是"獨監靈臺、迥高諸見"的作品，當世以爲指南。然其理玄奧（"義豐文約，理邃詞華"），凡庸難測其義。杭州天竺寺沙門崇俊於玄奘所譯經論有深厚之基礎，於弘傳之暇，遂有爲窺基《法華玄贊》作疏之念，對於與《玄贊》相關之"舊聞"及當世"新義"經過一番"博考"與"裁擴"，並逐條附以自己的"決擇"。該書是一部"覃思研精、鈎深索隱"之作，其撰寫目的旨在"輔《玄贊》而開釋"，是窺基《法華玄贊》之輔助讀本，它是經由杭州天竺寺沙門崇俊草創、門人法清修飾潤色，得以成一家言。其成書時間在大唐大曆三年（768）春正月前④。

---

①沙門智周《法華經玄贊攝釋》卷三云："疏：'九淨華'者，具如《義決》。"（《卍新續藏》第34冊，第80頁上）

②沙門智周《法華經玄贊攝釋》卷三云："復有先德釋論此文，與今疏別，亦有一家之理，今略言之。不見佛等者，……議曰：義既萬端，此彼皆得。"（《卍新續藏》第34冊，第79頁上）

③《法華玄贊攝釋》卷一云"開元八年暮秋朔日，余濫竽覺使聖佛道場矣"云云。（《卍新續藏》第34冊，第18頁中）

④據揚州龍興寺沙門藏諸《法華玄贊決擇記序》，其成書時間在大唐大曆三年春正月。（《卍新續藏》第34冊，第126頁上）

至於唐鏡水寺沙門栖復所著《法華經玄贊要集》,據栖復的撰述介紹,栖復以前當爲律師,嘗講律;自唐文宗大和末年罷律講後,屢次往長安聽講"先輩法席"之經論,隨聽隨記,集成《法華》一家之説,其撰述目的是希望法華要義易於顯現和瞭解("冀其易見")①。此書在興福寺沙門永超集《東域傳燈目録》卷一"法華部"中著録爲三十五卷,注云:"鏡水寺栖復撰本末七十卷。"②藏俊撰《注進法相宗章疏》卷一著録爲三十卷,云:"鏡水寺沙門栖複(復)撰。"③栖復在《法華經玄贊要集》卷一闡明兩點:一、造疏所依據的譯本或者説《法華經玄贊要集》所據之譯本是鳩摩羅什所譯《妙法蓮華經》七卷本;二、自己講解所據疏本爲窺基《法華玄贊》④。栖復對窺基《法華玄贊》有極高讚譽,説:"所修《玄贊》,理無不窮,妙絶古今,未曾有也。"⑤案:栖復《法華經玄贊要集》的成書時間,在其書中有提示。例如,栖復於《法華經玄贊要集》卷一介紹疏主窺基的卒年時有這樣一段話,云:"以永淳二年乙酉十一月十三日,終於大慈恩寺翻經堂側少房,春秋五十有一,其年十二月四日,葬于樊川北埠,唐三藏和尚塋所。計從遷化,至今乾符四年,一百九十八年。"⑥乾符四年(877),即唐僖宗年號。栖復在此從窺基卒年計算到自己所處的時代:唐僖宗乾符四年。又《法華經玄贊要集》卷一有尾題云:"唐乾符六年冬,温州開元寺講。慈恩比丘,弘舉傳寫供養。"⑦此則説明唐乾符六年前後《法華經玄贊要集》已進入傳寫、講説的時代。

　　以上三種唐代法華注疏皆爲閲讀窺基《法華玄贊》的輔助注本。這就告訴我們:要論證法華經講經文與佛經注疏的關係,除了考察其與窺基《法華玄贊》的關係,還要考察其是否與爲《法華玄贊》作注釋或補遺的《法華經》諸種注本有關係,因爲這些後起的作品是在《法華玄贊》基礎上進一步作疏解或者補遺,故而也有大量徵引或因襲窺基

---

①《法華經玄贊要集》卷一云:"栖復自大和末,罷律講後,屢涉京師,輒廁經論末行,多戴星霜,不憚寒暑,然精神曚昧。巡歷數度先輩法席,隨記得少善言,集成一家之説。冀其易見云爾。"(《卍新續藏》第34册,171頁上—中)

②《大正藏》第55册,第1149頁下。

③《大正藏》第55册,第1140頁中。

④《法華經玄贊要集》(鏡水寺沙門栖復集)卷一:"今此講者,是後秦弘始七年,鳩摩羅什三藏,譯出《妙法蓮華經》七卷,或八卷。六萬九千七百五十四言也。……今之講者,即慈恩疏也。西國有千部論師,造論解《法華經》,即天親菩薩。唐國有百本疏主,造疏解《法華經》,即慈恩和尚。……然今疏本,多云《妙法蓮華經玄贊卷第一》。妙法蓮華,即是本名。《玄贊》,即是疏語。既有本名,今當略釋。"(《卍新續藏》第34册,第171頁中—下)

⑤《卍新續藏》第34册,第178頁中。

⑥《卍新續藏》第34册,第178頁中。

⑦《卍新續藏》第34册,第179頁中。

《法華玄贊》術語及文句的段落,弄清講經文的撰寫與這些經疏之間的先後關係,對於我們最終考定俄藏 Φ365V《妙法蓮華經講經文》的撰寫時代極有助益。筆者通過考察發現,俄藏 Φ365V《妙法蓮華經講經文》不僅於窺基《法華玄贊》多有吸攝,且也與窺基以後唐代幾部法華經注疏存在密切關係,尤其是對栖復所著《法華經玄贊要集》的吸收最顯著,具體說來有以下數例可證:

（一）法身與如來藏義。此最早見於窺基對"在纏""出纏"之徵引及解説,窺基《妙法蓮華經玄贊》卷第二本《序品》釋"法身"引《勝鬘經》云:"在纏名如來藏,出纏名法身。"①窺基點出"在纏"出典,在其《妙法蓮華經玄贊》卷三《方便品》中又進一步解説:"煩惱覆位,名不空如來藏。藏是覆隱因性義故,故在煩惱纏裏之位名如來藏,出煩惱時名爲法身,即此法身因空所顯,空本性故,亦名空如來藏。"②栖復《法華經玄贊要集》卷一八云:

言"煩惱覆位"（至）"因性義"者,解"不空如來藏",意言真如之體,非虛妄故,名爲不空。隱在煩惱之中,當體名藏,即取所藏真如,名藏也。問:真如何名藏?答:煩惱爲能藏,真如理即是所藏,藏是如來藏也。二者,"因性義"名藏,無漏種子并在纏真如,名因性藏也。即此在纏真如,與出纏真如無別。出纏真如,即此在纏真如,能顯果中萬性法身。法身爲所顯,一則是所藏,故名藏,二則能顯,故名藏。問:涅槃之體,何名因性? 答:因中之性,名爲因性③。

這裏,言"煩惱覆位"（至）"因性義"者一大段,乃是栖復對窺基《法華玄贊》卷三"煩惱覆位,名不空如來藏。藏是覆隱因性義故"之言的進一步注疏和説明（尤其是"因性義"）。受此影響,俄藏 Φ365V《妙法蓮華經講經文》在解説"法身"時也説:"成佛號大法身,在纏即名如來藏云云。""云云"後省略"出纏名法身"。再如窺基《法蓮華經玄贊》卷第四本《方便品》云:"二隨勝體,此有六類:一攝事歸理體,《涅槃》《勝鬘》等中多以法身、真理、佛性名爲一乘,故《勝鬘》云'一乘者即大乘,大乘者即佛乘,佛乘者即涅槃界'。又云'於恒沙劫行六波羅蜜,不如有人聽受、讀誦乃至執持經卷,何況有人爲他廣説',以有爲行比無爲乘故。《涅槃經》言'一乘者即是佛性',此滅化城至於寶所,唯

---

① 《大正藏》第 34 册,第 682 頁中。
② 《大正藏》第 34 册,第 710 頁中。
③ 《卍新續藏》第 34 册,第 589 頁上。

以真如、法身平等名爲一乘。"①對《法華玄贊》此一段注疏,栖復《法華經玄贊要集》卷一九又作注釋云:

言"《涅槃》《勝鬘》等"者,二中多以法身、真理、佛性,名爲一乘也。引《涅槃經》,證在纏真如,名因中佛性。引《勝鬘經》中説理,證果中法身。②

不難發現,栖復對窺基何以引《涅槃經》《勝鬘經》的功用做了區分和説明。

(二)身、語、意三方便之説。俄藏 Ф365V《妙法蓮華經講經文》説:"經有三種方便:爾時世尊從三昧安詳而起,是身方便;告舍利,語方便;諸佛智惠甚深,難解難入,意方便。"案:身、語、意三方便之説,在南北朝時期,慧遠、吉藏已有此説,但作"身、口、意"③。窺基之特色似在於首次於《法華玄贊》中使用"身、語、意"之術語。如《妙法蓮華經玄贊》卷三《方便品》在"釋名"時區分"權巧方便"之種類爲三,云:

此[權巧方便]乃有三:一身方便,執持糞器而著垢衣,伽耶成道等是;二語方便,下云"我此九部法入大乘爲本",又趣波羅奈轉四諦法輪等是;三意方便,下云"尋念過去佛所行方便力,我今所得道亦應説三乘"等,是上同古佛,下順有情。④

相同的論述又見《妙法蓮華經玄贊》卷第五本《譬喻品》:

經"如今者世尊(至)亦以方便説"。
贊曰:此解佛説同,所以疑斷。"從生及出家"身方便也。"得道"者,意方便也。"轉法輪"者,語方便也。初説三乘同三世佛教,故言亦以方便説法。⑤

―――――

① 《大正藏》第34册,第713頁上—中。
② 《卍新續藏》第34册,第600頁上。
③ 隋慧遠《維摩義記》卷一《方便品》:"權巧中義別有三:一身方便,現形六道,無所不爲。二口方便,實無三乘,權以施之。三意方便,現證聲聞、緣覺之果,及起煩惱業苦等事。"(《大正藏》第38册,第439頁下)隋吉藏《法華義疏》卷三《方便品》:"問:三乘方便有幾種? 答:凡有三種:一、身方便,如現作二乘及垢衣長者、樹王之佛。二、口方便,則無三説三,謂虚指門外明有三車。三、意方便,則二思惟也,一思惟尋念過去佛,二思惟我出濁惡世。此則上同古佛,下順衆生,二種因緣,起方便智,謂意方便也。"(《大正藏》第34册,第482頁下)
④ 《大正藏》第34册,第695頁中。
⑤ 《大正藏》第34册,第740頁上。

栖復《法華經玄贊要集》承其説，如其《法華經玄贊要集》卷一云："多諸方便者，身、語、意方便也。"①從上述例證可以看出，窺基《法華玄贊》對栖復《玄贊要集》以及敦煌法華經講經文的影響。

（三）三身。佛三身説理論，經論多載，然諸教不同，或分别爲二，如《佛地論》《般若論》；或説四種，如《楞伽經》《金光明經》；《華嚴經》説有十佛。窺基在《妙法蓮華經玄贊》卷第九末《壽量品》提示佛典文獻的路徑，並明言自己在多部注釋中皆有闡述，曰："三身成佛如《彌勒疏》，別義如《佛地》及《唯識》並《法苑》説。"窺基最後總結説："雖説佛身增減不同，今以類論，莫過二種：一真、二化。地前菩薩及二乘見，名爲化身；報、法二身名爲真身。"②顯然，窺基《法華玄贊》對三身特别是化身的論述並不詳細。俄藏 Φ365V《妙法蓮華經講經文》有段以"三身"解釋"佛身"的文字，説：

> 佛有三身，菩薩與現者，即小化身也；若是法身，佛居法性土中，凝然常靖，諸佛所證之理；若在衆生身内，名爲佛性，成佛號大法身，在纏即名如來藏云云。……鬱鬱黄花還自秀，叢叢翠竹本來青……弟二報身。有二種：一者自受用報身；二者他受用報身。且自受用報身，即是大智惠，即是自受用廣大法樂，於此身上變起十重他用身，爲十地菩薩説法；自用身，不曾説法。果起酬因，名報；爲酬三大阿僧祇劫所修行，故名報。……弟三化身者。此身自有三種：一，大化身；二，小化身；三，隨類化身。大化身者，爲地前四加行位中菩薩現一千丈身，故名大化云云。……小化身者，二千年前，王宮生是也。即丈六金身，爲人天二乘人説法，觀世音菩薩現此身云云。

---

①《卍新續藏》第 34 册，第 189 頁下。
②《大正藏》第 34 册，第 829 頁中—下。《大乘本生心地觀經》卷二《報恩品》也載"如來爲化十地諸菩薩衆，現於十重他受用身"之説："善男子等！唯一佛寶具三種身：一自性身，二受用身，三變化身。……其自性身無始無終，離一切相，絶諸戲論，周圓無際，凝然常住。其受用身，有二種相：一自受用，二佗受用。自受用身，三僧祇劫所修萬行，利益安樂諸衆生已，十地滿心，運身直往色究竟天，出過三界，淨妙國土坐無數量大寶蓮華，而不可説海會菩薩前後圍遶，……二者如來佗受用身，具足八萬四千相好，居真淨土説一乘法，令諸菩薩受用大乘微妙法樂。一切如來爲化十地諸菩薩衆，現於十種佗受用身。第一佛身，坐百葉蓮華，爲初地菩薩説百法明門，菩薩悟已起大神通，變化滿於百佛世界，利益安樂無數衆生。第二佛身，坐千葉蓮華，爲二地菩薩説千法明門，菩薩悟已起大神通，變化滿於千佛世界，利益安樂無量衆生。第三佛身，坐萬葉蓮華，爲三地菩薩説萬法明門，菩薩悟已起大神通，變化滿於萬佛國土，利益安樂無數衆生。如是如來漸漸增長，乃至十地佗受用身，坐不可説妙寶蓮華，爲十地菩薩説不可説諸法明門，菩薩悟已起大神通，變化滿於不可説佛微妙國土，利益安樂不可宣説不可宣説無量無邊種類衆生。"（《大正藏》第 3 册，第 298 頁中）

釋大參《敦煌觀音講唱文學的宣教特色》一文認爲：敦煌 Φ365V 講經文作者對"三身"說的分類與內容，主要是依據窺基《妙法蓮華經玄贊》並傍及窺基其他注釋而成①。事實上，如若顧及開元八年以後爲窺基《法華玄贊》注釋的幾部法華經疏，就會發現，敦煌 Φ365V 作者解説有關三身説所依據的這段材料與栖復《法華經玄贊要集》的材料相似度最高，以下就三身説之分類與名稱對上引俄藏 Φ365V《妙法蓮華經講經文》這段材料進行逐條印證：

（一）"應十地菩薩，現十重他受用身"之説，栖復在多處論及。如《法華經玄贊要集》卷一即云：

若論諸佛之身，本無有二。衆生所宜聞見，乃至三種：一法身，即離垢之真理；二報身，即會真之實智；三化身，即應物之權質。……此中不可廣説，略解二門：釋名、出體。且釋名分二，初解通名。通名者，三是數義；身者，《唯識》云：體依聚義，總説名身。二解別名，分三：一、清淨法身毗盧遮那佛。……如是法身，與煩惱苦集除已，無復餘習。……又《勝鬘》云：在纏名如來藏，出纏名大法身。……二者、圓滿報身盧舍那者，……所化衆起智斷惑，故報謂報，報者酬義。萬行所感，果報之身，酬往因行，故名爲報。身具三義可知。此有二種：一自受用身。論云：謂諸如來三無數劫，修習無量福慧資糧，所起無邊真實功德，及極圓淨常遍色身，相續湛然，盡未來際，恒自受用廣大法樂，名自受用。二他受用身。謂諸如來，由平等智，示現微妙淨功德身，居純淨土，爲住十地諸菩薩衆，現大神通，轉正法輪，決衆疑網，令彼受用大乘法樂。合此二種，名受用身。……三、千百億化身釋迦牟尼佛。②

這段材料全面詮解諸佛三身之説，其中提及三身中之報身有自受用身和他受用身兩種。其中他受用身有爲十地諸菩薩説法的記載。《法華經玄贊要集》卷三説："在三身者：一自性身，謂清淨法界；二受用身有二：一自受用身，謂諸如來三無數劫，所修福慧，感得無邊真常功德，心同法界，量等虛空，色像周圓，亦無限極，盡未來際，常受法樂；二他受用身，謂諸如來隨十地菩薩所宜，現十重他受用身，轉正法輪，令他人受用大乘法樂，名他受用。合此自他，名受用身。三變化身，謂諸如來隨地前類二乘凡夫異生，現通説法，名

---

①釋大參：《敦煌觀音講唱文學的宣教特色》，2014 年 10 月 17—21 日武漢中國宗教文學與文獻研究中心與南華文學系、日本國際佛教大學合辦的"佛教文獻與文學國際學術研討會"論文，第 370—396 頁。
②《卍新續藏》第 34 册，第 180 頁中。

變化身也。"①又《法華經玄贊要集》卷八云:"言應物現身者,應正體智,現清淨法身;應受用法樂,現自受用身;應十地菩薩,現十重他受用身;應二乘二凡夫,現小化身,言皆説法故。……十重他受用身,大小化身,是自受用身邊聽法人。"②不難看出,栖復《法華經玄贊要集》所説與俄藏 Φ365Ⅴ文句大同。

(二)化身三種:大化身、小化身及隨類化身。值得注意的是講經文作者對前兩種化身的抄寫。如俄藏 Φ365Ⅴ《妙法蓮華經講經文》説:"大化身者,爲地前四加行位中菩薩現一千丈身,故名大化云云。……小化身者,二千年前,王宫生是也。即丈六金身,爲人天二乘人説法,觀世音菩薩現此身云云。"有關大小化身之説,窺基《法華玄贊》未作詳説,比較而言,栖復的論述更加具體。栖復《法華經玄贊要集》有四處言及化身種類,如:

(1)《法華經玄贊要集》卷一就設問"既是小化身如何出大千"之問題答曰:"云出大千界佛,是大化身,四加行位菩薩所見。丈六釋迦,是凡夫二乘所見。"③

(2)又同書卷一説"三身總乘物根,總能誕跡"之理:"又云三身皆乘物根,三身皆能誕跡。第一法身是佛身,……第二自受用身,……第三他受用身,乘十地菩薩物根,誕十重他受用身跡也。大、小化身,乘四加行位菩薩、二乘凡夫物根,而誕大、小化身跡也。"④

(3)同書卷一九:"言諸報佛等者,若法身佛及自受用身佛,恒居淨土,自然法身,不可更論出世時節也。若他受用佛,亦出劫增也。及佛者,即是大化身佛,唯教化四加行位菩薩,亦通劫增時出。"⑤

(4)同書卷二七:"言三千大千等者,有解大化身所王境,此非也。大化身,四加行位菩薩見故。"⑥

以上四條均解説佛之大小化身不同及被教化之對象所見懸殊:四加行位菩薩能見大千界佛之大化身,而凡夫二乘則見丈六釋迦。顯然,此種解説與講經文的文本更爲帖近。而四加行位菩薩能見大化身之説僅見於栖復《法華經玄贊要集》。

(三)"青青翠竹"之説。窺基《妙法蓮華經玄贊》卷第四末《方便品》釋"法住、法位"義,云:

---

①《卍新續藏》第34册,第244頁中。
②《卍新續藏》第34册,第341頁中。
③《卍新續藏》第34册,第185頁上。
④《卍新續藏》第34册,第183頁中。
⑤《卍新續藏》第34册,第622頁中。
⑥《卍新續藏》第34册,第777頁中。

"法住法位"者,真如住在諸法之中,體性常有,名爲法住。法有染、淨,離染得淨,分位顯之,故名法位。相者,體性,世間本體即是常住真如實性,一乘體也。①

窺基以"真如"釋"法住",終嫌不具象。栖復《法華經玄贊要集》卷二一則云:

言"法住法位"者,雙標住、位兩法。真如法在一切有爲諸法之中,體性常住,故名法住。意言真如遍在一切諸法中,如青青翠竹,並是真如。又言真如本有,在生死中住,名法住。言法住者,真如法住在三賢、十聖及二乘位中,"斷染得淨,分位顯之"。一切賢聖,皆以無爲法,而有差別。在纏名如來藏,出纏名法身德也。②

顯然,所謂言"法住法位"及"斷染得淨,分位顯之"諸語皆栖復徵引窺基《法華玄贊》中語。栖復在窺基釋"法住"之基礎上又進一步疏解。而以"青青翠竹"釋真如體性,無疑增添了文學形象感。又《法華經玄贊要集》卷一一就設問"真如一體之法,何以言無量"之問題答曰:"[真如]無處不遍,量同虛空,無有一法不以真如爲體,故青青翠竹等云云。"③而以"青青翠竹"來形容真如或者法身之例,就現存唐代佛經注疏言,僅見於栖復的《法華經玄贊要集》。然而,此自然界中之"青青翠竹"有真如法體之見解實淵源於南北朝三論宗關於"無情草木有無佛性"的討論④,至唐代,"青青翠竹盡是真如,鬱鬱黃花無非般若"——此無情佛性之說成爲法融牛頭禪的成語,雖在禪宗内部引起爭論,爲曹溪門下的神會、懷海、慧海所反對,但頗得南陽慧忠國師的認同⑤。在中晚唐不止是禪宗的著名話頭,且爲當時天台宗、密宗所通用⑥,在唐人詩篇中亦有詠及,如:皎然《苕溪草堂自大曆三年夏新營洎秋及春彌覺境勝因紀其事簡潘丞述湯評衡四十三韻》(《晝上人集》卷二)云:"原上無情花,山中聽經石。"其小注云:"聖教意:草木等器世間,雖無情而理性通。又云:鬱鬱黃花,無非般若,是其意。"劉長卿《尋常山南溪道人隱居》(《劉隨州集》卷三)云:"溪花與禪意,相對亦忘言。"司空曙《寄衛明府常見短靴褐裘,又務持誦

---

① 《大正藏》第 34 册,第 728 頁上。
② 《卍新續藏》第 34 册,第 652 頁下。
③ 《卍新續藏》第 34 册,第 423 頁下。
④ 見吉藏《大乘玄論》卷三,見印順著《中國禪宗史》,臺灣正聞出版社 2013 年重版,第 122—124 頁。
⑤ S.6557、P.3047《南陽和尚問答雜徵義》載神會與牛頭山袁禪師的對話,關涉有情無情問題,神會主張無情之物無佛性者,其餘參《祖堂集》卷三《慧忠國師》條、《祖堂集》卷一四《大珠和尚》條。
⑥ 湛然《止觀輔行傳弘決》卷一之二,依智顗"一色一香無非中道",以十義評無情佛性說。參《大正藏》第 46 册,第 151 頁下—152 頁上。

是以有末句之贈》(《全唐詩》卷二九三)云:"翠竹黃花皆佛性,莫教塵境誤相侵。"這些產生於中唐的詩篇,描寫的都是對"無情佛性"此一禪宗問答語的體悟。細讀《法華經玄贊要集》卷一一所引"故青青翠竹等云云",顯然是撰者栖復採用了當時佛界此一流行的譬喻,且深知聽衆或讀者對之極爲熟悉,故以"等云云"作省略。值得注意的是,俄藏Ф365V《妙法蓮華經講經文》中偈語亦以自然界之"青青翠竹"形容清淨法身或真如實性,曰:"法身無相復無形,不變隨緣狀杳冥。鬱鬱黃花還自秀,叢叢翠竹本來青。"盡管當時有"青青翠竹"此一流行語的學術和思想背景,我們仍然認爲,講經文的作者製作此偈語時是以彙集材料最全的法華經注疏本——栖復《法華經玄贊要集》爲參考依據的。

(一)成佛後有同類菩薩相送。《法華經玄贊要集》卷一:"若有菩薩成佛去,同時類菩薩相送,至大寶華王座上。"①俄藏Ф365V《妙法蓮華經講經文》:"我佛修行已滿,三無數劫周圓。十地既已畢功,萬行事須報答。向色究竟天上,座名大寶花王。同類菩薩相隨,送上此中高座。"

可見,講經文的作者除了參考窺基《法華玄贊》,還在學理上吸收了栖復《法華經玄贊要集》中的要素。即俄藏Ф365V《妙法蓮華經講經文》在材料的攝取上與栖復《法華經玄贊要集》的相似度最高。

三、講經文中的觀音成佛説與《觀音三昧經》

前文所論,俄藏Ф365V《妙法蓮華經講經文》在詮釋《妙法蓮華經》卷七《觀世音菩薩普門品》佛告無盡意菩薩語——"善男子!若有國土衆生應以佛身得度者,觀世音菩薩,即現佛身而爲説法"②(鳩摩羅什譯《自在王菩薩經》卷一略同:"若有衆生樂見佛身者,則現佛身而爲説法。"③)——此段經文運用了佛三身理論。此謂觀世音菩薩能應衆生之須變爲佛身説法度人,尚未關涉其是否成佛問題。值得注意的是,講經文作者在結束佛三身中化身之解説後又向我們呈現觀世音菩薩的另一特徵:

---

①《卍新續藏》第34冊,第179頁下。
②《大正藏》第9冊,第57頁上。
③《大正藏》第13冊,第928頁中。

觀音幷(菩薩)乃現佛身,隱却幷(菩薩)容儀,變作金仁(人)之相好。
　　也有三十二相,也具八十隨形。
　　也教足躡千輪,也有胸題万字。
　　也有毫光隱隱,也有金色輝[輝]。
　　衆生見了發心,道共世尊不別。
　　幷(菩薩)神通妙力强,現身便作法中王。
　　胸前万字依依現,足下千輪隱隱彰。
　　頂上便分青紺髮,眉間也放白毫光。
　　衆生一見同瞻礼,決定消灾滅禍殃。
　　幷(菩薩)爲甚現得此相?緣觀音幷(菩薩)久遠劫來曾成仏,號曰正德①明如來。

在此,講經文作者對觀世音所以能現佛身供衆生發心、瞻禮之緣由做了解釋:觀世音菩薩是已成佛的菩薩,其成佛以來甚爲久遠。其最高階位雖已臻佛地,但可應衆生之須進行階位互易,即久成如來,可示居菩薩。顯然,此種説法與《法華經》經文不符,但此説與維摩詰、文殊菩薩皆往古如來現爲菩薩之説應屬同源。其典據見於姚秦涼州沙門竺佛念譯《菩薩處胎經》卷七《文殊身變化品》:"本爲能人師,今乃爲弟子。佛道極廣大,清淨無增減。或欲見佛身,二尊不并立。此界現受教,我刹見佛身。"②這是成佛的菩薩復爲菩薩的早期之經典記載。《維摩詰經》也提供了與此相應的教理依據。如鳩摩羅什譯《維摩詰所説經·不思議品》記維摩詰告舍利弗語:"住不可思議解脱菩薩,能以神通現作佛身,或現辟支佛身,或現聲聞身,或現帝釋身,或現梵王身,或現世主身,或現轉輪王身。"③《維摩詰所説經·文殊師利問疾品》:"雖得佛道轉於法輪,入於涅槃而不捨於菩薩之道,是菩薩行。"④前者謂菩薩能現作佛身,後者則謂佛能現作菩薩,雖現已得道成佛,轉法輪,示現入涅槃,但仍不放棄行菩薩道,普度衆生,此爲菩薩行。凡此皆爲維摩詰、文殊師利、觀世音昔爲如來之説提供了合理的經典詮釋。吉藏認爲深爲淺

---

①底卷"德"宜作"法"。據佛典,觀音法號爲"正法明如來"。
②《大正藏》第 12 册,第 1050 頁上。
③《大正藏》第 14 册,第 546 頁下。
④《大正藏》第 14 册,第 545 頁下。

用——佛爲菩薩,是救度衆生的方便法門①。講經文作者可謂受到此種佛教經典傳統的影響。

另一方面,雖然《法華經》未載觀世音成佛之説,但唐前對於觀世音是已成佛的菩薩還是未成佛的菩薩之問題,在其他佛典中本身即有兩種説法,天台智顗在講《觀音經》時屢屢提及。如《觀音玄義》(隋天台智者大師説、門人灌頂記)卷上即云:"寶藏佛所,稟觀音之目,已成種覺,號正法明,次當補處,稱爲普光功德。其本迹若此,寧可測知。"②案,此説出北涼曇無讖譯《悲華經》卷三《諸菩薩本授記品》:"爾時,寶藏佛尋爲授記:'……今當字汝爲觀世音。……無量壽佛般涅槃已,第二恒河沙等阿僧祇劫後分,初夜分中,正法滅盡,夜後分中,彼土轉名一切珍寶所成就世界,所有種種莊嚴無量無邊,安樂世界所不及也。善男子! 汝於後夜種種莊嚴,在菩提樹下坐金剛座,於一念中間成阿耨多羅三藐三菩提,號遍出一切光明功德山王如來、應供、正遍知、明行足、善逝、世間解、無上士、調御丈夫、天人師、佛、世尊,其佛壽命九十六億那由他百千劫,般涅槃已,正法住世六十三億劫。'"③此爲寶藏佛爲觀世音授記未來成佛之説。《觀音玄義》(隋天台智者大師説、門人灌頂記)卷上又以設問的方式討論了觀世音"爲已成佛,猶是菩薩"的問題:

> 問:觀音利物廣大如此,爲已成佛,猶是菩薩? 答:本地難知,而經有兩説。如《觀音受記經》明觀音、勢至得如幻三昧,周旋往返,十方化物。昔於金光師子遊戲如來國王名威德,化生二子,左名寶意,即是觀音;右名寶尚,即是勢至。往問佛何供養勝? 佛言:當發菩提心。從如來初發菩提心,次阿彌陀佛後當成正覺。觀音名普光功德山王,勢至名善住功德寶王。又《如來藏經》亦云:觀音、文殊皆未成佛。若《觀音三昧經》云:先已成佛,號正法明如來,釋迦爲彼佛作苦行弟子。二文相乖,此言云何? 乃是四悉檀化物,不可求其實也。④

據天台智顗之説,《觀音受記經》《觀音三昧經》兩部佛典均涉觀音成佛之説,前者言觀音當在阿彌陀佛滅度後成佛,名普光功德山王,後者謂觀音在釋迦前先已成佛,號正法

---

① 何劍平:《中國中古維摩詰信仰研究》之第五章《隋代的維摩詰信仰》,成都:巴蜀書社,2009 年,第 308 頁。
② 《大正藏》第 34 册,第 877 頁上。
③ 《大正藏》第 3 册,第 186 頁上。
④ 《大正藏》第 34 册,第 891 頁中—下。

明如來;而《如來藏經》則以爲觀音未成佛。相同的論述見於吉藏撰《法華義疏》卷一二《觀世音菩薩普門品第二十五》,云:

> 觀音爲是佛現佛身? 爲非佛耶? 答:經出不同。《觀音三昧經》云"觀音在我前成佛,名正法明如來,我爲苦行弟子"。又云"我與觀音俱時成正覺"。又《觀音授記經》云"觀音於金光遊戲佛所,初發道心,彼國王名威德王,威德王入禪定,二童子忽左右兩面生。王起定問其名字,二童子説偈答。初就第一義門答無名,次就世諦門答有名。彌陀佛滅後,世界出法音不斷,彼佛於中夜入滅,觀音補處,世界轉名衆寶普集莊嚴,佛號普光功德山王;大勢至補觀音處,佛號善住功德寶王也"。①

可見,唐前對觀世音是已成佛的菩薩還是未成佛的菩薩之問題的討論雖然佛典記載有異,但有一點是明確的,即:觀音在釋迦前成佛,名正法明如來,其典據爲《觀世音三昧經》。該經今存於 S.4338、BD02380、BD00662、甘博 32 號、臺灣中央圖書館 11 號以及京都博物館藏等六種敦煌寫本②,此外,日本名古屋七寺尚存全經③。在《佛説觀世音三昧經》有以下一段文字:

> 爾時,阿難從坐而起,而白佛言:"觀世音有何神力,威神乃爾,佛今稱歎其德不輕?"佛告阿難:"我今道實,其事不虛。我念,觀世音菩薩於我前成佛,號曰正法明如來,應供、正遍知、明行足、善逝、世間解、無上士、調御丈夫、天人師、佛、世尊。我於彼時,爲彼佛下作苦行弟子,受持斯經七日七夜,讀誦不忘,復不念食,不念五欲,即見十方百千諸佛在我前立,於斯悟道,今得成佛,號曰釋迦牟尼,受持斯經,猶故讀誦,況復今日,汝等諸人宜應受持,莫令懈怠!"④

此爲觀音等是已成佛之菩薩的最早記録。然而,《觀世音三昧經》在經録中的判附一直存疑。在隋文帝開皇十四年(594)隋沙門法經等撰《衆經目録》卷三,此經連同其

---

① 《大正藏》第 34 册,第 628 頁中。
② 牧田諦亮:《疑經研究》之《第五章觀世音三昧經の研究》,京都大學人文科學研究所,昭和五十一年三月,214 頁;曹凌:《中國佛教疑偽經綜録》,上海:上海古籍出版社,2011 年,第 132—135 頁。
③ 牧田諦亮監·落合俊典編《七寺古逸經典研究叢書》第二卷有録文。株式會社大東出版社,1996 年,第 658—674 頁。
④ 牧田諦亮:《疑經研究》之《第五章觀世音三昧經の研究》,第 239 頁。

他二十經"多以題注參差衆錄。文理複雜,真僞未分,事須更詳",被著録在"衆經疑惑"部①;此經在開皇十七年(597)隋翻經學士費長房《歷代三寶紀》卷一二(大乘録入藏目)被編入"大乘修多羅失譯録",著録爲一卷②;而在隋彦悰《衆經目録》卷四著録《觀世音三昧經》一卷,因其"名雖似正,義涉人造"而被列入"五分疑僞"部③,在唐明佺等撰《大周刊定衆經目録》卷一一"大乘失譯經"中著録爲一卷,題下小注云:"出寶唱《録》。"④唐智昇《開元釋教録》卷一八"別録中疑惑再詳録"中著録《觀世音三昧經》一卷,將之附"疑科",云"仍俟諸賢,共詳真僞"⑤。並於《開元釋教録》卷二〇(入藏録下)將包括《觀世音三昧經》在内的十部一十五卷,"除之不載",其理由在於此類"並是古舊録中僞疑之經,《周録》雖編入正文,理並涉人謀"⑥。圓照撰《貞元新定釋教目録》卷二八及卷三〇因之⑦。可見,《觀世音三昧經》的譯主及真僞在隋前佛教經録中的記載是不明確的,此種不明確一直持續到唐貞元年間。

儘管如此,關於此經强調的"觀世音久遠成佛"之觀念,卻在北朝石刻中有充足的體現,即所謂"觀世音佛",如龍門石窟1519窟(火燒洞)北魏陽景元造像記云:"正光四年(523)三月廿三日清信男佛弟子陽景元供養觀世音佛時。"北魏胡絆妻造像記云:"正光五年(524)十二月十七日胡絆妻造官世音佛一區,居加大小見世安隱,故記之耳。"龍門石窟0883窟北魏張歡□造像記云:"大魏永安二年(529)三月十一日父張歡□爲亡女苟汝,造觀世音佛一區,因縁眷屬□使妄(亡)者生天,赴□□成佛。"東魏天平二年(535)歲次乙卯四月十一日務聖寺造像記碑陰銘文有"觀世音佛主劉道亮",北齊靈壽縣人閻常等造像記説:"天保八年(557)六月八日靈壽縣人閻常、閻神和、閻仟神等,爲亡父、見存内親,敬造雙世音佛一區,普爲一切小辟村。"北齊武平六年(575)鄭季茂六十一人等造像記碑陰第一列有"上坎觀世音佛主"等名號。此外,在山東徂徠山映佛巖王子椿刻經、洪頂山摩崖、陶山摩崖皆刻有北齊"觀世音佛"之名號⑧。這些紀年題記表明,在南北朝時期的北方大地,"觀音久已成佛"之説已深入中國普通民衆,有着民間佛

---

① 《大正藏》第55册,第126頁中—下。
② 《大正藏》第49册,第113頁下。
③ 《大正藏》第55册,第172頁中—下。
④ 《大正藏》第55册,第437頁下。
⑤ 《大正藏》第55册,第671頁下。
⑥ 《大正藏》第55册,第699頁下。
⑦ 《大正藏》第55册,第1015頁下—1016頁上;《大正藏》第55册,第1048頁上。
⑧ 參見日本倉本尚德《北朝佛教造像銘研究》之《第六章觀世音十大願經與觀世音佛》,法藏館2016年版,第461—466頁。

教信仰的特色。

唐代"觀音久已成佛示現作菩薩"之說仍然流傳甚廣,主要緣於:一是各宗派義解僧在講經活動中的發揚光大,例如,唐高宗朝淨土宗善導,行念佛彌陀淨業,既入長安,廣行教化,寫彌陀經數萬卷,在光明寺說法。其所集注重念佛儀式的《轉經行道願往生淨土法事讚》卷上載梁釋真觀《請觀世音讚》,每句下標有和聲曰"散華樂",用於吟唱,中稱頌觀世音菩薩具佛威儀:"騰身振法鼓,勇猛現威光。手中香色乳,眉際白毫光。"①法相宗繼承者窺基、圓測二人皆於造疏、講經須判文解釋"觀世音"名號時採用觀音成佛之說。如圓測現存一卷本《般若波羅蜜多心經贊》解釋"觀自在菩薩":

> 而今本云"觀自在"者,内證二空,外觀三業。不依功用、任運自在,故曰觀自在。今此菩薩,實是因位一生補處,爲已成佛,設爾何失?若是菩薩,如何會釋《觀音三昧》?彼經說曰:"佛告阿難……我念觀世音菩薩於我前成佛,號曰正法明如來,……我於彼時爲彼佛下作苦行弟子。"……今乃成佛,雖有兩釋,後解爲勝,順諸聖教,不違理故。②

窺基《妙法蓮華經玄贊》卷第一○末《觀世音普門品》於"經'無盡意(至)福德之利'"贊曰:

> 觀音久已成佛,不捨菩薩行故示爲菩薩,何得不比如來?只如觀音成佛,功德國土勝無量壽,一切佛身豈勝劣耶?③

窺基弟子有淄州慧沼《十一面神呪心經義疏》:

> 是觀世音菩薩乃有二義:一云,已成佛菩薩也。故《觀音三昧經》曰:是觀世音在我前成佛,名正法明如來,吾爲弟子也。二云:未成佛菩薩也。故《觀音授記經》曰:是觀世音菩薩昔於金剛師子遊戲佛所初發菩提心。彼時國王名曰威德王,於其國觀入于三昧,其王左右有二蓮華,從地涌出,雜色莊嚴,其香芬馥如天栴檀。有二

---

① 《大正藏》第47册,第427頁上。
② 《大正藏》第33册,第543頁中。
③ 《大正藏》第34册,第848頁中—下。

童子化生其中,結跏趺坐。一名寶意,二名寶上也。時威德王從定而起,見二童子坐蓮華藏,以偈問曰:汝爲天龍王夜叉鳩槃茶,爲人爲非人?願説其名字。時左面童子以偈答曰:一切諸法空,云何名字?過去已滅,當來法未生,現在法不住。仁者問誰名?空法亦非人龍非羅刹。人與非人等,一切不可得。左面童子而説偈言:名名者悉空,名名不可得。一切法無名,而欲問名字。我名爲寶意,彼名爲寶上也。是阿彌陀佛滅度後,世界法音不斷。彼佛於中夜入滅度,是觀世音補佛之處。世界轉名衆寶普集,莊嚴世界,佛名普光功德山王佛也。……《弘猛海慧經》曰:昔此閻浮提有王名曰善首,有五百王子。第一太子名善光,值空王觀世音佛,乃發十願:一大悲觀世音願知一切法,二大悲觀世音願乘波若船,三大悲觀世音願得智慧風,四大悲觀世音願得善方便,五大悲觀世音願度一切人,六大悲觀世音願超生死海,七大悲觀世音願得戒定道,八大悲觀世音願登涅槃山,九大悲觀世音願會無爲舍,十大悲觀世音願同法性身。是觀世音發願:願我未來作佛,字觀世音三昧。稱我名不往來度者,不取妙色身。若行此願,清淨莊嚴一室。以於此土,行菩薩道。故知未成佛菩薩也。若從多者,爲已成佛,亦爲化有情故,更示成佛耳。故《法華》云:應以佛身得度者,即現佛身而爲説法也①。

觀世音菩薩具有二層含義:一是已成佛的菩薩,以《觀音三昧經》爲典據;二是未成佛的菩薩,此以《觀音授記經》《弘猛海慧經》爲代表②。

天台沙門湛然述《法華玄義釋籤》卷一五云:

> 次迹中文云'文殊、觀音或爲師爲弟子'者,文殊昔爲妙光菩薩,教化燈明八王子,是八王子相次授記,其最後者名曰然燈,然燈既是釋迦之師,妙光乃成釋迦九代祖師。《觀音經》中釋迦過去於正法明如來所學習道法,正法明如來即觀音本身,故知文殊、觀音並曾爲師。調達即是阿私陀仙,具如今經。如是等人却爲弟子。③

---

① 《大正藏》第39册,第1011頁下。
② 吉藏《法華義疏》卷一二《觀世音菩薩普門品》在回答"觀音云何於此土有緣"問題時引《弘猛海慧經》云"昔此閻浮提有王名善首,有五百子,第一子名善光,值空王觀音佛發十大願:初願得一切法,次願得波若船,三願值智慧風,四願得善方便,五願度一切人,六願使超苦海,七願得戒足,八願登涅槃山,九願會無爲舍,十願同法性身,皆以大悲觀音爲首也。觀世音發願,願我未來作佛字觀世音,三稱我名不往救者不取妙色身。持此願者清淨莊嚴一室,以於此土行菩薩道,故此土有緣。"(《大正藏》第34册,第628頁下)
③ 《大正藏》第33册,第922頁下—923頁上。

湛然弟子唐東春沙門智度述《天台法華疏義纘》卷六"觀音品"云：

> 問：觀音利物廣大如此，爲已成佛，猶是菩薩？答：本地難知，而經有兩說。如《觀音受記經》明觀音、勢至得如幻三昧，周旋往返，十方化物者。昔於金光師子遊戲如來國土，王名威德，化生二子，左名寶意，即是觀音；右名寶尚，即大勢至。往問佛：何供養勝？佛言：當發菩提心。從如來初發菩提心，次阿彌陀佛後當成正覺。觀音名普光功德山王，勢至名善住功德寶王。又《如來藏經》亦云：觀音、文殊皆未成佛。若《觀音三昧經》云：先已成佛，號正法明如來，釋迦爲彼佛作苦行弟子。二文相乖，此言云何？乃是四悉化物，不可求實也。①

又日本東大寺沙門凝然述《法華疏慧光記》卷六〇"釋第二十四觀世音品"：

> 問：觀音爲是佛現佛身，爲非佛耶？
> 答：經出不同。《觀音三昧經》云：觀音在我前成佛，名正法明如來，我爲苦行弟子。又云：我與觀音，俱時成正覺。又《觀音授記經》云。〇已上②

何案，以上注疏大都繼承了隋天台智者大師説《觀音玄義》卷上中的説法。原本主要局限於佛界僧講的觀世音成佛之説③，自然在傳播過程中澤及民間俗講。

二是唐代密教觀世音典籍的傳譯，爲《觀世音三昧經》提供了理論支持。如唐西天竺沙門伽梵達摩譯於永徽、顯慶中（650—660）的《千手千眼觀世音菩薩廣大圓滿無礙

---

①《卍新纂大日本續藏經》第29册，（株）國書刊行會，昭和五十年九月，第112頁上。《佛祖統紀》卷十"荊溪旁出世家"有"天台智度禪師"，同書卷二四"九祖荊溪大禪師"下有"天台智度禪師"；求法僧最澄《傳教大師將來越州録》著録沙門志明集《天台第七祖智度和尚略傳》一卷，興福寺沙門永超集《東域傳燈目録》"法華部"著録智度撰《法華文句記》六卷。據此，智度屬天台系統之僧人，乃湛然弟子。

②高楠順次郎、望月信亨編纂：《大日本佛教全書》第14册，有精堂出版部，昭和八年九月，第127頁上。

③見於 P.3818、P.2939、P.3844 等首題爲"觀音偈"的寫本中其第一首偈頌提及"觀音往昔塵沙劫，成佛號曰正覺尊"，據汪娟考釋，其抄手多爲寺院僧衆，主要作爲寺院日常行道禮懺的課誦本。見汪娟著《唐宋古逸佛教懺儀研究》，臺北：文津出版社，2008年，第279頁。

大悲心陀羅尼經》①卷一記佛向阿難介紹觀世音菩薩：

  佛言："此菩薩名'觀世音自在'，亦名'撚索'，亦名'千光眼'。善男子！此觀世音菩薩，不可思議威神之力，已於過去無量劫中，已作佛竟，號'正法明如來'。大悲願力，爲欲發起一切菩薩，安樂成熟諸衆生故，現作菩薩。"②

不空譯《大慈大悲救苦觀世音自在王菩薩廣大圓滿無礙自在青頸大悲心陀羅尼》卷一云：

  南無歸命頂禮南方海上蒲陀落淨土。正法教主釋迦牟尼如來，觀音本師無量壽如來，觀音本正法明如來。③

唐三昧蘇嚩羅譯《千光眼觀自在菩薩祕密法經》引佛語：

  我念往昔時，觀自在菩薩於我前成佛，號曰正法明，十號具足。我於彼時爲彼佛下作苦行弟子，蒙其教化，今得成佛④。

  此説正與隋前《觀世音三昧經》所言相契。此類密教有關成佛的觀世音經典的流布，被講經僧用於解説觀世音的普門示現，如華嚴宗第四祖澄觀撰於唐德宗貞元十四年（798）後並用於講經⑤的《華嚴經行願品疏》，其卷七即云："普現即是普門示現。准《千

---

①智昇《續古今譯經圖紀》"大唐傳譯之餘"條及《開元釋教録》卷八均言沙門伽梵達摩譯《千手千眼觀世音菩薩廣大圓滿無礙大悲心陀羅尼經》（一卷），"然經題云西天竺伽梵達摩譯，不標年代，推其本末，似是皇朝新譯"云云（《大正藏》第55册，第368頁上、562頁中）。《宋高僧傳》卷二《唐尊法傳》則對傳譯年代作了推斷，云："釋尊法，西印度人也，梵云伽梵達磨，華云尊法。……天皇永徽之歲，翻出《千手千眼觀世音菩薩廣大圓滿無礙大悲心陀羅尼經》一卷。經題但云西天竺伽梵達磨譯，不標年代。推其本末，疑是永徽、顯慶中也。又準《千臂經序》云：'智通同此三藏譯也。'法後不知其終。"（［宋］贊寧撰，范祥雍點校：《宋高僧傳》，北京：中華書局，1987年，第30頁）
②《大正藏》第20册，第110頁上。
③《大正藏》第20册，第498頁下。
④《大正藏》第20册，第120頁中。
⑤圓照：《貞元新定釋教目録》卷一七《總集群經録》上之十七，《大正藏》第55册，第895頁中；（宋）贊寧撰，范祥雍點校：《宋高僧傳》卷五《唐代州五臺山清涼寺澄觀傳》，第106頁。

眼經》,大悲菩薩,久成正覺,號正法明如來,示爲菩薩。義言等佛。"①據此則知,密教觀世音經典如《千光眼觀自在菩薩祕密法經》等的傳譯至少說明唐前《觀世音三昧經》有關"觀音久已成佛示現作菩薩"之説並非中土人造,當別有所本。梁僧祐《出三藏記集》卷四"條新撰目錄闕經、未見經文者"中有《觀世音成佛經》一卷,智昇《開元釋教錄》卷五將其附於宋錄之末②,亦可爲證。這種現象也提醒我們:對歷史上疑僞經的判附應持審慎的態度。

四、結論或餘論

綜上所述,號稱東土百本疏主的窺基,其所撰《法華玄贊》十卷疏文作爲百本中之一本,一經問世,即成爲唐代"妙絕古今"的經典注本,成爲唐代各大寺院宣講《法華經》的指南,不僅影響於寺院僧講且也澤及民間俗講。然而衆所共知,窺基注經廣徵博引,所讀經論甚廣,其數量蓋前所未有。如其《妙法蓮華經玄贊》卷第七末《化城喻品》爲釋"四諦"及"十二緣起"義,廣引玄奘新翻經論:《成唯識》《攝論》《辨中邊》《俱舍》《瑜伽師地》《顯揚聖教》《對法》等"抄説"③,正是因其注經有"義豐文約,理邃詞華"的特點,影響到下層信衆對它的容受。有鑑於此,窺基以後的法華疏主又更造新疏,就《法華玄贊》再作疏解,旨在"令義分明,衆生易解"。唐開元八年以後陸續出現輔釋《法華玄贊》的注疏之書,諸如智周所撰四卷《法華玄贊攝釋》、杭州天竺寺沙門崇俊草創、門人法清修飾潤色的《法華經玄贊決擇記》等皆屬此類,而唐大中末年出現的栖復《法華經玄贊要集》可謂集大成之作。這些注疏爲宣講《法華經》提供了豐富材料,直接影響到法華經講經文的撰造。俄藏 Ф365Ⅴ《妙法蓮華經講經文(四)》可謂代表。

唐代寺院講經有僧講和俗講,由俄藏 Ф365Ⅴ《妙法蓮華經講經文(四)》徵引《四分律》戒條說明不得爲五種人説法的情況可知該講經文屬寺院僧講而非俗講。由該講經文對前賢注疏的吸收看,作者不僅參考了《法華玄贊》這樣的經典注釋,也同時大量吸收了《法華經玄贊要集》這種易於理解的通俗注本。在弄清俄藏 Ф365Ⅴ《妙法蓮華經講經文(四)》與栖復《法華經玄贊要集》之間歷史關係的基礎上,我們自然得出結論:俄

---

①《卍新續藏》第 5 册,第 136 頁下。
②《大正藏》第 55 册,第 535 頁中。
③見《大正藏》第 43 册,第 793 頁—796 頁中。

藏Ф365V《妙法蓮華經講經文（四）》的撰寫年代之下限在晚唐，即大中末年以後。

俄藏Ф365V《妙法蓮華經講經文》講經僧對觀世音普門示現的解説表現了對過去久已成佛的觀世音菩薩信仰的尊崇。此種尊崇最早源於隋唐以前真僞莫辨的《觀世音三昧經》，與南朝齊梁以來在民間流傳的維摩詰、文殊菩薩皆往古如來現爲菩薩之説有着相同的文化背景，在北朝石刻中也有體現。它經由天台智顗、三論宗吉藏的注疏、宣講而廣爲傳播。至唐高宗、武則天時代，由於各宗派義解僧在講經、造疏活動中的推挹、採用，加之大量密教觀世音經典的傳譯，使這一信仰在理論上得以凸顯，其影響及於中土庶民階層。

敦煌寫本 P.3915《佛說八陽神咒經》校釋及相關問題

梁榧夭

（四川大學中國俗文化研究所）

敦煌文獻中收錄有《佛說八陽神咒經》的卷子爲以下 4 號：P.3915，P.3924，BD11047，S.2643。

P.3915 中收錄了《樂入山讚》《樂住山讚》《金剛般若波羅蜜經》《妙法蓮華經觀世音菩薩普門品第廿五》《佛說阿彌陀經》《佛說安宅神咒經》《佛說八陽神咒經》《佛說八陽神咒經》《八名普蜜陀羅尼經》九部經文，本文所校《佛說八陽神咒經》爲第 7 部。P.3915《佛說八陽神咒經》底本信息：原卷爲梵夾裝，長 38.7 釐米，寬 9.0 釐米，存 38 行，全文計存 1116 字，首尾俱全，首尾俱題"佛說八陽神咒經"（此外尾另有"佛說八陽神咒經"小字一行），保存完好，且字跡清晰工整。

P.3924 中收錄了《佛說無常經亦名三啓經》《佛說法句經》一卷（包括《諸菩薩融心覺序品第一》《不壞諸法菩薩說宿緣品第二》《傳持品第十三》）、《佛說八陽神咒經》，卷軸背後依稀有字跡，不詳其文。《佛說八陽神咒經》位於卷軸的最末端，字跡與前面幾部經文相比，顯得極其潦草錯亂，且 P.3924 本身殘缺不全，從現存的部分來看，對比 P.3915、S.2643 中的《佛說八陽神咒經》內容，《佛說八陽神咒經》的內容順序混亂，且"我曹當並力擁病者令愈"之後的內容基本遺失，僅有"諸天龍鬼神""去"這六個零散的字詞。

BD11047 僅爲一片殘片，大小約爲長 26.5 釐米、寬 14.8 釐米，首尾俱殘，字跡清晰，收錄了《佛說八陽神咒經》的部分內容："一名歡樂（缺——）公是過三恒沙有佛（缺——）佛號等遍明如（缺——）無所着等正覺今現在說法國土名喜愛……國土名無毒螯舍利弗東方去是過。"對照 P.3915 收錄的經文內容，BD11047 收錄的大致是佛告舍利弗東方有佛（第三佛到第六佛）的內容。

S.2643 中收録有《讚僧功德經》和《佛説八陽神咒經》兩部經文,卷軸長 375 釐米,寬 29 釐米,《佛説八陽神咒經》爲收録的第二部經,全文共 79 行,首尾俱全,首尾俱題"佛説八陽神咒經",保存完好,且字跡清晰工整。

　　S.2643 和 P.3915 經文内容完整,字跡清晰,品相完好。S.2643 爲長卷,P.3915 爲梵夾裝。P.3915 是敦煌卷子中將真經、疑僞經兩種《佛説八陽神咒經》寫在一起的唯一一則材料(疑僞經《佛説八陽神咒經》一般區別作《天地八陽神咒經》),較爲特殊,故選爲校釋底本。

　　與《佛説八陽神咒經》相比,《天地八陽神咒經》在敦煌文獻中的數量龐大,"共存《八陽經》漢文寫本 378 號,包括 251 號已定名寫本與 127 號未定名殘卷"①。《天地八陽神咒經》不乏相關研究,此處不再贅述。

一、校釋

録文如下②:

1. 佛說八陽神呪經聞如是一時佛在王舍城靈鳥山中時與大比丘眾千二百
2. 五十人菩薩千人俱皆如彌勒菩薩等佛告舍利弗東方去是過一恒沙有佛剎佛號
3. 快樂如來無所著等正覺今現在說法國主名不可勝舍利弗東方去是
4. 過二恒沙有佛剎佛號曰英憧王如來無所著等正覺今現在說法國主名歡樂
5. 舍利弗東方去是過三恒沙有佛剎佛號等遍明如來無所著等正覺今現在說法
6. 國主名喜愛舍利弗東方去是過四恒沙有佛剎佛號分別過出清净如來無
7. 所著等正覺今現在說法國主名内嚕舍利弗東方去是過五恒沙有佛剎佛
8. 號等功德明首如來無所著等正覺今現在說法國主名無狐疑
9. 舍利弗東方去是過六恒沙有佛剎佛號本草樹首如來無所著等正覺今現在說法
10. 國主名無毒螫舍利弗東方去是過七恒沙有佛剎佛號過寶蓮華
11. 如來無所著等正覺今現在說法國主名蓮華香舍利弗東方去是過

---

①羅慕君:《敦煌〈八陽經〉漢文寫本考》,浙江師範大學碩士論文,2015 年,第 1 頁。此處"八陽經"指的是《天地八陽神咒經》。

②凡例:1.録文依據原件摘録,每行録爲一條,未斷句。2.異體字、俗寫字、古今字、通假字等録文中未作改定,悉依原件,今無其字者以原件圖片代替。3.原件中空白處以兩格隔開。4.原件有八處孔洞,爲梵夾裝穿繩繞捆時留下的孔洞,均位於每頁中,孔洞處均無字,不影響經文摘録,故不記。

12. 八恒沙有佛剎佛號寶樂蓮華快住樹王如來無所著等正覺今現在說法國
13. 主名甘音聲稱說復次舍利弗諸佛如來清淨國主彼方無五濁無愛欲
14. 無女人無意垢無呪詛無相擇復次舍利弗諸佛如來若有善男子善女人聞
15. 是八佛名者受持諷誦讀奉行者終不墮三惡道除五不中止罪
16. 復次舍利弗是善男子善女人若有持是八佛名及國主名者受持諷誦讀奉
17. 行之者以是功德若發菩薩心所生處常遇陁隣尼常遇相好常遇相音常遇右
18. 轉福是善男子善女人奉行是八佛教令如其正行者女人所生處轉爲男子
19. 復次舍利弗諸佛如來是善男子善女人以平旦淨澡漱正衣服晝夜各三時奉讀是經得
20. 功德無量第一四天王常擁護是善男子善女人若在縣官中當讀是經若在怨家中
21. 當讀是經若在盜賊中當讀是經若在水火中當讀是經若在海水中逢風
22. 浪恐怖當讀是經若在軍兵對闢中當讀是經若爲蟲毒所中當讀是經若聞
23. 惡鳥鳴若惡夢當讀是經若爲龍神所中當讀是經若爲諸魔所中恐怖毛起者
24. 當讀是經若有急恐病瘦疾痛者持是八陽呪經呪之立得除愈是時佛說要偈
25. 是本無如來持是國主名一切衆惡除疾得登正道所生常遇佛見覺大歡喜
26. 照是世上尊等心供事之百劫以無數著常當離之疾逮泥洹道奉是諸佛名
27. 今現諸如來奉行明教名爲人樸直奠在在見所生端正相好具巨億萬家生
28. 勇猛好布施爲人不慳貪女人聞是要踊躍大歡喜去離女人身所生爲男子
29. 諸兵不敢害蟲道亦不幸縣官及盜賊終不害是人五魔不能嬈將師及官屬
30. 奉行是經音不能中得便尒時第一四天王彌勒菩薩等白佛言我會當共擁
31. 護特是八陽呪経一切學者我會當並力擁病者令愈佛說如是第一四天王彌
32. 勒菩薩等比丘衆及諸天龍鬼神人民阿湏倫聞経歡喜爲佛作禮而去
33. 八菩薩名第一名颷陁和菩薩第二名羅那䍲瑀菩薩
34. 第三名憍曰兜菩薩第四名那羅達菩薩第五名湏深菩薩
35. 第六名因抵達菩薩第七名摩呵湏和䍲和菩薩第八名和輪調菩薩
36. 是八人求道以來其刼無數今未取佛是八人本俱學道時顧八方上
37. 下人民皆共使得佛若有急者當使呼我八人名字曱自得解除若壽欲
38. 盡時我八人便當飛行往迎之顧持此一字之功德顧一切人皆如八菩薩音快也
39. 佛說八陽神呪経(頁邊小字)

全文如下①：

佛説八陽神呪經。聞如是，一時，佛在王舍城靈鳥山中，時與大比丘衆千二百五十人、菩薩千人，俱皆如彌勒菩薩等。

佛告舍利弗，東方去是過一恒沙有佛刹，佛號快樂如來，無所著，等正覺，今現在説法，國土名不可勝。舍利弗，東方去是過二恒沙有佛刹，佛號日英憧王如來，無所著，等正覺，今現在説法，國土名歡樂。舍利弗，東方去是過三恒沙，有佛刹，佛號等遍明如來，無所著，等正覺，今現在説法，國土名喜愛。舍利弗，東方去是過四恒沙，有佛刹，佛號分別過出清淨如來，無所著，等正覺，今現在説法，國土名内喻。舍利弗，東方去是過五恒沙，有佛刹，佛號等功德明首如來，無所著，等正覺，今現在説法，國土名無狐疑。舍利弗，東方去是過六恒沙，有佛刹，佛號本草樹首如來，無所著，等正覺，今現在説法，國土名無毒螫。舍利弗，東方去是過七恒沙，有佛刹，佛號過寶蓮華如來，無所著，等正覺，今現在説法，國土名蓮華香。舍利弗，東方去是過八恒沙，有佛刹，佛號寶樂蓮華快住樹王如來，無所著，等正覺，今現在説法，國土名甘音聲稱説。

復次，舍利弗，諸佛如來清淨國土彼方無五濁、無愛欲、無女人、無意垢、無呪詛、無相擇。

復次，舍利弗，諸佛如來若有善男子善女人，聞是八佛名者，受持諷誦讀奉行者，終不墮三惡道，除五不中止罪。

復次，舍利弗，是善男子善女人，若有持是八佛名及國土名者，受持諷誦讀奉行之者，以是功德，若發菩薩心，所生處常遇陁隣尼，常遇相好，常遇相音，常遇右轉福。是善男子善女人奉行是八佛，教今如其正行者，女人所生處轉爲男子。

復次，舍利弗，諸佛如來，是善男子善女人以平旦淨澡漱正衣服，晝夜各三時奉讀是經得功德無量，第一四天王常擁護是善男子善女人，若在縣官中，當讀是經，若在怨家中，當讀是經，若在盜賊中，當讀是經，若在水火中，當讀是經，若在海水中逢風浪恐怖，當讀是經，若在軍兵對關中，當讀是經，若爲蟲毒所中，當讀是經，若聞惡鳥鳴，若惡夢，當讀是經，若爲龍神所中，當讀是經，若爲諸魔所中，恐怖毛起者，當讀是經，若有急恐病疫疾痛者，持是八陽神呪經，呪之立得除愈。

是時佛説要偈：

---

①凡例：1. 本文按文意進行斷句。2. 本文先將按照句意斷句之全文摘録於下，再逐句進行校釋。3. 異體字、俗寫字等均録爲通行正字，再在釋文中説明，異體字等首次出現時作出校釋，再次出現時不作校釋，同上文。古今字、通假字、繁簡字不作修改，均依原件。

是本無如來持是國土名一切衆惡除疾得登正道所生常遇佛見覺大歡喜
照是世上尊等心供事之百劫以無數著常當離之疾逮泥洹道奉是諸佛名
今現諸如來奉行明教名爲人樸直奭在在見所生端正相好具巨億萬家生
勇猛好布施爲人不慳貪女人聞是要踴躍大歡喜去離女人身所生爲男子
諸兵不敢害蟲道亦不幸縣官及盜賊終不害是人五魔不能嬈將帥及官屬
奉行是經音不能中得便

爾時,第一四天王、彌勒、菩薩等白佛言:我曹當共擁護持是八陽呪經一切學者,我曹當並力擁病者令愈,佛説如是第一四天王彌勒菩薩等比丘衆及諸天龍鬼神人民阿須倫,聞經歡喜,爲佛作禮而去。

八菩薩名:第一名颰陁和菩薩、第二名羅那隣竭菩薩、第三名憍曰兜菩薩、第四名那羅達菩薩、第五名須深菩薩、第六名因抵達菩薩、第七名摩呵須和薩和菩薩、第八名和輪調菩薩。是八人求道以來,其劫無數,今未取佛,是八人本俱學道時,願八方上下人民皆共使得佛,若有急者,當使呼我八人名字,即自得解除。若壽欲盡時,我八人便當飛行往迎之。願持此一字之功德,願一切人皆如八菩薩音快也。

經文題爲《佛説八陽神呪經》,其中"八陽"一詞當代指"八佛""八菩薩"。

道教典籍有《太上老君説補謝八陽經》《太上老君説安宅八陽經》,二經俱短小簡略,僅提及若有動宅動土之事,當誦此經,惡鬼消滅、疾病袪除、功德無量,未詳"八陽"之義。張齊明《〈佛説安宅神咒經〉所見安宅觀念及其影響》①一文中分析了《佛説安宅神咒經》與《太上老君説安宅八陽經》的内容語句與産生時間等,認爲佛教吸收了中國本土的陰陽、安宅等觀念,道教《安宅八陽經》又吸收了佛教經文的内容。本文讚同這一看法,道教《太上老君説安宅八陽經》很可能是糅雜佛教《安宅經》《八陽經》等經而産生,故不應以此爲依據。

羅慕君有《"八陽經"本義辯證》②一文,但文中僅推斷了元曲中"《八陽經》般絮絮叨叨"一句的"《八陽經》"指的是疑僞經《天地八陽神咒經》,未考證"八陽"本義。

疑僞經《天地八陽神咒經》中解釋"八陽"一詞詞義爲:"八陽之經者,八者分别也,陽者明解也,明解大乘空無之理,了能分别八識因緣,空無所得。又云八識爲經,陽明爲

---

①張齊明:《〈佛説安宅神咒經〉所見安宅觀念及其影響》,《宗教學研究》2011年第3期,第83—88頁。
②羅慕君:《敦煌〈八陽經〉漢文寫本考》,浙江師範大學碩士論文,2015年。

緯,經緯相交,以成經教,故名八陽經。"①"八陽"指的是能夠認識到八識爲空,理解大乘空無的義理,但是此經中的這一解釋是概括性地結合全經的義理而言,且作爲疑僞經的《天地八陽神咒經》是抄襲雜糅《佛説八陽神咒經》等衆多經典而成,其解釋未必是"八陽"原意,僅將其解釋作爲參考之一。

印順提出《佛説八陽神咒經》與《八吉祥經》等四部經爲異譯,表示"'八陽'可能是'八祥'的訛寫"②。

《佛説八陽神咒經》中多次出現"八"這個數字,東方有八處國土、八如來,有八位菩薩,且經文主要是宣揚誦讀此經能得八位菩薩庇佑,結合佛教經典中常見以經中主要人物命名的例子,推測"八陽"代指八位如來或八位菩薩。劉元春在《〈佛説天地八陽神咒經〉辨析——兼談高昌回鶻佛教的社會文化意藴》③一文中也提出,經文中説八佛世界無女人,誦讀此經的功德也有"由女轉男"這一項,再結合中國古代認爲男爲陽,女爲陰,故"八陽"應該指的就是"八佛"。綜上所述,本文認爲"八陽"的意義爲代指"八佛"與"八菩薩"。

經中提到"爲龍神所中"爲一種災禍。龍神爲八部衆之一。《長阿含經》卷一八閻浮提洲品中記載,除阿耨達池之龍王外,閻浮提之一切龍眷屬俱受熱惱之苦,推測"爲龍神所中",指的是受熱惱之苦。

又經中記載有八菩薩:"第一名颰陁和菩薩、第二名羅那隣竭菩薩、第三名憍曰兜菩薩、第四名那羅達菩薩、第五名須深菩薩、第六名因抵達菩薩、第七名摩呵須和薩和菩薩、第八名和輪調菩薩。"

其中,《大正新修藏經》中《佛説八陽神咒經》爲"憍日兜菩薩"④,玄幸子的校録⑤和《大正新修大藏經》一樣爲"憍日兜菩薩",但《般舟三昧經》等經書中該菩薩名均爲"憍曰兜菩薩",且根據上文印順提到憍曰兜的梵語爲"Guhyagupta",可以看出"憍曰兜"爲其音譯,故該菩薩名應爲"憍曰兜",而非"憍日兜"。

以上八位菩薩爲八大菩薩。八大菩薩指護持正法、擁護衆生之八尊菩薩。又稱八

---

①《天地八陽神咒經》,《大正藏》85 册 2897 號,第 1424 頁中欄 19—23 行。
②印順:《護持佛法與利樂衆生》,見《印順大師文匯》,北京:華夏出版社,2012 年,第 166 頁。
③劉元春:《〈佛説天地八陽神咒經〉辨析——兼談高昌回鶻佛教的社會文化意藴》,《西域研究》1996 年第 1 期,第 50—59 頁。
④《佛説八陽神咒經》,《大正藏》14 册 428 號,第 72 頁上欄 20 行。
⑤玄幸子:《關於 P.3915 上所寫的二種〈佛説八陽神咒經〉》,見《轉型期的敦煌學》,上海:上海古籍出版社,2007 年,第 453—470 頁。

菩薩。其名稱有種種異説。如《般舟三昧經》①所記録爲：颰陀和、羅憐那竭、憍曰兜、那羅達、須深、摩訶須薩和、因坻達、和輪調，與本經相同，爲"三昧"及信者的護持者。

關於颰陀和菩薩等八菩薩，印順在《初期大乘佛教之起源與開展》中提到："擁護品"中，"是八菩薩"集在一起，稱爲"八大菩薩"。其中，颰陀和（Bhadra-pāla）譯爲賢守，或賢護，是王舍城（Rājagṛha）的長者，《般舟三昧經》就是因賢護的啟問而説的。羅憐那竭（Ratnākara）譯爲寶積，是毘舍離（Vaiśālī）的長者子。憍曰兜（Guhyagupta），譯爲星藏，是占波（Campā）的長者子。那羅達（Naradatta）譯爲仁授，是波羅斯（Vārāṇasī），或説彌梯羅（Mithilā）的婆羅門。須深（Susīma）是迦維羅衛（Kapilavastu）人。摩訶須薩和（Mahāsusārthavāha）譯爲大導師，或大商主，是舍衛（Śrāvastī）的優婆塞。因坻達（Indra-datta）譯爲主天，實爲主（天）授，是鳩睒彌（Kauśāmbī）人。和輪調（Varuṇadatta）譯爲水天，實爲水神授，是沙祇（Sāketa）的優婆塞。八位菩薩的集爲一組，《般舟三昧經》以外，《賢劫經》《八吉祥神呪經》都説到"八大正士"。帛尸梨蜜多羅（Śrīmitra）譯的《灌頂經》，也多處説到這八位。這八位菩薩，是釋尊的遊化地區，恒河流域的在家菩薩②。

經中提到"願一切人皆如八菩薩音快也"。"音快"一詞未見典籍中有其他用法，僅見於《楞嚴經證疏廣解》卷七："塊（音快）。"③《四分戒本如釋》卷三："駃，音快，疾流也。"④及《四分律名義標釋》《嘉泰普燈録》等經文中，均爲音釋，釋某字音快，且較多是釋"噲"字"音快"，《佛説八陽神呪經》中亦有"噲"字，但看原文中字跡，"音快"二字字跡與字體大小和其他字一致，書寫也連貫，且文中并無注疏釋義，應該不是音釋混入經文。《大正新修大藏經》中《佛説八陽神呪經》此句録爲"願一切人皆如八菩薩快也"⑤。但 S.2643《佛説八陽神呪經》的寫本中亦爲"音快"，兩個寫本均作"音快"，應當不是衍寫。若解釋爲菩薩在聲音方面的神通，則八位菩薩在文中并未提及聲音、音樂等與音有關之事，在其他經文中也未提及八菩薩與"音"的聯繫。不詳其意。

本文通過校釋 P.3915，整理其與《大正新修大藏經》本不同之處如下："月英幢王如來"，本文録爲"日英憧王如來"；"爲人樸直軟"，本文録爲"爲人樸直奭"；"併力擁護病者"，本文録爲"並力擁病者"；"憍日兜"，本文録爲"憍曰兜"；"摩訶須和薩和菩薩"，本文録爲"摩呵須和薩和菩薩"；"願一切人皆如八菩薩快也"，本文爲"願一切人皆如八菩薩音快也"。

---

①《般舟三昧經》，《大正藏》13 册 417 號，第 901 頁中欄 28—下欄 5 行。
②印順：《印順法師佛學著作集》37 册 35 號，第 849 頁上欄 4—14 行。
③《楞嚴經證疏廣解》，《卍新纂大日本續藏經》14 册 288 號，第 187 頁上欄 17 行。
④《四分戒本如釋》，《卍新纂大日本續藏經》40 册 717 號，第 222 頁下欄 12 行。
⑤《佛説八陽神呪經》，《大正藏》14 册 428 號，第 74 頁上欄 27—28 行。

玄幸子在《關於 P.3915 上所寫的二種〈佛説八陽神咒經〉》①一文中對《佛説八陽神咒經》也進行了校録，其校本中"曰英幢王"，本文校爲"日英憧王"，"颮陀和菩薩"本文校爲"颮陏和菩薩"，"憍日兜菩薩"本文校爲"憍曰兜菩薩"。

二、目録中的《八陽經》

（一）《八陽經》在佛經目録中的記録

1.《出三藏記集》

《八陽經》在《出三藏記集》中收入"銓名録"之"新集續撰失譯雜經録"，僧祐在"新集續撰失譯雜經録第一"中云：

> 祐總集衆經，遍閲群録，新撰失譯猶多卷部，聲實紛糅，尤難銓品。或一本數名，或一名數本，或妄加游字，以辭繁致殊，或撮半立題，以文省成異，至於書誤益惑亂甚棼絲，故知必也正名，於斯爲急矣，是以譬挍歷年因而後定。其兩卷以上凡二十六部，雖闕譯人，悉是全典。其一卷以還五百餘部，率抄衆經全典，蓋寡觀其所抄，多出四䶂、六度、道地、大集、出曜、賢愚及譬喻生經，並割品截揭，撮略取義，强製名號，仍成卷軸。至有題目淺拙，名與實乖，雖欲啟學，實蕪正典，其爲愆謬，良足深誡，今悉標出本經，注之目下，抄略既分，全部自顯，使沿波討源，還得本譯矣。②

僧祐表示："祐總集衆經，遍閲群録，新撰失譯猶多卷部。"則"新集續撰失譯雜經録"中收録的是前人目録中未收録的失譯經，《出三藏記集》很大程度上吸收了道安《綜理衆經目録》的內容，其銓名録中卷三有"新集安公古異經録第一""新集安公失譯經録第二""新集安公涼土異經録第三""新集安公關中異經録第四"，卷五有"新集安公疑經録第二""新集安公注經及雜經志録第四"，對道安目録中的異經録、失譯經録、疑經録、注經及雜經志録都有記述，其中亦未見有《八陽經》，故本文目前將《出三藏記集》視爲

---

①玄幸子：《關於 P.3915 上所寫的二種〈佛説八陽神咒經〉》，見《轉型期的敦煌學》，上海：上海古籍出版社，2007 年，第 453—470 頁。
②《出三藏記集》卷四，《大正藏》55 册 2145 號，第 21 頁中欄 18 行—下欄 9 行。

最早收録《八陽經》之佛經目録。

據名可知,"新集續撰失譯雜經録"中收録的是失譯經録,這些經的內容較爲駁雜,既有失去譯者的全典,也有抄自全典的抄本。根據僧祐所注"其兩卷以上凡二十六部,雖闕譯人,悉是全典",以及"其一卷以還五百餘部,率抄衆經全典",可知此卷所載經文,凡是兩卷及以上者爲全典,一卷者爲抄經,而《八陽經》僅一卷,可知該經是抄自衆經,本身並非全典,但《出三藏記集》中未注明《八陽經》抄自何經。

2. 法經《衆經目録》、彥琮《衆經目録》、靜泰《衆經目録》

法經《衆經目録》(以下稱爲《法經録》)卷一收録"八陽經一卷"①,此外卷四收録"八陽神呪經一卷"②。《法經録》中"八陽經一卷"收入"大乘修多羅藏録第一"之"衆經失譯三",即大乘經的失譯經。"八陽神呪經一卷"收入"小乘修多羅藏録第二"之"別生四",並注明出《生經》,這是佛經目録首次將《八陽經》明確歸入別生經及首次明確說明其出自《生經》,亦是第一次出現《八陽神呪經》,其卷數與《八陽經》相符。

彥琮《衆經目録》(以下稱《彥琮録》)大體延用了《法經録》的記録,卷一收録"八陽經一卷"③,歸類爲"單本"之"大乘經單本",卷三收録"八陽神呪經一卷"④,歸類爲"別生"之"小乘出別生",大體上與《法經録》無異,僅分類方式有區別:《彥琮録》一級目録爲單本、重翻、賢聖集傳、別生、五分疑僞和闕本,在此分類基礎上再進行大小乘經律論的分類。其中,單本指的是"源來一本更無別翻"⑤,別生指的是"於大部內鈔出別行"⑥。

靜泰《衆經目録》(以下稱《靜泰録》)的記録與《彥琮録》基本無二,卷一收録"八陽經一卷(三紙)"⑦,分類爲"單本"之"大乘經單本",卷三收録"八陽神呪經一卷"⑧,歸類爲"別生"之"小乘別出生",並注明出《生經》。但是《靜泰録》在卷四"衆經別生"類下又列"八陽神呪經一卷"⑨,同爲一卷,同出生經,與卷三重複。

總的來說,《法經録》《彥琮録》《靜泰録》的收録情況基本一致,將《八陽經》歸入大

---

① 《法經録》卷一,《大正藏》55 冊 2146 號,第 121 頁上欄 22 行。
② 《法經録》卷四,第 136 頁下欄 15 行。
③ 《彥琮録》卷一,《大正藏》55 冊 2147 號,第 153 頁上欄 10 行。
④ 《彥琮録》卷三,第 168 頁中欄 3 行。
⑤ 《彥琮録》卷一,第 150 頁中欄 11 行。
⑥ 《彥琮録》卷一,第 150 頁中欄 21 行。
⑦ 《靜泰録》卷一,《大正藏》55 冊 2148 號,第 184 頁下欄 15 行。
⑧ 《靜泰録》卷三,第 203 頁上欄 11 行。
⑨ 《靜泰録》卷四,第 210 頁中欄 25 行。

乘經,將《八陽神咒經》歸入小乘別生經,且注明出自《生經》。

3.費長房《歷代三寶記》

《歷代三寶記》前十二卷是按照年代來排列譯者,再按照譯者所譯經文來排列。其卷六"譯經西晉"類中收錄了"八陽經一卷"且記錄譯者爲"月支國沙門曇摩羅察,晉言法護"①。卷一三至卷一五是按照大小乘經律論來進行分類的,卷一三中又收錄"八陽經一卷"②,歸入"大乘修多羅失譯錄第二",列爲大乘失譯經。前者注明爲法護所譯,後者注明爲失譯經,無疑是前後矛盾的。

4.《大唐内典錄》

道宣《大唐内典錄》卷二收錄"八陽經一卷"③,歸入"歷代衆經傳譯所從錄"之"西晉朝傳譯佛經錄",并注明爲西晉竺法護所譯;卷六收錄"八陽神咒經(三紙)"④,歸入"歷代大乘藏經翻本單重傳譯有無錄",未注明譯者;卷八收錄"八陽神咒經"⑤,歸入"歷代衆經見入藏錄"之"大乘經一譯",未注明譯者;卷九收錄"八陽神咒經(三紙)"⑥,歸入"歷代衆經舉要轉讀錄"之"大乘經正本",未注明譯者,備注爲"失譯餘經例知"。

5.《大周刊定衆經目錄》

《大周錄》卷一收錄"八陽神咒經一卷(一名八陽經三紙)"⑦,譯者爲西晉竺法護,歸入"大乘單譯經目",并注明出自長房錄;卷一三收錄"八陽神咒經(一名八陽經,三紙)"⑧,歸入"大小乘三藏及賢聖集傳等"之"大乘修多羅藏"(單譯經)。

6.《開元釋教錄》與《貞元新定釋教目錄》

《開元錄》中《八陽經》的收錄情況爲:卷一二收錄"八陽神咒經一卷(亦直云八陽經,新勘爲重譯),西晉三藏竺法護譯(第二譯)"⑨,歸入有譯有本錄中菩薩三藏錄之二(大乘經重單合譯下);卷一九收錄"八陽神咒經一卷(亦云八陽經,別有一本亦云八陽神咒,可半紙許,初有七佛名號者,非也)四紙"⑩,歸入"大乘經重單合譯",卷二○收錄

---

① 《歷代三寶紀》卷六,《大正藏》49册2034號,第64頁。
② 《歷代三寶紀》卷十三,第113頁上欄5行。
③ 《大唐内典錄》卷二,《大正藏》55册2149號,第235頁上欄25行。
④ 《大唐内典錄》卷六,第293頁下欄13行。
⑤ 《大唐内典錄》卷八,第305頁中欄10行。
⑥ 《大唐内典錄》卷九,第319頁下欄24行。
⑦ 《大周刊定衆經目錄》卷一,《大正藏》55册2153號,第374頁下欄12行。
⑧ 《大周錄》卷一,第459頁下欄3行。
⑨ 《開元釋教錄》卷一二,《大正藏》55册2154號,第598頁上欄25行。
⑩ 《開元錄》卷一九,第685頁上欄19行。

"八陽神呪經一卷（亦直云八陽經，別有一本亦云八陽神呪，可半紙許，初有七佛名者，非也，四紙）西晉三藏竺法護譯"①，歸入"大乘入藏錄上"。

《貞元錄》卷二一別錄之二收錄"八陽神呪經一卷（亦直云八陽經，新勘爲單本），西晉三藏竺法護譯，第三譯"②，歸入"五大部外諸重譯經"，卷二九入藏錄上又收錄"八陽神呪經一卷（亦云直八陽經，別有一本亦云八陽神呪呵半紙許初有七佛名號者非也）四紙"③，歸入"大乘經重單合譯"，收錄情況與《開元錄》基本一致。

（二）《八陽經》在中古佛經目錄中的相關問題

1.《八陽經》與《八陽神呪經》《天地八陽神呪經》辨析

（1）《八陽經》與《八陽神呪經》

在佛經目錄中記載有《八陽經》與《八陽神呪經》兩種經名。最早記錄該經的《出三藏記集》所收錄的經名爲《八陽經》，但之後《法經錄》等目錄中又出現了《八陽經》與《八陽神呪經》并存的情況，至《大周勘定衆經目錄》及之後目錄則僅用《八陽神呪經》，不見《八陽經》，即目錄中存在收錄《八陽經》、《八陽經》與《八陽神呪經》并存、僅收錄《八陽神呪經》的三個階段。

首先，《出三藏記集》中收錄的爲《八陽經》，直到《法經錄》纔在別生類中收錄《八陽神呪經》，但是《法經錄》中又在大乘失譯經中收錄《八陽經》一卷。《出三藏記集》中將《八陽經》歸入新集續撰失譯雜經錄，根據僧祐對這一分類的解說，《八陽經》既符合失譯的特點，也符合別生的特點。

再從經文的大小來分析，則各目錄中對《八陽經》和《八陽神呪經》的記錄均爲一卷，又《靜泰錄》中記載《八陽經》爲一卷，三紙，《大唐內典錄》中記錄《八陽神呪經》亦爲一卷，三紙，大小相同。

目錄中對《八陽經》和《八陽神呪經》是否爲一經的解說有《大周錄》中的說明："八陽神呪經（一名八陽經，三紙）。"④《開元錄》中也記載："八陽神呪經一卷，亦直云八陽經。"⑤將二者等同。綜合來看，《八陽經》與《八陽神呪經》應爲一經。

---

①《開元錄》卷二〇，第707頁中欄9—10行。
②《貞元新定釋教目錄》卷二一，《大正藏》55冊2157號，第928頁上欄5—6行。
③《貞元錄》卷二九，第1030頁上欄17—18頁。
④《大周錄》卷一，第374頁下欄12行。
⑤《開元錄》卷二〇，第598頁上欄25行。

但是其中仍然存在疑點:《大周録》及其後的目録,是將《八陽經》與《八陽神咒經》視爲同一經文的,但是《出三藏記集》到《大周録》之間的佛經目録對《八陽經》和《八陽神咒經》的記録是很模糊的,《法經録》《彦琮録》《静泰録》均收録有作爲大乘經的《八陽經》和作爲出自《生經》的别生經《八陽神咒經》,而《生經》譯者爲竺法護,既出自《生經》,則應當不爲失譯。在同一目録中,《八陽經》與《八陽神咒經》屬於不同的分類,也難以解釋,本文對此存疑,尚待解決。

(2)《天地八陽神咒經》爲僞經

在中古佛經目録對此經的記録中,摻雜着對僞經《八陽經》的記録,這一經文在藏經中未見收録,但是在敦煌文獻中以大量保存,爲示區别,一般稱之爲《天地八陽神咒經》。與《佛説八陽神咒經》在敦煌文獻中僅保存有 P. 3915－7、P. 3924－3＋P. 3924(背)、BD11047、S. 2643 相比,《天地八陽神咒經》"共存《八陽經》漢文寫本 378 號,包括 251 號已定名寫本與 127 號未定名殘卷"①。在藏經中,則直到二十世紀初《大日本續藏經》纔以"鮮本"爲底本,將其收録在卷一五〇,《大正新修大藏經》以《大日本續藏經》録文、S. 127 號寫本,將其收録在卷八五疑似部。

僞經在目録中的記載,首見於《開元録》:"别有一本亦云八陽神咒,可半紙許,初有七佛名號者,非也。"②自此可知智昇時存在同樣名爲《八陽神咒經》的經文,與竺法護所譯經文内容并不相同。

唐圓照《貞元録》卷二八記載有"天地八陽經一卷"③,歸類在"别録中僞妄亂真録第七"中,并附題記:"卷末題云八陽神咒經。與正經中八陽神咒義理全異,此説陰陽吉凶禳災除禍法。"④明確説明内容爲"説陰陽吉凶禳災除禍法"的《八陽神咒經》爲"僞妄亂真"的僞經。

唐神清、慧寶所撰《北山録》也提到:"如七佛神咒,普賢證明,法華度量,天地八陽,延壽命等經,乖於衆典,失聖言之體,存乎疑僞,非所論也(並存疑僞録)。"⑤認爲這些經書與衆多經典不同,或文筆粗糙,或謬誤衆多,故歸入疑僞部。除此之外,日本安然所撰《諸阿闍梨真言密教部類總録》卷一録有"天地八陽經一卷"⑥,歸入"除病法"。

---

① 羅慕君:《敦煌〈八陽經〉漢文寫本考》,第 1 頁。
② 《開元録》卷二〇,第 685 頁上欄 19 行。
③ 《貞元録》卷二八,第 1017 頁上欄 27 行。
④ 《貞元録》卷二八,第 1017 頁上欄 27 行。
⑤ 《北山録》卷二,《大正藏》52 册 2113 號,第 582 頁下欄 25—27 行。
⑥ 《諸阿闍梨真言密教部類總録》卷一,《大正藏》55 册 2176 號,第 1122 頁中欄 5 行。

法藏敦煌文獻 3915 號中保存有兩則題目爲《佛説八陽神咒經》的經文，二者題目相同，但内容完全不一樣，P.3915 中第一則《佛説八陽神咒經》内容與藏經中保存的《八陽神咒經》基本一致，而第二則《佛説八陽神咒經》的内容則符合歷來對《天地八陽神咒經》的記載，二者的對比，可參見玄幸子《關於 P.3915 上所寫的二種〈佛説八陽神咒經〉》①。

兩版《八陽神咒經》之間的關係，牧田諦亮認爲："(《天地八陽神咒經》)全經可能是以《佛説八吉祥神咒經》《佛説八陽神咒經》(此二經《三藏記集》皆爲失譯，《大唐内典録》視爲真經)中所載的八菩薩爲依據而撰成。"②本文認爲疑僞經《天地八陽神咒經》是主要以《佛説八陽神咒經》題名、菩薩名爲仿造對象，糅雜衆多經文而成，其主要抄襲對象爲正經《佛説八陽神咒經》。

2. 從失譯經到有翻譯者

《歷代三寶記》首次注明《八陽經》的譯者爲竺法護，之前的目録均將《八陽經》列爲失譯經(《出三藏記集》將《八陽經》歸入"新集續撰失譯雜經録"，《法經録》將《八陽經》歸入"衆經失譯")。《法經録》撰成年代爲隋文帝開皇十四年，費長房《歷代三寶記》撰成年代爲隋文帝開皇十七年③，二者成書時間僅相差三年，但法經《衆經目録》中未標注譯者，至費長房《歷代三寶記》卻出現了翻譯者。

對此費長房的解釋爲：

> 右二百一十部。合三百九十四卷。月支國沙門曇摩羅察。晉言法護。本姓支。歷遊西域解三十六國語及書。從天竺國大齎梵本婆羅門經。來達玉門。因居燉煌。遂稱竺氏。後到洛陽及往江左。起武帝世太始元年。至懷帝世永嘉二年。其間在所遇緣便譯經，信士聶承遠執筆助翻。卷軸最多。而《高僧傳》唯云護出一百六十五部。僧祐《出三藏集記》止録一百五十四部三百九卷。其中釋道安録。又闕四部祐足。安云："遭值亂世録目星散。更相錯涉信有是焉。所以雜録及諸別記。多注竺法護出。"故知今之所獲審是護公翻譯不疑。故聶承遠子道真與竺法首陳士倫孫伯虎虞世等。前後並是筆受之人。已見別傳不復委載。又李廓録及雜別録。並云支菩薩譯經六部一十六卷。僧祐録云："天竺菩薩譯經。"數同群録。唯

---

① 玄幸子：《關於 P.3915 上所寫的二種〈佛説八陽神咒經〉》，第 453—470 頁。
② [日]牧田諦亮：《疑經研究》，京都大學人文科學研究所，1976 年，第 78 頁。原文爲日文，筆者翻譯爲中文。
③ 姚名達：《中國目録學史》，上海：上海古籍出版社，2002 年，第 192 頁。

名不同。而祐下注支菩薩共竺法護譯。檢上翻名曇無羅察。晉言即是法護。然支菩薩六部經目並入法護錄中。支竺姓乖始末異耳。言菩薩者蓋美其號。究檢群錄其支菩薩即竺法護。無別兩人。出三藏記便成二舉。小非詳審。①

　　法護在武帝世太始元年至懷帝世永嘉二年期間翻譯了衆多經書,但因"遭值亂世,錄目星散",故《高僧傳》與《出三藏記集》中記録不全,後有雜錄及諸別記,多注竺法護出,導致記録混亂,《歷代三寶記》將《八陽經》歸爲法護所譯,是因爲得到了當時執筆助翻信士聶承遠之子道真的確認,且"李廓錄及雜別錄,並云支菩薩譯經六部一十六卷,僧祐錄云,天竺菩薩譯經,數同群錄,唯名不同,而祐下注支菩薩共竺法護譯,檢上翻名曇無羅察,晉言即是法護,然支菩薩六部經目並入法護錄中,支竺姓乖始末異耳,言菩薩者蓋美其號,究檢群錄其支菩薩即竺法護,無別兩人",再次驗證是法護所譯。

　　《出三藏記集》中這一段文字也佐證了費長房的説法:

　　　　尋此錄失源多有大經,詳其來也,豈天墜而地踊哉？將是漢魏時來歲久錄亡,抑亦秦涼宣梵成文屆止,或晉宋近出忽而未詳,譯人之闕殆由斯歟。尋大法運流世移,六代撰注群錄,獨見安公,以此無源,未足怪也。②

　　在這一段,僧祐也提出"新集續撰失譯雜經錄"中的經文勢必是有來源和譯者的,只是六代撰注群錄之時,因歲久等原因導致了經文的失源。

　　費長房解釋了前人因錄目零散,故前代目錄將《八陽經》列爲失譯經,也給出了確定《八陽經》爲法護所譯的證據,故《八陽經》爲法護所譯當無疑義,但費長房爲何在卷一三又將《八陽經》列爲失譯經,則不得而知。此後《大唐内典錄》《大周錄》《開元錄》《貞元錄》均延用了費長房的説法,認爲譯者爲晉法護。

　　此外,靜泰《衆經目錄》卷一,又在"《八陽經》(三紙)"後注"右一十七卷並是唐玄奘譯"③。今《大正新脩大藏經》第八十五册"疑似部"所收《佛説天地八陽神呪經》,注明譯者爲"唐三藏法師、義淨奉詔譯"④。前文已述《天地八陽神呪經》爲僞經,且《天地八陽神呪經》常見的僞託譯者便有玄奘,故《靜泰錄》收錄的應爲僞經《八陽經》及其譯者。

---

①《歷代三寶紀》卷六,第 64 頁下欄 14 行—上欄 7 行。
②《出三藏記集》卷四,第 21 頁下欄 1—6 行。
③《靜泰錄》卷一,第 185 頁上欄 4 行。
④《天地八陽神呪經》,第 1442 頁中欄 16 行。

3. 作爲别生經的《八陽經》及其出處

別生者，"《大唐内典録》有云：'別生諸經，曲順時俗，未通廣本，且接初心。'蓋古人出經隨時隨地，故多有自大本中譯出一分別行，即別生也。道安經録中開別生爲《古異經録》，後世《大唐内典録》《開元釋教録》《彦蹤録》俱用此體。"①

《出三藏記集》將《八陽經》歸入"新集續撰失譯雜經録"，且根據其表述，可知其將《八陽經》歸爲失譯經中的抄經。僧祐總結失譯雜經中所録抄本的特點爲：1. 出處，多出自"四鋡、六度、道地、大集、出曜、賢愚及譬喻、生經"②。2. 謬誤較多，或是經名不准，有的一本數名，有的一名數本，有的題目與内容不實，或是内容上隨意截取全典，撮略取義，强製名號。僧祐對這一類經文持批判態度，認爲它們雖然是以弘揚佛教爲目的，卻會使得正典不明，經義混亂。僧祐雖然没有對這些抄本進行定義，但是從其總結的"截取全典""多出自生經等經"這些特點可以看出，這些抄本和之後被定義爲"於大内抄出別行"的別生經的特點非常相似，可以説《出三藏記集》雖然没有明確標出別生這一類别，但其表述已經初具。《出三藏記集》中未注明《八陽經》的出處，但是僧祐在歸納"新集續撰失譯雜經録"中抄經的特點時提到："多出《四鋡》《六度》《道地》《大集》《出曜》《賢愚》及《譬喻》《生經》。"給出了失譯雜經中抄經源流的大致範圍。

《法經録》則將《八陽神咒經》明確歸入了別生類，且説明出自《生經》。《法經録》未對別生下定義，但是根據他對經文的分類，如"佛説金剛藏問菩薩行經一卷。漸備經一卷。右二經出漸備經"③，可以大致看出，他對別生的定義是自全典中抄出的別行經文。《彦琮録》和《静泰録》基本延用《法經録》的分類和定義，二者對別生的定義是"於大部内抄出別行"④，至此，佛經目録明確將《八陽神咒經》歸入了別生類。

《大周録》中將《八陽經》歸入大乘單譯經，并未歸入別生經。至《開元録》，則在小乘別生經類中表示："又隋衆經録別生經中，更有四經，謂《命過神經》《象王經》《獮狗經》《八陽神呪經》，并云出生經中，今撿《生經》之内總無此經，撿本既無除之不上。"⑤表示智昇時在《生經》中已不能找到《八陽神咒經》等經文之源，故不將其列入別生。《貞元録》亦採用這一説法。

但是現如今對比《法經録》中注明出自《生經》的五十部經，與《大正藏》中《生經》

---

① 蘇晉仁：《佛教目録研究五題》，《佛學研究》2000年00期，第198頁。
② 《出三藏記集》，第21頁中欄25—26行。
③ 《法經録》，第123頁中欄14—16行。
④ 《衆經目録》卷三，《大正藏》55册2146號，第162頁上欄6行。
⑤ 《開元録》卷一六，第659頁上欄1—3行。

的現存篇目,可以發現不僅僅《命過神經》《象王經》《獼狗經》《八陽神呪經》找不到出處,《毒悔喻經》《獼狗經》《梵志經》等經也已不見於《生經》,而《開元錄》仍云此幾部經出自《生經》,故存在《生經》後期散佚的可能性,所以在智昇時期,《生經》中已經不見《八陽神呪經》,并不能説明《法經錄》的記載是錯誤的。且《開元錄》僅説明"今撿《生經》之内總無此經,撿本既無除之不上",僅表示《生經》中現在已不見《八陽神呪經》,而没有説明《生經》中從來就無此經,故本文認爲《八陽經》爲別生且出自《生經》無疑。

三、《佛説八陽神呪經》的同本異譯

(一) 佛經目録對《八吉祥經》《八陽神呪經》《八部佛名經》同本異譯情況的記録

1.《開元錄》對幾部經的同本異譯情況進行了總結

《開元錄》首次將《八陽神呪經》與《八吉祥神呪經》等經文列爲同本異譯,《開元錄》卷二記録《八吉祥神呪經》時,在"《八吉詳神呪經》一卷"後注"初出,或無神字,或云《八吉祥經》,與《八陽神呪經》等同本,房云見古錄"①。卷五中記録《八吉祥經》時,也在"《八吉祥經》一卷"後注明"第三出,與支謙《八吉祥呪》、法護《八陽神呪經》等同本,元嘉二十九年正月三日,於荆州城内,爲司空荆州刺史南譙王劉義宣出六日,訖見僧祐寶唱二録"②。又卷六"《八吉祥經》一卷"後注"若人聞此八佛名號,不爲一切諸鬼神衆難所侵,第四出,與《八吉祥呪》及《八陽神呪經》等同本"③。卷七記録《八佛名號經》在"《八佛名號經》一卷"後注"第五出,與《八吉祥神呪》《八陽神呪經》等同本,開皇六年五月出,六月訖,沙門道邃等筆受,彦琮製序,見長房録"④。

以上幾處記載表示《八吉祥神呪經》《八陽神呪經》《八吉祥經》《八吉祥經》《八佛名號經》五部經文爲同本異譯,且《八吉祥神呪經》爲初出,《八吉祥經》爲第三出,《八吉祥經》爲第四出,《八佛名號經》爲第五出。

雖然記録的譯者情況有些混亂,但根據其中提到初出的《八吉祥神呪經》、第三出的《八吉祥經》、第四出的《八吉祥經》以及第五出的《八佛名號經》均與《八陽神呪經》

---

① 《開元錄》卷二,第 488 頁上欄 15 行。
② 《開元錄》卷五,第 528 頁中欄 21—22 行。
③ 《開元錄》卷六,第 537 頁中欄 21—22 行。
④ 《開元錄》卷七,第 548 頁下欄 15—16 行。

同本,且提到"法護《八陽神呪經》",可以大致推測出第二出應該爲竺法護《八陽神呪經》。

之後,《開元錄》在卷一二"有譯有本錄中菩薩三藏錄之二(大乘經重單合譯下)"對這幾部經的同本異譯情況進行了總結:

《八吉祥神呪經》一卷(或無神字),吳月支優婆塞支謙譯(第一譯)。

《八陽神呪經》一卷(亦直云《八陽經》,新勘爲重譯),西晉三藏竺法護譯(第二譯)。

《八吉祥經》一卷,梁扶南三藏僧伽婆羅譯(第四譯)。

《八佛名號經》一卷,隋天竺三藏闍那崛多等譯(第五譯)。

右四經同本異譯(緣起大同,佛名稍異,前後五譯,一譯闕本)①。

此處注明這幾部經的源頭一致,經過了前後五次翻譯,分別爲①支謙《八吉祥神呪經》;②竺法護《八陽神呪經》;④僧伽婆羅《八吉祥經》;⑤闍那崛多《八佛名號經》。其中第三譯缺失。

又《開元錄》在卷五提到求那跋陀羅所譯《八吉祥經》(於荆州所譯版本,根據《出三藏記集》所載《八吉祥經後記》,記載"宋元嘉二十九年太歲壬辰正月三日,天竺國大乘比丘釋求那跋陀羅,於荆州城内譯出"②,可知荆州翻譯《八吉祥經》者爲求那跋陀羅)爲第三出,故第三譯應爲求那跋陀羅《八吉祥經》,卷五"總括群經錄"收錄,但此處説第三譯缺失,應指其經文内容已不可見。

2.《開元錄》之前的記載

《開元錄》的記載中幾次提到"房云見古錄""見僧祐寶唱二錄""見長房錄"。

其中,《古錄》指的是作於兩晉之間③的一部已佚目錄,"房云見古錄",即費長房《歷代三寶紀》卷五記録"八吉祥經一卷"時備注的"見《古錄》亦有呪字,初出"。從《開元錄》并未直接引用《古錄》,而是轉引《歷代三寶紀》的引用來看,可以推測,《古錄》在智昇的時代已經佚失。智昇的資料是自費長房處得來,但是費長房《歷代三寶紀》也只提到了《八吉祥經》"見古錄亦有呪字,初出"④,未提及同本異譯情況。即《開元錄》卷二"初出,或無神字,或云《八吉祥經》,與《八陽神呪經》等同本,房云見古錄"⑤這一段

① 《開元錄》卷一二,第598頁上欄23行—中欄4行。
② 《出三藏記集》卷九,第68頁上欄3—5行。
③ 姚名達:《中國目錄學史》,第189頁。
④ 《歷代三寶紀》卷五,第58頁中欄8行。
⑤ 《開元錄》卷二,第488頁上欄15行。

材料中,"初出,或無神字"是以費長房的記録爲根據的,但是"與《八陽神呪經》等同本"不詳出處。

《開元録》在記録元嘉二十九年所譯《八吉祥經》時提到了"僧祐寳唱二録",指的是僧祐《出三藏記集》和寳唱《梁代衆經目録》,《梁代衆經目録》作於梁武帝天監十七年①,亦已佚失。但是《出三藏記集》中還保留有相關記載,其卷二記録:"《八吉祥經》一卷(元嘉二十九年正月十三日,於荆州譯出)。"②又《出三藏記集·總經序》中收録了《八吉祥經後記》,其中記載了《八吉祥經》在元嘉二十九年的翻譯過程。故《開元録》卷五對《八吉祥經》的備注中,"元嘉二十九年正月三日,於荆州城内,爲司空荆州刺史南譙王劉義宣出六日"③是以《出三藏記集》爲依據的,但是未見"與支謙《八吉祥呪》、法護《八陽神呪經》等同本"的出處。今《寳唱録》已佚,未能定論。

根據以上兩段,《開元録》對《八吉祥經》《八陽經》《八部佛名經》的記録以前人目録爲參照,但是從目前的梳理來看,《開元録》提到的目録中,《古録》和《寳唱録》已佚,現存《出三藏記集》和《歷代三寳紀》都没有記録這幾部經的同本異譯情況。

在《開元録》之前的目録中,對這部經同本異譯情況的記録如下:

(1) 僧祐《出三藏記集》

僧祐《出三藏記集》中只記録了求那跋陀羅所翻譯的《八吉祥經》——卷二:"《八吉祥經》一卷(元嘉二十九年正月十三日,於荆州譯出)。"④後注:"右十三部,凡七十三卷,宋文帝時,天竺摩訶乘法師求那跋陀羅,以元嘉中及孝武時,宣出諸經,沙門釋寳雲及弟子菩提法勇傳譯。"⑤這是《八吉祥經》在宋元嘉十二年由求那跋陀羅所譯的版本。

又卷四記録:"《八吉祥神呪》一卷(古録云《八吉祥經》)。"後注:"新集所得,今并有其本,悉在經藏。"⑥未注明譯者,但作於兩晉之間的《古録》中有録,且僧祐能見其經文,是與求那跋陀羅所譯《八吉祥經》不同,推測指的是支謙在三國時期翻譯的《八吉祥經》。

《出三藏記集》記録《八陽經》時,將其歸入"新集續撰失譯雜經録",其中收録的是失譯經録,有失去譯者的全典,也有抄自全典的抄本,根據"其一卷以還五百餘部,率抄

---

①姚名達:《中國目録學史》,第191頁。
②《出三藏記集》卷二,第12頁下欄22行。
③《開元録》卷五,第528頁中欄21—22行。
④《出三藏記集》卷二,第12頁下欄22行。
⑤《出三藏記集》卷二,第13頁上欄5—8行。
⑥《出三藏記集》卷四,第32頁上欄1—2行。

衆經全典",可知《八陽經》是自全典中抄出的失譯經。

故《出三藏記集》并未提及同本異譯,且未記録《八吉祥經》和《八陽經》的譯者。

(2)法經《衆經目録》(以下稱《法經録》)

《法經録》與《出三藏記集》一樣只記録了求那跋陀羅翻譯的《八吉祥經》①,對《八陽經》的記録要比《出三藏記集》詳細一些:"八陽經一卷"收入"大乘修多羅藏録第一"之"衆經失譯三",即大乘經的失譯經;"八陽神咒經一卷"收入"小乘修多羅藏録第二"之"别生四",并注明出《生經》。

(3)費長房《歷代三寶紀》

《歷代三寶紀》分别在卷五、卷一〇、卷一一記録了"《八吉祥經》一卷",分别屬於"譯經魏吴""譯經宋"和"譯經齊梁周",并且分别注明譯者爲支謙、求那跋陀羅和僧伽婆羅,即三個翻譯版本都有時間和譯者的記録。

《歷代三寶紀》前十二卷是按照年代來排列譯者,再按照譯者所譯經文來排列。其卷六"譯經西晉"類中收録了"八陽經一卷"且記録譯者爲"月支國沙門曇摩羅察,晉言法護"。卷一三至卷一五是按照大小乘經律論來進行分類的,卷一三中又收録"八陽經一卷",歸入"大乘修多羅失譯録第二",列爲大乘失譯經。

此外,卷一二收録"《八佛名號經》一卷(開皇六年五月翻,六月訖,沙門道邃筆受,沙門彦琮制序)"②,并注明譯者爲"北天竺捷達國三藏法師闍那崛多"③。

(4)彦琮、静泰《衆經目録》

《彦琮録》第一次提出,《八吉祥經》和《八部佛名經》爲同本異譯:"《八吉祥經》一卷,梁三藏僧伽婆羅譯。《八佛名經》一卷,大隋開皇年崛多譯。右二經同本異譯。"④

静泰延用彦琮這一説法。但在卷一將《八吉祥神咒經》與《八陽經》歸爲玄奘翻譯,前人目録并無此記載。

(5)道宣《大唐内典録》

《大唐内典録》關於這幾部經的翻譯情况與前人并無二致,同本異譯情况的記録爲:"《八佛名號經》(三紙),隋開皇年崛多譯,右一經,與宋求那跋陀所出《八吉祥經》同。"⑤也是將闍那崛多所譯《八佛名號經》與求那跋陀所譯《八吉祥經》列爲同本異譯。

---

①《法經録》卷一:"八吉祥經一卷(宋元嘉年求那跋陀羅於荆州譯)。"第 116 頁下欄 15 行。
②《歷代三寶紀》卷一二,第 103 頁下欄 18 行。
③《歷代三寶紀》卷一二,第 104 頁上欄 11—12 行。
④《法經録》卷二,第 157 頁中欄 12—14 行。
⑤《大唐内典録》卷九,第 318 頁下欄 11—13 行。

(6)明佺《大周勘定衆經目録》

《大周録》與之前的目録相比,并未將《八佛名號經》與《八吉祥經》列爲同本異譯,而是將三版《八吉祥經》列爲同本異譯,即卷三:

《八吉祥經》一卷(或有呪字,初譯,十二紙),右吴黄武年支謙譯,出長房録。

《八吉祥經》一卷(第二譯,三紙),右宋文帝元嘉二十九年求那跋陀羅於荆州新寺爲司空南郡譙王譯,出長房録。

《八吉祥經》一卷,右梁代僧伽婆羅於壽光殿等處譯,出長房録。

上三經同本别譯。①

《大周録》還講《八部佛名經》與《八佛名號經》列爲同本異譯,《八部佛名經》爲魏般若留支所譯,《八佛名號經》爲隋代闍那崛多所譯。《大周録》備注"出長房録",但是費長房《歷代三寶紀》中僅收録此二經,并未將此二經列爲同本異譯。且在衆多佛經目録中,僅有《大周録》將這兩部經列爲同本異譯。

對此,《貞元録》表示:"其《八部佛名經》,《大周録》云與《八吉祥呪經》等同本異譯者,誤也,八數雖同,説處全異,所爲復别,故爲單本。"②

《貞元録》表示《大周録》將《八部佛名經》與《八吉祥呪經》列爲同本異譯是錯誤的,《八部佛名經》應爲單本經。但是實際上,《大周録》并没有將這兩部經列爲同本異譯,而是將《八部佛名經》與《八佛名號經》列爲同本異譯。

3.《開元録》之後的記載

(1)《開元釋教録略出》

僅記録各經譯者,没有説明這幾部經的同本異譯情況,但是將它們歸入"五大部外諸重譯經"。

(2)《貞元録》

延用《開元録》的説法,在收録《八吉祥經》《八陽神咒經》《八佛名號經》時備注了它們爲同本異譯,并分别注了是第幾出,又總結了它們緣起大同,佛名稍異,一共五次翻譯,一譯佚失。

根據上文對各目録收録情況的整理,可以發現對這幾部經的記録情況是經歷了發

---

① 《大周録》卷三,第390頁下欄7—15行。
② 《貞元録》卷二二,第938頁中欄3行。

展與變化的。

《出三藏記集》等早期的佛經目錄對這幾部經的記録還比較粗疏,譯者情况都未記録完整,到費長房《歷代三寶紀》,纔完整整理出《八陽神咒經》譯者爲法護,《八吉祥經》有支謙、求那跋陀、僧伽婆羅三種譯本,《八佛名號經》譯者爲闍那崛多。

《彦琮録》第一次提出《八吉祥經》和《八部佛名經》爲同本異譯;道宣《大唐内典録》延用《彦琮録》的觀點;《大周録》將支謙、求那跋陀、僧伽婆羅所譯三版《八吉祥經》列爲同本異譯,且將《八部佛名經》與《八佛名號經》列爲同本異譯(這一觀點被《貞元録》認爲是錯誤的);《開元録》是對這幾部經同本異譯情况記録的集大成者,明確將三版《八吉祥經》《八陽神咒經》《八佛名號經》列爲同本異譯,并且標注各自爲第幾出;之後的《貞元録》繼承《開元録》的觀點。到如今,印順也認可這一看法,在《護持佛法與利樂衆生》一文中提出:"《八吉祥神咒經》,現存五種譯本:一、《佛説八吉祥神咒經》,吴支謙譯。二、《佛説八陽神咒經》,晉竺法護譯。三、《佛説八部佛名經》,元魏瞿曇般若流支譯。四、《八吉祥經》,梁僧伽婆羅譯。五、《八佛名號經》,闍那崛多譯。"①

(二) 内容對比

五部經均爲描述東方有八處國土和八位佛,結構上也都大致分爲序分、八佛土與八佛名、宣揚益處、偈、流通分。

1.《八部佛名經》與其餘經文的差異

《佛説八吉祥神咒經》《八吉祥經》《八陽神咒經》《八佛名號經》這四部經文均爲佛向舍利弗解釋八佛土與八佛名,唯獨《八部佛名經》是向長者子善作解釋,且在解釋誦讀佛號的益處時,《八部佛名經》中還出現了"天帝"這一人物。

此外,其餘四部經均有偈,偈的内容是重複誦讀經文、佛號的益處,而《八佛名號經》没有這一内容。

在之前對佛經目録記録情况的梳理中,《大周録》是將《八佛名號經》與《八部佛名經》列爲同本異譯的,而《貞元録》認爲"誤也,八數雖同,説處全異,所爲復别,故爲單本"②,認爲《八部佛名經》與其餘幾部經在内容上有很多相似之處,但應爲别本,而非同本異譯。

---

① 印順:《護持佛法與利樂衆生》,第 166 頁。
② 《貞元録》卷二二,第 938 頁中欄 3 行。

經過上表的對比，《八部佛名經》確實與其餘四部經有較大的差異，但是是否確爲別本，而非同本異譯，此處存疑。以下暫不與其餘四經對比。

2. 翻譯名號的差別

這幾部經的區別首先是國土名與佛名的差別。

《佛説八吉祥神咒經》	《八吉祥經》	《八陽神咒經》	《八佛名號經》
安隱囑累滿具足王如來、滿所願聚	善説吉如來、天勝	快樂如來、不可勝	善説稱功德如來、難降伏
紺琉璃具足王如來、慈哀光明	普光明如來、念意	月英幢王如來、歡樂	因陀羅相幢星王如來、無障礙
勸助衆善具足王如來、歡喜快樂	戰鬭勝吉如來、可愛遊戲	等遍明如來、喜愛	普光明功德莊嚴如來、愛樂
無憂德具足王如來、一切樂入	自在幢王如來、善清淨聚	分别過出清淨如來、内嚋	善鬭戰難降伏超越如來、普入
藥師具足王如來、滿一切珍寶法	無邊功德光明吉如來、無塵聚	等功德明首如來、無狐疑	普功德明莊嚴如來、淨聚
蓮華具足王如來、滿香名聞	無障礙業柱吉如來、無妨礙遊戲	本草樹首如來、無毒螫	無礙藥樹功德稱如來、無毒主
算擇合會具足王如來、一切解説音聲遠聞	妙華勇猛如來、金聚	過寶蓮華如來、蓮華香	步寶蓮華如來、側塞香滿
解散一切縛具足王如來、一切解脱	寶蓮華安住王如來、美聲	寶樂蓮華快住樹王如來、甘音聲稱説	寶蓮花善住娑羅樹王如來、妙音明

3.《佛説八吉祥神咒經》與《八陽神咒經》增加了八位菩薩

對比四部經文的内容可以發現，相比之下，支謙譯《佛説八吉祥神咒經》與《八陽神咒經》多了八位菩薩的内容，且均增加在偈之後。

在《佛説八吉祥神咒經》中爲："諸菩薩：颰陀和菩薩、羅憐那竭菩薩、橋曰兜菩薩、那羅達菩薩、須深彌菩薩、摩訶須和薩和菩薩、因祇達菩薩、和輪調菩薩，是八人求道已來無央數劫，於今未取佛……"①八位菩薩表示若有人在危難時呼他們名字，他們便會飛來幫助，同時，壽命終時，他們也會前來接引。

《八陽神咒經》中的記載與《佛説八吉祥神咒經》基本一致。這八位菩薩便爲前文所説護持正法、擁護衆生之八尊菩薩，俗稱"八大菩薩"。

---

①《佛説八吉祥神咒經》，《大正藏》14 冊 427 號，第 73 頁上欄 17—21 行。

4.《八佛名號經》增加了舍利弗因疑發問的内容

除《八佛名號經》外,其餘三經均爲佛主動向舍利弗宣講八佛土與八佛,唯獨《八佛名號經》先有舍利弗的發問:"世尊!我有疑心,今欲發問,惟願如來憐湣衆生,爲我解説。"①在佛表示願意解答之後,舍利弗問"頗有現在十方世界諸佛世尊",若讀、若聞及以書寫其名號,所得的功德是否能够速得成於阿耨多羅三藐三菩提。纔有佛對八佛土、八佛名和誦讀益處的解説。

對比之下,《佛説八吉祥神咒經》《八吉祥經》《八陽神咒經》和《八佛名號經》在内容和結構上是基本一致的,顯著的區别即國土名與佛名的差别、《佛説八吉祥神咒經》與《八陽神咒經》增加了對八位菩薩的介紹、《八佛名號經》增加了舍利弗因疑發問的内容。此四經應爲同本異譯。

---

①《八佛名號經》,《大正藏》14 册 431 號,第 76 頁上欄 11—13 行。

變文新説

——基於部分新資料的論述

魯立智

(山西師範大學文學院)

"由於缺乏歷史文獻記載等直接依據"①,在變文研究中,還存在着許多説不清道不明的問題,例如,變的意義是什麽? 如何界定變文? 轉變人都有哪些身份? 轉變的歷史到底能上溯到何時? 除了卷軸畫外,寺觀壁畫能否用於轉變? 戲場在寺内還是寺外? 等等。

解決這些問題最直接的辦法就是尋找更多的資料,但這又是難點所在。經過爬梳,筆者找到了一些新的直接或間接的材料。結合前輩學者及當代高賢已經發現的文獻,本文嘗試着對以上問題做些論證與説明,希望進一步豐富變文的研究。

一、"變"的意義

變文發見以來,學者們就没有間斷過對"變"的意義的探討。鄭振鐸以爲是變更、變化之意,傅芸子以爲是神通變化之意,周一良、施蟄存以爲是圖畫、圖像之意,周紹良以爲是故事之意,孫楷第以爲:"蓋人物事蹟以文字描寫之,則謂之'變文',省稱曰'變';以圖像描寫之,則謂之'變相',省稱亦曰'變'。其義一也。"②因爲角度不同,所以意見各異。

---

① 于向東:《敦煌變相與變文研究評述》,《藝術百家》2010 年 5 期。
② 孫子書(即孫楷第):《變文之解》,《現代佛學》第 2 卷第 20 期。

這裏先陳其妄①,後列其真。鄭説的錯謬在於缺乏對命名原則的思考。事物用另一種不同的形式來表現,這個形式要如何命名?是從"形式"出發來命名,還是從"不同"出發來命名?顯然是前一種,因爲"不同"本身並不能説明如何不同。傅説也有問題。應該説傅説抓住了其中一層含義,但不夠全面,如十二面觀音像或千手千眼觀音像,不也是神通變化嗎?爲什麽不稱其爲變而稱爲像呢?又如唐法琳《皇帝繡像頌》:"奉造釋迦繡像一幀,並菩薩聖僧、金剛師子,備摛仙藻,殫諸神變。六文雜遝,五色相宜",雖云"殫諸神變",卻仍是"像"而非"變"。周、施的説法忽略了一個事實,即當日很多的佛教變相並非圖畫形制的,而圖畫形制的又經常被稱爲"變相圖",若變就是圖畫的意思,何必要如此累贅?周紹良的説法也忽略了一個事實,世俗的很多故事畫如《洛神賦圖》,並不稱爲洛神賦變。和前幾種解釋一樣,孫説的問題是他只説明了變文是什麽,卻沒有説明爲什麽稱作變,更沒有指明變的意義。

爲了説明這一問題,先看以下三處經文:

《佛説義足經·優填王經第二》載,優填王將枉殺一比丘,山神化爲大豬身解救之,"比丘見王去遠,便走出到舍衛祇樹給孤獨園中,爲諸比丘説本末,比丘即白佛。佛是時因是本變,有義生"②,於是説《義足經》。

《普達王經》載,普達王先君時,有小兒常執持蓋,今已死去十七年,"王始欲説其本變",一道人前來,普達王請道人"示其本末","開導愚癡","道人即爲臣下説王本變:'欲知王者,本是先王時執蓋小兒……'"③。

《舍頭諫太子二十八宿經》載,波私匿王及其他人聽説"佛世尊以凶咒女爲比丘尼",很是不解,佛欲"宣志性女(即凶咒女)本過世緣","便告諸比丘:汝寧欲聞志性比丘尼前世所因,如來當講。比丘皆言:唯然世尊,今正是時。唯爲説元前世本變","佛時説言:乃往過昔……"④。

三部經皆使用"本變"一詞,其意即經中的"本末""本過世緣(即本世緣與過去世緣)"等,本指先前之因,變指末後之果,有果則必有因,"本變"可省稱"變",如同有緣必有因,因緣可省稱緣一般,而變就是本末因緣之意。

《頻婆娑羅王后宮彩女功德意供養塔生天因緣變》文内又題爲"功德意供養塔生天緣",同時,其自述云:"但保宣空門薄藝,梵宇荒才,經教不便於根源,論典罔知於底漠。

---

①楊公驥《變相、變、變文考論》對當時流行的四種説法已經進行過批評,可參看。
②《大正藏》第4册,第176頁上。
③《大正藏》第14册,第795頁上。
④《大正藏》第21册,第411頁中。

輒陳短見,綴秘密之因由,不懼羞慚,緝甚深之緣喻",《金剛醜女因緣》(一名《醜女緣起》)文内也稱其爲"醜變"①,都是將"因緣""因由""緣喻""緣起"作爲"變"的同義詞使用的。唐中宗神龍元年(705)九月制曰:"如聞天下諸觀皆畫化胡之變,諸寺亦畫老君之形,一種尊容,兩俱不可。"②化胡之變,也是化胡因緣之意。可惜,如能掌握變是因緣的語源學或翻譯學的依據就更好了。

瞭解了變是因緣之意,我們能更好地理解變相的概念。一、變相就是表現因緣的相,"變"字無關乎形制,相可以是圖畫,可以是雕塑或者其他形式。《法顯傳》載獅子國出佛齒説:"王便夾道兩邊作菩薩五百身已來種種變現,或作須大拏,或作睒變,或作象王,或作鹿馬,如是形像皆彩畫莊挍,狀若生人。"③睒變就是睒子的因緣故事,形式是"彩畫莊挍"。《洛陽伽藍記》載惠生找工匠"以銅摹寫""釋迦四塔變"④,四塔變就是四塔建造的因緣,即與佛的出生、成道、轉法淪、涅槃有關,形式是"以銅摹寫"。二、"因緣"的一個含義是佛教的事蹟,如《付法藏因緣傳》乃叙述釋尊入滅後,迦葉、阿難等二十三位印度祖師嫡嫡付法相傳之事蹟。所以變相原是表現佛經事蹟的,如《維摩詰本行變》《降魔變》《涅槃變》《金光明經變》《本行經變》《華嚴變》《法華太子變》等。三、"因緣"的另一個含義是導致某種結果的原因,如往生因緣,成佛因緣,升天因緣等,可以有情節,也可以没有情節。所以變相也可以無甚情節,而只是一些場景,如《西方淨土變》《十六觀變》《地獄變》等。但這些場景與傳統的畫面不同,它不但整合了經文的序分、正宗分、流通分的三段場景,也包括了修行的法門等信息。

既然變是因緣之意,爲什麼是變相而不是因緣相的稱謂更普遍?大概有兩個原因,一方面,一個字比兩個字簡單,另一方面,因緣概念更寬泛,如十二因緣或者其他意義,容易引起誤解。

二、"變文"的狹義與廣義

就目前所知,敦煌遺書中明確標名爲"變"或"變文"的作品,共有九件。這些作品没有共同的形式,唯一共同的,就是它們大都有結合變相圖説唱的特點:

---

①黄征,張涌泉校注:《敦煌變文校注》,北京:中華書局,1997年,第1081、1083、1108頁。
②李希泌:《唐大詔令集補編》卷三〇,上海:上海古籍出版社,2003年,第1365頁。
③章巽注:《法顯傳校注》,上海:上海古籍出版社,1985年,第154頁。
④韓結根注:《洛陽伽藍記》,濟南:山東友誼出版社,2001年,第189頁。

變文作品	提示語	體式
1.《破魔變》一卷（P.2187 尾題）	魔王當爾之時，道何言語？……	韻散結合
2.《降魔變文》一卷（S.5511 首題；又，國内藏卷尾題）	……看布金處，若爲？……且看詰問事由，若爲陳説？且看指訴如來，若爲陳説？……？故云金剛智杵破邪山處，若爲？……	韻散結合
3.《大目幹連冥間救母變文並圖一卷並序》（S.2614 首題又 P.3107 首題）《大目犍連變文》（S.2614。又，北京藏盈字 76 號尾題）《大目幹連冥間救母變文》一卷（P.2319 首題）《大目犍連變文》一卷（P.2319 尾題）《大目幹連冥間救母變文》一卷（P.3485 首題）	看目蓮深山坐禪之處。〔若爲〕。……且看〔與〕母飯處。	韻散結合
4.《八相變》（北京藏雲字 24 號背題）	於此之時，有何言語云云。……	韻散結合
5.《頻婆娑羅王后宫彩女功德意供養塔生天因緣變》（S.3991 首題）	還歸天宫處，若爲陳説。	韻散結合
6.《漢將王陵變》（S.5437 首題。又，北大圖書館藏本封面題）《漢八年楚滅漢興王陵變》一鋪（P.2627 尾題）	二將辭王，便往斫營處，〔從此〕一鋪，便是變初。……漢八年楚滅漢興王陵變一鋪。	韻散結合
7.醜女緣起（P.3048 首題）"上來所説醜變……"（結尾最後六字，看來没寫完）	當爾之時，道何言語。	韻散結合
8.《舜子變》（S.2654 首題）《舜子至孝變文》一卷（P.2721 尾題）		只在結尾處有兩首詩
9.《劉家太子變》一卷（P.3654 尾題）		通篇散文

　　從前七種可以看出，凡是結合變相圖宣講，且韻散（説唱）結合的都被稱爲變或變文。標題已佚而擬題《伍子胥變文》《李陵變文》《王昭君變文》《張義潮變文》《張淮深變文》的，均有相似的提示語，也是韻散結合，也屬於變文。擬題《孟姜女變文》的殘卷上雖無圖文結合的字樣，但因爲發現了與之相配的圖畫，且是韻散結合，顯然也是變文。

　　唐人將結合變相圖的説唱稱爲轉變，轉就是"囀"，如《漢將王陵變》："到界首，歸去不得，便往卻回，而爲轉説：

　　　　王陵二將斫營回，走馬南奔卻發來。
　　　　王陵拔劍先開路，灌嬰從後誠龍媒。……
　　　　其時天地失瑕之光，而爲轉説：
　　　　其時風雲皆慘切，百鳥見之而泣血；

界首先報王陵知，然後具奏高皇説。……"

轉的對象既然是韻文，則轉變的變應該特指可歌之辭。至於那散説的部分，主要是爲了貫穿情節，聽衆本不甚關注，説者也可以臨場發揮，與韻文部分相比，就不那麼重要了。從底本上更能看出這一點，王重民在《董永變文》校記中説："文義有前後不相銜接處，疑原本有白有唱，此則只存唱詞，而未録説白。'降魔變文'畫卷，亦有唱無白，但其他抄本則有唱有白。"①

從變字看，轉變最初是以變相圖爲中心，以歌爲主的佛教説唱行爲。這可以説是轉變的狹義概念。

反過來看，變或變文是否一定是結合變相圖宣講，且韻散（説唱）結合的呢？結合前表《舜子變》《劉家太子變》兩種作品，我們來考查一番。

《舜子變》（P.2721）是世俗故事，但文中"上界帝釋""方便""五毒噴心""地神擁起"等純是佛教言辭，可見此文與佛教關係極其密切。文末有"天福十五年歲當己酉朱明蕤賓之月虋生拾肆葉寫畢記"之題記，題記之後另起一行寫到："盈人中末輩，衆内微才，枉厯石磧，虚踩洙泗，而又文虧翰墨，學寡賤（兼）毫，恬（舐）筆空圓，元無辭藻，幸因郎君不恥鈄劣，奉邀命以寫周旋。盈愧惡筆勢粗疏，望仁私俯垂不訝，輒將草草，叨讀文句。不憚荒蕪，略成四句。懺作學寡又無才，既奉邀命不辭推。枉汙白紙皆脱謬，展向人前不堪誘。筆愧義之書□□，文慚翰墨實心護。倘若不訝相容納，結義傳於壁□□。"（《校注》録文與本録文稍有不同）"展向人前不堪誘"的"誘"字，點出本文的創作目的是佛寺誘俗之用，這也就解釋了文中何以有許多佛教言辭。"文慚翰墨實心護"，文筆不佳，但護法之心是真實的，表達了護持佛法，爲寺院謀福的態度。作者（盈）受郎君邀命以寫此文，郎君的目的或許是以此文向寺院布施。"倘若不訝相容納，結義傳於壁□□"的末後二字雖然無法辨識，但由前五個字可以看出，作者是希望這篇變文能被認可，並將之圖繪於壁間。這也間接證明了本文是結合變相圖宣講的。

《前漢劉家太子傳》中的"諸相具足""日食一粒""至心啟請"等也是佛教言辭，可見此文與佛教之關係也很密切。本卷前題"前漢劉家太子傳"，後題"劉家太子變一卷"，前後題之間不但有劉家太子的故事，還有西王母故事及其他三個故事，與劉家太子故事完全無關。所以會出現這種情況，是因爲這些文字是對圖畫的説明，圖畫中有什麼内容，就有與内容相關的文字。畫中内容並非一種而以劉家太子爲先，甚至畫者以劉家

---

① 王重民等：《敦煌變文集》，北京：人民文學出版社，1957年，第113頁。

太子爲之命名,而文字只是遵循畫圖而已。如此命名,與古書雖然內容繁雜,卻以開篇數字爲題(如《論語》)的命名方式並無二致。瞭解到這一點,也就明確了劉家太子變也是配合變相圖宣講的事實。此外,《季布詩詠》王重民校:"此詩明是詠張良事,不知前後題爲何均題季布。"①似乎也是這個道理。文中有"醉卧階前忘卻貧"之語,《悉達太子修道因緣》結尾處有云:"合掌階前聽取謁(偈),總交親自見慈尊",兩者都在階前。《悉達太子修道因緣》是佛寺中對着壁畫轉變的底本(詳見本文"寺院壁畫與轉變"一節),《季布詩詠》大概也是如此。若果然如此,則《季布詩詠》也是配合變相圖講唱的。

由《舜子變》《劉家太子變》可以看出,只要是配合圖畫宣講的作品,就可以稱爲變文,甚至可以不需韻散結合。配合圖畫宣講是定義是否爲變文的最重要的標準,這是變文的廣義界定。但這畢竟不是標準的,隨着標準的轉變行爲的衰亡,不標準的轉變行爲自然也不會再被認可。這也是爲什麼後世單純的看圖説話不被稱爲轉變的原因。

三、轉變僧與畫卷

轉變在唐五代時期是比較流行的。從已有的文獻中可以看出,轉變人的身份有出家人和在家人兩類。其中,出家人有僧尼、男女道士,在家人包括寺(觀)屬音聲人以及民間伎人等。

當日某些僧尼就是轉變者,他們可能是寺裏的維那,也可能是化主。

《破魔變》後有言,"但某乙禪河滴(嫡)派,象猛晚修,學無道化之能,謬處讚揚之位"。釋門疏語中有"歌梵唄以讚揚"②之言,說明此人是寺裏負責梵唄的。負責梵唄之人稱爲梵唄,屬寺中專門執事,《續高僧傳·菩提流支傳》載,天帝請寶義(勒那摩提)法師講經,寶義謂"法事所資,獨不能建,都講,香火,維那,梵唄,咸亦須之"③,佛教法事非一人所能包攬,北朝時講經除法師外,尚有都講等四種執事。其中,都講職責轉讀及與法師對問,香火職責行香,梵唄職責歌讚,而維那職責表白④。後來,一般由維那兼歌讚

---

① 王重民等:《敦煌變文集》,北京:人民文學出版社,1957年,第845頁。
② (明)元賢:《禪門疏語考證》,《卍新續藏》第63册,第684頁下。
③ (唐)道宣:《續高僧傳》,《大正新修大藏經》,第50册,第429頁。
④ (清)儀潤:《百丈叢林清規證義記》卷八:"古規白詞,俱維那與住持預熟讀念。"《卍新續藏》第63册,第505頁上。

與表白二事①。所以當日轉變的僧人,其身份可能是維那。這是寺裏的高級職務。

《頻婆娑羅王后宫彩女功德意供養塔生天因緣變》其後言,"但保宣空門薄藝,梵宇荒才,經教不便於根源,論典罔知於底漠",這裏所言並不完全是謙虛之詞,《宋高僧傳》"梁滑州明福寺彦暉傳"載,彦暉有弟子十人,"分爲上下十惡,十惡者若八伯之號焉。上十惡則洞閑性相,高建法幢,宗因喻三,立破無滯;下十惡則學包内外,吟詠風騷,擊論談經,聲清口捷,讚揚梵唄,表白導宣,蓋因題目之分,乃極才能之際"②。讚揚梵唄,表白導宣之人列於下等,於佛教經籍的理解上本不擅長。這些人轉變的目的是爲寺廟求取布施,從職責看,唐代寺院有"化主"一職,"勸化檀越,隨力施與,添助供衆"③,因此當時轉變的可能還有化主,屬於寺内中等職務。

這些僧尼或者在寺廟宣講,或者到寺外宣講,在寺外時他們隨身攜帶着用於講唱的變相。《册府元龜·帝王部·革弊》載:"(玄宗)九年三月庚午,濮州聖佛寺僧多摩持畫誑惑百姓,大聚財物,勒其僧還俗,納其財。"僧人如何持畫斂財呢?所持的畫又是什麽形制的呢?結合玄宗十九年四月癸未的另一份詔書,我們能勾勒出一些情形。詔曰:"釋迦設教,⋯⋯説兹因果,廣樹筌蹄,⋯⋯朕念彼流俗,深迷至理,盡軀命以求緣,竭資財而作福⋯⋯近日僧徒,此風尤甚。因緣講説,眩惑州閭,欲壑無厭,唯財是斂。⋯⋯或出入州縣,假託威權;或巡歷鄉村,恣行教化⋯⋯自今已後,僧尼除講律之外,一切禁斷⋯⋯如犯者,先斷還俗,仍依法科罪。"④前後對照,同樣是僧人誘惑百姓,聚斂錢財,同樣是令其還俗,依法治罪(納其財),則持畫與因緣講説的目的相同,甚至可以説兩者是同一行爲的不同表現,即轉變。

能够攜帶的應該是卷軸畫。唐代很多寺院都收有專門用於轉變的卷軸畫。唐釋道宣的《量處輕重儀》記載了很多當日寺院裏擁有的物件及對這些東西的處理辦法:

> 五、諸雜樂具(其例有四):初謂八音之樂(一金樂,謂鐘鈴等;⋯⋯),二所用戲具(謂傀儡,戲面,竿,橈影,舞師子,白馬,俳優傳述衆像,變現之像也),三服飾之具(謂⋯⋯),四雜劇戲具(謂⋯⋯)。已上四件並是蕩逸之具⋯⋯宜准論出賣得錢,還入僧中,隨常住雜用⑤。

---

① (元)德輝:《敕修百丈清規》卷四:"舉唱回向以聲音爲佛事。"《大正藏》第48册,第1132頁中。
② (宋)贊寧:《宋高僧傳》卷七,《大正藏》第50册,第746頁中。
③ 《敕修百丈清規》,第1133頁上。
④ (宋)王欽若等:《册府元龜》卷一五九,文淵閣《四庫全書》本,第125、128頁。
⑤ (唐)道宣:《量處輕重儀》,《大正藏》第45册,第842頁下。

這裏提到了"俳優傳述衆像",什麼是俳優傳述呢?俳優有時歌唱,《續幽怪録·辛公平上仙》云:"殿上歌舞方歡,俳優贊詠。"①有時講説,五代張昭《請妙選東宫師傅疏》云:"臣竊見先帝時,皇弟皇子,盡喜俳優。聞無稽玩物之言,則娱心悦耳。"②可見,俳優傳述應該屬於通俗演唱或講説。若俳優在演唱或講説時利用"衆像"的話,自然是在轉變,而俳優傳述衆像就是用於轉變的圖像。道宣認爲這些畫應該被賣掉甚至是被焚毁(見下引《量處輕重儀》),又説明這些圖像是世俗題材的。

問題是,道宣所説的俳優,是什麼身份呢?在《量處輕重儀》中可以看到,一部分俳優是出家人:

伎樂蕩逸之器,本非眼心所懷。聞音尚制有愆,何況眼觀無罪?正制不令身觸,爲遣著心;今便親自鼓持,理由耽醉。故有涕零垂淚,解體移神,俗士號爲俳優,良有以也。既道禁彌塞,過濫特深,理宜焚毁,用旌懲革。然俗生歡美,釋怒除紛,微有供福之緣,薄展歸依之相。必有宜將出賣,便順正論通文。

道宣説,佛制僧尼不許觀聽伎樂,如今一些人竟親自鼓持,有涕零垂淚之狀,解體移神之效,以至於被世俗人稱爲俳優。這些器具(包括"俳優傳述衆像"的各種器具)本該焚毁,只是因爲能讓世俗人歡美,能"釋怒除紛",還能獲得布施,所以退而求其次,可以將其賣掉。

道宣於太宗貞觀十一年(637)在隰州益詞谷撰《量處輕重儀》,可知僧人轉變之事在此前就已經流行於寺院了。除了僧尼外,某些道士也被目爲俳優。唐中宗《答大恒道觀主桓道彦等表敕》云:

何假化胡之僞,方盛老君之宗。義有差違,文無典故,成佛則四人不同,論弟子則多聞竝互。尹喜既稱成佛,已甚憑虚,複云化作阿難,更成烏合。鬼谷、北郭之輩,未踐中天;舍利、文殊之倫,妄彰東土。胡漢交雜,年代亦乖。履冰而説涅槃,曾無典據;蹈火而談妙法,有類俳優。誣詐自彰,寧煩縷説。③

---

① (唐)李複言:《續幽怪録》卷一,《古小説叢刊》,北京:中華書局,1982年,第140頁。
② 周紹良:《全唐文新編》卷八六四,長春:吉林文史出版社,2000年,第10918頁。
③ (宋)贊寧:《宋高僧傳》,《大正藏》第50册,第813頁下。

唐代道士宣講老子化胡的文獻,現在還有敦煌本《老子西升化胡經》殘卷可資對照。敕文所說尹喜成佛,指的是卷一"我令尹喜乘彼月精,降中天竺國,入乎白淨夫人口中,托蔭而生,號爲悉達。舍太子位,入山修道,成無上道,號爲佛陀。"所說蹈火談法,指的是卷一〇"我昔化胡時……胡人不識法。放火燒我身……胡王心方悟,知我是聖人……"的情節。此外,其中尚有鬼谷子,北郭佐(或北郭騷)等先秦人物去西天的情節,確實有些匪夷所思,亦可見出當日化胡故事的豐富性。

中宗將宣講的道士目爲俳優,與道宣所言"俗士號(從事於伎樂表演的和尚)爲俳優"屬於一類。又,中宗神龍元年九月制:

> 如聞天下諸觀皆畫化胡之變,諸寺亦畫老君之形,一種尊容,兩俱不可。限制到後十日並除卻。若有故留者,即科違敕罪。其化胡經先有明敕禁斷,如聞在外,仍頗流行。自今諸部化胡經事及餘說化胡事處,並宜除削。①

將老子化胡的變相與説化胡事的處所並舉,再結合"俳優"的評價,可以肯定,當時必有道士轉化胡經變。

四、轉變僧與壁畫

現在比較確定的是,唐人轉變時,一般使用卷軸等形制的變相。是否利用壁畫,尚未有明確的證據。如《敦煌變文研究》在論及這個問題時,也只是說,"佛寺作爲俗講的中心,當屬變文演出的最初場所"②。

巫鴻從敦煌石窟的功用,繪畫的位置與環境,繪畫的結構以及壁畫的創作過程等方面進行研究,最終得出敦煌石窟的變相壁畫不是用於口頭說唱的"視覺輔助"的結論。他說:"敦煌壁畫是石窟寺的有機組成部分,而製作和觀賞這些繪畫本身就是一項禮儀性的行爲。"③但是,唐代民衆觀賞佛寺壁畫卻主要源於娛樂文化的需要。比如,吳道子

---

① 李希泌:《唐大詔令集補編》卷三〇,上海:上海古籍出版社,2003年,第1365頁。
② 陸永峰:《敦煌變文研究》,成都:巴蜀書社,2000年,第186頁。
③ 巫鴻:《何爲變相?——兼論敦煌藝術與敦煌文學的關係》,見《藝術史研究》第二輯,廣州:中山大學出版社,2000年,第58頁。

"畫興善寺中門内神圓光時,長安市肆老幼士庶競至,觀者如堵"①。鄭縠《傳經院壁畫松》詩云:"得向遊人多處畫,卻勝澗底作真松。"敦煌石窟"繪畫的位置與條件使之無法用於真正的表演",這對於長安洛陽等城市裏的大寺院來説,當然不是問題。同樣,敦煌石窟"繪畫的結構不遵循變文的叙事順序",佛寺壁畫的結構卻不一定如此。通過對唐詩的梳理,我們發現,佛寺壁畫確實被一些轉變者所利用。如:

  楚老遊山寺,提攜觀畫壁。揚袂指辟支,睒睗相鬥閱。險哉透撞兒,千金賭一擲。成敗身自受,傍人那歎息。(唐張説《灉湖山寺》)

這是開元初張説被貶嶽州期間所作,描寫了當地人(張説是洛陽人,楚老不是自指)扶老攜幼地遊灉湖山寺,觀賞寺中壁畫的情形。揚袂、睒睗,是舉起袖子指點着看的意思,屬於連續的動作,所以這兩句話對應的是一個壁畫場景,畫的是一個辟支佛(辟支迦佛陀的略稱。但在詩文中多指羅漢或高僧)與某人相鬥,雖然不知道具體所指,但很容易讓人聯想到佛教壁畫中的勞度叉鬥聖變。"險哉透撞兒"是第二個壁畫場景,畫的是幢(橦)技表演②,即在高杆上表演的驚險的雜技,莫高窟 61 窟南壁壁畫楞枷經變上就有這個場景。"千金賭一擲"是第三個壁畫場景,大概是樗蒲一類的"賭博",敦煌 P. 3328 卷武涉《上焉祇王詩》有"黄金用盡爲樗蒲"之句。《父母恩重經講經文》云:"貪歡逐樂無時歇,打論樗蒲更不休。"又説:"伴惡人,爲惡跡,飲酒樗蒲難勸激,常遣慈親血淚垂,每令骨肉懷愁戚。"這三個場景之間没什麼聯繫,作用是以少帶多,以三例代指寺中所有壁畫。然則最後兩句很令人不解,作者何以看了壁畫要如此感慨? 有人只是簡單地認爲"詩人遊賞佛寺壁畫,竟然表達的是對佛教自作自受報應觀的高度認同。當然,這和他的生活經歷有關,似包含了他因自己與姚崇相爭而被貶一事的反思"③。這樣理解讓人感到有些没頭没腦。成敗説的是壁畫的情節,不是繪畫技法。這裏的"歎"和"清詞堪歎九秋文"(吉師老《看蜀女轉昭君變》)的"歎"是不是相似呢? 即是不是轉變人對壁畫内容的述説和感歎呢? 這是有可能的。
  如果説這個證據還不夠明確,那麼以下兩個證據則明確多了。

---

① (唐)朱景玄:《唐朝名畫録》,文淵閣《四庫全書》本,第 3 頁。
② 參張安祖的《"透撞"考》,《〈張説詩集〉校注劄記二則》,見《唐代文學散論》,北京:生活·讀書·新知三聯書店,2004 年,第 187 頁。
③ 李小榮:《圖像與文本:漢唐佛經叙事文學之傳播研究》,福州:福建人民出版社,2015 年,第 67 頁。

  洛友寂寂約,省騎霏霏塵。遊僧步晚磬,話茗含芳春。瑤策冰入手,粉壁畫瑩神。頹廊芙蓉霽,碧殿琉璃勻。玄講島嶽盡,淵詠文字新。屢笑寒竹宴,況接青雲賓。顧慚餘眷下,衰瘵嬰殘身。(唐孟郊《與王二十一員外涯遊昭成寺》)

這是元和八年孟郊與王涯遊洛陽昭成寺時所作。"粉壁畫瑩神",據《歷代名畫記》,昭成寺的壁畫很有名,"西廊障日西域記圖,楊庭光畫。三門下護法二神,張遵禮畫。香爐兩頭淨土變,藥師變,程遜畫"①。"頹廊芙蓉霽,碧殿琉璃勻"指的是淨土變,藥師變一類的變相,而"島嶽盡"對應的正是《西域記圖》,敦煌 P.3784 有《祇園圖記》一篇,記的是須達長者買園及勞度叉鬥聖的故事。《西域記圖》應該不會是西域的山川地理,而是西域各處佛教勝跡的故事。那麼,由誰來進行"玄講"呢?自然是遊僧。講是散說,詠就是韻語了。也就是說遊僧是以韻散結合的方式講說壁畫內容的。講說中還會屢笑,可見仍有俳優諧謔的成分。再看"瑤策冰入手"兩句,某些人理解為禪杖,但據《釋氏要覽》:"《三千威儀經》云:持錫不得入眾,日中後不得複持。"②在寺裏和午後是不能執持禪杖的。應該是拂子、塵尾、如意之類的物件,這些東西都適合指點壁畫。可見這是一篇關於講唱變文的詩歌。

  再來看元稹的一篇作品:

  地勝宜臺殿,山晴離垢氛。現身千佛國,護世四王軍。……示化維摩疾,降魔力士勳。聽經神變見,說偈鳥紛紜。上境光猶在,深溪暗不分。竹籠煙欲暝,松帶日餘曛。……(唐元稹《大雲寺二十韻》)

一般認為,詩作於元和五年至九年間,所說的大雲寺指的是江陵府(荊州)的大雲寺。詩的前半部分,刻畫了大雲寺及周邊的風光。唐代寺院中多有維摩詰變相、降魔變相或金剛力士等壁畫,"示化維摩疾,降魔力士勳"兩句,指的是佛寺的壁畫。"聽經"是元稹的行為,"說偈"的顯然是另有其人。聽經而能見到神變,是壁畫正在眼前。另外,經、偈對舉,仍然有散、韻結合的含義。這裏雖然說的是聽經,但僧尼轉變時,是將其當成經文來看待的,如《破魔變文》中有"小僧願講經功德,更祝僕射萬萬年"之語。後面緊接着形容天色已晚,也與《破魔變文》在結束時所說的"看看日落向西斜"相符。這是更明

---

①(唐)張彥遠:《歷代名畫記》卷三,文淵閣《四庫全書》本,第25頁。
②(宋)道誠:《釋氏要覽》,《大正藏》第54冊,第279頁中。

確的一篇講唱變文的詩歌。

在敦煌變文類作品中,我們也能發現利用壁畫進行轉變的身影。《悉達太子修道因緣》中有"甚生隊仗?且看敷千重之錦繡,〔張〕萬道之華筵。夫人據行,頻(嬪)妃從後"以及六處"……之次"等指示圖畫的語言,說明這是對着圖畫進行轉變的變文。其結尾處有云:"合掌階前聽取謁(偈),總交親自見慈尊",然後說了兩偈,"第一無常:一丈紅羅八尺強,上頭更繡二鴛鴦。天邊織女誇道巧,月裏恒娥見便藏。夜來只知窗下坐,不覺無常暗取將。第二壁畫和尚:壁上無年歲,人間絶往來。面塵何日洗,經卷已時開。髮亂無刀剃,袈裟是筆裁。若也無定準,墻塌是輪回。"第二偈明確指出是就寺院壁畫而言,細讀第一首的"夜來只知窗下坐"之言,這分明是就窗邊的壁畫美人而言的。兩偈形式上爲二,其實是一,是前後對比着來説的。整個的意思是,不但世上活着的人避免不了無常,就算畫中的人也避免不了無常。這就證明,《悉達太子修道因緣》中所指示的畫,是寺院裏的壁畫,而非卷軸畫。

五、戲場與佛寺

除了寺院外,關於其他的變文演出場所的文獻也不豐富。如對於戲場,研究者也是以揣測的語氣進行説明,"依其(民間戲場)爲世俗娛樂中心的性質,變文於其中的演出是可以想像的","特別是世俗變文,當有在其中(民間戲場)表演者"①。

提到佛寺與戲場的關係,人們總會舉下面這個例子:

長安戲場多集於慈恩,小者在青龍,其次薦福、永壽。②

有人據此認爲戲場乃寺院所設,且在寺内,並徵引了很多證據,如《洛陽伽藍記》等文獻。但這是一種誤解,它忽略了戒律和概念的問題。從戒律上講,沙彌戒中尚有"不歌舞倡伎及往觀聽"一條,寺院爲清修之所,不可能容許戲場的存在。但戒律又允許俗人的伎樂供養,《洛陽伽藍記》所言歌舞百戲,多是在寺院有大齋、歲節法事時舉行,屬於伎樂供養,至少名義上是伎樂供養,平時並沒有。其他或因朝廷之政令,或因權貴之勢

---

① 陸永峰:《敦煌變文研究》,成都:巴蜀書社,2000 年,第 187、188 頁。
② (宋)錢易:《南部新書》卷五,文淵閣《四庫全書》本,第 8 頁。

力,也屬特例,並不能引以爲據。從概念上講,舉凡歌舞百戲之處皆可稱爲戲場,這只表明它在那一刻是"戲的場所",並不具有固定概念的功用。如同皇宫某處舉行歌舞百戲的表演,表演的時候,那個地方可以被稱爲戲場,但平時没有人會那樣稱呼它。我們可以説寺院裹有時能夠觀戲,但卻不能據此認爲,寺内有固定的地方作爲戲場。《南部新書》所載,是指戲場與寺院緊鄰,借寺院之名説明戲場,戲場並不在寺内。

唐薛用弱《集異記》云:"(龍興)寺前素爲郡之戲場,每日中,聚觀之徒,通計不下三萬人。……而寺前負販、戲弄、觀看人數萬衆"①,表明寺前廣場是相對固定的戲場,也是相對固定的市場。很多寺前地勢開闊,是天然的聚衆之處,有些便形成了市場。《洛陽伽藍記》卷五載:

> 禪虚寺在大夏門禦道西,寺前有閲武場。歲終農隙,甲士習戰,千乘萬騎常在於此。有羽林馬僧相善觝角戲,擲戟與百尺樹齊等。虎賁張車擲刀出樓一丈,帝亦觀戲在樓,恒令二人對爲角戲。②

《南朝寺考》載:

> (建初寺)寺前立大市,又稱大市寺焉。
> 宋永初中立北市,在大夏門外歸善寺前。
> (鬥場寺)寺前有市,亦名鬥場市……南朝寺前往往有市,如建初、耆闍、莊嚴皆是。
> 耆闍寺,東晉時所建也。在雞籠山西,前有紗市。
> (大莊嚴寺)寺前有市。
> 湘官寺……寺門北對都城清明門,西南即古草市。③

《禪宗頌古聯珠通集》載:

> (唐澧州龍潭崇信禪師)師未出家時爲餅鋪,住在寺前。④

---

① 《太平廣記》卷三九四引,文淵閣《四庫全書》本,第5頁。
② 韓結根注:《洛陽伽藍記》卷五,濟南:山東友誼出版社,2001年,第176頁。
③ (清)劉世珩:《南朝寺考》,《大藏經補編》第14册,第622、648、648、653、669、676頁。
④ (宋)法應:《禪宗頌古聯珠通集》,《卍新纂大日本續藏經》第65册,第575頁中。

市場人多,戲場便設在其中。唐竇維鋈《廣古今五行記》曰:"濮陽郡有繢生者……每四月八日,市場戲處,皆有繢生。郡人張孝恭不信,自在戲場,對一繢生,又遣奴子往諸處看驗,奴子來報,場場悉有。以此異之。"①濮陽郡市場規模較大,戲場就有多處。四月八日乃是佛誕之日,暗示了市場就在寺前。前引"長安戲場多集於慈恩"一句,説明慈恩寺的戲場同樣不止一處。

慈恩寺是長安戲場最多之地,那裏是否有轉變之事呢?答案是肯定的,這從李遠《轉變人》詩可以看出。詩云:

綺城春雨灑清埃,同看蕭娘抱變來。場邊公子車輿合,帳裏明妃錦繡開。時世險妝偏窈窕,風流新畫獨徘徊。休向巫山覓雲雨,石幢陂下是陽臺。

綺城,是對都城的美稱。李白《侍從宜春苑奉詔賦龍池柳色初青聽新鶯百囀歌》:"縈煙嫋娜拂綺城",許渾《對雪》:"雲度龍山暗綺城,光飛浙瀝引輕盈。素娥冉冉拜瑶闕,皓鶴紛紛朝玉京",《朱坡故少保杜公池亭》:"杜陵池樹綺城東",戴叔倫《吳明府自遠而來留宿》:"綺城容弊宅,散職寄靈臺",指的都是長安城。李遠雖是蜀人,卻在長安待過多年,有《長安即事寄友人》詩。

"石幢陂下是陽臺"一句透露了轉變地點的詳細信息。石幢即石制經幢,多樹立於佛寺前,如《吳都法乘》:"寺前周廣順中所立尊勝石幢猶存"②,《古今圖書集成·神異典》第一一〇卷《僧寺部·匯考四》:"(法隆寺)寺前經幢高可五丈,刻云唐大中十一年立。"③可見,此轉變人是在長安某寺前的戲場(從詩中場邊一詞可知)表演。而從"陂下"一詞可以看出,此寺極可能是慈恩寺。慈恩寺前有黄子陂,《河東記》"慈恩塔院女仙"載:

唐太和二年,長安城南韋曲慈恩寺塔院,月夕,忽見一美婦人,從三四青衣來,繞佛塔言笑,甚有風味。回顧侍婢曰:"白院主,借筆硯來。"乃於北廊柱上題詩曰:"黄子陂頭好月明,忘卻華筵到曉行。煙收山低翠黛横,折得荷花贈遠生。"題訖,院主執燭將視之,悉變爲白鶴,沖天而去。書跡至今尚存。④

---

① 《太平廣記》卷八三引,文淵閣《四庫全書》本,第1頁。
② (清)周永年:《吳都法乘》卷三〇,《大藏經補編》第34册,第931頁中。
③ 《古今圖書集成·神異典》第一一〇卷《僧寺部·匯考四》,第25頁。
④ 《太平廣記》卷六九引,文淵閣《四庫全書》本,第8頁。

六、世俗轉變人與戲場設施

除了李遠的《轉變人》,學界已經發現的涉及世俗女性轉變藝人的唐代文獻還有王建的《觀蠻妓》,吉師老的《看蜀女轉昭君變》,以及李賀的《許公子鄭姬歌》等。除了李賀所見的鄭姬是妓女外,其他三人的身份尚不分明。但她們絕非一般良家女子是可以肯定的。唐道世《諸經要集》卷七《誡女緣》云:

夫在家俗女,患毒多過,佛説邪諂甚於男子。或假塗面首,雕飾姿莊;或綺羅花服,誑誘愚夫;或驕弄脣口,邪眄歌笑;或咨嗟吟詠,瞻視轉變;或出胸露手,掩面藏頭;或緩步徐行,摇身弄影;或開眼閉目,乍悲乍喜。幻惑愚夫,令心妄著,如是妖僞,卒難述盡。①

這裏描述的行爲顯然不是一般的良家女子,似乎是以歌舞音聲取悦他人的女子。其中"轉變"與"歌笑"對舉,"咨嗟吟詠"與"驕弄脣口"都是發之於口,"邪眄"和"瞻視"都是出之於目,但"咨嗟吟詠"包含了抑揚頓挫的聲調,而"瞻視"有向左右或周圍看來看去之意,這些與歌笑完全不同,卻符合轉唱變文時應有的樣子。釋道世於唐高宗顯慶四年(659)著《諸經要集》,可知出家人的轉變活動在高宗時代也已經流行了。

《許公子鄭姬歌》中的鄭姬,從外地來到洛陽(鼎門在洛陽城東南),得到徐公子的厚愛,許公子送她財物,她便與許公子纏綿雙棲。詩中"長翻蜀紙卷明君,轉角含商破碧雲。自從小蠡來東道,曲裏長眉少見人"幾句歷來爲變文研究者所重視。曲裏指妓女所在之處,位於洛陽南市南,李賀《洛姝真珠》詩有"市南曲陌無秋涼,楚腰衛鬢四時芳"之語。這裏專門強調了她轉昭君變的水準,使得其他妓女很少有客人上門,説明那些尋歡作樂的男子也是喜歡轉變這類技藝的。同時,蜀紙似乎表明她可能來自蜀地。

其他三首轉變者的身份雖不清楚,但轉變者中應該有寺屬音聲人。關於唐代音聲人,經過姜伯勤先生以及後來多位學者的努力,研究得已經相當深入,這裏不再贅言。上文已經説明,僧人持用用於轉變的變相,特別是世俗内容的,是違背戒律的行爲,但這些變相能爲佛寺帶來利養,如果不想將其賣掉,該怎麽辦呢?道宣在《四分律删繁補闕

---

① (唐)道世:《諸經要集》卷七,《大正藏》第54册,第58頁下。

行事鈔》卷下一中指出:"《毘尼母》云:經律先有付囑處即付彼,若無付囑,隨能受持者與之,不應分賣也。俗書素畫入重,紙筆墨等准入輕,以堪附道法故。"①素者,白色生絹也。可以在上面寫繪,如《正法念處經》:"若見素畫女人,不生邪觀,見作勸舍,令住持戒。"②《大勝金剛佛頂念誦儀軌》:"複次説畫像法。於黑月房宿取清淨絹素。畫大勝明王。"③道宣説,可以將俗書素畫送給能受持之人使用。顯然,若要讓這些變相繼續爲寺院做貢獻的話,最好的辦法當然是將其送給隸屬於寺院的音聲人了。更何況僧人不能直接接觸財物,也促使寺院將此等俳優之事交給音聲人去辦。

轉變是一種商業行爲,自然不可能完全露天,而要搭建一個相對封閉的場所纔行。簡單的就用戲圍,複雜一點的就是看(樂)棚。

一,戲圍。道宣在《四分律刪繁補闕行事鈔》中提到當時有"障幕""傀儡子戲圍之類"④的東西,是用布帛等圍起來做傀儡子戲等的場子的。莫高窟 445 窟北壁《彌勒變》的左前方有一個畫面,在院子外面用屏風隔起一個場子,人們宴飲歌舞於其中。兩者大概是一類。

二,樂棚(看棚)。元稹《哭女樊四十韻》有云:"騰躅遊江舫,攀緣看樂棚。和蠻歌字拗,學妓舞腰輕。"可見有蠻妓在樂棚中,那麼,王建的《觀蠻妓》描寫的大概就是在樂棚中的轉變。《唐摭言》載:"咸通十三年三月,新進士……痛飲於佛閣之上,四面看棚櫛比,悉皆褰去帷箔而縱觀焉。先是,飲席未合,同年相與循檻肆覽。"⑤戲圍上面沒有遮擋,樂棚上面則以帷箔遮掩。李遠《轉變人》"場邊公子車輿合,帳裏明妃錦繡開"指的應該是這種情況。"循檻肆覽"則表明,樂棚由欄杆圍就,與宋元時期的勾欄相似。另外,本則材料中將飲酒與觀戲並舉,與《酉陽雜俎》中所言"望酒旗玩變場"⑥正相同,證明看棚是變場的一種形式。

①(唐)道宣:《四分律刪繁補闕行事鈔》,《大正藏》第 40 册,第 115 頁中。
②(北魏)般若流支:《正法念處經》卷六二,《大正藏》第 17 册,第 370 頁中。
③(唐)金剛智:《大勝金剛佛頂念誦儀軌》卷一,《大正藏》第 19 册,第 410 頁下。
④(唐)道宣:《四分律刪繁補闕行事鈔》,第 73 頁中。
⑤(五代)王定保:《唐摭言》卷三,文淵閣《四庫全書》本,第 24 頁。
⑥(唐)段成式:《酉陽雜俎》卷五,文淵閣《四庫全書》本,第 70 頁。

結　語

　　以上對變文的幾個問題都做了説明，總結起來有以下幾點：一，變是本末因緣之意，可以指情節，也可以指場景；二，配合圖畫、韻散結合（説唱結合）是標準的轉變行爲，但，與之同時，只配合圖畫講説，缺少韻文（唱的部分）的表演也可以稱爲轉變；三，轉變僧人有的是寺中維那，有的是化主，僧人轉變之事至遲在太宗時代就已經存在了；四，寺院内有專門用於轉變的變相卷軸，但爲正統僧人所不容，此外，有的僧人也利用寺内壁畫進行轉變；五，寺院之内没有戲場，一般寺院前面很開闊，戲場就在其中；六，《轉變人》描寫的是大慈恩寺外戲場内的轉變；七，世俗轉變人都不是良家女子，她們用變文作商業演出，變場是戲圍形制的或者看棚形制的。

敦煌世俗變文題名中的文體信息探微

王于飛

（重慶師範大學文學院）

從總體上看，敦煌變文[①]中的世俗題材作品多出自對佛教題材作品的仿傚。但仿傚的成份有多大，仿傚中有没有自己的創造和新變，卻成爲一個説不清道不明的問題。本文從敦煌世俗題材變文的命名理據着手，試圖對以上問題提供一個分析的案例。

一、對寫卷題名的基本攷察

在筆者攷察的26種84本變文寫卷中，原文有題名信息的總計16種53本。其題名情況如下：

1.《漢將王陵變》

甲卷：S.5437，《英藏敦煌文獻》[②]第7册，62頁。封題書："漢將王陵變"，首題："漢將王陵變"。

乙卷P.3627、丁卷P.3267、丙卷P.3867並爲一卷。《法藏敦煌西域文獻》[③]第26册，134頁。尾題："漢八年楚亡漢興王陵變一鋪"。

[①]此處之"變文"，即項楚先生《敦煌變文校注》自序中提出的廣義的"變文"。王重民先生《敦煌變文研究》嘗謂："從變文轉變爲話本，大約只有二百五十年的時間（第八世紀到第十世紀下半世紀初）。在這一段時期之内，由講經文演化成講佛經故事和講歷史故事的變文，終於由變文轉變成爲話本。在不同的階段之内，曾採用過多種不同的名稱，在不同的題材之内，又帶來了一些舊有的名稱。但在變文的全盛時期，則都用變文來概括這一類的文學作品，而作爲當時公名來使用。"（王重民《敦煌變文研究》，載周紹良、白化文編《敦煌變文論文録》，上海：上海古籍出版社，1982年，第273、283頁。）

[②]《英藏敦煌文獻》，成都：四川人民出版社，2009年。以下簡稱《英藏》。

[③]《法藏敦煌西域文獻》，上海：上海古籍出版社，2001年。以下簡稱《法藏》。

戊卷:北大 D188,《北京大學藏敦煌文獻》①第 2 册,203 頁。首題:"漢將王陵變",尾題:"漢將王陵變"。

2.《捉季布傳文》

原卷:P.3697,《法藏》第 26 册,345 頁。首題:"捉季布傳文一卷"。另行題:"大漢三年楚將季布罵陣,漢王羞恥,群臣拔馬收軍詞文"。

丙卷:P.3386,《法藏》第 24 册,49 頁。尾題:"大漢三年季布罵陣詞文一卷"。

己卷:S.2056V,《英藏》第 3 册,236 頁。首題:"大漢三年楚將季布罵陣漢王羞恥撥馬收軍詞文"。

庚卷:S.5439,《英藏》第 7 册,67 頁。尾題:"季布歌一卷""季布歌"。

辛卷:S.5441,《英藏》第 7 册,83 頁。封題雜寫:"戊寅年二月廿二日陰奴兒寫季布一卷,手自書記耳。"首題:"捉季布傳文一卷。大漢三年楚將季布罵陣漢王羞恥群臣拔馬收軍詞文"。尾題:"大漢三年楚將季布罵陣詞文一卷。太平興國三年戊寅歲四月十日泛孔目學士郎陰奴兒自手書季布一卷。"

壬卷:S.1156,《英藏》第 2 册,242 頁。尾題:"大漢三年季布罵陣詞文一卷",又尾題:"季布歌一卷"。

3.《舜子變》

甲卷,S.4654,《英藏》第 6 册,203 頁。首題:"舜子變"。

乙卷:P.2721,《法藏》第 17 册,356 頁。尾題:"舜子至孝變文一卷"。

4.《韓朋賦》

原卷,P.2653,《法藏》第 17 册,107 頁。首題:"韓朋賦一首"。

甲卷,S.2922,《英藏》第 2 册,256 頁。首題:"□朋賦一首",尾題:"韓朋賦一卷"。

乙卷,S.3227,《英藏》第 5 册,25 頁。首題:"韓朋賦一首"。

丙卷,P.3873,《法藏》第 29 册,42 頁。尾題:"韓朋賦一首"。

5.《前漢劉家太子傳》

原卷,P.3645,《法藏》第 26 册,202 頁。首題:"前漢劉家太子傳",尾題:"劉家太子變一卷"。

甲卷,S.5547《英藏》第 7 册,248 頁。首題:"前漢劉家太子傳"。

6.《廬山遠公話》

S.2073《英藏》第 3 册,265 頁。首題:"廬山遠公話"。

---

① 《北京大學藏敦煌文獻》,上海:上海古籍出版社,1995 年。

7.《葉淨能詩》

S.6836,《英藏》第 11 册,200 頁。尾題:"葉淨能詩"。

8.《孔子項托相問書》

原卷:P.3883,《法藏》第 29 册,84 頁。首題:"□……□(孔子項託相)問書一本"。尾題:"孔子項託相問書一卷"。

甲卷:P.3833,《法藏》第 28 册,286 頁。首題:"孔子項託相(問)詩一首"。

戊卷:S.5529,《英藏》第 7 册,222 頁。首題:"孔子項託相問書一卷",尾題:"孔子項託相問畫(書)一卷"。

己卷:S.5674,《英藏》第 9 册,60 頁。首題:"孔子共項託相問書一卷",尾題:"孔子共項託一卷"。

辛卷:S.1392,《英藏》第 3 册,5 頁。首題:"□……□相問書一卷",尾題:"孔子項託相問書"。

壬卷:S.395,《英藏》第 1 册,181 頁。尾題:"孔子項託一卷　甚怕怖　孔子項託一卷"。

癸卷:S.2941,《英藏》第 4 册,258 頁。首題:"孔子項託相問書一卷"。

9.《晏子賦》

原卷:P.2564,《法藏》第 16 册,13 頁。首題:"晏子賦一首",尾題:"晏子賦一首"。

甲卷:P.3460,《法藏》第 24 册,276 頁。首題:"晏子賦一首"。

乙卷:P.3716V,《法藏》第 27 册,79 頁。首題:"晏子賦一首",尾題:"晏子賦一首"。

丙卷:P.3821,《法藏》第 28 册,194 頁。首題:"晏子賦一首"。

丁卷:S.6332,《英藏》第 11 册,14 頁。首題:"晏子賦……"。

10.《燕子賦》(一)

原卷,P.2653,《法藏》第 17 册,107 頁。尾題:"燕子賦一卷"。

甲卷:P.2491,《法藏》第 14 册,285 頁。首題:"燕子賦一首",尾題:"燕子賦(一首?)"。

乙卷:P.3666,《法藏》第 26 册,265 頁。首題:"燕子賦一卷"。

丙卷:P.3757,《法藏》第 27 册,257 頁。首題:"燕子賦一首"。

戊卷:S.214,《英藏》第 1 册,84 頁。尾題:"燕子賦一卷"。

已卷:S.5540,《英藏》第 7 册,231 頁。尾題:"燕子賦一首"。

庚卷,P.4019,《法藏》第 30 册,362 頁。尾題:"燕子賦一卷"。

11.《燕子賦》(二)

P.2653,《法藏》第17册,107頁。尾題:"燕子賦一首"。

12.《茶酒論》

原卷:P.2718,《法藏》第17册,349頁。首題:《茶酒論一卷　並序　鄉貢進士王□(敷?)撰》。尾題:"茶酒論一卷",又題:"開寶三年壬申歲正月十四日知術院弟子閻海真自手書記"。

甲卷:P.3910,《法藏》第29册,198頁。首題:"茶酒論一卷　並序　鄉貢進士王(敷)撰",尾題:"茶酒論一卷"。

乙卷:P.2972,《法藏》第20册,284頁。尾題:"茶酒論"。

丙卷:P.2875,《法藏》第19册,228頁。首題:"茶須(酒)論一卷　並序"。

丁卷:S.5774,《英藏》第9册,134頁。首題:"茶酒論一首　並序　鄉貢進士王□撰"。

戊卷:S.406,《英藏》第1册,185頁。首題:"茶酒論一首　並序　鄉貢進士王(青文)撰"。卷背題:"茶酒論一首"。

13.《季布詩詠》

原卷:P.3645,《法藏》第26册,204頁。首題:"季布詩詠"。

14.《蘇武李陵執別詞》

P.3595,《法藏》第26册,41頁。首題:"蘇武李陵執別詞"。

15.《百鳥名》

原卷:S.3835,《英藏》第5册,164頁。首題:"百鳥名　君臣儀仗"。尾題:"百鳥名一卷","庚寅年十二月日押牙索不子自手記□"。

甲卷:S.5752,《英藏》第6册,118頁。首題:"百鳥名　君臣儀仗"。

乙卷:P.3716V,《法藏》第27册,80頁。首題:"百鳥名　君臣儀仗"。

16.《齖䶗新婦文》(《齖䶗書》)

原卷:P.2564,《法藏》第16册,14頁。首題:"齖䶗新婦文一本",尾題:"齖䶗壹首"。

甲卷:P.2633,《法藏》第17册,16頁。尾題:"齖䶗新婦文一本"。

乙卷:S.4129,《英藏》第5册,258頁。尾題:"齖䶗書壹卷"。

就上列情況看,前述16種25個變文題名中,共24種都含有文體信息。如果將攷察範圍擴大到所有變文寫卷上,則是在76個題名當中,共70個題名含有文體信息。詳情可見下表:

題名	卷號	首題				尾題			
漢將王陵變	甲	變				變			
	乙					變			
	戊	變				變			
捉季布傳文	原		傳文	詞文					
	丙						詞文		
	己			詞文					
	庚						歌歌		
	辛		傳文	詞文	無		詞文	無	
	壬						詞文	歌	
舜子變	甲	變							
	乙					變文			
韓朋賦	原			賦					
	甲			賦				賦	
	乙			賦					
	丙							賦	
前漢劉家太子	原			傳		變			
	甲			傳					
廬山遠公話	原							話	
葉淨能詩	原							詩	
孔子項托相問書	原			書					書
	甲				詩				
	戊			書					
	己			書			無		
	辛			書					書
	壬		無				無		
	癸			書					

續表

題名	卷號	首題	尾題
晏子賦	原	賦	賦
晏子賦	甲	賦	
晏子賦	乙	賦	賦
晏子賦	丙	賦	
晏子賦	丁	賦	
燕子賦一	原		賦
燕子賦一	甲	賦	賦
燕子賦一	乙	賦	
燕子賦一	丙	賦	賦
燕子賦一	戊		賦
燕子賦一	己		賦
燕子賦一	丁		賦
燕子賦二			賦
茶酒論	原	論	論
茶酒論	甲	論	論
茶酒論	乙		論
茶酒論	丙	論	
茶酒論	丁	論	
茶酒論	戊	論	論
季布詩詠		詩詠	
蘇武李陵執別詞		詞	
百鳥名	原	名	名
百鳥名	甲	名	
百鳥名	乙	名	
齖䶗新婦文	原	文	無
齖䶗新婦文	甲		文
齖䶗新婦文	乙		書
小計		變3 傳文2 詞文3 無2 賦11 傳5 書5 詩1 論5 詩詠1 詞1 名3 文1	變5 詞文3 歌2 無4 賦11 話1 詩1 書3 論4 名1 文1
總計		40	36

二、對世俗變文題名的基本認識

在敦煌世俗變文的 26 種 84 個寫卷中,有題名信息的總計 16 種 53 本,占比分別達到 61.5% 和 63.1%。這一比例甚至超過了佛教題材變文的題名情況①。敦煌世俗變文的抄寫者對題名的重視程度由此可見一斑。

在全部寫卷題名中,首題與尾題所占比例大致相當。也就是説,寫卷的抄寫者對變文題名置於正文之首還是尾尚未形成特定的傾向。大多數情況下,正文的前後一律鄭重寫上題名,因而形成世俗變文首尾題數量大致相當的情況,與佛教題材變文的首尾題情況略異②。

從寫卷中所包含的文體信息看,53 個寫卷的 76 個題名當中,共 70 個題名都含有文體信息,没有文體信息的 6 個寫卷分别爲《捉季布傳文》辛卷首、尾題,《孔子項託相問書》己卷尾題和壬卷首、尾題,以及《齖䶗新婦文》原卷尾題。而《捉季布傳文》等三個作品的其他多個寫本題名中均包含明顯的文體信息,從總體判斷,上述 6 個寫卷題名中的文體信息缺失多因省寫導致,而非原來就不包含文體信息。因此,世俗題材變文的 76 個題名實際上無一不包含文體信息,其文體意識之强實出意外。

這些世俗變文的文體到底有多少呢? 就文體種類看,在 16 種變文 76 個寫卷中,除去 6 個省寫的題名外,其餘 70 個寫卷題名包含變(變文)8、傳文 2、詞文 6、歌 2、賦 22、傳 2、話 1、書 8、詩 2(《孔子項託相問詩》《葉淨能詩》)、論 9、詩詠 1、詞 1、名 4、文 2,共計 14 類文體名稱。

那麽,同文與同文體名的變文是否具有一定的通約性呢? 從上表可以看出如下四種情況:

《漢將王陵變》與《舜子變》的題名皆爲"變"或"變文",二者當可通用。而《劉家太子傳》既稱"傳",又題名"變",故"傳"似又可與"變""變文"相通。

《捉季布傳文》中既稱"傳文""詞文",又稱"歌",故三者可通。

《葉淨能詩》以"詩"名文體,而《孔子項託相問書》亦有題名作"詩"者,是故"詩"或與"書"通。另《齖䶗新婦文》又題作"齖䶗書"。然則"詩""書""文"或亦可通。

---

① 在筆者統計的 33 種 87 本佛教題材變文中,有題名的寫卷共 20 種 26 本。占比分別爲 61% 和 29.9%。

② 在筆者統計的 20 種 26 本佛教題材變文寫卷中,首題 17、尾題 13、外題 9。

其餘"賦""話""論""詩詠""詞"與"名"6類,皆不與其他變文發生文體名稱上的互通。其中,題名爲"賦"的,計有《韓朋賦》《晏子賦》《燕子賦》(一)和《燕子賦》(二)共4種變文,其他5類皆一文一名,既無異名,也不與他文在題名上相通。

綜合以上情況,世俗變文題名的文體名稱種類繁多,在統計數據上接近一種變文平均一個文體。但這一現象卻存在兩個比較異常的特徵:其一是部分文體名稱只出現在一種變文當中,很難體現出文體的類別性特徵;其二是往往有好幾個文體名稱出現在一個變文當中的現象,如《捉季布傳文》中的"傳文""詞文"與"歌";或同一文體名稱出現在好幾個不同變文當中,如"詩"既出現在《葉淨能詩》的題名中,又出現在《孔子項托相問書》的題名中,"書"既出現在《孔子項托相問書》,又出現在《齖𪘮新婦文》的題名中。

單從題名的數量來看,敦煌世俗題材變文的文體意識已經非常明顯和強烈了,但就這些文體信息的分布和使用情況看,卻還顯得相當草率、粗糙和牽強。或者說,敦煌世俗變文題名中的文體意識顯得十分原始和稚拙。

當然,僅僅根據對題名本身的分析,還很難作出清晰而肯定的判斷。接下來,筆者擬將題名與變文內容作一關聯性的攷察。

三、世俗變文的名與實

王重民在《敦煌變文集》叙例當中說:"是集分類,先依歷史故事與佛教故事分爲兩大類。歷史故事又依文體有說有唱、有說無唱和對話體分爲三卷,每卷更依歷史時代次序之。佛教故事則依佛(釋迦)的故事、佛經講唱文和佛家故事,亦分爲三卷。押座文及其他短文則置於末後,總爲一卷。"①四十年後,黃征、張涌泉《敦煌變文校注》也襲用了這樣的分類方式。

按上面的說法,歷史故事(即本文所稱世俗題材類作品)的分類是以"有說有唱、有說無唱和對話體"的"文體"特徵爲依據的。但將這樣的分類標準與變文題名中的文體信息做一比對,其結果則令人啼笑皆非。

如《變文集》中列入卷一的9個作品,僅《漢將王陵變》與《捉季布傳文》有題名信息,又只有《漢將王陵變》是有說有唱的作品。《捉季布傳文》通篇只有韻文而無散說,似應看作有唱無說而不宜看作"有說有唱",又其題名作"傳文""詞文"與"歌",就名與

---

① 王重民等編:《敦煌變文集》,北京:人民文學出版社,1957年,叙例一。

實兩方面看,都與《漢將王陵變》不類。

又卷二所收 8 個作品除《舜子變》與《韓朋賦》基本爲韻語外,餘皆以散説爲主,而有題名的作品卻有《舜子變》(又作"變文")、《韓朋賦》《前漢劉家太子傳》(又作"變")、《廬山遠公話》與《葉淨能詩》,幾乎每一題名都自成一類。《敦煌變文集》以"有説無唱"爲本卷分類標準,似於以六字韻語爲主的《舜子變》和以四字韻語爲主的《韓朋賦》有失斟別。

卷三所收的 6 個作品,從表述方式的韻散特徵看,《孔子項托相問書》韻散相兼,可視爲有説有唱的作品,其餘《晏子賦》《燕子賦》(一)、《燕子賦》(二)、《茶酒論》《㜴䰙新婦文》和《下女夫詞》①皆以韻文爲主。而《敦煌變文集》卻又改變以説唱之有無來分類的既定標準,將本卷收錄作品界定爲"對話體"。

在《敦煌變文集》的卷七,世俗題材的《季布詩詠》《蘇武李陵執別詞》《百鳥名》跟佛教題材的《四獸因緣》及同屬佛教題材的 8 篇押座文、解座文一起,被"置於末後,總爲一卷"。如敘例所言,本卷《季布詩詠》等作品統統被判定爲"其他短文",其分類依據中的文體因素又進一步減弱了。

綜上所述,《敦煌變文集》在作品的卷次分類上,不僅没有攷慮變文題名上的文體信息,也没有遵循一種清晰而確切的文體標準。

既然《敦煌變文集》的分卷已經攷慮到説唱之有無等文體特徵,那麽,爲什麽不以變文題名中的文體信息作爲分類的依據呢?

從前列變文題名表可知,在 76 個變文題名中,總共包含了 14 類文體信息。但這些文體信息的分布卻極爲混亂。茲將具體分布情況條陳如下:

"變文"或"變"或當視作同一文體,分別出現在《漢將王陵變》《舜子變》與《前漢劉家太子傳》當中。前兩種作品題名皆稱"變",《舜子變》又題作"變文",而《前漢劉家太子傳》則既題作"傳"又題作"變"。從講唱屬性看,只有《漢將王陵變》是有講有唱,《舜子變》則以六字韻語爲主,而《前漢劉家太子傳》皆散説而無唱詞。"變"或"變文"的文體特性因而顯得模糊含混。

另一種含混集中體現在《捉季布傳文》當中。本文既題作"傳文",又題作"詞文",也題作"歌"。類似的情況還有《孔子項托相問書》,又題作《孔子項託相(問)詩》;《㜴䰙新婦文》,又題作《㜴䰙書》。這 3 個作品題名雖多,卻皆以韻文爲主,於文體上頗有相近之處。

---

①《敦煌變文集》收《下女夫詞》,而《敦煌變文集校注》未收,本文研究對象以《敦煌變文集校注》爲據,故《下女夫詞》不在本文統計攷察之列。

題名最爲統一的變文,當爲俗賦類作品。《韓朋賦》4 個寫卷、《晏子賦》5 個寫卷、《燕子賦》(一)7 個寫卷和《燕子賦》(二)全部以賦題名。而在文體特徵上,4 部作品又各不相同。《晏子賦》基本爲散句,《韓朋賦》《燕子賦》(一)與《燕子賦》(二)多韻語。而後三個作品中《燕子賦》(二)以五字句爲主,餘二種則以四字句爲主。可見,即使同爲俗賦的幾個作品,在體式構成上也還是互有差異。其中《晏子賦》以散説爲主而以賦稱,值得特別關注。

　　餘下寫本雖多而題名相同的作品,一爲《茶酒論》,6 個寫卷皆以"論"爲題;一爲《百鳥名》,3 個寫卷而皆以"名"爲題。

　　最後是一種作品只有單一寫卷與題名的情況。分別是《廬山遠公話》《葉淨能詩》《季布詩詠》與《李陵蘇武執別詞》。

　　綜合上述情況可見,16 種世俗變文題名當中,除 4 個俗賦類作品,一文一名的《茶酒論》《百鳥名》《廬山遠公話》《葉淨能詩》《季布詩詠》與《李陵蘇武執別詞》共 6 個作品以外,其餘 6 個作品的題名文體信息與變文自身文體特徵很難形成一一對應的關聯。如我們很難確切指認《捉季布傳文》當爲"傳文""詞文"還是"歌",也不能肯定《孔子項託相問書》究竟爲"書"還是爲"詩"、《㜈䶩新婦文》究竟當爲"文"還是爲"書"。

　　至於題名稱"變"或"變文"的三個作品,我們就更難指認題名與作品本身的文體關聯了。《漢將王陵變》有説有唱,《舜子變》多六言韻語,似以唱誦爲主,《前漢劉家太子傳》又純爲散説,它們誰纔真正符合"變"或"變文"的文體要求呢?

結　論

　　因此,我們也許只能得出一個籠統的看法:敦煌世俗變文題名中的那些文體信息,有很多是無法用正常的文體觀念來尋求印證的。它們中的相當多數,都可能是那些變文的作者或抄寫者們任意點綴在題名上面的。

　　這些變文的草創者們可能只是知道一些文體的名稱,卻並不理解其真正的内涵,但他們卻並不缺乏使用這些名稱的勇氣和熱情。至於這樣做的動機,或許不過是爲了給那些出自下里巴人之手,難登大雅之堂的文字裝點一下門面,使它們看起來不那麽鄙俗和卑微而已。

　　但筆者相信,就算有這麽草莽的一副外表,其内在的深層也一定還有相當的合理性,等待我們去進一步探討。

敦煌變文疑難字詞校釋

張小豔

（復旦大學出土文獻與古文字研究中心）

變文，是敦煌文獻中最爲讀者喜聞樂見的一種俗文學作品。自 20 世紀初敦煌藏經洞發現以來，經過幾代學人的孜孜努力，學界對它的整理與研究，已經取得豐碩的成果，出現了《敦煌變文集》《敦煌變文集新書》與《敦煌變文選注》《敦煌變文校注》等不斷升級的整理本①。

囿於當時的客觀條件，尤其是前人所據多爲不清晰的縮微膠卷或黑白圖版，致使以往的整理本中仍留有一些疑難之處。近年來，藉助於國際敦煌項目（IDP）網站公布的彩色照片，筆者將前人的整理本與相應的彩色照片對讀的過程中，就某些不易理解的字詞產生了一點不成熟的想法。茲不揣謭陋，擇取其中數條進行校釋。"或見不是處，有人讀者，即與政（正）著。"②

1. 四弘盛願

（1）善惠四月八日，至到王舍大城，到是大富長者宅内，四部僧衆齊坐念誦。善惠發四弘盛願，言道四部僧衆，不先是上界菩薩，不先是下界腰（妖）精望兩（魍魎）。（S.3050V《善惠買花獻佛因緣》）

---

①王重民、王慶淑、向達、周一良、啓功、曾毅公：《敦煌變文集》（簡稱《變文集》），北京：人民文學出版社，1957 年；潘重規：《敦煌變文集新書》（簡稱《新書》），臺北：文津出版社，1994 年；項楚：《敦煌變文選注》（增訂本，簡稱《選注》），北京：中華書局，2006 年；黄征、張涌泉校注：《敦煌變文校注》（簡稱《校注》），北京：中華書局，1997 年。

②引自胡適舊藏《降魔變文》卷尾題記。

按:"四弘盛願",《變文集》(819)①、《新書》(809)、《校注》(1134)及《敦煌變文講經文因緣輯校》《英藏敦煌社會歷史文獻釋錄》第十五卷均照錄②。然"盛願"不辭,"盛"當爲"誓"的方音借字。"盛"《廣韻》音承正切,禪紐勁韻梗攝;"誓"音時制切,禪紐祭韻(與霽韻同用),二字聲同韻隔。據邵榮芬研究,唐五代西北方音中,梗攝庚、清、青三韻與齊韻混用,即鼻音韻尾"-ŋ"弱化甚或消失而與"-i"相亂③。如S.5957《文樣·燈文》:"建慈力之誓蹤,啓四弘之滿願。"句中"誓"原作"盛",先書"盛",發現寫錯後又加"卜"號刪去,再續抄"誓";"誓"之誤作"盛",蓋由二字音近致誤。又如BD.9384(發4)《五更轉·太子入山修道讚》:"盛當作佛過(苦)海橋,[眉間]放白秏(毫)。"④"盛"異本P.3065作"誓","盛"亦"誓"之方音借字。另如S.336《三界四大三科文》:"衆生無邊盛願度,煩惱無邊盛願股(叚-斷),法門無邊盛願學,無上菩提盛願成。"其中的"盛"皆爲"誓"的方音借字。上引變文例下文又有"善惠便元(无-無)敬思量"句,其中"敬",《輯校》(1007)校作"計",是也,"無敬"即"無計"。"敬"(見紐梗攝勁韻)亦"計"(見紐霽韻)的方音借字,適可比勘。

詞義上,"四弘誓願"爲佛教文獻習見的專名,特指四種弘大的誓願。如南朝陳慧思《諸法無諍三昧法門》卷上:"視諸衆生如一子,四弘誓願具四攝。"隋吉藏《金剛般若經義疏》卷二:"菩薩之道,雖復多門,統其大歸,不出願行。然願門雖多,略爲四弘誓願;行門無量,略爲六波羅蜜。四弘誓願者,一、未度苦海,令其得度;二、未脱業煩惱縛,令得脱之;三、未得道諦之安,令得安之;四、未得滅諦涅槃,令得涅槃。"S.2352V《太子成道經》:"我本師釋迦牟尼求菩提緣,於過去無量世時,百千萬劫,多生波羅奈國,廣發四弘誓願,爲求無上菩提,不惜身命,常以己身[及]一切萬物給施衆生。"S.4508《三歸依曲子》:"歸依法,須發四弘誓願。撚經卷,頻開轉,速須結取未來因,且要頻親月面。"皆其例。故善惠所發"盛願",實當作"誓願"。

---

①爲避文繁,文中徵引較多的敦煌變文整理本,均以書名簡稱括注頁碼的方式引用,如"《變文集》(819)"表示所論字詞見於《敦煌變文集》第819頁,其餘依此類推。

②周紹良、張涌泉、黃徵輯校:《敦煌變文講經文因緣輯校》(簡稱《輯校》),南京:江蘇古籍出版社,1998年,第1005頁;郝春文主編:《英藏敦煌社會歷史文獻釋錄》(簡稱《釋錄》)第十五卷,北京:社會科學文獻出版社,2017年,第168頁。

③邵榮芬:《敦煌俗文學中的別字異文和唐五代西北方音》,《中國語文》1963年第3期;收入《邵榮芬語言學論文集》,北京:商務印書館,2009年,第249—250頁。

④句中"苦""毫"與"眉間",據異本P.3065校、補。

2. 地蒲銀墼

(2)給孤長者啓王:"王園計地多少?""其園八十傾(頃)。"貧波娑羅王言道:"樹價金錢,地凘銀墼。"給孤長者言道:"便得。"貧波娑羅王同發盛心,記(繫)樹千年(錢?),地蒲銀墼,當還過,請佛園中説法。(S.3050V《善惠買花獻佛因緣》)

按:例中"凘"與"蒲",《變文集》(820)、《新書》(810)、《校注》(1134)、《輯校》(1006)及《釋録》(168)均録作"滿"。前句中與之對應的"價",蔣冀騁讀爲"掛"①,是。P.2344V《祇園因由記》中與之相當的内容作"地補(布)黄金,樹掛銀錢",可以比參。既然"價"當讀作"掛",用爲動詞,指"懸掛"。那麽,與之相對的"凘、蒲"也應爲動詞,其義當與"布"近似。故此頗疑句中的截圖字都是"蒲"的手寫,句中當讀爲"鋪","鋪"者,敷也,布也,指"鋪展、布列"。

字形上,"滿"的聲符"㒼",手寫常作上"艹"下"雨/兩"之形,如S.343《文樣・亡文》:"百福盈家,七珍常滿。"S.367《光啓元年(886)書沙州伊州地志》"陸地鹽池"條:"磧中無水,陸地出鹽,月滿味甘,月虧即苦。"二例中的截圖字皆爲"滿"的手寫俗書,其右下所從分别爲"雨"和"兩"。與之不同的是,上引變文中的"凘、蒲"右下所從則是"甫"的手寫(中豎不出頭、右上的"丶"施於右側),跟"雨/兩"有别,其形顯非"滿"字,而是"蒲"的手書。如P.3087V《十二時普勸四衆依教修行・日入西》:"年既秋,漸凘柳。起坐呻吟力衰朽。"句中"凘"亦"蒲"之手寫,右下所從也爲聲符"甫"。又如S.4480V《太子成道變文》:"便是善惠身上着禄(鹿)皮之衣脱洛(落)與(以)下,水上如(而)蒲,並箭(剪)髮如(而)㴱,共世尊渡池如(而)到東岸。"句中"蒲"與"㴱",《變文集》(320)作"蒲"與"備(溝)",《新書》(557)同;《校注》(486)作"蒲(鋪)"與"藉";《輯校》(677)作"蒲(鋪)"與"備(構)"。就字形及文意看,前賢將"蒲"録校作"蒲(鋪)",可從;但把"㴱"録校作"備(溝)"與"備(構)",或録作"藉",恐皆未確。"㴱"實爲"蒲"的手寫變體,即將"蒲"左下的"氵"移至左部,右下"甫"上端的橫畫與上部的"艹"連接,整字即從上下結構的"蒲"變成左右結構的"㴱"。其形看上去確似"備"之手書,但"備"在

---

①蔣冀騁:《敦煌文獻研究》,長沙:湖南師範大學出版社,2005年,第111頁。

句中講不通，即便校作"溝"或"構"也仍與文意齟齬不合。若將"㴱"視爲"蒲"之手寫訛變，即可與前揭"㵒、㴛"二形合觀，將其比勘互證，可知此三字皆應錄校作"蒲（鋪）"。故"地㴱/㴛銀甓"當作"地蒲（鋪）銀甓"，指地上鋪着銀磚。所謂"滿"，實爲前人對"㵒/㴛"的誤識，恐不可信。

3. 嚟

（3）到[十]五歲已上，父王便取妻與太子，于大街中絜玖從（重）綵色樓子上坐，十六大國應有大富長者之女隊隊如（而）過。（S.3096《太子成道變文》）

按：句中"絜"，《變文集》（327）、《新書》（569）及《輯校》（687）皆錄作"嚟"；蔣禮鴻以爲"'嚟'應作'繫'"①；《校注》（498）逕作"絜"，注云："當即'絜'之增旁字。《玉篇》：'絜，結束也。'"《釋錄》（246）從之。就字形看，以往的整理本錄作"嚟"，可從。前賢稱其字應作"繫"或當即"'絜'之增旁字"，於義頗切，然仍有不可解處：若"嚟"爲"繫結""結束"義，其字怎會寫從"口"呢？

《龍龕手鏡·口部》收有"絜（嚟）"字，爲"喫"的俗體；五代可洪《新集藏經音義隨函錄》（下文簡稱《音義》）卷一八《毗尼母經》第四卷音義"鼠齧"條："絜（嚟），音五結反，正作齧也。郭逡音喫，非。"②此條源出經文爲："有客比丘來到寺上，舊住比丘拔房舍卧具供給之，後去時不白舊住者。經多日已，主人入房始知客比丘去，敷具蟲鼠齧壞。"《大正藏》校記稱"齧"字宋、元、明、宮本作"嚟"。結合經文及異文看，可洪認爲"絜（嚟）"係"齧"之俗，可從，即"嚟"爲"齧"的換旁異體，是一個從口、絜聲的形聲字。敦煌文獻中"嚟"亦用爲"齧"之俗字，如 P.2488《秦將賦》："人已死，刀復缺，獨（毒）蛇孟（猛）獸爭皆絜③。三年五歲肉仍殘，千巖萬谷皆流血。諸餘犲道人皆過，只{者}這一川

---

① 蔣禮鴻：《敦煌變文字義通釋》（增補定本），上海：上海古籍出版社，1997年，第569頁。
② 本文所引可洪《新集藏經音義隨函錄》，主要根據韓小荆《〈可洪音義〉研究——以文字爲中心》"喫、結、齧"三條，成都：巴蜀書社，2009年，第385、514、607頁，並覆核原文。
③ "皆"疑"齘"之借字（二字韻同紐異，似可通借），"皆嚟"當作"齘齧"，爲近義複詞，指"啃咬"。P.2948《藏經音義隨函錄節抄》："齘齧，上竹皆反，齧挽曰齘也，《玉篇》作齘，《切韻》作齘也。"

行路決①。肉蔫[蔫兮]里(黑)似沼,骨遭風雨白如雪。"例中截圖字爲"嚙"之手寫變體,潘重規指出:"嚙,蓋齧之俗字。"②所言甚確。其字正處於韻脚,與"缺、血、絕、雪"同押,前二字爲屑韻,後二字屬薛韻,《廣韻》屑、薛同用,可以通押。與之同押的"嚙"顯然也當屬屑、薛韻,故其字應爲"齧(疑紐屑韻)"之俗體。

值得注意的是,《龍龕》以"嚙"爲"喫"之俗,並非可洪所謂"非"。文獻中"嚙"確也可用爲"喫"的換旁俗體,如唐宗密《圓覺經略鈔疏》卷五:"西域語倒者,鐘打、飯嚙、酒飲、經讀之類也,皆先舉所依法體,後始明義用……故譯經者先翻出梵語,後回文令順此方,如云打鐘、喫飯等。"例中"嚙"與"喫"前後重出,顯爲同字異體。與此類似,"鍥"或換旁作"鎙",如《玉篇・金部》:"鍥,古節切,鐮也。……鎙,同上。"《廣韻・屑韻》:"鎙,鐮別名也。鍥,上同。"楊寶忠認爲"鎙"爲"鍥"的聲旁變易字③,是也。可知"絜""契"作爲聲符可互換,故"嚙"又爲"喫"的換旁俗體。

由於"嚙"一身兼二職,同用作"齧"與"喫"的換旁異體,因而文獻中"喫"又或用爲"齧"的異體。可洪《音義》卷一七《十誦比丘戒本》音義:"𫫇半,上五結反,正作齧。"卷一八《薩婆多毗尼毗婆沙》第九卷律文音義:"𫫇半,上五結反,又苦擊反,戒本云'不囓半食'。"前例源出經文作"不齧半食,應當學","齧"Φ.324《十誦比丘波羅提木叉戒本》作"嚙";後例可洪以爲"𫫇"雖兼用爲"齧"和"喫",但依戒本文意當作"齧"。從字形看,例中截圖字皆爲"喫"的異寫("大"變形寫作"廾"),但在句中都用爲"齧"的換旁異體。

"嚙"既同爲"齧"與"喫"之俗字,那麽它在上揭變文中應如何校讀呢?竊以爲"嚙"應爲"齧"的俗體,句中當讀爲"結"。首先,"嚙(齧)"與"結"聲近韻同④,應可通

---

①"者"爲衍文,當删。書手欲寫"這",寫成了音近的"者",發現後未删而徑書"這","者"便成爲衍文而保留下來。

②潘重規:《敦煌賦校錄》,《華岡文科學報》1978年第11期,第288頁。此文電子版,承蒙鄭阿財教授惠賜,謹致謝忱!

③楊寶忠:《疑難字三考》,北京:中華書局,2018年,第651頁。此所引《廣韻》《玉篇》之書證及楊氏考證,皆據梁春勝《楷書異體俗體部件例字表》(未刊稿),謹致謝忱。

④審稿專家指出:"喫"與"結"的讀音更近,或應視爲"喫"與"結"相通。竊以爲:從讀音看,《廣韻》"齧"音五結切,疑紐屑韻臻攝;"喫"音苦擊切,溪紐錫韻梗攝;"結"音古屑切,見紐屑韻臻攝;"齧""結"韻同,聲紐皆爲舌根音;"喫""結"不僅韻尾有"k""t"之異,聲紐也有吐氣與否之别。考慮到敦煌歌辭中與"結"通借的"嚙"和《秦將賦》中的"嚙"都是與臻攝的屑薛韻相押,以及《說文》"狙"字釋義中"齧"唐人或引作"絜(潔)"等因素,筆者還是更傾向於"嚙(齧)"與"結"相通。退一步說,"嚙"兼用爲"齧"與"喫"之俗體,"齧""喫"與"結"的讀音都比較接近,故"嚙"在變文中不論表示"齧"還是"喫",都不影響它讀爲"結"的事實。

借。其次,"嚇"從"絜"聲,而"結"或借"潔"爲之,並換旁作"繓",可洪《音義》卷二一《道地經》音義:"草繓,音結。結,綰髻、結髮也。經意是結。"源出經文作:"親屬已還,收髮草繓。""繓"《大正藏》校記稱宮本作"潔",可知"潔"爲"結"的音借字,"繓"則由借字"潔"換旁而來。又次,"齧"或作"絜(潔)",S.2055《切韻箋注·魚韻》:"狙,猨。按《説文》一曰狙犬暫齧人,一曰不潔人。"關長龍校云:"今本《説文·犬部》作'狙,玃屬。從犬,且聲。一曰狙犬也暫齧人者;一曰犬不齧人也'。其又義段注校作'一曰犬暫齧人者;一曰犬不齧人者',按此蓋別引字書釋義,故重出字頭'狙'字,依文例可删;又《玉篇·犬部》:'狙,且餘切,玃屬也;犬暫齧人也,犬不絜也。'底卷'潔'即'絜'的後起增旁字,則唐代前後《説文》'狙'字注文必有作'不絜(潔)人'者,爲底卷及《玉篇》所本,然衡之字義,似仍當以'齧'字義長。"①所論可從。《説文》"狙"字釋義中的"齧",唐人引文或作"絜(潔)","絜(潔)"很可能爲"齧"之音借字②。再次,"潔"或借"結"爲之,S.2503《大乘無生方便門》:"蓮花雜處於水,不被水之所染,見聞覺知自在用,不被六塵所染,如蓮華開敷香結,人天之所愛敬,所以舉之爲喻。"此文獻在該卷中抄了兩遍,上引文例爲第二遍所抄,句中"香結"在第一遍所抄文本中作"香潔","結"顯爲"潔"的同音借字。最後,敦煌歌辭中即有"嚇"讀爲"結"的實例,如S.5852《曲子一本》:"金釵薄落地,自作壹故(股)舌(折)。▨(羅)帶自賺(嫌)長,自作同心嚇。"③句中"嚇",饒宗頤校作"結"④,切於辭意,可從。文意上,將變文中"嚇"讀爲"結",也與當時的用語習慣相合。敦煌文獻及傳世典籍中,"結"後常跟"樓"爲賓語,指縈縛綵樓。如S.1497V《曲子·喜秋天》:"五更敷設了,取(處)分總交(教)收。五個恒俄(娥)結交樓,那件(伴-畔)見牽牛。""結交樓"的"交",饒宗頤校作"高"⑤,張錫厚從之⑥。又宋劉秉《戊申年七夕五絶》之五:"珠箔風輕月似鉤,還看錦繡結高樓。"宋孟元老《東京夢華錄》卷八"七夕":"至初六日七日晚,貴家多結綵樓於庭,謂之'乞巧樓'。"是其證。

---

①張涌泉主編審訂、關長龍撰:《敦煌經部文獻合集》第5册[小學類韻書之屬(一)],北京:中華書局,2008年,第2666頁。

②當然,也不排除"絜(潔)"爲"齧"俗省的可能,即:齧→(俗寫)→嚇→(省旁)→絜→(增旁)→潔,但這樣解釋不夠直接。

③句中"股""折"二字,據任半塘《敦煌歌辭總編》(上海:上海古籍出版社,2006年,第342—343頁)校改;"羅""嫌"二字,據饒宗頤《敦煌曲》(巴黎法國國家科學研究中心,1971年;收入《饒宗頤二十世紀學術文集》卷八《敦煌學》,臺北:新文豐出版公司,2003年,第846頁)錄、校。

④饒宗頤:《敦煌曲》,收入《饒宗頤二十世紀學術文集》卷八《敦煌學》,第846頁。

⑤饒宗頤:《敦煌曲》,收入《饒宗頤二十世紀學術文集》卷八《敦煌學》,第761頁。

⑥張錫厚:《全敦煌詩》第11册,北京:作家出版社,2006年,第5091頁。

綜合字形、讀音、文意來看，變文中"嘍玖從（重）綵色樓子"的"嘍"本爲"嚠"的換旁俗體，句中當讀爲"結"，指紮縛（綵樓）。

4. 歸輪

（4）四天王乘（承）太子馬脚，⃞⃞王成（城）如（而）去。至五更，到雪山，先度歸輪。①（S.3096《太子成道變文》）

按："歸輪"一詞費解，以往的整理本均照録而無説。例言太子半夜逾城出家，到雪山修道，菩提樹下成正覺，初轉法輪，先度"歸輪"。據佛典，釋迦牟尼成佛後，在鹿野苑説法，首先化度的是五拘鄰。西晉竺法護譯《普曜經》卷八："佛告比丘：'如來於是轉法輪已，化彼五人拘鄰之等。'"玄應《一切經音義》卷一八《雜阿毘曇心論》第十卷音義"拘鄰"條："《賢劫經》作'居倫'，《大哀經》作'俱輪'，或作'居鄰'，皆梵言訛也……拘鄰，亦姓也，此乃憍陳如訛也。《中本起經》云：初五人者，一名拘鄰，二名頗陛，三名拔提，四名十力迦葉，五名摩男拘利也。"可知"拘鄰"爲梵語音譯之訛，也作"俱輪""居鄰"等，本爲憍陳如之姓，佛教文獻中或以之代稱先受化度的以憍陳如爲首的五人，故稱"五拘鄰"或"五俱輪"等。如 P.2188《净名經集解關中疏》卷上："（僧）肇曰：初轉法輪時，俱輪等五人、八萬諸天得道。"P.2461《大乘四法經釋抄》："佛初成道，鹿野苑中初度五俱輪等，説四諦法。"S.2440《八相押座文》："得證菩提樹下身，降伏衆魔成正覺。鷲嶺峰頭放毫相，鹿苑初度五俱輪。"皆其例。

上揭變文中的"歸輪"即"俱輪"，"歸"係"俱"的方音借字。《廣韻》"俱"音舉朱切，爲見紐虞韻遇攝合口三等；"歸"音舉韋切，屬見紐微韻止攝合口三等，唐五代西北方音遇、止二攝三等混同，故"俱""歸"音同可通。如 S.4690V《散蓮花樂》："苦行六年城（成）正覺散花樂，鹿苑初度五歸輪滿道場。"句中"歸輪"，異本 S.6417、S.5557V、BD.7805V（北 8362；制 5）同，S.5572、P.3645V、Дx.828 作"俱輪"，"歸"亦"俱"之方音借字。又如 S.2440《温室經講唱押座文》："祇域思念牟尼尊，明旦敕家俱詣佛。""俱"原卷作"🖻"，先誤寫成"歸"，後在右上角以小字旁改作"俱"。"俱"之誤作"歸"，蓋因二字在抄手方言中音同無别之故。由此可知，上揭變文中"先度歸輪"的"歸"亦"俱"之

---

①原卷"雪"下有一横，似"一"字，或係誤書，此不録。

方音借字,"歸輪"即"俱輪",爲"五俱輪"的省稱,指佛成道後最初度化的以憍陳如爲首的五人。

5. 豔

(5)輝華矚(屬)對如生豔,灼樂(爍)連行似有光。(S.4327《不知名變文》)

按:"豔",各家均無説。句中"如生豔"與"似有光"相對,竊謂"豔"當爲"焰"的同音(《廣韻》二字皆音以贍切)借字。敦煌文獻中二字通借之例頗爲習見,如 P.3078V《禮懺文》:"男抱熱豔銅柱,女卧赤鐵之床。"P.3562V《道家雜齋文》:"幡乃錯彩交輝,燈乃發輝紅豔。"S.2498《大悲壇法別行本》:"依輪四面畫光豔,每花葉上畫一如意寶珠……而(如)上諸印,各畫光燄。"P.3920(3)《千眼千臂觀世音菩薩陀羅尼神呪經》:"當心畫一寶輪,具足一百八輻;於輪中心畫寶蓮華開敷,具三十二葉,大小一肘;於輪四周畫光豔;每華葉上畫如意寶珠,四面畫光炎。"BD.16376(L4452)《某年八月釋門僧政道真等狀稿(擬)》:"押衙石千達來時,言道發遣金一兩,當宅信内。後大娘子邊得金六錢半,擬欲造豔之間,實少不足。若也更望西來,路遥難侍(待)。昨七月内向人轉貸造豔,伏望公主宰相知曉。"以上五例中"豔"皆用爲"燄"之借字,首例"熱豔"謂熾熱的火焰;次例"紅豔"謂燈發出的紅色光焰;第三、四例前言"光豔",後稱"光燄"或"光炎",三者爲同詞異寫,皆指火焰紋;末例狀稱打算"造豔",但錢不夠,只好向人借錢"造豔","豔"爲名詞,作"造"的賓語,當是"焰"之音借,指光焰,即佛像後飾有火焰圖案的背座①。傳世佛典亦不乏其例,如東晉佛陀跋陀羅譯《觀佛三昧海經》卷三:"於圓光上有金色豔,如摩尼珠嚴顯可愛。"句中"豔",《大正藏》校記稱元、明本作"焰"②,是此"豔"亦指光焰。又《龍龕·火部》:"爄……俗;燄,通;焰,今省;爓,正:羊贍反,火光也,火氣也。"其中俗體"爄"右旁所從應爲"豔"之省,蓋因"燄"常借"豔"爲之,後在借字"豔"的基礎上增火旁作"爓",俗省作"爄"。故上引變文中"輝華矚(屬)對如生豔",謂光輝連屬像要生出火焰一般。

---

①關於"豔"借爲"焰",表示佛光焰的詳細論述,參拙著《敦煌社會經濟文獻詞語論考》,上海:上海人民出版社,2013年,第40—42頁。

②此例承匿名審稿專家檢示,謹致謝忱。

6. 音綾

(6)差羅異繡,盡雄藩朝貢之儀;瑞錦音綾,皆大郡謝恩之禮。(Ф.96《雙恩記》)

按:"音綾",任半塘、王鍈均校"音"作"香"①;趙匡華、周紹良録作"音後"②,劉凱鳴據此認爲"音後"當是"章服"之訛③;《新書》(72)於"音"後括注"?",以示存疑;《校注》(931)從任校作"香";《選注》(1059)認爲"音"應是"香"字形誤。"音""香"形近,不排除有致誤的可能。但令人生疑的是,文獻中幾乎未見"香綾"爲詞之例。故"音"字的校讀,還可進一步探究。

竊疑"音"爲"奇"之形訛。字形上,"奇"或"奇"旁俗書常作"竒",如同卷"牛羊蘇乳能**竒**異""點作樓臺織**綺**羅"中的截圖字,分別爲"奇"與"綺"之俗寫。"竒""音"上部形近,易於致誤。如Ф.101《維摩碎金》:"身披**綿**繡,寧知織女之新(辛)勤。"句中截圖字右上略爲漫漶,但其字爲"綌"之手寫應無疑問。"綌"字字書不載,以往的整理本都將它録作"錦",字形不合,恐未確。竊謂其字爲"綺(綺)"之形訛,"綺繡"指彩色絲織品。既然"綺(綺)"或形訛作"綌",那麼"竒(奇)"也完全可能形訛作"音"("章"上部所從即"音")。

若"音"爲"奇"之俗訛,則"音綾"當作"奇綾",指紋樣奇異的綾類織物④,文獻中不

---

①任半塘《〈雙恩記〉變文殘本》,《揚州師範學院學報(社會科學版)》1980年第3期,第19頁;王鍈《敦煌變文點校獻疑》,《杭州大學學報(哲學社會科學版)》1988年第1期,第80頁。
②趙匡華、周紹良:《蘇聯所藏押座文及説唱佛經故事五種》之二《佛報恩經講經文》,《敦煌變文論文録·附録》,上海:上海古籍出版社,1982年,第827頁。
③劉凱鳴:《敦煌變文校勘辨補》,《蘭州大學學報(社會科學版)》1984年第3期,第116頁。
④"奇綾"的"奇",筆者解爲"奇異"。審稿專家指出:"以'奇異'釋'奇',似未達一間。'奇'與'瑞'對文,似乎還是美、佳之義(前句'差''異'纔是奇特、奇異之義)。《古詩爲焦仲卿妻作》:'今日違情義,恐此事非奇。''奇'猶言佳、妙。"竊以爲:句中"差羅異繡""瑞錦音(奇)綾"的"差""異""奇"與"瑞"義近,都指與衆不同、極其罕見的"奇異",亦即稀奇、珍異。如《舊唐書·崔寧傳》:"(嚴)武至劍南,遺(張)獻誠奇錦珍貝,價兼百金,獻誠大悦。"又《裴胄傳》:"胄簡儉恒一,時諸道節度觀察使競剥下厚斂,制奇錦異綾,以進奉爲名。"例中"奇"分別與"珍""異"對文同義,皆指珍異、稀奇。又如BD.3024(北8437;雲24)《八相變》:"大王有(道):'夫人産生,乃出奇祥太子,生下便語。口稱唯尊,天上人間,獨我無勝。固(故)請仙哲,占相斯人。'仙師見太子出來,流淚滿目,手拭眼淚,口讚希嗟(差)。"摩耶夫人所生太子,出生便能説話,且自稱"天上天下,唯我獨尊",如此希奇之事、靈異之童,阿私陀仙讚曰"希差",净飯王謂之"奇祥太子",蓋言其其事奇異禎祥也。另古代並蒂蓮、連理枝等罕見之物,往往被視爲祥瑞,蓋亦因其"奇異"也。若以"佳、妙"釋上引諸例中"奇",恐未安。

乏其例。如宋宋敏求《唐大詔令集》卷二《順宗即位赦》:"常貢外不得别進物錢,金銀器皿、奇綾異錦、彫文刻鏤之類,若已發在路者,並納左藏庫。"《册府元龜》卷六五"發號令"載長慶四年三月赦書:"應天下所貢奇綾異錦、彫文刻鏤,一事已上有涉踰制者,悉皆禁斷。"二例中"奇綾異錦"之用,更可助證上引《雙恩記》中的"音"確爲"奇"之俗訛。

綜合形、義兩方面看,所謂"瑞錦音綾"應作"瑞錦奇綾",與傳世典籍中的"奇綾異錦"表意相同。然則校"音"爲"奇",可謂文從字順。

7. 較察

(7)保持鎖鑰費身力,較察奸邪無少容。(Φ.96《雙恩記》)

按:"較察"的"較",以往的整理本均無説;郭在貽認爲應讀作"糾"①,較、糾並隸見紐,有通用的可能,較察即糾察。此説有一定的道理,但"較""糾"一屬效韻,一爲黝韻,二字聲同韻隔,且文獻中似亦未見它們通借之例。故"較"字如何校讀,還可斟酌。綜合讀音、詞義考慮,竊以爲"較"可讀爲"覺"②。"覺""較"《廣韻》都有"古岳切"一音,"覺"讀此音時,可指"察知、發覺","較察"即"覺察",爲近義複詞。如《周書·明帝紀》:"公卿、大夫、士爰及牧守、黎庶等,今宜各上封事,謹言極諫,罔有所諱,朕將覺察,以答天譴。"唐李德裕《請淮南等五道置遊奕船狀》:"如兩度有賊不覺察,遊奕將科責差替。"宋朱熹《乞禁保甲擅闢集劄子》:"契勘保甲之法,什伍其民,使之守護里閈,覺察奸盜,誠古今不易之良法也。"皆其例。

補記:拙文刊出後,郜同麟《敦煌變文字詞補釋》、吴銘《敦煌變文〈雙恩記〉零札兩則》先後指出:"較察",義猶"檢察"從,不必破讀。此説甚是。

---

①郭在貽:《蘇聯所藏押座文及説唱佛經故事五種校記》,《文獻》1984年第3期;收入《敦煌文獻整理論集》,杭州:浙江大學出版社,2018年,第165頁。

②"較""覺"相通,參蔣禮鴻《敦煌變文字義通釋》"教交 校較 效覺"條,上海:上海古籍出版社,1997年,第229—232頁。

8. 耳意懷

(8)濟人須是自豐財，多才臨時耳意懷。（Ф.96《雙恩記》）

按："多才臨時耳意懷"句，任半塘改作"多少臨時自意懷"①；趙匡華、周紹良照録②；《新書》（75）改作"多少臨時取意懷"；《校注》（952）謂"此句費解，'才'疑當作'財'，'耳'當作'自'。"《選注》（1065、1067）録校作"多才（少）臨時耳（恣）意懷"，注云："原文'才'是'少'字形誤；下文云'多即我能施滿足，少時他不爲添陪'，故此處以'多少'爲言。又原文'耳'是'自'字形誤，而'自'又是'恣'字音誤，'恣意懷'即隨心所欲，這裏是説想施捨多少就施捨多少。"劉瑞明以爲項楚（2006）校"自"爲"恣"極確，"多少"一層則可商，因與原文不符③。

綜觀上引各家所述，竊以爲《校注》疑"才"當作"財"，可從；《選注》對句意的理解最爲貼近。然句中"耳"字頗爲費解，前賢的校讀衆説紛紜：或改作"自"，或改作"取"，或改作"自"又校爲"恣"，莫衷一是。將前後兩句合觀，前句中與"耳"相對的正是"自"，後句似不可能再重出"自"而形訛作"耳"，進而音誤作"恣"。從文意看，"耳意懷"即項氏所言"隨心所欲"的意思。考慮到敦煌文獻中"而"與"如"常音近借用，故此竊疑"耳"當讀爲"如"。讀音上，"耳"《廣韻》音而止切，日紐止韻止攝開口三等；"如"音人諸切，日紐魚韻遇攝開口三等，二字紐同韻隔，但止、遇二攝三等混同正是唐五代西北方音的特點。敦煌文獻中，"而"可借作"耳"，如 S.1494《卧輪禪師看心法》："然其心性，湛若虛空，本來不生，實亦不滅，何須收攝、遮截、伏禁，徒費其功而。""而"用爲句末語氣詞，顯當讀同"耳"。"而""如"在敦煌寫本中通用無別，前文所引 S.4480V《太子成道變文》"水上如（而）蒲（鋪），並箭（剪）髮如（而）蒲（鋪）"即其例。然則校"耳"作"如"，在音理上應無疑問。詞義上，"如"指隨順、依從，《説文·女部》："如，從隨也。"段玉裁注："從隨即隨從也。"故"耳意懷"即"如意懷"，謂隨從心意；"多才臨時耳意懷"當作"多才（財）臨時耳（如）意懷"，意謂若資財豐裕，臨當施捨，即可隨意而施。

---

①任半塘：《〈雙恩記〉變文殘本》，《揚州師範學院學報（社會科學版）》1980年第3期，第22頁。
②趙匡華、周紹良：《蘇聯所藏押座文及説唱佛經故事五種》之二《佛報恩經講經文》，上海：上海古籍出版社，1982年，第830頁。
③劉瑞明：《〈雙恩記〉變文校補》，見《劉瑞明文史述林》，蘭州：甘肅人民出版社，2012年，第1620頁。

補記：拙文刊出後，吴銘《敦煌變文〈雙恩記〉零札兩則》指出："耳意懷"即"干懷"，指干擾胸懷，影響心情。但原卷其字爲"耳"，與"干"字形不近，似無由致誤。

9. 滿成

(9) 花椀滿成師子骨，香盤合就象王牙。（Ф.101《維摩碎金》）

按："滿成"，"成"趙匡華、周紹良録校作"城（盛）"①；郭在貽、張涌泉（執筆）、黄征認爲："'成'與下句'就'對偶同義，似不誤。'滿'字則疑當作'鬭'，'鬭成'謂拼合而成，與下句'合就'義同。句意謂花椀由師子骨鬭成、香盤由象王牙合就也。下文：'其寶蓋者，千珍合就，萬寶鬭成。'亦'鬭成''合就'儷偶，可資參證。"②《新書》（380）與《校注》（808）均校"成"作"盛"；《選注》（1380）以爲校"成"作"盛"非是，原文"滿"疑當作"鬭"，"鬭成"謂鑲嵌、拼合而成。上引郭在貽、張涌泉（執筆）、黄征與《選注》之説有一定的道理，唯"滿"與"鬭"形音皆遠，不可能發生形訛或通借，故"滿"究竟當如何校讀，恐當另尋他解。

竊疑"滿"當讀爲"鞔"。讀音上，"滿"音莫旱切，明紐緩韻；"鞔"音母官切，明紐桓韻，二者聲同韻近，僅調有上、平之異，可以通借。文獻中有"鞔""滿"輾轉相通的實例，如《吕氏春秋·重己》："味衆珍則胃充，胃充則中大鞔，中大鞔而氣不達，以此長生可得乎？"高誘注："鞔，讀曰懣。"《漢書·佞幸傳·石顯》："顯與妻子徙歸故郡，憂滿不食，道病死。"顏師古注："滿，讀曰懣。"此二例中，"鞔"和"滿"分别與"懣"相通，説明"滿""鞔"二字音近，可得通借。詞義上，"鞔"可指蒙覆，如《周禮·考工記·輿人》"飾車欲侈"鄭玄注："飾車，謂革鞔輿也。"賈公彦疏："以革鞔輿，不畏圻壞，故欲得向外侈也。"姚秦佛陀耶舍共竺佛念譯《四分律》卷五一"雜揵度之一"："時比丘剃髮，患髮著衣，佛言：'聽畜承髮器。'不知云何作？'聽織竹作，若屈木爲卷，以樹皮鞔之……'"唐阿地瞿多譯《陀羅尼集經》卷八軍荼利金剛受法壇："以紫色地散花錦天衣絡髆、項、背，令其天

---

① 趙匡華、周紹良：《蘇聯所藏押座文及説唱佛經故事五種》之二《佛報恩經講經文》，上海：上海古籍出版社，1982年，第853頁。

② 郭在貽、張涌泉（執筆）、黄征：《蘇聯所藏押座文及説唱佛經故事五種補校》，《古籍整理研究學刊》1988年第4期，第22頁。

衣頭分左右各垂向下,將以綠表肉紅裏(裹)帶用繫其腰,虎皮與錦鞥其兩胯。"①句中"錦鞥",慧琳《一切經音義》卷三七釋云:"下滿盤反……《韻詮》云:覆也。"宋道原纂《景德傳燈錄》卷七盧山歸宗寺智常禪師:"師云:牛皮鞥露柱,露柱啾啾叫。"皆其例。故"花椀滿成師子骨"言花椀由師子骨蒙覆而成。

10. 紅解連天

(10)漢將德(得)勝,遂被狂寇順風放火,紅**解**連天。陵在火中,事治(恰)難爲,不免乍(詐)降戰(單)于。(P.3595《蘇武李陵執別詞》)

按:例中截圖字,《變文集》(849)錄作"解";徐震堮認爲"解"與"焰"音近借用②;陳治文指出:徐說"音近借用"不確,"解""焰"字音相去甚遠,"焰"或作"燄","解"或作"觲","燄"與"觲"形近而誤作"解"③;《新書》(908)與《校注》(1202—1204)亦作"解",後者注引徐校"解""焰"音近借用;《選注》(1745—1746)錄校作"解(燄)",注云:"原文'解'是'燄'字形誤,同'焰'。"趙家棟後又對"紅解"提出兩種新的校讀意見:一、校作"紅觲","解"與"觲"形近而訛,"觲"又爲"燹"之音借,"燹"指野火;二、讀爲"紅炼","炼"指火氣④。

綜觀各家意見,竊以爲陳、項二氏對"解"的校讀正確可從。但因兩家均未給出"解"與"燄"形訛的實證,尚難令人信服,以致後來又出現個別新異之說。敦煌文獻及傳世字書中,或有"臽"旁訛作"角"旁之例。如P.3619《唐詩叢鈔》載李斌《大桐(同)軍行》詩:"塞閑秋**觧**合,山淨夜泉明。""**觧**",徐俊錄校作"觧(燄)"⑤,可從。其中"**觧**"即"燄"之手寫形訛,説明"臽"旁手寫或訛作"角"。另如《新修玉篇》卷二四《鳥部》引《類篇》:"**鵤**,竹咸切。""**鵤**"字有音無義,楊寶忠疑即"鵪"之俗訛⑥。P.2011《刊謬補缺切

---

①"裏",《大正藏》校記稱宋本作"裹",是,據改。
②徐震堮:《敦煌變文集校記補正》,《華東師範大學學報(哲學社會科學版)》1958年第1期,第45頁。
③陳治文:《敦煌變文詞語校釋拾遺》,《中國語文》1982年第2期,第128頁。
④趙家棟:《敦煌文獻疑難字詞研究》,南京師範大學博士學位論文,2011年11月,第7頁。
⑤徐俊:《敦煌詩集殘卷輯考》,北京:中華書局,2000年,第309頁。
⑥楊寶忠:《疑難字續考》,北京:中華書局,2011年,第270頁。此所引《新修玉篇》之例及楊氏考證,皆據梁春勝《楷書異體俗體部件例字表》(未刊稿)。

韻·咸韻》竹咸反:"䭔,鳥啄物。"結合讀音、字形來看,楊氏所疑當是,此亦"臽"旁訛作"角"旁之例。由此看來,"紅䬸"之"䬸",確爲"䬸"之形訛。將"䬸"與"䭔"比勘,可知"䬸"之誤作"䬸",蓋因"臽"旁手寫與"角"旁形近訛混所致。

詞義上,"紅䬸"("䬸"或作"焰")指紅色的火焰,在與《蘇武李陵離別詞》内容相近的 BD.14666(新 866)《李陵變文》中也有類似的描述:"單于人從後放火,其煙蓬㪍(㪍),熾焰蒸天⋯⋯紅焰炎炎傳□□(盛),一回吹起一回高。"文中也用"熾焰""紅焰"等詞。又,"紅焰連天"的表達,敦煌變文習見,如 S.2073《廬山遠公話》:"是時紅焰連天,黑煙蓬悖(㪍),經在其中,一無傷損。"P.2721V《舜子變》:"即三具火把鐺脚燒,且見紅炎(焰)連天,黑煙不見天地。"皆可參證。綜合字形訛誤、用語習慣來看,"䬸"確爲"䬸"之形訛,陳、項二氏所論至確。

上列十則字詞的校讀中,七則跟語音通借相關,三則涉及字形訛誤,説明敦煌寫本的用字,或音近借用,或形近訛混。因此,校讀整理敦煌寫本文獻時,詞義是核心、是根本,唯有在準確把握文意的基礎上,從形、音兩端入手,去尋求與文意密合的"詞",實現校讀的準確性,從而最大限度地恢復文本的原貌。在"形""音"兩端中,"形"是訴諸視覺的,最容易被感知,因而校讀時大多從"形"切入,由是形誤之字總是首先被發現並得到準確的校勘;而"音"是訴諸聽覺的,往往視而無睹、聽而不覺、習焉不察,以致不少本屬音借的用字,而被錯當作形訛來校讀,猶緣木求魚而離事實的本真愈遠。因此,敦煌文獻的校讀,除了着意於形誤字的校勘外,更須重視音借字的通讀。

《廬山遠公話》續添注

——重讀《敦煌變文選注》劄記

武建宇

（河北師範大學文學院）

敦煌變文的注釋經項楚師、黄征、張涌泉等衆多專家的的努力已經成果蔚然，但是限於校注的形式，從漢語研究角度進行的注釋仍有可以申説的餘地。本文就項楚師《敦煌變文選注》、黄征與張涌泉《敦煌變文校注》中《廬山遠公話》的某些條目，從漢字漢語考證的角度進行賡續的工作。

1. 蓋聞法王蕩蕩，佛教巍巍[①]。

謹按："蕩"，讀作 dàng，定母陽部。"蕩蕩"可以指水奔突涌流貌，如《書·堯典》："湯湯洪水方割，蕩蕩懷山襄陵，浩浩滔天。"孔傳："蕩蕩，言水奔突有所滌除。"可以指廣大貌；博大貌，如《書·洪範》："無偏無黨，王道蕩蕩。"《論語·泰伯》："大哉！堯之爲君也……蕩蕩乎，民無能名焉。"朱熹集注："蕩蕩，廣遠之稱也。"其字又可作"湯湯"，如宋濂《凝道記·終胥符》："今四海湯湯，未知所底定，先生之轍跡將安之乎？"

"湯"讀作 tāng，透母陽部，開水的意思，"湯湯"讀作 shāng shāng，書母陽部，可以指水流盛大貌，如《書·堯典》："湯湯洪水方割，蕩蕩懷山襄陵，浩浩滔天。"孔傳："湯湯，流貌。"可以指廣大貌、浩茫貌，如南朝梁沈約《梁鼓吹曲·木紀謝》："仁蕩蕩，義湯湯。"

《説文·水部》："湯，熱水也。從水昜聲。"《説文·勿部》："昜，開也。從日一勿。一曰飛揚。一曰長也。一曰彊者衆兒。"與"日"有關，從"昜"得聲的字往往有"光明"

[①] 項楚：《敦煌變文選注》，見《項楚學術文集》，北京：中華書局，2019 年，第 1345 頁。

"發散"的特徵。"湯"指熱水,水燒開之後,水花向上發散、翻滾,"湯湯"就指水勢盛大、波浪翻滾的樣子。《説文·水部》:"蕩,水,出河內蕩陰,東入黄澤。"後來寫作"盪"。"蕩"有"搖動""激蕩""洗滌"義皆由"水開"而來,重疊後程度加深。所以"蕩蕩""湯湯"皆由"湯"而來,只不過後世用"湯湯"表水之盛大者多,"蕩蕩"則表示更進一步的抽象者多。

2. 王法無私,佛行平等①。

項楚師注:佛教以平等爲義。

謹按:"王法"與"佛行"相對爲文,"行"當爲名詞。《説文·行部》:"行,人之步趨也。從彳從亍。"甲骨文形體作"𧗟",實爲道路之形。《詩·豳風·七月》:"女執懿筐,遵彼微行。"孔穎達疏:"行,訓爲道也。步道謂之徑,微行爲牆下徑。"由行走的道路抽象引申指達到目標的途徑,進而指方法,再引申指規律。《國語·晉語三》:"下有直言,臣之行也;上有直刑,君之明也。"韋昭注:"行,道也。"《荀子·天論》:"天行有常,不爲堯存,不爲桀亡。"楊倞注:"天自有常行之道。"俞樾《諸子平議》認爲:"《爾雅·釋宫》:'行,道也。'天行有常即天道有常。"《易·乾》:"天行健,君子以自强不息。"孔穎達疏:"行者,運動之稱⋯⋯天行健者,謂天體之行晝夜不息,周而復始,無時虧退。"孔説與楊説皆增字解經,不足取。"佛行平等"即佛道平等。

3. 説這惠遠,家住鴈門②。

項楚師注:鴈門,唐代雁門郡,治所在今山西省代縣。

謹按:《説文·鳥部》:"鴈,䳘也。從鳥人,厂聲。"《説文·隹部》:"雁,鳥也。從隹從人,厂聲,讀若鴈。"段玉裁注:"此與《鳥部》'鴈'別,鴈從鳥爲䳘,雁從隹爲鴻雁。經典鴻雁字多作'鴈'。""鴈""雁"二字有時可以通用,但基本用字趨勢還是很明顯的,即"鴈"表示鵝,"雁"表示大雁。"雁門關"從"雁"取意甚明。

---

①項楚:《敦煌變文選注》,見《項楚學術文集》,北京:中華書局,2019年,第1345頁。
②項楚:《敦煌變文選注》,第1345頁。

4. 知三禪定如而樂①。

"知三禪定如而樂",《敦煌變文新書》(以下簡稱《新書》)作"知三禪定如(而)樂",《敦煌變文校注》(以下簡稱《校注》)同《新書》,並且注釋説:"如,應讀作'而'。"②

謹按:原卷實作"如",不煩改。"如"有"而"義,《經籍籑詁》《助字辨略》《經傳釋詞》《經詞衍釋》皆言之,例多不舉。此處"如"當出注釋而不當出校記,徑改"如"作"而"不妥。後文"長於苦海,如作法船"用法相同。

5. 便委世之不遠③。

項楚師注:此句言不須遠離人世而上生第三禪天,便能獲第三禪天之樂。"委"即委棄之義。

謹按:誠如項楚師所言,則"委世之不遠"處理成了"主+之+謂"結構,但"委世"做主語,與其他的"主+之+謂"殊不吻合,而且"主+之+謂"是名詞性結構,與前面的"便"句法上不能匹配。"委"有"知悉"義,"世之不遠"作"委"的賓語,意即遠公修行佛法,知道了第三禪天之樂,就知道了在俗世生活不能長遠。

6. 枯松〔□〕萬歲之藤蘿,桃花弄千春之色④。

項楚師注:"色"上應脱一字。

《校注》從之,並説:"此處補空格,疑是'秀'字。"□,《校注》認爲"脱文當爲'掛''懸'之類,姑補爲'掛'"⑤。

---

① 項楚:《敦煌變文選注》,見《項楚學術文集》,北京:中華書局,2019年,第1345頁。
② 黄征、張涌泉:《敦煌變文校注》,北京:中華書局,1997年,第252頁。
③ 項楚:《敦煌變文選注》,第1345頁。
④ 項楚:《敦煌變文選注》,第1349頁。
⑤ 黄征、張涌泉:《敦煌變文校注》,第252頁。

謹按：補一字則全句爲八字，恐非是。或可認爲下句不誤，上句因"藤"而誤衍"蘿"字。□，或可補"纏繞"類動詞。本院文獻學專業碩士生張麗楠認爲，此處或可處理爲"枯松蘿萬歲之藤，桃花弄千春之色"，蓋抄手誤脱"羅"字，隨補於句尾。愚以爲此説甚佳。

7. 便於香爐峰頂北邊，權時結一草菴①。

謹按："結一草菴"的"結"與"構木爲巢"的情況不同。《説文·木部》："構，蓋也。從木冓聲。"段玉裁注："冓，交積材也，凡覆蓋必交積材。從木，冓聲，以形聲包會意。"從"冓"得聲的字往往含有對交義。"構"就是將木材交錯搭建起來。《説文·糸部》："結，締也。"所謂"結繩"就是用繩子打結。"結一草菴""繫一茅庵"，包括陶淵明的"結廬"等一系列的用法，"結""繫"的對象都是草庵、茅庵。"廬山"取"空廬"之意，"廬"本也是簡陋的房子。如圖所示：

每一根木材交集於頂部，以繩繫之，此爲"結"。

8. 山神又問："僧人到此，所須何物？"樹神奏曰："適來問他，並不要諸事。言道只要一寺舍伽藍居止。"山神曰："若要別事即難，若要寺舍住持，渾當小事。"②

項楚師注："別事，別的東西。'事'即物件、東西。敦煌本《伍子胥變文》：'劍璧之事，請更莫留。'"

---

①項楚：《敦煌變文選注》，見《項楚學術文集》，北京：中華書局，2019年，第1349頁。
②項楚：《敦煌變文選注》，第1351頁。

《校注》近之①。

  謹按:《漢書·霍光傳》:"受璽以來二十七日,使者旁午,持節詔諸官署徵發,凡千一百二十七事。"《百喻經·水火喻》:"火及冷水二事俱失。"

9. 汝亦不要東西,與我點檢山中鬼神,與此和尚造寺②。

  項楚師注:"東西:離去。"

  謹按:釋義不確。王鍈師《詩詞曲語辭例釋》已發明之。"東西"爲奔走或流亡義。《選注》所引《易林》例句中爲流亡義,餘皆可釋爲奔走義,"離去"義偏窄。

10. 遠公遂已錫杖攠之,方得其水③。

  項楚師注:"錫杖,僧徒所持之杖。"引義淨《南海寄歸內法傳》説:"言錫杖者,梵云喫棄羅,即是鳴聲之義。古人譯爲錫者,意取錫錫作聲。"

  謹按:《説文·金部》:"錫,銀鉛之閒也。從金易聲。"《説文·易部》:"易,蜥易,蝘蜓,守宮也,象形。"《字源》認爲"易"的古文字字形是 ,"像雙手持器向另一器傾注液體之形",後來引申爲"賜予""更易""變易""容易"。液體在兩個容器之間轉移,金屬處於"銀""鉛"之間的狀態與之相似,所以"錫"可以表示"賜"義。"錫""賜"的古音都是心母錫部,構擬爲[siek],此物搖動時發出[sieksiek]的聲音,故名錫杖。

---

①黃征、張涌泉:《敦煌變文校注》,北京:中華書局,1997年,第253頁。
②項楚:《敦煌變文選注》,見《項楚學術文集》,北京:中華書局,2019年,第1351頁。
③項楚:《敦煌變文選注》,第1351頁。

11. 遠公是日爲諸徒衆廣説《大涅槃經》之義。前後一年,聽衆如雲,施利若雨①。

《選注》《校注》②皆無注。後文"是人皆老"項楚師注:"是人,一切人。""是事不於身心",項楚師注:"是事"猶言萬事。

謹按:二"是"用法相同,用在他詞之前表示概括。如陶潛《飲酒》詩之十八:"觴來爲之盡,是諮無不塞。"賈島《送孫逸人》詩:"是藥皆諳性,令人漸信仙。"柳永《八聲甘州》:"是處紅衰翠減,苒苒物華休。"故"是日"猶言每日,"是事"猶言每事。

12. 若諸賢聖不許,願筆當時卻下③。

項楚師注:"當時卻下:立即掉下。'卻下'是説又掉下來。"
謹按:"卻下"即掉下,"又"則非是。

13. 遠公便爲衆宣揚大涅盤經義,直得諸方來聽④。

項楚師注:"直得:直使,直教。"
謹按:《説文·乚部》:"直,正見也。"小篆字形作"直",段玉裁注:"《左傳》曰:'正直爲正,正曲爲直。'其引申之義也。見之審則必能矯其枉,故曰正曲爲直。從十目,謂以十目視者無所逃也。"甲骨文字形作"𠃊",《字源》認爲是"以目測量材料,使之不彎曲"之形,所以"直"的構意是直視、不偏斜,用在其他動詞前面表示強調。

---

①項楚:《敦煌變文選注》,見《項楚學術文集》,北京:中華書局,2019年,第1363頁。
②黄征、張涌泉:《敦煌變文校注》,北京:中華書局,1997年,第254頁。
③項楚:《敦煌變文選注》,第1364頁。
④項楚:《敦煌變文選注》,第1364頁。

14. 兀髮(眉)齊,身掛短褐①。

項楚師注:"掛:穿著。"

謹按:表示穿衣的常用動詞除了"掛"之外,還有"衣""著""穿"等,但是各有詞義特徵,不盡相同。

《説文·手部》:"掛,畫也。"段玉裁注:"《易·繫辭傳》:'分而爲二以象兩,掛一以象三。'……古本多作畫者,此等皆有分別畫出之意。陸德明云:'掛,別也。後人乃云懸掛,俗製掛字耳。'"張舜徽《説文解字約注》:"掛之言界也,謂界畫也。"今天常用義爲"懸掛",表"穿著"義的詞義特徵是"把衣物掛在人的身體上"。

《説文·衣部》:"衣,依也。上曰衣,下曰裳。"小篆字形作"𧘝","衣"最初是覆蓋在身體上部的衣物,後來引申指覆蓋在身體表面的衣物,如寢衣、心衣、足衣、耳衣等,再引申指表面的東西,如書衣、墻衣等。無論哪一種"衣"都是挨近內裡的表皮,所以"衣"有"近"的意思。《説文·人部》:"依,倚也。"但實際上"依"是挨近,"倚"是斜靠。"衣"有穿衣的意思,如《莊子·盜跖》:"不耕而食,不織而衣。"其詞義特徵是"覆蓋表面"。

"著"的穿著義源於"附著"義。《國語·晉語四》:"今戾久矣,戾久將底。底著滯淫,誰能興之?"韋昭注:"著,附也。"所以"著"表示穿著的詞義特徵是"把衣物附著在身體上"。

《説文·穴部》:"穿,通也。從牙在穴中。"意即"貫穿",表示"穿著"義的詞義特徵是"手臂從袖中穿過"。

15. 債主不遠,當朝宰相,常鄰相公身是。②

項楚師注:"'相公'是對宰相的稱呼。"

謹按:《説文·目部》:"相,省視也。從目從木。《易》曰:'地可觀者,莫可觀於木。'"本義是仔細看。字形"從目從木",表示"仔細看"需要藉助外在的"木",一

---

① 項楚:《敦煌變文選注》,見《項楚學術文集》,北京:中華書局,2019 年,第 1378 頁。
② 項楚:《敦煌變文選注》,第 1379 頁。

"木"爲觀察目標定位,所以扶助盲人的人被叫作"相"。《禮記·仲尼燕居》:"治國而無禮,譬猶瞽之無相與,倀倀乎,其何之?"孔穎達疏:"相,謂扶相。""扶相"即在旁協助,引申指輔助、輔佐義。韓愈《賀皇帝即位表》:"臣聞王者必爲天所相,爲人所歸,上符天心,下合人志。"輔佐君主的官員叫作"相"。《荀子·王霸》:"相者,論列百官之長,要百事之聽,以飾朝廷臣下百事之分,度其功勞,論其慶賞,歲終奉其成功以效於君。"也叫"相國",宋高承《事物紀原·師保輔相·相國》:"亦秦置官,始皇帝立,尊吕不韋爲相國。漢初蕭何亦爲之,今人以呼宰輔也。""國"之君主爲"公",故亦稱"相公"。

16. 夜久更深,再擬殘燈①。

項楚師注:"擬:以武器相比劃,這裏是説挑起燈芯。"

謹按:《説文·手部》:"擬,度也。從手疑聲。""度"指測量長度,"疑"有"似"義,如《列子·黄帝》:"用志不分,乃疑於神。"張湛注:"意專則與神相似者也。""擬"是把手展開,用拇指指尖到中指指尖的長度進行測量,張開的長度與對象的長度近似,所以有"比擬"。引申爲用工具指向目標,例如《漢書·蘇武傳》:"〔衛律〕復舉劍擬之。"這裏指指向燈芯。

17. 汝莫慢語②。

項楚師注:"慢語:同'謾語',説謊。"

謹按:《説文·心部》:"慢,惰也。從心曼聲。一曰慢,不畏也。"《説文·言部》:"謾,欺也。從言曼聲。"《説文·又部》:"曼,引也。從又冒聲。"甲骨文作"![]",郭沫若認爲像"兩手張目"之形,金文字形作"![]",始加"冃(冒)",取"拉開蒙覆、兩目遊觀"之形,小篆沿襲作"![]"。"曼"有"長""大"義,如《詩·魯頌·閟宫》:"孔曼且碩,萬民是若。"鄭玄箋:"曼,脩也,廣也。"《淮南子·修務訓》:"曼頰皓齒,形誇骨佳。"高誘注:

---

①項楚:《敦煌變文選注》,見《項楚學術文集》,北京:中華書局,2019年,第1395頁。
②項楚:《敦煌變文選注》,第1396頁。

"曼頬,細理也。"《説文》釋"曼"爲"引",是兩手張目之義的引申。"慢"指心中思考的時間拉長,所以懈怠,而懈怠的原因是無所畏懼。"謾"是言語誇大,與説謊不盡同。

18. 怨家債主,得命方休。既先忍子,還須後死,即此名爲"生苦"①。

項楚師注:忍子:謂忍受十月懷胎及分娩的種種痛苦。
謹按:此注僅僅説明"忍"在語境中的特殊意義,但是所謂"十月懷胎及分娩的種種痛苦",確是對"子"的誤讀。"子"可以加在動詞之後,表示動作完成,相當於"了"。《漢語方言大詞典》指出,現在吳語有此用法,較早的用例引《何典》:"喫子困,困子喫,終日半眠半坐。"又可以寫作"仔",仍然用於吳語方言,《漢語方言大詞典》引《海上花列傳》爲證。從敦煌文獻來看"了"表示完成的時代當更早在唐代即已出現。

19. 著街衢見端正之人,便言前境修來②。

項楚師注:原文"著"是"若"字形誤。
《校注》:悉依原卷作"着",爲介詞,義同"於"③。
謹按:"著"字不誤,原卷字作"著",即"著"字,《校注》爲長。"著"有"附著"義,見上14條。一物附著在某處即停留在某處,引申爲介詞,引出處所,如《世説新語·傷逝》:"庾文康亡,何揚州臨葬云:'埋玉樹著土中,使人情何能已已!'"也可以寫作"箸",如《世説新語·德行》:"長文尚小,載箸車中;文若亦小,坐箸膝前。""著街衢"即在街衢。

---

①項楚:《敦煌變文選注》,見《項楚學術文集》,北京:中華書局,2019年,第1399頁。
②項楚:《敦煌變文選注》,第1423頁。
③黄征、張涌泉:《敦煌變文校注》,北京:中華書局,1997年,第287頁。

20. 相公在於，座主莫謾生人①。

項楚師注：在於：即"在與""在預"，謂在場。
謹按："在於"爲並列連用，就是"在"的意思。

21. 豈緣一鼠之愆，勞發千鈞之弩。
汝若見吾之鼓，不辭對答往來②。

項楚師注：見吾之鼓：文字疑有誤。"鼓"應指"論鼓"，天竺僧侶欲求辯論，則擊打論鼓。
謹按：此處求之過深。"千鈞之弩""鼓"都是軍戎之具。"鼓"意味着前進衝鋒，如《左傳·莊公十年》："公將鼓之。"《左傳·僖公二十二年》："寡人雖亡國之餘。不鼓不成列。""見"有聽義，如《國語·周語中》："王見其語，召原公而問之，原公以告。"杜甫《杜鵑行》："君不見昔日蜀天子，化爲杜鵑似老烏。"韋莊《村笛》："卻見孤村明月夜，一聲牛笛斷人腸。""汝若見吾之鼓"意即你如果想聽我的鼓聲，指如果你想和我對壘辯論。

---

①項楚：《敦煌變文選注》，見《項楚學術文集》，北京：中華書局，2019年，第1440頁。
②項楚：《敦煌變文選注》，第1441頁。

漢藏文學交融的結晶

——敦煌變文《四獸因緣》考論

王樹平　包得義

（河北民族師範學院文學與傳媒學院）

敦煌位於河西走廊的最西端，是古代絲綢之路上的文化重鎮，自古便是"華戎所交，一都會也"（《續漢書·郡國志》劉昭注引《耆舊記》）。歷史上不同民族甚至不同種族的人在此創造了輝煌燦爛的文化，敦煌莫高窟內保存的風格多樣的精美壁畫、彩塑，和藏經洞珍藏的用多種語言文字寫成的敦煌文書就是歷史的絕佳記錄與最好見證。且不說那些粟特文、突厥文、波斯文、梵文等胡語文獻和吐火羅文、于闐文、吐蕃文、回鶻文、西夏文等多種少數民族文獻真實反映了古代外來民族和少數民族在敦煌的生活場景以及中外民族之間的文化交流，就是那些用漢字書寫的珍貴文書，也能折射出漢族人民和其他少數民族人民以及外國人民之間的文化交融。本文關注的敦煌漢文寫本《四獸因緣》，就是這種能反應古代漢族文化和藏族文化交融的珍貴歷史文獻。

一、《四獸因緣》變文與漢文佛典三獸本生故事之異

敦煌遺書 P.2187 號寫卷按照抄寫內容的不同可分爲四部分：（1）卷首爲《降魔變文押座文》；（2）接抄《破魔變文》一篇，占全卷內容四分之三強；（3）抄變文《四獸因緣》一篇；（4）最後抄《敦煌諸寺奉使衙帖處分常住文書》（原卷無題，此依《敦煌遺書總目索引新編》所擬）。本文要重點探討的便是此寫卷中的變文《四獸因緣》。

《四獸因緣》原本首尾完整，長約五百餘字，包括兩個部分：第一部分是四獸因緣故事本身，第二部分是唐僧統和尚悟真據此故事創作的《四獸恩義頌》。四獸因緣故事主要講述的是古時迦尸國國王與夫人、太子均認爲國家安定、五穀豐登、四序調和源於自

己的美好德行,因而互相爭奪功勞,無法達成共識,最後一起去決疑於修道仙人,不料仙人答言此祥瑞非關國王、夫人和太子,乃是山林中迦毗羅鳥、兔子、獼猴和白象四隻野獸序齒之後"結為兄弟,行恩布義,互相尊敬"而"感世清平"。四獸故事最後借佛陀之口説出鳥為佛身,兔為舍利弗,獼猴是大目乾連,白象即阿難陀。

據此富有特徵性的内容,學界都判定《四獸因緣》中所載的四獸故事為佛本生故事之一,但奇怪的是此四獸本生故事與漢文佛典中所載的情節類似的本生故事顯然有别,最突出的差異在於不同漢文佛典本生故事中涉及的野獸雖然名稱稍異,但總數只有三個,絶不見有四獸的記載,這也引發了很多學者的關注。項楚《敦煌文學雜考》①《敦煌變文選注》②、馬世長《四獸因緣考》③找出了八部漢文佛典中所載的三獸本生故事。但是,對於漢文佛典中的三獸本生故事,學界的相關探討稍顯粗疏,尚有分析之必要。

表1　漢文佛典中的"三獸本生"故事比較簡表

佛典	三獸			備註
《出曜經》卷一四(姚秦竺佛念譯)	象	獼猴	佉頻闍羅鳥	
《十誦律》卷三四(後秦弗若多羅譯)	象	獼猴	鵄	
《四分律》卷五〇(姚秦佛陀耶舍共竺佛念等譯)	象	獼猴	鵄鳥	
《摩訶僧祇律》卷二七(東晉佛陀跋陀羅共法顯譯)	象	獼猴	巔多鳥	
《五分律》卷一七(宋佛陀什共竺道生等譯)	象	獼猴	雉	
《大智度論》卷一二(鳩摩羅什譯)	象	獼猴	迦頻闍羅鳥	
《經律異相》卷四七	象	獼猴	鵄鳥	引《四分律》
《法苑珠林》卷一九	象	獼猴	鵄鳥	引《十誦律》
《大唐西域記》卷七	白象	獼猴	鳥	

上列漢文佛典中,《出曜經》屬於經部,《十誦律》《四分律》《五分律》《摩訶僧祇律》皆屬律部,《大智度論》屬於論部。考察這些佛典中佛陀講述三獸本生故事的緣起,各

---

①項楚:《敦煌文學雜考》,原載《1983年全國敦煌學術討論會論文集(文史·遺書編下冊)》,蘭州:甘肅人民出版社,1987年,第135—137頁。
②項楚:《敦煌變文選注》(增訂本),北京:中華書局,2006年,第2006頁。
③馬世長:《四獸因緣考》,《敦煌研究》1989年第2期,第22頁。

有不同。《出曜經》(399年譯出)卷一四載有人疑惑佛陀爲何在鹿野苑中專爲天人説法,佛陀答言"諸天及人得成道果,越次取證,衆知自在。除就八關齋法,除鬼神,三自歸。猶如畜獸佉頻闍羅鳥勤精梵行",從而引出象、獼猴、佉頻闍羅鳥三獸互相敬待、推讓老者的故事。《大智度論》(402—405年譯出)卷一二論法身菩薩行檀波羅蜜時,佛言曾經閻浮提人不知禮敬,法身菩薩爲教化世俗故,自變其身爲"迦頻闍羅鳥",與大象、獼猴結爲親友,排定長幼,恭敬供養長老,爲世人做了示範。律藏中,漢地最早譯出的是《十誦律》(404—405年譯出),是書卷三四載緣諸比丘互相輕慢、無恭敬行,世尊爲説鷄、獼猴、象三獸互相恭敬行尊重法的本生故事,最後制戒先受大戒者"應先坐、先受水、先受飲食"。《四分律》(410—412年譯出)卷五〇載諸比丘爭搶房舍,不知恭敬上座,致目連、舍利弗不得房宿,佛陀乃講過去世象、獼猴、鷄鳥推定年齡大小,恭敬長老之事,制戒諸比丘"聽隨長幼恭敬禮拜上座迎逆問訊"。《摩訶僧祇律》(416—418譯出)卷二七中記載佛陀亦因比丘不恭敬長老,而引三獸故事爲喻,制定正確的恭敬法,引三獸故事的緣起與《四分律》相近,但也有不同之處,《僧祇律》中佛陀明言"爾時象者我身是",言其過去世時早已能够恭敬長老。《五分律》(423—424譯出)卷一七中言因"諸比丘無上下坐,不相恭敬",佛陀引過去世雉、獼猴、象三獸推敬長老之事,制戒"先受具足戒者"應受恭敬禮拜。案《十誦律》爲説一切有部律典,《摩訶僧祇律》屬大衆部律典,《四分律》爲上座部系統法藏部之律典,《五分律》爲上座部系統化地部所傳戒律,四部律典中佛陀講述三獸本生故事均緣於原始佛教時期之初僧團内不知恭敬長者。而《經律異相》《法苑珠林》二部皆屬中土僧人摘抄佛典之類書,其中所載的三獸本生故事分別引自《四分律》和《十誦律》。《大唐西域記》卷七載於婆羅痆斯國"捩牙側不遠有窣堵波,是如來修菩薩行時愍世無禮,示爲鳥身,與彼獼猴、白象,於此相問誰先見是尼拘律樹,各言事蹟,遂編長幼,化漸遠近,人知上下,道俗歸依"①。可知玄奘所記,乃本乎《大智度論》。

敦煌學研究專家都指出了漢文佛典中確實存在着與《四獸因緣》情節近似的三獸本生故事,但不見有四獸本生的記載,因而對於四獸本生故事的源頭,學界有不同的看法,有人以爲是漢文佛經三獸故事的衍生或擴展,馬世長根據新疆庫車的石窟壁畫和西藏唐卡中的四獸圖畫,認爲"四獸因緣變文可能不是出於漢文佛典,而是從藏文佛典中演化出來的"②,第一個大膽推測四獸因緣的故事可能承自藏文佛教經典,此觀點得到

---

① (唐)玄奘、辯機原著,季羨林等校注:《大唐西域記校注》,北京:中華書局,1985年,第569頁。
② 馬世長:《四獸因緣考》,《敦煌研究》1989年第2期,第26頁。

了後來研究者的贊同①。雖然馬世長爲考察《四獸因緣》的故事來源指出了一條可以努力的方向,但由於一般從事漢文佛經研究的學者較少懂得、掌握藏文,也就難以去調查藏文佛經中是否真的存在四獸本生故事,而只懂藏文但不從事宗教研究的人員也不會留意於此。質言之,想要解決這一難題,就需要既懂藏文又從事宗教學研究的學者展開相關研究。

二、《四獸因緣》故事題材來源

後來,巫新華《論"四獸圖"和"四獸因緣"故事的來源及流傳》一文系統考察了巴利文佛經、漢文佛經和藏文佛經中有關三獸、四獸本生故事的記載,並聯繫新疆拜城克孜爾石窟、庫車庫木土拉石窟壁畫和西藏唐卡的圖畫内容,認爲新疆境内石窟壁畫中的三獸、四獸本生故事及藏區廣爲流傳的四獸本生故事皆來源於印度②。

考察吐蕃佛教的傳播過程,我們認爲巫新華此論極有見地。衆所周知,吐蕃在贊普赤松德贊(公元755—797年在位)時期,請來寂護和蓮花生大師,籌建吐蕃歷史上第一座真正意義上的寺院——桑耶寺,並派人前往印度請來了12位根本説一切有部的僧人,協助寂護完成剃度吐蕃第一批貴族青年子弟出家。在赤松德贊的大力倡導下,印度佛教相繼戰勝原始苯教和漢地佛教,在吐蕃取得了優勢地位。爲使印度佛教在吐蕃廣泛流傳,吐蕃贊普有意組織佛經翻譯,爲保證譯經事業的順利進行,赤松德贊一方面實行"走出去"戰略,在吐蕃選拔穎慧男童赴印度學習梵文,學成後歸國從事翻譯;一方面實行"請進來"政策,積極邀請無垢友、法稱等外國高僧前赴吐蕃向本土青年人傳授梵文,進行佛經翻譯。最終,在赤松德贊晚年於桑耶寺舉行了大規模的譯經活動,而赤松德贊早已決定要以印度小乘佛教中的"説一切有部"的戒律爲標準戒律,禁止翻譯其他宗的戒律③。

而"四獸本生故事原型就保存在從印度佛教根本説一切有部的律典翻譯而來的藏

---

①張涌泉、黄征:《敦煌變文全集校注》,北京:中華書局,1997年,第1214頁。張瑞芳:《敦煌寫本〈四獸因緣〉〈茶酒論〉與佛經故事的關係》,《興大中文學報》1993年第6期,第225頁。

②巫新華:《論"四獸圖"和"四獸因緣"故事的來源及流傳》,北京大學碩士學位論文,1994年。後全文載於《原學》第五輯,北京:中國廣播電視出版社,1996年。

③王輔仁:《西藏佛教史略》,西寧:青海人民出版社,2005年,第35頁。

文佛典中"①,經過考察藏文佛典和藏族文學作品,巫新華從中找到了五例較爲典型的四獸本生故事,分別爲:一是八世紀印度學者勝友和藏族譯師萬德魯堅贊譯梵爲藏的《四部毗奈耶》中《律分別》卷一"和氣四兄弟"本生故事;二是八世紀智獅子和文殊鎧譯《本生鬘》第三十四品"鷓鴣本生";三是十三世紀由印度詩人善吉祥和師雄・傑堅贊翻《如意寶樹》第八十六品"大額野牛";四是十五世紀初一世達賴根敦珠著《毗奈耶經廣因緣集》卷一五;五是十五世紀南托巴(索南札巴)所作《格丹格言》第十四品"和氣兄弟"②。這五例文獻中,後三例產生時間較晚,第二例屬於佛教本生經,只有第一例出自印度佛教根本說一切有部的律典。

藏文《四部毗奈耶》(律分別、律本事、律雜事及律上分)中《律分別》卷一"和氣四兄弟"本生故事譯爲漢文後文字較多,主要內容如下:

衆比丘問詢學法的儀軌於世尊,佛陀說:"在波羅奈斯(鹿野苑)城郊森林深處一株枝繁葉茂、樹幹高大的尼拘律樹旁,生活着鷓鴣、兔、獼猴、大象四種動物,它們都能說人類語言,起初四者互相輕慢,不知禮讓。一次論及抵達極樂佛國的問題,鷓鴣鳥說應當尊老敬賢,多做善業以供奉福田。四個動物依次述說自己的年齡。大象言見尼拘律樹時與其身體一樣高大,獼猴說看見此樹和其身體等長,兔子說它見此樹時只有五個樹杈,曾舔食過枝葉上的露珠,鷓鴣鳥說它在雪山邊食用了尼拘律樹果實,飛到此地時曾將種子排泄於此,從而長出了樹。於是他們排定了大小,行走時猴子騎坐在大象身上,白兔騎坐在猴身上,鷓鴣鳥站在兔身上。因之林中其他動物被感化,爭相效法,感得五穀豐登,風雨順時。梵天大王一開始還以爲是自己福運之力所感,後經修道仙人指導,知道四獸事後,命令國人一律奉行五戒。由是,鷓鴣鳥、兔、獼猴、大象四獸死後再生於天國。"最後佛陀告訴衆比丘:"鷓鴣鳥是我的前身,兔子是舍利弗,獼猴是目犍連,大象是阿難陀。"③

爲了更爲清楚、直觀地看到漢文佛經三獸故事、藏文佛經中的四獸故事與敦煌變文《四獸因緣》中四獸本生故事之間的關係,我們不妨對照其中幾個重要的故事情節,以見其異同。

---

①巫新華:《論"四獸圖"和"四獸因緣"故事的來源及流傳》,《原學》第五輯,1996年,第182頁。
②巫新華:《論"四獸圖"和"四獸因緣"故事的來源及流傳》,第170—171頁。
③巫新華:《論"四獸圖"和"四獸因緣"故事的來源及流傳》,第171—172頁。原文較長,爲省篇幅,此處文字爲筆者撮述其意。

表2　漢、藏佛典中"三/四獸本生"故事重要情節對照表

	典籍	排定長幼	背負遊行	命終生天	感化世俗	前生認定
三獸本生 / 漢文佛典	《出曜經》卷一四	√	√		√	
	《十誦律》卷三四	√		√	√	鷞—佛 獼猴—舍利弗 大象—目連
	《四分律》卷五〇	√	√	√		
	《摩訶僧祇律》卷二七	√		√		象—佛
	《五分律》卷一七	√	√	√	√	
	《大智度論》卷十二					
四獸本生 / 藏文佛典	《四部毗奈耶》中《律分別》卷一	√	√	√	√	鷦鴣鳥—佛 兔—舍利弗 獼猴—目犍連 大象—阿難陀
四獸本生 / 敦煌寫卷	四獸因緣	√	√		√	迦毗羅鳥—佛 兔—舍利 獼猴—大目乾連 象—阿難陀

通過上表，我們可以直觀地看到，三獸/四獸本生故事的主要情節中，上引文獻都有以尼拘律樹（或爲畢缽羅樹）判定動物長幼的重要内容，大部分文獻也有三獸/四獸依長幼背負遊行和感化世人的情節，對於三獸/四獸命終生天的記載則是有無參半。但是，作爲本生故事，佛經結尾往往要點明過去世動物與今世人物之間的關係，漢文律典中《十誦律》卷三四中佛陀明言鷞是自身，獼猴是舍利弗，像是目連，《摩訶僧祇律》卷二七僅言"爾時象者我身是"，其他漢文佛典中並沒有言及三獸分別是佛陀和哪些弟子的前生。但考察四獸本生系統的敦煌變文《四獸因緣》與藏文佛典《四部毗奈耶》中《律分別》卷一"和氣四兄弟"故事，其中對於前世四獸與今世佛陀及其弟子的對應關係驚人地一致；另外，藏文"和氣四兄弟"故事和《四獸因緣》中，均記載梵天大王、迦尸國王以爲四序調和、五穀豐登之瑞兆爲自己福德所感，後修道仙人點明乃是四獸互相尊敬、行恩布義的結果，此一關鍵的情節也僅見於四獸本生系統故事中。又印度小乘佛教根本説一切有部律典，唐朝著名高僧義淨也作過系統翻譯，但遍檢義淨所譯漢文律典，根本無三獸/四獸故事。所以，據以上幾個關鍵點觀之，從内容淵源來講，《四獸因緣》變文承自藏文佛典應無異議。

三、藏傳佛教在敦煌的傳播與《四獸因緣》變文的出現

要説明《四獸因緣》故事内容完全來自於藏傳佛教的影響,還必須考察藏傳佛教在敦煌的傳播情況。

(一)藏傳佛教在敦煌的傳播

唐玄宗天寶十四年(755),隨着"安史之亂"的爆發,唐王朝爲了平定叛亂,被迫從全國各地調動大批軍隊,致使原本鎮守於河西走廊的士兵也離開了常年護衛的地方,西北駐防力量驟然空虚。一直在旁虎視眈眈的吐蕃勢力乘機而入,逐漸侵吞了河西走廊。貞元二年(786)沙洲淪陷,吐蕃攻佔敦煌,一直到唐宣宗大中二年(848)張義潮率衆起義推翻吐蕃統治收復敦煌,吐蕃在敦煌佔據長達60餘年之久。專家學者根據敦煌漢藏文文獻的記載,研究發現吐蕃佔領敦煌以後,早期推行過計口授田制,按每人10畝的標準分配土地(之後任由土地自由買賣、兼併),改行新的賦税制度,在商業交换中實行實物交换和以金銀爲貨幣;要求當地漢族改變原有習俗,實行"胡服辮髮",説吐蕃語,用吐蕃文,禁止使用唐帝王年號,在官府公文和民間契據中主要使用地支紀年[1]。在超過半個世紀的吐蕃統治時期内,敦煌人民的生活、政治、經濟、文化等都受到了吐蕃文化的影響。

隨着吐蕃軍事、政治力量完全進入敦煌以後,吐蕃佛教也就自然傳播到敦煌,敦煌本來就是一個佛教久已盛行的地區,敦煌吐蕃統治者也信奉佛教,雖然從性質上有漢傳、藏傳之别,但從根源上來説都是信奉釋迦牟尼創立的佛教,所以佛教在吐蕃統治敦煌時期發揮了緩解民族矛盾、保護敦煌文化的積極作用。

藏傳佛教在敦煌的傳播,主要表現在以下三個方面:

其一是修建寺院。敦煌其前已經形成了漢傳佛教的深厚傳統,當吐蕃佔領敦煌以後,沙州地區並没有適合吐蕃佛教的寺院。爲了給遷徙至敦煌的吐蕃人民提供佛事活動場所,也同時使敦煌地區的廣大民衆接受吐蕃佛教的傳布,吐蕃統治者在敦煌積極修

---

[1] 陸離:《吐蕃統治河隴西域時期制度研究——以敦煌新疆出土文獻爲中心》,北京:中華書局,2011年,第2頁。

建寺院。如 P. 2765 寫卷爲"大蕃敕尚書令賜大瑟瑟告身尚起律心兒聖光寺功德頌",實際上就是吐蕃統治敦煌時期尚起律心兒布施建造聖光寺的功德記①。據日本學者藤枝晃的研究,在吐蕃統治敦煌初期,沙州有僧寺九所,尼寺四所,僧尼三百一十人,到了吐蕃統治敦煌末期,寺院增加到十七所,僧尼猛增到數千人②。吐蕃統治者的大力倡導和佛教寺院的修建,敦煌僧尼人口猛增兩倍之多。

其二是佛經傳譯。吐蕃佔領敦煌以後,一批藏族僧人前往佛教聖地敦煌,開展佛經的翻譯和講學活動,爲藏傳佛教在敦煌的傳播以及漢藏佛教文化的交流做出了積極的貢獻。據學界的研究,這些前往敦煌的藏族譯師中最爲著名的是吐蕃僧人管法成。管法成精通梵文、藏文和漢文,具有深厚的佛學素養,其主要工作是將漢文佛經翻譯成藏文佛經,共計 21 部;但也曾將藏文佛經譯爲漢文佛經,有《般若波羅蜜多心經》《諸星母陀羅尼經》《薩婆多宗五事論》《菩薩律儀二十頌》《釋迦牟尼如來像法滅盡之記》,共計 5 部。另外,法成還有 5 部經論著述③。正是以法成爲代表的譯師將漢藏佛經文本實現互譯,加速了吐蕃佛教與漢地佛教的融合。對於在漢藏佛教交流史上有重要影響的管法成,陳寅恪曾評價説:"夫成公之於吐蕃,亦猶慈恩之於震旦。"④

其三爲佛經抄寫。吐蕃統治敦煌後期,開展了大規模的藏漢文寫經活動,漢藏佛教文化通過這一活動得到進一步的交流。吐蕃贊普熱巴巾(815—841 年在位)執政期間,是吐蕃佛教高度發展的時期,他大力支持譯經事業、頂禮僧侶,規定"七户養僧",贊普下令在其統治下的敦煌地區開展大規模的抄經活動。藤枝晃研究指出,"沙州的寫經生們,在爲若干寺院準備一切經卷而忙碌之外,還承擔着由王命而至的上述寫經義務"⑤。敦煌現存寫卷中就有這方面的記載,S. 3966《大乘經纂要義》一卷尾題:"壬寅年六月,大蕃國有贊普印信,並此十善經本,傳流諸州,流行讀誦。後八月十六日寫畢記。"壬寅年爲公元 822 年,其時吐蕃贊普恰爲熱巴巾。所以可知《大乘經纂要義》是依照吐蕃贊普命令而抄寫的經書,以供吐蕃統治區漢人(或漢僧)誦讀。這部經書傳抄了多少部没有記

---

① [法]戴密微:《吐蕃僧諍記》,耿升譯,蘭州:甘肅人民出版社,1984 年,第 392—393 頁。
② [日]藤枝晃:《敦煌の僧尼籍》,《東方學報》第 29 册,1959 年。轉引自榮新江:《敦煌學十八講》,北京:北京大學出版社,2001 年,第 26 頁。
③ 札西卓瑪:《吐蕃統治敦煌時期漢藏佛教文化交流及意義》,《中央民族大學學報》2009 年第 2 期,第 60 頁。唐景福、朱麗霞編:《中國藏傳佛教名僧録》,蘭州:甘肅民族出版社,2006 年,第 10 頁。
④ 陳寅恪:《大乘稻芉經隨聽疏跋》,見《金明館叢稿二編》,北京:生活・讀書・新知三聯書店,2001 年,第 288 頁。
⑤ [日]藤枝晃:《吐蕃統治下的敦煌》,劉豫川譯,收入楊鳴編《國外敦煌學、藏學研究:翻譯與述評》,蘭州:蘭州大學出版社,2012 年,第 149 頁。

載,但另一種同樣遵照贊普之命而抄寫的《無量壽宗要經》在沙州寫了數千部。在沙州寫經坊,不僅譯寫上述經典,甚至一部六百卷的《大般若經》也寫了若干部,再加上吐蕃文諸經的傳寫,據此可以推知這裏寫經所具有的規模之巨大①。而最終落實吐蕃贊普大量抄寫新譯經典命令的重任,落到了由吐蕃人和敦煌漢族人組成的沙州寫經坊的肩上。

總之,受以上三個方面的影響,藏傳佛教在敦煌傳播開來,大批藏族僧人前赴敦煌,敦煌本地民衆也出現了不少信奉藏傳佛教的僧侣,並且在吐蕃統治力量退出敦煌之後,宗教力量並没有隨着政治力量的缺失馬上削弱,藏傳佛教在敦煌歸義軍時期也很有影響力,直到後來影響纔慢慢衰退。

(二)《四獸因緣》變文的出現

《四獸因緣》寫卷中没有直接表明變文創製年代的文字,我們尚需對其出現時間進行考量分析。考《破魔變文》後面有寫卷題記:"天福九年甲辰祀黄鍾(鐘)之月蕤生十葉冷凝呵筆而寫記。居淨土寺釋門法律沙門願榮寫。"而《四獸因緣》與《破魔變文》前後相接抄在一卷,且文字書法相同,所以學界認爲二者均出自敦煌淨土寺沙門願榮之手筆。天福爲晉高祖石敬瑭、晉出帝石重貴共用年號,然此年號二帝前後只使用八年;天福九年甲辰祀,實爲後晉出帝開運元年,即公元994年。所以,《破魔變文》和《四獸因緣》當抄寫於994年,那麽其創作時間必在此前。《四獸因緣》中無涉及年代之語,而《破魔變文》中有"自從僕射鎮一方,繼統旌幢左(佐)大梁"之句,考朱全忠於公元907年廢昭宣帝自立,改國號爲大梁,至923年國亡,故《敦煌變文集》判定《破魔變文》創作於907—922年之間②。

而《四獸因緣》中的第二部分爲"唐僧統和尚四獸恩義頌",此"唐僧統"學界早已確定是敦煌高僧悟真,悟真擔任河西僧統的時間在敦煌文獻中也有明確記載,P.3720寫卷有咸通十年(869)十二月十二五日張淮深牒文:"臣當道先有敕授河西管内都僧統賜紫僧法榮。前件僧去八月拾肆日染疾身亡。悟真見在當州。切以河西風俗,人皆臻敬空王,僧徒累千,大行經教,悟真深開闡諭,動跡徽言,勸導戎惑,寔憑海辯。今請替亡僧法榮便充河西都僧統,裨臣弊政。"此當爲悟真任僧統之始。又據P.2856寫卷中葬僧統牒文,可知悟真圓寂於乾寧二年(895),也就是説釋悟真任僧統的時間在咸通十年至乾

---

① [日]藤枝晃,劉豫川譯:《吐蕃統治下的敦煌》,收入楊鳴編《國外敦煌學、藏學研究:翻譯與述評》,蘭州:蘭州大學出版社,2012年,第142頁。
② 王重民等:《敦煌變文集》,北京:人民文學出版社,1984年,第356頁。

寧二年，所以變文《四獸因緣》第二部分《唐僧統和尚四獸恩義頌》的創作年代當在869—895之間，那麽變文中的四獸本生故事在敦煌地區的流傳絶不會遲於乾寧二年。考慮到八世紀下半葉時，四獸本生故事已經在吐蕃本土流傳①，而在八世紀末九世紀中葉吐蕃佔領敦煌時期四獸故事也具備傳播到敦煌地區的條件，因此我們推斷《四獸因緣》變文應當在九世紀下半葉已流傳於敦煌。

考察悟真的生平，其早年生活於吐蕃統治時期，而吐蕃要求敦煌地區人民使用吐蕃文，説吐蕃語，加之P.2762號寫卷爲悟真作《張氏修功德記》片段，寫卷背面卷端寫有9行漢藏詞彙對照，之後又接抄悟真詩歌，寫卷正面背面的文字書法相同，所以很多學者確定悟真一定掌握了吐蕃語言和文字②，而前面所述的翻譯於八世紀的藏文佛經極有可能由西藏僧侶傳播到敦煌，有人認爲敦煌變文"《四獸因緣》很可能是悟真根據藏文佛典轉述而來的"③，這應該是一個比較合乎情理的推斷。

四、結論

衆所周知，變文是唐五代時期出現的一種通俗文學講唱故事類作品，可簡稱爲"變"。對於變文的具體定義以及變文所包括的範圍大小，學者們有不同意見，大而化之，大概分爲兩派：一派堅持廣義變文説，一派提倡狹義變文説。但是一般來説，學界認爲變文具有如下一些明顯的特徵：從形式上來看，變文的結構多呈現説唱結合、韻散相間的特點，散體説白多叙述故事，韻文唱詞多重複故事加深影響；從內容來看，變文的內容主要以敷演佛經故事爲大宗，此外還包括歷史故事，甚至還有唐代歷史事件的記載；從表演形式來看，變文講唱時往往使用故事性圖畫（變相）與講唱相結合的方式④。雖然變文的結構跟佛經中長行、重頌交替出現、韻散結合的方式相似，變文的內容跟佛經有重要的關係，但是變文這種通俗説唱文學作品，説到底卻是中原漢族人民的一大創造。

具體到《四獸因緣》中，從"過去久遠，往昔世時，有一大國，號曰迦尸……豈況其人，如無恩義也"是講述佛經故事的散文部分，"奇哉四獸，能結好事。敬大識小，以樹

---

① 巫新華：《論"四獸圖"和"四獸因緣"故事的來源及流傳》，《原學》第五輯，1996年，第179頁。
② 鄭炳林：《敦煌碑銘贊集釋》，蘭州：甘肅教育出版社，1992年，第131頁。齊陳駿、寒沁：《河西都僧統唐悟真作品和見載文獻繫年》，《敦煌學輯刊》1993年第2期，第14頁。
③ 齊陳駿、寒沁：《河西都僧統唐悟真作品和見載文獻繫年》，《敦煌學輯刊》1993年第2期，第14頁。
④ 劉正平：《神變、變相與變文——再論變文稱名問題》，《世界宗教文化》2015年第2期。

爲類。……聖教稱揚，諸天讚美。後得成佛，福因由此。"是讚頌四獸恩義的韻文。所以，從形式上看，《四獸因緣》繼承了漢族變文韻散相間、說唱結合的形式特點。而從題材上觀之，根據前文對漢藏文佛典中三獸/四獸本生故事内容、重要情節的對照分析，我們認爲《四獸因緣》變文中四獸本生故事題材源於據印度佛教根本説一切有部的律典翻譯而來的藏文佛典，而非改編自漢文佛典。而吐蕃統治敦煌時期大力提倡、弘揚吐蕃佛教，是促進藏文佛典中四獸本生故事在敦煌僧侣中傳播的重要原因，以釋悟真爲代表的敦煌僧侣兼通吐蕃語，又善吐蕃文，對吐蕃佛教有較爲深入的理解。另外，漢族通俗講唱文學，往往宣揚忠君愛國、孝敬父母、勸人向善等思想，敦煌《四獸因緣》變文第二部分《唐僧統和尚四獸恩義頌》中將此故事的主題限定爲"爲先修行孝因果，今感得成佛"，突出強調"孝"的作用，這是對佛典故事的改變，以更符合中國普通人民的思想。所以我們可以説，變文《四獸因緣》是古代藏傳佛教文學與漢族通俗講唱文學交流融合的産物，是漢藏文學交融的結晶。

其實，不止是《四獸因緣》是漢藏文學交融的結晶，在已經發現的敦煌寫卷中，至少還有一種變文寫卷也是漢藏文學的結晶，只不過這種寫卷是用藏文書寫的。據羅秉芬介紹，法藏敦煌古藏文寫卷中 P.T640（49 行，缺卷尾）與 P.T126 號（103 行，缺卷首）寫卷合起來剛好可以形成一份首尾完整的敦煌藏文佛經變文。其内容包括《無常經之解説》《不分善惡殺生飲酒經之解説》《惡行經之解説》《孝子經之解説》《善行經之解説》等五部佛經變文。全文由每句七個音節的韻文組成，這與漢文佛經的偈頌非常近似，且唐代之時詩歌往往以五言、七言爲主。而考察吐蕃時期的藏文詩歌、諺語等韻文的特點，它們絕大多數是六個音節爲一句，七個音節爲一句的極其罕見。藏族文學中，到十三世紀，七言詩纔逐漸盛行。所以朱秉芬認爲這兩卷藏文寫卷並不是吐蕃人的創作，而是將内地漢族俗講法師的漢文佛經變文的翻譯之作①。

敦煌變文《四獸因緣》是以藏文佛典本生故事爲内容、結合漢地變文形式而出現的通俗講唱類文學作品，是漢藏文學交融的結晶，這又説明了我國自古就是一個民族團結、文化交融的國家。同時，正如馬世長、巫新華等人所指出的，新疆的石窟壁畫以及西藏唐卡中存在着跟敦煌變文《四獸因緣》情節相符的圖畫，這也説明了敦煌與新疆、西藏之間有着千絲萬縷的關係，佛教文化則是連接它們的紐帶，而敦煌變文《四獸因緣》的探討也能夠再次印證敦煌在古代絲綢之路上的樞紐地位。

---

① 羅秉芬：《唐代漢藏文化交流的歷史見證——敦煌古藏文佛經變文研究》，《中國藏學》1989 年第 2 期，第 100—113 頁。

S. 6631、S. 2454 和 P. 3141《維摩五更轉十二時》校議

孫尚勇　汪淑瓊
（四川大學中國俗文化研究所）

敦煌遺書所見《五更轉》《十二時》抄本數量較多，《五更轉》計有 12 種，散見 45 個抄本；《十二時》計有 14 種，散見 31 個抄本。其中，見抄於 S.6631、S.2454 和 P.3141 的《維摩五更轉十二時》較爲特殊。S.6631 題"維摩五更轉十二時"，以"平旦寅"爲首，至"夜半子"終，未抄《五更轉》；S.2454 題"維摩五更轉"，大字寫《五更轉》，續以小字抄《十二時》，存"雞鳴丑"至"日出卯"；P.3141 首尾有殘損，其完整原題亦當爲"維摩五更轉"①，該卷先抄《五更轉》，與 S.2454 除個別字外略無二致，之後接抄《十二時》，自"雞鳴丑"至"日昳未"。S.6631 題名有"五更轉"卻未抄"五更轉"，S.2454 和 P.3141 題名無"十二時"卻抄錄"十二時"。三種抄本分作兩題，而題名又與所抄內容不盡相符，這是一個有意味的現象。本文擬在前輩學者研究的基礎之上，就上述三件抄本所抄作品的校錄及相關問題續作探討。

一、《維摩五更轉十二時》校錄

《維摩五更轉十二時》的主要校錄本有任半塘《敦煌歌辭總編》②、鄭阿財《唐代佛

---

①《敦煌歌辭總編》引左景權《敦煌詞曲識小錄》稱："丙本（P.3141）由左錄提出，早在一九六〇年。原題'五更'二字，左氏標'殘卷'，又標'續書維摩詰十二時'。"（任半塘：《敦煌歌辭總編》，上海：上海古籍出版社，1987 年，第 1492 頁。）事實上 P.3141 首段殘損，僅可完整辨識出"轉"字，"轉"字上方有"更"字最後兩畫殘筆，故任先生引左氏原題"五更"之說非是。又"轉"字上方據同卷的它行字數約有四五字的書寫範圍，下方尚存可書兩字的空白而無任何字跡，推測 P.3141 的完整原題爲"維摩五更轉"。

②任半塘、王昆吾《隋唐五代燕樂雜言歌辭集》（上）亦有校錄，與《敦煌歌辭總編》略同（成都：巴蜀書社，1990 年，第 249—253 頁）。

教文學與俗曲——以敦煌抄本〈五更轉〉〈十二時〉爲中心》、張錫厚主編《全敦煌詩》。其中任半塘由於秉持"追求原作者心上原辭應屬之格調與應表之文字"的觀念,並不致力於"傳達敦煌抄本原有之全部面貌"①,加之客觀條件所限未能一一親睹原卷,故而校録在文字校録、順序排定、義理闡發上略有瑕疵。鄭阿財《唐代佛教文學與俗曲——以敦煌抄本〈五更轉〉〈十二時〉爲中心》在作者前著《敦煌寫卷定格聯章〈十二時〉研究》的基礎上補録相關歌辭 16 篇。張錫厚主編《全敦煌詩》詳細著録了各寫卷的正背面抄寫內容、題記等信息,並在以寫卷爲校録憑據的基礎上,結合其他校録本做出精嚴的校注,是三種校録本中較完美的一種。然而後兩者雖在文字校訂上取得突破和進步,但卻都將《維摩五更轉十二時》視作兩篇,分別置於《五更轉》和《十二時》兩題之下,且延續《敦煌歌辭總編》的做法,依舊將"夜半子"一辭安置於《十二時》之首,忽視該首僅見抄於 S.6631 末尾的客觀事實。由此,《維摩五更轉十二時》的次序問題就顯得格外重要。

爲方便討論,先列録文及簡單校記於下②:

一更初。一更初。醫王設教有多途。維摩權疾徙方丈。蓮花寶相坐街衢。(1)

二更淺。二更淺。金粟如來巧方便。室包乾象掌擎山。示有妻兒常厭患。(2)

三更深。三更深。釋迦演法語同音。聽聞隨類皆得解。觀根爲說稱人心。(3)

四更至。四更至。月面毫光千道起。有學無學万餘人。助仏弘宣一大事。(4)

五更曉。五更曉。將明仏國先有兆。一蓋之中千土呈。十方世界俱能照。(5)

雞鳴丑。雞鳴丑。寶積發心中夜後。啟問如來不獨行。五百之中爲上首。天將曙。命无垢。與君今爲不請友。言談恐[1]未成寶經。所以相印傳金口。(6)

---

①任半塘:《敦煌歌辭總編》,上海:上海古籍出版社,1987 年,第 1 頁。
②録文以 S.6631 爲甲本,S.2454 爲乙本,P.3141 爲丙本。同時參考任半塘:《敦煌歌辭總編》(簡稱《總編》),第 1486—1550 頁;項楚:《敦煌歌辭總編匡補》,成都:巴蜀書社,2000 年,第 214—219 頁;鄭阿財:《唐代佛教文學與俗曲——以敦煌抄本〈五更轉〉〈十二時〉爲中心》,《普門學報》第 20 期(2004 年 3 月),第 112—113 頁;張錫厚主編:《全敦煌詩》,北京:作家出版社,2006 年,第 5527—5531、5617—5630 頁。限於篇幅,僅對存在異議的文字做出說明。作品后括號內數字爲作品序號。

平旦寅。平旦寅。毘耶長者半千人。俱持寶蓋來相詣。維摩託疾有其因。從託疾。何所因。將明佛土有虛真。料取世尊必問疾。從茲[2]折伏[3]大聲聞。（7）

日出卯。日出卯。聲聞弟子如來告。汝往維摩問疾因。出來皆説無詞報。有何遇。無詞報。舍利林間豈爲道。貪嗔元是大菩提。何須宴[4]坐除煩惱。（8）

食時辰。食時辰。迦葉頭陀偏乞貧。須菩提持鉢見居士。捨貧從富被呵嗔。一從富。一從貧。兩皆住著心不勻。但知取食無高下。自然即是法真身。（9）

隅中巳。隅中巳。文殊忽然承聖旨。往問維摩病所因[5]。相逢肯不[6]談真理。談真理。聞法喜[7]。不來而來何届此。二士法性元[8]本同。無所從來復無至。（10）

正南午。正南午。文殊問疾誰人与[9]。維摩説病[10]貪愛生。衆生疾損我還愈。妄有病[11]。真無愈。不要尋思始覺悟。本性元來無損增。祇爲迷愚有言語。（11）

日昳未。日昳未。居士室中天女侍。聲聞神變不如他。舍利懷慚花不墜。花不落。心有畏。無明相中妄生二。將知未曉法性空。滯此空花便爲恥。（12）

晡時申。晡時申。光明童子到城門。借問道場何所是。維摩報道[12]直心人。佛觀[13]侍。阿難云。如來有疾要醫身。持鉢乞乳呵令去。慎莫教他外道聞。（13）

日入酉。日入酉。須菩提解空不著有。尼乾是汝本來師。塵勞与魔共一手。不著空。不住有。不斷貪嗔不離垢。不見佛僧可取食。若能如此無諍訟。（14）

黄昏戌。黄昏戌。問疾還到阿那律。稽首推辭我不任。天眼不真被呵叱。維摩詰。問彌勒。一生受記何時得。未來未至不住今。正位之中無歇息。（15）

人定亥。人定亥。湍波澄澄清淨海。更不迴流生死河。永別泥犁觧渴愛。觧渴愛。歸妙海。取捨之心俱窒礙。不空不有不處中。若能如此真三昧。（16）

夜半子。夜半子。[14]（17）

[1]恐，乙本、丙本同，《總編》、鄭本誤作"尚"。

[2]茲，乙本、丙本同,《總編》、鄭本誤作"此"。

[3]伏，乙本、丙本同，《總編》、鄭本誤作"服"。

[4]宴，乙本、丙本同，張本誤作"安"。

[5]病所因，據丙本。甲本作"疾因"，《總編》、鄭本作"疾所因"。

[6]肯不，據丙本。甲本、《總編》、張本作"皆不"。《匡補》稱"皆"爲"肯"形誤。

[7] 聞法喜,據丙本。甲本作"問法喜",《總編》誤作"問善喜"。
[8] 元,《總編》、鄭本誤作"原"。
[9] 誰人与,據丙本。甲本、《總編》、鄭本、張本俱作"維摩与"。按姚秦鳩摩羅什譯《維摩詰所説經》載"於是衆中諸菩薩大弟子、釋梵四天王等,咸作是念:今二大士,文殊師利、維摩詰共談,必説妙法。即時八千菩薩,五百聲聞,百千天人,皆欲隨從。"則此處當爲"文殊問疾誰人與",指諸菩薩弟子等人欲隨從聽法之事。
[10] 説病,據丙本。甲本作"問疾",《總編》、鄭本、張本改作"説疾"。
[11] 妄有病,據丙本。甲本作"忘有病",《總編》、鄭本誤作"妄有疾"。
[12] 道,《總編》、鄭本、張本誤作"到"。
[13] 觀,《總編》、鄭本誤作"親"。
[14] 此處原闕辭一首。

以下擬據抄本原貌反映的客觀文本内容、文本樣態及同抄内容提供的實際抄寫語境爲要點,探討《維摩五更轉十二時》一組作品的題名、數量、性質及功用等問題。

二、《維摩五更轉十二時》之題名與性質

王重民《伯希和劫經録》以"五更轉、十二時"標目題名僅存"轉"字的P.3141,大抵就内容擬定;又於《説〈十二時〉》一文中以《維摩十二時》爲題著録S.6631、P.3141兩件抄本,該題名當有適應文章談論問題的需要,但卻忽視了原題和内容全貌。饒宗頤《敦煌曲》將S.6631、P.3141題名定爲《維摩五更轉十二時》,卻未將S.2454歸入其中。任半塘合S.6631、S.2454、P.3141三抄本,認爲"雖調名不皆全,篇章不盡備,若乙本所見兩調之辭固連續無間,渾然一體,不應忽視"①,且繼續申述王重民的觀點,認爲該篇歌辭兼帶兩調而不容有分,將該組歌辭擬題爲《五更轉兼十二時維摩託疾》。

我們認爲這組見抄於三件抄本的歌辭應當被定名爲《維摩五更轉十二時》,且不能割裂兩辭分置於《五更轉》和《十二時》題名之下。一方面,兩組歌辭確實在内容上緊密連接。三件抄本内容有多有寡,然據留存文字互勘,可知創作者在寫作之初即采"五更轉"和"十二時"兩種格調體裁創制此組作品。S.6631在未抄"五更轉"的前提下仍標

---

① 任半塘:《敦煌歌辭總編》,上海:上海古籍出版社,1987年,第1492頁。

明原題《維摩五更轉十二時》,亦可證明該卷所抄"十二時"在正常情况下應與"五更轉"共題同抄。

《敦煌歌辭總編》的擬名以"維摩託疾"概括所演故事,以"五更轉兼十二時"爲曲調之全稱,並舉 P.3554《謹上河西節度公德政及祥瑞〈五更轉〉兼〈十二時〉共十七首並序》稱其亦爲"帶過"、相"兼"之曲,據此於"五更轉"和"十二時"兩曲調名間添一"兼"字。然而需要注意的是,若 P.3554 所錄悟真之作以"五更轉兼十二時"爲題,則無須云"共一十七首",可逕云"五更轉兼十二時一十七首",著一"共"字,顯然是合《五更轉》《十二時》兩組作品而計的。且 P.3554 所錄題名言及"德政及祥瑞《五更轉》兼《十二時》",序文又依次序交待"則我尚書之德政也"和"此則尚書之感應也",而歌辭嚴格按照"德政"和"祥瑞"兩大主題分別陳述。所謂"先述尚書殊特之功,後錄尚書祥瑞之應,凡一十七首,韻乏宫商",使人懷疑悟真考慮到所作内容篇幅巨大,難以容納於單篇的《五更轉》或《十二時》歌辭之中,兼之它們都是按時序排列,形制相近,故取《五更轉》詠"德政"和"殊特之功",取《十二時》詠"祥瑞之應",合兩組作品於一處。題目中"五更轉兼十二時"之"兼"與"德政及祥瑞"之"及"同義,只是連接詞。悟真用"五更轉""十二時"成一組作品當是偶然爲之,雖然因歌辭内容連接緊密、創作目的共通,這組作品用於歌唱之時必然遵照一前一後的次第,確實會造成近似金元"帶過曲"、明相"兼"之曲的效果,但這種配合並不穩定,也不是兩曲調存在的常態。事實上,這種兼用兩曲調的情况於敦煌歌辭中只見於悟真所作和本文所討論的《維摩五更轉十二時》,且據上述推測兩種作品應該都是出於涵括更多内容、擴充歌辭篇幅的需要,在考慮到"五更轉""十二時"體式接近的前提下創作的。此時尚且不具備自覺創作帶過曲的意識,兩種曲調偶然合之也僅僅是大的社會氛圍、歌唱語境下的小插曲。這種兩類曲調配伍的歌唱形式終究也没有廣泛流行開來。《敦煌歌辭總編》稱擬題《五更轉兼十二時維摩託疾》與"六百餘年後金元帶過曲之關係"是確定無疑的,甚至"唐曲之兼自始即大"①。然而"自始即大"的相兼之唐曲在宋代卻找不到繼承者,金元帶過曲需要溯六百年之時間方找到祖禰,可能性似乎不大。我們需承認 S.6631 等所抄《維摩五更轉十二時》僅是特例,雖有相"兼"之曲的形式,但卻未能確立和形成風尚。故而"兼"字在"德政及祥瑞五更轉兼十二時"中不具備等同於元喬吉《雁兒落過得勝令》、張可久《罵玉郎過感皇恩採茶歌》一類以"過"字作爲帶過曲標誌及定名範式的作用與地位。故據 S.6631 等三種抄本原貌,宜將所錄歌辭題名爲《維摩五更轉十二時》。

---

①任半塘:《敦煌歌辭總編》,上海:上海古籍出版社,1987年,第1492、1576頁。

敦煌歌辭《五更轉》和《十二時》的題名方式較爲繁富，見於不同抄本的同一作品具有多種題名，見於同一抄本的同一作品又有前後題的不同。命名方式反映人們對某一事物特徵、性質的體察和認識。現據有題名的《五更轉》《十二時》歌辭，可知該類歌辭的構題方式有三種。第一種直接以《五更轉》或《十二時》爲名。如 P.2976 首題《五更轉》、P.2714 首題《十二時》。第二種以内容題旨、主要人物或作者加上曲調名《五更轉》或《十二時》爲名。如 P.2633 首題《發憤長歌十二時》、P.2483 首題《太子五更轉》、S.6103 首題《菏澤（寺）和尚（神會）五更轉》。第三種以"贊""頌""行孝文""曲子"等單獨命名或加於《五更轉》《十二時》之前後。如 S.4173 首題《南宗贊》，其他抄本或題爲"南宗大乘五更轉""五更轉一首""南宗定邪贊一本"；P.2270 首題《五更轉頌》，其他抄本或題爲"大乘五更轉""南宗定邪正五更轉""南宗大乘五更轉"；P.3065 所抄各篇以"一更起""二更夜"等領起，尾題《太子入山修道贊一本》；P.2690 首題《十二時》、尾題《禪門十二時贊》；P.3821 著録四件内容不同的《十二時》作品，依次爲首題《十二時行孝文一本》（《總編》擬題"詠史"）、首題《白侍郎作十二時行孝文》（《總編》擬題"行孝文"）、首題《十二時行孝文一本》（《總編》擬題"禪門"）、首題《十二時行孝文》（《總編》擬題"發憤勤學"）；S.1497、Дх.2147 首題《曲子喜秋天》。

　　以上第三種用其他文體名稱與"五更轉""十二時"相結合命名的方式，反映了《五更轉》《十二時》於流傳應用中發生的諸種變易。饒宗頤稱 S.1497《曲子喜秋天》"當爲《五更轉》之一格，而調寄《喜秋天》者"①，則存在取《五更轉》曲辭之格式，而重以《喜秋天》曲調演唱的情況。至於另題爲"十二時行孝文"的多篇歌辭，内容主題多有不同，顯然因爲題名接近而被彙抄於一處。其中首題爲《十二時行孝文》（《總編》擬題"發憤勤學"）的一首，又見抄 S.4129、P.2564、P.2633，此三本均首題《發憤長歌十二時》，都抄於《齖䶗新婦文》中，似用作配合講唱。則此處"十二時"之後復題"行孝文"，暗示實際使用時該歌辭具説唱性質。題目或以"贊"直接標目，或以"贊""頌"聯結"五更轉""十二時"的作品，説明佛教徒爲吸引信衆而採用盛行一時的民間俗曲宣傳教理。BD.07310 失題"十二時"（它本題作"禪門十二時"）卷末題記爲："書手馬幸元共同作，甲申七月七日報恩寺僧比丘保會誦持受記。"P.3604《十二時》卷末題記爲："維大宋乾德捌年（970）歲次庚午正月廿六日敦煌鄉書手兼隨身判官李福延因爲寫十二時一卷爲願。"可見此類按俗曲曲辭之形式而寫佛教義理、佛門故事、修行之法的作品，可供誦持、抄寫發

---

① 饒宗頤：《敦煌曲》，見《饒宗頤二十世紀學術文集》（第 11 册），臺北：新文豐出版有限公司，2003 年，第 761 頁。

願、傳布教派理念及修行方法,已被創作者、抄寫者視爲性質等同於佛經偈頌。由此看來,《維摩五更轉十二時》的性質即爲佛教徒選用《五更轉》《十二時》曲辭形式創作的偈讚。

《五更轉》《十二時》是廣泛流行,僧俗共用的曲調,因其盛行故而在流傳應用中被俗衆、僧衆改造使用,或以其曲辭形式配擬它種曲調,或變化歌唱之法而用以説唱,或用作書寫教理的偈讚。可以説,《五更轉》《十二時》只有分時定格聯章之形式是基本固定的,它的曲調可更易、演唱形式可變化,甚至其形制體裁被佛教徒採用後,可納入偈讚之類的佛教應用文體。流行即意味着多種變體的出現,尤其當流行的是通俗曲調、通俗作品時,因通俗帶來的開放性愈發造成應用上的諸多變體。《五更轉》《十二時》以"三七七七"爲基本辭式而又衍出約八種其他辭式,正是很好的説明。

三、《維摩五更轉十二時》之次序與來源

《敦煌歌辭總編》校録《維摩五更轉十二時》,然而未能一一親睹各本,故而在該篇歌辭的次序排定上多有疏誤。《總編》稱"夜半子""雞鳴丑""平旦寅"五首歌辭原本列在第七段("人定亥")前,爲情節所不許。兹移此五辭接五更轉後,正合十二時經常次序,以子始,以亥終①。曾昭岷等主編的《全唐五代詞》稱平旦寅一首"原抄於戌時後、亥時前,次序有誤,與故事情節不合,兹從總編移置於丑時後"②,延續《總編》之誤。至於將夜半子一首移爲"十二時"開頭,自《總編》始,諸本皆然。

檢核抄本,可以發現:S.6631 按順序抄有平旦寅、日出卯、食時辰、隅中巳、正南午、日昳未、晡時申、日入酉、黄昏戌、人定亥、夜半子,計《十二時》11 首,保存歌辭最多;S.2454 按順序抄有《五更轉》五首,雞鳴丑、平旦寅、日出卯,計《十二時》3 首;P.3141 按順序抄有《五更轉》五首,雞鳴丑、平旦寅、日出卯、食時辰、隅中巳、正南午、日昳未,計《十二時》7 首。可見"夜半子""雞鳴丑""平旦寅"位於"黄昏戌""人定亥"之間的説法,不符合抄本的實際面貌。

S.6631 無《五更轉》,直接抄《十二時》,以"平旦寅"爲首。S.2454、P.3141 皆有《五更轉》,後抄《十二時》之"雞鳴丑""平旦寅""日出卯"等,而且"平旦寅"以下次序

---

① 任半塘:《敦煌歌辭總編》,上海:上海古籍出版社,1987年,第 1489 頁。
② 曾昭岷等編:《全唐五代詞》,北京:中華書局,1999年,第 1146 頁。

與 S.6631 相同。因此,"雞鳴丑"一首當爲十二時之始,S.6631 漏抄了"雞鳴丑"一首。而向來被認爲理當列於十二時之首,以符合一般的由子至亥時序排列規則的"夜半子"一辭,只見於存辭最多的 S.6631,且僅存"夜半子"三字,旁加重文符號,後有餘紙。依 S.2454、P.3141 連貫抄寫《五更轉》《十二時》,皆以"雞鳴丑"緊接《五更轉》之後的情形來看,"夜半子"並非《十二時》的首篇,它只能位於末尾。S.6631 只抄三字很可能是抄手臨時擱筆未抄完導致的。如果認定"夜半子"爲《十二時》之首,則只能將它抄寫於末尾的情況解釋爲抄手發現漏抄,重新補寫夜半子造成的。但既然發現漏抄而有意進行補寫,就不可能簡單地只抄三字就擱筆不寫。

綜合考察諸寫卷的實際面貌,我們認爲《維摩五更轉十二時》的各歌辭當按五更轉:雞鳴丑、平旦寅、日出卯、食時辰、隅中巳、正南午、日昳未、晡時申、日入酉、黃昏戌、人定亥、夜半子的順序排列。考其他敦煌歌辭《十二時》抄本,發現除較爲普遍的始"夜半子"終"人定亥",以及始"平旦寅"終"雞鳴丑"這兩種時序安排外,見抄 P.2054、P.2714 等的《十二時普勸四衆依教修行》同樣以"雞鳴丑"發端。故《維摩五更轉十二時》的時序排列雖不合常規,但也不是孤例。

上述所論關乎歌辭文本外部結構的組織與排列,事實上文本内部的情節敘述次序仍舊存在矛盾。《敦煌歌辭總編》曰:"所覺乖戾者:第六段(按指'晡時申''日入酉''黃昏戌'三首)補述五弟子拒命、不敢問疾,理應並見於第三段後,第四段前,作接敘,不作補敘……辭在十二支時序與韻腳之雙重限制下,不能改動,乃校訂中一大疑問。"①這種矛盾表現爲歌辭敘述内容之次第與經文敘述之次第的不合。依照上引,歌辭文本當與經典文本之間達成情節内容的同構性、互文性,然而十二支時序與韻腳造成的雙重限制恰又説明歌辭的敘述次第乃是由創作者做出的選擇,校訂所希求達到的一致性只能在面對歌辭創作者主觀意圖時宣告失效。事實上,除了將《維摩五更轉十二時》視爲以經典爲據而嚴格依照敷衍全經故事情節的作品外,我們還可以視之爲單純讚揚維摩詰神通力的文本,其意不在於合乎經典講述之次序,故而歌辭自由選取最富趣味性的片段加以渲染。同時這種自由性使得作者不只限於對經文、注疏的關注,在俗講上達於天子下及於庶民的盛況下,相關《維摩詰經講經文》的宣演無疑也爲歌辭的創作提供了條件。

具體而言,《維摩五更轉十二時》前五首《五更轉》之内容,大致分別隱括《維摩詰所説經》之《方便品第二》(第 1 首)、《不思議品第六》和《方便品第二》(第 2 首)、《佛國品

---

① 任半塘:《敦煌歌辭總編》,上海:上海古籍出版社,1987 年,第 1489 頁。

第一》(第3首)、全經宗旨(第4首)、《佛國品第一》部分情節(第5首)而成。至於五首中"徙方丈"和"金粟如來"等説法爲經典文本所無,而見於敦煌抄本《維摩詰經講經文》。據《大唐西域記》對佛説《毗摩羅詰經》遺址的記載,方丈與維摩宅爲二處,並非《文殊師利問疾品第五》所云"維摩詰心念:今文殊師利與大衆俱來。即以神力空其室内,除去所有及諸侍者,唯置一床以疾而卧"者①。S.4571《維摩詰經講經文(一)》云:"時五百長者與居士,相隨出毗耶離城,行至路邊,忽然染患,壘成方丈。"②第1首所云"維摩權疾徙方丈"者,蓋據此而言也。"金粟如來"之語,經典未見,而見於S.4571《維摩詰經講經文(一)》:"緣毗耶城内,有一居士,名號維摩,他緣是東方無垢世界金粟如來,意欲助佛化人,暫住娑婆穢境。緣國無二王,世無二佛,所以權爲長者之身,示現有妻子男女,在毗耶城内。"③又《維摩詰經講經文(七)》:"維摩大士,染疾毗耶;金粟上人,見眠方丈。"④第4首云"月面毫光千道起"指佛,然羅什譯《維摩詰所説經》無此語。S.4571《維摩詰經講經文(一)》偈云:"流泉屈曲琉璃砌,台檻高低翡翠莊,聞道我佛宣妙法,總來瞻禮白毫光""青眼似蓮澄碧沼,白毫如煉照乾坤,庵園聖會何沙衆,没一個端嚴似世尊"⑤,"月面毫光"句似由此而得。

　　《維摩五更轉十二時》後十二首"十二時"之内容,與經典大體相當而不盡相同。第6、第7所詠情節部分見於經典。第6"雞鳴丑"云:"寶積發心中夜後。啟問如來不獨行。五百之中爲上首。天將曙。命無垢。與君今爲不請友。言談尚未成寶經。所以相印傳金口。"《維摩詰所説經·佛國品第一》有寶積詣佛語,歌辭中寶積欲啟問如來,請維摩同去詣佛之情節,經典未見。《注維摩詰經》卷一僧肇曰:"寶積亦法身大士,常與淨名俱詣如來,共弘道教。而今獨與里人詣佛者,將生問疾之由,啟兹典之門也。"⑥此處寶積"常與淨名俱詣如來"之説或爲"雞鳴丑"演繹寶積邀維摩詰同行的淵源。又S.4571《維摩詰經講經文(一)》:"爾時居士種種説法,教化王孫,令往祇園,禮佛聽法。當時五百王子寶積等,請居士同去。"⑦則與"雞鳴丑"所寫内容完全相符。第7"平旦寅"云:"毘耶長者半千人。俱持寶蓋來相詣。維摩託疾有其因。從託疾。何所因。將

---

① 鳩摩羅什譯:《維摩詰所説經》卷中,《大正藏》第14册,第544頁。
② 黄征、張涌泉:《敦煌變文校注》,北京:中華書局,1997年,第768頁。
③ 黄征、張涌泉:《敦煌變文校注》,第767頁。
④ 黄征、張涌泉:《敦煌變文校注》,第913頁。
⑤ 黄征、張涌泉:《敦煌變文校注》,第763、765頁。
⑥ 僧肇:《注維摩詰經》卷一,《大正藏》第38册,第332頁。
⑦ 黄征、張涌泉:《敦煌變文校注》,北京:中華書局,1997年,第768頁。

明佛土有虛真。料取世尊必問疾。從茲折伏大聲聞。"S.4571《維摩詰經講經文(一)》云:"於是五百長者各持七寶傘蓋,遂與居士相隨,皆出王宮去也。……時五百長者與居士,相隨出毗耶離城,行至路邊,忽然染患,壘成方丈。"①此即"平旦寅"辭前半所本,經中無維摩與寶積共詣佛,於路託疾的情節。據《方便品第二》和《弟子品第三》,維摩詰以方便現身有疾,之後國王諸大臣等等來探視,維摩爲彼說法。說法畢,維摩自念:"寢疾於床,世尊大慈寧不垂愍?"②

"十二時"其餘各篇大體與經典相應。第8"平旦寅"後半"料取世尊必問疾"與經典合,而"從茲折伏大聲聞"一句,經典則無有。第8"日出卯"、第9"食時辰"大致隱括《維摩詰所說經·弟子品第三》,第10"隅中巳"、第11"正南午"隱括《文殊師利問疾品第五》,第12"日昳未"隱括《觀眾生品第七》,第13"晡時申"、第14"日入酉"、第15"黃昏戌"隱括《弟子品第三》和《菩薩品第四》。第16"人定亥"似是對經典或講經文所作的義理的提要。

據以上可知,S.6631、S.2454、P.3141 所抄《維摩五更轉十二時》並不完全依託什譯《維摩詰所說經》文本,其內容來源亦涵蓋相關經疏和講經文在內。如果忽略歌辭與經典文本之間的局部不同,則可以說,"五更轉"五首爲《維摩詰所說經》之總括,突出弘揚佛法的主旨,"十二時"十二首則爲經典中情節的概要式展開,它們的功能可能是爲講經文的講唱做一個鋪墊和預熱。

四、結論

通過以上考察,可得出一初步結論:S.6631、S.2454、P.3141《維摩五更轉十二時》主要抄錄了兩組歌辭,合爲《維摩五更轉十二時》,其創作以羅什譯《維摩詰所說經》爲典據,但又不限於此。這兩組歌辭可能用於有關《維摩詰經》講經文表演之前的演唱,其作用相當於後來宋元說話的序詩,目的在於招攬聽衆並向聽衆簡要介紹即將表演的主要內容。敦煌遺書中,可資比較的有無名氏所撰《維摩詰經十四品詩十四首》及《妙

---

① 黃征、張涌泉:《敦煌變文校注》,北京:中華書局,1997年,第768頁。
② 鳩摩羅什譯:《維摩詰所說經》卷中,《大正藏》第14冊,第539頁。

法蓮華經十七品詩》①,這兩組作品是以相應經中各品内容爲題材而創作的五言律詩。它們在創作目的和功用上與本文所論《維摩五更轉十二時》大不相同,它們不是歌辭作品,不用於説唱。

（附記:本文撰寫期間得到四川大學中國俗文化研究所何劍平教授、浙江大學計曉雲博士多方指教和幫助,謹致謝忱!）

---

① 敦煌本《維摩詰經十四品詩》現存兩個寫卷:P. 3600 與 BD6803（北 1324,羽 3）號,皆首尾俱全。P. 3600 號寫卷正面抄《妙法蓮華經十七品詩》殘卷,包括《化城喻品第七》至《分別功德品第十七》共十首半詩;其後抄《維摩詰經十四品詩十四首》,首題"維摩詰經十四品詩十四首";BD6803 號寫卷,首尾俱全,首題"維摩詰經十四品"。《全敦煌詩》據 P. 3600 號寫卷題名"維摩詰經十四品詩十四首",兹從之。

敦煌歌辭《十二時·普勸四眾依教修行》流傳情況及作者生平新攷（附新校）

王飛朋

（四川大學圖書館）

　　署名"智嚴"的《十二時·普勸四眾依教修行》聯章曲辭長達一百三十五首，是敦煌歌辭中最長的一篇。曲辭主要講述人生是苦，幻滅無常，想離苦得樂，須早修佛道，是一篇內容丰富的佛教宣教歌辭。歌辭反復強調要想死後得升淨土，在世時需要持戒茹素、預修齋七、積德行善等，對我們認識晚唐時期民庶佛教思想及敦煌民間文學具有重要的參攷價值。20世紀80年代，任半塘先生在《敦煌歌辭總編》中對當時所見敦煌遺書中有關《十二時·普勸四眾依教修行》寫卷作了比較完整的校錄，並對內容及演唱形式做了分析①。項楚師在《敦煌歌辭總編匡補》中糾正任先生校錄中的不當之處，校釋詳明，後出轉精②。只是由於一些敦煌文獻晚出，上述諸先生對《十二時·普勸四眾依教修行》曲辭的整理和校勘沒能充分利用新的材料，誠爲憾事。

　　隨着北圖、英藏、法藏之外的敦煌文獻的漸次面世，新的《十二時·普勸四眾依教修行》寫卷也得到了研究者的注意。榮新江先生《〈上海博物館藏敦煌吐魯番文獻〉評介》③一文對上博四十八號做了詳細介紹，有關《十二時·普勸四眾依教修行》的部分爲我們確定該曲辭的作者提供了重要參攷。買小英撰有《俄藏本〈十二時普勸四眾依教修行〉校勘和研究》④一文，對俄藏《十二時·普勸四眾依教修行》寫本進行了校勘和研究，但買文未注意到榮新江先生關於上博48號的介紹，故其結論及文本校勘多有可商

---

① 任半塘：《敦煌歌辭總編》，上海：上海古籍出版社，2006年，第1581—1669頁。
② 項楚：《敦煌歌辭總編匡補》，成都：巴蜀書社，2000年，第226—233頁。
③ 季羨林等主編：《敦煌吐魯番研究（第一卷）》，北京：北京大學出版社，1996年，第373—376頁。
④ 買小英：《俄藏本〈十二時普勸四眾依教修行〉校勘和研究》，《蘭州大學學報（社會科學版）》2002年第3期，第20—28頁。

權之處。近年來,相繼有張長彬①、鄭驥②等學者對該歌辭進行了較爲深入的攷論。目前的研究雖注意到上述諸寫卷之間存在着明顯文本差異,也利用了這些文本差異來攷察諸寫卷的流傳情況,但没能結合寫卷前的發願文等材料,進一步推求作者智嚴的生平信息。筆者擬通過對諸寫卷的重新梳理和校勘,來梳理《十二時・普勸四衆依教修行》流傳情況,並對作者智嚴的生平事跡作出補充。

一

敦煌遺書中,《十二時・普勸四衆依教修行》目前共發現有六個寫卷。首先介紹任半塘先生《敦煌歌辭總編》中所録四個寫卷情况:

1. 甲本(伯2054號)首尾俱全,包首有"智嚴大師十二時一卷"字樣,標題作"《十二時・普勸四衆依教修行》",尾有題記"同光貳年甲申歲蕤賓之月,冀雕二葉,學子薛安俊書",隔行有"信心弟子李吉順專持念誦勸善"十三字,背面是一件《疏請僧名録》。據題記可知,其抄寫時間在同光二年(924)五月。

2. 乙本(伯2714號)亦首尾俱全,首題"十二時",無尾題,文末另起行有"別也,謹案大藏《華嚴經》六十五卷,訛"數字,後又有兩行《華嚴經》經文,不見於今本《華嚴經》。

3. 丙本(伯3087號)首尾俱殘,起自"隅中巳"一節中"如此相殘幾時歇"句,結尾模糊,約終於"黄昏戌"一節,中間部份缺失"日南午"一節。

4. 丁本(伯3286號)首全尾殘,終至"晡時申",首題"十二時",背面有《社司轉帖》一件,顯示其抄寫時間在乙卯年二月十日。

任先生未能看到的兩個寫卷爲俄本和上博本。俄本爲Φ319號、Φ361號、Φ342號三個殘卷拼合而成,首尾俱全,而寫卷前一截可能遭遇水漬,導致下半部份文字漫漶,無首題,無尾題,文末有題記:"辛亥年正月八日學郎米定子自寫之耳也。"該寫卷最顯著的特點是前面附有一大段發願文,有助於我們認識該曲辭的抄寫背景。上博本即上博第48號,首尾俱全,現謄録抄經題記如下:"時當同光二載三月卅(廿)三日,東方漢國鄜州觀音院僧智嚴,俗姓張氏,往西天求法,行至沙州龍光(興)寺,憩歇一兩月説法,將

---

① 張長彬:《〈十二時普勸四衆依教修行〉及其代表的敦煌宣傳文學》,《敦煌研究》2015年第2期,第45—58頁。

② 鄭驥、瞿萍:《寫本學視閾下的敦煌文學生産與傳播——以佛教歌辭〈十二時普勸四衆依教修行〉爲例》,《雲南師範大學學報(哲學社會科學版)》2017年第5期,第133—143頁。

此《十二時》來，留教衆後，歸西天去，輾轉寫取流傳者是也。烏敬念。"上博本後面的題記直接告訴了我們該歌辭的作者爲智嚴，該歌辭的宣講時間在同光二年①。

必須説明的是：甲本和上博本雖然首尾完整，而仔細和乙本、俄本進行比勘，就會發現此二件寫卷内容並不完備。兩寫卷"食時辰"一節和"晡時申"一節均缺少兩首，"夜半子"一節脱漏數句，就是這脱漏的數句對我們認識該文的流傳情況及智嚴的經歷具有重要的價值②。

除了《十二時・普勸四衆依教修行》外，敦煌遺書中還有其他一些關於智嚴的信息。敦煌寫卷斯 5981 號《同光貳年智嚴巡禮西天後記》一文也是智嚴所寫，内容如下："大唐同光貳年三月九日，時來巡禮聖跡，故留後記。鄜州開元寺觀音院主、臨壇持律大德智嚴誓求無上，普願救拔四生九類，故往西天，求請我佛遺法回東夏。然願我今皇帝萬歲……（後爲讚頌之辭，略）"智嚴在該文中把自己的身份和西去的目的講得很清楚。敦煌寫卷斯 4793 菩提流支譯《大寶積經》卷一〇一《功德寶華敷菩薩會》抄本背面，有"時當同光二載三月廿三日，東漢國鄜州觀音（後缺）"的文字。榮新江先生以爲即是"西天取經"智嚴③，筆者贊同其説。敦煌寫卷斯 2659 號正面爲殘缺的《大唐西域記》，背面《往生禮讚文》《十二光禮讚文》，後有尾題"往西天求法沙門智嚴，《西傳記》寫下一卷"。由於上述各寫卷中均未提及智嚴有所著述，故此《西傳記》一卷當指該寫卷正面的《大唐西域記》卷一。玄奘的《大唐西域記》詳細記載了中土同西域的交通情況及西域各國的風土民情，是當時僧人前去天竺之"旅行指南"，故智嚴在敦煌也抄寫了一卷，準備旅途隨身攜帶。智嚴在敦煌抄寫《往生禮讚文》《十二光禮讚文》是有其原因的。《十二時・普勸四衆依教修行》中"食時辰"一節云："求生淨土禮彌陀，九品花中常快活"，"隅中巳"一節云："彌陀國，兜率院，要去何人爲障難""若非淨土禮彌陀，定向天宫覿慈氏"，甲本、上博本"日南午"一節云："滅功夫，抛世務，勤聽彌陀經一卷"，都表現了極爲濃厚的淨土思想。這可與智嚴抄寫《往生禮讚文》《十二光禮讚文》相印證，進一

---

①鄭驥和張長彬懷疑智嚴衹是《十二時・普勸四衆依教修行》的宣講者，並非作者，但從當時普遍情況來看，俗講僧所講作品多是自己創作，尤其攷慮到智嚴鄜州開元寺觀音院主、臨壇持律大德的身份，其大概率是會自己創作俗講作品的。如果其宣講其他人作品，大概也會講述作者是誰，不會讓人在卷端標注自己名字。因此，在找不到反證的前提下，可以把《十二時・普勸四衆依教修行》當作智嚴自己的作品。

②關於《十二時・普勸四衆依教修行》諸寫卷的更詳細信息，可參攷鄭驥《敦煌歌辭〈十二時〉寫卷研究》，蘭州大學碩士學位論文，2015 年，第 52—58 頁。

③榮新江：《敦煌文獻所見晚唐五代宋初的中印文化交往》，見《季羨林教授八十華誕紀念論文集》，南昌：江西人民出版社，1991 年，第 957 頁。

步説明此智嚴就是《十二時普勸四衆依教修行》的作者。

因此,結合上面諸寫卷内容及題記,我們可以總結智嚴的經歷如下:智嚴於同光二年三月九日到達敦煌龍興寺,不久後寫有《巡禮西天後記》,三月廿三日抄寫《大寶積經》卷一〇一《功德寶華敷菩薩會》,之後可能還抄寫了《往生禮贊文》《十二光禮贊文》《大唐西域記(卷一)》等,又爲當地民衆宣講《十二時普勸四衆依教修行》,在敦煌"憩歇一兩月説法"後,前往西天竺求法。

二

智嚴的行程清晰之後,我們再來看《十二時·普勸四衆依教修行》寫卷的流傳情況,而從其流傳情況也能發掘出更多關於智嚴大師的信息。

上博本寫卷後烏敬念題記云:"時當同光二載三月丗(廿)三日,東方漢國鄜州觀音院僧智嚴,俗姓張氏,往西天求法,行至沙州龍光(興)寺,憩歇一兩月説法,將此《十二時》來,留教衆後,歸西天去。"從"將此《十二時》來"來看,可能此《十二時·普勸四衆依教修行》是智嚴大師之前已經宣講過的作品,並非到達敦煌後纔創作的。上博本雖然對我們認識該文的作者意義重大,但因其是"輾轉寫取流傳",故其抄寫年代不敢遽定。而甲本則很明確,抄寫時間在同光二年(924)五月,就在智嚴講經當時或稍後。丁本的抄寫時間"乙卯年"當是指南唐中宗李璟保大十三年(955)。俄本前之發願文提到了當時敦煌統治者"司□",結合其題記中提到的寫作時間"辛亥年",此"司□"很明顯是指當時的沙州司空曹議金①,故俄本抄寫年代"辛亥年"當是公元951年,即南唐中宗李璟保大九年②。可見,甲寫本年代最早,俄本和丁本抄寫時間較晚。

任半塘先生注意到了甲本"食時辰"一節所缺少的兩首,認爲"此套原辭僅百三十二首,到中和年後傳唱時,始增加二首,爲百三十四首"③。任先生依據龍晦先生所講的押韻情況,判斷本套辭創作於宣宗大中(847—860)之前。但通過寫本間的對比可以看出,除此處之外,甲本和乙本之間尚有三處較大差異,任先生只説"增加兩首"是有所失

---

① 參攷榮新江:《歸義軍史研究——唐宋時期敦煌歷史攷索》,上海:上海古籍出版社,1996年,第100頁。
② 買小英、張長彬認爲辛亥年爲公元891年,此與上博本題記所云智嚴同光二年(924)至敦煌龍興寺歇息,宣講《十二時·普勸四衆依教修行》明顯矛盾,非是。
③ 任半塘:《敦煌歌辭總編》,上海:上海古籍出版社,2006年,第1585頁。

察的。任先生據此而認定此文的作者絶非斯 5981 號、斯 2659 號提到的曾去西天竺取經的沙門智嚴,可謂一誤再誤。當然這是任先生未睹上博本而臆測的結果,衹是任先生在分析寫卷文本差異時,抓住"中和年"這一時間座標,過於强調曲辭在流傳中的演變,忽略了寫卷之間傳寫差異的可能。

筆者對敦煌遺書中存在的六種寫卷重新進行了文字校勘(見附録),從諸本文字的異同情況來看,此六個寫卷大致可以分成兩大系統:甲本、丙本、俄本、上博本文字相近,爲一個大系統,乙本和丁本爲另一系統。其中,甲系統内四本文字大部分相同,但丙本、俄本與甲本、上博本的文字在一些地方又有所不同,而與乙系統相同,體現了兩個文本系統的中間過渡狀態,因此第一系統又可細分爲兩個子系統:甲本和上博本、丙本和俄本①。結合上面所説各本抄寫時間來看,甲本距智嚴講經時間最近,且"食時辰"一節和"晡時申"一節分别缺失兩首歌辭,似乎説明了這四首歌辭確實是後來增加的,但事實並非如此。

首先來看"食時辰"一節所缺失的"中和年"和"饑火侵"這兩首歌辭,其文如下:"中和年,閏三月,饑餓人民遞相殺。或時父子相窺圖,到此恩情皆斷絶。饑火侵,難制遏,道俗僧尼無揀别。若非尖刀陌心穿,即是長槍胸上剡。"接下來,曲辭云:"熱油澆,沸湯潑,號訴求他誰睬睐。貪餐之意若豺狼,毒惡之心似羅刹。"很明顯是接着上文中和年間人相食的罪惡景象而發的議論。"隅中巳"節"難後人"首作:"難後人,須慶喜,百分之中無一二。幸於亂世遇蓮花,又喜殘年逢舍利。""難後"兩字正對應上文"中和年"曲辭中的人間慘劇。而且,整首《十二時普勸四衆依教修行》曲辭都是宣教口氣,如果後面的抄寫者真要增加的話,也不易想到增加這麽一段具有歷史寫實意味的曲辭。故甲本、上博本缺失的這兩首與上下文關係密切,應是智嚴大師原文。

唐僖宗中和年(881—885)間,"閏三月"的只有中和五年(885)。關於該年"饑餓人們遞相殺"的慘狀,我們暫時找不到直接的材料來説明,但史書上有一些中和年間西北地方的災難可供參攷。《新唐書·五行志》載:"中和二年,關内大饑;四年,關内大饑"②,記録了當時發生在關内道的饑荒。這場饑荒是否延續到鄜州甚至敦煌,我們無從得知。但《資治通鑑》卷二五六"光啓元年"條載:"(中和五年)三月丁卯,至京師,荆棘滿城,狐兔縱横,上悽然不樂。己巳,赦天下,改元。"③可見,中和五年(後改元爲"光

---

① 參攷本文後所附新校之校勘記,也可參攷張文彬《〈十二時普勸四衆依教修行〉及其代表的敦煌宣傳文學》一文後所附之《諸寫本主要異文表》。
② (宋)歐陽修、宋祁:《新唐書》,北京:中華書局,1975 年,第 899 頁。
③ (宋)司馬光:《資治通鑑》,北京:中華書局,1956 年,第 8320 頁。

啟")關内地區一片狼藉,民不聊生,殘破之狀甚至連唐僖宗也目不忍視。説明經過王仙芝、黄巢之亂,唐王朝已經每況愈下,風雨飄摇,危在旦夕。通過史書的記載,我們可以對當時關中及其附近地區人民的生存狀況有着更加深刻的理解。上文已經提到,智嚴大師在敦煌開講的《十二時·普勸四衆依教修行》很可能是其之前創作的。智嚴在通篇宣教勸善的語氣中加入這麽一段具有唤起人們歷史記憶的場景,證明智嚴對該事件記憶深刻,很可能其幼年時期曾經歷此人間煉獄景象。鄜州爲智嚴駐錫之地,也許即是其出生地,鄜州又與關内相鄰,很可能也蒙此劫難。智嚴將災難慘狀寫入俗講曲辭,很可能其家鄉就在關内或鄜州一帶。也許智嚴經歷此次大難而幸運存活,後出家修道,成爲高僧。智嚴在敦煌歇息的時間在同光二年,距離中和五年已經過去了三十九年,此時智嚴估計已經在五十歲以上,配得上"大師(甲本卷首題名)"的稱呼,也和其"鄜州開元寺觀音院主、臨壇持律大德"的身份相符。於此高齡前往西天取經,也可見智嚴求法之心堅定無畏。俄寫卷前的發願文在讚揚"司空"曹議金後,接着寫到"伏願大師大德天階,□□□□□□談陽普歡,四衆早沾雨露,長作人師,□□□□□□壽"。原卷殘缺,無法補全,但此一"壽"字,足見智嚴年事已高,也可證上述推論之不謬。

"晡時申"一節缺失兩首如下:"釋迦尊,巧方便,説出《蓮花經》七卷。火宅門外設三車,欲使門徒登彼岸。强聞經,勤發願,煞鬼任君錢巨萬。直饒宅舍遍寰中,身謝得木三四片。"講到身死被裝入棺材,而下文則明確提到了"著綺羅,掛綾絹,殮入棺中虚壞爛",語句相承而來,不可割裂。可見,這兩首也是智嚴原文已有,抄寫脱漏而已。"火宅"典出《妙法蓮華經》,"火宅喻"爲著名的法華七喻之一,在當時應廣爲人知。"晡時申"一節除此處外,還有"勸諸人,莫放慢,火宅驅忙無齊限"提到"火宅"。"夜半子"一節結尾也説"火宅忙,須割捨,自古無常誰免者",而乙本"日南午"一節中又云:"减功夫,抛世務,勤聽蓮經親法宇","黄昏戌"一節又有:"《法花經》,功力大,能爲衆生除障蓋"之言。前後一致,故此處的兩首曲辭亦當是原文所有。而文中多次提及《法華經》,可見作者對其十分熟悉,也符合其觀音院主的身份。

"夜半子"一節裏的幾句更不可缺失,缺少後上下文句意思便不連貫。該部份曲辭如下:"夜半子,夜半子,時刻迴圈有終始。始終終始始還終,有世界來隻如此。死又生,生又死,出没憧憧何日已。或前或後即差殊,一例無常歸大地。"當缺失"死又生,生又死,出没憧憧何日已"時,"一例無常歸大地"便無所指代。而"晝屬人,夜屬鬼",後面接着説"睡是人間之小死",十分貼切,比"晝夕遞遷何日罷"要適當得多。

最後一句"更擬講,日將西,計想門徒總待歸。念佛一時歸舍去,明日依時莫教遲",爲講經後的結束語,甲本、俄本、上博本均没有,只有乙本還有保存。"明日依時莫教遲"似乎説明智嚴在敦煌是連續講經説法的,所講可能不止《十二時·普勸四衆依教修行》一篇,也和上博本題記中所説"憩歇一兩月説法"吻合。只是,目前敦煌遺書裏還没有找到更多關於智嚴講經説法的内容。

通過對甲本和上博本所缺少曲辭的分析,可以看出上述曲辭的確屬於缺失,而非後來所添。至於缺失的原因,"中和年"那兩段可能是中和年間的災難並非波及敦煌,抄寫者可能覺得此兩段歌辭會引起敦煌當地人的誤解,因此纔將其刪除,而其他兩處之缺失則不可索解,也許純粹是抄手漏抄。只是,甲本、上博本和其他各本相比,很突出的一個特點是把原來的"蓮花"改爲"彌陀",把原來的《蓮花經》(《妙法蓮華經》)改爲"《彌陀經》"。"隅中巳"一節,乙本作"幸於亂世遇蓮花,又喜殘年逢舍利",甲本、上博本作"幸於亂世遇彌陀,又喜殘年逢法會"。如果説此處改動還不够明顯的話,再看"日南午"一節中"減功夫,抛世務,勤聽《蓮經》親法宇"一句,甲本、上博本作"減功夫,抛世務,勤聽《彌陀經》一卷","卷"字不合韻,突出顯示了甲本經過修改的痕跡。關於這兩處異文,較合理的解釋是:甲本、上博本的抄寫者以彌陀淨土信仰爲主綫,對原卷文字進行了潤色和統一,但在這種改動中卻漏抄了一些曲辭。雖然這些改動對我們理解文義影響不大,但卻對梳理《十二時·普勸四衆依教修行》諸寫本的流傳情况具有重要作用。

三

通過上面的分析可知,廓州開元寺觀音院主、臨壇持律大德智嚴大師曾作有《十二時·普勸四衆依教修行》俗講歌辭,後誓求無上佛道,往西天巡禮聖跡,於同光二年三月九日到達沙州龍興寺,憩歇一兩月説法,作有《巡禮西天後記》,並抄寫《大寶積經》卷一〇一《功德寶華敷菩薩會》及《往生禮贊文》《十二光禮贊文》《大唐西域記(卷一)》等,後又在當地宣講《十二時·普勸四衆依教修行》。該曲辭在當地影響很大,傳抄很廣。敦煌遺書中現存六個寫卷文字各異,表明其文字在抄寫中多有修訂。經過分析可知,伯2054號寫卷雖然抄寫時間就在智嚴講經當時或稍後,但在抄寫時脱漏數首曲辭。脱漏的曲辭提到了唐僖宗中和五年(885)閏三月發生的大饑荒。智嚴把具有個人記憶性質的"饑荒"寫進整篇充滿勸教色彩的曲辭,很可能説明其小時候曾親歷過此次劫難,故影響極深,一生不忘。聯繫智嚴到達敦煌在後唐莊宗同光二年(924),距中和五年已過去三十九年,可以推出其前往印度求法時已在高齡,足證其求法之心堅定無畏。

附：

《十二時·普勸四衆依教修行》新校

任半塘先生《敦煌歌辭總編》卷六在校勘本首《十二時（普勸四衆依教修行）》時，以抄寫時間最早的甲本做底本，且存在一些誤校情況。上文已證甲本爲傳抄本，中間有不少脱漏，故以甲本作底本似有未妥。總觀六個寫卷，乙本首尾俱全，文字雖有臆改之處，但不少地方視甲本爲善。又因各本均爲智嚴俗講之記錄本或傳抄本，輾轉寫取流傳，文字歧異之處實多。故此次校勘以乙本爲底本，以他本參校，擇優而從。按：甲、丙、俄、上博諸本爲一系統，這裏統稱爲稱甲系統；乙本、丁本爲一系統，統稱爲乙系統。其中，甲系統内四本文字大部分相同，但丙本、俄本與甲本、上博本的文字在一些地方又有所不同，而與乙系統相同，體現了甲本和乙本的過渡狀態。爲省文字，如甲系統完全相同，則用"甲作"表示，乙系統完全相同用"乙作"表示。其系統内部或系統間有相異者，則分别指明"某（甲、乙、丙、丁、俄、上博）本作"。依兹體例，現校勘全文如下：

雞鳴丑，雞鳴丑，曙色纔能分户牖。富者高眠醉夢中，貧人已向塵埃走①。
或城隍，或村藪，矻矻波波各營構。下床開眼是欺謾，舉意用心皆過咎②。
或刀尺，或秤斗，增减那搰誇眼手。只知勞役有爲身，不曾戒約無厭口③。
喫腥膻，飲醲酒，業壯癡心難化誘。也知寺裏講筵開，卻去尋春看花柳④。
命親鄰，屈朋友，撫掌高歌飲醲酎。爲言恩愛永團圓，將謂榮華不衰朽⑤。
妻子情，終不久，只是生存乍親厚。未容三日病纏綿，隈地憎嫌百般有⑥。
囑親情，託姑舅，房臥資財暗中袖。更若夫妻氣不和，乞求得病誰相救。
兄弟亡，男女幼，財物是他爲主首。每逢齋七尚推忙，更肯追修添福佑⑦。

---

①人，乙作"者"。埃，乙作"中"。
②構，乙作"勾"。
③役，乙作"設"，形近而誤。搰，各本均作"搰"，任校爲"容"，是。
④壯，各本均作"壯"，"業莊"和下文"日入西"一節"業重"義同，任校爲"障"，誤。難化誘，乙作"化難誘"，不妥。卻去尋春看花柳，甲作"卻趁尋春玩花柳"。
⑤飲，乙作"醉"。永，乙作"求"。謂，乙本、丁本、俄本作"爲"。
⑥妻子，乙作"夫妻"。乍，乙作"詐"。綿，乙作"身"。憎嫌，乙作"增慊"，上博本作"增嫌"，"增"字形近而訛。
⑦尚，乙作"上"，誤。

大丈夫,自支料,不用教人再三道。七十歲人猶自稀,何須更作千年調①。

平旦寅,天漸曉,鐘鼓滿城驚宿鳥。萬戶千門悉喧喧,九陌六街人浩浩。
或公私,或營討,不揀高低皆擾擾。一生多是聚眉愁,百年少見開顏笑②。
只知生,不知老,憂活憂家常苦惱。不信頭中白髮生,憑君自把青銅照。
火宅忙,何日了,朽樹臨崖看即倒。只憂閑事不憂身,蹉跎不覺無常到。
葬荒郊,安宅兆,古柏寒松蔭荒草。津梁險路一無憑,合眼沉淪三惡道。
莫任運,要思忖,也須自覺些些穩。如今一向爲生涯,前程將甚爲支準。
要慈悲,莫慳吝。小小違情但含忍。聽法聞經勉力爲,持齋念佛加精進③。
今日言,是衷懇。萬計頭頭相接引。就中孤露要安存,切須臨危莫相損④。
自知非,須識分。步步無常漸相近。自家身事自家修,別人誰肯相哀憫⑤。
抱忠貞,行孝順。無利之談休話論。但將好事向他人,早晚僂羅勝百鈍⑥。
見師僧,要參問。我慢身心須戒慎。信喻之人若到來,爲君雪出輪迴本⑦。

日出卯,人浩浩。丹燄金煙生浩渺。纔將曙色襯三山,漸朏微明光八表⑧。
動行人,飛宿鳥。初爍峯巒漸溪沼。生成萬物力能深,開坼千花功不小。
利雖多,害不少,說著門徒須痛惱。能令綠鬢作蒼浪,巧使紅顏成墓燥⑨。
孕者生,壽者夭,壯者衰殘小者老。古來美孀與英雄,誰免無常暗侵耗⑩。

---

①教,乙作"交",二字通用。丈,乙作"扙"。稀,乙作"希"。按:該首曲辭任校移至"平旦寅"第五首,從歌辭韻律上確應屬下節,但各本均如此,不應臆改。
②擾擾,甲作"撓撓",不妥。聚眉愁,乙作"聚愁眉",和下文不對仗。
③但,乙本、俄本作"旦",形誤。持齋,乙作"持經"。
④須,甲作"是",茲從乙。
⑤步步,甲作"一步",於義不如"步步"爲長。
⑥向,甲作"讓",茲從乙。
⑦參,乙作"恭"。我,各本均作"我",任校爲"莫",誤。慢,乙作"謾"。信喻之人若到來,爲君雪出輪迴本,乙作"若能取勸早修行,終歸實是安身本"。
⑧浩,甲作"洞",形近而訛。
⑨鬢,甲作"髮"。浪,甲本作"狼",乙作"茛",任校作"筤",當以項師《敦煌歌辭總編匡補》校"浪"爲是。作,俄本作"乍",形近而訛。燥,各本均作"燥",任校爲"草",和下文"草"重,且"紅顏成墓草"於意未明,今依原卷作"燥"。
⑩壯者衰殘小者老,甲作"莊氣英雄被侵老",俄本"侵"字作"至"。美孀與英雄,甲本作"美兒是潘安",上博本作"美兒暑潘安",俄本作"美兒與潘安",茲從乙。

上三皇,下四皓,潘岳美容彭祖老。八元八僑葬丘陵,三傑三張掩荒草①。
闞文才,逞辭藻,三篋五車何足討。盡推松柏有堅貞,也被消磨見枯栳②。
實愁人,作甚好,只有回心歸聖道。慈悲喜捨離慳貪,忍辱柔和除倨傲③。
少誅求,莫奸巧,業報總由心所造。但無貪嗔及癡慢,便合如來無漏教④。
見善人,相倣效,利益之門須愛樂。貪財嗜色險峭人,也莫嫌他莫嘲笑⑤。
自恬和,捨喧鬧,息意忘緣真要妙。依前不改舊時心,萬劫輪迴何日了⑥。

食時辰,若時節,善女善男聽我説。不論店肆與人家,多是烹炮啗腥血⑦。
或猪羊,或魚鱉,盡向此時遭剸割。鰭鱗剝落口猶開,肝肚攜來氣全熱⑧。
或渾炮,或細切,盡逞無明恣餐啜。教他忍苦受刀砧,猶嫌不美情無悦。
痛一般,命無別,爭不教他抱冤結。專於業鏡待君來,此時巧口難分雪⑨。
焰摩王,親斷決,一一招當敢抵遏。不論銖兩總還他,如此相讎幾時歇⑩。
縱爲人,神氣劣,短命多災形困惙。爭如蔬素遣飢瘡,免被冤家隨後撮⑪。
況此身,如聚沫,終是無常歸壞滅。暫時光膩與肥充,兩日不安瘦如刮⑫。
中和年,閏三月,飢餓人民遞相殺。或時父子相窺圖,到此恩情皆斷絕⑬。

---

①祖,甲作"壽"。張,各本均作"張",任校爲"良",誤。掩,甲作"壓"。
②栳,各本均作"栳",任校爲"槁",似不必。
③作甚好,俄本、上博本作"摩生好",甲作"摩生手",乙作"作生好",任校"作甚好"。
④由,乙本作"猶"。無,各本均作"無",任校爲"斷",誤。但無貪嗔及癡慢,丙本、俄本作"但無健羨及癡貪",乙作"但無疑慢及癡貪"。合,甲作"是"。
⑤峭,任校作"巇",不妥。嘲笑,乙作"交掉"。
⑥忘,甲作"妄",其中丙本作"忘"。
⑦若,各本皆作"若",項師《匡補》校爲"苦",是。聽我説,丙作"相仿效",當係因前文而重。啗,乙作"啜"。
⑧魚鱉,甲作"鵝鴨",與韻不合。
⑨爭不教他抱冤結,甲作"業鏡無情下待君",俄本"無情"作"無明"。此時巧口難分雪,甲本作"此時巧妙難分雪",上博本作"此時巧難無分雪"。
⑩焰摩,各本均作"焰摩",任校爲"閻魔"。親斷決,俄本作"判決",脱"親"字。遏,甲本、俄本、上博本作"揭",形近而訛。
⑪短,甲作"知",誤。瘡,甲作"痛",任校爲"腸",似不必,"飢瘡"於義亦通。遣飢瘡,乙作"學持齋"。被,乙作"彼",形近而訛。
⑫瘦如刮,乙作"如刀乱"。
⑬時,丙本、俄本作"是",丁本作"時",乙作"持",爲"時"字形訛,當從丁作"時"。父子,丙本、俄本作"子父"。窺圖,乙作"規啚"。

飢火侵，難制遏，道俗僧尼無揀別。若非尖刀陌心穿，即是長槍胸上剟①。
熱油澆，沸湯潑，號訴求他誰睬聒。貪餐之意若豺狼，毒惡之心似羅剎②。
我此言，雖硞礧，只要人聞心改徹。自茲值佛得菩提，洗滌身心交淨潔③。
罪誰無，要猛烈，一懺直教如沃雪。求生淨土禮彌陀，九品花中常快活④。
隅中巳，時最善，勝事皆從此時辦。一是如來持鉢時，二當天衆經行散⑤。
純陀供，香積飯，法會齋筵陳供獻。州州梵刹扣金鐘，處處道場排玉饌。
或平安，或追薦，肅肅高僧離竹院。起草簇成鸞鳳臺，霜餞鏤作蓮花椀。
備果花，懸蓋傘，玉像金容光焕爛。神祇之類沐珍差，鴉鳥已來皆飽滿。
利存亡，益家眷，凡是有求皆滿願。不唯禳鎮萬般災，兼乃蠲除千種患⑥。
賓頭盧，大羅漢，應供此時天下遍。如斯設福益羣生，總是如來巧方便⑦。
彌陀國，兜率院，要去何人爲障難。十齋八戒有功勞，六道三途無擊絆。
佛法中，須用意，得此人身豈容易。若落邊方下賤中，佛法師僧永難值⑧。
難後人，須慶喜，百分之中無一二。幸於亂世遇蓮花，又喜殘年逢舍利⑨。
學持齋，究經義，親近大乘生惠智。夜夜常燃照佛燈，朝朝勤換淹花水⑩。
念觀音，持勢至，一串數珠安袖裏。目前災難不能侵，臨終又得如眠睡⑪。
利益言，須切記，功果教君不虛棄。若非淨土礼彌陀，定向天宫覲慈氏⑫。

日南午，日南午。赫赫紅輪當万戶。晦明緣隔淺深雲。延促遊行南北路⑬。

---

①剟，乙本、丙本作"掇"。
②睬，乙本、丙本作"採"，誤。餐，各本均作"餐"，任校作"饕"，誤。
③我此，乙作"此時"。雖硞礧，甲本、俄本、上博本作"真實勸"，從上下文看，當從乙。聞心，乙作"間生"，形訛。自茲值佛得菩提，甲作"自茲直到佛涅槃"。
④烈，各本均作"烈"，任校爲"決"，當以項師《匡補》所校"烈"字爲是。沃，甲本作"淚"。
⑤時，上博本作"中"。是，甲本、丙本、上博本作"時"。
⑥鎮，甲作"卻"。千種患，甲作"千戶難"。
⑦遍，各本均作"遍"，任校爲"徧"。設福，甲本、上博本作"施設"，丙本、俄本作"設施"。
⑧豈，乙作"起"。方，乙作"夷"。永，乙作"亦"。
⑨難後，乙作"逢後"。亂世，乙作"好世"。蓮花，甲本、上博本作"彌陀"，乙作"蓮經"，茲從丙本、俄本。舍利，甲本、上博本作"法會"，於韻不合。
⑩親近大乘，乙作"親覲蓮花"，上文已出現"蓮花"，此不當重出，且"親覲蓮花"於義不合。
⑪又得如眠睡，甲本、上博本作"又如眠相睡"，俄本作"眠睡相"不合韻，誤。
⑫利益言，須切記，乙作"相益言，切須記"。覲，甲本、上博本作"礼"，丙、俄作"見礼"，均不妥，茲從乙。
⑬遊，甲本、俄本、上博本作"爲"。南北路，乙作"南瞻部"，下文已有"南瞻部"，從甲。

奮金烏,馳玉兔,旋繞不離南瞻部。潛移紅臉作桑榆,闇換青絲爲柳絮①。
立三才,經万古,多少英雄似狼虎。咸隨落日影魂銷,盡溺逝波無覓處②。
潘岳容,石崇富,美麗西施並洛浦。死王誰怕鏡前花,煞鬼徒勞掌中舞。
春復秋,旦復暮,改變桑田易朝祚。三皇五帝總成塵,四皓七賢皆作土③。
虛幻身,無正主,假託衆緣成陰聚。一朝緣散氣歸空,又把形骸葬塠埠④。
母哭兒,兒哭母,相送松間幾千度。升沉瞥瞥似浮漚,來往憧憧如鎮戍⑤。
少顏回,老彭祖,前後雖殊盡須去。無常一件大家知,爭那人心不驚悟⑥。
減功夫,拋世務,勤聽《蓮經》親法宇。看看四大逼身來,何事安然不憂懼⑦。
泡幻影,豈堅固,一失人身再難遇。勸君取語早修行,前程免受波吒苦⑧。

日昳未,日昳未,幻世浮生如夢寐。紅顏潛去没人知,白髮闇來何處避。
貧窮人,若布施,實是教他力難置。若是生涯幸且充,不解用心修善事。
設深機,窺小利,恨不剜挑人腦髓。飽餐腥血飲盃觴,恣長無明生意氣⑨。
少謙和,没人義,兄弟何曾如手臂。親生父母似閒人,未省晨昏暑看待⑩。
恣荒唐,逞奢侈,一日光陰半朝醉。思量能得幾多時,眼前便見成枯悴⑪。
或腰疼,或冷痺,只道偶然乖攝理。尋求處士訪丹藥,囑託往還迴藥餌⑫。
年命衰,形禍至,積漸纏綿難起止。蹉跎不遇善親情,勸殺猪羊祭神鬼⑬。

---

①馳,甲作"迅",此處應爲動詞,故從乙。部,乙作"路"。闇,任校作"暗"。
②後兩句,甲作"墮落日影魂銷盡,溺没逝波無覓處",俄本"無覓處"作"無處住",乙作"咸隨落日影魂銷,盡溺遊波無覓處",茲從乙,其中"遊"當依項師《匡補》校"逝"爲是。
③帝,俄本作"常",形誤。塵,甲作"空"。
④把,乙作"抱"。
⑤松,乙作"人",誤。瞥瞥,甲本、俄本、上博本作"漸漸"。
⑥那,各本均作"那",任校爲"奈"。
⑦蓮經,甲本作"彌陀",俄本作"蓮法經",茲從乙本。親法宇,甲本、上博本作"經一卷"。逼身來,丙本、俄本、上博本作"逼來時"。
⑧再難遇,甲本、丙本、俄本、丁本作"難再遇",上博本作"難再得"。
⑨設深機,乙本作"没深幾",丁本作"没深機",均爲形近而訛。飽,甲作"餤"。
⑩人義,各本均作"人義",任校爲"仁義",誤。親生,甲作"生親"。
⑪便,甲作"使"。
⑫訪,乙作"贖"。託,甲作"他"。
⑬衰,甲作"灾"。形,甲本、俄本作"形",丁本、上博本訛作"刑",任校爲"災",誤。漸,甲、乙均作"漸",任校爲"善",誤。綿,乙作"眠"。起止,乙作"去至"。勸,乙作"教"。

長冤家,招禍祟,轉轉前程不如意。門庭寥落管弦休,車馬稀疏還往棄①。
死魔來,相貌異,男女妻兒皆怖畏。七魄俄成北斗雲,一身遽奄東流水②。
漫搥胸,徒下淚,前路茫茫沒依倚。爭如預自作津梁,免向三途永沉墜③。

晡時申,日將晏,殘景難留如擊箭。不論貧富與公私,盡爲生涯走疲倦④。
役身心,失茶飯,溪壑之心何日滿。逢人只道沒功夫,何處更肯修福善⑤。
勸諸人,莫放慢,火宅驅忙無齊限。別人喫物自家飢,功德直須親自辦⑥。
莫多羅,覓閒散,廣置妻房多擊絆。虛忙恰似採花蜂,自縛何殊蠶作繭⑦。
女若多,費綾絹,好物不中教覷見。紅羅帳上間銀泥,緋繡床幃戲金雁⑧。
鳳凰釵,鸚鵡盞,枕盔粧函金銘鈿。搬將送與別人家,任你耶娘賣家產⑨。
拜別時,日將晚,欲去佯尋詐悲戀。父邊蟄咬覓零銀,母處含啼乞釵釧⑩。
得即欣,阻即怨,歡喜冤家相惱亂。去後搜尋房臥中,點檢生涯沒一半⑪。
殺猪羊,修品饌,聚集親情作光顯。爲他男女受波吒,爭似隨時謀嫁遣⑫。
死到來,不相管,父母與他當苦難。思量眷屬暫時間,畢竟於身成大患⑬。
釋迦尊,巧方便,説出《蓮花經》七卷。火宅門外設三車,欲使門徒登彼岸⑭。

①寥落,甲作"牢落",乙作"寮落",任校爲"寥落",是。管弦休,乙作"官絃虧"。稀疏,乙作"希逢"。還往,甲作"往還"。
②北,乙作"南",誤。遽奄,甲作"處奄","處"字系形近而訛,乙作"遽掩","遽奄"爲固定用法,作"遽掩"不妥。
③茫茫,甲作"忙忙",音同而訛。預,甲作"願","願自"不通。
④擊箭,各本均作"擊箭",任校作"急箭","擊箭"於義自通,不煩改。
⑤身心,甲作"心神"。
⑥齊限,甲作"劑",乙作"濟",任校作"際",當以項師《匡補》所校"齊"爲是。親自,甲作"自家"。
⑦何,甲作"不"。
⑧中,各本均作"中",任校爲"可",誤。戲,各本均作"戲",任校爲"麼",與義不合。
⑨前三句,甲本、上博本作"鳳凰篦,盞枕盔,粧函鏡陷金細花","花"字於韻不合,丙本和俄本各有脱字,丙本作"鳳凰篦,□玉釧,粧函於塵七寶鈿",俄本作"鳳凰篦,金玉釧,粧□□鹿(塵)七寶鈿",兹從乙本。搬,甲本、俄本、上博本作"般",任校爲"搬",是。與,甲作"向"。家產,乙作"莊產"。
⑩佯尋,乙作"尋尋",丙本、俄本作"楊尋",爲"佯尋"之訛。含,乙作"伴"。
⑪沒,甲作"無"。
⑫光,甲作"榮"。謀,乙作"媒",形近而訛。
⑬暫時間,甲作"暫同居"。於,各本均作"於",任校爲"終",誤。於,乙作"終",不妥。
⑭七卷,乙本作"八卷",所指爲隋仁壽元年闍那笈多、達磨笈多二人於興善寺所譯之八卷本添品《妙法蓮華經》。

強聞經，勤發願，煞鬼任君錢鉅萬。直饒宅舍遍寰中，身謝得木三四片①。
著綺羅，掛綾絹，殮入棺中虛壞爛。分毫善事不層修，實是令人哀憫見②。

日入酉，日入酉，落照殘霞不長久。林間宿鳥亂分飛，路上行人爭步走③。
罷營生，休運構，凡事功人悉停手。隨時飯了略跧頭，曉鼓纔明又依舊④。
使府君，食香糒，須念樵農住山藪。捍勞忍苦自耕耘，美飯不曾沾一口⑤。
體單寒，面塵垢，火炙煙熏形黑瘦。我輩城隍聚落居，人間苦事須知有⑥。
遇清平，承福佑，要者運來皆得就。不能知分感天恩，厭賤糧儲輕粟豆⑦。
養雞鵝，喂豬狗，雀鼠穿窬圌囤漏。撮來拋向糞堆頭，日蒸雨爛成蛆臭⑧。
拋擲多，損君壽，現世令人福不厚。或時種作遇風霜，縱得成苗多稗莠。
嫌善人，親惡友，習李熏猶逞乖醜。交關多使七成錢，糶糴無非兩般斗⑨。
年既秋，漸蒲柳，起坐呻吟力衰朽。聞經業重睡昏昏，買肉腳輕行走走⑩。
齒漸疏，皮漸皺，行動原來一依舊。不須目下騁僂羅，波吒總在無常後⑪。

黃昏戌，有可説，鼓罷長街人不出。莫言遇夜得身閒，算錢徹曙猶啾唧⑫。

―――――――――

①直，丙本、俄本作"更"，乙作"直饒"表"即使"義，於義爲善。木，乙作"木頭"，丙脱"得"字，茲從俄本。
②是，甲作"即"，"實是"上文已見。
③照，乙作"日"，與上文"日"字重複，不妥。
④營，甲作"治"，"營生"於義爲長。運構，甲作"運偶"。事，甲作"是"。功，各本均作"功"。"功人"指操勞之人，於敦煌卷子中常見，任校作"工"，誤。略跧頭，乙脱"略"字。明，各本均同，當爲"鳴"之假借。
⑤君，甲作"居"，"府君"爲對男子的尊稱，"府居"於義不合，且下文已有"城隍聚落居"。糒，甲本、上博本作"厨"，丙本、俄本作"鈿"，均不合韻，茲從乙。樵農，乙作"樵夫"。捍勞，各本同，任校作"旱澇"，誤。耕耘，甲作"畬私"。
⑥炙，甲作"焙"，不如"炙"字於義合。"我"，甲作"你"。
⑦承，乙作"丞"，音同而誤。
⑧窬，甲作"偷"，形近而訛。
⑨習李熏猶逞乖醜，甲本、上博本作"習狎熏行乖醜差"，乙作"習李熏猶逞乖醜"，丙本、俄本作"習狎熏行逞乖醜"，任校爲"習狎熏猶逞乖醜"，爲乙本和丙、俄本拼接，茲從乙本。
⑩買，甲作"賣"。行走走，甲作"行起走"，"走走"和上文"昏昏"對仗，從乙。
⑪動，乙作"黨"，誤。下，甲作"前"。
⑫黃昏戌，甲作"有可説"，不合韻。

還往來，露妻室，半夜烹炮餐未畢。臺盤脚下酒滂沱，經像面前多碎骨①。
醉昏昏，迷兀兀，將爲常年保安吉。忽然福盡欲乖張，寒暑交侵成臥疾②。
死王來，去倉卒，前路茫茫黑如漆。業繩牽入鐵城中，萬櫃千箱阿誰物③。
捨華堂，埋土窟，一善不修身已卒。有親男女爲追齋，七分之中唯得一。
若姑姨，或弟姪，一分之中也兼失。爭如少健作支分，閒來更念彌陀佛④。
清信男，清信女，聽我今朝相勸語。曩生曾早結緣來，此世方得相逢遇⑤。
戒身心，少嗔妒，遮莫身爲家長主。百般讒佞耳邊來，冤恨且爲含容取⑥。
行無傷，言有據，凡事酌量須得所。姿妝粉黛莫奢華，衣服綾羅須儉素⑦。
或子孫，或兒婦，衣食恩戀須遍布。丈夫惡性善恬和，兒女嬌癡輕誡禦⑧。
蘊賢和，作規矩，小大安存如子母。欲無口業免人嫌，兒大鑰匙分付與⑨。
自修行，辦前路，喫著殘年能幾許。直如富過石崇家，誰免身爲墳下土⑩。

人定亥，人定亥，盡日驅忙夜方在。聚頭燈下飲杯觴，促膝盤中啜纖膾⑪。
或公私，或買賣，陶染結交多聚會。終朝迷醉長無明，肯信佛門堪依賴⑫。
縱發心，無志耐，揀點師僧論過罪。雖逢善境暫回心，忽遇違緣還卻退⑬。
少蹉跎，老追悔，縱強聞經筋力敗。將錢布施男女嗔，用物設齋妻子怪。

---

①露，甲作"路"，當從乙作"露"，出現之意。
②寒暑交侵成臥疾，甲本、上博本作"寒暑交成臥有疾"。
③茫茫，各本作"忙忙"，任校作"茫茫"，是。鐵城中，乙作"中鐵城"。
④作支分，甲作"自家修"。
⑤來，乙作"求"，形近而訛。世，"此世"和"曩生"對仗，甲、俄、上博作"時"，不當。
⑥冤恨，甲作"實懷"。
⑦酌，甲本、上博本作"約"。須，乙作"用"。姿妝，甲作"資裝"。
⑧丈夫惡性善恬和，各本均作"丈夫惡性善恬和"，任校作"慈善性恬和"，誤；"兒女"，甲作"兒子"，後面接着説"嬌癡"，故作"兒子"不當。禦，各本均作"禦"，任校作"諭"，誤。
⑨欲，乙作"又"。
⑩辦，乙本、俄本作"辯"，茲從甲本、上博本。能，乙作"經"。直如，甲作"更饒"。過，甲作"似"。
⑪驅忙，甲作"馳"，茲從乙，"驅忙"表"忙碌"義，於敦煌講經文中常見。在，甲作"外"，與義不合。促膝，甲作"朱漆"，乙作"狹漆"，任校作"促膝"，可從。
⑫朝，甲作"年"。
⑬志耐，各本均作"志耐"，任校作"忍耐"，誤。罪，甲本、上博本作"非"。緣，乙作"情"，"違緣"指違逆身心之事緣，作"違情"不妥。

勸莫忙，教且待，方便意圖爲窒礙。何如少健自支分，莫教直到年衰邁①。
眼目昏，耳沉聵，漸覺心神轉曚昧。寢寐常逢過往人，神魂已入幽冥界②。
後生時，恣癡愛，終日留情聲色內。三科法境沒堅牢，五陰形軀終破壞③。
不聰明，少知解，噉食眾生結冤害。菩提正路此時迷，生死病源何日瘥④。
《法花經》，功力大，能爲眾生除障蓋。猛拋家務且勤求，看看被送荒郊外⑤。

夜半子，夜半子，時刻循環有終始。始終終始始還終，有世界來只如此⑥。
死又生，生又死，出沒憧憧何日已。或前或後即差殊，一例無常歸大地。
夜更闌，天似水，斗轉河迴人盡睡。有時卻坐草堂中，悲見人間無限事⑦。
悲囚徒，牢獄裏，夜靜領來方拷捶。杖鞭繩縛苦難任，皮肉痛疼連骨髓⑧。
悲病人，久尪悴，四體沉沉難起止。床頭一盞寂寥燈，枕畔兩行酸楚淚。
悲孕婦，日將至，停燭焚香告天地。性命惟憂頃刻間，渾家大小專看待。
悲孤孀，沒依倚，髮鬢茸茸雪相似。霜天寒夜自嗟吁，骨冷衣單多怨懟⑨。
悲行人，拋幼累，恨別愁明啼不寐。少妻燈下坐支頤，老母堂前愁齧指⑩。
或富豪，或貧匱，各自前生緣果異。或藏草舍避驚憂，或臥紅樓整酒醉⑪。
或嘉期，或失意，聚散悲歡事難紀。思量一夜百千家，幾戶憂愁幾家喜⑫。
畫屬人，夜屬鬼，睡是人間之小死。身即冥冥枕上眠，魂魄悠悠何處去。
夜復曉，曉復夜，晝夕遞遷何日罷。鬢中霜髮逐時添，頰上桃花隨日謝⑬。

---

①圖，甲作"徒"，音近而訛。窒礙，各本均作"質礙"，任校作"窒礙"，是。支分，乙作"支持"，誤。教，各本作"交"，任校爲"教"，是。
②神，乙作"情"。曚昧，甲作"昏昧"。過往人，乙作"往死人"，茲從乙。
③法境，乙作"法上"。形軀，乙作"形骸"。
④噉食，甲作"食噉"。菩提，甲作"涅槃"。瘥，各本作"差"，任校爲"瘥"，是。
⑤法花經，乙本、俄本作"法华經"，甲本、上博本作"彌陀佛"，茲從乙本、俄本。眾生，甲作"勞生"。外，乙作"內"。
⑥循環，甲本、上博本作"巡還"。始終終始始還終，俄本作"爲緣業牽再到來"。
⑦更，甲作"既"。河，甲本、俄本作"何"，形近而訛。盡，甲作"整"。
⑧悲，乙本作"愁"。靜，乙作"淨"。方，各本均作"方"，任校爲"力"，誤。痛，甲作"疼"。
⑨寒，乙作"霜"，誤。嗟吁，乙作"吁嗟"。懟，乙作"慰"，形近而誤。
⑩前，俄本、上博本作"中"。齧，甲作"噬"，通。"噬指"典出《後漢書·周磐傳》，李賢注："噬，齧也。"
⑪草舍，乙作"清草"。樓，甲作"羅"。酒醉，甲作"沉醉"。
⑫嘉，甲作"佳"。憂愁，甲作"愁憂"。
⑬夜復曉，曉復夜，俄本作"夜月明，明月夜"。鬢，各本均作"鬢"，任校作"鏡"，誤。

足軒車,多宅舍,蘭室屏幃純繡畫。一朝祿盡死王來,生事落然難顧藉。
善要修,罪須怕,不是虛言相詆諱。閻王未肯受分疏,煞鬼豈能容諂詐①。
火宅忙,須割捨,自古無常誰免者。暫寄浮生白日中,終歸永臥黄泉下。
更擬講,日將西,計想門徒總待歸。念佛一時歸舍去,明日依時莫教遲②。

---

①善要修,罪須怕,甲作"善修心,惡要怕"。
②更擬,乙原作"敬疑","疑"爲"擬"之訛,任校爲"更擬"。待,乙原作"大",任校爲"待",是。教,乙原作"交",任校爲"教",兩字通用。

敦煌文獻中孝子故事的類型與源流

羅鷺

（四川大學中國俗文化研究所）

敦煌文獻中的孝子故事，因王重民等先生整理的《敦煌變文集》將 P.2621（原卷）、S.5776（甲卷）、S.389V（乙卷）、P.3536V（丙卷）和 P.3680V（丁卷）五個寫卷輯錄爲《孝子傳》而受到學界關注。但這五個寫卷的性質與類型并不相同：1983 年，潘重規先生編纂的《敦煌變文集新書》首先指出 P.2621 的性質"似一類書"[1]。1989 年，潘氏弟子王三慶先生進一步指出："《敦煌變文集》將五個寫卷整理成《孝子傳》的方式是不合理的，必須按照它的文體分成兩類：一種是乙、丙、丁三卷的變文系統，可以整理成九個故事的《孝子傳》，繼續保留在變文集中；一種是原卷、甲卷的《類林》通俗類書系統，則自變文集中獨立出來。"[2]1998 年，曲金良先生也指出這五個寫卷所用文體并不一致，可分爲兩類：一類是散文筆記小説體，另一類是散後附韻即傳後附詩的一種文體，也可稱作傳贊體[3]。2010 年，竇懷永、張涌泉先生匯輯校注的《敦煌小説合集》採納王三慶等學者的觀點，將五個寫卷整理爲《孝子傳》和《事森》二篇，視爲古體小説。由此可見，僅僅是《敦煌變文集》中的《孝子傳》，對其文獻類型與性質的認識，就有變文、類書、小説等不同觀點。何況敦煌文獻中的孝子故事，并不局限在這五個寫卷，而是廣泛地分散在其他文獻中。因此，有關敦煌文獻中孝子故事的類型與源流，實有進一步探討的必要。

---

[1] 潘重規：《敦煌變文集新書》，臺北：文津出版社，1994 年，第 1267 頁。
[2] 王三慶：《〈敦煌變文集〉中的〈孝子傳〉新探》，見《敦煌學》第十四輯，臺北：新文豐出版公司，1989 年，第 193 頁。
[3] 曲金良：《敦煌寫本〈孝子傳〉及其相關問題》，《敦煌研究》1998 年第 2 期。

一、敦煌文獻中孝子故事的主要類型

敦煌文獻中的孝子故事,主要包括孝子變文、類書輯録的孝子事類、筆記小説中的孝子故事等三種類型。

(一)孝子變文

敦煌文獻中的孝子變文,最典型的是收録在《敦煌變文集》中的《董永變文》和《舜子變》。前者原卷編號爲 S.2204,共 937 字,篇題爲輯校者據故事内容擬補,且"疑原本有白有唱,此則只存唱詞,而未録説白"①。文中開頭即云:"大衆志心須淨聽,先須孝順阿耶娘"②,又有"孝感先賢説董永"之句,可見其性質確爲説唱體通俗文學作品。董永故事在古代流傳甚廣,《法苑珠林》卷六二引劉向《孝子傳》就已收録,但故事比較簡略;其他各種版本的《孝子傳》使故事漸漸豐滿,發展至《董永變文》,更是增加了董仲尋母的故事。

《舜子變》現存兩個寫卷,S.4654 存前題"《舜子變》",P.2721 存後題"《舜子至孝變文》一卷",且有明確的抄寫日期題記:"天福十五年歲當己酉朱明蕤賓之日(月)莫生拾肆葉寫畢記。"③即公元 949 年農曆五月十四日。由於《舜子變》末尾的兩首七言四句詩與擬題爲《孝子傳》的 S.389V 和 P.3536V 兩個寫卷中的舜子故事末尾的"詩曰""詩云"完全相同,因此,學者們對散韻合體系統的《孝子傳》的性質有了新的認識,如王三慶先生認爲"它較《類林》系統的通俗類書更接近廣義的《變文》,把它輯録在《敦煌變文集》中是無可厚非的"④;曲金良先生也説:"若依 P.2721 之例,S.389、P.2621 之舜子故事,也應題名爲'《舜子至孝變文》'之類;只不過 S.389、P.2621 之舜子故事只是該二卷所寫諸多孝子故事之一,并未一一題名,總的題名又原闕,因而我們無從知道罷了。"⑤

---

① 王重民等編:《敦煌變文集》,北京:人民文學出版社,1957 年,第 113 頁。
② 王重民等編:《敦煌變文集》,第 109 頁。
③ 王重民等編:《敦煌變文集》,第 135 頁。
④ 王三慶:《〈敦煌變文集〉中的〈孝子傳〉新探》,《敦煌學》第十四輯,臺北:新文豐出版公司,1989 年,第 193 頁。
⑤ 曲金良:《敦煌寫本〈孝子傳〉及其相關問題》,《敦煌研究》1998 年第 2 期。

但從篇幅來看，擬題爲《孝子傳》的舜子故事與獨立成卷的《舜子變》還是有較大差距，與其説是孝子變文，還不如説是《孝子傳》的通俗文本，對此，下文再詳論。

（二）通俗類書輯録的孝子事類

《敦煌變文集》將 P.2621 和 S.5776 擬題爲《孝子傳》，忽視了 P.2621 的尾題"《事森》"，因而將原本是類書的兩個寫卷與其他孝子故事混淆在一起。對此，潘重規、王三慶、曲金良等先生已經予以訂正，此不贅述。但除了《事森·孝友篇》中的 22 則孝友故事，其他敦煌通俗類書中尚輯録有衆多孝子事類。兹據王三慶先生《敦煌類書》[①]，輯録相關條目如下。

1.《事森》（P.2621、S.5776）22 則

孝友：舜子（出《太史公·本記》）、姜詩（出《列女傳》）、蔡順（出《後漢書》）、老萊子（出《孝子傳》）、王循（出《孝子傳》）、吳猛（出《孝子傳》）、孟宗、丘吾子、曾參（出《史記》）、子路、閔子騫（出《春秋》）、董永（出《孝子傳》）、董黶（出《會稽録》）、薛苞、郭巨（《孝子傳》）、江革（《後漢書》）、鮑出（出《後漢書》）、鮑永（出《後漢書》）、王祥（出《魏書》）、王褒（出《晉陽春秋記》）、趙孝、伯夷、叔齊（出《列士傳》）

2.《不知名類書甲》（P.4022）19 則

程曾（出《孝子[傳]》）、張景胤

補孝：王彭（《宋元嘉起居注》）、王褒、殷暉、蔡邕、舜、劉殷、曾參（《孝子傳》）、顧悌

續孝：王祥、吳垣之、申屠潘、緹縈、黃香、吳猛（《東觀漢記》）、漢文帝、韓伯瑜、楊伯雍（《神異記》）

3.《新集文詞九經鈔》（P.2557）7 則

董永（《孝子傳》）、曾參（《孝子傳》）、郭巨（《孝子傳》）、孟宗（《孝子傳》）、王祥（《孝子傳》）、楊公（《孝子傳》）、丁蘭（《孝子傳》）

4.《語對》（P.2524、P.4870、P.4636、S.78）29 則

孝養：黃香、王祥、董黶、陸積（續）、吳猛、曾子、閔子騫

孝行：仲由（《説苑》）、張景胤、邴原、韓伯瑜（《説苑》）、顧悌、范宣

孝感：文讓（《孝子傳》）、陶侃、曾參、劉殷（《孝子傳》）、孟宗（《孝子傳》）、方儲、蔡順、董永（《孝子傳》）、郭巨、吳猛、王祥

[①] 王三慶：《敦煌類書》，高雄：麗文公司，1993 年。

孝婦：姜詩妻（出《列女傳》）、亢陽、許升妻、趙高妻（《列女傳》）、陳孝婦

5.《籝金》（P.2537）33則

仁孝篇第廿九：姜詩（《漢書》）、王祥（《孝子傳》）、劉殷、高柴、舜、蔡順、曾參、王修（《魏志》）、吳猛、曾參、皮然、張行、桑愚（桑虞，出《孝子傳》）、夏侯許（夏侯欣，《孝子傳》）、曾參、樊修（《漢書》）、孟宗、丁武、韓伯諭、薙威（《先賢傳》）、張胤、何琦、薛太子、張西、郭巨、鮑永、陶侃、趙瓊、王褒、蔡順、范宣、孟宗（《搜神記》）、王靈

6.《北堂書鈔體甲》（P.2502）5則

蔡順、董永（《孝子傳》）、郭巨（劉向《孝子[傳]》）、伯奇、張霸

7.李嶠撰、張庭芳注《詩詠》（P.3738）1則

"方知感純孝，郛郭引兵威"注：謝方儲（方儲，《孝子傳》）

以上七種類書，涉及11個寫卷，去除重複，共存孝子事類67則。從其所注文獻出處來看，以史書中的正史和雜傳爲主，而雜傳中的《孝子傳》是獨立的孝子文獻，尤爲重要。同時，大量散見於其他史書中的零星孝子故事，也因這些類書而得以輯錄、保存與流傳，無疑具有重要的文獻價值。值得注意的是，敦煌通俗類書在輯錄史書中的孝子故事時，并非完全抄襲原文，而是有很大程度的改寫。以《事森》輯錄的舜子故事爲例，該書自注"出《太史公·本記》"，但查核《史記·五帝本紀》中的傳記，可以發現，二者雖然故事情節大致相同，但文字叙述還是有很大差異。

（三）筆記小説中的孝子故事

《敦煌小説合集》將《敦煌變文集》中的《孝子傳》整理爲《孝子傳》和《事森》二篇，歸入古體小説志人類。由於對其文獻類型的認識存在分歧，此處只討論没有爭議的《搜神記》中的孝子故事。中村不折藏本《搜神記》一卷，題下署"句道興撰"，次行題"行孝第一"，但所録34則故事中，只有樊寮、張嵩（事出《織終傳》）、焦華（事出史記）、孫元覺（史記）、郭巨、丁蘭、董永（劉向《孝子圖》）等7則故事屬於《行孝篇》，可見抄録不完整。曲金良先生曾專門探討過《搜神記》與P.2621等卷《孝子傳》的關係，在將二書相同的條目進行比較後認爲，其"相關諸條的内容、文體、筆法一致，語言詞句都大體相同……那麼，P.2621等卷子中的這些孝行故事，是完全可以容納進《搜神記》中的'行孝

篇'的"①。之所以出現這樣的雷同,是因爲 P.2621 作爲類書,與《搜神記》一樣,其中的"孝友""孝行""孝感"等篇目都從漢魏六朝時期的史部雜傳《孝子傳》等孝道文獻中取材,如所舉董永故事,《搜神記》注明出自劉向《孝子圖》,而 P.2621 注明出自《孝子傳》。既然文獻來源相似,内容與文體相同,也就不難理解了。但無論是《搜神記》還是類書,都不是專門的孝子故事集,不具備與孝子變文和《孝子傳》同等的文獻地位。

二、敦煌類書徵引《孝子傳》與史部雜傳的關係

《敦煌變文集》的整理者將上述五個寫卷擬題爲《孝子傳》,雖然是根據内容做出的概括,但《事森》(P.2621、S.5776)作爲類書,引用的故事大多注明出處,其中就有老萊子、王循(修)、吳猛、董永、郭巨等五人故事出自一種或幾種名爲"《孝子傳》"的著作。此外,《孝子傳》見於敦煌類書徵引的還有上文提到的《不知名類書甲》中的程曾、曾參,《新集文詞九經鈔》中的丁蘭,《語對》中的文讓、劉殷、孟宗、董永,《籝金》中的王祥、桑愚(虞)、夏侯許(欣),《北堂書鈔體甲》中的董永、郭巨,李嶠撰、張庭芳注《詩詠》中的謝方儲(方儲)等。去除重複,敦煌類書共計徵引《孝子傳》中的故事 15 則。

最早爲"孝子"單獨立傳的專門著述是舊題劉向的《孝子圖》(一作《孝子傳》),散見《法苑珠林》《太平御覽》等書徵引,尤其是《太平御覽經史圖書綱目》中著錄有"劉向《孝子圖》",説明宋初尚存。但從佚文來看,已非漢代原貌。例如,《法苑珠林》卷四九引劉向《孝子傳》注:"鄭緝之《孝子感通傳》曰永是千乘人。"②可見關於董永是千乘人的記載在南朝鄭緝之《孝子傳》以後,而《太平御覽》卷四一一引劉向《孝子圖》云:"前漢董永,千乘人。"顯然與《法苑珠林》所引版本不同。而且,劉向斷無稱"前漢董永"的道理,可見《太平御覽》所引《孝子圖》已非劉向原本。據此,日本學者西野貞治認爲劉向《孝子傳》是六朝時僞作③,美國學者南愷時(Keith N. Knapp)先生認爲是公元 6 世紀前後的產物④,筆者贊同這一結論。雖然劉向不大可能是《孝子傳》的作者,但從傳世或

---

①曲金良:《敦煌寫本〈孝子傳〉及其相關問題》,《敦煌研究》1998 年第 2 期。
②(唐)釋道世著,周叔迦、蘇晉仁校注:《法苑珠林校注》,北京:中華書局,2003 年,第 1488 頁。
③[日]西野貞治:《陽明本孝子傳の性格并に清家本との關係について》,《人文研究》第 7 卷 6 號,1956 年 7 月。
④Keith Nathaniel Knapp:*Selfless Offspring*:*Filial Children and Social Order in Medieval China*,Honolulu:The University Press of Hawaii,2005,pp.47—52.

出土的孝子圖來看，漢代應該已有人物數量、次序、圖像比較固定的《孝子圖》。尤其是1971年出土的和林格爾漢墓壁畫中有62幅人物畫像，包括《孝子傳圖》14幅、《孔子弟子圖》13幅、《列女傳圖》27幅、《列士圖》8幅①。日本學者黑田彰以和林格爾漢墓壁畫爲基礎，結合武梁祠畫像石，對已經亡佚的漢代孝子傳建立了復原方案，包括舜、伯奇、申生、曾參、閔子騫、董永、老萊子、丁蘭、邢渠、慈烏、伯瑜、魏陽、原谷、趙苟、章孝母、朱明、李善、金日磾、三州義士、羊公等20位孝子②。這對於我們理解《孝子傳》產生的背景具有較大的幫助。

東晉以後，《孝子傳》的編撰逐漸興盛，見於《隋書·經籍志》和《舊唐書·經籍志》《新唐書·藝文志》史部雜傳類著錄的就有以下十一種：（晉）蕭廣濟《孝子傳》十五卷、（晉）徐廣《孝子傳》三卷、（晉）虞盤佐（一作佑）《孝子傳》一卷、（南朝宋）王韶之《孝子傳贊》三卷（一作十五卷或《孝子傳》十五卷）、（南朝宋）鄭緝之《孝子傳》（一作《孝子傳贊》）十卷、（南朝宋）師覺授《孝子傳》八卷、（南朝齊）宗躬（或訛作宋躬）《孝子傳》二十卷（一作十卷）、梁元帝《孝德傳》三十卷、佚名（一作北燕申秀）《孝友傳》八卷、佚名《孝子傳略》二卷、佚名《雜孝子傳》二卷等。此外，見於其他文獻徵引的還有舊題（晉）"陶潛"《五孝傳》、（北魏）韓顯宗《孝友傳》十卷、周景式《孝子傳》等③。除《五孝傳》外，上述其他《孝子傳》皆已散佚，只能通過唐宋時期的類書或其他文獻進行輯佚④。

敦煌類書中徵引的《孝子傳》，除《北堂書鈔體甲》郭巨故事明確注明出自"劉向《孝子〔傳〕》"外，其餘均未署作者姓名。那麽，敦煌類書所引《孝子傳》與傳世典籍中的《孝子傳》佚文究竟有無關係呢？將二者進行比較可以發現，雖然所述故事大致相同，但每一種《孝子傳》的文本都存在一定差異，這是寫本時代文本的普遍特徵。以郭巨故事爲例，敦煌類書徵引《孝子傳》"郭巨"二次，一爲《北堂書鈔體甲》引劉向《孝子〔傳〕》，一爲《事森》引佚名《孝子傳》，而傳世唐宋典籍徵引《孝子傳》"郭巨"六次，分別爲《法苑珠林》卷四九引劉向《孝子傳》、《太平御覽》卷四一一引劉向《孝子圖》，《初學記》卷二七、《太平御覽》卷八一一引宗躬《孝子傳》，《白氏六帖》卷二引佚名《孝子傳》，《蒙求集注》卷上引佚名《孝子傳》，現列表對照如下：

---

① 參見陳永志、黑田彰主編：《和林格爾漢墓壁畫孝子傳圖輯錄》，北京：文物出版社，2009年。
② ［日］黑田彰著，靳淑敏、雋雪豔譯：《孝子傳圖概論》，《中國典籍與文化》2013年第2期。
③ 有關漢魏六朝《孝子傳》的編撰情況，詳參王玉樓：《漢魏六朝孝子傳研究》，暨南大學碩士論文，2011年，第7—16頁。
④ 鄒清泉：《北魏孝子畫像研究》附錄五《六朝〈孝子傳〉輯佚》是目前所見最全的輯本，但仍有不少遺漏。參見鄒清泉：《北魏孝子畫像研究》，北京：文化藝術出版社，2007年，第206—216頁。

書名	內容	文獻出處
劉向《孝子〔傳〕》	□□□□□□□□□無食供養老母,巨生一子,遂奪母□□□□□□□□□□食,恐母命不存濟,遂共妻和顏□□□□□□□□□□地爲坑,遂得黃金一釜,鐵券一枚□□□□□□□□□□,□□(官不)得奪,民不得取。爲巨孝行,故得□□□□□□□□□□□。	《北堂書鈔體甲》（P.2502）
劉向《孝子傳》	郭巨,河內溫人,甚富。父沒,分財二千萬爲兩分弟,己獨取母供養,住自比鄰有凶宅無人居者,共推與居,無患。妻生男,慮養之則妨供養,乃令妻抱兒,己掘地欲埋之。于土中得一釜黃金,金上有鐵券曰:"賜孝子郭巨。"	《法苑珠林》卷四九
劉向《孝子圖》	郭巨,河內溫人,甚富。父沒,分財二千萬爲兩分與兩弟。己獨取母供養,寄住鄰有凶宅無人居者,共推與之居,無禍患。妻產男,慮養之則妨供養,乃令妻抱兒,欲掘地埋之。于土中得金一釜,上有鐵券云:"賜孝子郭巨。"巨還宅主,宅主不敢受,遂以聞官。官依券題還巨,遂得兼養兒。	《太平御覽》卷四一一
宗躬《孝子傳》	郭巨,河內溫人也。妻生男,謀曰:"養子則不得營業,妨於供養,當殺而埋焉。"鍤入地,有黃金一釜,上有鐵券曰:"黃金一釜,賜孝子郭巨。"	《初學記》卷二七、《太平御覽》卷八一一
佚名《孝子傳》	郭巨至孝,妻生男,巨曰:"養子則妨于供養。將殺而埋之。"掘得鐵券曰:"黃金一釜,賜孝子郭巨。"	《白氏六帖》卷二
佚名《孝子傳》	後漢郭巨,家貧,養老母。妻生一子,三歲。母嘗減食與之。巨謂妻曰:"貧乏不能供給,共汝埋子,子可再有,母不可再得。"妻不敢違。巨遂掘地三尺餘,忽見黃金一釜,釜上云:"天賜孝子郭巨,官不得奪,人不得取。"	《蒙求集注》卷上
佚名《孝子傳》	郭巨,字文舉,河內人也。家〔貧〕,養〔母〕至孝,妻生一子,年三歲。巨謂妻曰:"家貧如比(此),時歲饑虛,所德(得)老飲食,供養孝(老)母,猶不充飽,更被嬰妓(孩)分母飲食。子可再有,母不可得。共卿埋子,以全母命。"丕妻不敢違,從夫之意。巨自執鍬,妻乃麁(抱)兒,來入園後。後令妻煞子,巨即掘地,才深一尺,撅着一鐵器,巨低腰顧視,乃見一釜,釜中滿盈黃金。巨連招妻,妻曰:"抱兒則至。"兒且猶活,妻不忍下手。夫謂妻曰:"卿見此釜之金,其上有一鐵券,云:'天帝賜孝子黃金,官不得奪,移(私)不許侵。'"巨既得〔金〕,驚怪不以(已),乃陳於懸(縣),懸(縣)已(以)申州,州與(以)表奏天子。天子不(下)詔,曰:"金還郭巨,供養其母。"乃表門以彰孝德。	《事森》（P.2621）

從上表可以看出,同樣是徵引舊題劉向所撰的《孝子圖》,三種典籍所引郭巨故事文本并不一致。《太平御覽》所引應當最接近原貌,而《法苑珠林》在引用時有所刪節,故內容要簡略些,且文句有錯訛之處,但仍然是比較接近《太平御覽》的版本。至於敦煌本《北堂書鈔體甲》,雖殘闕太多,但就現存殘句還是可以看出其與《太平御覽》《法苑珠林》所引有較大差異。最顯著的是郭巨所掘金上鐵券文字,《太平御覽》《法苑珠林》作"賜孝子郭巨",而《北堂書鈔體甲》作"□□□□□,□□(官不)得奪,民不得取"。雖有殘闕,但結合《蒙求集注》所引,所闕文字應當是"天賜孝子郭巨"。這與《事森》所

引"天帝賜孝子黃金,官不得奪,移(私)不許侵",以及《籔金》(P.2537)所引"天賜孝子郭巨之金,官不得取,私不得侵",文字非常相似,反映了唐五代通俗類書對劉向《孝子圖》的改寫,即在"賜孝子郭巨"之後增加了"官不得奪,民不得取"之類的字樣。這樣的改寫也影響到了敦煌通俗文學作品,如擬題爲《孝子傳》的 S.389V 即作"金賜孝子,官不得侵,私不許取"。而以宗躬《孝子傳》爲代表的另一類文本則有"黃金一釜"等内容,即"黃金一釜,賜孝子郭巨",《白氏六帖》所引佚名《孝子傳》與之相同;而敦煌本《語對》(P.2524、P.4636)顛倒了文字順序,作"孝子郭巨,天賜黃金一釜";此外,《藝文類聚》卷八三引《搜神記》作"孝子郭巨,黃金一釜,以用賜汝",文字押韻,更加雅化。

綜上,郭巨所得黃金鐵券"賜孝子郭巨"出現最早、最簡潔,應當反映了郭巨故事的早期面貌;"黃金一釜"詞句的增加則出現在六朝時期,被文人學者加以修飾和潤色;而"官不得奪,民不得取"的增加,無疑反映了下層民衆的心聲,害怕意外得金後被官府或豪民搶奪,很可能是唐五代民間文化的產物,因而被敦煌通俗類書、童蒙讀物、俗文學作品等廣泛採用。

又如董永故事,《事森》引佚名《孝子傳》云:"董永,千乘人也。少失其母,獨養於父,家貧傭力,篤於孝養。至於農月,永以鹿車推父至於畔上,供養如故。"關於董永"家貧傭力"和"以鹿車推父"的故事情節,僅見於《蒙求集注》卷上和敦煌本《語對》引佚名《孝子傳》。而《法苑珠林》卷四九、《太平御覽》卷四一一引劉向《孝子傳》,《太平御覽》卷八一七、八二六引佚名《孝子傳》,皆無類似情節。由此可見,敦煌類書所引《孝子傳》與傳統的史部雜傳類《孝子傳》雖有關聯,但分屬兩個系統,前者在後者的基礎上進行改編改寫,語言更加通俗,情節更加豐富,内容更具民間色彩。

三、敦煌本《孝子傳》與日藏古抄本的關係

敦煌本《孝子傳》爲後人擬題,《隋書·經籍志》等著錄的史部雜傳類《孝子傳》全部散佚,但在日本却保留有陽明文庫藏本(簡稱陽明本)和京都大學附屬圖書館藏船橋家舊藏本(簡稱船橋本)兩種源自六朝隋唐時期的古抄本《孝子傳》二卷[1],收錄孝子故事

---

[1] 詳參[日]吉川幸次郎解説、一海知義釋文:《孝子傳二卷坿解説并釋文》,京都:京都大學附屬圖書館,1959年;[日]黑田彰:《孝子伝の研究》,東京:思文閣,2001年;[日]幼學の會編:《孝子伝注解》,東京:汲古書院,2003年;趙超:《日本流傳的兩種古代孝子傳》,《中國典籍與文化》2004年第2期;王曉平:《日藏孝子傳古寫本兩種校録》,《國際中國文學研究叢刊》2016年第四集;等等。

45则,可据以略窥中古时期《孝子傳》的原貌。對這兩種日本古抄本的介紹與研究成果已非常豐碩,本文不再贅述,僅探討其與敦煌本《孝子傳》的關係。

(一)敦煌類書徵引《孝子傳》與日藏古抄本的關係

如前所述,敦煌類書徵引《孝子傳》故事15則,數量僅爲日本藏古抄本的三分之一。其中,姓名相同的孝子有董永、郭巨、丁蘭、老萊子、王祥、曾子等6人,可資比較。首先還是以郭巨故事爲例,陽明本《孝子傳》内容如下:

> 郭巨者,河内人也。時年荒,夫妻晝夜勤作,以供養母。其婦忽然生一男子,便共議言:"今養此兒,則廢母供事。"仍掘地埋之。忽得金一釜。釜上題云:"黄金一釜,天賜郭巨。"於是遂致富貴,轉孝蒸蒸。
>
> 贊曰:孝子郭巨,純孝至真。夫妻同心,殺子養親。天賜黄金,遂感明神。善哉孝子,富貴榮身。①

船橋本《孝子傳》云:

> 郭巨者,河内人也。父無母存,供養勤勤。於年不登,而人庶饑困。爰婦生一男。巨云:"若養之者,恐有老養之妨。"使母抱兒共行山中,掘地將埋兒,底金一釜,釜上題云:"黄金一釜,天賜孝子郭巨。"於是因兒獲金,不埋其兒,忽然得富貴,養母又不乏。天下聞之,俱譽孝道之至也。②

上述二本中的郭巨故事,文字差異很大,應當不是同一版本系統,甚至不是同一種書。最明顯的差異是,陽明本有"贊曰",應當是源自六朝時期的某種《孝子傳贊》,或者是編者自撰。除郭巨外,另存董永、邢渠、伯瑜、丁蘭、老萊子5篇傳贊。上文提到,史志中著録有(南朝宋)王韶之《孝子傳贊》三卷、(南朝宋)鄭緝之《孝子傳贊》十卷,而殘存的佚文中未見"贊"語,使後人無法了解六朝時傳贊體《孝子傳》的原貌。陽明本保存的6篇傳贊,雖然未必没有經過編者的改寫,但仍然是我們了解六朝《孝子傳贊》的唯一依據,

---

① 王曉平:《日藏孝子傳古寫本兩種校録》,《國際中國文學研究叢刊》2016年第四集,第104—105頁。
② 王曉平:《日藏孝子傳古寫本兩種校録》,第121頁。

具有很高的文獻價值。船橋本雖然沒有贊語,文字差異也較大,但釜上的文字有"黃金一釜"之句,爲二者所共有。上文提到,"黃金一釜"的增加出現在魏晉南北朝時期,這也是二本源自六朝《孝子傳》的明證。

關於董永故事,上文提到,《法苑珠林》卷四九引鄭緝之《孝子傳》、《太平御覽》卷四一一引劉向《孝子圖》皆稱董永是千乘(治所在今山東省高青縣)人,亦即齊人;而《北堂書鈔體甲》(P.2502)引佚名《孝子傳》則稱其爲河内人;但陽明本却稱其爲楚人,船橋本稱其爲趙人,顯然是毫無根據的隨意改編,具備民間通俗文學的典型特徵。可資佐證的是,陽明本稱原穀和老萊子爲楚人,而船橋本皆稱二人爲趙人。這究竟是無意的改動還是因編寫者分別是楚人和趙人而進行的有意篡改,因文獻不足,只能存疑。

關於老萊子故事,《事森》徵引佚名《孝子傳》中的老萊子、王循、吳猛三人,皆是採用在開頭叙述作者籍貫、末尾交待作者時代的做法:

> 老萊子,楚人也,……六國時人。出《孝子傳》。
> 王循,字叔治,北海〔營陵〕人也。……漢末魏初人。出《孝子傳》。
> 吳猛,字世雲,豫章人也。……晉時人,官至卿相。出《孝子傳》。

這與《類林》和《類林雜説》如出一轍,應當是《事森》編寫者對原文進行改動的結果,并不一定是所引《孝子傳》的原貌。老萊子又見於《太平御覽》卷四一三引師覺授《孝子傳》,故事内容雖大致相同,但叙事結構很不一樣,《事森》以時代結尾,師覺授《孝子傳》末尾引孔子之語發表評論:"孔子曰:'父母老,常言不稱老。'爲其傷老也。老萊子可謂不失孺子之心矣。"而陽明本的尾句是:"故《禮》曰:'父母在,言不稱老,衣不純素。'此之謂也。"顯然可見二者具有更近的淵源關係。

《新集文詞九經鈔》(P.2557)引佚名《孝子傳》有一段駢文:"董永賣身葬父母,天女躡機。曾參曰一於親,枯井涌其甘醴。郭巨埋兒養母,天賜黃金。孟宗志恭,冬竹抽筍;王祥盡孝,魚躍冰池,楊□(公)感通,田收白壁(璧)。"①由於傳世典籍中徵引的《孝子傳》皆不完整,讓人很難理解這段駢文的性質和作用,但陽明本《孝子傳》卷首的序言爲我們揭開了這一謎底。序云:"孝心之至,通於神明。是以孟仁泣竹而筍生,王祥扣冰而魚躍,郭巨埋子而養親,三州義士而感天。"又云:"故蔣詡徒盧以顯名,子騫規言而布德,帝舜孝行以全身,丁蘭木母以感瑞。"又云:"余不揆凡庸,今録衆孝,分爲二卷,訓示

---

① 王三慶:《敦煌類書》,高雄:麗文公司,1993年,第326頁。

後生,知于孝義。通人達士,幸不哂焉。"①據此可知,《新集文詞九經鈔》所引駢文應當是佚名《孝子傳》的序言。從文辭來看,對仗并不工整,有可能是節錄,前後并不連貫;也有可能與陽明本一樣,出自下層文士之手,編纂的目的是爲了"訓示後生,知于孝義",屬於童蒙讀物。而《隋書·經籍志》中著錄的《孝子傳》的作者身份多爲上層貴族,如蕭廣濟爲晉輔國將軍、徐廣爲宋中散大夫、王韶之爲宋侍中、鄭緝之爲宋員外郎、宗躬爲齊平西諮議,等等。因此,日藏古抄本《孝子傳》可以視作六朝正統史傳文學影響下產生的通俗雜傳。而敦煌類書徵引的《孝子傳》故事,一部分可能是直接以這種通俗雜傳爲底本抄錄,一部分則抄自傳統的史傳而有所改寫。

(二)"傳後附詩"《孝子傳》的性質及其與日藏古抄本的關係

敦煌寫本 S.389V、P.3536V 和 P.3680V 共包含 9 則孝子故事,應當是單獨流傳的一種孝子文獻,在形式上的共同特點是"傳後附詩"或"散後附韻"②。《敦煌變文集》將其擬題爲"《孝子傳》",從散體的"傳"來看,是名符其實的,但并不能完全涵蓋所附"詩曰"部分。而且,由於史部雜傳類有大量名爲《孝子傳》的著述,也容易與之產生混淆。因此,這一擬題并不完美,但要找到合適的替代名稱,也不容易。這首先涉及到對這 9 則孝子故事性質的認識,是雜傳還是變文? 是雅文學還是俗文學? 仍以郭巨故事爲例來進行討論:

> 郭巨者,河内人也,養母至孝。時遇饑荒,夫人與人傭作,每至喫食,咸飯將歸,留餧老母。巨有一兒,常奪阿婆飯食,遂不得飽。巨告妻曰:"兒死再有,母重難得。你(寧)可煞兒存母。若不如是,母餓死。"遂令妻抱兒,巨自將鍬钁穿地三尺,擬欲埋之。天愍其孝,乃賜黄金一釜,并有一□一文,詞曰:"金賜孝子,官不得侵,私不許取。"詩曰:
> 郭巨專行孝養心,時年饑儉苦來侵,
> 每被孩兒奪母食,生埋天感似(賜)黄□(金)。③

---

① 王曉平:《日藏孝子傳古寫本兩種校錄》,《國際中國文學研究叢刊》2016 年第四集,第 102 頁。
② 曲金良:《敦煌寫本〈孝子傳〉及其相關問題》,《敦煌研究》1998 年第 2 期。
③ 竇懷永、張涌泉匯輯校注:《敦煌小說合集》,杭州:浙江文藝出版社,2010 年,第 49—50 頁。

此篇與上述《孝子傳》郭巨故事相比，值得注意的是出現了"喫食""餒""阿婆""孩兒"等俗語詞，這就使其與傳統的史部雜傳區分開來。而"官不得侵，私不許取"的釜上文字，也可證其與唐代敦煌通俗類書和童蒙讀物更爲接近。至於末尾所附七言四句白話詩，也與陽明本中的四言八句讚語不同，更接近唐代以後通俗説唱文學的形式。只不過由於故事比較簡短，無法使用散體和韻文交雜的形式反復鋪陳，因而不能直接稱其爲變文。這從舜子故事與《舜子變》的區别就可以看出來，雖然末尾所附二詩相同，但舜子故事的傳記部分尚未脱離《孝子傳》的影響，而《舜子變》的故事部分已與史傳和雜傳完全不同，更具民間文學與通俗文學色彩。陽明本《孝子傳》，雖然其中的部分故事採用傳贊體，有别於"傳後附詩"的形式。但從其與船橋本皆用俗語詞來看，可以説是《孝子傳》的通俗文本，是史部雜傳與敦煌本"傳後附詩"《孝子傳》的過渡形態。

至於"傳後附詩"《孝子傳》的名稱，可以效法《列女傳》系列書籍的命名方式。《隋書·經籍志》著録有劉歆和曹植《列女傳頌》各一卷，又著録繆襲《列女傳贊》一卷；而至清代又有阮元側室劉夫人《列女傳詩》一册①。由此可見，"傳後附頌"可命名爲"傳頌"，"傳後附贊"可命名爲"傳贊"，"傳後附詩"可命名爲"傳詩"。按照這樣的命名規則，"傳後附詩"《孝子傳》理所當然可以擬題爲《孝子傳詩》。這一名稱既能概括其文體特點，也可與各種《孝子傳》和《孝子傳贊》區分開來。至於其性質與文獻類型，則與日藏古抄本《孝子傳》一樣，同樣是雜傳與變文之間的過渡形態，可稱之爲通俗雜傳。但與日藏古抄本相比，敦煌本《孝子傳詩》進化得更徹底，除了傳記部分用俗語外，所附韻文部分也由雅致的"贊"變成了通俗的"詩"，因而更接近變文，可以納入通俗文學的範疇。

結　語

敦煌文獻中的孝子故事，除孝子變文、通俗類書中的孝子事類、筆記小説中的孝子故事三種類型之外，還隱藏着史部雜傳和通俗雜傳二種類型。敦煌寫卷 S.389V、P.3536V、P.3680V 屬於通俗雜傳，爲避免與史部雜傳《孝子傳》混淆，可擬題爲《孝子傳詩》。該書與日藏古抄本一樣，都是史部雜傳《孝子傳》與孝子變文之間的過渡形態。而通俗類書中的孝子事類和筆記小説中的孝子故事，一部分源自通俗雜傳，一部分源自史部雜傳而有所改寫。除此之外，從漢魏六朝到唐宋時期，文獻中對孝子故事的演繹還

---

① [清]郝懿行：《曬書堂集》外集卷上《奉答阮雲臺先生書》，清光緒十年（1884）東路廳署刻本。

包括各種孝子圖、孝子詩、孝子贊等,這些圖像或文本與敦煌文獻中的孝子變文、孝子傳等,構成了中古時期孝子故事的豐富形態,各有獨自的應用場合與文本特徵。而不同文本類型中孝子故事的發展源流與內容差異,還有必要進一步加以梳理。

　　(本文在寫作過程中,曾得到美國學者南愷時(Keith N. knapp)教授指點并承蒙惠寄相關研究資料,特此致謝!)

《敦煌汜氏家傳》校箋

武麗霞　羅　寧

（西南交通大學學報社科版編輯部；西南交通大學人文學院）

　　敦煌遺書斯一八八九號卷子，共九十七行，後有缺文。向達題名爲"敦煌汜氏家傳"（見其《倫敦所藏敦煌卷子經眼目録》，載《唐代長安與西域文明》，三聯書店，一九五七年）；池田温録其文並爲解説（見其《敦煌汜氏家傳殘卷について》，《東方學》第二十四輯，東京一九六二年）；唐耕耦、陸宏基收入《敦煌社會經濟文書真跡釋録》第一輯中（書目文獻出版社，一九八六年）；王仲犖作《燉煌汜氏人物傳考釋》（見其《敦煌石室地志殘卷考釋》，上海古籍出版社，一九九三年），稍有發明。然各家録文，校誤未盡，且事義有未明之處，乃繼武前賢，爲作校箋一卷，庶可曉其文義、明其史實云爾。

　　　汜氏之先，出自有周，帝嚳之苗裔也。帝妃姜原，履大人之跡，感而有娠，十二月生弃①，即帝堯弟也②，能播殖百穀，爲稷官，曰稷③。歷夏、殷常爲農正，世世居於西戎，後遷於邠④。大王爲狄所侵，〔遷〕於岐陽⑤，百姓從之，若歸於市。招輯戎俗，築城埤，立宗廟，王道之端，始於此矣⑥。后稷受封於邰，賜姓曰姬。稷生不窋，不窋孫公劉，受封於邵陵⑦。公劉〔孫〕皇僕，受國於邠⑧。〔皇〕僕生差弗⑨，差弗生毀隃，毀隃生公非，公非生高圉，高圉生亞圉，亞圉生祖累，祖累生古公亶甫⑩。古公亶甫生〔大王〕季歷，季歷生文王昌，〔昌〕生武王發⑪。

【校箋】

①《史記·周本紀》："周后稷，名弃。其母有邰氏女，曰姜原。姜原爲帝嚳元妃。姜原出野，見巨人跡，心忻然説，欲踐之，踐之而身動如孕者。居期而生子，以爲不祥，弃之隘巷，馬牛過者皆辟不踐；徙置之林中，適會山林多人，遷之；而弃渠中冰上，飛鳥以其翼覆薦之。姜原以爲神，遂收養長之。初欲弃之，因名曰弃。"《史記正義》："期，滿十

月。"（據《史記正義佚文輯校》《史記會注考證》）《詩·大雅·生民》述后稷"誕彌厥月，先生如達"，鄭箋云："大矣后稷之在其母，終人道十月而生。"然《毛詩正義》引薛琮答韋昭，中引《史記》"居期而生子"爲"及期而生子"，且解之爲"則終一年"，復以《毛詩》與鄭箋爲是，而曰"馬遷之言未可信也"。蓋"十二月生棄"之說，乃以古人解《史記》"期"字義不同而生，復以帝王誕生必有異相（如《史記·呂不韋傳》載"大期時"而生秦王政），故氾氏後人以爲棄亦當如此矣。

②《史記·五帝本紀》："帝嚳娶陳鋒氏女，生放勳。"《正義》："鋒音峯，又作豐。《帝王紀》云：帝佶有四妃，卜其子皆有天下。元妃有邰氏女，曰姜嫄，生后稷。次妃有娀氏女，曰簡狄，生卨。次妃陳豐氏女，曰慶都，生放勳。次妃娵訾氏女，曰常儀，生帝摯也。"放勳即堯，與棄皆爲帝嚳之後。

③《史記·周本紀》："帝舜曰：'棄，黎民始飢，爾后稷播時百穀。'封棄於邰，號曰后稷，別姓姬氏。后稷之興，在陶唐、虞、夏之際，皆有令德。"《索隱》："即《詩·生民》曰'有邰家室'是也。邰即斄，古今字異耳。"《正義》："《括地志》云：'故斄城一名武功城，在雍州武功縣西南二十二里，古邰國，后稷所封也。有后稷及姜嫄祠。'毛萇云：'邰，姜嫄國也，后稷所生。堯見天因邰而生后稷，故因封於邰也。'"

④《史記·周本紀》："后稷卒，子不窋立。不窋末年，夏后氏政衰，去稷不務，不窋以失其官而犇戎狄之間。"《正義》："《括地志》云：'不窋故城在慶州弘化縣南三里，即不窋在戎狄所居之城也。'"據此，后稷之族於夏、商時皆爲農正，不窋時則遷於西戎（慶州弘化縣在今甘肅慶陽），與"世世居於西戎"之說不同。而遷豳則公劉時事。

⑤"遷"字原缺，據文義補。大王謂古公亶父。《毛詩正義》引《詩譜》："至商之末世，大王又避戎狄之難，而入處於岐陽，民又歸之。"《詩·魯頌·閟宮》："后稷之孫，實維大王。居岐之陽，實始翦商。"

⑥《史記·周本紀》："古公亶父復脩后稷、公劉之業，積德行義，國人皆戴之。熏育戎狄攻之，欲得財物，予之。已復攻，欲得地與民。民皆怒，欲戰。古公曰：'有民立君，將以利之。今戎狄所爲攻戰，以吾地與民。民之在我，與其在彼，何異。民欲以我故戰，殺人父子而君之，予不忍爲。'乃與私屬遂去豳，度漆、沮，踰梁山，止於岐下。豳人舉國扶老攜弱，盡復歸古公於岐下。及他旁國聞古公仁，亦多歸之。於是古公乃貶戎狄之俗，而營築城郭室屋，而邑別居之。作五官有司。民皆歌樂之，頌其德。"據此可知，大王乃是棄戎俗而復后稷耕種之事也。《太平御覽》卷一五六引《帝王世紀》亦云："古公亶父是爲大王，以脩德爲百姓所附。……王於是改戎俗，築城郭，立宗廟，設官司。"然傳云"招輯戎俗"，似有異說。然"招輯"爲招集、招撫之意，招輯戎俗者，招

攬戎人爲我所用也,此謂聚集人口之意。

⑦《史記·周本紀》:"后稷卒,子不窋立。不窋末年,夏后氏政衰,去稷不務,不窋以失其官而犇戎狄之閒。不窋卒,子鞠立。鞠卒,子公劉立。公劉雖在戎狄之閒,復脩后稷之業,務耕種,行地宜,自漆、沮度渭,取材用,行者有資,居者有畜積,民賴其慶。百姓懷之,多徙而保歸焉。周道之興自此始,故詩人歌樂思其德。"傳云公劉封於邵陵,未見他書記載,疑"邵"是"邰"之誤。《詩·大雅·公劉》"篤公劉"句毛傳云:"公劉居於邰,而遭夏人亂,迫逐公劉。公劉乃辟中國之難,遂平西戎,而遷其民邑於豳焉。"鄭玄《詩豳譜》亦云:"豳者,后稷之曾孫也公劉者、自邰而出、所徙戎狄之地名。"(《毛詩正義》引)據毛鄭之説,公劉乃避夏人之亂,自世居之邰遷於豳,即西戎之地也。此與不窋奔戎狄、公劉遷豳之説不同。史家於此無定論,而本文兼取二説,自相矛盾。

⑧"孫"字原無,據《史記》補。"皇僕",《史記》作"皇僕"。《史記·周本紀》:"公劉卒,子慶節立,國於豳。慶節卒,子皇僕立。"按,司馬遷以慶節國於豳,《詩經》及毛傳、鄭玄皆以公劉遷豳,與本文所説皇僕"受國於邰"有異。

⑨"皇"字原缺,據文意補。

⑩《史記·周本紀》:"皇僕卒,子差弗立。差弗卒,子毀隃立。毀隃卒,子公非立。公非卒,子高圉立。高圉卒,子亞圉立。亞圉卒,子公叔祖類立。公叔祖類卒,子古公亶父立。"

⑪"大王"二字當刪。"昌"字據文意補。

　　武王受命,封弟旦於周,故《春秋左氏傳》曰:凡、蔣、邢、茅、胙、祭,周公之胤,享國者七子,凡是其一焉①。隱公七年,凡伯來朝是也。杜預云:汲郡共縣城東南有凡城。當是其國②。於周之世,常爲諸侯,遭秦亂,避於氾水,遂改爲氾焉③。漢司空何武所封氾鄉侯,是其地也④。王沈《魏書》曰:"氾氏之先,出自黄帝之支庶,帝嚳之苗裔也。周公之子凡伯,夏之後也。"⑤皇甫士安《世紀》曰:"氾氏之先,出周凡伯之後也。當周之世,或爲諸侯,或爲蒸庶,遭亂秦,避於氾國。"⑥中間遺漏,絕滅無依。自氾敖已下⑦,至於氾璜、氾毓之徒⑧,雖傳芳已久,絕而不錄。成帝御史中丞氾雄⑨,直道見憚。河平元年,自濟北盧縣⑩徙居燉煌,代代相生,遂爲燉煌望族。孝廉絕世,聲譽有聞,略述宗枝,乃爲頌曰:

【校箋】

①《左傳》僖公二十四年:"凡、蔣、邢、茅、胙、祭,周公之胤也。"杜預注:"胤,嗣也。"《史記·魯周公世家》:"周公卒,子伯禽固已前受封,是爲魯公。"《索隱》:"周公元子就封於魯,次子留相王室,代爲周公。其餘食小國者六人,凡、蔣、邢、茅、胙、祭也。"凡國在今河南輝縣西南。《續漢書·郡國志一》河內郡:"共本國。淇水出。有汎亭。"李賢注"汎亭":"凡伯邑。"

②《春秋》隱公七年:"冬,天王使凡伯來聘。戎伐凡伯于楚丘以歸。"杜預注:"凡伯,周卿士。凡國,伯爵也。汲郡共縣東南有凡城。"《左傳》隱公七年:"初,戎朝于周,發幣于公卿,凡伯弗賓。冬,王使凡伯來聘。還,戎伐之于楚丘以歸。"共縣,在今河南輝縣一帶。

③汜氏,邵思《姓解》卷一:"汜,音帆,出燉煌郡。皇甫謐云:本姓凡,遭秦亂,避地汜水,因改焉。亦音,似非姓也。漢有汜勝之,晉有汜毓,又有逸人汜騰者。"鄭樵《通志·氏族略二·周同姓國·凡氏》:"周公第二子凡伯之後。袁崧云:凡在共縣西南。今衛州城西南二十二里有凡城。皇甫謐謂,凡氏避秦亂,添水爲汜氏。"鄭樵按:"凡者,周公之後爲凡國;汜者,周大夫采邑也。自是兩家。因知姓氏家有避地改姓之言,多無足取。"又《通志·氏族略三·以邑爲氏·周邑·汜氏》:"音凡,本亦作汜。周大夫食采於汜,因以爲氏。漢有汜勝之,爲黃門侍郎,撰農書十二篇。"王應麟《姓氏急就篇》卷下"潁永汜汎凡"條:"汜氏,國名[名]。皇甫謐云:本姓凡氏,秦亂避地於汜水,因改焉。漢有汜勝之,子輯爲燉煌太守。汜宮、汜昭。晉有汜衷、汜毓、騰。《濟北英賢傳》:汜昭。晉汜瑗,西涼汜稱,後魏汜潛、汜禮。汎氏,後漢汎嶷。凡氏,周公子封凡,凡伯之後。《呂氏春秋》:燕有凡繇。"所引《呂氏春秋》見《恃君覽·行論》。按,汜水源自今山東曹縣,東北流至今山東定陶北古荷澤,久湮。

④《漢書·何武傳》:"何武字君公,蜀郡郫縣人也。……武更爲大司空,封汜鄉侯,食邑千戶。汜鄉在琅邪不其。哀帝初即位,褒賞大臣,更以南陽犫之博望鄉爲汜鄉侯國,增邑千戶。"師古曰:"爲後改食博望鄉,故此指言在琅邪不其也。汜音凡。其音基。"按,琅邪不其指琅邪郡不其縣,秦置琅邪郡,西漢時統縣五十一。不其縣在今山東青島嶗山區、城陽區。此琅邪不其之汜鄉,與汜水非在一地,本文謂"是其地也",有誤。

⑤王沈,字處道,太原晉陽人。晉武帝時以佐命之勳,轉驃騎將軍、錄尚書事,加散騎常侍,統城外諸軍事。曾與荀顗、阮籍共撰《魏書》。參見《晉書·王沈傳》。《隋書·經籍志》正史著録晉司空王沈撰《魏書》四十八卷。書已佚。

⑥皇甫謐字士安,安定朝那(今甘肅平涼西北)人,撰有《帝王世紀》十卷。《晉書》卷五

十一有傳。《帝王世紀》久佚,清有宋翔鳳輯本(刊《訓纂堂叢書》中),顧觀光輯本(刊《指海》中),今有徐宗元《帝王世紀輯存》,皆無本書所引文字。前注所引《姓解》《通志》《姓氏急就篇》等亦有皇甫謐之說,當係《帝王世紀》書中語。

⑦氾敖,史書無載。《元和姓纂》卷九"氾":"燉煌:(氾)勝之後。晉有郎中氾騰,張掖太守氾彥,天寶有刑部郎中氾雲、南鄭縣尉氾叔敖,並其後也。濟北盧縣:晉有氾毓,字稚春,七代同居。晉武帝徵爲秘書郎,不就,著書七萬言。"此氾叔敖爲唐天寶時人,非本書所說氾敖。

⑧氾璜,史書無載。明淩迪知《萬姓統譜》卷六七"氾"有唐氾璜,稱"大將,破交阯",然歷代史書未見此記載。考《三國志·孫皓傳》云:建衡元年(269),"遣監軍虞氾、威南將軍薛珝、蒼梧太守陶璜由荆州,監軍李勗、督軍徐存從建安海道,皆就合浦擊交阯。……(三年)是歲,氾、璜破交阯,禽殺晉所置守將,九真、日南皆還屬。"氾、璜謂虞氾、陶璜也,《萬姓統譜》之"氾璜"固爲傳載之誤,而其源或可溯至本書也。氾毓見《晉書·儒林傳》:"氾毓,字稚春,濟北盧人也。奕世儒素,敦睦九族,客居青州,逮毓七世,時人號其家'兒無常父,衣無常主'。毓少履高操,安貧有志業。父終,居于墓所三十餘載,至晦朔,躬掃墳壠,循行封樹,還家則不出門庭。或薦之武帝,召補南陽王文學、秘書郎、太傅參軍,並不就。于時青土隱逸之士劉兆、徐苗等皆務教授,惟毓不蓄門人,清靜自守。時有好古慕德者諮詢,亦傾懷開誘,以一隅示之。合《三傳》爲之解注,撰《春秋釋疑》《肉刑論》,凡是述造七萬餘言。年七十一卒。"

⑨氾雄,史書無載。

⑩河平,漢成帝年號,公元前28年—公元前25年。濟北盧縣,在今山東濟南長清區一帶。按,西漢時盧縣屬泰山郡,東漢和帝永元二年(90)始分泰山郡置濟北國,曹魏、西晉仍之。參見《漢書·地理志上·泰山郡》《續漢書·郡國志三·濟北國》《晉書·地理志上·濟北國》。西漢河平年間不得稱"濟北盧縣"。

　　於顯遠祖,巍巍帝皇。翹足鼎湖①,祉胤餘祥。祚流帝嚳,延稷公[流][劉]②。綿綿瓜瓞,赫赫隆周③。文王受命,武王重集。萬國是建,奕世蕃邑。文公魯邦④,崇勳休祖。曰德遠嗣,曰仁流楚⑤。考躬泮渙⑥,[項][頃]邁其難⑦。避暴瑯耶⑧,歸德從漢。司農表德,著書民要⑨。三輔是賴,九流先道⑩。其惟中丞,世篤忠貞。面折庭爭,憚懾公卿⑪。禍福斯易⑫,子孫羅駢⑬。冠蓋西土,朱紫騰名。

【校箋】

①《史記·封禪書》:"黃帝采首山銅,鑄鼎於荊山下。鼎既成,有龍垂胡髯下迎黃帝。黃帝上騎,群臣後宮從上者七十餘人,龍乃上去。餘小臣不得上,乃悉持龍髯,龍髯拔,墮,墮黃帝之弓。百姓仰望黃帝既上天,乃抱其弓與胡髯號。故後世因名其處曰鼎湖,其弓曰烏號。""翹足鼎湖"謂懷想先祖黃帝,蓋以帝嚳及氾氏源出於黃帝也。

②"延"字,王仲犖校作"誕"。"流"爲"劉"之誤。

③《詩·大雅·緜》:"緜緜瓜瓞。民之初生,自土沮漆。古公亶父,陶復陶穴,未有家室。古公亶父,來朝走馬,率西水滸,至于岐下。爰及姜女,聿來胥宇。周原膴膴,堇荼如飴。"序云:"《緜》,文王之興,本由大王也。"此詩寫古公亶父遷於岐陽、定居周原之事,歌頌周先祖功德。《詩·小雅·正月》:"赫赫宗周,褒姒滅之。"此處藉《詩經》之句言氾氏先祖后稷、公劉之繁衍興盛,定居周原,乃爲周之發源也。

④周公旦封於魯地,謚號文公。《史記·周本紀》:"是故周文公之頌曰:'載戢干戈,載櫜弓矢,我求懿德,肆于時夏,允王保之。'"《集解》:"韋昭曰:文公,周公旦之謚。"

⑤《文選》卷一八嵇康《琴賦》:"流楚窈窕,懲躁雪煩。"李善注:"言流行清楚,窈窕之聲,足以懲止躁競、雪蕩煩懣也。"此二句謂先祖之德行爲後人承嗣,仁義爲後人流播。

⑥泮渙,分散。此謂氾氏祖先分散各地。唐王太真《鍾期聽琴賦》:"淋漓沸渭,牢落泮渙。"

⑦項,據文意當改作"頃"。

⑧瑯耶,即瑯邪郡,謂秦亂時凡伯之後避地氾水,前云"遭秦亂,避於氾水,遂改爲氾焉"是也。然氾水非在瑯琊之地,此又以何武所封氾鄉侯混合而爲言,氾鄉在瑯琊不其縣。

⑨民,王仲犖校作"目"(以)。按,此句西漢氾勝之。《漢書·藝文志·諸子略》農家著錄氾勝之十八篇。小注云:"成帝時爲議郎。"師古曰:"劉向《別錄》云:使教田三輔,有好田者師之,徙爲御史。"王應麟《漢書藝文志考證》卷七:"皇甫謐云:本姓凡氏,遭秦亂,避地於氾水,因改焉。勝之撰書言種植之事。子輯爲燉煌太守。"《晉書·食貨志》:"昔漢遣輕車使者氾勝之督三輔種麥,而關中遂穰。"

⑩九流,指諸子九流十家,泛稱諸子書。先道,即先導。

⑪此四句謂氾雄,即前所稱:"成帝御史中丞氾雄,直道見憚。"

⑫意謂禍福乃易,前"邁其難",後乃子孫繁衍,冠蓋西土。

⑬羅駢,同駢羅,駢比羅列,意爲眾多。

氾諱畟,字孔明,蜀郡太守吉之第二子也①。高才,通經史,舉孝廉,擢拜尚書。後遷左丞相。出洛陽城,京師貴人送者千餘乘。性清嚴高亮,言不妄出,時人爲之語曰:"寧爲刑法所加,不爲氾君所非。"②

【校箋】

①據後文云氾吉孫氾孚,與張奐等同時,張奐爲漢末人,則氾吉、氾畟亦爲後漢人。然史書不載此三人。蜀郡,秦置,漢仍之,治所在今四川成都。

②此事同後漢陳寔事。《後漢書·陳寔傳》:"寔在鄉間,平心率物。其有爭訟,輒求判正,曉譬曲直,退無怨者。至乃歎曰:'寧爲刑罰所加,不爲陳君所短。'"

氾孚,字仲夏,蜀郡太守吉之孫。通經篤行,州辟爲從事,太守馬艾甚重之①,徵爲州辟司空②,屢辭不起。孚志節尤高,就道樂業,州累辟命,司空曹公察孝廉③,皆不就。下帷潛思,不闚門庭④,或半年百日。吟詠古文,欣然[猶][獨]唉⑤。精黃老術。蒼梧太守令狐溥與太常張奐書曰⑥:"仲夏居高篤學,有梁鴻、周黨之倫⑦。"其見重如此。病卒。

【校箋】

①馬艾,王仲犖校爲"馬苃"。按,《三國志·魏書·閻溫傳》有"燉煌太守馬艾",或即此人。

②"徵爲州辟司空"六字疑衍。

③曹公指曹操。建安元年(196)曹操爲司空,多所辟召。《三國志·邴原傳》:"魏太祖爲司空,辟原署東閣祭酒。"《三國志·管寧傳》:"太祖爲司空,辟寧。"《三國志·徐奕傳》:"太祖爲司空,辟爲掾屬,從西征馬超。"《三國志·梁習傳》:"太祖爲司空,辟召爲漳長,累轉乘氏、海西、下邳令,所在有治名。"《三國志·張既傳》:"太祖爲司空,辟,未至,舉茂才,除新豐令,治爲三輔第一。"《三國志·辛毗傳》:"太祖爲司空,辟毗。"《三國志·劉放傳》注引《(孫)資別傳》:"太祖爲司空,又辟資。"

④闚同窺。《漢書·董仲舒傳》:"董仲舒,廣川人也。少治春秋,孝景時爲博士。下帷講誦,弟子傳以久次相授業,或莫見其面。蓋三年不窺園,其精如此。""下帷"與"不窺園"後多用作苦讀之典故。此句謂氾孚苦學。

⑤猶唉,當作"獨笑"。唉同笑。《三國志·蜀書·譙周傳》:"誦讀典籍,欣然獨笑,以忘寢食。"

⑥令狐溥,據《新唐書》卷七五《宰相世系表下》,漢建威將軍令狐邁,與翟義起兵討王莽,兵敗死之。子令狐稱奔燉煌,居效穀。子由,後漢伊吾都尉。由子禹,字巨先,博陵太守。禹子溥,字文悟,蒼梧太守。又,《元和姓纂》卷五"令狐":"漢有令狐邁,避王莽亂,居燉煌,生稱。敦煌效穀縣:稱曾孫溥,後漢蒼梧太守。"然史書不載令狐溥其人。張奐(104—181),字然明,敦煌淵泉(今甘肅安西東)人。《後漢書》卷六五有傳。漢靈帝建寧二年(169)張奐爲太常。

⑦梁鴻,字伯鸞,扶風平陵人。受業太學,後歸鄉里。娶同縣孟氏女,名孟光,共入霸陵山中,以耕織爲業。詠《詩》《書》,彈琴以自娱。著書十餘篇。周黨,字伯況,太原廣武人。家産千金,後散與宗族,免遣奴婢,至長安遊學。及王莽竊位,託疾杜門。光武時徵,自陳願守所志,帝乃許焉。遂隱居黽池,著書上下篇而終。二人事跡並見《後漢書·逸民傳》。

  氾續①,字弘基,昭武令先之吉孫也②。續有名稱,博學有才度。族叔上洛太守毗拊其首曰③:"汝,吾宗千里駒也。"④歷事三朝,士[有]〔友〕服其清亮⑤。舉秀才,爲郎中,遷中[部]〔都〕謁者⑥。部内有連理之瑞,續圖形上頌,文甚清麗,重華覽而嘉之⑦,礼以束帛。遷小府參軍⑧,轉右軍都尉。

【校箋】

①《太平御覽》卷五一三引崔鴻《前涼録》云:"范績,字弘基。績幼有名稱,族叔上洛太守毗拊其首曰:'汝,吾宗千里駒也。'歷仕三朝,士友服其清亮。舉秀才,爲郎中,遷中都謁者。""范績"當爲"氾續"之誤。

②昭武,西漢始置縣,屬張掖郡,西晉泰始元年(265)避司馬昭諱改作臨澤縣,治在今甘肅張掖西北。吉孫,泛指後裔子孫。氾先既爲昭武令,則約爲魏時人。

③上洛,又作上雒,西漢置縣,西晉泰始二年(266)置郡,在今陝西商洛一帶。氾毗見後。

④"吾宗千里駒"之語,屢見於中古史籍。如《三國志·曹休傳》載曹休族叔曹操謂左右曰"此吾家千里駒也",《晉書·劉曜傳》載劉曜族叔元海稱其"此吾家千里駒也",《晉書·苻朗傳》載苻朗叔苻堅嘗目之曰"吾家千里駒也"(又見《世説新語·排調》注引裴景仁《秦書》)。

⑤士有,《太平御覽》卷五一三引崔鴻《前涼録》作"士友",據改。《梁書·劉遵傳》:"美譽嘉聲,流於士友;言行相符,終始如一。"

⑥中部,《太平御覽》卷五一三引崔鴻《前涼録》作"中都",據改。

⑦重華謂張重華(326—353),前涼時執政者,公元346年—353年在位。《晉書》卷八六有傳。
⑧小府參軍,不詳。《晉書·張軌傳》有太府參軍索輔。

氾褘①,字休臧,晉冥安太守②,素剛直。褘少好學,[事師][師事]司空索靖③,通三《禮》、三《傳》、三《易》、河圖洛書,玄明究算曆。性高義,居家不簡墮④,昏行不改節⑤,不偶衆以[素][索]名⑥,不畏毀以求譽。舉孝廉,賢良方正對策第一,拜駙馬都尉,除護羌將軍、駙馬都尉⑦,徙祿福令⑧。性剛直,不事上府。酒泉太守馬模遣督郵張休祖劾褘⑨,褘曰:"君不聞寧逢三千頭狼,不逢氾休臧。"

【校箋】

①氾褘,前涼時人。《晉書》之《張茂傳》《張駿傳》有長史氾褘,即此人。又,《太平御覽》卷四二八引崔鴻《前涼錄》:"氾褘,字休臧,燉煌人。爲福祿令,剛直不事上府。酒泉太守馬漢遣督郵張休祖劾褘,休祖曰:'君不聞寧逢三千頭虎,不逢張休祖乎?'褘怒,以印繫肘,出而就縛。縛訖,發印以告。[從]事聞(文淵閣四庫全書本無從字),休祖坐不解印、擅縛令長,以大不敬論。褘遷居延令。"所記與此傳略同。馬總《通曆》(《通紀》)卷五記張駿"嗣僞位,猶稱建興十二年,長史范褘請改年號,駿不從",范褘即氾褘。

②冥安,西漢置縣,屬敦煌郡,晉元康中,改屬晉昌郡,周武帝省入涼興縣,屬常樂郡。縣治故址在今甘肅安西縣東南鎖陽城。史書未記載置冥安郡事,冥安太守不知何謂。又下文復有"西海太守褘",蓋氾褘亦嘗爲西海太守。

③事師,據文意當作"師事"。索靜即索靖。《晉書·索靖傳》:"索靖,字幼安,敦煌人也。累世官族,父湛,北地太守。靖少有逸群之量,與鄉人氾衷、張甝、索紾、索永俱詣太學,馳名海內,號稱'敦煌五龍'。四人並早亡,唯靖該博經史,兼通內緯。……太安末,河間王顒舉兵向洛陽,拜靖使持節、監洛城諸軍事、游擊將軍,領雍、秦、涼義兵,與賊戰,大破之,靖亦被傷而卒,追贈太常,時年六十五。後又贈司空,進封安樂亭侯,諡曰莊。"

④簡墮,同簡惰,輕慢懈怠之意。《文選》卷一七傅毅《舞賦》:"簡惰跳蹌,般紛挐兮。"李善注:"簡惰,疏簡怠惰也。"《舊唐書·房琯傳》:"琯又多稱病,不時朝謁,於政事簡惰。"

⑤昏行,昏黑之中。《劉子·慎獨》:"故蘧瑗不以昏行變節,顏淵不以夜浴改容。"唐袁孝政注:"昏行,夜闇也。此明百王執禮不移。蘧瑗夜行,乘車至衛君門前過,下車揖

門而過。衛君在内聞之乘車至門,不聞行車之聲。衛君曰:必是蘧瑗也。"事又見《列女傳·仁智·衛靈夫人》。《意林》卷五引《唐子》:"君子不以昏行易操,不以夜昧易容。"

⑥素,池田温校作"表",王仲犖校作"索",是。索名,求名譽令聞也。素、索二字古書中常混。《禮記·中庸》:"子曰:'素隱行怪,後世有述焉,吾弗爲之矣。'"朱熹《四書章句集注》云:"素,按《漢書》當作'索',蓋字之誤也。索隱行怪,言深求隱僻之理,而過爲詭異之行也。"《漢書·藝文志·方技·神仙家》序引孔子曰:"索隱行怪,後世有述焉,吾不爲之矣。"顔師古注云:"《禮記》載孔子之言。索隱,求索隱暗之事,而行怪迂之道,妄令後人有所祖述,非我本志。"

⑦駙馬都尉,前已見,池田温校爲衍文。

⑧祿福,西漢始置縣,爲酒泉郡治所,即今甘肅酒泉。《漢書·地理志》作祿福,《續漢書·郡國志五》《晉書·地理志上》《隋書·地理志上》稱福祿。此云"祿福",或據舊名。

⑨《晉書·張駿傳》:"先是,愍帝使人黄門侍郎史淑在姑臧,左長史汜禕、右長史馬謨等諷淑,令拜駿使持節、大都督、大將軍、涼州牧、領護羌校尉西平公。"是前涼張駿時期(324—346)有馬謨,或即此酒泉太守馬模。又,前注引《太平御覽》作馬漠,不知究作何字也。

　　汜毗①,字公輔,西海太守禕之弟也②。清素有節行,學通經礼,好立然諾之信。曾夜行,得遺綵數十疋,追求亡主歸之。主分綵遺毗,毗曰:"吾若取此,豈若盡取之乎?"毗後遺縑百疋,人得而歸毗,毗分之以半,人曰:"吾安敢忘君昔者敢取之言耶?"軌聞嘉歎。察孝廉,辟治中、別駕,皆不就。永興二年③,舉秀才,除郎中、酒泉令、太宰參軍。討虜有功,封安樂亭侯④,食邑二百戶。好雅賢,致仕,薦酒泉趙彝、[西]平田祐⑤,皆至二千石,而不知毗之達己,毗終亦不言。永嘉五年⑥,除上洛太守⑦,路隔不行。時人爲之頌曰:穆穆安樂,高才碩德。行爲世範,言爲物則⑧。擢秀西州,聲揚上國。剖符千里,衆望允塞。陰薦田祐,潛舉趙彝。見公謝世,慟哭之悲。[禹貢][貢禹]在朝,王陽彈冠⑨。鍾生早世,伯牙絕絃⑩。今汜生逝矣,吾屬處世,若乘舟之無檝。其世上見思如此。

【校箋】

①汜毗,史書無載。

②《晉書·地理志上》:"西海郡故屬張掖,漢獻帝興平二年,武威太守張雅請置。"亦即漢時居延屬國,在今內蒙古額濟納旗東南。

③晉惠帝永興二年,公元 305 年。

④西晉趙王倫曾封安樂亭侯(見《晉書·趙王倫傳》)。索靖卒後贈司空,進封安樂亭侯。(見《晉書·索靖傳》)

⑤"平田祐",王仲犖校爲"北平田祐",池田溫校爲"西平田祐",是。西平郡,東漢時置,在今青海西寧一帶。晉時西平有田姓。《晉書·沮渠蒙遜載記》:"(段)業先疑其右將軍田昂,幽之于內,至是,謝而赦之,使與武衛梁中庸等攻蒙遜。業將王豐孫言于業曰:'西平諸田,世有反者,昂貌恭而心很,志大而情險,不可信也。'"《晉書·張玄靚傳》中有西平田旋。田祐不見記載。《晉書·張軌傳》中有"太守趙彝"(應爲酒泉太守),當即本文所稱"酒泉趙彝"。

⑥永嘉五年(311),晉懷帝遣使者進拜張軌鎮西將軍、都督隴右諸軍事,封霸城侯,進車騎將軍、開府辟召、儀同三司。策未至,而王彌遂逼洛陽。見《晉書·張軌傳》。

⑦上洛,在陝西商洛。前氾績傳亦稱"族叔上洛太守毗"。

⑧《世說新語·德行》:"陳仲舉言爲士則,行爲世範。"

⑨《漢書·王吉傳》:"王吉字子陽,琅玡皋虞人。……吉與貢禹爲友,世稱'王陽在位,貢公彈冠',言其取舍同也。"此言"禹貢在朝,王陽彈冠",誤。

⑩《吕氏春秋·孝行覽·本味》:"伯牙鼓琴,鍾子期聽之。方鼓琴而志在太山,鍾子期曰:'善哉乎鼓琴,巍巍乎若太山。'少選之間,而志在流水。鍾子期又曰:'善哉乎鼓琴,湯湯乎若流水。'鍾子期死,伯牙破琴絶弦,終身不復鼓琴,以爲世無足復爲鼓琴者。"

  氾濤①,字世震,西海太守襌之孫也。爲護羌參軍、番禾太守②。[世][性]剛鯁峻直③,博學屬文。容[狠][貌]短小④。弱冠,屢陳時[正][政]損益⑤,涼文王張駿嘉之⑥,辟爲都官從事。明筆直繩⑦,好刺舉⑧,爲朝士豪貴所忌,託以他事,還郡。爲沙州記室從事,稱孝廉。文王廿二年⑨,令追還臺,因上書曰:"臣聞稟有生之形,遭有事之會,曾不能尊主建勳,沒無休聲,以遺後世,非人豪也。每惟齊客以商歌作翼⑩,重華以[嬴][贏]糧佐命⑪,末始未曾不夙[霄][宵]慨嘆⑫,有懷高風。往遇殿下,應其革運,開闢四門⑬,剖礫求珠,舍瑕訪玉。臣得危言於初祚之際⑭,邀福於九天之上。"涼文王駿大悦,納之,擢爲儒林郎中,親寵管要⑮。

【校箋】

①《太平御覽》卷三七八引劉彥明(昞)《燉煌實錄》:"汎浠,字世震,博學善屬文。爲人短小。弱冠,屢陳損益。"

②番禾,西漢置番和縣,西晉稱番禾縣,屬武威郡。其地約在今甘肅永昌。番禾置郡時間不詳,考《晉書·呂光載記》,後涼呂纂時(399—402),呂超爲番禾太守,呂隆降姚興時(403),齊難以郭將爲番禾太守。據此殘卷,則前涼時已置郡矣。

③世,池田溫以爲當作"世震",脫"震"字。按,當爲"性"之誤。《晉書·謝邈傳》:"邈性剛鯁,無所屈撓,頗有理識。"《周書·赫連達傳》:"達性剛鯁,有膽力。"

④狠,當作"貌"。

⑤正,當作"政"。

⑥張駿(306—346),字公庭,前涼主。公元325年—346年在位,私諡文公。見《晉書·張駿傳》。

⑦明筆直繩,嚴明之筆,正直之繩,比喻糾彈嚴明,無所曲撓,中古時多以指御史執事嚴明。宋孝武帝《華林都亭曲水聯句效柏梁體》:"明筆直繩天威諒。(御史中丞臣顏師伯)"(《藝文類聚》卷五六引)《太平御覽》卷二二六引崔鴻《十六國春秋·前錄》:"段凱驍勇善射,好讀書,爲御史中丞,明筆直繩,無所阿避,號曰老虎。"《晉書·李胤傳》:"遷御史中丞,恭恪直繩,百官憚之。"

⑧刺原作刾,俗字。刺舉,即檢舉。《漢書·蓋寬饒傳》:"擢爲司隸校尉,刺舉無所迴避,小大輒舉,所劾奏衆多。"《漢書·孫寶傳》:"臣幸得銜命奉使,職在刺舉,不敢避貴幸之勢,以塞視聽之明。"

⑨文王廿二年,公元346年。是年張駿卒。

⑩齊客謂甯戚。《列女傳》卷六《辯通·齊管妾婧》:"桓公因出,甯戚擊牛角而商歌,甚悲。桓公異之,使管仲迎之,甯戚稱曰:'浩浩乎白水。'"

⑪贏糧,當作"贏糧",擔負糧食。《莊子·庚桑楚》:"南榮趎贏糧七日七夜,至老子之所。"陸德明《釋文》引《方言》:"贏,儋也。齊、楚、陳、宋之間謂之贏。"賈誼《過秦論》:"斬木爲兵,揭竿爲旗,天下雲會響應,贏糧而景從,山東豪俊遂並起而亡秦族矣。"《後漢書·鄧禹傳論》:"鄧公贏糧徒步,觸紛亂而赴光武,可謂識所從會矣。"

⑫末始未曾,四字疑當作"未始",衍"未曾"二字。霄,當作"宵"。

⑬《尚書·舜典》:"詢于四岳,闢四門,明四目,達四聰。"孔傳:"開闢四方之門,未開者廣致眾賢。"《左傳》文公十八年"賓于四門",杜預注:"闢四門,達四聰,以賓禮眾賢。"阮籍《與晉王薦盧播書》:"開闢四門,延納羽翼賢士,以贊雍熙。"《魏書·元澄

⑭危言,直言。《漢書·賈捐之傳》:"臣幸得遭明盛之朝,蒙危言之策,無忌諱之患,敢昧死謁卷卷。"顏師古注:"危言,直言也。言出而身危,故曰危言。《論語》稱《孔子》曰:'邦有道,危言危行。'"《論語·憲問》:"子曰:邦有道,危言危行;邦無道,危行言孫。"

⑮管要,管理要務之意。《宋書·張敷傳》:"中書舍人狄當、周赳並管要務。"伏滔《徐州都督王坦之碑銘》:"君以時望管要,綢繆主相之間,熙贊盛明。"(《文館詞林》卷四五七)

　　汜咸,字宣合,爲侍御史輔之玄孫也①。咸弱冠從蒼梧太守同郡令狐溥受學②,明通經緯,行不苟合。初,咸當世,非政不合,門無雜客。太常奐致書與令狐溥曰③:"宣合獨懷白玉,進退由道,是以尤屈。"咸輕財好施,俸祿雖豐,而家常不足。中子瑋爲咸立廟,從王孟曾之孫買石人、石獸等④,置於廟中,銘其背曰:"此是神石人。"後有人輒椎破之,遂乃流血。事具《實錄·王琴傳》⑤。

【校箋】

①汜咸、汜輔,史書不載。

②令狐溥,見前汜乎傳注。

③太常奐,即張奐,見前汜乎傳注。

④《太平御覽》卷三六八引《燉煌實錄》:"王琹(音參,又丑林切)卒,有盜開琹冢者,見琹與人樗蒲,與杯酒賜盜者,惶怖既飲,見牽銅馬出。其夜有神告城門:'我,王孟曾使也。人發孟曾冢,以酒黑其唇,明日入城,有黑唇者是也。'須臾馬還,流汗。盜明詣城門,不覺唇黑,爲吏所縛。(孟曾,琹之字也。)"《白氏六帖》卷九《唇·黑唇》引《燉煌實錄》:"王禁字孟曾,卒,有盜發塚,見禁與人樗蒲,賜盜者飲,出。其夜告城門云:孟曾使[人]也,〔人〕發曾塚,禁賜酒以黑其唇,明入城,黑唇者是也。須臾賊至,爲門吏所縛。"《獨異志》卷上:"《燉煌實錄》云:王樊卒,有盜開其冢。見王樊與人樗蒲,以酒賜盜者。盜者惶怖飲之。見有人牽銅馬出冢者。夜有神人至城門,自言是王樊使,今有發冢,以酒墨其唇,但至,可以驗而擒之。盜即入城,城門者乃縛詰之,如神言。"(又見《太平廣記》卷三一七《王樊》引《獨異志》)上引各書所載爲一事,唯王孟曾名有琴、琹、禁、樊之不同。

⑤《北堂書鈔》卷一六〇引留(劉)彥明《燉煌實錄》:"王琴卒後,墓門前有石人、師子,

子孫寒微,賣與氾氏。致之,車破牛死。氾氏就打破,皆血出。"本文所謂"實錄王琴傳",當即《敦煌實錄·王琴傳》。又按,《敦煌實錄》十卷,北涼時劉昞(字延明)撰,《隋書·經籍志》史部霸史著錄。《魏書·劉昞傳》《北史·劉延明傳》作二十卷。

氾昭①,字嗣光,處士之孫也。昭弱冠,從賢良同郡索襲受業②,善屬文,與武威段退論聖人之道③,甚有條理。爲人方正,好面折直言,退不談人之非,涼武王軌辟爲從事④,遷主簿。在職清平,好理枉屈。人曾於夜中持金以報昭,昭責而遣之。張寔深器重之⑤,寔既嗣位,令曰:"天下有事廿餘年⑥,衆綱馳廢,刑政不修,其高選十部從事⑦,以肅清上下。武威,十郡之首,繩舉尤難。主簿氾昭,剛毅雅亮,有二鮑之風⑧,以昭部武威,負公之事,當知無不舉,如鷹鷙之逐鳥雀⑨,雖吾兒有事,皆得舉之。"視事,豪傑望風慄服。拜揖次長⑩,黃龍見其界。

【校箋】

①《太平御覽》卷八一〇引崔鴻《前涼錄》:"氾昭,字嗣先,燉煌人。辟州主簿,志在理枉申滯。人有於夜中投昭黃金者,昭責而遣之。"與本文所載近似。又按(題)陶潛《聖賢羣輔錄》卷下:"膠東令盧氾昭字興先、樂城令剛戴祈字子陵、潁陰令剛徐晏字孟平、涇令盧夏隱字叔世、州別駕蛇丘劉彬字文曜。右濟北五龍,少並有異才,皆稱神童,當桓靈之世,時人號爲五龍。見《濟北英賢傳》。"稱氾昭爲桓靈時人,與此似非同一人。

②《晉書·隱逸傳·索襲》:"索襲,字偉祖,敦煌人也。虛靖好學,不應州郡之命,舉孝廉、賢良方正,皆以疾辭。游思於陰陽之術,著天文地理十餘篇,多所啟發。"

③段退,無考。

④張軌(255—314),字士彥,安定烏氏人,前涼之實際建立者。死後晉諡爲武公。張祚篡位時,改建興四十二年爲和平元年(354),追曾祖軌爲武王,祖寔爲昭王,從祖茂爲成王,父駿爲文王,弟重華爲明王。見《晉書》卷八六《張軌傳》《張祚傳》。

⑤張軌死後其子張寔(271—320)繼位,公元314年至320年在位。《晉書》卷八六有傳。

⑥元康元年(291)二月,惠帝賈后密召楚王瑋入朝,誅滅楊駿等人,復召宗室諸王至洛陽,拜汝南王亮爲太宰,與太保衛瓘輔政。六月,賈后命衛將軍司馬瑋殺司馬亮、衛瓘,旋以擅殺大臣爲名,處死司馬瑋。永康元年(300),梁王肜、趙王倫廢賈后,殺司空張華、尚書僕射裴頠、侍中賈謐等,次年,趙王倫稱帝,尊惠帝爲太上皇。齊王冏、成都王穎、河間王顒舉兵討伐,此後戰亂不斷,直至建興四年(316)西晉滅亡。前涼張寔建興二年(314)即位時,距元康元年已二十餘年,故云。

⑦"十部"疑爲"十郡"之誤,下文亦云"十郡"。按,西晉初涼州有八郡:敦煌、武威、張掖、酒泉、西海、西平、西郡、金城。惠帝元康五年(295)置晉昌郡。後張軌置武興、晉興兩郡,張寔置廣武郡,合爲十二郡(見《晉書·地理志上》)。此處張寔言十郡,蓋約略之數。

⑧二鮑,指東漢鮑永、鮑恢。《後漢書·鮑永傳》:"鮑永字君長,上黨屯留人也。……建武十一年,徵爲司隸校尉。帝叔父趙王良尊戚貴重,永以事劾良大不敬,由是朝廷肅然,莫不戒慎。乃辟扶風鮑恢爲都官從事,恢亦抗直不避彊禦。帝常曰:'貴戚且宜斂手,以避二鮑。'其見憚如此。"

⑨鷲:同鳶。鷹鷲泛指猛禽。《後漢書·蓋勳傳》:"蓋勳字元固,敦煌廣至人也。……乃諫鵠曰:'夫繼食鷹鳶欲其鷙,鷙而亨之,將何用哉?'"

⑩揩次,西漢置縣,屬武威郡,故城在今甘肅古浪縣北。

　　氾曼者,晉時涼人也。性沉邃有志行。涼王舉秀才,拜臨津都尉①。涼桓王崩,張祚篡位②,撫軍張瓘興義於枹罕③,移檄郡國,郡國多應之。嘆曰:"涼國不天④,文、桓早世⑤,儲[后][後]幼沖⑥,傍枝篡亂。吾生擾攘,位下官微,身居小宰,當若之何?且張瓘天性安忍⑦,視高步遠,非人臣也。"遂單馬去官,北突固都⑧。至後涼主即位⑨,曼以佐命之功,封安樂[庭][亭]侯⑩,拜涼興令⑪。其喪母,至誠泣血,毁瘠過礼。徵補理曹郎中、禁中監,後爲湟河太守⑫,民夷歌德⑬。加陵江將軍,轉振武將軍。時年六十九,壽終矣。

【校箋】

①據《晉書·地理志上》,永寧中(301—302),張軌爲涼州刺史,分西平界置晉興郡,統晉興、枹罕、永固、臨津、臨鄣、廣昌、大夏、遂興、罕唐、左南等縣。臨津治在今青海循化東。

②永和九年(353),張重華卒,謚昭公,後改爲桓公。其子張耀靈嗣位,年十歲,旋爲伯父張祚殺害。張祚自稱大都督、大將軍、涼州牧、涼公。永和十一年,張瓘、張琚、宋混等殺張祚。按,此卷後"儲后幼沖,傍枝篡亂"云云,即指此事。參見《晉書》卷八六《張耀靈傳》《張祚傳》。

③《晉書·張祚傳》:"祚宗人張瓘時鎮枹罕,祚惡其強,遣其將易揣、張玲率步騎萬三千以襲之。……祚又遣張掖太守索孚代瓘鎮枹罕,爲瓘所殺。玲等濟河未畢,又爲瓘兵所破。揣單騎奔走,瓘軍躡之。祚衆震懼。敦煌人宋混與弟澄等聚衆以應瓘。……

瓘弟琚及子嵩募數百市人,揚聲言:'張祚無道,我兄大軍已到城東,敢有舉手者誅三族。'祚衆披散。琚、嵩率衆入城,祚按劍殿上,大呼,令左右死戰。祚既失衆心,莫有鬭志,於是被殺。梟其首,宣示内外,暴尸道左,國内咸稱萬歲。祚篡立三年而亡。"按,《晉書·五行志下》稱張瓘爲"枹罕護軍",與此卷稱"撫軍"不同。枹罕,西漢置縣,屬金城郡,西晉張軌時分西平界置晉興郡,縣屬晉興郡。縣治在今甘肅臨夏。

④不天,不獲上天福佑。《左傳》昭公十九年:"大夫謀對,子産不待而對客曰:鄭國不天,寡君之二三臣札瘥夭昏。"杜預注:"不獲天福。"

⑤文桓早世,指張駿、張重華去世。早世,過早去世。《左傳·昭公三年》:"則又無禄,早世隕命。"

⑥後原作"后",俗字。儲後幼沖,儲君幼小,指張耀靈十歲嗣事。王儉《褚淵碑文》:"明皇不豫,儲後幼沖。"(《文選》卷五八)

⑦安忍,安於殘忍也。《左傳》隱公四年:"夫州吁,阻兵而安忍。阻兵,無衆;安忍,無親。衆叛、親離,難以濟矣。"

⑧固都,不詳。

⑨後涼主指吕光(336—399),公元386年吕光建元曰太安,史稱後涼。

⑩安樂庭侯,當作"安樂亭侯"。

⑪涼興縣,始置時間不詳。《晉書·李暠傳》:"(段)業乃殺(索)嗣,遣使謝(李)玄盛,分敦煌之涼興、烏澤、晉昌之宜禾三縣爲涼興郡,進玄盛持節、都督涼興已西諸軍事、鎮西將軍,領護西夷校尉。"此事約在隆安四年(400),是此前已有涼興縣,治在今甘肅安西縣南。

⑫湟河,置郡時間不詳。《晉書·地理志上》:"張駿分武威、武興、西平、張掖、酒泉、建康、西海、西郡、湟河、晉興、廣武合十一郡爲涼州。"是前涼張駿時已置郡。其地約在今青海湟源縣附近。

⑬民夷,民衆。《後漢書·劉虞傳》:"虞初舉孝廉,稍遷幽州刺史,民夷感其德化,自鮮卑、烏桓、夫餘、穢貊之輩,皆隨時朝貢,無敢擾邊者,百姓歌悦。"《隋書·高勱傳》:"朝廷以勱有威名,拜洮州刺史。下車大崇威惠,民夷悦附,其山谷間生羌相率詣府稱謁,前後至者數千餘戸。"

氾緒,字叔繼,爲西域長史洋之曾孫也①。敦方正直,嘗於當郡別駕令狐富[授][受]《春秋》《尚書》②。孤幼,事母以孝[廉][聞]③,仕郡上計掾,坐法④。常救死罪,死罪者於冥中持金數十兩報恩,緒訶之曰:"君之免罪,恩由明主,何得以此謝我。又吾自幼及長,未曾[授][受]人毛分之遺⑤,君速去,勿以相汙。"人曰:"今蒙寬宥,實在於君,故於冥中奉少物以達至心,人無知者。"續曰:"古人有言:謂天蓋高,不敢不跼⑥。君何言之鄙乎!"卒以清廉著聞,莫敢有交私者。

【校箋】
①氾緒、氾洋,事跡無考。
②令狐富,無考。"授"當作"受"。
③孤幼,疑當作"幼孤"。"孝廉"當作"孝聞"。
④坐法,疑有脫文。
⑤"授"當作"受"。毛分,一毛一分,謂極少。
⑥《詩經·小雅·正月》:"謂天蓋高,不敢不局;謂地蓋厚,不敢不蹐。"《釋文》:"局,本又作跼。"毛傳:"局,曲也。蹐,累足也。"鄭箋:"局蹐者,天高而有雷霆、地厚而有陷淪也。"

　　氾瑗字彥玉①,晉永平令宗之孫也②。父族有經學。郡舊時俗皆葬於邑中,墳墓卑濕。歎曰:"陵之為言終也③,終當山陵,胡為邑澤哉!"遂葬父於東石④,為時所非,禁固十年⑤。縣令李充到官⑥,稱志孝合禮,衆心乃化,遂皆出葬東西石⑦。瑗少剛果有壯節,州辟主簿、治中、別駕、從事,舉秀才。三王興戈,惠帝復祚,相國齊王[國][冏]專權失和⑧,瑗切諫,不從,自詭為護羌長史,來西。涼武王軌與語,不覺膝之前席⑨。瑗出,王謂左右曰:"此真將相才,吾當與共濟世難。"遂周旋帷幄,公幹心膂⑩。

【校箋】
①氾瑗,前涼張軌之重要將領。《太平御覽》卷七三〇引崔鴻《十六國春秋·前涼錄》:"氾瑗與同郡陳琠、宋配遇相者於路,相者曰:'三人皆二千石封,然氾瑗腹有逆毛,當兵死,無後。'"據《晉書·張軌傳》載,張軌以宋配、陰充、氾瑗、陰澹為股肱謀主。永嘉初,軌遣中督護氾瑗率衆二萬討韓稚,氾瑗先遺書勸降,稚乃降。
②永平,晉為張掖郡屬縣,治所在今甘肅張掖西北。氾宗,無考。
③《國語·齊語》:"定民之居,成民之事,陵為之終。"韋昭注:"以為葬地。"
④東石,蓋指敦煌城東之高處。敦煌東有三危山。《新唐書·地理志四》:"敦煌,下。東四十七里有鹽池,有三危山。"伯二六九一號卷子《沙州志》:"三危山,州東南三十里。"不知是否即其處。

⑤禁固,同禁錮,禁止從政爲官。蔡邕《陳太丘碑文》:"會遭黨事,禁固二十年,樂天知命,澹然自逸。"(《文選》卷五八)

⑥李充,無考。《晉書》卷八一有江夏人李充,字弘度,曾爲縣令,遷中書侍郎,卒官。疑非此人。

⑦西石,蓋指敦煌城西之高處。按志書,敦煌西有白龍堆。《漢書·地理志》:"敦煌郡,武帝後元年分酒泉置。正西關外有白龍堆沙,有蒲昌海。"

⑧惠帝永寧元年(301)春,趙王倫篡帝位,遷惠帝於金墉城,號曰太上皇。齊王冏、成都王穎、河間王顒舉兵討伐,史稱"三王",不久趙王倫兵敗被殺,惠帝復位。乃以齊王冏爲大司馬、都督中外諸軍事,專權朝政。太安元年(302)十二月丁卯,河間王顒表齊王冏窺伺神器,有無君之心,與成都王穎、新野王歆、范陽王虓同會洛陽,請廢冏還第。長沙王乂奉乘輿屯南止車門,攻冏,殺之,幽其諸子於金墉城,廢冏弟北海王寔。參見《晉書·惠帝紀》《齊王冏傳》。

⑨此事與蘇綽事近似。《周書·蘇綽傳》:"太祖乃起,整衣危坐,不覺膝之前席。語遂達曙不厭。詰朝,謂周惠達曰:'蘇綽真奇士也,吾方任之以政。'即拜大行臺左丞,參典機密。自是寵遇日隆。"

⑩公幹心膂,才幹出衆,倚爲心腹。心膂,心與脊背。《尚書·君牙》:"今命爾予翼,作股肱心膂。"《正義》:"膂,背也。汝爲我輔翼,當如我之身,故舉四支以喻,爲股肱心體之臣,言委任如身也。"

《敦煌氾氏家傳》校箋終

　　家傳之由來尚矣。前漢司馬遷爲三十世家,各詳淵源嗣續,七十列傳,亦間有包舉一枝前後世系數人者(如《李將軍列傳》,首詳李廣,次及子當戶、椒、敢三人,末記當戶子李陵事)。此家傳之權輿也。及至東漢,始有《揚雄家牒》(見《藝文類聚》《史通》所稱,疑子雲門人子弟所爲,《漢書·揚雄傳》多所採摭,惜不能辨之)。繼而家傳、別傳勃興,蓋其時士大夫漸具獨立之地位,慎終追遠,思顯先代,乃發爲著述,褒美篇籍。其後閥閱更立,各矜門第,譜錄家傳,益多而繁矣。唐前家傳,今不存一,檢諸隋志,其目尚夥(通計二十九種,其名家傳、家紀者,曰李氏、桓氏、太原王氏、褚氏、江氏、庾氏、裴氏、虞氏、曹氏、范氏、紀氏、韋氏、孔氏、暨氏、周氏、令狐氏、何氏。多宗族後人撰作,而佚散未錄者又不知凡幾)。亦史部雜傳之一大類也。唐沿六朝之風,仍尚氏族,然考之新舊唐志,家傳僅得九種(《何妥家傳》《裴若弼家傳》《令狐家傳》《燉煌張氏家傳》《安興貴家傳》《郭公家傳》《顏氏家傳》《相國鄭侯家傳》《河東張氏家傳》），不復盛況，宋以後士族衰而家傳愈少，且書寫之體漸異，名同而實異也。（參見武麗霞《論古代家傳之演變》，載《內蒙古師範大學學報》2006年4期。）《敦煌氾氏家傳》一種，蓋燉煌氾氏之後人所述，亦承家顯世之意，雖非出自名手，有乖史實，所述事雜虛誕，文多魚豕，要不廢其為見存最古家傳之地位矣。

考《敦煌氾氏家傳》之體，首述宗枝演變，次頌先祖仁德（明清後家譜乃襲此體式），繼列氾瞏以下十人之傳，詳略不一，前後次第亦有差繆。至於其人其事，或信而有徵，或幽邈難稽，校箋已隨文而言之。至其撰寫時間，或如王仲犖推測，當是唐代書手所寫，然亦不能詳究。又據傳言之，此十人凡東漢二人（瞏、孚），餘則前涼時人（曼入後涼），然漢魏至隋唐間氾氏人物尚多（池田溫嘗臚舉之），今卷闕如，知非全帙也。雖然，幸賴此九十七行之殘卷，不惟見敦煌鄉邦人物之盛，有補前涼一代史實，尤能據知家傳之體式，察究家傳之源流。斯晉唐家傳之僅存世間者，可不珍貴耶？謹校箋如右，庶詮其文字事義焉。至於探微索隱，考詳文史，請俟來日。

引用書目：

《毛詩正義》，《十三經注疏》，中華書局，一九八〇年
《尚書正義》，《十三經注疏》，中華書局，一九八〇年
《禮記正義》，《十三經注疏》，中華書局，一九八〇年
《春秋左傳正義》，《十三經注疏》，中華書局，一九八〇年
《論語註疏》，《十三經注疏》，中華書局，一九八〇年
朱熹《四書章句集注》，中華書局，一九八三年
司馬遷《史記》，中華書局，二〇一三年
瀧川資言《史記會注考證》，上海古籍出版社，1986年
張衍田《史記正義佚文輯校》，北京大學出版社，1995年
班固《漢書》，中華書局，一九六二年
范曄《後漢書》，中華書局，一九六五年
陳壽《三國志》，中華書局，一九五九年
房玄齡等《晉書》，中華書局，一九七四年
魏收《魏書》，中華書局，一九七四年
令狐德棻等《周書》，中華書局，一九七一年
李延壽《北史》，中華書局，一九七四年

魏徵等《隋書》,中華書局,一九七三年

王應麟《漢書藝文志考證》,《玉海》附刻,江蘇古籍出版社、上海書店,一九八七年

《國語》,上海古籍出版社,一九九八年

徐宗元《帝王世紀輯存》,中華書局,一九六四年

鄭樵《通志》,中華書局,一九八七年

劉向《列女傳》,四部叢刊本

陶潛《聖賢羣輔録》,袁行霈《陶淵明集箋注》,中華書局,二〇〇三年

林寶《元和姓纂(附四校記)》,中華書局,二〇〇八年

王應麟《姓氏急就編》,《玉海》附刻,江蘇古籍出版社、上海書店,一九八七年

邵思《姓解》,《古逸叢書》本

凌迪知《萬姓統譜》,文淵閣四庫全書本

郭慶藩《莊子集釋》,中華書局,一九六一年

陳奇猷《吕氏春秋校釋》,學林出版社,一九八四年

傅亞庶《劉子校釋》,中華書局,一九九八年

馬總《意林》,四部叢刊影印武英殿本

余嘉錫《世説新語箋疏》,上海古籍出版社,一九九三年

虞世南《北堂書鈔》,學苑出版社,一九九八年影印孔廣陶刊本

歐陽詢《藝文類聚》,上海古籍出版社,一九六五年

白居易《白氏六帖事類集》,文物出版社,一九八七年

李昉等《太平御覽》,中華書局,一九六〇年

李昉等《太平廣記》,中華書局,一九六一年

劉昫等《舊唐書》,中華書局,一九七五年

歐陽脩、宋祁《新唐書》,中華書局,一九七五年

陳伯君《阮籍集校注》,中華書局,一九八七年

蕭統編《文選》,中華書局,一九七七年

羅國威《文館詞林校證》,中華書局,二〇〇一年

向達《倫敦所藏敦煌卷子經眼目録》,載《唐代長安與西域文明》,三聯書店,一九五七年

池田温《敦煌氾氏家傳殘卷について》,《東方學》第二十四輯,一九六二年

唐耕耦、陸宏基《敦煌社會經濟文書真跡釋録》第一輯,書目文獻出版社,一九八六年

王仲犖《燉煌氾氏人物傳考釋》,《敦煌石室地志殘卷考釋》,上海古籍出版社,一九九三年

敦煌本《父母恩重經講經文》考論

秦丙坤

(西北師範大學歷史文化學院)

作爲倫理觀念的孝親思想,很早就成爲古代中華文明的組成部分之一。有關孝的内容在甲骨文中就有記載,其後的典籍如《尚書》《詩經》中也往往發現關於孝的内容。《説文解字》"老部":"孝,善事父母者。從老省,從子,子承老也。"《爾雅·釋訓》曰:"善事父母曰孝。"孝親思想早已在人們頭腦中固定下來。更有一部《孝經》,作爲儒家所定的經典文獻,其思想幾乎貫穿了整個中國封建社會。敦煌地區的孝親觀念,更多地表現出當地民衆受到佛教影響的特徵,法藏 P. 2418 號和北圖藏河字 12 號寫卷《父母恩重經講經文》就體現了這一點。

鄭阿財、孫修身、張涌泉、新井慧譽等諸位先生,對敦煌本《父母恩重經講經文》和《大藏經》所收"父母恩重"類佛經進行過研究,另有學者對重慶大足寶頂山石刻《佛説父母恩重經》、山東成武白浮圖村《父母恩重經》碑、甘肅省博物館和倫敦大英博物館藏北宋《報父母恩重經變》絹畫進行過研究。各類典籍中表現父母恩重題材的經文較多,據學者研究,目前所知敦煌寫卷中的佛教經文,只有 P. 3913 號《佛説父母恩重經》一種與《父母恩重經講經文》所引經文相同。項楚先生《敦煌變文選注》和黄征、張涌泉先生《敦煌變文校注》都對此進行了辨證。

一

P. 2418 號寫卷起於"經:佛告阿難,我觀衆生",訖於"無有禮義,不遵(尊)師長",尾題"誘俗弟(第)六"。共 451 行,講唱格式分開,每行字數不等。正面行書,文中有省略語,不避唐諱,間有朱筆校點。河字 12 號寫卷起於"爭那於家不孝",訖於"常系母心,百般憂慮",首殘尾缺,無題。共 87 行,講唱格式分開,每行字數不等。行楷書寫,文中缺殘亦多。1944 年《文史雜誌》第 9、10 合刊上發表了向達先生的《唐代俗講考》,其附録二《現存敦煌所出俗講文學作品目録》第 47 條載録:"父母恩重經講經文",並自注"北平,河一二號,收入《敦煌雜録》";第 48 條載録"又(即《父母恩重經講經文》)"自注"巴黎,P. 2418"①。法藏 P. 2418 號《父母恩重經講經文》寫卷,《敦煌遺書總目索引》著録:

誘俗第六(即《父母恩重經講經文》),天成二年八月七日書。②

《敦煌寶藏》收録,題爲:

誘俗第六(父母恩重經講經文)。③

《敦煌遺書總目索引新編》著録:

[父母恩重經講經文]誘俗第六(尾題),題記:天成二年(927)八月七日(畫押)書。④

北圖藏河字 12 號《父母恩重經講經文》寫卷,《敦煌遺書總目索引》《敦煌寶藏》《敦煌遺書總目索引新編》並著録爲"父母恩重俗文"⑤。《敦煌學大辭典》也收録了"父母恩重經講經文"條,介紹了 P. 2418 號和河字 12 號寫卷及其內容⑥。《敦煌變文集》《敦煌變

---

①向達:《唐代俗講考》,見甘肅省社會科學院文學研究室編《關隴文學論叢·敦煌文學專集》,蘭州:甘肅人民出版社,1983 年,第 181 頁。
②商務印書館編輯部:《敦煌遺書總目索引》,北京:商務印書館,1962 年,第 263 頁。
③黃永武:《敦煌寶藏》(第 120 冊),臺北:臺灣新文豐出版公司,1986 年,第 3 頁。
④施萍婷、邰惠莉:《敦煌遺書總目索引新編》,北京:中華書局,2000 年,第 236 頁。
⑤商務印書館編輯部:《敦煌遺書總目索引》,北京:商務印書館,1962 年,第 80 頁;黃永武:《敦煌寶藏》(第 111 冊),臺北:臺灣新文豐出版公司,1986 年,第 4 頁;施萍婷、邰惠莉:《敦煌遺書總目索引新編》,北京:中華書局,2000 年,第 521 頁。
⑥季羨林等:《敦煌學大辭典》,上海:上海辭書出版社,1998 年,第 579、733 頁。

文集新書》《敦煌變文選注》《敦煌變文校注》也都作了校録①。

二

关於 P.2418 號和河字 12 號寫卷《父母恩重經講經文》演繹的是何本經文的問題，《敦煌變文校注》已作説明，在 P.2418 號《父母恩重經講經文》後加按語：

> 《大藏經》收有署名後漢沙門安世高譯《佛説父母恩難報經》，與本篇及北圖河字十二號所引經文殊異。考敦煌寫本伯三九一九號載有《佛説父母恩重經》一種，與這兩種講經文所引經文相當，蓋即後者所本。②

關於這一看法，張涌泉先生在《以父母十恩德爲主題的佛教文學藝術作品探源——介紹一部珍貴的〈父母恩重經〉寫本》中已經做過專門説明③，孫修身先生的《大足寶頂與敦煌莫高窟佛説父母恩重經變相的比較研究》中也提到了這個問題④。此前學界一直未考訂出《父母恩重經講經文》所依據的經本，而認爲是見諸《大藏經》的《佛説父母恩難報經》及敦煌寫卷中的《父母恩重經》一類經文。應該説，《大藏經》中的《佛説父母恩難報經》與講經文所引經本《佛説父母恩重經》在題旨上是很相近的，屬於佛教教義中的同一類型。敦煌寫卷中也存有許多此類經文，《敦煌學大詞典》"父母恩重經"條載：

> 共存四十餘號，其中北圖有辰 36 等十號。英、法等亦藏有 S.1189、P.2285 等近二十號。經文謂人生在世，父母爲親，非父不生，非母不育。經中詳述了一個人從小到大，父母的辛勤勞苦，提出"父母之恩，昊天罔極"。並描寫了逆子不孝父母

---

① 王重民等：《敦煌變文集》，北京：人民文學出版社，1957 年，第 673—700 頁；潘重規：《敦煌變文集新書》，臺北：臺灣中國文化大學中文研究所，1984 年，第 447—449 頁；項楚：《敦煌變文選注》，北京：中華書局，2006 年，第 1434—1525 頁；黃征、張涌泉：《敦煌變文校注》，北京：中華書局，1997 年，第 969—996、999—1004 頁。

② 黃征、張涌泉：《敦煌變文校注》，第 979 頁。

③ 張涌泉：《以父母十恩德爲主題的佛教文學藝術作品探源——介紹一部珍貴的〈父母恩重經〉寫本》，《原學》1995 年第 2 期，第 125—141 頁。

④ 孫修身：《大足寶頂與敦煌莫高窟佛説父母恩重經變相的比較研究》，《敦煌研究》1997 年第 1 期，第 58—59 頁。

之種種情狀。經中謂:"若有一切衆生能爲父母作福造經燒香請佛禮拜,供養三寶,或飲食衆僧,當知是人能報父母其恩。"①

但此類經文與 P.2418 號和河字 12 號寫卷所引經文在内容上是有差異的,尤其是講經文所引文字,與此類經文文字很難對應。而 P.3919 號《佛説父母恩重經》中的文字與講經文所引文字是對應的。

P.3919 號《佛説父母恩重經》,首尾俱全,尾題"佛説父母恩重經一卷",楷書抄寫,字體工整,共 58 行,行約 36 字,"世"字不避諱。《敦煌遺書總目索引》和《敦煌寶藏》有著録,皆爲"佛説父母恩重經一卷",即原卷尾題。P.2418 號寫卷本經文字起"佛告阿難,我觀衆生",訖"無有禮義,不遵師長",後面未抄;河字 12 號寫卷本經文字起"不生恭敬,棄恩辜恩",訖"三年之中,飲母白乳",前後殘缺。現在所見二卷講解的是本經經文的一部分。

《父母恩重經講經文》中體現了 P.3919 號《佛説父母恩重經》内容的幾個方面:
1. 父母之恩。P.3913 號《佛説父母恩重經》中講述父母的十種恩德:

一者懷擔守護恩,二者臨産受苦恩,三者生子忘憂恩,四者咽苦吐甘恩,五者回乾就濕恩,六者洗濯不淨恩,七者乳哺養育恩,八者遠行憶念恩,九者爲造惡業恩,十者究鏡(竟)憐憫恩。②

講經文載:"前來父母有十種恩德,皆父母之養育,是二親之劬勞。"對經本中的父母之恩着力描述,體現了經本中的十種恩德。母親懷妊之時,"起坐朝朝體似山","鳳釵鸞鏡不曾撚,玉貌花容轉枯悴","長皺雙眉有淚痕","心中不醉長如醉,意内無憂恰似憂"。臨産之時:"生時百骨自開張,唬得渾家手脚忙。未降孩兒慈母怕,及乎生了似屠羊。"三年懷抱之中,母親既要乳哺嬰兒,即讓嬰兒"飲母白血",又要操心受苦,"回乾就濕最艱難,終日驅馳更不閑。洗浣豈論朝與暮,驅馳何憚熱兼寒","每將乾暖交(教)兒卧,濕處尋常母自眠"。嬰兒脱離懷抱,"近火專憂紅焰燒,臨河恐墜清波死","門外忽聞啼哭也,慈母奔波早到來"。長大成人則要加以教示,"獎教禮儀",即"抬舉還徒(圖)

---

① 季羨林等:《敦煌學大辭典》,上海:上海辭書出版社,1998 年,第 579、733 頁。
② 此處及以下所引《佛説父母恩重經》及《父母恩重經講經文》,均據黄征、張涌泉《敦煌變文校注》,北京:中華書局,1997 年。

立得身,招交只要修仁義。囑仙(先)生,交(教)文字,孝養禮儀須具備"。還要操心"婚嫁宦學","是女纏盤求囑娉,是男婚娶致歌歡","一個個總交教成立後,阿娘方始可憂煩"。當兒行千裏外出,母親心懷不忘,"爲兒子拋出外邊",母親"見四十八節未歸來","兒子雖然向外安","阿娘悲泣無情緒","兒於萬裏母先於,終日憂愁淚如雨","心隨千裏消容貌,意恨三年哭斷腸。只待歸來相見了,阿娘方始有精光"。兒子得病時,父母行色都改:"忽然兒女病纏身,父母憂煎心欲碎。念佛求神乞護持,尋醫葡問希痊瘥。無睡眠,没光彩,煎炒心神形貌改。直待兒身四體安,阿娘方覺心寬泰。女男得病阿娘愁,爲教終須血淚流。"

2. 報恩。既然父母有十種恩德,那麽就要行孝。經本中説:

　　假使有人左肩擔父,右肩擔母,皮穿至骨,骨穴徹髓繞須密山,經百千劫,流血没膝,……假使有人曹(遭)饑饉劫,爲於父母,盡以其身臠割碎懷(壞),經百千劫,……假使有人爲於耶娘,手執利刀,剜其眼睛,經百千劫,假使有人爲於耶娘,亦以利刀割其心肝,不辭痛苦,經百千劫,……假使有人爲於耶娘,打骨出髓,百千年(矛)戟一時刺身,經百千劫,……假使有人爲於耶娘,吞熱鐵丸,遍身焦爛,經百千劫,由(猶)不能報父母深恩。

講經文中同樣體現了經本中報恩的内容。首先在吃穿侍奉上的孝行,即兒女行孝既要養父母口體,"二時問訊,晝夜恭承,扇枕温床,須知時節";又要滿足父母的心志,"暮省朝參莫但(憚)勞,温床扇枕無辭苦;莫遣耶娘怨恨生,承旨候顔交(教)得所"。與此同時,講經文還把子女的德行與孝行結合起來,即"等閒讀盡諸書史","風流儒雅真公子",並且"雪色衣裳稱舉人",經科考,"霄漢會當承雨露,高科登第出風塵。多應不久逢新喜,何異成龍脱故鱗"。通過自己的努力學習取得成就而榮門耀祖,這同樣是孝行。講經文中對女兒的孝行特别地提出來:

　　爲女身,更不易(異),最新須且教針指。呈線呈針鬥意長,對鴨對鳳誇心智。學音聲,屈傅士,弄鉢調弦渾舍喜。長大了擇時娉與人,六親九族皆歡美。天生惠性異常人,……娉與他門榮九族,一場喜慶更難論。

作爲女兒,爲父母增加榮譽,同樣會被視爲孝行,與男兒無異,講經文中就説:"佛惜衆生,母憐男女。一例垂情,從頭愛護。"

3. 對不孝者的懲罰。經本強調行孝得善報，不孝得惡報。列舉了種種不孝行爲，對不孝者的懲罰是墮入阿鼻地獄，受盡痛苦：

其獄縱廣八萬由旬，鐵爲羅網，其地赤鐵，熾火煙然，猛烈炎爐，雷奔電爍。燒銅鐵汁，流注罪人；銅苟（狗）鐵蛇，恒吐煙焰。火奧燒煮灸，脂膏焦然。苦哉，痛哉，哀哉，難堪難忍，鈎戟槍捎，劍刀風輪，如雨如雲，空中亂下，或斫或刺，苦罰罪人。

另外，經本中還詳細列舉了十八層地獄的名稱，渲染地獄的陰森恐怖。

與之相應，講經文中也描述了對不孝者的懲罰，並且是反復申説：

婆娑世界一切衆生，雖舉人相，不知耶娘有大恩德，不生酬答，不解報恩。命終必墮三途，永劫不逢出離。

佛道如斯五逆人，莫覓托生好去處。重重地獄有何因，只爲閻浮五逆人。莫問歲寒煎煮罪，不論年月搗磨身。

佛道此人才命榭（謝），必沈惡道出無年。

佛言此輩非人子，死入三途堪歎愁。

佛道如斯五逆者，無因得見法輪王。

佛道如斯一類人，生生不易見如來面。

若行五逆之人，命中必墮惡道。縱生人世，疾病貧窮，凡是所爲，不得稱遂。

自知無理從搥斷，伏請哀兢（矜）任苦辛。縱而卻來人世內，從生至老是寒貧。

並且説明了後世受苦受難的原因："未審緣何受此殃，盡因前世親修種。"不孝正是其因。

據上所述可知，講經文的内容，都是依據 P.3919 號《佛説父母恩重經》敷演而成的。

三

由於抄寫等原因，P.2418 號、河字 12 號《父母恩重經講經文》所引經文與 P.3919 號《佛説父母恩重經》也存在一些文字差異，可列表如下（其中 × 爲殘缺）：

P.3919號經本寫卷	P.2418號寫卷	河12號寫卷
我觀衆生，雖居人品	我觀衆生，雖沾人品	×
心行愚蒙	心行愚懞	×
不思耶孃有大恩德	不思耶娘有大恩德	×
不生恭敬，棄恩背恩，無有人慈，不孝不義	不生恭敬，無有人慈	不生恭敬，棄恩輩恩，無有人慈，不孝禮儀
阿孃懷子	阿娘懷子	阿孃懷子
十月之中，起坐不安	十月之中，起座不安	十月間辛，起坐不安
月滿生時，受諸苦痛	月滿生時，受諸痛苦	月滿生時，受諸苦痛
須臾好惡，恐畏無常	須臾好惡，只怒無常	須臾好惡，只恐無常
血流遍地	血流灑地	血流遍地
受如是苦，生得此身	受如是苦，生我此身	受如是苦，生得此身
抱持養育，洗濯不淨	抱持養育，洗濯不淨	洗濯不淨
無憚劬勞，忍熱忍寒	無憚劬勞，忍熱受寒	不憚劬勞，忍熱忍寒
三年諸中，飲母白乳	三年之中，飲母白血	三年之中，飲母白乳
將教禮儀	獎教禮議	×
被求資業	爲求財産	×
不言恩德。男女有病，父母病生	不言恩德。兒行千裏，母行千裏；兒行萬裏，母行萬裏。男女有病，父母亦病	×
子若病除，父慈母方差	子若病除，父母方差	×
極至長成	極至長大	×
尊親共語，應對↑翁↑舛	尊親共語，應對違情	×
拗眼路睛	拗眼列睛，不知恩義	×
欺陵伯叔，打罵兄弟	欺凌伯叔，打罵弟兄	×
毀辱親情，無有禮儀	毀辱尊親，無有禮義	×
不遵師範	不遵師長	×

據上表可知，P.2418號寫卷與經本經文共有26處不同，河字12號寫卷與經本經文共有7處不同。與河字12號存有經文的内容範圍相應的，P.2418號有10處與經本經文不同，相比之下，河字12號所引經文更接近經本原貌。其中的衍文和脱文，從上表可知，P.2418號中"不生恭敬，無有人慈"句，與經本和河字12號相比，缺少"棄恩背恩""不孝不義"兩句，但此卷後面又單引經文"棄德背恩"，據李小榮解釋，是"下文專門解釋了這一句"，因爲"講唱者列舉了不孝父母的兩個事例，其中一個引自内典；另一個謂

'抛棄尊親,不歸於舍'",講唱者有必要對此進行專門講解①。脱去"不孝不義"句,蓋因爲單獨講解"棄德背恩"而致脱文。"抱持養育,洗濯不淨"句,河字 12 號脱去"抱持養育",乃爲抄手所漏。"兒行千裏,母行千裏;兒行萬裏,母行萬裏"四句,經本脱,考 P.2418 號寫卷中有相當文字講解此句,如:"爲兒子抛出外邊,阿娘悲泣無情緒。或仕宦,居職務,離別耶娘經歲數。見四時八節未歸來,阿娘悲泣無情緒。或經營,求利去,或住他鄉或道路。兒子雖然嚮往安,阿娘悲泣無情緒。"這些對應文字説明經文中是應該有此句的,所以應該是經本有脱文,《敦煌變文校注》(以下簡稱《校注》)云:"以上四句經本無,疑抄脱。"②此説是。經本中"子若病除,父慈母方差"二句,與 P.2418 號相比較可知,衍"慈"字,《校注》已指出"'慈'字衍文"③。P.2418 號"拗眼列睛,不知恩義"二句,經本作"拗眼路睛",脱"不知恩義","列"當爲"裂","路"當爲"露",都表示瞪眼發怒之意。另外,河字 12 號"不孝禮儀"中的"禮儀",經本作"不義",經本於意較長。河字 12 號"十月間辛","間"當爲"艱"的别字,經本和 P.2418 並作"十月之中"。"起坐不安",P.2418 號"坐"作"座",河字 12 號和經本作"坐",《校注》云:"'坐'字是。"④P.2418 號"只怒無常"句,經本作"恐畏無常",河字 12 號作"只恐無常",其中"怒"字,《敦煌變文集》和《敦煌變文集新書》直録,《校注》徑改爲"恐",並云:"恐,原卷誤作'怒',袁賓校作'恐'。按,北圖河字十二號《父母恩重經講經文》引經文正作'恐'。又伯三九一九號經本'只怒'作'恐畏',亦可證'恐'字是。"⑤經本"被求資業","被"當爲"備",P.2418 號此句作"爲求財産"。經本"不遵師範"、P.2418 號"不遵師長"中,"遵"當爲"尊"。三個卷子中還有一些相異文字,從表中可以看出。

四

P.2418 號《佛説父母恩重經》未見於《大藏經》,究竟是否僞經,在此不作專論。但有兩點不容否認,一是强調父母養育恩重,二是以三世輪回和因果報應來勸説子女盡孝。這與見諸《大藏經》的佛經内典並無二致。可以説作爲俗講的《父母恩重經講經

---

①李小榮:《略論敦煌變文中的孝親思想》,《鹽城師範學院學報》2000 年第 2 期,第 21 頁。
②黄征、張涌泉:《敦煌變文校注》,北京:中華書局,1997 年,第 993 頁。
③黄征、張涌泉:《敦煌變文校注》,第 997 頁。
④黄征、張涌泉:《敦煌變文校注》,第 983 頁。
⑤黄征、張涌泉:《敦煌變文校注》,第 985 頁。

文》傳達了佛家孝親觀念。儒家強調人的孝行根源於天人一體的人的本能行爲,《孝經》的《三才章》和《感應章》以充滿神性的天人感應作爲其孝道觀的立論根據①。《父母恩重經講經文》並没有像儒家那樣以天人關係立論,而是用佛家的三世輪回説和因果業報論來規範孝的行爲。强調行孝的根源在於父母的養育之恩,人在輪回之間可以實現因果報應,父母之恩就當以孝行來回報,孝與不孝可以理所當然地作爲業因在輪回報應中得到實現。行孝是對父母之恩的報答,不孝則要入地獄,不能進入天界,而只能淪入惡道,受盡折磨,並且永世不得修度成人。講經文體現更多的是佛教的孝親觀,其道德規範可以通過講經文中的一段話來體現:"慈母十月懷耽,三年乳哺,回乾就濕,咽苦吐甘,乃至男女成長了,千般憐惜,萬種教招,女娉男婚,總皆周備。受如此辛苦,不曾於一個人前,說養育恩德。似世尊憐念法界内一切衆生,飛者、走者、無足、二足、四足、多足、三途六道,無趣四生,天上人間,是貴是賤,是高是下,師僧尼衆,善女善男,一個個交(教)出離苦源,人人盡登常樂了,我佛無心説少許恩德,説少許辛苦。似人家慈母,養育一切衆生女男,不言恩德無二。"據此可知,講經文中講究孝親行爲有其佛家教化闡釋:其一,兒女行孝即與佛家修行具有異曲同工之效,果報都是脱離苦源,登常樂世界。《阿含經》説,"世間乃能有孝順父母,敬事師長,勤修齋戒","執二百五十戒,轉相敬奉,猶孝事親"。即把行孝與修戒相提並論;其二,世尊教化衆生不言恩德,與父母養育兒女不二。在儒家那裏,孝的社會作用推演出忠。從講經文文字可以看出,佛化衆生有如父母養育子女,生存於法界的人與非人一切生靈都受到佛的恩典,所以一切衆生都應皈依佛門,與在家行孝道理相同,在佛門就應持戒修行;與在家以孝順報答父母恩德道理相同,在佛門就應順應佛之教誨,相信佛而不疑,供奉佛祖。另一方面,佛教孝親觀念和儒家孝親觀又是相互融合的,都講究知恩圖報。可以説,佛教的流傳過程本身就是一個適應中國國情的過程,更多地體現了和儒家思想糅合的傾向,也即儒化現象,這一點也是不容否認的。

  從内容上可以看出,《父母恩重經講經文》是在經本的基礎上進一步世俗化和庶民化的産物。佛教本是建立在哲學思辨基礎之上的,要想廣泛傳播就要適應當地民衆的道德標準和審美取向,與中原相比,敦煌地區更多地體現出民俗觀念,這在大量的遺書中可以得到證明,所以在佛教流傳中,要想深入民心,本身就要有一個庶民化的過程。而講經文這種形式,就是用來使佛經教義普及的,其"世俗色彩日漸加重",並"逐漸減

---

①汪受寬:《孝經譯注》,上海:上海古籍出版社,1998年,第30、77頁。

弱其上層社會色彩而逐步增強其中下層庶民社會色彩"①,所以必然走向世俗化和庶民化的道路。而孝親觀正是民眾樂於接受的內容,正是如此,圍繞這一主題還出現了系列佛教文學作品,如《目連變文》《雙恩記》《董永變文》《舜子至孝變文》等變文和《十恩德》《十種緣》《孝順樂》等歌辭。

——————
① 顏廷亮:《敦煌文化》,北京:光明日報出版社,2000年,第466頁。

法藏 P.3883、P.2653 對傳統化生復仇觀念的文學演繹

馮和一

(成都大學文學與新聞傳播學院)

敦煌文獻苦兒故事情節的發展往往追求或期待"實"中有"異"。如《伍子胥變文》"賢人入夢",《孟姜女變文》中孟姜女哭城而城崩,《漢將王陵變》"陵母從楚營內,乘一朵黑雲,空中慚謝皇帝"①。《舜子變》中舜子"學得甚鬼禍術魅,大杖打又不死"②。也包括《韓朋賦》的精魂物化復仇,《孔子項託相問書》的項託異變等等。以敦煌文獻 P.3883《孔子項託相問書》、P.2653《韓朋賦》所涉及的精魂化生復仇為例,這些情節儘管與晚唐五代時期敦煌佛教對苦難與神異的認識有一定聯繫,但更重要的是,它們都取材於我國先秦歷史故事,並明顯接受了我國傳統化生信仰、精魂復仇觀念的影響。

一、"不得其死"之苦與傳統化生信仰、精魂復仇觀念

人類與萬物一樣難逃死亡命運。在古遠的信仰中,人死後的歸途大致有二:一"歸",歸於昆侖,歸於祖塋,被稱為"鬼";二"遊",不入祖塋,陰魂遊蕩人間,也稱為"神"。《老子》說:"以道蒞天下,其鬼不神。"③這是說,人死後的靈魂本來是要歸於陰府的,但如果不能用道治理天下,人不能壽終正寢,死不能得到安息,其"神"就會成為在陽間遊蕩的靈魂。哪些亡者之魂漂泊難息呢?"不得其死"者,非正常死亡者。至於

---

① 《漢將王陵變》,見黃征、張涌泉:《敦煌變文校注》,北京:中華書局,1997年,第71頁。
② 《舜子變》,見黃征、張涌泉:《敦煌變文校注》,第201頁。
③ 朱謙之:《老子校釋》第六十章,北京:中華書局,1984年,第245頁。

神"滅"則是後起的思想,如范縝《神滅論》曾提出:"神即形也,形即神也,形存則神存,形謝則神滅。"①但即便到了兩漢魏晉南北朝時期,靈魂不滅、精魂或爲鬼、或爲神的觀念依然盛行不息。

非正常死亡者,其靈魂難以得到安息,但也往往被賦予特種生物一樣的再生、化生存在能力,譬如神話傳説中的刑天。據《山海經·海外西經》記載:"刑天與帝至此爭神,帝斷其首,葬之於常羊之山,乃以乳爲目,以臍爲口,操干戚以舞。"②其他又如:鼓化爲鵔鳥、欽䲹化爲大鶚、女娃化爲精衛、誇父化爲鄧林、女屍化爲䔄草、鯀複生禹、女媧之腸化爲神、顓頊死即復蘇、尹伯奇化鵙之等等,也無不是"再生""化生"的樣例。在這些再生與化生的樣例中:再生與化生往往以生命形態的轉化呈現,刑天以殘體延續只是特例;其次,除"顓頊"死因不十分明確之外,"䲹鼓""欽䲹""女娃""誇父""女屍""鯀""女媧""刑天"等的死亡皆非壽終正寢。他們要麽"橫死沙場",要麽"溺死水域",要麽"道渴而死",要麽"未行而卒",要麽因爲不待帝命而被殺戮,要麽是莫名其妙地被剖屍,要麽死於敵對者的復仇與懲罰,要麽死於對既定秩序的挑戰;總之,他們的死都可以被稱之爲"不得其死",或者叫做"殤折""强死""暴死"。

"不得其死"者的靈魂,既然不能歸於祖塋、幽冥之地,所以不得安息,以至於其靈魂將不得不繼續存在於陰陽世間的夾縫中,或爲了不滅,或爲了解脱,或志在復仇,或將要憑藉神秘力量、借非常的"化生"形態延續其生前的某種狀態、完成生時未了的心願、意志等,它們會在陽間"陰魂不散",産生出活着的人所没有的神秘大能。如《左傳》云:

> 子産適晉,趙景子問焉,曰:"伯有猶能爲鬼乎?"子産曰:"能。人生始化曰魄,既生魄,陽曰魂。用物精多,則魂魄强,是以有精爽,至於神明。匹夫匹婦强死,其魂魄猶能馮依於人,以爲淫厲。況良霄,我先君穆公之胄,子良之孫,子耳之子,敝邑之卿,從政三世矣。鄭雖無腆,抑諺曰,蕞爾國。而三世執其政柄,其用物弘矣,取精多矣。其族又大,所憑厚矣。而强死,能爲鬼,不亦宜乎!"③

---

① (唐)姚思廉:《梁書·范縝傳》卷四八引范縝《神滅論》,《文淵閣四庫全書》第 260 册,臺北:臺灣商務印書館,1986 年,第 394 頁。
② 袁珂:《山海經校注》,成都:巴蜀書社,1992 年,第 258 頁。
③ 上海古籍出版社《十三經注疏·春秋左傳正義》昭公七年,上海:上海古籍出版社,1997 年,第 2050 頁。

《墨子·明鬼》也明確了這樣的觀念,他在講述杜伯無辜被殺時,借杜伯之口,説:

> 吾君殺我而不辜,死者無亦已;死人有知,不出三年,必使吾君知之。①

據説,三年之後,死後的杜伯之魂果真化爲"有知"的鬼並射殺了周宣王,爲杜伯無辜被害成功地實現了復仇。

二、P.3883《孔子項託相問書》對傳統化生復仇觀念的接受

化生與復仇,在我們民族心理積澱中,成爲"不得其死"的精魂獲得"生命"轉化、延續、存在的一種"神異"模式,並深刻地影響着我國的一種接地氣的、反映普通民衆的民俗信仰與道德觀念的俗文學創作,在敦煌文獻俗文學作品中,以先秦以來的歷史人物事件爲創作核心的苦兒故事,也同樣在這一觀念的接受、傳承、文學化演繹中得以展開。

(一) P.3883 項橐早慧早夭故事回溯

項託,即相橐,橐音託,據傳説是魯國人,因早夭被列入"不得其死"者,其精魂遊蕩於世間,被稱"小兒神"。據婺源《汝南項氏宗譜》云:項橐,字仲廉,魯人,生周敬王丁未(前494)三月十八日,世居曲阜縣奄宅裏魯城洙泗澤②。《廣博物志》稱"項橐,魯人,十歲而亡。時人屍而祝之,號'小兒神'。"③項託生前,極爲聰慧,劉向《新序》曾云其爲"秦項橐",早慧,七歲即爲聖人之師:

> 齊有閭丘邛年十八,道遮宣王曰:"家貧親老,願得小仕。"宣王曰:"子年尚稚,未可也。"閭丘邛曰:"不然,昔有顓頊行年十二而治天下,秦項橐七歲爲聖人師,由此觀之,邛不肖耳,年不稚矣。"④

---

① 《欽定四庫全書薈要:墨子、晏子春秋》,長春:吉林出版集團,2005年,第61頁。
② (清)項茂棋等:《汝南項氏宗譜》(上海圖書館館藏徽州家譜),康熙四十九年(1710年)刻本。
③ (明)董斯張:《廣博物志》卷一四,長沙:嶽麓書社,1991年,第306頁上。
④ (漢)劉向:《新序》卷五,上海:商務印書館,1937年,第90頁。

先秦《戰國策》以及漢代《史記》《淮南子》以及後來的高誘注也曾對項託早慧、窮難大聖人孔子的傳説留下記載，或許是大家熟知的緣故，諸書對項橐如何窮難孔子，如何成爲孔子的老師詳細過程，皆没有過多的解釋：

  項橐七歲而爲孔子師。①
  甘羅曰："大項橐②生七歲爲孔子師。今臣生十二歲於兹矣，君其試臣，何遽叱乎？"③
  夫項託七歲爲孔子師，孔子有以聽其言也。以年之少，爲閭丈人説，救敝不給，何道之能明也？④
  吕望使老者奮，項橐使嬰兒矜，以類相慕。（高誘注：項橐年七歲，窮難孔子而爲之作師，故使小兒之疇自矜大也。）⑤

王充《論衡》曾就項託何以七歲爲人師提出是由於"世俗褒稱過實，毁敗愈惡"的觀點，但這種觀點推測的成份居多：

  難曰：夫項託年七歲教孔子。案七歲未入小學而教孔子，性自知也。孔子曰："生而知之，上也。學而知之，其次也。"夫言生而知之，不言學問，謂若項託之類也。……人見其幼成早就，稱之過度。云項託七歲，是必十歲，云教孔子，是必孔子問之。云黄帝、帝嚳生而能言，是亦數月。云尹方年二十一，是亦且三十。云無所師友，有不學書，是亦遊學家習。世俗褒稱過實，毁敗愈惡。世俗傳顔淵年十八歲升太山，望見吴昌門外有系白馬。定考實顔淵年三十不升太山，不望吴昌門。項託之稱，尹方之譽，顔淵之類也。⑥

我們雖然無法確定"項託年七歲教孔子"是否"譽之過度"，但項託確實是古代幼兒早慧的典型。當然，除了早慧，項橐"短折"也屢受世人嘘唏感歎，後來常常被人拿來與

---

① （清）程夔初集注，程朱昌等編：《戰國策集注》卷二，上海：上海古籍出版社，2013年，第68頁。
② 索隱音"詑"。尊其道德，故云"大項橐"。
③ （漢）司馬遷著：《史記》卷七一《甘茂傳》，北京：中華書局，1959年，第2319頁。
④ （漢）劉安編撰、張雙棣校釋：《淮南子校釋》，北京：北京大學出版社，1997年，第2008頁。
⑤ （漢）劉安編撰、張雙棣校釋：《淮南子校釋》，第1762、1764頁。
⑥ （漢）王充著、劉盼遂集解：《論衡集解》卷二六，北京：古籍出版社，1957年，第522—523、525—526頁。

聰慧而早夭的儒家人物顔回、揚雄子揚烏①相提並論,譬如《三國志》《抱朴子》《顔氏家訓》云:

夫項託、顔淵,豈複百年,貴義存耳。②

必若人物皆天地所作,則宜皆好而無惡,悉成而無敗,衆生無不遂之類,而項、揚無春彫之悲矣。③

項子有含穗之歎,揚烏有夙折之哀。④

項橐、顔回之短折,伯夷、原憲之凍餒,盗蹠、莊蹻之福壽,齊景、桓魋之富强,若引之先業,冀以後生,更爲通耳。⑤

唐代流傳的項橐孔子的傳説,亦不脱於此。譬如魏萬《金陵酬李翰林謫仙子》、路德延《小兒詩》、吴筠《高士詠·項橐》詩云:

宣父敬項橐,林宗重黄生。一長復一少,相看如弟兄。⑥

項橐稱師日,甘羅作相年。⑦

太項冥虚極,微遠不可究。稟量合太初,返形寄童幼。孔父慙至理,顔生賴真授。泛然同萬流,無跡世莫覯。⑧

---

① (宋)李昉等撰:《太平御覽》卷三八五引《劉向别傳》:"楊信字子烏,雄第二子,幼而明慧。"(北京:中華書局,1985年,第1780頁。)(晉)常璩撰,劉琳校注:《華陽國志校注》卷一二,附《益梁寧三州先漢以來士女目録》列有:"文學:神童揚烏,雄子也,七歲預父《玄》文。九歲卒。"(成都:巴蜀書社,1984年,第913頁。)(漢)揚雄:《法言·問神》:"育而不苗者,吾家之童烏乎。九齡而與我《玄》文。"(北京:中華書局,1954年,第14—15頁。)

② (晉)陳壽撰,陳乃乾校點:《三國志·魏書》卷二五裴松之注,北京:中華書局,1959年,第703—704頁。

③ (晉)葛洪撰,王雲五主編:《抱朴子内外篇》,上海:商務印書館,1937年,第122—123頁。

④ (晉)葛洪撰,王雲五主編:《抱朴子内外篇》,第832頁。

⑤ (北齊)顔之推著,王利器集解:《顔氏家訓集解》,上海:上海古籍出版社,1980年,第355頁。

⑥ (唐)魏萬:《金陵酬李翰林謫仙子》,見(清)彭定求等編《全唐詩》(三)卷261_4,鄭州:中州古籍出版社,2008年,第1324頁。

⑦ (唐)路德延:《小兒詩》,見《全唐詩》(七)卷719_3,第3704頁。

⑧ (唐)吴筠:《高士詠·項橐》,見(清)彭定求等編《全唐詩》(八)卷853_74,第4310頁。

（二）P.3883《孔子項託相問書》中的精魂化生復仇情節

項橐早慧傳説，曾受到普遍認同。但是文學不喜歡千篇一律，文學也不要求完全的復製，文學創作選材的取捨與接受群體的主題好尚，不僅受到淵源久長的求同記異心理的影響，也會在特定的歷史文化發展中與時俱進。所以，孔子項託相問的故事對項橐窮難聖人傳説呈現出對精魂化生復仇觀念的創造性演繹和拓展狀態。

敦煌文獻《孔子項託相問書》所涉及的故事，曾是極受敦煌普衆喜愛的"智慧與惡毒的較量""神異與現實的衝突"的代表性作品，所以敦煌遺卷保留的與"孔子項託"相關相近遺卷極爲豐富，譬如 P.3883，P.3833$_{/2}$，P.3255，P.3826$_{V/6}$，P.3754，P.3882$_{/1}$，P.3102$_V$，S.5529$_{/1}$，S.5674，S.5530，S.1392，S.395，S.2941，李木齋藏卷（敦煌遺書總目散録 2229），俄藏 ДХ1356，ДХ2452，俄藏孟 1481［舊 1356 號］，孟 2861［舊 2451 號］，孟 2862［舊 2352 號］，藏譯本 S.724，P.992，P.1284，等等，無不涉及於此。

在這些遺卷中，有 P.3883"孔子共項託相問書一卷"①較他卷可稱完整，該卷前題"□□□□□問書一卷"，尾題"孔子項託相問書一卷"，內容稍缺損，內容涉及孔子東遊至荆山之下，路逢項橐，因項橐"只聞車避城，豈聞城避車"的不同於其他小兒的行爲引發孔子項託之間的一系列問答。孔子提出了幾十個問題，項橐皆對答如流，而項橐所問孔子的三個問題，孔子卻回答錯誤，最終不得不感歎"善哉！善哉！方知後生實可畏也"②。孔聖人學識淵博，"孔子共項託相問書"正是借用"後生可畏"的典故在這裏反襯項託的早慧，水到渠成；孔子也素有好問之譽，"孔子共項託相問書"依託歷史人物形象，同時也給予創造性演繹與民俗性拓展，譬如故事出人意料又在情理之中的結局。

這篇故事，孔子感歎後生可畏，卻並沒有表現出謹敬，而是來了一段"夫子爲詩設局殺項託"，這一情節讓人看來似乎不可思議，難以想像與孔夫子有什麼關係，也是自古以來孔子故事所沒有的，極值得珍視：

夫子共項託對答，下下不如項託；夫子有心煞（殺）項託，乃爲詩曰：
孫景（敬）懸頭而刺股，匡衡鑿壁夜偷光。子路爲人情好用（勇），貪讀詩書是

---

①P.3883"孔子共項託相問書一卷"，見黃永武主編：《敦煌寶藏》第 131 册，臺北：新文豐出版公司印行，1986 年，第 428—429 頁。
②P.3883《孔子共項託相問書一卷》，第 428 頁。

子章(張)。項託七歲能言語,報答孔丘甚能強。

項託入山遊學去,叉手堂前啟孃孃:"百尺樹下如(兒)學問,不須受記(寄)有何方。"耶孃年老皆迷去,寄他夫子兩車草;夫子一去經年歲,項託父母不承忘。取他百束將燒卻,餘者他日飼牛羊。夫子登時卻索草,耶孃面色轉無光。當時便欲酬倍價,每束黃金三錠強。"金錢銀錢總不用,婆婆項託在何方?""我兒一去經年歲,百尺樹下學文章。"[夫子當時文(聞)此語,心中歡喜倍勝常。]①

夫子乘馬入山去,登山驀領(嶺)甚分方。樹樹每量無百尺,葛蔓交腳甚能長。夫子使人把鍬钁,擺著地下有石堂:一重門裏石師(獅)子,兩重門裏石金剛。入到中門側耳聽,兩伴讀書似雁行。夫子拔刀撩亂斫,其人兩兩不相傷。化作石人總不語,鐵刀割截血汪汪。項託殘氣猶未盡,回頭遙望啟孃孃:"將兒赤血瓫盛著,擎向家中七日強。"阿孃不忍見兒血,擎將寫(瀉)著糞堆傍。一日二日竹生根,三日四日竹蒼蒼。竹竿森森長百尺,節節兵馬似神王。弓刀器械訟身帶,腰間寶劍白如霜。

二人登時卻覓勝,誰知項託在先亡。夫子當時甚惶怕,州懸(縣)分明置廟堂。②

這一"夫子爲詩設局殺項託"創造性的情節設置,設置了環環相扣、跌宕起伏的懸念與轉折,包括項橐"入山遊學",也包括未卜先知,他告訴母親"百尺樹下如(兒)學問,不須受記(寄)有何方"。但遺憾的是項託的耶孃都沒有把兒子的話放在心上,"寄他夫子兩車草,夫子一去經年歲,項託父母不承忘"。並"取他百束將燒卻,餘者他日飼牛羊"。這一沒有過多思考的"寄草"行爲,爲後來夫子的無賴索酬埋下了伏筆。"夫子登時卻索草,耶孃面色轉無光。當時便欲酬倍價,每束黃金三錠強。"夫子高價索要,項託父母無力歸還,夫子因此逼迫項託父母說出了項託的去向。夫子掘地三尺,也要找到項託,"夫子拔刀撩亂斫",項託最終"鐵刀割截血汪汪"。

這裏有些内容交代不詳。譬如項託到底是在哪里讀書呢? 分明就在地底下:"夫子使人把鍬钁,擺著地下有石堂:一重門裏石師(獅)子,兩重門裏石金剛。入到中門側耳聽,兩伴讀書似雁行。"當夫子"拔刀撩亂斫"的時候,"其人兩兩不相傷",還"化作石人總不語",當夫子將他"鐵刀割截"之後,這個神奇的童子,竟還有復活的希望,他告訴母親"將兒赤血瓫盛著,擎向家中七日強。"但是他的母親"不忍見兒血,擎將寫(瀉)著糞

---

①P.3883《孔子共項託相問書一卷》,見《敦煌寶藏》第131册,臺北:新文豐出版公司,第429頁。
②P.3883《孔子共項託相問書一卷》,第429頁。

堆傍"。因此項託沒能復活,而是夭折之苦兒血與天地精神相通,赤血化成了一片竹林,"一日二日竹生根,三日四日竹蒼蒼。竹竿森森長百尺,節節兵馬似神王。弓刀器械訟身帶,腰間寶劍白如霜"。項託死後的赤血最終化作異類存在,並以此懲罰、戰勝了夫子,"夫子當時甚惶怕,州懸(縣)分明置廟堂",獲得了"廟堂"的歸宿,從此,就有了祭祀小兒神項託的神廟。

由此可見,項橐聰明有異能,但沒有躲過命運的安排,早早地喪失了性命。夫子的忌恨賢能、無賴設局、殘忍殺戮,甚至不放過已經變成了石人的項託,當然,最終的結局是孔夫子不得不"州懸(縣)分明置廟堂",向項託求饒。而項託父母因爲膽小貪心、對兒子的言語警示與魂靈請求表現出漠視,也最終葬送了一個"登時卻覓勝"的神童再生的機會,透露出當時當地人對生死命運的一種無奈與感慨。

三、P.2653《韓朋賦》對精魂化生復仇觀念的文學演繹

(一)韓憑故事與先秦以來的奪婚幽怨

相對於早慧早夭故事,王侯將相奪妻故事在先秦文獻典籍中有更多形式的呈現。譬如《左傳·文公十八年》:

> 齊懿公之爲公子也,與邴歜之父爭田,弗勝。及即位,乃掘而刖之,而使歜僕,納閻職之妻,而使閻職驂乘。夏五月,公遊於申池。二人浴於池,歜以撲抶職。職怒。曰:"人奪女妻而不怒,一抶女庸何傷!"職曰:"與刖其父而弗能病者何如?"乃謀弒懿公,納諸竹中。歸,舍爵而行。①

齊懿公好色,強娶了閻職的妻子,並讓閻職做了自己的駕車奴;而懿公最終也因此被閻職報復。《左傳·桓公十六年》衛宣公強奪兒媳,亂倫的惡劣更甚於齊懿公的搶奪他人之婦:

---

① 《十三經注疏·春秋左傳正義》,上海:上海古籍出版社,1997年,第1881頁。

初,衛宣公烝於夷姜,生急子,屬諸右公子。爲之娶於齊,而美,公取之,生壽及朔,屬壽於左公子。夷姜縊。宣姜與公子朔構急子。①

夷姜,本爲衛宣公庶母,後來成了衛宣公夫人,生下急子,他們準備爲急子娶齊國美女爲太子妃。但衛宣公垂涎齊女美色,便奪了齊女,並生下兩個兒子壽和朔。本應該升級爲婆婆的夷姜在這場亂倫鬧劇中"自縊"了,齊女由太子妃轉換成衛國夫人宣姜。

又有惠伯強取仲妻,楚平王搶嬴氏:

穆伯如莒涖盟,且爲仲逆。及鄢陵。登城見之,美,自爲娶之。仲請攻之,公將許之。(《左傳·文公七年》)②

楚子之在蔡也,郹陽封人之女奔之,生大子建。及即位,使伍奢爲之師。費無極爲少師,無寵焉,欲譖諸王,曰:"建可室矣。"王爲之聘於秦,無極與逆,勸王取之,正月,楚夫人嬴氏至自秦。(《左傳·昭公十九年》)③

在這種搶奪婚中生活的女性,婚姻已經失去了愛的內涵;失去妻子的一方,也往往爲弱勢群體中的一分子。又如《左傳·莊公十四年》:

楚子如息,以食入享,遂滅息。以息嬀歸,生堵敖及成王焉,未言。楚子問之,對曰:"吾一婦人而事二夫,縱弗能死,其又奚言?"④

楚王以自己的強勢滅息侯而娶息夫人,息夫人固然反抗不得,但數不言語,大概就是對強搶者的控訴了。漢代劉向曾將這一故事收入《列女傳·貞順傳》,並和《詩經》中"死則同穴"一詩聯繫了起來,說:

夫人者,息君之夫人也。楚伐息,破之,虜其君,使守門,將妻其夫人而納之於宮。楚王出遊,夫人遂出見息君,謂之曰:"人生要一死而已,何至自苦。妾無須臾而忘君也,終不以身更貳醮,生離於地上,豈如死歸於地下哉!"乃作詩曰:"谷則異

---

① 《十三經注疏·春秋左傳正義》,上海:上海古籍出版社,1997年,第1758頁。
② 《十三經注疏·春秋左傳正義》,第1846頁。
③ 《十三經注疏·春秋左傳正義》,第2087頁。
④ 《十三經注疏·春秋左傳正義》,第1771頁。

空,死則同穴,有如不信,猶如曒日。"遂自殺。息君亦自殺。同日俱死。楚王賢其夫人守節有義,乃以諸侯之禮合而葬之。①

儘管這些強奪婚姻的描述,目的是爲了記錄當時社會王侯將相;但是,那些在政治婚姻漩渦中被淹没的女性的聲音、夫妻情愛的聲音,並没有真的被人們遺忘,它們在史學家支離破碎的記錄中,逐漸爲後人所知,被文學演繹,並最終鑄就了文學宫牆內外各種類型的奪婚幽怨故事的前身,諸如息夫人故事幾乎就是後來搜神傳説中的"韓憑夫婦"故事的雛形。

韓朋,亦作"韓憑"②,項先生《敦煌變文校注》云"'憑''朋'乃一聲之轉"③。劉向《列異傳》有"韓憑夫婦",《藝文類聚》卷九二"鴛鴦"引《列異傳》云:"宋康王埋韓憑夫妻,宿夕文梓生,有鴛鴦雌雄各一,恒棲樹上,晨夕交頸,音聲感人。"干寶《搜神記》卷一一"韓憑夫婦"記録更詳:

> 宋康王舍人韓憑,娶妻何氏,美。康王奪之。憑怨,王囚之,論爲城旦。妻密遺憑書,繆其辭曰:"其雨淫淫,河大水深,日出當心。"既而王得其書,以示左右;左右莫解其意。臣蘇賀對曰:"其雨淫淫,言愁且思也;河大水深,不得往來也;日出當心,心有死志也。"俄而憑乃自殺。其妻乃陰腐其衣。王與之登臺,妻遂自投臺;左右攬之,衣不中手而死。遺書於帶曰:"王利其生,妾利其死,願以屍骨,賜憑合葬!"王怒,弗聽,使里人埋之,塚相望也。王曰:"爾夫婦相愛不已,若能使塚合,則吾弗阻也。"宿昔之間,便有大梓木生於二塚之端,旬日而大盈抱。屈體相就,根交於下,枝錯於上。又有鴛鴦,雌雄各一,恒棲樹上,晨夕不去,交頸悲鳴,音聲感人。宋人哀之,遂號其木曰"相思樹"。相思之名,起於此也。南人謂此禽即韓憑夫婦之精魂。今睢陽有韓憑城。其歌謡至今猶存。④

在這裏,"韓憑夫婦"的故事明確:韓憑是宋康王舍人;韓憑妻何氏,生得美麗;宋康王奪韓憑妻,並囚禁韓憑,使其淪爲築城的苦役;韓憑夫妻傳書、自殺、合葬、化爲鴛

---

① (漢)劉向著,張濤注:《列女傳譯注·貞順傳》,濟南:山東大學出版社,1990年,第144頁。
② (唐)劉恂《嶺表録異》,(唐)釋道世《法苑珠林》等,文淵閣四庫全書本。
③ 項楚:《敦煌變文選注》,北京:中華書局,2006年,第348頁。
④ 《搜神記》卷一一"韓憑妻",見王根林、黃益元等校點《漢魏六朝筆記小説大觀》,上海:上海古籍出版社,1999年,第366頁。

鴦。這是對夫妻堅定不移的愛情的謳歌,同時也反映了對"不得其死"精魂物化的信仰。

(二)P.2653 中的化生復仇想像

敦煌文獻 P.2653/2、S.2922、S.3227、P.3873、S.4901、S.3904、S.10902 亦均涉及韓朋故事,主要情節依然是韓朋(韓憑)、貞婦(何氏)與宋王之間的情感糾葛,只是,值得注意的是,在《韓朋賦》中,韓朋與貞婦的苦女思婦的形象被作者着意突出,譬如 P.2653/2 "韓朋賦一首"云:

> 昔有賢士,姓韓名朋,少小孤單。遭喪遂失[其]父,獨養老母,謹身行孝。朋身爲主意遠仕,憶母獨注(住),[故娶]賢妻成功索[素]女,始年十七,名曰貞夫。已賢至聖,明顯絕華,刑容窈窕,天下更無。雖是女人身,明解經書。凡所造作,皆今(合)天符。入門三日,意合同居。
>
> 韓朋出遊,仕於宋國,期去三年,六秋不歸。朋母憶之心煩惚。其妻寄書與人……久不相見,心中在思。百年相守,竟一好(好一)時。君不憶親,老母心悲。妻獨單弱,夜常孤棲,常懷大憂。①

《韓朋賦》明確了韓朋並非宋國人士,而是身處異國,少小孤單,只有寡母在堂。其二,明確韓朋與伍子胥出遊仕梁國有相似之處,一則新婚別,二則一去多年不歸,置妻於無父、無夫、無子、時有被迫改嫁可能的苦女之境。其三,明確貞夫美麗而賢慧,明解經書,與朋夫婦相愛。

《韓朋賦》還詳細描述了宋王使者如何欺騙韓母、騙取貞婦,强行掠奪貞夫,以及宋王如何得到貞夫並深加恩寵,宋王如何加害韓朋、令築清淩之臺,以及韓朋死後,貞婦要求宋王禮葬韓朋的細節,並附加了韓朋夫婦化鴛鴦之後精魂回鄉與精魂復仇的結局,云:

---

① P.2653/2 "韓朋賦一首",見上海古籍出版社等編《法藏敦煌西域文獻》第 17 册,上海:上海古籍出版社,2002 年,第 109 頁。

使者下車，打門如喚。朋母出來，心忠（中）驚怕，即問喚者曰，是誰？使者答曰："我是宋王使來，共朋同者。朋爲公（功）曹，我爲主薄。朋友（有；此卷'用'確實爲'朋'的俗體，故有此誤）私書，寄回新婦。"阿婆回語新婦，兒客此言，臣今事（仕）官，且得勝常。貞夫曰："新婦昨夜夢惡，文文莫莫。見一黄蛇，挍妾床脚。三鳥並飛，兩鳥相博（搏）。一鳥頭破相落踣，毛雨紛紛，血流落落，馬踣踏踏，諸臣赫赫。上不見下鄰里之人，何況千里之客？客從遠來，終不可信。巧言利語，詐作朋書。朋言在外，新婦出覓。阿婆答客，恒道新婦病卧在床，不勝醫藥。並言謝客，故楚遠來。"使者謂曰："婦聞夫言，何故不語？必有他情，在於鄰里。"①

朋母年老，不能察意。新婦問客此言，面目變青變黄："知客此語，必有他情，即欲結意，返失其裏（理）。遣妻看客，失母賢子。姑亦失姑。遂下金機，謝其王事，千秋不當複織。"井水湛湛，何時取汝？釜灶尫尫，何時吹汝？床閨房，何時卧汝？庭前蕩蕩，何時掃汝？菌菜青青，何時取汝？"出入悲啼，鄰里酸楚。"低頭卻行，淚下如雨。上堂拜客，使者扶舉。貞夫上車，疾而風雨。朋母於後，呼天喚地。號咷大哭，鄰里驚聚。貞夫曰："呼天何益，喚地何免。駟馬一去，何得再歸。"②

宋王見之，甚大歡喜。三日三夜，樂不可盡。即拜貞夫，以爲皇后。前後事從，入其宮裏。貞夫入宮，憔悴不樂，病卧不起。……宋王遂取其言，遂打韓朋雙板齒落，並著故破之衣裳，常使築清淩之臺。……朋得此書，便即自死。……貞夫曰："韓朋以（已）死，何更再書！唯願大王有恩，以禮葬之，可不得利刅戔。"宋王即遣人城東，軱百丈之曠，三公葬之。……二剒落水，變成雙鴛鴦。舉翅高飛，還我本鄉。唯有一毛相（羽），甚好端正。宋王得之，即磨芬其身。③

男主人公韓朋的形象是普通的，唯一比較特殊的也就是與伍子胥一樣長着明顯的"雙板齒"，他的命運，與孟姜女夫杞梁一樣，由一個追求功名的遊學者被當權者迫害爲修築的泥工奴隸，並最終死於非命——命喪於勞作的工地，鑒於其直至死亡仍處於無子狀態，也可以稱其爲夭折。女主人公貞夫，美麗而賢慧，忠貞而癡情，她要求宋王"以禮葬之（韓朋）"，而宋王爲了博得貞夫的心，對貞夫的要求言聽計從，不僅厚葬韓朋，"即遣人城東，軱百丈之曠，三公葬之"。而且允許貞夫臨穴觀看，"令乘素車，前後事（侍）

---

① S.2922"韓朋賦一首"，見中國社會科學《英藏敦煌文獻》第4册，成都：四川人民出版社，1990年，第256—257頁。
② S.3904"韓朋賦"，見《英藏敦煌文獻》第5册，第197頁。
③ P.2653/2"韓朋賦一首"，見《法藏敦煌西域文獻》第17册，上海：上海古籍出版社，2002年，第109頁。

從,三千餘人,往到墓所"①。用貞夫所言"三鳥並飛,兩鳥相博(搏)"來概括這一"三角"情感糾葛再恰當不過了。故事的結局歸結到貞夫殉情,無父、無夫、無子的貞夫之死,同樣也是一種非正常死亡。也正因爲此,韓朋夫婦之冤苦通天,精魂没有歸宿而化爲鴛鴦,一求復仇,二求歸鄉;故"宋王得之(羽毛),即磨芬其身"。又云:"二劄落水,變成雙鴛鴦。舉翅高飛,還我本鄉。唯有一毛,甚好端正。宋王受之,遂即磨弗,大好光彩。唯有項上未好,即將摩弗,其頭即落。生奪庶人之妻,往煞賢良。未至三年,宋國滅亡。梁伯父子,配在邊疆。行善獲福,行惡得殃。"②連小人梁伯父子也被列入精魂復仇的範圍。

四、結語

P.3883《孔子項託相問書》、P.2653《韓朋賦》,是敦煌苦兒文獻中的兩個較爲短小的例子,事實上,根據筆者的整理和研究,龐大的敦煌文獻苦兒故事集合是一種具有多元民族文化意義的載體,它不僅講述着形形色色的苦兒主題,描繪着苦兒不同的苦難世界,而且最終在雅俗文學創作之間將歷代零散的苦兒故事集中展示爲一種頗成體系的苦兒文學系列,爲我們塑造了史無前例的敦煌苦兒群,並以其内涵的民族信仰與種種文化觀念溝通着過去與未來的苦兒形象塑造和苦兒故事再演繹。

---

①P.2653/2"韓朋賦一首",見《法藏敦煌西域文獻》第17册,上海:上海古籍出版社,2002年,第109—110頁。
②P.3873"韓朋賦一首",見《法藏敦煌西域文獻》第29册,第44頁。

敦煌本唐五代韻書詞語劄記

蔣宗福
(四川大學中國俗文化研究所)

《廣韻》之前的韻書，始於三國魏李登《聲類》，嗣後續有編撰。影響最著者首推隋陸法言《切韻》，惜其亡佚，僅部分殘卷存於敦煌文獻，可窺其崖略。唐人修訂本有故宫藏《王仁昫刊謬補缺切韻》(王三)及《裴務齊正字本刊謬補缺切韻》。至於《唐韻》也已亡佚，今亦僅見零星殘卷。周祖謨輯《唐五代韻書集成》，將《廣韻》之前的這些韻書寫卷彙爲一編，頗便使用。其《序》云："這些唐五代的韻書對我們研究古代漢語的用處很多。它不僅是我們研究六朝以迄隋唐古音的重要憑藉，而且也是研究文字、詞彙以及詞義的重要資料。"其中所見部分詞語，對於大型語文辭書編纂與修訂具有重要參考價值，現擇若干例劄記於次，以就教於方家。

S.2055《切韻序》：因論南北是非，古今通塞，欲更捃選精切，除削踈緩。(周祖謨編《唐五代韻書集成》上册，159頁。以下簡稱"集成")

P.2129《刊謬補缺切韻序》：因論南北是非，古今通塞，欲更捃選精加(切)，除削踈緩。(同上，244頁)

除削，猶削除，删除。《龍龕手鏡·刀部》："刊，口干反。｜定，除削也。"又《邑部》："鄟，舊藏作删，所姦反，除削。"《廣韻·删韻》："删，除削也。"《韻會舉要·山韻》："删，……《説文》：'劋也。从刀、册。册，書也。'古以簡牘，故曰孔子删《詩》，言有所取捨也。會意。《廣韻》又除削也。"《後漢書·宋均傳》："其務退姦貪，思進忠善，可一去檻穽，除削課制。"《晉書·刑法志》："或推重以立防，或引輕而就下，公私廢避之，宜除削重輕之變，皆所以臨時觀釁，使用法執詮者，幽於未制之中。"唐道宣《廣弘明集》卷八《叙周武帝集道俗議滅佛法事》："帝曰：'儒教道教，此國常遵，佛教後來，朕意不立，僉議如何？'時議者陳理，無由除削。"異序即"削除"。唐劉知幾《史通·點煩》："但此一篇所記全宜削除，今輒具列於斯，藉爲鑒戒者爾。"《資治通鑑》卷九三晉成帝咸和元年"及遺詔襃進大臣，又不及約與陶侃，二人皆疑庾亮刪之"胡三省注："删，削除也。"

《漢語大詞典》(2/693 頁。"2"指第二卷。以下簡稱"大詞典")"削除"❷"删掉"，引《史通》。未收"除削"，當補。

P.2016v《切韻》：簹，簹笠。方言。(《法藏敦煌西域文獻》第一册，156 頁。以下簡稱"法藏")

簹笠(gōng-)，亦稱"簹子"，即斗笠。《玉篇·竹部》："簹，古紅切，笠名。"《龍龕手鏡·竹部》："簹，音工，笠也。"以上單用義同。《廣韻·東韻》："簹，簹笠。方言。"《五音集韻·東韻》："簹，簹笠。方言。"《類音·平聲第十八類·三十八翁》："簹，簹笠。"宋黄庭堅《乞筍於廖宣叔頌》："攜長鑱，戴簹子。"陸游《采藥》詩："簹子編成細箬新，獨穿空翠上嶙峋。"又《三峽歌》："亂插山花簹子紅，蠻歌相和瀼西東。"

《漢語大字典》(二/5/3198 頁。"二"指第二版，"5"指第 5 卷。以下簡稱"大字典")"簹"(一)"笠。又稱簹笠"，可見視"簹笠"爲語詞。

《大詞典》(8/1226 頁)"簹¹"引陸游《采藥》詩，但未以"簹子"列詞目，割裂後附加式詞語。亦未收"簹笠"，當補。

S.2071《切韻·六脂》：鰤，老魚。(《集成》上册，75/108 頁。"75"指影本頁碼，"108"指周先生採王國維摹本所編的頁碼，下同)

老魚，傳説中的一種魚。構詞同"老鷹""老鴇""老鴉""老鼠""老黿""老虎"等。《廣韻·脂韻》："鰤，老魚。"《集韻·脂韻》："鰤，老魚。一説出歷水，食之殺人。"《類篇·魚部》："鰤，霜夷切，老魚。一説出歷水，食之殺人。或省鰤。"《字彙·魚部》："鰤，申之切，音師，老魚名。"《正字通·魚部》："鰤，舊注音師，老魚名。"《重訂直音篇·魚部》："鰤，音師，老魚名。"明李時珍《本草綱目》卷四四《鱗之四·魚師》集解引陳藏器曰："魚師大者有毒殺人，今無識者。但《唐韻》云：'鰤，老魚也。'《山海經》云：'歷虢之水，有師魚，食之殺人。其即此歟！'"

《大字典》(二/8/5022 頁)"鰤"❶"傳説中魚名。老魚"，首引《廣韻》。

《大詞典》(12/1254 頁)"鰤"❶"傳説中魚名。老魚"，又(1190 頁)"魚師"❹"魚名",引明李時珍《本草綱目》,前一釋語及兩引書證均現"老魚",卻未收"老魚",僅(8/620頁)收錄"老魚跳波",謂"借喻音律精妙",引唐李賀《李憑箜篌引》,但此詩之"老魚"與"鯽"謂"老魚"無涉。當補收"老魚"。

S.2683《切韻》:齾,齾齓,齒不正。士扳反。一。齓,五扳反。(《集成》上冊,66頁)

齾齓(zhànyǎn),或作"齾齬",齒不正。《龍龕手鏡·齒部》:"齾齓:上士板反,下五板反。||,齒不正也。"《廣韻·潸韻》:"齾,齾齓,齒不正。士板切。"《集韻·潸韻》:"齾,齾齓,齒不正兒。"《字彙·齒部》:"齾,初限切,音剗。齾齓,齒不正貌。"又:"齓,戶板反,還上聲。齾齓,齒不正貌。"《正字通·齒部》:"齓,呼管切,完上聲。《説文》:'齒見貌。'舊註齾齓,齒不正。"元任士林《松鄉集》卷六《老婆牙賦》:"何氣母之形幻,縱造兒之綆紖。探川后之珍錯,得老婆之蜕牙。既齦齫而齾齓,亦齧簸而齫齟。"

《大字典》(二/8/5112頁)"齾齓"謂"牙齒不正。單用義同",引《廣韻》現"齾齓"。

《大詞典》(12/1456頁)"齾"謂"牙齒不正",收錄"齾齟""齾齬",未收"齾齓",當補。

S.2071《切韻·十一模》:蕃,蕃蓲,榆子醬。蓲字大胡反。(《集成》上冊,77/111頁)

榆子醬、榆人醬,亦作"榆醬""榆仁醬",用榆子仁做的醬。《説文·酉部》:"蕃,蕃蓲,榆醬也。"段玉裁注:"榆牆,用榆人為之。榆人者,榆子中人也。《齊民要術》曰:'作榆子牆法:治榆子人一升,擣末篩之。清酒一升,牆五升,合和一月可食之。'景差《大招》:'吳酸蒿蔞。'王逸注曰:'或云蕃蓲。'蕃蓲即榆牆也。"榆人即榆仁。"蔞"當作"蔞"。《玉篇·酉部》:"蕃,亡侯切。蕃蓲,醬也,醳也。"《篆隸萬象名義·酉部》:"蕃,亡溝反,榆醬。"《廣韻·虞韻》:"蕃,蕃蓲,榆子醬也。蓲,大胡切。"又《尤韻》:"蕃,蕃蓲,榆人醬。"《集韻·模韻》:"蕃,蕃蓲,榆醬。"又《侯韻》:"蕃,蕃蓲,榆醬也。"又《候韻》:"蕃,《説文》:'蕃蓲,榆牆也。'"《字彙·酉部》:"蕃,莫候切,音茂。蕃蓲,榆醬也。"《康熙字典·酉部》:"蕃,《唐韻》《集韻》丛莫候切,音茂。《説文》:'蕃蓲,榆牆也。'"《楚辭·屈原(或曰景差)〈大招〉》"吳酸蒿蔞,不沾薄只"王逸注:"或曰吳酸蕃蓲。蕃蓲,榆醬也。一云吳酢蕃蓲。"宋唐慎微《證類本草》卷二六《米穀下品總一十八種·醬》："唐本注云:'又有榆仁醬,亦辛羹,利大小便。'"明李時珍《本草綱目》卷二五《穀之四·榆仁醬》："造法:取榆仁水浸一伏時,袋盛揉洗去涎,以蓼汁拌曬,如此七次,同發過麪麴,如造醬法,下鹽曬之。每一升麴四斤,鹽一斤,水五斤。崔寔《月令》謂之 蓄䕅是也。"

《大字典》(二/6/3831頁)"蓄䕅"謂"榆醬,或名蒿蔞",首引《説文》及段注。

《大詞典》(9/1436頁)"蓄䕅"謂"榆子醬",首引《楚辭》王逸注。未收"榆子醬""榆人醬""榆醬""榆仁醬",當補。

S.2071《切韻·十一模》:莩,莩攎,收亂草。(《集成》上册,77/111頁)

莩攎(púlú),或作"抪攎",收亂草。《説文·手部》:"攎,挈持也。從手,盧聲。"王筠句讀:"《集韻》:'抪攎,收斂也。'又曰:'莩,或作抪。莩攎,收亂艸。'案此吾鄉之恒言,或轉音為婆羅。《集韻·八戈》:'攎亦作欏。'《釋名》:'攎叉也,五指俱往也。'""收斂"義《集韻》實作"抪攎"(詳下)。《廣韻·模韻》:"莩,莩攎,收亂草也。"《集韻·模韻》:"莩,莩攎,收亂艸。或从手。"《韻略易通·呼模》:"莩,莩攎,收乱草也。"又:"攎,莩攎,收草也。"《駢雅·釋詁》:"攩摭、抪攎,收斂也。"魏茂林訓纂:"《集韻·去聲七》:'抪攎,收斂也。'……《集韻·平聲二》'莩抪'注:'莩攎,收亂艸。或从手。'"明顧充《古雋考略》卷四上:"莩攎,見《集成》,收斂也。《五音篇》作抪攎。""集成"疑當作《集韻》(詳下)。清胡文英《吳下方言考》卷三:"莩攎(音蒲盧):《廣韻》:'莩攎,收亂草也。'案今博勝而盡取人錢曰莩攎。"一説謂"張羅"。清桂馥《札樸》卷九《雜言》:"張羅曰抪攎。"又,《集韻·莫韻》:"抪,抪攎,收斂也。"又:"攎,抪攎,收斂也。"音義并與"抪攎"近。

《大字典》(二/6/3429頁)"莩"(二)pú,列複詞"莩攎",謂"收亂草",引《廣韻》。又(4/1990頁)"抪"(一)bù,"抪攎"謂"收斂";(二)pú,"抪攎"謂"同'莩攎'。收亂草"。均引《集韻》。

《大詞典》未收"莩""抪"及"莩攎""抪攎""抪攎"。

S.2071《切韻·十二齊》:腣,腣胿,胅腹。胿字胡稽反。(《集成》78/112頁)

腣胿(dìxī)、胅腹(dié-),亦作"腹胅",腹部肥胖。《玉篇·肉部》:"胿,古攜切。腣胿,胅腹也。"《篆隸萬象名義·肉部》:"腣,都計反,胅腹也。"《龍龕手鏡·肉部》:

"腣,伍、帝二音。丨胵,胅腹也。胵,音奚,腣丨也。"《廣韻·齊韻》:"腣,腣胵,胅腹。胵音奚。"又:"胵,腣胵。"又《霽韻》:"腣,胅腹皃。又當兮切。"《集韻·齊韻》:"腣,《埤倉》:'腣胵,腹胅也。'"又:"腣,腣胵,腹胅。"又:"胵,腣胵,腹大。"又:"胵,腣胵,大腹。"又《霽韻》:"腣,腣胵,胅腹。或从帶。"《類篇·肉部》:"䐗,丁計切。腣胵,胅腹。"《四聲篇海·肉部》:"腣,多計、徒黎二切。丨胵,胅腹也。"又:"䐗,都計切,胅腹皃。又當兮切。"《正字通·肉部》:"胵,譌字,舊註音圭。腣胵,腹大貌。又音兮,義同。"又:"腣,俗字,舊註音帝。腣胅,大腹也。又音題,義同。""腣胅"疑當作"腣胵"。《康熙字典·肉部》:"腣,《廣韻》都計切,《集韻》丁計切,夶音帝。腣胵,胅腹貌。《玉篇》:'腣胵,大腹也。'"清朱駿聲《說文通訓定聲·解部》:"腣胵,《埤蒼》:'腣胵,腹胅也。'按疊韻連語。"

《大字典》(二/4/2215 頁)"胵"(一)guī,《廣韻》古攜切,又胡雞切。"腣胵"謂"見'腣'",但《龍龕手鏡》《廣韻》"腣胵"後注直音"奚",下例"胵"音"胡雞切",與"奚"同一小韻,故當採"胡雞切"音讀。又(2250 頁)"腣胵"謂"腹部肥胖",首引《玉篇》。

《大詞典》(6/1234 頁)"胅"下未收"胅腹",亦未收"腹胅",均當補。又,未收"腣"及"腣胵"。

S.2055《切韻·五支》:觿,角錐,童子佩之。(《集成》上册,152 頁)

角錐,用象牙、骨、玉等製成的解結的錐形器具,也用作佩飾。《說文·角部》:"觿,佩角銳耑可以解結。从角,巂聲。《詩》曰:'童子佩觿。'"段玉裁注:"《衛風》傳曰:'觿,所以解結,成人之佩也。'《内則》注曰:'小觿,解小結也。觿兒如錐,以象骨爲之。'《周禮》眡祲十煇,三曰鑴。鄭云:'鑴,讀如童子佩鑴之鑴。謂日旁氣刺日者。'按此注當云讀爲童子佩觿之觿,轉寫誤也。《周禮》假鑴爲觿。"《倭名類聚鈔》卷一五《刻鏤具》:"觿,《唐韻》云:'觿(許規反。和名玖之利),角錐,童子佩觿。《説文》云:角銳端可以解結者也。'"《龍龕手鏡·角部》:"觹觺,二俗;觽,今;觿,正:許規、戶圭二反。角錐,童子佩之。又銳端可以解結也。"後兩字《手鑑》本作"觿",兩本均有誤,當一作"觿",一作"觽"。又《雜部》:"觷,俗;觽,今:許規、戶圭二反。角錐,童子佩之。又銳端可以解結也。"又《乃部》:"觻觻,二俗,戶圭、許圭二反,正作觿,角錐也。"《廣韻·支韻》:"觿,角錐,童子佩之。《説文》曰:'觿,角鋭耑可以解結也。'又户圭切。"①又《齊韻》:"觿,角錐,童子所佩。又儇規切。"《集韻·灬韻》:"觿,角錐,可用解結。通作鑴。"《四聲篇海·角部》:"觹,許規、户圭二切。角錐,童子佩之。又鋭端可以解結也。"又:"觹、觷,許規切。角錐,童子佩之。"又:"觿,許規、户圭二切。角錐,童子佩之。"

臺灣《重編國語辭典》"角錐"謂"一種多面體。由一個多邊形爲底,和若干個同一頂點的三角形所構成。依其底面爲何種角形,而分別稱爲'三角錐''四角錐''n 角錐'。體積等於三分之一底面積乘高。亦稱爲'稜錐'"。此釋幾何義,未及解結錐及佩飾義。

《大詞典》未收"角錐",當補。

S.2071《切韻·十三佳》:齜齞,齜齾,齒不正。(《集成》上册,78/113 頁)
齾,齜齾。(同上)

齜齞(zīyá),亦作"齜齱""齜齾",齒不正。一説齒不齊。《説文·齒部》:"齱,齒相齗也。"段玉裁注:"齗各本誤斷,李本不誤。《廣韵》:'齜齱,齒不正。'上士佳、下五佳切。《玉篇》曰:'齞亦作齱。'"《玉篇·齒部》:"齱,五街切,齒不正。齞,同上。"《新撰字鏡·齒部》:"齜,士佳反,平也,齒不正也。"《廣韻·佳韻》:"齜,齜齞,齒不正也。"又:"齞,齜齞。"《集韻·支韻》:"齜,阻宜切,齒不齊。或書作齱。"又《皆韻》:"齜,齜齱,齒不齊。"則"齜齞"爲同義複詞。《集韻·佳韻》:"齜,齜齞,齒不齊。"明劉基《上雲樂》:"軒轅黄帝與岐伯口嘗毒藥,一日生死八九遍,皮肉黑瘦生烟煤。老胡但見顔色差異卽不喫,牙齒牢硬無齜齞。"

《大字典》(二/8/5113 頁)"齞"(一)yá,"齜齞"謂"齒不齊",首引《廣韻》;(二)yí,"齜齞"謂"也作'齜齱'。齒露貌",引《集韻》;(三)yà,"齜齞"謂"也作'齜齱'。切齒"。又(5108 頁)"齱"音 yá,列複詞"齜齱",謂"也作'齜齞'。齒不齊",引《集韻·佳韻》。又(5108 頁)"齱"、(5109 頁)"齜"下未列複詞,處理形式不一。

《大詞典》(12/1454 頁)"齱"下收"齱牙咧嘴""齱牙裂嘴",未收"齜"字及"齜齞""齜齱""齜齾",當補。

---

①按今本《説文》"角"前有"佩"字,蔡夢麒《廣韻校釋》(上/46 頁)作"觿角,鋭耑可以解結也","觿角"連讀,恐非是。

S.2071《切韻·十五灰》：牏,牏牘。素廻反。（《集成》上冊,79/113頁）

牏牘(cuītuí),亦作"牏隤",屋破貌。《玉篇·片部》："牏,且回切。牏牘,屈破狀。""屈"當爲"屋"字形譌。又："牘,徒回切,牏牘。"唐慧琳《一切經音義》卷二七《音妙法蓮花經八卷·譬喻品》："隤……《切韻》若作頹,暴風也;若作穨,禿也;若作牏牘,舍屋破也。《玉篇》作隤。"《廣韻·灰韻》："牘,牏牘。屋破狀。"又："牏,牏牘。素回切。"《集韻·灰韻》："牏,穌回切。牏牘,屋壞也。"《四聲篇海·片部》："牏,且回切。丨牘,屈破狀。""屈"亦爲"屋"字形譌。《正字通·片部》："牏,倉雖切,音崔。牏牘,屋欲傾貌。"又："牘,徒回切,音頹。牏牘,見牏註。"清袁翼《邃懷堂全集·駢文箋註》卷八《答劉孟眉啟》："僕所栖牏隤之屋,繩牀穴膝,所交跅弛之士,席帽壓眉,擾擾塵埃,惴惴風雪,有家不歸,無耦獨往。"注云："牏隤屋：顧野王《玉篇》：'牏隤,屋破狀。'"張鳴珂輯《國朝駢體正宗續編》卷四錄袁文作"牏牘",偏旁類化。

《大字典》(二/4/2165頁)"牏"列複詞"牏牘",謂"也作'陮隤'。崩塌;屋欲傾倒貌",首引《玉篇》,并改"屈"作"屋";又"牘"下列複詞"牏牘",謂"見'牏'"。

《大詞典》未收"牏"及"牏牘"。

S.2071《切韻·十六咍》：欸,欸欬,笑聲。（《集成》上冊,79/113頁）

欸欬(kāihāi),亦作"欸欬",笑聲。《龍龕手鏡·攴部》："欸,俗;欸,正。欬。上二苦哀反,下呼來反。丨丨,笑声。"《廣韻·灰韻》："欸,欸欬,笑聲也。"又："欬,欸欬。"《字彙·攴部》："欸,苦哀切。欸,笑聲。"""疑即"欸"形譌。《正字通·攴部》："欸,譌字,舊註坎哉切,音開。欸欬,笑聲。"《康熙字典·攴部》："欸,《字彙》苦哀切,音開。欸欬,笑聲。又多也。○按《廣韻》欬字註訓欸欬,笑聲。又攱字註訓多也。欸當卽欸、攱二字之譌。"又《阜部》："欬,《玉篇》火哀切,《廣韻》呼來切,夵音咍。《廣韻》：'欸欬,笑聲也。'○按《集韻》作欸,疑欸爲欬字之譌。"

《大字典》(二/7/4249頁)"欬"音hāi,"欸欬"謂"笑聲";又(4/2314頁)"欸"(二)kāi,"欸欬"謂"笑聲"。均引《廣韻》。

《大詞典》(6/1493頁)"欸"音gāi,"欸改"謂"'剛卯'的別稱。漢代人避邪的佩飾"。又著錄《集韻》柯開切,同本韻苦哀切,但未注拼音kāi,亦未收"欸欬",當補。

S.2071《切韻·廿一元》：攈,攈捼。（《集成》上冊,80/115頁）

擷捼(fánruó),亦作"擷挪""煩挪",兩手搓摩。《玉篇·手部》:"擷,扶袁切,擷捼也。"《廣韻·元韻》:"擷,擷捼也。"《集韻·元韻》:"擷,擷挪,挼也。通作煩。"《正字通·手部》:"擷,舊註首煩,捼也。按兩手相摩切曰捼。《詩》'薄汙我私'鄭康成曰:'汙,煩挪之也。'煩挪,猶捼抄也。改作擷,非。《詩·周南·葛覃》"薄汙我私"毛傳:"汙,煩也。"鄭玄箋:"煩,煩挪之。"陸德明釋文引阮孝緒《字略》云:"煩挪,猶捼莎也。"《周禮·考工記·鮑人》"進而握之,欲其柔而滑也"鄭玄注:"謂親手煩挪之。"孫詒讓正義亦謂《經典釋文》引阮孝緒《字略》,"案煩挪、捼莎並用,兩手上下摩揉之"。清張澍《養素堂文集》卷二五《旌表貞節尤恭人傳》:"佐冢婦以擷挪勤渠勿岬,御夫子之琴瑟靜好有聞庭闈,蓋穆穆也。"

《大字典》(二/4/2090頁)"擷捼"謂"也作'擷挪'。兩手搓摩",首引《玉篇》。

《大詞典》(7/193頁)"煩挪"謂"搓揉;搓洗",首引《詩》毛傳及鄭箋。未收"擷"及"擷捼""擷挪"。

S.2071《切韻·廿六山》:驨,暍驨,煖狀。(《集成》上冊,82/117頁)

暍驨(yēnàn),亦作"暍曬",溫煖。《說文·日部》:"驨,安驨,盈也。从日,難聲。"段玉裁注:"盈各本作溫,今正,說詳《水部》。安驨猶溫存也,二字皆平聲。《廣雅》云:'暍驨,煥也。'安作暍,語之轉耳。《巾部》云:'讀若水溫驨。'則安亦作溫。"①《廣雅·釋詁三》:"暍曬,煥也。"王念孫疏證:"暍者,《說文》:'暍,傷熱暑也。'《大戴禮·千乘篇》云'夏服君事不及暍',暍之言暍暍然也。《素問·刺瘧篇》云'熱熇熇暍暍然'是也。曬者,《說文》云:'安驨,溫也。'又幩字注云:'讀若水溫驨。'驨與曬同。"《廣韻·山韻》:"驨,暍驨,煖狀。"《集韻·山韻》:"驨,暍驨,暖也。"又《曷韻》:"暍,《博雅》:'暍曬,煥也。'"《正字通·日部》:"驨,舊註那壇切,音難。暍驨,暖狀。"清汪紱《雙池文集》卷一〇《冬日可愛賦》:"其所爲煴暾而暍曬者,獨爲人之所忺怭。"

《大詞典》(5/782頁)"暍暑"謂"暑熱","暍暍"謂"形容極熱",未收"暍驨""暍曬",當補。

---

①(清)郝懿行《曬書堂集》文集卷二《又與王伯申學使書》:"嚴寒自愛,安驨爲佳。"又外集卷上《冬日齋中看菊敘》:"夜張方屬,絡幕窗間,資其安驨。"汪士鐸《汪梅村先生集》卷六《白雲書院記》:"枏柟樗櫨靡弗碩,清泠安驨靡弗宜。"《大字典》(二/3/1654頁)"安驨"謂"溫和;溫存",引《說文》及段注。《大詞典》未收"安驨",當補。

S.2071《切韻·二仙》：䏍，䏍翩，飛相及皃。(《集成》上册，82/118 頁)

按："翻"當爲"翩"字形譌。

䏍翩(lián-)，亦作"䏍鶣""連翩"，飛相及貌。《龍龕手鏡·羽部》："䏍，音連。｜翩，飛相及也。"《正字通·羽部》："䏍，零年切，音連。䏍，飛相及貌。"又，《廣雅·釋詁三》："䏍翲，飛也。"王念孫疏證："䏍者，《玉篇》：'䏍，飛也。'《廣韻》云：'䏍翩。飛相及皃。'䏍翩卽翲翁之轉也。"①《廣韻·仙韻》："䏍，䏍翩，飛相及皃。"《集韻·僊韻》："䏍，《博雅》：'䏍翲，飛也。'""䏍翲"與"䏍翩"義近。

《大詞典》(10/870 頁)"連翩"謂"亦作'連鶣'"，❶"連續飛翔貌"，引南朝齊謝朓《贈王主簿詩》。未收"䏍"及"䏍翩""䏍鶣"。

S.2071《切韻·十九陌》：蕺，大蕺，草。(《集成》上册，104/146 頁)

大蕺(-jǐ)，亦作"大戟"，"大蕺"，又名"藗(jiāo)""邛鉅"，多年生草本，根入藥。《爾雅·釋草》："藗，邛鉅。"郭璞注："今藥草大戟也。《本草》云。"陸德明釋文："案《本草》云：'大戟一名卬鉅。'今近道處處有。""卬"爲"邛形譌"②。邢昺疏："藗一名邛鉅。郭云：'今藥草大戟也。'《本草》云者，案《本草》：'大戟一名邛鉅，苗名澤漆。'陶注云：'今近道處處有，生時摘葉有白汁，故名澤漆也。'"郝懿行義疏："《本草》云'大戟一名邛鉅'……此草俗呼貓眼睛，高一二尺，華黃而圓，如鵝眼錢，其中深黃有似目睛，因以爲名。葉如柳葉而黃，其莖中空，莖頭又攢細葉，摘皆白汁，齧人如漆。"《玉篇·艸部》："蕺，居逆切。大蕺，藥名。"又："藗，居妖切，大蕺也。"《篆隸萬象名義·艸部》："蕺，居迣反。大蕺，藥草。"又："藗，居妖反，大蕺，藥也。"《廣韻·宵韻》："藗，藥名。一名大蕺。"又《陌韻》："蕺，大蕺，藥名。"③《集韻·宵韻》："藗，藥艸大蕺也。"又《陌韻》："蕺，大蕺、巴蕺皆藥艸。"《類篇·艸部》："藗，居妖切，藥艸大蕺。"《正字通·艸部》："蕺，紀逆切，音戟。大蕺，藥名，即邛鉅，根皮黃黑，肉黃白。本作戟，詳前藗註。"又："藗，舊註俗茭字。按《爾雅》：'藗，邛鉅。'郭註：'今藥艸大戟。'陶弘景以澤漆是大戟苗，生時摘

---

①《廣雅·釋詁三》："翲，飛也。"《廣韻·真韻》："翲，翲翁，飛皃。"
②黃焯《經典釋文彙校》卷三〇(278 頁)："卬字宋本已訓誤，盧本改作邛。"
③蔡夢麒《校釋》(下/1200 頁)："蕺，《漢語大字典》誤作'戟'。""戟""蕺"同字異形，不誤。但《大字典》兩字形均應收錄。

葉有白汁,故名澤漆。李時珍曰:'《土宿本草》及《寶藏論》諸書,丛云澤漆乃貓兒眼睛艸,一名緑葉緑花草。'葉如苜蓿,色黄緑,似貓睛。根白色,有硬骨,利水,功類大戟。肰大戟根苗皆有毒,能泄人。澤漆苗無毒,可作菜食。二者不相侔,以爲大戟苗,誤也。"以上兩"卭"字爲"邛"形譌。《康熙字典·艸部》:"載,《唐韻》几劇切,《集韻》訖逆切,丛音戟。《玉篇》:'大戟,藥名。'"字頭及引《玉篇》字形不一。又:"蕎,《唐韻》舉喬切,音嬌。《爾雅·釋草》:'蕎,卭鉅。'注:'藥草大戟。'《本草》:'其根辛苦,戟人咽喉,故名。'"三國魏吳普等述《神農本草經》卷三:"大戟味苦寒,主蠱毒、十二水腫……一名卭鉅。"

《大字典》(二/6/3510 頁)"蕎"(二)"植物名,即'大戟'。大戟科。多年生草本。根入藥",引《爾雅》及郭璞注。

《大詞典》(10/581 頁)"邛鉅"謂"藥草名。大戟"。又(9/550 頁)"蕎²" jiāo,謂"藥草名。即大戟"。均引《爾雅》及郭璞注,現"大戟",但未收"大戟",亦未收"大蕺""大戟",均當補。

S.2071《切韻·(五)肴》:哠,哠咋,多聲。(《集成》上册,84/120 頁)
又《陌韻》:咋,哠咋,多聲。哠字烏交反。(同上,104/146 頁)

哠咋(āozé),多聲。唐玄應《一切經音義》卷七《正法華經第三卷》:"唤唶,陟黠反。《楚辭》嘲唶,鳥鳴也。案字義宜作哠,烏交反。江南以多聲爲哠咋。咋音什白反。"《龍龕手鏡·口部》:"哠,烏交反。丨咋,多聲也。"又:"唶、咋,二俗;咋,正:除陌反。哠丨,多聲也。哠音烏交反。""鳥"爲"烏"形譌。《廣韻·肴韻》:"哠,哠咋,多聲。"又《陌韻》:"咋,哠咋,多聲。哠,烏交切。"《集韻·爻韻》:"哠,哠咋,犬多聲。"又《陌韻》:"咋,哠咋,多聲。"《類篇·口部》:"哠,於交切。哠咋,犬多聲。"《五音集韻·肴韻》:"哠,哠咋,多聲。"又《陌韻》:"咋,哠咋,多聲。哠,鳥交切。""鳥"亦爲"烏"形譌。《康熙字典·口部》:"哠,《集韻》:'哠咋,犬多聲。'"又:"咋,《廣韻》鋤陌切,《集韻》實窄切,《正韻》士革切,丛音賾。《廣韻》:'哠咋,多聲。'"《古今通韻·陌韻》:"咋,哠咋,多聲。哠,烏交切。"清夏之蓉《半舫齋編年詩》卷八《龍頭鰕》:"行旅佐醖釀,座客聞哠咋。"又《三物檄·廣州螳》:"茹剛如茹柔,金石遭哠咋。"後例用作動詞,猶嚙之作聲。

《大字典》(二/2/639 頁)"哠"謂"淫聲",未及"哠咋"及"多聲"義。
《大詞典》(3/217 頁)"哠"下未收"哠咋",當補。

S.2071《切韻·十談》：笴，笴竹。(《集成》上册，86/122頁)

笴竹(gān-)，竹名。又稱甜竹，以筍味甘美而得名。《倭名類聚鈔》卷二〇《竹類》："笴竹，《文字集略》云：'笴(音甘。《楊氏漢語抄》云吴竹也。和語云ㄨ禮太介)似筆，而下節茂葉者也。"《廣韻·談韻》："笴，笴竹。"元李衎《竹譜》卷四："甜竹生河内，衛輝、孟津皆有之。……筍味極甘美，以司竹監禁制，故人罕得而食。又名笴竹。戴凱之云：'下節味甘，宜入湯劑。'"明吴琯《三才廣志》卷二八六："笴竹，頭有叉。"疑有脱誤。嘉靖《江西通志》卷一七《建昌府·列女》："劉氏廣昌人，陳希妻，夫死時年二十五，甘貧守志，誓不再醮，有司以其志行卓異奏聞，旌表其門，何宗詩云：'親老子復幼，孝慈兩勤劬。初非此爲托，幾不免其軀。至今笴竹里，山水臻光輝。'"此以"笴竹"名里。清光緒八年《宜興荆谿縣新志》卷一《疆土·物産記》："又有竹屬，非草非木……中虛而或實：實中之竹，俗偶木竹……按實中竹種類各殊，《吴都賦》之篥竹，《廣志》之利竹，《中山經》雲山之桂竹、龜山之扶竹，《廣韻》之笴竹，《宋書·孝義傳》卜天生之苦竹。"

《大詞典》(8/1117頁)"笴"謂"竹名。也稱甜竹。以其筍味甜美故稱"，"笴筀"謂"笴竹和筀竹。泛指竹林"，引清鄭鉽詩。未收"笴竹""甜竹"，但(9/318頁)收錄與"甜竹"相對的"苦竹"，成雙對舉的詞，一收一不收，也無道理可言；若比照收錄的"刺竹""勒竹""斑竹""桂竹""柴竹""桃竹""筋竹""筠竹"等大量"×竹"的複詞，亦當補收"笴竹"。

S.2071《切韻·十三庚》：颴，颴颵，風皃。(《集成》上册，87/123頁)

颴颵(héngyù)，或作"颵颴"。風貌；暴風。《説文·風部》："颵，大風也。从風，曰聲。"段玉裁注："曰各本作日月之日，非聲也。今併篆體正。于筆切。"《玉篇·風部》："颴，胡盲切，暴風也。颵，同上。"則"颴颵""颵颴"爲同義異序複詞。《廣韻·庚韻》："颴，颴颵，暴風。"《集韻·庚韻》："颴，暴風。"又："颴，颴颵，風皃。"《正字通·風部》："颴，舊註音横，暴風。"明魏學洢《茅簷集》卷一《離思賦》："恍齊魯之在望兮，迷颴颵之颴颴。"黄佐《北京賦》："於是旂門張，華旟揚，凝笳鳴，疊鼓饕，廻颴颵，起焈烊。"清倪模《古今錢略》卷一六："横作黄者，猶嚳舍即横舍，颴颵即横颵，黄乃横省。"

《中文大辭典》(16183頁。以下簡稱"大辭典")"颵颴"謂"風皃"，引《切韻殘卷》："颴，颵颴，風皃。"當即敦煌本S.2071《切韻》。又(16199頁)"颴飈"謂"暴風"，引《集韻》。

《大字典》(二/8/4784頁)"颶颮"謂"風貌;暴風。也單用作'颶'",首引《廣韻》。

《大詞典》(12/637頁)"颮"謂"大風",未收"颮颶"。又(642頁)"颶"謂"亦作'飈'。暴風","颶颮"謂"形容風力猛烈",唯一書證引清毛奇齡《益都相公佳山堂詩集序》,時代過晚;并且不知何以棄《大辭典》所引書證而不用? 又,"颮颶""颶颮"均見於《廣韻·庚韻》,前者云"飆,颮飆,狂風"。《大詞典》收錄"颶颮",卻未收"颮颶",當補。

S.2071《切韻·十三庚》:徨,祊徨,祭名。(《集成》上册,87/123頁)
又:祊,祊徨,祭。(同上,87/124)

祊徨(pénghuáng),祭祀名。又祭祀。《玉篇·示部》:"徨,户光切。祊徨,祭也。"《廣韻·庚韻》:"徨,祊徨,祭名。"又:"祊,祊徨,祭名。"《四聲篇海·示部》:"徨,戶光切。祊丨,祭也。"《字彙·示部》:"徨,胡盲切,音宏。祊徨,祭名。"《正字通·示部》:"徨,舊註音宏。祊徨,祭名。又音皇,義同。按祭名無確據,譌誤與禪註同。"《康熙字典·示部》:"徨,《廣韻》戶盲切,音橫。祊徨,祭名。又《玉篇》戶光切,音皇,義同。"宋羅泌《路史後紀》卷五:"七登之牀,十絶之帳,奏函夾之宮以致之,而祊徨乎壽宮。"清倪濤編《六藝之一録》卷二六三《古今書體九十五·兩字別録》:"祊徨,祭名也。"

《大辭典》(10330頁、10329頁)"祊""徨"下雖未收複詞"祊徨",但均謂"祊徨,祭名",前者引《廣韻》,後者引《玉篇》及《廣韻》,未立詞目而釋複詞義,等於視"祊徨"爲語詞矣。

《大字典》(二/5/2576頁)"祊"下複詞"祊徨",謂"祭名",引《廣韻》。《大詞典》未收"祊"及"祊徨"。

S.2071《切韻·廿四登》:荙,藤荙,胡麻。(《集成》上册,88/128頁)
又:藤,藤荙。又草名。(同上)

藤荙,亦作"藤宏""藤弘",胡麻,即芝麻。《廣雅·釋草》:"狗蝨、鉅勝、藤宏,胡麻也。"《玉篇·艸部》:"荙,胡眩切。藤荙,胡麻。"唐慧琳《一切經音義》卷五〇《攝大乘論釋卷六》"中藤"引《埤蒼》云:"藤荙,胡麻也。"《廣韻·登韻》:"荙,藤荙,胡麻也。"又:"藤,藤荙。又藤蘿。"《太平御覽》卷九八九引《廣雅》曰:"狗蝨、鉅勝、藤荙,胡麻也。"《駢雅·釋草》:"巨勝、鴻藏,胡麻也。"魏茂林訓纂:"《神農本草經》上:'胡麻,一名巨勝。《名醫》曰：一名鴻藏。'按巨勝一作鉅勝。又作苣勝。《廣雅·釋草》：'狗蝨、鉅勝、藤宏，胡麻也。'"明萬曆元年《兗州府志》卷二五《物產·穀之屬·麻》引《廣雅》曰："苣（勝）、藤弘，胡麻也。"李時珍《本草綱目》卷二二《穀之一·胡麻》："張揖《廣雅》：胡麻一名藤弘。弘亦巨也。《別錄》一名鴻藏者，乃藤弘之誤也。"徐光啟《農政全書》卷二六《穀部下·胡麻》引《廣雅》曰："胡麻，一名藤弘。"清劉寶楠《釋穀》卷三："狗蝨、鉅勝、藤宏，胡麻也。"原注："《玉篇》勝下、苣下並云：'苣勝，胡麻也。'荵下云：'藤荵，胡麻也。'胡者大之之詞，是故曰鉅勝、曰藤荵。鉅亦大也。"同治十年《攸縣志》卷五二《物產》："脂麻，王象晉《羣芳譜》：'一名油麻，一名胡麻，一名巨勝，一名方莖，一名藤宏，一名狗蝨，隋大業中改爲交麻，俗作芝麻，非。'"郭雲陞《救荒簡易書》卷一："脂麻一名胡麻，一名芝麻……一名巨勝，一名藤宏。"原注："張揖《廣雅》云：'藤宏，胡麻也。'"

《大字典》（二/6/3408 頁）"荵"❶"藤荵"謂"胡麻別名"，引《玉篇》。

《大詞典》未收"藤荵""藤宏""藤弘"，當補。

S.207《切韻·十八侯》：傶，傶顕，言大。（《集成》上冊，91/126 頁）

按："言大"或"大言"倒文。

傶顕(hóuhé)①，大言；揚言。《廣韻·侯韻》："傶，傶顕，大言。"《集韻·侯韻》："傶，傶顕，楊言也。"又《曷韻》何葛切："顕，傶顕，揚言也。"《正字通·頁部》："傶，俗字，舊註《廣韻》：'傶顕，大言。'誤。"《駢雅·釋訓》："傶顕、哃㟅，揚言也。"魏茂林訓纂："《集韻·入聲九》：'傶顕，揚言也。'侯曷二音。"清胡文英《吳下方言考》卷六："傶（音侯），《廣韻》：'傶顕（音竭），大言。'案傶顕，急也。大言，謂因急而大聲言也。吳中謂人急迫發言曰傶顕。字从頁者，先見於首面也。"據此，或即俗謂"喉急"。如《醒世恒言》卷四："倘有不達時務的，捉空摘了一花一蕊，那老兒便要面紅頸赤大發喉急，下次就打罵他，也不容進去看了。"

《大字典》（二/8/4671 頁）"顕"（二）jié，"傶顕"謂"急迫發言"，引《吳下方言考》。

《大詞典》未收"傶"及"傶顕"。

---

①《吳下方言考》直音侯竭，即 hóujié。

S.2071《切韻·十八侯》：鍭，鏂鍭，所以鉗頭。（《集成》上册，91/126 頁）
又：鏂，鉓鏂丁①。又鏂鍭。（同上）

鏂鍭（ōuhóu），❶又名"錏鍜"，頸鎧。《説文·金部》："錏，錏鍜，頸鎧也。从金。亞聲。"段玉裁注："《漢·刑法志》：'三屬之甲。'蘇林曰：'三屬者，兜鍪也，盆領也，髀褌也。'按盆疑當作益，益領即錏鍜。許《兜部》曰：'兜鍪，首鎧也。'《冃部》曰：'胄，兜鍪也。'此云錏鍜，頸鎧也，則與蘇説三屬同矣。""盆領"亦作"盆領""盤領"，"盤""盆"音形并相近，未見作"益領"，段校未是②。王筠句讀："案盆領葢即頸鎧。"朱駿聲通訓定聲："錏鍜亦疊韻連語，一名盆領。"徐灝注箋："甲之附身者曰鎧，當臂者曰釬，在脛者謂之錏鍜。"《廣雅·釋器》："錏鍜謂之鏂鍭。"王念孫疏證："《説文》：'錏鍜，頸鎧也。'鏂鍭即錏鍜之轉。"《玉篇·金部》："鍭，胡鉤切。鏂鍭，錏錣。"按未聞"錏錣"之説，"錣"當爲"鍜"字形譌。《龍龕手鏡·金部》："鏂，烏侯反，丨鍭也。"又："鍭，音侯。鏂丨，錏鍜也。"《廣韻·侯韻》："鍭，鏂鍭，錏鍜。"又："鏂，鏂鍭。"《集韻·矦韻》："鍭，頸鉗也。《博雅》：'錏鍜謂之鏂鍭。'"《駢雅·釋器》："錏鍜、鏂鍭，頸鎧也。"魏茂林訓纂："《廣雅·釋器》：'錏鍜謂之鏂鍭。'……按鏂鍭亦見卷三《釋宫》，然彼作門鋪解，非此義。"

❷門鋪，門鐶。《集韻·矦韻》："鏂，門鋪謂之鏂鍭。"《駢雅·釋宫》："鋪首、鏂鍭，門鐶也。"魏茂林訓纂："《通雅》三十八《宫室類》：'倉琅根、椒圖，鋪首也。'《懶眞子》曰：杜牧之《花萼樓》詩云：'唯有紫苔偏稱意，年年應得上金鋪。'金鋪出《甘泉賦》注云：

---

①"鉓鏂丁"，亦作"浮漚丁""浮漚釘""錇鏂"。《集韻·矦韻》："錇，錇鏂，釘名。"《正字通·金部》："錇，舊註薄侯切，音掊。錇鏂，釘名。又與鉓同。"唐段成式《酉陽雜俎》前集卷一五《諾皋記下》："因告其家，卽掘之。深數尺，其樹根枯，下有大蝦蟇如疊，挾二筆鋯，樹溜津滿其中也，及巨白菌如殿門浮漚釘。"明王圻《三才圖會·宫室》卷二："《義訓》曰：閉塞金謂之鋪，鋪謂之鏂，今俗謂浮漚丁是也。"《大字典》（二/8/4508 頁）"鉓鏂"1."鏡匣上的装飾"，引《玉篇》；2."大釘"，引《廣韻》。又（4548 頁）"錇"（一）póu，"錇鏂"謂"釘名"，（二）fú，"錇鏂"謂"也作'鉓鏂'。大釘"，均引《集韻》。《大詞典》（5/1249 頁）"浮漚釘"謂"門上裝飾的突起的釘狀物，形似水上浮漚，故名"，書證爲《説郛》卷五七引宋程大昌《演繁露》，未收"浮漚丁"；又（11/1340 頁）"錇"péi，謂"放射性金屬元素，符號 Bk。是由甲種粒子轟擊鋦而得到的"，未收"錇鏂""鉓鏂"音義，均當補。

②《漢書·刑法志》："魏氏武卒，衣三屬之甲。"顔師古注引蘇林曰："兜鍪也，盆領也，髀褌也。"武英殿本"盆領"作"盤領"。王先謙補注："官本注盆作盤，是。"按《周禮·考工記·函人》"權其上旅與其下旅，而重若一"，戴震《考工記圖》卷上："補注：合言之，上旅下旅通謂之甲；分言之，上旅謂之甲（又名爲盤領），下旅謂之髀褌。"又，《北堂書鈔》卷一二一《鎧三十二》："古聖作鎧：孔融《肉刑論》云：'古聖作犀兕革鎧，今有盆領鐵鎧。'"又，"盆領：孔融《肉刑論》，見上。"《太平御覽》卷三五六引孔融《䎡刑論》曰："古聖作犀兕革鎧，今盆領鐵鎧，絶聖甚遠。"又《大詞典》（7/1466 頁）"盤領"謂"圓盤形的衣領"，引《明史·輿服志三》。頸鎧亦盤繞於頸而謂"盤領"耶？《大詞典》未收"盆領"。

'金鋪,門首也。'按門之鋪首,所以銜環者。鋪平聲,漢注音去聲。《集韻·平聲四》:'鏂,烏侯切,門鋪謂之鏂銗。'按鏂銗有二解:《廣雅·釋器》:'錏鍜謂之鏂銗。'《疏證》引《説文》:'錏鍜,頸鎧也。'《集韻》銗字注亦引之,非此義。銗,胡溝切,音侯。"

《大字典》(二/8/4574 頁)"鏂"(一)ōu,❶"鏂銗",1."門鋪,浮漚釘",首引《集韻》;2."頸鎧",引《廣雅》。又(4520 頁)"銗"(一)hóu,"鏂銗"謂"見'鏂'"。又(4538頁)"錏"(一)yā,"錏鍜",1."保護頸項的鎧甲",首引《説文》。

《大詞典》(11/1376 頁)"鏂"❶"古代容量單位",❷"盛酒器。似簋形",❸"浮漚釘。作爲裝飾物的門上所釘凸形大釘",未及"頸鎧"義,亦未收複詞"鏂銗",均當補。又(1309 頁)"錏鍜"謂"頸甲。一種防身用具",首引唐柳宗元詩,書證晚。

S.2071《切韻·十八侯》:喽,嗖喽,鳥聲。(《集成》上册,91/126 頁)

嗖喽(-liè),鳥鳴聲。《龍龕手鏡·口部》:"㗖嘍,二俗;嗖,正;嘍,今:落侯反。又上聲。丨喽,鳥聲也。"據體例,複詞兩字均著錄,分別再現複詞當一致,"喽"當爲"喽"形譌。又:"咧嗳,二俗;喽,正:音戾。鶴鳴曰丨。又音綊。亦嗖丨,鳥聲也。"《廣韻·屑韻》:"嗖,嗖喽,鳥聲。"又《侯韻》:"喽,嗖喽,鳥聲。"《集韻·屑韻》:"喽,嗖喽,鳥聲。"《類篇·口部》:"喽,郎計切,鶴鳴。又力結切。嗖喽,鳥聲。"《五音集韻·侯韻》:"嗖,嗖喽,鳥聲。"又《薛韻》:"喽,嗖喽,鳥聲。"《康熙字典·口部》:"喽,《廣韻》練結切,《集韻》《韻會》力結切,达音捩。《玉篇》:'鳥鳴也。'《廣韻》:'嗖喽,鳥聲也。'"又"嗖,《廣韻》落侯切,《集韻》郎侯切,达音樓。《廣韻》:'嗖喽,鳥聲。'《集韻》本作謱。"

《大詞典》未收"嗖喽",當補。

S.2071《切韻·十九幽》:聱,㕛聏,魚鳥狀。語虬反。(《集成》上册,91/126 頁)

按:"㕛聏"即"聱聏",首見《文選·左思〈吳都賦〉》,"聱"下右"乚",當因下"聏"字而誤寫矣。

聱聏(yóuyì),魚鳥群聚狀。《龍龕手鏡·耳部》:"聏,魚乙反。聱丨,魚鳥狀也。"

"聲"爲"聾"字形譌。《廣韻·幽韻》:"聾,聾耴,魚鳥狀。語虯切,又五苞切。"①又《号韻》:"聱,聱,魚鳥狀也。"又《質韻》:"耴,聱耴,魚鳥狀也。魚乙切。又女涉切。"《集韻·幽韻》:"鷔,魚鳥之狀。或作泘,通作聱。"又《号韻》:"聱,聱耴,魚鳥狀。"又《質韻》:"耴,逆乙切。聱耴,魚鳥之狀。"除《文選·左思〈吳都賦〉》李善注謂"聱耴"爲"衆聲也",以上辭書均不言"魚鳥聲"之類。明田藝蘅《留青日札》卷三〇《魚聲》:"《吳都賦》:'魚鳥聲耴。'呂向曰:'魚當無聲,此云云者,文之失也。'此正陸夫不解耳。海中捕石首魚者,以竹筒聽之,其聲如雷,魚來候也。《上林賦》'魚鱉讙聲'可証。"鄭明選《鄭侯升集》卷四〇《秕言·魚鳥聲耴》:"《吳都賦》云:'魚鳥聲耴。'注云:'聲耴,衆聲貌。魚當無聲。今言魚鳥聲耴,文之失也。'然魚亦有有聲者。《山海經》鰩魚音如鸞,又鰖魚虎蛟音俱如鴛鴦,又文鰩音如磬,又鰡聲如嬰兒。《爾雅翼》:'鰻一名石首,春來海上初出水能鳴。'《上林賦》亦云:'魚鱉讙聲。'左思未爲失也。"鄧球《閒適劇談》卷四:"耴,音乙。左思《吳都賦》云:'魚鳥聲耴。'善曰:'聲耴,衆声也。'"清倪濤《六藝之一錄》卷二五五《古今書體八十七》:"耴,音疙。聲耴,鳥獸狀也。"胡紹煐《文選箋證》卷六《魚鳥聲耴》:"注善曰:'聲耴,衆聲也。'按《玉篇》耴,魚乙切,引左思《吳都賦》云'魚鳥聲耴,乃物蠢生'也。《廣韻》:'聲耴,魚鳥狀。'據此,則聲耴並魚鳥狀。耴之言乙也。《白虎通·五行篇》:'乙者,物蕃曲有節欲出。'是聲耴爲屈曲欲出也。下云'萬物蠢生',正承此句言之。"《玉篇》引《吳都賦》"乃"當爲"万"字形譌,今本《文選·吳都賦》

① 周祖謨《校本》(上/218頁)"取"校作"耴",又(下/211頁):"取,切三及故宫王韻作耴,是也。聲耴見左思《吳都賦》。""鷔鷔"澤存堂本作"鷔鷔耴",周校本(上/419頁)校作"聲聲耴",又(下/452頁):"北宋本巾箱本黎本鷔作聱,耴作,並誤。段氏改作聲耴,云:'見吳都賦。'當據正。"余迺永《新校》(定上/216頁):"取字切韻系書作耴。"又(417頁):"文選左思吳都賦:'魚鳥聲耴。'李善注:'聲耴,衆聲也。'正文鷔字乃'聲'之誤。又注文鷔耴當作'聲耴',狀字當作'聲'。"又(下/882頁):"註:'鷔耴,魚鳥狀也。'《王二》云:'鳥名。'《王一》《全王》及《唐韻》本紐無此字。按鳥名之'鷔'字,郭璞音敖,《廣韻》已入豪韻五勞切,字見《山海經·大荒西經》:'玄丹之山,有五采之鳥,人面有髮,爰有青鴍、黄鶩、青鳥、黄鳥,其所集者其國亡。'郭璞《江賦》:'其羽族也,則有晨鵠、天雞、鴐、鷔、鷗、鴥。'本切之'鷔'應即'聲'字訛寫。《文選》之左思《吳都賦》:'魚鳥鷔耴,萬身蠢生。'李善注:'聲耴,衆聲也。'本注'狀'字應即'聲'字之誤。正文'聲'字及註文'聲耴'二字,棟亭本同本書註从鳥。北宋本、南宋祖本、鉅宋本、巾箱本、黎本、元本、明本訛从身。《廣韻》見'魚鳥'注文故訛從鳥也。覆元泰定本亦訛从鳥,其注文'耴'字則訛从身,並誤。"按"狀""聲"形不近,音亦不近,且"魚鳥狀"載籍非單例孤證,恐"狀"非"聲"字誤。蔡夢麒《校釋》(上/462頁):"聲取,号韻五到切作'鷔耴',質韻魚乙切作'聱耴',《集韻·幽韻》作'聲耴(yì)',段玉裁從《集韻》改作'聲耴'。《文選·吳都賦》:'魚鳥聲耴,萬物蠢生。'李善注:'聲耴,衆聲也。'陸龜蒙《初入太湖》:'山川互蔽虧,魚鳥空聲耴。'"又(下/954頁):"鷔鷔耴,余校改作'聲聲耴',當從。參見幽韻語虯切。"以上各家所校,當據正作"聲耴"。又《質韻》例澤存堂本等作"贄耴","贄"亦爲"聲"字形譌。

正作"万(萬)物蠢生"。

《大字典》(二/8/4956頁)"鷔"(二)áo,"鷔虮"謂"也作'聱虮'。魚鳥群聚鳴叫狀",引《廣韻·号韻》例,按語云"《文選·左思〈吴都賦〉》作'聱虮',李善注:'聱虮,衆聲也。'"按除《廣韻》一本作"鷔虮"外,暫未發現其他文獻用例,此以"鷔虮"爲詞,恐未是。又(5/2975頁)"虮"下列複詞"聱虮",1."衆多的聲音",首引《文選·左思〈吴都賦〉》及李善注;2."魚鳥的狀態",首引《廣韻·質韻》例,釋義恐望文生訓矣。

《大詞典》(8/683頁)"聱²"yóu,"衆聲雜作貌。參見'聱₂虮'、'聱₂聱'"。又(684頁)"聱₂虮"❶"衆聲雜作",首引《文選·左思〈吴都賦〉》及李善注;❷"魚鳥群處貌",引宋歐陽修《新營小齋鑿地爐》詩,按語引《廣韻·平幽》。又"聱₂取"❶"衆聲雜作",引唐劉禹錫《楚望賦》"聱取歟呀",並云"一本作'聱牙'";❷"魚鳥群處貌",引宋秦觀《湯泉賦》。劉禹錫賦一本作"聱牙",本身即説明作"聱取"亦甚可疑。載籍當只有"聱虮",《大詞典》"聱取"則據誤本誤用所立,實不足據。正如《吴都賦》之"聱虮",《古今圖書集成·坤輿典》卷一一五《建都部藝文二》録作"聱取",上引鄭明選《鄭侯升集》卷四〇《秕言·魚鳥聱虮》條,卷首目録亦誤作"聱取",是其證。

S.2071《切韻·廿侵》:潯,傍深。(《集成》上册,91/126頁)

傍深,亦作"芳深""旁深""旁淁",猶涯岸坑坎深邃。《釋名·釋道》:"二達曰岐旁。物兩爲岐,在邊曰旁,此道並通出似之也。"《玉篇·上部》:"旁,步郎切,旁猶側也,邊也,非一方也。《説文》作芳,溥也。"又,《説文·人部》:"傍,近也。"徐灝注箋:"依傍之義即旁之引申,旁、傍蓋本一字耳。"《廣韻·唐韻》:"傍,亦作旁,側也。《説文》曰:'近也。'"複詞則屢見載籍。《説文·水部》:"潯,旁深也。從水,尋聲。"徐鍇繫傳:"按《淮南子》曰:'游于江潯海裔。'""潯""裔"互文見義。段玉裁注:"今人用此字,取義於旁而已。"桂馥義證:"芳深也者,江淹《雜體詩》'秋榮冒木潯',李善引本書:'潯,芳深也。'又注《江賦》引許注《淮南》云:'潯,水涯也。'又注《七發》引《字林》:'潯,水涯也。'《廣韻》'芳深''水涯'二義兼收。"《玉篇·水部》:"潯,寺林切,旁深也。"唐慧琳《一切經音義》卷八八《集沙門不拜俗議序》:"星潯:習林反。許叔重注《淮南子》:'潯,涯也。'《説文》:'旁深也。'"《廣韻·侵韻》:"潯,傍深。又水涯也。"《集韻·覃韻》:"潯,傍深也。"又《侵韻》:"潯,《説文》:'芳深也。'或作潯(潯)潭。"《文選·揚雄〈甘泉賦〉》"崇丘陵之駊騀兮,深溝嶔巖而爲谷"吕向注:"丘陵,山之惣名。駊騀,高也。嶔巖,旁深皃。言山阜之高,溝坑之深。"《漢書·揚雄傳》載雄《解嘲》"或倚夷門而笑,或横江潭而漁"顏師古注:"江潭而漁,潭音尋。"武英殿本引宋祁曰:"注文'江潭而漁'四字當刪……又劉淵林注左思《魏都賦》曰:'潭,淵也。屈平《卜居》曰:橫江潭而漁。'龔子曰:'觀淵林之所引,則知子雲之言,實本於原也。'然今《卜居》無此語,豈今《楚辭》非古全本也。楚人名深曰潭,淵林亦以潭爲淵,卽當音徒南反。若從師古音尋,則是水之旁深者耳,恐非是。"《分門集註杜工部詩》卷一三《風疾舟中伏枕書懷二十六韻奉呈湖南親友》"城府開清旭,松筠起碧㳄"宋佚名輯注:"趙曰:公自言其舟之所在。㳄,韻書云:旁深也。"《五百家注昌黎文集》卷二《幽懷》"幽懷不可寫,行此春江㳄"宋魏仲舉輯注:"韓曰:㳄,旁㴲也。又水涯。《選》'弭節乎江㳄'。"選"謂《文選》,引文見卷三四枚乘《七發》,李善注:"《字林》曰:'㳄,水涯也。'"劉良注:"弭節,按節徐行也。江㳄,江畔者也。"明耿隨朝《名物類考》卷一《地理》:"積水曰淵、曰潭,旁深曰㳄。"《六朝文絜箋注》卷三江淹《建平王聘隱逸教》"吾稅駕舊楚,憩乘汀潭",清黎經誥箋注:"《玉篇》曰:'汀,水際平沙也。'顏師古《漢書注》曰:'潭音尋,旁深也。'"

《大詞典》(6/1576 頁)"㫄"謂"同'旁'",未收"傍深""㫄深""旁深""旁㴲",當補。

主要參考及引用文獻:

《廣韻》,宋陳彭年等奉敕重修,《四部叢刊》初編景海鹽張氏涉園藏宋刊巾箱本
《鉅宋廣韻》,宋陳彭年等奉敕重修,上海古籍出版社,1983
《廣韻》,宋陳彭年等奉敕重修,清黎庶昌校,景宋重修本
《集韻》,宋丁度等,上海古籍出版社,1985 年據上海圖書館藏述古堂影宋鈔本影印
《增修互注禮部韻略》(簡稱《禮部韻略》),宋毛晃等,《文淵閣四庫全書》本
《五音集韻》,金韓道昭,《文淵閣四庫全書》本
《古今韻會舉要》,元熊忠,《文淵閣四庫全書》本
《唐五代韻書集存》,周祖謨編,中華書局,1983
《廣韻校本》,周祖謨,中華書局,1988
《新校互註宋本廣韻(定稿本)》,余迺永,上海人民出版社,2008
《廣韻校釋》,蔡夢麒,岳麓書社,2007
《集韻校本》,趙振鐸,上海古籍出版社,2012
《爾雅》,晉郭璞注,《四部叢刊》初編景常熟瞿氏鐵琴銅劍樓藏宋刊本
《爾雅注疏》,晉郭璞注,宋邢昺疏,《十三經注疏》本
《爾雅義疏》,清郝懿行,清同治五年郝氏家刻本

《廣雅》,三國張揖,明刻本
《廣雅疏證》,清王念孫,中華書局,1983
《駢雅》,明朱謀㙔,清道光十五年有不爲齋刻本
《經典釋文》,唐陸德明,《四部叢刊》初編景上海涵芬樓藏通志堂刊本
《一切經音義》,唐玄應,清道光二十五年海山仙館叢書本
《一切經音義》,唐釋慧琳,影印日本元文三年至延亨三年獅谷蓮社刻本
《倭名類聚鈔》,日本平安時代源順,慶安版本
《説文解字》,漢許慎著,宋徐鉉等奉敕校定,《四部叢刊》初編景日本岩崎氏靜嘉堂藏北宋刊本
《説文解字繫傳》,五代徐鍇,述古堂影宋鈔本
《説文解字注》,清段玉裁,清嘉慶二十年經韻樓刻本
《説文解字義證》,清桂馥,清道光三十年至咸豐二年楊氏刻《連筠簃叢書》本
《説文解字句讀》,清王筠,清刻本
《説文通訓定聲》,清朱駿聲,清道光二十八年刻本
《大廣益會玉篇》(簡稱《玉篇》),梁顧野王,中華書局,1987
《新撰字鏡》,日本平安時代昌住,群書類從本、《佛藏輯要》影印本
《龍龕手鏡》,遼行均,中華書局,1985年據高麗版影印遼刻本
《正字通》,明張自烈,清康熙二十四年清畏堂刻本
《康熙字典》,清張玉書等編,王引之校訂,上海古籍出版社,1996

敦煌淨土歌讚中的俗字、異體字與通假字

丘 雅

(廣西外國語學院文學院)

佛教由印度傳入中國後,首先在貴族階層引起反響,然後纔慢慢進入民間。佛典晦澀艱深,爲使下層民衆能够了解接受,經師們在傳道的過程當中創造出了諸多通俗演繹佛經的形式,如唱導、轉讀、俗講、變文、變相、白話歌詩、歌讚、歌舞伎樂等。淨土宗與禪宗在世俗化方面是做得最成功的佛教宗派,而敦煌文獻中保存着大量的淨土歌讚。關於這些歌讚,鄭阿財先生通過普查,開列了各國公私所藏的淨土歌讚目録,現根據其目録再次整理如下:

1. 淨土歌讚專集

(1) P.2066:《淨土五會念佛頌經觀行儀卷中》南嶽沙門法照撰(首尾具完)。

(2) P.2250:《淨土五會念佛誦觀行儀卷下》南嶽沙門法照撰(首尾俱完)。

(3) P.2963:《淨土念佛誦經觀行儀卷下》(尾題,首殘尾完)。

(4) 日本守屋本:《淨土五會念佛誦經觀行儀卷下》(首殘尾完)。

(5) 龍谷大學藏本:《法照和尚念佛讚》《西方十五願讚》《十願讚》《法船一去讚》《往生極樂讚文》《五臺山讚文》(梁漢禪師出世間)《寶鳥讚文》《蘭若空讚文》《歸極樂去讚文》《法華廿八品讚文》。

(6) P.2130:《法照五臺山、太原、長安行遊記略》《西方道場法事文》《散華樂讚》《寶鳥讚》《極樂閻浮欣厭讚》《念佛讚》《校量修禪念佛讚》《念佛偈讚》《西方十五願讚》《西方念佛讚》《淨土樂讚》《西方禮讚偈文》《善導禪師勸善文》。

(7) P.2483:《歸極樂去讚》《西方十五願讚》《十願讚》《法照和尚讚》《彌勒本願讚》《淨土行行讚》《法船一去讚》《往生極樂讚》《五臺山讚文》(梁漢禪師出世間)《寶鳥讚》《大乘淨土讚一本》。

(8) S.5572:《辭道場讚》《向山讚》《高聲念佛讚·釋法照》《極樂寶池讚·釋法照》

《歎彌陀觀音勢至贊》《西方十五願贊》《四十八願贊》《善導和上西方贊》《隨心歎西方贊·沙門惟休述》《佛母贊》。

（9）S.370：《西方極樂贊》（前殘）、《淨土行行贊》《法船一去贊》《同會往極樂贊》《五臺山贊》（梁禪師出世間）。

（10）P.3118：《佛母贊》《歸西方贊》《歸向西方贊》；背面：《念佛之時得見佛贊》《校量坐禪念佛贊》《觀音勢至贊》釋法贊（照）。

（11）P.3156：《觀經十六觀贊》（前殘）、《上都章敬寺西方念佛贊文》《太子逾城念佛贊文》《西方淨土念佛贊文》《佛母贊》《道場樂贊》。

（12）BD05441（北圖8345、果41）：《西方道場法事文》（前殘）、《散華樂贊》《寶鳥贊》《極樂閻浮欣厭贊》《念佛贊》《西方禮贊文》《十五願贊》《西方念佛贊》《淨土樂贊》《西方禮贊偈文》。

（13）BD07989（北圖8346、文89）：《極樂連珠贊》（前殘）、《歸西方贊·沙門惟休述》《四十八願贊》。

（14）Дx.00883：《西方極樂贊》（前殘）、《淨土行行贊》《法船一去贊》《往生極樂贊》《寶鳥贊》《蘭若空贊》。

（15）李氏鑒藏本（散錄324）：《六根贊》《十空贊》《維摩贊》《阿彌陀經贊》。

（16）李氏鑒藏本（散錄540）：《阿彌陀贊一本》《往生極樂贊一本》《寶鳥贊一本》《歸極樂去贊一本》《西方極樂贊一本》。

（17）S.5581：《十願贊》《佛母贊》。

（18）S.6631背：《歸極樂去贊》《蘭若贊》。

（19）P.4597：《佛母贊》《辭道場贊》。

（20）S.2945：《般若贊》（前殘）、《淨土樂贊》。

（21）BD03925（北圖8347、生25）：《大乘淨土贊一本》《佛母贊一本》（尾題：《涅槃贊一本》）。

（22）Дx.00883：《西方淨土贊》《往生極樂贊》《寶鳥贊》《蘭若空贊》。

（23）上博48（41379）：《高聲念佛贊》《念佛之時得見佛贊》《校量坐禪念佛贊》。

2.淨土歌贊散抄

S.779：《辭道場贊》。

S.1497：《辭道場贊》。

S.1947：《辭道場贊》。

S.5652：《辭道場贊》。

S.5722:《辭道場贊》。

S.6143:《辭道場贊》。

S.10014:《辭道場贊》。

P.2575 背:《辭道場贊》。

P.4028:《辭道場贊一本》。

BD05746(北圖 7845、奈 46):《辭道場文一本》。

BD06318(北圖 8325、咸 18):《辭道場贊文》。

BD06200(北圖 8369、姜 100):《辭道場一本》。

S.382:《大乘淨土贊一本》。

S.447:《淨土贊》(按:此篇所抄内容與《大乘淨土贊》同)。

S.3096:《大乘淨土贊》。

S.5569:《大乘淨土贊》。

S.6734 背:《大乘淨土贊》。

S.6109:《大乘淨土贊》。

P.2690 背:《大乘淨土贊》。

P.3697:《大乘淨土贊》。

P.3839:《淨土贊一本》。

Дх.02890:《大乘淨土贊》一本。

Дх.10297:《大乘淨土贊》。

S.5466:《佛母贊》。

S.5473:《佛母贊一本》。

S.5689:《佛母贊》。

S.2632:《大乘六根贊》。

P.3242:《六根贊》。

S.1441 背:《鹿兒贊文》。

S.1973:《鹿兒贊文》。

BD08174(北圖 8371、乃 74):《涅槃贊》。

Дх.00176:《涅槃贊》。

S.3287:《十五願禮佛懺》(按:内容僅抄十願,與《十願贊》同)。

S.4504 背:《十願贊》。

Дх.01563A:《阿彌陀念佛贊》《西方十五願贊》。

Дх. 0109:《西方十五願贊》。

Дх. 06170:《阿彌陀贊文》(內容與《西方十五願贊》同)。

P. 2147 背:《五會念佛贊》。

P. 3120:《法華廿八品贊文》。

P. 4572:《歸西方贊》。

Дх. 01047:《淨土法身贊》。

非敦煌文獻的淨土歌贊有:《大正藏》四十七卷 No. 1983 收錄德川時代刊本《淨土五會念佛略法事儀贊一卷並序》;日本奈良東大寺正倉院尚藏有《聖武天皇宸翰雜集》,其中亦見有屬於淨土歌贊多種。

這些歌贊全部是寫本,其中存在大量俗字、古今字、異體字及通假字,本文將對其中的文字現象作一番梳理與探討,以就正於方家。

關於俗字,前輩先賢已有較多論述,俗字是流行於民間的與正字相對的不規範字形。從規範漢字的角度看來,也是一種訛字。通假字是古人寫的別字,已經是公認的事實。所以這兩種字,筆者都將其看成錯別字,寫錯別字的原因值得我們探討,這或許對我們探討俗字與通假字的形成原因有一定幫助。通假字的判定有一定標準。一般來說,滿足以下四個條件纔能算得上是通假字:一,讀音(尤其是上古音)或字形必須相同或相近;二,意義必須完全没有聯繫;三,同時共存;四,出現頻率較高。關於第一個條件,可以使用文字學、音韻學的方法進行判定,第二個條件主要依靠王寧先生的《訓詁學原理》裏面提到的"詞義引申的規律"進行判定,凡是兩個意義之間的聯繫達不到王先生所説的引申的標準,那就可以判定兩字無意義聯繫。第三個條件要看這兩個字在同時期的文獻中是否共現。至於第四個條件,那就很難確定了,頻率達到多少纔能稱得上"高頻",這個學界也没有公認的説法。因此,筆者在文中採用這樣的方法:凡兩字符合前三個條件,且在傳世文獻與敦煌文獻中通用的,判定爲通假字;凡兩字符合前三個條件,但只在敦煌文獻中使用的,判定爲別字。

另一個要談的問題就是古今字。早期的漢字由於承擔的義項過多,後人爲了分擔它的不同義項,新造一個與原字在字形、字音上存在一定聯繫的字,新字與舊字之間就是古今字的關係。古今字是古籍中常見的現象,在敦煌淨土歌贊當中,已有今字不用卻用古字的現象雖不多,但也是客觀存在,不容忽視。對於這一文字學上的老問題,筆者將不再做過多分析,只將其列出。下面將結合具體文獻,對敦煌淨土歌贊中的俗字、通假字、別字、異體字、古今字等用字現象進行分類論述,探討其產生原因。

一、敦煌淨土歌贊當中的俗字

俗字是正字形產生一定偏離後形成的。除此之外,避諱也會導致俗字的產生,如:爲避唐太宗李世民之諱,將"葉"字改寫成"菜",這就形成了"葉"的俗字,這也證明,該歌贊的抄寫時間至少在唐以後。從敦煌淨土歌贊來看,俗字產生的原因主要有以下兩個:形訛(包括字形相近、草書楷化兩種)、避諱。看以下例字:

(一)形訛(字形相近)

辝與辭:見於《佛母贊》乙類:P. 3118、S. 5473、S. 5581、BD03925,《佛母贊》丙類:P. 3156、P. 4597、S. 5466、S. 5689、BD08174,《淨土樂贊》:《淨土五會念佛略法事儀贊》《淨土五會念佛誦經觀行儀卷中、下》、P. 2066、P. 2130、BD05441、S. 2945,《六根贊》:《淨土五會念佛略法事儀贊》(名"離六根贊")、《淨土五會念佛誦經觀行儀卷中、下》、P. 2066、P. 3242等。

㤙、忥與恩:見於《佛母贊》丙類:P. 3156、P. 4597、S. 5466、S. 5689、BD08174,《道場贊》:P. 2066、P. 3156、《淨土五會念佛略法事儀贊末》《淨土五會念佛誦經觀行儀卷中、下》等。

㳄與涅:見於《佛母贊》丙類:P. 3156、P. 4597、S. 5466、S. 5689、BD08174等。

般、𦨶與般:見於《佛母贊》丙類:P. 3156、P. 4597、S. 5466、S. 5689、BD08174,《善導和尚西方禮贊文》:《淨土五會念佛誦經觀行儀卷中、下》、P. 2066、BD05441等。

䰅與鬚:見於《佛母贊》丙類:P. 3156、P. 4597、S. 5466、S. 5689、BD08174等。

乗、乘、栗、乘、乗與乘:見於《佛母贊》丙類:P. 3156、P. 4597、S. 5466、S. 5689、BD08174等。

屘與尼:見於《佛母贊》丙類:P. 3156、P. 4597、S. 5466、S. 5689、BD08174,《淨土樂贊》:《淨土五會念佛略法事儀贊》《淨土五會念佛誦經觀行儀卷中、下》、P. 2066、P. 2130、BD05441、S. 2945等。

耴與聖:見於《佛母贊》丙類:P. 3156、P. 4597、S. 5466、S. 5689、BD08174等。

君與若:見於《佛母贊》丙類:P. 3156、P. 4597、S. 5466、S. 5689、BD08174等。

𩁹與雙:《佛母贊》丙類:P. 3156、P. 4597、S. 5466、S. 5689、BD08174等。

(二)形訛(草書楷化)

艹與等:見於《依無量壽觀經讚》:《淨土五會念佛誦經觀行儀卷中、下》、P. 2250 等。

惣與總:見於《阿彌陀經讚》:P. 2066,《般舟贊》:P. 2066、S. 2945,《淨土樂讚》:《淨土五會念佛略法事儀讚》《淨土五會念佛誦經觀行儀卷中、下》、P. 2066、P. 2130、BD05441、S. 2945,《善導和尚西方禮讚文》:《淨土五會念佛誦經觀行儀卷中、下》、P. 2066、BD05441,《依阿彌陀經讚》:《淨土五會念佛誦經觀行儀卷中、下》、P. 2250 等。

尒與爾:見於《佛母讚》乙類:P. 3118、S. 5473、S. 5581、BD03925,《善導和尚西方禮讚文》:《淨土五會念佛誦經觀行儀卷中、下》、P. 2066、BD05441 等。

无與無:見於《寶鳥讚》:P. 2066、P. 2130、P. 2483,《觀經十六觀讚》:P. 2066、P. 3156,《阿彌陀經讚》:P. 2066,《維摩讚》:P. 2066,《佛母讚》丙類:P. 3156、P. 4597、S. 5466、S. 5689、BD08174,《般舟贊》:P. 2066、S. 2945,《無量壽佛讚》:P. 2066、《淨土五會念佛略法事儀讚》,《觀世音讚》:P. 2066,《淨土五會念佛略法事儀讚》《淨土五會念佛誦經觀行儀卷中、下》,《大勢至菩薩讚》:P. 2066,《淨土五會念佛略法事儀讚》《淨土五會念佛誦經觀行儀卷中、下》,《出家樂讚》:P. 2066,《淨土五會念佛略法事儀讚》《淨土五會念佛誦經觀行儀卷中、下》,《淨土樂讚》:《淨土五會念佛略法事儀讚》《淨土五會念佛誦經觀行儀卷中、下》、P. 2066、P. 2130、BD05441、S. 2945,《六根讚》:《淨土五會念佛略法事儀贊》(名"離六根讚")《淨土五會念佛誦經觀行儀卷中、下》、P. 2066、P. 3242,《善導和尚西方禮讚文》:《淨土五會念佛誦經觀行儀卷中、下》、P. 2066、BD05441,《歸西方讚》:《淨土五會念佛誦經觀行儀卷中、下》、P. 2066,《依無量壽觀經讚》:《淨土五會念佛誦經觀行儀卷中、下》、P. 2250,《依阿彌陀經讚》:《淨土五會念佛誦經觀行儀卷中、下》、P. 2250,《嘆散華供養讚》:《淨土五會念佛誦經觀行儀卷中、下》、P. 2250,《極樂五會讚》:《淨土五會念佛略法事儀贊》《淨土五會念佛誦經觀行儀卷中、下》、P. 2250,《極樂閻浮欣厭讚》:《淨土念佛誦經觀行儀卷下》、P. 2250、P. 2130、BD05441 等。

門與門:見於《寶鳥讚》:P. 2066、P. 2130、P. 2483,《依無量壽觀經讚》:《淨土五會念佛誦經觀行儀卷中、下》、P. 2250 等。

齐與齊:見於《寶鳥讚》:P. 2066、P. 2130、P. 2483 等。

弥與彌:見於《觀經十六觀讚》:P. 2066、P. 3156,《阿彌陀經讚》:P. 2066,《維摩讚》:P. 2066,《般舟贊》:P. 2066、S. 2945,《無量壽佛讚》:P. 2066、《淨土五會念佛略法事儀讚》《淨土五會念佛誦經觀行儀卷中、下》,《大勢至菩薩讚》:P. 2066,《淨土五會念佛略法事儀讚》《淨土五會念佛誦經觀行儀卷中、下》,《出家樂讚》:P. 2066、《淨土五會念佛略法事儀讚》《淨土五會念佛誦經觀行儀卷中、下》,《淨土樂讚》:《淨土五會念佛略法事儀讚》《淨土五會念佛誦經觀行儀卷中、下》、P. 2066、P. 2130、BD05441、S. 2945,《六根讚》:《淨土五會念佛略法事儀讚》(名"離六根讚")、《淨土五會念佛誦經觀行儀卷中、下》、P. 2066、P. 3242,《善導和尚西方禮讚文》:《淨土五會念佛誦經觀行儀卷中、下》、P. 2066、BD05441,《歸西方讚》:《淨土五會念佛誦經觀行儀卷中、下》、P. 2066,《依無量壽觀經讚》:《淨土五會念佛誦經觀行儀卷中、下》、P. 2250,《嘆散華供養讚》:《淨土五會念佛誦經觀行儀卷中、下》、P. 2250,《淨土五會讚》:《淨土五會念佛誦經觀行儀卷中、下》、P. 2250,《極樂五會讚》:《淨土五會念佛略法事儀讚》《淨土五會念佛誦經觀行儀卷中、下》、P. 2250,《嘆五會妙音讚》:《淨土五會念佛略法事儀讚》《淨土五會念佛誦經觀行儀卷中、下》、P. 2250,《極樂閻浮欣厭讚》:《淨土念佛誦經觀行儀卷下》、P. 2250、P. 2130、BD05441 等。

万與萬:見於《觀經十六觀讚》:P. 2066、P. 3156,《六根讚》:《淨土五會念佛略法事儀讚》(名"離六根讚")、《淨土五會念佛誦經觀行儀卷中、下》、P. 2066、P. 3242,《依阿彌陀經讚》:《淨土五會念佛誦經觀行儀卷中、下》、P. 2250,《極樂閻浮欣厭讚》:《淨土念佛誦經觀行儀卷下》、P. 2250、P. 2130、BD05441 等。

说與說:見於《依無量壽觀經讚》:《淨土五會念佛誦經觀行儀卷中、下》、P. 2250,《依阿彌陀經讚》:《淨土五會念佛誦經觀行儀卷中、下》、P. 2250 等。

尔與爾:見於《阿彌陀經讚》:P. 2066,《善導和尚西方禮讚文》:《淨土五會念佛誦經觀行儀卷中、下》、P. 2066、BD05441 等。

闻與聞:見於《依無量壽觀經讚》:《淨土五會念佛誦經觀行儀卷中、下》、P. 2250,《依阿彌陀經讚》:《淨土五會念佛誦經觀行儀卷中、下》、P. 2250 等。

为與爲:見於《依無量壽觀經讚》:《淨土五會念佛誦經觀行儀卷中、下》、P. 2250,《淨土五會讚》:《淨土五會念佛誦經觀行儀卷中、下》、P. 2250 等。

這一類俗字通常也是簡化字的來源,現行簡化字中的"无""门""齐""弥""说""万""闻""为""尔"都有唐代俗字的來源。

(三)避諱

目前發現的避諱俗字只有"葉"寫爲"萘"一個,見於《佛母讚》乙類:P. 3118、S. 5473、S. 5581、BD03925,《佛母讚》丙類:P. 3156、P. 4597、S. 5466、S. 5689、BD08174,《善

導和尚西方禮讚文》:《淨土五會念佛誦經觀行儀卷中、下》、P. 2066、BD05441 等,此前已述。

二、敦煌淨土歌讚當中的通假字

通假字產生的原因主要有兩個:音訛、形訛,有些是形音皆訛的,看以下例字:

(一)音訛

藥與要:見於《六根讚》:《淨土五會念佛略法事儀讚》(名"離六根讚")、《淨土五會念佛誦經觀行儀卷中、下》、P. 2066、P. 3242 等。

聞與爲:見於《佛母讚》乙類:P. 3118、S. 5473、S. 5581、BD03925 等。

事與是:見於《佛母讚》乙類:P. 3118、S. 5473、S. 5581、BD03925 等。

分與不:見於《佛母讚》乙類:P. 3118、S. 5473、S. 5581、BD03925 等。

斯與是/是與斯:見於《佛母讚》乙類:P. 3118、S. 5473、S. 5581、BD03925 等。

之與諸/諸與之:見於《佛母讚》乙類:P. 3118、S. 5473、S. 5581、BD03925 等。

伲與涅:見於《佛母讚》乙類:P. 3118、S. 5473、S. 5581、BD03925 等。

官與冠:見於《佛母讚》丙類:P. 3156、P. 4597、S. 5466、S. 5689、BD08174 等。

祇氏與指示:見於《道場讚》:P. 2066、P. 3156、《淨土五會念佛略法事儀讚末》《淨土五會念佛誦經觀行儀卷中、下》等。

元與貟:見於《六根讚》:《淨土五會念佛略法事儀讚》(名"離六根讚")、《淨土五會念佛誦經觀行儀卷中、下》、P. 2066、P. 3242 等。

(二)形訛

麁與塵:見於《出家樂讚》:P. 2066、《淨土五會念佛略法事儀讚》《淨土五會念佛誦經觀行儀卷中、下》等。

食與餐:見於《出家樂讚》:P. 2066、《淨土五會念佛略法事儀讚》《淨土五會念佛誦經觀行儀卷中、下》等。

物與惣(總):見於《出家樂讚》:P. 2066、《淨土五會念佛略法事儀讚》《淨土五會念佛誦經觀行儀卷中、下》,《淨土樂讚》:《淨土五會念佛略法事儀讚》《淨土五會念佛誦經觀行儀卷中、下》、P. 2066、P. 2130、BD05441、S. 2945,《依無量壽觀經讚》:《淨土五會念佛誦經觀行儀卷中、下》、P. 2250,《極樂閻浮欣厭讚》:《淨土念佛誦經觀行儀卷下》、P. 2250、P. 2130、BD05441 等。

身與躰:見於《善導和尚西方禮讚文》:《淨土五會念佛誦經觀行儀卷中、下》、P. 2066、BD05441 等。

王與玉:見於《淨土樂讚》:《淨土五會念佛略法事儀讚》《淨土五會念佛誦經觀行儀卷中、下》、P. 2066、P. 2130、BD05441、S. 2945 等。

(三)形音皆訛

流與淥:見於《淨土樂讚》:《淨土五會念佛略法事儀讚》《淨土五會念佛誦經觀行儀卷中、下》、P. 2066、P. 2130、BD05441、S. 2945 等。

在通假字當中,因音訛產生的通假字遠比因形訛產生的通假字多,形音皆訛的最少,但也有一定比例,這說明語音在書寫的過程中起了重要作用,這也跟歌讚的唱頌功能相關。

三、敦煌淨土歌讚當中的別字

別字產生的主要原因是詞語聯想,如由"樹"聯想到相關的動作"掛",由"臭"聯想到"香",也有些是因形而訛,如"悲"與"心",有些則是原因不明的,如"聖"與"妄"。

樹與掛:見於《淨土樂讚》:《淨土五會念佛略法事儀讚》《淨土五會念佛誦經觀行儀卷中、下》、P. 2066、P. 2130、BD05441、S. 2945 等。

色與觸:見於《六根讚》:《淨土五會念佛略法事儀讚》(名"離六根讚")、《淨土五會念佛誦經觀行儀卷中、下》、P. 2066、P. 3242 等。

聖與妄:見於《六根讚》:《淨土五會念佛略法事儀讚》(名"離六根讚")、《淨土五會念佛誦經觀行儀卷中、下》、P. 2066、P. 3242 等。

臭與香:見於《六根讚》:《淨土五會念佛略法事儀讚》(名"離六根讚")、《淨土五會念佛誦經觀行儀卷中、下》、P. 2066、P. 3242 等。

悲與心：見於《善導和尚西方禮讚文》：《淨土五會念佛誦經觀行儀卷中、下》、P. 2066、BD05441。

四、敦煌淨土歌讚當中的異體字

異體字產生的主要原因是造字法的不同，或是六書的差異，或是結構的差別。如：

輩與輩：見於《善導和尚西方禮讚文》：《淨土五會念佛誦經觀行儀卷中、下》、P. 2066、BD05441。

逢與逢：見於《善導和尚西方禮讚文》：《淨土五會念佛誦經觀行儀卷中、下》、P. 2066、BD05441，《極樂閻浮欣厭讚》：《淨土念佛誦經觀行儀卷下》、P. 2250、P. 2130、BD05441 等。

迴與迴：見於《善導和尚西方禮讚文》：《淨土五會念佛誦經觀行儀卷中、下》、P. 2066、BD05441，《歸西方讚》：《淨土五會念佛誦經觀行儀卷中、下》、P. 2066，《淨土五會讚》：《淨土五會念佛誦經觀行儀卷中、下》、P. 2250 等。

五、敦煌淨土歌讚當中的古今字

頃與傾：見於《依阿彌陀經讚》：《淨土五會念佛誦經觀行儀卷中、下》、P. 2250 等。

以上是對敦煌淨土歌讚當中的文字現象做的初步分析歸納，權當投石問路，敬祈方家指正。

參考文獻：

[1] 張涌泉著：《漢語俗字叢考》，北京：中華書局，2000 年。
[2] 鄭阿財：《敦煌佛教文學》，蘭州：甘肅教育出版社，2013 年。
[3] 鄭阿財、朱鳳玉編《敦煌學研究論著目錄 1998——2005》，臺灣：樂學書局有限公司，2006 年。
[4] 大藏經刊行會《大正新修大藏經》。
[5]（漢）許慎：《說文解字》（大徐本），北京：中華書局，1963 年 12 月影印本。
[6]（清）段玉裁：《說文解字注》，上海：上海古籍出版社，1981 年 10 月。

[7]（遼）釋行均：《龍龕手鑒》,北京：北京圖書館出版社,2003 年。
[8]上海古籍出版社、法國國家圖書館：《英藏敦煌域外文獻》,上海：上海古籍出版社,2001 年。
[9]上海古籍出版社、法國國家圖書館：《法藏敦煌域外文獻》,上海：上海古籍出版社,2001 年。
[10]上海古籍出版社、法國國家圖書館：《俄藏敦煌域外文獻》,上海：上海古籍出版社,2001 年。
[11]徐中舒主編：《漢語大字典》（縮印本）,成都：四川辭書出版社,武漢：湖北辭書出版社,1992 年 12 月。
[12]羅竹風主編：《漢語大詞典》,上海：漢語大詞典出版社,1992 年。
[13]蔣禮鴻主編：《敦煌文獻語言詞典》,杭州：杭州大學出版社,1994 年。

敦煌文獻包首題符號的研究及其方法論價值

黄 威

(哈爾濱師範大學文學院)

一、引言

  1900年在我國甘肅敦煌莫高窟藏經洞發現了數萬件寫、刻本文獻,這批材料目前總編號近七萬號,分藏於中、英、法、俄、日等國。其中,有明確紀年最早者爲抄於東晉升平十二年(368)的《法句經》(甘博〇〇一),最晚者爲《大宋咸平五年壬寅歲(1002)七月十五日敦煌王曹宗壽、夫人汜氏添寫報恩寺藏經録》,前後跨越600年之久①,幾乎涵蓋了我國書籍發展史的第二階段——卷軸時期,爲我們考察中古時期的寫卷制度提供了豐富的實物材料。這批文獻中保存有相當數量的書籍包首,所謂包首,是指接續在卷軸裝書籍卷端的一段起保護内文作用的紙張或絲綢,在不同歷史時期,包首又有裱、玉池、引首等異稱②。

  包首制度源於簡帛時期,並隨着紙質書籍的推廣而流行起來③,出於方便典藏與檢

---

  ①張涌泉:《敦煌寫本文獻學・敦煌文獻整理:百年行與思》,蘭州:甘肅教育出版社,2011年,第1—2頁。
  ②參張平:《書畫裝裱研究》,蘇州大學博士學位論文,2009年,第8—12頁。
  ③包首制度概起源於帛書,《後漢書・襄楷傳》載:"順帝時于吉于曲陽泉水上所得神書百七十卷,皆縹白素朱介青首朱目。"李賢注曰:"素,繒也;以朱爲介道;首,縹也;目,題目也。"這裏的"首""縹"均指包首,"青首"就是用青色絲綢所製成的包首。帛書收卷方式有折疊式、卷軸式兩種(李零《簡帛古書與學術源流》,北京:生活・讀書・新知三聯書店,2004年,第130頁),然而,出土實物中以卷軸式收卷的帛書所占比例極低。以馬王堆帛書爲例,馬王堆M3號漢墓共出土帛書26部,其中僅有《老子》(甲本)及《春秋事語》兩部採用卷軸式,其餘均採用折疊收藏在笥中,這批折疊收藏的帛書並没有發現包首的痕跡,在僅有的兩例卷軸式帛書中同樣没有發現使用包首的痕跡。簡册古書有贅簡而不使用包首,折疊式的帛書也不需要包首,而這兩種書籍爲簡帛時期的主流,所以包首在此時並不普及。與之相比,紙張延展性好但耐磨性差的特點更適合使用包首,因此,我們推斷包首的普及是在紙張流行以後。

索的動因,卷軸古書的包首上往往題有包含書名信息的標題,學界稱之爲"包首題"。在敦煌文獻中,包首題首字上方往往有一個明顯的標誌,如 ᰔ(S. 11116①)、ᨺ(P. 2239)等等。由於這一標識十分顯著,爲多數敦煌文獻的研究者及使用者所熟知,但對它的研究卻僅限於現象描述,關於其起源、功用等問題則或語焉不詳或有失誤(詳下),以至學者在探討敦煌文獻符號體系時②,有意無意地回避了這一問題,儼然已成爲困擾學界的難題,很有必要做細緻探討。

二、包首題符號的物質特徵

(一)存在範圍

從敦煌文獻所存包首來看,並非所有的包首都題有包首題,也不是所有的包首題均有此符號。筆者利用 IDP 網站檢視法藏敦煌文獻,得包首材料共 101 號,其中無標題空白包首 20 號;去除由於殘缺等原因無法確定是否有包首題者,共得包首題 68 號;68 例中再去除無標識字號以及由於殘缺、漫漶等原因難辨有無者,得包首題符號 34 號③。從這一統計中不難看出,雖然此符號並非包首題的必要組成部分,但其存在具有普遍性,再考慮到敦煌文獻多卷端殘缺的保存現狀,我們有理由認爲,這一符號爲敦煌文獻包首

---

①本章所引英、法藏敦煌文獻,簡牘文獻的圖像材料,均來自"國際敦煌項目(IDP)"網站(http://idp.bl.uk)。另,如無特別說明,本文所引俄藏、國圖藏敦煌文獻,分別引自《俄藏敦煌文獻》《國家圖書館藏敦煌遺書》。

②討論敦煌文獻符號系統的重要論著,如張涌泉:《敦煌寫本標識字號研究》,《漢語史學報》第 10 輯,上海:上海教育出版社,2010 年,第 238—260 頁;李正宇:《敦煌遺書中的標點符號》,《文史知識》1988 第 8 期,第 98—101 頁;李正宇:《敦煌古代的標點符號》,《尋根》2010 年第 3 期,第 82—94 頁。

③有包首題符號的文獻編號爲:P. 2004、P. 2053、P. 2055、P. 2080、P. 2094、P. 2109、P. 2167、P. 2169、P. 2171、P. 2175、P. 2177、P. 2180、P. 2190、P. 2193、P. 2194、P. 2239、P. 2284、P. 2298、P. 2318、P. 2323、P. 2337、P. 2340、P. 2382、P. 2508、P. 2521、P. 3107V、P. 3340、P. 3832、P. 4735、P. 4730、P. 4738、P. 5027(1)、P. 5027(2)、P. 5578(2)。此處統計參考了陳明珠《敦煌寫本包首研究》(碩士學位論文,重慶:西南大學,2017 年)第三章及附錄的成果並做了修訂。陳文根據目前已公布的敦煌文獻,按法藏、俄藏、國家圖書館藏、英藏、散藏的分類,對包首、包首題及包首題符號進行了系統統計,對考察敦煌文獻包首相關問題很有參考價值。但該成果中也存在一些失誤,如 P. 2508 有包首題,該文誤記爲無;S. 2130、P. 2580、P. 2849 有包首題而無包首符號,該文誤記爲有;S. 11008、S. 11077、Дx01617 有包首符號,該文漏記等。使用時當留意核查。

題的顯著標誌與重要特徵。

在敦煌文獻中,此符號多見於佛經包首題中,因此有學者認爲此標識"專用於佛經題名"①。其實這是一種誤解。實際上,這一符號不僅存在於佛經中,也存在於其他類型的典籍中。例如,道教類文獻 P. 2508A 包首題"南華真經卷第十五"、P. 4730 包首題"太上洞玄靈寶淨土生神經一卷"上方均有此標識;此外,此符號也被用於文書類典籍的標題,如 S. 10975 標題爲"合班籍"(圖1)、Дx01382 標題作"應管壹拾陸寺僧尼籍",這兩號卷子爲兩片書籍包首,"合""應"上方均有此符號,從兩個標題可以看出,原書當爲人口名册而非佛經。至於造成誤會的原因,筆者認爲主要是因爲敦煌文獻中佛經所占比重極大,保存的佛經包首絕對數量大,致使我們能見到的符號絕大多數出於佛經,從而導致這一錯覺。

圖 1

(二)位置形式

此符號位於包首題首字上方,作爲包首題的一部分,它在整片包首上的位置形式,與包首題所處位置與存在形式直接相關。從實物上看,敦煌文獻的包首題多處於包首左上角、左側邊緣緊貼天杆處②,具體則以三種形式存在:

其一,隨題簽貼於包首背。題簽兼具檢索與裝飾功能,是卷軸古書的重要組成部分。唐張彥遠《法書要録》卷四"唐張懷瓘《二王等書録》"條云:

---

①王晶波、鄒旭、張鵬:《敦煌文獻書寫符號的普查與分類研究》,《敦煌研究》2014 年第 5 期,第 71—80 頁。

②天杆,又稱天軸,是卷軸古書包裹在包首邊緣處的一根細木條(片),有輔助收展卷軸、固定裱帶等功用。

梁武帝尤好圖書,搜訪天下,大有所獲。以舊裝堅强,字有損壞,天監中,敕朱異、徐僧權、唐懷允、姚懷珍、沈熾文析而裝之,更加題檢,二王書大凡七十八帙,七百六十七卷,並珊瑚軸織成帶,金題玉躞。①

引文中的"題檢"即指書籍題簽,"金題"本指題簽上用泥金題寫的標題,其後也用於指代題簽。明方以智《通雅·器用》云:"金題,書簽也,海岳《書史》云:'隋唐藏書,皆金題玉躞。'智按,梁虞和《論書表》有'金題玉躞織成帶',注:金題,押頭也,猶今書面簽題也。"②可見將書名用泥金寫爲"金題"並製成題簽貼於包首,是卷軸古書裝幀考究的體現。

敦煌文獻中即保存有此類包首題簽,如 S.11005(圖2),該題簽用瓷青紙做底,以泥金抄寫書名及包首符號,字跡規範;S.11077、S.11227 兩個包首題簽情況與之類似。其他如 S.10977、S.10979、P.5027(1)、P.5027(2)等題簽上的標題及符號雖然不以泥金書寫,但用紙考究,字跡工整,其裝飾目的也很明顯。

其二,直接題寫於包首背。此類包首題在敦煌文獻中最爲常見。如 S.490 包首題"毗尼心一卷"及包首符號直接題於包首左上方、天杆右側位置處(圖3)。由於敦煌文獻中的典籍原多爲敦煌附近寺廟的普通藏書,裝幀一般没有那麽考究,其包首題多是直接書寫在包首背面,以題簽形式出現的情況比較少見③。然而,無論從形制還是功用上看,其實質仍屬於題簽,實際是上一種形式的簡化。

其三,題寫於修補包首的新紙上。由於包首在收卷後處於整個卷軸的最外部,而包首題又位於包首的邊緣,在長期的使用過程中,包首題位置很容易因摩擦而破損,這時修補者會用紙片修補該處並補寫包首題,如 S.11182(圖4)爲"大般若波羅蜜多經卷第三百三十"的包首,由於該包首上端破裂,用紙張修補後標題的前部分被覆蓋,於是修補者重新補寫了包首題符號及"大般若波羅"幾個字。類似的情況又見於 S.11053、S.11096、S.11102、S.11153、S.11174、S.11180、S.11275 等包首,其中 S.11102 在修補紙的邊緣處甚至還能看到被覆蓋的原題殘字。這種形式的包首題雖然呈現形式與第二種方式不同,但本質上並無差别。

---

①(唐)張彦遠:《法書要録》,北京:人民美術出版社,1984年,第147頁。
②(明)方以智:《通雅》,《景印文淵閣四庫全書》(第857册),臺北:商務印書館,1983年,第618頁。
③余嘉錫《書册制度補考》一文曾論及敦煌文獻多不裱背的原因,他說:"特今敦煌所得書皆民間通行之本,初非珍異,故僅用單紙耳。"實際上,不用題簽、用單紙都是敦煌文獻不講究裝幀的體現。參余嘉錫:《余嘉錫古籍論叢》,北京:國家圖書館出版社,2010年,第91頁。

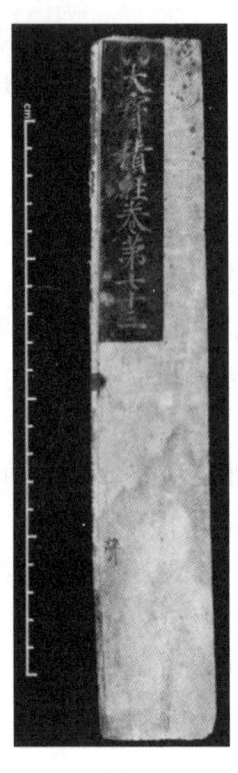  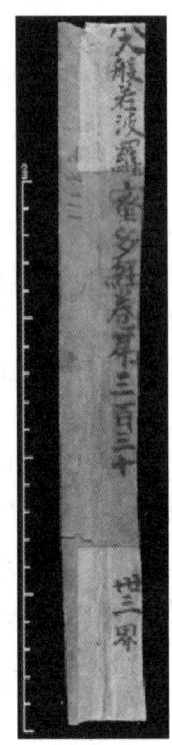

圖2　　　　　　　　　　圖3　　　　　　　　　圖4

綜上可知，包首題以題於題簽、直接題於包首背、題於包首修補紙三種形式存在，無論以何種形式存在，其實質都屬於包首題簽。

（三）具體樣式

敦煌文獻包首題符號樣式極爲多元化，但並非無規律可循，通過對英、法所藏敦煌文獻包首題符號的觀察，筆者按符號的形態，將其歸納爲四種基本樣式：雙勾式、八字式、以字式、一字式。雙勾式，顧名思義就是這一符號由兩個對勾形狀的符號組成，勾的開口方向一般朝上；八字式、以字式、一字式符號的命名，則是因爲這三類符號形態上分別與漢字"八""以""一"的形狀近似。茲以表格形式臚列於下。

敦煌文獻包首題符號的研究及其方法論價值 · 361 ·

表 1　敦煌文獻包首題符號的基本樣式①

	S. 71	S. 153	S. 1249	S. 1511	S. 1828	S. 1832	S. 10926	S. 10927	S. 10912	S. 11001
雙勾式	S. 11053	S. 11066	S. 11069	S. 11079	S. 11085	S. 11086	S. 11089	S. 11116	S. 11123	S. 11142
	S. 11149	S. 11151	S. 11157②	S. 11161	S. 11164	S. 11169	S. 11176	S. 11179	S. 11189	S. 11205
	S. 11211	S. 11223	S. 11238	S. 11244	S. 11249	S. 11257	S. 11261	S. 11292③	S. 11479	P. 2055
	P. 2094	P. 2109	P. 2175	P. 2323	P. 2382	P. 2521	P. 3340	P. 5027(1)④	P. 5027(2)	
八字式	S. 490	S. 1579	S. 10800	S. 10889	S. 10893	S. 10916	S. 11109	S. 11110	S. 11111	S. 11126
	S. 11144	S. 11170	S. 11174	S. 11180	S. 11182	S. 11208	S. 11229	S. 11246	S. 11248	S. 11254
	S. 11255	S. 11466	S. 11499	S. 11651	P. 2080	P. 2169	P. 2180	P. 2193	P. 2194	P. 2239
	P. 2318	P. 3832								

①此表的統計過程與原則爲：首先，筆者對 IDP 網站中目前（2019 年 2 月 15 日前）收録的含包首題符號的英、法藏敦煌文獻進行了梳理，在英藏敦煌文獻中檢得有包首題符號的卷子 175 號，在法藏敦煌文獻中檢得 34 號。其次，根據這 209 號材料中可確定形態者，將包首符號歸納爲四種基本樣式。複次，去除因漫漶、殘缺可能引起爭議以及圖片模糊不宜列印的材料，得可入表格材料英藏 93 號，法藏 26 號。再次，對這 119 條材料進行圖像截取。在具體操作過程中對 IDP 部分原圖的對比度、亮度有所調整；抹去了截取符號時進入圖像的標題首字的漢字筆劃，但對符號本身不做任何改動。最後，按先英藏後法藏、同一家藏品依編號從小到大排列的順序製成表格；在將符號圖像放入表格時，爲適應表格大小，對圖像有縮放的操作，但爲了保持符號原始形態，只做固定比例的縮放，不單獨調整圖像的寬度和高度。

②此卷爲雜寫，卷中共有四組符號，形狀相近，取其一。

③此卷爲雜寫，正反面書寫，正面有一組符號，反面有三組符號，形狀相近，取正面一組。

④此編號中收録了《金光明最勝王經》卷第三、第四的兩個包首題籤，字跡相同，爲一人書寫，首字上方的符號形態近似，此選取其一（左側）。

续表

	S.351	S.559B①	S.1371	S.10867	S.10888	S.10975	S.10998	S.11014	S.11054	S.11129
以字式										
	S.11143	S.11147	S.11200	S.11202	S.11203	S.11258	S.11505	P.2004	P.2167	P.2171
	P.2190	P.2298	P.2337	P.5578						
一字式	S.425	S.11105	S.11106	S.11008	S.11065	S.11070	S.11108	S.11118	S.11122	S.11130
	S.11132	S.11153	S.11274	P.2340						

表格中的符號樣式是按數量的多少依次排列的，這一統計雖僅以英、法藏敦煌文獻爲對象，但可以反映出現存敦煌文獻所存此符號的總體情況。從表格中可見，敦煌文獻包首符號的形態極爲多樣，即便是屬於同一樣式的符號，具體形狀也千差萬別。雖然如此，筆者認爲四者之間的關係還是比較明朗的，即"雙勾式"爲此符號的典型形態，其他三種爲其變體。理由如下：

首先，雙勾式中的勾狀符號與其起源時期的原始形狀最爲接近。筆者認爲，這一符號起源於簡冊契口，而三角形契口的兩邊恰好形成一個"√"。這一點我們將在下文詳細討論，茲不贅述。

其次，時人以包首題爲練習對象的習字作品中，也體現了雙勾式的典型性。如BD09446號卷子（圖5）爲《大般若經》標題習字雜寫，其中寫有十一組包首題符號，這些符號雖在具體形態上多有變化，但均屬於雙勾式；其他如S.11157、S.11292、Дх1582等也是包首題習字雜寫，所包含的包首符號也均以雙勾式爲主體。考慮到這種練習是一種有明確指向性、目的性的書寫行爲，或許表明此符號在當時通行的書寫方式爲雙勾式。

最後，也是最爲關鍵的證據，來自於這些符號本身。筆者在表1的統計過程中，發現某些符號兼具兩種樣式的特點，頗難歸類，然而，它們卻爲我們提供了揭示四種樣式

---

① 英藏S.559(A)—(S)爲《佛本行經集》各卷包首，共19片，包首題筆跡相同，包首題符號形態相同，此處選取其中符號較爲清晰的B號截取。

關係的線索：

其一，"雙勾式"經改變右側勾開口方向，及簡化左側勾起筆演化爲"八字式"。例如，S.490號卷子上的標識字號在外觀上看很像漢字"八"，但仔細觀察可以發現，"八"的撇筆實際保留了勾的形狀，只是起筆處被簡化，"八"的捺筆則仍爲勾形，只是開口方向向左而不是朝上。S.10889、S.10893、S.10916、S.11126、P.2239等都屬於這種情況。其他例子如 S.1579、S.11255、P.2194，左側筆劃尚爲勾狀，右側則完全演化爲"八"的捺筆；而 S.11182、S.11248、P.2180 則左右兩筆均沒有了勾的痕跡，完全演化爲"八"。

其二，"雙勾式"右勾末筆衍出一個向下的波折，從而形成"以字式"符號。比較典型

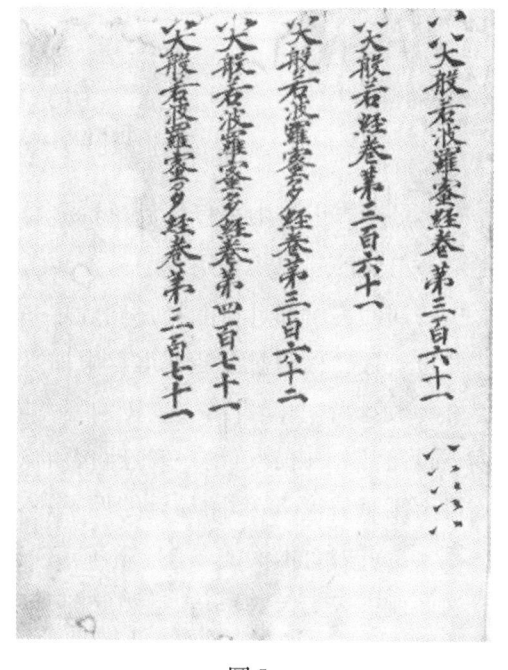

圖 5

的例子如 S.1371，此符號左側仍爲勾狀，右側的勾則衍出向下的一個折筆，使整個符號看起來與行書的"以"字形似，S.10975、S.11143、S.11147、S.11258 等均與此類似。右側筆劃的折筆如果寫得比較平緩，則形成了如 S.351、S.11014、P.2004 等第二種類型的"以"字。至於將 S.559B、S.10888、P.2167、P.5578 幾個在形態上看似與"以"字無關的形狀歸入此類，則是因爲從形狀上看，這些符號概源於第二種類型"以"字符號的進一步演化。

其三，"雙勾式"左勾收筆處與右勾起筆連寫省合，從而形成"一字式"。如 S.425、S.11008 均可視爲雙勾式的左勾收筆與右勾起筆省合而形成；S.11065 類似"一"的筆劃中間有所間斷，"雙勾"的痕跡尤爲明顯。

綜上，敦煌文獻包首符號四種基本樣式中，雙勾式爲基本樣式，其他三種均從其演變而來。至於造成這種多元化的原因，筆者臆測，這裏當有抄手的個體因素，諸如個人對此符號的認知、書寫習慣、書法基礎、求異心理等，這些都有可能影響到每個符號的具體形態。另外，從長時段來看，由於去古已遠，時人對此符號的起源與內涵不甚了了，在輾轉傳抄過程中僅從形態上進行描摹，以致逐漸出現偏差而"畫虎成犬"，或許這也是造成多樣性的原因之一。

二、包首題符號的起源

由於現存史料中未見關於此符號的記載,相較於其物質屬性,更讓學者感到困惑的是這一符號的起源與功用問題。上文已論,包首題實質上爲一種書籍題簽,而題簽是各歷史時期的書籍都具有的物質屬性之一,包首題符號又屬於包首題的一部分,因此,若將此符號置於整個書籍發展進程中加以考察或許可以找到答案。

一般認爲,中國古籍發展史的主體階段可分爲三個歷史時期,即簡册時期、卷軸時期、册頁時期。由於這是一個無間斷的演進過程,後世書籍中所呈現的某些物質屬性往往可上溯至前代,最顯而易見的例子爲,册頁時期界欄承襲自卷軸時期的烏絲欄,而烏絲欄又源於對竹木簡的摹仿。基於這一思路,筆者認爲,敦煌文獻中的包首題符號,源於對簡册古書契口的摹仿,是簡册契口在紙卷上的符號化。

所謂"契口",是指在編連簡册時爲了防止編繩滑脱在編繩處刻下的缺口,其形狀多爲三角形,還包括"("形、方形等形狀。個別簡册爲了美觀,同一枚簡上的契口有時會被刻成對稱的直角三角形。契口在單簡中所處的位置與數量,往往受編繩數量的影響。秦漢時期,常規簡多兩道或三道編繩,兩道編者,上、下契口一般位於簡的上、下三分之一處,將整支簡三等分;三道編者,上、下契口分別位於距簡端與簡尾1釐米處,中間契口則位於整支簡的中點。契口的位置一般位於簡的右側,很少例外①。

契口與書籍標題關係緊密。出於檢索方便,簡册古書的標題往往以編繩爲天然參照物,題寫於靠近卷首或卷尾的某支簡上。如睡虎地秦簡《語書》的標題"語書"位於末簡簡背第一道編繩下沿,《效律》的標題"效"位於首簡簡背第一道編繩下沿②;張家山漢簡《算數書》標題"算數書"題於第6簡簡背第一道編繩下沿,《蓋廬》的標題"蓋廬"題於末簡第一道編繩下沿③;等等。由於契口是爲了防止編繩滑脱而刻,與編繩位置重合,爲其所覆蓋,因此,簡册古書的標題被題於具體哪支簡雖不固定,但卻總是以契口爲參照,題於契口之下的。契口與書籍標題的緊密關係在長期的實踐中逐漸固化,使契口

---

①關於簡册契口的形制與位置的問題,參張顯成:《簡帛文獻學通論》,北京:中華書局,2004年,第121頁;程鵬萬:《簡牘帛書格式研究》,上海:上海古籍出版社,2017年,第28頁。
②睡虎地秦簡整理小組編:《睡虎地秦墓竹簡》,北京:文物出版社,1990年,第13、69頁。
③張家山漢墓竹簡整理小組編:《張家山漢墓竹簡〔二四七號墓〕》,北京:文物出版社,2001年,第249、275頁。

在防止編繩滑脫的功用外，又衍生出標題標示物的功能。

在書籍制度進入卷軸時期後，書籍已經擺脫了契口實物，但由於契口與書籍標題長期而穩固的關係，使後世仍習慣於用筆墨摹畫出契口的形狀用於標識標題。這一點在某些卷軸古書標題題寫中可得到證實。如 S. 116（圖6）所示，該卷尾題"大般涅盤經卷第三"首字上方有墨勾，大概就是簡冊契口的遺跡。尤其值得注意的另一個例子為 S. 490（圖7），該號卷子標題的特別之處在於，尾題"毗尼心一卷"並沒有頂格題寫，而是上方空出了約六個

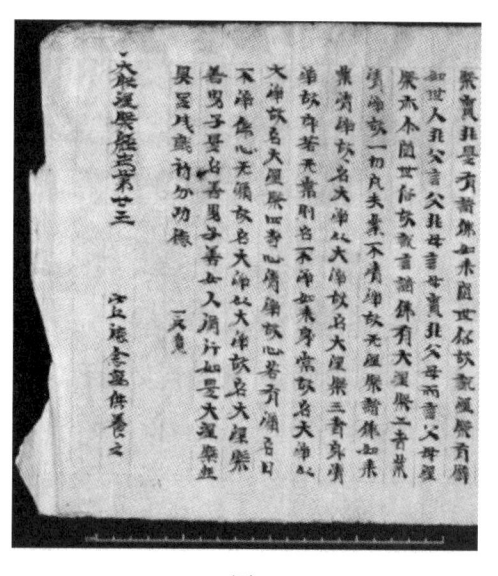

圖6

中文字符的空間，且首字上有一倒勾符號作，顯然，尾題上方空出的字符是在模仿簡冊編繩的位置，而"^"符號則是對簡冊契口的模仿。

上揭兩例敦煌卷子尾題的題寫特徵，已可證明這種符號為簡冊契口的遺跡。然而不可否認的是，敦煌文獻中具有相似特徵的經卷並不常見，就筆者所及僅有 S. 1437、P. 2078，兩者尾題上方均有單勾型符號，此外，S. 4010、P. 2110 則在首題上方有一個頓號形狀的符號①，當為契口形狀的另一種摹寫形式。其原因在於，這種單勾型符號在敦煌文獻中僅見於6世紀初之前的寫本，也就是所謂的"六朝寫卷"，並不見於隋唐時期的寫本，而六朝寫卷在敦煌文獻中所占的比例較小。上揭六個寫本中，有明確的證據表明 S. 116、S. 1437、S. 4010、P. 2078

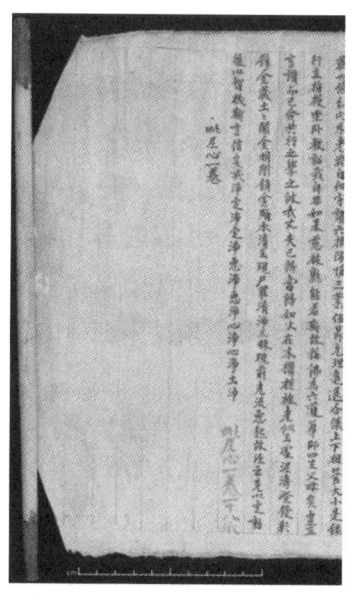

圖7

---

① 類似的符號也出現在了 Дx275 標題首字上方。Дx275 為經帙題簽，圖像見《俄藏敦煌藝術品Ⅱ》，編號為211，標題文字為"大般若經冊四袠"，符號位於"大"左側橫與撇之間。該題簽出土於敦煌，為絹質，染色墨書，高19釐米，寬3.5釐米，為唐代之物。參見俄羅斯國立艾爾米塔什博物館、上海古籍出版社編纂：《俄藏敦煌藝術品Ⅱ》，上海：上海古籍出版社，1997年，第193頁。

均抄寫於公元500年前，P.2110抄於北魏延昌二年（513）①；S.490的抄寫年代雖無法確知，但從字體上看仍屬於六朝書風。與之相對，在敦煌文獻保存的隋唐寫卷中，並沒有發現使用此符號標識書名的例子。基於這一觀察，筆者認爲，單勾型符號曾在六朝前被用於標識書籍的首、尾題，發展到隋唐時期已被逐漸廢棄。

以上觀察所得結論，在日本大谷考察隊所獲的書籍中也可得到證實。在《西域考古圖譜》②一書"佛典"一類中，收録了大谷考察隊在庫車、吐峪溝等地發現的古寫本文獻，其中六朝以前的寫本在首題或尾題處多有類似於S.4010標題上的點狀符號，如"（5）西涼建初七年寫妙法蓮華經卷一（庫車）"的尾題無書名只有"第一"兩個字，首字"第"上有此標識符號；"（8）六朝寫妙法蓮華經卷七普賢菩薩勸發品（克孜爾石窟）"首題"妙法蓮華經卷七普賢菩薩勸發品第廿七"首字上方有此標識字號；"（9）六朝寫本正法華經卷五（哈拉和卓）"尾題"正法華第五"上方有此標識字號；"（12）六朝寫摩訶般若波羅密學品（克孜爾石窟）"首題"摩訶般若波羅密學品第廿二"上方有此標識字號；"（16）六朝寫大品般若波羅密經卷二十八（庫車）"尾題"大品經卷第廿八"上方有此標識字號；"（18）六朝寫優婆塞戒經卷七（吐峪溝）"尾題"優婆塞戒卷第七"上方有此標識字號；"（20）六朝寫摩訶般若波羅密優波提舍中般若波羅密相品第廿八（庫車）"首題"摩訶般若波羅密優波提舍中般若波羅密相品第廿八"上方有此標識字號；"（21）六朝寫摩訶般若波羅密優波提舍中贊般若波羅密品第四十一（庫車）"首題"摩訶般若波羅密優波提舍中贊般若波羅密品第卌一"上方有此標識字號。而在《西域考古圖譜》收録的隋唐寫本中雖也保存有首題或尾題者，但無一例有此符號。以上情況表明，此類符號曾在六朝之前被用於標識書籍標題，隨着書籍制度的進一步發展，至隋唐時期已不再使用。

與單勾型符號相比，簡册契口存在的另一種形式——題簽契口，則在卷軸時期被符號化後發揚光大，成爲卷軸古書包首題的顯著標誌。上文已知，敦煌文獻包首題實際爲對包首題簽的模仿。題簽作爲書籍的重要附屬物，在簡册時期已經存在。唐釋慧琳《一切經音義》卷八七《甄正論》卷上"簽題"條注云："長戩云：'小簡也，古者題簡以白事謂之簽。'"③這種"小簡"簡牘研究者稱之爲"簽牌"，在大英圖書館藏斯坦因西域考古發

---

①依次見王素、李方：《魏晉南北朝敦煌文獻編年》，臺北：新文豐出版社，1997年，第149、151、147、151—152、173頁。

②[日]香川默識編：《西域考古圖譜》，北京：學苑出版社，1999年據日本國華社1915年版影印。

③（唐）釋慧琳撰：《一切經音義》，見《續修四庫全書》（第196册），上海：上海古籍出版社，1996年影印日本獅谷白蓮社本，第527頁。

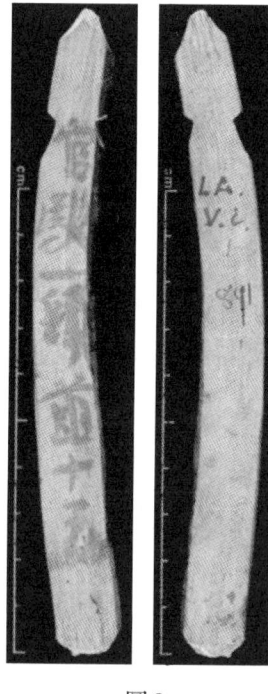

掘品中有大量保存，從中可以清楚地瞭解簡册時期的題簽形制。從實物上看，這種題簽由竹木製成，長度較標準簡（23 釐米左右）短，爲了與簽繩相連，有的題簽會在上部中間打孔（後世稱爲"鼻"），如 Or.8211/598 號藏品，該題簽長 6.1 釐米，寬 1.5 釐米，上端中部有孔，孔中簽繩尚存。

題簽與簽繩相連的另一種方式爲在簽上刻削契口。可能是出於美觀或增强牢固性的需要，題簽的契口一般爲雙契口，契口下則題寫標題，如編號爲 Or.8211/891（圖8）的題簽，該簽長 13.8 釐米，寬 1.4 釐米，從這枚題簽中可以清晰地看到左右兩側各有一個契口，契口下爲標題"官駝一頭齒十五"。另一確鑿例證爲 Or.8211/616，該枚題簽長 7.1 釐米，寬 3.2 釐米，雙契口處簽繩尚存，契口下方即標題"兵四時薄"（圖9），從標題可知此爲文書題簽。以上兩個題簽中契口與標題的組合，與敦煌文獻"雙勾式符號＋標題"形式的包首題極爲相似。清晰地表明敦煌文獻中普遍存在的包首題

圖8

符號，直接源於對竹木題簽契口的摹仿。

卷軸古書書帙題簽的形制及時人對它的稱謂，可印證以上論斷。據上引《法書要録》已知，題簽在唐代又被稱作"題檢"。檢，《類篇》云："《説文》：'書署也。'一曰俗謂燕尾，今世書帙簽。"①明方以智則引述此語論證説："燕尾，帙標也。"②《類篇》是一部字書，於宋寶元

 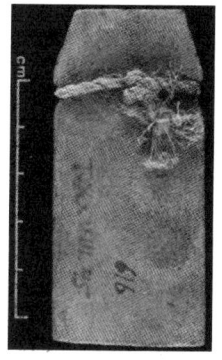

圖9

---

①舊題（宋）司馬光撰《類篇》，《景印文淵閣四庫全書》（第 225 册），臺北：商務印書館，1983 年，第 190 頁。威按："檢"一般認爲是指古人出於保密的目的，封存文書或實物的蓋板，王國維《簡牘簽署考》對其形制功用有詳細考察。然而這只是"檢"的引申義，王國維在《簡牘檢署考》已明確指出："《説文》（六）：'檢，書署也。'此爲'檢'字之本義，其所書署之物，因亦謂之檢。"（參王國維原著，胡平生、馬月華校注：《簡牘檢署考校注》，上海：上海古籍出版社，2004 年，第 76—106 頁。）可見，"檢"的本意指古代封書時的題簽，《類篇》此處的注釋概取其本義。

②（明）方以智：《通雅》，《景印文淵閣四庫全書》（第 857 册），臺北：商務印書館，1983 年，第 618 頁。

圖 10

二年(1039)開始修撰,治平四年(1067)修訖繕寫後由司馬光署名進呈①,因此《類篇》中的語料多來自宋前,引文將"俗稱燕尾"與"今世書帙簽"對舉,則"燕尾"一稱當來自與"今世"相對的前代,亦即唐五代前人們對書帙簽的稱謂。在敦煌文獻中恰好保存了一批書帙題簽,它們爲紙或絲質,粘貼或縫系於經帙上,上面多題有標題,格式一般爲"書名+經帙序數",極易分辨。在這批經帙簽中,有相當數量者標題首字上方也含有與包首題符號相似的標識。例如,Дx274(圖10)爲絲質帙簽,高16釐米,寬2.8釐米,上用黃絲線刺繡標題"大般若經第廿五袟"及雙勾式符號②;Дx03834 也爲絲質帙簽,其標題"大般若經第卅六袟"及首字及雙勾式符號爲用墨書寫。又如,S.11368 爲紙質帙簽,標題"瑜伽師地論第五秩(威按:原字如此)"上方符號作 ;S.11376 同樣爲紙質,標題"大般若經第卅四袟"上方有符號作 。鑒於卷軸古書帙簽題的書寫特徵,筆者認爲,時人之所以稱帙簽爲"燕尾",大概是因爲帙簽上有此符號;而在典型的雙勾式符號中(如 S.11066 、S.11249),單個對勾的形狀與末端分叉的燕尾形似,這是採用擬物的方式爲帙簽命名的結果。

三、包首題符號的演變

(一)從包首符號到魚尾

契口在卷軸時期發展成爲"燕尾"後並没有停下演變進程,而是在册頁時期發展成爲"魚尾"。魚尾是册頁古書中常見的一種標識字號,基本形狀作" ",一般位於書籍的版心位置,其下方往往刻有書名。對於"魚尾"這一名稱的由來及其功用,程千帆指出:"按其形狀叫魚尾。魚尾的分叉處,正當版面中心,是折疊書寫的標準點。"③至於其起源,何遠景指出魚尾源於簡册契口④,其觀點可信從。然而由於何先生没有注意到卷

---

① (清)永瑢等:《四庫全書總目》,北京:中華書局,1965年,第349—350頁。
② 俄羅斯國立艾爾米塔什博物館、上海古籍出版社等編纂:《俄藏敦煌藝術品Ⅱ》,上海:上海古籍出版社,1997年,第196—197頁。
③ 程千帆、徐有富:《校讎廣義·版本編》(第2版),濟南:齊魯書社,1998年,第96頁。
④ 何遠景:《魚尾的起源》,《文獻》1999年第4期,第247—253頁。

軸時期包首題符號這一中間環節，沒有理清由契口（簡冊）到"燕尾"（紙卷）再到"魚尾"（冊頁）這一演變過程，因此，在探討這一進程時，其"竹木簡上的這種用以固定編繩的小直角三角形（威按：指契口），如果對稱相連，就是一個魚尾"的觀點，值得商榷。

至於可堪懷疑的原因，實際已包含在上文對簡冊契口形制的描述中：一則，從形狀上看，契口不僅有直角三角形，還有其他形狀。二則，退一步講，即便將直角三角形視爲典型契口，用兩個契口去合成一個魚尾也頗爲困難。因爲簡冊契口多刻於簡的右側，這一規則執行比較嚴格，少有例外。因此，在同一編簡冊上，契口的開口方向實際是趨於整齊劃一的，即開口向右。那麼，如果要將兩個契口"對稱相連"構成魚尾，就需要對其進行翻轉後再合併的複雜操作過程。試想，唐五代之後的人們在刊刻書籍時，借鑒早已不在日常生活中出現的簡冊契口，再經過翻轉、合併，最後創造出魚尾並用於刻書活動，這種可能性微乎其微。

然而，如果對敦煌文獻包首題符號的樣式有全面的瞭解，便可以清晰地發現從契口到包首符號再到魚尾的演進關係。如表1所示，包首題中存在一種"八字式"符號，特別是其中的 S.10800、S.11248、S.11499、P.2180 等符號已完全是漢字"八"的模樣。如果將這種形態的符號用於題簽製作，簽條邊緣與"八"形符號組合後就會自然形成魚尾的形狀。從 S.10979（圖11）包首題簽中恰可以看到這種演化痕跡。如圖所示，該題簽中的標題"大乘密嚴經卷中"上方的符號爲雙勾式，但其左勾起筆處與右勾收筆處均有所簡化，已可以看出漢字"八"的形態，雖然此符號與簽條的左右邊線尚有間隙，但在形狀、功用上與典型的白魚尾"⿱"（國圖藏明萬曆刻本《建文朝野彙編》卷一第十一葉版心）已差異不大，可視爲魚尾的雛形。

圖11

魚尾符是冊頁古書中常見的一種標識字號，它一般位於版心位置，從形狀上看很像某些種類魚的尾巴（如鯉魚、鯽魚），故被稱爲"魚尾"。從形式與功用上看，現代標點符號體系內的書名號（"《》""〈〉"）當爲從冊頁時期的魚尾符演變而來的。從形式上看，魚尾種類多樣，有黑魚尾、白魚尾、線魚尾、花魚尾等不同樣式。

魚尾輪廓用墨填實的叫黑魚尾，如國圖藏宋本《朱文公訂正門人蔡九峰書集傳》卷一第十八葉版心魚尾①▼，國圖藏明正德六年司禮監刻本《大明會典》卷一第九葉版心魚尾②▼。只有魚尾外部輪廓的叫白魚尾，如國圖藏清初毛氏汲古閣抄本《絕妙好詞》卷一第一葉版心魚尾③⿱，清華大學圖書館藏明崇禎貫華堂刻本

《第五才子書施耐庵水滸傳》卷六第七葉版心魚尾④▨。魚尾由線條構成的叫線魚尾，如國圖藏明弘治碧雲館活字印本《鶡冠子》卷下第三葉版心魚尾⑤▨，國圖藏明萬曆活字本《春秋國華》卷一第三葉版心魚尾⑥▨。魚尾由邊緣或内部由圖案構成的叫花魚尾，如國圖藏明天順五年内府刻本《大明一統志》卷一第一葉版心魚尾⑦▨，南京圖書館藏元刻本《太平惠民合劑局方》卷二第一葉標題上方魚尾⑧▨。

　　版心位置的魚尾數量從一至六個不等。一魚尾者如：國圖藏宋嘉泰四年（1204）新安郡齋刻本《皇朝文鑒》卷一六第三葉、國圖藏明萬曆（1573—1620）刻本《孝經列傳》卷七第十三葉，版心有一魚尾者，魚尾多位於版心上方，爲順魚尾。兩魚尾者如：國圖藏南宋建安黃善夫家塾刻本《史記》卷八三第八葉，該書上魚尾爲順魚尾，下魚尾爲逆魚尾；國圖藏宋淳熙四年（1177）撫州公使庫刻本《禮記》卷一第八葉，兩魚尾爲順魚尾。三魚尾如：國圖藏元大德九年（1305）太平路儒學刻明成化正德遞修本《漢書》卷三〇第十四葉；國圖藏宋刻本《纂圖互注周禮》卷一第十一葉；著名的《永樂大典》版心魚尾也爲三魚尾。三魚尾往往第一個魚尾爲順魚尾，第二三各魚尾相對，因此第三個魚尾多爲逆魚尾。四個魚尾如：國圖藏明嘉靖十七年（1538）周藩刻《金丹正理大全》卷五第二葉，國圖藏明成化三年（1467）紫陽書院刻本《瀛奎律髓》卷一第一葉，版心有四個魚尾。四個魚尾分别兩兩相對同時平分版心。五魚尾者暫未見。六魚尾者如明崇禎十一年（1638）刻本《瑞世良英》①卷一第一葉，該版心爲兩兩相對的六魚尾，第一對内刻書名"瑞世良英"，第二對内刻"卷之一"，最下一對内刻頁碼"一"（圖12），非常特别。魚尾主要位於版心，但也會出現在諸如卷端、目録、插圖、牌記等版面的其他位置。

　　魚尾有多種不同的功用。首先，最重要的功能是作爲標題的標示物。版心位置的書名多寫刻在魚尾的下方或上方。同時，此符號也被用於在正文中標示篇名。在魚尾的這一項標識功能背後，探其本源，它其實是爲檢索信息服務的。一方面，對於讀者來說，需要借助這類標識來獲取檢索信息，從而快速進入目標閱讀中；另一方面，對於刻工來說就是書籍分書時的標準。刻工在折頁之後，將依照魚尾處所刻的卷數、頁碼進行分書，由於紙張柔薄，在檢取時容易夾帶，而魚尾處的卷數、頁碼標識則能說明分書，理清頁碼②。

---

①（明）金忠、車應魁編撰：《瑞世良英》，見上海古籍出版社編《中國古代版畫叢刊二編》（第 9 輯），上海：上海古籍出版社，1994 年據明崇禎十一年（1638）車應魁刻本影印。
②蔣元卿：《中國書籍裝訂術的發展》，《圖書館學學報》1957 年第 6 期，第 20—25 頁。

圖 12

其次,魚尾還可作爲對折書頁的參照物。魏隱儒①、施廷鏞②、程千帆③、張秀民④等先生均持有此觀點。施勇勤則進一步指出了魚尾出現的商業動機,即私人書坊出於牟利經營的目的而使用魚尾來提高折頁速度和效率⑤。魚尾的這一功能也可在典籍實物得到印證。例如,國圖藏宋純熙八年(1181)泉州州學刻本《禹貢論》,此書内含大量插圖,爲了保持圖畫的連續性,該書的圖畫頁並没有刊刻版心,但在中縫處的上、下欄處都刻有黑魚尾,該魚尾較一般的版心魚尾稍小,魚尾分叉處正當版面的中心,這時魚尾獨立承擔着折疊書頁的功能。該書内的《今定三江圖》(圖13)、《三條荆山圖》《孔安國三江圖》等頁魚尾均爲這種類型。

又如,上海市圖書館藏元刻本《周易本義啟蒙翼傳》一書,當書中插圖爲整版時,該葉無版心,且在版面中心線緊貼上下邊欄處各有一個較小的黑魚尾,如該書中的《伏羲六十四卦方圓圖》《文王十二月卦氣圖》《卦氣直日圖》《太元方州部家八十一首圖》等均有此特徵。可見在無法雕刻版心的情況下,魚尾獨立承擔着版心折疊書頁的功能,雕

---

① 魏隱儒:《古籍版本鑒賞》,北京:燕山出版社,1997年,第61頁。
② 施廷鏞:《中國古籍版本概要》,天津:天津古籍出版社,1987年,第110頁。
③ 程千帆、徐有富:《校讎廣義·版本編》,濟南:齊魯書社,1991年,第96頁。
④ 張秀民著,韓琦增訂:《中國印刷史》,杭州:浙江古籍出版社,2006年,第128頁。
⑤ 施勇勤:《古刻本版心之構成與功用》,《出版與印刷》2001年第3期,第66—69頁。

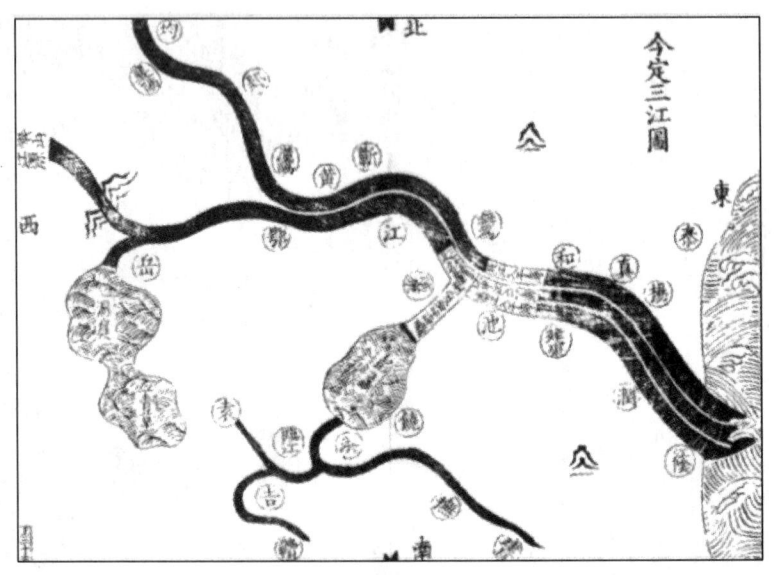

圖 13

版者希望利用其標識版面的中心線,採用兩點確定一線的方式輔助折葉。有學者認爲魚尾作爲對折線的功能無直接證據,爲揣測之詞①,從上述材料看並非如此。

最後,魚尾還具有裝飾功能。在標識信息,對折書頁等功能之後,魚尾隨着樣式的多元化而發展出裝飾功能。不僅黑、白、花、線四種具有顯著區別的魚尾共同存在於浩瀚古書中,而且同一樣式的魚尾内部也存在着細微的差别,而花魚尾的樣式更是隨着印刷術和出版行業的發展而愈加精美。在魚尾的四種基本樣式中,花魚尾的裝飾特性尤爲突出。從刻版上來看,花魚尾的雕刻較之黑魚尾更爲複雜,這種工序上更加煩瑣的做法也是追求裝飾與美觀的一種體現。僅就花魚尾來看,魚尾分叉處呈波浪形居多,不再是平直的線條,同時,在魚尾的着墨内部,也不再是單純的一片墨色,而是雕刻了諸如花瓣、水滴之類的細小圖案,這些細微而明顯的加工,使得花魚尾相較於黑魚尾、白魚尾、線魚尾更爲醒目和美觀。例如,國圖藏元延祐二年(1315)圓沙書院刻本《周易程朱先生傳義》有《河圖》《洛書》兩幅圖(圖14),圖的標題"河圖""洛書"分置於一版中縫左右兩邊的上方,各被一對側置的花魚尾擴起,魚尾分叉處爲波浪線,其内部則爲三片花瓣式鏤空圖像,其花紋可謂精美。

---

① 向輝:《試論古籍版式中的魚尾及其在版本鑒定中的功能》,見沈乃文主編《版本目錄學研究》(第6輯),北京:北京大學出版社,2015年,第581—593頁。

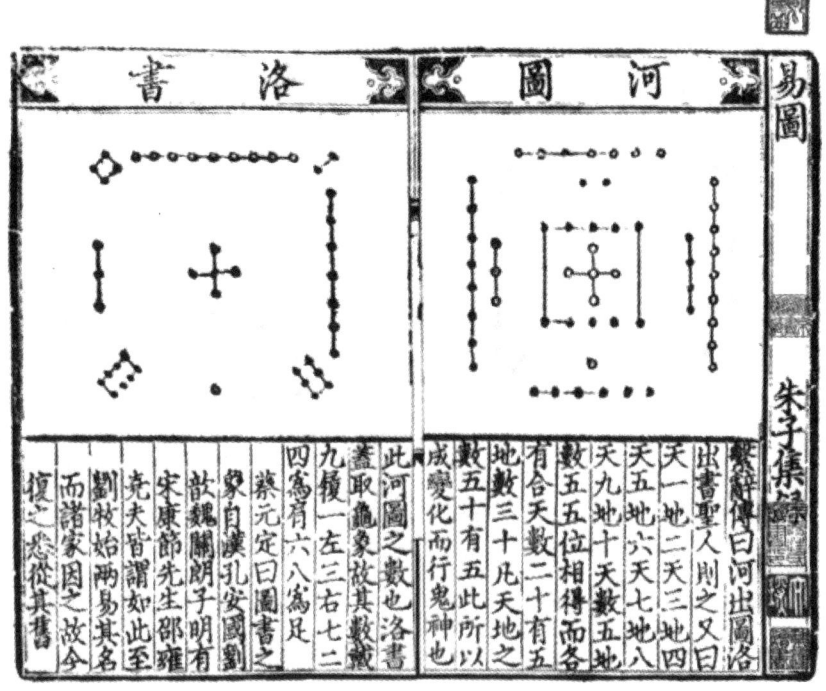

圖 14

(二)從魚尾到書名號

此符號的演變進程並没有到卷軸時期而止,在册頁時期,此符號演變爲魚尾。且這一演變一直持續至今,我們現在所使用的書名號"《》"與單書名號"〈〉"實際上直接繼承了魚尾樣式。

在現代標點符號體系中,書名號("《》""〈〉")的形式被官方確認,始於1951年國家出版總署發布的《標點符號用法》,但當時二者並非書名號的固定形式,該文同時規定,波線號(＿)和引號(""、''、「」)也可作爲書名號使用。其後,由於我國的文字書寫和書刊排版改爲横排,1990年《標點符號用法》頒布修訂本,在此文中"《》""〈〉"被確定爲書名號的正式寫法;1995年、2011年版的《標點符號用法》延續了這一規定。在上述四版《標點符號用法》中,對書名號用法的記述和説明也基本保持一致。一種觀點認爲,隨着"五四"新文化運動的開展,中國許多先進知識份子在嘗試利用西方的標點符號來改造和調整中國舊式標點符號的過程中,援引了法、俄文中的尖角號作爲我國新式標點中的書名號①。另一種觀點則認爲,書名號起源於中國②。考慮到 20 世紀 50 年代中俄關係交好的歷史與俄語尖角號的形式與功用,我們認爲,書名號在定型過程中受西方標點符號影響的可能性是存在的,但因此而認爲書名號即源於尖角號則缺乏直接證據,書名號起源於中國的觀點更符合實際,因爲有諸多的證據表明,早在"五四"運動之前,中國古代標點符號系統中已有"《》""〈〉"發展演變的痕跡。

從上節所引編號①-⑧魚尾實物可見,魚尾符①③⑤分叉處的邊緣線與單書名號"〈"形狀類似,其中又以白魚尾最爲典型;魚尾符②④⑥在分叉處邊緣線下方又有一條與邊緣線形狀相同的細線,其形狀與雙書名號"《"相近,其中又以線魚尾最爲典型。

除形狀相似外,魚尾的主要功能也與書名號相同。一方面,版心處的魚尾下多題有書名。例如,國圖藏宋婺州義烏蔣宅崇知齋刻本《禮記》卷一第二十三葉上魚尾下刻有標題"禮記一";國圖藏宋嘉泰四年(1204)新安郡齋刻本《皇朝文鑒》卷一六第三葉版心魚尾下刻有標題"文鑒十六";國圖藏元至正五年(1345)刻本《金史》卷二四第十三葉上魚尾下刻有標題"金史第二十四卷";等等。這種情況在版心位置,尤其是在宋元版古書中極爲普遍。另一方面,當正文中的書籍標題需要凸顯時,也會用到魚尾符。例如,國圖藏宋開禧元年(1205)建安三桂堂刻本《童溪王先生易傳》卷五第十二葉,由於該頁空間有限,卷五的尾題與正文刻於一行,爲了標示尾題"童溪王先生易傳卷之五",其上方刻有一魚尾。又如,國圖藏宋淳熙八年(1181)泉州州學刻本《禹貢論》,其第三册《禹貢論》序言部分,卷首題"禹貢論序"幾字上方有一花魚尾,也有標示標題的意味。魚尾的這一點與現代標點符號中的書名號在功用上保持一致。

可見,書名號無論在形態還是功能上,與魚尾均極爲相似。尤其是當魚尾成對出現時,這種特徵體現得更爲明顯。例如,國圖館藏明嘉靖十七年(1538)周藩刻本《金丹正理大全》卷一第五葉(圖15),該頁版心處出現兩對對魚尾,形狀類似於雙書名號("《》"),其中上方對魚尾中間刻有該書書名簡稱"金丹大全",從形式與功用上看,均與現代書名號相仿。又如,國圖館藏宋刻宋元遞修本《陳書》卷一七第七葉,該頁版心位置亦爲對魚尾,其間刻有標題"陳書傳一七",魚尾的形狀與單書名號("〈〉")相似,

---

①袁暉:《漢語標點符號流變史》,武漢:湖北教育出版社,2002 年,第 410 頁;林穗芳:《標點符號學習與應用》,北京:人民教育出版社,2000 年,第 364 頁。
②管錫華:《古代標點符號發展史論綱》,《古漢語研究》1997 年第 2 期,第 58—63 頁;何遠景:《魚尾的起源》,《文獻》1999 年第 4 期,第 247—253 頁。

功用同樣是用於標示書名。因此,我們認爲,現代標點符號系統中的書名號爲從册頁古書中的魚尾符演化而來。

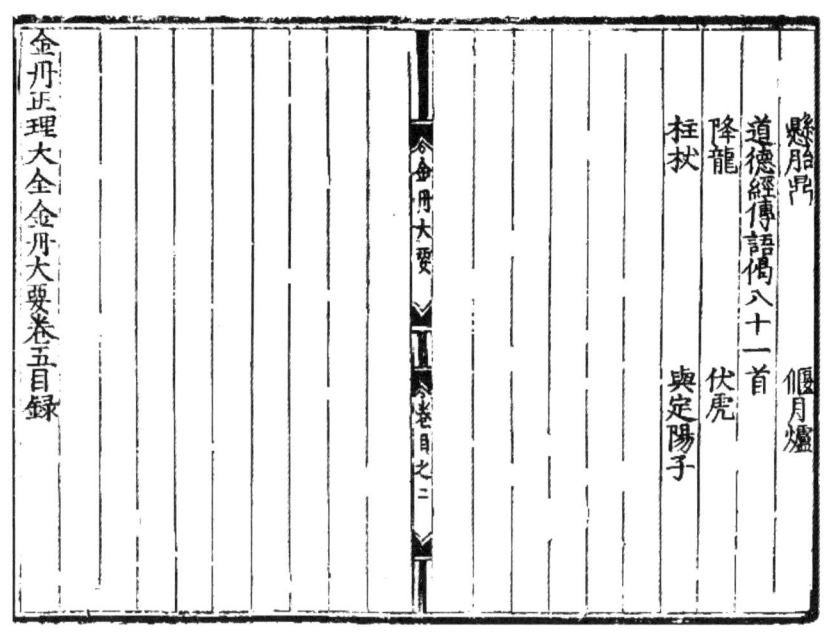

圖 15

综上,現代標點符號體系中的書名號,其起源可以追溯到簡册時期簽牌的契口,契口本是用來防止編繩或簽繩脱落而刻劃,但由於長期以來在其下題寫書名,它遂逐漸與書名組合在一起形成了穩定的關係。書籍進入卷軸時期後,由於書寫材料由簡轉變爲紙,簽牌在此新的書寫環境中發展出新的形式——包首題簽,契口也隨之符號化,演變爲包首題標識字號,其形態爲雙勾形狀或類似於漢字"八"。包首題符號在被書寫於題簽上時,此符號與簽題邊界組合在一起,逐漸演變爲魚尾,並在册頁時期發展壯大演變出多種樣式。

新文化運動以後,很長一段時間内波浪線(＿),引號(" "、' '、「 」),雙、單尖號(《》、〈 〉)均可被用作書名號。在經歷一段混亂期後,從魚尾演變而來的雙尖式與單尖式書名號,以其簡潔、不易混淆等優點,逐漸成爲書名號的首選。新中國成立以後,《中國語文》雜誌較早地使用"《》"作爲書名號,擴大了其影響。1959 年,《中國語文》刊發平群《書名號應該統一》一文,針對當時書名號使用混亂的現實,從美觀、大方、獨特等方面考慮,指出波浪線不適合於横排印刷,不很好看;引號則易與用於標示引文的引號相混淆;與二者相較,還是以使用"《》"作爲書名號爲好,並呼籲書名號"應該取得一致,儘快地規範。這是我們讀者的要求,希望各出版社能够重視這一工作"①。正是此類的呼籲與《中國語文》等期刊及各出版社的出版實踐,使"《》""〈〉"作爲書名號迅速擴大了其影響,在1990年修訂版的《標點符號用法》中"《》"被確認爲書名號的正式寫法,並一直沿用至今。

  書名號在歷經簡册、卷軸、册頁不同時期,超過兩千年的演變過程中,其形態在各歷史時期呈現出不同的面貌,但由於其形態的相似性讓我們對其演變有跡可循,其標示書名的主要功能更是一以貫之,歷經千載而不變。也正因爲如此,我們今天纔可以根據典籍實物中殘存的痕跡,追溯並揭示其本來面目。此符號甚至已滲入到電子產品中,如在筆者所使的CNKI文獻閲讀器CAJ Cloud Viewer[MAC版1.1.2(19)]中,其"書簽"按鈕被設計成紅色魚尾狀,爲魚尾在現代社會的進一步演化。

四、包首題符號的功用

  敦煌文獻包首題符號的功用體現在兩個方面:

  其一,標識作用。一方面,此符號能起到標識、凸顯書名的作用,這一點顯而易見,不贅述。另一方面,包首題符號也被用於標識書名之外的其他信息。此功用在敦煌文獻中雖不常見,但仍有實例可以證明。如國圖BD03275號(圖16)藏品,其卷首題"金光明最勝王經辯才天女品五餘"下有由左向右書寫的雙行小字,內容爲譯經者信息,作"三藏法師義\淨奉制譯",在"淨"字上方有"八"字式符號,即爲用此符號標識人名之例。從册頁古書實物看,這一功用在此符號演變爲魚尾後得到了增强,尤其是在明清時期,魚尾被廣泛地用於標識書籍中其他信息。

  其二,裝飾作用。包首題符號與其"前身後世"一樣,都具有裝飾作用。簡册契口的裝飾作用上文已揭,個別簡册的契口被契刻成對稱狀就是其體現。從魚尾多元化的樣式,尤其是花魚尾的形態來看,魚尾的裝飾作用也是顯而易見的。同樣地,敦煌文獻包首題符號的多樣性也表明了其裝飾屬性,具體表現爲:

  第一,抄手在練習此符號的書寫時刻意求異的做法。上文已揭,S.11157、S.11292、Дx1582、BD09446等包首題習字雜寫中包含有大量包首題符號,從字跡上看,每個寫卷上的符號爲一人同時同地書寫,其形態上的差異實際爲書手有意爲之。其中以

---

①平群:《書名號應該統一》,《中國語文》1959年第7期,第333頁。

BD09446（圖5）體現尤爲顯著，此卷尤值得注意的是右下方專門針對包首題符號的練習，抄手書寫的這五組符號在形態上彼此間存在明顯的差異，刻意而爲的痕跡頗爲明顯。這種求異的心理表明此符號的多樣化爲時人所認可，而非手寫體客觀上難以避免的細微差別，同時，在書寫時避免重複的做法也符合中國書法的美學追求，這些均可印證此符號的裝飾功能。

第二，包首符號自身所具備的一些形態屬性，也表明了其裝飾性。例如，S.559（A）－（S）爲《佛本行經集》各卷包首，包首題筆跡相同，當出於一人之手，其包首題符號爲彼此相連的三個對勾，用在首字"佛"的上方頗爲美觀，以S.559（Q）爲例，首字及符號作"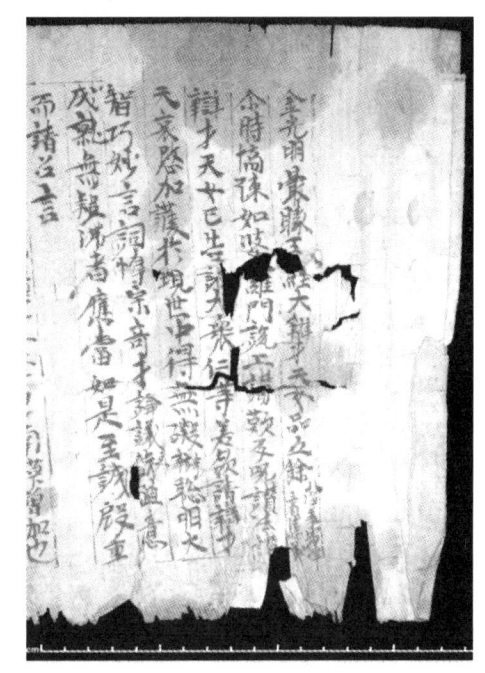"，書名首字上方標識字號的形態與後世的連魚尾

圖16

有異曲同工之妙，如《中華再造善本》影印宋王叔邊刻本《後漢書》牌記上、下邊欄即用連魚尾圍起（圖17），二者均有明顯的修飾功能。又如，表1所示的雙勾式符號，諸如S.71、S.1828、S.11116、S.11189、P.2055、P.2175等，形態酷似鳥類①，頗爲奇特，亦帶有很明顯的裝飾意味。

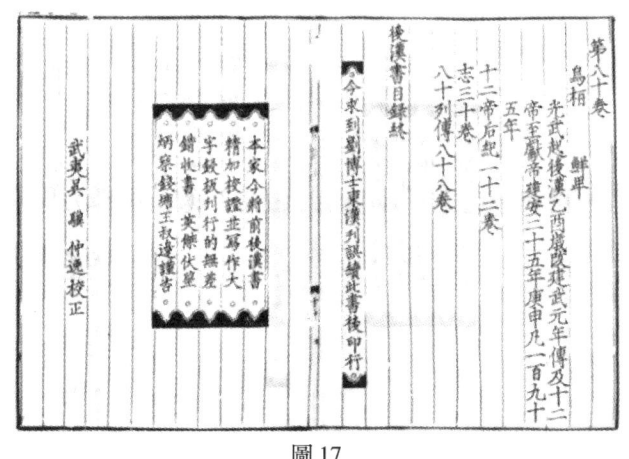

圖17

---

① Ф072、Дх00025、Дх00674、Дх01993、Дх02140等包首題符號也是類似形態。

五、包首題符號研究的方法論意義

雖然本文的研究對象較爲微觀,但筆者認爲,考察這一現象時所涉及到的問題,在中國古書物質性研究領域中頗具典型意義與啟發價值。這裏主要涉及研究視角與材料使用兩個至關重要的方面。

從研究視角而言,中國古書發展史是一延綿不斷的歷史進程。包首題符號及其前生後世,在書籍發展不同階段分別以不同的面貌加以呈現,經歷了從實物的契口向抽象的魚尾演變的歷史過程,貫穿了整個書籍發展史。那麽,難道這一現象屬於孤例?是否仍有類似的現象有待發現?但由於我們已滿足於將其孤立地進行物質性描述,拘泥於簡帛、卷軸、册頁的分期,而沒有用歷時的眼光將其放在整個書籍發展進程中加以考察,嘗試去揭示現象之間的因果聯繫;沒有將其置於古書生産、典藏、閱讀、傳播等具體活動中加以觀照,並在必要時突破文化畛域,將其放在跨文化的視角中做對比研究,以致忽視了研究對象背後鮮爲人知的陌生本質與深刻內涵。

在材料的使用上,古書物質性研究應嚴格遵循典籍實物爲主,文字史料爲輔的研究原則。因爲一方面,典籍實物是瞭解書籍物質特徵最爲可靠而直接的材料,只有通過對實物大量、細緻地觀察,纔可能全面瞭解研究對象,從而對其進行細緻地描述,並以之爲基礎進一步考察其本質與內涵。印象式、經驗式的概括已無法適應當前研究向縱深發展的需求;不基於典籍實物的研究則有似緣木求魚,很難接近真相;不以實物爲基礎的內涵闡釋,更會把研究置於危險之境。以對魚尾的研究爲例,有學者僅以功用相似爲主要依據判定魚尾源於古代的魚符是存在問題的①,從魚尾中推演出其中蘊含"中庸""天人合一"等思想亦爲無根據的闡釋②,類似的研究均無益於釐清問題。

另一方面,在古書物質性研究領域,文字史料不僅應作爲輔助材料,在使用時還應仔細辨析並謹慎使用。法國學者戴仁在考察中國古書裝幀形制時指出:"文字史料絕不會說明我們澄清從卷子到其他形式書籍的發展過程,因爲它們往往都並不以特殊的名

---

① 李娜華:《中國古書版式與魚尾來源初探》,《圖書館雜誌》2011 年第 9 期,第 95—96 頁。
② 徐中文:古籍印版魚尾符號的文化内涵[EB/OL]. http://www.sohu.com/a/221987761_736897, 2018-02-09/2019-02-26。

稱術語來區別這一切。"①文字史料的特殊屬性,使這一論斷不僅適用於古書裝幀形制的考察,也同樣適用於書籍其他物質屬性的研究。原因在於:書籍物質層面的問題,在當時往往爲習焉不察的常識,一般不作爲系統知識書於竹帛,而只零星見於其他各類著作中,缺乏系統性與嚴肅性。在這種情況下,後人在追述前代典籍制度時,由於史料匱乏、時代久遠等因素,偏見與臆測在所難免。仍以魚尾爲例,關於其起源問題,清趙慎畛在《榆巢雜識》説:"書中間縫,每畫▬,名魚尾,象形也。始于唐太宗。"②此類記述與倉頡造字、蒙恬造筆、伏羲演八卦一樣,無從核實,且將漸進式形成的事物簡單地歸結爲一人之創造,恐怕也與真相難符。基於書籍史料形成的這一特殊性,我們很難對其不加辨別地放心使用。這其中自然也包括各朝類書中彙集的書籍史料,雖然這些資料相對集中,但本質上仍爲後人搜集的前代的零散史料。

因此,在古書物質性研究中,典籍實物不應僅作爲研究對象,還應將其視爲發掘比文字史料更可靠證據的源泉。雖然典籍實物從不主動告訴我們答案,但卻在一直呈現事實。我們需要的只是把圖像語言轉換成文本。我們承認,作爲史料,典籍實物無法完全摒除生產者個人因素產生的"特例",但其中更多體現的還是客觀性,是所謂的"時會所趨,久則爲律",甚至是"不知其然而然"。佔有的書籍實物越充分,這種客觀性就會體現得越明顯。而海內外古籍數字化成果的陸續公布,使得從前難得一見的戰國秦漢簡帛、六朝隋唐寫本、宋元明清古籍,任何人都可相對容易地通過網絡進行閱讀和使用。其中某些藏品圖像清晰、拍攝規範,除無法體驗材料質感外(某些數字化藏品附有詳細的文字說明,這一點也可最大限度地得以彌補),閱讀體驗甚至可能超過使用原件③。這些古籍數字化影像仍在持續不斷地被製作、發布,我們需要做的,就是以這些實實在在的典籍圖像爲根本,利用它們去發現問題、描述現象、揭示本質。

六、結論

綜上可見,以敦煌文獻爲代表的卷軸古書包首題符號存在雙勾式、八字式、以字式、

---

① [法]戴仁:《敦煌的經折裝寫本》,見[法]謝和耐、蘇遠鳴等著,耿昇譯《法國學者敦煌學論文選萃》,北京:中華書局,1993年,第577頁。

②(清)趙慎畛:《榆巢雜識》,北京:中華書局,2001年,第27頁。

③據復旦大學出土文獻與古文字研究中心陳劍教授介紹,馬王堆漢墓帛書的原件顏色呈深褐色,閱讀體驗遠不如經過現代圖像技術處理過的高清圖像好。

一字式四種基本樣式。其中,雙勾式爲其典型樣式,其他三者爲其變體。這一符號起源於簡帛契口,並在卷軸時期符號化爲"單勾"型和"雙勾"型兩種形態。由於書籍規範化的内在需求,題於卷軸古書首、尾題上方的單勾符號在隋唐時期被逐漸廢棄,而由書簽雙契口符號化而來的雙勾形態的符號,則在卷軸時期發揚光大并演化出上述四種基本樣式。雖然這一符號今天集中呈現於敦煌文獻中,但實際代表了卷軸古書標題包首題的總體特徵。書籍進入册頁時期後,此符號發展成爲魚尾,主要被刻於册頁古書的版心位置,仍用於標識書名,其修飾作用得到凸顯,其演變餘緒則一直持續至今。

這一研究提示我們在考察古書物質性時,需要把某些問題放在整個書籍發展史中,用歷時的眼光加以觀照;在具體研究過程中,由於典籍實物的顯著優點與文字記載的明顯缺陷,當堅持以實物史料爲主,文字史料爲輔的原則開展研究。

(本文原刊於《敦煌學》第三十七期,2021年8月)

折疊與斷裂：
論古籍卷軸裝到册葉裝演進之關鍵

劉郝霞

（四川大學文學與新聞學院）

　　《左傳·襄公二十四年》載："魯有先大夫曰臧文仲,既没,其言立,其是之謂乎？豹聞曰：'太上有立德,其次有立功,其次有立言',雖久不廢,此之謂不朽。"曹丕《典論·論文》謂："蓋文章,經國之大業,不朽之盛事。"所以著書立傳是中國古人非常看重的"三不朽"行爲之一,書籍載體的留存,也就成了"不朽"的關鍵。書籍的裝幀形式是其物質形態最直觀的體現,是其物態化定型的手段之一,是紙本書籍存在和傳播的基礎,甚至是判斷紙本書籍生産年代的一種標誌。書籍采用何種裝幀形式,也就有了非常重要的意義。

　　中國古籍裝幀方式的産生、發展與演變,除自身發展的動因以外,實際是諸多因素影響下的聯動反應。李致忠曾將中國古代書籍的裝幀分爲簡策制度、卷軸制度和册頁制度三大不同階段,將具體的裝幀形式歷程歸納爲簡策裝、帛書卷子裝、紙書卷軸裝、經折裝、旋風裝、梵夾裝、蝴蝶裝、包背裝、綫裝、毛裝十種[1]。李致忠指出："這裏所説的十種裝幀形式,彼此之間并不完全孤立,而是有其衍生和嬗變的關係,而在每一嬗變關係發生的背後,又幾乎都有各自不同的歷史動因或文化背景。"[2]隋唐時期是中國古籍裝幀的發展時期。學者普遍認爲,隨着佛教譯經、抄經事業的發展和繁榮,西土佛經使用的特殊裝幀形式如經折裝、梵夾裝和貝葉裝逐漸爲人熟知,并被發展和應用到中國傳統文獻上來。這一時期是紙質寫本文獻向紙質印本文獻過渡的關鍵時期,是卷軸制度向册頁制度轉變最爲劇烈的時期,這一轉變過程涵蓋了李致忠所分析的十種裝幀形式的

---

[1] 李致忠：《中國古代書籍的裝幀形式與形制》,《文獻》2008年第3期,第3頁。
[2] 李致忠：《中國古代書籍的裝幀形式與形制》,第3頁。

大部,甚至還有一些李文中未曾提及、在裝幀史上也没有普遍採用的形式。這些比較特殊的裝幀形式,卻因爲古籍記載語焉不詳,往往不爲人熟知,没有在中國書裝史上留下應有的地位。

  法國漢學家戴仁和日本學者高田時雄長期從事敦煌文獻的研究,對中國中古紙質寫本文獻實物手觸目驗,接觸極多,對寫本文獻裝幀形態的認識頗有指導性,他們指出:"卷子裝向册頁裝演進是中古書籍裝幀發展的根本方向,這其中存在有許多小的裝幀形式。"分析這些小的裝幀形式的產生、消亡和各自之間的關聯,我們認爲,這一時期各種裝幀方式的迭代,都源自基本相同的動因,那就是實用性的需求。每一種裝幀方式產生、使用和停用,都是下一種裝幀方式成型之前古代人民出於實用的需要進行改良的嘗試和探索。在某一具體時段,可能某種裝幀形式的使用并不是整齊地出現或消失的,有時候是與其他裝幀形式混用的。

  本文擬通過對旋風裝、龍鱗裝、縫綴(繢)裝、粘葉裝四種古籍中無明確定義、近代以來爭訟紛紜的裝幀形式進行分析,以展示中古時期各種裝幀形式之間互相融合、影響的關係,説明人們實用性的需求是推動古籍裝幀發展的原動力,而裝幀方式的變化展示了中國古人善於在實踐中觀察、發現、思考與總結,并加以改進的民族智慧。特别指出,在這一從卷軸裝到册頁裝的演進過程中,"折疊"的行爲及折疊后的"斷裂"的出現有着特别的意義和作用。

一、關於"旋風裝"的爭論

  旋風裝最早只被稱爲"旋風葉"。"旋風裝"的爭論主要集中在兩個時段:20 世紀 80 年代和最近。

  最早論及其形式特征的是日本人島田翰(1879—1915),後經國人馬衡(1881—1955)、余嘉錫(1884—1955)、蔣元卿(1905—1999)、劉國鈞(1899—1980)、毛春祥(1898—1973)等人加以申發,他們基本觀點一致,那就是旋風葉是長卷大紙,經過如製作折扇時折疊的方式連續向正反兩個方向折後形成的長方形"折子",與經折裝相異處只在於經折裝是首與尾兩面各貼一與"折子"大小一致的硬紙,旋風葉則用一張横幅兩倍於"折子"大小的硬紙包裹粘貼首尾。

  這一觀點,本身揭示了"旋風葉"與經折裝(梵夾裝)之間密切的關聯,特别是"折疊"這一步驟是兩種裝幀方式製作的關鍵。但是,20 世紀 80 年代以來,因故宫博物院所收的《唐寫本王仁昫刊謬補缺切韻》比較特別的呈現狀態,引起了人們的關注和爭論,後李致忠等人以故宫藏《唐寫本王仁昫刊謬補缺切韻》的形態特徵爲準繩來確定"旋風裝"的定義和形制,完全否認島田翰等人原有的主張,而將收卷起來仍如卷軸裝,展開后呈現數張散葉前葉壓後葉,"以次錯疊,如魚鱗然","收卷時,書葉鱗次朝一個方向旋轉,宛如旋風"面貌的這一類文獻稱爲"旋風裝"①。這一理解使旋風裝與卷軸裝的關係更爲緊密,而全然看不到"折疊"的影跡。李説呼應者甚衆,包括杜偉生發表於1986年的《古書旋風裝的再考辨》②,程千帆、徐有富《校讎廣義·版本編》③等,均採用了李致忠的説法,一時幾成定論。

李説的問題在於,"旋風葉"既是"葉",其固定的形態只可能更像"册葉"而不會是長卷。在這一點上,島田翰、馬衡等人之説更勝一籌。故自本世紀初迄今,對李説的反駁、反思之論不絶。如黃永年《古籍版本學》中即稱:"什麽叫旋風葉,某些人曾經做過錯誤的解釋"④,周紹良《書記的形成過程——略論梵夾本的産生》亦認爲李説是有問題的⑤。辛德勇根據對"旋風裝"早期記載的諸種文獻分析之後總結説:"顯而易見,這種同宋代通行的册子('策子')書籍外觀非常相近的'旋風葉'或是'葉子',與迄今唐代爲止的卷軸裝,是完全不同的兩種東西。"⑥也就是説,"旋風葉"應已完全脱離卷軸裝,走向册葉裝。高田時雄的《旋風裝は日本に行われたか?》通過對日本出版物的考察,特别是在其引用的島田翰和藤貞幹所論"旋風裝"的分析之後,特别指出"奇しくも兩？更が旋風裝を同じように解釋しているのは注意される。日本には今日論定されている旋風裝(龍鱗裝)の實物が傳承されていない上に、關連する文獻上の記載も存在しない條件下では、兩人がこういう結論に至ったのは致し方ないところであろう"⑦。也就是説,日本所存實物中不存在李致忠所論的"旋風裝",連相關的記載也未曾見。亦是説明島田翰所論"旋風葉"或屋代弘賢所論"旋風裝"以及藤貞幹以實物"大間書"的實際形狀纔是高田氏認爲的"旋風裝"更爲常見的形式,進一步説,李致忠所論的"旋風裝"即使存在也是一種過渡性的形式,并不普及。

---

①李致忠:《古書"旋風裝"考辨》,《文物》1981年第2期,第78頁。
②杜偉生:《古書旋風裝的再考辨》,《國家圖書館學刊》1986年第4期,第30—32頁。
③程千帆、徐有富:《校讎廣義·版本編》,濟南:齊魯書社,1991年,第73—77頁。
④黃永年:《古籍版本學》,南京:江蘇教育出版社,2005年,第60頁。
⑤周紹良:《紹良書話》,北京:中華書局,2009年,第361頁。
⑥見微信公衆號"辛德勇自述"2017年10月25日《重論旋風裝》。
⑦[日]高田時雄:《旋風裝是日本創造的嗎?》,日本京都大學研修班通訊《中國典籍日本古寫本研究》,2018年第1期。

二、"旋風裝"與"龍鱗裝"

有一種被稱爲"龍鱗裝"的書籍裝幀形式,往往與"旋風裝"混爲一談。這種特別讓人想起"龍鱗"的裝幀樣式,首見於元代王惲《玉堂嘉話》的記載:"吴彩鸞龍鱗楷韻,後柳誠懸(案:即柳公權)題云……其册共五十四葉,鱗次相積,皆留紙縫,天寶八載制。"雖然王惲時代較後,但在其之前歷史上曾存在這樣一種"五十四葉,鱗次相積,皆留紙縫"的"龍鱗"式文獻是毋庸置疑的,在敦煌文獻實物中,唐昭宗天祐二年(905)寫本《金剛經》(即S.5444《金剛般若波羅蜜經》)即是類似的例證。甚至學者們均大多認同故宫博物院藏《唐寫本王仁昫刊謬補缺切韻》就是王惲文中所提及的這一吴彩鸞"龍鱗楷韻"的《廣韻》原物[1]。但李致忠認爲故宫藏《唐寫本王仁昫刊謬補缺切韻》是"旋風裝",那麽就默認了"龍鱗裝"實際就是"旋風裝"。

當然,有學者認爲"龍鱗裝"和"旋風裝"是不同的,如陰法魯、許樹安《中國古代文化史》即稱:"旋風裝之所以得名,是由於其回旋往復,也是由於翻閱之快如風,而'龍鱗'與'旋風',名稱上倒没有什麽意義上的關聯;況且,吴彩鸞曾經抄過多部《唐韻》,因此可能有不同的裝訂形式,張邦基與王洙所見,并不見得就是同一部。所以,'龍鱗'式應該是一種比較特殊的書籍形式,還不能説旋風裝就是這種式樣。"[2]

實際上,如果我們承認島田翰、馬衡所持的"旋風裝"觀點對其特點的描述,而不是李致忠所持的"旋風裝"的特點,直接用"龍鱗裝"來稱呼故宫藏《唐寫本王仁昫刊謬補缺切韻》(李致忠所認爲的"旋風裝")更爲穩妥,以下我們就稱其爲"龍鱗裝"。

故宫藏《唐寫本王仁昫刊謬補缺切韻》的形制,故宫博物院介紹并未明確,僅稱:"現藏故宫博物院的《刊謬補缺切韻》共24葉,第1葉單面書寫,其他23葉兩面書寫,總47面。每面紙縱25.5—26cm、橫47.8—49.4cm,淺米色,紙質較厚,平滑而有光澤。初

---

[1] 參見方厚樞:《中國出版史話》,北京:東方出版社,1996年,第122、123頁;劉國鈞:《中國書史簡編》,北京:書目文獻出版社,1982年,第52頁;李致忠:《古書版本學概論》,北京:書目文獻出版社,1990年,第128頁;程千帆、徐有富:《校讎廣義》,濟南:齊魯書社,1997年,第73—76頁;戴南海:《版本學概論》,成都:巴蜀書社,1989年,第137頁。

[2] 陰法魯、許樹安:《中國古代文化史》(一),北京:北京大學出版社,1989年,第207—208頁。

制於唐天寶、重裝於宋宣和、揭裱於明洪武年間。"①并没有給出該《刊謬補缺切韻》的圖片,根據李致忠《古書"旋風裝"考辨》所提供的示意圖,其形制如下圖所示:

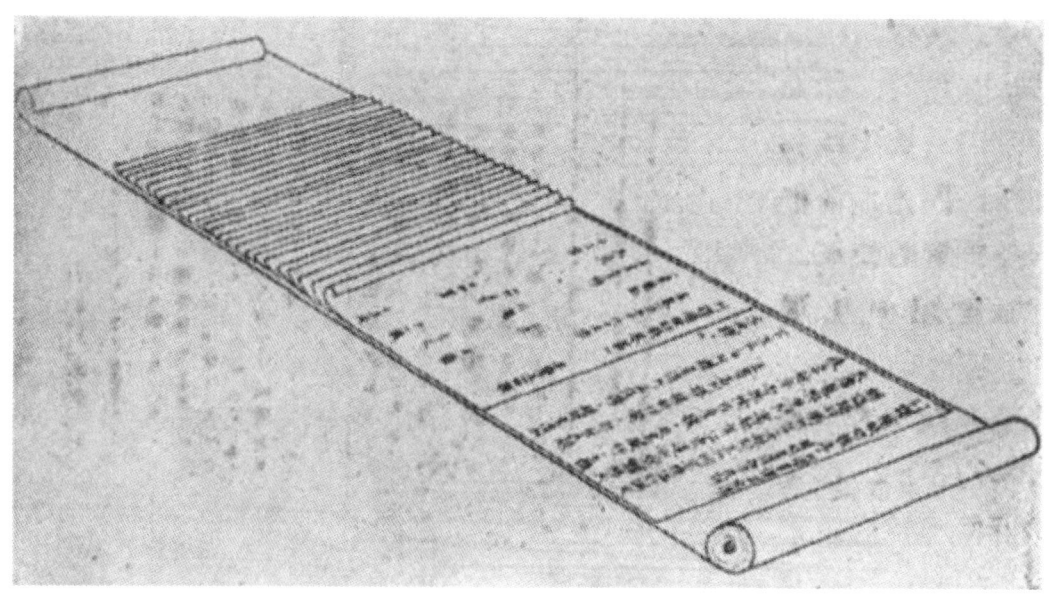

李致忠很肯定地描述其裝裱形式是:"以一長條卷紙作底,除首葉因單面書寫,全幅裱於卷端外,其餘二十三葉因雙面書寫,故以每葉右邊無字空條處,逐葉向左鱗次相錯地粘裱在首葉末尾的卷底上,看上去好似龍鱗,錯疊相積。收藏時,從首至尾卷起,外表完全是卷軸的裝式;但打開來時,除首葉全裱於卷底,不能翻閱外,其餘均能逐葉翻轉。"②也就是説,二十三葉本身各爲一張單葉紙張,彼此不相連接,只因同粘在一張底紙之上,纔形成了一個整體。

島田翰與蔣元卿均有和李致忠所舉故宫藏《唐寫本王仁昫刊謬補缺切韻》形制完全不同的"旋風裝"示意圖,兹舉如下。島田翰所定義的"旋風裝"後由藤井隆繪爲如下形式③:

---

①見 https://www.dpm.org.cn/lemmas/241753.html?hl=%E5%88%8A%E8%B0%AC%E8%A1%A5%E7%BC%BA%E5%88%87%E9%9F%B5。
②李致忠:《古書"旋風裝"考辨》,《文物》1981年第2期,第76頁。
③見[日]藤井隆:《日本古典書誌學概說》,大阪:和泉書院1991年,第57頁,轉引自微信公衆號"辛德勇自述"2017年10月25日《重論旋風裝》。

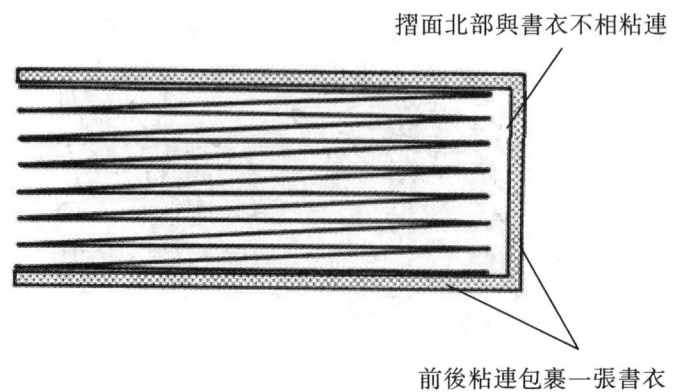

蔣元卿所定義的"旋風裝"(辛德勇稱之爲"固定式旋風裝"者)後由藤井隆繪爲如下形式①：

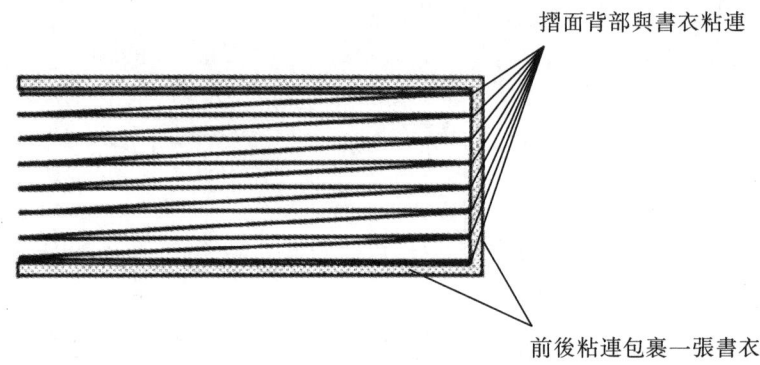

島田翰、蔣元卿所論的"旋風裝"實際與"經折裝"極其相似，唯一不同處在於經折裝是首與尾兩面各貼一與其首或尾大小一致的硬紙，旋風葉則用一張橫幅兩倍於首或尾大小的硬紙包裹粘貼首尾。經折裝的産生與佛教的興盛有關："展卷讀經還是很費時費事，特別是唐朝佛事活動很盛，而和尚做法事念經不一定從頭開始，有時祇需念其中的一部分，這樣卷子本就不方便了。"②經折裝實爲因卷子裝不易舒捲、不易方便尋找某一特定段落而作的折衷和改造，"將本爲長卷的佛經，從頭至尾的依一定的行數或寬度連續左右折疊，最後形成長方形的一疊，再在前後各粘裱一張厚紙封皮，於是一種新的裝幀方式出現了，這就是所謂的經折裝"③。

———————————

①見[日]藤井隆：《日本古典書誌學概説》，大阪：和泉書院1991年，第58頁，轉引自微信公衆號"辛德勇自述"2017年10月25日《重論旋風裝》。
②小羽：《書籍裝幀與佛經》，《世界宗教文化》1999年第3期，第51頁。
③李致中：《敦煌遺書中的裝幀形式與書史研究中的裝幀形式》，《文獻》2004年第2期，第88頁。

正如辛德勇所說:"宋人王銍之稱折扇爲'旋風扇',即已清楚表明,所謂'旋風'只是就其折疊成册這一特徵而言,或者説折疊而成的册子伸展開來時猶如旋風遊蕩之往復迴旋狀。其中一部分書册,再用一張紙裹背把這種折疊書册的前後兩頭粘連起來,形成日本所謂'囊草子'式裝幀,推尋其原委,大概是在卷子本盛行的環境中,使這種新興的折葉本稍具卷軸的整體性所致,而所謂'固定型旋風葉',則是愈爲凸顯這一意圖。不過,大概正是後者,直接促進了由旋風裝向蝴蝶裝的轉變。"①

　　我們認爲,"旋風裝"與"龍鱗裝"實際是不同的兩種裝幀形式,"旋風裝"是外形看起來與長卷不同,更像册葉,但打開後内部實際是折疊後的長卷;"龍鱗裝"則是外形看起來就是一個長卷,展開以後内部卻是單葉紙葉。正是外形與實質的彼此混亂,造成了學者對其認識的混亂。不過,我們又發現,二者彼此之間又有着很密切的關係,簡單來説,就是"旋風裝"一旦發生簡單的變異,就會形成"龍鱗裝",這種變異,實際是"旋風裝"文獻折疊處斷裂後演化而來的。

三、折疊與斷裂在"旋風裝"向"龍鱗裝"演化中的意義

　　經折裝是卷子裝的改進,無論是收納展開或是尋找特定段落,經折裝都遠優於卷子裝。但是,因爲經折裝須將長卷做多次折疊并按壓成型纔能形成,在打開合攏之際又會多次在折疊處形成拉伸,且折疊形成的書脊没有别紙的保護,完全裸露在外常遭受磨損,因此對折疊處紙的强度和韌性造成了極大的破壞,經常性地重復折疊和磨損就會使折縫斷裂。元代吾衍已認識到此點:"古書皆卷軸,以卷舒之難,因而爲折。久而折斷,復爲簿帙。"清代高士奇在《天禄識餘》中亦記:"古人藏書皆作卷軸……此制在唐猶然。其後以卷舒之難,因而爲折,久而折斷,乃分爲簿帙,以便檢閲。""久而折斷",可知古人已意識到經折裝的文獻使用的時間越久、折疊的次數越多,折疊處就越容易斷開。一旦折疊之處斷開,形態展開後本爲長卷的文獻就有可能變成長寬高相等的單頁紙,在没有打孔固定的情況下,單頁紙容易佚失,最終造成整部文獻形態的殘損與内容的缺失。此如俄藏敦煌文獻Дx.11034,其内容爲《妙法蓮華經·觀世音菩薩普門品》,裝幀爲經折裝,可以很明顯地看到連接折疊處已出現磨損和缺損,有幾片連接折疊處已經斷開。

　　經折裝易於折縫處斷裂,島田翰等所論的"旋風裝"折縫處其實也容易斷開,因爲這種

---

①見微信公衆號"辛德勇自述"2017年10月25日《重論旋風裝》。

"旋風裝"實際也是"折"。但比"經折裝"稍好一點之處在於,"經折裝"只要一折處斷裂,整個文獻就不再是一個整體了;島田翰所論的"旋風裝"因有包裹首尾的紙連接,若是一折處斷開,仍然還沒有脫離整體,除非多個折處斷裂,纔會完全破壞其整體性。

而蔣元卿所論的"旋風裝"則更爲理想,因爲不但首尾背串聯在一張紙上,而且因爲如上圖所示,折面背部與書衣粘在了一起,也就是说,即便折面每一折的折縫都斷開了,也依然不能脫離包裹首尾的那一張紙,仍然還是一個整體。未斷裂的形態如下:

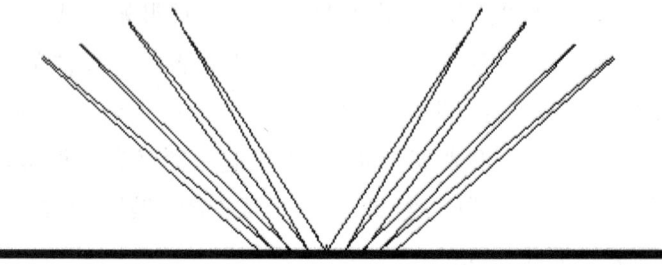

折面每一折折縫斷開以後則如下圖所示:

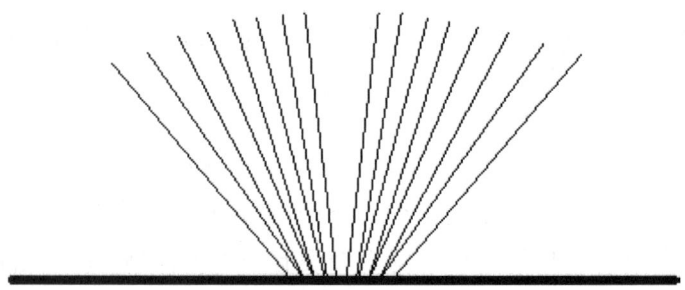

我們再試想一下,蔣元卿所論"旋風裝"折面每一折的折縫處都斷開,而且折面背部的折縫處也全部斷開後又會如何?當然首先他會散成一頁一頁的單紙,不復成爲一個整體;若要使其復爲一個整體,可以稍加加工,在與書衣貼近的每一頁上抹上粘合劑,然後就可以很驚異地發現,其實際的形態就非常接近李致忠等人認爲的"旋風裝"——故宮藏《唐寫本王仁昫刊謬補缺切韻》的形制了。如下圖所示:

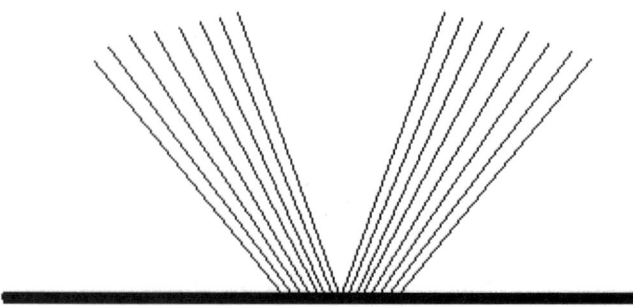

如果除底紙以外所有的紙葉向一個方向,與李致忠所描述的故宫藏本《唐寫本王仁昫刊謬補缺切韻》的形制"以一長條卷紙作底,除首葉因單面書寫,全幅裱於卷端外,其餘二十三葉因雙面書寫,故以每葉右邊無字空條處,逐葉向左鱗次相錯地粘裱在首葉末尾的卷底上,看上去好似龍鱗,錯疊相積"極其相似,正如下圖所示。所不同處僅底紙的長短有異,故宫藏本《唐寫本王仁昫刊謬補缺切韻》可以完全從首至尾卷起,下圖所示這種形式不能完全像卷軸裝一般卷起。

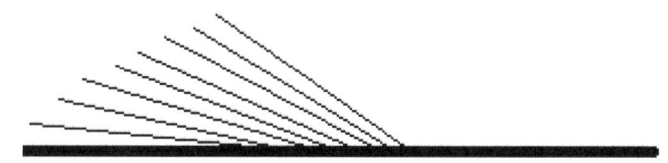

所以,上圖所示的形式與故宫藏本《唐寫本王仁昫刊謬補缺切韻》之間可能是一種互相影響的關係。島田翰所論的"旋風裝"若折疊處不會發生斷裂,是比較理想的書册裝幀形式,翻檢容易,攜帶方便。但是,紙張生産原料中本含有大量的纖維素、木質素和半纖維素,陽光照射中能量較高的近紫外綫不但會使纖維素分子斷裂,還會使其與木質素和半纖維素同時發生光氧化反應和光降解反應,生成易斷裂的氧化纖維素,"纖維素在光、高温、高濕和氧化劑的作用下,導致文獻紙質結構發生改變,産生與原來不同的氧化纖維素,氧化纖維素發黄、發脆"①。所以紙張本身非常容易老化、脆化。又考慮到折面的正面又正好是翻閲時手指直接接觸并連續翻動的部分,翻檢使用時間一久,折疊處自然會斷裂。

折面正面易斷,背面因爲不常翻動受外力作用,應該不易斷裂,但考慮到紙張老化脆化的因素,將其固定是比較明智的辦法,所以在折面背面塗抹粘合劑,"用一張整封面,從上到下,連書背都連串起來"②,形成"固定式旋風裝"。但是,若"固定式旋風裝"折面正背面折疊處全部斷裂,因書背被粘在了底紙上,文獻從外觀上來看還是一個整體而没有散失,仍没有完全破壞文獻文字前後的一貫和連續性,這時就成了與"龍鱗裝"極其相似的形制了。

可見,從"旋風裝"到"龍鱗裝"的演變過程中,折疊處的斷裂無疑是極爲重要的因素。

---

① 馬海鵬、孟碩:《紙質文獻殘舊形成機理與外觀特徵》,《中國文物科學研究》2012 年第 1 期,第 55 頁。
② 蔣元卿:《中國書籍裝訂術的發展》,轉引自喬衍琯、張錦郎編《圖書印刷發展史論文集續編》,臺北:文史哲出版社,1977 年,第 153—154 頁。

四、"縫綴(繢)裝"特點的再討論

　　折疊與斷裂也是另一種裝幀方式——"縫綴(繢)裝"——產生和消失的關鍵。古書"縫繢裝"一直没有足够詳細的描述記載,所以其特征并不明晰,甚至對其名稱"縫繢"亦有疑議,有學者提議應稱其爲"縫綴"裝。書籍與"縫綴(繢)"一詞聯繫起來見於宋代張邦基《墨莊漫録》中所記王洙之言:"作書册粘葉爲上,久脱爛苟不逸去,尋其次第足可抄録。屢得逸書,以此獲全。若縫繢,歲久斷絶,即難次序。初得董氏《繁露》數册,錯亂顛倒。伏讀歲餘,尋繹綴次,方稍完復,乃縫之弊也。嘗與宋宣獻談之,宋悉令家所録者作粘法。予嘗見舊三館黄本書及白本書,皆作粘葉,上下欄界出於紙葉。後在高郵借孫莘老家書,亦如此法。又見錢穆父所畜亦如此,多只用白紙作標,硬黄紙作狹籤子。蓋前輩多用此法。予性喜傳書,他日得奇書,不復作縫繢也。"後世學者考證,張邦基所引王洙的話有誤:温臺祥先生發表於 2014 年 11 月 14 日臺灣圖書館四樓專題講座的《是縫綴裝不是縫繢裝之考證》,認爲王洙原文作"縫綴"而非"縫繢",方廣錩先生核查後,確認應爲"縫綴"①。方廣錩先生最近發表的文章《從敦煌遺書談中國寫本的裝幀》已明確指出此點:"我覺得温臺祥先生這一批評有道理,其後撰文,一律改爲'縫綴裝'。"②遵從方廣錩先生的觀點,又爲不引起混亂,以下不稱"縫繢裝",而稱之爲"縫綴(繢)裝",但所引前人的觀點仍延舊説。

　　"縫綴(繢)裝"之得名,據方廣錩《從敦煌遺書談中國寫本的裝幀》一文,實際始於 20 世紀 90 年代,方廣錩、杜偉生整理國家圖書館藏敦煌遺書時,發現了其中一種特殊的裝幀形式,當時無以命名,後來杜偉生記起張邦基《墨莊漫録》中所記上述王洙的話,於是"商議可以把這種裝幀形式稱之爲'縫繢裝',并由此順帶解决敦煌遺書中出現的另一種裝幀形態——粘葉裝——的命名"③。後方廣錩又在與牛達生整理寧夏拜寺溝方塔出土的西夏漢文文獻時再次發現了這種裝幀方式的文獻,并由牛達生《從拜寺溝方塔出土西夏文獻看古籍中的"縫繢裝"》公布了對"縫繢裝"的認識④。杜偉生《中國書籍

---

①方廣錩:《從敦煌遺書談中國寫本的裝幀》,《文獻》2018 年第 1 期,第 17 頁。
②方廣錩:《從敦煌遺書談中國寫本的裝幀》,第 17 頁。
③方廣錩:《從敦煌遺書談中國寫本的裝幀》,第 16 頁。
④牛達生:《從拜寺溝方塔出土西夏文獻看古籍中的"縫繢裝"》,《文獻》2000 年第 2 期,第 84—89、109 頁。

修復與裝裱技術圖解》一書總結了方、杜、牛一派關於"縫繢裝"定義及製作方法的觀點①。學界遂始使用"縫繢裝"一名。

牛達生《從拜寺溝方塔出土西夏文獻看古籍中的縫繢裝》一文首先披露1991年寧夏賀蘭縣拜寺溝方塔考古發掘出土的西夏時期三件漢文文獻《漢文詩集》《修持儀軌》和《衆經集要》是縫綴（繢）裝，并就此總結了"縫綴（繢）裝"的五個特點②："第一，只有寫本，沒有印本。""第二，先裝訂，后書寫。""前後文字，多不相接。""第四，頁數成雙，多爲八頁。""第五，分迭縫綴，連迭成册。"由此種特點，學者得出了"縫綴（繢）裝"的製作方法和定義。

如杜偉生分析"縫綴（繢）裝"的製作方法是："書葉較厚，幾張集在一起對折成爲一帖（signature），若干帖集在一起，折縫處作書背（bookback）用麻綫反復穿連聯綴。"③最爲特别的一點就是"由於是幾張書葉疊在一起成爲一帖，文字的書寫次序有所不同。以4張書葉集在一起對折爲一帖舉例，如果把最外邊的書葉稱爲第一葉，由外向内，書葉的次序依次是2、3、4葉。對折以後，一張書葉就被劃分爲四面，標上頁碼以後應該是這樣的：第1葉的四面分别爲1、2頁和15、16頁，第2葉的四面分别爲3、4頁和13、14頁；第3葉的四面分别爲5、6頁和11、12頁；第4葉的四面依次爲7、8、9、10四頁。在4張書葉中，這是唯一的一張文字内容連貫的書葉。"④根據以上内容，我們畫出了杜偉生所論"縫繢裝"的示意圖（以四張書葉對折爲一帖，共16頁，打開方式爲右翻爲例，若書册是左翻打開頁碼左右則正好顛倒）：

 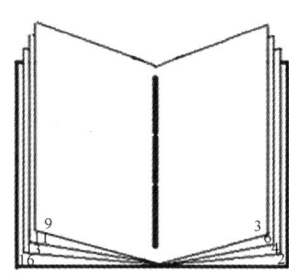 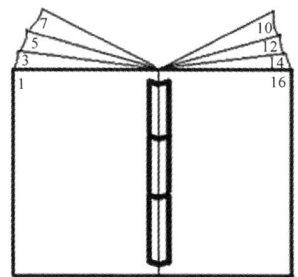

---

①杜偉生：《中國書籍修復與裝裱技術圖解》，北京：北京圖書館出版社，2003年，第452—453頁。
②牛達生：《從拜寺溝方塔出土西夏文獻看古籍中的縫繢裝》，《文獻》2000年第2期，第86—87頁。實際這也是方廣錩文中所提及的幫助其整理拜寺溝方塔出土的西夏漢文文獻所得的考訂結果，見方廣錩《從敦煌遺書談中國寫本的裝幀》，《文獻》2018年第1期，第16—17頁。
③杜偉生：《中國書籍修復與裝裱技術圖解》，第452—453頁。
④杜偉生：《中國書籍修復與裝裱技術圖解》，第452頁。

"這種裝幀書籍的書葉多是把幾張書葉疊放一起對折,成爲長方形一疊,幾疊放在一起,用綫串連。這點和現代書籍鎖綫裝訂的方式非常相似,只是穿綫的方法不太規則。這樣裝訂的書多是先裝訂,后書寫,然後裁切整齊。"①并由此總結:"把幾張書葉按順序摞在一起對折,成爲一帖。若干帖書葉集中在一起,用針綫在書葉折疊處反復連綴,把許多書葉裝訂在一起的裝幀方法就是縫繢。"②

這其實也就是方廣錩所秉持的説法:"縫綴裝每個單元包括幾張紙,其中每張紙抄寫的文獻内容,除了芯紙4個半葉的文字可以相連外,其餘諸紙均爲同葉2個半葉的文字可以相連,與同紙另1葉2個半葉所抄寫文字不能相連。"③

高輝《瓜州東千佛洞泥壽桃洞出土一件西夏文獻裝幀考》認爲:"縫繢裝的特點是:數葉摞在一起作爲一沓對折(而不是單頁對折),一般一册書是三沓或四沓,每沓葉數不等,根據一册書的内容決定。在折痕處從上至下打四至六個透眼,用綫將幾沓反復連綴縫合,縫綫在書頁折痕上(包背裝的綫裝訂在離書背約1.5釐米處)(如下圖所示)這樣,書中内容就要先排版,或在裝訂完畢後纔能書寫。"④這實際也是説的製作方法對折以後一頁紙正反面都書寫則爲四個版面,若單面書寫則爲兩個版面。如其所列的圖示所示:

縫繢裝的縫綫在書葉正中間

明清綫裝書訂綫在書背處

高輝還例舉了親手製作"縫繢裝"書册的過程:"我的一沓爲四葉,將其摞在一起對折,最外邊的書葉稱爲第一葉,那麼由外向内,一張書葉就被劃分爲四面,標上頁碼后的

---

① 杜偉生:《中國書籍修復與裝裱技術圖解》,北京:北京圖書館出版社,2003年,第59頁。
② 杜偉生:《中國書籍修復與裝裱技術圖解》,第453頁。
③ 方廣錩:《現存最早的粘葉裝書籍——敦煌遺書斯5478號〈文心雕龍〉裝幀研究》,《文獻》2016年第3期,第7頁。
④ 高輝:《瓜州東千佛洞泥壽桃洞出土一件西夏文獻裝幀考》,《西夏研究》2013年第2期,第34頁。

第一葉的四面分別爲1、2頁和15、16頁;第二葉的四面分別爲3、4頁和13、14頁;第三葉的四面分別爲5、6頁和11、12頁;第四頁的四面依次爲7、8、9、10四頁,在四張書葉中,第四頁也就是最裏面的一葉,是唯一一張文字内容連貫的書葉。"①其實,只有4葉的書册,實在没有必要强調在書葉正中間縫綫,在書背處縫綫也是一樣的,只有超過一定厚度以後,在中間縫綫的方式針穿刺透過會比在同樣厚度的書背縫綫要輕鬆一倍。

葉筠筠《梵夾裝對中國册頁装書籍形制的影響》稱縫續裝經書"二張或三張紙爲一疊,一折爲二,成爲四葉八面或者六葉十二面,類似於現代書籍的一個印張之折疊在一起,折痕向裹,單口向外。有的是一疊對折的,在中縫處裝訂;有的若干疊合在一起,往往用細麻繩連書脊一起纏繞裝訂"②。

臺灣學者楊時榮也讚同杜偉生的觀點,幾乎原樣列舉了杜偉生所提及的敦煌文獻中三種以針綫連續綴訂書背的方式,并指出其中的第三種"書葉較厚,幾張集在一起,對折成一帖,數帖集中在一起,以折綫處作書背,用麻綫反覆穿連綴訂,若依《墨裝漫録》'歲久斷絶,即難次序'而言,以上裝幀形式應就是'縫續裝'"③。

徐書林《簡析綫裝書的若干問題》分析了"縫續裝"的五種特點,稱"杜偉生先生歸納的第三種,纔應是《墨裝漫録》中提到的'縫續裝'"④,説明亦是從杜偉生所論的"縫綴(續)裝"的定義和製作方法總結出來的。

綜上,現代學者普遍認爲"縫綴(續)裝"中每一張書葉都是經過一次折疊形成4個頁面,然後將幾個對折好的紙葉集在一起用綫縫訂而成的。那麽這樣的書的裝幀方式真的就是縫續(綴)裝嗎?

與以上觀點相左,實際上,方廣錩等人得出"縫綴(續)裝"文獻裝幀特點時,也發現有一些被他們認爲是"縫綴(續)裝"的文獻的實際情況與他們所定義的"縫綴(續)裝"并不完全相同:"90年代後期應寧夏社科院牛達生先生之邀,幫助他整理從拜寺溝方塔出土的西夏漢文文獻時,亦發現這種裝幀,且形態有新的變化。"⑤"且方塔出土縫綴裝爲雙層折疊薄紙,有自己的特點。"⑥也就是説,寧夏拜寺溝出土的三種文獻,其特點并

---

① 高輝:《瓜州東千佛洞泥壽桃洞出土一件西夏文獻裝幀考》,《西夏研究》2013年第2期,第34頁。
② 葉筠筠:《梵夾裝對中國册頁書籍形制的影響》,《裝飾》2009年第1期,第97頁。
③ 楊時榮:《綫裝書裝訂——圖書裝訂的方式與步驟》,《臺灣圖書館管理季刊》1997年第1期,第96頁。
④ 徐書林:《簡析綫裝書的若干問題》,《安徽文學》2017年第8期,第63頁。
⑤ 方廣錩:《從敦煌遺書談中國寫本的裝幀》,《文獻》2018年第1期,第16頁。
⑥ 方廣錩:《現存最早的粘葉裝書籍——敦煌遺書斯5478號〈文心雕龍〉裝幀研究》,《文獻》2016年第3期,第7頁脚注1。

不完全涵蓋在方、杜、牛所總結的"縫綴(續)裝"的特點裏(畢竟時間過去了近二十年，重新審視原有結論，方廣錩作了實事求是的修正)。這種新的形態變化表現在哪裏，"(縫續裝)自己的特點"是什麼，並未見說明，但我們可以從牛達生文章中對《漢文詩集》《修持儀軌》和《衆經集要》的具體描述中窺見，實際上這三種文獻與牛達生總結的"縫續裝"五個特點並不完全符合。

牛達生所例舉的這三種文獻筆者未親目圖版，但因文中描述它們是"數種頁碼已經散亂的殘本，因其也是單面書寫，一頁兩面，從中縫對折，翻撿時有字面和無字面交替出現"①，說明這三種文獻的書册是有些頁面有字，有些頁面無字，而不是每一頁面都有字，這一點很重要，爲我們以下的推測提供了必要的條件。

其中，《漢文詩集》"根據文字內容及殘損情况復原拼對，計存全頁者13紙，半頁者2紙，共計28面"，"每一部分的1與2、3與4、5與6、7與8背對背相互匹配，單數頁字面朝外，雙數頁字面朝裏，然後碼在一起，向裏折，在折縫處用綫連綴在一起，成爲一迭。如果拆散，每頁兩面文字連貫的只有每部分中間的一頁，其它各頁兩面文中都不連貫"②，從上可以推測《漢文詩集》一册，分兩疊裝訂，每疊共16個頁面(頁面數有殘缺，現共余28個頁面，頁面之間有相連接的，也有斷裂成單個頁面的情況)，其中每一疊中可見到平放的第1頁有字，翻開第2頁無字，第3頁無字，繼續翻第4頁有字，第5頁有字，再翻第6頁無字，第7頁無字，再翻第8頁有字，第9頁有字，再翻第10頁無字，第11頁無字，再翻第12頁有字，第13頁有字，再翻第14頁無字，第15頁無字，最後翻到第16頁有字。

而《修持儀軌》"經整理復原，計全頁者11紙，半頁者3紙，共計25面"，"每一部分相配的兩頁，第一頁字面不是向外折，而是向裏折，第二頁不是向裏折，而是向外折，每兩頁字與字相互匹配；最中間的一頁不是右面與左面相接，而是左面與右面相接"③。從以上描述性文字我們又可以做如下的推論：《修持儀軌》一册，也是分兩疊裝訂，每疊共16個頁面(頁面數有殘缺，現共餘25個頁面，頁面之間有相連接的，也有有斷裂成單個頁面的情况)，可見到平放的第一頁無字，翻開第二頁有字，第三頁有字，繼續翻第四頁無字，第五頁無字，再翻第六頁有字，第七頁有字，再翻第八頁無字，第九頁無字，再翻第十頁有字，第十一頁有字，再翻第十二頁無字，第十三頁無字，再翻第十四頁有字，第

---

① 牛達生：《從拜寺溝方塔出土西夏文獻看古籍中的縫續裝》，《文獻》2000年第2期，第84頁。
② 牛達生：《從拜寺溝方塔出土西夏文獻看古籍中的縫續裝》，第85頁。
③ 牛達生：《從拜寺溝方塔出土西夏文獻看古籍中的縫續裝》，第86頁。

十五頁有字,最後翻到第十六頁無字。

要製作這樣的一册書册,若真是按照牛達生所總結的特點之一"先裝訂,後書寫"(亦見杜偉生的論述①)來製作,書已成册,每四葉中就專門留空兩頁再寫既不美觀也不方便,不符情理;且從以上描述中可見,"單數頁字面朝外,雙數頁字面朝裏,然後碼在一起,向裏折,在折縫處用綫連綴在一起,成爲一迭",這種方式也是先寫完纔能夠確定有字的頁面究竟朝外還是朝裏,也就是説是先書寫,再折疊。

如果拜寺溝方塔所出土的《漢文詩集》《修持儀軌》和《衆經集要》是一次對折後裝訂而成的,那麼以上不合情理的地方就無法説明。除非"一次對折"的前提是錯誤的。在進行敦煌文獻綴合工作的過程中,我們又發現了兩種文獻不是一次對折而是兩次對折形成的:Дх.06133《烏鳴占》+《祭烏法》和 Дх.00088 + Дх.00099 + Дх.06054 + Дх.11040《妙法蓮華經第五》(背面所抄爲《金剛般若波羅蜜經》),它們呈現出一葉紙正面分成4個版面書寫,上下部分文字書寫方向相對,左右部分内容不完全接續的奇特面貌。我們研究發現,這一面貌的形成實際是一張紙經兩次對折之後再書寫文字的結果。經折裝及上論"旋風裝"(李致忠之説除外)是一張長紙從頭至尾地依一定的行數或寬度連續左右折疊形成的"折子",Дх.06133《烏鳴占》+《祭烏法》和 Дх.00088 + Дх.00099 + Дх.06054 + Дх.11040《妙法蓮華經第五》(背面所抄爲《金剛般若波羅蜜經》)則是單葉大紙先左右再上下(或先上下再左右)對折兩次形成的。

研究西夏學的專家彭向前亦指出,黑水城出土的一件西夏文獻俄藏 Инв. No. 8085 號的形式亦如此,可爲例證。彭向前描述其爲:"如圖所示,以下4面共處一紙,上2面字頭朝下,與下2面字頭相對。但72與87面内容不連貫,73與86面内容不連貫。這裏的頁碼爲整理者所加。"其示意圖如下②:

86	73
87	72

彭向前對此文書判定爲縫繢裝。而判定的最主要的標準不是刻意強調該文獻有"Нити середины"(中間的綫,即裝訂綫),而是着重指出了它"4面共處一紙,上2面字

---

① 杜偉生:《中國書籍修復與裝裱技術圖解》,北京:北京圖書館出版社,2003年,第59頁叙述。
② 彭向前:《俄藏 Инв. No. 8085 西夏曆日目驗記》,《西夏學》第10輯,第67頁。

頭朝下,與下2面字頭相對。但72與87面内容不連貫,73與86面内容不連貫。這裏的頁碼爲整理者所加。在書册散亂而又没有頁碼的情況下,閱讀者往往會感到茫然無緒",也就是王洙話中的"錯亂顛倒""即難次序"。而且,文中首次明確指出了縫繢裝文獻是"先把單頁紙左右、上下或上下、左右對折",折疊的結果是"四面共處一紙",書寫時"因只能單面書寫,歲久册頁散亂後,打開折疊過的單頁紙張,書葉之間自然有字頭相對者,且文字内容多不連貫,很難找到原來的順序"。我們認爲這纔是縫綴(繢)裝的真正特徵。

五、兩种"縫綴(繢)裝"間演變關係及折疊與斷裂在其中的意義

上所論兩種"縫綴(繢)裝"文獻有着明顯的區別,即牛達生等人所論"縫綴(繢)裝"只對折了一次,彭向前所論"縫綴(繢)裝"則對折了兩次。單葉紙折一次實際能形成四個版面,且無論先書寫對折一次的單葉紙後再將多個這樣對折的單葉紙裝訂起來,或者是多個這樣折一次的單葉紙疊放在一起裝訂以後再書寫,這四個版面都是可以書寫的。而單葉紙先上下再左右對折兩次以後(換個順序先左右後上下其實也是一樣),展開紙葉實際能形成八個版面,如果紙葉是展開的狀態,這八個版面無疑都是能書寫的,但是如果不展開而是先沿左右對折的折縫裝訂起來,因上下折疊的折縫的存在,八個版面中只有顯露在外面的四個版面能夠書寫,因折縫存在而成爲"内瓢"的四個版面則無法書寫。

但是,因爲紙的不耐磨性,隨時間的推移易脆易斷裂,這種斷裂不僅發生在沿左右方向折疊的"經折裝"或"旋風裝"裝幀方式製作的文獻左右折疊的折縫上,同理也會發生在沿上下左右方向折疊兩次的"縫綴(繢)裝"裝幀方式製作的文獻上下折疊的折縫上。

有意思的是,一旦沿上下左右方向折疊兩次的"縫綴(繢)裝"裝幀方式製作的文獻上下折疊處的折縫斷開,它就只有一次折疊的痕跡,就會變得和一次對折的"縫綴(繢)裝"文獻極其相似。但是還是有一點明顯的不同,即一次對折的"縫綴(繢)裝"文獻,每一葉面都是可以書寫的,所以一般每一書葉都會有文字,而兩次對折的"縫綴(繢)裝"文獻"内瓢"部分無法書寫,上下折疊的折縫處一旦斷裂,我們看到的就是孟列夫所描述的"雙蝴蝶裝"的形式:"幾個雙頁一個套在另一個裏面,但頁面不相接,而是交叉着,

上頁的字面向裏,下頁的字面就向外。翻書時兩面有字,下兩面就無字,交替出現。"①也就是《漢文詩集》《修持儀軌》所呈現出的"單面書寫,一頁兩面,從中縫對折,翻撿時有字面和無字面交替出現"②這種讓人迷惑不解的形式。

兩次對折的"縫綴(續)裝"文獻如果只是左右方向折縫處的裝訂綫斷裂,就完全消失了它的折疊痕跡和效果,有文字處實際成了一張張分成四個版面書寫的紙葉,無文字的"內瓢"部分實際就成了該紙葉的背面,如果不書寫文字,我們可以得到如同黑水城西夏文獻 Инв. No. 8085 號、俄藏敦煌文獻 Дх. 06133《烏鳴占》+《祭烏法》一類的實物。即一紙分作四個版面,上半部分兩個版面字頭與下半部分兩個版面字頭正好互對。據《俄藏敦煌文獻》,Дх. 06133 圖版如下所示:

---

① 孟列夫著,王克孝譯:《黑城出土漢文遺書叙錄·導言》,銀川:寧夏人民出版社,1994 年,第 57 頁。
② 牛達生:《從拜寺溝方塔出土西夏文獻看古籍中的縫續裝》,《文獻》2000 年第 2 期,第 84 頁。

趙貞認爲該號文書係由四個殘片粘貼綴合而成："其中上半部分有兩殘片，按照自右向左的順序分別標爲 A、B（B 片首行繪有祭品圖🐦，後題'祭烏法'三字并附有烏鴉展翅圖🐦）；下半部分均爲倒書，亦有兩殘片，按照同樣順序分別標爲 C、D，除殘片 D 抄有 7 行文字外，其他三片各有文字 6 行。從各片所存文字來看，原卷粘貼的次序顯然有誤，正確的識讀次序應爲 C—A—D—B。"①根據其内容，他將 Дx.06133 定名爲《烏鳴占》+《祭烏法》，并有原文的簡單校錄。可知趙貞實際認爲 Дx.06133 一號本爲四片，各是單獨的殘片，後被人粘合成爲如上圖這一不合常理的式樣。

趙貞所標示的 A、B、C、D 四片位置如下圖所示：

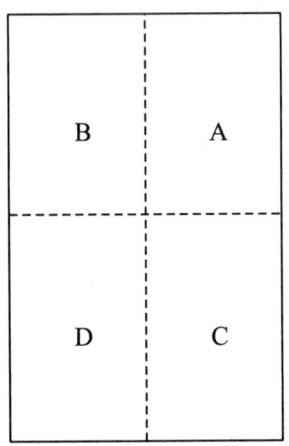

仔細觀察《俄藏》圖版，不難發現，在趙貞所劃分的 A、B、C、D 四個殘片之間并没有粘貼的痕跡；而且若是粘貼，無論是當時人還是後來的整理者，從閲讀的方便和習慣看，也當不會以"C—A—D—B"這樣奇怪的順序進行書寫和粘貼。從頁面上實際可以看出折疊的痕跡。由此我們推斷，此號文書并不是由四個殘片粘貼構成，而是一張長方形紙頁（如下圖一）經過兩次對折之後抄寫形成的。

爲了説明此點，我們將其折疊及抄寫過程解析并圖示如下：

第一次將原紙頁向右後方對折（如圖二），得到如圖三所示的兩層厚的長方形紙頁；再將圖三紙頁向下後方對折之后，將得到如圖四所示的四層厚的長方形紙頁。

---

① 趙貞：《Дx.6133〈祭烏法〉殘卷跋》，《敦煌研究》2012 年第 1 期，第 95—96 頁。

折疊與斷裂:論古籍卷軸裝到冊葉裝演進之關鍵 ·399·

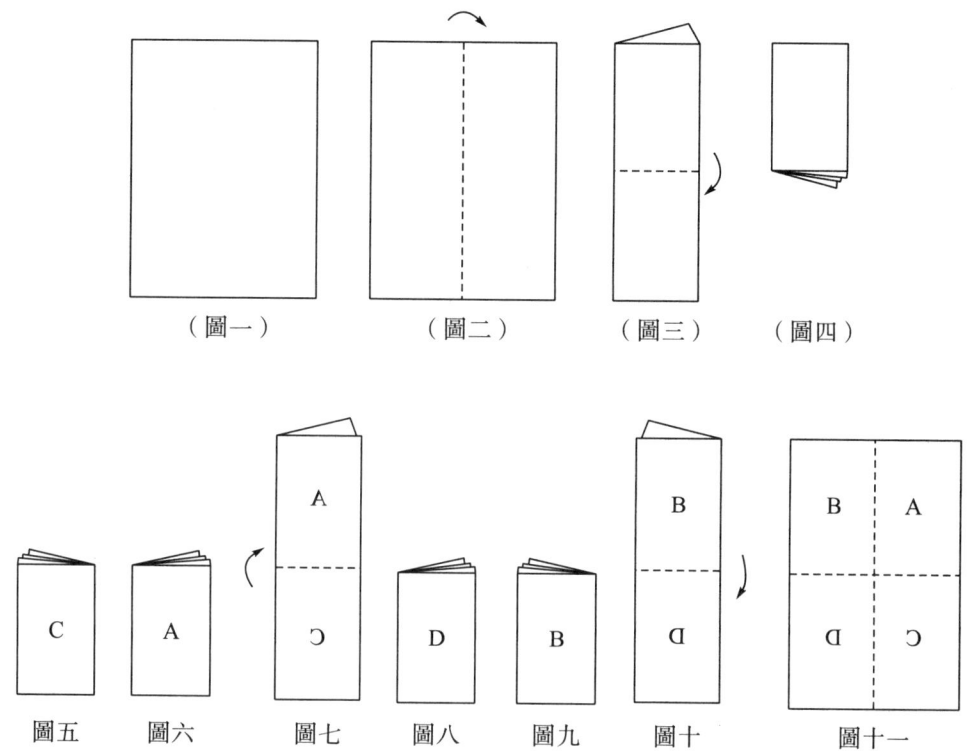

（圖一）　（圖二）　（圖三）　（圖四）

圖五　圖六　圖七　圖八　圖九　圖十　圖十一

　　然後將圖四所示長方形頁面右轉180°,得到圖五,在圖五版面上自右至左、自上而下寫下第一部分内容(也就是趙貞所劃分的 C 片的内容);向右翻轉,在圖六所示的版面自右至左、自上而下寫下第二部分内容(也就是趙貞所劃分的 A 片的内容);向下展開便如圖七所示;再將其向上對折,在圖八版面上自右至左、自上而下寫下第三部分内容(也就是趙貞所劃分的 D 片的内容);再向右翻轉,在如圖九所示的版面上自右至左、自上而下寫下第四部分内容(也就是趙貞所劃分的 B 片的内容),向下展開後便如圖十所示;最後將圖十所示長方形紙頁向右打開,便得到由折痕分割的四個版面均寫好内容的紙頁,即圖十一。這時我們發現,因爲在每一版面上都是從頁面邊緣處開始自上而下書寫的,最後得到的效果就是 A 片的字和 B 片的字正好上下相對;同樣,C 片和 D 片的字也是上下相對的,而其内容的先後順序也就成了 C—A—D—B。這充分説明 Дх. 06133《烏鳴占》+《祭烏法》就是一張紙葉經先左右方向再上下方向折疊兩次後製成的。

　　其實也可以利用未散開時是"内瓤"部分,散開后形成一張紙的背面無字部分來進行書寫。如俄藏敦煌文獻 Дх. 00088 + Дх. 00099 + Дх. 06054 + Дх. 11040,其正面所寫内

容爲《妙法蓮華經第五》,背面爲《金剛般若波羅蜜經》。《俄藏敦煌文獻》所收圖版如下:

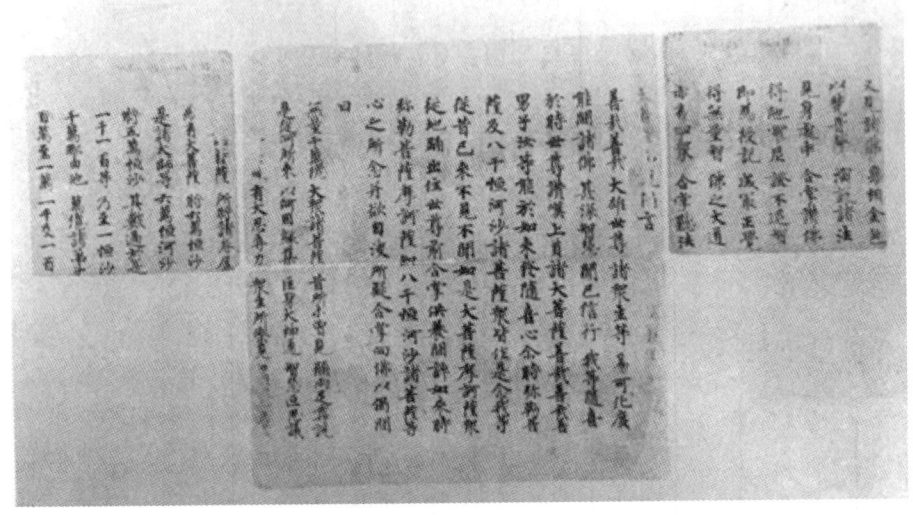

俄 Дх.00088　Дх.00099　Дх.06054　Дх.11040　妙法蓮華經卷第五(2—1)

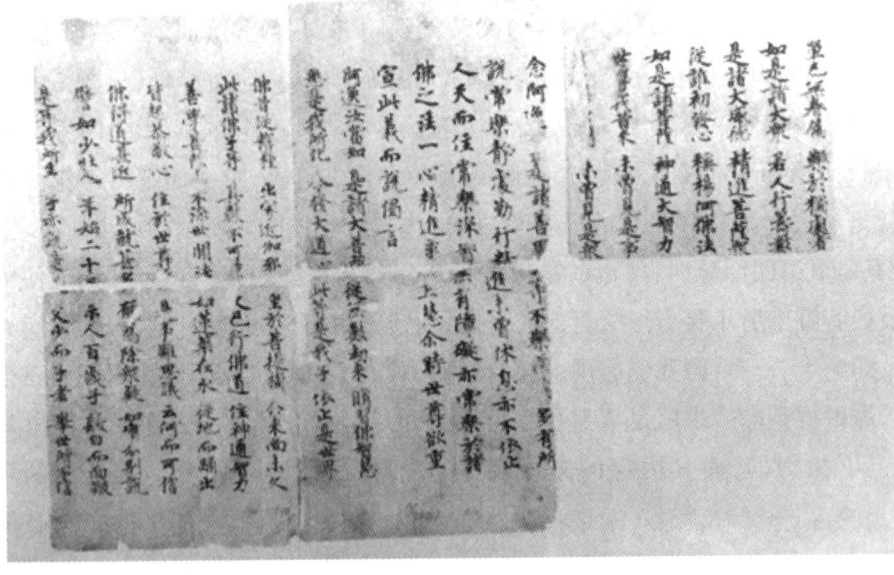

俄 Дх.00088　Дх.00099　Дх.06054　Дх.11040　妙法蓮華經卷第五(2—2)

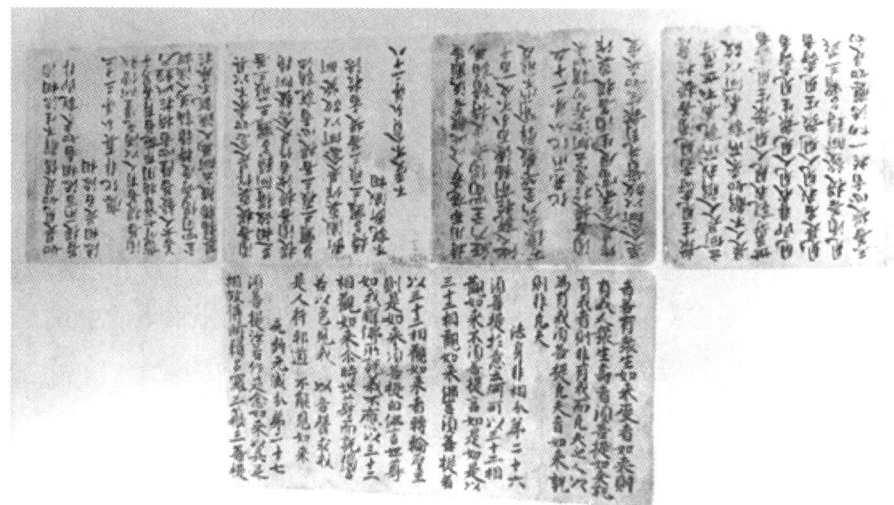

俄 Дx.00088　Дx.00099　Дx.06054　Дx.11040V　金剛般若波羅蜜經（2—1）

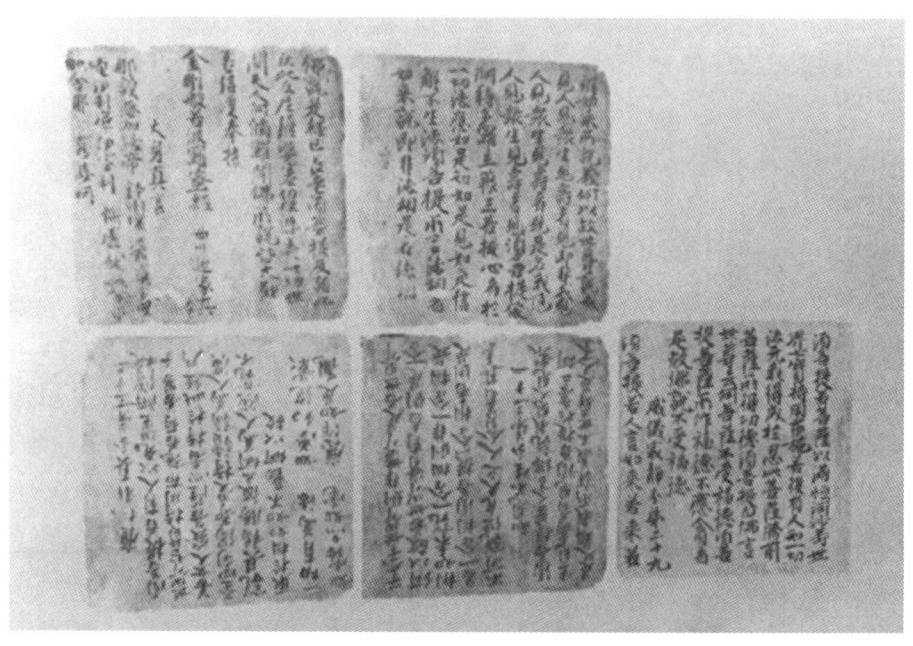

俄 Дx.00088　Дx.00099　Дx.06054　Дx.11040V　金剛般若波羅蜜經（2—2）

　　從上圖特別是標記爲反面者可以看出，該文獻所在紙葉上下部分之間有非常明顯的折痕，且部分已沿折痕斷開；左右方向至少有三個以上的斷裂帶。該圖版由四個卷號組成，説明俄藏的原編定者是將它作爲四個殘片綴合的，但從正面圖版《妙法蓮華經卷

《第五》內容和圖版現存面貌看,該圖版實際不止殘斷爲四部分,現存至少爲 8 塊,第二塊的面積較大,基本是其他塊的 4 倍,可能因爲編號時有些殘片集中在一起故編爲了四個卷號。

這個文獻正背面所抄的內容完全不同,而且看頁面上的痕跡,亦不是左右對折一次形成的,紙頁上下部分之間有非常明顯的折痕,且部分已沿折痕斷開。

單就第二個殘片而論,無論從正面還是背面的圖版看,此殘片沒有粘合拼接的痕跡,是一張紙片無疑。這一殘片的正面完全是按照從右至左、由上而下的中國古代書籍的一般書寫順序,比較奇特的是背面內容的書寫順序。背面圖示如下:

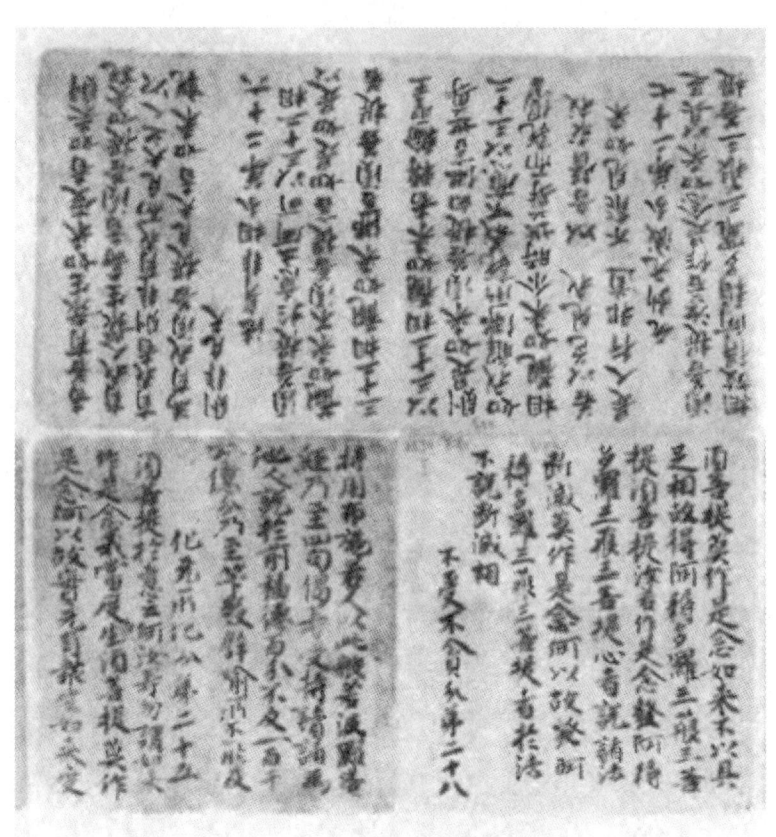

俄 Дх.00088　Дх.00099　Дх.06054　Дх.11040　第二殘片背面

可見,Дх.00088 + Дх.00099 + Дх.06054 + Дх.11040 第二殘片背面分作四個版面,上半兩個版面字頭與下半兩個版面字頭正好互對;從內容看,其抄寫的順序是左下→左上→右上→右下。將紙頁四部分分別標示如下:

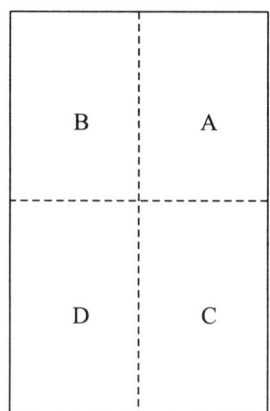

此紙片内容的書寫順序就是 D—B—A—C，與我們習慣的抄寫文獻的方式相比，這樣抄寫似乎比較彆扭。但實際上要做到此順序書寫其實也并不複雜，如下圖所示，先將原紙頁向下方對折（如圖二），得到如圖三所示的兩層厚的長方形紙頁；再將圖三紙頁向右後方對折之后，將得到如圖四所示的四層厚的長方形紙頁。

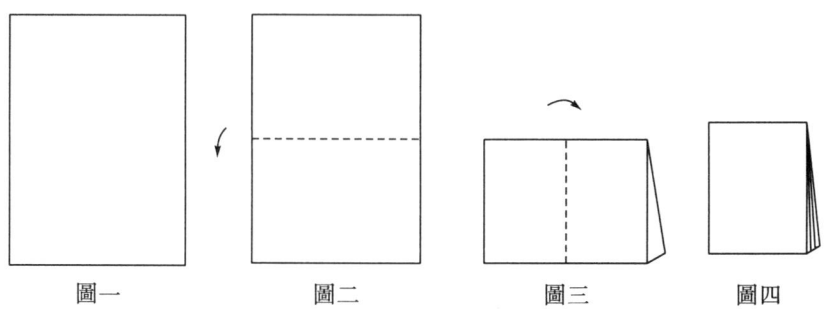

然後將圖四所示長方形頁面右轉180°，得到圖五，在圖五版面上自右至左、自上而下寫下第一部分内容（也就是 D 片的内容）；向右翻轉打開，在圖六所示的版面自右至左自上而下寫下第二部分内容（也就是 B 片的内容）并在該版塊書寫完畢之後，再向右繼續自右至左、自上而下寫下第三部分内容（也就是 A 片的内容）；再向右折疊翻轉，在如圖七所示的版面上自右至左自上而下寫下第四部分内容（也就是 C 片的内容）。這時候若將紙頁向左後方展開，我們能看到如圖八所示的半個紙頁；最後將紙頁完全打開，便如圖九所示得到由折痕分割的四個版面均寫好内容的紙頁。這時我們發現，因爲在每一版面上都是從頁面邊緣處開始自上而下書寫的，最後得到的效果就是 B 片的字和 D 片的字正好上下相對；同樣，A 片和 C 片的字也是上下相對的，而其内容的先後順序也就成爲了 D—B—A—C。

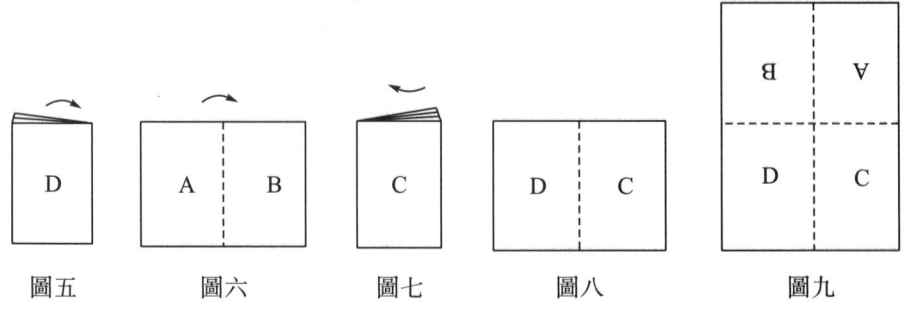

圖五　　　　　圖六　　　　　圖七　　　　　圖八　　　　　圖九

由此可見，Дx.00088＋Дx.00099＋Дx.06054＋Дx.11040第二殘片實際是一張紙葉經先上下方向再左右方向折疊兩次後製成的。之所以該號紙葉正反面都有文字，很有可能是古人出於"敬惜字紙"的觀念，或者在當時紙極金貴的物質條件下，書寫使用《金剛般若波羅蜜經》若干時間之後，裝訂處散斷，利用"內瓤"又寫了《妙法蓮華經》。又或者寫完《妙法蓮華經》，再將它沒有寫字的紙葉一面當做正面，經先上下後左右兩次對折之後，裝訂成冊，再用以書寫《金剛般若波羅蜜經》。從現存文獻的殘損程度看，我們認爲後一種可能性更大一些。

六、結論

我們所認爲的真正的"旋風裝"和"折疊裝"的文獻都是經過了"折疊"這一動作行爲纔能製作，旋風裝是長卷沿左右方向連續多次反覆折疊形成，"縫綴（續）裝"是單葉大紙經先上下方向後左右方向（當然也可以是先左右方向後上下方向）對折兩次后形成。

"旋風裝"的文獻一旦所有折疊形成的折縫都斷裂開，因爲它本身有一張包裹首尾的紙，最終就會形成"龍鱗裝"文獻的形式。經兩次對折"縫綴（續）裝"的文獻如果上下方向的折縫處發生了斷裂，就會變成與只對折一次的"縫續裝"文獻沒有明顯區別的式樣，只是閱讀完兩葉有字的葉面後需要"連翻兩次"纔能看到另一葉有字的葉面。"斷裂"實際是串聯起寫本文獻中所見到的幾種比較特別的裝幀形式之間關係的一個關鍵。

文獻學界近來對文獻特別是寫本文獻"定本"與"過程本"的熱議進一步啓發了筆者，如果説寫本在寫定過程中字句會有修改的過程，那麼它們在裝訂時採用哪種裝幀方式也可能存在逐步改定，直至最終成型的過程。"縫綴（續）裝"文獻在使用過程中，最明顯的問題在於因爲"歲久斷絕，即難次序。初得董氏《繁露》數册，錯亂顛倒。伏讀歲餘,尋繹綴次,方稍完復,乃縫之弊也。"一旦散亂就很難重新清理閱讀次序,在使用過程中給使用者帶來了不便。正是"歲久斷絕,即難次序"這種在實踐中發現的原有裝幀方式的不方便,纔催生出對其的改進。而它特別的上下方向或左右方向折縫處可能會發生的斷裂,則爲這種改進提供了方便:上下方向斷裂,與現代的平裝本書非常接近;上下左右方向均斷裂,則與綫裝書很相似了。古代人民在對書籍的使用過程中,很有可能是逐步探索與改進,最終催生出了向現代圖書演進的裝幀形式。

敦煌歸義軍與南山關係研究

鄭炳林　朱建軍

(蘭州大學敦煌學研究所；甘肅簡牘博物館)

南山作爲方位，泛指某個地方南部的山脉，漢代曾經將從于闐到長安間絲綢之路南部山脉統稱爲南山，唐代將河西走廊南部的祁連山脉統稱之爲南山。南山還作爲一個地方居民的稱謂，漢代將居住在南山地方的小月氏和羌族，稱之爲南山羌；吐谷渾進入青海甘南地區，特別是以廓州、鄯州以西到且末、鄯善以東，北朝以此設置沙州，以吐谷渾王爲沙州刺史，以樹敦(白蘭)爲都城，賀真(南山)爲重要城邑。唐代敦煌將居住在南山的吐蕃稱之爲南蕃，即南山吐蕃的簡稱，而將吐蕃政權稱之爲南朝或者吐蕃。吐蕃贊普徙帳南山，使大將尚綺心兒攻打西遷敦煌的河西節度使。歸義軍時期將瓜、沙之南的祁連山脉稱之爲南山，將居住南山地區的居民稱之爲南山人。南山人是將原來居住在祁連山脉西部地區的小月氏、吐谷渾、羌族、吐蕃等民族混合籠統稱之爲南山部族或者南山人，特別是生活在石城鎮的仲雲人就叫做南山人。在曹氏歸義軍時期，南山人形成了一個政權，同于闐、伊州回鶻、西州回鶻、甘州回鶻、肅州達怛、涼州嗢末一樣，通使歸義軍政權，是歸義軍政權對外關係的重要方面。

一、漢唐間的南山地望

最早記載南山的是《史記》和《漢書》。《史記·大宛列傳》記載張騫從月氏到大夏，"留歲餘，還，并南山，欲從羌中歸，復爲匈奴所得。"《史記正義》亦記載："南山即連終南山，從京南東至華山過河，東北連延至海，即中條山也。從京南連接至葱嶺萬餘里，故云

'并南山'也。《西域傳》云'其南山東出金城,與漢南山屬焉'。"①就是説張騫原計劃從羌人居住地區,沿着南山或者經過南山返回長安。《漢書·張騫傳》記載:"留歲餘,還,并南山,欲從羌中歸,復爲匈奴所得。留歲餘,單于死,國内亂,騫與胡妻及堂邑父俱亡歸漢。拜騫爲太中大夫,堂邑父爲奉使君。"②這裏有個問題,就是張騫是沿着祁連山脉,經過羌人控制區到達長安;還是經過羌人控制區的南山到達長安。從記載看,司馬遷、班固和張守節都將南山看作間斷性的一系列山脉,很可能張騫規劃就是經過羌中的南山返回長安。《漢書·西域傳》記載:"自玉門、陽關出西域有兩道。從鄯善傍南山北,波河西行至莎車,爲南道。"③《史記·大宛列傳》記載:"始月氏居敦煌、祁連間,及爲匈奴所敗,乃遠去,過宛,西擊大夏而臣之,遂都媯水北,爲王庭。其餘小衆不能去者,保南山羌,號小月氏。"④這裏記載到南山羌,就是居住在南山地區的羌人,或者以南山爲中心的羌人,擬或有一部分羌族就稱之爲南山羌。漢元朔六年,"是歲,漢遣驃騎破匈奴西域數萬人,至祁連山,其明年,渾邪王率其民降漢,而金城、河西西並南山是鹽澤空無匈奴"⑤。這裏記載的南山在河西西部,就是由祁連山往西到羅布泊的南山。這顯然是指祁連山脉西部到阿爾金山東部,就是從今天張掖到若羌南部山脉。《漢書·西域傳》記載:"其南山,東出金城,與漢南山屬焉。其河有兩源:一出葱嶺山,一出于闐。于闐在南山下,其河北流,與葱嶺河合,東注蒲昌海,蒲昌海,一名鹽澤也,去玉門、陽關三百餘里。"⑥就是説作爲山脉的南山,是從于闐開始,于闐在南山下,然後往東經過河西走廊到金城,與漢南山連綴到長安。這種南山觀念一直影響到唐代亦把秦嶺稱之爲南山,根據《資治通鑑》高祖武德元年(618)十二月:"初,羌豪旁企地以所部附薛舉,及薛仁果敗,企地來降,留長安。企地不樂,帥其衆數千叛,入南山,初漢川,所過殺略。"李密叛逃,"驅掠徒衆,直趣南山"⑦。從這些記載我們得知,漢代有南山,也有南山羌。南山既是一個山脉的稱謂,同時也是一個地方的稱謂或者一個地域居民的稱謂。

到魏晉南北朝以後,出現關於南山的瑣碎記載,不僅敦煌地區稱之爲南山,而且酒泉、張掖、武威都將其南部祁連山稱之爲南山。《魏書·隱逸傳》記載將酒泉之南的祁

---

① (漢)司馬遷:《史記》卷一二三《大宛列傳》,北京:中華書局,1982年,第3159頁。
② (漢)班固:《漢書》卷六一《張騫傳》,北京:中華書局,1962年,第2689頁。
③ (漢)班固:《漢書》卷九六上《西域傳》,第3872頁。
④ (漢)司馬遷:《史記》卷一二三《大宛列傳》,第3162頁。
⑤ (漢)班固:《漢書》卷一二三《張騫傳》,第3167頁。
⑥ (漢)班固:《漢書》卷九六(上)《西域傳上》,第3871頁。
⑦ (宋)司馬光:《資治通鑑》卷一八六唐高祖武德元年(618),北京:中華書局,1956年,第5829、5832頁。

連山脉稱之爲"酒泉南山":"宋纖字令艾,敦煌效穀人也。少有遠操,沈靖不與世交,隱居於酒泉南山。"①將姑臧之南的祁連山脉稱之"姑臧南山"②"涼州南山"③"涼州之南山"④"涼州旁南山"⑤。P.5034《沙州地志》記載有"石城鎮南山""播仙鎮南山""敦煌界南山""于闐南山"⑥。就是説當時河西走廊地區人都將祁連山稱之爲南山,是一種很常見的稱呼。同時也將居住南山地區的稱之爲羌,《魏略·西戎傳》記載:"敦煌西域之南山中,從若羌西至葱嶺數千里,有月氏餘種葱茈羌、白馬、黄牛羌,各有酋豪,北與諸國接,不知其道里廣狭。"⑦將小月氏與羌族混在一起,形成了以地域稱謂。

吐谷渾遷徙到甘南青海地區之後,又出現了南山這個地名,實際上是吐谷渾副都地位。吐谷渾疆域最大的時候,"統有秦、涼、河、沙四州之地",其中沙州指澆河以西地區,特指青海湖及其以西地區。"世祖征涼州,慕利延懼,遂率其部人西遁沙漠。"這個沙漠就是青海海西州一帶。此後其疆域範圍大約東到澆河,"地兼鄯善、且末"⑧。從此以後吐谷渾東部地區鄰接北朝的鄯州、澆河,經常出兵騷擾這兩個地方,説明吐谷渾的東部疆域不超過今天青海的貴德、西寧一帶。北部鄰接涼州,西部據有鄯善、且末。根據《魏書·吐谷渾傳》記載吐谷渾建都白蘭之後,不斷遭到北魏的軍事打擊,到拾寅即位後,"始邑於伏羅川,其居止出入竊擬王者"⑨。就是將統治中心向西遷徙,遠離北魏軍事打擊範圍。《資治通鑑》宋文帝元嘉二十九年(452)九月:"吐谷渾王慕利延卒,樹洛干之子拾寅立,始居伏羅川;遣使來請命,亦請命於魏。"胡三省注曰:"居伏羅川,猶未敢遠離白蘭之險。"⑩没有注明伏羅川的具體位置,我們推測應當在白蘭的西部地區。

---

① (唐)房玄齡等:《晉書》卷九四《隱逸傳》,北京:中華書局,1974年,第2453頁。
② (北齊)魏收:《魏書》卷九九《沮渠蒙遜傳》,北京:中華書局,1974年,第2208頁。
③ (宋)司馬光:《資治通鑑》卷二〇一唐高宗總章二年(669)記載:"九月,丁丑朔,詔徙吐谷渾部落就涼州南山。"卷二〇二唐高宗總章三年(672)"二月,庚午,徙吐谷渾於鄯州浩亹水南。吐谷渾畏吐蕃之强,不安居,又鄯州地狹,尋徙靈州,以其部落置安樂州,以可汗諾曷鉢爲刺史。吐谷渾故地皆入於吐蕃。"(北京:中華書局,1956年,第6368頁)
④ (宋)歐陽修、宋祁:《新唐書·西域傳》記載:"帝欲徙其部於涼州之南山,群臣議不同,帝難之。……三年,乃徙浩亹水南。諾曷鉢以吐蕃盛,勢不抗,而鄯州地狹,又徙靈州,帝爲置安樂州,即拜刺史,欲其安且樂云。"(北京:中華書局,1975年,第6222頁)
⑤ (宋)歐陽修、宋祁:《新唐書·吐蕃傳上》記載:"總章中,議徙吐谷渾部於涼州旁南山。"(第6075頁)
⑥ 鄭炳林:《敦煌地理文書匯輯校注》,甘肅教育出版社,1989年,第43—49頁。
⑦ (晉)陳壽:《三國志》卷三〇《魏書·烏丸鮮卑東夷傳》注引《魏略·西戎傳》,北京:中華書局,1982年,第859頁。
⑧ (北齊)魏收:《魏書》卷一〇一《吐谷渾傳》,第2241頁。
⑨ (北齊)魏收:《魏書》卷一〇一《吐谷渾傳》,第2237頁。
⑩ (宋)司馬光:《資治通鑑》卷一二六宋文帝元嘉二十九年(542),第3979頁。

在伏羅川建城邑,就是城賀真。此後北魏每次攻打吐谷渾,吐谷渾王都會逃往南山,以躲避北魏的軍事打擊。《魏書·吐谷渾傳》記載:

> 高宗時,定陽侯曹安表拾寅盡保白蘭,多有金銀牛馬,若擊之,可以大獲。……安曰:"臣昔爲澆河戍將,與之相近,明其意勢。若分軍出其左右,拾寅必走南山,不過十日,牛馬草盡,人無所食,衆必潰叛,可一舉而定也。"從之,詔陽平王新成、建安王六頭等出南道,南郡公李惠、給事中公孫拔及安出北道以討之。拾寅走南山,諸軍濟河追之。①

這次戰爭還記載於《北史·吐谷渾傳》,《資治通鑒》宋孝武帝大明四年(460)五月:

> 吐谷渾王兩受宋、魏爵命,居止出入,擬於王者,魏人忿之。定陽侯曹安表言:"拾寅今保白蘭,若分軍出其左右,必走保南山,不過十日,人畜乏食,可一舉而定。"六月,甲午,魏遣征西大將軍陽平王新成等督統萬、高平諸軍出南道,南郡公中山李惠等督涼州諸軍出北道,以擊吐谷渾。
>
> (七月)魏軍至西平,吐谷渾王拾寅走保南山。九月,魏軍濟河追之,會疾疫,引還,獲雜畜三十餘萬。②

南山的地理位置應當在伏羅川無疑,南山也是吐谷渾王樹敦城之外的行帳所在,樹敦城受到威脅,吐谷渾王的行帳就遷徙到南山,南山成了吐谷渾避難的行帳所在地。西魏拓跋廓二年(556)對吐谷渾進行一次大的軍事行動,就曾攻佔吐谷渾的南山,俘虜了吐谷渾王的妻子等。根據《周書·史寧傳》記載:

> 時突厥木汗可汗假道涼州,將襲吐渾,太祖令寧率騎隨之。軍之番和,吐谷渾已覺,奔於南山。木汗將分兵追之,令俱會於青海。寧謂木汗曰:"樹敦、賀真二城,是吐渾巢穴。今若拔其本根,餘種自然離散,此上策也。"木汗從之,即分爲兩軍。木汗從北道向賀真,寧趣樹敦。渾婆周國王率衆逆戰,寧擊斬之。逾山履險,遂至

---

① (北齊)魏收:《魏書》卷一〇一《吐谷渾傳》,北京:中華書局,1974年,第2237—2238頁。
② (宋)司馬光:《資治通鑒》卷一二九宋孝武帝大明四年(460),北京:中華書局,1956年,第4051—4052頁。

樹敦。敦是渾之舊都,多諸珍藏。而渾主先已本賀真,留其征南王及數千人固守,寧進兵攻之,退,渾人果開門逐之,因回兵奮擊,門未及闔,寧兵遂得入。生擒其征南王,俘男女、財寶,盡歸諸突厥。渾賀羅拔王依險爲栅,周回五十里,欲塞寧路。寧攻其栅,破之,俘斬萬計,獲雜畜數萬頭。木汗亦破賀真,虜渾主妻子,大獲珍寶。寧還軍於青海,與木汗會。①

從這段記載我們得知,吐谷渾主所奔之南山,就是賀真,因爲在這裏木汗俘獲了吐渾王妻子,就説明吐渾王就在賀真。賀真的地理位置應當在青海湖的西北部,這樣纔與木汗行經路線一致,賀真在青海湖的西北方向,臨近祁連山脉,這個地點很可能就在今天青海海西州北部的德令哈等地區,而樹敦就在海西州南部的烏蘭、都蘭或者吐谷渾都城伏俟城一帶地區②。這次戰爭《資治通鑑》梁敬宗太平元年(556)九月也有記載:

突厥木杆可汗假道於涼州以襲吐谷渾,魏太師泰使涼州刺史史寧帥騎隨之,至番禾,吐谷渾覺之,奔南山。木杆將分兵追之,寧曰:"樹敦、賀真二城,吐谷渾之巢穴也,拔其本根,餘衆自散。"木杆從之。木杆從北道趣賀真,寧從南道趣樹敦。吐谷渾可汗在賀真,使其征南王將數千人守樹敦。木杆破賀真,獲夸呂妻子;寧破樹敦,虜征南王;還,與木杆會於青海,木杆歎寧勇決,贈遺甚厚。③

我們從這段記載看,吐谷渾可汗奔南山,南山是個地名,就是吐谷渾的賀真城;賀真和樹敦都在青海湖以外地方,從賀真、樹敦返回涼州都必須經過青海湖,因此他們纔能會於青海④。很顯然史寧行軍走的南道,並不是從青海湖南面繞過去的,因爲沒有攻擊吐谷渾都城伏俟城,因此史寧也是從伏俟城西部往西南進軍的。關於樹敦,胡三省注曰:"樹敦城,在曼頭山北,吐谷渾之舊都也。周穆王時,犬戎樹惇居之,因以名城。祭公謀父所

———————

① (唐)令狐德棻等:《周書》卷二八《史寧傳》,北京:中華書局,1971 年,第 468 頁。
② (唐)令狐德棻等:《周書·劉雄傳》記載:"(建德)五年,皇太子西征吐谷渾,雄自涼州從滕王逌率軍先入渾境,去伏俟城二百餘里,逌遣雄軍先至城東舉火,與大軍相應。"(第 504 頁)
③ (宋)司馬光:《資治通鑑》卷一六六梁敬宗太平元年(556),北京:中華書局,1956 年,第 5152—5153 頁。
④ (北齊)魏收:《魏書·吐谷渾傳》記載:"青海周回千餘里,海内有小山,每冬冰合後,以良牝馬置此山,至來春收之,馬皆有孕,所生得駒,號爲龍種,必多駿異,吐谷渾嘗得波斯草馬,放入海,因生驄駒,能日行千里,世傳青海驄者是也。"(北京:中華書局,1974 年,第 2240—2241 頁)

謂'犬戎樹惇,能帥舊德'者也。"①樹惇是吐谷渾的舊都,吐谷渾舊都的地理位置是哪裏,這是我們探討的要點。

我們知道吐谷渾舊都應當是白蘭,是吐谷渾夸吕之前的都城,即樹敦城;而賀真城很可能就是拾寅時在伏羅川修建之城邑。根據《魏書·吐谷渾傳》記載,吐谷渾之子吐延被昂城羌酋所刺,呼其子葉延語其大將絕拔泥他死後,"便速去保白蘭,地既險遠,又土俗懦弱,易控御"。從此白蘭就成爲吐谷渾的都城所在。太延二年(436)世祖征伐吐谷渾,"慕利延走白蘭。慕利延從弟伏念、長史鴉鳩黎、部大崇娥等率衆一萬三千落歸降。後復遣征西將軍、高涼王那等討之於白蘭,慕利延遂入于闐國,殺其王,死者數萬人。"慕利延死,拾寅立,劉宋封其河南王,世祖拜其爲沙州刺史、西平王,自恃險遠,頗不恭命,通使劉宋,"高宗時,定陽侯曹安表拾寅盡保白蘭,多有金銀牛馬,若擊之,可以大獲。"衆議以爲拾寅"今在白蘭,不犯王塞,不爲人患,非國家之所急也"。"顯祖復詔上党王長孫觀等率州郡兵討拾寅。軍至曼頭山,拾寅來逆戰,觀等縱兵擊敗之,拾寅遁走。"拾寅死,伏連籌立,"伏連籌死,子夸吕立,始自號爲可汗,居伏俟城,在青海西十五里,雖有城而不居,恒出穹廬,歲水草畜牧。其地東西三千里,南北千餘里。"②從這些記載得知,白蘭是葉延到伏連籌吐谷渾的都城所在,曼頭山就在白蘭。根據《隋書·地理志》記載河源郡有曼頭山③,樹敦城的地理位置就在今青海共和縣南黄河西岸,而曼頭山在共和縣西④。史寧南道行軍路線就是從大斗拔谷南出祁連山經青海湖東部南下進攻樹敦城。

南山是一個地名,是白蘭之外吐谷渾最重要的城鎮,一旦白蘭受到威脅,吐谷渾王就撤離到南山。因此樹敦又名之爲白蘭,因其在曼頭山北,亦曼頭山代指白蘭,是吐谷渾的舊都所在⑤;賀真又名南山,是吐谷渾夸吕之前的第二重要城鎮。這樣我們是否可以認爲,吐谷渾佔領南山地區之後,特別是作爲軍事城鎮的南山之後,南山就是對居住在賀真一帶的吐谷渾的稱謂,就出現了南山吐渾。

---

①(宋)司馬光:《資治通鑒》卷一六六梁敬宗太平元年(556),北京:中華書局,1956年,第5153頁。
②(北齊)魏收:《魏書》卷一〇一《吐谷渾傳》,北京:中華書局,1974年,第2233—2241頁。《北史·吐谷渾傳》記載基本相同。
③(唐)魏徵等:《隋書》卷二九《地理志上》,北京:中華書局,1973年,第816頁。
④參譚其驤主編《中國歷史地圖集》第五册,隋河西諸郡,第9—10圖;唐隴右道東部,第61—62圖,北京:中國地圖出版社,1982年。
⑤(宋)司馬光:《資治通鑒》卷一三二宋明帝泰始五年(470)魏遣征西大將軍長孫觀擊吐谷渾,四月"戊申,魏長孫觀與吐谷渾王拾寅戰於曼頭山,拾寅敗走,遣别駕康盤龍入貢,魏主囚之"。胡三省注:"隋伐吐谷渾,置河源軍,有曼頭城,蓋因山得名也。"(北京:中華書局,1956年,第4151頁)

随着河西節度使的不斷西遷,河西大部分地區都被吐蕃佔領,大曆十一年(776)吐蕃佔領瓜州,大曆十二年(777)閻朝殺周鼎自領州事,開始抗擊吐蕃的戰爭。吐蕃也從這個時期開始將進攻敦煌重心由東部轉向西部。根據《元和郡縣圖志》和S.367《沙州伊州地志》《壽昌縣地境》的記載,建中二年(781)陷於吐蕃。而石城鎮、播仙鎮等地屬於唐沙州壽昌縣管轄,就是説吐蕃從大曆十一年開始到建中二年,前後用了將近六年時間纔將這些地方佔領。吐蕃佔領壽昌縣境,經由陽關、西關城通西域的通道被截斷。爲什麽吐蕃突然將攻擊敦煌的重心從東部移到西部,這同吐蕃的指揮中心的位置有很大關係。《新唐書·吐蕃傳》記載:

  始,贊普徙帳南山,使尚綺心兒攻之,鼎請救回鶻,逾年不至,議焚城郭,引衆東奔,皆以爲不可。鼎遣都知兵馬使閻朝領壯士行視水草,晨入謁辭行,與鼎親吏周、沙奴共射,瞉弓揮讓,射沙奴即死,執鼎而縊殺之,自領州事。城守八年,出綾一端,募麥一斗,應者甚衆。朝喜曰:"民且有食,可以死守也。"又二歲,糧械皆竭,登城而呼曰:"苟毋徙佗境,請以城降。"綺心兒許諾,於是出降。自攻城至是凡十一年。贊普以綺心兒代守。後疑朝謀變,置毒靴中而死。①

這裏的吐蕃贊普徙帳南山,就是吐蕃贊普將營帳遷徙到南山,這個南山就是吐谷渾的賀真城,賀真就叫南山。很顯然吐蕃贊普不可能將行帳遷徙到祁連山裏面,因爲祁連山中雖然多水草,宜畜牧,但是不利於行軍作戰,而且緊鄰戰區,一旦戰爭失利,都無法撤退。所以南山只能在賀真。

  吐蕃佔領敦煌之後,這裏雖然不再駐扎吐蕃贊普的行帳,但是仍然是吐蕃對敦煌地區管理的政治中心,每年敦煌地區要將大量的物資運往南山,不過在敦煌文書出現的不是南山,而是南波。S.542《戌年(818)六月沙州諸寺丁口車牛役簿》記載大雲寺的寺户李加興"南波庭子四日送節度粳米子年十二月差春稻兩馱洛回紇""成善友,南波庭子四日,子年十二月差春稻兩馱"②。楊銘認爲"南波"與藏文 Lho bal 有對應關係,將 Lol bal 譯作南山或南山部族,是作爲地名和族名,這裏的"南波"是作爲寺户服役的地點和對象,同樣是作爲地名和族名。"南"對藏文的"Lho(南)","波"是藏文"bal"的讀音,

---

① (宋)歐陽修、宋祁:《新唐書》卷二一六下《吐蕃傳下》,北京:中華書局,1975年,第6101頁。
② 唐耕耦、陸宏基編:《敦煌社會經濟文獻真跡釋録》第二輯,北京:全國圖書館文獻縮微複製中心,1990年,第384頁。

南波是Lho bal的不規則對譯。庭子是差役,"南波四日"就是送南山公文往返四日,並提出P.T.1089文書中的Lho bal和S.542文書的"南波",就是指吐蕃統治時期的南山部族①。藏文Lho bal多見於敦煌藏文文獻中,特别是P.T.1089《吐蕃官吏訴請狀》的記載,更能説明問題:"根據沙州漢人官吏之奏請,沙州的都督們自行奏請居我等[吐蕃方面任命的]千户長和小千户長之上位,但被任命爲Lho bal的都督(To dog)和副千户長的官吏們,位居[吐蕃方面任命的]正式官吏之上一事,還不曾有過這種作法和相應的實例。""統率Lho bal千户長的萬户長,千户長和小千户長,雖持有玉石告身及金告身之位階,但據說還不及大藏告身的[吐蕃方面的]大將校,而在持藏告身的小將校之下。……認命的沙州都督與副千户長等,與其他奏上的Lho bal大集團相比,自然貢獻並不大,故位階亦不高,所以序列與位階應遵循從前所定的相應實例。""根據以前制度,吐蕃方面任命的小將校等處於Lho bal内之萬户長和千户長之上。……反過來之後,小將校們的位階在從Lho bal人中任命的頗羅彌告身及金告身的謀些萬户長等人之上。"②Lho bal應當指位於這個地方的吐蕃大將校,其地位在萬户長之上,屬於都督級别的官員,與沙州都督相比,他們的位階稍高。楊銘先生也認爲Lho bal部落是活動在涼州、沙州附近的河西走廊以南的③。我們從這些吐蕃文獻記載得知,吐蕃佔領敦煌後,雖然贊普的行帳不在南山,但是南山還是吐蕃重要的統治機構,其地位相當於敦煌郡大都督的官階,對敦煌不進行直接統治,仍然具有影響並發生行政關係。

敦煌文獻中稱之南蕃的很可能就是指南部的吐蕃族。P.2555《竇昊爲肅州刺史劉臣壁答南蕃書》記載吐蕃爲南蕃,指肅州南面的吐蕃,楊銘認爲這裏的南蕃,吐蕃佔領青海西部以後,常從祁連山脈的交通孔道中進犯河西,河西諸州,居於甘、涼、瓜、肅、沙數州的唐朝軍民就以"南蕃"相稱④。P.2686V《大蕃沙州敦煌郡攝節度功德頌》記載:"五郡城域,逐併南蕃之化。……是以南蕃匍匐,北狄來賓;雜舍羌渾,悚然歸伏。"⑤這個南蕃顯然不是指吐蕃政權,而是指被張議潮擊敗的河州論恐熱部和投靠張議潮就食甘州西的鄯州尚婢婢部,特别是鄯州尚婢婢的部下後來都歸附張議潮,並出兵攻打移居廓州

---

①楊銘:《敦煌文書中的Lho bal與南波——吐蕃統治時期的南山部族》,《敦煌研究》1993年第3期;《關於敦煌藏文卷子中Lho bal研究》,《西北民族研究》1994年第2期。
②楊銘:《敦煌文書中的Lho bal與南波——吐蕃統治時期的南山部族》,《敦煌研究》1993年第3期。
③楊銘:《有關敦煌卷子〈吐蕃官吏訴請狀〉的研究》,見《馬長壽學術紀念文集》,西安:西北大學出版社,1993年,第363—386頁。
④楊銘:《敦煌文書中的Lho bal與南波——吐蕃統治時期的南山部族》,《敦煌研究》1993年第3期。
⑤鄭炳林、鄭怡楠輯釋:《敦煌碑銘贊輯釋(增訂本)》,上海:上海古籍出版社,2019年,第148頁。

的論恐熱。《敕河西節度兵部尚書張公德政之碑》記載:"併南蕃之化",實際上指吐蕃統治敦煌之後風俗習慣完全吐蕃化。P.3633《辛未年(911)七月沙州百姓一萬人上回鶻大聖天可汗狀》記載:"至大中三(二)年,本使太保起敦煌甲□□(兵,趁)卻吐蕃,再有收復。……羅通達所入南蕃,只爲方便打疊吐蕃。甘州今已和了,請不□來,各守疆界,亦是百姓實情。且太保棄蕃歸化,當爾之時,見有吐蕃節兒鎮守沙州。太保見南蕃離亂,乘勢共沙州百姓同心同意,穴白趁卻節兒,卻着漢家衣冠,永拋蕃醜。"①歸義軍時期將南山有時也稱之爲南蕃,實際上就是沿用唐朝對青海地區吐蕃人的舊稱謂。P.3556《衙内都押衙故紫亭鎮將張慶德邈真贊並序》記載:"後遷紫亭鎮將,數年而控扼南番(蕃)。"②S.5957《願文》記載:"伏惟我使主負天資之貌,含江海之鴻才;備日角之威,納乾坤之美德。懷風雲之神操,怙靜六戎;抱文武之雄謀,兼精三略。故得南蕃順化,垂肱跪膝而來降;北狄歸心,披帶拜舞而伏款。"③南蕃主要指盤踞在河隴及祁連山南部的吐蕃,歸義軍時期將居住在紫亭鎮南部山脉中的少數民族也統稱之爲南蕃。而將吐蕃政權則稱之爲南朝,P.3551《藥師琉璃光如來贊並序》記載:"則有清河張,敦煌郡大都督、賜紫金魚袋,並萬戶侯。其公則威光奕奕,皎似珠星;精彩岩岩,淨如冰雪。授賜南朝,拜謝重恩。騰星進路,德奉天庭。承恩回還,暗色來寢,不皇本郡。"④贊文記載張謙逸的敦煌郡大都督之職,是吐蕃政權授予的,所謂南朝就是吐蕃王朝,張謙逸曾經前往吐蕃邏些城朝觀吐蕃贊普,病死返回的道途之中。P.2991B《報恩吉祥之窟記》"遂使佳譽遠震,台相追隨;面輔南朝,俸(奉)對無間"⑤。除了南朝之外,還將吐蕃政權稱之爲大蕃、蕃國等。P.2863《舍施疏文》記載:"爲長男南行往于蕃國,報願通達平安。"P.2583V《舍施疏文》記載:"右弟子薄福,離此本鄉,小失翁母,處於大蕃,配充驛戶,隨緣信業,受諸辛苦,求死不得,乃貪生路。"⑥就是説對吐蕃政權的稱謂和對盤踞在河隴青海的吐蕃稱謂有很大區别,因此南蕃就是指居住在南山的吐蕃。

南山既是漢唐時期對山脉稱謂,漢代南山泛指從于闐到長安絲綢之路通道南部山脉的統稱,即塔里盆地南部的阿爾金山山脉、河西走廊南部的祁連山脉即長安南部的秦

---

① 唐耕耦、陸宏基編:《敦煌社會經濟文獻真跡釋録》第四輯,北京:全國圖書館文獻縮微複製中心,1990年,第377—380頁。
② 鄭炳林、鄭怡楠輯釋:《敦煌碑銘贊輯釋(增訂本)》,上海:上海古籍出版社,2019年,第935頁。
③ 録文參鄭炳林、鄭怡楠輯釋:《敦煌碑銘贊輯釋(增訂本)》,第152頁。
④ 鄭炳林、鄭怡楠輯釋:《敦煌碑銘贊輯釋(增訂本)》,第1514頁。
⑤ 鄭炳林、鄭怡楠輯釋:《敦煌碑銘贊輯釋(增訂本)》,第815—816頁。
⑥ 唐耕耦、陸宏基編:《敦煌社會經濟文獻真跡釋録》第三輯,北京:全國圖書館文獻縮微複製中心,1990年,第80、68頁。

嶺等,到唐代一般指河西走廊的祁連山脉。同時南山還是作爲地名,經過我們考證,就是吐谷渾的賀真城,大約在今天青海海西州的德令哈一帶,曾是吐谷渾沙州的管轄中心。因此,從漢代開始將移居南山的民族有固定的稱謂,漢代將移居南山的小月氏和羌稱之爲南山羌,吐蕃佔領河隴青海之後,將居住這裏的吐蕃人稱之爲南蕃,即南山吐蕃;到晚唐五代歸義軍時期將以南山城爲中心的廣大祁連山脉居住的民族籠統稱之爲南山人。吐蕃贊普徙帳南山派遣尚綺心兒攻打敦煌的河西節度使,這個南山就是吐谷渾的賀真城。

二、張氏歸義軍時期的璨微、南蕃與歸義軍的交往

敦煌文獻記載到歸義軍時期的南山人主要有這幾類文獻,第一是敦煌邈真贊等人物傳記文獻,第二類是敦煌籍帳類文獻,記載敦煌歸義軍政權接待南山使者情況,這是歸義軍與南山交往直接記載,第三類牒狀類文獻,是歸義軍政權下級機關的情況彙報及其歸義軍時期的訴訟文書,其中牽扯到南山的情況,或者專門彙報南山對歸義軍管轄地區的騷擾和進犯。根據這些記載得知,張氏歸義軍時期南山對敦煌的威脅並不大,張議潮收復敦煌、晉昌,將瓜沙的吐蕃驅趕到瓜、沙南部地區;收復甘、肅二州,將這裏吐蕃驅趕到涼州地區;咸通二年(861)收復涼州,並進軍河湟地區,將吐蕃驅趕到河湟以南及以西的柴達木盆地;收復伊州並通過回鶻僕固俊收復西州庭州等二庭地區,將吐蕃驅趕到羅布泊一帶。到咸通八年(867)前後,南蕃僅僅佔據青海柴達木盆地,即東到鄯州西平即廓州,西至石城鎮、且末鎮,北到祁連山脉與歸義軍爲界。直到張淮深主政的前期,歸義軍政權與南蕃處於敵對關係,很少看到有使者往來。

敦煌張氏歸義軍政權與南部民族之間的關係,就是與吐蕃、吐谷渾和南山之間的關係。前後經過了幾次發展變化。大中二年(848)張議潮收復瓜、沙二州之地,吐蕃"殘燼星散,霧卷南奔",大中三年(849)收復甘、肅二州,咸通二年收復涼州、鄯等州,吐蕃"投奔星宿嶺南,苟偷生於海畔""南土蕃渾,獻昆岡之白璧"[1]"南域吐渾,擢雄風而請誓"[2]。吐蕃基本上退居到鄯州以西的青海湖周邊地區,與原來的吐谷渾等民族融合,

---

[1] 《張淮深碑》,見鄭炳林、鄭怡楠輯釋:《敦煌碑銘贊輯釋(增訂本)》,上海:上海古籍出版社,2019年,第154—158頁。

[2] P.3720《張淮深造窟功德碑》,見鄭炳林、鄭怡楠輯釋:《敦煌碑銘贊輯釋(增訂本)》,第685頁。

稱之爲南蕃,即南山吐蕃的簡稱。因此張議潮對西同吐蕃、吐谷渾的戰爭,就是對南山的戰爭。這一時期在稱謂上發生了一些變化,就是吐蕃、吐谷渾往往混稱,這大概與吐谷渾融合到吐蕃中有很大關係。居住在敦煌及其周邊南山中的吐蕃、吐谷渾往往混在一起,很難分清楚部落間的區別和歸屬。特別是當與歸義軍政權發生戰爭時,往往組成羌渾聯軍,來犯之敵既有吐蕃也有吐谷渾。因此敦煌將他們有時叫做吐蕃,有時叫做吐谷渾,或者退渾,有時合稱爲蕃渾,就是對這一特殊現象的反映。而盤踞在庭州、西州的吐蕃在回鶻僕固俊打擊之下退居到石城鎮地區,聯合這裏退渾和西域胡建立了璨微,也開始與歸義軍政權來往。

　　吐蕃是張氏歸義軍政權初期對外交往中主要物件之一,記載張氏歸義軍時期與吐蕃關係最直接的史料是《張淮深碑》,碑文叙述到張議潮時,詳細描寫了歸義軍收復敦煌及河西驅除吐蕃的經過,除此之外,還有一些與吐蕃的戰爭見載其他文獻之中,如張議潮對西同吐谷渾、吐蕃的戰爭,這次戰爭見載於 P.2962《張議潮變文》中,吐谷渾、吐蕃之名稱可以相互代替,説明他們之間已没有明顯的區别。從記載看:第一,吐谷渾王諸川吐蕃兵馬還來劫掠沙州,其吐蕃至今尚未齊集;第二,張議潮派出部隊取西南上把疾路纔經信宿即到西同近側;第三,歸義軍部隊追擊一千餘里到達吐谷渾國内將其擊敗。① 這是一次由吐谷渾王組織的蕃渾聯合軍隊對沙州的軍事行動,蕃渾軍隊起兵地點是西同,位於敦煌西南信宿之地,而吐谷渾國位於敦煌西南一千餘里。所以部分專家將西同比定爲蘇干湖,將把疾道確定爲敦煌前往蘇干湖的道路。然在 P.3451《張淮深變文》中將西同海稱之爲西海,前往西同需經過六龍纔能到達,西同應當在敦煌西部而不是西南②。這次歸義軍與吐蕃戰爭之後,吐蕃、吐谷渾的勢力退出了西同地區。吐蕃與歸義軍之間也結束了戰爭狀態。

　　在歸義軍政權和唐朝政府的雙重打擊之下,盤踞在河隴地區吐蕃地域漸漸縮小,力量逐漸減弱,吐蕃與轄區的小月氏、吐谷渾、羌和康居胡等種落融合形成一個新的部族,這個部族在張氏歸義軍後期,以盤踞在石城鎮爲中心的稱之爲璨微,名之仲雲。璨微蕃使的名稱最早見載文書是 P.3569《唐光啟三年(887)四月爲官酒户馬三娘、龍粉堆支酒本和算會牒》記載歸義軍招待的使客有西庭、璨微、涼州、肅州、蕃使等,細目中僅有支給

---

①P.2962《張淮深變文》,錄文見王重民《敦煌變文集》,北京:人民文學出版社,1984 年,第 114—119 頁。

②P.3451《張淮深變文》,錄文見王重民《敦煌變文集》,第 121—127 頁。研究參鄭炳林《張淮深變文研究》,《西北民族研究》1994 年第 1 期,第 142—155 頁。轉載於中國人民大學報刊複印資料《中國古代史》1994 年 12 期,第 83—96 頁。

璨微使上下陸人,而不見蕃使的記載①。蕃使很可能是指南蕃派遣來的客使,璨微使和蕃使同時出現,説明南山地區的民族還没有完全形成統一的政權,以南山爲中心的南蕃和以石城鎮爲中心形成的璨微,還没有完全統一起來。説明到張淮深後期歸義軍與南蕃之間的關係開始改善,特别是經過多年的璨微已經與之前的南蕃有了本質上的區别,不僅名稱變了而且内部結構也發生變化。璨微佔據着歸義軍對外交通的咽喉之地,改善與璨微之間的關係,有利歸義軍開展對西域的交通,特别是與于闐之間交往,同時隨着唐朝政府對歸義軍政權的干預,歸義軍内部矛盾重重,急需改善與南部的璨微之間的敵對關係,解除他們對歸義軍政權的威脅。P.4640V《己未年—辛酉年(899—901)歸義衙内破用紙布曆》記載幾筆對璨微使者的開支:"(辛酉年三月)十六日支與璨微使僧文贊細布壹匹。"六月"十日支與璨微使金乚悉甫潘寧等二人共支粗布壹匹。""(辛酉年二月)廿七日支與璨微引路人劉悉歺勺咄令細紙兩帖。"②從使者的名字看璨微指居住石城、屯城一帶的少數民族部落。《新五代史·四夷附録三》附《高居誨使于闐記》曰:"沙州西曰仲雲,其牙帳居胡盧磧。云仲雲者,小月支之遺種也,其人勇而好戰,瓜、沙之人皆憚之。胡盧磧,漢明帝時征匈奴,屯田於吾盧,蓋其地也。地無水而嘗寒多雪,每天暖雪銷,乃得水。匡鄴等西行入仲雲界,至大屯城,仲雲遣宰相四人、都督三十七人候晉使者,匡鄴等以詔書慰諭之,皆東向拜。"③由此證之,璨微即仲雲。

到張承奉任歸義軍節度使,雙方關係一度惡化,發生一場戰爭。張承奉在甘州回鶻的打擊之下,瓜州以東疆域失去,管轄範圍僅有瓜沙二州八鎮而已。疆域日縮之下的張承奉力圖向西拓展,就發動對石城鎮的戰爭。S.4654《衙前都押衙羅通達邈真贊并序》記載:

> 遂乃于闐路阻,璨微艱危。驍雄點一千精兵,公以權兩旬便至。於是機宣韓白,謀運張陳。天祐助盈(贏),神軍佐勝。指青蛇未出於匣,蕃醜生降;表白虎才

---

①P.3569《唐光啟三年(887)四月爲官酒户馬三娘、龍粉堆支酒本和算會牒》記載:"伏緣客使西庭、璨微及涼州、肅州、蕃使繁多,日供酒兩甕半以上,今準本數欠三五甕,中間緣有四五月艱難乏濟,本省全絶,家貧無可炊飯,朝憂敗闕。""璨微使上下陸人,每一日供酒壹斗陸勝,從三月廿二日至四月廿三日,中間計叁拾貳日,供酒捌甕叁斗貳勝。"見鄭炳林、鄭怡楠輯釋:《敦煌碑銘贊輯釋(增訂本)》,上海:上海古籍出版社,2019年,第1109頁。

②唐耕耦、陸宏基編:《敦煌社會經濟文獻真跡釋録》第三輯,北京:全國圖書館文獻縮微複製中心,1990年,第254、255、269頁。

③(宋)歐陽修:《新五代史》卷七四《四夷附録第三》,北京:中華書局,1974年,第918頁。

已臨旗,戎虻伏死。彎一擊全,地收兩城。①

將石城鎮的璨微稱之爲蕃醜,就是説他們應當與南蕃屬於同一族系。P.3718 天福七年(942)撰《節度押衙知敦煌鄉務李紹宗(潤晟)邈真贊並序》記載:

年芳小俊而出群,弱冠東征而西敵。加以揮戈塞表,爲國納效於沙場。提劍軍前,拔幟當鋒而獨立。破南山,公托臨寇,衆賴沾功。掃羌戎,白刃相交,不貪軀命。②

同卷《節度押衙張明集寫真贊並序》記載:

南山偷路,公乃先行。對陣臨鋒,前蕩後出。③

同卷《都牢城使張良真生前寫真贊並序》記載其參與樓蘭戰爭:

是時西戎起萬里之危,域土臨千重之險。……公則權機決勝,獲攻樓蘭三城。宕(蕩)殱雄番(蕃),穎脱囊錐。④

同卷《河西節度右馬步都押衙閻子悦生前寫真贊並序》記載其參加對樓蘭戰爭:

成立之年,權軍機而有則,仿設雲龍之勢。拒破樓蘭,決勝伊吾之前,凶徒膽裂。⑤

記載的也是這次戰爭,同樣是一個戰爭物件,而記載不同,無論是樓蘭、璨微還是南山,都是對南山的不同稱謂。P.2864V《白雀歌》記載:"白屋藏金鎮國豐,進達偏能報虜戎,

---

① 鄭炳林、鄭怡楠輯釋:《敦煌碑銘贊輯釋(增訂本)》,上海:上海古籍出版社,2019年,第829頁。
② 鄭炳林、鄭怡楠輯釋:《敦煌碑銘贊輯釋(增訂本)》,第1068頁。
③ 鄭炳林、鄭怡楠輯釋:《敦煌碑銘贊輯釋(增訂本)》,第973頁。
④ 鄭炳林、鄭怡楠輯釋:《敦煌碑銘贊輯釋(增訂本)》,第995頁。
⑤ 鄭炳林、鄭怡楠輯釋:《敦煌碑銘贊輯釋(增訂本)》,第1001頁。

樓蘭獻捷千人喜,敕賜紅袍與上功。"①因石城鎮處于闐與敦煌交通要道上,時石城爲璨微佔據,這次戰爭實際上是對璨微的戰爭。歸義軍對南山的戰爭實際上就是歸義軍對樓蘭地區的戰爭,歸義軍的疆域一度延伸到鄯善一帶,這是歸義軍版圖向西延伸最遠的時期。這次戰爭雖然取得一定勝利,但是並沒有改變張承奉西漢金山國的狀況。張承奉對樓蘭地區璨微發動戰爭的原因,主要是爲了打通與于闐之間的交通。P.3718《范海印和尚邈真贊並序》記載了敦煌通使于闐受阻事件:"復攀昆峰靈集,願頂普賢神蹤。跋陟關山,徇(詢)求如來聖會。……時遇西戎路間,沙漠雁信難通,舉郡詮升,乃命仁師透逶。是以程吞闐域,王宮獨步而頻邀。累贈珍金,寶玩船車而難返。忽值妖窊起孽,鵲公來而無痊。數設神方,天仙降而未免。……西通雪嶺,異域芳傳。于闐國主,重供珍璉。王條有限,回路羈纏。四蛇不順,二鼠侵牽。"②歸義軍時期通使于闐和巡禮印度都要經過石城鎮,此處正好被南山所控制,經常劫掠使者阻斷交通,給敦煌歸義軍政權造成很大不便,歸義軍出兵石城鎮的目的正在於此。歸義軍佔領石城之後,援引唐朝的制度在此設置石城鎮,並設置鎮遏使在此鎮守。隨着張承奉與甘州回鶻戰爭的失利,這些地區旋即丟失。

張承奉建立西漢金山國,張承奉曾與甘州回鶻間發生戰爭,甘州回鶻一直打到敦煌城東便橋一帶,戰爭災禍也殃及莫高窟的三界寺和金光明寺,兩個寺院相繼被焚燒。張承奉爲擺脫這種內外交困的局面,曾一度派遣羅通達前往吐蕃國求救。P.3633《沙州百姓一萬人上回鶻天可汗狀》記載這一事件,稱"羅通達所入南蕃,只爲方便打疊吐蕃""天子所勾南蕃,只爲被人欺屈,大丈夫之心,寧無怨恨"③。張承奉派遣羅通達通使南蕃請求救兵,是因爲他的地位很高,爲歸義軍的衙前都押衙,也是西漢金山國的宰相;還有另外一個原因,就是他是張承奉征伐石城鎮的軍事指揮官,這次遣使請救,很可能是以石城鎮的歸還作爲交換條件。張承奉派遣羅通達前往南蕃求救,是南蕃距離敦煌相對較近,根據敦煌文書記載若行動迅速,往來就四日行程,比起璨微要近得多。另外回鶻已經對敦煌的西漢金山國已經從東、西、北三面形成包圍之勢,只有南面緊鄰的南蕃,和回鶻之間有宿怨,還有派遣救兵的一絲可能。實際上南蕃由於與張承奉剛剛之間發生戰事,同樣也沒有派兵救敦煌,而且將張承奉的使團扣押起來作爲人質。陳國燦研究

---

① P.2864V《白雀歌》,錄文參鄭炳林、鄭怡楠輯釋:《敦煌碑銘贊輯釋(增訂本)》,第885—886頁。
② 鄭炳林、鄭怡楠輯釋:《敦煌碑銘贊輯釋(增訂本)》,第977—978頁。
③ 參唐耕耦、陸宏基編:《敦煌社會經濟文獻真跡釋錄》第四輯,北京:全國圖書館文獻縮微複製中心,1990年,第377頁。

認爲 P.2555《佚名詩》59 首爲張承奉派出的使節被羈押臨蕃城某人所作①。後經徐俊研究,將 Дx.3871 與 P.2555 拼接,認爲詩集分三部分,前部七十七首詩,包括詠物十六首,非敦煌當地作品;第二部分陷蕃詩 59 首;第三部分 43 首多非敦煌作品②。這批詩前 16 首詠物詩,對判定作者身份和時間很有作用。在《筆》中"一生長養在逢門,久在公衙不立勳。蒙得都官配入管,平明點著墨離軍。"另外在《口豐》記載:"大王約束苦丁寧,空裏唯聞作梵聲;給孤園中尋花柳,般若波羅早願成。"文中的墨離軍駐扎在瓜州西北十里,大王可能指張承奉,曾稱金山王。另外從 59 首詩記載,作者經敦煌馬圈口、墨離海、青海、赤嶺到臨蕃城,並在作品中提到"一介恥無蘇子節,數回羞寄李陵書",表明他們是同一批出使並被羈押的使團。這次張承奉派出前往吐蕃國求救的使團,因敦煌地區形勢變化,金山國與甘州回鶻約爲父子之國,所以沒有達到目的,而且被扣押在臨蕃城多年。我們從羅通達帶兵攻打石城鎮的璨微,仍然可以以使節的身份出使南蕃,足見璨微和南蕃同屬吐蕃,是吐蕃在南山地區兩個相對獨立不相統屬的地方政權。

我們通過探討得知,張氏歸義軍時期在南部地區形成兩個吐蕃地方性政權,一個是由張議潮擊敗的河西吐蕃退居南山而形成的南蕃,一個是由安西回鶻僕固俊擊敗的西庭吐蕃退居石城鎮,與當地西域雜胡形成的地方政權璨微。他們在張氏歸義軍政權擴張時期,雙方都處於敵對關係,隨着歸義軍完成對河西隴右西域的收復,張議潮朝觀天子入質唐朝,雙方矛盾緩和並通使。由於石城鎮原來就是沙州壽昌縣的管轄範圍,敦煌歸義軍就一直先利用機會將其收復,所以雙方之間仍然發生戰爭,雖然歸義軍取得部分勝利,畢竟歸義軍的大勢已去,取得的一點成果也在與甘州回鶻戰爭中逐漸喪失殆盡。張承奉對甘州回鶻戰爭的失敗,爲了取得南蕃和璨微的支持,不得不降下身段向昔日的宿敵投去友好的橄欖枝,歸還戰爭中佔取的土地城鎮。最後仍然沒有換來他盼望的救兵,最後只有向甘州回鶻可汗低頭稱臣,約爲父子之國。

三、曹氏歸義軍時期的南山與歸義軍的交往

曹氏歸義軍時期的南山人,分布於敦煌南山,東起瓜州,西至石城鎮。南山是由吐

---

①陳國燦:《敦煌五十九首佚名氏詩歷史背景新探》,見《敦煌吐魯番研究》第二卷,北京:北京大學出版社,1996 年,第 87—100 頁。

②徐俊:《敦煌詩集殘卷輯考》,北京:中華書局,2000 年,第 688—689 頁。

蕃、吐谷渾、月氏、康居等民族構成的一種新的部落①,盤踞在石城鎮的稱之爲仲雲,ch.00296于闐文《諸使臣奏稿》記載:"仲雲,一名南山人。"仲雲族,據《新五代史·四夷附錄三》附《高居誨使于闐記》從沙州西入仲雲界首至城是大屯城,大屯城,即《沙州伊州地志》之屯城,往西進入石城鎮。敦煌歸義軍政權從914年起進入曹氏當政時期,在整個曹氏歸義軍時期,歸義軍與南山之間的關係更加密切,這也與曹氏一貫奉行的政策有關。曹氏歸義軍政權從曹議金開始,通過和親化解了與甘州回鶻之間的冤仇,通過嫁女于闐加強了于闐之間友誼,經過通使改善了與西州回鶻、南山之間的關係。雖然曹氏歸義軍仍然處於四面六蕃圍,但是歸義軍仍然與他們能保持一種友好睦鄰的關係,在夾縫中求得生存。南山是曹氏歸義軍南面最重要的交往物件,根據敦煌文獻的記載,曹氏歸義軍與南山的關係表現爲這三種狀況。

　　曹氏歸義軍政權使衙之下直接管理的用於接待客使的機構有宴設司、内宅司、酒司、柴場司、倉司的内庫官等機構,特別是宴設司是接待外來使節的主要機構。從歸義軍衙内的各種開支看,南山的使節與于闐、甘州回鶻、西州回鶻、伊州回鶻客使的接待規格一樣,都享受獨立政權客使的地位。P.2629、敦煌研究院藏《年代不明(964)歸義軍衙内酒破曆》記載歸義軍衙内酒的開支情況,其中記載接待南山開支的有:"去肆月貳拾柒[日]供南山別力逐日酒壹斗,至伍月肆日夜斷,除月小盡,中間柒日,計用酒壹甕壹斗。五日,迎南山酒壹角。……六日,衙内面前看南山酒壹斗。……陸日供衙前倉住南山逐日酒貳斗,至拾貳日夜斷,中間柒日,計用酒兩甕貳斗。……玖日,供向東來南山逐日酒貳斗,至拾貳日夜斷,中間肆日,計用酒壹甕貳斗。同日,城南園看南山酒壹角。……拾陸日,供南山逐日酒貳斗,至貳拾日夜斷,中間五日,計用酒壹甕肆斗。"六月

---

① 南山:敦煌文書時記作"南山部族",時記作"南山部落",或"南山人",也稱作"南山賊"。關於南山的研究甚多,主要觀點有:一、施萍婷《本所藏〈酒帳〉研究》(《敦煌研究》1983年創刊號)據《新唐書·吐蕃傳》吐蕃攻敦煌"贊普徙帳南山"之句,認爲南山應爲吐蕃人。二、劉銘恕《敦煌遺書叢識之三》中一節"南山部族及其投奔瓜州",認爲南山爲黨項人。三、黄盛璋《敦煌文書中"南山"與仲雲》(《西北民族研究》1989年第1期)否定前二説,據P.2741,ch.00296于闐文《諸使臣奏稿》中記載:"仲雲,一名南山人。"認爲南山即仲雲人。四、邵文實《吐蕃對河西諸民族的統治及其影響》(1990年12月,碩士研究生學位論文)及《敦煌遺書中的"南山"考》(《社科縱橫》1992年第6期)。五、周偉洲的部落集團説,參《濮茹考》(《中國歷史地理論叢》1993年第2期)和《多彌史鉤沉》(《民族研究》2002年第5期)。六、陸離的嗢末説,參《關於敦煌文書中的Lho bal(蠻貊)與南波、南山》(《敦煌學輯刊》2010年第3期)。南山是漢代就有稱呼,即將位於于闐經河西走廊到長安的阿爾金山、祁連山和秦嶺都稱之爲南山。還可以參考牛來穎《釋"南山"》(《中國史研究》1986年第3期)、楊銘《敦煌文書中的Lho bal與南波——吐蕃統治時期的南山部族》(《敦煌研究》1993年第3期)和《關於敦煌藏文卷子中Lho bal研究》(《西北民族研究》1994年第2期)、馬雅倫《關於南山問題的討論》(《敦煌學輯刊》1995年第2期)。

"四日,南園看南山酒貳斗伍升。"七月"五日,迎南山酒伍升。……六日,衙内看南山酒壹斗。……六日,供南山逐日酒壹角,至捌日夜斷,中間三日,計給酒肆斗伍升,送路酒肆斗。"九月七日"城南看南山酒壹斗。""十月二日……東園看于闐使及南山酒壹斗。""十日,衙内看于闐使酒壹斗。看南山酒壹斗。""(五月九日)同日,城南園看南山酒壹角。""四日,南園看南山酒貳斗伍升。""十月二日,……東園看于闐使及南山酒壹斗。"①接待的地點有衙内、衙前倉、城南園(甕城南園)、東園等,特別是酒帳中還記載有一批南山客使是東來的,就是説這些南山客使來自於石城鎮。可能是酒店所在的位置,享受甘州回鶻一樣的待遇。從南山派遣到敦煌曹氏歸義軍政權客使的級别也是很高的,有宰相一級的高官。S.8426A《歸義軍酒破曆》記載有:"同日送路赤書宰相等酒貳斗。""廿九日酒壹斗,南山宰相用,付願富。""五月二日酒五升,看南山用。""四日酒半甕,看南山宰相用,付押衙。""廿六日南山朝定酒五升,付宋光。……又同日酒五升夜料看朝定用,付押衙。廿七日酒壹斗,付與董員住看博士用。又同日夜酒五升,付員住看朝定用。"以下還記載十月歸義軍招待南山使者的多筆記録②。S.1398V《壬午年(982)酒破曆》記載:"十月四日迎□□南山酒壹斗。"③我們從這些記載看,南山派往敦煌歸義軍的使節很多,有時是交叉派遣,某年四月底到五月初,歸義軍接待一批有南山赤書宰相率領的客使,當歸義軍將其送走之後,到五月廿六日、廿七日又迎接南山朝定使團到來,同年十月還接待南山客使。有些常住敦煌的南山人已經參與敦煌的接待等經濟活動。S.5845《己亥年(959)二月十七日某寺貸油麥麻曆》記載:"索上座貸麵三碩,南山。"④這是生活在敦煌的南山人向索上座借貸麵,説明與南山交往中還有很多民間交往,這些人達不到政府接待的規格,他們是民間貿易交往的使者,他們將南山出産的物品販運到敦煌,然後將南山特需的敦煌市場物品販運到南山地區,從中賺取商品價格差。有些南山商成爲敦煌開店經營的商胡,平常就生活在敦煌地區,爲了生活需要向機構和個人借貸生活用品,向索上座借貸麵就是這種南山商人。敦煌地區有一批人專門從事與南山的貿易,S.4445《己丑年(929)何願得貸褐契》記載:

---

① 唐耕耦、陸宏基編:《敦煌社會經濟文獻真跡釋録》第三輯,北京:全國圖書館文獻縮微複製中心,1990年,第272—277頁。
② 録文參鄭炳林、鄭怡楠輯釋:《敦煌碑銘贊輯釋(增訂本)》,上海:上海古籍出版社,2019年,第237頁。
③ 唐耕耦、陸宏基編:《敦煌社會經濟文獻真跡釋録》第三輯,第228頁。
④ 録文參鄭炳林、鄭怡楠輯釋:《敦煌碑銘贊輯釋(增訂本)》,第237頁。

己丑年十二月廿三日龍家何願德于南山買賣欠小褐,遂于永安寺僧長千面上貸出褐三段,白褐壹段,比至南山到來之日,還褐六段,若東西不平善者,一仰承弟定德、丑子面上取本褐,若不還者,看鄉原生利。恐人無信,故立此契,用爲後憑。

　　　　　　承弟定德(押)。承丑子(押)。取褐人何願德(押)。①

據另一件陳佛德同時間於僧千面上貸褐契十二月廿三日貸,三月十五日還。當與何願德一起去南山買賣,三月往返一次,距離不太遠。敦煌從事與南山貿易的不僅僅龍家何願德一人,而是一批人從事與南山貿易的,足見與南山的商業貿易影響之大。敦煌與南山間的貿易很艱辛,這在敦煌文獻中亦有記載。S.2578《押衙薛九安謝張、索都頭狀》記載:

仲冬嚴寒,伏惟張都頭、索都頭尊體起居萬福,即日押衙薛九安伏蒙二都頭重福,且得平善,不用遠憂。伏惟倍加保重,下情望也。昨九安遠聞男員通,遂往南山手內把卻,聞其此語,九安日夜恒憂一子,逍瘦總盡。願二都頭知悉,九安又諮張都〔頭〕、索都頭,天上取恩,發大弘願,久接貧兒,忽若二都頭勾當得員通離得南山,遠到鄉井,九安拜賀無限,限以關山遙遠,面拜未期。謹上起居,不喧,謹狀。

　　都頭:坐前謹空,閤下。

　　　　　　　　　　　　　　十一月十九日押衙薛九安謹狀。②

敦煌曹氏歸義軍時期與南山間商業貿易非常興盛,有政府出面組織的,更多的是民間性的貿易,這種貿易應當說是二者之間貿易的主體,敦煌地區往南山販賣的主要是畜牧加工品,像褐一類的毛織品在畜牧區比較實用,而敦煌成爲畜牧產品的加工業,但是毛織品不適合敦煌農業區穿戴。因此敦煌官府內宅司加工的褐,主要販運到南山地區銷售。

南山人的生活區域主要是祁連山脈和祁連山之南,這裏都是畜牧區域,居民經濟主要以畜牧爲主。而敦煌地區是以農業經濟爲主、畜牧經濟爲輔,相對南山來說,敦煌地區的居民勞動強度要大很多,因此敦煌地區有人就選擇投奔南山地區從事比較輕鬆的畜牧經濟。P.3257《後晉開運二年(945)十二月河西歸義軍左馬步押衙王文通牒及有

---

①錄文參鄭炳林、鄭怡楠輯釋:《敦煌碑銘贊輯釋(增訂本)》,上海:上海古籍出版社,2019年,第867頁。

②錄文參鄭炳林、鄭怡楠輯釋:《敦煌碑銘贊輯釋(增訂本)》,第867頁。

關文書》記載到南山部族和南山人的來源:"更弟佛奴房有南山兄弟一人投來,無得地水居業,當便義成地分貳拾畝,割與南山爲主。其地南山經得三兩月餘,見沙州辛苦難活,卻投南山部族。""問得侄索佛奴稱,先有親叔索進君幼小落賊,已經年載,並不承忘,地水屋舍,並總支分已訖。其叔進君賊中偷馬兩疋,忽遇至府　官中納馬一疋。當時恩賜馬賈(價),得麥粟壹拾碩,立機牒伍疋,官布伍疋。又請得索義成口分地貳拾貳畝,進君作戶生(主)名,佃種得一兩秋來。其叔久居部族,不樂苦地,卻向南山爲活。"①索進君幼小落賊進入南山,回到敦煌不能適應敦煌的農業生活,感到辛苦難活,不得不返回南山。

敦煌曹氏歸義軍政權爲方便與南山的交往,仿照與甘州回鶻、西州回鶻、伊州回鶻和于闐慣例,專門在使衙中設置管理與南山通使的人,類似於南山使之類官員,由節度押衙一類的官員兼任。S.6452(2)《辛巳年(981)十二月十三日周僧正於常住庫借貸油麥物曆》記載壬午年五月"廿六日酒五升,流安南山來吃用"②。流安是歸義軍節度押衙,很可能就負責與南山的通使。P.2040V《後晉時期淨土寺諸色入破曆算會稿》記載:"粟一石二斗,沽酒高都頭南山去時送路用。""油二升,煮食,高都頭南山去時送路用。"③高都頭就是後晉時期歸義軍派遣出使南山的客使。S.2474《己卯年(979)駝官鄧富通群駱駝破籍並判憑》記載:"己卯年十一月二日,駝官鄧富通群入算後駱駝破籍。伏以今月二日,支與于闐使頭南山大父駝壹頭,未蒙判憑。伏請處分。己卯年十一月二日,駝官鄧富通。爲憑三日(烏印)。"④歸義軍使衙駝馬官向于闐使頭支付南山大父駝,這裏表示大父駝來源是南山地區,是與南山貿易中得來的,其次表示這個駱駝是南山種,說明敦煌的駝官管理有一批來自於南山地區的駱駝,提供給各個使頭出使中作爲交通工具使用。S.3728《乙卯年(955)二、三月押衙知柴場司安祐成狀並判憑五件》記載:"供索縣令家南山付設司柴壹束。"索縣令也是敦煌派遣出使南山的客使。S.5750V《清兒申述馬主追索狀》記載其南山奉使西行中間馬被劫,"右伏以清兒前時奉差南山,作其通和,有壹個出者,使去西行,立便中間劫行馬壹匹,暮去副訟身箭具等,阿重成卻達本府,其清兒貧窮,全無取處,又是龍家馬主,時向劫奪,清兒不敢安存,劫虜十一口是社

---

① 唐耕耦、陸宏基編:《敦煌社會經濟文獻真跡釋錄》第二輯,北京:全國圖書館文獻縮微複製中心,1990年,第296—299頁。

② 唐耕耦、陸宏基編:《敦煌社會經濟文獻真跡釋錄》第二輯,第241頁。

③ 唐耕耦、陸宏基編:《敦煌社會經濟文獻真跡釋錄》第三輯,北京:全國圖書館文獻縮微複製中心,1990年,第417、419頁。

④ 唐耕耦、陸宏基編:《敦煌社會經濟文獻真跡釋錄》第三輯,第601頁。

人,借便清兒無處報物事,伏[請處分]"①。清兒應當是歸義軍官府派遣,屬於政權間的通使,亦然被劫,足見雙方貿易存在的變數很多,外來因素的干擾也很多。S.5448《節度押衙渾子盈邈真贊並序》記載:"美舌甜脣,譯蕃語羌渾歎美。東南奉使,突厥見者而趨迎,西北輸忠,南山聞之而獻頓。……明閑軌則,傳譯蕃言。能降突厥,押伏南山。"②渾子盈是居住敦煌的鐵勒人後裔,熟悉吐蕃、吐谷渾、羌和突厥語,經常前往南山通使,在歸義軍與南山交往中有很大貢獻。

曹氏歸義軍時期外來威脅最大的也是南山。P.2482V《常樂副使田員宗啟》記載南山六人、南山駝馬等,懸泉之南有南山賊經常打劫行人,"其把道龍家將到石丙山谷放卻,至第二日齋時到來,其龍家口説述丹宰相、阿悉蘭祿都督二人稱説:發遣龍家二人爲使,因甚不發遣使來?沙州打將羊數,多分足得,則欠南山駝馬。其官馬群在甚處,南山尋來"③。是證南山部族建立政權,具有較完善的機構。P.4525V《太平興國某年内親從都頭某牒》記載:"瓜州:昨去前月廿九日從雍歸有南山伍人到來,口云道:部落盡於雍歸鞍下,欲疑瓜州下來,心知已前作惡之事,恐怕更有高下。況義郎當差貳人共南山相隨於部落裏,商議下來事。去其義郎今廿九日夜從會稽趁賊到來,鞍馬困乏,西來不得,更坐三五日,並及趁逐水漿澆溉之次,即乃西來,其於官院内蹭草輸納,亦乃之次,又昨者三兩件打鹿圍,至今未得,運後卻作圍,再申狀,通右謹具狀申聞,謹録狀上。牒件狀如前,謹牒。太平興國六年十月日内親從都頭知瓜州義郎狀。"P.3835V《戊寅年(918)紫亭鎮狀一通》記載紫亭城一帶有南山作賊,要求收拾群牧,牢把道途,緊守城池,謹防南山從東西南北各個方向襲擊。"(前缺)等,右奉處[分],今月十日紫亭家報來,言道八日夜,紫亭城南山作賊,下□官私群牧,打將羊三群,不知更有何計。帖到日,空群牧收拾着,牢把道逡,緊□(守)城池。如或怠有輸失之時,□等便當重[罰],仍仰准此指揮,又差貳人西東,南山安其作賊,南山別你西東,南□□不要私動此者。戊寅年五[月]十日帖。"④紫亭以南就是南山部族管轄地區,這裏緊鄰敦煌歸義軍疆域範圍,是歸義軍主要防禦地帶。爲了防禦南山對曹氏歸義軍威脅和騷擾,歸義軍沿着緊鄰南山設

---

①S.5750V《清兒申述馬主追索狀》,録文參鄭炳林、鄭怡楠輯釋:《敦煌碑銘贊輯釋(增訂本)》,上海:上海古籍出版社,2019年,第868頁。
②鄭炳林、鄭怡楠輯釋:《敦煌碑銘贊輯釋(增訂本)》,第849—850頁。
③唐耕耦、陸宏基編:《敦煌社會經濟文獻真跡釋録》第四輯,北京:全國圖書館文獻縮微複製中心,1990年,第502—503頁。
④P.3835V《戊寅年(918)紫亭鎮狀一通》,録文鄭炳林、鄭怡楠輯釋:《敦煌碑銘贊輯釋(增訂本)》,上海:上海古籍出版社,2019年,第1121頁。

置很多軍鎮,有新鄉鎮、雍歸鎮、紫亭鎮、壽昌鎮及西關城等,主要職能就是防止南山對敦煌造成的威脅。

曹氏歸義軍政權與南山關係維持在和平共處的狀態,雙方間經常通使往來,歸義軍政權的宴設司經常接待來自南山的使客,他們來往很頻繁,一批接着一批到來,並一批接着一批送走,很多情況是上批客使還沒有送走,而下批客使已經到來,這些客使很多是以商業貿易爲主的商團,將敦煌地區商品販運到南山地區,並將南山地區特產販運到敦煌進行貿易。這些使團級别有時很高,有都督宰相參與其中。敦煌派往南山客使同樣有普通進行商貿的,也有協商雙方政治問題解決爭端的,總之爲了有效管轄與南山間往來,歸義軍政權專門有一批從事南山通使的官員,稱之爲南山使。通使是歸義軍與南山關係的主體,但是雙方之間的爭端摩擦不斷,有時會發展到戰爭的狀態,南山的述丹宰相、阿悉蘭祿都督都會參與到這種爭端之中。而歸義軍爲了防止南山對瓜沙地區的騷擾和進犯,設置軍鎮加強防範,基本上處於防守狀態,盡可能防止爭端升級變爲戰爭。

六朝道教詞彙新質中的高頻同義詞

俞理明

(四川大學文學與新聞學院)

六朝是中國道教的發展時期,產生了一大批道教文獻,其中保存了不少反映當時語言變化的材料。我們採用拉網的方法,搜集到 6617 個當時產生的新詞項,通過這些新詞項可以瞭解道教活動對漢語發展的影響,以及當時道教對自然和社會的認識。

從經濟的角度來看,一個概念的表達,採用一個語言形式即可。但是,在語用實踐中,一些概念,往往會出現數量不一的同義近義形式。同義近義形式的出現,說明它們所表達的概念,在當時詞彙系統中使用頻繁、活躍程度高,也是社會關注度高、頻頻翻新的概念。換個角度來看,一個概念,它的同義形式越多,越能反映它受使用者重視的程度,能突顯當時交際參預者關注的焦點。

在本項研究搜集到的六朝道經詞彙新質中,有許多同義近義詞,這些新生的同義形式,表達相同的概念,其中有的概念的表達形式數量衆多,引人注目。本文嘗試依據其中具有 10 個以上同義近義形式的概念,來觀察當時語料中反映的道教關注點。

本文討論的同義近義詞,雖然在造詞的理據方面有不少差別,但在同樣的語境中,它們基本上可以自由替換而不影響意義的表達。以下,根據這些同義組所表達的概念,做一簡要的梳理,囿於篇幅,所引詞語只列詞目,不舉書證,部分詞目後的數字,表示多義詞目中義項的位序。

一、有關光亮的高頻同義組(7 組,238 個)

這方面的同義組,涉及發光體、光的發射、各類光芒、光的照耀、光的散布、光的明亮等方面。

太陽(23)：日圓、圓明1、圓珠、圓精、圓曜1、圓光蔚、離羅1、金羅、曜羅、耀羅、濯耀羅、圓羅曜、耀景、明曜2、曜明、紫曜明、丹明1、丹靈1、洞陽、微玄、扶晨、眇景、妙景

發光(16)：轉燭、吐暉、敷暉、發暉、發明、奏明、瑩發、煥射、煥啟、煥發、發煥、啟煥、吐煥、耀煥、曜煥、精流

光亮(63)：光鮮、精芒、光華、飛景1、光津、流精2、三華2、辰光、皇華、黃華、圓華、飛根、丹華、鬱儀2、金晨1、明曜1、日根、暉日、徹日、晨景、玄晨1、靈晨、始明、月魂、玉華2、玄景4、圓明2、玄曜、霞暉、芒霞、青牙、素牙、丹牙、玄牙、八芒、雲牙、虹映1、金華2、金暉、朱景、丹精、紫曜、紫暉、紫輝、流黃、皓華1、流明、飛精、飛華、羽暉、威光、靈華、玄光、真暉、神暉、神華、寶明2、寶曜、寶耀、寶光、法景、夜燭、靈彩

照耀(80)：焰、輝、輝煥、爛、爛明、爛照、瑩、煥1、煥明1、煥映、煥洞、煥朗、煥照、煥絡、煥落、落煥、豁落2、煥赫1、煥曜、煥耀、煥爛2、流、流煥、流光、流照、流落、流徹、流焰、流曜、流耀、流映1、映流、映朗1、映絡、映煥、映照、映落、映徹、映監1、玄映、虛映1、迴映1、虹映2、燭映、暎熏、洞、洞明1、洞映1、洞朗1、洞煥、洞照、洞瑛、洞徹、洞曜、洞鑒1、徹映、徹洞1、徹朗、徹照、照映、照洞、照朗、照鏡、照鑒、玄照、回照、焰照、鑒洞、鑒朗、曜燭、曜靈、玄耀、朗1、朗映、朗煥、朗照、朗徹1、朗曜、朗耀、明、明照

籠罩(13)：晻藹、奄藹、覆蔭、覆絡、覆冠、冠覆、冠纏、冠匝、匝冠、羅覆、玄覆、彌覆、碧落1

充滿(13)：天帀地盈、充盛、充布、冠滿、布充、覆滿、冠帀、滿充、溢充、翁藹2、充鎮、流羨、連天

明亮(30)：翠、燁然、英英、明鮮、洞鮮、煥舒、煥爛1、鮮蔚、晃晃昱昱、璨璨、嬰嬰、藹沫、明開、明煥、明徹、分明、朗明、蔚明、映明、徹明、通明、煥明2、流映2、映朗2、玄朗、四朗2、炳灼1、焆煥、淨明、朗豁

大量表示光明的詞語，營造了一個理想中的燦爛光輝的美好氛圍，令人嚮往。

二、有關空間和天空運行的高頻同義組(8組,282個)

涉及人物神靈活動的空間，包括天空四方、在空中行為、能飛行的車駕、駕馭乘坐車輛、在空中晏遊等。

天空(50)：太霄、霄清、九晨、晨霄、玄霄1、雲營、景霄、神霄1、空霄、霄冥、霄元、絕霄、霄際、霄嶺、玉霄、九外、九遐、九冥1、絕空、玄空、空玄、重虛、空洞1、虛玄、空虛、上

元、靈元1、玄漠、幽藹、玉宇、空漠、太漠、太玄2、高玄1、高清、浩清、虛上、霞寥、泰清、景漢、虛空、綠瓊、天景、旻蒼、碧霄、碧落2、空青1、天清、絕明、紫天

各方(13)：四朗1、八域、八朗、八圓、八煥、八落、八冥、八溟2、八外、八遐、九度、十方、十界

飛行升空(42)：飛行、飛步、飛形、飛馳、飛晏、飛天1、飛空、飛晨、飛霄2、飛玄、飛浮、虛飛、玄飛、遁飛、景飛、上飛、遊飛、飛旋、飛躍、飛淩、浮1、鵬翼、浩翔、遨翔、翔遨、輕翔、遨騰、翱騰、旋騰、徊騰、遊騰、騰翔、騰舉、遷上、變舉、飛登、飛度、玄升、登霄、登晨、高登、超淩

淩空(17)：玄浮、浮空、蹈空、躡空、躡虛、躡浮、騰登、騰翔、騰身、騰景、騰軀、騰形、騰天、淩騰、雲行、雲步、虛行

降臨(16)：下世2、降臨、來降、降見、降下1、垂降、下游、玄落、虛降、感降、回降(迴降)、降回、流降、降真、臨軒、玄降

空中飛行車駕(42)：六龍、丹輿、綠軿、綠輿、八景雲輿、八景龍輿、八景玉輿、八景輿、八景1、雲輿、景輿、飛輿、飛軒、瓊軒1、玉軒1、紫軒、龍軒、飛霄紫輦、飛霄輦、飛霄3、紫輦、飛軿、流軿、霄軿、龍軿、綠軿、雲輪、遊輪、瓊輪2、龍輪、飆輪、靈輈、九龍轡、龍轡、飛霄輕蓋、羽蓋、顯蓋、玉駕、神駕、羽駕、寶蓋、瓊輪1

遊賞(52)：上戲、浮昈、浮觀、浮游、浮翔、浮行、扇1、遊扇、遊眺、宴1、宴觀、宴昈、宴適、宴景1、晏景、徊宴、旋宴、遨宴、遨晏、造晏、造宴、洞宴、遊宴、遊洞、遊浪、遊朗、放浪2、霄浪、披浪、逸浪、歷戲、洞戲、洞遊、周遊、飛遊、超浮、逸1、逸遨、登遨、遨邁、飆3、蕭條2、蕭蕭4、攜游、游慶、遊夢、適肆、流騁、騁騰、旋、遊旋、遊迴

駕馭(50)：轡、案轡、絡、落3、洛、駕絡、匡絡1、匡落、參2、參絡、參落、參駕、參晏、參乘、駿乘、駿禦、參禦、匡禦1、策禦、迅禦、乘禦、策、乘策、運策1、策駕、迅駕、控駕、扇2、逸2、戲、戲參、遊、宴2、晏2、駿宴、宴景3、宴駕、宴輪、宴轡、宴景2、控景、按轡、控轡、控乘、整控、駕命、飛1、飛飈(飛飆)、飛輪、飛景2

在天界仙境中，能擺脫種種自然的羈絆和約束，逍遙自在地在空中活動，無所不往，無所不見，是很多人嚮往的自由狀態，也是道教勾勒的美好生活場景。

三、有關人事亡毀陰間的高頻同義組(14組,225個)

天界仙境之下，是現實的世俗。在這個環境中生存的人們，追求長壽升仙，從而避免死亡和毀敗，不要淪落到陰間地獄中去，同時，還應該通過努力，拯救已經淪落陰間的

歷代祖先。因此，相關的概念也有很高的關注度。

塵世(20)：世境、落冥、凡塵、塵藹、塵沫、塵波、塵昧、塵途、下俗、下世1、四羅、四維、囂羅、囂穢3、穢途、穢土2、臭濁、五濁、濁俗、魔俗

津液(13)：玄液、瓊液、瓊津、玉津2、液津、津源、金醴、華膏、華芝、玉芝、玉泉、靈液、靈津

長生(10)：終年、盡壽、長生不老、長生延命、久世長生、久視長生、日月同暉、得壽遐亡、還壽延年、延生

凡庸俗人(13)：常侶、群俗、愚俗、愚下、凡下、凡迷、凡猥、庸猥、粗猥、鼠子、逆人1、逆人2、五濁子

歷代祖先(31)：玄葉、玄玄、先代、神父、玄祖、玄考、九祖、九玄4、九玄祖考、七祖、七祖翁、七玄之祖、七世、七玄、七考、七葉、九祖七玄、九幽七祖、九玄七祖、七玄九祖、七祖九玄、七玄七祖、五祖、三曾、三曾五祖、億曾萬祖、九祖父母、九玄父母、七祖父母、七世父母、七玄父母

死亡(19)：過世、死絕、死傾、死歿、死耗、灰落、灰亡、殞亡、亡殞、傾殂、告終、終休2、殞喪、夭傾、注死、前亡後死、死者如崩、絕種、死壞

消亡(16)：凋殂、凋折、沉落、伏亡、亡墜、摧亡、消摧、滅摧、死伏、滅爽、滅種、沉滅、零滅、墜滅、沈泯

毀廢(17)：摧爛、毀破、棄毀、破墮、破瀆、稽替、廢闕、罷除2、廢除、顛殞、殞顛、傾拔、淪傾、破貴亡賤、破門滅戶、割破、破射

崩塌(10)：崩山裂石、偏陷、欹陷、崩陷、崩頹、倒傾、崩傾、傾摧、摧崩、摧消

消散(18)：散揚、飛迸、騫揚、流扇、散開、消豁、錯散、滅景2、伏散、廓散、泄散、沉散、化散、散化、絕散、收2、化消、沉消

墳墓(12)：五墓、室墓、墓次、墓塚、塚墓、塚堁、墳塚、義塚、土戶、靈林、古瘞、土木

陰間(19)：九陰1、九幽、太幽、幽途、幽塗、幽玄1、幽陰、幽徒、幽源1、幽夜2、積夜、九夜、太陰1、地宮、寒庭、寒鄉、寒夜、火鄉、太陰3

陰曹地府(16)：北玄2、九陰2、太山府、地官1、冥司2、幽司2、鬼官1、鬼府、陰府、泉曲、太陰2、地府1、北都、冥都、北豐、羅豐2

地獄(11)：下牢、九幽地獄、九冥2、九玄3、孟津、九河、幽宮1、玄都2、火車、灰河、寒池

四、有關道教傳播的同義組（13 組,288 個）

　　道教的思想和主張要拯救世人免於淪落,認識和傳播道教,是當務之急,其中就涉及了道教思想和性質、道教文獻的保存、道教的傳播和功用、道教秘要的傳授和詠誦方面的概念：

道教思想內涵(31)：旨音、玄機1、冥契、義趣、冥津、靈觀2、靈妙、秘妙、高真1、上真1、真元1、道極數訖、上契、真契、真妙、正真3、幽真、道妙、妙賾、隱冥、秘旨、玄極2、玄津2、玄機2、玄義、玄旨、幽玄2、幽機、幽鑒、幽窮、幽妙2、太玄1

本源(19)：源本、始妙、玄源、根元、源領、源始、根始、根宗、本宗、淵宗、宗淵、宗源、宗根、靈根、靈宗、道源、華根、有素、本基

精妙(15)：至秘、秘重、妙重、尊妙、幽妙1、空洞2、精上、霄絕、雅妙、淵賾、虛微、邈微、宛奧、邈眇、妙靈

經袋(12)：韞1、蘊1、巾蘊、帙蘊、囊蘊、玉蘊、寶蘊、玄蘊、囊笈、章囊、篋蘊、函韞

珍藏(18)：閉秘、寶密、寶禁、祕藏、秘藏、深秘、祕重、錄寶、保錄、藏錄、幽秘、微密、秘固、寶秘1、蘊抱、保秘、祕翫、寶錄

救度教化(20)：敷教、教悟、說喻、囑勸、勸化、開化、廣化、廣度、救度、化度、化看、化示、誘近、獎誘、諷誘、敷誘、遵稟、告誨、啟訓、啟示

救助(26)：溥濟、廣救、接救、拯化、拯拔、拯度、開濟、憂濟、擁濟、溍濟、扶濟、拔過、拔贖、拔度、轉度、移度、遷拔、發拔、啟拔、標拔、濟度、護度、度世、拔苦、拔罪、賑散

傳授(21)：度1、付度、傳度、授度、啟授、啟受、啟付、奉傳、奉付、傳道、口口相傳、錄傳、列付、列度、盟傳、盟度、盟授、玄授、輕付、決氣、誠受

誓願(31)：開矜、願念、發願、啟願、立願、禮願、登盟、盟告、告盟、啟盟、列盟、發誓、啟誓、訴誓、伏誓、立誓、列誓、咒誓、重誓、歃誓、歃割、誓身、跪誓、詭誓、玄誓、玄盟、信誓、誓信1、立盟、隱盟、盟受

禮拜(21)：恭禮、叩2、禮見、禮拜、拜禮、施禮、瞻禮、宴禮、晏禮、宗禮、跪禮、奉拜、奉覲、進拜、進朝、禮朝、禮揖、拜敬、揖敬、俯仰1、祝拜

禮品(22)：信物、信、寶信、香信、命信、贄2、詭、詭信、詭信、贄物、贄贐、重贄、信贄、信義、劾信2、法信、儀信、盟物、要信、誓信3、酬贄、酬詭

詠唱(16)：逸奏、合唱、和唱、遙唱、虛唱、玄唱、吟唱、嘯唱、唱嘯、嘯朗1、朗嘯、洞

嘯、傲嘯、宴詠、讚詠、吟讚

誦讀(36)：詠誦、詠諷、發讀、披誦、披詠、看詠、研詠、清詠、修誦、執詠、攄贊、唱讚、讚唱、讚言、讚誦、誦讚、誦念、吟誦、清誦、耽誦、齋誦、齋讀、説吟、禮頌、轉念、轉經、轉讀、耽詠、諷明、隱誦、陰誦、闇諷、默念、唱、唱詠、唱誦

五、有關個人修行的同義組（17 組，399 個）

道教的傳播，有賴於大量個人修行者的實踐，個人通過相應的修行，可以擺脱塵俗，飛升天界，成爲神仙世界的一員，這方面的概念，涉及個人禀賦、對道教的嚮往、奉持修行，直至成道升仙：

禀賦(27)：分、質分、挺、挺業、挺樸、挺契、挺分、分挺、運挺、宿挺、玄挺、神挺、玉挺、上挺、下挺、骨相、骨氣、氣骨、骨命、骨挺、骨間分、骨烝、壽骨、金骨、骨分1、玄質、石性

尊崇(12)：欽範、敬向、崇向、崇敬、崇仰、奉仰、奉屬2、奉隸、宗奉、遵崇、信尚、好尚

希圖(39)：希望、念3、願想、希期、希尚、希仰、首仰、翹仰、仰希、仰意、仰期、仰願、志願、志慕、好慕、存1、注向、志向、篤尚、覥樂、沉染、耽滯、耽著、好嗜、好貪、貪圖、貪羨、貪樂、貪戀、貪濫、思念、玄慕、希真、貪積、貪淫、貪榮、貪禄苟榮、貪財受利、樂富棄貧

曉悟(36)：逆知、逆睹、逆究、參解、參1、參受、妙悟、眇悟、究解、究了、究見、朗究、朗解、精解、明解、明瞭、曉易、曉究、知悉、尋詳、參聞、禦聞、意通、諦識、徹、徹知、徹聞、徹洞2、映洞（暎洞）、洞映2、洞鑒2、洞明2、洞朗2、洞悟、洞得、熟精

歸附(14)：皈、皈身、皈命、皈神、皈依、歸依、歸賓、歸宗、歸向、信向、迴向、玄歸、導趣、精注

順服(21)：順運、順天奉時、應會、合世、從神、從用、玾伏、彌伏、聚伏、伏首、伏禦、伏恩、伏降、降化、伐伏、招伏、震伏、制伏、摧伏、制卻、伏諾

依憑(10)：憑、憑仰、憑庇、憑怙、憑托、倚託、依結、依親、宗賴、仰賴

思考(12)：詳、騁思、注思、耽咀、耽研、棲研、冥思、蕭浪、勞心苦志、斟酌、校計、營慮

專心(11)：凝真、用意、志意、自專、研心、運心、精至、精謹、專固1、動靜2、篤勵

誠懇(13)：殫苦、精志、丹誠、丹至、丹愫、忱愫、至素、單款、謙苦、慊篤、慊苦、慊切、真誠

存思(29)：洞思、隱存、默想、仿佛、仿像、推度、玄想、注想、注念、存2、存思、存念、

存視、存見、思見、内視、内思、遐思、遠思、心拜、存拜、存禮、存呼、存修、修存、修思、存道、思神念真、真思

持齋(16)：奉齋、修齋1、持齋、事清、清齋2、精齋、靜齋、齋靜、齋淨、齋盛、齋敬、齋修、齋直、直齋、對齋、長齋

修行(31)：行道、善行、修學、修爲、修事、修持、修煉、修訊、修承、修勵、修詣、修研、研修、施修、諷修、焚修、參修、進修、積修、密修、崇修、修仙、修真、尋真、研真、棲真、通仙、積感、修真種德、善積行著、種福

修煉(55)：陶鎔、鍊、煉冶、煉度、鍊化、練化、煉化、煉易、煉改、煉變、鍊變、變鍊、變煉、化鍊、化煉、含鍊、含練、含煉、冶煉、運煉、燒煉、灌煉、煉灌、濯煉、煉濯、澡煉、盪煉、盥煉、滌煉、導煉、煉身、練形、鍊形、煉形、鍊胎、煉容、煉神、煉魂、煉魄、煉精、煉髓、煉質、煉氣、十鍊九轉、制煉、伏煉、鎮煉、鍊度、鍊蛻、煉柔、受煉、保煉、寶煉、攝煉、陶瑩

灌注(12)：流灌、澳、澳注、玄澳、玄注、玄灌、玄灑、洞灌、淘灌、淘注、陶灌、陶注

得道升仙(49)：飛2、飛舉、飛仙2、飛昇仙、仙度、仙飛、仙化、陟真、白日高飛、白日昇天、昇天、昇仙房、升玄(昇玄)、升飛(昇飛)、升登、升舉、升晨(昇晨)、升霄、升清、升虛、升騰(昇騰)、升化、升形、升變、升遷、遷升、變升、上昇、上遷、遁遷、舉形、舉體、舉身、舉度、登度、景登、超拔、伯舉、受仙、入仙、入真、得真、得道、騰化、度2、脫度、滅度、受度、度品

遁變(12)：遁變、遁化、隱化1、隱變、隱適、隱解、解化、解形、解帶、託解、文解、武解

六、有關罪惡災難及其處置的同義組(16組,389個)

人生的苦難來自多個方面,道教的任務是幫助人們擺脫苦難,走向幸福的永生。一批有關苦難的概念,以及應對苦難的手段,受到重視。

仇敵(11)：異端、對2、對怨、怨對、冤對2、仇對、姎對、宿對、執對、惡對、冤家

罪過(32)：愆穢、愆痾、愆累、愆疊、愆目、愆祟、愆惡、愆結、愆羅、羅2、羅網2、垢障、罪障、罪垢、罪滓、罪對、罪愆、罪穢、心罪、釁負、咎謫、禍戾、刑責、幽源2、種根、宿根、宿滯、宿愆、宿障、基、基謫、五逆1

骯髒物(23)：殗2、淹、殗穢2、厭穢、淹穢、殗汙、殗臭、淹精、淹藹、穢殗、穢淹、穢積、積穢、毫穢、産汙、糞穢、濁混、穢土1、涬塵、翳塵、灰塵、垢塵、填

災難禍害(55)：萬殃、三殺、三災九厄、刑害、災否、災冲(災衝)、禍厄、氉翳、鄙烈、

狂殃、外殃、殃殃、殃殃、留殃、非殃、殃患、大厄、急厄、衰厄、刑厄、刑謫、惡難、謫破、苦難、苦厄、厄急、羅難、艱羅、危患、衰耗、虛耗、耗、冰炭、刀兵、枉橫、洪災、妖媚、鬼災魅怪、懸屍六害、考祟、祟害、殃注、屍殃、病殃、刑固、刑禱、注詛、時殺、日殺、月殺、歲殺、宅殺、鼠耗、殃丁、邪源

欺詐（12）：欺巧、欺濫、欺誘、虛誕、稽誕、詐誕、詐誑、謾昧、輕調、罔略、誘枉、誘取

污蔑（14）：罔蔑、攻毀、辱毀、反毀、形論、讒譖、譖毀、讒擊、讒訕、嫉謗、伐敗、非真毀賢、穢汙2、穢辱

怠慢（16）：慢略、慢犯、慢辱、慢替、替慢、替忽、稽怠、輕怠、懈替、懈退、穢怠、穢忽、穢慢、犯慢、毀慢、毀鄙

放縱（19）：無防、放浪1、放任、遊身、逞快、敖翫、亂縱、貪縱、附影、隨便、聽決、任、任情恣意、任心恣意、任意從心、恣心快意、恣意快心、恣隨、從心恣意

約束（30）：縈網、羅網1、網羅、纏梏、係著、繫絕、羅鎖、絙聘、節禁、招束、匡制、羅制、檢統、制檢、保制、呵攝、呵制、呵執、檢截、鎮折、尅制、遏制、消制、攝遏、卻遏、禁敕、禁斷、閉固、限量、逼限

拘捕（20）：捉、留制、收束、收付、收解、收掠、收卻、收攝、收落、收錄、束錄、禁拘、拘攝、攝卻、攝取、捕收、辟捕、捉縛、束送、攝送

阻塞（18）：凝滯、留難、羅截、阻遏、屈滯、絕塞、填絕、填塞、鎮塞、塞鎮、塞滅、斬絕、斷塞、塞斷、遏斷、遏塞、寢塞、隔礙

斬殺（22）：鹹、誅截、誅卻、勒割、揮割、摧割、摧鹹、摧斬、斬摧、梟殘、梟鹹、斬鹹、威鹹、鹹斬、鹹滅、鹹落、鹹裂、摧裂、伐戮、叱斬、攝殺、戮滅

去除（47）：禳、禳卻、袪卻、棄去、勒除、勒落、棄蕩、漂蕩、洗蕩2、蕩洗、蕩去、蕩濯、蕩沃、消化、折除、滅落、消斷、散絕、離滅、卻滅、收除、收制、釋散、破除、拔散、摧傾1、斬息、摧落1、摧泯、除辟、遣撤、遣除、袪遣、披散、拔釋、除絕、散除、除散、厭絕、救除、去災、除害止惡、除災去害、防災除害、禳災卻禍、脫災免害、誅邪滅偽

驅除（13）：辟斥、辟卻、逐卻、收捐、驅離、驅洗、驅伐、驅滅、驅散、開卻、辟非、避邪、斷除

悔改（27）：負愧、懺謝、首謝、首悔、首洗、首改、改首、改悛、悛易、首舍、啟悔、悔罪、悔惜、悔咎、悔謝、的謝、啟謝、醮謝、祀謝、禮懺、齋懺、懺願、贖解、贖過、思過改潛、改心易腸、償責

解脫（30）：回化、解散、罷厭、披釋1、披解、制解、拔脫、放解、拔解、解拔、離釋、移脫、免脫、離脫、免度、免過、過度2、免離、脫離、罷除1、脫下、度脫、披絕、拔出、拔斷、拔滅、拔棄、超逸、超豁、超過

七、有關天界管理的同義組(9組,320個)

　　道教構建了一個從天上到地下的多重社會空間,這個空間的層次一方面跟人的生存環境有關,空間層次的高下,與生存者的幸福程度直接對應;另一方面,這個空間層次也與社會的管理有關。儘管每個層次內部都有着自己的管理系統,但從宏觀角度來看,由空間的最高層次,直接管控了以下的所有層面,形成了一個巨大的管理系統。在道教構建的管理系統中,下凡的神靈督察世人,把人間善惡稟告天帝,記錄在冊籍中,世人則通過祝禱上朝祈求天帝,以獲得天界神靈的庇祐護衛。

　　轄制(55):撫攝、主攝、典攝、攝禦、攝正、攝制、維制、敕制、制敕、制攝、制命、命制、命統、勒命、普領、普統、主監、主典、主錄1、總主、總維、總持、總檢、總掌、總監、監總、總括、領括、括領、掌括、封掌、領掌、檢掌、綜禦、威禦、匡禦2、部禦、部制、部統、正統、管統、統攝、契絡、契落、匡絡2、封落、理召、理命、理判、檢錄、檢斂、運策2、機紐、督2、領押

　　察看(55):視盻、盻看、盻目1、盻眄、盻觀、觀盻、察盻、察睹、視看、觀落、盻顧、照盻、觀映、臨映、察看、周鑒、正眼、窺聞、竊看、竊覽、睞盻、凝觀、矚目、坦觀、虛眺、虛盻、洞披、傍觀、傍視、俯盻、下盻、內觀、照觀、眼見、朗覿(朗睹)、朗盻、洞盻、盻朗、精視、洞觀、徹見、披顏、開看、披卷、披看、披朗、披盻、披尋、披睹、看省、省按、洞覽、妄披、參見、參染

　　上報(41):上列、列上、列告、列言、列奏、列啟、陳啟、關啟、關奏、啟奏、啟聞、言奏、奏聞、奏上、上奏、奏禦、剌、剌聞、剌言、白剌、上剌、奏書、奏表、奏知、宣奏、開告、祝啟、諮啟、騰啟、朝啟、啟陳、關告、關達、奏謁、齋奏、呈禦、啟禦、表章、奏章、呈啟、上聞

　　登錄(38):參3、上、注1、注上、上注、上勒、勒上、勒注、列2、列編、列錄、結錄、掌錄3、典錄、領錄、刊錄、刊書、列書、紀書、刻書、刻注、記契、列圖、記籍、增錄、玄記1、玄紀、玄錄1、玄書、縷載、疏識、條列、條牒、條名上簿、連條、按名列言、記名、列名

　　冊籍(52):簿目、簿錄、簡錄、簡籍、金書1、金格2、玉格2、琳劄、玉篇1、真錄1、青籙、帝圖、大簿、金劄2、上清2、玉格3、仙簿、仙籍、玉籍、骨錄、玉簡2、太玄玉籙、瓊簡2、白簡、紫簡、紫篇、紫劄、太玄紫簿、青簡、青錄、青篇、玄錄2、玄簡、玄記2、玉曆、丹簡、丹篇、元錄、攬覺、左契、右契、生錄、生籍、生簿、太玄生簿、地簡、死名、黑籍、文字1、罪籍、罪錄、罪簡

　　朝拜(12):參謁、遊造、上造1、上詣、上朝、朝宴、朝慶、禮慶、奉朝、啟朝、隱朝、祈拜

祝禱(28)：咒1、吐咒、念咒、念祝、陳咒、啟祝、祈祝、拜祝、陰祝、禮祝、禮咒、默咒、密咒、漱咒、咒漱、祝漱、咒言、祝説1、祝念、咒讀、祝識、咒訟、咒願、請願、祈恩、咒伐、咒除、咒殺

護衛(29)：敬護、覆護、覆、保愛、保宜、侍護、防護、保迎、保鎮1、營備、營輔、衛蕃、營扞、衛扞、侍衛、部衛、導衛、勑衛、扶衛、列衛、襄衛、典衛、侍典、俠、俠侍、俠衛、俠守、將送、翼轅

祐助(10)：垂蔭、垂映、映監2、監映(監暎)、鑒映、虚映2、迴映2、遭荷、祐護、佑護

八、表示事物運行狀態的其他同義組(4組,57個)

纏繞(18)：梵、旋繞、回繞、匝繞、繞絡、交絡、纏固、還流、結纏、交纏、纏裹、纏遝、纏滯、纏著、洞匝、滿匝、匝滿、周緯

隱藏(14)：遮、遮藏、藏伏、幽匿、隱秘、隱影、隱寂、隱景、滅景1、匿形、文世、謙飾、竄默、沉塞

通暢(13)：開通、開聽、開理、朗開、通徹、啟徹、貫達、遝徹、洞暢、洞豁、豁落1、開聰2、洞源

彙聚(12)：總歸、事會、周合、合景、雜聚、集並、禽習、結固、結集、積結、縕結、集對

結　語

道教文獻用語反映道教的思想觀念,其中,爲適應這一表達的需要,道教文獻的寫作者在大量利用既有詞彙成分的同時,創造和採用了一批新興的詞彙成分。雖然這批新興的詞彙成分不一定都爲表達道教思想而生,但滿足道教表達的語用目的卻使它們明顯地帶有某些傾向,這批詞彙成分中大多帶有明顯的道教痕跡。

語言應用中,爲滿足不同的表達需要,出現了兩種相反的取向:經濟原則和冗餘現象。經濟原則使話語簡短,可以避免表達的冗長累贅,提高信息傳達的效率;而冗餘現象則有助於表達重點的突顯,重複是冗餘表達中常用的手段。用重複的手段反復提及某個概念,可以加深對話人對這個概念的印象,達到強調的效果。話語中的重複有不同的表現,但是,表達中同一概念反復使用,會有副作用,導致單調沉悶枯燥,影響效果,詞

彙形式翻新的衝動由此而起,由此造成多姿多樣的同義詞群。

具有同義關係的概念,都是文獻中經常提及的概念,也就是表達中涉及焦點的概念。因此,對同義組的瞭解,有助於觀察文獻寫作者的關注點,從而瞭解那個時代道教思想觀念的特點。

本文搜集了 88 個高頻同義組,涉及 2198 個詞彙成分,占所搜集的全部道經詞彙新質的 33.22%,其中表達了七個方面的主要概念,首先是天界俗世和陰間,以及空間的光亮,三個同義組通過對美好的天界仙境和陰森的陰間地獄的描寫,引導大衆趨向道教信仰;其次,是重視道教思想的傳播,和個人修行修煉,相關的兩個同義組促成大衆信奉道教并幫助信徒達成成道升仙的目標;第三,與修道相應的是妨礙修行和長生升仙的各種障礙,以及克服這些障礙的方法手段。呈現在六朝道教文獻詞彙新質中的同義組,就順着這樣一個思路,緊緊圍繞道教的要旨展現出來,讓我們跨越時代,深切地感受到當時道教的脉動。

竹篦子話

——禪宗的語言論

〔日〕衣川賢次

（日本花園大學）

　　"竹篦子話"——老師拿起竹篦問僧："喚作竹篦則觸，不喚作竹篦則背。喚作什麼？"從宋代初期開始的這箇提問，意圖何在？本文歷觀中唐馬祖道一、百丈懷海、南泉普願、晚唐潙山靈祐、臨濟義玄、趙州從諗、雲門文偃、宋代首山省念、大慧宗杲等禪僧有關語言的對話中探究其問題的背景，然後根據日本入元禪僧愚中周及的開悟偈解明"竹篦子話"在語言論上的意義。

　　名稱眞能擔任人與事物之間的互相交涉的堆積嗎？我們眞能通過名稱了解世界嗎？

　　名稱豈不是用自明性的厚膜將事物包進去？對一切事物打問號，打破名稱的如此存在狀態時，他們（達達派藝術家）認爲此處會出現新鮮的混沌。

（市村弘正《"命名"的精神史》）

一

　　日本入元禪僧愚中周及（1323—1409）在鎮江龍遊禪寺開悟的機緣是他的師傅即休

契了禪師(1269—1351)所舉的大慧宗杲(1089—1163)的"竹篦子話"①。一笑禪慶撰《佛德大通禪師愚中和尚年譜》至正七年(1347,愚中25歲)謂:

> 一日休謂師曰:"昔大慧在梅陽入室,時鼓山長老潛混衆底。慧舉竹篦曰:'喚作竹篦則觸,不喚作竹篦則背。喚作什麽?'山出奪取竹篦。慧敲卓子曰:'喚作卓子則觸,不喚作卓子則背,喚作什麽?'山踢倒卓子。慧指虛空曰:'喚作虛空則觸,不喚作虛空則背,喚作什麽?'山打筋斗出。"言未了,師脫然契會,即呈頌曰:"不知禪者非禪者,二十餘年只一疑。打破鼓山塗毒鼓,普天匝地盡彌彌。"②

愚中悟了什麽?爲了解決這箇問題,我們首先需要了解"竹篦子話"的一些背景。

大慧宗杲的當時的情況是,南宋紹興十一年(1141),對金的主戰派張九成和岳飛等被罷免時,他也被懷疑,就剝奪了僧人身份,貶謫衡州(湖南)。紹興二十年(1150),他又被遷移到更遠的梅州(廣東),到紹興二十六年(1156)復歸以前,一直在梅陽(《大慧普覺禪師年譜》)。即休禪師介紹的一則大慧的商量就是在此期間的,但此條商量記錄未收於現存的《大慧語錄》。

其實"竹篦子話"來源於首山省念(926—993)和葉縣歸省的機緣問答:

> 汝州葉縣廣教院賜紫歸省禪師,冀州人也,姓賈氏。年弱冠,易州保壽院出家受具。後遊南方,參見汝州省念禪師。師見來,豎起竹篦子云:"不得喚作竹篦子,喚作竹篦子即觸;不喚作竹篦子即背。喚作什麽?"師近前掣得,擲向階下云:"在什麽處?"念云:"瞎!"師言下大悟,不離左右,執侍巾缾,經于數載。(《天聖廣燈錄》卷一六)

---

①"竹篦"用三尺竹子細削後束成棒形,上面捲籐蔓,塗漆呈黑色,用此打掌上。元是一種刑具。禪林中和警策一樣使用,大慧宗杲愛用此。日本禪宗寺院現在還在法事儀禮中使用。據說20世紀有一位美國哈佛大學博士生研究大慧宗杲的論文中提到"竹篦"時,錯誤把它翻成"bamboo comb",有人就開玩笑說:"和尚用梳子幹甚麽!"葉夢得《避暑錄話》卷下:"和尚置梳篦,亦俚語也,言必無用也。"(《全宋筆記》第二編第十册,鄭州:大象出版社,2006年)。"竹篦"的形狀參看下面的圖版。

②《大正藏》第81册,《佛德大通禪師愚中和尚語錄》卷六《年譜》。

此則問答後來被叫做"背觸關"①而有名(《從容錄》第 65 則《首山新婦》評唱),但存在着重要的異傳:

> 首山舉竹篦,問師云:"喚作竹篦即觸,不喚作竹篦即背,合喚作甚麼即得?"師於言下大悟,遂掣竹篦,拗作兩截,擲于階下,却云:"是甚麼!"首山云:"瞎!"師便作禮。(《聯燈會要》卷一二汝州葉縣歸省禪師章)

《聯燈會要》的引文中,歸省聽到了首山的提問,言下就大悟,折斷了竹篦。但與歸省同在首山門下的廣慧元璉(951—1036)也在此目擊而留下了證言。據此,與《天聖廣燈錄》所錄一樣,歸省受到首山的"瞎!"聲的責罵而開悟了:

> 嘗謂衆曰:"我在先師會中,見舉竹篦子問省驢漢,曰:'喚作篦子即觸,不喚作篦子即背。作麼生?'省近前掣得,擲地上云:'是什麼!'先師云:'瞎!'省從此悟入。我道,省驢漢悟即大殺悟,要且未盡先師意旨。遮箇説話,須是到此田地,方相委悉。情見未忘者,豈免疑謗?"(《禪林僧寶傳》卷一六《廣慧元璉傳》)

他所説應該是正確的順序。面對此種難題,就用搶奪竹篦子而折斷等的粗暴行爲來粉碎所提的問題本身,這本來是一箇模式。歸省只不過是利用此種手段來應付的,反而受到首山"瞎!"聲的責罵,纔發覺了首山提出的問題的核心内容。説"瞎!"一聲是責罵有視力的人的手段,即對看不出問題本質的叱責。元璉斷定了歸省"只發覺了首山提出的問題的核心,但還未悟出先師的意圖所在"。元璉本因懷疑歸省的開悟本身,輕侮

---

① 慧洪《冷齋夜話》(卷八)舉出寶覺禪師(黄龍祖心 1025—1100)示拳頭提問的一則話:"喚作拳是觸,不喚拳是背":寶覺禪師老,庵于龍峰之北。魯直丁家難,相從甚久,館于庵之旁兩年。寶覺見學者必舉手示之曰:"喚作拳是觸,不喚拳是背。"莫有契之者,叢林謂之觸背關。張丞相奉使江西日,將造其廬,至兜率見悦禪師,遂甘稱其門人,及見寶覺,乃作偈曰:"久嚮黄龍山裏龍,到來只見住山翁。須知背觸拳頭外,别有靈犀一點通。"靈源叟時爲侍者,乃作贊,其略曰:"聞時富貴,見後貧窮。年老浩歌歸去樂,從他人唤住山翁。"魯直大笑曰:"天覺所言靈犀一點,此藉苴爲虛空安耳穴,靈源作贊分雪之,是寫一字不著畫。"(張伯偉編校:《稀見本宋人詩話四種》,蘇州:江蘇古籍出版社,2002 年)黄庭堅(魯直,1045—1105)遭母憂歸洪州分寧是元祐七年(1092。鄭永曉:《黄庭堅年譜新編》,北京:社會科學文獻出版社,1997 年)。此話是他回家服喪期間中的事情。黄龍祖心與黄庭堅之間的交往中討論《論語》"吾無隱乎爾"的有名故事也在此時期(《羅湖野録》卷一、《鶴林玉露》丙編卷之三、《五燈會元》卷一七《太師黄庭堅居士章》)。

歸省叫做"省驢漢"。

這箇"竹篦子話"公案也有它的先例。唐末百丈山(江西)懷海禪師(749—814)在他的弟子中選拔出潙山(湖南)的住持。

> 時司馬頭陀自湖南來。百丈謂之曰："老僧欲往潙山,可乎?"(司馬頭陀參禪外,蘊人倫之鑒,兼窮地理。諸方刱院,多取決焉。)對云："潙山奇絶,可聚千五百衆。然非和尚所住。"百丈云："何也?"對云："和尚是骨人,彼是肉山。設居之,徒不盈千。"百丈云："吾衆中莫有人住得否?"對云："待歷觀之。"百丈乃令侍者喚第一坐來(即華林和尚也。)問云："此人如何?"頭陀令謦欬一聲行數步,對云："此人不可。"又令喚典坐來(即祐師也。)頭陀云："此正是潙山主也。"百丈是夜召師入室。囑云："吾化緣在此。潙山勝境,汝當居之,嗣續吾宗,廣度後學。"時華林聞之曰："某甲忝居上首。祐公何得住持?"百丈云："若能對衆下得一語出格,當與住持。"即指淨瓶問云："不得喚作淨瓶。汝喚作什麼?"華林云："不可喚作木㮦也。"百丈不肯,乃問師,師蹹倒淨瓶。百丈笑云："第一坐輸却山子也。"遂遣師往潙山。(《景德傳燈錄》卷九《潙山靈祐章》)

百丈首先阻止"不得喚作淨瓶"。再問:"汝喚作什麼?"靈祐(771—853)就把淨瓶踢了一脚,得到百丈的賞讚,被提拔到了潙山的住持。靈祐打破百丈所設的陷穽而得到了他的"大器大用"的賞讚。這就是說,對潙山這種大叢林的經營需要不拘規定的力量。然而後來這種"大器大用"的行爲作爲對"背觸關"公案的"正確答案",輕易地被模倣了下來。葉縣歸省搶奪首山的竹篦子而折斷兩片,就是其例。可是他受到首山的"瞎!"聲的責罵,竟然因此得以悟入。這裏已經不是以"打破陷穽,表示大器大用"爲"正確答案"。這大概是從唐末到宋代的兩百年間,禪宗界經過了一次大衆化的時期,增加了表面的模倣者,"大器大用"的行爲只不過是庸俗化成一箇粗暴的單純行爲罷了。

二

"背觸關"的提問,除了淨瓶(百丈)、竹篦子(首山、大慧)以外還有:趙州從諗(771—897)指"火""拳",法眼文益(885—958)則指"香匙"①,大慧宗杲也指"拄杖"提

---

① "香匙"在火爐中整頓木炭和灰的杓子形的工具。

出了同樣的問題：

> 師見僧來，挾火示之云："會麼？"僧云："不會。"師云："你不得喚作火。老僧道了也。"師挾起火云："會麼？"云："不會。"（《趙州録》卷下）

> 師敲火問僧云："老僧喚作火，汝喚作什麼？"僧無語。師云："不識玄旨，徒勞念靜。"（《景德傳燈録》卷一〇《趙州章》）

> 師有時屈指云："老僧喚作拳。你諸人喚作什麼？"僧云："和尚何得將境示人！"師云："我不將境示人。若將境示闍黎，即埋没闍黎去也。"（《趙州録》卷中）

僧人所云"和尚何得將境示人！"，和有名的"庭前栢樹子"話中被問"祖師西來意"的趙州回答"庭前栢樹子"，提問的僧人反駁説"莫將境示人！"的情況一樣，僧人把"拳"看作某種事物的譬喻或象徵。下面是法眼文益和大慧宗杲的例子：

> 師與悟空禪師向火，拈起香匙，問悟空云："不得喚作香匙。兄喚作什麼？"悟空云："香匙。"師不肯。悟空却後二十餘日，方明此語。（《景德傳燈録》卷二清涼文益章）

> 上堂："古者道：'了得一，萬事畢。'今朝是九月一，諸人作麼生了？"蓦拈拄杖云："不得喚作拄杖子，便了取好。既不喚作拄杖子，作麼生了？"擲下云："差之毫釐，失之千里。"（《大慧語録》卷二）

三

大慧指竹篦子問："不得喚作竹篦，汝喚作什麼？"對如此詭計性的問題，他有什麼意圖提問？大慧自己説明如下：

> 所以妙喜室中常問禪和子："喚作竹篦則觸，不喚作竹篦則背。不得下語，不得無語；不得思量，不得卜度；不得拂袖便行，一切總不得。爾便奪却竹篦，我且許爾

奪却。我喚作拳頭則觸,不喚作拳頭則背。爾又如何奪? 更饒爾道箇請和尚放下著,我且放下著。我喚作露柱則觸,不喚作露柱則背。爾又如何奪? 我喚作山河大地則觸,不喚作山河大地則背。爾又如何奪?"有箇舟峯長老云:"某看和尚竹篦子話,如籍没却人家財産了,更要人納物事。"妙喜曰:"爾譬喻得極妙。我真箇要爾納物事。爾無從所出,便須討死路去也。或投河赴火,拚得命方始死。得死了,却緩緩地再活起來。喚爾作菩薩便歡喜,喚爾作賊漢便惡發,依前只是舊時人。所以古人道'懸崖撒手,自肯承當。絶後再甦,欺君不得。'到這裏始契得竹篦子話。"復説偈云:"佛之一字尚不喜,有何生死可相關? 當機覿面難回互,説甚楞嚴義八還?"(《大慧語録》卷一六《傅經幹請普説》)

正如他自己説得很明白,"竹篦子話"是大慧追逼學人的語言應對,窮追到死胡同裏去的這麽一箇策略。他要用此種手段來打破以人的言語作用作爲自明之理的觀念,使之死滅,然後使他起死回生。這就是大慧所謂的"看話禪"的方法。語言應對的作用本來是馬祖禪的"作用即性説"(人具有語言應對的作用便是佛性的發揮)的根據之一,大慧原來爲了批評"作用即性説"而提起"竹篦子話"的(後述)。

他又强使人接受所謂"無義語",趕進困境,死滅情識,從情識窮盡的地點,起出爆發般的憤志,然後死而後甦。這就是他所謂的"開悟"①。那麽他用這種策略讓弟子"悟"了什麽? 他在上面的《普説》中只説:"絶後再甦,欺君不得"(死後蘇生,你就成爲誰也騙不了的人),没有進一步做詳細的説明。因此我們需要將這箇"竹篦子話"當作禪宗的語言問題進行探索。

所謂"喚作竹篦則觸"的"觸"是"觸犯"義,即觸諱,命令不使用。"不喚作竹篦則背"的"背"是"違背"義,違背其爲竹篦的事實。這樣作爲"背觸關"的模型提起問題,是宋代之後,之前則只是禁止,説"不得喚作竹篦"。

那麽,他爲什麽禁止? "竹篦"爲什麽被禁止喚作"竹篦"? 不得把"竹篦"喚作"竹篦",不是讓人避開其名稱而换用别的名稱("回互")。如果被禁止把"竹篦"喚作"竹篦",我們只能就啞口無言。問題不止"竹篦",還可以用"卓子""拳頭""拄杖子""露柱""虚空""山河大地"等等來提問。世界中所有的一切事物都有名稱。儘管如此,禪

---

① 大慧的方法是根據黄龍死心(1043—1114)的"參玄上士,須參活句,直得萬仞崖前,騰身撲不碎,始是活句。如不如是,盡是意根下扭捏將來,他時異日,涅槃堂前手脚忙亂"(《黄龍死心禪師語録》)。又可追溯到唐代長沙景岑(? —868)偈"百尺竿頭不動人,雖然得入未爲真。百尺竿頭須進步,十方世界是全身。"(《祖堂集》卷一七《岑和尚章》)。

僧要求不使用其名稱。如果被禁止使用其名稱時，人們只能沉默，乃至此刻，纔想到世界中所有的一切事物無一例外的都有相應的名稱，而我們生存在名稱密密麻麻的覆蓋的、以名稱的聯鎖構成的世界中。

  命名是人的創造、生成事物的行爲。我們通過命名的行爲，纔能認識事物。……"世界"被人命名，纔成爲人的"世界"。人用起箇名稱的這一行爲，斷開連續不斷、一塊成體的世界，劃分對象，通過互相分離，生成了事物，再組織各種名稱，了解事象。這樣通過"命名"的行爲，事物就產生了，那麼我們可以說，世界作爲名稱的網眼組織出現在眼前。因此我們得到一箇事物的名稱的同時，獲得到對其存在的認識本身。

          （市村弘正：《"命名"的精神史》，みすず書房，1987）

  這些詞語，我們從小時候就不知不覺間學會而知道了 te 手、ashi（足）、me（目）、kuchi（口）、sora（空）、ame（雨）等詞，而絕不會問："爲什麼這麼叫？"如何富於強烈批判精神的革命家也絕不會主張："我們叫做 ashi（足），這箇聲音 ashi 不合理，換一箇名稱吧！"

           （田中克彦：《什麼是語言學？》，岩波新書，1993）

  瑞士人索緒爾（F. Saussure）說：概念和名稱的聲音之間，原來沒有什麼必然的關係，只不過是依賴"符號的恣意性"來結合的，這箇結合却是具有箇功能：不給人們選擇的餘地，强制他們必定接受。荀子早就管它叫做"約定俗成"：

  名無固宜，約之以命，約定俗成，謂之宜。異於約，則謂之不宜。名無固實，約之以命，約定俗成，謂之實。（《荀子》正名篇）①
  （儘管一箇東西有它的名稱，東西和名稱之間沒有什麼必然性，只是大家一起約定而已。這箇約定廣被接受而成爲習慣的時候，這箇命名被認爲有必然性。不到約定，隨意起名，其名稱只不過是恣意。儘管一箇東西有它的名稱，名稱本身不一定有相應的內涵，只是大家一起約定而已。這箇約定廣被接受而成爲習慣的時候，這箇名稱被認爲有相應的內涵。）

---

① 此據楊柳橋《荀子詁譯》（濟南：齊魯書社，1985 年）的校訂文本。

名稱本來沒有必然性,只不過是通過使用中自然成爲習慣的。那麼不把"竹篦"叫做"竹篦"而叫做別的名稱,也沒有什麼不方便。但是這一定需要經過"約定俗成"。"約定俗成"就是社會的承認。我們使用語言時,必定從屬於"約定俗成"的這箇習慣化、制度化了的語言體制。出家做沙門的人儘管願意作方外之客,然他感到自己還是不能不生存在被好多層的習慣和制度圍繞的世界中。但與此同時,看破俗世爲虛假世界而出家的沙門,一定會想到用語言也得不到的另外一箇眞實世界的存在。禪僧們提問"不得將竹篦叫做竹篦"的公案首先是爲了使人們確認此箇道理的。

四

唐代馬祖道一(709—784)創始的新興禪宗門下,禪僧們往往通過討論注意到語言的限制,而後來成爲禪宗思想的底流。

師(百丈)上堂云:"併却咽喉脣吻,速道將來!"潙山云:"某甲不道,請和尚道。"師云:"不辭與汝道,久後喪我兒孫。"五峯云:"和尚亦須併却。"師云:"無人處斫額望汝。"雲巖云:"某甲有道處,請和尚舉。"師云:"併却咽喉脣吻,速道將來!"雲巖曰:"師今有也!"師曰:"喪我兒孫。"(《景德傳燈錄》卷六《百丈懷海章》)

百丈懷海究竟要求弟子們說什麼?"併却咽喉脣吻,速道將來!",他要求說用語言說不到的事物——"道"①。"道"(眞理)本來是用語言表達不到的。因爲語言總是有限制的,對完整無缺的"道"本身,無法用語言完整表達。如果要用語言表達,結果只能犯錯誤。因此,通常傚效維摩詰,用"以心傳心"即"沉默"的方法來傳法。可是這只有達士相逢的"目擊道存"(《莊子·田子方篇》),本來極少見到。而搬用到禪宗大衆化了的中唐以後,顯然是犯時代錯誤。百丈禪師預先禁止弟子們逃進這裏,强問回答不到的問題。

僧問馬祖:"請和尚離四句,絕百非,直指某甲西來意。"祖云:"我今日無心情。汝去問取智藏。……"(《景德傳燈錄》卷七《西堂章》)

---

①此問不是要求閉口説什麼話。那就是荒謬話。被記錄下來的禪宗對話,不問法堂中的上堂説法還是日常生活中的問答,主題一定是眞理或有關眞理的問題。

"離四句,絕百非",就是"不依靠所有一切的陳述形式"的佛教式說法,和上面所舉"併却咽喉脣吻"是一樣的限制。而馬祖這裏向弟子們問"祖師西來意"("達磨究竟傳什麽法?"即"什麽是禪?")。唐代嵩嶽慧安(582—709)被問時,就反問:"何不問自己意!"(《景德傳燈錄》卷四《嵩嶽慧安章》)。什麽是禪?——正確的答案是"探究自己是什麽人"(如何自覺到自己本來是箇法身,即作爲一箇具有佛性的人而生活,即是所謂"究明己事"的工夫)。此問用來向別人問,也得不到回答;別人被問,也回答不到。因此被問的馬祖道一婉言謝絶,讓僧人轉到西堂智藏(759—814)處,西堂又讓他轉到百丈懷海處,如此互相避開回答,將"祖師西來意"的問題給僧人退回,讓他陷入一箇疑網中,啓發他自己省會用語言回答的不可能。

馬祖的弟子南泉普願(748—834)說:禪僧應當在"佛未出世以前",即佛教出現以前、佛教的言說(術語)產生以前的世界中,要求一箇人孤獨的修行。

師每上堂云:"近日禪師太多生!覓一个癡鈍底不可得。阿你諸人,莫錯用心!欲躲此事,直須向佛未出世已前,都無一切名字,密用潛通,無人覺知,與摩時躲得,方有小分相應。所以道:'祖佛不知有,狸奴白牯却知有。'何以如此?他却無如許多般情量,所以喚作如如,早是變也,直須向異類中行。又如五祖大師下,有五百九十九人盡會佛法,唯有盧行者一人不會佛法,他只會道。直至諸佛出世來,只教人會道,不爲別事。江西和尚說'即心即佛',且是一時間語,是止向外馳求病,空拳黃葉,止啼之詞。所以言:'不是心,不是佛,不是物。'如今多有人喚心作佛,認智爲道,見聞覺知,皆云是佛。若如是者,演若達多將頭覓頭,設使認得,亦不是汝本來佛。若言'即心即佛',如兔馬有角;若言'非心非佛',如牛羊無角。你心若是佛,不用即他;你心若不是佛,亦不用非他。有無相形,如何是道?所以若認心,決定不是佛;若認智,決定不是道。大道無影,真理無對。等空不動,非生死流;三世不攝,非去來今。故明暗自去來,虛空不動搖;萬像自去來,明鏡何曾鑒?阿你今時盡說:'我修行作佛',且作摩生修行?但識取無量劫來不變異性,是真修行。"(《祖堂集》卷一六《南泉章》)

讀到此場上堂說法,南泉這箇人可以說是一箇徹底的中國禪僧。說中國人已經不能依據佛教教理被拯救,甚至說猫牛也比印度人佛陀和達磨還好些(因爲它們沒有情量,自得在"道"中)。他說的意思是,禪僧與其依據佛教"經律論"的教法進行修行,不如回歸於佛陀開始說出教法以前、佛教術語形成以前的世界,作爲一箇人孤獨的修行,領會到太古以來決不會變易的本性,這就是真正的修行;不要學"佛法"而要體會"大道"。據大慧宗杲的説法,只是這樣纔能成爲誰也不能欺騙的人。换句話説,不被佛教學的術語、高尚的神聖觀念等迷惑,成爲自立自由的修行人①。

到了百丈法孫臨濟義玄(?—866)説:"語言是風",主張不要拘於佛教學,要求自主地轉换術語的實際内涵("安名"):

大德!你莫認衣。衣不能動,人能著衣。有箇清淨衣,有箇無生衣,菩提衣、涅槃衣,有祖衣,有佛衣。大德!但有聲名文句,皆悉是衣變。從臍輪氣海中鼓激,牙齒敲磕,成其句義。明知是幻化。大德!外發聲語業,内表心所法,以思有念,皆悉是衣。你祇麽認他著底衣爲實解。縱經塵劫,祇是衣通。三界循還,輪迴生死,不如無事。"相逢不相識,共語不知名。"(《臨濟錄》示衆)

臨濟討論語言的性質時援用的是《大智度論》卷六"十喻釋論",説明"諸法如響",因爲語言只不過是一陣風的聲音,被罵也不該發怒②。然後繼續説:

道流!是你目前用底,與祖佛不别。祇麽不信,更向外求。莫錯!向外無法,内亦不可得。你取山僧口裏語,不如歇業無事去:已起者莫續,未起者不要放起,便勝你十年行脚。約山僧見處,無如許多般。祇是平常,著衣喫飯,無事過時。你諸方來者,皆是有心求佛、求法、求解脱、求出離三界。癡人!你要出什麽處去?三界、佛祖是賞繫底名句。你欲識三界麽?不離你今聽法底心地:你一念心貪是欲界,你一念心嗔是色界,你一念心癡是無色界,是你屋裏家具子。三界不自道:我是

---

①"香嚴擊竹"公案的主題也與此相同。香嚴智閑(?—898)被潙山靈祐要求提示"父母未生以前本來面目",就回房間去自己記錄下來的學習經論的筆記本中找答案,也找不到,絶望了就焚燒掉筆記本後,離開潙山行脚去,到河南香嚴山慧忠國師的遺址住下。有一天他掃除把瓦礫扔掉時,聽到石頭擊竹的聲音而開悟了(《祖堂集》卷一九《香嚴章》)。所謂"本來面目"(本來的自己)也是不依靠佛教教學而進行探究的結果,偶然看得出來的。他的投機偈"處處無蹤跡,聲色外威儀!"的"感興之語"中表達出其形象。

②《大智度論》卷六"如人欲語時,口中風[出],名憂陀那,[出已]還入至臍,觸臍響出。響出時觸七處退,是名語言。如偈説:風名憂檀那,觸臍而上去,是風七處觸,項及斷齒脣,舌咽以胸,是中語言生。"(《大正藏》第 25 册 103a)"臍輪"指臍的圓孔,"入息從鼻孔入至臍,出息從臍至鼻孔出"(《瑜伽論記》卷七)。澄觀《華嚴經疏》卷五六:"(從腰出仙人出)腰謂臍輪之下。氣海之間,是吐故納新,出仙之故。梵本云那髀曼陀羅,此云臍輪"(《大正藏》第 35 册 929a)。"氣海"是臍下(丹田),氣出入留住的地方,本爲道家用的詞語。

三界。還是道流目前靈靈地照燭萬般，酌度世界底人，與三界安名。（同上）

臨濟説："三界""佛祖"只不過是佛教學造成的名辭術語，而人們總是被名辭繫縛。上面歷觀唐宋時代禪僧們有關語言的對話，我們對"竹篦子話"的意義總結如下：禪僧要求不得把"竹篦"叫做"竹篦"這樣提問的背後，他們抱有一箇意圖：我們的世界已經是不容置疑的習慣化、制度化了的被名稱覆蓋的世界，要求構想從這裏回歸於"名辭以前的世界"①，孤獨的修行，探究不會變易的本性，或者重新自主地轉换術語的實際内涵。

五

"不得將竹篦叫做竹篦"這種奇怪的提問，還有出自禪宗史的一箇淵源。馬祖道一創唱的"見色即見心"（看到事物便知道我心原來就是佛），到了唐末五代在南方作爲禪宗的悟道論進行探究②。這就是説，人們接觸到外界而被觸發，領悟到世界的核心（真理、佛性），這箇體驗究竟是如何實現的？因爲這對禪僧來説是一箇最大的關心所在。就馬祖來説，人看到對境的這箇作用（見色）就是他具有佛性的表現（性在作用），確認此事（見心）便是開悟。然而後來到唐末五代，對馬祖禪的思想加以檢討成爲禪宗的主要課題。五代南漢的雲門文偃（864—949）説：

> 師有時云："我尋常道：'一切聲是佛聲，一切色是佛色，盡大地是法身。'枉作箇佛法中見。如今見拄杖，但唤作拄杖；見屋，但唤屋。"（《雲門廣録》卷中《室中語要》）

---

① 此爲日本現代詩人中原中也（1907—1937）用的詞（西鄉信綱《詩歌的發生》，未來社，1964年）。中原中也的"名辭以前"謂直覺的把握。他受到當時的達達藝術 dadaism 和西田幾太郎哲學"純粹經驗"的影響（未發表稿《藝術論覺之書》，《新編中原中也全集》卷四；同《解題篇》卷四，角川書店，2003年）但他没有指出如何從"名辭以前"發展到語言表達的思路。日本現代哲學家上田閑照先生的"根源語"概念也同樣根據西田所説的主客未分的"純粹經驗"，謂人深受感動時就發出"根源語"，經過第一次分節爲語言，再分節爲邏輯語言（《禪佛教——根源的人》，筑摩書房，1973）。這樣一箇思路和我所説的"人遇到强烈的感動而發出'感興之語'，經過沉思，纔想到這正是符合佛教某種術語的概念所含的内涵"一樣。參看拙稿《感興之語——唐末五代轉型期禪宗對悟道論的探究》，見《禪宗思想與文獻叢考》，上海：復旦大學出版社，2017年。

② 參拙稿《感興之語——唐末五代轉型期禪宗對悟道論的探究》。

師一日拈起拄杖,舉教云:"凡夫實謂之有,二乘析謂之無;緣覺謂之幻有,菩薩當體即空。"及云:"衲僧見拄杖,但喚作拄杖。行但行,坐但坐。總不得動著。"(同)

　　上堂云:"諸和尚子!莫妄想!天是天,地是地;山是山,水是水;僧是僧,俗是俗。"(《雲門廣録》卷上)

　　雲門禪師如此屢次述懷,因爲他以前接受馬祖的"見色即見心"的思想,常對弟子們説:"一切聲音作佛聲來聽,一切色作佛色來看,了解世界的所有一切事物裏顯現了佛陀的法身。此刻便是開悟。"後來認識到其非,他就在大衆面前老實地認錯①。所謂的"一切聲音作佛聲來聽,一切色作佛色來看,了解世界的所有一切事物裏顯現了佛陀的法身"。那時候就是"見拄杖即見'我心'(或'佛陀法身')了"。後來將禪僧開悟的過程作爲三段模式來説明的青原惟信[生卒年未詳,黄龍祖心(1025—1100)法嗣]所説的"見山不是山"就是這箇②。

　　上堂曰:"老僧三十年前,未參禪時,見山是山,見水是水。及至後來,親見知識,有箇入處:見山不是山,水不是水。而今得箇休歇處:依前見山只是山,見水只是水。大衆!這三般見解,是同是別?有人緇素得出,許汝親見老僧。"(《嘉泰普燈録》卷六《吉州青原惟信禪師章》)

　　青原惟信把"見山不是山,見水不是水"的階段作爲得到善知識的指導而開悟後的見解。"見山不是山,見水不是水"説明開悟的時候感覺到日常生活世界的秩序崩壞了。宋代的詩人常常把開悟時候的感覺表現爲反轉現實世界的秩序的形象,就發出像"山上跳鯉魚,海底舞紅塵"等的"感興之語"③。開悟簡直是一箇翻天倒地般的、生活方式有所大變的强烈體驗。下一箇階段"而今得箇休歇處,依前見山只是山,見水只是

---

　　①入矢義高先生指出:"如此的老實告白,禪僧中極少見到。"《論雲門文偃的禪——"向上"》("增補 自己與超越",岩波現代文庫,2012)。

　　②看到禪僧用這種説法討論重大的問題,我常常想起中島敦寫的小説中的話:"(流河沙)住的一萬三千妖怪中也有不少哲學家。但他使用的詞彙極其貧乏,研究最難的大問題時,却也使用最單純幼稚的詞語討論。"(《悟淨出世》)。這是禪宗語言表達的一箇特徵。他們拒絕佛教教理的術語,盡量使用日常生活用語來討論問題。

　　③參拙稿《感興之語——唐末五代轉型期禪宗對悟道論的探究》,見《禪宗思想與文獻叢考》,上海:復旦大學出版社,2017年。

水"是依據雲門的"山是山,水是水"説的。雲門同樣説"如今見拄杖,但唤作拄杖"。這是最後的階段,如實地觀看世界,如實地接受世界。爲什麽呢?一瞬間看到的"山不是山,水不是水"般的彼岸世界,畢竟不是人的生活世界。那麽,第三箇階段和第一箇階段有什麽不同?還是回到原來的狀態嗎?這應該弄清楚。我們聽一聽百丈懷海對潙山靈祐説的話:

> 百丈慧[懷]海和尚,因撥火示潙山靈祐,因兹頓悟。百丈乃謂曰:"此暫時岐路。經云:'欲見佛性,當觀因緣時節。'時節既至,如迷忽悟,似忘忽憶,方省舊道已物不從他得。是故祖師云:'悟了同未悟,無心得無法。'衹是無虚妄凡聖等心。本來心法,元自備足。是汝今既爾,善自護持。"(《宗鏡録》卷九八)

"時節因緣"如靈雲志勤[生卒年未詳,潙山靈祐(771—853)法嗣]見桃花盛開而開悟、香嚴智閑(?—898)聽到石頭擊竹的聲音而開悟的那種情形,只有時機成熟時纔發生的偶然機會。他們所"悟"的分别是"佛性本來具備在自己"(靈雲)、"自己本來的面目"(香嚴)。其後有什麽變化?所謂"悟了同未悟,無心得無法"(天竺第五祖提多迦尊者偈),還是似乎和第一階段一樣。可是所謂"無心得無法",就是説,已經没有自己不足而向外求的心情(無心),認識到自己没有什麽不足而不需從外獲得。"衹是無虚妄凡聖等心",已經没有"要脱離三界""佛祖是聖人而我是凡夫,需要通過修行,得到聖位"等的錯誤想法。南泉説:"那邊會了,却來這邊行履,始得自由分。"(《南泉語要》)曹山本寂(840—901)也説:"元是舊時人,只是不行舊時路。"(《曹山録》)一箇人的外貌没有變化,但他内面,他的想法、生活方式都有所根本變化,成了一箇自由的修行人(臨濟義玄所説的"無依道人")。絶不是回到原來的狀態①。

六

以上我們考察了"竹篦子話"的背景以及所提出問題的思想史意義。真正的問題不在"竹篦"等的名稱上,命名本來是對事物的認識,名稱是得到習慣使用和社會承認

---

① 《宗鏡録》卷一五:"古人云:'不改舊時人,只改舊時行履處'。"《趙州録》卷上:"但改舊時行履處,莫改舊時人。"

而存在,而構成社會集團的價值體系。禪僧提問"竹篦子話"的意圖正在提醒注意此事。禪宗當然是佛教中的一箇宗派。他在佛教義理學發達成巨大化、煩瑣化到峯頂的時代,面對它變成僵硬化,却構想到一箇佛陀出生以前、佛教形成以前的世界,根據這種"名辭以前的世界"將現實世界相對化,還敢把佛陀、達磨相對化,要求禪僧作爲一箇自由的修行人而生活。

現在我們根據以上的考察來研究開頭所舉的愚中周及聽到"竹篦子話"而開悟的問題。對大慧宗杲所提"不得將竹篦唤作竹篦""不得將卓子唤作卓子",鼓山長老就搶奪"竹篦"踢倒"卓子",這箇行爲明顯是倣效葉縣歸省的,應該受到首山省念的"瞎!"聲叱責。愚中曾經在金山和即休禪師商量過禪宗的古今公案,他應該知道這箇公案的歸結①。長老搶奪"竹篦",踢倒"卓子",真有朝氣,炫耀威力,可是對於"虚空"則沒有辦法,只能翻了筋頭,沮喪地退出去了。他這樣的無謀之勇只不過是粉碎所提出的問題,而沒能看出其中有關禪宗對語言問題的重要性。

其後,愚中沒有聽到即休禪師講完大慧如何總結的結束話以前,就恍然大悟了。愚中究竟大悟了什麽?《年譜》中所記錄的愚中"投機頌"就是他當時的表白,謂"不知禪者非禪者,二十餘年只一疑。打破鼓山塗毒鼓,普天匝地盡彌彌。"我們解釋這首偈難度較高。但幸而一笑禪慶(愚中的晚年弟子)在給他師傅編輯《年譜》的同時,也編寫了對《年譜》的注釋《年譜抄》兩卷②。他這裏寫了幾條注釋,其中引述了愚中自己給他做説明的話。

"不知禪者非禪者,二十餘年只一疑"兩句謂:"在被禁止用語言表達的場合,禪僧就用身體動作來突破'背觸關',一般被認爲這是'正確的答案',但我二十多年一直抱着懷疑。現在了解到了,這其實是不懂禪的人,不是真正的禪僧。"《年譜抄》對"不知禪者非禪者"做箇説明:"此語,唐人之世話也。""世話"意爲當時元朝通行的慣用語、俗諺之類。"不知禪者非禪者"是一種可以應用作"不知○者非○者"的警句,它首先以禪者爲代表説的,由此得知當時中國存在很多似是而非的禪僧。

---

①《年譜》至正六年(1346):"師晨夕商量諸家宗師語脉,靡不參决。"
②《愚中周及年譜抄》,東京大學史料編纂所大正十一年(1922)影寫本。上下兩卷,本文45葉90頁。這是由編輯《年譜》的一笑禪慶自己撰寫的抄(注釋),本應和《年譜》成一對的文獻。《年譜》存有天寧寺藏永亨十三年(1441)刊本、國立國會圖書館藏江戶初期正保四年(1647)寫本。包括《年譜》在内的《語録》於寬政五年(1793)刊行,而《年譜抄》作爲撰者自筆稿本一直藏在天寧寺。榎本涉先生給我提供了這箇覆印本,兹表深謝。後來發現《年譜抄》有一箇增補本《開山年譜鈔》乾坤兩册藏在佛通寺塔頭正法院。乾册本文50葉、坤册本文53葉。無識語,增補注的撰者、鈔寫年代均未詳。

"打破鼓山塗毒鼓,普天匝地盡瀰瀰。"對"塗毒鼓",《年譜抄》引《涅槃經》卷九謂:

譬如有人,以雜毒藥,用塗大鼓,於大衆中,擊之發聲,雖無心欲聞,聞之皆死,唯除一人不橫死者。是大乘典《大涅槃經》亦復如是。衆中有聞聲者,所有貪欲等皆滅云云。不橫死者,一闡提也。

這裏愚中所説的"鼓山塗毒鼓",實際上指的是大慧提出的"竹篦子話"。聽到大鼓聲音的人都要死的"塗毒鼓"就是"背觸關"公案:禁止語言,使人沉默,他用此種手段來打破以人的語言作用爲自明之理的觀念,使之死滅。"打破鼓山塗毒鼓"就是説:鼓山長老針對"背觸關"所意圖的困境,硬要用身體動作來突破。愚中明白了這是一種誤解。他看出了大慧所提出的"竹篦子話"問題的核心在於使人們注意到"名辭以前的世界"。

結句"普天匝地盡瀰瀰",一笑禪慶向愚中問大慧頌所用的典故,《年譜抄》中記下他師傅的答話:

盡瀰瀰 大慧頌曰:"只任王婆土礐壓,阿誰管你啾瀰瀰?"先師語此頌,予問其故事。師曰:"昔有王氏婆,因屋倒爲土礐所壓,而不得自救,終叫曰'快去！快去！'路人認作'快活'之聲,謂此破屋之下,何快活之有乎？故不敢救也云云。蓋唐音同故也。"

這裏所引大慧的偈頌,現存語錄没有收錄,只有這兩句頌在《年譜抄》中留下來了。意思是:王婆被壓在倒塌的房子底下快壓死了,就喊叫"快去！快去！",但誰也没理睬她。其原因是王婆叫"快去！快去！"的聲音,走路的人却聽作"快活！快活！",所以誰也没去救她。愚中說明其聽錯的原因是"快去""快活！"兩語"蓋唐音同故"①。愚中的《投機頌》"打破鼓山塗毒鼓,普天匝地盡瀰瀰"意思是:打破鼓山長老的塗毒鼓,"快活！快活！"的歡喜聲音震天動地。這就是愚中多年來抱有的疑問"什麼是禪？"一下子徹底消釋的時候所發出的"感興之語"。這兩句是從"名辭以前的世界"由感而發的自然的"感興之語"。

---

① 這箇王婆的故事作爲大慧頌的典故只見於日本的寫本文獻《年譜抄》。愚中所謂"活"、"去"兩箇字同音,是何地方言,不知所據。二字據《廣韻》:"活"戶括切,匣母末韻入聲[*ɣuɑt]/"去"丘倨切,溪母御韻去聲[*k'io],聲母韻母均異。然"活"字入聲韻尾在宋代已消失,變爲陰聲。因此也許二音會被聽作近音。

附：

【竹篦圖】（無關普門[1212—1291]頂相，《臨濟禪師 1150 年遠諱記念禪》，日本經濟新聞社,2016）

禪宗文獻詞語訓釋相關問題再論

雷漢卿　李家傲

（四川大學中國俗文化研究所；嶺南師範學院文學與傳媒學院）

自20世紀80年中期以來，禪籍詞語訓釋方面的論文不下百篇。這些論文解決了不少禪籍疑難詞語的訓釋問題，不僅爲漢語詞彙史的研究做出了貢獻，而且爲禪宗文獻的解讀及相關研究提供了方便。在取得成績的同時也暴露出一些問題或不足，有必要時時加以總結并予以糾繆，或許可爲今後的研究提供借鑒。

我們曾從"詞語切分""文字辨識""徵引方言""語境求義"和"行業術語"五個方面討論了禪籍詞語訓釋的相關問題①。今在此基礎上對迄今爲止禪籍詞語訓釋所存在的一些問題再進行一次全面診斷和梳理，歸納爲以下幾個方面，敬祈方家批評指正。

一、誤識訛俗字

從語言特點而言，禪宗文獻語言既不同於一般世俗文獻，又有別於漢文佛典。一個顯著特徵是俗字、訛字較爲普遍。因辨字分詞不當造成的訓釋失誤時而可見。例如：

>師内外諺瞻，朝野欽敬。制數本大乘經綸疏鈔、《禪詮》百卷、《禮懺》等，見傳域内。臣相裴休深加禮重，爲制碑文，詢奐射人，頗彰時譽。(《祖堂集》卷六《草堂和尚》)

---

① 雷漢卿、王長林：《禪宗文獻詞語訓釋相關問題綜論》，《文獻語言學》2016年第2輯，第122—136頁。

有學者認爲“諺瞻”當爲“瞻仰”之逆序詞,“諺”“仰”可能是由於方音相混,“内外諺瞻”與“朝野欽敬”互文相對①。劉瑞明、段觀宋皆指出“諺瞻”當爲“該贍”之誤,可以信從②。“該”之俗體作“䛗”,與“諺”相近;“瞻”“贍”形體亦近,極易致訛。

“該”“贍”皆有充足義,“該贍”同義複合指豐富詳備,六朝以後内外典籍習見,例如《文心雕龍·總術》:“博者該贍,無者亦繁。辯者昭晳,淺者亦露。”《大唐大慈恩寺三藏法師傳》卷六:“帝以法師學業該贍,儀韻淹深,每思逼勸歸俗,致之左右,共謀朝政。”《續高僧傳》卷四《京大慈恩寺釋玄奘傳》:“王雖守國,不敢遮障,故彼學徒博聞該贍。”

上引《祖堂集》“師内外該贍”指草堂和尚其熟悉内外典籍,學識淵博。因此下文謂其“制數本《大乘經綸疏鈔》《禪詮》百卷、《禮懺》等”。

莫爲人間小小名利,失於大事,假使起模盡様,覓得片衣口食,總須作奴婢償他定也。(《祖堂集》卷六《洞山和尚》)

《唐五代語言詞典》以之爲例,釋“起模盡様”爲“外觀盡善盡美”③。實際上,“盡”乃“畫”之訛字,禪籍中并無“起模盡様”一詞。“畫”俗體作“畫”,與“盡”形近易訛。“起模畫様”又可作“畫様起模”,如《僧寶正續傳》卷二《開福寧禪師》:“是以俱尸城畔槨示雙趺,熊耳峰前親遺隻履。祖禰不了,殃及兒孫。畫様起模,到于今日。”《北京楚林禪師語録》卷三:“及至拈花微笑,畫様起模。斷臂安心,分枝布葉。”禪籍中“起模畫様”指照着已有的模様去作,一味照搬仿效,人云亦云。辭書惑以訛字,乃有此誤釋。

四海玄徒奔湊,日夜圍達。師走避深山而不能免。(《祖堂集》卷六《石霜和尚》)

有學者認爲“圍達”之“達”是“撻”的借字,“撻”由“擊”義引申爲扣問義,“圍撻”意爲環繞扣問④。今案:此解乃在訛字的基礎上再求諸借字,可謂誤上加誤。“達”實爲“遶”之訛字,《宋高僧傳》卷一二《唐長沙石霜山慶諸傳》相似語句作:“時洞山新滅,俄爲遠方禪侶圍遶。因入深山無人之境,結茅宴坐。”“遠方僧侶圍遶”即本例“四海玄徒

①王鍈、馮春田皆作此解。見《俗語言研究》第三期“待質事項”,第180頁。
②見《俗語言研究》第三期,第182頁,“待質事項”,劉瑞明、段觀宋所釋。
③江藍生,曹廣順編著:《唐五代語言詞典》,上海:上海教育出版社,1997年,第293頁。
④見《俗語言研究》第三期,第184頁,“待質事項”,段觀宋所釋。

奔湊日夜圍達",“達"顯是"遠"之訛①。可見禪籍本無"圍達"一語,學者誤識文字乃有此誤解。

二、忽視宗門行業語

有些屬於各個行業的行業語,若缺乏佛教、禪林以及其他行業的背景知識,很容易導致誤解。試以"顧鑒咦"爲例說明:

(1)覿面難逢處,如何顧鑒咦? 乞師垂半偈,免使後人疑。(《五燈會元》卷一五《韶州資福詮禪師》)
(2)目前抽顧鑑,領略者還稀。(《五燈會元》卷一九《台州護國此庵景元禪師》)

有學者認爲上二例之"顧鑒"意思是察看、察見。"顧鑒"爲同義語素構成的雙音詞,"咦"爲笑貌。"顧鑒咦"即"(站在對面,往前)察見笑貌","抽"有抽引、欠伸之義,"抽顧鑒"亦前視,有"往前掃視一下,一瞥,遞個眼色"之意②。

今案:"顧鑒""鑒咦""顧鑒咦"乃五代雲門文偃禪師(864—949)具體的應機設施,《雲門匡真禪師語錄》卷一:

師有時顧視僧曰:"鑒。"僧擬對之,則曰:"咦。"叢林因目師爲"顧鑒咦"。後德山圓明禪師刪去"顧"字,謂之"抽顧頌"。

宋慧洪覺範《智證傳》卷一:

雲門經行,逢僧必特顧之曰:"鑒。"僧欲詶之,則曰:"咦。"率以爲常,故門弟子錄曰"顧鑒咦"。圓明密禪師刪去"顧"字,但以"鑒咦"二字爲頌,謂之"抽顧頌"。

---

①參見《俗語言研究》第三期,第183頁,"待質事項",劉瑞明所釋。
②李開:《〈五燈會元〉詞語考釋》,見《藝文述林》(語言學卷),上海:上海文藝出版社,1999年,第228頁。

《禪宗頌古聯珠通集》卷一七：

> 雲門每見僧必顧視,曰："鑒。"僧擬議,乃曰："咦。"後德山圓明大師删去"顧"字,謂之"抽顧",叢林目雲門顧鑒咦,有抽顧頌。頌曰：
> 雲門抽顧笑嘻嘻,擬議遭他顧鑒咦。任是張良多計策,到頭於此也難施。（北塔祚）。
> 雲門抽顧,自有來由。一點不到,休休休休。（真淨文）。
> 韶陽一鑒,生鉎餕餡。直下咬破,莫怪相賺。（鼓山珪）。

可見,"顧鑒""顧鑒咦"乃雲門禪師應機接人的作略,禪人謂之"雲門顧鑒咦",後雲門法嗣德山圓明禪師删去"顧"字,以"鑒""咦"二字爲頌,謂之"抽顧頌"。

除《禪宗頌古聯珠通集》所錄頌古外,後代禪林對雲門禪師這種獨特的接人手段多有拈頌評論,例如：

> （1）長笑雲門顧鑒咦,翻抽顧字土加泥。從空擲劍雖無蹟,會見虛空有壞時。（《北澗居簡禪師語錄》卷一《示鑒上人》）
> （2）靠倒雲門抽顧鑒,挨開臨濟主賓禪。一星狨血化驢乳,半點鸞膠續斷絃。（《瞎堂慧遠禪師廣錄》卷四）
> （3）雪峯輥毬,誑誒小兒之作。雲門顧鑒,笑殺傍觀。（《古尊宿語錄》卷一一《慈明禪師語錄》）
> （4）雲門抽顧,衲僧罔措。月落星沉,茫茫無數。（《建中靖國續燈錄》卷三《潭州鹿苑圭禪師》）
> （5）雲門鑒咦,少有人知。咄,無孔鐵鎚！（《大慧普覺禪師語錄》卷一〇《雲門抽顧頌鑒咦》）

總之,"顧鑒咦""抽顧鑒""顧鑒""抽顧""鑒咦"等說法,已成爲禪林特有的行業語。

禪宗是中國化的佛教,繼承吸收了很多佛典的詞彙,如果缺乏必要的佛教知識,有可能誤解佛教詞語,造成訓釋錯誤。如"啄生"一詞：

> 僧見雀兒啄生,問師："爲什摩得與摩忙？"師便脫鞋打地一下,僧云："和尚打地作什摩？"師云："趁雀兒。"（《祖堂集》卷一六《南泉和尚》）

有學者指出"啄生"指啄食蟲兒①。實際上"生"指生飯。佛教僧徒進食前爲衆生留出少許食物,於僻靜處設置生臺,施飯臺上,以供鳥獸啄食。啄生即啄食生飯②。《祖堂集》卷一四《杉山和尚》:"師在南泉,造第一座。南泉收生次,云:'生。'師云:'無生。'"所謂"收生"即收生飯。本例在《景德傳燈錄》卷六《池州杉山智堅禪師》章即作"收生飯"。此外,還有"出生""出生飯""送生""送生飯"等説法③。

三、文獻例證不足

語例佔有廣泛,例證豐富,在此基礎上排比歸納,推求詞義是行之有效的訓詁方法。但禪宗文獻大都是簡短的對話語體,缺乏前後文間的有機聯繫,語境提供的詞義線索較少。以前學者所能參考的僅有《祖堂集》《五燈會元》《古尊宿語錄》等有限的幾部文獻,賴以比較的語例總體數量有限,難免因語例不足而導致訓釋失誤。

例如"瞥落"一詞,《五燈會元》卷八《漳州保福可儔禪師》:

僧問:"如何是和尚家風?"師曰:"雲在青天水在瓶。"問:"如何是吹毛劍?"師曰:"瞥落也。"曰:"還用也無?"師曰:"莫鬼語。"

筆者曾依據《廣韻·屑韻》:"暼,日落勢也。"《集韻·屑韻》:"暼,暼暼。日落勢。"徑直認爲"瞥落"當作"暼落"④,即直落,迅速落下,像太陽下山似地直落下。"暼落"是同義語素構成的雙音節詞。

今案:禪籍中"瞥落"除見於本例,清代佛冤禪師《佛冤禪師語錄》卷六:"鵲來頭上語喃喃,雲向眼前疊翠三。關捩盡情如瞥落,不須靈利更加參。"從此二例語境可知,"瞥落"確是快速落下之義,但不能以此斷定"瞥"就是"暼"。因爲"瞥"本身就有"倏

---

①何小宛:《禪錄詞語釋義商補》,《中國語文》2009年第3期,第269—271頁。
②王閏吉:《〈禪錄詞語釋義商補〉商補》,《中國語文》2011年第5期,第472—475頁。
③《敕修百丈清規》卷六《日用規範》:"鉢刷安第二鐼子縫中。出半寸許盛生飯。不得以匙筯出生飯。不過七粒。太少爲慳食。凡受食則用出生。或不受食。却不可就桶杓內攝飯出生。"《禪林寶訓》卷三:"趙州訪一菴主個出生飯。州云:'鴉子見人爲甚飛去?'主罔然。遂蹹前語問州。州對曰:'爲我有殺心在。'"《景德傳燈錄》卷一〇《趙州觀音院從諗禪師》:"師問院主:'什麼處來?'對云:'送生來。'師云:'鴉爲什麼飛去?'院主云:'怕某甲。'"
④雷漢卿:《禪籍方俗詞研究》,成都:巴蜀書社,2010年,第24頁。

忽,忽然"義,如《後漢書·禰衡傳》:"目所一見,輒誦於口。耳所瞥聞,不忘於心。性與道合,思若有神。"例繁不贅。

禪籍又有"瞥下""瞥聞""瞥起"等語,可與"瞥落"相較:

(1)把定固知不可,放行那免週遮? 瞥下龍翔,還登象骨。(《絕岸可湘禪師語錄》卷一)

(2)四祖曰:"西天二十八祖傳佛心印,達摩大師至此土,相承有四祖。汝還知不?"融瞥聞此語,乃曰:"融每常望雙峰山頂禮,恨未得親往面謁。"(《祖堂集》卷三《牛頭和尚》)

(3)瞥聞法,纔歷耳,能熏識藏覺種起,一念回光正智開,須臾成佛法如是。(《永明智覺禪師唯心訣》)

(4)溝壑難充一念欲,泥梨永劫苦何堪? 悟將萬法皆如幻,慎勿容心瞥起貪。(《圓悟佛果禪師語錄》卷二〇)

(5)十二時中放教蕩蕩地,忽爾舊習瞥起,亦不著用心按捺。(《大慧普覺禪師語錄》卷二七《答劉通判》)

(6)僧問:"一念瞥起,便落魔界時如何?"師曰:"汝因什麼從佛界而來?"僧無對。(《景德傳燈錄》卷一四《潭州雲巖曇晟禪師》)

上揭諸例,"瞥"皆為"倏忽,忽然,突然"義。禪籍中既有"瞥聞""瞥起""瞥下"等語可資比較,"瞥落"之義則思過半矣。可見廣泛稽考禪籍中與"瞥落"相關之詞語,通過排比歸納,不難理解"瞥落"的含義,無需求助於假借。可見考釋禪籍詞語時,不僅要廣泛分析待釋詞語在禪籍中具體用例,還需要進一步考察與待釋詞含義相關的其他詞語和非詞的表達形式,排比歸納,比較互證。如果僅據孤詞單例,驟言假借,就可能造成誤釋。

四、訓詁方法不當

除上述問題外,禪籍詞語訓釋還存在訓詁方法使用不當,從而造成釋義失誤的問題。訓詁方法本身無所謂對錯,主要在於運用。訓詁方法使用不當,非但不能解決問題,反而會給本就迷霧重重的釋義再添新的迷霧。

禪籍詞語釋義中存在或囿於字形,隨文釋義;或機械類比,以異爲同;或牽扯禪理,以理釋義;等等。試舉證如之。

【成褫－成褫－成持】

(1)師後住鎮州臨濟,學侶雲集。一日謂普化、克符二上座曰:"我欲於此建立黃檗宗旨,汝且成褫我。"(《五燈會元》卷一一《鎮州臨濟義玄禪師》)

(2)師隨後請問曰:"適來新到,是成褫他,不成褫他?"濟曰:"我誰管你成褫不成褫。"(《五燈會元》卷一一《魏府興化存獎禪師》)

有學者認爲"成褫"當作"成祇",《爾雅·釋詁下》:"祇,福也。""成"有"就""獲"義,"成祇"意即獲福,求福,句中意爲"爲……求福""使……獲福",猶言成全①。

今案:禪籍中"成褫""成褫"多見,然"褫""褫"并非本字。據文意,"成褫/褫"乃成全、輔佐、幫助義②,作者所釋"爲……求福""使……獲福"與"成全""輔佐"等義相隔較遠,不當混淆。

"褫/褫"亦成全、成就義。《禪林寶訓》卷一:"真淨曰:'予見黃龍先師應世四十年,語默動靜未嘗以顏色禮貌文才牢籠當世衲子,唯確有見地、履實踐真者,委曲成褫之。'"《禪林寶訓順硃》卷一注曰:"委曲,委順曲成也。褫音池,成就之也。""褫/褫"當爲"持"之借字③。"成持"一詞,内外典籍多見,如後漢曇果共康孟詳譯《中本起經》卷一:"道法無親,唯善是輔。成持五戒,名清信士。"《祖堂集》卷五《德山和尚》:"師問嵒頭:'還會摩?'對云:'不會。'云:'成持取不會好。'進曰:'不會,成持個什摩?'師云:'你似橛鐵。'"唐杜荀鶴《下第後寄池州鄭員外》:"而今足得成持取,莫使江湖卻釣魚。""持"有促成、輔助義(例見《漢語大字典》)。"成持"當是同義并列複合詞。論者惑於字形,隨文釋義,疏於辨識本字,訓釋難免失誤。

排比相關詞語或句式,比較互證,無疑是行之有效的訓詁方法,但若只考慮詞語或句式之同而忽視其差異,機械類比,就可能造成訓釋失誤。

如禪籍中習見的"吉嘹舌頭"一詞,有學者認爲"吉嘹舌頭,更將一問來"這類句式

---

① 李開:《〈五燈會元〉詞語考釋》,《藝文述林》(語言學卷),上海:上海文藝出版社,1999年,第221頁。
② 袁賓已曾釋"成持/褫/褫"爲"協助,扶持,幫助,引導"義,惜未指出何爲本字。詳見袁賓《〈五燈會元〉口語詞探義》,《天津師大學報》1987年第5期,第77—81頁。
③ 詳參董志翹:《〈新譯經律異相〉譯注獻疑》,見《文獻語言學》第二輯,北京:中華書局,2016年,第111—122頁。

在唐宋語録裏又作"縮卻舌頭,致將一問來"或"倒轉舌頭,答我一問來",便肯定其意義有相近之處①。如:

(1)問:"承古有言'一塵偏含一切塵',如何是一塵?"師云:"乞嚓舌頭,更將一問來。"(《古尊宿語録》卷一五《雲門匡真禪師廣録》)

(2)僧問:"離四句,絕百非,請師道。"師云:"縮却舌頭,致將一問來。"(《瞎堂慧遠禪師廣録》卷一)

(3)如何是最初一燈? 或道:山河大地,日月星辰,此正是他影子。向光未發已前,倒轉舌頭,答我一問來。(《石溪心月禪師語録》卷一)

(4)喝一喝則日照天臨,打一棒乃雲行雨施。拈却面前案山子,倒轉舌頭,試爲我道一句看。若道不得,三十年後莫道見鴻福來。(《嘉泰普燈録》卷一五《台州鴻福子文禪師》)

另外《祖堂集》《景德傳燈録》還有類似的表述。如:

(5)師索大顛曰:"併卻咽喉唇吻,速道將來。"對曰:"無這個。"(《祖堂集》卷四《舌頭和尚》)

(6)問:"不涉唇鋒,乞師指示。"師曰:"不涉唇鋒,問將來。"(《景德傳燈録》卷二一《福州升山白龍院道希禪師》)

論者將"吉嘹舌頭,更將一問來"與上述句式作了類比之後,認爲"吉嘹舌頭"其實就是禪録中的"縮卻舌頭",意義類似於"併卻咽喉唇吻""不涉唇鋒"。"吉嘹舌頭,更將一問來"是禪師批評問法僧人拘泥於言語知解,并希望禪人能有截斷語言障礙,見性成佛的問頭來。

今案:"吉嘹舌頭,更將一問來"的確與作者所舉句式相類似。但是,相類句式的類比無法保證相關詞語的意義一定相同,詞語的具體含義必須達到疏通文意,賅貫諸例的要求。而驗諸禪籍,上述解釋難以達到這一要求。如:

---

①王閏吉:《〈禪録詞語釋義商補〉商補》,《中國語文》2011年第5期,第472—475頁。

(7)舉僧問玄沙:"如何是無縫塔?"沙云:"只者一縫大小。"師云:"只者一縫大小,飽叢林漢分曉。點頭言語丁寧,擺手<u>舌頭狯獠</u>。<u>不狯獠</u>,人人腳下如長安道。"(《宏智禪師廣錄》卷四)

(8)築築磕磕兮鼻孔纍垂,哆哆和和兮<u>舌頭狯獠</u>。(《宏智禪師廣錄》卷七)

"舌頭狯獠"與"言語丁寧"對文,義爲多言、喋喋不休。"不狯獠"即"不多言""不説話",故而"人人腳下如長安道"。若是"縮卻舌頭""併卻咽喉唇吻",則"不狯獠"豈非摇唇鼓舌,肆意胡説亂道?若如此則焉能"人人腳下如長安道"?

再者,"哆哆和和"有"多言""咿呀出聲"等義,"哆哆和和兮舌頭狯獠"顯然指囉唆而喋喋不休,而不是"縮卻舌頭"或"併卻咽喉唇吻"云云。

可見,在對比相關句式時不能只見句式間的"同",而看不到相類句式間的"異",這樣就可能陷入機械比附而忽視具體詞語在語境中的含義,造成詞義訓釋及語源考索的失誤。

五、刻意求新之弊

發掘新詞新義無疑是詞語研究的重要內容。從漢語詞彙史的角度來説,一部文獻的價值在一定程度上體現在其所能提供的新詞新義。因此,格外重視掘發文獻的新詞新義也就成爲詞彙研究的必然。然而,若一味執着於挖掘新詞詞義,勢必會誤解詞義,進而曲解文意。

如禪籍有"慣釣鯨鯢澄巨浸,却嗟蛙步驟泥沙"之説,有學者認爲"驟"由本義"馬在泥土中打滾"引申爲"揚,揚起",原句是説蛙跳躍伸腿揚起泥沙[1]。拙著《禪籍方俗詞研究·禪籍新詞新義例釋》亦主此説,認爲"揚起"爲"驟"之新義。

今案:"慣釣鯨鯢澄巨浸,却嗟蛙步驟泥沙"出自風穴延沼和尚(896—973),後代多有拈頌,其中"驟"又作"碾""蹍""輾"等,如《碧巖錄》卷四【三三則】:"所以風穴云:'慣釣鯨鯢澄巨浸,却嗟蛙步碾泥沙。'"《了菴清欲禪師語錄》卷二:"穴云:'慣釣鯨鯢澄巨浸,却嗟蛙步蹍泥沙。'"《圓悟佛果禪師語錄》卷一九:"穴云:'慣釣鯨鯢沈巨浸,却嗟蛙步輾泥沙。'""輾"爲輾之俗字,《説文·車部》釋爲"轢也"。《玉篇》:"蹍,足蹈

---

[1] 李開:《〈五燈會元〉詞語考釋》,《藝文述林》(語言學卷),上海:上海文藝出版社,1999年,第224頁。

兒。"《集韻·獮韻》:"碾,磨也。"唐慧琳《一切經音義》卷八四引《埤蒼》:"馬臥土中驪也。"《玉篇·馬部》:"驪,馬轉臥土中。"可見"驪""碾""蹍""輾"四字音義相通,均取義於輾轉("轉臥土中"輾轉翻滾於泥土中),顯爲同源詞。

禪籍中除"蛙步碾泥沙"外,尚有人之碾泥、鱉之碾泥。如《禪宗頌古聯珠通集》卷一四載黄龍慧南禪師(1002—1069)對龐居士父女吃撲、跌倒公案所作頌古①:"憐兒不覺笑嘎嘎,却於中路碾泥沙。黄龍老漢當時見,一棒打殺者冤家。"卷一九載雲門宗南宋地藏守恩禪師對"趙州石橋"公案②所作頌古:"長鯨已壓浪頭飛,跛鱉橋邊尚碾泥。度馬度驢難解會,綠楊影裏路東西。""慣釣鯨鯢澄巨浸,却嗟蛙步驪泥沙","澄"有異文作"沈",皆沉潛義,"巨浸"指大河大澤之類③,本句意爲本來慣於釣取沉潛於大河湖海之下的鯨鯢(没想到没有釣到,只釣到青蛙蛤蟆),不禁嗟嘆(所釣的)青蛙蛤蟆在泥沙中輾轉踐蹈。可見上述"驪""碾""蹍""輾"四字本來音義相通,禪籍選用任何一字均可,訓爲"揚,揚起"而以爲新義者,即刻意求新所致。

又如"落""落處":

(1)山僧開卜鋪,能斷人貧富,定人生死。時有僧出云:"離却生死貧富,不落五行,請師直道。"師云:"金木水火土。"(《景德傳燈録》卷一一《漳州浮石和尚》)

(2)(師)遂跌座,維那白槌訖,師云:"早落第二義。大衆散去,猶較些子。既不散去,有疑請問。"(《楊岐方會和尚後録》卷一)

有學者認爲上二例"落"有"清楚、明白"義,解釋説因僧"不落五行"而請教於師,師答曰:"金木水火土",是知"不落五行"即爲"不了解、不清楚五行"之義,"早落第二義"亦有"早明白、清楚第二義"之意④。

今案:此論完全誤解文意,"落"只是常義"落入,陷入"。

例(1)浮石和尚説自己開卜鋪,可以斷人生死貧富,僧人就刁難説離開生死貧富,

---

①公案原文見《禪宗頌古聯珠通集》卷一四:士因賣竹漉籬下橋喫撲(撲之訛字,筆者按),女子靈照一見亦去爺邊倒。士曰:"你作甚麽?"女曰:"見爺倒地,某甲相扶。"士曰:"賴是無人見。"
②公案原文見《禪宗頌古聯珠通集》卷一九:趙州因僧問:"久嚮趙州石橋,到來只見略彴。"師曰:"汝祇見略彴,且不見石橋。"曰:"如何是石橋?"師曰:"度驢度馬。"
③《周禮·夏官·職方氏》:"(揚州)其澤藪曰具區,其川三江,其浸五湖。"鄭玄注:"浸,可以爲陂灌溉者。""巨浸"指大的水面,湖澤之類,參《漢語大詞典》,不具。
④鄧海榮:《禪宗語録詞語札記二則》,《西南民族大學學報》(人文社科版)2004年第2期,第436—438頁。

抛卻五行八卦這一套東西,請師明説。"落"即落入義。

例(2)"早落第二義"義謂早就落入、陷入第二義。凡禪師首到一寺開堂,維那白椎時,皆唱言"法筵龍象衆,當觀第一義",故楊岐和尚纔緊跟着説"早落第二義"。因爲維那白椎都要説這兩句話,故禪録有時省略不録。"早落第二義"即早就落入,掉入第二義而非"第一義"了。

作者又引《大慧普覺禪師語録》卷八:

> 舉百丈凡參次,有一老人常隨衆聽法。衆人退,老人亦退。忽一日不退,丈遂問:"面前立者復是何人?"老人云:"某甲非人也。於過去迦葉佛時,曾住此山。因學人問:'大修行底人,還落因果也無?'對云:'不落因果。'五百生墮野狐身。今請和尚代一轉語,貴脱野狐身。"老人遂問:"大修行底人。還落因果也無?"丈云:"不昧因果。"老人於言下大悟,便脱野狐身。師云:"不落與不昧,半明兼半晦。不昧與不落,兩頭空索索。"

作者説"昧"有"昏暗;糊塗"之意,"落"與"昧"反義對舉成文,可證"落"有"清楚、明白"之意,上例不僅將"不落"與"不昧"的後果形成鮮明對比,而且指出"不落與不昧"的區别在於"半明兼半晦",亦可證"落"有"明"義。

今案:大慧禪師所舉公案乃百丈懷海禪師與野狐老人的對話,"大修行底人還落因果也無"指的是大修行的人還落入因果報應、五道輪迴的控制與否? 老人答以"不落因果"即不受因果輪迴的制約,但反而受其制約,落入畜生道"五百生墮野狐身"。老人以此問百丈懷海禪師,百丈答以"不昧因果",意思是不昧於因果之理。要之,昧與落,只是兩種不同的回答,没有所謂的反義對舉。作者捨"落"之常義而附會出"清楚、明白"之新義,看似新奇,實屬誤解。

又如,有學者引《古尊宿語録》卷一九《楊岐方會禪師》章爲例,認爲禪籍"落處"有"禱福所爲的對象"義:

> 遂陞座,拈香云:"此一瓣香祝延今上皇帝聖壽無窮。"又拈香云:"此一瓣香奉爲知府龍圖駕部諸官,伏願常居禄位。"復拈香云:"大衆,還知落處麼? 若也不知,却爲注破:奉酬石霜山慈明禪師法乳之恩,山僧不免薰天炙地去也。"便燒。

作者解釋説,"落處"所在的問句都問的是拈香禱爲誰的問題,本例的答案是"慈明禪師","落處"指禱福所爲的對象①。

今案:從本例前後問答的語境中,的確容易推知"落處"的具體所指對象爲"慈明禪師",但詞語所指的具體對象與詞語的詞義顯然是兩回事。本例"落處"其實就是"着落,下落"義,意思是説我前面已舉了兩瓣香,現在舉第三瓣,你們知道舉第三瓣香的下落、根底、個中緣由是什麼嗎?而不是問舉第三瓣香的具體禱福對象是誰。作者所釋"禱福所爲的對象"充其量只能視作語境義,不得以此認爲"落處"有"禱福所爲的對象"之新義。

除上述情況外,還有因不解俗語而分詞不當的情況,例如:

又因一日,翠微在法堂行道次,師而近前接禮,問曰:"西來密旨,和尚如何指示於人?"翠微駐步。須臾,師又進曰:"請和尚指示。"翠微答曰:"不可事須要第二杓惡水漿潑作摩?"(《祖堂集》卷六《投子和尚》)

論者以"不可事"爲句讀,"不可事"指非法之事,指行非法之事的人②。

今案:確如作者所説漢文佛典中有"不可事"一語,但在本例中"不可"并不與"事"相聯屬,"不可""事須"各自爲詞。"事須"即"須要"義。"不可"爲疑問副詞,表反問語氣③,禪籍不乏用例:

(1)師曰:"如鸚鵡只學人言不得人意。經傳佛意,不得佛意而但誦是學語人,所以不許。"曰:"不可離文字言語別有意耶?"(《景德傳燈録》卷二八《越州大珠慧海和尚》)

(2)此心此佛悉是假名,既是假名,一大藏教所説者,豈是真耶?既不是真,不可釋迦老子空開兩片皮掉三寸舌去也?畢竟如何?但知行好事,休要問前程。(《大慧普覺禪師語録》卷三)

---

① 盧烈紅:《禪宗語録詞義札記》,《中國典籍與文化》2005 年第 1 期,第 59—61 頁。
② 譚偉:《〈祖堂集〉文獻語言研究》,成都:巴蜀書社,2005 年,第 265 頁。
③ 參見袁賓:《禪宗詞典》,武漢:湖北人民出版社,1994 年,第 56 頁;袁賓:《"囉囉哩"考(外五題)》,見《中國禪學》第一卷,北京:中華書局,2002 年,第 309—324 頁;詹緒左:《禪籍疑難詞語考(上)》,見《漢語史研究集刊》第十七輯,成都:巴蜀書社,2014 年,第 211—225 頁。

《祖堂集》"不可事須要第二杓惡水漿潑作摩"意謂難道你還要我潑你第二杓髒水嗎?

上述問題可歸納爲三個方面:一是部分字詞考辨不審,導致訓釋不確;二是某些詞語的訓釋或有刻意求新之嫌;三是部分詞語的釋義未臻圓滿,有待繼續研究。禪籍字詞的釋義本來就比較複雜,前賢時彥所有的探討都值得重視和參考,筆者所歸納的問題以及具體詞語的釋義問題,僅僅是管見所得,敬祇學界同仁批評指正。

出土文獻與傳世文獻互證漫議

——讀《吐魯番出土文書》訓詁隨札

方一新

（浙江大學漢語史研究中心）

引　言

　　從十九世紀末、二十世紀初以來，除了甲骨文的發現外，我國重要的出土文獻有兩大系列：一爲敦煌吐魯番文書，一爲戰國秦漢六朝的簡牘文獻。它們都非常珍貴，值得重視。作爲太田辰夫《中國語歷史文法·跋》所説的"同時資料"，簡帛、寫本等出土文獻材料大多具有原始性、真實性、未經改動的特點，有很高的研究價值。裘錫圭先生等曾有多篇論文作過專門論述，值得參考。

　　筆者早些年曾讀文物出版社出版的《吐魯番出土文書》（8冊），就其中部分詞語稍加留意，有所摘錄，覺得可以用傳世文獻與之互證，遂摘取若干條略作考釋，約在2010年時，草成小文。近翻檢舊稿，略有補充，并核對圖文版《吐魯番出土文書》（4大冊），訂正引文。筆者以爲：無論對傳世文獻還是出土文獻疑難字詞的考釋研究，都應該把兩種文獻材料結合起來，比較互證，推闡系聯——即以出土文獻證傳世文獻，也可以傳世文獻證出土文獻，同時，在進行具體的考釋求證時，傳統訓詁學的方法，如郭在貽先生所總結的："一曰據古訓，二曰破假借，三曰辨字形，四曰考異文，五曰通語法，六曰審文例，七曰因聲求義，八曰探求語源。"[1]仍然值得重視、學習。今以《吐魯番出土文書》的隼用、嘿突、渠破水謫、偏並等4組詞語爲例[2]，略窺二者互證重要性之一斑。不當之處，達者正之。

---

[1] 參看郭在貽：《訓詁學》，北京：中華書局，2005年，第54頁。
[2] 本文初稿完成於2009年，曾在研究生課上講過數輪；2010年3月，應邀攜該文赴吉林大學古籍研究所進行學術交流，得到了朱紅林等先生的指正。

壹

《吐魯番出土文書》中的詞語，未見更多用例，時賢雖有解釋，未見達詁；辭書亦未見收釋者。以"觕用"爲例。

1. 觕（麤、麁、麄、麄）用

(1) 延昌卅四年甲寅歲六月三日，呂浮圖辭：圖家□□乏，觕（牰）用不周，於樊渠有蒲（葡）桃（萄）一園，逕（經）理不□。（高昌延昌三十四年（594）呂浮圖乞貿葡萄園辭①，2-142）②

"觕用不周"一句的"觕"，稍顯生澀，圖文版《吐魯番出土文書》[貳]注爲"牰"字。如何解釋，值得推敲。

王啟濤《吐魯番出土文書詞語考釋》（2005:184—185，下簡稱《考釋》）："觕，疑即'斛'的異體字。……按：唐長孺在'觕'旁注：'牰'。檢'牰'爲遭遇、遭受。'觸'的訛俗字。S388《正名要錄》'正行者楷，脚注稍訛'：'觸（脚注：牰）。'《晉書·李流載記》：'蕩馳馬追擊，觕角倚矛被傷死。'何超音義：'觕，尺玉反，古文觸字。'……與吐魯番出土文書文意不合，故不取。"

按：觕，唐長孺旁注爲"牰"，是；上下結構與左右結構互換，是簡帛寫本習見之例。羣之與群、畧之與略，墊之與埶，皆是。"牰"既可同"觸"，亦同"粗"，異体作麤、麁、麄等形③。《公羊傳·莊公十年》："牰者曰侵，精者曰伐。"漢何休注："牰，麤也。"《呂氏春

---

①"貿"，《吐魯番出土文書詞語考釋》錄作"買"（184 頁），誤。
②本文所依據的吐魯番出土文獻，係唐長孺先生主編的四大册《吐魯番出土文書》，北京：文物出版社，1992 年。缺字、補字符號亦均據該書。"2-142"表示是第二册，第 142 頁。下同。
③佛經中又可作"麄"。《楞伽阿跋多羅寶經註解》卷一："彼彼空者，是空最麄，汝當遠離。"（39/365b）"麄"，大正藏原作"麁"，甲卷作"牰"。按："麁"應爲"麄"的形近之訛，CBETA 校正是也。因爲中間這句，《楞伽阿跋多羅寶經》卷一作"是空最麄"（16/488c），《楞伽阿跋多羅寶經會譯》卷一作"是空最麤"（卍新纂大日本續藏經，1/263b），可證"麄"即"粗"（麁、麤）字。此例係友生盧鶯博士檢示，特致謝忱。

秋·孟夏》:"食菽與雞,其器高以觕。"《禮記·月令》作"高以粗"。三國吳支謙譯《大明度經》卷五:"囑累若,粗捔説耳。"(8/502c)五代可洪《新集藏經音義隨函録》卷二《大明度經》第三卷"麁捔"條:"(麁)才古反。麁也,略也。正作觕、粗二形。"(高麗藏第34册/666c)

《考釋》謂"'挩'爲遭遇、遭受。'觸'的訛俗字",則是把"𢱎"當作"觸"的俗寫了,不知此處實爲"粗"(麤)字。實則"挩用"不誤,無煩改爲詞義不明的"斟用"。

考"粗(麤、麁)用"在吐魯番文書中僅此1例,未能搜得更多用例。不妨將調查的範圍擴大,到傳世典籍中去找一找。果然,六朝文獻已見此詞;推考其例,大致有以下二義:

一爲略用,大致用。

(2)又仲尼聞韶,歎其一致,是以咨嗟。何必因聲以知虞舜之德,然後歎美耶?今麤用其一端,亦可思過半矣。(三國魏嵇康《聲無哀樂論》)

(3)初二偏爲衆生。何故而然?以此行麁用教衆生,彼能起故。(隋慧遠撰《維摩義記》卷二,38/467c①)

二爲粗略使用,不作精細用途;也指家用,日常生活所用。

(4)然後削去四畔麤白無光潤者,别收之,以供麤用。麤粉,米皮所成,故無光潤。其中心圓如缽形,酷似鴨子白光潤者,名曰"粉英"。英粉,米心所成,是以光潤也。"麤"和"英"相對,當指粗劣、不精華的部分。(《齊民要術》卷五《種紅藍花梔子》)

(5)第五毘那夜迦名爲可意,此人來時,令人悕望心成就,專行劫剝,廣求財物,將爲麁用。(唐菩提流志譯《佛心經》卷下,19/13a)將爲麁用,謂取作日常所用。

(6)雄附遠寄良荷,扶衰之意,茶五十餅,漫附回使,以供粗用。(宋朱熹撰《晦菴别集》卷三,《彭子壽》)以供粗用,亦謂(茶餅)可供日常起居飲用。

(7)純黑即黑毛。憍奢耶即蠶綿(有將爲一非也),嚼即門户,六年不揲,得著

---

①佛經用例,用日本《大正藏》本(必要時核對《中華藏》等版本),"38/467c"分別表示册、頁、欄,下同。

者,上二細者,止得麁用,故不許著。①（宋釋元照撰《四分律行事鈔資持記》卷三,40/427b）

回過頭看,本例"犁用不周","犁(犐)用"指吕浮圖的家用,日常所用;不周,不足義;然則"犁用不周"正是指日常開銷、家裏生活資料不足（與上文"（吕浮）圖家□□乏"正相照應）,故需要向人"乞貿葡萄園",以求獲得一個較爲穩定的生活來源②。

韓理洲輯校《全隋文補遺·吕浮圖乞貿葡萄園辭》即將"犁用不周"直接録作"粗用不周"（三秦出版社,2004年,第464頁）③,甚是。

此條王啓濤《吐魯番出土文獻詞典》（下簡稱《詞典》）未收④。

貳

《吐魯番出土文書》中的詞語,用例不多,時賢雖有數種解釋,仍可商榷;關鍵是要以聲音通訓詁,不受字形約束。以"嘿（默）突"爲例。

2. 嘿突/默突

(8) 若不上□,嘿突祀所,讁羊半口;若不詣祀所煮肉,讁羊一口。若上名不遇（過）祀者,讁酒二斗。（高昌永平元年（549）▬▬▬▬爲知祀人上名及讁罰事。1-133）

(9) 若不上名者,嘿突祀所,讁羊煮肉,讁羊一口。若上名不過祀者,讁酒二□（斗）。（高昌永平元年（549）……爲明正一日知祀人上名及讁罰事。1-135）

---

①此例當是對唐道宣《四分律删繁補闕行事鈔》的解説。道宣《四分律删繁補闕行事鈔》卷三:"二捨入僧用。謂五卧具迴僧物隨僧作何等用? 其中純黑憍奢耶,僧不得著用,得作地敷及作嚮帴帳幔等。"（40/156b）"麁用"與"著"相對,指不用作衣服,而作爲地毯帳幔等物品,供僧人日常所用。

②唐以後佛典中,"粗（麤、麁）用"有指佛教術語三身（法身、報身、應身）中"化身"的意思,如:唐實叉難陀譯《大乘起信論》卷上:"又凡夫等所見是其麁用,隨六趣異種種差别,無有無邊功德樂相,名爲化身。"（32/588a）元普瑞集《華嚴懸談會玄記》卷一四:"謂報、化二隨機緣勝業,現麤細二用也。隨地上機現細用,即報身;隨地前機現麤用,即化身也。"（《卍新纂大日本續藏經》第8册/188c）是别一義。

③此例蒙張文冠博士檢示,特致謝忱。

④本文初稿完成時,《吐魯番出土文獻詞典》尚未出版。

關於"嘿突",《考釋》(2005:183—184)釋云:"悄悄、暗中破壞。'嘿'有'悄悄'義,《晏子春秋·諫上十二》:'臣聞之,近臣嘿。''突'有衝撞、襲擊義。《荀子·王霸》:'汙漫突盜以先之。'楊倞注:'突,陵突。'""按:'嘿突'或與'隳突'有關。考柳宗元《捕蛇者説》:'悍吏始來吾鄉,叫囂乎東西,隳突乎南北。'張永言先生《簡明古漢語字典》第264頁釋隳突:'破壞、奔突、橫衝直撞。'"

此後,王啟濤《吐魯番出土文書疑難詞語考辨》(2007:275,下簡稱《考辨》)又釋"嘿突"云:"暗闖。……'嘿'同'默',有'悄悄'義,《玉篇·口部》:'嘿,與默同。'《史記·刺客列傳》:'魯勾踐怒而叱之,荊軻默而逃去。''突'有'衝撞''襲擊'義。《荀子·王霸》……更爲典型的一個佐證是:Dx.18916《大曆十五年(780)杰謝鎮牒爲徵牛皮二張事》:'因恐賊默來侵抄,辰宿至要鼓聲相應者。'(《俄藏敦煌文獻》第17册第281頁)此處的'默來侵抄'正好與我們討論的'嘿突'形成對照。"

按:此二説似均可商。

"嘿",同"默"。《玉篇·口部》:"嘿,與默同。"《左傳·昭公十五年》:"王雖弗遂,宴樂以早。"晉杜預注:"言今雖不遂服,猶當靜嘿而便宴樂。"唐陸德明釋文:"嘿,本或作默,同。"

檢《吐魯番出土文書》,"嘿突"一詞除了(8)(9)外,未見他例。雖然從上下文看,已經能大致作出解釋——指犯禁(闖入)、擅入,但要使結論更可信,則需要更多的用例來支撐,這就需要到傳世文獻中去找。

考"默突"(嘿突)一詞中古傳世典籍已有用例:

(10)是女人得聞此語,獲得須陀洹道。以刀繫頸,往到王所,而白王言:"我今日犯王重法,願王以法治我。"王問言:"汝犯何事?"答言:"我破王禁制,至道人所。譬如渴牛,不避於死。我實渴於佛法,是以默突聽法。"(舊題西晉安法欽譯《阿育王傳》卷七,50/128c)

值得注意的是,這例"默突"有異文,日本《大正藏》參校的宋資福藏、元普甯藏、明徑山藏(嘉興藏)作"冒突"。

《法苑珠林》卷二四引同,亦作"默突",未列異文。

(11)王問言:"汝犯何事?"答言:"我破王禁制,至道人所。譬如渴牛不避於死。我實渴於佛法,是以默突聽法。"(唐道世《諸經要集》卷二,54/10b)

此例"默突"也有異文,元普甯藏、明徑山藏作"冒突"。

這兩例"默突聽法",從句意看,是指違反了國王(女人不得聞法)的規定,即"破王禁制","默突"當爲貿然、擅自(做某事)義。有意思的是,"默突"的異文又作"冒突",然則"冒突"何義,它與"默突"是什麼關係?當有必要再作進一步的考察。

中古史書有"冒突"用例:

(12)(劉)整、(鄭)像召募通使,越蹈重圍,冒突白刃,輕身守信。(《三國志·魏志·齊王芳傳》)

(13)於是裝直進樓船、冒突、露橈數千艘。唐李賢注:"(冒突、露橈)並船名……冒突,取其觸冒而唐突也。"(《後漢書·岑彭傳》)

是"冒突"本爲沖冒、直突在前義;由此引申,則有冒犯、唐突義。"冒突"後也爲古代戰船名,《後漢書·岑彭傳》例即是。按照李賢的解釋,戰船名也是從其沖冒、直突在前之本義引申而來的。

不僅中土典籍有"冒突",魏晉南北朝的翻譯佛經也見到用例,如:

(14)時諸官人見此妓女干冒王法,心懷戰懼,恐同其罪。時此妓女見是事已,手自執刀,到於王前,五體投地,伏罪請死。復説偈言:
"王制極嚴峻,　　無敢違犯者,
　我爲聽法故,　　冒犯分受死。
　我今渴於法,　　冒突至僧所,
　如春熱渴牛,　　求水不避杖。"(後秦鳩摩羅什譯《大莊嚴論經》卷五,4/285c)

"冒突至僧所",就是上文提到的"默突聽法",則"冒突""默突"義近,都是指擅闖禁區,冒犯(講法)重地。

(15)案《詩》云:"元戎十乘,以先啓行。"韓嬰章句曰:"元戎,大戎,謂兵車也。車有大戎十乘,謂車縵輪,馬被甲,衡扼之上,盡有劍戟,名曰陷軍之車,所以冒突,先啓敵家之行伍也。"(《史記·三王世家》"虛御府之藏,以賞元戎",南朝宋裴駰集解)

冒突,謂直突前冲也。唐宋以後,"冒突"也見沿用,如:

(16)或冒突超越,鈹行令震疊;或粗見形勢,驅除令遠蹀。(宋王安石《用前韻戲贈葉致遠直講》詩)

(17)一切賓客及雲水道友至時,非執事人,亂言冒突者,中罰。(《雲棲法彙(選錄)》卷二二,嘉興藏第33册/169b)

列舉了這樣一些用例後,大致可以作出判斷:"嘿(默)突"實即"冒突"。"默(嘿)"本爲悄然、安靜義。《説文·犬部》:"默,犬暫逐人也。"《玉篇·犬部》:"默,犬暫逐也。亦爲嘿靜字。"唐慧琳《一切經音義》卷七八"默然"條:"《字書》:'默,靜也;不言也。'《古今正字》:'犬不吠嚜逐人也。從犬黑聲。'經文作嘿,俗字也。"(54/816b)

但"默突"的"默",則應讀作"冒",不能就其字面作釋。考"冒"有兩讀,一爲《廣韻·號韻》"莫報切。覆也,涉也";一爲《廣韻·德韻》"莫北切。干也"。就干犯、冒犯義位而言,"墨""默""冒"均在《廣韻·德韻》莫北切小韻下,也同在《集韻·德韻》密北切小韻下,讀音完全相同。《周禮·秋官·司寇》:"四者犯邦令。"漢鄭玄注:"干冒王教令者。"唐陸德明釋文:"冒,音墨。"《史記·匈奴列傳》:"單于有太子名冒頓。後有所愛閼氏,生少子,而單于欲廢冒頓而立少子,乃使冒頓質於月氏。"唐司馬貞索隱:"冒音墨。"《廣雅·釋詁四》:"觸、冒、搪、敫、衝,挨也。"此數詞均與"唐突"有關。隋曹憲《博雅音》:"(冒)音墨。"①"默突"之"默"實即"冒"之同音借字②。

吐魯番文書中的這兩例"嘿(默)",冒昧,魯莽之謂。"默突"者,謂冒犯、衝撞。文書中所説的"嘿突祀所",指未經同意,擅闖祭祀禁地,違反了規定。

《詞典》(2012:718)"嘿突/嘿然"條云:"'嘿突'即冒犯衝撞,未經同意而擅闖祭祀場所;'嘿然'即不吱聲。……'嘿'同'默',有'悄悄'義,……後來'默',引申爲'獨自''莽撞''冒失''強行'。'突'有衝撞、襲擊義。"雖較前二説爲優,但對"嘿(默)"仍按其字面作釋。其實"默"有靜默、悄悄義,但引申不出莽撞、冒失、強行義,"默突"須讀

---

①《周禮釋文》、曹憲《博雅音》兩條材料蒙邊田鋼副教授檢示,特致謝忱。
②"默""冒"二字在"貪"義位上亦得通用。《孔子家語·正論》:"貪以敗官爲默。"王肅注:"默,猶冒,苟貪不畏罪。"《左傳·昭公十四年》作"貪以敗官爲墨"。《左傳·文公十八年》:"貪于飲食,冒于貨賄。"漢賈誼《新書·道術》:"厚人自薄謂之讓,反讓爲冒。"北魏酈道元《水經注·耒水》:"(橫流溪)俗亦謂之貪泉,飲者輒冒於財賄。"此蒙盧鷺博士檢示,特致謝忱。

作"冒突",方得正解①。正如王引之所云:"至於經典古字,聲近而通,則有不限於無字之假借者,往往本字見存,而古本則不用本字,而用同聲之字,學者改本字讀之,則怡然理順,依借字解之,則以文害辭。"②

叁

《吐魯番出土文書》中的詞語,有一定數量的用例,時賢聚訟紛紜,莫衷一是;既有字形的問題,也涉及句子的内部結構及詞義理解。以"渠破水過(濄、譌)"爲例。

3. 渠破水過、渠破水濄、渠破水譌、渠破水譌、渠破水摘

(18)渠破水過,田主不知。(高昌延昌二十四年(584)道人智賈夏田券,2－250)

(19)若渠破水譌,仰[耕]田了。(高昌某人從寺主智演邊夏田券,2－252)

(20)若[渠]破水譌,仰治桃[人]□。(高昌夏某寺葡萄園券,1－283)

(21)渠破水濄(譌)③,仰耕(耕)田人了。(高昌道人真明夏床田券,1－354)

(22)若渠破水譌,仰耕(耕)田人了。(高昌某人夏鎮家麥田券,1－386)

(23)渠破水譌,仰耕(耕)田人承了。(唐貞觀十四年(640)張某夏田契,2－25)

(24)渠破水譌,仰█████(唐貞觀十六年(642)二月某人夏田契,2－293)

(25)渠破水□,壹仰更(耕)田人承了。(唐永徽四年(653)四月傅阿歡夏田契,2－209)

---

①本條交稿後,蒙張文冠博士告知,鄔同麟《敦煌文獻語詞與漢語史研究》(《百年敦煌文獻整理研究國際學術討論會論文集》,2010年4月10日—11日於杭州,後載於《敦煌學輯刊》2012年第4期)已指出《吐魯番出土文書》"嘿突祀所"之"'嘿'應通'冒'……'嘿(冒)突'是同義連文,指冒犯",請參看。特補記於此,并致謝忱。

②參看王引之《經義述聞》卷三二《通説下》"經文假借"條。

③圖文版作"濄",包朗、楊富學(2015:98)認爲:"此字漫漶不清,仔細辨認可見左邊爲'氵'旁或'言'旁,故可釐定爲'濄'或'譌'。"

(26)渠[租]譋水,訂□□□□□□□……(唐西州高昌縣張驢仁夏田契,3-89)
(27)渠破[水]□,□□□□□□[仰](□)佃田人了。(唐張相□等佃田契,3-90)

關於此詞,研究者發表了不同的看法。

蔣禮鴻等《敦煌文獻語言詞典》(1994:199)"了"條云:"渠□□(破水)譎(譎,'決'的同音通用字),仰傅自承了。"此處并非專釋"渠破水譎",只是在釋"了"時順便提及。

《考釋》(2005:581—583)"譋"條云:"通'過'。即'過'的繁化俗字,責備懲罰。""唐長孺先生主編圖錄本《吐魯番出土文書》在不少地方將'譋'錄爲'譎'。……以上諸例中的'譎'都應該是'譋'或'過'的誤字。"

《考辨》(2007:274—275)"水譋、水摘、水譎"條云:"因水流失而遭受處罰。……'譋'字在古今字典辭書中未見收錄。'譋'實即'過'。'過'有'責備'義,《廣雅·釋詁一》:'過,責也。'……可證'過''譎'皆'責罰'義,至於加'言'旁,乃類化耳。而'摘'實有'指責'義。""'水譋''水摘''水譎'即因水流失而受到的處罰,包括勞役或經濟方面的處罰。"又引蔣禮鴻主編《敦煌文獻語言詞典》"了"(杭州大學出版社,1994年,第199頁)條下言:"'渠破水譎(譎,"決"的同音通用字)。'恐誤。"

王啟濤《"渠破水譎"考》(2010:198—200)釋"譎"爲責罰,云:"'渠破水譎'是吐魯番出土文書中的一個術語,意思是:水渠損壞因而導致水流失而遭致的處罰。吐魯番出土文書中又有'渠破水摘''渠破水譋''渠破水',其義均同'渠破水譎';又有'水罰',即因水流失而遭致的處罰。"

《詞典》(2012:827)"渠破水譎渠破水摘渠破水譋……"條所釋大同小異。

包朗、楊富學《〈吐魯番出土文書〉所見"譋"當爲"溣"字考——兼與王啟濤先生商榷》(下簡稱《商榷》,2015:97—101)云:"吐魯番出土文書中常見的'譋'字,關於其釋義和字形,歷來衆説不一。揆諸圖片,'譋'之左旁既可爲'言',也可爲'氵';結合文書上下文,'渠破水譋',如果將'譋'字解釋作'責備懲罰',文意不通。其實,'譋'的正字當爲'溣',意爲'水溢',即'漫溢'義。"

按:《考辨》《"渠破水譎"考》《詞典》等説,認爲"渠破水~"的"~"或作"譋(實即'過')",或作"譎""摘",乃責罰、處罰義;"水譋(譎、摘)"是"因水流失而遭受處罰"。這裏存疑的是,就像包朗、楊富學《商榷》(2015:98)所指出的那樣:"'渠破水譋'是由兩個主謂結構的詞語(水利名詞+動詞)并列而形成的一個并列短語,'渠'後跟的是與其自身相伴而生的動作和狀態'破',緣何'水'後跟的動作却不是與水本身相伴而生的動作和狀態,反而是更換了主語,變成人的動作'責任'呢？很難解釋得通。"

包、楊兩位的意見有道理。先看"過"或"謫","過"本義是經過、走過,引申則有過失、錯誤義,又有批評、指責義,《論語·季氏》:"求,無乃爾是過與?"但通常後面要帶賓語,引出受批評的對象("爾是過"即"過爾",用"是"複指提前的賓語"爾"),如:《穀梁傳·成公七年》:"七年,春,王正月,鼷鼠食郊牛角。不言日,急辭也,過有司也。"《吕氏春秋·適威》:"煩爲教而過不識,數爲令而非不從。""有司""不識"就是"過"的對象。有時"過"後似無賓語,如《晏子春秋·問上二六》:"百官節適,關市省征,陂澤不禁,冤報者過,留獄者請焉。""冤報者過"就是"冤報者過(之)",賓語"之(指冤報者)"承上省了。未見"水過""水謫"這樣因爲渠水而導致(佃户、租田者)受罰的用例。

同理,"謫"(謫、摘)作指責、責罰解,亦其常義,但與"過"相同,通常後面要帶賓語,如:《詩·邶風·北門》:"王事適我,政事一埤益我。我入自外,室人交徧謫我。"《國語·齊語》:"正月之朝,五屬大夫復事。桓公擇其寡功者而謫之。"即以《考釋》所舉吐魯番出土文書中的用例而言,有"謫銀錢""謫酒""謫白芳""謫所部隤明","(得水)謫麥"(735頁),等等,亦均有對象賓語。而未見將"水謫"解作"因爲水流失而招致處罰",既增字爲訓,語序又甚是奇怪的句式。

因此,筆者以爲,從詞句結構、句意看,《考辨》《"渠破水謫"考》《詞典》的解釋難以説通,當可商榷。

相較而言,《敦煌文獻語言詞典》校"謫"爲"譎",爲"'決'的同音通用字",雖然改字尚可推敲,但其思路是"渠破"與"水~"當爲同類結構,這個出發點是對的;同樣,包、楊兩位認爲"'謫'的正字當爲'過',意爲'水溢',即'漫溢'義",也是一樣的角度,二説都把"水~"與"渠破"看作同一結構關係——主謂關係。這是頗能給人啓發的。當然,釋"過""謫"爲漫溢,無論是舊注故訓,還是古書用例,都未見他例佐證①;又認爲"渠破水~"包括了"渠破損"和"水漫溢"兩種情況②,都是不能不令人生疑之處。

循着這樣的思路,筆者亦提出愚見,以就正於方家。

按:吐魯番出土文書中"水過"的"過",當指(渠水)流失、流淌,非責罰之義。

---

①《商榷》云:"同時,有文獻可證,'過'的意義可解釋爲'水溢'。《爾雅·釋水》:'水自河出爲灉,濟爲濋,汶爲灛,洛爲波,漢爲潜,淮爲滸,江爲沱,過爲洵,潁爲沙,汝爲濆。'其注曰:'此十者皆大水分出,别爲小水之名也。'"按此説可商。"過爲洵"與"濟爲濋……"等句相同,郭璞注的意思很清楚,是説"過(水)"分出(支流),成爲洵水,正如"濟""汶"等不是"水溢"義一樣,"過"也不是"水溢"義,明矣。

②一般會把"渠破"與"水過"理解爲因果關係,即因爲"渠破"了,所以纔"水過"。現在《商榷》作者理解爲"渠破"與"水過"(水漫溢)兩種情况,則爲并列關係,當有待證明。

過,《説文·辵部》:"度也。"本義是走過、經過,由此引申,則有過頭、過失義,也有失度、失當義;進一步引申,則有失去義。《國語·周語上》:"夫天地之氣,不失其序;若過其序,民亂之也。"三國吳韋昭注:"過,失也。"

"水過""水濄"即"水過",指渠水流失;"過"爲"過"的增旁俗寫,"濄"則爲"過"的形近訛混。"渠破""水過(濄、濄)"是兩個并列式詞組,都是主謂結構。"水過"即指(因水渠破損而導致)渠水外淌、流失。

過,從本義出發,轉指江河、溪流的水經過,流淌,自魏晉以來,用例很多。

(28)華山對河東首陽山,黄河流於二山之間。古語云:此本一山,當河,河水過之而曲行。"(三國吳薛綜注張衡《西京賦》云,《初學記》卷五引)

"過"與"流"對文同義。

(29)小國寡人民,終日寂無事;白水過庭激①,綠槐夾門植。(晉潘岳《懷縣詩》)

"過"即流淌、流過義,當由其經過義引申而來。
又,"水過"亦十分常見。如:

(30)逐狐東山,水過我前,深不可涉,失利後便。(《焦氏易林》卷一,《蒙之蠱》)

(31)(渭水)本導源北流,後秦始皇葬于山北,水過而曲行,東注北轉。(《水經注·渭水》)

(32)安世,京兆人也。漢中水過其前山,一名平元山。(《云笈七簽》卷二八)

(33)郡遭暴水,流漂居民,吏請徙民杞城。慶遠曰:"天降雨水,豈城之所知!吾聞江河長不過三日,斯亦何慮。"命築土而已。俄而水過,百姓服之。(《梁書·柳慶遠傳》)

(34)其藍田以東先有水磑者,仰磑主作節水斗門,使通水過。(敦煌遺書 P.2507《開元水部式殘卷》)

---

①此句的屬讀關係是:"白水/過庭/激",過庭者,(白水)流過庭院之義。

上揭自(31)至(34)各例"水過",即水流經過、水流淌過之義,主謂結構的短語。唯(35)例"水過"似是河道、水流通道義,與他例不同。雖然水流經過、淌過與渠水流失不同,但同是指水的流動、流淌,因此,從指(江河)水的流淌到指(渠)水的流失,其引申演變的路徑是很清楚明白的,也是很自然的。

因此,《吐魯番出土文書》中"渠破水～"的"～",原本應作"過",因爲是水的流失,故加"氵"作"渦","渦"乃"過"的增旁俗寫。而寫本文獻中,從氵從言(讠)之字極易訛混,故"渦"訛作"謫",，"謫"又訛作"讁"①,"讁"又以形近訛作"摘",遂導致吐魯番文書中渠破水過、渠破水渦、渠破水謫、渠破水讁、渠破水摘等詞形共現,與"謫"(讁)、"摘"的字面責罰義無關。至於"渠破水",則當爲"渠破水□[過]","過/渦"字誤脱耳。《考釋》對"謫"的釋義可商,但認爲"'謫'都應該是'渦'或'過'的誤字",則可從,惜此後的論著未能堅持此説。

肆

《吐魯番出土文書》中的詞語,有少量用例,但詞形較多,構詞理據不明,時賢雖有解釋,猶未達一間。以"偏並/編併"爲例。

4. 偏並/編併

(35)三家同籍別財,其地先來各自充分訖,不敢編併授田。(唐景龍三年(公元七〇九年)……高昌縣處分田畝案卷,3－559)

(36)三家同籍別財,其地先來各均□分訖,不敢編併授田。(唐景龍三年(公元七〇九年)……高昌縣處分田畝案卷,3－566)

---

① 古籍中"過""適"二字形近易訛,載籍異文甚夥,如《史記·漢興以來諸侯王年表》:"吳楚時,前後諸侯或以適削地。"唐司馬貞索隱:"適音宅,或作過。"又《甘茂列傳》:"秦楚爭彊,而公徐過楚以收韓,此利於秦。"南朝宋裴駰集解引徐廣曰:"過,一作適。"唐杜甫《歸來》詩:"客裏有所過,歸來知路難。"宋蔡夢弼《杜工部草堂詩箋》謂"過,一作適"。故"謫"誤作"讁",當在情理之中。以上諸例蒙友生真大成教授檢示,特致謝忱。

蔣禮鴻《敦煌文獻語言詞典》"偏併"條釋爲："偏袒、偏私。'併'通'比'。《敦煌資料·宋乾德二年(公元九六〇年)史泛三立嗣文書》：'所有□資地水活□(業)什物等，便共氾三子息，並及阿朵準亭，願壽各取壹分，不令偏併。'"按語中又舉《敦煌資料·分家遺囑樣文》"所懸城外莊田、城内屋舍、家活產業等畜牧什物，恐後或有不亭爭論漏併……"例，指出："其中的'漏'應是'偏'的誤字。'偏併'亦通'偏比'。《續資治通鑒·宋寧宗慶元元年》：'至於李祥，老在篤實，非有偏比，蓋衆聽所共孚者。'"(242—243頁)

《考釋》"偏並/編併"條釋云："不平均，漏掉。……按：'偏並'之釋，亦爲敦煌吐魯番學史和漢語史上之一大公案。該詞的相關形式還見於其他文書。P2507《開元水部式》殘卷：'凡澆田，皆仰預知頃畝，依次取用，水遍即令閉塞。務使均普□□□□□□，不得偏並。'《敦煌資料·宋乾德二年史氾三嗣文書》：'所有□資地水活(業)什物等，便共三子息，……不令偏並。'……又作'偏坡''偏黨''偏波'。S4374《分書樣文》：'始立分書，既無偏坡，將爲後驗。'又同文：'右件家產，并以平量，更無偏黨私發之差殊。'……'偏'之義，與'並''頗'等同義，均爲不公正、漏掉之義。……而'並''頗'與'坡''陂''波'又屬一音之轉。……'編並''偏併'等均爲'漏掉'。"(21—22頁)

按：釋作"漏掉"，可商。此詞六朝典籍多見，如：

(37)是以酒酣奏琴，而歡感並用，此言偏並之情，先積於内，故懷歡者值哀音而發，内感者遇樂聲而感也。(三國嵇康《嵇中散集》卷五《聲無哀樂論》)

(38)正一奉齋威儀齋官起供，依位行列，啓告陳請，各稱名位，不得交互；須依次第告知，勿使偏併不平。(南北朝佚名《正一威儀經》，明正統道藏本)

(39)或手足偏痛，諸節解，身體發癰瘡結，坐寢處久，不自移從，暴熱偏併，聚在一處。(《諸病源侯論》卷六《解散病諸侯》，191頁)

(40)四星在黃帝座南郎位，舊取端正，均配行列，今有偏並不均。(唐瞿曇悉達《唐開元占經》卷一〇七，星圖二)

(41)自立兩税，經今百年，或初定之時，已有偏併，或戶口減耗，舊額猶存，輕重不均，流亡轉甚。(唐陸贄《翰苑集》卷二《冬至大禮大赦制》)

(42)其每戶配錢之數多多少已差悉令折衷，仍委觀察使，更於當管所配錢數之内，均融處置，務盡事宜。就於一管之中輕重，不得偏併。雖或未盡齊一，決當不甚低昂。(唐陸贄《均節賦税恤百姓第一條》，《全唐文》卷四六五)

(43)"衛氣有所凝而不行故其肉有不仁也"一句唐王冰注："若衛氣被風吹之，

不得流轉,所在偏併,凝而不行,則肉有不仁之處也。(《黄帝内經素問》卷一二《風論篇》)

(44)右十四味,並揀擇取州土堅實上者,刮削如法,然後秤大斤兩,各各別擣,以馬尾羅篩之,攪令匀調重篩,務令相入,不令偏並。"(唐王燾《外臺秘要》卷三一《又代茶新飲方》)

(45)每縣中男多者,累載方始一差;中男少者,一周遂役數過。既緣偏併,豈可因循?自今已後,諸郡所差門夫宜于當郡諸縣通率準式,納課分配,令得均平。(宋宋敏求《唐大詔令集》卷一三〇《令戶口復業及均役制》)

出土文獻用例如:

(46)今聞吾惺吾(醒悟)之時,所有家産田莊、畜牧什物等,已上並已分配,當自脚下,謹録於後,右件分配,並已周訖。已後更不許論偏説剩……恐後或有人爭論偏並,或有無智説與(異)端。(敦煌遺書 S.0343,《析産遺書樣文》)

按:由上述各例可知,"偏並"當爲偏頗不正、出差錯、不公平之義。究其得義之由,"偏"者,偏頗,不正,有偏差;"并(並、併)"者,由合併、平列引申爲靠近、親近。"偏並"當爲近義連用。"并"有合并、兼并義,也有聚合、比并義,《廣雅·釋言》:"并,兼也。"《戰國策·齊策六》"然而管子并三行之過",清黄丕烈注:"(并),《史記》作'兼'。"《漢書·藝文志》:"凡五十五章,并爲《蒼頡篇》。"唐顔師古注:"并,合也。"併、竝、並亦同。《説文·人部》:"併,竝也。"《説文·竝部》:"竝,併也。"《詩·齊風·還》:"並驅從兩肩兮。"漢鄭玄箋:"並,併也。"《荀子·儒效》:"俄而竝乎堯禹。"唐楊倞注:"竝,比也。"

"并"(並、併)由聚合、比并,引申爲靠近、親近之義。元魏吉迦夜共曇曜譯《雜寶藏經》卷一:"遙見鐵城,心生疑怪,……漸漸前進,並近於城,亦無玉女來迎之者。"(4/451b)"並近"似同義并列連用。此外,"骿"謂并脅,"駢"謂駕二馬,"姘"謂男女苟合,則從"并"得聲之字,常有連并、靠近或親近義,正可比照合觀。

因此,"偏并(並、併)"即偏私,猶言偏向、偏心,指分家或分割財産時存在着有偏心、不公平的情況,與"偏比""偏毗"結構和意義相類①。《吐魯番出土文書》作"編併"者,"編"即"偏"之通假。

(47) 唐劉恂《嶺表録異》卷上:"時有一假僧,不伏排位,太守王宏夫怪而問之,僧曰:'役次未當,差遣編併——去歲已曾攝文宣王,今年又差作和尚。'見者莫不絶倒。""編併"即"偏併",謂不公正、不合理。

(48)《文苑英華》卷四三四《減放太原及沿邊州郡稅錢德音》:"其太原管内忻、雲、汾、代、蔚、朔六州,振武、天德及河中、晋、絳、陝沿路州縣,今年秋稅及地頭錢宜放免。河南府亦是供頓往來道路,比晋、絳、太原,即免編併。""編併"謂偏袒、不公平。

據此,"偏併""編併"應爲唐人常語,"編"即"偏"字之借。

蔣禮鴻《敦煌文獻語言詞典》"偏並"條釋爲"偏袒、偏私",釋義大致可從。《考釋》謂"似不完善",別作"不平均,漏掉"解;"不平均"是,至於"漏掉"云云,殆不可信②。

綜上,"編並""編併""偏並""偏併"諸詞,并爲不公正、不公平,有偏頗之謂,詞形上,前語素以"偏"爲正,作"編"者,通假字耳。後語素則並、併均可。

另外,吐魯番出土文書又有"漏併"一詞:

(49)《唐城南營小水田家牒稿爲舉老人董思舉檢校取水事》:"非是三家五家,每欲澆漑之晨,漏併無準,只如家有三人、兩人者,重澆三迴。"(4-339)

(50) 又:"即無漏併,長安穩,請處分。"

《考釋》已收"漏并"條,釋云:"遺漏。同義複詞連用。'并'有'漏掉'之義。"(308 頁)

《詞典》"編併漏併"條云:"'編併'即偏並,不平均、不公正,遺漏;'漏併'意近偏並。"(60 頁)

---

① 唯"偏比""偏毗"二詞殆宋代始見,如:宋程頤《程氏經説》卷七《論語説》"周而不比":"君子道弘,周及于物而不偏比;小人偏比,故不能周。"宋李綱《梁溪集》卷一五九《戒·貴和》:"夫獨陰不生,獨陽不成,陰陽偏毗,其在天地則爲災,其在人則成疾。"用例稍晚。

② 《吐魯番出土文書詞語考釋》云:"蔣禮鴻先生《敦煌文獻語言詞典》(杭州大學出版社,1994年)收録該詞,但釋義爲'偏袒、偏私',似不完善。愚以爲此詞的確切含義是指分配時不平等劃一,有漏掉或遺忘的現象,不一定全指偏袒。"(第22—23頁)

按：從"幷"的詞義系統看，引申不出"漏掉"義，"幷（並、併）"應爲親近、靠近義，與"偏"近義幷列。"漏並"、"漏併"，義同"偏並"或"偏併"，實則"漏"字詞義晦澀，"漏"應爲"偏"字之誤①，《敦煌文獻語言詞典》引《敦煌資料·分家遺囑樣文》"恐後或有不亭爭論漏併"例後指出："其中的'漏'應是'偏'的誤字。"所言甚是，可從。

上來四例詞語，都出自吐魯番出土文書，屬於出土文獻，時代跨度從六朝至唐宋。有的有一些用例，有的單文孤證，使得歸納法無用武之地。好在出土文獻用例不多者，可以利用傳世文獻，反之亦然。此外，考釋這類疑難詞語，傳統訓詁學的方法并未過時，從乾嘉諸位大家，到近現代諸多詞義訓釋名家，下的都是扎扎實實的看似笨的功夫，正唯其如此，故他們考釋的結論大抵可信，值得我們借鑒和學習。

參考文獻：

包朗、楊富學：《〈吐魯番出土文書〉所見"濄"當爲"過"字考——兼與王啟濤先生商榷》，《敦煌研究》第4期，2015年。

郜同麟：《敦煌文獻語詞與漢語史研究》，原載《百年敦煌文獻整理研究國際學術討論會論文集》，2010年，後刊於《敦煌學輯刊》2012年第4期。

郭在貽：《訓詁學》，北京：中華書局，2005年。

蔣禮鴻：《敦煌文獻語言詞典》，杭州：杭州大學出版社，1994年。

唐長孺：《吐魯番出土文書》（圖文版），1—4册，北京：文物出版社，1992年。

王啓濤：《吐魯番出土文書詞語考釋》，成都：巴蜀書社，2005年。

王啓濤：《吐魯番出土文書疑難詞語考辨》，《中國語文》第3期，2007年。

王啓濤：《"渠破水讕"考》，《藝術百家》第4期，2010年。

王啟濤：《吐魯番出土文獻詞典》，成都：巴蜀書社，2012年。

---

① 偏、漏二字形近易訛，如：西晉竺法護譯《佛說阿惟越致遮經》卷中："講音無所偏，救度一切會。"（9/211c）偏，《大正藏》參校的宋資福藏、元普甯藏、明徑山藏（嘉興藏）以及日本宮内廳本均作"漏"。唐圓照撰《貞元新定釋教目錄》卷一五："貝葉之言永無漏略，金口所說更益詳明。"（55/884b）漏，聖語藏本作"偏"。此二例蒙友生盧鷺博士檢示，特致謝忱。

數詞"百"大寫作"伯"發覆

張涌泉

（浙江大學古籍整理研究所）

數目詞關涉錢穀之數，有時需要使用繁化的"大寫字"，以免字形混淆或後人篡改。差不多三十年前，筆者負笈錦城，有幸師從項楚先生研治敦煌學。在項先生的影響熏陶下，我對俗文化尤其是俗語言產生了濃厚的興趣。在校期間，寫了一部題爲《漢語俗字研究》的著作，書中有一篇《數目用大寫字探源》的短文①，指出在公元四世紀前後（約當東晉末），人們已開始有意識地在券契中使用大寫的數目字；到了五六世紀，這種用法進一步得到普及。但那篇短文只是泛論這種用法的起源，涉及的也主要是一到十這十個字。本文重拾舊題，打算就前文未深入討論的"百"的大寫用法略作探討。

一

吐魯番和敦煌寫本契券文書中，數目字常常繁化，其中"百"字多借用"伯"。如吐魯番文書64TAM15:29/2《高昌延壽十四年（637）康保謙買園契》："若有先悔者，罰銀錢壹伯文入不◇□（悔者）。"（《唐吐》2－23）②敦煌文書伯3348號背《唐天寶六載（747）十一月河西豆盧軍軍倉收納糴粟牒》："軍倉：行客任惹子納交糴粟壹伯捌碩陸斗。"又伯2049號背《後唐長興二年（931）正月沙州淨土寺直歲願達手下諸色入破曆筭會牒》："壹阡肆伯柒拾捌碩貳斗玖勝麥、粟、油、蘇、米、面、黃麻、麩、查、豆、布、緤、紙等，沿寺破除外應及見在：三伯捌拾壹碩貳斗肆勝麥，伍伯三拾三碩壹斗捌勝粟，三碩伍斗壹勝油，

---

① 《漢語俗字研究》第一版，長沙：嶽麓書社，1995年，第363—368頁。
② 《唐吐》2－23，指唐長孺主編《吐魯番出土文書》第貳冊第23頁，北京：文物出版社，1994年。下仿此。

貳勝蘇，……肆拾柒碩貳䉼䵽，壹伯貳拾貳餅漳，貳伯柒拾捌碩玖勝豆，伍伯玖拾捌尺布，壹伯玖拾伍尺緤，貳伯張紙。"

偶或亦借用"佰"。如伯2838號《唐光啟二年（886）安國寺上座勝淨等諸色斛斗入破曆筭會殘狀》："從辰年正月已後，至午年正月已前，中間三年，應入磑顆（課）、梁顆（課）、廚田，及前帳迴殘斛斗油、蘇等，總三佰肆拾捌碩玖斗三勝。麥貳佰玖碩捌斗，粟壹佰貳拾碩柒斗。"

有時借用作"百"的"伯""佰"先後錯出。如73TAM520:6/1-1(b)《高昌付官將兵人糧食帳》（二）："合壹佰壹拾三斛究兜。"(《唐吐》1-315)其（四）又有"合壹伯"字樣(《唐吐》1-316，本件抄寫在《高昌延昌二十年（580）計月付麥帳》的背面)。後者《吐魯番出土文書》錄作"佰"，非原形。伯4957號《申年某寺諸色入破曆筭會牒》："壹佰陸斗三勝麥、粟、油、面、黃麻、豆、布等，緣寺諸色破除訖。"又云："壹伯陸拾玖碩捌斗捌勝半麥、粟、油、蘇、米、面、黃麻、豆、絹等，破用外應見在。"

吐魯番租借文書常見"租輸百役"一詞，"百"字亦常寫作"伯"或"佰"。如60TAM326:01/3《高昌某人從寺主智演邊夏田券》："若紫（貲）租百役，仰寺主了。"(《唐吐》2-252)69TAM140:18/5《高昌重光四年（623）某人夏部麥田券》："租殊（輸）佰役，仰田主了。"(《唐吐》2-196)64TAM25:12《高昌張永究夏田券》："▨▨（租輸）伯役，仰田主了。"(《唐吐》1-459)64TAM4:42《唐龍朔元年（661）左憧憙夏菜園契》："祖（租）殊（輸）伯役，仰園主了。"(《唐吐》3-210)"百""伯""佰"交錯出現。

二

考《說文解字·人部》："佰，相什佰。從人百。"（注文"佰"大徐本作"伯"，茲從《說文繫傳》本改）"百""佰"音同義近，蓋本一字之孳乳，"百"借用"佰"容易理解。值得討論的是"百"何以寫作"伯"，卻是一個一直沒有弄明白的問題。對此，人們常見的處理方式是這樣的：

66TAM48:25(a)，31(a)《高昌延昌二十七年（587）四月兵部條列買馬用錢頭數奏行文書》："▨▨（都合）□□三匹，用錢壹伯壹拾捌文。"(《唐吐》1-338)又66TAM48:30(a)，38(a)，41(a)《高昌延昌二十七年（587）八月兵部條列買馬用錢頭數奏行文書》："都合買馬□□□匹，用▨▨（錢壹）遷肆伯捌拾文。"(《唐吐》1-343)66TAM48:24《高昌高寧等城丁輸木薪額文書》:"都合得丁木薪三伯貳拾伍車☐(半)。"(《唐吐》1－347)此三例中的"伯"《吐魯番出土文書》皆括校作"佰"。

66TAM48:44,52《高昌臨川等城丁輸額文書》:"壹伯肆☐(人)。"(《唐吐》1－348)64TAM15:16《唐貞觀十五年(641)西州高昌縣趙相□夏田券》:"租儲伯役,仰田主☐(了)。"(《唐吐》2－29)64TAM10:34《唐貞觀二十三年(649)傅阿歡夏田契》:"租殊(輸)伯役,仰田主承了。"(《唐吐》2－207)2004TAM395:4－6＋2004TAM398:4－1＋2004TAM395:2《唐西州高昌縣李操領錢抄》:"已上計銀錢三伯三文半,李操領。"(榮新江主編《新獲吐魯番出土文獻》上－2)此四例中的"伯"《吐魯番出土文書》和《新獲吐魯番出土文獻》徑錄作"佰"。

三

那麼,"百""伯""佰"三字究竟是什麽關係？按上述處理方式,"伯"似乎是"佰"字之誤(二字形音皆近)。然而問題在於吐魯番和敦煌寫本文書"百"字繁化大寫多借用"伯",其例數以千計,而只有少數作"佰"(二者之比約十比一),把"伯"判定爲"佰"字之誤顯然不合情理。

其實,"百"的繁化大寫字也許本來只作"伯",二字同音通用。《廣韻・陌韻》博陌切:"百,數名。""伯"爲該小韻代表字。而"佰"則在同一大韻莫白切小韻,與"百"異音。再溯及《廣韻》之前的寫本韻書,如斯2071號《切韻箋注》、故宫本《刊謬補缺切韻》、裴務齊正字本《刊謬補缺切韻》及蔣斧印本《唐韻殘卷》,"百""伯"二字同在陌韻博白反或博陌反小韻(皆以"伯"爲該小韻代表字),此四書皆未收"佰"字①。所以當魏晉以後人們有意識地在券契中使用大寫數目字的時候,"伯"作爲"百"的同音字(後來《切韻》系韻書的小韻代表字),自然就在首選之列了。試看下面的例子：

69TKM48:9(a),10(a),16/5(a)《唐永徽元年(650)後付宋贇等物帳》:"以前總計得☐(貳)□☐(肆)伯肆拾貳尺。"以下具體支出則作小寫的"一千二百尺""一百五尺"等等(《唐吐》2－166,見圖1),可以推知總計時的"貳""伯""肆"等屬於有意繁化的大寫字。

---

①《集韻・陌韻》博陌切小韻纔增收了"佰"字。

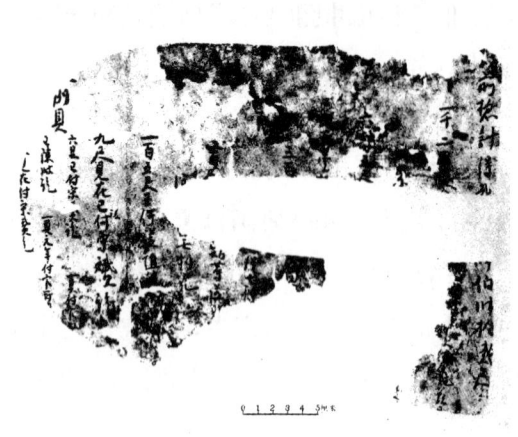 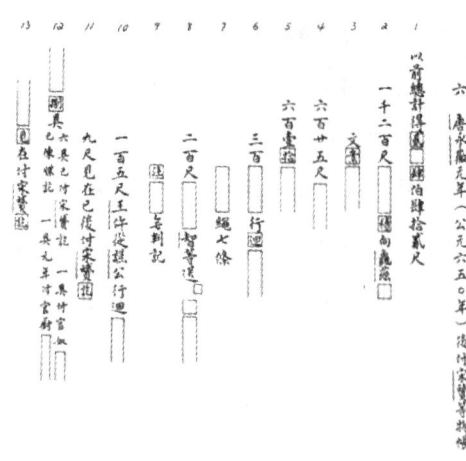

圖 1　69TKM48:9(a),10(a),16/5(a)《唐永徽元年(650)後付宋贇等物帳》圖版及錄文

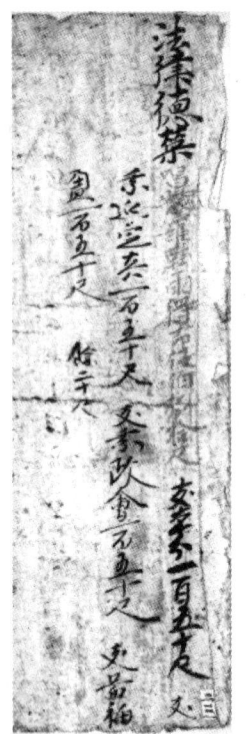

圖 2　北敦 2496 號
《儭司唱儭得布支給曆》

又北敦 2496 號《儭司唱儭得布支給曆》:"法律德榮:唱紫羅鞋兩,得布伍伯捌拾尺。支本分一百五十尺,支乘延定真一百五十尺,支乘政會一百五十尺,支畾福盈一百五十尺,餘二十尺。"(見圖 2)此例總計時用"伍""伯""拾",分計時則皆作"五""百""十",可見前者也屬於有意用大寫的數目字,"百"對應的大寫字是"伯"而不是"佰"。

根據上文的舉證,"百"繁化大寫作"伯",較早的用例出現在高昌延昌(561—601)年間,這和拙作《數目用大寫字探源》一文關於壹到拾等數目字在公元五六世紀逐漸普及的判斷大致吻合。宋程大昌《演繁露》卷三"十數改用多畫字"條云:"古今經史凡書千百之字,無有用阡陌之阡、公伯之伯者,予故疑舊本不曾改少畫以從多畫也。然不能究其起自何時。"程氏疑千百之字"不曾改少畫以從多畫"的說法顯然是靠不住的①。

---

① "千"的繁化大寫吐魯番和敦煌文書有"阡""仟""遷"等形,用例很多。

四

其實"伯""百"古本通用。《漢書·食貨志上》"亡農夫之苦,有仟伯之得",顏師古注:"仟謂千錢,伯謂百錢也。今俗猶謂百錢爲一伯。"清武億《金石二跋》卷四"唐國子學石經"條引顏注後按云:"《集古録》毛伯敦銘、龏伯彜銘、伯庶父敦銘,伯俱作百。是百亦通作伯。"又《魏張安姬墓誌》(正光二年(521)三月廿九日葬):"春秋六十有五,因抱纏疹,綢繆彌久,醫寮(療)伯方,轉加增惙。"①其中的"伯方"當讀作"百方"。由此看來,"伯""百"通用,先秦已然,漢魏沿用;後來契券文書"百"繁化大寫作"伯",可謂淵源有自,水到渠成。

宋以後文獻"百"字大寫仍有作"伯"的。如宋夏竦《古文四聲韻》(北京國家圖書館藏宋刻配抄本),卷端有夏竦本人的序進表,末署"開國公食邑捌阡肆百戶食實封貳阡陸伯戶臣夏竦謹序進",作者前用"百",緊接着"食實封"的時候卻寫成了"伯",想來也不會是無意的吧。又如元孔齊《靜齋至正直記》卷一"銅錢牌"條云:"宋季銅錢牌,或長三寸有奇,闊一寸,大小各不同,皆鑄'臨安府'三字,面鑄錢貫文,曰'壹伯之(文)'等之類,額有小竅,貫以致遠,最便於民。近有人收以爲鑰匙牌者。亦罕得矣。"②這種"銅錢牌"後世仍有留存,如解放後杭州出土的臨安府錢牌(圖3),背文是"臨安府行用",面

圖3 1957年杭州出土的南宋臨安府錢牌正背面③

---

①《北京圖書館藏中國歷代石刻拓本彙編》第4册,鄭州:中州古籍出版社,1989年,第105頁。此例承蒙友生梁春勝提供。

②《靜齋至正直記》,清毛氏抄本。

③費均:《解放後杭州出土的一些宋代貨幣》,《文物》1965年第6期。此例承蒙張小豔告知。

文是"準伍伯文省",正與孔齊的記載吻合。所謂"伍伯文",就是"五百文",可見這個大寫的"伯"即便南宋時期仍然爲官方正式場合所通行。

不過,早期的繁化大寫用字往往不太固定,如吐魯番出土文書"五"既作"伍",又作"仵";"七"既作"柒",又作"漆";"八"既作"捌",又作"拔";"九"既作"玖",又作"究";"千"既作"仟",又作"阡"和"遷";等等。同樣,"百"的繁化大寫既可作"伯",也不妨作"佰"。只是到了宋代刻本流行以後,刊刻文字規範化,大寫的"佰"纔逐漸占了上風。但假如把古代更爲常用的"伯"也校改作"佰"①,那就難免以今律古之譏了。

---

① 《漢書·食貨志上》"有仟伯之得"的"伯"也當讀作"百",《漢語大字典》稱通"佰",也是受今天"百"大寫作"佰"的影響所致。

唐樊綽《蠻書》"苴咩"考

譚　偉

（四川大學中國俗文化研究所）

樊綽,生卒年不詳,主要活動於唐懿宗時代①。所著《蠻書》十卷,成書於咸通四年(863)②,記述了雲南界内途程、山川江源、六詔、六贱、城鎮、物産、風俗、條教、疆界等。明代中葉以後,其書流傳已少,清四庫館臣從《永樂大典》中輯出,刊入《聚珍版叢書》,即今傳之本。此書是一部保存到現在的最早最詳備的南詔著作。

樊綽《蠻書》中所記"苴咩城"或"陽苴咩城"即今雲南大理城,爲唐代宗廣德二年(764)閣羅鳳所築。唐大曆十四年(779),南詔王閣羅鳳卒,因其子鳳迦異早死,故立其孫異牟尋以嗣。德宗興元元年(784),異牟尋從太和城遷居史城。貞元四年(788),異牟尋徙居陽苴咩城。此后,陽苴咩城爲南詔及大理之首府近五百年。關於"苴咩"的讀音和意義,歷來文獻記錄差異頗大。

一、形

樊綽《蠻書》有：

> 苴咩城,從安南府城至蠻王見坐苴咩城水陸五十二日程。……至陽苴咩城一日。……從龍尾城至陽苴咩城五十里。……從邕州路至蠻苴咩城,從黔州路適蠻苴咩城,兩地途程,臣未諳委。(卷一《雲南界内途程》)
>
> 大和、陽苴咩謂之贱……大和城、大釐城、陽苴咩城,本皆河蠻所居之地

---

①《新唐書·藝文志》："樊綽《蠻書》十卷。咸通嶺南西道節度使蔡襲從事。"
②後世又稱《雲南志》《雲南記》《雲南史記》《南夷志》《南蠻志》《南蠻記》等。

也。……蒙歸義男等初立大和城,以爲不安,遂改創陽苴哶城。……大和城,北去陽苴哶城一十五里。……大釐城南去陽苴哶城四十里,北去龍口城二十五里。邑居人戶尤衆盛,哶羅皮多在此城。並陽苴哶並遝川,今並南詔往來所居也。……陽苴哶城南詔大衙門。(卷五‧六瞼)

  唯陽苴哶及大釐、遝川各有槽櫪,喂馬數百匹。(卷七《雲南管內物產》)

  東去蠻陽苴哶城四十日程。(卷一〇《南蠻疆界接連諸番夷國名》)

所記"苴哶城"或"陽苴哶城""陽苴哶",《舊唐書》稱"羊咀哶城""陽苴哶城",《新唐書》稱"羊苴哶城""苴哶""苴哶瞼""苴哶城""羊苴哶"。又(唐)李吉甫(758—814)撰《元和郡縣志》(813成書)卷三二"戎州":"西南至南詔所居羊苴哶城二千三百里。"卷三三"姚州":"西至羊苴哶城三百里。"

  唐人詩文中亦偶有記錄,《全唐詩》卷五五八薛能(817—880)《聞官軍破吉浪戎小而固慮史氏遺忽因記爲二章》:"一戰便抽兵,蠻孤吉浪平。通連無舊穴,要害有新城。……漢江無敵國,蠻物在回軍。越巂通游國,苴哶閉聚蚊。"卷五六〇薛能《西縣途中二十韻》:"野色生肥芋,鄉儀搗散茶。梯航經杜宇,烽候徹苴哶。"又,《全唐文》卷七六七鄭畋(825—883)《授李師望定邊軍節度使制》:"使苴哶城下,常驚鼓鼙之威;大度河南,永保金湯之固。"卷八一一胡曾(約840—?)《代高駢迴云南牒》:"不知鶴拓,惟認苴哶。"

  "陽"或寫作"羊",這是譯音無定字形成的異文。其他文獻,"哶"又作"芈""咩""哶""哶",乃俗字形成的異文。《龍龕手鏡‧口部上聲》:"咪、咩,二俗。哶,正。哶,今。迷尔反。羊鳴也。又姓。《玉篇》又莫杏反。香嚴。又迷、罵二音。"《説文‧羊部》:"芈,羊鳴也。从羊。象气上出。與牟同意。"

  "苴哶"乃城名,"苴哶城"爲"城名+城"的結構,"陽苴哶城"爲"州名+城名+城"的結構。《新唐書‧南蠻傳上》:"苴哶瞼亦曰陽瞼。"①瞼,蠻語州,"苴哶瞼"乃城名代州名也。"陽苴哶城"當爲"陽瞼苴哶城"之簡稱。

  總之,文獻中雖有多種書寫形式,但應以"苴哶"爲正。

---

① 《新唐書》卷二二二《南蠻傳上》,北京:中華書局,1975年,第6269頁。

二、音

歷代文獻中,"陽"或寫爲"羊",二字《廣韻》均與章切,平聲陽韻以母,爲同音字,讀音沒有爭議,但"苴咩"的讀音卻有不小的分歧。

《蠻書》卷一:

> 苴咩(上音斜,下符差切)城,從安南府城至蠻王見坐苴咩城水陸五十二日程。

"上音斜,下符差切"不知是誰加的注音,有可能是樊綽原注。向達引清盧文弨校云:

> 案"咩"當作"哶",從楚姓之哶,其音似羊,當從其俗讀彌嗟切,不讀徐婢切也。注"符差"之"差"有數音,則不當以此爲標,疑本是"嗟"字,脫其偏旁耳。唐薛能詩:"野色生肥芋,鄉儀搗散茶;梯航經杜宇,烽火徹苴咩。"董衝《唐書釋音》"苴,鉏加切。咩,彌遮切。皆讀平聲。"①

《資治通鑒》"異牟尋懼,築苴咩城"胡注:

> 自瀘州南渡瀘水,六百五十里至羊苴咩城。《舊史》:"羊苴咩城南去大和城十餘里,東北至成都二千四百里,去雲南城三百里。"咩,莫者翻,又徐婢翻。史炤曰:"苴音酢,又徐嗟切。咩音養,又彌嗟切。"薛能《聞官軍破吉浪》詩:"越嶲通遊客,苴咩鬧聚蚊。"又《西縣塗中》:"野色生肥芋,鄉儀搗散茶。梯航經杜宇,烽火徹苴咩。"

《廣韻》"苴"有四個讀音,①子魚切,平聲魚韻,精母;②七余切,平聲魚韻,清母;③子與切,上聲語韻,精母;④鉏加切,平聲麻韻,崇母。均與"斜"(《廣韻》似嗟切,平聲麻韻,邪母。或以遮切,平聲麻韻,以母)不同音。可見"苴咩"中之"苴"是個譯音用字,讀音

---

① (唐)樊綽著、向達校注:《蠻書校注》,北京:中華書局,1962年,第1頁。

與"斜"（似嗟切）同[cÚzǐa]。唐詩中"斜"爲麻韻，唐太宗《過舊宅二首》之一"笳、斜、花、家"，《冬日臨昆明池》"沙、花、霞、斜"，《望雪》"華、斜、花、霞"，李嶠《詠風》"花、斜"，孟浩然《過故人莊》"家、斜、麻、花"，韋莊《咸通》"家、花、斜、華"，徐鉉《王三十七自京垂訪作此送之》"斜、家、花、華"。"斜"均當讀[cÚzǐa]。

《蠻書》卷八《蠻夷風俗》："曹長以下，得繫金佉苴。"白居易《新樂府·蠻子朝》："蠻子道從者誰何，摩挲俗羽雙隈伽。清平官持赤藤杖，大將軍繫金呿嗟。"元稹《蠻子朝》"清平官繫（一作擊）金呿嗟，求天叩地持雙珙（一作拱）。"趙呂甫《雲南志校釋》："'呿磋''呿嗟'並'佉苴'之音譯異寫，《德化碑》碑陰之金帶即指此也。""苴"，《集韻》有十四個讀音，其中麻韻："苴，苴咩城，在雲南。"徐嗟切，即讀[cÚzǐa]。

《説文·羊部》："咩，羊鳴也。从羊。象氣上出。與牟同意。"徐鉉音"綿婢切"，[mǐe]。"咩"或"哶"又有音變。若按"符差切"，符爲並（奉）母，差①，初牙切，平聲麻韻，初母，則當讀[cÚba]。若按董衝《唐書釋音》"咩，彌遮切。"當讀[cÚmǐa]，這更符合唐代的實際讀音。《全唐詩》卷五六〇薛能《西縣途中二十韻》：

野客誤桑麻，從軍帶鏌鋣。蜀音連井絡，秦分隔褒斜。食久庭陰轉，行多屐齒窪。汗涼風似雪，漿度蜜如沙。逗石流何險，通關運固賒。陣圖誰許可，廟貌我揄揶。溢目看風景，清懷嘯月華。移文莫有誚，必不滯天涯。豈論之白帝，未合過黃花。硤路商逢使，山郵雀唶蛇。氣清岩下瀑，煙漫雨餘畬。野色生肥芋，鄉儀搗散茶。葛侯真竭澤，劉主合亡家。閒事休徵漢，斯行且詠巴。焰樵烹紫筍，腰簟憩烏紗。落日投江縣，征塵漱齒牙。憶歸臨角黍，良遇得新瓜。黃鳥當鼟候，稀蒿雜麥查。梯航經杜宇，烽候徹苴咩。陷彼貪功吠，貽爲黷武誇。音繁來有鐸，軋盡去無車。杞國憂尋悟，臨邛渴自加。

全詩押麻韻，如花、牙、斜、蛇、瓜、窪、畬、查、沙、茶、咩。"斜""咩"同韻。

漢語方言中還有保留，《漢語方言大詞典》："咩嗒，（動）吃。東北官話。東北[cÚmia·ta]。"《現代漢語方言大詞典》："咩，成都me˧，銀川mia˧，萬榮mia˧，羊叫聲：羊子咩咩地叫喚（成都）。"

總之，"苴咩"當讀爲[cÚzǐa Úmǐa]，（宋）司馬光撰《類篇》卷二："苴……又徐嗟切，

---

① 《廣韻》有五個讀音，①初牙切，平麻，初。②楚皆切，平皆，初。③楚懈切，去卦，初。④楚宜切，平支，初。⑤楚佳切，平佳，初。

苴咩城,在雲南。"卷四四:"咩,彌差切,苴咩,城名,在雲南。又母野切,羊鳴。又母婢切。"①則當爲[cúzǐaúma],音又有小變。

方國瑜《中國西南歷史地理考釋》認爲:"苴咩二字讀音,《樊志》卷一'上音斜,下符差切。'《集韻》'苴咩城在雲南,上徐嗟切,下彌嗟切'。並在麻韻,讀開口三等,其音如 shia mia。……今滇西語讀苴咩如 tso mi,則音稍變也。"②其説是也。

三、義

關於"陽苴咩"意義,歷來文獻記録和研究差異頗大,略有以下几説:

1. 王城

(清)查繼佐撰《罪惟録》列傳卷三四《段寶》:

> 異牟尋……連兵吐蕃,爲唐李晟所破,改城牟□苴咩,今大理。苴咩,猶言都也。別都曰善闡。③

向達《蠻書校注》卷五云:

> 陽苴咩城,《舊唐書》作"陽苴咩城",《新唐書》作"羊苴咩城",本書卷一亦作"苴咩城"。苴音斜,咩符差切。據 Hobson-Jobson 二〇四頁 Chobwa 條,緬甸語稱王曰 Tsaubwa,泰語作 Chao,《新唐書·南詔傳》所謂夷語"王"爲"詔"是也。亦曰 Chaohpa,乃複合詞,hpa 之義爲"天"。私意以爲"苴咩"一語,或即 tsaubwa,Chaohpa 之對音,苴咩城者王城或京城之義也。郭松年陽苴咩城亦名紫城之説差爲得之。紫城云者,若後世所云之紫禁城耳。苴咩前冠以"陽"或"羊"字,疑爲尊稱,與馬來、占婆、吉蔑、爪哇、得楞諸語中之 yang 字相同。陽苴咩城譯以漢語,或即神京也。

---

① (宋)司馬光:《類篇》,文淵閣四庫全書本。
② 方國瑜:《中國西南歷史地理考釋》,北京:中華書局,1987 年,第 439 頁。
③ (清)查繼佐:《罪惟録》,《四部叢刊》三編景手稿本。

岑仲勉《隋唐史》：

> 驃苴低之"苴"，哈威謂即 Swabwa 之 Swa，意即"君"也，又突厥語呼"新"爲"陽"，則陽苴哶城全義當爲"新王城"。①

王叔武《大理行記校注》：

> "苴哶"與現代彝語"茲莫"爲雙聲，當爲"茲莫"的對音，義爲"王"，"苴哶城"即"王城"之義。②

2. 羊鳴之城

（清）檀萃《滇海虞衡志》卷七：

> 羊於滇中爲盛，故太和古城曰羊苴哶城。"苴"者幼也，"哶"者幼羊呼母之聲也。俗雜氏、羌，氐者羊之多鬚也。羌者羊之引足也。故滇俗以養羊爲耕作。③

3. 芈姓之城

（民國）龍雲、周鍾岳纂修《（民國）新纂雲南通志》卷六八：

> 羊鳴曰芈，芈亡婢切，羊鳴也，與牟同意。案南詔有城曰羊苴芈，意滇在戰國時屬楚，楚之祖鬻熊爲芈姓，故謂之米熊，名城之意，或以此歟！④

4. 古葉(楪)榆城

（民國）張培爵修、周宗麟纂《（民國）大理縣志稿》卷三二《太和縣志稿》卷之三：

---

① 岑仲勉：《隋唐史》，石家莊：河北教育出版社，2000 年，第 284 頁注①。
② 王叔武：《大理行記校注》，昆明：雲南民族出版社，1986 年，第 19 頁。
③ 宋文熙、李東平：《滇海虞衡志校注》，昆明：雲南人民出版社，1990 年，第 158 頁。
④ (民國)龍雲、周鍾岳纂修：《（民國）新纂雲南通志》，民國三十八年鉛印本。

羊苴咩城：即今縣城。唐貞元中，異牟尋寇西川，敗還，懼，築羊苴咩城，延袤十五里，徙居之，改號曰大理。自是太和別爲一城，故城漸廢太和之名，遂移於羊苴咩城。《雲南記》羊苴咩城，在點蒼中峰下，即古楪榆城也。蠻語訛爲羊苴咩，亦曰陽咀咩城。南距太和城十餘里。貞元初，異牟尋築此城。七年（791），西川帥韋皋遣判官崔佐時至羊苴咩城，説異牟尋使歸唐。宋時段氏據此，亦謂之大理城。①

5. 壯大之城

（民國）龍雲、周鍾岳纂修《（民國）新纂雲南通志》卷三四：

（苴咩）《新唐傳》"苴咩睒亦曰陽睒"蓋因城名苴咩，故省稱之。《樊志》"太和、陽苴咩謂之陽睒"，則太和城亦屬苴咩睒也。陽亦作羊，當是音字。苴咩亦音字。苴，壯大之義。説詳趙式銘《滇志辨略》苴字解。《新唐南詔傳》曰："王都陽苴咩城。"《樊志》卷五："蒙歸義男等初立太和城，以爲不安，遂改創陽苴咩城。"②

又，卷八六：

南詔則於其猛將勇士、名城大河率多以苴稱之，如牟苴及苴夢衝、王各苴等，是以苴名武將也；金佉苴、朱弩佉苴是以苴名戰士也；陽苴城、瀾苴河是以苴名城邑河流也；其他不可勝舉。要之，南詔以苴爲壯大之稱則固可斷言者，《蜀志》譙周謂益州天苴，當指滇之益州，非蜀之益州。天苴即漢稱匈奴爲天驕之義也。

6. 秀麗的桂城

楊延福《大理古城歷代名稱岐義求證》：

這城古稱是"苴桂"，唐人因語音關係而作"苴：（乖）"，後由"苴："演爲"哶""咩""哶"。……"苴"，這也是以漢字記的白族語音，讀如"租"。……苴是白族古

---

① （民國）張培爵修、周宗麟纂：《（民國）大理縣志稿》，民國五年鉛字重印本
② （民國）龍雲、周鍾岳纂修：《（民國）新纂雲南通志》，民國三十八年鉛印本。

"秀麗"之意。……"苴莋:(乖)"實質是"苴桂",而且是"秀麗的桂城"。①

趙雲、王育珊《南詔古城"陽苴咩"地名譯音考》:

"陽苴咩"是一個由梵語、孟高棉語等多種民族語言混合的地名,其釋義爲"緬桂花城"。②

7. 打歌場

街順寶《漾濞、漾共、陽苴咩——南詔大理國時期地名記音的音變問題》認爲"苴咩"指打歌場。

水在彝語中的讀音近於"益",在記音過程中,又"陽"。所謂陽賧,本來就指通常所說的河賧。……巍山彝語稱大理作 ¢i³³mi³³,¢i³³mi³³ 就是苴咩的本音,屬保留古代名稱未變。彝語中部方言南華一帶的彝語稱大理也作 ¢i³³mi³³。mi³³ 意爲地,¢i³³ 有兩種含義,一指主人,一指打歌,¢i³³mi³³ 也有兩種含義,一指主人之地,一指打歌場。……苴咩讀 ¢i³³mi³³,讀音肯定是可靠的。……南詔取名的準確含義,還可以作進一步研究。③

8. 太陽城

王元輔《"陽苴咩城"小釋》:

南詔時的民族語即古白語,"咩"爲太陽,"苴"爲俊,意即美麗的太陽城④。

---

① 楊延福:《大理古城歷代名稱岐義求證》,《大理學院學報》2002 年第 2 期。
② 趙雲、王育珊:《南詔古城"陽苴咩"地名譯音考》,《中國邊疆史地研究》2016 年 4 期,第 110 頁。
③ 街順寶:《漾濞、漾共、陽苴咩——南詔大理國時期地名記音的音變問題》,《西南古籍研究》,2015 年。
④ 王元輔:《"陽苴咩城"小釋》,《地名集刊》1984 年第 2 期。

9. 松林箐溝

段伶《陽苴咩考》：

"陽"，即松；"苴"，即箐溝；"咩"，意爲地方，合稱意爲之地，與當地的地形地貌和植被吻合，是以植物和地形地貌而名的地名。其讀音擬爲[jo^{21}tso^{21}mi^{44}]或[jo^{21}tso^{21}mi^{31}]，由於"祖語"分化發展不同，聲調和鼻化等情況有異，但語音基本相近。①

以上諸説，或據突厥語，或據佤甸語，或據梵語，或據彝語，皆有理有據。不過，歷史久遠，文獻所記缺乏實證，大抵均爲推測。在此，我們據少數民語也作一大膽推測，以供學者參考。

（民國）龍雲、周鍾岳纂修《（民國）新纂雲南通志》卷六六《方言考》人倫類：

女，爨蠻謂之姆你，東川夷謂之阿咩，又謂之母遮，麗江夷謂之覓。子，爨蠻謂之苴，麗江夷謂之苴。

因此，"苴咩"疑爲"子女"之義，"苴咩城"即"子女城"或"子城"之意。因爲修筑"苴咩城"時，南詔的都城在太和城，修筑子城的目的是爲了讓子女後代更加安定。《蠻書》卷五《六賧》："蒙歸義男等初立大和城，以爲不安，遂改創陽苴咩城。"（元）郭松年《大理行記》説："（大和城）又北行十五里至大理，名陽苴咩城，亦名紫城。"②這裏的"紫城"或即"子城"之誤。後被迫遷於"苴咩城"，"苴咩城"纔成了南詔的新都城。

---

①段伶：《陽苴咩考》，《大理師專學報》1995年第2期，第79頁。
②王叔武校注：《大理行記校注》，昆明：雲南民族出版社，1986年，第18頁。

"後堂"考述

富世平

（嘉興學院）

范祥雍先生點校《宋高僧傳》卷一六《唐鍾陵龍興寺清徹傳》有云：

> 釋清徹，未知何許人也。（中略）憲宗元和八年癸巳中，約志著記二十卷，亦鳩聚諸家要當之説，解《南山鈔》，號《集義》焉。或云後堂至十年畢簡，今豫章、武昌、晉陵講士多行此義。嘗覽此記，繁廣是宗。①

其中，"或云後堂至十年畢簡"句頗爲費解；"嘗覽此記"之"記"也不够明確。究其原因，關鍵是標點不够準確。而標點問題，則主要出在對"後堂"一詞的理解上。學界雖已有學者對此標點置疑并對"後堂"做出初步推測，但并没有做進一步具體深入的考辨②。本文對"後堂"進行具體考辨，并就相關問題做一梳理。

"後堂"本是一個普通詞彙，佛教典籍中也較爲常見，多指"後面的堂屋"。如後漢曇果共康孟詳譯《中本起經》卷下《佛食馬麥品》：

> 是日，世尊與五百比丘僧往詣隨蘭然。時阿耆達，天魔迷惑，耽荒五欲：一者寶飾、二者女樂、三者衣食、四者榮利、五者色欲。退入後堂，告勅門士："不得通客，一時三月，不問尊卑，須吾有教。"③

---

① （宋）贊寧撰，范祥雍點校：《宋高僧傳》，北京：中華書局，1987年，第389頁。
② 郭紹林：《中華書局版〈宋高僧傳〉的標點錯誤》（《社會科學戰綫》，2013年第3期）中指出："'後堂'似爲'《集義》'的别稱。"并對標點做了改正，但没有進一步探討，還停留在推測的階段。
③ 《大正藏》第四册，第163頁上。

姚秦竺佛念譯《出曜經》卷三：

 昔有長者造立屋舍，春秋冬夏各立堂室。（中略）更作好室，前序後堂，清涼之台，冬溫之室，東西起舍數十餘間。①

慧皎撰《高僧傳》卷一〇《釋保志傳》：

 建康令吕文顯以事聞武帝，帝即延入，居之後堂。②

很顯然，上述諸例中，"後堂"皆指"後面的堂屋"，沒有例外。後來禪宗文獻中，因爲禪林僧堂有前堂、後堂之分，總負其責者爲首座，或稱前堂首座，負責後堂者則爲後堂首座，簡稱"後堂"，故而"後堂"就有了作爲一種僧職的含義，但其實也是從"後面的堂屋"引伸而來。如宋代僧人集成等編《宏智禪師廣錄》卷四《明州天童山覺和尚上堂語錄》中有云：

 請前後堂首座、藏主上堂：吾家日日選場開，及第心空有大才，莫把桂枝零碎折，爲他和月抱將來。③

《勅修百丈清規》卷四《兩序章第六》"前堂首座"條云：

 前堂首座表率叢林，人天眼目；分座説法，開鑿後昆。坐禪領衆，謹守條章。齋粥精粗，勉諭執事。僧行失儀，依規示罰。老病亡歿，垂恤送終。凡衆之事，皆得舉行，如衣有領，如網有綱也。雖大方尊宿，若住持能以禮致之，亦請充此職，謂之退位爲人。如文殊爲七佛師，猶助釋迦揚化，爲衆上首。吾宗睦州于黄檗、雲門於靈樹，光昭前烈，詒訓後來，名位之重，可輕任耶！《祖庭事苑》云：首座即古之上座，梵語悉替那，此云上座。一、耆年，二、貴族，三、先受戒及證道果。今禪門所謂首座者，必擇其己事已辦，衆所服從，德業兼修者充之。④

---

①《大正藏》第四册，第623頁下。
②（宋）贊寧撰，范祥雍點校：《宋高僧傳》，北京：中華書局，1987年，第395頁。
③《大正藏》第48册，第44頁下。
④《大正藏》第48册，第1130頁下—1131頁上。

"後堂首座"條云:

> 後堂首座位居後板,輔贊宗風,軌則莊端,爲衆模範,蓋以衆多,故分前後。齋粥二時過堂及坐禪,則後門出入。如缺前堂,住持別日上堂白衆,請轉前板,插單唱食。其坐禪坐參,只衆寮前第三下板即入堂,不必鳴首座寮前板。餘行事,悉與前堂同。①

對於前堂首座、後堂首座之職責,皆有明確説明。清代僧人儀潤撰《百丈清規證義記》卷六《兩序章第六》西序"後堂"條云:

> 後堂位首後班,以首座居前班,爲前堂,故此爲後堂。扶贊宗風,爲衆模範。不理常住雜務,方丈命則爲之。②

可見"後堂"在一般情況下,是一種榮譽性質的職位,主要職責是"扶贊宗風",爲衆僧楷模,但有時也會受命代行一些具體職責。

佛教典籍中,"後堂"含義基本不出上述兩義。但是,前引《宋高僧傳》中"或云後堂至十年畢簡"句,無論採取哪種解釋,都很難講通。那麼,這裏的"後堂",該做何解呢?細玩文意,"後堂"確實如有的學者所疑,當作書名,即釋清澈所撰"解《南山鈔》"之《集義》的別名。

"後堂"作爲書名,是《後堂記》的略稱。"嘗覽此記"之"記",也即《後堂記》。宋代惟顯編《律宗新學名句》③卷下"前代章記解釋《事鈔》共六十家",其中之一爲清澈律師《後堂記》④。宋代慧顯集、日本戒月改録《行事鈔諸家記標目》⑤,著録《行事鈔集義記》

---

① 《大正藏》第 48 册,第 1131 頁上。
② 《卍新續藏》第 63 册,第 444 頁上。
③ 《卍新續藏》第 59 册收。按,此書《卍新續藏》《中華大藏經》等署"惟顯"者,或"懷顯"之誤。此書卷首有序,序後有云"紹聖改元前安居日沙門懷顯于法華蘭若集序",卷下末尾有"錢唐懷顯律師立五祖",皆編集者爲懷顯之證。
④ 《卍新續藏》第 59 册,第 699 頁下。
⑤ 《卍新續藏》第 44 册收。按,此書原集者慧顯,疑即是《律宗新學名句》的編集者懷顯。從此書內容來看,僅卷首增加智仁律師《行事鈔記》十卷、靈澈律師《行事鈔引源記》二十一卷"所謂六十家之外"兩家,餘皆是對《律宗新學名句》中"前代章記解釋《事鈔》共六十家"較具體的著録,所謂"標目"。如《律宗新學名句》中著録"清澈律師(《後堂記》)",《行事鈔諸家記標目》則著録爲"《行事鈔集義記》(一作《後堂記》)二十卷,右一部,唐鍾陵龍興寺清澈律師述"。

二十卷,子注云"一作《後堂記》","唐鍾陵龍興寺清徹律師述"①。顯然,《後堂記》即《宋高僧傳》中所云清澈撰"《集義》","或云《後堂》"也。稱之爲"集義"者,當是從撰著的方式(性質)來命名:此書主要是彙聚諸家之"要當之説"而成;稱之爲"後堂"者,當是從撰著的地點來命名:此書主要是在"後堂"完成。這樣看來,作爲書名的"後堂",原本還是"後面的堂屋",只是被借用來作爲書名使用而已。前引范祥雍先生點校《宋高僧傳》卷一六《唐鍾陵龍興寺清徹傳》文,當標點爲:

> 釋清徹,未知何許人也。(中略)憲宗元和八年癸巳中,約志著記二十卷,亦鳩聚諸家要當之説,解《南山鈔》,號《集義》焉,或云《後堂》,至十年畢簡。今豫章、武昌、晉陵講士多行此義。嘗覽此《記》,繁廣是宗。

從中可以知道,此書二十卷,釋清徹"憲宗元和八年癸巳"即813年始撰此書,元和十年(815)完成,是進一步解釋《南山鈔》的律學著作。《南山鈔》,即道宣撰《四分律删繁補闕行事鈔》。道宣因曾在終南山創設戒壇,開南山律宗,被稱爲南山律師,故《四分律删繁補闕行事鈔》有此簡稱。此書三卷,又簡稱《行事鈔》《事鈔》等。

釋清徹,傳文極爲簡略。前引《宋高僧傳》文,中間省略部分爲:

> 周遊律肆,密護根門,即無常師,唯善是與。初於吳苑開元寺北院道恒律師,親乎閫奧,深該理致,而鐘華望無不推稱。

結合起來後,我們可以肯定的是:他是一位律學名僧,曾和道恒律師一起探究律學深意,在當時有很大影響。道恒,無傳,但據《宋高僧傳》卷一五《唐吳郡雙林寺志鴻傳》《唐揚州慧照寺省躬傳》和《唐衡嶽寺曇清傳》,可知律學名僧志鴻、省躬、曇清等人,都曾先後在他主持的法會中研核律學精微。清徹撰著《後堂記》,應該和他曾"於吳苑開元寺北院道恒律師親乎閫奧,深該理致"的經歷不無關係。清徹其他具體行實,則幾無所知。故《宋高僧傳》在其本傳後説:

> 系曰:徹公言行,無乃太簡乎?通曰:繁略有據,名實録也。昔太史公可弗欲廣三五之世事耶?蓋唐虞之前,史氏淳略,後世何述焉?今不遂富贍,職由此也。又

---

① 《卍新續藏》第44册,第304頁中。

與弗來赴告不書同也。諸有繁略不均,必袪誚讓焉。①

"徹公言行,無乃太簡",撰者贊寧自己也清楚地意識到了這個問題。但"巧婦難爲無米之炊",要"繁略有據",清徹的傳記也只能那麼簡單,因爲贊寧所能夠見到的有關清徹的言行記載已經非常有限。

《後堂記》一書,後世無傳,但在南宋末年以前的文獻中,多有徵引。五代時期後唐景霄纂《四分律行事鈔簡正記》②,三處提及《後堂記》。卷五中有云:

> 《後堂記》中"蘭若中僧坊,不論周與不周,皆須依五里集,猶如聚落中有僧坊,不問周不周,皆依聚落集"者,今破云:聚落中僧坊,雖有院相,以聚落强,能攝劣故,所以須依聚落集。今蘭若處僧坊相周,蘭若相便被攝,卻不可更五里也。③

這裏景霄原本是對《後堂記》中的説法提出異議,但也算間接徵引了《後堂記》。《四分律删繁補闕行事鈔》卷上《集僧通局篇第二》中有云:"問:蘭若處有僧坊,欲結界,何處集僧?答:《十誦》云:隨聚落即僧坊界。今周匝院相與聚落之相不分,不須五里集人,故下文無聚落蘭若初起僧坊,乃云一拘盧界。故知先有僧坊,即同村界,律中僧、村四相,二界不別,必院相不周,乃可依蘭若集僧。"④《後堂記》中的説法,即是對此説的進一步解釋。而景霄則對其説法提出了批評的意見。

在卷六、卷七兩處引文中,又稱此書爲《江西後堂記》,蓋鍾陵屬江西之故。卷六引云:

> 《江西後堂記》云:繩須闊尺八,繩下是界體,繩外是自然。相同熨斗柄結了,從寺門前,掘作一道溝,直至廊外,兼作法處,總須掘至水,恐已復界中作法,彼處有人成別衆也。⑤

---

① (宋)贊寧撰,范祥雍點校:《宋高僧傳》,北京:中華書局,1987年,389頁。
② 《卍新續藏》第43册收。
③ 《卍新續藏》第43册,第90頁上。按,《卍新續藏》有簡單句讀,但把"後堂"和"記"從中斷開,説明没有意識到"後堂記"是一個書名。
④ 《大正藏》第40册,第7頁上。
⑤ 《卍新續藏》第43册,第131頁下。

按,此條當是對《四分律删繁補闕行事鈔》卷上《結界方法篇第六》中相關内容的解釋。《結界方法篇第六》相關内容繁富,這裏不再徵引。

卷七引云:

《江西後堂記》云:欲辨此文,應先問曰:此七種,總是治罰白四之法,何故呵責羯磨最前明之?便引《鈔》答云:此與餘有異等云云。此法者,指呵責法也。餘者,外也。除此呵責,外更有六羯磨爲餘也。有異者,下之六番,每法但對一事,如殯出但對汙家惡行事,遮不至白衣家,但對罵謗事等。今呵責不但一種,凡一切非法,俱入此羯磨治之,如前文云過有多種等。此既過有多少,多者最在初明,故曰前明也。①

按,羯磨,意譯"作業",是作授戒、懺悔等業事的一種宣告儀式。白四,即白四羯磨。僧中行授戒等事,先向僧衆告白其事,稱之爲"白"。然後三問其可否而決其事,稱之爲"三羯磨",合一度之"白"與三度之"羯磨",則爲"白四羯磨"。此條當是對《四分律删繁補闕行事鈔》卷上《僧網大綱篇第七》中七種治法("言七法者,一謂訶責,二謂擯出,三者依止,四者遮不至白衣家,五者不見罪,六者不懺罪,七者説欲不障道。"②)的進一步解釋。

上述兩條,是現在可見較長的《後堂記》佚文。

南宋僧人允堪述《衣鉢名義章》③"覆肩"條引云:

《後堂記》:亦號覆膊,爲手帔。④

允堪亦爲律學名僧,嘉祐六年(1061)示寂,"著《會正記》等文十二部,講續南山宣律師之律藏"⑤,其《會正記》,也是一部"釋南山之《鈔》"⑥的著作。允堪《衣鉢名義章》中引《後堂記》,一則説明此書南宋時尚在流傳,一則可見《後堂記》在律學著述中有一定影響。

---

①《卍新續藏》第43册,第145頁中。
②《大正藏》第40册,第19頁上。
③《卍新續藏》第59册收。
④《卍新續藏》第59册,第601頁中。
⑤《釋氏稽古略》卷四,《大正藏》第49册,第870頁下。
⑥《佛祖統紀》卷二九《諸宗立教志·南山律學》,《大正藏》第49册,第297頁中。

南宋法雲撰《翻譯名義集》中，引述《後堂記》兩條。卷七《齋法四食篇》"怛鉢那"條，引云：

　　《後堂》云：糒是釜煮，連釜硬乾飯也。①

"迦師"條引云：

　　《後堂》云：唐言"錯麥"。②

《四分律刪繁補闕行事鈔》卷中之三有云："《十誦》五種中，糒謂乾飯也，餘同《四分》。五似食者，床、粟、爩麥、莠子、錯麥迦師等。"③"錯麥迦師"者，"'錯麥'是華言，'迦師'即梵語，謂碎麥飯也。彼文明五似，或言'錯麥'則不言'迦師'，或言'迦師'則不言'錯麥'。《鈔》中華梵並列，意彰一物二名耳。"而云"錯麥"者，"以錯碎故"④。《翻譯名義集》中引述的這兩條，顯然是對前引《四分律刪繁補闕行事鈔》文中"糒謂乾飯"和"錯麥迦師"的進一步解釋。

　　此外，日本僧人信瑞撰《淨土三部經音義集》⑤中，引了"沙門清徹云"九處，"清徹云"一次，都是對字詞的解釋，或亦出清徹此書。《淨土三部經音義集》四卷，是對曹魏康僧鎧譯《無量壽經》、劉宋畺良耶舍譯《觀無量壽經》和姚秦鳩摩羅什譯《阿彌陀經》三經的音義彙集，成書於日本嘉禎二年，時即宋理宗端平三年，公元1236年。這是現在所見最晚的引用清徹著述的文獻。此後文獻中，再未見直接徵引。雖然元代曇噩述《新修科分六學僧傳》卷一八《忍辱學·攝念科·唐清徹》中，還提及《集義記》，但此傳文完全籠罩在《宋高僧傳》卷一六《唐鍾陵龍興寺清徹傳》的陰影之下，不僅沒有增加任何新的信息，還更爲簡略，屬轉述略寫而已。其中所謂《集義記》"今豫章、武昌、晉陵多傳誦之"，顯然也只是《宋高僧傳》中"今豫章、武昌、晉陵講士多行此義"的襲用，不可據之認爲《後堂記》在曇噩撰著《新修科分六學僧傳》的元末明初還在豫章、武昌、晉陵等地廣泛流傳。真實的情況，恐怕是《後堂記》在宋以後就亡佚了。

---

①《大正藏》第54冊，第1174頁中。
②《大正藏》第54冊，第1174頁中。
③《大正藏》第40冊，第81頁中。
④宋元照：《四分律行事鈔資持記》卷中，《大正藏》第40冊，第317頁上。
⑤按，此書見臺灣《國家圖書館善本佛典》第61冊收。

需要説明的是，《律宗新學名句》卷下"前代章記解釋《事鈔》共六十家"中，還有一家以"集義記"命名者，即洪州清儼律師撰《集義記》。此書《行事鈔諸家記標目》中著録時，云"後唐洪州清儼律師述"，子注則説"未考卷數"①，説明改録者戒月也應該没有見過原書，只是增加了"後唐"的信息。此清儼律師《集義記》和清徹律師《後堂記》的關係，頗值得懷疑：此清儼"《集義記》"，恐怕就是清徹的《後堂記》。"清儼"，恐怕就是"清徹"之誤，而《後堂記》《集義記》本爲一書，著録者不察，分録爲二，湊出了"章記解釋《事鈔》共六十家"，也未可知。從現在可知的信息來看，這種可能性是很大的：一、兩人名字相近，而此"清儼"，餘處皆未見；二、"清儼"和清徹一樣，都著有"章記解釋《事鈔》"的《集義記》；三、"清儼"爲"律師"，清徹亦"周遊律肆"，列傳於"明律篇"；四、"清儼"爲"洪州律師"，清徹爲鍾陵龍興寺僧人，鍾陵屬洪州，也就是説清澈亦爲"洪州律師"。

---

①《卍新續藏》第44册，第304頁下。

形近誤書與《躋春臺》方俗詞考釋

龔澤軍

（重慶大學人文社會科學高等研究院）

《躋春臺》爲清末四川中江人劉省三所著，因"此書爲最後一種擬話本集"①而爲世人所重，現在所見乃民國三年（1914）成文堂存板②。是書經《古本小説集成》編委會依據光緒刊本③縮印由上海古籍出版社影印出版社。影印本出版之前，張慶善先生已有整理本問世（以下簡稱張本），其後，蔡敦勇先生有校點本（以下簡稱蔡本），金藏、常夜笛先生亦有校點（以下簡稱金本），鍾力生先生又有校注本（以下簡稱鍾本）④。

是書因乃劉省三用自己母語方言——中江話創作，保留了大量的方言土語，故而受到研究四川方言學者的關注。學界既關注《躋春臺》的方言詞彙，又對張本、蔡本、金本在點校中存在的問題，特別是蔡本，進行了詳細的闡釋與研究，張一舟先生發軔於端，蔣

---

① 胡士瑩：《話本小説概論》（下冊），北京：中華書局，1980 年，第 656 頁。
② 蔡敦勇：《躋春臺·前言》，南京：江蘇古籍出版社，1993 年，第 2 頁。
③《古本小説集成》編委會影印本《躋春臺·前言》謂其所影印底本爲"上海圖書館藏光緒刊本"（上海：上海古籍出版社，1992 年，第 1 頁），與蔡本所謂僅見民國三年（1914）成文堂存板不合，同時，張慶善整理本《躋春臺·整理後記》説"現存一九一四年成文堂刊本"（天津：百花文藝出版社，1988 年，第 601 頁），金藏、常夜笛校點本也如是（《躋春臺·校點後記》，北京：群衆出版社，1999 年，第 501 頁）。對此，鄧章應（2006）云"影印本前言的説明不詳何據""不知影印者是否另有所本"（《〈躋春臺〉方言詞語研究·〈躋春臺〉及其語言學研究價值（代前言）》，成都：巴蜀書社，2006 年，第 2 頁）；是書林有仁的序作於光緒己亥年（1899），或許影印本據此認爲是"光緒刊本"。
④（清）劉省三著，張慶善整理：《躋春臺——清末拍案驚奇》，天津：百花文藝出版社，1988 年；（清）劉省三編輯，蔡敦勇校點：《躋春臺》，南京：江蘇古籍出版社，1993 年；（清）省三子編輯，金藏、常夜笛校點：《躋春臺》，北京：群衆出版社，1999 年；（清）劉省三著，鍾力生校注：《躋春臺（校注本）》，成都：四川科學技術出版社，2017 年。

宗福、鄧章應、曹小云等先生接踵於後，著述頗多①。隨着《躋春臺》影印本的問世，研究明清俗字的學者在研究、分析明清刻本俗字時也對《躋春臺》中的俗字進行了闡釋，如周志峰、曾良等先生②。

方俗詞之考釋，必然從形、音、義三者入手，《躋春臺》所見之方俗詞亦蓋不例外，上引諸學者之研究大體如是。《躋春臺》所見方俗詞涉及大量的俗寫，蔣宗福先生的著述有大量涉及，并有專文《〈躋春臺〉所用方言俗字考釋》。我們閱讀影印本《躋春臺》過程中發現，刻本《躋春臺》存在大量形近誤書現象，其中部分涉及方俗詞，有的已爲整理者指出，有的則被研究者發現，但也有部分因各種原因未被整理者、研究者指出，這也爲《躋春臺》文本的閱讀帶來了困難。下面，我們就閱讀中所發現之形近誤書所致方俗詞略舉四例，拋磚於前，以俟來玉。

漫膈

卷一《啞女配》："乳腥尚臭無味道，吃了肚子要發蠱。渾身漫膈③多和少，油甲堆來

---

① 張一舟《從〈躋春臺〉的校點看方言古籍整理》(《方言》1995 年第 2 期，第 128—137 頁)、《〈躋春臺〉與四川中江話》(《方言》1998 年第 3 期，第 218—224 頁)、《〈躋春臺〉的性質、特點、語言學價值及蔡校本校點再獻疑》(《西南民族學院學報·哲學社會科學版》1999 年第 1 期，第 69—72 頁)，蔣宗福《〈躋春臺〉所用方言俗字考辨》(見《慶祝劉又辛九十壽辰學術討論會論文集》，重慶：西南師範大學阿出版社，2004 年，第 385—402 頁)、《〈躋春臺〉三種整理本勘誤舉例》(《方言》2005 年第 1 期，第 87—90 頁)、《四川方言詞語考釋》(成都：巴蜀書社，2002 年)、《四川方言詞語續考(上、下)》(成都：巴蜀書社，2014 年)、《四川方言詞源》(成都：巴蜀書社，2014 年)，鄧章應：《〈躋春臺〉方言詞語研究》(成都：巴蜀書社，2006 年)，曹小云《〈躋春臺〉詞語研究》(成都：巴蜀書社，2004 年)，此外，還有諸多論文，在此不再羅列。

② 周志峰《明清小說俗字俗語研究》(北京：中國社會科學出版社，2006 年)，曾良《明清小說俗字研究》(北京：商務印書館，2017 年)，曾良、陳敏《明清小說俗字典》(揚州：廣陵書社，2018 年)，除此以外，還有諸多單篇文章，不再贅述。

③ 漫膈，蔡本、金本、張本、鍾本均作"漫膈"。鄧章應《〈躋春臺〉方言詞語研究·待問篇》錄作"漫隔"，云："漫隔：不解。《漢語大詞典》未收。"(鄧章應：《〈躋春臺〉方言詞語研究》，第 251 頁)膈，乃爲"圿"之記音字。圿，中古爲見母黠韻入聲字，今西南官話有保留古音者。姜亮夫《昭通方言疏證》："昭人言身汗塵所結手搓之成類或線狀曰圿，音如戛。"(姜亮夫：《昭通方言疏證》卷三《釋地》，上海：上海古籍出版社，1988 年，第 19 頁)"戛"聲轉則可讀作"膈"。作爲"圿"之記音的"膈"，義即垢圿。鍾金萬、邱正光《遵義方言詮注》："膈(gæ2)膩：牙垢；汗垢。如，牙齒上的膈膩只有用牙刷刷，過去用麻線勒，容易傷牙梗。"(鍾金萬、邱正光：《遵義方言詮注》，北京：大眾文藝出版社，2012 年，第 159 頁)膈膩，即圿膩。漫者，布滿、覆蓋也；漫膈，即遍布垢圿。

把皮包。替你心嘔要打曝,吃了定然把浠㳿。"257①

浠㳿,諸本均錄作"稀淘",誤。此段爲韻文,淘與蠐、包雖協韻,然文義不合。《躋春臺》韻文部分,爲協韻需要,常將句末動賓結構之詞/短語,變爲把字句的形式。卷一《東瓜女》:"可憐你硬邦邦閉了雙眼,喊干(千)聲喊萬聲不把陽還。"75把陽還,即還陽。卷一《失新郎》:"三(二)公婆命人去尋找,兩三日不見淚濛唏。因此上進城把狀不(告),望青天設法續鶯膠。"182把狀不(告),即告狀。據此類推,"把稀淘"即"淘稀",然"淘稀"爲何義,甚難解之。

諸家錄"浠"爲"稀",確然。《集韻·微韻》:"浠,水名。"②與《啞女配》之文義不合。《躋春臺》常將"稀"作"浠"。卷四《螺旋詩》:"戚曰:'大老爺問他就是,我們紅不挪浠,就把小人打死也不能對質。'"870挪浠,即今普通話"拉稀"之音變、形變、㳿,其右部形似"唐",若作"溏",則音韻不協、文義不合。右部之形,當乃"鹿"之形近誤書,"唐""鹿"形近而誤。㳿,即瀌,把浠㳿,即瀌稀。

瀌稀,義乃普通話之"拉稀""拉肚子",筆者家鄉四川威遠至今仍存此語。西南官話廣泛使用,只是用字略有不同。可作"㵘稀"。《重慶方言詞解》:"㵘稀,瀉肚。"③《漢語方言大詞典》:"㵘稀,拉肚子;腹瀉。西南官話。"④又作標稀。《開陽縣志·方言》:"標稀:拉肚子。"⑤重慶榮昌歌謠《吃了標稀》:"先殺鵝來後殺雞,敞開肚皮莽起吃,吃了來肚皮不爭氣,半夜裡來光呀光標稀。"⑥亦作"彪稀"。《昭通少數民族志·回族》:"彪稀(拉肚子)。"⑦四川儺戲《木吉卓剪紙救百獸》第五場《除惡》:"(唱)借命養命喲,頭人吃了不昌盛。借命養命喲,頭人吃了要彪稀。"⑧

《漢語大詞典》"瀌"字下云:"方言。液體衝射而出。"⑨《重慶方言詞解》"㵘稀"下有按語云:"'㵘'有噴射義,參見'㵘'。"⑩由此可知,"瀌/㵘稀"之"瀌/㵘"義乃噴射。

---

①文中所引《躋春臺》均出自上海古籍出版社影印本,所標數字爲頁碼。
②(宋)丁度:《集韻》,上海:上海古籍出版社,1985年,第60頁。
③曾曉渝:《重慶方言詞解》,重慶:西南師範大學出版社,1996年,第19頁。
④許寶華、宮田一郎:《漢語方言大詞典》,北京:中華書局,1999年,第5979頁。
⑤李朝君:《開陽縣志》,貴陽:貴州人民出版社,1993年,第808頁。
⑥重慶市榮昌縣民間文學集成編輯委員會:《中國歌謠諺語集成·重慶市榮昌縣卷》,內部資料,1988年,第114頁。
⑦昭通市民族宗教事務局:《昭通少數民族志》,昆明:雲南民族出版社,2006年,第111頁。
⑧四川省藝術研究院:《四川儺戲劇本選》,成都:四川科學技術出版社,2014年,第108頁。
⑨羅竹風:《漢語大詞典》,上海:漢語大詞典出版社,1994年,第203頁。
⑩曾曉渝:《重慶方言詞解》,第19頁。

蔣宗福(2014)釋表"疾進"義之 piau⁵⁵ 時,收録猋、儦、僄、趯、驫等五字,并云:"今凡迅疾地行進、滑過、液體噴射或迅猛地流淌等均謂'猋',音[piau⁵⁵]。"①"迅疾地行進、滑過、液體噴射或迅猛地流淌"幾者之間以隱喻相連,結合蔣宗福先生所引《四川方言詞典》等四川方言辭書所收之鏢、鑣、標、趯等形,可知表噴射義之 piau⁵⁵,本字或爲猋,而"瀌"乃其記音字之一。

扡窖

卷一《賣泥丸》:"多積些口中德上天知道,保佑你今年子翻個大稍。東也成西也就猶如扡窖,子而孫享富貴萬福來朝。"²³⁸

扡窖,蔡本、金本、鍾本録作"柁窖",張本作"花椒"。扡,形近於柁,蔡、金、鍾所録尚可理解,然張本之"花椒"與原刻本相距甚遠。鄧章應(2006):"柁窖,不解。《漢語大詞典》未收。"②

扡,左部非"木",乃"手",字乃"扡。"《廣韻·歌韻》:"扡,曳也。俗作拖。"③扡/拖窖,文義不暢。扡,乃"挖"之形近誤字④。卷一《啞女配》:"扡些蟲綫,沖爛,塗在門上,放在田邊流水之處。"²⁵⁴ 卷四《孝還魂》:"官命扡出,約有三千銀子,林茂春之銀原封未動。官命茂春領去,具結完案。"¹⁰²⁵ 扡、扡,即"挖"字。作偏旁之"穴"常省形爲"宀",張涌泉(2010)曾有詳細論述⑤,可參。除上引《買泥丸》外,《躋春臺》還見"挖"之"穴"作"宀"者。卷二《白玉扇》:"倘若四旬不發跡,那時你來笑我,挖我眼睛。"(350)挖,蔡本、金本、張本、鍾本均録作"挖",確然。

《漢語大詞典》:"挖窖,挖掘窖藏。舊俗作爲農曆元旦遲起的代詞,以示彩頭。"⑥《四川方言詞典》:"挖窖,(動)農村舊俗,新年初一遲起床,欲稱挖窖。"⑦兩者所舉例證

---

①蔣宗福:《四川方言詞語續考》,成都:巴蜀書社,2014 年,第 78 頁。
②鄧章應:《〈躋春臺〉方言詞語研究》,成都:巴蜀書社,2006 年,第 249 頁。
③《宋本廣韻》,北京:中國書店,1982 年,第 140 頁。
④黃建寧:《〈躋春台〉方俗詞例釋》收録"柁窖"一詞,釋爲"挖窖",并大量徵引宋元以降文獻以證。(《語言歷史論叢》第九輯,成都:巴蜀書社,2016 年,第 119—120 頁)黃文重語詞釋義,拙文則主字形辯證,亦可互參。
⑤張涌泉:《漢語俗字研究(增訂本)》,北京:商務印書館,2010 年,第 51 頁。
⑥羅竹風主編:《漢語大詞典》,上海:漢語大詞典出版社,1994 年,第 588 頁。
⑦王文虎、張一舟、周家筠:《四川方言詞典》,成都:四川人民出版社,2014 年,第 389 頁。

均爲郭沫若《我的童年》,據此可知,"挖窖"乃四川方俗詞。然《躋春臺》"東也成西也就猶如挖窖"之"挖窖"非爲"遲起"代稱,而是用其本義,即"挖掘窖藏",意謂做事成功猶如挖到窖藏銀子一般。

街

卷四《孝還魂》:"毛子駭得哭哭啼啼,街上街下,場前場後,跑了幾街,並無買線子之人,走至攤邊,放聲大哭。"[1003-1004]

街,蔡本、金本、鍾本錄作"街",張本錄作"圈"。張本作"圈",未加説明,不知何據。《孝還魂》所載乃毛子趕場,當爲鄉場,鄉場似無幾街之説。又於上引文字之前,説及毛子初到鄉場賣線子時:"毛子來到街坊,不知市在那裡,上街下街走了幾衝,都無人買。"[1003]衝,蔡本、金本、張本錄作"街",張本錄作"圈"。此段文字與上引一段文字兩者所表達當是一致的,衝是街,還是圈?我們認爲,兩者均誤,其字當是"轉"。

《躋春臺》"轉"常寫作衕、衝等形。卷三《南山井》:"可憐我白日押著鄉村衕,夜晚收回坐禁監。四方八面都走遍,尋不出頭首也枉然。"[805]衕,各本均錄作"轉"。卷二《捉南風》:"忽然一股旋風來到敝内,繞了幾衝,向北而去。"[295]幾衝,即幾轉。卷三《心中人》:"於是解下裙帶縮身被底,在頸上挽了幾衝,將兩頭套在足上,用力一伸,登時氣絶。"[609]衝,蔡本、金本、張本均錄作"圈",鍾本作"轉",當從鍾本。轉,於西南官話有量詞義,義同圈。轉、衝中古聲母不同,韻相類、調相同,《躋春臺》以衝作轉。車、重形相近,筆畫增加易相混,故"轉"又時作"衝"。

車,草書楷化常作"丰",與"圭"形相近,故"轉"形誤爲"街",其演變軌跡爲:

$$轉 \xrightarrow{音近} 衕 \xrightarrow[草書楷化]{形近} 衝/街$$

《孝還魂》"跑了幾街""走了幾衝"即"跑了幾轉""走了幾轉","轉"乃量詞,圈義。

"轉"因音近、形近而訛變爲上述各字形,又加之方言之影響,以致現有《躋春臺》整理本在校理該字時,時有訛誤,除上舉外,尚有兩例較爲明顯。卷二《棲鳳山》:"生有日從他的花園路衕,見一女一婢在把花觀。"[456]衕,張本、鍾本徑錄,蔡本、金本錄作"衝",均誤,其實爲"轉"。此"轉"乃閑逛義,西南官話大量使用。卷二《白玉扇》:"二嫂想:我的形單小,雙脚痛得跳。喂豬妹提桶,煮飯妹衝灶。"[355]衝,各本均錄作"衝","衝灶"不辭,亦是"轉灶"之誤。轉灶,意謂圍繞灶臺旋轉,今西南地區民歌等尚用此語。《新娘歌》:"在女當家萬不能,走了我媽轉灶人。"①《嫁毛蟲》:"偷油婆轉灶,手脚忙不贏。"②《很多人在戀愛》:"煮飯的時候,一個燒火,一個轉灶。"③

詇吓

卷三《南鄉井》:"老犯素知思義是個肥鱉,諸般私刑一樣詇吓。其父痛子情切,隨要多少。價出,講銀三百,把監和好。"730-731

詇吓,諸本録作"誠嚇",誤。詇,乃"詇"字,"詇吓"不辭,故諸本改作"誠吓"。"詇"乃"試"之形近誤書,"詇吓"實爲"試下"。

西南官話中,量詞"下"常讀作 ha²¹³,與作爲動詞、方位詞的"下"讀音有異。《躋春臺》或爲彰顯此讀音之别,常將量詞"下"加口旁而爲"吓"。卷一《雙金釧》:"正發曰:'這吓不對了。看你岳父出門去了,你去會你岳母,看借得倒麽?'"¹⁵卷四《孝還魂》:"熊氏聽得更加傷心,捵(挨)攏夫(去)一架打之。何氏細小,極其伶便,熊氏足大,轉便極遲,吓吓被人打著。"¹⁰¹⁰這吓、吓吓,即這下、下下。

西南官話"V一下"常省略爲"V下",這在《躋春臺》中亦極爲常見。卷三《解父冤》:"心想天地間那有這樣絶世佳人,若能與他説句話、親吓膚就死也心甘。"⁷⁷⁰卷四《審禾苗》:"屠問:'廖大爺有猪賣,特來看吓。'"⁹⁷⁹又:"差曰:'你也稱吓,看够不够稱。'"⁹⁹³卷四《錯姻緣》:"王瑩曰:'你仔細想吓,定有好處。'"⁹⁴⁴親吓、看吓、稱吓、想吓即親一下、看一下、稱一下、想一下。《南鄉井》之"試吓"亦即"試一下"。卷一《賣泥丸》:"王成曰:'這個無妨,拿去試吓,又不要你的錢咧。'"²⁴⁶

"諸般私刑一樣試吓"指姚思義進監/卡後,監/卡中老犯知其有錢,故把監/卡中每樣私刑都拿來試一下,以逼迫其出更多的錢"和監/卡"。《躋春臺》對監/卡中的各種私刑用中江方言有極爲形象生動的描寫:

---

①北川羌族自治縣政協:《北川·民間文學集成》,内部資料,2013年,第214頁。
②中國民間文學集成全國編輯委員會《中國歌謡集成·四川卷》編輯委員會:《中國歌謡集成·四川卷》,北京:中國 ISBN 中心,2004年,第266頁。
③陳禮賢:《微笑的蘋果》,烏魯木齊:新疆美術攝影出版社,2011年,第243頁。

衆犯大怒,把銀丟地,命雞子將兆麟吊作半邊猪,捉虱放頭,以津唾面,又灌陽溝水。(卷二《六指頭》)[384]

丟卡中無親人把錢講斷,將你兒放毛廁臭得難堪。痢尿的對著兒一身灑滿,唾口水捉蝨子放兒身邊。到晚來那臭蟲成了線線,足上撩(鐐)手加肘任他飽餐。板瘡上那蝨子盡都歡(鑲)滿,又在癢又在痛好似油煎。一晚些到天明眨起雙眼,白日裡受遭踏刻不能安。(卷四《雙血衣》)[920]

又下、丁形近易混。卷二《白玉扇》:"虞氏曰:'我兒名叫下元,合不合命?'"[342] 下元,據前後文所載,乃"丁元"之誤。卷四《僧包頭》:"大老爺不必將我㧢,聽小人從頭說根芽。"[1063] 㧢,即打。《躋春臺》量詞"下"常作"吓",受下、丁形近易混影響,"下"可作"叮"。卷三《雙冤報》:"於今看看找得來錢,爲父靠你興家立業,怎麼一叮就死了。"[754] 一叮,諸本均錄作"一下"。卷四《錯姻緣》:"先生教之,父兄行之,則習成自然,根本深厚,到老不壞。先生教之,父兄不行,則教如朱(未)教,一叮氣拘物蔽,習染俗移,分明是個好子弟,卻被父師弄壞,豈不可惜?"[935] 一叮,蔡本、張本錄作"一叮",金本、鍾本改作"一旦",均誤,實亦"一下"。"下"又可作"可"。卷二《萬花村》:"從此睡在床上自言自語,一時想起林氏,如何相貌,如何身體,如何舉動,即大笑起來。一可想到是別人妻子,不得到手,又歎氣連天。"[421-422] 一可,鍾本錄作"一可",蔡本、金本、張本改作"可一",誤。一可,即"一下",前面說"一時",後面云"一下",語義正相承接。

成文堂存版《躋春臺》存在大量誤刻,加之斷版、磨損等現象,使整個刻本文字錯訛極爲突出,如木、才、處、廚、告、小、嘴等字時作"不"。形近誤書作爲文字錯訛之一種,《躋春臺》亦較爲常見,如"夫"與夾、天、失、去、禾、大、矢等字相混。《躋春臺》乃劉省三用中江話創作而成,文字錯訛與方俗詞交織在一起,這爲我們閱讀平添了諸多障礙。雖然蔡本、張本、金本、鍾本等整理文本及相關學者之研究清除了不少障礙,然而依然還有諸多因文字錯訛而形成的方俗詞有待我們進一步考察。通過前揭四例,我們可以看到,運用形近誤書這一俗字構造方法對我們理解、闡釋這些方俗詞是有極大裨益的。當然,《躋春臺》尚有不少方俗詞有待考證,形近誤書也僅是考察這些方俗詞的一種方法,我們需要將更多的方俗詞、俗字研究方法運用於《躋春臺》方俗詞的考釋中。

明母字讀[b]域外音譯詞語舉隅

楊同軍

（西北師範大學國際文化交流學院）

在漢語語音史上，學界一般認爲明母字爲[m]①，但在一些域外音譯詞語中，明母字讀作[b]。下面作一梳理。

苜②蓿：《漢語大詞典》解釋說："古大苑語 buksuk 的音譯。植物名。豆科，一年生或多年生。原産西域各國，漢武帝時，張騫使西域，始從大宛傳入。又稱懷風草、光風草、連枝草。花有黃紫兩色，最初傳入者爲紫色。可供飼料或作肥料，亦可食用。《史記·大宛列傳》：'（大宛）俗嗜酒，馬嗜苜蓿。漢使取其實來。於是天子始種苜蓿、蒲陶肥饒地。及天馬多，外國使來衆，則離宫別觀旁盡種蒲萄、苜蓿極望。'"③

冒④頓：羅新在《中古北族名號研究》中認爲是突厥語和蒙古語的 bagatur 或是蒙古語的 Bagdo⑤。《漢語大詞典》解釋說："西漢初年匈奴單于。姓攣鞮。秦二世元年弑父自立，建立軍政制度，東滅東胡，西逐月支，北服丁零，南服樓煩、白羊。西漢初年，經常侵擾邊地。《史記·匈奴列傳》：'單于有太子名冒頓。後有所愛閼氏，生少子，而單于欲廢冒頓而立少子，乃使冒頓質於月氏。'司馬貞索隱：'冒音墨。'漢班固《封燕然山銘》：'躡冒頓之區落，焚老上之龍庭。'"

慕⑥容：關於慕容鮮卑的得名，《晉書》有關莫護跋效法燕代風俗習戴步搖冠，從而

---

① 參見王力：《漢語史稿》，北京：中華書局，1980 年，第 115 頁、118 頁；王力：《漢語語音史》，北京：中國社會科學出版社，1985 年，第 490 頁。
② "苜"在《廣韻》中爲莫六切，入聲、屋韻、明母。
③ 又參見羅常培：《語言與文化》，北京：語文出版社，1989 年，第 29—30 頁；史有爲：《外來詞——異文化的使者》，上海：上海辭書出版社，2004 年，第 78—79 頁；劉正埮等：《漢語外來詞詞典》，上海：上海辭書出版社，1984 年，第 249 頁。
④ "冒"當爲《廣韻》中的莫北切，入聲、德韻、明母。
⑤ 羅新：《中古北族名號研究》，北京：北京大學出版社，2009 年，第 32—33 頁。
⑥ 郭錫良《漢字古音手册》（增訂本）："慕，（古）明鐸；（廣）莫故切，明暮合一去遇。"

被其他鮮卑稱爲步摇,其後音訛變成慕容的説法①。白鳥庫吉考證,莫、慕二字,中古譯名時常可互用,慕容可能就是阿勒泰語系 bayan 一詞,義爲富,是一種美稱②。

莫③蘆:《魏書》④卷一一三《官氏志》記内入諸姓,有吐伏盧氏(改爲盧氏)。吐伏盧,就是吐(ton)與伏盧結合而成的一組名號,伏盧是一個獨立的名號,因爲同志還記載有莫蘆氏(改爲蘆氏),伏盧與莫蘆同音,理應是同一個名號,其語源可能是蒙古語與突厥語共有的 bal(蜜)⑤。

冒地質多:佛教用語。覺心,有覺悟的心靈,也叫菩提心。一般認爲,源自於梵 bodhicitta⑥。此翻譯主要出現於唐代不空大師的譯經中,善無爲大師的譯經中也有用例。唐代和尚良賁在對不空所譯的《仁王護國般若波羅蜜多經》作的《經疏》卷下三中解釋説:"經:冒地質多散惹娜儞。解曰:冒地質多者此云正覺心,散惹娜儞者此云能生也。順此方言,即前三世圓成能生菩提心也。"(33/0518a)

冒地薩怛縛⑦:菩薩的另外一個音譯,源自於梵 bodhisattva⑧。丁福保編《佛學大辭典》解釋"冒地薩怛縛"説:"(術語)與舊云菩提薩埵同。仁王經良賁疏下三曰:'舊云菩提,今云冒地,舊云薩埵,今云薩怛縛。'"

磨勒:《太平寰宇記》卷三八振武軍金河縣下有"磨勒城水"條:"突厥名魚爲磨勒,此水出魚倍美,故以指名。"⑨羅新認爲:"今突厥語族的大多數方言,都還稱魚爲 balık,顯然,'磨勒'就是 balık 的漢字轉寫形式。……鄂爾渾突厥文碑銘中雖然多次出現發音完全相同的 balık,但詞義僅限於城鎮與泥土,没有詞義爲魚的用例。《太平寰宇記》的'磨勒城水'這條用例可能是已知最早的一條。從'磨勒城水'可知,南遷的突厥人不僅

---

① 羅新:《中古北族名號研究》,第 65 頁。《漢語大詞典》解釋説:"【慕容】複姓。出鮮卑族。《通志·氏族五》:'慕容氏,高辛少子,居東北夷。後徙遼西,號鮮卑……至涉歸爲鮮卑單于,自云:"慕二儀之德,繼三光之容。"或云:"冠步摇,音訛爲慕容。"'參閲《三國志·魏志·鮮卑傳》《晉書·慕容廆載記》。"

② 白鳥庫吉:《東胡民族考》上編,方壯猷譯,上海:商務印書館,1934 年,第 60—64 頁。

③ 郭錫良《漢字古音手册》(增訂本):"莫,(古)明鐸;(廣)慕各切,明鐸開一入宕。"

④《魏書》爲北齊魏收於天保二年(551)奉詔撰魏史,天保五年(554)完成。

⑤ 羅新:《中古北族名號研究》,北京:北京大學出版社,2009 年,第 208 頁。

⑥ 劉正琰等:《漢語外來詞詞典》,上海:上海辭書出版社,1984 年,第 233 頁。

⑦ 此翻譯基本上爲善無畏、金剛智、不空、天息災、施護等用,尤其是不空譯的許多密教經典皆採用這個譯名。

⑧ 劉正琰等:《漢語外來詞詞典》,第 233、279 頁。

⑨ (宋)樂史撰:《太平寰宇記》卷三八,臺北:文海出版社(影印),1962 年,第 315 頁。

以磨勒名水,還以磨勒名城。"①

　莫何:此詞或作莫賀。羅新認爲:"莫何(bagha)是北方諸族都接受的重要美稱,廣泛使用在可汗號及其它官號之中。"②這個詞也可能是 bayan 的音譯,如暾欲穀碑……在第一碑的西面第 6 行,記錄了起兵之處暾欲穀的全部名號 Bilgä Toñyuquq Boyla Baγa Tarqan,按照唐代的音譯習慣,應作"毗伽暾欲谷裴③羅莫賀達幹"④。另外,《新唐書》的《突厥傳》記突騎施部落有"處木昆匐延闕律啜"。這裏的"匐延"即 bayan,即柔然及早期突厥之"莫緣"⑤。又如《晉書》⑥裏的"乞伏可汗托鐸莫何"⑦中的"莫何",羅新認爲"即古突厥碑文裏 baγa,而夏德早就把 Baga Tarkhan 與唐代史料中的'莫賀達幹'對應起來。莫賀即莫何,陳三平認爲莫何來自古伊朗語的 bagapuhr,原意指神之子,被北方諸族用於指稱部落酋長"⑧。

　梅録:即突厥官制中的 buyruq⑨。

　梅里:遼代貴戚官員,源自於契丹語,突厥語爲 buiruq,宰相,原義爲傳令官⑩。

　娑墨:《舊唐書》記唐代宗時册封回紇"可汗爲登里密施含俱録英義建功毗伽可汗,可敦加册爲婆墨光親麗華毗伽可敦"。其中"婆墨",《新唐書》及《資治通鑒》都作"娑墨"。"婆"應是"娑"字之訛。娑墨,很可能就是毗伽可汗碑⑪南面第 14 行所記的 sebig kül erkin(或轉寫爲 säbig kül irkin,按唐代音譯習慣,當譯作"娑墨闕俟斤")中的 sebig,按《舊唐書》的解釋,意思是"得憐",與 kül 一起構成俟斤(irkin)的官號。《通典》記唐

---

①羅新:《中古北族名號研究》,北京:北京大學出版社,2009 年,第 195 頁。
②羅新:《中古北族名號研究》,第 7 頁。
③一讀 péi,《廣韻》薄回切,平灰,並;一讀 féi,《廣韻》符非切,平微,奉。
④羅新:《中古北族名號研究》,第 215 頁。
⑤羅新:《中古北族名號研究》,第 197 頁。
⑥從貞觀二十年(646)開始撰寫,至貞觀二十二年(648)寫成。
⑦《晉書》卷一二五《乞伏國仁》:"紇幹者,夏言依倚也。年十歲,驍勇善騎射,彎弓五百斤。四部服其雄武,推爲統主,號之曰乞伏可汗托鐸莫何。托鐸者,言非ർ人之稱也。""莫何"一詞,《隋書》卷八四《北狄》也有用例:"因迎立之,號伊利俱盧設莫何始波羅可汗,一號沙缽略。治都斤山。"《新唐書》卷二一九《北狄》中爲"莫賀"例:"室韋,契丹別種,東胡之北邊,蓋丁零苗裔也。地據黃龍北,傍猺越河,直京師東北七千里,東黑水靺鞨,西突厥,南契丹,北瀕海。其國無君長,惟大酋,皆號'莫賀咄',攝管其部而附於突厥。"
⑧羅新:《中古北族名號研究》,第 64 頁。
⑨Buyuruq,唐代譯作"梅録",參羅新《中古北族名號研究》第 144 頁。
⑩劉正琰等:《漢語外來詞詞典》,上海:上海辭書出版社,1984 年,第 233 頁。
⑪毗伽可汗碑立于唐玄宗開元二十三年(735),位於今蒙古國和碩柴達木湖附近,與《闕特勤碑》距約 1 公里。

代僕骨部有"大酋婆匐俟利發歌藍伏延",《新唐書》寫作"娑匐利發歌濫拔延",婆亦娑字之訛誤,娑匐即娑墨之異譯。西突厥還有"設卑達幹",設卑當亦娑匐之異譯①。正如伯希和所説,"匐字常用以譯寫突厥之 bäg 官號,……暾欲穀之女名娑匐,即已見於溫昆碑文之突厥名稱 säbäg 也"②。由此我們知道,在毗伽可汗碑南面第 14 行相關句子裏適當的轉寫可以是 säbäg kül irkin,即"娑墨闕俟斤"③。

末羅:Basra,城名。《新唐書》四三下的末羅,林則徐《四洲記》譯爲麻疏臘,岑仲勉認爲"麻疏臘"略去"疏"字,則變成"麻臘",即"末羅"之轉。末羅爲今伊拉克的巴士拉④。

摩垓圖:Basidu 地片名。《西域圖志》卷一三云:"摩垓圖,在哈討東北一百里,庫克烏蘇、哈喇塔勒兩河之間。"位於哈薩克塔爾迪庫爾幹州南部巴勒斯都,有兩水夾流⑤。

明母字塞音化現象,在八世紀的不空派譯經、敦煌出土的藏文文獻和西夏黑水城出土的西夏文所記載的西北方音中很明顯,但一般認爲讀爲[mb]⑥。實際上,明母字讀[b]或[mb],從語言翻譯的角度來看,屬於音位變體。這種語音現象,早自張騫通西域時代就有個別例子,到了南北朝之後,語例漸多,可以説是西北漢語方言非常突出的一個語音特點,也是漢語語音史上有價值的語音材料。

---

① 羅新:《中古北族名號研究》,北京:北京大學出版社,2009 年,第 135 頁。
② 伯希和:《中亞史地叢考》,馮承鈞譯,收入馮承鈞《西域南海史地考證譯叢七編》,北京:中華書局,1957 年,第 143—144 頁。
③ 羅新:《中古北族名號研究》,第 139 頁。
④ 鍾興麒編著:《西域地名考錄》,北京:國家圖書館出版社,2008 年,第 646—647 頁。
⑤ 鍾興麒編著:《西域地名考錄》,第 641 頁。
⑥ 馬伯樂在研究八世紀長安方言時也持這種看法,參見《唐代長安方言考》,聶鴻音譯,北京:中華書局,2005 年,第 37—40 頁;羅常培:《唐五代西北方音》,北京:商務印書館,2012 年,第 39、41、51 頁;李範文:《宋代西北方音》,北京:中國社會科學出版社,1994 年,第 214—216 頁。又[日]高田世雄研究了九、十世紀的河西方音也是這種看法,參見《敦煌資料による中國語史の研究》,東京:創文社,1988 年,第 87—98、109 頁。

清代寫本疑難俗字考釋

楊小平

（西華師範大學文學院）

從 20 世紀 80 年代以來,在漢語俗字考釋與研究領域,人們已經取得了很大成績,如張涌泉《漢語俗字研究》《敦煌俗字研究》《漢語俗字叢考》,楊寶忠《疑難字考釋與研究》《疑難字續考》,何華珍《日本漢字和漢字詞研究》,梁曉虹、陳五雲、苗昱《〈新譯華嚴經音義私記〉俗字研究》,姚永銘《慧琳〈一切經音義〉研究》,以及鄭賢章《〈龍龕手鏡〉研究》《〈新集藏經音義隨函錄〉研究》,這些著作對歷史上存在的俗文字進行了考察,成績斐然。除此之外,辭書也對俗字進行了研究,如《漢語大字典》《中華字海》《中文大辭典》等。然而,由於種種原因,在已進行的漢語俗字研究中,還或多或少地存在一些不足或錯誤。其中有些不足或錯誤,我們可以從清代手寫文獻疑難俗字考釋中予以補充或糾正。

王寧指出"要綜合應用訓詁學形音義統一的方法,利用文獻語言與已有的訓釋材料,利用已知的詞義來求得未能肯定的詞義,利用老結論來證新結論","對已有的結論加以考察,證明其正確","對初次發現的問題加以論證。這種考證事先沒有已確立的證據,一切從頭開始","對已經提出的問題補充證據或補充論證思路,進一步加以證實","對已有的結論提出異議,以證據推翻之;同時提出新的證據而易以新的結論"[1]。如敦煌文獻中有一個疑難詞語"復年",讓人百思不得其解,難以解釋。近來閱讀易培基《三國志補注》,其中有句注釋說:"《魏武傳》第九頁第二行'後'字,《通志》作'復'。"我們反過來思考,既然這兩字有異文,可能是形近訛誤的情況,由此可見,兩字由於形近存在混淆的情況,那麼如果把"復年"的"復"字看作是"後"的形近訛誤字,這樣"復年"就是"後年",文從字順,疑難的問題就迎刃而解。

---

[1]王寧:《訓詁學原理》,北京:中國國際廣播出版社,1996 年,第 74—75 頁。

鄭賢章指出:"俗字考釋中,我們有時從字的形、音、義方面論證了某字應爲某字,然常感苦惱的是没有一個書證來證明自己的推斷。書證對於我們俗字考釋來説至關重要,有了書證,我們得出的結論就確鑿無疑,没有書證,即使論述得頭頭是道,總還是讓人半信半疑。爲俗字找書證很難,没有辦法像辭彙、語法研究那樣用電腦檢索,只能靠自己在茫茫書海中尋覓。""在俗字考釋中,我們常依賴前人,有時會採用前人的某些看法,并以此作爲證據,以爲萬無一失。其實,前人的説法未必就千真萬確,《隨函》在佛典辯分中常有與《一切經音義》《龍龕手鏡》相左的看法,這些看法往往難以辯駁,可立爲新説。"①

疑難俗字往往音義不詳,或形音義可疑,辭書未能收録,或者收録時説音義不詳(包括音不詳、義不詳、音義不詳等),考釋費時低效,清代手寫文獻疑難俗字至今還有部分未被識别,需要文史結合,古今貫通,利用查閱辭書、字形分析、换旁類推、上下文語境、借鑒相關論著等方法,採用對校、本校、他校、理校等,根據音形義判斷,按照字形查明字義,按照上下文意來判斷。考釋清代手寫文獻疑難俗字,分析前人時賢研究正誤,商榷其觀點,討論其論證過程,檢索文獻例證,補充完善證據。

清代手寫文獻也有一些疑難俗字,由於上下文、辭書均無法釋讀,無所參照,只好存疑,或者能够大致判斷,文獻證據不足,如清代手寫文獻中出現的"鏊""牙(等?)"。

《鹽池縣永聚長皮毛店邵喜連信件》:"白㤙皮䍃、狐皮㮆、包棉[綿]羊皮川䌸,按(拔、校?)白羔皮帮、黑㤙帮、黑化皮㑅、狐皮䍃、包棉[綿]羊皮川䌸……白㤙何(?)洋㑅元,……現下兑銀每千兩咱汦(?)洋㑅,來佲(信?)郵安邊轉鹽池沙坑子卦號處。"(《太行山文書》,光緒三十一年二月二十四日)②按:本封書信中"按""何""汦""佲"究竟是什麽字,難以斷定。

墓

《爲差役查勘馮明禄具告袁廷益謀改截葬情形事》:"有無被袁廷益毁界墓(寞)伐。"(《南部檔案》14-59-2,光緒二十四年二月十日)

《爲蒲榮詩具告蒲榮欽等恃財估欺私吞柴草錢文事》:"今七月間他又復在塋

---

①鄭賢章、谷舒:《可洪〈藏經音義隨函録〉與漢語俗字研究》,《湖南師範大學社會科學學報》2007年第1期。

②康香閣:《太行山文書精萃》,北京:文物出版社,2017年,第9頁。

内𡖊(寞)割柴草。"(《南部檔案》23-20-2,八月)①

按:"𡖊"字費解,初疑爲"暮"的俗字,因爲部首"夕"與"日"意義相同,意思是晚上,引申表示偷偷、悄悄。後發現該字是"寞"的俗字,部首寫"夕",不寫"宀"。"夕"表示晚上,表義更準確。清代邢澍《金石文字辨異·入聲·十藥》:"一曰清也,𡖊(寞)寂也。"《漢語大字典·夕部》收錄,解釋説:"同'寞'。"其他辭書均未收錄,可以補收。《説文·夕部》:"𡖊,寂也。從夕,莫聲。"徐鍇《系傳》:"𡖊,即寂寞之寞。"《廣雅·釋詁四》:"𡖊,靜也。"

《爲稟明張元清等撤毀金鞍鋪辦公鋪房改作站房出佃事》:"具稟金峯站書役蒲先藻、張秀爲修𡖊(墓)。"(《南部檔案》13-16-1,光緒二十二年六月九日)

按:"𡖊"是"墓"的訛誤俗字,"土"字換成"夕"。辭書均未收錄,可以補收。清代手寫文獻中,該俗字還可以表示"寞""幕""暮"等字,容易引起混淆,這也可能是該俗字最終未能被民衆接受的原因。

《首事千總馮仕明等爲稟懇官銜印簿以便募化餘資修復大佛古寺事》:"職等倡首𡖊(募)化捐貲,業已經興工培修。……以便募化場鄉有好善樂施者,任其量力捐助。"(《南部檔案》8-442-3,光緒七年閏七月十四日)

同樣的内容,上件檔案寫作"募",也能够證明"𡖊"可以表示"募"。《職員李元東等爲稟懇官銜印簿以便募化餘資修理火神廟事稟文》:"職等倡首捐募修理,已有一千餘金。……以便募化。"(《南部檔案》8-442-2,光緒七年七月六日)

《南部檔案》9-508 也存在類似情况。

《郭永貴呈控武生郭占奎案》:"雖有驛站房書掛號,並無們,兼有狀式。"

---

①本件檔案準確時間不明,只知道是宣統時期。

(《南部檔案》16-562-2,光緒三十三年正月十六日)

按:該字費解。字形似"簽""部""僉",開始疑爲"簽"字,"簽們"爲簽發部門,但南部檔案没有見過這種表達,傳世文獻也未見。"部門"倒是通順,但後面明明是們,只能理解爲"門"的加筆訛誤。但前面也出現同樣的表達,兩處同時訛誤,不大可能,説明"們"字不誤,前面只能是代詞或名詞,而不可能是動詞簽,只可能是"僉"字。也曾懷疑是"人命""八命"的連寫,但也無法意思貫通。而且根據前面的上文,該字也不可能是連寫。

前面有類似表達,"兵房房書僉們"。"僉"有衆人的意思,"同僉"即同事、同僚的意思。

《姜顯宗斷賣栽手杉木契》:"憑中三面議定價式兩六夲正。"(《清水江文書》2-1-3-067,道光十年四月三日)

按:"夲"字費解,從上下文來看,應該是金錢的度量衡單位,究竟是什麽呢?
清水江文書有類似的文例,如:

《楊邦元等斷賣栽手約》:"當日憑中議定價銀肆拾陸兩陸錢整。"(《清水江文書》2-1-3-068,道光十一年正月二十三日)

兩相對比,"夲"似當是"錢"字。
清代手寫文獻《太行山文書》也有這種寫法,如:

《張温典當場、水窯當契》:"同中寫明當價大夲(錢)四千四百文。"(《太行山文書》,光緒二十七年一月十七日)①

---

① 康香閣:《太行山文書精萃》,北京:文物出版社,2017年,第72頁。

"錢"字有個俗寫"furtive"，與這種寫法相似。清水江文書多見"錢"字的俗字寫法，如：

《姜仁德斷賣田約》："銀伍兩四禾(錢)整。"(《清水江文書》2-4-1-001，乾隆二十三年三月二十二日)

《姚開富弟兄三人賣杉木約》："當日憑中議定價銀乙兩七小(錢)。"(《清水江文書》2-4-1-003，道光十九年九月二十三日)

《范本輝斷賣田約》："議定價紋銀六兩五力(錢)正。""來年秋收之日代納銀糧六力(錢)。"(《清水江文書》2-4-1-005，道光二十六年三月初四日)

"禾""小""力"均是"錢"字的俗字，與"furtive"相近，容易誤認爲"不""小"等字，稍微草寫一點就與"千"相似。

《龍老包斷賣杉木約》："當面議定價垠(銀)八禾(錢)乙分。"(《清水江文書》2-4-1-004，道光二十三年三月二十二日)

《南和縣王尊路賣地字據》："其小(錢)現交不欠。"(《太行山文書》，咸豐九年一月)①

"禾"與"千"字形更接近，更能夠說明該字是"錢"字的俗字。

亾

《爲蒙學堂一體購習大清會典便蒙述略一書飭南部縣》："該縣小學堂教習杜煥章編輯《大清會典便蒙述略》一書，俱用韻語，略附注釋，卷帙亾(無)多而大綱已備，以教初學尚爲適宜，應准通飭各府所(廳)州發各蒙學堂，以資誦習。"(《南部檔案》16-911-2，光緒七年七月六日)

---

①康香閣：《太行山文書精萃》，北京：文物出版社，2017年，第57頁。

按:"㑹"字費解,字形似"會""念",《敦煌俗字典》收有,作"㑹"。但上下文不通,據語境,該字當是"無"字的俗字。查閱辭書,又未見這種寫法。該字草書接近"無",當是草書影響而產生的俗字。曾良指出:"無"字,王獻之作"㑹"①。"撫"字的俗字寫"㧐",與之類似。

《蔣顯宗斷賣栽手杉木契》:"恐後㒱(無)憑。"(《清水江文書》2-1-3-067,道光十年四月三日)

清水江文書將"無"寫成"㒱",與"㑹"接近。
類似的寫法還有,如:

《山林斷賣契》:"㒱(無)從得出。"(《貴州苗族林業契約文書彙編》,乾隆十七年十二月六日)
《郭承義、郭紹義賣地永遠死契文字》:"恐口㑹(無)憑,立字存證。所有房親戶族人等爭競者,㑹(與)買主㒱(無)幹。"(《太行山文書》,道光十二年十二月)②

又寫作"㒱",與之形近。

《郭承義、郭紹義賣地永遠死契文字》:"因㒱(無)錢使用,央中説合。"(《太行山文書》,道光十二年十二月)③
《余尚賢斷賣杉木約》:"今恐㒱(無)憑。"(《清水江文書》2-4-1-006,道光二十七年十二月十一日)
《李李氏過繼姪子李崑子嗣單》:"因爲缺子㒱(無)人承嗣……於旁人㒱(無)關。"(《太行山文書》,光緒十八年七月二十七日)④
《爲速將光緒二十三年分正佐各衙門現設官役姓名年歲籍貫變更頂補造册申報事飭南部縣》:"速將二十三年分正佐各衙門現設官役姓名年歲籍貫有㒱(無)事

---

①曾良:《敦煌佛經字詞與校勘研究》,廈門:廈門大學出版社,2010年,第276頁。
②康香閣:《太行山文書精萃》,北京:文物出版社,2017年,第56頁。
③康香閣:《太行山文書精萃》,第56頁。
④康香閣:《太行山文書精萃》,第42頁。

故更換頂補。"(《南部檔案》14-28-1,光緒二十四年二月)

按:"旡""旡"均是"無"的俗字。

這種寫法已經比較接近今天的簡化字。民國時期仍見使用,如易培基《三國志補注》:"南本旡(無)在字。"

又寫作"無"。該俗字至遲魏晉南北朝已經出現。趙春蘭説:無,《遼藏·妙法蓮花經》:"無所希望望"。在碑隸中,爲刊刻方便,常把"灬"寫成"一"。《字樣》:"無無,二同。"同書跋云:"又體殊淺俗,於義無依者,並從删剪。"《隸辨》北海相景君銘:"莫不流光口無窮。"①趙春蘭説:漢《北海相景君銘》已見"無"字,蓋隸變字。《敦煌俗字研究》有此字,《隸辨》:"北海相景君銘莫不流光口無窮。"②

《爲書立憑媒説合主婚出嫁事》:"立字出嫁主婚文約人王宗俊、王宗賢,二人一合手秄(所)主嫁孫堉。侄孫王孝娃不幸亡於十年,六月内中秄(所)死。二人秄(所)主出嫁孫婿王周氏,憑媒説合,出嫁與鄧維才名下爲妻(妻),憑媒説(妁)議定主嫁錢十千零四百文整。其錢乙(一)手現交,並無下欠,一個在(再)無異言。倘若日後有家族異言稱説,有至(侄)王宗俊、王宗賢一面承當。今恐人心不亦(一),特立主婚出嫁文約一紙爲據。見婚書人　王玉仁　王玉芝　王宗汷(詵)　馮華祥。同治十年蟲月廿五日立出主嫁是實。(《南部檔案》6-384-2,同治十年六月廿五日)③

按:其中秄(所)字、汷(詵)字都不好斷定,字形費解。"所"字三見,左邊是"王"字,又似"三"字多一豎,右邊似"斤"字,辭書不見,與"新"字、"現"字相似,但意思不通順,查閲上下文及相關檔案,也無法斷定,暫時取最接近的字形"所"字。"詵"字左邊是言

---

①趙春蘭:《應縣木塔遼代秘藏妙法蓮花經俗字研究》,上海師範大學碩士學位論文,2006年,第17頁。
②趙春蘭:《應縣木塔遼代秘藏妙法蓮花經俗字研究》,第33頁。
③本契約文書寫的月份没有用常見的數字加月,而是寫爲"蟲月",據苟德儀《清代〈南部縣檔案〉中"蟲月"等名稱考釋》(見《歷史檔案》2008年第2期)一文考證,"蟲月"即六月,"絲月"爲四月的代稱。

旁無疑,右邊則似"先"和"足"及"告""志"。但此處是人名,難以通過上下文推斷,只好取最接近的字形"詵"字。"一拿"疑是"一合手"的合書。斷句也十分困難。

盼

《爲譙文貴具告梅應貴等乘病嫁婦夥串估打脚模手印事》:"據譙大俊供稱,文貴之父大用實因家寒,不能顧盼(盼)孫媳衣食。"(《南部檔案》19-268-2,光緒二十八年五月十六日)

按:該字我們翻閱了辭書,均未見收錄。《龍龕手鏡》有相似的寫法。《龍龕手鏡》:"䎳,正,之忍反。告也。三。䎳眄二俗,音好。恥,正。……聤,妨也。聘,疋正反。聘,問也。二。"①《龍龕手鏡》收錄的字形接近,但意思無法講通。

該字,辭書未收,實際該字是"盼"的訛誤。俗寫"耳"與"目"極爲相似,多混淆。"盼"字,《史記·周本紀》:"道路以目。"《集解》:"韋昭曰:'以目相盼而已。'"②但"顧盼"在文中仍然不能夠理順,因爲"顧盼"在《漢語大詞典》中收錄,列有三個義項:1. 環視;左顧右盼。多形容自得。宋司馬光《觀試騎射》詩:"揚鞭秋雲高,顧盼有餘銳。"明方孝孺《益齋記》:"元直長身昂然,顧盼峭聳。"2. 眷慕相視。《元朝秘史》卷二:"你兩個年小的常相顧盼,明後休相棄。"3. 回頭看望。清孫枝蔚《插秧》詩:"珍惜頻顧盼,不聞兒女啼。"

"盼"又是"盻"的俗字或者形近訛誤。《佩觿》:"盻恨之盻下計翻爲盼。"③《三國志》中有兩字誤用的情況,如《三國志·魏志·許褚傳》:"太祖顧指褚,褚瞋目盼之。"《集解》本"盼"字作"盻"字,并指出:"何焯校改'盼'作'盻'。"④徽州文書也見到"盼"的俗字"盻",根據方孝坤《字表》,"盻"字明代有使用⑤。南部檔案多見,如:

---

① 釋行均:《龍龕手鏡》,北京:中華書局,1985年,第314頁。
② (漢)司馬遷:《史記》,北京:中華書局,2014年,第181頁。
③ 郭忠恕:《佩觿》,上海:商務印書館,1937年,第105頁。
④ 盧弼:《三國志集解》,北京:中華書局,1982年,第469頁。
⑤ 方孝坤:《徽州文書俗字研究》,北京:人民出版社,2012年,第207頁。

《梁鳳止爲婚事呈父母的信函》:"一則盻(盼)望雙親,二則嗣續前人香煙。"(《南部檔案》11-197-8,光緒十七年五月四日)

《爲移送事》:"切盻(盼)切等。"(《南部檔案》12-17-3,光緒二十年八月十二日)

"顧盼"意思是照顧;看顧。《孔叢子·連叢子下》:"公顧盼崔生,欲分祿以周其無,君之惠也。"《西遊記》第三二回:"八戒道:'看師父是坐,巡山去是走;終不然教我坐一會又走,走一會又坐。兩處怎麼顧盼得來?'"清吳敏樹《書謝御史》:"一朝跌足,誰肯相顧盼耶?"

張涌泉《漢語俗字研究》指出:"筆者想起1991年8月31日的《光明日報》第四版載有毛澤東1917年3月寫給日本友人宮崎滔天的一封信,其中有云:'澤東湘之學生,賞讀詩書,頗立志氣。今者願一望見風采,盻取宏教,惟先生實賜容接,幸甚幸甚。'其中的'盻'字字書未載(校按:《漢語大詞典》載此字,稱音義未詳),據文意,似當是'聆'字。但'聆'字怎麼會寫作'盻'呢?當時好生納悶。事後琢磨再三,纔悟出一點道理來:大概因爲'聆'與'盻'形義皆近,作者擬書'聆'而受'盼'字影響,遂形誤爲'盻'。"①該寫法與"盻"十分接近,訛誤過程有共同之處,可以參考。

清代手寫文獻中有部分疑難俗字,難以斷定,或者知道爲何字,但根據不足,仍需要繼續考釋。

杦

《爲通飭所有隨從僕役介准收受門包及規禮事飭南部縣》:"所有隨從僕役杦(概)系捐廉給發工資。"(《南部檔案》18-8-1,光緒三十三年七月七日)

按:"杦"字比較模糊,根據上下文推斷,可能是"概"的俗字,但爲何這樣寫,還有待繼續研究分析②。"概"字又寫成"槩",結構發生變化,左右結構變成上下結構。如:

---

①張涌泉:《漢語俗字研究》,北京:商務印書館,2010年,第69頁。
②類似模糊的不一定是俗字,而可能是殘缺。《爲差役查勘馮明祿具告袁廷益謀改截葬情形事》:"據宣化鄉八甲民馮明祿(祿)以謀改截塋(塋)等情,具告袁廷(廷)益等一案,據此,合行簽(簽)勘,爲此簽(簽)仰該書前徃,協同詞訟(議)袁相顯等,查勘馮明祿未賣墳塋內蓄柏樹(樹),有無被袁廷益毀界墓(墓)伐。"(《南部檔案》14-59-2,光緒二十四年二月十日)按:"訟"模糊殘缺,根據上下文,當是"議"字,但并不是其俗字。

《出賣田字據·王應桂賣與吳□》:"一槩(概)是身承當。"(《清至民國婺源縣村落契約文書》秋口鎮鴻源吳家63,康熙五十年九月二十一日)

炤

《方其照賣地契》:"恐口難憑,立此契存炤(照)。"(《田藏契約文書粹編》681,順治七年一月)①

按:"炤"字未見辭書收錄,從上下文可以猜到是"照"字,"照"字未見有此俗字,最接近該字的是"照"的俗字"炤"。"炤"字實際上是將下面的部件"火"(俗稱四點底)放到左下角,寫成原來的部件"火",從上下結構變成左右結構。《字彙補·火部》:"炤,《說文》照字。""炤"如果寫簡省一點,就與"炤"字很像。

---

① 田濤、[美]宋格文、鄭秦:《田藏契約文書粹編》(三),北京:中華書局,2001年,第28、26頁,該書契約與錄文分列,獨立編頁,契約在第28頁,錄文在第26頁。

"分分鐘"的意義及其來源與傳播

洪 帥

(西北師範大學文學院)

"分分鐘"是近來比較流行的一個詞語,不僅在網絡上流行,而且在紙媒體上也廣泛使用。如:

(1)人們諷刺電視臺恨不能把電視劇"分分鐘都插進廣告賣掉"。(人民日報,2011年11月29日)

(2)還在用報低價"偷稅"損招的業主和租客可得小心了,租房不備案,分分鐘讓你得不償失。(華東旅遊報,2015年2月5日)

《漢語大詞典》未收錄"分分鐘"。它廣泛見於粵語詞典,說明它最初可能是粵方言詞。《香港粵語詞典》①和《廣州話訓練教程》②釋爲"隨時",《廣州方言詞典》釋爲"隨時,時時刻刻"③,《港臺語詞詞典》④和《漢語方言大詞典》⑤釋爲"隨時;時刻"。《現代漢語詞典》(第7版)增收"分分鐘",釋義爲:"<方>①名指極短的時間。②副時刻;隨時。"⑥增加了名詞義,比以往的辭書都有所進步。

不過,"分分鐘"現在使用很廣,意義也更豐富多樣,遠非"隨時"和"時刻"所能涵

---

① 鄭定歐:《香港粵語詞典》,南京:江蘇教育出版社,1999年,第225頁。
② 鄭佩瑗:《廣州話訓練教程》(修訂版),廣州:羊城晚報出版社,2014年,第294頁。
③ 白宛如:《廣州方言詞典》,南京:江蘇教育出版社,1988年,第323頁。
④ 黄麗麗、周澍民、錢蓮琴:《港臺語詞詞典》,合肥:黄山書局,1990年,第57頁。
⑤ 許寶華、[日]宫田一郎主編:《漢語方言大詞典》(第一卷),北京:中華書局,1999年,第740頁。
⑥ 2015年12月3日,本文初稿在中國社科院語言研究所沙龍上宣讀時,語言所詞典編輯室的同志表態説新版《現代漢語詞典》要收錄該詞,後來《現代漢語詞典》第7版(北京:商務印書館,2016年,第381頁)收錄了"分分鐘"。

蓋,雖然《現代漢語詞典》(第7版)增加了"分分鐘"的名詞義,但是依然不能完全涵蓋"分分鐘"的意義。那麼,當前"分分鐘"有哪些意義和用法?這些意義之間有什麼關係?"分分鐘"的來源是什麼?它是何時開始大規模進入漢語通語的?又是什麼動因使它進入通語并迅速傳播開來的?這是本文試圖解釋的問題。

一、"分分鐘"的意義和用法

1. 時間名詞,很短的時間

相當於"分鐘",極言時間短,但是比"分鐘"的功能強大,"分鐘"不能直接作定語,前面必須加上數詞纔行,如"一分鐘的事、幾分鐘的事","分分鐘"可以直接作定語和賓語。

作定語

"分分鐘"作定語,主要修飾"事",強調辦事速度快,很短時間內就可以完成,寓意方便、簡單。如:

(3)在網上貨比三家只是分分鐘的事。(人民網,2008年12月5日)

(4)集裝箱碼頭引進智慧集裝箱堆場系統,打造全數位化碼頭,在數十萬個集裝箱中準確定位其中一個是分分鐘的事。(泰州日報,2014年11月3日)

例(3)是説網上比價方便,很快就能搞定。例(4)用"分分鐘的事"説明集裝箱堆場系統的方便、快捷。

作賓語

"分分鐘"還可以作賓語。如:

(5)遠端資料獲取的應用使以往需要多人多天完成的工作在分分鐘就可以解決,節省了人力與時間,提高了工作效率。(新華網,2013年10月29日)

(6)這時候造父先生可就發話了,説您甭急,看我的,咱們不是有千里馬呢嗎?小的我保證,要不了分分鐘,就給你捎回鎬京去。(馬夫《正説二十五史·事件卷》

之《史前·夏·商·西周》①）

例(5)"分分鐘"作介詞"在"的賓語。例(6)"分分鐘"作"要不了"的賓語，"分分鐘"本來就是很短的時間，"要不了分分鐘"更是強調了所用的時間短。

2. 時間副詞，時時刻刻，每時每刻

"分分鐘"相當於每一分鐘的意思，也就是時時刻刻。林子祥1980年所唱的歌曲《分分鐘需要你》就是時時刻刻需要你、一直需要你。又如：

(7)分分鐘都有熱水供應，仿佛忠誠的溫暖衛士，全天候在家待命。（海南日報，2012年4月6日）

(8)女人一旦和情人關係確立，女人想的是分分鐘和他廝守在一起，而男人的生活重心馬上又回到事業。（人民網，2004年4月13日）

例(7)寫使用太陽能後，時時刻刻有熱水供應，"全天候"也是對"分分鐘"的詮釋。例(8)寫男人和女人的不同，"馬上"和"分分鐘"形成鮮明的對比。

3. 時間副詞，任何時刻

這是"分分鐘"由"時時刻刻"的慣常性到泛時性的引申，由現在的每時每刻引申到跨時的任何時刻，不僅指現在，也指未來。如：

(9)這輛貨車貨廂長度大約只有兩三米，但竟然足足睡進去了十多個人，分分鐘都可能窒息。（人民網，2005年2月2日）

(10)目前股市雖然牛氣沖天，但漲幅太大、風險難以預估，血汗錢分分鐘灰飛煙滅。（中國聯合商報，2015年5月28日）

---

① 馬夫：《正説二十五史·事件卷》之《史前·夏·商·西周》，北京：海潮出版社，2013年，第129頁。

例(9)兩三米的車廂睡了十多個人,太擁擠了,這些人任何時候都可能窒息,面臨生命危險。例(10)寫股市的變化無常、風險難以預測,所以股民的血汗錢任何時候都有可能灰飛煙滅。

4. 時間副詞,立刻,馬上

這是"分分鐘"在"很短的時間"義的基礎上引申出來的,特別短就是"瞬間",時間短到可以忽略不計,就成了時間副詞,是"立刻,馬上"的意思。

(11)"機器人巡邏車"上崗　城市問題"分分鐘"被抓拍(人民資訊,2021年9月7日)

(12)當年留鬍子的時候,跟皇額娘視頻被發現了,勒令分分鐘剃掉。(人人網,2013年7月22日)

例(11)是説機器人巡邏車速度之快、效果之高,上崗之後,城市問題立馬就能發現。例(12)"分分鐘剃掉"就是馬上剃掉,不容許拖延,寫出了媽媽的反感和氣憤。

二、"分分鐘"各義項的關係

"分分鐘"的四個意義的關係如下:

(13)分分鐘:①很短的時間 ⟶ { ②時時刻刻→③任何時刻
④立刻,馬上

圖1　"分分鐘"義項關係圖

以上四個意義可以分爲兩組:首先是由義項①引申出義項②,再由義項②引申出義項③,由義項①的名詞義"很短的時間"引申出②副詞義"時時刻刻",再由副詞義"時時刻刻"引申出泛時的副詞義③"任何時刻"。"時時刻刻"強調持續義,"任何時刻"強調一種可能性。義項④是由義項①"很短的時間"經過高頻使用而虛化,產生更短時間義,短到時間可以忽略不計就產生了副詞義④"立刻,馬上"。

這兩組意義是"分分鐘"往兩個方向的引申,一個方向是強調時間長,引申為"時時刻刻、每時每刻",強調事情的慣常性、經常性,然後由慣常性引申到泛時性,由指現在引申到包含現在和未來。另一個路徑是往短時的引申,由"短時間"引申到副詞義"立刻,馬上"。

它們引申的起點也不同,①→②是在重疊義的基礎上引申的,由"每一分鐘"引申到"時時刻刻",再進一步引申到泛時的"任何時刻"。①→④是在基詞"分鐘"的基礎上引申的,"分鐘"就是"一分鐘","一分鐘"是很短的時間,由此引申出"短時間"的意義,在高頻的使用下,意義進一步虛化,所指時間越來越短,當時間短到可以忽略不計的時候,兩件事情幾乎沒有了間隙,就是緊接著發生的,於是"分分鐘"就衍生出副詞義"立刻,馬上"的意思。

詞典收錄"分分鐘",義項設立不必這麼瑣細,可以把②③兩個意義合併,建議設立三個義項:① 名 很短的時間;瞬間。② 副 時時刻刻;任何時刻。③ 副 立刻;馬上。

《現代漢語詞典》(第 7 版)列了兩個義項:① 名 指極短的時間。② 副 時刻;隨時①。似應補充一個義項" 副 時時刻刻;任何時刻"。

三、"分分鐘"與"分分鐘鐘"

粵語中還有"分分鐘鐘"的說法。那麼,"分分鐘鐘"有什麼意義,它與"分分鐘"是什麼關係呢?

1. 短時間

(14)因此出現"分分鐘鐘搞垮一個廠"的豪言壯語也就在所難免。(人民網-中國共產黨新聞網,2014 年 10 月 31 日)

(15)"分分鐘可以搞垮一間廠"……(人民日報,2015 年 2 月 2 日)

---

① 中國社會科學院語言研究所詞典編輯室:《現代漢語詞典》(第 7 版),北京:商務印書館,2016 年,第 381 頁。

例(14)裏的"分分鐘鐘",在例(15)裏是"分分鐘",清楚地顯示了兩者的對應關係,例(15)是根據電話錄音整理的,是粵語原話。二者可以替換,説明"分分鐘"和"分分鐘鐘"意思相同。

2. 時時刻刻,每時每刻

(16)時而熱力四射、時而婉約可人,分分鐘鐘的愛不釋手,時時刻刻的美麗綻放!(江南時報,2004年9月28日)

(17)分分鐘鐘想你,秒秒鐘鍾愛你,時時刻刻不離你。(《民謡輯録》①)

例(16)"分分鐘鐘"都和"時時刻刻"對舉,意思相同。例(17)"分分鐘鐘想你,秒秒鐘鍾愛你"在潘東亮的歌曲《如果愛上你是一種錯》中作"分分鐘想你,秒秒鐘愛你"。可證"分分鐘鐘"同"分分鐘","秒秒鐘鍾"同"秒秒鐘"。

3. 任何時刻

(18)他不喜歡那種步步追蹤,分分鐘鐘查勤的太太。(岑凱倫《澄莊》②)

(19)早上照照鏡子,猛然覺得歲月催人,體力已今非昔比,再賽車可能分分鐘鐘"瓜直"(土語,意爲"死掉")。(王俊彦《澳門的故事》③)

例(18)是説隨時檢查的太太。例(19)是説任何時候都有可能死掉。

通過以上考察,我們可以看出,"分分鐘鐘"和"分分鐘"關係密切,有"分分鐘"的前三個意義。但是各詞典裏(包括方言詞典)都沒有收録"分分鐘鐘",是因爲"分分鐘鐘"是詞法詞,意思可以從其基式"分鐘"加"AABB"的重疊格式義推出,是在線生成的,不必放在詞庫裏,所以沒必要收録。對於"分分鐘",因爲它經歷了變形,意義不透明,經歷了詞彙化的過程,具有特異性,需要單獨記憶,是詞彙詞,所以詞典需要收録。

---

①李愛中等編著:《民謡輯録》(下),五家渠:新疆生産建設兵團出版社,2012年,第96頁。
②(香港)岑凱倫:《澄莊》,廣州:花城出版社,1997年,第217頁。
③王俊彦:《澳門的故事》,北京:世界知識出版社,1999年,第555頁。

四、"分分鐘"的來源

網上有人説"分分鐘"來自英語"a fraction of a minute"的音譯,這是不可信的。如果按照這種説法,"分分鐘"應該切分爲"分/分鐘",這不符合漢語的構詞規律,"秒秒鐘"的類推也從一個側面證明"分分鐘"是中國本源詞。

漢語普通話中雙音節動賓結構有 AAB 式的重疊,比如:散心→散散心,吹風→吹吹風,揮手→揮揮手①。粵語裏形容詞和動詞也有 AAB 式重疊用法,如形容詞有"濕濕碎(少量、零星)、立立亂(很亂)",動詞"失慌""失驚",廣東話重疊爲"失失慌""失失驚"②。但是,"分分鐘"的基詞是"分鐘",不是動詞,不能直接重疊成"分分鐘"。

李豔把"滴滴嗒、叮叮噹、劈劈啪、乒乒乓"這樣的詞稱作非獨用型擬聲詞,"這類擬聲詞由 AABB 式重疊式節縮而來,而不是通過 AA 重疊加上 B 得到"③。這些擬聲詞都經過了 AB→AABB→AAB 的過程,比如:滴嗒→滴滴嗒嗒→滴滴嗒,叮噹→叮叮噹噹→叮叮噹。

"分分鐘"的成詞也經過了這兩步,先完全重疊爲 AABB 式,然後再縮略爲 AAB 式。即:

(20)　　　重疊　　　縮略
　　　分鐘→分分鐘鐘→分分鐘

"分分鐘"屬於名詞"分鐘"重疊"AABB"的變式。

但是雙音名詞只有并列式可以重疊,重疊後帶有"每一"的遍指義,如:山山水水,男男女女。"分鐘"是偏正式雙音名詞,按道理是不能重疊爲 AABB 式的,"分鐘"之所以重疊爲"分分鐘鐘",是語用的力量在起作用,"分鐘"的高頻使用使得其内部可分析

---

①李宇明:《漢語複疊類型綜述》,載汪國勝、謝曉明主編《漢語重疊問題》,武漢:華中師範大學出版社,2009 年,第 93 頁。
②詹伯慧:《廣東粵方言概要》,廣州:暨南大學出版社,2004 年,第 112 頁。
③李豔:《論現代漢語 AAB 式重疊》,《徐州師範大學學報(哲學社會科學版)》2010 年第 4 期。

性減弱,"鐘"也確實有"時間"義①,所以人們就把"分鐘"重新分析爲并列式雙音詞了。

另一方面,粵語中量詞重疊也有全稱量化的作用。鄧思穎指出:"重疊式量詞表示全稱量化的意思,如個體量詞'個個人',集合量詞'對對筷子',度量詞'尺尺地方',臨時量詞'碗碗飯',動量詞'次次'。這些例子都可以改說成'每個人、每對筷子、每尺地方、每碗飯、每次'。"②粵語中量詞重疊修飾名詞的用法很普遍,除鄧先生指出的以外,還有:頭頭豬,匹匹馬,只只雞,條條狗,間間房,層層樓,扇扇窗,個個人,粒粒米,盞盞燈,雙雙鞋,把把尺,件件衫,本本書,條條蛇,面面鏡,杯杯水,口口井,對對襪,塊塊肉,塊塊葉,字字書,根根樹,株株草,句句話,支支筆,滴滴水,張張紙,滴滴雨,等等。"分分鐘"也是這樣的量詞重疊修飾名詞的偏正結構。"分"是計量時間的量詞③,按照粵語語法,"分"可以重疊成"分分"再修飾"鐘",這樣"分分鐘"就有了全稱量化的意思,結構同"個個人""碗碗飯"一樣,相當於"每分鐘"④。這是"分分鐘"意義2的來源。

"分分鐘"就是在以上兩種機制的作用下形成的,一方面經過 AABB 式重疊後縮略而來,另一方面,"分分鐘"又符合粵語語法全稱量化的形式,這兩種合力促成了"分分鐘"的產生,使人們易於接受。"分鐘"本來就是一個詞,但是由於在粵語中"鐘"可以單用,所以把"分鐘"給分析爲"分+鐘",并且受量詞重疊修飾名詞的影響,把"分鐘"重疊爲 AAB 式的"分分鐘"。由於"分分鐘"形式特別、表義生動,符合人們"趨新求異"的心理,所以一旦進入通語就格外受人們青睞。

五、"分分鐘"的傳播進程及原因

"時段性和高頻性幾乎是每個流行語都具備的,是流行語的主要特徵"⑤,"分分鐘"成爲一個流行語,也具有時段性和高頻性。網絡和新聞媒體是流行語傳播的強大平臺,

---

①《現代漢語詞典》第 6 版(商務印書館,2012 年,第 1689 頁)中"鐘"的義項③:"指鐘點、時間:六點～|由這兒到那兒只要十分～。"

②鄧思穎:《粵語語法講義》,香港:商務印書館有限公司,2015 年,第 63 頁。

③鄧思穎:《粵語語法講義》,第 63 頁。

④之所以用"分"重疊,是因爲"分"是時間範疇"時、分、秒"序列中的基本層次範疇(basic-level category),更具有凸顯性(salience)。相比較而言,"時"太長,"秒"太短,所以通常我們說時間短一般以"分鐘"計,如"等我一分鐘","就幾分鐘的事",等等。

⑤夏中華:《關於流行語性質問題的思考》,《語言文字應用》2012 年第 1 期。

跟蹤網絡和新聞媒體中"分分鐘"的使用情況,可以窺探該詞的發展動態。我們檢索了"分分鐘"在人民網的使用情況,截止到 2018 年 10 月 30 日,"分分鐘"共出現了 36388 次,"分分鐘"在人民網上各個年度出現頻次如下①:

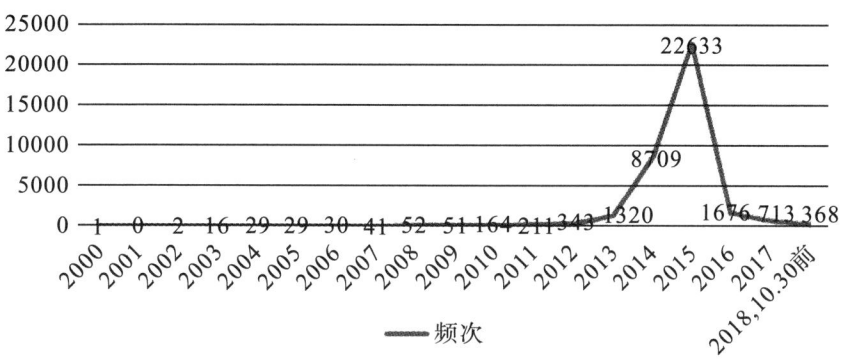

圖 2 "分分鐘"在人民網年度頻次表

從圖 2 可以看出,"分分鐘"在 2000 年開始出現於人民網,但是一直到 2009 年底,頻率一直都比較低,到了 2010 年開始顯著提高,是前一年的三倍。2013 年又是一個轉折期,達到了 1320 次,比 2012 年翻了兩番。此後一路飆升,到了 2014 年達到了 8709 次,幾乎是上一年的 7 倍。2015 年達到峰值,是 2014 年的 2.6 倍。2016 年以後開始急劇下降,僅爲 2015 年的 7.4%。到 2018 年基本上又回到了 2012 年的水準。體現了流行詞的流行規律,在短時間內快速飆升,又很快褪色,各領風騷兩三年。

早在 20 世紀 80 年代,就出現了以"分分鐘"命名的歌曲——《分分鐘需要你》和《分分鐘記起》,但當時正屬改革開放之初,在全國還沒什麼影響,"分分鐘"也一直沉寂。真正讓"分分鐘"流行開來的是電視劇《愛情公寓》的熱播。《愛情公寓》備受年輕人的青睞,由於其中的主角關谷神奇、胡一菲等經常說"分分鐘",帶動了"分分鐘"的快速傳播。《愛情公寓》第一季是 2009 年 8 月 5 日在江西衛視首播,當時影響還不大,但對"分分鐘"的影響是明顯的,比如 2010 年"分分鐘"在人民網的頻次達到了 164 次,是上一年的三倍。第二季 2011 年 1 月 24 日首播,第三季 2012 年 7 月 30 日首播,這兩季的熱播促成了"分分鐘"的快速傳播。當然影響最大的還是第四季,2014 年 1 月 17 日由安徽衛視、上海東方衛視、黑龍江衛視和湖北衛視播出,反應特別火爆。"該劇在首播後打破國產電視劇網絡播放紀錄;首播期間蟬聯百度搜索風雲榜電視劇榜單第一的位

---

① 分別於 2015 年 12 月 31 日,2018 年 6 月 13 日,2018 年 10 月 30 日檢索人民網。

置,是 2014 年第一部搜索指數破 400 萬的電視劇。《愛情公寓 4》在首播一個半月內創下了破 27 億的網絡播放量。"①圖 2 也從一個側面反映了《愛情公寓》類電視劇對"分分鐘"傳播的影響。

另外,2014 年很火的港劇《使徒行者》中"分分鐘"也出現了多次,其中"分分鐘友盡""分分鐘搞定""分分鐘教你做人"成了年輕人的口頭禪,也推動了"分分鐘"的擴散②。

六、小結及餘論

"時、分、秒"都是表示時間的單位,那麼除了"分分鐘",有沒有"秒秒鐘"和"時時鐘"呢? 我們在人民網上檢索,發現"時時鐘"有 33 項,但都是跨層的割裂,如"這時/時鐘""結束時/時鐘""記時/時鐘""出事時/時鐘",沒有一例是真正的"時時鐘"。同樣也沒有"時時刻"③。網上有"秒秒鐘",它有兩個義項。

1. 很短的時間,瞬間

這是"秒秒鐘"的主要意思。"秒鐘"比"分鐘"更短,本來就是"瞬間"的時間,在鐘錶上只是"咔"的一聲就過去了,"秒秒鐘"表示的時間更短,顯示速度更快。

(21) 申請微博秒秒鐘就能搞定了,可要長期地去管理這個平臺可不是一件容易的事情啊。(錢江晚報,2015 年 1 月 19 日)

(22) 手拿一張電子門票,在景區的檢票閘機上刷一下二維碼,秒秒鐘輕鬆進入景區。(新華日報,2014 年 9 月 14 日;人民日報,2015 年 3 月 16 日轉載)

---

①愛情公寓(2009 年系列情景喜劇),百度百科:http://baike.baidu.com/subview/221103/6384693.htm。

②王珊:《分分鐘》,《今晚報》2014 年 12 月 22 日。

③沒有"時時鐘"和"時時刻"是因爲在"時、分、秒"系列裏,"時"是最大的時間單位,"分、秒"都是很小的時間單位,有"分秒必爭"的説法,没有"時分必爭、時秒必爭",這是以肯定小量來肯定全體。沒有"時時鐘"也因爲表示時間的單位上沒有"時、鐘"的説法,分鐘=分,秒鐘=秒,但是"時鐘"≠時,"時鐘"只是表示報時的鐘。"時"與"分、秒"不一樣,不是量詞。在"時"這個意義上,因爲普通話中"時、鐘"都是不成詞語素,所以只能通過雙音化用"小時、鐘頭"表示。

例(21)"秒秒鐘"和"長期"構成了對比。(22)"秒秒鐘"就是刷一下二維碼的時間。

2. 時時刻刻

(23)分分鐘想你,秒秒鐘愛你,就是不想離開你。(人民網,2009年5月14日)

(24)別惹小白兔:劇情秒秒鐘都在胡扯,演員分分鐘都在出戲。(陽光網,2015年10月8日)

例(23)和例(24)中"秒秒鐘"和"分分鐘"對舉,同義。
"秒秒鐘"的形成和"分分鐘"不一樣,他是受"分分鐘"的類推產生的。開始只能出現在和"分分鐘"相對的語境裏,人們爲了強調時間之短,改用比"分鐘"更小的時間單位"秒鐘"類推出"秒秒鐘"。如:

(25)糕點以"分分鐘出爐、秒秒鐘新鮮"的產品好銷,標花蛋糕盛行。(雲南經濟信息報,1993年2月6日)

(26)比快:你分分鐘,我秒秒鐘。眼下,銀行大佬們不約而同地向消費者搖"橄欖枝":買房、買車、買年貨,我們幫您分分鐘搞定。(天津日報,2015年2月13日)

(27)如果是缸,以司馬光小童之力,很難在短時間內把缸擊破。如果是甕,以石擊卵,一擊即碎,甕中小兒秒秒鐘可以脫身得救。所以,司馬光砸的是甕,不是缸。(新快報,2016年1月25日)

例(25)和例(26)中"秒秒鐘"都是和"分分鐘"同現,是作爲"分分鐘"的對照出現的。例(26)"你分分鐘,我秒秒鐘"顯示了各個銀行爲爭奪客戶而展開的服務競爭,似乎"秒秒鐘"比"分分鐘"速度更快,這也顯示了"秒秒鐘"成詞的理據。也有單獨出現的,如(27),體現了速度更快,用時之短。

我們分別在2016年1月2日和2018年10月30日在人民網檢索出"秒秒鐘"的頻率,2016年以來的資料2018年檢索,各年度頻率如表1所示:

表 1　秒秒鐘在人民網年度頻率表

年度	2009	2010	2011	2012	2013	2014	2015	2016	2017	2018.10.30
頻率	1	2	2	4	7	23	22	12	5	3

"秒秒鐘"的數量一直很少,可以説是零星出現,其頻率遠不能和"分分鐘"相比,2014 年猛然上漲,這也與"分分鐘"的擴展進程一致,峰值也出現在 2014—2015 年,可以看出"秒秒鐘"是受"分分鐘"的影響類推產生的。

"分分鐘"是來自於粤語的一個方言詞,在《愛情公寓》等電視劇的助推下走向全國,在頻繁使用的過程中,意義更加豐富。由於"分分鐘"形式新穎、表意生動、結構獨特,符合人們求新求異的心理,再加上強勢方言粤語的影響,所以一經電視熱播便迅速流行開來。

"秒秒鐘"是在"分分鐘"的類推下產生的,但是由於"秒鐘"畢竟太短,幾乎不能持續,我們預測今後在表示相同意思上,還是以"分分鐘"爲主,"秒秒鐘"只有在和"分分鐘"對照時纔用得上。"分分鐘"格式的能產性很低,爲了表示時間之短和速度之快,只能找比"分鐘"更短的時間詞類推,由於"時"太長,不可能出現"時時鐘"的説法,比"秒鐘"更小的時間單位"毫秒""微秒"等又非日常用語,超出了人的感知度,也不適合做 AAB 式的類推。所以,我們預測,除了"分分鐘"和"秒秒鐘",不會再出現其他雙音時間名詞的 AAB 式重疊。

"又双叒叕"類網絡語構形的歷史淵源及應用

朱 瑶 李圓媛

(山西師範大學戲劇與影視學院)

引 言

近年來,隨着網絡自媒體的快速發展、使用人群的擴大,網絡辭彙層出不窮。由人們根據某些社會現象另造的新詞,不僅能夠準確地表達出人們所要表達的意思,而且還能夠擴大現代漢語的辭彙量,顯示出漢字的博大精深。"又双叒叕"這一網絡語就是這樣,它通過十個"又"字組合成四個漢字形體,表示某種現象或某一事件反復多次出現的意思。"叒"和"叕"字在現代漢語中雖不經常使用,但這并不影響人們對"又双叒叕"的理解。在不同的語境中,它還具有不同的感情色彩。同時,以"又双叒叕"相同的構形機制,又産生了一批新的網絡語,如"火炎焱燚""口吅品㗊"等等。對於這類新的詞語,有必要去深入了解它所包含的意義,以便於更好地使用這類詞語。"又双叒叕"作爲這類詞語産生的源頭,正是用來分析的最佳範例。

一、"又双叒叕"類網絡語的使用情況

2012年12月17月,"又双叒叕"第一次出現在朝日新聞網的一條微博"我們又双叒叕要換首相了"中①。由此,十個又的組合瞬間在網絡上走紅,不斷地出現在各種各樣的網絡新聞上。2013年11月2日《鳳凰周刊》在官方微博上發了一條"大黄鴨爆了,

---

① http://news.e23.cn/content/2012-12-19/2012C1900474.html。

又双叒叕成鴨餅了"的微博,對大黃鴨再次泄氣進行了有趣的表述。2016年7月13日,《人民日報》在官方微博上發了一條信息:"南方又双叒叕要暴雨了! 兩條消息,一條不樂觀,另一條也不樂觀",説明南方梅雨季節持續的強降雨對長江下游帶來的威脅。2017年7月24日《鳳凰周刊》發了一條"民警李建國又双叒叕來了,你準備好了嗎?"的微博,來宣傳小朋友暑假安全教育。

2018年至2019年上半年,使用"又双叒叕"的新聞更是數不勝數。《鳳凰周刊》、人民網、中國新聞網等主流媒體對"又双叒叕"的使用頻率越來越高。"又双叒叕"的使用人群也隨着網絡的發展,普及到每一個使用網絡自媒體的各行各業的人。人們用它來表達日常生活感受,如:"又双叒叕到周一了! 真不想上班";也將其用來表述"貴陽大數據交易所又双叒叕上央視新聞聯播了"這樣民衆所關注的大事。"又双叒叕"的使用範圍可以説涵蓋了大家生活的方方面面。

同時,與"又双叒叕"構形相類似的一類網絡語也應運而生,并得到人們的廣泛使用。在朝日新聞網"我們又双叒叕要換首相了"這條微博的評論中,有一條很具典型性:"這真是一方水淼㵘土圭垚養一方人从众呀!"2018年4月網易新聞發布了一條"渭南又調皮了! 7級大風突襲,一張口就是土圭垚"的新聞來提醒大家天氣的變化。同樣是網易新聞,在2019年5月一條標題爲"翟天臨又又又又火炎焱燚了"的新聞,道出了衆多畢業生對翟天臨論文造假的痛恨。2019年6月10日人民網評論:"'人从众'背後,我們'痛并快樂着'。"來説明利用小長假旅遊的人多。一系列的新聞將這類網絡語推入人們的生活之中。

二、"又双叒叕"類網絡語的構形特點分析

1. "又双叒叕"類網絡語的構形方式

"又双叒叕"這一網絡語看起來極像一個四字詞語,從每一個"字"的構形方式上看,它呈現出一個構字部件"又"的重複累計疊加。這與漢字構形中的"疊文"極其相似。早在清代,王筠就曾提到過"疊文"這一種構字方式。在其《説文釋例·疊文同異》中王筠雖没有爲"疊文"歸納出一個完整的定義,但通過他所舉的例子來看,疊文應是由兩個或兩個以上相同部件相并或相疊而成的會意字,如"瓜""从""垚"等。關於由疊文而成的會意字與其構字部件的語音語義關係,王筠也有論述。文中講到"凡疊三成文

者,未有不與本字異音異義者矣,其疊二成文,則音義異者固多,而同者亦有之"①。對於疊二成文者,王筠分了兩種情況,一是"音義并異者",例如"瓜部瓜下云,本不勝末,微弱也,從二瓜,讀若庚","从部説云,相聽也,從二人"②。二是"會意字兼形聲者多矣,其義相承,即其音相似",例如"又詰訓爲競而依競作音,弜訓爲彊而依彊作音"③。對於疊三成文者王筠指出"然則凡數多者,皆可約略而計以三也,故知三也者,無盡之詞也",例如"垚土高也,劦同力也,轟群車聲也"④。按王筠所論,由多個相同部件疊加而成的會意字,其語音語義多與構字部件不同,但也有一些音義相近者。在"又双叒叕"中,"双、叒、叕"分別是由表示"反復,多次"意義的"又"字疊加而成,它使用了疊文的構形方式,看上去是三個單獨的漢字,實則并非相同構件相疊而成的會意字。它既没有產生新意義,也没有產生新的語音,仍然讀作"又、又……"。

"又双叒叕"在構形上採用了"疊文"的構形方式,但它實際上仍然保持着"又"的讀音和意義,這一點又和漢字中有一種特殊的書寫形式"合文"有相似之處。黄德寬在《古文字發展論》中講,從殷商甲骨文開始"合文"這一書寫形式就已經出現。黄德寬對"合文"有一個明確的界定:漢字的書寫基本上都是一個字作爲一個獨立的空間單位,記錄語言中的一個詞。有些詞組,尤其是數詞、常用的專有名詞,常常會將兩個或兩個以上的字合寫在一起,使它們在形式上看起來好像是一個構形和書寫單位,實際上卻記錄了兩個或兩個以上的詞,這種特殊的書寫形態,一般稱之爲"合文"⑤。它是古文字用符號書寫的獨特手段,并且使用了較長一段時間。根據唐蘭先生在《中國古文字學》中對"合文"的解釋會發現"合文"是分兩種情況的,一是:把兩個或兩個以上的字組合在一起没有簡省,例如金文中的"文王"二字作𤣩,左右合書像是一個字。二是:把兩個或兩個以上的字組合在一起有簡省。例如戰國文字中的"二萬"二字作万,上下合書,"二"的末筆與"万"的首筆合爲一筆。無論是否有簡省,都是幾個字組成的合文,依舊讀原本幾個字的音節,意義不變,只是在構形單位上作爲一個構形單位而存在。

"又双叒叕"中"双"由兩個"又"合寫而成,"叒"由三個"又"合寫而成,"叕"由四個"又"合寫而成。組成這三個形體結構的九個"又"讀音和意義都没發生變化,這恰恰符合了"合文"將兩個或兩個以上漢字合寫在一起,使它們在形態上看起來好像是一個

---

① (清)王筠:《説文釋例》,上海:世界書局,1983年,第349頁。
② (清)王筠:《説文釋例》,第351頁。
③ (清)王筠:《説文釋例》,第352頁。
④ (清)王筠:《説文釋例》,第356頁。
⑤ 黄德寬:《古文字發展論》,北京:中華書局,2014年,第239頁。

構形和書寫單位、讀音不變的定義。但是,"合文"是由字形結構不同的兩個或兩個以上漢字合書而成,它們本身不能當做獨立的漢字看待。"双叒叕"是由兩個或兩個以上字形結構完全一樣的漢字,合書成形態上看起來好像是三個漢字單位的形式,它們與漢字中固有的"双"字、"叒"字、"叕"字是不同的。因此,"又双叒叕"在網絡上使用時,不能把"双叒叕"當做三個漢字看待。

通過運用"疊文"和"合文"兩個概念,對"又双叒叕"的構形特點進行分析會發現,"又双叒叕"利用"疊文"的組合方式,把相同部件相并或疊加構成其形體;又運用"合文"保留各構形部件的字音和字義,實現其語音與語義的確認,構成了一種新型網絡語。由"又双叒叕"衍生出的"水沝淼""土圭垚""人从众"這一類網絡語,他們同樣是網友們仿照"又双叒叕"的組合方式根據情景的需要創造出來的。這一類網絡語在使用時,意義和詞性都與"又""水""土"等作爲構形部件的這些漢字本身的意義和詞性一致。

2. 套用古已有之的漢字字形

與"又双叒叕"結構相似的網絡語還有"火炎焱燚""口吅品㗊"等,都是由十個相同的成字部件依次疊加組成的一個"四字"網絡語。但同樣也有"水沝淼""土圭垚""人从众"等分別由六個相同的成字部件,依次疊加組成的"三字"網絡語。爲什麽人們在初次使用這一類網絡語時没有爲它們加上由四個相同成字部件組成的第四個形體結構,與"又双叒叕""口吅品㗊"保持結構上的一致性呢?

"又双叒叕"這一網絡語在構形時套用了漢字中本有的字形。其中,"又""双"是常用的漢字,"叒""叕"二字也早已存在。《説文解字·叒部》:"叒,日出東方湯谷,所登榑桑,叒木也。"①《説文解字·叕部》:"叕,綴也。"②"口吅品㗊"中的"吅品㗊"也同樣是古已有之的漢字,《説文解字·吅部》:"吅,驚嘑也。"③《説文解字·品部》:"品,衆庶也。"④《説文解字·㗊部》:"㗊,衆口也。"⑤能組成"又双叒叕""口吅品㗊"這樣書寫形式的"四字"網絡語的原因是漢字中本身就有這樣形體結構的字。"水沝淼""土圭垚"之所以只有六個相同的成字部件,依次疊加組成而形成"三字"網絡語,是因爲只有這

---

① (漢) 許慎:《説文解字》,北京:中華書局,2013 年,第 123 頁上。
② (漢) 許慎:《説文解字》,第 309 頁上。
③ (漢) 許慎:《説文解字》,第 29 頁下。
④ (漢) 許慎:《説文解字》,第 42 頁下。
⑤ (漢) 許慎:《説文解字》,第 44 頁上。

三個字是古已有之的。《説文解字・沝部》:"沝,二水也。"①《説文解字・水部》:"淼,大水也。"②《説文解字・土部》:"圭,瑞玉也。"③《説文解字・垚部》:"垚,高土也。"④因此"又双叒叕"這一網絡語的構形方式,都是在已有漢字的基礎上相互疊加組合而成的。所以最初創造使用這一網絡語的人就只能組成"又双叒叕"這一由十個"又"疊加組合成"四個漢字"的形式。漢字中没有出現由四個"水""土"疊加組合的字,人們也就没有擅自創造出由四個"水""土"疊加組合的字去構成類似於"又双叒叕"結構的網絡語。我們也可以推知,如果漢字中有五個"又"疊加組合的漢字,"又双叒叕"這一網絡語的構形方式就會發生變化。

三、"又双叒叕"類網絡語的語體色彩和感情色彩

從"又双叒叕"類網絡語的使用情況可以看出,它們的使用比較隨意,没有嚴格的規定。以"又双叒叕"爲例。首先,根據"又双叒叕"表示多次、重複的意思來看,應是十個"又"按照綫性順序一個個寫出來,但爲了結構上的可觀賞性,寫成"又双叒叕"的形式。所以"又双叒叕"是僅存在於書面語中的。其次,它不是單純地表示四個漢字"又""双""叒""叕"。它是十個"又"的組合,讀的時候"双"不讀(shuāng)、"叒"不讀(ruò)、"叕"不讀(zhuó),只能讀作"又……"。這樣單一語音的重複形式,加上他們四字或三字的書寫方式,就使得它們缺乏一定的規範性。

雖然"又双叒叕"類網絡語的適用範圍很廣泛,但它們畢竟是發端於網絡,正規性還是不夠。"又双叒叕"能夠出現在娱樂性的事件中,也能夠出現在大衆的日常生活中,但在比較嚴肅的場合,例如在報導氣候變化或人們的日常生活時,我們能夠看到類似"某某地又双叒叕下大雨了,地震了""景區人从众潮湧動""某某某又火炎焱燚了"等,但并未出現在自然災害造成的人員財産損失的描述上。它們也會出現在一些大的主流媒體上,例如中國新聞網、鳳凰新聞網、人民網等。但因爲它們缺少一定的嚴肅性,用來報導的新聞都很貼近生活。所以,"又双叒叕""火炎焱燚""人从众"等是口語色彩比較濃厚的網絡語。

---

① (漢)許慎:《説文解字》,北京:中華書局,2013年,第239頁上。
② (漢)許慎:《説文解字》,第238頁上。
③ (漢)許慎:《説文解字》,第291頁上。
④ (漢)許慎:《説文解字》,第291頁下。

"又双叒叕"類的網絡語在使用過程中根據編寫者的主觀情感,自然而然地會帶有某種感情色彩。"又双叒叕"第一次出現時就帶有貶義的色彩,諷刺日本換首相的速度快。2017年1月16日華北電力大學發了一條微博"我電又双叒叕上央視新聞了",從這條新聞標題可以讀出華北電力大學師生的自豪之情,十個"又"字疊加,陳述了華北電力大學不是一次兩次上央視新聞的事實,一種想把這種自豪之情傳遞給每個人的迫切心情溢於言表。這條微博中的"又双叒叕"就是帶有褒義色彩。除了帶有褒義、貶義色彩外,"又双叒叕"還可以作爲一個中性色彩的詞來使用。2019年5月5日,上游新聞網有一條"真的不是故意的?格林又双叒叕打到哈登眼睛"的新聞。在NBA西部半決賽第二場,哈登在第一節就被格林的手戳傷眼睛。在第三場第一節,哈林又伸手打到了哈登的眼睛。這條新聞之所以能夠吸引人們的注意,"又双叒叕"發揮了很大的作用。但是在這條網絡新聞標題中,"又双叒叕"沒有褒義或貶義色彩,只是加深了陳述事實的程度。

但是當我們讀到"渭南又調皮了!7級大風突襲,一張口就是土圭垚""翟天臨又又又又火炎焱燚了"這類由名詞或形容詞性的單音節詞疊加組成的網絡語時會發現,它們本身帶有的感情色彩很淡,即使不用"炎焱燚""圭垚"新聞本身的感情色彩也能表達出來。這是因爲"又"的詞性和"土""火""人"等不一樣,"又"作爲一個頻率副詞,在語句中就是爲了修飾和限定動詞和形容詞,使用時自然會帶有一定的感情色彩。而"土""火""人"作名詞時,是作主語或賓語,"土""火"在作形容詞的時候是作定語或謂語,用在具體的語境中本身帶有的感情色彩就很淡,因此"火炎焱燚""土圭垚""人从众"在使用時的感情色彩也就很淡。但是隨着這類網絡語使用的越來越頻繁,"又双叒叕"本身的感情色彩也在逐漸變淡,人們在使用時更注重的是這類網絡語本身的趣味性和觀賞性,也就忽略了它帶有的感情色彩。

結　語

雖然"又双叒叕"這一類網絡語從出現至今僅僅幾年,但它們所使用構形方法和套用的字形都是古已有之的,呈現了一種似舊卻新的形體和解讀方式,并被人們普遍接受。從它們所具備的色彩義方面看,它們帶有一定的感情色彩,能夠表達人們不同的情緒;口語色彩濃厚,能夠爲普通大衆所使用。因其可以推而廣之的構形原則,這種意義簡單明瞭、書寫美觀富有趣味性的網絡語,還具有強大的衍生能力。因此"又双叒叕"這一類網絡語纔能成爲網絡熱語,使用頻率越來越高,範圍越來越廣。

巴蜀治水神話傳說芻論

李 誠

（四川師範大學文學院）

　　巴蜀本爲一古代地理概念，兩地人情風俗自古迥異。然以岷江、長江爲主之豐沛水系，卻從文化上將兩地挽結一起，生生不息，古往今來，爲華夏文化建構注入不竭生命之源。論及此源，則不能不及於古之洪水。洪水，乃世界神話傳說共同之主題。華夏文化中，凡論及治理洪水，則不能不提及鯀、禹；巴蜀文化中論及治理洪水，則必提及鼈靈。又治巴蜀神話傳說者皆不會忽略一基本事實：華夏族神話傳說中幾位與洪水有關者，皆與巴蜀有密切關係，如顓頊、共工、鯀、禹等①。要言之，華夏文化中，洪水神話傳說實與巴蜀有千絲萬縷之聯繫。吾人甚至懷疑華夏族那古老之洪水神話，作爲華夏文化建構重要之一環，即起源於巴蜀。如此重大命題，本文或不足厭人心，僅草此以爲引玉之資，并寄念於尚未引起足夠重視之巴蜀神話傳說。

一、治水之區域

　　欲考巴蜀神話傳說中治理洪水之區域，不能不自鼈靈治水始。《太平御覽》卷八八八引《蜀王本紀》云：

　　　　荊有一人名鼈靈。其屍亡去，荊人求之不得。鼈靈屍至蜀複生，蜀王以爲相。時玉山出水，若堯之洪水。望帝不能治水，使鼈靈決玉山，民得陸處。②

---

①李冰治水故事實後起，其間雖不無上古治理洪水之影響，但其主體仍爲局部水利工程之興修，故不計在內。
②（宋）李昉等：《太平御覽》，北京：中華書局，1960年，第3944頁。

此所謂"玉山",當即《華陽國志·蜀志》所謂"會有水災,其相開明決玉壘山以除水害"①之"玉壘山"。不過鱉靈治水之地,卻又并不僅限於此。《水經注》卷三三引來敏《本蜀論》云:

> 時巫山峽而蜀水不流,帝使鱉令鑿巫峽通水,蜀得陸處。②

故有學者爭論鱉靈治水之所,認爲"玉"乃因與"巫"字形近而誤,當作"巫山";亦有學者以爲"巫山在巴國之東,蜀王何能使人鑿通之"③。實則此皆不過以歷史准神話傳説之推測之詞。正如下述,無論鱉靈,抑或夏禹,治水之跡在傳説中絶非一處,倘以今之常識衡之,實難揆之以理,故不必予以坐實。治神話傳説關注者,乃在是否有此傳説,何以有此傳説。上引《水經注》并非一時誤會,其卷三四經文云"江水又東徑巫峽",注云:"杜宇所鑿以通江水也"④,"杜宇"當然指杜宇相鱉靈,此蓋古書恒例,將臣下所爲之事以君名記之。是鱉靈治水,在傳説中鑿巫峽與鑿玉山乃可以并行不悖,不必取此而舍彼。如若謂"鑿巫峽"乃疏通長江,此所謂"決玉壘山"乃疏通何處呢?《水經》卷三三有答:

> 江水又東别爲沱。⑤

酈注云:"開明之所鑿也。郭景純所謂玉壘。"⑥是則傳説中開明治水之跡又及於沱江,沱江即其所鑿長江支流。由此開頭,順流而下,清嘉慶修《金堂縣志》記載云:

> 金堂峽,在金堂山南。相傳望帝相鱉令所鑿。⑦

---

①任乃强校注:《華陽國志校補圖注》,上海:上海古籍出版社,1987年,第118頁。引者按:以下凡引《華陽國志》,皆出此本,僅具書名及頁碼。
②王國維校:《水經注校》,上海:上海人民出版社,1984年,第1045頁。引者按:以下凡引《水經》及其注者,皆出此本,僅具書名及頁碼。
③任乃强校注:《華陽國志校補圖注》,第122頁。
④王國維校:《水經注校》,第1066頁。
⑤王國維校:《水經注校》,第1038頁。
⑥王國維校:《水經注校》,第1038頁。
⑦《金堂縣志》,見《中國地方志集成·四川府縣志輯》,成都:巴蜀書社,1992年,第83頁。引者按:以下凡引四川、重慶府、縣志者,皆出此叢書,僅具具體志名及頁碼。

金堂峽位於金堂縣境内西部。沱江自北而南縱貫金堂西部,峽呈 S 形。據傳至今金堂峽左岸炮臺山與右岸雲頂山山腰各存一巨大脚印,乃當年鱉靈以雙足蹬開峽口所留①。而前引《金堂縣志》更有如下一段記載:

> 三皇灘上有廟,神像獰獰可畏,相傳祀李二郎。然他處二郎像皆白面少年,應系訛傳也。此峽乃望帝相鱉令所鑿,事出三代,洪荒未開,故至今廟祀稱"三皇像",或其然歟。②

是長、沱江皆有鱉靈治水足跡。然尚不僅此。

民國修《蘆山縣志》言蘆山縣有開明城,"相傳蜀開明王建"③。蘆山當青衣江上流。

又《水經注》卷三三言南安(今四川樂山)"即蜀王開明故治"④。而樂山正當大渡河、青衣江、岷江三水交匯處。

又《華陽國志·蜀志》云:"僰道(今四川宜賓)有故蜀王兵蘭。"⑤"兵蘭"即"兵欄",謂兵營之外所設置之障礙物。此"蜀王"雖未明言爲何人,但既與治水相關,則此"蜀王"當指鱉靈。而宜賓正金沙江、岷江匯合之處。

又《太平寰宇記》卷八六記閬中云:

> 仙穴山在縣東北十里。《周地圖記》云:靈山峰多雜樹,昔蜀王鱉靈帝登此,因名靈山。山東南有五女搗練石,山頂有池常清;有洞穴絶微,有一小徑通舊靈山。天寶六年勅改爲仙穴山。⑥

是川北閬中亦曾有鱉靈足跡,而如上引書所言,"閬中縣,閬水迂曲經其三面,居其中,蓋取爲縣名"。而民國修《閬中縣志》則云:

---

① 馮廣宏:《洪水傳説與鱉靈治水》,見李紹明、林向、徐南洲主編《巴蜀歷史·民族·考古·文化》,成都:巴蜀書社,1991年,第290頁。
② 《金堂縣志》,第91頁。
③ 《蘆山縣志》,第137頁。
④ 王國維校:《水經注校》,上海:上海人民出版社,1984年,第1045頁。
⑤ 任乃强校注:《華陽國志校補圖注》,上海:上海古籍出版社,1987年,第133頁。
⑥ (宋)樂史:《太平寰宇記》,上海:上海古籍出版社影印文淵閣《四庫全書》,1987年,第469册,第696頁。引者按:以下凡引《太平寰宇記》者,皆出此叢書,僅具叢書名、册數及頁碼。

> 鱉靈祠在縣東十里靈山上。久廢。①

或許正由於神話傳說中鱉靈治水之跡遍巴、蜀,故北宋張俞所撰《郫縣蜀叢帝新廟碑記》頗有總結之意,其言略云:

> 當是時,巫山龍戰,崩山壅江,水逆襄陵,蜀沉於海。望帝乃命鱉靈鑿巫山,開三峽,決江、沱,通綿、洛,合漢、沔,濟荆、揚,然後蜀得陸處,人保厥命。②

以上固鱉靈,請次觀禹治水之跡。

禹治水曾至江州(今重慶市)、三峽,傳說甚多,僅舉一例以見一斑:

> 《華陽國志》曰:禹娶於塗山。今江州塗山帝禹之廟銘存焉。又曰:山有禹王祠及塗后祠。陶宏景《水仙賦》云:塗山石帳,天后翠幌,夏禹所以集群臣也。按《倦遊錄》:三門禹廟,神儀侍衛極肅。後殿一氈裘像,侍衛皆胡人,云是禹婦翁。今不存。③

《尚書·禹貢》亦記載禹治水所到之跡,有涉及巴蜀處:

> 岷山導江,東別爲沱。④

又云:

> 岷嶓既藝,沱潛既道。⑤

---

① 《閬中縣志》,第669頁。
② (宋)袁説友等編,趙曉蘭整理:《成都文類》,北京:中華書局,2011年,第631頁。引者按:以下凡引《成都文類》者,皆出此本,僅具書名及頁碼。
③ (明)曹學佺:《蜀中廣記》,上海:上海古籍出版社影印文淵閣《四庫全書》,1987年,第591冊,第206頁。引者按:以下凡引《蜀中廣記》者,皆出此叢書,僅具叢書名、册數及頁碼。
④ 《尚書·禹貢》,見清阮元校刻《十三經注疏》,北京:中華書局,1980年,第152頁。引者按:以下凡引《尚書》者,皆出此叢書,僅具叢書名、册數及頁碼。
⑤ 《十三經注疏》,第150頁。

可注意者,"沱"在前引《水經注》中,酈注云"開明之所鑿"。是禹與鱉靈可謂神會也。

又民國修《灌縣志》載:

> 疏江亭在治西,相傳大禹導江至此。又名都江亭。①

"灌縣"即今都江堰市,岷江由此進入成都平原。是知傳說中李冰在此治水前,禹治水亦過此。

又《蜀中廣記》卷二四云:

> 縣(今四川南部)東南與蓬州相接三十里爲禹跡山。《志》云:禹治水所經也。山頂平衍,有小石泉,鑿石爲像,層樓覆之。宋紹興何汝賢有《禹跡山院記》。②

又民國修《閬中縣志》亦載有"禹跡山",又有"禹跡寺",且云:

> 舊稱禹治水經此,故名。③

是皆在川北,以理推之,其所治應爲流經閬中、南部之嘉陵江。因此清道光修《保寧府志》有載:

> 閬州城臨嘉陵江,江之滸有烏楊巨木長百餘尺,圍將半焉。撼於江波者久矣,而莫知其自。耆老相傳:堯時泛洪水而至。④

當然,堯時洪水侵襲過閬中,於此可得證明。但這卻難以證明禹也到過閬中。不過無獨有偶,清道光修《夔州府志》所載似亦可爲閬中嘉陵江"烏楊巨木"作一佐證:

---

① 《灌縣志》,第 194 頁。
② 《四庫全書》,第 591 册,第 312 頁。
③ 《閬中縣志》,第 639 頁。
④ 《保寧府志》,第 317 頁。

> 木櫪山在縣(即今萬縣市)西一百里。一名水櫪山。昔大禹治水過此,見衆山漂没,惟此山木櫪不動,故名。①

皆爲樹木,皆能在洪水之中屹立不動,似乎寄託了神話思維時代人們對樹木,這洪水之中唯一之諾亞方舟之尊崇與迷信。由上可知,不但成都盆地之西部邊沿,不但長、沱江之分流之所,不但川東地區,即使川北,亦可能流傳着禹治水之神話傳説。

是流傳於巴蜀之神話傳説中,禹與鱉靈於巴蜀治水經歷之地乃可以重合而絕非風馬牛不相及。

二、洪水之起因

神話傳説中,洪水起因乃十分重要之問題。西方神話中洪水由上帝發動,乃爲懲戒人類邪惡與不良。中國南方少數民族中,亦流傳有神向人類報復,發起洪水毁滅人類的故事。然華夏族神話中,洪水卻由天神之間爭奪帝位而引起。《淮南子·天文》云:

> 昔者共工與顓頊爭爲帝,怒而觸不周之山。天柱折,地維絕,天傾西北,故日月星辰移焉;地不滿東南,故水潦塵埃歸焉。②

同書《本經》又云:

> 舜之時,共工振滔洪水以薄空桑。③

這一神話令人聯想起流傳於阿壩藏族自治區汶川縣羌族中神話《羌戈大戰》。故事説羌人與戈基人發生了氏族之間的衝突,天神幫助羌人戰勝、殲滅了戈基人,然後:

---

① 《夔州府志》,第78頁。
② (漢)劉安:《淮南子》,上海:上海古籍出版社縮印浙江書局匯刻本《二十二子》,1986年,第1215頁。引者按:以下凡引《淮南子》及其注者,皆出此叢書,僅具叢書名及頁碼。
③ 《二十二子》,第1239頁。

天神發起了滔天洪水,把呷爾布(即戈基人)發臭的屍體沖得乾乾淨淨羌人就在此地安居樂業了。①

兩個流傳在不同地域之洪水故事皆有氏族間爭鬥背景,似乎暗示着一個神話系統變異之不同版本。

然共工何以有如此能力？蓋共工龍也。《山海經》郭璞注引《歸藏·啓筮》云：

共工,人面蛇身朱髮也。②

《淮南子》高誘注亦云：

共工,天神也。人面蛇身。③

蛇實即龍,是龍即造成鯀、禹時代洪水之原因與罪魁禍首。

那麼鱉靈時代洪水又緣何形成呢？來敏《本蜀論》謂"巫山峽而蜀水不流"④,其因則張俞《郫縣蜀叢帝新廟碑記》謂"巫山龍戰,崩山壅江"⑤。所謂"巫山龍戰",即龍之爭戰,造成巫山崩塌。此載雖未揭示龍所指爲誰,然揆之傳説,當即前引《淮南子》所載"共工"之流。清光緒修《巫山縣志》曾有記載：

斬龍臺:治西南八十里錯開峽一石特立。相傳禹王導水至此,一龍錯行水道,遂斬之。故峽名"錯開",臺名"斬龍"。⑥

顯而易見,"禹王"與鱉靈治水之跡正在此交集,二者所面對洪水肇事者皆爲龍。是傳説中,鯀、禹、鱉靈所遭遇洪水起因乃相同。

---

①林向：《巴蜀文化新論》,成都:成都出版社,1995年,第242頁。引者按:故事由汶川縣文化館長汪有倫先生(羌族)口述,林向先生1980年5月記錄。
②《山海經》,上海:上海古籍出版社縮印浙江書局匯刻本《二十二子》,1986年,第1382頁。引者按:以下凡引《山海經》及其注者,皆出此叢書,僅具叢書名及頁碼。
③《二十二子》,第1224頁。
④王國維校：《水經注校》,上海:上海人民出版社,1984年,第1045頁。
⑤《成都文類》,第631頁。
⑥《巫山縣志》,第483頁。

三、治水與神女

清光緒修《巫山縣志》云：

> 泗瀼,縣西南七十里,澗水横通大江,兩山對峙,一名錯開峽。峽距大江五里,有斬龍台。俗傳大禹錯開,神女授冊,始劈三峽。①

此深澗一名"泗瀼",一名"錯開峽",顯然即前所引禹斬龍之所在。那麼"神女授冊"又是如何呢?《太平廣記》卷五六引前蜀杜光庭《墉城集仙錄》云：

> 雲華夫人……名瑤姬……嘗東海遊還過江上……時大禹理水駐山下,大風卒至,崖振谷隕不可制,因與夫人相值,拜而求助。即敕侍女授禹策召鬼神之書。因命其神狂章、虞余、黃魔、大翳、庚辰、童律等助禹斫石疏波,決塞導厄,以循其流。禹拜而謝焉。禹嘗詣之崇巘之顛,顧盼之際,化而爲石,或倏然飛騰,散爲輕雲,油然而止,聚爲夕雨。或化遊龍,或爲翔鶴,千態萬狀,不可親也……因命侍女陵雲華出丹玉之籍,開上清寶文以授。禹拜受而去,又得庚辰、虞余之助,遂能導波決川,以成其功。②

這一故事較之前引《巫山縣志》所載,誠然已完全仙化。然巫山神女之傳說宋玉《高唐》《神女》二賦即有之,顯然出自遠古神話,又豈能因被仙化而一筆抹煞?神話傳說自有其傳播之生命力在。是南宋陸遊《入蜀記》卷四有如許記載：

> 二十三日,過巫山凝真觀,謁妙用真人祠。真人即世所謂巫山神女也。
>
> 祠正對巫山,峰巒上入霄漢,山脚直插江中,議者謂太華、衡、廬皆無此奇。然十二峰者不可悉見,所見八、九峰,惟神女峰最爲纖麗奇峭,宜爲仙真所托。祝史

---

①《巫山縣志》,第314頁。
②(宋)李昉等:《太平廣記》,上海:上海古籍出版社影印文淵閣《四庫全書》,1987年,第1043册,第281—283頁。

云:每八月十五夜月明時,有絲竹之音往來峰頂。山猿皆鳴,達旦方漸止。廟後山半有石壇平曠。傳云夏禹見神女授符書於此。壇上觀十二峰,宛如屏障。是日天宇晴霽,四顧無纖翳,惟神女峰上有白雲數片,如鸞鶴翔舞徘徊,久之不散,亦可異也。①

倘將陸遊所記與前引《巫山縣志》相較,可謂詳略相異,卻來源相同。禹於治水過程中曾得女神幫助,乃源遠流長之神話傳説,好事者遂有意造作。清道光修《夔州府志》載巫山縣有"神女廟岣嶁碑"。并云:

> 《縣志》:夏后自題七十七字於衡山岣嶁峰,爲岣嶁碑。明國子監沈鎰爲豎碑於神女廟。②

是皆證明歷來確有禹治水得神女相助傳説。那麼鱉靈治水是否也曾有女神相助呢?前引《太平寰宇記》卷八六記今閬中有鱉靈所登之"靈山","山東南有五女搗練石,山頂有池常清"③。《蜀中廣記》卷二四又引《志》云:

> 一峰峭拔,介宋江嘉陵之間。上有鱉靈墓。元稹八月六日與僧如展、前松滋主薄韋戴同遊碧澗寺,賦得扉字。引云:寺臨蜀江,内有碧澗穿注兩廊,又有龍女洞,能興雲雨。詩中噴字以平聲韻。詩云……他生莫忘靈山别,滿壁人名後會稀。④

知靈山之上,確有鱉靈墓,亦有"五女搗練石"及"能興雲雨"之"龍女洞",是鱉靈之治水,亦有神女相助乎?

前曾論傳説中禹治水嘗經由南部縣。而南部縣尚有"離堆山",《蜀中廣記》卷二四稱其爲"蜀三離堆之一"⑤,且記云唐顏真卿謫蓬州(今四川蓬安縣),在此撰并書有《磨崖記》,於唐寶應年立碑。而即此之地,清道光修《保寧府志》記南部縣有:

---

① (宋)陸遊:《入蜀記》,《四庫全書》,上海:上海古籍出版社影印文淵閣《四庫全書》,1987年,第460册,第920—921頁。引者按:以下凡引《入蜀記》者,皆出此本,僅具書名及頁碼。
② 《夔州府志》,第625頁。
③ 《四庫全書》,第469册,第696頁。
④ 《四庫全書》,第591册,第307頁。引者按:曹引元稹詩載《元氏長慶集》卷一八。
⑤ 《四庫全書》,第591册,第312頁。

> 磨崖碑亭在縣東南離堆山。鼇山亭在縣南跨鼇山下。①

"鼇""鱉"皆龜類,且與"離堆"相鄰,"跨鼇"云云當亦屬與治水有關之神話傳說無疑。故《蜀中廣記》卷八引《方輿勝覽》云仁壽(今四川仁壽)亦有跨鼇山:

> 跨鼇山上有跨鼇亭。每歲上元、重九,太守率僚屬燕其上。有石姥在山頂,歲旱,里人轉徙之,天即黯靆,雨四注。②

"轉徙之",可以理解爲一種祈禱的方式如鄉俗祈雨常抬龍、舞龍之類。那麼此處石姥,亦當爲呼風喚雨之神。正如前引《墉城集仙錄》記巫山神女"或爲遊龍,或爲翔鶴;既化爲石,又化爲人",也如陸遊《入蜀記》卷四所記:"入翟塘峽……過聖姥泉,蓋石上一罅。人大呼於旁則泉出,屢呼則屢出,可怪也。"③"石姥""聖姥",惟可賜人雨露,即得列神女之列。如是鱉靈逗留之地,確有"五女""龍女""石姥"等女神出入,且皆與水有密切關係。是無論禹之治水,或鱉靈治水,皆不離神女之助了。

不僅如此,有時候,傳說中,女神竟將禹和鱉靈聯繫於一起。民國修《什邡縣志》記什邡縣紅廟場有"禹母廟","立三楹肖禹母及大禹神像於內"④。而其白廟場則有"龜靈廟"。《志》云:

> 烏龜石,治北八十餘里白廟場上。場有廟曰"龜靈"。龕下有一天然生成石龜,大與圓桌相等,頭、尾、足酷肖,背上橫斜紋路甚多。其坪內農人常常挖出石塊大如碗者甚多,形狀紋路頗似大龜。土人相傳爲大龜所產者,往往送存其廟。但此龜不知產自何時,鄉人但知呼其地名曰"烏龜石",祀其神曰"龜靈",廟神肖老姥像。⑤

"龜靈"實即"鱉靈"。蜀中各地"炳靈廟""鱉靈寺"多有之。此處鱉靈與女神(老姥)竟成一而二,二而一之神靈。且白廟場、紅廟場遙遙相對,禹母、老姥,鱉靈、大禹相映成

---

① 《保寧府志》,第 103 頁。
② 《四庫全書》,第 591 册,第 109 頁。
③ 《四庫全書》,第 460 册,第 921 頁。
④ 《什邡縣志》,第 336 頁。
⑤ 《什邡縣志》,第 336 頁。

趣。據《什邡縣志》,所謂"禹母祠"雖清光緒七年所建,然"以九聯坪之祠宇基址早經埋没,恐後來無有知者"而建,"祠雖鄙陋而古跡賴以保存"①,是什邡九聯坪自古即有禹跡及其傳説,禹母、老姥、鱉靈、大禹於此地傳説中缺一不可也。

四、治水之幻形

神話傳説中,治水者往往化爲非人形態,方能擔當非常工程。以鱉靈而言,僅就其名字,似乎已經足以説明問題。再以其能溯江而上,至岷山脚下方甦醒而觀之,神話傳説中,鱉靈無疑即龜,因此治水方成爲其特長。前引民國修《什邡縣志》所載"龜靈廟"已可證明。至於鯀、禹治水神話傳説中之幻形,則當從鯀説起。以其名字結構而言,"鯀"實魚類。"鯀"字又或作"鮌",則"玄"正龜類,古稱"玄武"即龜形。正由於鯀乃水族,故其最後結局,多言沉於羽淵。至於沉於羽淵之形態,則諸書或言化爲"黃熊",或言化爲"黃能"。然以唐陸德明《左傳》音義説最辨:

"黃熊"音"雄",獸名。亦作"能",如字,一音奴來反。三足鱉也。解者云,獸非入水之物,故是鱉也。一曰,既爲神,何妨是獸。案《説文》及《字林》皆:能,熊屬。足似鹿。然則能既熊屬,又爲鱉類。今本作"能"者勝也。東海人祭禹廟,不用熊白及鱉爲膳,斯豈鯀化爲二物乎?②

《史記·夏本紀》唐張守節《正義》之説亦可與陸氏説相發明:

鯀之羽山,化爲黃熊,入於羽淵。"熊"音乃來反,下三點爲三足也。束皙《發蒙紀》云:"鱉三足曰熊。"③

---

① 《什邡縣志》,第 336 頁。
② 《十三經注疏》,第 2049 頁。
③ (漢)司馬遷:《史記》,北京:中華書局,1959 年,第 50 頁。引者按:以下凡引《史記》及其三家注者,皆出此本,僅具書名及頁碼。

由是可知,在神話傳說中禹父鯀形實類鱉靈,乃三足龜類。故晉王嘉《拾遺記》卷二云:

> 堯命夏鯀治水,九載無績,鯀自沉於羽淵,化爲玄魚。時揚鬐振鱗,橫遊波上,見者謂爲河精。羽淵與河、海通源也,海民於羽山之中修立鯀廟,四時以致祭祀。常見玄魚與蛟龍跳躍而出,觀者驚而畏之。至舜命禹疏川奠嶽,濟巨海則鼉鼊而爲梁,逾峻山則神龍而爲馭。行遍日月之墟,惟不踐羽山之地,皆聖德感鯀之靈化。其事互說,神變猶一而色狀不同。玄、魚、黃熊,四音相亂,傳寫流文,鯀字或魚邊玄也。群疑衆說,並略記焉。①

應感謝《拾遺記》之"群疑衆說,並略記焉"爲後人保留了可貴之神話傳說資料,使知確有鯀爲龜鱉之說。因此毫不奇怪,屈原《天問》"鴟龜曳銜,鯀何聽焉"②一語,雖然迄無確詁,然鯀治水與龜有關,則治《楚辭》者向來并無異議。

禹之幻形則更複雜。傳說中禹治水幻形,有"熊"說。

> 《淮南》曰:禹治鴻水,通轘轅山,化爲熊。謂塗山氏曰:"欲餉,聞鼓聲乃來。"禹跳石,誤中鼓。塗山氏往,見禹方作熊,慚而去。至嵩高山下化爲石。③

根據以上對鯀幻形之探討,以及鯀、禹之間的關係,禹所化"熊"或亦如前引張守節注鯀所化"熊",當讀"來乃反",字形則如束晳所說"下三點爲三足也",實乃三足鱉。此雖僅屬推斷,然典籍所載禹之步態,似乎可爲旁證。《荀子·非相》云:"禹跳,湯偏。"唐楊倞注云:

> 《尸子》曰:禹之勞,十年不窺其家。手不爪,脛不生毛,偏枯之病,步不相過,人曰禹步。④

---

① 《四庫全書》,第1042册,第320頁。
② 洪興祖:《楚辭補注》,北京:中華書局,1983年,第89頁。
③ 洪興祖:《楚辭補注》,第97頁。引者按:此文乃洪氏補注所引,亦見於趙明誠《金石錄》卷二四。今本《淮南子》無此語。
④ 《二十二子》,第295頁。

明董斯張《廣博物志》卷二五引《帝王世紀》亦云：

> 世傳禹病偏枯，足不相過，至今巫稱禹步是也。①

何謂"禹步"？後人以想像推之，皆曰乃跛行。然既爲巫所遵從，可見其源流有自，應有一定步態。如今世鄉間道士、端公之流，作法時亦稱"禹步"。何謂"禹步"？其說甚多，元陶宗儀《說郛》卷七四下引晉葛洪《登涉符籙》所載最明瞭：

> 禹步法：正立，右足在前，左足在後，次複前右足，以左足後右足併，是一步也；次複前右足次前左足，以右足從左足併，是一步也；次複前右足，以左足從右足併，是三步也。如此，禹步之道畢矣。②

揆之，其法乃左、右足交替前行，而後足所邁不超前足，即所謂"足不相過"也。與跛足者行走之狀所不同者，跛足者恒先邁好足，次邁病足，故而左足病則右足恒先邁；右足病則左足恒先邁。"禹步"者，則左、右交替先邁。此正龜鱉蛙類爬行之狀。此類說法、作法，於遠古巫術時代（亦神話傳說時代），毫不足奇。

文化尚處較原始或保留較多古風民俗之地在其節日儀式中，尚恒有模仿與生活有關之動物狀貌及行爲之舞蹈。"足不相過"，乃後人所保留之禹神話傳說中禹步態之記載，其理甚明，無庸多辯。

綜上所述，禹治水時幻形或亦如其父，爲魚鱉之類。《拾遺記》卷二即載龜鱉助禹治水云：

> 禹盡力溝洫，導引川夷嶽，黃龍曳尾於前，玄龜負青泥於後。玄龜，河精之使者也。龜頷下有印文，皆古篆字，作九州山川之字。禹所穿鑿之處，皆以青泥封記其所，使玄龜印其上。今人聚土爲界，此之遺象也。③

---

①《四庫全書》，第 980 册，第 524 頁。
②《四庫全書》，第 880 册，第 187 頁。
③《四庫全書》，第 1042 册，第 320 頁。

較之其父鯀"鴟龜曳銜"之簡約,此段神話傳說道龜鱉助禹治水,更爲詳盡。是鯀、禹、鱉靈治水,皆以龜鱉爲其幻形。

五、餘論

以上通過巴蜀治水神話傳說,從治水區域、洪水起因、治水與女神、治水幻形四個方面討論了鱉靈與禹(亦兼及其父鯀)相似之處。若進一步梳理文史及神話傳說,將洪水神話傳說中鱉靈作爲一方,而將鯀、禹、啓作爲另一方,則兩方還有更多相似之處不遑細論,茲列成下表:

鱉靈與鯀、禹、啓事蹟比較表①

事項\人神	鱉靈	鯀	禹	啓
1.治水區域	巫峽、岷江、沱江、金沙江、嘉陵江。		巫峽、岷江、沱江、嘉陵江。	
2.洪水起因	龍門崩山壅江。	共工爭帝崩山。共工屬龍。	共工爭帝崩山。共工屬龍。	
3.神女助治水	治水處有石姥、龍女。		治水處有女神。有地名聖姥泉。	
4.治水幻形	龜鱉。	三足鱉。	有龜相助,"禹步"實龜步。	
5.族屬	來自楚,尊夏制。	夏、楚祖神。	夏、楚祖神。	夏后。
6.活動區域	自楚來蜀,爲蜀王。	生於蜀。②	生於蜀,活動於蜀。③	生於巴,活動於蜀。④
7.圖騰	與巴圖騰虎有關。⑤		與巴圖騰虎有關。⑥	與巴圖騰虎有關。
8.妻室	妻與望帝通。		與塗山氏野合。	
9.同事	農神(杜宇)。		農神(稷)。	

---

①按:表中所列 1 至 4 項前已有討論。其餘 5 至 12 項僅略加注明。

②按:詳下《餘論》。

③按:詳下《餘論》。

④按:詳下《餘論》。

⑤按:《山海經·海內西經》"帝之下都……門有開明獸守之,百神之所在";"開明獸身大類虎而九首,皆人面"(《二十二子》,第 1374—1375 頁)。鱉靈正號"開明"。

⑥按:清道光修《重慶府志》載:"虎乳溪,距塗山半里。溪橫立一石如屏,下有泉深三丈。相傳禹生啓,虎爲之乳,故名。萬曆時,鐫'虎乳泉'三字於石。"(第 30 頁)

續表

事項\人神	鱉靈	鯀	禹	啓
10. 王號	叢帝。開明。①	崇伯。		夏后開。
11. 登位元元方式	禪讓。		禪讓。	
12. 禮樂	多夏楚制。②		制夏樂。	用夏樂。

上表或難免牽强之譏,卻不能簡單一筆抹殺爲虛幻或偶然。它不能不令人深思:鱉令就是鯀、禹、啓中之一? 抑或其合體? 史傳中,作爲華夏族祖先之鯀、禹、啓及其先人們與巴蜀到底關係如何?《史記·五帝本紀》云:

> 黄帝……娶於西陵之女,是爲嫘祖……生二子……其二曰昌意,降居若水。昌意娶蜀山氏女,曰昌僕,生高陽。③

"若水"在今四川境内。以此,若以爲帝高陽顓頊即蜀人,恐非妄言。太史公上述之説自有其據,諸書皆無異言,故可信從。徐文靖《竹書紀年統箋》卷一云:

> 三十年,(高陽)帝産伯鯀,居天穆之陽。④

夏祖鯀乃顓頊之後,故楚人尊崇之。"天穆之陽"何在? 郭璞注《山海經》引《古本竹書紀年》云:

---

① 按:"開明"見上注②。"崇""叢"相通。(《孔叢子·小爾雅·廣詁》,《四庫全書》,第695册,第331頁)

② 按:《華陽國志·蜀志》:"九世有開明帝,始立宗廟,以酒曰醴,樂曰荆,人尚赤……未有諡列,但以五色爲主,故其廟稱青、赤、黑、白、黄帝也。""醴"乃周祭祀禮專用。荆樂即楚樂,自夏啓,《九歌》《九辯》爲代表。"尚赤"乃楚人習尚。以五色分稱先帝見元馬端臨《文獻通考·宗廟考》:"唐、虞立五廟。夏氏因之。"(北京:中華書局,1986年,第825頁)

③ 《史記》,第10頁。

④ 徐文靖:《竹書紀年統箋》,浙江書局匯刻本《二十二子》,上海:上海古籍出版社,1986年,第1049頁。引者按:以下凡引《竹書紀年統箋》者,皆出此叢書,僅具叢書名及頁碼。

> 顓頊產伯鯀，是維若陽，居天穆之陽。①

"若陽"，即若水之北。是鯀亦生於蜀，爲蜀人。

至於禹，則唐張守節《正義》引揚雄《蜀王本紀》云：

> 禹本汶山郡廣柔縣人也，生於石紐。②

禹生於蜀，亦爲蜀人。

至於啓，其生地雖有爭議，然其父爲蜀人，母爲巴人，又如前所引，曾受巴虎乳，且活動於蜀。《山海經·大荒西經》云：

> 西南海之外，赤水之南，流沙之西……此天穆之野，高二千仞，開焉得始歌《九招》。③

此"天穆之野"正略同於"天穆之陽"，故啓亦由巴、蜀而起，而終爲華夏之主。《史記·夏本紀》起始即稱：

> 禹之父曰鯀，鯀之父曰帝顓頊，顓頊之父曰昌意，昌意之父曰黄帝。禹者，黄帝之玄孫而帝顓頊之孫也。④

是此一世系正與巴蜀有着神秘關係，而以治水昭著於史册與神話傳説中之鯀、禹皆在其中。又不但中國神話傳説中治水者在蜀地，即傳説中造成洪水之罪魁共工似亦與蜀有關。《山海經·海内經》云：

> 祝融降於江水，生共工。⑤

---

① 《二十二子》，第1384頁。
② 《史記》，第49頁。
③ 《二十二子》，第1384頁。
④ 《史記》，第49頁。
⑤ 《二十二子》，第1387頁。

"江水"雖非盡在蜀地,然《水經》言"江水",始則曰"岷山在蜀郡氐道縣,大江所出"①;終則曰"又東,左得青林口"②,依酈注,"青林口"在今安徽。西周之世,今湖北以下尚爲蠻夷之地,何況祝融、共工時?故共工所生"江水",要皆不出巴、蜀、楚。

綜上所述,巴蜀或正華夏洪水神話傳説發祥之地也。當鯀、禹、啓等所在部族由西部邊陲順江而下進入中原腹地後,其神話傳説亦隨之播遷於其他部族中,發生新的變化,呈現出新的面目,從而打上新的文化烙印。傳世歷史文獻所載禹之治水等等,或即此新的"變化""面目""烙印"之歷史呈現!或以爲,上述神話傳説播遷之跡何以不可以逆流而上?換言之,巴蜀治水神話傳説爲何不可以爲鯀禹治水神話之改造、複製呢?誠如是,則持此等質疑者先須回答:何以唯巴蜀之地流傳着與鯀、禹治水並行不悖之鼈靈神話傳説?何以古代文獻中所記載鯀、禹、啓諸神(人)與其祖先之出生多與巴蜀有如許神秘之關係?

正是巴蜀治水神話傳説之遺存,使吾人受到極大啓示,意識到中國神話傳説中鯀、禹治水發生之源頭,并進而思考及華夏上古傳説時代文化分化融合建構諸跡。由此而言,上述議論或難免狂悖之譏,然得將討論引嚮至此,於巴蜀神話傳説,吾人亦可略感無憾矣。

①王國維校:《水經注校》,上海:上海人民出版社,1984年,第1035頁。
②王國維校:《水經注校》,第1108頁。

本生、地獄與志怪

——從《法苑珠林》看佛教故事的經典化歷程

張 煜

（上海外國語大學文學研究院）

　　從佛教傳入中國的那一天起，佛教故事也就伴隨着佛教教義在神州大地上流布，并對中國文學産生了巨大的影響。佛教故事的分類，以往的研究者們，如孫昌武《佛教與中國文學》，將佛典文學分爲佛傳文學、本生經、譬喻經、因緣經等①；吳海勇《中古漢譯佛經叙事文學研究》，將佛經文學分爲佛傳、本生、譬喻、僧伽罪案文學與讚頌文學等五大類②。對《法苑珠林》③之前佛教故事的研究，有臺灣梁麗玲《〈雜寶藏經〉及其故事研究》④《〈賢愚經〉研究》⑤《漢譯佛典動物故事之研究》⑥；釋依淳《本生經的起源及其開展》⑦；丁敏《佛教譬喻文學研究》⑧；以及大陸李小榮《漢譯佛典文體及其影響研究》⑨；等等。唐代道世（？—683）撰集的《法苑珠林》，作爲一部篇幅最大的百科全書式的佛教類書，在傳播佛教的世界觀與思想的同時，客觀上也起到了保存、改編與流傳佛教經典故事的效用，而在此之前比較著名的佛教故事類書則有南朝梁僧旻、寶唱等撰集的

---

① 孫昌武：《佛教與中國文學》第一章《漢譯佛典及其文學價值》，上海：上海人民出版社，2007年。
② 吳海勇：《中古漢譯佛經叙事文學研究》第一章《佛經翻譯文學概説》，北京：學苑出版社，2004年。
③ （唐）道世撰集：《法苑珠林》，見《影印宋磧砂版大藏經》影印，上海：上海古籍出版社，1991年，下同。
④ 梁麗玲：《〈雜寶藏經〉及其故事研究》，臺北：法鼓文化事業股份有限公司，1998年。
⑤ 梁麗玲：《〈賢愚經〉研究》，臺北：法鼓文化事業股份有限公司，2002年。
⑥ 梁麗玲：《漢譯佛典動物故事之研究》，臺北：文津出版社有限公司，2010年。
⑦ 釋依淳：《本生經的起源及其開展》，高雄：佛光出版社，1987年。
⑧ 丁敏：《佛教譬喻文學研究》，臺北：東初出版社，1996年。
⑨ 李小榮：《漢譯佛典文體及其影響研究》，上海：上海古籍出版社，2010年。

《經律異相》,之後則如唐玄奘《大唐西域記》記錄各種佛教故事①,本文擬於佛教故事經典化歷程的角度,以《法苑珠林》爲中心,對此問題做一探討。

其中本生類著名者,入海采寶則如《法苑珠林》卷二七《至誠篇》之"大意抒海"。據陳明《抒海、竭海與擬海——佛教抒海神話的源流》②以及梁麗玲《〈賢愚經〉故事與相關佛教故事之比較》③,《六度集經》《生經》《摩訶僧祇律》《四分律》《佛説大意經》《賢愚經》《佛本行集經》與《經律異相》等中,都有此故事的記載。《大志經》當即《大意經》[(宋)求那跋陀羅譯],相較而言,《賢愚經》[(元魏)慧覺等所譯]中的記載與《大意經》最爲接近,但要更爲繁復。而《法苑珠林》又對《大意經》進行了縮寫,尤其是經過銀城、金城、水精城、琉璃城,而對大意抒海的情節則基本照舊:

> 海神便摇其手使珠墮水。大意自念:王與我言,此珠難保。我幸得之,今爲此子所奪非趣也。即語海神言:我自勤苦,經涉險阻,得此珠來。汝反奪我,今不相還,我當抒盡海水。海神知之,問言:卿志奇高。海深三百三十六萬由旬,其廣無涯,奈何竭之? 如日終不墮地,如大風不可攬束。日尚可墮,風尚可攬,大海水不可抒令竭也。大意笑答之言:我自念前後受身,生死壞敗,積骨過於須彌山,其血流過五河,尚欲斷之生死之根本。但此小海,何足可抒? 我昔供養諸佛誓願言:令我志行勇於道決所尚無難,當移須彌山、竭大海水,終不退意。便一心以器抒海水,精誠之意,四天王來助大意,抒水三分已二。於是海中諸神皆大振怖,共議言:今不還珠者非小故也,水盡泥出壞我官室。海神於是便出衆寶以與大意。大意不取,但欲得我珠,終不相置。海神知其意盛,便出珠還之。大意得珠還其本國,恣意大施。自是以後境界無復饑寒窮乏之者。④

故事最後表明這是一個本生故事。此故事之要點,在於表現大意之精誠,感動天神相助。據王青《抒海(煮海)型故事及其發展》,還影響到元雜劇《張生煮海》⑤。

愛情類則如《法苑珠林》卷二八《神異篇》"蓮花夫人"故事,《經律異相》卷四五,取

---

①參陳引馳:《佛教故事口傳方式的存在:〈大唐西域記〉佛教傳説考述》,收於氏撰《文學傳統與中古道家佛教》,上海:復旦大學出版社,2015年。
②陳明:《印度佛教神話:書寫與流傳》第五章,北京:中國大百科全書出版社,2016年。
③梁麗玲:《〈賢愚經〉研究》第五章,臺北:法鼓文化事業股份有限公司,2002年,第452頁。
④《法苑珠林》,第199—200頁。
⑤王青:《西域文化影響下的中古小説》,北京:中國社會科學出版社,2006年,第236—237頁。

材於《六度集經·布施度無極章》[(三國·吳)康僧會譯]卷三"第二十三",而《法苑珠林》則取材於《雜寶藏經》卷一第八"蓮花夫人緣"①。所不同之處在於,《雜寶藏經》中鹿女蓮花夫人所生五百卵,被王夫人出於忌妒,換成了"五百面段",而在《法苑珠林》中,則是"千葉蓮花"被換成了"臭爛馬肺"。而《六度集經》《經律異相》(梁寶唱撰)中所產爲百卵。後千子在下遊他國長大成爲一千力士,來攻打蓮花夫人之國。關鍵時刻,蓮花夫人登上百丈之臺:

> 爾時千子欲舉弓射,自然手不能舉。夫人語言:汝慎莫舉手向父母,我是汝母。千子問言:何以爲驗?母答子言:我若搆乳,一乳有五百歧,各入汝口,是汝之母。若當不爾,非是汝母。即時兩手搆乳,一乳之中有五百歧,入千子口中。其餘軍衆無有得者。千子降伏,向父母懺悔。諸子於是和合,二國無復怨仇。②

最後說明這是一個本生故事:"佛言:欲知彼時千子者,賢劫千佛是也。爾時嫉妒夫人縵他目者,文鱗瞖目龍是也。爾時父者,白淨王是也。爾時母者,摩耶夫人是也。"這個故事想象力驚人,富有文學意味。據劉守華《狸貓換太子的跨國之旅》,玄奘《大唐西域記》與法顯《佛國記》中也叙及此事,且對中國"狸貓換太子"故事有影響③。百卵成子、隨流飄蕩,都明顯有印度文化的痕跡。如印度史詩《摩訶婆羅多》中,盲國王持國與蒙眼王后甘陀利所生百子,即從百卵中孵出。而般度的妻子貢蒂,少女時因爲服侍仙人,而得到了能夠召喚天神的咒語。她試着召來了太陽神,後者與她生出了一個自帶鎧甲與耳環的男孩迦爾納。貢蒂因爲還沒結婚,所以只好把孩子放在籃子裏,飄送去下游④。

又如《法苑珠林》卷八〇《六度篇》"太子須達拏"故事,這個故事流傳廣泛,有梵文、漢文、藏文、於闐語、粟特語、回鶻語等多種版本。故事講述須達拏太子因樂善好施,把國寶戰象布施給了敵國,國王震怒,把太子放逐進深山十二年。太子妃帶着一男一女兩

---

① (元魏)吉迦夜與曇曜共譯:《雜寶藏經》,《大正藏》第四冊,臺北:新文豐出版有限公司,1983年,第451—452頁。
② 《法苑珠林》,第207頁。
③ 劉守華:《佛經故事與中國民間故事演變》,上海:上海古籍出版社,2012年,第70—73頁。另可參李小榮:《〈狸貓換太子〉的來歷》,《河北學刊》2002年第2期;伏俊璉、劉子立:《"狸貓換太子"故事源頭考》,《文史哲》2008年第3期。
④ 參張煜:《印度史詩〈摩訶婆羅多〉與佛教、中國文學之關係》,《復旦學報》2018年第5期,第115頁。

個孩子跟隨太子入山,沿途他們又把馬、車、隨身衣服布施給了來行乞的婆羅門。入山後,一醜婆羅門又來求太子兒女爲奴婢,太子依然應允。太子妃傷心欲絕,帝釋天化作婆羅門,又來乞太子妃,太子依然慷慨應允。最後精誠感動天地,國王也原諒了太子,一家人喜得團聚①。《法苑珠林》所引出自《太子須達拏經》,這個故事婉轉動人,細節描寫也很真切,是本生故事中的精品。此故事又見於《六度集經》卷二第十四"須大拏經"、《經律異相》卷三一等。

機智類則如《法苑珠林》卷三一《潛遁篇》之"甥舅共盜"故事,亦爲本生故事形式之智慧故事,摘自《生經》[(西晉)竺法護譯]。故事大致講述了甥舅共入王府行竊,舅爲砍頭,甥得逃脫。後國王以舅頭、頭骨、女兒、外孫作誘餌,想要抓捕此甥,但都被對方一一識破,成功逃脫。最後國王佩服此甥智慧,天下無雙,心甘情願把女兒許配給了他。佛告訴大家:"欲知爾時外甥者,則吾身是。外國王者,舍利弗是。其舅者,今調達是。"②此經在《經律異相》中已有選錄,劉守華先生對此故事亦有相關研究③。值得注意的是,這裏的外甥的有些行爲,在道德上并不是毫無瑕疵的,這也是令一些本生經研究者感到困惑的地方。如 Naomi Appleton 在 *Jātaka Stories in Theravāda Buddhism: Narrating the Bodhisatta Path* 中所云:"As in the previous example, the message here is that it is acceptable for the Bodhisatta to behave foolishly, but not for an entire life, for then his karmic fruits would be inevitable. once again, therefore, the Bodhisatta's problematic behaviour is resolved within the course of the jātaka's story of the past."④我們認爲,這些故事本身毫無疑問是一些非常流行的民間故事,佛教對這些故事用本生的形式進行改造,雖然這些故事的主人公有些在道德上并非完美,但他們只是代表佛的前世,而且在性格上往往有很多常人不具備的優點,所以反而可以增强佛教的吸引力和傳播力。

《法苑珠林》卷四九《不孝篇》中的"棄老國"故事,也可以歸入聰明機智類。故事講述棄老國有遺棄老人的國法。有一位大臣偷偷把父親藏了起來奉養,後來天神屢出難題考驗國王,大臣回家請教父親,幫助國王順利解答。國王要獎賞大臣,大臣道出實情,國王因此改正了這條錯誤的法令。其中包括著名的稱象故事:

---

① 《法苑珠林》,第 565—566 頁。
② 《法苑珠林》,第 232 頁。
③ "機智而幸運的小偷",劉守華《佛經故事與中國民間故事演變》,第 51 頁。
④ *Jātaka Stories in Theravāda Buddhism: Narrating the Bodhisatta Path*,第二章,The Bodhisatta in Jātaka Stories,Farnham: Ashgate Publishing Limited,2010,P27。

又復問言:此大白象,有幾斤兩?群臣共議,無能知者。大臣問父。父言:置象船上,著大池中。畫水齊船,深淺幾許?即以此船,置石著中。水没齊畫,則知斤兩。即以此智,以答天神。①

陳寅恪先生《寒柳堂集》有《三國志曹沖華佗傳與佛教故事》一文,認爲曹沖稱象的故事,實起源於此。② 此故事《法苑珠林》取自《雜寶藏經》卷一③,梁麗玲《〈雜寶藏經〉及其故事研究》亦有討論④。

社會經濟生活類則如《法苑珠林》卷四九《忠孝篇》之"睒子"(Sāma)故事,講述了一個感天動地的孝子故事,很適合中國文化的接受背景。故事講述孝子睒服侍年老目盲父母,無微不至。因居於山林,爲父母取水,被打獵的國王誤射致死。睒臨終前,以父母之命相托。國王懷着無比懊悔的心情,一步一步向睒子父母住所走去,告訴了他們這個不幸的消息。最後盲父母呼天搶地,感動上天,睒子起死回生。結尾仍以本生故事慣有的模式結束。此故事《法苑珠林》摘自《睒子經》⑤,《六度集經》⑥《雜寶藏經》⑦《經律異相》⑧《大唐西域記》⑨中亦皆有記載。故事當來自印度,《羅摩衍那》中的十車王,也因射獵誤殺孝子,不同的是他受到了盲父母詛咒,而得報應,後流放兒子羅摩,同樣經歷了親人離別的痛苦⑩。金維諾先生《敦煌本生圖的內容與形式》一文中,提到法顯《佛國記》中,寫師子國三月佛齒出時:"王便夾道兩邊,作菩薩五百身已來種種變現,或作須大拏,或作睒變,或作象王,或作鹿、馬。如是形像,皆彩畫莊校,狀若生人。"⑪是最早的中文出處。

---

①《法苑珠林》,第364—365頁。
②陳寅恪:《寒柳堂集》,北京:生活·讀書·新知三聯書店,2001年。
③《大正藏》第四冊,第449頁,(四)"棄老國緣"。
④梁麗玲:《〈雜寶藏經〉及其故事研究》第五章《〈雜寶藏經〉故事與其他經典之關係》,臺北:法鼓文化事業股份有限公司,1998年,第187頁。
⑤(西秦)聖堅譯:《睒子經》,《大正藏》第3冊。
⑥(吳)康僧會譯:《六度集經》卷五,四十三"睒道士本生",《大正藏》第3冊。
⑦《雜寶藏經》卷一,(二)"王子以肉濟父母緣"。
⑧《經律異相》卷一〇,上海:上海古籍出版社,宋磧砂版影印本,1995年,第52頁。
⑨(唐)玄奘、辯機原著,季羨林等校注:《大唐西域記》卷二,北京:中華書局,2000年,第254—255頁。
⑩季羨林譯《羅摩衍那》(二),《阿逾陀篇》第57—58章,《季羨林全集》23,北京:外語教育與研究出版社,2010年。另外迦梨陀娑《羅怙世系》第九章中也有記載。黃寶生譯注,北京:中國社會科學出版社,2017年,第329—333頁。詳參陳明《〈大唐西域記〉故事及其圖像在西域的流傳》,《澎湃新聞》2018年9月25日。
⑪金維諾:《敦煌本生圖的內容與形式》,《美術研究》1957年第3期。章巽校注《法顯傳校注》,北京:中華書局,2008年,第131頁。

动物类故事则如《法苑珠林》卷五〇《背恩篇》之"九色鹿"①,这是一个谴责忘恩负义的美丽故事。故事讲述九色鹿于森林中救出水中溺人,溺人恩将仇报,反而去国王处告发九色鹿的行踪,欲取富贵。九色鹿被国王包围,无处逃生。临死前向国王告发溺人的背信弃义,并感慨道:"此人前溺在水中。我不惜身命,自投水中负此人出。约不相导,人无反复,不如出水中浮木也。"最后国王颁诏保护此鹿,佛告诉大家九色鹿就是他的前生,而溺人就是佛的对头难达。《法苑珠林》引自《九色鹿经》。这个故事又见于《六度集经》②《根本说一切有部毗奈耶破僧事》③《菩萨本缘经》④《经律异相》⑤等。关于文本与图像的进一步的研究,可参李小荣《论九色鹿本生的图文传播》⑥、刘震《德国佛教艺术史研究方法举隅:以九色鹿故事为例》⑦。

又如《法苑珠林》卷五四《诈伪篇》"虯与猕猴"的故事⑧,讲述了母虯怀孕想吃猴心,公虯骗猴子下海;猴子发现上当后,灵机一动,称心忘记在了树上,需要去取。最后猴子又回到了树上,愚蠢的公虯还在傻乎乎地等待猴子下树,想继续行骗:"善友猕猴得心已,愿从树上速下来。我当送汝至彼林,多饶种种诸果树。"而猴子则对它进行了辛辣的讽刺:"汝虯计校虽能宽,而心智虑甚狭劣。汝但审谛自思忖,一切众类谁无心?彼林虽复子丰饶,及诸菴罗等妙果。我今意实不在彼,宁自食此优昙婆。"双方都采用了伽陀讽颂的形式,很有点像现代歌剧中的对唱。作为一个本生故事,我们可以看到佛在前世化身大猕猴时,既有反应机敏的一面,但也存在着容易轻信的缺点。此故事又见于《六度集经》卷四第三十六"兄(猕猴)本生"、《生经》卷一"佛说鳖猕猴经第十"、《本生经》中的"鳄鱼本生"等。虯、鳖乃至鳄鱼虽然不同,但故事情节都大同小异,王青"'鳖求猴心'故事的印度渊源",对此有进一步的讨论⑨。

譬喻故事著名者则如《法苑珠林》卷四四《君臣篇》之"攀藤食蜜":

---

① 《法苑珠林》,第369页。
② 《六度集经》卷六,第五十八"修凡鹿王本生"。
③ (唐)义净译:《根本说一切有部毗奈耶破僧事》卷十五,《大正藏》第24册,第175—176页。
④ (三国)支谦译:《菩萨本缘经》卷下"鹿品"第七,《大正藏》第3册,第66—68页。
⑤ 《经律异相》卷一一,上海:上海古籍出版社,宋碛砂版影印本,1995年,第61页。
⑥ 李小荣:《论九色鹿本生的图文传播》,《哈尔滨工业大学学报》2014年第4期。
⑦ 刘震:《德国佛教艺术史研究方法举隅:以九色鹿故事为例》,《史林》2012年第1期。
⑧ 《法苑珠林》,第392页。引自(隋)阇那崛多译《佛本行集经》卷三一,《大正藏》第3册。
⑨ 王青:《西域文化影响下的中古小说》,北京:中国社会科学出版社,2006年,第394—397页。

> 昔日有人，行在曠路。逢大惡象，爲象所逐。狂懼走突，無所依怙。見一丘井，即尋樹根，入井中藏。上有黑白二鼠，互齧樹根。此井四邊，有四毒蛇，欲螫其人。而此井下，有三大毒龍。傍畏四蛇，下畏毒龍。所攀之樹，其根動搖。樹上有蜜，五滴墮其口中。於時動樹，敲壞蜂窠。衆蜂散飛，唼螫其人。有野火起，複來燒樹。大王當知，彼人苦惱，不可稱計；而彼人得味甚少，苦患甚多。

這些譬喻分別代表的是：

> 曠野者，喻於生死。彼男子者，喻於凡夫。象，喻於無常。丘井，喻於人身。樹根，喻於人命。白黑鼠者，喻於晝夜。齧樹根者，喻念念滅。四毒蛇者，喻於四大。蜜者，喻於五欲。衆蜂，喻惡覺觀。野火燒者，喻其老邁。下有三毒龍者，喻其死亡，墮三惡道。是故當知，欲味甚少，苦患甚多。①

（唐）義淨（635—713）譯《佛説譬喻經》，内容也與此故事相仿，只是最後多了一段偈頌②。（後秦）僧肇等注《注維摩詰所説經》卷二《方便品第二》中，鳩摩羅什也提到這個故事，應該是比較早的中文出處③。"攀藤食蜜"後來在中國明清成爲一種繪畫題材。而此故事的來源毫無疑問是印度，如《摩訶婆羅多》第十一《婦女篇》中即有此故事④。甚至在耆那教的文獻中，都能够找到這個故事的蹤影⑤。

因緣故事則如《法苑珠林》卷五八《謀謗篇》"微妙比丘尼"故事，講述了微妙比丘尼因爲前世做下的業障以及發下的毒咒，在這世遭到的悲慘報應，包括：在回父母家生產的途中，孩子出生，致使丈夫半夜被毒蛇咬死；晨起先抱小兒過河，再去接大兒時，大兒入水淹死，小兒接着也被岸上的狼咬死；回家途中，遇到梵志，得知父母俱已死於火災，被梵志收留爲女；後又嫁人，因爲生孩子，未爲醉酒丈夫及時開門，結果孩子生下被丈夫殺死，還用酥油煎煮逼她吃下；離家出走，遇到妻子新喪的長者子，不久長者子病薨，被

---

① 《法苑珠林》，第332頁。
② 《佛説譬喻經》，《大正藏》第4册。
③ 《注維摩詰所説經》，上海：上海古籍出版社，民國影印本，1995年版，第34—35頁。
④ [印]毗耶娑著，黄寶生等譯：《摩訶婆羅多》（四），北京：中國社會科學出版社，2005年，第908—909頁。
⑤ 參[德]阿德爾海特·梅塔著，劉震譯：《以棄絕至解脱——耆那教經典詩選》，"井中人的比喻"，臺北：新文豐出版公司，2018年，第46頁。

埋入墳內殉葬；在墳內遇到盜墓賊，被賊首掠去作妻，未幾盜墓賊爲人所殺，再次被依俗殉葬；後因狐狼開塚得出，值佛出家修道，得阿羅漢①。故事摘自《賢愚經》卷三，陳引馳《佛教故事口傳方式的存在：〈大唐西域記〉佛教傳説考述》②、梁麗玲《〈賢愚經〉研究》③、陳寅恪《蓮花色尼出家因緣跋》④於此故事均有探討。《法苑珠林》卷六六《怨苦篇》所引《婦人遇辜經》中亦載有此故事⑤。

又如《法苑珠林》卷七六《十惡篇》之"醜女金剛"故事⑥，講述了波斯匿王的女兒金剛其醜無比，"身體粗澀，猶如蛇皮，頭髮粗强，猶如馬尾"。婚後因爲相貌醜陋，丈夫都不敢帶她去參加朋友聚會。金剛精誠求佛，佛令其變得美若仙女。最後的結局皆大歡喜，富有喜劇色彩。佛告訴大家，金剛之所以此生生長醜陋，是因爲上輩子曾經呵罵一辟支佛所致。此故事摘自《撰集百緣經》卷八⑦，又見於《賢愚經》卷二、《經律異相》卷三四、《雜寶藏經》卷二等。《敦煌變文校注》卷六收有《金剛醜女因緣》⑧。

《法苑珠林》中還有不少起死回生、地獄遊歷與談神論鬼的故事，這些故事主要來源於志怪小説⑨，被佛教加以利用，爲其説教服務；也有一部分是佛教徒撰寫的。如《法苑珠林》卷五五《破邪篇》，講述晉程道慧，"世奉五斗米道不信有佛"，後死而復蘇，回憶被縛入地獄，"因自憶先身奉佛，已經五生五死忘失本志"，後被放還之事⑩。此故事摘自南齊王琰《冥祥記》。又如《法苑珠林》卷六《六道篇》，講述了南朝宋李旦從地獄回轉人間的故事⑪，此故事摘自唐唐臨《冥報記》。

又如《法苑珠林》卷一八《敬法篇》，講述唐趙文信"暴死三日，後還得蘇"，講述在地獄的奇遇：

---

①《法苑珠林》，第424頁。
②陳引馳：《文學傳統與中古道家佛教》，上海：復旦大學出版社，2015年，第295頁。
③梁麗玲：《〈賢愚經〉研究》，臺北：法鼓文化事業股份有限公司，2002年，第220頁。
④陳寅恪：《寒柳堂集》，北京：生活·讀書·新知三聯書店，2001年，第169頁。
⑤《法苑珠林》，第485頁。
⑥《法苑珠林》，第544頁。
⑦《撰集百緣經》，(吴)支謙譯，《大正藏》第4册。
⑧黄征、張涌泉校注：《敦煌變文校注》，北京：中華書局，1997年，第1102頁。
⑨關於"志怪"的含義，參李劍國《唐前志怪小説史·志怪序略》，天津：天津教育出版社，2005年，第12—13頁。
⑩《法苑珠林》，第408頁。
⑪《法苑珠林》，第44頁。

初死之日，被人遮擁，驅逐將行。同伴十人，並共相隨，至閻羅王所。其中見有一僧，王先喚師，問云："師一生已來，修何功德？"師答云："貧道從生已來，唯誦《金剛般若》。"王聞此語，忽即驚起，合掌贊言："善哉，善哉！師審誦《般若》，當得升天出世，何因錯來至此？"王言未訖，忽有天衣來下，引師上天去。王后喚遂州人前："汝從生已來，修何功德？"其人報王言："臣一生已來，不修佛經，唯好庾信文章集錄。"王言："其庾信者，是大罪人，現此受苦。汝見庾信，頗曾識不？"其人報云："雖讀渠文章，然不識其人。"王即遣人，引出庾信，令示其人。乃見一龜，身一頭多。龜去少時，現一人來，口云："我是庾信。爲生時好作文章，妄引佛經，雜糅俗書，誹謗佛法。謂言不及孔老之教，今受罪報龜身苦也。"

此故事亦引自《冥報記》①。大概庾信在唐初文名甚著，所以被佛教引來作爲反面典型。《法苑珠林》卷二八《神異篇》之"地獄四郎"故事，亦頗爲傳神②。故事講述唐初張某至太山謁廟，讚美府君第四子儀容秀美。後四郎告知張，今歲不合得官；其後果然，且遭劫掠，幸得四郎相救。後張某隨四郎遊地府，偶遇其妻，四郎又爲設法赦免。後張回家，見其妻死而復生。此故事亦摘自《冥報記》。

寫鬼則如《法苑珠林》卷六《六道篇》"宋定伯捉鬼"，詼諧風趣：

　　南陽宋定伯，年少時，夜行逢鬼。問曰："誰？"鬼尋復問之："卿復誰？"定伯誑之，言："我亦鬼。"鬼問："欲至何所？"答曰："欲至宛市。"鬼言："我亦欲至宛市。"遂行數里。鬼言："步行太遲，可共遞相擔也。"定伯曰："大善。"鬼便先擔定伯數里。鬼言："卿大重，將非鬼也？"定伯言："我新死，故身重耳。"伯因復擔鬼，鬼略無重。如是再三。定伯復言："我新死，不知鬼悉何所畏忌？"鬼答言："唯不喜人唾。"於是共行。道遇水，定伯令鬼先度，聽之了無聲音。定伯自度，漕灌作聲。鬼復言："何以聲？"定伯曰："新死不習度水故爾，勿怪吾也。"行欲至宛市，定伯便擔鬼著頭上，急持之。鬼大呼，聲咋咋然，索下，不復聽之。徑至宛市中，下著地，化爲一羊。便賣之。恐其變化，爲並唾之。得錢千五百，乃去。於時石崇言："定伯賣鬼，得千五百文。"③

---

① 《法苑珠林》，第145頁。
② 《法苑珠林》，第213頁。
③ 《法苑珠林》，第45頁。

《法苑珠林》摘自《列異傳》，又見晉幹寶《搜神記》卷一六①。

有寫人鬼之戀情的，如《法苑珠林》卷七五《十惡篇》：

> 漢有談生者，年四十，無婦，常感激讀經書，通夕不卧。至夜半時，有一姝女，年十五六，姿顏服飾，天下無雙，來就談生，遂爲夫婦。言曰："我不與人同夜，君慎勿以火照我也。至三年之後，乃可照耳。"談生與爲夫婦。
>
> 生一兒，已二歲矣，不能忍，夜伺其寐，便盗照視之。其腰已下，肉如人，腰已上，但是枯骨。婦覺，遂去，云："君負我！我已垂變身，何不能忍一年而竟相照耶？"談生辭謝。涕泣不可復止，云："與君雖大義，今將離别。然顧念我兒，恐君貧不能自諧活，暫逐我去，方遺君物。"談生逐入，華堂蘭室，物器不凡。乃以珠被與之，曰："可以自給。"裂取談生衣裾，留之辭别而去。
>
> 後談生持被詣市，睢陽王買之，直錢千萬。王識之曰："是我女被，那得在市？此人必發吾女塚。"乃收考談生。談生具以實對，王猶不信。乃往視女塚，塚全如故。乃復發視，果於棺蓋下得衣裾。呼其兒視，貌似王女。王乃信之，即出談生而復之，遂以爲女婿，表其兒爲郎中。②

故事讓人感到匪夷所思，此故事摘自《搜神記》（卷一六）。

經典志怪故事則如"盤瓠"神話，摘自《搜神記》，收於《法苑珠林》卷六《六道篇·畜生部》，李劍國《唐前志怪小説史》認爲干寶取材於《風俗通》和《魏略》，這個"故事是古時蠻族關於自己始祖及民族起源的推源神話"③。故事講述五色犬盤瓠因銜得戎吳將軍首級，獲賜千金、少女。少女隨盤瓠入山，"蓋經三年，産六男六女。盤瓠死後，自相配偶爲夫妻"④。後王賜號"蠻夷"，"蠻夷者，外癡内黠，安土重舊。以其受異氣於天命，故待以不常之伴。……今即梁、漢、巴、蜀、武陵、長沙、廬江群夷是也。用糝雜魚肉，叩槽而號。每祭盤瓠，其俗至今。故世稱'赤髀橫裙，盤瓠子孫'"。

《搜神記》中著名的"三王塚""韓憑夫婦"故事，則被收於《法苑珠林》卷二七《至誠

---

① 《漢魏六朝筆記小説大觀》，上海：上海古籍出版社，1999 年，第 402 頁。
② 《法苑珠林》，第 539 頁。
③ 李劍國：《唐前志怪小説史》，天津：天津教育出版社，2005 年，第 318 頁。
④ 《法苑珠林》，第 49 頁。

篇》①。《搜神記》中"李寄砍蛇"的故事,則收於《法苑珠林》卷三一《妖怪篇》②。摘於《搜神記》的,還有"蠶馬"神話,收於《法苑珠林》卷六三《因果篇》③。故事講述女兒思念遠方的父親,和家裏養的公馬開玩笑,説如果你能讓我見到父親,我就嫁給你。後公馬果然把父親找回,但女兒卻没有兑現承諾,引起了公馬的不滿。父親知情後,射殺公馬,并把馬皮曬在庭院。結果馬皮居然把女兒卷走,"後經數日,得於大樹枝間,女及馬皮盡化爲蠶,而績於樹上。其繭綸理厚大,異於常蠶。鄰婦取而養之,其收數倍。因名其樹曰桑。桑者,喪也。由斯百姓競種之,今世所養是也。言桑蠶者,是古蠶之餘類也"。這個故事美麗而又殘酷,因爲蠶首似馬,所以在蠶與馬之間建立起聯想。這些故事,原本與佛教毫無關係,但也都被《法苑珠林》吸收利用,共同構成了《法苑珠林》超越現實的神奇世界。

---

① 《法苑珠林》,第 202 頁。
② 《法苑珠林》,第 240 頁。
③ 《法苑珠林》,第 465—466 頁。

唐代僧人白話詩"苦海出頭還復没"説的語源①

〔中國香港〕朱慶之

(香港教育大學中國語言學系/中國語言與語文教育研究中心)

一

　　唐五代時期的白話文學是中國俗文學發展早期的重要成果,也是研究中國俗文化歷史的重要資料。20世紀二三十年代,以胡適、鄭振鐸爲代表的新知識分子在西方現代學術思想和觀念的影響之下,認識到過去不登大雅之堂的通俗文學作品的學術價值,提倡白話文學史/俗文學史的研究和寫作。唐五代白話文學包括變文、白話詩和曲子詞等作爲中國俗文學目前可見的最早的典型樣本開始受到學術界的重視,相關的文獻學研究,包括搜輯、整理、校勘和注釋等基礎性工作漸次展開。經過數十年、差不多上百年的努力,較爲完備的作品總集相繼問世,不但展示了唐代俗文學發展的基本面貌,也爲更多角度和更深層次的研究提供了堅實的基礎。在這個長時間的學術接力中,一代又

---

① 本文的初稿曾以"唐代白話僧詩'苦海出頭還復没'説的源與流"爲題在由四川大學中國俗文化研究所主辦的"中國俗文化國際學術研討會暨項楚學術文集首發式"(2019年7月6日)作過大會報告。唐五代僧人白話詩中有一種可以統稱爲"苦海出頭還復没"的説法。項楚先生(1991/2010,2000)最早注意到這個説法以及相關的"出頭"一詞的特殊含義,做了必要的解釋。在此基礎上,本文嘗試對其語源做進一步探究。筆者期望這篇續貂小文能爲項楚先生開創的中國古代俗文學的文獻語文學研究的大廈添一塊小磚,同時也爲老師項楚先生八十壽慶獻一份薄禮。

一代學者先後做出了不可磨滅的貢獻,而項楚先生則是他們當中的傑出代表①。

項先生從 20 世紀 60 年代進入這個領域,經過長時間的積累,先後出版了《敦煌變文選注》(成都:巴蜀書社,1989 年;增訂本,北京:中華書局,2006 年),《王梵志詩校注》(上海:上海古籍出版社,1991 年;增訂本,上海:上海古籍出版社,2010 年),《寒山詩注,附拾得詩注》(上海:上海古籍出版社,2000 年)以及《敦煌歌辭總編匡補》(敦煌叢刊二集,臺北:新文豐出版公司,1995 年)等四部大著,内容涵蓋了唐五代俗文學的主要方面,代表了今天唐代俗文學作品文獻學研究的最高水準。

筆者竊以爲,項楚先生研究的最大特色有三:一是充分揭示出了這些俗文學作品與佛教尤其是佛經翻譯文學的密切關係;二是充分揭示出了這些俗文學作品在語言形式上的地方化和口語化特點;三是充分揭示出了這些俗文學作品與早期和同期其他文獻的密切聯繫,以及對後世俗文學的巨大影響。這些特色的形成既有賴於作者對中國優秀學術傳統的繼承,更有賴於他面對全新的研究對象時在方法和材料方面所做的教科書式的學術創新。這些鴻篇巨製,已經成爲古代俗文學文獻研究的學術經典;其中所體現的學術理路和方法,也成爲這個學科重要的學術範式。

當然,學術永無止境。隨着研究條件的不斷改善,新的資料還會不斷出現,對已有成果還會不斷有所補充,使之更加完善。本文就是這方面的一個小小的嘗試。

---

① 在敦煌曲子詞方面,有王重民在 1950 年出版的《敦煌曲子詞集》(上海:商務印書館,輯詞 318 首)、任二北在 1955 年出版的《敦煌曲校錄》(上海:上海文藝聯合出版社,輯詞 545 首)和 1987 年出版的《敦煌歌辭總編》(上海:上海古籍出版社。按,關於《總編》所收曲詞的總數,常見的説法是"1500 餘首"。今考正編七卷,依據編號,始○○○一終一五二○,再加上"補遺"一四九,共一六六九。但"目錄"末有"以上正文七卷,補遺一卷,共錄歌辭一千二百四十一首附見辭三十五首"之語。又王悠然的序文一開頭便説:"這部稿子載敦煌歌辭一千三百餘首,是在《敦煌曲校錄》五百餘首的基礎上不斷增訂,醖釀了二十多年,數量已增加了一倍。"不知孰是)。在變文方面,重要的還有王重民、王慶菽等 1957 年出版的《敦煌變文集》(北京:人民文學出版社)、潘重規在 1994 年出版的《敦煌變文集新書》(臺北:文津出版社)和張涌泉、黄征在 1997 年出版的《敦煌變文校注》(北京:中華書局);在白話詩方面,重要的還有張錫厚 1983 年出版的《王梵志詩校輯》(北京:人民文學出版社)、朱鳳玉 1986 年出版的《王梵志詩研究》(1984 年中國文化大學博士論文,臺北:學生書局)、錢學烈 1991 年出版的《寒山詩校注》(廣州:廣東高等教育出版社)、徐光大 1991 年出版的《寒山子詩校注(附拾得詩)》(西安:陝西人民出版社)和錢學烈 1998 年出版的《寒山拾得詩校評》(天津:天津古籍出版社)。

二

僧人白話詩是唐五代俗文學的重要門類，也是項楚先生用力最多的部分。我們注意到，王梵志和寒山詩中，有一種"苦海出頭還復没"的説法，見於以下三首詩中：

(1/W1) 王梵志《愚人癡涳涳之二》(040)："愚人癡涳涳，常守無明塚。**飄入闊海中，出頭兼没頂**。手擎金玉行，不解隨身用。昏昏消好日，頑皮不轉動。廣貪世間樂，故故招枷棒。罪根漸漸深，命絶何人送。積金作寶山，氣絶誰將用。"

(2/W2) 王梵志《愚夫癡杌杌》(151)："愚夫癡杌杌，常守無明窟。**沉淪苦海中，出頭還復没**。頂戴神靈珠，隨身無價物。二鼠數相侵，四蛇摧命疾。似露草頭霜，見日一代畢。更遇刀風吹，彼此俱無匹。貯得滿堂金，知是誰家物。"

(3/H1) 寒山《可畏三界輪》(215)："可畏三界輪，念念未曾息。**纔始似出頭，又卻遭沈溺**。假使非非想，蓋緣多福力。爭似識真源，一得即永得。"

三首詩的文字不完全相同。(1/W1) 作"飄入闊海中，出頭兼没頂"，(2/W2) 作"沉淪苦海中，出頭還復没"，(3/H1) 作"纔始似出頭，又卻遭沈溺"，但意思差不多。我們統稱爲"苦海出頭還復没"。

早期的重要校注本，如張錫厚(1983)、錢學烈(1991,1998)和徐光大(1991)等均未作任何注釋。

根據現有資料，研究者中最先注意到它們的特殊性質的可能是項楚先生。在《王梵志詩校注》(1991/2010)中，項楚先生對(2/W2)的"出頭還復没"下注云：

出頭還復没：北本《涅槃經》卷三二："如恒河邊，有七種人。……第二人者，雖没還出，出已復没。何以故？身力大故，則還能出；不習浮故，出已還没。"《歷代法寶記》："無明頭出，般若頭没；般若頭出，無明頭没。"《大慧普覺禪師語録》卷二三"示妙明居士"："怕怖生死底，疑根拔不盡，百劫千生流浪，隨業受報，頭出頭没無休息。"(151 注[三]，頁377)

又在《寒山詩校注》(2000)中,對(3/H1)的"出頭"下注云:

> 出頭:脫身。王梵志詩〇一六首:"冥冥地獄苦,難見出頭時。"敦煌本《頻婆娑羅王后宮婇女功德意供養塔生天因緣變》:"只爲無明相繫縛,遭迴不遇出頭年。"《祖堂集》卷一六《古靈和尚》:"蠅子競頭打其窗,求覓出路。弟子侍立云:'多少世界,如許多廣闊,而不肯出頭,撞故紙堆裏,驢年解得出摩?'"《緇門警訓》卷二《釋難文》:"縱饒彌勒下生,出得頭來,身已陷鐵圍百刑之痛,非一朝一夕也。"清褚人穫《堅瓠集》卷四《絕糧無袴》載諸遇詩:"有口無糧不用愁,有糧無口正須憂,甚人解得其中意,煩惱坑中好出頭。"寒山詩三六九首:"老鼠入飯瓮,雖飽難出頭。"拾得詩〇二首:"更得出頭時,換卻汝衣服。"又三一首:"箇箇入地獄,早晚出頭時。"又五〇首:"死去入地獄,未有出頭辰。"(215 注[三],頁551)

這兩條注的內容有些不同。前者注的是"出頭還復沒"。但注中既沒有對這個詩句、也沒有對其中的"出頭"作解說,而是直接引用三條佛教文獻資料,意在說明這是一個地道的佛教說法,而打頭的北涼曇無讖譯《大般涅槃經》則說明其可能的來源。後者注的則是"出頭"這個詞語,將其定義爲"脫身",然後用大量文獻用例來證明之;其中既有四條從唐至清的外證,又有四條唐代白話詩的內證。不過,以上差別只是表面上的。要了解其背後的意義,還必須將範圍擴大到項楚先生白話詩校注中與此相關的其他部分。

在王梵志、寒山和拾得詩裏,意義類似的"出頭"的用例還有五個。項楚先生(1991/2010,2000)全部都出了注。

(4/W3)王梵志《沉淪三惡道二》(016):"沉淪三惡道,家內無人知。有衣不能著,有馬不能騎。有奴不能使,有婢不相隨。有食不能吃,向前恒受饑。冥冥地獄苦,難見**出頭**時。依巡次第去,卻活知有誰。"

項楚先生(1991/2010)"難見出頭時"句後注云:

> 出頭:脫身,解脫。寒山詩:"可畏三界輪,念念未曾息。纔始似出頭,又卻遭沉溺。"又:"老鼠入飯甕,雖飽難出頭。"拾得詩:"死去入地獄,未有出頭時。"(016 注[三],頁61)

將其中的"出頭"解釋爲"脱身,解脱",并用寒山和拾得詩的用例證之。

(5/H2)寒山《寄語食肉漢》(269):"寄語食肉漢,食時無逗遛。今生過去種,未來今日修。只取今日美,不畏來生憂。老鼠入飯甕,雖飽難**出頭**。"

項楚先生(2000)"雖飽難出頭"句後注云:

出頭:脱身,見二一五首注[三]。按"老鼠入飯瓮,雖飽難出頭"二句,比喻雖然快意一時,終難脱離困境。《出曜經》卷五:"昔有長者家,持酥高樓下,覆蓋不固,鼠入酥瓶,晝夜噉食,不出瓶口,身體遂長。酥漸漸漸,鼠滿瓶裏,狀似酥色。有人至長者家,欲得買酥。是時長者尋樓上取酥,持著火上。鼠在瓶裏,頭在於下,身體在上,便於瓶中命終。"《如淨和尚語錄》卷下:"四月十五日結夏,老鼠入飯瓮;七月十五日解夏,烏龜上竹竿。"《古尊宿語錄》卷三九《智門祚禪師語錄》:"祇是老鼠入飯瓮,未知有向上一竅在。"(269 注[五],頁 701)。

這條注的內容有四。其一,其中的"出頭"定義爲"脱身";其二,用與寒山詩第 215 首,即本文例(3/H1)參見的方式,告訴讀者兩者的"出頭"意思相同;其三,引用姚秦竺佛念譯《出曜經》說明"老鼠入飯瓮,雖飽難出頭"的比喻源自印度佛經;其四,引用禪宗語錄的用例,説明這個比喻在唐宋時期爲中國僧人所熟知。

(6/S1)拾得《嗟見世間人》(拾 02):"嗟見世間人,箇箇愛喫肉。椀楪不曾乾,長時道不足。昨日設箇齋,今朝宰六畜。都緣業使牽,非干情所欲。一度造天堂,百度造地獄。閻羅使來追,合家盡啼哭。鑪子邊向火,鑊子裏澡浴。更得**出頭**時,换却汝衣服。"

項楚先生(2000)"更得出頭時"句後下注云:

出頭:脱身,這裏指脱離地獄。參看寒山詩二一五首注[三]。(拾 02 注[九],頁 828)

將其中的"出頭"解釋爲"脫身",并用與寒山詩第 215 首,即本文例(3/H1)參見的方式,告訴讀者兩者的"出頭"意思相同。餘下的兩首出注的方式和内容相同。

(7/S2)拾得《閑入天台洞》(拾 31):"閑入天台洞,訪人人不知。寒山爲伴侶,松下噉靈芝。每談今古事,嗟見世愚癡。箇箇入地獄,早晚**出頭**時?"

項楚先生(2000)"早晚出頭時"句後下注云:

出頭:脫身,見寒山詩二一五首注[三]。(拾 31 注[二],頁 882)

又:

(8/S3)拾得《世有多解人》(拾 50):"世有多解人,愚癡學閑文。不憂當來果,唯知造惡因。見佛不解禮,覷僧倍生瞋。五逆十惡輩,三毒以爲鄰。死去入地獄,未有**出頭**辰。"

項楚先生(2000)"未有出頭辰"句後注云:

出頭:脫身,見寒山詩二一五首注[三]。(拾 50 注[三],頁 913)

在王梵志、寒山和拾得白話詩中一共有八個與佛教"苦海出頭還復没"相同或相關的"出頭",項楚先生對其中七個都出了注。這些注可以分爲兩類。一類是注"出頭",共有六個;一類是注含有"出頭"的句子,只有一個。但這裏爲什麽說也是"類"呢?因爲除了例(2/W2)以外,没有出注的(1/W1)也可以歸在其中。它的"飄入闊海中,出頭兼没頂"與(2/W2)的"沉淪苦海中,出頭還復没"内容高度一致①。爲什麽會有兩類?也就是說,爲什麽六個"出頭"要下注,兩個卻不下注?我們的理解是,不下注的,是因爲其中的"出頭"用的是字面義,也就是本義"伸出頭"或"露出頭",無需出注;而下注的,則是因爲其中的"出頭"不是本義,而是特殊的引伸義。

---

① 當然,例(1/W1)爲什麽没有出注令人費解。尤其是它的編號爲 040,排在出了注的編號爲 151 的例(2/W2)之前。

綜合起來看，項楚先生這些注釋的功用主要體現在兩個方面。一是爲其中有特殊含義的"出頭"下定義，指出它們并非字面意義或者本義的"冒出頭"或者"伸出頭"，而是指佛教的從困境中"脱身"或者"解脱"；二是通過旁徵博引，説明了這個"出頭"的來龍去脈——尤其是對(2/W2)中的"出頭還復没"和對例(5/H2)中的"老鼠入飯甕，雖飽難出頭"這兩個比喻性説法與漢譯佛經的可能聯繫做了重要的提示。這些注釋對正確理解這些作品的思想内涵和文學淵源無疑具有十分關鍵的作用，體現了作者敏鋭的洞察力①。

不過，細心的讀者應不難發現，我們前面劃入"苦海出頭還復没"類的三個用例中，第三個，也就是編號爲 215 的寒山詩的"纔始似出頭，又卻遭沈溺"，其中的"出頭"，項楚先生認爲是引伸的"脱身"義，而我們傾向於認爲是本義的"伸出頭"或"露出頭"。孰是孰非，看了以下的討論或許就比較容易判斷。

三

在項楚先生開創性工作的基礎上再往前做些思考，再多問幾個爲什麽，會發現其中還有進一步討論的空間。首先，如前所言，從字面上以及從前代的文獻用例看，"出頭"這個詞語的本義就是"伸出頭"或者"露出頭"；例(1/W1)的"飄入闊海中，出頭兼没頂"和(2/W2)的"沉淪苦海中，出頭還復没"都指無明之人在輪回的苦海中漂没，其中"出頭"的詞彙意義就是"伸出頭"或者"露出頭"。但是爲什麽原始意義是"伸出頭"或"露出頭"的"出頭"會有"脱身"或者"解脱"這樣的意義？從"伸出頭"到"脱身"，這當中明顯缺少一個過渡。直接將其注爲"脱身"而没有説明爲什麽，可能會令認真的讀者産生一點兒困惑。

今天我們大都知道，唐代的佛教俗文學作品，包括變文中的講經文，敦煌曲子詞，僧人白話詩，其主要特色之一，就是與翻譯佛經有千絲萬縷的聯繫。如果説它們是印度佛教在地化的通俗宣傳品，一點不爲過。

---

① 蔣禮鴻主編《敦煌文獻語言詞典》(杭州大學出版社，1994 年)有"出頭"條，但僅列"出面，現身"義。舉例爲例(5)《捉季布傳文》、例(6)《鷰子賦》和斯 6032 王梵志詩"强處出頭來"。没有收"脱身""解脱"義。(頁 53) 又敦煌變文中有 6 個"出頭"。其中《頻婆娑羅王后宫綵女功德意供養塔生天緣》之"只爲無明相繫縛，遭迴不遇出頭年"句，項楚先生在(3/H1)的注中也加以引用，表明其中的"出頭"即爲"脱身""解脱"義，但張涌泉、黄征《敦煌變文校注》(北京：中華書局，1997 年)并未出注(頁 1083)。

從語言的角度説，這些文學作品中有好些今天看似普通的詞語和説法，其實大都"無一字無來歷"，也就是直接或間接地來自漢譯佛經。説它們"今天看似普通"，是因爲這些詞語和説法大多已經徹底化入漢語和漢文化；對其真正的來源和原始義涵，今天的多數人已習焉不察。對揭示和改變這一狀況做出最大貢獻的學者，老一輩的，我們必須提到蔣禮鴻先生。他的傳世之作《敦煌變文字義通釋》，最先開始鉤稽變文詞語與佛教文獻之間的關係。蔣先生之後，就非項楚先生莫屬。他的敦煌俗文學研究的核心工作之一，就是通過與海量的文獻，尤其是與長期被忽視的以翻譯佛經爲核心的佛教文獻的細緻比對，將這種聯繫在不同層面上——詞彙、語句、故事和思想觀念——揭示出來，讓讀者真正"讀懂了"這些中國文學史的特殊瑰寶。

依照蔣先生和項先生的研究理路和方法，我們也懷疑"出頭"的引伸用法是不是與翻譯佛經有關。果然不出所料。原來，白話詩中用"出頭"一詞來指稱"脱身"的用法，來自漢譯佛經中并非罕見的一個寓言故事。這個故事大致的内容是説，在茫茫無邊的大海上面，飄浮着一塊巨大無比的木板。有一只瞎眼的烏龜長時間被壓在木板下面。可是這塊木板上只有一個小孔可以爬出來，但無論這只可憐的龜怎樣努力，都無法找到這個小孔。故事的基本作用是比喻某事之極其罕有。

在漢譯佛經中，這個故事有正面和負面兩種用法。正面的用法是比喻佛教所謂"人身難遇，佛法難聞"的教説，鼓勵那些恰與剛覺悟了的釋迦牟尼同在人道當中的衆生不要錯過當面聆聽佛祖傳法這個千載難逢的機會。如：

（1）東晉法顯譯《大般泥洹經》卷一："爾時世尊告純陀曰：'如是，純陀！佛興於世甚難得值，猶如海沙一金剛粟；人身難得又復過是，具足信心亦復甚難。猶如盲龜值浮木孔，得遇如來臨般泥洹，最後所供檀波羅蜜復難於彼，如優曇鉢華時一現耳。汝今純陀！莫生憂惱應大歡喜。所以者何？當作是念：今日如來與諸大衆受我最後大施供養，以是善利故應歡喜。汝今純陀！勿請如來長住此世，當觀世間皆悉無常，一切衆行性亦如是。'"（CBETA，T12，no. 376，p. 858，c22 – p. 859，a2）

（2）後秦鳩摩羅什譯《大莊嚴論經》卷六："復次，離諸難亦難，得於人身難，既得離諸難，應當常精勤。我昔曾聞，有一小兒聞經中説盲龜值浮木孔，其事甚難。時此小兒故穿一板作孔受頭，擲著池中。自入池中，低頭舉頭，欲望入孔。水漂板故，不可得值。即自思惟，極生厭惡：'人身難得，佛以大海爲喻。浮木孔小，盲龜無眼，百年一出，實難可值。我今池小，其板孔大，復有兩眼，日百**出頭**，猶不能值，況彼盲龜而當得值？'即説偈言：巨海極廣大，浮木孔復小，百年而一出，得值甚爲難。

我今池水小,浮木孔極大,數數自**出頭**,不能值木孔。盲龜遇浮木,相值甚爲難,惡道復人身,難值亦如是。我今值人身,應當不放逸,恒沙等諸佛,未曾得值遇。今日得諮受,十力世尊言,佛所説妙法,我必當修行。"(CBETA,T04,no. 201,p. 291,b22－c13)

其中即有"出頭"一詞。

(3)元魏吉迦夜譯《稱揚諸佛功德經》卷中:"以是之故,不當生慢,皆當興立敬信之心向於如來。一切世界,設滿中水。水上有板,而板有孔。有一盲龜,於百歲中,乃一舉頭,欲值於孔,斯亦甚難。求索人身,甚難甚難!"(CBETA,T14,no. 434,p. 95,a27－b2)

(4)《大寶積經》卷五四載玄奘譯《菩薩藏會·大自在天授記品》:"時迷伽儒童忽聞如是佛名之聲,獲得廣大歡喜淨信,竊自惟忖:'諸佛如來出世甚難,極難得值,過烏曇花。又似盲龜難遇浮孔,百千大劫時或一遇。我今奉見甚爲希有,定應以此五百羯利沙鉢那寶花散奉放光如來,當更求財用酬師德。'"(CBETA,T11,no. 310,p. 318,a28－b1)

(5)唐地婆訶羅譯《證契大乘經》卷上:"佛聲難聞如優曇華,況逢佛出聽受正法,如海盲龜遇浮木孔,斯爲甚難。佛極難遇,正法難聞,聞法見道,見佛世尊,獲大菩提,覺悟衆生,甚難甚難,希得逢遇。我於今者難遇得遇,應速嚴齋種種珍寶、真珠、瓔珞無量華鬘、燒塗末香、衣服、繖蓋、幢幡帷障,及笙鼓等,衆樂妓人種種供養。并率部屬同詣佛所,供養於佛,請問正法,是不虛生,便於此身獲大利益。"(CBETA,T16,no. 674,p. 653,b2－10)

負面用法,則是用這個故事來告誡衆生一旦墮入三惡道,猶如在茫茫無際的大海之中,幾乎沒有脱離的可能。在這種用法的文字中,我們看到了更多的"出頭"。例如:

(6)東晉僧伽提婆譯《中阿含經》卷五三:"世尊復問曰……:'比丘!若愚癡人從畜生出,還生爲人,極大甚難。所以者何?彼畜生中不行仁義,不行禮法,不行妙善,彼畜生者更相食噉,强者食弱,大者食小。比丘!猶如此地,滿其中水,有一瞎龜,壽命無量百千之歲。彼水上有小輕木板,唯有一孔,爲風所吹。比丘!於意云何?彼瞎龜頭寧得入此小輕木板一孔中耶?'比丘答曰:'世尊!或可得入,但久久甚難。'世尊告曰:'比丘!或時瞎龜過百年已,從東方來而一舉頭,彼小木板唯有一孔,爲東風吹移至南方。或時瞎龜過百年已,從南方來而一舉頭,彼一孔板爲南風吹移至西方。或時瞎龜過百年已,從西方來而一舉頭,彼一孔板爲西風吹移至北方。或時瞎龜從北方來而一舉頭,彼一孔板爲北風吹隨至諸方。比丘!於意云何?彼瞎龜頭寧得入此一孔板耶?'比丘答曰:'世尊!或可得入,但久久甚難。'"(CBETA, T01, no. 26, p. 761, b21-c10)

(7)東晉竺曇無蘭譯《泥犁經》:"佛言:'人在三惡道難得脱。譬如周匝八萬四千里水,中有一盲龜①,水上有一浮木有一孔,龜從水中百歲一跳**出頭**,寧能值木孔中不?'諸比丘言:'百千萬歲尚恐不入也。所以者何?有時木在東、龜在西,有時木在西、龜出東,有時木在南、龜出北,有時木在北、龜出南,有時龜適**出頭**,木爲風所吹在陸地。'龜百歲一**出頭**,尚有入孔中時;人在三惡道處,難得作人,過於是龜。何以故?三惡處人,皆無所知識亦無法令,亦不知善惡,亦不知父母,亦不知布施,更相噉食强行食弱。如此曹人,身未曾離於屠剝膿血瘡,從苦入苦、從冥入冥,惡人所更如是。'"(CBETA, T01, no. 86, p. 909, a5-17)

(8)後秦鳩摩羅什譯《大莊嚴論經》卷六:"復次,離諸難亦難,得於人身難,既得離諸難,應當常精勤。我昔曾聞,有一小兒聞經中説:'盲龜值浮木孔,其事甚難。'時此小兒故穿一板作孔受頭,擲著池中,自入池中低頭舉頭欲望入孔,水漂板故不可得值。即自思惟:'極生厭惡,人身難得。佛以大海爲喻,浮木孔小盲龜無眼,百年一出實難可值。我今池小,其板孔大,復有兩眼。日百**出頭**,猶不能值,況彼盲龜而當得值?'即説偈言:'巨海極廣大,浮木孔復小,百年而一出,得值甚爲難。我今池水小,浮木孔極大,數數自**出頭**,不能值木孔。盲龜遇浮木,相值甚爲難;惡道復人身,難值亦如是。我今值人身,應當不放逸,恒沙等諸佛,未曾得值遇。今日得諮受,十力世尊言,佛所説妙法,我必當修行。若能善修習,濟拔極爲大,非他作己得,是故自精勤。若墮八難處,云何可得離?世間業隨逐,墜墮於惡道。我今當逃避,得出三有獄,若不出此獄,云何得解脱?畜生道若干,歷劫極長久,地獄及餓鬼,黑闇苦惱深。我若不勤修,云何而得離,嶮難諸惡道?今日得人身,不盡苦邊際,不離三有獄,應當勤方便,必離三有獄。我今求出家,必使得解脱。'"(CBETA, T04, no. 201, p. 291, b23-c25)

(9)劉宋求那跋陀羅譯《雜阿含經》卷一五:"一時,佛住獼猴池側重閣講堂。

---

①此經中的所有"龜",宋元明三本均作"鼇"。

爾時,世尊告諸比丘:'譬如大地悉成大海,有一盲龜壽無量劫,百年一**出其頭**,海中有浮木,止有一孔,漂流海浪,隨風東西。盲龜百年一**出其頭**,當得遇此孔不?'阿難白佛:'不能。世尊!所以者何?此盲龜若至海東,浮木隨風,或至海西,南、北四維圍遶亦爾,不必相得。'佛告阿難:'盲龜浮木,雖復差違,或復相得。愚癡凡夫漂流五趣,暫復人身,甚難於彼。所以者何?彼諸眾生不行其義、不行法、不行善、不行真實,展轉殺害,強者陵弱,造無量惡故。是故,比丘!於四聖諦當未無間等者,當勤方便,起增上欲,學無間等。'"(CBETA,T02,no.99,p.108,c6-19)

(10)元魏般若流支譯《正法念處經》卷一六:"復次,比丘知業果報,觀諸餓鬼。彼以聞慧知:此眾生於前世時,多行貪嫉,常懷慳惜不行布施,以不淨食施諸沙門及婆羅門,如是沙門及婆羅門不知不淨而便食之。此人以是惡業因緣,身壞命終墮於惡道,生於食糞餓鬼之中,壽命長短如上所説,亦五百歲,飢渴燒身,求諸糞穢,猶不可得。以業力故,常不從心,不淨之處蛆虫糞屎,馳走求索常不充足,至命不盡,常受苦惱。乃至惡業不盡不壞不朽,故不得脱;若惡業盡,從此命終,隨業流轉受生死苦,人身難得。猶如海龜遇浮木孔,遍受惡身。若生人中,貧窮多病,常困飢渴,恒乞朝飡,以自活命,無量衰惡以爲嚴飾,其身破裂,不淨臭穢,人所惡賤,口氣腥臊,其齒𪘨黑。餘業因緣,受如是報。"(CBETA,T17,no.721,p.93,b18-c4)①

在含有這種比喻用法的第一手文本中,我們不但看到了用來比喻三惡道的"大海",還看到了頗爲關鍵的"出頭"一詞及其最原始的意義——盲龜從浮木的小孔伸出頭,這是它爬出來脱離大海的第一個動作。至此,本義是"伸出頭""冒出頭"的"出頭"在白話詩中表示"脱身""解脱"的原因就不言自明了:因爲漢譯佛經的使用,"出頭"的漢語本義的詞彙意義雖然没有變,但被賦予了特殊的語境義,專指盲龜從將其嚴實壓在海水下面的大木板上的小孔中爬出來。我們可以將之稱爲"出頭"的特殊本義或本義的特殊用法。

四

除了"出頭"爲什麽可以表示"脱身""解脱"的原因外,"苦海出頭還復没"之説的來源也有進一步探究的餘地。爲了方便討論,我們把白話詩的原文和項楚先生列舉的

---

①此經中,類似的表述共有15處。

漢譯佛經的可能出處再羅列一次。王梵志《愚夫癡㧓㧓》(151)：

> 愚夫癡㧓㧓，常守無明窟。沉淪苦海中，出頭還復没。……

項楚先生注曰：

> 出頭還復没：北本《涅槃經》卷三二："如恒河邊，有七種人。……第二人者，雖没還出，出已復没。何以故？身力大故，則還能出；不習浮故，出已還没。"……

注文中引北涼曇無讖譯《大般涅槃經》的文字出自該經卷三二"師子吼菩薩品"中的一個譬喻。師子吼菩薩認爲，如果一切衆生都有佛性的話，自然就會成佛，根本不需要修習八聖道。爲了反駁師子吼菩薩的看法，釋迦牟尼先講了一個"七人渡恒河"的譬喻。有七個人要渡恒河，卻遭遇到不同結果——有人不成功，有人半成功，有人全成功，來説明在六道中輪迴的衆生因爲努力的程度不同，并非人人都可以達致涅槃的境界。釋迦牟尼説：

> 善哉，善哉！善男子！如恒河邊有七種人，若爲洗浴、恐畏寇賊、或爲採花，則入河中。第一人者入水則沈。何以故？羸無勢力，不習浮故。第二人者雖没還出，出已復没。何以故？身力大故則能還出，不習浮故出已還没。第三人者没已即出，出更不没。何以故？身重故没，力大故出，先習浮故，出已即住。第四人者入已便没，没已還出，出已即住，遍觀四方。何以故？重故則沈，力大故還出，習浮則住，不知出處，故觀四方。第五人者入已即沈，沈已便出，出已即住，住已觀方，觀已即去。何以故？爲怖畏故。第六人者入已即去，淺處則住。何以故？觀賊近遠故。第七人者既至彼岸，登上大山，無復恐怖，離諸怨賊，受大快樂。善男子！生死大河亦復如是，有七種人畏煩惱賊故，發意欲渡生死大河，出家剃髮，身被法服。……(CBETA, T12, no. 374, p. 554, a6-b11)

項楚先生截取了其中第二人的描寫，因爲其中含有"雖没還出，出已復没"的文字。

這個譬喻在不少譯經中都可以見到。我們選一個表述相對簡要、更易看明白的用例。如舊題西晉失譯《鹹水喻經》：

一時,婆伽婆在舍衛城祇樹給孤獨園。爾時世尊告諸比丘:"我與汝等説水喻七事,諦聽諦思念之,我當説。"對曰:"如是,世尊!"爾時諸比丘從佛聞教。

這段話是開場白。其中提到"水喻七事",
　　即要渡河的七種人的不同表現。

　　世尊告曰:"云何,比丘!水喻七事?若人没於水;從水出頭復還没水;或出頭遍觀四方;或出頭不復没水;或有人欲行出水;或有人欲至彼岸;或有人已至彼岸,淨志得立彼岸。"

以上這段文字就包括了所有"七事"。
　　世尊講這七事的目的何在?他接着説道:

　　彼云何人没溺於水?或有一人以不善法盡纏裹身,純罪熟,至地獄一劫受罪不可療治,是謂此人常没溺於水,是謂初入水没溺。

這是第一人。

　　彼云何人出頭還没入水?或有一人作是没溺,有信於善法,懷慙愧,求其方便,於諸善法皆懷慙愧,彼出於水還没溺水,是謂二人没溺於水。

這是第二人。

　　彼云何人出水遍觀四方?或有一人出水,彼有信於善法,有慙愧心,有勇猛意,於諸不善法皆有慙愧。彼出水上,不復没溺於水。此諸賢,是謂三人喻彼出水。

這是第三人。

　　彼云何人出水住?或有一人作是出水,有信於善法,有慙愧,有精進,於諸善法皆懷慙愧,彼於三結使盡,成須陀洹而不退轉,必當還所獲,是謂四人喻彼出水住。

這是第四人。

  彼云何人出水欲至彼岸？或有一人作如是出水，彼有信於善法，有慚愧，有勇猛意，於諸善法悉懷慚愧，彼盡三結使，貪欲、瞋恚、愚癡薄，成斯陀含，來至此間而盡苦本，是謂彼人喻彼水欲至彼岸。

這是第五人。

  云何彼人已至彼岸？或有一人便出水，有信於善法，有慚愧，有勇猛意，於諸善法皆懷慚愧，彼便盡五下分結，成阿那含，於彼般涅槃，不復來至此間，是謂六人喻彼出水已至彼岸。

這是第六人。

  彼云何人已至彼岸，淨志得立彼岸？或有一人而出水上，有信於善法，有慚愧，有勇猛意，於諸善法皆懷慚愧；或有一人盡有漏成無漏，念解脫、智慧解脫，於現法中疾得證通，而自娛樂盡生死源。梵行已立，所作已辦，更不復受母胎。是謂彼人喻彼水已立彼出岸。

這是第七人。

  最後，釋迦牟尼總結道：

  如是，比丘！此七人，我今與汝等說七人喻水，諸世尊與諸聲聞所應當說，有大慈，欲使獲安隱，皆使得度。所謂閑居處、樹下、空處露坐，汝等坐禪勿有懈怠；今不精勤，後備有悔。是謂我所教勅。（CBETA，T01，no.29，p.811，b21－c14）

  顯然，釋迦牟尼用所謂的"七事"比喻那些在修行的過程中因不同表現、最終達到不同結果的修行者，告誡信眾要堅持修行，不要半途而廢。儘管其中甚至出現了"出頭復還沒水"的字樣，但是不難看出，與此"出"此"沒"相關的只是一般的河水，與彼"出"彼"沒"相關的則是生死苦海。二者只是字面相似，實質不同。將它們聯繫起來，或者將《大般涅槃經》的相關内容當作白話詩"沉淪苦海中,出頭還復没"中的"出頭還復没"的來源,略顯牽強。

這裏十分關鍵,因此必須首先明確的是,僧人白話詩"苦海出頭還復没"所比喻的,無明衆生在生死苦海中幾乎是没有止境的流轉輪回。所謂的"出頭"和"復没",宏觀而言,指的是衆生從生死六道中的没有止境的來回轉換,幾乎永遠無法達到脱離生死的涅槃境界;微觀地説,指的是無明衆生在地獄中的來回流轉,即從一個地獄受完折磨,立刻被送到另一個地獄中繼續接受折磨。不論是六道輪回中的衆生還是在地獄中受苦的衆生,都像大海中的溺人,剛一出頭,能够呼吸一口氣,又被大浪打入水中。這樣反反覆覆,直到罪畢或者涅槃。的確,這樣的表述并不是白話詩作者的自我想象和自我創造,而是有翻譯佛經的來源,只是這個來源另有所在。

我們知道,印度佛教信奉靈魂不滅。在他們的哲學體系裏,靈魂的存在形式有三種,除了可見的"生"與不可見的"死"外,還有非生非死的涅槃。"生"與"死"是兩種相互交替的生命形態,脱離生死,達到涅槃是佛教修行的最終目的。但是要達到這個目的,必須經過長時間的修煉,不但不能做任何無明之事,更要通過無數世甚至無數劫的修煉過程,償還業債。因此,宏觀上,印度佛教將"生""死"與涅槃對立起來,并將"生""死"極端污名化,比喻成"苦海",將衆生比喻成在苦海中垂死掙扎溺人,而將衆生的每一次靈魂轉移(投胎)比喻成苦海中的每個浪頭下溺人的載浮載沉;微觀上,印度佛教將不可見的地獄構造成一個小的生命流轉場所,營造出各式各樣的懲罰手段,極盡恐嚇之能事,無明衆生墮入其中,并非短時可以結束,無不經過反覆的、無休無止的折磨。可以説,僧人白話詩"苦海出頭還復没"的説法就是對印度佛教上述理論或者觀念的一種簡要的、綜合的表述方式;而印度佛教的地獄系統就是我們了解這一理論或者觀念的最爲具體和直觀的渠道。

請先看元魏般若流支譯《正法念處經》卷一六中的一段文字:

> 比丘知業果報,遍觀一切地獄苦海,爲愛瀑水洄澓所没。大地獄人富蘭那、末迦離等,俱迦離、提婆達多,如是等魚爲大摩竭魚之所吞食,從活地獄乃至阿鼻地獄,其獄廣大,沃焦深水。及餘地獄大苦海中,提彌魚、提彌鯢羅魚、那迦羅魚、鳩毘羅魚、失收摩羅魚、龜鼈黿鼉,旋流洄澓。貪欲、瞋恚、愚癡風力之所飄鼓,水浪濤波洄澓相注,時如水沫,受大苦惱,淚如雨墮,啼哭悲泣呻吟悲嘩,辛酸大叫,猶如濤波,愁思波覆。惡業龍力,雨大苦雨滿諸地獄。阿鼻地獄無間極深,其火猛焰,如劫火起燒大劫時,滿斫迦婆羅山(魏言輪山,即鐵圍山是也),是爲大地獄苦惱大海。

劣弱之人無有善力,無能度者。如是比丘觀大苦已,心則厭離。(CBETA,T17,no. 721,p.91,a27－b12)

以上是從一個比丘的角度對"地獄苦海"中的慘狀的描寫。其中"水浪濤波,洄澓相注,時如水沫",而眾生"受大苦惱,淚如雨墮,啼哭悲泣,呻吟悲嘆,辛酸大叫,猶如濤波,愁思波覆",如此等等,讓這個比丘感到了害怕,頓時心生"厭離"之感,要設法遠離這個可怕的地方。

翻譯佛經所描述的佛教的地獄系統要遠比上面的文字複雜。我們就以《長阿含經》卷一九"地獄品"所描繪的地獄系統爲例。這個系統由"八大地獄"和"十地獄"組成,每個大地獄又由十六個小獄組成。無明衆生墮入的,并非是其中某一個地獄,他們不論從哪個地獄墮入,都會進入這個巨大無比,幾乎没有終點的地獄系統中進行流轉。如八大地獄中的"想"地獄,這部經説:

其想地獄有十六小獄,小獄縱廣五百由旬,第一小獄名曰黑沙,二名沸屎,三名五百釘,四名饑,五名渴,六名一銅釜,七名多銅釜,八名石磨,九名膿血,十名量火,十一名灰河,十二名鐵丸,十三名斬斧,十四名犲狼,十五名劍樹,十六名寒冰。(CBETA,T01,no.1,p.121,c8－13)

再以"想地獄"中的第十一"灰河地獄"爲例①。這部經説:

[罪人]久受苦已,乃出量火地獄,悼惶馳走,自求救護,宿對所牽,不覺忽到灰河地獄。

灰河地獄縱廣五百由旬,深五百由旬,灰湯涌沸,惡氣熢㶿,迴波相搏,聲響可畏,從底至上,鐵刺縱廣鋒長八寸,其河岸邊生長刀劍,其邊皆有獄卒狐狼,又其岸上有劍樹林,枝葉花實皆是刀劍,鋒刃八寸。

罪人入河,隨波上下,迴覆沈没,鐵刺刺身,內外通徹,皮肉爛壞,膿血流出,苦

---

① 除了用"海"來比喻地獄惡道,印度人也用"河"來比喻。如東漢康孟詳譯《修行本起經》卷下:"吾覩衆行,一切無常,皆化非真,樂少苦多。……但爲貪愛,蔽在癡網,没生死河,莫之能覺。"(CBETA,T03,no.184,p.469,a16－21)又後秦鳩摩羅什譯《十住毘婆沙論》卷一六:"是諸衆生爲欲流、有流、見流、無明流所漂,種種罪業濤波所覆没,在愛河隨生死波浪,爲洄澓所轉,不能自出。"(CBETA,T26,no. 1521,p.109,a8－11)

痛萬端,悲號酸毒。餘罪未畢,故使不死。

久受苦已,乃出灰河地獄至彼岸上,岸上利劍割刺身體,手足傷壞。爾時,獄卒問罪人言:"汝等來此,欲何所求?"罪人報言:"我等飢餓。"獄卒即捉罪人撲熱鐵上,舒展身體,以鐵鉤擗口,洋銅灌之,燒其脣舌,從咽至腹,通徹下過,無不燋爛。復有犲狼,牙齒長利,來嚙罪人,生食其肉。於是,罪人爲灰河所煮,利刺所刺,洋銅灌口,犲狼所食已,即便驫馳走上劍樹,上劍樹時,劍刃下向,下劍樹時,劍刃上向,手攀手絕,足蹬足絕,劍刃刺身,中外通徹,皮肉墮落,膿血流出,唯有白骨筋脈相連。時,劍樹上有鐵嘴鳥,啄頭骨壞,唼食其腦,苦毒辛酸,號咷悲叫。

餘罪未畢,故使不死。還復來入灰河獄中,隨波上下,迴覆沈没,鐵刺刺身,内外通徹,皮肉爛壞,膿血流出,唯有白骨浮漂於外,冷風來吹,肌肉還復,尋便起立,悼惶馳走,求自救護,宿對所牽,不覺忽至鐵丸地獄。(CBETA,T01,no.1,p.122,c15-p.123,a13)

有罪的眾生在"量火地獄"受完折磨,進入"灰河地獄"。所謂"灰河"似乎就像流動的火山巖漿一樣。出了"灰河地獄"再進入"鐵丸地獄"。

值得注意的是,其中有"罪人入河,隨波上下,迴覆沈没"云云的描寫,讓我們聯想到王梵志詩的"出頭還復没"。

那麼,無明眾生一旦墮入地獄,這個折磨的過程將會延續多長時間?仍以《長阿含經》對十地獄的説明爲例:

佛告比丘:"喻如有篅,受六十四斛,滿中胡麻。有人百歲持一麻去,如是至盡,厚雲地獄受罪未竟。如二十厚雲地獄壽與一無雲地獄壽等,如二十無雲地獄壽與一呵呵地獄壽等,如二十呵呵地獄壽與一奈何地獄壽等,如二十奈何地獄壽與一羊鳴地獄壽等,如二十羊鳴地獄壽與一須乾提地獄壽等,如二十須乾提地獄壽與一優鉢羅地獄壽等,如二十優鉢羅地獄壽與一拘物頭地獄壽等,如二十拘物頭地獄壽與一分陀利地獄壽等,如二十分陀利地獄壽與一鉢頭摩地獄壽等。如二十鉢頭摩地獄壽,名一中劫;如二十中劫,名一大劫。"(CBETA,T01,no.1,p.125,c29-p.126,a13)

這幾乎是無限的時長。

從以上的資料和分析中我們是不是可以看出"苦海出頭還復没"之説的真正所指和真正來源呢?

五

以上分別對唐五代白話詩中表示佛教"脱離""解脱"義的"出頭"的來源和"苦海出頭還復没"之説的意義和來源做了進一步的考察。它們都與之前的漢譯佛經有直接的關係。在此基礎上,我們將僧人白話詩中含有與佛教苦海出頭還復没相關的"出頭"的八首作品重新做個排序,可以較清楚地看到"出頭"從本義到引伸義的文獻表現。這個過程可以分爲三個階段。

第一階段,出現在"苦海出頭還復没"的語境當中,共三例:

(1)王梵志《愚人癡狂狂之二》(40):"飄入闊海中,出頭兼没頂。"
(2)王梵志《愚夫癡兀兀》(151):"沉淪苦海中,出頭還復没。"
(3)寒山《可畏三界輪》(215):"纔始似出頭,又卻遭沉溺。"

這時"出頭"都是經過漢譯佛經大海盲龜故事的使用而獲得的特殊本義或本義的特殊用法。其中例(3)中雖然没有出現"海"的字眼,但"沉溺"一詞已經包含了這個場景義。

第二階段,出現的語境從宏觀的"苦海"轉爲微觀的地獄,共三例:

(4)王梵志《沉淪三惡道二》(016):"冥冥地獄苦,難見出頭時。"
(5)拾得《閑入天台洞》(拾31):"箇箇入地獄,早晚出頭時?"
(6)拾得《世有多解人》(拾50):"死去入地獄,未有出頭辰。"

這時"出頭"的意義發生了引伸,指脱離地獄,或從地獄中脱身。

第三階段,出現的語境更爲自由,不再是宏觀的苦海或微觀的地獄,共兩例:

(7)寒山《寄語食肉漢》(269):"老鼠入飯甕,雖飽難出頭。"
(8)拾得《嗟見世間人》(拾02):"更得出頭時,换卻汝衣服。"

這時"出頭"的意義不再需要苦海或者地獄的語境襯托,已經能夠獨立地表示(從六道輪回中)脱身的意義。

這種用法的"出頭"從宋代開始發生了世俗化和通俗化,不晚於明代蜕變成一個表示脱困義的口語詞,一直用到現在。其過程或可視爲中國俗文化形成和發展的一個小標本,我們將另文討論,在此不贅①。

---

　　① 請參看筆者"現代漢語'脱困'義'出頭'的來源",見《辭書研究》2020年第5期,上海:上海辭書出版社,第10—35頁。

羅漢與梵志

——關於《冷齋夜話》"羅漢失隊"的解讀與校勘

周裕鍇

(四川大學中國俗文化研究所)

古籍整理的校勘問題,涉及對文本的知識背景的全面把握,對作者原意的同情理解以及對古籍文本間性的認識,并非僅靠佔有多種版本一一對勘而可解決。在此,我們僅以版本情況複雜、文字訛誤較多的《冷齋夜話》爲例,試圖從闡釋學的角度,即文本的理解和解釋的角度,來討論如何纔能正確恢復古籍文字原貌的問題。

稗海本宋釋惠洪(1071—1128)《冷齋夜話》卷一《羅漢第五尊失隊》有一段文字:

> 予住臨川景德寺,與謝無逸輩升閣,得禪月所畫十八應真像,甚奇,而失第五軸。予口占嘲之曰:"十八應真解脱根,少叢羅漢亂山門。不知何處進齋去,未見雲堂第五尊。"明日,有女子來拜,叙曰:"兒南營兵妻也,寡而食素。夜夢一僧來言曰:'我本景德僧,因行失隊,煩相引歸寺,可乎?'既覺,而鄰家要飯,入其門,壁間有畫僧,形狀了然夢所見也。"時朱世英守臨川,異之,使迎還,爲合藏之。予方少年時,羅漢且畏予嘲;及其老也,如梵吉者亦見侮,可怪也。①

故事非常神奇,臨川景德寺十八羅漢畫軸少了第五軸,惠洪寫詩嘲笑。次日就有兵妻告知,第五尊羅漢托夢請求歸隊,并在夢醒後於鄰居家見到畫軸,由此歸還寺中。細讀文本,我們發現有兩處文字令人疑惑,何爲"少叢羅漢"? 何爲"梵吉"? 他書未見,辭典亦失收。《冷齋夜話》版本較多,異文不少,但這兩處稗海本、津逮秘書本、四庫全書本、五山本完全相同。因此,要瞭解這兩處文字的意義并辨別其正誤,就需要瞭解整段話的來龍去脈。

---

① (宋)釋惠洪:《冷齋夜話》卷一,稗海本,第五函。

"羅漢第五尊失隊"的故事發生在宋徽宗大觀元年(1107),其時撫州知州朱彥(字世英)邀請惠洪住持臨川景德寺。文中的"謝無逸"是臨川詩人謝逸,名列呂本中《江西宗派圖》。謝逸《溪堂集》卷七《應夢羅漢記》也記載了此事,内容如下:

> 顯謨閣待制朱公治撫之二年,革北景德律寺爲叢林,敦請真淨法子惠洪,委以禪席。余嘗與惠洪周覽寺中,得古畫一束於敗壁之下,展而視之,乃十八大阿羅漢也。然亡其一焉,是爲第五喏羅尊者。洪作詩嘲之曰:"十八聲聞解埀根,少叢林漢亂山門。知他何處邐斎去,不見雲堂第五尊。"後兩月,武雄副指揮使杜益之女,夢一老僧入其室。杜氏曰:"此軍營也,僧胡爲來哉?"僧曰:"我非凡僧也,乃北景德羅漢耳。今失其侣,煩乃翁爲我尋之。"杜氏覺而診其夢,益恍然不知何等語也。後數日,益與其女過旁舍,見壁間有古畫羅漢。女驚曰:"此夢中所見老僧也。"益得之,以示洪。洪笑曰:"吾詩所謂'不見雲堂第五尊',汝何自得之哉?"益悲喜再拜,爲言其事,又施財裝背,及新其閣而居之。①

作爲當事人之一,謝逸所記與惠洪略有不同,細節更爲豐滿,守寡的兵妻爲有名有姓的武雄副指揮使的女兒。《應夢羅漢記》作於朱彦知撫州的第二年,即大觀元年,爲故事發生的當時所記。而《冷齋夜話》成書於宣和年間(1119—1125),"羅漢失隊"乃是惠洪晚年的追憶,細節比較模糊,只有故事梗概。因此從情理上說,謝逸的記載更爲可靠。

所謂"禪月所畫十八應真像",是指五代禪月大師貫休所畫十八大阿羅漢。"應真"是阿羅漢的舊譯,意爲應受人天供養之真人。謝逸記惠洪嘲詩稱"十八聲聞"也指阿羅漢,因爲佛教三乘之一聲聞乘,其修證最高果位爲阿羅漢果。唐僧玄奘所譯《大阿羅漢難提蜜多羅所説法住記》(簡稱《法住記》)記載的大阿羅漢共十六位,其名依次爲:賓度羅跋囉惰闍、迦諾迦伐蹉、迦諾迦跋釐惰闍、蘇頻陀、諾距羅、跋陀羅、迦理迦、伐闍羅弗多羅、戍博迦、半托迦、囉怙羅、那伽犀那、因揭陀、伐那婆斯、阿氏多、注荼半托迦。貫休原畫根據《法住記》而繪製,本爲十六大阿羅漢,如《輿地紀勝》卷二六江南西路隆興府景物下:"雲堂院,在新建縣界,唐禪月大師貫休隱居所也。本朝元豐中,建閣以奉休所寫十六羅漢。楊無爲詩云:'羅漢十六軸,江僧寄此山。畫稱天下絕,人自定中還。'"②

---

① (宋)謝逸:《溪堂集》卷七,見《影印文淵閣四庫全書》,臺灣:商務印書館,1983年,第1122册,第525—526頁。

② (宋)王象之:《輿地紀勝》卷二六,北京:中華書局,1992年,第2册,第1155頁。

惠洪嘲詩中所謂"不見雲堂第五尊",就是指雲堂院所藏貫休羅漢畫。但後來宋人以訛傳訛,添加爲十八大阿羅漢,如蘇軾晚年作《自海南歸過清遠峽寶林寺敬贊禪月所畫十八大阿羅漢》,畫中慶友尊者爲第十七,賓頭盧尊者爲第十八。然而"慶友"是大阿羅漢難提蜜多羅的譯名,即説《法住記》的人;"賓頭盧"是第一尊者賓度羅跋囉惰闍的略稱。據《法住記》記載,這第十七、第十八尊者實不應當在大阿羅漢之列。可知當時宋畫號稱禪月所作者,乃爲模擬增添之作,已非原畫,惠洪、謝逸所記可證。

謝逸所記惠洪當年嘲羅漢的詩與《冷齋夜話》不同,"少叢羅漢"作"少叢林漢"。今考《石門文字禪》卷一五有《撫州北景德寺不見古畫第五尊羅漢》,其詩也作"少叢林漢亂山門"。可見作"少叢林漢"證據更充分。"叢林"爲佛教語,指衆僧聚居念佛修道的地方。《大智度論》卷三:"僧伽,秦言衆,多比丘一處和合,是名僧伽。譬如大樹叢聚,是名爲林。"①後來禪籍用以泛指諸方寺院,意義近似禪林。"少"字有輕視義,"少叢林"意謂輕視鄙薄叢林。《建中靖國續燈録》卷一三《舒州三祖山法宗禪師》:"問:'如何是禪?'師云:'少叢林。'"②《禪林僧寶傳》卷二二《黄龍南禪師傳》:"中途聞慈明不事事,慢侮少叢林,乃悔欲無行。"③《五燈會元》卷一二《文公楊億居士》:"公瞠目視之曰:'少叢林漢。'"④可見那些輕視叢林、不遵佛門清規戒律的僧人,被禪門稱爲"少叢林漢",意爲"輕視慢侮叢林的漢子"。但是,惠洪爲什麼用"少叢林漢"這樣的貶稱來稱呼大阿羅漢呢?前面所舉謝逸《應夢羅漢記》,稱知撫州朱彦"敦請真淨法子惠洪,委以禪席"。真淨禪師是惠洪的老師,法名克文,住持洪州靖安縣寶峰禪院,賜號真淨,晚年自號雲庵。《古尊宿語録》卷四三《寶峯雲庵真淨禪師住廬山歸宗語録》:

> 上堂:"山門今日供養羅漢,爲十方檀越酬還心願。……三界不奈伊何,堪受人天供養。這一隊少叢林漢,總好與二十拄杖。"喝一喝,下座。⑤

原來惠洪稱羅漢爲"少叢林漢",乃繼承了其師真淨禪師的説法。這種稱呼,體現了禪宗呵佛罵祖的一貫作風,正是禪門的本色語。另一方面,禪籍中從未有過"少叢羅漢"

---

① 《大智度論》卷三,見《大正新修大藏經》,河北省佛教協會印行,2008年,第25冊,第80頁上。
② (宋)惟白:《建中靖國續燈録》卷一三,見《大藏新纂卍續藏經》(以下稱《卍續藏經》),河北省佛教協會印行,2006年,第78冊,第723頁中。
③ (宋)惠洪著,吕有祥點校:《禪林僧寶傳》卷二二,鄭州:中州古籍出版社,2014年,第148頁。
④ (宋)普濟著,蘇淵雷點校:《五燈會元》卷一二,北京:中華書局,1984年,第728頁。
⑤ (宋)賾藏主:《古尊宿語録》卷四三,《卍續藏經》第68冊,第287頁上。

的説法。《冷齋夜話》之所以作"少叢羅漢",這大約是抄録者或刊刻者不明"少叢林漢"之義,而根據上文的"十八應真"(即羅漢)想當然地妄改吧。

更令人困惑的是"梵吉"二字,查遍所有辭典都無這個詞,同時《冷齋夜話》的各個版本都無異文。這個詞出現於《羅漢第五尊失隊》的最後部分:"予方少年時,羅漢且謂予嘲;及其老也,如梵吉者亦見侮,可怪也。"①這裏有兩個對舉,少年時和老年時,羅漢和梵吉。惠洪感到奇怪的是,自己少年時道行未深,羅漢尚且害怕自己嘲笑,托夢給兵妻,主動要求歸隊。而到了晚年,自認爲道業純熟,卻反倒遭致梵吉的侮辱。换言之,羅漢本不該怕被少年的自己嘲笑,而梵吉本不該侮辱老年的自己,但一切剛好相反,所以"可怪也"。顯然,"梵吉"應該是跟"羅漢"一樣屬於佛教序列的人物。明乎此,則一切疑問迎刃而解,"梵吉"應該是"梵志"之誤,不僅因爲佛經中有與"羅漢"序列相類的"梵志",而且因爲"志"與"吉"的草書極易相混。作爲與"羅漢"對舉的"梵志",是一切外道出家者的總名。《大智度論》卷五六:"梵志者,是一切出家外道。若有承用其法者,亦名梵志。"羅漢的聲聞乘,雖屬小乘,但畢竟是佛教三乘之一的果位;而梵志即便出家,也屬"外道",比羅漢低了不少等級。用山來作比喻,佛是最高的頂峰,地勢最尊,羅漢是其下的崇岡峻阜,而梵志只是低矮的小土丘(培塿)。

"梵志"録作"梵吉"的錯誤在古籍中還能找到旁證,比如清康熙刻本黄宗羲《南雷文定》三集卷一《天岳禪師詩集序》:"今日梵吉之徒,褻語成言,鼓扇愚俗,支那撰述,大概出此。"②而早期的佛教文獻如吳支謙譯《須摩提女經》中有"此梵志之徒無異牛犢"之句,《弘明集》卷八釋僧順《釋三破論》(一作《答道士假稱張融三破論》)中有"梵志之徒蓋爲培塿爾"③之句,顯然《南雷文定》中的"梵吉",其誤正與《冷齋夜話》相同。

那麽,具體到《冷齋夜話》的語境中,"梵志"指什麽人呢? 政和元年(1111),惠洪四十一歲,因受政治牽連,被剥奪僧籍,流放海南,後來遇赦北歸,身份卻已是俗人。他晚年潛心佛教經論,著義疏,發揮佛祖的奥秘,卻只能戴儒生冠巾而論説佛法,如他自稱那樣,是"垂鬚佛"或"有髮僧"。晚年的惠洪,在朋友眼中是"人品問學,道業知識,皆超妙卓絶,過人遠甚"④,但因爲曾遭刺配,且没有僧籍,再加上才高衆忌,難免遇到時人排斥嘲侮,所謂"朅來唾痕餘瘡面"(《石門文字禪》卷四《余自太原還匡山道中逢澤上人與至海昏山店有作》),就是當時的真實寫照。惠洪的《冷齋夜話》正作於這種境況之下,"梵

---

① (宋)釋惠洪:《冷齋夜話》卷一,稗海本,第五函。
② (清)黄宗羲:《南雷文定》(三集)卷一,《叢書集成初編》本,上海:商務印書館,1937年,第5頁。
③ (梁)僧佑:《弘明集》卷八,《大正藏》第52册,第53頁中。
④ (宋)許顗:《智證傳後序》,《卍續藏經》第63册,第195頁中。

志"借指那些鄙薄惠洪而自身不學無術的混跡禪林之徒。所以惠洪記載自己年輕時嘲弄羅漢,充滿自豪;而言及當下年老境況,連梵志這類外道出家者,也可羞辱自己,不免無限感慨。瞭解《冷齋夜話》"羅漢失隊"的故事背景以及惠洪晚年的心境,就很容易確定"少叢羅漢""梵吉"分別爲"少叢林漢""梵志"之誤。

此外,惠洪的嘲羅漢詩,《石門文字禪》《溪堂集》與不同版本的《冷齋夜話》均有好幾處異文,除了"少叢林漢"之外,另外幾處也可根據佛教知識訂其正誤,從而確定最符合作者原意的文字。

(1)"十八應真",《石門文字禪》和《溪堂集》皆作"十八聲聞",這應是惠洪早年嘲詩作"聲聞",晚年記此詩時寫作"應真",二者皆爲羅漢異名,無優劣之分,不必校改。然而津逮秘書本《冷齋夜話》卻作"十八應聞",顯然是從"應真""聲聞"中各選一字的混抄,算是錯訛。

(2)"解脱根",《石門文字禪》作"解倒根",《溪堂集》作"解埵根",津逮秘書本《冷齋夜話》作"解唾根"。如何判斷各本優劣呢? 我們查各種辭書,都找不到"解倒根""解埵根"或"解唾根"一詞,可以説這三種文字都不成辭,不可取。而"解脱根"卻見於佛典,而且正是用來描寫阿羅漢的,如《阿毘曇毘婆沙論》卷三三:"非時解脱阿羅漢有一種退:先得善法,不現前行,無得退,非退法故,無不得退。若於非時解脱根已定,不求辟支佛、佛根故。"①依此,可據稗海本《冷齋夜話》校改《石門文字禪》和《溪堂集》的錯誤。

(3)"進齋",《冷齋夜話》各本同,《石門文字禪》作"攞齋",《溪堂集》作"邏齋",《詩話總龜》後集卷四三、《苕溪漁隱叢話》前集卷五六引《冷齋夜話》作"羅齋"。攞齋,意爲搜羅齋飯,禪籍亦作"邏齋""羅齋"。《禪宗頌古聯珠通集》卷二〇天目禮禪師頌鎮州普化和尚公案:"大悲院裏邏齋去,肘露皮穿可怪哉。"②《破庵祖先禪師語録》:"者風顛漢,不妨令人疑著,及至被人窮詰將來,卻只道得個羅齋打供,也似熟處難忘。"③由此可見,《冷齋夜話》將"邏齋"録作"進齋",應是涉形近而誤。

(4)"雲堂",《溪堂集》同,而《石門文字禪》作"堂中"。據前引《輿地紀勝》記載,禪月大師貫休所繪羅漢古畫,本藏於新建縣雲堂院,所以"雲堂"較"堂中"更有典據。

以上關於《冷齋夜話》文字的校正,實際上含這樣幾個步驟:首先,搜集《冷齋夜話》的不同版本,這是最基礎的工作,但只能解決"某本作某字"這樣最低層次的校勘問題,

---

① 《阿毗曇毗婆沙論》卷三三,《大正藏》第 28 册,第 238 頁中。
② (宋)法應集,(元)普會續集:《禪宗頌古聯珠通集》卷二〇,《卍續藏經》第 65 册,第 600 頁上。
③ 《破庵祖先禪師語録》,《卍續藏經》第 70 册,第 212 頁上。

這是"對校法"。其次,搜集與《冷齋夜話》記事相關的文獻,於是發現《石門文字禪》《溪堂集》中有關惠洪嘲羅漢詩更早的文本,獲得《冷齋夜話》各版本之外的異文。再次,根據相關佛教知識,對各種異文逐一進行比較,從而修訂文字錯訛,確定惠洪嘲詩的最佳文本,姑且稱之爲"善本":"十八聲聞解脱根,少叢林漢亂山門。知他何處邏齋去,不見雲堂第五尊。"以上兩個步驟皆用"他校法"。最後,根據惠洪晚年的遭遇和心境,以及"羅漢"和"梵吉"之間詞性類別,判斷出"梵吉"爲"梵志"之誤。這就是"理校法",雖然没有版本依據,但義理和旁證充分,相當於客觀闡釋學所謂最具"或然性"(probability)和可信性(plausibility)。在諸本錯誤的情況下,不得不採用此方法校正。需要説明的是,正因爲有"他校法"和"理校法"的運用,古籍校勘纔不同於對勘校讎的機械工作,而成爲文本理解與解釋的有機部分,同時,整理的成果也因此而更具有學術含量和學術價值。

2019 年 6 月 25 日定稿於江安花園鍋蓋庵
(本文原刊於《文學遺産》2020 年第 1 期)

《太平廣記會校》商榷(一)

董志翹
(南京師範大學文學院)

張國風先生的《太平廣記會校》,煌煌20册(1530萬字),於2011年由北京燕山出版社出版。該書的特點是:以明譚愷第三次印本爲底本,以孫本、沈本、陳本作爲主要參校本,輔以許本、黄本、四庫本、《詳節》和《通載》本進行會校,并作了比較詳細的校勘記,給全書添加了新式標點。雖然該書在校勘版本收集上幾臻完備。但經應用發現:該書尚不能稱爲善本。《會校》存在的最大問題是:僅滿足於《廣記》各種版本的校勘,而作爲類書,更重要的乃利用所引來源書及同時代的他書進行校勘。於是出現了大量當校改不校改,不當校改而校改,甚至誤判、誤改的情况。另外,在斷句、標點上可商之處亦不在少數。今不揣淺陋,列舉20餘例,與張國風先生商榷。

一

《太平廣記》(500卷,目録10卷)是宋太宗太平興國年間敕命李昉等14人編成的一部大型類書,薈萃了自漢末到五代近7000篇小説和雜史筆記,《四庫全書總目》稱其爲"小説家之淵海"[①],魯迅稱其爲"集小説之大成"[②]。《太平廣記》引書凡470多部,其中半數以上已經散佚,即使幸而留存者亦有不少殘缺和錯訛。故唐五代以前的諸多小説雜史,賴此書得以保存,因此具有極高的文獻價值。該書不僅是研究小説史的重要材料,同時因爲當時小説大多用淺近文言寫成,相對傳統的文言作品,更加切近口語。書中條目以内容分類編排,相關性强,時間跨度自漢至宋,正是漢語由中古到近代的演變

[①](清)永瑢等撰:《四庫全書總目》卷一四三,北京:中華書局,1965年,第1212頁。
[②]魯迅:《中國小説的歷史變遷》,見《魯迅全集》第九卷,北京:人民文學出版社,1981年,第319頁。

時期,故該書也是研究這一時期語言文字的極爲可貴的資料。加之,全書將所收錄的神怪故事、六朝志怪、志人、唐代傳奇等按題材分爲92大類,150餘細目,内容涉及古代文化史、政治史、宗教史乃至科技史(涵蓋天文、地理、農、工、醫、動物、植物等諸多方面)的各類資料,因此,值得我們從多角度加以發掘利用,進行研究。

關於《太平廣記》的成書過程及版本源流,我們做了一個大致的調查(見附録:《太平廣記》的成書與版本源流):

該書自宋太宗太平興國六年(981)成書付梓,據載宋代曾有過不止一種刻本,但久已不傳。現存最早并大體完整的刻本當屬清人吴騫舊藏的明刻本(乃清陳鱣依殘宋刻本手校明許自昌刻本)及明代嘉靖四十五年(1566)譚愷據抄本的重刻本。以後廣爲流傳的大多是據譚愷本之抄本或翻刻本,雖然每次抄寫刊刻之間或做過一些校補,但囿於當時的資料條件,校改處甚少,甚至有以誤改正者。直到20世紀50年代,纔由人民文學出版社出版汪紹楹點校本。該本以譚刻本爲底本,用明吴縣沈與文野竹齋抄本①、許自昌刻本②、清陳鱣校本③、黄晟校(黄氏巾箱本)刻本④等參校。此次校點不僅爲全書斷句,而且改正了一些明顯錯誤,成爲一個比較方便使用的新版本。該本後經汪紹楹略作修訂,1961年由中華書局印行新一版。自此之後,半個多世紀以來,海内外一直通行使用的便是這一中華本。但是這一本子的缺憾也是顯而易見的:(1)限於當時的條件,各種版本收集還不完備。(2)出版社爲免"繁瑣校勘"之嫌,在"只要求忠於底本,儘量少作改動,不校異文,某些明顯的錯誤可以徑改而不出校記"⑤原則的指導下,整理工作留下不少遺憾。(3)全文僅作斷句,未加新式標點,不便今人使用。

有鑑於此,張國風先生從20世紀90年代又重新開始,利用在北京圖書館善本部工作之便,廣集各種版本,在中華本原用校本的基礎上,新增了臺灣大學所藏孫潛校宋本、韓國所藏《太平廣記詳節》《太平通載》⑥等重要版本,同時利用了《藝文類聚》《太平御覽》《永樂大典》所引《太平廣記》佚文等,"十年磨一劍",憑一己之力撰成《太平廣記會校》煌煌20册(1530萬字),於2011年由北京燕山出版社出版。該書的特點是:以明譚

---

①(宋)李昉等:《太平廣記》,中國國家圖書館藏明嘉靖年間沈與文鈔本。
②(宋)李昉等:《太平廣記》,中國國家圖書館藏明萬曆年間許自昌刻本。
③(宋)李昉等:《太平廣記》,中國國家圖書館藏清乾嘉年間陳鱣據宋刻校本。
④(宋)李昉等:《太平廣記》,中國國家圖書館藏清乾隆年間黄晟校刻本。
⑤張國風:《太平廣記會校序》,見《太平廣記會校》第一册,北京:燕山出版社,1961年,第2頁。
⑥《太平廣記詳節》是古代朝鮮的成任(1421—1484)刊刻的一個《太平廣記》選本,原書五十卷,簡稱《詳節》,成任又從《太平廣記》和一些其他古籍中採集篇目,編成《太平通載》八十卷。簡稱《通載》。現兩書均僅存殘卷,分散庋藏於韓國各地。

愷第三次印本爲底本,以孫本、沈本、陳本作爲主要參校本,輔以許本、黃本、四庫本、《詳節》和《通載》本進行會校,并做了比較詳細的校勘記,給全書添加了新式標點。

雖然該書在校勘版本收集上幾臻完備,但是仍不能稱爲善本。存在的主要問題是:

(一)《太平廣記》是從漢末到五代470多部小説、野史、筆記中抄録編排出來的一部類書,在成書過程中做了不少選擇、節略、編排,有些部分甚至做了改寫。這一過程中,難免存在不少錯誤(衍、奪、錯、訛、亂),有些問題導致《太平廣記》中有些内容無法理解,甚至不能卒讀。這些問題在《廣記》成書之初就已存在,如果我們僅以後來抄刻的《太平廣記》各種版本互相校勘,是無法發現、解決的。因此整理工作的一個重要方面,即利用所引來源書及同時代的他書進行校勘(據統計,《太平廣記》所引書中,約有半數至今尚存),而《會校》本基本未進行這一方面的工作(我們在使用《會校》時已發現大量此類問題)。

(二)由於張國風先生校勘學、語言文字學方面的知識尚有欠缺,且《會校》基本成於一人之手。所以《會校》中也存在很多當校改不校改,不當校改而校改,甚至誤判、誤改的情況。

(三)《會校》在斷句、標點方面也存在很多不盡人意的地方。

因此,寧稼雨先生對該書的評價"作者很善於嫻熟地將新舊材料相互比較,找出新的問題線索,或糾正成説,或將有關學術問題的研究逐步深入""這種嚴謹的治學態度和扎實細緻的考證功夫是值得學界讚揚并宣導的""會校本是《太平廣記》乃至中國古代小説版本研究的重大收獲。可以想見,它對於與《太平廣記》有關的各種學術研究所要産生的積極影響和推動作用,是不可估量的"①。似有過譽之嫌。

對此,李劍國先生已撰《〈太平廣記會校〉失誤例舉——兼及校勘學養與校勘原則》(上、下)指出②。受李劍國先生啓發,本人通閲全書,凡發現劍國先生未言及者尚有數百例,現撿取二十餘例,分類列舉,與國風先生商榷。

---

①寧稼雨:《〈太平廣記會校〉本的價值和意義》,《中華讀書報》2012年5月23日。
②李劍國:《〈太平廣記會校〉失誤例舉——兼及校勘學養與校勘原則》(上、下),《書品》2013年第三輯、第四輯。

二

(一) 當校改而未校改例

1.《太平廣記會校》卷六"東方朔"條(出《洞冥記》及《朔別傳》):"太初二年,朔從西那邪國還,得聲風木十枝,以獻帝。長九尺,大如指。此木出因洹之水,則《禹貢》所謂'因桓'是來即其源也,出甜波,上有紫燕黃鵠集其間。實如細珠,風吹**珠**如玉聲,因以爲名。帝以枝遍賜群臣,年百歲者頒賜。"(第84頁)

《會校》:珠　孫本、沈本作"枝"。(第86頁)

按:《廣記》此則引自《洞冥記》。

《事類賦》卷二四引《洞冥記》:"太初二年,東方朔從西那國還漢,得風聲木十枚。實如柚實,風吹枝如玉聲,因以爲名。有武事則如金革之響,有文事則如琴瑟之響。上以枝賜人,有疾者,枝汗出。死者,枝則折。"①另外《記纂淵海》②《玉海》③《六帖補》④《廣博物志》⑤等均引作"風吹枝如玉聲"。

《太平御覽》卷九五三:"郭子橫《洞冥記》曰:太初三年,東方朔從西那國還漢,得**聲風木枝**十枚,九尺,大如指。……有紫燕、黃鵠集其間。實如細珠,**風吹枝**如玉聲,因以爲名。春夏馨香,秋冬聲清。有武事則如金革之響,有文章則如琴瑟之響。上以枝遍賜群臣,百歲者皆以枝頒賜。人有疾者,枝則汗出;死者,枝則折。"⑥

《太平御覽》所引,亦作"風吹枝"不誤。從文理而言,東方朔所得異物名"聲風木枝",其得名之由即爲"風吹枝如玉聲",且後文所言,均圍繞"以枝賜人""枝汗出""枝折",作"風吹珠"者,僅譚刻本一處,故譚刻本"風吹珠如玉聲"當爲"風吹枝如玉聲"之訛,孫本、沈本不誤,此處實應校改,然《會校》當改而未改。

---

① (宋)吴淑:《事類賦》卷二四,見《四庫全書》第892册,臺北:商務印書館1986年影印文淵閣本,第1101頁下欄。
② (宋)潘自牧:《記纂淵海》卷一,見《四庫全書》第930册,第23頁上欄。
③ (宋)王應麟:《玉海》卷一九七,見《四庫全書》第948册,第196頁下欄。
④ (宋)楊伯嵒:《六帖補》卷一〇,見《四庫全書》第948册,第782頁下欄。
⑤ (明)董斯張:《廣博物志》卷四三,見《四庫全書》第981册,第408頁上欄。
⑥ (宋)李昉等:《太平御覽》卷九五三,臺北:商務印書館,1935年,第4362頁上欄。

2.《太平廣記會校》卷一〇"劉根"條(出《神仙傳》):"神人曰:'必欲長生,先去三尸。三尸去,即志意定,嗜慾除也。'乃以神方**五篇**見授,云:'伏尸常以月望晦朔上天,白人罪過,司命奪人算,使人不壽。人身中神欲得人生,而尸欲得人死,人死則神散,無形之中而成鬼。祭祀之則得歆饗,故欲人死也。夢與惡人鬭爭,此乃尸與神相戰也。'余乃從其言,合服之,遂以得仙。"(第135頁)

《會校》:五篇　孫本、沈本作"五色篇"。(第136頁)

按:譚刻本脱一"色"字,當如孫本,改爲"乃以神方《五色篇》見授"。《五色篇》即《黃帝內經·靈樞·五色篇》之簡稱。乃中醫色診望診之作,故道家奉爲延年益壽之"神方"。

《太平御覽》卷六六二:"又曰:劉根字君安,京兆長安人。少明五經,漢武帝時人也。入嵩山石室峻絕之處。嘗曰:'上乘有九轉還丹,太一金液,次有雲母雄黃之屬,亦可長生。次乃草木之藥,能治病益氣。上可數百歲,下即全其所稟而已。必欲長生,即先定心志,除嗜欲,乃可授神方《**五色篇**》。'根後入雞頭山仙去。"①

(宋)許綸《沈丈察院次遊鳳山韻見示再次韻奉酬》詩:"遺以《**五色篇**》,服之欲生翬,東隅縱已失,南車足占迷。"②

(明)孫一奎《赤水玄珠》卷一六"霍亂門":"《**五色篇**》:雷公曰:'人不病而卒死,何以知之?'黃帝曰:'火氣入於臟腑者,不病而卒死矣。'"③

(明)孫瑴《古微書》卷二八:"五官不辨,闕庭不張,小其明堂,藩蔽不見,又卑其牆,牆下無基,垂角去外,如是者雖平常。殆其解在《**五色篇**》,曰:'明堂者,鼻也;闕者,眉間也;庭者,顏也;藩者,頰側也;蔽者,耳門也。其間欲方大,去之十步,皆見於外,如是者壽必中百歲。'"④

3.《太平廣記》卷一五"道士王纂"條(出《神仙感遇録》):"頃之,珠幢寶幡,蜺旌羽節,紅旂錦斾各二,相對前引,幢居其前,節最居後。又四青童執花捧香,二侍女捧案,地舒錦席,前立巨屏,左右龍虎將軍,侍從官將各二十許人,立屏兩面,若有備衛焉。復有金甲大將軍二十六人,**神五十人**,次龍虎二君之外,班列肅如也。"(第199—200頁)

《會校》:五　陳本作"王"。(第201頁)

按:核查譚刻本、中華本、陳本均作"神王十人",作"神王十人"是,《會校》何以作

---

①(宋)李昉等:《太平御覽》,臺北:商務印書館,1935年,第3087頁上欄。
②(宋)許綸:《涉齋集》卷一,見《四庫全書》第1154冊,第413頁上欄。
③(明)孫一奎:《赤水玄珠》卷一六,見《四庫全書》第766冊,第617頁下欄。
④(明)孫瑴:《古微書》卷二八,見《四庫全書》第194冊,第1005頁下欄。

"神五十人"？甚費解。

"神王"乃仙道、佛道所指的護法神。現僅舉仙道中"神王"：

《雲笈七籤》卷三七："左右龍虎將軍，侍從官將兵士二千許人，立兩面，若有備衛焉。復有金甲大將軍二十六人，**神王**十人，次龍虎二君之外，班列肅如也。"①

《雲笈七籤》卷四五："長顱巨獸，手把帝鐘。素梟二神，嚴駕夔龍。威劍**神王**，斬邪滅蹤。"②

《雲笈七籤》卷五五"魂神部"："地有三十六重地，地皆有土皇、將軍、金剛、**神王**、靈官也。"③

《雲笈七籤》卷一〇二"紀傳部"："著光明之衣，照虛空之中，如含日月之光也。或在雲華之上，身如金色，面放五明，自然化出。**神王**、力士、青龍、白獸、麒麟、師子，列於前後。"④

《雲笈七籤》卷一一八"靈驗部"："左右侍立玉童玉女十二人，真人八身，金剛力士、**神王**各四身。兩壁畫金甲**神王**各八人，天樂一部。"⑤

《齋戒錄》亦引爲："左右龍虎將軍，侍從官將兵士二千許人，立兩面，若有備衛焉。復有金甲大將軍二十六人，**神王**十人，次龍虎二君之外，班列肅如也。"（《道藏戒律全書》）

關於仙道之"神王"，《太平廣記》中亦不鮮見：

《太平廣記》卷四七"李球"條（出《仙傳拾遺》）："太帝命韓司少卿、東方君與紫府先生，統六年仙寮**神王**、力士，以鎮於此，故謂神仙之府也。"⑥

《太平廣記》卷五八"魏夫人"條（出《集仙傳》及本傳）："將逾三月，忽有太極真人安度明、東華大神、方諸青童、扶桑碧阿陽谷**神王**、景林真人、小有仙女、清虛真人王褒來降。"⑦

4.《太平廣記會校》卷一五"貞白先生"條（出《神仙感遇傳》）："先生嘗作詩云：'夷甫任散誕，平叔坐譚空。**不信**昭陽殿，化作單于宫。'"（第203頁）

---

① (宋)張君房：《雲笈七籤》，見胡道靜、陳蓮笙、陳耀庭選輯《道藏要籍選刊》第1册，上海：上海古籍出版社，1989年，第263頁下欄。
② (宋)張君房：《雲笈七籤》，見《道藏要籍選刊》第1册，第325頁上欄。
③ (宋)張君房：《雲笈七籤》，見《道藏要籍選刊》第1册，第380頁上欄。
④ (宋)張君房：《雲笈七籤》，見《道藏要籍選刊》第1册，第692頁下欄。
⑤ (宋)張君房：《雲笈七籤》，見《道藏要籍選刊》第1册，第819頁下欄。
⑥ (宋)李昉等：《太平廣記》，北京：中華書局，1960年，第292頁。
⑦ (宋)李昉等：《太平廣記》，第356頁。

《會校》未出校。

按：貞白先生即梁代隱士陶弘景。明張溥輯《漢魏六朝百三家集》卷八九《陶弘景集》收有"題所居壁"詩："夷甫任散誕，平叔坐談空。**不意**昭陽殿，化作單于宮。'"①

《梁書》卷五六《侯景傳》："先是，丹陽陶宏景隱於華陽山，博學多識。嘗爲詩曰：'夷甫任散誕，平叔坐談空。**不意**昭陽殿，化作單于宮。'"②

《隋書》卷二二《五行志》："天監中，茅山隱士陶弘景爲五言詩曰：'夷甫任散誕，平叔坐談空。**不意**昭陽殿，忽作單于宮。'及大同之季，公卿唯以談玄爲務。夷甫、平叔，朝賢也。侯景作亂，遂居昭陽殿。"

（宋）張君房《雲笈七籤》卷五"梁茅山貞白陶先生"："（貞白）先生常作詩云：'夷甫任散誕，平叔坐談空。**不意**昭陽殿，化作單于宮。'"③

（宋）馬端臨《文獻通考》卷三〇九"物異考十五"："天監中，茅山隱士陶弘景爲五言詩曰：'夷甫任散誕，平叔坐談空。**不意**昭陽殿，忽作單于宮。'"④

歷代錄陶弘景此詩，皆爲"不意昭陽殿"，未見異文。而後一句"化作單于宮"有作"忽作單于宮"者。不意，即"不料""未想到"之義。

《史記》卷八一《廉頗藺相如列傳》："許歷曰：'秦人**不意**趙師至此，其來氣盛。將軍必厚集其陣以待之，不然必敗。'"⑤

《隋書》卷五〇《李安傳》："安頓首而言曰：'兄弟無汗馬之勞，過蒙獎擢，合門竭節，無以酬謝。**不意**叔父無狀，爲凶黨之所蠱惑。覆宗絕嗣，其甘若薺。'"⑥

《太平廣記》卷二二〇"王布"條（出《酉陽雜俎》）："我天人也，奉命來取。**不意**此僧先取之，當獲譴矣。"⑦

"不意"與"不信"意思相距甚遠（一爲主觀未料到。一爲客觀已如此，主觀不承認），且歷代他書所錄皆爲"不意"，故《會校》當出校據改。

5.《太平廣記會校》卷一五"貞白先生"（出《神仙感遇傳》）："仕齊，歷諸王侍讀。年二十餘，稍服食，後就興世觀主孫先生咨稟經法，精行道要。殆通幽洞微，**傳**奉朝請，

---

① （唐）姚思廉：《梁書》，北京：中華書局，1973年，第863頁。
② （唐）魏徵：《隋書》，北京：中華書局，1973年，第637頁。
③ （宋）張君房：《雲笈七籤》，見《道藏要籍選刊》第1冊，第30頁下欄。
④ （宋）馬端臨：《文獻通考》卷三〇九，見《四庫全書》第616冊，第145頁下欄。
⑤ （漢）司馬遷：《史記》，北京：中華書局，1959年，第2445頁。
⑥ （唐）魏徵：《隋書》，第1323頁。
⑦ （宋）李昉等：《太平廣記》，北京：中華書局，1960年，第1692頁。

乃拜表解職。答詔**優歎**,賜與甚厚。"(第202頁)

《會校》:傳 《雲笈七籤》作"輔"。(第204頁)

按:"傳奉朝請""輔奉朝請"皆誤,當改爲"轉奉朝請"。轉,遷職也。奉朝請,爲文散官官名。晉代以奉車、駙馬、騎三都尉爲奉朝請,南北朝設以安置閑散官員,隋初罷之,另設朝請大夫、朝請郎。《會校》所見《雲笈七籤》作"輔",乃"轉"字脫落"寸",而譚刻本"傳"乃"車"旁誤作"亻"旁。

《雲笈七籤》卷五"梁茅山貞白陶先生":"年二十餘服道,後就興世館孫先生諮稟經法,精行道要,通幽洞微。**轉奉朝請**,乃拜表解職,答詔**優勤**,賜與其厚。"①

《雲笈七籤》卷一○七"梁茅山貞白先生傳":"年二十餘服道,後就興世館孫先生諮稟經法,精行道要,殆通幽洞微。**轉奉朝請**,乃拜表解職,答詔**優歎**,賜與甚厚。"②

《魏書》卷八八《竇瑗傳》:"(竇)瑗年十七,便荷帙從師。遊學十載,始爲御史。**轉奉朝請**、兼太常博士,拜大將軍、太原王爾朱榮官,因是爲榮所知,遂表留瑗爲北道大行台左丞。"③

《梁書》卷一○《鄧元起傳》:"鄧元起字仲居,南郡當陽人也。少有膽幹,膂力過人。性任俠,好賑施,鄉里年少多附之。起家州辟議曹從事史,**轉奉朝請**。"④

《梁書》卷五三《何遠傳》:"(何)遠釋褐江夏王國侍郎,**轉奉朝請**。永元中,江夏王寶玄於京口爲護軍將軍崔慧景所奉,入圍宮城,遠豫其事。"⑤

又"答詔優歎"不通,當作"優勤",《雲笈七籤》一引作"優勤",一引作"優歎","歎"乃"勤"形近而誤。當校改。

6.《太平廣記會校》卷一一○"邢懷明"條(出《法苑珠林》):"宋邢懷明,河間人,爲大將軍參軍。嘗隨南郡太守**朱循**之北伐,同見陷没。"(第1497頁)

《會校》未出校。

按:"朱循之"乃"朱脩之"之誤。

《宋書》卷七六《**朱脩之傳**》:"(朱脩之)後隨到彥之北伐。彥之自河南回,留脩之戍滑臺,爲虜所圍,數月糧盡,將士熏鼠食之,遂陷於虜。……後鮮卑馮弘稱燕王,治黃龍城,托跋燾伐之,脩之與同没人邢懷明並從。又有徐卓者,復欲率南人竊發,事泄被

---

① (宋)張君房:《雲笈七籤》,見《道藏要籍選刊》第1冊,第30頁中欄。
② (宋)張君房:《雲笈七籤》,見《道藏要籍選刊》第1冊,第736頁上欄。
③ (北齊)魏收:《魏書》,北京:中華書局,1974年,第1908頁。
④ (唐)姚思廉:《梁書》,北京:中華書局,1973年,第197頁。
⑤ (唐)姚思廉:《梁書》,第777頁。

誅。脩之、懷明懼奔馮弘,弘不禮。"①正述此事。《南史·朱脩之傳》所記亦同。"**朱脩之**"《宋書》中凡18見、《南史》中凡10見,《資治通鑒》凡6見,《水經注》卷五所引均作"**朱脩之**"。而《法苑珠林》因"脩""循"形近而訛作"循"。《太平廣記》沿誤。《會校》未能校改。

7.《太平廣記會校》卷一一一"李儒俊"條(出《辨正論》):"隊主**李儒俊**鎮虎牢,爲魏虜所圍,危急欲降。夜踰城出,見賊縱橫並臥。儒俊乃一心念觀世音,便過賊處,趨空澤。賊即隨來,儒俊便入草,未及藏伏,賊掩至。儒俊驚恐,一心專念《觀音經》,忽得馬馳去,因此遂得脱。"(第1509頁)

《會校》未出校。

按:(唐)法琳《辯正論》卷七:"**李儒**默念,賊馬群驚(《宣驗記》云:隊主**李儒**後鎮虎牢。爲魏虜所圍,危急欲降。夜踰城出,見賊縱橫並臥。儒乃一心念觀世音,便過賊處,趣一燒澤。賊即隨來,儒便入草。未及藏伏,群馬向草。儒大驚恐,一心專念觀音焉,忽然自驚,因此得脱也。)"②

法琳《辯正論》引《宣驗記》有"隊主**李儒**後鎮虎牢"語,今傳世本《宣驗記》亦作:"隊主李儒後鎮虎牢"。

另外,(齊)陸杲《系觀世音應驗記·李儒》:"**李儒**者,毛德祖之隊將也。德祖鎮虎牢,爲魏虜所圍,城中無水,欲降。儒夜緣城先叛。初始過墊,見賊縱橫盡眠,儒念觀世音,乞求濟渡。於是盗跨,賊都不覺。曉乃聞有軍馬見追聲。儒因上樹,賊又直過不見。儒因下,向燒澤,忽得見賊過。有一叢,入中隱藏,自分必死,存念益至。賊馬皆來食草,有去數尺。儒無復計,爲試舉枝向之。馬忽自驚走,將賊還去。因爾罷散,遂得以免。"③

(後周)義楚《釋氏六帖》卷二:"隊主**李儒**鎮虎牢關,爲魏虜所圍,危急欲降。夜踰城出,見賊蹤橫卧地。儒乃一心念觀音,過即入深澤,未及藏身,尋被來逐,欲至,羣馬向儒即大驚恐而免。"④

以上文獻,均作"李儒",因《宣驗記》中有"隊主李儒後鎮虎牢"語,《太平廣記》引錄時,將"後"訛作"俊"字,"隊主李儒後鎮虎關"誤成"隊主李儒俊鎮虎關","儒後驚

---

①(梁)沈約:《宋書》,北京:中華書局,1974年,第1969頁。
②[日]大正一切經刊行會1934年刊行《大正新修大藏經》,臺北:新文豐出版有限公司,1983年影印版,第52册,第537頁c欄。
③董志翹:《〈觀世音應驗記三種〉譯注》,南京:江蘇古籍出版社,2002年,第165頁。
④《大正新修大藏經》第13册,第43頁a欄。

恐"亦誤成"儒俊驚恐",并誤以"李儒俊"作爲篇名。《會校》因未校對源書及當時其他文獻,故仍其舊,未能改正。

8.《太平廣記會校》卷一一一"伏萬壽"條(出《法苑珠林》):"伏萬壽,平昌人,宋元嘉十九年在廣陵爲衛府參軍,假訖返州。四更初,涉江,長波安流,至中而風起如箭,時又極暗,莫知所向。萬壽先奉法,唯一心歸命觀世音,念無間息,倐爾與船中數人,同覩北岸有光,狀如村火,喜曰:'此必是**陽火**也。'廻船趨之,未旦而至。問彼人,皆云:'昨夜無燃火者。'於是方悟神力焉。"(第1505頁)

《會校》未出校。

按:"此必是陽火也"一句,《太平廣記》諸本均如此,《會校》也未作校勘。然核之所引源書《法苑珠林》:

(唐)道世《法苑珠林》卷二七:"宋伏萬壽,平昌人也。元嘉十九年,在廣陵爲衛府行參軍。假訖反州。四更初,江濟之時,長波安流。至中江而風起如箭,時又極暗,莫知所向。萬壽先奉法勤至,唯一心歸命觀世音,念無間息。俄爾與船中數人同覩北岸有光,狀如村火。相與喜曰:'此必是**歐陽火**也。'回舡趣之,未旦而至。問彼人,皆云:'昨夜無然火者。'方悟神力,至乃設齋。"①

《法苑珠林》又引自《冥祥記》,《冥祥記》亦作"此必是**歐陽火**也"②。

(齊)陸杲《系觀世音應驗記》"伏萬壽"條同樣作"此必是**歐陽火**也"③。

因歷來不明"歐陽火"爲何物,故《太平廣記》收錄時擅删改爲"此必是陽火也"(大概理解爲陽間之火光)。其實,《冥祥記》原作"歐陽火"不誤,據本人考證,"歐陽"乃南北朝時期之地名,在長江北岸今儀征至揚州之間,當時稱"歐陽戍"。

(北魏)酈道元《水經注》卷三〇:"自永和中(魁按:東晉穆帝司馬聃的第一個年號,即公元345—356年),江都水斷,其水上承歐陽,引江入埭,六十里至廣陵城,楚、漢之間爲東陽郡,高祖六年爲荆國,十一年爲吳城,即吳王濞所築也。"④

《大清一統志》卷六七:"歐陽戍在儀征縣東北十里。《通鑒》宋沈慶之討竟陵王誕,至歐陽戍。《水經注》吳城邗溝上承歐陽,引江入埭,六十里至廣陵城。"⑤

《江南通志》卷三三:"歐陽戍在儀征縣東北十里。《水經注》云邗溝水上承歐陽,引

---

① 《大正新修大藏經》第53册,第484頁b欄。
② (梁)王琰:《冥祥記》,見魯迅校録:《古小説鈎沉》,濟南:齊魯書社,1997年,第326頁。
③ 董志翹:《〈觀世音應驗記三種〉譯注》,南京:江蘇古籍出版社,2002年,第73頁。
④ 王國維校:《水經注校》,上海:上海人民出版社,1984年,第977頁。
⑤ (清)穆彰阿等:《大清一統志》卷六七,見《四庫全書》第475册,第352頁下欄。

江入埭,六十里至廣陵城即此。梁陳間陳霸先與侯景戰屯之地。"①

"歐陽"的地理位置見《中國歷史地圖集》第四册"東晉十六國南北朝時期·揚、南徐諸州"②。

伏萬壽家住都下(京都),即長江南岸南朝宋京都建鄴(今江蘇省南京市),元嘉十九年,臨川王劉義慶鎮廣陵(當時僑置南兗州,今江蘇省揚州市,處南京東長江北岸)時,伏萬壽任衛軍行佐(一作廣陵衛府行參軍),"萬壽請暇還都,暇盡反州",即從長江南之建鄴順江東行至江北之廣陵(南兗州治),而自建鄴之廣陵,沿江北岸分別有儀征、歐陽、江都。他四更中(下半夜兩點)過大江,當船夜行江中,忽遇大風,不知所向,將欲覆滅之時,因乞求觀世音救助而應驗,忽"見北岸有光,如村中燃火",故認爲是"歐陽火"(江北岸歐陽之火光),便確認了方向,以致"直往就之,未曙而至"。伏萬壽顯然是乘船由建鄴過江,然後必須從支流到達歐陽,纔能繼續從水路到達廣陵,故"歐陽"是必經之路。(并非沿江東至江都再到廣陵,因爲此時長江直接到江都、廣陵的支流已斷)。如此理解,不僅完全符合當時的地理環境,而且文從字順③。

而對於《太平廣記》"伏萬壽"條的誤删"歐"字,《會校》未作校勘,當改而未改。

(二)不當校改而校改例

1.《太平廣記會校》卷六"張子房"條(出《仙傳拾遺》):"張子房,名良,韓國人也,避地於南陽,徙居於沛,後爲沛國人焉。童幼時,過下邳圯橋,風雪方甚,遇一老叟,着烏巾,黄單衣,墜履於橋下,目子房曰:'孺子爲我取之。'子房無倦色,下橋取履以進。老叟引足以納之,子房**神色**愈恭。叟笑曰:'孺子可教也。明旦來此,當有所教。'"(第81頁)

《會校》:色,原作"意"。現據陳本改。(第82頁)

按:《廣記》引自《仙傳拾遺》,前蜀杜光庭《仙傳拾遺》卷一正作"下橋取履以進,老叟引足以納之,子房神意愈恭。"④其實此處作"神意""神色"均可,從上下文而言,似作"神意"更勝一籌。神意者,神色意態也。"神意愈恭"乃言"神色意態更加恭敬",神者言外表,意者,言其内心。神色,僅指外表。

---

① (清)趙宏恩等:《江南通志》卷三三,見《四庫全書》第508册,第112頁上欄。
② 中國歷史地圖集編輯組編:《中國歷史地圖集》第4册,上海:中華地圖學社,1975年。
③ 董志翹:《傳世文獻與出土文物的古代地名考釋兩則》,《古籍整理研究學刊》2014年第
④ (前蜀)杜光庭:《仙傳拾遺》卷一,見《舊小説》(第3册乙集六),上海:商務印書館,1957年

且當時"神意""神色"均有用例,有時意思也没太大區别。如:

《世説新語·方正》:"王含作廬江郡,貪濁狼籍。王敦護其兄,故於衆坐稱:'家兄在郡定佳,廬江人士咸稱之!'時何充爲敦主簿,在坐,正色曰:'充即廬江人,所聞異於此!'敦默然。旁人爲之反側,充晏然,**神意自若**。"①

《世説新語·言語》:"樂令女適大將軍成都王穎。王兄長沙王執權於洛,遂構兵相圖。長沙王親近小人,遠外君子,凡在朝者,人懷危懼。樂令既允朝望,加有婚親,群小讒於長沙。長沙嘗問樂令,樂令**神色自若**,徐答曰:'豈以五男易一女?'由是釋然,無復疑慮。"②

(晉)裴啟:《裴子語林》:"豫章太守顧劭,是丞相雍之子,在郡卒。時雍方盛集僚屬圍棋,外信至而無兒書;雖神意不變,而心了有故。賓客既散,方歎曰:'已無延州之遺累,寧有喪明之責邪?'於是豁情散哀,**顏色自若**。"③

《世説新語·賢媛》:"許允爲晉景王所誅,門生走入告其婦。婦正在機中,**神色不變**,曰:'蚤知爾耳!'"④

《世説新語·任誕》:"王長史、謝仁祖同爲王公掾。長史云:'謝掾能作異舞。'謝便起舞,**神意甚暇**。王公熟視,謂客曰:'使人思安豐。'"⑤

(南朝宋)虞通之《妒記》:"桓大司馬平蜀,以李勢女爲妾。桓妻南郡主凶妒,不即知之;後知,乃拔刀率數十婢往李所,因欲斫之。見李在窗前梳頭,髮垂委地,姿貌絕麗;乃徐下地結髮,斂手向主曰:'國破家亡,無心以至今日;若能見殺,實猶生之年。'**神色閑正**,辭氣淒惋。"⑥

《會校》既然以譚刻本爲底本,如存在異文,但意義兩可的情況下,可出校記:陳本作"神色",而不宜改動原版本。

2.《太平廣記會校》卷六"張子房"條(出《仙傳拾遺》):"子房佐漢,封留侯,爲大司徒。解形**去**世,葬於龍首原。"(第82頁)

《會校》:去 原作"於"。現據孫本、沈本改。(第83頁)

按:譚本原作"解形於世"不誤,該則引自前蜀杜光庭《仙傳拾遺》,《仙傳拾遺》卷一

---

①余嘉錫:《世説新語箋疏》,北京:中華書局,1983年,第311頁。
②余嘉錫:《世説新語箋疏》,第87頁。
③魯迅校録:《古小説鈎沉》,濟南:齊魯書社,1997年,第5頁。
④余嘉錫:《世説新語箋疏》,第674頁。
⑤余嘉錫:《世説新語箋疏》,第747頁。
⑥魯迅校録:《古小説鈎沉》,第229頁。

正作:"子房佐漢,封留侯,爲大司徒。**解形於世**,葬於龍首原。"

(明)董斯張《廣博物志》卷七引《神仙傳拾遺》:"留侯**解形於世**,葬龍首原。赤眉之亂,人發其墓,但見黄石枕化而飛去,不見屍形衣冠。得兵書一篇及兵畧數章。"①

解形者,即屍解。即謂道徒遺其形骸而仙去。故"解形"後一般接處所補語。如:

《後漢書·王昌傳》:"朕,孝成皇帝子子輿者也。昔遭趙氏之禍,因以王莽篡殺,賴知命者將護朕躬,**解形河濱**,削跡趙、魏。"唐李賢註:"解形猶脱身也。"②

(後周)釋静藹《列碣題石》:"無益之身,惡煩人功,**解形窮石**,散體巖松。"③

3.《太平廣記會校》卷七"王遠"條(出《神仙傳》):"去十餘年,忽還家,容色少壯。有鬢髮鬢黑,語家人曰:'七月七日,王君當來,其日可多作飲食,以供從官。'至其日,經家乃借甕器,作飲食百餘斛,羅列布置庭中。是日,王君果來。"(第96—97頁)

《會校》:中　原作"下"。現據沈本改。(第99頁)

按:譚刻本原作"羅列布置庭下",不誤,"庭下"即"庭中",因爲古代建築,"堂""殿"高於"庭",所以"庭中"亦可稱"庭下",且"庭下"爲中古、近代常語。如:

(漢)桓譚《新論·辨惑》:"劉子駿信方士虚言,謂神仙可學。嘗問言:'人誠能抑嗜欲,閤耳目,可不衰竭乎?'余見其**庭下**有大榆樹,久老剥折,指謂曰:'彼樹無情欲可忍,無耳目可閤,然猶枯槁朽蠹;人雖欲愛養,何能使不衰?'"④

(宋)張師正《括異志》卷一〇"樂平港鼉":"民方悟爲鼉妖。已而俱入立**庭下**,遥視殿上若有人物往來,而不辨其詳。"⑤

(宋)周密《齊東野語》卷九:"至是,幕府宋恭、荀夢玉等懼變,遂調停,約全拜於**庭下**,國答拜於堂上。"⑥

就《太平廣記》一書,"庭下"即不下二十例。如:

《太平廣記》卷二七"唐若山"條(出《仙傳拾遺》):"是夜月甚明朗,徐步**庭下**,良久謂若山曰:'可命一僕,運鐺釜鐵器輩數事於藥室間,使僕布席壘爐。'"⑦

---

①(明)董斯張:《廣博物志》卷七,《四庫全書》第980册,第151頁下欄。

②(南朝宋)范曄:《後漢書》,北京:中華書局,1965年,第492頁。

③(後周)釋静藹:《列碣題石》,見(清)嚴可均《全上古三代秦漢三國六朝文》第4册,北京:中華書局,1958年,第4012頁上欄。

④(漢)桓譚《新論》"辨惑第十三",見(清)嚴可均《全上古三代秦漢三國六朝文》第1册,第551頁上欄。

⑤(宋)張師正:《括異志》卷一〇,見《四庫全書存目叢書》第245册,濟南:齊魯書社1995年影印南京圖書館藏明鈔本,第729頁上欄。

⑥(宋)周密:《齊東野語》卷九,見《四庫全書》第865册,第726頁上欄。

⑦(宋)李昉等:《太平廣記》,北京:中華書局,1960年,第176頁。

《太平廣記》卷三七一"姚康成"條(出《靈怪集》):"又見一人,亦長細而黄,面多瘡孔,而吟曰:'當時得意氣填心,一曲君前值萬金。今日不如**庭**下竹,風來猶得學龍吟。'"①

《太平廣記》卷四七五"淳于棼"條(出《異文録》):"因前導而去。俄見一門洞開,生降車而入。彩檻雕楹,華木珍果,列植於**庭**下;几案茵褥,簾幃肴膳,陳設於庭上。生心甚自悦。"②

4.《太平廣記會校》卷七"王遠"條(出《神仙傳》):"麻姑至,蔡經亦舉家見之。是好女子,年可十八九許,於頂上作髻,餘髮散垂至腰。衣有文采,又非錦綺,光彩耀目,不可名狀,皆世之所無也。入拜遠,遠爲之起立。坐定,各進行廚,皆金盤玉杯無限也,餚膳多是諸花,而香氣達於内外。擘脯而食之,云麟脯。麻姑自説云:'**接待**以來,已見東海三爲桑田。向到蓬萊,水又淺於往日會時略半耳,豈將復爲陵陸乎?'"(第97頁)

《會校》:待　原作"侍",現據沈本改。(第100頁)

按:此事又見《太平廣記》卷六〇"麻姑"條(出《神仙傳》):"麻姑自説云:'**接侍**以來,已見東海三爲桑田。向到蓬萊,水又淺於往者會時略半也。豈將復還爲陵陸乎?'"③

另外,《太平御覽》卷三八"地部三":"《神仙傳》曰:麻姑謂王方平曰:'自**接侍**已來,三見海水變桑田,蓬萊之清淺也。'"④

《藝文類聚》卷八"水部":"《神仙傳》曰:麻姑謂王方平曰:'自**接侍**以來,見東海三爲桑田。'"⑤

"接侍"乃中古、近代習語,本爲"侍從""僕役"之義。

如《漢雜事秘辛》:"食時,商女女瑩從中閤細步到寢,姁與超如詔書周視動止,俱合法相。超留外舍,姁以詔書如瑩燕處,屏斥**接侍**,閉中閤子。"⑥

《雲笈七籤》卷一一二"紀傳部":"相國盧鈞,進士射策,爲尚書郎。以疾求出爲均州刺史。到郡,疾稍加,羸瘠而不耐見人,常於郡後山齋,養性獨處,左右**接侍**亦皆遠去,

---

① (宋)李昉等:《太平廣記》,北京:中華書局,1960年,第2948頁。
② (宋)李昉等:《太平廣記》,第3910頁。
③ (宋)李昉等:《太平廣記》,第370頁。
④ (宋)李昉等:《太平御覽》,臺北:商務印書館,1935年,第312頁,下欄。
⑤ (唐)歐陽詢撰,汪紹楹校:《藝文類聚》,上海:上海古籍出版社,1965年,第151頁。
⑥ (漢)闕名:《漢雜事秘辛》,見《叢書集成新編》第83册,臺北:新文豐出版公司,1981年,第151頁下欄。

非公召,莫敢前也。"①

引申爲"侍奉"義,一般作爲謙詞。此處麻姑以"接侍"爲"入道(侍奉神仙)"的謙詞。

《太平御覽》卷五七九:"《靈異志》曰:嵇中散神情高邁,任心遊憩。嘗行西南,出去洛數十里,有亭名華陽,投宿。夜了無人,獨在亭中。此亭由來殺人,宿者多凶。至一更中操琴,先作諸弄,而聞空中稱善聲;中散撫琴而呼曰:'君何以不來?'此人便云:'身是古人,幽没於此數千年矣。聞君彈琴,音曲清和,故來聽耳。而就終殘毀,不宜以**接侍**君子。'"②

《藝文類聚》卷一五"后妃部":"《續漢書》曰:明德皇后馬氏,伏波將軍馬援之女也。后年七歲,幹治家事,敕制僮御,出入計校,一以貫之。年十三,以選入太子宮,**接侍**同列而承至尊,先人後己,發於至誠,由是見寵。"③

(唐)趙璘《因話録》卷四"角部":"其略曰:'某偶忝名宦,皆因善誘。自居班列,終日塵屑。卻思昔歲臨清澗,蔭長松,**接侍**座下,獲聞微言。未知何時復遂此事,遙瞻水中月嶺上雲,但馳攀想而已。'"④

《先秦漢魏晉南北朝詩·晉詩》卷一七:"逍遥蕉皋上,杳然望扶木。洪柯百萬尋,森散覆暘谷。靈人侍(逯欽立注:曾本、蘇寫本云:'一作待。'接侍字,六朝常寫作待)丹池,朝朝爲日浴。"⑤

而"接待"乃"接納""招待"義,用於此處不合,故不當改"接待"。

5.《太平廣記會校》卷七"馬鳴生"條(出《神仙傳》):"馬鳴生者,臨淄人也,本姓和,字君賢。少爲縣吏,捕賊,爲賊所傷,當時暫死,忽遇神人以藥救之,便活。"(第101頁)

《會校》:暫　疑誤。《雲笈七籤》作"殆",似是。(第102頁)

按:校語誤,"暫死"不誤。

《廣記》所引源書爲《神仙傳》,《神仙傳》卷五"馬鳴生"條正作:"馬鳴生者,齊國臨淄人也,本姓和,字君賢。少爲縣吏,因逐捕而爲賊所傷,當時暫死,得道士神藥救之,遂活。"⑥

---

① (宋)張君房:《雲笈七籤》,見《道藏要籍選刊》第1册,第766頁上欄。
② (宋)李昉等:《太平御覽》,臺北:商務印書館,1935年,第2743頁上欄至下欄。
③ (唐)歐陽詢撰,汪紹楹校:《藝文類聚》,上海:上海古籍出版社,1965年,第278頁。
④ (唐)趙璘:《因話録》,見《唐五代筆記小説大觀》,上海:上海古籍出版社,2000年,第857頁。
⑤ 逯欽立:《先秦漢魏晉南北朝詩》(上),北京:中華書局,1983年,第1022頁。
⑥ (晉)葛洪:《神仙傳》卷五,《四庫全書》第1059册,第278頁下欄。

"暫死",猶如"卒死""假死",亦似今所謂"休克"。故"得道士神藥救之,遂活"。另外"暫死"一詞,當時多見,僅《雲笈七籤》中即不乏其例:

《雲笈七籤》卷六五"合丹法":"但道士恐懼,或慮不精,便敢自服三刀圭,即看神丹烈驗。初服三刀圭,皆**暫死**,半日許,乃生,如眠覺狀也。"①

《雲笈七籤》一〇〇"紀傳部":"黃帝以天下既理,物用具備,乃尋真訪隱,問道求仙,冀獲長生久視,所謂先理代而後登仙者也。時有寧子為陶正,有神人過,教火法,出五色煙,能隨之上下,道成仙去,往流沙之所,食飛魚,**暫死**,二百歲更生,作《沙頭頌》曰:'青葉灼爍千載舒,萬齡**暫死**餌飛魚。'"②

《雲笈七籤》卷一〇九"魏伯陽":"伯陽入山時,將一白犬自隨。又丹轉數未足,和合未至,自有毒丹,毒丹服之皆**暫死**。伯陽故便以毒丹與白犬食之,犬即死。伯陽乃復問諸弟子曰:'作丹恐不成,今成而與犬食,犬又死,恐是未得神明之意。服之恐復如犬,為之奈何?'弟子曰:'先生當服之否?'伯陽曰:'吾背違世路,委家入山,不得仙道,吾亦恥復歸。死之與生,吾當服之耳。'伯陽便服丹,丹入口即死。弟子相顧謂曰:'所以作丹者,欲求長生耳。而服之即死,當奈此何?'惟一弟子曰:'師非凡人也,服丹而死,得無有意邪?'又服之,丹入口復死。餘二弟子乃相謂曰:'作丹求長生耳!今服丹即死,當用此何為?若不服此,自可得數十年在世間活也。'遂不服,乃共出山,欲為伯陽及死弟子求棺木殯具。二人去後,伯陽即起,將服丹弟子姓虞及白犬而去。逢入山伐薪人,作手書與鄉里人,寄謝二弟子。弟子見書,始大懊惱。"③

他如:(唐)段成式《酉陽雜俎》卷二"玉格":"又曰:若人暫死,適太陰權過三官,血沉脉散,而五藏自生,白骨如玉,三光惟息,太神內閉,或三年至三十年。"④

(元)念常集《佛祖歷代通載》卷一:"八曰無間更活獄者。生彼有情,先業所感。執衆器仗,互起冤憎。遞相斫害,段段墮落。悶絕暫死,空音更活。彼等有情即便更活復相斫害。"⑤

6.《太平廣記會校》卷八"劉安"條(出《神仙傳》):"於是乃有八公詣門,皆鬚眉皓白。門吏先密以白王,王使閽人,自以意難問之曰:'我王上欲求延年長生不老之道,中欲得博物精義入妙之大儒,下欲得勇敢武力扛鼎暴虎橫行之壯士。今先生年已耆矣,似

---

① (宋)張君房:《雲笈七籤》,見《道藏要籍選刊》第1冊,第458頁中欄。
② (宋)張君房:《雲笈七籤》,見《道藏要籍選刊》第1冊,第684頁上欄。
③ (宋)張君房:《雲笈七籤》,見《道藏要籍選刊》第1冊,第743頁下欄。
④ (宋)段成式:《酉陽雜俎》,見《唐五代筆記小說大觀》,上海:上海古籍出版社,2000年,第570頁。
⑤ (元)念常集:《佛祖歷代通載》,見《大正新修大藏經》第49冊,第486頁a欄。

無駐衰之術,又無賁、育之氣,豈能究於三墳五典、八索九丘,鉤深致遠,窮理盡性乎？三者既乏,餘不敢通。'八公笑曰:'我聞王尊禮賢士,吐握不倦,苟有一介之善,莫不畢至。古人貴九九之好,養鳴吠之技,誠欲市馬骨以致騏驥,師郭生以招群英。吾**等**雖鄙陋,不合所求,故遠致其身,且欲一見王,雖使無益,亦豈有損？何以年老而逆見嫌耶？王必若見年少則謂之有道,皓首則謂之庸叟,恐非發石採玉、探淵索珠之謂也。薄吾老,今則少矣。'言未竟,八公皆變爲童子。……八童子乃復爲老人,告王曰:'餘雖復淺識,備爲先學。聞王好士,故來相從,未審王意有何所欲？吾一人能坐致風雨,立起雲霧,畫地爲江河,撮土爲山嶽;一人能崩高山,塞深泉,收束虎豹,召致蛟龍,使役鬼神;一人能分形易貌,坐存立亡,隱蔽六軍,白日爲暝;一人能乘雲步虛,越海淩波,出入無間,呼吸千里;一人能入火不灼,入水不濡,刃射不中,冬凍不寒,夏曝不汗;一人能千變萬化,恣意所爲,禽獸草木,萬物立成,移山駐流,行宮易室;一人能煎泥成金,凝汞爲銀,水鍊八石,飛騰流珠,乘雲駕龍,浮於太清之上。在王所欲。'"(第107—109頁)

《會校》:等,原作"年",現據陳本改。(第110頁)

按:"吾年雖鄙陋"改"吾等雖鄙陋"不妥,所謂"年雖鄙陋"即前文所言"年已耆矣",後文所言"何以年老而逆見嫌耶"。古漢語中"吾""我""余(《會校》均誤排成'餘')"既可表單數,亦可表複數。此則中"吾年雖鄙陋"中之"吾"即表複數"我們(指八公)",此則上下文"我聞王尊禮賢士""余雖復淺識""薄吾老""吾一人"中之"我""余""吾"均表複數(指八公),故不可獨將"吾年雖鄙陋"改成"吾等雖鄙陋"。"鄙陋"有"醜陋""粗俗""不堪"之義,且中古、近代,不僅學識、言語、文詞、計謀、住處、門第、風俗可言"鄙陋",行爲、性情、姿態、體質、容貌、年齡均可言"鄙陋"。如:

(漢)趙曄《吳越春秋》卷九《勾踐陰謀外傳》:"大王不以鄙陋寢容,願納以供箕箒之用。"①

(梁)僧佑《出三藏記集》卷一五:"嘉字子年,隴西人。形貌鄙陋,似若不足。"②

《太平廣記》卷二五四"張元一"(出《朝野僉載》):"王方慶體質鄙陋,言詞魯鈍,智不逾俗,才不出凡。"③

7.《太平廣記會校》卷一〇"劉根"條(出《神仙傳》):"其後一月,府君夫婦男皆卒。府掾王珍,數得見根來,顏色懼然。時伏地叩頭,請問根學仙時本末。根曰:'吾昔入山

---

① (漢)趙曄:《吳越春秋》,南京:江蘇古籍出版社,1984年,第122頁。
② (梁)僧祐:《出三藏記集》卷一五,見《大正新修大藏經》第55冊,第109頁a欄。
③ (宋)李昉等:《太平廣記》,北京:中華書局,1960年,第1978頁。

精思,無所不到。後如華陰山,見一人乘白鹿車,從者十餘人,左右玉女四人,執采旄之節,皆年十五六。余**再拜稽首**,求乞一言。'"

《會校》:再　原作"載"。現據孫本、沈本改。(第136頁)

按:譚刻本原作"載拜稽首",孫本、沈本作"再拜稽首","載"即通"再",兩者異文同義,不必據孫本、沈本改譚刻本。"載拜稽首""稽首載拜"古文獻中多見。如:

(秦)吕不韋《吕氏春秋·季秋紀第九》:"文王處歧事紂,寃侮雅遜,朝夕必時,上貢必適,祭祀必敬。紂喜,命文王稱西伯,賜之千里之地。文王**載拜稽首**而辭曰:'願爲民請炮烙之刑。'文王非惡千里之地,以爲民請炮烙之刑,必欲得民心也。"①

(漢)袁康:《越絕書》卷七:"越王句踐**稽首載拜**曰:'孤聞之,禍與福爲鄰。今大夫弔孤,孤之福也。敢遂聞其説。'……越王句踐**稽首載拜**曰:'昔者孤不幸少失先人,内不自量,與吳人戰。軍敗身辱,遺先人恥。遯逃出走,上棲會稽山,下守溟海,唯魚鼈是見。今大夫不辱而身見之,又出玉聲以教孤,孤賴先人之賜,敢不奉教乎?'"②

(宋)汪藻《靖康要録》卷二:"昔魏文侯令樂羊將兵攻中山,當時異議沮之,至有謗書一篋。及羊功成而歸,文侯出其書示之。羊乃**載拜稽首**曰:'此非臣之功,主君任臣之功也。'"③

(宋)劉攽《彭城集·謝雪文》:"在神聰明,庇民大德。潔粢豐盛,陳列邊豆。左右僚屬,**載拜稽首**。是用爲報,率我常職。"④

"載拜"一詞,《太平廣記》一書中亦不鮮見,如:

《太平廣記》卷一五"阮基"條(出《神仙感遇傳》):"基於門下觀覽,心神惶怖,**載拜**請退。……食訖,令去。基**載拜**奉辭。……乃取經一卷付基,基**載拜**跪受。"⑤

8.《太平廣記會校》卷一一"大茅君"(出《集仙傳》):"王母歌畢,三元夫人答歌**一章**,王母及三元夫人、紫陽左公、太極仙伯、清靈王君,乃攜南嶽魏華存同去,東南行,俱詣天台、霍山,過句曲之金壇,宴太元真人茅叔申於華易洞天。"(第158—159頁)

《會校》:一章　原作"亦畢"。沈本作"亦章"。現據孫本改。(第159頁)

按:原本"亦畢"不誤,沈本作"亦章"乃"亦竟"之訛,《會校》據孫本改"一章",大誤。

---

①(秦)吕不韋:《吕氏春秋》,見《諸子集成》(六),北京:中華書局,1954年,第87頁。
②(漢)袁康:《越絕書》卷七,見《四庫全書》第463册,第100頁下欄至101頁上欄。
③(宋)汪藻:《靖康要録》卷二,見《四庫全書》第329册,第430頁下欄。
④(宋)劉攽:《彭城集》,見《四庫全書》第1096册,第386頁上欄。
⑤(宋)李昉等:《太平廣記》,北京:中華書局,1960年,第108頁。

（宋）張君房：《雲笈七籤》卷一一四《經傳部》："歌畢，三元夫人答歌**亦竟**，王母及三元夫人、紫陽左仙公、太極仙伯、清虛王君乃攜南嶽魏華存同去，東南行，俱詣天台、霍山，過句曲之金壇，宴太元茅真人於華陽洞天。"①

（前蜀）杜光庭《墉城集仙錄》卷一："歌畢，三元夫人答歌**亦竟**，王母及三元夫人、紫陽左仙公、太極仙伯、清虛王君乃攜南嶽魏華存同去，東南行，俱詣天台、霍山，過句曲之金壇，宴太元茅真人於華陽洞天。"②

《説文·音部》："竟，樂曲終爲竟，從音從人。"《玉篇·音部》："竟，終也。"故"亦畢""亦竟"異文同義。譚刻本原作"亦畢"不誤，不必改，然可出校語：《雲笈七籤》作"亦竟"。

9.《太平廣記會校》卷一四"許真君"條（出《十二真君傳》）："後於豫章遇一少年，容儀修整，自稱慎郎。許君與之談話，知非人類，指顧之間，少年告去。真君謂門人曰：'適來年少，乃是蛟蜃之精，吾念江西累爲洪水所害，若非翦戮，恐致逃遁。'蜃精知真君識之，潛於龍沙洲北，化爲黄牛。真君以道眼遙觀，謂弟子施大王曰：'彼之精怪，化作黄牛，我今化其身爲黑牛，仍以手巾掛膊，將以認之。汝見牛奔鬭，當以劍截**彼**。'真君乃化身而去。俄頃，果見黑牛犇趁黄牛而來，大王以劍揮牛，中其左股，因投入城西井中。"（第192頁）

《會校》：彼　原作"後"，現據陳本改。（第193頁）

按：譚刻本原作"汝見牛奔鬭，當以劍截後"不誤，此乃韻文。鬭，端母侯部，後，匣母侯部。改"彼"後則失韻矣。"股"大腿，此指黄牛之左後腿，即後文所言"中其左股"。陳本因"後""彼"形近而訛，不當據改。古文獻中"後""彼"形近而訛者常見。如：

《太平廣記》卷二五"採藥民"條（出《原化記》）："中女曰：'君至彼，倘無所見，思歸，吾有藥在金鋌中，取而吞之，可以歸矣。"③譚刻本作"至彼"，孫本、沈本作"至後"可證。

10.《太平廣記會校》卷二〇"楊通幽"條（出《仙傳拾遺》）："二日夜又奏曰：'九天之上，星辰日月之間，虚空杳冥之際，亦遍尋訪而不知其處。'上悄然不懌曰：'未歸天，復何之矣？'炷香**宜祝**，彌加懇至。"（第259頁）

《會校》宜祝　原作"宜燭"。現據沈本、陳本、《詳節》改。（第260頁）

---

① （宋）張君房：《雲笈七籤》，見《道藏要籍選刊》第1册，第798頁上欄。
② （前蜀）杜光庭：《墉城集仙錄》卷一，見《四庫全書存目叢書》第258册，第339頁上欄。
③ （宋）李昉等：《太平廣記》，北京：中華書局，1960年，第165頁。

按：譚刻本作"宜燭"，《會校》改"宜祝"，亦不可通，實爲"冥祝"之訛。

《雲笈七籤》卷一一七"靈驗部"："寧州真寧縣通聖觀，即開元皇帝夢二十七真，得刻石真像之所置也。歲祀浸深，旋已摧毀，邊徼素寡道流，繕修之事，因已曠絕矣。相國司空鄭公畋，登龍之年，偶嘗遊禮，賦詩三十韻，以紀其故實，亦冥祝曰：'異日官達，必冀增修。'"①

《江西通志》卷一〇四"仙釋"引《雲溪友議》："後石堡爲邊患，召至禁中。燃燈告鬥，焚香冥祝。"②

毛遠明《漢魏六朝碑刻異體字典》（上）"冥"：太和二十三年（499年）三月十八日《元簡墓誌》作"寅"；神龜三年（520）四月三十日《辛祥墓誌》作"寅"；武平二年（571）九月十五日《道□造像記》作"寅"。

按：因構件"冖""宀"形近義通，"冥"又作"寅"③。

黃征《敦煌俗字典》："P.6659《太上洞玄靈妙經衆篇序章》：'受生玄孕之胞，覩陽於寅感之魂。'P.3742《二教論》：'固知佛道，寅如符契。'按：顏元孫《干祿字書》：'寅冥，上通，下正。'"④

張涌泉《敦煌俗字研究》："俗書'冖''宀'旁不分，故'冥'俗又書作'寅'。《干祿字書》：'寅冥：上通下正。'《龍龕·宀部》：'寅，莫瓶反，幽也，昧也。''寅'亦即'冥'字'。"⑤

據此，"寅"，因形近而訛失下兩點成"宜"，"燭""祝"音同而訛。

11.《太平廣記》卷二四"張殖"（出《仙傳拾遺》）："須臾，有鐵甲兵士數千，金甲兵士數千，噉噪而下，亦不驚怖。"（第298頁）

《會校》：噉　原作"噉"。現據孫本改。（第299頁）

按：譚刻本作"噉"不誤，"噉""噉"義同，故不必如孫本改"噉"。

"噉"字有兩音兩義，一音dàn，同"啖"，乃"吃""食"義。如：

（北齊）顏之推《顏氏家訓·風操》："江寧姚子篤，母以燒死，終身不忍噉炙。"盧文弨補注："噉，徒濫，與啗、啖並同，食也。"⑥

―――――――
① (宋)張君房：《雲笈七籤》，見《道藏要籍選刊》第1冊，第815頁下欄。
② (清)《江西通志》卷一〇四"仙釋"引《雲溪友議》，見《四庫全書》第516冊，第453頁下欄。
③ 毛遠明：《漢魏六朝碑刻異體字典》（上），北京：中華書局，2014年，第618頁。
④ 黃征：《敦煌俗字典》，上海：上海教育出版社，2005年，第278頁。
⑤ 張涌泉：《敦煌俗字研究》第二版，上海：上海教育出版社，2015年，第313頁。
⑥ (北齊)顏之推撰，王利器集解：《顏氏家訓集解》，上海：上海古籍出版社，1980年，109頁。

一音 hǎn,同"喊",乃"號呼""呼叫"義。如:

(晉)干寶《搜神記》卷四:"風雨失其柩。夜聞荊山有數千人噉聲,鄉民往視之,則棺已成塚。"①

《敦煌變文集》卷一《捉季布傳文》:"高聲直噉呼:'劉季,公是徐州豐縣人。'"②

(宋)蘇軾《奏爲法外刺配罪人待罪狀》:"數百人對監官高聲叫噉,奔走前去。"③

"噉"亦爲"呼喊"義。《說文·口部》:"噉,呼也。"《字彙·口部》:"噉,與叫同。"(宋)田況《儒林公議》卷下:"〔范諷〕好朋飲高歌噉呼,或不冠幘。"④

故"噉噪""噉噪"意同,均爲"聲音高而嘈雜"。

(唐)韓愈《南海神廟碑》:"鐃鼓嘲轟,高管噉譟。"⑤

(明)曹學佺《蜀中廣記》卷七三引《仙傳拾遺》:"須臾,又有鐵甲兵士、金甲兵士各數千,噉噪而下,純不驚怖。"⑥

(明)嚴從簡《殊域周咨錄》卷二一:"夜二鼓,王福勝等喊噪集衆,得三四十人,共圍燒瑾廨門。"⑦

(三)斷句、標點訛誤例

1.《太平廣記會校》卷六"東方朔"條(出《洞冥記》及《朔別傳》):"太初二年,朔從西那邪國還,得聲風木十枝,以獻帝。長九尺,大如指。此木出因洹之水,則《禹貢》所謂'因桓'是來即其源也。"(第84頁)

按:《尚書·禹貢》:"西傾,因桓是來,浮於潛,逾於沔,入於渭,亂於河。"孔傳:"西傾,山名。桓水自西傾山南行,因桓水是來,浮於潛,漢上曰沔。"⑧《太平廣記》引《尚書·禹貢》"因桓是來"乃一句,故當標點爲"此木出因洹之水,則《禹貢》所謂'因桓是來',即其源也。"而《會校》標點爲"則《禹貢》所謂'因桓'是來即其源也",遂不知所云。

---

①(晉)干寶:《搜神記》,北京:中華書局,1979年,第55頁。
②王重民等編:《敦煌變文集》(上冊),北京:人民文學出版社,1957年,第52頁。
③(宋)蘇軾:《東坡全集》卷五六,見《四庫全書》第1107冊,第781頁下欄。
④(宋)田況:《儒林公議》卷下,見《四庫全書》第1036冊,第295頁上欄。
⑤(宋)魏仲舉:《五百家注昌黎文集》卷三一,見《四庫全書》第1074冊,第460頁上欄。
⑥(明)曹學佺:《蜀中廣記》卷七三,見《四庫全書》第592冊,第207頁上欄。
⑦(明)嚴從簡:《殊域周咨錄》卷二〇,見《中華文史叢書》(第13冊),臺北:華文書局1968年影印民國十九年北平故宮博物院圖書館鉛印本,第932頁。
⑧(漢)孔安國傳,(唐)孔穎達疏:《尚書正義》,見《十三經註疏》本,北京:中華書局,1980年,第38頁。

2.《太平廣記會校》卷九"李少君"條（出《神仙傳》）："初少君與朝議郎董仲躬相親愛。仲躬宿有疾，體枯氣少。少君乃與其成藥二劑，並其方，用戊巳之草，後土脂，黃精根，獸沉先，荺之根，百卉花釀，亥月上旬，合煎銅器中，使童子沐浴潔淨，調其湯火，使合成鷄子，三枚爲程。服盡一劑，身體便輕；服三劑，齒落更生；五劑，年壽長而不復傾。"（第120頁）

《會校》：先　原作"先肪"。現據孫本、沈本改。（第121頁）

按：此則譚刻本、孫本、沈本均有誤，《會校》又據誤本誤斷句，故不能卒讀。

首先，譚刻本原作"少君乃與其成藥二劑并其方用戊巳之草后土脂黃精根獸沉肪先荺之根百卉花釀亥月上旬合煎銅器中"。

《會校》云："先"原作"先肪"。因而刪除一"肪"字，其實，譚刻本原作"肪先"，此"肪"不能刪。"后土"之"后"，又誤作"後"。

《太平廣記》此則錄自《神仙傳》。

《神仙傳》卷六"李少君"："初少君與議郎董仲相親，見仲宿有固疾，體枯氣少。乃與其成藥二劑，並其方一篇：用戊巳之草、后土脂精、艮獸沉肪、先荺之根、百卉華體、龍銜之草，亥月上旬，合煎銅鼎。童男童女服盡一劑，身體便輕。服盡三劑，齒落更生。服盡五劑，命不復傾。"①

另外，此則內容亦見於《漢武帝外傳》《太平御覽》：

《漢武帝外傳》："初少君與議郎董仲相親，見仲宿有固疾，體枯氣少，乃與其成藥二劑，並其方一篇：用戊巳之草，后土脂精，艮獸沉肪，先荺之根，百卉華醴，龍銜之草，亥月上旬，合煎銅鼎，童男童女，沐浴潔清，調其湯火，取使合成，服如雞子三枚爲程。"②

《太平御覽》卷七二四"方術部"："《神仙傳》曰：李少君與議郎董仲舒相親，見仲舒宿有固疾，體枯氣少，少君乃與其成藥二劑並方：用戊巳之草，后土胎黃，良獸沈肪，先義之根，百卉華釀，亥月上旬合煎銅鼎中，童男沐浴潔淨，調其湯火。合藥成，服如雞子三劑，齒落更生。服盡五劑，命不復傾。"③

雖然文字各有出入，但所記之方，每劑藥材均四字一讀：戊巳之草、后土脂精（僅《太平御覽》"脂精"作"胎黃"，以至於"黃"與"精"因習稱而合爲"黃精"）、艮獸沉肪、先荺之根（僅《太平御覽》"先荺"誤作"先義"）、百卉華體（《神仙傳》之"體"乃"醴"之

---

① （晉）葛洪：《神仙傳》卷六，見《四庫全書》第1059冊，第287頁上欄。
② （漢）東方朔：《漢武帝外傳》，見《正統道藏·洞真類·記傳類》（海上），上海：商務印書館涵芬樓1923年影印明正統至萬曆間刊本，第11頁。
③ （宋）李昉等：《太平御覽》，臺北：商務印書館，1935年，第3339頁上欄。

形誤,而《太平廣記》《太平御覽》中之"釀"與"醴"異文同義)。

至於以上方劑具體爲何物,尚待考證。不過"艮獸沉肪"確爲一物,後代有用例,如:

(宋)蘇易簡撰《文房四譜》卷五"段成式送温飛卿墨往復書十五首":"訪伏牛之夜骨,豈望登真;迷艮獸之沉脂,虚成不任。"①"艮獸沉脂"當即"艮獸沉肪"。

故根據以上材料,《會校》當校勘斷句爲"初少君與朝議郎董仲躬相親愛。仲躬宿有疾,體枯氣少。少君乃與其成藥二劑並其方:用戊巳之草,后土脂精,艮獸沉肪,先芳之根,百卉花釀,亥月上旬,合煎銅器中,使童子沐浴潔淨,調其湯火,使合成雞子,三枚爲程。服盡一劑,身體便輕;服三劑,齒落更生;五劑,年壽長而不復傾。"

3.《太平廣記會校》卷一〇"劉根"條(出《神仙傳》):"須臾,廳上南壁忽開數丈,見兵甲四五百人。傳呼赤衣兵數十人,齎刀劍,將一車,直從壞壁中入來,又壞壁復如故。根勑下車上鬼,其赤衣便乃發車上。見披下有一老翁老姥,大繩反縛囚之,懸頭廳前。府君熟視之,乃其亡父母也。府君驚愕流涕,不知所措。鬼乃責府君曰:'我生之時,汝官未達,不得汝禄養。我死,汝何爲犯神仙尊官,使我被收,困辱如此,汝何面目立於人間?'"(第133—134頁)

《會校》:見披下　原作"披見下"。現據孫本、沈本改。(第136頁)

按:譚刻本原作"其赤衣便乃發車上披,見下有一老翁老媪",不誤,動詞"發"的對像是車上之"披(覆蓋物)",而不是"車上",張校不僅據孫本、沈本顛倒了"披見"兩字的位置,而且隨之於"上"下斷句,導致標點失誤。

4.《太平廣記會校》卷一四"李筌"條(出《神仙感遇傳》):"於是坐於石上,與筌説《陰符》之義,曰:'此符凡三百言,一百言演道,一百言演法,一百言演術,上有神仙抱一之道,中有富國安民之法,下有強兵戰勝之術,皆内出心機,外合人事。觀其精微,黄庭八景不足以爲玄,鑒其至要,經傳子史不足以爲文;任其智巧,孫、吴、韓、白不足以爲奇。非有道之士,不可使聞之。'"(第197頁)

《會校》:八　原作"内"。現據陳本、《雲笈七籤》改。(第198頁)

按:成書於魏晉之際的《黄庭經》是道教上清派重要經典,内容包括《黄庭外景玉經》(簡稱《黄庭外景經》)和《黄庭内景玉經》(簡稱《黄庭内景經》)。兩晉年間,又新增《黄庭中景玉經》(簡稱《黄庭中景經》),關於《黄庭外景經》《黄庭内景經》兩書,歷代都有記載,如:

《新唐書》卷四九《藝文志》"神仙"家亦有著録:"女子胡愔《黄庭内景圖》一

---

① (宋)蘇易簡:《文房四譜》卷五,見《四庫全書》第843册,第59頁上欄至下欄。

卷。……白履忠注《黄庭内景經》卷亡。"①

《宋史》卷二〇五《藝文志》:"梁丘子注《黄庭内景玉經》一卷;《太上黄庭外景經》一卷;《黄庭外景玉經注訣》一卷。"②

(宋)鄭樵《通志·藝文略五·道家》:"《黄庭内景經》一卷,唐白履忠注;《黄庭外景經》三卷,李子乘注。"③

《黄庭内景經》道家文獻中亦常見。如:

(梁)陶弘景《真誥》卷九:"山世遠受孟先生法,暮卧,先讀《黄庭内景經》一過乃眠,使人魂魄自製練,恒行此二十一年,亦仙矣。"④

《雲笈七籤》卷一一"三洞經教部":"《黄庭内景經》者,東華之所秘也,誠學仙之要妙,羽化之根本。"⑤

《雲笈七籤》卷一二"三洞經教部":"推誦《黄庭内景經》法:當入齋堂之時,先於户外叩齒三通。閉目想室中有紫雲之氣,鬱鬱來冠兆身。玉童侍左,玉女侍右,三光寶芝,洞映内外。咒曰:'……。'"⑥

《雲笈七籤》卷六二"諸家氣法部":"《黄庭内景》云:'玄元真一魂魄煉,至忌死氣諸穢賤。……'"⑦

然如譚刻本原作"黄庭内景不足以爲玄",與之相對的是"經傳子史不足以爲文""孫、吳、韓、白不足以爲奇",似爲不妥。因爲"經傳子史"是一個很大的文獻範圍,"孫、吳、韓、白"亦是一個兵家群體。而《黄庭經》僅是道家代表性文獻的一種,更何況《黄庭内景》又只是《黄庭經》中之一種。所以《會校》根據陳本、《雲笈七籤》改爲"黄庭八景"甚是。但道家并無"黄庭八景"一書,原因是《會校》者并未理解"黄庭八景"之意思,故標點有誤。實際上當標點爲"觀其精微,《黄庭》《八景》不足以爲玄;鑒其至要,經傳子史不足以爲文;任其智巧,孫、吳、韓、白不足以爲奇","黄庭""八景"都應該加上書名號。《黄庭》《八景》是兩部道家上清派的重要真經,内容均言長生久視、修煉升仙之玄術,這裏是代表所有的道家典籍。《黄庭》即指《黄庭經》(包括《黄庭外景經》《黄庭内

---

① (宋)歐陽修、宋祁:《新唐書》,北京:中華書局,1975年,第1522頁。
② (元)托克托等:《宋史》卷二〇五,見《四庫全書》第283册,第745頁上欄。
③ (宋)鄭樵:《通志》卷六七,見《四庫全書》第374册,第380頁上欄至下欄。
④ (梁)陶弘景:《真誥》,見《道藏要籍選刊》第1册,第621頁上欄。
⑤ (宋)張君房:《雲笈七籤》,見《道藏要籍選刊》第1册,第64頁中欄。
⑥ (宋)張君房:《雲笈七籤》,見《道藏要籍選刊》第1册,第101頁中欄。
⑦ (宋)張君房:《雲笈七籤》,見《道藏要籍選刊》第1册,第436頁下欄。

景經》等),《八景》指出現於東晉(略晚於《黄庭經》)的《上清金真玉光八景飛經》(簡稱《八景飛經》《上清八景經》或《玉光八景經》)。

《雲笈七籤》卷九"經釋":"太皇中歲成《洞真金真玉光八景飛經》。元始天王名之《八景飛經》"①。

《太平御覽》卷六六〇"道部":"《上清八景經》曰:'精思百日,真人降形也。'"②

《太平御覽》卷六七三"道部":"《玉光八景經》曰:'金輝紫殿,《金真玉光八景經》藏其内。'"③

《太平廣記》此條中,正以"《黄庭》《八景》(泛指道家經典)不足以爲玄"與"經傳子史(泛指俗世經典)不足以爲文""孫、吴、韓、白(泛指所有的兵書)不足以爲奇"相對,所對甚工。

而《太平廣記會校》卷六三"驪山姥"條(出《鄜城集仙傳》):"上有神仙抱一之道,中有富國安民之法,下有強兵戰勝之術,皆出自天機,合乎神智。觀其精妙,則黄庭八景不足以爲玄;察其至要,則經傳子史不足以爲文;較其巧智,則孫吴韓白不足以爲奇。"④其中"黄庭八景"亦當標點爲"《黄庭》《八景》",而校點者亦似未顧及。

(本文原刊於《歷史文獻研究》第 44 輯,2020 年)

---

① (宋)張君房:《雲笈七籤》,見《道藏要籍選刊》第 1 册,第 54 頁下欄。
② (宋)李昉等:《太平御覽》,第 4 册,臺北:商務印書館,1935 年,第 3080 頁上欄。
③ (宋)李昉等:《太平御覽》,第 4 册,第 3129 頁下欄。
④ (宋)李昉等:《太平廣記》,北京:中華書局,1960 年,第 395 頁。

Collected Essays in Honorable Celebration of
Professor Xiang Chu's 80th Birthday

項楚先生八十華誕賀壽文集

四川大學中國俗文化研究所　編

下

巴蜀書社

《釋氏六帖》的編刻與回傳

——以日本東福寺藏宋本爲中心

周 浩

（西南大學文學院）

《釋氏六帖》是五代後周齊州開元寺義楚編纂的一部佛教類書，仿《白氏六帖》體例，徵引以佛典爲主，亦涉及其他文獻，近五十六萬字。所引均爲五代以前文獻，保存了刻本流行之前的面貌，收録有許多佚書、佚文，具有重要研究價值。此書歷代藏經未收，後於中土失傳，清末民初，從日本傳回，始得刊刻流行。目前對於此書的研究尚不够深入。

就編刻版本而言，目前有錢汝平的三篇文章，尤其是《佛教類書〈釋氏六帖〉版本叙録》《日本東福寺藏宋本〈釋氏六帖〉刊刻源流考》二文，對其編纂與刊刻源流，做了詳細的梳理。據錢文研究，自宋初至清末，此書共雕版3次，目前有3個民國以前的刻本存世[1]。開寶六年（973）本已佚；崇寧二年（1103）初刻本已佚；日本東福寺所藏宋本，爲崇寧二年本的後印補刻本；日本寬文九年（1669）本，乃用東福寺藏本的手抄本爲底本重刻；日本延寶三年（1675）本乃用寬文版印行，僅改牌記，是寬文本的後印本；民國《普慧大藏經》本據寬文本排印，做了他校[2]。

錢文對於《釋氏六帖》編纂刊刻過程的研究，用功頗深，結論基本可靠。本文以日本東福寺藏宋本爲中心，在錢文的基礎上，對其尚未注意、或已經注意而未深入探討的一些重要線索，予以研究，對該本所顯示北宋刻本的一些特徵進行補述，揭示該本對《釋氏六帖》研究的獨特價值。

---

[1]錢汝平：《佛教類書〈釋氏六帖〉版本叙録》，《圖書館雜誌》2011年第1期。
[2]錢汝平：《佛教類書〈釋氏六帖〉版本叙録》，《圖書館雜誌》2011年第1期。

一、《釋氏六帖》在宋代的兩次雕刻

錢文據書前《六帖述》、書後《釋氏六帖後序》所列王朴結銜爲"權東京留守樞密使判開封府檢校太保",引《舊五代史》指出,顯德四年(957)八月至五年(958)四月,爲此書初次計劃刊刻時間。因趙宋代周,實際初刻時間,在乾德初年(963)由趙矩、劉熙古主持,只完成三分之一,開寶六年(973)由張全操(錢文誤作張金操)主持完成剩下三分之二,是爲開寶六年本,已佚①。

需要補充的是,胡正《釋氏纂要六帖後序》:"將永傳流,無如板印,前知府宗卿天水趙公矩,大諫彭城劉公凞古,咸助乃謀,六之成二,旋云赴闕,遂輟其工,于兹十年,幾至廢墜。"②據《宋會要輯稿》禮三一,建隆二年(961)六月趙矩已在宗正卿任③。從開寶六年上推十年,即乾德元年,此年以前,劉熙古爲大諫、從知府赴闕,唯在青州。據《宋史·劉熙古傳》,"(太祖)即位,召爲左諫議大夫,知青州。車駕征惟揚,追赴行在。建隆二年,受詔制置晉州榷礬,增課八十餘萬緡。乾德初,遷刑部侍郎、知鳳翔府。未幾,移秦州……轉兵部侍郎,徙知成都府。六年,就拜端明殿學士。丁母憂。"④太祖即位在建隆元年(960),此時劉熙古以左諫議大夫知青州,據《宋史》卷一,建隆元年九月,"己未,淮南節度李重進以揚州叛,遣石守信等討之","(十月)丁亥,詔親征揚州","十一月丁未,師傅揚州城,拔之,重進盡室自焚。戊申,誅重進黨,揚州平"⑤。"十二月己巳,駕還。丁亥,上至自揚。"⑥據《宋史·郭崇傳》:"時命李重進爲平盧軍節度,重進叛,改命崇爲節制。"⑦吳廷燮《北宋經撫年表》云,建隆元年十一月,郭崇爲平盧節度使,知青州,乾德三年(965)卒於任⑧。劉熙古"旋云赴闕"的時間,當在十一月左右。則此書初刻完成六之二,至建隆元年十一月左右止。胡正所謂"于兹十年",乃舉成數。

---

① 錢汝平:《佛教類書〈釋氏六帖〉版本敘錄》,《圖書館雜誌》2011年第1期,第73頁。
② (五代)義楚:《義楚六帖》,京都:臨川書店影印日本東福寺藏宋本,2001年,第437頁上。
③ (清)徐松輯,劉琳、刁忠民、舒大剛、尹波等校點《宋會要輯稿》,"禮"三一"昭憲皇后",上海:上海古籍出版社,2014年,第1422頁下;又見"禮"三七"宋昭憲皇后陵",第1583頁上。
④ (元)脫脫等:《宋史》卷二六三《劉熙古傳》,北京:中華書局,1977年,頁9100。
⑤ (元)脫脫等:《宋史》卷一《太祖本紀一》,第7頁。
⑥ (元)脫脫等:《宋史》卷一《太祖本紀一》,第8頁。
⑦ (元)脫脫等:《宋史》卷二五五《郭崇傳》,第8903頁。
⑧ 吳廷燮:《北宋經撫年表》卷一,北京:中華書局,1984年,第9頁。

此書初刻地點，當在青州。因三位主持刊刻者，均知青州，前兩位罷知青州，刊刻即中斷。據《宋史·楊澈傳》："（楊澈）建隆初，舉進士，時竇儀典貢部，謂澈文詞敏速，可當書檄之任。調補河內主簿，再遷青州司戶參軍。知州張全操多不法，澈鞠獄平允，無所阿畏。"①則張全操確曾爲青州知州②。宿白《唐宋時期的雕版印刷》指出，五代十國時期，青州即有雕版印刷，並引南唐劉崇遠《金華子雜編》所記爲據③。

履坦重刻時，據其誌語，"請前住湖州大中祥符講院傳天台教觀蘇州管內僧正神智大師尚能校勘上四策，開就。因到蘇州崑山縣，蒙大聖山王降夢，留就化緣。此時乃請慧聚寺依止傳南山祖教比丘則之校勘八策"④。乃先校勘前四策，雕版；後到崑山，校勘後八策，雕版，於崇寧二年完成。從刻工姓名來看，前後雕刻者當爲同一批人。

二、日本東福寺藏宋本《釋氏六帖》版本特徵補述

據錢文考證，日本東福寺藏宋本《釋氏六帖》是北宋崇寧二年本的南宋補刻後印本，此說可信。其補刻部分占原書比例甚小，且大都在原版上進行部分補刻，故此本雖爲南宋印本，所反映的卻基本是北宋刻本的原貌，理應引起高度重視，對其版本特徵進行仔細描述。

關於此書的行款，錢文指出："每半頁八行，小字雙行，大字行十八字，小字行二十五字。"⑤此說不確，此書行款極不規則。首葉下半葉刻刊經願文，十行，行大十八字，陽刻，末有陰刻回向文一行，雙行小二十三字，左右雙邊；次《進釋氏六帖表》一葉，半葉八行，行大十五字，陽刻，末有陰刻小字一行，三十字，左右雙邊；次五代王樸《六帖述》，一葉又四行，前葉半葉八行，後葉僅刻四行，行十六至十八字不等，前葉四周單邊；次《義楚六帖並序》及目錄，計五葉又六行，前五葉半葉八行，最後僅刻六行，行十五、十六字不等。正文半葉八行，第一策二十二葉，半葉九行，第二策二十五葉，下半葉刻字八行，卻

---

① （元）脫脫等：《宋史》卷二九六《楊澈傳》，北京：中華書局，1977年，第9869頁。
② 吳廷燮《北宋經撫年表》卷一系張全操知青州在開寶二年（969）至五年（972）（第9—10頁），據胡正《釋氏纂要六帖後序》"今知府正郎清河張公全操，道冠四科，書精八法，布政已成於異績，言空深究於真詮，啓導衆情，共畢其事。"（《義楚六帖》第437頁上）該序作於"大宋開寶癸酉"（《義楚六帖》第436頁下），即開寶六年，則張全操開寶六年尚知青州。
③ 宿白：《唐宋時期的雕版印刷》，北京：文物出版社，1999年，第5頁。
④ （五代）義楚：《義楚六帖》，京都：臨川書店影印日本東福寺藏宋本，2001年，第437頁下。
⑤ 錢汝平：《日本東福寺藏宋本〈釋氏六帖〉刊刻源流考》，《圖書館雜誌》2011年第9期，第92頁。

有九行界格;行大十七至十九字不等①;雙行小字以二十五字爲基本格式,另有446行,行二十三至三十三字不等,此種情況前五策逐漸增多,後七策逐漸減少②。書後首刻義楚《釋氏六帖後序》,半葉八行,行二十二字,《後序》第一葉下半葉第二行二十一字;次宋胡正《釋氏纂要六帖後序》,計兩葉,半葉八行,行二十四至二十七字不等;最後一葉,上半葉爲宋僧履中《重開釋氏六帖後序》,十行,行二十二字,下半葉爲履坦誌語,十一行,行二十七至二十九字不等;書後諸葉均左右雙邊。

此書正文基本爲左右雙邊,但也偶有例外,第三策十三、十八、十九、二十一、二十八葉左側單邊、右側雙邊;第一策十五葉,第四策三葉,第五策八、十一葉,第六策四、六十一、八十二葉,第七策五十八、六十五葉,第十一策十五葉,第十二策十三葉,四周單邊。除十一策十五葉署名"茂"外,其餘十葉均署名"仁",且爲"仁"留名葉的全部。這顯示,四周單邊,應該可以看作刻工"仁"的一個特點。

錢文指出,"版心偶有刻工姓名計有仲、朱監、畾、仁、茂五人"③。並注云此五人均難查實。今將刻工姓名分布情況列表如下:

姓名	策/葉
仲	1/44、1/47、3/37、5/22、5/44、6/64、6/76
仁	1/15、4/3、5/8、5/11、6/4、6/61、6/82、7/58、7/65、12/13、12/68(疑似)(疑)(似)
茂	5/84、5/87、6/37、6/47、6/81、6/85、9/58、11/15、12/52
畾	3/26、6/78
朱監	2/20(補刻)

刻工的分布,説明此書當爲同一批人所刻。

錢文指出,第一策第二十二葉整葉、第五策十二葉下半葉每行最後四字、第五策十八葉整葉上半部均爲補刻④。除此之外,以下諸葉亦存在明顯補刻:第二策十八葉最後一行"法威德力八"五字,顯係補刻;第二策二十葉整葉,整體氣韻與其餘各葉均不相同,字體近顏,與全書用歐不同,與其餘補刻處用顏體相同,且此處刻工朱監,姓名俱全,與其餘四人有名無姓不同,此葉當爲補刻;第五策五葉上半葉第六行、四十五葉上部及

---

① 正文大字滿行者,僅1/39/下4,1/39/下5,1/41/上1,1/41/下7(策/葉/行)。
② 共446行;第1策33行,第2策15行,第3策44行,第4策92行,第5策153行,第6策57行,第7策21行,第8策7行,第9策9行,第10策5行,第11策8行,第12策2行。
③ 錢汝平:《日本東福寺藏宋本〈釋氏六帖〉刊刻源流考》,《圖書館雜誌》2011年第9期,第93頁。
④ 錢汝平:《日本東福寺藏宋本〈釋氏六帖〉刊刻源流考》,《圖書館雜誌》2011年第9期,第94頁。

左下角、四十九葉上部均係補刻。錢文指出第一策二十二葉整葉係補刻,因其半葉九行、行小二十八字,此説不太可靠。全書行款不統一,前已指出;補刻多用顏體,而此葉爲歐體,與上下葉並無明顯區別;此葉行款本身也不統一,上八、下七、下八、下九諸行,均非二十八字。因而此葉難確定爲補刻。除補刻外,此書版片還有殘損。最顯著者爲第三策二、第五策七十六、第十策四十三諸葉有多個墨團,有缺字,當爲版壞所致。

以上描述顯示,此書行款格式並不統一;而下文的描述將顯示,此書在内容編排上,體例也不統一。這與新發現北宋《禮部韻略》的版刻特徵類似①。可見,北宋直到崇寧年間,坊間刻本的體例尚不統一。

三、日本東福寺藏宋本對《釋氏六帖》研究的價值

此本保存了一些被寬文本等後代刻本删改的信息,對於弄清《釋氏六帖》的編寫、進呈等具有獨特的價值。

義楚《義楚六帖並序》云"起草乙巳,畢功甲寅仲夏月之十日"②,乙巳爲後晉開運二年(945),甲寅即後周顯德元年(954),顯德元年五(仲夏)月十日,應該是初稿完成之日。第十二策正文末記有"顯德元年九月二十九日"③,僅見於宋本。這應該是改定之日,改定之後,進於世宗,敕付史館。《册府元龜》卷五二載:"(世宗顯德元年九月)是月,齊州沙門義楚進《釋氏六帖》三十卷。"④與此相符。

十二策十葉,書前目録及正文目録均有"杵九",正文有文無目,十二策六十五葉"狐十四"亦同,此兩處可能有漏刻。

關於此書的門類,王樸《六帖述》指出"凡五十部,四百四十門,爲六帖焉"⑤,義楚《義楚六帖並序》言"捴括大綱,計五十部,隨事别列,四百四十門"⑥,贊寧《宋高僧傳》卷七《宋齊州開元寺義楚傳》直接引用了上述四句⑦。王樸、贊寧所述,當本於義楚,錢

---

① 李致忠:《珍貴典籍的重大發現:北宋刊本〈禮部韻略〉》,《文獻》2013年第2期,第5—6頁。
② (五代)義楚:《義楚六帖》,京都:臨川書店影印日本東福寺藏宋本,2001年,第7頁上。
③ (五代)義楚:《義楚六帖》,第435頁上。
④ (宋)王欽若等編、周勛初等校訂:《册府元龜》卷五二,南京:鳳凰出版社,2006年,第552頁。
⑤ (五代)義楚:《義楚六帖》,第6頁上。
⑥ (五代)義楚:《義楚六帖》,第7頁上。
⑦ (宋)贊寧撰、范祥雍點校:《宋高僧傳》卷七,北京:中華書局,1987年,第160頁。

文仍之。而今依宋本細數,書前目録實449門,正文實454門①。

　　書前目録、正文每部下目録、正文之間,具體部、門不盡相同。寬文本書前目録作了部分修改,已與正文統一。

　　有正文、正文目録相同,而與書前目録不同者。三策大士僧伽部第六,正文及正文目録均比書前目録多出門數,四策僧尼不拜部第十二正文及正文目録門類有删改合併增加;六策神通化物部第十六,書前目録分神異、感通兩門,正文、正文目録則合爲神異一門;八策幽冥神鬼部第三十三,書前目録有九門,正文、正文目録則將第九門分爲兩門,共十門;九策草木果實部第三十六、十策雅樂清歌部第三十九正文、正文目録相同,比書前目録多出門類;八策三十部、三十三部,十一策四十四部,十二策四十八部、四十九部,書前目録與正文部名不同。

　　有書前目録與正文目録相同,而與正文不同者。一策信奉謗毀部第二正文門名有不同;六策化導人天部第二十三正文比書前目録、正文目録多出門類;二策大法真詮部第三正文"諸行心法十"門下多出三個條目,十一策貯積秤量部第四十五正文多個門下多出附目。

　　有三處均不相同者。九策厚載靈源部第三十五、十策六根嚴相部第四十一、十一策寺塔殿堂部第四十四、十一策助道資身部第四十六、十二策武備安邦部第四十七書前目録、正文目録、正文門下附類的分合均不相同,而多以正文更爲詳盡合理。

　　第五、六兩策專録僧人,涵蓋第十四至二十三部,除第十九、二十兩部書前目録、正文目録和正文實際人數相符外,其餘諸部均不相符。

　　從編寫過程考慮,一般先完成正文,再形成目録,合爲初稿;在初稿的基礎上,先對正文有所修改,再反映到目録上。《釋氏六帖》初刻時,前六之二是先刻的,這裏面應該包括了書前目録(目録與前四策分帖,後八策不分帖可證),後六之四是十多年後所刻。書前目録、正文目録、正文之間的重要差異,上面共列28處涉及24部,前四策僅4部4處,後八策20部24處。除編寫、傳抄、雕刻中的偶然訛誤外,前四策更可能是義楚初稿未作統一,後八策除上述二因外,還表明義楚從初稿完成到全書刻出的二十年內,可能一直在作修改。前四策分帖而後八策不分帖的不同,尤其可以説明此點,詳見下文。

　　此書結銜共有三種方式,自第六策起統一。第一、二、四策無結銜,書前及第五策結云"齊州開元寺講俱舍論賜紫沙門義楚集",第三策結云"齊州開元寺明教大師進釋氏六帖賜紫義楚集",第六至十二策及書後結云"齊州開元寺講俱舍論賜紫明教大師義楚

————————

①書前目録與正文,第十四部均計爲4門。

集",唯書後改"集"作"撰"。錢文指出"東福寺本每帖帖首題撰者的結銜爲'齊州開元寺講《俱舍論》賜紫明教大師義楚集',而寬文本則是在每卷卷首題撰者的結銜爲'齊州開元寺講《俱舍論》賜紫明教大師進《釋氏六帖》義楚集',不知是寬文本臆改,抑或另有所本,尚不得而知。"①錢文認爲東福寺本只有一種結銜方式,不確,而寬文本明顯是將東福寺本三種結銜合爲一種的結果。

每策部與部之間,編排體例也不統一。前四策體例混亂,五六策自爲一種體例,後六策體例統一。前四策在策首策尾、部首部尾是否呼應上,極不統一。第五、第六策,因內容均與佛教僧人傳記相關,且大多數部下僅一門,故與前後均不相同,是將本策所有的部、門集中列於策首;從第七策起,體例統一:每部開始標部名,後全列門名,一部完結,不標該部名,另起一行,開始下一部,策尾標"義楚六帖第七"。

關於此書的卷數,錢文因《崇文總目》記爲十四卷,又據宋胡正《釋氏纂要六帖後序》"七十萬言",而東福寺本實不到六十萬言的情況,認爲删削約十萬字,恰兩卷之數;又認爲,崇寧本引用典籍多改寫,删節過多,多處文意不明,當是履坦删削所致。以此推測開寶六年本爲十四卷,履坦崇寧二年重刻本删削爲十二卷②。此説頗不可信。崇寧本、寬文本實爲同一系統,筆者依據 CBETA 統計,寬文本約 55.9 萬字,若按錢文思路,則删掉十四萬字有餘,應合三卷,而非兩卷;而從東福寺藏宋本來看,每卷的字數並不平均,相差較大。又,《釋氏六帖》本爲類書,兼具詞典功能,全書大部爲意引,經常出現"文廣如論""文多不録"等字樣;《宋高僧傳》也説義楚"隨得便書,裒多益寡,日居月諸,鬱成編録"③,"遂冥心懺過,慮删碎教文,裁量差脱,如是虔虔更無間息"④,明言有删節。如均依原文補足,則所删去者遠非十萬或十四萬餘,而全本字數也將遠非五十六萬或七十萬。胡正在《後序》中説義楚刻書,先完成了六之二,如果是十四卷,六之二的説法不成立;如果六之二指的是六帖中完成了二帖,後八卷又不是以帖作爲區分方式,這是義楚本人的修訂。履中在《重開釋氏六帖後序》中言履坦"及其壯歲,承恩祝髮,蒙先生出佛書一部十二策,題曰《釋氏六帖》焉,先生自謂家藏歲久"⑤。明言履坦五十年前得此舊本(開寶本或其抄本),即爲十二策,此點與履坦書後誌語言先校上四策、再校後八策相合。本文以爲,依據目前的材料,開寶本當爲十二策,近七十萬言與十四卷的

---

① 錢汝平:《佛教類書〈釋氏六帖〉版本叙録》,《圖書館雜誌》2011 年第 1 期,第 74—75 頁。
② 錢汝平:《日本東福寺藏宋本〈釋氏六帖〉刊刻源流考》,《圖書館雜誌》2011 年第 9 期,第 94 頁。
③ (宋)贊寧撰、范祥雍點校:《宋高僧傳》卷七,北京:中華書局,1987 年,第 160 頁。
④ (宋)贊寧撰、范祥雍點校:《宋高僧傳》卷七,第 160 頁。
⑤ (五代)義楚:《義楚六帖》,京都:臨川書店影印日本東福寺藏宋本,2001 年,第 437 頁下。

説法,可能有誤。本書書前目錄449門,正文454門,而義楚誤言四百四十門,五十六萬字誤計成近七十萬言,頗有可能。

從書前目錄與正文內容的編排來看,東福寺藏宋本前四策與後八策可以看成兩部分;前四策體例混亂,後八策體例較爲統一;前四策一二兩策爲義楚六帖第一,三四兩策爲義楚六帖第二,這與書前目錄分六帖相對應,並未在正文中標第幾卷;後八策不分帖,從第五策開始,卷首標"義楚六帖第五",依次類推,與前面四策只有"義楚六帖第二"明顯斷裂,與書前目錄體例不一;第一二策版心基本標"卷",僅第二策十二葉標"策",第三至十二策版心全標"策"。

書前目錄及前四策的相關體例,反映了義楚最初爲此書所作的結構布局,而十多年後再刻後八策,後八策體例基本統一,與前四策有斷裂,應該也是義楚主持修訂的。履坦於崇寧二年重刻,刻工在刻寫的時候,其版式如版心、行款等或可依據己意,而其内容的安排,則一定要有底本,這個底本肯定是主持刻印者寫定的。從履中的後序與履坦的誌語看,履坦在主持此次重印之前,請兩位高僧分別校勘了前四策與後八策,在刻寫時又專門派一弟子校正,没有說更改編排體例,如果更改體例,前後應該統一。其書前目錄、前四策與後八策之間編排體例上如此明顯的矛盾,應該不是履坦等造成的,而是開寶本的原樣,重刻時保存了下來。寬文九年飯田氏忠兵衛重刻時,將這些矛盾、缺誤都作了統一,並析爲二十四卷。

四、《釋氏六帖》的回傳

錢文指出,日本東福寺藏宋本《釋氏六帖》,係著名僧人圓爾辯圓(聖一國師)於南宋理宗淳祐元年(1241)帶至日本,藏於京都東福寺普門院;1353年,大道一以編《普門院經論章疏語録儒書等目録》,著録此書[1]。

關於此書在中土失傳的時間,現難以確考。歷代典籍徵引此書,以明初《佛法金湯編》卷一爲最晚,云出"費長房《三寶記》並《義楚六帖》"[2]。然此條,頗疑轉引自南宋本

---

[1] 錢汝平:《佛教類書〈釋氏六帖〉版本叙録》,《圖書館雜誌》2011年第1期,第74頁;《日本東福寺藏宋本〈釋氏六帖〉刊刻源流考》,《圖書館雜誌》2011年第9期,第92頁。

[2] (明)心泰:《佛法金湯編》卷一,《卍新纂大日本續藏經》,東京:株式會社國書刊行會,1975—1989年,第87册,第374c5—6頁。

覺《釋氏通鑒》卷一,亦云"出《義楚六帖》及《三寶紀》等"①。

關於此書回傳時間,錢文指出,1941年蘇晉仁於日本購得寬文本,回國後轉贈周叔迦,1944年據以排印,收入《普慧大藏經》②。

其實,在清末民初,此書即有兩套回傳中土。

文廷式《純常子枝語》徵引此書9次。文廷式於光緒二十六年(1900)正月十一日啟程赴日本③,三月十二日歸上海④。《東遊日記》記二月十二日"購得《義楚六帖》一部。雖釋家類書,而引儒書正不少。晁氏《讀書志》曾載其目,洪遵《泉志》亦引之;近數百年來我中土遂無有述及此書者,蓋佚之久矣。書成於後周時,所見古書正多,可寶貴也。"⑤此書當於1900年爲文廷式挾回中國。

今北京大學圖書館藏延寶三年本《義楚六帖》二十四卷,編號:LSB/3842,爲李盛鐸舊藏。《北京大學圖書館藏善本書錄》、宿白《唐宋時期的雕版印刷》附錄一《北京大學圖書館藏朝鮮、日本善本書錄》均著錄此書,提要大致相同,宿白云:"義楚六帖二十四卷。日本延寶三年(清康熙十四年)書林村上勘兵衛覆刻宋福州開元寺刻《毗盧大藏》本,二十四册,李3842。後周釋義楚輯。此據宋崇寧間福州《開元毗盧藏》本覆刻。元以來《大藏》並失收,有'紫雲藏''緣山北溪義俊藏書'印記。"⑥錢文已指出,延寶三年本所用爲寬文九年本版片,寬文九年本則據日本東福寺藏宋本的手抄本重刻,東福寺藏本爲崇寧二年本的後印補刻本,刻於蘇州,非福州,著錄不確。李盛鐸於1879年在上海認識日人岸田吟香,通過他獲得不少日本漢籍,又於1898至1901、1913至1914兩次訪問日本⑦。該書於卷五首頁有"紫雲藏"、"緣山北溪義俊藏書"兩枚印章。日本國文學研究資料館所藏空海《御請來目錄》及獨朗《請來進官錄》二書均鈐有此二枚印章,可見李盛鐸此書乃日人舊藏。只是李氏何時何處購得,尚未可知。查《木犀軒書目二種》《北京大學圖書館藏李氏書目》《北京大學圖書館藏善本書錄》等,均未見相關信息。

---

①(宋)本覺:《釋氏通鑒》卷一,《卍新纂大日本續藏經》,東京:株式會社國書刊行會,1975—1989年,第76册,第15a2頁。

②錢汝平:《佛教類書〈釋氏六帖〉版本叙錄》,《圖書館雜誌》2011年第1期,第75頁。

③(清)文廷式:《東遊日記》,汪叔子編《文廷式集》下册,北京:中華書局,1993年,第1160頁。

④(清)文廷式:《東遊日記》,第1175頁。

⑤(清)文廷式:《東遊日記》,第1168頁。

⑥宿白:《唐宋時期的雕版印刷》,北京:文物出版社,1999年,第207頁。

⑦高洋:《李盛鐸日本訪書記》,《山東圖書館學刊》2010年第2期,第67—68頁。

附表：

宋本《釋氏六帖》書前目錄、正文目錄、正文部門對比

策數	部名	書前目錄	正文部下目錄	正文
一策	法王利見部第一	相好光明二	殘缺	二相好光明二
一策	信奉謗毀部第二	王侯信奉一	王侯信奉一	諸王信奉一
二策	大法真詮部第三	諸行心法十善有四一信二樂三愛四念惡有七一惡二毒三嗔四癡五慢六邪見七五逆	諸行心法十善有四一樂三愛四念惡有七一惡二毒三嗔四癡五慢六邪見七五逆	諸行心法十善法有四一信二樂三愛四念惡有十種一惡二毒三嗔四癡五慢六邪見七五逆八慳九貪十嫉妒
二策	六到彼岸部第五	布施一初揔二別持戒二	布施一初揔一別持戒二	布施一初揔一別持戒二大小二乘戒同在此門
三策	大士僧伽部第六	沙彌八(無童子九行者十)	沙彌八童子九行者十	沙彌八童子九行者十
三策	師徒教誡部第七	師主一 弟子二善惡 網維六	師主一 弟子二善惡 網維六	師主一有是非大小也 弟子二 網維六
三策	威儀禮業部第八	位立三	住立三	住立三
三策	語論樞機部第九	笑五	笑哂五	笑哂五
四策	九流文藝部第十	道俗著述一 昏素九筆墨 畫塑十六	道俗著述一 紙素九筆墨附 畫塑十六	道俗著述一僧二俗 昏素九 塑畫十六
四策	僧尼不拜部第十二	宋武令拜二 隋煬有人五 唐朝重議六 會昌毀滅七 彥悰福田八	宋武命拜二 隋唐重議五 會昌毀滅六 僧道先後七 彥悰福田八	宋武命拜二 隋唐重議五 會昌毀滅六 僧道先後七 彥悰福田八
五策	流通大教部第十四	譯經求法計一百一人 揔序一法式二(101)	揔序一法式二譯經三求法四	揔序一法式二譯經三求法四齊州三藏義淨從西國還在南海室利佛逝國撰寄歸揔紀五十六人等(求法正36條39人,"義朗智岸""運期曇閏""窺沖明遠"各計2人,附16人,共55人)(譯經正49條49人,附18人共67人)①
五策	法施傳燈部第十五	解義二百六十二人(262)	解義前一百五人後一百六十一人正紀附見一百一十四人(380)	無(正260條260人)(依今本二傳計附208人)

---

①按：十四至二十三部，附數乃依今本《高僧傳》《續高僧傳》所附爲標準，並不精確，因今本二傳有實附其人而未計爲附、計爲附傳而未見其人等情況，而《六帖》對二傳人物，有原爲附傳而升在正條、原在正條而降爲附傳等情況。姑爲計算，以見書前目錄、正文目錄、正文之不同。

續表

策數	部名	書前目錄	正文部下目錄	正文
六策	神通化物部第十六	神異十七人感通一百一十四人(131)	五策:神異前二十八人後七十八人附見五人(111) 六策:神異高僧前傳一十八人後傳七十八人附見五人(101)	六策:神異高僧前傳一十八人後傳七十八人附見五人(101)(正133條134人,"子明賈逸"計2人)(依今本二傳計附7人)
	靜慮調心部第十七	習禪二十一人下續高僧九十四人(115)	五策:習禪前二十一人後七十五人附見三十七人(133) 六策:習禪二十一人前傳後傳九十四人(115)	六策:習禪二十一人前傳後傳九十四人(115)(正115條116人,"慧意法永"計2人)(依今本二傳計附14人)
	持犯開遮部第十八	明律一十三人下續高僧二十六人(39)	五策:明律前一十三人後二十三人附見二十九人(65) 六策:明律前一十三人後傳二十七人(40)	六策:明律前傳一十三人後傳二十七人(40)(正41條42人,"覺朗海藏"計2人)(依今本二傳計附18人)
	捐身爲法部第十九	亡身十一人下續高僧一十三人護法十八人(42)	五策:捨身前一十一人後十人附見七人(28) 六策:亡身十一人下續高僧十三人護法高僧十八人(42)	六策:亡身十一人下續高僧十三人護法高僧十八人(42)(正42條42人)(依今本二傳計附8人)
	持誦貫花部第二十	誦經二十一人(21)	五策:誦經前二十一人後十一人附見七人(39) 六策:誦經二十一人經師(21)	六策:誦經二十一人經師(21)(正21條21人)(依今本《高僧傳》計附10人)
	荷負興崇部第二十一	興福十四人續高僧正紀十八人附見五人(37)	五策:興福前一十八人後十二人附見五人(35) 六策:前傳一十四人續高僧傳正紀一十八人附見五人(37)	六策:前傳一十四人續高僧傳正紀一十八人附見五人(37)(正33條33人,依今本二傳計附5人)
	抑揚半滿部第二十二	經師十一人續高僧正紀十八人附見八人(37)	五策:經師前十一人後二十一人(32) 六策:經師前傳十一人續高僧正紀十八人附見五人(34)	六策:經師前傳十一人續高僧正紀十八人附見五人(34)(正27條34人,"八僧無傳"各有名計8人)(依今本續傳計附7人)
	化導人天部第二十三	唱導一十人(10)	五策:唱導前一十人後雜科八人附見正傳十二人(30) 六策:唱導一十人(10)	六策:唱導一十人(10)(實10人)雜科一十二人(12)續高僧目聲德篇與唱導同更不別開正傳一十二人附見八人(20)(唱導正10條10人,雜科正12條12人,依今本續傳計附7人)
七策	世主人王部第二十五	轉輪王一 西土有道粟散王二 無道三 東土有道粟散王四 無道五	輪轉王一 西土有道粟散王二 無德之主三 東土有道粟散王四 無道之主五	輪轉王一 有道粟散王二 無德之主三 東土有道粟散王四 東土無道之主五

續表

策數	部名	書前目錄	正文部下目錄	正文
七策	儲君臣佐部第二十六	太子一忠孝賢智等 大臣二善賢忠直才智諂佞	太子一忠孝賢智等附 大臣二善賢忠貞直才才智諂佞等	太子一 大臣二善賢忠貞直才智諂佞等
八策		大權現化部第三十	大權示化部第三十	
	婦女賢亂部第三十二	婬濫七	婬濫七	婬濫七一欲過患二諸王三大臣四長者五商人六比丘尼女道士諸女濫婬
		幽冥神鬼部第三十三 神四鬼五妖恠靈變九	幽冥鬼神部第三十三 神王四鬼將五妖怪九靈變十	神王四鬼將五妖恠九靈變十
九策	自在光明部第三十四	雷九	雷九	雷九霹靂附之
	厚載靈源部第三十五	山二川谷附之土十三火十五	山二川谷附之土十三沙附火十五	山二川谷石沙附之土十三火十五薪炭附之
	草木果實部第三十六	花四草七（無雜草十四）	花四草七芭蕉附之雜草十四	花三草七芭蕉附之雜草十四
十策	酒食助味部第三十七	酒一麵十五粳米十九糠二十一	酒一得二失麵十五麥附粳米十九糠二十一	酒一麵十五麥附之秔十九米附之糖二十一
	寶玉珍奇部第三十八	水精七	水晶七	水晶七
	雅樂清歌部第三十九	琴二歌六舞七碁八	琴二箏箜篌附之鈴六磬七歌八舞九碁十	琴二箏箜篌附之鈴六磬七歌八舞九碁十
	五境爲緣部第四十	色一聲二香三味四觸五	色一聲二香三味四觸五	色一聲二香三臭附之香揔有四十三種味六
	六根嚴相部第四十一	舌四身五燒捨賣易附之	舌四口唇齒附身五燒捨賣易附之	舌四口唇牙齒附之身六
	隨根諸事部第四十二	吐十四尿十六	吐十四尿十六	吐唾十四小便十六
十一策		寺塔殿堂部第四十四 寺一東土西天觀毀寺等 殿二閣附之 堂四亭室附 門六 臺十榭附之 壁十二	寺舍塔殿部第四十四 寺一西天東土道觀毀廢等附之 殿二閣樓附之 堂四亭室附之 門六關附之 壁十二	寺一 殿二閣樓附之 堂四亭房室附之 門六 臺榭十 壁十二墻附之
	貯積秤量部第四十五	匱二斛三勺附之秤四盆甖五釜附之	匱二斛三勺附之秤四盆甖五釜附之	櫃二籢附之斛三升附之秤四尺附之甖盆五鑊釜附之

續表

策數	部名	書前目錄	正文部下目錄	正文
十一策	助道資身部第四十六	袈裟二 鉢盂八匙附之 淨巾十一 帳十五 綿二十六 絹二十七布附 氈二十八	袈裟二道衣俗服 鉢盂八匙附之 淨巾十一 帳十五 綿二十六 絹二十七錦附之 氈二十八布附之	袈裟二冠道衣俗服附之 鉢盂八匙椀附之 巾十一 帳十五蚊幬附之 綿二十六錦附之 絹二十七 布二十八氈附之
十二策	武備安邦部第四十七	杖二槍五箭八杵九	杖二鞭附之槍戟五箭八杵九	杖二鞭附之槍五戟旗附之箭八彈丸附之杵九有文無目
十二策		水族鱗蟲部第四十八 黿二鼉黿附獺六蛇七	龍王水族部第四十八 黿二鼉黿附之獺六蝦蟹附蚖七蝎附之	黿鼉鼂鼉二獺六蝦蟹附之蚖七蝎附之
十二策		金翅族羽部第四十九 鵰七	金翅羽族部第四十九飛鳥有四千五百種 鵰七	鵰七鷲附之
十二策	師子獸類部第五十	師子一麟附之驢七狐十四	師子一麟附之驢七騾附之狐十四	師子一驢七騾附之狐十四有文無目

（本文原刊於張伯偉主編《域外漢籍研究集刊》第二十輯）

佛教唱導文本與上梁文經典體式的成型

張慕華

(《中山大學學報》編輯部)

  上梁文是歷史悠久的建築民俗文體,始見於唐五代,定型於宋代,經典體式爲"首尾儷語,中陳六詩"。上梁文經典體式的成型與佛教唱導文本,尤其是齋文、講經文等關係密切。受佛教咒願與功德思想影響,唐五代敦煌上梁文形成以讚歎功德和次第發願爲主體的基本模式,然其體式駁雜,寄調"兒郎偉"民間辭曲,尚未具備穩定的文體形態。宋代上梁文在此基礎上,確立了"駢—韻—駢"的經典文體定式,其"首尾儷語"的行文布局與宮廷佛教齋文如出一轍;而其"三三七七七"體韻詩及駢韻組合體式,在唐代佛教講經文等唱導文書中不乏其例。可以推斷,宋代文人巧妙地借鑒了佛教齋文、講經文等唱導文本的文體樣式,最終創出別具一格、雅俗圓融的上梁文經典體式。追溯上梁文的成型之路,或可窺見社會文化諸因素對中國古代文體發展的重要影響。

引 言

  中國古代文體種類豐富,各文類在其自身發展過程中,形態變動不居,而屬性、功能相近的文類之間相互影響滲透,使得文體發展的路徑錯綜複雜,難於把握。然而,作爲獨立意義的文體形態,必然具備一定的範式,即文體的經典體式。還原文體經典體式成型的發展歷程,挖掘影響其演變的諸社會文化因素,揭示文體間的相互聯繫,對於準確認識和把握中國古代文體譜系具有重要的意義。

  上梁文是歷史悠久的建築禮儀文體,從文體功能角度看,其遠源是傳統的祝文。北魏温子升《閶闔門上梁祝文》①是今存最早用於上梁賀吉的文章,然其文體乃是當時通行的四言祝文。正式以"上梁文"爲題名的篇目,現僅見於敦煌文獻,均爲唐五代敦煌地區佛教建築上梁所用儀文②,多是以四、六言爲主的雜言韻文,具有濃厚的民俗色彩,然體式駁雜,尚未形成穩定的文體形態。具有經典範式和文體學意義的上梁文,直到宋代纔正式確立,徐師曾《文體明辨序説》曰:"上梁文者,工師上梁之致語也。世俗營構宫室,必擇吉上梁,親賓裹面雜他物稱慶,而因以犒匠人。於是匠人之長,以面拋梁而誦此文以祝之。其文首尾皆用儷語,而中陳六詩,詩各三句,以按四方上下,蓋俗體也。"③上梁文在宋代頗爲盛行,并作爲詞臣應制公文納入朝廷學士撰文典制之中,《事實類苑》卷二九"詞翰書籍,制詞異名"條云:"學士之職,所草文辭名目浸廣,……土木興建,曰上梁文。"④自宋以後,"首尾儷語,中陳六詩"的上梁文創作一直爲文人所青睞,至明清不衰。

　　上梁文獨特的文體形態和豐富的審美内涵,引起了學界的關注。目前,相關研究主要集中於宋代上梁文⑤,而對於"駢—韻—駢"經典體式的文體追溯尚不多見。筆者曾與朱迎平教授合撰論文探討上梁文文體的形成,認爲其主要受兩方面影響:一是遠源,即中國古代祝頌禮儀和祝辭;二是近源,包括敦煌民俗(如驅儺與驅儺"兒郎偉")和佛教文化影響⑥。尤其注意到上梁文中以"兒郎偉"領起的"三三七七七"體與唐五代敦煌

---

①(唐)歐陽詢:《藝文類聚》卷六三"居處部三",汪紹楹校,上海:上海古籍出版社,1999年,第1129—1130頁。

②《全唐文》卷八四七所載唐李琪《長蘆崇福禪寺僧堂上梁文》爲誤收南宋人作品,該文爲"駢—韻—駢"經典體式上梁文。參見路成文《〈全唐文〉誤收南宋人所作〈長蘆崇福禪寺僧堂上梁文〉考》,《文獻》2007年第4期,第53—60頁。

③(明)徐師曾:《文體明辨序説》,羅根澤點校,北京:人民文學出版社,1962年,第169頁。

④(宋)江少虞:《宋代事實類苑》,《景印文淵閣四庫全書》第874册,臺北:臺灣商務印書館,1986年,第245頁。

⑤如松田佳子《宋代上梁文初探》(《宋代文化研究》第八輯,成都:巴蜀書社,1999年,第279—292頁)、路成文《宋代上梁文初探》(《江海學刊》2008年第1期,第193—198頁)、谷曙光《宋代上梁文考論》(《江淮論壇》2009年第2期,第155—160頁)、鍾書林《〈上梁文〉的文體及其淵源》(鍾書林、張磊《敦煌文研究與校注》,武漢:武漢大學出版社,2014年,第48—64頁)等。

⑥張慕華、朱迎平:《上梁文文體考源》,《尋根》2007年第5期,第94—100頁。另,治敦煌學者對上梁文的大致面貌和民俗特色多有論及,主要集中在"兒郎偉"的指徵意義上,如周紹良《敦煌文學"兒郎偉"并跋》(見《出土文獻研究》,北京:文物出版社,1985年,第175—183頁)、黄征《敦煌語言叢説》(臺北:新文豐出版公司,1996年,第646—647頁)、高國藩《敦煌民俗學》(上海:上海文藝出版社,1989年,第494—505頁)、王小盾《從朝鮮半島上梁文看敦煌兒郎偉》(《古典文獻研究》第11輯,南京:鳳凰出版社,2008年,第114—141頁)等。

佛教歌辭和講經文的關聯,但僅僅是淺嘗輒止,未及深思,尚有一些重要問題未曾解決。特別是宋代上梁文與唐五代敦煌上梁文相比,文體形態迥異,除了均有"兒郎偉"這一標示性語詞外,幾乎判若兩體。那麽,宋代上梁文與唐五代敦煌上梁文之間究竟是怎樣的關係?何以二者體式差異如此之大?"首尾儷語,中陳六詩"的上梁文經典體式究竟從何而來?對此問題,古人未作明確回應,徐師曾則語焉不詳,推測爲"蓋俗體也"。清末吳曾祺《文體芻言》亦謂上梁文"不知始於何時,宋以後此體屢見"①。學界論及宋代上梁文時也大多對其體式來源不做深究,甚或避而不談。近來,筆者關注佛教唱導文本,結合其文體內容、結構和體式考察發現,上梁文經典體式很有可能是宋代文人在吸收唐五代敦煌上梁文"俗體"要素的基礎上,借鑒佛教唱導文本,尤其是官辦佛事活動中的講經文、齋文等體式而來。本文擬對此展開論述,以求方家指正。

一、佛教"讚歎""咒願"對敦煌上梁文的影響

與上梁祝文相比,敦煌上梁文明確以"上梁文"爲題名,兩者在文體內容和語體形式等方面迥然有別。可以認爲,敦煌上梁文已經脫離附庸於祝文的舊貌,初步完成了新文體的獨立。因此,追溯上梁文經典範式的文體淵源,首先要從唐五代敦煌上梁文入手。

在敦煌遺書中共有四卷可判定爲上梁文,其中兩篇明確以上梁文題名,分別是 P. 3302v《維大唐長興元年(930)癸巳歲二十四日河西都僧統和尚依宕泉靈跡之地建龕一所上梁文》和 S. 3905(正、背面)《唐天復元年(901)辛□歲□月十八日金光明寺造窟上梁文》,均爲佛堂寺院類上梁文,而 P. 4995v 與 P. 3753v 抄錄上梁文則與社邑合衆修造佛窟活動有關。從創作題材的集中程度看,敦煌上梁文與佛事活動之間存在相當緊密的聯繫。在唐末五代的敦煌地區,各種佛教功德修造活動十分興盛,如建造佛像、佛堂、義井、義橋等,建築完工後往往筵僧設齋,舉行唱導佛事,誦念功德齋文爲齋主祈福。受佛教功德思想影響,齋會唱導廣泛滲透到日常民俗禮儀之中,如慶生、嫁娶、遠行、患疾、喪葬、入宅等,無不筵僧設齋咒願。尤其值得注意的是,上梁文與驅儺文均寄調"兒郎

---

① 吳曾祺:《文體芻言》,見《涵芬樓文談》附錄,上海:商務印書館,1933年,第48頁。

偉",皆有相當深厚的民俗文化淵源,而敦煌驅儺與佛教關係密切①,敦煌驅儺文中有不少關於佛教結壇齋會的描寫,如"總緣尚書倍敬,九處結會金壇"(P.3270)"謹請上方八部,護衛龍沙邊方""每歲善心不絕,結壇唱佛八方"(P.4976)等。又有關於咒願的文句,如"自是神人咒願,非幹下里之言""咒願太夫人,敕封李郡君"(P.3552)"從茲學童咒願,社稷劫石同階"(P.4055)等②。

咒願是佛教齋會唱導的重要手段和方式,贊寧《大宋僧史略》卷二"行香唱導"條云:"唱導者,始則西域。上座凡赴請,咒願曰:'二足常安,四足亦安,一切時中皆吉祥等。'以悦可檀越之心也。"③同時,咒願作爲佛教化俗之法,與世俗日常生活聯繫緊密。《十誦律》卷二四"受七夜法"條載:"如優婆夷作房舍,遣使詣比丘所白言:'我作房舍。大德來,作入舍供養。'有如是事,聽去七夜。如優婆夷作象廄、馬廄、門屋、食堂,遣使詣比丘所自言:'大德!我作象廄、馬廄、門屋、食堂。大德來,作入舍供養。'有如是事,聽去七夜。"④就是關於僧人應邀赴請爲世俗居士新造房舍説法咒願的律儀。需要注意的是,與世俗祝願不同,咒願是僧人"爲檀越説達嚫"的法施回饋,是基於俗人與佛教徒之間的施受關係而產生的用以表示謝意和祝福的一種佛事行儀,其核心是頌贊施主功德并爲之祈願⑤。考察敦煌上梁文,可以清晰地看到佛教咒願對其文體內容的影響。以前文所及保存基本完整的P.3302v《宕泉建龕上梁文》爲例:

> 兒郎偉 若夫敦煌勝境,地傑人奇。自古崇善,難可談之。古者三危聖跡,薩訶仗錫因資。鴻基始運,察道乘時。自後先賢聖德,建立寶殿巍城。莫不遠覓淨土,即此便是阿彌。厥今大施功者,我都僧統和尚之爲歟!伏維我都僧統和尚:爲登初地,德托前英。神資天遐,五郡白眉。百金日食,聲播四維。變通有則,妙在心機。故乃聖慈劫遠,像法皆施。會衆生之本意,流名萬代之期。選擇形勝之地,湊日即便開基。願得天神助護,聖力可不加威。因資一郡清晏,五老總今知之。若説和尚功業,難可談量者矣。

---

① 譚蟬雪《歲末驅儺》(《西北民族研究》1990 年第 2 期,第 28 頁)指出,驅儺詞是佛教、道教與民間信仰的綜合體。
② 黄征、吴偉編校:《敦煌願文集》,長沙:嶽麓書社,1995 年,第 943 頁。本文所引敦煌文獻,除另注出處者,皆自此本,文字標點偶有調整,不再另行出注。
③ (唐)釋贊寧:《大宋僧史略》,見高楠順次郎等編《大正新修大藏經》(以下簡稱《大正藏》)第 54 册,臺北:佛陀教育基金會出版部,1990 年,第 242 頁上。
④ 《大正藏》第 23 册,第 174 頁上。
⑤ 參見張慕華:《論佛教咒願文及其流變》,《中國文化研究》2011 年夏之卷,第 88—93 頁。

兒郎偉　鳳樓更巧妙,李都料繩墨難過;專截木無棄者,方圓結角。藤蘿栱樹,逴回軟五,攢梁用柱極多,直向空裏架鏤,魯班不是大哥。康傅子能行斤斧,苦也不得婁羅;張博士不曾道病,到來便如琢如磨。別索煎湯煮水,甚人供承得他？張賢面而(如)滿月,諸人不總莫能過。施功(工)才經半月,樓成上接天河;舉我和尚古教,今朝賞設綾羅。具述難可説盡,且成後韻之科。

兒郎偉　和尚衆人之傑,多不與時同,忽然設其大惠,委令鑿窟興功。宕泉雖爲千窟,北窟難可擅論,實是顯揚千佛,發暉龍象之容。康押衙一心事辦,不怕你赤熱三冬;海印極甚辭辛苦,四更便起打鐘。調停一鑊餺飥,一杓先入喉中。戒德廚營百味,共我和尚同心。董家優婆福第一,亦能竭力輸忠。

兒郎偉　今因良時吉日,上梁雅合周旋;五郎(郡)英豪并在,一州士女駢闐。糉餅千盤萬擔,一時雲集宕泉;盡向空中亂撒,次有金鈸銀錢。願我十方諸佛,親來端□(坐)金蓮;薦我和尚景祐,福祚而(如)海長延。應是助修之輩,見世總獲福田;諸族六親内外,永同瑶閣神仙。敦煌萬人休泰,五稼豐稔龍川;莫在辭多寒訥,歲時猶望鶯遷。自此上梁之後,高貴千年萬年。

與簡約精練的四言上梁祝文相比,此文可謂不避煩冗。由"兒郎偉"領起的四段韻文,前三段均是歎功德,末段爲贊上梁儀式和發願,充分體現了功德思想影響下重讚歎、重發願的文體特點。

其一,以功德爲主的讚歎。文章開篇即頌揚敦煌勝跡以及在此建立寶殿的功德妙處,接下來則依次按照地位和功績分別讚歎與建造活動相關諸人之功德:首先是作爲僧官的僧統和尚,贊其爲"大施功者",所行功業"難可談量者矣";其次是李都料等工匠師傅以及康押衙等僧俗行雜役者,稱讚諸衆各盡其職,協力助修;最後是讚歎上梁儀式熱鬧喜慶的場面。佛教認爲讚歎是一種具有功德的行法,在佛事活動中的作用非常重要。"歎功德"是佛教齋會唱導的重要内容,如 S.5637《入宅文》讚歎齋主功德:"惟施主乃鳳蘭播馥,月桂流芳,雅量超群,神才絶代。故能卜居勝地,揆日方施,壘赤灰以召功人,割珍財而説幻妙。"又讚歎宅居及設齋道場:"雕楹霧合,綺棟雲浮。洞戶迎雲,高窗孕月。簷舒風起,砌引花雕。井植雙樹,門榮五柳。宏規即就,勝業先崇。嚴灑閑庭,建斯清供。香燃百味,院起初煙。梵吼三天,經連四室。"敦煌文獻收録有大量佛教齋會歎文文樣,如 BD.192 學仕郎李英抄編《諸文要集》,共收抄 56 篇齋儀文樣,其中專列"歎德"(刺使德政、上佐、六曹、縣令、丞、主簿、尉、文、武、僧、禎尼、律師、禪師、考、妣、丈夫、婦人、男、女、新婦、奴婢、聖僧)與"歎齋"(患差、婦人患差、慶文官、官事、金銅像、畫像、佛堂、慶經、慶幡、入宅、慶經、慶佛、慶菩薩、義井、義橋、長幡、二道場、浮圖、逆修、從良、放羊、滿月、亡兒、亡夫妻、亡母），均是依據齋意讚歎功德的文辭。此外，敦煌文獻中還保留有用於婚禮、慶誕等的咒願文，內容也以讚歎爲主，如 P.3350《咒願新郎文》曰："大兒持之旄節，小子身任太常。兄弟皆沾敕墨，京兆二郡稱揚。"又如 S.343《咒願小兒子意》讚頌孩子才智出衆、德行純良。儘管這些咒願文已淪爲學童、文郎討取財施的賀吉文字，但其與佛教唱導的淵源不可忽視。

其二，以功德主爲對象的祈願。文章末段以"願我十方諸佛"引出發願文辭，依次第爲和尚、助修、社邑族衆等求祈福佑，并延及敦煌百姓與五稼歲時，最後以對上梁之後的美好願望作結。與上梁祝文中"一人有慶，四海爰歸"的簡單祈吉不同，敦煌上梁文明確以"願""惟願""并願"等語領起願辭，突出發願的重要性。佛教功德思想認爲，凡佛事均爲善行功德，讚歎功德并以此回向發願，就能爲功德主消災珍禍、成就願力。佛教齋文的願辭，大都以齋意和功德主爲核心，并按等級、親疏次第發願，如 S.5637《入宅文》曰："以斯設齋功德，無限勝因，總用莊嚴齋主合門長幼，入宅已後，惟願金龍繞宅，玉鳳銜珠，……齋主則命同劫石，歷千古而不虧。娘子則質比松筠，陵歲寒而不變。男貞女潔，子盛孫昌，皆全磊落之才，并有神姿之貌。"此外，P.4995v《修造佛窟上梁文》中也有類似願辭：

> 將薦皇王壽域，寰瀛內外寧康。先資令公寶位，西陲早願封王。社稷千年慶吉，城隍萬載無殃。夫人仙顏恒茂，似蓮出水舒光。寵蔭日新日厚，恩榮月勝月昌。社衆道芽引蔓，菩提枝機抽芳。過往先亡獲益，神遊七寶之床。并願承斯福佑，極樂國內稱揚。

分別爲皇王、令公、夫人、社衆以及過往先亡祈求福佑。這種針對不同功德主依次第發願的行文模式，明顯是受佛教齋願文辭的影響。

綜上，敦煌上梁文由傳統四言祝文演化爲篇幅冗長、不嫌瑣細的賀酬文章，其主體內容以讚歎功德和爲功德主發願爲主，這與當時流行的佛教咒願文、齋文的行文布局非常相近。這種相似并非偶然，而是佛教功德思想和齋會唱導對日常民俗禮儀文體全面滲透的結果。當然，這也與幾篇敦煌上梁文的題材均爲佛教建築不無關係。與同樣使用"兒郎偉"的驅儺文、障車文相比，敦煌上梁文受佛教咒願與齋會唱導的影響最爲明顯，它在內容乃至行文結構方面所顯露的佛教齋文的某些特質，已清晰地展示了二者之間的緊密聯繫。

二、宫廷佛事唱導文書與宋代上梁文之駢化

唐五代敦煌上梁文已初步形成以讚歎和發願爲主的體式特點，這一基本格局及其關鍵的文體要素如"兒郎偉""抛梁"等，均爲後世上梁文繼承與延襲。敦煌上梁文寄調"兒郎偉"，然此體僅見於敦煌文獻，在同時期及其後的傳世文獻中，尚未見到有類似者，由此可知，在唐代這種體式的上梁文流傳不廣，更没有能够得到宋人的認可和接受。到了宋代，由於統治者積極參與以及官方上梁活動的興盛①，上梁文施用的場所，由民間轉移到廟堂。可以推斷，像敦煌上梁文那種民間俗體，顯然不能再被誦之於王者貴胄，這就必然要求有一種更加規範得體且符合朝廷禮儀文風的新體式上梁文。

宋人對上梁文的改造主要集中在兩個方面：一是文體結構的程式化；二是語體形式的規範與定型。首先，宋代上梁文的結構採用三段式：首段序引以讚歎爲主，又可細分爲號頭、歎德、述由、歎上梁道場；中段爲"兒郎偉"領起的六偉抛梁贊詩；末段以"伏願上梁之後"引出祈願。其次，語體形態方面的新變：一是讚歎、發願的主體部分，即首尾使用規範的駢體；二是别出心裁地將"兒郎偉"改造爲"六偉六方"的"三三七七七"體口號韻詩，最終確立"駢—韻—駢"的經典體式。據現存文獻，最早的宋代上梁文是王禹偁所作《單州行宮上梁文》，全篇已然是非常規範的"首尾儷語，中陳六詩"體式，文辭藻麗，典重温雅。有宋一代的上梁文均以"駢—韻—駢"爲定式，宋以後的上梁文也都遵循此體，就此而言，上梁文獲得了文體學意義上的獨立，宋代文人於此實有創體之功。

那麽，宋人爲上梁文重塑新體是否有體可依，又所依何體？對此問題，有一個現象值得注意，以王禹偁《單州行宮上梁文》始，其後楊億《開封府上梁文》(995—997)、石介《南京夫子廟上梁文》(約1034—1036)、胡宿《修蓋睦親宅吴王神禦堂上梁文》(1035)和《集禧觀大殿上梁文》(1053)、歐陽修《醴泉觀本觀三門上梁文》(1055)、王安石《景靈宫修蓋英宗皇帝神御殿上梁文》(1069)等，均是爲皇室修建之寺觀殿宇所撰上梁文。即是説，宋代上梁文最早是以宫廷禮儀文書形式出現的，而筆者翻揀傳世文獻中的佛教唱導文書發現，宋代上梁文與大型官方佛教唱導活動中的歎佛文、講經文，在文體結構、體式乃至語體表達方面都極爲相似。雖然，文體形態的相似并不足以證明兩類文體必然相關，但如果兩者在前期已經存在内容與特點的承襲，當出現形式上的高度相似，則

---

① 關於宋代上梁文的興盛及其原因，詳參路成文《宋代上梁文初探》。

可以認爲兩者在文體形態上存在借鑒關係。考慮到佛教齋會唱導文書對敦煌上梁文主體內容與基本格局的深刻影響，那麼，宋代上梁文與官方佛教唱導文書在文體形態上的相似，就不應僅僅是一種巧合，而是有意借鑒的結果。

宋代上梁文"首尾儷語"及其程式化的文體結構，深受宮廷駢體佛教唱導文書影響。中國古代上層統治者組織、參與的官方唱導佛事興盛於南北朝時期，相傳梁武帝制《六道慈懺》，又稱《梁皇懺》，開啟了帝王制懺、親撰佛事儀文的先聲，其後梁、陳及隋唐帝王都曾親撰過懺文和發願、禮佛等佛事文書。贊寧曾論及宮廷佛教唱導的緣起以及相關唱導文書在宋代以前的流布："又西域凡覲國王必有贊德之儀，法流東夏其任尤重，如見大官謁王者，須一明練者，通暄涼，序情意，贊風化，此亦唱導之事也。齊竟陵王有導文，梁僧佑著齊主讚歎緣記及諸色呪願文，陳隋世高僧真觀，深善斯道，有道文集焉。從唐至今，此法盛行於代也。"①道宣《廣弘明集》收錄有南北朝時期帝王、臣僚等撰寫的佛事唱導文書，如簡文帝《唱導文》、王僧孺《禮佛唱導發願文》、沈約《千僧會願文》等②。受當時文壇駢風盛行的影響，這些宮廷齋懺唱導文書均用駢文撰寫，其內容以讚歎功德與回向發願爲主，"或建福禳災，或禮懺除障，或饗鬼神，或祭龍王"③，實際上則是爲統治者歌功頌德的禱辭。以王僧孺《禮佛唱導發願文》④爲例，全文共七段，甚長不具錄，文曰：

　　夫至覺玄湛，木絕聲言，妙慮虛通，固略筌象。……（歎佛）皇上道照機前，思超系表，凝神汾水，則心謝寰中，屈道軒丘，則形勞宇內。……（歎德）衆等相與增到，奉逮至尊，五體歸命，敬禮云云。（禮佛）仰願皇帝陛下，至道與四時并運，玄風與八埏共廣……（發願）

　　夫道備監撫，望表元良，察遠知微，貫宗勾極，不勞斧藻，無待審諭。……（歎德）衆等齊誠奉逮儲君殿下，歸命敬禮云云。（禮佛）仰願皇太子殿下，厚德體於蒼莽，廣載侔於磻磺……（發願）

　　……

---

① (唐)釋贊寧：《大宋僧史略》卷二"行香唱導"條，《大正藏》第54冊，第242頁上。
② (唐)釋道宣：《廣弘明集》卷二八，《大正藏》第52冊，第306頁上—321頁中。
③ (隋)費長房：《歷代三寶紀》卷一一（《大正藏》第49冊，第99頁中）述及梁武帝敕令釋寶唱依經撰制懺文之事。
④ (南朝梁)王僧孺：《禮佛唱導發願文》，見嚴可均《全梁文》卷五二，下冊，北京：商務印書館，1999年，第554—556頁。

夫三相雷奔,八苦電激,或方火宅,乍擬馿河。……(歎佛)衆等相與,彼我齊到,懺悔業纏,無始以來(懺悔)……各運丹懇,五體自投,歸命敬禮云云。(禮佛)願現前衆等,身口清淨,行願俱足,消三障業,朗三達智,五眼六通,得意自在。(發願)

分別按身份等級,依次爲皇上、皇太子、諸王子、六宮眷屬、諸公主等參與佛事法會的上層權貴頌德祈福。其結構簡明清晰,每段大都是先讚歎,然後禮佛或懺悔,最後發願。全文採用駢體,繁辭麗藻,鋪陳誇飾,充分表現了宮廷佛事唱導歌功頌德、指事禱祠的基本意旨。

這類文辭典雅駢儷的導文爲後世唱導僧仿習,據道宣《續高僧傳》卷三〇載,隋高僧法韻"誦諸碑誌及古導文百有餘卷,并王僧儒等諸賢所撰。至於導達,善能引用"①。可以説,自六朝始,以駢體書寫贊、願成爲宮廷佛事唱導文書的基本體式。伴隨佛教齋會唱導的流布,唐代宮廷佛事唱導文書逐漸形成較爲程式化的結構,而其行文結構正與宋代上梁文的贊、願主體部分非常相似。《文苑英華》收有宋之問《爲太平公主五郎病癒設齋歎佛文》、王維《爲崔常侍第十五娘子奉詔落髮贊佛文》、司空圖《十會齋文》等,均是官方舉行佛事齋會時使用的唱導文書。下面即以宋之問《爲太平公主五郎病癒設齋歎佛文》②和王安石《景靈宮修蓋英宗皇帝神御殿上梁文》③爲例,對比兩者在篇章結構上的相似。先看《爲太平公主五郎病癒設齋歎佛文》:

至矣哉!釋迦之本願也,念起於大悲,業成於廣濟。代俗以積迷爲用,有感斯通;衆生以諸病作身,至誠能愈。——號頭

我鎮國太平公主,娥靈襲彩,女曜聯英,戒環佩於中閨,邑山河於外館。位彌高而跡彌下,保是洪猷;身日貴而心日微。由乎夙植。全其忠孝,頌美於家邦;宜爾子孫,理歸於福壽。第五子某官某,才光性與,慧發生知,山桂含芳而逼人,階蘭吐秀而驚俗。——歎德

頃以寒暄稍改,保攝微乖,留卧玳瑁之床,陪侍鳳凰之宇。公主上祈妙福,蒙降

---

①《大正藏》第50册,第703頁下。
②宋之問:《爲太平公主五郎病癒設齋歎佛文》,見董誥《全唐文》卷二四一,第2册,上海:上海古籍出版社,1990年,第1077頁。
③王安石:《景靈宮修蓋英宗皇帝神御殿上梁文》,見曾棗莊、劉琳主編《全宋文》第65册,上海:上海辭書出版社,合肥:安徽教育出版社,2006年,第312頁。

慈恩,漢賜黃金,還依膝下;隋珍明月,再入掌中。今者上報慈恩,大張名供。——齋意(述由)

於是披甲第,辟梵筵,幢蓋乘空而下來,龍象接武而爰集。回供純陀之國,求饌香積之宮,面為邱而蔽庭,酷為沼而環砌。龍王獻水,噴車馬之埃塵;天女散花,綴山林之草樹。無邊之施,下飽於三塗;普救之心,傍寬於六趣。——道場

伏願以斯妙福,上薦聖朝:應天皇帝長保金圖,永臨璿極,九族既睦,袪其有漏之緣;萬人以安,不舍無生之見。順天皇後慶垂椒掖,德盛蘭宮,國風流洽於鵲巢,坤儀光贊於龍扆。皇太子業躋聖敬,本固元良;諸王公主等擢秀本枝,崇榮湯沐。三槐九棘,庶職群寮,鹹維赤縣之圖,共翼青雲之紀。備該空有,遍燭幽明,俱超解脫之津,永拔輪回之地。——發願

再看《景靈宮修蓋英宗皇帝神御殿上梁文》:

兒郎偉!天都左界,帝室中經。誕惟仙聖之祠,夙有神靈之宅。嗣開宏構,追奉睟容。方將廣舜孝於無窮,豈特尚漢儀之有舊?——號頭

先皇帝道該五泰,德貫二儀。文摛雲漢之章,武布風霆之號。華夏歸仁而砥屬,蠻夷馳義以駿奔。清蹕甫傳,靈輿忽往。超然姑射,山無一物之疵;邈矣壽丘,台有萬人之畏。已葬鼎湖之弓劍,將游高廟之衣冠。今皇帝孝奉神明,恩涵動植。纂禹之服,期成萬世之功;見堯於羹,未改三年之政。——歎德

乃眷熏修之吉壤,載營館御之新宮。考協前彝,述追先志。——齋意(述由)

孝嚴列峙,寢們可象於平居;廣拓旁開,輦路故存於陳跡。官師肅給,斤築隆施。揆吉日以庀徒,舉修梁而考室。——道場

敢申善頌,以相歡謠。

兒郎偉!拋梁東,聖主迎陽坐禁中。明似九天升曉日,恩如萬國轉春風。
兒郎偉!拋梁西,瀚海兵銷太白低。王母玉環方自獻,大宛金馬不須齎。
兒郎偉!拋梁南,丙地星高每歲占。千障滅烽開嶺徼,萬艘輸賻引江潭。
兒郎偉!拋梁北,邊頭自此無鳴鏑。即看呼韓渭上朝,休誇竇憲燕然勒。
兒郎偉!拋梁上,仿佛神遊今可想。風馬雲車世世來,金輿玉門年年享。
兒郎偉!拋梁下,萬靈隲祉扶宗社。天垂嘉種已豐年,地產珍符方極化。——兒郎偉韻詩

伏願上梁之後,聖躬樂豫,寶命靈長。松茂獻兩宮之壽,椒繁占六寢之祥。宗

室蕃維之彥，朝廷表幹之良。家傳慶譽，代襲龍光。肩一心而顯相，保饋祀之無疆。——發願

皇帝萬歲！——號尾

通過以上兩文的結構劃分可以清晰看出，除去"兒郎偉"領起的"三三七七七"體韻詩部分，兩篇文章的行文結構幾乎可以完全重合。唐代宮廷佛事唱導文書這種程式化的結構，也成爲當時流行的佛教齋文的通行體式。敦煌文獻保留的大量世俗佛教齋願文，其基本結構被歸結爲五個部分：頌揚佛的功德法力，稱"號頭"；説明齋會事由，讚歎被追福、祈福者或齋主、施主的美德，稱"歎德"；敘述設齋的緣由與目的，稱"齋意"；描繪齋會的盛況，稱"道場"；表達對佛的種種祈求，回向發願①。宋代上梁文主體贊、願部分也採用這樣的行文結構，如此高度的相似，應非偶然，當是宋代文人借佛教齋文之形爲上梁文重鑄新體的有意之爲。

三、佛教唱導與宋代上梁文之"兒郎偉"韻詩

至此，可以大致判定宋代上梁文體式的主要文體來源，但還需要解決"兒郎偉"領起"中陳六詩"的問題。"兒郎偉"是敦煌學界討論的熱點，筆者在此不多探究，僅提出與上梁文相關的兩點認識：其一，按"兒郎偉"最早出現於敦煌驅儺文②，唐五代敦煌上梁文亦寄調於此，可知後世以"兒郎偉"領起的上梁文始自敦煌。其二，對於敦煌上梁文來説，"兒郎偉"即其文體樣式，是適合宣唱誦念且帶有濃厚民俗色彩的歌辭③。宋代上梁文保留"兒郎偉"，體現了對上梁民俗自身語體印記的傳承，也與徐師曾所説上梁文乃"工師上梁之致語"，"蓋俗體也"相符。然而，宋代文人并未按敦煌上梁文以"兒郎偉"爲體，而是將其化用爲題名領起"六偉六方"的"三三七七七"體韻詩，置於發願段落之前，用以申贊六方拋梁的喜慶場面，并最終創制"駢—韻—駢"經典體式的上梁文。

關於"三三七七七"體式，學界已有較多研究。該體與佛教唱導關係密切，而佛教講唱文有"短偈""長偈"二類，如"今所見《維摩詰經講唱文》，其中短偈，大抵皆是七言

---

① 郝春文：《關於敦煌寫本齋文的幾個問題》，《首都師範大學學報》1996年第2期，第68頁。
② 參見譚蟬雪：《歲末驅儺》，《西北民族研究》1990年第2期，第26頁。
③ 鍾書林《也論"兒郎偉"》（《社會科學評論》2009年第2期，第44—47頁）認爲，敦煌"兒郎偉"更接近傳統民間俗賦體式。

八句,近於七律。其句法整齊,絕無新變。長偈則不然。其體或一律七言;或三言兩句後,繼以七言三句,……其句法與短偈較,變化頗多"。①"三三七七七"歌辭作爲民間謠歌的慣用體式,在唐代民間廣泛流行,佛教講唱受其影響,在唐五代講經文中,"三三七七七"體已成爲催唱經文之贊辭的常用體裁②。在佛教唱導文本中,這類偈贊與説白搭配,形成駢韻相雜的體式。以 P.2704《秋吟一本》③爲例:

　　沙門厶言:如來典句,蓋不虛然。令護命於九旬,遣加提於一月。是以共邀流輩,同出精藍。諷寶偈於長街,□□懷於碧砌。希忝忍服,望濟寒衣。他時猊座,上答酬恩。此日軒階,略呈雅韻。念菩薩
　　遠辭蕭寺來相謁,總把衷腸軒砌説;一回吟了一傷心,一遍言時一氣咽。
　　話苦辛,申懇切,數個師僧門砌列,只爲全無一事衣,如何禦被三冬雪。
　　或秋深,嚴凝月,蕭寺寒風聲切切,囊中青緡一個無,身上故衣千處結。
　　最傷情,難申説,杖笠三冬皆總闕,寒窗冷榻一無衣,如何禦被三冬雪。
　　……
　　佛留明教許加提,受利千門正是時;兩兩共吟金口偈,三三同演梵音聲。
　　暫離峰頂巡朱户,略出雲房下翠微;送福吟經今日至,願開恩惠賞加提。

此篇文字是僧徒外出求乞加提時吟誦的唱導文辭,首段採用駢體序引述由,段末以"此日軒階,略呈雅韻"轉入酬恩贊詩,韻詩部分以七言短偈和"三三七七七"體長偈相間,整體形成駢韻組合結構。這種駢韻相雜的體式大抵源於佛經,"以詩偈頌贊,經論中多有之。其偈或陳語言,或歎德美,以叙説與偈結合,實與此講唱經本同。唯此廣其意,例以歌贊附叙説之後耳"④。

值得注意的是,在唐五代宮廷佛教俗講的表歎部分,已經出現了駢體贊、願文辭之中穿插偈贊的"駢—韻—駢"結構。據 S.4417 載《温室經》俗講儀式曰:"夫受座,先啟告請諸佛了。便道一文,表歎使主了,已後便説《温室經》……"所謂"表歎使主"即是爲齋主讚歎、祈願,故表歎文辭實與佛教齋文無異。以 P.3808《長興四年中興殿應聖節講

---

①孫楷第:《唐代俗講軌範與其本之體裁》,見《俗講、説話與白話小説》,北京:作家出版社,1956年,第64頁。
②王昆吾:《隋唐五代燕樂雜言歌辭研究》,北京:中華書局,1996年,第452頁。
③張錫厚:《全敦煌詩》,北京:作家出版社,2006年,第6472頁。
④孫楷第:《唐代俗講軌範與其本之體裁》,見《俗講、説話與白話小説》,第50頁。

經文》爲例:

> 沙門△乙言:千年河變,萬乘君生;飲烏兔之靈光,抱乾坤之正氣。(號頭)年口口日,彤庭別布於祥煙;歲歲重陽,寰海皆榮於嘉節。(道場)位尊九五,聖應一千。若非菩薩之潛形,即是輪王之應位。(歎德)
> 累劫精修口惠因,方爲人主治乾坤。若居佛國名調禦,來往神州號至尊。
> 徒世界安興帝道,要戈鋌息下天門。但言日月照臨者,何處生靈不感恩。
> 金秋玉露衰塵埃,金殿瓊階列寶台。掃霧金風吹塞靜,含煙金菊向天開。
> 金枝眷屬圍宸辰,金紫朝臣進壽杯。願贊金言資聖壽,永同金石唱將來。(七言贊詩)
> 經皇帝萬歲……(誦經)
> 以此開贊,大乘所生功德。謹奉上嚴尊號皇帝陛下:伏願聖枝萬葉,聖壽千春。等渤懈之深沉,并須彌之堅固。奉爲念佛皇后:伏願常新令範,永播坤風;承萬乘之寵光,行六宮之惠愛。淑妃:伏願靈椿比壽,劫石齊年;推恩之譽更言,内治之名唯遠。然後願君唱臣和,天成地平;烽煙息而寰海安,日月明而干戈靜……(回向發願)

該篇是爲後唐明宗李嗣源賀壽的宮廷佛事慶典中誦禱的唱導文書,所引文字乃開篇表歎部分。此文雖然名爲"講經文","然從全文觀之,可以說是一篇頌聖文字,大概當時體制如此"①。這種"頌聖""體制"即是宮廷佛教齋會唱導文書的傳統。從内容結構看,大體可分爲:號頭、道場、歎德、七言贊詩、誦經、回向發願。除七言部分外,與前述宮廷佛教齋文結構相符。觀其七言贊詩的位置,緊跟歎德而在回向發願之前,則與宋代上梁文"中陳六詩"的性質和布局非常相近。

由此觀之,於駢體讚歎之後接續七言或"三三七七七"體偈贊的情況,在唐五代唱導佛事中已較爲普遍。這使得宮廷唱導文書與宋代上梁文的結構與形態更加貼合,或可推之,所謂"首尾儷語,中陳六詩"的上梁文經典體式,正是出自此類具有官方禮儀文書性質的佛教唱導文本之體。

---

① 周紹良:《〈長興四年中興殿應聖節講經文〉校證》,見《紀念陳垣誕辰百周年史學論文集》,北京:北京師範大學出版社,1981年,第247頁。

餘 論

經過上述梳理和還原，上梁文經典體式成型之謎似乎揭出了謎底。佛教唱導文書對上梁文可謂有造體之功，佛教文化對中國傳統文體的深刻影響也可見一斑，正如有學者指出："隋唐以後各種體裁的俗文學作品，都或多或少地受到佛教的薰染。"[1]作爲民俗文體的上梁文也没有例外。然而，敦煌上梁文與宋代上梁文同樣受到佛教唱導文書的影響，卻展現出截然不同的文體風貌。究其原因，與文體産生及運用的特定歷史文化背景密切相關。

敦煌上梁文作爲日常民俗文體，與生俱來地留存了民間習俗的印記，包括呼告"兒郎偉""以面抛梁""以犒工匠"等，故而自然生成寄調"兒郎偉"的俗體形態。從其運用場合來看，雖然大都是佛寺等公共建築，參與者也不乏僧統或地方官僚，但并非正規的官方禮儀，而是以普通僧徒和社邑信衆爲主的佛事集會。究其根本，敦煌上梁文産生的目的是，在最普遍的層面滿足廣大社會信衆追求功德吉報的心理。加之上梁文作爲民間文士和學郎討賞噉施的賀酬文章，具有相當鮮明的世俗色彩，故大都行文淺易，用語直白，以娱大衆。可以認爲，敦煌上梁文是在佛教唱導活動廣泛向日常民俗滲透的形勢下産生的，是帶有佛教功德意味的民俗歌辭。

與之相比，宋代上梁文更爲急迫的是，需要獲得一個既符合儀禮又能够爲上層統治者認可的新體式，所以其産生的意義重點在於創體。宋代文人在借鑒佛教唱導文本重塑上梁文經典體式的過程中，更多的是有意識地、主動地、創造性地改良文體形態。在宋代，創制上梁文是館閣學士之職，他們清晰地認識到上梁文改良的必要性與重要性，并準確地捕捉到上梁文與佛教唱導文本之間細微而緊密的聯繫，於是運用文才妙思，移花接木，化俗爲雅，打造出"首尾儷語，中陳六詩"的經典範式，使得上梁文由民間"俗體"登堂入室，變身爲典重溫雅的朝廷制詞。上梁文在宋人手中大放異彩，也由此在中國古代文體譜系中獲得了獨立的文體地位。

總的來看，上梁文從最初依附於四言祝文，到寄調"兒郎偉"，再到"駢—韻—駢"獨立文體形態的確立，其間的文體演變藴含了豐富的文化内涵與審美意味。上梁文在其

---

[1] 張中行：《佛教與中國文學》，合肥：安徽教育出版社，1984年，第45頁。

發展過程中出現過四種文體形態①,如果把上梁祝文與宋代上梁文視作"正體",唐五代敦煌上梁文與民間上梁歌歸之於"俗體",則可以勾勒出上梁文在民間與廟堂、俗禮與正禮之間迂回演進的發展路線。在這種文體形態曲折更迭的背後,隱藏的是社會文化諸因素包括民俗、宗教、制度等對文體的需求與制約,以及不同階層、群體的文學審美旨趣,它們形成合力推進并決定文體發展的方向和路徑。

---

① 民間上梁歌始於何時,目前尚無文獻可考。從現今仍在使用的民間上梁歌看,其體式以齊言、雜言韻文爲主,句式駁雜,組合自由。如土家的"盤梁""盤酒""盤梁粑"等贊詞,就使用了兩人問答形式,所唱内容涉及許多方面的知識,語言風趣幽默。(參見張慕華:《符號學視野下的上梁文化研究》,《文化遺産》2010年第2期,第62—68頁)就體式風格言,今天的上梁歌可視作寄調"兒郎偉"的敦煌上梁文向民間發展的遺存。

三教論衡與戲劇

劉林魁

（寶雞文理學院）

三教論衡是外來佛教與本土儒道二教之間的衝突、調適與融合。此一持續千年的文化活動①，以其豐富的内涵、廣泛的影響，成爲學術研究的一大焦點。其中，唐五代盛行的誕節三教論衡尤爲別致。他以國家慶典的方式、莊重而熱烈的場面、激烈而和諧的論辯，表達了皇權永固、四方來朝、天下大同的政治文化寓意。此一賀壽活動，在其演變過程中，戲劇傾向越來越明顯，最終催生了皇帝誕節的三教論衡戲。有關三教論衡和戲劇的關係，學界的研究多集中在優人李可及表演的三教論衡參軍戲上。三教論衡與三教論衡戲乃至宋元以後戲劇的影響，鮮有關注。任半塘《唐戲弄》爲此一方面的頂峰之作，然受到諸多質疑。基於此，本文從基本文獻出發，探討三教論衡本身的戲劇化以及戲劇對三教論衡要素的吸收，以期對三教論衡和戲劇的關係，做一個較爲宏觀的審視。

一、三教論衡的戲劇化

三教論衡戲劇化一説，萌芽於陳寅恪，形成於任半塘。陳寅恪評白居易《三教論衡》，云："其文乃預設問難對答之言，頗如戲詞曲本之比。又其所解釋之語，大抵敷衍'格義'之陳説，篇末自謂'三殿談論，承前舊例'。然則此文不過當時一種應制之公式

---

①三教論衡始於漢魏，興盛於南北朝，至隋唐達到高潮，宋以後逐漸消息。從宋代至民國，乃至迄於當代，儒釋道三教論辯偶有發生，有時甚或異常激烈。然宋代以降，中國佛教已經形成了禪淨合一的獨特修行模式，異域文化特色基本消失，佛教與政權、出世與入世的矛盾已經調適到位，三教論辯不再是宋代以後學術發展、文化進步的主要動力。故此，本文所言三教論衡，佛教入華後的1000年爲時限。

文字耳。"①陳寅恪只談論衡記録文本"頗如戲詞曲本",任半塘則以《三教論衡》文本爲核心,詳細分析了三教論衡戲劇化之演進趨勢②。然而,針對任半塘的觀點,見仁見智,時有爭論③。

　　三教論衡始於佛教入華之兩漢,終於佛教衰落之五代,前後持續千年之久。其形式多樣,或言辯或文辯,或立論或反駁。其議題隨三教之發展與時代之需求而變化,或集中於思想,或聚焦於儀軌,或偏重於文化身份,或關注社會影響。然而,論及三教論衡戲劇化者,勢必限制在與戲劇劇場演出比較接近的一類三教論衡中。此類三教論衡,必須是同一時間、同一場景中,以口頭語言爲工具,三教人士面對面、即時即興的論辯。此種論衡可稱之爲場景性三教論衡。它要求論辯者思維敏捷、反應機變、語言表現力強,善於調動觀衆情緒,善於利用場面上的多種因素爭取論辯的勝利。據此以審視漢唐時期場景性三教論衡的發展歷程,可以發現它經歷了三個階段。魏晉南北朝爲第一階段④。其間,既有三教玄理之辯,又有三教優劣之辯,但多以宗教衝突、政教衝突爲主,戲劇性比較淡。隋代唐初爲第二階段。此一時期的宮廷論衡,既探究玄理又娛樂帝王,有較突出的娛樂傾向。盛唐至五代爲第三階段。此一時期盛行皇帝誕節三教論衡。誕節論衡是三教論衡的最終形態,也是場景性三教論衡發展得最成熟的形態。三教論衡戲劇化,自然要以誕節論衡爲代表。白居易《三教論衡》是太和元年(829)文宗李昂誕節慶成節三教論衡的現場記録。任半塘言三教論衡戲劇化者,實則是就誕節論衡而言。

　　誕節論衡之戲劇化,任半塘反復致意者有三。一則,誕節論衡只是"戲劇行動"⑤,即只具有戲劇性而已。任半塘云:"唐承北朝風氣,歷代皆舉行'三教論衡';至中唐,經韋渠牟、白居易等幾度表演後,服裝、布置,枝詞遊説,戲劇性益濃,終於被李可及完全改

---

①陳寅恪:《元白詩箋證稿》,上海:生活・讀書・新知三聯書店,2001年,第341頁。
②"戲劇化"一詞爲《唐戲弄》多次使用。雖然任半塘没有嚴格界定,但從其使用語境可做出以下判斷:戲劇要素越來越集中、越來越明顯,可稱爲戲劇化。這是一個動態的詞語。本文所言"戲劇化",是以李可及戲三教參軍戲爲參照考察誕節論衡向戲劇動態演變的一個詞語。
③如,慶振軒、車安寧《由學術而政治　由政治而戲曲——"三教論衡"簡論》[《内蒙古大學學報》(人文社會科學版)2003年第4期,第75—79頁],繼承任半塘先生的觀點,并有所發揮。周勛初《"三教論衡"與文人心態》(南京大學中國思想家中心編《中國傳統思想文化與廿一世紀國際學術研討會論文選集》,南京:南京大學出版社,1992年,第174—182頁)、《三教論衡的歷史發展》(《古典文獻研究》,南京:鳳凰出版社,2006年6月,第8—13頁),則對任半塘先生的觀點持反對態度。
④《高僧傳・帛遠傳》載,帛遠與道士王浮"每爭邪正"。此可能爲文獻記載最早的場景性三教論衡。
⑤"'戲劇行動',指其戲劇形式尚有所虧,而戲劇性特富",見任半塘《唐戲弄》,上海:上海古籍出版社,2006年,第15頁。下文所見《唐戲弄》,版本與此相同。

編入戲劇……方其在正式戲劇之前一階段,則謂之戲劇行動也可。"①二則,誕節論衡之戲劇性,根植於三教分講之"戲劇風"②。任半塘云:"形成晚唐《三教論衡》之參軍戲,固如上文所述,早已種因於中唐'三教論衡'之戲劇行動矣;若此種戲劇行動之形成,實又有其更前一步之種因,表現在初盛唐三教分講之戲劇風,則亦不可不知。"③三則,誕節論衡之"戲劇行動"體現在四個戲劇要素上。第一是場面,"麟德殿之内道場,設三高座,乃其場面也"。第二是服裝,"升座者儒官原服,賜金魚袋,釋爲賜紫引駕沙門,道亦賜紫道士,乃其服裝也"。第三是情節和科白,"僧問儒對,僧難儒對,儒問僧答,儒難僧答,儒問道答,儒難道答,道問儒對,道難儒對,然後退,乃其情節與科白也"。第四是脚本,"三家預有酌謀,預有脚本","《新書·藝文志》載初唐之孫思邈早有《會三教論》一卷,《宋史》二〇六《藝文志》載陸龜蒙亦有《三教論》一卷,内容或不外此,則又其脚本之所本也"④。據此四點而言,觀衆欣賞三教論衡"已不啻聽説書,看雜技"了。從近幾十年的學術發展來看,任半塘誕節論衡"戲劇行動"之説基本可以成立,但也有補充豐富之空間。

從戲劇的核心要素來看,任半塘總結的四點都可以置於"扮演"之下來考察。首先,是誕節三教論衡有無"扮演"之舉。此即任半塘所言服飾和情節。儒生、僧人、道士在誕節論衡中各自所著之儒服、僧衣、道服,爲其平常所著,并非爲誕節論衡而裝扮。不過,有一則證據,或可助於肯定任半塘的觀點。"德宗降誕日,内殿三教講論,以僧鑒虚對韋渠牟,以許孟容對趙需,以僧覃延對道士郗惟素。"⑤鑒虚對韋渠牟是儒佛論衡,覃延對道士郗惟素是佛道論衡,以上兩組毫無疑問。按照儒釋道兩兩對應的原則,剩下的許孟容對趙需必然是儒道論衡。如此,則許孟容、趙需兩位朝臣之中,可能有一人要著道士之服裝⑥。如果以上推測成立,則可證明誕節論衡者有裝扮某類脚色的舉措。至於情節一説,如果以故事爲參照,誕節論衡中似乎根本不存在。誕節論衡常分場次論辯,每場由升座者豎義、對方質難、雙方或多方論議辯難、下座等四個環節構成。場次之間有論主的過場詞,論衡結束有總結,全部辯論没有情節連綴,有的只是娛樂帝王、賀壽

---

①任半塘:《唐戲弄》,第16頁。
②"所謂'戲劇風',包含多方面:如一般人之愛好戲劇;習俗上之多設演戲看戲機會;平日將許多事戲劇化;……匯爲一種風氣,經常噓拂於社會生活之中,與戲劇行動或真正戲劇之間,沆瀣一氣,表裏相宜。"見《唐戲弄》,第17頁。
③任半塘:《唐戲弄》,第20頁。
④任半塘:《唐戲弄》,第742頁。
⑤王讜撰、周勛初校證:《唐語林校證》卷六,北京:中華書局,1987年,第519頁。
⑥劉林魁:《唐五代帝王誕節三教論衡考述——以白居易〈三教論衡〉爲核心》,《佛學研究》2014年第1期,第123—134頁。

慶生的氛圍。據此而言,誕節論衡有以服飾裝扮三教身份之舉,但没有演出一個完備的故事或故事單元,只是通過論辯來創造一種節日的氛圍和氣場。

其次,是誕節三教論衡之"扮演"有無文本依據。此即任半塘所言"脚本"①,也涉及戲劇代言體的問題。"脚本"之説,在陳寅恪只是一種猜測,在任半塘則成爲一種論斷,但目前仍然没有存世之誕節論衡"脚本"可證此説。不過,誕節論衡作爲國家慶典,皇帝賀壽事務必然需要嚴格審查、認真挑選、精心準備。此種篩選,不限於論衡之人員,更有論衡之内容。據此推測,論衡者很可能事先要準備一個賀壽講論的文本,至少也應有一個論衡的梗概。這個文本基本可以看做戲劇的"脚本"。又,三教論衡與三教各自的講論密切相關。敦煌卷子中有許多佛教論議的抄本。依據書寫來看,他們可分爲兩類:一是都講或受命問難者爲講經豎義而準備的草(宿)稿,一是座下聽講者對講經中論議程式的記録本。又,維摩會作爲大型法會,於唐中宗朝傳到日本,并一直延續到現在。日本維摩會上講經豎義之法師,需要提前熟悉爲講經與論難而準備的文本,以保證講論辯難的順暢進行②。既然唐代佛教講經有了預先準備的文本,誕節三教論衡可能也是如此。但是,誕節論衡還没有完全採用代言體,辯論者本人的宗教身份和辯論過程中安排的宗教身份,絶大部分重合。論衡者在誕節賀壽要求和三教論衡文本的基礎上,發揮個人才情,表現個性特色,卻無法達到戲劇"脚色"的高度。

再次,是扮演場所的問題。三教論衡地點與場面的選擇,有一個從隨意選擇到相對集中的發展過程。自北周以來,越來越集中在宫廷内殿,而中晚唐的誕節論衡更集中在麟德殿。此即任半塘所言"場面"之地點。麟德殿位於大明宫内太液池西側,"臺基之平面呈長方形,南北長130.41米,東西寬77.55米。臺基上下兩層重臺"③。麟德殿的功能不限於節日賀壽,而是同時具有政治、宗教、生活三大功能。大凡重要的宴飲、樂舞、擊鞠、接待外事、召見臣僚、君臣唱和、宫廷娱樂等,多在麟德殿舉辦④。誕節論衡之麟德殿屬於"生日道場"⑤,宗教氣氛濃厚。後唐長興四年(933)應聖節中興殿賀壽,

---

①任半塘説,誕節論衡之"脚本",當爲孫思邈《會三教論》、陸龜蒙《三教論》一類著作。任先生可能忽視了場景性三教論衡與非場景性三教論衡的區别。場景性三教論衡之語言,必然是以口語爲主,以講論、問難爲主。《會三教論》《三教論》未必是三教論衡現場的記録本或者稿本。

②何劍平:《佛教論義的記録本及其東傳——以敦煌遺書及日本的維摩會爲中心》,見《敦煌吐魯番研究》,上海:上海古籍出版社,2016年,第35—57頁。

③中國科學院考古研究所西安唐城發掘隊:《唐代長安城考古紀略》,《考古》1963年第11期,第595—611頁。

④杜文玉:《唐大明宫麟德殿功能初探》,《晉陽學刊》2012年第2期,第102—109頁。

⑤(宋)贊寧撰、富世平校注:《大宋僧史略校注》卷中,北京:中華書局,2015年,第145—146頁。

"一聲絲竹,迎堯舜君暫出深宮;數隊幡花,引僧道衆高升寶殿。君臣會合,內外歡呼。明君面禮於三身,滿殿親瞻於八彩。牛香苒惹,魚梵虛徐。得過萬乘之道場,亦是一時之法界"①。年復一年的慶祝活動,相對集中的場地,莊重肅穆、祥和喜慶的氣氛,強化了"生日道場"記憶,道場、戲場二者就會有較大程度的重合。

最後,是"扮演"者身份及其扮演效果。任半塘因爲強調"戲劇行動",故而認爲誕節論衡"旨在取帝大悦而已,其事自非伎藝化不可","在德宗,已不啻聽説書,看雜技"。周勛初則反對誕節論衡"伎藝"之説。他説:"詳看徐岱、許孟容、趙需等人的傳記,可知諸人都是方正有節操并能以禮自持的人,怎麼可以把參加'三教論衡'的人一概視作粉墨登場的俳優呢。"②兩人分歧之實質,在於對誕節論衡之慶典禮儀性質的理解不同。誕節論衡屬於嘉禮。開元二十年(732)制定《開元禮》之"皇帝千秋節御樓受群臣朝賀并會"禮③,無誕節論衡之規定。此後,隨着誕節論衡的興盛,"皇帝千秋節御樓受群臣朝賀并會"禮逐漸接納了三教論衡。作爲嘉禮的誕節論衡,其主色調是賀壽,同時也有一個副色調,即娛樂、嘲謔,創造笑點,爲誕節創造喜慶祥和的氣氛。前蜀高祖武成元年(908)誕節,僧門祝辟支佛牙,道門進《武成混元圖》。僧光業嘲道門進圖云:"夜深燈火滿壇鋪,拔劍揮空亂叫呼。黑撒半筐兵甲豆,朱書一道厭人符。重臣諛飼剛教活,聖主慈悲未忍誅。佛説毗盧三界了,如何更有《混元圖》。"道士楊德輝嘲僧門進佛牙云:"比來降誕爲官家,堪笑群胡贊佛牙。手軟阿師持磬鈸,面甜童子執幡花。縱饒黎庶無知識,不可公王盡信邪。捧擁一函枯骨立,如何延得壽無涯。"④誕節論衡爲國家禮儀,從"禮"的方面説賀壽者要嚴肅、莊重,從"儀"的方面説整個活動要程式完備、儀式感強烈。然禮儀之内容與形式,早在《論語·八佾》"禮,與其奢也,寧儉;喪,與其易也,寧戚"之表述中就有了矛盾。誕節論衡作爲賀壽禮儀,其本身就有儀式重於内容的傾向。故而,周勛初先生之反駁可能忽視了論衡者之"扮演"身份與其本人之間應有距離這一事實。

綜上所述,誕節三教論衡者之裝扮,有戲劇服飾的傾向;作爲國家慶典,論衡者出於"審查"和演出需要而準備的"文本",具有戲劇劇本的傾向;三教依次升座豎義,按照

---

① 《長興四年中興殿應聖節講經文》,見項楚《敦煌變文選注》(增訂本),北京:中華書局,2006年,第1137頁。

② 周勛初:《"三教論衡"與文人心態》,見南京大學中國思想家中心編《中國傳統思想文化與廿一世紀國際學術研討會論文選集》,南京:南京大學出版社,1992年,第178頁。

③ 中敕:《大唐開元禮》卷九七《嘉禮·皇帝千秋節御樓受群臣朝賀並會》,北京:民族出版社,2000年,第456下—457頁上。

④ (五代)何光遠撰,鄧星亮、鄢宗玲、楊梅校注:《鑒誡錄校注》卷六,成都:巴蜀書社,2011年,第145—151頁。

"文本"準備的問題講解論難,謝場下座,程式完備,有"演出"的痕跡;作爲"生日道場",論衡場景要按照賀壽之需要進行布置,并適當融入了宗教氛圍,此或具有戲劇"戲場"之傾向;作爲嘉禮,在禮制要求的和諧、莊重的範圍内,進行適當的嘲謔、譏諷,賀壽在一定程度上令誕節論衡具有了"伎藝化"的傾向。由此而言,任半塘所言唐代誕節論衡之"戲劇行動",從戲劇史的角度來看是完全可以成立的。但同時應該看到,誕節論衡之戲劇性,是有限制的:有"扮演"卻不演出故事,也没有過於明顯的代言體,論衡現場身份與論衡者本人身份容易等同;有嘲謔等戲劇手段,但又限制在誕節慶典要求的三教和諧的範圍内。三教論衡的戲劇性,是在三教各自講論的"戲劇風"發展的基礎上凸顯出來的,既不能否定也不能誇大。

二、三教論衡與三教論衡戲

　　誕節三教論衡具有一些戲劇特徵,但只是"戲劇行動",真正演出三教論衡者是三教論衡戲。三教論衡戲以參軍戲的形式表演誕節論衡,這是學界共識。然而在三教論衡戲對三教論衡的繼承和改造等細節上,尚缺少深入細緻的探究。故而,很有必要將誕節三教論衡和三教論衡參軍戲對讀,以求相互印證,相互補充,有所發明。

　　三教論衡戲出現在唐懿宗誕節延慶節上:

>　　咸通中,優人李可及者,滑稽諧戲,獨出輩流。雖不能托諷匡正,然巧智敏捷,亦不可多得。曾因延慶節緇黄講論畢,次及倡優爲戲。可及乃儒服險巾,褒衣博帶,攝齊以升崇座,自稱三教論衡。其隅坐者問曰:"既言博通三教,釋迦如來是何人?"對曰:"是婦人。"問者驚曰:"何也?"對曰:"《金剛經》云:'敷座而坐。'或非婦人,何煩夫坐然後兒坐也?"上爲之啟齒。又問曰:"太上老君何人也?"對曰:"亦婦人也。"問者益所不喻。乃曰:"《道德經》云:'吾有大患,是吾有身。及吾無身,吾復何患。'倘非婦人,何患於有娠乎?"上大悦。又曰:"文宣王何人也?"對曰:"婦人也。"問者曰:"何以知之?"對曰:"《論語》云:'沽之哉,沽之哉,我待價者也。'而非婦女,待嫁奚爲?"上意極歡,寵錫甚厚。翌日,授環衛之員外職。①

---

① 高彦休:《唐闕史》卷下,見上海古籍出版社編《唐五代筆記小説大觀》,上海:上海古籍出版社,2000年,第1350—1351頁。又見李昉等編:《太平廣記》卷二五二,北京:中華書局,1961年,第1958頁。

雖然此則文獻已爲治戲劇史者耳熟能詳,然仍有幾點需要探討。

第一,扮演三教論衡的李可及與三教論衡者於誕節之外可能有交集。優人李可及創作過一些佛教題材的樂舞。同昌公主除喪後,帝與淑妃思念不已,可及乃爲《歎百年舞曲》。"《歎百年曲》,歷叙人自少而壯,自壯而老,少時娟好,壯時追歡極樂,老時衰颯之狀;其聲淒切,感動人心"①,很可能演繹佛教的苦、空觀念。李可及又"於安國寺作《菩薩蠻舞》,如佛降生,帝益憐之"②。這兩部歌舞均與佛教相關。李可及與誕節論衡之僧人可能有聯繫。咸通十一年(870)"十一月十四日延慶節,麟德殿召京城僧道赴内講論,爾日(僧)徹述皇猷,辭辯瀏亮,帝深稱許"③。僧徹住錫安國寺,且深受懿宗推崇。懿宗曾賜僧徹講座,"(咸通十二年)五月,上幸安國寺,賜僧重謙、僧澈沈檀講座二,各高二丈"④。"澈"同"徹",僧澈即僧徹。李可及也深得懿宗寵信,創作佛教題材歌舞,且嘗於安國寺作《菩薩蠻》。故而,李可及與安國寺僧澈可能有交往。

第二,李可及延慶節"倡優爲戲"所扮演的是誕節論衡中的三教會同場次。李可及出場時,"儒服險巾,褒衣博帶"。"險巾"爲儒冠,"褒衣博帶"爲禮服。《禮記·雜禮上》:"諸侯以褒衣、冕服、爵弁服。"鄭玄注:"褒衣,亦始命爲諸侯及朝覲見加賜之衣也。褒猶進也。"⑤"儒服險巾,褒衣博帶"正是儒士參加誕節論衡的服飾。故而,李可及所扮演者當爲儒生。

三教會同場次場面之布置,主要由高低對應的座位構成。李可及"攝齊以升崇座"。攝齊,即提起衣擺。《論語·鄉黨》:"攝齊升堂,鞠躬如也。""崇坐"爲高座,誕節論衡時論主一方的座位。佛教講經常設兩種座位:講座與唱經座。唱經座爲都講座位,其職能是唱佛經。講座爲主講法師座位,其職能是講解佛經并回應聽衆的問難質疑。三教論衡只有講座。論衡開始,儒士、僧人、道士先後依次承擔論主。第一座結束,第二座上場,必然是前者下座、後者升座。顯慶三年四月的宮廷論衡中,就有對此一場面的記載⑥。此法爲誕節論衡繼承。李可及"攝齊以升崇座"者,是將此前"緇黄講論"的講座保留下來,作爲自己"倡優爲戲"的道具。至於與李可及對語之"隅坐"者,當爲參照

---

① (宋)司馬光編著、胡三省音注:《資治通鑒》卷二五二,北京:中華書局,1956年,第8161頁。
② (後晉)劉昫等:《舊唐書》卷一七七《曹確傳》,北京:中華書局,1975年,第4608頁。
③ (宋)贊寧撰、范祥雍點校:《宋高僧傳》卷六《僧徹傳》,北京:中華書局,1987年,第133—134頁。
④ (宋)司馬光編著、胡三省音注:《資治通鑒》卷二五二,第8162頁。
⑤ 孔穎達等撰、陸德明釋文:《禮記正義》卷四〇《雜記上》,見阮元校刻《十三經注疏》,北京:中華書局,2009年,第3363頁下。
⑥ (唐)釋道宣撰、劉林魁校注:《集古今佛道論衡校注》卷丁,北京:中華書局,2018年,第250—251頁。

"崇座(講座)"之"緇黄講論"團隊而設置的僧、道兩家坐席。

李可及的開場詞在表明其會通三教之意。"倡優爲戲"之前,是"緇黄講論"。"緇黄講論"即佛道論衡。中唐以後的誕節,三教論衡逐漸演變成佛道二教論衡。儒生一般不參與豎義、論辯、問難等環節,但在三教會同場次作爲總結者出現①。李可及"自稱三教論衡"之後,隅坐者有"既言博通三教"之總結。此"博通三教"之評語與李可及自言"三教論衡"之間當有關聯。唐代社會盛行三教融合風氣,《御史臺記》講述,王補闕自言可明三教,逢則天皇帝逐捕名叫僧道儒之人,有人戲弄王補闕曰:"敕捕僧道儒,足下何以安閒?"王補闕憂懼不已,遇人即解釋,自己"實不明三教事"②。此事早在則天皇帝朝,然尤見以貫通三教爲榮的社會風氣,不只盛行於佛道二教教徒之中,世俗社會亦然。故而,李可及"自稱三教論衡"者,可能有以下用意:自己是擅長儒釋道三教的儒士,有會同三教的能力,將對誕節論衡進行會同融通。

李可及戲三教的做法,就是在會同三教。誕節論衡常常"初如矛戟,森然相向;後類江河,同歸於海"③。不管辯論如何緊張激烈,都要以三教會同結束。德宗朝誕節論衡,三教"諸人皆談畢,鑒虛曰:'諸奏事云:玄元皇帝,天下之聖人;文宣王,古今之聖人;釋迦如來,西方之聖人;今皇帝陛下,是南贍部洲之聖人。臣請講御製《賜新羅銘》。'講罷,德宗有喜色。"④僧人鑒虛的三教會同,以德宗皇帝與老子、孔子、釋迦牟尼同爲聖人立論,深得德宗贊許。前蜀高祖武成元年壽春節三教論衡,劉隱辭、牛嶠三教會同時,也立論"三教同源"、佛道應統合於世俗政權之下。李可及延慶節的"倡優爲戲",以三教教主都是女人爲立足點,啟懿宗聖顏。其所模仿者,正是剛剛結束的"緇黄講論"的儒生會同三教場次。

第三,李可及扮演參軍戲對誕節論衡有所改造。任半塘揣測李可及戲三教云:"崇座分隅之景,褒衣博帶之裝者,亦祇一斑而已,尚非全貌也。隅坐發問,不必爲一人;問對之辭,亦不必爲數語;升座之前,不必突如其來;問對既終,亦不必戛然而止。蓋記載

---

①前蜀武成元年(908),皇帝誕節壽春節三教論衡,釋光業與道士楊德輝對嘲之後,儒士評述。舉子劉隱辭曰:"爲僧爲道兩悠悠,若個能分聖主憂。各門輪蹄朝紫殿,競稱卿監滿皇州。相嘲相詠何時了,爭利爭名早晚休。閑想邊庭荷戈將,功成猶自不封侯。"牛秘監(嶠)曰:"玄門清淨等空門,虔奉天尊與世尊。金口説經十二部,玉皇留教五千言。鼇頭宮殿波濤闊,鷲嶺香花夢想存。莫向人間爭勝負,須知三教本同源。"(《鑒誡録校注》卷六《旌論衡》,第145—151頁。)

②(宋)李昉等編:《太平廣記》卷二五四,北京:中華書局,1961年,第1976頁。

③(宋)王欽若等編纂、周勛初等校訂:《册府元龜》(校訂)卷二,南京:鳳凰出版社,2006年,第20頁。

④(宋)王讜撰、周勛初校證:《唐語林校證》卷六,北京:中華書局,1987年,第519頁。

扼要,雖僅於此,若搬演圓融,必不限於此耳。"①此一揣測,大多符合誕節三教論衡一般情況。然"隅坐發問,不必一人"之說,可能需要討論。

李可及表演的三教論衡,其核心結構是參軍戲。參軍戲是"古俳優發展之最高階段,科白并重,有時并和歌舞"。其脚色有參軍和倉鶻兩類,參軍"多處於主位",倉鶻"處於消極地位","如受辱者、愚癡者、貧賤者"②。延慶節"倡優爲戲"正是如此。"崇座"之李可及爲參軍,"隅坐"者爲倉鶻③。在參軍、倉鶻科白之中,倉鶻這一脚色反復被愚弄,觀衆情緒逐漸拔高,最終達到"上意極歡"的演出目的。誕節論衡有人演參軍戲,不止李可及參加的延慶節一次,五代後唐可能更興盛。後唐"莊宗自好吟唱,雖行營軍中,亦攜法師談贊,或時嘲挫。每誕辰飯僧,則内殿論義"④。《新五代史》記載,"莊宗嘗與群優戲於庭,四顧而呼曰:'李天下,李天下何在?'新磨遽前以手批其頰。莊宗失色,左右皆恐,群伶亦大驚駭,共持新磨詰曰:'汝奈何批天子頰?'新磨對曰:'李天下者,一人而已,復誰呼邪!'於是左右皆笑,莊宗大喜"⑤。此處敬新磨爲參軍,莊宗爲倉鶻,所扮演者正是參軍戲。從後唐莊宗好表演參軍戲來看,他"每誕辰飯僧"的誕節講論上,也有可能"倡優爲戲"演出三教論衡參軍戲。任半塘"隅坐發問,不必一人"之説,可能過於强調參軍戲對誕節論衡的模仿,却忽視了參軍戲本身的脚色設置。

延慶節"倡優爲戲",李可及最大的特色是放大誕節三教論衡的戲劇性。會歸三教,是誕節論衡的固定結論。從開元年間張説《請八月五日爲千秋節表》、玄宗《答百僚請以八月五日爲千秋節手詔》,到貞元年間權德輿《中書門下賀降誕日麟德殿三教論議狀》,都在强調誕節論衡要"會三歸一"、會同三教。然200多年的發展過程中,要在會同三教上講出新意,且與誕節賀壽祥和、輕鬆的氣氛一致,難度越來越大,而牽强附會者在所難免。李可及戲三教通過放大三教會同造成了强烈的戲劇效果,其方式就是借助

---

① 任半塘:《唐戲弄》,第 743 頁。
② 任半塘:《唐戲弄》,第 413 頁。
③ 隅坐者當是同一人。據現存文獻,隅坐者發問三次,分别是"釋迦如來是何人""太上老君何人也""文宣王何人也"。如果三教論衡戲是完全模仿誕節論衡,則此三問應該分别是儒生、道士、僧人來問。但李可及戲三教之前,是"紫黄論議",即只有僧人和道士的論辯,故不可能是模仿誕節論衡而設置三人。再者,如果隅坐者是代表聽衆發問,現存有關誕節論衡的文獻中,尚無聽衆參與論衡、發問質難的記載。故而,隅坐發問者實則爲一人,其戲劇脚色就是倉鶻。依照參軍戲表演來看,是李可及扮演之參軍在戲弄倉鶻脚色。倉鶻每次發問,都有此一脚色的"愚癡"特點。
④ (宋)贊寧撰、富世平校注:《大宋僧史略校注》卷下,北京:中華書局,2015 年,第 154 頁。
⑤ (宋)歐陽修撰、徐無黨注:《新五代史》卷三七《伶官傳·敬新磨傳》,北京:中華書局,1974 年,第 399 頁。

現場辯論的語音傳播的便利,以同音誤解、訛語影帶來解讀三教經典。李可及解《金剛經》"敷座而坐",以丈夫之"夫"解釋"敷",以兒女之"兒"解釋"而",這樣就成了"夫坐、兒坐"。解《道德經》"吾有大患,是吾有身。及吾無身,吾復何患"時,以"娠"解"身",就變成了以有"娠"爲"大患"。解《論語》"我待價者"時,以"嫁"解"價",就變成了"我待嫁者"。這種方法,在三教論衡中亦有出現,如貞觀十二年辯論時,道士蔡子晃就以"弟"解《法華經序品第一》之"第",反復質難僧人①。李可及之前,此一伎藝相當突出的優人是北齊石動筩。石動筩將佛教經典中"世尊甚奇特"一句,解讀爲"佛騎牛";以"一脚獨立"的做法,來反駁僧人"無一無二,無是無非"的觀點;將《論語》中"冠者五六人,童子六七人",解讀爲孔子弟子達者七十二人;以北方語音"日""兒"同音②,解釋僧人"佛生日"爲"佛生兒"③。然與石動筩優語嘲謔者,或爲博士,或爲法師,尚未見"崇座""隅坐"及三教對壘的痕跡。此一技法,唐代也相當盛行④。文宗太和六年(832)二月寒食節,"上宴群臣於麟德殿。是日,雜戲人弄孔子,帝曰:'孔子,古今之師,安得侮瀆。'亟命驅出"⑤。雖然"雜戲人弄孔子"的具體内容文獻闕載,無從得知,但激怒文宗、以"侮瀆"孔子被"驅出"者,很可能仍然是訛語影帶曲解儒家經典嘲弄孔子。李可及將優人擅長的技藝,用於戲謔、嘲弄剛剛結束的誕節論衡,將儒釋道三教牽强附會解讀三教經典、慶生賀壽、會同三教的戲劇性發揮至極點。由此產生了强烈的戲劇效果,掀起了誕辰賀壽的又一個高潮。

三教論衡戲對誕節論衡做了諸多改造。其一,環節移位。誕節"緇黃論議"環節中的問難論辯形式,三教論衡戲將其融入儒生會同環節中,將比較單調的儒生會同三教的環節,改造成了雙脚色互動的一個戲劇單元。其二,身份轉換成脚色。誕節論衡中,儒釋道三教人士服飾不同,身份各異,但人物只有類型没有個性。誕節論衡戲中,三教人士由同一人來扮演,此即"倉鶻"。倉鶻不再是一種宗教或社會身份,而是特徵鮮明、爲人愚弄的一個"愚癡"的戲劇脚色。其三,"脚本"轉換成代言。倉鶻關於釋迦牟尼、老子、孔子爲何人之發問,就戲劇而言爲其"愚癡"的脚色特徵所需要,就誕節論衡而言則是三教預設"脚本"、相互配合從而順利完成爲皇帝賀壽慶生之政治任務的戲劇再現。

---

①(唐)釋道宣撰、劉林魁校注:《集古今佛道論衡校注》卷丙,北京:中華書局,2018年,第199頁。
②陝西方言中,現在還有將"生日"讀作"生兒",將"日子"讀作"兒子"。"兒"均爲輕聲。
③(隋)侯白著,曹萌娣、李泉輯注:《啟顏録》,上海:上海古籍出版社,1990年,第1—5頁。
④潘建國:《唐表演伎藝"訛語影帶"考》,《上海師範大學學報(哲學社會科學版)》1996年第3期,第19—23頁。
⑤(後晉)劉昫等:《舊唐書》卷一七下《文宗紀》,北京:中華書局,1975年,第544頁。

所不同者,照"脚本"來豎題立義、問難論答的論衡活動,變成了戲劇脚色代爲言説之代言體。如此一來,突出三教論衡之會同、融合三教的做法,令觀衆回憶其剛剛結束的"緇黄論議",讓三教論衡戲和誕節論衡融爲一體,使"緇黄論議"的戲謔氣氛得以承續。而與此同時,參軍、倉鶻兩個脚色對白扮演,將誕節論衡爲了賀壽需要勉强會同三教、努力戲謔取笑的做法無限放大,由此産生强烈的戲劇效果,將"緇黄論議"的賀壽、戲謔氣氛再次拔高。

三、三教論衡與宋金戲劇

三教論衡的分朋辯論、程式分明、身份明確、觀衆興趣導向明顯等特徵,與戲劇演出的諸多要求相似。這種戲劇性突出的誕節三教論衡,以其宏大的場景在盛唐至五代200多年間的不斷"演出",勢必對宋金戲劇産生直接的影響。由於宋雜劇和金院本文獻佚失嚴重,誕節論衡與宋金雜劇的諸多關聯,已經非常模糊。然而,細心檢索文獻,仍然可以發現許多線索。

唐懿宗延慶節"倡優爲戲"中,以李可及爲主的優人團隊戲弄誕節"緇黄論議"。此種做法在後代的優戲表演中得到了繼承。宋人所著《續墨客揮犀》云:

> 熙寧九年(1076),太皇生辰,教坊例有獻香雜劇。時判都水監侯叔獻新卒,伶人丁仙現假爲一道士,善出神;一僧,善入定。或詰其出神何所見。道士云:"近曾出神至大羅,見玉皇殿上,有一人披金紫,熟視之,乃本朝韓侍中也。手捧一物,竊問傍立者,云:'韓侍中獻國家金枝玉葉萬世不絶圖。'"僧曰:"近入定到地獄,見閻羅殿側有一人,衣緋垂魚,細視之,乃判都監侯工部也。手中亦擎一物,竊問左右,云爲奈何水淺獻圖,欲别開河道耳。'"時叔獻興水利以圖恩賞,百姓苦之,故伶人有此語。①

"太皇"即宋英宗趙曙,治平四年(1067)駕崩。熙寧九年,爲紀念宋英宗生辰而上演的"獻香雜劇",與誕節論衡有着直接聯繫。雜劇中伶人丁仙現扮演僧人、道士兩個脚色,道士"善出神",僧人"善入定"。其情節爲"出神""入定"的表演和問答。伶人丁仙現

---

① (宋)彭乘撰、孔凡禮點校:《續墨客揮犀》,北京:中華書局,2002年,第470—471頁。

説"韓侍中獻國家金枝玉葉萬世不絕圖",即傳達祝壽之意,此爲誕節論衡的核心精神。此種扮演,既有參軍、倉鶻兩種脚色,又有科、白之戲劇表演。不同於李可及戲三教者,李可及戲三教是倉鶻扮演三個脚色,此則爲參軍同時扮演兩個脚色。

現存文獻保存了多種宋代三教論衡戲。洪邁《夷堅志》記述宋徽宗崇寧(1102—1106)初,"伶者對御爲戲,推一參軍作宰相據坐,宣揚朝政之美。一僧乞給公憑游方,視其戒牒,則元祐三年(1088)者,立塗毀之,而加以冠巾。一道士失亡度牒,問其披戴時,亦元祐也,剝其羽衣,使爲民。一士以元祐五年(1090)獲薦,當免舉,禮部不爲引用,來自言,即押送所屬屏斥……"①崇寧年間優人演出的參軍戲,參軍演"宰相",倉鶻演僧、道士、士子。其三教參與的模式以及三教服從於世俗政權的主題,源於誕節三教論衡。《夷堅志》還記述了宋徽宗朝的一出優戲,戲中"常設三輩爲儒、道、釋,各稱頌其教",儒者講述仁義禮智信"五常",道士講述金木水火土"五行",僧人講述生老病死苦"五化"。此後,僧人總結"二子腐生常談,不足聽","藏經淵奧,非汝等所得聞。當以現世佛菩薩法理之妙,爲汝陳之"。他以宋代太學的"三舍生"制度解釋"生",以養老救貧的"孤老院""安濟坊"解釋老、病,又以"人所不免"之死亡解釋"死",以"百姓一般受無量苦"解釋"苦"②。這出優戲表演中,儒釋道分脚色講經,僧人與儒士、道士爭勝,以及僧人曲解佛教苦諦,都有濃厚的三教論衡的色彩。北宋優人戲三教之參軍戲的興盛,大致與唐五代誕節講論和誕節"倡優爲戲"的文化慣性有關。

與優人參軍戲演出相比,宋金時期的三教戲更爲興盛。《武林舊事》記載宋官本雜劇段數有《門子打三教爨》《雙三教》《三教安公子》《三教化》《打三教庵宇》《普天樂打三教》《滿皇州打三教》《領三教》。《輟耕録》記載金元院本"諸雜院爨"有《集賢賓打三教》,"諸雜砌"有《三教》③。這些三教戲,沒有完整保存下來,因此有關三教戲扮演的内容,曾經有一些誤解。王國維曾引《東京夢華録》卷一〇"打夜胡"④之記載,以解釋宋代小説雜戲之"三教"⑤。許多學者繼承了王國維的看法⑥,認爲"三教"是北宋時裝扮

---

① (宋)洪邁:《夷堅志》支乙卷四,北京:中華書局,1981年,第822頁。
② (宋)洪邁:《夷堅志》支乙卷四,第823—824頁。
③ 胡忌:《宋金雜劇考》(訂補本),北京:中華書局,2008年,第127—137頁。下文同,不贅。
④ (宋)孟元老撰、伊永文箋注:《東京夢華録箋注》,北京:中華書局,2006年,第943頁。
⑤ 王國維:《宋元戲曲史》,天津:百花文藝出版社,2002年,第31頁。
⑥ 如,李嘯倉:《宋金元雜劇院本體制考》,收入《宋元伎藝雜考》,上海:上雜出版社,1953年,第44—45頁;譚正璧:《〈輟耕録〉所録金院本名録内容考》,收入《話本與古劇》,上海:上海古典文學出版社,1956年,第202頁;胡忌:《宋金雜劇考》(訂補本),北京:中華書局,2008年,第182頁。

婦人、鬼神的伎藝演出者。實際上,王國維徵引的文獻有誤①,"打夜胡"與三教戲沒有關係②。

宋金三教戲與誕節論衡最明顯的關聯,是講唱結合的方式與三教題材。就方式而言,皇帝誕節三教論衡前,先有三教各自講經,講經之後纔是三教或者緇黃二教升座論衡③。整個過程,文獻記載稱之爲緇黃論難經義、僧道講論、僧道談經等。講經環節,常常講唱結合。現存最完整的誕節講經文是敦煌卷子《長興四年中興殿應聖節講經文》,其中誦經、講經、韻文唱頌,痕跡明顯,證據確鑿。宋金三教戲中,可以看到講唱結合的痕跡。如,宋代官本雜劇《普天樂打三教》《滿皇州打三教》《門子打三教爨》與金元院本《集賢賓打三教》"演打三教事則一",差別在於"曲調名稱"分別爲《普天樂》《滿皇州》《集賢賓》④。這說明,雜劇與院本分別以不同的曲調唱誦,在科白與唱誦的過程中,演説三教故事。

就題材而言,宋雜劇與金元院本既有"打三教"戲,又有三教各自講經戲。這兩類戲劇佚失嚴重,但并非全無蹤跡。有學者認爲,《門子打三教爨》可能就保存在《張協狀元》第二十一出中⑤:

(丑)你如今要我周全你?(末)乞賜相公周全!(丑)五貫十貫,也喚做周全。(末)卻是。(丑)儒釋道三教中都有周全。你做秀才,便教你做官人,算起來你做不得。(末)如何?(丑)秀才家須看讀書,識之乎者也,裹高桶頭巾,着皮靴,劈劈朴朴。你不會,卻做不得。(末)是做不得。(丑)你做道士,便做知宮,算起來你做

---

①《東京夢華錄》卷一〇:"十二月,即有貧者三數人爲一火,裝婦人神鬼,敲鑼擊鼓,巡門乞錢,俗呼爲打夜胡。"(孟元老撰、伊永文箋注:《東京夢華錄箋注》,第943頁)"三數人",王國維、譚正璧、胡忌等引作"三教人"。此則文獻北宋趙彥衛《雲麓漫鈔》作"世俗,歲將除,鄉人相率爲儺,俚語謂之打野狐"。南宋吳自牧《夢粱錄》作"街市有貧丐者,三五人爲一隊,裝神鬼判官鍾馗小妹等形,敲鑼擊鼓,巡門乞錢,俗呼爲打夜胡,亦驅儺之意也"。故而,"三教人"當爲"三數人""三五人"之訛誤。葉長海對此一問題有發明,見《中國戲曲史的開山之作——讀王國維的〈宋元戲曲史〉》(《戲劇藝術》1999年第1期,第72頁)。

②"打夜胡",又作"打野呵""打野火""打野狐"等,是年末驅鬼表演儀式。相關研究見蔡敦勇《路歧新考及其他》(《藝術百家》1998年第3期,第52頁),周華斌《中國戲劇史論考》(北京:北京廣播學院出版社,2003年,第230—231頁),徐時儀《"打野火"與"打野胡"考》(《中國俗文化研究》2007第1期,第196—202頁),康保成《儺戲藝術源流》(廣州:廣東高等教育出版社,2011年,第19—24頁)。

③拙作《唐五代誕節講論的源流與影響》,待刊。

④胡忌:《宋金雜劇考》(訂補本),第154頁。

⑤趙山林:《宋雜劇金院本劇目新探》,《南京師大學報》(社會科學版)2001年第1期,第132頁。

不得。(末)如何做不得?(丑)道士家須尋真訪道,飛符走籙。(末)是做不得。(丑)你做和尚,便做長老,住持大禪刹。算來你也做不得長老,你只做得常僧。(末)如何比得常僧?(丑)不是常僧,如何在這裏學禮拜?(末)你教我怎地。(末起身、丑攔)(末)這回饒個跌大。①

其推測是否正確,還可以再討論。但這裏三教比較和三教各自定位的論述,在三教論衡中極爲常見。三教講經戲,南宋官本雜劇有《孝經借衣羅》《大孝經孫羅》,金元院本有《孝經孤》《擂鼓孝經》《打注論語》《論語謁食》《打論語》《講道德經》。從這些劇目來看,宋金元時期講唱演説《孝經》《論語》《道德經》還是比較常見的。

誕節講論催生了賀壽戲劇。皇帝誕節的全部活動,都是圍繞賀壽展開的。朝臣百官、僧人道士,都要爲皇帝上壽,也都想賀壽方式翻新出奇。《長興四年中興殿應聖節講經文》即爲一成功典範。他之所以能傳播至遠離洛陽的敦煌地區,是因爲將後唐社會政治事件融合進上壽之中,頌揚朝政,祝賀皇帝、皇后以及諸王皇子,實現了皇帝慶生與祈求國泰民安、祚永運隆的完美結合。宋金時期,雖然誕節三教論衡已經廢除,但僧道誕節賀壽仍然延續。因此,爲皇帝誕節建立"生日道場"進行祈福賀壽,成爲禪門清規之一。《百丈清規》"祝釐章"之"聖節"清規,嚴格規定皇帝誕節佛門賀壽的每一個細節。爲皇帝賀壽陳詞,甚至成爲佛門弟子的一項專才。《古尊宿語録》之《舒州龍門佛眼和尚語録》,對僧人之誕節賀壽有完備記載②。宋金元時期的皇帝誕節,雜劇演出已成爲定制。《遼史》載:"皇帝生辰樂次……食入,雜劇進。""酒四行,琵琶獨彈。餅、茶、致語。食入,雜劇進。"③《武林舊事》卷一記"天基聖節排當樂次":"日遲鶯篩,喜聆舜樂之和;天近鵷墀,宜進《齊諧》之伎。上奉天顏。吴師賢已下,上進小雜劇:雜劇,吴師賢已下,做《君聖臣賢羅》,斷送《萬歲聲》。"④此類賀壽雜劇中,可能就有三教論衡戲。

誕節論衡還影響了雜劇的演出關目與趣味追求。雜劇、院本演出時有上場詞和下場詞。《南詞叙録》記:"宋人凡勾欄未出,一老者先出,誇説大意,以求賞,謂之開呵。

---

①錢南揚校注:《永樂大典戲文三種校注》,北京:中華書局,1979 年,第 112 頁。

②(宋)磧藏編輯:《古尊宿語録》卷二八,善悟編《龍門佛眼和尚語録》,《續藏經》第 67 册,臺北:新文豐出版公司,1975 年,第 819 頁下。

③(元)脱脱等:《遼史》卷五四《樂志》,北京:中華書局,1974 年,第 891—892 頁。

④泗水潛夫輯:《武林舊事》卷一,杭州:西湖書社,1981 年,第 15 頁。

今戲文首一出,謂之開場,亦遺意也。"①金元院本前的上場詞叫"開和",或作"開呵""開喝""開科",是用來做伎藝人在演唱前的自身介紹之類的説明語言。結尾有"收住",是演完後的贊導語②。這種程式在誕節論衡中比較常見。白居易《三教論衡》儒者入場先云:"談論之先,多陳三教,讚揚演説,以啟談端。伏料聖心飽知此義,伏計聖聽猷聞此談,臣故略而不言,唯序慶誕、贊休明而已。"此後,介紹第一座三位論衡者的身份。此即入場詞。第一場儒佛辯論結束後,論主又言,"儒典佛經,討論既畢。請回餘論,移問道門。臣居易言:我大和皇帝祖玄元之教,抱清淨之風。儒素緇黄,鼎足列座……",此爲儒佛論衡與儒道論衡之間的過場詞。第二場結束後,論主又言:"臣伏惟三教談論,承前舊例,朝臣因對揚之次,多自叙才能及平生志業。臣素無志業,又乏才能。恐煩聖聰,不敢自叙。謹退。"③此即退場詞。此種情節與結構之清晰轉换,正爲雜劇院本繼承。

此外,以智巧敏捷、生動滑稽之言辭自嘲或者對嘲,在唐代成爲一種專門的戲劇,即"斫撥"④。誕節論衡在賀壽的主色調下,儒釋道相互嘲謔,成爲一道别樣的風景。三教論衡之對嘲,與"斫撥"有許多相似之處。此種戲劇演出技巧,在後代戲劇中也得到延續。同時,誕節論衡以三教會同結束,這既是誕節賀壽的需要,也是中國文化的必然導向。金元雜劇盛行的"大團圓"結局,可能與此有關聯。

四、餘論

場景性三教論衡濫觴於魏晉南北朝,經隋唐之發展,至盛唐遂孕育出誕節三教論衡這一新形式。誕節論衡盛行於唐五代的佛道二教上層社會和貴族宫廷之中。其戲劇化的特徵,最終催生了三教論衡戲,并影響了宋代以後的戲劇演出。此處需要補充説明的,有三點。

第一,三教論衡對戲劇的影響,與三教對戲劇的影響基本同步進行。三教論衡戲劇化的同時,是三教戲劇化的發展。此點任半塘有所發明,前文已述,不贅。三教論衡戲表演的同時,三教戲也在上演。唐代有《弄孔子》《舍利弗》《弄婆羅門》等儒佛戲劇,宋

---

① (明)徐渭:《南詞叙録》,見《中國古典精華:戲曲論著集成》第 3 册,北京:中國戲劇出版社,1959 年,第 246 頁。
② 胡忌:《宋金雜劇考》(訂補本),北京:中華書局,2008 年,第 82—84 頁。
③ (唐)白居易著、朱金城校注:《白居易集箋校》卷六八,上海:上海古籍出版社,1988 年,第 3674、3679、3682 頁。
④ 黄天驥、康保成主編:《中國古代戲劇形態研究》,鄭州:河南人民出版社,2009 年,第 100—111 頁。

金有《訂注論語》《論語謁食》《撾鼓孝經》《講道德經》等儒道戲劇。三教論衡的戲劇化與三教戲的出現,其關係一如三教論衡與三教論衡戲一樣。此兩類文化現象互爲背景、相互影響,共同構成唐宋儒釋道文化發展的廣闊背景。

第二,泛戲劇的發展特點。中國戲劇成熟於宋元時期。宋元以前,種種類似戲劇但又不完全是戲劇的表演,學界統稱之爲"泛戲劇"①。誕節論衡戲即屬於泛戲劇。從誕節論衡戲的形成來看,它既是以參軍戲的形式對誕節三教論衡改造的結果,也是誕節論衡本身戲劇化發展的最終成果。三教論衡戲產生之後,無法以固定的劇本來反覆演出,因爲其中戲劇性最突出的地方——嘲謔三教,需要隨時更新,與時俱進。故而,上文所引宋代的三教論衡戲又有新內容、新形式。所以,泛戲劇時代的戲劇,要用發展變化的眼光來看待,不能僅僅從戲劇內部考察其脚色、情節、對白、服裝等要素以求確定其特徵,更要關注與之關聯的"戲劇行動",考察與之產生聯繫的社會生活。

第三,三教論衡的戲劇化與中國文化的特性。人類文化發展史上,宗教扮演着重要角色。宗教的傳播一方面促進了文化交融和民族融合,推動了人類文化的進步,另一方面宗教傳播中產生的文化衝突,撕裂族群文化紐帶、導致流血衝突、破壞人類文明成果。中華文化在自身發展過程中,成功吸納了佛教等外來宗教文化,卻回避了宗教戰爭與族群撕裂,爲人類文明發展與文化融合提供了寶貴的歷史經驗。佛教在中國傳播過程中產生的三教論衡,固然有激烈的抗爭論辯,甚至可能影響到官方的禁絕佛道的決策。但從總體來看,三教論衡以會同、融合爲主,對抗、決裂的聲音相對要微弱一些。誕節三教論衡以國家禮制的形式出現,但其論辯不是爲了辨是非、定取捨、決高低,而是爲了賀壽皇帝。在這一活動中,三教論衡本有的嚴肅、激烈完全褪色了,代之而起的是三教論衡的戲劇化,乃至最終出現了三教論衡戲。唐代二百多年的誕節論衡以戲劇化的方式,爲化解宗教衝突、增強三教對政權的認同以及三教的調試融合,做出了巨大的貢獻。開放、包容、會通、務實等特性,正是中華民族千百年來綿延不息等文化基因。毫無疑問,從三教論衡戲的發展歷史總結文化融合的一般規律,完全可以爲當代全球化背景下的文化融合提供中國經驗。

---

① 衛紹生:《從泛戲劇到戲劇的自覺——兼論宋元戲劇觀念及其與儒家詩教之關係》[《內蒙古師大學報》(哲學社會科學版) 1988 年第 2 期,第 84—92、98 頁] 稱爲 "泛戲劇"。黃竹三《論泛戲劇形態》(《文學遺產》1996 年第 4 期,第 57—66 頁) 稱之爲 "泛戲劇形態"。本文爲區別於正式戲劇,延續 "泛戲劇" 之稱,此亦等同於 "前戲劇"。

兩宋禪宗語録與講史話本

李小榮

（福建師範大學文學院）

中國佛教的各宗各派，向來重視傳承史的整理與撰寫，其中，禪宗表現最爲突出，故傳世的禪師語（廣）録一類的著作，數量頗爲可觀。它們既是研究禪宗文學的寶庫，又是當時僧俗文學互動的真實反映，因此，它們包含了多方面的歷史文化信息，值得進行深入而廣泛的研討。不過，從已有的禪宗文學研究成果分析，學人最關注的是詩、禪關係，而對其他文體比如小説的研究就着力不多①。有鑒於此，筆者擬以釋家語録編撰盛行的兩宋爲例，談談講史話本特别是其塑造的歷史人物群像在當世禪宗語録中的總體表現，并略析其成因。

一、問題的提出

衆所周知，講史一直是兩宋話本小説中不可或缺的項目之一，如孟元老撰於紹興十七年（1147）的《東京夢華録》卷五"京瓦伎藝"條中就説"講史"有"李慥、楊中立、張十一、徐明、趙世亨、賈九"，而"霍四究説三分，尹常賣五代史"②最爲出名；灌圃耐得翁撰於瑞平二年（1235）的《都城紀勝》"瓦舍衆伎"條之"説話有四家"中，同樣列有"講史書"，其内容特色是："講説前代書史文傳、興廢爭戰之事"③；吳自牧撰於咸淳十年（1274）的《夢粱録》卷二〇"小説講經史"條與耐得翁所述大同小異，只是文字表述得更

---

①前賢從文學角度研究講史話本的成果，可謂多矣，重要者有程毅中《宋元講史簡論》（《文學遺産增刊》第 7 期，第 184—200 頁）、王星琦《講史小説史話》（瀋陽：遼寧教育出版社，1992 年）、羅筱玉《宋元講史話本研究》（北京：中國社會科學出版社，2010 年）等，但它們都没有充分利用禪宗語録。

②（宋）孟元老撰，鄧之誠注：《東京夢華録》，北京：中華書局，1982 年，第 133 頁。

③（宋）耐得翁：《都城紀勝》，見孟元老等撰《東京夢華録》（外四種），上海：古典文學出版社，1957 年，第 98 頁。

加詳細:"講史書者,謂講説《通鑒》、漢唐歷代書史文傳,興廢爭戰之事,有戴書生、周進士、張小娘子、宋小娘子、岳機山、徐宣教;又有王六大夫,元係御前供話,爲幕士請給講,諸史俱通,於咸淳年間,敷演《復華篇》及《中興名將傳》,聽者紛紛。"①由此可知,講史雖以前朝歷史尤其是政治史、軍事戰爭史爲主,但能與時俱進,甚至也講述本朝歷史,這點與敦煌講史變文的情況頗爲相似。更值得注意的是,兩宋禪宗語録所涉及的歷史人物,也與講史一樣常以政治家、軍事英雄等歷史人物群像爲中心(例詳後文)。幸運的是,一些傳世禪宗詩偈還描寫了當世禪師親眼所見、親耳所聞的講史實況及其聽講感受,茲擇要列"表一"如下:

表一:兩宋禪師"講史"類詩偈簡表

禪師名稱	禪宗派別	題目	内容	作品出處
晦堂祖心 (1025—1100)	臨濟宗 黄龍派	《贈演史》	平生納卻殺人手,深入煙羅幾萬重。忽聽子讀征戰事,又添光彩上眉峰。	《新纂貞和分類古今尊宿偈頌集》卷中②
瞎堂慧遠 (1103—1176)	臨濟宗 楊岐派	《贈演説人》	西湖演士妙天機,舌轉風雷口角飛。奪騎未聞沙塞冷,斬關先覺陣雲低。前賢後聖從君數,水遠山長我自知。皓首不須尋舊隱,到頭誰是復誰非。	《瞎堂慧遠禪師廣録》卷四③
浙翁如琰 (1151—1225)	臨濟宗 大慧派	《演史》	先生口觜太瀾翻,歷世英雄指掌間。千古興亡成底事,看來名利不如閑。 閑行伴手有烏藤,獨坐長年對碧層。不聽子談吴楚事,那知身是太平僧。 摔家素懶探經史,側耳高談見古人。自唤干戈平定日,置錐無地不憂貧。 眼睛定勤干戈起,舌本瀾翻勝負分。殺卻賊魁并賊子,萬古長奉聖明君。 紛紛平地起戈鋌,今古山河共一天。要論是誰功業大,莫妨林下野人眠。	《新撰貞和分類古今尊宿偈頌集》卷中④

---

①(宋)吴自牧著,符均、張社國校注:《夢粱録》,西安:三秦出版社,2004年,第320頁。又,據晁公武《郡齋讀書志·傳記類》載"《四將傳》四卷,右建炎中興名將劉錡、岳飛、李顯忠、魏勝之傳也。史官章穎撰而上之"(孫猛校證:《郡齋讀書志校證》,上海:上海古籍出版社,1990年,第1134頁),則知《中興名將傳》即《四將傳》。

②朱剛、陳珏:《宋代禪僧詩輯考》,上海:復旦大學出版社,2012年,第256頁。

③《大藏新纂卍續藏經》(後文簡稱《卍續藏》)第69册,石家莊:河北省佛教協會,2006年,第594頁下欄。

④朱剛、陳珏:《宋代禪僧詩輯考》,第481頁。

續表

禪師名稱	禪宗派別	題目	內容	作品出處
孤雲道權 (生卒年不詳)	《演史》	《演史》	吳征越戰好崢嶸,幾度春風青草生。側耳聽渠話來歷,眼頭千嶂陣雲橫。	《禪宗雜毒海》卷三①
大川普濟 (1179—1253)	同上	《演史》	干戈場是太平基,休把英雄較是非。試問長空風與月,周秦漢魏不曾知。	《大川普濟禪師語錄》②
虛堂智愚 (1185—1269)	臨濟宗虎丘派	《演僧史錢月林》	浚發靈機口角邊,斷崖飛瀑逼人寒。若言列祖有傳受,迦葉無因倒刹竿。	《虛堂和尚語錄》卷七③
松坡宗憩 (生卒年不詳)	同上	《贈陳梅坡演史》	清名已著淩煙上,幾見秋風萬骨枯。三寸舌耕渾是鐵,空城陳後讀兵書。	《重刊貞和類聚祖苑聯芳集》卷四④
雲谷懷慶 (生卒年不詳)	同上	《贈陳梅坡説史》	版圖盡復喜時平,誰挽天河洗甲兵。好説放牛歸馬事,熙熙四海樂樵耕。	《雲谷和尚語錄》卷下⑤

表中所説松坡宗憩、雲谷懷慶二位禪師,雖然其籍貫、生平事蹟難以詳考,但二人法源相同,皆可追溯到密庵咸傑(1118—1186):前者法脉傳承爲"密庵咸傑→破庵祖先(1136—1211)→無准師範(1178—1249)→松坡宗憩";後者則爲"密庵咸傑→松源崇嶽(1132—1202)→掩室善開→石溪心月(？—1254)→雲谷懷慶"。易言之,懷慶輩分要比宗憩低一代。不過,兩位禪師不約而同地提到了陳梅坡,一謂"演史",一謂"説史",則知"演史"與"説史",其義一也。考《禪宗雜毒海》卷三"演史"條共輯有兩首偈頌⑥,第一首即前表所引如琰《演史》五首之二,另一首則爲如琰的同門孤雲道權所作(亦見前表)。而《禪宗雜毒海》卷三之"演史",是與"卜士""歌者""裁縫""漆匠""鋸匠""鞋匠"等并列的,可見"演史"是職業名稱之一。尤其道權偈頌之"渠"字,結合其話"吳越征戰"云云,顯而易見,"渠"指"講史"類的説話人。

兩宋時代話本小説的講演中心,分別是開封和臨安。值得注意的是,表中八位禪師大多有京城弘法的經歷。如北宋晦堂祖心(籍貫廣東始興)約於神宗熙寧(1068—

---

① 《卍續藏》第 65 册,第 68 頁上欄。
② 《卍續藏》第 69 册,第 771 頁上欄。
③ 《大正新修大藏經》(後文簡稱《大正藏》)第 47 册,臺北:新文豐出版股份有限公司,1983 年,第 1036 頁中欄。
④ 朱剛、陳珏:《宋代禪僧詩輯考》,上海:復旦大學出版社,2012 年,第 613 頁。
⑤ 《卍續藏》第 73 册,第 443 頁上欄。
⑥ 《卍續藏》第 65 册,第 68 頁上欄。

1077）中"欲觀光京師，以餞餘年"，故被著名畫家駙馬都尉王詵"盡禮迎之，庵於國門之外"①，其《贈演史》詩，當作於此時。

瞎堂慧遠（籍貫四川眉山），又稱佛海慧遠、靈隱遠、瞎堂遠，係當時高僧圓悟克勤（1063—1135）之法嗣。其人雖經歷徽、欽二宗，但主要活動於南宋高、孝二朝，至乾道五年（1169），奉敕住持杭州崇先院，次年十月，又奉敕移居靈隱寺，故稱"靈隱遠禪師"。據此，則知《贈演說人》當作於駐錫崇先院或靈隱寺之時。慧遠把"演說人"稱作"演士"，與吳自牧《夢粱錄》所記講史書的"周進士"一樣，可能是尊稱。若綜合詩中"奪騎""沙塞""斬關""陣雲"等用語，可見"演士"的講史內容，同樣是興廢爭戰之事。

浙翁如琰（籍貫浙江寧海），係大慧宗杲（1089—1163）的再傳弟子（法系傳承爲：大慧宗杲→佛德照光→浙翁如琰）。嘉定十一年（1218），敕住杭州徑山寺，賜號"佛心禪師"。《演史》五偈，因各首押韻不一，原來似非組詩，但都圍繞戰爭而寫，且作於如琰住持徑山之時。另外，第二首偈又被輯入《禪宗雜毒海》卷三②，文字略有不同，像"吳楚"，後者作"興廢"。

大川濟（籍貫浙江奉化），如琰法嗣之一，是禪林名著《五燈會元》的編撰者。理宗寶慶元年至寶祐元年（1226—1253）間，曾住持臨安府淨慈報恩光孝寺、景德靈隱禪寺，其《演史》，似出於此際。

虛堂智愚（籍貫浙江象山），是松源崇嶽的再傳弟子（松源崇嶽→運庵普岩→虛堂智愚），他與前述松坡宗憩、雲谷懷慶法源相同，悉出自密庵咸傑，其輩分同於宗憩而高於懷慶。景定五年（1264），智愚奉詔住持杭州淨慈寺；咸淳三年（1267）秋，遷住徑山寺；五年十月七日示寂，春秋八十有五。其《演僧史錢月林》，似作於居杭期間（1264—1269）。結合"列祖傳授"等詩句，可以推斷，錢月林擅長講僧史，其所講內容，與祖心、瞎堂、如琰、道權、普濟之詩所載講政治軍事史者迥異其趣。日本學者澤田瑞穗指出，"演僧史"是宋代佛教文學題材之一③，朱剛則考證《錢塘湖隱濟顛禪師語錄》是宋代創作的話本小説④，筆者綜合判斷，該話本實屬"演僧史"，講述了道濟禪師（1148—1209）的生平史。

---

①（宋）惠洪著，吕有祥點校：《禪林僧寶傳》，鄭州：中州古籍出版社，2014 年，第 157 頁。
②《卍續藏》第 65 册，第 68 頁上欄。
③參［日］澤田瑞穗：《濟顛醉菩提》，見氏著《佛教與中國文學》，東京：國書刊行會，1980 年，第 177—198 頁，特别是第 178—179 頁。
④朱剛：《宋話本〈錢塘湖隱濟顛禪師語錄〉考論》，《西南民族大學學報》（人文社會科學版）2013 年第 12 期，第 183—192 頁。

松坡宗憩、雲谷懷慶所記陳梅坡之講史,其性質相同,都屬於話本小説,但具體内容差别較大:從"萬骨枯"推斷,前者講述的似是前代戰爭史;從"版圖盡復喜時平"推測,後者似在講述當代史,它與吴自牧《夢粱録》"小説講經史"條所載咸淳年間(1265—1274)王六大夫敷演的《復華篇》,題旨相同①。而《雲谷和尚語録》所記懷慶事蹟,恰在寶祐四年至咸淳四年(1256—1268)之間,《贈陳梅坡説史》的寫作時間,大致也在此際。所以,筆者頗疑陳梅坡、王六大夫二人所講當代史,實出於相同的史實,皆指當時鄂州軍民抗擊外敵的英雄事蹟。

　　總之,表中的八位禪師,其時代固然前後有别,但他們有一個共同點,即都與講史、演史者關係密切:既對"演史"精彩的口頭表演大加讚賞,又常常對"演史"講述的風雲變幻的歷史進程及創造歷史的各種英雄人物有所評判,或發無常之歎,或充滿當下關懷。尤其是祖心、如琰二禪師之作,用"説—聽"模式把自己的聽講感受一一道出,高度評價了講史者的藝術感染力②。

二、兩宋禪宗語録之歷史人物群像舉隅

　　關於當時禪宗語録所涉及的歷史人物,北宋後期睦庵善卿編撰的八卷本《祖庭事苑》提供了不少具體的案例。而且,時人對該書評價甚高,法英序中即説:"所謂雲門、雪竇諸家禪録,出衆舉之,而爲演説其緣,謂之請教。學者或得其土苴緒餘,輒相傳授,其間援引釋教之因緣、儒書之事蹟,往往不知其源流,而妄爲臆説,豈特取笑識者,其誤累後學,爲不淺鮮。卿因獵涉衆經,遍詢知識,或聞一緣得一事,則録之於心,編之於簡。而又求諸古録,以較其是非,念茲在茲,僅二十載總得二千四百餘目。此雖深違達磨西來傳心之意,庶幾通明之士推一而適萬,會事以歸真。"③換言之,善卿主要針對後世禪師不明雲門、雪竇諸家語録所引儒、佛事緣之原始出處而隨意解説的現象深爲不滿,所

---

①胡士瑩指出:《復華篇》即《福華編》,後者是賈似道景定元年(1260)七月命門客廖瑩中、翁應龍撰,意在頌"鄂功",即通過講述寶祐四年(1256)鄂州軍民抗擊蒙古入侵的故事來騙取"輿論"進而宣揚賈氏功德,王六大夫很可能在《福華編》的基礎上"説鐵騎兒"。參《話本小説概論》,北京:中華書局,1980年,第61—62頁。

②按,金程宇也曾提及兩宋禪師相關"演史"詩歌的價值,惜點到爲止,并未充分展開。參《宋代禪僧詩整理與研究的重要收穫——讀〈宋代禪僧詩輯考〉》,《中華文史論叢》2013年第1期,第384—385頁。

③《卍續藏》第64册,第313頁上欄。

以,纔積二十年之功來編纂這麼一部類似於糾謬的禪宗小詞典。編者善卿的宗旨是在糾正後世禪師理解史實有誤或史實存疑者,如卷六"前殿横戟"條指出:

> 或者多引《唐太宗故事》,語言多無典據,誠取笑識者。謹錄《唐太宗帝紀》云:高祖義旗初建,立長子建成爲皇太子。時太宗功業日盛,高祖私許立爲太子……高祖省之,愕然曰:"明日當勘問,汝宜早參。"四日,太宗將左右九人至玄武門自召(衛)。高祖已召敕岐(寂)窮覈,建成、元吉覺變,即回馬將歸。太宗隨而呼之,元吉馬上張弓,再三不彀。太宗乃射之,建成應弦而斃。元吉中流矢而走,尉遲敬德殺之。
> 甲子,立太宗爲皇太子。八月,詔傳位於皇太子,尊高祖爲太上皇。
> 横戟謂太宗也,披袞謂神堯也。語雖不類,意或似之。①

前殿横戟,據李遵勖天聖七年(1029)獻於宋仁宗的《天聖廣燈錄》卷一五記載,它出自五代臨濟宗風穴延沼禪師(896—973)之語錄,時有僧問:"十度發言九度休時,如何?"師云:"前殿有人横擔戟,退宮披袞倒騎牛。"②由於延沼沒有交待"横戟"其事之由來,所以,後世禪師便多以《唐太宗故事》來解釋,善卿認爲此舉不妥,應以《唐太宗帝紀》爲準。然其叙玄武門事變之文字,并不見於兩唐書《太宗本紀》(或許,他參考的是《歷代帝紀》之唐太宗部分),而"時太宗"至"尉遲敬德殺之"云云,則同於《舊唐書》卷六四之隱太子建成傳③,甚至刊刻中出現的訛誤,都可據後者校正,如前面引文中圓括號内的正字,即由此而來。我們暫且不管善卿所引是出自《唐太宗帝紀》,還是源自李建成列傳,總之,它們都是相對嚴肅可靠的正史,而《唐太宗故事》既然稱"故事",很可能是話本類的講史小説。延沼語錄之"横戟"與"披袞",後世禪師解釋成太宗以政變奪權、高祖狼狽而退位之事,此在《唐太宗故事》中,或許是要大書特書的情節。善卿説"語雖不類",即是對此有感而發;"意或似之",又承認《唐太宗故事》叙事也有一定的合理性。

《祖庭事苑》卷五"金牙作"條曰"唐《尉遲傳》無金牙事,蓋出於俚語",卷七"尉遲"條又曰"嘗讀《尉遲公傳》,而且無'金牙弧矢'之説,亦未詳於何而作此言"④,善卿在覈對《唐書》尉遲敬德本傳後,發現禪師所説金牙作(金牙弧矢)乃子虛烏有之事,故推測

---

① 《卍續藏》第64册,第391頁上—中欄。又,"寂"指裴寂。
② 《卍續藏》第78册,第490頁上欄。
③ (後晉)劉昫等:《舊唐書》,北京:中華書局,1975年,第2415—2418頁。
④ 《卍續藏》第64册,第378頁中欄、第417頁下欄。

它源自俚語或民間故事之類。其實,善卿是犯了史實方面的常識性錯誤,因爲尉遲恭(敬德)的名聲太大,世人一説起"尉遲"便想到其人其事。然考"金牙作"一語,最早出自《景德傳燈録》卷一六所載唐末洛京韶山寰普禪師的語録:

> 有僧到參,禮拜起立。師曰:"大才藏拙户。"僧過一邊立。師曰:"喪卻棟梁材。"遵布衲山下見師,乃問:"韶山在什麽處?"師曰:"青青翠竹處是。"遵曰:"莫只遮便是否。"師曰:"是即是,闍梨有什麽事?"曰:"擬申一問,未審師還答否?"師云:"看君不是金牙作,争解彎弓射尉遲?"①

細究前後文之意,"尉遲"在這裏是被射者,他顯然不是尉遲恭。據《北史》卷七三,北周隋初名將史萬歲善射,他在平定尉遲迥的叛亂中表現優異:"軍次馮翊,見群雁飛來,萬歲謂士彦請射行中第三者。射之,應弦而落,三軍莫不悦服。"②可見,"金牙作"指代史萬歲,"尉遲"指尉遲迥,善卿張冠李戴,是把兩個姓"尉遲"的人混爲一談了。後來,史萬歲受楊素之讒而被楊堅冤殺,寰普"喪卻棟梁材"之比喻義與此史實正合。當然,後世禪師把尉遲迥誤爲尉遲恭,這本身就從側面説明:隨着《唐太宗故事》一類講史類話本的廣泛流播,作爲李世民股肱之臣的尉遲恭,幾乎成了叢林以史説禪時尉遲姓氏的唯一代表。

兩宋禪師在上堂説法時,常常引證多種歷史人物,其類型固然豐富多樣,但總體説來,站在王朝興亡之歷史潮頭者更受重視。因此,與講史話本一樣,被褒揚的也多是這一類人物。就宋禪師談論最多的是英雄群體而言,最常見的是前漢劉邦集團、三國劉備集團中的幾個關鍵人物③。此外,戰國名將孫臏、政治家藺相如,西漢李廣、蘇武和李陵,唐初李世民(秦王)、單雄信、尉遲恭、薛仁貴也常常被提及。兹簡介如下:

---

①《大正藏》第 51 册,第 333 頁上欄。
②(唐)李延壽:《北史》,北京:中華書局,1974 年,第 2523 頁。又,士彦,指此戰之統帥梁士彦。
③世俗詩歌反映的講史情形與此相似,如王之道(1093—1169)《春日書事呈曆陽縣蘇仁仲八首》(其一)"流馬木牛今已矣,其餘兒輩説三分"(《全宋詩》第 32 册,北京:北京大學出版社,1998 年,第 20265 頁),記録的是講三國史之盛況;南宋劉克莊(1187—1269)《田舍即事十首》(其九)"兒女相攜看市優,縱談楚漢割鴻溝。山河不暇爲渠惜,聽到虞姬直是愁"(《全宋詩》第 58 册,第 36285 頁)叙述的是聽講楚漢相争史的感受。

(一)劉邦集團

關於劉邦集團的英雄人物和歷史故事,北宋善卿編《祖庭事苑》與南宋智昭集《人天眼目》都有多處提及:前者列舉的詞條有卷四之"韓信臨朝底"(吕后殺韓信事),卷五之"鴻門",卷七之"紀信詐降""良籌"(張良)與"周下"(周苛)①等;後者卷六《禪林方語》(新增)中則有"張良受書"和"蕭何制律"②。茲擇要列"表二"如下:

表二:兩宋禪宗語錄所涉劉邦集團人物簡表

禪師名稱	禪宗派别	語録所説人物事蹟	史料出處
承天智嵩 (生卒年不詳)③	臨濟宗	問:如何是先照後用?師云:打動漢下鼓,和起楚王歌。云:如何是先用後照?師云:龍沮解布千般計,韓信能施堰水功。云:如何是照用同時?師云:長蛇堰月齊排出,韓信張良唱大歌。云:如何是照用不同時?師云:霸王已歸烏江去,豎起金雞賀太平。(《古尊宿語録》卷一○《并州承天嵩禪師語録》)④	《史記》卷九二《淮陰侯列傳》(但"龍沮"之"沮",作"且")
雪竇重顯 (980—1052)	雲門宗	韓信臨朝底,問三通,鼓罷,群賢集。(《明覺禪師語録》卷一)⑤	《史記》卷九二《淮陰侯列傳》
圓悟佛果 (1063—1135)	臨濟宗 楊岐派	天高地厚,水闊山遙。蕭何制律。韓信臨朝。塗毒鼓未擊,已前宜薦取。(《圓悟佛果禪師語録》卷一九)⑥	《史記》卷五三《蕭相國世家》
松源崇嶽 (1132—1202)	臨濟宗 虎丘派	盧行者不識個字,露出尾巴。衲僧家氣宇如王,走遍天下,只是這些子,因甚透不過,樊噲踏鴻門。(《松源崇岳禪師語録》卷上)⑦	《史記》卷七《項羽本紀》之"鴻門宴"事
破庵祖先 (1136—1211)	臨濟宗 虎丘派	師云:有問冬來事,京師出大黄。漢家勳業在,樊噲與張良。(《破庵祖先禪師語録》)⑧	《史記》卷七《項羽本紀》之"鴻門宴"事

---

①《卍續藏》第64册,第373頁下欄、381頁中欄、429頁中欄、419頁中欄。
②《大正藏》第48册,第332頁中欄。
③智嵩,首山省念(926—993)法嗣之一。
④《卍續藏》第68册,第63頁中欄。
⑤《大正藏》第47册,第676頁上欄。又《景德傳燈録》卷一六載晚唐全豁禪師(828—887)上堂曾"以兩手按膝亞身曰:'韓信臨朝底。'"(《大正藏》第51册,第326頁中欄)
⑥《大正藏》第47册,第805頁上欄。
⑦《卍續藏》第70册,第85頁下欄。
⑧《卍續藏》第70册,第213頁上欄。

續表

禪師名稱	禪宗派別	語錄所說人物事蹟	史料出處
無准師範 （1178—1249）	臨濟宗 楊岐派	師云："嘗聞沛公豁達大度,從諫如轉丸,誠不妄矣。"（《無准師範禪師語錄》卷四）①	《史記》卷八《高祖本紀》
劍關子益 （？—1267）②	臨濟宗 楊岐派	大衆,還知二大老落處麼？亞夫金鼓從天落,韓信鎗旗背水陳。（《劍關子益禪師語錄》）③	《史記》卷九三《淮陰侯列傳》
介石智朋 （生卒年不詳）④	臨濟宗 大慧派	沛公鬭智,項羽鬭力,南無甚深般若波羅蜜！（《介石智朋禪師語錄》）⑤	《史記》卷七《高祖本紀》
潭州大潙行禪師 （生卒年不詳）⑥	臨濟宗 楊岐派	你等諸人,若向這裏會去,如紀信登九龍之輦;不向這裏會去,似項羽失千里烏騅。（《嘉泰普燈錄》卷二十一）⑦	《史記》卷七《高祖本紀》

由"表二"可知,兩宋禪師在多種場合都以劉邦集團中的英雄人物及其事蹟爲例來解釋深奧的禪理,但因本文論述重點不在分析史實所寄寓的禪理,故不贅及之。有趣的是,劉邦常與對手項羽一齊登場,這和世俗作品同一機杼。

（二）劉備集團

兩宋禪宗語錄涉及劉備集團之史實時,最推崇三個人物,即劉備、關羽、諸葛亮⑧。茲擇要列"表三"如下：

---

①《卍續藏》第 70 册,第 261 頁上欄。
②子益,無准師範法嗣。
③《卍續藏》第 70 册,第 358 頁上欄。又,亞夫,指周亞夫,其爲漢景帝大臣,與劉邦集團時代有別。
④智朋,浙翁如琰法嗣。
⑤《卍續藏》第 69 册,第 796 頁中欄。
⑥大潙行禪師,大潙善果（1079—1152）法嗣。
⑦《卍續藏》第 79 册,第 416 頁中欄。
⑧按,《祖庭事苑》卷五"七擒縱"條,作者謂出自《蜀志》（《卍續藏》第 64 册,第 386 頁上欄）。筆者覈對,發現引文出裴松之注所引《漢晉春秋》。

表三：兩宋禪宗語録所涉劉備集團人物簡表

禪師名稱	禪宗派別	語録所説人物事蹟	史料出處
海印超信（生卒年不詳）	臨濟宗	君不諸葛亮作軍師，或施擒縱少人知。百萬雄兵如指掌，小丑擒來又縱之。（《禪宗頌古聯珠通集》卷二三）①	裴松之注《三國志》卷三五《諸葛亮傳》引《漢晉春秋》
香城順景（生卒年不詳）	臨濟宗黃龍派	（真淨克文）訪香城順和尚，順戲之曰：諸葛昔年稱隱者，茅廬堅請出山來。松華若也沾春力，根在深巖也著開。（《禪林寶訓》卷一）②	諸葛亮《前出師表》
佛眼清遠（1067—1120）	臨濟宗楊岐派	一似村裏人把扁擔共上將軍門，我者裏七事隨身，手中是關羽八十斤刀。（《古尊宿語録》卷三二《舒州龍門佛眼和尚普説語録》）③	俟考④
崇覺空（生卒年不詳）	臨濟宗黃龍派	孔明諸葛隱蓬廬，明主求賢三下車。爲報將軍莫輕躁，先生謀策必無虞。（《禪宗頌古聯珠通集》卷二一）⑤	諸葛亮《前出師表》
簡堂行機（生卒年不詳）	臨濟宗大慧派	師曰：這僧大似諸葛亮隱於草廬，先主三顧方起。（《嘉泰普燈録》卷二六）⑥	諸葛亮《前出師表》
癡絶道沖（1169—1250）	臨濟宗虎丘派	師云：黃蘗譬如關羽，直入百萬軍陣裏，獨取顏良頭。其奈南泉具網羅天下英雄底籌略，不動干戈，太平坐致。（《癡絶道沖禪師語録》卷下）⑦	《三國志》卷三六《關羽傳》
西巖了慧（1198—1262）	臨濟宗楊岐派	凌辱馬大師，累及老黃蘗。然而死諸葛亦可走生仲達。（《西巖了慧禪師語録》卷下）⑧	裴松之注《三國志》卷三五《諸葛亮傳》引《漢晉春秋》
希叟紹曇（？—1298）	臨濟宗楊岐派	如關羽斬顏良，目無萬軍之敵。卧龍擒孟獲，面施七縱之機。（《希叟紹曇禪師廣録》卷四）⑨	《三國志》卷三六《關羽傳》及卷三五《諸葛亮傳》裴注引《漢晉春秋》

---

①《卍續藏》第65册，第618頁下欄。超信是汾陽善昭（947—1024）再傳弟子，兩者傳承圖爲：善昭→琅玡慧覺→超信。又，超信享年八十餘。

②《大正藏》第48册，第1021頁下欄。又，《禪宗雜毒海》卷三題作《贈真淨》，第二句作"茅廬三顧出山來"（《卍續藏》第65册，第69頁上欄）。

③《卍續藏》第68册，第213頁中欄。

④《三國志》卷一八《典韋傳》載典氏之雙戟重八十斤，疑從此移花接木而來。後來《三國志通俗演義》謂關羽手持青龍偃月刀，又名冷豔鋸，重八十二斤。後者叙述重量與清遠所説相近，它可能是宋以來的口耳相傳。

⑤《卍續藏》第65册，第606頁中欄。崇覺空是晦堂祖心（1025—1100）再傳弟子，兩者傳承圖爲：祖心→死心悟新（1043—1116）→崇覺。

⑥《卍續藏》第79册，第458頁下欄。行機是大慧宗杲（1089—1163）再傳弟子，兩者傳承圖爲：大慧宗杲→此庵守淨→簡堂行機。又，行機和吴芾（1104—1183）是好友。

⑦《卍續藏》第70册，第42頁下欄。

⑧《卍續藏》第70册，第501頁上欄。

⑨《卍續藏》第70册，第440頁中欄。

從"表三"可知,兩宋禪師對劉備集團人物,最看重劉備的求才之舉(三顧茅廬),諸葛亮的神機妙算、智勇雙全,關羽的英勇善戰。此外,在東吳集團中,則對孫權青眼有加。如希叟紹曇寶祐二年(1254)撰成的《五家正宗贊》卷二"圓悟勤禪師"條載:"師在夾山,拈雪竇語,號《碧岩集》。《三國志》曰:'生子當如孫仲謀,景升諸郎豚犬耳。'"文中并讚頌克勤云:"天佑斯文,生孫仲謀於臨濟十一世,縱景升諸郎龍馳虎驟,難尾於芳塵。"①《絕岸可湘禪師語錄》載可湘(1206—1290)《示小師九峰長老》云:"要人宗仰,自須特立獨行。生子當如孫仲謀,小師得似保福展。垂名後世,可不勉諸?"②前者把克勤比作臨濟宗第十一世中最傑出者,後者把九峰長老比作雪峰義存法嗣中的保福從展,兩者都以外書中的孫權作比,而"生子當如孫仲謀"一句,實出自《三國志》卷四七《孫權傳》裴松之注引《吳曆》曹操對孫權的贊語。

(三)其他

除了劉邦、劉備集團外,兩宋禪宗語錄對戰國名將孫臏(語錄中常作孫賓)、趙國名相藺相如,西漢李廣、蘇武、李陵,唐初單雄信、尉遲恭和薛仁貴之事談論較多。

1.《祖庭事苑》卷五"孫賓"條云:

> 按本傳,孫賓,孫武子後,善兵法。設減灶之術,敗龐涓於馬陵,以此名顯天下。世傳其兵法。今禪家流謂設鋪市卜,不知於何而得是説,學者詳焉。賓因臏其足,故更名焉。③

孫臏本來是著名軍事家,鬥智鬥勇,以減灶法大敗龐涓而名揚後世④。但正如善卿所指出的那樣,語錄中也有把孫臏當作開鋪占卜者。如晚唐樂普元安(834—989):

---

① 《卍續藏》第78冊,第594頁下欄—595頁上欄。
② 《卍續藏》第70冊,第292頁上欄。
③ 《卍續藏》第64冊,第377頁上欄。
④ 如南宋退庵道奇《頌古》"孫臏減灶捉龐涓,相如奪得連城璧"(《續古尊宿語錄》卷六,《卍續藏》第68冊,第508頁上欄),即把孫臏和藺相如相提并論,讚揚了兩人的智勇雙全。

上堂謂衆曰:"孫賓收鋪去也,有卜者出來!"時有僧出,曰:"請和尚一掛。"師曰:"汝家爺死。"僧無語。①

既然有收鋪,那麽,自然就有"開鋪"設喻者,比如長靈守卓(1066—1124)上堂謂:"大衆!孫賓開鋪也。汝等諸人,亡羊多岐,一夜東西,尋覓不得。何不出來卜一卜看?良久云:若無孫賓,自卜去也。"②而占卦需用龜甲,故正覺禪師用兩句七言詩"枯龜妙在孫賓手,一灼爻分十字文"③來貼切描繪孫賓的卜者形象④。

2.《祖庭事苑》卷二"割城"、卷三"連城璧"、卷五"趙璧""相如""萬歲"諸條,都是講藺相如之事蹟。其中,只有"連城璧"條的注釋較詳,注者引《史記》曰:

趙國有卞氏璧,秦欲以十五城易之。趙遣藺相如進璧,秦昭王得璧而不割地。相如詐云璧有瑕,取而指之。因倚柱不還,曰:"請割地,齋戒五日,方受璧。王若急臣,臣則頭璧俱碎。"王懼碎璧,而不敢加害,璧竟歸趙。⑤

此完璧歸趙故事,詳見《史記》卷八一《廉頗藺相如列傳》。善卿之注,則是節引、意引,并非完全照抄原文。雪竇重顯《庭前柏子樹二首》(其二)"趙州奪得連城璧,秦王相如總喪身"(《明覺禪師語錄》卷五)⑥、正覺禪師頌古"指點瑕疵還奪璧,秦王不識藺相如"(《宏智禪師廣錄》卷二)⑦,皆以藺相如、秦昭王作比,前者重在説明悟後境界,後者則強調悟道的自主性。

3.《祖庭事苑》卷二"不得封侯"、卷三"射虎"、卷四"李將軍"、卷八"李廣上霸橋"諸條,都直接叙述其英雄事蹟或人生悲劇。而以其事詳説禪理者,則有克勤《碧岩錄》卷一:

---

①《大正藏》第51册,第331頁下欄。
②《卍續藏》第69册,第258頁中—下欄。
③《大正藏》第48册,第29頁上欄。
④此處禪師,顯然用了虛構法,完全符合吳自牧《夢梁錄》卷二〇《百戲伎藝》歸納的影戲話本、講史書的共同特點"大抵真假相半"(第317頁)。
⑤《卍續藏》第64册,第357頁中欄。
⑥《大正藏》第47册,第703頁上欄。
⑦《大正藏》第48册,第20頁上欄。

只如德山,似什麼?一似李廣天性善射,天子封爲飛騎將軍。深入虜庭,被單于生獲。廣時傷病,置廣兩馬間,絡而盛臥。廣遂詐死,睨其傍有一胡兒騎善馬,廣騰身上馬,推墮胡兒,奪其弓矢,鞭馬南馳,彎弓射退追騎,以故得脱。這漢有這般手段,死中得活。雪竇引在頌中,用比德山再入相見,依舊被他跳得出去。看他古人見到、説到、行到、用到,不妨英靈。有殺人不眨眼底手脚,方可立地成佛。有立地成佛底人,自然殺人不眨眼,方有自由自在分……德山喝,便出去,一似李廣被捉後設計,一箭射殺一個番將得出虜庭相似。①

克勤對雪竇《頌古百則》中所説德山宣鑒(782—865)之棒喝,把它和李廣身陷匈奴後的脱險之舉相比,意在強調解脱的自主性。其他如雲峰文悦(997—1062)以"李廣陷番"比喻"般若用"(《古尊宿語録》卷四〇)②,法演(?—1104,克勤之師)以"李廣神箭,是誰中的"(《法演禪師語録》卷一)③來提撕徒衆,都足以説明當時禪師對李廣事蹟津津樂道。

4. 蘇武、李陵二人,在禪宗語録中往往同時出現。如《祖庭事苑》卷一"胡家曲"條云:

胡家,當作胡笳。笳,笛之類,胡人吹之爲曲。漢李陵《答蘇武書》云"胡笳互動,牧馬悲鳴",今借此以況吾道。新豐云"胡笳曲子,不墮五音,韻出清霄,任君吹唱"是也。④

李陵《答蘇武書》,收録於《文選》卷四一。新豐,指《新豐吟》的作者曹洞宗初祖悟本良價禪師(807—869),看來,他是以胡笳曲比喻禪法的第一人。但後世語録中,更常見的是蘇武牧羊和李陵望漢的對舉,像法演歲朝上堂即謂"蘇武牧羊海畔,累日忻然;李陵望漢台邊,終朝笑發"(《法演禪師語録》卷二)⑤,清遠佛眼(1067—1120,法演弟子)上堂又謂"蘇武牧羊,辱而不屈;李陵望漢,樂矣忘歸。是在外國,在本國。佛諸弟子中,有者雙足越坑,有者聆筝起舞,有者身埋糞壤,有者呵罵河神,是習氣,是妙用"(《古尊宿語

---

① 《大正藏》第 48 册,第 144 頁中—下欄。
② 《卍續藏》第 68 册,第 263 頁上欄。
③ 《大正藏》第 47 册,第 652 頁上欄。
④ 《卍續藏》第 64 册,第 324 頁上欄。
⑤ 《大正藏》第 47 册,第 659 頁下欄。

錄》卷二九)①,癡絕道沖則説"李陵生陷虜庭,蘇武牧羊海上,是奉於君,不奉於君"(《癡絕道沖禪師語錄》卷上)②,等等,不一而足。但禪師對世俗社會褒蘇貶李的是非論斷,并不完全認同,甚至有的還替李陵辯解,如北宋浮山法遠圓鑒就説"李陵元是漢朝臣"(《續傳燈錄》卷三)③。

5. 大唐王朝的建立和穩固,李世民集團居功至偉。五代宋初的禪師語錄,對相關歷史人物也有所涉及,除前述《祖庭事苑》卷六"前殿横戟"條以外,尚有:

(1)《景德傳燈錄》卷二〇載烏牙山彦賓禪師④上堂場景:

問:匹馬單槍直入時如何? 師曰:饒爾雄信解拈槍,猶較秦王一步在。⑤

(2)《天聖廣燈錄》卷二〇載雲門宗羅漢匡果禪師⑥上堂:

時有僧問:沙場獨戰時如何? 師云:秦王不作家。⑦

(3)《天聖廣燈錄》卷二四載夾山大哥和尚⑧上堂:

師云:單雄信解弄棗子木稍,尉遲公隨後唱番歌。⑨

語錄中所説秦王,指李世民,他率部與王世充大戰時,要不是尉遲敬德及時趕到,差點就被單雄信活捉。有關李、單、尉遲三人之故事,在晚唐五代的叢林就相當流行,貫休(832—912)《觀懷素草書歌》即説:"乍如沙場大戰後,斷槍橛箭皆狼藉……天馬驕獰不

---

①《卍續藏》第 68 册,第 193 頁上欄。
②《卍續藏》第 70 册,第 43 頁上欄。
③《大正藏》第 51 册,第 487 頁中欄。
④烏牙山彦賓,樂普元安(839—898)法嗣,晚唐五代人,生卒年不詳。
⑤《大正藏》第 51 册,第 369 頁上欄。
⑥羅漢匡果,生卒年不詳,是雲門文偃(864—949)法嗣,可能活到北宋初年。
⑦《卍續藏》第 78 册,第 522 頁中欄。
⑧大哥和尚,即五代曹洞宗的石門獻藴禪師,生卒年不詳。又,神鼎洪諲禪師(首山省念法嗣,省念生卒年爲 926—993)語錄則引大哥語錄,作"單雄解弄棗木槊,尉遲隨後唱番歌"(《卍續藏》第 68 册,第 160 頁中欄),句式更齊整。
⑨《卍續藏》第 78 册,第 542 頁中欄。

可勒,東卻西,南又北,倒又起,斷復續。忽如鄂公喝住單雄信,秦王肩上著棗木槊。"①貫休還有《讀唐史》詩,由此可見禪月大師對相關歷史掌故相當熟悉。

初唐猛將如雲,有的也常被禪師提及,如薛仁貴。《雪峰慧空禪師語錄》即載慧空(1096—1158)退院上堂時說:

> 拈起一張弓,架起一隻箭,等閑一發定天山,即不問你:"拋了弓,擲下箭,撒手到家人不識,鵲噪鴉鳴栢樹間,又作麼生?"②

《續古尊宿語錄》卷四又載南宋鼓山山堂僧洵禪師在國師忌日上堂云:

> 昔人三箭定天山,自謂英雄蓋世間。何似雪峰一隻箭,等閑穿過石門關。直得大地山河,更無寸土,十方三世,全無一人。正與麼時? 諸方只知聖箭子落處,不知聖箭子折處。且道:"那裏是聖箭子折處?"③

兩位禪師所說"定天山",事見《舊唐書》卷八八《薛仁貴傳》,傳中引軍中歌曰:"將軍三箭定天山,戰士長歌入漢關。"④

以上所舉案例,基本上是按照時代先後排列;而且,同時代的人物,可用對比方法予以刻畫,如劉邦和項羽之比、蘇武和李陵之比、諸葛亮和司馬懿之比、關羽和顏良之比。但禪師以史說禪時,不同時代的人物也可以并置,如《古尊宿語錄》卷二六《舒州法華山舉和尚語要》載北宋臨濟宗全舉禪師對其師石霜楚圓(986—1039)呈頌云:

> 收番猛將彼方奇,勢劣翻思握劍歸。塞外從教誇勇健,寰中爭敢鬥龍威。放開急著金牙竅,更閉那吒擁節旗。蘇武英雄能透出,張良喪卻目前機。⑤

---

① (清)彭定求等編:《全唐詩》,上海:上海古籍出版社,1986 年,第 2031 頁上一中欄。
②《卍續藏》第 69 冊,第 250 頁上欄。
③《卍續藏》第 68 冊,第 433 頁上欄。
④ (後晉)劉昫等:《舊唐書》,北京:中華書局,1975 年,第 2781 頁。
⑤《卍續藏》第 68 冊,第 172 頁上欄。

收番猛將,結合當時雲門宗佛印了元禪師(1032—1098)所說"李陵本是收番將,卻作降番上將身"(《禪宗頌古聯珠通集》卷二五)①,則知他是指李陵。前四句是說,李陵投降匈奴之後,還有歸漢之意。第五句之"金牙"事,前文已指明它說的是隋初名將史萬歲。第六句所說那吒,似與唐初名將李靖被稱爲托塔天王的傳說有關。總之,本頌涉及的歷史人物,有高祖劉邦時張良,武帝時李陵、蘇武,北周隋初史萬歲,唐初李靖,上下八九百年,全被全舉禪師捏合到了一塊。

如果就前文所述兩宋禪師語錄涉及歷史人物的總體情況而言,它和羅燁《醉翁談錄》甲集卷一"小説開闢"②所做的歸納"講歷代年載廢興,記歲月英雄文武"和所舉的例證"説征戰有劉、項爭雄,論機謀有孫、龐鬥智……《三國志》諸葛亮雄才"基本一致。換言之,禪宗語錄講世俗歷史的內容與俗世講史話本大同小異。

三、成因檢討

兩宋禪師屢屢以歷史(含當代史)人物及其事蹟爲例來進行啓發式教學或以之入偈頌的現象,若檢討其成因,大致可分成兩種:一者外因,二者內因。當然,我們重點要講的是內因。

(一)外因

外因相對簡單,歸納起來,最重要的就一點,即中國有強大而悠久的史學傳統和鮮明的歷史意識③,而且,其影響無所不在。一方面,官修、私撰史學著作層出不窮,中古以降,教內修史也蔚然成風,僧傳(含比丘尼傳)、燈錄、寺志(或佛教名山志)等宗教類史學著作不勝枚舉。特別是兩宋時期的佛教史學特別發達,除了禪宗燈錄盛行以外,其

---

① 《卍續藏》第 65 册,第 627 頁下欄。
② (宋)羅燁:《醉翁談錄》,上海:古典文學出版社,1957 年,第 3—5 頁。
③ 如梁啓超《中國歷史研究法》第二章《過去之中國史學界》就總結說"中國於各種學問中,惟史學爲最發達;史學在世界各國中,惟中國爲最發達"[《中國歷史研究法》(外二種),石家莊:河北教育出版社,2000,第 16 頁]。

他派別如天臺、淨土等也有不少史籍問世。對此，學術界已有較好梳理，此不贅論①。另一方面，佛教東傳華夏之前，作爲社會文化生活的講史活動就相當活躍，其主要内容有述祖性講史、政治性講史、傳授性講史和民間通俗性講史四大類②。佛教中國化以後的世俗社會，在文藝活動中，講史依然盛行。正如前文所述，它在兩宋話本小說中是不可或缺的項目之一，而明清小說中的歷史演義、英雄傳奇，也和講史有關密不可分的淵源關係。就兩宋僧人而言，熟讀教外史著者相當常見：如天臺宗知禮（960—1028）《金光明經文句記》中就多次引《史記》爲據③，孤山智圓（976—1022）《讀史》則直抒胸臆説"撫書想三賢，清風千古振"（《閑居編》卷三八。三賢，指包胥、魯連、伯夷）④；臨濟宗黄龍派禪師惠洪（1071—1128）《讀三國志》又謂：

　　無計酬勞夏簟涼，遺編枕上閲興亡。氣增髻竟從率德，笑裏瞞徒造子將。漢鼎未移存北海，蜀兵已挫失南陽。莫將勝敗論人物，忠義千年有耿光。⑤

此處所講史實，涉及劉備、關羽、曹操、許子將、孔融、諸葛亮等。尾聯尤可注意，因爲它點明了作者的歷史人物觀，即不是以成敗論英雄，而是以忠義、有氣節爲標準來臧否人物。《祖庭事苑》所引史書更多，如卷二"休牛歸馬"、卷三"列星"、卷五"錢塘"、卷六"幹將"、卷八"畫蛇添足"⑥分别引自《尚書》《史記》《東漢書》（即《後漢書》）和《戰國策》。

（二）内因

就内因而言，主要談兩點：

首先，以講史或引史爲據在中國佛教文學中也有悠遠的傳統。比如，中古時期的唱

---

① 相關研究，參曹仕邦《中國佛教史學史——東晉至五代》（臺北：法鼓文化事業股份有限公司，1999年）、曹剛華《宋代佛教史籍研究》（上海：華東師範大學出版社，2006年）、《明代佛教方志研究》（北京：中國人民大學出版社，2001年）、《清代佛教史籍研究》（北京：人民出版社，2018年）等。
② 參李小樹：《先秦兩漢講史活動初探》，《貴州社會科學》1998年第2期，第98—103頁。
③ 如卷四引《史記》曰"陽伏而不能出，陰迫而不能蒸，於是有地震"（《大正藏》第39册，第134頁中欄），即出於《史記》卷四《周本紀》。
④ 《卍續藏》第56册，第920頁下欄。
⑤ （宋）釋惠洪著，[日]釋門貫徹注，張伯偉等點校：《注石門文字禪》，北京：中華書局，2012年，第733頁。
⑥ 《卍續藏》第64册，第327頁上欄、344頁上欄、378頁下欄、391頁中欄、429頁上欄。

導,就要求導師擁有廣博的學識,做到"商榷經論,采撮書史"①。又如,敦煌保存的唐五代俗講變文作品中,講述歷史故事者則有《伍子胥變文》《漢將王陵變》《捉季布傳文》《李陵變文》《王昭君變文》《韓擒虎話本》等。至宋,講史依然是話本小說中的一大類別,甚至佛教内部也出現了"演僧史"的科目。

其次,釋家以戰(兵)喻説法的傳統,對其講史好用軍事題材影響甚深。如早期佛典《四十二章經》就説:

> 佛言:"爲道,譬如一人與萬人戰,被鉀、操兵、出門欲戰,意怯膽弱,乃自退走;或半道還;或格鬥而死;或得大勝,還國高遷。夫人能牢持其心,精鋭進行,不惑於流俗狂愚之言者,欲滅惡盡,必得道矣。"②

後秦鳩摩羅什譯《大智度論》卷二則云:"佛以忍爲鎧,精進爲剛甲,持戒爲大馬,禪定爲良弓,智慧爲好箭;外破魔王軍,内滅煩惱賊,是名阿羅呵。"③同書卷四五又説:

> 是波羅蜜各各别,行力勢少,譬如兵人未集,則無戰力;若大軍都集莊嚴,執持器仗,則能破敵。菩薩亦如是,六波羅蜜一時莊嚴,能破諸煩惱魔人賊,疾得阿耨多羅三藐三菩提。以是故,説一波羅蜜中具諸波羅蜜。④

宋法雲編《翻譯名義集》卷五"六賊"條釋曰:

> 六賊,原性明静,因情昏散,狂心若歇,真佛自彰。當知塵、識是賊,止、觀如兵(禪止心散,觀照心昏),喻雖遣兵而討賊,法要即賊以成兵。⑤

總之,無論是修道主體的悟道過程、六種修道方式(六度)及其配合,都可以用兵、兵器乃至排兵布陣作比。

禪宗流行後,禪師們在各種場合所呈機鋒,同樣好以兵(戰)喻禪。如雲門重顯就

---

① (梁)釋慧皎撰,湯用彤校注:《高僧傳》,北京:中華書局,1992年,第521頁。
② 《大正藏》第17册,第723頁下欄。
③ 《大正藏》第25册,第71頁中欄。
④ 《大正藏》第25册,第388頁上欄。
⑤ 《大正藏》第54册,第1142頁中欄。

是較典型的一位,《明覺禪師語錄》卷一載:

  六人新到。師問參頭:"夫爲上將,須是七事隨身,兩刃交鋒作麽生?"僧云:"久響翠峰,有此一著。"……師云:"未到翠峰,與爾二十棒了也。"僧無語。師云:"且在一邊。"卻問第二:"副將作麽生?"僧茫然。①

此是雲門重顯對新到參學者的勘辯,完全用上將、副將之別來對應參頭、副參,結果參頭、副參都沒有理會其用心。其實,重顯一直提倡"禪家流,還如戰將"②的機鋒,説什麽"千兵易得,一將難求"③,并有頌曰:"蚌含玄兔深深意,曾與叢林作戰爭。"④(《聯燈會要》卷二七),對此,其他派别的禪師也多深表贊同,像北宋臨濟宗克勤《碧岩録》卷九即對其頌進行詳細解説⑤,甚至日本臨濟宗的大燈國師(1283—1337),也對"禪家流,還如戰將"之喻大加讚賞(《大燈國師語録》卷下)。⑥

南宋臨濟宗常州華藏有權禪師(?—1180)上堂説法時,則把前輩禪師石霜楚圓(986—1039)、睦州道明(780—877)、首山省念(926—993)分别比作歷史上的名將,説:

  此三大老,行聲前活路,用劫外靈機。若以衲僧正眼檢點將來,不無優劣:一人如張良入陣,一人如項羽用兵,一人如孔明料敵。若人辨白得,可與佛祖齊肩(《五燈會元》卷二〇)。⑦

當然,就禪宗語録之兵喻、戰喻的本質而言,應該歸入釋家之"方便"。南宋初天臺宗釋與咸(?—1163)撰《復宗集》卷下"方便"條論《法華經·方便品》即云:

  更借世間譬喻顯之,如世良將,受國重任,提百萬師,敵除强虜,百萬之衆,性命死活,國家大事,社稷存亡,皆在主將一人之手。苟或計謀不深,智略不廣,適時所

---

① 《大正藏》第 47 册,第 643 頁中欄。
② 《大正藏》第 47 册,第 643 頁下欄。
③ 《卍續藏》第 79 册,第 237 頁上欄。
④ 《卍續藏》第 79 册,第 236 頁下欄。
⑤ 《大正藏》第 48 册,第 215 頁上欄。
⑥ 《大正藏》第 81 册,第 242 頁下欄。
⑦ 《卍續藏》第 80 册,第 442 頁上欄。

用,機策不密,如何可以當茲重任?……前來正當運謀之時,機密所用,決不可泄。既已成巧,方可對衆稱揚讚嘆。如孫臏減竈、韓信棄旗、張祿隱名、陳平反間(間)之類,皆上將善巧機密,能與國家安邦定業。在佛亦爾!①

在此,與咸所列孫臏、韓信,毫無疑問都是著名軍事家,禪宗語録中多處涉及其人其事(前文已述)。張祿,即范雎,本爲魏國門客,被人懷疑賣國,差點丟掉性命,後在鄭安平的幫助下,變易姓名,逃往秦國,提出遠交近攻之策,受到秦昭王重用并被拜爲相。陳平,漢初劉邦重要謀臣之一,善使反間計。二人事蹟在禪宗語録中雖然較爲罕見,但在與咸眼中,他們仍然屬於善權變的上將之列;而且,佛陀護世,與孫、韓、范、陳治國安邦之舉,并無本質區别。

總之,兩宋禪宗語録與講史話本小説之間存在多重聯繫。此處僅是初步的史實梳理,尚有許多深層次的問題需要解决(如禪宗語録與説話人的"講史",都以口頭講述爲特色,它們在方法上有無相通之處?禪師與説話人對歷史人物的評價標準是否一致?諸如此類,全是相當有趣的話題),限於學識,就留待將來吧。

---

① 《卍續藏》第57册,第66頁上欄。

"小道"及"小說"觀念考辨

張鄉里

(貴州民族大學文學院)

古代"小說"一詞,并非今天的文體概念,其界限的模糊、作品的繁雜,給今天的古代小說研究帶來很多困擾。所以,梳理出古代"小說"所指爲何,其背後的文化觀念是什麽,對理清古代小說概念有重要意義。

古人常"小說""小道"互稱,當下學界也强調二者之間的聯繫,如侯忠義先生認爲小道是古代小說的内容,譚帆先生認爲"小道"是古代小說的核心。故從"小道"一詞入手,來梳理小說概念及其演變,會發現"小道"或"小說"是以儒家立場,或是對非倫理道德的、物質層面的各種知識、技藝的指稱,或是對儒家之外其他諸子的稱呼。這種觀念對古代小說的内涵、地位等,影響深遠。

一、小說觀念的模糊及作品的繁雜

學界對中國古代小說的研究,一直被兩個現象所困擾,一是古代小說觀念的不明晰,一是古代小說作品的蕪雜。程毅中先生在《古小說簡目》的前言中說:"古代小說,誰也没有給它下過明確的定義,史書藝文志的分類極爲混亂。最蕪雜的是《宋史·藝文志》,小說類所著録的書,包括了圖畫如史道碩畫《八駿圖》,花木譜如蔡襄《荔枝譜》,詩話如曾季貍《艇齋詩話》、胡仔《漁隱叢話》等。這也是沿襲《隋書·經籍志》著録《器准圖》《水飾》等,《新唐書·藝文志》著録《茶經》《續錢譜》等而又進一步擴展而來的。"[1]小說概念的模糊、小說作品的繁雜,給小說界限的劃定帶來重重困難。古代學者對此已

---

[1] 程毅中:《古小說簡目》,北京:中華書局,1981年,第5頁。

有認識,鄭樵在《通志·校讎略》"編次之訛論"中說:"古今編書所不能分者五:一曰傳記,二曰雜家,三曰小說,四曰雜史,五曰故事。凡此五類之書足相紊亂。"①胡應麟進一步論述小說之所以難以分別的原因在於:"小說,子書流也,然談說理道或近於經,又有類注疏者;紀述事蹟或通於史,又有類志傳者。他如孟啟《本事》、盧瓌《抒情》,例以詩話、文評,附見集部,究其體制,實小說者流也。至於子類雜家,尤相出入。鄭氏謂古今書家所不能分有九,而不知最易混淆者小說也。"②認爲小說是明理的子書,但其或近於經,或類注疏,或通於史,或類志傳,亦包括詩話文評等,丰富繁雜的內容,使得小說易與雜家相混。

小說界限的不清晰,小說作品的駁雜,在史志中表現得尤爲突出。在《隋書·經籍志》小說家類,除著錄有《燕丹子》《笑林》《郭子》《世說》等外,還著錄有《古今藝術》《魯史欹器圖》《器准圖》《水飾》等作品。《新唐書·藝文志》將陸羽的《茶經》、張又新的《煎茶水記》、封演的《續錢譜》均著錄爲小說家類。在《宋史·藝文志》所著錄的小說家類的作品中,又出現了師曠的《禽經》、陶弘景的《古今刀劍錄》、江淹的《銅劍贊》、顧烜的《錢譜》、范攄的《雲溪友議》、陳致雍的《晉安海物異名記》、司馬光的《遊山行記》、趙瞻的《西山別錄》、陸龜蒙的《古今小名錄》與《名賢姓字相同錄》《三教論》《古今鼎錄》《欹器圖》《畫八駿圖》《異魚圖》《物類相感志》《海潮論》《海潮記》《花木錄》《花品》《荔枝譜》《艇齋詩話》《竹莊書話》《胡仔漁隱叢話》《東坡詩話》《歷代錢譜》《後山詩話》《冷齋夜話》《山陰詩話》《潮說》《范陽家志》《垂虹詩話》《容齋隨筆》等書。《明史·藝文志》則將朗瑛的《七修類稿》、朱國禎的《湧幢小品》、胡應麟的《少室山房筆叢》、胡震亨的《讀書雜錄》等,著錄在小說家類。

在古人所編的說部叢書或小說集中,所選錄的小說亦非常繁複,如明人編選的《五朝小說大觀》中,《齊民要術》《三輔決錄》《南方草木狀》《竹譜》《菊譜》《禽經》《茶經》《蟹譜》《詩品》《書品》《畫譜》《古畫品錄》等均被收錄在內;陶宗儀的《說郛》著錄有無名氏《讀子隨識》《尹文子》《管子》《文子》《尸子》《墨子》《申子》《慎子》《劉子》《淮南子》《墨子》《子華子》《曾子》《孔從子》《公孫龍子》《鬻子》《鄧析子》《韓非子》等諸子節本,還著錄有《畫鑒》《洛陽花木記》《三器圖義》《山居草木記》《忘懷錄》《山家清供》《山家清事》等作品。

學界對古代小說的界定,《中國古代小說百科全書》前言中的話可以作爲代表:"如

---

① (宋)鄭樵:《通志二十略》,北京:中華書局,1995年,第1817頁。
② (明)胡應麟:《少室山房筆叢》,上海:上海書店,2009年,第283頁。

果完全依據今天通行的小說的概念,那麼,一大批的古代文言小說勢必無緣進入我們的這部百科全書。而如果完全依據古人的種種有關小說的概念,那麼,我們這部百科全書又將顯得內容蕪雜、大而無當。因此,對待古人的小說概念和今人的小說概念,我們既不摒棄前者,也不拒絕後者;既尊重前者,也採納後者,力求把二者結合起來,加以靈活的運用——這就是我們所遵循的原則。"①對古代小說的判定和研究,既尊重中國古代小說和古人對其認識的真實情況,又要結合今天的小說觀念進行分析,所以當下對古代小說的界定相對也較爲寬泛。如袁行霈、侯忠義編的《中國文言小說總目》中,就著錄有梁江淹的《銅劍贊》、陶弘景的《古今刀劍錄》、顧烜的《錢譜》(佚),唐封演的《續錢譜》(佚)、陸羽的《茶經》、張又新的《煎茶水記》、李德裕的《平泉草木記》、房千里的《南方異物志》(佚)、溫庭筠的《採茶錄》、陸龜蒙的《小名錄》、佚名氏的《異魚圖》(佚),五代朱遵度的《漆經》(佚)、邱光庭的《名賢姓字相同錄》(佚)、邱光庭的《海潮論》和《海潮錄》(均亡佚)。甯稼雨先生的《中國文言小說總目提要》中所著錄的小說作品大體和前書相同,并多出了師曠的《禽經》、嵇含的《南方草木狀》等作品。程毅中《古小說簡目》則著錄了唐代封演的《續錢譜》、陸羽的《茶經》和張又新的《煎茶水記》等。

　　從這些書對小說作品的著錄來看,小說具有非常強的包容性,花草樹木、鳥獸蟲魚、琴棋書畫、刀劍鼎茶,以至度量衡、車子做法、菜譜、諸子書,均可入小說,以至讓人有"猶河漢而無極"之慨。有人說古代小說像一個收容站,將那些無法歸入某一明確部類或者被其原先所屬部類排斥的作品都容納進來了,如劉知幾將不合其史學觀念的部分史書斥爲"偏記小說",林紓在翻譯《巴黎茶花女遺事》《魯濱遜飄流記》《黑奴籲天錄》等外國文學作品時,也將其認定爲小說。

　　小說這種駁雜的狀態,與四部分類的局限有關。余嘉錫在論及四部之分時說:"限之以四部,而強被以經史子集之名,經之與史,史之與子,已多互相出入。又於一切古無今有、無部可歸之書,悉舉而納之子部。藝術入,而琴棋書畫爲子,譜錄入,自農家分出。而草木鳥獸亦爲子矣。類書《隋志》附之雜家,《唐志》自爲一類。至《四庫全書》而叢書亦附雜家矣。附存目謂之雜編,《明志》入之類書。名實相舛,莫此爲甚。"②四部分類存在界限不謹嚴的情況,如經書與史書、子書與史書,會出現混雜,子書內部也會出現分類問題,如張華《博物志》,在《直齋書錄解題》中,卷一〇雜家類錄有《博物志》,卷一一小說家類中仍有《博物志》;隨着時代的發展,會出現一些古代沒有且無部可歸的作品,而這些也

---

① 劉世德:《中國古代小說百科全書》,北京:中國大百科全書出版社,1993年,第1頁。
② 余嘉錫:《古書通例》,附《目錄學發微》後,北京:中國人民大學出版社,2004年,第161—162頁。

多被納入子部,尤其是其中的雜家和小說家。《清史稿》分子部爲十四類,很多前人著錄爲小說的作品,被分流到農家、術數、藝術、雜家,這也是其著錄小說家作品稍簡約的原因。除四部分類的局限之外,造成小說內涵豐富、作品繁雜更重要的原因,是視小說爲小道的深層次文化背景。

二、學者對《論語》中"小道"的闡釋

班固在《漢書·藝文志》中對小說家進行了界定:"小說家者流,蓋出於稗官,街談巷語,道聽塗說者之所造也。孔子曰:'雖小道,必有可觀者焉,致遠恐泥。'是以君子弗爲也,然亦弗滅也。閭里小知者之所及,亦使綴而不忘,如或一言可采,此亦芻蕘狂夫之議也。"① 此說雖被有的學者認爲過於寬泛,但其認定小說出於稗官,是街談巷語、道聽塗說之言,雖鄙野,但仍有其存世流傳的價值,對於小說的源頭、意義都有論及,尤其是引用《論語》中子夏論"小道"的話,將"小說"視爲"小道",在大的文化體系中對小說進行定位,對古代小說觀念的影響相當深遠。古代小說觀念的繁複,與"小道"的内涵豐厚有一定關係;小說所容納作品的駁雜,也與"小道"所指向内容的繁雜密切相關。

《漢書·藝文志》所引原話爲:"子夏曰:'雖小道,必有可觀者焉;致遠恐泥,是以君子不爲也。'"(《論語·子張》)對這句話中"小道"的解釋,主要有兩種觀點。

一、釋"道"爲"藝""術",釋"小道"爲才藝,是具體的技能、藝術、才能的總稱

釋"道"爲"藝"、爲"術",在解釋古籍時很常見,如:鄭玄注《周禮·大司樂》"凡有道有德者,使教焉",云:"道,多才藝者;德,能躬行者。"《周禮正義》"會其什伍而教之道藝",清人亦釋"道"爲"術",王引之:"《鄉大夫》'以考其德行,察其道藝','德行'與'道藝'分言,則'道'非德行之謂也。案:道者,術也。韋昭《吳語》注:'道,術也。'道藝即術藝,《列子·周穆王篇》'魯之君子多術藝'是也。道訓爲術,藝亦是術,故以'道藝'連文,道即藝也。"

《論語注疏》中有:"《周官·大司樂》注:'道,多才藝。'此'小道'亦謂才藝。"明言

---

① (漢)班固:《漢書》,北京:中華書局,1962年,第1745頁。

"小道"爲"才藝"。楊伯峻先生在翻譯"雖小道，必有可觀者焉；致遠恐泥，是以君子不爲也"時，將其譯爲："就是小技藝，一定有可取的地方；恐怕它妨礙遠大事業，所以君子不去從事於它。"（《論語譯注》）也是視"小道"爲"技藝"。

對"小道"具體指向何種才藝，爲何視其爲小道，則以朱熹的論述爲最多、最詳盡。

朱熹《論語集注》："小道，如農、圃、醫、卜之屬。"引楊氏曰："百家衆技，猶耳目鼻口，皆有所明而不能相通。非無可觀也，致遠則泥矣，故君子不爲也。"①在《論語或問》中，針對"何以言小道之爲農、圃、醫、卜、技巧之屬"的問題，説："小者對大之名。正心修身以治人，道之大者也；專一家之業以治於人，道之小者也。然是皆用於世而不可無者，其始固皆聖人之作，而各有一物之理焉，是以必有可觀也。然能於此者，或不能於彼，而皆不可以達於君子之大道，是以致遠恐泥，而君子不爲也。"（《朱子全書》六）在《朱子語類》中，也可以看到相近的論述："小道不是異端，小道亦是道理，只是小。如農圃、醫卜、百工之類，卻有道理在。只一向上面求道理，便不通了。若異端，則是邪道，雖至近亦行不得。"②亦有針對具體才藝的論述，如："曆象之學，自是一家。若欲窮理，亦不可以不講。然亦須大者先立，然後及之，則亦不至難曉而無不通矣。"③

儒家的六藝，亦屬於"小道"的一部分。彭礪志先生在《孔子藝術哲學的悖論及和解》一文中，從賈誼《新書·容經篇》"古者年九歲入就小學，蹍小節焉，業小道焉；束髮就大學，蹍大節焉，業大道焉"；《大戴禮記·保傅》"古者年八歲而出就外舍，學小藝焉，履小節焉。束髮而就大學，學大藝焉，履大節焉"；何休注《公羊傳·僖公十年》"荀息傅焉"云："《禮》：諸侯之子，八歲受之少傅，教之以小學，業小道焉，履小節焉；十五受太傅，教之以大學，業大道焉，履大節焉"；《周禮·地官》記保氏之職："而掌養國子以道，教之六藝：一曰五禮，二曰六樂，三曰五射，四曰五御，五曰六書，六曰九數"等資料出發，認爲"這'六藝'之名，實爲'小藝'和'小道'的正名，是周代小學教習的內容，也爲早期儒家所本，它反映了古代早期藝術形態的主要構成。"④

從後人的論述中，我們可以看到這種輕視六藝爲小道、輕事的態度，如徐幹《中論·務本第十五》："道有本末，事有輕重。聖人之異乎人者無他焉，蓋如此而已矣。……如

---

① （宋）朱熹：《四書章句集注》，北京：中華書局，1983年，第188頁。
② （宋）黎靖德：《朱子語類》，王星賢點校，北京：中華書局，1986年，第1200頁。
③ 朱傑人等編：《朱子全書》第二十三冊，上海：上海古籍出版社，合肥：安徽教育出版社，2010年，第2892頁。
④ 彭礪志：《孔子藝術哲學的悖論及和解》，《長安大學學報》（社會科學版）2017年1月第1期，第82—83頁。

此則爲九德之美,何技藝之尚哉!今使人君視如離婁,聰如師曠,御如王良,射如夷弈,書如史籀,計如隸首。走追駟馬,力折門鍵。有此六者,可謂善於有司之職矣,何益於治乎!無此六者,可謂乏於有司之職矣,何增於亂乎?必以廢仁義,妨道德矣。""人君之所務者,其在大道遠數。"①《顏氏家訓·雜藝》:"算術亦是六藝要事;自古儒士論天道、定律曆者,皆學通之。然可以兼明,不可以專業。"②這些論述,或視六藝中的御、射、書、數爲與"大道"相對的"小道",爲事之輕者,或認爲六藝中的算術雖然重要,但仍然只是可以"兼明","不可以專業"的,這與子夏論述"小道"的態度是一致的。

二、將"小道"視爲儒家之外的諸子書,等同於"異端"

漢人即有此説,且影響深遠。鄭玄曾明言:"小道,如今諸子書也。"③劉寶楠《論語正義》在考證《漢書·宣元六王傳》《漢書·藝文志》《後漢書·蔡邕傳》等漢人用小道一詞的情況後,指出:"據此,則小道爲諸子書,本漢人舊義,故鄭注同之。江熙曰'百家競説,非無其理。'用鄭義也。"④也認爲漢代人普遍將"小道"視爲諸子書。

何晏注《論語》云:"小道,謂異端也。"梁皇侃則認爲"異端"和"小道"均指百家書:"小道,謂諸子百家之書也。一往看覽,亦微有片理,故云'必有可觀者焉'。云'致遠恐泥'者,致,至也;遠,久也;泥,謂泥難也。小道雖一往可觀,若持行事,致遠經久,則恐泥難不通也。云'是以君子不爲也'者,爲,猶學也;既致遠必恐泥,故君子之人,秉持正典,不學百家也。"⑤"云'善道有統,故殊途而同歸'者。'善道'即五經正典也。'有統','統'本也,謂皆以善道爲本也。'殊途',謂《詩》《書》《禮》《樂》爲教之途不同也。'同歸',謂雖所明各異而同歸於善道也。云'異端,不同歸者也'者。諸子百家并是虛妄,其理不善,無益教化,故是不同歸也。"⑥"異端,謂雜書也;言人若不學六籍正典,而雜學乎諸子百家。此則爲害最深。"站在儒家的立場,認爲君子爲學應持守正統,不學百家;將五經與諸子百家之書相對,認爲五經是正典、善道,諸子書爲雜書、小道。

---

①徐幹:《中論》,叢書集成初編本,第28頁。
②王利器:《顏氏家訓集解》(增補本),北京:中華書局,1993年,第587頁。
③(南朝宋)范曄:《後漢書》,李賢等注,北京:中華書局,1965年,第1997頁。
④(清)劉寶楠:《論語正義》,北京:中華書局,1990年,第739頁。
⑤(三國魏)何晏、皇侃:《論語集解義疏》,見《文淵閣四庫全書》第195册,上海:上海古籍出版社,1987年,第514頁。
⑥(三國魏)何晏、皇侃:《論語集解義疏》,見《文淵閣四庫全書》第195册,第352頁。

邢昺承襲皇侃的觀點,認爲:"小道謂異端之説,百家語也。雖曰小道,亦必有小理可觀覽者焉。然致遠經久則恐泥難不通,是以君子不學也。"①"異端,謂諸子百家之書也。言人若不學正經善道而治乎異端之書,斯則爲害之深也。"②同樣視諸子書爲異端、小道,有小理在,雖有可觀,但"致遠恐泥",甚至會"爲害"。

朱熹則將"小道"與"異端"分別而論,認爲"小道不是異端,小道亦是道理,只是小。如農、圃、醫、卜、百工之類,卻有道理在。只一向上面求道理,便不通了。若異端,則是邪道,雖至近亦行不得"③。《四書章句集注》中引范祖禹和程頤的話,范稱"異端,非聖人之道,而別爲一端,如楊、墨是也,⋯⋯專治而欲精之,爲害甚矣"。程氏"佛氏之言,比之楊、墨,尤爲近理,所以其害爲尤甚。學者當如淫聲美色以遠之,不爾,則駸駸然入於其中矣"④。這是明確儒家之外的諸子如楊墨等,爲異端,而小道則是農、圃、醫、卜、百工之類的技藝。

三、"小道"之内涵對小説觀念的影響

以上各家對小道的闡述,在小説觀念的演變過程中,都有重要影響。譚帆先生在《"小説"考》一文中曾説:"'小説'是'小道',無關於政教,是中國小説史上最早值得重視的命題,它確立了'小説'乃'子之末'的認識觀念,對中國古代小説在指稱範圍和價值判斷上均產生了深遠影響。尤其在價值判斷上,'小道可觀'這一命題在很大程度上給小説文體(無論是言説的還是叙事的)立下了一根無可逾越的'尺規',在很大程度上規定了小説在中國文化史上的基本位置,中國古代小説始終處於一個尷尬的位置和可憐的地位也正與此相關。"⑤

首先,從儒家立場對"小説"的"小道"之判定,認爲其"不入流",輕視小説,限制了小説的發展。

小道,是儒家站在"是其所是,非其所非"立場上的判斷,儒家爲大道,其他諸家及無關治國平天下的物質層面知識,均爲小道。而"小道"所指向的各種技藝、儒家之外

---

① (宋)邢昺:《論語注疏》,見《文淵閣四庫全書》第195册,上海:上海古籍出版社,1987年,第703頁。
② (宋)邢昺:《論語注疏》,見《文淵閣四庫全書》第195册,第545頁。
③ (宋)黎靖德:《朱子語類》,王星賢點校,北京:中華書局,1986年,第1200頁。
④ (宋)朱熹《四書章句集注》,北京:中華書局,1983年,第57頁。
⑤ 譚帆、王慶華:《"小説"考》,《文學評論》2011年第6期,第157頁。

的其他諸子,均在一定時間内成爲小説的組成部分之一。這種判定,有鮮明的儒家本位意識。最早將"小説"與"小道"等同的《漢書·藝文志》,在對典籍進行分類時,不是按照文體進行區分,而是受漢代"推明孔氏""推崇儒術"的影響,將圖書分爲六藝、詩賦、諸子、兵書、術數、方技六大類,這是承襲劉歆《七略》分爲輯略、六藝略、詩賦略、諸子略、兵書略、術數略、方技略而來,將儒家的六藝放在最前列,諸子中也將儒家排在第一位。漢人對待文獻的態度,對後世影響深遠,小説觀念亦如是。我們還可以看到,在後世除六藝及儒家著作之外,其他各類均曾入小説家,或曾被視爲小道、小説。

其次,是視小道爲藝術、技藝的看法,使得小説成爲各種物質層面知識的載體,日常生活中的各種具體知識,都可以被小説所容納,於是像前文所列各種關乎花鳥蟲魚、刀劍鼎茶、詩文字畫,甚至姓名等知識的作品,都成了古人小説的一部分。在《説郛》中,有《畫鑒》《洛陽花木記》《三器圖義》《山居草木記》等書,還有沈括的《忘懷録》,其内容爲器具的作用,尤其對車子的做法有十分具體的論述,比如怎樣做安車,其形狀、大小、配套設施的情況等;還有林洪的《山家清供》,所記爲各種飯菜的名、狀、性及做法,頗似菜譜;還有無名氏的《山家清事》記相鶴訣、種竹法、酒具、山轎、山備、梅花紙帳、火石、泉源等知識。

這一類作品在後來的史志中被分流入農家、藝術、術數、雜家等類,它們其實是關於自然界動植物、農業生産、日常生活,甚至是器物鑒賞等方面的知識,也是道理,只不過無關乎經國大業,只能被看作小道。葛兆光先生在論及《藝文類聚》的分類時説:"至於全書最後收録的自然世界中的各種具體知識,雖然古代中國傳統中本來也有'多識草木蟲魚鳥獸之名'的説法,對這些知識有相當寬容和理解,但在七世紀,顯然這些知識越來越被當作枝梢末節的粗鄙之事,《藝文類聚》把這些知識放在最後面,顯示了這類知識在人們觀念中的地位沉浮。……從後來中國的情況看來,這種對知識與技術的輕蔑與放逐,多少影響了古代中國的技術性知識的進展,也使得古代中國的人文知識與思想承擔了過於沉重的社會責任,往往成爲全部的知識而壟斷了絶大部分文化人的教育時間與内容。"①其實對這一類實用性、技術性强的知識的輕視,是中國知識份子的一貫傳統,這也造成了後世學者將承載這些知識的著作視爲小説的事實。

正如葛兆光先生所言,視這一類知識爲小道、小説的輕蔑態度,影響了小説的發展。在古人的作品中,對物質層面知識的記録充滿了虚妄怪誕的色彩,而少見理性客觀的態

---

① 葛兆光:《中國思想史:七世紀前中國的知識、思想與信仰世界》,上海:復旦大學出版社,2001 年,第 457—458 頁。

度。如楊慎的《異魚圖贊》記比目魚云:"東海比目,不比不行。兩片得立,合體相生。狀如鞋履,鰈實其名。"①記横公魚云:"北荒石湖,有横公魚。化而爲人,刺之不殊,煮之不死,遊鑊育育。烏梅廿七,煮之乃熟。"②記何羅魚,"何羅之魚,一身十首。化而爲鳥,其名曰休舊。竊稽於春,傷隕在臼。夜飛曳音,聞春疾走"③。這些奇異的魚在《山海經》《神異經》等書中,已經出現了,而《異魚圖贊》仍延續這種荒誕的說法。再如清代李元的《蠕範》中,有對兔子的記載:"舐雄毫而孕,五月生子,從口中出,其子謂之娩。或無雄,則望月而孕……"④類似的内容在《博物志》《酉陽雜俎》等書中已經出現過了。李元不加考證就將這些似是而非的傳聞錄在書中,其態度是較不嚴謹的。其原因是由於作者對這些動物没有辦法像今天這樣近距離、持續地觀察,不可能得出科學的、近於事實的結論,甚至對有些動物,作者本人從來都没有見過,只是聽聞過,如楊慎在寫鮞魚時説:"魚之美者,東海之鮞。伊尹説湯,水群首兹。徒聞其名,而形未窺。"⑤只是曾經聽過其名,根本就没有見過,而且其源頭還在《伊尹説》這樣的小説作品中,甚至不是同時代人的傳聞。胡秋原先生在《古代中國文化與中國知識份子》一書中説:"秦漢以來,中國學者對於自然問題社會問題固有許多傑出之士,求之於試驗博采,然崇古主義禁欲主義之惰性,亦極深重。如宋王應麟研究天文,只求之於古書。直到明末方以智,可説是一最有科學思想的人,其《通雅》及《物理小識》二書,還不是完全由試驗方法來研究學問的。"⑥指出古人研究各種問題都傾向於從古書而不是從實踐中尋求辦法。這種保守主義和崇古主義,使得中國的各種知識尤其是關於自然物的知識受到了極大的限制,以至於千百年來,學者們一直在古人的説法中兜圈子,即便有懷疑也不會想着要通過實踐等方法加以解决。除了這種崇古主義和保守主義的影響之外,視這些知識爲小道、小説的心態,認定它們屬於街談巷語、道聽塗説,也導致作者在創作時不加考證而隨意著錄,如記豹的習性:"見虎睡則遠足而溺之,虎不起則噬之,以狗爲舅,見狗輒跪,季秋取獸四面陳之祝其先。"⑦這些只能説是民間的以訛傳訛。豺狼食虎,只可能是群起而攻之,單個的豺,即便是虎睡着了,可能也不敢跑過去撒尿在老虎身上,然後再吃它。尤其

---

① (明)楊慎:《異魚圖贊》,見《異魚圖贊(及其他三種)》,北京:中華書局,1985年,第1頁。
② (明)楊慎:《異魚圖贊》,見《異魚圖贊(及其他三種)》,第10頁。
③ (明)楊慎:《異魚圖贊》,見《異魚圖贊(及其他三種)》,第12頁。
④ (清)李元:《蠕範》,北京:中華書局,1985年,第22頁。
⑤ (明)楊慎:《異魚圖贊》,見《異魚圖贊(及其他三種)》,北京:中華書局,1985年,第13頁。
⑥ 胡秋原:《古代中國文化與中國知識份子》,北京:中華書局,2010年,第247頁。
⑦ (清)李元:《蠕範》,第93頁。

言豹以狗爲舅,見到狗就下跪,這只能是人們看到豹長得很像狗,就臆想出來的豹是狗的外甥這麼一種親戚關係。作者不加辨别,就將這些傳聞記錄下來,就是小説作者的風格,是"飾小説",是"合叢殘小語",將聽到的傳聞忠實地記錄或有所損益地記錄下來,并没有太多的考證和辨析。

再次,將小道視爲異端,是儒家之外的諸子書,就使得小説在一定時間内成爲對衆多子書的指稱。

漢武帝時期,在"罷黜百家,表章六經"的影響之下,漢代思想界形成了一種宗經、征聖的傾向。司馬遷寫《史記》在選材時,以六經爲評判史料真實性的依據;而劉向在輯録、評價文獻時,也往往以六經爲參照標準。基於對儒家經書和聖人的推崇,出現了"小諸子"的傾向,因其他各家思想與主流的儒家學説不同,故被視爲"小道""小辯""叢殘""小説"。董仲舒在《天人三策》中説:"臣愚以爲諸不在六藝之科孔子之術者,皆絶其道,勿使並進。邪僻之説滅息,然後統紀可一而法度可明,民知所從矣。"①這一説法,符合當時思想界迫切需要統一的要求,也迎合了漢武帝對儒家思想的推崇,是從儒家學者的立場上闡述的"罷黜百家,表章六經",將"六藝之科孔子之術"視爲全天下老百姓都要遵從的統紀與法度,而其他諸子則被視作"邪僻之説",要"絶其道",使其"滅息"。其中的"邪僻之説"是和荀子、孟子的"異説""奸説""邪説"相近的表述,均是儒家學者對其他學派的指稱。在《法言・學行》篇中,揚雄説:"視日月而知衆星之蔑也,仰聖人而知衆説之小也。"②將儒家和聖人喻爲日月,將諸子喻爲衆星,明言視儒家之外衆説爲小,明確了對諸子及其學説的"小"的判定。再如《漢志》小説家類著録有《百家》一書,關於其書的性質,有學者認爲是"集諸子百家雜言"③,是比較符合歷史實際的,只是此處的"百家"與我們所説的"諸子百家""百家爭鳴"之"百家"不同,而是在特殊時代下的"百家",與"罷黜百家,表章六經"(《漢書・武帝紀贊》)和"推明孔氏,抑黜百家"(《漢書・董仲舒傳》)中的"百家"一樣,顯然是不包括儒家的。

顧實在《漢書・藝文志講疏》中説:"鄭玄曰:'小道如今諸子書也。'是九流百家皆可名曰小説矣。"④魯迅先生亦云:"桓譚言'小説家合殘叢小語,近取譬喻,以作短書,治身理家,有可觀之辭。'(李善注《文選》三十一引《新論》)始若與後之小説近似,然《莊

---

① (漢)班固:《漢書》,北京:中華書局,1962 年,第 2523 頁。
② 汪榮寶:《法言義疏》義疏一,北京:中國書店,1991 年,第 15 頁。
③ 龐礴:《〈漢書・藝文志〉小説家之〈百家〉辨疑》,《四川師範大學學報》(哲社版)2013 年 11 月第 6 期,第 140 頁。
④ 顧實:《漢書藝文志講疏》,上海:商務印書館,1929 年,第 171 頁。

子》云堯問孔子,《淮南子》云共工爭帝地維絕,當時亦多以爲'短書不可用',則此小說者,仍謂寓言異記,不本經傳,背於儒術者矣。"①王齊洲先生認爲:"《後漢書·蔡邕傳》李賢注引鄭玄所云:'小道如今諸子書也',以爲九流百家皆是'小能小善',可名爲'小說',則代表着東漢經學家宗經征聖而輕視諸子的思想傾向,也從側面說明視小說家爲諸子百家、視小說爲子書是漢人的共識。"②上述各家均認爲,在漢代的一定時期内,受思想界尊崇儒術的影響,儒家之外的諸子百家書就成了小說。

這種視諸子書爲小說的觀念,在後世影響深遠,如陶宗儀的《説郛》就著錄有無名氏《讀子隨識》《尹文子》《管子》《文子》《屍子》《墨子》《申子》《慎子》《劉子》《淮南子》《墨子》《子華子》《曾子》《孔從子》《公孫龍子》《鶡子》《鄧析子》《韓非子》等諸子節本。

綜上所述,"小道"在古人觀念中,或指無關"治國平天下"大道的物質層面的技藝,或指儒家之外的其他諸子,具體來說,巫醫卜祝、琴棋書畫、辭賦詩文、儒家外的其他諸子書等,均可包含在内。作爲"小道"的載體,"小說"深受"小道"觀念駁雜的影響,呈現出豐富的文化内涵,但這亦導致了"小說"觀念的模糊不清;而在以儒家思想爲本位的立場之下,對小道及小說的"小"的判定,則使得小說成爲不入流的作品,難以受到文人的重視,使其發展長期受到限制。

---

①魯迅:《中國小說史略》,北京:中華書局,2010年,第1頁。
②王齊洲、王麗娟:《學術之小說與文體之小說——中國傳統小說觀念的兩種視角》,《上海大學學報》(社會科學版)2013年5月第3期,第115頁。

宋代話本與文言小説的叙事歧異及其文化藴涵

李建軍

（台州學院人文學院）

宋代話本與文言小説的編創主體、接受主體有市民與士人之别，兩類小説分别反映着不同主體的文化精神和倫理意識，屬於不同類型的叙事。

叙事活動是人類社會中人與人之間交往、溝通的一種基本行爲，存在於社會生活的各個維度、各個層面。從叙事活動滿足人類需求的層級着眼，我們可以將其分爲日常叙事和藝術叙事。日常叙事主要針對日常物質生活需求，"爲日常生活所需、所應用的叙事"，"主要是一種具有實用意義的行爲方式，目的在於人際交往"；藝術叙事"是進入精神層次、爲滿足人的精神需求和消費而發生的叙事活動"，藝術叙事"既是行爲方式，又是一種精神生産，除了用於當下的精神交流，還要形成藝術産品，與更廣泛甚至跨越不同歷史時代的人群去交流"，"與日常叙事的全民性特徵不同，藝術叙事的階級性或階層性，要明顯突出得多"①。學界討論的叙事，基本上是指藝術叙事。

中國古代社會的藝術叙事，大致可以分爲文人叙事和民間叙事，而文人叙事和民間叙事的内部還可以細分。中國古代的文人，按其社會地位和思想旨趣，大致可以分爲正統文人和邊緣文人，其中正統文人大多有一定的社會地位，在思想旨趣上認同"大傳統"②，參與"大傳統"的建構與傳承，這些正統文人的主體是士人，其叙事大致可以稱爲士人叙事。邊緣文人往往是遊離於"大傳統"之外的下層文人和特立獨行的文人，宋代的書會才人就屬於典型的邊緣文人。宋代的民間叙事，按其叙事主體和審美屬性，大致

---

① 董乃斌、程薔：《民間叙事論綱》（上），《湛江海洋大學學報》2003年2期。
② 大傳統與小傳統之説，見（美）羅伯特·芮德菲爾德《農民社會與文化——人類學對文明的一種詮釋》，王瑩譯，北京：中國社會科學出版社，2013年。

可以分爲市民叙事與鄉民叙事。其中市民叙事是市井藝人等爲迎合、滿足市井細民審美需求而進行的、經過文人一定程度加工的、具有一定商品屬性的叙事,是融合了文人叙事部分屬性的民間叙事;鄉民叙事則是鄉村民衆自娛自樂式的叙事,是比較純粹的民間叙事。宋代文言小説絶大部分屬於文人叙事中的士人叙事,有學者已經指出:"文言小説基本屬於由正統文人創作的士人文學,突出反映着士人意識和士人生活,與文人詩文具有相同的文學淵源以及相通的文化精神與藝術精神。"①宋代文言小説的創作和閲讀基本上是在士人圈中,屬於士人叙事。宋話本的口傳環節是典型的市民叙事,編寫環節雖然經過書會才人等文人的加工潤飾,不可避免地帶有一些文人叙事的情趣和印痕,但主導性的還是市民情趣,因此宋話本的主體應歸入市民叙事。緣此,就叙事層面而論,宋代文言與話本小説之關係,渾言之可謂文人叙事與民間叙事之互動,析言之則應言士人叙事與市民叙事之共生。

宋代話本與文言小説所折射的市民叙事與士人叙事,既在叙事話語、叙事行爲、叙事旨趣、人物塑形、叙事倫理等方面異質互補,又在叙事觀念的雙向滲透、叙事題材的雙向改編、叙事技法的雙向借鑒等方面互動共生。目前學界對兩者互動共生方面的關注較多②,而對兩者異質互補方面的研究不多。本文聚焦於叙事行爲,分析宋代話本與文言小説在"叙"與"事"上的重心差異及其叙述歧異,以深化相關研究。

下面有必要先對研究對象即宋代話本與文言小説的文本選定進行説明。關於宋代話本的判定,學界有較大爭議,筆者綜合胡士瑩、程毅中、陳桂聲等諸家觀點,認爲《碾玉觀音》等35種小説話本、《新編五代史平話》等3種講史話本,另有1種説經話本即《大

---

①李劍國:《文言小説的理論研究與基礎研究——關於文言小説研究的幾點看法》,《文學遺産》1998年第2期。

②詳參程千帆、吳新雷《兩宋文學史》(上海:上海古籍出版社,1991年),李劍國《宋代志怪傳奇叙録》(天津:南開大學出版社,1997年),程毅中《宋元小説研究》(南京:江蘇古籍出版社,1999年),魯德才《古代白話小説形態發展史論》(天津:南開大學出版社,2002年),石昌渝《中國小説源流論》(北京:三聯書店,2015年),吳志達《中國文言小説史》(濟南:齊魯書社,1994年),蕭相愷《宋元小説史》(杭州:浙江古籍出版社,1997年),張兵《宋遼金元小説史》(上海:復旦大學出版社,2001年),凌郁之《走向世俗——宋代文言小説的變遷》(北京:中華書局,2007年)、《宋代雅俗文學觀》(北京:中國社會科學出版社,2012年)、李軍均、曾垂超《論宋代小説的雅俗之變及其文化精神》(《福建師範大學學報》哲社版2011年第4期),孟昭連《宋代文白消長與小説語體之變》(《中國社會科學》2011年第3期),紀德君《宋元話本與文言小説的雙向互動》(《文藝研究》2017年第6期),等等。

唐三藏取經詩話》①，共 39 種話本小説的主體内容完成於宋代，雖後世有增删修潤，但仍應判定爲宋話本。宋代文言小説可以分爲筆記體和傳奇體，其中人物塑形比較鮮明、叙事倫理比較顯明者還是傳奇體，故而筆者選取宋傳奇爲考察對象。李劍國《宋代傳奇集》輯録宋代 130 位作者創作的傳奇 391 篇，囊括宋傳奇的精華，本文即以此爲據。筆者下面即以這 391 種宋傳奇、39 種宋話本爲基本素材，考察宋代這兩種類型的小説在叙事行爲上的差異。

一、謀篇布局與叙事技法：精粗之異

宋代話本與文言小説在謀篇布局和叙事技法上，有精與粗、密與疏、巧與樸之歧異。我們可以通過考察叙述相同故事的不同文本，來管窺士人叙事與市民叙事在叙事行爲上的殊途異轍。

（一）"盜塚復生"個案：士人與市民叙事的巧與樸

我們先來考察"盜塚復生"個案。文人小説廉布《清尊録·大桶張氏》、王明清《投轄録·玉條脱》、洪邁《夷堅志·鄂州南市女》與市井話本《鬧樊樓多情周勝仙》所叙故事大同小異，且文本間有承傳關係，可以作爲典型個案。

廉布《清尊録·大桶張氏》與王明清《投轄録·玉條脱》文句大同，小異則在後者描述略微精細一些，并在本篇故事之後附録了蔡裡之事。另外，前者在篇末云"時吴拭顧道尹京，有其事云"②，後者在篇末云"是時吴拭顧道尹京云。以上二事（引者注：一事指

---

①35 種小説話本即《碾玉觀音》《陳可常端陽仙化》《西山一窟鬼》《小夫人金錢贈年少》《錯斬崔寧》《西湖三塔記》《合同文字記》《風月瑞仙亭》《藍橋記》《洛陽三怪記》《陳巡檢梅嶺失妻記》《五戒禪師私紅蓮記》《刎頸鴛鴦會》《楊温攔路虎傳》《花燈轎蓮女成佛記》《董永遇仙傳》《蘇長公章臺柳傳》《張生彩鸞燈傳》《趙伯昇茶肆遇仁宗》《史弘肇龍虎君臣會》《楊思温燕山逢故人》《張古老種瓜娶文女》《錢舍人題詩燕子樓》《三現身包龍圖斷冤》《崔衙内白鷂招妖》《計押番金鰻産禍》《宿香亭張浩遇鶯鶯》《金明池吴清逢愛愛》《皂角林大王假形》《萬秀娘仇報山亭兒》《福禄壽三星度世》《鬧樊樓多情周勝仙》《范鰍兒雙鏡重圓》，《紅白蜘蛛》殘本，《梅杏爭春》殘本；3 種講史話本即《新編五代史平話》《梁公九諫》《宣和遺事》；1 種説經話本即《大唐三藏取經詩話》。

②（宋）廉布：《清尊録》，臺灣《叢書集成新編》本，第 87 册，第 278 頁。

該篇所云之事,另一事指《賈生》篇所云之事)許彥周云"①。關於兩篇文句的大同小異和所注來源的有同有異,李劍國先生給出了一個較爲合理的解釋:

> 許顗(字彥周,引者注)兩宋間人……彼與吳拭同時,疑聞此事於吳而記其始末,復先後以示廉、王二人,而廉、王各載入己書,故二書文句大同也。唯廉布删削較多,故反不及王書文繁。或謂王取自廉書,非是;若謂廉删取於王書,然王晚廉三十五歲,紹興二十九年作《投轄録》時,廉書當已久成。②

李先生之論,可爲一説。因爲兩篇多同少異,且後篇(《玉條脱》)稍細,故以之爲考察對象。

《玉條脱》叙以財雄長京師的富家子張生,路過幫其行錢(放債)的孫助教家,見孫氏之女容色絶世,酒後戲言要娶其爲妻,并以臂上所戴玉條脱爲聘。後來張生别娶他女,孫氏之女以被蒙頭,氣極而亡。孫家找來治喪者鄭三,告知其"勿停喪,就今日穴壁出瘞之"。鄭三見孫氏之女臂有可值數十萬錢的玉條脱,起貪財之心,勸孫家將女葬於他家園子,以便發塚竊財,孫家依之。鄭三發棺,欲取玉條脱,見孫氏之女忽然復活,就劫持爲妻。孫氏之女一直恨怒張生負約,每每欲前往質問,無奈被鄭家管住,不得機會。數年後,孫氏之女終於乘便逃出鄭家,找到張生府第哭駡,被張誤以爲鬼,并推地致死。鄭三之母因兒媳死於張生之手,訴之有司,鄭三因發塚等罪被判流放,後因逢赦被免罪,張生因過失殺人被判死罪,後雖獲赦免死,但遭杖脊,憂畏死於獄中③。

《鄂州南市女》與《大桶張氏》《玉條脱》的故事類型一致,但具體細節差異較大。文叙鄂州南草市富家女吴女看上姿相白皙的茶店僕彭生,無由可通繾綣,積思成疾。其父吴翁初以門第不等拒絶爲女議婚於彭生,後因女兒病篤,無奈招來彭生議婚,不料却遭到彭生斷然拒絶。吴女氣絶,即刻下葬,凶儀華盛,觀者歆詫。樵夫發塚開棺竊財,遇吴女復活,據以爲妻。吴女思彭生之念不暫忘,於是欺誑樵夫欲回南市探親,樵與俱行。纔入南市,吴女就直奔茶肆尋彭生,并支走樵夫,獨向彭生訴衷腸,被彭生誤以爲鬼,追逐中墜樓而亡。吴女之母聞訊而來,訴之有司,樵夫以破棺見屍論死,彭生被從輕發落。篇末有云:"《清尊録》所書大桶張家女,微相類云。"④明確點出該篇與廉布《清尊録·

---

① 李劍國:《宋代傳奇集》,北京:中華書局,2001年,第518頁。
② 李劍國:《宋代傳奇集》,第469頁。
③ 李劍國:《宋代傳奇集》,第517—518頁。
④ (宋)洪邁:《夷堅志》,《夷堅支庚》卷一,北京:中華書局,1981年,第1137頁。

《大桶張氏》的異文同類。

《醒世恒言》中的《鬧樊樓多情周勝仙》,學界多認爲出自宋人舊本,如鄭振鐸云:"這篇寫東京景色,男女調情,至爲真切,至爲古拙,絶類宋人之作;有許多話,乃是後來人所絕寫不出的。"①話本的本事即出自《鄂州南市女》,説話人和編寫者還可能參考過《大桶張氏》《玉條脱》。話本叙徽宗朝東京金明池邊樊樓裏有位開酒肆的范二郎,與曹門里周大郎之女周勝仙互相愛慕,兩人俱相思成疾,後來由王婆穿針引線,議成婚事,下了定禮。不料外出歸家的周大郎得知此事後,以范二郎地位低微,不允婚事,致使勝仙氣絕身亡。周家將女即時入殮,來日便出喪。後有朱真盜墓竊財,見勝仙玉體,頓時起了歹心,遂奸其屍,勝仙得陽氣而復活,并被朱真挾持爲妻。勝仙乘便逃出朱家,上門尋訪范二郎,被二郎誤以爲鬼,失手打死。二郎被拘入獄中,夢中與勝仙鬼魂做成三日夫妻。勝仙鬼魂拜求五道將軍幫忙,使得二郎被改判無罪出脱。朱真則因劫墳當斬。二郎後來娶妻,不忘勝仙之情,歲時到五道將軍廟中燒紙祭奠②。

上述三個故事,主角姓名各異,然都是一對男女生死冤家外加一個盜墓賊,《玉條脱》爲張生、孫女加鄭三,《鄂州南市女》爲彭生、吳女加樵夫,話本爲二郎、勝仙加朱真;具體細節有異,然都是同一情節模式:女子鍾情於某生,婚事不諧氣絕身亡,第三者盜墓,復活被占,乘便逃出尋找意中人,被意中人誤殺,官府判案。可見上述故事可歸於"盜塚復生"同一母題。

同一母題的士人與市井文本,旨趣相異。同爲婚事不諧致女死而復死之悲劇,起因不同。《玉條脱》乃是富家子張生負約別娶,致使孫女一腔期待化爲泡影,進而氣絕身亡,該篇隱寓對張生兒戲許婚、致人死命的譴責,這從篇末安排張生憂畏死於獄中的結局,并感歎"因果冤對,有如此哉",可以清晰感知。《鄂州南市女》乃是彭生因吳女有違女德("每於簾内窺覘""鄙其所爲")而拒婚,致使吳女氣絕身亡,該篇對彭生似乎并無譴責之意,這從篇末安排彭生從輕發落的結局,可以知曉。該篇倒是對吳女所爲不無微諷之意。上述兩篇士人小説,或嚴懲負約之男,或微諷失德之女,志趣皆在士人念叨的世道人心。話本中的悲劇起因乃是勝仙之父欲爲女兒攀高枝,不同意其女與地位低微的范二郎的婚事,致使勝仙氣絕身亡,該篇當然隱寓對周父的譴責,但重心却在刻畫市井女子生死以之的愛情追求,志趣在於呈現市井細民的心曲和情趣,道德勸懲已非其要旨。簡言之,士人小説重心在教化,"教"重於"樂";民間小説重心在情趣,"樂"先於"教"。

---

① 鄭振鐸:《中國文學論集·明清二代的平話集》,長沙:嶽麓書社,2011年,第395頁。
② (明)馮夢龍:《醒世恒言》卷一四,天津:天津古籍出版社,2004年,第181—190頁。

上述文本不僅在旨趣上有"教""樂"孰重孰先之異,在謀篇布局上也有密、疏之異。比如伏筆的運用,《玉條脫》就顯得更爲精熟。孫女能夠在鄭三開棺竊財時復活,其實前文早有多處伏筆。一是孫女得知張生負約別娶時"去房內以被蒙頭,少刻遂死";二是孫女父母叫來治喪者鄭三後,告知"小口死,勿停喪,即日穴壁出瘞之";三是鄭三見孫氏之女臂有玉條脫,起貪財之心,勸孫家將女葬於他家園子,以便發塚竊財,孫家依之;四是孫女父母"號慟不忍視,急揮去之";五是孫家"即與親族往送其殯而歸";六是當夜鄭三即發棺竊財。"以被蒙頭,少刻遂死"說明孫女可能并非真死,只是窒息昏死。昏死後即刻"穴壁出瘞","即與親族往送其殯而歸",應該是殯而未葬,且時間倉促可能棺材密封性能也未必好,故而孫女復活的可能性大大存在。鄭三當夜就在自家園子發棺,說明孫氏昏死殮放在密封性能未必好的棺材中的時間并不長。這些伏筆都爲鄭三發棺致使昏死的孫女復活作了鋪墊,使得孫女的復活初看出乎意料,細品却合乎情理。於此可見文人叙事的精細。兩相對比,話本對勝仙死而復活的叙述就相形見絀。一是勝仙氣倒身亡後,乃是"來日便出喪",而不是當日;二是從朱真"把刀撥開雪地""下刀挑開石板下去",可知勝仙已經下葬。來日出喪且已經下葬的情況下,勝仙還能復活,這樣的細節處理顯然不如《玉條脫》即日出喪、殯而未葬、當夜發棺而使孫女復活合乎情理。於此可見士人小說與市井小說在叙事細微處的差異。

(二)"西山群鬼"個案:士人與市民叙事的精與粗

我們再來考察"西山群鬼"個案。文人小說沈氏《鬼董·樊生》與話本《西山一窟鬼》主體情節大致相同,然而兩文在結構技巧和形象刻畫上却頗爲不同。

《樊生》叙樊生遊寺閣,得女子履,中有片紙,曰:"妾擇對者也,有姻議者,可訪王老娘問之。"後樊生於茶肆遇王老娘,王云女(陶小娘子)乃張郡王之嬖,因郡王死,故求偶擇對,并約以次日酒肆相親。相親之後,女遂與生亂,不肯復去。女不顧生之顧忌,堂皇入生家,出拜舅姑,真若新婦。此時,樊生家人已漸知此女乃鬼,乃求法師治之。女離去,然揚言不會善罷甘休。月餘,樊生與友登慈雲嶺,繞入錢湖門中,途中遭遇陶小娘子、王老娘等群鬼,并被群鬼擒住。千鈞一髮之際,殿前司某統制趨衙,將其救歸。異時訪鬼所起,知陶小娘子確爲張郡王之嬖,然以外淫爲主所殺,王老娘亦以奸被戕,其餘諸鬼皆嶺邊新瘞者也①。

---

① 沈氏:《鬼董》卷四,《續修四庫全書》本,第1266册,第394—395頁。

話本《西山一窟鬼》,今存於《警世通言》卷一四,作《一窟鬼癩道人除怪》,并於題下注云:"宋人小説,舊名《西山一窟鬼》。"學界多認爲《通言》此篇本於宋人話本。胡士瑩《話本小説概論》云:"篇中稱臨安爲行在,説西湖山道,杭州坊里,親切如睹,自是南宋説話人口氣。而鋪席、一窟鬼等詞,又都是當時民間熟語。《都城紀勝》有'鋪席'一門,《夢粱録》記杭州茶肆有王媽媽茶坊名'一窟鬼茶坊',從這些方面看,本篇無疑是宋人話本。"①歐陽健、蕭相愷:《宋元小説話本集》録入此篇,并於篇末附記云:"篇中云:'自家今日也説一個士人,因來在臨安府取選,變做十數回蹊蹺作怪的小説。'此中所謂小説,正乃'説話'四家之一的'小説'。稱年代爲'紹興十年間',稱地點爲'今時州橋下',都是宋時人説宋時事的口氣。"②

關於《西山一窟鬼》與《鬼董·樊生》的關係,學界有兩種意見。一種認爲前者本於後者,如魯迅謂:"《西山一窟鬼》述吳秀才一爲鬼誘,至所遇無一非鬼,蓋本之《鬼董》(四)之樊生,而描寫委曲瑣細,則雖明清演義亦無以過之。"③另一種認爲兩者皆據同一民間傳説敷衍而成,兩者之間未必有直接的承傳關係,如蕭相愷《宋元小説史》云:

> 南宋後期的文言小説集《鬼董》中,有一篇"質庫樊生",所叙故事與《西山一窟鬼》十分相似,其末云:"此度是紹興末年事,余近聞之。""質庫樊生"與《西山一窟鬼》之間,似並無直接的淵源關係,它們似乎都是根據早已流傳的民間傳説寫成,否則,所説故事發生的時間不會不同(引者注:"質庫樊生"云"紹興末年事",《西山一窟鬼》云"紹興十年",時間差異較大),或者説不必如此改動。④

實際上,無論是前後承傳,或者是皆據同一傳説敷衍,兩篇小説的情節主幹都是一致的。

話本叙福州秀才吳洪赴臨安應試不第,在杭州開一小學堂度日。一日,半年前搬去的鄰舍王婆前來説媒,撮合吳生與秦太師府中放出的李樂娘做成夫妻。不久,吳生早起時發現樂娘侍女錦兒頸項有血污,大驚倒地,醒後頓生疑感。清明時節,吳洪與友人出城遊春喝酒,傍晚躲雨至墓園,見鬼出入,大恐,逃至敗落山神廟中借宿,又遇李樂娘和錦兒兩鬼前來尋覓,拂曉時下嶺又遇王婆等群鬼。吳生返城後即訪王婆家,得知其死已有五月。吳生後遇癩道人,道人作法擒鬼,知李樂娘乃秦太師府三通判小娘子,因生産

---

① 胡士瑩:《話本小説概論》,北京:中華書局,1980年,第203—204頁。
② 歐陽健、蕭相愷:《宋元小説話本集》,鄭州:中州古籍出版社,1987年,第32—33頁。
③ 魯迅:《中國小説史略》,上海:上海古籍出版社,1998年,第77頁。
④ 蕭相愷:《宋元小説史》,杭州:浙江古籍出版社,1997年,第124頁。

而死,錦兒則爲通判夫人逼死。吴洪從此捨俗出家,雲遊天下①。

上述兩篇小説,主角姓名有異有同,《樊生》爲樊生、陶小娘子外加侍女無名氏和媒人王老娘,《西山一窟鬼》爲吴生、李樂娘外加侍女錦兒和媒人王婆。兩篇小説的具體細節似不雷同,但情節模式如出一轍,均爲:某生因王婆牽綫抱得麗人歸,麗人及其侍女露出鬼物之跡,某生與友出城遭遇麗人、侍女、王婆等群鬼,某生被救,某生察知麗人、侍女、王婆皆鬼物。兩篇小説的主旨皆爲用鬼物之糾纏、猙獰喻女色之惑心、禍人,勸戒世人遠色遠禍,折射的都是古代中國人畏色如鬼的意識。

兩篇小説的情節模式和主旨大致相同,但形象塑造却大不相同。《樊生》中的女主角陶小娘子個性突出,形象鮮明。其先用藏有片紙的女鞋布下誘餌,待魚兒上鈎後又主動投懷送抱("女遂與樊亂"),"亂"後堂皇進入生家以新婦自居,都可見其水性和心計;當樊家請法師治之時,其"無畏色,出語曰:'我良家子,方有姻議,而彼遽姦污我於酒肆中,若謂此誰之罪?今不居此將安歸'",將自己的主動"獻身"反誣爲樊生的"姦污",可見其狡黠和凶悍;後來法師爲之勸解,其"久之乃曰:'去易耳,然吾終不置此人'",又可見其不願善罷甘休的悍婦心態;再後來,其又與群鬼將誤入墓園的樊生擒住,更可見其潑辣的手段。篇末交待"陶小娘子信張氏之嬖,以外淫爲主所殺",又透露出其生前的淫亂。總之,陶小娘子生前爲淫婦,死後爲有心計、有手段、又狡黠、又凶悍的邪淫女鬼。人物形象呼之欲出。

與之相較,話本中女主角李樂娘的形象塑造就大爲遜色,文中僅有一處即夜尋吴生時的言行顯出其潑辣性格,其餘地方均未涉及,緣此,李樂娘形象完全不及陶小娘子形象豐富和飽滿。話本的重心在叙述故事,而不是刻畫人物,故而相同題材的文言小説和話本小説,其形象塑造的豐富性和鮮明性有較大差異。

兩篇小説在叙事技巧上也有差異。同爲志怪、靈怪類小説,兩篇都運用了懸念、暗示、伏綫、照應等技法,相較而言,《樊生》的運用則更爲精到。陶小娘子雖爲鬼物,但開篇并不點破,而是隨着故事的展開一點一點地顯露原形,最後真相大白,如此行文,頗有影燈漏月之妙。小説開篇就是一個懸念,叙樊生拾得藏有姻議之約的女鞋,然後叙樊生於茶肆遇王老娘,得知陶小娘子夫死求偶和以"鞋"求"諧"的原委,破解了懸念。但接下來又是新的懸念,當陶小娘子與樊生"亂"後進入生家,小説叙云:"相挽登樓,坐畀夫於門。守舍傭見其人衣紙衣,驚呼失聲,四夫皆没,樊生坐樓上,不知也。中夜樊歸,傭

---

①(明)馮夢龍:《警世通言》卷一四《一窟鬼癩道人除怪》,上海:上海古籍出版社,1992年,第120—127頁。

途送之,道所見,猶不之信。且日,傭爇湯登樓,視婢乃一枯骸,女在床,自腰以下中斷而異處。亟走報樊父,父往驗之,則蕩然空室,無復存者。"通過傭人眼見的"衣紙衣""四夫皆没""婢乃一枯骸""女在床,自腰以下中斷而異處"和樊生之父眼見的"蕩然空室,無復存者",告訴讀者陶小娘子非同常人,形成新的懸念,同時也是一種暗示。後來樊家得知陶小娘子爲鬼,求法師治之,女離去。再後來樊生誤入墓園,見到"麗女,鬼卒守之","腰腹中絶,以綫縫綴,而不甚相屬,蓋陶小娘子也",又照應了前面所述傭人所見娘子的女鬼本相。小説最後叙樊生"訪鬼所起,則陶小娘子信張氏之嬖,以外淫爲主所殺,中腰一劍而斷",將謎底揭開,用"外淫爲主所殺,中腰一劍而斷"的謎底,對女鬼"腰腹中絶"的形象作了貼切的詮釋和精到的照應。全篇懸念相繼、照應精當、伏綫妥帖,顯示出士人小説對叙事技巧的嫻熟運用。

相形之下,話本對上述叙事技巧的運用則遜色得多。話本收官處云李樂娘爲懷身産亡之鬼,但前文并没有與之相關的形象描述以形成暗示和照應。倒是侍女錦兒的形象描述,形成了一種照應,前文云吴生早起時發現錦兒頸項有血污,大驚倒地,醒後頓生疑感,話本收官處云錦兒乃割殺之鬼,前之"頸項有血污"與後之"割殺之鬼"若合符契,形成照應。但與《樊生》中陶小娘子"腰腹中絶"形象的多處照應相較,話本的照應還是稍遜一籌。另外,話本中伏綫、懸念的運用也不及《樊生》。

(三)"猴精劫妻"個案:士人與市民叙事的細與疏

我們再來考察"猴精劫妻"個案。《清平山堂話本》中的《陳巡檢梅嶺失妻記》(下簡稱《失妻記》),學界一般認爲是宋話本。話本本事可能出自宋初徐鉉《稽神録·老猿竊婦人》及唐佚名《補江總白猿傳》。該話本後來被馮夢龍改動,并易名爲《陳從善梅嶺失渾家》(下簡稱《失渾家》),收入《古今小説》。從馮的改動,我們可以反觀《失妻記》叙事的粗疏。

《失妻記》叙宋徽宗宣和年間,汴梁秀才陳辛(字從善)常好齋供僧道。後中進士,除授廣東南雄沙角鎮巡檢司巡檢,攜妻張如春赴任。大羅仙界紫陽真人見陳辛奉真齋道,知其妻有千日之災,遂遣一真人化作道童(名羅童),護送陳辛前往嶺南赴任。陳氏夫婦見羅童一路裝瘋做癡,遂將其打發而去。陳氏一行經過梅嶺北時,妻張如春被猢猻精申陽公劫走。張如春寧死不屈,被罰每日山頭挑水,澆灌花木。陳辛尋覓不得,只得獨自赴任。三年後,陳辛任滿北歸,投宿紅蓮寺,得長老指點,尋得其妻,但懾於申陽公妖法廣大,不能救出。後來紫陽真人與羅童同往嶺南,降伏申陽公,救出張如春。陳辛夫婦團圓,百年而終①。

馮夢龍將《失妻記》收録時,做了些許改動,讓故事更爲合情合理,同時也讓叙事更爲綿密周到。楊義先生《中國古典小説史論》對此有精到闡發:

> 陳從善攜帶妻子張如春到廣東南雄赴任,被化爲梅嶺店家的猴精申公攝走妻室。在月夜荒郊中,陳從善不可能知道禍從何來,但原文寫道:"巡檢知是申公妖法化作客店,攝了我妻去。自從古至今,不見聞此異事。"這就把作者所知,不顧情境地誤認爲人物所知。於是新文本改爲:"陳巡檢尋思:'不知是何妖法化作客店,攝了我妻去?從古至今,不見聞此異事。'"陳述句變作疑問句,知變作不知,正是爲了保留叙事盲點,更可以寫出人物的驚惶迷惑。當文人切入話本叙事的肌理時,他精細地安排人物的知點和盲點,以及盲點轉化爲知點的順序,這就使得叙事過程更加綿密周到,而且增强其真實感了。②

楊先生《中國叙事學》也提及此例,并進一步論述道:

> 其後的一些改動都是圍繞着這個"内盲點"做文章的,形成了猜疑、懸念、追究和消釋的"盲點歷程"。比如陳從善請賣卦先生占斷,原文是:"陳巡檢將昨夜遇申之事,從頭至尾説了一遍。"修改本把"遇申"二字改作"失妻"了……"内盲點"的設置,使叙事更加合情合理,虚實得當,體察細微了。③

楊先生指出馮夢龍將《失妻記》的某些叙事加以改動,就是爲了圍繞"内盲點"(陳氏不知是何妖怪劫妻而去)做文章,使故事在"猜疑、懸念、追究和消釋的'盲點歷程'"中摇曳跌宕,使叙事細緻化。馮夢龍基於士人叙事細緻化的追求,將《失妻記》這種相對粗疏的市民叙事文本"點石成金",功莫大焉。於此也可反觀市民叙事在叙事技法的運用上確實不及士人叙事。

---

① (明)洪楩輯、石昌渝校點:《清平山堂話本》,南京:江蘇古籍出版社,1990年,第145—161頁。
② 楊義:《中國古典小説史論》,北京:人民出版社,1998年,第255—256頁。
③ 楊義:《中國叙事學》,北京:人民出版社,2009年,第258頁。

二、程式運用與故事捏合:疏密之別

(一)程式套語:民間與文人敘事的重要分野

宋代話本作爲典型的市民敘事文本和口傳文學文本,存在較爲普遍的程式化傾向。我們可以借鑒西方的口頭程式理論,來對其進行詮釋。口頭程式理論(Oral Formulaic Theory)是20世紀美國民俗學重要的理論流派之一,又稱"帕里—洛德學説"(The Parry-Lord Theory of Oral Composition)。該學説是20世紀初葉美國學者米爾曼·帕里(Milman Parry)和其助手亞伯特·洛德(Albert Lord),在比較研究荷馬史詩及其他口頭史詩時創立的。該學説的精髓,可以概括爲三個結構性單元的概念:程式(formula)、話題或典型場景(theme or typical scene),以及故事型式或故事類型(story pattern or tale-type),它們構成了口頭程式理論體系的基本框架。所謂程式,指"一組在相同的韻律條件下被經常使用以表達一個特定的基本觀念的辭彙";所謂話題或典型場景,指"'成組的觀念群,往往被用來以傳統詩歌的程式風格講述一個故事',憑靠着它提供給詩人以現成的和有一定規模的典型描繪,這種描繪略加潤飾便會適用於某一特定史詩故事中的特定場合";所謂故事型式或故事類型,指"依照既存的可預知的一系列動作的順序,從始至終支撐着全部敘事的結構形式"①。三個概念從小到大,"程式"相當於中文語境中的"套語",即微觀層面的程式化的語言表達;"典型場景"指中觀層面的程式化的場景描繪;"故事型式"指宏觀層面的程式化的情節設計。實際上,口頭程式理論不僅適用於口頭史詩,也同樣適用於其他口傳敘事文本。口傳藝人在敘事時,通過程式化的語言表達、場景描繪和情節設計,可以不變應萬變,針對有限的故事素材,通過敘事單元的嫁接與整合,"創造"出近乎無限的故事文本。

宋代話本作爲説話人的底本、録本或整理本,有鮮明的口傳文學特徵,在語言表達、場景描繪和情節設計上均有鮮明的程式化傾向。我們可以叙述"三怪"故事的宋話本系列(《西湖三塔記》《洛陽三怪記》《定山三怪》)爲個案,管窺宋代民間敘事文本的程式化。

---

①詳參[美]約翰·邁爾斯·弗里著、朝戈金譯《口頭詩學:帕里—洛德理論》(北京:社會科學文獻出版社,2000年),[美]約翰·邁爾斯·弗里著、朝戈金譯《口頭程式理論:口頭傳統研究概述》(《民族文學研究》1997年第1期)。

1. 宏觀層面:情節設計的程式化

《西湖三塔記》叙宋孝宗淳熙年間,有臨安人奚宣贊,其叔出家在龍虎山學道。時值清明,奚生往遊西湖,遇迷路女子卯奴,領至家中。後有一婆婆尋還該女,并邀奚生到其家,備酒以謝。席間,奚生見卯奴之母身着白衣,如花似玉,心神蕩漾。酒過三杯,有力士二人,捉一後生,開膛取心肝以供婦人下酒。酒後,婦人留下奚生做了半月夫妻,奚生面黄肌瘦。時值新的後生捉來,婦人欲取奚生心肝,卯奴救之,送其歸家。明年清明節,奚生射得一老鴉,落地後忽地變成去年的那個妖婆婆,又將奚生擄去。白衣婦人又欲取其心肝,結果又被卯奴救下。奚生之叔奚真人從龍虎山回來,發現城西有黑氣,又聞知奚生爲妖所纏,乃設壇捉妖。妖捉至,皆現原形,卯奴是烏雞,婆婆是獺,白衣婦人是白蛇。奚真人化緣造成三個石塔,將三怪鎮於西湖中①。

《洛陽三怪記》叙洛陽開金銀鋪之潘松,於清明節赴會節園賞花,遇一婆子,自稱潘松之姨,將其引至一崩敗花園。一青衣女童乃已故之鄰女王春春,勸潘松逃走,潘急走逃脱。潘遇舊交道士徐守真,請其前往捉拿邪祟,不料潘反被婆子捉住,被罩入雞籠,攝至一府第。娘娘出,與相見,設宴共飲。有紅袍大漢見此,怒氣盈面。是夜,娘娘强邀潘松做成夫妻。王春春引潘松窺婆子剖人取心,并云娘娘乃玉蕊娘娘,婆子乃白聖母,紅袍大漢乃赤土大王,專門迷人至此,共娘娘爲夫妻,數日間,又迷他人,前人即被剖心。潘松在王春春幫助下,再度逃脱。徐道士作法擒怪,有黃袍兜巾力士云:"潘松該命中有七七四十九日災厄,招此等妖怪,未可剿除。"遂罷。潘松居家避災,一日池邊釣魚,見婆子咬着釣魚鈎,幾至嚇死。徐道士請師父蔣真人下山,作法擒得三怪。原來白聖母是個白雞精,赤土大王是條赤斑蛇,玉蕊娘娘是個白貓精②。

《定山三怪》(即《崔衙内白鷂招妖》)叙唐玄宗時崔丞相,得皇帝所賜新羅國進貢之白鷂,後因事貶至定州中山府。其子崔衙内,春日放新羅白鷂打獵,在野外酒店見一相貌凶惡的酒保,賣人血酒,大恐。離店入山,忽見一紅兔,放白鷂追逐,途中遇一骷髏。入夜,崔衙内迷路,入一莊院借宿,乃日間所見酒保主人之宅。遇一紅衫女,設宴與飲。女之父,即途中所遇骷髏。崔衙内慌不擇路,連夜逃命。回府後,崔丞相禁其外出。三月後,崔衙内在後花園乘涼,又見酒保及紅衫女至。崔衙内爲色所迷,與紅衫女繾綣數日,爲看院之人窺見,回覆崔丞相。崔丞相仗劍砍女,劍折而女未傷。遂請羅真人作法,

---

① (明)洪楩輯、石昌渝校點:《清平山堂話本》,南京:江蘇古籍出版社,1990年,第25—36頁。
② (明)洪楩輯、石昌渝校點:《清平山堂話本》,第80—92頁。

擒住三怪,原來酒保乃一大蟲,紅衫女乃一紅兔,骷髏乃成器之古屍①。

上述三個話本,主要角色都是五位,各位角色的功能也大致相同,見下圖:

話本名稱＼角色功能	角色甲(三怪的獵物)	角色乙(三怪中的幫凶)	角色丙(三怪中的元凶)	角色丁(三怪中較爲良善者)	角色戊(三怪的剋星)
《西湖三塔記》	奚宣贊	婆婆(獺精)	白衣婦人(白蛇精)	卯奴(烏雞精)	奚真人
《洛陽三怪記》	潘松	婆子(白雞精)	白衣娘娘(白貓精)	紅袍大漢(赤斑蛇精)	蔣真人
《定山三怪》	崔衙内	骷髏(成器古屍)	紅衫女(紅兔精)	酒保(大蟲精)	羅真人

情節設計則如出一轍,見下圖:

話本名稱＼情節單元	誘騙後生	娘娘求歡	一逃再逃	真人降妖
《西湖三塔記》	奚生被婆婆(獺精)騙進家中	白衣婦人(白蛇精)與奚生做成夫妻,得新人後又欲將其殺害	卯奴(烏雞精)幫助下,奚生逃脫,又被擒住,再逃脫	奚真人作法,三怪顯出原形,被收服
《洛陽三怪記》	潘生被婆子(白雞精)騙進家中	白衣娘娘(白貓精)與潘生做成夫妻,得新人後又欲將其殺害	紅袍大漢(赤斑蛇精)良心未泯,不滿白衣娘娘和婆子的作爲;潘生逃脫、又被纏住	蔣真人作法,三怪顯出原形,被收服
《定山三怪》	崔生打獵途中遇酒保(大蟲精)賣人血酒,恐懼逃走;又遇骷髏(成器之古屍),再逃走	崔生再遇紅衫女(紅兔精),紅衫女欲與其做夫妻,再逃走	紅衫女再來糾纏崔生,與其做成夫妻	羅真人作法,三怪顯出原形,被收服

鄭振鐸說:"舊小說中的人物,常有一個固定的型式;常與舊舞臺上所表現的人物一樣,那一個是生,那一個是旦,那一個是淨,那一個是丑,都可明明白白的指出。小說的名稱雖然不同,而這一部小說中的'生',與別一部小說中的'生',其性格常是一模一樣的。"又說:"舊小說及傳說中的人物及情節是常常的互相抄襲,互相受有影響;雖或情節有略略的變更,人物有合二爲一,或分一爲二者,我們如果追究其來源,却總可得到

---

① (明)馮夢龍:《警世通言》卷一九,上海:上海古籍出版社,1992年,第166—174頁。

的。"①鄭先生點出舊小説中的人物及情節互相抄襲、互受影響,又指出"人物常有一個固定的型式",道出了舊小説人物刻畫、情節設計的模式化、程式化。從上述例子可以看到,宋話本作爲中國早期的白話小説,作爲真正的民間叙事文本,其角色安排的模式化和情節設計的程式化是相當突出的。

2. 中觀層面:場景描繪的程式化

宋話本的程式化不僅體現在宏觀層面的情節設計、角色安排,也體現在中觀層面的場景描繪。比如三篇話本在描繪"娘娘求歡"場景時,大同小異。《西湖三塔記》云:

> 娘娘道:"難得宣贊救小女一命,我今丈夫又無情,願將身嫁與宣贊。"
> 正是:春爲花博士,酒是色媒人。
> 當夜,二人攜手,共入蘭房。②

《洛陽三怪記》云:

> 娘娘道:"婆婆費心力請得潘松到此,今做與奴做夫妻。"諕得小員外不敢舉頭,也不由潘松,扯了手便走。
> 兩個便見:共入蘭房,同歸鴛帳。寶香消,繡幕低垂;玉體共,香衾偎暖。揭起紅綾被,一陣粉花香;撥起琵琶腿,慢慢結鴛鴦。三次親唇情越盛,一陣酥麻體覺寒。
> 二人雲雨,潘松終猜疑不樂。③

《定山三怪》云:

> 女孩兒道:"不要怕,我不是人,亦不是鬼,奴是上界神仙,與衙内是五百年姻眷,今時特來效於飛之樂。"教班犬自駕香車去。衙内一時被她這色迷了。
> 色,色,難離易惑,隱深閨,藏柳陌。長小人志,滅君子德。後主謾多才,紂王空有力。傷人不痛之刀,對面殺人之賊。方知雙眼是橫波,無限賢愚被沉溺。

---

① 鄭振鐸:《中國文學論集·伍子胥與伍云召》,長沙:嶽麓書社,2011年,第250、256頁。
② (明)洪楩輯、石昌渝校點:《清平山堂話本》,南京:江蘇古籍出版社,1990年,第31頁。
③ (明)洪楩輯、石昌渝校點:《清平山堂話本》,第86—87頁。

　　　　兩個同在書院裏過了數日。①

三篇話本在叙述"娘娘求歡"時,均是娘娘主動示愛甚而强求,然後用一段韻語鋪叙交歡。
　　宋話本的場景描繪常有雷同之處,更可見市井藝人、書會才人的模式化思維。先看《五代史平話·梁史平話》叙黄巢下第後的場景:

　　　　黄巢因下第了,點檢行囊,没十日都使盡,又不會做甚經紀,所謂:"床頭黄金盡,壯士無顔色。"那時分又是秋來天氣,黄巢愁悶中未免題了一首詩,道是:"栖栖芰荷枯,葉葉梧桐墜。細雨灑霏微,催促寒天氣。蛩吟敗草根,雁落平沙地。不是路途人,怎知這滋味!"題了這詩後,則見一陣價起的是秋風,一陣價下的是秋雨。望家鄉又在數千里之外,身下没些個盤纏。名既不成,利又不遂,也只是收拾起些個盤費,離了長安……②

再看《警世通言》卷三七《萬秀娘仇報山亭兒》叙陶鐵僧失業後的場景:

　　　　這陶鐵僧小後生家,尋常和羅棰不曾收拾得一個,包裹裏有得些個錢物,没十日都使盡了。又被萬員外分付盡一襄陽府開茶坊底行院,這陶鐵僧没經紀,無討飯吃處。當時正是秋間天色,古人有一首詩道:"栖栖芰荷枯,葉葉梧桐墜。細雨灑霏微,催促寒天氣。蛩吟敗草根,雁落平沙地。不是路途人,怎知這滋味。"一陣價起底是秋風,一陣價下的是秋雨……③

兩種不同話本(講史話本與小説話本)的引文,一叙下第後的場景,一叙失業後的場景,寫景叙事居然如出一轍,不得不使人懷疑此乃説話人叙失意場景的程式化範本。
　　3. 微觀層面:語言表達的程式化
　　宋話本的程式化還鮮明地體現在微觀層面的語言表達,即套語的大量運用。這些套語可分兩種情况,一種是保留着强烈的説書人口吻的特定用語,如"話説""却説""且

---

①(明)馮夢龍:《警世通言》卷一九,上海:上海古籍出版社,1992年,第173頁。
②《五代史平話》,見丁錫根《宋元平話集》,上海:上海古籍出版社,1990年,第28—29頁。
③(明)馮夢龍:《警世通言》卷三七,第367頁。

說"等表明故事開始、轉折意味的套語,"正是""只見""但見""怎見得""有詩爲證""有詩云"等引出韻語的套語。另一種是話本在寫人、叙事、繪景、抒情、議論等過程中反復使用的習慣用語,如叙女郎言語,多用"啓一點朱脣,露兩行碎玉,説出數句言語來",狀人驚訝,多用"分開八塊頂陽骨,傾下半桶冰雪來",叙男女酒後交歡,多用"春爲花博士,酒是色媒人",説話人現身對故事人物涉危之舉抒發感慨,多用"若是説話的同年生,並肩長,攔腰抱住,把臂拖回",等等。宋話本的入話部分存在大量套語,某些套語甚至"小説、演史、講經並可通用",如羅燁《醉翁談録》甲集卷一"舌耕叙引"所引"小説引子",可能就是説話人在入話時的通用套語。宋話本的正話部分也有大量套語,既有散語,也有韻語。

我們試以《西湖三塔記》和《洛陽三怪記》爲例,看看宋話本中的套語。兩個故事都發生在清明節,兩篇描寫清明節如出一轍,《西湖三塔記》云:

> 當日是清明。怎見得?乍雨乍晴天氣,不寒不暖風光。盈盈嫩綠,有如剪就薄薄輕羅;嫋嫋輕紅,不若裁成鮮鮮麗錦。弄舌黄鶯啼别院,尋香粉蝶繞雕欄。①

《洛陽三怪記》云:

> 時遇清明節……正是:乍雨乍晴天氣,不寒不暖風和。盈盈嫩綠,有如剪就薄薄香羅;嫋嫋輕紅,不若裁成鮮鮮蜀錦。弄舌黄鸝穿透奔,尋香粉蝶繞雕欄。②

兩篇描繪清明節的韻語僅有少量差異。

又如描寫婆子,《西湖三塔記》云:

> 看那婆婆,生得:雞膚滿體,鶴髮如銀。眼昏如秋水微渾,髮白侣楚山雲淡。形如三月盡頭花,命似九秋霜後菊。③

---

① (明)洪楩輯、石昌渝校點:《清平山堂話本》,南京:江蘇古籍出版社,1990年,第29頁。
② (明)洪楩輯、石昌渝校點:《清平山堂話本》,第82頁。
③ (明)洪楩輯、石昌渝校點:《清平山堂話本》,第30頁。

《洛陽三怪記》云：

> 看這婆婆時，生得：雞皮滿體，鶴髮盈頭。眼昏似秋水微渾，體弱如九秋霜後菊。渾如三月盡頭花，好似五更風裏燭。①

兩篇的引入語和韻語均高度相似。

再如描寫婦人出場，《西湖三塔記》云：

> 婆婆引着奚宣贊到裏面，只見裏面一個着白的婦人，出來迎着宣贊。宣贊着眼看那婦人，真個生得：
> 綠雲堆髮，白雪凝膚。眼橫秋水之波，眉插春山之黛。桃萼淡妝紅臉，櫻珠輕點絳唇。步鞋襯小小金蓮，玉指露纖纖春筍。②

《洛陽三怪記》云：

> 那婆婆引入去，只見一個着白的婦人，出來迎接。小員外着眼看，那人生得：
> 綠雲堆鬢，白雪凝膚，眼描秋月之□，眉拂青山之黛。桃萼淡妝紅臉，櫻珠輕點絳唇。步鞋襯小小金蓮，十指露尖尖春筍。若非洛浦神仙女，必是蓬萊閬苑人。③

兩篇敘述之散語和描寫之韻語，均驚人地相似。宋話本的高度程式化於此可見一斑。

上面考察了《西湖三塔記》《洛陽三怪記》《定山三怪》的模塊化人物、模式化情節和程式化敘事，實際上還有一篇《福祿壽三星度世》與上述三篇相仿。鄭振鐸謂："也許這一類以'三怪'爲中心人物的'煙粉靈怪'小説，是很受當時一般聽者們所歡迎，故'説話人'也彼此競仿着寫罷。總之，這四篇（引者注，指《西湖三塔記》《定山三怪》《洛陽三怪記》《福祿壽三星度世》）當是從同一個來源出來的。"④胡士瑩説："《六十家小説》中的西湖三怪事，當指本篇（引者注，指《西湖三塔記》）。它是從唐代故事《定山三怪》和

---

① （明）洪楩輯、石昌渝校點：《清平山堂話本》，南京：江蘇古籍出版社，1990年，第82頁。
② （明）洪楩輯、石昌渝校點：《清平山堂話本》，第30頁。
③ （明）洪楩輯、石昌渝校點：《清平山堂話本》，第85頁。
④ 鄭振鐸：《插圖本中國文學史》，廣州：花城出版社，2015年，第521頁。

北宋故事《福祿壽三星度世》衍化而來的。《洛陽三怪記》的故事也與此相近。"①點出了宋話本中"三怪"系列的同源衍化和競相仿寫。實際上,這種同源衍化和競相仿寫導致的文本模式化,正是宋話本程式化的典型例證。

當然,宋代士人小說中也有程式化的跡象,但與宋話本相較,還是小巫見大巫。宋話本的程式化趨勢,既體現在宏觀層面的情節設計、角色安排,也體現在中觀層面的場景描繪,還體現在微觀層面的語言表達,可謂全方位、多層面的程式化。宋代士人小說,還是以追求個性化的描寫爲目標,儘量避免出現重複,程式運用密度較低,程式化程度遠遜於宋話本。總之,宋代士人敘事與市民敘事在程式化程度上的差異還是非常明顯的。

(二) 嫁接捏合:民間質樸敘事的慣用手法

民間敘事擅長移花接木、捏合故事,常常越出歷史的框架甚至有悖生活的邏輯,顯示出敘事的簡率與粗樸。而相形之下,此類情況在文人敘事中則較爲少見。

宋話本《蘇長公章臺柳傳》②敘蘇軾爲臨安太守時,一日宴請靈隱寺住持佛印長老共賞牡丹花,召妓女章臺柳只應清唱,蘇軾賞其文才,醉中允其從良,并答應娶之,還與佛印各贈一詩給她。章臺柳在家專候一年,不見來娶,只得尋個媒人,嫁與一個丹青大夫。又過一年,忽一日,東坡飲酒時見風吹一柳葉入杯,方憶起章臺柳。再尋其芳跡,知其已嫁人,於是寫詩責其"終身難斷風狂性"。章臺柳回書一絕,以"而今已落丹青手,一任風吹不動搖"表明其志。蘇軾讀罷連聲讚歎,遂請佛印、辨才、南軒、少遊共觀之。五人各有題詠,詩罷,眾人大笑,盡歡而散③。

話本之本事,應出於《太平廣記》卷二七三引《唐闕史》杜牧尋春故事,故事云:

> 太和末,牧復自侍御史出佐沈傳師江西宣州幕……及聞湖州名郡,風物妍好,且多奇色,因甘心遊之……將罷舟艤岸,於叢人中,有里姥引鴉頭女,年十餘歲,牧

---

① 胡士瑩:《話本小說概論》,北京:中華書局,1980 年,第 209 頁。
② 該話本見收於明刊本《熊龍峰四種小說》。胡士瑩《話本小說概論》將其歸入宋話本,鄭振鐸認爲該篇"風格極爲幼稚,當是宋元之物"(見《中國文學論集・明清二代的平話集》,長沙:嶽麓書社,2011 年,第 373 頁),孫楷第《日本東京所見小說書目》則將之列入"明清部"。筆者按,文中有"時人說《蘇東坡風雪貶黃州》"句,元人費唐臣有雜劇《蘇東坡貶黃州》(亦作《蘇子瞻風雪貶黃州》)。因此,《蘇長公章臺柳傳》或爲已經明人修訂之宋話本。
③《熊龍峰四種小說》,王古魯蒐錄校注本,上海:古典文學出版社,1958 年,第 23—28 頁。

熟視曰:"此真國色,向誠虛設耳。"因使語其母,將接致舟中,姥女皆懼。牧曰:"且不即納,當爲後期。"姥曰:"他年失信,復當何如?"牧曰:"吾不十年,必守此郡;十年不來,乃從爾所適可也。"母許諾。因以重幣結之,爲盟而別。

故牧歸朝,頗以湖州爲念,然以官秩尚卑,殊未敢發。尋拜黃州、池州,又移睦州,皆非意也。牧素與周墀善,會墀爲相,乃並以三箋干墀,乞守湖州。意以弟顗目疾,冀於江外療之。大中三年,始授湖州刺史,比至郡,則已十四年矣。所約者,已從人三載,而生三子。牧既即政,函使召之,其母懼其見奪,攜幼以同往。牧詰其母曰:"曩既許我矣,何爲反之?"母曰:"向約十年,十年不來而後嫁,嫁已三年矣。"牧因取其載詞視之,俯首移晷,曰:"其詞也直,强之不祥。"乃厚爲禮而遣之,因賦詩以自傷曰:"自是尋春去校遲,不須惆悵怨芳時。狂風落盡深紅色,綠葉成陰子滿枝。"①

杜牧到湖州時看中一位十餘歲的鴉頭女,"因以重幣結之",約定"且不即納,當爲後期",并承諾"吾不十年,必守此郡;十年不來,乃從爾所適可也";杜牧十四年後赴任湖州刺史,得知此女"已從人三載,而生三子",惆悵不已,賦詩以自傷。

我們可將兩個故事用下表加以比較:

故事框架 故事文本	詩人誓約,佳人等待	詩人爽約,佳人另嫁	詩人遺恨,賦詩自傷
《唐闕史》 杜牧尋春故事	杜牧到湖州時看中一位十餘歲的鴉頭女,"因以重幣結之",約定"且不即納,當爲後期",并承諾"吾不十年,必守此郡;十年不來,乃從爾所適可也"。	杜牧十四年後方赴任湖州,得知此女"已從人三載,而生三子",乃厚爲禮而遣之。	杜牧惆悵不已,賦詩以自傷。
《蘇長公章臺柳傳》	蘇軾欣賞歌妓章臺柳的文才,醉中允其從良,并答應娶之;章臺柳脫離樂籍,在家專候蘇軾來娶。	章臺柳在家專候一年,不見來娶,只得尋個媒人,嫁與一個丹青大夫。	蘇軾偶然憶起章臺柳,探尋其芳蹤,得知已嫁,作詩感歎"分明對面没姻緣"。

由上可知,兩個文本的故事框架如出一轍,不同的是,話本將杜牧與鴉頭女的未遂情緣,移植到蘇軾與章臺柳身上。另外,話本還將唐傳奇《柳氏傳》中韓翊問詢章臺柳的詩句"章臺柳,章臺柳,昔日青青今在否?縱使長條似舊垂,也應攀折他人手",略作改動,移植到蘇軾問詢章臺柳的故事上。於此可見話本移花接木、隨意捏合的高超本

---

① (宋)李昉等編:《太平廣記》卷二七三引《唐闕史》,北京:中華書局,1961年,第2151—2152頁。

領。吳自牧《夢粱錄》云"小説者,能講一朝一代故事,頃刻間捏合"①,證以現存話本,所言確實不誣。值得注意的是,唐傳奇《柳氏傳》敘韓翊和章臺柳的離合姻緣,有亂世滄桑的深深感喟;《唐闕史》敘杜牧與鴉頭女的未遂情緣,也呈現出杜牧寬厚的文人品行。這些文本都呈現出士人敘事的高雅情趣。相形之下,話本中蘇軾輕諾寡信、輕薄浮浪的風流,呈現出市民敘事的鄙俗之趣。於此可見,市民敘事捏合嫁接士人敘事的故事框架和經典橋段時,并非原滋原味,審美情趣往往會發生偏移,由雅而俗。

三、巧以成書與以物串事:文白之分

(一)巧以成書:人生感悟與驚奇心理

巧合是小説中經常使用的叙事技巧,正所謂"無巧不成書"。宋代文言小説和白話小説中都有不少運用巧合以連綴情節的文本,但比較而言,白話小説用得更爲普遍,這可能與白話小説刻意以奇巧曲折之情節,滿足受衆的驚奇心理有關係。

宋代文言小説中的巧合運用往往不只是情節需要。張實《流紅記》敘宫女韓氏題詩於紅葉,將其置於御溝流出。于祐拾得紅葉,收藏之,并找來另一紅葉題上詩句,置於御溝上流水中。後來兩人竟無意中成爲夫妻,并在無意中發現彼此珍藏有對方題詩的紅葉,小説敘云:

> 既而韓氏于祐書筥中見紅葉,大驚曰:"此吾所作之句,君何故得之?"祐以實告。韓氏復曰:"吾於水中亦得紅葉,不知何人作也?"乃開筥取之,乃祐所題之詩。相對驚歎,感泣久之,曰:"事豈偶然哉!莫非前定也。"韓氏曰:"吾得葉之初,嘗有詩,今尚藏篋中。"取以示祐,詩云:"獨步天溝岸,臨流得葉時。此情誰會得?腸斷一聯詩。"聞者莫不歎異驚駭。②

---

① (宋)吴自牧:《夢粱錄》,見孟元老等《東京夢華錄》(外四種),上海:古典文學出版社,1956年,第312—313頁。
② (宋)劉斧:《青瑣高議》前集卷五,上海:上海古籍出版社,1983年,第53頁。

小説以男女雙方結爲連理後,方知彼此在不知情的情况下互相珍藏着對方題詩紅葉這種極度巧合之事,來揭示"事豈偶然哉!莫非前定也"的姻緣命定觀念。於此可見,文中運用的巧合不僅是爲了釀造故事的離奇曲折,更重要的是爲了揭示世事浮沉、莫非命定的人生感悟。

宋代白話小説中的巧合運用則更主要地是爲了滿足觀衆的心理需求。《張生彩鸞燈傳》叙書生張舜美因鄉薦來杭,未能中選,遂淹留邸中。上元節觀燈,與麗人劉素香一見鍾情,但却被人群擠散。明日,張又在原相遇之處得與劉相見。女擲以一花箋,上書詞一首,并示以居處,約以次日相會。次日兩人相會,繾綣歡娛,私訂終身。爲長相廝守,兩人打算一同私奔鎮江投靠親友。但在出城時,他們又一次被擠散。張舜美見到劉素香一隻繡鞋(實則是劉素香恐家人追趕,遺鞋以絶父母之念),且聽人言有女溺水而亡,悲傷欲絶,病卧杭州。劉素香獨自一人來到鎮江,無處覓生,正欲投水自盡,恰遇一個尼姑相救,於是到大慈庵爲尼。三年後,早已返鄉的張舜美得中解元,再次上京應試,路過鎮江,偶遊大慈庵,恰巧遇到劉素香,兩人終得重逢。後張舜美連科進士,得授官職,前程遠大①。話本的關鍵情節之一即張、劉兩人三年後的重逢,完全是巧合。説話人運用這種巧合使得故事跌宕起伏又峰迴路轉,同時也彰顯出有情人終成眷屬的主題,滿足觀衆大團圓的心理需求。如果説《流紅記》的巧合運用主要是爲了表達人生感悟,那麽《張生彩鸞燈傳》的巧合運用則主要是爲了滿足觀衆對曲折情節的追求,對情侶團圓的追求。兩種文本在巧合運用的目的上還是有細微差別的。

宋代白話小説運用巧合以滿足觀衆驚奇心理,最顯著者當屬《錯斬崔寧》(《醒世恒言》題爲《十五貫戲言成巧禍》)。文叙宋高宗時臨安人劉貴,因生計不順,在丈人處借得十五貫錢擬作爲開店本錢,途中喝酒微醉,回家後戲對小妾陳二姐説這是將其典於他人的賣身錢。小妾信以爲真,忐忑不安,當夜借宿在外,次晨即私奔娘家討主意。是夜一盗入室,殺死劉貴,將十五貫錢偷走。鄰人發現劉貴被殺,遣人追上陳二姐,見其與一後生崔寧同行,於是將其二人扭送至官府。恰好崔寧做生意賣絲得十五貫錢帶在身邊,於是官府嚴刑拷打,判二人爲殺人竊財的凶手,將二人一斬一剮。一年後,劉貴妻王氏回娘家時爲强人靜山大王劫走,做了壓寨夫人。靜山大王一日閑談中説出自己曾盗劉貴十五貫錢并殺人之事,王氏次日即前往臨安府告官,靜山大王被正法。話本中關鍵情節的推動皆是出於巧合:首先,陳二姐離家借宿只把門拽上,并未關好,恰切當夜就有賊人入室,劈死劉貴,竊走錢財;其次,陳二姐次晨回娘家討主意,半路上恰巧遇上賣絲得

---

①《張生彩鸞燈傳》,見《熊龍峰四種小説》,王古魯蒐録校注本,第1—13頁。

錢十五貫的崔寧,與她結伴同行;復次,陳二姐和崔寧被告到官府,恰切遇上糊塗官,兩人被屈打成招,雙雙冤死。這一連串的巧合最終釀成了冤案。冤案之後,也是由於巧合,纔最終促使冤案的昭雪,那就是王氏被靜山大王劫持,而靜山大王恰巧就是殺死劉貴劫走錢財的凶手并主動向王氏坦白,這纔導致真相大白、元凶落網①。冤案的造成,是由於巧合,而冤案的昭雪,也是由於巧合。巧合是該話本推動情節的主要手法,《醒世恒言》將該話本改題"十五貫戲言成巧禍",其中的"巧"字正道出了故事的特點,也隱寓着叙事的手法。值得注意的是,話本中巧合的運用,當然也有凸顯因果報應的人生體悟,但主要目的可能還是鍛造奇巧的情節,以滿足觀衆的驚奇心理。

通過上面的對比可以發現,《流紅記》等文言小説運用巧合是着眼於表達作者的人生感悟,《張生彩鸞燈傳》《錯斬崔寧》等白話小説運用巧合則是着眼於滿足觀衆的心理需求。兩種文本運用巧合的出發點還是頗有差異。

(二) 以物串事:叙事紐帶的選擇運用

通過某種紐帶以"物"串"事"(以某種具象之物作爲紐帶來貫串整個故事)是叙事中常用的技法,宋傳奇和話本中均有不少文本運用了此法。但比較而言,宋話本對此法的運用更爲普遍,也更爲自覺。我們可以從傳奇小説《摭青雜説·守節》與改編而成的話本小説《范鰍兒雙鏡重圓》對比中,得到清晰印象。

佚名《摭青雜説·守節》叙南宋初年建州凶賊范汝爲之族子范希周,本爲士人,陷在賊中,不能自脱。范部劫掠赴任福州税監官的吕忠翊,其女爲范希周所得,被娶爲正妻。是年冬,朝廷命韓郡王率領大軍征討建州范部,吕氏與范希周相約如果兩人離散且能活下來,彼此將終身不嫁不娶。吕忠翊隨同韓郡王征討建州,城破之時吕氏正欲自縊,恰巧被其父發現救下。吕忠翊令其女改嫁,吕氏信守誓言不願負約。後來吕忠翊爲封州將領,接待廣州使臣賀承信,吕氏在旁窺見,疑其爲范希周。再後來當賀承信再到封州參見吕忠翊時,吕氏確認其爲范希周。吕忠翊詢問其鄉貫出身等相關情況,賀承信坦言自己就是范希周,城破之時恐被株連而改名,後招安到軍中任職,并坦言與吕氏離散後信守誓約至今不曾娶妻。吕氏與范希周相見,夫妻終得破鏡重圓②。

《警世通言》卷一二《范鰍兒雙鏡重圓》,不少學者認爲其主體部分應是宋話本,到

---

① (明) 馮夢龍:《醒世恒言》卷三三,天津:天津古籍出版社,2004年,第509—520頁。
② (明) 陶宗儀:《説郛》卷三七引《摭青雜説·守節》,北京:中國書店,1986年,第18—20頁。

了元明又有增飾①。話本之本事源於《摭青雜説·守節》,話本基本保持了原作的時空語境、故事框架和人物性格,但又有調整、增飾和發揮,如將吕氏的年齡從"十七八歲"改爲"年方二八",將范希周的年齡從"二十五六歲"改爲"二十三歲",又如爲吕氏取名爲"順哥",爲范希周取綽號"范鰍兒"。與這些細枝末節的改動相比,話本最大的變動在於"信物"的引入。話本中增加了范希周的一面祖傳寶鏡作爲夫妻破鏡重圓的信物,該信物同時也成了串聯故事的關鎖。當范希周聘娶吕順哥時,話本云:

  希周送順哥於公館,擇占納聘。希周有祖傳寶鏡,乃是兩鏡合扇的。清光照徹,可開可合,内鑄成"鴛鴦"二字,名爲"鴛鴦寶鏡",用爲聘禮。

當朝廷征討大軍壓境、夫妻可能離散之際,話本云:

  順哥道:"若果有再生之日,妾誓不再嫁。便恐被軍校所擄,妾寧死於刀下,決無失節之理。"希周道:"承娘子志節自許,吾死亦瞑目。萬一爲漏網之魚,苟延殘喘,亦誓願終身不娶,以答娘子今日之心。"順哥道:"'鴛鴦寶鏡',乃是君家行聘之物,妾與君共分一面,牢藏在身。他日此鏡重圓,夫妻再合。"説罷相對而泣。

當夫妻劫後餘生重逢之際,話本云:

  吕公又問道:"足下與先孺人相約時,有何爲記?"承通道:"有'鴛鴦寶鏡',合之爲一,分之爲二,夫婦各留一面。"吕公道:"此鏡尚在否?"承信道:"此鏡朝夕隨身,不忍少離。"吕公道:"可借一觀。"承信揭開衣袂,在錦裹肚系帶上,解下個繡囊,囊中藏着寶鏡。吕公取觀,遂於袖中亦取一鏡合之,儼如生成。承信見二鏡符合,不覺悲泣失聲。吕公感其情義,亦不覺淚下道:"足下所娶,即吾女也。吾女見在衙中。"遂引承信至中堂,與女兒相見,各各大哭。②

---

  ①胡士瑩《話本小説概論》:"話文開頭引用吴中舟師之歌一首後,便緊接説道:'此歌出自我宋建炎年間'云云,確系南宋人口氣……浦江清云:'大概韓公平建亂之功業,煊赫在人耳目,臨安説話人説此一段鴛鴦寶鏡之傳奇故事,距離紹興年間當還不遠。'就篇中反映的時代背景來看,浦説甚確……但話本開頭的這首《南鄉子》詞('簾卷水西樓'),見《西湖遊覽志餘》卷二五,爲元末明初人瞿宗吉(1341—1427)所作,顯然是後人竄入的。"(北京:中華書局,1980年,第207—209頁)
  ②(明)馮夢龍:《警世通言》卷一二,上海:上海古籍出版社,1992年,第107—110頁。

寶鏡的合、分、再合,伴隨着范、吕兩人的結合、離散和重合,連綴着故事情節的起承轉合。可以說,寶鏡既是見證兩人忠貞不渝愛情的信物,也是綴合情節、聯結人物的叙事紐帶①。文言小說中,就缺乏這樣一種清晰可感的物件作爲信物、作爲紐帶,話本在改編時,特意引入這樣一個物件,可謂一箭雙雕,既使故事因爲信物的分合更具吸引力,也使叙事因爲紐帶的連綴更具粘合力,於此可見市井文本對叙事紐帶的主動設計和着意運用。

現存宋話本中,不少篇章都有清晰可感的物事作爲叙事紐帶,如《碾玉觀音》中的玉觀音,《十五貫戲言成巧禍》中的十五貫錢,《合同文字記》中的合同文書,《楊思溫燕山逢故人》中的骨灰匣,《崔衙內白鷂招妖》中的白鷂,《鄭節使立功神臂弓》中的神臂弓,等等。

現存宋傳奇中,也有一些篇章會以某種具體物事爲關目連綴情節,如王明清《投轄錄·玉條脱》。該文以張生臂上所戴玉條脱這個物件爲紅線,通過張生贈送玉條脱,孫女亡後陪葬玉條脱,鄭三盯上玉條脱,發塚盜取玉條脱等情節,將許婚定情、負約别娶、氣絶身亡、盜墓復活、上門扣問、誤傷再亡、畏死獄中等場景貫穿起來,使得整個故事渾然一體。又如張實《流紅記》以紅葉爲媒貫穿文本,李獻民《雲齋廣録·玉尺記》以玉尺爲介聯結人物,都顯示出結撰故事的藝術匠心。

比較而言,在通過具象之物作爲紐帶來貫穿文本方面,還是宋話本用得更爲普遍,也更爲自覺。這可能與說話人爲把故事講得環環相扣、繩貫珠聯,所以主動設計和着意運用叙事紐帶息息相關。

綜上所述,宋代話本與文言小說所折射的市民叙事與士人叙事,在叙事行爲上頗有差異。概而言之,士人叙事重"事"亦重"叙",講究結構的謹嚴周密、情節的跌宕有致和叙述的起承轉合;市民叙事則"事"重於"叙",更加注重故事本身的生動曲折,而不把"叙"作爲重點,在謀篇布局的運思、叙事技法的運用上整體不及士人叙事精緻。值得注意的是,市民叙事中大量運用程式、套語、嫁接、捏合、巧合、以物串事等叙事技法,呈現出鮮明的民間性、集體性和質樸性,這與士人叙事的文人性、個體性、精緻性形成對照。

---

①包括市井叙事在內的民間叙事中,以信物作爲叙事紐帶的故事文本比比皆是,有學者將其歸爲一種故事類型。丁乃通在《中國民間故事類型索引》一書中,訂立了一條881A型"夫妻離散各執信物終得團圓"的故事類型,并說明:"這一對夫妻在戰時離散。然而各自持着一個信物以便識别對方(往往是將一件信物分爲兩半,各持一半)。戰爭結束後,丈夫長期尋找失去的妻子,終於由信物而問到她的下落……使得夫妻重新團圓。"北京:中國民間文藝出版社,1986年,第271頁。

宋代市民敘事（民間敘事）與士人敘事（文人敘事）在敘事行爲上的歧異，與敘事主體在倫理意識（士人的"教重於樂"與市民的"樂先於教"）、審美追求（士人尚"雅韻"與市民好"俗趣"）、創作心理（士人之求新求變與市民之趨同從衆）等方面的差異息息相關。進而言之，正是敘事主體文化精神的差異導致了兩類敘事在敘事行爲上的歧異。

實際上，一方面我們要注意到宋代市民敘事（民間敘事）與士人敘事（文人敘事）頗有差異，另一方面更要注意到兩者在異質互補的基礎上，又互動共生、相輔相成，并深刻影響了後世的敘事文學。當然，這是另一篇文章要探討的主題。

明代世情小説的社會倫理闡釋

劉士義

(山西師範大學文學院)

以性別與倫理視角來關照明代世情小説的生發狀況,是時下文學界小説研究的重要思路。然而由於小説文本的虚實建構、編著者的心理動機與閱讀者的群體好尚等因素的摻入,其研究與明代社會的實際狀況産生了較大的審美距離與現實差異。在此背景下,以文證史或文史互證等行爲都存在一定的研究誤差,因此有必要建立起聯繫社會學、歷史學與文學的綜合研究維度。統一的社會倫理研究體系是一種綜合多學科、多視角的立體與動態的研究方法,它建立起聯繫社會性與生理性、群體性與個體性的立體維度,并把性以及因性而産生的性别、倫理、性愛與情愛等要素當作一個有機體,解决了明代世情小説研究因學科界域而産生的割裂性問題。明代世情小説的社會倫理審視,利用文史互證、民俗關照與心態思潮等研究方式,將明代小説研究的婚戀、狹邪、男風、豔情、悍妻等情愛題材研究提升至新高度,并爲明代歷史、民俗等研究提供可靠的文獻支持。

一、明代社會倫理與世情小説

文學源於現實,以文學爲視角來關照社會發展的基本狀況,是現代學術研究的重要方式。然而,文學又高於現實,對歷史還原又必須擠掉文學中的虚構水分。明代世情小説是明代社會百態的一個縮影,對其進行社會倫理體系的文化審視,有助於增强對明代文學、歷史與民俗的基本認識。性别、倫理、情愛與性愛等元素構成了明代世情小説研究的基本品質。以社會學而論,人之本質是生物性與社會性的統一體,而對生物性與社會性的人文關照則肇始於上古社會的"性"之體識。在此基礎上,由"性"而生發出一系列的社會倫理關係建構。明代世情小説所關涉的性别、情愛、性愛與家庭、婚外情等交錯複雜的倫理體系均與其有密切聯繫,因此有必要關照因"性"而生發的社會倫理生態體系,以期對明代世情小説有更加通透的認識。

　　在社會的發展過程中,人類繼承了動物因生存與繁衍需要而産生的性欲本能,古代哲人將這種與生俱來的欲望以及因之而産生的情緒名之爲"性"。當人類從動物群體過渡到社會組織後,生理"性"便不斷地受到社會倫理的約束與規範,從而使生理"性"的社會屬性得到了極大的強化。降及兩周,經過數百年禮樂文化的薰陶與漸染,社會"性"逐步被儒家形塑爲"禮""仁"等社會品質。自漢代儒術獨尊後,經過千餘年的倫理強化,"性"體識完成了生理性與社會性的基本融合。孔子所言"食、色,性也",即説明了生存、性欲等生理屬性對社會性的基礎作用。歷代哲人不斷地用"禮"與"仁"等社會性體制來對抗生理性對人性的控制。在這種條件下,"性"之涵域發生了巨大的變革與遷移。在人之社會屬性的驅動下,"性"之社會品質被逐漸擴大,而根植於人之動物屬性的"生理性"則逐漸被掩蔽,甚至不斷被妖魔化。

　　明代中後期,工商業階層逐步壯大與市民娛樂市場愈益繁榮,加之以個體意識與人性思潮萌發,好色好貨的人性欲望得到社會的普遍肯定,由此導致生理性對社會倫理關係的強烈衝擊。這種結果在明代精英士族中表現得尤爲突出。精英士族的生理性與社會性衝突表現在其對情、欲、心、理的諸哲學概念的重新審視與解構上。以陽明學派對程朱理學的文化批判爲例,陽明學人多從好物好色的生理本能契入來建立自己的理學世界。除此之外,受發達的商品經濟影響,部分精英士族的個體性意識亦受到了生理物欲的極大刺激,從而呈現出從社會之禁欲向個人之放縱的心理過渡,典型者如楊慎、屠隆、袁宏道等文人都經歷了這種心態的轉變。在研究明代文人的心理取向時,這一點變得尤爲重要,既要把握明代社會的性習俗要求,又要着意於明人個體的性心理取向。

　　明代社會倫理既要關注社會精英士族的性心理嬗變,又要切實把握民間市井的性存在狀態;既要體驗個體生理性的情欲發洩及其心理狀態,又要契合社會群體性意識的表露與傳播形式。以明初瞿祐《剪燈新話》與後繼之李昌祺《剪燈餘話》爲例,其基本上反映了明初社會的倫理狀態。其小説肯定了人性倫理中的個體情愛,歌頌了在戰亂中所追求的純潔愛情,因此其書一出即風靡市井,以致國子祭酒李時勉上書而遭禁毀,"假託怪異之事,飾以無根之言""不惟市井輕浮之徒爭相誦習,至於經生儒士多舍正學不講,日以資談論"①《剪燈新話》諸小説的興毀,其實反映了明初性文化生態的基本存在

---

① 王利器:《元明清三代禁毀小説戲曲史料》,上海:上海古籍出版社,1981年,第15頁

狀況:一方面代表市井民衆之生理欲望的世俗情愛流波氾濫,另一方面代表官方意識形態之社會倫理的強力約束與規範。

明代部分世情小說帶有明顯的性倫理悖逆,反映在其一方面内容充斥着大量的男女間的情色描寫,一方面其序跋、評點與批註又帶有明確的警世喻世之寓意。以《金瓶梅》爲例,其書雖充斥淫穢色情之描寫,但東吴弄珠客其序云:"《金瓶梅》,穢書也。……然作者亦自有意,蓋爲世戒,非爲世勸也。"世情小說的情性悖謬深層次地反映了精英士族意識中的倫理生態衝突:一方面因個體性意識的覺醒,精英士人崇尚情性的自然流放,另一方面因宋元理學的薰染而强化社會倫理對生理情欲的制衡。明代精英士族的性意識分裂與明代社會倫理生態有着直接關係。作爲社會官方意識體系的制定者與執行者,精英士族必須以身作則來踐行這套倫理秩序。然而,在現實中禮與仁的自我約束很容易走向"抑情滅欲、立禮求仁"的極端,而此則與"好貨好色"的人之生理屬性發生了激烈的價值衝突。

世情小說在明代有兩個重要的主題嬗變,一則着重表現家庭世俗生活,一則借婚戀故事而純粹宣淫導欲。以《金瓶梅》爲代表,其融合了家庭倫理與狎邪遊冶等世俗生活,而其色情描寫又助推了豔情小說之增長。自此之後,家庭、兩性、狎邪、同性等元素錯位組合,更促發了明代世情小說之婚姻倫理、僧尼孽緣、才子佳人、狎邪同性等題材的興盛。究其實質,此小說主題之嬗變實爲明代群體性習俗與個體性體驗的直接展現。群體性習俗包含着社會對性與倫理生態的整體認知,是涵融於社會公共層面的群體觀念。傳統的以家庭生活爲主題的小說均基於此種意識而發展。人類生理"性"則表現出强烈的個體性愛體驗,受其支配,大量的以色情描寫爲主體的豔情小說得以湧現。社會群體性意識呈現出開放、顯性而穩定的外在形態,而個體性意識則更凸顯出封閉、隱性、活泛的内在特點。從某種程度上説,社會倫理生態的群體與個體雙重品質促發了明代世情小說的繁盛。

明代世情小說的婚戀主題反映了明人對情愛與性愛的共公認知與心理訴求,而豔情小說則體現了明人個體性意識中的情色癡戀與禁欲抗拒。明代婚戀小說通過建構情愛婚姻主題與幽期偷情等情節,利用"兩情相悅—婚姻受阻—鸞鳳和諧"的故事母題,從而達到取悅世俗民衆的目的。婚戀主題小說在明代蔚爲大觀,實質上也反映了明代社會情愛環境的實際狀況。在《剪燈新話》與《剪燈餘話》中,婚戀主人公涵蓋了書生、官宦、商人、妓女等諸多形象,基本反映了明初社會倫理體系的寬鬆狀況。作者并沒有像明代中後期的才子佳人小說那樣刻意地將自己的文士身份幻化爲書中主人公形象,兩書故事的選材是寬博的,同時又帶有精英士人的價值評判,正因如此,纔凸顯明初民間情愛婚姻的實際狀態。這一點正與史傳文學或道學作品所宣揚貞孝節義的故事大相徑庭。

明代中後期市場上湧現出大量以性愛描寫爲主體的豔情小說,其內容充斥着淫穢、亂倫、色情等描寫。其中相當部分的露骨描寫不僅逾越了社會倫理,亦違背了生理常識。究其實質,在市場及書商的需求下,缺乏性生活實踐的寫手因自我性幻想而書寫的變態性愛體驗。以生理學角度而論,這些誇張而逾俗的性愛體驗多出自作者的性愛臆想①。這些情色臆想既暴露了創作者在性生活方面的實踐缺陷,同時亦滿足了處於性壓抑狀態下的個體性愛需求。因此,如果説婚戀主題小説滿足了處於倫理規範下的情欲宣洩的話,那麼以豔情及性愛爲主體的小説則喚起了性壓抑心理下的潛意識抗爭。正是在這種情況下,明代出版商爲了迎合不同層次性的消費者需求從而出版了大量的情色淫穢小説。

嘉靖至萬曆年間,以家庭倫理關係爲主題的小説遭到了群體生理性意識的強烈侵蝕。明代書市中充斥着大量的以僧尼孽緣、偷情通姦、違背人倫爲題材的亂倫小説,如《僧尼孽海》《癡婆子》等作品。這種有礙風化的市民消費行爲遭到明政府的嚴厲禁止。然而,這種狀況的出現卻并不能證明明代社會已經形成人倫敗壞、道德淪喪的社會風氣②。其根源在於潛隱於群體倫理意識中的"個體性意識"并不能反映流行於社會公共層面的社會倫理生態。深層次地講,這種潛隱式的個體性意識之所以彙聚成世俗洪流,與明代中後期寬鬆的社會倫理生態有直接的關係③。個體性意識帶有隱性、潛行與適性等特徵,這些特徵使其游離於社會倫理體系之外。個體性意識的存在具有一定的合理性,在嚴苛的社會倫理體系壓迫下,人的生理性意識需要一定程度的發洩。當然,如果這種生理性發洩突破了社會社會倫理的法制約束時,那麼就會變成一種破壞力極強

---

①明代豔情小說往往通過誇張、渲染等方式來描寫性愛場景,以激發讀者的意淫感觀。《如意君傳》《繡榻野史》等小説中極度誇大的男性生殖器官、《金瓶梅》《武曌傳》等作品極力渲染的女性淫蕩,以及《姑妄言》中大量的亂倫情節,均可視爲人性潛意識的真實寫照。具體可參考陶慕寧師《論中國文學性描寫的四種類型》(《明清小説研究》2011年第4期)。

②在《思無邪匯寶》(陳慶浩、王秋桂主編,臺灣大英百科股份有限公司出版)和《中國古豔稀品叢刊》(臺灣丹青出版社)中存在大量的以偷情淫亂、聚麀亂倫、僧尼共犯等爲主題的淫穢書籍,著名者如《癡婆子傳》《僧尼共犯》《姑妄言》等作品中均出現大量的反倫理描寫。此類淫穢書籍在明代遭到政府的嚴厲禁止。

③明代社會研究者多將此類書籍視爲明代倫理生態淫俗不堪之佐證,然而這種結論與實際情況多有出入。文學是一種夾雜強烈主觀意識的創作行爲,文學虛構不僅不能等同於社會現實,相反,一些帶有主觀情緒的浪漫主義作品往往是現實社會的反向影射。強烈的淫穢語言與暴露的情色描寫深層地挖掘了明人的潛意識心理,而這種個體性潛意識與社會性生態構成了明顯的逆向反差。

的逆倫理反叛。

明季才子佳人小說呈現出一種多元化趨勢,其不僅繼承了元代戲劇的士女戀愛之主題,亦浸染了明代市民的世俗情愛倫理。可以説,才子佳人小説的出現與明代社會倫理的内部異變有着密切關係。明代中後期的社會倫理體系呈現出一種衝突跡象。衝突方其一爲主體意識形態指導下的社會公共倫理關係,主要體現爲明政權鼓吹的貞操守節、封誥命婦等主體行爲。其二爲在明代市民世俗生活中所興起的好物好色的重情思潮。前者呈現出對個體性意識的强烈壓抑,後者則表現出更加自由而適性的倫理解放。這種衝突實質上反映了明代精英士族的倫理構建與實際社會倫理關係的矛盾與抵牾。實際上,隨着市民娱樂消費的興起與陽明心學的鼓吹,兩者都試圖進行部分妥協以進一步調和這種矛盾關係。才子佳人小説即是這種作用的直接結果。才子佳人小説既維護了社會公共倫理所宣導的貞節操行、命婦封誥,又迎合了市民階層的自由愛戀、士女通婚之喜好。

二、明代家庭倫理與世情小説創作

世情小説的發展與明代家庭倫理有着直接的映射關係。家庭倫理變化直接影響了世情小説的主題、模式、思想及審美方式。爲了充分闡釋這一觀點,就必須對明代的家庭倫理構建有一系統認識。傳統儒家"家國天下"的倫理設計構成了中國古代倫理制度的基本框架。宏大的國家建制由微觀的家族及家庭構成,并以家庭及家族爲基礎進行人口繁衍、組織分工與等級劃分等倫理建設。在傳統的家庭倫理構設中,性别關係塑造了家庭倫理體系的基本結構。在家國結構中,男性是家庭與國家的主導力量,女性則成爲男權實施的配輔因素。在家庭關係中,男子從事治産經營,女子從事持家生活,物質資料的佔有決定了家庭地位的升降。於是,和諧的家庭倫理結構被塑造成"男外女内""男主女輔"的倫理體系。并以夫婦倫理爲基礎,又衍生出妻妾姬侍與子嗣嫡庶等關係。如此以來,就形成了以性别區分爲基礎、子嗣傳衍爲外延的家庭倫理體系。

因社會階級與生活圖層之差異,明代社會的社會倫理明顯地呈現出兩個維度體系。相較於精英士族,明代底層社會的倫理生態更爲自由與開放。明代倫理規範設計了士民的基本行爲準則,并利用户籍漏洞爲明人交往提供了制度便利。有明一季,樂户、商户、匠户與雜户間基本維繫了自由的通婚狀態。萬曆年間,處於社會頂層的士子精英亦與卑賤的樂户女性建立了密切的交往關係。至明末,傳統的士農工商雜户籍間的通婚更爲廣泛。明代世情小説所呈現出的複雜社會關係及倫理體系均是以此爲參照物的。以《金瓶梅》爲例，其所反映的宏大社會關係以及複雜的倫理體系，正是明代社會倫理現實的一個縮影。

生産資料所有權決定了社會的話語權，精英士族所推行的"男主女輔"的儒家倫理構想在底層社會并未完全得以執行。廣大的農村勞動者與思想開放的市民仍然奉行着較爲寬鬆的性文化觀念①。明代中下層社會的經濟仍然維繫著"男耕女織"的生産關係。謝肇淛在《五雜組》中記載了這種事實：

> 今國家律令嚴於不孝不忠，而婦再適者無禁焉。淫者，罪止於杖而已，豈非以人情哉？……今者，非大故及舅姑之命陳於官，不得出其妻，則再醮者，雖禁之可也，定之以年，亦可也。"父一而已，人盡夫也"，此語雖得罪於名教，亦格言也。②

謝氏所反映的明代婦女改嫁之倫理事實，在明代世情小説中有着更爲廣泛的證明。明初小説《剪燈新話》《剪燈餘話》與明中後期之《金瓶梅》、"三言二拍"等作品均可視爲民間寬鬆性愛風氣的直接映射。

從某種角度説，精英士族與廣大平民建立了明代家庭關係的雙重倫理體系。這種雙重倫理體系在明代世情小説中表現得尤爲突出。一方面，傳統的主流小説仍然貫穿着父系社會所形成的男權意識。明代大部分小説仍以男性爲中心展開官場、商場與家庭間的故事叙述，而女性僅成爲點綴性叙事單元，典型者如《水滸傳》。另一方面，在明代世情小説中，對女性及其情愛的叙述逐步成爲故事的重點。從《金瓶梅》到《醒世姻緣傳》的叙事主角轉變可以明顯地反映出明末家庭倫理結構的嬗變。兩性關係地位的升降在很大程度上影響了家庭倫理關係的結構。

在明代才子佳人小説中，男性角色多爲情愛關係的被動參與者，而女性則凸顯出積極主動的人性光芒。這一點與元代的愛情雜劇一脉相承，究其原因在於男性作者自我幻想意思的強烈滲透，而其本質在於嚴苛的男權社會中，知識份子自我的倫理理想與現實社會倫理意識形態的衝突，使得自由戀愛的衝動逐漸轉化爲文學作品中的"偷情"行爲。明代流行於市井的野語風謡，頗可説明此問題，"妻不如妾，妾不如婢，婢不如妓，妓

---

① 可參考李炎：《明代市井女性經濟活動考》，西南大學碩士學位論文，2009 年。
② (明)謝肇淛：《五雜組》，上海：上海書店出版社，2001 年，第 146—147 頁。

不如偷,偷得着不如偷不着"①。於是,相如琴挑文君逐步演變爲文君私奔相如等情節,《西廂記》故事更突出了鶯鶯自薦枕席的主動性,《負情儂傳》中的杜十娘在追求個人幸福失敗後怒沉百寶箱,這些情節都反映了明代小說中典型的"陰盛陽衰"等文學事實。

  在文學婚戀故事中,男女角色的主被動關係實質上反映了明代家庭倫理中的性生態嚴苛狀況。當社會的家庭倫理生態較爲寬鬆時,婚戀故事呈現出較爲保守的創作風格;反之,當家庭性生態日趨緊張時,婚戀故事則呈現出"女追男"的浪漫氣息。宋代以前,社會倫理處於一種相對自由的生活狀態,男女雙方遵循自然的性愛狀態;元代以降,男女情愛關係不斷受到家庭倫理關係的強力阻扼,因此故事中的戀愛男女則表現爲女主主動、男主被動的情節狀態。以元代情愛劇爲例,無論是煙花風塵劇,還是戀愛婚姻劇,都體現出積極的女性獨立意識。這固然與元代劇作家的個體意識有直接關係,但其根本原因則是元代性別倫理生態的日益嚴苛狀況。

  降及明季,受理學之影響,明代倫理生態不僅沒有呈現出自由之氣象,反而愈發嚴苛,與之相應,男性的無性塑造直接成爲明代小說創作的主體風潮。以《三國演義》《水滸傳》《封神演義》等小說爲例,男性的生理性意識幾乎完全被閹割掉,而女性要麼被符號化,要麼被妖魔化。以"唐僧西天取經"故事爲例,其情節及人物嬗變頗可佐證此種事實。在楊訥雜劇《西遊記》②中,孫悟空被設定爲一男性角色,其不僅有兄弟姐妹四人,并且生性貪淫,曾搶金鼎國公主爲妻,然而到了明代,吳承恩在《西遊記》小說中,不僅將孫悟空的親戚盡行剪除,其本人被塑造成無性石猴。在《水滸傳》中,女性更是被不斷妖魔化,不僅潘金蓮、潘巧雲、閻婆惜等反面人物被刻畫成淫蕩的之特質,而且其正面女性形象亦被不斷施以男性化,如一丈青扈三娘、母大蟲顧大嫂、母夜叉孫二娘等人。

  "悍婦"題材③是明代世情小說的一個重要主題,女性意識的崛起借之得以表現得淋漓盡致。儘管悍婦現象并不始於明季,但明人對悍婦的記錄與描寫卻遠超前朝。文人利用戲劇、筆記、小說等體裁對"悍婦"現象極盡揶揄嘲諷。這種嘲諷與苛責的口吻

---

  ①此引語轉自馮夢龍《掛枝兒·私部》之評語,《明清民歌時調集》,北京:中華書局,2005年,第16頁。
  ②楊訥,字景賢,號汝齋,明末清初人,所著《西遊記》共六本二十四折。其中第三本敘述孫悟空來歷,孫悟空原名通天大聖,有兄弟姊妹共五人,還曾將金鼎國王女兒捉入花果山爲妻。另有脈望館鈔校內府本《二郎神鎖齊天大聖》,亦說孫悟空有兄弟五人。
  ③在明代世情小說中,悍婦形象幾乎全部爲妻子,較少妾室外家,由此亦可以反映出悍婦現象的實質是妻子與男主、情愛及性愛關係的倫理抗爭。

帶有強烈的男權意識。明人利用誇張、諷刺等手法把強勢的家庭主婦塑造成悍妻潑婦①。在世情小説等文學作品中,這種誇張、諧謔等手法掩蓋了明代家庭倫理關係的真實境況,所以對明代悍婦之認識亦應該去擠除其中的文學虛構成分。此外,悍婦問題亦應該從悍婦與懼内兩重視角來論,以"悍婦"而論,視角關注於妻子;而以"懼内"論,則視角焦注於丈夫。實際上,男性的懼内行爲與女性的悍婦形象并無直接聯繫,但古人卻認爲丈夫的怯懦是受到妻子的壓抑而出現的行爲變態。《醒世姻緣傳》中的晁源與計氏以及後世之狄希陳與薛素姐的姻緣關係,其中的倫理顛覆正反映了明代家庭倫理關係的變異。

在"才子佳人"小説中,夫妻關係的和諧與女性權力的讓渡有直接關係。"郎才"是士人意識的集中體現,而"女貌"則沾染市民的世俗氣。密期約會、偷情私奔等情節把家庭倫理關係粉飾成浪漫主義的故事,然而這僅僅是文學作品的理想狀態,郎才女貌亦僅僅是文人的一廂情願而已。其根本原因是女方强大的家庭背景及經濟實力是產生"悍婦"的直接根源。在明代發達的商品經濟中,男女夫婦的經濟參與權是趨於平衡的,以發達的江南絲紡業爲例,男女同工的經濟現象較爲普遍。經濟參與權決定了家庭倫理關係的話語權,商品經濟中所出現的夫婦對等經濟形態,與農村地區男耕女織的生產狀況類似,由此亦奠定了城市與農村婦女的經濟與家庭地位。明代中後期,男女同工的經濟形態在市民階層愈發普遍,由此造成家庭倫理關係中女性地位的極大提高。《金瓶梅》中李瓶兒可以隨時把贅婿蔣竹山趕出家門即是實例。

總體而論,夫妻關係是建立在性愛與情愛、繁衍與財權基礎上的家庭倫理規範。在理想條件下,男女之間的性愛與情愛、繁衍繼嗣與財權支配四者之關係是和諧而穩定的。然而,當四者之間的平衡狀態被打破時,家庭關係的和諧局面亦隨之瓦解,那麼就需要出現新的變數來調節這種關係。在這種環境下,婚外戀、同性戀、青樓歌館則成了維繫婚姻狀態的變數因素。實質而論,夫妻關係構成了明代家庭倫理關係的存在基礎。經濟地位與財産所有權決定了家庭倫理關係的主體結構,夫妻地位的升降表現了家庭倫理關係的平衡狀態。明代世情小説所映射的家庭倫理關係以及男女地位之失衡狀態,均可佐證明代家庭倫理之情況。以文學視野佐證明代婚姻倫理狀況,而又不局限於文學想像,是現代文史學研究的重要方面。

---

① "悍婦"現象乃是社會倫理之慣象,應置於歷史中予以討探。首先,以文學作品來佐證明代悍婦事實多忽略了文人臆想的主觀成份。其次,籠統地將悍婦現象歸結於明代倫理社會的畸變,則忽視社會形態、經濟形式之於倫理生態的根本促發作用。

三、樂籍、行院與狹邪小説

明代中後期,以狹邪青樓爲主題的小説充斥消費市場,著名者如梅鼎祚《青泥蓮花記》、潘之恒《亘史鈔》等專著,以及小説集、筆記中所收録的以狹邪生活爲主題的著名篇章,如馮夢龍《情史》、余懷《板橋雜記》、宋懋澄《九籥集·負情儂傳》、"三言"之《玉堂春落難逢夫》等,均可視爲明代狹邪小説的代表。除此之外,在流通於市井的明代通俗日用類書中亦保存了大量的狹邪遊冶筆記,此亦是明代狹邪狂熱的重要證據①。明代狹邪小説的興盛與當時盛行的重情啓蒙密切相關,更是明代樂籍制度及行院文化的社會倫理關係之反映。

明代樂户特指以禮樂歌舞、演伎奏樂供職於宫廷王府、府郡州縣的户籍群體。樂户隸屬樂籍,兩京樂户轄於教坊司,州縣樂户隸於地方郡治,除此之外,諸王封侯亦有所屬樂户。明代樂户除承應宫廷官府職差外亦多有自營産業,曲徑幽處、深庭小院多是行院人家待客之所。南京教坊司所轄秦淮河兩岸與長板橋等處均是煙花簇集之所。除此之外,大抵都城郡邑、港口碼頭等市民消費集中的場所多有秦樓歌館,其中酒店有駐店伎人以承應酒客,亦有販走賣唱者多爲歧路藝人。上述樂户并無固定之所,多遊走於府郡州縣,地方政府以流户稱之。明代户籍管理"以職爲定",樂户組織兼有樂籍户屬與職業行會兩重性質,行院是樂户人員自己的行會組織,所以宋元樂户亦自稱爲"行院"。

穩定的户籍管理與職業行會組織形成了明代樂户群體的獨特倫理生態。這種倫理關係具有内在的封閉性,加之以獨特的職業素養及生活習慣,形成了樂户文化體系。由於演藝娱樂的職業屬性與女性在服務業中的身份特質,元明樂户文化很容易與歷史上的女妓文化合流。宋代城市經濟發達,歌館茶坊、酒樓飲宴中用妓情況極爲發達。明代的妓女生存狀況與宋代有極大的直承關係,然而在樂户倫理關係上,明代又與宋代有着巨大的差異。兩宋時期,理學勢力雖已昌熾,然而其影響力并未波及到社會的全面倫理生態。宋人在倫理、婚姻、性别與情愛等方面仍有唐代遺風。在社會倫理生活中,宋人不僅可以在家庭中廣置姬妾奴婢,於家庭之外亦多有用妓之風。宋人意識中的"妓"是一種更爲廣泛的女性群體,凡專擅一技的女性均可爲妓,不必非歌舞妓、飲妓,京師專門

---

① 有關明代狹邪狂熱之事實具體可參考拙作《明代青樓文化與文學》(北京:中國社會科學出版社,2018年)。

料理食宴的"廚娘"、擅長針織繡工的繡女,均爲爲妓。宋人的用妓文化根植於兩宋適性而理性的社會倫理之風。

與之相較,明代的社會倫理生態則較爲嚴苛,一則與繼承蒙元樂籍制度密切相聯,一則與明代日益嚴苛的社會倫理生態有關。蒙元建鼎以來,統治者攜帶粗獷的社會體制而入主中原。爲了加強治下民户之管理,元政府實行了粗放的户籍管理制度。龐大而混雜的樂籍管理體系即是元代之獨創,并因此而改變了元明兩季的社會倫理生態體系。元代强制地將宋代原本自由的平民樂藝執業者劃歸於樂户。不僅如此,元代樂籍混融了唐宋時期的太常雅樂與教坊俗樂的分職,使傳統的典禮雅樂與宴饗俗樂樂工混同爲一。明朝建立後雖然雅俗二樂再次分離,但是這種野蠻的樂籍制度卻被繼承了下來。自朱棣踐位以來,樂籍更是淪爲容納罪犯的職能機構,樂户亦成爲社會倫理體系的賤民群體。由此觀之,明代的樂籍生態及其文化已較元代更爲嚴苛與複雜。元明兩季的樂籍管理打亂了兩宋時期形成的自由、適性的社會倫理生態,形成了元明兩季割裂的社會倫理生活方式。

明代社會倫理狀態是一種複雜的人倫關係集結,其不僅關涉宏觀的政治、經濟、制度等形態,亦與男女性别、情愛與性愛、家庭與行院等微觀因素密切相關。這些因素的錯綜組合更加重了明代倫理生態的複雜性。以家庭與行院視之,兩者共同組成了男性權勢者的情愛園地。商業經營的樂户人家成爲男性權勢者的外室,有其天然的優勢,其一方面逃避了家庭倫理對男性權利的約束,一方面用金錢購買的愛情使男性趨於一種自由狀態。《金瓶梅》基本上反映了明末市民社會倫理關係的實態。西門慶家雖有妻妾六人,但這并不影響其行院狎妓,不僅如此,西門慶妻妾對其留連妓院的行爲亦没有强制干預。這固然與西門慶的强勢家庭地位密切相關,但深層次上仍是明末男性權勢者家庭的社會倫理狀態。如此以來,行院人家所經營的外室與法律保護的家庭内室趨於一種微妙的掣肘關係。事實上,行院人家的外室與家庭内室的鴻溝并不是不可逾越的,當樂户女子被接納至家庭之中時,就預示内外室關係隔離的消失。

在《金瓶梅》中,西門慶將李嬌兒娶回家中就變相地改變了李嬌兒的行院身份,這實質上反映了明代社會倫理體系對法律制度的變相修正。明代官妓之禁施行後,官員雖不得狎妓,但在實際生活中卻有不少漏洞。謝肇淛《五雜組》載:"唐宋皆以官伎佐酒,國初猶然,至宣德初始有禁,而縉紳家居者不論也。故雖絶跡公庭,而常充牣里閈"[①]。西門慶升任山東提刑所理刑副千户後不便出入妓院,但行院女妓李娃姐便以拜

[①] (明)謝肇淛:《五雜組》,上海:上海書店出版社,2001年,第157頁。

認乾娘的方式出入西門慶家。不僅如此,以家居私宴等方式招待在職官員,亦是逃避官府察治的重要途徑。《金瓶梅》第四十九回,西門慶在家中召行院樂妓董嬌兒、韓金釧陪宴蔡御史,并留董嬌兒侍寢,這件事頗可佐證此事實。晚明時期,這種拉攏官員的行爲已成爲一種常態,《萬曆野獲編》所載萬曆年間布衣王伯穀私宴官員的事件頗具代表性。

> 聊城傅金沙令吴縣,以文采風流爲政。守亦廉潔,與吴士王百穀厚善,時過其齋中小飲。王因匿名妓於曲室,酒酣出以薦枕,遂以爲恒。王因是居間請托,橐爲之充牣。①

王伯穀的故事可以與《金瓶梅》相互印證,這個問題所反映的實質是國家層面的法律制度與社會倫理體系之間的制衡與變通。社會倫理的靈活性保證了國家、家庭與世俗情愛的通融。這一點與明代樂籍制度及其倫理生態密不可分。明代樂籍制度營造了一個半封閉的倫理生態體系,明政府規定樂戶隸於賤籍,不能參加科考,并禁止與良民通婚。《大明會典》之"娶樂人爲妻妾"條載,"凡官吏者,杖六十,並離異。若官員子孫娶者,罪亦如之……(樂戶)凡家長與奴娶良人爲妻者,杖八十"②。樂戶人員的籍內通婚不僅維繫了演樂文化的世代傳衍,亦形成了獨特的行院文化③。

行院樂戶承應權勢男性的情愛欲求,在京都巨邑、府郡州縣廣建歌館妓院以謀生計。明代中後期,狎邪消費已滲透至市民生活,由此滋生了繁多的狎邪文化消費品,如明代市井所流行的日用類書多有"風月門"一節,專述子弟留連狎邪之技巧。大量文人墨客對狎邪女子極盡追捧的品花活動,均可反映明代中後期的狎邪繁盛。行院樂戶的市場化經營很大程度上消解了家庭倫理的性生態缺憾,進而形成了對家庭倫理關係的互補。然而,這種事實加劇了保守士人的心理恐慌,爲了抵制這股狎邪狂熱,他們創作了大量戲劇、小說等文學作品,對行院及女妓加以醜化、諷刺與排抵。除此之外,明人家

---

① (明)沈德符:《萬曆野獲編》,北京:中華書局,1959年,第713頁。
② (明)申時行等:《大明會典》,見《續修四庫全書》史部第789冊,上海:上海古籍出版社,2006年,第11頁。
③ 具體內容可參閱拙作《明代青樓文化與文學》(北京:中國社會科學出版社,2018年)第一章《明代青樓文化的歷史溯源》。

規、族譜、勸善書亦存在大量的戒嫖訓語①。這種"詆毀狹邪"文學恰與晚明繁熾的"狹邪之崇拜"文學構成了明代青樓主題小說的對立題材。明季社會倫理對狹邪的矛盾態度在馮夢友的作品中表現得尤爲突出,馮氏一面在《情史》中鼓吹行院女子重情有義,一方面又在民歌集中對其大加嘲諷與挖苦。作爲出版家的馮夢龍其實反映了明代社會倫理的多樣化適性狀態。

明代萬曆年間,狹邪狂熱已成常態,馮夢龍在其民歌集《掛枝兒》中,深刻地描述了這種青樓狂熱:

聞先輩云,四十年前,吴下妓者皆步行,使後生抱琵琶以從。見士大夫及武弁俱行稽首禮。近來此風,惟北地庶幾猶存,而南國若掃矣,吴下其尤也。娼不唱,妓不伎。略似人形,便尊之如王母,譽之如觀音。頤指氣使,莫不俯從。曲中稍和一兩字,相詫以爲鳳鳴鸞響,跪拜不暇。又不然,則曰某也品勝,某也人良;南昌齷齪青樓,遂無棄物。②

事實上,至明代中後期,樂戶通婚之禁律在很大程度上已趨於消解,甚至明代藩王亦有違律犯禁之事,"各王府設有樂戶去處,往往致各宗室縱恣淫欲,甚者花生子女瀆亂天潢,以至奏革名封"③。以明初藩王朱有燉爲例,其散曲多有贈妓者,其所作煙花雜劇更是對樂籍女子寄予了極大的同情。藩王貴宦如此,那麼底層社會的社會倫理生態則更爲鬆動了。實質而論,明代政權對婚姻關係的制度約束是建立在國家倫理體系基礎上的尊卑貴賤之分,而此身份又對自然人性產生了巨大干涉。然而至明代中後期,商品經濟衝擊了傳統的尊卑貴賤的身份制度,享樂之風又助推了等級及戶籍通婚禁例的消泯。明代樂籍制度與行院文化成爲打破傳統倫理生態的重要因素。在這種環境下,加之以陽明心學之鼓噪,進而促進了狹邪文學之發展。

除了樂籍行院開設商業性質的情色消費活動外,明代社會亦有良人加入此種行業。《五雜組》記載,"又有不隸於官,家居而賣奸者,謂之土妓,俗謂之私窠子,蓋不勝數

---

① 王夫之在《搔首問》中强烈抨擊了這種狹邪風氣,"潘之恒以納貨入太學,用淫媒術事賓尹,施施以獸行相矜,乃至纂撰成編,列稗官中,導天下惡少年以醉骨。而袁中郎、錢受之、鍾伯敬輩爭推轂之恒,收爲名士。廉恥墮,禽風煽,以使神州陸沉而莫之挽"。具體內容可參考拙作《明代青樓文化與文學》(北京:中國社會科學出版社,2018年)第五章《青樓文化與青樓文學》。
② (明)馮夢龍編纂,劉瑞明注解:《民歌集三種注解》,北京:中華書局,2005年,第163頁。
③ (明)陳子龍:《明經世文編》卷二一二之《覆交城王奏討樂戶疏》,明崇禎平露堂刻本。

矣"。《金瓶梅詞話》《醒世姻緣傳》均有記述①。馮夢友《古今小説》中《新橋市韓五賣春情》載之甚詳,可爲佐證。

  原來這人家是隱名的娼妓,又叫做"私窠子",是不當官吃衣飯的。……在先,胖婦人也是好人家出來的。因爲丈夫無用掙圍,不得已於這般勾當。金奴自小生得標緻,又識幾個字,當時已自嫁與人去了。只因在夫家不坐疊,做出來,發回娘家。事有湊巧,物有偶然,此時胖婦人年紀約近五旬,孤老來得少了,恰好得女兒來接代,也不當斷這樣行業,索性大做了。

私窠子可以追溯至唐代的私妓現象。蔣防《霍小玉傳》中,霍小玉名爲霍王庶出之女,而實爲居家之私窠子;元稹《鶯鶯傳》中鶯鶯名爲相國之女而實亦然。私窠子的出現可以佐證明代狹邪狂熱之事實,亦可視爲明代社會倫理異變之實證。

四、世情小説的性別、性愛與情愛

  明代中後期出現了大量的以男性同性戀爲主題的小説,著名者如《龍陽逸史》《弁而釵》《宜春香質》。除此之外,明代豔情小説如《浪史》《肉蒲團》《濃情快史》等,説部選集如《豔異編·男寵部》、馮夢龍《情史·情外類》等,亦保存了大量的同性戀故事與情節。明代同性戀小説成爲時下學界研究熱點,研究者多從社會或情愛角度分析其存在狀態,而較少用統一的社會倫理視角來審視其生發狀態。在社會倫理生態中,性愛與生育、情愛與性別是其平衡的重要因素。同性戀行爲造成了明代社會倫理生態的複雜性,其主要原因在於打破了社會倫理中性愛與性別、情愛與生育的倫理關係。

  明代世情小説實質上反映了社會倫理生態中的性愛、情愛與兩性繁衍關係的複雜狀態,重組了性愛、繁衍與情愛三者的倫理分屬。在理想的社會狀態中,性愛關係是建立在兩性愛戀基礎上的生理需求,子嗣的繁衍正得以借之完成。然而,現實中情愛及性愛關係并不局限於異性關係,同性愛戀亦分擔了人類的情感比重。當人類進入社會化組織後,情愛、性愛與子嗣繁衍的功能因社會等級與婚姻倫理的介入而得到了極大的分

---

① 《金瓶梅詞話》第九五回:"有兩個私窠子,一個叫薛存兒,一個叫胖兒。"《醒世姻緣傳》第六回:"近日,又搭識了一個監門前住的私窠子。"

化。生理性的性別區分被賦予社會性的等級尊卑差異,從而割裂了性愛及情愛的自由性。情愛是人類進入社會化組織後所形成的人際關係,其擺脫了原始人的純粹性愛需求。情愛關係的界入爲自由戀愛打破以生殖爲目的家庭倫理奠定了情感基礎。明代社會中所出現的異性戀、同性戀、婚外戀等自由戀愛狀況均爲其直接反映,而世情小説則用誇張、浪漫的虛實手法予以文學呈現。

  明代世情小説有一個突出的特徵,其故事一般離不開妻妾姬侍與狹邪女子,而同性愛欲亦經常點綴其間。這與明代興盛的狹邪行院、揚州瘦馬、同性愛欲等社會倫理狀況密切相關。明代社會倫理生態的變化是從官妓之禁開始的。官妓制度是政府徵召樂籍女子從事官吏之飲宴助觴等活動的政策。宣德年間,官妓制度極大地影響了官場生態。有鑒於此,左都御史顧佐上書宣宗以嚴禁官妓,"宣德四年八月,宣宗諭禮部尚書胡濙曰:'祖宗時,文武官之家不得挾妓飲宴,近聞大小官私家飲酒,輒命妓歌唱,沉酣終日,怠廢政事,甚者留宿,敗禮壞俗。爾禮部揭榜禁約,再犯者必罪之。'"①官妓制度革除後,樂籍女子亦由此擺脱了官府的飲宴諸差。除此之外,明政府嚴禁官員染指妓院歌館等娛樂場所,自此明代政府從法律上杜絶了在仕官員的狹邪行爲。

  官妓之禁在法律制度層面上杜絶了官員狎妓之風,亦在一定程度上爲士流樹立了道德表率。這項禁令的執行貫穿有明一季,雖然至明中後期已流於形式,但仍是官員仕進科察的重要標準。在《金瓶梅》中,西門慶升任山東提刑所提刑後就極少去狹邪場所了。此外,在監察御史曾孝序的奏本上亦有對西門慶任官期間淫穢之事的奏報。此皆可證實明代監察制度對在職官員的行爲及作風的監督與懲戒。官妓之禁在很大程度上改變了明代士人群體的性倫理生態,并由此引領明人的情愛方式與性愛取向,明人蓄養姬妾之風氣亦因此而起。這種風氣變相地促發了明代中後期大規模的女性販賣活動,諸如京師之"燕妓"、揚州之"瘦馬"均爲其證。明人謝肇淛在其《五雜組》中記載:

    維揚居天地之中,川澤秀媚,故女子多美麗,而性情温柔,舉止婉慧。所謂澤氣多,女亦其靈淑之氣所鍾,諸方不能敵也。然揚人習以此爲奇貨,市販各處童女,加意裝束,教以書、算、琴、棋之屬,以徼厚直,謂之"瘦馬"。然習與性成,與親生者亦無别矣。②

---

 ①(明)余繼登:《典故紀聞》,北京:中華書局,1981 年,第 167 頁。
 ②(明)謝肇淛:《五雜組》,上海:上海書店出版社,2001 年,第 146 頁。

"燕妓"與"揚州瘦馬"是明代性倫理生態的的特殊組成部分,其女子多爲行院人家自幼購買,并教以詩書算棋之藝,待其長成再轉鬻於人。明末清初艾衲居士在其小説《虎丘山賈清客聯盟》中對此事實有過文學性描述①。這種變相的人口販賣造成了明代户籍管理與法律管制的漏區。實質而論,揚州瘦馬與燕妓等現象是社會倫理生態對制度性管制的一種畸形妥協。這些女子的命運較爲悲慘,嫁入人家則爲姬妾侍婢,成爲家庭倫理體系的最底層,如再轉鬻於行院人家則依舊不脱賣笑生涯。明代世情小説中多有拐賣良家婦女爲樂户者,此亦爲良證。明代朝廷雖屢下禁令以禁止人口買賣,然而此種禁令多因忽於監管而失於執行。

　　官妓制度對明代遊宦官員的影響還體現在男風興盛等事實,謝肇淛在《五雜組》記載,"今京師有'小唱'專供縉紳酒席,蓋官妓既禁,不得不用之耳"②。《萬曆野獲編》亦載,"京師自宣德顧佐疏後,嚴禁官妓,縉紳無以爲娱。於是小唱盛行,至今日幾如西晉太康矣"。史玄在《舊京遺事》中描述了"小唱"的活動狀態,"唐宋有官妓侑觴,本朝惟許歌童答應,名爲小唱,而京師又有'小唱不唱曲'之謡,每一行酒,止傳唱上盞及諸菜,小唱伎倆盡此焉"③。由此可知,小唱本爲侍宴助觴的歌童,明初官妓的禁律使其代替歌妓以承應酒席宴觴。除此之外,官員狹邪禁律的執施使小唱兼具行淫導欲之行爲,"外之仕者,設有門子以侍左右,亦所以代便辟也,而官多惑之,往往形之白簡,至於娟麗儇巧,則西北非東南敵矣"④。小唱與門子的同性性行爲反映了因明代官妓制度影響而引發的仕宦官員的性心理變異。謝肇淛的解釋可爲此種現象的最佳注脚,"衣冠格於文網,龍陽之禁,寬於狹邪;士庶困於阿堵,斷袖之費,殺於纏頭;河東之吼,每末減於敝軒;桑中之遇,亦難諧於倚玉。此男寵之所以日盛也"⑤。

　　男風可追溯至上古社會的巫風與頑童,是先秦社會倫理生態的重要部分,降及後世成爲社會隱形的交際行爲。及至明代,官場的男風好尚改變了士宦群體的性愛取向,并借助其社會地位將其推波至社會廣大層面。究其實質,男風好尚本是兩性性愛關係的替代品,同性戀愛中的兩者實質上仍然是男性間的陰陽結合。這種關係使其與同性戀產生實質性區别。同性戀特指以社會化情感聯繫爲基礎的同性倫理聯結,以之爲準繩

---

　　①《虎丘山賈清客聯盟》見於明末清初署名艾衲居士的短篇小説集《豆棚閒話》,此書所叙之故事頗可窺晚明社會之一斑。
　　②(明)謝肇淛:《五雜組》,上海:上海書店出版社,2001年,第146頁。
　　③(明)史玄:《舊京遺事》,北京:北京古籍出版社,1986年,第25頁。
　　④(明)謝肇淛:《五雜組》,第146頁。
　　⑤(明)謝肇淛《五雜組》,第147頁。

來衡量男風現象，便會發現其中的異化因素。男風現象只是男性執權者的性愛關係取捨，與同性戀之社會化情感融入相比，其基礎更傾向於生理上的性愛快感。此外，男風好尚參與者的地位并不平等，兩者或諸者的關係亦往往因利益而趨於結合。明代遊宦士族的性文化偏向在很大程度上爲男風好尚樹立了文化上的表率，精英士族的男風踐行在很大程度上改善了民間對同性戀愛或性愛關係的認可態度。福建一帶的"契兄弟"與"契兒"，即是受其影響而得到社會的認同①。

官妓制度的興廢對明代性文化生態產生了較大的影響。這種影響的實質是法律制度對社會各階層之社會倫理生態的制衡與推動。這種制衡是連鎖性質的，從而形成了一系列的倫理生態畸變。官妓制度的興廢本與仕宦縉紳之飲宴助觴相關，然而卻引發了明人鶩買姬妾之風習。此外，遊宦官員的門童侍宴又在一定程度上刺激了男風好尚在士人間的流行。因官場而及文人，又因文人而推轂於民間，政治制度之於明代倫理生態的影響正借之而明晰。正因如此，明代纔出現了大量的以男風、偷情與僧尼情愛爲主題的小説。

世情小説是明人市民生活中的一個娛樂載體，與傳統的詩詞曲賦等文士性質的文體不同，它帶有強烈的普世消費價值，正是這種品質讓它成爲明代世俗社會的縮影。即使如此，受到明代性文化生態的實際影響，世情小説仍然與歷史還原存在着較大的差異。明代世情小説的倫理審視有助於揭櫫明代倫理法規、家庭婚姻、狹邪狂熱與男風好尚等事實對小説創作與文化傳播的施力關係。此外，通過文學、文化及倫理綜合考論，亦可反向探賾明代倫理、性別、性愛及情愛諸要素的相互制約關係，爲明代社會風俗調查提供理論依據。

---

① 明代閩省所流行的"契兄弟"實爲現代意義之同性戀，"契兒"則與官府"小唱"、民間"小官"相似，實爲社會之男娼者。可參考拙作《晚明男風存在境況考略》（《唐山學院學報》2011 年第 4 期）。

試論俗曲體戲曲及其在中國戲劇史上的地位

——以蒲松齡《禳妒咒》爲中心

康保成

（廣州大學文學思想研究中心）

中國傳統戲曲一向被分爲曲牌體和板腔體兩大類型，但蒲松齡的《禳妒咒》卻是一部俗曲體戲曲。作品有生、旦、淨、末、丑的脚色提示，有演員上下場提示和上下場詩，有代言體的唱詞和念白。更重要的是，作品中使用了不同於南北曲的俗曲曲牌，其連綴方式也與南北曲迥異。《禳妒咒》的産生，不僅説明當時俗曲體戲曲已經形成，而且昭示着這種音樂結構和文學體制有着悠久的傳承歷史。從金元諸宮調，到明代的弦索清唱、時尚小曲、寶卷和道情講唱，再到《禳妒咒》以及《太古傳宗》《納書楹曲譜》中的時劇、《綴白裘》中的雜劇、宮中的佾戲以及吹腔、四平調、弦索調、秧歌等，俗曲體戲曲的形成與發展脉絡依稀可見。俗曲體戲曲以《禳妒咒》爲正式形成的起點，其終點一直貫穿到當代。迄今我國南北方尚存的各種地方戲中，俗曲體戲曲占了較大分量。而《禳妒咒》，爲我們認識俗曲體戲曲的特點、形成歷史及戲劇史地位，提供了第一手可信的資料。

一、引言

中國傳統戲曲一向被分爲曲牌聯套體（簡稱曲牌體，又稱樂曲體）和板式變化體（簡稱板腔體，又稱詩贊體）兩大類型。這種分類既是音樂結構上的分類，也是文學體制上的分類。僅從文學的角度説，曲牌體依照規定的格律制曲，其句式一般爲長短句，并按一定的規律在每折(齣)中聯成一套;而板腔體一般以對稱的上下句作爲基本單位,句式整齊,每曲可長可短。然而,這樣的分類并不能概括所有的戲曲作品。實際上,早期南戲就不是嚴格的曲牌聯套體制。明代中後期以來,一種既不屬於曲牌體也不屬於板腔體的俗曲體戲曲漸漸萌發、形成并傳播開去,清中葉以後逐漸在中國戲劇史上佔有了不可忽視的一席地位。其中,《聊齋志異》作者蒲松齡(1641—1715)的《禳妒咒》應被視爲早期俗曲體戲曲的代表作品。

根據清雍正三年(1725)所立之"柳泉蒲先生墓表碑"陰面著錄,《禳妒咒》爲 14 種"聊齋俚曲"之一(該碑毀於"文革",1979 年據原碑拓片重刻,現立於淄博市淄川區蒲家莊蒲松齡墓前)。聊齋俚曲,一般認爲是説唱文學體裁。然周貽白 1946 年即指出:聊齋俚曲中"或爲叙述體,或爲代言體,完全是用雜牌曲調寫成,且插入表白"①。八年後的 1953 年,周先生在《中國戲劇史》中明確指出:聊齋俚曲中的《禳妒咒》"即爲戲劇的體裁","頗值得注意",該作品中的曲牌,一部分是"市井俗唱",一部分是南北曲的"通俗化"。周先生説:

> 蒲氏這種辦法,雖出無心,實際上卻與最初使用南北曲的情形不謀而合。而一切詞句,皆以俚俗方言出之,不惟極端本色,直薄元人,且亦打破歷來劇作家渲染辭藻的習慣。至於不用典故,純重白描,足使我們覺得一般傳奇雜劇之"堆金砌玉",實爲文字上一重魔障。
>
> 蒲松齡能寫俚俗的文學,已經具有超時代的卓見,且以這種手腕運用到戲劇上來,誠不失爲人傑。假使他這番見解能有人繼起提倡,昆腔的聲調,也許會隨之有所改變,似不必等到亂彈腔因能獲得大衆的愛好,始行揭竿而起了。②

半個多世紀過去了,儘管周先生在後來出版的著作中一再重複他的上述觀點,但回應者不多。周氏之外的戲劇史、文學史著作,以及各種劇目類著作或辭典,乃至《中國大百科全書》中國文學卷、戲曲曲藝卷,《中國戲曲志·山東卷》等,對《禳妒咒》均未著錄

---

①周貽白:《蒲松齡的聊齋俚曲》,《大晚報》(滬),1946 年 10 月 1 日第 3 版。此文由國家圖書館程魯潔博士提供,謹此致謝。
②周貽白《中國戲劇史》,原書 1953 年由中華書局出版,本文引自《湖湘文庫》本,長沙:湖南教育出版社,2007 年,第 392—393 頁。

或提及。至於有人把《禳妒咒》和聊齋俚曲中的許多作品都看做是"戲文"①,也并不符合實際。惟莊一拂《古典戲曲存目匯考》在"蒲松齡"下著錄《鬧窘》等三種作品時謂:"別有牌子戲《禳妒咒》《磨難曲》《牆頭記》三種,均以俗曲構成,今存。"②但這三種"牌子戲"并未被莊氏著錄。看來,莊氏是不把"以俗曲構成"之"牌子戲"看成是戲曲的。最近有人提出:"周貽白説蒲松齡具有開拓戲劇新境界,打破戲劇用曲陳套的自覺意識,這明顯拔高了蒲松齡,并不符合蒲松齡創作俚曲的實際情況。""綜合上述聊齋俚曲的演出方式、話語運用、回目設置、音樂曲調、時人對之的稱呼等方面的考察,筆者認爲聊齋俚曲的文體當爲説唱體。"③那麽,《禳妒咒》究竟是不是劇本呢? 如果答案是肯定的,這種"以俗曲構成"的戲曲在中國戲劇史上有什麽意義呢?

二、《禳妒咒》的劇本性質

《禳妒咒》改編自《聊齋志異·江城》,故事梗概没有變化,但從文言改爲白話,篇幅擴充了許多,并增加了一些細節和次要人物,使全劇共有 33 回約 7 萬字組成,是一部篇幅較長的劇本。

用"回"來結構全劇,明顯受到章回小説的影響,但并不能改變這一作品的劇本性質。清嘉慶年間刊刻的楚曲劇本中的《楊四郎探母》《臨潼鬥寶》《蝴蝶夢》《花田錯》《李密降唐》《殺四門》,每劇都由"四回"組成,并有回目。光緒六年(1880)竹友齋刻《梨園集成》中的《火牛陣》《因果報》分六回,《雙義節》分二十一回,《麟骨床》分十九回,除《因果報》外,每劇都有回目。可見,"回"和雜劇的"折",傳奇的"齣",以及某些劇本的"卷"一樣,只不過是區分劇本段落的一個術語而已,并不影響其文體性質。

戲曲劇本與講唱文學底本的一個重要區别是設不設脚色名目以及是否提示人物的裝扮和上下場。講唱文學不需要提示脚色名目和人物上下場,故事中的人物裝扮以第三人稱口吻叙述出來。《禳妒咒》則基本符合戲曲劇本的特徵,其中提示的脚色有:小生(扮男主人公長命)、貼旦(扮女主人公江城)、末(扮陳舉人)、旦(扮樊滿城),淨(扮

---

① 例如何滿子就把《姑婦曲》《慈悲曲》《翻魘殃》《寒森曲》《禳妒咒》《富貴神仙》《磨難曲》,都看成是從《聊齋志異》"衍化"成的"戲文"。參何滿子《蒲松齡與聊齋志異》,上海:上海出版公司,1955 年,第 41—42 頁。

② 莊一拂:《古典戲曲存目匯考》,上海:上海古籍出版社,1982 年,第 727 頁。

③ 蔣玉斌:《聊齋俚曲文體辨》,《海南大學學報》2012 年第 1 期。

張三瘋)、丑(先後扮媒婆、先生、李婆、廚子)。劇本第八回出現"生唱"的提示,根據劇情,此處的"生"應是"小生"所扮演的長命。需要指出兩點:其一,作品只在該脚色第一次出場時予以提示,之後便直接提示人物姓名。例如第二回提示"小生扮長命上,貼旦扮樊江城上",此後便直接提示"長命"與"江城"之名。其二,并不提示所有劇中人的脚色名目,例如長命的父母親高仲鴻和周氏,江城的父母親樊子正和徐氏,就只以高公、高母和樊公、周氏或其姓名提示,至於用何種脚色扮演則付闕如。

本來,是否提示劇中人由何種脚色扮演,并不影響劇本的文體性質。然而我國戲曲是通過脚色演人物,從元雜劇到明清傳奇都是如此,所以有無生旦淨末丑之類的脚色提示,就成爲區分劇本與講唱文學的一個標志,而《禳妒咒》無疑是符合傳統戲曲劇本標準的。

講唱文學不需要提示演員上下場,《禳妒咒》不僅有上下場提示,而且還常常提示演員上場時的動作或者行頭裝扮,其中有的用脚色提示,有的直接用劇中人姓名或身份提示。例如第一回"丑笑上",第五回"丑扮媒婆上",第八回"丑破巾服扮先生上",第二十四回"丑扮廚子上",第三十二回"淨扮張三瘋破衣赤足上",第十八回"公子勒頭上云",第十九回"王子雅、王子平家人抬酒上",等等。

以雜劇、傳奇爲代表的古典戲曲,在角色第一次上場時往往"自報家門"。演員以劇中人的身份(第一人稱的口吻)自我介紹。這是演員進入角色的手段,此時演員消失了,觀衆面對的是劇中人。"自報家門"之前還要念誦上場詩,雖未必用劇中人口吻,但一定與劇中人所處的情景或心境相吻合。《禳妒咒》的"自報家門"與元雜劇、明清傳奇完全相同。例如第二回開頭:

(高公、高母上云)年歲周花甲,鬢邊白髮生;有子萬事足,無妾一身輕。咱家姓高名猷,字是仲鴻,本貫臨江府峽江縣。俺本宦官後人也,家中有萬金產業。我合夫人周氏,都是六十餘歲。五十上生了一子,叫小長命。自從讀書,起了個名字叫高蕃。可喜他聰明俊秀,今年方纔十歲,已是成了文章,也是一件好事。①

---

① 路大荒整理:《蒲松齡集》,上海:上海古籍出版社,1986年,第1150頁。本文引《禳妒咒》均據此版本。標點有出入者爲筆者所改,下同。

再如第三回開頭:

（樊公上云）虛度人間五十秋,短袍破爛又流丟;街頭個個稱師傅,實與人家去放牛。咱家姓樊名才,字子正,每年以教書爲業。賃了高仲鴻家一口屋,不覺住了四年。主人到極盛德。明年的館在北門裏頭,隔着這裏太遠,不免攜家搬去。①

在明清傳奇中,劇中人下場時要念誦四句五言或七言詩。有時一人念,有時二人以上念;有時提示念誦者,有時只概括劇情并不提示念誦角色。《禳妒咒》全劇33回,除第一回"開場"、第十六回"誇妒"、第十八回"毆姊"外,其餘30回均有下場詩,其中多數是四句七言詩,少數也有兩句五言的,且多數明確提示了念誦者。例如第二十一回"觀劇"末尾的提示如下:

（老兩口抱頭大哭説）哎！苦哉！苦哉！（詩）：
（高公）醜事贓名日日多,（夫人）不知究竟更如何？
（高公）但求速死黄泉下,（夫人）永閉雙睛不見他！（哭下）②

在《禳妒咒》中,就連劇中人臨時下場也有下場詩。例如第九回,長命與江城吵架後,念二句下場詩:"生來不幸遭獅吼,不免身爲陳季常",然後拂袖而去。江城亦念四句下場詩,後二句爲:"晚間早把門關上,不叫親娘門不開",并提示:"重二句作發恨下介,長命上。"若非劇本,出現這種提示就不可思議了。

在我國古典戲曲中,雜劇提示動作多用"科",傳奇則多用"介"。《禳妒咒》用"介"提示劇中人動作,與傳奇相同。例如第三回"子正抬頭看介""急走介""作進門介""江城哭介";第六回"你看我,我看你介""背介""公子拿着汗巾細細端相介";第八回"衆應介""拜介""衆引介""叫介""閉眼介";第九回"刺繡鞋介""作撚介""作打噴介";等等。這樣的提示貫穿全劇,不勝枚舉。

區分劇本與説唱文體最關鍵的要素是:前者是代言體而後者是叙述體。《禳妒咒》的代言體性質非常明顯。第一回"開場",有點類似明清傳奇的"副末開場",只有"丑"一個脚色上場,與幕後的"内"一問一答。劇本提示:"丑笑上【西江月】",接着就是丑的

---

① 路大荒整理:《蒲松齡集》,上海:上海古籍出版社,1986年,第1152頁。
② 路大荒整理:《蒲松齡集》,第1226頁。

獨白,當他説到"仰(應爲揚,引者注)起巴掌照着臉,瓜得"時,"内"開始插話。請看二人的如下對白:

  (内問云)是你打他麽?
  (丑哭云)那裏,是他打我。(作介)我只雄赳赳的闖進門,撲喊……
  (内問云)這是怎麽?
  (丑笑云)撲喊一聲,我就跪下了。
  (内問云)你就這麽怕老婆麽?
  (丑云)列位休笑,天下那一個不是怕老婆的呢?……①

  接着"丑"一連講了好幾個怕老婆的故事,連大名鼎鼎的戚繼光也怕老婆。"丑"回答"内"的發問,邊講邊唱,共唱了 11 首【調寄山坡羊】和 2 首【皂羅袍】曲。"丑"在下場前的一句白是:"説起來你不信,如今就現有一個哩,你看,那不是怕老婆的他達來也?"這種開場方式,和許多南戲、傳奇作品非常相似,只是篇幅較長。
  自第二齣以後,劇中人一一登場,他們的對白和唱詞基本上都是代言體。例如第九回"閨戲"寫江城和公子長命吵架的一段:

  (公子説)你罵嘎哩?
  (江城説)我罵了還罵,怎麽着我!
  (長命唱)罵了姐又罵娘,好眉好眼不賢良,我也没氣合你強。有心待要照着他,又不知待鬧幾場,終朝須是常打仗。只得是存心忍耐,低着頭上了書房。
  (詩)生來不幸遭獅吼,不免身爲陳季常。(下)
  (江城説)賊強人躲了去了,你就再休上門了!
  罵了聲小囚根,説出話來氣殺人,罵了幾句還不忿。以後惹惱了我這性,我只是狠掘他那親,着他睁眼把我認。到晚上把門關了,我看他那裏安身!②

  按照本劇的書寫習慣,某一曲牌只在首次出現時予以標明,上引長命和江城的唱曲,前文已標明是【耍孩兒】,故此處從略。江城白後即唱,"唱"字也略而不書,但讀者

---

 ①路大荒整理:《蒲松齡集》,上海:上海古籍出版社,1986 年,第 1145 頁。
 ②路大荒整理:《蒲松齡集》,第 1180 頁。

一瞧便知白與唱的區别。這種書寫方式在古典戲曲作品中比比皆是,不贅舉。

再看第五回長命之父高仲鴻和媒婆的對白,并媒婆的一段【調寄呀呀油】唱詞:

(仲鴻説)我是個鄉瓜子,不敢攀那大頭腦。
(王婆説)大爺,你真個不合他做親麽?
(仲鴻説)你看我這裏扯着來麽?
(王婆説)不着我去罷。
(仲鴻説)你吃些飯去。
(王婆説)罷呀,拶塑匠兩口子扎春牛,忙着那,忙哩。(唱)

【調寄呀呀油】運氣低,運氣低,返回就到了日頭西。一門親事没既成,到走的俺這腿兒細。再休題,再休題,撞着高家這謬東西。費了脚步没賺錢,又瞎啕了多少氣。

一心忙似箭,兩脚走如飛。(下)①

衆所周知,在傳統戲曲中,唱詞具有很强的抒情性,有時不完全與劇中人所處的情景和心境相對應。也就是説,唱詞有時并非嚴格的代言性質。但在《禳妒咒》中,不僅對白,連唱詞也基本是代言體。這種情況即使在之前的雜劇、傳奇劇本中也不多見。

當然,《禳妒咒》中講唱文體的痕跡也隨處可見,這多數表現在對劇中人動作的提示上。比較典型的如第十三回:

正説着,只見公子歪待(戴)着方巾,喘吁吁的跑來,藏着在仲鴻身後。高公忙問:"怎麽來?怎麽來?"但見江城隨後怒衝衝的,挈着一根棍子,趕進房中。夫人忙問"怎麽説?怎麽説?"江城並不答言,便來仲鴻身後抓着公子痛打一頓,把公公錯打了一下。仲鴻説:"打死我也!"叫唤起來,江城纔去了。公子搭眼,高公、夫人都哭着説:"蒼天蒼天!"②

---

① 路大荒整理:《蒲松齡集》,上海:上海古籍出版社,1986年,第1161頁。
② 路大荒整理:《蒲松齡集》,第1196頁。

再如第十九回：

　　石庵回來，坐不多時說不好，不好！跑出來說不能遠行，就在這近處罷。墩下便瀉。仲美回來，忽然又大吐，子雅又回來了，石庵回來一行又吐，仲美正坐着又說不好，不好！往外跑着說這褲裏像有了物了。墩下又瀉。石庵又跑着說不好，不好！跑了去相對孤堆着唯哼，子雅說我也還不調貼。也去孤堆着一處，少時子雅起來，回來說哎喲！虧了我還輕些。①

　　毋庸諱言，《禳妒咒》對某些細節和動作的提示採用叙述體表述。但這些表述與代言體的對白和歌唱相比，與對演員上下場的提示相比，分量要輕得多。這就猶如許多當代影視作品插入"畫外音"一樣（例如紅極一時的電視劇《潛伏》），并不能影響全劇的代言體劇本性質。實際上，傳統戲曲劇本中完全的代言體是不多的。《禳妒咒》用叙述的口吻介紹劇情或提示動作，是從俗曲清唱向劇本過渡時殘存的講唱文學痕跡，詳後文。

三、《禳妒咒》的曲牌特徵、連綴方式及其來源

　　據筆者統計，《禳妒咒》全劇共使用曲牌33种（含异名同格曲牌），曲子432支，基本使用代言體由劇中人唱出，詳見下表：

《禳妒咒》使用曲牌及連綴情況統計表

回目	曲牌名稱并連綴方式	演唱脚色或劇中人	曲數
第一回：開場	【調寄山坡羊】11支+【皂羅袍】2支	丑	13
第二回：雙戲	【耍孩兒】2支+【跌落金錢】4支	高公、高婆、小生、貼旦	6
第三回：遷居	未標7支+【黃鶯兒】4支+【香柳娘】5支+【皂羅袍】3支	樊公、樊婆、高公	19
第四回：入泮	【耍孩兒】3支+【銀紐絲】7支	高婆、高季、高公	10
第五回：擇偶	【耍孩兒】2支+【調寄呀呀油】7支+【羅江怨】3支+【清江引】2支	高公、高婆、丑（媒婆）、末（陳舉人）	14

---

① 路大荒整理：《蒲松齡集》，上海：上海古籍出版社，1986年，第1218頁。

續表

回目	曲牌名稱并連綴方式	演唱腳色或劇中人	曲數
第六回:邂逅	【耍孩兒】2支+【疊斷橋】8支	長命、高婆	10
第七回:訂婚	【還鄉韻】4支+【倒扳槳】13支+【皂羅袍】4支	長命、高婆、高公、江城	21
第八回:花燭	【耍孩兒】3支+【西調】2支+【皂羅袍】5支	長命、衆、生(小生)、樊公、樊婆、江城、高公、高婆	10
第九回:閨戲	【耍孩兒】9支+【跌落金錢】2支+【耍孩兒】3支+【疊斷橋】3支	長命、江城	17
第十回:退婚	【銀紐絲】7支+【鬧五更】5支+【清江引】1支	長命、高婆、高公、江城	13
第十一回:私會	【耍孩兒】6支+【疊斷橋】12支+【呀呀油】9支	長命、王子雅、吳麗華、樊公、樊婆	27
第十二回:複合	未標9支+【劈破玉】5支	樊公、高公、長命	14
第十三回:摑公	【耍孩兒】1支+【銀紐絲】1支+【呀呀油】3支+【銀紐絲】3支+【呀呀油】1支+【房四娘】4支+【棹歌】1支	高公、高婆、王婆、樊公、僕從	14
第十四回:招妓	【鴛鴦錦】6支+【刮地風】8支	長命、李婆、吳麗華	14
第十五回:裝妓	【耍孩兒】2支+【西調】2支+【蝦蟆曲】3支	江城、李婆、長命	7
第十六回:誇妒	【劈破玉】6支	旦、江城	6
第十七回:中傷	【銀紐絲】2支+【耍孩兒】7支	長命、葛天民、滿城	9
第十八回:毆姊	【哭皇天】3支+【房四娘】7支	長命、江城、葛天民	10
第十九回:毒友	【耍孩兒】9支	王子雅、張石庵、長命	9
第二十回:男裝	【耍孩兒】2支+【羅江怨】6支+【跌落金錢】1支+【疊斷橋】3支+【刮地風】7支	長命、王子雅、蘭芳	18
二十一回:觀劇	【耍孩兒】1支+【皂羅袍】3支+【還鄉韻】2支	江城、耍猴戲者、高公、高婆	6
二十二回:奪門	【耍孩兒】5支+【呀呀油】8支	高公、高婆、長命、王子平、王子雅、高季、王寧	13
二十三回:秋捷	【耍孩兒】2支+【玉娥郎】2支+【滿詞】1支+【玉娥郎】2支	高公、高婆、江城	7
二十四回:撞廚	【黃鶯兒】5支+【哭笑山坡羊】12支+【耍孩兒】5支	丑(扮廚子)、江城、高公、高婆	22
二十五回:喜聚	【桂枝香】5支	長命	5

續表

回目	曲牌名稱并連綴方式	演唱脚色或劇中人	曲數
二十六回:虐妒	【耍孩兒】3支+【滿調】4支+【蛤蟆歌】3支+【銀紐絲】1支	長命、江城	11
二十七回:占化	【疊斷橋】5支+【浪淘沙】4支+【疊斷橋】2支+【哭皇天】7支+【還鄉韻】4支	長命、高公、高婆、和尚、春香、江城	18
二十八回:納婢	【耍孩兒】9支	江城、高婆	9
二十九回:買妓	【銀紐絲】3支+【耍孩兒】4支+【鴛鴦錦】5支+【耍孩兒】3支	江城、長命、蘭芳	15
三十回:館選	【耍孩兒】9支+【北黃鶯】3支	高公、高婆、江城、蘭芳、樊公	12
三十一回:錦歸	【劈破玉】6支+【鴛鴦錦】2支+【十和解】10支+【黃鶯兒】3支	高公、江城、長命、丫頭	21
三十二回:賀子	【耍孩兒】6支+【倒扳漿】9支+【皂羅袍】3支	長命、石庵、仲美、子平兄弟、天民、高公、淨(張三瘋)	18
三十三回:祝壽	【耍孩兒】6支+【桂枝香】4支+【四朝元】4支+【黃鶯兒】4支	長命、蘭芳、高婆、江城、春香、高公	14

根據以上統計,作品依次使用的曲牌有:【調寄山坡羊】【皂羅袍】【耍孩兒】【跌落金錢】【黃鶯兒】【香柳娘】【銀紐絲】【調寄呀呀油】【羅江怨】【清江引】【疊斷橋】【還鄉韻】【倒扳漿】【西調】【鬧五更】【呀呀油】【劈破玉】【房四娘】【棹歌】【鴛鴦錦】【刮地風】【蝦蟆曲】【哭皇天】【玉娥郎】【滿詞】【哭笑山坡羊】【桂枝香】【滿調】【蛤蟆歌】【浪淘沙】【北黃鶯】【十和解】【四朝元】。這些曲牌,絕大多數屬於俗曲。經比較,【調寄呀呀油】與【呀呀油】,【蝦蟆曲】與【蛤蟆歌】,【滿詞】與【滿調】,詞格相同,應是同一曲牌的異寫。

所謂"俗曲",亦即明清兩代民間流行的時尚小曲,也稱"俚曲"或"小曲"。李開先(1502—1568)《市井豔詞序》云:"正德初尚【山坡羊】,嘉靖初尚【鎖南枝】……二詞嘩於市井,雖兒女子初學言者,亦知歌之。"①這裏所说的【山坡羊】和【鎖南枝】,雖然與南北曲曲牌名稱相同,但實際上詞格和唱法卻與南北曲迥異,正是俗曲。顧起元《客座贅語》卷九"俚曲"條云:

---

① 李開先:《市井豔詞序》,見《李開先全集》(修訂本),卜鍵箋校,上海:上海古籍出版社,2014年,第565頁。

里衖童孺婦媼之所喜聞者,舊惟有傍妝台、駐雲飛、耍孩兒、皂羅袍、醉太平、西江月諸小令;其後益以河西六娘子、鬧五更、羅江怨、山坡羊。山坡羊有沉水調,有數落,已爲淫靡矣。後又有桐城歌、掛枝兒、乾荷葉、打棗干等。雖音節皆仿前譜,而其語益爲淫靡,其音亦如之,視桑間濮上之音,又不翅相去千里。誨淫導欲,亦非盛世所宜有也。①

沈德符《萬曆野獲編》卷二五"時尚小令"條舉出的俗曲曲牌有:【鎖南枝】【傍妝台】【山坡羊】【泥捏人】【鞋打卦】【熬鬏髻】【耍孩兒】【駐雲飛】【醉太平】【鬧五更】【寄生草】【羅江怨】【哭皇天】【幹荷葉】【粉紅蓮】【桐城歌】【銀紐絲】【打棗竿】【掛枝兒】。德符謂其"不問南北,不問男女,不問老幼良賤,人人習之,亦人人喜聽之。以至刊布成帙,舉世傳誦,沁人心腑。其譜不知從何來,真可駭歎!"②從沈氏的叙述中,可看出俗曲在當時傳播之廣,影響之大③。又,萬曆間多有將俗曲與戲曲合刊之曲選,一般以南北曲(多爲昆曲)敷衍的戲曲占主要篇幅,而將俗曲放置在夾縫之中或接近書眉之頂層。如《玉谷新簧》卷一中層,收有《時興各處譏妓【耍孩兒】歌》;《摘錦奇音》卷一上層收有《選時興【羅江怨】妙歌》,卷二有【哭皇天】【鬧五更】【劈破玉】,卷三有從各戲曲劇本中彙集的【劈破玉】。此外《詞林一枝》《八能奏錦》《大明春》《徽池雅調》都在刊刻戲曲的夾縫中録入了數量不等的俗曲。

上述俗曲曲牌,有的襲用了南北曲的名稱,却在文詞格律、音樂結構及演唱方面另辟蹊徑;有的則與南北曲毫無關聯。《禳妒咒》中的曲牌亦如此。正如關德棟在《聊齋俚曲選·前言》中所説:蒲松齡俚曲"每回中歌唱的樂曲組成并不是套曲……所採用的曲調,多數爲明清以來的時調歌曲,少數來自南北曲,也往往是突破了定格經過通俗化的"④。限於篇幅,本文僅以【耍孩兒】【山坡羊】【鬧五更】等爲例,來觀照这个俗曲體劇本的曲牌特徵及其來源。

---

①(明)顧起元:《客座贅語》,北京:中華書局點校本,1997年,第302頁。
②(明)沈德符:《萬曆野獲編》,北京:中華書局點校本,1980年,第647頁。
③關於俗曲的搜集與研究,20世紀二三十年代有劉複、李家瑞編的《中國俗曲總目稿》和李家瑞所編《北平俗曲考略》,最近有板俊榮、張仲樵的《中國古代民間俗曲曲牌、曲詞及曲譜考釋》等著作。有人認爲:"'俗曲'一詞是日本人在1870年新造的一個詞彙,我國在20世紀初引入使用了該詞。"(徐元勇:《明清俗曲流變研究》,南京:東南大學出版社,2011年,第78頁)非是。宋朱熹《琴律説》即云:"俗曲繁聲,亦或有取,則亦非君子所宜聽也。"(《晦菴集》卷六六)元明清三代用"俗曲"者比比,不必從日本引入。惟"俗曲"所指內涵,或有不同。
④關德棟:《聊齋俚曲選》,濟南:齊魯書社,1980年,第2頁。

【耍孩兒】曲牌，從金元北曲到明清俗曲，流播極廣，格律變化也很大①。《禳妒咒》全劇的33回中，有18回以【耍孩兒】爲首曲，占了全劇一半以上。其中第19、28兩回，僅以9支【耍孩兒】連綴而成。從詞格和韻腳看，《禳妒咒》中的【耍孩兒】與金元而下的南北曲有明顯的差異，而與明清教派寶卷和道情最爲接近。請看第二回的第二支曲子：

十來胎不存留，看今生已甘休。不想還生下這塊肉。已是生了瘸和疹，又不瞎眼不禿頭，心滿意足今生夠。但得他長命百歲，不指望富貴千秋。②

衆所周知，《董西廂》中的兩首【耍孩兒】均爲九句，其句式爲：七（四、三韻）、六（四、二韻）、八（三、五韻）、七（三、四韻）、七（四、三）、七（四、三韻）、三、四、四（韻）。杜善夫《莊家不識勾欄》中的【耍孩兒】套，每煞句格均有變化，依然呈現出長短句特徵。明萬曆間刊《大明春》《玉谷新簧》中的俗曲【耍孩兒】爲七句，句格爲七（韻）、七（韻）、七、七（韻）、三（韻）、三（韻）、七（韻），已呈現出向齊言轉變的趨勢。明清教派寶卷和部分道情作品中的【耍孩兒】爲八句，其一般的詞格爲：六（三、三，韻）、六（三、三，韻）、七（韻）、七（韻）、七、七（韻）、七（韻）、七、七（韻）。如康熙三十二年（1693）刊《普覆周流五十三參寶卷》（以下簡稱《五十三參寶卷》）卷上有四首【耍孩兒】相連，其一爲：

勸大衆早回心，休貪戀哭沉淪。無字真經常持誦，晝夜隨佛迴圈轉，採取真陽煉花精。明明俐俐出身徑，兩壁廂吹彈歌舞，頻頻響音樂歌頌。③

再看道情。道情作爲民間講唱和戲曲藝術，源遠流長，不暇備述。其音樂結構，有詩贊體和俗曲體兩種，而以後者最爲流行。在俗曲體中，使用【耍孩兒】曲牌的道情作品廣爲流傳，其句格不盡相同。武藝民《中國道情藝術概論》總結明代"藍關腔"中【耍孩兒】"獨具特色的結構特徵是"："八句三段體，第四、七句要求轉轍"，"第一、二兩段均爲三句式結構（由兩個上句和一個下句組成），藝人稱之爲'三條腿'。""第一段的前兩句爲六字句（每三字爲一片語）。"④而這與《禳妒咒》以及寶卷中的【耍孩兒】基本相同。

---

① 詳參姚藝君：《戲曲音樂曲牌【耍孩兒】的形態研究》，《中國音樂學》1993年第4期。
② 路大荒整理：《蒲松齡集》，上海：上海古籍出版社，1986年，第1150頁。
③ 磯部彰編：《清初教派系寶卷二種的原典和解題》，日本東北大學東北亞研究中心印，2010年，第169—171頁。
④ 武藝民：《中國道情藝術概論》，太原：山西古籍出版社，1997年，第331頁。

山東人丁耀亢（1599—1699）所撰《續金瓶梅》第四十八回，有"道人"手持"漁鼓、簡板"說唱道情的情景。他先唱【西江月】一首，接唱14支【耍孩兒】，除首曲外，每支曲子皆以"莫不是"開頭。并且在第4、6、8、10、12、13、14支曲子之後，插以說白。其首曲歌詞如下：

> 我向前細細尋，又退後默默思。可憐你三魂五臟無蹤跡，只見饑鴉啄破天靈蓋，餓犬傷殘地閣皮，模樣兒真狼狼。映斜陽眼中睛陷，受陰風耳竅風嘶。①

三者相比，其相似程度昭然。當然無論寶卷、道情抑或《禳妒咒》，其中的【耍孩兒】皆可略作變通，但句數、韻腳不變，只是在某句增減一兩個字而已。例如前兩句可爲六字，分讀作三、三，也可爲七字，極個別也有八字句。第三、四、五、六句少數可增加襯字作八字或九字。最後兩句爲七字句，幾乎沒有例外。此外，作爲套數的【耍孩兒】，無論在金元散曲抑或元刊雜劇中，自始至終不換韻。而寶卷、道情、《禳妒咒》中的【耍孩兒】，幾乎每支曲子都使用同一個韻，像是一支支同名曲牌連綴而成。《禳妒咒》在各曲牌之間有人物念白和動作提示，道情則在多支曲牌中間插有説白。

值得關注的是，蒲松齡生活的山東淄博一帶，也是道情流傳的地區。而且蒲松齡在俚曲中還提到了"道情"，如《增補幸雲曲》（又名《正德嫖院》）第七回有如下描述：

> 那萬歲正往裏走，從裏頭出來了一個老漢，說道："長官，你來院裏做什麼？"皇爺說："我來耍耍。"老兒道："你會耍刀呀，是耍槍？耍把戲、弄傀儡、説快書、唱道情，你去上那十字街前，耍給人看，掙幾百錢好買嘎吃，你來這裏耍，可給你什麼？"②

因而，《禳妒咒》以及聊齋俚曲其他作品中的【耍孩兒】，也有來自道情的可能。還要説明的是，寶卷和道情有時相互滲透。例如北方流行的《長城寶卷》"通篇説唱道情[耍孩兒]"③。

【山坡羊】最早也是北曲，在元代散曲和戲曲中廣泛使用，後傳入南方④。其中祖籍

---

① 丁耀亢：《續金瓶梅》，見陸合、星月校點《金瓶梅續書三種》，濟南：齊魯書社，1988年，第466頁。
② 路大荒整理：《蒲松齡集》，上海：上海古籍出版社，1986年，第1579頁。
③ 尚麗新、車錫倫：《北方民間寶卷研究》，北京：商務印書館，2015年，第256頁注1。
④ 參楊棟：《【山坡羊】曲調源流述考》，《文學遺產》2010年第2期。

山東的張養浩(1270—1329)所作的小令《潼關懷古》非常有名,作品共九句,其句法爲:四、四、七、三、三、七、七、四(一、三)、四(一、三),句句押韻。這也是元代【山坡羊】的典型詞格。進入明代以後,【山坡羊】分途發展:文人筆下走向典雅,民間俗曲則另是一番景象。前者的代表作可舉出《牡丹亭·驚夢》中的"沒亂裏春情難遣"一曲爲例,而山東人李開先《詞謔》中所記錄的一首"市井戲謔之詞"【山坡羊】,風格迥然有別:

嘗記的老彭祖,滴溜着灑跋攀,就在你家行走。誰知你是一個織機梭兒,一包穗都在裏邊。難言,心坎裏埋伏着一萬把殺人不眨眼的刀山;詳觀,眼角旁斜掛着一領捏褶子的人肉布衫。①

同爲山東人的蒲松齡,在《禳妒咒》中的【山坡羊】,不僅比開先所錄更加通俗、詼諧,而且句法也有大幅度改動。例如第一回【調寄山坡羊】:

不怕天不怕地,單單怕那秋胡戲。性子發了要殺人,進來屋裏沒了氣。盡他作精盡他治,放不出個狗臭屁。休笑漢子全不濟,這裏使不的錢合勢。②

全曲八句,除第一句六字、末句八字之外,全部是七字句。誦讀或唱念時,首句可分解爲三、三,末句"使不得"三字連讀或連唱,也是七字句的節奏。更有意思的是第24回,丑腳扮演的廚子吳恒連唱12支【哭笑山坡羊】。其中單句在倒數第二句前提示"哭",複句則在同一位置提示"笑"。限於篇幅,僅舉第3、4兩支曲子如下:

遇着那胡突官兒,廚房只一間兒,又是熱殺人的天兒,打上嘔殺人的煙兒,那汗成了灣兒,又没人倒倒班兒。(哭)忙起來就是熱殺,那裏躲閃!

黑了點上燈兒,使船看看風兒,譙樓上還有個更兒,簾子上還有個釘兒,糧食有個升兒,秤上有個星兒,何況是眼裏放着釘兒,怎麽不聽聽聲兒?(笑)該用心不該用心,俺自有個成算宗兒。③

---

① (明)李開先:《詞謔》,見《李開先全集》,卜鍵箋校,上海:上海古籍出版社,2014年,第1543頁。
② 路大荒整理:《蒲松齡集》,上海:上海古籍出版社,1986年,第1146頁。
③ 路大荒整理:《蒲松齡集》,第1235頁。

除了語言通俗、詼諧之外,一連串的兒化,加上單句"哭"和複句"笑"的提示,成爲此曲牌最顯著的特點。板俊榮等稱其爲【雙調山坡羊】,"即上下兩闋,'哭'一闋,'笑'一闋"①。這一曲牌在聊齋俚曲中反復運用。《富貴神仙》第十一回也有一首"少哭老笑的【山坡羊】",據作品說:因爲"是個年小的禿妮子,嫁了個一支眼的老漢子",所以演唱時"少哭老笑"②。《磨難曲》第二十三回,蒲氏再次使用【哭笑山坡羊】,唱詞與《富貴神仙》略同,不贅引。

明中葉以來,【山坡羊】成爲最流行的俗曲曲牌之一,同時也屢屢受到改造,出現了許多不同的名稱。上引顧起元《客座贅語》提到"山坡羊有沉水調,有數落",沈寵綏《度曲須知》提到"侉調"【山坡羊】,明末方以智有《聽黔調山坡羊》詩,凌濛初《初刻拍案驚奇》卷三二有【奋調山坡羊】,《金瓶梅》第三十三回陳經濟唱"果子名【山坡羊】",第六十一回申二姐彈唱了一曲【四不應·山坡羊】,第八十九回吳月娘、孟玉樓先後唱【哭山坡羊】;《金屋夢》第二十三回有【貓兒山坡羊】,第五十三回有藥名【山坡羊·張秋調】。張秋,即今張秋鎮,位於魯西平原陽穀縣境內。更值得一提的是,蒲松齡的前輩,山東人丁耀亢(1599—1669)在《續金瓶梅》第四回,借西門慶之手也寫了一曲【哭山坡羊】,長達20多句。

楊蔭瀏《中國古代音樂史稿》,分別從蘇州派劇作家朱佐朝《漁家樂》傳奇《藏舟》齣、清中葉《雷峰塔》傳奇《斷橋》齣、《太古傳宗》所收之《思凡》齣以及王世貞所作散曲《昭君》中各抽出一支【山坡羊】進行比較,指出:這幾首同名曲牌,"已達到了使人不易辨認的程度";"同一曲牌,容許其變化的幅度愈大,其適應性愈廣,其表現力愈强"③。這個說法是對的。但楊先生認爲,上述四首【山坡羊】的前兩首"屬於'海鹽腔'體系的一般的南曲,後二曲爲屬於與'弋陽腔'有關的'弦索調'體系的南曲"④。這就值得商榷。其實,朱佐朝所作與《雷峰塔》均是崑曲,而後兩首屬於俗曲。至於弦索調,它來自北曲,是明代俗曲的前身,而不屬於弋陽腔。詳後文。

本來,【山坡羊】也是明清教派寶卷和道情說唱中經常使用的曲牌。但康熙之前的寶卷和道情中未見到有如《禳妒咒》中所用基本屬於齊言體者,尤其【哭笑山坡羊】之名在寶卷中未見。因此,不排除《禳妒咒》中的【山坡羊】出自蒲松齡的獨創,而【哭笑山坡

---

①板俊榮、張仲樵:《中國古代民間俗曲曲牌、曲詞及曲譜考釋》,南京:南京師範大學出版社,2013年,第140頁。本書第151頁有板俊榮譯配的《禳妒咒》中【雙調山坡羊】中的一闋曲譜,可參看。
②路大荒整理:《蒲松齡集》,上海:上海古籍出版社,1986年,第1349頁。
③楊蔭瀏:《中國古代音樂史稿》下冊,北京:人民音樂出版社,1981年,第883頁。
④楊蔭瀏:《中國古代音樂史稿》下冊,第881頁。

羊】是在【哭山坡羊】的基礎上進一步加工而成的。

現在來看【鬧五更】。這個曲牌來源很早，別名也非常多。板俊榮列出的有：【五更轉】【五更調】【五更月】【五更謠】【五更吟】【五更思】【五更囉嗦】【五更鼓】【哭五更】【歎五更】【勸五更】等40餘種①。迄今所知，這類五更體作品中，以南朝陳時（557—589）伏知道的《從軍五更轉》爲最早，全詩五段，每段四句一換韻，每句五字，其唱詞從"一更"唱到"五更"。後來的五更體作品，在從樂府詩經由佛曲、道曲向文人詩、南北曲和明清俗曲的演變過程中，其格律發生了較大變化。最遲從南戲《琵琶記》開始，已經出現以"五更"爲名稱的曲子内容并不涉及五更，而某些不以"五更"爲曲牌名稱的曲子反而有從"一更"唱到"五更"的情況②。到明代俗曲中，這種情況更爲普遍。《金瓶梅詞話》第七十三回，寫吳月娘讓郁大姐唱【鬧五更】，"郁大姐便調弦高聲唱【玉交枝】"。其形式是一首【玉交枝】加一首【金字經】，反復唱五遍，從"一更"唱到"五更"③。限於篇幅，其唱詞不贅舉。

《襄妒咒》沿着明代戲曲、俗曲的方向繼續前進。第十回中的5支【鬧五更】，絲毫不涉及"五更"的内容。然而在第十四回6支【鴛鴦錦】曲子中的前5支，第二十一回7支【刮地風】的後5支，則分別從"一更"唱到"五更"。例如第二十一回5支【鴛鴦錦】的唱詞是：

> 一更獨自立庭前，人聲寂淨更淒然。走來走去無人問，深夜還愁長似年。人哪哎喲長似年！
>
> 二更裏心緒更難堪，心頭冤苦對誰言？趁着宿酒還未醒，帶醉容易眠，人哪哎喲容易眠。
>
> 三更鼓聲半夜天，忽然酒醒一身寒。四肢冰冷人將死，死在中庭誰見憐。人哪哎喲誰見憐？
>
> 四更天冷不堪言，搖頭蹲在畫簾前。坐下嘴唇着雙膝，臀腿酸麻斜正難。人哪哎喲斜正難！
>
> 五更雞叫鬧喧喧，一刻難捱最可憐。看看東方已放亮，太陽好似鰾膠黏。人哪

---

① 板俊榮、張仲樵：《中國古代民間俗曲曲牌、曲詞及曲譜考釋》，南京：南京師範大學出版社，2013年，第274頁。

② 詳參于東新、葛超：《"五更轉"源流演變及其意義芻論》，《中國韻文學刊》2012年第2期；朱恒夫：《"五更"曲考論》，《上海師範大學學報》2015年第6期。

③ 《金瓶梅詞話》，香港太平書局，影印明萬曆刊本，1993年，第2129頁。

哎哟鰾膠黏。①

此外,蒲氏《尼姑思俗曲》的【疊斷橋】曲牌,也從"一更"唱到"五更"②。

傅芸子早已注意到了五更體作品中曲牌名與所詠唱的内容相脱離的情況,他認爲:到明代,"鬧五更"已經變成了小曲的内容,它原來的曲牌意義已經消失,"可見沈德符所記是錯誤的"③。其實,凡詞牌、曲牌均是以長短句爲主體的。伏知道的《從軍五更轉》已經是五言詩的文體,其"曲牌意義"很早就已經不存在了。據車錫倫統計,明清教派寶卷中有【五更耍孩兒】【五更浪淘沙】【五更黃鶯兒】【五更綿搭絮】等曲牌,另有【五更】【鬧五更】【哭五更】曲牌④。康熙三十二年(1693)刊《五十三参寶卷》中有【五更金字經】【五更皂羅袍】曲牌,其内容,都是從"一更"唱到"五更"。據此可知,完全没有五更内容的五更體曲牌,有可能是名稱不全所造成的。以上所舉《禳妒咒》中的五更體曲牌,全名應爲【五更刮地風】【五更鴛鴦錦】【五更疊斷橋】。此時"五更"是内容,而【刮地風】【鴛鴦錦】【疊斷橋】纔是真正的曲牌名。

最後再簡單看一下【皂羅袍】。【皂羅袍】本爲南曲曲牌,較早使用於《白兔記》《殺狗記》等劇,後成爲昆曲中最常用的曲牌之一。《牡丹亭》中的那首"原來姹紫嫣紅開遍"一般人耳熟能詳,但《禳妒咒》第二十一回中的【皂羅袍】是這樣的:

　　劉智遠一生放蕩,去投軍撇下三娘。哥嫂叫他受苦磨房,一推一個東放亮。天色明瞭,奔走慌忙,擔筲打水,纔把磨棍放。⑤

再請看《五十三参寶卷》中的【皂羅袍】:

　　通傳了無爲妙法,真三昧乃是法華。一般普度百千家,愚癡不醒難説話。不愁生死,只戀榮華。無常二字,水上浮花。我的佛,無常到來都撇下。

---

①路大荒整理:《蒲松齡集》,上海:上海古籍出版社,1986年,第1224頁。
②《尼姑思俗曲》路大荒編《蒲松齡集》未收,此曲見於盛偉編《蒲松齡全集》,上海:學林出版社,1998年,第2426—2427頁。
③傅芸子:《〈五更調〉的演變》,見《白川集》,東京:東京文秋堂書店,1943年,第249頁。
④車錫倫:《明清寶卷中的小曲》,臺北《漢學研究》第20卷第1期,2002年6月。
⑤路大荒整理:《蒲松齡集》,第1225頁。

請注意,"我的佛"三字原用小字刊刻,可理解爲唱詞中插白。這樣看來,《禳妒咒》中的【皂羅袍】就與寶卷基本相同了。

《禳妒咒》的曲牌連綴方式也與南北曲迥然有別。其主要特點是:無宫調區分,不用【引子】和【尾聲】,而直接採用曲牌連綴。其連綴方式有兩種:一、同名曲牌連綴。作品第十六回、十九回、二十五回、二十八回,均只用數支同名曲牌連綴。二、剩餘各回,均在同一回中用兩支以上的不同曲牌連綴。往往是連唱數支同名曲牌之後,再接唱下一個曲牌。如第一回,連唱11支【調寄山坡羊】,再接唱2支【皂羅袍】;第三十三回,連唱6支【耍孩兒】,接唱4支【桂枝香】,接唱4支【四朝元】,再接唱4支【黄鶯兒】。但第十三回情况特殊,是先唱1支【耍孩兒】,接唱1支【銀紐絲】,接唱3支【呀呀油】,接唱3支【銀紐絲】,接唱1支【呀呀油】,接唱4支【房四娘】,最後再唱1支【棹歌】。這種情况,在全劇中僅此一例。

《禳妒咒》的曲牌連綴方式和明末清初教派寶卷十分相似。寶卷中的俗曲同樣不分宫調,基本不用【引子】和【尾聲】,且常常在連唱數支(通常是4支)同名曲牌後,接唱下支曲牌。例如《五十三參寶卷》卷上,先後使用的俗曲曲牌是【駐雲飛】【桂枝香】【五更金字經】【柳摇金】【風入松】【掛金鎖】【上小樓】【畫眉序】【掛金鎖】【懶畫眉】【皂羅袍】【步步嬌】【側郎兒】【五更皂羅袍】【浪淘沙】【黄鶯兒】【耍孩兒】【清江引】【羅江怨】。除【五更金字經】【五更皂羅袍】連唱5支、【掛金鎖】連唱6支之外,其餘曲牌均連唱4支,再接下一曲牌。從筆者看到的明末清初寶卷的刊刻格式看,凡曲牌名,均在首曲之前單獨占一行,接唱的同名曲牌不再出現曲牌名稱。《五十三寶卷》亦如此。其中僅在第4支【風入松】後有一處小字刊刻的"尾聲"提示,且不占行,或許作者或刻書者不把它當做曲牌名①。這一作品分上中下三卷,卷下有"分",總共53分即"五十三參",堪稱長篇巨制。在明清教派寶卷中,無論是俗曲格律、連綴方式,抑或篇幅之長,《五十三參寶卷》都很有代表性。

明末清初,是教派寶卷最爲活躍的時期,而河北、山東及河南東北部、山西中南部,是教派寶卷活動的中心。蒲松齡正是在這一時間和空間範圍創作出以《禳妒咒》爲代表的俗曲體戲曲的。車錫倫先生因而提出:"寶卷應是聊齋俚曲的源頭之一。"②這個論斷,無疑是恰當的。然而,在包括《禳妒咒》在内的聊齋俚曲中,見於寶卷的俗曲曲牌有

---

①磯部彰編:《清初教派系寶卷二種的原典和解題》,日本東北大學東北亞研究中心印,2010年。
②車錫倫:《寶卷中的俗曲及其與聊齋俚曲的比較》,《蒲松齡研究》2001年Z1期。

25 種,不見於寶卷者有 26 種①。這說明,寶卷并不是聊齋俚曲的唯一源頭。

明末王應遴(？—1644)《逍遙遊》雜劇(一名《衍莊新調》)的曲牌使用和聯套方式十分奇特。這個戲開場由末上場念【西江月】(《禳妒咒》是丑念【西江月】),然後依次由生唱【浪淘沙】十曲,淨、丑、生分別唱【黃鶯兒】四曲,最後再由生唱【耍孩兒】九曲。經比較,【浪淘沙】和【黃鶯兒】使用的均非南北曲,而是格律與《禳妒咒》基本相同的俗曲。【耍孩兒】九曲,首曲之後的每支曲子前依次標【七煞】【六煞】直至【尾煞】,看起來像是組套。但除了首曲和最後的【尾煞】之外,自【七煞】到【一煞】的七支曲子,竟全部用的是與《禳妒咒》相同的俗曲格律。即每支曲子八句,每句基本爲七字,或首句、次句爲六字句可分讀作三、三句格;第一、二、三、五、六、八句押韻,第四、七句倒轍。如【六煞】:

葛和裘夏與冬,飲和食儉與豐。聖人制與民間用。平心取利方爲吉,利不平心定是凶。阿睹物將人弄,閻羅殿那收錢鈔,華藏界不鄙貧窮。②

《逍遙游》雜劇原收錄於明沈泰所編《盛明雜劇》,最近王宣標博士在日本國立公文圖書館發現另一版本,題名《衍莊新調》。這一版本的主要價值在於保存了常新道人的《引》、王應遴的《自題》及《凡例》。《凡例》中云:"是編全套只三四牌名,并不同過宮入賺等。蓋不惟漁鼓、簡板,非此不便合拍,而亦令歌伶易於演習也。"王文將此作品與舜逸山人所撰道情《骷髏歎》比較,并根據《凡例》中"漁鼓簡板"之說,得出結論:《衍莊新調》乃是"據道情《骷髏歎》改編而成"③。我認爲這一結論可信。但王文說:王應遴是"將詩贊體的道情改編成曲牌體的雜劇",就未必準確了。實際上,明代流行在陝西、山西、河南、山東等地的道情,以【耍孩兒】【皂羅袍】【清江引】等爲主要曲牌,正是一種俗曲體的講唱文學樣式,有的後來發展成了戲曲。在戲曲史上,從曲牌體向俗曲體、板腔體(詩贊體)演變或靠攏的例子間或有之,而把詩贊體改編成曲牌體的可能性不大。

洛地主編《戲曲音樂種類》一書指出:"浙東高腔,原則上是皆以'單曲'入劇。一劇、一齣(折)使用何曲牌及曲牌如何先後或連接,并無定規的組合程式或體制。④"臺灣學者施德玉從《中國戲曲志》《中國戲曲劇種大辭典》《中國戲曲音樂集成》等資料中,總

---

① 車錫倫:《寶卷中的俗曲及其與聊齋俚曲的比較》,《蒲松齡研究》2001 年 Z1 期。
② 王應遴:《逍遙遊》,《盛明雜劇》二集第二十六卷。
③ 王宣標:《明王應遴原刻〈衍莊新調〉雜劇考》,《文化遺産》2012 年第 4 期。
④ 洛地主編:《戲曲音樂種類》,杭州:藝術與人文科學出版社,2002 年,第 49 頁。

結出"地方小戲"有一種"民歌小調雜綴"的音樂體制,她說這種體制:"將多首民歌依故事情節需要綴合使用。雖然樂曲結構是以不同歌謠貫穿而成,但是唱詞是連貫性的,并不因樂曲更換而中斷。由於專劇專曲的音樂,是以同一首民歌的曲調反復重頭的方式演唱一齣戲,旋律的變化性小,雖易上口,但重複性太大,加以脚色劃分之需求,與劇情趨於複雜之搭配,乃逐漸發展爲一劇多曲。"①這裏指出的從"一劇單曲"向"一劇多曲"的發展過程是否準確可以討論,但《禳妒咒》採用的,正是這種"民歌小調雜綴"的音樂體制,也正是洛先生所説的"無定規的組合程式或體制"。

四、《禳妒咒》與俗曲體戲曲的形成

《禳妒咒》以俗曲構成,這種文學體制與音樂結構與"弦索"聲腔有着難解難分的血緣關係。紀根垠爲《中國大百科全書·戲曲曲藝卷》撰寫的"柳子戲"條指出:

> 柳子戲屬於弦索系統的劇種。元、明、清以來,中原地區一直流傳着【鎖南枝】【傍妝台】【山坡羊】【耍孩兒】【駐雲飛】【打棗杆】等俗曲小令……柳子戲就是在它的基礎上發展形成的……清康熙年間,蒲松齡曾採用民間流行的俗曲演唱形式,編寫成坐唱及接近戲曲體裁的14種俚曲,所用曲牌多與柳子戲同名。②

所謂"弦索",本來指的是諸如三弦、琵琶一類的絃樂器,或因其用於北曲伴奏,故後來成了清唱北曲的代稱。胡應麟(1551—1602)《少室山房筆叢》辛部"莊岳委譚"下云:

> 《西廂記》雖出唐人《鶯鶯傳》,實本金董解元。董曲今尚行世,精工巧麗,備極才情,而字字本色,言言古意,當是古今傳奇鼻祖。金人一代文獻盡此矣!然其曲乃優人弦索彈唱者,非搬演雜劇也。③

―――――――――――
① 施德玉:《中國地方小戲音樂之探討》,臺北:學海出版社,2000年,第13頁。
② 《中國大百科全書·戲曲曲藝卷》,北京:中國大百科全書出版社,1983年,第223—224頁。
③ (明)胡應麟:《少室山房筆叢》,上海:上海書店出版社排印本,2001年,第428頁。

王驥德(？—1623)《曲律》也說："金章宗時，董解元所爲《西廂記》，亦第是一人倚弦索以唱，而間以説白。至元而始有劇戲，如今之所搬演者是。"①這樣，《董西廂》便成了清唱北曲的代表作。到清李斗《揚州畫舫録》、梁廷枏《曲話》，乃至王國維《録曲餘談》均直接稱《董西廂》爲"弦索西廂"；清代的一些《董西廂》刊本，書名就是《弦索西廂》。

明中葉以後，"弦索調"不僅可以用作清唱，同時也是戲曲聲腔，但已經南曲化了。據何良俊的《四友齋叢説》，正德年間（1506—1521），南教坊的樂工頓仁隨駕至北京，學得了北曲亦即弦索的演唱方法，轉而被何氏邀約在南京授徒。清厲鶚（1692—1752）《東堂觀劇四首次西顥韻》其一云："秋河雨後濕模糊，小部征歌集飲徒。此是武宗弦索調，江南倦客得知無。"②這裏所説的"武宗弦索調"當即來自何良俊的説法。據此，"弦索調"直到清中葉尚在劇唱中運用。

明宋懋澄（1570—1622）《順天府宴狀元記》一文，記萬曆丁未（1607）春三月十八日，順天府"一貴人"家宴，"二獻，則上弦索調，唱'喜得功名遂'，乃《吕聖功破窰記》末齣也"③。此處的《吕聖功破窰記》并非王實甫的北雜劇《吕蒙正風雪破窰記》，而是南戲《吕蒙正》。何良俊《四友齋叢説》卷三七引南戲《吕蒙正》"紅妝豔質，喜得功名遂"，并引《拜月》《王祥》《殺狗》《江流兒》《南西廂》《玩江樓》《子母冤家》《詐妮子》中唱詞，云其"皆上弦索。此九種即所謂戲文，金元人之筆也。"④南曲"上弦索"，亦即《南詞叙録》所説的"南曲北調，可與箏琶被之"⑤。無論清唱或劇唱，"南曲北調"都會存在腔調不協與發音不準的情況。正如沈寵綏（？—1645）所説："至如弦索曲者，俗固呼爲北調。然腔嫌嫋娜，字涉土音，則名北而曲不真北也。"⑥這是説，所謂"弦索"曲調，雖然一般人叫做"北曲"，但由於不按《中原音韻》發音，已經不能算是真正的北曲了。所以他纂寫了《弦索辨訛》，對《西廂記》等"弦索諸曲"，"詳加厘考，細辨音切"⑦。不過他又指出，北曲的發音其實并未消亡，而是留存在優人口中，"口口相傳，燈燈遞續，勝國元聲，依然嫡派"。他特別舉出的曲牌有【羅江怨】【山坡羊】等，并云"江左所習【山坡羊】，聲情指法

---

① （明）王驥德：《曲律》，見《歷代曲話彙編》明代編第二集，合肥：黄山書社，2009年，第110頁。
② （清）厲鶚：《樊榭山房集》，清董兆熊注，陳九思標校，上海：上海古籍出版社，2012年，第1508頁。
③ （明）宋懋澄：《九籥集》，王利器校録，北京：中國社會科學出版社，1984年，第31頁。
④ （明）何良俊：《四友齋叢説》，北京：中華書局點校本，1997年，第343頁。
⑤ 《南詞叙録》，見《歷代曲話彙編》明代編第一集，第482頁。
⑥ （明）沈寵綏：《度曲須知》，見《歷代曲話彙編》明代編第二集，第617頁。
⑦ （明）沈寵綏：《弦索辨訛序》，見《歷代曲話彙編》明代編第二集，第476頁。

罕有及焉。雖非正音,僅名侉調,然其愴怨之致,所堪舞潛蛟而泣嫠婦者,猶是當年逸響云"①。顯然,這裏所説的【羅江怨】以及"侉調"【山坡羊】,并不是南北曲曲牌,而是俗曲曲牌。也就是説,在沈氏看來,明代中期以後流行的俗曲中,保存了元代北曲的逸響。換言之,蒲松齡的俚曲,包括已經成爲戲曲劇本的《禳妒咒》,源自元代北曲。

　　不過,論及俗曲體戲曲的形成,南方諸聲腔的影響也不可忽略。明代嘉萬時期,除了以昆腔雅調爲代表的格律規範的曲牌聯套體戲曲之外,還存在着大量民間色彩濃厚的地方聲腔。其中,弋陽腔沿襲了南戲的一些民間曲牌和"一唱衆和"(不用伴奏的乾唱)的唱法,弋陽腔、太平腔、青陽腔均出現了"滚唱"(在唱詞前後或中間加上句式整齊的五七言詩句)。王驥德《曲律》卷二"論板眼第十"云:"今至弋陽、太平之'衰唱',而謂之'流水板',此又拍板之一大厄也。②"此處"衰唱"即"滚唱"。王驥德把齊言體的"滚調"唱法稱作"流水板",且謂其爲"拍板之一大厄",正透露出與曲牌體不好協調的板腔體的節奏特點。流沙在論述青陽腔的支脉"徽池雅調"時指出:"由於滚調詞句在一個曲牌中大量出現,使其固定的曲牌詞格已經無法保留,加上幫腔樂句的減少,引起整個劇種在音樂唱腔上的變化是打破曲體結構,從而創造一種新的曲體。這種曲體有點類似板腔體的音樂形式。"③這一推測,似已意識到俗曲體的存在。王驥德《曲律》"論腔調第十"云:

　　　　數十年來,又有弋陽、義烏、青陽、徽州、樂平諸腔之出。今則石台、太平梨園,幾遍天下,蘇州不能與角什之二三。其聲淫哇妖靡,不分調名,亦無板眼;又有錯出其間,流而爲"兩頭蠻"者,皆鄭聲之最,而世爭膻趨痂好,靡然和之,甘爲大雅罪人,世道江河,不知變之所極矣!④

　　這裏所説的"不分調名,亦無板眼"的"兩頭蠻",應當與早期南戲的"本無宫調,亦罕節奏"意思是一樣的。也就是説,在南方,俗曲體的基因并没有隨着南戲向傳奇的轉變而完全泯滅。南方的"兩頭蠻""滚調"與北方的"弦索",共同構成了俗曲體戲曲的先聲。

　　以《董西廂》爲代表的"弦索",雖早已被北雜劇、南戲以及明代的海鹽腔、昆腔等分

---

① (明)沈寵綏:《度曲須知》,見《歷代曲話彙編》明代編第二集,合肥:黄山書社,2009年,第618頁。
② (明)王驥德:《曲律》,見《歷代曲話彙編》明代編第二集,第76頁。
③ 流沙:《明代南戲聲腔源流考辨》,臺北施合鄭民俗文化基金會,1999年,第177頁。
④ (明)王驥德:《曲律》,見《歷代曲話彙編》明代編第二集,第75頁。

别吸收①,成爲戲曲聲腔,但其清唱形式依然在民間流傳。除上文所引外,明末小説《檮杌閑評》第七回寫:"進忠揀個年長的問道:'這可是戲班子下處麽?'那人道:'不是,這都是小唱弦索。若要大班,到椿樹胡同去。'"②這裏的"小唱弦索"與搬演戲曲的"大班"相對而言,明顯指俗曲清唱。

如前所述,明中葉以降,俗曲清唱還進入到北方宣卷和道情講唱之中。寳卷、道情與"小唱弦索"不同,而是一種以宣教爲目的的説唱文學。其中有唱有白,有時候還以第一人稱的語氣講經説法,距離戲曲只有一步之遥了。蒲松齡從中汲取營養,從而創制了戲曲文學和戲曲音樂的一種新體制。《禳妒咒》之所以殘存着非代言體的講唱文學痕跡,即是爲此。

周貽白提出:"如果要追溯源流的話,蒲氏的《禳妒咒》應當就是柳子腔這一系統的最早的劇本。"③紀根垠則認爲:"在蒲松齡編寫《禳妒咒》等俚曲之前,山東境内已經有用民間俗曲編寫戲文的先例了,很可能就是當前流行的柳子戲(弦子戲)等弦索腔系的戲曲劇種。蒲松齡的俚曲作品絶非獨出心裁,憑空編創,而是模仿和採用這種地方戲曲形式進行編寫的。"④從邏輯上説,紀氏的推論不無道理,但目前尚未發現早於《禳妒咒》的完整的俗曲體劇本,故周先生的説法仍然站得住。

值得指出的是,包括《禳妒咒》在内的蒲松齡的俚曲作品,不是純粹的案頭之作,而有可能曾經演出過。蒲松齡之子蒲箬在爲其父撰寫的《清故顯考歲進士候選儒學訓導柳泉公行述》中,説蒲松齡"又演爲通俗雜曲,使街衢里巷之中,見者歌,而聞者亦泣。其救世婆心,直將使男之雅者、俗者,女之悍者、妒者,盡舉而匋於一編中。"⑤"女之悍者、妒者",應當指的就是《禳妒咒》中的女主角江城吧? 可以認爲,《禳妒咒》中的【哭笑山坡羊】中"哭"和"笑"的提示,應是表情和動作提示,演員唱到此處,應有相應的表演。俗曲體曲牌在蒲松齡筆下處理得如此自由自在、得心應手,固然彰顯了蒲氏的文學才華。但蒲氏卻并不是信口開河地胡編亂造,而應是在當時山東一帶流行曲調的基礎上進行的藝術加工,有相當雄厚的群衆觀演基礎。

---

①關於張野塘、魏良輔汲取弦索調創立崑曲水磨調的情況,可參葉夢得《閲世編》卷一○引陳子龍(1608—1647)語;關於海鹽腔源於元代北曲,可參王世禎《香祖筆記》卷一引元姚桐壽(約1340前後在世)《樂郊私語》。
②佚名:《檮杌閑評》,成都:成都古籍書店排印本,1981年,第68頁。
③周貽白:《中國戲劇史講座》,北京:中國戲劇出版社,1958年,第203頁。
④紀根垠:《柳子戲簡史》,北京:中國戲劇出版社,1988年,第52頁。
⑤蒲箬:《清故顯考歲進士候選儒學訓導柳泉公行述》,見《蒲松齡集》,第1818頁。

成書於康熙末年的《太古傳宗》,其第三部分《弦索調時劇新譜》爲乾隆十四年後所增刻①。但書坊刻書應晚於"時劇"流行的時間,故這部分劇目應是康熙至乾隆初流行的俗曲體戲曲。如《思凡》《僧尼會》《大王昭君》《小王昭君》《花子拾金》《蘆林》《夏得海》《羅和做夢》《醉楊妃》《紅梅算命》《金盆撈月》《曠野奇逢》《臨湖》《踢球》《花鼓》《唐二別妻》《借靴》《磨斧》等。這些劇目所使用的俗曲曲牌有【山坡羊】【玉嬌枝】【駐雲飛】【四邊靜】【掛真兒】【竹馬兒】【誦子】【耍孩兒】等。《時劇新譜》引録了其曲詞,并標明工尺,爲我們研究清初俗曲體戲曲提供了可信的資料②。此外,乾隆五十七年(1792)葉堂所編《納書楹曲譜》刊刻,其中外集卷二也有"時劇"類,所收劇目除多出《小妹子》一種外,其餘均與《太古傳宗》雷同。

《太古傳宗》與《納書楹曲譜》中的"時劇",在《綴白裘》中稱爲"雜劇"。名稱的改變,也許意味着這批劇本已經不新。其中包括三集卷一之《小妹子》;六集卷一之《買胭脂》《落店》《偷雞》《花鼓》,卷二之《途歎》《問路》《雪擁》《點化》,卷三之《探親》《相罵》,卷四之《過關》《安營》《點將》《水戰》《擒么》;十一集卷一之《堆仙》《上街》《連相》《殺貨》《打店》《借妻》《回門》《月城》《堂斷》《猩猩》,卷二之《看燈》《鬧燈》《搶甥》《瞎混》《斬妖》《鬧店》《奪林》《繳令》《遣將》《下山》《擂臺》《大戰》《回山》,卷三之《戲鳳》《別妻》《斬貂》,卷四之《磨房》《串戲》《打面缸》《宿關》《逃關》《二關》。劇本中使用的俗曲曲牌或腔調有:【梆子駐雲飛】【吹腔】【梆子皂羅袍】【鳳陽歌】【花鼓曲】【高腔急板】【梆子山坡羊】【吹調駐雲飛】【西調】【西調小曲】【銀紐絲】【四大景】【亂彈腔】【燈歌】【寄生草】【急板令】【高腔】【京腔】【吹調】【秦腔】【批子】【梆子腔】【五更轉】【梆子點絳唇】【西調寄生草】【夜夜遊】(即《襄妒咒》中之【呀呀油】,引者注)等。

收録在《太古傳宗》《納書楹曲譜》和《綴白裘》中的這批劇目,有的雖改編、移植自昆曲折子戲,卻并不注明原傳奇名目,而特別標明其爲"時劇"或"雜劇"。其用意,顯然在於與昆曲折子戲區分開來。有研究者指出:"這些作品的劇本體例,多逸出一般南北曲聯套的作法,音樂表現亦有不同。"③其實,這正是與南北曲聯套有明顯差異的俗曲體劇本體制特徵。

上引沈寵綏《度曲須知》,提到俗曲曲牌中的"侉調"【山坡羊】。"侉"也可以寫作

---

① 徐文武:《清傳本〈太古傳宗〉考述》,《圖書館學研究》2015 年第 9 期。
② 《太古傳宗》,見劉崇德主編《中國古代曲譜大全》第一册,瀋陽:遼海出版社,2009 年,第 677—744 頁。
③ 林佳儀:《〈納書楹曲譜〉研究——以〈四夢全譜〉訂譜作法爲核心》,臺灣新北:花木蘭文化出版社,2012 年,第 93—95 頁。

"誇"。明末陸雲龍(約1628年前後在世)《清夜鐘》第七回寫道:"劉耍子道:'忘了,忘了,我原説姐姐彈得好,尋哥來,没奈何,姐姐彈一曲。'魏鶯假謙了謙,拿過琵琶來,一連兩個誇調【山坡羊】。"①袁于令(1592—1672)《西樓記》傳奇第六齣有如下一段描寫:

  (小净隨意將時曲一隻唱作誇調介,衆笑贊介,净附丑耳云)方才老一唱的曲兒,這幾個調,我都摹擬在此了。(丑)你摹擬像個什麽來?(净)那一個闊調呵,【黄鶯兒】如把破筒敲。(丑)啞調呢?(净)癩蝦蟇猛醋哮。(丑)低調呢?(净)雨中曲蟮啼陰調。翻高字,雌貓怕交。做拖腔,綿紗漫摇,快來好似鷗鵶叫。(净搔喉介,丑)把喉搔,接連幾套。(小净)越聽越難熬。②

  很顯然,這裏對"誇調"的描寫,帶有對民間曲調極度鄙視的態度。《西樓記》完成於明末崇禎年間,可見當時"誇調"(侉調)流行的情況。
  朱素臣的《秦樓月》傳奇完成於康熙年間,其中第七齣,寫孝子李九兒對湖州太守袁皓説道:"每是吃飯頭上,要博娘笑臉,一定唱支山歌曲子他聽,銀絞絲、山坡羊、打棗竿、邊關調都會唱的,老爺,我就唱支你聽聽。"接着寫九兒"隨意唱誇調介"③,這説明,侉調指的就是原來流行在北方,後傳播到江南的民間俗曲。吴偉業輯《綏寇紀略》卷一二:"兵未起時,中州諸王府中樂府造弦索,漸流江南,其音繁促淒緊,聽之哀蕩,士大夫雅尚之。又江南人多唱【掛枝兒】,而大河以北所謂'誇調'者,其言尤鄙,大抵男女相愁離别之音,靡細難辨。"④這段話,大體説明了"弦索"與俗曲【掛枝兒】亦即北方所謂"侉(誇)調"的關係,且可大略看出其自雅而俗的流變過程。
  "侉調"之"侉",本義是自誇。《尚書·周書》"驕淫矜侉,將由惡終",孔安國注:"言殷衆士驕恣過制,矜其所能,以自誇大,如此不變,將用惡自終。"⑤清文康《兒女英雄傳》第十二回:"聽他説話雖帶點外路口音兒,卻不侉不怯。"將"侉"與"怯"相對,頗能凸顯其本義。沈寵綏所云"侉調",主要是從語音、聲腔的角度,將保留有元代北曲逸響

---

① (明)陸雲龍:《清夜鐘》,見路工、譚天合編《古本平話小説集》上,北京:人民文學出版社,第190頁。
② (明)袁于令:《西樓記》,見陳多《西樓記評注》,黄竹三、馮俊傑主編《六十種曲評注》第15册,長春:吉林人民出版社,2001年,第520—521頁。
③ (清)朱素臣:《秦樓月》,《古本戲曲叢刊三集》第63種,影印康熙刊本,卷上。
④ (清)吴偉業輯:《綏寇紀略》,《叢書集成初編》本,上海:上海商務印書館,民國二十六年,第278頁。此段話原爲宋徵輿《瑣聞録》、葉夢珠《閲世編》引陳子龍語,惟"又江南人多唱【掛枝兒】"一句爲前兩書所無,乃《綏寇紀略》所加。
⑤ 《尚書正義》,北京:中華書局影印阮刻本《十三經注疏》,1979年,第245頁。

的語調與明代的所謂"正音"相對而言的。明末署名西周生的長篇小說《醒世姻緣傳》三十五回:"他平日假妝了老成,把那眼睛瞅了鼻子,口裏説着蠻不蠻、侉不侉的官話,做作那道學的狍腔。"①這裏的"侉",與沈氏所言吻合,且作者也是山東人,離蒲松齡家鄉最近。

中原歷來有"南蠻北侉"之説,但這種説法是相對的。河南人可以稱山東、山西、河北人爲侉子,但淮河以南也可以稱河南人爲侉子。例如《申報》1876 年 8 月 18 日第 3 版題爲《導奸陷子》的一則報導説:"江南、江北呼山東、河南人爲侉子。"但總的來看,明清兩代以稱山東人爲侉子者居多。這個説法,一直延續到近現代。朱自清(1898—1948)《自傳:我是揚州人》一文説:"揚州人在本地也有他們的驕傲的。他們稱徐州以北的人爲侉子,那些人説的是侉話。"②徐州以北,就是山東了。

以"侉調"演唱之戲曲,就是"侉戲"。最近,學者們注意到,清宫檔案中,有自乾隆三十一年至三十五年間,内廷有四次於上元佳節前後上演侉戲的記録③。另有學者發現,乾隆年間搬演的宫廷大戲《鼎峙春秋》《忠義璇圖》中已出現"侉戲"或"侉腔"的標注④。丁汝芹認爲:當時,"民間腔調侉戲,已在清宫立足,獲得在圓明園演出的機會"⑤。還有人分析:"侉戲演出全用黑炭而唱曲則主要用煤,從另一個角度説明侉戲在乾隆中期宫内受關注的程度已經超越昆曲。"⑥這個説法雖未必準確,但乾隆中期宫廷演出"侉戲"的事實,説明俗曲體戲曲最遲清初已經在民間流行。清宫藏康熙皇帝諭旨稱:

弋陽佳傳,其來久矣。自唐霓裳失傳之後,惟元人百種世所共喜。漸至有明,有院本北調不下數十種,今皆廢棄不問,只剩弋陽腔而已。近來弋陽亦被外邊俗曲亂道,所存十中無一二矣。獨大内因舊教習,口傳心授,故未失真。⑦

---

①(明)西周生:《醒世姻緣傳》,北京:華夏出版社排印本,2013 年,第 322 頁。
②朱自清:《自傳:我是揚州人》,《朱自清自傳》,南京:江蘇文藝出版社,1997 年,第 4 頁。
③據丁汝芹《清宫演劇再探》(《戲曲研究》,2013 年第 2 期)一文,這些資料首先由就讀於美國斯坦福大學的博士生陳凱莘女士在《歷代日記叢鈔》中的《乾隆添減底賬》中發現。
④戴雲:《清南府戲腔調考述》,《文化遺産》2015 年第 3 期。
⑤丁汝芹:《清宫演劇再探》,《戲曲研究》2013 年第 2 期。
⑥王岩:《〈乾隆添減底賬〉涉及南府演劇史料探微》,《蘭臺世界》2017 年第 8 期。
⑦丁汝芹主編:《京劇歷史文獻彙編》清代卷三《清宫文獻》,南京:鳳凰出版社,2011 年,第 76 頁。

据此可知,康熙时俗曲体戏曲在宫外已经十分繁荣,并且使弋阳腔受到某种程度的改造,然而却未能够进宫。但到乾隆时期,"侉戏"却堂而皇之地进宫演出了。

然而,我国戏曲文化是分层次的,尤其在宫廷中,弋在昆之下,而梆、黄、侉又等而下之。王政尧以"丑角(脚)为主"作为判断依据,认为宫中的两册《弋、侉腔杂戏提纲》中的"侉腔"戏剧目有:《十字坡》《快活林》《探亲相骂》《煤黑上当》《查关》《针线算命》《魏虎发配》《倒打杠子》《打灶分家》《摇会》《打面缸》《夺被》《打刀》《顶砖》《踢球》《金定探病》《时迁偷鸡》《瞎子拜年》《高手看病》《李鬼断路》《锯缸》《打樱桃》《徐母骂曹》等共 23 龄①。笔者根据宫中的《弋侉腔杂戏场面提纲》,认为除上述剧目之外,宫中上演的"侉戏"剧目还可以补充《张旦借靴》《打门吃醋》《请美猴王》《懒妇烧锅》《灏不服老》《花子判断》《张三打父》《瞎子逛灯》《送盒子》《油漆罐》《拷打红娘》等 11 种②。这些以净、丑为主脚的戏,其风格是诙谐、滑稽。把最下层的民间戏曲引入宫中,其目的或只是为博统治者一笑,却无形中反映了俗曲体戏曲繁荣的实际情况。戴云根据现存南府剧本所标注的声腔指出:乾隆时期进宫演出的戏曲声腔,除昆弋之外,还有吹腔、四平调、弦索调、梆子腔、秧歌、侉腔、秦腔等声腔③。上述声腔,除梆子和秦腔之外,基本都属于俗曲体戏曲。可以说,乾隆时期,俗曲体戏曲已呈遍地开花之势。

《清稗类钞·戏剧类》"演《探亲相骂》"条云:

> 《探亲相骂》一剧,原为昆曲中之梆腔杂剧,虽京戏亦演之,然悉仍其旧。盖道、咸之际,乐风渐变,趋重京剧,自后内廷传唱,常例皆京昆并奏,故率将昆曲阑入,各地伶人遂亦相沿成习,意谓亦在京戏范围。实则此剧纯用吹腔,固犹是昆曲之面目也。惟服装做工,则因时会而迁移,间有不相沿袭者。而唱白腔调,悉与《缀白裘》同。原注:调门悉用【银绞丝】曲。④

此处把《探亲相骂》说成"昆曲中之梆腔杂剧",今天看来非常奇怪。昆曲与梆子腔为不同声腔剧种,何以相混?我认为这正说明晚清尚无泾渭分明之声腔剧种观念,值得我们反思。又云"此剧纯用吹腔","唱白腔调,悉与《缀白裘》同",并特别指出"调门悉

---

① 王政尧:《清代戏剧文化考辨》,北京:燕山出版社,2014 年,第 184 页。
② 谷曙光整理:《弋、侉腔杂戏场面提纲》,《京剧历史文献汇编》清代卷二,南京:凤凰出版社,2011 年,第 777—790 页。
③ 戴云:《清南府演戏腔调考述》,《文化遗产》2015 年第 3 期。
④ 徐珂编:《清稗类钞》,北京:中华书局校点本,1985 年,第 5056 页。

用【銀絞絲】曲"。這就說明《探親相罵》用的既非梆子、京劇之板腔體,亦非昆曲之曲牌體,而是俗曲體。此劇本今存於清乾隆間錢德蒼編《綴白裘》六集卷三,惟將《探親》與《相罵》分開作兩劇,但情節相連。其中20餘支曲子,全用【銀絞絲】,試舉丑唱的一曲如下(動作提示略):

  使我聞言怒氣也麼發,罵了一聲賤婢小歪喇!氣殺了咱,枉了養你十七八!不癡又不聾,眼睛又不瞎,忘了在家囑咐你的話?遠巴巴的前來瞧你,仔麼倒惹得你婆婆嘴裏喇撒?你這孽障兒阿!氣殺人也麼人氣殺!氣殺人,活把人氣殺!①

再看蒲松齡《禳妒咒》第十三回高母所唱的一首【銀紐絲】:

  愁咱那孩兒淚汪也麼汪,向來歡喜不尋常。細端相,今日這容顏改了腔,飯也不多吃,行動悶怏怏,看他像有個愁模樣。你我只有這兒郎,軟弱禁不的怎麼降!我的天,惆悵人,真叫人惆悵!②

  二者相似之處顯而易見。民國初年王大諾編京劇劇本集《戲考》,收錄有《探親相罵》,劇中人仍唱俗曲【銀紐絲】。而雲南花燈也有此劇目,詳後文。
  從金元弦索、明代俗曲、寶卷到《禳妒咒》,再到《太古傳宗》《納書楹曲譜》中的時劇、《綴白裘》中的雜劇、宮中的侉戲以及吹腔、四平調、弦索調、秧歌等,俗曲體戲曲的形成與發展脈絡依稀可見。而《禳妒咒》,無疑是俗曲體戲曲形成的重要標誌。

五、俗曲體戲曲在戲劇史上的地位

  中國戲曲史上舊有"南昆、北弋、東柳、西梆"之說③,這裏所說的"東柳",不僅僅指流行在山東的柳子戲,而是可以泛指所有用俗曲演出的民間戲曲。可惜的是,長期以

---

① (清)錢德蒼編選、汪協如點校:《綴白裘》,北京:中華書局排印本,2005年,第六集,第188頁。
② 路大荒整理:《蒲松齡集》,上海:上海古籍出版社,1986年,第1194頁。
③ 齊如山曾經記錄老淨腳勝慶玉口述:"同治初年余在科班時,曾聽見那些老教習們說過:清初北京尚無二簧,只有四種大戲,名曰:南昆、北弋、東柳、西梆。"齊如山:《京劇之變遷》,瀋陽:遼寧教育出版社,2008年,第46頁。

來，我們缺乏對這種戲曲體制的認識與研究，甚至許多俗曲體戲曲的劇種已經面臨瀕危。無怪乎，張庚、郭漢城主編的《中國戲曲通史》，一方面指出18世紀以來我國聲腔劇種之繁榮"是一個空前的歷史現象"，同時又慨歎："可惜，由於資料記錄的缺乏，我們從以往的戲曲史料中見到的，只是清代中葉這些地方戲曲蓬勃興起以後的情況，在這以前幾乎是一片空白。"①

其實，俗曲體戲曲在我國源遠流長。前文分析"弦索"，已指出明代流行在北方的俗曲演唱、宣卷乃至蒲松齡的《襖妒咒》等，堪稱元代北曲的逸響。入明以後，北曲、宣卷一方面爲後來的俗曲體戲曲提供了音樂與文學方面的遺傳基因，另一方面又對南方的昆山腔、弋陽腔、海鹽腔、青陽腔等產生了程度不同的影響。

本文開頭就指出：早期南戲不是嚴格的曲牌聯套體制。正如《南詞叙錄》所説："'永嘉雜劇'興，則又即村坊小曲而爲之，本無宮調，亦罕節奏，徒取其畸農、市女順口可歌而已。""夫南曲本市里之談，即如今吴下【山歌】、北方【山坡羊】，何處求取宮調？"②據統計，在《張協狀元》《荊釵記》《琵琶記》《成化本白兔記》所用340多支曲牌中，屬於村坊小曲的約占48%③。不僅是曲牌，而且早期南戲的聯套方式也是十分自由的。衆所周知，宋元南戲不分齣。錢南揚先生整理《張協狀元》，"爲了閲讀和稱引的方便，把它分開"④。錢注本以演員上下場爲一齣的原則，將全劇分爲53齣。其中第7、21、22、28、30、31、34、36、38、46、49十一齣，僅有1支曲牌；而第3、6、11、15、19、26、40、43、44、47、51、52十二齣，僅用2支曲牌，都談不上聯套。即使曲牌多於3支，也有頗多在同一齣中連唱同一曲牌的情況。例如第8齣連唱4支【福州歌】，第9齣連唱4支【油核桃】，第16齣連唱4支【添字賽紅娘】等，而且絕大多數不用【尾聲】。這與曲牌體的差異非常明顯。由於後來文人的介入，南曲格律漸趨規範化，從而嬗變爲另一種戲劇形態——傳奇。質言之，早期南戲本是我國最早的俗曲體戲曲，但由於它被傳奇所使用的規範的曲牌聯套體制所替代所遮蔽，故阻斷了它對明末清初新一輪俗曲體戲曲的直接影響。於是，明中葉以來產生的俗曲，經與弦索清唱和宣卷、道情的結合，萌生出了俗曲體戲曲，并開始了它先由北向南，再由南及北的傳播過程，并在傳播中不斷壯大。當然，宋元南戲中的俗曲和明中葉以後的俗曲，在文學體制上并不完全相同。二者的最大區別在

---

① 張庚、郭漢城主編：《中國戲曲通史》，北京：中國戲劇出版社，2006年，第883頁。
② 《南詞叙錄》，見《歷代曲話彙編》明代編第一集，合肥：黄山書社，2009年，第483、484頁。
③ 侯百朋：《甌歌與温州戲文》，見温州藝術研究所編《南戲探討集》第6、7合集，1992年，第68頁。
④ 錢南揚：《〈永樂大典戲文三種校注〉前言》，見《永樂大典戲文三種校注》，北京：中華書局，1979年，第3頁。

於,南戲中使用的"村坊小曲"走的是長短句的路子,而明清俗曲則明顯向齊言體靠攏。

成書於乾隆年間的長篇小說《歧路燈》第七十七回寫道:"那快頭是得時衙役,也招架兩班戲,一班山東弦子戲,一班隴西梆子腔。"第九十五回提到:"隴西梆子腔,山東過來弦子戲,黃河北的卷戲,山西澤州鑼戲。"①這裏提到的聲腔劇種,除了梆子腔屬於板腔體之外,弦子戲、卷戲、鑼戲,都是俗曲體,也都流行於北方,具體而言就是山東、山西、河南、河北四省。

上文提到,"弦索"曾是俗曲體戲曲形成中重要的一環。李調元(1734—1802)《雨村劇話》卷上説:"女兒腔,亦名'弦索腔',俗名'河南調'。音似弋腔,而尾聲不用人和,以弦索和之,其聲悠然以長。"②嚴長明(1731—1787)《秦雲擷英小譜》則説:"弦索流於北部,安徽人歌之爲樅陽腔(今名石牌腔,俗名吹腔);湖廣人歌之爲襄陽腔(今謂之湖廣腔);陝西人歌之爲秦腔。"③二者都把弦索看成是北方民間產生的聲腔,但從後者看,其流行範圍已經到達南方。前者還給我們指明了弦索聲腔的一個特徵,即"尾聲不用人和,以弦索和之",而後者提出了弦索的一個別名:吹腔。

清王廷紹(1763—1820)編《霓裳續譜》卷七載有兩首【秦吹腔花柳歌】,其歌詞如下:

其一:高高山上一廟堂,姑嫂二人去燒香。嫂子燒香求兒女,小姑子燒香求少郎。再等三年不娶我,挾起個包袱跑他娘。可是跑他娘,思人哪。(花柳腔尾有聲無詞)

其二:姐在房中繡荷包,忽聽的門外鬧吵吵。推開紗窗往外瞧,一對狸貓鸞鳳交。相思情一硝,有個鸞鳳交。雌貓喵喵叫,雄貓把眼瞧,兩下裏一湊不差分毫,(哎喲)好風騷,(重)死在了黃泉變做貓,可是變做貓,妙人呵,思人哪。(花柳腔尾有聲無詞)④

可以推測,這兩首歌詞中末句的"有聲無詞",與"尾聲不用人和,以弦索和之"說的是一回事。而弦索腔又名"吹腔"或"秦吹腔"的說法,也可以獲得諸多佐證。清王培荀

---

① (清)李綠園:《歧路燈》,濮陽:中州書畫社,1980年,第745、885頁。
② (清)李調元:《雨村劇話》,見《歷代曲話彙編》清代編第二集,合肥:黃山書社,2009年,第302頁。
③ (清)嚴長明:《秦雲擷英小譜》,見谷曙光、吳新苗編《京劇歷史文獻彙編》清代卷一,南京:鳳凰出版社,2011年,第11頁。
④ (清)王廷紹編:《霓裳續譜》,見《明清民歌時調集》下冊,上海:上海古籍出版社,1986年排印本,第354—355頁。

《聽雨樓隨筆》卷一録陸箕永《竹枝詞》云："山村社戲賽神幢，鐵撥檀槽柘作梆。一派秦聲渾不斷，有時低去説吹腔。原注：俗尚'亂談'。"①陸箕永，生卒年不詳，康熙五十一年（1721）出宰綿竹，上述《竹枝詞》是他在川中所作。這裏所記録的山村演社戲賽神，用的是"秦聲"與"吹腔"，而"鐵撥檀槽"正是弦索伴奏的特徵。"亂談"即亂彈，泛指與昆曲相對的花部諸聲腔，這裏指的很可能就是俗曲體戲曲。紀根垠指出，在魯西南、豫東、冀南、蘇北、皖北流行的柳子戲又名"吹腔"②。余從《戲曲聲腔劇種研究》亦謂："'東柳'就是指以演唱俗曲爲主的柳子戲。柳子戲，又稱弦子戲，在臨清地區叫吹腔。用三弦、笙、笛等樂器伴奏。"③何麗麗深入到沂南縣北沿汶村弦子戲劇團考察，證實了"在臨清當地，柳子戲稱爲吹腔"④。

李斗（1749—1817）《揚州畫舫録》記載了清中葉俗曲在揚州、蘇州一帶的流行情况，書中除列舉了當時流行的俗曲曲牌之外，還説："有於蘇州虎邱唱是調者（指【劈破玉】，引者注），蘇人奇之，聽者數百人。明日來聽者益多。唱者改唱大曲，群一噱而散。"這説的是俗曲在南方受歡迎的情況。又説："於小曲中加【引子】【尾聲】，如《王大娘》《鄉里親家母》諸曲。又有以傳奇中《牡丹亭》《占花魁》之類譜爲小曲者，皆土音之善者也。"⑤這説的是以俗曲連綴而敷衍戲曲的情況。前文已經指出，俗曲不僅可在同一曲牌前加【引子】後加【尾聲】聯套敷衍民間小戲，而且還可以用這樣的方法於移植、改編昆曲中的流行大戲。

仔細翻檢《霓裳續譜》（1795）和《白雪遺音》（1828）這兩部俗曲集，就會發現其中包含着不少戲曲劇本。其中有的是從流行的傳奇劇本中拆出來的，有的則是民間小戲。屬於前者的，趙景深先生在《霓裳續譜序》中已經一一指出，這正屬於用俗曲移植、改編昆曲的情况。屬於後者的，如《霓裳續譜》中以【銀紐絲】【秦吹腔】【京調】【鼓岔】【南羅兒】組套的《鄉里親家》，以【岔曲】【剪靛花】【楊柳調】【寄生草】連綴的《女大思春》；還有《白雪遺音》中的【岔曲】《母女頂嘴》《婆媳頂嘴》《王大娘》、【銀紐絲】《盼五更》《兩親家頂嘴》等，基本上都屬於民間編創的代言體民間小戲。在當時，這些俗曲體小戲在民間廣泛搬演，其中"王大娘"這個人物多次在不同的劇目中出現。成書於乾隆五十年（1785）之《燕蘭小譜》卷二，有詩贊昆曲演員"鄭三官"云："吴下傳來補破缸，低低打打

---

① （清）王培荀：《聽雨樓隨筆》，魏堯西點校，成都：巴蜀書社，1987年，第41頁。
② 紀根垠：《柳子戲簡史》，北京：中國戲劇出版社，1988年，第9頁。
③ 余從：《戲曲聲腔劇種研究》，北京：人民音樂出版社，1990年，第129—130頁。
④ 何麗麗：《柳子戲音樂文化研究》，北京：中國社會科學出版社，2013年，第29頁。
⑤ 李斗：《揚州畫舫録》，揚州：江蘇廣陵古籍刻社，1984年，第245—246頁。

柳枝腔。庭槐何與風流種,動是人間王大娘。原注:是日演《王大娘補缸》,雜劇中如《看燈》《弔孝》《賣胭脂》《駡雞》,何王氏之多佳話耶!①"可知當時南方的一些昆曲演員,也同時熱心俗曲體小戲的扮演。

相比而言,北方的俗曲體戲曲根深葉茂。紀根垠《柳子戲簡史》一書指出:"弦索聲腔系統,或簡稱弦索腔系,包羅的劇種不少,它們都是在元明清以來流行於民間的俗曲小令的基礎上逐步發展形成的,所以也有人稱它爲'明清俗曲腔系'。"②《簡史》中的《弦索聲腔系統劇種對照表》,從劇種名稱、別名、代表性曲牌、主奏樂器、流布地區、吸收其他聲腔、劇目等七個方面進行了對照,所包含的聲腔劇種有柳子戲、大弦子戲、羅子戲、卷戲、河北絲弦戲、羅羅腔、老調、晉北耍孩兒、河南越調、湖北月調、河南曲劇、陝西眉戶。紀氏還提出:"山西平陵、夏縣、芮城及河南靈寶、陝縣等地流行的'弦兒戲'唱【五更】【鬧調】【背宫】【崗調】等;山西東北部的'弦子戲',與羅羅腔合稱'弦羅腔'。山東臨淄五路口村的'八仙戲',唱【駐雲飛】【耍孩兒】【混江龍】【桂枝香】等;'陝南安康曲子戲','甘肅曲子戲','雲南花燈'……以及由'八角鼓''道情'(如晉北説唱道情、神池道情、陽城道情等)發展形成的戲曲劇種,也以演唱曲牌爲主,都和絃索聲腔系統存在一定的血緣關係。"③實際上,道情戲的流行地域相當廣泛。武藝民把分布於全國的道情藝術分爲歌曲道情、説唱道情、戲曲道情、皮影道情四種形式。其中戲曲道情19種,分布在山西、陝西、内蒙古、甘肅、河南、河北、山東、安徽各省區④。此外寧夏的曲子戲,陝西的弦子戲,河北的西調,山東的藍關戲,湖北鶴峰的柳子戲、崇陽的提琴戲,評劇的前身蹦蹦戲,還有多地流行的皮影戲、秧歌、花鼓戲等,在音樂結構上,都屬於或基本屬於俗曲體戲曲。現在名聞遐邇的黄梅戲,原本也是俗曲體,現在雖以板腔體爲主腔,但還保留了演唱俗曲的花腔。

在南方,江浙滬流行的灘簧,浙江平陽、泰順一帶的和劇,越劇的前身紹興文戲,福建的高甲戲、莆仙戲、梨園戲,都屬於俗曲體。或者原屬俗曲體,後來向板腔體靠攏。廣東的正字戲、白字戲等,以往被視爲宋元南戲的逸響,屬於曲牌體。但它們在流傳的過程不斷增入當地新出現的俗曲曲牌,已經與南北曲的曲牌聯套體制有了很大的不同,明顯在向俗曲體轉變⑤。

---

① (清)吴長元:《燕蘭小譜》,見《京劇歷史文獻彙編》清代卷一,南京:鳳凰出版社,2011年,第32頁。
② 紀根垠:《柳子戲簡史》,北京:中國戲劇出版社,1988年,第2頁。
③ 紀根垠:《柳子戲簡史》,第11頁。
④ 武藝民:《中國道情藝術概論》,太原:山西古籍出版社,1997年,第164—170頁。
⑤ 以上兩節的資料來自《中國戲曲志》各省分卷及《中國戲曲音樂集成》各省分卷,不一一注出。

限於篇幅，以下僅以北方劇種"晉北耍孩兒"和南方劇種"雲南花燈"爲例，來討論現存俗曲體戲曲的基本情況。

"晉北耍孩兒"以曲牌名作爲劇種名稱，"是以一支完整曲牌（【平耍孩兒】）爲骨架，利用若干情緒亂句（鈸子）的相結合而構成各種唱段"①。前文已述，【耍孩兒】是《禳妒咒》中用得最多的曲牌。其格律爲每煞八句，每一、二、三、五、六、八句押韻，四、七句倒轍，第五句尾字押平聲韻。任光偉指出，【耍孩兒】的句格，無論在《禳妒咒》中，還是在山西的"耍孩兒"戲中，都是一樣的。經任先生實地調查，發現在晉北耍孩兒以及山東的柳子戲、二夾弦、四根弦、五音戲、肘鼓子、柳腔、茂腔，以及東北的一些民間小戲中，不但【耍孩兒】句格完全相同，而且就連在實際演唱中，第八句往往在後半句起腔（高八度），也是一樣的②。

不僅在山西、山東、東北，而且在河南的一些瀕危劇種中，【耍孩兒】（亦稱【娃娃】）的運用亦十分廣泛，而且其句式、韻律均與《禳妒咒》相同。這些劇種包括二夾弦、羅戲、大弦戲、咳子戲、樂腔、北調子、四股弦等。有學者總結："河南瀕滅劇種中的【耍孩兒】，繼承了'弦索腔'的'尾聲不用人和，以弦索和之，其聲悠然以長'的特點。"③我認爲，這裏所說的尾聲"以弦索和之"，與山東地方戲中的後半句"起腔"，均與上文所引"花柳腔尾有聲無詞"意義相同，即：由於"高八度"，若以人聲便只能以假嗓演唱，假如以弦索代人聲，便"有聲無詞"了。

明末王應遴的《逍遙遊》雜劇，其最後一部分由八首【耍孩兒】組成；《群音類選》卷一所錄《王魁訴神》，一連27支【耍孩兒】加【尾聲】。這裏的【耍孩兒】曲牌，還是九句式的南北曲牌。《揚州畫舫錄》卷五引黃文暘《曲海目》，在《藍關道曲》下注："皆【耍孩兒】小調。"④這應當就是八句式的俗曲曲牌了。現存山東省萊州市一帶的"藍關戲"，或即清代《藍關道曲》的逸響，由於這一劇種多用【耍孩兒】，又稱"耍兒會"，與晉北耍孩兒戲遙相呼應。

清宮大戲《忠義璇圖》五本二齣，武松出場先唱【侉腔】："剛腸熱，壯氣豪；提葫蘆，半醉了。去尋紅杏枝頭鬧。"後唱【耍孩兒】（衆人接唱），其詞如下：

---

① 武藝民：《中國道情藝術概論》，太原：山西古籍出版社，1997年，第341頁。
② 任光偉：《【耍孩兒】縱橫考——兼談柳子聲腔的淵源與流變》，《戲曲藝術》1989年第3期。
③ 馮建志：《河南瀕滅劇種中"耍孩兒"音樂形態考略》，《天津音樂學院學報》2004年第3期。
④ 李斗：《揚州畫舫錄》，揚州：江蘇廣陵古籍刻印本，1984年，第114頁。

琉璃鍾,琥珀濃;珍珠槽,清若空。似醴泉出地波齊湧,掀開庋閣似屏風。碎卻烏幾翻瓷甓,似維摩方丈天花迸。(賽花引衆小夥各持棍上接唱)笑醉漢胡來搬弄,母門神怎肯放鬆。①

兩相比較,【侉腔】的句式爲六(三、三)、六(三、三)、七,【耍孩兒】的句式爲六(三、三)、六(三、三)、七、七、七、七、七、七。格律基本一致,只不過後者是一首完整的八句式俗曲牌子【耍孩兒】,而前者可看成是【耍孩兒】的前半段。

在實際運用過程中,民間藝人根據劇情需要或人物情感的變化,可以使【耍孩兒】有許多變體。例如河南各劇種中的【原板耍孩兒】【慢板耍孩兒】【二八板耍孩兒】【接板耍孩兒】【武耍孩兒】【塌耍孩兒】以及各式【娃娃】②,在各類道情戲中的【正調平耍孩兒】【正調苦耍孩兒】【正調搶耍孩兒】【正調緊耍孩兒】【反調平耍孩兒】【反六字耍孩兒】等③。可見,【耍孩兒】曲牌在俗曲體戲曲中運用之廣,影響之大,變化之多。

再看雲南花燈。20世紀40年代,徐嘉瑞在雲南農村搜集、研究"舊燈劇",發現在13個劇本中,使用的俗曲曲牌有【提水調】【掛枝兒】【打棗竿】【雙疊調】【川調】【放羊腔】【綺羅調】【老羊調頭】【倒背古人】【十二杯酒】【鬧五更】【倒搬槳】【金紐絲】【銀紐絲】【哭皇天】等。徐先生還將雲南農村的燈劇和《綴白裘》所收之"雜劇"作了比較,指出:《綴白裘》所收之"《探親》《相罵》所用的調子,全是【銀紐絲】,結構唱詞和雲南農村戲曲的'鄉城親家'大同小異;但是以份量來説,雲南農村戲曲超過《綴白裘》所收的三十倍以上。""《看燈》所用的調子,全是【燈歌】。又,和《看燈》相連續的有《鬧燈》,所用的調子,全是【寄生草】。和雲南農村戲曲的《瞎子觀燈》相比,份量不及十五分之一,內容也簡單得多了。"徐先生總結説:"足見花部諸曲,流入雲南,增加上許多地方的色彩和曲調,就是科白對話,也是隨時隨地增加上去,份量增加,內容也就更複雜。"④

徐先生對雲南燈劇的研究成果,可以用來觀照雲、貴、川所有的花燈戲劇種。川劇由昆、高、胡、彈、燈五種唱腔組成,其中的"燈"調即花燈唱腔,自不必言。花燈之外,北方流行的秧歌,南方的採茶、花鼓,有的也兼用俗曲曲牌和板腔體音樂。即使一些後起的劇種,例如臺灣歌仔戲,在從三小戲向大戲靠攏的過程中,既汲取了來自高甲戲的曲牌【緊疊仔】【慢頭】【漿水】【五開花】,梨園戲的曲牌【相思引】【出漢關】【南倍思】【恨

---

①《忠義璇圖》,見《古本戲曲叢刊》九集,影印乾隆本五本二齣。
②馮建志:《河南瀕滅劇種中"耍孩兒"音樂形態考略》,《天津音樂學院學報》2004年第3期。
③武藝民:《中國道情藝術概論》,太原:山西古籍出版社,1997年,第402—419頁。
④徐嘉瑞:《雲南農村戲曲史》,昆明:雲南人民出版社,1958年,第8—29頁。

冤家】,也吸收了北管系統的"梆子腔""流水""平板"等①。

最後來討論,俗曲體是不是從曲牌體走向板腔體的過渡形式?答案是:俗曲體是處於曲牌體與板腔體之間的中間形態,但未必是過渡形態。也就是說,板腔體未必是從俗曲體蛻變而成的。之所以這樣說的原因有二:其一,從時間上看,俗曲體形成的明末清初,板腔體也已經形成,故板腔體不大可能來自俗曲體。其二,整體上看,曲牌體、板腔體、俗曲體是三種相對獨立的文學與音樂結構形式,把中間形態看成"過渡形態",有可能對俗曲體的意義估計不足。

當然,我們這樣說,不排除曲牌體、板腔體、俗曲體三者之間的相互影響,尤其是不能排除某些後起的劇種從俗曲體向板腔體靠攏甚至轉化成爲板腔體的情況。明中葉以來,民間歌手在對固有的南北曲加以改造的同時,也創作出一批新的帶有向齊言體靠攏的"時尚小令",并且進入到宣卷和道情講唱中。現存明末清初的寶卷和道情作品,既有七字句、十字句(三、三、四句格)的念白,又使用大量俗曲演唱,在推動板腔體形成的同時,更直接催生出了俗曲體戲曲的誕生。明末的《衍莊新調》已經使用了俗曲,但依然有聯套傾向。只有在《禳妒咒》中,我們纔發現了完整的從長短句向齊言句式過渡的俗曲體戲曲形態。康熙以後,俗曲體與板腔體進一步融合,《綴白裘》中的【梆子山坡羊】、北方各省地方戲中的各類板式【耍孩兒】等就是明證。這表明,俗曲體戲曲在走一條介於曲牌體和板腔體的中間道路。無怪乎,有人稱晉北耍孩兒、二夾弦、柳子戲等劇種爲"綜合體",意思是這類戲曲"兼具"或綜合運用了曲牌體和板腔體的音樂體制②。

不過,以上所謂"綜合體"的劇種,依然以演唱民間俗曲爲主。不妨以柳子戲爲例。據說,柳子戲藝人會唱的俗曲曲牌以往有數百支之多,1984年整理出來的牌子仍有百支以上。其中,【黃鶯兒】【娃娃】(即【耍孩兒】)【山坡羊】【鎖南枝】【駐雲飛】爲五大曲,又稱"五大套"。"這'五大套'有時在同一劇目中全部出現,有時分別與其他俗曲混用,沒有嚴格的規範。"③所以,從總體上說,"南昆、北弋、東柳、西梆",各大聲腔系統既相對獨立又相互影響,在形成之後并行不悖。一些後來形成的聲腔劇種,分別從俗曲體

---

①陳孟亮:《當代戲曲多元化演出形態之探討——以歌仔戲音樂爲例》,見臺灣戲曲學院編印《戲曲表演藝術回顧與前瞻》下册,2017年,第109—126頁。

②參錢建華:《聯曲體與板腔體兼備的戲曲藝術——析雁北耍孩兒戲的音樂特徵》,《中國戲曲學院學報》,2009年第4期。再如尼樹仁編著《二夾弦唱腔音樂初探》提出:"二夾弦的唱腔屬於由多系統的板腔體和曲牌體相結合的綜合體。"(濟南:山東人民出版社,1983年,第26頁)何麗麗《山東柳子戲音樂文化研究》:"在音樂體制方面,柳子戲是曲牌體聯綴與板腔體綜合運用的戲曲。"(北京:中國社會科學出版社,2013年,第52頁)

③紀根垠:《柳子戲簡史》,北京:中國戲劇出版社,1988年,第181頁。

與板腔體中汲取文學和音樂元素，正説明俗曲體戲曲的生命力之旺盛。

俗曲體戲曲，從元明以來的俗曲清唱，進入到寶卷、道情講唱，發展到分腳色彩唱，最終形成了獨立的代言體的戲曲形式。在後來的發展中，俗曲體戲曲既含有各類不合南北曲格律的俗曲，又加上梆子腔的元素，故《綴白裘》將其列爲"雜劇"。北方民間普遍流傳着"九腔十八調，七十二哎哎"之説①，形象地描繪出這類戲曲（包括一些地方的影戲、偶戲）豐富多彩、自由變化的聲腔特徵，這和曲牌體、板腔體均明顯不同。請看王澤溥修、李見荃纂民國《林縣誌》卷一〇的一段記載：

> 弦子戲，脚色全同梆子戲，惟樂器有笛子及弦子而無梆子。聲調頗多曲折，而曲文説白，辭多俚俗。説白尤全用土話，君相衣冠，牧童聲口，令人作嘔。劇本亦全系歷史戲，而自成特殊一種，與梆子、反調等絕不相通。數十年前尚盛行境内，今甚式微，將有絕滅之勢。②

這段記載，與"東柳、西梆"的説法，以及前引《歧路燈》中的描述，不約而同地道出了一個事實：柳子戲、弦子戲這些俗曲體戲曲，與板腔體的代表劇種梆子戲不是一回事。清康熙間李聲振《百戲竹枝詞》，明確把吴音（昆曲）、弋陽腔、秦腔（梆子腔）、亂彈腔（昆梆）、月琴曲（絲弦腔）、唱姑娘（姑娘腔、齊劇）、四平腔（紹興弋腔）分開表述③。這些聲腔中，除昆、弋、梆之外的唱腔，都屬於俗曲體。清宫文獻記載，嘉慶七年五月初五日，"長壽傳旨：内二學既是侉戲，那有幫腔的？往後要改。"④弋陽腔有幫腔，此條記録將屬於俗曲體的"侉戲"，與屬於曲牌體的弋陽腔明確區分開來。唐英（1682—1756）《巧換緣》第九齣副末白："縱團圓是梆腔、侉戲，倒不如兩下開交。"⑤説出了梆子腔與侉戲亦即俗曲體戲曲的區别。

至於在民間演劇的場合，俗曲體戲曲與昆腔、弋腔、海鹽腔、青陽腔、梆子聲腔頻繁交流，造成某些演唱方法在兩種以上聲腔中共存的現象，是不難理解的。例如俗曲體中

---

①顧頡剛：《中國影戲史略及其現狀》，中華書局編《文史》第19輯，1983年，第128頁。本人2005年帶領研究生到華北各省及遼寧調查皮影戲，藝人們經常如此説。又何麗麗《山東柳子戲音樂文化研究》第78頁也提到柳子戲藝人有此説法。

②王澤溥修、李見荃纂：民國《林縣志》，民國二十一年石印本，第9頁。

③李聲振：《百戲竹枝詞》，見路工編《清代北京竹枝詞》，北京：北京出版社排印本，1962年，第149—150頁。

④丁汝芹主編：《京劇歷史文獻彙編》清代卷三《清宫文獻》，南京：鳳凰出版社，2011年，第99頁。

⑤唐英：《古柏堂戲曲集》，上海：上海古籍出版社，1987年，第366頁。

句尾翻高八度的唱法,在海鹽腔和板式體戲曲(如豫劇)中都曾廣泛流行①。無怪乎,有些地方(如河南省汝南縣)把梆子腔看成是"侉戲"②。

有學者曾提出以"小曲"區別於南北曲曲牌,以"小曲體"區別於曲牌體③。這是有根據的,因爲在明清兩代的文獻中,常有稱流行俗曲爲"小曲"或"時曲"者。但"大"和"小"的概念是相對的,是會有變化的。談到"大曲",人們只會聯想到唐宋大曲,而很少有人把南北曲稱爲"大曲"。明崇禎八年(1635)刊刻的《帝京景物略》卷二"燈市"條,將"套數"與"小曲"并提④,可見此時的"小曲"是小令的意思。而且,南北曲未必就大,只是它們聯套所演繹的傳奇篇幅較長而已。小曲也未必一定小,蒲松齡的《禳妒咒》比一般的傳奇還要長,劇中的【西調】,一曲長達70多句近500字。我們提出"俗曲體"的概念,是從音樂結構和文學體制的角度而言的。雖然花燈、秧歌一類小戲多用俗曲,但從音樂的角度看,俗曲體既可以改編昆弋、梆子劇目,也可以直接演唱大戲。例如上文所舉清宮大戲《忠義璇圖》《鼎峙春秋》多處唱【侉腔】(【耍孩兒】),此外張照執筆的宮廷大戲《勸善金科》,其唱腔雖以昆、弋爲主,但標明使用"吹腔"的也不少。例如第四本第十四齣全用"吹腔",其俗曲曲牌有【羅衣濕】【金水歌】【晚風柳】【搖錢樹】【紅顏歎】【腿花鞋】【羊場路】【開籠鵝】等;第八本第十二齣亦全用"吹腔"等,曲牌名茲不贅舉。可見"小曲體"的說法不僅容易產生歧義,而且不夠準確。

也有人稱俗曲體爲"牌子曲",是就俗曲曲牌聯綴表演故事而言的⑤。但由於"牌子曲"多數用於講唱而非戲曲,故本文開頭引莊一拂《古典戲曲存目匯考》稱《禳妒咒》爲"牌子戲"但卻不予著錄。所以我們認爲,作爲一種與南北曲聯套相區別的戲曲文學和戲曲音樂體制,還是稱俗曲體較爲妥當。

此外,俗曲體戲曲與"亂彈"的關係也頗爲複雜。因爲,"亂彈"是一個遊移不定的概念。有時候,"亂彈"泛指昆弋之外的各種聲腔,有時甚至連弋陽腔也被指爲"亂彈"。

---

①臧晉叔在《還魂記寫真》【尾聲】批語中說:"凡唱尾聲末句,昆人喜用低調,獨海鹽多高揭之。"這裏所說的尾聲"高揭"的唱法,與弦索系統即俗曲體戲曲的唱法完全一致。又,《中國戲曲志·河南卷》:"過去,豫東調和豫西調翻高八度以假聲行腔的唱法,叫做'贗腔'或'謳',20世紀40年代後,這種唱法逐漸減少而終告絕跡。"《中國戲曲志·河南卷》,第194頁。
②李樂同:《汝南近代戲曲活動記略》,見汝南縣政協文史委員會編《汝南文史資料彙編》第一卷,2002年內部印刷,第456頁。
③詳參路應昆:《小曲、曲牌辨異》,《星海音樂學院學報》2012年第4期。
④劉侗、于奕正:《帝京景物略》,北京:北京古籍出版社點校本,1982年,第58頁。
⑤例如楊蔭柳說:"明清以來,利用當時民間流行的小調,以一定形式聯接起來,成爲套曲,用以演唱故事,稱爲'牌子曲'。"《中國古代音樂史稿》下,第845頁。

在這兩種場合,"亂彈"包括俗曲體戲曲和板腔體戲曲梆子腔、皮黃等。但有時候,"亂彈"可以專指俗曲體戲曲。判斷"亂彈"是否指的是俗曲體戲曲,其標準只有一個,這就是看它是否使用俗曲曲牌,以及使用的份量有多大。

明代俗曲的繁榮與傳奇的形成基本同步,而俗曲體戲曲的形成則遠在傳奇之後了。如果以《禳妒咒》創作的清康熙年間作爲新的俗曲體戲曲形成起點的話,那它的終點則一直延伸到現當代。《太古傳宗》所收《醉楊妃》中【新水令】"海島冰輪初轉騰",與梅蘭芳代表作《貴妃醉酒》中的唱詞幾乎一模一樣。傅雪漪判斷:"通過這套樂曲的全部唱段,可以清楚地看到京劇的《貴妃醉酒》,完全是從弦索調衍變而成的。"①俗曲體戲曲的巨大影響,於此可見一斑。

六、結語

蒲松齡以文言短篇小説集《聊齋志異》而享有盛譽,然而他的戲劇創作卻遠未引起足夠的重視。不僅研究成果少之又少,就連著録也常常弄錯。

傅惜華《清代雜劇全目》著録了"蒲松齡"的《考詞》《鍾妹慶壽》《鬧館》《鬧館》四種雜劇,然而《考詞》與《鬧館》本爲一劇。莊一拂《古典戲曲存目彙考》著録《鬧館》《鍾妹慶壽》《考詞九轉貨郎兒》三種,其實【九轉貨郎兒】是一個獨立的散套,既不是戲曲,也與《鬧館》(《考詞》)没有任何聯繫。路大荒整理的《蒲松齡集》則把《九轉貨郎兒》附在《鬧館》之後,亦欠妥。至於以《禳妒咒》爲代表的俗曲體戲曲,就根本不被多數研究者看成是戲曲,更談不上深入研究了。

惟戲劇史家周貽白多次提出:《禳妒咒》是一個戲曲劇本。此後馬瑞芳先生進而認爲:"《禳妒咒》是完善的戲劇體裁,《牆頭記》《磨難曲》也初具戲劇形式。"②任光偉先生認爲:聊齋俚曲中有"戲文多種","最有代表意義的是《禳妒咒》"。任先生還提出,以《禳妒咒》爲代表的柳子聲腔體係最早當孕育於晉陝、豫、河套三角洲,明代初、中葉傳入晉北,然後西至甘肅、新疆,北到内蒙,東至河北、京、津、山東,從山東再南下則達揚、

---

① 傅雪漪:《明清戲曲腔調尋蹤——試談〈太古傳宗〉附刊之〈弦索時劇新譜〉》,見《戲曲研究》第 15 輯,北京:文化藝術出版社,1985 年,第 103 頁。
② 馬瑞芳:《蒲松齡俚曲的思想成就和語言特色》,見《蒲松齡研究集刊》第 1 輯,濟南:齊魯書社,1980 年,第 198—212 頁。

淮①。當然,這個看法還須進一步驗證。錢建華則對《禳妒咒》的上場角色(應爲脚色,筆者注)做了介紹與分析②。紀根垠認爲:《禳妒咒》與《磨難曲》《牆頭記》等篇,"都接近戲劇體例,有豐富多彩的内容、起伏跌宕的結構和引人入勝的情節、排場……音樂結構兼有聯曲體與板腔體。實際上已經是完整的戲曲劇本了。""蒲氏俚曲《禳妒咒》與《磨難曲》等也應視爲戲曲作品。蒲松齡不僅在中國文學史,而且在戲曲和柳子戲發展史上同樣佔有一席重要的地位。"③而戲曲音樂家常靜之下面這段話,對蒲松齡創作俗曲體戲曲的描述更加到位:

  俗曲由抒情衍進爲敘事的説唱,由敘事的説唱轉化爲戲曲藝術,至晚在清初就已成爲事實。從説唱藝術舉例來看,"道情"就是用【耍孩兒】【鎖南枝】【皂羅袍】等俗曲清唱道家和世俗故事的。以作家作品舉例,則《聊齋志異》作者、清初山東淄川人蒲松齡就採用俗曲【耍孩兒】【羅江怨】【山坡羊】【銀紐絲】【跌落金錢】等50種左右曲牌,編寫俚曲13種。其中《禳妒咒》《磨難曲》《牆頭記》等,有唱白科介,有上下場,已相當接近戲劇排場了。④

這些真知灼見,都爲本文的寫作提供了啓發與借鑒,增强了筆者寫作本文的信心。而本文只不過是爲周貽白等諸先生的見解作一個較爲詳細的注脚而已。而且限於篇幅,本文未能對《牆頭記》《磨難曲》展開研究。這兩種作品的説唱痕跡更重,論證它們是劇本需要提供更多的證據。故而,進一步的研究,只有留待來日了。

(本文原刊於《文史》2018 年第 3 期)

---

①任光偉:《【耍孩兒】縱横考——兼談柳子聲腔的淵源與流變》,《戲曲藝術》1989 年第 3 期。
②錢建華:《雁北"耍孩兒"戲與蒲松齡俚曲》,《蒲松齡研究》2007 年第 2 期。
③紀根垠:《柳子戲簡史》,北京:中國戲劇出版社,1988 年,第 52、56 頁。
④常靜之:《中國近代戲曲音樂研究》,北京:人民音樂出版社,2000 年,第 59 頁。

清末川刻宣講小説對志怪傳奇小説《陰陽鏡》的改編

楊宗紅

（重慶師範大學文學院）

一、《陰陽鏡》及被改編的篇目

《陰陽鏡》爲清咸同年間湯承冀編撰的一部志怪傳奇小説集。吉林大學、北京大學、清華大學、華東師範大學、寧夏大學、鄭州大學圖書館均藏有同治元年(1862)重鐫本，卷首署"時齋湯承冀編輯、榮齋吴光耀校正、化醇李成龍參閲、一枝李桂芳校正"，"及門諸子同證"。臺灣林慶彰、賴德明、劉兆祐、張高評主編《晚晴四部叢刊》第四編收録有同治七年(1868)刻本的影印本。湯承冀《自序》與"持釣老人"的《陰陽鏡序》都言該書爲勸善書。全書共 16 册 240 個故事。石昌渝主編《中國古代小説總目（文言卷）》，寧稼雨《中國文言小説總目提要》，朱一玄、寧稼雨、陳桂聲編《中國古代小説總目提要》等，皆無著録。湯承冀籍貫不詳，占驍勇依據《土地怕鬼》認爲"《陰陽鏡》確爲四川人所作"①。湯承冀曾參閲過魏文中《繡雲閣》②。魏文中爲四川人③，《繡雲閣》初刻刊於富順，後刻刊於合川，均在四川（《古本小説集成》本前言）。民國七年合川刊本左

---

① 占驍勇：《清末民初僞稗叢考》，《文獻》2002 年第 1 期，第 123—136 頁。
② 上海古籍出版社 1994 年《古本小説集成·繡雲閣》署"正庸魏文中編輯"，"時齋湯承冀、一枝李桂芳、榮齋吴光耀參閲"，"及門諸子同證"。由此可見，湯承冀、李桂芳、吴光耀與魏文中關係密切。
③ 上海古籍出版社《古本小説集成·繡雲閣》前言説："小説中多寫發生在四川之事，……則作者似爲四川人。初刻刊於富順，後刻刊於合川，均在四川，亦爲佐證。"石昌渝《中國古代小説總目》"繡雲閣"條云："作者魏文中，四川人。生平不詳。"

欄題"板存合川縣,凡印送等不取板資",可見是將《繡雲閣》當成善書的。湯承冀既曾參閱《繡雲閣》,與魏文中有交往,很可能是四川人或長期生活在四川。他編輯的《陰陽鏡》當在四川刊刻,其流傳地也當以四川爲主。

與其他志怪傳奇故事相比,《陰陽鏡》各篇篇幅較長。最短的《陰陽報》約1485字,其他故事幾乎都在1800至3000字之間,甚至還有超過3000字的,如《芙蓉鏡》《義狐》《幻術》《馬淑蘭》《西哥》《觀燈》《槐楊石佛》等,《馬淑蘭》近3800字。該書雖是文人小説,卻擅長采用民間常用的人物、事件、空間,傳達民衆普遍接受的也符合大傳統的倫理道德觀。小説敘事流暢,通過陰陽兩個空間的對舉講述故事,雖寫現實卻多鬼神精怪,理勝、事勝,辭亦勝。持釣老人《陰陽鏡序》言該書"措詞奇險,陰功陽報語語驚人"并非虛談。作者擅長通過"陰報"與"陽報",借助山精水怪、神佛等非常人物,借助神仙洞府、陰曹地府等非現實空間,以遇非常人物,非常事件,進入非常空間,見非常現象等,引導讀者見證主人公命運的跌宕起伏,瞭解其命運變化的原因,將文學性與勸善性融爲一體,可謂是一部文學價值較高的文言勸善小説。

晚清四川地區存在有大量的以勸善爲主的宣講小説①,很多是從話本小説及文言小説改編而來,目前研究者所提及的主要是《聊齋志異》與部分明末清初擬話本小説②。就筆者目前所見,《陰陽鏡》中有56篇被石照雲霞子所編輯的《萬善歸一》《福緣善果》《浪裏生舟》③,廣安增生李維周編輯的《指南鏡》④、編者不詳的《救生船》⑤等所改編。具體對應關係如下:

---

① 根據竺青《稀見清末白話小説集殘卷考述》(《中國古代小説研究》第1輯,北京:人民文學出版社,2005年),竺青《稀見清代白話小説集殘卷五種述略》(《上海師範大學學報》(哲學社會科學版)2005年第5期),汪燕崗《清代川刻宣講小説集芻議》(《文學遺產》2011年第2期),張褘琛《清代聖諭宣講類善書的刊刻與傳播》(《復旦學報》2011年第3期),阿部泰記《起源於四川的宣講集之編纂——從方言語彙看宣講集的編纂地》的統計,加上筆者所存,諸如《萃美集》《大願船》《照膽臺》《救生船》《躋春臺》《驚人炮》等,川刻宣講小説不下於三十多種。

②[日]阿部泰記《〈聊齋〉故事在"宣講聖諭"》(《蒲松齡研究》2016年第3期)列舉了諸多以聊齋故事爲題材來源的小説篇目,陳燕茹《清代聖諭宣講及其相關故事類作品研究》(四川師範大學碩士學位論文,2014年)提及的有明末清初擬話本小説三言二拍、《十二樓》《無聲戲》,文言小説則是《聊齋志異》,郭居敬所作的《二十四孝》等。

③《萬善歸一》有光緒九年(1887)序,光緒十三年刻本,刻書地不詳;《福緣善果》有光緒癸巳(1893)重刊本,刊刻地不詳,二書扉頁皆署"石照雲霞子編輯,安貞子校書"。《浪裏生舟》,刻書時間不詳,扉頁署"雲霞子編輯,自省子校書",卷一扉頁署"版存川北"。

④《指南鏡》,光緒二十五年(1899)新鐫本,板存廣安長生寨,卷四尾署"廣安增生李維周 編輯校閱"。

⑤《救生船》,作者不詳。竺青《稀見清末白話小説集殘卷考述》言該書爲"樂至松茂山房發刻",成書上綫爲1895年。筆者所存本署名"銅邑大廟場文運堂藏版",篇目與竺青所見同。銅邑即重慶銅梁。

宣講小說		《陰陽鏡》	宣講小說		《陰陽鏡》
《萬善歸一》	《善淫報》	《奪魄》《仙姑洞》	《指南鏡》	《芙蓉鏡》	《芙蓉鏡》《窮鬼》
	《碧雲洞》	《狐媒》		《夕陽樓》	《夕陽樓》
	《剖腹報》	《祠神》		《綠楊橋》	《逐兔》
	《雙還魂》	《飛瓊》		《紅羅巾》	《寅娘》
	《傲孝子》	《逐兔》		《平安橋》	《鵠神》
	《黑神廟》	《雪日魚》		《甄皇宮》	《蠢役》
	《借屍配》	《馬淑蘭》		《白貂裘》	《貪狼》
	《義鼠配》	《子陽臺》		《佛因緣》	《佛因緣》
	《丹桂根》	《雪裕妻》		《梯仙閣》	《瘠僧》
	《鬼報恩》	《杜夫人》		《百花城》	《沉花獄》
	《天賜妻》	《波斯國》	《輔化篇》	《鬼報恩》	《杜夫人》
	《善果園》《鬼票》	《天賜壽》		《卧雲閣》	《索哥子》
	《金穴》	《金銀穴》		《仙狐配》	《仙姑洞》
	《集冤亭》	《集冤亭》		《漾月亭》	《靈猴》
《浪裏生舟》	《苦節榮》	《苦節》	《救生船》	《龍潭井》	《龍潭井》
	《泥判官》	《泥判官》		《卧雲閣》	《索哥子》
	《天官賜福》	《棄強餓夫》		《玉姑洞》	《義狐》
	《糊塗路》	《杜秀才》		《再生緣》	《馬淑蘭》
	《節烈遇仙》	《慰娘》		《紅杏村》	《鬼票》
	《赤雲配》	《窮鬼》	《指路碑》	《指路碑》	《黃學士》
	《朝陽洞》	《猩太醫》		《很心閻羅》	《硬心閻羅》
	《石菩薩》	《槐腸石佛》		《窮土地》	《雪中香》
	《豬說話》	《藏券》		《負義慘報》	《黑猿》
《保命護身丹》	《獅兒石》	《獅兒石》	《福緣善果》	《蒲團作怪》	《鮑家怪》
	《幽魂報》	《幽魂報》		《麒麟閣》	《麒麟閣》
	《孝感仙配》	《波斯國》		《彩霞配》	《彩霞夫人》
	《橋西夢》	《橋西夢》			《鳳城》
《破迷錄》	《花仙配》	《玉蘭》			

《指南鏡》存4卷,每卷7篇,共28篇。《救生船》只存卷三、卷四,每卷7篇,共14篇。《萬善歸一》存四卷,每卷6篇,共24篇。《浪裏生舟》4卷,每卷7篇,共24篇。

《保命護身丹》①存 1 卷 6 篇,《指路碑》一册 5 卷 18 篇。從《陰陽鏡》而改編成宣講小説的篇目占全書的比例來看,《指南鏡》10 篇約占 1/3 强,《救生船》6 篇約占 1/2,《萬善歸一》14 篇約占 1/2,《浪裏生舟》9 篇占 1/3 强,《保命護身丹》4 篇占 2/3,《指路碑》5 篇約占 1/4。這些數據表明,川刻宣講小説中不少是改編自《陰陽鏡》。

川刻宣講小説本就善於從古代小説戲曲中取材,《陰陽鏡》的文學性及湯承蕚與四川地域的密切聯繫,其中故事被改編亦是自然之事。

二、"奇"的承衍:改編中的命名、情節結構

《陰陽鏡》改編後的宣講小説命名規律可以分爲四種。

其一,保存原標題。宣講小説中《芙蓉鏡》《夕陽樓》《麒麟閣》《佛因緣》《龍潭井》《集冤亭》《泥判官》等,與《陰陽鏡》中故事標題完全相同。《萬善歸一・金銀穴》與《陰陽鏡・金穴》只有一字之差,也大致可以歸爲此類。

其二,改人名(包括動物精怪)爲地名或物品名。《陰陽鏡》很多篇目都以主人公命名,改編後小説故事的重要發生地或重要物件成爲新的篇名。如《索哥子》/《卧雲閣》,《義狐》/《玉姑洞》,《瘠僧》/《梯仙閣》,《寅娘》/《紅羅巾》,《貪狼》/《白貂裘》等。

其三,改人名地名爲事件。一些篇目根據情節而改原名,命名可謂是對故事情節的高度概括。如《飛瓊》/《雙還魂》,《波斯國》/《天賜妻》,《杜夫人》/《鬼報恩》,《子陽臺》/《義鼠配》,《仙姑洞》/《善淫報》,《祠神》/《剖腹報》,《棗强餓夫》/《天官賜福》,《慰娘》/《節烈遇仙》等。雲霞子所編輯的宣講小説采用這種模式較多。

其四,改編後,根據宣講小説集的總體概況,有些在標題後加小字概括整篇故事情節。《救生船》卷四,《指南鏡》整體都是這個模式,故改寫自《陰陽鏡》者亦是如此。如《芙蓉鏡》"改前愆,掇高科",《漾月亭》"貧富貴,一場空",《甄皇宫》"恤孤貧,得吉地",《紅杏村》"戒淫色,享高壽"等。小字補充了標題所未能傳達小説主要情節及意旨的不足。

命名是某一對象區別於其他對象的標誌,也暗含了命名者思想、審美、情感等。《陰陽鏡》240 篇中的命名,有人名、物名、場景名、事件。改編的宣講小説命名,側重於空間

---

① 《保命護身丹》,不詳作者及刊刻地,筆者存。其中《橋西夢》有云:"待愚下引一新案以證之。本朝嘉慶年間。"顯然,該書爲清時之作。

場景、物品與情節,以人命名的,只有《浪裏生舟》中《石菩薩》與《泥判官》兩篇。傳統小說命名往往有深意,如教化精神(如"三言"命名)、娛樂意識(諸多以"奇""怪""諧""笑"等命名的小說)、史傳思維(諸多以"史""傳""記""録""演義"命名者)等特點。《浪裏生舟》《救生船》《福緣善果》《指南鏡》命名與《陰陽鏡》一樣,不受娛樂或史傳式思維的影響,而是側重於以勸善爲主旨。具體篇目命名,卻具有修辭意味在其中。宣講者對特殊空間與特殊物件、特殊事件甚爲關注,"洞""閣""穴""廟"這類帶有明顯宗教意味的空間,對民衆的吸引力與敘事的影響,遠大於一般的空間。因爲勸善,上述宣講小說在表面上并不張揚"奇",而是將對"奇"的追求寓於民衆普遍接受的具有特定意味的空間及事件中。以物命名者,物本身即具有特殊功能,在敘事中又是關鍵物品,如《紅羅巾》中的紅羅巾乃神仙所贈,以之蓋頭可以出入幽冥,《白貂裘》中的"白貂裘"穿上即變爲狼,《芙蓉鏡》中的"芙蓉鏡"可見未來之事。即便是以人物命名的兩篇,也滿含"奇"之意味。以事件命名的篇目,概括了事件因果,也注意了其中奇異人物或事件,如"天官""菩薩""鬼"等屬於區分於普通人的超人物,"遇仙""剖腹""還魂"等,是常人世界中少有的事件。總體上看,在篇目命名上,改編後的宣講小說比原作更有吸引力。

在情節上,改編的宣講小說與《陰陽鏡》原篇相比,重複、捏合、插入是其顯著特色。

重複式改編。如《龍潭井》《佛因緣》《再生緣》《鬼報恩》《平安橋》等,《金銀穴》《集冤亭》與原作故事情節、敘事順序,人物姓名、籍貫一致,除了變文言爲白話,增加了人物對話與唱詞部分,可以說就是原作的白話複製。《陰陽鏡》被宣講小說重複式改編的篇目比例較大。《朝陽洞》只是地點略有變化。《綠楊橋》人物、地點發生變化,情節單元與《逐兔》一致,順序略有變化,如元義在哭訴中交代其身世,則是改原作的順敘爲插敘了。

捏合式改編。捏合,即將原書不同故事中的某一情節結合在一起構成一篇新的宣講小說,大致是一個故事屬於前半段,一個屬於後半段。《萬善歸一·善淫報》故事前半部分與後半部分,分別取自《陰陽鏡》卷二《奪魄》與《仙姑洞》。故事敘述盧雲書行善,且救狐狸,遭遇官司時狐精救其命,其表弟朱雲程因不相信"奪魄"之說,恃才傲物,引誘女子致其斃命,又買通盜賊致女父死於獄,後遭父女索命而死。小說前面部分說朱雲程的惡報,是對《奪魄》的複述,盧雲書的善報部分,是《仙姑洞》後半部分的複述。再如《萬善歸一·天賜壽》,主人公誓不殺生且放生躲過了店主謀害及惡鬼欲食之害,是《善果園》前半部分,聽相士之言而尋找善事,救了一女子之命,深夜拒淫女而增壽則取自《鬼票》後半部分。《指南鏡·芙蓉鏡》捏合了《芙蓉鏡》《窮鬼》,其改編與前兩個故事有所不同。一是增添。改編之作故事大體與《陰陽鏡·芙蓉鏡》相同,但增添了兆蓉父母早亡而他未能繼承父母行善的傳統。二是情節順序變化，主人公父母因行善事，在原故事中是以神仙之口説出，改編則按照順序先寫其父母行善而生子。三是插入其他故事。兆蓉妻死後，叫化婆將醜女嫁給兆蓉，乃爲試驗情節，與《窮鬼》中部分情節同。捏合式改編因選取了兩個故事，於是故事之間形成對比關係或因果關係，從而强化某一題旨（如《善淫報》），令情節更加跌宕起伏而突出勸善意圖（如《天賜壽》）。

插入式改編。即宣講小説整體故事不同於《陰陽鏡》原故事，但其中卻插入了《陰陽鏡》某一故事的某一情節（插入原書某篇的某一故事情節），或者整體故事與原故事大致相同，但卻插入其他非原作中的情節（插入非原書故事情節）。改編本《麒麟閣》中，主人公至麒麟閣見子求子、行善生子的情節單元與原本後面情節全同，這是插入式改編的第一種情況。《紅杏村》中，人物名有變化，插入了妓女引誘及小妾借種的情節。這是對《鬼票》改編時情節的增加，屬於插入式改編的第二種情況。插入情節，不僅可以增加故事的長度，亦可更好地刻畫人物形象，凸顯故事的主旨。如《紅羅巾》增加了冉大嫂這一人物，進而增加了冉大嫂與閨秀的對話，突出了閨秀的孝與冉大嫂的不孝，以不孝反襯孝，又增加了冉大嫂不惜物命、不敬灶神以反襯閨秀的惜物命及敬灶。相應地又增加了冉大嫂在陰間受刑，首尾照應。爲了突出閨秀的孝，《紅羅巾》還增加婆母油鍋受刑，閨秀哭而油鍋生蓮花，以至感動閻王，免除婆母之刑甚至爲之加壽。與原作相比，改編之作因情節的增加，人物形象更豐滿，情節結構更緊湊，藝術價值也更高。

《陰陽鏡》雖是文人小説，卻擅長采用民間常用的人物、事件、空間，傳達民衆普遍接受的也符合大傳統的倫理道德觀。宣講小説在改編時，主要遵循原作的情節，甚至還有"複述"現象。這并不意味着改編者的不作爲。持鈞老人《陰陽鏡序》言該書"措詞奇險，陰功陽報語語驚人"并非虛談。作者擅長於通過"陰報"與"陽報"，借助山精水怪、神佛等非常人物，借助神仙洞府、陰曹地府等非現實空間，以遇非常人物，非常事件，進入非常空間，見非常現象等，引導讀者見證主人公命運的跌宕起伏，瞭解其命運變化的原因。這種情節勝，辭采勝，且理勝的小説篇目，在符合講壇宣講的情況下改編，複述、捏合式改編比例較大，也理所當然。正是這些改編方式，宣講小説保留了《陰陽鏡》"惡行——惡報"與"善行——善報"的叙事範式，若進一步擴大，就是"陽報"與"陰報"式，同時還保留了原作的空間之奇、人物之奇、情節之奇，日常叙事卻具有恍惚怪誕之意味，可讀性强。

三、勸善性與世俗性的凸顯:改編旨意與形式

　　聖諭宣講是以聖諭六言與聖諭十六條爲目的"國家行爲",清中後期社會發生急劇變化,整個社會處於嚴重的"劫"中,國家控制雖然減弱,西方新思想也有所輸入,但傳統倫理思想并未動搖,以傳統倫理"救劫"的思想風行,從士人到百姓,紛紛投身到勸善活動中。"救劫"的宣講小説因此興盛。其中雖然有宗教性一面,但更符合國家政治教化的需要。自上而下的聖諭宣揚活動中,聖諭宣講是肅穆的、神聖的行動,也成爲民衆祈福禳災的手段①,而小説乃是不入流的娛樂人的"小道"。當"神聖"遭遇"小道"亦是"小道"遭遇"神聖",其結果是肅穆的面紗被掀開了一角,神聖性下移,同時"小道"變得一本正經。宣講小説可謂是具有"國家執照"的"小道"文本,具有獨特的溝通"聖"與"俗"的優勢,在三角形的社會結構中,它更是廣大中下層人容易接受的文學樣式。

　　就宣講小説産生的形式而言,有神降式聖諭宣講小説,即小説前面有大量的神佛諭文,然後是聖諭六言及聖諭十六條,接着是闡釋聖諭每一條的意思,再講述相關故事,如《法戒録》,整部小説給人的感覺是"代神立言"。非神降式宣講小説中有圍繞聖諭宣講的,即開篇直接照録聖諭六言與聖諭十六條,然後是"案證"故事,如《宣講集要》;也有小説集前面無聖諭,案證故事不明確標明是講聖諭但卻明明白白勸人行善的,如《躋春臺》。《指南鏡》可算"神諭"式宣講小説,其扉頁有"領此書者,淨手披吟,如不宣講,轉送他人"之語,次爲《文昌帝君序》,云:"且夫世道澆漓,人心狡詐,欲出勸善之書以指迷途之路……"書前無聖諭,但仍可謂是神降式宣講小説,"淨手披吟"的讀書要求與《序》表明,此書是善書而非簡單的小説讀物。

　　改編自《陰陽鏡》的宣講小説,所勸之善有的可以與"聖諭"的某一條對應,《緑楊橋》《梯仙閣》《天賜妻》《泥判官》《紅羅巾》爲勸孝,符合聖諭十六條中的第一條"敦孝悌以重人倫"。《白貂裘》告誡不可因貪而"賊宗族",合第二條"篤宗族以昭雍睦"。更多的篇目溢出於聖諭之外而符合傳統儒家所宣導的倫理精神。如《芙蓉鏡》是勸改過,《漾月亭》告誡功名富貴爲一場空,須"正心地",《卧雲閣》《苦節榮》《丹桂根》勸節義,

---

① 如《同登道岸·宣講脱劫》云:"看來這聖諭二字,都是逐鬼驅邪的,爲個好人,尚可解冤。"《同登道岸·善家避水》:"逢朔望講聖諭,男女靜聽者便是救劫法保命丹金。"再如《普渡迷津·同挽浩劫》:"看起來這聖諭何等重樣,誰不該將此文勸化四方。這聖諭莫説是人當欽仰,能遵者即鬼神也要馨香。"

《剖腹報》勸"不可壞人名節",《平安橋》《紅杏村》爲"戒淫色",《碧雲洞》《義鼠配》《夕陽樓》爲"惜物命",《佛因緣》爲"行諸善消親罪",《金銀穴》言不可妄貪,《甄皇宮》贊"恤孤貧",《鬼報恩》言欲得好陰地"培古墓",《朝陽洞》言"醫道",《集冤亭》言萬事有定數不可妄費心。總之,宣講故事并不一味遵循聖諭十六言而改編,而是根據原小說的題旨或情節,給於原作極大尊重。

《陰陽鏡》長於言性說理,深受理學性理說教的影響,不過多將對善的說教寓於人物的語言中,通過人物之口,闡釋五倫八德。但也許是文言小說的"矜持",小說的勸善旨意比較含蓄。宣講小說所言之善,是對原小說善的堅持,更是將隱晦的勸善變得明顯化。《陰陽鏡》這一小說集的命名,會喚起人們的好奇,但小說勸善主旨卻隱晦。《浪裏生舟》《救生船》《福緣善果》《指南鏡》這些命名則可以明顯看出編撰者的追求。改編的宣講故事,遵循話本小說形式,先用詩概括故事,繼而闡釋詩句及故事題旨,以"案證"證明這一題旨,結尾再議論。這種形式,尤其有利於將原作隱晦或不明確的勸善明白化。如《善淫報》改自《陰陽鏡》中的《奪魄》與《仙姑洞》,原作標題不見"善",改作標題直接將善報與淫報對比。然後引詩:"天道福善禍淫,世人各自捫心。善善惡惡早認真,免貽後日悔恨。"引詩是對標題的闡釋,故事主旨更加明白。接下來議論道:

> 這首《西江月》,單道人生天地,務要認清善惡,不可任意胡爲而昧將來禍患。試看那爲惡的人,一時富貴功名,聲勢赫赫,誰人敢敵。到那惡貫滿盈時,皇天震怒,必使鬼奪其魂,潦倒終身,冤冤相報,慘死絕嗣的。這善之人,半世艱難辛苦,獨對無聊,何堪告人,到得災難消時,天地憐憫,自然百神呵護,轉困爲亨,衣豐食足,益延嗣的。

後面的故事,就是前面標題、詩歌及議論所表達勸善意圖的案證。故事完畢,又議論道:"從者(即'這')案看來,云書納友之戒,戒淫放生,卒得仙女配合,子孫昌盛。彼朱雲程者,違祖父恃勢貪淫,竟至覆宗絕嗣,身遭慘報。可見天之福善禍淫,信不謬也。"這種詩——議論——案證——議論的形式("案證"是故事的主體部分,但從勸善意圖來看,卻只是"案證"而已),可謂是小說善的四重強調,若標題意圖很明顯,可謂是五重了,這恰恰是《萬善歸一》《指南鏡》《救生船》《福緣善果》等所採用的且民衆接受程度很高的明清短篇小說普遍的模式。模式構建的"可讀文本",引導聽衆順其思路接受改編者(或宣講者)的勸善操縱。當宣講成爲積累善行的功德,當所刻宣講小說成爲勸善書,有些小說篇目後面還有些藥方,《救生船》中有五篇,其中一篇就是改編自《臥雲閣》。

《指南鏡》中也有一篇。這是"勸"善,更是實實在在行善,民衆不僅受到精神薰陶,也享受實際的好處了。

宣講故事部分分"講"與"唱"。"講"闡述主要情節,"唱"(或哭訴)渲染主人公心理,補充或重述原故事情節,回應相應叙事。講唱皆可傳達觀點。《芙蓉鏡》中,女子對主人公説:"爾不遵祖訓,爲地獄之孼鬼;不守母教,爲阿鼻之頑鬼;見色則貪,爲色中之餓鬼;見利則趨,爲利中之魔鬼,非鬼而何?"這是對原作的適當變動。在講述某一情節後,偶爾有宣講者的插入語對事件定性。如《白貂裘》中,顔氏死後,插入議論道:"各位,這顏氏之死亦是見理不明。何者?顏氏受此冤屈,鬼神知之,旁人知之,不死,其冤終久能白。并非若處危急之秋,不死則失名節者此也。顏氏見不及此,而以一死免羞,誤矣。孟子曰:'可以死,可以無死,死傷勇。'正此謂也。"《甄皇宫》:"各位,可見彌天之罪,一悔便消,人能像岑臺多行善事,無子者還不是有子的。"這些議論隱藏在叙事中,不大能發現,但若以唱腔的方式單獨列出,就非常顯眼了。唱的部分在文本形式上區别於講的部分,在講壇表演中,"唱"的部分語調、節奏講述也明顯區别於"講",其中的道德教化,也就較爲明顯。《金銀穴》神人告訴辛光明,前面所受苦難是對其不善的懲罰,告誡他:"從今後切莫貪利,敦孝弟五倫謹題。戒除了酒色財氣,見善事須當努力。家庭中百無禁忌,是鬼祟斂形藏跡。吾神言牢牢謹記,如不然發達無期。"背時鬼離別時告誡辛光明:"因賢弟愛使奸巧,壞心術惱怒神曹。""從後努力前進,除貪心莫把善抛。"因以唱的形式出現,這些告誡也就特別明顯。

寓嚴肅於通俗,是宣講小説的重要特色。其嚴肅,在故事的主旨與動機,其通俗,在奇的題材,講唱結合的方式,書場説書的結構形式及變文言爲白話的語言形式。在講壇場域中,宣講者偶爾還增加一些詼諧性語言,增强其通俗效果。如《丹桂根》如是描述續祿被打傷後:"頭上纏根帕帕,走路肘起架架,説話嘰嘰呱呱,龜背蛇腰眼眨。"這四句話句式相同,疊字而且押韻。《芙蓉鏡》寫兆蓉淪爲乞丐後與叫花婆對話:

(告化婆)後面跟一告化女,年二十歲之譜,臉是麻子,眼是瞎子,背是駝子,脚是跛子,臭氣難聞,也來在此處投宿。告化婆問道:"你是誰人,爲何在此涕哭?"兆蓉道:"我姓魏,是個秀才,因暫時落魄。"告化婆道:"你是個做繡鞋的,還做得脱白,我女現莫得鞋穿,賣一雙我女穿罷。"兆蓉道:"不是的,是個秀士。"告化婆道:"你是那個的舅子?"……良久問道:"你女會不會做鞋?"告化婆道:"會做,我去年買三尺布,喊他做鞋,做到今年才做起一個,實在做得姑蘇打子插花,件件都能。就是一雙眼睛不看見。"兆蓉道:"你女一天討飯,討得好多?"告化婆道:"一天討得到一二十碗,我女人材又好,個個都肯打發他,就是一雙脚杆走不得。"兆蓉道:"你女曉不曉得存留?"告化婆道:"曉得存留,我前年買斤棉花他紡,今年還未紡完,尚在背筐内面,怎麽曉不得存留?"

這段對話,在原作中没有,改編之作連用"子"言女之醜陋,又結合老婆婆年老可能耳背,將"秀才"作"繡鞋","秀士"作"舅子",言及女子的能力,都是欲抑先揚,詼諧幽默,令人發笑。讀之忍俊不禁,聽之定然當場大笑。

四、小説改編語境下《陰陽鏡》的改編

改編語境,本指改編時所處場域,涉及政治、經濟、教育、文化多個方面,本處重點指社會上廣泛存在的小説改編。改編是文學藝術活動中常見的現象,任何改編,都不是簡單的對原作的複製。民間文學哺乳文人文學,文人文學亦爲民間文學提供指導。宣講小説的作者多爲中下層文人或具有一定識字能力的宣講生,他們在宣講時,若要避免宣講毫無趣味,達到宣講效果,必須關注小説的文學性,這也就意味着宣講時所需的宣講文本,要麽自己創作,要麽從一些具有影響力的其他文學作品中取材。

就整個中國社會來講,經典成爲民間文學重要的改編資源,改編經典是衆多民間講唱文學的傳統,如寶卷、子弟書、歌册、鼓詞等對小説戲曲的改編,《紅樓夢》故事、聊齋故事、三國故事、三言二拍等都曾被改編者依據自己的好尚作不同的改寫,宣講小説也深受影響。《指南鏡·文昌帝君序》云:"不本經典以立言,言必野,野則不真,不真則難勸矣;不本史册而記事,事必虛,虛則無稽,無稽則愈疑矣。""本經典"以立言是宣講小説的特色。宣講小説所本經典,主要有明清話本小説,聊齋故事、傳統二十四孝等。據筆者目前所見材料,被改編爲宣講小説者,《聊齋志異》中有27篇故事被改編,篇目達到50多篇;"三言二拍"中有27篇故事的頭回及正話被改編,不計内容完全重複的達到56篇,《孝逆報》共48案,其中24孝案安全根據傳統二十四孝故事改編。此外還有改自《無聲戲》《十二樓》《歡喜冤家》《云仙笑》《石點頭》《夜雨秋燈録》等,不計重複不下於30篇。可見,宣講小説從文言小説取材,也從話本小説廣泛取材。正因如此,話本小説的文本形式,篇中插入議論的方法,都影響宣講小説對非話本小説題材的改寫。改編型宣講小説,在形式上與話本式書場説書的體式相同,即標題——議論——故事——議論

形式。《陰陽鏡》以其故事多且篇幅長，情節曲折，多鬼怪，加以勸善，又是四川地區的小説，被改寫的篇目多，且多爲話本式，也就不奇怪了。

著名民俗學家劉魁立認爲，民間文化事象具有雷同性、重複性與不斷再現性，依這些事象的穩定性及其變異性爲前提。但是，民間文學文體在傳承過程中的規範并不是機械記憶，而是對傳統本質的把握，長期生活在民間文化氛圍中的人，掌握了演述過程中重新再現文本的技能，"流傳、借鑒、因襲得來的作品，落入新的民族，新的地域，新的社會環境，自然要相應的變異。在這種情況下，異文在很大程度上是適應過程的産物"[1]。每種改編型説唱的文學樣式，都有比較穩定的形式，從文本上看，歌册、子弟書、彈詞以唱爲主，故事寶卷、鼓詞則以説爲主，講唱結合，唱的比例雖比不上説的部分卻有了很大增加，這些文學樣式皆重"唱"。宣講小説是官方宣導宣講政策下的民間文學，相對於寶卷、鼓詞、弟子書，宣講小説屬於晚起的講唱文學樣式，其主體形式深受民間説書及講唱文學的影響，講唱結合是它的重要特徵，唱的比例增大，有朝向講唱文學的鼓詞與寶卷發展傾向。就編創者身份而言，宣講小説屬於藝人小説[2]，藝人小説的最大特點是口語化、模式化，無論是外在結構形式，還是内在情節設置。文人小説的民間改編，基本套路就是説書場式的"標題——議論——故事——議論"，故事内部的説唱結合，增加"唱"的情感表現力與敘事效用以吸引現場的聽衆。正因如此，《陰陽鏡》被改編的篇目，改動最大的地方，就是外在形式的變化與唱詞的增加。但改編者的身份畢竟不是文化素養修養較高的士人，改編目的不是自我才學的展示，而其所面臨的聽衆多是鄉村下民，故而改編多有疏漏，有時甚至"複製"原作語言，未將文言語體變味白話語體，如《指南鏡·緑楊橋》："極易耳，汝閉目，吾命神送之，但汝歸後，以索繫筐下來取，吾如數與之。""親莫親於母，子見母受刑而子不顧，何以爲人子，吾彼時只知有母，不知有差耳。"若真的在講壇面對中下層民衆宣講，則不會間雜文言詞語，上述話語，顯然不適合講壇宣講。

總之，《陰陽鏡》的宣講式改編將文本從案頭引向講壇。改編的故事在遵循"聖諭"與"神諭"的倫理基礎上，又傾向於一般的倫理道德及心性修養。宣講故事遵循《陰陽鏡》"奇"與勸善的特色，以"案證"故事確立了所勸之"善"的合理性與正當性。改編時的話本小説模式及講唱結合的方式，使之在形式上與原作有很大的不同。尊重故事情

---

[1] 劉魁立：《劉魁立民俗學論集》，上海：上海文藝出版社，1998年，第96—97頁。
[2] 紀德君：《藝人小説、書賈小説與文人小説——中國古代通俗小説的不同類型及其編創特徵》，《社會科學》2013年第6期，第179—84頁。

節的改編式與更改故事情節捏合式改編,都有着特定勸善目的。衆多篇目改編的背後,是改編者對《陰陽鏡》思想價值與文學價值的肯定,以及道德焦慮下對具有道德勸善文本的發掘。由於《陰陽鏡》本身的文學價值與勸善價值,改編的宣講小説在原作的基礎上又有加强,也具有較强的可讀(可聽)性。

近代女性彈詞述論

張秉國

（濟南大學文學院）

彈詞原本是一種以七言爲句的韻文體說唱文學，在流傳過程中逐漸分流：一種繼續作爲彈唱的曲藝，由藝人演唱，供聽衆欣賞；一種則作爲讀物，供讀者在案頭閱讀。兩者的性質不同："場上的彈詞屬於曲藝，不是小説；案頭的彈詞屬於小説，不是曲藝。"①兩者的關係，頗似"説話"和話本小説的關係。因爲自清代以來，彈詞創作已逐漸從"場上"的曲藝變爲"案上"的讀物，所以有些學者乾脆稱之爲"彈詞小説"②。本文所論述的彈詞，實即"彈詞小説"。

明清以降，女性從事文學創作已蔚爲大觀，作爲最適合女性書寫方式的彈詞自然更受女性青睞。在清代的彈詞中，女性創作的彈詞佔據了主流地位，著名的《再生緣》《筆生花》《榴花夢》等皆出於閨秀之手。盛志梅在《清代彈詞研究》中說："大量的女作家（知名的、佚名的）參與到彈詞創作中來，她們的作品在數量、品質上遠遠超出同時代男性作家。動輒十幾萬字、一氣呵成，甚至幾乎能够一韻到底的長篇韻文體巨著，充分顯示了女性的文學才華。"③1840年以前的女性彈詞，以"彈詞三大"中的《天雨花》《再生緣》爲代表。《再生緣》無疑成就最高，陳寅恪《論再生緣》稱："世人往往震矜於天竺、希臘及西洋史詩之名，而不知吾國亦有此體。"④其藝術水準可稱彈詞史上的巔峰之作。

1840年以後的女性彈詞，一方面是之前女性彈詞創作的延續，另一方面隨着時代

---

① 王齊洲：《中國通俗小説史》，武漢：武漢大學出版社，2015年，第602頁。
② 如陶秋英：《中國婦女與文學》，北京：北新書局，1932年，第274頁；阿英：《彈詞小説論》《彈詞小説二論》，見《阿英全集》（七），合肥：安徽教育出版社，2003年，第36—40頁；另外，如臺灣學者胡曉真1994年完成的博士論文《彈詞小説——女性的韻文小説傳統》；等等。
③ 盛志梅：《清代彈詞研究》，濟南：齊魯書社，2008年，第2頁。
④ 陳寅恪：《寒柳堂集》，北京：三聯書店，2001年，第71頁。

的變化,又呈現出時代的特點。以 20 世紀爲界,大致可分爲 1840—1899 和 1900—1919 兩個時期。

一、1840—1899 年間的女性彈詞及特徵

這一時期的女性彈詞,從題材內容、結構篇幅、作家身份到傳播形式,與 1840 年以前並無本質不同。

基本成書於道光二十一年(1841)的《榴花夢》,可算近代第一部女性彈詞,也是迄今所見篇幅最長的彈詞。共 360 卷,480 多萬字,通篇七字韻文。因篇幅太大,書成後長期以傳抄的方式流傳。作者李桂玉,字姮仙,生卒不詳,據現存資料,她生於甘肅(一説福建侯官),隨丈夫葉氏居於福州。丈夫早逝,她便在福州李家厝館授徒。《榴花夢》並未寫完,直到 1935 年,翁起前和楊梅君以"浣梅女史"的筆名續完最後三卷,遂成完璧。其内容叙寫以桂恒魁爲代表的一群閨中女子建功立業的故事,以桂恒魁"興起百年事業"(《榴花夢自序》)爲核心,叙寫桂、桓、梅、羅四家的英雄業績,雜以兒女情長、忠奸鬥爭、家庭瑣事。《榴花夢》的思想旨趣跟此前的《再生緣》一樣,以女子通過女扮男裝實現輔國安邦的人生理想爲模式,這也成爲女性彈詞的一種程式。

稍後成書的《夢影緣》(《夢影緣·自序》作於 1843 年)是極有特色的一部彈詞。作者鄭貞華,字澹若,號苕溪夔下生,浙江吴興人。《精忠傳》彈詞作者周穎芳之母。其内容是由羅浮仙君降世的莊夢玉與由十二花神降世的十二名女子之間的因緣故事。以"夢""影"象徵人世的真幻無常,而以"緣"釋人生因果,而以"情"貫穿始終。此書的構思異於女扮男裝建功立業的模式,述莊夢玉娶花神轉世的林纖玉、宋仞芳,後立種種功業,偕母退隱,其他十位由花神轉世的女子經種種周折,皆未婚成道,各歸本位。風格哀感頑豔,語言空靈雋永,被評爲"華縟相尚,造語獨工,彈詞之體,爲之一變"①。

"彈詞三大"中的《筆生花》也成書於 1843 年前後②。作者邱心如,江蘇淮安人,父邱廣業,曾任鳳陽縣訓導。心如幼精通文辭,十九歲嫁清河(今淮安)張姓儒生。後夫死子夭,乃回母家,設帳授徒。此書意在補正《再生緣》的不足,在作者邱心如看來,《再生緣》"立意負微愆",女主人公孟麗君有違傳統道德,所以她筆下的姜德華女扮男裝建

---

① 坐月吹笙樓主人:《娛萱草序》,見橘道人《娛萱草彈詞》,光緒二十年(1894)印本。
② 盛志梅:《清代彈詞研究》,濟南:齊魯書社,2008 年,第 101 頁。

功立業後最終雌伏閨中。這也使作者的才情受其陳腐思想的限制,"她所受的女規女戒的教育,時時掣肘那支生花妙筆,以至於出現了將人物强行符號化、概念化的現象"①。

上述幾部彈詞都成書於1840年之後的幾年,其思想性并未超出清中期的《再生緣》等作品。咸豐年間,彈詞創作進入了短暫的低谷期,可考的女性彈詞僅有黄小琴的《三生石彈詞》。

成書於同治年間的《金魚緣》,作者孫德英,浙江歸安人,終生未嫁,同治二年至七年完成了《金魚緣》的創作。内容主要寫錢淑容化名竺雲屏女扮男裝、鋤奸匡國的故事。不同於一般模式的是,竺雲屏終身未復女裝,以"假丈夫"的身份爲官做宰,且智慧、才能遠勝男子。思想内容較之前期彈詞并未有多大超越。

光緒年間,彈詞呈現出復興之勢。到20世紀之前,女性彈詞出現了繁榮的局面。汪蘽的《群英傳》《子虛記》,陳梅君的《鏡中夢》《九仙枕》,白香女史的《英雄譜》,周穎芳的《精忠傳》,程蕙英的《鳳雙飛》前傳、後傳,彭靚娟的《四雲亭》,都創作於這一期間。但不少作品只以抄本流布,傳播不廣。

汪蘽的《群英傳》成書於同治至光緒初,寫男主人公曹英率一衆女將建功立業的故事,塑造了飛珠、芸仙、佩蘭等女英雄群像。成書於光緒九年(1883)的《子虛記》可算這一時期的代表作,故事情節紛繁,基本上兩條線索:一是文玉粦建功封侯、平定叛亂、剪除奸黨的故事;一是趙湘仙易裝改名,中狀元後建功立業,官居宰相,後以身份暴露罷相,不復女妝絶食而死。

周穎芳的《精忠傳》由於改編自小説《説岳全傳》,思想上還是以忠孝爲旨歸,没有刻意塑造女豪傑形象以體現作者的女性意識。其唱白生動活潑,不似其母鄭澹若《夢影緣》的華縟典麗。

程蕙英的《鳳雙飛》立意上不再寫女英雄的建功立業,而寫男英雄郭淩雲與張逸少異於常人的同性之戀,兩人同日受封,歡聚始終,故有"雙鳳齊飛"之譽。彭靚娟的《四雲亭》成書於光緒二十五年(1899),内容兼寫建功立業和英雄兒女:寫明末主人公趙繼龍與劉雲翠、耿雲佩、李雲素、崔雲鳳四名女子的離合,寫其剷除閹黨,扶立新君,并在明亡後浮海隱居。

總體上看,1840—1899年間的女性彈詞是清代以來女性彈詞創作的延續,依舊具有傳統"彈詞小説"的文學價值:第一,鋪排描寫繁複詳盡,長於通過細節描寫見神韻,即鄭振鐸所稱的"描狀細物瑣情無微不至"②;第二,韻散相間的體制,伸縮自由,富於表現

---

①盛志梅:《清代彈詞研究》,濟南:齊魯書社,2008年,第105頁。
②阿英:《彈詞小説論》,見《阿英全集》(七),合肥:安徽教育出版社,2003年,第37頁。

力,誠如阿英所説"能保留韻文的特長,而又能和散文并用,發展地描狀繪物,以繪影繪聲"①。這一期的彈詞,除了《榴花夢》通篇七字韻文外,其他都是以韻文爲主而雜有散文。第三,語言生動活潑,雅俗相融。彈詞的韻文不以凝練含蓄見長,多用成語、俗語、民間流行的隱語,幽默風趣,阿英稱之爲"通俗易解,活潑雅韻"②。

除了具有上述傳統彈詞的文學價值,這一時期的彈詞,還具有以下共同性特徵:

首先,在思想方面,以表現"女性意識"爲主。這些"女性意識",主要表現爲讚揚女性的非凡才識、過人膽略和建功立業的參政意識。上述作品中的女英雄形象,如桂恒魁、孟麗君、竺雲屏、趙湘仙等,無不具有超越男子的才識膽略,文能治國,武能安邦,終於成就一番功業。通過描寫她們建功立業的過程,一方面突出其智慧才能,另一方面借以表現她們參與政治的强烈願望。需要注意的是,同、光以來的作品,在表現"女姓意識"方面已有了細微的新變:有些女主人公在建功立業後不再回歸閨閣,竺雲屏(錢淑容)、趙湘仙都是如此,後者即使絶食而亡也不願雌伏閨閣,這表明女性已不再心甘情願地接受男權給予的社會角色。

另外,這些彈詞還體現了對平等互敬的愛情婚姻的追求。與男性作家筆下的愛情相比,女性彈詞中的愛情婚姻集中體現了她們腦海中理想的兩性觀念。女性在描寫男女之情時,注重兩性由相敬到相慕、再到相愛的過程,多寫男女之間的"相敬如賓",而回避"床笫之歡"的情欲,表現出經過禮教"過濾"的精神之戀的傾向。正如論者所言:"彈詞女作家都是秉承傳統禮教的,認爲女子首先就要'戒淫',所以她們筆下的女英雄都是只知道父母之愛、朋友之愛、姐妹之愛卻不知道夫妻之愛……彈詞中凡是有着春心的女子,必然都是'淫奔'之女的形象。"③從這方面看,對愛情婚姻的平等追求雖然是"女性意識"的重要傾向,但這種意識依然受封建社會男權思想的主導和支配,這種女性意識依然處於萌芽和自發的狀態。

其次,在情節結構上,往往採用女主人公"出身不凡→遭逢意外,被迫出走→建功立業,大展才華"的叙事模式。在男權社會中,女性要走出閨房,必須改變社會角色纔能自由從容地施展一己的抱負和才華。於是多以"女扮男裝"的方式變換社會角色,從而達到施展才華以建功立業的目的。但這類彈詞寫女性通過"女扮男裝"參政并非其最終目標,根本目的還是通過寫她們建功立業的過程以體現她們超過男子的膽略和才華。

---

① 阿英:《彈詞小説二論》,見《阿英全集》(七),合肥:安徽教育出版社,2003年,第40頁。
② 阿英:《彈詞小説二論》,見《阿英全集》(七),第40頁。
③ 王贇:《清代著名女性彈詞中女英雄形象研究》,南京師範大學碩士學位論文,2013年,第57頁。

"誰説女子不如男"纔是她們在想像世界裏馳騁時心底的呐喊。

　　再次,從作家身份看,這一時期的女作家都是閨閣才人。這些閨秀作家由於受儒家禮教的薰陶,在塑造女英雄的形象時,十分注重"女德"。爲體現"女德",在寫家庭婚姻生活時,多寫"一夫多妻"的婚姻模式。如《榴花夢》中的桂恒魁才華膽略遠勝其夫桓斌玉,但仍幫助丈夫娶梅媚仙、張絳枝、錢彩春、柳湘君等,《夢影緣》中莊夢玉娶林纖玉、宋仞芳,《四雲亭》中趙繼龍娶劉雲翠、耿雲佩、李雲素、崔雲鳳等四女,正是寫女性在"一夫多妻"制下的"不妒"的"賢媛"形象。不僅"不妒",還主動爲夫納妾,以示其"賢德"。如《筆生花》中的姜德華,不僅主動爲夫文炳納妾,甚至還用欺騙的方法幫助夫兄娶到佳人。誠如論者所評價的:"所謂的大度賢德,已經成爲支持姜德華在閨門維持高人一等心態的精神鴉片,她已狂熱地癡迷於此。"[1]

　　最後,從女性彈詞的傳播與接受範圍來看,也多以閨秀爲主。閨秀作家在創作時,也多將女性作爲預設的讀者。如《筆生花》結尾稱:"留貽閨閣邀清賞,工暇消閒仔細評。"[2]汪藕裳在《子虛記》卷末也聲稱:"只圖閨閣知音賞,窗下生涯筆底忙""都梁女史書於此,貽笑閨門也不妨"[3]。而實際的傳播與接受範圍,也與作家的預期一致。如阿英《彈詞小話引》説:"過去婦女喜歡聽彈詞,也喜歡抄彈詞,故彈詞抄本,流行的特別多。所以抄,有時也另有原因,就是這一類作品,被當作善書看,抄寫一部,即是一部的功德。故有些抄本結尾,我們還可看到附語,説是'閲後請抄一部再送友人,功德無量'等等。這些抄本已發現的,最早是乾隆,且大都出於閨秀之手。"[4]再如《榴花夢》,成書之後也一直以抄本形式流傳,據1962年《新民晚報》載《談〈榴花夢傳奇〉》:"在清代道光、咸豐年間,福建有一種風氣,少女在出嫁前常在閨中抄書,出嫁時作爲妝奩。目前發現的這部《榴花夢傳奇》,抄書者是笑紅女史,校對者是惜香女史。笑紅和惜香是何人,不得而知。但可推測,這部抄本也許也是當時隨嫁的妝奩。"[5]可見,從創作到傳播、接受,女性彈詞的流傳範圍主要在閨閣。

　　總之,1840—1899年的近代女性彈詞作品,其思想內容方面雖有些微的新變,但從思想內容、叙事模式、作家身份及其傳播接受來看,本質上仍是明清以來女性彈詞的延續,作爲"近代"文學的特徵并不明顯。

---

[1] 王黌:《清代著名女性彈詞中女英雄形象研究》,南京師範大學碩士學位論文,2013年,第50頁。
[2] 邱心如:《筆生花》,鄭州:中州古籍出版社,1984年,第1554頁。
[3] 汪藕裳:《子虛記》,北京:中華書局,2014年,3024頁。
[4] 阿英:《小説閒談四種·小説二談·彈詞小話引》,上海:上海古籍出版社,1985年,第83頁。
[5] 轉引自譚正璧:《評彈通考》,上海:上海古籍出版社,2012年,第342頁。

二、1900—1919年間的女性彈詞及其新變

20世紀初,隨着西學東漸,女子教育快速發展,女權運動蓬勃興起。這一時期的女性文學也發生了巨變,作爲其中之一種的彈詞也隨之發生了明顯的改變。

成書於光緒三十一年(1905)的《俠女群英史》,題"湘州女史詠蘭、友梅、書竹著",有邗江心庵氏、夢菊序。詠蘭、友梅、書竹是三姊妹,心庵爲詠蘭之夫,夢菊爲三姊妹之弟,心庵氏《序》曰:"是書爲友梅大姨、書竹三姨及内子詠蘭三人合作,以閨閣之餘閑,博高堂之歡笑。三人均博通經史,長於吟詠,故書中詩詞歌賦,亦能追步前人,其命意遣詞,俱甚深遠。曰'俠女'、曰'群英'者,欲兒女英雄兼而有之之意。"①寫慶順馨(化名秦庚香)、文霞仙、龐玉龍、張月娟(化名蘇子秀)、林瓊珠等一幫俠女的故事。忠孝節義的思想主旨、女扮男裝以行俠立業的模式,與前一時期的女性彈詞并無二致。然而,詠蘭之夫心庵氏在《序》中,則強調是書乃張揚"女權"而作:"中國無女權,故女子爲最卑弱,即或有光明磊落、志趣不凡者,亦狃於閨閣之瑣屑、習俗之相沿,而不可革。是必立一説以挽回卑弱之習,使天下女子足以鼓蕩其心胸、活潑其心志,而中國之女權乃出",稱此書"於女子自主之權力爲尤重",雖不無溢美,畢竟指出了此書異於前期彈詞的特質。

署名"挽瀾詞人"的《法國女英雄彈詞》刊印於光緒三十年(1904)。挽瀾詞人,有人認爲是俞天憤②,有人認爲是陳伯平③。然而,據彈詞中的句子"想我同胞諸姊妹""願吾閨閣金閨女"等句子,顯係女子口吻。據秋瑾弟秋宗章之《六六私乘補遺》:"《中國女報》……第二號目,有……會稽挽瀾女士之《女英雄獨立傳》(小説),吕碧城之《女子宜急結團體論》,俱爲精心結撰之作。挽瀾女士聞爲陳伯平烈士胞妹,碧城女士文名尤遠

---

① 詠蘭、友梅、書竹:《俠女群英史》,光緒三十一年(1905)鉛印本。
② 此説最早見於1923年1月31日《小説日報》上徐天嘯爲俞天憤所作小傳中,有"其所著單行本小説,最初爲小説林出版之《法國女英雄彈詞》"。見芮和師等《中國文學史資料全編現代卷》,北京:知識産權出版社,2010年,第341頁。
③ 持此觀點的學者較多,如左鵬軍《晚清民國傳奇雜劇史稿》中介紹陳伯平:"十一月(1906年12月—1907年1月)在上海協助秋瑾籌辦《中國女報》,任主筆,并化名挽瀾女士發表文章……僅存小説《海外扶餘》《女英雄獨立傳》(未完)、《法國女英雄彈詞》《同情夢傳奇》等。"(廣州:廣東人民出版社,2009年,第338頁)另有錢仲聯等《中國文學大辭典》、齊森華《中國曲學大辭典》等。

播中外,餘人未知誰何,今已無從考證。"①按,1907 年《中國民報》第一期有署名"會稽挽瀾女士"的《女英雄獨立傳》,其創作傾向與《法國女英雄彈詞》非常相近。所以,"挽瀾詞人"即"會稽挽瀾女士",當即陳伯平之妹。這部彈詞演説的是法國大革命期間羅蘭夫人投身革命最終慷慨赴義的故事。這部彈詞實是梁啓超《近世第一女傑羅蘭夫人傳》的翻版。1902 年 10 月,梁啓超的《羅蘭夫人傳》在《新民叢報》發表,便立即引起轟動,次年"上海的《女報》(《女學報》)立即轉載,使其在女界更廣爲人知。次年又出現《女豪傑》一書……實則仍爲梁氏傳記的翻版。"②《法國女英雄彈詞》成書於 1904 年,正是梁氏傳記影響女界的又一佐證。

秋瑾的《精衛石》無疑是這一時期女性彈詞的代表作。這部彈詞大約從 1905 年開始創作,至 1907 年秋瑾就義前只寫到第六回。它以主人公黄鞠瑞率衆姊妹逃出閨房、東渡留學,然後回國從事革命活動爲線索,黄鞠瑞實即秋瑾本人的化身。思想主旨是反對男尊女卑,反對女子纏足,主張男女平權、天賦人權,鼓吹革命、排滿等,集中體現了秋瑾的革命思想。從未完成的這部《精衛石》看,作者重在宣揚女權和革命,而無意於在情節結構、人物形象等方面精心營構,所以在藝術方面稍顯粗糙。

清末民初,隨着報刊業的興起,出現了一批以報刊爲載體的短篇彈詞。這類彈詞,以吴絳珠的作品最具代表性。吴絳珠,字蕊先,安徽翕縣人,生平俟考。她有《西泠劇彈詞》《五女緣彈詞》《瑤臺第一妃》《瀟溪女史彈詞》《蘇小小彈詞》等。《西泠劇彈詞》,發表於《小説月報》第六卷十號、十一號、十二號(1915 年),原署"吴絳珠女史著,東園潤文"。寫清初徐巨源將龔鼎孳與李明睿降清事編爲劇本搬演,爲龔、李所恨,聘女俠一枝花刺殺徐巨源,一枝花終與徐巨源歸隱。意在譏刺賣國失節者。《五女緣彈詞》,最先發表於《小説海》二卷(1916 年)九號、十號、十一號、十二號,寫廣東三水縣農家女瑶華、珍姑、蕙姑、英姑、采姑五女因情誼篤厚,最終一起投淵相聚的故事。《瑤臺第一妃》彈詞,刊載於《小説海》二卷四、五號(1916 年),寫元末張士誠寵妃徐貴妃在張士誠兵敗後嫁於村夫的遭際。《瀟溪女史彈詞》,最早發表於《小説海》二卷(1916 年)六號、七號、八號,寫瀟溪女史顔初元嫁於白居易後,受樊素、小蠻之譖而被迫與白居易分離,最終兩人於死後相聚。《蘇小小彈詞》,刊載於《小説新報》第四年第 12 期(1918 年),寫趙君與盼奴相愛,趙君赴京趕考,考中後於赴任途中病卒,臨終托其弟院判尋訪盼奴,院判詣杭,知盼奴亦逝,其妹蘇小繫獄,乃重金救出蘇小,兩人結爲連理,偕隱西湖。另有刊載

---

① 秋宗章:《六六私乘補遺》,見《辛亥革命浙江史料選輯》,杭州:浙江人民出版社,1981 年,第 409 頁。
② 夏曉虹:《晚清文化與社會》,武漢:湖北教育出版社,2001 年,第 182—183 頁。

於《小説海》三卷四號、五號的《揚州夢彈詞》,歷來被認爲是吴絳珠所作①,但只署名"東園",似不能歸到吴絳珠名下,而應看作吴東園(吴承煊)之作。

載於報刊的其他女性彈詞,還有:①署名"蘭陵紉蘭女史"的《中秋記彈詞》,載於《苔岑雜俎月刊》第一期(1911年)。紉蘭女史姓顧,字紉蘭,號佩仙内史,蘭陵人。此彈詞講述韓蕙卿、蘭卿兄弟中秋節喜訂良緣的故事,未完。②署名"睍南女俠"的《十二個月新彈詞》,刊載於《自由雜誌》第二期(1913年),短短數百字,以宣揚改良爲主旨。③署名"嵩城倚翠樓主"的《風雅記彈詞》,載於《風雅雜誌》1915年第1期。倚翠樓主,即陳翠娜(1902—1968),名璍,又字小翠,浙江錢塘(今杭州)人,南社會員陳蝶仙之女。④署名"雪兒"的《賣花記》彈詞,載於《四川公報增刊》1915年(第二卷第一期、第三期),未完。⑤署名"泣紅女史"的《乳雪娘彈詞》載於1915年《眉語》第一卷第三號,題"弄珠樓主泣紅女史原著,集豔閣主人貫一氏閲刊",僅一回,未完。作者泣紅女史,生平不詳。⑥署名"華璧女士"的《雙俠殲仇記》載於1917年《婦女雜誌》第三卷第八號、九號,共六回,華璧女士生平不詳。寫廬州商人陳雪庵爲兩門客所劫,其妻曼仙、妹蓮香北上訪賊,最終殺掉賊人,救出雪庵的故事。⑦署名"婉青女史"的《閨中鑒彈詞》,僅一回,也是未完稿,載於《家庭雜誌》第一卷第一號。作者婉青女史,生平不詳。

另外,姜映清的《玉鏡臺》《風流罪人》可看作這一時期(1900—1919)彈詞創作的延續。《玉鏡臺》,共五回,未完,民國十三年(1924)有威書室排印本。寫女子楊彩霞刺死大盜易男裝,改名方霞,館於梁家,遇未婚夫周文藻。《風流罪人彈詞》,民國十五年(1926)上海大陸圖書公司排印。寫甄超英、沈古檀追求賈曇花的故事。這兩部彈詞雖成書於1919年之後,可算近代女性彈詞的尾聲或餘響。

與前一時期相比,1900—1919年間的彈詞有了明顯的新變:

首先,是思想傾向從"女性意識"向"女權意識"的轉化。這一時期的彈詞很少再寫"女扮男裝"高中狀元、輔國安邦的女英雄故事。尤其值得注意的是其中表現出的女權、女性解放的思想以及女子參政的意識。這以《法國女英雄彈詞》和《精衛石》爲代表。《法國女英雄彈詞》表現出的憂患意識足與男性有識之士相比,"欺則欺,四萬萬人都醉夢,無才無德百無成。有的是,烏煙墮落男人志,有的是,纏足伶仃害女身。只落

---

①譚正璧《彈詞叙録》"《五女緣》"條注(上海:上海古籍出版社,2012年,第81頁)、鮑震培《清代女作家彈詞小説論稿》(天津:天津科學院出版社,2012年,第298頁)、盛志梅《清代彈詞研究》(濟南:齊魯書社,2008年,第417頁)均因襲其説,馬名超、王彩雲主編《中國民間文學大辭典》"五女緣彈詞十四回"條:"絳珠女史……曾著有……《揚州夢》等彈詞三種"(哈爾濱:黑龍江人民出版社,1996年,第1305頁)。

得,大地竟無干淨土,將來拱手讓他人。做書的,一心想把中原救,要向文明佐太平。不但丈夫當努力,便女人責任也非輕。"①《精衛石》表現的女權思想更爲突出,作者秋瑾把自己作爲是"壯懷未肯讓鬚眉"的"國民一分子"看待的,在作品中,她痛斥"數千年傳下來一最不平等、最不自由的重男輕女之惡俗",認爲"天生男女,四肢五官、才智見識、聰明勇力,俱是同的;天職權利,亦是同的"②,這些思想已不是單純的"女性意識",而是一種"女權意識"。"女權"概念最早引入中國是在1900年③,它與"女性意識"性質不同:"女性意識"是女性覺醒後對自我價值和獨立人格等的體認,"女權意識"則是對自身權利和社會價值的體認。總之,對"天職權利"的自覺追求是此期彈詞最閃光的傾向。

吳絳珠的作品儘管不直接表現這些内容,但也往往通過借古喻今,表達一種深沉的憂患意識。如《西泠劇彈詞》:"東南半壁難撐拄,相繼淪亡,不可以圖存;亡國大夫洵可醜,甘心事虜作奸臣。""國變當爲袁粲死,位尊不共褚淵生。嚴將軍頭,嵇侍中血,張睢陽齒,顏常山舌。"④再如《瑶臺第一妃》:"歎國亡家破,遊隨麋鹿;兵連禍結,劫慘鯨鯢。"⑤這些思想意識,較之前期在閨房中憑想像創作的閨秀彈詞,現實感無疑大大增强了。這與作家已走出閨房、接觸到了社會現實有關。

其次,結撰方式從"幻想式"向"寫實式"轉變。如前所述,1840—1899年間的作品,女主人公多以"女扮男裝"的方式進入男權社會,從而施展才華,建功立業,實現自己的人生價值。這樣的構思顯然是缺乏社會閱歷的閨秀"幻想"的產物,是一種白日夢。然而,隨着時代變遷,女性開始走出閨房,接觸到真實的社會,她們筆下的形象,儘管仍出於虛構,但畢竟源於社會生活,具有"寫實"的傾向。《精衛石》基本以秋瑾自己的經歷加工而成,《法國女英雄彈詞》則是據梁啓超的《羅蘭夫人傳》寫成,更具史實的性質。

再次,篇幅由長篇向短篇轉變。這一階段,真正的長篇僅有《雙魚佩》和《俠女群英史》,秋瑾的《精衛石》有二十回的規模卻未完成。其他彈詞,幾乎都是形式短小的短章,前期那種動輒幾十萬言甚至幾百萬言的長篇已經絕跡。

---

①阿英:《晚清文學叢鈔》(説唱文學卷),北京:中華書局,1960年,第202頁。
②郭延禮等:《秋瑾集徐自華集》,北京:中華書局,2015年,第165頁。
③詳見夏曉虹:《晚清文人婦女觀》,北京:作家出版社,1995年,第67頁。
④見《小説月報》第六卷十號(1915年)。
⑤見《小説海》二卷四號(1916年)。

三、女性彈詞的嬗變與衰落

近代女性彈詞在1900年左右出現了上述斷裂式的嬗變,可歸納爲如下原因:

首先,是作家身份的變化。20世紀初,隨着女性教育和女權思潮的發展,女性作家主體已由閨秀嬗變爲知識女性。從女性教育看,1897年,第一所由中國人自辦的女子學堂——中國女學堂在上海創立,此後女子學堂如雨後春筍,先後有務本女塾(上海、1902)、湖南第一女學堂(1904)、愛華女校(浙江嵊縣、1905)、上海城東女學社(1903)、山東女學堂(濟南、1904)、北京豫教女學堂(1905)等相繼創立。女學堂的創立,標誌着第一代知識女性的誕生。郭延禮先生説:"20世紀初,女性作家隊伍的主體已由閨秀嬗變爲第一代知識女性,後者已走出深閨,走向社會,走向世界,生活空間發生了巨大的變化。"① 另外,女權思潮的出現與女性解放也促進了女性作家由閨秀向知識女性的轉變。自"女權"概念輸入後,留日學生馬君武翻譯了斯賓塞的《女權篇》,又譯介了約翰·穆勒的女權説,"天賦人權""男女平權""自由""平等"等口號爲20世紀初的女權運動奠定了理論基礎。隨後出現的金天翮的《女界鐘》驚醒了沉睡中的中國婦女②。創作主體的身份既已發生變化,彈詞的嬗變也就勢所必然。

其次,接受主體的變化。由於創作主體已由閨秀嬗變爲知識女性,相應的讀者群也就變爲知識女性。這一時期的婦女,已走出深閨,走向社會,走向世界,已不是前期"以讀彈詞或聽唱彈詞爲消遣永晝或長夜的方法"的"長日無事的婦女們"③,原先的長篇彈詞已失去其生存土壤。

再次,報刊業的蓬勃發展。上述女作家身份的改變也與報刊業的催生有關。1900年前後,隨着女權運動的興起,許多報刊開始刊登女性的作品。自1898年第一份女性報刊《女學報》在上海創辦後,湧現出一批專門以反映女性問題爲主且作者也多爲知識女性的報刊,如《婦女雜誌》《婦女時報》《中國女報》《女子世界》(兩種)等。越來越多的知識女性不僅參與到報刊的撰稿、編輯,有些還成爲報刊的實際負責人。這些報刊以"倡女權"爲主要宗旨,并將"倡女權"與愛國救亡運動結合起來。可以説,報刊業尤其是女性報刊,作

---

① 郭延禮:《中國女性文學研究(1900—1919)》,濟南:山東教育出版社,2016年,第7頁。
② 詳參郭延禮:《中國女性文學研究(1900—1919)》,第66—78頁。
③ 鄭振鐸:《中國俗文學史》下册,上海:上海書店,1984年,353頁。

爲女權運動的陣地，與"興女學"的女性教育結合起來，催生了第一代知識女性的誕生。

報刊業的興盛也影響了彈詞的傳播方式。1900年以後的彈詞，除了《雙魚佩》《俠女群英傳》等少數長篇外，大多都見於報刊。尤其值得注意的是，1911年辛亥革命以後，彈詞的篇幅越來越小，幾乎都是登載於報刊的短章。這與"辛亥"之後女性報刊的進一步興盛有關，"據不完全統計，在1912年至1913年期間新辦的女性報刊就達17種之多"①。報刊業的勃興對彈詞的創作和傳播形成的衝擊不言而喻，其方便快捷、覆蓋面廣的傳播優勢在很大程度上瓦解了傳統長篇彈詞以刻印、抄寫爲主的舊傳播方式。

當然，女性彈詞創作雖受報刊業的衝擊，但這并不是其嬗變的關鍵性因素。比如，與彈詞的式微相比，女性小説創作卻適應并借助了報刊這種媒介而得以蓬勃發展。尤其是辛亥革命之後，女性小説作品數量大增，短篇本來就適合報刊登載，長篇小説也多以連載於報刊的方式傳播，反而迎來了興盛局面。

彈詞衰落的關鍵原因還在於其本身體制的局限。同樣是韻散并用，彈詞與章回小説都受到唐代變文、宋元話本的影響，但卻分途演化：彈詞更多地承襲了變文的因子，以韻文爲主，散文只起補充作用；而章回小説更多受話本小説的體制影響，以散文爲主，韻文僅僅是用於描寫景物或場面時的點綴。韻、散在這些文體中作用有異：韻文長於"描狀繪物"，而不擅長叙述，這造成了彈詞情節推進緩慢、描寫過於冗長的不足。

另外，以七言韻文叙事，雖更見才情，但畢竟比散文寫作更費推敲，創作的難度要高出小説不少。而從讀者的接受來看，紛繁的頭緒、衆多的人物（而且女性彈詞作品中經常變換人物稱謂），也易造成閱讀中接受的障礙，讀者在閱讀時稍不留意，就會發生理解"掉綫"的現象。所以，其創作過程和接受過程都要難於小説。如果説報刊這種快餐化的傳播造成對彈詞的"慢節奏"的衝擊，那麼女性小説創作的借勢而起則形成對彈詞生存空間的擠壓。同樣是叙事類文學，在女性小説創作越來越"大衆化"的趨勢下，彈詞只能越來越"小衆化"，以至漸趨消亡。

總之，近代女性彈詞的上述兩個分期，也是中國近代女性文學整體風貌的體現。1840—1899年間的彈詞基本上仍是清代彈詞創作的延續，其新變有限；1900—1919年間的彈詞，其創作主體已由閨秀嬗變爲知識女性。隨着作家身份的轉變、傳播媒介的變革，彈詞這一女性專擅的文學體裁在1900年以後已不可避免地走向衰落。

(本文原刊於《明清小説研究》2020年第3期)

---

① 姜衛玲：《近代知識女性話語的媒介表達：基於女性報刊的考察》，《新聞春秋》2018年第2期。

試論《法華經》之女性觀

——以韓半島新羅觀音故事爲中心

〔韓〕朴鍾茂

（韓國湖原大學）

一、導入

　　關於東北亞女性觀的問題，不能不提儒教文化。漢朝（前202—220）從漢武帝（前156—前87）以來，爲了鞏固國家權威，中國歷代王朝多以儒教爲統一的思想標準，緊鄰的韓半島深受其影響。儒教倫理多爲壓迫女性，女人需有"三從"，就是"未嫁從父，既嫁從夫，夫死從子"，一切都依靠男人。而佛教女性觀，古印度社會"厭離女身"情緒較爲濃厚，而且對男性僧團而言，"戒色"是重要修行原則。再加上，因佛教紮根於東亞儒教文化圈的緣故，教團也偏向於以男性爲重。

　　據文獻記載，漢明帝在位時期佛教正式傳來中國。北傳路線，雖說其傳播上大乘佛教優勢，而與儒教文化比較容易混溶的是小乘佛教的女性輕歧①。小乘佛教將女性斷定爲"女人身有五障"，即女性有五種不能：第一，不能作梵天王；第二，不能作帝釋；第三，不能作魔王；第四，不能作轉輪王；第五，不能作佛。古印度人認爲女身污垢，古印度也是嚴重的男女不平等的社會。小乘佛教多少反映了古印度社會女性觀的來源。而大乘佛教，以菩薩乘爲重，直到《法華經》，在成佛路上男女兩性毫無區別。而事實上，長期以來，佛教教團的女性觀和其平等觀之間隔着一定的距離，對女性秉持着較爲嚴格的

---

　　①關於儒教文化圈裏的佛教女性觀，參引於楊孝容《略論佛教女性觀及其與社會歷史的共相嬗變》，《求索》2003年6月，第193—195頁。

看法,這一點不能完全符合兩性平等思想。在此,我們應該關注的一個現象是,對其差距,《法華經》及觀音信仰潮流一直起着拉近距離的作用。

韓半島,佛教初傳比中土晚於三百年,其文化特點和中土富有相同之處,女性觀也毫無相差①。尤其大乘《法華經》以及觀音信仰,在韓半島從高句麗、百濟、新羅三國時期開始,均爲流行。至於現存的三國時期的佛教事迹,多被(高麗)僧一然收錄進《三國遺事》,而得以保存,但其中觀音事迹幾乎都是新羅故事。爲此,本文主要以《三國遺事》中的新羅觀音故事爲例,通過與《法華經》兩性平等思想緊密聯繫的研究,探討觀音故事對社會男尊女卑思想所起的革新作用。

二、《法華經》②之女性觀

佛教"大乘",是指能濟渡一切衆生的大的乘載物。因此,大衆部強調"菩薩道",強調一切衆生都同釋尊一樣具備能夠成佛的可能性,得以成就最高的人格。因爲佛教窮究的目的是"成佛",在成佛之路上一切生命皆爲平等,其"平等教義",直到《法華經》終於完整。按《法華經》的説法,在成佛之路上各個生命都是"平等"的,即無論是在家或出家、女人或男人、惡人或善人,都有資格踏上成佛之道。

而且,有菩薩"四弘誓願",一是,衆生無邊誓願度;二是,煩惱無數誓願斷;三是,法門無盡誓願知;四是,佛道無上誓願成。若女人不作佛,四弘誓願也就不能達成,若聲聞不作佛,一樣不能達成。尤其是違背其誓願中第一的"衆生無邊誓願度",所以一切菩薩不能成佛。如此一來,聲聞、惡人、女人等永不成佛的問題就歸到菩薩自身的問題上來。可知,完成菩薩道與《法華經》平等論絕對分不開。

(一)《法華經·提婆達多品》:"女人成佛"

關於佛教女性觀問題,絕不可忽略的一品是《法華經》卷第四《提婆達多品》第十二。該品中記述的"龍女成佛",意味着對成佛的能力而言,男和女兩性之間毫無差別。

---

①據説,韓半島佛教初傳,由前秦苻堅派僧順道到高句麗(372)。
②《法華經》現存漢譯本有三種,如今流傳的三種漢譯《法華經》中,以竺法護譯《正法華經》(286)爲最早的漢譯《法華經》。然而在東亞地區影響最廣的是鳩摩羅什譯《妙法蓮華經》(406)。

文殊師利菩薩說,于海中說《法華經》時,他見到八歲的龍女迅速成佛。但這個時候衆人還沒有"即身成佛"的概念,她推翻了當時普遍的信念,即只有通過極其漫長的艱苦修行之後纔能成佛。而且,舍利弗因爲還執着於女身垢穢,不是法器之說,所以在現場當着龍女面,進行反駁,說:"汝謂不久得無上道,是事難信。所以者何。女身垢穢,非是法器,云何能得無上菩提。佛道懸曠,經無量劫,勤苦積行,具修諸度,然後乃成。又女人身,猶有五障,一者不得作梵天王,二者帝釋,三者魔王,四者轉輪聖王,五者佛身,云何女身速得成佛。"①舍利弗的意思是,因爲龍女外形是畜生,而且是雌性,年紀也很小,這樣的她怎能會是第一個展現即身成佛者?舍利弗,被稱爲'智慧第一',在法華說法處第一授記的聲聞僧。從舍利弗說的言辭得知,包括他,僧團完全相信,女人有五種障礙不能作佛。或許這就是印度社會的女性觀,也是東亞佛教教團的女性觀。

然而,與《法華經》信仰修行相關我們應當看到,早在十三世紀,身處於封建社會的(日)日蓮上人依據《法華經》宣言"生命平等"的史事,如,"佛與所有一切衆生・理性同一,毫無差別,是云平等大慧"②。日蓮上人堅信"男女平等",將《法華經》那充滿希望的訊息告知全世界所有的女性,如"末法得弘妙法蓮華經五字者,不分男女"③。又如:

> 女人成佛既難,則悲母之恩何報?小乘一向不允女人成佛,於大乘經,雖或有許成佛,往生之言,然僅爲佛之權說,并無實事。但,《法華經》方是女人成佛、能報悲母恩之真實報恩經,是以,爲報悲母之恩者,而發願使一切女人唱此經之題目也。④

此文說的是,大乘經典或說起女人成佛,不過女人要能成佛,非得唱《法華經》之題目不可。由此得知,一部至高的經典,早已明示男女兩性平等的理論基礎,只是人類社會一

---

① 《妙法蓮華經》卷四,《大正藏》第 9 册,第 35 頁 c。
② 《一念三千法門》,《日蓮御書全集》韓文版,首爾:和光出版社,1989 年,第 413 頁。亦見於 SGI 御書檢索網,根據創價學會發行《日蓮御書全集》提供。日蓮(1222—1282),日蓮宗第一祖,一位傑出的宗教及思想家,以"南無妙法蓮華經"七字宣布開宗立教,這是一件前代未聞的宗教改革。至今因爲日蓮宗嚴重腐敗,日蓮所立的修行和教義唯一國際創價學會所繼承而發展。關於日蓮的愛民精神,值得參考池田大作、錢德拉《暢談東方哲學－池田大作與錢德拉對談錄》,成都:四川人民出版社,2012 年。本文多參考同書韓譯本,第 333—334 頁。
③ 《諸法實相抄》,見《日蓮御書全集》,第 1360 頁。
④ 《覆千日尼夫人答書》,《日蓮御書全集》,第 1311—1312 頁。

直執着於舊意識而已。

(二)《法華經·觀世音菩薩普門品》:"三十三應身説"

觀世音菩薩,梵語 Avalokitevara 的譯名,竺法護譯爲光世音,鳩摩羅什譯爲觀世音,玄奘的新譯爲觀自在等。漢傳佛教通用的則爲羅什的舊譯,一般略稱觀音①。觀世音菩薩,觀着世上十界衆生的一切音,應着十界衆生的苦惱:"若有無量百千萬億衆生受諸苦惱,聞是觀世音菩薩,一心稱名,觀世音菩薩即時觀其音聲,皆得解脱。"②

《法華經》卷第七《觀世音菩薩普門品》第二十五,全力描述觀音的大慈大悲的特徵。"觀音信仰",最初由於《法華經·觀世音菩薩普門品》獨立而發展。觀音菩薩的"患苦即除"的功力,而造成民衆信仰觀音的高潮,人們對宗教的所有期望都挂在觀音的身上。可謂,"觀音菩薩的俗世感應"是觀音信仰在中國廣泛流傳的重要原因之一③。隨着觀音信仰的深入,便有人發心將各種觀音的靈感事迹彙編成書,廣爲傳播其濟世利人的大乘精神。觀音靈驗故事生動地運用該品中的"濟救七難説"和"三十三應身説"。七難,意味着火難、水難、羅刹難、王(劍)難、鬼難、枷鎖難、怨賊難等的人間危難。三十三應身,意思是觀音隨應修行者爲説法,化爲三十三身,其中有觀音化爲女身的例子,即比丘尼(女僧)、優婆夷(女信徒)、婆羅門婦女、童女身等。當然不管化爲哪種女身,觀音一貫保持的是充滿慈悲的菩薩角色。由此我們不難推測,在東亞地區化爲女身的觀音故事,對當時社會及教團的狹窄的女性觀而言,應該是一種無法反擊的打擊。

三、新羅觀音故事中的女性

《三國遺事》記載了幾則與觀音應身結合的,比丘僧和女人一起登場的故事。筆者所看,有些故事描述得較爲誇張,這是爲了迎合大衆的興趣。本文想以這些故事爲例,試着談論這些觀音故事含有的新女性觀與《法華經》男女兩性平等觀之間的聯繫性。本文主要細談的四則六位出家僧,如《三國遺事》卷三"洛山二大聖:觀音、正趣"和"調

---

①唐朝時因避唐太宗李世民的諱,略去"世"字,簡稱觀音。但也有學者認爲,唐朝以前就已出現"觀音"簡稱,如後漢時期的《成具光明定意經》。
②《妙法蓮華經》卷七,《大正藏》第 9 册,第 56 頁 c。
③李利安:《觀音信仰的中國化》,《山東大學學報》2006 年 4 期,第 66—67 頁。

信"兩條中的"元曉"和"調信",同書卷三"南白月二聖努肹夫得、怛怛樸樸"條的兩位和同書卷四《感通》"廣德、嚴莊"條中的兩位①。

(一) 禁止迷戀異性

大乘佛典中,尤其是在《法華經》中,論述了女性成佛的原理。然而,實際上教團保留着女性歧視傳統,甚至有些佛典文獻中記載,女性有五種障礙以及女性是畜生之化身之類的説法。這是爲什麼呢? 衆所皆知,自古以來,印度女性地位極爲低下。而且,在維持和經營教團的角度上,釋尊時代已經有修行僧必須遵守的條例,因而,釋尊多爲考慮出家人的日常修行,以便他們迷戀異性而半途受挫。釋尊也在比丘尼教團的問題上,爲了正確地引導弟子而采取的措施,以嚴厲的態度對待女性②。新羅高僧元曉(617—686)不尊重女人,這是不是新羅教團的一般現象?

"元曉":輕視女人

元曉留下了這樣的觀音故事,於《三國遺事》卷三"洛山二大聖"條記載,如下:

> 後有元曉法師,繼踵而來,欲求瞻禮,初至於南郊水田中,有一白衣女人刈稻,師戲請其禾,女以稻荒戲答之。又行至橋下,一女洗月水帛,師乞水,女酌其穢水戲之。師覆棄之,更酌川水而飲之。時野中松上有一青鳥……方知前所遇聖女乃真身也。③

該故事背景是新羅高僧義湘(625—702),到韓半島東海岸洛山,親見觀音菩薩真身,其之後,元曉也想見觀音真身而過來。但路上碰到了兩次婦女,都戲弄而没有鄭重看待,回頭知道,自己錯過了兩次,因爲擦肩而過婦女們都是觀音化爲女身的,後悔不及。過去新羅佛教是不是爲了保持僧團的清淨氣風,多容納了男性修行者輕視女性的言行? 新羅僧元曉的故事,正反映了新羅教團對女性的不公平態度。觀音好像嚮元曉指點佛教"自他不二"法門,若你禮拜他人等於禮拜自己,輕視他人等於輕視自己。不

---

① [高麗]釋一然《三國遺事》,以下本文所引《三國遺事》,均引於權錫煥、陳蒲清譯《三國遺事》,張沙:岳麓書社,2009年。
② 關於佛教女性觀,本文多參引於[日]池田大作《我的釋尊觀》,成都:四川人民出版社,2001年,第220—239頁。
③《三國遺事》卷三"洛山二大聖觀音、正趣"條,第306頁。

管該故事的真實與否,對女性而言,和尚對陌生的婦女如此輕薄無禮的態度,是多麼不公平呢。雖佛教教團應該要求修行僧持戒禁欲,但不應該抵觸女性的尊嚴。修行者要持戒,修行者本人自己更加注意就是了。如《法華經》卷第五《安樂行品》云:"若爲女人說法,不露齒笑,不現胸臆,乃至爲法猶不親厚,況復餘事。"①菩薩不應對女人身起欲望而爲説法,也不能貪愛所見女身。

調信:觀音以夢教誨

佛教説,三毒是一切煩惱的根源,六道(迷惑的世界)輪回的原因,如《法華經》卷第五《如來壽量品》云:"貪著五欲,入於憶想妄見網中。"②五欲,即色、聲、香、味、觸欲。若一位出家僧入於憶想妄見網中,菩薩怎麼教導?新羅有一則僧侶迷戀女人的故事,如《三國遺事》卷三"調信"條:

本寺遺僧調信爲知莊,信到莊上,悦口守金昕公之女,惑之深,屢就洛山大悲前,潛祈得幸。方數年間,其女已有配矣。又往堂前怨大悲之不遂己,哀泣至日暮,情思倦憊,俄成假寢。忽夢金氏娘容豫入門,粲然啟齒而謂曰:"兒早識上人於半面,心乎愛矣,未嘗暫忘,迫於父母之命,強從人矣,今願爲同穴之友,故來爾。"信乃顛喜,同歸鄉里,計活四十餘霜,有兒息五,家徒四壁,藜藿不給,遂乃落魄扶攜,糊其口於四方,如是十年。周六草野,懸鶉白結,亦不掩體。適過溟州蟹縣嶺,大兒十五歲者忽餒死。痛哭收瘞於道,從率餘四口到羽曲縣(今羽縣也)結茅於路傍而舍。夫婦老且病,飢不能興。十歲女兒巡乞,乃爲里獒所噬,號痛卧於前。父母爲之歔欷,泣下數行。婦乃澁拭涕,倉卒而語曰:"予之始遇君也,色美年芳,衣袴稠鮮,一味之甘得與子分之,數尺之煖得與子共之。出處五十年,情鍾莫逆,恩愛綢繆,可謂厚緣。自比年來,衰病歲益深,飢寒日益迫。傍舍壺漿,人不容乞,千門之恥,重似丘山。兒寒兒飢,未遑計補,何暇有愛悦夫婦之心哉。紅顏巧笑草上之露,約束芝蘭柳絮飄風。君有我而爲累,我爲君而足憂。細思昔日之歡,適爲憂患所階。君乎予乎,奚至此極。與其衆鳥之同餒,焉知隻鸞之有鏡。寒棄炎附,情所不堪。然而行止非人,離合有數,請從此辭。"信聞之大喜,各分二兒將行。女曰:"我向桑梓,君其南矣。"方分手進途而形開殘燈,黳吐夜色,將闌及旦,鬢髮盡白,惘惘然殊無人世意。已厭勞生,如飫百年辛苦,貪染之心,洒然冰釋。於是慚對聖容,懺

---

① 《妙法蓮花經》卷五,《大正藏》第9册,第37頁b。
② 《妙法蓮花經》卷五,《大正藏》第9册,第42頁c。

滌無已。歸撥蟹蜆所埋兒塚,乃石彌勒也。灌洗奉安于隣寺。還京師免莊任,傾私財創淨土寺,懃修白業。後莫知所終。議曰:讀此傳,掩卷而追繹之。何必信師之夢爲然。今皆知其人世之爲樂,欣欣然,役役然,特未覺爾。①

該故事情節是,僧調信愛上了明州金太守的女兒。他還去洛山觀音像前祈禱自己的愛情有結果,而那女子卻嫁給別人了。他又到觀音堂埋怨菩薩不成全他,哭着哭着睡着了。然夢中和金氏娘結了婚,一起生活了四十餘年,生了五個兒女。但是佳境不長,家境變貧寒,夫妻也衰老,其間大兒子餓死了。到了這種地步,妻子對調信提議分開,調信當場贊同,而快要分手的時候,調信忽然夢醒發現自己的頭髮胡鬚都全白了。他好像嘗盡了一百年的痛苦,他厭煩徒勞之生,便把貪心放下,面對觀音聖容,懺悔自己的罪過。

夢幻,人類早已關注到其與現實世界的界限的問題。《莊子·齊物論》所説的夢蝶譬喻也屬其類。中國有"南柯一夢""黃粱美夢"等的夢幻文學,夢幻中因榮華盛衰而感喜怒哀樂,多爲譬喻人生無常。其實,人們的深層意識當中,夢幻的含義不單一②。

佛教也往往以"夢"來譬喻"迷惑(無明)"。按照該條故事情節,我們可知,調信將煩惱改爲菩提,即因生了貪愛之心,覺知人生的真理。大乘教義説,"無明即法性""煩惱即菩提"的道理。對佛眼而言,苦惱之音本内包着佛界之種。可知,觀世音菩薩對世上十界一切聲音毫無差別之心,因爲觀世音"慈眼視衆生"③。然真正的無明即法性,非依據《法華經》的"生命十界互具論"不可。觀音平等眼,立足於《法華經》上④。

反正,調信在"愛"之迷惑中做夢,醒後悟到佛教之道理,其中夢起了從迷惑到悟達的媒介作用。此夢是觀音菩薩的方便教化。可謂,這裏的"夢"起到兩層作用,先滿足了凡人的執着,然后教誨衆生而嚮往真正的幸福⑤。

然而,該故事描寫得十分切合實際,尤其在調信夢境中妻子的一段話頗爲動人:"我開始跟您結合時,年輕漂亮,穿的衣裳也華麗。我們相處了五十年,情深義重,可謂緣分深厚。這些年來,我們一年比一年衰老多病,一天比一天挨凍受飢。兒女在外面受到的

---

①《三國遺事》卷三"調信"條,第310—311頁。
②關於夢幻的哲學解釋,參引於姚治華《莊子"蝴蝶夢"的深層分析》,見《儒釋道之哲學對話》,香港:商務印書館,2007年,第295—296頁。
③《妙法蓮華經》卷七,《大正藏》第9册,第58頁b。
④"無明即法性","煩惱即菩提"與"十界互具""一念三千"關係密切。天台大師智顗以《法華經》十如是爲"一念三千"体系的基礎,《摩訶止觀》卷五明示"一念三千"的原理。
⑤關於古代中韓夢幻型小説啓悟作用的關係,可參考金寬雄、李官福《中朝古代小説比較研究》上,延吉:延邊大學出版社,2009年,第268—273頁。

污辱,然而作爲父母,我們没有辦法補救,哪裏還有享受夫妻恩愛的心情呢?詳細思量昔日的歡愛,正是導致今日憂患的原因。與其大家一起餓死,不如分手後還能互相思念。我們就此分離罷。"因爲故事富有人性色彩,如今有,韓國著名作家金東仁(1900—1951),李光殊(1892—1950)的小説《調信之夢》《夢》等,由調信故事重新改作的作品。另外,與夢境的教誨功能聯繫,可以一提的是,韓國洪尚秀(1960—)導演的一部電影《不是任何人女兒的海媛》(2012)。該部電影,雖没有涉及宗教内容,但如同調信做夢,通過愛欲與夢境巧妙的交織,讓陷入愛情而迷茫的年青女孩慢慢邁出她自己的路。

(二)持戒和菩薩行

"廣德、嚴莊":考驗持戒

與元曉事迹幾乎同時代發生的廣德、嚴莊故事,其焦點就是修行者的持戒。如,於《三國遺事》"廣德、嚴莊"條載:

> 文武王代,有沙門名廣德、嚴莊,二人友善。日夕約曰:"先歸安養者須告之。"德隱居芬皇西里,蒲鞋爲業,挾妻子而居。莊庵棲南嶽,大種刀耕。一日,日影施紅,松陰靜暮,窗外有聲,報云:"某已西往矣,惟君好住,速從我來。"莊排闥而出顧之,雲外有天樂聲,光明屬地。明日,歸訪其居,德果亡矣。於是乃與其婦收骸,同營蒿里。既事,乃謂其婦曰:"夫子逝矣,偕處何如?"婦曰:"可。"遂留夜宿,將欲通焉。婦靳之曰:"師求淨土,可謂求魚緣木。"莊驚怪問曰:"德既乃爾,予又何妨。"婦曰:"夫子與我同居十餘載,未嘗一夕同床而枕,況觸污乎?但每夜端身正坐,一聲念阿彌陀佛,或作十六觀。觀既熟,……"莊愧而退。……其婦乃芬皇寺之婢,蓋十九應身之一德。①

該故事發生時間是,新羅文武王(?—681)時期。故事裏,"十九應身"應該是出於《法華經·觀世音普門品》中三十三身説的變化。如,《法華經·觀世音普門品》所説,觀音多種的應現,都是愛憫衆生的緣故,如"應以長者、居士、宰官、婆羅門婦女身得度者,即現婦女身而爲説法"②。廣德妻子是觀音化現,助力兩位出家僧成道。从"其婦乃芬皇

---

①《三國遺事》第四"廣德、嚴莊"條,第445頁。
②《妙法蓮華經》卷七,《大正藏》第9册,第57頁b。

寺之婢"之説中的一詞"婢"得知,通過修行菩薩道,新羅人意識到平等思想。

其實,與法華修行者戒色相關,值得注意《法華經》中的兩處,如,《觀世音菩薩普門品》云:"若有眾生、多於淫欲,常念觀世音菩薩,便得離欲。"①若有人不能控制自己的欲望,稱念觀音可以脱離。淫欲指色欲、情欲、性欲。又如,《普賢菩薩勸發品》云:"無有非人能所破壞者,亦不爲女人之所惑亂,我身亦自常護是人。"②意思是,普賢菩薩向釋尊説,若有修行法華并入禪定而沒被散亂者,普賢菩薩及時來守護。

另外,該故事中可見,觀音信仰與彌勒、彌陀等淨土佛緊密相連。依《觀無量壽經》所説,願生彌陀淨土者臨終時"觀音來迎"。又依《法華經·藥王菩薩本事品》所説,在後五百歲中,聞《法華經》而如説修行者,"於此命終,即往生安樂世界,阿彌陀佛,大菩薩眾圍繞住處,生蓮華中,寶座之上"③。就是説,受持、讀誦、書寫《法華經》者,能生於西方淨土。另外,與淨土彌勒相關,我們可以注意依《法華經·普賢菩薩發願品》所説:

> 若有人,受持讀誦,解其義趣,是人命終,爲千佛授手,念不恐怖,不墮惡趣,即往兜率天上彌勒菩薩所。彌勒菩薩有三十二相,大菩薩眾,所共圍繞,有百千萬億天女眷屬,而於中生。④

該經文的意思是,寫書、受持、讀誦等的"如説修行"者,能生於兜率天彌勒菩薩所。可知,過去往生彌陀、彌勒之所之念多爲與《法華經》以及觀音信仰圓融結合而發展⑤。

與此聯繫,進一步注意的是,新羅佛教故事裏竟然有"女婢成佛"故事。如,於《三國遺事》卷五"郁面婢念佛西昇"條載:

> 景德王代,康州(今晉州,一作剛州,則今順安)善士數十人,志求西方,於州境創彌陀寺,約萬日爲契。時有阿干貴珍家一婢,名郁面,隨其主歸寺,立中庭,遂僧

---

① 《妙法蓮華經》卷七,《大正藏》第9册,第57頁a。
② 《妙法蓮華經》卷七,《大正藏》第9册,第61頁b。
③ 《妙法蓮華經》卷六,《大正藏》第9册,第54頁c。
④ 《妙法蓮華經》卷七,《大正藏》第9册,第61頁c。
⑤ 在法華信仰與彌陀、彌勒等淨土説相連融合的問題上,值得參考張元林《從〈法華經〉的角度解讀莫高窟第285窟》,《敦煌研究》2019年第2期,第13—14頁。亦可以注意法華修行僧的事迹,比如,天台宗祖師慧思事蹟,於《續高僧傳》卷一七《釋慧思傳》載:"(慧思)又夢彌勒、彌陀説法開悟,故造二像并同供養。又夢隨從彌勒與諸眷屬同會龍華。心自惟曰:我於施加末法受持法華。今值慈尊感傷悲泣豁然覺悟。"

念佛。……時有天唱於空,郁面娘入堂念佛。寺衆聞之,勸婢入堂。未幾,天樂從西來,婢湧透屋梁而出。西行至郊外,捐骸變現真身,坐蓮臺,放大光明,緩緩而逝,樂聲不徹空中。①

據該故事下面記述得知,郁面娘本是前世與觀音化身結緣的。過去新羅國相當嚴格的身份社會,然而觀音事迹中可見如此不分上下。這明顯説明,觀音慈悲早已感化了教團,他們宗教理想追求的是平等社會。另外,故事裏的女人竟然顯示了速疾成佛之相——雖其成佛之相與佛典所説的有些差距——,讓人聯想到《法華經》龍女的"即身成佛"②。

"弩肹夫得和怛怛朴朴":菩薩行勝于持戒

如,於《三國遺事》卷三"南白月二聖努肹夫得、怛怛朴朴"條記載:

村有二人,其一曰努肹夫得,父名月藏,母味勝。其一曰怛怛朴朴,父名修梵,母名梵摩。皆風骨不凡,有域外遐想,而相與友善。年皆弱冠,往依村之東北嶺外法積房,剃髮爲僧。(省略)遂入白月山無等谷。朴朴師占北嶺師子嵓,作板屋八尺房而居,故云板房。夫得師占東嶺磊石下有水處,亦成方丈而居焉,故云磊房。各庵而居,夫得勤求彌勒,朴朴禮念彌陀。

未盈三載,景龍三年己酉四月八日,聖德王即位八年也。日將夕,有一娘子,年幾二十,姿儀殊妙,氣襲蘭麝,俄然到北庵請寄宿焉。因投詞曰:"行途日落千山暮,路隔城遙絶四隣。今日欲投庵下宿,慈悲和尚莫生嗔。"朴朴曰:"蘭若護淨爲務,非爾所取近。行矣,無滯此處。"閉門而入。

娘歸南庵,又請如前。夫得曰:"汝從何處犯夜而來?"娘答曰:"湛然與大虛同體,何有往來?但聞賢士志願深重,德行高堅,將欲助成菩提。"因投一偈曰:"日暮千山路,行行絶四隣。竹松陰轉邃,溪洞響猶新。乞宿非迷路,尊師欲指津。願惟從我請,且莫問何人。"師聞之,驚駭謂曰:"此地非婦女相污,然隨順衆生亦菩薩行之一也。况窮谷夜暗,其可忽視歟?"乃迎揖庵中而置之。至夜,清心礪操,微燈半壁,謂念厭厭。及夜將艾,娘呼曰:"予不幸,適有産憂。乞和尚排備苫草。"夫得悲矜莫逆,燭火殷勤。娘既産,又請浴。弩肹慚懼交心,然哀憫之情有加無已。又備

---

① 《三國遺事》卷四"郁面婢念佛西昇"條,第441頁。
② 龍女是女人成佛,兼速疾成佛的代表。《法華經·提婆達多品》云:爾時龍女有一寶珠,價值三千大千世界,持以上佛。佛即受之。龍女謂智積菩薩、尊者舍利弗言:"我獻寶珠,世尊納受,是事疾不?"答言:"甚疾。"女言:"以汝神力,觀我成佛。"

盆槽,坐娘於中,薪湯以浴之。既而槽中之水,香氣郁烈,變成金液。弩肦大駭。娘曰:"吾師亦宜浴此。"肦勉强從之,忽覺精神爽涼,肌膚金色。視其傍,忽生一蓮臺。娘勸之坐,因謂曰:"我是觀音菩薩,來助大師成大菩提矣。"言訖不現。①

故事的大致情節是,夫得與朴朴二人自小互相交好。二十歲時,他們進入白月山無等谷,剃髮爲僧。有一天傍晚,一個年輕娘子突然來到北庵,請求借宿。朴朴說女人不應該進來。說完便把門關上了。女人又到南庵,夫得猶豫了,不過想到菩薩道"隨順衆生",允許她庵中留宿。夜晚女子要生孩子,夫得懷着慈愛之心,殷勤伺候。娘子生產後,夫得給她准備好盆槽與熱水,讓她沐浴。娘子對他說:"我是觀音菩薩,這次來幫助您成就大菩提的。"說完就不見了。該條裏撰者一然接着附言說,其娘子"應以婦女身攝化者",意思就是三十三應身中,觀音化爲女身的。

在此,本文想提醒一點,東晉(317—420)僧曇翼和夫得的事迹,其細節上幾乎同一,普賢考驗曇翼,觀音考驗夫得,只是夫得修行的所依經典不明顯記載而已。法華靈驗事迹尤其菩薩化女的故事,傳到新羅之後爲什麽被觀音替代了呢? 如:

(東晉僧曇翼)……專誦法華,僅於一紀,一日將曛,有一女子身被彩服,手攜筠籠,内有白豕一隻,大蒜兩根,立於師前泣而言曰:妾山前某氏女,入山采薇,路逢猛虎奔逋至此,日已夕,草木陰翳,豺狼縱横,歸無生理,敢託一宿可乎? 師稱嫌疑堅卻不從。女子雨淚哀鳴,師不得已讓以草床,即蒙頂誦經,至於三更號呼疾作,稱腹疼痛。顗師視之。師投一藥,女子痛益甚,叫不絕聲,曰:倘的師爲我按摩臍腹間,庶得小安。不然即死。佛法以慈悲方便爲本,師忍坐觀不一引手見救耶? 師曰:吾大戒僧,摩挲女身,此何理也? 懇求之切,即以巾布裹錫杖頭遙以按摩。斯須告云:"已瘳矣。"翌晨女出庭際,以彩服化祥雲,豕變白象,蒜話雙蓮,女子足躡蓮華,跨象乘雲而謂曰:"我普賢菩薩也,以汝不久當歸我衆,特來相試,觀汝心中,如水中月不可無人。"言訖縹緲而去。爾時天上雨花,地皆振動。是日太守孟公顗方晨起,忽見南方祥雲氤氲光射庭際,而雲下隱有金石絲竹之音。訪問得師普賢示化狀,遂并師之道行聞於朝廷,即奉敕建寺,額號法華,時晉安帝義熙十三年也。②

---

① 《三國遺事》卷三"南白月二聖弩肦夫得、怛怛朴朴"條,第 296—298 頁。
② 《法華靈驗傳》卷一"法志傳",亦見於《法華經顯應録》和《廬山高賢傳》。

從該故事説,有一傍晚,一位女子請求留宿,深夜女子叫聲腹痛,僧曇翼淡然地給她按摩。第二天,女子變成普賢菩薩説,本爲考驗法華僧來了。據故事得知,法華寺,建於四一七年,至今成爲杭州歷史最早的佛教寺院。

該故事又可以對比,於《三國遺事》卷三"三所觀音衆生寺"條載的崔殷誠故事(時間推定爲926—930年)①,與《法華傳記》中的"嚴敬"故事②。兩者之間頗有相同之處,菩薩護養孩子,只是化爲婦女身的菩薩名號不同而已。《法華經》普賢故事到韓半島被觀音取代了。兩者之間頗有相同之處,菩薩護養孩子,只是化爲婦女身的菩薩名號不同而已。《法華經》普賢故事到韓半島被觀音取代了。可謂,自從觀音由法華信仰獨立發展以來,在民間觀音幾乎代表法華信仰和思想,中韓靈驗故事中的菩薩名號的變換,足於證明這一點。筆者所看,因爲觀音信仰進入新羅民間之後,新羅人以觀音化女的故事來替代其餘菩薩化女事迹。中土五臺山廣泛流傳的一則"貧女乞齋飯"中的"貧女",在新羅高僧慈藏故事裏卻變成了男身,這也是同一現象。兩則講的也一樣,和尚因懷了分別之心,錯過了親見菩薩的機會③。

慈悲精神基於"平等觀"。在這問題上,本文想加舉一例,韓國一篇短篇小説《只求你一朵雪花融化的時間》④。該小説引用佛教傳説"夫得"故事,其意圖不在於強調佛教信仰,而是爲了揭露社會現狀下菩薩精神的匱乏和人們對其的渴求。讀者們通過閱讀該小説作品,感到現代社會缺乏慈悲精神的嚴重問題。

話説回來,"廣德、嚴莊"和"弩肹夫得、怛怛朴朴"兩則故事相比,不禁感到驚奇的是,兩則故事裏觀音啓蒙點完全不同,前者注重於持戒,後者卻重於菩薩行。據《三國遺事》記載推定,廣德靈異事件發生於文武王代(661—681),而夫得事迹發生於景德王即位(741)之前。再加上,我們可以注意到另一則新羅晚期的故事,如,於《三國遺事》卷四"正秀師救冰女"條載:

---

① 《三國遺事》卷三"三所觀音衆生寺"條,第271頁。
② 《法華傳記》卷七"隋揚州嚴敬十二"條,《大正藏》第51册,第79頁b-c。
③ 貧女故事,指山西五臺山中流傳悠久的貧女乞齋飯而被僧人趕出的故事。莫高窟61窟《五台山圖》中可見的"貧女庵",與文殊(或普賢)化女故事有關。可以參見於敦煌研究院編,趙聲良主編《敦煌壁畫五臺山圖》,南京:江蘇鳳凰美術出版社,2018年,第35頁。與此相關,值得注意的一點是,在韓半島五臺山中有傳説新羅僧慈藏爲了親見文殊入山修行,有一位老人來訪,不過弟子看來老人不正常,所以趕走了。可惜,老人本是文殊化身。慈藏,被稱爲是中土五臺山佛教文化的傳播者。
④ [韓]한강(Han-Gang):《這點雪花融化的一秒時間(눈 한 송이가 녹는 동안)》,《2016年黃順元文學獎選定集》,首爾:文藝中央,2016年,第7—58頁。

第四十哀莊代,有沙門正秀,寓止皇龍寺。冬日雪深,既暮,自三郎寺還。經由天嚴寺門外,有一乞女産兒,凍卧濱死。師見而憫之,就抱,良久氣蘇。乃脱衣以覆之,裸走本寺,苦草覆身過夜。①

　　該故事發生時間於新羅哀莊王代(801—809)。冬天寒冷的夜晚,正秀和尚見到了路邊的女乞丐,她生了孩子也没地方過夜。他擔心女子凍死,抱到她蘇醒,然後,自己的衣服也脱給她,而自己的光身隨便用野草遮住回來。該故事的第一特點是刷掉了神奇的因素,描述集中在修道僧發自内心的人本主義行動,好像讓人們看,處在悲慘的現實當中,一個人竟没有男女之分,也没有上下之分,真能做到了如此的利他行。難道新羅教團早已發覺,不面對女性幸福的問題,不能期望"菩薩道"的完成?反正,從而得知,理想共同社會,絕對不可缺少的是兩性平等思想。

　　無論是東方還是西方,人類歷史,長期以來以男性爲本,即男性社會。對此,值得傾聽西方男性詩人(德)里爾克(Rainer Maria Rilke,1875—1926)於《給一個青年詩人的信》中曾批評爲男性世界的缺陷,"只是作爲男人去愛,不是作爲人去愛","只有一個缺乏廣泛的'人性',而只限於'男性'的世界"②,該段文章本是圍繞着文學討論的書信,不過詩人的靈魂深處長着慧眼,他徹底透視了傳統女性觀嚴重缺乏人性的事實。該書裏詩人還期望着,將來有兩性之間可以形成"人對於人"的關係的一天。這時候,女性不再是只有相對性的意義而活的被壓迫的階層,而是會擁有本然的女性意義而成爲真正的獨立存在,這纔是人本主義的女性觀,如:

　　　　有一天(現在北歐的國家裏已經有確切的證明)新的少女來到,并且所謂婦女這個名詞,她不只是當作男人的對立體來講,卻含有一些獨立的意義,使我們不再想到"補充"與"界限",只想到生命與生存——女性的人。這個進步將要把現在謬誤的愛的生活轉變(違背着落伍的男人們的意志),從根本更改,形成一種人對於人,不是男人對於女人的關係。③

---

①《三國遺事》卷四"正秀師救冰女"條,第468頁。
②[德]萊内・馬里亞・里爾克著、馮至譯:《給一個青年詩人的信》第三封信,上海:華東師範大學出版社,2018年,第33頁。
③[德]萊内・馬里亞・里爾克著、馮至譯:《給一個青年詩人的信》第七封信,第69頁。

結　語

　　以上,四則故事中觀音化爲女身的有三則,另外一則裏面女身就是現實中的女性(也是夢境中的女性)。雖然各個故事的教訓不同,大體上主題不遠於這"菩薩道"一詞。其實,平等博愛的菩薩行,東北亞大乘教團的一大口號。所以隨着佛教興盛,菩薩告誡人們不平等觀念之類的信仰故事陸續地出現而流傳。而不知從何時開始,《法華經》靈驗故事中菩薩化女的,到了新羅之後幾乎都被觀音取代了。其結果,觀音故事流傳得越多,人們女性觀的反思越深。無論如何,關鍵是性別歧視違背菩薩道精神,也違背《法華經》思想。

　　總而言之,人類生存目的是爲了獲得幸福,宗教就是爲了人類幸福而存在的。我們所知佛法以成佛爲終極目的,《法華經》中,釋尊明示成道上生命的平等,展開了人人幸福的世界。再説,如今現代社會,女人成佛意味着什麽？在此,本文注意到以成佛譯爲幸福的説法,如,對於《法華經》龍女成佛的意義,國際創價學會會長池田大作説到:"不管做男人或女人,重要的是開開心心地做人。幸福是目的、其餘都是手段。出現在《法華經》的'女權宣言',其基本要點在於人人皆有實現最幸福的境涯的潛力和權利。"①

---

　　①此文見於[日]池田大作《法華經慈光》卷三,首爾:和光新聞出版社,2000年,第135頁。亦見於《池田大作中文網》,《國際廣報局》譯自2000年4月號《SGI季刊》。池田大作(1928—),國際創價學會會長。著名宗教家、思想家、作家、詩人、攝影師。池田與創價學會致力於推動文化、教育、和平,1983年獲聯合國和平獎,1989年獲聯合國難民專員公署的人道主義獎,1999年獲愛因斯坦和平獎。在中國獲得的獎項有中日友好"和平使者"稱號(1990),中國文化交流貢獻獎(1997)等。

The Compiler's Modification of the *Funahashi kōshiden* 船橋孝子傳 for Popular Audiences

〔美〕Keith N. Knapp

(美國南卡羅萊納城堡軍事學院)

The only two surviving extant works in the world with the title of *Xiaozi zhuan* 孝子傳 (*Accounts of Filial Children*) survive in manuscript form in Kyoto, Japan. One is known as the *Yōmei bunko kōshiden* 陽明文庫孝子傳 (*The Yomei Library's Accounts of Filial Children*) because it is kept in the private Yomei Archive (*Yōmei bunko*); the other is called the *Funahashi kōshiden* 船橋孝子傳 (*The Funahashi Accounts of Filial Children*) after the private collection in which it was formerly kept. It is now presently stored in the Kyoto University Library 京都大學圖書館. These two manuscripts are obviously related: both are two rolls long and have the same forty-five filial piety stories, which are in the exact same order. Even the tales' wording is largely the same. Despite all these similarities, a close examination of the texts reveals an unexpected number of differences between the two.

This essay sets out these discrepancies and explores the nature of their significance. What it will show is that the compiler of the *Funahashi kōshiden* endeavored to simplify the form and content of the forty-five accounts. He did this by

1. Simplifying the introduction
2. Eliminating quotations at the accounts' end
3. Omitting the names of secondary characters
4. Injecting much more dialogue into the accounts
5. Making explicit what the author of the *Yōmei bunko kōshiden* left implicit
6. Reducing the amount of space devoted to classical filial exemplars, while increasing the amount of attention devoted to less-well-known and more recent exemplars

7. Using Buddhist terms to clarify the ideas being expressed

Due to the extent of these simplifications and resulting omissions, they often slightly modify the content of the tales themselves. The purpose of the changes was to make the text accessible to a wider audience. Upon translating the *Funahashi kōshiden* into Japanese, the great Sinologist Yoshikawa Kōjirō 吉川幸次郎 commented that this text was an example of popular literature written for children. ① Yoshikawa was probably not too far off the mark, although this volume was probably also meant for adults, such as merchants and artisans.

Provenance and Dates of the Texts

Before assessing the differences between the two texts, it is necessary to say more about their dating and provenance. Neither text is an original Chinese manuscript. The *Yōmei bunko kōshiden* manuscript is a copy that was made sometime during either Japan's Kamakura 謙倉 (1185–1333) or the Muromachi 室町 (1336–1573) period. The *Funahashi kōshiden* was copied by Kiyohara Edakata 清原枝賢 (1520–1590) who was the grandson of a great Confucian scholar Kiyohara Nobukata 清原宣賢 (1475–1550). No written record exists of how and when these two texts made their way to Japan. This raises the obvious question of whether we can even be sure that these are Chinese texts? Based on the language of the two texts, both Yoshikawa and Nishino Teiji 西野貞治 believe that the originals, from which these Japanese copies were generated, were indeed medieval Chinese texts. Based on the texts from which it draws its accounts, Nishino thinks that someone compiled the *Yōmei bunko kōshiden* sometime during the sixth century. ② Based on the *Funahashi kōshiden*'s use of certain colloquial terms, he thinks its compiler composed this work sometime between the mid-Tang and the Song dynasty. ③

In the past twenty years, a group of Japanese scholars, known as the Yōgaku no Kai 幼

---

① *Kōshiden* 孝子傳, Yoshikawa Kôjirô 吉川幸次郎, ed. and trans. (Kyoto 京都: Kyoto Daigaku fuzoku toshokan 京都大學附屬圖書館,1959), 3.

② "Yōmeibun kōshiden no seikaku narabini Seikeibun to no kankei ni tsuite"陽明本孝子傳の性格並に清家本との關係 について. *Jinbun kenkyū* 人文研究 7.6 (1956), 24–27.

③ Ibid,45–47.

學の會, composed of scholars of Japanese literature and history, have endeavored to date these two texts more precisely. They have attempted to track the texts' entry into Japan, by looking at quotations from *Xiaozi zhuan* in early Japanese literature. Based on this evidence, the group believes that the *Funahashi kōshiden* was already in Japan by 700 CE, whereas the *Yōmei bunko kōshiden* reached Japan's shores by 733 CE. ① As for the dating of the two texts, Kuroda Akira 黑田彰 has noted that the *Funahashi kōshiden* replaces the phrase *zhoujun* 州郡 (regions and prefectures), which is found in the *Yōmei bunko kōshiden*, with that of *zhouxian* 州縣 (regions and districts). According to Kuroda, this character switch reflects the abolition of prefectures as administrative units that occurred in the Tang. Thus, it confirms that the *Yōmei bunko kōshiden* was composed before the Tang, while suggesting that the *Funahashi kōshiden* was written during the Tang. ②

Iconography further proves that both texts are Chinese in origin. Members of Yōgaku no Kai have looked for traces of these texts on Chinese artifacts, searching for echoes of the two Kyoto manuscripts in both the explanatory cartouches that accompany the images of filial piety tales and in the pictorial tableaus' iconographical details. Let us first look at traces found in inscriptions that accompany images. A major aid in cementing the Chinese provenance of the two Kyoto manuscripts has been a stupa-shaped pottery vessel found in the tomb of an Inner Eurasian general named Qibi Ming 契苾明 (649–695) who was buried in modern-day Xianyang 咸陽. This stupa-jar has four filial piety stories inscribed on its sides; each inscription is accompanied by an assemblage of small clay figurines. Several Dunhuang texts refer to a story from an unnamed *Xiaozi zhuan* about Confucius' disciple Zengzi whose filial devotion caused dry wells to produce water once again. However, these references neither mention the narrative to which they are citing, nor is this tale found in any of the surviving *Xiaozi zhuan* fragments found in received texts. Kuroda has noticed, though, that the *Yōmei bunko kôshiden* does have this story; what is more, the language of the stupa-jar's inscription closely resembles that of the *Yōmei bunko kōshiden*. Here are the two texts, with the *Yōmei*

---

① Kuroda Akira 黑田彰, *Kōshiden no kenkyū* 孝子傳の研究 (Kyoto: Sibunkaku shuppan, 2001), 35 & 129–50, and Tōno Haruyuki 東野治之, "Ritsuryō to Kōshiden – Kanseki no chōkusetsu inyo to kansetsu inyo" 令律と孝子傳—漢籍の直接引用と簡接引用, *Manyōshū kenkyū* 萬葉集研究 24 (2000): 289–308.

② For this argument see his *Kōshiden no kenkyū*, 151–68.

bunko kōshiden first:

Shen's mother was sick. He drove a cart to meet and bring her home. While on the road, his mother became thirsty. Shen came upon a dried well. Hitherto it had no water. When Shen approached it with a jug, on his behalf water came out. This is what is called filiality affecting a numinous spring. This is his third filial action.

母患參駕車往迎,歸中途渴之,遇見枯井,猶來無水,參以瓶臨,水爲之出,所謂孝感靁泉,是三孝。

As for the stupa-jar, it says the following:

Zengzi's mother was sick. They were going to his teacher's home. When they stopped along the road, his mother was thirsty but there was no water. However, they found a dry well, which had never issued water. Zengzi took a jug and put it into the well. It became transformed and issued water, which quenched his mother's thirst. This was [a form of] filial piety.

曾子母患將向師家去之行次母渴
無水遇逢一丘井
從來無水曾子
將瓶入井化出水
濟其母渴是爲孝也

Although the exact language slightly differs in some places, the tale and even much of its wording is nearly the same. For Kuroda, this clearly indicates that the text on the jar was derived from the *Yōmei bunko kōshiden*, or a text proceeding it.① By the same stroke, he has also postulated that the un-named *Xiaozi zhuan* quoted in the Dunhuang fragments was the *Yōmei bunko kōshiden*.

Another method that Yōgaku no Kai has employed with great success is using the Kyoto

---

① See Kuroda, *Kōshiden no kenkyū*, 217-222.

manuscripts to explain iconographical details of filial piety illustrations that no surviving fragments from lost *Xiaozi zhuan* can explain. For example, among the depictions of filial piety tales at the Wu Liang shrine 武梁祠 and the Helinge'er 和林格爾 tomb, there is an image of a bird with the accompanying inscription of "The Filial Crow" (*Xiaowu* 孝烏). No surviving *Xiaozi zhuan* fragment can be used to identify which story this image is associated. Nevertheless, the two Kyoto manuscripts contain an independent account about compassionate crows (慈烏). What makes crows exemplary is that when their chicks are young, the parents will secure food for them. Upon becoming elderly, the now adult offspring will return the favor they have received by securing food for their elderly parents. This is called "to return regurgitation" (*fanbu* 反哺). ① This identification makes perfect sense. Here the antiquity of the Kyoto manuscripts' contents is made evident by the fact that only they can help explain an image that has only been found in Eastern Han funerary art.

Another iconographical puzzle has been the way in which the story of Zengzi was depicted in Eastern Han art. Without fail, his mother is shown working on a loom, while she turns around to address a kneeling male figure. This is commonly identified as illustrating the narrative in which Zengzi's mother is thrice told that her son is a murderer. Although she disbelieves the news, by the third time, she finally relents, throwing down her shuttle and fleeing in fear. The inscription at the Wu Liang shrine says as much: "When he [Zengzi] had been slandered three times, even his kind mother threw away her shuttle." Intriguingly, this line is not found in the cartouche, but underneath the image (Could it have been added later?). What is so puzzling about this tale is that it is not a filial piety story; instead, it is a cautionary tale which warns that, when someone hears something enough times, he/she will believe it no matter how implausible. Why then is this image used to illustrate Zengzi's filiality?

Once again, Kuroda has supplied a convincing answer. He points out that the two Kyoto manuscripts both contain this same narrative. Nevertheless, the author has altered its content.

---

① Wu Hung 巫鴻 thinks this image is related to the story of Yan Wu 顏烏, which can also only be found in the two Kyoto manuscripts. However, if it is about him, how is it that the cartouche does not mention him and the image is that of a bird rather than a human? See his *The Wu Liang Shrine* (Stanford: Stanford University Press, 1989), 303. Kuroda's identification makes much more sense.

Confucius sent Zengzi to Qi. He did not arrive on time and was late. Someone began spreading rumors and said to Zengzi's mother, "Zengzi killed someone." After a short while, another person said that Zengzi killed a man. Even after this happened three times, Zengzi's mother still did not believe what they said. Then she said, "My son is perfectly filial. Upon stepping on the ground, he is fearful that he will hurt something." Needless to say, he is fearful of hurting people, how then is it possible for him to kill someone? She continued to weave as before. After a short while, Zengzi returned home. He never killed anyone. When slanderous words [even] reach this point, a kind mother will [still] not throw her shuttle [away in fear]. This is what this saying is referring to.

孔子使曾子往齊,過期不至。有人妄言、語其母曰、曾參殺人。須臾又有人云,曾參殺人。如是至三、母猶不信。便曰、我子之至孝、踐地恐痛、言恐傷人,豈有如此耶。猶織如故。須臾參還至了,無此事。所謂讒言至此、慈母不投杼、此之謂也。①

According to this version of the story, Zengzi's stalwart mother never doubted her child; after all, how could a filial son who would never hurt anything murder another human being? As a result, she steadfastly continued to weave. Hence, the Han dynasty image shows Zengzi's mother continuing to work even though she has heard the three warnings. Kuroda thinks the author rewrote this story in this way to make it into a filial piety story. The kneeling figure which is respectfully addressing her is none other than Zengzi who is dismissing the rumors. This identification is confirmed by Zengzi images found in Helinge'er and on the Murakami 村上 mirror, where inscriptions above the two figures read, "Zengzi's Mother" 曾子母 and "Zengzi" 曾子。② No other existing *Xiaozi zhuan* fragment relates this version of the tale, yet the two Kyoto manuscripts allow us to perfectly understand this Eastern Han version of the story. For Kuroda, this clinches the case that this anecdote dates to the Eastern Han.

---

① Yōgaku no Kai 幼學の會, *Kōshiden chūkai* 孝子傳注解 (Tokyo 東京:Kyūko shoin 汲古書院, 2003), 200.

② Kuroda Akira 黑田彰, *Kōshidenzu no kenkyū* 孝子伝図の研究 (Tokyo: Kyūko shoin, 2007), 488-499.

To not belabor the point, let me end this section with one last iconographical detail that can only be explained by reference to the two Kyoto manuscripts. The Minneapolis Institute of the Arts holds a Northern Wei stone sarcophagus adorned with filial piety tales that is thought to have belonged to an imperial prince named Yuan Mi 元謐 (d. 523). It presents two tableaus of the Bo Qi 伯奇 tale. While one of the images shows Bo Qi respectfully serving his father, the second has a woman sitting on a dais, facing a kneeling child. Between them is a snake emerging from a vase. The inscription reads, "The filial son Bo Qi's mother frightens her son" 孝子伯奇母嚇兒. Once again, except for an anonymous *Xiaozi zhuan* quoted in the Tang dynasty encyclopedia *Leilin* 類林, no text provides a clue for understanding this plot element. As expected, the two Kyoto manuscripts come to the rescue. The *Yômei bunko kôshiden* states:

Bo Qi was the son of Yin Jifu who was the Prime Minister of the Zhou. His personality was considerate and filial. Nevertheless, when his stepmother gave birth to a son, she thereupon detested and was jealous of Bo Qi. Consequently, she fetched a poisonous snake and put it into a jug, and then summoned Bo Qi to bring her son in to play. The child had a fear of snakes, hence upon seeing the snake in the jug, he shouted in great terror. His stepmother then said to Jifu, "Bo Qi always wants to kill my small son. If you, sir, don't believe me, go to where he is and see." As expected, Jifu saw just that Bo Qi was at the place where the snake was in the pot.

伯奇者周丞相尹吉甫之子也。爲人慈孝。而後母生一男、仍憎嫉伯奇。乃取毒蛇納瓶中、呼伯奇將殺小兒戲。小兒畏蛇、便大驚叫。母語吉甫曰:伯奇常欲殺我小兒。君者不信、試往其所看之。果見之、伯奇在瓶蛇焉。①

The Kyoto manuscripts easily provide us with the story that makes the scene intelligible. The *Leilin* account is a bit more verbose, but it is close in language to the Kyoto manuscripts,

---

① Yōgaku no Kai, *Kōshiden chūkai*, 189.

especially the *Funahashi kōshiden*.① Since this story appears to have inspired this image, it makes sense that both the narrative and the *Xiaozi zhuan* predate the death date (524) of the tomb occupant.

Formal Differences between the Texts

The first immediate difference separating the two Kyoto *Accounts of Filial Children* that strikes the reader's eye is that the *Funahashi kōshiden's* introduction is far shorter and simpler than the *Yomei's*. The latter has 248 characters, whereas the former only has 110. The *Yōmei bunko kōshiden* begins by describing how people are the most important of the ten-thousand things and that filiality is the basis of self-cultivation. As a result, one should yearn to gain a reputation through filiality and righteousness. Citing the famous exemplars of Meng Zong 孟宗, Wang Xiang 王祥, and Guo Ju 郭巨 as examples, the author then notes how one can affect the spiritual world through pure filiality. He thereupon states that filial piety is the natural endowment of people and is part of their heavenly nature. Hence, everyone and every creature has an urge to fulfill its filial obligations. To support this contention, he quotes *Shijing* 詩經 (*Book of* Poetry) poem #202, which narrates the anxiety a filial son feels because his parents have already died; thus, he cannot repay the care-debt he owes them. The author notes that even crows know that they need to recompense the care received from their parents. The filial exemplars Min Ziqian 閔子騫, Ding Lan 丁蘭, Shun 舜, and Jiang Xu 蔣詡 all managed to repay this debt in an exemplary manner. He finally ends by saying that he has compiled this account to teach later generations, but he is fearful that knowledgeable men will scoff at this simple work. In stark contrast, the author of the *Funahashi* text merely underscores perfect filiality's ability to beckon miracles. In support of this contention, he cites the stories of Shun and Dong Yong 董永. Then, he moves on to say that the accounts were compiled from inscriptions, and that the author hopes that men of ambition will transmit them forever.②

---

① Compare the text found in Shi Jinbo 史金波 et al, *Leilin yanjiu* 類林研究 (Yinchuan 銀川: Ningxia renmin chubanshe 寧夏人民出版社, 1993), 256 with *Yōgaku no Kai, Kôshiden chûkai*, 189–194.

② *Yōgaku no Kai, Kōshiden chūkai*, 17–19.

From the discrepancies in the introductions, it is apparent that the author of the *Yōmei bunko kōshiden* is trying to convey a much more nuanced message. He will use the tales to urge his readers to be filial because it is natural and thus what all humans should want to do. Moreover, exemplary filial piety might even occasion rewards from the spirits. The *Funahashi's* author, in contrast, discusses filiality in a more straightforward manner. It is important because it pleases the spiritual world and thus can bring about miraculous responses. In terms of illustrating his points, the *Yōmei* author cites seven filial piety tales, some of which are obscure, such as that of Jiang Xu. The *Funahashi* text only cites two examples, those of Shun and Dong Yong: arguably the two most famous filial sons of all. Right from the start, one discerns that the *Yōmei bunko kōshiden's* author is writing for a much more knowledgeable audience than the *Funahashi's* author.

The most obvious formal difference between the *Yōmei bunko kōshiden* and its counterpart is that the compiler of the *Funahashi kōshiden* did not endeavor to end his accounts with a quotation from the classics. Although not all the *Yōmei's* accounts end with a quotation from the Confucian classics, about a third of them do: thirteen out of the text's forty-five stories have this feature. Much like in the *Lienü zhuan* 列女傳 (*Accounts of Outstanding Women*), at the surface level, the purpose of the quotation is to sum up the moral of the tale or suggest that the tale perfectly illustrates the idea behind the well-known passage from the classics. Accordingly, the author legitimates the story's message, at a deeper level, by associating it with a famous passage from a sacred classic. By tying his story to such a passage, the author presumes that his reader is already familiar with the work from which he quotes. If the reader were unfamiliar with the *Book of Poetry*, there would seem to be little point in quoting it. Consequently, it is important that none of the *Funahashi* text's forty-five accounts end in this manner.

The compiler of the *Funabashi* text did not include such quotations because he did not expect that his readers would be familiar with the classics. Instead, his own voice often replaces the authority provided by the classics. For example, this is observable in the *Yōmei* and *Funahashi* accounts of Gao Chai 高柴:

Gao Chai was a person from the state of Lu. When his father died, for three years he cried to the extent that blood flowed [from his eyes]. [During that time], he never showed his teeth. Thus, the *Li ji* 禮記 (*Book of Rites*) states, "While residing in mourning for one's parents, you should speak of nothing meaningful; when smiling, you should not laugh."

高柴者魯人也。父死泣流血三年,未嘗見齒。故禮曰,居父母之喪,言不反義,笑不哂。

Gao Chai was a person from the state of Lu. When his father died, for three years he cried to the extent that blood flowed [from his eyes]. [During that time], he never revealed his teeth. Despite that everyone receives kindnesses from parents, only Gao Chai fulfilled the rites of being grief-stricken,

高柴者魯人也。父死泣血三年,未嘗露齒。見父母之恩,皆人同蒙,悲傷之禮,唯此高柴也。①

The *Yōmei bunko kōshiden* shows how Gao Chai's behavior perfectly illustrated the precept found in the *Book of Rites*. This resonance with the Classic confirms the orthodox nature of Gao Chai's acts and adds luster to his name. The compiler of the Funahashi text, on the other hand, uses the tale's end to remind readers how spectacular Gao's actions were and how everyone else fails to equal him. On a similar score, six of the *Yōmei's* biographies have eulogies that consist of four-character verses that summarize the content of the account. ② The *Funahashi* text has none.

A more subtle difference is that the *Funahashi* text makes explicit what the *Yōmei* leaves implicit. In other words, unlike the *Yōmei bunko kōshiden* that leaves much understood, the *Funahashi kōshiden* endeavors to fill in all the details. Let us compare both texts' versions of the Li Shan 李善 tale, starting with the *Yōmei*.

---

① Yōgaku no Kai, *Kōshiden chūkai*, 142.
② See the tales of Dong Yong, Xing Qu, Bo Yu, Guo Ju, Ding Lan, and Lao Laizi.

Li Shan was a family slave from Nanyang. The members of the Li family all died at the same time. The only survivor was a son who was newly born. However, not one of his relatives remained alive. Shan thereupon went to different townships and neighborhoods in search of mother's milk for the infant to drink and eat. The child often did not obtain enough. Heaven responded to the essence of Shan's [filiality], hence it caused his breasts to swell with milky juice. The child always obtained his fill. When the child was fifteen, he bestowed upon Shan the surname of Li. When [Shan] conducted the funeral [of his master] and saw him off to his burial, he never abandoned the rites befitting a slave.

李善者南陽家奴也。李家人並卒死,唯有一兒新生。然其親族,無有一遺。善乃歷鄉鄰,乞乳飲哺之。兒飲恒不足。天照其精,乃令善乳自汁出,常得充足。兒年十五,賜善姓李氏。治喪送葬,奴禮無廢。

Now let us look at the same paragraph in the *Funahashi kōshiden*:

Li Shan was the family slave of Li Xiao of Nanyang. At that time, the household head, the household's mother, their descendants, and underlings all met with a disease and died. Only an infant and a slave named Shan survived. Thereupon, Shan begged his neighbors for human milk. He always endeavored to feed and nurture the child. However, the milkly juice that he obtained was not enough to satisfy the child's hunger. The child would still cry. Thereupon, Heaven sent down its favor and made juice come out of Shan's teats. Night and day, he was able to fulfill the child's hunger. When the boy grew up, he learned the reason why Shan had acted as his mother and father and raised him. Upon reaching fifteen years of age, he bestowed upon him the Li surname.

李善者南陽李孝家奴也。於時家長,家母,子孫,驅使,遭疫悉死。但遺嬰兒並一奴名善。爰乞鄰人乳,恒哺養之。其乳汁不得足之。兒猶啼之。於時天降恩命,出善乳汁,日夜充足。爰兒年成長,自知善爲父母而生長之由。至十五歲,善賜李姓。①

---

① Yōgaku no Kai, *Kōshiden chūkai*, 238–239.

Upon examining these two versions, one immediately notices that the latter is longer than the former, which is precisely because the author of the *Funahashi* version was probably fearful that, if everything was not spelled out clearly, then his reader might not understand the text. Thus, instead of saying that all the infants' family had died, he feels it necessary to say precisely which members had perished. Whereas the *Yōmei* author merely says the boy survived, the *Funahashi* author had to stress that both the infant and Li Shan himself survived. The *Yōmei* author merely tells us that the infant did not always obtain enough to eat; the *Funahashi* text adds the detail that the boy even cried because of the deficiency. Finally, where the *Yōmei* simply states that, the boy gave Shan the Li surname upon becoming fifteen, the *Funahashi* text explains that he did so because Shan fulfilled the role of his parents. Naturally, the *Yōmei* author assumed that his reader would have understood this, but the *Funahashi* author feels that he can leave nothing to chance. Due to this tendency, the stories of the *Funahashi* text tend to be slightly larger than those of the *Yōmei*. Even though the *Funahashi* leaves out a passage that the *Yōmei* includes on how Li Shan mourned his master according to the protocol of a slave, the *Funahashi* version of the tale is still 22 characters longer than the *Yōmei* version.

In a similar manner, the *Funahashi* text includes far more dialogue than its counterpart. Although many of the *Yōmei* accounts have one or two lines of dialogue, the corresponding *Funahashi* accounts usually have much more. In a few accounts, the author of the *Yōmei* felt no need at all for dialogue, yet his *Funahashi* counterpart could just not do without it. For example, regarding Yang Wei 陽威, the *Yōmei* text says,

Yang Wei was a Kuaiji person. While young, he lost his father. Together with his mother they entered the mountains in search of firewood. Suddenly, they were threatened by a tiger. Wei thereupon embraced his mother and grievously wailed. The tiger immediately departed. His filiality enlightened the tiger's heart.

陽威者會稽人也。少喪父,共母入山採薪。忽爲虎所迫,遂抱母而啼。虎即去。孝着其心也。

The *Funahashi* text, on the other hand, has much more to say.

Yang Wei was a Kuaiji person. While young, he lost his father. [As a result], he lived together with his mother. At that time, they entered the mountains in search of firewood. Suddenly, they encountered a tiger. Kneeling in front of the tiger, crying and wailing, he said,"I have an elderly mother who is without other sons to care for her. She only can depend upon me to feed and clothe her. If she does not have me, it will certainly bring about her starving to death." At that moment, the tiger closed its eyes and lowered its head. It then abandoned the place and retreated.

楊威者會稽人也。少年父没,與母共居。於時入山採薪,忽爾逢虎。威跪虎前泣啼云,我有老母,亦無養子。只以我獨怙仰衣食。若無我者,必致飢死。時虎閉目低頭,棄而卻去。

In the *Yōmei* account, the reader understands that the animal is moved by what it sees: a filial son who, despite the inherent danger of the situation, steadfastly remains by his mother's side and mourns over the possibility of losing her.

For the *Funahashi* author, this short narrative description is not convincing. Consequently, he has the filial son literally speak to the tiger, as if it could understand human speech and logic. The author obviously does this to dramatize the retelling of the story and underline the point he is making. But the author also does so to make sure his reader understands why the tiger backs down. In short, the author is using dialogue to make the tale's message explicit rather than implicit. Again, he needs to use a lot more characters to do so. In the Yang Wei tale, the *Yōmei* author only uses thirty-four characters, whereas the *Funahashi kōshiden* uses sixty-seven, nearly twice the number. By putting more of the account into dialogue, the *Funahashi* author was most probably trying to make it more understandable for his audience.

That the author of the *Funahashi* text often amplified the accounts through quotations and making the implicit explicit would lead one to expect that the *Funabashi* text is much longer than the *Yōmei* text. However, that is simply not true. In fact, the *Yōmei* is longer than the *Funahashi*: the former has 6194 characters, while the latter has only 5852.

Character length of stories in the two Kyoto Xiaozi zhuan

The Exemplar	Yômei	Funahashi
舜	219	226
董永	221	240
邢渠	97	71
郭巨	107	104
原谷	103	134
魏陽	111	100
三州義士	153	311
丁蘭	166	216
朱明	89	91
蔡順	129	177
王巨尉	103	103
老萊子	113	54
宗勝之	63	58
陳寔	30	39
陽威	34	67
曹娥	83	98
毛義	93	67
歐尚	70	71
仲由	52	54
劉敬宣	21	32
謝弘微	45	46
朱百年	70	73
高柴	33	34
張敷	58	102
孟仁	56	45
王祥	48	49
姜詩	86	96
升光雄	71	73
顔烏	61	69

續表

The Exemplar	Yōmei	Funahashi
許孜	51	52
魯國義士兄弟	226	255
閔子騫	171	82
蔣詡	173	136
伯奇	465	445
曾參	424	254
董黯	505	228
申生	263	230
申明	217	182
禽堅	152	196
李善	109	128
羊公	257	197
東歸節女	171	141
眉間赤	353	385
慈烏	72	41
Total	6194	5852

How could this be? The answer is that, while there are several stories where the *Funahashi* author added text, there are many other tales that he decided to shorten. Interestingly, he expends much fewer words on tales that feature well-known historical figures who predate the imperial period. For example, pre-Han paragons such as Lao Laizi, Min Ziqian, Zeng Shen, Bo Qi, Shen Sheng, and Shen Ming, all have much longer accounts in the *Yōmei bunko* text than in the *Funahashi*. For example, the *Yōmei* text devotes to him a whopping 454 characters to the account of Zengzi, Confucius' most filial student. The *Funahashi* only devotes half that amount of space (254). Min Ziqian, another of Confucius' disciples known for filial piety, merited 171 characters in the *Yōmei* text, but only 82 in the *Funahashi*. Nearly all the figures that have longer accounts in the *Yōmei* text are people that are well attested to in historical and literary sources.

The stories that the *Funahashi* author favored, on the other hand, feature personages who lived during the early imperial period and who do not loom very large in the historical record. The Righteous Gentlemen of the Three Regions 三州義士, for example, are only known through *Xiaozi zhuan*, yet the *Funahashi* author used 311 characters, as opposed to the *Yōmei*'s 153, to describe their filial exploits. Likewise, Yang Wei is only mentioned in the sixth century *Shuijing zhu* 水經注 (*Commentary on the Rivers Classic*), yet the *Funahashi* author uses twice the amount of characters to narrate his extraordinary conduct as opposed to the *Yōmei* author. Although by no means entirely devoid of miraculous content, the accounts with more characters in the *Yōmei* have many less fantastic elements than those favored by the *Funahashi* author. These differences may indicate that the *Yōmei* author was writing for an audience that was much better acquainted with classical literature; hence, they would have been interested in hearing about the exemplary behavior of men who were well regarded in the received literature. The *Funahashi* author, on the contrary, was much more interested in finding exemplars that were closer in time to his audience and who had eye-catching accounts that would grab their attention. Since he did not expect the exploits of well-known exemplars to resonate as much with his audience, he decided to devote less space to them and more space to those figures his audience would find more appealing, such as the tiger defying Yang Wei.

A much more subtle difference between the two texts is that the narrator's voice is much more evident in the *Funahashi* text than the *Yōmei*. As already noted, the author of the *Yōmei* text often finishes his account with either a quotation or eulogy, while ending other accounts without any editorial comment at all. Many of the *Funahashi* accounts are written similarly, however in several cases, the author does end the account with an editorial comment. In a few of these instances, he urges the reader to emulate the filial child described. For instance, at the end of the story of the Righteous Gentlemen of the Three Regions, in which three men create pseudo-familial relations with each other, he states, "Although the father was not their natural one, he developed a sincere heart to be their father. The response of intelligent spirits resides close to this. How much more should a flesh and blood father be this way! The people within the Four Seas should look and use it as a mirror!" 夫雖非親父、至丹誠之心爲父。神明之感在近。何況骨肉之父哉。四海之人見之鑑而已.[①] Interestingly,

---

① Yōgaku no Kai, *Kōshiden chūkai*, 75.

the *Yōmei*'s account of the Righteous Gentlemen of the Three Regions ends right before this passage begins. Hence, the *Funahashi* author seems to have merely added these thirty-four characters onto the earlier account, making the *Funahashi* is much more explicitly didactic in nature. Although the *Yōmei* is also didactic in intent, the author seems to have felt that his reader would know that he or she should emulate the behavior of the people featured.

Another aspect of the *Funahashi*'s simplification of the filial accounts is that it leaves out the names of secondary characters. If an account in the *Yōmei* mentions the name of someone who is not directly important to the narrative, the *Funahashi* author disregards the name, or the character entirely. In recounting the tale of Zengzi's mother who upon the arrival of a guest summoned her son by biting her finger (or toe). The *Yōmei* identifies the guest as Yuechengzi 樂成子, which is perhaps a mistake for Yuezheng Zichun 樂正子春 who was one of Zengzi's disciples and a well-known filial son in his own right. The *Funahashi*, on the other hand, merely reads that a "friend" arrived, without naming the individual.① Likewise, the account of Chen Shi 陳寔 notes that when his mother died, the Court Gentleman for Consultation, Cai Yong 蔡邕 (133 – 192), wrote the stele inscription for her. Cai Yong, of course, was one of the Eastern Han's greatest scholars and writers. The *Funahashi*, on the contrary, says nothing about Cai Yong and merely says, "each person vied to erect a stele on her behalf to manifest the beauty of [Chen Shi's] filiality."② Why does the author of the *Yōmei* name these individuals, whereas the *Funahashi*'s compiler does not? The *Yōmei*'s author probably mentions these individuals because he believes his readers will instantly recognize their names. Since Cai Yong was a renowned writer of inscriptions, his willingness to write one confirms Chen's notoriety. Obviously, the author thought his readers would be impressed by this association. The *Funahashi* author, on the other hand, does not mention these figures. He because probably doubted that his readers would have heard of them; their names had no meaningful cache for his audience.

The last notable difference between the two texts is that there are many more Buddhist terms in the *Funahashi* than the *Yōmei* text. For example, after describing how the filial grandson, Yuan Gu 原谷, shamed his father into retrieving his grandfather who the father

---

① Yōgaku no Kai, *Kōshiden chūkai*, 199 & 201.
② Yōgaku no Kai, *Kōshiden chūkai*, 110.

had just abandoned in the mountains, the *Yōmei* text remarks, "Day and night he [Yuan Gu] would provide reverent care. This was precisely the ritually appropriate behavior (*li* 禮) of a filial grandson. Thereupon everyone within the inner gates was filially nurtured and no resentment existed between superiors and inferiors" 朝夕供養、此乃小孫之禮也。於是閨門孝養、上下無怨。The text of the *Funahashi*, on the other hand, is quite different. It says, "This was merely the expedient means (*upāya*; *fangbian* 方便) of the filial grandson Yuan Gu. When the entire world heard of this matter, [they said,] "Yuan Gu is excellent! He has saved his grandfather's life and has also saved his father from the bitter fruit of sins in this life and the next (*ershi* 二世). One can only say he truly was a worthy man!"惟孝孫原谷之方便也。舉世聞之、善哉原谷。救祖父之命、又救父之二世罪苦。可謂賢人而已。"① By using the two Buddhist concepts of *fangbian* (expedient means) and *ershi* (This world and the next), the *Funahashi* author has significantly altered the tone of the text. The *Yōmei* author squarely places Yuan Gu's behavior in a Confucian context by asserting that his actions were *li* (ritually appropriate) and induced harmony and a recognition of hierarchy within the family. The *Funahashi* author, on the contrary, gives the act a Buddhist twist: Yuan Gu was merely preaching the Buddhist message as a means by which his father could understand; moreover, this act saved his father from supernatural punishment in this world and the next. In other words, Yuan Gu prevents his father from accumulating bad *karma*. Passages such as this one has led Nishino Teiji to the conclusion that the author of the *Funahashi* was either a Buddhist monk or layman. ②

It could very well be that the *Funahashi*'s author was a Buddhist. However, it would be a mistake to cast this tendency in too sectarian of a light. The truth of the matter is that Buddhist terms occur relatively infrequently in the *Funahashi* text. A lion share of the accounts is completely devoid of Buddhist terminology, not to mention Buddhist messages. Furthermore, even the *Yōmei* author was not immune to Buddhist ideas. Kuroda has pointed out that the *Yōmei*'s account of Yang Gong 羊公, the filial son who supplies travelers with free porridge and straw shoes, articulates the Buddhist idea of *futian* 福田 (Field of Blessings). ③ Conse-

---

① Yōgaku no Kai, *Kōshiden chūkai*, 62 - 63.
② Nishino, "Yōmeibun kōshiden," 45.
③ Kuroda, *Kōshidenzu no kenkyū*, 666 - 681.

quently, the *Funahashi* author was probably not trying to recast the stories in a Buddhist mold. Instead, he was probably a Buddhist layman who, in most cases, occasionally used Buddhist terms to facilitate his audience's understanding of the text.

The texts' audiences

So, who were these texts meant for? According to Nishino, since the author of the *Yōmei* text probably culled most of his material from other miscellaneous biographies rather than the classics, the works of the philosophers, or the secular histories, he probably only had the learning of a village scholar. ① Since the *Funahashi* text has many Buddhist and colloquial terms, Nishino believes that a Buddhist priest or layman edited it to be orally read to an audience. ② Perhaps because Kuroda was a student of Nishino, he merely repeats these assertions without delving deeper. ③ The differences between the two texts that I have shown indicated that the *Yōmei* was definitely aimed at a better educated audience—one that was familiar with the classics from which the quotations that ended some accounts were taken. They were also discerning enough to understand much of what the text left unsaid and references to famous secondary characters. Nishino thinks that the author took his accounts straight out of other books: he lists twenty-nine sources from which the manuscript's forty-five accounts could have been taken. One would think that, at that time, anyone who consulted that many books had access to a considerable library – something that one would not associate with a poorly trained or marginal scholar. It is true that the work has an uneven quality, which is nowhere more apparent than in the fact that only thirteen of its forty-five accounts end with quotations. Nevertheless, it stands to be reasoned that the author might have been a local scholar who was putting together this account for the benefit of his friends, subordinates, or advanced

---

① Nishino,"Yōmeibun kōshiden,"27.
② Nishino,"Yōmeibun kōshiden,"46 – 47.
③ Yōgaku no Kai, *Kōshiden chūkai*, 8 – 9.

students who were already familiar with the classics and histories.①

As for the *Funahashi*, it was obviously edited with a more popular audience in mind. Its lack of quotations from the classics or eulogies, as well as the pains it takes to make the stories' implications and logic explicit indicates that this was indeed the case. Nevertheless, it seems doubtful that this text was altered to be read aloud to a crowd. Although it does have more dialogue than its counterpart, much of the *Funahashi* text is still rendered in straight narrative. Most of the accounts are so short and numerous that it is doubtful that they would rivet an audience. Texts from Dunhuang that were perhaps meant to be read before crowds, such as *Dong Yong bianwen* 董永变文 (*Dong Yong Transformation Text*) or the *Shunzi bian* 舜子变 (*Shun Transformation Text*), are much longer in length. Additionally, although the *Funahashi* does have some colloquial phrases, it is still mostly rendered in simple literary Chinese. Like its counterpart, it was meant to be read. Perhaps then, this was the work of a village scholar who was trying to teach filiality to his young charges, or even adult townsfolk who were familiar with Buddhism, but were not fully versed in literary Chinese.

Both manuscripts are of tremendous significance because they are our only extant examples of Chinese *Xiaozi zhuan*. As I have endeavored to show in this paper, they are even more important because they show how Chinese literati could alter the same text to make it appropriate for different audiences. The two texts also suggest differing levels of literacy: the *Yōmei* was meant for *wenren* 文人 (literati) – people who were familiar with the Confucian Classics and the histories. The *Funahashi*, on the contrary, was meant for people who were functionally literate: they could read but were unfamiliar with the classics and the histories. These people might have been merchants, artisans, monk novices, and district clerks. In sum, the *Funahashi* is of the utmost importance because it truly gives us a sense of what popular literature was like in China's early medieval period.

---

① Imre Galambos has suggested that secular didactic texts found at Dunhuang were perhaps meant for the sons of local prominent families who studied at monastic schools. See his "Confucian education in a Buddhist environment: Medieval manuscripts and imprints of the *Mengqiu*," *Studies in Chinese Religions* 1, no. 3 (2015), 282 – 283.

域外中國道教神話、道教傳記、道教小說研究及其啟示

吴光正

(武漢大學文學院)

自從用"宗教""文學"翻譯"religion""literature"以來,中外學者均採用西方的宗教學理論、文學理論研究中國的宗教和文學。20世紀50年代,西方學者還在使用西方的宗教觀堅持認爲中國没有宗教,但從七十年代開始西方學者逐漸承認中國存在自身的宗教①,并隨着研究的深入不斷調整他們對中國宗教的認識,强調中國宗教有自身的獨特傳統,不應用概括西方宗教實踐的宗教理論來看待中國的宗教②。域外的中國宗教文學研究也受到了上述理論變遷的影響,其最新成果在《哥倫比亞中國文學史》《哈佛中國文學史》中有顯著體現。本文擬對域外學術界關於中國道教神話、道教傳記、道教小説的研究進行梳理,思考域外學術界如何認識被中國學術界當作"仙話""志怪小説""神魔小説"處理的那批作品,反思中國本土學者的研究成果,探尋"傳統文學"與"文學傳統"的研究路徑③。

---

① Maurice Freedman: *On the Sociological Study of Chinese Religion*, *In Religion and Ritual in Chinese Society*, edited by Arthur P. Wolf, Stanford: Stanford University Press, 1974, p. 19—41.
② Campany, Robert Ford: *on the very idea of religion*, *History of Religions*, Vol. 42, No. 4 (May 2003), p. 287—319.
③ 讀者欲瞭解此一領域的詳細情形,請參閱即將出版的《中國宗教文學研究述評》《百年中國佛道文學研究史論》《域外中國道教文學研究論文選》《歐美學者論中國道教文學》《日本學者論中國道教文學》。本文的寫作要感謝所有支持、參與以上五書編撰的學者。

一、域外中國道教神話、道教傳記研究

域外中國道教神話研究主要聚焦於幾位著名的道教神仙,道教傳記研究則聚焦六朝至金元的道教傳記,其研究路徑基本上遵循宗教學、社會學、歷史學和人類學路徑。

域外中國道教神話研究主要集中於老子、西王母和呂洞賓①。關於老子的神話建構,索安和孔麗維作了精彩分析②,常志靜對《老子八十一化圖》展開了文學與圖像學研究③。西王母神話是西方學者最感興趣的話題。魯唯一通過對西王母這一神話人物的研究去檢驗各類和長生不老神話人物有關的神話主題,該書最大特點是將圖像資料與歷史學、考古學研究方法相結合④。柯素芝的專書梳理了唐朝之前的文學和藝術來源中西王母的形象⑤。她在一篇文章中利用杜光庭的女神傳記、朝代歷史、道教經典文本、唐代詩歌分析西王母與王權的關係,認爲許多故事中西王母的到訪和饋贈是爲了確認西王母授予中國帝王權力與象徵,以利於其實現統治,不過隨着道教自主意識的發展,道教祖師開始干涉統治者的力量和王權,西王母教導祖師,并向其傳達象徵性的指示,道教祖師於是進一步轉化爲死亡的徵服者與樂土的統治者⑥。小南一郎探討西王母作爲神的性格與七月七日男神、女神相會傳説的密切關聯以及神話的置換變形。在小南一郎看來,七夕禮儀牽連着牛郎、織女和西王母三位神靈,織女的工作和西王母的玉勝都帶有宇宙論的意義。"西王母本來只是一個神,它居於大地中心的宇宙山(世界樹)頂上,以絕對的權力賦予整個宇宙以秩序。而賦予秩序一事,就由它的織機行動來

---

①張三丰也有學者關注:Anna Seidel: *Chang San-feng: A Taoist Immortal of the Ming Dynasty*, in Wm. T. de Bary ed. , *Self and Society in Ming Thought*. New York: Columbia University Press, 1970.

②Anne Seidel, La Divisation de Lao Tseu Dans Ie Tao ʅsme des Han, Publications de L'EFEO, Paris 71, 1969. Livia Kohn, *God of the Dao: Lord Lao in History and Myth*, Ann Arbor: Center for Chinese Studies, University of Michigan, p. 208—209, 1998.

③Reiter Florian C. Ed: *Leben und Wirken Lao-Tzu's in Schrift und Bild. Lao-chun pa-shih-i – hua t'u-shuo*. Würzburg: Königshausen and Neumann, 1990.

④Michael Loewe: *Ways to Paradise: Chinese quest for immortality*, London, George Allen and Unwin, 1979.

⑤Suzzane Cahill: *Transcendence & Divine Passion: The Queen Mother of the West in Medieval China*, Stanford: Stanford University Press, 1993.

⑥Suzzane Cahill, The Goddess: *The Emperor, and the Adept: The Queen Mother of the West as Bestower of Legitimacy and Immortality*, in Elizabeth Bernard and Beverly Moon, eds. , Goddesses Who Rule, Oxford: Oxford University Press, p. 196—214, 2000.

象徵,西王母可以説是織出世界秩序的神。因此,正是織機部件的勝就戴到了它的頭上。"而乞巧的本意是"希望織女本身不失去其機織技巧的、使這個世界不陷於混亂的具有宇宙意義的行事","到後漢時,牽牛、織女已經分别代表曾由西王母一人所統合的男女二要素了"。他還進一步指出,牛郎織女相會的古老傳統可追溯至地上的渡河相會即《詩經·溱洧》所載春祭儀式①。關於西王母的更多域外研究論文,還可參閲《西王母文化研究集成·外文論文卷》一書,該書共收歐美、日本學者論西王母的論文14篇②。

　　吕洞賓的神話傳説研究也是域外道教文學研究的關注點。弗雷澤·巴列德安·侯賽因認爲:早期傳説中的吕洞賓具有内丹專家、書法家兼詩人、煉丹術士、醫生、驅妖者、占卜者、商人、手藝人甚至佛教徒身份;北宋對吕洞賓的祭祀是由商人和小販或其他人群沿着水路從一地傳到另一地的,但故事的傳播主體應該是道教徒或相關人群;北宋時期出現的吕洞賓及其師傅鍾離權的丹道文獻給道教徒的冥想術帶來了徹底的革命,吕洞賓因而在此後成爲道教教派宗師;吕洞賓在文化階層受歡迎的原因有三,一是宋初皇帝對道教採取保護政策,一是新王朝建構合法統治的需要,一是城市經濟的繁榮③。洪怡莎以《夷堅志》《妙通紀》爲中心對南宋時期的吕洞賓信仰進行分析,認爲偏愛吕洞賓信仰的地點越來越集中在江南一帶,主要以居家祀奉、通靈信仰、祠祭的方式展開,這種信仰形式與其所涉階層主要爲民衆和道士階層密切相關。但隨着自立的民間祠廟的增多以及道士的支持,仙人被更重要的宗教建築群道觀、佛寺尤其是天慶觀所接受,這大大有利於全真教在元庭獲得成功④。森由利亞將《純陽吕真人文集》所收"吕真人本傳"和《純陽帝君神化妙通紀》前十化作比較,分析其異同,認爲《妙通紀》賦予鍾吕傳道以全真教道統繼承的意義。正因爲如此,《妙通紀》的普及程度不如《純陽吕真人文集》,後者因爲不具教派色彩而在民間得以廣泛信仰和流傳⑤。結合全真教開展吕洞賓神話

---

① [日]小南一:《西王母與七夕文化傳承》,見小南一郎著、孫昌武譯《中國的神話傳説與古小説》,北京:中華書局,2006年,第125、127頁。
② 遲志傑、陸志紅主編:《西王母文化研究集成·外文論文卷》,南寧:廣西師範大學出版社,2009年。
③ Farzeen Baldrian-Hussein: *Lü Dongbin in Northern Song literature*, In *Cahiers d'Extrême-Asie*, 2, pp. 133—169, 1986. 弗雷澤·巴列德安·侯賽因:《北宋文獻中的吕洞賓》,李麗娟、吴光正譯,趙琳校,見吴光正主編《八仙文化與八仙文學的現代闡釋——二十世紀國際八仙論叢》,哈爾濱:黑龍江人民出版社,2006年。
④ Isabelle Ang: *Le culte de Lü Dongbin sous les Song du Sud*, *Journal Asiatique*, 285(2), pp. 473—507, 1997. 洪怡莎:《南宋時期的吕洞賓研究》,《法國漢學》,2002年第7輯。
⑤ 森由利亞:《關於〈純陽帝君神化妙通紀〉所表現四位元全真教特徵》,見吴光正主編《八仙文化與八仙文學的現代闡釋——二十世紀國際八仙論叢》,哈爾濱:黑龍江人民出版社,2006年。

研究的是康豹的《多面相的神仙——永樂宮的呂洞賓信仰》一書①。該書梳理了呂洞賓的信仰史和永樂宮的興建史,重點分析了永樂宮的碑文和壁畫,揭示了全真教對呂洞賓信仰的貢獻。儘管作者的目的在於探索中國宗教地理的文化多樣性,但全書對呂洞賓多元形象的分析和把握頗爲到位。遵循這一思路,康豹後來還撰文指出,《飛劍記》作者鄧志謨對道教學和内丹術有濃厚興趣,由此激發了他對呂洞賓崇拜的興趣,并將呂洞賓置於苦修情境中;而《東遊記》等小説和此前小説的差異,是呂洞賓與白牡丹的性描寫非常露骨,這表明《東遊記》有明顯的娛樂性②。

關於道教傳記,域外學術界作了不少翻譯工作。如歐洲學者康得謨對《列仙傳》的翻譯③,英國學者韋利對《長春真人西遊記》的翻譯④,美國學者柯素芝對《墉城集仙錄》的翻譯,康儒博對《神仙傳》的翻譯⑤。關於道教傳記的研究,學者們則習慣於從道教實踐與神話建構的角度來立論,這些研究集中在幾部重要的道教傳記上。施舟人譯注了《漢武帝内傳》,其導言對《漢武帝内傳》的道教理念作了細緻分析⑥。小南一郎結合中古宗教史料尤其是宗教故事和道經對《漢武帝内傳》所載傳說的來歷和性質進行分析,進而闡述其形成特質。他指出,西王母七月七日率諸女降臨凡間向漢武帝授經是祖靈歸還和未婚而夭的神女降跡人間的宗教神話遺跡再現,而這些神女降跡故事是以集月神和大地母神之長生、生殖、死亡特性的西王母爲中心而發展出來的故事群,是巫覡人神交接儀式的藝文化。他還指出,《漢武帝内傳》人神交接技法和場景在上清派的經典中有類似的記載,《漢武帝内傳》中與群神共食的廚會場景則是天師道三會日行廚共食禮儀的反映;遁甲孤虚和内視等具有知識階層觀念的強烈咒術傾向的六甲靈飛等十二事,結合到在江南聖山信仰裏獨立發展起來的《五嶽真形圖》的傳承中,構成了《漢武帝内傳》的基礎。他還指出,《内傳》所載藥品和玉女名稱承襲了《道跡經》和《真跡經》的

---

①[美]康豹:《多面相的神仙——永樂宮的呂洞賓信仰》,吳光正、劉瑋譯,濟南:齊魯書社,2010年。
②[美]康豹:《明代文學中的呂洞賓形象》,見吳光正主編《八仙文化與八仙文學的現代闡釋——二十世紀國際八仙論叢》,哈爾濱:黑龍江人民出版社,2006年。
③Kaltenmark Macime:*Le Lie-sien tchouan*,traduit et annoté. Peking:Université de Paris,Centre d'Etudes sinologiques de Pékin,1953.
④Arthur Waley,TheTravelsofanAlchemist:*TheJourneyoftheTaoistCh'ang-ch'unfromChinatotheHindukush attheSummonsofChingizKhan*,RecordedbyHisDiscipleLi Chih-ch'ang,1963.
⑤Robert Ford Campany,*To Live as Long as Heaven and Earth*:Ge Hong's Traditons of the Divine Transcendents,Berkeley:University of California,2002.
⑥K. M. Schiper, L'Empereur Wou des Han dans La Légende Taoiste, *Bulletinde l'École Française d'Extrême-Orient*,Paris,1965.

内容,而與改造這兩部經典的《真誥》有別,這說明構成《内傳》内容的正是陶弘景等人的道教所不重視的,《内傳》對漢武帝的批判顯示《内傳》作者不滿東晉以後上清派拋棄民衆要素并與君權調和的做法,是以對抗上清派的意味被編集起來的。這一分析的理論背景是藝術活動起源於宗教祭祀儀式即宗教祭祀劇和祭祀傳説這一理論①。

《神仙傳》也是西方學界的關注焦點。康儒博在《與天地同壽》中指出,各式各樣的形象歸因於葛洪的創作(至少對於他的一生來説),但是其中大多數應爲公元四世紀的材料②。他在該書第一部分詳盡介紹了當時人們所採用的修道方法及其背後的基本理論預設和宇宙觀,在第二部分的翻譯中對《神仙傳》反復提到的方術進行了注釋。裴凝確認《神仙傳》作者是葛洪,認爲葛洪之前并不存在一部同名的《神仙傳》,《抱朴子》和《神仙傳》存在互補關係,葛洪之後《神仙傳》曾經重編的説法需要檢討。他還考察唐宋文獻對《神仙傳》的徵引和近代版本,認爲《神仙傳》的原始内容是無法從現存文獻的基礎上復原,但卻能對初唐時期的狀況下一合理結論,并證明明代及其後的版本是不可靠的③。小南一郎指出,葛洪《神仙傳》的思想基礎是祖靈祭祀,并以劉安、漢武帝升仙故事分析這一思想基礎在巫覡、方士手中的變遷發展;他還認爲《神仙傳》發展出了一種新神仙思想,即神仙術不再是遠古特選英雄的專利,而是任何人均可享有的技術,這種神仙思想有着把絶對者下降到人的水準的傾向,從而在中國文藝中保留了持久的影響④。土屋昌明將《神仙傳》和《歷世真仙體道通鑒》作了比較研究⑤。小南一郎認爲《西京雜記》的諸多内容是在與宫廷藝人有關的專業傳説者之間形成的,其講述故事的方式與方士小説家所使用的技法有密切關聯,即以事件經歷者或經歷事件後死而復生者的口吻講故事。作者最後推論指出,"《西京雜記》與葛洪集團的諸作品一樣,應認爲是與葛氏道的後裔有關聯并是在南北朝時期於江南編纂的"⑥。

---

①[日]小南一郎:《〈漢武帝内傳〉的形成》,見小南一郎著,孫昌武譯《中國的神話傳説與古小説》,北京:中華書局,2006年。
②Robert Ford Campany, *To Live as Long as Heaven and Earth*: *Ge Hong's Traditons of the Divine Transcendents*, Berkeley: University of California, 2002.
③裴凝(Benjamin Penny):《〈神仙傳〉的作者與版本考》,*Journal of Oriental Studies*, Vol 34, 2, 1996. 卞東波譯,《古典文獻研究》2007年第10輯。
④[日]小南一郎:《〈神仙傳〉——新神仙思想》,見小南一郎著,孫昌武譯《中國的神話傳説與古小説》,北京:中華書局,2006年。
⑤[日]土屋昌明:《〈歷世真仙体道通鑑〉と〈神仙伝〉》,《國學院雜誌》1996年第97卷第11號。
⑥[日]小南一郎:《〈西京雜記〉的傳承者》,見小南一郎著,孫昌武譯《中國的神話傳説與古小説》,北京:中華書局,2006年,第181頁。

域外學術界對金元道教傳記的研究旨在強調全真教通過傳記書寫來建構宗教認同。如,高萬桑強調:"在早期全真教團中最具權威的并不是那些基本的文獻,而是全真祖師和宗師們的言與行。……全真宗師的事蹟、語錄和詩文也成爲全真道士們進行研習評注并在自己修道實踐中加以參考的文獻。"①馬頌仁討論了全真教創立者的生平和仙傳,指出全真道士"撰寫歷史的方法使我們意識到,全真史家并不是想寫歷史本身,而是想借此宣揚救度生命的教義、闡發宗教的理想、弘揚教團的輝煌。出於這種目的,他們自然就會對全真教的歷史有所取捨和抽象。因此,爲了闡明他們所要宣揚的上述理念,全真史家就採用了那些在他們看來最具説服力的材料。王重陽遇仙、馬丹陽宣導的對王重陽的崇拜、王玉陽提出的七真理論以及衆多帶有仙傳色彩的七真傳記全都是出於傳教的目的。這就是全真道士對待歷史的關鍵"②。康豹梳理了史志經《玄風慶會錄》的編撰、出版、重刊進程,以詳實的材料説明全真道士寫作傳記的目的是爲了創造或強化宗教認同③。景安寧指出,全真高道宋德方的《全真宗祖賦》旨在確立全真教的傳承譜系,全真教的傳記書寫是爲了確立自己在道教中的正宗地位,李志常《重陽王真人憫化圖》就是永樂宮重陽殿王重陽畫傳的底本④。此外,他還撰有《聖徒吕洞賓畫傳》一文,專門研究全真教祖庭之一永樂宮的吕洞賓畫傳⑤。

不少論文還對仙傳中的特有主題進行分析。如,傅飛嵐對《神仙感遇傳》的感遇主題進行了分析⑥。他認爲,"感遇"就是道教徒受點化的契機和最終成仙的手段,虔誠尋求仙人的努力成了道門中人精神之旅的隱喻,而通過感遇獲得仙人直接降授的期望則產生了一種自生的虔誠文學。此外,他還從"神、聖、仙""聖地與博物志""蜀的天命"三個層面翻譯、分析蜀國宮廷道士杜光庭創作的《錄異記》,認爲杜光庭獻給朝廷的這部書在關鍵的時刻強化了這個地區的社群意識,爲前蜀王朝及王室取得神聖地位、建立王

---

① [法]高萬桑:《教團的創建:十三世紀全真教的集體認同》,見張廣保編,宋學立譯《多重視野下的西方全真教研究》,濟南:齊魯書社,2013年,第25頁。
② [法]馬頌仁:《全真教的創立:仙傳與歷史》,見張廣保編,宋學立譯《多重視野下的西方全真教研究》,濟南:齊魯書社,2013年,第79頁。
③ [美]康豹:《撰寫歷史創造認同——以玄風慶會圖爲例》,見張廣保編,宋學立譯《多重視野下的西方全真教研究》,濟南:齊魯書社,2013年。
④ 景安寧:《道教全真派宮觀、造像與祖師》,北京:中華書局,2012年。
⑤ Jing Anning:*A Pictorial Hagiography of Lü Dongbin*. 本文以《吕洞賓與永樂宮純陽殿壁畫》爲名收入傅飛嵐、林富士主編《遺跡崇拜與聖者崇拜》,臺北:允晨文化實業股份有限公司,2000年。
⑥ F. Verellen:*Encounter as revelation:A Taoist hagiographic theme in medieval China*,*Bulletin de l'Ecole Francaise d'Extreme-Orient* 85,1998.

朝提供了應有的憑據①。柏夷清理仙傳、詩歌和道經中的文獻,揭示了菖蒲在中國文學及宗教中的傳說及象徵意義。他指出,菖蒲是由北斗七星中第五顆玉衡星所散落而來的,它不僅是人類政治生活的干預者,而且能夠讓修道者長生不老,因而成了仙境聖地的標誌,不過它在道教修煉的藥物體系中排名并不高②。

在域外的道教傳記和志怪小說研究領域,有一種研究趨勢值得重視。從杜德橋的《廣異記》研究開始③,西方學術界往往習慣於將志怪和道教傳記作爲宗教實踐的歷史記錄加以看待,其研究方法往往是歷史學、社會學、宗教學而非文學。如杜德橋對於我們習稱爲志怪小說的那批材料採取了歷史學的研究維度,在窮盡相關材料的基礎上揭示文本的歷史內涵。他集納唐代安撫北周忠臣尉遲迥魂靈的官方文獻和民間文獻,發現這些文獻存在不同的叙述聲音,得出如下啟示:中國宗教的歷史性的大變動,往往伴隨着一個複雜的無規律可尋的過程,而不是一個簡單的規律的過程。我們需要對現存的檔案進行仔細的、嚴格的閱讀,它們會慷慨地給予我們更豐富的認識④。再如,他將《柳毅傳》置於《三衛》《藍勃廬山龍池》《汝陰人》等同類故事中加以分析,得出如下結論:人龍之間由對峙而歸於姻親,倫理價值由衝突而達於統一,傳統故事層層叠加累積,最後以一個悖論式的綜合將它們統於一體⑤。在分析明清小說時,他也採取了同樣的路徑。如,他利用小說《醒世姻緣傳》分析朝山進香的宗教組織、財務運作與後勤保障、朝山進香過程以及個人進香動機與家庭之間的緊張關係,并認爲作者公開或隱含的態度貫穿於整個情節,因此,"進香、婚姻、社會反叛、傷風敗俗、凌辱權威等主題都擺出了它們最激進最令人難忘的姿態"。這部小說"研究了一個女人因爲下定決心去進香而引發的家庭内部矛盾、進香途中結伴的情況、微妙的社會等級差異",作者的叙事態度讓

---

① Verellen Franciscus, Shu as a hallowed land: Du Guangting's Record of Marvels, *Cahiers d'Extrême-Asie* 10, pp. 213—254, 1998.

② Bokenkamp Stephen R, The Herb Calamus and the Transcendent Han Zhong in Daoist Literature, *Studies in Chinese Religions* 1.4, 2015.

③ Glen Dudbrige, *Religious experience and lay society in T'ang China: A reading of Tai Fu's Kuang-i chi*, Cambridge: Cambridge University Press, 1995.

④ 杜德橋:《尉遲迥在安陽:一個8世紀的宗教儀式及其神話傳說》(*Yu-ch'ih Chiung at An-yang: an Eight-century Cult and Its Myths*),見樂黛雲、陳玨、龔剛主編《歐洲中國古典文學研究名家十年文選》,南京:江蘇人民出版社,1998年。

⑤ 杜德橋:《〈柳毅傳〉及其類同故事》(*The Tale of Liu Yi and Its Analogues*),見樂黛雲、陳玨、龔剛主編《歐洲中國古典文學研究名家十年文選》,南京:江蘇人民出版社,1998年。

"顛倒"成了整個小說的主要基調①。

康儒博翻譯《神仙傳》的同時,完成《述異》②和《成仙》③二書,他在二書中繼承杜德橋的理念,強調這些作品反映了中古時期道教實踐的真面相,志怪故事和神仙傳記因而是一種記錄文學,用小說(以虛構爲特徵)這一概念研究這些作品是有問題的。他認爲,這種做法將文本和世界作了剥離,導致我們對仙傳與當時聽衆、社會、文化、宗教關係的誤解。他在《述異:中古早期的異事記錄》中指出,異事記錄即我們所説的志怪小説應該看做是宇宙觀的映射和宗教説服的媒介,述異是古代史官採集傳統的延續,代表中央對異常的掌控和馴服。他所説的宇宙觀是指"一種以推廣、改善、鞏固或挑戰一個信仰體系和世界觀(或意識形態)爲目的的、有關異常的話語的創造、發展和説服用途"④。在《成仙:中古早期的苦行者與社會記憶》一書中,康儒博認爲成仙是一種社會性事件,社群和集體記憶是決定性因素,仙傳故事參與并展現了社會群體的集體記憶,成仙是社會宗教生活的重要組成部分。該書重在闡述神仙的社會基礎,因而嘗試描述修仙以及神仙本身的實現所需要的社會、叙事、文本的特點。該書的具體章節圍繞神仙或修道者的角色、神仙或修道者如何實現其角色而展開。關於前者,康氏借用了文化箱的理論對神仙或修道者的特點進行了總結,認爲這些特點對於界定神仙或修道者具有重要意義;關於後者,康氏從神仙秘術的社會效應、仙傳語言的展示效果、修仙者和社群的互動、修仙者與家庭和皇權的張力、仙傳的勸説功能等層面展開分析,認爲中古時期的神仙或修道者并非如人們所認爲的那樣是一群神秘、隱匿、與世隔絶的人物,而是通過治病救人、預測未來、述異志怪等方式與社會互動,從而確認自己的神仙或修道角色,换句話説,成仙意味着被其他人構成的社群視爲仙。他的研究顯示,神仙是一種社會建

---

①Glen Dudbrige, A Pilgrimage in Seventeenth-century Fiction: T'ai-shan and the "Hsing-shih Yin-yuan chuan". *T'oung Pao*, SecondSeries, Vol. 77. 見樂黛雲、陳珏、龔剛主編《歐洲中國古典文學研究名家十年文選》,南京:江蘇人民出版社,1998 年,第 304 頁、305 頁。

②Robert Ford Campany, *Strange Writing: Anomaly Accounts in Early Medieval China*, Albany: State University of New York Press, 1996.

③Robert Ford Campany, *Making Transcendents: Ascetics and Social Memory in Early Medieval China*, Honolulu: University of Hawai'i Press, 2009. 中譯本:康儒博著、顧漩譯《修仙:古代中國的修行與社會記憶》,南京:江蘇人民出版社,2019 年。

④Robert Ford Campany, *Strange Writing: Anomaly Accounts in Early Medieval China*, Albany: State University of New York Press, P. x, 1996.

構,仙傳是一種關於説服的宗教文學文本。康儒博在論文中討論到修仙者的自述文本①。他指出,仙傳文本的研究必須將"仙人"拉回到閱讀仙傳的歷史時空中纔能得出科學的結論。在他看來,修行者的自我叙述以及自我確認是一種向社會展示"成仙"以建構文化記憶的社會活動,修行者創造了一個聽衆們渴望達到的神仙境界,也創造了對於他們自己的崇拜,因此這些"成仙"的故事支撑了整個世界。他的這些研究,是西方社會學和聖徒傳研究在早期宗教傳記書寫、神異叙事研究中的迴響,對於反思學界將這些書寫當作"小説"來研究的路徑具有一定衝擊力。他的《論宗教的確切含義》一文指出:中國中古的"宗教"論述有實體化的趨勢,但程度不及西方;這些論述關注的是人們以崇敬之心參與事件的實踐行爲而不是將"宗教"實體本身看作行爲主體,如中國文本中的"道"關注的是"行"道之人,而非"道"本身的發展歷史和趨勢,不同的"道"可以使用統一標準衡量,甚至互相闡釋,這不同於西方界限分明且系統、統一的"宗教"概念;這些隱喻内涵十分豐富,同一隱喻可以承擔着不同的含義;因而在釋讀與研究這些文獻時,我們應該警惕西方宗教術語本身所隱含的價值標準,尋找更適合中國宗教的話語表達。在他看來,西方的任何一種"宗教"意味着它與其他宗教有鮮明的界限與區分,但這種界限在中國概念中是缺乏的②。這些觀念支配了他對中國早期佛道傳記書寫、神異叙事的研究,這樣的理論探索是對學界套用西方宗教學概念研究中國宗教的深刻反思,值得我們重視。

二、域外中國道教小説研究

域外中國道教小説研究主要聚焦於我們所指稱的明清"神魔小説",且存在着兩種研究路徑。一種是文學的研究路徑,這一路徑主要體現在對《西遊記》的研究上;一種是社會學、人類學、宗教學的路徑,主要體現在對《南遊記》《封神演義》等作品的研究上。

前者的代表性人物有柳存仁、杜德橋、浦安迪、余國藩和中野美代子等人。他們試

---

① Campany, Robert Ford, *Narrative in the Self-Presentation of Transcendence-Seekers*. In *terpretation and Literature in Early Medieval China*, ed. Alan K. L. Chan and Yuet-Keung Lo, Albany: State University of New York Press, pp. 133—64, 2010.

② Campany, Robert Ford, *on the very idea of religion*, *History of Religions*, Vol. 42, No. 4 (May 2003), pp. 287—319.

圖解讀《西遊記》人物、情節中所蘊含的丹道意義，進而揭示其作爲寓言的各種文學表現手法。

　　從事《西遊記》本事、版本研究的幾位學者都不約而同地意識到了《西遊記》中的宗教意蘊尤其是道教寓言。杜德橋《西遊記源流考》對從玄奘取經到小說的演化過程進行了考證，尤其聚焦於孫悟空的出身及其與三藏的關係，認爲今本《西遊記》形成之前，確實有人所共知的幾近定本存在，其成書過程中含有不少道教成分①。杜德橋還質疑吴承恩的著作權，認爲1592年版世德堂本纔是最近於任何原本《西遊記》的本子，朱本、楊本"清楚地表明粗心的抄録和改動"的省略與不連貫處，是百回本的節寫本，楊本改寫朱本，朱本也有可能出自楊本，陳光蕊故事無論就結構及戲劇性來講，與整部小説風格并不諧洽，因此應該出自朱鼎臣，其編成之年應在1662年左右②。柳存仁認爲朱本是吴本的直接藍本，朱本壓縮改寫本楊本也是吴本的藍本③。柳存仁從分析《西遊記》虞集序與道教的關係入手，進而認爲充斥於《西遊記》中的道教韻文大部分來自道教尤其是全真教的詩詞别集，提出了《西遊記》是否存在一個全真教本子這樣的學術命題。他通過對小說中詩詞、叙述文字、情節及全真教教義的闡釋確認全真本《西遊記》存在的可信度，認爲真正撰寫這個假定的全真本《西遊記》的人，他的生存和活躍的時代，也許要比丘處機遲五六十年到一百年④。而太田辰夫認爲虞集序爲真，《西遊記》在元朝確實經過道士修訂⑤。磯部彰對《西遊記》資料和版本的整理和研究也有助於學界探討《西遊記》的道教因緣⑥。

　　余國藩在翻譯《西遊記》的基礎上對《西遊記》的道教寓言展開了精彩的分析。其初譯本歷時十三年，2004年余國藩又辭去教職，花七年時間進行修訂⑦。這個譯本，較

---

①　DudbidgeGlen, *The His-yu Chi*: *A study of Antecedents to the Sixteenth Century Chinese Novel*, Cambridge: Cambridge University Press, 1970.

②　杜德橋：《西遊記祖本的再商榷》，《新亞學報》1964年第6卷第2期，第499頁；Glen Dudbrige *The Hundred-chapter His-yu Chi and Its Early Versions*, *Asia Major* n. s. XIV, p. 141—191, 1964.

③　柳存仁：《孫悟空的原型〈四遊記〉》，《通報》1964年第51卷第1期。

④　柳存仁：《全真道與道教小説〈西遊記〉》，《明報》月刊1985年第233—237期。

⑤　[日]太田辰夫：《西遊證道書》考，《神戶外大論叢》1970年第21卷第5號。

⑥　磯部彰：《〈西遊記〉資料の研究》，東北大學出版會，2007年。

⑦　YuAnthony C. ed. and trans, *The Journey to the west*, 4Vols, Chicago: University of ChicagoPress, 1977 – 1983. YuAnthony C. ed. and trans, *the Monkey and the Monk*: *A revised Abridgment of the Journey to the west*, Chicago and London: University of Chicago Press, 2006. YuAnthony C. revised. ed, *The Journey to the west*, Chicago: University of Chicago Press, 2012.

之韋利的節譯本①，是個全譯箋注本，被西方學術界譽爲内化翻譯的典範。西方學術界據此認爲余國藩不僅是一位偉大的文學翻譯家，而且是以其儒雅和語言親和力將文化翻譯人格化的典範②。余國藩的《西遊記》修訂本，無論是導論、箋注還是宗教語彙的翻譯上均頗見功力，他甚至在前賢研究的基礎上找出 22 條出自道教文獻的韻文。他指出，《西遊記》不僅有佛教寓意而且更有道教寓意，是内化旅行（interior journey）的寓言。他在《西遊記》全譯本導論中指出，該書第十回《西江月》化用秦少游《滿庭芳》，而《淮安府志》謂吳承恩"有秦少遊之風"，這表明吳承恩是最可能的作者；在漫長的發展過程中，取經一直是說者或編纂者的中心主題，《西遊記》裏的韻文和叙述者共同擔負起說故事的重責大任，作者在各回回目、叙事寫景與究明故事涵義的韻散文中，大量使用來自《道藏》的道教語彙，使得西行的漫漫旅途也煞似修行的朝聖寓言。他最後指出，"和尚、道士和秀才對《西遊記》的瞭解，也許比胡適之博士更透徹，更深刻！"③余國藩還撰寫了一系列研究《西遊記》道教内涵的論文。他指出，小說中大量涉及唐僧出身的情節，"即使不能顯示陳光蕊故事確屬百回本不可或缺的一環，也能夠指出故事自有意義"。"百回本的作者一定非常熟悉元明戲曲搬演的玄奘早歲的故事，而且這位作者還故意把江流兒出生與遇難等傳說以高明的技巧編織進他的小說中。"而今天所見的陳光蕊故事一回，很可能是朱鼎臣的手筆，清代編者再予以潤色。第九回是全書唯一一回欠缺詩作的單元，這讓人懷疑該回的可靠性，但該回的插入倒算和諧。在他看來，第九回攸關全書結構④。他認爲朝聖應該包含聖地的概念、參與的形式和旅行的回報三個要素，并以此爲基點比較研究《神曲》和《西遊記》的朝聖，從充滿冒險的旅行傳奇、寓意佛教業報（karma）和解脱的故事以及内外修行的寓言故事來解讀《西遊記》。他指出，《神曲》和《西遊記》不僅奇跡般地將幻想和朝聖的故事熔於一爐，更製造出引人入勝的文體，《神曲》和《西遊記》的讀者都可謂幸運⑤。

---

① WaleyArthurtrans, *Monkey*, London: John Day, 1942, Repr, New York: Grove Press, 1958.
② 相關介紹，參見王崗《余國藩（1938—2015）先生的學術成就與學術理念》，《世界宗教研究》，2015年第 4 期。
③ 余國藩：《源流・版本・史詩與寓言——英譯本〈西遊記〉導論》，見余國藩著，李奭學編譯《〈紅樓夢〉〈西遊記〉與其他》，北京：三聯書店，2006 年，第 314 頁。
④ Anthony C Yu, Narrative Structure and the Problem of Chapter Nine in the His-yu Chi, *Journal of Asian Studies* 34, p. 295—311, 1975. 余國藩：《〈西遊記〉的叙事結構與第九回的問題》，見余國藩著，李奭學編譯《〈紅樓夢〉〈西遊記〉與其他》，北京：三聯書店，2006 年，第 314 頁。
⑤ Anthony C. Yu, Two Literary Examples of Religious Pilgrimage: The "Commedia" and "The Journey to the West", *History of Religions*, Vol. 22, No. 3, p. 202—230, 1983.

浦安迪、戴斯博、中野美代子等學者的《西遊記》研究也凸顯了《西遊記》的道教内涵。浦安迪認爲《西遊記》與《紅樓夢》中穿織於人生萬象流變的寓意,在很大程度上借用了所謂陰陽五行的宇宙觀來加以表現。《西遊記》"除了很多評點家點出的心猿意馬及大乘佛教超度的術語外,作者還很多次運用陰陽五行與五行的宇宙觀、卦象知識以及道家修煉的專門術語,尤其還有很多隱喻借自煉丹術。……對求仙得道過程的隱喻儘管以釋道術語的含義爲主,但考慮到作者所處時代的折中主義潮流,決不能排除其中也有來自新儒家思想的重要内容。無論如何,只有當這些孤立的人物形象連接成敘事世界的結構圖式時,對哲學術語的引用纔是呈現寓意的層次"①。内丹專家戴斯博也對《西遊記》中的内丹法作了詮釋②。詹妮弗·歐德斯通—莫爾利用西方内丹學研究成果對《西遊記》"車遲國"情節進行研讀,認爲"車遲國"的故事混合了丹道概念和早期版本如《樸通事諺解》所載西遊故事的意象,不僅是道教小周天功法中河車載物過脊柱的寓言,而且强調了兼修身心的重要性。他指出,闡釋《西遊記》和小説中的取經經歷時,最重要的方法是從道教視角考慮身心修煉的并重③。中野美代子從道教與煉丹術的角度分析了西遊記人物、數字、情節背後所隱含的宗教内涵,解釋其象徵性表達藝術。其觀點可圈可點。如她從《西遊記》的插詩入手,指出"鉛汞即爲坎離、即爲男女、即爲龍虎,其象徵意義隨着隱語範疇的擴展而無限增幅。尤其是作爲男女的鉛汞,脱離了煉丹術中本來的即物性格,而與房中的性愛技巧結合在一起,使此後的煉丹術經典更具韜晦性特點","在煉丹術深奥的名目之下展現了一種駕馭隱語的色情世界,并且被原封不動地搬入《西遊記》之中","《西遊記》中隨處可見的這類關於煉丹術的詩,是在《西遊記》故事已經達到成熟階段之後纔有意加入的"。她還分析了取經隊伍的丹道隱喻:"首先把孫悟空喻爲金,并依此把豬八戒配屬於水。然後進行理論處理,把孫悟空和豬八戒再分別配屬於火和木。最後又通過一番理論處理,從孫悟空和豬八戒之間金木和水木的對立出發,把沙悟淨配屬於二土、刀圭和黄婆。""《西游記》除了是一部圍繞着孫悟空而展開的成長史之外,還是一個充滿了對人物事件進行解釋的解釋史的世界。正是在這

---

① [美]浦安迪:《〈西遊記〉與〈紅樓夢〉中寓意》,見劉倩等譯《浦安迪自選集》,北京:三聯書店,2011年,第196頁。浦安迪對《西遊記》的研究還可參考浦安迪:《明代小説四大奇書》,沈亨壽譯,北京:三聯書店,2006年。

② Despeux Catherine, *Les lectures alchimiques du Hsi-yu-chi. In Religion und Philosophie in Ostasien*; in honour of Hans Steininger, G. Naundorf, K. H. Pohl, H. H. Schmidt, ed, Würzburg: Konigshausen & Neumann, 1985, pp. 61—72.

③ Oldstone-Moore, Jennifer, Alchemy and Journey to the West: The Cart-Slow Kingdom Episode, *Journal of Chinese Religions* 26, 1998, p. 51—66.

個世界裏,隱藏着至今尚未解開的道教隱秘學的趣味。""大概是在十六世紀的明末之後,有人注意到了孫悟空具備的金的屬性,并試圖運用五行和煉丹術的象徵意義加以解釋。我們不清楚他是一個人還是很多人。總之,這種解釋是以詩詞的形式插入進了已經完成的故事中,并且,有時也可能像接枝一樣續寫了已經形成了的詩詞。新詩詞的插入反過來又促使人們整理和重編了故事。"①

除了關注《西遊記》的道教内涵外,域外學者對其他"神魔小説"的道教内涵亦有所關注。柳存仁在他的專著中論證《封神演義》的作者是道士陸西星②。他指出,根據僅見於舒載陽刻本卷二所署的"鐘山逸叟許仲琳編輯"字樣來確定《封神演義》著作權是不行的,《封神演義》的作者必定是道教出身同時又能夠融貫佛教尤其是密宗和儒家生活的人,作者的線索可從《傳奇匯考》《曲海總目提要》"順天時"條提到的元朝道士陸長庚和《興化縣志》《揚州府志》《宗子相集》提到的明代道士陸西星展開來,可以從《武王伐紂平話》尤其是明萬曆刊陳眉公批點《列國志傳》的成熟承襲中展開來,還可以從《封神演義》的情節描寫推導出來,而道士陸西星既具備宏博佛教知識又傾向三教合一、三教同源的個性造就了《封神演義》的内容和情節特徵。柳先生根據《封神演義》提到的職官、地理、時事、稱謂以及陸西星生平斷定《封神演義》成書於嘉靖年間,陸西星《南華經副墨》和《封神演義》之間居然有幾十處相同的特點,柏鑒、鴻鈞道人的命名來自於《莊子·德沖符》、《南華副墨》卷六,而陸西星字長庚也是《封神演義》中獨多用"庚"命名的緣由。後來,他在一篇文章中對自己當年的研究做了回顧。本來他的《佛道教影響中國小説考》分兩卷,第一卷研究《封神演義》,第二卷研究《西遊記》。第二卷擬研究《西遊記》的版本演變、故事演變和作者吳承恩。只是由於研究興趣的轉移,只完成了第一卷。第一卷有個副標題《封神演義的作者》。他指出:"拙著是企圖研究這部小説的作者,一層層地推究下去,旁涉佛教的密宗和道教的雜籍,以及自平話以迄明代各白話小説的發展,加上我所發現的明刻本《封神演義》這部小説上面的一些文字證據,因而確定他的作者、作者的生平歷史、作者與佛道教的關係這些問題的。"③康儒博透過《西遊記》和《封神演義》來研究中國的宗教倫理。他發現,兩部作品中都有妖魔的修煉

---

① [日]中野美代子:《西遊記的秘密(外二種)》,王秀文等譯,北京:中華書局,2002年,第67、86、95、103、105、104頁。

② Liu Ts'un-yan, Buddhist and Taoist Influences of Chinese Novels, Otto Harrassowitz, Wiesbaden, Vol. I, 1962.

③ 柳存仁:《關於〈佛道教影響中國小説考〉》,見柳存仁:《和風堂新文集》,臺北:新文豐出版公司,1997年,第675頁。

阻礙了宇宙發展的内容:《西遊記》的妖魔之所以爲妖魔并非是它們本性邪惡,而是因爲没有正確處理修煉與宇宙進化的關係;《封神演義》的魔道人物將對忠誠的過度關注和偏狹理解標榜爲自我修行,結果導致個人過度膨脹,超出了宇宙演變的合理邊界,擾亂了宇宙演變本來順利的進程。不過,這些妖魔的阻撓行動對宇宙的發展和降魔"英雄"的修行是必不可少的,妖魔最終也被納入宇宙模式之中①。余文章通過分析《平妖傳》的妖術和超自然主題,試圖辨析該書的文本演變。他指出,歷史上王則叛亂有着彌勒教背景,在小説中卻被轉換成了道教背景,二十回本女主人公胡永兒的塑造和狐精密切相關但卻莫名地缺失了與狐精有關的内容,小説中大量道教法術的運用表明《平妖傳》與《醉翁談録》所載"妖術"類説話《貝州王則》密切相關,因此四十回本是馮夢龍在二十回本基礎上增補而成的觀點不成立,這兩個版本可能存在一個更原始的版本②。小野四平對《三言》中的道教題材進行了分析,認爲這些作品的神仙色彩是古已有之的神仙思想以及由其孕育的神仙説話所賦予的③。柯若朴翻譯了楊爾曾《韓湘子全傳》,并在前言中介紹了該書内容和成就,并宣稱"這部小説是韓湘子文學的總結,它對其後清代文學中的韓湘子文學産生了巨大影響"④。Gunther Endres 翻譯了清代全真教小説《七真傳》,并對其故事來源作了考察⑤。戴文琛對晚清出現的 5 部七真仙傳小説作了簡要介紹,就七真與祖師、女性、對手、皇權等主題作了比較研究,并嘗試分析這些小説興盛的宗教背景。⑥ 此外,王崗以"願景"和"信仰"爲明代中篇傳奇小説《天緣奇遇》中的主要宗教元素,着重考察它們所表現或反映的道教意象、象徵、觀念和實踐,認爲這部

---

①Robert Campany, Cosmogony and Self-Cultivation: The Demonic and the Ethical in Two Chinese Novels, *Journal of Religious Ethics* 14.1, p. 81 – 112, 1986.

②Yue Issac, Vulpine vileness and demonic (Daoist) magic: a reconsideration of the textual history of Suppressing the Demons, *Ming Studies* 69, p. 46—59, 2014.

③[日]小野四平:《中國近代白話短篇小説研究》,施小煒、邵毅平、吴天錫、張兵譯,上海:上海古籍出版社,1997 年。

④Yang Erzeng, *The Story of Han Xiangzi: The Alchemical Adventures of a Daoist Immortal*, trans. by Philip Clart, Seattle: University of Washington Press, p. xxii, 2006.

⑤Günther Endres, *Die sieben Meister des vollkommenen Verwirklichung: der taoistichen Lehrroman Ch'i-chen chuan in übersetzung und im Spiegel seiner Quellen*, Würzburger Sinojaponica 13, Frankfurt: Perter Lang, 1985.

⑥Durand-Dastès Vincent., *A late Qing Blossoming of the Seven Lotus: Hagiographic Novels about the Qizhen*, in Liu Xun & Goossaert Vincent (éds.), Quanzhen Taoists in Chinese Society and Culture, 1500 – 2010, Berkeley: Institute of East Asian Studies, University of California-Berkeley, *China Research Monographs* 70, 2013, p. 78—112.

小説在繼承上清派以來的神人互動模式的基礎上表達了放縱欲望與得道成仙這兩種主題①。

另一種研究路徑則是將這批所謂的"神魔小説"還原到明清時期的宗教語境中加以解讀,一方面認爲明清時期民間的宗教實踐、道教神譜、道教科儀催生了這批作品,另一方面又認爲"神魔小説"反過來强化了神靈的傳播和塑造。貝桂菊、蔡霧溪、二階堂善弘、梅林寶、夏維明等人的研究均從社會學、人類學、宗教學視野彰顯了明清小説的這一特性。

貝桂菊研究福建臨水夫人崇拜,認爲這一崇拜有三個基本特徵:它體現了與閩國歷史和領土的緊密聯繫,代表了當地巫術傳統,以及這個王國這一儀式傳統中女巫的神性。其論文分臨水夫人崇拜、福建和臺灣的祖殿、陳靖姑生平、閩國的巫師、崇拜的不同階層、婦女陳靖姑與父系的儒家社會、當代崇拜景象七個層面展開論述,融歷史文獻與田野調查、神話傳説與宗教祭祀、宗教傳統與儒家傳統於一體,揭示陳靖姑從女人到女神的演變過程②。這一研究表明,有關陳靖姑的文學文本諸如《搜神記》《閩雜記》《三十六婆姐志》《閩都別記》《臨水準妖》《陳十四奇傳》《夫人全本》《夫人唱詞》《陳大奶脱胎傳》《大奶靈經》《玉林順懿度脱産褥真經》《三奶夫人勸世真經》的産生具有深厚的宗教土壤,這些文本在寺廟散發,這些故事在科儀中表演,這些作品在 20 個世紀 80 年代以來的地方宗教復興中甚至成爲寺廟建設和寺廟圖像的重要依據。

蔡霧溪指出,漢學家對中國普通民衆生活與思想的關注促進了他們對宗教、戲劇和小説的研究。《南遊記》引起蔡霧溪的注意是起因於蔡氏對源於山魈崇拜的五通祭祀的研究,這一研究讓蔡氏意識到《南遊記》完全脱胎於五通與五顯的複雜歷史,因而著長文探究該小説的宗教根源③。作者的研究表明,華光的早期原型爲無惡不作的獨脚山魈,佛教試圖以神通理念收編山魈,這導致山魈以"五通"的身份出現在 11、12 世紀以來的佛教信仰中,成爲佛教的護法神和伽藍神;不過五通神迅速脱離寺廟,在華南、中南

---

①Wang Richard G, *An Erotic Immortal: The Double Desire in a Ming Novella*, In Literature, Religion, and East/West Comparison: Essays in Honor of Anthony C. Yu, ed. Eric Ziolkowski, Newark: University of Delaware Press, pp. 144—161, 2005.

②Brigitte Baptandier, *The Lady Linshui: How a Woman Became a Goddess*. In *Unruly gods: divinity and society in China*. edited by Meir Shahar and Robert P. Weller, Honolulu: University of Hawai'i Press, pp. 105—149, 1996.

③Ursula-Angelika Cedzich: The Cult of the Wu-t'ung/Wu-hsien in History and Fiction. In David Johnson ed., *Ritual and Scripture in Chinese Popular Religion: Five Studies*, Berkeley: Publications of the Chinese Popular Culture Project, pp. 137—218, 1995.

地區受到廣泛祭拜,淫人妻女卻賜予被淫之家財富的行徑成了五通的標籤;城市經濟的興盛使得婺源地方士紳向朝廷奏請廟額和封號,婺源的五通廟從此獲得官方認可,封侯封公,并以五顯的名義分香江南各城市間,原來的五通祭拜則被宣布爲淫祀;而道教則始終將五通和五顯視爲山魈,對之進行了無情打壓,一批道教元帥神在對抗五通的過程中其形象和華光、五通、五顯融爲一體,道教神譜最後也接受了五顯;五通神的各種面相共存於15、16世紀,官方和士紳對五通的打壓事件不斷發生,對五通又敬又怕的心態盛行民間,民衆接受的華光和五顯於是進入了小説和戲劇。作者的研究還表明,五通、五顯祭拜發展史上的諸多面相被修改、重組和重新詮釋,以各種形式被寫作者融進了《南遊記》的情節和人物體系中。加里·西曼在臺灣玄帝廟作田野調查的經驗讓他感覺到《北遊記》可能是扶鸞神啟之產物,即《北遊記》的著作權爲靈媒,《北遊記》是一部聖書,而并非僅僅是爲了娛樂而創作的小説。他指出,《北遊記》叙事者有着超自然屬性,叙述視角爲宇宙視角,這和靈媒的神啟極爲相似;《北遊記》等遊記體小説文本存在一種宇宙結構學,是對空間等級前後因果的散文叙述,而令宇宙結構及其象徵變得通俗易懂,是牧師、巫師以及靈媒一類專業人員的責任;現存遊記類鸞書依然體現《北遊記》的結構和功能,依然在寺廟和宗教聖地散發;《北遊記》附錄的宗教儀式是證明《北遊記》作者、讀者宗教素性的有力證據①。

　　二階堂善弘的《元帥神研究》使用《道法會元》《法海遺珠》等道教文獻、《三教搜神大全》等民間信仰資料以及《西遊記》《封神演義》等通俗文學作品對馬元帥、趙元帥、殷元帥等元帥神進行綜合研究,探討其演變過程。他認爲,元帥神是在自五代到宋之間伴隨着神霄派、天心派等的發展而被吸收進了道教的洪流之中,唐代密教的流入及其與中國宗教文化的碰撞導致在各種各樣的信仰作用下元帥神的形成,《西遊記》《封神演義》等通俗文學作品深刻地反映了發展於民間的元帥神的諸實相②。

　　梅林寶的《鬼神之軍:道教、地域網路與一部明代小説的歷史》緊扣"文學""宗教""社群"展開論述,其論述重心與其說是在研究《封神演義》,不如說在研究產生《封神演義》的道教實踐史。全書除緒論、結論外,共五章:《小説的產生:從舞臺表演、寺廟儀式到文學文本》梳理來華傳教士對中國寺廟演劇的記錄以及翟理斯、顧路柏各自所著《中

---

①Gary Seaman, *Divine Authorship of "Pei-you chi < Journey to the North >"*, Journal of Asian Studies 45.3, p. 483—97, 1986. Seaman Gary, *The journey to the North: An Ethnohistorical Analysis and Annotated Translation of the Chinese Folk Novel Pei-yu-chi*, Berkeley and Los Angeles: University of California Press, 1987.

②[日]二階堂善弘:《元帥神研究》,劉雄峰譯,濟南:齊魯書社,2014年。

國文學史》對《封神演義》等作品性質的判斷,認爲寺廟戲劇以及與此相關的《封神演義》之類的作品與宗教祭祀、宗教儀式密切相關,而現代以來的學者運用西方的文學觀念研究《封神演義》"使明代通俗小說脫離了其原處的環境(如寺廟、儀式、戲劇表演和神祇)。這一遠離了宗教領域的學術轉變導致了對這些叙事文本的狹隘理解,即僅僅將其視作文學文本,而不是神話、神學、儀軌和社群所形成的文化集合體。"①《武王聖史——打敗惡神的征途》分析元代的《武王伐紂平話》,指出"封神"是一種儀式,即道教法師收服厲鬼一類暴力精魂成爲道教將帥的儀式,《封神演義》是對"封神"的展現,因此白話小說與儀式、社群密切相關。《元代鬼神之軍:雷法、邪神與地方軍事組織》主要探討元代雷法的發展,認爲東嶽、城隍、社令等神靈體系與地方軍事組織之間存在關聯,道教驅邪儀式與共用網路密切相關。《明代鬼神之軍:皇帝與他的道教勇士》主要論述明代的雷法,探討明代帝王如何重用從張正常到劉淵然、周思得等一批道士確立玄天上帝信仰、建立厲壇安撫孤魂野鬼、確定雷部將帥組合并滲透到道教儀式之中等道教實踐;《明代小說的内在秩序:神靈和神靈世界的等級制度》分許了東嶽、武成王、哪吒、匡阜真人等神祇,認爲《封神演義》是對明代江南神靈世界的反映。他引用道書《道法會元》《法海遺珠》《上清靈寶濟度大成金書》清理元明道教雷法的發展、雷法的煉度科儀和神部配置尤其元帥神的配置據以分析《封神演義》,認爲《封神演義》中的人物直接取自地方社會用以對抗邪神的神祇系統,斷定《封神演義》中的戰神神譜出現於明初。在他看來,道教儀軌、道教祭典上所歌唱的內容爲《封神演義》的邏輯架構提供了基礎,《封神演義》則利用周朝神聖而正統的歷史將道教的祭祀結構體系化,爲儀軌提供注解,在其與祠廟網路之間建立緊密聯繫②。田仲一成進一步指出,安慰英靈的宗教活動首先由佛教的水陸道場承擔,但進入南宋以來,以安慰孤魂爲目的的道教系統的黃籙齋或九幽齋更爲流行,這類道教鎮魂儀式是《封神演義》相關情節的基礎③。他首先注意到江西、湖南、四川等地搬演《目連救母》之前會搬演《封神演義》,并認爲這是出於鎮魂之考慮;他還認爲小說中的封神台、封神儀式是道教以安撫孤魂爲目的的齋醮真相。田中一成的看法建立在他長期從事中國祭祀戲劇研究的基礎之上,應該看作是對梅林寶

---

① Mark Meulenbeld, *Demonic Warfare:Daoism,Territorial Networks,And The History of a Ming Novel*. Honolulu:University of Hawai'i Press,p24,2015.

② Mark Meulenbeld, *Demonic Warfare:Daoism,Territorial Networks And The History of a Ming Novel*. Honolulu:University of Hawai'i Press,2015.

③ [日]田仲一成:《道教鎮魂儀式視野下的〈封神演義〉的一個側面》,見陳偉强主編《道教修煉與科儀的文學體驗》,南京:鳳凰出版社,2018年。

观点的有力支持。

早在 1952 年,贺登嵩就认识到明清"神魔小説"在神灵传播上的作用。他在一篇文章中指出,小説《北遊記》對傳播真武崇拜頗爲關鍵①。夏維明認同這一觀點,指出白話小説在神祇的跨時空傳播上具有重要作用②。他指出,白話小説在神祇崇拜傳播中所扮演的角色對於神祇的社會特徵具有重要啟示:他們表現了與社會主流思想完全相反的一種景象,女性、武士和離經叛道之神均在很重要的方面公然反抗社會精英的儒家理念,這些神靈顛覆了封建社會末期占支配地位的儒家精神;他還指出,白話小説在神祇傳播中扮演的角色對中國小説研究也有啟示:將"長篇小説(novel)"這一術語運用在"小説(xiaoshuo)"體裁的長篇敘事上在某種程度上會讓人誤解,"長篇小説(novel)"這一術語在西方主要指以人類經歷爲主題的作品。當然,許多"小説(xiaoshuo)"的叙事涉及人界,但正如我們所見,許多其他作品的主題卻是志怪,它們的主角是神祇,即使當他們以幽默詼諧的方式被刻畫時,其宗教力量也從未被質疑。而在西方,人界與神界被嚴格劃分,在中國則是相互混雜。這正是因爲大多數中國的神祇原本是人類,而同一個文學體裁"小説(xiaoshuo)"可用來描寫兩者。山下一夫的個案研究也支持了夏維明的説法。他指出,華北一帶與《封神演義》有關係的梆子腔演出劇碼常常作爲廟會中的祀神戲加以表演,導致寺廟的主神名稱受到《封神演義》影響、義和團成員體驗《封神演義》中神靈附體等情況,這表明《封神演義》被編成地方戲曲而流通各地對民間信仰產生了巨大影響③。

三、小結

二十世紀以來,中國學術界尤其是古代小説研究界一般將上述道教神話、道士傳記和道教小説視作仙話、志怪小説和神魔小説加以研究,也就是説把這些創作者視爲真實敘事甚至神聖敘事的作品當做虛構的純文學作品加以研究。域外學者最初也採取了這

---

①Grootaers Willem A, *The Hagiography of the Chinese God Chen-Wu: The Transmission of Rural Tradition in Chahar*, Folklore Studies 11:2,139-181,1952.

②Meir Shahar, *Vernacular Fiction and the Transmission of God's Cults in Late Imperial China*. In Unruly gods: divinity and society in China, edited by Meir Shahar and Robert P. Weller, Honolulu: University of Hawai'i Press, pp. 184-211,1996.

③[日]山下一夫:《"封神演義"の戲曲化と民間信仰への影響》,《東方宗教》101:1-17,2003.

一研究範式,但最近幾十年的研究成果表明,他們修正了自己的看法。他們或將這批作品視爲一種宗教實踐的記錄,或將這批作品視爲宗教實踐中產生的文本,或將這批作品視爲爲宗教實踐服務的文本,其研究成果對中國本土的相關研究具有重要啟示。域外學術界的這些成就與域外學者對中西"宗教"概念的理解密切相關。比如研究中國道教傳記取得重要成果的康儒伯就通過對現代西方和中古中國"宗教"及"宗教"概念的隱喻的對比和反思深度揭示了人們在使用"宗教""傳統""系統"及其他隱喻表達所帶來的遮蔽及誤解,從而呼籲從原始文本、原始語境來理解"宗教"之含義,并選擇恰當的表達詞彙。他指出,對"宗教"的論述首先是一個語言學問題,具有隱喻性,其次"宗教"概念源於西方文化傳統,它先天就具有界限分明及變動、偶然的隱含意義,而在中國本土語境中并沒有對應的詞彙——由此概念的濫用會帶來研究盲點,但中國語境中有相似的概念,通過二者的比較,可以更新我們的認知。他指出,西方語境中的"宗教"被實體化,形態學上的表現爲"ism"尾碼的使用,它隱含着系統性、整體性的意味,將這一觀念引入中國宗教研究(如佛教被譯作 Buddhism)是一種"本體論謬誤",因爲它掩蓋了主體的豐富細節(一個群體如何使用新的語言修辭來凸顯自身的獨特性,以及在宗教事件中的人們如何理解它;這些隱藏在宗教命名背後複雜的儀式的、社會的、組織的、修辭的及敘述的過程正是我們需要研究的);用"傳統"及"系統"描述"宗教"暗示着一種時間上的延續與一種有組織的、蓄意的、嚴格的一致性,也不符合"宗教"尤其是中國"宗教"的實際;一些描述"宗教"的隱喻性表達如將"宗教"比作有機體(通常是植物)、個性化的主體、市場化的商品、戰爭與軍隊等彰顯了物件的某些方面的同時也模糊了另一些內容。他思考了社會文化學"想像的群體"與"工具箱"理論對宗教研究的啟示。他認爲,從某種意義上說,"宗教"也是一個"想像的群體",它所具有的統一性與一致性不是輕易獲得的,而是在文本、儀式、實物及活動中不斷複述、建構、呈現中實現的,這一歷史性的過程是我們需要關注的重點;此外,與其將"宗教"視作整體的系統或同化吸收群體、思想、實踐、文本的大容器,不如將其視作一種文化"工具箱"——它包含着不同的甚至矛盾的各種行爲模式、文化模式,每種模式描述了人們在面臨生活和組織、行爲限制時所遇到的相應的問題,因而人們即使并不認同這一模式,也不可避免地借用它們的話語表達來探討生命的意義;在這一觀念下,我們或許可以消除現代宗教研究中關於"宗教"本身及其物件(那些超越了歷史文化與宗教而感知宇宙的人及受困於歷史文化與宗教的人)之間的鴻溝。作者呼籲,我們應該尋找關於"宗教"新的隱喻表達,這種表達應該避免將"宗教"視作現實中的實體,如有機體,視作盛裝人與事的裝棱角分明的容器,視作自主的主體,因爲"宗教"并不實際存在,至少并不像人們及它們的文本、圖像與行爲所表達的那樣。當我們將"宗教"隱喻性地想象爲"行爲",我們就難以認清那些真正參與這些"行爲"的主體:人①。這樣一種認識極大地深化了學術界對中國宗教的理解。域外中國道教文學研究正是在這種對"宗教"的思考與對中西"宗教"的體認中向前推進的。早期域外中國文學研究者認爲中國文學缺乏超越性就是因爲他們認同宗教學者所堅持的中國缺乏宗教的看法,如,1959 年出版《楚辭》英譯本、1964 年開始英譯《紅樓夢》的大衛·霍克斯就指出:"如果我們檢討我們文學與中國文學難以并置而論的發展過程,我們會發現其中最顯著的不同,是缺乏'宗教啟發性'的問題……常人泛論中國文學,或因此而涉及中國社會時,多用'世俗性'一詞加以描述。"②再如,八十年代美國一部權威中國文學作品選依然認爲中國文學缺乏超越性:"大體而言,中國詩詞表現出來的傳統態度,大多出之以不凡的人本精神與常識感,鮮少觸及超自然的層面,遑論敢在幻想與修辭上耽迷於放縱的翱遊。"③但這種觀點在隨後的研究中遭到否定。因爲上文提到的作者中,相當一部分出身宗教學界,擅長採用宗教學、社會學、人類學、歷史學方法研究中國宗教和宗教文學,因而能夠推進中國宗教文學的研究。就是出身文學的研究者也有宗教學的訓練,比如,余國藩教授就曾反思西方學術界關於中國文學缺乏宗教性的觀點。他梳理學術研究成果,認爲唐宋筆記和漢唐詩歌并未缺乏"宗教啟發性",在此基礎上,分析《西遊記》的"玄道",認爲"《西遊記》中有違史實的地方,一向公認是中國宗教史上最爲輝煌的一章,而這個事實,正是作者賴以架設其虛構情節,使作品深具複雜的宗教意義的所在。這種宗教意義,乃由小說中直指儒釋道三教的經典所形成的各種典故與象徵組成。三教并陳,又大量擷取所需教義,也是《西遊記》能夠鵠立於中國小說史的原因。""把金丹的玄理演化成一部有趣易讀的小說之際,《西遊記》的作者確乎可以歸入第一流的天才之列。"④在這樣的認識基礎上,我們除了正視中國宗教文學各文體各作品的宗教屬性和表達特性外,還需要擴大研究範圍,關注到相關作品的形成語境及其文體互動。如就道教敘事文學而言,我們需要在所謂的"仙話"

---

① Campany, Robert Ford, *on the very idea of religion*, *History of Religions*, Vol. 42, No. 4 (May 2003), pp. 287–319.

② David Hawkes, *Literature*, in *The Legacy of China*, ed. Raymond Dawson, Oxford: Clarencon Press, 1964, p. 86–87.

③ *The Columbia Book of Chinese Poetry: From Early Times to the Thirteenth Century*, trans. and ed. Burton Watson, New York: Columbia University Press, 1984, p. 3.

④ 余國藩:《宗教與中國文學——論〈西遊記〉的"玄道"》,見余國藩著、李奭學編譯《〈紅樓夢〉〈西遊記〉與其他》,北京:三聯書店,2006 年,第 366、383 頁。

"志怪小説""神魔小説"之外,收集筆記、方志、寶卷、道情、地方戲、唱本、善書、經卷、科儀等周邊的資料,多維度地挖掘文學、信仰、習俗中道教或道教周邊的意含,探尋道教、道教文學的豐富面相和本質特徵。

古印度栴檀樹考

張 勇(子開)
(四川大學文學與新聞學院)

　　栴檀,或作"旃檀",並乃梵語"चन्दन/candana"音譯"栴檀那""旃檀那"或"旃檀耳"等之省,或音譯爲"贊那囊""檀耳"等。或者音意合譯爲"栴檀香""檀香"。栴檀屬於雙子葉植物綱、薔薇亞綱檀香科(Santalaceae),有黑、紫、赤和白等之分;佛教認爲,其中品質最佳也最爲神聖者乃產自南印度的牛頭栴檀(गोशीर्ष चन्दन/gośīrṣa-candana/ox-head sandal-wood),傳說世界上第一尊佛像即是用牛頭栴檀所雕。栴檀不但至少在東漢即爲中土所知曉①,傳入我國的歷史也相當悠久②。本文略爲梳理東亞漢文文獻中有關栴檀的記載,以就教於大方云爾。

一、北鬱單越洲高聚山:雖產牛頭栴檀,却與佛無緣

　　佛教認爲,我們生活的娑婆世界(सहलोकधातु/Sahā-lokadhātu)以須彌山(सुमेरु/Sumeru)爲中心;山之四方的咸海中,有四大部洲。《大唐西域記》卷一:

---

　　①(東漢)竺大力共康孟祥譯《修行本起經》卷上《現變品》:"玉女寶者,其身冬則溫煖,夏則清涼,口中青蓮花香,身栴檀香,食自消化,無大小便利之患,亦無女人惡露不淨,髮與身等,不長不短,不白不黑,不肥不瘦,是以名爲玉女寶也。"[日]高楠順次郎、渡邊海旭、小野玄妙等編:《大正新脩大藏經》,東京:大正一切經刊行會,大正十三年(1924)至昭和七年(1932)版,第3册,no.184,第462頁c欄。按,本文引用《大正新脩大藏經》時,略爲調整了其標點和文字。下同。
　　②郭衛東:《檀香木:清代中期以前國際貿易的重要貨品》,《清史研究》2015年1期,第39—51頁。

然則索訶世界,(舊曰娑婆世界,又曰娑訶世界,皆訛也。)三千大千國土,爲一佛之化攝也。今一日月所照臨四天下者,據三千大千世界之中,諸佛世尊皆此垂化,現生現滅,導聖導凡。蘇迷盧山,(唐言妙高山。舊曰須彌,又曰須彌婁,皆訛略也。)四寶合成,在大海中,據金輪上,日月之所照迴,諸天之所遊舍。七山七海,環峙環列;山間海水,具八功德。七金山外,乃鹹海也。海中可居者,大略有四洲焉。東毘提訶洲,南贍部洲,(舊曰閻浮提洲,又曰剡浮洲,訛也。)西瞿陀尼洲,(舊曰瞿耶尼,又曰劬伽尼,訛也。)北拘盧洲。(舊曰鬱單越,又曰鳩樓,訛也)。金輪王乃化被四天下,銀輪王則政隔北拘盧,銅輪王除北拘盧及西瞿陀尼,鐵輪王則唯贍部洲。①

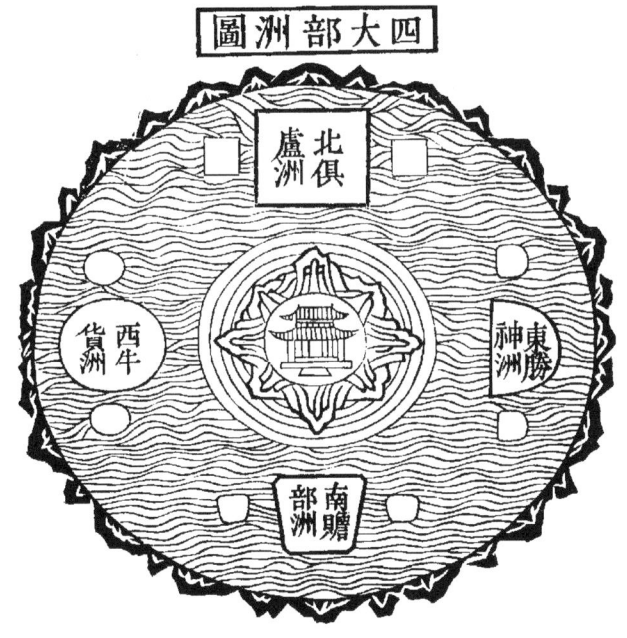

四大部洲圖②

鬱單越洲,或稱北俱盧洲等。是洲果報最佳,於四洲中最爲殊勝:一,內中人等,身量最高,"贍部洲,人身多分,長三肘半;於中少分,有長四肘。東勝身洲,人身長八肘。西牛貨洲,人身長十六肘。北俱盧洲,人身長三十二肘";二,壽量最長,"北俱盧洲人,

---

①(唐)玄奘、辯機原著,季羨林等校注:《大唐西域記校注》,北京:中華書局,1985年,第34—35頁。按,本文引用時,標點有所調整。下同。
②(明)燕山沙門仁潮集錄:《法界安立圖》卷上之上。[日]前田慧雲、中野達慧等編:《大日本續藏經》,京都:藏經書院,明治三十八年(1905)至大正元年(1912)印行。上海:商務印書館影印本,1925年12月版,第壹輯第貳編乙編,第二十三函,第四百五十六葉左半葉。

定壽千歲。西牛貨洲人，壽五百歲。東勝身洲人，壽二百五十歲。南贍部洲人，壽無定限"①；三，無所繫屬，無有我所②；四，樂多苦少，且獨無地獄。

考鬱單越洲（Uttara-kuru）之 uttara/उत्तर，本指北方。Uttara-kuru 可能乃印度雅利安人對其祖先居住地的理想化，本指雅利安的發源地——今俄羅斯烏拉爾山脉南部的也里可温（Arkaim）峽谷一帶也。

據《正法念處經》，鬱單越洲有十大山：一名僧迦賒山，二名等峯山，三名陀摩勿力伽山，四名白雲持山，五名高聚山，六名普鬘山，七名時節樂山，八名持歡喜山，九名如意山，十名俱賒耶舍山③。高聚山，或稱高山，共五大峰；其中第二峰形如牛頭，故稱牛頭，上生栴檀樹：

> 第二銀峯，銀樹具足，峯中多有牛頭栴檀。若諸天衆與阿修羅共鬭戰時，爲刀所傷，以此牛頭栴檀塗之即愈。以此山峯狀似牛頭，於此峯中生栴檀樹，故名牛頭。④

高聚山之銀峰"此山峯狀似牛頭"者，不但所生栴檀樹名牛頭栴檀，該山峰也當稱牛頭山吧。

我們知道，佛教有"八難（aṣṭâkṣaṇa）"之説，又稱八無暇（aṣṭâvakṣaṇā）；即無緣遇佛、不聞佛法的八種障難。其中第五種爲在邊地之鬱單越難：

> 五，北鬱單越難。梵語鬱單越，華言勝處，謂此處感報勝東西南三洲也。其人壽一千歲，命無中夭。爲著樂故，不受教化。是以聖人不出其中，不得見佛聞法，故名爲難。⑤

---

① （唐）圓暉述：《俱舍論頌疏論本》卷一一《分别根品二之一》。《大正新脩大藏經》，第 41 册，no. 1823，第 884 頁 a、a-b 欄。

② （後秦）佛陀耶舍共竺佛念譯：《長阿含經》卷二〇《忉利天品》，見《大正新脩大藏經》，第 1 册，no. 1，第 135 頁 b-c 欄。

③ （元魏）瞿曇般若流支譯：《正法念處經》卷六八《身念處品》，見《大正新脩大藏經》，第 17 册，no. 721，第 406 頁 b 欄。又見該經卷七〇《身念處品》，見《大正新脩大藏經》，第 17 册，no. 721，第 413 頁 b 欄。

④ （元魏）瞿曇般若流支譯：《正法念處經》卷六九《身念處品》，見《大正新脩大藏經》，第 17 册，no. 721，第 409 頁 c 欄。

⑤ （明）大佑述：《阿彌陀經略解圓中鈔》，見《大日本續藏經》第壹輯第壹編，第九十一函，第三百九十七葉左半葉至三百九十八葉右半葉。

正因其果報最勝,壽高樂多,故而人多貪戀享受,不產聖人,更無佛出世。

——既然無佛出世,無從聽聞佛法,鬱單越洲應即與佛教無緣矣。

雖然,據佛經記載,前生有善業者方能往生鬱單越洲此十座山中:"彼以聞慧或以天眼,見此衆生前世善業生此山中:不殺、不盜、不邪婬、不飲酒,行十善業,生此山中。"①十善業(daśa-kuśala-karma),細分爲身業三種(不殺、不盜、不邪婬)、口業四種(不妄語、不兩舌、不惡口、不綺語)和意業三種(不貪、不惱害、不邪見)。能行十善,即達三業清淨,如《魏書·釋老志》所言:"心去貪、忿、癡,身除殺、淫、盜,口斷妄、雜、諸非正言,總謂之十善道。能具此,謂之三業清淨。"當年,釋迦牟尼得道後,最早爲二商人所説之法即爲五戒十善:"昔者如來初證佛果,起菩提樹,方詣鹿園。時二長者遇被威光,隨其行路之資,遂獻麨蜜。世尊爲説人天之福,最初得聞五戒十善也。"②

"十善四弘,劫初便有"③。十善乃佛教戒律的基礎,所謂"十善攝一切善"④,"十善爲總相戒"⑤即十善攝一切戒。遵十善戒,行十善業,是爲十善正法;可得十善位,往生天界。能够往生鬱單越洲高聚山之人,也相當於住在天界了吧,也算是有福報了吧,也就是上揭經文所説的"感報勝東西南三洲"也。

二、南贍部洲摩羅耶山:亦產兩種栴檀

1. 摩羅耶山盛產牛頭栴檀

除了鬱單越洲,贍部洲亦產栴檀,其中亦有牛頭栴檀。

贍部,或音譯爲"譫浮""閻浮",源於梵語 jambu(जम्बु)、jambū(जम्बू) 或 jāmbū(जाम्बू)。其實,這幾個梵語詞,本義皆爲樹名;因此洲有此樹,故以樹名洲,稱爲贍部洲

---

① (元魏)瞿曇般若流支譯:《正法念處經》卷七〇《身念處品》,見《大正新脩大藏經》第17册,no. 721,第413頁b欄。

② (唐)玄奘、辯機原著,季羡林等校注:《大唐西域記校注》卷一"縛喝國"條,第122頁。

③ (唐)道宣述疏、(宋)元照述:《四分律删補隨機羯磨疏濟緣記》卷二之一,見《大日本續藏經》第壹輯第壹編,第六十四函,第三百五十八葉左半葉下欄。

④ (唐)澄觀述:《華嚴經行願品疏》卷一〇,見《大日本續藏經》壹輯第壹編,第七函,第三百七十八葉左半葉下欄。

⑤ [印]龍樹菩薩造,(後秦)鳩摩羅什譯:《大智度論》卷四六《摩訶衍品》,見《大正新脩大藏經》,第25册,no.1509,第395頁b至c欄。

(जम्बुद्वीप/Jambudvīpa)也。于闐國三藏實叉難陀譯《大方廣佛華嚴經》"百億閻浮提"①,唐澄觀疏:"初中閻浮提者,新云贍部。《俱舍》云:阿耨達池岸有樹名贍部,因以名洲。提者,此云洲也。"②"疏:《俱舍》云阿耨達池岸者,即第十一論釋無熱池。意云,於此池側有贍部林,其形高大,其果甘美,依此林故名贍部洲。或依此果以立洲號,論更不釋。有云,以此洲南狹北闊、樹葉頭大後小,似此洲故,未見有釋。若《立世阿毘曇》云,樹在此洲之南。"③

綜觀佛典可知,贍部洲原指印度,後漸泛指人間世也。

南贍部洲圖④

前援《正法念處經》謂,鬱單越洲有十大山,其中的高聚山生牛頭栴檀樹。該經又稱,贍部洲則有四大山,內中之摩羅耶山亦產栴檀:

---

①(唐)于闐國三藏實叉難陀譯:《大方廣佛華嚴經》卷一三《光明覺品》,見《大正新脩大藏經》,第10册,no.279,第62頁b欄。

②(唐)澄觀:《大方廣佛華嚴經疏》卷一三《光明覺品》,見《大正新脩大藏經》,第35册,no.1735,第595頁c欄。

③(唐)澄觀:《大方廣佛華嚴經隨疏演義鈔》卷二九《光明覺品》,見《大正新脩大藏經》,第36册,no.1736,第223頁a欄。

④(明)燕山沙門仁潮集録:《法界安立圖》卷上之上,見[日]前田慧雲、中野達慧等編:《大日本續藏經》,第壹輯第貳編乙編,第二十三函,第四百五十一葉右半葉。

如閻浮提中有四大山。何等爲四？一名雪山，二名民陀山，三名摩羅耶山，四名鷄羅娑山。①

摩羅耶山多有栴檀，其山廣長五百由旬，高三由旬。②

而且，這種栴檀也叫牛頭栴檀。《大方廣佛華嚴經》曰："摩羅耶山出栴檀香，名曰牛頭。若以塗身，設入火坑，火不能燒。"③《新華嚴經論》卷三七《入法界品》："摩羅耶山者，此山在南天竺境摩利伽耶國。此國依此山立名。此山多出白旃檀香。此山出旃檀香，名牛頭。若以塗身，設入火坑，火不能燒。"④

摩羅耶，मालय/Malaya 之音譯，或譯"摩羅延""摩利伽羅耶""摩賴耶"，節譯"摩梨""摩利"。mala，垢；ya，除。摩羅耶，意爲離垢。唐慧琳《一切經音義》："摩羅延山：亦云摩羅耶，垢除也。"⑤《翻梵語》曰："摩羅耶山：亦云摩羅延。譯曰魔羅者，垢；耶者，除也。(《大般涅槃經》)第二十九卷。"⑥摩羅耶山，在南印度摩羅耶國的中央，即 the Malabar hills。唐慧琳《一切經音義》："摩羅耶山：具云摩利伽羅耶。其山在南天竺境摩利伽耶國南界，而因國以立山名。其山中多出白旃檀木也。"⑦"因國以立山名"者，蓋該國最著名的乃是山也。然亦有言曰，國因山名："摩羅提國：具云摩羅耶提致。此云鬘陀。或曰摩羅耶者，山名也。提，數中也。言此國中央有摩羅耶山，故因名也。"⑧質言

---

① (元魏) 瞿曇般若流支譯：《正法念處經》卷七〇《身念處品》，見《大正新脩大藏經》，第 17 冊，no. 721，第 414 頁 c 欄。

② (元魏) 瞿曇般若流支譯：《正法念處經》卷六八《身念處品》，見《大正新脩大藏經》，第 17 冊，no. 721，第 401 頁 b 欄。

③ (唐) 于闐國三藏實叉難陀譯：《大方廣佛華嚴經》卷六七《入法界品》，見《大正新脩大藏經》，第 10 冊，no. 279，第 361 頁 a 欄。按，唐般若譯《大方廣佛華嚴經》卷一四《入不思議解脫境界普賢行願品》亦謂："摩羅耶山出栴檀香，名曰牛頭。若以塗身，設入火阬，火不能燒。"(《大正新脩大藏經》，第 10 冊，no. 293，第 726 頁 a 欄)

④ (唐) 李通玄：《新華嚴經論》卷三七《入法界品》，見《大正新脩大藏經》，第 36 冊，no. 1739，第 976 頁 c 欄。

⑤ (唐) 慧琳：《一切經音義》卷二六，《大般涅槃經》第三十八卷音義。《大正新脩大藏經》，第 54 冊，no. 2128，第 480 頁 c 欄。

⑥ (梁) 寶唱(?)：《翻梵語》卷九《山名第五十一》，見《大正新脩大藏經》，第 54 冊，no. 2130，第 1042 頁 c 欄。

⑦ (唐) 慧琳：《一切經音義》卷二三，新譯《華嚴經》卷六七《入法界品》音義。《大正新脩大藏經》，第 54 冊，no. 2128，第 453 頁 a 欄。

⑧ (唐) 慧琳：《一切經音義》卷二三，新譯《華嚴經》卷七九《入法界界品》音義，見《大正新脩大藏經》，第 54 冊，no. 2128，第 456 頁 c 欄。

之,摩羅耶之所以有離垢之義,還是因爲山上的栴檀樹也。"摩羅耶山:亦云摩羅延。摩羅,此云垢也;耶,云除也。山在南天竺境,因國爲名。其山多白旃檀香,入者香潔,故云除垢也。"①進是山即可沾染白旃檀香氣,袪除身上異味,故山得離垢之名。

或言,此山就在楞伽國。《翻譯名義集》:"楞伽,正言駿(力登)迦。佛住南海濱,入楞伽國摩羅耶山而説此經。梵語楞伽,此云不可往,唯神通人方能到也。阿跋多羅,此云入,謂入此山中,而説此寶。或翻無上,謂此經法是無上寶。"②楞伽,Laṅkā 之音譯。本爲山名,因山而名國。楞伽國,古又稱師子國,即今斯里蘭卡。據説,佛陀嘗在楞伽山説法,集爲《楞伽經(The LaṅTkāvatāra sūtra)》。曾有四種漢譯本,今存三種:第一種,Dharmarakṣa 所譯,已佚;第二種,劉宋求那跋陀羅(Guṇabhadra)譯《楞伽阿跋多羅寶經》四卷;第三種,元魏菩提流支(Bodhiruci)譯《入楞伽經》十卷;第四種,唐實叉難陀(Sikṣānanda)譯《大乘入楞伽經》七卷。據《入楞伽經》載,摩羅耶山頂上有楞伽城,世尊就是在該城中説《楞伽經》:"一時婆伽婆住大海畔摩羅耶山頂上楞伽城中——彼山種種寶性所成,諸寶間錯,光明赫炎,如百千日照曜金山;復有無量花園香樹,皆寶香林,微風吹擊,摇枝動葉,百千妙香一時流布,百千妙音一時俱發;重巖屈曲,處處皆有仙堂、靈室、龕窟,無數衆寶所成,内外明徹,日月光暉不能復現,皆是古昔諸仙賢聖思如實法得道之處——與大比丘僧及大菩薩衆,皆從種種他方佛土俱來集會。"③

也就是説,摩羅耶山實爲佛教聖地也。

摩羅耶山盛産栴檀,亦見於其他文獻。《大般涅槃經》:"善男子!是身不如摩羅耶山生於栴檀……"④《翻譯名義集》言:"摩黎,或云摩羅耶。在南天竺。多出栴檀。"⑤《大智度論》亦引讚佛偈曰:"諸世善語,皆出佛法;善説無失,無過佛語。餘處雖有,善無過語,一切皆是,佛法之餘。諸外道中,設有好語,如蟲食木,偶得成字;初中下法,自共相破,

---

① (唐)慧琳:《一切經音義》卷二六,《大般涅槃經》第三十二卷音義,見《大正新脩大藏經》,第 54 册,no. 2128,第 479 頁 a 欄。

② (宋)法雲編:《翻譯名義集》卷四《十二分教篇第四十》,見《大正新脩大藏經》,第 54 册,no. 2131,第 1112 頁 b 欄。

③ (元魏)菩提流支譯:《入楞伽經》卷一《請佛品》,見《大正新脩大藏經》,第 16 册,no. 671,第 514 頁 c 欄。

④ (北涼)天竺三藏曇無讖譯:《大般涅槃經》卷三一《師子吼菩薩品》,見《大正新脩大藏經》,第 12 册,no. 374,第 552 頁 c 欄。按,宋沙門慧嚴等依《泥洹經》加之《大般涅槃經》卷二九《師子吼菩薩品》亦載:"善男子!是身不如摩羅耶山生於栴檀……"《大正新脩大藏經》,第 12 册,no. 375,第 798 頁 c 欄)

⑤ (宋)法雲編:《翻譯名義集》卷三《衆山篇第二十九》,見《大正新脩大藏經》,第 54 册,no. 2131,第 1099 頁 b 欄。

如鐵出金,誰當信者?如伊蘭中,牛頭栴檀;如苦種中,甘善美果。設能信者,是人則信,外經書中,自出好語。諸好實語,皆從佛出;如栴檀香,出摩梨山,除摩梨山,無出栴檀。如是除佛,無出實語。"①又説:"如除摩梨山,一切無出栴檀木。"②摩梨山,就是摩羅耶山。"除摩梨山,無出栴檀"者,認爲摩羅耶山所出栴檀最佳,或佛教只用此處之栴檀吧。

上援唐李通玄《新華嚴經論》和慧琳《一切經音義》皆稱摩羅耶山多出白旃檀香,李氏又稱牛頭旃檀,當是比擬於鬱單越洲高聚山所產之牛頭栴檀吧。

2. 摩羅耶山的確切地點及栴檀儞婆樹之得名

摩羅耶山盛產白旃檀,《大唐西域記》亦有記載:

> 國南濱海有秣刺耶山,崇崖峻嶺,洞谷深澗。其中則有白檀香樹,栴檀儞婆樹。樹類白檀,不可以別,唯於盛夏登高遠瞻,其有大蛇縈者,於是知之。猶其木性涼冷,故蛇盤也。既望見已,射箭爲記,冬蟄之後,方乃採伐。羯布羅香樹,松身異葉,花菓斯別;初採既濕,尚未有香,木乾之後,循理而析,其中有香,狀若雲母,色如冰雪,此所謂龍腦香也。③

《大唐大慈恩寺三藏法師傳》言辭略異:

> 自此國界三千餘里,聞有秣羅矩吒國(南印度境)。既居海側,極豐異寶。其城東有窣堵波,無憂王所建,昔如來於此説法,現大神變,度無量衆處。國南濱海有秣刺耶山,崖谷崇深;中有白檀香樹,栴檀儞婆樹,樹類白楊,其質涼冷,蛇多附之,至冬方蟄,用以別檀也。又有羯布羅香樹,松身異葉,花果亦殊;濕時無香,採乾之後,折之中有香,狀類雲母,色如冰雪,此所謂龍腦香也。④

---

① [印]龍樹菩薩造,(後秦)鳩摩羅什譯:《大智度論》卷二《序品》,見《大正新脩大藏經》,第25册,no.1509,第66頁b欄。
② [印]龍樹菩薩造,(後秦)鳩摩羅什譯:《大智度論》卷一八《序品》,見《大正新脩大藏經》,第25册,no.1509,第191頁b欄。
③ (唐)玄奘、辯機原著,季羨林等校注:《大唐西域記校注》卷一一"秣羅矩吒國"條,第859頁。
④ (唐)慧立、彦悰著,孫毓棠、謝方點校:《大慈恩寺三藏法藏傳》卷四,北京:中華書局,2000年,第87頁。

秣剌耶山,即摩羅耶山,就是我們前面提到的 the Malabar hills。秣羅矩吒,Malakūṭa 之音譯。秣羅矩吒,就在南印度 Malabar 海濱。秣剌耶山/摩羅耶山,其實就是印度南部、德干高原西部的西高止山(Western Ghats)的一段,始自尼爾山(Nilgiris),終於科摩林角(Cape Comorin),又稱卡爾達蒙(Cardamon)①。

秣羅矩吒國除了秣剌耶山,還有布呾落迦山,"從此山東北海畔有城,是往南海僧伽羅國路。聞諸土俗曰:從此入海,東南可三千餘里,至僧伽羅國。(唐言執師子,非印度之境)"②可見,秣剌耶山/摩羅耶山并不屬於楞伽國(僧伽羅國);佛陀説《楞伽經》所在的摩羅耶山頂上的楞伽城,當然也不在楞伽國境内:《翻譯名義集》所言訛矣。何況,"僧伽羅國先時唯宗淫祀",直到佛去世後第一百年,無憂王弟摩醯因陀羅方"來遊此國,弘宣正法,流布遺教"③呢。

實叉難陀所譯《大乘入楞伽經》,時在武后時期。敦煌莫高窟現存 12 輔敷衍此經故事的經變畫,即中唐第 236 窟,晚唐第 9、85、138、156、459 窟,五代第 4、61 窟,以及宋代第 55、231、454 和 456 窟,而以第 85 和 61 窟較佳。第 85 窟窟頂東披,繪有《楞枷經》變,其核心内容為釋迦牟尼上摩羅耶山頂的楞伽城,為羅婆那王説法。不過,就該圖而言,僅大略可知摩羅耶山位於西南角,難以判斷具體位置。

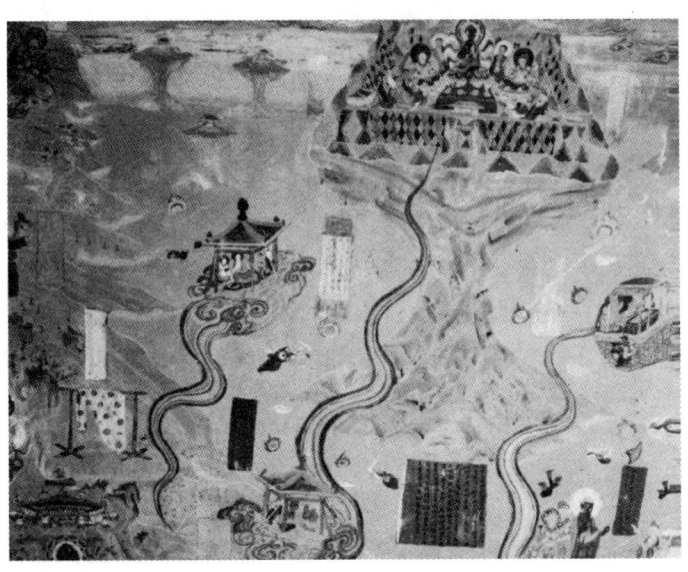

敦煌莫高窟第 85 窟釋迦牟尼在摩羅耶山圖(晚唐)

①(唐)玄奘、辯機原著,季羨林等校注:《大唐西域記校注》卷一一"秣羅矩吒國"條,第 860 頁。
②(唐)玄奘、辯機原著,季羨林等校注:《大唐西域記校注》卷一一"秣羅矩吒國"條,第 862 條。
③(唐)玄奘、辯機原著,季羨林等校注:《大唐西域記校注》卷一一"僧伽羅"條,第 878 頁。

有關摩羅耶山的藝術作品,在東瀛也不乏見。日本法隆寺繪於後光嚴天皇貞治三年(1364)的"五天竺圖",即有摩羅耶山。圖中摩羅耶山作"瑪拉雅山",也位於印度次大陸最南端的西南角,跟它相連的爲"波特拉卡山",即"布呾落迦山";隔了一段距離,東南角纔是"駿伽山",即"楞伽山"。很顯然,楞伽山(駿伽山)和瑪拉雅山(摩羅耶山)是兩座不同的山吧。

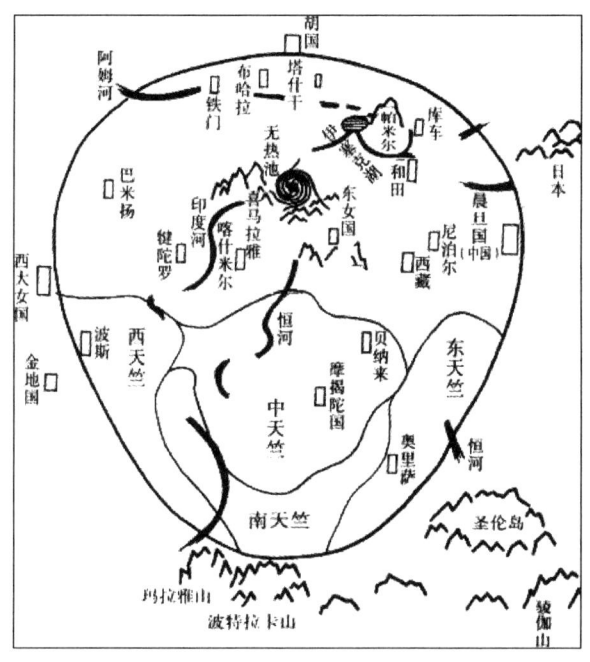

日本法隆寺"五天竺圖"(貞治三年【1364】)

當然,最重要的是,秣剌耶山/摩羅耶山所産的栴檀樹有兩種:白檀香樹和栴檀儞婆樹。據玄奘所説,栴檀儞婆樹與白檀香樹的區別,乃在於"木性涼冷",故"有大蛇縈者"。栴檀儞婆,梵文 candaneva 之音譯;又稱烏洛迦栴檀,梵文 uraga-candana(उरगसार-चन्दन)之音譯,uraga(उरग)謂蛇。《華嚴經》有言:"善男子!我又善知和合一切諸香要法,所謂無等香、辛頭波羅香、無勝香、覺悟香、阿盧那跋底香、堅黑栴檀香、烏洛迦栴檀香、沈水香、不動諸根香,如是等香,悉知調理和合之法。"①

李通玄(635—730)稱,得名烏洛迦栴檀不是由於"木性涼冷",而是此樹可消毒蛇之

---

① (唐)實叉難陀譯:《大方廣佛華嚴經》卷六六《入法界品》,見《大正新脩大藏經》,第 10 册,no. 279,第 354 頁 c 欄至第 355 頁 a 欄。

毒性:"烏洛迦栴檀香者:烏洛迦,蛇名;栴檀者,香樹也。明此蛇最毒,常患毒熱,以身遶此香樹,其毒氣便息。"①慧琳(737—820)除沿襲李説之外,另記異説:"烏洛迦栴檀香:烏洛迦者,西域蛇名。其蛇常患毒熱,投此香樹,以身繞之,熱毒便息。故因名也。或曰,此蛇最毒,螫人必死,唯此旃檀能治,故以爲名耳。"②烏洛迦栴檀,具稱烏洛迦娑羅栴檀、憂陀伽娑羅栴檀,梵文 uragasāra-candana（उरगसार-चन्दन）之音譯,sara（सार）謂物。或稱,sara 義爲勝出:"憂陀伽婆羅栴檀者,具云地毘烏羅伽娑羅也。地毘,此云妙。烏羅伽,此云腹行,即龍蛇之類。娑羅,此云勝,亦云堅固。謂此栴檀堅固勝出,在龍宮,故以爲名。"③

因蛇"投此香樹,以身繞之",故慧琳又意譯烏洛迦即烏洛迦娑羅(uragasāra)爲"虵衛":"虵衛旃檀:之然反。旃檀,梵語略也,正梵音戰那曩。西國香木名也。此國本無,難爲對譯;古來但存梵語,相傳爲名,即白檀香水也。外國云:此香出諸海島山,有赤白二種;赤者爲上,性甚涼冷,能除熱疾瘡腫。有此樹處,山中多有大毒虵,暑月炎熱之時,其虵多在樹上以避熱。但虵多者,其香殊勝。夷人箭射其樹記之,待虵蟄之後而採之也。"④此種譯法,今天尚有人襲之⑤。

要言之,栴檀儞婆樹的得名當與蛇有關。

三、何謂古印度牛頭栴檀?

1. 南印度栴檀的種類

上援《大方廣佛華嚴經》稱"摩羅耶山出栴檀香,名曰牛頭",《新華嚴經論》亦言"摩羅耶山者……此山多出白旃檀香。此山出旃檀香,名牛頭"。其實,秣剌耶山/摩羅耶山所出白檀香樹和栴檀儞婆樹,不能皆稱爲牛頭栴檀。

在佛典中,白栴檀與牛頭栴檀是相區别的,往往并列。"上虛空中多有諸天,手持上

---

① (唐)李通玄:《新華嚴經論》卷三六《入法界品》,見《大正新脩大藏經》,第 36 册,no. 1739,第 971 頁 b 欄。

② (唐)慧琳:《一切經音義》卷二三,見《大正新脩大藏經》,第 54 册,no. 2128,第 452 頁 c 欄。

③ (唐)法藏述:《華嚴經探玄記》卷二〇《入法界品》,見《大正新脩大藏經》,第 35 册,no. 1733,第 488 頁 b 欄。

④ (唐)慧琳:《一切經音義》卷二四,見《大正新脩大藏經》,第 54 册,no. 2128,第 458 頁 a 欄。

⑤ (唐)玄奘、辯機原著,季羨林等校注:《大唐西域記校注》卷一一"秣羅矩吒國"條,第 860 頁注釋(二)。

妙七寶幡蓋,雨諸雜華金銀、頗梨、琉璃等寶,牛頭栴檀及白栴檀,堅靭沈水種種華香,遍雨如來所行之處。"①"岸列諸樹,白檀、赤檀、尸梨沙等,上有鸚鵡、舍利、迦鳥,翔集遊戲。"②

那麽,何者乃牛頭栴檀? 日僧釋信瑞認爲:"經音義云:《対法論》云:栴單那,徒旦反。或作栴檀那。此外國香木也。有赤、白、紫等諸種。(私案順:倭名,赤謂之牛頭栴檀,黑者謂之紫檀,白者謂白檀。)"③也就是説,只有赤色栴檀方可稱爲牛頭栴檀。秣剌耶山/摩羅耶山中的牛頭栴檀樹,符合條件的就只有栴檀儞婆樹矣。《寶星陀羅尼經》曰:"彼諸天衆供養佛故,於虛空中各持七寶幢幡華蓋,挍以種種金繩露縵真珠瓔珞。又雨金屑銀屑毘琉璃屑,及散一切沈水末香、多伽羅末香、黑栴檀末香、多摩羅葉香。復雨牛頭優羅伽栴檀香等,種種末香,遍於道上。"④牛頭優羅伽栴檀,就是栴檀儞婆樹。

釋信瑞稱赤栴檀就是牛頭栴檀。是耶,非耶?《悲華經》曰:"欲見阿竭琉香、多伽琉香、多摩羅跋栴檀沈水及赤栴檀、牛頭栴檀,欲見純栴檀者,隨意得見;欲見沈水者,亦隨意見;當見沈水不失栴檀,當見栴檀不失沈水,餘亦如是:種種所願,皆得成就。"⑤既然將牛頭栴檀與赤栴檀并列,則二者當有別吧。《無垢淨光大陀羅尼經》亦未將二者混同:"以其呪力及至心故,於泥等塔中出妙香氣,所謂牛頭栴檀、赤白栴檀、龍[髑]麝香、欝金香等及天香氣。"⑥

其實,如《寶星陀羅尼經》所載,世間除了赤栴檀和白栴檀之外,還有黑栴檀。"建阿僧祇殊勝寶幢,放大光明,照百由旬百萬池沼;黑栴檀泥,凝積池底;生寶蓮華,充滿其中;從彼蓮華,出大光明,普照一切。"⑦"譬如天上黑栴檀香,若燒一銖,其香普熏小千世

---

① (北涼)曇無讖譯:《大方等大集經》卷二〇《昧神足品》,見《大正新脩大藏經》,第 13 册,no. 397,第 138 頁 b 欄。

② (陳)月婆首那譯:《勝天王般若波羅蜜經》卷五《證勸品》,見《大正新脩大藏經》,第 8 册,no. 231,第 714 頁 b 欄。唐玄奘譯《大般若波羅蜜多經》卷五七一《證勸品》,辭幾同:"岸列諸樹,白檀、赤檀、尸利沙等,上有鸚鵡、舍利衆鳥,翔集遊戲。"(《大正新脩大藏經》,第 7 册,no. 220,第 950 頁 c 欄)

③ [日]釋信瑞:《淨土三部經音義集》卷一"栴檀樹"條,見《國家圖書館善本佛典》,第 61 册,no. 9025,第 56 頁 a 欄。

④ (唐)波羅頗蜜多羅譯:《寶星陀羅尼經》卷四《大集品》,見《大正新脩大藏經》,第 13 册,no. 402,第 555 頁 a 欄。

⑤ (北涼)曇無讖譯:《悲華經》卷三《諸菩薩本授記品 4》,見《大正新脩大藏經》,第 3 册,no. 157,第 187 頁 b 欄。

⑥ (唐)彌陀山譯:《無垢淨光大陀羅尼經》,見《大正新脩大藏經》,第 19 册,no. 1024,第 719 頁 b 欄。

⑦ (東晉)佛馱跋陀羅譯:《大方廣佛華嚴經》卷四七《入法界品》,見《大正新脩大藏經》,第 9 册,no. 278,第 698 頁 a 欄。

界,三千世界滿中珍寶所有價直皆不能及。"①因其硬度最大,又稱"堅黑栴檀"。"即時入是三昧,於虛空中,雨曼陀羅華、摩訶曼陀羅華、細粖堅黑栴檀,滿虛空中如雲而下。又雨海此岸栴檀之香,此香六銖,價直娑婆世界,以供養佛。"②當然,黑栴檀也不是牛頭栴檀:"彼菩提樹王出最妙香,所謂沈水香、多伽羅香、黑沈水香、多摩羅跋香、黑栴檀香、龍栴檀香、牛頭栴檀等香,香氣出時,遍彼佛刹。"③牛頭栴檀與黑栴檀和龍栴檀并列,三者顯非一物矣。

還有紫栴檀。《佛說浴像功德經》:"若欲沐像,應以牛頭栴檀、紫檀、多摩羅香、甘松、芎藭、白檀、欝金、龍腦、沈香、麝香、丁香,以如是等種種妙香,隨所得者,以爲湯水,置淨器中。"④紫栴檀不同於牛頭栴檀也。《浴佛功德經》亦言:"若浴像時,應以牛頭栴檀、白檀、紫檀、沈水、熏陸、欝金香、龍腦香、零陵、藿香等,於淨石上磨作香泥,用爲香水,置淨器中。"⑤紫栴檀當然非白栴檀也。

按上引日僧信瑞所說,紫栴檀就是黑栴檀。然黑、紫非同,漢文佛典中既然分別使用二字,則紫栴檀和黑栴檀還是應該不一樣的。慧琳則謂,紫栴檀就是赤栴檀:"旃檀:旃檀那。謂牛頭旃檀等。赤即紫檀之類,白謂白檀之屬。古作栴丹。《切韻》作栴,非也。"⑥

可見,究竟是紫栴檀,還是黑栴檀或赤栴檀,不同地域、不同時代或不同領域之人,認知是不同的。

也就是說,如果牛頭栴檀與赤栴檀、紫栴檀或黑栴檀并舉,則它們之間有產地的區別;倘若未出現牛頭栴檀,則赤栴檀、紫栴檀或黑栴檀皆有可能是牛頭栴檀也。

再從上援經文中可知,還有龍栴檀和多摩羅跋栴檀等栴檀名,不過這與栴檀的品種無涉,僅爲美化之辭而已——如"多摩羅跋栴檀"不過指藿葉香栴檀⑦罷了——故此不贅論矣。

---

① (唐)實叉難陀譯:《大方廣佛華嚴經》卷七八《入法界品》,見《大正新脩大藏經》,第10册,no. 279,第432頁a欄。
② (隋)闍那崛多共笈多譯:《添品妙法蓮華經》卷六《藥王菩薩本事品》,見《大正新脩大藏經》,第9册,no. 264,第188頁a欄。
③ (北周)宇文氏、闍那耶舍譯:《大乘同性經》卷下,見《大正新脩大藏經》,第16册,no. 673,第650頁c欄。
④ (唐)寶思惟譯:《佛說浴像功德經》,見《大正新脩大藏經》,第16册,no. 697,第799頁b欄。
⑤ (唐)義淨譯:《浴佛功德經》,見《大正新脩大藏經》,第16册,no. 698,第800頁b欄。
⑥ (唐)慧琳:《一切經音義》卷二七,見《大正新脩大藏經》,第54册,no. 2128,第484頁a欄。
⑦ (梁)寶唱(?):《翻梵語》卷一:"多摩羅跋栴檀香:譯曰藿葉香也。"《大正新脩大藏經》,第54册,no. 2130,第982頁b欄。

2. 哪種栴檀最佳？

漢文佛典中屢屢稱讚赤栴檀，譽之爲世間最佳。《中阿含經》曰："猶諸樹香，赤栴檀爲第一。"①又言："瞿曇！猶諸娑羅樹香，赤栴檀爲第一。所以者何？瞿曇！赤栴檀者，於諸娑羅樹香爲最上故。"②"諸樹"者，謂南贍部洲之樹也。"諸娑羅樹香"者，這又是將赤栴檀與娑羅樹(sāla-ṛkṣa)相較也。按，sāla(साल)本義即爲堅固也。這種認知，也爲中土所遵循："白檀：唐蘭反。香木名也。白赤俱香，赤者爲上。梵云贊那曩，古譯云栴檀香，是也。出外國海島中。"③當然，如前所論，"出外國海島"誤。

然佛典又稱，摩羅耶山爲蛇所繞過的栴檀方爲最好："善男子！譬如憂陀伽娑羅栴檀，若燒一銖，香氣普熏小千世界；三千大千世界珍寶，所不能及。菩提心香亦復如是，以妙功德普熏法界，一切聲聞、緣覺功德，所不能及。"④

何以解釋這兩種貌似矛盾之說？憂陀伽娑羅栴檀即牛頭栴檀和赤栴檀，究竟何者爲上？

首先，如果牛頭栴檀單獨出現，或者赤栴檀、紫栴檀、黑栴檀和牛頭栴檀并舉時，自以牛頭栴檀最佳，上援諸例皆是如此。其次，如前所言，緣於對栴檀是赤、黑、紫的認知有異，故而佛典中只有赤栴檀、紫栴檀和黑栴檀出現時，又會有黑色栴檀最佳、紫色栴檀最佳等說法。何況，南贍部州摩羅耶山的牛頭栴檀本屬赤色栴檀，說赤栴檀最佳亦無不可吧。

說摩羅耶山出産的栴檀儞婆樹即憂陀伽娑羅栴檀最佳，還有一個根本性原因，即佛陀一生和涅槃後皆普遍用之。

比如，僅就《佛本行集經》所載，釋迦牟尼當太子時，用作書板："爾時，太子既初就學，將好最妙牛頭栴檀作於書板，純用七寶莊嚴四緣，以天種種殊特妙香塗其背上。"⑤

---

① (東晉)瞿曇僧伽提婆譯：《中阿含經》卷三四《大品》，見《大正新脩大藏經》，第1册，no.26，第647頁c欄。

② (東晉)瞿曇僧伽提婆譯：《中阿含經》卷三五《梵志品》，見《大正新脩大藏經》，第1册，no.26，第653頁b欄至c欄。

③ (唐)慧琳：《一切經音義》卷八，見《大正新脩大藏經》，第54册，no.2128，第351頁c欄。

④ (東晉)佛馱跋陀羅譯：《大方廣佛華嚴經》卷五九《入法界品》，見《大正新脩大藏經》，第9册，no.278，第778頁a欄。

⑤ (隋)闍那崛多譯：《佛本行集經》卷一一《習學技藝品》，見《大正新脩大藏經》，第3册，no.190，第703頁c欄。

出家之前,用塗抹身體:"恒以妙好多伽羅香、栴檀沈水、牛頭栴檀,用塗其身。"①修行期間,六道衆生用作供奉:"爾時,彼等一切樹神,各將沈水、牛頭栴檀、諸末香等,又復種種妙好香花,散菩薩上;散已復散:歡喜踊躍,遍滿其體,不能自勝。"②成佛之時,諸天用以慶賀:"爾時,彼等一切諸天聞此説已,心各思惟:'如來已得成三菩提。'歡喜踊躍,遍滿其體,不能自勝。將天妙花、塗香末香、天旃檀香、牛頭旃檀細末之香,曼陀羅花、摩訶曼陀羅花,散如來上,散已復散。"③所講本生故事,亦并如此:"諸天在於虛空裏,純雨牛頭栴檀末,尸棄如來大聖師,應感流行如是事。"④據《大涅槃經》,釋迦臨終之前,諸天以之供養:"爾時,諸天龍神八部,於虛空中,雨衆妙花、曼陀羅花、摩訶曼陀羅花、曼殊沙花、摩訶曼殊沙花而散佛上,又散牛頭栴檀等香,作天伎樂,歌唄讚歎。"⑤圓寂後,撒在金棺内:"時諸力士聞阿難言,心大悲慶,即於林中種種供養。滿七日已,時諸力士以新淨綿及以細氎纏如來身,然後内以金棺之中。其金棺内,散以牛頭栴檀、香屑及諸妙華。"⑥焚軀之時,更以之爲放置寶棺及火化之香蘁:"供養訖已,即便從城東門而出,往於寶冠支提之所。既到彼處,比丘、比丘尼、優婆塞、優婆夷、天龍八部,感結悲哽,不能自勝,而便聚積牛頭栴檀及諸雜香。又於蘁上,敷舒繒氎,施大寶帳以覆其上。昇舉寶棺,繞彼香蘁周迴七匝,燒香散花,作衆伎樂,而以寶棺置香蘁上,取妙香油周澆灑之。"⑦

　　至於以牛頭栴檀塑造佛菩薩像及其他用途者,文獻記載更夥,筆者將有專文述及,此不再及。

————————

①(隋)闍那崛多譯:《佛本行集經》卷一九《車匿等還品》,見《大正新脩大藏經》,第3册,no.190,第744頁a欄。
②(隋)闍那崛多譯:《佛本行集經》卷二七《魔怖菩薩品》,見《大正新脩大藏經》,第3册,no.190,第779頁a欄。
③(隋)闍那崛多譯:《佛本行集經》卷三一《昔與魔競品》,見《大正新脩大藏經》,第3册,no.190,第796頁c欄。
④(隋)闍那崛多譯:《佛本行集經》卷五一《尸棄佛本生地品》,見《大正新脩大藏經》,第3册,no.190,第891頁c欄。
⑤(東晉)法顯譯:《大般涅槃經》卷中,見《大正新脩大藏經》,第1册,no.7,第199頁a欄。
⑥(東晉)法顯譯:《大般涅槃經》卷下,見《大正新脩大藏經》,第1册,no.7,第206頁a欄。
⑦(東晉)法顯譯:《大般涅槃經》卷下,見《大正新脩大藏經》,第1册,no.7,第206頁b欄。

四、餘論

東亞漢文佛典中爲何出現這麽多有關栴檀的記載？爲何這些記載從佛教產生之時就一起延續了下來？

這當然與印度本土寶重栴檀的傳統有關。佛教本來就是由古印度次大陸的城邦小國迦毗羅衛城（Kapilavāstunagara）的土著釋迦牟尼（Sākyamuni）所創建，自然沿襲印度風俗。佛教中甚至有一尊多摩羅跋栴檀香佛，義爲性無垢佛，或指大目犍連[1]。甚至還有一部北宋時法賢所譯《佛説栴檀香身陀羅尼經》，據説"誦者，得見觀自在菩薩，亦治惡癩瘡癬"[2]。甚至還有一部可能是漢代所譯《佛説栴檀樹經》，講述"窮人依栴檀樹神得活，後報王伐此樹，身死樹下。佛微笑放光，説其夙緣"[3]之故事。

另外，南印度摩羅耶山所産牛頭栴檀之所以在諸種栴檀中佔據核心位置，還因爲該山在佛教歷史上具有重要地位："佛教原來只流行於中印度恒河流域一帶。"[4]"佛陀謝世後，佛教纔流傳到印度的其他地區，此後，馬哈拉施特拉境内的西高止山爲佛教提供了生存的空間，長達一千年左右。"[5]上所言《楞伽經》産於摩羅耶山頂的楞伽城，即爲明證。既然長期作爲佛教聖地，所産栴檀自然不但極爲貴重、還增添不少神聖性矣。

其實，栴檀樹不止産於印度，更不止産於南印度的摩羅耶山，如馬來西亞、印度尼西亞、澳大利亞以及太平洋東南部島嶼等地都有出産，不過以印度種植最多罷了。

總之，雖然我們所處的娑婆世界有多處皆産栴檀樹，但漢文典籍中記載最多的還是古代印度所産；特別是緣於佛教之故，南亞摩羅耶山的色澤紅色的牛頭栴檀在東亞文化中佔劇了最爲重要的位置。

（本文原刊於韓國交通大學主辦《東亞文獻研究》第27輯，2021年8月，第39—58頁）

---

[1]（唐）窺基：《妙法蓮華經玄贊》卷七《授記品》："多摩羅跋旃檀香者，多是性義，阿摩羅者無垢義，聲勢合故，遂略去阿字；跋馳羅是賢義，略但云跋；旃檀香是唐音；即是性無垢賢旃檀香佛。由大目連煩惱輕微，名性無垢；仁德如香可薰，名賢旃檀香佛。"《大正新脩大藏經》，第34册，no.1723，第789頁a欄。

[2]（明）智旭彙輯：《閱藏知津》卷一三，見《嘉興藏》，第32册，no.B271，第38頁a欄。

[3]（明）智旭彙輯：《閱藏知津》卷三一，見《嘉興藏》，第32册，no.B271，第127頁c欄。

[4]中國大百科全書總編輯委員會《宗教》編輯委員會、中國大百科全書出版社編輯部編：《中國大百科全書》"宗教"卷，趙樸初首撰"佛教"條，北京：中國大百科全書出版社，1988年，第117頁左欄。

[5]《馬哈拉施特拉邦》，見印度駐華大使館編：《今日印度》中文版第33期，第20頁。

關羽佛教神格生成之淵源探微

羅 凌
（三峽大學民族學院）

儒釋道三教系統中，儒教強調以勳爵酬事功，故關羽的封爵由侯至公、至王，直至帝君，強調的是儒教勳爵系統的尊崇。道教系統中，明神宗萬曆四十二年敕封關羽爲三界伏魔大帝，明思宗崇禎三年加封爲真元顯應昭明翼漢大天尊，清康熙初年勅封爲協天伏魔大帝①。而佛教神祇系統，有界定關羽爲伽藍神、伽藍菩薩甚至蓋天古佛、仁義古佛的説法，這是佛道系統中關羽由人至神的一種轉换。

佛教神格是指作爲神祇其必須具備相應的宗教信仰功能，具備神性的内在魅力和品格，而且最後被佛教神祇系統接受。佛教神祇系統是一個開放的系統，因時因地有適當的吸納，如濟公活佛等，這是佛教圓融的特點。關公也是一個由人神化并最後形成佛教神祇的典型。

神格的生成，是關公崇拜神道設教過程中不可或缺的環節。最早確定關羽佛教神格的研究者，當屬日本學者井上以智先生，其《關羽祠廟の由來に變遷》一文以唐代爲關羽神格生成的"草創期"②，凍國棟先生《略論唐宋間關羽信仰的初步形成及其特點》則繼承了井上的觀點③，胡小偉先生有兩篇論文：其一爲《關帝崇拜的起源：一個文學史現象的歷史文化考索》，第三、四部分爲"'關羽顯聖'與隋唐佛教天台宗傳布之關係"和"'關羽顯聖'與唐代禪宗北派的傳布"，結論是："隋唐前後三教爭鬥激烈，在客觀上促使佛教本土化的進程，借跡關羽，應當也是佛教本土化努力的一個部分。"④其二爲《三

---

① 鄭土有、劉錫誠：《關公信仰》，北京：學苑出版社，1995年，第61頁。
② [日]井上以智：《關羽祠廟の由來に變遷》，《史林》1941年第1、2期。
③ 凍國棟：《略論唐宋間關羽信仰的初步形成及其特點》，《唐史論叢》第10輯，2008年，第258—271頁。
④ 胡小偉：《伽藍天尊——佛道兩教與關羽崇拜》之《關帝崇拜的起源：一個文學現象的歷史文化考索》，香港：科華圖書出版公司，2005年，第47頁。

教圓融與關羽崇拜》,基本繼承了前論的基本觀點:"關羽崇拜不過是陳隋至唐之際佛教本土化的一個小小插曲"①,強調關羽崇拜與佛教本土化之間的聯繫,進而將佛教神化關羽的草創期推進到隋唐時期。故當下學界主流分析關羽神格的生成時,多強調與佛教天台宗的實際創始人智顗以及禪宗神秀禪師建構有緊密的聯繫。

筆者細繹前賢研究中所引文獻材料,尤其是隋唐宋元時期所涉及關羽崇拜的文獻材料顯示,當時的關公信仰究竟與佛教有什麼樣的關聯,尤其是對於關羽佛教神格的生成有什麼影響,值得重新審視。

針對胡氏第一個主要論點"'關羽顯聖'與隋唐佛教天台宗傳布之關係",隋唐時期是佛教中國化的重要階段,至於"借跡關羽,應當也是佛教本土化努力的一個部分",似乎缺乏相應的有力證據。胡氏討論關羽顯聖與佛教天台宗傳布之間的關係,援引大量材料,旨在強調天台智者大師與關羽崇拜之間的緊密關係。筆者查找隋代相關的文獻材料,從本事角度,沒有發現智者大師和天台宗人與關羽崇拜相交會的任何文獻材料。比較重要的直接文獻材料有智者大師的弟子灌頂所著《隋天台智者大師別傳》,其卷一云:

> 渚宮道俗,延頸候望,扶老攜幼,相趨戒場,垂黑戴白,雲屯講座,聽衆五十餘人。旋鄉答地,荊襄未聞。既慧日已明,福庭將建,于當陽縣玉泉山而立精舍,蒙敕賜額號爲一音,重改爲玉泉。其地本來荒險,神獸蛇暴。諺云:"三毒之藪,踐者寒心。創寺其間,決無憂慮。"是春夏旱,百姓咸謂神怒。故智者躬至泉源,滅此邪見,口自呪願,手又揮略,隨所指處,重雲靉靆,籠山而來,長虹煥爛,從泉而起,風雨沖溢,歌詠滿路。荊州總管上柱國宜陽公王積到山禮拜,戰汗不安,出而言曰:"積屢經軍陣,臨危更勇,未嘗怖懼頓如今日。"其年王使奉迎荊。②

其中"神獸蛇暴",神、獸、蛇不僅殘暴,而且以玉泉山爲三毒之藪。另外所謂"百姓咸謂神怒","神"發怒,直接的結果就是"是春夏旱",降災於百姓,與前面提到的"三毒",若合符契。但是這裏的"神",沒有定指,按照一般意義的闡釋,只能是土地神、山神或者其他民俗信仰的神祇,不能徑直確定就是關羽。尤其這裏"神"的趨惡形象,更是與關公信仰忠義懲惡的種種特徵嚴重不符合。因此,硬性強調二者的聯繫性,容易讓

---

①胡小偉:《三教圓融與關羽崇拜》,臺灣宜蘭礁溪"關聖帝君兩岸文化交流座談會",1997年。
②(隋)灌頂:《隋天台智者大師別傳》,《大正藏》卷五〇,大正一切經刊行會,1922—1934年,第195頁。

人產生過度闡釋的印象。

又,隋代當陽縣令皇甫毗所撰《玉泉寺智者禪師碑文》,也是比較直接的材料,在論及智者創修玉泉寺的時候,其謂:

> 爾乃信心檀越,積善通人,咸施一材,俱投一瓦,憑茲衆力,事若神功,營之不日而成飾矣,經時而就。層臺迴閣,複殿連房,寒暑異形,陰陽殊制,雕簷繡栱,與危岫而爭高;鑿礎鐫基,共盤岩而等固。風光出其戶牖,雲霧生其棟梁。華炫耀於金盤,氣芬芳於玉樹。工圖相好,湛若金山,匠寫真容,凝如滿月。殿起三層之柱,懸於自響之鐘,堂開千葉之華,蓮捧飛來之座。燈光不滅,灌海逾明,刹柱俱低,承幡自舉。吉祥柔滑之草,爛熳依庭;逆風和氣之香,氤氲滿院。斜通洞穴,直注凝泉,色似琉璃,味同甘露,波投鼐鼎,浪瀉階堂,飲腹消屙,澆軀愈疾。石柱銅梁之狀,影入蓮池;桃源菊浦之華,香浮奈苑。可謂山類耆闍,寺同離越。似龍宫而出現,疑鹿野以飛來。①

同時代而且同一地域的地方官,對智者當時建寺的過程,應該相當熟悉。但是皇甫毗所撰的碑文,對於後世盛傳的所有神怪事蹟,一切摒棄不用。

無獨有偶,南宋末年天台僧志磐撰著《佛祖統紀》,其卷六云:"智者上《玉泉圖》,必應表聞神異。故晉王答書有云:'當陽建寺,既事出神心,理生望表,即當具奏嘉號。'章安撰《别傳》,略不及關王事,殊所未曉。若謂之無所聞知,則章安親在玉泉聽講矣。謂之不語神怪,則華頂安禪,强軟二魔,必言之矣。矧夫關氏事蹟逮今神應,豈於當時有所遺逸邪?"②志磐這裏所述"章安撰《别傳》,略不及關王事",剛好説明智者大師與關公崇拜之間,早期并没有建構什麽緊密聯繫。另外記載智者行事特别重要的一部天台宗文獻《國清百録》③,居然没有片言隻句言及智者與關公之間的交會,這應該不是一個偶然現象。

尤其是智者大師本來比較重視神跡,隋代灌頂所撰《天台智者大師别傳》:

> 母徐氏,温良恭儉,偏勤齋戒。夢香煙五彩,輕浮若霧,縈回在懷,欲拂去之,聞人語曰:"宿世因緣,寄託王道。福德自至,何以去之?"又夢吞白鼠,因覺體重。至

---

① (隋)皇甫毗:《玉泉寺智者禪師碑文》,見光緒《玉泉寺志》,當陽玉泉寺内部重印版,第126—127頁。
② (宋)志磐:《佛祖統紀》卷六,見《大正藏》卷四九,第183頁。
③ (隋)灌頂:《國清百録》,見《大正藏》卷四六。

於載誕,夜現神光,棟宇煥然,兼輝鄰室。鄰里憶先靈瑞,呼爲"王道";兼用後相,複名"光道",故小立二字。眼有重瞳,父母藏護,不欲人知,而人自知之矣。①

這裏的智者形象,自幼就非同凡類。胡小偉先生也主張:"智顗似乎偏好示現神異之跡,灌頂記載他示寂後的十項'顯聖'事蹟,其中有'飛空而至'的,有在夢裏'身從觀音,從西來至'的。"②《國清百錄》中記載了相當多智者大師的神跡,但是玉泉建寺這樣一項重要的工程,《國清百錄》和其他與智顗直接相關的早期文獻記載,統統沒有顯示神異之跡。故後代言之鑿鑿的智者大師與關公崇拜的緊密關係,無法從"源"上得到印證,而且充分説明隋代時期,智者與關公信仰的交會,尚不明晰。那麽,隋代時期關羽的佛教神格也就無從談起。

根據唐代文獻的記載,我們發現智者大師與關公信仰逐漸開始有所結合。唐德宗貞元十八年(802)大理寺評事董侹撰《荆南節度使江陵尹裴公重修玉泉關廟記》:

> 寺西北三百步有蜀將軍都督荆州事關公遺廟存焉。將軍姓關名羽,河東解梁人,公族功績,詳於國史。陳光大中,智顗禪師者至自天台,宴坐喬木之下,夜分忽與神遇,云:"願舍此地爲僧坊。請師出山,以觀其用。"指期之夕,萬壑震動,風號雷虩。前劈巨嶺,後埋澄潭,良材叢僕,周匝其上,輪奐之用,則無乏焉。③

這一則材料可以説是最早揭示智者大師與關公信仰有交集的文獻材料,也是凍國棟先生特别重視的文獻。因爲是重修玉泉關廟,所以這裏的"夜分忽與神遇"的"神",無疑當是關公。應該注意的是,這一則文獻材料,是智者大師示寂二百多年之後撰著的一則廟記,多傳説性質而非史實。其中錯誤層出:《三國志》關羽本傳明言其爲"河東解人"④,所謂"解梁",則爲春秋古名。《國清百錄》卷四"智者大禪師年譜事蹟"云:"五十六歲至荆答地恩,造玉泉寺,章安奉蒙《玄義》。五十七歲,於玉泉寺講《摩訶止觀》。"⑤智顗五十六歲,時當隋文帝開皇十三年(593),并非所謂"陳光大中(567—568)"。另

---

① (隋)灌頂:《隋天台智者大師別傳》卷一,見《大正藏》卷五〇,第191頁。
② 胡小偉:《伽藍天尊——佛道兩教與關羽崇拜》之《關帝崇拜的起源:一個文學現象的歷史文化考索》,香港:科華圖書出版公司2005年版,第36頁。
③ (清)李元才:光緒《玉泉寺志》,當陽玉泉寺內部重印版,第136—137頁。
④ (晉)陳壽:《三國志·蜀書》,北京:中華書局,1982年,第939頁。
⑤ (隋)灌頂:《國清百錄》卷四,見《大正藏》卷四六,第823頁。

外,智顗當時并非從天台而來,《國清百録》記載其"五十五歲,得往荆湘。再經匡山度夏畢,先至潭"①。也就是説,來當陽建寺之前,智顗有一年多的時間在江西廬山和湖南潭州。而且一個晚上功夫,開山建寺,居然美輪美奂,當然只能是神跡。儘管這一則文獻建構了智者大師與關公信仰之間的一些聯繫,但是并不能説明關羽佛教神格的形成。因爲董铤重修之廟,仍然叫"關廟",關羽依然還只是玉泉山之神,或可以視作民間信仰中的俗神,但本質上不具備佛教神格,不能徑直視爲佛教系統裏的神祇。凍國棟先生也强調董铤所説無"本",而判斷是其"參據當地民間的某些傳説,將玉泉寺與關公廟之緣起加以附會和誇飾而編撰出來的"②。

當然唐代更多的文獻并不理會這種荒誕不經的神跡,如湛然撰《止觀輔行傳弘決》:

> 隋開皇十一年(筆者按:"十一年"當爲"十三年"),旋荆置寺,以答地恩,初名一音,後改玉泉。泉色如玉,因以名焉。寺者,西方云僧伽藍,此云衆園,亦通名精舍。此間方俗通以九司官舍曰寺,謂有法度之處也,故以法度之稱以名精舍。至十四年,時年五十七,於彼玉泉而説《止觀》。③

湛然大師是天台宗九祖,他這裏絶口不提關公,同時也不强調智者玉泉建寺的神異。

另外,《北山録》云:

> 陳隋以顗爲智者(即今江陵玉泉寺關將軍起寺者也),惟有道之賢,聽虛名非美,視虛器非重。心若浮雲,跡猶過羽,而帝天下者師其聖,友其賢,固其然也。④

《北山録》又稱《參玄語録》《北山參玄語録》,爲唐代梓州慧義寺沙門神清撰,北宋慧寳注,上括號内文字,即爲慧寳注文。可見神清回避了智者與關羽之間的關係,而慧寳在注文中則進行了强調,充分説明關羽顯聖在唐代,與天台宗的傳布,關係不甚緊密。胡小偉先生説:"智顗即荆州本地人,自然熟知民風民心,欲建寺倡佛,借助土著人的信

---

① (隋)灌頂:《國清百録》卷四,見《大正藏》卷四六,第823頁。
② 凍國棟:《略論唐宋間關羽信仰的初步形成及其特點》,《唐史論叢》第10輯,2008年,第260頁。
③ (唐)湛然:《止觀輔行傳弘決》,見《大正藏》卷四六,第142頁。
④ (唐)神清:《北山録》卷四,見《大正藏》卷五二,第599頁。

仰心理,自是'題中應有之義'。後世佛教傳人因其人其地而附會其事,正是聰明之舉。"①前句的判斷,多懸揣之詞,後句所謂"後世佛教傳人因其人其地而附會其事",佛教傳播與關公信仰相互爲用,則可謂切中肯綮。也可見隋唐時期的天台宗傳布,與關羽崇拜關係不大。

至於宋代,智者大師與關公交會的記載越來越多,而且各種細節越來越具體而微,頗有層累地造成關公信仰歷史的嫌疑。比較典型的文獻材料是宋神宗元豐四年(1081)張商英撰述《重建當陽武廟記》,其云:

> (智者)止于玉泉,宴坐林間,一心湛寂。此山先有大力鬼神與其眷屬,怙恃憑據,以神通力,故法行業,即現種種諸可怖畏:虎豹號擲,蛇蟒盤瞪,鬼魅嘻嘯,陰兵悍怒,血唇劍齒,毛髮鬇鬡,醜形妖質,欻然千變。法師潛言:"汝何爲者,生死於幻,貪著餘福,不自悲悔?"作是語已,音跡消絕,頎然丈夫,鼓髯而出,曰:"我乃關某,生於漢末,值世紛亂,九州瓜裂。曹操不仁,孫權自保,虎臣蜀主,同復帝室,精誠激發,洞貫金石,死有餘烈,故主此山。諦觀法師,具足殊勝,我從昔來,本末聞見,今我神力,變見已盡,而師安定,曾不省視,汪洋如海,匪我能測。大悲我師,哀潛我愚,方便攝授,願舍此山,作師道場。我有愛子,雄鷙類我,相與發心,永護佛法。"師問所能,授以五戒。神復白言:"營造期至,幸少避之。"其夕晦冥,震霆掣電,靈鞭鬼捶,萬壑浩汗,湫潭千丈,化爲平址。黎明往視,精藍焕麗,簷楹欄楯,巧奪人目。海内四絶,遂居其一。以是因緣,神亦廟食,千里内外,同共雲委。玉泉以甲,實神之助。歲越千稔,魔民出世,寺綱頹紊,捶拂虛設,神既不佑,廟亦浸弊。元豐甲申(筆者按:當爲庚申),裏有蜀僧名曰承皓,行年七十,所作已辨,以大衆請,倏然赴感。有陳氏子忽作神語:"自今已往,祀我如初。"遠近播聞,瞻禱逾肅。②

張商英是北宋徽宗朝宰相,知名的護法居士,禪宗黄龍派第三代兜率從悦的嗣法弟子,元豐四年遭貶,監江陵府江陵縣稅,其間受玉泉承皓禪師之請託,撰寫《重建當陽武廟記》③。其與隋唐時期的記載相比較,增添了不少情節和其他角色:一則有所謂"大力

---

① 胡小偉:《伽藍天尊——佛道兩教與關羽崇拜》之《關帝崇拜的起源:一個文學現象的歷史文化考索》,香港:科華圖書出版公司,2005年,第38頁。
② 曾棗莊、劉琳:《全宋文》卷二二三一,成都:巴蜀書社,1994年,第613—614頁。筆者按:《全宋文》部分文字有誤,筆者以光緒《玉泉寺志》校勘,以利通讀,這裏不予出校。
③ 羅凌:《無盡居士張商英研究》,武漢:華中師範大學出版社,2007年,第260頁。

鬼神與其眷屬"怖畏示相,二則有智者的慈悲開示,三則有關羽的自述功業,四則有智者授以五戒,五則有廟亦浸弊的破敗,六則有關羽托陳氏子代言等等。尤其重要的是第四點,在本質上與隋唐時期的記載發生變異,"授以五戒"說明關羽完成了對佛教的皈依,至少成了佛教的信徒,爲其進一步的佛教神格化做好了鋪墊。張商英徽宗時期官拜宰相,其社會地位導致《重建當陽武廟記》對後世的宗門文獻產生相當大的影響。胡小偉先生就說:"南宋釋志磐據南宋景遷《宗源録》、宗鑒《釋門正統》所撰《佛祖統紀》卷六《智者大師傳》也沿襲了張商英的說法。"①到《佛祖統紀》的撰著,除了沿用基本情節之外,還增加了如下記載:"有巨蟒長十餘丈","見二人威儀如王,長者美髯而豐厚,少者冠帽而秀髮",而且關羽主動"願洗心易念求受戒,永爲菩提之本"②,完成關氏父子二人對佛教的皈依。另外《佛祖統紀》卷五三還稱:"晉王廣于揚州迎禪師授菩薩戒,上師號曰智者。智者禪師于玉泉山爲關王父子授菩薩戒。"③比較有意思的是,志磐和尚有一點自亂其例,《佛祖統紀》卷六記載智者授戒關羽,"師即秉爐,授以五戒",然而卷五十三又稱"授菩薩戒"。菩薩戒不同於五戒,它又叫大乘戒、佛性戒、方等戒、千佛大戒,《梵網經菩薩戒本疏》卷一云:"謂發菩提心,受菩薩戒,得佛法分,名爲佛子。"④菩薩戒爲諸佛菩薩的本源,是諸佛子的根本,而五戒只是最基本的戒律。其實這裏不必過多探討戒名的出入,顯而易見,志磐只是附會了智者大師曾經給晉王楊廣授菩薩戒的歷史事實,移花接木,嫁接到關羽父子身上而已,同時還沒有注意到其叙述前後有不一致處。

張商英和志磐不同時段的記載,明顯是志磐沿襲張商英的杜撰之詞。令人關注的是,張商英只是俗人,勉強可以算作禪宗黄龍派的嗣法弟子,但是他對於智者大師與關公信仰關係的建構,實在堪稱善莫大焉。

因此,胡小偉先生所論"'關羽顯聖'與隋唐佛教天台宗傳布之關係",實際上隋唐的天台宗人,并沒有展示出他們曾經積極推動過"關羽顯聖"一事。真正推動佛教與關羽崇拜關係的天台宗僧人,還得算到南宋末年的志磐和尚頭上。前人喜歡援引志磐《佛祖統紀》中《智者大師傳》的二手材料,而忽略了志磐所撰《法界聖凡水陸勝會修齋儀軌》,其卷三記載:

---

①胡小偉:《伽藍天尊——佛道兩教與關羽崇拜》之《關帝崇拜的起源:一個文學現象的歷史文化考索》,香港:科華圖書出版公司,2005年,第39頁。
②(宋)志磐:《佛祖統紀》卷六,見《大正藏》卷四九,第183頁。
③(宋)志磐:《佛祖統紀》卷五三,見《大正藏》卷四九,第466頁。
④(唐)法藏:《梵網經菩薩戒本疏》卷一,見《大正藏》卷四〇,第612頁。

(表白唱言)一心奉請本寺所屬當境神祠,伽藍住居六神,山門奉事香火諸神並諸眷屬,本境梵村土地三夫人合廟神衆,近境清芳亭廟、朱橋廟、陳百二十五相公廟一切神衆,當境五道大神,半天牧野神官,諸部五通神衆,一十八位護教伽藍,本寺華光之神,周宣靈王之神,關王之神。①

這是南宋末年佛教界做水陸法會時的唱詞,其儀軌中所請之神,應該非常複雜。但是從"諸部五通神衆,一十八位護教伽藍,本寺華光之神,周宣靈王之神,關王之神"的表述來看,志磐和尚心目中,"關王之神"位次較後,尤其是排在"周宣靈王之神"之後,明顯具有俗神性質,但是"關王之神"能夠和"一十八位護教伽藍"的護法神系統并列,明顯是希望借助"關王之神"來護持佛教。兼之志磐《佛祖統紀》記載智者大師曾經給關羽授過五戒、菩薩戒,説明至少宋末的天台宗有吸納關羽進入佛教神祇的主觀意圖。尤其是志磐將這種主觀意圖表達在《法界聖凡水陸勝會修齋儀軌》文本中,可以視作民間佛教關羽神格化的濫觴。因此,這一則文獻材料有特別的意義。

從張商英一直到志磐,逐漸建構出佛教系統内的關公信仰的内在魅力和品格,也漸漸約定俗成爲關羽護持寺廟的具體宗教信仰功能。然而我們注意到,佛教神祇系統中,尚無法給出關公一個準確的定位。因此,宋代末年的關公,或可以視作民間佛教俗信仰中的神祇,但是制度化佛教中,缺乏相關的儀軌和文獻,關公依然不能視作佛教神祇,尚不具備佛教神格。

針對胡氏第二個主要論點"'關羽顯聖'與唐代禪宗北派的傳布",包括"'關羽顯聖'之説,亦得附禪宗流布而傳"的觀點,我們同樣發現,不能輕率地下結論。

胡小偉先生論證關羽崇拜與禪宗北派傳布的關係,討論神秀禪師與關羽崇拜時,提到"弘治本《三國志通俗演義》卷一六引禪宗《傳燈錄》亦載此事,惟文字稍繁,類同俗講"②,筆者遍查禪宗燈錄,惜乎始終不見北宗六祖神秀有如此故實甚至類似的記載。具體論證材料方面,胡氏在《三教圓融與關羽崇拜》中引用了《歷代神仙通鑒》的材料,另外在《關帝崇拜的起源:一個文學史現象的歷史文化考索》中,先引《歷代神仙通鑒》材料,再佐之以明弘治本《三國志通俗演義》材料。

筆者考察這兩部文獻,《歷代神仙通鑒》又名《三教同原錄》,看題名,似乎是一部宗

---

① (宋)志磐:《法界聖凡水陸勝會修齋儀軌》卷三,見《新纂卍續藏經》第74册,河北省佛教協會,2006年,第803頁。
② 胡小偉:《三教圓融與關羽崇拜》,臺灣宜蘭礁溪"關聖帝君兩岸文化交流座談會",1997年。

教類的歷史文獻,其署"江夏明陽宣史徐道述"。徐道,明末清初人,順治乙酉歲(1645)起,開始"籍高抬貴手爲本",寫作此書,至康熙庚辰(1700)方刻版。《通俗小説總目提要》收載本書,并撰著提要。全書分三集二十二卷,卷下分節,相當於章回小説體裁,演繹儒釋道三家神異故事,是一本地地道道的通俗小説。而弘治本《三國志通俗演義》的性質,不容贅言。這裏并非貶抑通俗小説在研究宗教信仰方面的價值,應該引起我們注意的是,由唐代至元末明初,神秀之本事發生五百多年後的小説,或能夠映射出當時的某些社會生活,但與歷史事實本身,不知道已經隔了多少層。因此,在没有禪宗文獻依據的背景下,這兩部通俗小説的材料并不能證明"'關羽顯聖'與唐代禪宗北派的傳布"這個論點。

首先,我們看《三國志通俗演義》如何演繹關羽顯聖與禪宗北派傳布之間的關係:

> 大唐高宗儀鳳年間(676—679),開封府尉氏縣有一秀才,累舉不第,三上萬言策,皆不中選,遂乃出家,法名神秀,拜蘄州黄梅山黄梅寺五祖弘忍禪師爲師,學大小乘之法。後雲遊至玉泉山,坐於怪樹之下,見一大蟒,風簇而至,神秀端然不動。次日,于樹下得金一藏,就於玉泉山創建道場。因問鄉人:"此何廟宇?"鄉人答曰:"乃三分時,關公顯聖之祠也。"神秀拆毁其祠,忽然陰雲四合,見關公提刀躍馬於雲霧之中,往來馳驟。神秀仰面問之,公具言前事。神秀即破土建寺,遂安享關公爲本寺伽藍。至今古跡尚在。神秀即六祖也。①

弘治本《三國志通俗演義》是小説,原其本事,與前所謂智者關羽的交會頗有相關:其一,小説中神秀(606—706)玉泉山樹下打坐,不難見出有董侹《荆南節度使江陵尹裴公重修玉泉關廟記》"(智者)宴坐喬木之下"和張商英《重建關將軍廟記》"(智者)止於玉泉,宴坐林間"的影子,從禪宗僧人雲水天涯的參訪經歷來看,羅貫中演繹出神秀這樣的行爲,并無出格。其二,小説中"大蟒風簇而至",與前述"神獸蛇暴""蛇蟒盤瞪"包括"有巨蟒長十餘丈"等記載智者關羽交會的文字,如出一轍。其三,關公顯現,出場固然不同,意旨殊有相關。但是小説家的高明之處,在於吸收前代故實的基礎上,能夠以生花妙筆虛構出吸引大衆的情節。小説中"神秀拆毁其祠",其實也有社會現實生活的依據,禪宗燈録中,并不乏見,因爲關羽祠廟早期本屬一般淫祠,不受政府特别保護,故神秀國師可以進行拆毁。當然,這裏羅貫中是想製造出小説的矛盾衝突,引誘關羽出場,

---

① (明)羅貫中:《三國志通俗演義》,上海:上海古籍出版社,1980年,第741頁。

從關羽"提刀躍馬"的興師問罪,不難見出矛盾衝突的細節展現。小說最後的結局也不同於前,關羽的祠廟最終仍然被拆毀,所謂"破土建寺"即是。爲了補償關羽,羅貫中設計了一個皆大歡喜的情節,他摒棄了關羽皈依佛教受五戒或者菩薩戒的成説,而大大提高了關羽在佛教的地位:"遂安享關公爲本寺伽藍。"

我們再考察《歷代神仙通鑒》,其卷一四記載:

> 秀乃尉氏縣秀才,乾封間(666—668)三上萬言策,皆不中選,爲含諷武氏也,遂削髮出家,拜弘忍大師學大、小乘法。儀鳳末年,去黄梅雲遊,至當陽玉泉山,一大蟒出奔,秀端坐不動。次日怪樹下得金一藏,就於此創建道場。鄉人敬祀關公,秀乃毀其祠,忽陰雲四合,見公提刀躍馬,秀仰問,公具言前事。即破土建寺,令爲本寺伽藍。①

除了年代稍有出入,具體字詞有所區別外,説《歷代神仙通鑒》沿襲弘治本《三國志通俗演義》的内容,應無異議。

這裏需要關注的是,兩部通俗小説都提到"令爲本寺伽藍",而且傳承有序。雖然是小説家言,但絶非空穴來風,至少可以判斷明清時期甚至元代的街談巷語以及民間信仰層面,可能已經出現了這樣的説法,故小説家將其採入小説文本。何爲"伽藍"?伽藍是梵語 samghārama 的省譯,僧伽藍摩的簡稱,即僧衆所居住的園庭,也就是後世寺院的通稱,這裏的"本寺伽藍"則指保護寺廟的神。唐代道世《法苑珠林》云:"護僧伽藍神,斯有十八神:一名美音、二名梵音、三名天鼓、四名歎妙、五名歎美、六名摩妙、七名雷音、八名師子、九名妙歎、十名梵響、十一名人音、十二名佛奴、十三名歎德、十四名廣目、十五名妙眼、十六名徹聽、十七名徹視、十八名遍視。寺既有神護,居住之者亦宜自勵,不得惰怠,恐招現報也。"②故伽藍神是佛教系統護持佛寺的十八大神祇,因爲屬於佛教本有的神祇,不同的佛教經典也有將其稱作伽藍菩薩的説法。

關公作爲伽藍神的説法,在明代和明代以前的禪宗文獻中并無載録,但是入清之後禪宗文獻中便開始明確有這樣的記載。清代弘贊輯《六道集》云:

---

① (清)徐道等撰、周晶等點校:《歷代神仙通鑒》,瀋陽:遼寧古籍出版社,1995年,第787頁。
② (唐)道世:《法苑珠林》卷三九,見《大正藏》卷五三,第592—593頁。

> 凡有威德之神，自有勝妙飲食若天甘露者，豈希世間膻腥耶？隋文帝十二年，天台智者大師至玉泉山安禪，見二人威儀如王，長者美髯，同少者致敬曰："弟子關羽，當與子平建寺化供，願師安禪七日，以須其成。"乃役神兵建之。七日出定，湫潭千丈化爲平址，棟宇煥麗，巧奪人目。師領徒入居，晝夜演法。一日神聞妙法，白師曰："願洗心易念求戒，永爲菩提之本。"師即爲授五戒。於是神之威德，昭布千里，故爲護僧伽藍神。①

《六道集》書首序謂"康熙二十一年壬戌東莞弟子李龍標頓首拜題"②，其撰於清初。這裏所謂"故爲護僧伽藍神"，是清代禪宗文獻強調關羽的佛教神格，但是從文本內容來看，以智者大師和關羽崇拜説事，亦本於《佛祖統紀》以及弘治本《三國志通俗演義》等文獻，不難見出智者傳説和《三國演義》流衍的影響。

天台宗和禪宗人士建構出與關羽崇拜之間的關係，明末清初的佛教文獻亦不乏見，《丹霞淡歸禪師語録》卷二記載：

> 龍護園伽藍升座當日，關將軍三更時分，騎赤兔馬，提青龍刀，半雲半霧，在玉泉寺前連聲大叫云："還我頭來！"被玉泉長老輕輕一捯道："顔良安在？曠劫無明，當下消釋。且道是還他頭？不還他頭？還與不還且置，只如關將軍没了頭，爲什麽有口？汝等個個有口，爲什麽摸頭不著？"衆無對。師云："久立，珍重。"③

丹霞淡歸禪師原名金堡，字道隱，浙江仁和人，生當明萬曆四十二年（1614），《丹霞淡歸禪師語録》則撰於清初。而且這裏明顯是借《三國演義》小説普淨禪師開示關羽的言句教導學僧，與關羽崇拜和禪宗傳布的關係，意旨大相徑庭。又《爲霖禪師旅泊庵稿》卷四："關將軍參玉泉智者大師贊：神見玉泉，親禀大戒，關公打化，千古猶在。"④爲霖禪師（1615—1702）即爲霖道霈，明末清初人，乃元賢大師的嫡傳弟子，鼓山禪的繼承者、弘傳者。但是這裏關羽崇拜之與天台智者之間的關係，明顯只是沿襲前人，并無新見。

發展到清代，對關公的佛教神祇信仰有這樣的描述："禪林道院中有護法神，曰伽

---

① （清）弘贊：《六道集》卷三，見《新纂卍續藏經》第 88 册，河北省佛教協會，2006 年，第 146 頁。
② （清）弘贊：《六道集》卷一，見《新纂卍續藏經》第 88 册，第 107 頁。
③ （清）今辯：《丹霞澹歸禪師語録》卷二，見《徑山藏》卷三八，第 299 頁。
④ （清）爲霖道霈：《爲霖禪師旅泊庵稿》卷四，見《新纂卍續藏經》第 72 册，河北省佛教協會，2006 年，第 713 頁。

藍。或當戶而立,或拱侍於旁。神不拘一,而以關帝作伽藍者,大概十八九。"①一個"十八九"的比例資料,可見清代不僅道教宮觀甚至佛教寺廟都爭相供奉關公作爲伽藍神,充分説明關羽在民間佛教信仰的實踐層面,已然升堂入室,成爲佛教神祇系統中的護廟神祇,完成了其佛教神格的生成。但是我們得注意,《古今圖書集成·伽藍辨》還有考辨:"即聖帝曾爲伽藍矣,其説未見於經傳。"説明制度化佛教層面,關公作爲佛教神祇,尚有缺陷,這應該是一個很好的駁斥角度。而且《伽藍辨》最後結論:"若以聖帝爲伽藍,則獨以爲不可。聖帝忠孝節烈,得統春秋,素王素臣,心源獨紹,自孔孟而後,扶明教而植綱常者,賴有聖帝也!"②不難見出强烈的儒家本位思想主導下的否定關公作爲佛道神祇的傾向。

另外,藏族學者纔讓認爲"關公進入藏傳佛教的神靈體系,與土觀·洛桑曲吉尼瑪的推崇有十分密切的關係"③,土觀是18世紀末期藏傳佛教的活佛,其所著祭祀關公的文獻爲《三界伏魔大帝關雲長之歷史和祈供法》,"三界伏魔大帝"源出明神宗給關羽的封號,説明在土觀活佛時期的藏傳佛教中,關公還不具備明確的護法神神格,也可以從側面印證關公佛教神格生成時間之晚。

文獻不足,南宋末年天台僧人志磐在《法界聖凡水陸勝會修齋儀軌》文本中的表達,可以視作民間佛教關羽神格化的濫觴。而最早確定關羽爲佛教伽藍神的文獻,我們只能追蹤到明弘治本《三國志通俗演義》。隋唐宋元時期佛教文獻的缺位,説明關羽佛教神格的生成要遠遠遲滯於隋唐甚至宋元時期。這也可以解釋胡小偉先生所論"天台宗四祖和北派禪宗六祖共同創立的'關羽顯聖護法'的神跡,亦因此不彰於世"④,因爲隋唐宋元時期的關羽崇拜,委實與天台宗和禪宗北派關係不大。所謂的關公崇拜與天台宗和禪宗的相關關係,除了天台僧志磐的推動,主要是後世以訛傳訛的附會以及小説家言。故關羽佛教神格的生成,是在隋唐宋元時期民間信仰大盛的背景下,經明清時期《三國演義》《歷代神仙通鑒》等通俗小説的廣泛傳播之後,直到清代初年,方纔逐漸定型。

---

① (清)陳夢雷:《古今圖書集成·神異典》卷三七《伽藍辨》,北京:國家圖書館出版社,2009年,第60221頁。
② (清)陳夢雷:《古今圖書集成·神異典》卷三七《伽藍辨》,第60221頁。
③ 才讓:《藏傳佛教中的關公信仰》,《中國藏學》1996年第1期,第82頁。
④ 胡小偉:《伽藍天尊——佛道兩教中的關羽崇拜》之《關帝崇拜的起源:一個文學現象的歷史文化考索》,香港:科華圖書出版公司,2005年,第47頁。

論支遁之彌陀信仰

張富春

(河南師範大學文學院)

支遁曾作《阿彌陀佛像贊並序》《關公則贊》,希冀用彌陀淨土信仰爲其時士大夫提供終極關懷,以滿足其超越有限、追求無限的精神渴求。前者禮贊以阿彌陀佛爲中心的西方極樂世界殊勝淨土莊嚴,表達往生彌陀淨土之願;後者抒寫對往生彌陀淨土的關公則欽羨之情。兩晉時中國社會佛菩薩信仰尚不多見,信仰彌陀淨土者爲數甚少,有關此期彌陀淨土信仰的文獻傳世者尤少。以是,此二贊益顯珍貴。佛學論著述及支遁多關注其佛玄思想,偶及其彌陀淨土信仰者亦多一筆帶過,鮮作深入探究。陳明、施萍婷《中國最早的無量壽經變——讀支道林〈阿彌陀佛像贊並序〉有感》及施萍婷《支道林〈阿彌陀佛像贊並序〉注釋》[①]對《阿彌陀佛像贊並序》進行了深入細緻的研究和注釋,特別是前者得出支遁因匠人所圖立神表"實際上是一幅在當時比較完整的無量壽經變畫"的結論於本文啓示良多,然未能從彌陀淨土信仰史中觀照像贊及序之意義。劉長東《晉唐彌陀淨土信仰研究》爲研究彌陀信仰的力作,在第一章第一節"二、東晉初中期的彌陀淨土信仰"中專列一部分論述支遁及其《阿彌陀佛像贊並序》,認爲"其逍遙論一具體落實到終極歸宿上,則表現爲簡單的信仰性色彩甚濃的彌陀淨土信仰"[②]。其實,彌陀淨土信仰乃支遁着力建構的中國化士大夫佛教體系的重要組成部分。本文擬以此二贊爲中心,探究東晉彌陀淨土信仰的具體形態,以期由彌陀淨土信仰史及支遁構建中國化士大夫佛教體系的視閾中觀照其意義與價值。

東漢末年宣揚彌陀信仰的佛經開始傳入中國內地,最遲晉時已出現了彌陀淨土信仰者。《法苑珠林》卷四二《受請篇第三十九·施福部第九·感應緣》引王琰《冥祥記》云:

[①] 分別載《敦煌研究》2010 年第 1 期,第 19—27、29—31 頁。
[②] 劉長東:《晉唐彌陀淨土信仰研究》,成都:巴蜀書社,2000 年,第 15 頁。

晉闕公則,趙人也。恬放蕭然,唯勤法事。晉武之世,死於洛陽。道俗同志,爲設會於白馬寺中,其夕轉經,宵分聞空中有唱贊聲。仰見一人,形器壯偉,儀服整麗,乃言曰:我是闕公則,今生西方安樂世界,與諸菩薩共來聽經。合堂驚躍,皆得覩見。①

借"實錄"靈異故事宣揚信仰靈驗是宗教的重要傳播方式,彌陀信仰亦不外乎此——闕公則所以能往生西方安樂世界,在於其"唯勤法事"。支遁曾"像而贊"闕公則。《弘明集》卷二載宗炳《明佛論》云:"近孫綽所頌耆域、健陀勒等八賢,支道林像而讚者,竺法護、于法蘭、道遂、闕公則,皆神映中華……而所奉佛。"②唐釋飛錫《念佛三昧寶王論》卷中《高聲念佛面向西方門第十一》載闕公則事與《冥祥記》稍異。兩相比較,飛錫傳教目的愈加顯豁,明言現身是來報自己已如生前所祈得往生極樂寶國。至於如何祈願,飛錫亦未言。故事末載支遁贊云:"大哉闕公,歆虛納靈。神化西域,跡驗東京。俳佪霄虛,流響耀形。豈欽一贊,示以匪冥。"③神化西域即往生西方安樂世界、極樂寶國,跡驗東京即現身洛陽白馬寺上空。是贊生動而惟美地摹寫闕公現身詳狀,抒寫欽羨闕公往生、渴盼示以往生法門之情。在《阿彌陀佛像贊並序》中,支遁又云:

　　別有經記,以錄其懿。云此晉邦,五末之世,有奉佛正戒,諷誦阿彌陀經,誓生彼國,不替誠心者,命終靈逝,化往之彼,見佛神悟,即得道矣。④

據此,再結合其他文獻,可窺其時彌陀淨土信仰的具體形態。

一、奉八齋戒

竺法護譯《正法華經》卷五《授阿難羅云決品第九》佛頌曰:"又此羅云,所行溫雅,興立殊願,奉吾正戒。"⑤奉吾正戒即奉佛正戒。氏譯《佛說如幻三昧經》卷下云:"何謂

---

① (唐)道世著,周叔迦、蘇晉仁校注:《法苑珠林》,北京:中華書局,2003年,第1326頁。
② (南朝梁)釋僧祐撰,李小榮校箋:《弘明集校箋》,上海:上海古籍出版社,2013年,第130頁。
③ 《大正新修大藏經》,第47冊第140頁中至下。
④ 張富春:《支遁集校注》,成都:巴蜀書社,2014年,第400頁。
⑤ 《大正新修大藏經》,第9冊第98頁下。

正戒？假使修正，不想，平等，是謂正戒；一切諸法，解之如空，無想，無願，是謂正戒；於三脱門而不造證，奉行審諦，無想不想，無應不應，是謂正戒。……設使處淫、怒、癡、無明、恩愛，墮於貪身六十二見，或四顛倒、三品惡行、八邪九惱、九神止處、十不善業，雖在其中而無所著，是謂正戒。"①奉佛正戒實爲對出家人的要求。《佛説阿彌陀三耶三佛薩樓佛檀過度人道經》卷下云，世俗男女居家修善向佛，心慕阿彌陀佛及淨土，又與妻子共居難斷恩愛，且家事繁多，無暇營大齋，即如空閒時專精行道十日十夜亦不能，可於一日一夜，"絕念去憂，勿念家事，莫與婦人同床，自端正身心，斷於愛欲，一心齋戒清淨，至意念生阿彌陀佛國，一日一夜不斷絕者，壽終皆往生其國，在七寶浴池華蓮中化生，可得智慧勇猛，所居七寶舍宅，自在意所欲作爲"②。此所謂齋戒清淨實即修習八關齋戒。八關齋戒是佛正戒的方便戒法，爲在家弟子而定，又曰一日戒，要求持齋僧俗在此時間内遵守八戒：一不殺生，二不偷盜，三不邪淫，四不妄語，五不飲酒，六不塗飾香及歌舞觀聽，七不眠坐高廣華麗床座，八不食非時食。其中前七爲戒，後一爲齋，合稱八戒齋或八齋戒、八關齋戒。修持八關齋可得功德之一即是壽終往生阿彌陀佛國。前揭王琰《冥祥記》又云：

時復有汲郡衛士度，亦苦行居士也，師於公則，其母又甚信向，誦經長齋。……度善有文辭，作《八關懺文》，晉末齋者尚用之。晉永昌中死，亦見靈異。有浩像者作《聖賢傳》，具載其事，云度亦生西方。吴興王該《日燭》曰：闕叟登霄，衛度繼軌。咸恬泊於無生，俱蜕骸以不死者也。③

汲郡，治所在今河南衛輝市。衛士度繼闕公則後往生西方的説法，或與其作此文有關。修持八關齋具有一定程式。支謙譯《撰集百緣經》卷六《諸天來下供養品第六·（五九）二梵志共受齋緣》云："龍王得（《八關齋文》）已，甚用歡喜，齋持珍寶，贈遺與王，各還所止。共五百龍子，勤加奉修八關齋法，其後命終，生忉利天，來供養我，是彼光耳。"④《八關齋文》是叙述八關齋程式的文本，龍王得後與五百龍子據之修八關齋，命終而生忉利天。因此，晉末仍爲齋者懺悔所用的《八關懺文》，其作者往生西方也就合情合理了。支遁曾作《土山會集詩三首》，詩序云："間與何驃騎期，當爲合八關齋，以十月二十

---

① 《大正新修大藏經》，第 9 册第 146 頁下。
② 《大正新修大藏經》，第 12 册第 311 頁中。
③ （唐）道世著，周叔迦、蘇晉仁校注：《法苑珠林》，北京：中華書局，2003 年，第 1326 頁。
④ 《大正新修大藏經》，第 4 册第 233 頁下。

日,集同意者在吳縣土山墓下。"①詩人與何充等"同意者"二十四人,在餘杭山夫差墓下共修八關齋,二十三日清晨齋始,二十四日清晨衆人各去。此當爲支遁士大夫佛教的一次宗教實踐,期冀往生彌陀淨土或爲"合八關齋"的動因及目的之一。

支讖譯《佛説般舟三昧經·行品第二》述上云"至意念"之念法稍詳:

> 其有比丘、比丘尼、優婆塞、優婆夷,如法行,持戒完具,獨一處止,念西方阿彌陀佛。今現在隨所聞當念,去此千億萬佛刹,其國名須摩提。一心念之,一日一夜若七日七夜,過七日已後見之。……菩薩於此間國土念阿彌陀佛,專念故得見之。即問:"持何法得生此國?"阿彌陀佛報言:"欲來生者當念我名,莫有休息,則得來生。"②

般舟三昧又名十方現在佛悉在前立三昧,須摩提即阿彌陀佛所在西方極樂世界。四衆持戒完具後,獨處一方,隨己所聞憶念西方阿彌陀佛,即觀想念佛。經過一日一夜乃至七日七夜一心專念,七日後得見阿彌陀佛。如欲往生其國,則要不間斷地稱念阿彌陀佛名號,即稱名念佛。在家弟子持戒之法,是經《四輩品》亦云:

> 居士欲學是三昧者,當持五戒令堅;不得飲酒,亦不得飲他人;不得與女親熟,不得教他人;不得有恩愛於妻子男女,不得貪財産,常念欲棄家作沙門;常持八關齋,當於佛寺中;常當念布施,布施已,不念我自當得其福,用爲一切施;常當大慈敬於善師,見持戒比丘,不得輕易説其惡。作是行已,當學守是三昧。③

諸經皆謂得見阿彌陀佛、往生彌陀淨土的首要條件即爲奉戒持齋,八關齋戒乃爲在家弟子所設方便持戒法。所以強調在佛寺中持八關齋,原因在於如此可將世俗生活與佛教奉戒持齋截然分離。支遁爲何充等"同意者"合八關齋即是如此。晉安帝元興元年七月二十八日(402年9月11日),慧遠於廬山東林寺和劉遺民等僧俗百二十三人立誓期願往生西方淨土,亦是如此。慧遠令劉遺民著文記此事。慧皎《高僧傳》卷六《義解三·晉廬山釋慧遠》載劉文云:

---

①張富春:《支遁集校注》,成都:巴蜀書社,2014年,第126頁。
②《大正新修大藏經》,第13册第899頁上至中。
③《大正新修大藏經》,第13册第901頁上至中。

> 乃延命同志息心貞信之士，百有二十三人，集於廬山之陰，般若台精舍阿彌陀像前，率以香華敬薦而誓焉。……蓋神者可以感涉，而不可以迹求。必感之有物，則幽路咫尺；苟求之無主，則眇茫河津。今幸以不謀而僉心西境，叩篇開信，亮情天發，乃機象通於寢夢，欣歡百於子來。於是雲圖表暉，影侔神造，功由理諧，事非人運。茲實天啟其誠，冥運來萃者矣，可不剋心重精迭思以凝其慮哉。①

所以在阿彌陀像前建齋獻花，誓願往生，其因在於神可以感而及之，感如有物則幽路如咫尺。感彌陀之物即阿彌陀經及因經而生之阿彌陀像與經變畫，此爲前揭念法的前提。

二、諷誦阿彌陀經

支遁時代漢譯彌陀經典不止一部。就信仰言，諷誦何部經典應由信仰者方便擇定，支序惟言阿彌陀經，當亦其時信仰形態的真實反映。

見於文獻記載，衛士度後彌陀淨土信仰者又有竺僧顯。《高僧傳》卷一一《習禪·晉江左竺僧顯》謂其善戒節，蔬食，誦經，業禪，苦修，元帝時南渡江左：

> 後遇疾綿篤，乃屬想西方，心甚苦至。見無量壽佛，降以真容，光照其身，所苦都愈。是夕便起澡浴，爲同住及侍疾者説己所見，並陳誡因果，辭甚精析。至明清晨，平坐而化。室內有殊香，旬餘乃歇。②

慧皎未言僧顯如何屬想。時至北宋，戒珠《淨土往生傳》卷上《西晉江東釋僧顯傳》則云：

> 晚於所造之境，得梵僧傳譯新經。經之文備以淨土三事因願，泊九品往生次第。遂大喜曰："吾以身混五濁，眾苦嬰縛，遽而得此。若其飛出塗炭，翔翼大虛，吾今而後念有歸矣。"於是馳誠西想，俛俛而不懈者九月。一夕寢疾，且見無量壽佛乘空來降。③

---

① (南朝梁)釋慧皎撰，湯用彤校注、湯一玄整理：《高僧傳》，北京：中華書局，1992年，第214—215頁。
② (南朝梁)釋慧皎撰，湯用彤校注、湯一玄整理：《高僧傳》，第401頁。
③ 《大正新修大藏經》，第51册第109頁中。

戒珠意圖顯然是在強調僧顯往生彌陀淨土,緣自其得梵僧傳譯新經而"念有歸"。如此,經過長達九月僶俛不懈的馳誠西想、禪定念佛,終見無量壽佛來降。"三事因願""九品往生次第",當是經之內容,因此所謂新經即《觀無量壽佛經》。簡言之,僧顯是由誦新經而禪定而念佛而"屬想西方"的,然觀經漢譯僅有劉宋畺良耶舍譯本傳世。蕭梁時慧皎未言者趙宋時戒珠卻言之鑿鑿,僧顯時代有無觀經傳譯,諸多疑竇令戒珠此段記述撲朔迷離。

稍後於僧顯的竺法曠即時常講誦無量壽經。《高僧傳》卷五《義解二·晉於潛青山竺法曠》謂法曠:

> 每以《法華》爲會三之旨,《無量壽》爲淨土之因,常吟詠二部,有衆則講,獨處則誦。……晉興寧中,東游禹穴,觀矚山水。……時沙門竺道隣,造無量壽像,曠乃率其有緣,起立大殿。……元興元年(公元四〇二年)卒,春秋七十有六,散騎常侍顧愷之爲作讚傳云。①

法曠受具足戒,常講誦《法華》《無量壽》二部經,復率人爲竺道隣所造無量壽像起立大殿。此"有緣"當謂信奉彌陀淨土者。卷六《義解三·晉廬山釋僧濟》謂僧濟:

> 後停山少時,忽感篤疾,於是要誠西國,想像彌陀,遠遺濟一燭曰:"汝可以建心安養,競諸漏刻。"濟執燭憑机,停想無亂,又請衆僧夜集,爲轉《無量壽經》。至五更中,濟以燭授同學,令於僧中行之,於是暫臥。因夢見自秉一燭,乘虛而行,睹無量壽佛,接置於掌,遍至十方,不覺欻然而覺,具爲侍疾者説之,且悲且慰,自省四大了無疾苦。至於明夕,忽索履起立,目逆虛空,如有所見。須臾還臥,顏色更悦,因謂傍人云:"吾其去矣。"於是轉身右脅,言氣俱盡,春秋四十有五矣。②

僧濟篤疾之時,慧遠讓其執燭憑机建心安養國、想像彌陀佛,又請衆僧爲其轉《無量壽經》。時至五更,僧濟將燭授同學,令其持燭行於僧中,自己暫臥,因夢見睹無量壽佛。前揭王琰等記闕公事未言轉何經,慧皎記僧顯惟言屬想西方而不及轉經,此明謂爲轉《無量壽經》,則爲轉彌陀經亦是臨終得見彌陀佛的重要條件,由此反觀戒珠所記當亦

---

①(南朝梁)釋慧皎撰,湯用彤校注、湯一玄整理:《高僧傳》,北京:中華書局,1992年,第205—206頁。
②(南朝梁)釋慧皎撰,湯用彤校注、湯一玄整理:《高僧傳》,第234—235頁。

非盡爲虛談。轉彌陀經的重要目的在於可使欲往生者"感之有物"。"感之有物"的另一方式是圖立阿彌陀佛神表。

三、圖立彌陀神表

經非人人可得,更非人人能方便諷誦憶念。《阿彌陀佛像贊並序》云自己生於末蹤,忝廁殘迹,不敢奢望馳心彌陀淨土。"乃因匠人,圖立神表,仰瞻高儀,以質所天。"①神表比諷誦憶念更形象、更方便感涉,亦可與劉文"雲圖表暉,影侔神造"相生發。尤可注意者,"乃因匠人"四字表明其時已有匠人從事圖立神表之業。《阿彌陀佛像贊並序》實即支遁諷誦彌陀經、仰瞻彌陀高儀而心弛彌陀淨土宗教想像的文學書寫,亦是支遁用傳統像贊爲文士提供了一種亦文亦圖、形象生動的屬想彌陀淨土的信仰方式。

如同支遁其他作品佛玄交織,此序以《莊子》四典開篇,旋即鋪叙彌陀淨土殊勝。西方安養國,非無待者不能遊其疆,非不疾者不能致其速。無待者,即郭象所謂"與物冥而循大變者"②;不疾者,即無思無爲寂然不動感而遂通者,原本《周易·繫辭上》所云"唯神也,故不疾而速,不行而至"③。安養國無俗世王制、班爵,佛即其君,三乘即其教,男女無胎孕穢污,皆蓮花化育。國内館宇宮殿自然懸構七寶,苑囿池沼盛開奇花異卉,鳥獸蟲魚天逸率真,德風微拂音諧簫管,合境天隟妙花,神風拂故納新。次叙彌陀説法殊勝。彌陀説法如甘露天降,如惠風輕拂,如飲人醴泉,如嗅人流芳,聞音聲應感如雷響,沐法雨潤心如慧澤。次叙往生殊勝,點醒實修路徑。五濁末世衆生,有奉佛正戒、諷誦阿彌陀經、發誓往生彌陀佛國、不改誠心者,命終魂靈飛逝,化生彌陀淨土,見阿彌陀佛而神悟得道。

四言贊詞首贊彌陀佛神姿及神通,次謂彌陀説法觀音、大勢至侍立兩側,衆菩薩前來聽法,盛大道場,聽法衆多。這兩部分與序相互補充,構成一幅完整的彌陀説法圖。接下來,以賦法鋪飾序未言之彌陀淨土宮殿樓觀及功德池水。贊謂宮殿高聳云霄,如星辰峙立,如天星羅列,影傾朝日,豔蔚晨霞;八功德水,源多而深,水無魚筌,鱗罕餌淫,澤無司虞,鷲鳥懷林。聽法人衆亦皆如之,因法雨而埋卻機心,似《詩經·周頌》之有客,

---

①張富春:《支遁集校注》,成都:巴蜀書社,2014年,第400頁。
②(清)郭慶藩撰,郭孝魚點校:《莊子集釋》,北京:中華書局,2012年,第20頁。
③(清)阮元刊:《十三經注疏》,北京:中華書局,1980年,第81頁中。

爲彌陀挽留驅徒不返。瑽瑤沉粲四句則爲序所略,謂七寶砌池鮮好無比,淥波芙蕖沐浴日光,八功德水澄澈潔淨,池岸水上蕊播其香。最後,贊化生彌陀。彌陀淨土如此美好,致使潛魂冥萃載哲翔止。住此淨土,一切有情,蓮花化生,永不退轉。

"成熟期的經變畫基本都有主尊、觀世音和大勢至、諸聲聞和菩薩等聖衆,寶地、寶樹(包括供養之具及華蓋)、寶樓、華座、七寶池、八功德水、蓮花化生、祥禽等等的描繪,且畫面結構也大致相似。"①如上所述,這些內容在《阿彌陀佛像贊並序》中,均有栩栩如生的描繪。因此,或以爲支遁所圖立神表"實際上是一幅在當時比較完整的無量壽經變畫"②。金維諾《西方淨土變的形成與發展》云:"支道林主持圖畫的無量壽佛像已不傳,但他所撰寫《阿彌陀佛像贊》和序言中對於佛國的描述……卻從麥積山第127窟的西方淨土變上得到呈現。"③因無法確定《廣弘明集》所載《阿彌陀佛像贊並序》題目爲序贊所本有,惟據之臆斷支遁圖立神表爲阿彌陀佛單尊像實未必的當。如支遁圖立神表爲西方淨土經變,則西魏初年在麥積山石窟壁上開鑿出西方淨土變的經變畫,或更合邏輯。同樣,因劉遺民文"云圖表暉"云云,慧遠等人建齋立誓於其前的無量壽像亦難篤定爲單尊佛像而非淨土經變畫。

當然,東晉時亦確有彌陀佛單尊塑像。《法苑珠林》卷一三敬佛篇第六之念佛部第二、觀佛部第三感應緣云:"東晉會稽山陰靈寶寺木像者,徵士譙國戴逵所制。……致使道俗瞻仰,忽若親遇。高平郄嘉賓撮香呪曰:若使有常,將復睹聖顔;如其無常,願會彌勒之前。"卷一六敬佛篇第六之彌勒部第五感應緣謂此木像爲無量壽挾侍菩薩:"晉世有譙國戴逵……乃作無量壽挾侍菩薩,研思致妙,精銳定制,潛於帷中密聽衆論。……俄而迎像入山陰之靈寶寺。"④如同支遁既信仰彌陀淨土又作詩贊彌勒,其信徒郄超禮觀無量壽像撮香誓願,亦是若使有常將復睹無量壽聖顔,若其無常願會彌勒前,均見出信仰的交融性,并無彌勒、彌陀門戶之分。此爲稍後南北朝時期佛教信仰之一特色。北魏太和廿三年(499)比丘僧欣造像記云:"爲生緣父母并眷屬師僧,造彌勒石像一軀,願

---

① 王治:《西方淨土變題材的分判》,見故宮博物院編《故宮學刊》第十二輯,北京:故宮出版社,2014年,第22—44頁。
② 陳明、施萍婷:《中國最早的無量壽經變——讀支道林〈阿彌陀佛像贊並序〉有感》,《敦煌研究》,2010年第1期。
③ 金維諾:《中國美術史論集》中卷,哈爾濱:黑龍江美術出版社,2004年,第188頁。
④ (唐)道世著,周叔迦、蘇晉仁校注:《法苑珠林》,北京:中華書局,2003年,第463頁、第543頁。張彥遠《歷代名畫記》卷五晉戴逵條亦有類似記載:"逵既巧思,又善鑄佛像及雕刻,曾造無量壽木像,高丈六,并菩薩。……迎至山陰靈寶寺,郄超觀而禮之,撮香誓曰:云云。"(張彥遠著,俞劍華注釋:《歷代名畫記》,上海:上海人民美術出版社,1964年,第123頁)

生西方無量壽佛國,龍華樹下三會説法,下生人間侯王子孫,與大菩薩同生一處。"①僧欣所願彌勒淨土、彌陀淨土兼而有之。四川茂縣所出齊永明元年(483)西涼曹比丘釋玄嵩造像碑尤甚,在正面雕結跏趺坐彌勒佛,在背面鐫跣足立於圓蓮臺之無量壽佛立像,更見出兩種淨土信仰的融合②。

以此信俗,或謂信仰彌勒淨土的道安亦鑄無量壽佛像。《高僧傳》卷五《義解二·晉長安五級寺釋道安》云道安師徒在襄陽初住白馬寺,以人多寺狹,清河張殷舍沔水支流檀溪旁住宅爲道安建寺,即檀溪寺。涼州刺史楊弘忠贊送萬斤銅,擬爲寺鑄承露盤。因承露盤已由竺法汰營造完畢,道安徵得弘忠同意後:

> 於是眾共抽捨,助成佛像,光相丈六,神好明著,每夕放光,徹照堂殿。像後又自行至萬山,舉邑皆往瞻禮,遷以還寺。安既大願果成,謂言:"夕死可矣。"……安每與弟子法遇等,於彌勒前立誓,願生兜率。③

一生大願以此而成,道安命弟子慧遠爲金像作贊。《廣弘明集》卷一五《佛德篇第三之初》收慧遠《晉襄陽丈六金像贊序》謂"因釋和上立丈六像作"④,釋和上即道安,"疑代安公作"⑤。慧遠贊序述鑄像緣起,雖爲師代言,然體貼入微,情真意切。惜慧遠未明言乃師所鑄何像,以是給後人遐想的空間。皎傳惟云佛像,與慧皎同時的劉孝儀卻謂襄陽金像爲無量壽佛像。《藝文類聚》卷七六《内典上·内典·碑》收劉孝儀《雍州金像寺無量壽佛像碑》,云:

> 至有九輩性生,一身補處,塵洗玉池,神聞金葉。……彼彌陀感化殊攝,日輪照曜,月面從容,毫散朱輝,唇開果色。……銘曰:奄有淨國,實應多祉。葉産梵童,花

---

① 端方編:《陶齋藏石記》卷六,見新文豐出版公司編輯部《石刻史料新編》第十一册,臺北:新文豐出版公司,1982年,第8031頁下。
② 參見龍顯昭主編:《巴蜀佛教碑文集成》,成都:巴蜀書社,2004年,第1頁。邵磊《茂汶南齊永明造像碑質疑》(《四川文物》2001年第3期,第51—54頁)從造像、發願文内容及其書法三方面對玄嵩造像碑進行質疑,認爲其年款與造像時代風格不符。
③ (南朝梁)釋慧皎撰,湯用彤校注、湯一玄整理:《高僧傳》,北京:中華書局,1992年,第179—183頁。
④ 《大正新修大藏經》,第52册第198頁中。
⑤ 湯用彤:《漢魏兩晉南北朝佛教史》,北京:中華書局,2016年,第156頁。

開釋子。玉蓮交映,銀河遞起。伊尹慚桑,伯陽羞李。①

孝儀名潛,以字行,彭城人,孝綽三弟。東晉孝武帝時在襄陽僑置雍州,雍州金像寺即襄陽檀溪寺。《梁書》卷四一《劉潛傳》云:"敕令製《雍州平等寺金像碑》,文甚宏麗。"②嚴可均云《雍州平等寺金像碑》即《雍州金像寺無量壽佛像碑》③。碑文九輩往生、彌陀感化、葉產梵童、花開釋子云云,使原本身份隱晦的襄陽金像一變而爲無量壽佛。《法苑珠林》卷一三《感應緣》則徑云道安在襄陽造無量壽像:"東晉孝武寧康三年四月八日,襄陽檀溪寺沙門釋道安,盛德昭彰,擅聲宇内,於郭西精舍鑄造丈八金銅無量壽佛。"④《續高僧傳》卷三〇《興福篇第九·周鄜州大像寺釋僧明傳》亦云:"梁襄陽金像寺丈六無量壽瑞像者,東晉孝武寧康三年二月八日沙門釋道安之所造也。"⑤據前揭慧遠、慧皎及此道宣所云,道世所謂"丈八"亦當是"丈六"之誤。

支遁因匠人圖立彌陀神表作像贊,復作詩贊彌勒,其信仰交融性影響東晉南北朝可謂遠而深。

四、誓生彼國不替誠心

所謂誓生彼國,即立誓願生阿彌陀淨土,亦即前揭皎傳謂慧遠率百二十三人於精舍無量壽像前云云。

彌陀淨土信仰三輩往生中,又有邊地往生,或曰疑城往生,或曰胎生。此類淨業行人以疑惑心修諸功德,雖亦往生彌陀佛國,卻惟至界邊七寶城,於其中五百歲不見佛,不聞經法,亦復不見菩薩聲聞衆。以其在佛國界邊,故曰邊地。以此邊地七寶城乃疑人所居,故曰疑城。以此淨業行人心生疑惑,處蓮胎中未能見佛聞法,如胎生人,故曰胎生。支遁所以強調不替誠心即力避因心生疑惑而致往生邊地,住疑城,處蓮胎。

《佛説無量壽經》卷下云,無量壽佛威神功德不可思議,無量壽佛國諸種莊嚴無限

---

①(唐)歐陽詢撰,汪紹楹校:《藝文類聚》,上海:上海古籍出版社,1982年,第1302頁。按:"九輩性生"疑誤,當作"九輩往生"。
②(唐)姚思廉撰:《梁書》,北京:中華書局,1973年,第594頁。
③參(清)嚴可均輯:《全上古三代秦漢三國六朝文》,北京:中華書局,1958年,第3318頁上。
④(唐)道世著,周叔迦、蘇晉仁校注:《法苑珠林》,北京:中華書局,2003年,第457頁。
⑤(唐)道宣著,郭紹林點校:《續高僧傳》,北京:中華書局,2014年,第1203頁。

勝好。流浪生死的衆生,除五逆誹謗正法者外,如聞無量壽佛名號能生信願心、歡喜心,甚或惟稱念佛號,以至誠心回己功德普施衆生願共生佛國,即可得往生淨土,住於不退轉地。十方世界諸天諸人,有至誠心發願往生無量壽佛國者,可得上、中、下三輩往生。芸芸衆生於生死海中忙碌奔命,或心有餘力不足,或力有餘心不足,多難作諸功德,所求惟下輩往生。其有至心欲往生無量壽佛國,當發無上菩提心,專心稱念無量壽佛,無論一念乃至十念,念念願生無量壽佛國。然凡夫境細心粗,識颺神飛,難免亂其誠心,生出狐疑,故是經尤爲強調聞法須喜樂信受,不生疑惑。如此即使能一念念無量壽佛,以至誠心發願往生彼國,則其臨終亦可夢見無量壽佛,亦能往生彼國。若有衆生不能敬信佛智,尚信罪福因果,常修念佛諸善之本,願生無量壽佛國,雖亦能如願往生卻是胎生;若此衆生能醒悟悔責識其疑惑不信佛智之罪,轉而深信佛智,求離彼處,"即得如意,往詣無量壽佛所恭敬供養,亦得遍至無量無數諸如來所修諸功德"①。疑信一念間,致果如天壤。因心生疑惑致失大利,故誓生彼國須不替誠心。

《佛説無量清淨平等覺經》卷三與《佛説阿彌陀三耶三佛薩樓佛檀過度人道經》卷下中輩、下輩往生文中又有邊地疑城往生説。"其人本宿命求道時,心口各異,言念無誠,狐疑佛經,復不信向之,當自然入惡道中。無量清淨佛哀愍,威神引之去耳。"②這些人自己缺乏智慧,又疑惑佛的不思議智、不可稱智、大乘廣智、無等無倫最上智,對佛説淨土法門將信將疑,懷疑少時稱念佛號即可往生淨土之便易,懷疑一切稱念佛號衆生皆得往生淨土之願力,懷疑自性善根致使意志猶豫無所專據,壽終本應墮惡道,因無量清淨(阿彌陀)佛哀憐悲憫,雖以佛威神力引之而得往生淨土,然以己身疑悔業力牽引而滯居邊地疑城,待其以佛光消障開慧力開解智慧懺悔斷疑時,即可如不狐疑者明健勇猛,得出疑城往至無量清淨(阿彌陀)佛所,具諸神通,遍供諸佛。

合觀上述三無量壽經所論,中輩與下輩往生諸衆生以修善念佛、發願求生之因,感得生於彼國——七寶宮殿,寶池蓮華,樂如忉利天及永不退墮之果;復因疑惑之過,感得生於彼國邊地疑城不能得出,於五百歲不能見聞三寶之果;若疑惑過失懺除淨盡即可得離疑城,至佛所見佛聞法。其中皆是強調所以感得胎生、滯居邊城,根本原因在於疑惑,在於暫信暫不信。疑爲罪本,信是道源功德母。"夫誠心内感,則至覺如在;形力外單,則法身咫尺。"③信、願實爲往生淨土佛所之根本。具信往生之人,既信佛智,亦信己善

---

①《大正新修大藏經》,第12册第278頁中。
②《佛説無量清淨平等覺經》卷三,《大正新修大藏經》,第12册第292頁中。《佛説阿彌陀三耶三佛薩樓佛檀過度人道經》卷下同,惟無量清淨佛作阿彌陀佛(《大正新修大藏經》,第12册第310頁中)。
③(唐)道世著,周叔迦、蘇晉仁校注:《法苑珠林》,北京:中華書局,2003年,第290頁。

根,作諸功德,至心回向,皆於佛前蓮花化生。帶惑往生之人,或不信佛智,或不信己善根,雖得往生善果然終不純淨。以是,斷疑生信,既誓生彼國,又不替誠心,在淨業修行中至爲切要。

　　兩漢之際,佛教初傳中土。時至東晉十六國,佛教中國化有了初步進展。與道安致力於傳譯經典、編纂經錄、軌範教團不同,支遁則着力於構建具有鮮明中國特色的士大夫佛教體系:即色游玄爲其理論支撐,七住頓悟爲其實現途徑,彌陀淨土爲其終極關懷。惟由此關照《阿彌陀佛像贊並序》《闕公則贊》,始能了知其價值與意義。二贊揭示了彌陀信仰乃至佛教信仰奉佛正戒、諷誦佛經、圖立神表、不替誠心的基本形態。

梁武帝的佛教活動

普 慧

(四川大學中國俗文化研究所)

梁武帝蕭衍是中國歷史上最爲崇佛的皇帝,曾奉佛教爲正道,四次捨身同泰寺。然其目的似欲做"白衣僧正",即保有俗世世界皇帝之最高權力,又爲佛界之轉輪聖王,成爲人們之精神領袖,實現政教合一的社會制度。其重視法會,親臨講法,推動佛教縱深發展。翻新、修繕、擴建寺廟,使得寺廟不僅僅爲宗教傳播場所,也成爲衆生審美愉悦之公共場域。

登位第三年(504),蕭衍就開始虔誠崇信佛教,公開表態支持佛教,不久又尊奉佛教爲"正道",其餘諸家思想皆爲"邪道"①,并受"佛戒""菩薩戒"②,四次"捨身"同泰寺③,積極講經、建寺,極大地推動了佛教的發展。有關蕭衍的佛教思想與活動,學界多有研究,看似再無可言之處,然細察之,尚有諸多方面可以再加闡釋。

壹、白衣僧正

梁武帝蕭衍及其子蕭統、蕭綱、蕭繹等與名僧交往更是殷勤有加。被稱爲"梁代三大家"的僧旻、法雲、智藏,尤得梁皇室之推崇。對僧旻,"乃眷帝情,深見悦可,因請爲

---

① 梁武帝《詔》:"道有九十六種,唯佛一道,是於正道,其餘九十五種,名爲邪道。朕捨邪外,以事正内諸佛如來。"[(唐)道宣《廣弘明集》卷四,《大正藏》第52册,第112頁。]實際上,蕭衍對待儒、釋、道三教的態度是會通的,并不像他表面上説的那麽絕對。

② (唐)李延壽:《南史》卷六《梁紀上·武帝紀》:"(天監十八年,519)夏四月丁巳,帝於無礙殿受佛戒。"(北京:中華書局,1975年,第197頁)道宣《續高僧傳》卷六《慧約傳》:"(天監)十八年己亥,四月八日,天子發宏誓心,受菩薩戒。"(郭紹林點校,北京:中華書局,2014年,第185頁。本文引《續高僧傳》之文,均出自郭紹林點校本,但某些標點重新標定,與郭本略有不同,特此説明)

③《梁書·武帝紀》載爲3次,《南史》卷七《梁紀中·武帝紀》則載爲4次。見中華書局1975年。

家僧,四事供給。"①僧旻遷化,"天子悲惜,儲君嗟惋。……喪事大小,隨由備辦。……貴人、君子,皆景慕焉。"②對法雲,"梁氏高臨,甚相欽禮。天監二年,敕使長召出入諸殿。……尋又下詔,禮爲家僧,資給優厚"③。對智藏,"帝將受菩薩戒,……而帝意在於智藏。……皇太子尤相敬接,將致北面之禮,肅恭虔往,朱輪徐動,鳴笳啟路,降尊下禮,就而謁之,從遵戒範,永爲師傅"④。由上看出,梁帝王、士大夫、文人仰慕名僧之風範,并以弟子禮參拜,已經成爲一種社會風氣。蕭衍、蕭統、蕭綱、蕭繹這些權力至高無上、容顏至尊無比的帝王,對僧人自甘屈躬,殷切虔敬,因而在文人士大夫中幾乎形成了這樣一種普遍的心態:即能與名僧結交、友善,不僅可以學到最時髦、最流行的佛教知識,以適應社會上普遍崇佛的需要,還可以借此抬高自己的身價和地位。所以,文士們無不搶着結交僧侣。所謂"天子下禮承修,榮貴莫不來敬"⑤。然而,最高統治者梁武帝的敬佛,不僅僅是出於信仰的虔誠,或許還有其他的目的。

　　帝欲自御僧官,維任法侣,勅主書遍令,許者署名。於時盛哲,無敢抗者,皆匿然投筆。後以疏聞藏,藏以筆橫櫟之,告曰:"佛法大海,非俗人所知。"帝覽之,不以介意。斯亦拒略萬乘,季代一人而已。帝意彌盛,事將施行於世,雖藏後未同,而勅已先被。晚於華光殿設會,眾僧大集,後藏方至。帝曰:"比見僧尼多未調習,白衣僧正不解律科,以俗法治之,傷於過重。弟子暇日欲自爲白衣僧正,亦依律立法。此雖是法師之事,然佛亦復付囑國王。向來與諸僧共論,咸言不異。法師意旨如何?"藏曰:"陛下欲自臨僧事,實光顯正法。但僧尼多不如律,所願垂慈矜恕,此事爲後。"帝曰:"弟子此意,豈欲苦眾僧耶?正謂俗愚過重,自可依律定之。法師乃令矜恕,此意何在?"答曰:"陛下誠欲降重從輕,但末代眾僧,難皆如律,故敢乞矜恕。"帝曰:"請問諸僧犯罪,佛法應治之不?"答曰:"竊以佛理深遠,教有出没,意謂

---

①(唐)道宣:《續高僧傳》卷五《僧旻傳》,郭紹林點校,北京:中華書局,2014年,第156頁。
②(唐)道宣:《續高僧傳》卷五《僧旻傳》,第158—159頁。
③(唐)道宣:《續高僧傳》卷五《法雲傳》,第162頁。
④(唐)道宣:《續高僧傳》卷五《智藏傳》,第173頁。
⑤(唐)道宣:《續高僧傳》卷五《智藏傳》,第169頁。

亦治亦不治。"帝曰："惟見付囑國王治之,何處有不治之説?"答曰："調達①親是其事,如來置之不治。"帝曰："法師意謂調達何人?"答曰："調達乃誠不可測。夫示跡正欲顯教,若不可不治,聖人何容示此?若一向治之,則衆僧不立;一向不治,亦復不立。"帝動容,追停前勅。諸僧震懼,相率啟請。帝曰："藏法師是大丈夫,心謂是,則道是;言非,則道非。致詞宏大,不以形命相累。諸法師非大丈夫,意實不同,言則不異。弟子向與藏法師碩諍,而諸法師默然無見助者,豈非意在不同耳。"事遂獲寢。藏出告諸徒屬曰："國王欲以佛法爲己任,乃是大士用心。然衣冠一家,子弟十數,未必稱意,況復衆僧,五方混雜,未易辯明,正須去其甚泰耳。且如來戒律,布在世間,若能遵用,足相綱理。僧正非但無益,爲損弘多,常欲勸令罷之,豈容贊成此事。"或曰："理極如此,當萬乘之怒,何能夷然?"藏笑曰："此實可畏!但吾年老,縱復阿旨附會,終不長生。然死本所不惜,故安之耳。"後法雲謂衆曰："帝於義理之中,未能相謝,一日之事,真可愧服。"不久,勅於彭城寺講《成實》,聽侣百餘,皆一時翹秀,學觀榮之。又勅於慧輪殿講《波若經》,別勅大德三十人預座。藏開釋發暢,各有清拔,皆著私記,擬後傳習。天監末年春,捨身大懺,招集道俗,并自講《金剛般若》,以爲極悔,唯留衣鉢,餘者傾盡,一無遺餘。②

這一段對話,透露出幾個信息:

1. 梁武帝蕭衍發勅文想做"白衣僧正"(即在家的最高僧官,管理僧界),令同意者簽名。其時"盛哲"(僧界之高僧大德),不敢違抗,紛紛簽名。

2. 只有智藏法師敢於抗旨,并公開宣布"佛法大海,非俗人所知"。

3. 蕭衍不以介意,反而做"僧正"的想法更加強烈。

4. 蕭衍直接在皇宫華光殿設僧俗大會,表示要做"白衣僧正",依佛教戒律立法,規範僧人的思想和行動。蕭衍承認此事雖爲佛教出家衆内部之事,但是佛陀曾經把規範僧尼的事囑咐過國王。這就在另外一個層面反駁了智藏的"俗人不懂佛教"的説法,爲自己出任"白衣僧正"找到了史料依據。

---

①調達:爲提婆達多(Devadatta)之略稱。提婆達多爲斛飯王(Droṇodana)之子、阿難(Ananda)之弟、佛陀堂弟。佛陀成道後曾回家省親,提婆達多與兄阿難及其他釋迦族青年難陀(Nanda)、阿那律(Aniruddha)、優波離(Upāli)等隨佛出家。初期十二年間,道心堅定,勤於修持,從之者逾五百。又得摩揭陀國(Magadha)王子阿闍世(Ajātaśatru)供養,遂利欲膨脹,逼佛陀退位,由其主導僧伽。又分裂僧團,設計謀害佛陀,而佛陀卻并未直接治其罪行。最後是調達欲以毒爪撓佛足時,自行墮入地獄。

②(唐)道宣:《續高僧傳》卷五《智藏傳》,北京:中華書局,2014年,第170—172頁。

5. 智藏先是恭維,皇帝親臨僧人的事情,是對佛法的彰顯。但他馬上強調,佛界僧尼嚴格恪守戒律的并不多,祈願皇帝憐憫寬恕。其實,智藏的這個理由顯然是站不住脚的。既然僧尼多不恪守戒律,自然應該加强僧人思想、道德、行爲的教育和管理繾是,怎麼能以此作爲推諉的藉口呢。

6. 蕭衍、智藏之間的分歧出現在:僧人犯法,到底是否該當治罪？顯然,蕭衍是主張治罪的,而智藏主張靈活運用。他認爲,如果嚴格治罪了,恐怕僧人都跑了,佛教則没法立足了;可是不治罪,僧尼自由涣散,佛教亦難以立足。由此可見,智藏喜好的重點不是戒律,而是論議(sāṃkathya),如果此時是僧祐法師的話,可能情況就不一樣了。

7. 蕭衍聽從了智藏的説法,放棄了加强僧尼戒律的約束管理的做法而改爲大倡義理宣講。

由此一事件可以看出,蕭衍禮敬高僧大德,其目的似乎是希望得到僧界對他的認可而名正言順地出任"白衣僧正",成爲人們精神信仰領域的領袖——"轉輪聖王"①。所以,蕭衍真正的目的不在於加强僧尼管理,完善戒律,而在於把世俗世界皇帝的最高權力與宗教世界教皇的統治權力合而爲一。而智藏的目的,也不是反對僧尼的嚴格管理,而是借機反對蕭衍自任"白衣僧正"。他是在爲捍衛教權的獨立性而努力,因此,敢於冒生命危險。結果是,在智藏激烈的辯駁下,一場由蕭衍發起的意在獨攬政、教權力的願望被成功地阻止了。

貳、盛辦法會

齊梁帝王、文士不只局限於與名僧的交往上,他們還常常舉辦大型法會,宣揚佛教,同時亦借機顯示自己的政治實力和文化地位,以期達到教化百姓、拉攏文士、穩固統治的目的。在每一次舉辦的大型法會上,都要請高僧大德或帝王名士講經説法,對一些重要的佛教典籍進行研究、探討。同時文士們還要創作詩文讚揚佛教法事,以此促進文化的高層的交流與大衆的普及。現存文獻記録最早的由帝王主辦的大法會是,"永明七年十月,文宣王招集京師碩學名僧五百餘人,請定林僧柔法師、謝寺慧次法師於普弘寺迭講,……即座仍請祐及安樂智稱法師,更集尼衆二部名德七百餘人,續講《十誦

---

①轉輪聖王(cakra-varti-rājan):又稱轉輪王、飛行皇帝等,意即像旋轉不停之轉輪寶(戰車),永恒長轉。轉輪聖王喻佛陀,即指以正法統御世界,國土豐饒,衆生和樂。

律》,……八年正月二十三日解座。設三業三品,別施獎有功勸不及,上者得三十餘件,中者得二十許種,下者數物而已"。這一場法會不僅規模宏大,而且持續的時間長,歷時四個月。蕭子良既爲主辦人,文人學士必自告奮勇參加。此"碩學"者,雖未明言何人,但可以肯定是西邸文學集團中比較著名的人士。永明七年(489),正是西邸文學集團最爲活躍的一年,著名的"竟陵八友"正好都在京師。"八友"皆信佛,估計不會錯過這樣的機會。翌年(490)二月後,周顒和王儉相繼去世。之後,"竟陵八友"的主要成員被調離京城。入梁,梁武帝蕭衍更集手中的政治和經濟權力,頻繁舉辦大型法會。湯用彤謂"《南史》載帝設大會十六次",此蓋合法會、受戒、講經等集會統而言之,若單就法會來説,則《南史》記載并無"十六次"之多。

據《梁書》卷三《武帝紀》以及其他《列傳》載,可統計出蕭衍出席法會的次數及活動内容:

年號	公元年	活動内容
中大通元年	529	秋九月辛巳,朱雀航華表災。以安北將軍羊侃爲青、冀二州刺史。癸巳,輿駕幸同泰寺,設四部無遮大會,因捨身,公卿以下,以錢一億萬奉贖。冬十月己酉,輿駕還宫,大赦,改元。①
中大通三年	531	冬十月己酉,行幸同泰寺,高祖升法座,爲四部衆説《大般若涅槃經》義,迄於乙卯。前樂山縣侯蕭正則有罪流徙,至是招誘亡命,欲寇廣州,在所討平之。 十一月乙未,行幸同泰寺,高祖升法座,爲四部從説《摩訶般若波羅蜜經》義,迄於十二月辛丑。②
中大通五年	533	二月癸未,行幸同泰寺,設四部大會,高祖升法座,發金字《摩訶波若經》題,迄於己丑。③ 二月,高祖幸同泰寺開講,設四部大會,衆數萬人。④
中大同元年	546	三月乙巳,大赦天下。……法駕出同泰寺大會,停寺省,講金字《三慧經》。夏四月丙戌,於同泰寺解講,設法會。大赦,改元。⑤

---

① (唐)姚思廉:《梁書》卷三《武帝紀下》,北京:中華書局,1973年,第73頁。
② (唐)姚思廉:《梁書》卷三《武帝紀下》,第75頁。
③ (唐)姚思廉:《梁書》卷三《武帝紀下》,第77頁。
④ (唐)姚思廉:《梁書》卷四二《臧盾傳》,第600頁。
⑤ (唐)姚思廉:《梁書》卷三《武帝紀下》,第90頁。

續表

年號	公元年	活動内容
大同中	535—546	於臺西立士林館,領軍朱异、太府卿賀琛、舍人孔子袪等遞相講述。皇太子、宣城王亦於東宫宣猷堂及揚州廨開講,於是四方郡國,趨學向風,雲集於京師矣。兼篤信正法,尤長釋典,製《涅盤》《大品》《淨名》《三慧》諸經義記,復數百卷。聽覽餘閑,即於重雲殿及同泰寺講説,名僧碩學,四部聽衆,常萬餘人。①
太清元年	547	三月庚子,高祖幸同泰寺,設無遮大會,捨身,公卿等以錢一億萬奉贖。②

據這些記載來看,梁武帝蕭衍7次於同泰寺設無遮大會,6次自己躬身演講,所講内容涉及《涅槃》《般若》《三慧》《淨名》等經部。皇帝親自設壇爲四部衆升座講法,恐怕歷代無出其右者。唐李延壽《南史》記載則更爲詳切:

年號	公元年	活動内容
大通元年	527	春正月,……帝創同泰寺,至是開大通門以對寺之南門,取反語以協同泰。自是晨夕講義,多由此門。三月辛未,幸寺捨身。甲戌還宫,大赦,改元大通,以符寺及門名。③
中大通元年	529	秋九月辛巳,朱雀航華表災。癸巳,幸同泰寺,設四部無遮大會。上釋御服,披法衣,行清淨大舍,以便省爲房,素床瓦器,乘小車,私人執役。甲午,升講堂法坐,爲四部大衆開《涅槃經》題。 癸卯,群臣以錢一億萬奉贖皇帝菩薩大捨,僧衆默許。 乙巳,百辟詣寺東門奉表,請還臨宸極,三請乃許。帝三答書,前後並稱頓首。 冬十月己酉,又設四部無遮大會,道俗五萬餘人。會畢,帝御金輅還宫,御太極殿,大赦,改元。④
中大通二年	530	夏四月癸丑,幸同泰寺,設平等會。⑤
中大通三年	531	十一月乙未,上幸同泰寺,升法座,爲四部衆説《般若經》,迄於十二月辛丑。⑥
中大通五年	533	二月癸未,幸同泰寺,設四部大會,升法坐,發金字《般若經》題,迄於己丑。⑦

① (唐)姚思廉:《梁書》卷三《武帝紀下》,北京:中華書局,1973年,第96頁。
② (唐)姚思廉:《梁書》卷三《武帝紀下》,第92頁。
③ (唐)李延壽:《南史》卷七《梁本紀中》,北京:中華書局,1975年,第205頁。
④ (唐)李延壽:《南史》卷七《梁本紀中》,第206—207頁。
⑤ (唐)李延壽:《南史》卷七《梁本紀中》,第207頁。
⑥ (唐)李延壽:《南史》卷七《梁本紀中》,第208頁。
⑦ (唐)李延壽:《南史》卷七《梁本紀中》,第210頁。

續表

年號	公元年	活動内容
大同元年	535	三月丙寅,幸同泰寺,設無遮大會。 夏四月庚子,波斯國遣使朝貢。壬戌,幸同泰寺,鑄十方銀像,并設無礙會。①
大同二年	536	三月庚申,詔求讜言,及令文武在位舉士。戊寅,帝幸同泰寺,設平等法會。 秋九月辛亥,幸同泰寺,設四部無礙法會。冬十月乙亥,詔大舉北侵。壬午,幸同泰寺,設無礙大會。②
大同三年	537	夏五月癸未,幸同泰寺,鑄十方金銅像,設無礙法會。 八月辛卯,幸阿育王寺,設無礙法喜食,大赦。③
中大同元年	546	三月乙巳,大赦。庚戌,幸同泰寺講金字三慧經,仍施身。 夏四月丙戌,皇太子以下奉贖,仍於同泰寺解講,設法會,大赦,改元。是夜,同泰寺災。④
太清元年	547	三月庚子,幸同泰寺,設無遮大會。上釋御服,服法衣,行清淨大捨,名曰"羯磨"。以五明殿爲房,設素木床、葛帳、土瓦器,乘小輿,私人執役。乘輿法服,一皆屏除。……乙巳,帝升光嚴殿講堂,坐師子座,講金字《三慧經》,捨身。⑤

據此可知,梁武帝設大會14次之多,包括"無遮法會"(pañcavarṣikā-pariṣad)、"平等"(samatā)、"無礙"(apratihata)等法會。意謂此類法會,無所限制,無所遮礙。凡與會者,不論帝王公卿,還是布衣草民,皆平等相待(apekṣā)。"四部",即"四部衆"。如此衆多的人參加,其規模可謂大矣。然而,實際上,蕭衍設會的參加人數可能是屢加的。一次的大會不可能容納那麼衆多的人群,尤其是"道俗五萬餘人"。其一是没有那麼大規模的場地;其二是即使有場地,蕭衍在大會上的講法,衆人肯定是聽不到的。因爲那時没有擴音設備,僅憑人的肉聲發聲傳播的距離,最多也就二三百人能夠聽到,這還需要在室内,必須保持極爲安靜的環境。所以,每次大法會參加人數的統計,可能是從開始到結束陸陸續續、分批次的總和。不管怎麼說,這麼盛大、頻繁的法會舉辦,顯示了蕭衍及其統御下的官民對佛教儀式活動的無比狂熱。

蕭統有《開善寺法會詩》描繪了法會的盛況:

---

① (唐)李延壽:《南史》卷七《梁本紀中》,北京:中華書局,1975年,第211頁。
② (唐)李延壽:《南史》卷七《梁本紀中》,第212頁。
③ (唐)李延壽:《南史》卷七《梁本紀中》,第212—213頁。
④ (唐)李延壽:《南史》卷七《梁本紀中》,第218頁。
⑤ (唐)李延壽:《南史》卷七《梁本紀中》,第218—219頁。

栖鳥猶未翔,命駕出山莊。詰屈登馬嶺,回互入羊腸。稍看原藹藹,漸見岫蒼蒼。落星埋遠樹,新霧起朝陽。陰池宿早雁,寒風催夜霜。茲地信閒寂,清曠惟道場。玉樹琉璃水,羽帳郁金床。紫柱珊瑚地,神幢明月璫。牽蘿下石磴,攀桂陟松梁。澗斜日欲隱,煙生樓半藏。千祀終何邁,百代歸我皇。神功照不極,叡鏡湛無方。法輪明暗室,慧海渡慈航。塵根久未洗,希沾垂露光。①

　　這首詩描寫了從山莊出發到寺院的路途景物和佛寺中高古、輝煌、壯麗的氣象以及法會帶給人們的神力。"神功""叡鏡""法輪""慧海",這些神秘、神聖、神奇的佛教神器,賦予了人們無盡的希冀和神往。作者極盡濃墨重彩、鋪張揚厲,渲染了開善寺法會的莊嚴盛大的氣勢。

　　皇上親自主持操辦,王公貴族、文人學士無不爭先恐後,上行下效,主唱僕從,故其規模之宏大,場面之壯觀,足以令人歎為觀止。

叁、公共場域的寺院

　　舉辦盛大法會,必須依賴場地。所以,寺廟建設便成了宋、齊、梁時期帝王、重臣、文士的又一個興趣和任務,而梁武帝蕭衍尤其甚矣。晚唐詩人杜牧《江南春》嘗寫道:"千里鶯啼綠映紅,水村山郭酒旗風。南朝四百八十寺,多少樓臺煙雨中。"②這首詩是杜牧由宣州(今屬安徽宣城)經江寧(今屬南京)往揚州訪淮南節度使牛僧孺途中所寫。他看到江南寺廟林立的情景,發出了無限的感慨,慨歎蕭衍大力支持佛教建設寺院,卻斷送了大好江山。但該詩將佛教寺廟與煙雨朦朧的綠景聯繫一起,卻又抒發和描繪出了一幅意境深邃的詩情畫意。那麼,整個南朝是否有寺480座,恐怕杜牧當時并未攷證過。宋張表臣《珊瑚鉤詩話》:"杜牧詩云:'南朝四百八十寺,多少樓臺煙雨中。'帝王所都而四百八十寺,當時已為多,而詩人侈其樓閣臺殿焉。"③認為杜牧嫌其佛寺樓閣臺殿奢多,似乎以實為情。清王仲儒說:"'四百八十寺',無景不收入結句,包羅萬象,真天地間驚人語也。"④似也着眼實處。然而,仔細揣摩,又覺杜牧乃為虛寫。有杜牧另一首

---

①(唐)道宣:《廣弘明集》卷三〇,見《大正藏》第52册,第352頁下—353頁上。
②(唐)杜牧:《樊川文集》第三《江南春》,何錫光注,成都:巴蜀書社,2007年,第297頁。
③(宋)張表臣:《珊瑚鉤詩話》卷二,宋百川學海本。
④(清)范大士:《歷代詩發》,清康熙三十七年(1698)虛白山房刻本。

詩參證:"十載飄然繩檢外,罇前自獻自爲酬。秋山春雨閑吟處,倚遍江南寺寺樓。"①"倚遍江南寺寺樓",顯然是説江南寺廟遍布,樓臺亭榭存於寺廟,成爲寺院人工美景的重要組成部分。實際上,南朝的佛寺數量遠遠不止480座。梁武帝時期,"都下佛寺五百餘所,窮極宏麗。僧尼十餘萬,資産豐沃"②。在"6世紀上半葉,建康據稱有700多座寺廟,而在梁朝境內共有2816座寺廟"③。清人劉世琦《南朝寺攷·序》説:"梁世合寺二千八百四十六,而都下乃有七百餘寺。"④這是目前數字最多的統計。若按法琳的統計,整個南朝佛寺和僧尼,劉宋有1913所、僧尼36000人,蕭齊有2015所、僧尼32500人,蕭梁有2846所、僧尼82700餘人,陳有1232所、僧尼32000人,共計佛寺8006所、僧尼183200餘人⑤。由此可以想見,南朝佛寺的數量之多、僧尼之衆。其中都市佛寺,大致能占1/4。

與北朝佛寺不同的是,南朝的佛寺,尤其是都市的一些著名佛寺,多由帝王、將相、文士所捐修。茲舉幾例:

道場寺

位於今南京市秦淮區中華門外。東晉時期,與廬山東林寺并爲南方佛教叢林之兩大中心。據傳,始建於東晉太寧初年(323—325),又名鬭場寺,或以所在村得名。清陳作霖《南朝佛寺志》卷一:"鬭場寺,在秣陵縣三橋籬門外鬭場里,因以里名寺。《高僧傳》皆云'道場寺'。殆慧皎以'鬭'非佛旨,遂以'道'字音近而呼。與寺前有市,亦名'鬭場市'。"⑥據載,道場寺由司空謝石所建,故又稱謝司空寺、謝寺⑦。謝石爲東晉名將,"初拜秘書郎,累遷尚書僕射。征句難,以勳封興平縣伯。淮肥之役,詔石解僕射,以

---

① (唐)杜牧:《樊川文集》第二《念昔遊》,何錫光注,成都:巴蜀書社,2007年,第193頁。
② (唐)李延壽:《南史》卷七〇《循吏·郭祖深傳》,北京:中華書局,1975年,第1721頁。
③ [美]陸威儀(Mark Edward Lewis)《哈佛中國史·南北朝:分裂的帝國》(*History of Imperial China——China Between Empires: The Northern and Southern Dynasties*)第四章《城市的變化·作爲半公共空間的佛寺》,李磊譯,周媛校,北京:中信出版社2016年,第143頁。這個說法源於法琳《辯正論》卷三《十代奉佛上篇》引《輿地圖》:"都下舊有七百餘寺。"(《大正藏》第52册,第503頁下)
④ (清)劉世珩:《南朝寺攷·序》,《大藏經補編》第14册,第620頁。
⑤ (唐)法琳:《辯正論》卷三《十代奉佛上篇》,《大正藏》第52册,第503頁上—下。
⑥ (清)孫文川、陳作霖:《南朝佛寺志》,《中國佛寺史志匯刊》第2册,第104頁。
⑦ (南朝梁)僧祐:《出三藏記集》卷八《六卷泥洹經記》:"義熙十三年十月一日,於謝司空石所立道場寺出此《方等大般泥洹經》。"(蘇晉仁、蕭鏈子點校,北京:中華書局,1995年,第316頁)

將軍假節征討大都督,與兄子玄、琰破苻堅。先是,童謠云:'誰謂爾堅?石打碎。'故桓豁皆以'石'名子,以邀功焉。堅之敗也,雖功始牢之,而成於玄、琰,然石時實爲都督焉。遷中軍將軍、尚書令,更封南康郡公。於時學校陵遲,石上疏請興復國學,以訓胄子,班下州郡,普修鄉校"①。這段話說的是,秦晉(前秦、東晉)"淝水之戰"晉勝秦的戰略總指揮是謝石。而劉牢之、謝玄、謝琰只是前線戰役的指揮者。因此,謝石戰略上的統籌帷幄可能更是勝利的保證。這也與童謠相應。從史料上看,謝石參與的佛教活動極少,而其兄謝安則有許多僧友。如,謝安"寓居會稽,與王羲之及高陽許詢、桑門支遁遊處,出則漁弋山水,入則言詠屬文,無處世意"②。道場寺在晉末劉宋時期,影響巨大。梵、漢高僧雲集,佛馱跋陀羅、法顯、慧觀、慧嚴、僧馥、法業、寶雲、偶法、慧義、慧詢、法莊等相與問答,傳經譯典,禪觀修習。至齊梁,法暢、曇遷等駐錫道場寺,雖聲名不及晉宋時期,但於齊梁時期,仍是重要寶刹。

莊嚴寺(謝寺)

孫文川遺稿、陳作霖整理之《南朝佛寺志》卷一:"莊嚴寺,晉穆帝永和四年(348)鎮西將軍謝尚捨宅所造也,亦號塔寺。其地南,直竹格港,臨秦淮。(即今之竹竿巷。港,巷音之轉耳)。逮宋大明中,路太后置莊嚴寺,嫌其同名,改此寺爲謝鎮西寺,或稱謝寺。歷代高僧有:曇無讖、慧次、僧寶、僧智、智宗,皆止於此。陳宣帝太建元年(569),寺焚。後五年,豫州刺史程文秀修復,敕改名曰:興嚴。有寺塔記、石刻及井檻銘。至宋紹興中猶存,徙其寺於真武廟北也。"③東晉謝尚是陳郡謝氏家族的重要人物,文武全才,號鎮西將軍,都督豫冀幽并四州軍事。齊梁時,謝寺因慧次的駐錫而聲譽隆盛。慧次"迄宋季齊初,歸德稍廣,每講席一鋪,輒道、俗奔赴。沙門智藏、僧旻、法雲等,皆幼年俊朗慧悟天發,并就次請業焉。文慧、文宣悉敬以師禮,四事供給"④。因而,謝寺於齊梁時期,可謂建康弘法中心之一。

---

① (唐)房玄齡等:《晉書》卷七九《謝石傳》,北京:中華書局,1974年,第2088頁。
② (唐)房玄齡等:《晉書》卷七九《謝安傳》,第2072頁。
③ 孫文川、陳作霖:《南朝佛寺志》,《中國佛寺史志匯刊》第2冊,第42頁。
④ (南朝梁)慧皎:《高僧傳》卷八《慧次傳》,湯用彤校注,北京:中華書局,1992年,第326頁。

普弘寺

　　該寺無載於《南朝寺攷》《南朝佛寺志》等。其地理位置及歷史淵源都不得而知。但在蕭齊時代，普弘寺受到僧俗高度重視，多次舉辦法會，宣講佛法教義。尤其是講説《成實論》（Satyasiddhiśāstra），幾乎成爲"成實學"的中心。"《成實論》十六卷，羅什法師於長安出之，曇晷筆受，曇影正寫。影欲使文玄，後自轉爲五幡，餘悉依舊本。齊永明七年（489）十月。文宣王招集京師碩學、名僧五百餘人，請定林僧柔法師、謝寺慧次法師於普弘寺迭講，欲使研核幽微，學通疑執。"①"爰至齊司徒文宣王，誠信三寶，每感嘉瑞，以齊永明十年（492）十月，延請名德五百餘人，於普弘寺敷講。文宣王每以大乘經論，爲履道之津涯，正法之樞鍵，而後生棄本崇末，即請諸法師，抄此《成實》，以爲九卷。命周顒作序。恐專弘小論，廢大乘業。自爾已後，爰至梁武，盛弘大乘，排拆《成實》衆師，不可具記。"②"齊文惠帝、竟陵王子良，深相貴敬，請遺連接。尚書令王儉，延請僧宗講《涅槃經》。（僧）旻扣問聯環，言皆摧敵。儉曰：'昔竺道生入長安，姚興於逍遙園見之，使難道融義，往復百翻，言無不切。衆皆覩其風神，服其英秀。今此旻法師，超悟天體，性極照窮，言必典詣，能使前無橫陣，便是過之遠矣。'文宣嘗請柔、次二法師於普弘寺共講《成實》，大致通勝，冠蓋成陰。旻於末席論議，詞旨清新，致言宏邈，往復神應，聽者傾屬。次公乃放麈尾而歎曰：'老子受業於彭城，精思此之五聚，有十五番以爲難窟，每恨不逢勍敵，必欲研盡，自至金陵，累年始見，竭於今日矣。且試思之，晚講當答。'及晚上講，裁復數交，詞義遂擁。次公動容，顧四坐曰：'後生可畏，斯言信矣。'（僧旻）年二十六。永明十年（492），始於興福寺，講《成實論》。"③以上材料至少説明三點：一、普弘寺在蕭齊永明年間十分重要，七年、十年兩年舉辦大型法會，專題講授《成實論》，而且是問答討論式的。二、《成實論》在蕭齊時得到建康佛教界和王公重臣的追捧。蕭梁時期，則受到排斥④。三、普弘寺講説法會的主角，皆爲外寺僧人，似乎普弘寺自己并没有什麽著名僧人，這一點倒是與同泰寺頗有相似之處。

---

① 僧祐：《出三藏記集》卷一一《略成實論記第六》，北京：中華書局，1995年，第405頁。
② （隋）吉藏：《三論玄義》，《大正藏》第45册，第4頁下。
③ （唐）道宣：《續高僧傳》卷五《僧旻傳》，北京：中華書局，2014年，第154—155頁。
④ 吉藏認爲梁武帝時期，成實論師遭到排擠，似乎有違事實。蕭梁時期，專講《成實論》的三大家僧旻、法雲、智藏，均受到蕭衍及其子嗣的高度禮敬。而教内專修《成實論》的僧人也很普遍。

定林寺

定林寺分爲上、下兩寺,"定林寺在鍾山下,其地名蔣陵里。宋元嘉元年(424),爲僧慧覽造"①。然而,慧皎《高僧傳》說:"宋文請下都止鍾山定林寺。"②并未言及由慧覽所造。從語義上看,反倒是慧覽來之前,定林寺就有了。之後,罽賓(Kaśmīr)僧人曇摩密多於"元嘉十年(433)還都,止鍾山定林下寺。密多天性凝靜,雅愛山水,以爲鍾山鎮嶽,埒美嵩華。常歎下寺基構,臨澗低側。於是乘高相地,揆卜山勢,以元嘉十二年(435)斬石刊木,營建上寺。士庶欽風,獻奉稠疊,禪房殿宇,欝爾層構。於是息心之衆,萬里來集,諷誦肅邕,望風成化。定林達禪師,即神足弟子,弘其風教,聲震道俗,故能淨化,久而莫渝,勝業崇而弗替,蓋密多之遺烈也。爰自西域,至於南土,凡所遊履,靡不興造檀會,敷陳教法"③。從此,分爲下、上兩寺。定林寺,尤其是上定林寺在齊梁時期極爲著名。駐錫之僧俗皆爲一時之選。僧遠、僧柔、僧祐及著名文學批評家劉勰皆爲上定林寺的佼佼者。尤其是大律師僧祐,著述頗豐:《出三藏記集》十五卷、《薩婆多部相承傳》《十誦義記》《釋迦譜》五卷、《世界記》五卷、《法苑集》十卷、《弘明集》十四卷、《法集雜記傳銘》十卷,共8種,總名爲《釋僧祐法集》。僧祐自序:"僧祐漂隨前因,報生閻浮。幼齡染服,早備僧數。而慧解弗融,禪味無紀。刹那之息徒積,錙毫之勤未基。是以懼結香朝,慚動鍾夕,茫茫塵劫,空閱斬籌。然竊有堅誓,志是大乘,頂受'方等',遊心'四含'。加以山房寂遠,泉松清密。以講席間時,僧事餘日,廣訊衆典,披覽爲業。或專日遺飡,或通夜繼燭。短力共尺波爭馳,淺識與寸陰竟晷。雖復管窺迷天,蠡測惑海,然遊目積心,頗有微悟。遂綴其聞,誠言法寶,仰禀群經,傍採記傳,事以類合,義以例分。顯明覺應,故序'釋迦'之譜;區辯六趣,故述世界之記;訂正經譯,故編三藏之錄;尊崇律本,故銓師資之傳;彌綸福源,故撰法苑之篇;護持正化,故集弘明之論。且少受律學,刻意毘尼,旦夕諷持,四十許載;春秋講說,七十餘遍。既禀義先師,弗敢墜失;標括章條,爲律記十卷;并雜碑記,撰爲一帙。總其所集,凡有八部,冀微啟於今業,庶有藉於來津。豈曰善述,庶非妄作。但理遠識近,多有未周;明哲儻覽,取諸其心;使道場

---

① (清)劉世珩:《南朝寺攷》,《大藏經補編》第14册,第658頁。
② (南朝梁)慧皎:《高僧傳》卷一一《慧覽傳》,北京:中華書局,1992年,第418頁。
③ (南朝梁)慧皎:《高僧傳》卷三《曇摩密多傳》,第122頁。

之果,異跡同臻焉。"①在這八部書中,集録了很多古記遺文,是爲重要的佛教文史資料。然世事多變,僧祐著述散佚嚴重,只有《釋迦譜》《出三藏記集》《弘明集》留世。僧祐鍾情於佛教文獻的搜集整理與學術研究,在齊梁時期的學問僧當中也是不多見的。這可能與他有一個得力的學人弟子劉勰分不開的。劉勰依僧祐10餘年,除了學習佛教以外,其情志、興趣還在於世俗學術與文學方面。從其《文心雕龍》可以看出,劉勰的學術功力、文獻功底和文學知識都是極爲出色的。因此,可以推測,劉勰參與了僧祐佛教著述的工作。齊末,因僧柔在上定林寺,後來成爲成實論三大家的僧旻、法雲、智藏都聚集於上定林寺,從僧柔學習。梁時,僧旻又挑選劉勰等一起整理佛典,完成了佛典的選編。下定林寺因求那跋摩、僧鏡、曇無讖、菩提達摩、寶志居之而同負盛名。從上、下寺所居僧人來看,下定林寺偏重於習禪神異;上定林寺則以義學爲主,以戒爲師。

以上所舉佛寺的修建,大多在宋至梁期間。而梁武帝蕭衍在前朝寺廟的修繕、擴建方面,提供了極大的方便。更爲突出的是,他自己興建了一批寺院。據劉世珩《南朝寺攷》卷五載,蕭衍直接指令興建的寺廟有:

智度寺

"在青溪邊。梁天監元年,武帝爲母獻后造是寺,以資冥祐焉。"②

仙窟寺

"在天闕山西峰,中有石洞。梁武帝於其下置寺,賜今額。"③

光宅寺

該寺是現存數據記録最爲豐富的一座寺廟。"齊武帝永明元年(483),望氣者言婁湖有天子氣,乃築青溪舊宮作婁湖苑以厭之。……天監六年(507),初置光宅寺,(蕭

---

① (南朝梁)僧祐:《出三藏記集》卷一二《釋僧祐法集總目録序》,北京:中華書局,1995年,第457—458頁。
② (清)劉世珩:《南朝寺攷》,《大藏經補編》第14册,第695頁。
③ (清)劉世珩:《南朝寺攷》,《大藏經補編》第14册,第697頁。

衍)帝捨宅造寺。未成，先於小莊嚴寺造無量壽佛像，長丈九尺。既成，移置光宅寺。"①
著名僧人有僧正法師(法雲)②、法悦、曇瑗等，慧皎《高僧傳》立有法悦、曇瑗傳，道宣《續高僧傳》爲法雲立傳。在蕭梁，光宅寺因有大僧正法雲的駐錫，得到了皇室、大臣、文士的經濟和文化的大力支持，其佛教活動日益頻繁，特別是由蕭統、蕭綱參與主持的兩場持續時間長的佛教義理的大討論，成爲梁代思想世界的一道靚麗風景線，留下了諸多僧俗的詩與文。據現存資料顯示，直接以光宅寺爲題名的，詩有梁簡文帝蕭綱《遊光宅寺應令》，文有沈約的《光宅寺刹下銘》《上錢隨喜光宅寺啟》，碑銘有梁元帝蕭繹《光宅寺大僧正法師碑銘》，書有曇瑗《與梁朝士書》③。

蕭帝寺

"梁高祖所立也，在光宅寺之旁。"④

---

①(清)劉世珩:《南朝寺攷》，《大藏經補編》第14册，第700頁上。
②大僧正:"僧正"，乃爲僧官之一。(宋)贊寧:《僧史略》:"僧正者何？正，政也，自正正人，克敷政令，故曰。蓋以比丘無法，如馬無轡勒，牛無貫繩，漸染俗風，將乖雅則。故設有德望者，以法而繩之，令歸於正，故曰僧正也。此僞秦僧〔䂮〕(䂮)爲始也。"(《大正藏》第54册，第242頁下)大僧正，則爲僧官之極者。梁代，武帝蕭衍曾敕兩位法師爲大僧正，一爲法雲寺雲光，一爲光宅寺法雲。雲光，歷代僧傳皆未立傳，不知何故。宋志磐《佛祖統紀》卷五一:"梁武帝詔雲光法師爲大僧正。"(《大正藏》第49册，第454頁上)法雲被敕爲大僧正，在道宣《續高僧傳》卷五《法雲傳》有明確記載:"天監二年(503)，勅使長召出入諸殿，影響弘通之端，贊揚利益之漸；皇高亟延義集，未曾不勅令雲先入。後下詔，令時諸名德，各撰《成實》義疏。雲乃經論合撰，有四十科，爲四十二卷，俄尋究了。又勅於寺，三遍敷講。廣請義學，充諸堂宇。勅給傳詔，車牛吏力，皆備足焉。至七年(508)制注大品。朝貴請雲講之，辭疾不赴。帝云:'弟子既當今日之位，法師是後來名德。流通無寄，不可不自力爲講也。'因從之。尋又下詔，禮爲家僧，資給優厚。勅爲光宅寺主，創立僧制，雅爲後則。……普通六年(525)勅爲大僧正，於同泰寺設千僧會，廣集諸寺知事及學行名僧，羯磨拜授，置位羽儀，衆皆見所未聞，得未曾有。爾後雖遘疾時序，而講説無廢。及於扶接登座，弊劇乃止。至御幸同泰，開大涅槃，勅許乘輿上殿，憑几聽講。及遭父憂，由是疾篤，至於大漸。以大通三年(529)三月二十七日初夜，卒於住房，春秋六十有三。二宮悲惜，爲之流慟。勅給東園秘器，凡百喪事，皆從王府。下勅令葬定林寺側。太子中庶琅瑘王筠爲作銘志，弟子周長胤等，有猶子之慕，創造二碑立於墓所，湘東王蕭繹各爲制文。"(道宣:《續高僧傳》卷五《法雲傳》，第162—164頁)志磐《佛祖統紀》卷三七:"(普通)六年(525)，勅光宅寺法雲爲大僧正，官給吏力。"(《大正藏》第49册，第350頁上)明確了法雲享有官方待遇。看來，法雲作爲大僧正，的確做了不少僧伽制度的建設工作。
③(明)葛寅亮:《金陵梵刹志》卷四三，《大藏經補編》第29册，第329頁上。
④(清)劉世珩:《南朝寺攷》，《大藏經補編》第14册，第700頁上。

皇宅寺

"在蔣陵。梁天監八年,於寺作佛會,凡上士一百八人。敕沈約爲《捨身願疏》焉。"①沈約《捨身願疏》:"大梁天監之八年……在於新所創蔣陵皇宅,請佛及僧,髣髴祇樹;息心上士,凡一百人。"②

解脱寺

"在太清里。梁天監十年,武帝爲德皇后造,欲其解脱惡業,故寺以爲名。"③

同行寺

"梁天監初,武帝與寶誌公登幕府山,見林巒殊勝,命建寺,因名'同行'。"④

開善寺

"梁天監十三年冬,葬釋寶誌於鍾山獨龍阜,仍即墓所立開善精舍。"⑤

天光寺

"在同夏里,梁武帝故時所居也。"⑥

---

① (清)劉世珩:《南朝寺攷》,《大藏經補編》第14册,第702頁上。
② (唐)道宣:《廣弘明集》卷二八,《大正藏》第52册,第323頁下。
③ (清)劉世珩:《南朝寺攷》,《大藏經補編》第14册,第703頁上。
④ (清)劉世珩:《南朝寺攷》,《大藏經補編》第14册,第704頁上。
⑤ (清)劉世珩:《南朝寺攷》,《大藏經補編》第14册,第705頁上。
⑥ (清)劉世珩:《南朝寺攷》,《大藏經補編》第14册,第708頁上。

大愛敬寺

"在鍾山竹澗。梁普通元年,武帝爲太祖文皇帝造。越三年,建七層靈塔。大通四年,又造栴檀像,長一丈六尺。方造寺時,中書令王騫舊墅在側,有王導賜田八十畝,從求不得,遂逼奪之。"①

同泰寺

"衍崇信佛道,於建業起同泰寺。"②"大通元年春正月,……帝創同泰寺,至是開大通門以對寺之南門,取反語以協同泰。自是晨夕講義,多由此門。三月辛未,幸寺捨身。甲戌還宮,大赦,改元大通,以符寺及門名"③。佛教内部記録該寺的是《續高僧傳》:"大通元年,於臺城北,開大通門,立同泰寺。樓閣臺殿,擬則宸宫。九級浮圖,迴張雲表。山樹園池,沃蕩煩積。"④清人劉世珩則認爲同泰寺"在宫城北掖門外路西,本吴之後苑,晉廷尉故署也。梁武帝以其地爲寺,於宫後别開一門,名大通門,對寺之南門,取反語,以協'同泰'爲名。……寺有浮圖九層,大殿六所,小殿及堂十餘所;東西般若臺各三層,大佛閣七層。璇璣殿外,積石爲山,蓋天儀激水,隨滴而轉。所鑄十方金像,十方銀像,皆極壯麗。"⑤

從以上材料看,這些寺廟均屬皇家寺廟,其建設經費,自然由國庫支出。其中,最爲奢華、排場的當屬同泰寺。該寺建設資金不僅由國庫支付,更因蕭衍4次"捨身"而得到王公貴族大臣等的巨額贖金。因此,同泰寺的構築,自然要比一般寺廟奢侈華麗、闊氣派場。不僅有數量可觀的大殿、法堂等宗教活動場地,更有人工營造的亭臺樓閣,山樹池苑。身置其中,既可感受佛法的莊嚴,又可審美山水的妙趣。信仰、審美、生活,融爲一體。一個有趣的現象是,與其他寺廟高僧大德雲集情況不同的是,同泰寺幾乎没有駐錫的高僧大德,似乎這裏最高精神領袖的位置(high position)已經是專門留給皇帝蕭衍的。

---

① (清)劉世珩:《南朝寺攷》,《大藏經補編》第14册,第709頁上。
② (北齊)魏收等:《魏書》卷八九《蕭衍傳》,北京:中華書局,1974年,第2187頁。
③ (唐)李延壽:《南史》卷七《梁本紀中》,北京:中華書局,1975年,第205頁。
④ (唐)道宣:《續高僧傳》卷一《寶唱傳》,北京:中華書局,2014年,第10頁。
⑤ (清)劉世珩:《南朝寺攷》,《大藏經補編》第14册,第714頁上。

蕭衍出席的每一次佛教活動,都可以說是對佛教的極大支持。蕭梁時期都市佛教寺廟的大量修建,一方面給民衆帶來了沉重的經濟負擔①,另一方面卻爲城市居民的宗教信仰提供了實踐場地,爲佛教的譯經、義理、講説、傳道,拓展了平臺,極大地促進了佛教的理論提升和大衆化的普及;同時,都市佛寺在完成其宗教傳播功能的同時,也爲市民提供了佛教審美教化和休閒娛樂活動所必需的公共場域(public fields)②。在這種具有多重意義的公共場域裏,宗教信仰的意義是首位的,是顯而易見的,也是被學術研究所密切關注的。然而,這種佛寺公共場域的其他功能往往爲研究者所忽略。一般而言,中國中古時期,除了皇家、貴族園林而外,城市的一般公共活動的空間極少,特別是作爲休閒、娛樂活動的空間(space)或場地(fields),更是寥若晨星。這一點,與上古、中古時期的西方世界有很大的差異。古希臘、羅馬及至中世紀的歐洲,公共娛樂、休閒活動的場所十分普遍,公共圖書館、角鬥場、公共浴池(室)、城市景觀建築、基督教堂(天主教、東正教)等,成爲城市公衆的主要公共活動場所。而在中國,能夠充當得起這一城市公共服務角色的,則是佛教寺院。這時,作爲公共場域的佛教寺院,除了發揮它的宗教信仰的功能外,還具有其他功能:如,佛教造型藝術審美、園林山水審美、文學活動審美、佛教音樂審美以及民衆心理訴説、傾聽、交流等。顯然,在這種公共場域或空間裏,集體(group)與個體(individual)是相互作用着的。但是在具體的活動過程中,二者相互的作用就不一定都是一致的③。如,法會的信仰活動,可能更多地呈現出集體對個體的巨大影響。而在寺院一般的遊樂、休閒等審美活動中,個體所呈現的心理、行爲的作用,則顯得更大一些。不管怎麼説,寺院公共場域或空間,往往會呈現出一種氛圍、一種感染、一

---

　　①(北齊)魏收等《魏書》卷八九《蕭衍傳》:"初,衍崇信佛道,於建業起同泰寺,又於故宅立光宅寺,於鍾山立大愛敬寺,兼營長干二寺;皆窮工極巧,殫竭財力,百姓苦之。"(北京:中華書局,1974年,第2187頁)

　　②有關"場域",法國社會學家皮埃爾·布迪厄(Pierre Bourdieu)認爲,是指由社會成員依據特定邏輯要求共同建設的,是社會個體參與社會活動的主要場所,是集中的符號競爭和個人策略的場所。他還認爲,社會空間有各種各樣的場域。場域的多樣化是社會分化的結果。參見皮埃爾·布迪厄《實踐與反思:反思社會學導引》,李猛、李康譯,北京:中央編譯局出版社,1998年)與布迪厄不同的是,兩位德裔美籍心理學家攷夫卡(Kurt Koffka)和盧因(或譯勒温,Kurt Lewin)分別提出了行爲環境論和生活空間論。認爲行爲環境和生活空間都是由心理和環境兩種因素構成的主-客混合環境。他們都强調了場域中的主體作用和社會生活環境構成富有活力的社會空間的作用,揭示了人類行爲的進取性。(參見攷夫卡:《格式塔心理學原理》(*The Principle of Gestalt Psychology*),利瓦伊譯,北京:北京大學出版社,2010年;Kurt Lewin:*Field Theory in Social Science*(《社會科學中的場論》),北京:中國傳媒大學出版社2016年,英文版。)

　　③參見李小榮:《晉唐佛教文學史》,北京:人民出版社,2017年。

種潛在的力量。其儀式化的活動(ritualized activities),更能增强公衆信仰的虔誠程度;同時也在一定程度上打破了民衆文化(mass culture)和精英文化(elite culture)的隔絶,溝通了社會各階層的聯繫和交往而融匯爲一種公衆文化(public culture)。"梁武帝不定期在都城的佛寺中召開普世聚會或者召集信衆集會或者向所有人開放的集會,内容包括説法、懺悔、儀式性的宴會以及誓言。參與的集會者包括社會各個階層的人,有僧侣、官員以及平民。座席的次序取决於參與者的發誓的日期。就這樣,菩薩宣誓這種本來獨一無二的大事被一次又一次地翻新,都城每個社會階級的人們都來參加大型的宣誓集會。儘管參與這些集會的總人數没有被記録下來,但無疑普通人獲得了一個前所未有的機會,能親眼見到皇帝,而皇帝通常隱於宫牆之後。這再一次表明,佛寺所提供的新的中介空間是如何對中國疆域的空間關係進行轉變的。"①可以説,梁武帝蕭衍積極開拓的寺院文化,在一定程度上,增加了城市公衆生活的存在感和幸福感。

(本文原刊於《長江學術》2020 年第 1 期)

---

① [美]陸威儀(Mark Edward Lewis)《哈佛中國史·南北朝:分裂的帝國》(*History of Imperial China——China Between Empires:The Northern and Southern Dynasties*)第四章《城市的變化·作爲半公共空間的佛寺》,北京:中信出版社,2016 年,第 143 頁。

北魏慧生行記諸種相關文獻考述

陽　清

（雲南師範大學文學院）

　　佛教之所以能够在晉唐時代蓬勃發展，離不開大德高僧們的積極努力。中外僧侣交往頻繁，西行求法與東行傳法并行不悖，由此形成了古代交通史上的特殊景觀。柳詒徵指出：曹魏以來，"西域僧徒之來華者，後先相望"，"僅姚秦一時，胡僧已數十輩"；"中土僧俗，亦多鋭意西行求法"，至朱士行、宋雲等，"殆不下六七十人"①。至於唐代高僧前往西域巡禮者，更是不在少數。西行求法僧人往往撰有行記，其内容詳略不一，不失爲西域研究和佛教研究的重要文本。徐繼畬《瀛環志略》指出："印度爲佛教所從出，晉法顯、北魏惠生、唐元奘，皆遍歷其地，訪求戒律大乘要典，紀載特詳。"②法顯《佛國記》和玄奘《大唐西域記》，可謂存世僧人行記中的圭臬之作，歷代研究論著尤多。至於楊衒之《洛陽伽藍記》卷五叙述慧生等人求經之事，學者雖多從地理學和交通史角度去探幽索隱，然而所涉僧人行記并未加以厘清。兹疏理和考辨慧生行記相關文獻諸種，同時揭櫫其學術價值。

一、《慧生行傳》等佚著三種辨析

　　玄奘之前，中土僧人西行請經求律者，以朱士行、支法領、法顯、智猛、慧生等爲著。其中，慧生、宋雲以及道榮、法力等屬於同一批次。據李延壽《北史·西域傳》："初，熙平中，明帝遣騰伏子統宋雲、沙門法力等使西域，訪求佛經，時有沙門慧生者，亦與俱行。

---

①柳詒徵：《中國文化史》卷上，上海：東方出版中心，1988年，第411頁。
②（清）徐繼畬撰：《瀛環志略》卷三，見《續修四庫全書》第743册，上海：上海古籍出版社，1997年，第58頁。

正光中,還。"①楊衒之《洛陽伽藍記》則云:"聞義里有燉煌人宋雲宅,雲與惠生俱使西域也。神龜元年(518)十一月冬,太后遣崇立寺比丘惠生向西域取經,凡得一百七十部,皆是大乘妙典","至正光二年(521)二月始還天闕"②。兩種記載略有不同,卻共同證實了北魏時期這一重要的文化事件。慧生、宋雲的西行之路以及異域見聞,衍生出了《慧生行傳》《宋雲家記》《道榮傳》等相關著述。三種文獻均已亡佚。陳寅恪強調:"今本《洛陽伽藍記》楊氏紀惠生使西域一節,輒以宋雲言語行事及《道榮傳》所述參錯成文,其間頗嫌重複,實則楊氏之紀此事,乃合《惠生行紀》《道榮傳》及《宋雲家傳》三書爲一本。"③事實上,《慧生行傳》等佚著三種,正是《洛陽伽藍記》卷五之綜合敘述的藍本。茲分別辨析如下。

一、《慧生行傳》

魏徵《隋書·經籍志》、鄭樵《通志·藝文略》以及焦竑《國史經籍志》等,均著錄有《慧生行傳》一卷,不題撰名,同歸史部地理類。慧生或云惠生、道生,周祖謨謂其爲北魏洛陽崇虛寺沙門,其生卒年不詳。前據《北史·西域傳》,宋雲應爲僧統,沙門慧生疑似隨從。而據《洛陽伽藍記》卷五之行文推測,慧生亦應是北魏此次西域巡禮活動的核心成員。《魏書·釋老志》即云:"熙平元年(516),詔遣沙門惠生使西域,采諸經律。正光三年(522)冬,還京師。所得經論一百七十部,行於世。"④檢讀費長房《歷代三寶紀》卷三,亦言北魏孝明帝"改熙平元,造永寧寺,遣沙門慧生使西域取經,凡七年還,得經論一百七十部,并行於世",又言正光三年,"沙門慧生,凡歷七年從西域還,得梵經論一百七十部,即就翻譯并行于世"⑤。《隋志》佛篇序亦曰:"熙平中,遣沙門慧生使西域,采諸經律,得一百七十部。"⑥結合前述《洛陽伽藍記》,且謂"太后遣崇立寺比丘惠生向西域取經",足見慧生在此次西行中舉足輕重。《慧生行傳》或云《惠生行記》《惠生行紀》《惠生經行記》等。《北史·西域傳》云:"慧生所經諸國,不能知其本末及山川里數,蓋

---

① (唐)李延壽:《北史》卷九七,北京:中華書局,1974年,第3231—3232頁。
② (魏)楊衒之撰、周祖謨校釋:《洛陽伽藍記校釋》卷五,北京:中華書局,2010年,第168—209頁。
③ 陳寅恪:《讀洛陽伽藍記書後》,見《金明館叢稿二編》,上海:生活·讀書·新知三聯書店,2001年,第179頁。
④ (北齊)魏收:《魏書》卷一一四,北京:中華書局,1974年,第3042頁。
⑤ (隋)費長房:《歷代三寶紀》卷三,見《大正藏》第49冊,臺北:臺灣新文豐出版公司,1975年,第45頁。
⑥ (唐)魏徵等:《隋書》卷三五,北京:中華書局,2019年,第1245頁。

舉其略云。"①《洛陽伽藍記》亦云"惠生在烏場國二年,西胡風俗,大同小異,不能具録","《惠生行記》事多不盡録"②。足見《隋志》等書目著録《慧生行傳》一卷堪稱真實可信,原書實乃粗略記載慧生西域行程之佛教行記。法國沙畹(Edouard Chavannes):"按《惠生行傳》,李延壽似已見之;蓋《北史·西域傳》嚈噠迄乾陀羅諸條顯爲録諸《行紀》之文。"③今覆核原文,李延壽得見《慧生行傳》不假。《北史·西域傳》曰:"朱居國,在於闐西。其人山居,有麥,多林果。咸事佛,語與于闐相類,役屬嚈噠",又曰:"鉢和國,在槃陁西。其土尤寒,人畜同居,穴地而處。又有大雪山,望若銀峰"④,均以《慧生行傳》爲材料依據。明代以來,《慧生行傳》在官私目録中已罕有提及,當屬亡佚無疑。而事實上,《惠生行傳》仍部分留存於《洛陽伽藍記》卷五之中,儘管已不易斷定其中有哪些内容經由楊氏删改。

二、《宋雲家記》

因《慧生行傳》多不盡録,敘事簡略,故《洛陽伽藍記》卷五注明:"今依《道榮傳》《宋雲家記》,故并載之,以備缺文。"⑤據《洛陽伽藍記》,宋雲乃敦煌人,曾居住於洛陽城東北上商里(後改爲聞義里)。其生卒年亦不詳,正史闕載。與慧生之僧侶身份不同,宋雲可能作爲外交官領導此次西域巡禮之事。《宋雲家記》或云《宋雲家傳》《宋雲行記》《宋雲西行記》等,史志并未著録。與《慧生行傳》類似,此書亦佚,其部分内容仍留存於《洛陽伽藍記》卷五之中,故楊守敬《隋書地理志考證》稱引"洛陽伽藍宋雲《取經記》"⑥。不同的是,緣於宋雲官方使節的身份,或是因爲便宜通稱,《洛陽伽藍記》卷五綜合敘述慧生等人取經事蹟,往往被後世學者作爲宋雲行記。清人俞浩《西域考古録》卷九、卷一二分別徵引"宋雲西域取經記程"⑦"宋雲使西域行程記"⑧兩種,即爲《洛陽

---

① (唐)李延壽撰:《北史》卷九七,北京:中華書局,1974年,第3231—3232頁。
② (魏)楊衒之撰、周祖謨校釋:《洛陽伽藍記校釋》卷五,北京:中華書局,2010年,第209頁。
③ [法]沙畹撰、馮承鈞譯注:《宋雲行紀箋注》,見《西域南海史地考證譯叢》卷二,北京:商務印書館,1962年,第2頁。
④ (唐)李延壽撰:《北史》卷九七,第3232頁。
⑤ (魏)楊衒之撰、周祖謨校釋:《洛陽伽藍記校釋》卷五,第209頁。
⑥ (清)楊守敬撰:《隋書地理志考證》,見謝承仁主編《楊守敬集》第2册,武漢:湖北人民出版社,1997年,第138頁。
⑦ (清)俞浩:《西域考古録》卷九,臺北:文海出版社,1966年,第584頁。
⑧ (清)俞浩:《西域考古録》卷一二,第671頁。

伽藍記》中内容。近人丁謙撰《宋雲西域求經記地理考證》、馮承鈞譯注《宋雲行紀箋注》，同樣沿襲這種習慣。雖然如此，據宋人樂史《太平寰宇記》卷一八六："賒彌國。後魏時聞焉。在波知之南。山居。不崇佛法，專事諸神。宋雲《行記》云：'語音諸國同，不解書箅，不知陰陽。'國人剪髮，婦人爲團髮。亦附嚈噠。東有缽盧勒國，路險，緣鐵鎖而度，下不見底。後魏時，遣宋雲等使於彼，不達。"①不論如何標點，這則材料與《洛陽伽藍記》卷五所載"賒彌"在文字上不盡相同。又，宋蘇易簡《文房四譜》亦引《宋雲行記》："以魏神龜中至烏萇國。又西至本釋迦往自作國，名磨休王。有天帝化爲婆羅門形，語王曰：'我甚知聖法，須打骨作筆，剝皮爲紙，取髓爲墨。'王即依其言。遺善書者抄之，遂成大乘經典。今打骨處化爲琉璃。"②較之《洛陽伽藍記》所記"烏場國"相關佛跡，這則材料更爲詳細具體。至於吳淑《事類賦》、蘇易簡《文房四譜》、彭大翼《山堂肆考》、陳耀文《天中記》、張英《淵鑒類函》等，另有徵引《宋雲行記》所謂西天磨伏王斲髓爲墨寫大乘經之事，同樣稍異於《洛陽伽藍記》。抑又，志磐《佛祖統紀》卷四一述曰："《隋史·西域傳》、魏宋雲《西行記》《唐太宗實錄》，皆言于闐有毗摩寺，是老子化胡處。"③但《洛陽伽藍記》卷五并未記載有毗摩寺。抑又，樂史《太平寰宇記》卷一八三"烏萇國"徵引宋曇《行記》："人皆美白，多作羅刹鬼法，食噉人肉，晝日與羅刹雜於市朝，善惡難别。"④王文楚等《校勘記》云："此'曇'乃'雲'字之誤。"⑤上述種種，一證《宋雲家記》可能存有佚文，二證《洛陽伽藍記》應有刪改之功。值得一提的是，劉昫《舊唐書·經籍志》著録"《魏國已西十一國事》一卷，宋雲撰"⑥，歐陽修《新唐書·藝文志》著録"宋雲《魏國以西十一國事》一卷"⑦，同歸史部地理類。《魏國以西十一國事》亦佚，或别是一書，或與《宋雲家記》直接相關。余太山指出："《宋雲家紀》或即《舊唐書·經籍上》（卷四六）、《新唐書·藝文二》（卷五八）所見宋雲撰《魏國已西十一國事》（一卷）。"⑧宋代以來，不少論著徵引《宋雲行記》，或不見於《洛陽伽藍記》卷五，或與《洛陽伽藍記》卷五相比而呈現出文字差異，疑即宋雲所撰《魏國以西十一國事》，惜無更多證據可尋。

---

① (宋)樂史：《太平寰宇記》卷一八六，北京：中華書局，2007年，第3566—3567頁。
② (宋)蘇易簡：《文房四譜》卷一，見《四庫全書》第843册，臺北：臺灣商務印書館，1986年，第17頁。
③ (宋)志磐撰、釋道法校注：《佛祖統紀校注》卷四一，上海：上海古籍出版社，2012年，第939頁。
④ (宋)樂史：《太平寰宇記》卷一八三，第3504頁。
⑤ (宋)樂史：《太平寰宇記》卷一八三，第3512頁。
⑥ (後晉)劉昫等：《舊唐書》卷四六，北京：中華書局，1975年，第2016頁。
⑦ (宋)歐陽修、宋祁：《新唐書》卷五八，北京：中華書局，1975年，第1505頁。
⑧ 余太山：《"宋雲行紀"要注》，見《早期絲綢之路文獻研究》，上海：上海人民出版社，2009年，第298頁。

三、《道榮傳》

　　如前所述,《洛陽伽藍記》卷五依據《慧生行傳》《宋雲家記》《道榮傳》等,以綜合叙述宋雲一行西域巡禮之事。道榮,《古今逸史》本、《漢魏叢書》本《洛陽伽藍記》均作道藥,其生卒年亦不詳。據唐道宣《續高僧傳》卷八,有南朝齊大統合水寺釋法上,"至於十二,投禪師道藥而出家焉",後"卒于合水故房,春秋八十有六,即周大象二年(580)七月十八日也"①,則道藥在北魏正始三年(506)已顯名於世,十餘年後遂同宋雲、慧生等人同往西域求法。《道榮傳》或云《道藥傳》,岑仲勉稱之爲《遊傳》②,早佚,史志亦未著録。道宣《釋迦方志·遊履篇》云:"後魏太武末年,沙門道藥從疎勒道入經懸度到僧伽施國,及返還尋故道,著傳一卷。"③此《傳》一卷疑即《道榮傳》,《洛陽伽藍記》存録其相關内容有七處,周祖謨均視之爲注文。檢讀《洛陽伽藍記》卷五,可見楊衒之在叙述乾陀羅城東南七里雀離浮圖之時,曾六次徵引《道榮傳》以作參證或者補充説明,在描述那迦羅阿國之佛頂骨、佛袈裟、佛錫杖、佛牙、佛髮、佛影、佛浣衣處等諸多佛跡時,亦曾詳細徵引《道榮傳》,其行文"隨事條舉",細緻有理,"此蓋《惠生行記》之所未備"④,不失爲宋雲、慧生行記絶好的輔助材料。《道榮傳》亦被後世類書多加摘録,陳耀文《天中記》卷三六、吴襄《子史精華》卷一〇七、張玉書《佩文韻府》卷三二等均有徵引,撰者并未擅作文字上的改動。

　　綜上,《慧生行傳》《宋雲家記》《道榮傳》等著作三種,因其直接關聯於北魏慧生、宋雲等西域巡禮求經之事,從而在中古佛教文獻學中佔有一席之位元,又因其記載旅行見聞、佛教遺跡以及相關故事和傳説,由此具體表現出了佛教叙事文獻的應有價值。上述著作,諸種大藏經均未收入,亦無其他傳本,蓋其亡佚已久,幸賴楊衒之《洛陽伽藍記》卷五而存其崖略。誠然,《慧生行傳》等佚著在《洛陽伽藍記》卷五的分布和構成,以及楊衒之在節録和拼補方面的可能性,可謂值得進一步探討的學術問題。

---

① (唐)道宣撰:《續高僧傳》卷八,北京:中華書局,2014年,第260—262頁。
② 岑仲勉:《唐以前之西域及南蕃地理書》,見《中外史地考證》,北京:中華書局,1962年,第313頁。
③ (唐)道宣著,范祥雍點校:《釋迦方志》卷下,北京:中華書局,2000年,第98頁。
④ (魏)楊衒之撰、周祖謨校釋:《洛陽伽藍記校釋》卷五,北京:中華書局,2010年,第209頁。

二、《洛陽伽藍記》卷五之文例和建構

楊衒之《洛陽伽藍記》卷五簡叙禪虛寺、凝玄寺,繼而叙及聞義里宋雲宅以及慧生、宋雲等西域巡禮求經之事,從而構成該卷的主體内容。楊著之節録和拼補,實則依據《慧生行傳》等三種佚著,卻未能給後人提供一個較爲理想的叙事文本,加之經典歷代相傳而致版本繁多,文字内容不乏脱訛,乃至難以卒讀。楊勇《洛陽伽藍記校箋》指出:"此篇文體與卷四永明寺'南中有歌營國'以下相類,尤多歧出贅文,殆是據數書凝成,宜細心讀之,章節自顯。雀離浮圖以下諸文,節目益煩","可知本篇乃集上列諸文并載之者,是以多歧出也"①。換句話説,《洛陽伽藍記》採用"合本子注",亦即正文與事類子注搭配的組合模式,卻因其多現"歧出贅文",最終給讀者帶來了不少困惑。

事實上,沙畹撰、馮承鈞譯注《宋雲行紀箋注》同樣指出了上述問題。當讀及"有如來昔作摩休國",沙畹指出"上文顯有脱誤";讀及"至正光元年(520)四月中旬",他認爲"《行紀》於此處頗欠聯絡,後此尤盛","余意以爲所記檀特山事,應位之於共乾陀羅王問答之後,記述佛沙伏城之前";讀及"至佛沙伏城",他亦認爲"宋雲《行紀》所記檀特山之故事,至此又重言之,故吾人以《行紀》編次錯亂,檀特山之記述應緊接於佛沙伏城之前也";讀及復西行一日渡一深水,三百余步,他再次指出《行紀》之文"迷離不明";讀及"東南七里有雀離浮圖",他認爲"此後《洛陽伽藍記》所記雀離浮圖之文,頗有竄亂"②。之所以造成這種認識,除了客觀的原因,亦有文例層面的因素。事實上,沙畹針對原書《道榮傳》首例之後的文本判斷,顯然有待商榷。依據馮承鈞譯注本標點,沙畹認爲"東南七里有雀離浮圖"以後所有内容,均屬楊衒之節録《道榮傳》七種内容而成,不免失之武斷。

針對沙畹之説,周祖謨不以爲然。在讀至"王城西南五百里,有善持山"時,周氏指出:"沙畹以爲此記編次錯亂,檀特山之記述應位於記述佛沙伏城之前。今細繹斯記,前後文次縝密有序,實未紊亂。蓋宋雲惠生居烏場國久,檀特山亦適在烏場之西南,若當其居烏場國之時,往至檀特山,爾後始入健馱邏國,未爲不可,則依其遊跡所及之先後而

---

① (北魏)楊衒之著、楊勇校箋:《洛陽伽藍記校箋》卷五,北京:中華書局,2006年,第216頁。
② [法]沙畹撰、馮承鈞譯注:《宋雲行紀箋注》,見《西域南海史地考證譯叢》卷二,北京:商務印書館,1962年,第38—49頁。

述之,亦未爲誤。且惠生時,烏場國與健馱邏國之疆域,與玄奘入竺時是否相同,猶未可知。豈可一概而論? 與其謂編次有錯亂,勿寧謂其記叙稍欠詳明耳。"①與沙畹不同,周祖謨《洛陽伽藍記校釋》顯然把《洛陽伽藍記》卷五分爲正文和子注,書中《道榮傳》屬於別陳異説,并非正文内容,而是作爲"子注"間或存於文本之中。其依據是:"《法苑珠林》卷三十八引《西域志》云:'西域乾陀羅城東南七里有雀離浮圖'云云,文字與《伽藍記》相同。所引均爲本文,而不引《道榮傳》云云,是其確證",至於"吴若准等均未留意及此,乃以宋雲求法一節全爲注文,大誤"②。范祥雍《洛陽伽藍記校注》對此持同一觀點。除《道榮傳》七種内容,周氏還認爲楊著"赤嶺者,不生草木……""案于闐國境,東西不過三千餘里""按嚈噠國去京師二萬餘里""此塔初成,用真珠爲羅網覆於其上……""衒之按《惠生行記》事多不盡録……"③等五處均爲注文。與沙畹《箋注》相比,周氏《校釋》更爲慎重。

　　事實上,關於《洛陽伽藍記》卷五之文例及其基本認識,歷代學者還存有不同看法。這裏,前述周祖謨曾指出清人吴若准撰《洛陽伽藍記集證》等著作,乃以宋雲求法一節全爲注文,即爲明證。今人楊勇亦踵武前賢,僅把"聞義里有燉煌人宋雲宅,雲與惠生俱使西域也","惠生在烏場國二年,西胡風俗,大同小異,不能具録。至正光三年二月,始還天闕"④兩節作爲正文,其餘均視之爲注文。針對《洛陽伽藍記》卷五記叙繁富的雀離浮圖,楊勇認爲,"此篇大抵依惠生《行記》《道榮傳》及宋雲《家記》以成文,章節蔓衍,句法不謹,其爲注文無疑。唯間中施以按語,易起誤解。其實此正衒之行文之慣例,亦是注疏文體所必爾",這種文例隨處可見,原書"卷一永寧寺永安三年(530)下之'衒之曰',卷二明懸尼寺之'衒之按',卷四宣忠寺條'楊衒之云',此皆注中施以旁語者。此外,卷一末幅建春門内條'衒之時爲奉朝請,因即釋曰'云云,則是文中施以旁語子注,此皆所謂'并載'之筆,詳末幅衒之按語"⑤。這種觀點貌似合理,其實有待於我們進一步考究和商榷。

　　綜上,楊衒之《洛陽伽藍記》卷五雖爲夾叙夾註之文本形態,但究竟何者爲正文,何者爲注文,歷來看法并無一致。與原書文例相關,關於《慧生行傳》等三種材料在《洛陽伽藍記》卷五中的地位,當代學者亦莫衷一是,由此形成了兩種基本立場:其一,傾向於

---

①(魏)楊衒之撰、周祖謨校釋:《洛陽伽藍記校釋》卷五,北京:中華書局,2010年,第193頁。
②(魏)楊衒之撰、周祖謨校釋:《洛陽伽藍記校釋》卷五,第200頁。
③(魏)楊衒之撰、周祖謨校釋:《洛陽伽藍記校釋》卷五,第169—209頁。
④(北魏)楊衒之著、楊勇校箋:《洛陽伽藍記校箋》卷五,北京:中華書局,2006年,第209—216頁。
⑤(北魏)楊衒之著、楊勇校箋:《洛陽伽藍記校箋》卷五,第237—238頁。

以《宋雲家記》爲主體。前述楊著綜合叙述慧生、宋雲等取經事蹟,往往被後世學者引作宋雲行記,其根本原因不外乎此。余太山亦强調:"《洛陽伽藍記》卷五有關宋雲等西使的文字主要依據《宋雲家紀》"①,而又含有《道榮傳》等其他內容。其二,傾向於以《慧生行傳》爲主體。日人長澤和俊根據《魏書·西域志》的書寫順序,得見志中所言"慧生所經諸國",似乎是對以下朱居國、謁槃陁國、鉢和國、波知國、賖彌國、烏萇國等國家的説明,遂而判斷"下文估計乃是依據《慧生行記》所寫"②。長澤繼而得出:"楊衒之顯然認爲他們二人完全是沿同一條路線入竺的,因而在惠生簡略的記載中凡是有遺漏宋雲記録之處,楊衒之便盡可能將其補入。"③楊勇《校箋》亦指出:"大體此篇以惠生《行記》爲主,其不足處,則以《道榮傳》、宋雲《家記》以補之。故其行文如爾,讀者勿以爲疑也。"④又曰:"此篇實以惠生《行記》爲主要材料,然其書事多不盡録,乃依《道榮傳》、宋雲《家記》并載之,以備缺文。故篇中有關《道榮傳》云云,實是并載之筆,非注中之注。"⑤吳晶亦認爲,《惠生行紀》雖然簡略,卻"因其對經行路線和山川地理的框架性叙述,具備一個完整的結構,故爲楊衒之、李延壽所重視",乃至"選爲《洛陽伽藍記》第五卷的底本","'惠生行紀'比'宋雲行紀'更適合作爲《宋雲惠生行紀》的簡稱"⑥。至於《洛陽伽藍記》卷五乃融匯《慧生行傳》等三種材料而成,則可謂學界不刊之論,這裏筆者不再贅述。

通過細讀文本,繼而分析各家之説,筆者以爲:其一,《洛陽伽藍記》卷五確以合本子注、夾叙夾注爲基本形態,其中以叙爲主,以注爲補。其二,卷中《慧生行傳》實爲主體。畢竟,楊著首云"神龜元年十一月冬,太后遣崇立寺比丘惠生向西域取經",接着簡述從京師到于闐的經行路線,後云"惠生初發京師之日,皇太后勅付五色百尺幡千口,錦香袋五百枚,王公卿士幡二千口。惠生從于闐至乾陀羅,所有佛事處,悉皆流布,至此頓盡。惟留太后百尺幡一口,擬奉屍毗王塔",末云"惠生在烏場國二年,西胡風俗,大同小異,不能具録。至正光二年二月始還天闕"⑦,可謂首尾照應,秩序井然,《慧生行傳》

---

①余太山:《"宋雲行紀"要注》,見《早期絲綢之路文獻研究》,上海:上海人民出版社,2009年,第268頁。
②[日]長澤和俊:《論所謂的〈宋雲行紀〉》,見《絲綢之路史研究》,天津:天津古籍出版社,1990年,第500頁。
③[日]長澤和俊:《論所謂的〈宋雲行紀〉》,見《絲綢之路史研究》,第504頁。
④(北魏)楊衒之著、楊勇校箋:《洛陽伽藍記校箋》卷五,北京:中華書局,2006年,第238頁。
⑤(北魏)楊衒之著、楊勇校箋:《洛陽伽藍記校箋》卷五,第244頁。
⑥吳晶:《〈宋雲惠生行紀〉文本構成新證》,《西域研究》2011年第3期,第13頁。
⑦(魏)楊衒之撰、周祖謨校釋:《洛陽伽藍記校釋》卷五,北京:中華書局,2010年,第168—209頁。

明顯構成了《洛陽伽藍記》綜合敘述慧生、宋雲行記的骨架。其三,卷中《宋雲行記》應爲輔助。嚈噠國王"見大魏使人,再拜跪受詔書"以及會場描述;烏場國王"見宋云云大魏使來,膜拜受詔書"以及主客交流;宋雲詣軍并通詔書,乾陀羅國王"凶慢無禮,坐受詔書"①以及主客辯駁等;明顯是特記作爲外交使者的宋雲事蹟,其行文風格雖明顯異於卷首諸節,但是難以擾亂《慧生行傳》的主體地位。抑又,卷中烏場國"宋雲於是與惠生出城外,尋如來教跡","宋雲惠生見彼比丘戒行精苦,觀其風範,特加恭敬。遂舍奴婢二人,以供灑掃","宋雲與惠生割捨行資,於山頂造浮圖一所,刻石隸書,銘魏功德",卷中乾陀羅城東南"宋雲以奴婢二人奉雀離浮圖,永充灑掃。惠生遂減割行資,妙簡良匠,以銅摹寫雀離浮圖儀一軀,及釋迦四塔變"②,以及針對兩地諸多佛跡的追述和描寫,可證《慧生行傳》與《宋雲家記》曾一度叙及相同内容,兩種相關文獻足以互爲參證。其四,卷中《道榮傳》應爲補證。從行文方式看,《道榮傳》七處別陳異說,明顯起着補充《慧生行傳》和《宋雲家記》作用,故周祖謨視爲子注,可謂毋庸置疑。相較而言,《慧生行傳》側重於對經行路線和山川地理的框架性敘述,同時兼及風物和佛跡,《宋雲家記》側重於追述外交活動,同時兼及禮儀、風物以及佛跡,《道榮傳》側重於描述佛跡,其書寫細緻入微。而針對上述材料,《洛陽伽藍記》卷五并非僅節錄而已,而是以《慧生行傳》爲基本結構和文本基礎,抑又在行文過程中,適當存錄《宋雲家記》和《道榮傳》相關内容,并且呈現出了某種拼補的痕跡。這裏,節錄與拼補并存,其可能性表現爲以節錄爲主,拼補爲輔。因爲《慧生行傳》等三種文獻的叙述視角和行文側重點不同,特別是撰者在陳述某種具體事物時詳略有別,難以均衡劃一,加之楊氏慣用合本子注、夾叙夾注,遂使楊衒之《洛陽伽藍記》卷五讀如百衲僧衣,難盡人意。

三、《北魏僧惠生使西域記》之文獻依據

與《慧生行傳》直接相關,《大正藏》(No. 2086)史傳部收錄有《北魏僧惠生使西域記》一卷,不題撰者,亦未見校文,其他佛教藏經均未收該書。據其記載:"魏神龜元年十一月冬,太后遣崇立寺比邱惠生與敦煌人宋雲,向西域取經,凡得百七十部,皆是大乘妙典","初發京師",途徑赤嶺、吐谷渾國、鄯善城、且末城、末城、捍麼城、于闐國、朱駒

---

① (魏)楊衒之撰、周祖謨校釋:《洛陽伽藍記校釋》卷五,北京:中華書局,2010年,第182—196頁。
② (魏)楊衒之撰、周祖謨校釋:《洛陽伽藍記校釋》卷五,第186—205頁。

波國、渴盤陀國、蔥嶺山、缽孟城、毒龍池、缽和國、嚈噠國、波斯國、賒彌國、烏場國、乾陀羅國、新頭大河、佛沙伏城、乾陀羅城、那迦邏國等國家、城池以及地理疆域，"凡在烏場國二年，至正光二年還闕"①。書中粗略記錄惠生行程及其佛教見聞，旁及域外地理、民族、交通、風俗等，文字簡易可讀，條理清晰，同樣具有重要的文史價值。而值得一提的是，周祖謨《洛陽伽藍記校釋》有七處使用這種《北魏僧惠生使西域記》，以校補原書卷五所載宋雲慧生一行西域巡禮取經之事。問題是，除周祖謨以外，其他學者罕有提及《大正藏》收錄之《北魏僧惠生使西域記》。那麼，此書的文獻依據，此書與《慧生行傳》存在着何種關係，此書在晉唐佛教行傳中的學術意義等問題，就值得我們去進一步考察。

無獨有偶，清人魏源《海國圖志》卷二九在介紹西南洋五印度沿革之際，同樣附載有《北魏僧惠生使西域記》。比對內容，該材料與《大正藏》收錄同名之書幾乎完全相同，除末尾處《大正藏》本所記更爲簡略以外，其他多處僅有文字上的細微差異，二者可視爲同源文獻。據筆者考察，《大正藏》"曾蒙已故高楠順次郎博士及渡邊海旭博士兩位都監之精心規劃，自大正十一年（1922）至昭和九年（1934）間，前後費時十三年餘歲月之研究，其間又承小野玄妙博士之獻身相助，歷經萬難，克服障礙而告成"②。《海國圖志》乃"道光二十有二載（1842），歲在壬寅，嘉平月，內閣中書邵陽魏源叙于揚州"，"原刻六十卷，道光二十七載（1847）刻于揚州，咸豐二年（1852）重補成一百卷，刊于高郵州"③，其刊刻時間遠早於《大正藏》。故筆者以爲，《海國圖志》《大正藏》存錄同名《北魏僧惠生使西域記》，緣於《大正藏》抄錄《海國圖志》并稍作改動。相關證據及其分析如下：

其一，《海國圖志》在《四洲志》的基礎上，相繼完成了"五十卷本，六十卷本，最後定稿爲一百卷本"，使得"這部煌煌大作成爲道咸年代內容最爲豐富，影響最爲廣泛的域外輿地之作"④，堪稱爲"中國看世界第一書"。自19世紀50年代以來，《海國圖志》被赴日貿易的中國商船多次帶往日本，雖曾被保守的德川幕府視爲禁書，但有識之士紛紛進行翻譯、訓解、評論以及刊印。據不完全統計，"僅僅在1854年至1856年的三年間，

---

①佚名撰：《北魏僧惠生使西域記》，見《大正藏》第51册，臺北：臺灣新文豐出版公司，1975年，第866—867頁。
②王春長譯：《大正新修大藏經再版序言》，見《大正藏》（總目錄），第1頁。
③（清）魏源：《海國圖志原叙》，《海國圖志》（一百卷），光緒二年平慶涇固道署重刊本。
④洪九來：《有關〈海國圖志〉的版本流變問題》，《古籍整理研究學刊》1994年第3期，第24頁。

日本刊印《海國圖志》的各種選本已經有二十餘種之多"①。爾後,該書成爲"幕末"日本了解列強實力的必備文獻,甚至被私塾用作教材,乃至形成了日本的《海國圖志》熱潮,在思想啟蒙方面發揮其重要作用,産生了巨大的時代影響。至20世紀二三十年代,日本漢學家對《海國圖志》可謂耳熟能詳,高楠等學者將附入其中的《北魏僧惠生使西域記》收入《大正藏》之中,可謂合情合理。

其二,《大正新修大藏經再版序言》云:"大藏經之圓滿告成,不僅彙集所有刊行於世之經典,更以創新的學術組織及搜集衆多新發掘之資料,融合而編成"②,這裏所謂新發掘資料,亦即那些不見於前代藏經的文獻。相關佛教行傳類著作,譬如新羅僧人慧超撰《往五天竺國傳》,"原藏敦煌石室,1905年爲伯希和奪去。現存巴黎法國國家圖書館,編號爲伯3532",此後日本學者研究日益增多,"高楠順次郎最初把慧超書收入《游方傳叢書》,繼後又收入《大日本佛教全書》及《大正新修大藏經》中,高楠氏也爲此書作過箋注"③,今檢讀《大正藏》(No.2089),該書存見於《游方記抄》。又如,日本僧人圓仁曾撰著《入唐求法巡禮行記》,後有養鸕徹定、三上參次等人先後在京都東寺觀智院發現該書古抄本,雖未能進入《大正藏》,但同樣被《大日本佛教全書》收錄,可證高楠對新文獻的高度重視④。被附入《海國圖志》的《北魏僧惠生使西域記》,因其出現較晚抑且文獻價值頗高,故被日本學者編入《大正藏》。

其三,《大正藏》收錄《北魏僧惠生使西域記》,不是全盤抄錄,而是試圖删正《海國圖志》附文,由此體現出其文獻編輯之功。譬如《海國圖志》"至光元年四月中旬,入乾陀羅國"⑤,《大正藏》改爲"至正光元年四月中旬,入乾陀羅國"⑥,由此恢復《洛陽伽藍記》卷五原文,顯係補正脱字。《海國圖志》"西行三月,至新頭大河"⑦,《大正藏》改爲"西行至新頭大河"⑧,删除了"三月"二字,似乎更合情理。抑又《海國圖志》"十一月,入波斯國境,土甚狹,七日行過",後附按語:"按此在蔥嶺中,非《魏書》西海上之波斯,亦非佛經之波斯匿王國也"⑨,《大正藏》僅留正文。最爲明顯的是,《海國圖志》原文:

---

① 王曉秋:《近代中日文化交流史》,北京:中華書局,2000年,第29頁。
② 王春長譯:《大正新修大藏經再版序言》,見《大正藏》(總目錄),第1頁。
③(唐)慧超原著、張毅箋釋:《往五天竺國傳箋釋》(前言),北京:中華書局,2000年,第1—2頁。
④ 白話文等校注:《入唐求法巡禮行記校注》(前言),石家莊:花山文藝出版社,2007年,第8—9頁。
⑤(清)魏源:《五印度沿革總考》,見《海國圖志》(一百卷),光緒二年平慶涇固道署重刊本。
⑥ 佚名撰:《北魏僧惠生使西域記》,見《大正藏》第51册,第867頁。
⑦(清)魏源:《五印度沿革總考》,見《海國圖志》(一百卷),光緒二年平慶涇固道署重刊本。
⑧ 佚名撰:《北魏僧惠生使西域記》,見《大正藏》第51册,第867頁。
⑨(清)魏源:《五印度沿革總考》,見《海國圖志》(一百卷),光緒二年平慶涇固道署重刊本。

"復西北行七日,渡一大水,至那迦羅訶國。有佛頂骨、牙、髮、袈裟、錫杖,山窟中有佛影、佛跡,有七佛手作浮圖,及佛手書梵字石塔銘"①,《大正藏》删改爲:"復西北行,渡一大水,至那迦邏國。有佛頂骨及佛手書梵字石塔銘"②。諸如此類,以魏源《海國圖志》附文爲基礎,《大正藏》有意删正文獻,充分反映出了編者的學術判斷力。

與此相關,《大藏經》(No. 2092)亦收録《洛陽伽藍記》五卷,由此與《北魏僧惠生使西域記》并存不悖。筆者以爲,高楠等學者收入《海國圖志》附録《北魏僧惠生使西域記》,可能是有意識地將其視爲唐前佚著《慧生行傳》,或者説至少存在着試圖替代《慧生行傳》的可能性。據考察,《北魏僧惠生使西域記》應該淵源於魏源對《洛陽伽藍記》卷五的删節,《海國圖志》卷二九原標題下附注"見《洛陽伽藍記》"③,其實已經是最好的證明。高楠等學者一方面認同魏源的删節之功,只因《海國圖志》附録《北魏僧惠生使西域記》側重於對經行路線和山川地理的框架性叙述,這恰恰與其設想中的《慧生行傳》不謀而合;而另一方面,他們又認爲魏源這種删節本的末尾,因其叙及那迦羅訶國所謂佛牙、佛髮、佛袈裟、佛錫杖,山窟中所謂佛影、佛跡,以及七佛手作浮圖等,或不屬於《慧生行傳》中的應有内容,而明顯是《道榮傳》補證之文,故以再次删正。

如果説《大正藏》收録《北魏僧惠生使西域記》,應該體現出了編者的某種學術意圖;那麽,魏源《海國圖志》針對《洛陽伽藍記》卷五的删節,同樣可謂高明巧妙。事實上,魏源《北魏僧惠生使西域記》中的所有内容,都能夠在楊衒之《洛陽伽藍記》卷五中找到相應的文字依據。儘管如此,《海國圖志》并非原封不動地抄録前人,而是有意删正《洛陽伽藍記》卷五綜合叙述的慧生、宋雲事蹟,并且大致表現出兩種方式:其一,截取前書文字,稍加連綴并且補充,相關内容的前後秩序不變。譬如《洛陽伽藍記》大致介紹于闐國王穿戴、威儀以及本地風俗,具體陳述于闐國王建造覆盆浮圖及其相關傳説,簡單附及辟支佛靴,前後達三百餘字。魏源《北魏僧惠生使西域記》僅云:"又西行八百七十八里,至于闐國。有國王所造覆盆浮圖一軀。有辟支佛靴,於今不爛。于闐境東西三千餘里。"④其二,截取前書文字,不僅稍加連綴并且補充,而且爲了體現出行文的邏輯性,乃至改換相關内容的前後秩序。譬如《洛陽伽藍記》叙嚈噠國,"王居大氈帳,方四十步,周迴以氍毹爲壁。王著錦衣,坐金牀,以四金鳳凰爲牀脚。見大魏使人,再拜跪受詔書。至於設會,一人唱,則客前;後唱,則罷會。唯有此法,不見音樂。嚈噠

---

① (清)魏源:《五印度沿革總考》,見《海國圖志》(一百卷),光緒二年平慶涇固道署重刊本。
② 佚名撰:《北魏僧惠生使西域記》,見《大正藏》第51册,第867頁。
③ (清)魏源:《五印度沿革總考》,見《海國圖志》(一百卷),光緒二年平慶涇固道署重刊本。
④ (清)魏源:《五印度沿革總考》,見《海國圖志》(一百卷),光緒二年平慶涇固道署重刊本。

國王妃亦著錦衣,長八尺奇,垂地三尺,使人擎之,頭帶一角,長三尺,以玫瑰五色珠裝飾其上。王妃出則輿之,入坐金牀,以六牙白象四獅子爲牀,自余大臣妻皆隨傘,頭亦似有角。團圓下垂,狀似寶蓋。觀其貴賤,亦有服章。四夷之中,最爲強大。不信佛法,多事外神。殺生血食,器用七寶。諸國奉獻,甚饒珍異。按嚈噠國去京師二萬餘里"①,前後有兩百餘字。魏源《北魏僧惠生使西域記》僅云:"王帳周四十步,器用七寶,不信佛法,殺生血食。見魏使,拜受詔書。去京師二萬餘里。"②其行文秩序已經調換。兩種方式的共同點,則是盡可能留下慧生行記應有內容,故而對於使團的經行路線,大多是全文照抄,對於異域風情與佛跡傳說,則稍加留意,并且大膽删除宋雲、道榮行記的可能內容。

儘管魏源《北魏僧惠生使西域記》有可能涵括《宋雲家記》《道榮傳》中的少量內容,但從文獻稱名、文本結構、行文風格以及文中細節看,該篇或有意突顯并且還原《慧生行傳》,末云"凡在烏場國二年,至正光二年還闕",正是直接關涉慧生行記,足見其删正意圖。換句話說,魏源在掌握大量文獻資料的基礎上,針對五印度沿革進行學術考證,其《海國圖志》删節《洛陽伽藍記》卷五,旨在突顯其地理和交通價值。魏源似乎知曉《慧生行傳》的行文特點,同時亦對《洛陽伽藍記》卷五的文本構成了若指掌,從而試圖將《慧生行傳》從《洛陽伽藍記》中析出并加以厘清。而從某種程度上講,魏源《北魏僧惠生使西域記》,比較理想地還原了《慧生行傳》,因爲該篇明顯呈現出不同於《宋雲家記》《道榮傳》的文本特色,乃至表現出了某種文獻建構的意義。

據考察,《海國圖志》卷三二徵引《魏書·西域傳》,文中有小字附注:"《水經注》云'于闐國寺中有石靴,石上有辟支佛跡,法顯所不傳,疑非佛跡'云云。案道元但據《法顯傳》,未考《惠生使西域記》耳。惠生記所目驗,故史據之。"③這裏,魏源稱名《惠生使西域記》而不是《洛陽伽藍記》,并且認爲惠生行傳真實可信,顯然已將前述《北魏僧惠生使西域記》用於學術考證之中。儘管魏源《北魏僧惠生使西域記》亦存在着罕見的文字問題,但是自從它產生之後,清人沈惟賢《唐書西域傳注》卷三已徵引《惠生使西域記》作爲學術參證。除《大正藏》收錄該書之外,沙畹、范祥雍、楊勇等學者亦將《海國圖志》卷二九附文用於《洛陽伽藍記》的校勘。針對魏源《北魏僧惠生使西域記》,沙畹一

---

① (魏)楊衒之撰、周祖謨校釋:《洛陽伽藍記校釋》卷五,北京:中華書局,2010年,第181—183頁。
② (清)魏源:《五印度沿革總考》,見《海國圖志》(一百卷),光緒二年平慶涇固道署重刊本。
③ (清)魏源:《蔥嶺以東新疆回部附考上》,見《海國圖志》(一百卷),光緒二年平慶涇固道署重刊本。

方面認爲此"節錄之文較異"①,另一方面在讀及目連窟北"山下有大佛手作浮圖"時,校云:"《海國圖志》卷二十九所引宋雲《行紀》之文作'七佛',其義較長"②。諸如此類,結合前述魏源的删正意圖,足見《海國圖志》删節本《北魏僧惠生使西域記》不乏學術價值。

四、餘論

通過疏理、勾勒相關文獻,我們得知關於北魏慧生、宋雲西域巡禮之事,現存有佛教行記文本兩種,其一爲楊衒之《洛陽伽藍記》卷五,其二爲《海國圖志》收錄《北魏僧惠生使西域記》。前者以合本子注、夾叙夾注爲基本形態,融匯《慧生行傳》《宋雲家記》以及《道榮傳》等三種材料而成,内容則以《慧生行傳》爲主體,《宋雲行記》爲輔助,《道榮傳》爲補證,藉此綜合叙述;後者則爲前者的删節本,又被《大正藏》收入并再次删正。這裏,《洛陽伽藍記》卷五在古代地理學、交通史以及佛教文化領域中舉足輕重,中外學者競相研究,成果豐碩。而與《洛陽伽藍記》卷五相比,魏源《北魏僧惠生使西域記》表現出了高巧的文字剪裁能力,其宗教學特别是地理和交通價值同樣值得重視。不僅如此,慧生等人西行,不僅爲巡禮佛教聖跡,尋找經律正統,而且旨在結好鄰國、宣揚國威、博取擁護等,擔負有特殊的外交使命,其人文意義不俗。考察北魏慧生行記諸種相關文獻,其佛教史價值尤爲突出。撰者所演繹的佛教傳説雖然叙述簡單,相關佛本生故事亦不及漢譯佛經或者《佛國記》之詳細周備,卻往往與若干佛跡和佛教建築、造像藝術等緊密結合,并以一種還原現場的方式貢獻給了後世宗教學者和考據學家,成爲讀者了解晉唐之際中外佛教文化交流的重要資料。至於撰者針對異域景色、風土人情以及生活習性的描述,同樣爲世人開闊了眼界,增長了見識,客觀上呈現出了某種認識功能和審美功能。

誠然,北魏慧生行記相關文獻與諸種西域文獻的複雜關聯,可謂彰顯其學術價值的前提條件。針對同一地理、風物、遺跡以及傳説,法顯《佛國記》、楊衒之《洛陽伽藍記》卷五、玄奘《大唐西域記》以及其他諸種行記的相關記載、描寫或者叙述各有等差,由此

---

① [法]沙畹撰、馮承鈞譯注:《宋雲行紀箋注》,見《西域南海史地考證譯叢》卷二,北京:商務印書館,1962年,第4頁。

② [法]沙畹撰、馮承鈞譯注:《宋雲行紀箋注》,見《西域南海史地考證譯叢》卷二,第60頁。

足以實現學術互證或者互爲補充。與此相關,考察慧生行記相關文獻的學術價值,還有必要將其置於前後佛教行記的縱向座標中來予以客觀評價。縱觀晉唐時代的佛教文化交流,西行求法之僧不乏其人,慧皎《高僧傳》、道宣《釋迦方志》、梁啟超《佛學研究十八篇》、張星烺《中西交通史料彙編》等著作均有梳理,至於陳運溶《古海國遺書鈔》、馮承鈞《唐代以前中國記述印度之書》、向達《漢唐間西域及海南諸國古地理書叙錄》與《漢唐間西域及海南諸國地理書輯佚》、岑仲勉《晉宋間外國地理佚書輯略》等著作,則試圖進行僧人行記的整理工作。從現存文獻資料看,中世僧人行記實可謂屈指可數,六朝有支僧載《外國事》、竺法維《佛國記》、釋法顯《佛國記》、釋智猛《遊行外國傳》、曇無竭《外國傳》、釋法盛《歷國傳》、釋曇景《外國傳》等,唐代有諸如玄奘《大唐西域記》、常愍《歷遊天竺記》、義淨《西方記》、慧超《往五天竺國傳》、圓照《悟空入竺記》等,其中保存全帙者較爲罕見。無論在六朝之際還是在有唐一代,漢地僧侣西行求法往往伴商而行、榮辱與共。晉唐佛教行記既有針對漢地僧侣與商人所謂依附關係的相關叙述,又有記載他們經歷劫難抑或終償所願、抑或命運各異的相關叙事,還有證實漢地風物如何在西域和佛國出現的相關描述。正因爲如此,作爲求經巡禮者之旅行筆記的佛教行記,從某種程度上成爲古代絲綢之路的歷史承載者和時代見證者,同時不失爲溯源"一帶一路"文明的重要文獻資料。位處《佛國記》與《大唐西域記》之間的北魏慧生行記諸種相關文獻,因其紀載稍詳而彌足珍貴,抑因其積極融入僧人行記的歷史洪流,呈現出了重要的時代意義。

論中晚唐時期禪宗對馬祖"作用即性"的傳承及其反思

戒　法（吳進幹）

（杭州靈隱寺、杭州佛學院）

問題的提出

馬祖所倡導的"作用即性"①悟道思想及其方法，在佛教思想史上，可以說是具有劃時代的革新意義。本文主要探討中晚唐時期禪宗内部對馬祖"作用即性"悟道思想的傳承和援用，并闡明了中晚唐時期禪宗在傳承和援用馬祖悟道思想的過程中所出現的失敗現象，而由此引起的批評、反思等馬祖禪重新商討的思想動向。

衆所周知，20世紀日本著名學者柳田聖山先生（1968）以及入矢義高先生（1984）指出"中國禪實質上是從馬祖開始的"②，葛兆光先生也曾在《禪思想史的大變局——中唐馬祖禪考》（1992）一文中以大量史料論證了馬祖禪在中唐時期取代荷澤禪成爲南宗禪的主流，是禪思想史上的大變局③。根據潙山靈祐（771—853）所說，馬祖門下出了八十

---

①關於"作用即性"一語，并未見於《馬祖語録》，是20世紀禪學研究以來學術界通用的述語。在禪籍文獻中，衆所周知，大概是基於馬祖禪而創作的文獻在禪宗内部流傳的菩提達摩弟子波羅提尊者與異見王對話中有出現"性在作用"一語（《寶林傳》）。當然，關於"作用即性"的觀點，在馬祖門下弟子們的語録中隨處可見。另外，宋代的《朱子語類》在對禪宗提起批判時也使用了"作用是性"一語。因此，這一思想的開展確實可以認爲是源於馬祖禪的影響。本文便於論述，將馬祖所提出的"見聞覺知"等日用行爲是佛性的體現這一觀點，暫且也借用"作用即性"一語來進行論述。

②請參照柳田聖山《馬祖禪の諸問題》，《印度学仏教学研究》1968年第17卷第1號（《禅仏教の研究〈柳田聖山集第1卷〉》，京都：法藏館，1999年）；入矢義高《馬祖の語録・序》，禪文化研究所，1984年。

③葛兆光：《禪思想史的大變局——中唐馬祖禪考》，《中國文化》1992年第7期，第27—47頁。

四位善知識,宋代所編《景德傳燈錄》(1009)中則列舉了一百三十八位弟子之名,在他們各自門下又培養出了衆多有名的弟子。這些禪僧分布全國,又在各地建立起了禪宗寺院,作爲傳播禪思想的根基地①。其結果,馬祖所創始的洪州宗,成了唐代禪宗教團的主流。特别是馬祖的禪思想奠定了唐代禪的思想基調,也確立了馬祖以後中國禪的思想特質。馬祖禪的基本思想,可以歸納爲"即心是佛"和"作用即性"兩點。其中"即心是佛",作爲馬祖禪的基本信念被人們廣泛接受;"作用即性",則是關係到佛性的悟道方法,在當時的禪林産生了極大影響力,同時也出現了弊端。由此,出現了部分禪僧對此進行了批評、反思、克服等重新商討的思想動向。到了晚唐五代時期,馬祖禪的重新商討便成了禪思想的中心課題之一②,禪僧們通過自己的探究而又形成了各自獨具特色的門風,進一步則連繫到宋代所謂"五家七宗"的形成。從這一點來看,可以説馬祖以後的中晚唐至宋時期的禪宗,是在馬祖禪的延長線上,進入了"後馬祖"的時代,可是,歷來研究者對此并没有足夠的認識和全面性的研究。

另外,根據雪峰系禪僧所編《祖堂集》(952—)以及法眼宗門人道原所編集《景德傳燈錄》(1009)等禪宗史書(燈史類),皆是將六祖慧能以下的諸禪者,分爲南嶽-馬祖系與青原-石頭系兩大系統,然後在兩大系統下又列出各自門流中代代具有出色的禪僧。另一方面,石頭系則是作爲對抗唐代禪宗主流馬祖禪而形成的,這一點小川隆先生在《唐代禪宗の思想——石頭系の禪》③一文中已進行了論述。但是,石頭系對馬祖禪的對立意識和批評是何時形成的呢?是與馬祖禪同時出現而展開的嗎?關於這一問題早在半世紀以前,柳田聖山先生(1968)就已指出有關石頭系的資料在同時代文獻中的記載相當少,最初石頭及其門下的弟子們基本上是屬於隱居山林修道的禪僧,到了洞山良价(807—869)以後,這一系統的人們纔逐漸爲人所知④。葛兆光先生在《禪思想史的大變局——中唐馬祖禪考》一文中也指出石頭一系在當時只是"默默無聞",并還没有開宗立派,或者説當時石頭一系根本不存在,而後學禪師爲了自立門户便逐漸把石頭一系

---

①請參考賈晉華:《古典禪研究:中唐至五代禪宗發展新探》(修訂版)附録二《晚唐五代禪寺考》,上海:上海人民出版社,2013年。

②請參照禪文化研究所唐代語録研究班《〈祖堂集〉卷七雪峯和尚章譯注》(上)"前言"與(下)"前言"以及"後記",2014年。

③小川隆《唐代禪宗の思想——石頭系の禪》,《東洋文化》2003年第83號(載《語録の思想史》第一章第二節《石頭系の禪》,第100—147頁)。

④柳田聖山:《馬祖禪の諸問題》,《印度学仏教学研究》1968年第17卷第1號,第36頁。

單獨分開,造成系不旁挑的宗脉傳説①。衆所周知,《宋高僧傳·曹山傳》(卷一三)有如下一段記載:

> 咸通之初,禪宗興盛,風起於大潙也。至如石頭、藥山,其名寢頓。會洞山憫物,高其石頭,往來請益,學同洙泗。(T50.786b)

因此,關於石頭系對馬祖禪的對立和批評這一問題,我們應該把它放在"馬祖禪的重新商討"這一晚唐時代禪宗的思想史動向之一來考慮。如果是這樣,那在理解中晚唐五代時期的禪宗歷史及其思想史的展開問題上,就未必要按照傳統禪宗燈史語錄所編排的馬祖系與石頭系兩派的對立軸線來思考,而是應該從馬祖禪的影響,以及馬祖以後人們對其繼承、批評、反思等重新商討的這一禪思想史文脉中來把握。基於這樣的理解上,然後再進一步做具體的考證。

關於馬祖所倡導的"作用即性"悟道思想在馬祖以後的思想史動向方面的先行研究,近年主要有衣川賢次先生的《感興のことば——唐末五代轉型期の禪宗における悟道論の探究——》(2014),文中詳細論述了晚唐五代時期及其以後的人們對馬祖悟道思想,尤其着重於對"見色見心"的探究和重新商討的思想史動向②。本文是在先生研究的基礎上,主要對中晚唐時期禪僧們對馬祖"作用即性"悟道思想的傳承及其反思做一考察,借以窺見唐代禪思想史之一斑。

以下,從四個方面進行論述:一、簡單概述馬祖"作用即性"的悟道思想;二、中晚唐時期禪僧們對馬祖"作用即性"的傳承;三、"作用即性"在援用過程中的失敗現象;四、中晚唐時期禪僧們對"作用即性"的批評和反思。

一、馬祖的"作用即性"

(一)理論

如上所述,馬祖禪的基本思想,大體上可以歸納爲"即心是佛"與"作用即性"兩點。

---

①葛兆光:《禪思想史的大變局——中唐馬祖禪考》,《中國文化》1992年第7期,第31頁。
②此外還有小川隆(2003,2007,2011)、土屋太祐(2008)等,在此不一一列舉。

所謂"即心是佛",指生活中的平常心就是佛,這是馬祖禪的基本信念,如《馬祖語錄·示衆》開頭第一段云:

> 汝等諸人,各信自心是佛,此心即是佛心。達磨大師從南天竺國躬至中華,傳上乘一心之法,令汝等開悟。又引楞伽經文以印衆生心地,恐汝顛倒不肯自信此一心之法各各有之。(《天聖廣燈録·江西馬祖大寂禪師章》卷八)①

禪宗初祖達摩自印度來到中國傳授何法?或者説達摩所傳授的禪是什麽?類似這樣的問題,在禪語録中常見的"如何是祖師西來意?""如何是佛法大意?"等問題具有相同的意趣,是禪問答中非常重要的根本問題。這一問題意識,是以唐代佛教革新性質而登場的馬祖禪的盛行爲契機,被重新提起的。如上引文中,馬祖以直截了當的方式解答了這一問題。也就是説,達摩從南天竺國來到中國所傳授的是人們各自都具有的,與佛陀相同的真實的"一心"——即心是佛。既然"自心就是佛",那麽,只要覺悟到此"心",自己便就是佛②。但問題是如何領悟此(與佛陀具有同等的)"一心"呢?這一問題關係到禪的悟道方法,對於中唐以後的禪宗而言,是非常重要的課題。

對此,馬祖倡導"著衣喫飯,言談祇對,六根運用"等一切行爲皆爲"佛性"(法性)的體現③,"如今行住坐卧,應機接物,盡是道"④,對日用行爲持有完全肯定的態度。關於這樣的觀點,其他還有:

> 馬祖大師云:汝若欲識心,祇今語言,即是汝心。喚此心作佛,亦是實相法身佛,亦名爲道……今見聞覺知,元是汝本性,亦名本心。更不離此心别有佛。(《宗鏡録》卷一四,T48.492a)

> 凡所見色,皆是見心。心不自心,因色故有。汝但隨時言説,即事即理,都無所

---

① 知恩院藏福州開元寺版宋本《天聖廣燈録》卷八,見柳田聖山主編《宋藏遺珍寶林傳·傳燈玉英集》付録,禪學叢書之五,京都:中文出版社,1975年,第405頁。
② 請參照衣川賢次:《古典の世界—禅の語録を読む(2)》,月刊《中國語》1992年第395號,東京:内山書店,第48—51頁。
③ 知恩院藏福州開元寺版宋本《天聖廣燈録》卷八,第406頁。
④ 知恩院藏福州開元寺版宋本《天聖廣燈録》卷八,第407頁。

礙。(《天聖廣燈録》卷八江西馬祖大寂禪師語)①

以上馬祖的説法,其目的是讓人在日用行爲中直接感悟真理(即"佛性")——"作用即性"的悟道方法,那時,便是對"即心是佛"這一信念的悟道體驗。那麽,馬祖基於以上的悟道論,在日常的教化中,是如何具體地指導弟子悟道的呢?

(二)實踐——機緣問答

衆所周知,馬祖禪的特色之一,在於他重視和運用日常的對話,也就是通常所説的"禪問答"這一新的方式上。那麽,馬祖將"作用即性"的悟道思想,在日常的對話中,是如何直指弟子們的"一心"("即心是佛")而令其自我覺醒的呢?關於這一問題,以下舉例説明。

(1)馬祖覩其狀貌瓌偉,語音如鐘,乃曰:"巍巍佛堂,其中無佛。"師禮跪而問曰:"三乘文學,麁窮其旨,常聞禪門即心是佛,實未能了。"馬祖曰:"只未了底心即是,更無别物。"師又問:"如何是祖師西來密傳心印?"祖曰:"大德正鬧在!且去别時來。"師才出,祖召曰:"大德!"師迴首。祖云:"是什麽!"師便領悟禮拜。祖云:"遮鈍漢,禮拜作麽!"(《景德傳燈録·汾州無業章》卷八)②

此則是圍繞"如何是祖師西來密傳心印"的問題。如上所述,馬祖對此問題,已經做出了非常明確的解答,即是達摩祖師西來所傳授的是"一心之法"("即心是佛")。但在這裏,我們需要注意的是馬祖在回答無業禪師的問題時,并非是在於將以上所説的"作用即性"悟道思想作爲一種理論上的演繹,而是在與弟子們的日常對話過程中,直指當下的平常心,令其自我覺醒。如上引文,馬祖先讓無業禪師退下,進而在無業禪師正跨出門去的瞬間,突然從背後叫住"大德!",無業禪師被叫名字而回頭時,馬祖又朝着無業禪師迎面而來,説道:"是什麽!"衆所周知,鈴木大拙先生曾經稱此爲"呼之即應"③。根據如此機緣問答的過程,其目的在於通過瞬間的,不介於任何分别思惟的自

---

①知恩院藏福州開元寺版宋本《天聖廣燈録》卷八,京都:中文出版社,1975年,第406頁。
②東禪寺版宋本《景德傳燈録》卷八,禪文化研究所影印本,1995年,第116頁。
③鈴木大拙:《呼べば答えるもの》,見《鈴木大拙禪選集》第五卷《禪百題》,東京:春秋社,2001年,第121—126頁;小川隆:《是什麽》,見《語録のことば 唐代の禅》,禪文化研究所,2007年,第90—100頁。

然反應中,令參問者自我覺醒到自己的生命本源,也就是領悟到自己與佛陀同等的"一心之法"(即心是佛)。無業禪師在馬祖簡單明快的指導方法下終於悟道了。這樣的接化方法,在以下馬祖與亮座主的對話記錄中也能看到。

(2)因參馬祖。祖問曰:"見說座主大講得經論,是否?"亮云:"不敢。"祖云:"將什麼講?"亮云:"將心講。"祖云:"'心如工伎兒,意如和伎者。'爭解講得經?"亮抗聲云:"心既講不得,虛空莫講得麼?"祖云:"却是虛空講得。"亮不肯,便出,將下階。祖召云:"座主!"亮迴首,豁然大悟,禮拜。祖云:"這鈍根阿師,禮拜作麼。"(《景德傳燈錄·西山亮座主章》卷八)①

亮座主的情況與無業禪師相同,被馬祖突然叫住,在不介於任何分別意識的自然反應中,瞬間自我覺醒到自己的生命本源。

(3)洪州水老和尚,初參祖問:"如何是西來的的意?"祖云:"禮拜著!"老纔禮拜,祖便與一蹋。老大悟,起來撫掌,呵呵大笑云:"也大奇!也大奇!百千三昧,無量妙義,只向一毛頭上便識得根源去。"便禮拜而退。(《江西馬祖道一禪師語錄》)②

水老和尚的情況,雖然在方式上與以上二則有所不同,但同樣是"作用即性"的悟道方法。如文中所示,水老和尚禮拜之際,馬祖"便與一蹋",正當此時,水老和尚便覺醒到自己的生命本源,終於"大悟"。最後他還把自己的感悟表達出來,說道"百千三昧,無量妙義,只向一毛頭上便識得根源去",意指身體的肌膚被馬祖"一蹋"的那一瞬間,便領悟到了生命的根源。

以上三則,都是馬祖與弟子之間的對話記錄("禪問答"或"機緣問答")。從記錄中,我們可以瞭解到馬祖對悟道的指導方法,即是時時對應當下的現實場景,在不介於任何分別意識的自然反應(見聞覺知等六根作用)中,令參問者自己去覺醒自己的生命本源("即心是佛")這一禪的悟道體驗。馬祖運用這樣簡單明瞭的指導方法令弟子們開悟,也正反映了馬祖重視日常對話以及日用行為的悟道思想特色。這樣的悟道思想,

---

① 東禪寺版宋本《景德傳燈錄》卷八,禪文化研究所影印本,1995年,第123頁。
② 入矢義高編:《馬祖の語錄》,京都:禪文化研究所,1984年,第83頁。

對於重視現實生活而考慮問題的中國人而言,確實具有相當新鮮的魅力,又正值唐代中期中國社會開始轉型之際(八世紀後半葉開始,佛教徒們的興趣也逐漸從義學轉向了對現實生活實踐的傾向①),作爲新興勢力的洪州宗,以唐代佛教革新者的魄力,令中國禪煥然一新,也確立了馬祖以後中國禪的思想特質。

二、中晚唐時期禪僧對馬祖"作用即性"的傳承

根據馬祖的觀點,平常心就是佛("即心是佛""平常心是道"),佛性"本有今有,不假修道坐禪",一切的"行住坐臥悉是不思議用,不待時節"②,因此,每個人在各自的日用行爲中自我覺醒此"即心是佛"的悟道體驗便可,此外不必廣修各種方便。如上所述,馬祖本人在教化弟子的過程中,採用日常對話(所謂"禪問答")的方式,以直截明快的手法讓弟子們自己覺醒自己的生命本源。當然,馬祖的悟道思想應該含有各種解釋上的可能性。以下,根據《祖堂集》《景德傳燈錄》等禪宗燈史資料,對馬祖所提示的"作用即性"悟道思想及其方法在馬祖以後的中晚唐時期禪宗內部的傳承及其被广泛援用的現象進行整理。

爲了便於論述,以下還是依照傳統禪宗燈史類所分的馬祖系與石頭系兩大系統來整理,但這一分法并非本文的禪宗史觀點。

(一) 馬祖系

如上所述,馬祖弟子分布全國,又在各地建立起了禪院,以作爲傳播禪思想的道場。從他們的機緣問答及其説法語録中,可以確認他們對馬祖"作用即性"悟道思想及其指導方法的傳承。以下舉例説明。

(1)師問西堂:"汝還解捉得虛空麼?"西堂云:"捉得。"師云:"作麼生捉?"堂以手撮虛空。師云:"作麼生恁麼捉虛空?"堂却問:"師兄作麼生捉?"師把西堂鼻

---

① 請參照葛兆光:《中國思想史》第二卷,上海:復旦大學出版社,2015年第2版,第38—58頁。
② 東禪寺版宋本《景德傳燈錄·江西大寂道一禪師語》卷二八,禪文化研究所影印本,1995年,第577頁。

孔拽。西堂作忍痛聲云:"大殺拽人鼻孔,直得脱去!"師云:"直須恁麼捉虚空始得。"(《景德傳燈録·石鞏慧藏禪師章》卷六)①

石鞏與西堂(735—814),同爲馬祖的弟子。"虚空"通常比喻"佛性",這一則的主題是圍繞如何領悟佛性的問題。其中,西堂"以手撮虚空"的動作,以及石鞏拽住西堂的鼻子,西堂做忍痛聲,都與馬祖的悟道指導方法相一致。

(2)師有時説法竟,大衆下堂,乃召之。大衆迴首,師云:"是什麼!"(《景德傳燈録·百丈懷海禪師章》卷六)②

此則是百丈在平日説法結束之後,經常會使用的一種方法。大概是在衆僧準備出堂時,突然叫住衆僧,等衆僧回頭,便迎面説道:"是什麼!"如上節所述,這也是馬祖常用的方法。通過這樣的方法,目的在於讓衆僧自我覺醒自己與佛陀同等的"一心"("即心是佛")。

(3)李尚書翱嘗問僧:"馬大師有什麼言教?"僧云:"大師或説'即心即佛'或説'非心非佛'。"李云:"惣過這邊。"李却問師:"馬大師有什麼言教?"師呼"李翱!"翱應"諾!"師云:"鼓角動也。"(《景德傳燈録·西堂智藏禪師章》卷七)③

西堂智藏是馬祖教團中非常重要的人物,他在馬祖去逝後,作爲洪州宗的代表性人物繼續在江西洪州弘揚禪思想。以上一則是他與李翱的對話。此則的前半部分,李翱對那僧的回答説馬祖的言教或説"即心即心"或説"非心非佛"表示不認同或持懷疑態度,認爲這還只是"這邊(事)"(世俗諦)而已。於是,來請教西堂,西堂直接叫李翱的名字,李翱聽到名字,很自然地回應"諾!",這一呼一應的作法完全是馬祖的指導方法。最後西堂説道"鼓角動也",指軍鼓號角的響聲已動了,意指這便就是馬祖的言教意旨。

---

① 東禪寺版宋本《景德傳燈録》卷六,禪文化研究所影印本,1995年,第95頁。
② 東禪寺版宋本《景德傳燈録》卷六,第101頁。
③ 東禪寺版宋本《景德傳燈録》卷七,第104頁。

(4) 李萬卷問:"大藏教明得個什摩邊事?"師豎起拳,卻問:"汝還會摩?"李公對云:"不會。"師云:"者李公,拳頭也不識。"李公云:"某甲不會,請和尚指示。"師云:"遇人則途中授與,不遇人則世諦流布。"(《祖堂集·歸宗和尚章》卷一五)①

李萬卷的問題在於佛教三藏教典所表明的意旨,而歸宗卻只是"豎起拳"來解答。這一動作也是來自於馬祖的指導方法。

(5)……(襄陽廉帥于頔)相公便拋卻釖,著公衣服,便禮拜問:"承教中有言'黑風吹其舡舫,漂墮羅剎鬼國',此意如何?"師便喚于頔,相公顏色變異。師曰:"羅剎鬼國不遠在。"又問:"如何是佛?"師喚"于頔!"相公應喏,師云:"更莫別求。"相公言下大悟,便禮爲師。(《祖堂集·紫玉和尚章》卷一四)②

于頔問"如何是佛?"紫玉直接叫于頔名字,于頔很自然地應"喏!",於是紫玉説道"更莫別求",意指剛才自然應答的于頔自己就是佛,除此之外,無需别求。于頔終於自我覺醒到"即心是佛"而大悟。

以上數則都是馬祖直傳弟子的機緣問答,其方法和目的都與馬祖相同,對應當下的現實場景,在不介於任何分别意識的自然反應中,令參問者瞬間自我覺醒到自己的生命本源(佛性)。同樣的指導方法,到了馬祖孫弟子輩(溈山靈祐、黄檗希運等)的時代,也依然得以繼續傳承。以下試舉數則進行説明。

(6)壽州良遂禪師初參麻谷。麻谷召曰:"良遂!"師應諾。如是三召三應。麻谷曰:"這鈍根阿師。"師方省悟。乃曰:"和尚莫謾良遂,若不來禮拜和尚,幾空過一生。"麻谷可之。(《景德傳燈録》卷九壽州良遂禪師章,麻谷山寶徹禪師法嗣)③

此則是麻谷"三召"良遂"三應"的應答後,又經麻谷提示"這鈍根阿師",良遂乃有所省悟,這樣的應答過程也與馬祖相一致。

---

①孫昌武、衣川賢次、西口芳男點校:《祖堂集》下册,北京:中華書局,2007年,第685頁。
②孫昌武、衣川賢次、西口芳男點校:《祖堂集》下册,第634頁。
③東禪寺版宋本《景德傳燈録》卷九,禪文化研究所影印本,1995年,第143頁。

(7)僧問:"如何是西來意?"師舉柱杖云:"會麼?"僧云:"不會。"師乃喝出。僧問:"如何是大道之源?"師與一拳。師每見僧來參禮,多以拄杖打趁。或云:"遲一刻!"或云:"打動關南鼓!"而時輩鮮有唱和者。(《景德傳燈錄》卷一〇關南道常禪師章,鹽官齊安禪師法嗣)①

關南道常是鹽官齊安的弟子。有僧提問"如何是西來意?"(達摩西來所傳的禪宗宗旨是什麼?)關南以舉起柱杖的動作,問"會嗎?"又有僧問:"如何是大道之源?"關南給了他一拳。還有如上引文,關南在教化過程中,多用"柱杖"來趁打參問者是一種常態。這一系列的行爲動作,都是源於馬祖"作用即性"的悟道方法。另外,最後一句"而時輩鮮有唱和者"應引起注意,意指當時真正領會關南那種指導方法用意的人實際上並不多。正如後文所述,"作用即性"的悟道方法雖然簡單,也容易讓人接受,但是,真正能通過這種方法而達到悟道的卻是不容易。因此,隨着禪宗的盛行,這一方法也引起了反思。關於這一點留待後文再述。

(8)僧問:"如何是祖師意?"師豎起拂子。(《景德傳燈錄》卷一〇杭州天龍和尚章,大梅法常禪師法嗣)②

此則大致與以上相同,有僧問"如何是祖師意?"天龍以"豎起拂子"示之。

以上多從指導者的禪僧角度來看中晚唐時期禪僧們對馬祖"作用即性"的悟道方法的傳承和援用。實際上不僅僅只限於指導者的援用,參問者在應答過程中,也模仿"作用即性"的行爲動作。例如《祖堂集·石鞏和尚章》(卷一四)有如下兩則:

(9)有時僧參次,師云:"適來什摩處去來?"對云:"在。"師曰:"在什摩處?"僧彈指而對。

有僧禮拜師,師云:"從什摩處來?"對曰:"某處來。"師云:"還將得那個來摩?"對云:"將得來。"師云:"在什摩處?"僧彈指兩三下。③

---

① 東禪寺版宋本《景德傳燈錄》卷一〇,禪文化研究所影印本,1995年,第159頁。
② 東禪寺版宋本《景德傳燈錄》卷一〇,第161頁。
③ 孫昌武、衣川賢次、西口芳男點校:《祖堂集》下冊,北京:中華書局,2007年,第631頁。

以上兩則都有石鞏提問"(佛性)在什摩處",而應答者皆以"彈指"作答。另外,關於中晚唐時期禪僧對馬祖"作用即性"的行爲動作的模仿現象,留待後文再述。

(二)石頭系

以上,限於馬祖門下弟子及其孫弟子輩的禪僧對馬祖"作用即性"悟道思想及其指導方法的傳承和援用進行了整理。實際上馬祖悟道思想的傳承和援用并非僅限於馬祖系的人們,在對馬祖禪持有批評態度的石頭系禪僧的機緣問答及其說法示衆中也能隨處可見他們對"作用即性"的繼承。根據以往的研究,石頭系的禪僧確實存在對馬祖"作用即性"悟道思想持有批評態度,但畢竟所謂"悟道",終究還是不能脫離現實的見聞覺知等日用行爲的。正如本文開頭所述,石頭系對馬祖系的對立意識,或者說在當時(洞山以前)石頭一系根本不存在。因此,在討論中晚唐之際馬祖禪展開的問題時,應該包括石頭系的禪僧在内。以下列舉數則,逐一論述石頭系禪僧對馬祖"作用即性"悟道思想的傳承和援用。

(1)長沙興國寺振朗禪師,初參石頭問:"如何是祖師西來意?"石頭曰:"問取露柱。"曰:"振朗不會。"石頭曰:"我更不會。"師俄然省悟。<u>住後有僧來參,師乃召曰:"上座!"僧應諾。師曰:"孤負去也。"曰:"師何不鑒?"師乃拭目而視之。僧無語。</u>(《景德傳燈錄》卷一四興國振朗禪師章)①

振朗是石頭希遷的弟子,以上一則的前半部分是振朗在石頭下悟道的因緣;後半部分則是自己作爲指導者與來參者之間的對話。這一則的問答雖然從結果上來看,是以失敗告終,但一系列的對話過程,完全與馬祖"作用即性"的指導方法相一致。以下一則是有名的李翱參藥山的機緣問答。

(2)朗州刺史李翱嚮師玄化,屢請不起,乃躬入山謁之。師執經卷不顧。侍者白曰:"太守在此。"翱性褊急,乃言曰:"見面不如聞名。"<u>師呼"太守!"翱應"諾!"師曰:"何得貴耳賤目!"</u>翱拱手謝之。<u>問曰:"如何是道?"師以手指上下曰:"會</u>

---

① 東禪寺版宋本《景德傳燈錄》卷一四,禪文化研究所影印本,1995年,第272頁。

麼?"翱曰:"不會。"(《景德傳燈錄》卷一四藥山惟儼禪師章)①

藥山突然叫住李翱的名字,李翱聽到叫自己的名字,很自然地回應"諾!"這一呼一應的方式,與馬祖"行住坐卧,應機接物,盡是道"相一致。李翱再問"如何是道?"藥山"以手指上下"的動作來表示。以上一則雖然最終并没有説明李翱是否開悟,但藥山的指導方法,確實是來自於馬祖"作用即性"的悟道方法。

以下是石頭孫弟子輩的禪僧對"作用即性"的傳承和援用。

(3)澧州龍潭崇信禪師,……一日(崇信)問(天皇道悟)曰:"某自到來不蒙指示心要。"悟曰:"自汝到來吾未嘗不指(示)汝心要。"師曰:"何處指示?"悟曰:"汝擎茶來,吾爲汝接;汝行食來,吾爲汝受;汝和南時,吾便低首。何處不指示心要!"師低頭良久。悟曰:"見則直下便見,擬思即差。"師當下開解。乃復問:"如何保任?"悟曰:"任性逍遥,隨緣放曠,但盡凡心,無别勝解。"(《景德傳燈錄》卷一四澧州龍潭崇信禪師)②

此則是德山宣鑒(782?—865)的師父龍潭崇信在天皇道悟(748—807)下的開悟因緣。此則主要是討論崇信在道悟門下修行,卻不曾蒙受道悟向他"指示心要"的問題而展開對話。其中,道悟答崇信所謂"指示心要"的問題,説道"汝擎茶來,吾爲汝接;汝行食來,吾爲汝受;汝和南時,吾便低首"等日用行爲,不就是"指示心要"嗎?又崇信問"如何保任?"道悟答道"任性逍遥,隨緣放曠"。這些觀點,與馬祖完全一致。

(4)師尋值沙汰,乃作行者居於石室。每見僧便豎起杖子云:"三世諸佛,盡由遮箇。"對者少得冥契。(《景德傳燈錄》卷一四石室善道和尚章)③

石室是石頭門下長髭曠禪師(740—830)的弟子,通稱"石室行者"。此則石室"每見僧便豎起杖子"的這一動作確實也是馬祖"作用即性"的作法。最後一句"對者少得冥契",也反映了當時真正能領會悟道的修行者其實很少,關於這一點留待下節討論。

---

① 東禪寺版宋本《景德傳燈録》卷一四,禪文化研究所影印本,1995年,第274頁。
② 東禪寺版宋本《景德傳燈録》卷一四,第277頁。
③ 東禪寺版宋本《景德傳燈録》卷一四,第283頁。

同"石室善道和尚章"中還有如下一則。

仰山辭師,送出門,<u>乃召曰:"闍梨!"仰山應"諾!"</u>師曰:"莫一向去,卻迴遮邊來。"(《景德傳燈錄》卷一四石室善道和尚章)①

石室送仰山慧寂(807—883)出門,突然叫住仰山,仰山聽到石室在呼叫自己,便自然回應"諾!"這也是馬祖的"呼之即應"的指導方法。

以上,我們瞭解了在石頭系的禪僧中受到馬祖禪的影響還是相當普遍的。其實到了晚唐以後,馬祖的悟道思想還依然是不分派系地被廣泛傳承和援用。以下列舉數則,大約都是晚唐臨濟義玄(?—866)和洞山良价(807—869)同時代或稍後的石頭系禪僧。

(5)師(夾山善會)有小師隨侍日久,師住後遣令行腳。游歷禪肆,無所用心,聞師聚衆,道播他室。迴歸省覲而問曰:"和尚有如是奇特事,何不早向某甲説?"師曰:"<u>汝蒸飯,吾著火;汝行益,吾展鉢。什麽處是孤負汝處!</u>"小師從此悟入。
師一日喫茶了,自烹一椀過與侍者,侍者擬接,師乃縮手曰:"是什麽!"侍者無對。(《景德傳燈錄》卷一五夾山善會禪師章)②

以上,前一則中夾山善會(805—881)對小師(弟子)説道"汝蒸飯,吾著火;汝行益,吾展鉢。什麽處是孤負汝處!"與前揭(3)天皇道悟對龍潭崇信所説的"汝擎茶來,吾爲汝接;汝行食來,吾爲汝受;汝和南時,吾便低首。何處不指示心要!"兩則的意趣完全一致,皆是將日用行爲視爲"佛性"的體現("作用即性")。後一則"是什麽"的作法,更是來自馬祖禪的新傳統。

(6)……雪峯辭去,師出門送,<u>驀召曰:"道者!"雪峯迴首,應"諾!"</u>師曰:"<u>途中善爲。</u>"(《景德傳燈錄》卷一五投子大同禪師章)③

---

①東禪寺版宋本《景德傳燈錄》卷一四,禪文化研究所影印本,1995年,第284頁。
②東禪寺版宋本《景德傳燈錄》卷一五,第303頁。
③東禪寺版宋本《景德傳燈錄》卷一五,第291頁。

此則是雪峯義存(822—908)離開投子山時,與大同禪師(805—914)的一段有關"呼之即應"的對話。後來雪峯在教化弟子的過程中,也有類似的對話,如下一則:

(7)師送僧出行三五步,召曰:"上座!"僧迴首。師曰:"途中善爲。"(《景德傳燈録》卷一六雪峯義存禪師章)①

另外,雪峯與弟子還有一則非常形象化。

問:"大事作麽生?"師執僧手曰:"上座將此問誰!"②

雪峯拉着參問僧的手,説道:"上座將此問誰!"意指這個活生生的自己就是佛了(即心是佛),這應該是由自己自我覺醒,而不是將此拿來詢問他人。

馬祖"作用即性"的悟道思想,甚至到了五代時期,石頭系禪僧還依然在傳承和援用。例如在雲門文偃(864—949)的語録中,關於"作用即性"的説法,隨處可見。例如:

(8)因齋時聞鼓聲。師云:"釋迦老子叫唤也!"時有僧問:"未審釋迦老子叫唤作麽?"師云:"爾與麽驢年夢見麽!"(《雲門匡真禪師廣録》卷中,T47.564b)

綜合上述,馬祖"作用即性"的悟道思想在中晚唐時期的禪宗内部被廣泛援用,這種思想現象并不僅僅只限於馬祖系的人們,在石頭系的禪僧語録中也是隨處可見。畢竟,在探究悟道的問題上終究還是無法脱離人們見聞覺知等日用行爲的。也就是説,馬祖"作用即性"的悟道思想在當時的禪林已成爲人們探究"悟道"這一核心問題的思想基調,并得到人們的廣泛傳承和援用。另外,與此同時,隨着禪宗的盛行,又加之參禪者的水準各有差異,未必誰都能在那樣的指導方法下悟道。以下我們再進一步探討"作用即性"在援用過程中的失敗現象。

---

① 東禪寺版宋本《景德傳燈録》卷一六,禪文化研究所影印本,1995年,第312頁。
② 東禪寺版宋本《景德傳燈録》卷一六,第311—312頁。

三、"作用即性"在援用過程中的失敗現象

馬祖善用當下的現實場景,通過日常對話的方式,以簡單明瞭的方法,確實令不少禪僧得以悟道。以上,考察了中晚唐時期禪宗内部對馬祖"作用即性"悟道思想及其指導方法的傳承和援用,由此可知,馬祖悟道思想在當時禪林的流行,成了人們探究悟道的基調思想。但是,對於一般的修行者而言,特別是隨着禪宗的盛行,進入禪門的人們的動機以及水準參差不齊的背景下,馬祖的這種簡單明瞭的悟道方法,與其說是件不容易的事,還不如說是在那樣的指導過程中實際上失敗率遠遠超過了真正能成功悟道的。衆所周知,馬祖自己本人在指導過程中也有類似的失敗經歷①。馬祖以後,隨着禪宗教團的擴大,這一現象也越來越明顯。如以上(一)馬祖系(7)"關南道常章"中所説"時輩鮮有唱和者",以及(二)石頭系(4)"石室善道章"中所説"對者少得冥契",實際上真正能成功悟道的還是屬於少數一部分人。這一現象對我們探討馬祖以後的中晚唐五代時期禪宗内部對"馬祖禪的重新商討"這一思想史動向的課題具有非常重要的意義。以下列舉數則説明"作用即性"悟道方法在援用過程中的失敗現象。首先是馬祖直傳弟子在教化過程中的失敗例子。

(1)問:"如何是本身盧舍那佛?"師云:"與我將取那個銅瓶來。"僧取瓶來,師云:"卻送本處安置。"僧便送本處已,再來問:"如何是本身盧舍那佛?"師云:"古佛也過去久矣。"(《祖堂集》卷一五鹽官和尚章)②

鹽官齊安(?—842)在馬祖門下的弟子中佔有非常重要的地位,當時就有所謂"北有汾州,南有鹽官"(同《祖堂集・鹽官和尚章》)之説。以上一則,鹽官令僧去取銅瓶,

---

①例如《江西馬祖道一禪師語録》(四家語録卷一)云:"有講僧來問曰:'未審禪宗傳持何法?'祖却問曰:'座主傳持何法?'主曰:'忝講得經論二十餘本。'祖曰:'莫是獅子兒否?'主曰:'不敢。'祖作嘘嘘聲。主曰:'此是法。'祖曰:'是甚麼法?'主曰:'獅子出窟法。'祖乃默然。主曰:'此亦是法。'祖曰:'是甚麼法?'主曰:'獅子在窟法。'祖曰:'不出不入,是甚麼法?'主無對。遂辭出門。祖召曰:'座主!'主回首。祖曰:'是甚麼!'主亦無對。祖曰:'這鈍根阿師。'"(柳田聖山主編:《四家語録・五家語録》,《禪學叢書》之三,京都:中文出版社,1983年影印,第14頁b—15頁a)。
②孫昌武、衣川賢次、西口芳男點校:《祖堂集》下册,北京:中華書局,2007年,第668頁。

又令其放回本處,通過這一行爲動作來解答那位僧人所提出的"如何是本身盧舍那佛"的問題。可是,參問僧并没有領會鹽官讓他做這一行爲的真意,問答的結果是以失敗告終。

(2) 師有時拈起帽子,問:"會摩?"對曰:"不會。"師曰:"莫怪老僧頭風不下帽子。"

……僧云:"如何是方便門?"師云:"觀音妙智力,能救世間苦。"僧云:"如何是'觀音妙智力,能救世間苦?'"師敲鼎蓋三下,卻問:"子還聞摩?"云:"聞。""我爲什摩不聞?"僧無對。師打之。

師又問:"阿那個是觀音行?"師卻彈指一下,問:"諸人還聞摩?"衆皆云:"聞。"師云:"者一隊漢!向這裏覓什摩?"趁出了,呵呵大笑。(《祖堂集》卷一五歸宗和尚章)①

最後一句"者一隊漢",對照歸宗禪師下一則(此處省略)"者一隊漢,無一個有智慧"來看,是持有否定、批評的語氣。以上歸宗"有時拈起帽子",或"敲鼎蓋三下""彈指一下"等動作行爲,其目的與馬祖相同,在日用行爲中令門人領悟佛性,但都以失敗告終。衆僧回答的"聞",并非真正領悟到佛性的"聞",而只是被當做一種"客體化"的"聽覺"。另外,從以上"衆皆云'聞'",似乎這種回答已成爲當時常規性的套路。

(3) 問:"如何是佛?"師云:"汝是阿誰?"對云:"某甲。"師云:"汝識某甲不?"對云:"分明個。"師豎起拂子云:"汝見拂子不?"對曰:"見。"師便不語。(《祖堂集》卷一四百丈和尚章)②

前一則是以"聞"爲指導契機,此則是"見",都是以"感覺"爲悟道指導的契入點。僧問"如何是佛",百丈反問"汝是阿誰?"這是馬祖禪"即心是佛"(自己的平常心就是佛)的基本信念,意指你自己就是佛,無須將此拿來詢問他人。以上引文,百丈問參問僧"你認識你自己嗎?"(汝識某甲不?)其僧回答"分明個",此處"分明個"并非是真正領悟自心就是佛的本來面目的自己,而只是在知解上認爲自己理解自己。因此,百丈接着

---

① 孫昌武、衣川賢次、西口芳男點校:《祖堂集》下册,北京:中華書局,2007 年,第 685—686 頁。
② 孫昌武、衣川賢次、西口芳男點校:《祖堂集》下册,第 637 頁。

用"豎起拂子"的動作,問道:"汝見拂子不?"其僧依然是停留在知解上,答道"見"。百丈便不再繼續對話,問答的結果以失敗告終。

(4) 有僧問:"古人道:'摩尼珠,人不識,如來藏裏親收得',如何是如來藏?"師云:"王老師共你與摩來去是藏。"進曰:"不來不去時如何?"師云:"亦是藏。""如何是珠?"師喚僧。僧應喏。師云:"去!你不會。"(《祖堂集》卷一六南泉和尚章)①

以上,南泉以"王老師共你與摩來去是藏"(日用行爲)來解答參問僧所提出的"如何是如來藏"的問題,最後南泉再用"呼之即應"(即"作用即性")的悟道方法。雖然參問僧很自然地回應"喏",但此僧并沒有在那一瞬間領悟到自己的生命本源(佛性)。以上對話的結果也是以失敗告終。

(5) 福谿和尚,……僧問:"緣散歸空,空歸何所?"師云:"某甲!"僧云:"喏!"師云:"空在何處?"僧云:"却請師道。"師云:"波斯喫胡椒。"(《景德傳燈錄》卷八福谿和尚章)②

對參問僧提出"緣散歸空,空歸何所"的問題,福谿採用"呼之即應"(作用即性)的方式之後,反問道:"(明白了)空在何處(了嗎)?"其僧不明白其中的意旨,卻把本應該只能由自己領悟的自心就是佛(即心是佛)的禪體驗問題再拋給了福谿,説道"卻請師道",希望福谿能爲自己解答,這在禪的悟道實踐中,是犯了根本性的錯誤。以上對話的結果也是以失敗告終。

諸如此類,以失敗告終的例子相當多。失敗的原因是因人而異,有些是參問僧的問題,也有些是指導者的問題。其中有一種現象值得我們關注,就是對"作用即性"悟道指導方法的行爲動作,并不能真正領會其中内在的要義,而僅僅只是停留在表面上的模仿現象。如《景德傳燈錄·五峯常觀禪師章》(卷九)中記有如下機緣問答。

---

①孫昌武、衣川賢次、西口芳男點校:《祖堂集》下册,北京:中華書局,2007年,第711頁。
②東禪寺版宋本《景德傳燈錄》卷八,禪文化研究所影印本,1995年,第129頁。

僧辭,師(五峯常觀)云:"闍梨向什麼處去?"僧云:"臺山去。"師竪起一指云:"若見文殊了,却來遮裏,與汝相見。"僧無對。

師問一僧:"汝還見牛麼?"僧云:"見。"師云:"見左角,見右角?"僧無對。師自代云:"見無左右。"

又有僧辭,師云:"汝去諸方去,莫謗老僧在遮裏。"僧云:"某甲不道和尚在遮裏。"師云:"汝道老僧在什麼處?"僧竪起一指。師云:"早是謗老僧也!"①

五峯常觀是百丈懷海的弟子,以上三則的前兩則,參問僧最後都無言以對(無對),對話以失敗告終。最後一則是一位僧人向五峯辭別,五峯試探他對自己平日所指導的禪思想的理解,其僧以"竪起一指"的動作來解答。這一動作可能是五峯平日常用的套路(如上第一則),對話的結尾,五峯很失望,說道"早是謗老僧也!"同《景德傳燈錄·金華俱胝和尚章》(卷一一)中也有類似的機緣問答。

(前略)其夜山神告曰:"不須離此山,將有大菩薩來,為和尚說法也。"果旬日,天龍和尚到庵。師乃迎禮,具陳前事。天龍竪一指而示之。師當下大悟。自此凡有參學僧到,師唯舉一指,無別提唱。

有一童子。於外被人詰曰:"和尚說何法要?"童子竪起指頭。歸而舉似師,師以刀斷其指頭。童子叫喚走出。師召一聲。童子回首。師卻竪起指頭。童子豁然領解。②

此則對話的過程有些波折,但結果是成功的。以上,俱胝模仿其師天龍和尚,面對參學僧來,"唯舉一指,無別提唱"。後有一童子也模仿了俱胝"竪起指頭"的動作,結果被俱胝用刀砍了指頭,正當童子帶着疼痛和嚎叫聲準備跑出去時,俱胝又叫住了童子,童子很自然地回過頭來(呼之即應),此時俱胝依然"竪起指頭"示之,童子豁然大悟。其中,俱胝之所以用刀砍了童子的指頭,正是對童子不懂這一動作內在的要義,而只會模仿師父表面動作的一種警誡。

其實,這種模仿現象,并不僅僅只限於參問者,禪林中的指導者也大有人在。衆所周知,臨濟對此現象提出過嚴厲的批評。比如《臨濟錄》云:

---

①東禪寺版宋本《景德傳燈錄》卷九,禪文化研究所影印本,1995年,第139頁。
②東禪寺版宋本《景德傳燈錄》卷一一,第197—198頁。

道流！你祇有一箇父母，更求何物？你自返照看。古人云："演若達多失却頭，求心歇處即無事。"**大德！且要平常，莫作模樣！**有一般不識好惡秃兵，便即見神見鬼，指東畫西，好晴好雨。如是之流，盡須抵債。向閻老前，吞熱鐵丸有日。好人家男女，被者一般野狐精魅所著，便即捏怪。瞎屢生！索飯錢有日在！（《天聖廣燈錄》卷一一）①

（前略）有一般不識好惡秃奴，即指東劃西，"好晴"，"好雨"，"好燈籠露柱"。你看，眉毛有幾莖？"者箇具機緣。"學人不會，便即心狂。如是之流。總是野狐精魅魍魎。被他好學人嗑嗑微笑，言："瞎老秃丘惑亂他天下人。"（《天聖廣燈錄》卷一一）②

以上兩則，臨濟的批判對象是指導者，將他們喻爲惑亂他人的"野狐精魅"。其中"見神見鬼，指東畫西，好晴好雨"，是模仿馬祖"作用即性"的動作和語言。也就是説，這是基於馬祖所提出的通過感官接觸外境的見聞覺知等作用中，讓人自我覺醒自己的生命本源（所謂"見色見心""聞聲悟道"）這一悟道思想上，而表達出來的行爲動作。但是，在這裏臨濟對此現象卻提出了嚴厲的批評。這大概是當時的叢林，有些寺院的指導者并非真正的悟道，只會簡單模仿馬祖禪的行爲動作，而引起了臨濟的批評。特別是隨着禪宗的盛行，加之馬祖以來的悟道方法在援用過程中的失敗現象也越來越明顯，由此，禪林的有識之士在傳承馬祖悟道思想的同時，又不得不對諸如此類的弊端現象進行批評和反思。

四、中晚唐時期禪僧對"作用即性"的批評和反思

在探討了馬祖"作用即性"在中晚唐禪宗內部的傳承和廣泛援用以及失敗現象的思想動向的基礎上，我們再進一步來考察關於中晚唐時期的禪僧對"作用即性"的批評和反思等重新商討的思想現象。限於篇幅，以下以馬祖弟子中的南泉普願、大珠慧海、百丈懷海以及孫弟子輩的黃檗希運爲例進行簡單論述。

---

① 知恩院藏福州開元寺版宋本《天聖廣燈錄》卷一一，京都：中文出版社，1975年，第440頁下。
② 開元寺版宋本《天聖廣燈錄》卷一一，第445頁上。

（一）南泉普願

衆所周知,在馬祖弟子中,對"作用即性"提出直接性批評的當數南泉普願(748—834)。以下根據《南泉語要·示衆》試舉三則。

(1)大道無形,真理無對,所以不屬見聞覺知。……僧問:"大道不屬見聞覺知,未審如何契會?"師云:"須會冥契自通,亦云了因,非從見聞覺知有。見知屬緣,對物始有,者箇靈妙不可思議,不是有對。"(《無著校寫宋本古尊宿語要》6頁a—b)①

(2)先祖雖説"即心即佛",是一時間語,空拳黄葉止啼之説。如今多有人唤心作佛,唤智爲道,見聞覺知皆是道。若如是會者,何如演若達多迷頭認影?設使認得,亦不是汝本來頭。(7頁a)

(3)如今有人將鑑覺知解者是道,皆前境所引,隨他生死流,何曾得自由?若作此見解,實未有自由分。(12頁b—13頁a)

以上,南泉將"大道"(真理)與"見聞覺知"加以區分,然後提出"大道"非從見聞覺知而有。并且對當時人們認爲"見聞覺知皆是道""將鑑覺知解者是道"的觀點提出批評,南泉認爲馬祖的"即心是佛"等教説只是一時的方便而已,既然是一種方便,那麼,如果將方便作爲畢生的追求,那就像演若達多迷頭認影,終不得自己的"本來頭"(佛性)。這樣的觀點,與馬祖提出"作用即性"的觀點有着明顯的差異。

但是,南泉也并非完全否定日用行爲的真理性,畢竟"悟道"還是無法脱離現實的見聞覺知而能獲得(關於這一點,筆者在《南泉普願の禅思想の檢討——「作用即性」説に対する批判を中心として》一文中已做過考察②)。總而言之,南泉的批評主要針對當時人們對馬祖禪的教説(即心是佛、作用即性等),只停留在對語言以及由語言所産

---

①柳田聖山主編:《無著校寫宋本古尊宿語要》,禪學叢書之一,京都:中文出版社,1973年影印本。
②請參照拙稿《南泉普願の禅思想の檢討——「作用即性」説に対する批判を中心として》,《印度學佛教學研究》2018年第67卷第1號,第327—323頁。

生的觀念化和教條化上,而不能真正體悟,批評的對象并非馬祖本人。因此,南泉在批評和反思這些弊端的同時,強調對"大道"的直接體驗,如《祖堂集·南泉和尚章》(卷一六)的上堂説法云:

> 師每上堂云:"近日禪師太多生!覓一個癡鈍底不可得。阿你諸人,莫錯用心!欲體此事,直須向佛未出世已前,都無一切名字,密用潛通,無人覺知,與摩時體得,方有小分相應。……如五祖大師下,有五百九十九人盡會佛法,唯有盧行者一人不會佛法,他只會道。直至諸佛出世來,只教人會道,不爲別事。……阿你今時盡説:'我修行作佛',且作摩生修行?但識取無量劫來不變異性,是真修行。"①

但南泉也并非只停留在作爲理念的"佛未出世已前,都無一切名字"的"那邊""無量劫來不變異性"的世界,南泉又提出"那邊會了,卻來者邊行履,始得自由分"(《無著校寫宋本古尊宿語要》10頁b)。"那邊"指大道、本性;"者邊"指現實見聞覺知等日用行爲,最終還是回歸到現實生活②。其結果,正如以下一則南泉與趙州的對話:

> 師問:"如何是道?"南泉云:"平常心是道。"(《祖堂集》卷一八趙州和尚章)③

(二)大珠慧海

同樣爲馬祖弟子的大珠慧海,對"作用即性"悟道思想的流行也加以了特別的反思和注意。例如《景德傳燈録·大珠慧海禪師章》(卷六)記有如下一則機緣問答。

> 有源律師,來問:"和尚修道,還用功否?"師曰:"用功。"曰:"如何用功?"師曰:"饑來喫飯,困來即眠。"曰:"一切人總如是,同師用功否?"師曰:"不同。"曰:"何故不同?"師曰:"他喫飯時,不肯喫飯,百種須索;睡時不肯睡,千般計校,所以不同也。"律師杜口。④

---

① 孫昌武、衣川賢次、西口芳男點校:《祖堂集》下册,北京:中華書局,2007年,第704—705頁。
② 請參照土屋太祐:《北宋禪宗思想及其淵源》第二章第一節《南泉普願》,成都:巴蜀書社,2008年,第42—44頁。
③ 孫昌武、衣川賢次、西口芳男點校:《祖堂集》下册,第784頁。
④ 東禪寺版宋本《景德傳燈録》卷六,禪文化研究所影印本,1995年,第92頁。

"饑來喫飯，困來即眠"的説法，是基於馬祖禪"平常心是道"的基本思想。這一説法的背後含有馬祖所提出的"一切衆生，從無量劫來，不出法性三昧。長在法性三昧中，著衣喫飯，言談祇對。六根運用，一切施爲，盡是法性"①"如今行住坐卧，應機接物，盡是道"②等日用行爲即是"道"（"作用即性"）的觀點。但是，當源律師提問"一切人總如是，同師用功否？"大珠答道"不同"，因爲"他喫飯時，不肯喫飯，百種須索；睡時不肯睡，千般計校，所以不同也"。雖然説禪的實踐只要"平常無事"即可，但正所謂"言知之易，行之難"，悟道决不是一件容易的事。因此，大珠對"作用"又做了如下解釋：

> 曰："如何得作佛？"師曰："是心是佛，是心作佛。"曰："衆生入地獄，佛性入否？"師曰："如今正作惡時，更有善否？"曰："無。"師曰："衆生入地獄，佛性亦如是。"曰："一切衆生皆有佛性，如何？"師曰："<u>作佛用是佛性，作賊用是賊性，作衆生用是衆生性。性無形相，隨用立名</u>。"（《景德傳燈録·越州大珠慧海和尚語》卷二八）③

佛性雖無形相，但隨我們日常的各種作用而立名，大珠對此提出"作佛用是佛性，作賊用是賊性，作衆生用是衆生性"的觀點。也就是説，并非所有的日用行爲都是佛性。

（三）百丈懷海

同爲馬祖弟子的百丈懷海（749—814），對"作用即性"的觀點也同樣提起批評和反思。例如《百丈廣録》云：

> 語也垛生招箭，言鑒覺猶不是從濁辨清許。説如今鑒覺是，除鑒覺外别有，盡是魔説。若守住如今鑒覺，亦同魔説，亦名自然外道。説如今鑒覺是自己佛，是尺寸語，是圖度語，似野干鳴，猶屬黐膠門。本來不認自知自覺是自己佛。向外馳求覓佛，假善知識説出自知自覺作藥，治箇向外馳求病。既不向外馳求，病瘥須除藥。若執住自知自覺，是禪那病，是徹底聲聞。（《天聖廣燈録·洪州大雄山百丈懷海

---

① 知恩院藏福州開元寺版宋本《天聖廣燈録》卷八，京都：中文出版社，1975年，第406頁。
② 開元寺版宋本《天聖廣燈録》卷八，第407頁。
③ 東禪寺版宋本《景德傳燈録·越州大珠慧海和尚語》卷二八，禪文化研究所影印本，1995年，第585—586頁。

禪師》卷九）①

"鑒覺",指我們的六根感官系統接觸外境時所產生的各種作用(見聞覺知)。百丈認爲無論是簡單地將"鑒覺"作用等同於"佛性",還是在"鑒覺"之外去尋找"佛性",都是屬於"魔説"。從而與南泉的立場保持了一致,認爲"作用即性"("如今鑒覺是自己佛")的觀點,只是一種方便,是善知識爲了對治學人"向外馳求覓佛"的病而已。假如對"鑒覺是自己佛"這種方便的教説產生執着的話,那是"禪那病,是徹底聲聞",反而又產生了新的疾病。因此,百丈的批評對象也并非馬祖本人,而是不能正確理解馬祖禪的人們。這樣的觀點,後爲其弟子黄檗希運(？—850)所繼承,皆是以"作用即性"悟道思想在流行之後所產生弊端爲問題意識的重新商討。

（四）黄檗希運

衆所周知,黄檗的《傳心法要》有如下一段對"作用即性"的批評和反思。

此本源清淨心,常自圓明遍照。<u>世人不悟,祇認見聞覺知爲心,爲見聞覺知所覆,所以不覩精明本體</u>。但直下無心,本體自現,如大日輪昇於虚空遍照十方更無障礙。故學道人唯認見聞覺知、施爲動作,空却見聞覺知,即心路絶,無入處。但於見聞覺知處認本心。然本心不屬見聞覺知,亦不離見聞覺知。但莫於見聞覺者上起見解,亦莫於見聞覺知上動念,亦莫離見聞覺知覓心,亦莫捨見聞覺知取法。<u>不即不離</u>,不住不著,縱横自在,無非道場。②

所謂"世人不悟,祇認見聞覺知爲心,爲見聞覺知所覆,所以不覩精明本體",是指黄檗對當時"祇認見聞覺知爲心"的"世人"進行了批評。但是,黄檗也并非完全否定"作用即性"的悟道思想,如上引文中所説"然本心不屬見聞覺知,亦不離見聞覺知"。因此,他主張"本心"(佛性)與"見聞覺知"是"不即不離"的關係。黄檗的批評也同樣是以人們無法正確理解"作用即性"悟道思想的弊端爲問題意識而提出了重新的解釋。

上述是以南泉、大珠、百丈以及黄檗爲例,瞭解了在馬祖弟子中早已開始了對人們

---

① 知恩院藏福州開元寺版宋本《天聖廣燈録》卷九百丈章,京都:中文出版社,1975 年,第 420 頁上。
② 《大正藏》第 48 册,第 380 頁中。

不能正解理解馬祖"作用即性"悟道思想所引起的弊端進行了批評和反思。另外,這一思想現象也并非僅限於以上幾位禪僧,在中晚唐時期的其他禪僧語録中也能隨處可見。這樣的思想動向,對我們研究中晚唐時期的禪宗思想史而言,無疑具有十分重要的意義。

結論——馬祖禪的延長線上

以上,從馬祖禪的流行,至人們對其傳承、批評、反思等重新商討的這一禪思想史脉絡中,對馬祖所提出的"作用即性"悟道思想的展開進行了考察,可以歸納如下:

(1)馬祖提出的"作用即性"悟道思想,對馬祖以後中晚唐時期的禪宗的影響甚大,并在禪宗内部得以廣泛的傳承和援用,其中也包括石頭系的禪僧們。

(2)在援用過程中,實際上真正能達到"悟道"的畢竟是少數,大多還是失敗的,導致失敗的原因有很多,其中有一點值得關注的是無論是學人還是指導者,對馬祖"作用即性"悟道方法的行爲動作,只停留在表面的行爲模仿上,而不能真正領悟其中的要義。

(3)在馬祖的弟子中,早已開始了對人們不能正解理解馬祖"作用即性"悟道思想所引起的弊端進行了批評和反思。

根據以上的考察,可以説中晚唐時期的禪宗,是在馬祖禪的延長線上,傳承和探究了馬祖所提出的悟道思想及其實踐方法。與此同時,隨着禪宗的盛行,加之進入禪門修行的人越來越多的背景下,也出現了人們對馬祖悟道思想的簡單化理解,及其觀念化、教條化等弊端,也引起了禪門有識之士的批評和反思。到了晚唐五代時期,"馬祖禪的重新商討"便成了人們在探究"悟道"這一問題上的中心課題之一。關於這一思想史的動向,我們通過對《祖堂集》(952—)以及《景德傳燈録》(1009)等五代宋初的禪宗史書所記録的機緣問答的逐則解讀,是可以得以證實的,也就是説,馬祖"作用即性"悟道思想直至晚唐五代以後,還依然具有很強的生命力。另外,正如本文開頭所提出的,關於由晚唐禪僧洞山良价及其弟子們所形成的所謂石頭系對馬祖禪的對立意識和批評這一思想動向,也應該將它放在"馬祖禪的重新商討"這一晚唐五代時期的禪宗思想史的脉絡中來考慮。在對其他晚唐五代禪僧的思想研究的同時,也不能忽視這一思想史的事實。

廣道者悟道因緣考①

〔日〕土屋太祐

（新潟大學經濟科學部）

一、廣道者悟道因緣

《大慧宗門武庫》是所謂"宗門隨筆"作品群中具有代表性的一部著作。此書由大慧宗杲(1089—1163)的弟子從宗杲的談話内容中收集禪門逸事彙編而成②，内容反映了宋代禪林的實際情況。其中第一則便講述了廣道者的悟道因緣：

洞山廣道者，梓州人。叢林號廣無心。初遊方，問雲蓋智和尚："興化打維那，意旨如何？"智下繩床，展兩手吐舌示之。廣打一坐具。智云："此是風力所轉。"③又持此語問石霜琳和尚。琳云："爾意作麽生？"廣亦打一坐具。琳云："好一坐具。

---

① 本文以作者在東京大學東洋文化研究所"中國禪語録の研究"研究班所做的報告爲基礎，再加以整理與補充而成，並於2019年7月的中國俗文化國際研討會，以及2020年2月在法國索邦大學舉行的讀書會上宣讀。在以上研究會中參會專家均提出了寶貴的意見和建議，在此謹致謝忱。

② 《雲卧紀談》所附《雲卧庵主書》。參看陳士强：《〈大會普覺禪師宗門武庫〉燕語》，《法音》1989年第12期。石井修道：《大慧語録の基礎的研究（下）——大慧傳研究の再檢討》，《駒澤大學佛教學部研究紀要》第33號，1975年，第155—159頁。

③ "風力所轉"一詞見於《維摩詰所說經·方便品》(《大正藏》第14卷，第539頁中)及《楞嚴經》卷五(《大正藏》第19卷，第127頁中)。《景德傳燈録》卷七《京兆府章敬寺懷惲禪師》云："有一僧來，繞師三匝，振錫而立。師曰：'是，是。'其僧又到南泉，亦繞南泉三匝，振錫而立。南泉云：'不是，不是。此是風力所轉，始終成壞。'僧云：'章敬道是，和尚爲什麽道不是？'南泉云：'章敬即是，是汝不是。'"(京都：禪文化研究所，1990年，第105頁下)。參入矢義高監修、景德傳燈録研究會編：《景德傳燈録》三，京都：禪文化研究所，1993年，第23—24頁。

祇是爾不知落處。"又問真淨。淨云:"爾意作麼生?"廣亦打一坐具。淨云:"他打,爾也打。"廣於此大悟。真淨因作頌,云:"丈夫當斷不自斷,興化爲人徹底漢。已後從他眼自開,棒了罰錢趕出院。"①

以上一段内容大致如下:廣道者當初行脚時,問雲葢守智和尚②:"興化存獎禪師打克賓維那,到底有何用意?"守智從椅子上下來,展開兩個手掌、吐出舌頭讓他看。廣道者用坐具打了一下。守智云:"這不過是無常的身體動作而已。"廣道者又帶着同一個問題,去問石霜琳和尚③。琳和尚問:"你怎麼看?"廣道者又用坐具打了一下。琳云:"好一個坐具,只是你不知要害。"又去問真淨克文禪師,克文也問:"你怎麼看?"廣道者又用坐具打了一下。克文云:"他打,你也跟着打。"廣道者於此豁然大悟。克文因而作頌:"大丈夫應當决斷而不决斷,此時興化禪師爲他接化到底。以後任憑他自己開眼,現在就棒打罰錢趕出院。"這一段記載,從字面上看并不難理解,但廣道者的悟境、各禪師發言的含義等内容却不易解讀。本文雖無法闡明廣道者與其他禪師妙悟的實際内涵,但試圖通過分析其相關信息,來探討這一段公案的來龍去脉。

首先確認有關廣道者的基本信息。廣道者,法諱希廣,生卒年未詳,爲真淨克文(1025—1102)之法嗣,外號"廣無心"。《嘉泰普燈録》卷七、《五燈會元》卷一七有傳,因曾在九峰山做過住持,遂被稱爲九峰希廣。《羅湖野録》卷上亦有如下記載:

西蜀廣道者,住筠陽九峰,爲雲菴真淨之嗣。天資純至,脱略世故。……廣晚年依同門友深公④於寶峰。雪夜,深與擁爐語論之久,潛使人戲去廣卧榻衾褥。及就寢,摸索無有,置而不問。須臾熟睡,鼻息如雷,其忘物忘我如此。……妙喜老師亦甞與遊從,言其大槩,是時叢林以道者目之,真名稱厥實也。⑤

①《大正藏》卷四七,第943頁中。參樓宇烈等:《〈宗門武庫〉注釋·講解(一)》,《禪》1990年第3期,第68—70頁。武庫勉强會編:《宗門武庫を讀む(一)》,《禪文化》149號,1993年,第116—118頁。
②生卒年爲1025—1115,嗣黄龍慧南。
③生年未詳,1084年示寂,嗣黄龍慧南。
④中西久味:《〈大慧普覺禪師年譜〉譯註稿(一)》(《比較宗教思想研究》第14輯,2014年,第22頁)認爲"深公"爲泐潭福深。《嘉泰普燈録》録其名而未見機緣語句。
⑤《卍續藏經》第142册,第973頁下—974頁上。

廣道者資質純真，不管世事。在其晚年依靠同門好友深公，寓居在寶峰寺。一個下雪的夜晚，兩位禪師圍着爐子對談，而此時深公做了一個惡作劇，偷偷遣人收走了廣道者的床和被褥。但廣道者對此置之不理，若無其事地睡着了。《羅湖野錄》作者用此故事來刻畫出廣道者豪放脱俗的性格。最後又説：當時禪林把他叫做"道者"，真是名副其實。可見"廣道者"是較爲通行的稱呼。

上述廣道者悟道因緣，還有異文可作參考。四卷本《大慧普説》卷三《覺禪人請普説》説：

> 若是出家兒存一念向般若上，未説打破漆桶，只這誓求無上菩提之心，其功其德不可測量。莫道報答今生父母，便是百劫千生父母之恩，無不報者。因記得浉潭廣道者，是東川人，法嗣真淨。真淨見他淳朴，舉住九峯。方行脚時，常謂同輩曰："我以母愛惜故，不喜我他遊，我當學道報其恩德。"因致一問到處問尊宿。初參雲蓋智和尚，乃問云："興化打克賓維那，意旨如何？"智下禪牀，展兩手開口示之。廣打一坐具，便出。智云："此是風力所轉。"又持此語問石霜琳和尚。琳云："你意作麽生？"廣亦打一坐具。琳云："好一坐具，只是你不知落處。"又持此語問真淨和尚。淨云："你意作麽生？"廣亦打一坐具。真淨喝云："他打，你也打。"廣向這裏忽然大悟。當夜夢其母報言："以吾子悟道，今得生天，承事慈氏菩薩。"信之，般若功德不可思議。常説與人："我因一悟，前後際斷，當下心灰，直得身心俱忘。"①

在此一段中，廣道者的故事被用來説明修禪悟道在孝道中的功用，與《宗門武庫》相比，文章重點稍有不同。但由於《宗門武庫》裏的禪門逸事大多採自宗杲的談話內容，這段普説很有可能是《宗門武庫》第一則的來源，又從中可獲知《宗門武庫》所未談到的背景。文中説廣道者行脚時，對同輩説："因爲母親愛惜我，也不喜歡我遠遊，所以現在應當學佛法來報答母恩。"此話説得較爲籠統，但下文還説，廣道者悟道後夢見他母親轉生在天界，見到彌勒菩薩，可知他悟道時其母已不在世。從此來看，廣道者此話似乎可作兩種解釋。一是，廣道者在母親健在時不敢遠遊，直到她去世後纔走出四川，到江西、湖南一帶行脚。二是，雖然母親不希望廣道者遠遊，但他堅持行脚。後來母親去世，他心中愧疚，因而決心悟道來報恩。無論如何，廣道者行脚時報答母恩心切，也有可能此時他感到已經沒有充分的時間漸漸修行，因而帶着一則最關鍵的問題到處求教。這問題

---

① 柳田聖山、椎名宏雄共編：《禪學典籍叢刊》第四卷，京都：臨川書店，2000 年，第 264 頁下—265 頁上。

便是"興化打維那"的公案。關於這一則公案,將在下文詳論。

另外,《普説》中未涉及克文所做的偈。查看《真淨語録》,此偈收録在《寶峰雲庵真淨禪師偈頌》中,標題爲"興化打克賓維那"①,可知克文評論的主要對象是"興化打維那"的公案。又,廣道者最後所説"我因一悟,前後際斷,當下心灰,直得身心俱忘"一句也表示他悟境的性格,應當留意。

二、"興化打維那"和"臨濟宗旨"

《宗門武庫》第一則中廣道者所問"興化打維那"公案,是臨濟義玄(？—866)的法嗣興化存獎(830—888)和存獎的法嗣克賓之間的對話,見於《景德傳燈録》卷一二②、《天聖廣燈録》卷一二等。對於這一公案,宋代雲門宗禪師雪竇重顯(980—1052)加以散文評語(即"拈古"),并收録於《雪竇拈古》一百則中。在當時的禪林,重顯作品影響較大,因此我們不妨藉由此文本來了解公案内容,以及當時禪僧對它的認識。《雪竇拈古》云:

舉。興化問剋賓維那:"不久爲唱道之首。"③賓云:"不入者保社。"化云:"會來不入？不會不入？"賓云:"没交涉。"化便打,乃云:"剋賓維那法戰不勝,罰錢五貫,充設鑷飯。"至來日齋時,興化自白槌云:"剋賓維那法戰不勝,不得喫飯。"即便趕出。

師(指重顯)云:"剋賓要承嗣興化,罰錢出院且致,却須索取者一頓棒始得。且問諸人,棒既喫了,作麽生索?雪竇要斷不平之事,今夜與克賓維那雪屈。"以拄杖一時打散。④

存獎對克賓説:"你不久將成爲宣講佛法的頭領。"克賓回答説:"我不加入這個組織。"存獎問:"你是知道纔不加入呢？還是不知道而不加入呢？"克賓説:"都没有關係。"於

---

① 《古尊宿語録》卷四五,北京:中華書局,1994 年,第 857 頁。
② 參入矢義高監修、景德傳燈録研究會編:《景德傳燈録》四,京都:禪文化研究所,1997 年,第 479—480 頁。
③ "首",《景德傳燈録》《天聖廣燈録》《佛果擊節録》作"師"。
④ 柳田聖山、椎名宏雄共編:《禪學典籍叢刊》第二卷,京都:臨川書店,1999 年,第 51 頁上。

是存獎打他一棒,宣布克賓法戰失利,罰他飯錢。第二天到午餐時分,又不讓他吃飯,把他趕出去了。

從表面上看,克賓由於回答未能得到存獎的認可,而被罰款并逐出師門。但從重顯的拈古來看,當時對這一則公案的理解并不如此。重顯説:"克賓要想繼承興化,暫且不論罰錢出院的事情,倒是必須領悟到這一棒纔好。"在重顯眼裏,這一段話的主題在於存獎對克賓的教導,而棒打便是其中的關鍵。此外,臨濟宗楊岐派禪師白雲守端①(1025—1072)也在對"興化打維那"公案的評語中,提到了當時僧人的評價。《白雲守端禪師廣録》卷二云:"克賓後來出世,却爲興化燒香。叢林自古自今盡道:'克賓維那,知恩方解報恩。'恁麽説話可謂埋没古人,土上加泥。"②雖然守端并不認同這些僧人的觀點,但當時確有一些人認爲存獎的棒打就是對克賓的"恩",克賓也領會到這一點,因此繼承了存獎的法。

後來大慧宗杲之師圜悟克勤(1063—1135)對《雪竇拈古》加以"評唱",其記録被編爲《佛果擊節録》,其中第二十一則便是"興化打維那"因緣。克勤在此評唱中説:

> 大凡臨濟下兒孫,須明此一段大事始得。這公案,須是透得淨盡方見。纔若擬議,礙塞殺人。……若要扶竪臨濟正法眼藏,也須是明取這一則公案始較些子。人多下喝下拍,生情解。我怎麽説話,也是漏泄天機了也。③

克勤認爲,臨濟宗的僧人必須要看透這段因緣,纔能弘揚臨濟宗的禪法。可知此時"興化打維那"已被認爲和"臨濟正法眼藏"有關。他又批評説:"最近有很多人盲目地下喝、下打,淨是胡思亂想。"可見,當時有些僧人用喝、打等方法來回應這一公案。和廣道者的"打一坐具"非常相近。

"興化打維那"公案的這種情況類似於所謂"臨濟瞎驢"的公案。"臨濟瞎驢"是臨濟義玄臨終時和其法嗣三聖慧然之間進行的對話。上述《佛果擊節録》第二十一則中克勤説:"亦似臨濟遷化,謂三聖道……",可知他認爲"興化打維那"和"臨濟瞎驢"有共同點。另外,克勤也在《佛果擊節録》第十五則評唱中提到"臨濟瞎驢",云:

---

① 其法系次第爲楊岐方會—白雲守端—五祖法演—圜悟克勤—大慧宗杲。
② 《卍續藏經》第120册,第423頁上。
③ 《卍續藏經》第117册,第467頁下。

臨濟遷化，三聖作院主，濟云：" 吾滅後不得滅却吾正法眼藏。" 聖云：" 誰敢滅却和尚正法眼藏。" 濟云：" 忽有人問，汝作麼生祇對？" 三聖便喝。濟云：" 誰知我正法眼藏，到這瞎驢邊滅却。" 後僧舉此語請益風穴。穴云：" 密付將終，全主即滅。" 復云：" 只如三聖一喝，又作麼生？" 穴云：" 可謂入室之真子，不同門外之游人。" 臨濟一宗，風穴親承，不同小小。①

臨濟問三聖：" 如果有人問臨濟宗旨，你如何回答？" 三聖就用" 喝" 來回應。臨濟說：" 沒想到，我的禪法竟然毀在這蠢貨手里。" 從表面文字來看，難以看出臨濟對三聖的積極評價，但風穴的評語表明②，此時這一則公案已被理解爲臨濟對三聖的付囑，即是說，當時認爲臨濟對三聖用" 喝" 來表達自己悟境是予以認可的。

" 臨濟瞎驢" 的故事成立較晚，最早見於《天聖廣燈錄》卷一〇③，而之前的南宋版《景德傳燈錄》(四部叢刊所收本) 中則只有臨濟的" 傳法偈"④。對此，柳田聖山先生指出，這一段公案應在《景德傳燈錄》成書的1004年至《天聖廣燈錄》成書的1036年之間纔爲世所知，可謂" 喝" 成爲" 臨濟宗旨" 的過程較爲複雜。但至少可肯定，較早就有人認爲" 棒喝" 就是臨濟宗禪法的特點。早在《祖堂集》卷一九《臨濟和尚》云" 至於化門，多行喝棒"⑤，及至克勤的時代，這種" 臨濟宗旨" 已得到了廣泛認可。

臨濟宗僧人用" 棒喝" 來表達自己悟境的例子可謂不勝枚舉，但與此同時也出現了所謂" 胡喝亂喝" 的流弊⑥。《景德傳燈錄》卷一二《魏府興化存獎禪師》云：" 師謂衆曰：' 我只聞長廊也喝，後架也喝。諸子，汝莫盲喝亂喝。'"⑦《宗門統要集》卷五《鎮府臨濟慧照禪師》則云：

---

①《卍續藏經》第117册，第463頁上。
②此處風穴的評語最早見於《禪林僧寶傳》卷三《汝州風穴沼禪師》。在《禪林僧寶傳》中向風穴提問的是他的師父南院慧顒，文字也有一些出入。
③柳田聖山主編：《宋藏遺珍寶林傳·傳燈玉英集 附錄：天聖廣燈錄》，見《禪學叢書》之五，京都：中文出版社，1975年，第439頁上。
④參衣川賢次：《臨濟錄の形成》，《〈臨濟錄〉研究の現在》，京都：禪文化研究所，2017年，第268頁。
⑤《祖堂集》，北京：中華書局，2007年，第857頁。
⑥柳田聖山：《語録の歷史》，《柳田聖山集》卷二《禪文獻の研究》，京都：法藏館，2001年，第392—393頁。衣川賢次：《臨濟錄の形成》，第247頁。賈晉華《古典禪研究——中唐至五代禪宗發展新探》，上海：上海人民出版社，2013年，第264—265頁。
⑦《景德傳燈錄》，京都：禪文化研究所，1990年，第230頁。

師（臨濟義玄）應機或多用喝，會下僧衆亦學師喝。師一日問僧："汝惣學我喝。我今問汝，有一人從東堂出，一人從西堂出，兩人齊喝一聲，這裏分得賓主，汝且作麼生分？若分不得，已後不得學老僧喝。"①

《宗門統要集》成書於1093年以前，1100年初刊②，而此前未見這一段記載，因此其真實性尚可存疑，但克勤在《碧巖錄》第十則頌評唱中也引用此一段，可見當時已多有僧人盲目模仿臨濟棒喝當作自己見解③。《大慧普覺禪師語錄》卷二四《示沖密禪人》亦云："近世學語之流，多爭鋒逞口快，以胡説亂道爲縱橫，胡喝亂喝爲宗旨。……殊不知正是業識弄鬼眼睛"，大慧此一段話也表示同樣的情況。

綜上所述，廣道者所問"興化打維那"公案的內容，當時被認爲和"臨濟宗旨"密切相關，他就帶着這一核心問題去行脚修行。又，廣道者"打坐具"的回答是用來表達自己悟境的手段。此種回答方式可説是當時僧衆的慣用伎倆，已接近所謂"胡喝亂喝"，很有可能正是這種對興化一打的表面模仿導致廣道者一直得不到諸禪師之認可。

三、"廣無心"

《宗門武庫》第一則斷言廣道者"大悟"，《大慧普説》也講述同一個故事，因此基本可肯定宗杲相信廣道者已得到覺悟。但同時在宗杲的言論中也能看到與此不完全一致的看法。《大慧語錄》卷一七《禮侍者斷七請普説》云：

老漢常愛真淨和尚道："如今人多是得個'身心寂滅，前後際斷，休去歇去，一念萬年去，似古廟裏香爐去，冷湫湫地去'，便爲究竟。殊不知却被此勝妙境界障蔽，自己正知見不能現前，神通光明不能發露。……"……昔因真淨和尚新開語錄，其時我老和尚（圜悟克勤）在五祖堂中作首座。五祖（法演）一日廊下見僧把一册文字。祖曰："爾手中是甚文字？"僧曰："是真淨和尚語錄。"祖遂取讀，即讚歎曰："慚愧！末世中有恁地尊宿。"乃喚首座。我老和尚時在後架洗韈，聞呼很忙走出

---

① 柳田聖山、椎名宏雄共編：《禪學典籍叢刊》第一卷，京都：臨川書店，1999年，第112頁上—下。
② 椎名宏雄：《宋元版禪籍研究（五）——宗門統要集·宗門統要續集》，《印度學佛教學研究》第30卷第2號，1982年，第312頁。
③ 《大正藏》卷四七，第915頁中。

來。祖曰:"我得一本文字,不可思議,所謂善說法要。爾試看。'休去歇去,一念萬年,前後際斷',諸方如今有幾個得到這田地,他却喚作勝妙境界。"舊時寶峯有箇廣道者,便是這般人。一箇渾身都不理會,都不見有世間事,世間塵勞昧他不得。雖然恁麼,却被這勝妙境界障却道眼。須知到一念不生前後際斷處,正要尊宿。①

宗杲介紹真淨克文的言論,即:最近有很多人以爲"身心寂滅,前後際斷"就是最高的境界,却不知道被這個"勝妙境界"所束縛,從而得不到真正的智慧。大慧宗杲的師翁五祖法演也極力稱讚克文的看法。宗杲最後談到廣道者,認爲他就是這種被"寂滅"境界所困之人。宗杲說廣道者"是一個什麼都不理睬,全然不管俗事,不被俗事惑亂的人。雖然如此,却被這個勝妙境界蒙蔽了道眼。所以必須知道達到'寂滅'境界之後,纔正需要尊宿的指導"。如前文所述,廣道者曾居住寶峰寺,"廣道者"也是通行的稱呼,可見宗杲所指正是同一人物。宗杲一方面肯定廣道者的悟境,而另一方面還說他被"寂滅"境界"障却道眼",可謂宗杲對廣道者的評價有一定的幅度,這又該如何理解?

其他各資料對廣道者性格的描寫,雖然在側重點上有一定差距,但也表示較爲一致的看法。譬如上揭《羅湖野錄》中說廣道者"天資純至,脫略世故","忘物忘我如此"。四卷本《大慧普說》卷三《覺禪師請普說》也說:"我因一悟,前後際斷,當下心灰,直得身心俱忘。"這些資料都表明廣道者是一位脫俗、豁達的禪師。又,《禪林寶訓》卷一云:

真淨舉廣道者住五峰,輿議廣疎拙,無應世才。逮廣住持,精以治己,寬以臨衆。未幾百廢具舉,衲子往來競爭喧傳。真淨聞之曰:"學者何易毀譽邪!"②

資料中"五峰"疑爲"九峰"之形訛。雖然廣道者擔任住持後取得成功,九峰山也因此繁榮,但他赴任之前,多數人認爲廣道者"疎拙,無應世才",不適合做住持。這種看法應與他"不管世事"的作風有關。又,在四卷本《大慧普說》卷三《覺禪人請普說》中,宗杲介紹上引廣道者悟道因緣之後,也談及如下逸事。

山僧因爲泐潭持鉢,袖紙去覓送行偈。廣問:"你是甚處人?"云:"宣州人。"又問:"名甚麽?"云:"某甲。"又問:"何處教化?"云:"宣州。"信筆便書云:"杲公化主

---

①《大正藏》卷四七,第882頁上—中。
②《大正藏》卷四八,第1021頁下。

化宣陽,彼處檀那盡吉祥。回復祖師堂上獻,生生世世永馨香。"時有端上座者,見此頌謂山僧曰:"他定是忘了。公不信,更往求之。"及再去咨白,果是忘了,復如前問,一一答之,拈起筆又作偈,曰:"杲公化主宣城丐,彼處檀那甚相愛。寶貝珠金歸泐潭,法門從此無拘礙。"他參得底禪易見難識,殆亦趙州之流也。從上祖師莫不皆然。①

大觀三年(1109),宗杲二十一歲,在泐潭寺師從湛堂文準時曾受化主之命,從其年至政和元年(1111)在宣州一帶化緣。他出發前向廣道者索請一首送行偈,廣道者就信筆寫一首送給他。事後,宗杲的同門朋友説:"廣道者一定已經忘記了此事。如果你不相信,再去求他看看。"因此宗杲又去向廣道者求送行偈,廣道者果然忘記了此前之事,依舊給他寫了一首。這件事也表示廣道者超凡脱俗的性格。另外,在以上資料的最後部分,宗杲説廣道者的悟境"易見難識"。此句出於《趙州録》,云:"諸方難見易識,我者裏易見難識。"②宗杲認爲廣道者的悟境看起來容易理解,但其"無心"境界甚爲高深,并非一般人所能達到。此處也可見宗杲對廣道者悟境的肯定。

還有一點頗能説明他性格的,便是他的外號"廣無心"。宋代禪林中取外號是常見的現象。外號一般是對某一位禪師特點的標籤化,往往具有較強的典型性。廣道者有如此外號,不僅代表他的思想有"無心"的傾向,而且别人也認爲他的"無心"是一個明顯的特徵,從中亦可讀出一種調侃的意味。總之,廣道者的"無心"禪風是廣爲人知的特點。可見宗杲説廣道者被"寂滅"境界所困是有一定理由的。

可以説宗杲對廣道者的評價有兩面性,但如果參考宗杲本身的覺悟過程,就能理解他的觀點。上揭《大慧語録》卷一七《禮侍者斷七請普説》中,宗杲講述廣道者"被勝妙境界障却道眼"的問題之後,也談到自己的經驗,云:

老漢十七年參也,曾零零碎碎悟來。雲門下也理會得些子,曹洞下也理會得些子,只是不能得前後際斷。後來在京師天寧見老和尚(圜悟克勤)陞堂。舉僧問雲門:"如何是諸佛出身處?"門曰:"東山水上行。"(圜悟云:)"若是天寧即不然。'如何是諸佛出身處?'薰風自南來,殿閣生微涼。"向這裏忽然前後際斷。譬如一

---

① 《禪學典籍叢刊》第四卷,第265頁上。
② 柳田聖山主編:《無著校寫宋本古尊宿語要》,見《禪學叢書》之一,京都:中文出版社,1973年,第33頁下。

縹亂絲將刀一截截斷相似。當時通身汗出，雖然動相不生，却坐在淨裸裸處。得一日去入室，老和尚曰："也不易，爾到這個田地，可惜，爾死了不能活。不疑言句是爲大病。不見道：'懸崖撒手，自肯承當。絕後再甦，欺君不得。'須信有這個道理。"老漢自言："我只據如今得處，已是快活。更不能理會得也。"老和尚却令我在擇木寮作不釐務侍者，每日同士大夫，須得三四回入室，只舉"有句無句，如藤倚樹"。纔開口，便道不是。如是半年間只管參。①

宗杲在十七年的修行中没有達到"前後際斷"的境界，後來宣和七年（1125），三十七歲時②，在開封天寧寺見到圜悟克勤，因"薰風自南來，殿閣生微涼"一句，終於實現"前後際斷"。但此時，雖然動相不生了，却落在了"淨裸裸"的寂滅境界③。宗杲認爲這種狀態正好和廣道者一樣。克勤對宗杲説："你能到這個境界也不簡單，只是你一死之後，没能再活起來。"④宗杲當初不以爲然，説："我現在已經很快活了，再也不會有更高的境界。"於是克勤就讓宗杲做一個不負擔任務的侍者⑤，和士大夫一起參究"有句無句，如藤倚樹"一句，這樣過了半年的時間。關於此後的事情，另一條資料的描述更爲簡要。四卷本《大慧普説》卷三《智通居士請普説》云：

後來山僧因"如何是諸佛出身處？""薰風自南來，殿閣生微涼"，忽然打破漆桶，……妙喜參得禪了，先師曰："你如今正坐在無禪無道處。可惜⑥許，在這裏死不得活。"乃舉"有句無句，如藤倚樹"，纔下語，便云："不是。"如是者數月，乃謂某參黄楊木禪，漸漸縮去。一日某問："見説和尚在五祖理會不得，曾問此話。不知五祖如何答？"先師不肯説。某曰："當時豈非對衆問乎？只今説又何妨？"先師乃説："我問：'有句無句，如藤倚樹時如何？'祖云：'描也描不成，畫也畫不就。'忽遇樹倒藤枯時如何？'祖云：

---

① 《大正藏》第 47 卷，第 883 頁上。
② 以下參中西：《〈大慧普覺禪師年譜〉譯註稿（一）》，第 64—72 頁。
③ 譬如四卷本《大慧普説》卷一《松林臻長老請普説》云："如今學道之人，多是得箇動相不生，却坐在淨躶躶赤洒洒處。依舊是病。須是動相也不生，静相也不生，便是生滅既滅，寂滅現前。"（《禪學典籍叢刊》卷四，第 161 頁上）
④ 關於"一死再活"，參土屋太祐：《〈一夜碧巖〉第二則譯註》，《東洋文化研究所紀要》第 169 册，2016 年，第 46 頁。
⑤ 參《禪林象器箋》，柳田聖山主編：《禪林象器箋·葛藤語箋·禪林句集辨苗》，見《禪學叢書》之九，京都：中文出版社，1979 年，第 248—249 頁。
⑥ "惜"，原作"借"。

'相隨來也。'"山僧纔聞舉便理會得,當時點似先師。自此大法便明,方驗得邪正。常念師恩粉骨碎身未易報答。所以道:悟了更須遇人,若不遇人中途打住。①

克勤認爲,宗杲由"熏風自南來"打破漆桶後,就停滯在了"無禪無道處",因此讓他參究"有句無句,如藤倚樹"之句。如此過幾個月,克勤説:宗杲參了黄楊木禪,漸漸退步回去了②。有一天,宗杲問克勤:"您也在五祖法演師翁處問過這句話,不知師翁如何回答?"當初克勤不願意告訴他,但最終同意。宗杲聽到法演的回答後,馬上就聽明白了。他從此洞悉大法,辨明邪正,最後説:悟了以後還需要善知識的指導,如果遇不上善知識,便會在中途停下來。

宗杲認爲,由"薰風自南來"一句達到的第一個境界還停留在"死了不能再活"的狀態,而參究"有句無句,如藤倚樹"之後的第二個境界,纔是徹底的大悟。他認爲廣道者剛好也停留在第一個階段,達到"無心"後却不能突破限制,反而受到了這一境界的束縛。這就是宗杲説廣道者被"寂滅"境界"障却道眼"的原因。但這第一個境界也不能説不是"悟"。上引《智通居士請普説》最後一句説"悟了更須遇人",又屢屢強調達到第一個境界時宗杲就"打破了漆桶"③,可見這一體驗對他來説是至關重要的。至於廣道者的悟境,宗杲也承認他的"無心"有别人難以領會的深度,亦可謂是一種大悟的結果。這種複雜的思想脉絡使得宗杲對廣道者的評價具有了兩面性。

四、小結

根據以上考察結果,再闡釋一遍《宗門武庫》第一則的内容。廣道者問"興化打維那意旨",這一問就等於問"臨濟宗旨"的核心意義。第一位禪師雲蓋智和尚對此用"展手吐舌"的動作回答。這一動作應有"毫無隱藏"之意,正如大慧宗杲《正法眼藏》卷三

---

①《禪學典籍叢刊》第四卷,第255頁上一下。
②參中西:《〈大慧普覺禪師年譜〉譯註稿(一)》(第69—70頁)引宋陸佃《埤雅》卷一三"楊"條云:"黄楊,木性堅緻,難長。俗云:歲長一寸,閏年倒長一寸。"(《四庫全書》本,第13張)。
③四卷本《大慧普説》卷二《師住明州育王山入院當晚普説》云:"向這裏忽然打破漆桶,去却礙膺之物,如斬一結亂絲,一斬一時斷,始信世界上真箇有禪。自此不疑佛,不疑祖……"(《禪學典籍叢刊》第四卷,第187頁下)。參石井:《大慧語録の基礎的研究(下)》,第160頁。

云:"我遮裏是海蚌禪,開口便見心肝五臟,差珍異寶都在面前"①,兩者意境很相近。對智和尚的這一回答,廣道者用"打一坐具"來回應。這和當時的臨濟宗僧人一樣,依舊是用"打"來表示自己悟境的。智和尚於是説這是"無常的身體動作",不予以認可。

其次,廣道者問石霜琳和尚,琳和尚就問:"你怎麼理解興化這一棒?"廣道者仍用"打"來表示自己的見解。琳和尚説:"好一個坐具",表示一定的理解,但同時也説:"你不知其中要害",并没有全面認可。

廣道者最後問真淨克文,克文也和琳和尚一樣問他的看法,廣道者又打一坐具。克文對此説:"興化打,你也跟着他打。"這句話似乎是説,廣道者的一打不過是對興化的表面模仿,并無主見。廣道者聽到這一句話,終於豁然大悟。我們雖然無法了解他此時的内在體驗,但似乎也能看出前後的脉絡。廣道者在此前刻意追求"臨濟宗旨",從而心情非常迫切,盲目模仿興化的一打,克文指責的正是這一點。廣道者聽到克文的指引之後,消除的就是對"臨濟宗旨"的執念。他因此而達到徹底的"無心"境界,從此以後在禪林中被叫做"廣無心"了。克文最後一頌,雖然以"興化打維那"公案爲主題,但從《宗門武庫》第一則的内容來看,也有可能是以和廣道者的對話爲機緣而作的。其寓意也和對廣道者的教導有相通之處②。這首頌的内容是説:克賓維納不應依靠别人,而應自己決斷,但他遲遲地猶豫不決。於是興化對他進行了徹底的教導,那就是把他趕出禪院。此時興化并没有給他任何的觀念,只是讓他自己開眼而已。

廣道者并不是宋代禪林中的焦點人物,相關資料也并不多,但閲讀以上幾則逸事,我們就能發現他是一位頗有魅力的禪師,同時也能知道宋代禪林的真實生活。

---

①《禪學典籍叢刊》第四卷,第 130 頁下。
②關於克文此頌的製作緣由以及對廣道者的教導和頌内容的關係,受到了駒澤大學小川隆教授的啓發。參見小川隆、張超(Garance Chao ZHANG)、Didier DAVIN:《〈大慧普覺禪師宗門武庫〉譯注稿(1)》,《駒澤大學禪研究所年報》第 33 號,2021 年(待刊)。

雪竇重顯禪師與禪茶文化

嚴紅彥

(寧波工程學院人文與藝術學院)

禪茶是僧人在寺廟中種植、加工茶葉以及飲茶過程中形成的包含佛法禪定内涵的一種文化現象。禪與茶的結緣最早見於唐人封演的《封氏聞見記》："開元中,泰山靈岩寺有降魔師,大興禪教。學禪,務於不寐,又不夕食,皆許其飲茶。人自懷挾,到處煮飲,從此轉相仿效,遂成風俗。"①唐代茶聖陸羽精於茶道,撰寫世界第一部茶葉專著——《茶經》,他的茶藝也離不開禪寺的薰陶,三歲被棄,由竟陵(今湖北天門)龍蓋寺智積禪師收養,因此自幼學得茶術,纔有了融茶學、茶藝、茶道思想於一爐的世界經典。名僧與禪茶有更多精神層面的交融,如唐代趙州從諗禪師以"吃茶去"的機鋒接引弟子,成爲禪宗歷史上最著名的公案之一。宋代著名禪師圓悟克勤以禪宗思想來品味茶的無窮奥妙,参悟"茶禪一味"之道并手書四字,其墨寶由日本弟子榮西帶到日本,將宋代禪寺的茶風引進日本,榮西亦被尊爲日本"茶祖"。宋代明州雪寶寺名僧重顯有雲門宗中興之祖之稱,不僅有頌古百則、語錄六卷遺澤後世,也留下不少有關禪茶的公案、詩文,在禪茶文化、寧波地區茶文化歷史上留下重要痕跡。

雪竇重顯(980—1052),四川遂州(今四川遂寧)人,俗姓李,字隱之,法號釋重顯。北宋吕夏卿爲其撰寫的塔銘提到："始生瞑目若寐,三日既浴,乃豁然而寤。屏去葷血不習戲弄。七歲有僧過其門,挽持袈裟,喜不自勝。聞梵唄之聲,輒泣下。父母問其故,懇請出家,父母執不可,師不食者累日。"②重顯家世富豪,以儒業傳世,卻頗有慧根。出生時雙眼緊閉,洗浴後豁然睜開,儼然有九龍浴佛之貌;幼時就不吃葷血,不喜玩耍,老成持重;七歲時,有僧人經過家門,拉其袈裟,喜不自勝;聽聞佛經頌贊之聲,便潸然淚下,

---

① (唐)封演撰,趙貞信校注:《封氏聞見記校注》,北京:中華書局,2005年,第51頁。
② (宋)惟蓋竺編:《明覺禪師語錄》,見[日]高楠順次郎主編《大正新修大藏經》,大正一切經刊行會,1972年。

父母問其緣故,重顯懇請出家,但父母堅決阻撓,因此絕食數日。直到重顯23歲時,父母相繼去世,他纔得以出家。重顯成年後出家,也因此接受了較長時間的正統儒家教育,文化素養較高,擅長詩文,其弟子門人根據重顯日常說法的語錄集有《住蘇州洞庭翠峰禪寺語》《住明州雪竇禪寺語》《舉古》《拈古》《瀑泉集》《祖英集》等,均收錄於六卷本《明覺禪師語錄》一書中。

重顯在益州(今四川成都)普安院落髮出家,先後來到郢州(今湖北鍾祥)大陽山明安寺、襄陽(今湖北襄樊)石門山乾明寺、復州(今湖北天門)北塔崇勝院、杭州靈隱寺等名山大寺,遍訪雲門、臨濟、曹洞諸宗名師,求學問道,為通曉禪門諸家學說,成就開悟宗匠打下堅實的基礎。後半生則在蘇州翠峰寺、明州(今浙江寧波市)雪竇資聖禪寺擔任住持長達31年,其中住持雪竇寺就有29年。重顯以雪竇冠名,顯示出他與雪竇寺的關係非同一般,重顯住持雪竇寺之後,重整寺衆,清理禪寺儀規、參禪修行和生活規範,大弘雲門宗風,被視為"雪竇山第六世祖","四方翹楚,皆臻法席","天下龍蟠鳳逸衲子爭集座下,號雲門中興"。曾經朝臣奏請,宋仁宗賜與重顯紫衣,敕賜明覺大師之號。

宋代僧人飲茶已是尋常,重顯語錄、詩文中有近40餘處與茶相關的文字,有日常的飲茶閒談,重大節事的茶席茶筵,也有以茶開示的機鋒公案,茶韻幽香的詩文作品,內容豐富,宋代禪寺茶文化可見一斑。

一、重顯與茶榜、茶筵

宋代佛寺中飲茶已成叢林日常生活的一部分,其中最隆重的莫過於張茶榜設茶筵了,這是四時節慶、人事更迭、迎來送往等重大的禮節時間禪寺特有的慶典禮儀。重顯禪師乃宋代名僧,名聞遐邇,因此所到之處皆"羞齋為慶"、備茶筵、具茶榜。多部佛教經典記載:

> 雪竇顯禪師特出山,羞齋為慶,仍有茶榜,具美其事,餘未嘗見之。嘗睹廣智初主南湖法席時。顯公雖已老,亦榜煎茶。但記其高頭大麻箋,其字小古,以此知。(宗曉纘錄天童四明之書。只得五番。准草庵。既曰凡二十許。果堙沒不少。其顯禪師茶榜之類。並已無聞。凡閱此書者或有。此幸見贈。以全之)。(《四明

尊者教行録・草庵録紀天童四明往復書》①）

（雪寶重顯）師到秀州，百萬道者備茶筵請升堂。（《明覺禪師語録》卷一）

越州檀越備茶筵，請（雪寶重顯）師升座。（同上）

茶榜本爲山門公文，簡要直白地告示茶會各項内容即可，然重顯文學素養極高，以風雅趣味爲旨，因此常"親揭茶榜"，"具美其事"；且書法亦佳，"其字小古"；書寫材質考究，"高頭大麻箋"；公文告示也成爲令人稱讚的藝術品。可惜宋人已不得而見，沙門宗曉寫作《四明尊者教行録》時，就央告讀者如有珍藏的，乞求見贈。重顯到秀州（今浙江嘉興）、越州（今浙江紹興）等地，一路舉唱宗風，爲衆僧開緣說法，所到之處皆禮遇甚重，升座上堂，備茶筵以待，聽者甚至有百萬之衆。

來而不往非禮也，重顯遇德高望重的禪師亦尤敬畏，多以標榜煎茶爲賀：

雪寶顯禪師出山來訪，觀其（十七祖法智尊者知禮）書大加欽贊，即爲設齋致慶，親揭茶榜，具美其事云。（《佛祖統紀》卷八）

雪寶顯禪師聞其名（寧波延慶寺法師尚賢），出山來訪。標榜煎茶以申賀禮，人傳以爲盛事。（《佛祖統紀》卷一二）

雪寶顯禪師尤敬畏之（云峰文悦禪師），每集衆茶橫，設特榻示禮異之。（《佛祖歷代通載》卷一八）

師在靈隱，諸院尊宿，茶筵日，衆請升座。（《明覺禪師語録》卷一）

四明尊者（即十七祖法智尊者）知禮與重顯多有來往，知禮著有《金光明經文句記》《金光明經玄義拾遺記》《觀無量壽經疏妙宗鈔》等書，重顯觀後大加讚賞，也設齋宴、茶筵以慶，親自撰寫茶榜張表此事，讀書如面見其人，重顯此舉多有文人情趣。尚賢、文悦等知名禪師到山門拜訪，亦不可懈怠，集衆煎茶爲賀，更是設特塌以示禮遇。除會客外，日

---

①本文所引佛經均出自［日］高楠順次郎主編《大正新修大藏經》，大正一切經刊行會，1972年。

常禪寺也設有茶筵日,集寺中尊宿升座講法。

《百丈清規》《禪苑清規》等指明:茶務必須和法事、禪修各個環節相結合,重大茶筵茶會需請客侍者寫茶榜詣首座寮,鳴法鐘,擊法鼓,衆僧排立,住持方丈到達,行禮三拜,再上香上茶,隨後再行禮三拜,頌誦詠唱等,可謂禮數殷重。茶香清淡,但在佛門日常禮儀中佔有重要地位。重顯的文人情趣,高超的書法技藝、文學素養又爲煎茶、茶筵增添了幾分風雅。

二、重顯與吃茶禪機

僧人飲茶之初只是爲提神解乏、飽腹除困,而種植炮製茶葉的辛苦歷練,品飲茶味的超脫愉悅,茶道精神與禪學修行相通,形成"正、清、和、雅"中國禪茶文化的精神,因此多有高僧以茶開示,勘驗悟道,留下不少機鋒公案。唐代高僧趙州從諗禪師就有著名的"吃茶去"公案,就是在禪茶文化初始階段的"以茶養生""以茶修行"的基礎上,並且結合從諗禪師的個人體驗,進入到"以茶悟道"的階段的①。

雪竇重顯禪師也曾舉此公案爲例開示衆人:

> 睦州問僧:近離甚處。僧云:河北。睦州云:河北有個趙州和尚,曾到麽。僧云:某甲近離彼中。睦州云:趙州有何言教示徒。僧云:每見新到便問,曾到此間來麽?云曾到,趙州云:吃茶去;忽云不曾到,趙州亦云:吃茶去。睦州云:慚愧,卻問僧,趙州意作麽生。僧云:只是一期方便。睦云:苦哉趙州,被爾將一杓屎潑了也。便打。睦州卻問沙彌:爾作麽生?沙彌便禮拜,睦州亦打。其僧往沙彌處問:適來和尚打爾作什麽?沙彌云:若不是我,和尚不打某甲。

> 師云:者僧克由巨耐。將一杓屎,潑他二員古佛。諸上座,若能辯得。非唯趙睦二州雪屈,亦乃翠峰與天下老宿無過。若道不得。到處潑人卒未了在。(《明覺禪師語録·卷一》)

鏡清問僧:"趙州吃茶話,你作麽生會?"僧便出去。清曰:"邯鄲學唐步!"

---

① 余悦:《中國禪茶文化的歷史脉動——以"吃茶去"的接受與傳播爲視角》,《社會科學戰線》2014年第7期,第103頁。

雪竇顯云：這僧不是邯鄲人，爲什麽學唐步？若辨得出，與你茶吃。（《宗門拈古彙集》卷三四鏡清道怤禪師）

"吃茶去"以平易的日常話語，暗藏禪悟機鋒，成爲禪宗史上著名的法語，主要得益於當時一些名僧的知會與傳播，例如唐代的睦州禪師隨問隨答，銳不可當，重顯的點評加深了衆人的印象。鏡清禪師與僧人的禪機交鋒中，也以"吃茶去"爲話頭，僧人自以爲悟得禪機，遽然走開，不再糾纏於話語套路，但是，鏡清禪師看破僧人是不懂裝懂，説他是邯鄲學步，匍匐而歸，愚蠢可笑；重顯則將錯就錯，以提問的方式，引弟子思辨。

飲茶之際身心放鬆，易於達到本心清淨、空靈清澈的精神境界，因此重顯也多次將"吃茶去"賦予禪意，在不同的時節因緣際會中，發無上道心。

有數人新到至。師云：新到那。僧云是。師云：參堂去。僧便去，師複喚來來，其僧卻回。師云：洞庭難得師僧，與爾一碗茶吃。（《明覺禪師語録》卷一）

寶華侍者來看師，師問：寶華多少衆。侍者云：不勞和尚如此。師云：我好好問，爾勃趯作什麽。侍者云：不得放過。師云：真師子兒，吃茶了。師把住云：適來得恁麽無禮。侍者擬議，被師一掌云：歸去分明，舉似寶華。（《明覺禪師語録》卷一）

有良周上座到，師作瞌睡勢。僧云：新到相看，師不應。僧又云：新到相看。師高聲云：阿誰。僧云：新到。師云：已知參堂去。僧云：某甲是大龍受業。師喝云：漆桶誰識爾。僧便近前人事，師云：好好禮拜着。相看了，師云：還識宗首座麽。僧云：是師兄師云，爾爲什麽鈍致他。僧云：和尚休得也。師云：踏破草鞋漢，不能打得爾，且坐吃茶。（《明覺禪師語録》卷二）

僧問歸宗，如何是佛。宗云：我向你道，還信麽。云和尚言重，爭得不信。宗云：只汝便是。別云，侍者寮裏吃茶去。（《明覺禪師瀑泉集》卷四）

有客來訪，對答間以"吃茶""與爾一碗茶吃""且坐吃茶"等語截斷衆流，從日常生活中選取佛法意象，以示真諦。其中，尤以第三則格外生動，有名僧上座前來拜訪，重顯假裝瞌睡，上座反復招呼："我新來參學，禮拜禪師。"重顯先是不應，後纔如夢中驚覺："你誰啊",上座回復自己的身份,重顯只是淡淡地説:"好,知道了。去禪堂吧。"上座不甘心如此冷遇,説:"我是大龍禪師的徒弟。"重顯喝道:"漆桶,誰認識你啊!"上座趕緊上前行禮,重顯禪師説:"好好頂禮!"看了看這僧衆,問道:"你還認識宗首座嗎?"僧人説:"是我師兄啊。"重顯説:"(宗首座)是你師兄?你怎麽駑鈍如此。"僧人説:"和尚不要這樣子捉弄我。"重顯説:"好吧,踏破草鞋漢,不能打你,坐著喝茶。"有地位較高的僧人拜訪,執於外物,稱自己是名僧的徒弟,不能掃除世相,重顯大喝其爲"漆桶"(爲無明業識所蔽障,如在黑漆桶裏)、"踏破草鞋漢"(禪宗認爲悟在自己的内心,終日在外云遊行脚,尋佛覓佛,而不知向内心省悟自身是佛者),愚鈍如此,又不能當頭棒喝,只好請坐喝茶,要行者覺察自心無知愚癡業識,去警覺、知道自己業識所在。

重顯禪師亦多次拈"茶"示衆,多引述古人或今人某段語録,在此之後進行點評或另作答語以示弟子,有時伴之以動作、棒喝等。

> 則川與龐居士摘茶次。士云:法界不容身,師還見我麼。川云:若不是老師,洎與龐公答話。士云:有問有答,蓋是尋常。川不管。士云:適來莫怪相借問麼。川亦不管。士喝云:者無禮儀漢,待我一一舉似明眼人去在。川拈茶籃便歸。
> 師云。則川只解把定封疆。不能同生同死。當時好與捋下襆頭。誰敢唤作龐居士。(《明覺禪師語録》卷三)

> 僧辭大隨,隨問:甚處去。云:峨眉禮拜普賢去。隨豎起拂子云:文殊普賢總在者裏。僧畫一圓相抛於背後。隨云:侍者將一貼茶與者僧。雲門別云:西天斬頭截臂,者裏自領出去。
> 師云:殺人刀活人劍,具眼底辯取。(《明覺禪師語録》卷三)

> 巖頭雪峰欽山三人坐次,洞山點茶來,欽山閉眼。洞云:什麽處去來。欽山云:入定來。洞云:定本無門,從何而入。老宿代云:大有人恁麽會。別云:當時但指巖頭,雪峰云:與者兩個瞌睡茶吃。(《明覺禪師瀑泉集》卷四)

> 王太傅入招慶煎茶,朗上座與明昭把銚,朗翻卻茶銚(責來頻煩)。太傅見問:上座,茶爐下是什麽(就事一追)。朗云:捧爐神(只知呈機。不知失智)。傅云:既是捧爐神,爲什麽翻卻茶銚(一點二探)。朗云:仕官千日,失在一朝(點他失事罷職)。傅拂袖便去(責他搜短)。昭云:朗上座吃卻招慶飯,卻去江外野樏(不行本

分,獨恠他人)。朗云:上座作麼生(反追其見)。昭云:非人得其便(如此下語,反惹人怪)。

師云:當時踏倒茶爐(如此行令,誰敢當鋒),(主意違宗失旨,旨明惹火燒身)。總結(不守本分)。

來問若成風(太傅之巧),應機非善巧(朗之迷宗)。可悲獨眼龍,曾未呈牙爪(滿瓶不響)。牙爪開,生云雷。逆水之波經幾回(雪老自誇,踏爐之機無敢當堵)。(《梵絕老人天奇直注雪竇和尚頌古上》)

重顯舉則川摘茶、大隨普賢、洞山點茶、王太傅煎茶等公案,加以評述,禪風靈便,殺活自在。摘茶、點茶、煎茶等日常生活常見之事,被禪師們賦予了豐富的內涵,作爲"提起話頭"、啟迪後學的因緣,從而使得普通的口頭語有了不尋常的意義。

重顯除了援引相關公案,在開堂儀式及日常上堂說法時,也常常使用茶爲話頭,勘察、試探、辨別參禪過程中禪師、弟子學人的見解、悟境及禪法的邪正。

中山主爲師煎茶。師問僧:爾隨例吃茶,將何報答。僧云:因風吹火。師不肯。自代云:難爲和尚。復云:還會麼。僧云不會。師云:爾也須煎一會茶始得。(《明覺禪師語錄》卷二)

因普請問僧,甚處來。云:摘茶來。師云:茶園裏有玄沙見底。還見麼。代但指露柱云:和尚問。又問僧:甚處來,云:摘茶來。師云:人摘茶茶摘人不問,你無底籃子重多少。代云:慣得其便。又問僧:甚處來。云:摘茶來。云:茶叢列作鼻孔,茶葉是你眼睛,作麼生摘。代云:今日不著便。(《明覺禪師瀑泉集》卷四)

師到蘄州回峯和上處,相見便問:舊時朋友忌諱總無,今日主賓若爲區別?峯云:老兄逺來不易。師云:將謂和上忘卻。峯云:放一綫道。師云:不與麼,卻與麼。峯云:且坐吃茶。師云:吃茶,吃茶。(《祖庭事苑》卷四)

重顯禪師設煎茶公案,檢驗弟子對佛法的參悟程度,然弟子的回答不盡如人意,重顯感歎"你也需要再去煎一下茶方能領悟";禪門中的"普請"(俗稱"出坡")意思是普請大衆,上下合力,共同勞動,佛門子弟不僅飲茶也要種植採摘,以摘茶爲話頭,試驗弟子慧根;在蘄州時見舊友回峰和尚,言語無忌,機鋒交錯,互不相讓,最後二人以"吃茶"爲結。宋代禪寺中種茶、摘茶、煎茶、飲茶是日常生活中最尋常的意象,華嚴禪師曾説:"佛法在日用處,在行住坐卧處,吃茶吃飯處,語言相問處。"佛法禪機正蘊藏於日常生活中,它屬於能參悟得道之人,禪師們借助這些生活細節,配合以時節機緣,促使後學臨門一脚,進入聖流。

三、重顯與茶韻禪詩

重顯有較高的文學藝術修養,除了《頌古百則》《拈古百則》等禪宗公案文字,另有《祖英集》詩作兩卷,收録在《明覺禪師語録》中。其中幾首茶詩展現出佛寺種茶、贈茶、品茗等佛門茶俗。

送新茶二首

元化功深陸羽知,雨前微露見槍旗。收來獻佛餘堪惜,不寄詩家復寄誰。
乘春雀舌占高名,龍麝相資笑解醒。莫訝山家少爲送,鄭都官謂草中英。

中國佛教有獨特的參禪方式"農禪并重"——"寓禪於農,農中悟禪",僧人不僅煎茶飲茶,也要參與種植、採摘和製作。寧波地處長三角南翼,四季分明,温和濕潤,有優越的宜茶地理環境和氣候條件,唐代陸羽《茶經》就曾記載明州仙茗的傳説,并稱此瀑布仙茗爲上品。重顯《送新茶二首》寫的就是禪寺衆僧參與茶葉種植製作後有所獲,以茶爲禮饋贈詩友的情景。詩中所提雨前,即穀雨前,4月5日以後至4月20日左右採集細嫩芽尖製成的茶葉稱雨前茶,雨前茶雖不及明前茶細嫩,但滋味鮮濃而耐泡,也是茶中上品。槍旗、雀舌皆爲綠茶品種,因其形狀,芽尖細如槍,葉開展如旗,故名槍旗;小巧似雀舌而得名雀舌,都是嫩芽焙製的好茶。重顯詩作寫道:茶葉盡得天地造化,其奥妙爲陸羽所知,以《茶經》一書告知天下;又引五代鄭遨的《茶詩》:"嫩芽香且靈,吾謂草中英",讚歎茶葉乃草中英華。因此,重顯認爲如此好茶,"收來獻佛餘堪惜,不寄詩家複寄誰";可是又不舍多送,"莫訝山家少爲送",心情頗爲矛盾,當然詩友亦是性情中人,重顯纔能如此袒露心跡。

《送山茶上知府郎給事》《謝郎給事送建茗》《謝鮑學士惠臘茶》三首記述的是重顯與地方官員互贈茶茗的雅事。

送山茶上知府郎給事

穀雨前收獻至公,不爭春力避芳叢。煙開曾入深深塢,百萬槍旗在下風。

謝郎給事送建茗

陸羽仙經不易誇。詩家珍重寄禪家。松根石上春光裏。瀑水烹來鬥百華。

謝鮑學士惠臘茶

叢卉乘春獨讓靈,建溪從此振嘉聲。使君分賜深深意,曾敵禪曹萬慮清。

《送山茶上知府郎給事》一詩與《送新茶二首》内容相似,同爲穀雨槍旗綠茶爲禮,只是有明確的饋贈對象。《謝郎給事送建茗》《謝鮑學士惠臘茶》則是地方官員、文人向重顯贈茶,重顯作詩爲謝。建茗亦見於其他詩人的作品中,五代王仁裕《開元天寶遺事》卷上:"逸人王休居太白山下,日與僧道異人往還,每至冬時,取溪冰敲其精瑩者煮建茗,共賓客飲之。"宋人鄭起《辭吊富沙梨山大王祠》有:"建山之峭兮建水之長,建杭之粲兮建茗之香。"建茗應爲當時名品,茶禮頗爲珍重,重顯收到也迫不及待地乘着春光,特意取瀑布之水來烹煮、鬥茶。

臘茶,也是茶葉的一種,宋代歐陽修《歸田録遺事》卷一:"臘茶出於劍建,草茶盛於兩浙。"南宋劉克莊《浪淘沙·疊嶂碧周遮》:"老去淡生涯,虚擲年華,臘茶盂子太清些。待得癡兒公事畢,謝了梅花。"元人王禎《農書·穀譜》記載,當時的茶類有"茗茶""末茶""臘茶"三種,"蠟茶最貴,而製作亦不凡。擇上等嫩芽,細碾入羅,雜腦子諸香膏油,調劑如法,印作餅子制樣。任巧候乾,仍以香膏油潤飾之。其製有大小龍糰,帶胯之異,此品唯貢品,民間罕見之。"這種茶"要在製作過程中加入名貴的香料膏油,印製成餅茶後光潤如蠟,煎點時則有'乳泛湯麵,與鎔蠟相似',故而得名'蠟麵茶'"①。臘茶起於唐,盛行於宋元時期,主要作爲貢品進奉宮廷,帝王有時也以"蠟麵茶"與一些珍貴藥物一起賜予臣僚,合稱爲"賜茶藥"。重顯詩中所提"建溪從此振嘉聲",是因此茶出於建州(今福建),鮑學士可能是得到皇帝賞賜而轉贈給重顯,因此重顯稱"使君分賜深深意",可見茶品名貴。

重顯與文人雅士、地方官員除了茶禮互贈,日常也多有往來。"師在池州景德爲首座。時太守曾學士入院相訪,茶果次。"(《明覺禪師語錄》卷二)"學士解印後,師送到越

---

①周建剛:《唐宋時期的"蠟麵茶"考略》,《湖南農業大學學報(社會科學版)》2013年第1期,第55頁。

州,住數日乃辭,士堅留。……士云:容出城相送。師便退,士至客亭,排果子茶湯了。師問:學士自此一別,甚處再得相見。士云:長老何以對面忘卻。師云:微僧心亦足矣。(《明覺禪師語錄》卷二)"重顯成年出家,精通儒業,文學藝術修養極高,與文人交往過密,茶禮的相互饋贈、飲茶品茗成爲重要的交往媒介。

還有《和頌》一首,則是記叙禪詩生活感受:

和頌

珍瓏岩古寺,冠乎明越境。海眼通洌泉,天心聳危嶺。嘗遊興未闌,遐想神忽凝。彼士真覺雄,相鄰不孤迥。吾愛濟橫流,孰云煩慮屏。吾愛整頹綱,豈止浮根靜。棲梧瑞九包,追風駿十影。顧我不爭衡,與誰閒鬥茗。乘時既磊落,照世非昏暝。佇爲王者師,三千統摩頂。

"顧我不爭衡,與誰閒鬥茗"兩句,則是反映宋代流行的鬥茗雅事,鬥茶者各取所藏好茶,輪流烹煮,相互品評,以分高下。宋代主要飲用糰餅茶,調製時先將茶餅烤炙碾細,取茶末放入碗中,注入少量沸水調成糊狀,然後再注入沸水,或者直接向茶碗中注入沸水,同時用茶筅攪動,茶末上浮,形成粥麵。如果研碾細膩,點茶、點湯、擊拂都恰到好處,湯花就勻細,可以緊咬盞沿,久聚不散,這種最佳效果名曰"咬盞"。反之,若湯花不能咬盞,而是很快散開,湯與盞相接的地方立即露出"水痕",這就輸了。有的點茶高手還能做"茶百戲",使茶湯湯花瞬間顯示瑰麗多變的景象,若山水雲霧,狀花鳥魚蟲;或行茶令,吟詩作賦,助興增趣。宋代鬥茶風極盛,上起皇帝,下至士大夫,無不好此,重顯的詩作可見禪寺也興鬥茶之風。

總之,重顯是雲門宗的代表人物,也是宋代文字禪承上啟下的關鍵人物,重顯的禪法引經據典,文采斐然,具有濃厚的文學特徵,與茶結緣只是重顯禪家語錄中一個極小的部分。然茶在宋代禪寺的日常生活中佔據重要地位,僧人種植、採摘、焙製、品飲、饋贈、筵席典禮全過程中皆是深入參與其中。茶,既是"柴米油鹽醬醋茶",人間俗世的開門七件事;也是文人雅士"琴棋書畫詩酒花茶"的精神寄寓;在禪寺中,茶和言語、棒喝一樣,是禪師們常用的開悟手段。重顯的茶榜、茶詩、飲茶公案無疑極大地豐富了禪茶的精神文化內涵。

試論西王母神話的發展演變模式

黃 勇

(四川大學中國俗文化研究所)

一、引言

西王母神話的發展演變極爲複雜。自1928年茅盾運用進化論的觀點總結西王母神話的發展歷程以來[①]，這種思路便成爲西王母研究中的主流。這一研究思路其實是基於一種宗教進化思想的預設：即宗教一般是由原始的自然宗教逐漸進化爲成熟的倫理宗教，因而，西王母也是由充滿原始宗教色彩的半人半獸的巫神演變爲優雅的道教女仙。

此類研究固然有其可取之處，然而，其潛在理據不可否認是歷史演進一元論的單綫進化思想。受單綫進化思想之影響，相關研究不可避免存在諸多紕漏。首先，有意或無意回避材料的時間性。比如認爲《穆天子傳》中西王母的人王形象是由《山海經》中半人半獸形象發展而來，就是顯著例證。《山海經》與《穆天子傳》同爲戰國古籍，在産生時間先後尚不能確定的情況下，就貿然認爲《穆天子傳》中的西王母形象是由《山海經》演變而來，是一種很不嚴謹的學術態度。其次，論證鏈條缺乏中間環節。比如多數研究者在論述西王母形象的演變時，無非是列舉不同文獻對西王母形象的描述，然後按照文獻産生的先後順序排比材料，由此得出西王母形象的演變規律。然而，甲形象如何演變爲乙形象，兩者之間的中間環節是什麽，則很少有人關注。這種僅僅靠排列材料得出的觀點，其可靠性有多大，尚需存疑。再次，把複雜問題簡單化。西王母神話是一個複雜的神話系統，後來又進一步演進成一種內容駁雜的宗教信仰。以單綫進化思想爲理據的研究，爲西王母的演變描繪出一條井然有序的發展演進綫索，看似清晰明瞭，實則是

[①] 茅盾：《中國神話研究初探》，上海：上海古籍出版社，2005年，第36—37頁。按：該書初版於1928年。

把複雜問題簡單化,由此得出的結論,難以經得起推敲。實際上,西王母神話無論在其出現之始,還是在後來的發展之中,都表現得極為複雜;即使在相同的歷史時期,西王母神話都會呈現出不同的面貌。因此,西王母神話的演變歷程并非是單綫演進,而應該是複綫發展。

二、先秦時期的西王母神話系統

西王母神話最早見載於戰國文獻。在其出現之始,便呈現出一種多面相的特徵。在不同文獻中,其身份、形象、性格、神性、職司的差異之大,令人錯愕。但是,在相同的文本系統中,西王母的特徵卻基本保持一致。以《山海經》為例,衆所周知,該書并非成於一時。但是,在成書時間跨度相差上百年的不同篇目中,關於西王母的記載卻沒有多大差異。可見,《山海經》中的西王母神話是一個自成體系的神話系統。又如,在《穆天子傳》和《竹書紀年》以及《荀子》《世本》中,西王母的特徵也大體相同,這代表着另一個西王母神話系統。由此可見,在先秦時期就已出現了不同的西王母神話系統。

考察先秦典籍可以發現,相關文獻對西王母形象的定位有兩種傾向:其一,強調西王母的神性特徵;其二,重視西王母帶有神異色彩的人性特徵。前者以《山海經》和《莊子》為代表,後者以《荀子》《穆天子傳》《竹書紀年》《世本》為代表。蒙文通先生認為,《山海經》是代表巴蜀文化的古籍①;袁珂、翁銀陶則認為《山海經》是戰國時期楚人的作品②。無論《山海經》是巴蜀古籍還是楚人作品,該書出於南方文化區則沒有疑義。《莊子》是戰國時期南方道家的代表作③,與《山海經》同出南方文化區。南方文化重巫尚鬼,崇尚奇幻,《山海經》和《莊子》中的西王母表現出明顯的神性特徵,恐怕正是濡染南方文化風習所致。汲冢古書《竹書紀年》和《穆天子傳》出自魏國,荀子係戰國趙人,《世本》亦出自戰國末期趙人之手④。趙、魏二國同屬三晉文化區。質重尚實乃三晉文化的重要特徵,以上諸書中的西王母雖然也帶有神異色彩,但是具有人性特徵的"人王"形

---

① 蒙文通:《略論〈山海經〉的寫作時代及其產生地域》,《中華文化論叢》1962年第1輯,第62頁。
② 袁珂:《〈山海經〉的寫作時地及篇目考》,見袁珂《神話論文集》,上海:上海古籍出版社,1982年,第1—25頁;翁銀陶:《〈山海經〉產於楚地七證》,《江漢論壇》1984年第2期。
③ 王葆玹:《南北道家貴陰貴陽説之歧异》,見陳鼓應主編《道教文化研究》第十五輯,北京:三聯書店,1999年,第59頁。
④ 陳夢家:《世本考略》,見《六國紀年》附錄,上海:學習生活出版社,1955年,第137頁。

象則是其基本底色。以此揆之,西王母的人性特徵應是受三晉地區文化習尚影響所致。由此可見,西王母出現之始就表現出的那種多面性特徵,其產生的根源是神話在不同地區傳播時,受到了地域文化的影響。

從漢代開始,帶有信仰因素的西王母神話,逐漸演變爲以西王母爲崇拜對象的宗教信仰。在西王母神話向宗教信仰演變的過程中,從一開始就出現了不同的發展趨向,呈現出一種複綫演進的態勢。但是,每一條演進綫索都能在先秦找到源頭。也就是說,在先秦時期就已經形成了西王母神話的基本模式,奠定了西王母神話的發展演進方向。

三、西王母神話的發展模式

1. 宗教化的發展模式

西王母并非中國最早出現的神靈。然而,隨着歷史的發展,同期甚至更早出現的神靈,或者逐漸消失,或者影響力日趨式微,而西王母信仰則表現出一種極爲頑强綿長的生命力。自其產生之後,西王母信仰幾乎從未出現過衰微頓挫的現象。西王母信仰的產生,是西王母神話向宗教化方向發展的結果。早在先秦時期,在西王母神話中就已奠定了向宗教化方向發展的基本模式。

西王母神話的宗教化發展趨向可追溯至《山海經》。在强調西王母神性特徵的《山海經》中,初步奠定了西王母神話的宗教化發展模式。後世對西王母神性特徵的演繹,無一能繞開《山海經》對西王母形象及職司的描述。西王母在《山海經》中凡三見:

> 又西三百五十里,曰玉山,是西王母所居也。西王母其狀如人,豹尾虎齒而善嘯,蓬髮戴勝,是司天之厲及五殘。
> 西王母梯几而戴勝杖,其南有三青鳥,爲西王母取食。在昆侖墟北。
> 西海之南,流沙之濱,赤水之後,黑水之前,有大山,名曰昆侖之丘。有神——人面,虎身,有文有尾,皆白——處之。其下有弱水之淵環之,其外有炎火之山,投物輒然。有人,戴勝,虎齒,有豹尾,穴處,名曰西王母。此山萬物盡有。[①]

[①] 袁珂:《山海經校注》,成都:巴蜀書社,1996年,第59、358、466頁。

《山海經》對西王母的描述，主要凸顯其形象特徵和神性職司。清人郝懿行認爲："厲及五殘，皆星名也。《月令》云：'季春之月，命國儺。'鄭注云：'此月之中，日行歷昴，昴有大陵積尸之氣，氣佚則厲鬼隨而出行。'是大陵主厲鬼，昴爲西方宿，故西王母司之也。五殘者，《史記·天官書》云：'五殘星出正東，東方之野，其星狀類辰星，去地可六七丈。'《正義》云：'五殘一名五鋒，出則見五分毀敗之徵，大臣誅亡之象。'西王母主刑殺，故又司此也。"①據郝懿行之説，《山海經》中的西王母是主刑殺之神，其所司之"厲"及"五殘"乃主刑殺之星。漢代緯書《春秋考異郵》曰："五殘類辰星有角，見則政在伯。"②據此，五殘星乃是霸道政治興起的徵兆。《河圖》曰："五殘出，四蕃虐，天子有急兵。"③《洛書兵鈐勢》云："五殘起，野亂成。"④五殘星又和戰爭聯繫在一起。今人信立祥則認爲"厲"字有兩種解釋，"一種解釋爲惡性傳染病，另一種解釋認爲'癘'即'櫪'，監獄的意思。五殘爲中國古代的五種殘酷肉刑"⑤。無論對西王母的職司和神性作何種解釋，都可看出《山海經》中的西王母是可怕的刑罰之神。

雖然《山海經》中的西王母形象頗爲不堪，其"主刑殺"的職司也易於令人產生不快之感，但《山海經》對西王母神性的強調，卻爲西王母神話的宗教化發展埋下了伏筆。在後世的宗教傳統中，西王母信仰的發展無不以《山海經》中的西王母爲起點。自秦漢以降，隨着西王母信仰的蓬勃發展，西王母成爲跟長生不死聯繫在一起的美善之神，與《山海經》中的形象形成鮮明對比。但是，新形象的出現卻繞不開對舊形象的回溯。甚至在西王母信仰融入道教，西王母成爲道教中女仙首領的時候，道教典籍也不忘回溯《山海經》中的西王母形象。如唐末道士杜光庭就辯解道："又云王母蓬髮戴勝，虎齒善嘯者，此乃王母之使，金方白虎之神，非王母之真形也。"⑥顯而易見，杜光庭把《山海經》中"蓬髮戴勝，虎齒善嘯"的異形凶神説成是"王母之使，西方白虎之神"，是毫無根據的附會之辭。但是，通過這種爲西王母辯誣的附會之辭也可看出，即使在西王母信仰融合進道教之後，對道教的金母元君而言，《山海經》的影響仍然不容小覷。由此可見，道教中的西王母信仰仍然在《山海經》所奠定的西王母神話的宗教化發展模式的延長綫上。

---

① 郝懿行：《〈山海經〉箋疏》，成都：巴蜀書社，1985年，第117頁。
② 安居香山、中村彰八輯：《緯書集成》，石家莊：河北人出版社，1994年，第788頁。
③ 安居香山、中村彰八輯：《緯書集成》，第1240頁。
④ 安居香山、中村彰八輯：《緯書集成》，第1283頁。
⑤ 信立祥：《漢代畫像石研究》，北京：文物出版社，2000年，第144頁。
⑥ 杜光庭：《墉城集仙錄》，見《道藏》18册，文物出版社、上海書店、天津古籍出版社，1988年，第166頁。

2.哲理化的發展模式

　　西王母神話的哲理化發展模式,肇造於《莊子》。《莊子》係"入道見志"的子書,借寓言故事闡發哲理,是其慣用的手法。依聞一多之說,《莊子》代表的道家哲學是從被他稱作"古道教"的原始巫術中"分泌出的精華",其借以闡發哲理的"寓言"必有宗教信仰的根源①。聞一多所說的古道教能否成立姑且不論,他對《莊子》寓言故事來源的推測則頗有見地。《莊子·大宗師》曰:"夫道,有情有信,無爲無形;可傳而不可受,可得而不可見。……西王母得之,坐乎少廣,莫知其始,莫知其終。"②在這裏,西王母被描述爲與道合體的神聖人物。

　　《莊子》所說之"道",有哲學本體論的涵義。西王母等得道神聖,實際上是莊子借以明道的"寓言",是體現或者說彰顯本體之"道"的"喻體"。因此,《莊子》對西王母的闡釋可以說是一種哲理化的處理方式。值得注意的是,在《莊子》那裏,作爲哲學本體的"道"并非僅僅是廓然不動的客觀實體,還具有可以賦予萬物神聖性的超越性存在的特徵。由此可見,莊子以"道"爲體的本體論哲學中含有濃厚的宗教色彩。莊子哲學的這種宗教化傾向被後世的道教哲學所繼承,并在道教哲學中得到進一步發展。

　　在道教看來,肉體不朽之所以能夠得以實現,其根源就在人類的生命來源於"道",只要能夠做到"與道合體""身不離道",便可實現長生不死。按照唐代道士成玄英的解釋,《莊子》中的西王母是因爲"得道",纔能夠做到"不復死生,莫知終始"③。可見,後世的道教學者在莊子的觀念中找到了道教哲學的萌芽。西王母信仰融入道教之後,西王母與作爲道教哲學最高範疇的"道"發生了更加密切的聯繫,她已由《莊子》中的"得道"神聖變成了"道"的化身。依據《元始上真衆仙記》之說,西王母實則爲"始陰之氣"④;《老子中經》亦認爲:"西王母者,太陰之元氣。"⑤《金母元君傳》則宣稱:"西華至妙之氣化而生金母。"⑥

　　西王母信仰融入道教後,西王母雖然成爲道教崇奉的重要仙真,但并未能成爲道教

---

① 聞一多:《道教的精神》,見聞一多《神話與詩》,武漢:武漢大學出版社,2009年,第127頁。
② 郭慶藩:《莊子集釋》,北京:中華書局,2007年,第247頁。
③ 郭慶藩:《莊子集釋》,247頁。
④《元始上真衆仙記》,見《道藏》第3冊,第269—270頁。
⑤《老子中經》,見《雲笈七籤》卷一八《三洞經教部》,北京:中華書局,2010年,第420頁。
⑥《墉城集仙錄》卷一,見《道藏》第18冊,第166頁。

的主神。其中原因恐怕在於她僅僅是由"道炁"中代表陰性一極的"太陰元氣"化生而來,因此,其作爲"大道"化身的地位并不牢靠。與作爲"極道之祖炁"的道教主神相比,她只是"主理西方陰靈之氣"的次級仙真。雖然西王母并非道教神學體系中最核心的神明,但是在民間信仰中,她的影響力遠超正統的道教主神。由於民間信仰不重視對所奉神明進行哲理化演繹,因此,西王母神話的哲理化發展并不充分。總體來看,西王母神話的哲理化發展模式主要是以宗教哲學的形式展開的。西王母神話的哲理化發展模式,從根本上來講仍然代表着一種宗教化的發展方向,或者説是西王母神話的宗教化發展模式中的一種特殊形態。

3. 歷史地理化的發展模式

與《山海經》及《莊子》中帶有濃厚的神性色彩的西王母不同,在三晉系統的典籍中,西王母則表現出更多的人性化特徵。其中,《穆天子傳》對周穆王會見西王母軼事的描述最爲形象生動①。《竹書紀年》不僅記載了周穆王西征會見西王母,還記載了西王母來朝於周穆王的事迹②。《荀子·大略篇》也有"禹學於西王國"之説③。根據此類記載,西王母應該是西方女王。又據《穆天子傳》之説,周穆王西征"至於西王母之邦"④,西王母似乎還是西王母所治之國的名稱。《竹書紀年》所謂"西王母來朝,賓於昭宫",亦可理解爲西王母之國的使者"來朝",據此,西王母亦有國名的涵義。

三晉文獻把西王母説成是西方女王或西部方國,反映了理性主義發達的中原文化對神話進行歷史化闡釋的傳統。按照亞斯貝斯的軸心理論,公元前八百至二百年之間,人類歷史進入了"軸心時代"⑤。幾大文明中心先後實現了對此前文化的"突破",經過這場"文明突破"的洗禮,人類對宇宙產生了一種全新的理性認識⑥。中國的"文明突破"發生在中原地區,受理性主義的影響,在地處中原的三晉地區,西王母的神異色彩逐漸剥落,幻想世界中的神話被納入理性主義的歷史話語系統之中,得到歷史化的重新解

---

①《穆天子傳》卷三,見《漢魏六朝筆記小説大觀》,上海:上海古籍出版社,1999年,第14頁。
②方詩銘、王修齡:《古本竹書紀年輯證》,上海:上海古籍出版社,1981年,第47—48頁。
③王先謙:《荀子集解》,北京:中華書局,1988年,第489頁。王先謙注曰:"西王國,未詳所説,或曰:大禹生於西羌,西王國,西羌之賢人也。"按:此説或有附會之嫌。先秦古籍中并無名爲西王國的賢人,西王國當爲西王母之譌。
④《穆天子傳》卷二,見《漢魏六朝筆記小説大觀》,上海:上海古籍出版社,1999年,第13頁。
⑤卡爾·亞斯貝斯:《歷史的起源與目標》,魏楚雄、俞新天譯,北京:華夏出版社,1989年,第7頁。
⑥余英時:《士與中國文化》,上海:上海人民出版社,1987年,第28頁。

釋。於是，神話世界中的神靈變成了現實中的女王，幻想中西王母的世界也變成了現實中的西王母之邦。從而，在中原文化系統中，出現了西王母神話向歷史地理化演變的發展模式。不過，在秦漢以後，宗教化發展模式成爲西王母神話發展的主導模式。歷史地理化的發展模式偏離了西王母神話向宗教信仰發展的主流方向，西王母神話的歷史地理化發展模式也便逐漸衰微，最終湮滅於宗教化發展的潮流之中。

4. 祥瑞化的發展模式

在軸心時代，中國文化雖然已經開啓了人文主義和理性精神，但這并不意味着非理性的文化經過軸心文化的滌蕩，自此便蕩然無存①。即使經過軸心時代的"文明突破"，古代文化中一些非理性的文化因子也仍然堅韌地裹挾在中國文化的洪流之中，對後世文化的發展發揮着深遠影響。在經過理性化改造的三晉地區的西王母神話中，也同樣夾雜着這種文化因子，具體表現爲祥瑞思想。

祥瑞又稱符瑞，是指吉祥的徵兆。祥瑞的出現，預示着統治者上膺天命，下順民心。這種信仰在先秦時代就已出現。《周易》中的河圖、洛書，可以説就是先秦時代的祥瑞。三晉文獻中的西王母神話也帶有祥瑞的特徵：

《竹書紀年》：舜九年，西王母來朝。西王母之來朝，獻白環玉玦。②
《世本》：舜時西王母獻白環及珮。③

《竹書紀年》和《世本》雖然没有明言西王母所獻玉環、玉玦爲祥瑞之物，但是舜爲得天命之聖王，玉是具有使"神人以和"的神秘功能的吉祥之物，因此，西王母所獻之白玉環、珮等物無疑是祥瑞，可見先秦時代的西王母神話已出現祥瑞化發展模式之端倪。進入漢代以後，隨着天人感應思想的流行，讖緯之説興盛一時，西王母神話的祥瑞化發展趨向愈發明顯。與之相應，在漢代緯書中，出現了大量西王母進獻祥瑞的記載，西王母神話的祥瑞化發展模式從而達到極盛狀態。然而，宗教化的發展模式在後世一直是西王母神話發展的主導模式。在宗教化發展模式之中，西王母作爲偉大的神明受人膜

---

① 李晟：《仙境信仰研究》，成都：巴蜀書社，2012年，第3頁。
② 王國維：《今本竹書紀年疏證》，見方詩銘《古本竹書紀年輯證》附録，上海：上海古籍出版社，1981年，第198頁。
③ 《世本八種·茆泮林輯本》，北京：中華書局，2010年，第12頁。

拜。塑造西王母的神性特徵,抬高西王母的神格地位,是西王母神話向宗教化方向發展的基本趨勢。而與祥瑞聯繫在一起的西王母,其神性特徵并不明顯;作爲向中國帝王敬獻祥瑞者,其神格地位非常卑下。顯而易見,西王母神話的祥瑞化發展模式與宗教化發展模式是背道而馳的。隨着西王母神話朝宗教化發展方向愈演愈烈,西王母神話的祥瑞化發展逐漸式微。

四、結語

總體來看,西王母神話在先秦時期還只是帶有一定信仰因素的神話傳說,尚未發展成真正的宗教信仰。先秦文獻對西王母神話的不同解讀,說明在當時西王母神話中已經形成了四種較爲穩定的發展模式。秦漢以降,西王母神話中信仰因素的成分逐漸增加,開始向宗教信仰的方向迅速發展。在這個時期,以先秦時代形成的四個發展模式爲起點,西王母神話呈現出一種複綫并進的發展態勢。不過,不同模式之間并非平行發展,而是交錯糾纏,相互滲透。其中,宗教化的發展模式成爲主導性發展模式。西王母神話在後世的發展歷程中,有些發展模式逐漸被宗教化的發展模式所吸收,匯入西王母神話向宗教化方向發展演進的歷史洪流之中,有些發展模式則因爲不適應宗教化的發展潮流,逐漸湮没無聞。

多重文化視角下桃木辟邪民俗探源

胡 垚

(西南民族大學中國語言文學學院)

自古以來,桃木便被賦予特殊的辟邪意藴,廣泛用於各種被禳祭祀場合,與桃有關的桃木製品如桃茢①、桃弓、桃梗、桃棓、桃弧、桃符、桃殳等亦紛紛出現,桃木辟邪之觀念早已深入民俗人心。古往今來,對桃木辟邪之説的闡釋可謂層出不窮,前人從度朔山—桃都山、夸父鄧林兩大神話視角、羿死於桃棓的歷史視角、桃爲五木—五行之精的哲學視角以及"桃""逃"互訓的語言視角等多重角度對桃木神力來源進行闡釋,各執一端,莫衷一是。究其本源,桃木之神秘靈力究竟來自哪里?這些神話、歷史故事的背後又隱藏了什麽?本文將針對這些問題層層展開。

一、桃木辟邪風俗

"桃木辟邪"的風俗古已有之,無論朝野,桃木都廣泛運用於喪葬、祭祀、儺禮、驅鬼等各種場合。《禮記·檀弓下》載:"君臨臣喪,以巫祝桃茢執戈。惡之也。"鄭玄注曰:"桃茢,桃,鬼所惡;茢,萑苕,可掃不祥。"②春秋時期,君主外出弔唁,依例需由巫祝手持桃茢於前開路以掃除不祥,保衛君主不受凶邪之氣的侵害。魯襄公便曾令巫師用桃茢在楚康王的靈柩上行"祓殯"之舉。《左傳·昭公四年》亦載:"古者日在北陸而藏

---

① 即桃棒和苕帚,唐人孔穎達認爲,先秦時期的桃茢是指同一件器具,即以桃棒爲柄的萑葦苕帚。經學者考證,此説有誤,桃茢并非一物,而是當指桃棒與萑葦縛在一起的帶柄兩物,詳見楊雅麗《"桃茢"考辨》,《辭書研究》2002年第3期,第145—148頁。

② (漢)鄭玄注、(唐)孔穎達正義:《禮記正義》,見(清)阮元《十三經注疏》,北京:中華書局,2003年,第1302頁。

冰,……其出之也,桃弧棘矢,以除其災。"①於取冰祭祀儀式中亦用桃弓、棘箭以除災邪。

除上述典籍中關於各種禮儀場合運用桃木製品以辟邪禳災的記載,《戰國策》卷一〇還載有一則關於桃梗②的寓言故事:

（蘇秦）謂孟嘗君曰:"今者臣來,過於淄上,有土偶人與桃梗相與語。桃梗謂土偶人曰:'子,西岸之土也,（挺）[挻]子以爲人,至歲八月,降雨下,淄水至,則汝殘矣。'土偶曰:'不然,吾西岸之土也,（土）[吾殘]則複西岸耳。今子東國之桃梗也,刻削子以爲人,降雨下,淄水至,流子而去,則子漂漂者將何如耳。'今秦四塞之國,譬若虎口,而君入之,則臣不知君所出矣。"孟嘗君乃止。③

此則寓言中出現的桃梗,當是由"桃人"（"立桃人"的風俗詳見下文論述）變化而來。由此則材料可知,至少在戰國業已出現桃梗等避邪物品。《藝文類聚》卷八六引莊子之言曰:"插桃枝於戶,連灰其下。童子入不畏,而鬼畏之。"④"插桃枝於戶"則更是"立桃人"的一種簡化形式了。

在1974年出土的秦簡《日書》中亦屢現用桃弓、桃秉、桃杖、桃梗、桃棓擊退邪祟的民俗記載:

1. 人毋故鬼攻之不已,是是刺鬼,以桃爲弓,牡棘爲矢,羽之雞羽,見而射之,則已矣。

2. 人毋故而鬼取爲膠,是是哀鬼,毋家,與人爲徒,令人色柏然毋氣,喜契清,不飲食,以棘椎桃秉以敲其心,則不來。

3. 野獸若六畜逢人而言,是票風之氣,擊以桃丈（杖）,釋履而投之,則已矣。

4. 一室中臥者眯也,不可以居,是□鬼居之,取桃棓段四隅中央,以牡棘刀刊其

---

① （東周）左丘明傳,（晉）杜預注,（唐）孔穎達疏:《春秋左傳正義》,見（清）阮元《十三經注疏》,北京:中華書局,2003年,第2034頁。
② 湖北、湖南、江蘇等地的西漢墓葬中皆出土有桃人（桃木俑）、桃梗等隨葬品。詳見陸錫興《考古發現的桃梗與桃人》,《考古》2012年第12期,第78—85頁。
③ 何建章:《戰國策注釋》,北京:中華書局,2011年,第358頁。
④ （唐）歐陽詢:《藝文類聚》,上海:上海古籍出版社,1982年,第1468頁。此條引文（南宋）王應麟《困學紀聞》卷一〇《莊子逸篇》亦載。

宫墙,呼之曰"复疾,趣出。今日不出,以牡刀皮而衣。"則毋央矣。

5. 大魅恒入人室,不可止,以桃更(梗)擊之,則已矣。①

又,《後漢書·禮儀志》曰:"仲夏之月,萬物方盛,日夏至,陰氣萌作,恐物不茂。其禮:以朱索連葷菜,彌牟樸蠱鐘。以桃印長六寸,方三寸,五色書文如法,以施門戶。"②三國時王肅《議禮》曰:"'冬大難(儺),旁磔雞,出土牛,以送寒氣'即今之臘逐除疫,磔雞、葦茭、桃梗之屬。"③《晉書·禮樂志》曰:"歲旦常設葦菱桃梗,磔雞於宮及百寺之門,以禳惡氣。案:漢儀則仲夏設之有桃印,無磔雞。"④《宋書》亦曰:"舊時歲旦,常設葦茭桃梗,磔雞於宮及百寺之門,以禳惡氣。"⑤南梁宗懍《荊楚歲時記》曰:"正月一日……造桃版著戶,謂之仙木。"又曰:"帖畫雞戶上,懸葦索於其上,插桃符其傍,百鬼畏之。"⑥"造桃板著戶"便是桃符及後世春聯的雛形。

從上述記載看來,古代的桃木辟邪術主要有兩種方式:一是手持桃茢、桃杖、桃弓等桃木製品揮擊、射擊鬼怪,發揮桃木的驅邪威力。二是通過安置或佩帶桃木製品,如桃梗、桃符等,以厭鎮邪祟。在"桃木辟邪"的這一文化傳統下,術士在行袪鬼禳邪之舉時,亦多以桃枝爲法具,這一點在歷代筆記中多有體現。

唐代段成式《酉陽雜俎續集》卷二"支諾皋中"條即載有上都青龍寺僧契宗之兄爲狐魅所祟,契宗"禁桃枝擊之"一事⑦。僧契宗降妖所採用的桃枝擊打法正是術士以桃木降妖辟邪時的常用之法。唐代戴孚《廣異記》卷九"長孫無忌"條亦載,唐太宗賜予長孫無忌的美人被狐所魅,前後幾撥術士皆無功而返,後請得崔參軍前來,終於制服妖狐,然而妖狐被縛後,不畏刀劍,"崔取東引桃枝決之,血流滿地"⑧。清代袁枚《子不語》卷一"鬼著衣受網"條亦載道士教人以桃枝擊打驅鬼,最終將鬼封印埋於桃樹下⑨。同書

---

① 吳小強:《秦簡日書集釋》,長沙:嶽麓書社,2000 年,第 128—132 頁。
② (南朝宋)范曄:《後漢書》,北京:中華書局,1982 年,第 3122 頁。
③ (宋)李昉:《太平御覽》,北京:中華書局,1960 年,第 157 頁。
④ (唐)房玄齡:《晉書》,北京:中華書局,1982 年,第 600 頁。
⑤ (梁)沈約:《宋書》,北京:中華書局,1974 年,第 342 頁。
⑥ (梁)宗懍:《荊楚歲時記》,見《漢魏六朝筆記小說大觀》,上海:上海古籍出版社,2013 年,第 1051—1052 頁。
⑦ (唐)段成式:《酉陽雜俎續集》,見《唐五代筆記小說大觀》,上海:上海古籍出版社,2012 年,第 720—721 頁。
⑧ (宋)李昉等編:《太平廣記》,北京:中華書局,2013 年,第 3657 頁。
⑨ (清)袁枚:《子不語》,長沙:嶽麓書社,1985 年,第 17—18 頁。

卷六"沈姓妻"條亦載有一則以桃枝擊打袪鬼的故事,此條故事可謂一波三折,先是沈妻爲冤鬼附身索仇以致墮胎,請得葛道人將冤鬼驅走,沈家祖宗的鬼魂又來附身鬧事,後又有數鬼前來作怪,最終道人授桃枝一束,囑咐"吵則打之",方將鬼魅盡數驅走①。

除以桃枝擊打之法驅鬼外,還有將桃枝製成法具釘入地下以鎮宅者。明代陶宗儀《輟耕錄》卷二三"鬼爺爺"條載:元統間,杭州監倉宋監納在落魄之時,得一鬼相助,家資漸豐。後該鬼索求甚多,宋氏不堪其擾,多番請人袪之皆反遭其戲弄。"後有一過路道人詣門,偶以始末訴之。道人曰:'我當爲汝遣之。'乃於桃樹上,斫取朝向東南大枝,作一搥一椹,便以椹釘東南隅地上,囑云:'每月逢五,則擊五下,當自絕也。'後果寂無影響,竟不知何等鬼也。"②此條中,道人是結合了桃枝作成法具進行擊打與將桃枝作成法具(砧)釘於地上兩種方法,方收到袪鬼之效。

而《閱微草堂筆記》卷一四《槐西雜志四》所載則是單以桃杙(桃木樁)釘於地下鎮宅:"余十七歲時,自京師歸,應童子試,宿文案孫氏。室廬皆新建,而土坑下釘一桃杙,上下頗礙,呼主人去之。主人頗篤實,搖手曰:'是不可去,去則怪作矣。'詰問其故,曰:'吾買隙地構此店,宿者恒夜見炕前一女子立,不言不動,亦無他害,有膽者以手引之,乃虛無所觸,道士咒桃杙釘之,乃不復見。'余曰:'其下必古塚,人在上,鬼不安耳,何不掘出其骨,具棺遷葬。'主人曰:'然。'然不知其果遷否也。"③從故事中亦可見古人對桃杙可以對鬼怪產生壓制作用這一點是深信不疑。

無論是將桃枝製成法具釘入地下鎮宅,還是以桃杙釘於地下鎮宅,此類術法皆應是效法莊子所言"插桃枝於戶"以避鬼的習俗,而"插桃枝於戶"的習俗亦是從"立桃人"的習俗簡化而來。

二、"桃木辟邪"説之多重視角

從有關神話傳説來看,"桃木辟邪"的觀念可能起源於夏代或更早。對"桃木辟邪"説的根源,前人多有所發明,概括起來大致有以下幾種觀點:

其一,神話視角之度朔山—桃都山系統。關於度朔山桃木神話最早的記載見於《山

---

① (清) 袁枚:《子不語》,長沙:嶽麓書社,1985 年,第 136—137 頁。
② (明) 陶宗儀著,李夢生校點:《南村輟耕錄》,上海:上海古籍出版社,2012 年,第 260—261 頁。
③ (清) 紀昀:《閱微草堂筆記》,上海:上海古籍出版社,1980 年,第 342 頁。

海經》,王充《論衡·訂鬼》引《山海經》佚文曰:"《山海經》又曰:滄海之中,有度朔之山。上有大桃木,其屈蟠三千里,其枝間東北曰鬼門,萬鬼所出入也。上有二神人,一曰神荼,一曰鬱壘,主閱領萬鬼。惡害之鬼,執以葦索而以食虎。於是黃帝乃作禮以時驅之,立大桃人,門戶畫神荼、鬱壘與虎,懸葦索以禦凶魅。"①宋代王觀國《學林》亦引《山海經》曰:"東海中有度朔山,上有大桃樹,蟠屈三千里,其卑枝門曰東北鬼門,萬鬼出入也。上有二神人,一曰神荼,一曰鬱樐,主閱領衆鬼之惡害人者,執以葦索,而用食虎。"②

應劭《風俗通義·祀典》引《黃帝書》亦曰:"上古之時,有荼與鬱壘昆弟二人,性能執鬼,度朔山上立桃樹下簡閱百鬼,無道理,妄爲人禍害,荼與鬱壘縛以葦索,執以食虎。於是縣官常以臘除夕,飾桃人,垂葦茭,畫虎於門,皆追效於前事,冀以衛凶也。"③

兩書皆描述了度朔山大桃樹下神荼與鬱壘(或作"鬱樐")二神降鬼的情節。後來黃帝(或稱是縣官)效法於此,教人於除夕"立大桃人",并在門戶之上畫神荼、鬱壘與虎,懸掛葦索以驅除鬼魅④。這一習俗發展到後來,"立桃人"逐漸簡化成直接在桃木上畫神荼、鬱壘二神像,於除夕日掛在門兩旁,以壓邪祛鬼,這便是最初的桃符,後來更演變成貼春聯的風俗。

而宗懍《荆楚歲時記》引漢代《括地圖》所載與上述神話則略有不同,其文曰:"桃都山有大桃樹,盤屈三千里,上有金鷄,日照則鳴。下有二神,一名鬱,一名壘,并執葦索,以伺不祥之鬼,得則殺之。"⑤《藝文類聚》卷九一亦引郭璞《玄中記》曰:"東南有桃都山,上有大樹,名曰'桃都',枝相去三千里。上有天鷄,日初出,照此木,天鷄即鳴,天下鷄皆隨之。"⑥

"度朔山"與"桃都山"這兩則神話的故事核心大體一致,皆是山上有大桃樹,樹下有兩位神人執葦索綁縛惡鬼以殺之,皆談到後世立桃人的習俗。然而於細節上,兩則神話卻有一些變化:首先是山名從"滄海度朔山"變爲"東南桃都山",而更爲重要的一個變化,則是從突出虎的功用變爲突出鷄的功用,并與此同時增加了"日照"的細節。

---

① (漢)王充著,張宗祥校注:《論衡校注》,上海:上海古籍出版社,2013年,第451頁。
② (宋)王觀國:《學林》,見《文淵閣四庫全書》,台北:臺灣商務印書館影印本。
③ (漢)應劭著,王利器校注:《風俗通義校注》,北京:中華書局,2012年,第367頁。
④ 先秦巫師最常用的巫術工具,一是桃棒,一是萑葦(古書所載一種類似於蘆葦的植物)紮成的苕帚,二者配合使用,合稱爲"桃茢"。而這一傳統很可能便是來源於《山海經》中神荼、鬱壘二神人執葦索以檢閱萬鬼的度朔山大桃樹傳說。
⑤ (梁)宗懍:《荆楚歲時記》,見《漢魏六朝筆記小說大觀》,上海:上海古籍出版社,2013年,第1052頁。
⑥ (唐)歐陽詢:《藝文類聚》,上海:上海古籍出版社,1982年,第1584頁。

以上皆屬神話傳説,并没有從現實角度追溯"鬼畏桃"觀念的由來,也没有對桃木何以具有辟邪功用作出直接的解釋,但因爲"度朔山"神話裏提到了黄帝以及在除夕"立大桃人"、門户畫神驅邪的風俗,故而古今學者多以此則神話作爲桃木辟邪之説的起源。

亦有學者提出度朔山或桃都山上之大桃木應爲扶桑樹之演變,或者二者是具有同源性質的樹木。筆者認爲,《山海經》中多次出現扶桑,卻從未有隻言片語將桃木與之相聯,故而斷言大桃木應爲扶桑樹之演變尚欠缺有力證據。且《山海經》在描繪"度朔山"桃木時尚未突出"日照"特點,只是到了後出的"桃都山"桃木神話時方增加(這很可能是受夸父與桃林神話的影響,詳見下文論述),故若説桃都山桃木與扶桑皆在與太陽關係緊密這一點上具有同源性質尚有一定合理性,但若説度朔山桃木與扶桑具有同源性質則恐有不妥。

其二,神話視角之夸父系統。除了度朔山大桃木的記載,《山海經》中還留有夸父與桃林之關係的記載。《山海經·海外北經》曰:"夸父與日逐走,入日。渴欲得飲,飲於河渭;河渭不足,北飲大澤。未至,道渴而死。棄其杖,化爲鄧林。"於此,郭璞注曰:"夸父者,蓋神人之名也,此以一體爲萬殊,存亡代謝,寄鄧林而遁形,惡得其靈化哉!"畢沅注曰:"鄧林即桃林也。"[1]《列子·湯問》亦曰:"(夸父)棄其杖,屍膏肉所浸,生鄧林。"[2]可見,桃林乃夸父手杖所化,更爲夸父死後自身膏肉所浸養。

結合《山海經》有關夸父族系的記載,謂"後土生信,信生夸父"[3],又謂"炎帝之妻,赤水之子聽訞生炎居,炎居生節并,節并生戲器,戲器生祝融。祝融降處於江水,生共工……共工生後土"[4],則追溯夸父之族系,當爲:炎帝—炎居—節并—戲器—祝融—共工—後土—信—夸父,即夸父爲炎帝之後裔。班固《白虎通義·五行篇》曰:"時爲夏,夏之言大也。位在南方。其色赤……其帝炎帝,炎帝者,太陽也。"[5]足見炎帝在古代神話系統中乃是身具太陽神性,夸父的逐日行爲或許帶有祖先崇拜的意味。

自具有太陽神性的炎帝一脉相承,夸父及其所攜之杖也應具有太陽神性,而由夸父及其杖所浸化之桃林也自然具備太陽神性,故至陽之桃木便順理成章地成爲打擊驅除陰祟鬼邪的必然選擇。於是便有了桃木辟邪的傳統。《玄中記》與《括地圖》所載的"桃

---

[1] 袁珂:《山海經校注》,上海:上海古籍出版社,1983年,第239頁。
[2] 楊伯峻:《列子集釋》,北京:中華書局,1996年,第162頁。
[3] 方韜譯注:《山海經》,北京:中華書局,2011年,第265頁。
[4] 方韜譯注:《山海經》,第280頁。
[5] (清)陳立撰,吳則虞點校:《白虎通疏證》,北京:中華書局,1994年,第177頁。

都山"大桃樹有意增加"日照"的細節,極有可能即是在這一觀念影響下的產物。夸父神話從太陽神性的角度爲桃木的神秘靈力找到根源,從目前看來當是"桃木辟邪"最具本源性的一種解釋。

其三,歷史視角:后羿死於桃棓説。后羿死於桃棓的記載見於《淮南子·詮言訓》,其文曰:"王子慶忌死於劍,羿死於桃棓,子路菹於衛,蘇秦死於口。"許慎注曰:"棓,大杖,以桃木爲之,以擊殺羿,由是已來,鬼畏桃也。"①記載的便是夏朝東夷族有窮氏的首領羿被人用桃木杖擊殺這一歷史事件。

需要澄清的是,上古有兩個羿,堯時的羿(大羿),以及夏朝的羿(后羿)。大羿是堯時射日的英雄。《淮南子·本經訓》曰:"堯乃使羿誅鑿齒於疇華之野,殺九嬰於凶水之上,繳大風於青丘之澤,上射十日,而下殺猰貐,斷修蛇於洞庭,擒封豨於桑林。"②然而,死於桃棓的羿卻并非是這位射日之大羿,而是后羿。后羿本爲東夷族有窮部落首領,於夏王太康外出時,扶持太康之弟仲康即位,掌控朝政,其後驅逐繼位的仲康之子后相,自立爲王,史稱"后羿代夏"。后羿晚年,爲親信寒浞以桃木杖擊殺。

后羿雖勇猛善射,但是歷史上并沒有關於后羿射日的記載。《淮南子·論篇》曰:"后羿除天下之害,死而爲宗布。此鬼神之所以立。"高誘注曰:"此堯時羿,非有窮后羿。"③同書《俶真篇》又曰:"是故雖有羿之知而無所用之。"高誘注曰:"是堯時羿也,謂能射十日,繳大風,殺窫窳,斬九嬰,射河伯之知巧也。非有窮后羿也。"④於上可見,在漢時,已經出現將"大羿"與"后羿"混淆的現象(如《淮南子·泛論篇》),所以高誘作注時纔會反覆辨明,無論是射日,還是死後被封爲宗布的羿,所指皆爲堯時之大羿,而非有窮后羿。

然而,仍有不少學者將"大羿"與"后羿"混淆,因而"大羿射日"便誤爲"后羿射日",繼而又根據桃與太陽的密切關係,作出后羿死於桃杖之下乃是太陽神對他的報復這一錯誤論斷⑤。亦有學者認爲:"由於桃木大棒殺死了羿,所以後來天下萬鬼都害怕桃木;這就充分暗示了羿是天下萬鬼的首領:連鬼首領都被桃木大棒殺死,其餘大小鬼

---

①張雙棣:《淮南子校釋》(增訂本),北京:北京大學出版社,2013年,第1494、1498頁。
②張雙棣:《淮南子校釋》(增訂本),第852頁。
③張雙棣:《淮南子校釋》(增訂本),第1479、1489頁。
④張雙棣:《淮南子校釋》(增訂本),第224、231頁。
⑤詳見萬晴川:《巫文化視野中的中國古代小説》,北京:中國社會科學出版社,2003年,第128頁;李敦慶:《"鬼畏桃"説考論》,《樂山師範學院學報》2009年第8期,第11頁。

卒當然要怕桃木了。"①此説恐是根據上引《淮南子·汎論訓》所言"后羿除天下之害,死而爲宗布"而來。根據這段記載,大羿死後成了管理災害和疾疫的守護神宗布,故而有學者認爲英雄后羿死於桃杖之下,化作鬼雄,所以衆鬼怕桃。此説同樣是混淆了"大羿"與"后羿"。死後爲宗布(拔除災害之神)的羿乃是射日神話中的大羿,跟死於桃棓的后羿根本毫無關係。

在后羿之死中,大桃杖起了關鍵性的擊殺作用。桃木既然連后羿這樣的英雄都能擊殺,用來制伏一般的鬼魅邪祟豈非更是易事?但這一説法也未能解釋一個根本問題:桃木的神秘威力又來源於何處?

其四,哲學視角:五木—五行之精説。此説所據,當是《藝文類聚》卷八六引西漢無名氏著《典術》中關於桃木之記載,其文曰:"桃者,五木之精也,今作桃符著門上壓伏邪氣,此仙木也。"②五木,乃指五種取火的木材。《尸子》卷上曰:"燧人上觀星辰,下察五木以爲火。"③《隋書·王劭傳》亦曰:"伏願遠遵先聖,於五時取五木以變火。"④此説認爲,正是因爲桃木乃五木之精,故能壓服邪氣。梁宗懍《荆楚歲時記》曰:"桃者,五行之精,壓伏邪氣,制百鬼也。"⑤桃木辟邪的原因便由"五木之精"演變爲"五行之精"。

何以桃木會被賦以"五木之精"的特性?筆者猜想,這會否與"火"的核心特性有關?五木皆易取火,與"火"有關,而古人認爲桃木極具"火"(陽)性,故將之視作"五木之精"。而從"五木之精"演變爲"五行之精",若非傳寫之誤,則其邏輯推導或可從《欽定禮記義疏》卷三二所言找到依據,其文曰:"蓋五行之中各有五行,如木:榆柳青是木中之木;棗杏赤是木中之火;桑柘黄是木中之土;柞楢白是木中之金;槐檀黑是木中之水。故四時取火異用,若金若土,俱有五色,是每時每月各有一行以爲主,而四行亦從之也。"⑥五行原指金、木、水、火、土五種自然運行方式,後來漸被理解爲五種基本元素。《義疏》作者更是以"五行之中各有五行"爲本,推演出木行中各具五行特性之榆柳(木)、棗杏(火)、桑柘(土)、柞楢(金)、槐檀(水)五類樹木,將之分別配與四時取火。很可能正是出於此種觀點,故"五木之精"遂演變爲"五行之精"。

其五,語言視角:"桃"言"逃"。《春秋左傳正義》於前引《昭公四年》藏冰出冰祭儀

---

① 袁珂:《中國古代神話》,北京:中華書局,1981年,第205頁。
②(唐)歐陽詢:《藝文類聚》,上海:上海古籍出版社,1982年,第1467頁。
③(周)尸佼:《尸子》,上海:華東師範大學出版社,2009年。
④(唐)魏徵:《隋書》,北京:中華書局,1982年,第1602頁。
⑤(梁)宗懍:《荆楚歲時記》,見《漢魏六朝筆記小説大觀》,上海:上海古籍出版社,2013年,第1051頁。
⑥(清)鄂爾泰等撰:《欽定禮記義疏》,清代刻本。

中使用桃弧棘矢下注曰:"《説文》云:'弧,木弓也。'謂空用木,無骨飾也。服虔云:'桃,所以逃凶也。'棘矢者,棘赤有箴,取其名也。"①東漢服虔認爲用桃木辟邪是因爲桃、逃同音,故而"桃,所以逃凶也"。此種觀點乃是從同音相訓的角度進行闡釋。清代張廣吾《廣釋名》亦曰:"桃,所以逃凶也,桃之爲言逃也。"②《韓詩外傳》卷一〇載:"齊桓公出遊,遇一丈夫,衮衣應步,帶著桃殳。桓公怪而問之曰:'是何名?何經所在?何篇所居?何以斥逐?何以避餘?'丈夫曰:'是名二桃。桃之爲言亡也。夫日日慎桃,何患之有?故亡國之社,以戒諸侯。庶人之戒,在於桃殳。'桓公説其言,與之共載。來年正月,庶人皆佩。《詩》曰:'殷監不遠。'"③"桃殳"即是桃杖。此中以"桃""逃"同音,引申出"桃"言"亡",因此身帶桃殳,即是"日日慎桃(慎亡)",借説詩之名,以行教化之舉,實則與桃殳之辟邪無甚關係。同音相訓是古人釋義的一種常用手段,但僅憑"桃""逃"同音,就以"逃凶"解釋桃木辟邪之根由,則略嫌牽强。若是桃即"逃凶",那麽楊柳、桐樹豈非也是"揚凶""留凶""同凶"?

三、桃木辟邪根源:陽氣萌發的生命能特徵

桃木有辟邪之用,"世外桃源"更是人們心目中避除邪祟、戰亂的太平樂土。在古人眼裏,桃樹極具神性與靈性,而這桃樹之神秘靈力又來源於哪里?夸父之杖化爲桃林(爲夸父膏血所浸潤)固然是一種本源性的解釋,然畢竟只是神話,是古人解釋世界的一種原始方式。在這一神話下隱藏的是古人對桃樹更爲原始、質樸的認識——桃樹與太陽之間具有某種聯繫。

原始思維的素材,"都是原始人在他接觸的環境中所習見、并且跟他的生活息息相關的那些事物和現象"④。桃樹原産於我國,《本草綱目·果部》曰:"桃性早花,易植而子繁,故字從木、兆。十億曰兆,言其多也。"⑤便是强調桃樹具有極强生命力、繁殖力的特性。先民在以原始思維感知自然時,往往不自覺地將自然萬物的屬性移至己身,故而

---

① 《春秋左傳正義》,見(清)阮元《十三經注疏》,北京:中華書局,2003年,第2034頁。
② (清)張金吾:《廣釋名》,見王雲五《叢書集成初編》,北京:商務印書館,1939年。
③ 屈守元:《韓詩外傳箋疏》,成都:巴蜀書社,2012年,第450頁。
④ 約·阿·克雷維列夫著,王先睿等譯:《宗教史》(上卷),北京:中國社會科學出版社,1984年,第18頁。
⑤ (明)李時珍著,逸新編:《全注全譯本草綱目》,北京:中國華僑出版社,2018年,第577頁。

很容易將桃樹"易植而子繁"這一特性與人類自身種族的生存與繁衍相聯係。此外,古人經常使用挑樹各部分以治愈霍亂、傷寒、黄疸等各種時疫,他們認爲人體所患的疾病大部分都是由鬼魅邪氣侵祟所致,既然桃樹能治療多種鬼祟邪魅所引致的疫病,自然桃樹便具有馭除疫鬼的神秘靈力。

然而,桃樹可治時疫且"易植而子繁"等特徵雖在桃木辟邪信仰中佔有一定原因,卻并非是主要原因,因爲治疫、易植、子繁等特徵亦非桃樹所獨有。何以古人獨獨在桃樹身上傾注了如此大的關注與倚賴?筆者認爲,這可能與桃樹春日開花早("桃性早華")的特徵有關。在春日早華的各種樹木中,桃樹雖不一定是開花最早的,但灼灼桃花給古人的生機勃發的感受卻無疑是最具有視覺衝擊力的,以至於古人直接將"驚蟄"日桃樹開花與否作爲判斷吉凶的標杆。

《汲塚周書·時訓解》曰:"驚蟄之日,桃始華,……桃始不華,是謂陽否。"①《易緯·通卦驗》亦曰:"驚蟄,大壯初九,候桃始華,桃不花,倉庫多火。"②驚蟄,古稱"啓蟄",春雷驚醒冬季蟄居的動物,天氣轉暖,進入春耕時節。漢代爲避諱漢景帝劉啓,將"啓蟄"改爲"驚蟄"。同時,孟春正月的"驚蟄"與仲春二月的"雨水"節氣的順序也被置換(即漢初以前:立春—啓蟄—雨水—春分;漢景帝朝以後:立春—雨水—驚蟄—春分)。"驚蟄"遂成爲二十四節氣中的第三個節氣。

占卜在古人生活中的重要作用自不待言,古人在占卜時,以桃花是否在驚蟄日按時開放來判斷凶吉,既可看出桃木在古人心目中不同於普通樹木的神聖地位,同時也可從中窺見古人對桃樹的早期印象是與其早於諸樹開花的特性分不開的。

古人認爲,四時代序皆與陰陽二氣之升降交合相關。夏至日後陽氣逐漸下沉,陰氣上升,到冬至日爲陰極,陰極生陽,"冬至一陽生",其後陰氣下沉,陽氣又開始上升。"冬至到立春,天之元陽(火)由地下水底部上升,大地元陰(水)由地下水中下降,自然形成陰陽交合,交合後演化爲太乙生炁,簡稱生炁。生炁有助於大地生命,立春後生炁在大地土層中上行,遇植物之根則活木命,遇動物則復蘇,至春分形成第二次交合。"③

從立春到春分,正是陽氣在土層中不斷上升,陰陽二氣上下交合演化出"生炁"以喚醒大地生機的時節。而在立春、春分中間的驚蟄時節盛開的灼灼桃花("灼"字從火,字義也當與火、熱、陽有關),讓古人直觀地感受到大地生機復蘇的變化,出於經驗主義,

---

① (晉)孔晁注:《元本汲塚周書》,北京:國家圖書館出版社,2017年,第115頁。
② 蕭洪恩:《易緯今注今譯》,武漢:武漢大學出版社,2016年,第338頁。
③ 馬保平:《古方術研究導引》,蘭州:甘肅人民出版社,2009年,第77—79頁。

便形成以驚蟄日桃花開否作爲占卜的物候,認爲驚蟄日桃花未開即是"陽否",即是預示災禍。

桃花的盛開,是陰陽之氣升降更迭顯化於外的明顯物候標誌,或者更準確地説,幾乎可以看作是一種陽氣萌發、生命能勃發的標誌。正是鑒於桃樹於陰氣蟄伏、陽氣發動之際的關鍵物候作用,故而古人將陽氣發動之時最先稟受陽氣的桃樹視爲驅避陰邪的神木。桃木辟邪之説溯其本源,實在於桃樹本身所預示的陽氣萌發的生命能特徵。

正是基於此點,上述"桃都山"神話系統何以加入"鷄鳴""日照"的疑問便隨之而解了。鷄於天明之時最先感受到陽氣,故鳴,是以鷄也具有稟受陽氣的敏感性,所謂"鷄,陽鳥也"[1]。於植物而言,自是於四時中最先稟受陽氣萌動的桃樹倍受關注;於動物而言,則是一日中最先感受到陽氣的鷄給古人以深刻印象,而桃木與日照、鷄鳴的結合,正説明了古人對桃樹關注的重心所在。

此外,"度朔山—桃都山大桃樹"神話以及無數筆記小説關於桃木辟邪術的描寫中都有一個共同點,即突出東方或東南方。大桃樹生長在東海的度朔山或東南桃都山。上引《廣异記》"長孫無忌"條崔氏用來對天狐責打行刑的法具,便是"東引桃枝"。《輟耕録》"鬼爺爺"條亦強調道人"於桃樹上斫取朝向東南大枝,作一搥一楔,便以楔釘東南隅地上"。又,《甄异傳》載夏侯文規鬼魂之言曰:"桃東南枝長二尺八寸向日者憎之,或亦不畏也。"[2]亦是突出鬼所憎者,乃是桃之東南枝。"東方"或"東南"方位有何特殊之處? 何以此方位的桃枝更具辟邪效能?

從五行、八卦配位思想而言,東爲震木,東南爲巽木,南爲離火,木生火,乃陽氣升騰之象。從現實生活而言,太陽每日自東方升起,而植物皆有向陽性,中國地處北半球地區,自是朝東、朝南方向的枝木更盛。故而,古人直觀地便會認爲"東向"或"東南向"的桃枝更是桃樹稟受陽氣生長至盛之處,這纔有了施行桃木避邪術時對"東向"或"東南向"桃枝的特別強調。可見,無論是桃木與日照鷄鳴的結合,還是對"東向""東南向"桃枝的強調,皆與桃木陽氣萌發的生命能特徵不可或分,而這一特徵,方是桃木辟邪神秘靈力的根本來源。

---

[1]《周書緯通卦》,見(宋)李昉等撰:《太平御覽》,北京:中華書局,1995年,第137頁。
[2](唐)歐陽詢:《藝文類聚》,上海:上海古籍出版社,1982年,第1470頁。

半官方化：
明清樂山趙昱信仰的雙儀式結構

邱 碩

（四川大學中國俗文化研究所）

在民間信仰的研究上，學界一般使用"國家—地方""大傳統—小傳統""官方—民間"的分析框架，在這幾種二元對立的框架中，地方政府的角色和作用尚未得到凸顯。在"國家—地方"的框架中，地方政府、地方文化精英、民衆都被歸到"地方"這個利益相關體中去；在"大傳統—小傳統"框架中，地方官員又參雜在上層人士、知識精英的群體中；在"官方—民間"的框架中，地方政府往往被理所當然地視爲統治者的代表，它獨特的角色和作用被"官方"一詞所掩蓋。而儒家祭祀或官方祠祀的研究，也主要關注名宦祠、先賢祠、文廟等國家規定的地方正統官祀，較少討論由地方政府主導的、屬入民間信仰的地方祭祀。實際上，擁有多重角色的地方政府，在信仰上有強大的主觀能動性，能通過多種方式使得各階層、各群體在信仰上進行合作。爲突出地方政府在信仰運作中的作用，美國學者泰勒(Romeyn Taylor)提出了"半官方"(quasi-official)的概念，即國家通祀之外的、被地方政府認可的"半官方"祭祀，包括關帝廟、東嶽廟、地方官利用自己權威添入地方祀典的祠廟[1]。但他主要考察明清官方祠祀現象，對半官方祭祀無暇深入研究。

在官方信仰對民間信仰的"儀式正統化"問題上，"半官方"概念的使用尤其能夠彌補以往研究的不足。"儀式正統化"概念由華琛(James Watson)提出，強調儀式演繹要遵從"一套正確的辦法"。他認爲在國家確立信仰的結構性符號後，可以有"地方多元

---

[1] Romeyn Taylor. Official Altars, *Temples and Shrines Mandated for All Counties in Ming and Qing*, *T'oung Pao*, Vol. 83, No. 1—3, 1997, p. 96—97.

性的自由發揮"①。至於地方如何進行自由發揮,國家層面的信仰觀念與地方層面的儀式實踐如何區隔和互動,華琛由於偏重討論正統信仰系統如何影響地方,而没有給予足够關注②。"半官方"的視角可以讓我們充分注意到,地方政府如何在國家意識形態的框架下,對於國家正統禮儀和民間儀式進行創造性的改造和拼合,而在這種"半官方化"過程中,儀式作爲"嵌入性仲介",又發揮了怎樣的作用。

明清樂山③的趙昱崇祀正是民間信仰半官方化的一個典型案例。趙昱亦人亦神,地方政府一方面將其納入名宦人鬼的祭祀行列,實踐儒家祭祀儀式,深化儒家教條;一方面又以一種模糊官方和民間界限的方法,綜合官方與民間的信仰,建立了一種半正統化的地方神祭祀儀式,實現對官員和民衆的期許和約束,并進行地方整合。

一、信仰實踐:名宦人鬼與地方神的雙儀式結構

趙昱在《隋書》《新唐書》《舊唐書》等正史裏不見記載,最早出現在託名柳宗元著的《龍城録》中:

> 趙昱,字仲明。與兄冕俱隱青城山,後事道士李珏。隋末煬帝知其賢,徵召不起,督讓益州太守臧剩強起。昱至京師煬帝,縻以上爵,不就,獨乞爲蜀太守,帝從之拜嘉州太守。時犍爲澤中有老蛟,爲害日久,截没舟船,蜀江人患之。昱濯政五月,有小吏告昱,會使人往青城山置藥,渡江溺使者没舟航七百艘。昱大怒,率甲士千人及州屬男子萬人夾江岸鼓噪,聲振天地。昱乃持刀没水,頃江水盡赤,石崖半崩,吼聲如雷。昱左手執蛟首,右手持刀,奮波而出,州人頂戴,事爲神明。隋末大亂潛亦隱去,不知所終。時嘉陵漲溢,水勢洶然,蜀人思昱。頃之,見昱青霧中騎白馬,從數獵者見於波面,揚鞭而過。州人爭呼之,遂吞怒。眉山太守薦章,太宗文皇帝賜封神勇大將軍,廟食灌江口,歲時民疾病禱之,無不應。上皇幸蜀,加封赤城王

---

①Introduction:the Structure of Chinese Funerary Tites,James. L. Waston and Evelny S. Rawski eds. *Death Ritual in Late Imperial and Modern China*,Bekeley of Califoria Press,1988,p. 17.

②參見《近代中國》2007年第1期"中國的儀式、文化標準化與正統行爲:華琛理念的再思考"專號的五篇文章,Kenneth Pomeranz,et al. ,"Ritual,Cultural Standardization,and Orthopraxy in China:Reconsidering James L. Watson's Ideas",*Modern China*,Vol. 33,No1,Jan. ,2007.

③樂山,古稱嘉州,明爲嘉定州,清雍正十二年升嘉定府,其地置樂山縣。

又封顯應侯。昱斬蛟時年二十六,玨傳仙去,亦封佑應保慈先生。①

此段是後世趙昱故事的基礎性文本。此外,根據元《搜神廣記》翻刻的明《三教源流搜神大全》卷三《清源妙道真君》條,也是廣爲引用的文本。該條叙事與《龍城錄》大體相同,最後增補云:"宋真宗朝,益州大亂,帝遣張乖崖入蜀治之。公詣祠下,求助於神。果克之,奏請於朝,追尊聖號曰清源妙道真君。"②

宗教學研究顯示,趙昱史無其人,乃宋時道教編造的神靈,以抗衡佛、儒的二郎神信仰③。趙昱被杜撰出來并融入二郎神信仰後,從南宋開始外傳全國各地,并借助元明雜劇擴張影響④。在不同地域,趙昱有行業神、水神、戰神等不同的職能⑤;在蜀地,趙昱二郎與李二郎爭做二郎神,又與李冰父子爭爲川主神⑥。而在嘉州,趙昱的神性職能與衆不同。

嘉州的趙昱崇祀從何時開始,無考,但趙昱傳說和信仰在宋元時期的廣泛流布,使得斬蛟"發生地"嘉州將趙昱當地語系化,到明代中期,嘉州民間的趙昱崇拜已經相當普遍⑦。王斯福認爲,在民間信仰中,生前有德行的官員"必須在死後像神明一樣顯靈"⑧。嘉州民間崇祀趙昱,不可能只將他視爲一個有德行的前太守,他還必須是一個靈驗的神靈,據此推測,趙昱應爲保境安民的地方神。

在官方祠祀方面,萬曆《嘉定州志》卷二記載,萬曆二年至五年(1574—1577)任嘉定知州的鍾振將趙昱"載入秩祀"⑨。"秩祀"即是由朝廷主導的祠祀系統,有完整明確

---

① (唐)柳宗元(僞):《龍城錄》,見《古今圖書集成·神異典》卷三九,北京、成都:中華書局、巴蜀書社,1985年,第60245頁。
② 《繪圖三教源流搜神大全(外二種)》卷三《清源妙道真君》,上海:上海古籍出版社,1990年,第113頁。
③ 參見張政烺:《〈封神演義〉漫談》,《世界宗教研究》1982年第4期;羅開玉:《中國科學神話宗教的協和——李冰爲中心》,成都:巴蜀書社,1990年,第248頁;宗力:《趙昱案語》,見宗力、劉群《中國民間諸神》,石家莊:河北人民出版社,1986年;焦傑:《灌口二郎神的演變》,《四川大學學報》1998年第3期;干樹德:《也談二郎神信仰的嬗變》,《宗教學研究》1996年第2期。
④ 焦傑:《灌口二郎神的演變》,《四川大學學報》1998年第3期,第59—63頁。
⑤ 杜靖:《二郎:一個重建宇宙和社會秩序的神明》,《地方文化研究》2013年第3期,第82頁。
⑥ 付玉強:《明清以來四川地區川主信仰時空分布研究》,西南大學碩士學位論文,2011年,第8頁。
⑦ 邱碩:《史無趙昱——基於唐宋嘉州城市文化的考察》,《樂山師範學院學報》,2019年第3期,第74頁。
⑧ [英]王斯福:《學宮與城隍》,見施堅雅主編《中華帝國晚期的城市》,徐自立譯,北京:中華書局,2000年,第725頁。
⑨ (明)李采修,范醇敬纂:萬曆《嘉定州志》卷二,國立北平圖書館藏民國間鈔本。

的祭統、祭法、祭儀等,這意味着趙昱將供奉於正統的祠廟,歲時由地方官爲其舉行正統祭祀儀式。萬曆《嘉定州志》卷二雖然没有寫明哪些名宦祀於文廟名宦祠,但卷三《人物志·名宦》共列 37 人,趙昱居首,那麽趙昱奉入名宦祠無疑。對地方名宦忠臣的祭祀,從明初就開始提倡,嘉定州也早在明初便已修建名宦祠①,按理説趙昱斬蛟救民,早就應該入祠,卻遲遲未入,這證明此前官方權威不認可趙昱的名宦身份。地方官們都深受儒家"不語怪力亂神"的教化,大概趙昱身上那些"不經"的神性使他們難以認同他的官員身份。比如"事道士李珏""使人往青城山置藥""珏傳仙去"反映的是活脱脱的道士形象,而"持刀没水""青霧中騎白馬,從數獵者見於波面"則是神靈所爲。

爲何到了萬曆初年,鍾振會推動趙昱載入正祀呢? 首先,明廷將地方的人鬼、神靈轉入正祀有一個逐漸放寬的趨勢,在成化、弘治時期大量增加,嘉靖到萬曆朝持續擴展②。在這股潮流的影響下,嘉定州順勢推出了早已頗負盛名的趙昱。其次,國家秩祀體現的是儒家治世理念,目標是現實社會的建設和治理,鍾振恰是一位儒家思想濃厚、積極治世的地方官。他是嘉靖四十一年(1562)壬戌科進士,一直在地方任州官。明代的直隸州往往"上兼府權,下行縣事",州官難做,鍾振卻認爲"夫事不避難,臣職宜然"③。明代嘉定州被志書記載下來的州官很少,他在公務之餘,尋訪故老遺編、殘梁斷碑,得到了一些州官的名字和事蹟,"爲刻題名於廳事之東","示觀法,昭鑒戒"④。以鍾振對地方官職能的重視,確立趙昱爲前代州守楷模,乃情理中事。再次,由於明代蜀地外來人口的不斷遷入,提升了地方利益的訴求。嘉州在明代中前期遷入了大量楚、贛移民⑤,趙昱既在嘉州民間深受崇拜,又在全國廣有令名,可以發揮社會整合功能,提升地方認同感。

然而,將名宦作爲人鬼來祭祀,只能報答過去的功績,卻不能希冀將來的幸福,且教化對象僅爲官員、儒生等知識份子。鍾振希望在更廣的階層範圍中擴大趙昱的楷模力量,并加强趙昱的地方神功能,由此凝聚官民的地方認同。他採取的進一步措施是:轉化民間的儀式空間,并在官方儀式展演中徵用民間符號。萬曆《嘉定州志》卷二記載:

---

① 同治《嘉定府志》卷一〇《營建志·學校》記載:"名宦諸祠,明初始有之。"(清)文良等修,陳堯采等纂:同治《嘉定府志》,清同治三年刻本。
② 李媛:《選擇神祇:明代公祀體系的包容與排斥——以地方公祭神祠爲中心》,《求是學刊》2012 年第 3 期,第 143 頁。
③ (明)鍾振:《嘉定州官題名記》,萬曆《嘉定州志》卷七。
④ (明)鍾振:《嘉定州官題名記》,萬曆《嘉定州志》卷七。
⑤ 譚紅主編:《巴蜀移民史》,成都:巴蜀書社,2006 年,第 329—367 頁。

  土主廟凡三，一在龍泓，名碧山廟；一在高標西，一在高標東，相傳東祀寇將軍，西祀花將軍，皆不經。至引杜詩《花卿》以爲據，若爾則一武健耳，史稱其爲崔光遠牙將，斬段子璋，因而大掠東川，則亦何足祀哉？惟趙昱近之，貌以被髮仗劍，豈斬蛟時狀耶，明知州鍾振改正，載入秩祀，良爲有見。①

  鍾振將花將軍廟神像改塑趙昱，切斷了花將軍土主神的民間信仰，但又保留了土主廟對民間的開放性和所祀神靈的地方神屬性。段玉明考察明清方志文獻，發現"一般來説，凡屬於保障性祠廟都有造像；而屬於教化性祠廟，則例不應有造像，往往只以牌位代替神像"②。鍾振設造像，則改造後的趙昱祠廟應該不是標榜道德、宣導精神的儒家教化性祠廟。神像不是穿戴整齊官服官帽、正襟危坐的官員形象，不是"清源妙道真君"的道家仙君相貌，也不是其他地方廣爲流傳的"手持三尖兩刃刀""手執彈弓"的二郎神形象，而是"被髮仗劍"的斬蛟形象，顯然彰顯的是趙昱利用法術保佑嘉州百姓的地方神形象，因此改造後的祠廟是保障性祠廟，接受民間香火。該廟已納入正祀，所以地方官也能前來祭拜，向地方神趙昱祈福。

  可見，在明代嘉定州政府介入趙昱信仰的時候，就創立了兩種儀式并置的格局：專門針對官員的儒家名宦祭祀儀式，針對官員與民衆的地方神祭祀儀式。清代地方政府延續了這一操作傳統。清代嘉定府和樂山縣的名宦祠只祭祀明清名宦③，故官方設"趙太守祠"專祭趙昱。趙太守祠建於何時、位置何處，無考。清康熙初，上川南巡道張能鱗將明末毁於戰火的凌雲山九峰書院遷到高標山頂，改名"高標書院"，但"尋廢，肄業者假館趙太守祠中"④。可見清初就有趙太守祠了。此"趙太守祠"并非明代祭祀趙昱的九龍山九龍祠和高標山西邊的花將軍廟。嘉慶六年任嘉定府知府的宋鳴琦，上任後即着手恢復九峰書院，先考察了學生借讀的趙太守祠，"因城而屋，近市以居，上雨旁風，甚非其所，迅欲有以易之"⑤，説明趙太守祠緊鄰城市居民區，不在九龍山和高標山。該趙太守祠兼做府辦書院，如同文廟兼做學宮，都是廟學合一的形式。

---

  ①(明)李采修、范醇敬纂：萬曆《嘉定州志》卷二，國立北平圖書館藏民國間鈔本。
  ②段玉明：《中國祠廟的造像》，《尋根》1997年第4期，第45—46頁。
  ③參見康熙《嘉定州志》卷二、嘉慶《樂山縣志》卷三、嘉慶《嘉定府志》卷一〇、同治《嘉定府志》卷一〇、民國《樂山縣志》卷六對於名宦祠所祀官員的記載。
  ④(清)常明修、楊芳燦纂：嘉慶《四川通志》卷七九，清嘉慶二十一年木刻本。
  ⑤(清)宋鳴琦：《重建九峰書院記》，見(清)宋鳴琦修，陳一沺、宋宴春纂：嘉慶《嘉定府志》卷四五，嘉慶八年刻本，《北京大學圖書館藏稀見方志叢刊》(306—308册)，北京：國家圖書館出版社。

在高標山頂的萬景樓下,又有供官民祭祀的"趙公祠"。清末劉國梁《重修萬景樓序》中說:"嘉州高望山,名勝地也。萬景樓據其巔,中祀隋唐間循吏趙公。"①萬景樓始建於北宋,歷來爲嘉州著名遊覽勝地,被譽爲"西南第一樓"。在萬景樓中供奉趙昱,應該就是爲了便於民衆和外地遊人瞻仰和禮拜趙昱。《重修萬景樓序》又寫到,光緒三十一年(1904),李遠榮上任樂山縣知縣,"因祀趙公,登臨縱覽"。民國《樂山縣志》卷六說:"趙公祠,在萬景樓下,前清月朔遣典史行禮如儀",卷八又說"趙公爲吾嘉福神。清時朔望皆有司行禮如儀"。地方官上任要到此祭拜趙昱,每月地方長官都派遣典禮官來禮拜,這都是由趙昱"吾嘉福神"的地方神性質所決定的。

二、地方歷史書寫:叙事的雙重操作

人類學在儀式與神話的關係研究上有一個共識,即儀式與神話是一個相互交融的體系,"神"在行爲上的外在呈現是儀式,而在思想上的内在認知表現爲神話傳說,兩者相互印證和互動②。嘉州趙昱的雙儀式結構與其神話傳說在互釋互動中,加强了官民的信仰。在斬蛟故事中,趙昱是一個糅合了儒家官吏和道教神靈特質的半人半神。嘉州地方政府需要處理趙昱身上"人"與"神"的矛盾:一方面,要將取得國家對其"名宦"身份的認可,給地方官豎立一個官場道德模範,就必須將他"人化""歷史化",去除那些傳說的虛妄成分和道家色彩;另一方面,要在官方的指引下保持趙昱"地方神"的身份,增强地方民衆的自豪感和向心力,又必須保持傳說中的虛妄成分和道家色彩,以維持其靈驗的神力。這對矛盾在信仰實踐中還没有得到完全解决,地方政府還要在神話傳說中去處理。地方志是地方政府組織纂修的書籍,往往由地方官負責總纂,具有生員資格的文人或致仕返鄉的前官員主筆,是反映官方價值觀的最佳文本。萬曆《嘉定州志》由嘉定州知州李采編修,曾任南京禮部右侍郎的州人范醇敬主筆,完成於萬曆三十九年(1611)。志中有"按""注",寫作時間雖晚於正文,但作爲舊志傳統,仍舊體現地方官府意志。

萬曆《嘉定州志》纂修者對鍾振將趙昱載入秩祀的行爲評價爲"良爲有見",清代康

---

① (清)劉國梁:《重修萬景樓序》,見《樂山歷代文集》(《樂山史志資料(季刊)1989年—1990年(總第13期—20期)合刊》),樂山市市中區編史修志辦公室編,1990年(内部資料),第221頁。
② 杜鵬:《試論西方人類學儀式研究範式的現代性轉换》,《西北民族大學學報(哲學社會科學版)》2018年第2期,第1—6頁。

熙《嘉定州志》沿用該評價①,説明後世官方贊同將趙昱信仰正統化。纂修者們還極力將趙昱作爲真人、故事作爲真事來處理。萬曆《嘉定州志》卷三《名宦》開頭有按語,解釋名宦從趙昱記起的緣由,"如以犍爲守爲名宦,則數郡皆得載之,殊欠切,故斷自趙公,紀實也"。"紀實"一詞説明修志者坐實趙昱爲真人的態度。《名宦》介紹趙昱時,轉録《龍城録》全文,并注釋道:

此柳子厚全文,自以爲摭實。斬蛟豈有術耶,何周處亦能之也。赤城,舊志以爲赤城非是昱。强起仕隋又不勛唐,非淺淺者。其隱于方術乎,抑有托之逃耳,藉令俯從佐命封侯,何足道哉。②

修志者以柳宗元手筆來證明趙昱事蹟的可靠性,認爲柳宗元的文字是"摭實",即摘取事實。但是文本中入水斬蛟明顯不是常人的行爲,修志者辯解説,斬蛟不是因爲有道術,不然周處爲何也可以斬蛟呢。這就是在試圖剥落趙昱身上的道教傳説色彩,使之成爲普通人。對於他最後"隱于方術"的説法,修志者也給予否認,解釋説這只是趙昱逃避新朝的托詞,進一步去除他的道教色彩。這段話還賦予他高尚的儒家道德品質,"强起仕隋"是不願與隋末濁世同流合污,"不勛唐"、逃離"封侯"是忠義堅貞、明道行正,不是一個"淺淺"之人。如此這般,修志者纔完成了將趙昱從道家術士向儒家名宦的身份轉换。

這樣的表述當然會影響後世對趙昱的認知。清初張能鱗剛到嘉定任職,想要重修名宦祠,就拿出舊州志查看,發現"隋之賢守趙昱斬蛟平水患,唐刺史岑參以詩名……"③張能鱗完全把趙昱當成和岑參同類的"賢守",可見州志的巨大影響。清康熙《嘉定州志》卷三《人物志上》的趙昱部分照抄萬曆州志,固化趙昱作爲名宦的"人"的形象。

嘉慶《嘉定府志》卷二一《職官志·文秩一》也以趙昱開篇,卷三二《宦跡志·政績》的趙昱介紹則注明引自《神異傳》《龍城録》《廣興記》,并在注釋中根據《隋書》廢州置郡的記載進行勘誤:"昱官嘉州在大業中,是眉山太守,非嘉州刺史也。"糾正趙昱故事中的史實謬誤,目的無非也是繼續將趙昱人化、故事歷史化。同治《嘉定府志》卷三二

---

①(清)張能鱗修,彭欽纂,承勛續纂:康熙《嘉定州志》卷二,清乾隆四十一年抄本。四川省地方志編纂委員會輯《四川歷代方志集成》第三輯,北京:國家圖書館出版社,2016年。
②(明)李采修、范醇敬纂:萬曆《嘉定州志》卷三,國立北平圖書館藏民國間鈔本。
③(清)張能鱗:《重修名宦祠記》,見(民國)唐受潘修、黄鎔、謝世瑄等纂,王畏岩補正民國《樂山縣志》卷一二,民國二十三年鉛印本。

《宦跡志·政績》又完全照抄嘉慶府志。

然而,在歷史化、人化趙昱的同時,地方志又如實呈現了那些前代文本,對趙昱出没江水、斬蛟時的環境巨變以及趙昱見於波面等核心情節,不予以解釋和説明,這其實是要故意保留趙昱的神性,做他"地方福神"的佐證。

志書另外一些片段,也刻意展露出趙昱神異的一面。嘉慶、同治《嘉定府志》卷四七《藝文志·祥異》中都有一條災異記録:"隋煬帝大業中,眉山郡蛟爲害,太守趙昱入水擒斬之。"地方志中的"祥異"部分,記録的都是歷史上一些吉祥與災異的自然事件,根據天人感應的慣有思維,"人所能致者,修仁義以應之可也"①,災異要靠引發它的人修身方能平息。趙昱不是引起惡蛟災害的人,卻能以異於常人的方式與天之異象抗衡,必也是與天有着神秘感應的人或神——這是《府志》在《祥異》部分記録趙昱斬蛟一事的潛在意涵。

同治《嘉定府志》卷四八《藝文志·雜著》録張瑞的《挹爽軒雜記》:"威烈臺,在東山下,一名威烈嘴,隋趙侯斬蛟跡也。下有小洞口如豆方,人謂海眼,往時放舟春水間,猶及見之。乾隆初有漁者網得白骨,醫者葉姓稔爲龍,用之和方,有效。後葉病顛,占之,則龍爲厲。"這段文字非現實成分很多,情節神奇荒誕,連帶渲染了趙昱的神秘性。這段文字不在《山川》《古跡》或《名宦》等篇目載入,是爲了保證趙昱"人"的真實性,在《雜著》載入,是爲了間接展現趙昱"神"的神秘性。

三、雙儀式結構的影響與局限:
在嘉州信仰格局中看趙昱崇拜

趙昱身上名宦人鬼和地方神的雙重神性,以及地方官府主導的雙重崇祀,決定了他在嘉州城市信仰格局中必定佔有一席之地,同時也局限了其信仰的繁盛度,甚至在一定程度上導致了其衰落。

經過百餘年的傳説流傳與信仰實踐,趙昱事蹟已經被附會到了地方風物中。張瑞是本地文士,世居州城,其看法可以反映清代中期樂山民間對趙昱的認知。其《龍骨記》是前述雜著所録故事的來源,張瑞在故事後面評論説,讓醫者發癲的不是龍厲,因爲"計隋之至今,蓋千數百餘年,趙侯之祀於祠者,赫然未替,豈能誅之於生前,而不能禁之

---

① (明)弘治《徽州府志》卷一〇《祥異》,天一閣藏明代方志選刊。

於死後耶？"①張瑞堅定地相信趙昱生前死後都能誅殺蛟龍，并且認爲嘉州從隋代開始就祭祀趙昱，從無斷絶。《詠趙太守斬蛟五古》叙述趙昱九龍灘斬蛟之事，最後四句爲："威烈臺已傾，崇祠距北斗。九龍波恬恬，九龍像赳赳。"②張瑞認爲山川變化不能改變嘉州人對趙昱的崇祀。

樂山的官員和士人都熟諳趙昱傳説，在文學創作時信手徵引。嘉慶五年（1800）任樂山知縣的袁鳳孫模仿民歌創作《青衣江打魚歌（其一）》，有"不須太守斬蛟刀，浪花蹴踏船頭高"之句③。清末民初樂山士人游子久《離碓歌》回憶樂山治水往事，寫到"斬蛟趙守道力高，剚目海師心志一"④。趙昱使官民的地方感得到統一和增强。

嘉州民間還有一些好道之人，認同趙昱清源妙道真君的身份，把他表述成一位擁有諸種法術的道家神仙，并將之與樂山其他名人傳説關聯起來。有傳説講："楊展少負英姿，嘗夢清源真君趙太守仲明，授以陰符遁甲、神箭烏雛諸術，由是精騎射，喜習岳武穆野戰法。"⑤楊展是明末抗擊張獻忠的著名將領，在樂山頗有聲望。傳説用趙昱法力來建構楊展法力，更加突顯趙昱法力之高强。

儘管嘉州官方着力於趙昱祭祀的雙重儀式建構，對民間趙昱信仰產生了影響，但是相比較而言，趙昱信仰卻算不得嘉州民間興盛的信仰。明清嘉州民間最興旺的信仰是炎帝信仰，每年有持續七天的、二十餘座民間廟宇聯動的迎神賽會"炎帝會"。此外，還有"男女雜遝"祭祀東嶽、鐵靈官遊城祈雨、城隍會、春會、老關帝廟賽會等蓬勃的信仰活動⑥。相較之下，趙昱既没有出會、巡遊活動，也没有特别旺盛的香火。清末李遠榮來到萬景樓趙公祠時，見"樓宇傾圮，祠亦榛蕪"，説明官方和民間的趙昱祭祀都已没落了。李知縣隨即發動官民捐輸，重修萬景樓，"將樓宇一律培葺，添建船房、漁池、花臺數事，以備遊觀"⑦。此次重修是爲了遊覽，并没有重修趙公祠，在官員和民衆看來，趙昱

---

①（清）張瑞：《龍骨記》，見（民國）唐受潘修，黄鎔、謝世瑄等纂，王畏岩補正：民國《樂山縣志》卷二，民國二十三年鉛印本。

②（清）張瑞：《詠趙太守斬蛟五古》，見民國《樂山縣志》卷四。

③（清）袁鳳孫：《青衣江打魚歌（其一）》，見民國《樂山縣志》卷四。

④游子久：《離碓歌》，見《樂山歷代詩集》，樂山市市中區地方志辦公室編印，1995年（内部資料），第192頁。

⑤民國《樂山縣志》卷九《人物·仙釋·附技術》。

⑥參見萬曆《嘉定州志》卷二；張瑞《挹爽軒雜記》，民國《樂山縣志》卷四；杜峻森、曾永昌《閒談嘉州往事（三）——春會、皇會、炎帝會》，《樂山市志資料》1983年第4期，第107—112頁。

⑦（清）劉國梁：《重修萬景樓序》，見《樂山歷代文集》（《樂山史志資料（季刊）1989年—1990年（總第13期—20期）合刊》），樂山市市中區編史修志辦公室編，1990年（内部資料），第221頁。

祭祀已經没有娱樂重要了。

明代官府將土主祠改祀趙昱，清代官府將趙公祠對民間開放，目的都是想争取民間對地方神趙昱的崇拜，儘管客觀上起到了一定效果，但是由於在操作中輕視民間，民間的趙昱信仰受到局限并逐漸衰落。最突出的操作是對信仰空間進行隨意改造。寺廟更换主神、請進新神都是大事，鍾振將花將軍廟神像换爲趙昱形象，人們未必會接受。嘉慶《嘉定府志》記載："花卿廟，附郭，祀唐將花驚定"①，比明代州志多出"附郭"一詞，説明此處并非因襲舊志，清代花將軍廟大概仍祀花驚定，趙昱并未成功取代花將軍。

萬曆之前祭祀趙昱的九龍祠，卻被官府挪做他用。儘管所有明清地方志都沿用"九龍祠，州城内九龍山，祀隋太守趙昱"的説法，然而實際上從鍾振開始，九龍祠就不再祭祀趙昱了。萬曆《嘉定州志》説："東廟美，有大觀樓，雄峻有致，鍾改爲書院講堂號舍，當年頗整，今亦就圮矣。"②萬曆《四川總志》記載："九龍祠，……今爲之龍山書院。"③鍾振因見九龍祠建築雄峻，就改作書院，顯示地方官對民間信仰處置帶有隨意性。明末，蜀中戰火對此處建築造成很大破壞，"兵燹後瘵頹百餘年"④。大概在清雍正、乾隆時期，此處作龍神祠，祭祀"龍神"，該龍神是清雍正二年勅封的四海龍王之神，并非趙昱⑤。後來，此處還做過九龍書院⑥，光緒年間地方武裝"定武軍"設局於此⑦。民間祭祀趙昱的大本營被挪作他用，打斷了趙昱信仰的自然發展節奏，壓制了可能興起的祭祀香火與迎神賽會，削弱了民間的趙昱信仰。

作爲名宦人鬼，隨着國家和地方政策的變化，趙昱崇祀逐漸衰落。趙昱作爲名宦載入秩祀是在明代，清代并没有趙昱載於正祀的記録，名宦祠中無趙昱，因此祠祀趙昱完全是地方官府的半官方行爲。没有國家的强制規定，地方官員重視程度不同，地方經濟好壞不定，半官方儀式容易變得脆弱，所以趙太守祠長期挪作府辦書院，趙公祠也逐漸"榛蕪"。

作爲地方神，趙昱的職能比較單薄，無具體的職司，最終導致信仰式微。民衆在現實中遇到的各式各樣的問題，會去找對應職能的神靈解决。對於樂山城民衆來説，有蕭

---

① (清)宋鳴琦修，陳一沺、宋宴春纂：嘉慶《嘉定府志》卷一二，嘉慶八年刻本。
② (明)李采修，范醇敬纂：萬曆《嘉定州志》卷二，國立北平圖書館藏民國間鈔本。
③ "之龍山書院"恐爲筆誤，當爲"九龍山書院"。(明)虞懷忠等修、郭棐等纂：萬曆《四川總志》卷一五，明萬曆九年刻本。
④ (清)文良等修，陳堯采等纂：同治《嘉定府志》卷四五，清同治三年刻本。
⑤ 嘉慶《嘉定府志》卷一一《祀典》所記龍神祠祭文和儀典與其他地方祭祀龍神的祭文和儀典相同。
⑥ (清)文良等修，陳堯采等纂：同治《嘉定府志》卷四五。
⑦ (民國)唐受潘修，黄鎔、謝世瑄等纂，王畏岩補正：民國《樂山縣志》卷七，民國二十三年鉛印本。

公、鎮江王爺來治水鎮水,炎帝、火神來防火壓火,風雲雷雨神、鐵靈官來降雨治旱,社稷神、先農神來保障農事豐收……這些神靈,大多因爲有具體職司而興盛。嘉州城築在三江匯流處,自古以來"州之利害皆在水"①。不過,以水神身份出現并擴張的趙昱,在嘉州卻限於地方神的神性,并未承擔水神的職能。明清時期,嘉州城主要的水神是蕭公。明清大量的江西移民,帶來了原鄉的水神蕭公信仰,建於永樂十二年(1414)的蕭公廟,規模宏大,香火旺盛,是樂山城最常舉辦賽會和社戲的祠廟②。另外,清代樂山的舟船行業還崇奉水神鎮江王爺③。趙昱地方神的單一神格使他失去了掌管具體社會事務的職能,歸根結底是失去了民間信仰核心——"靈驗"的機會,不能解決生活中具體苦難的神是不會受到民衆的長久關注的。

　　此外,同類型的神靈信仰在一定程度上也分去了趙昱信仰。明清四川各地普遍祭祀川主,川主神是整個四川地區的保護神。嘉定府是川主廟最爲密集的地區之一,據明清嘉定、樂山的地方志記載,府城的川主廟皆祀李冰或李二郎④,而嘉定府下屬夾江、犍爲有一些川主廟祭祀趙昱⑤。也許正是嘉州地方神的身份限制了趙昱以川主神的身份在嘉州府城的發展。川主是省級地方神,趙昱是府級地方神,嘉州民衆普遍崇祀前者,便可能導致後者的信仰不足。與趙昱神性類似的還有城隍神。明代從洪武初年開始推動城隍神祭祀,全國府州縣都有城隍廟。城隍神是陰間的地方官,總管該城水旱、瘟疫、禍福等事務,也負責監督現實中地方官的德行和政務。嘉定州在洪武年間建立了州城隍廟,後爲府城隍廟,清乾隆二年添建樂山縣城隍廟,民間還有"聚飲賽神"祭祀縣城隍的習俗⑥。城隍神與地方神在保佑一地一城的功能上相重合,但城隍神是官方正祀神靈,而趙昱只是半官方神靈,後者處於下風。

---

①(明)李采修,范醇敬纂:萬曆《嘉定州志》卷二,國立北平圖書館藏民國間鈔本。
②參見萬曆《嘉定州志》卷二,嘉慶《樂山縣志》卷三;唐長壽:《嘉州古城印記》,成都:天地出版社,2017年,第148頁;唐慶紅、張玉蓮:《明清江西蕭公、晏公信仰入黔考》,《宗教學研究》2013年第4期,第253頁。
③樂山市地方誌編纂委員會編纂:《樂山市志》,成都:巴蜀書社,2001年,第1869頁。
④萬曆《嘉定州志》、清代康熙《嘉定州志》認爲祭祀的是"秦太守李冰子二郎",參嘉慶《嘉定府志》、嘉慶《樂山縣志》、同治《嘉定府志》認爲祭祀的是"秦守李冰"。
⑤羅開玉《中國科學神話宗教的協和——李冰爲中心》,成都:巴蜀書社,1990年,第218、219頁;干鳴豐《簡論"川主"信仰及其歷史影響》,《西南民族大學學報》2003年第5期,第20—26頁。
⑥參嘉慶《樂山縣志》卷六,同治《嘉定府志》卷三二。

結　語

　　在官方信仰儀式和民間信仰儀式的互動中，并非只存在前者對後者符號的徵用，也并非只有後者展演中對前者符號的植入，還可以有更多元的互動方式，比如地方政府層面將兩者結合起來進行加工的半官方創造。明清樂山地方政府就採取了"并置"和"半融合"的措施：一方面，將神靈"人化"、神話傳説"歷史化"，把民間信仰完全納入國家的正祀或地方政府的"准正祀"，祠廟只向官員和生員開放，由地方政府來執行完全屬於儒家祭祀的儀式；另一方面，保持神靈的神性和故事的虛誕性，協調和綜合官方和民間的祭祀時間與形式，建立一種融合官民信仰傳統的儀式模式，以此來整合地方認同。這是民間信仰半官方化複雜性的深刻表達，表明在特殊的歷史條件和地方區域中，半官方信仰系統在對待同一個神靈時，既可以保持國家的儀式範式，也能够接納民間的神話儀式要素。

　　明清嘉州趙昱信仰的案例還提示我們，進入半官方信仰系統并不意味着一勞永逸，相反，因爲地方政府主導神靈性質和祀祠儀式，國家和地方的政權變動、政策變化以及地方經濟、文化狀況的改變都可能影響半官方信仰。而地方民間在信仰認知和實踐上的主體能動性，也會對半官方崇祀産生揚棄。這意味着信仰的"半官方化"內涵要在特定的地方知識與流動狀態中考察和理解。

先秦賦研究論著叙録

蹤訓國(蹤凡)

(首都師範大學文學院)

賦體文學源於先秦,肇始於戰國。關於賦源問題,學術界爭論頗多,言人人殊,但對於開創這種文體的賦家,古今學者却有着驚人的一致。《文心雕龍·詮賦篇》稱:"於是荀況《禮》《智》,宋玉《風》《釣》,爰錫(賜)名號,與詩畫境,六義附庸,蔚成大國。"①認爲戰國時期楚國的荀況、宋玉是最早給"賦"確定名號的作家,他們將賦體文學與詩歌分離開來,是賦的開創者和奠基者。對此,後人皆無異議。荀況(前313—前238)不僅是著名的思想家,還是最早寫賦的作家,其《成相篇》《賦篇》皆被《漢書·藝文志》視爲賦體。明人李鴻編纂《賦苑》,首列荀卿五賦(即《禮》《智》《雲》《蠶》《箴》,合稱《賦篇》);清人陳元龍《歷代賦彙》、鴻寶齋主人《賦海大觀》等大型賦體總集,也是將五賦作爲最早的賦作而收入。但由於荀況五賦篇幅短小,内容單薄,形式上近於隱語(猜謎),藝術成就不高,故後人大都將創作有《高唐賦》《神女賦》《風賦》《釣賦》的宋玉(約前298—約前222)尊爲賦體之祖。宋玉是著名的楚辭作家,所作《九辯》被譽爲千古"悲秋之祖";同時也是一位影響深遠的賦家,既有《大言賦》《小言賦》《登徒子好色賦》之類的詼諧調笑的俗賦,更有《高唐賦》《神女賦》之類以問答形式組織成篇、擅長鋪陳秀美山川、人物情態的散體大賦,即所謂"遂客主以首引,極聲貌以窮文"(《文心雕龍·詮賦篇》),奠定了賦體文學的基本格局和創作範式。而漢代大賦,正是沿着宋玉賦的路徑向前發展,而成長爲"一代之文學"。學術界對先秦賦的研究,即以荀況、宋玉爲核心,尤其重視對宋玉賦的考辨和研究。需要説明的是,本文持騷(辭)、賦二體論,大凡《楚辭》中的作品,如《離騷》《天問》《九歌》《九辯》《招魂》《大招》等,自劉勰《文心雕龍》、蕭統《文選》以來大都以"騷"體(楚辭體)目之,而與"賦"體並列。凡專論"騷"體者,本

---

①劉勰撰,范文瀾注:《文心雕龍注》,北京:人民文學出版社,1958年,第134頁。

文皆不闌入。下面擬對新時期(1978—)産生的先秦賦(實際上是戰國賦)研究論著逐一進行介紹,以供學術界參考。以出版時間先後爲次。

一、《先秦辭賦原論》,姜書閣著,14萬字,齊魯書社1983年版

姜書閣(1907—2000),字文淵,滿姓姜佳氏,正黃旗人,生於遼寧鳳城。1930年畢業於清華大學。歷任《北京晨報》主筆、民國稅務署長、國稅署長、財政部政務次長等。1949年後,任西南軍政委員會財政部參事、青海師範學院教授、湘潭大學教授等。著有《詩學廣論》《中國文學史綱要》《先秦辭賦原論》《漢賦通義》《駢文史論》《文心雕龍繹旨》《陳亮龍川詞箋注》《桐城文派評述》《百一集》等。

《先秦辭賦原論》收入作者的8篇學術論文,分別是:《先秦楚歌叙錄》《屈原與江湘》《人民詩人屈原的愛國主義思想》《屈賦楚語義疏》《宋玉及其辭賦考辨》《宋玉〈高唐〉〈神女〉爲漢賦之祖説》《〈荀子·成相〉通説》《荀子〈賦篇〉平議》,既相互獨立,又有一定的連貫性和系統性。其中《宋玉及其辭賦考辨》對宋玉的生平和作品進行考證,認爲宋玉約生於前320年前後,卒於前263年前後,約六十歲。作者經過考證,認爲宋玉今存遺文,賦體有《風賦》《高唐賦》《神女賦》3篇,騷體僅有《九辯》1篇,共4篇而已,這比游國恩等主編之《中國文學史》、中國社科院《中國文學史》略有進步。《宋玉〈高唐〉〈神女〉爲漢賦之祖説》一文考察騷、賦的區別和流變,認爲"宋玉是詞人之賦體的創始人,而《高唐》《神女》則爲漢人賦體之祖"(第155頁),所論頗有道理。《〈荀子·成相〉通説》與《〈荀子·賦篇〉平議》是兩篇專門研究荀況賦性質、意義、分篇、淵源、特點與影響的論文,認爲《成相篇》《賦篇》在荀著中文學性最強,却常爲文學史著作所忽視。學術界認爲:"該書對楚辭文獻之整理考訂,頗爲精到;所論所述,亦足成一家之言。"①不過,書中的某些觀點具有一定的歷史局限性,例如對宋玉賦真僞問題的探討,并不能令人信服。但作爲最早專門研究先秦辭賦的學術專著,其歷史意義是不容忽視的。

---

① 傅璿琮、許逸民、王學泰等主編:《中國詩學大辭典》,杭州:浙江教育出版社,1999年,第1265頁。

二、《屈荀辭賦論稿》,李金錫著,12 萬字,春風文藝出版社 1986 年版

李金錫(1922—2018),天津塘沽人。早年肄業於輔仁大學國文系,1945 年畢業於西北大學中文系。解放後曾在教育部任職 11 年,1961 年起任鞍山師專(今鞍山師範學院)中文系教授。著有《屈荀辭賦論稿》等,發表論文多篇。

本書是作者研究屈原、荀況辭賦的論文集,共計收錄論文 12 篇。其中《命賦之厥初,騷賦之續作——讀荀卿〈賦篇〉》探討了《詩經》、楚辭和荀卿作品的先後關係,提出屈作、荀作都是《詩經》現實主義的繼承和發展,前者以抒情爲主,後者以議論爲主,應同列爲辭賦之祖,觀點十分獨到。《荀學之綱,彈詞之祖——讀荀〈成相篇〉》認爲《成相篇》"在當時說來,還是以擊鼓爲節的一種唱詞",荀作以通俗的民間文學的形式,表達極深刻的政治思想,"這在先秦諸子的著作中是極罕見的",并呼籲"應該肯定它在我國文學發展史上的重要作用"(第 146—149 頁)。論證雖還粗略,但其觀點却頗爲精到。

三、《宋玉辭賦今讀》,袁梅譯注,12 萬字,齊魯書社 1986 年版

袁梅(1924—2017),山東沂水人。1953 年畢業於山東師範學院中文系。曾任中學教師多年,1982 年起任濟南師專(後更名爲濟南大學)中文系教授。發表學術論文數十篇,著有《周代抒情詩譯注》《詩經譯注》《屈原賦譯注》《宋玉辭賦今讀》《〈毛詩質疑〉(點校)》等。

《漢書·藝文志》著錄宋玉賦 16 篇,現存題爲宋玉的作品凡 14 篇。作者認爲,只有《九辯》確爲宋玉所撰,其餘諸篇多係後人僞託,故處理方式有所不同。1. 確爲宋玉的作品,即《九辯》一篇,分題解、原文、注釋、今譯(以詩譯辭)四部分,用力最多;2. "雖無定論,但千載流傳,影響深廣"的作品,即《風賦》《高唐賦》《神女賦》《登徒子好色賦》四篇,每篇分題解、原文、注釋、今譯(以文譯賦)四部分,亦較爲重視;3. 其餘作品,即《對楚王問》《笛賦》《大言賦》《小言賦》《諷賦》《釣賦》《舞賦》《高唐對》等,則作爲"附録"

處理,僅録原文,并附校勘記。不同的處理方式,表明作者對宋玉作品真偽問題的基本判斷,雖難免受時代影響,但將題爲宋玉的作品悉數收録,態度亦較爲謹慎。注釋部分吸收先哲時賢之説,力求準確明白,亦偶有個人之見。譯文以"信"爲基準,并努力追求"達""雅"的目標。本書對宋玉作品的普及有一定作用。

四、《宋玉辭賦譯解》,朱碧蓮著,10萬字,中國社會科學出版社1987年版

朱碧蓮(1932—2013),女,浙江青田人。1955年畢業於復旦大學中文系,現任華東師範大學中文系教授。著有《楚辭講讀》《楚辭論稿》《宋玉辭賦譯解》《中國古代文學事典》《楚辭論學叢稿》《秦漢文學五十論》《世説新語譯注》等。

《宋玉辭賦譯解》是"一本研究和重新評價宋玉及其作品的著作"(本書内容簡介)。《前言》認爲宋玉在建國後"受到了不公正的待遇","作品也受到了冷遇",遂發憤寫作此書。《論宋玉及其〈九辯〉》《宋玉辭賦真偽辨》二文,對於宋玉的思想、人品、文學成就、作品真偽等進行了新人耳目的研究,認爲可以判定爲宋玉的作品至少有6篇。下爲"宋玉辭賦譯解",將宋玉作品分爲兩組:第一組爲《九辯》《風賦》《高唐賦》《神女賦》《登徒子好色賦》《對楚王問》6篇,確爲宋玉所作;第二組爲真假難辨者,包括《笛賦》《大言賦》《小言賦》《諷賦》《釣賦》《舞賦》,凡6篇,作爲附録處理。對於每篇辭賦,皆分爲原詩、注釋、譯文、賞析四部分,引導閲讀,全面細緻。本書在考論宋玉作品真偽方面取得了一些突破,并且對署名爲宋玉的作品進行全面注釋與賞析,是一部學術性與普及性兼具的著作。

五、《楚國大詩人宋玉》,張端彬撰,10.9萬字,海峽文藝出版社1990年版

張端彬(1948—),福建長樂人,賣花專業户,熱愛文學。福建省作家協會會員,中國宋玉研究會理事。著有《楚國大詩人宋玉》《吴航老街》《染血的罌粟園》(叙事長詩)、《十天書記》(中篇小説)等。

本書分爲三章。第一章《宋玉的生平》,下分四節,分別對宋玉窮愁潦倒的一生、屈

原與宋玉的關係、宋玉的個人性格、愛國精神等進行介紹;第二章《楚辭——巫史文化的產物》不分節,揭示楚辭文體產生的文化基因;第三章爲《宋玉的作品》,下分四節,在對《九辯》《招魂》進行專題研究之後,又對宋玉的賦作《高唐賦》《神女賦》《風賦》《登徒子好色賦》《對楚王問》等進行介紹,認爲這些作品皆爲宋玉所撰,并分析了宋玉作品對後世文學的影響。作者認爲郭沫若先生所謂"宋玉是一個没有骨氣的文人"的説法是不能成立的,指出宋玉不僅具有"一副傲骨",而且是"不朽的愛國詩人",頗有新意。

六、《宋玉辭賦箋評》,金榮權著,15 萬字,中州古籍出版社 1991 年版

金榮權(1964—),河南商城人。1989 年畢業於安徽師範大學中文系,獲文學碩士學位。現任信陽師範學院文學院教授,碩士生導師。發表學術論文數十篇,出版學術著作《宋玉辭賦箋評》《屈宋論考》《中國神話的流變與文化精神》《中國古代神話稽考》等。

本書認爲,現存於《楚辭章句》《文選》《古文苑》《全上古三代文》中的 14 篇署名宋玉作品,其中 9 篇實爲宋玉所作,即《九辯》《招魂》《風賦》《高唐賦》《神女賦》《登徒子好色賦》《對楚王問》《諷賦》《釣賦》;其餘 5 篇爲僞作,即《笛賦》《大言賦》《小言賦》《舞賦》《高唐對》。全書分上下兩編,上編爲"鑒賞",對作者認定的 9 篇作品進行題解、注釋、翻譯和賞析;下編是"研究",包括《宋玉傳略》《宋玉作品考辨》《宋玉辭賦托物抒情的表現手法》《宋玉賦的形成與特徵》《後人對宋玉的評價及宋玉形象的歷史變遷》《宋玉其人評品》六篇,對宋玉及其作品進行較爲全面而系統的研究,試圖還宋玉以本來面目。書末附有《詞、曲、小説及民間傳説中的宋玉形象》《關於宋玉的研究資料》和《宋玉研究論文索引》,方便查檢與使用。《辭賦大辭典》認爲,該書"收集資料比較全面,研究視野比較開闊,并將注釋、今譯、資料、研究幾方面結合在一起,有助於全面地認識宋玉及其作品"①。在考論宋玉辭賦的真僞方面,該書亦對前人有所發展。

---

① 霍松林、徐宗文主編:《辭賦大辭典》,南京:江蘇古籍出版社,1996 年,第 426 頁。

七、《高唐神女與維納斯——中西文學中的愛與美主題》,葉舒憲著,35萬字,中國社會科學出版社1997年版

　　葉舒憲(1954—),生於北京。先後畢業於陝西師範大學、北京師範大學、四川大學,獲文學學士、碩士、博士學位。曾任職於陝西師範大學、海南大學、中國社會科學院。現爲上海交通大學人文社科資深教授,兼任中國神話學會會長、中國文學人類學研究會會長。已出版《文學與人類學》《中國神話哲學》等專著、譯著24部,發表學術論文300餘篇。

　　本書是一部以宋玉賦中高唐神女和西方女神維納斯爲研究個案,採用文化人類學、比較神話學方法,對中西文學中愛與美的原型進行開創性研究的著作。分爲上下兩編,上編《美神由來——愛與美主題的原型發生史》設立六個專題,分別對原母、地母、愛神、愛神及其配偶、美神等進行考述,旁徵博引,中西貫通;下編《美神幻形——愛與美主題的文化置換》,則設立神女、雲雨、晝寢、幻夢、補償、色與美、孝與鞋凡七個專題,採用比較文學、心理學、神話學等研究方法,探討中西文學中的愛、美、性、慾、幻想等永恒主題。吳廣平先生認爲:"此書作者運用語源學、神話學、原型批評、精神分析學說、民俗學、文化學進行跨文化研究,詳細考察了存在於中西文化中愛與美主題的原型形象高唐神女和維納斯,由此論述和探討了愛與美主題的原型發生和文化置換。……這是運用比較文學、比較神話學來研究宋玉辭賦的第一部學術專著。"①本書將中國上古神話與《金瓶梅》《聊齋志異》和西方文學加以綜合研究,視野宏闊,縱橫古今,溝通中外,採用了多學科、多角度的研究方法,因而頗有新意與創見。這是作者在使用西方原型批評和文化人類學方法研究《詩經》《老子》之後,又一部研究中國文學經典的嘗試,其中亦存有牽強附會之處,有些觀點尚不能得到學術界認可,但其開拓與創新精神是值得珍視的。該書於2005年由陝西師範大學出版社出版增訂版。

---

①吳廣平:《五十九部宋玉研究著作解題》,見李鷙主編:《宋玉及其辭賦研究——第二屆宋玉國際學術研討會論文集》,北京:學苑出版社,2016年,第33頁。

八、《宋玉作品真僞考》,高秋鳳著,40萬字,臺北文津出版社1999年版

高秋鳳(1951—),女,臺灣臺南人。畢業於臺灣師範大學國文系、國文研究所,先後獲文學碩士、博士學位,並留校任教。現爲臺灣師範大學教授,出版專著《楚辭三"九"暨後世以"九"名篇擬作之研究》《天問研究》《宋玉作品真僞考》等,發表論文《文心辨騷析論》《兩漢至明季〈天問〉研究綜述》《清代〈天問〉研究綜述》《臺灣〈楚辭〉研究六十年(1946—2005)》等。

本書是一部專門考辨宋玉作品真僞的著作。除了緒論、結論外,全書共分爲四章,分別是:《楚辭章句》所收宋玉作品真僞考,《昭明文選》所收宋玉賦真僞考,《古文苑》所收宋玉六賦真僞考,論御殘篇、《招隱士》與《微詠賦》作者考。作者從文體、押韻、稱謂、仿托、流傳等方面加以考證,認爲歷史上署名爲宋玉的作品,除了《招魂》《舞賦》《招隱士》《詠賦》4篇不是宋玉所作外,其餘《九辯》《風賦》《高唐賦》《神女賦》《登徒子好色賦》《對楚王問》《笛賦》《大言賦》《小言賦》《諷賦》《釣賦》以及銀雀山漢墓出土之論御殘篇,這12篇都是宋玉的作品。該書出版時,大陸學者頗受疑古思潮影響,一般只認可《九辯》爲宋玉所作,如袁梅《宋玉辭賦今讀》認爲確爲宋玉所作的作品1篇(《九辯》);"雖無定論,但千載流傳"的作品4篇;朱碧蓮《宋玉辭賦譯解》認爲可以判定爲宋玉的作品有6篇;金榮權《宋玉辭賦箋評》增加至9篇;而高氏此書又增加至12篇,推波助瀾,有力地肯定了宋玉的文學成就和文學史地位。該書資料翔實,考證細密,是一部難得的學術著作。吳廣平先生認爲:"此書充分吸收了湯漳平、譚家健、李學勤、鄭良樹等學者的考證成果,并補充了大量證據,可以説是考辨宋玉作品真僞的集大成之作。"①

九、《宋玉集》,吳廣平編撰,42萬字,嶽麓書社2001年版

吳廣平(1962—),湖南汨羅人。現任湖南科技大學人文學院教授,碩士生導師,兼

---

① 吳廣平:《五十九部宋玉研究著作解題》,見李鷖主編:《宋玉及其辭賦研究——第二屆宋玉國際學術研討會論文集》,北京:學苑出版社,2016年,第39頁。

任湖南省作家協會會員,中國屈原學會、中國辭賦學會常務理事,湖南省屈原學會副會長,宋玉研究學會名譽會長等。主要從事神話、楚辭、漢賦、文學人類學和湘潭當代文學的研究,發表學術論文近百篇,出版《宋玉研究》《宋玉集》《楚辭全解》《屈原賦通釋》等著作。

本書是一部資料性、學術性與普及性兼具的著作。在《前言》部分,作者對宋玉的生平經歷、作品真偽、藝術成就、文學影響等進行了全面系統而頗有創見的敘述。例如對宋玉作品的真偽,作者認爲有13篇確實爲宋玉所作:《九辯》《招魂》《風賦》《高唐賦》《神女賦》《登徒子好色賦》《對楚王問》《笛賦》《大言賦》《小言賦》《諷賦》《釣賦》《御賦》。此外,署名爲宋玉的《舞賦》係傅毅《舞賦》的摘錄,《微詠賦》係宋王微《詠賦》之訛,《高唐對》《郢中對》兩篇,分別是《高唐賦》《對楚王問》的異文,就頗具卓見。本書主體部分,是對宋玉作品進行校注、評析和翻譯,13篇真作在先,4篇偽作在後。每篇作品皆先作解題,對作品的出處、思想與藝術價值進行簡要說明;接下來是正文和注釋,長篇作品則分段注釋,注重對生僻字的注音、解釋及對典故的說明。最後是翻譯,儘量採用直譯,語言通俗曉暢。全書之末,還附錄有聞一多、游國恩、胡念貽、李學勤等12位專家學者的經典論文14篇,以及《宋玉及其作品的評論資料》,可資研究者參考。湯漳平先生認爲:"作者以其嚴謹、細緻、認真的態度,在當代宋玉研究中,提供了一個可信度極高的版本,我們甚至可以說它是具'里程碑'意義的成果。"①該書於2004年出版了增訂本。

十、《宋玉研究》,吳廣平著,29.3萬字,嶽麓書社2004年版

吳廣平,參見《宋玉集》叙錄。

《宋玉研究》共16章,分爲上中下三編。上編"生平與著述"主要運用文獻考據的研究方法,論次宋玉的姓名字號、生卒年代、故里遺跡、行止交游、著述真偽問題等;中編"繼承與融會"着重論析宋玉與儒家、道家、縱橫家及神巫文化的關係,以及對屈原的文學承傳;下編"成就與地位"論述宋玉在賦史上的地位和對賦體文學的貢獻,宋玉作品中的主題、人物形象,宋玉賦與地域文化、宋玉賦與大言小言等問題。書末有附錄《宋玉研究論著索引》。

---

①湯漳平:《出土文獻對宋玉研究的影響》,《中州學刊》2012年第2期。

作爲第一部系統深入研究宋玉的學術專著,本書在很多方面取得了突破,提出了一系列獨到的觀點。例如第五章考證宋玉作品的真僞,作者鉤稽大量的文史資料,結合出土文獻加以論析,認爲《楚辭》所收的《九辯》《招魂》,《文選》所收的《風賦》《高唐賦》《神女賦》《登徒子好色賦》《對楚王問》,《古文苑》所收的《笛賦》《大言賦》《小言賦》《諷賦》《釣賦》,《文選補遺》所收的《微詠賦》,加上銀雀山漢墓出土的《御賦》,皆爲宋玉所作,共計14篇(比之前的《宋玉集》多出《微詠賦》1篇),雖不能成爲定論,但有力地駁斥了疑古學派的觀點,具有撥亂反正的意義。又如第十章論屈宋關係,作者認爲宋玉作爲屈原文學的後繼者,完成了辭賦文學四個方面的轉型,即由楚辭向楚賦的轉移,由緣情向體物的嬗變,由直諫向曲諫的發展和由崇高向世俗的回落,觀點精湛,頗具文學史家的眼光①。作者在考證過程中充分利用以往考據成果,綜合運用訓詁學、校勘學等方法解決具體問題,因而頗有可信度與説服力。該書出版後頗受關注,先後有鄧欣躍、李德輝、張晚林、周建忠等發表論文,予以肯定和推介。

十一、《宋玉辭賦》,曹文心著,19.6萬字,安徽大學出版社2006年版

曹文心(1940—),安徽巢湖人。1961年畢業於合肥師範學院中文系,現任淮北師範大學教授。主要從事先秦漢魏六朝文學研究,發表《中國戲劇史雜談·十題》《漢音·魏響——論曹丕與建安文學》等論文數篇。

本書對署名爲宋玉的辭賦作品進行了考證、注釋和分析。全書分爲上下兩編。在上編"宋玉辭賦考論"部分中,作者分別考證了宋玉的生平事蹟和傳世作品的真僞,進而論述宋玉辭賦的思想和藝術特徵。關於宋玉生平,本書認爲,宋玉是郢都(今湖北江陵)人,并以宋玉的作品《九辯》爲支撐點,推斷他的生卒年,認爲宋玉約生於公元前320年,卒於公元前255年。此外,宋玉在作品中多次提到的師長極可能是一位善於言辭論辯的謀士、縱橫家。在宋玉辭賦的真僞問題上,作者將宏觀考察與具體考辨相結合,認爲除《笛賦》等個別作品外,《楚辭章句》《文選》和《古文苑》中刊載的宋玉辭賦作品均

---

①在此之前,羅漫先生曾經從推出"悲秋"情結、奠定"雲雨"意象、描繪神女與麗人、展示長江上游的自然景觀、第一位娛樂文學大師等方面論述宋玉文學的價值和獨創性。(詳參趙明主編:《先秦大文學史》,長春:吉林大學出版社,1993年,第522—535頁)。可與此書互參。

爲宋玉所作。這一看法與劉剛、吴廣平等基本一致。書中"論"的部分通過對屈宋辭賦的比較研究,論述屈宋作品的思想藝術成就、各自的貢獻和特色。下編"宋玉辭賦譯注"部分,作者遵循原文、譯文、注釋、評析的順序對宋玉的11篇作品逐一進行分析,吸收前人注釋并有個人見解,努力體現宋玉辭賦原有的風格、神采和情韻。附録部分選取了宋玉辭賦中真僞難明及僞託之作共9篇,依照前文體例進行注解翻譯,便於學者閲讀參考。作爲一本比較完備的宋玉辭賦讀本,可供古代文學研究者和文史愛好者閲讀、參考。

十二、《宋玉及其辭賦研究——2010年襄樊宋玉國際學術研討會論文集》,程本興、高志明、秦軍榮主編,63萬字,學苑出版社2010年版

程本興(1942—),湖北襄樊人。1965年7月畢業於華中師院中文系。長期從事教育工作,係湖北省特級教師。現爲湖北省宜城市宋玉研究會會長,襄樊市荆楚文化研究會副會長、襄樊市炎黄文化研究會副會長、全國語文研究聯合會理事等。高志明(1972—)、秦軍榮(1973—),湖北文理學院副教授。本書是2010年宋玉國際學術研討會(襄樊學院主辦,2010年10月)之論文集,全書劃分爲宋玉的生平與思想研究、宋玉作品研究、宋玉的文學成就與地位研究、宋玉辭賦與地域文化研究、宋玉辭賦的傳播與接受研究等欄目,共計收録論文53篇,論點彙編12則,展現了宋玉研究的熱鬧局面和豐碩成果。其中李學勤《〈唐勒〉〈小言賦〉和〈易傳〉》、譚家健《〈唐勒〉賦殘篇考釋及其他》、稻田耕一郎《〈宋玉集〉佚存鈎沉》、毛慶《摇落深知宋玉悲——六十年文學史宋玉評介簡議》、吴廣平《宋玉故里考辨》等論文尤其受到關注,有一定的學術影響。

十三、《宋玉辭賦考》,劉剛著,26萬字,遼海出版社2011年版

劉剛(1951—),黑龍江哈爾濱人。1977年考入瀋陽師範學院中文系,畢業後分配到鞍山市直機關幹部進修學院任教,1988年調入鞍山師範學院工作。曾任鞍山師範學院中文系主任、首席教授,東北師範大學、瀋陽師範大學碩士研究生導師。現爲湖北文理學院宋玉研究中心主任,兼任中國屈原學會常務理事、副秘書長等。發表論文近百篇,出版《宋玉辭賦考》《宋玉研究資料類編》等著作。

全書分爲四個部分,其中最重要的是第一部分——宋玉作品真僞考論。作者綜合

歷史、地理、語言、文字、典章制度等多方面知識,對宋玉作品的真僞問題進行深入考證,取得了突破性成果,認爲除了《九辯》外,《高唐賦》《神女賦》《諷賦》《登徒子好色賦》《對楚王問》亦爲宋玉作品,其中《對楚王問》最具可靠性;《微詠賦》有可能係宋玉所作,而《高唐對》《鄢中對》《報友人書》3篇則屬於假託。學術界稱譽"他的這些考證成果無疑是近年來宋玉研究的重大收穫,將近年來宋玉作品真僞問題研究向前推進了一大步"(趙敏俐《序言》)。

　　書中其餘幾個部分分別是關於宋玉作品主旨的考論,宋玉生平思想的考論,宋玉作品的地理考及其他。作者在這幾部分旁徵博引,層層論證,表現出宏闊的學術視野、嚴謹認真的治學態度和銳意探索的學術精神。例如對於宋玉《高唐》《神女賦》的主旨,前人或以爲諷諫楚王思幸神女之淫慾(宋章樵),或以爲隱喻君臣遇合之難(宋洪邁),或以爲"只是用超人的規模來寫佚蕩的情思",并無深意(姜亮夫),或以爲借神話傳說來寫男女愛情(褚斌傑)。著者不囿成見,在前人研究成果的基礎上,對楚國祭祀高唐神女之禮俗進行了分析,認爲楚襄王欲幸高唐神女,實際上是一種祭祀儀式,旨在祈禱王位有繼、種族繁衍;宋玉不同意這種敬天命而輕人事的思想,於是作賦諷諫,勸導楚襄王"思萬方,憂國害,開賢聖,輔不逮"(《高唐賦》),即推行"民本"政治,矯正時弊,舉賢任能,進而振興楚國。這一觀點非常新穎,頗有啓發意義。又如,宋玉《笛賦》提到的衡山,宋人章樵注以爲係"南嶽,屬荆州"。著者考察《隋書·地理志》,發現古代有四個衡山:南陽郡雉衡山(今河南省南陽市北)、廬江郡衡山(今安徽省合肥市西南)、吳郡衡山(今江蘇省蘇州市西南)、衡山郡衡山(今湖南省衡陽市北)。然後徵引《尚書》《左傳》《周禮》《戰國策》《史記》《漢書》等十餘種文獻,經過全面梳理,認定《笛賦》中的衡山實爲天柱山(一名霍山),在今安徽省合肥市西南,古稱南嶽,進而糾正了舊注的錯誤。總之,《宋玉辭賦考》彙集了劉剛先生十餘年研究宋玉的學術成果,大大推進了宋玉作品真僞問題的研究進程,對作品主旨的論析非常精到,對衡山、巫山、廬江的考證也頗見功力,是一部研究宋玉辭賦的力作。

十四、《徜徉宋玉城》,吳廣平、史新林主編,50萬字,湖南人民出版社2011年版

　　吳廣平,參見《宋玉集》叙錄。史新林(1946—),湖南臨澧人,曾任臨澧縣圖書館館長,副研究員。主編有《史氏家乘三修》《徜徉宋玉城》等。

本書是一部對宋玉文化進行全面總結與介紹的著作,共分爲七個部分:一、宋玉賦今譯,收錄《九辯》《招魂》《風賦》《高唐賦》《神女賦》《登徒子好色賦》《笛賦》《大言賦》《小言賦》《諷賦》《釣賦》《微詠賦》《御賦》《對楚王問》等凡 14 篇作品的譯文。二、先賢評宋玉,選錄歷代學者評論宋玉的文字 39 則。三、名家詠宋玉,輯錄歷代文人歌詠宋玉的詩歌 54 首。四、宋玉新探索,選錄金榮權、彭隆治、楊緒穆、江從鎬、吳廣平、程本興、覃柏林、侯文學、劉剛、艾初玲、蘇慧霜、陳隆財等當代學者研究宋玉的論文 12 篇。五、宋玉與臨澧,收錄王永彪、史新林、張榮錦、尹遠、姚長善等考證宋玉爲臨澧人、宋玉作品與臨澧之關係的論文 16 篇。六、宋玉城懷古,收錄當代作家、詩人有關宋玉的文學創作 39 篇。七、宋玉城開發,收錄 4 篇探討臨澧縣宋玉城開發建設的研究報告。本書視野開闊,古今通覽,具有鮮明的地域色彩和文化開發意味。尤其是第五、六、七部分,大都是臨澧縣本地文人撰寫的文字,反映了臨澧人民對宋玉的熱愛。

十五、《宋玉研究薈萃》,張榮錦著,6.9 萬字,華夏文藝出版社 2012 年版

張榮錦(1932—),湖南臨澧人。曾任臨澧縣委辦公室副主任、縣檔案局局長、縣徵史修志委員會副主任、縣史志辦主任等,副研究員。著有《宋玉研究薈萃》,主編《懷念林伯渠同志》《臨澧人民革命史料選》等。

本書是作者研究宋玉論文之彙編,共收錄論文 10 篇,包括《宋玉初探》《宋玉生平考析》《宋玉作品真僞辨及作品的藝術成就》等。最具代表性的就是《從方志、家譜在史學中的地位來看宋玉遺跡群體的可信性》一文,反映了作者充分利用家譜、地方志等稀見文獻進行學術考證的努力,其結論也具有啟發性和現實意義。

十六、《聖婚與聖宴——〈高唐賦〉的民俗文化底蘊研究》,魯瑞菁著,30.6 萬字,臺灣花木蘭文化出版社 2013 年版

魯瑞菁(1961—),1995 年畢業於臺灣大學中文研究所,獲博士學位,現任臺中靜宜大學中文系教授。主要研究《楚辭》、楚文化、漢代畫像石、墓葬壁畫等。著有《聖婚與聖宴——〈高唐賦〉的民俗文化底蘊研究》《楚辭騷心論——諷諫抒情與神話儀式》等,

發表學術論文數十篇。

本書是曾永義主編的《古典文學研究輯刊》之一種，在第八編第22册，是著者在其博士論文《〈高唐賦〉的民俗文化底蘊研究》（1995）的基礎上加以修訂而成的。著者對上古時代的聖婚與聖宴儀式進行詳細考述，試圖從上古神話、宗教、文化、習俗的角度來挖掘宋玉《高唐賦》中所蘊含的民俗文化因素。全書共分五章。第一章《緒論》介紹本書研究方法，并對前人研究《高唐賦》的方法和成果進行綜述；第二章《原型與儀式》，研究夢遊高唐和香草巫術的原型，指出登高望遠和臨水遠眺是一種追蹤神女的儀式；第三章《聖婚儀典》認爲雲、雨、風、氣皆具有生殖崇拜的意味，并對掌管生殖的大神（高唐、高媒）和神聖處女（瑶姬、巫兒）進行考述；第四章《聖宴儀典》描述原始狩獵巫術儀式、寒食改火風俗、圖騰宴與人頭祭風俗；第五章是《永恒回歸的神話底蘊》；第六章是《結論》。本書充分利用古代文獻資料、新近出土的考古資料、西方人類學家的田野調查報告，并且使用文獻學、神話學、考古學、民俗學以及西方文化人類學的研究方法，試圖對《高唐賦》的民俗文化內涵進行挖掘和探究，具有新意。本書的底稿完成於1995年，與葉舒憲《高唐神女與維納斯——中西文學中的愛與美主題》（中國社會科學出版社，1997年）的撰寫時間接近，反映了海峽兩岸學者借鑒西方原型批評和文化人類學研究方法闡釋中國文學經典的嘗試，其開拓精神是值得肯定的。

十七、《先秦辭賦大家宋玉》，張端彬撰，11.6萬字，香港文學報社出版公司2014年版

張端彬（1948—），參見《楚國大詩人宋玉》叙錄。

本書共分爲四部分：招魂今繹、九辯今繹、論文彙編、大招今繹。其中第三部分較爲重要，收錄作者研究宋玉的學術論文12篇，包括《宋玉作品中的美女形象來龍去脉》《談〈高唐賦〉和〈神女賦〉的序》《談〈高唐賦〉》《談〈神女賦〉》《談屈宋并稱》《要有一杆公平秤——評〈中華活頁文選〉合訂本（1）關於〈登徒子好色賦〉的説明》等。作者能够立足宋玉辭賦文本，對其中很多問題都提出了一些看法，比之前出版的《楚國大詩人宋玉》更爲深入、細緻。

十八、《宋玉考釋》，江從鎬著，20萬字，嶽麓書社2014年版

江從鎬(1938—)，湖南臨澧人。曾任湖南省臨澧一中校長，中學特級教師。1998年退休，參與創辦常德芷蘭實驗學校。執着於宋玉研究，著有《宋玉考釋》一書。

本書共分爲三大板塊：一、"宋玉生平點滴"，探討宋玉的籍貫、墓葬地、流放等問題，經過考辨，得出宋玉不是湖北宜城人，而是湖南臨澧人，宋玉不是親聆屈原教誨的弟子，宋玉沒有被流放的結論。二、"宋玉作品淺見"，作者從文本出發，藉以覘知宋玉的政治抱負及作品的文學史意義，認爲宋玉爲楚國而奮鬥了一生，屈原、宋玉同是中國文學之祖，宋玉文化是國之瑰寶。三、"宋玉辭賦譯析"，對13篇宋玉辭賦進行注釋、翻譯。本書反映了作者對鄉邦文化和宋玉辭賦的熱愛，可供宋玉研究者參考。

十九、《宋玉辭賦的美學解讀》，江柳著，11萬字，長江出版社2014年版

江柳，本名孫昌前(1928—)，湖北咸寧人。曾任《長江日報》編輯、《中學語文》雜誌主編、湖北大學中文系、新聞系副教授。主要從事詩歌、新聞、美學理論、中學語文教學研究。著有《詩歌美學理論與實踐》《宋玉辭賦的美學解讀》等。

本書是一部從美學角度闡釋宋玉辭賦的著作。正文分爲兩編。"正編"部分包括：一、悲憤狂放的自由襟懷；二、神遊六合的瑰麗幻想；三、讚揚鄭衛的民間歌舞；四、荆楚壯麗山水的讚歌；五、巫史遺風的神人之戀；六、生命之美的永恒讚歌；七、藏理於象的《風賦》美論；八、餘論。僅從標題，就可以感受到作者優美的文筆和熾熱的激情。"副編"部分收錄《〈文選·舞賦〉系宋玉所作》《巫術文化傳統和屈宋辭賦》等4篇專題論文，反映了作者對某些學術問題的深入探究。作者從生命美學的角度解讀宋玉辭賦，并以巫術宗教、文藝學、審美心理學、文化人類學、古典哲學的觀點與方法加以剖析和研究，認爲宋玉是一個爲楚國和中華民族文化做出重要貢獻的文學家，頗具卓見。吳廣平對此書評價甚高，指出："這是一位年逾八旬的離休老教授抱病用心血撰寫的著作，全書

有開闊的視野,有澎湃的激情,有純粹的思辨,有獨到的見解。"①

二十、《宋玉四家注集釋與匯評》,高志明、劉剛編,36 萬字,中國文史出版社 2014 年版

高志明(1972—),湖北仙桃人,2010 年畢業於福建師範大學,獲文學博士學位。現任湖北文理學院文學院教授。主要從事語言學研究,著有《史記的文學語言研究》《通感研究》《宋玉四家注集釋與匯評》等。

本書對當代宋玉研究專家袁梅、朱碧蓮、金榮權、吳廣平的注釋成果進行整理,試圖展示宋玉研究的當代進展,推動宋玉研究的繁榮進步。本書共計注釋宋玉作品 16 篇,如下:《九辯》《招魂》《風賦》《高唐賦》《神女賦》《登徒子好色賦》《笛賦》《大言賦》《小言賦》《諷賦》《釣賦》《舞賦》《微詠賦》《對楚王問》《高唐對》《郢中對》。歷史上署名爲宋玉的作品,大抵在列。其體例是:以吳廣平《楚辭全解》爲工作底本,先集釋,再匯評。集釋部分專取四家注,如《高唐賦》"惟高唐之大體兮"集釋:"惟——(吳)句首語氣詞,無實義。(金)惟:發語詞,無實義。(袁)惟,發語詞,無實義。大體——(吳)大體:高大的形狀。(金)大體:高大壯觀的外形、外貌。體,指高唐的體現。(袁)大體:偉大的形體。體,形體,形象,相貌。(朱)大體:大概。"雖有重複之語,亦盡錄之,以客觀展示各家異同。匯評部分則選擇古今評論,列於賦後。如《高唐賦》匯評,羅列古今評論 45 條,始劉勰《文心雕龍·比興》,迄劉剛《宋玉辭賦考·巫山考》,凡一萬餘字,内容十分豐富。從中不難看出編著者涉獵之廣和搜羅之勤。本書資料翔實,足資參考,可惜沒有編著者的按斷,雖然其中蘊含着一些學術思考,但畢竟不夠顯豁。

二十一、《宋玉辭賦注譯析》,姚守亮、程本興編注,27 萬字,湖北科學技術出版社 2014 年版

姚守亮(1963—),湖北宜城人。1986 年畢業於湖北大學中文系,現爲湖北省宜城市文科教研員,中學語文高級教師,兼任湖北省屈原研究會理事,湖北文理學院宋玉研

---

①李鶩主編:《宋玉及其辭賦研究》,北京:學苑出版社,2016 年,第 36 頁。

究中心客座研究員。發表文章20餘篇,著有《宋玉辭賦注譯析》(合作)、《宋玉辭賦語法修辭研究》《千古美文譽襄陽》等。程本興參見第十二條《宋玉及其辭賦研究》叙錄。

本書是"襄陽文庫·名人文集"叢書之一種。作者收録確認爲宋玉的辭賦15篇:《大言賦》《小言賦》《高唐賦》《神女賦》《舞賦》《風賦》《釣賦》《對楚王問》《諷賦》《御賦》《登徒子好色賦》《微詠賦》《笛賦》《招魂》《九辯》,每篇作品皆有題解、原文、注釋、譯文、簡析、賞析凡六個部分。其中"簡析"是對作品脈絡層次的梳理和提示,"賞析"則是對全篇作品的鑒賞與評析,二者有別。書後附有《對友人問》《對或人問》《高唐對》《郢中對》四篇被確認爲宋玉賦異文的文字,每一篇包括題解、原文、注釋、譯文四項。本書吸收吳廣平《楚辭全解》的學術觀點,新見不多,但對於宋玉辭賦的普及和傳播有一定意義。

二十二、《宋玉辭賦語法修辭研究》,姚守亮著,25萬字,湖北人民出版社2015年版

姚守亮,參見《宋玉辭賦注譯析》叙録。

宋玉辭賦具有豐富的文化内涵、高超的藝術成就和深遠的文學影響。與以往的宋玉研究不同,本書另闢蹊徑,從語法、修辭角度對宋玉辭賦進行系統研究。全書共分上下兩編,另有緒論四小節與附録三篇。緒論部分主要論述了宋玉的生平、作品,宋玉研究的現狀,以及宋玉辭賦語法研究的現狀與内容。本書的上編爲語法研究部分,其中第一章對宋玉辭賦中的詞類與句類進行梳理,重點分析實詞的活用和幾種特殊句式;第二章研究宋玉辭賦的疊音詞,包括分類、格式語義特點、詞性歸屬與語法功能、訓釋等幾個方面;第三章研究宋玉辭賦中的聯綿詞;第四章分析幾個較爲特殊的虚詞及其相關句法;第五章研究宋玉辭賦中的複句,包括等立複句和主從複句兩大類型。下編是修辭部分,其中第一章探討其修辭思想的萌芽,略述其辭賦的修辭藝術;二三四章分別介紹宋玉辭賦的辭格運用情況,總共20餘種;第五章討論其辭賦的選詞與煉句;第六章是對宋玉辭賦的審美思考。"附録"分析了三個方面的内容,分別是宋玉作品入選語文教材的可行性、毛澤東筆下的宋玉典故、宋玉平民意識和思想淵源,這些都是對宋玉辭賦語法研究的補充。本書是目前國内第一部對宋玉辭賦語法、修辭進行專題研究的論著,反映了著者填補學術空白的意識。同時,著者在書中將宋玉辭賦研究與語文教學活動相結合,對中學語文教師及廣大古典文學愛好者均具有一定參考價值。

二十三、《楚騷賦——屈宋辭賦的抒情精神與生命美學》,蘇慧霜著,24萬字,臺北文津出版社2015年版

蘇慧霜(1966—),女,臺灣東海大學博士,現任臺灣彰化師範大學國文系主任、臺灣文學研究所所長。著有《二南與屈賦》《騷體的發展與演變——從漢到唐的觀察》《楚騷賦——屈宋辭賦的抒情精神與生命美學》《宋代騷雅詞論》等。

本書分爲上下兩編,上編爲"屈原詩學",下編爲"宋玉詩心"。下編除了前言、後記外,主要有兩大方面的内容:壹、抒情與諷諫的情志疊影。本部分主要研究宋玉辭賦所蘊含的精神與情感,分爲三章,首先以《對楚王問》《風賦》《登徒子好色賦》爲據探討宋玉辭賦委婉諷諫的精神與寫作技巧,然後以《高唐賦》《神女賦》爲例考察宋玉辭賦對美麗的書寫以及對個人情志的抒發,最後又挖掘《招魂》中所内蘊的人文精神。貳、虛夢高唐的激情餘音。本部分主要研究宋玉辭賦對後世的影響,亦分爲三章,首先探討宋玉"主文以譎諫"的諷諫藝術對後世文人在文學情懷和寫作手法上的啓迪,然後梳理宋玉辭賦對詩詞賦中紀夢意象的啓發和影響,再下又研究宋玉《風賦》對後世詠風賦的啓發與影響。作者從本體論與影響論兩大方面入手進行研究,高度肯定了宋玉辭賦的思想藝術價值與文學史地位,點面結合,引證豐富,文筆亦甚優美,具有較高的學術價值。書後還附有《見説蘭臺宋玉——宋玉生平與著述》,可供讀者參考。

二十四、陳韻竹:《論賦之緣起》,臺北文津出版社有限公司2015年版

陳韻竹,女,臺灣高雄人。1986年畢業於臺灣政治大學中國文學研究所,獲义學碩士學位。1992年於美國密西根大學公共衛生學院獲科學碩士學位,2005年於臺灣中山大學獲文學博士學位。現任教於臺南市長榮大學。著有《歐陽修蘇軾辭賦之比較研究》《論賦之緣起》,發表論文數十篇。

這是一部專門研究賦體文學之命名、起源、功用及其早期形態的著作,其核心問題是賦"以何因緣而生?以何因緣而名之曰賦"。全書共計十一章。第一章《緒論》交代研究動機、構思和方法;第二章《"賦"字詞義特徵厘析》從文字學的角度探討"賦"的本

義及其詞義演變;第三章《春秋賦詩之賦——"賦"不作"朗誦""歌詠"或"創作"解》從辭彙搭配原則、語言辭彙系統、語言約定俗成原則來探討"賦詩"之"賦",認爲《左傳》中的"賦"局限於"徵斂獻納"之意,所謂"賦詩"乃是徵斂詩、獻納詩的行爲;第四章《"賦政"之賦——"賦"不作"布"解》將"賦""授""布"的詞義特徵、句法行爲進行比較,認爲"賦政"不等於布政、授政或授人以政;第五章《〈國語〉"師箴瞍賦"之賦——"賦"不作"朗誦"或"吟唱"解》由文法結構、修辭運用兩方面解析"師箴瞍賦"之"賦",認爲"賦"是一種諷刺勸正的行爲;第六章《六詩之賦——"賦"不作"鋪"解》經過細緻考辨,認爲《周禮》六詩之"賦"仍是徵斂獻納之意;第七章《荀子〈佹詩〉爲什麼是"賦"——由〈詩〉而"賦"之遞嬗》通過對《佹詩》句式與賦詩制度的考察,認爲《佹詩》與《賦篇》都是"獻納之文章",皆可稱爲"賦";第八章《詩人之賦麗以則——誰是揚雄所謂"詩人"?什麼是"詩人之賦"?》統計《史記》《漢書》與揚雄作品對"詩人"一詞的使用,認爲"詩人"指的是《詩經》作者,"詩人之賦"就是指《詩經》;第九章《〈漢書·藝文志·詩賦略〉"賦"之義涵》對《漢志》中賦與歌詩的區別進行分析,認爲"諷諫勸正"的賦具有統攝諸體的力量;第十章《賦體詩源——採詩、獻詩、賦詩與賦》認爲採詩、獻詩、賦詩都是"諷諫勸正"的活動,而"賦"則源於這些活動所產生的文本。第十一章是《結論》,總結全書。要之,作者認爲先秦兩漢"賦"仍然執守於"徵斂獻納"之意義,往往附帶有"典制性"的指向,而典制性的"徵斂獻納"行爲正是賦體文學命名之依據。這一觀點顛覆了自漢代以來流行兩千年的"不歌而誦謂之賦""賦者,鋪也"的傳統説法,具有鮮明的個性色彩。作者曾經攻讀生物統計學碩士學位,經受過嚴格的科學訓練,她將科學思維引入賦學研究,因而書中有對先秦古籍用詞的窮盡式統計,有大量的圖表、數據和相關分析,這爲她的學術觀點提供了較爲紮實的統計學基礎,有理有據,自創新説。正如簡宗梧先生序中所言:"舉凡文史問題,除了簡單事件,纔有所謂唯一的真相外,大多是'橫看成嶺側成峰'。因此凡是言而有據的解讀,不妨相容并蓄;舉凡文史研究,除了冀望打開另一扇窗之外,更重要的是:根據新元素或新視角建構新的論述。"恰好指出了該書的價值所在。

二十五、《宋玉研究資料類編》,劉剛等編,40萬字,商務印書館2015年版

劉剛,參見《宋玉辭賦考》叙錄。

本書彙集自漢至清有關宋玉研究的資料,并分類編纂,包括宋玉生平事蹟、遺跡傳

説、作家批評、作品批評、作品集與作品輯錄、作品考辨、詞語釋讀、擬宋玉作品、關涉宋玉的文學創作等九個部分。每一部分之下，又分爲若干小類。例如"生平事蹟"部分，分爲史書類、方志類、雜記類、故訓類、類書類，分別輯錄資料；而"作品批評"部分，則劃分爲綜評、《九辯》《招魂》《風賦》《高唐賦》《神女賦》《登徒子好色賦》《對楚王問》《笛賦》《大、小言賦》《諷賦》《釣賦》凡12類，眉目清晰，有條不紊。書後附有《史記·楚世家》和人名索引。本書從經史子集各類文獻中全面收集宋玉研究資料而類編之，客觀上反映了中國古代各個歷史時期對宋玉及其作品的批評、接受與傳播情況，資料豐富，內容翔實，分類妥當，檢索十分方便，是宋玉研究中不可或缺的資料性工具書。

二十六、《宋玉與臨澧》，吳廣平主編，43萬字，湖南人民出版社2016年版

吳廣平，參見《宋玉集》叙錄。

本書爲吳廣平教授主編的"走進宋玉城"叢書系列之一。該叢書包括《宋玉與臨澧》《宋玉頌》《賦聖宋玉》《中外學者論宋玉》四部著作，內容厚重，氣勢恢宏，是第一套專門研究、歌詠宋玉的大型叢書，涉及文學、史學、文獻學、考古學、民俗學、地理學、語言學等多個學科。

宋玉是著名辭賦家，賦體文學的開創者，於楚考烈王至楚王負芻時期在臨澧生活。《宋玉與臨澧》一書是"走進宋玉城"叢書的基石。本書共六卷，分別是：宋玉生平與臨澧的關係研究、臨澧宋玉歷史遺跡研究、宋玉作品與臨澧的關係研究、臨澧宋玉傳説故事研究、宋玉題材的臨澧文學作品研究、臨澧宋玉遺跡的保護與開發研究，另外附錄宋玉辭賦導讀十四篇。全書結構宏大而又邏輯嚴密，從不同角度論證了宋玉與臨澧的關係，不僅對宋玉研究有一定的推動作用，也豐富了地方文化研究的內容。如：臨澧宋玉墓墓碑的"玉"字歷史上曾作"王"字，許多人認爲"王"乃"玉"字之訛，因墓碑久經風雨侵蝕導致"玉"字右下一點脱落而訛。湖北大學石鋆教授《宋王碑即宋玉碑——宋玉碑及〈黃花魚兒歌〉辨讀》一文，從文字源流的角度切入，論證古文字系統中"王"與"玉"實係一字，"宋王碑"實即"宋玉碑"，根本不存在文字訛誤的問題，所言頗有道理。又如，史新林《臨澧宋玉墓文獻學、考古學與地理學研究》考察《湖南通志》《安福縣志》記載的古墓、古跡、藝文、圖解，臨澧發掘的大型楚墓、楚城，宋玉墓獨特的地理環境等，認爲宋玉墓與宋玉本人都具有無可辯駁的真實性；尹德立《從"古安福外八景"看宋玉的

臨澧展痕》一文又以地名、景額爲據,考證宋玉在臨澧的行蹤,角度新穎,論證有力。

《宋玉與臨澧》一書通過挖掘大量文獻的、考古的、田野的材料,證明宋玉與臨澧的密切關係,論述宋玉的文學創作與文化精神在臨澧的傳承與影響,是宋玉研究的重要成果,"不僅有利於學者們更進一步地思考和探索宋玉與臨澧的關係,而且也將推動整個宋玉研究向縱深開拓"(方銘《總序》)。

二十七、《中外學者論宋玉》,吴廣平主編,46萬字,湖南人民出版社2016年版

吴廣平,參見《宋玉集》叙録。

本書爲"走進宋玉城"叢書壓軸之作。該叢書由臨澧縣人大常委會編撰,吴廣平教授主編,旨在深入挖掘臨澧歷史文化精髓、大力弘揚宋玉文化。《中外學者論宋玉》一書選録了法國、日本、韓國、馬來西亞、中國大陸與臺灣地區的學者研究宋玉的論文凡37篇,較爲集中地展示了世界範圍内的宋玉研究最新成果。其中,有的作品是海外學者的最新力作,有的作品首次被譯成中文,因此具有一定的學術前沿性和代表性。例如,日本學者谷口洋教授《淺論宋玉賦的叙事模式》一文,將西方叙事學理論用於賦學研究,研究方法不乏新意。大陸學者吴廣平《宋玉著述真僞續辨》、臺灣學者魯瑞菁《聖婚與聖宴:〈高唐賦〉的文化儀式解析》、法國學者郁白《悲秋:中國古典詩學研究》等論文,專題深入,結論新穎,很有借鑒意義。本書作爲《走進宋玉城》叢書之一,具備結構宏大、視野開闊、目標明確、觀點新穎的特點,彙聚了海内外宋玉研究的代表性成果,既推動人們深入瞭解宋玉、研究宋玉和學習宋玉,也架起臨澧宋玉研究連通世界的橋樑。

二十八、《宋玉及其辭賦研究——第二届宋玉國際學術研討會論文集》,李鷔主編,學苑出版社2016年版

李鷔,2012年畢業於首都師範大學,獲文學博士學位。現任湖北文理學院文傳學院副教授,主要從事先秦文學研究。本書是第二届宋玉國際學術研討會(湖北襄陽,2014年11月)之論文集。共分爲四編:第一編"文獻研究"部分收録趙逵夫《宋玉〈九辯〉校理》、吴廣平《五十九部宋玉研究論著解題》、黄震雲《高唐神女傳説和宋玉作品辨

僞》等論文13篇;第二編"文學研究"部分收錄趙輝《宋玉賦與倡優話語體系及賦的創始》、金榮權《關於〈高唐〉〈神女〉賦的兩個問題》、詹杭倫《論宋玉〈風賦〉及後人的擬作》等論文20篇;第三編"文化研究"部分收錄李炳海《高唐神女傳説的炎帝部落文化屬性》、羅漫《〈莊子〉的思想資源與宋玉的文化接力》等論文13篇;第四編"其他研究"部分收錄劉剛《宋玉遺跡傳説田野調查報告》、姚守亮《淺析宋玉辭賦修辭手法的妙用》等論文20篇。全書共計收錄論文66篇,較爲全面地反映了當前宋玉研究的興盛。作者以高校教師、社科院研究人員爲主,但也有一些熱愛宋玉文化的中學教師和圖書館、文化館、電影公司的工作人員,來源十分廣泛。

二十九、《宋玉新論:第三届國際宋玉學術研討會論文集》,金榮權、姚聖良主編,40萬字,河南人民出版社2017年版

金榮權,參見《宋玉辭賦箋評》叙録。

本書是第三届國際宋玉學術研討會(河南信陽,2016年9月)之論文集,由金榮權、姚聖良主編。該書分爲四大部分:一,宋玉綜論,收録劉剛《宋玉與楚文化》等論文9篇;二,宋玉生平與著作研究,收録吴廣平《宋玉賦性夢與豔情的文化闡釋》等論文20篇;三,宋玉影響論,收録(日)谷口洋《試論西漢文人的宋玉情結》等論文7篇;四,宋玉研究史與學人研究,收録湯漳平《宋玉論》等論文7篇。很顯然,第二部分是研究的重點,幾乎占全書之半,既有對宋玉生平履歷、創作時地、創作分期的考察,也有對《招魂》《登徒子好色賦》《釣賦》《微詠賦》《大言賦》《小言賦》等具體篇章的考辨分析,還有對作品審美特徵、數字意象的探究,内容豐富,從各自角度深化了對宋玉其人其賦的研究。

三十、《宋玉與宜城》,程本興主編,60萬字,中國文史出版社2017年版

程本興,參見第十二條《宋玉及其辭賦研究》叙録。

本書是一部專題研究論文集,共分四章三十一節:一、宋玉故里在宜城,宋玉本是宜城人;二、宋玉儒雅是賦聖,自古屈宋常并稱;三、宋玉曾經被醜化,宜城率先爲正名;四、宋玉名位已恢復,宜城實踐要事記。何新文先生認爲:"(本書)内容全面、資料豐富、結

構宏偉,凸顯了'宋玉與宜城'的主題;具有廣遠宏闊的大時空觀念和'宋玉文化'的學術視野;表現了濃郁的家國情懷和熱情傳揚宜城先賢的'宜城情結'。"①這是恰如其分的評價。

三十一、《宋玉作品研讀》,江從鎬著,24萬字,四川民族出版社2019年版

該書共分九個部分,分別爲宋玉籍貫(湖南臨澧人)、宋玉生平(爲復興楚國而奮鬥的一生)、宋玉具有特色的治國理政思想等。其觀點與《宋玉考釋》(嶽麓書社2014年版)大致相同,不贅。

除了以上31種著作(或論文集)外,尚有一些輯錄歷代歌詠的史料集,現當代歌詠宋玉的文學作品,演繹宋玉的電影文學劇本,或者以學術界研究成果爲依據撰寫的宋玉傳記,例如金光定、楊兆明《景宋詩抄》(史料匯輯,湖北人民出版社,2005年)、王瑞國《宋玉傳》(人物評傳,湖北科學技術出版社,2012年)、陳子成《宋玉》(長篇小説,2004年鉛印本)、楊雲庭等《賦聖宋玉》(電影、電視劇本,湖南人民出版社,2016年)、吳廣平主編《宋玉頌》(詩文集,同上)、何志漢《賦聖宋玉》(長篇小説,長江文藝出版社,2018年)等。由於這些成果以文學創作爲主,不屬於學術研究,故不再贅述。限於篇幅,單篇的學術論文,論及先秦賦的文史著作②,以及一些未經正式出版的學術著作和講義③等暫不列入。詳情可參吳廣平《五十九部宋玉研究著作解題》。

總之,新時期(1978—)的先秦賦研究取得了輝煌成績。在文獻整理方面,吳廣平輯校的《宋玉集》、劉剛《宋玉研究資料類編》最見功力;在宋玉賦的真僞和藝術成就方面,主要有朱碧蓮《宋玉辭賦譯解》、高秋鳳《宋玉作品真僞考》、吳廣平《宋玉研究》、劉剛《宋玉辭賦考》等多種;在宋玉辭賦的普及方面,又有袁梅《宋玉辭賦今讀》、金榮權《宋

---

①何新文、周昌梅:《"宋玉居猶在、宜城酒正清"——程本興先生主編〈宋玉與宜城〉讀後》,《湖北文理學院學報》2019年第7期。
②例如趙明主編:《先秦大文學史·宋玉其人及其作品》,長春:吉林大學出版社,1993年。方銘:《戰國文學史·宋玉及戰國賦體文學》,武漢:武漢出版社,1996年。褚斌傑、譚家健主編:《先秦文學史·宋玉和其他楚辭作家》,北京:人民文學出版社,1998年。
③例如程地宇、任桂園:《巫山神女論·巫山文化論》,重慶三峽學院三峽文化研究所,2000年鉛印本。

玉辭賦箋評》、曹文心《宋玉辭賦》等。此外,葉舒憲《高唐神女與維納斯》、魯瑞菁《聖婚與聖宴》、江柳《宋玉辭賦的美學解讀》、姚守亮《宋玉辭賦語法修辭研究》分別從原型批評、比較神話學、美學和語言學角度對宋玉辭賦進行闡釋和研究,視野宏闊,角度新穎,皆有創見。值得一提的是,學術界組織的宋玉國際學術研討會已經召開四次(襄樊2010年10月、襄陽2014年11月、信陽2016年9月、襄陽2019年6月),每次都能收到學術論文近百篇,并且結集出版,這些學術活動也有力地促進了宋玉賦的研究。吴廣平主編的"走進宋玉城"叢書一套四册,内容豐富,裝幀精美,也頗有震撼力。尤其值得肯定的是,湖南臨澧、湖北宜城的中學教師,圖書館、文化館、電影公司的工作人員,乃至個體商販等,亦積極投入了宋玉及其辭賦的研究,表現出對故鄉歷史文化的熱愛。但是在熱鬧局面的背後,也有一些問題值得檢討和反思:一、學術界對荀子賦的研究尚嫌薄弱,表現出重宋玉而輕荀子的傾向。目前只有李金錫《屈荀辭賦論稿》一部(春風文藝出版社,1986年),并且該書以屈原作品爲主,兼論荀子賦。這固然是由於宋玉賦的文學成就和影響遠遠超過荀子賦,但對於賦體文學開創者的冷落也是不正常的。而畢庶春《荀子〈賦篇〉芻論》(《文學遺産》1999年第3期)、郗文倩《從遊戲到頌贊——"漢賦源於隱語"説之文體考察》(《中國文學研究》2005年第3期)、馬世年《荀子〈賦篇〉體制新探——兼及其賦學史意義》(《文學遺産》2009年第3期)等若干論文,暫且可以彌補這方面的缺憾。二、對於先秦賦的俗文學性質,也期待能夠有新的突破。無論是荀況《賦篇》、宋玉《大言賦》《小言賦》《登徒子好色賦》還是地下出土的《御賦》,都具有鮮明的俗文學特徵,反映了賦體文學誕生時期的狀貌,有助於我們探討賦體的淵源、性質以及後來的流變,值得進一步研究。三、低水準重複的論著甚多,互相借鑒,草率成書,甚至自我抄襲的情況也屢見不鮮。這也許與地方政府的文化建設、短期任務和旅遊開發的意圖有關,但是研究者應該堅持個人的學術準則,在符合學術規範的情況下推出具有學術含金量的著作,儘量不要重複既有的觀點和學術成果。

《春秋左傳注》志疑九則

劉長東

(四川大學中文系)

楊伯峻先生所撰《春秋左傳注》,乃響動中外士林之巨著。愚學習是書,頗受其勝義之嘉惠,直以闇昧,於二三釋義,未甚分了,偏稽指瑕楊著之文,亦未得瘳疑辨惑,故嘗識疑於簡尚、日劄。兹臨"中國俗文化國際學術研討會暨項楚先生八十壽辰慶祝會"召開在即,將搆新辭而未遑,爰逐舊疑以急就。《莊子·至樂》陸德明《釋文》曰:"李(頤)云:九宜爲久。久,老也。"九、久既聲通,乃凑泊九則,即(一)疑隱、桓二公並立爲君之説、(二)疑"荆尸"爲指軍事之動詞之説、(三)疑"鄭棄其師"句兼見於《竹書紀年》之説、(四)疑"西鄰責言"四句爲繇辭等説、(五)疑"天誘其衷"之誘爲舍之訓及"天衷"爲天心天意之詁、(六)疑"若逞吾願"爲"如我君願望得以滿足"之解、(七)疑"君命以共"爲"子囊欲謚之共,仍以君命答大夫"之説、(八)疑"宋公使昭子右坐"明昭子本"坐于西階,面向南"之説、(九)疑亳社爲魯所因商奄之社之説,權作不腆之春酒,以敬匄先生長生久視焉。

楊著迄今已出四版,中華書局於1981年3月出其初版,2016年11月刊其修訂本之最新版。本文所涉條目,若新舊版説異,以新版爲準,亦視論述之需,酌引初版之説,而兩注其頁碼。若無不同,則唯注初版頁碼。又,條目之序以條内首句《經》《傳》文所在魯公世次及其年次爲先後。

一、疑隱、桓二公並立爲君之説

《左傳·隱元年》:"惠公元妃孟子。孟子卒,繼室以聲子,生隱公。宋武公生仲子。仲子生而有文在其手,曰爲魯夫人,故仲子歸于我。生桓公而惠公薨,是以隱公立而奉之。"於其末句,楊注云:

杜注："隱公追成父志,爲桓尚少,是以立爲太子,帥國人奉之。爲《經》元年春不書即位傳。"然據(1——序號乃引者所加,下同)下文《傳》"公攝位而欲求好於邾","公立而求成焉"等句,是隱公行國君之政,而實奉桓公爲君,非立之爲太子。(2)桓公之被立爲太子,惠公未死時已如此,不待隱公再立之。(3)桓公雖非初生嬰兒,其年亦甚幼小,不能爲君,故隱公攝政焉耳。孔疏極力申杜,駁鄭衆、賈逵二說。鄭、賈之說亦謂立桓爲太子,與杜則同一謬誤。(4)訖隱公之世,不稱即位,(5)惠公之葬弗臨,(6)于桓公母仲子之死則用夫人之禮,(7)于己母則僅稱"君氏卒",是不用夫人禮,處處皆足以明之。(8)攝位稱公亦猶周公攝位稱王,固周禮也。①

楊注讀"隱公立而奉之"爲隱公立桓公爲君而奉之,即隱公在位時已立桓公爲君矣,是隱、桓二公並立爲君之說也。愚疑其說非,兹請就其所言理據,逐一辨析焉。

(1)"據下文《傳》'公攝位而欲求好於邾','公立而求成焉'等句,是隱公行國君之政,而實奉桓公爲君,非立之爲太子"。楊注所引二句皆隱元年《傳》文,前句之"攝位",既可解爲二公並立爲君,即隱公攝代桓公已嗣之君位而執政,亦可解爲桓公爲太子,隱公攝代桓公本應繼而未繼之君位。楊注於尚未證後義爲非之前,逕以待證之前義爲據,欲成其隱公"實奉桓公爲君,非立之爲太子"之說。其論證之法犯邏輯學之"丐詞"或曰"預期理由"之病矣。而據前句之上下文,即"三月,公及邾儀父盟于蔑,邾子克也。未王命,故不書爵。曰'儀父',貴之也。公攝位而欲求好於邾,故爲蔑之盟"②,亦未見可證其說之據也。楊注所引後句之上下文,爲"惠公之季年,敗宋師于黄。公立而求成焉。九月,及宋人盟于宿,始通也"③。其"公立",顯係隱公自立爲君,而非隱公立桓公爲君之義。故據楊注所引二句之上下文,可見二句唯能成其"隱公行國君之政"之說,而未能證其隱公"實奉桓公爲君,非立之爲太子"之說也。

(2)"桓公之被立爲太子,惠公未死時已如此,不待隱公再立之"。據隱元年《傳》:"冬,十月,庚申,改葬惠公。……惠公之薨也,有宋師,太子少,葬故有闕,是以改葬。"④知惠公時確已立桓公爲太子。然桓公已於惠公時立爲太子,未必"不待隱公再立之"也。若依已立者不待再立之說,而楊注既言桓公已由隱公立爲國君,則隱十一年《傳》

---

① 楊伯峻:《春秋左傳注》,北京:中華書局,2016年第4版,第1册,第2—5頁。
② 阮元校刻《十三經注疏》第6册,臺北:藝文印書館股份有限公司,2013年,第34頁下至第35頁上(下同)。
③《十三經注疏》第6册,第40頁上。
④《十三經注疏》第6册,第40頁上。

不得有"羽父使賊弒公于寪氏,立桓公"之文,桓元年《經》《傳》亦皆不得有桓"公即位"之文矣①。而據後之《經》《傳》實有"立桓公""公即位"之文,依楊注已立者不待再立之理,適可證其桓公於隱公時已立爲君之説爲僞也。楊注已立者不待再立説之矛,既能因隱十一年、桓元年之文而自伐其桓公於隱公時已立爲君之説,則見其論證欠密也。已立者不待再立之説,可施於説桓公之爲國君,而未可用於説桓公之爲太子也。何者?桓公雖於惠公時已爲太子,今隱公即位,若廢桓公而立己子爲太子,亦合宗法制也。而如竹添光鴻《左氏會箋》引增島固所云:"隱公雖立,有終讓國授桓之志,故其心猶爲假攝也。"②是以隱公即位而再立桓公爲太子,以明隱公將不以己子嗣位,而將以桓公繼其位之志也。

(3)"桓公雖非初生嬰兒,其年亦甚幼小,不能爲君,故隱公攝政焉耳。孔疏極力申杜,駁鄭衆、賈逵二説。鄭、賈之説亦謂立桓爲太子,與杜則同一謬誤"。楊注所言孔申杜而駁鄭、賈之説之詳,見孔疏:"鄭衆以爲隱公攝立爲君,奉桓爲大子。案《傳》言'立而奉之',是先立後奉之也。若隱公先立乃後奉桓,則隱立之時未有大子,隱之爲君復何所攝?若先奉大子乃後攝立,不得云'立而奉之'。是鄭之謬也。賈逵以爲隱立桓爲大子,奉以爲君。隱雖不即位,稱公改元,號令於臣子,朝正於宗廟,言立桓爲大子可矣,安在其奉以爲君乎?是賈之妄也。"③鄭、賈、杜、孔之言,乃就《傳》文"隱公立而奉之"之句意而發,前三人之説有異同。其同在三人皆言隱公嘗立桓公爲太子。其異在鄭主隱公先自立爲君而後奉桓公爲太子,杜主隱公所先立後奉者皆爲立、奉桓公爲太子,賈主隱公先立桓公爲太子而後奉之爲國君。而孔則就《傳》文之語義、語序,既駁鄭解"隱公立"爲"隱公攝立爲君",又駁賈解"奉之"爲"奉以爲君"之義,以申杜之隱公立桓公爲太子而奉之之説。據此可見,楊注概括四人之意未確,且見於隱公在位時桓公是否爲君之古人異説中,楊説實同或實本於賈逵之説也。又,楊注前引《傳》文"公攝位而欲求好於邾"句,兹言"隱公攝政焉耳",下文復以周公之攝政爲"周公攝位稱王"之二王並立,以助其隱桓二公並立之説。據此三者,似見楊注未別攝政與攝位之異同也。據此二詞本於史實而得之内涵、外延之定義,自通例而言,若攝位則必攝政,而若未攝位則攝政與否須待史實以定;若未攝政則必未攝位,而若攝政則未必攝位。以邏輯學術語而易言之,即攝位僅爲攝政之充分條件,而攝政第攝位之必要條件耳。二者既非等值而可互逆

---

①《十三經注疏》第6册,第83頁上、第88頁上下。
②竹添光鴻:《左氏會箋·隱元年》,成都:巴蜀書社,2008年,第1册,第20頁。
③《十三經注疏》第6册,第30頁上。

爲説之充要條件,則未可同之也。《禮記·明堂位》"昔者周公朝諸侯于明堂之位"句孔疏引鄭玄《發墨守》云:"隱爲攝位,周公爲攝政,雖俱相幼君,攝政與攝位異也。"①鄭之爲説,即以此理也。增島固亦云:"考之攝政之典,攝有三等。一則先君無子,大臣假聽政也。若《曾子問》'君薨而世子生,卿、大夫、士從攝主,北面于西階南'是也。一則亮陰三年,冢卿代次君聽政也。若《論語》'君薨,百官總己以聽于冢宰'是也。一則親臣代幼主聽政。若周公以叔父之親,代成王攝治天下之政是也。隱之攝也,異于此三典,天子命之,國人君之,儼然在位之正君也,特其心自以爲攝耳。"②是隱公之攝位實別於攝政也。楊注概括古説雖未確,然據古説之元文,可見楊説之所同或所本者。知其所同或所本,雖未能據以斷其説之是非,然據其前後文不別攝政與攝位之異同,而知其論證有未循邏輯學原理以推理者,故愚於其説復生疑焉。至於周公之攝政是否即"攝位稱王",則俟後文述學人所考史實以斷之。

(4)"訖隱公之世,不稱即位"。《春秋》不書隱公即位,三《傳》皆有其説,隱元年《公羊傳》云:"公何以不言即位?成公意也。何成乎公之意?公將平國而反之桓。"③《穀梁傳》曰:"公何以不言即位?成公志也。焉成之?言君之不取爲公也。君之不取爲公,何也?將以讓桓也。"④是《公》《穀》意大同,皆以《春秋》不書即位者,爲欲成隱公將讓君位於桓公之志意也。而《左傳》云:"不書即位,攝也。"此"攝"字,如竹添光鴻所注:"攝者,攝位也,非攝政也。下文曰'公攝位而欲求好於邾',即受此文也。"⑤《左》與前二《傳》雖着眼者異,然其間無牴牾,且三説於隱十一年《左傳》皆有其證,即羽父弑隱公之前,《傳》載:"羽父請殺桓公,將以求大宰,公曰:'爲其少故也,吾將授之矣。使營菟裘,吾將老焉。'"其"授之"二字,杜注:"授桓位。"⑥竹添光鴻云:"授者果何?非授位耶!"⑦據《左傳》之"攝位"及其省文"攝"、"授"位等措辭與詞義,可見《春秋》不書即位者,以隱公攝代君位而將反之於桓公也。若桓公已踐君位而爲時君,隱公何須再授桓公以君位耶?若讀"授之"爲授政於桓公,則既於三《傳》無其徵,且楊注亦不得言"謂授之以君位"⑧,而前後持説矛盾也。是見三《傳》之言内言表,皆無《春秋》不書隱公即位乃

---

① 《十三經注疏》第5冊,第576頁上。
② 竹添光鴻:《左氏會箋·隱元年》引,第1冊,成都:巴蜀書社,2008年,第20—21頁。
③ 《公羊傳》第10頁上下,《十三經注疏》第7冊。
④ 《穀梁傳》第9頁下,《十三經注疏》第7冊。
⑤ 竹添光鴻:《左氏會箋·隱元年》第1冊,第20頁。
⑥ 《十三經注疏》第6冊,第82頁下。
⑦ 竹添光鴻:《左氏會箋·隱元年》第1冊,第21頁。
⑧ 楊伯峻:《春秋左傳注》第1冊,北京:中華書局,1981年第1版,第79頁。

因桓公已立爲君之意。未審楊注緣何捨三《傳》之説,而以不書隱公即位爲桓公已踐君位之據也。

(5)"惠公之葬弗臨"。此事未見於《春秋》、《公羊》與《穀梁傳》,而唯見於隱元年《左傳》:"改葬惠公。公弗臨,故不書。"《傳》僅言《春秋》不書改葬惠公之因,而未言隱公何以不居喪主之位以哭臨。其因蓋有三:其一,隱公不在國之故。其二,如杜注所云:"以桓爲大子,故隱公讓而不敢爲喪主。"即隱公蓋以太子桓公爲嫡統,謙退而以桓公爲喪主,故己不臨也。其三,楊注所主桓公亦並立而爲時君,故隱公不臨也。據《傳》文下言"衛侯來會葬,不見公,亦不書",孔疏:"諸侯會葬,非禮也。不得接公成禮,……公在國而不與衛侯相見,故不書。"①則見隱公不臨,非以其不在國也。隱公以桓公爲嫡統而自謙抑之説,雖與杜注、楊注皆相洽,而未能據以斷杜、楊之是非,然據前第(4)條所引隱十一年《傳》文,而見隱公所以謙抑者,當因桓公以太子而爲嫡統,非因桓公以並立之時君而爲嫡統也。是杜注愈於楊説,而未可以隱公之不臨葬爲桓公之爲並立時君之據也。

(6)"于桓公母仲子之死則用夫人之禮"。此見隱二年《春秋》:"十有二月,乙卯,夫人子氏薨。"杜注:"無《傳》。桓未爲君,仲子不應稱夫人。隱讓桓以爲大子,成其母喪,以赴諸侯,故《經》於此稱夫人也。"孔疏:"妾子爲君,其母成爲夫人。……仲子實妾,桓未爲君,故仲子不應稱夫人也。今稱夫人薨,是隱成之,讓桓爲大子,成其母喪。"②楊注則以仲子死用夫人禮爲桓公已爲君之據。愚於杜、孔、楊説有二疑焉。其一,孔言仲子爲惠公之妾,《左傳》無明文可據,故疑其説非。而據前引《傳》文"宋武公生仲子。仲子生而有文在其手,曰爲魯夫人,故仲子歸于我",竹添光鴻箋:"'曰'者,武公言也。仲子手有魯字,武公愛之曰:'是當爲魯夫人也。'直叙武公之言,而手文有'魯'字自明。左氏每好用省字法。……諸侯之妃曰夫人,……故'仲子歸于我',緊承'爲魯夫人',是仲子以夫人禮嫁於魯也。"③知仲子當爲惠公之妻而非妾也。《史記·魯周公世家》云:"初,惠公適夫人無子,公賤妾聲子生子息。息長,爲娶於宋。宋女至而好,惠公奪而自妻之。"惠公之奪息婦,雖如司馬貞《索隱》所云,"不知太史公何據而爲此説。譙周亦深不信然"④,然其仲子爲惠公妻之説,亦可佐竹添之箋也。又,若仲子非惠公夫人,依《左傳》之文,則無以解《公羊》"隱長而卑","隱長又賢,何以不宜立"之

---

① 《十三經注疏》第6册,第40頁上下。
② 《十三經注疏》第6册,第42頁上。
③ 竹添光鴻:《左氏會箋·隱元年》第1册,成都:巴蜀書社,2008年,第13頁。
④ 《史記》,北京:中華書局,1959年,第5册,第1528—1529頁。

問。必以仲子爲夫人,始可釋"桓幼而貴","母貴也"①,而惠公不立隱公,乃立桓公爲太子也。其二,杜、孔、楊皆以仲子死用夫人禮而《春秋》書夫人與否,繫於其親子桓公是否爲時君;此說未盡合於《春秋》書法也。如《春秋》之書哀姜事即與此說相悖也。魯莊公娶齊桓公娣哀姜爲夫人②,閔二年《左傳》載,莊公之子"閔公,哀姜之娣叔姜之子也,故齊人立之。共仲通於哀姜,哀姜欲立之",故"共仲使卜齮賊公于武闈"。"閔公之死也,哀姜與知之,故孫于邾。齊人取而殺之于夷,以其尸歸"。莊公之妾、僖公之母"成風聞成季之繇,乃事之,而屬僖公焉,故成季立之"③。是見閔公、僖公皆非哀姜之親子也。而哀姜之事,《春秋》閔二年書:"九月,夫人姜氏孫于邾。"僖元年書:"秋,七月,戊辰,夫人姜氏薨于夷,齊人以歸。……十有二月,丁巳,夫人氏之喪至自齊。"僖二年書:"夏,五月,辛巳,葬我小君哀姜。"僖八年書:"秋,七月,禘于大廟,用致夫人。"④哀姜雖無親子爲君,且有淫而與於弒君之罪,然其遜、薨、尸歸、葬、神主之致廟,《春秋》皆書"夫人"、"小君"。其書法所以然者,非以其有親子爲君,而當以其爲莊公之夫人也。又如齊姜亦然。成十四年《春秋》:"秋,叔孫僑如如齊逆女。……九月,僑如以夫人婦姜氏至自齊。"⑤是齊姜爲魯成公夫人也。成公之子襄公非齊姜生,而爲定姒所生,如襄四年《春秋》:"秋,七月,戊子,夫人姒氏薨。……八月辛亥,葬我小君定姒。"據《左傳》:"定姒薨,不殯于廟,無櫬,不虞。匠慶謂季文子曰:'子爲正卿,而小君之喪不成,不終君也。君長,誰受其咎?'"⑥知定姒爲襄公之生母也。定姒之親子爲君,"母以子貴"⑦,故定姒雖爲成公之妾,亦見尊爲夫人,是以《春秋》書其爲"夫人"、"小君"也。而齊姜雖非襄公之生母,第嫡母爾,然襄二年《左傳》載"夏,齊姜薨",《春秋》書曰:"夏,五月,庚寅,夫人姜氏薨。"⑧齊姜既無親子爲君,則《春秋》所以以"夫人"書其薨者,亦當以其爲

---

①《公羊傳·隱元年》,《十三經注疏》第7冊,第10頁下、第11頁上下。按,《公羊》亦主仲子爲惠公妾說,以仲子爲右媵而貴。愚以《左傳》所載爲實,故正文唯假《公羊》之辭,而不取其解釋之說也。

②《春秋·莊二十四年》:"夏,公如齊逆女。秋,公至自齊。八月丁丑,夫人姜氏入。"(《十三經注疏》第6冊,第172頁上)按,哀姜之爲齊桓公女弟,見《史記·十二諸侯年表》云齊桓公二十七年,"殺女弟魯莊公夫人,淫故"(《史記》第2冊,第582頁)。

③《十三經注疏》第6冊,第190頁上下、第194頁上。按,所謂"成季之繇",乃閔二年《左傳》所載"成季之將生也,桓公使卜楚丘之父卜之。曰:'男也。其名曰友,在公之右;間于兩社,爲公室輔。季氏亡,則魯不昌。'又筮之,遇《大有》之《乾》,曰:'同復于父,敬如君所。'"(同前第190頁下)

④《十三經注疏》第6冊,第189頁上、第197頁上下、第199頁上、第216頁下。

⑤《十三經注疏》第6冊,第464頁上下。

⑥《十三經注疏》第6冊,第503頁上、第505頁下。

⑦《公羊傳·隱元年》,《十三經注疏》第7冊,第11頁下。

⑧《十三經注疏》第6冊,第498頁上、第497頁下。

魯成公之夫人也。然則用夫人之禮而《春秋》書以"夫人"者有三類：既有常見之其親子爲君之亡君之夫人或妾，亦有無親子爲君之亡君之夫人也。杜、孔、楊之説皆未及其第三類。杜、孔以仲子爲妾固誤，楊注徑以仲子死用夫人之禮爲其親子桓公乃時君之的證，亦未必也。而據前第（4）條所論，可知仲子所以於《春秋》見書爲"夫人"者，非以其爲時君桓公之母，乃以其爲惠公夫人，而類似哀姜、齊姜也。

（7）"于己母則僅稱'君氏卒'，是不用夫人禮"。隱公母之卒，隱三年《春秋》書曰："夏，四月，辛卯，君氏卒。"《左傳》云："夏，君氏卒。聲子也。不赴於諸侯，不反哭于寢，不祔于姑，故不曰薨。不稱夫人，故不言葬。不書姓，爲公故，曰君氏。"杜注："不書姓，辟正夫人也。隱見爲君故，特書於《經》，稱'曰君氏'，以別凡妾媵。"①杜預《春秋釋例》卷二復詳論之："凡妾子爲君，其母猶爲夫人。雖先君不命其母，母以子貴，其嫡夫人薨，則尊得加于臣子，而内外之禮皆如夫人矣。……隱公以讓桓攝位，故不成禮于聲子，假稱君氏，以別妾媵。蓋是一時之宜，隱之至義。"②孔疏申杜義云："公以讓位之故，不從正君之禮，故亦不備禮於其母，使之辟仲子也。"③竹添光鴻箋亦云："隱公自居于攝，不以夫人之禮喪其生母，而史臣則終以公故，必謹而書之。不稱夫人、不曰薨者，成公志也。"④是杜、孔、竹添皆以爲隱公不用夫人禮喪其生母者，因其以攝位自居，俟桓公長而將授君位焉，故謙抑而避仲子，不備禮於其生母也。楊注於此《傳》文，持説亦與杜、孔、竹添大同："隱公雖當時爲魯國之君，却自謂代桓攝位，有讓位桓公之志；故去年十二月，桓公之母仲子死，以夫人之禮爲之葬，《春秋》亦書云'夫人子氏薨'。而距此不過四五月，勢不能再以夫人之禮爲聲子治喪。"⑤據楊注所用隱公"攝位""讓位"之辭，知其必未以桓公爲時君。其於隱元年、三年《傳》説一事而前後牴牾，據前第（4）條所論，知楊注於此隱三年《傳》説是，而於彼隱元年《傳》説非也。故隱公於其母喪不用夫人禮，亦與其不稱即位、弗臨惠公葬、用夫人禮成仲子喪同，皆以其攝將讓桓而自撙節，非以桓公爲並立之時君也。

（8）"攝位稱公亦猶周公攝位稱王，固周禮也"。此句爲楊注初版所無，乃1990年、2016年版增補者。古今主周公攝位稱王之説者，其所本材料之最古者爲《尚書》。《大誥》篇乃周

---

①《十三經注疏》第6册，第49頁下、第50頁下至第51頁上。
②文淵閣《四庫全書》，臺北：商務印書館股份有限公司，1986年，第146册，第38頁下。按，"桓"字據《左傳·隱三年》孔疏所引而補。
③《十三經注疏》第6册，第51頁上。
④竹添光鴻：《左氏會箋》第1册，成都：巴蜀書社，2008年，第48頁。
⑤楊伯峻：《春秋左傳注》第1册，第26頁。

公作於東征時，而云"王若曰'……不可不成乃寧考圖功'"；《康誥》爲周公告弟康叔之辭，亦云"王若曰'孟侯，朕其弟，小子封'"；《洛誥》乃周公"既成洛邑，將致政成王，告以居洛之義"，則云"周公拜手稽首，曰'朕復子明辟'"①。戰國更有《逸周書·明堂》《禮記·文王世子》及《明堂位》《荀子·儒效》《韓非子·難二》《尸子》等，亦見周公稱王之説②，故自兩漢訖今，主周公稱王説者代不乏人③。然古今亦頗有駁此説者。因戰國典籍爲周公稱王

---

①《十三經注疏》第1册，第190頁上、第192頁下、第201頁上、第224頁下。

②《逸周書·明堂》："成王嗣，幼弱，未能踐天子之位。周公攝政君天下，弭亂六年而天下大治。"（黄懷信、張懋鎔、田旭東《逸周書彙校集注》，上海：上海古籍出版社，2007年，下册，第710頁）《禮記·文王世子》："成王幼，不能涖阼；周公相，踐阼而治。……昔者周公攝政，踐阼而治；……成王幼，不能涖阼。"其《明堂位》篇："昔者周公朝諸侯于明堂之位，天子負斧依（鄭注"天子，周公也"），南鄉而立。……成王幼弱，周公踐天子之位，以治天下。"（《十三經注疏》第5册，第392頁下、第397頁下、第398頁上、第575頁下、第576頁下）《荀子·儒效》："成王幼，周公屏成王而及武王以屬天下。……成王冠，成人，周公歸周反籍焉。……周公無天下矣，鄉有天下，今無天下，非擅也；成王鄉無天下，今有天下，非奪也。……武王崩，成王幼，周公屏成王而及武王，履天子之籍，負扆而坐。"（清王先謙《荀子集解》，北京：中華書局，1988年，上册，第114頁、第115頁、第134頁）《韓非子·難二》："周公旦假爲天子七年，成王壯，授之以政。"（清王先慎《韓非子集解》，北京：中華書局，1998年，第365頁）《尸子》："昔武王崩，成王少，周公踐東宫，祀明堂，假爲天子。"（《詩·大雅·靈臺》孔疏引，《十三經注疏》第2册，第579頁下）嗣後，漢代典籍如《韓詩外傳》卷三、卷七、卷八（屈守元：《韓詩外傳箋疏》，成都：巴蜀書社，1996年，第318頁、第596頁、第742頁）、《淮南子·齊俗》及《氾論》（何寧：《淮南子集釋》，北京：中華書局，1998年，中册，第815—816頁、第925—926頁）、《論衡·書虚》（黄暉：《論衡校釋》，北京：中華書局，1990年，第1册，第194頁）等，並有周公稱王之説。

③於《大誥》之"王若曰"，《尚書》孔疏引鄭玄云："王，周公也。周公居攝，命大事則權稱王。"（《十三經注疏》第1册，第190頁下）於其"寧考"，童書業《春秋左傳研究》云："'寧王'即文王，是《大誥》中之王稱文王爲考。……則《大誥》中之'王'爲周公無疑。"（上海：上海人民出版社，1980年，第34頁）康叔封爲周公弟、成王叔父，故於《康誥》之王稱封爲朕弟，清錢塘《溉亭述古録》"周公攝政稱王考"條云："是豈成王之言耶！……（公）命大事則稱王，《康誥》《酒誥》《梓材》之'王若曰'是已。"（清阮元編《清經解》卷七一七，上海：上海書店，1988年，第4册，第848頁下）於《洛誥》之周公所云"朕復子明辟"，《漢書·王莽傳上》載"羣臣奏言：……成王加元服，周公則致政。《書》曰'朕復子明辟'，周公常稱王命，專行不報，故言我復子明君也"（北京：中華書局，1962年，第12册，第4080頁），是羣臣以周公嘗稱王也。自西漢以來，清林兆豐《隸經賸義》"周公稱王説"條（清王先謙編：《清經解續編》卷一四二五，上海：上海書店，1988年，第5册，第1377頁中至第1378頁中）、王國維《殷周制度論》（《觀堂集林》卷十，北京：中華書局，1959年，第2册，第455—456頁）、徐中舒《西周史論述（上）》（《四川大學學報（哲學社會科學版）》1979年第3期，第95頁）、劉起釪《由周初諸〈誥〉作者論"周公稱王"問題》（《人文雜志》1983年第3期，第66—74頁）、顧頡剛《周公執政稱王——周公東征史事考證之二》（《文史》第23輯，北京：中華書局，1984年，第1—30頁）、趙光賢《成周考——兼與馬承源同志商榷》與《再談有關周初實的幾個問題》（見氏著《亡尤室文存》，北京：北京師範大學出版社，2001年，第159、169頁）、王玉哲《中華遠古史》（上海：上海人民出版社，2003年，第513—517頁）、楊寬《西周史》（上海：上海人民出版社，2003年，第138—142頁）等，皆綜《尚書》與戰國秦漢典籍，或及金文，以主周公稱王之説。

說之間接材料,而《尚書》爲其直接材料,故駁此說者亦以別釋前引《尚書》文句等爲主①。《尚書》文句本有具歧義而或可多解者,二派往復辯難,雖於諸文句之多解中各擇其於己說有利之一解以貫連之,而率能自圓其說,然難免顧此失彼,且未能證己所未擇之他解皆必謬,故二派所持俱屬或然之假說,而非必然之定論。二派遂於《尚書》之外,援西周金文以濟己說,然於銅器之年代、字之隸定與釋義等,或有言人人殊者,而致二派於舊訟之上又新生葛藤②。所幸至一九七六年陝西扶風出土《牆盤》,二〇〇三年陝西

①如於《大誥》之"王若曰",王肅以爲"稱成王命,故稱王"(《禮記·明堂位》孔疏引,《十三經注疏》第5冊,第576頁上),僞孔傳、孔疏同其說。楊向奎從之而云:"所有《周誥》之稱王,或成王自稱,或周公以王命稱,……都不是周公稱王的證據。"(《宗周社會與禮樂文明》,北京:人民出版社,1992年,第165頁)。於其"寧考",孫斌來云《尚書》書文作寧,而金文頗多稱先父爲文考之例,即有文德之父也,故此寧考非謂文王。而成王先父爲武王,是《大誥》之王乃成王,而非周公(《"周公稱王"之說不可信》,《松遼學刊》1988年第4期,第19—22頁)。於《康誥》之王稱封爲朕弟,朱熹以爲"是武王命康叔之辭"(《朱子語類》卷七九,北京:中華書局,1994年,第5冊,第2054頁),蔡沈《書經集傳》同說(《四書五經》,天津:天津市古籍書店,1988年,上冊,第86—87頁)。孫斌來、張懷通則以《尚書》他篇、金文之例,證口宣王命之臣多據己與聽命者之行輩、地位關係,而更改王命之稱謂,或於誥命正文外補加稱謂等辭,《康誥》之稱封爲弟即屬其類(孫文出處見前。張懷通《"孟侯,朕其弟小子封"新解》,《歷史研究》2005年第5期,第184—189頁)。於《洛誥》之"朕復子明辟",蔡沈云:"復,如逆復之復。成王命周公往營成周,周公得卜,復命于王也。"(《書經集傳》,《四書五經》上冊,第98頁)崔述《豐鎬考信錄》卷四《周公相成王上》"辨周公攝政之說"條(《崔東壁遺書》,上海:上海古籍出版社,1983年,第200頁下)、王慎行《周公攝政稱王質疑》(《河北學刊》1986年第6期,第57—58頁)亦近同於蔡說。

②如徐中舒《西周史論述(上)》以《班簋》《般甗》之"咸王"爲"周公攝政時的名稱"(《四川大學學報(哲學社會科學版)》1979年第3期,第95頁),而郭沫若《兩周金文辭大系考釋》云《班簋》"銘中二咸字均上屬爲句,與《令彝》'既咸令'意同,特文更簡耳。或連下讀"爲"咸王",然"本銘四'王令'句,各兩兩相對爲文者,乃獨于中二句稱'咸王',前後二句不稱,無是文法也。《作冊般甗》'王宜尸方無敄,咸,王賞作冊般貝',例與此同,咸字亦當上屬爲句"(《郭沫若全集·考古編》第8卷,北京:科學出版社,2002年,第60—61頁)。據馬承源主編《商周青銅器銘文選》(第3卷,北京:文物出版社,1988年,第108頁)、王輝《商周金文》(北京:文物出版社,2006年,第100頁)於《班簋》之咸字皆上屬爲句,且前者讀《作冊般甗》之"咸"爲"事畢"之義(第3卷,第6頁),而主周公稱王說者亦未見有引徐說爲據者,知學者多從郭說。再如《何尊》之"隹王初遷宅于成周。……隹王五祀",馬承源《何尊銘文與周初史實》隸定遷字作"𨚚",釋爲壅之初文,而假作營字,據銘而言周公攝政稱王七年之說未必是,當爲武王克商即始營成周,後二年而死,成王嗣武王位即改元,至五年亦即克商後七年而復營成周(氏著《中國青銅器研究》,上海:上海古籍出版社,2002年,第225—237頁)。唐蘭《何尊銘文解釋》隸定遷字作"鄲",釋爲遷,言成王於周公攝政七年而反政後改元,至成王五年亦即克商十二年而遷居成周(《唐蘭先生金文論集》,北京:紫禁城出版社,1995年,第187—193頁)。趙光賢《成周考——兼與馬承源同志商榷》《再談有關周初史實的幾個問題》大同於唐說而駁馬說,且主周公確嘗攝政稱王之說(《亡尤室文存》,第155—172頁)。又如於王與周公同見之《小臣單觶》《禽簋》銘,馬承源據以言周公未嘗稱王(出處見前),趙光賢則以爲二銘作於周公返政之後,而宜有王與周公同見之辭(《成周考——兼與馬承源同志商榷》,《亡尤室文存》,第159頁)。

眉縣出土《逨盤》。《墻盤》爲周恭王時器,墻乃史官,其家爲微氏。銘文前述周文王、武王、成王、康王、昭王、穆王、天子(恭王)之功業,後述微氏高祖、烈祖、乙祖、文考乙公、墻之家事。銘文雖亦言及周公,即"雩武王既戈殷,敞(微)史(使)剌(烈)且(祖)廼來見武王,武王則令周公舍圖(宇)于周,卑(俾)處",意謂武王既滅殷,微氏高祖使其子烈祖來朝覲武王,武王命周公予其住所,使居於周①;然無周公稱王之事。《逨盤》爲周宣王時器,銘文歷叙單公等七代先祖及逨,輔佐文王至宣王等西周十二王之功烈;然於成王世,唯言"雩朕皇高且(祖)公叔,克逨匹成王,成受大令(命),方狄不亯(享),用奠四或(國)萬邦"②,而未言周公及其稱王之事。若周公果稱王七年,則《墻盤》《逨盤》銘當有其事之草蛇灰綫,然銘文了無其跡,故有學者據以堅執其周公無稱王紀年事之説③。於《墻盤》銘之未載周公稱王紀年事,雖亦有學者以爲此銘未足以證周公稱王説之爲僞④,然其持説實孱弱無力。故就迄今所見傳世與出土材料而言,能厭服人心者當爲周公無稱王紀年之説。

由是觀之,楊注雖欲以周公攝位稱王而二王並立,類推隱公亦攝位稱公而二公並立,然就推理方法言之,因類比推理有四詞項而屬或然性推理,則其所類推之説未必爲

---

① 馬承源主編:《商周青銅器銘文選》第 3 卷,第 153—156 頁。
② 陝西省考古研究所、寶雞市考古工作隊、眉縣文化館楊家村聯合考古隊:《陝西眉縣楊家村西周青銅器窖藏發掘簡報》,《文物》2003 年第 6 期,第 25 頁。
③ 孫斌來《"周公稱王"之説不可信》(《松遼學刊》1988 年第 4 期,第 22 頁)、馬承源《有關周初史實的幾個問題》(氏著《中國青銅器研究》,第 242 頁)、美國夏含夷《周公居東新説——兼論〈召誥〉、〈君奭〉著作背景和意旨》(氏著《古史異觀》,上海:上海古籍出版社,2005 年,第 307 頁)、張懋鎔《陝西眉縣出土窖藏青銅器筆談》,(《文物》2003 年第 6 期,第 59 頁)、楊升南《周公攝政未稱王》(《洛陽師範學院學報》2012 年第 1 期,第 34—35 頁)、呂廟軍《中國古代政治文化符號》(南開大學歷史學院博士學位論文,2010 年,第 74—77、89—90 頁)。
④ 如趙光賢《再談有關周初史實的幾個問題》云:"《墻盤》本意在叙述微氏家族史,并非周王室之史,無周公攝政稱王之事本不足爲奇。"(氏著《亡尤室文存》第 167 頁)杜勇《〈尚書〉周初八誥研究》云"武王死後,周公一度攝政稱王以治天下","周初政治舞臺上出現了二王並存的局面",然"由於成王一直未離王位,周公攝政數年就退居臣列","《史墻盤》歷數西周諸王而不及周公,其原因正在於此"(北京:中國社會科學出版社,1998 年,第 21、27 頁)。葛志毅《周公攝政紀年考》云《史墻盤》六王中之無周公,"一方面與周公攝政始終尊奉成王,尤其於歸政後更加以臣節自抑有關,另一方面則與成王對他的封賜方式有關,即别封周公於魯,雖使之得行天子禮樂,但卻推爲異代受命王"(《中華文化論壇》2000 年第 4 期,第 39 頁)。

必然之定論也①。況復就其所援以類比者之真僞而言,周公之攝位稱王本非史實,則愈無以證成桓公爲並立之時君之説也。然則楊注所舉理據,如上逐條所析,皆不足以證成隱桓二公並立爲君之説。而楊説之不立,適可反證鄭衆、杜預、孔穎達所主桓公之爲太子,乃不易之論也!

　　楊注以周公與隱公類比雖不當,然隱公於春秋亦非無所與歸者。《左傳·隱三年》:"宋穆公疾,召大司馬孔父而屬殤公焉,曰:'先君舍與夷而立寡人,寡人弗敢忘。若以大夫之靈,得保首領以没,先君若問與夷,其將何辭以對?請子奉之,以主社稷,寡人雖死,亦無悔焉。'對曰:'羣臣願奉馮也。'公曰:'不可。先君以寡人爲賢,使主社稷,若棄德不讓,是廢先君之舉也,豈曰能賢?光昭先君之令德,可不務乎?吾子其無廢先君之功。'使公子馮出居於鄭。八月庚辰,宋穆公卒,殤公即位。"②是宋穆公寔自視爲攝位,故不立己子公子馮,而讓位於先君即其亡兄宋宣公之子與夷也。《公羊傳》亦可證宋穆公之以攝位自居也,是年云:"宣公謂繆公曰:'以吾愛與夷,則不若愛女。以爲社稷宗廟主,則與夷不若女,盍終爲君矣?'宣公死,繆公立。繆公逐其二子莊公馮與左師勃,曰:'爾爲吾子,生毋相見,死毋相哭。'與夷復曰:'先君之所爲不與臣國,而納國乎君者,以君可以爲社稷宗廟主也。今君逐君之二子,而將致國乎與夷,此非先君之意也。且使子而可逐,則先君其逐臣矣。'繆公曰:'先君之不爾逐,可知矣。吾立乎此,攝也。'終致國乎與夷。"③據宋穆公之自言"吾立乎此,攝也",知其爲魯隱公之比也,宜增島固曰:"隱之於桓,猶穆公之於與夷耳。"④與楊説校,斯可謂的論也已。

---

①類比推理之内涵表述爲:"若 A、C 皆有中項 B,則 A 有 D,C 亦有 D。"因 D 是否有其在中項 B 内之事實,乃未知而待定者,則 D 是否在 C 内,亦不確定,故結論亦非必然者(參黑格爾(Hegel)《邏輯學》下卷,楊一之譯,北京:商務印書館,1976 年,第 373—376 頁)。就楊注之類比推理而言,周公爲 A,攝位爲中項 B,隱公爲 C,二君王並立爲 D。其推理過程爲:周公 A 有攝位 B,而有二王並立 D;隱公 C 亦有攝位 B,故隱公亦有二公並立 D。或表述爲:周公 A、隱公 C 皆有攝位 B,則周公 A 有二王並立 D,隱公 C 亦有二公並立 D。因二公並立 D 是否爲其攝位 B 所涵,乃待史實以證而尚未知者,則二公並立 D 是否適用於隱公 C,亦不必者,故隱公 C 亦有二公並立 D 之結論,亦未必然之説也。

②《十三經注疏》第 6 册,第 52 頁上下。

③《十三經注疏》第 7 册,第 28 頁下至第 29 頁上。

④竹添光鴻:《左氏會箋·隱三年》引,第 1 册,第 21 頁。

二、疑"荆尸"爲指軍事之動詞之説

《左傳·莊四年》:"春王三月,楚武王荆尸,授師孑焉,以伐隨。"楊注初版云:"荆尸,楚國陳兵之法,楚武王初爲之,此作動詞用。宣十二年《傳》'荆尸而舉',用與此同。"①其新版云:"湖北雲夢縣睡虎地秦墓竹簡,有秦楚月名對照表,秦之正月,楚曰'刑夷',于豪亮《秦簡日書記時記月諸問題》謂'刑夷'即'荆尸'。則'楚武王荆尸授師孑焉'作一句,楚武王正月授軍隊以戟也。見《雲夢秦簡研究》。疑此'荆尸'當作動詞,指軍事。"②按,楊注新版雖引于先生之説,然徒備一説而未從之,猶持初版之動詞説,於其義則唯易"楚國陳兵之法,楚武王初爲之"爲"指軍事"之新説耳。愚疑于説勝於楊注而當從,請申于義焉。

楊注初版釋義,當本於杜、孔,杜注云:"尸,陳也。荆,亦楚也。更爲楚陳兵之法。"孔疏:"楚本小國,地狹民少,雖時復出師,未自爲法式。今始言'荆尸',則武王初爲此楚國陳兵之法,名曰'荆尸',使後人用之。宣十二年《傳》稱'荆尸而舉',是遵行之也。"③楊注蓋因見秦簡有刑夷之詞,自覺所本杜、孔之舊説未安而棄之,故易以"當作動詞,指軍事"之泛辭。楊注雖廢舊説,然亦不從于説。楊注所以然者,意其蓋以于先生言《左傳》荆尸與秦簡《日書》刑夷之時月相合,然其説實有扞格之處也。而竊以爲于説所推時月之扞格,乃其推算之誤所致者也,若正其誤,則見荆尸爲月名之説猶可立也。茲就愚所意者以辨析之。試先觀睡虎地秦簡《日書》甲種:

十月,楚冬夕;日六夕十。十一月,楚屈夕;日五夕十一。十二月,楚援夕;日六夕十。正月,楚刑夷;日七夕九。二月,楚夏屎;日八夕八。三月,楚紡月;日九夕七。四月,楚七月;日十夕六。五月,楚八月;日十一夕五。六月,楚九月;日十夕六。七月,楚十月;日九夕七。八月,楚爨月;日八夕八。九月,楚臚(獻)馬;日七夕九。④

---

①楊伯峻:《春秋左傳注》,北京:中華書局,1981年第1版,第1册,第163頁。
②楊伯峻:《春秋左傳注》,北京:中華書局,2016年第4版,第1册,第178頁。
③《十三經注疏》第6册,第140頁上。
④睡虎地秦墓竹簡整理小組編:《睡虎地秦墓竹簡》,北京:文物出版社,1990年,圖版第94頁,釋文第190—191頁。

首句"十月,楚冬夕;日六夕十",其"十月"謂秦曆月名,"冬夕"爲楚曆月名,"日六夕十"乃晝夜十六時制之此月晝夜長短之數。其餘十一句亦然。于先生《秦簡〈日書〉記時記月諸問題》云:

> "夏屎",在《日書》其它簡文裡,又寫作"夏尸"、"夏夷",鄂君啟節裡則寫作"夏屍"。刑夷亦作"刑尸、刑屎"。……屍字實爲尸祝之尸的本字。……屎字從尸得聲,兩者音近,可以通假。至於夷字也同尸字、屍字相通,《左傳·成公十七年》"吾一朝而尸三卿",《韓非子·内儲説下》作"夷三卿",馬王堆帛書《春秋事語·衛獻公出亡章》作"屍之朝",正是尸、屍、夷通假之證。"刑尸",《左傳》作"荆尸"。《左傳·莊公四年》:"春,王正月,楚武王荆尸授師孑焉,以伐隨。"杜注:"尸,陳也。荆亦楚也。更爲楚陳兵之法。"按,如杜注實在講不通。"荆尸"應該就是"刑尸",也就是楚國與正月相當的月名。故此句意即楚武王在正月"授師孑"。又《左傳·宣公十二年》"荆尸而舉",意思是楚於正月出兵。《左傳》於此年年初即記"春,楚子圍鄭",與正月出兵之義正合。秦簡《日書》的出土,才使我們得以了解"荆尸"的正確含義。……根據這份表上的記載,秦的四月是楚的七月,秦的五月是楚的八月,秦的六月是楚的九月,秦的七月是楚的十月,依此向前推算,我們才知道楚的一月又名冬夕,相當於秦的十月;楚的二月又名屈夕,相當於秦的十一月;楚的三月又名援夕,相當於秦的十二月。看來楚以亥月爲歲首,與建寅的夏曆、建丑的殷曆、建子的周曆都不同。秦雖然也以十月爲歲首,卻没有更改月名,因此秦楚的曆法,差異還是比較大。①

于先生説荆尸之要,俱見於上。茲所以不避辭繁而具引者,以其大醇而小疵也。愚疑楊注所以引而不從者,即以其有小疵也。

于説之大醇,在其據《左傳》"尸三卿"之有異文"夷三卿",言尸、夷二字可通假,而斷《左傳》荆尸即秦簡《日書》刑夷之楚月名也。夷、尸之可通假,于先生雖唯據一例異文而言之,然其説可從也。就通假之必要條件而言,夷字屬以紐脂部,尸字在書紐脂部。以、書二紐各爲喻母四等與審母三等之聲類,於上古音,曾運乾先生曰喻四之讀多在定

---

① 于豪亮:《于豪亮學術文存》,北京:中華書局,1985年,第160—161頁。

母①,周祖謨先生云審三之讀類歸端母②。端、定互爲旁紐,故其間雖有清濁之異,然無害其音之近也。二字之韻同在脂部,則其音益趨於近同,而愈具通轉之前提條件也。就上古漢語之語言事實而言,亦有二字通假之旁證,如《周禮·天官·凌人》"大喪,共夷槃冰"句之鄭注云:"夷之言尸也。實冰于夷槃中,置之尸牀之下,所以寒尸。尸之槃曰夷槃,牀曰夷牀,衾曰夷衾,移尸曰夷于堂,皆依尸而爲言者也。"③又如《儀禮·既夕禮》"夷牀饌于階閒"句,鄭注:"夷之言尸也。"賈疏:"云'夷之言尸也'者,遷尸於堂亦言夷尸,盤、衾皆依尸而言,故云'夷之言尸也'。"④夷之今文侇,亦通尸,如《儀禮·士喪禮》"士舉。男女奉尸,侇于堂。幠用夷衾",鄭注:"侇之言尸也。夷衾,覆尸柩之衾也。……今文侇作夷。"賈疏:"云'侇之言尸也'者,尸之衾曰'夷衾',尸之牀曰'夷牀',并此經侇尸不作移字,皆作'侇'者,'侇'人旁作之,故鄭注《喪大記》皆是依尸爲言也。"⑤若夫尸、夷字之本義,林義光《文源》言尸字金文"象人箕踞形","疑即夷居之夷本字"⑥;鄒壽祺《夢坡室獲古叢編》"商王宜人甗"條言尸"象蹲踞形","東夷之民蹲居無禮"⑦;容庚《金文編》言尸"象屈膝之形,意東方之人其狀如此"⑧。是知尸字之本義乃以蹲踞爲啟處常形之種族之名也。彝器銘文猶見尸字用其本義者,如周康王時器《盂鼎》之"易(賜)尸䛡王臣"之尸司⑨,周宣王時器《兮甲盤》⑩、《師寰簋》、春秋早期器《曾伯霥簠蓋》等之"南淮尸""淮尸"⑪,其尸字均讀爲種族名。又如《漢書·郊祀志下》載漢宣帝時,"美陽得鼎","中有刻書曰:'王命尸臣:"官此栒邑,賜爾旂鸞黼黻琱戈。"尸臣拜手稽首曰:"敢對揚天子不顯休命。"'"顏注:"尸臣,主事之臣也。"⑫顏注非,此尸亦當讀爲夷狄之夷。而夷字,則如吳其昌《金文名象疏證·兵器篇》所云,"'夷'字與

---

①曾運乾:《音韻學講義》,北京:中華書局,1996年,第147—170頁。
②周祖謨:《審母古音考》,《問學集》,北京:中華書局,1966年,上册,第120—138頁。
③《十三經注疏》第3册,第81頁下。
④《十三經注疏》第4册,第448頁下。
⑤《十三經注疏》第4册,第426頁下。
⑥林義光:《文源》卷四,林義光自印石印本,1920年,第1葉右。
⑦劉慶柱、段志洪、馮時主編:《金文文獻集成》,北京:綫裝書局,2005年,第19册,第14頁下。
⑧容庚編著:《金文編》,北京:中華書局,1985年,第602頁。
⑨(清)劉心源:《奇觚室吉金文述》卷二,《續修四庫全書》,上海:上海古籍出版社,2002年,第903册,第424頁。
⑩郭沫若:《兩周金文辭大系圖録考釋·録編》,《郭沫若全集·考古編》第7卷,北京:科學出版社,2002年,第383頁。
⑪(清)劉心源:《奇觚室吉金文述》卷四、卷五,《續修四庫全書》第903册,第461、477頁。
⑫《漢書》第4册,第1251—1252頁。

'弟'字爲一字","'夷'之本義……乃一矢形,象有繳韋之屬縛束之也。《說文》于'弟'字云:'韋束之次弟也。'韋所束者爲何物乎?則'矢'是也"①。是夷字本爲次第之義也。今弟專夷之義,夷奪尸之義,尸則見假爲屍之義矣。然則鄭玄所言者,乃假尸爲屍,復借夷爲尸者也。又,刑、荆亦形音俱近,是于先生所言刑夷即荆尸,乃不刊之說也。

于說之小疵,則在其所云出兵之時未合於楚月之時也。于先生之"《左傳·宣公十二年》'荆尸而舉',意思是楚於正月出兵。《左傳》於此年年初即記'春,楚子圍鄭',與正月出兵之義正合"云云,其以宣十二年《傳》之"春"證荆尸即莊四年《傳》之"春王正月",然據《日書》,荆尸乃楚曆孟夏(即四月)之月名。是則孟夏焉得如于說而謂爲"春"之時耶!又,若據于文所引《傳》文"春王正月"之"王"字,而以周曆讀之,則此周曆之孟春正月,在秦曆所用夏曆月名即爲仲冬十一月。然則仲冬又豈可如于說而謂爲"春"之時邪!是見于先生之說有出兵之"春"之時與孟夏、仲冬之時之二違忤也。于說雖有此枘鑿之乖,然《左傳》二荆尸既皆與用兵有關,則藉春秋用兵時日避擇之說以觀之,若出兵之時與楚月之時密合無間,于先生所持荆尸即刑夷之說則可不以其乖迕而見廢也。

春秋用兵有避冬擇春之說。《左傳·襄十九年》:"季武子以所得於齊之兵,作林鐘而銘魯功焉。臧武仲謂季孫曰:'非禮也!夫銘,天子令德,諸侯言時計功,大夫稱伐。今稱伐,則下等也;計功,則借人也。言時,則妨民多矣,何以爲銘?'"②魯從晉等諸侯伐齊得勝,魯正卿季孫宿鎔所獲齊兵鑄林鐘,以銘魯功。臧孫紇據作器銘功之禮,言季氏鑄鐘銘功爲非禮也。臧氏意之一,在銘功而禮須"言時",然魯用兵之"時","妨民多矣",則非用兵之"時"也,故諫云然。其用兵之"時",襄十八年《經》《傳》皆書在"冬十月"③,則見冬非用兵之"時"。是臧孫紇主用兵避冬之說也。又,齊大司馬田穰苴亦主此說,見《司馬法·仁本》:"戰道不違時,不歷民病,所以愛吾民也。不加喪,不因凶,所以愛夫其民也。冬夏不興師,所以兼愛民也。"④然臧氏、田氏均未言所擇。而《左傳·閔二年》"冬十二月"下,載"晉侯使大子申生伐東山皋落氏","公衣之偏衣,佩之金玦";"狐突歎曰:'時,事之徵也;……故敬其事,則命以始。……今命以時卒,閟其事也。……時以閟之,……冬,殺,……胡可恃也!'"⑤。其"時,事之徵也"句,楊注:"徵,

---

①吳其昌:《金文名象疏證·兵器篇》,太原:三晉出版社,2009年,第279、281頁。
②《十三經注疏》第6册,第585頁上下。
③《十三經注疏》第6册,第576頁下、577頁上。
④《司馬法》卷上,《四部叢刊》初編本,上海:商務印書館,1926年,第1葉右。
⑤《十三經注疏》第6册,第190頁下至第191頁上,第192頁上下,第193頁上。

證也。"其"故敬其事,則命以始"句,杜注:"賞以春夏。"楊用杜而注曰:"謂當賞之於春夏。"①杜、楊必皆讀"故敬其事"之"事"爲賜衣、玦之事,讀"則命以始"句意爲衣、玦之賜當於春夏頒其賜命。然夏不可謂歲時之始,衣佩之賜亦不限於歲始。狐突所云之"事",據其乃就征伐皋落氏而言者,則當專指戎事。以"事"字專戎事之義,非無其徵。《左傳·成十三年》曰:"國之大事,在祀與戎。"②祀、戎既爲國事之至大者,則"事"字或時得專祀、戎之義也③。其專戎事之義,見《左傳·隱五年》:"春蒐、夏苗、秋獮、冬狩,皆於農隙以講事也。三年而治兵,入而振旅,歸而飲至,以數軍實。"④《左傳·哀十四年》:"魯有事于小邾,不敢問故,死其城下可也。"⑤七國時"事"字亦有是義,如《戰國策》卷四《秦策二》"義渠君之魏"章載公孫衍謂義渠君曰:"中國無事於秦,則秦且燒焫獲君之國;中國爲有事於秦,則秦且輕使重幣,而事君之國也。"宋鮑彪注前二"事"字云:"皆謂戰。"又卷二五《魏策四》"獻書秦王曰"章載或"獻書秦王曰:'昔竊聞大王之謀出事於梁。……臣竊爲大王計,不如南。出事於南方,其兵弱。'"鮑注"事"曰:"謂攻之。"⑥狐突所言"事"字,以其有專戎義之旁證,故愚益疑杜、楊三注皆失《傳》旨,而未敢從也。竊以狐突之意當爲:命戎事之時,爲戎事之預兆;故慎敬戎事,則須命戎事於歲時之始。今命戎事於歲時閉卒之季冬十二月,乃閉戎事使不順遂也。所命之時既閉其戎事,且冬爲肅殺之時,則晉獻公雖賜偏衣、金玦,申生豈可恃之而免難耶!狐突所言"則命以始"之始,即歲時之始,亦即春時。是狐突亦同臧孫紇、田穰苴而主用兵避冬之説,且言用兵當擇春時也。又《左傳·宣十二年》:"春,楚子圍鄭,……三月,克之。……夏,六月,晉師救鄭。……隨武子曰:'善。會聞用師,觀釁而動。德、刑、政、事、典、禮不易,不可敵也,不爲是征。……楚君……荆尸而舉,商、農、工、賈,不敗其業,而卒乘輯睦,事不奸矣。……德立、刑行、政成、事時、典從、禮順,若之何敵之?'"⑦士會就楚於德、刑等六端

---

① 楊伯峻:《春秋左傳注》第1册,北京:中華書局,1981年,第270頁。
② 《十三經注疏》第6册,第460頁下。
③ "事"字專祀事之義,如《爾雅·釋天》:"起大事、動大衆,必先有事乎社而後出。"(《十三經注疏》第8册,第100頁下)《國語·齊語》:"天子使宰孔致胙於桓公,曰:'余一人有事於文、武,使孔致胙。'"(徐元誥:《國語集解》,北京:中華書局,2002年,第237頁)《春秋·昭十五年》:"二月,癸酉,有事于武宫。"(《十三經注疏》第6册,第821頁下)《左傳·哀十三年》:"魯將以十月上辛,有事於上帝、先王。"(《十三經注疏》第6册,第1029頁上)
④ 《十三經注疏》第6册,第59頁上下。
⑤ 《十三經注疏》第6册,第1031頁下。
⑥ 《戰國策》,上海:上海古籍出版社,1985年,上册,第144—145頁;中册,第887—888頁。
⑦ 《十三經注疏》第6册,第388頁下,第389頁上下,第390頁上,第391頁上。按,"楚君"原作"楚軍",從阮校記而改。

之嘉善,而言楚之不可敵。六端中之"事"之義,杜、孔、楊未注,據其上下文意,亦當爲戎事之義也。士會言楚莊王於荆尸之月而行,戎事不犯民事,故得"事時"即得戎事之時,孔疏云"事以得時爲善"①,故楚於戎事之端亦有得時之嘉善。而其"時",據《傳》云"春,楚子圍鄭",知乃春之時也。是士會主用兵擇春之説也。然則春秋用兵之時日避擇,諒有避冬而擇春之説也。然其避擇之由,則有以民事或時氣之端而各爲其説之異。

春秋用兵避擇之由之異説,使避冬擇春之説所本曆法未明,而妨於彌合于先生之説所藴用兵之時之乖。故兹先論避冬擇春之由之實。用兵避擇之由,臧孫紇、士會以民事言之。民事之閒劇,視四時節氣而異。古六曆之中,夏曆建寅之歲首孟春正月,適爲立春節氣所在之月,遂使其虛擬之十二陽曆月名與陽曆之四時節氣之推移視他曆爲最切近。假以置閏法,其陽曆月名與四時節氣可得始終相應,而無陽曆月名與節候之差殊所致農時之誤。《左傳·昭十七年》云"夏數得天"②,杜預《春秋釋例》云"三王異正朔,而夏數爲得天"③,即以此也。故若言民事,須據夏曆以言,始可得其閒劇之實。用兵避冬之由,臧孫紇言用兵於冬則"妨民多矣",然冬非妨民之時,如莊二十九年《春秋》書"冬,十有二月,……城諸及防",《左傳》發凡曰:"冬,十二月,城諸及防,書,時也。凡土功,龍見而畢務,戒事也。火見而致用,水昏正而栽,日至而畢。"④是見築城等土功,始於"龍見"之夏曆季秋九月,終於"日至"之仲冬十一月冬至。魯築二城之周曆季冬十二月,因是年歲首建丑⑤,故於夏曆爲仲冬十一月,適爲農閒之冬時,故《春秋》以其不妨民而書爲"時也"。而用兵亦於農閒之冬時,豈得言其"妨民多矣"而當避冬耶?士會言興戎事於春,則戎事不犯民事,故得"事時"。然春實爲古今農事繁劇之時,胡可謂春時戎事不犯民事而可擇耶?雖竹添光鴻以士會之言而曰:"據此可見當時兵與農實分,故雖屢歲出兵,無妨於農。"⑥然其兵農已分之説并無的據他證,而未可言"實分"。政復兵農已果"實分",則四時用兵俱於民事無犯,又何須言用兵擇春方得"事時"之善耶?是知臧孫紇、士會以民事而説用兵避擇之由,未得其情也。而狐突以時氣説避擇之由,其所言戎事之避擇與時氣變易之象徵義,應若枹鼓,故其時氣之由之説當得其實而可從也。其説亦有旁證,如《吕氏春秋·孟春紀》云:"是月也,不可以稱兵,稱兵必有天殃。兵戎

---

① 《十三經注疏》第6册,第391頁上。
② 《十三經注疏》第6册,第838頁下。
③ 文淵閣《四庫全書》第146册,第49頁下。
④ 《十三經注疏》第6册,第178頁下,第179頁上。
⑤ 楊伯峻:《春秋左傳注》第1册,北京:中華書局,1981年,第243頁。
⑥ 竹添光鴻:《左氏會箋》第2册,第882頁。

不起,不可以從我始。"高注:"春當行仁,非興兵征伐時也,故曰'不可以從我始'。"《季夏紀》云:"不可以起兵動衆,無舉大事,以搖蕩于氣。"《孟秋紀》云:"專任有功,以征不義,詰誅暴慢,以明好惡。"①《禮記·月令》亦同説。《吕氏春秋》乃晚出之戰國雜家之書,而論春秋事,宜以春秋人之説爲本,故其避春夏而擇秋之説可置之不從,然其以時氣言避擇之由,則可證狐突之説非孤例也。又,春秋於結陳、班師之日之避擇,亦可旁證狐突之説,《國語·晉語六》:"厲公六年,伐鄭,……楚恭王帥東夷救鄭。楚半陳,……郤至曰:'……夫陳不違忌,一闕也。'"②楚所違之忌,即成十六年《左傳》所載:"甲午晦,楚晨壓晉軍而陳。……郤至曰:'楚有六間,不可失也。……陳不違晦。……以犯天忌,我必克之。'"杜注:"晦,月終,陰之盡。故兵家以爲忌。"孔疏:"日爲陽精,月爲陰精。兵尚殺害,陰之道也,行兵貴月盛之時,晦是月終,陰之盡也,故兵家以晦爲忌,不用晦日陳兵也。"③是晉、楚鄢陵之役,楚犯晦日結陳之忌而致敗也。昭二十三年《傳》:"吳人伐州來,楚薳越帥師及諸侯之師奔命救州來。……吳子……戊辰晦,戰于雞父。……楚師大奔。……楚未陳也。"④是吳、楚雞父之役,吳王僚乘楚拘忌未陳之機,而大敗楚也。《太平御覽·時序部五》引《司馬法》曰:"月食班師,所以省(息)戰也。"原注云:"月食則陰毁(晦),故息戰也。"⑤結陳、班師之日所避擇之太陰之盛衰,近於興師之時所避擇之陰陽時氣之轉易,故前者亦可旁證狐突之説爲得其實而可從也。至於《左傳·成十六年》載:"鄭叛晉,……夏四月,……晉侯將伐鄭。……楚子救鄭,……過申,子反入見申叔時,曰:'師其何如?'對曰:'德、刑、詳、義、禮、信,戰之器也。……禮以順時,信以守物,……時順而物成。……今楚……瀆齊盟,而食話言;奸時以動,……民不知信,……其誰致死?子其勉之!吾不復見子矣。'"⑥此年歲首建子⑦,《經》《傳》同書"夏四月",則其爲周曆之時、月,故杜注"奸時以動"句曰:"禮不順時。周四月,今二月,妨農業。"⑧是楚救鄭在夏曆仲春二月,斯則申叔時之言既與用兵避擇不以民事論之説相違,且與用兵擇春之説相迕也。然竊以爲申叔時所以言春時用兵妨農而"奸時"者,據《左傳·成

---

① 王利器:《吕氏春秋注疏》,成都:巴蜀書社,2002年,第48頁、第585頁、第697頁。
② 徐元誥:《國語集解》第390頁。
③ 《十三經注疏》第6册,第474頁下,第475頁上。
④ 《十三經注疏》第6册,第878頁上下。
⑤ 《太平御覽》,北京:中華書局,1960年,第1册,第97頁上。按,"省戰"之省,據文意與其原注,當爲息字之形訛。"陰毁"之毁,據文意,當爲晦字之音訛。
⑥ 《十三經注疏》第6册,第472頁下、473頁上下、474頁上。
⑦ 楊伯峻:《春秋左傳注》,北京:中華書局,1981年,第2册,第877頁。
⑧ 《十三經注疏》第6册,第473頁下。

十二年》:"秋,……晉郤至如楚聘,且涖盟。……冬,楚公子罷如晉聘,且涖盟。十二月,晉侯及楚公子罷盟于赤棘。"①《左傳·成十五年》:"楚將北師,子囊曰:'新與晉盟而背之,無乃不可乎?'子反曰:'敵利則進,何盟之有?'申叔時老矣,在申,聞之,曰:'子反必不免。信以守禮,禮以庇身,信、禮之亡,欲免,得乎?'"②知申叔時以楚之失信背盟爲不義,故以春時用兵妨農而"奸時"之言,擴其不與楚而復憂楚之情耳。是見申叔時之言實乃方便權説,未可據以言春秋有用兵避春以不妨農之説也。

用兵避擇之由既本於兵氣與時氣之相應爲説,而時氣雖以歲首建子之周曆爲最密邇其實,然如《白虎通義·三正》所云,其歲首之冬至所在夏曆"十一月之時,陽氣始養根株黃泉之下","動微而未著也";而歲首建寅之夏曆正月,"萬物始達,孚甲而出","人得加功"③,則用兵避擇之説亦當本於衆庶據物候而易察知時氣之夏曆也。然本於夏曆之用兵避擇之説亦似有不能皆自相洽者。《春秋》書時書月,均用周曆,而《左傳》書時書月兼用夏周二曆,並無定準。閔二年《經》書"冬,……十有二月,狄入衛",《左傳》書"冬,十二月,狄人伐衛。……晉侯使大子申生伐東山皋落氏",是《經》《傳》皆以周曆記晉伐赤狄皋落氏之時也。此年歲首建子④,周曆季冬十二月爲夏曆孟冬十月,則狐突言其非時,合於用兵避冬之説。此乃用兵避擇之説之能自洽者也。宣十二年事之時月亦能與用兵避擇之説相洽(見後文)。然魯從晉伐齊之事,襄十八年《經》《傳》皆書於"冬十月",此年歲首亦建子⑤,則伐齊在周曆孟冬十月,其在夏曆爲仲秋八月,而臧孫紇言其非時,則未合乎用兵避擇之説所當避者。此其説之未能洽者也。用兵避擇之説若未能自洽,則其説本於夏曆之論終不得立也。故兹試論其説果不能皆自相洽否。欲明其自洽否,須先知《經》《傳》所書戎事之冬、春之時,是否即狐突、士會、臧孫紇心所意、口所言之冬、春之時。狐突、士會爲晉人,臧孫紇爲魯人,而晉、魯之人言事所心意口言之時,據《經》《傳》所載,未必即史官書其事之時也。如魯僖五年"晉侯復假道於虞以伐虢"事,《春秋》書"冬,晉人執虞公",《左傳》書"冬,十二月丙子,朔,晉滅虢"⑥,是《經》《傳》書其事皆用周曆也。然《傳》爲欲明虢滅乃天意,而載:"晉侯圍上陽,問於卜偃曰:'吾其濟乎?'對曰:'克之。'公曰:'何時?'對曰:'童謠云:"丙之晨,龍尾伏辰;均服振

---

①《十三經注疏》第6册,第458頁上、第459頁下。
②《十三經注疏》第6册,第466頁下。
③清陳立:《白虎通疏證》卷八,北京:中華書局,1994年,下册,第363頁。
④楊伯峻:《春秋左傳注》,北京:中華書局,1981年,第1册,第261頁。
⑤楊伯峻:《春秋左傳注》,北京:中華書局,1981年,第3册,第1034頁。
⑥《十三經注疏》第6册,第207頁下、第205頁上、第209頁上。

振,取虢之旂。鶉之賁賁,天策焞焞,火中成軍,虢公其奔。"其九月、十月之交乎!丙子旦,日在尾,月在策,鶉火中,必是時也。'"①是晉大夫卜偃據童謠所言天象,預言虢滅之月日而驗,而其所言九月、十月之交,乃本夏曆,故與《傳》之周曆十二月殊也。又如《左傳·襄三十年》:"二月癸未,晉悼夫人食輿人之城杞者,絳縣人或年長矣,無子而往,與於食。有與疑年,使之年。曰:'臣,小人也,不知紀年。臣生之歲,正月甲子朔,四百有四十五甲子矣,其季於今三之一也。'吏走問諸朝。師曠曰:'魯叔仲惠伯會郤成子于承匡之歲也。……七十三年矣。'……士文伯曰:'然則二萬六千六百有六旬也。'"②竹添光鴻箋:"老人云'臣生之歲',曰歲不曰年,明是夏正也。"③據《爾雅·釋天》"夏曰歲,……周曰年"④,竹添之説可從。又,據絳縣老人言其生於"正月甲子朔",亦知其用夏曆也。即其所歷日數爲26660日,自襄三十年二月癸未逆推,師曠得其生年爲魯文十一年,清陳厚耀《春秋長曆》卷五得其生日爲文十一年"三大甲子(原注:'《傳》甲子朔,見襄公三十年絳縣老人言。')"⑤,即周曆三月甲子朔之日,其與老人所言"正月甲子朔"之異,可知老人所用爲夏曆之正朔。至若張汝舟、張培瑜先生各以其算法得魯文十一年三月之實曆爲乙丑朔⑥,此當因合朔時刻於一日之中之分數小,故司曆之史官失朔而書乙丑朔爲甲子朔矣⑦,其間一日之差殊不害絳縣老人以夏曆正朔記其生日之説也。是見《左傳》雖或以周曆書晉事,然無論朝野,晉人心意口言之時月乃夏曆之時月也。魯人亦然,如《春秋·桓四年》:"春,正月,公狩于郎。"《左傳》載其事後曰:"書,時,禮也。"⑧此年歲首建丑⑨,則其正月爲夏曆季冬十二月,故杜注《經》曰:"冬獵曰狩。……周之春,夏之冬也。田狩從夏時。"⑩是見魯君田狩之擇時用夏曆,史官雖以周曆書事,然據夏曆以判其時之得失也。又《春秋·昭二十一年》:"秋,七月壬午朔,日有食之。"

---

①《十三經注疏》第6冊,第208頁下。
②《十三經注疏》第6冊,第679頁下至第680頁下。按,"二月"原作"三月",從阮校記與楊注本校記而改。"六千"原作"二千",據阮、楊校而改。
③竹添光鴻《左氏會箋》第4冊,第1553頁。
④《十三經注疏》第8冊,第96頁上。
⑤文淵閣《四庫全書》第178冊,第506頁上。
⑥張汝舟:《春秋經朔譜》,見氏著《二毋室古代天文曆法論叢》,杭州:浙江古籍出版社,1987年,第483頁。張培瑜《中國先秦史曆表》,濟南:齊魯書社,1987年,第141頁。
⑦參張汝舟:《〈曆術甲子篇〉淺釋》《西周考年》,見氏著《二毋室古代天文曆法論叢》,第30、168頁。
⑧《十三經注疏》第6冊,第104頁上下。
⑨楊伯峻:《春秋左傳注》,北京:中華書局,1981年,第1冊,第100頁。
⑩《十三經注疏》第6冊,第104頁上。

《左傳》:"公問於梓慎曰:'是何物也?禍福何爲?'對曰:'二至二分,日有食之,不爲災。'"①梓慎以"二至二分"論周曆孟秋七月之日食,而此年歲首建子②,則此月在夏曆爲仲夏五月,其月之中氣即爲夏至,是見魯史官所書周曆秋七月,在梓慎則以夏曆仲夏五月言其災祥也。與此類似者又見《春秋》昭二十四年《經》《傳》載魯卿叔孫婼以夏曆仲春之中氣春分,以説周曆仲夏五月日食之災祥③。是見魯人亦同晉人,史官雖以周曆書事,然魯勿論君臣,其行事所擇及心意口言者實亦夏曆之陽曆時月也。而據《逸周書·周月》:"萬物春生、夏長、秋收、冬藏,天地之正,四時之極,不易之道。夏數得天,百王所同。其在商湯……改正朔,……以建丑之月爲正。……亦越我周王致伐于商,改正異械,以垂三統。至於敬授民時,巡狩祭享,猶自夏焉。"④是知非獨晉、魯人如此,以周室之尊亦然。然則臧孫紇之説與用兵避擇説之似不自洽,可就如下三端而見其實亦自洽者也。其一,臧孫紇所言伐齊非時之冬,據上所考,當爲魯人心意口言之夏曆之冬,故不必泥於其事在夏曆仲秋八月,而以爲臧孫紇之説與避冬之説不合,遂疑春秋用兵避擇之説有不自洽者也。其二,臧孫紇與正卿季孫宿自亦皆知周、夏曆時月之殊,而臧孫紇所以用夏曆之冬爲説者,蓋以伐齊之事雖在夏曆仲秋八月,然魯尊王,作彝器銘魯功,必以周曆書時爲冬⑤,而冬以其所謂"妨民多"而當避,故有意淆亂夏曆之秋、冬而爲説,

---

① 《十三經注疏》第6册,第867頁上、第869頁上。
② 楊伯峻:《春秋左傳注》第4册,第1423頁。
③ 《十三經注疏》第6册,第885頁上下至第886頁上。
④ 黄懷信、張懋鎔、田旭東:《逸周書彙校集注》下册,第579—580頁。
⑤ 周代作器書時之制,容庚《商周彝器通考》云:"西周紀年,皆統于王,故云唯王某年某月。春秋以降,有用各國紀年者,如《郜公簋》云'唯郜正二月初吉乙丑',《郜公鼎》云'唯郜八月初吉癸未',《鄧伯氏鼎》云'唯鄧八月初吉',《鄧公簋》云'唯鄧九月初吉',《者汈鐘》云'唯越十有九年'。《楚王酓章鐘》云'唯王五十又六祀',則爲楚惠王之年,蓋周除亡國之邾王外,無有五十六年者。"(北京:中華書局,2012年,上册,第86頁)愚按,《上鄀府簠》之"隹正六月初吉丁亥"(楊權喜《襄陽山灣出土的鄀國和鄧國銅器》,《江漢考古》,1983年第1期,第51頁),亦可補容先生之鄀國器用鄀曆書時之説,第銘文省"鄀"字爾。又,春秋作器書時,雖無定制,然亦有其類例,除容先生所言者外,其大端尚有三:(一)書月而不示所用曆。如《陳侯鼎》之"隹正月初吉丁亥"(清吳大澂:《愙齋集古録》卷五,《續修四庫全書》第903册,第113頁下)、《旟鼎》之"唯八月初吉,辰才乙卯"(羅振玉:《三代吉金文存》卷四,北京:中華書局,1983年,上册,第377頁)、《叔上匜》之"隹十又二月初吉乙巳"(《三代吉金文存》卷一七,下册,第1823頁)。(二)兼用二曆以書時月。如晉國《欒書缶》之"正月季春,元日己丑",其"正月"本應配孟春,"季春"固當配三月,而銘文所以有"正月季春"之配者,當以此月斗建於寅,在夏曆爲孟春正月,在周曆爲季春三月(參馬承源主編:《商周青銅器銘文選》第四卷,第587頁注一),故各取夏曆之"正月"與周曆之"季春",雜用二曆以書時月也。戰國初之越國亦有混用二曆以書時月者,如《周蛟篆鐘》有云"惟正月仲春吉日丁亥"者(宋王俅:《嘯堂集古録》下,《宋人著録金文叢刊(初編)》,北京:中華書局,2005年,第731頁),《殷周金文集成》據其銘文而命之曰《越王者旨於賜鐘》(北京:中華書局,1984年,第1册,第

以諫止作器。其三,臧孫紇所以洎秋冬而欲諫止作器者,其意當如其所自言:"小國幸於大國,而昭所獲焉以怒之,亡之道也。"①即欲免怒齊而自取亡也。

春秋用兵避擇之説既皆自相通洽,則其説本於夏曆之論可得立矣。以此説反觀《左傳》《日書》之荆尸,若其月建相合,且適在用兵所擇之夏曆春時,則《左傳》荆尸爲月名之説亦可得立也。然《日書》所見乃戰國晚期雲夢入秦後之楚曆,未必即春秋前期之楚曆,故欲明《左傳》、楚曆之荆尸之月建相合否,當以春秋前期之楚曆觀之。而先秦楚曆,衆論紛錯,綜雲夢秦簡、包山楚簡、長沙子彈庫楚帛書、楚青銅器銘文及《左傳》《楚辭》等材料,以詳審諸説,并以由諸説所擬諸種楚曆建正而得之某月之日干支驗諸曆表,竊以爲其持論較圓通者,乃何幼琦、王勝利、劉彬徽、王紅星先生所主之説。前二先生主

146頁),傳世器又有"越王者旨於賜矛",陳佩芬《夏商周青銅器研究》言此矛之主云:"者旨於賜,即越王勾踐之子。"(上海:上海古籍出版社,2004年,第351頁)則此鐘乃戰國初越王之鐘。其"正月仲春"之"正月",若爲夏曆月名,其"仲春"則爲殷曆之時名;若其"正月"爲殷曆月名,則其"仲春"爲周曆時名,是越國混用夏殷或殷周二曆也。若據魯哀二十二年越滅吴,哀二十七年越主平陽之盟而越霸成,而盟主率多尊王以固霸業,則越似用殷周二曆。又,曾憲通《吴王鐘銘考釋——薛氏〈款識〉商鐘四新解》,以魯昭二十三年吴、楚雞父之役事,釋讀吴王鐘"隹王正甬屯吉日"之銘文爲"惟王正仲春吉日",謂"王"即吴王僚,"正爲正月之省,越其次句鑃'隹正初吉丁亥',二器同文,正下亦均省去月字";而以爲"'王正'實用殷曆","吴既用殷正,吴之正月恰當周正二月,故鐘銘言'王正仲春'"。鐘銘"夏,王發厚陳"與此年《左傳》"秋七月……敦陳整旅"可相照,其夏、秋之差亦可"反證吴用殷正是可信的"(《古文字學論集(初編)》,香港:香港中文大學,1983年,第356、358、367頁)。曾説可從,是則吴國取殷曆正月紀月,取周曆仲春紀時,而混用殷周二曆也。(三)以周曆書時。如蔡國器《蔡大史觚》之"隹王正月初吉壬午"(武漢市文物商店:《武漢市收集的幾件重要的東周青銅器》,《江漢考古》,1983年第2期,第37頁)、許國器《許公買簠》之"隹王正月初吉丁亥"(出處同前)、黄國器《黄大子白克盤》之"隹王正月初吉丁亥"(郭沫若:《兩周金文辭大系·録編》,《郭沫若全集·考古編》第七卷,第450頁)、邛國器《伯戔盤》之"隹王月初吉日丁亥"(宋吕大臨:《考古圖》卷六,《宋人著録金文叢刊(初編)》,第126頁)、曾國器《曾伯粟簠蓋》之"隹王九月初吉庚午"(清劉心源:《奇觚室吉金文述》卷五,《續修四庫全書》第903册,第477頁)、邾國器《邾公牼鐘》之"隹王正月初吉,辰才乙亥"(《兩周金文辭大系·録編》,《郭沫若全集·考古編》第七卷,第504頁)、齊國器《齊侯鎛鐘》之"隹王五月,辰才戊寅"(宋薛尚功:《歷代鐘鼎彝器款識法帖》卷七,《宋人著録金文叢刊(初編)》,第351頁),晉國器《晉公甗》之"隹王正月初吉丁亥"(容庚:《商周彝器通考》上册,第475頁)。此類爲數較夥,故宋董逌《廣川書跋》卷三"晉姜鼎銘"條云:"銘曰:'維王十月乙亥,晉姜曰……'知其爲晉鼎矣。……今晉人作鼎,則曰王矣,是當時諸國皆以尊王正爲法,不獨魯也。"(文淵閣《四庫全書》第813册,第357頁。按,十月當作九月,見《嘯堂集古録》上,《宋人著録金文叢刊(初編)》,第583頁)。是見春秋諸國作器,且猶多以周曆書時,刻素尊王室之魯乎!

①《左傳·襄十九年》,《十三經注疏》第6册,第585頁下。

春秋前期楚曆歲首建子①，後二先生主戰國中晚期楚國官曆歲首建丑而民曆歲首建寅，雲夢入秦後官曆方用顓頊曆而改爲歲首建亥②。餘說則或取材欠廣，或推算有誤，而可屬自鄶以下也③。故愚從春秋前期楚曆歲首建子之說，以觀《左傳》二荆尸與楚曆荆尸之月建、春秋用兵避擇之說相合與否也。試先觀莊四年《左傳》之荆尸。今查知莊四年

---

①何幼琦：《論楚國之曆》，《江漢論壇》，1985年第10期，第76—81頁。王勝利：《關於楚國曆法的建正問題》，《中國史研究》，1988年第2期，第137—142頁；《再談楚國曆法的建正問題》，《文物》，1990年第3期，第66—69頁。

②劉彬徽《從包山楚簡紀時材料論及楚國紀年與楚曆》、王紅星《包山楚簡所反映的楚國曆法問題——兼論楚曆沿革》（湖北省荆沙鐵路考古隊編《包山楚墓》附錄二一、附錄二〇，北京：文物出版社，1991年，第533—547、521—532頁）。

③如曾憲通、張聞玉、蔣南華先生主雲夢入秦後楚曆歲首由建寅改爲建亥之說（曾憲通：《楚月名初探——兼談昭固墓竹簡的年代問題》，《中山大學學報》，1980年第1期，第97—107頁。張聞玉：《雲夢秦簡〈日書〉初探》《試論楚曆非亥正》，見氏著《古代天文曆法論集》，貴陽：貴州人民出版社，1995年，第174—177、192—193頁。蔣南華：《楚曆辨正》，《貴州社會科學》，2000年第1期，第59—66頁），因其未得見或忽略包山楚簡之材料，而持說欠通。至於陳偉先生《包山楚簡初探》，據雲夢、包山簡與《楚辭》等，構擬楚曆之歲首爲荆尸（當夏曆孟春正月），以夏尸爲楚曆孟春（當夏曆仲春二月），以楚曆"八月"爲楚曆孟夏（當夏曆仲夏五月）（武漢：武漢大學出版社，1996年，第6—9頁）。其說亦欠通。何者？其一，就曆法之作法、功能、意義而言，《左傳·文元年》云："先王之正時也，履端於始，舉正於中，歸餘於終。"（《十三經注疏》第6册，第298頁上。按，"正時"原作"在時"，據下條引文改）《左傳·文六年》云："閏以正時，時以作事，事以厚生。生民之道，於是乎在矣。"（《十三經注疏》第6册，第316頁上）是見古陰陽合曆之作法乃推步斗建於某辰之月爲歲之端首，而以之爲歲之始月；舉類似《尚書·堯典》鳥、火、虛、昴之四昬中星以校二分二至之四中氣，而正仲春、仲夏、仲秋、仲冬之四中月；歸併歲實與朔實之差餘之數，追其約盈一月之三十日之數，則置閏月於歲終也。此法所以借昬中星與置閏以正時者，乃欲使陰曆月名與虛擬之陽曆月名始終相應也。而欲使相應，則其歲首陰曆月次必爲正月也。如此作曆，方能便於民作事以厚生也。而陳先生未言所擬楚曆之月次，今據其所擬楚曆，若設其歲首荆尸爲正月，則其孟夏當爲第五月，而不得如雲夢、包山簡名爲"八月"。若據陰曆月名與虛擬陽曆月名相配之曆理，設其孟春夏尸爲正月，則其孟夏當爲第四月，亦不得名"八月"。若以楚曆"八月"爲其實際月名、月次，則其正月爲非歲首之季秋之冬夕。是見其之陰曆月名月次非獨有宜然者與實然者之牴牾，且其陰曆月次之正月與歲首、陽曆月名亦均錯位矣。秦、漢初嘗用顓頊曆而以建亥之夏曆十月爲歲首，雖歲首亦與正月之月次錯位，然其陰曆月名與陽曆月名尚相應合，而未全失曆法之功能、意義。而陳先生所構擬之楚曆，曆法之上述數端既全然脫節，則未知其若何便民作事以厚生？曆法制定之意義復何在耶？其二，就推算法而言，陳先生因《楚辭·九章·抽思》有"望孟夏之短夜兮"之句，而《日書》載"楚八月，日十一夕五"，言其爲夜最短之夏至之月，遂以前者之孟夏當至所在之楚八月，然據張汝舟（《中國古代天文曆法表解》《〈曆術甲子篇〉淺釋》《再談屈原的生卒》，見《二毋室古代天文曆法論叢》第23、34、221頁）、蔣南華（《屈原生年考辨》，《貴州教育學院學報》，1989年第1期，第1—14頁）、張聞玉（《關於屈原的生年月日》，見《古代天文曆法論集》，第153—164頁）、王紅星（出處見前文注釋）等先生研究，《楚辭》用夏曆，則其孟夏即爲夏曆四月，此月雖亦晝長夜短，然非夜最短之月，故陳先生以夜最短之楚八月當夏曆孟夏，復自此而推定夏尸爲孟春，其推算法亦可謂有失嚴密也。

歲首建丑①,其"王三月"則爲建卯之夏曆二月。復據包山、雲夢簡之冬夕皆爲楚曆歲首,而依春秋前期楚曆歲首建子之説,以冬夕爲建子之正月,第四月荊尸則亦在建卯之夏曆二月,而夏曆二月適爲夏曆仲春。是見莊四年《左傳》與同期楚曆之荊尸之月建、春秋用兵擇春之説,其閒合若符節也。次觀宣十二年《左傳》之荊尸。其年《春秋》云:"春,……楚子圍鄭。夏,六月,乙卯,晉荀林父帥師及楚子戰于邲,晉師敗績。秋,七月。"《左傳》云:"春,楚子圍鄭,旬有七日,……國人大臨,守陴者皆哭。楚子退師。鄭人脩城。進復圍之,三月,克之。……夏,六月,晉師救鄭。……隨武子曰:'……楚君討鄭,……荊尸而舉……'……乙卯,王乘左廣以逐趙旃。……丙辰,楚重至於邲。"杜注"三月,克之"句曰:"哀其窮哭,故爲退師,而猶不服,故復圍之九十日。"孔疏:"《經》、《傳》皆言春圍鄭,不知圍以何月爲始。圍經旬有七日,爲之退師。聞其脩城,乃復更進。圍三月方始克之。則從初以至於克,凡經一百二十許日。蓋以三月始圍,至六月乃克也。"②此年歲首建子③,據《經》《傳》皆書"楚子圍鄭"於"春"下,知《傳》用周曆。查張培瑜先生《中國先秦史曆表》,六月朔爲壬申,七月朔爲壬寅④,可推知乙卯、丙辰不在六月,而爲七月十四、十五日。然此年《經》書乙卯於六月下、七月上,《傳》亦書乙卯及其次日丙辰於六月内,故杜預《春秋釋例・經傳長曆》於五月後書"閏五月壬申大"⑤,陳厚耀《春秋長曆》卷五於五月後書"閏小 甲戌"⑥,張汝舟先生《春秋經朔譜》書"(閏)六癸酉"⑦,即皆置閏五月而使乙卯、丙辰在六月,以求合於《經》、《傳》。四書之異及其是非則且置,可措意者在其同,即四書皆以晉楚戰於邲之乙卯、丙辰日置於夏曆五月。據孔疏,楚師首圍鄭在周曆三月,當夏曆正月。楚師圍十七日而退,鄭脩城而楚師再進圍之。而據晉於六月即夏曆五月出師救鄭時,楚師尚未克鄭,且晉師於夏曆五月乙卯即十四日敗於楚,可知楚師克鄭殆在夏曆五月十日前後,自夏曆五月十日逆推九十日,楚師再圍鄭之始,可知當在四月即夏曆二月十日前後。復逆推三十日,則楚師始圍鄭,應在三月即夏曆正月十日前後。是自楚師之始圍鄭至其克鄭,凡經孔疏所云一百二十許日也。又據《傳》文,晉出師於夏曆五月,則見其所欲救者乃鄭之再見圍。士會之發言在

---

① 楊伯峻:《春秋左傳注》第1册,第162頁。
② 《十三經注疏》第6册,第388頁上至第397頁上。
③ 楊伯峻:《春秋左傳注》第2册,第716頁。
④ 張培瑜:《中國先秦史曆表》第145頁。
⑤ 文淵閣《四庫全書》第146册,第309頁下。
⑥ 文淵閣《四庫全書》第178册,第515頁下。
⑦ 《二毋室古代天文曆法論叢》第492頁。

楚師克鄭而"聞鄭既及楚平"之時,亦即在楚師克鄭之夏曆五月十日前後之日至晉師敗之十四日之間,則士會所言楚師之"荆尸而舉",亦當謂楚之出師再圍鄭。而楚師之再圍鄭在夏曆二月,是士會所言荆尸亦當爲夏曆二月。此月爲夏曆仲春,合於用兵擇春之説,宜乎士會言楚莊王"荆尸而舉"爲得戎"事時"也。斯見宣十二年與莊四年《傳》文之荆尸同,二荆尸與同期楚曆之荆尸之月建、春秋用兵擇春之説,皆相吻合也。然則于先生之説所藴用兵時月之乖,藉春秋用兵避擇之説而得彌縫矣。

于先生之説所以藴用兵之時月之乖者,以其有二誤焉。其誤之一,在于先生忽略莊四年《傳》文"春王正月"有"春王三月"之異文,僅據失校之"春王正月"爲説,而使其説與《傳》文鑿枘方鑿矣。于先生所據當爲阮元校刻《十三經注疏》本,楊注雖亦以阮刻爲底本,然廣校殘卷及東瀛古鈔本等。阮刻本之"春王正月",楊注新舊版皆徑改作"春王三月",而未出校記。竹添光鴻《左氏會箋》此文亦同楊注本,其底本爲金澤文庫藏皇室幕府世傳舊鈔卷子本,是見楊注之徑改,有其徵也。乃若異文之是非,則當如王紅亮先生考校衆本後所云:"《左傳》莊公四年本作'王三月','王正月'應是阮本校刻之誤。"①于先生之誤之二,在其錯讀失校之《傳》文"春王正月"之周曆正月爲夏曆之正月,遂有其荆尸"也就是楚國與正月相當的月名。故此句意即楚武王在正月'授師孑'"之謬説,而不自知《傳》文"春王正月"之周曆正月非《日書》秦曆所本之夏曆正月,故不可援《傳》文"春王正月"以證《日書》之"正月,楚刑夷"也。于先生之誤既得釐正,則見《傳》文之荆尸、《日書》之刑夷、春秋用兵擇春時之説三者,實密合而無違迕。是以于先生所言荆尸即刑夷之説,不得以其小疵而見廢也。

荆尸既爲月名,則莊四年《傳》"春,王三月,楚武王荆尸"之文連言月名,而爲贅文累句,不成文理矣。人或據此而不與荆尸爲月名之説,如張君先生即云,若荆尸作月名解,《傳》"則已標明季節與周曆'王三月',根本無庸贅列楚按夏曆的建寅之月名或其代名,揆諸《左傳》,也並無旁例,因此,'荆尸'在此處絕不當作楚正月名或代月名"②。故欲使荆尸爲月名之説終得成立,尚須解《傳》文爲何連言月名。

茲先言荆尸緣何見於《左傳》。古今陰曆月名多以序數稱之,然亦有不以序數命之別名,如《爾雅》謂"正月爲陬,二月爲如,……十二月爲涂",郭注:"皆月之別名。……

---

①王紅亮:《〈左傳〉之"荆尸"再辨證》,《古代文明》,2010年第4期,第60頁。
②張君:《"荆尸"新探》,《華中師院學報》,1984年第5期,第41頁。

其事義皆所未詳通者,故闕而不論。"①又如東周齊器《子禾子釜》之"稷月"②、《晏子春秋》之"冰月"③等,亦不用序數命之齊月之別名。包山、雲夢簡所見楚曆唯八、九、十月以序數命之,其七月既有用序數命者,亦有作夏夕者。荆尸等九名唯見楚曆用之,故其義雖亦訖無定説,然可知其性質當類似《爾雅》之陬、如與齊國之稷月、冰月等,乃陰曆月名之別名也,第其乃楚所獨有之別名爾。荆尸所以以楚月別名而見於《左傳》者,當因《左傳》蓋子夏門人兼取諸國史料而撰成④,而荆尸見於其所採楚國史料也。荆尸爲紀時之語,《左傳》採魯國史料與他國史料之紀時語者亦頗有其例,如襄六年以"鄭子國之來聘也,四月"指魯襄五年四月⑤,襄九年以"會于沙隨之歲"謂魯成十六年⑥,此皆魯國史料以事紀年之語也。襄二十五年則以晉國史料"會于夷儀之歲"之語斥晉平九年即魯襄二十四年⑦,昭七年以鄭國史料"鑄刑書之歲二月"之語言鄭簡三十年即魯昭六年二月⑧,昭七年以衛國史料"晉韓宣子爲政聘于諸侯之歲"之語稱衛襄四年即魯昭二年⑨。何以知其皆諸國史料之紀時語耶？以出土文獻知之也,如包山楚簡以事紀年者有七,即"'大司馬昭陽敗晉師於襄陵之歲'爲公元前322年;'齊客陳豫賀王之歲'爲公元前321年;'魯陽公以楚師後城鄭之歲'爲公元前320年;'□客監固逅楚之歲'爲公元前319年⑩;'宋客盛公䜌聘於楚之歲'爲公元前318年;'東周之客響䋣歸胙於䍤郢之歲'爲公元前317年;'大司馬卓滑救郙之歲'爲公元前316年"⑪。望山楚簡亦有"齊客

---

①《爾雅·釋天》,《十三經注疏》第8册,第96頁上下。
②(清)劉心源:《奇觚室吉金文述》卷六,《續修四庫全書》第903册,第500頁。齊月別名之見於東周金文者,尚有《陳猷釜》之"䭁月"(同前)、《公孫䜌壺》之"飯者月"(齊文濤:《概述近年來山東出土的商周青銅器》,《文物》1972年第5期,第12頁)、《陳喜壺》之"瓢月"(馬承源:《陳喜壺》,《文物》,1961年第2期,第45頁)等。
③《晏子春秋·内篇諫下四》:"當騰冰月之間而寒。"《内篇諫下十三》:"景公爲履,……冰月服之以聽朝。……晏子曰:'……今君之履,冰月服之,是重寒也。'"(吴則虞:《晏子春秋集釋》,北京:中華書局,1982年,上册,第110、125頁)
④徐中舒:《左傳的作者及其成書時代》,見《徐中舒歷史論文選輯》,北京:中華書局,1998年,下册,第1149—1150頁。
⑤《十三經注疏》第6册,第516頁下。
⑥《十三經注疏》第6册,第529頁上。
⑦《十三經注疏》第6册,第625頁下。
⑧《十三經注疏》第6册,第763頁下。
⑨《十三經注疏》第6册,第767頁上。
⑩逅,當從湖北省文物考古研究所、北京大學中文系《九店楚簡》注106隸定作逅,爲遮字之異體,讀爲蹠,義乃適也、至也(北京:中華書局,2000年,第89—90頁)。
⑪湖北省荆沙鐵路考古隊:《包山楚簡》,北京:文物出版社,1991年,第14—15頁。

張果聞(問)[王]於䣼郢之歲""郙客困芻聞(問)王於䣼郢之歲"及殘文"□周之歲"之三語①。楚簡之此類紀時語又見於楚器銘文，如壽縣所出《大府鎬》之"秦客王子齊之歲"②。他國銅器銘文亦有之，如齊器《西墉甗》之"國差立事歲"③。銘文紀時語或有兼以國君紀年與以事紀年者，如齊器《陳騂壺》之"隹主五年，奠□陳㝬再立事歲，孟冬戊辰"④，秦器《商鞅方升》之"十八年，齊遽(率)卿大夫衆來聘，冬十二月乙酉"⑤亦然。一年之中，大事非一，而據包山楚簡之同一紀時語既見於多簡之多事，且其"大司馬昭陽敗晉師於襄陵之歲"一語復見於楚器《鄂君啟節》之舟節與車節之銘文⑥，可知諸國史料之紀時語非撰其文者以私意擇去年之某大事而記者，而當出於國之政令。楚簡、銘文之以事紀年語既出於國令，則知《左傳》作者亦非以私意擇某大事而撰此類以事紀年之語，其語當採自諸國之史料。而《左傳》之有諸國史料之紀年語，可旁證莊四年《傳》之荊尸乃以楚國史料之楚月別名，隨載其月之楚事之楚國史料而入《傳》者也。宣十二《傳》之荊尸則晉人以楚月言楚事，蓋隨晉國史料而入《傳》者也。

次言《左傳》何以連言月名。《春秋》紀時以魯公之紀年、周王之紀月爲其義例，《左傳》紀年亦以魯公紀年爲正，紀月則以兼用王月與夏曆月名爲常例。諸國史料紀時之年月皆有其相應之魯公之年、王月或以序數命之夏曆月之正名。《左傳》既有其紀年月之詞，循理則當刪削或以其紀年月之詞改易所採諸國史料之以事紀年之語及紀月之別名。而諸國紀時之語何以猶見於《傳》文耶？此當非刪削或改易未盡，而由《左傳》之體例與史法、用意所致也。編年之體，雖易於見諸國諸事諸人之共時互動與歷時影響所致社會全體與諸端之變遷、消長、盛衰等，然因史事之端緒既多，且某事之線索有顯有隱，其隱伏甚或多歷年所，故此體亦易使讀者昧某事之始末。《左傳》以編年體而欲救其體之弊，故時或於某事發端與終末之年月，皆不書其端與末，而於某事關捩所處之年月始正書之。而爲使此事之始末易見，其史法則於正書之外，尚有顧炎武《日知錄》卷二〇"史

---

①湖北省文物考古研究所、北京大學中文系：《望山楚簡》，北京：中華書局，1995年，第68、107頁。
②殷滌非：《壽縣楚器中的"大𣃔鎬"》，《文物》，1980年第8期，第26頁。
③（清）劉心源：《奇觚室吉金文述》卷一八，《續修四庫全書》第903冊，第702頁。見於齊器之以事紀年語，尚有《公孫䀠壺》之"公孫䀠立事歲"（齊文濤：《概述近年來山東出土的商周青銅器》，《文物》，1972年第5期，第12頁），《陳喜壺》之"陳喜再立事歲"（馬承源：《陳喜壺》，《文物》，1961年第2期，第45頁），《陳猷釜》之"陳猷立事歲"（《奇觚室吉金文述》卷六，《續修四庫全書》第903冊，第500頁）。
④郭沫若：《金文叢考》，北京：人民出版社，1954年，第401頁。
⑤馬承源主編：《商周青銅器銘文選》第四卷，第612頁。
⑥馬承源主編：《商周青銅器銘文選》第四卷，第432—433頁。

家月日不必順序"條所云:"古人作史,取其事之相屬,不論月日,故有追書,有竟書。"①即以追書溯其事之端,用竟書終其事之末。又,史之紀事,以人、地、時爲其要端,而諸國史料所見三者之名,或有並世流傳之別稱,或有嗣後改易之新號。《左傳》作者若欲使素稔諸國史料而忸忕其正名或別稱、新號若舊名者,於其書皆易心通意解,而使其書行之廣遠,則於諸國史料之名,須不盡予刪改,以互見法或解釋法,而留存其諸名,以會通《左傳》與諸國史料之異同也。

以人名而言,牽於《春秋》書名與否之義例(參後第三則"疑'鄭棄其師'兼見於《竹書紀年》之説"條)或對答稱謂之尊卑或相敵之禮制,若《經》書名或《傳》之對答稱字,其叙述語則書其氏;若前文書其氏,則後文書其謚,抑或反之;其例所在可見,不必舉之。若氏以官職升降或采邑改封而有易者,則於前後文各書而互見之,如晉士會以其祖士蒍嘗任"理"之士官②,其氏爲士,迨其任中軍將而爲正卿,以先後有隨邑、范邑之封,而復見隨會、范會之稱③。除此互見法以外,亦有以解釋法,連言人名,以兼存、會通其諸源史料之異稱者,如《左傳·昭十三年》:"葬子干于訾,實訾敖。"④

又以地名而言,若地名有先後改易或同時異稱,則連言地名以會通之也。昭九年《春秋》:"許遷于夷。"《傳》:"楚公子棄疾遷許于夷,實城父。"杜注:"此時改城父爲夷,故《傳》實之。"⑤是《經》書新名夷,《傳》於新名後,連言舊名城父而釋之。而昭十八年《春秋》:"許遷于白羽。"《傳》:"楚子使王子勝遷許於析,實白羽。"杜注:"於《傳》時,白羽改爲析。"⑥則爲《經》書舊名,《傳》於新名析之後,連言舊名白羽而釋之。定十三年《春秋》:"齊侯、衛侯次于垂葭。"《傳》:"齊侯、衛侯次于垂葭,實郹氏。"杜注:"垂葭,改名郹氏。"⑦是亦《經》書舊名垂葭,《傳》於舊名後,連言新名郹氏以釋之。定十年《春秋》:"公會齊侯于夾谷。"《傳》:"公會齊侯于祝其,實夾谷。"杜注:"夾谷即祝其也。"⑧

----

①(清)黃汝成:《日知録集釋》,欒保羣、吕宗力校點,上海:上海古籍出版社,2006年,中册,第1133頁。
②《國語·晉語八》:"昔隰叔子違周難於晉國,生子輿,爲理,以正於朝,朝無姦官。"韋注:"子輿,士蒍之字。理,士官也。"(徐元誥:《國語集解》,第425頁)
③如《左傳·文十三年》:"晉人患秦之用士會也,……趙宣子曰:'隨會在秦,……若之何?'"(《十三經注疏》第6册,第332頁上)是士會、隨會於前後文互見也。其作范會,則見於《左傳·昭二十年》"屈建問范會之德於趙武"(《十三經注疏》第6册,第857頁上)。
④《十三經注疏》第6册,第807頁上。
⑤《十三經注疏》第6册,第777頁上下。
⑥《十三經注疏》第6册,第840頁上、844頁上。
⑦《十三經注疏》第6册,第980頁下、981頁上。
⑧《十三經注疏》第6册,第976頁上下。

杜雖未別其名之新舊，然亦連言其歷時或同時之異稱，以會通相釋也。

末以紀時之名而言，於常例之正書以外，前述追書、竟書、互見、解釋之四史法，並見於《左傳》之紀時。其紀年多用追書、竟書、互見三法，而諸國史料之以事紀年之語，則蘊追書與互見二法。其紀年之大事亦已見於《春秋》或《左傳》之前文。《左傳》於正書某事而須言其發端之年所未書之端緒之時，《傳》文即於正書之年月下，擇取諸國史料之以事紀年之語，追書某事發端之年。以事紀年語中之大事，既已見於《經》或《傳》之前文，則使人易循前文之此大事而知某事之端所在之年。此既屬追書，亦蘊互見之史法也。《傳》文所以不徑書某事發端年之國君紀年，而取諸國史料之以事紀年語以書者，當欲使正書之年月不與某事發端年之國君紀年之年月相紊亂，而致人誤解事之時也。《日知錄》卷二〇"史家追紀月日之法"條云："或曰：'"鑄刑書之歲"，是則然矣。其下云："齊、燕平之月"，又曰"其明月"，則何以不直言正月、二月乎？'曰：此正史家文字縝密處。史之文有正紀，有追紀，其上曰'春，王正月，暨齊平'，'二月戊午，盟於濡上'，正紀也。此曰'齊、燕平之月，壬寅，公孫段卒'，'其明月，子產立公孫泄及良止以撫之'，追紀也。追紀而再云正月、二月，則嫌於一歲之中而有兩正月、二月也，故變其文而云，古人史法之密也。"①顧炎武雖未及《傳》文"鑄刑書之歲二月"之二月，以論追書之年月與正書之年月之重出與淆亂，然其所言之理亦可旁證愚前所論。而終言某事之末之竟書，則因《春秋》《左傳》前文無未來之時與事之文，縱饒有諸國史料之以事紀年語可採，然因與《經》《傳》前文無可互見者而不用之，故於正書之年月，直書所終言之某事，而或致人誤其終言之某事之時在正書之年月。其彰明較著之例，即司馬遷誤解《左傳》所終言孟僖子之子孟懿子與南宮敬叔師事孔子之時也②。竟書之法之此弊，適可反證《左傳》追書法之擇用諸國史料之以事紀年之語，乃欲避年月之重出混亂，以免讀者誤解事之時也。《左傳》之紀月之名，則用類似前述人名、地名之解釋法，既用王月，亦存所本史料之月名，以連言相釋而會通之。其數雖僅見莊四年《傳》荊尸之一例，然綜《左傳》之體例、史法，察其用意而觀，荊尸之為月名所致月名之連言，亦合於文理，而非贅文累句也。

----

① 《日知錄集釋》中冊，第1131－1132頁。
② 《左傳·昭七年》正書"孟僖子病不能相禮"，而終言昭二十四年孟僖子"及其將死也"，囑使其子"孟懿子與南宮敬叔師事仲尼"之事（《十三經注疏》第6冊，第765頁下—766頁上）。《左傳·昭十一年》載"生懿子及南宮敬叔"（《十三經注疏》第6冊，第786頁上），《史記·孔子世家》以"魯襄公二十二年而孔子生"，則昭七年孔子年十七而孟懿子與南宮敬叔猶未生，然《孔子世家》載"孔子年十七……懿子與魯人南宮敬叔往學禮焉"。司馬貞《史記索隱》已辨司馬遷理解《左傳》文意之誤（《史記》第6冊，第1905、1907—1908頁）。

三、疑"鄭棄其師"句兼見於《竹書紀年》之説

《春秋·閔二年》:"鄭棄其師。"楊注:"《唐書·劉貺傳》引《紀年》亦云'鄭棄其師'。"①按,此注雖或以清儒若近人著述爲本,然愚疑其説均非。請試言之。

朱右曾輯古書所引《竹書紀年》佚文,而成《汲冢紀年存真》,其卷下輯有晉獻公"[十七年]鄭棄其師"一條,注其所出曰:"《唐書·劉貺傳》。"②王國維《古本竹書紀年輯校》此條全同朱書,第易其次於"衛懿公及赤狄戰于洞澤"條之後③,而與朱書異爾。范祥雍《古本竹書紀年輯校訂補》,從王書而補此條之出處曰:"《春秋啖趙集傳纂例》一引劉貺《書》。《史通·惑經篇》引此文云:'出《瑣語》。'"④方詩銘、王修齡《古本竹書紀年輯證》之方先生所撰《序例》云:"一九四六年,顧頡剛師訊以近治何學,即以重輯《紀年》對。師詔余《春秋啖趙集傳纂例》中尚有《紀年》佚文,爲昔人所未知。"書中此條之出處,即於《新唐書·劉貺傳》外,亦列顧先生所告者,且案曰:"《史通·惑經》亦引'鄭棄其師',云:'出《瑣語·晉春秋》',是此既見《紀年》,又見《瑣語》。《春秋·閔二年》:'鄭棄其師',與《紀年》同。《存真》、《輯校》列於晉獻公十七年。"⑤徐中舒先生《左傳的作者及其成書年代》云:"《竹書紀年》有許多書法與《春秋》同。"其注引例曰:"《春秋啖趙集傳纂例·趙氏損益義篇》,引趙匡説云:'彭城劉惠卿著書云:"紀年序諸侯列會皆舉其諡,知是後人追修非當世正史也。至如齊人殲于遂(見《春秋·莊公十七年》),鄭棄其師(見閔公二年),皆夫子褒貶之意,而《竹書》之文亦然。"'劉貺所引《竹書》同於《春秋》之文的,尚有'隕石於宋五'(僖公十六年)一條。"⑥是見自清儒朱右曾以來,王與其徒徐、方及其師顧,并范祥雍、王修齡先生等,皆以閔二年《經》文"鄭棄其師"爲兼見於《竹書紀年》者也。

諸先生之説,或由未明劉氏父子語意而立,試觀其説所本三書,《新唐書》卷一三二

---

①楊伯峻:《春秋左傳注》,北京:中華書局,1981年,第1册,第261頁。
②《續修四庫全書》第336册,第26頁上。
③王國維:《古本竹書紀年輯校》,見《王國維遺書》本,上海:上海古籍書店,1983年據商務印書館1940年版影印,第12葉右。
④范祥雍:《古本竹書紀年輯校訂補》,上海:上海人民出版社,1962年,第39頁。
⑤方詩銘、王修齡:《古本竹書紀年輯證》,上海:上海古籍出版社,1981年,第4、73頁。
⑥徐中舒:《徐中舒歷史論文選輯》下册,第1142頁,第1161頁。

《劉昫傳》云:"昫嘗以《竹書紀年》序諸侯列會皆舉諡,後人追脩,非當時正史。如齊人殲于遂,鄭棄其師,皆孔子新意,《師春》一篇録卜筮事,與左氏合,知按《春秋》經傳而爲也,因著《外傳》云。"① 此非劉昫之語,而爲史家裁成之文,若僅憑之,於劉昫之意,易生歧義,故須資劉昫之語,以論其本意。其語見於唐陸淳《春秋啖趙集傳纂例》卷一《趙氏損益義》所録趙匡之言:

> 或曰:"若左氏非授經於仲尼,則其書多與《汲冢紀年》符同,何也?"答曰:"彭城劉惠卿(原注:'名昫。')著《書》云:'《紀年》序諸侯列會,皆舉其諡,知是後人追修,非當世正史也。至如"齊人殲于遂"、"鄭棄其師",皆夫子褒貶之意,而《竹書》之文亦然(1——序號乃引者所加,下同)。其書"鄭殺其君某",因釋曰是子亹(2);"楚囊瓦奔鄭",因曰是子常(3),率多此類(4)。別有《春秋》一卷,全録《左氏傳》卜筮事,無一字之異(5)。故知此書按《春秋》經傳而爲之也。(6)'"劉之此論當矣(7)。

爲明劉昫之語意,擬先言設此問答之因,次釋證引文之七句。趙匡所以設此問答者,以其友陸淳之師啖助"依舊説,以左氏爲邱明,受經於仲尼",趙匡則以爲左、孔"並非同時人也,邱明者,蓋夫子以前賢人"。啖助所依舊説,乃劉歆、班固、杜預等之説,即"劉歆以爲《春秋左氏傳》是邱明所爲",且"云,左氏親見夫子",而"以私意所好,編之《七略》。班固因而不革,後世遂以爲真"。趙匡則以例而證"劉、杜之言,淺近甚矣。左氏決非夫子同時,亦已明矣"②。趙匡爲益堅己説,復援昫《書》爲戈,以續伐舊説,故有此自問自答之辭也。

設問之因既明,次則釋證引文詞句。(1)"《竹書》之文亦然"句:此所"然"者,非然《竹書紀年》亦有"齊人殲于遂""鄭棄其師"之二句,乃然"《紀年》序諸侯列會,皆舉其諡"之書法,與孔子《春秋》"齊人殲于遂""鄭棄其師"二句之書法同,皆寓褒貶之新意也。

(2)"其書'鄭殺其君某',因釋曰是子亹"句:據《左傳》,桓十七年鄭卿高渠彌"弑(鄭)昭公,而立公子亹",桓十八年"秋,齊侯師于首止;子亹會之,高渠彌相。七月戊

---

① 《新唐書》,北京:中華書局,1975年,第15册,第4522—4523頁。
② 《叢書集成新編》,臺北:新文豐出版股份有限公司,1986年,第108册,第258頁上。

戌,齊人殺子亹,而轘高渠彌"①,殺君者雖因書異而有齊人、鄭人之別,然據《左傳》而可知此句謂:《竹書紀年》既書"鄭殺其君某",復因《左傳》而釋"其君某"即是子亹。

(3)"'楚囊瓦奔鄭',因曰是子常"句:定四年《春秋》:"楚師敗績。楚囊瓦出奔鄭。"《左傳》:"楚師亂,吳師大敗之。子常奔鄭。"②據此可知句謂:《竹書紀年》既書"楚囊瓦奔鄭",又因定四年《春秋》經傳,而釋囊瓦即是子常。

(4)"率多此類"句:其"此類"指《竹書紀年》與孔子《春秋》之書法同,前者之文亦多有寓褒貶之意之類。此所謂褒貶之意,見於書人名抑國名、書君名若臣名等之別。《左傳》以爲《春秋》有其書法之義例,如宣四年《傳》發凡曰:"凡弒君,稱君,君無道也;稱臣,臣之罪也。"杜注:"稱君,謂唯書君名而稱國以弒,言衆所共絕也。稱臣者,謂書弒者之名以示來世,終爲不義。"③《傳》舉前者之例,如見《春秋·文十六年》:"宋人弒其君杵臼。"《左傳》:"書曰'宋人弒其君杵臼',君無道也。"④《春秋·襄三十一年》:"莒人弒其君密州。"杜注:"不稱弒者主名,君無道也。"《左傳》:"書曰'莒人弒其君買朱鉏',言罪之在也。"杜注:"罪在鉏也。"⑤亦《傳》舉其例也。若乃莒君名於《經》《傳》之有異文,竹添光鴻云"買爲密聲之轉","朱鉏爲州之緩聲。《傳》云'書曰',則直舉《經》文。左氏《經》作'買朱鉏',必矣","疑後人以《公》《穀》之《經》易此也"⑥。《傳》舉後者之例,如見《春秋·襄二十六年》:"衛甯喜弒其君剽。"《左傳》:"書曰'甯喜弒其君剽',言罪之在甯氏也。"⑦他如《春秋·桓二年》:"宋督弒其君與夷及其大夫孔父。"《左傳》:"君子以督爲有無君之心,而後動於惡,故先書弒其君。"⑧《春秋·宣二年》:"晉趙盾弒其君夷皋。"《左傳》:"大史書曰'趙盾弒其君',以示於朝。宣子曰:'不然。'對曰:'子爲正卿,亡不越竟,反不討賊,非子而誰?'……孔子曰:'董狐,古之良史也,書法不隱。趙宣子,古之良大夫也,爲法受惡。惜也,越竟乃免。'"⑨皆以書華父督、趙盾等之名,以寓罪在其躬之意也。至若劉昶所舉《春秋·莊十七年》"齊人殲于遂"句,《左傳》云:"遂因氏、頜氏、工婁氏、須遂氏饗齊戍,醉而殺之,齊人殲焉。"孔疏《經》云:"時

---

① 《十三經注疏》第 6 册,第 129 頁下、130 頁下。
② 《十三經注疏》第 6 册,第 945 頁下、951 頁上。
③ 《十三經注疏》第 6 册,第 369 頁上。
④ 《十三經注疏》第 6 册,第 346 頁下、348 頁下。
⑤ 《十三經注疏》第 6 册,第 684 頁下、687 頁下—688 頁上。
⑥ 竹添光鴻《左氏會箋》,第 4 册,第 1571、1584 頁。
⑦ 《十三經注疏》第 6 册,第 629 頁上、630 頁下。
⑧ 《十三經注疏》第 6 册,第 89 頁上、90 頁上。
⑨ 《十三經注疏》第 6 册,第 362 頁下、365 頁上下。

史惡其輕敵,而以自盡爲文,罪齊戍也。"①是見《春秋》所以不書遂之因、領、工婁、須遂等四族之氏名者,亦以寓意罪不在遂人,而在自莊十三年滅遂起即戍遂之齊人也。劉昫所揭《春秋·閔二年》"鄭棄其師"句亦然,《左傳》云:"鄭人惡高克,使帥師次于河上,久而弗召。師潰而歸,高克奔陳。"②《詩·鄭風·清人序》云:"《清人》,刺文公也。高克好利而不顧其君,文公惡而欲遠之。……文公退之不以道,危國亡師之本,故作是詩也。"③是《春秋》所以不書棄師之高克之名,而唯稱國之"鄭"者,以其寓棄師之罪不在高克,而在鄭文公之意也。《春秋》書名亦有不寓其罪之例,如同盟諸侯卒而赴以名者,《春秋·僖二十三年》:"杞子卒。"《左傳》:"杞成公卒。書曰'子',杞,夷也。不書名,未同盟也。凡諸侯同盟,死則赴以名,禮也。"④此乃《傳》就《經》未書名而發凡也,而《春秋·昭三年》:"滕子原卒。"《左傳》"滕子原卒。同盟,故書名。"⑤此則《傳》就《經》之書名而再發凡也。《春秋》於大國之卿亦書名,如《春秋·昭二十四年》:"婼至自晉。"《左傳》"'婼至自晉',尊晉也"句孔疏:"卿當備書名氏,去氏則爲貶責。貶婼之族,喜於得免,所以尊晉而自屈也。"⑥此釋《春秋》於魯卿叔孫婼,去其叔孫之氏,而唯書其婼之名之由也。是見《春秋》亦有書名而未寓罪之例也。《竹書紀年》之"鄭殺其君某""楚囊瓦奔鄭",其事類於《春秋》書名寓罪之事例,故循《春秋》之凡例,則《竹書紀年》唯書"鄭殺其君某",而不書"其君子亹",劉昫以爲寓罪不在子亹之意也。乃若《竹書紀年》亦不書鄭臣之名,蓋其凡例又非純襲《春秋》經傳,故有斯異。《竹書紀年》書奔鄭之"楚囊瓦"之名,劉昫以爲亦寓貶意。楚令尹囊瓦,字子常,昭二十七年《左傳》載其爲人曰:"令尹子常賄而信讒。"⑦定三年《傳》即載始初囊瓦索賄於蔡侯、唐侯,未果而拘止二侯三年,致蔡、唐乞師於吳,終釀定四年吳伐楚入郢、昭王奔隨、囊瓦奔鄭之禍。定四年《春秋》"楚囊瓦出奔鄭"句杜注:"書名,惡之。"⑧是見《經》書囊瓦之名,所以寓其有信讒貪賄而禍國之罪也。劉昫繩《春秋》凡例,而以爲《竹書紀年》書囊瓦之名,亦襲《春秋》經傳之褒貶之意也。要言之,劉昫所謂"率多此類"之意,乃類比《春秋》"齊人殲于遂""鄭棄其師"句與《竹書紀年》"鄭殺其君某""楚囊瓦奔鄭"句,言後者亦多寓褒貶之意云爾。

---

① 《十三經注疏》第 6 冊,第 158 頁上下。
② 《十三經注疏》第 6 冊,第 189 頁下、192 頁上。
③ 《十三經注疏》第 2 冊,第 164 頁下。
④ 《十三經注疏》第 6 冊,第 250 頁上下。
⑤ 《十三經注疏》第 6 冊,第 720 頁下、721 頁上。
⑥ 《十三經注疏》第 6 冊,第 885 頁上下。
⑦ 《十三經注疏》第 6 冊,第 908 頁下。
⑧ 《十三經注疏》第 6 冊,第 945 頁下。

（5）"别有《春秋》一卷，全録《左氏傳》卜筮事，無一字之異"句：其"《春秋》"在前引《新唐書·劉貺傳》作《師春》。當以作《師春》爲是，如杜預《春秋經傳集解·後序》曰："余……脩成《春秋釋例》及《經傳集解》始訖，會汲郡汲縣有發其界内舊冢者，大得古書。……始者藏在祕府，余晚得見之。……其《紀年》篇起自夏、殷、周。……又別有一卷，純集疏《左氏傳》卜筮事，上下次第及其文義，皆與《左傳》同，名曰《師春》。師春似是抄集者人名也。"①《晉書》卷五一《束晳傳》載汲冢所出諸書，亦云："《師春》一篇，書《左傳》諸卜筮，'師春'似是造書者姓名也。"②劉貺所以舉《師春》者，欲以其録自《左傳》，旁證與其同出汲冢之《竹書紀年》，亦按《春秋》經傳而爲者也。

（6）"故知此書按《春秋》經傳而爲之也"句：據前注，其"此書"乃指《竹書紀年》。

（7）"劉之此論當矣"句：其"此論"即"《竹書紀年》序諸侯列會皆舉諡，後人追修，非當時正史"與"此書按《春秋》經傳而爲之也"之論。趙匡所以言劉貺之論當矣者，欲明《春秋》經傳與《竹書紀年》之符同，實如劉貺所云，乃後者按隔世人之前者而爲，未可據二書之符同，而如劉歆、啖助等謂左丘明即《左傳》作者左氏，左氏嘗親見孔子而受經焉。劉歆、啖助之説既破，則趙匡所持左氏、孔子非並世同時之人之論，自易立矣。

上文既闡明趙匡與劉貺語之本意，則《新唐書·劉貺傳》史家裁成之文之歧義亦自消矣，而"齊人殲于遂""鄭棄其師"二句出於《竹書紀年》之説，亦將潰不復立矣。

末請試觀方詩銘、王修齡先生所據劉貺之父劉知幾《史通》之文意，其《惑經》篇曰："案古者國有史官，具列時事，觀汲墳出記，皆與魯史符同。至如周之東遷，其説稍備；隱、桓已上，難得而詳。此之煩省，皆與《春秋》不別。又獲君曰'止'，誅臣曰'刺'，殺其大夫曰'殺'，'執我行人'，'鄭棄其師'，'隕石于宋五'（原注："其事並出《竹書紀年》，唯'鄭棄師'出《瑣語》，晉《春秋》也。"按："紀年"二字恐誤，今其書無此文也），諸如此句，多是古史全文。則知夫子之所修者，但因其成事，就加雕飾，仍舊而已，有何力哉？"③

方、王書"鄭棄其師"條據上引文而謂："《史通·惑經》亦引'鄭棄其師'，云：'出《瑣語·晉春秋》'，是此既見《紀年》，又見《瑣語》。"④方、王説之誤當緣未了《史通》"又獲君曰'止'，誅臣曰'刺'，殺其大夫曰'殺'，'執我行人''鄭棄其師''隕石于宋五'，諸如此句，多是古史全文"之意，亦未明其原注"其事並出《竹書紀年》，唯'鄭棄

---

① 《十三經注疏》第 6 册，第 1063 頁上下。
② 《晉書》，北京：中華書局，1974 年，第 5 册，第 1433 頁。
③ 清浦起龍《史通通釋》，上海：上海古籍出版社，1978 年，第 410—411 頁。
④ 方詩銘、王修齡：《古本竹書紀年輯證》，第 73 頁。

師'出《瑣語》,晉《春秋》也"之旨。尋繹子玄正文及原注之義,乃言《竹書紀年》之獲君曰"止"、誅臣曰"刺"、殺其大夫曰"殺"三類,與《春秋》之凡例不異;其"執我行人""鄭棄其師""隕石于宋五"三事等類似文句,多是亦見於昭二十三年、閔二年、僖十六年《春秋》等古史之全文。愚所以斷獲君曰止等三類之句非子玄所謂"古史全文"者,一因《春秋》唯於獲君、誅臣、殺其大夫等類事用"止""刺""殺"字,而無"獲君曰止""誅臣曰刺""殺其大夫曰殺"之文。二因《史通》原注所謂"其事並出《竹書紀年》"之"事",唯可晐"執我行人"、"鄭棄其師"、"隕石于宋五"等後三事,而未可括獲君曰止等前三句,因後者非事,而爲凡例也。愚所引上海古籍出版社1978年版《史通通釋》校點本,標點作"又'獲君曰止','誅臣曰刺','殺其大夫曰殺'",當由校點者疏忽所致。

《史通》原注之意,則爲正文所言"執我行人""隕石于宋五"二事出於《竹書紀年》,"鄭棄師"事出於《瑣語》。原注"其事並出《竹書紀年》"之"並"字,其所並者唯並"執我行人""隕石于宋五"二事耳,未並"鄭棄師"事也。

方、王書"鄭棄其師"條案語之"是此既見《紀年》,又見《瑣語》"之說,或僅據劉昫之語,或兼據劉昫語與子玄正文二者,而謂此條"既見《紀年》"。因方、王先生未別白正文與原注文意之殊,且其案語未提及《春秋啖趙集傳纂例》與《新唐書·劉昫傳》,又其書"[附一]無年世可繫者"類,於子玄正文之"獲君曰'止',誅臣曰'刺',殺其大夫曰'殺'"三句,雖引"《訂補》云:'案此乃劉知幾隱括本書之語,非原文。'"然猶收置於此類下,注云:"其事並出《竹書紀年》。"①故其"是此"之"此",似指子玄正文與原注。是見方、王書爲兼據劉昫語與子玄正文二者,而闌入此條於《竹書紀年》也。又,方、王書引原注"出《瑣語》,晉《春秋》也"而標點爲"出《瑣語·晉春秋》",以《晉春秋》爲《瑣語》書之篇名,此蓋本於先其書首版三年付梓之《史通通釋》校點本。二書之標點亦非。於《瑣語》,《晉書·束晳傳》唯言"《瑣語》十一篇,諸國卜夢妖怪相書也"②,未具言其篇名。原注所言晉春秋之"春秋",乃周室與諸侯國史之通名,如《墨子》佚文曰"吾見百國《春秋》",其所見即《墨子·明鬼下》所云"周之《春秋》""燕之《春秋》""宋之《春秋》""齊之《春秋》"等③。又如《國語·楚語上》言楚"莊王使士亹傅大子箴",士亹"問於申叔時,叔時曰:'教之《春秋》,而爲之聳善而抑惡焉,以戒勸其心。'"④此《春秋》乃楚之國史也。《晉語七》載晉悼公問司馬侯"孰能"有德義,"對曰:'羊舌肸習於《春秋》。'乃召叔向使傅大

①方詩銘、王修齡:《古本竹書紀年輯證》,第157頁。
②《晉書》第5冊,第1433頁。
③吳毓江:《墨子校注》,北京:中華書局,2006年,下冊,第980頁,上冊,第331、332、333頁。
④徐元誥:《國語集解》,第483—485頁。

子彪"①,叔向所習《春秋》乃晉之國史也。《左傳·昭二年》:"晉侯使韓宣子來聘,……觀書於大史氏,見《易》《象》與《魯春秋》。"②此《魯春秋》者孔子修前之魯國史也。《禮記·坊記》:"《魯春秋》猶去夫人之姓,曰'吳';其死,曰'孟子卒'。"③此《魯春秋》者亦韓起所觀者也,何者?魯昭公夫人爲吳女孟姬,於其初至與薨卒,矩擭《春秋》書法之文例,其初至當書"夫人姬氏至自吳",迨其卒當書"夫人姬氏薨"。魯取同姓,爲國所諱,故孟姬初至,《魯春秋》去其姓而蓋書曰"夫人至自吳",其薨則書曰"孟子卒"。而據今本《春秋》,唯於哀十二年有"孟子卒"④,而無書其初至之文,可知書其初至之《魯春秋》,乃孔子未修之魯舊國史也。魯國史雖用周室及諸侯國史之通名,然諸侯國史或有其別名也,如《孟子·離婁上》曰:"《詩》亡然後《春秋》作。晉之《乘》、楚之《檮杌》、魯之《春秋》,一也。其事則齊桓、晉文,其文則史。"⑤是《乘》與《檮杌》乃晉、楚國史之別名也。然則《史通》原注"唯'鄭棄師'出《瑣語》,晉《春秋》也"云云,乃以《春秋》之通名,言唯有"鄭棄師"句出《瑣語》,《瑣語》者晉之國史也;非謂出於《瑣語》之《晉春秋》篇也。

總上而言,《春秋·閔二年》"鄭棄其師"、《春秋·莊十七年》"齊人殲于遂"之二句,後句乃與汲冢所出《竹書紀年》《瑣語》等皆無關涉者;前句則未見於《竹書紀年》,而見於《瑣語》也。楊注蓋未遑詳審出處,而誤從朱、王、范等著述之説也。又,愚疑此説所以立者,蓋以凡輯佚之類,人多務求其備,惟恐有所遺漏,於浩繁故紙之行間,乍見佚文,喜不自勝,故或有不及三復其上下文意,遂即闌入者也。清儒與諸先生或亦偶坐此小病,而致其著有此微瑕也。

四、疑"西鄰責言"四句爲繇辭等説

《左傳·僖十五年》:"初,晉獻公筮嫁伯姬於秦,遇《歸妹》之《睽》,史蘇占之曰:'不吉。其繇曰:"士刲羊,亦無衁也。女承筐,亦無貺也。西鄰責言,不可償也。《歸妹》之《睽》,猶無相也。"'"楊注"繇曰"下之前四句云:"《周易·歸妹》上六爻辭云:'女承筐,無實;士刲羊,無血。'以筐、羊爲韻,實、血爲韻,此則共以羊、衁、筐、貺爲韻。"

---

①徐元誥:《國語集解》,第 415 頁。
②《十三經注疏》第 6 册,第 718 頁上。
③《十三經注疏》第 5 册,第 872 頁上。
④《十三經注疏》第 6 册,第 1025 頁上。
⑤《十三經注疏》第 8 册,第 146 頁下。

楊注後四句云:"此數句償、相亦與上數句同韻,則同爲繇辭。"①楊注以"西鄰責言,不可償也。《歸妹》之《睽》,猶無相也"爲繇辭,愚疑其説非,請試論之。

"西鄰責言"等四句筮辭不見於《周易》,此非孤例。《左傳》之筮辭既有見於《周易》,亦有爲《周易》所無者。其未見於《周易》者,或爲筮者自造之辭,或引已佚之别種筮書。前者如閔二年《傳》:"成季之將生也,桓公使卜楚丘之父卜之,……又筮之,遇《大有》之《乾》,曰'同復于父,敬如君所'。"孔疏言其筮辭"不取《周易》之文,筮者推演卦意,自爲其辭也"②。高亨先生言其辭"非《大有》六五爻辭也,乃言本卦之卦象也。蓋《大有》上卦之《離》變爲《乾》。《乾》爲父爲君。《離》變《乾》,有復於父處,往於君所之象。如,往也。所,處也。此未引卦辭爻辭,只以卦象占之也"③。楊注亦云:"此筮者之言,非卦、爻辭。"④後者如僖十五年《傳》載秦伐晉之前卜筮,"卜徒父筮之,吉:'涉河,侯車敗。'詰之。對曰:'乃大吉也,三敗必獲晉君。其卦遇《蠱》,曰:"千乘三去,三去之餘,獲其雄狐。"'"杜注:"今此所言,蓋卜筮書雜辭。"孔疏:"今此所言,不出於《易》,蓋卜筮之書,别有雜辭。"⑤顧炎武《左傳杜解補正》卷上云:"此與成十六年'南國蹙,射其元王,中厥目'並是夏、商之占,如《連山》《歸藏》之類,故不言《易》。"⑥高亨先生亦言此年與成十六年《傳》筮辭皆"不見於《周易》,蓋據别種筮書"⑦。楊注引杜、顧而從其説⑧。顧、高所言成十六年《傳》筮辭,即晉、楚鄢陵之戰前,晉屬"公筮之,史曰:'吉。其卦遇《復》,曰:"南國蹙,射其元王,中厥目。"國蹙、王傷,不敗何待?'公從之",杜注:"此卜者辭也。"孔疏:"此既不用《周易》,而别爲之辭,蓋卜筮之書,更有此類,筮者據而言耳。"⑨然如前述,顧、高以此爲出别種筮書之辭,楊注以"蹙""目"同在覺部而叶韻,亦從顧説⑩。然竊以爲閔二年《傳》筮者自造之辭"同復于父,敬如君所"之"父""所"同在魚部,亦押韻,則見押韻者未必皆卦、爻辭,故於此成十六年《傳》之筮辭,杜、孔與顧、高、楊之説並通也。

---

① 楊伯峻:《春秋左傳注》,北京:中華書局,1981年,第1册,第363—364頁。
② 《十三經注疏》第6册,第190頁下。
③ 高亨:《周易古經今注》,北京:中華書局,1984年,第155頁。
④ 楊伯峻:《春秋左傳注》,北京:中華書局,1981年,第1册,第264頁。
⑤ 《十三經注疏》第6册,第230頁下。
⑥ 文淵閣《四庫全書》第174册,第297頁。
⑦ 高亨:《周易古經今注》第151頁。
⑧ 楊伯峻:《春秋左傳注》,北京:中華書局,1981年,第1册,第353頁。
⑨ 《十三經注疏》第6册,第475頁下至第476頁上。
⑩ 楊伯峻:《春秋左傳注》,北京:中華書局,1981年,第2册,第885頁。

僖十五年《傳》之"西鄰責言"等四句,所歸何類耶? 楊注言其爲繇辭,然孔疏言其"皆史蘇自衍卦意而爲之辭,非《易》文也"①。愚以爲孔疏與楊注之此異,非成十六年《傳》筮辭之比,未可視爲均通者,而疑孔疏是而楊注非也。何則? "西鄰責言"四句中有未合於筮辭之類例者也。"西鄰責言"句,如楊注所言乃"承上而言"者②,其"上"既引《周易·歸妹》上六爻辭之意,則此四句若爲爻辭,亦當爲《周易》別本之《歸妹》上六之爻辭。《周易》卦爻之辭,高亨先生云:"以其性質分之,可得四類:曰記事之辭,曰取象之辭,曰説事之辭,曰斷占之辭。"以《歸妹》卦而言,其"初九:歸妹以娣""六三:歸妹以須,反歸以娣""九四:歸妹愆期,遲歸有時""六五:帝乙歸妹,其君之袂不如其娣之袂良"等四爻辭,爲記事之辭;其初九爻之"跛能履"、九二爻之"眇能視"、上六爻之"女承筐无實,士刲羊无血"等三爻辭,爲取象之辭;卦辭之"征凶,无攸利"、初九爻之"征吉"、九二爻之"利幽人之貞"、六五爻之"月幾望,吉"、上六爻之"无攸利"等五筮辭,爲斷占之辭。《歸妹》卦無説事之辭,以衆所悉知之《乾》《坤》二卦言之,前者九三爻之"君子終日乾乾,夕惕若"、後者六二爻之"直方,大不習"即其例也③。《周易》凡四百五十占之辭,皆不出此四類之外。而"西鄰責言"四句中之"《歸妹》之《睽》"句,孤懸莫繫,無類可歸者也。所謂"《歸妹》之《睽》"者,其前文已見之"遇《歸妹》之《睽》"之省,示占所當用之爻之辭者也。以東周之變卦法逆推之④,筮者所筮得《歸妹》卦六爻之營數當爲:初九爻乃9,九二爻亦9,六三爻爲8,九四爻亦9,六五爻乃8,上六爻爲6。卦之營數則爲六爻營數之和49。以天地之數55減49,餘6。以此餘數6自初爻而上數之,數至上爻而6盡,即得宜變之爻位爲上爻。而此位之爻之營數乃6,6爲老陰,遇老而變,故其上爻爲可變之爻。宜變之爻位與可變之爻相值,則變上爻6爲9,《歸妹》之"本卦"即變爲《睽》卦之"之卦"。其占則用本卦《歸妹》之變爻即上六爻之"女承筐无實;士刲羊无血,无攸利"之辭也。此亦即"《歸妹》之《睽》"之意也。循東周筮法及《左傳》《國語》所見示占當用筮辭之語例,若所筮得《歸妹》卦六爻之營數使其占當用此卦初九爻之辭,則示以"遇《歸妹》之《解》";若當用九二爻之辭,則示以"遇《歸妹》之《震》";若當用六三爻之辭,則示以"遇《歸妹》之《大壯》";若當用九四爻之辭,則示以"遇《歸妹》之《臨》";若當用六五爻之辭,則示以"遇《歸妹》之《兑》"。若當用《歸妹》卦辭,其六爻營數皆爲少陰少陽之7、8者,則示以"其卦遇《歸妹》";其一爻或兩爻之營數爲老陰老陽

---

①《十三經注疏》第6册,第232頁下。
②楊伯峻:《春秋左傳注》,北京:中華書局,1981年,第1册,第363頁。
③高亨:《周易古經今注》第46頁,第100頁,第59—60頁。
④東周之筮法,參高亨《周易古經今注》第139—160頁之考證。

之 6 或 9 者,又若其宜變之爻位所值不變之爻之營數爲 7,則示以"遇《歸妹》之七",若其宜變之爻位所值不變之爻之營數爲 8,則示以"遇《歸妹》之八"。若《歸妹》卦辭以"之卦"卦辭而見用者,其自《漸》卦六爻全變而得者,則示以"遇《漸》之《歸妹》";其自本卦之四爻或五爻變而得者,其本卦之數甚夥,不煩逐一逆推,權以"某"字代其本卦卦名,則當示以"遇《某》之《歸妹》"。僅以《歸妹》卦而言,其示占所當用爻辭與卦辭之語,已繁複乃爾,《周易》餘六十三卦亦皆然,則《周易》全書之示占所用爻辭與卦辭語之數,不知紀極矣。若"《歸妹》之《睽》"類示占所用筮辭之語,本見於東周《周易》之別本,而爲今本《周易》所删,其數既鉅,緣何於上博楚簡①、阜陽漢簡②、馬王堆漢帛書③等古本《周易》,亦均未見其朕跡邪?由是觀之,"《歸妹》之《睽》"之不合於《周易》筮辭之類例,當非今本《周易》删其類之語所致,而爲《周易》別種古本元無其類之語。然則涵"《歸妹》之《睽》"句而渾成一體之"西鄰責言"等四句,不得如楊注所云爲《歸妹》之爻辭也。

"西鄰責言"等四句,既非爻辭,則當如孔疏所云,爲"史蘇自衍卦意而爲之辭"也。而其所衍之意維何耶?楊注史蘇所言八句之前四句云:"《歸妹》卦爻辭多言婚姻,此蓋亦言婚姻,且獻公此筮亦問婚姻。刲羊、承筐乃古代婚姻之禮,刲羊而無血,承筐而無實,故言不吉,《易》亦云'無攸利。'"注後四句云:"説明晉女嫁于秦,不足以加强兩國關係,反使秦國多有責言,晉國無法應付。西鄰指秦。杜注:'《歸妹》,女嫁之卦;《睽》,乖離之象,故曰無相。相,助也。'"④楊注及其所引杜注,疑皆未盡得史蘇之本意也。史蘇此處所言"《歸妹》之《睽》",如前所論,第複述示占所當用爻辭之語爾,未涉《睽》之卦爻意,其涉在史蘇後所言之"《歸妹》《睽》孤,寇張之弧"句⑤,何以知之?以史蘇此句所襲爲《睽》上九爻辭之意也,是見杜注未審也。兹試析史蘇所言八句之本意。其前四句,乃意引《周易·歸妹》上六爻辭"女承筐,無實;士刲羊,無血",唯倒句序,且換其韻耳。其後四句,則爲史蘇衍卦象、爻位之辭也。《歸妹》之内卦爲《兑》,外卦爲《震》,而《周易·説卦》云:"兑,正秋也,萬物之所説也。"孔疏:"以兑是象澤之卦,説萬物者,莫説乎澤,又位是西方之卦,斗柄指西,是正秋之月也。"⑥是《兑》有西方之象也。《説卦》

---

① 馬承源主編:《上海博物館戰國楚竹書(三)》,上海:上海古籍出版社,2003 年,第 136—260 頁。
② 中國文物研究所古文獻研究室、安徽省阜陽市博物館:《阜陽漢簡〈周易〉釋文》,《道家文化研究》,北京:生活·讀書·新知三聯書店,2000 年,第 18 輯,第 15—54 頁。
③ 張政烺:《馬王堆帛書周易經傳校讀》,北京:中華書局,2008 年,第 45—68 頁。
④ 楊伯峻:《春秋左傳注》,北京:中華書局,1981 年,第 1 册,第 363—364 頁。
⑤《十三經注疏》第 6 册,第 233 頁下。
⑥《十三經注疏》第 1 册,第 184 頁上。

又云:"兌爲口舌,爲毁折。"①故史蘇據《兌》所象西方與口舌、毁折,而有其"西鄰責言"之衍辭。《周易·繫辭下》云:"陽卦多陰,陰卦多陽。其故何也?陽卦奇,陰卦耦。"韓康伯注:"夫少者,多之所宗;一者,衆之所歸。陽卦二陰,故奇爲之君,陰卦二陽,故耦爲之主。"②故《歸妹》之内卦《兑》,以有一陰爻、二陽爻而爲陰卦;外卦《震》以有一陽爻、二陰爻而爲陽卦。又《説卦》云:"震一索而得男,……兑三索而得女。"③其索字,陸德明《經典釋文》曰:"馬(融)云:數也。王肅云:求。"④義並通。是陽卦之《震》以其初爻爲主爻,陰卦之《兑》以其三爻爲主爻。而王弼《周易略例·明象》曰:"夫陰之所求者,陽也;陽之所求者,陰也。"⑤其意即《周易·乾·文言》"雲行雨施,天下平也"句孔疏所云:"一與四、二與五、三與上,若一陰一陽爲有應;若俱陰俱陽爲無應。此其六爻之大略。"⑥今《歸妹》之四爻即其陽卦《震》主爻之初爻,與《歸妹》之一爻亦即其陰卦《兑》之初爻,皆爲陽爻,是陽卦《震》之主爻無應也。《歸妹》之三爻亦即其陰卦《兑》主爻之三爻,與《歸妹》之上爻亦即其陽卦《震》之上爻,俱爲陰爻,是陰卦《兑》之主爻亦無應也。陰、陽卦之主爻既皆無應,而應、償義近,故史蘇有"不可償也"之辭。是見"西鄰責言,不可償也"者,史蘇衍《歸妹》卦象之辭也。又《説卦》曰:"震……爲長子,……爲蒼筤竹,爲萑葦。……兑……爲少女,……爲羊。"⑦竹葦皆可爲筐,《歸妹》外、内卦既象長子、少女、竹葦、羊,且《歸妹》卦爻辭本以婚配事示吉凶,宜乎《歸妹》上爻有"女承筐""士刲羊"之取象之辭也。而如上所云,《歸妹》之上爻無應,故女承筐而無實,士刲羊而無血也。史蘇所言"《歸妹》之《睽》,猶無相也",其"相",前揭楊注引杜注云"助也",而竹添光鴻云:"相,言妻也。《士昏禮》'父醮子曰"往迎爾相,承我宗事"'可證。女嫁而乖,此與無妻同,故曰如'無相'也。此言秦之不利。"⑧觀愚後文所論,知竹添説愈於杜説也。史蘇所言"《歸妹》之《睽》",乃示此占所當用《歸妹》上六之爻辭之語,而如前所云,上爻與其相值之三爻俱陰而無應,而應字與"相"之妻義亦近,故史蘇云然。是見"《歸妹》之《睽》,猶無相也"者,史蘇衍《歸妹》上六爻之辭也。

又,楊注用秦晉關係,即其所言"説明晉女嫁于秦,不足以加强兩國關係,反使秦國

---

① 《十三經注疏》第 1 册,第 186 頁下。
② 《十三經注疏》第 1 册,第 168 頁下。
③ 《十三經注疏》第 1 册,第 185 頁上。
④ 《經典釋文》,上海:上海古籍出版社 1985 年影印宋刻本,上册,第 133 頁。
⑤ 樓宇烈:《王弼集校釋》,北京:中華書局,1980 年,下册,第 591 頁。
⑥ 文淵閣《四庫全書》第 7 册,第 324 頁上。按,此乃阮刻本《十三經注疏》之脱文。
⑦ 《十三經注疏》第 1 册,第 185 頁下、第 186 頁下。
⑧ 竹添光鴻:《左氏會箋》第 1 册,第 481 頁。

多有責言,晉國無法應付。西鄰指秦",以解"西鄰責言,不可償也"。楊注之此解疑亦未切《左傳》本旨。范寧《春秋穀梁傳序》云:"《左傳》富而豔,其失也巫。"楊疏:"云'其失也巫'者,謂多叙鬼神之事,預言禍福之期。"①《左傳》多載卜筮之事,即其好"預言禍福"而巫之一端。《左傳》作者尚德行,雖亦記宵小行險,筮吉不驗之事②,然以載卜筮之驗爲主。《傳》文爲示其驗,所記既有史官衍兆體兆象、卦象爻位之辭,復明或暗言卜筮之後所驗之事。愚前所析者乃史蘇所衍卦象爻位之意,兹欲言者乃《傳》文所記卜筮後所驗之事。即晉獻公筮嫁伯姬於秦,晉獻公於魯僖九年卒,公子夷吾時已奔而在梁,得秦穆公納諸晉而即位,是爲晉惠公。秦所以納晉惠公者,以其許"賂秦伯以河外列城五"也,然晉惠公得國而食言。又,魯僖十三年"冬,晉荐饑,使乞糴于秦","秦於是乎輸粟于晉,自雍及絳相繼,命之曰'汎舟之役'";而魯僖十四年"冬,秦饑,使乞糴于晉,晉人弗與",是以魯僖十五年,秦以晉惠公許賂五城,然"既而不與;晉饑,秦輸之粟;秦饑,晉閉之糴,故秦伯伐晉"。"九月,晉侯逆秦師,使韓簡視師","遂使請戰","秦伯使公孫枝對曰:'君之未入,寡人憂之;入而未定列,猶吾憂也。苟列定矣,敢不承命。'韓簡退曰:'吾幸而得囚。'"③據此可見,秦於晉之施惠也大矣,然晉之於秦,則如晉大夫慶鄭所言,有背施、棄信、幸災、貪愛、怒鄰之不仁不義④。而晉惠公使韓簡請戰,據公孫枝對辭所含責晉背恩之意,韓簡無應而退言"吾幸而得囚"所見之氣索,知公孫枝、韓簡之應對實乃史蘇所衍"西鄰責言,不可償也"之辭之驗也。而史蘇所衍"《歸妹》之《睽》,猶無相也",其驗則在晉於秦背恩棄義,秦雖娶晉女,猶無妻也。史蘇所衍之他辭,即自"《震》之《離》"至"明年其死於高梁之虛"云云,《傳》文皆記其驗,迨晉惠公兵敗見獲而囚於秦,宜其有"先君若從史蘇之占,吾不及此夫"之歎也⑤。然則楊注棄置《傳》文所記卜筮之驗之秦晉恩怨交兵、致師應對諸事,而以秦晉關係之泛辭,説史蘇所衍卦爻之辭,諒未切於《傳》文之本旨也。

總上言之,楊注既錯判史蘇所言八句之性質爲繇辭,且誤解史蘇衍卦象爻位所言之本意,復以秦晉關係之泛辭説史蘇之辭,而失《左傳》筮事相驗之旨也。

---

①《春秋穀梁傳注疏》,《十三經注疏》第7册,第7頁上下。
②如《左傳·昭十二年》載魯正卿季平子采邑費之邑宰南蒯,與公子憖、叔仲小謀叛以逐季平子,南蒯筮而得吉,以示子服惠伯,惠伯曰:"忠信之事則可,不然必敗。……且夫《易》,不可以占險。……筮雖吉,未也。"南蒯果如惠伯所言,敗而出奔齊也(《十三經注疏》第6册,第791—793頁)。
③見左氏僖九年、僖十三年、僖十四年、僖十五年《傳》,《十三經注疏》第6册,第220頁上、223頁下—224頁下、229頁下—230頁上、231頁上。
④《左傳·僖十四年》,《十三經注疏》第6册,第225頁上。
⑤《左傳·僖十五年》,《十三經注疏》第6册,第233頁上—234頁上。

五、疑"天誘其衷"之誘爲舍之訓及 "天衷"爲天心天意之詁

《左傳·僖二十八年》:"六月,晉人復衛侯,甯武子與衛人盟于宛濮,曰:'天禍衛國,君臣不協,以及此憂也。今天誘其衷,使皆降心以相從也。不有居者,誰守社稷?不有行者,誰扞牧圉?不協之故,用昭乞盟于爾大神以誘天衷。自今日以往,既盟之後,行者無保其力,居者無懼其罪。有渝此盟,以相及也。明神先君,是糾是殛。'"楊注云:"天誘其衷,當時習語。《左傳》凡五見,餘四次分別見成十三、襄二十五、定四、哀十六年《傳》。《吳語》云:'天舍其衷,楚師敗績。''天舍其衷'即'天誘其衷'。皆天心在我之意。"又注"以誘天衷"云:"定四年《傳》:'以獎天衷。'天衷,天心之意。此謂乞天心向我也。"於成十三、襄二十五、哀十六年《傳》,楊注皆無新説,唯於定四年《傳》"君若顧報周室,施及寡人,以獎天衷,君之惠也"句,楊注有云:"杜注:'獎,成也。'意謂助成天意。"①按,於以上楊注,愚有二疑。

其一,楊注謂"天誘其衷"即"天舍其衷",皆天心在我之意,則楊注以誘爲舍之居止、留止之義也。楊注雖似可通,然"誘"字古無舍止之訓,愚因疑楊注之意未必愜也。而"誘"字若解爲送達之義,則既較楊注爲恰切,且有故訓爲據,故竊以爲送達之解愈於楊注之説也。嘗試論之,誘字從言,然《説文·言部》并無其字,誘字以或體而見於《厶部》㕗字下,許慎解曰:"㕗,相訹呼也。从厶、羑。誘,或从言、秀。䛻,或如此。羑,古文。"②是㕗有誘、䛻之二或體,其古文之羑,《羊部》解曰:"羑,進善也。从羊,久聲。"段注:"進當作道,道善,導以善也。"③《言部》所以無誘字者,依段注據《詩·召南·野有死麕》"吉士誘之"句之毛傳"誘,道也"及《大雅·板》"天之牖民"句之毛傳"牖,道也",而云"是則傳謂牖、誘同字","許意誘不必以正,似《板》傳爲正字,《野有死麕》傳爲假借字"④,故竊疑許慎蓋以誘爲假字,而未於《言部》説解之也。許慎於誘之諸形之字,皆訓爲引導、誘導、引誘之義。以此義解僖二十八年《左傳》"用昭乞盟于爾大神以誘天衷"句,似亦可通。《傳》文之"大神"乃監盟之諸神,亦即襄十一年《傳》亳盟之盟載所

---

① 楊伯峻:《春秋左傳注》,北京:中華書局,1981 年,第 1 册,第 469 頁,第 4 册,第 1547 頁。
② 段玉裁:《説文解字注》,上海:上海古籍出版社,1988 年影印經韻樓藏版,第 436 頁下—437 頁上。
③ 段玉裁:《説文解字注》,第 147 頁上。
④ 段玉裁:《説文解字注》,第 436 頁下—437 頁上。

書"司慎、司盟,名山、名川,羣神、羣祀,先王、先公,七姓十二國之祖"等明神①。僖二十八年《傳》文之句謂:用乞盟於爾等大神,以引導天帝之衷(向我)也。誘之施動者可解爲盟誓者,亦可解爲盟誓者所乞監盟之大神,二解均不致句意扞格。然若以誘之此義解"天誘其衷",則天帝自爲誘之施動者,句意即成天帝引導天帝自己之衷(向我)也。《孔子家語·正論解》襲襄二十五年《左傳》文,而亦有"天誘其衷"之句,雖有王肅如斯注云:"誘,導。衷,善也。天導其善。"②然其注實使句不成意,不通之甚矣。是以"天誘其衷"與"以誘天衷"之誘,當於《說文》之訓之外,別求其達詁。依許慎之說,誘之正字乃羑,羑字之訓見《廣雅·釋言》:"羑,致也。"王念孫云:"羑,與誘同。"③惜未舉用例以證羑之此訓。《說文·攵部》:"致,送詣也。"④則羑者亦送詣,即送達之義也。羑之此訓或亦見於《春秋》經傳,第其字作或體之誘爾,如《左傳·哀元年》載夏后少康復國事云:"使女艾諜澆,使季杼誘豷,遂滅過、戈,復禹之績。"⑤其"使季杼誘豷"句,洪亮吉《春秋左傳詁》注云:"《廣雅》:'誘,致也。'"⑥是則《傳》文謂少康使其臣女艾爲諜候於澆,遣其子季杼使澆之弟豷至少康所寓虞國之綸邑,遂滅澆之過國、豷之戈國,而復夏禹之宇土也。其例又見爲洪書所未注之《春秋·昭十六年》:"楚子誘戎蠻子,殺之。"《左傳》云:"楚子聞蠻氏之亂也與蠻子之無質也,使然丹誘戎蠻子嘉,殺之,遂取蠻氏。既而復立其子焉,禮也。"杜注:"詐之,非也;立其子,禮也。"⑦此《經》《傳》之"誘"雖可兩解爲引誘戎蠻子或使其至楚之二義,然三復《傳》文,其意當爲楚子遣然丹使戎蠻子至楚而殺之,已而往取其國,繼而於其國立其子;重在言楚取蠻氏而復立之時、地之過程,故"誘"字亦重在表使戎蠻子至楚,而非言使其至楚之行詐之方式。若依杜注解之,則後文之往取蠻子之國、於其國立其子之二事,與前文則不甚相蒙矣。是見杜注或欠恰切,昭十六年《經》《傳》之"誘"似亦皆當以使戎蠻子至之義爲長。洪亮吉於《左傳》"天誘其衷""以誘天衷"處皆無注,然可援其哀元年《傳》之注以移解其所未注者。所謂"天誘其衷"即天致其衷,亦即天送達其衷(於我)也;"以誘天衷"則爲以致天衷,乃使天衷達至(於我)之義也。誘之此訓以類似文例亦可證之,《國語·吳語》:"今天降衷於吳,

---

① 《十三經注疏》第 6 冊,第 545 頁下—546 頁上。
② 文淵閣《四庫全書》第 695 冊,第 92 頁上。
③ 王念孫:《廣雅疏證》,北京:中華書局,2004 年,第 135 頁上。
④ 段玉裁:《說文解字注》,第 232 頁下。
⑤ 《十三經注疏》第 6 冊,第 991 頁下。
⑥ 洪亮吉:《春秋左傳詁》,北京:中華書局,1987 年,下冊,第 845 頁。
⑦ 《十三經注疏》第 6 冊,第 825 頁上下。

齊師受服。"①僞古文《尚書·湯誥》:"惟皇上帝,降衷于下民。"②此二"降衷"之降,義皆《詩·商頌·長發》"降予卿士"句朱熹所云:"降,言天賜之也。"③又,《國語·吴語》載越王句踐就伐吴之事,先後問楚使者申包胥與越國五大夫,再言"吾欲與之徼天之衷",據韋注"徼,要也"④,知此徼音通邀,即求取、招致之義。降衷之降與"天誘其衷"之誘,皆爲致之主動用法;徼衷之徼與"以誘天衷"之誘,俱屬致之使動用法。四者雖有主動、使動之别,然其義均爲廣義之致之義。楊注"天誘其衷"所借"天舍其衷"之舍,其義雖與致義亦相去不甚遠,然致乃就動作之方式與過程言,而舍止乃就動作之結果言,以類似文例之降衷、徼衷辜較之,舍止之義去文例之義無疑視致之義爲遠也。綜括而言,誘之爲致義,既有故訓爲據,且有類似文例佐證,故愈於誘之爲舍義之説也。

其二,楊注謂天衷即天心、天意,竊疑不如訓作天之善意爲切當。楊注雖未揭其所據,然有其所本,如《文選·潘勗〈册魏公九錫文〉》"乃誘天衷"句,吕向注:"衷,心也。"⑤於相關文例,衷亦有他訓,如《左傳·僖二十八年》"今天誘其衷"句杜注:"衷,中也。"⑥《湯誥》"降衷"之蔡沈集傳亦同⑦。又如前揭《孔子家語·正論解》"天誘其衷"句,王肅注衷爲善⑧,《吕氏春秋·順民》"願一與吴徼天下之衷"句之高注⑨,《國語·晉語二》"鬼神降衷"及《吴語》"今天降衷於吴"、"天舍其衷"諸句之韋注⑩,《湯誥》"降衷"之僞孔傳⑪,咸同王注。於衷之心、中、善三訓中,愚以爲善之義最切於文意。何則? 天心天意乃中性詞,本兼善惡兩端,當既可降慶,亦可降殃。夫降殃之文,循理亦宜有用"衷"字者,然書傳中似無其例,所見如左氏昭四年《傳》"天或者欲逞其心,以厚其毒而降之罰",昭十八年《傳》"敝邑失政,天降之災",昭三十二年《傳》"天降禍于周"⑫,僞古文《尚書·大禹謨》"民棄不保,天降之咎"⑬,凡此之類,皆用罰、災、禍、咎等字,未見有

---

①徐元誥:《國語集解》,第544頁。
②《十三經注疏》第1册,第112頁下。
③朱熹:《詩集傳》,北京:中華書局,1958年,第246頁。按,"予"字《詩集傳》訛作"于"。
④徐元誥:《國語集解》第556、557頁。
⑤《六臣注文選》,北京:中華書局,1987年,第664頁下。
⑥《十三經注疏》第6册,第275頁上。
⑦《書經集傳》第45頁,《四書五經》上册。
⑧文淵閣《四庫全書》第695册,第92頁上。
⑨王利器:《吕氏春秋注疏》第891頁。
⑩徐元誥:《國語集解》第294、553頁。
⑪《十三經注疏》第1册,第112頁下。
⑫《十三經注疏》第6册,第726頁下、843頁下、932頁上。
⑬《十三經注疏》第1册,第57頁下。

用"衷"者。而記降慶者,雖亦用他字,如《國語·魯語上》:"民和而後神降之福。"①然但用"衷"字之文,皆爲記降慶者;易言之,唯有記降慶者,方用"衷"字也。而觀對言降慶、降殃之文,如《國語·晉語二》:"天降禍於晉國,讒言繁興,延及寡君之紹續昆裔。……以君之靈,鬼神降衷,罪人克伏其辜。"②據其"降禍""降衷"之對文,益見"衷"乃與災禍相反之福善之義,乃單指天心之善之一端者。是則楊注之天心天意之訓雖未可謂爲謬,然釋義少涉浮汎,終不如天之善意之解貼切於"天衷"類文例之本意也。

六、疑"若逞吾願"爲"如我君願望得以滿足"之解

《左傳·成十六年》:"晉侯將伐鄭。范文子曰:'若逞吾願,諸侯皆叛,晉可以逞。若唯鄭叛,晉國之憂,可立俟也。'欒武子曰:'不可以當吾世而失諸侯,必伐鄭。'乃興師。"楊注:"二'逞'字意義不同。上'逞'字,舊訓爲'快也',實爲'快意''滿足'之義。下'逞'字爲'緟'之假借字,緩也。說詳楊樹達先生《讀左傳》。此數句意爲,如我君願望得以滿足,諸侯皆將背叛晉國,晉國患難可以緩和。此不欲伐鄭也。"③楊注別白二逞字之義甚是④,

---

① 徐元誥:《國語集解》,第 144 頁。
② 徐元誥:《國語集解》,第 294 頁。
③ 楊伯峻:《春秋左傳注》,北京:中華書局,1981 年,第 2 册,第 880 頁。
④ 楊注說上"逞"字之義甚是,張永言先生之論亦可贊楊說,其《詞彙學簡論》言逞之得義所由曰:"詞的語源和本義的研究是緊密關聯的。比如,我們要探求'不逞'、'得逞'的'逞'的本義,即使查出了它在古書上所有的訓詁'快''疾''盡''極''娛''解'等(《經籍纂詁》卷五三"逞"字條),也還是不能解決問題。只有當我們知道了'逞'的上古音是 tʻIeŋ,跟'盈'dǐeŋ 是同族詞時,纔能明白這個'逞'的意義是'滿''滿足'。"并注其證:"'逞''盈'相通在古書異文上也有證據,如《左傳·昭公二十三年》'沈子逞',《穀梁傳》作'沈子盈';《史記·晉世家》'欒逞',裴駰《集解》云《左傳》'逞'作'盈'。"(武漢:華中工學院出版社,1982 年,第 14—15 頁)愚按,今本《老子》二章"高下相傾",郭店楚簡《老子》甲組作"高下之相涅也"(荆門市博物館《郭店楚墓竹簡》,北京:文物出版社,1998 年,第 112 頁),馬王堆帛書《老子》甲、乙本皆作"高下之相盈也"。帛書整理組云:"盈,通行本作傾,蓋避漢惠帝劉盈諱改。盈假爲呈或逞,呈現。……郭簡作'涅',整理者讀爲'盈'。"(裘錫圭主編:《長沙馬王堆漢墓簡帛集成(肆)》,北京:中華書局,2014 年,第 40、205、44 頁)簡帛異文涅、盈與逞皆音通,如王念孫《讀書雜志》卷五之二《管子·宙合》"涅儒"條云:"'此言聖人之動靜、開闔、詘信、涅儒、取與之必因於時也':念孫案,涅當爲逞,儒當爲偄,皆字之誤也。逞與盈同,偄與緟同。盈緟猶盈縮也,……盈縮與詘伸,義相因也。"(南京:江蘇古籍出版社,2000 年,第 427 頁上下)簡帛異文之例與王念孫之論亦可佐楊、張之說也。涅、逞、盈音通之理,乃涅、盈爲以紐,逞爲徹母,其韻皆在耕部。以紐爲喻母四等之聲類,曾運乾先生言其古讀多在定母,徹母亦以錢大昕所云古無舌上聲而古讀在透母,透、定旁紐而可聲轉,是三字音通固其宜也。逞既通盈,盈者滿也,故楊注解上"逞"爲滿足,甚得《傳》文之意。

然其讀"若逞吾願"爲"如我君願望得以滿足",愚則疑其未得士燮語之本意也。請試論之。

"若逞吾願"之"吾",疑非"我君"之晉厲公,而爲士燮之自稱。雖《國語·晉語六》"厲公將伐鄭,范文子不欲,曰:'若以吾意,諸侯皆叛,則晉可爲也。……'"①之辭,似已可證楊注之非,然人或因《左傳》《國語》多傳聞異辭,《傳》文有不可盡以《國語》通者②,以難愚説;故兹欲綜論晉厲公之世晉楚爭霸之時勢、晉卿霸業觀之異同、晉之内政等,以堅確愚説也。春秋中後期,晉、楚各居北、南邊裔而爭霸不已,所爭者乃以處其中之河洛及其以南、東河及其以東之諸侯爲主,鄭以位南北之衝要,尤爲晉、楚所爭。鄭等小國則據晉、楚國勢强弱之變,而擇從其强③;若晉楚勢敵,則以從其稱兵來者而依違晉、楚之間爲國策④;若晉楚弭兵而盟,則交相朝見晉、楚二盟主,而兩屬之也⑤。於晉厲公之世,魯成十二年"宋華元克合晉、楚之成",晉、楚"盟于宋西門之外",從楚之鄭成公遂亦"如晉聽成"。成十三年晉帥鄭等八國伐秦,成十五年三月鄭等八國會盟於戚。楚不欲見晉甚得諸侯,遂背其與晉之盟,於六月"侵鄭""侵衛"。成十六年"春,楚子自武城使公子成以汝陰之田求成于鄭。鄭叛晉,子駟從楚子盟于武城"⑥。鄭之叛晉從楚,即楊注所

---

①徐元誥:《國語集解》,第389頁。

②如哀十三年黄池之盟,吴、晉爭歃血之先,《左傳》記"乃先晉人",《國語·吴語》記"吴公先歃,晉侯亞之",孔疏:"《國語》之書,當國所記,或可曲筆直己,辭有抑揚,故與《左傳》異者多矣。……凡有共説一事而二文不同,必《國語》虚而《左傳》實,其言相反,不可强合也。"(《十三經注疏》第6册,第1028頁下)

③如魯僖二十八年城濮之戰前,晉之與國少而楚之與國多,楚敗績而鄭等諸侯多轉從晉。魯宣十二年邲之役,楚大勝晉,鄭等諸侯復轉而從楚。

④如以鄭而言,魯宣六年"楚人伐鄭,取成而還"。宣七年"鄭及晉平","冬,盟于黑壤"。宣九年楚"伐鄭,晉郤缺救鄭,鄭伯敗楚師于柳棼"。宣十年夏,"鄭及楚平,諸侯之師伐鄭,取成而還";冬則"楚子伐鄭,晉士會救鄭"。宣十一年"春,楚子伐鄭","乃從楚。夏,楚盟于辰陵,陳、鄭服也",然"鄭既受盟于辰陵,又徼事于晉"。鄭所以失信而依違於晉、楚者,誠如《左傳·宣十一年》載鄭子良所云:"晉、楚不務德而兵爭,與其來者可也。晉、楚無信,我焉得有信?"又《左傳·襄八年》"冬,楚子囊伐鄭",鄭子駟等"欲從楚",鄭子孔等則"欲待晉",子駟曰:"謀之多族,民之多違,事滋無成。民急矣,姑從楚以紓吾民。晉師至,吾又從之。敬共幣帛,以待來者,小國之道也。犧牲玉帛待於二竟,以待彊者而庇民焉。寇不爲害,民不罷病,不亦可乎?"(《十三經注疏》第6册,第377頁上、378頁上、381頁上、382頁上、383頁上、384頁下、383頁上、520頁下—521頁上)是子駟亦與子良同調,其言亦多爲鄭君臣於晉、楚之爭霸兵鋒下自處之策也。

⑤如魯襄二十七年晉、楚弭兵而盟於宋後,除齊、秦二大國外,"晉、楚之從,交相見也"(《左傳·襄二十七年》,《十三經注疏》第6册,第645頁上下)。

⑥《左傳·成十二年》《春秋·成十三年》《春秋·成十五年》《左傳·成十五年》《左傳·成十六年》,見《十三經注疏》第6册,第458頁上、460頁上、465頁下、466頁下、472頁下。

解成十六年《傳》文"晉侯將伐鄭"之因,亦此年六月晉楚所以有鄢陵之役之時勢也。

晉卿於晉霸盛衰之轉關,所主對策以其霸業觀而異。成十六年晉有八卿,即鄢陵之戰晉四軍之將、佐:"欒書將中軍,士燮佐之;郤錡將上軍,荀偃佐之;韓厥將下軍;郤至佐新軍";下軍佐"荀罃居守";新軍將"郤犨如衛,遂如齊,皆乞師焉"①。於鄭之叛晉,如前所引,欒書以正卿而主"不可以當吾世而失諸侯,必伐鄭"之策,《國語·晉語六》亦載欒書曰:"昔韓之役,惠公不復舍。邲之役,三軍不整旅。箕之役,先軫不復命,晉國固有大恥三,今我任晉國之政,不毀晉恥,又以違蠻夷重之,雖有後患,非吾所知也。"②《左傳·成十六年》則繫其辭於郤至名下:"六月,晉、楚遇於鄢陵。范文子不欲戰。郤至曰:'韓之戰,惠公不振旅;箕之役,先軫不反命;邲之師,荀伯不復從,皆晉之恥也。子亦見先君之事矣。今我辟楚,又益恥也。'"③雖傳聞不同而有此辭之主名之異,然據是年《傳》載郤至進"楚有六間,不可失也"之言④,知其亦當與欒書同調。晉八卿及大夫中,蓋持論同於欒書、郤至者甚多,故《國語·晉語六》以"大夫欲戰"⑤記之。晉卿大夫以霸業盛衰為其榮恥,非止晉厲公世乃爾,其前之晉景公世即然,如宣十二年邲之戰,晉中軍佐先縠曰:"晉所以霸,師武、臣力也。今失諸侯,不可謂力。有敵而不從,不可謂武。由我失霸,不如死。且成師以出,聞敵強而退,非夫也。命為軍帥,而卒以非夫,唯羣子能,我弗為也。"⑥是尚勇武、重榮恥之霸業觀,乃晉卿大夫所素秉一貫者也。然誠如欒書所云"雖有後患,非吾所知也",此霸業觀及其對策實不能慮遠,而非謀國之長策也。

士燮之霸業觀則異於欒書、郤至等,其要端有三:(一)德為霸業端首之基。《國語·晉語六》二章云:

厲公將伐鄭,范文子不欲,曰:"若以吾意,諸侯皆叛,則晉可為也。唯有諸侯,故擾擾焉。凡諸侯,難之本也。得鄭,憂滋長,焉用鄭?"郤至曰:"然則王者多憂乎?"文子曰:"我王者也乎哉?夫王者成其德,而遠人以其方賄歸之,故無憂。今我寡德而求王者之功,故多憂。子見無土而欲富者,樂乎哉?"⑦

---

① 《左傳·成十六年》,見《十三經注疏》第 6 冊,第 473 頁上。
② 徐元誥:《國語集解》,第 394 頁。
③ 《十三經注疏》第 6 冊,第 474 頁下。
④ 《十三經注疏》第 6 冊,第 475 頁上。
⑤ 徐元誥:《國語集解》,第 391 頁。
⑥ 《左傳·宣十二年》,見《十三經注疏》第 6 冊,第 391 頁下。按,"命為軍帥"句原作"命有軍師",據孔疏所引而改。
⑦ 徐元誥:《國語集解》,第 389—390 頁。

《國語·晉語六》七章亦云：

> 鄢陵之役，晉伐鄭，荆救之。……欒武子欲戰，范文子不欲，曰："吾聞之，唯厚德者能受多福，無德而服者衆，必自傷也。稱晉之德，諸侯皆叛，國可以少安。"①

士燮若生於戰國，其尚德之霸業論或難免迂疏之譏，然於春秋之世，士燮亦"德不孤必有鄰"者，如前引楚申叔時曰："德、刑、詳、義、禮、信，戰之器也。"楚莊王以霸主亦云："無德以及遠方，莫如惠恤其民而善用之。"②宣十二年晉楚邲之戰前，如前所揭，晉士會亦贊楚莊王"德、刑、政、事、典、禮不易，不可敵也"。是皆以德爲霸業之端首也。楚莊王於武力，所見亦與先縠之流異。如邲之戰，晉敗績，楚潘黨建言"築武軍而收晉尸以爲京觀"，以矜武功於後世，楚莊王曰："非爾所知也。夫文，止戈爲武。……夫武，禁暴、戢兵、保大、定功、安民、和衆、豐財者也。故使子孫無忘其章。今我使二國暴骨，暴矣；觀兵以威諸侯，兵不戢矣。暴而不戢，安能保大？猶有晉在，焉得定功？所違民欲猶多，民何安焉？無德而强爭諸侯，何以和衆？利人之幾，而安人之亂，以爲己榮，何以豐財？武有七德，我無一焉，何以示子孫？其爲先君宫，告成事而已。武非吾功也。古者明王伐不敬，取其鯨鯢而封之，以爲大戮，於是乎有京觀，以懲淫慝。今罪無所，而民皆盡忠以死君命，又何以爲京觀乎？"③縱觀春秋之世，非獨楚莊，齊桓、晉文、秦穆、晉悼、楚昭等，雖非純德無瑕，然相較而言，亦莫不以德義禮信等逾出流輩，而成其霸業。而其子孫嗣君則無不以失德、無禮、棄信、汰侈、虛驕等而失諸侯。又，春秋末世亦竟有如曹伯陽者，近習佞幸而無德可稱，以蕞爾小興而妄欲圖霸，"乃背晉而奸宋"，旋致國滅身死④，而徒成笑柄耳。是以士燮之見，於春秋之世，良非迂闊之説也。（二）内睦先於外霸。《國語·晉語六》五章云：

> 鄢之役，晉人欲爭鄭，范文子不欲，曰："吾聞之，爲人臣者，能内睦而後圖外，不睦内而圖外，必有内爭，盍姑謀睦乎？考訊其阜以出，則怨靖。"⑤

---

① 徐元誥：《國語集解》，第393頁。
② 《左傳·成二年》，見《十三經注疏》第6册，第429頁下。
③ 《左傳·宣十二年》，見《十三經注疏》第6册，第397頁下—398頁下。
④ 見哀七年、哀八年《左傳》，見《十三經注疏》第6册，第1010頁下—1011頁上下。
⑤ 徐元誥：《國語集解》，第391頁。

《左傳·成十六年》云：

> 五月，晉師濟河。聞楚師將至，范文子欲反，曰："我僞逃楚，可以紓憂。夫合諸侯，非吾所能也，以遺能者。我若羣臣輯睦以事君，多矣。"武子曰："不可。"六月，晉、楚遇於鄢陵。范文子不欲戰，……曰："……唯聖人能外内無患。自非聖人，外寧必有内憂，盍釋楚以爲外懼乎？"①

士燮此辭又見《國語·晉語六》六章：

> 鄢之役，晉伐鄭，……范文子不欲，曰："吾聞之，君人者刑其内，成，而後振武於外，是以内和而外威。……且唯聖人能無外患，又無内憂，詎非聖人，必偏而後可。偏而在外，猶可救也；疾自中起，是難。盍姑釋荆與鄭以爲外患乎？"②

《國語·晉語六》七章再見其辭："且唯聖人能無外患，又無内憂。詎非聖人，不有外患，必有内憂。盍姑釋荆與鄭以爲外患乎？諸臣之内相與，必將輯睦。"③古今中外，於内憂積重之際，昏庸君臣率以其不學，而多對外振武，假士庶於宗國勝敗之榮恥常情，用移民懍而使同仇於外，以權紓内憂。而士燮之榮恥觀則異之，如其就欒書或郤至之榮恥論而曰："擇福莫若重，擇禍莫若輕；福無所用輕，禍無所用重。晉國故有大恥，與其君臣不相聽，以爲諸侯笑也，盍姑以違蠻夷爲恥乎？"④士燮既以内睦爲重福，内憂爲大恥，而以失霸爲輕禍小恥，則士燮主内睦先於外霸之論固其宜也。竹添光鴻論曰："鄢陵之戰，范文子欲反，是忠臣深計。"⑤可謂得士燮忠悃之心之知言也。（三）無德而有内憂，戰若勝則貽害益巨。《國語·晉語六》七章云：

> 欒武子欲戰，范文子不欲，曰："……今我戰又勝荆與鄭，吾君將伐智而多力，怠教而重斂，大其私昵而益婦人田，不奪諸大夫田，則焉取以益此？諸臣之委室而徒退者，將與幾人？戰若不勝，則晉國之福也，戰若勝，亂地之秩者也，其產將害大，盍

---

① 《十三經注疏》第 6 册，第 474 頁下。
② 徐元誥：《國語集解》，第 391—393 頁。
③ 徐元誥：《國語集解》，第 393 頁。
④ 《國語·晉語六》七章，見徐元誥《國語集解》，第 394 頁。
⑤ 竹添光鴻：《左氏會箋·成十六年》，第 3 册，第 1089 頁。

姑無戰乎！"①

魯子叔聲伯之預見亦與士燮近同，《國語·魯語上》云："子叔聲伯如晉，謝季文子，郤犨欲予之邑，弗受也。歸，鮑國謂之曰：'子何辭苦成叔之邑？欲信讓耶，抑知其不可乎？'對曰：'吾聞之，不厚其棟，不能任重。重莫如國，棟莫如德。夫苦成叔家欲任兩國而無大德，其不存也，亡無日矣！譬之如疾，余恐易焉。苦成氏有三亡：少德而多寵，位下而欲上政，無大功而欲大祿，皆怨府也。其君驕而多私，勝敵而歸，必立新家。立新家，不因民，不能去舊；因民，非多怨，民無所始。爲怨三府，可謂多矣。其身之不能定，焉能予人之邑？'"②又，伍子胥亦與士燮、聲伯同有先識之智。哀十一年吳、齊有艾陵之役，出師前，"吳人皆喜，唯子胥懼"③；吳大勝齊後，吳王夫差乃誶伍子胥，《國語·吳語》載："申胥釋劍而對曰：'……夫天之所棄，必驟近其小喜，而遠其大憂。王若不得志於齊，而以覺寤王心，吳國猶世。……今王無以取之，而天祿亟至，是吳命之短也。員不忍稱疾辟易，以見王之親爲越擒也。員請先死。'遂自殺。"④聲伯以魯人而論晉事，子胥亦奔吳之楚人，吳非其宗國，則且置之，士燮以晉人乃憂宗國之勝，而願見其敗，以昏庸君臣、蚩蚩羣氓視之，則與衆所共棄、人可得而誅之之國賊無異也。然士燮實如竹添光鴻所論："申叔時知楚之必敗，范文子憂晉之必勝，二公皆老成深識之言，而文子見尤高。"⑤蓋士燮之憂宗國之必勝，猶樂毅之不時拔莒、即墨，皆"以大者遠者先之"⑥，而非世人所能喻也。

末就晉之内政而言，如前引文所示，晉厲公爲怠教、重斂、多嬖寵、好内者，且《左傳·成十七年》載士燮亦如子叔聲伯，而徑言"君驕侈"⑦，益見晉厲公乃無謙敬、恭儉之德之無道昏君。而晉之卿大夫，亦如前引文所見，晉八卿中，三郤皆躁進之徒，鍾舊族之患而爲怨府。餘者則多庸常，如《左傳·成十六年》載士燮所直言"諸臣不佞"⑧，而無術以使内輯。舊族既不睦，且晉厲公所立新家復覬覦舊族，而欲分其室。然則晉内政之不睦，亦已甚矣。而易庶民之地以觀晉之内政，則如《國語·晉語六》六章載士燮所言：

----

①徐元誥：《國語集解》，第393—394頁。
②徐元誥：《國語集解》，第171—172頁。按，郤犨即《左傳》之晉卿郤犫，亦即苦成叔。
③《左傳·哀十一年》，見《十三經注疏》第6册，第1018頁上。
④徐元誥：《國語集解》，第544—545頁。按，"今王無以取之"句，韋注："言無政德。"
⑤竹添光鴻：《左氏會箋·成十六年》，第3册，第1088頁。
⑥歐陽詢：《藝文類聚》卷二二《人部六·品藻》引三國魏夏侯玄《樂毅論》，上海：上海古籍出版社，1999年，上册，第407頁。
⑦《十三經注疏》第6册，第482頁上。
⑧《十三經注疏》第6册，第478頁上。

今吾司寇之刀鋸日弊,而斧鉞不行,内猶有不刑,而況外乎?夫戰,刑也,刑之過也。過由大,而怨由細,故以惠誅怨,以忍去過,細無怨而大無過,而後可以武刑外之不服者。今吾刑惠乎大人,而忍於小民,將誰行武?武不行而勝,幸也。幸以爲政,必有内憂。①

是見晉之内政有刑法之寬惠、嚴忍施用失所之弊。大人恣行罪惡而無忌憚,細民深苦苛法而多怨望。庶民既多怨望,若討不服晉之諸侯,則士卒無勇武也。然則晉之内政既上下皆不睦,即令伐鄭得勝,亦第增益内憂,而貽害滋大耳。

士燮"慮遠智深",故於霸業,其持論深得義理之正。而晉既内憂深重,宜士燮"惟恐諸侯叛者不多,與欒、郤所見全反"②,因有其不欲伐鄭之意也。士燮、子叔聲伯所預言者,亦以晉之鄢陵大捷之旋致大亂,不幸而果驗也。《國語·晉語六》七章云:"欒武子不聽,遂與荆人戰於鄢陵,大勝之。於是乎君伐智而多力,怠教而重斂,大其私暱,殺三郤而尸諸朝,納其室以分婦人。於是乎國人不蠲,遂弑諸翼,葬於翼東門之外,以車一乘。厲公之所以死者,唯無德而功烈多,服者衆也。"③晉雖大亂,而士燮未及其亂,其所以然者,《左傳·成十七年》云:"晉范文子反自鄢陵,使其祝宗祈死,曰:'君驕侈而克敵,是天益其疾也。難將作矣!愛我者惟祝我,使我速死,無及於難,范氏之福也。'六月戊辰,士燮卒。"④《國語·晉語六》九章亦云:"反自鄢,范文子謂其宗、祝曰:'君驕泰而有烈,夫以德勝者,猶懼失之,而況驕泰乎?君多私,今以勝歸,私必昭,昭私,難必作,吾恐及焉。凡吾宗、祝,爲吾祈死,先難爲免。七年夏,范文子卒。冬,難作,始於三郤,卒於公。"⑤士燮禱死而得壽終正寢,亦不幸之幸也。

既綜晉厲公之世晉楚爭霸之時勢、晉卿霸業觀之異同、晉之内政而論訖,則"若逞吾

---

① 徐元誥:《國語集解》,第 392—393 頁。按,引文意晦澀,兹綜韋注、王引之、俞樾之説,略疏通之。其意蓋謂刀鋸者施於庶人者也,斧鉞者用乎大臣者也。今晉之刑法嚴苛乎細民小家而刀鋸日弊,寬惠於大臣强族而斧鉞不行。晉疆内且猶有刑法所不及之大臣,矧晉境外有刑法所未及之晉盟之諸侯,不亦宜乎?夫戰者,刑也,刑罰其有罪過者也。疆内之罪過率由鮮忌憚之大臣而犯,而怨望則多由苦苛法之細民而生。故若以寬惠施於細民以除其怨望,以嚴忍加乎大臣而去其罪過,則細民無怨望而大臣無罪過,然後始可用武力刑罰疆外之不服晉者。今晉刑法寬惠乎大人,而嚴忍於小民,將憑誰以行武力?武力不行而若得勝,僥倖也。依僥倖而爲政,必有内憂。

② 竹添光鴻語,見《左氏會箋·成十六年》,第 3 册,第 1086 頁。

③ 徐元誥:《國語集解》,第 394—395 頁。

④《十三經注疏》第 6 册,第 482 頁上。

⑤ 徐元誥:《國語集解》,第 396 頁。按,晉厲七年即魯成十七年。

願"之"吾",非"我君"之晉厲公,而爲士燮之自稱,乃不待復辨而自明者也。所謂"若逞吾願"者,亦即"若我不伐鄭之願得以滿足"之意也。

七、疑"君命以共"爲"子囊欲謚之共,仍以君命答大夫"之説

《左傳·襄十三年》:"楚子疾,告大夫曰:'不穀不德,少主社稷。生十年而喪先君,未及習師保之教訓而應受多福,是以不德,而亡師於鄢;以辱社稷,爲大夫憂,其弘多矣。若以大夫之靈,獲保首領以歿於地,唯是春秋窀穸之事、所以從先君於禰廟者,請爲'靈'若'厲'。大夫擇焉。'莫對。及五命,乃許。秋,楚共王卒。子囊謀謚。大夫曰:'君有命矣。'子囊曰:'君命以共,若之何毀之?赫赫楚國,而君臨之,撫有蠻夷,奄征南海,以屬諸夏,而知其過,可不謂共乎?請謚之'共'。'大夫從之。"楊注"君命以共"句曰:"子囊欲謚之共,仍以君命答大夫。"①愚疑楊注尚一間未達也。請略言之。

楊注"仍以君命答大夫",其"仍"所仍者,乃仍大夫所言"君有命矣"之君命。而衆大夫所共聞之君命,乃楚共王命擇"靈""厲"之一字以爲己謚。若依楊注,君所命之己謚則爲"共",此豈非子囊矯詔乎?子囊即楚共王之弟公子貞,乃令尹中之忠賢者②,而非指鹿爲馬之趙高輩,子囊豈爲矯詔者乎?君所命"靈"或"厲"之謚爲衆大夫所親聞者,子囊縱欲矯詔,又豈得矯詔乎?故子囊之語意,當別求其解。兹先言"靈""厲"與"共"三謚之義。《逸周書·謚法》云:"死而志成曰靈,亂而不損曰靈,極知鬼神曰靈,不勤成名曰靈,死見鬼能曰靈,好祭鬼神曰靈。……致戮無辜曰厲。"又云:"敬事供上曰恭,尊賢貴義曰恭,尊賢敬讓曰恭,既過能改曰恭,執事堅固曰恭,安民長悌曰恭,執禮敬賓曰恭,芘親之門曰恭,尊長讓善曰恭,淵源流通曰恭。"陳逢衡《逸周書補注》云"共、恭同"③。《左傳·襄十三年》杜注:"欲受惡謚,以歸先君也。亂而不損曰靈,戮殺不辜曰厲。"④是杜擇用《逸周書》以解"靈""厲"二謚之義也。"共"之義,杜、孔、楊皆未注。而

---

①楊伯峻:《春秋左傳注》,北京:中華書局,1981年,第3冊,第1001—1002頁。
②如《左傳·襄十四年》云:"楚子囊還自伐吳,卒。將死,遺言謂子庚:'必城郢。'君子謂:'子囊忠。君薨不忘增其名,將死不忘衛社稷,可不謂忠乎?忠,民之望也。《詩》曰'行歸于周,萬民所望',忠也。'"(《十三經注疏》第6冊,第564頁下)
③黄懷信、張懋鎔、田旭東:《逸周書彙校集注》下冊,第676—678、692、639—642頁。
④《十三經注疏》第6冊,第556頁上。

《國語·楚語上》亦載子囊議諡而曰"有是寵也,而知其過,可不謂恭乎",韋注:"諡法,既過能改曰恭。"①是韋注亦擇用《逸周書》而解"恭"之義也。而據前引《左》《國》"而知其過,可不謂共(或恭)乎"及《魯語下》載魯閔馬父曰"周恭王能庇昭、穆之闕而爲'恭',楚恭王能知其過而爲'恭'"②,知韋注於"恭"之十義中,所擇亦甚得子囊之意。

三諡之義既明,則楊注所涉子囊之語之本意亦易得其達詁矣。"恭"之諡義有"知過"與"能改"過之二端。楚共王臨歿首過,而命以"靈"或"厲"之惡諡,是其能"知過"也。楚共王以童稚即位而在位三十一年,據其行事,亦見其乃"能改"過者,如竹添光鴻論曰:"共王,賢君也。自二十三年以前,輔佐不得其人③,背盟伐鄭,有鄢陵之辱④;舍君助臣,有彭城之戍⑤。自子囊爲政⑥,改行靖國,不與晉爭,雖失鄭而終得陳。蓋晉是時君明臣忠,上讓下競,雖莊王當之,恐未能敵,不復由責於共王也。其成二年不錮巫臣之論⑦,得之童年;此年不德亡師之言,徵其知過,則《春秋》二百四十二年僅一二見者也。"⑧然則楚共王不特知過,亦能首過、改過,而堪當"恭"之諡者也,此亦子囊所知者也。是以子囊議諡,而大夫曰"君有命矣",意即君已有以"靈"或"厲"爲諡之命矣,故子囊對曰"君命以共,若之何毀之",意即君之以惡諡命己之諡,已爲恭矣,爲何以惡諡毀君邪?子囊遂廣以楚共王之功烈與知過之二端,而益明其"可不謂共乎",以見其德甚當"恭"之美諡也。

楊注所以未達一間者,蓋以"君命以共"之"以"字爲介詞矣。此"以"字實通副詞之"已",既也、已然也。"以""已"於此義之字通,先秦故籍習見之,姑揭三例。《詩·周頌·良耜》"其鎛斯趙,以薅荼蓼"句,馬瑞辰云:"古'以'字作'㠯',從反已,與已然之已通用,是知'以'即'已'也,已即既也。"⑨《墨子·尚同上》"天子三公既以立"句,孫詒讓云:"以、已通。"⑩《戰國策·魏策二》"而臣以致燕甲而起齊兵矣"句,王念孫按云:

---

①徐元誥:《國語集解》,第487頁。
②徐元誥:《國語集解》,第205—206頁。
③楚共王始以叔父子重爲令尹,襄三年子重卒,子辛爲令尹。
④謂成十六年子重爲令尹時,敗績於鄢陵之事。
⑤謂成十八年子重猶爲令尹時,助宋叛臣魚石等之事。
⑥襄五年因令尹子辛以貪而侵欲陳國,楚共王殺子辛,以子囊爲令尹。
⑦申公巫臣出奔晉,子反請以重幣賂晉,使晉禁錮巫臣,勿令仕於晉。共王時爲童子,言不必錮之也。
⑧竹添光鴻:《左氏會箋·襄十三年》,第3册,第1271—1272頁。
⑨馬瑞辰:《毛詩傳箋通釋》,北京:中華書局,1989年,下册,第1109頁。
⑩孫詒讓:《墨子閒詁》,上海:上海書店,1986年,第44頁。

以,"與已同"①。竹添光鴻於"君命以恭"句雖未逐字而訓,然曰:"君之命謚,可謂恭矣。"②亦得子囊之意,可謂"得意而忘言"之訓者也。

八、疑"宋公使昭子右坐"明昭子本"坐于西階,面向南"之説

《左傳·昭二十五年》:"春,叔孫婼聘于宋。……宋公享昭子,賦《新宮》,昭子賦《車轄》。明日宴,飲酒,樂,宋公使昭子右坐,語相泣也。"楊注:"杜注:'坐宋公右以相近,言改禮坐。'依古代宴禮設坐,宋公坐于阼階上,面向西;昭子則坐于西階,面向南。如此,相隔較遠,不便交談,故杜云'改禮坐',使昭子移坐于東階,坐于宋公之右,同向西。此本臨時偶然之舉動,不可以禮論之。俞樾《平議》駁杜及孔疏,非也。"③愚按,改禮後之坐,可由改禮前之坐而推知,而改禮前之坐必依禮而設者,故改禮之坐猶須以禮論之也。而楊注所言改禮前昭子即叔孫婼"坐于西階,面向南"云云,疑未合於禮。請試言之。

楊注所言"俞樾《平議》駁杜及孔疏",杜注見上,孔疏則云:"《燕禮》云:'司宮筵賓于戶西,東上,小臣設公席于阼階上,西鄉。'是禮坐公西向,賓南向也。宋公使昭子右坐,令在宋公之右。蓋在宋公之北,同西向,以相近,言其改禮坐也。"④是見昭子之坐,改禮後,楊注與孔疏説同;而改禮前,二氏説異。《儀禮》諸禮之庭、堂、室、房,皆負陰而抱陽。庭南爲大門,大門之東西爲東西兩塾,庭北爲東階(即阼階)、西階。升階而至東西兩堂,東西堂之間爲中堂,中堂有東西兩楹。堂、楹之北爲室、房。室居中,其戶牖向中堂而開,戶在東,牖在西。室之東西兩隅爲東西兩房,皆與東西堂隔"夾"而北南相鄰⑤。據此,依孔疏,則昭子以賓坐於中堂,位室外之戶西而南向;依楊注,則昭子坐於西階上之西堂而南向。楊注所言俞樾《平議》之駁,未見於其《羣經平議》,楊先生蓋見竹添光鴻《左氏會箋》引俞之駁,而竹添未言俞書之名,故想當然也。俞之駁見其《茶香

---

① 王念孫:《讀書雜志》卷二之三《戰國策·魏》"東夷之民不起"條,第60頁下。
② 竹添光鴻:《左氏會箋》第3冊,第1272頁。按,竹添本《傳》文作"君命以恭"。
③ 楊伯峻:《春秋左傳注》,北京:中華書局,1981年,第4冊,第1455—1456頁。
④《十三經注疏》第6冊,第887頁下。
⑤ 參黃以周《禮書通故》卷四八《禮節圖一》《禮節圖二》《禮節圖三》之衆圖,北京:中華書局,2007年,第5冊,第2089—2256頁。

室經説》卷一五《左傳下》"右坐"條,俞引杜、孔説後,按曰:"屈賓之尊,使與己竝坐阼階之上,非尊客之禮。此説非也。今按《儀禮·公食大夫禮》'蒲筵常,加萑席尋',鄭注曰:'丈六尺曰常,半常曰尋。必長筵者,以有左右饌也。'然則賓席甚長,宋公蓋使昭子移坐於席之東頭,則公席在阼階上,與之較近耳。然移坐東頭,宜謂之左坐,乃云右坐者,左右無一定,以人而名之,《儀禮·士冠禮》注曰:'出以東爲左,入以東爲右。'《特牲饋食禮》注曰:'凡鄉内以入爲左右,鄉外以出爲左右。'然則公自阼階上望户、牖之間,鄉内非鄉外,故以東爲右也。其得使昭子移坐東頭者,據《公食大夫禮》,公設醬當席中,而賓東遷之,疑賓坐本稍偏於東,故宋公竟使移坐東頭,以便相語也。"①然則依俞樾之説,則昭子於改禮前之坐,同於孔説,改禮後,昭子猶負室而南向坐,第東移而愈近室之户,或乃至於户東爾。竹添光鴻引俞説而無異辭,知其亦與俞説也。然愚疑孔、俞、楊説均非也。

昭子改禮前之坐,當依《儀禮》宴饗聘使之禮爲説。宴享聘使之禮,於《儀禮》有三。《聘禮》賈疏:"鄭《目録》云:'大問曰聘。諸侯相於久無事,使卿相問之禮。小聘使大夫。'……此《聘禮》是侯伯之卿大聘。"《公食大夫禮》賈疏:"鄭《目録》云:'主國君以禮食小聘大夫之禮。'"《燕禮》賈疏:"燕有四等,《目録》云:'諸侯無事而燕,一也。卿大夫有王事之勞,二也。卿大夫又有聘而來還,與之燕,三也。四方聘客,與之燕,四也。'"②鄭之説,賈疏皆廣引例以證,故可信。魯君於經傳與金文雖有侯、公、伯之異稱,然侯尤爲習見③,故顧棟高言魯爵爲侯④,亦宜從。叔孫婼爲三命之卿,如《左傳·昭十二年》云:"季悼子之卒也,叔孫昭子以再命爲卿。及平子伐莒,克之,更受三命。"⑤侯爵之魯之三命之卿爲聘宋之使,據禮,宋唯當用《聘禮》《燕禮》之儀以宴饗之。《傳》文"宋公享昭子,賦《新宮》,昭子賦《車轄》"之宴饗,據其"享"字,知所用當爲《聘禮》之儀。《傳》文"明日宴,飲酒,樂"之宴饗,據其"宴"字及宴、燕之通,知所用當爲《燕禮》。孔疏所以引《燕禮》爲説者,殆亦以此也。

依燕禮,若君所與燕者爲其臣,《燕禮》曰:"與卿燕,則大夫爲賓;與大夫燕,亦大夫爲賓。"鄭注:"不以所與燕者爲賓者,燕爲序歡心;賓,主敬也。……君恒以大夫爲賓

---

①《續修四庫全書》第 177 册,第 595 頁下。
②《十三經注疏》第 4 册,第 226 頁上、299 頁上、158 頁上。
③陳槃:《春秋大事表列國爵姓及存滅表譔異》,上海:上海古籍出版社,2009 年,上册第 2—3 頁。
④顧棟高:《春秋大事表》卷五,文淵閣《四庫全書》第 179 册,第 313 頁下。
⑤《十三經注疏》第 6 册,第 791 頁下。

者,大夫卑,雖尊之,猶遠于君。"①《禮記·燕義》亦就燕禮之設賓云:"不以公卿爲賓,而以大夫爲賓,爲疑也,明嫌之義也。"鄭注:"公卿尊矣,復以爲賓,則尊與君大相近。"②是不以尊者之公卿爲賓者,嫌於其尊偪君,故以卑者之大夫爲賓,使受主人獻、酬之禮敬也。至若燕禮筵席之設,《燕禮》云:

> 司宮筵賓于户西。……小臣設公席于阼階上,西鄉。……卿皆升就席,……席于阼階西,北面,東上。

鄭注:"席孤北面,爲其大尊,屈之也。亦因阼階西位近君,近君則屈。親寵苟敬,私昵之坐。"所謂"苟敬",《燕禮》後文"賓爲苟敬"句鄭注:"苟,且也,假也。"③於《聘禮》"賓爲苟敬"句鄭復注:"苟敬者,主人所以小敬也。"賈疏:"以'苟敬'爲'小敬'者,以阼階西近主爲位,諸公坐位,故云'小敬',對户牖南面爲大敬。"④是則公坐於東階上之東堂,西向;卑者之大夫以賓受大敬,坐於中堂北之室外户西,南向;尊者之孤卿受小敬而坐於中堂之東南,位東階之西而北向也。非特君與臣燕如此,卿大夫間燕飲之設賓亦爾,如《國語·周語上》:"惠王二年,邊伯、石速、蒍國出王而立子頽。王處於鄭。三年,王子頽飲三大夫酒,子國爲客。"⑤子國即蒍國,據其名在邊伯、石速後,而其爲賓,亦可證卑者以賓而受大敬之禮也。《左傳·襄二十三年》:"季武子無適子,公彌長,而愛悼子,欲立之。……訪於臧紇,臧紇曰:'飲我酒,吾爲子立之。'季氏飲大夫酒,臧紇爲客。既獻,臧孫命北面重席,新樽絜之。召悼子,降,逆之。大夫皆起。"孔疏援《鄉飲酒禮》以說其禮⑥,南轅北轍矣。而竹添光鴻云:"臧紇以重席待悼子,明其爲卿之適,從卿禮也。又《燕禮》:大夫賓席外有公孤席,在阼階西,北面,東上,無加席。近主人爲主人屈也。……臧孫命北面席,則是燕之公孤席,彼云'東上',則猶有相次者,皆不加席,而獨重席召悼子,即阼階西之北面苟敬席,表異之,使知此會爲悼子設也。"⑦可謂甚得《傳》旨。是則魯卿季武子欲立其庶子悼子爲後,故於燕禮孤卿之位設悼子之坐,以表異之,

---

① 《十三經注疏》第4册,第180頁上。
② 《十三經注疏》第5册,第1022頁上。
③ 《十三經注疏》第4册,第159頁下、160頁上、170頁下、179頁下。
④ 《十三經注疏》第4册,第290頁上下。
⑤ 徐元誥:《國語集解》,第27—28頁。
⑥ 《十三經注疏》第6册,第604頁下—605頁上。
⑦ 竹添光鴻:《左氏會箋》第3册,第1392頁。

而宣示於衆也。是季武子、悼子、臧紇各當《燕禮》之公、卿、賓也。《國語·魯語下》："公父文伯飲南宮敬叔酒,以露睹父爲客。羞鼈焉,小。睹父怒,相延食鼈,辭曰:'將使鼈長而後食之。'遂出。文伯之母聞之,怒曰:'吾聞之先子曰:"祭養尸,饗養上賓。"鼈於何有?而使夫人怒也!'遂逐之。五日,魯大夫辭而復之。"①據文伯母(即公父穆伯之妻敬姜)引其先舅(即穆伯之父季悼子)所云"饗養上賓",知公父文伯、南宮敬叔、露睹父各當《燕禮》之公、卿、賓也。第文伯吝而以小鼈羞於賓,未盡於大敬之禮,故致賓怒耳。

依燕禮,若君所與燕者爲四方之聘客,設坐則如《燕禮》所云:

> 若與四方之賓燕,則公迎之于大門内,揖讓,升。賓爲苟敬,席于阼階之西,北面。……其介爲賓。

是尊者之聘使當君之臣之孤卿,受小敬而坐於中堂東南,位東階之西而北向;卑者之副使之介以賓而受大敬,坐於中堂北之室外戶西,南向也。其所以然者,鄭注云:"四方之賓,謂來聘者也。……人臣不敢褻煩尊者,至此升堂而辭讓,欲以臣禮燕,爲恭敬也,於是席之如獻諸公之位。言苟敬者,賓實主國所宜敬也。……公降,迎上介以爲賓,揖讓,升,如初禮。"賈疏:"云'欲以臣禮燕,爲恭敬也'者,此謂在阼西,北面,故云'席之如諸公之位'也。……賓實主國所宜敬,但爲辭讓,故以命介爲賓,不得敬之;今雖以介爲賓,不可全不敬,於是席之於阼階西,且敬也,故云'苟敬'也。"②是見聘使須示恭敬於主國之君,故自擬君臣之孤卿,而屈居受小敬之位也。《聘禮》亦云:

> 燕,則上介爲賓,賓爲苟敬。

鄭注:"饗食,君親爲主,尊賓也。燕,私樂之禮,崇恩殺敬也。賓不欲主君復舉禮事禮已,于是辭爲賓,君聽之,從諸公之席,命爲苟敬。……更降,迎其介以爲賓。"賈疏:"云'饗食,君親爲主,尊賓也'者,以其饗食在廟爲賓,故君親爲主,至後燕禮在寢,又以醉爲度,崇於恩,殺於敬,故賓辭而使介爲賓也。"③是《聘禮》與《燕禮》之節文及禮意,亦

---

① 徐元誥:《國語集解》,第192頁。
② 《十三經注疏》第4冊,第179頁下。
③ 《十三經注疏》第4冊,第290頁上。

符契也。鄭所謂主君饗食聘使之禮，即饗禮。饗禮亡，《聘禮》唯言饗事①，而無其節文。《左傳》《國語》亦載饗事，如前引"宋公享昭子，賦《新宮》，昭子賦《車轄》"之《傳》文，然無節文。就饗禮賓主之設而言，襄二十七年《傳》有可證鄭説者，即其所載晉、楚弭兵而盟於宋，宋饗晉楚大夫事："秋，七月，……辛巳，將盟於宋西門之外，……晉、楚爭先，……楚人曰……，乃先楚人。……壬午，宋公兼享晉、楚之大夫，趙孟爲客。子木與之言，弗能對。"②宋所饗者雖非聘使，然晉、楚卿大夫爲宋之客，故其禮亦當同。晉、楚雖弭兵，然歃血猶爭先，楚既先歃於盟，則趙爲賓於饗，晉、楚之尊始能相敵，如竹添光鴻云："宋何以敢客晉大夫，而子木亦不怒耶？晉既讓楚先歃，故宋又以享位尊晉，以平其情。"③晉正卿趙武於饗時既尊逾楚令尹子木，是見饗禮之尊者猶爲賓而受大敬，而異於燕禮之尊者謙抑爲主君之孤卿而受小敬也；亦見鄭説有其徵而非臆説也。準此，則"宋公享昭子，賦《新宮》，昭子賦《車轄》"之饗時，昭子依禮當爲賓也。而"明日宴，飲酒，樂，宋公使昭子右坐"之時，所用爲燕禮，昭子宜非賓，賓乃其介，昭子斯時當宋元公之孤卿也。然則"宋公使昭子右坐"者，當爲昭子自其改禮前之中堂東南、位東階之西、北向之位，愈東移而近東堂之宋公以便相語，猶北向也。"右坐"之右，乃昭子之右，而非宋公之右。何者？昭子既北向，據前引俞樾所揭《士冠禮》《特牲饋食禮》之鄭注，昭子之東亦得謂之右也。

　　孔、俞用《燕禮》説《左傳》文雖是，然言改禮前後昭子之坐則非，其誤當由以賓爲昭子而致也。楊注"昭子則坐于西階，面向南"之誤，則在用禮非其宜也。《鄉飲酒禮》"乃席賓、主人、介"句鄭注云："賓席牖前，南面。主人席阼階上，西面。介席西階上，東面。"④鄭注可由此禮賓、主人、介之升、降、洗、辭洗、獻、酢、酬、旅酬等節文之周旋方位而證。此禮之設坐有其所象之意，如《禮記·鄉飲酒義》云："賓、主，象天地也。介、僎，象陰陽也。……天地嚴凝之氣，始於西南而盛於西北，此天地之尊嚴氣也，此天地之義氣也。天地温厚之氣，始於東北而盛於東南，此天地之盛德氣也，此天地之仁氣也。主人者尊賓，故坐賓於西北，而坐介於西南以輔賓。賓者，接人以義者也，故坐於西北。主人者，接人以仁、以德厚者也，故坐於東南。而坐僎於東北，以輔主人也。仁義接，賓主有事，俎豆有數，曰聖。聖立而將之以敬曰禮，禮以體長幼曰德。"孔疏云："'曰聖'者，

---

① 《十三經注疏》第 4 册，第 267 頁上下。
② 《十三經注疏》第 6 册，第 645 頁下—647 頁上。
③ 竹添光鴻：《左氏會箋》第 3 册，第 1482 頁。
④ 《十三經注疏》第 4 册，第 81 頁下。

聖,通也,謂上諸事並是通賓主之意也。"①是見以周人觀之,賓主介遵設位之爲德也大矣,宜《鄉射禮》《大射禮》等之設位亦均大同於《鄉飲酒禮》也。楊注所言昭子改禮前之坐,雖與《鄉飲酒禮》較近,然猶未全合也。楊注或別有其據而未揭櫫歟?

九、疑亳社爲魯所因商奄之社之說

《左傳·定六年》:"陽虎又盟公及三桓於周社,盟國人于亳社。"楊注:"魯因商奄之地,並因其遺民,故立亳社。"《春秋·哀四年》:"六月辛丑,亳社災。"楊注:"'亳',《公羊》作'蒲'。《禮記·郊特牲》'薄社',《釋文》,'薄,本又作"亳"。'……定六年《傳》'陽虎盟國人于亳社',即此社也。《公羊》、《穀梁》二《傳》俱謂亳社爲亡國之社,即殷都亳之社。……其實亳社,魯因商奄遺民立之。"②按,於此兩注,愚所疑者有二。

其一,楊注云"《公羊》、《穀梁》二《傳》俱謂亳社爲亡國之社,即殷都亳之社",然哀四年《公羊傳》云:"蒲社者何?亡國之社也。"③《穀梁傳》云:"亳社者,亳之社也。亳,亡國也,亡國之社以爲廟屏,戒也。"④是《公》《穀》傳文唯言蒲社或亳社爲亡國之社,未言其即殷都亳之社也。此亳社之亳,古有殷都亳與魯所因亡國之二說,同年《公羊傳》何注云:"蒲社者,先世之亡國,在魯竟。"徐疏云:"《公羊》解以爲蒲者,古國之名,天子滅之,以封伯禽,取其社以戒諸侯,使事上。"⑤而《左傳》杜注云:"亳社,殷社,諸侯有之,所以戒亡國。"⑥《穀梁傳》范注亦云:"殷都于亳,武王克紂,而班列其社于諸侯,以爲亡國之戒。……亳即殷也,殷都于亳,故因謂之亳社。"⑦是何休、徐彥主魯所因亡國之說,杜預、范寧主殷都亳之說也。而《禮記·郊特牲》"喪國之社屋之,不受天陽也,薄社北牖,使陰明也"句之鄭注云:"薄社,殷之社,殷始都薄。"⑧則杜、范又本於鄭玄之說也。是見楊注所謂亳社爲殷都亳之社之說,非出於《公》《穀》傳文,實乃《穀梁》范注之語,而楊注所主亳社爲魯所因商奄之社之說,則從《公羊》何注、徐疏之說也。

---

① 《十三經注疏》第5冊,第1005頁上下。
② 楊伯峻:《春秋左傳注》,北京:中華書局,1981年,第4冊,第1559、1625頁。
③ 《十三經注疏》第7冊,第343頁下。
④ 《十三經注疏》第7冊,第201頁上。
⑤ 《十三經注疏》第7冊,第343頁下。
⑥ 《十三經注疏》第6冊,第999頁上。
⑦ 《十三經注疏》第7冊,第201頁上。
⑧ 《十三經注疏》第5冊,第489頁下。

其二，楊注既言亳社爲魯所因商奄之社，則此社應名奄社，楊注亦當解其不名奄社而名亳社之因。楊注所以略而不釋者，意其殆據亳有蒲、薄之異文，遂讀亳爲蒲姑或薄姑省文之蒲或薄，而蒲姑或薄姑亦亡於周初之海岱古國，故視商奄、蒲姑爲一，是以不煩釋此社不名奄社之因也。然據史籍，商奄、蒲姑未可視爲一，蒲姑亦非魯之所因，如《左傳·昭九年》載周景王使詹桓伯辭於晉曰："及武王克商，蒲姑、商奄，吾東土也。"楊注用古説而云："蒲姑亦作薄姑，今山東博興縣東南十五里。商奄……在今山東曲阜縣東。"《左傳·昭二十年》復載晏子對齊景公曰："昔爽鳩氏始居此地，季荝因之，有逢伯陵因之，蒲姑氏因之，而後大公因之。"楊注蒲姑之"故城在今臨淄區西北五十里"①，楊注蒲姑之地望雖前後不一，然亦見商奄、蒲姑之地相異，且蒲姑非魯所因，而爲齊太公所因之國也。又，《尚書序》云："成王既踐奄，將遷其君於蒲姑，周公告召公，作《將蒲姑》。"②據奄君之見遷於蒲姑，雖似可牽合二地爲一，然若假文物考古材料以觀之，亦不容牽合也。20世紀初以來，遞有徐中舒、李白鳳、徐祥法等先生論及二國之地望③，中以常興照、張光明先生之説爲最可信從，其《商奄、蒲姑鈎沉》正、續二篇據傳世文獻、甲金文與山東省諸遺址考古材料，以爲經史所載商奄、蒲姑俱有廣狹二義。廣義之奄謂奄邦，指泰山以南、蒙山以西而西南至鳧山、嶧山之區，其中心在汶、泗二水流域之腹地。狹義之奄謂奄都，在泗水、平邑縣一帶，而非古説所云曲阜。廣義之蒲姑，謂山東省北部濰、淄二水流域之淄水以西地區。狹義之蒲姑謂蒲姑故城，"極有可能即"山東省桓臺縣荀召村遺址，而非古説所云博興縣東南十五里之柳橋。蒲姑亡後，蒲姑君蓋東遁於膠東半島，周遷奄君所居蒲姑當即桓臺荀召遺址之蒲姑故城，而博興柳橋則爲其後齊胡公所遷之都④。斯則奄君雖遷於蒲姑，然商奄、蒲姑之地望非徒於古説中不同，於今説中亦異也，且魯所因者爲奄，奄滅而其故地易名爲魯矣，未嘗因奄君見遷於蒲姑而易奄國故地之名爲蒲姑，故商奄、蒲姑斷不可牽合爲一也。於亳社之二古説中，上言楊注從何、徐之説，而何説之不足憑，孫詒讓嘗論之，其《周禮正義·春官·喪祝》云："《吕氏春秋·貴直篇》，狐援曰'殷之社，蓋於周之屏'是也。《漢書·王莽傳》，劉嘉奏曰：'古者

---

① 楊伯峻：《春秋左傳注》，北京：中華書局，1981年，第4册，第1308、1421頁。
② 《十三經注疏》第1册，第254頁下。
③ 徐中舒先生1926年所撰《蒲姑、徐奄、淮夷、羣舒考》，發表於《四川大學學報》1998年第3期，第65—76頁。李白鳳：《東夷雜考》，濟南：齊魯書社，1981年，第65—80、81—93頁。徐祥法：《商奄都邑考》，《天水師範學院學報》，2019年第1期，第66—71頁。
④ 常興照、張光明：《商奄、蒲姑鈎沉》《商奄、蒲姑鈎沉（續）》，《管子學刊》，1989年第2期，第82—90頁；第3期，第83—87頁。按，徐中舒先生《西周史論述（下）》主蒲姑越渤海而遷至遼東半島以至朝鮮境内之説，理據亦甚堅確（《四川大學學報》，1979年第4期，第92—93頁）。

畔逆之國,四牆其社,辯社諸侯,出門見之,著以爲戒。'辯社即班社,言以勝國之社,班之侯國,使立爲戒社,故魯得有亳社。然則周王國侯國,咸以亳社爲戒社,更無它社矣。而《公羊》哀四年經傳亳社作'蒲社',何注云:'蒲社者,先世之亡國,在魯竟。'則以蒲社爲魯所因國之社。依何說,是周惟王都戒社爲殷社,其畿外侯國,則各自立因國之社以爲戒社。今玫《書叙》云:'成王既踐奄,將遷其君於蒲姑。'《詩·豳風·破斧》孔疏引鄭《書注》以蒲姑爲齊地。《左》昭九年傳'蒲姑、商奄',《釋文》引服虔云:'蒲姑,齊也。商奄,魯也。'《漢書·地理志》亦謂成王滅蒲姑以封師尚父,則蒲姑乃齊之因國,故《左》昭二十年傳,晏子謂太公居齊,爲因蒲姑氏。然則即如何說,魯立戒社,亦宜立奄社耳,何緣別立奄所遷蒲姑之社?何說於義難通,殆未足憑矣。"①孫說理據塙如,當堪信從,然楊注於鄭、杜、范、孫等說置之不理,而固從何說,將毋別有所據歟?

以上所志,多無關經史弘旨之餖飣碎辭也。幸子貢常曰:"賢者識其大者,不賢者識其小者,莫不有文武之道焉。"愚雖不賢而不能識大,自反識小疑而游藝求是,權況祖述憲章之緒;起疏慵以焚膏詮序,尤有克己復禮之誠。儻蒙與會賢彥念兹而不棄,有以垂教袪疑,則何幸如之!

二〇一九年六月二十六日
訖初稿於四川大學華西新村

---

① 孫詒讓:《周禮正義》,北京:中華書局,1987年,第 8 册,第 2054—2055 頁。

建立"史記學",促進中華優秀經典傳承

張新科
（陝西師範大學文學院）

《史記》是中華優秀傳統文化的典範，其中藴含着豐富的思想内涵，體現着我們的民族精神。由於它有獨特的價值，所以受到歷代學者的重視，乃至於逐漸成爲一門重要的學問，宋代王應麟《玉海》卷四六云："司馬氏《史記》……《史記》之學，則有王元感、徐堅、李鎮、陳伯宣、韓琬、司馬貞、劉伯莊、張守節、竇群、裴安時。"認爲"史記之學"形成於唐代，這是有道理的。唐之後的《史記》之學繼續發展，但還没有上升到更高的理論體系建構。時至今日，深入研究《史記》並建立體系完整的"史記學"，是弘揚優秀傳統文化的重要内容之一，也是文化自信的體現，對於繁榮學術，促進經典傳承，把中華優秀文化及其研究成果推向世界具有重要意義。

一

建立"史記學"，首先是由於《史記》這部巨著本身具有重要的文化價值。《史記》是我國第一部紀傳體通史，記載了從黄帝到漢武帝時期中華民族三千年的歷史，是一幅廣闊的歷史畫卷，歷代的帝王、貴族，各種大小官僚、政治家、軍事家、文學家、經學家、説客、策士、刺客、遊俠、商賈、卜者、俳優，都湧現在司馬遷的筆下。《史記》"八書"還記載社會的典章制度，反映了人與自然、人與社會、人與人的關係等等，呈現出來的是一種立體化的社會。《史記》在許多方面突破了傳統的舊觀念、舊思想，表現出卓越的史識。《史記》體現了我們中華民族的智慧和力量，展現了我們中華民族維護統一、積極進取、

堅韌不拔、革故鼎新、憂國愛國等民族精神①。《史記》在歷史真實的基礎上,運用文學筆法,刻畫了許多鮮明的歷史人物形象,是文史結合的典範。《史記》是先秦文化的集大成,又是漢代文化的代表,以其深刻的思想、豐富的精神、獨特的藝術對中國文化產生了廣泛而深遠的影響,成爲中國文化史上一座巍峨的豐碑,正如清人李景星《史記評議·序》所説:"由《史記》以上,爲經爲傳諸子百家,流傳雖多,要皆於《史記》括之;由《史記》以下,無論官私記載,其體例之常變,文法之正奇,千變萬化,難以悉述,要皆於《史記》啟之。"②毋庸置疑,《史記》也是世界文化寶庫中一顆璀璨的明珠,齊思和先生曾評價道:"正如蘇聯學者圖曼所説:'司馬遷真正應當在大家公認的世界科學和文學泰斗中佔有重要的地位。'當《史記》出現的時候,在全世界範圍内,中國和古希臘羅馬的史學最爲發達。……和希臘史學名著比起來,《史記》的特點在於它的全面性,尤其是對於生活活動、學術思想和普通人在歷史上的地位的重視。希臘歷史學家的著作,往往集中到一個戰爭,重視政治、軍事。普魯塔克的傳記彙編所收的人物也限於政治家和軍事家,即使是最著名的希臘思想家、科學家如亞里斯多德,在他的著作中也没有一字提到,更没有一個關於從事於生産活動者的傳記了。"③《史記》是中國和世界文化史上的經典著作,具有豐富的文化内涵和價值,這是它成爲一門學科的關鍵所在,也是"史記學"建立的重要前提。

建立"史記學",也在於從漢代開始,兩千多年來的《史記》研究,積累了大量資料,爲"史記學"的建立奠定了堅實的基礎。這個研究基礎有以下幾個重要特點:

第一,時間跨度長,地域分布廣。《史記》以其自身的魅力贏得後人的推崇,在兩千多年的歷史長河中顯示出它強大的生命力。《史記》研究從漢代起步,愈來愈深入,逐漸形成了"史記學"。而且由於《史記》巨大的文化價值,南北朝時期就已傳播到朝鮮半島,隋朝時傳播到日本,此後傳播到歐洲④。如果從時間上看,傳播到海外至今也已一千多年,從空間上看,其影響力不斷擴大,從國内到國外,從東亞到西歐,成爲世界性的文化經典,成爲世界漢學家關注和研究的對象。

第二,成果形式豐富多樣。傳統的《史記》研究成果,以劄記、短評、序跋、書信、點評、注釋、論文、著作等形式爲主。20世紀以來,在這些形式基礎上又有較大發展,成果形式最多的是賞析、論文和專題著作,體現《史記》研究的主體方向。尤其是專題著作,

---

① 詳參張新科:《史記與中華民族精神塑造》,《光明日報》2017年4月16日。
②(清)李景星:《史記評議·自序》,見《四史評議》,長沙:嶽麓書社,1986年,第1頁。
③ 齊思和:《〈史記〉產生的歷史條件和它在世界史學上的地位》,《光明日報》1956年1月19日。
④ 詳參張新科、李紅:《史記在國外的傳播與研究》,《博覽群書》2015年第12期。

比傳統的《史記》研究著作更富有理論性和系統性,是成果形式的一大發展。古今以來的《史記》研究成果,其内容或版本校勘,或考證史實,或評論章法結構,或批評歷史人物,或探討理論問題,或研究之研究;其方法或集解,或集評,或宏觀研究,或微觀考察。成果的多樣性說明《史記》研究的興盛與繁榮。

第三,學科領域廣泛。由於《史記》具有百科全書的特點,所以,研究成果也涉及衆多領域,散見於各類典籍之中,以史學、文學爲主幹,其他還有哲學、政治學、經濟學、軍事學、地理學、民族學、天文學、教育學、人口學、醫學、檔案學等等。即使史學、文學,其中又有考古學、校勘學、版本目録學、語言學等。而且,由《史記》研究引發到"史記三家注"研究,如程金造《史記索隱引書考實》、張衍田《史記正義佚文輯校》、應三玉《史記三家注研究》等,也引發到對《史記》研究著作的研究,如對明代淩稚隆《史記評林》、清代吴見思《史記論文》、清代牛運震《史記評注》等著作的研究,這是與《史記》密切相關的研究領域。

第四,專門性與非專門性成果結合。《史記》作爲文史結合的典範,被廣大的讀者接受,這種接受包括普通讀者閲讀欣賞《史記》的"審美效果史"、評論家對《史記》的"意義闡釋史"、文學家對《史記》學習而進行創作的"經典影響史"。對於《史記》意義的闡釋,是《史記》研究資料的核心部分,以專門性的資料爲主流,如《史記》三家注、《史記鈔》《史記評林》《史記論文》《史記評注》《史記菁華録》《史記志疑》等等,除此之外,還有大量非專門性資料,古文選本如《文章正宗》《古文眉詮》《古文析義》《古文觀止》等,小説評點如評《水滸傳》《三國演義》《西遊記》《紅樓夢》《聊齋志異》等,史學評論如《史通》《文史通義》等,筆記如《習學紀言》《容齋隨筆》《焦氏筆乘》《義門讀書記》《日知録》等,文學評論如《文心雕龍》《藝概》《論文偶記》等,乃至於大量的序跋、書信、劄記、詠史詩、戲曲、小説等,都對《史記》研究有一定幫助。

第五,文人學者的研究資料與民間資料、地上資料與地下資料的融合。《史記》一書縱横三千年歷史,在撰寫過程中採納了各類資料,包括先秦典籍、漢代朝廷藏書、檔案以及個人實地考察收集的民間資料等,類型十分豐富。唐代司馬貞《史記索隱後序》説:"太史公之書,既上序軒黄,中述戰國,或得之於名山壞壁,或取之以舊俗風謡。"①所謂的"名山壞壁""舊俗風謡",指的就是民間資料。與此相適應,研究成果也呈現出文人學者論著與民間資料相融合的特點。由於《史記》在文人學者中傳播和研究的範圍最廣,於是,研究成果以這類人的成果最爲突出。與此同時,民間的許多鄉土資料(如司

---

① (唐)司馬貞:《史記索隱後序》,見中華書局點校本《史記》第十册附録。

馬遷故鄉韓城市有關司馬遷的傳說、風俗等）也是重要的組成部分。特別是考古資料的不斷出現，爲《史記》研究提供了新的依據、新的思路。《史記》所記載的歷史是否真實可靠，許多已被考古材料所證明，或者糾正。王國維《殷卜辭中所見先公先王考》《殷卜辭之所見先公先王續考》，是最早利用甲骨文考證《史記》的論著，證實了《史記·殷本紀》所載殷先公先王的真實①。郭沫若《中國古代社會研究》一書，運用甲骨文、金文研究殷周社會，其中多處將甲骨文與《史記》記載比較研究。陳直《史記新證》亦是利用考古資料研究《史記》的代表作。山東銀雀山漢墓、長沙馬王堆漢墓、臨潼秦始皇陵及兵馬俑、廣州象崗山南越王墓等許多考古成果爲《史記》研究提供了非常重要的第一手資料。

如果我們從發展的角度看，兩千多年的《史記》研究資料體現出如下特點：

第一，從成果文本看，經歷了鈔本向印刷本的變化。唐代以前的《史記》文獻，以手寫本的形式呈現，書寫的媒介有簡牘、帛書和紙張等，但不易保存，散失較多。如《隋書·經籍志》《舊唐書·經籍志》《新唐書·藝文志》所記載的漢唐以來的《史記》著作有顧柳言《史記音解》三十卷，許子儒注《史記》一百三十卷、《史記音》三卷，劉伯莊《史記音義》二十卷、《史記地名》二十卷，王元感注《史記》一百三十卷，李鎮注《史記》一百三十卷、《史記義林》二十卷，陳伯宣注《史記》一百三十卷，徐堅注《史記》一百三十卷，裴安時《史記纂訓》二十卷等，這些注本都已散佚。到了宋代及其以後，隨着印刷技術的不斷發展，《史記》的刊本愈來愈多，研究成果保存下來的也較爲完備，直到我們今天的電子文獻，更是一種先進的文獻類型。

第二，從評論、研究的角度看，由零散、感悟式的評論到系統化、理論化的專題研究。早期的《史記》研究，大都是感悟式的評論，三言兩語，簡明扼要，如漢魏六朝以來評論司馬遷的"愛奇"問題，"史公三失"問題，班馬異同問題等，許多是零散的感悟式的。"三家注"形成之後，逐漸有了系統性的研究，出現專門的研究著作，明清以來一直到我們今天，理論性、系統性的專題研究愈來愈明顯。這種專題研究有幾個明顯的特點：一是突出問題意識，以問題爲導向，層層深入；二是以理論爲統帥，系統性强；三是以資料爲依據，不空發議論；四是視野開闊，縱橫開拓。這種理論研究，除了專著之外，還表現在數量衆多的學術論文（包括碩士、博士學位論文），《史記》研究的最新成果往往首先從這些論文中體現出來，它們也是"史記學"向縱深發展的重要標誌。據初步統計，僅

---

① 王國維：《觀堂集林》卷九，北京：中華書局，2004年。

1905—1998年，各類《史記》研究論文就已達2269篇①。2001年以來，僅中國史記研究會主辦的《史記論叢》1—12集刊發的論文就多達897篇，《渭南師範學院學報·司馬遷與史記研究》欄目1989—2015年刊發《史記》論文380篇②。可見20世紀以來《史記》研究論文的數量日益劇增。隨着研究的不斷深入，對《史記》研究之研究也已展開，如張新科、俞樟華《史記研究史略》、楊海崢《漢唐史記研究論稿》等，或系統勾勒《史記》研究史，或選取某一階段的《史記》研究進行研究。日本學者池田英雄《史記學50年——日中史記研究的動向（1945—1995年）》③，比較分析中日1945年至1995年的《史記》研究。等等。

第三，從成果特徵來看，個人著作始終占主導地位，但也已開始集成式的研究。由於學術研究的特殊性，對《史記》研究往往是個體獨立思考、獨立研究，因此，無論是論文還是著作，基本以個人爲主。當然，從古代開始就有人注意把不同學者的成果彙集在一起，給讀者提供較爲豐富的信息。在《史記》研究史上，作爲資料與研究集大成的著作，南朝劉宋時期裴駰的《史記集解》就已開了先河，到唐代形成了著名的"三家注"，可以説是《史記》研究的第一個里程碑。到明代出現以淩稚隆《史記評林》爲代表的著作，彙集歷代評論，具有重要的意義。清代程餘慶《歷代名家評注史記集説》，繼承《史記評林》傳統，亦是具有集大成的特點。20世紀30年代，日本學者瀧川資言《史記會注考證》彙集中日《史記》研究成果，以文字訓詁、史實考證等爲主，但也具有集大成的特點。當代以來，韓兆琦《史記選注集説》發展到《史記選注匯評》，直到他最新的《史記箋證》，一直關注匯評工作。楊燕起等編纂的《歷代名家評史記》精選古代到1949年的《史記》評論資料，給研究者提供了方便。張新科等主編《史記研究資料萃編》進一步發展，將評論延伸到當代，並按專題形式編排，使匯評工作有了新的拓展。近年來，張大可、丁德科主編《史記論著集成》，匯輯當代學者的專題研究成果，也具有重要意義。趙生群主持修訂中華書局《史記》點校本，在校勘方面吸收各家而自成一家，使《史記》校勘更上層樓。

第四，從發展趨勢看，《史記》研究由"史料學"逐步向"史記學"發展。《史記》是史學著作，所以，歷代研究首先從史料、史學入手，探討其真實性及其歷史價值。傳統的《史記》研究，重在搜集史料，考證史料和文字，從"三家注"開始大都如此，尤其是清代

---

①安平秋等主編：《史記教程》，北京：華文出版社，2002年，第9頁。

②張大可主編：《史記論叢》專輯卷六《中國史記研究會十五年》，北京：中國文史出版社，2015年，第191、385頁。

③日本明德出版社，平成七年（1995）版。

乾嘉學派對《史記》的人名、地名、官爵、人物、史實、文字音韻、文獻來源等的考證,使《史記》史料學研究達到頂峰。這種細緻的考證研究,是最基礎的、也是必不可少的研究,對於澄清歷史事實、認識《史記》的史料價值具有重要意義。20世紀以來,"史料學"研究仍然是《史記》研究的重要内容之一。尤其是對《史記》的許多疑案研究,如司馬遷生卒年問題、司馬談作史問題、《史記》斷限問題、《史記》缺補問題、《史記》倒書問題、《史記》版本問題等,一直是研究的熱點問題。王國維、顧頡剛、余嘉錫、朱東潤、郭沫若、王達津、程金造、鄭鶴聲、金德建、賀次君、施丁、李人鑒、安平秋、曲英傑、韓兆琦、張大可、袁傳璋、趙生群、張玉春等等,在這些方面取得重要成就。這是研究《史記》最重要的方法之一。同時,20世紀以來,隨着學術的不斷發展,《史記》研究也由"史料學"向"史記學"轉化。因爲《史記》不是一般的史料彙編,司馬遷要"究天人之際,通古今之變,成一家之言",這是《史記》之魂。從史料的整理和挖掘中分析司馬遷思想,通過具體材料探討《史記》豐富的思想内涵及其價值,上升到"史記學"的理論高度,這是《史記》研究的必經之路。傳統的"史料學"研究,也有學者在考證中提出一些理論問題,如"史公三失"、班馬異同、司馬遷"愛奇"、司馬遷寓論斷於叙事之中、司馬遷運用互見法等問題。但是,這些問題只是提出來了,還沒有很好地、系統地論述和解決,有些還只停留在表面,有待於深入探究。20世紀初期已顯示出理論的探討,如梁啓超、蔡尚思、徐浩、楊啓高、李長之等對《史記》紀傳體體例、《史記》的成因以及《史記》文章風格等進行了較爲深入的探討。這種系統性的、規律性的探討,在現代以來有了較大發展,尤其是新時期以來,隨着思想的解放運動,這種研究取得了突破性進展[1]。其中所探討的問題,深入到《史記》的靈魂深處,挖掘《史記》的史學價值、思想價值,提升了《史記》研究的内涵,爲"史記學"體系的建立打下堅實的基礎。

建立"史記學",也是當前文化發展和文化建設的需要。《史記》是中華優秀文化經典之作,它所體現的大一統思想、中華民族皆爲黄帝子孫的思想,所表現的愛國思想、積極進取精神,求實創新精神等等,都對當今社會有積極作用。我們之所以把"史記學"作爲一門學科,就是要弘揚這些有價值的人文精神。尤其是大一統的思想,對於凝聚我們民族的團結精神,更具有十分重要的現實意義。《史記》所表現的人文精神,並沒有

---

[1] 張大可《三十年來史記研究述評》《史記的民族凝聚力與研究現狀》(收入作者再版的《史記研究》一書,北京:華文出版社,2002年),肖黎《建國以來史記研究情况述評》(《社會科學研究》1983年第5期),曹晉《史記百年文學研究述評》(《文學評論》2000年第2期),陳桐生《百年史記研究的回顧與前瞻》(《文學遺産》2001年第1期),張新科、俞樟華《史記研究史略》(西安:三秦出版社,1990年)等論著對此均有詳述。

隨着時代的消逝而消逝,而是一個繼續流淌着的跨時間的文化流程,它的人文精神,經過不斷的淨化、升華之後變爲我們的現實精神。《史記》中許多人物積極進取、剛强不息、勇於革命,對民族精神的形成起了重要作用,這是我們民族寶貴的精神財富。建立"史記學",這是當前傳承中華優秀文化的需要,有利於中華經典文化的廣泛傳播。中共中央辦公廳、國務院辦公廳《關於實施中華優秀傳統文化傳承發展工程的意見》中强調:"中華優秀傳統文化,積澱着中華民族最深沉的精神追求,代表着中華民族獨特的精神標識,是中華民族生生不息、發展壯大的豐厚滋養,是中國特色社會主義植根的文化沃土,是當代中國發展的突出優勢,對延續和發展中華文明、促進人類文明進步,發揮着重要作用。"①《史記》作爲優秀傳統文化的代表,是 3000 年中華文化的總結,蘊含的價值非常豐富,值得深入挖掘和研究。從發展學術的角度來説,現實的變革促進人們思想觀念的變化,也促使人們不斷從新的時代要求去深化傳統經典的研究,以期從中吸取本時代所需要的營養。司馬遷《高祖功臣侯者年表序》:"居今之世,志古之道,所以自鏡也。"②因此,"史記學"對當代的學術發展具有重要的現實意義。新時期以來,圍繞着司馬遷及其《史記》,人們展開了多方面的研究,研究領域不斷擴大,除了史學、文學外,還涉及哲學、美學、經濟學、軍事學、天文學、醫學、教育學、建築學、民俗學、地理學、神話學等等;研究的問題也在不斷深入,而且組成了司馬遷研究的學術團體,這對於繁榮學術、發展學術起了積極作用。同時,"史記學"也能促進史學、哲學、文學、語言學、民俗學等其他學科的研究等等。我們還應看到,"史記學"的發展,爲考古學、民族學、地理學等其他學科也提供了重要的基礎資料。而且,司馬遷繼承父業,以强烈的使命感,擔當起編纂歷史的重任,不虛美,不隱惡,以求實創新的精神和頑强的毅力,去完成編纂《史記》的偉大事業,這種治學精神在今天仍然具有積極的現實意義。

二

建立"史記學",不僅具有必要性,而且具有重要性。"史記學"的建立,對於深入認識和研究漢代文化具有重要意義。《史記》是先秦文化的集大成,同時又是漢代文化的代表,以此爲突破口研究漢代社會,無疑是一條重要途徑。而且,司馬遷創作《史記》的

---

① 全文載 2017 年 1 月 26 日《光明日報》。
② (漢)司馬遷:《史記》,北京:中華書局,1959 年,第 878 頁。

目的是"究天人之際,通古今之變,成一家之言",這是史學家、哲學家的使命。正如梁啟超在《中國歷史研究法》中所說:"遷著書最大目的乃在發表司馬氏一家之言,與荀況著《荀子》,董生著《春秋繁露》性質正同,不過其一家之言乃借史的形式以發表耳。故僅以近代史的觀念讀《史記》,非能知《史記》者也。"研究漢代史學、哲學,離不開《史記》,"史記學"的研究歷史也證明了這一點。進一步來看,"史記學"的建立,可以對我國史學的産生、發展、演變提供某些規律性的論證。先秦時期已有編年、國別等史學著作,《史記》的出現,無論從史學意識、史學目的、史學編纂,還是史學規模、史學語言等,都是中國史學史上的一次革命。而後來的史學,尤其是"二十四史",基本都是沿着司馬遷開創的史學道路繼續前進。因此,"史記學"的建立,將有助於我們認識中國史學的源流及其發展,探尋史學發展中的核心問題。再以文學而言,司馬遷在歷史真實的基礎上,施展文學才華,使《史記》成爲中國叙事文學的里程碑。先秦時期的叙事文學,主要是歷史散文中的《左傳》《國語》《戰國策》,《史記》繼承了它們的長處,並吸收了抒情文學如《詩經》《楚辭》、政治哲學著作如諸子百家等的精神,成爲先秦文學的集大成和漢代文學的典型代表。後來的文學,都從它這裏吸取了營養。如古代的散文,唐宋八大家、明代的前後七子和唐宋派、清代的桐城派,都高舉學習《史記》的大旗,《史記》成爲中國古典散文的千秋宗匠。其他文學樣式如傳記、小説、戲劇、辭賦等都與《史記》有密切關係①,甚至於司馬遷提出的"發憤著書"理論對於中國古代文學批評也產生深遠影響。因此,建立"史記學",對於中國文學發展的來龍去脉也會有更深入的認識。除史學、文學之外,《史記》中所體現的哲學、經濟學、軍事學、民族學、地理學、教育學、天文學、醫學、音樂學等各種思想也是非常豐富的,研究中國文化,《史記》是無法繞開的。

　　建立"史記學",也具有重要的世界意義。《史記》在世界各國都有一定的影響。《北史·高麗傳》記載,唐以前"三史"已傳到朝鮮半島。目前,俄文、法文版全本《史記》都已問世,英文版全本《史記》也即將完成。據覃啟勳《史記與日本文化》一書考證,《史記》在公元600年至604年之間由第一批遣隋使始傳日本,明清之際,是《史記》東傳日本的黄金時代②。在日本,已經形成一支實力强大的《史記》專門研究隊伍,僅近現代而言,頗有影響的專家有瀧川資言、水澤利忠、宫崎市定、野口定男、加地伸行、池田蘆洲、池田英雄、伊藤德男、今鷹真、藤田勝久、小澤賢二等百餘人。《史記會注考證》《史記會注考證校補》《史記研究書目解題》等著作,都是頗有特色的著作。歐美國家的《史記》

---

①《史記》與中國文學的關係,詳參張新科《史記與中國文學》一書,北京:商務印書館,2010年。
②覃啟勳:《史記與日本文化》,武漢:武漢大學出版社,1989年,第41頁。

研究也有較大成就,如法國的沙畹、康得謨、吴德明,美國的華兹生、倪豪士、侯格睿、杜潤德、王靖宇、汪榮祖等①。當然,國外的《史記》研究還很不平衡,也存在不少問題;而且,國外研究成果被介紹進來的也不多。隨着中國對外開放政策的實行,各國之間的文化交流日益頻繁。建立"史記學",可以在原有基礎上進一步擴大和加深國際間的合作交流,促進中國文化走出去。

"史記學"的建立,也具有重要的文化教育意義。讀史使人明鑒,從事《史記》研究,建立"史記學",有助於我們進行歷史的反思,在認識歷史的同時,也認識自我,提高自己認識社會的能力,完善自己的人格結構。同時,《史記》也是我們民族智慧的結晶,其中的治國理政思想、道德觀、價值觀、義利觀等,對於當今治理天下以及培養人們高尚的道德節操具有積極的作用。習近平總書記2015年2月15日在陝西考察時講到:"對歷史文化,要注重發掘和利用,溯到源、找到根、尋到魂,找准歷史和現實的結合點,深入挖掘歷史文化中的價值理念、道德規範、治國智慧。比如,司馬遷的《史記》、班固的《漢書》中所凝結的先人智慧,對今天治國理政有不少啟示。古人説,'讀經傳則根底厚,看史鑒則議論偉。'發掘和利用工作做好了,纔能去粗取精、去僞存真、古爲今用,做到以文化人、以史資政。"《史記》是"以文化人"的極好教材,應該得到開發和利用。而且,《史記》借助文學的手段,以美的語言、美的結構、美的形式,使傳主的生命價值得以很好地展現出來,並產生美感效應。正如茅坤所説:"讀遊俠傳即欲輕生,讀屈原、賈誼傳即欲流涕,讀莊周、魯仲連傳即欲遺世,讀李廣傳即欲力鬥,讀石建傳即欲俯躬,讀信陵、平原君傳即欲好士。"②這樣的傳記效果,是任何説教形式難以達到的。因此,建立"史記學",以史爲鑒,是文化傳承的重要內容之一。

三

建立"史記學",既有歷代積澱的雄厚基礎,又有重要的文化價值和意義。那麽,如何建立這門既具有歷史意義又具有現實意義的學科? 筆者曾對此提出一些看法,主要有:走綜合化之路,以理論作統帥,多樣化的形式,立體化的研究,世界化的目標,生產化

---

① 關於海外《史記》研究情況,詳見張新科等《史記在國外的傳播與研究》一文,載《博覽群書》2015年第12期。
② 《茅鹿門先生文集》卷一,《史記評林》卷首引。

的方式①。當然,建立一門學科,絕不是一蹴而就的,需要長期的積累,以上這些工作仍然是今後需要努力的方向,要以科學求實的態度,對待優秀經典著作,尤其是理論的探討需要不斷加強和提升。在此,筆者特別強調兩項重要的基礎性工作,即《史記》的普及化和數字化。

　　建立"史記學",需要有廣泛的群衆基礎。因此,文史工作者要以普及《史記》、傳承優秀文化爲己任,針對不同層次、不同年齡的人群,採取不同的普及方式,擴大《史記》傳播範圍,使經典著作深入人心。《史記》具有百科全書特點,其傳播範圍當然不只是史學、文學;而且《史記》不只是文人雅士的案頭著作,也是普通大衆的必讀書目;不只是大專院校青年學生的必修課程,也是干部培訓的極好教材;不只是中國文化的經典,而且也是世界文化經典,在世界範圍內傳播。開設課程、專題講座、編寫普及讀物,運用廣播、電視、網絡等各種形式,形成普及《史記》的強大陣勢,使更多的人認識《史記》的巨大價值、認識司馬遷的偉大精神,認識中華優秀文化的內在魅力。如果沒有廣泛的傳播和普及基礎,"史記學"也就失去了依賴,失去了生命力。當然,普及與提高是一個統一體,普及是爲研究打基礎,而且把《史記》研究成果傳播到更廣的範圍,也是一種普及。

　　現代科技的快速發展,爲學術研究插上了新的翅膀。《史記》研究,是精神生産,生産工具也應隨着時代而變化。我們在進行綜合化工作時,依賴於科學技術手段,其中最重要的乃是電腦以及網絡技術的使用。先進科學技術的使用,對於《史記》資料中心的建立以及廣泛傳播《史記》和研究成果是有重大的意義,甚至是革命性的變化。網絡技術帶來查閱資料的方便,帶來研究的數字化,研究手段的更新爲新的研究奠定良好基礎。目前,有關單位正在進行大規模的《史記》資料庫建設,不僅將《史記》按照一定的主題模塊數字化,而且將古今中外《史記》研究成果分門別類進行數字化處理,爲研究者提供極大便利,這是一項非常有意義的工程,也是建立"史記學"重要的奠基工作。

　　當然,"史記學"能否建立、能否發展,起決定作用的還是研究主體——人。研究者必須具有一定的素養。唐代史學理論家劉知幾認爲:"史才須有三長,世無其人,故史才少。三長,謂才也,學也,識也。"②清代章學誠《文史通義・史德篇》在此基礎上又加一"德"字③。可見《史記》研究者只有具備多方面的素養,纔能擔當起重任,纔能鑒別史料的真偽、源流,纔能從繁雜的資料中分析問題,解決問題。

---

①筆者《史記學概論》一書曾對"史記學"的範疇、特徵、源流、價值、發展趨勢等問題進行了探討。北京:商務印書館,2003年。
②(後晉)劉昫:《舊唐書・劉子玄傳》,北京:中華書局,1975年,第3173頁。
③章學誠撰,葉瑛校注:《文史通義校注》,北京:中華書局,1985年,第219頁。

"史記學"不同於其他學科,從本質上說是人文社會科學的一個分支,具有多學科性。它的建立與發展,與史學、哲學、文學、民族學、地理學、政治學、經濟學、軍事學、檔案學等等,都有一定的關係。但作爲"史記學"的體系構架,應該是以史學、哲學、文學作爲最重要的支柱學科。總之,需要各學科共同努力,建立起獨具特色的新學科,促進學術發展,促進中華優秀文化的傳承。

　　"史記學"的發展,經歷了兩千多年,經過無數學者的不懈努力,逐步發展壯大,尤其是20世紀以來,"史記學"發展到一個新的階段。由於《史記》具有深刻的思想内涵和完整的體系,能使有價值的生命走向永恒的時間和無窮的空間,"史記學"也將具有它的無窮魅力和生命力,愈來愈受到人們的重視,對此,我們充滿信心。

（本文原刊於《文化中國》（加拿大文化更新研究中心主辦）2018年第3期）

"仰皇風而悦化"：
三世紀文學中的絲綢之路

孔旭榮

(美國肯恩大學)

  三世紀在這個研究裏始於196年曹操挾天子以令諸侯,止於317年西晉滅亡、東晉南遷。這一時期不僅見證了漢帝國的衰落以及司馬氏崛起並統一全國,還見證了第一次全球化的漸入尾聲。公元前二世紀末,張騫出使西域,雖然他沒完成結盟的使命,但是發現了西蜀和印度的通商之路。張騫之後又多次前往西域,爲絲綢之路的開闢奠定了基礎。從那時起,中國和西亞南亞乃至歐洲都有了更多的商貿往來。出乎人們意料之外的是,在絲綢之路上頻繁往來的除了外交人員、商人、貨物,還有疾病,比如天花、麻疹和腹股溝淋巴結炎。正是這些在一二世紀頻發的疾病削弱了漢王朝的人口和自然資源,最終導致了漢代的衰落。

  有趣的是雖然絲綢之路爲三世紀的社會帶來了劇烈的變化,但文學研究很少提到絲綢之路對文學的影響。研究絲綢之路的學者把目光又集中到了唐朝。在漢魏晉六朝七百多年的時間裏絲綢之路似乎是一片空白。

  本研究致力於填補絲綢之路研究和三世紀文學研究之間的空缺。幸運的是,漢魏晉文學爲後人留下了大量歌詠新奇事物的詠物賦,比如外來的植物、動物和工藝品。考慮到歷史上的文集總是列賦於歌前,詠物賦的數量遠超其他文體,我們可以大膽假設如下:詠物賦不僅代表了三世紀的文學寫作主流,更記錄了絲綢之路帶來的中國和遠方文化的交流。詠物賦在魏晉的大量創作和流行正是因爲這種文體適應了那個多元化的時代、完成了記錄多元化的需要、體現了多元化的精神。學術界習慣把一種文體歸附於一個朝代,如漢賦、唐詩、宋詞、元曲、明清小說。希望在本書完成之後,"魏晉詠物賦"可以併入這個連接時代與文體的傳統。

  詠物賦作爲賦的一種,通篇描寫一件可觸摸的、形體大小適中的、有生命的事物和人造物①。依據這個定義和現存文獻資料，漢魏晉的創作情況大致如下：西漢和東漢兩代31位辭人創作了48首詠物賦；魏朝24位辭人創作了79首詠物賦；西晉33位辭人創作了181首詠物賦；東晉48位辭人創作了70首作品②。從創作總量和人均量上來看，詠物賦在曹魏和西晉時期達到高潮，在東晉開始衰落。

依所詠事物的類別詠物賦可分爲三大類，植物、動物、人造物，其中人造物又可分爲樂器、日用和珍寶三類。四個時代的數量分布如圖：

時代	動物	植物	人造物			統計
			樂器	日用	器物/珍器	
兩漢	12	9	10	15	3	48
曹魏	30	22	5	8	14	79
西晉	52	74	10	26	19	181
東晉	28	17	9	12	4	70

這個數據顯示創作變化最大的是有關植物的，西晉比兩漢增長八倍還多；其次是珍寶，增長超過六倍。變化最小的是樂器類。有趣的是東晉文化南遷後變化最大的仍然是植物和珍寶，減少了近五倍；變化最小的還是樂器。這些變化突出的植物、樂器和器物賦正代表了那個時代的變遷。

面對與外界聯繫空前頻繁的時刻，作家的政治敏感和文化靈敏很快就捕捉住了時代的脉搏。拿變化最小的樂器賦爲例，變化小的僅僅是數量，不是内容。

曹魏和西晉共16篇，涉及7種樂器：笙2，琴4，笛1，箏2，笳3，琵琶3，節1。曹魏時期有五篇音樂賦：阮瑀（165—212）《箏賦》，杜摯《笳賦》，孫該（卒於261）《琵琶賦》，嵇康（223—262）《琴賦》，閔鴻（活躍於三世紀）《琴賦》；西晉時期十一篇：傅玄（217—278）《笳賦》《琵琶賦》《琴賦》《箏賦》《節賦》，潘嶽（卒於300）《笙賦》，夏侯淳（卒於220）《笙賦》，夏侯湛（243—291）《夜聽笳賦》，孫楚（221—294）《笳賦》，成公綏（231—273）《琵琶賦》《琴賦》。

---

① 參見孔旭榮：《文選和三世紀文學》，《銅仁學院學報》2014年第4期。
② 文獻主要來源是嚴可均《全上古三代秦漢三國六朝文》，北京：中華書局，1958年；廖國棟《魏晉詠物賦研究》，臺北：文史哲出版社，1990年。

和漢代相比，魏晉的作品少了詠琴的，沒了詠簫和簧的，但增加了詠琵琶、節和箏的①。而新增加的樂器均是外來器樂。節賦均是殘篇，所以我們的重點放在《琵琶賦》和《箏賦》上。

西晉三篇《琵琶賦》出自孫該、傅玄和成公綏，四篇《箏賦》出自傅玄、杜摯、孫楚和夏侯湛，傅玄的是殘篇，不做探究，剩下的六篇音樂賦都涉及傳統對外來文化的拒絕接受的態度。先來看看三位詩人是如何論述琵琶起源的。

孫該《琵琶賦》②：

然後托乎公班，妙意橫施……
儀蔡氏之繁弦，放莊公之倍簧。

成公綏《琵琶賦》③：

惟此琵琶，興自末世。爾乃托巧班輸，如意橫施。

傅玄《琵琶賦》序④：

世本不載作者，聞之故老云，漢遣烏孫公主嫁昆彌（烏孫的頭領，今伊犁河谷），念其行道思慕，故使工人知音者載琴、箏、築、箜篌之屬，作馬上之樂。今觀其器，中虛外實，天地之象也。盤圓柄直，陰陽之序也。柱十有二，配律呂也；四弦，法四時也。以方語目之，故云琵琶。取其易傳於外國也。杜摯以爲嬴秦之末，蓋苦長城之役，百姓弦鞀而鼓之。二者各有所據。以意斷之，烏孫近焉。

孫該和成公綏都將琵琶的產生歸功於魯班。傅玄承認了琵琶的異域色彩，但是否認了它的外來血統。他説琵琶是西域人的叫法，是西域人給漢人製作的樂器起的名。這就

---

① 漢代有 10 篇音樂賦，其中關於琴的 4 篇，簫 1，笛 1，箏 1，笙 1，虛 1：賈誼《虛賦》，枚乘《笙賦》佚，王褒《洞簫賦》，劉向《雅琴賦》，劉玄《簧賦》佚，傅毅《雅琴賦》，馬融《琴賦》、《長笛賦序》，侯瑾《箏賦》，蔡邕《琴賦》。
② 《全三國文》，見嚴可均《全上古三代秦漢三國六朝文》，40.1277。
③ 《全晉文》，見嚴可均《全上古三代秦漢三國六朝文》，55.1796。
④ 《全晉文》，見嚴可均《全上古三代秦漢三國六朝文》，45.1716。

很好笑了,試問,在外人取名前,漢人怎麼稱呼這個樂器呢?漢人爲什麼沿用外人給起的名呢?其實先於魏晉作家,大家已經接受了琵琶實外來物品的事實。最早見於史載的是漢代劉熙《釋名·釋樂器》:"批把本出於胡中,馬上所鼓也。推手前曰批,引手卻曰把,象其鼓時,因以爲名也。"①

再來看看詩人是如何描述笳的起源的。

孫楚《笳賦》②:

> 頃還北館,遇華髮人於潤水之濱,向春風而吹長笳,音聲寥亮,有感餘情。爰作斯賦。

夏侯湛《夜聽笳賦》③:

> 越鳥戀乎南枝,胡馬懷夫朔風,惟人情之有思,乃否滯而發中,南閻兮拊掌,北閻兮鳴笳。

杜摯《笳賦》④:

> 昔李伯陽避亂西入戎。戎越之思,有懷土風。遂造斯樂,美其出入戎貉之思,有大韶夏音。
> 羈旅之士,感時用情。
> 乃命狄人,操笳揚清。

孫楚的辭賦没有提到外來因素,夏侯湛强調的是地域的差别,杜摯的描述有外域的因素,但强調笳這一樂器是漢人在西域因懷念故土而製作的。

雖然多數詩人承認了琵琶和笳與外族的聯繫,但又不接受它們是外來事物這一事實,結果就是他們非常默契地把這兩個外來樂器在辭賦裏漢化了⑤。

---

① 《釋名》,四庫全書版,22.113。
② 《全晉文》,見嚴可均《全上古三代秦漢三國六朝文》,60.1800。
③ 《全晉文》,見嚴可均《全上古三代秦漢三國六朝文》,68.1850。
④ 《全三國文》,見嚴可均《全上古三代秦漢三國六朝文》,41.1282。
⑤ 部分內容和觀點來自孔旭榮《失聲的存在:中國古典文學中的音樂》,《樂府學》2015年第11期。

植物賦涉及草木花果四大類,每類最多時可包含十幾種,最能體現文化接受狀況的同樣是數量和種類變化最大的,如僅存於曹丕君臣唱和的迷迭香賦,還有創作數量最多的安石榴賦。

曹丕(187—226)、曹植(192—232)、王粲(177—217)、陳琳(卒於 217)、應瑒(卒於 217)君臣一起創作了五篇歌詠迷迭香的辭賦。迷迭香是原產於地中海的植物,拉丁名 ros + marinus 意思是來時"海洋的露水"。在西方從古至今都被賦予多種含義,如改善記憶,愛情魔力,現在更是西方人廚房必不可少的香料。有趣的是迷迭香在中國只曇花一現就消失了。很多人從未聽説過這個詞,更不敢相信曾有君臣爲此唱和。

五人的辭賦中陳琳和應瑒的作品没有提到迷迭香的來源,其他三篇都有所論述①。曹植啟句爲,"播西都之麗草兮,應青春而發暉"②,點名迷迭香是從西域傳來的。王粲也提到此香草的出身,"惟遐方之珍草兮,産昆侖之極幽。去原野之側陋兮,植高宇之外庭"③。前一句説明迷迭香來自遙遠的昆侖,後一句解釋它只有到了中原的皇庭纔變得更讓人賞心悦目了。

曹丕的觀點最爲明顯。他在作品中不結餘力地讚美迷迭的芬芳,卻忍不住鄙視外族的風俗:"薄六夷之穢俗兮,越萬里而來征。"④迷迭香草之所以不遠萬里來到中國,按照曹丕的説法,就是嚮往中原的風俗禮儀。這樣描述之後,迷迭香的美與妙就與外邦毫無關係了,相反,只有中原的德馨更配得上如此曼妙的香草。

石榴隨着絲綢之路來到中原,在西晉時期開始受到注目,當朝顯赫的文官和詩人共創作了 11 篇石榴賦:傅玄《安石榴賦》、應貞(卒於 269)《安石榴賦並序》、夏侯湛(243—291)《安石榴賦》、潘尼(250—311)《安石榴賦並序》、潘嶽《河陽庭前安石榴賦並序》、張載(約卒於 304)《安石榴賦》、張協(卒於 307)《安石榴賦》、庾儵《安石榴賦並序》、羊氏《安石榴賦》、陳玠《石榴賦》、范堅《安石榴賦》⑤。

和迷迭香一樣,石榴也是來自中亞,波斯是其發源地,後來在兩河流域、地中海地區北部非洲盛行,象徵着生命力、生育力和勇氣,並有非凡的醫藥療效。但在這西晉 11 位

---

① 《全後漢文》,見嚴可均《全上古三代秦漢三國六朝文》,92.968,42.700.
② 《全晉文》,見嚴可均《全上古三代秦漢三國六朝文》,14.1128.
③ 《全後漢文》,見嚴可均《全上古三代秦漢三國六朝文》,90.960.
④ 《全晉文》,見嚴可均《全上古三代秦漢三國六朝文》,4.1074.
⑤ 《全晉文》,見嚴可均《全上古三代秦漢三國六朝文》,144.2291,144.2293:羊氏是王倫妻,如果王倫是司馬倫(卒於 301)的話,羊氏應該歸入西晉。陳玠是晉徐藻(卒於 397)妻,和范堅都是永嘉之亂後搬遷到南方進入東晉的,因爲無法考證辭賦創作時間,暫且算在西晉時期。

詩人筆下,石榴顯現出與外域完全不同的象徵意義,雖然這些詩人活躍在不同時間、處於不同地位。

石榴受到讚美的主要是它的味道:

> 含清冷之溫潤,信和神以理性。①(張協)
> 充嘉味於庖籠,極酸之滋液。上薦清廟之靈,下羞玉堂之容。②(張載)
> 雪醒解餲,怡神寶氣。③(夏侯湛)
> 滋味浸液,馨香流溢。④(潘尼)
> 其華可玩,其實可珍。羞於王公,薦於鬼神。豈伊仄陋,用渝厥真。果猶如之,而況於人。⑤(潘嶽)

因爲味道與衆不同,所以可以用作犧牲貢品,可以養顏,可以怡神。只有庾儵居安思危的角度看待這個果實成熟時落葉飄零的珍果:"於時仲春垂澤,華葉甚茂,炎夏既戒,忽乎零落。是以君子居安思危,在盛慮衰,可無懼哉。乃作斯賦。"⑥石榴在中國廣爲人知的多子多福的形象都是六世紀後纔形成的⑦。

即使詩人們張開雙臂接納了來自外域的水果,他們卻沒有承認這個奇異水果的特點與它來源地的關係,其實只有三位提到了它來自外邦:

> 窮陸産於包貢,嗟英奇於若榴。(張協)
> 肇結根於西海。(張載)
> 滋玄根於夷壤兮。⑧(夏侯湛)

---

①《全晉文》,見嚴可均《全上古三代秦漢三國六朝文》,85. 1952.
②《全晉文》,見嚴可均《全上古三代秦漢三國六朝文》,85. 1950.
③《全晉文》,見嚴可均《全上古三代秦漢三國六朝文》,68. 1852.
④《全晉文》,見嚴可均《全上古三代秦漢三國六朝文》,94. 2001.
⑤《全晉文》,見嚴可均《全上古三代秦漢三國六朝文》,92. 1990.
⑥《全晉文》,見嚴可均《全上古三代秦漢三國六朝文》,36. 1668.
⑦高洋(550—559在位)聽了魏收的解釋纔接受了宋靈媛奉上的兩個代表多子多福的石榴,見《北齊書》,四庫全書本,37. 11上。
⑧《全晉文》,見嚴可均《全上古三代秦漢三國六朝文》,85. 1952;85. 1950;68. 1852.

但也僅僅是一筆帶過而已。詩人們一起把一個從外形到發音都極具外國色彩的水果本土化了。中國人很喜歡石榴,但是從它出現到現在都没有人弄明白石榴名稱的來源①。在文獻中石榴有諸多名稱,如塗林、丹若、若榴、安石、安石榴。中古時期"石"和"若"字形接近,時常交换使用②。而"安石"和中古波斯的發音十分接近,"anAr"③,所以"安石"是波斯音譯詞,這很容易接受。但是"榴"很難解釋。漢語中在這個水果出現前没有"榴"字,可見這個字是爲這個水果創造的。但爲什麼是榴呢? 勞費爾(Berhold Laufer,1874—1934)認爲這可能是遺失的古波斯發音④。李時珍甚至半開玩笑地説是它長得像樹上的瘤子:"榴者,瘤也,丹實垂如贅瘤也。"⑤從安石,到安石榴,再到石榴,充分體現了漢人對這一外來水果的接受,通過細小的改變,比如去掉"安"而生出更符合漢語習慣的詞。以至於現在大多數人會驚訝石榴是外來水果。

接受但保留懷疑、甚至否認的態度是普遍存在的,它給文化帶來的可能是一種孤立的形象,也可能是對先進科技接受的延遲。

石榴雖然在三世紀受到重視,但它早在公元一世紀就進入文學了。李尤在其"德陽殿賦"中寫到,"蒲桃安石,蔓延蒙籠"⑥。可是除了辭賦,關於石榴的信息很少,直到五世紀的醫藥家陶弘景纔簡要地提到石榴的藥用:

> 石榴花赤,可愛。故人多植之,尤爲外國所重。有甜酢二種,醫家惟用酢者之根殻。榴子乃服食者所。⑦

---

①關於十六名稱來源説法很多,包括這是一種來自安國和石國的水果,還有李時珍記録的來自賈思勰的解釋,"凡植榴者,須安礓石,枯骨於根下,即花實繁茂,則安石之名義,或取此也。"見《本草綱目》,四庫全書本,30.24 上。但這些説法都不具説服力。

②張衡"南都賦"和蔡邕"翠鳥詩"用的是"若榴,"見李善《文選》,上海:上海古籍出版社,1986年,1.115,逯欽立《先秦漢魏晉南北朝詩》,7.193。

③See D. N MacKenzie, *A Concise Pahlavi Dictionary* (London; New York: Oxford University Press, 1971),9.

④Berthold Laufer. *Sino-Iranica: Chinese Contributions to the History of Civilization in Ancient Iran, With Special Reference to the History of Cultivated Plants and Products* (Field Museum of Natural History, 1919), 284.

⑤《本草綱目》,四庫全書本,30.24 上。

⑥《全後漢文》,見嚴可均《全上古三代秦漢三國六朝文》,50.746.

⑦記録在《本草綱目》中,四庫全書本,30.24 下。

又過了1000年,明代的醫藥學家李時珍(1518—1593)纔在其撰寫的《本草綱目》列出13種石榴的藥用,而且主要是治療腸胃疾病的①。

相對來説,西方對石榴的認識要早很多,要深入很多。早在古希臘時代,醫師希波克拉底(Hippocrates,前460—前370)就開始使用石榴治療腸胃病,並用石榴籽治療皮膚和眼睛的炎症②。羅馬時期的希臘藥理學家迪奧克里斯(Pedanius Dioscorides,卒於90)編寫了後代千年藥理學的經典作品《藥物論》,在此書中他提到石榴的多種藥用,比如治療腸胃疾病、口腔疾病、驅除寄生蟲③。還有一位希臘醫生,索蘭那斯(Soranus,約98—138),記錄了五種用石榴籽或皮避孕的方法。

對石榴的藥用價值的理解和實踐我們晚於西方上千年,這說明一個問題:排除諸多文化傳播中可能出現的問題,諸如語言障礙、文獻流失,對於外來文化的既接受又否認的態度無疑阻礙了我們完整地瞭解外來事物,從而延遲了我們對新事物、新知識的接受和應用。

同樣的延誤也出現在對音樂的記錄上。現在全世界普遍使用的記譜是五線譜,也許它對記錄中國傳統音樂來説並不完美,但是在中國的古典音樂教學、研究中也仍然是最主要的記譜方式。那我們是什麼時候開始使用五線譜的呢?

五線譜傳入中國,最早見於文字記載的是1713年的《律吕正義》續編,書中記述了五線譜及音階、唱名等,中國清代康熙、乾隆兩朝宫廷敕撰的,以樂律學為主要内容的音樂百科專著。分上、下、續編,後又增加了後編。續編《均協度曲》取材於基督教傳教士葡萄牙人徐日升和義大利人德格里先後傳來的樂書,介紹歐洲樂理知識。是最早介紹歐洲樂理知識的漢文著作④。受到西洋和日本的影響,民國時期,學堂樂歌開始應用五線譜。

五線譜是何時形成的呢? 在九世紀時,天主教會的音樂家們便發明了"紐姆樂譜"。最早的紐姆樂譜還不能完全記下旋律,它只能表示歌詞各音節大略的長度和抑揚而已。到了十世紀左右,四線譜發明以後便可記錄音的高低。然後到了十二世紀又發

---

①《本草綱目》,四庫全書版,30.24下—28上。
②John Redman Coxe, ed. *The Writings of Hippocrates and Galen* (Philadelphia: Lindsay and Blakiston, 1846), "Of Critical Days," chapter 4, p. 120; "On the Nature of Women," section LXXXVL, p. 289; "On Female Disease," Book 1, section LXXXV, 301; "The Seventh Book of Epidemics," 445
③*De Materia Medica*, books 151 – 153.
④管亞男:《〈律吕正義·續編〉的初步研究》,福建師範大學碩士論文,2010。

明了表示音長短的符號,逐漸成了今天五線譜的基礎①。

從西方符號化記譜方式大致成形的十二世紀到明國初年國人開始五線譜的二十世紀,八百年的時間過去了。我們接受了外來的樂器,外來的曲調,卻沒有儘快接受使用似乎是能更精確紀錄聲音的五線譜,以至於許多古典樂曲只能默默地躺在文獻記錄中,難以聲情並茂地展現在世人面前。這不能不說是一種遺憾②。

三世紀時,絲綢之路兩端的漢帝國和羅馬帝國消失了,高速上的交通放緩了,來自遠方的交流暫停了,但是文學繼續着對外界的、對外物的喜好和評價,慢慢地,外來的因素本土化了,豐富了中原的文化,以至難分彼此。如同石榴,從遙遠的波斯來到中國,保留着自己的波斯名字,但展轉到新大陸時,卻獲得了完全不同的名稱,"中國蘋果"。可能這就是文化交流的魅力吧,永無止盡地變化着、演義着,期待着更多的碰撞與理解。

（本文原刊於《銅仁學院學報》2018 年第 5 期）

---

①http://content. edu. tw/primary/music/tn_dg/content/ext/hisory/data－1－main-g. htm
②關於五線譜的論述,部分內容可見孔旭榮《失聲的存在:中國古典文學中的音樂》,《樂府學》2015 年第 11 期。

《法書要録》本《十七帖》校理

——兼論刻帖在校理右軍書語中的功用問題

劉 石

(清華大學中文系)

　　《十七帖》爲王羲之草書代表,古人稱爲"煊赫著名帖"(張彦遠)、"書中龍"(黃伯思)者。本校理爲《法書要録校理》之一部分,充分利用現存墨蹟及刻帖校理《法書要録》卷一〇所載《十七帖》,又提出刻帖並非校理王羲之傳世文獻金標準的觀點。

　　本校理所用底本爲上海博古齋1922年影印《津逮秘書》第六集本《法書要録》。通校本爲:

　　一、明嘉靖刻本,國家圖書館藏,簡稱"嘉靖本"。

　　二、《王氏書苑》本,明王世貞輯,《四庫全書存目叢書》影印萬曆十九年王元貞刻本,簡稱"王本"。

　　三、明吳岫家藏抄本,國家圖書館藏,簡稱"吳抄"。

　　四、清文淵閣《四庫全書》本,臺灣商務印書館1986年影印,簡稱"四庫本"。

　　五、虞山張氏照曠閣《學津討原》本,上海商務印書館涵芬樓1922年影印,簡稱"學津本"。

　　對於整理"古來竟無善本"的《法書要録》而言,僅依靠這幾種對校本是不夠的,所幸有其他材料可資參校。就《十七帖》而言,所使用者有如下數種:

　　一、《墨池編》二十卷,清雍正十一年就閒堂雕版,簡稱"《墨》"。

　　二、《墨池編》六卷,文淵閣《四庫全書》本,簡稱"《墨池》"。

　　三、明張溥《漢魏六朝一百三家集》本《王右軍集》卷一,清華大學圖書館藏明婁東張氏刻本,簡稱《王集一》,張氏校語稱"《王集一》校"。

　　四、墨跡摹本及臨本、刻帖:

　　1. 王羲之《遠宦帖》(臺北故宮博物院藏唐摹本),《中國法書全集》第2册,啓功先生主編,文物出版社2009年。

2. 王羲之《遊目帖》(日本安達萬藏藏唐摹本),同上。

3. 王羲之《瞻近帖》《龍保帖》(英國國家圖書館藏敦煌所出唐臨本殘紙,S3753),《英藏敦煌文獻》第5卷,四川人民出版社1992年。

4. 王羲之《瞻近帖》(趙孟頫補唐摹本,藏所不詳),《書道全集》第4卷,日本平凡社1982年,簡稱"趙補《瞻近帖》"。

5. 王羲之《漢時帖》(趙孟頫補唐摹本,藏所不詳),同上,簡稱"趙補《漢時帖》"。

6. 王羲之《旃罽帖》(法國國家圖書館藏敦煌所出唐臨本殘紙,P4642),《法藏敦煌西域文獻》第32册,上海古籍出版社2005年。

7. 王羲之《服食帖》(俄國俄羅斯科學院東方文獻研究所藏敦煌所出唐臨本殘紙,Дx11204),《俄藏敦煌文獻》第15册,上海古籍出版社2000年。

8. 宋拓《十七帖》(美國安思遠藏),《中國法帖全集》第16册,啟功先生主編,湖北美術出版社2002年,簡稱"《十七帖》"。

9. 宋拓《十七帖》(美國安思遠藏)字旁文徵明硃筆釋文,同上,簡稱"《文釋》"。

10. 宋拓《十七帖》(日本京都國立博物館藏),《王羲之王獻之書法全集》第14册,故宮出版社2014年,又稱"上野本"。

11. 宋拓《十七帖》(香港中文大學文物館藏),同上第15册,又稱"嶽雪樓本"。

12. 宋拓《淳化閣帖》(卷六、七、八、九),《中國法帖全集》第1册,簡稱"《閣帖》"。

13. 宋拓《大觀帖》,《中國法帖全集》第3册。

14. 宋拓《澄清堂帖》,《中國法帖全集》第10册,卷一爲孫承澤藏本;卷二、續五爲邢侗藏本,統簡稱"《澄清堂》",字旁有硃筆釋文。

15. 《書譜》,唐孫過庭撰,台北故宮博物院藏,《中國法書全集》第3册,文物出版社2009年。

五、前人校勘成果

1. 康熙年間何焯以宋本《書苑菁華》、吳岫家藏抄本、譚公度所藏《墨池編》抄本校津逮秘書本,簡稱"何校"[①]。

2. 20世紀30年代傅增湘以王世懋抄本校津逮秘書本,今均藏國家圖書館,簡稱"傅校"。

[①] 張元濟認爲《津逮秘書》本淩亂脱漏,幾於無葉無之,故對何焯取舊抄本及他書通校評價甚高,見《涵芬樓燼餘書録》子部本書條。又,何校以吳抄爲主要校本,本校理既已徑取吳抄爲校本,爲避重複,凡其與吳抄相同者均不出校。

3.范祥雍整理本《法書要錄》①校記,人民美術出版社1964年版,簡稱"范校"。

六、古今研究成果

1.《墨藪》,唐韋續撰,《叢書集成初編》本,中華書局1985年。

2.《東觀餘論》卷下《跋〈十七帖〉後》、簡稱"《黃跋》"。《跋唐人所摹〈十七帖〉後》,宋黃伯思撰,《宋本東觀餘論》本,中華書局1988年。

3.《法帖釋文考異》,明顧從義撰,北京大學圖書館藏明刻本,簡稱"《考異》"。

4.《十七帖述》,清王弘撰,清華大學圖書館藏《檀几叢書》第二帙本,簡稱《帖述》。

5.《淳化秘閣法帖考正》,清王澍撰,《四部叢刊三編》本,商務印書館1935年,簡稱"《考正》"。

6.《藝舟雙楫·十七帖疏證》,清包世臣撰,《藝林名著叢刊》本,中國書店1983年,簡稱"《疏證》"。

7.《關於敦煌本〈十七帖〉臨本的幾個問題》,蔡淵迪撰,《百年敦煌文獻整理研究國際學術討論會論文集(下冊)》,2010年。

王帖素號難讀,究其原因,宋人黃庭堅稱"當是懷素敗逸字多爾"(《山谷題跋》卷四《跋法帖》),這與王帖遭後世剪割拼湊恐亦不無關係。余嘉錫謂"固緣當時文體不同,亦由臨摹失真,加以草書難辨,釋者不能無誤故也"(《余嘉錫文史論集·寒食散考》),周一良則歸之於"多當時習語"(《魏晉南北朝史札記·王羲之書札》)。

尺牘重要性逾於普通文字,文本卻恰割裂甚劇,遇文意難明處,據上下文取捨異文遂不可行。爲盡可能保存、展現書札原貌計,於諸校本及諸帖異文採取的校理方式是,除少數因知其必是而據改並出校、少數因知其必誤而不出校外,所有異文,包括未造成文意變化之語辭及校本雖誤而非辨不明、校本疑誤然不能確證者均出校而不改底本。

《十七帖》長一丈二尺,即貞觀中內本也[1]。一百七行,九百四十二字[2],是烜赫著名帖也[3]。太宗皇帝購求二王書,大王書有三千紙[4],率以一丈二尺爲卷,取其書迹及言語以類相從綴成卷[5],以"貞""觀"兩字爲二小印印之[6]。褚河南監裝背[7],率多紫檀軸首,白檀身,紫羅褾織成帶。開元皇帝又以"開""元"二字爲二小印印之[8],跋尾又列當時大臣等[9]。《十七帖》者,以卷首有"十七日"字,故號

---

①此本版權頁署:點校者范祥雍,參校者啟功先生、黃苗子。范本是《中國美術論著叢刊》之一種,主事者黃苗子《在人美社的日子裏》(《中華讀書報》2001年12月12日14版)專門提到"上海范祥雍教授對傳世各本費一年之力點校一遍"。

之【10】。二王書,後人亦有取帖內一句語稍異者標爲帖名【11】,大約多取卷首三兩字及帖首三兩字也【12】。

1 "內",《墨池》卷五作"館"。
2 "二",吳抄、傅校、《墨》卷一五、《墨池》卷五、《黃跋》作"三"。
3 "是烜"句,《黃跋》作"逸少草書中烜赫著名帖也"。"烜赫",《墨池》卷五作"古今極"。
4 "書",原作"艸",《黃跋》亦然,據《墨》卷一五、《墨池》卷五改。范校:"按唐太宗所收右軍真跡,真、行、草共二千二百九十紙,見韋述《叙書錄》及張懷瓘《二王(等)書錄》。此言三千紙,乃約數言之,不當單言草。"是。
5 "及"下,《墨》卷一五有"其"字。"類",原作"數",據吳抄、《墨》卷一五、《墨池》卷五、《黃跋》改。上二句,《黃跋》作"取其迹,以類相從綴成卷"。
6 "爲二小",《黃跋》無。按《歷代名畫記》卷三《叙古今公私印記》:"太宗皇帝自書貞觀二小字,作二小印貞觀。"與底本所述合。然本書卷六《述書賦下》:"貞觀、開元,文止於二貞觀開元。太宗、玄宗所用印。"是"貞觀"二字又似爲一印也,未知究竟如何。
7 "背",《黃跋》無。
8 "二字爲二小",《黃跋》作"兩字"。按本書卷六《述書賦下》:"貞觀、開元,文止於二貞觀開元。太宗、玄宗所用印。"《歷代名畫記》卷三《叙古今公私印記》:"玄宗皇帝自書開元二小字,成一印開元。"與《黃跋》合,未知孰是。
9 "等",吳抄、傅校、《墨》卷一五、《墨池》卷五作"等名",《黃跋》作"名"。
10 "號",《墨池》卷五作"目"。
11 "後人亦",吳抄作"亦後人",傅校作"亦後人亦";"標",原作"標",據吳抄、四庫本、學津本、傅校、《墨》卷一五、《墨池》卷五、《黃跋》改。
12 "卷首",《墨池》卷五作"帖內";"帖首",《墨》卷一五作"帖內"。

〇一

十七日先書,郗司馬未去,即日得足下書,爲慰。先書以具示【1】,復數字。

1 "具",《十七帖》、《澄清堂》卷二同。《墨》卷一五無,《墨池》卷五作"莫",當誤。《王集一》校:"'復',一在'以'下。"果如是,則此句及下句當斷作:"先書以復,具示數字。"

　　　　○二
　　吾前東[1],粗足作佳觀。吾爲逸民之懷久矣,足下何以方復及此[2],似夢中語耶[3]?無緣言面,爲歎。書何能悉[4]。

1 "東",《十七帖》《文釋》、《澄清堂》卷二同。《墨》卷一五、《墨池》卷五作"柬",草書辨識之誤。
2 "方",《十七帖》、《澄清堂》卷二右上角刻一點,遂似草書"等"字。《王集一》校:"'方',一作'等'。"清包世臣《疏證》同,并謂:"'等',待也。言同具逸民之志,何以遲遲不決。作'方'者誤。"然上野本、嶽雪樓本均無右上點。又《帖述》:"或作'等'字,以右有一點,與下《龍保帖》'等'字同耳。"然諦觀刻帖,此字運筆與"等"字實殊相異,當爲"方"字無疑。《文釋》、《澄清堂》卷二旁釋作"方",是。又,《墨池》卷五作"示",草書辨識之誤。
3 "似",《十七帖》、《澄清堂》卷二同。王本作"是",當誤;"耶",《十七帖》、《澄清堂》卷二同。吳抄、傅校作"也",當誤。
4 "能",《十七帖》、《澄清堂》卷二同。王本作"記",當草書辨識之誤。

　　　　○三
　　瞻近無緣,省告,但有悲歎[1]。足下小大悉平安也[2],云卿當來居此,喜遲不可言[3]。想必果,言告有期耳[4]。亦度卿當不居京[5],此既僻[6],又節氣佳,是以欣卿來也。此信旨還[7],具示問。

1 "瞻近"三句,《墨》卷一五、《墨池》卷五連於上條,當誤。"告",唐臨本《瞻近帖》殘紙、《十七帖》、《澄清堂》卷二、趙補《瞻近帖》、《文釋》俱作"苦",《帖述》謂:"諸言苦者,率指疾病。"而《疏證》謂:"各本俱作苦,傳模誤也。晉人言苦皆謂病,帖意殊不爾。"未知究竟孰是,姑仍底本。《墨》卷一五作"吾",《墨池》卷五作"者",並誤。
2 "小大",《十七帖》、《澄清堂》卷二、趙補本同。嘉靖本、王本、傅校、《墨》卷一五、《墨池》卷五作"大小",當誤。

3 "遲",唐臨本字旁有兩點,或因臨書者覺草法有訛而刪之符號。唐臨本下行上半雖殘,就位置言實當有四字之空,是原帖仍當有此字。參蔡淵迪《關於敦煌本〈十七帖〉臨本的幾個問題》。《墨》卷一五、《墨池》卷五、《文釋》作"慰",當草書辨識之誤。

4 "告",唐臨本、《十七帖》、《澄清堂》卷二、趙補本、《文釋》作"苦"。《疏證》謂"苦"字乃傳模之誤。《墨》卷一五、《墨池》卷五作"者",誤。

5 "當不",唐臨本、《十七帖》、《澄清堂》卷二、趙補本同。《墨》卷一五作"不當",當誤。

6 "僻",唐臨本、《十七帖》、《澄清堂》卷二、趙補本、《墨池》卷五作"避",《疏證》謂:"避,謂囂塵不及。"《帖述》:"當作'僻',作'避'疑誤","或云此地既可以避世,亦通。"首鼠兩端。按二字實可通。

7 "旨",唐臨本、《十七帖》、《澄清堂》卷二、趙補本同。《墨》卷一五作"昔",當誤。

○四

龍保等平安也,謝之。甚遲見。卿舅可早,至爲簡隔也[1]。

1 "龍保"條,唐臨本《龍保帖》殘紙至"見"字止(字下紙有殘缺,但似無字跡)。《十七帖》至"見"字恰滿行,"卿"字另行起,故難判斷其提行另起別爲一帖否。《閣帖》卷七、《大觀帖》卷七、《澄清堂》續五"見"下有"之"字,且本條止於此。按清王澍《考正》卷七"龍保等七帖"謂"之"字"無端增入"。"遲",唐臨本、《十七帖》、《閣帖》卷七、《大觀帖》卷七、《澄清堂》續五同。《墨池》卷五作"慰",當誤。"舅",《十七帖》同。嘉靖本、王本、吴抄、傅校、《墨》卷一五作"甥",當誤。"早",《十七帖》、吴抄、傅校、《墨池》卷五作"耳"。《王集一》校:"'早'疑是'耳'。"《帖述》:"或作'早',非。"當是。然以原文可通,姑仍之。"簡",《文釋》同。《墨池》卷五作"夢",草書形近致誤。此句下,《十七帖》、《墨》卷一五、《墨池》卷五有"今往絲布單衣財一端,示致意"二句,唯《十七帖》提行另起,別爲一條。

○五

知足下行至吴[1],念違離不可居[2]。叔當西耶?遲知問[3]。

1 "吴",《十七帖》、《文釋》、《閣帖》卷七、《大觀帖》卷七、《澄清堂》續五同,嘉靖本作"具",屬下句,當誤。

2 "念",《十七帖》、《文釋》、《閣帖》卷七、《大觀帖》卷七、《澄清堂》續五同;《墨》卷一

五、《墨池》卷五作"會",誤。

3 "遲知問",《十七帖》、《閣帖》卷七、《大觀帖》卷七、《澄清堂》續五同,吳抄、傅校缺此句。《墨》卷一五、《墨池》卷五作"慰知問",誤。

○六

計與足下別,廿六年於今。雖時書問,不解闊懷。省足下先後二書,但增歎慨。頃積雪凝寒,五十年中所無。想頃如常,冀來夏秋間或復得足下問耳。比者悠悠,如何可言。吾服食久[1],猶爲劣劣[2]。大都比之年時爲復可耳[3]。足下保愛爲上[4],臨書但有惆悵[5]。

1 "吾服食久"句至條末,《大觀帖》卷七、《墨》卷一五、《墨池》卷五、《王集一》提行另起,別爲一條。《十七帖》"吾服食久"前"如何可言"一句恰滿行,本難判斷其是否別爲一帖,然四字(尤其"可言"二字)所占空間明顯窄小,似可推測其確爲帖尾收句(《澄清堂》卷二此段僅存"愛爲上,臨書但有惆悵"九字,且錯簡於別處,然"如何可言"四字字形同《十七帖》),後○一四條末"如何可言"情形亦如是。唯唐臨本《服食帖》殘紙"吾服食久"上有"如何可言"四字,則此段與前段似實相聯。然就句意看確似當作兩帖,或臨書者未盡遵原帖行款,亦未可知。《閣帖》卷七此段僅存"愛爲上,臨書但有惆悵"九字,且與他帖相聯綴。《閣帖》、《大觀帖》未有前"計與足下別"至"如何可言"一段。

2 "劣劣",《十七帖》下"劣"字作重字符號。嘉靖本、王本、《墨》卷一五作"劣",《墨池》卷五作"劣之",並當誤。

3 "可耳",唐臨本、吳抄、《墨池》卷五作"可可",《十七帖》下可字作重字符號。可可,少許,些微。或當是。

4 "上",《十七帖》、《閣帖》卷七、《大觀帖》卷七同。吳抄、傅校作"尚",意通。

5 "有",《十七帖》、《閣帖》卷七、《大觀帖》卷七同。《墨》卷一五無,當誤。本句末,吳抄有"也"字。

○七

省足下別疏具,彼土山川諸奇,楊雄《蜀都》[1]、左太冲《三都》殊爲不備悉,彼故爲多奇,益令其游目意足也。可得果,當告卿求迎[2],少人足耳,至時示意。遲此期,真以日爲歲。想足下鎮彼土,未有動理耳。要欲及卿在彼,登汶嶺、峨眉而旋,實不朽之盛事。但言此,心以馳於彼矣。

1 "楊",唐摹本《遊目帖》、《十七帖》、《文釋》、《閣帖》卷六、《澄清堂》卷一同。四庫本、《墨》卷一五、《墨池》卷五、《王集一》作"揚"。字常混用。或謂古人但有從木之楊,並無從扌之揚,見清梁章鉅《浪跡三談》卷三《楊揚一姓》。
2 "迎",唐摹本、《十七帖》同。《帖述》:"或作'進',非。"《王集一》校:"一作'近',又作'進'。"草書辨識之異。

○八
　　諸從姪數有問,粗平安,唯修載在遠,音問不數,懸情。司州疾篤,不果西,公私可恨。足下所云,皆盡事勢,吾無間然。諸問,想足下別具[1],不復一一[2]。

1 "具"下,傅校有"此"字。《十七帖》、《閣帖》卷六、《澄清堂》卷一無。或當以無爲是。
2 "一一",《帖述》:"一作'具'。"草書辨識之異。

○九
　　得足下旃罽、胡桃藥二種[1],知足下至。戎鹽乃要也[2],是服食所須[3]。知足下謂須服食[4],方回近之[5],未許吾此志。"知我者希",此有成言[6],無緣見卿,以當一笑。

1 "藥",《十七帖》、《澄清堂》卷一作小字於行旁,《閣帖》卷六摹入行中。
2 "鹽",嘉靖本、《墨》卷一五作"疆",誤。
3 "是",《十七帖》作小字於行旁,《閣帖》卷六、《澄清堂》卷一摹入行中。
4 "足下",嘉靖本、王本作"下足",誤。"謂",《澄清堂》卷一旁釋同。《文釋》、《考異》卷六作"得",吳抄、傅校作"爲",並當誤。"須",《文釋》、《澄清堂》卷一旁釋、《疏證》同。《考異》卷六注:"施(按謂施宿)作'頃'。"《王集一》校:"一作'頃'"。細辨《十七帖》,或當以"頃"字爲是。
5 "方回",唐臨本《旃罽帖》殘紙、《十七帖》、《閣帖》卷六、《澄清堂》卷一同,嘉靖本、王本、《墨》卷十五作"方廻",誤。方回,郗愔字,《晉書》有傳。
6 "成",唐臨本、《十七帖》、《閣帖》卷六、《澄清堂》卷一同。吳抄作"誠",疑誤。或謂二字通,"成言"即"誠言"。

一〇

　　云譙周有孫[1]，高尚不出。今爲所在，其人有以副此志不[2]？令人依依。足下具示，嚴君平、司馬相如、楊子雲皆有後否[3]？

1 "孫"，《閣帖》卷六、《澄清堂》卷一同，《十七帖》字下有殘字廓線。何校字下有方框，並批："缺一字。"《疏證》："蜀人譙秀，周之孫也。"按《三國志・譙周傳》"周三子，熙、賢、同"下，裴松之注謂"周長子熙。熙子秀，字元彥"。又引《晉陽秋》："秀性清靜，不交於世，知將大亂，豫絕人事，從兄弟及諸親里不與相見。州郡辟命，及李雄盜蜀，安車徵秀，又雄叔父驤、驤子壽辟命，皆不應。常冠鹿皮，躬耕山藪。"是所缺或爲"秀"字。

2 "人"，《十七帖》、《澄清堂》卷一同（《閣帖》卷六失刻此字所在之一行）。嘉靖本、王本作"志"，當涉下誤。

3 "嚴君"至段末，《十七帖》、《墨》卷一五、《墨池》卷五、《王集一》別爲一條。《閣帖》卷六不別爲一條。《疏證》謂以一帖文義爲優。"楊"，原作"揚"，據《十七帖》、《閣帖》卷六、《澄清堂》卷一、嘉靖本、王本、吳抄、《墨》卷一五改；"否"，《十七帖》、《閣帖》卷六、四庫本作"不"。

一一

　　天鼠膏治耳聾有驗否[1]？有驗者乃是要藥。

1 "否"，《十七帖》、吳抄、《王集一》作"不"。

一二

　　朱處仁今所在[1]？往得其書，信遂不取答[2]。今因足下答其書，可令必達。

1 "所"，原作"何"，草書辨識之誤，據《十七帖》、《閣帖》卷七、《大觀帖》卷七、《澄清堂》續五、嘉靖本、王本、四庫本、何校改。《墨》卷一五、《墨池》卷五作"何所"，誤。

2 "取答"，黃伯思《法帖刊誤卷下・王會稽書上》（《東觀餘論》卷上）引亦同。傳校作"取得答"，誤。"答"，《十七帖》作小字於行旁，《閣帖》摹入行中。

一三

省別具,足下小大問,爲慰。多分張,念足下,懸情。武昌諸子亦多遠宦[1],足下兼懷,並數問不？老婦頃疾篤,救命[2],恒憂慮。餘粗平安,知足下情至。

1 "宦",唐摹本《遠宦帖》、《十七帖》、《閣帖》卷六、《澄清堂》卷一同,嘉靖本、王本作"官",誤。
2 "救",唐摹本、《十七帖》、《閣帖》卷六、《澄清堂》卷一同。吳抄、《墨池》卷五作"求",誤。

一四

旦夕都邑動靜清和[1],想足下使還——[2]。時州將桓公告[3],慰情。企足下數使命也。謝無奕外任[4],數書問,無他。仁祖日往,言尋悲酸[5],如何可言。

1 "邑",《十七帖》、《閣帖》卷六、《澄清堂》卷一同,嘉靖本作"色",誤。
2 "——",《文釋》、《澄清堂》卷一旁釋、四庫本《墨池》卷五、《王集一》作"具",或釋作"乙乙",俱草書辨識之異。
3 "時",《十七帖》、《閣帖》卷六、《澄清堂》卷一同。吳抄作"得",傅校作"在",並當誤。
4 "任",《十七帖》、《閣帖》卷六、《澄清堂》卷一同。吳抄作"在",傅校作"得",《墨》卷一五作"往",並當誤。
5 "言",《十七帖》、《閣帖》卷六、《澄清堂》卷一同。嘉靖本、王本無,誤。

一五

知有漢時講堂在[1],是漢何帝時立此[2]。知畫三皇五帝以來備有,畫又精妙,甚可觀也。彼有能畫者不？欲因摹取[3],當可得不？須具告[4]。

1 "講",嘉靖本作"謀",誤。
2 "何",原作"和",據《十七帖》、趙補《漢時帖》、嘉靖本、吳抄、傅校、《墨》卷一五、《墨池》卷五改。
3 "因",原脫,據《十七帖》、趙補本、吳抄、傅校、《墨》卷一五、《墨池》卷五、《王集一》補。
4 "須",趙補本、《文釋》、吳抄、《墨》卷一五、《墨池》卷五作"信",諦觀《十七帖》,字形介於"須""信"之間,本難遽斷,然一六末有"信一一示"語,一一,又常釋爲"具"(參一四校【2】),故"須"當爲"信"字草形之誤。信具告,即信具示、信一一示,義皆相同。以底本可通,姑仍之。

一六

　　往在都,見諸葛顒[1],曾具問蜀中事。云成都城池、門屋、樓觀,皆是秦時司馬錯所修,令人遠想慨然。爲爾不？信一一示,爲欲廣異聞。

1 "諸葛顒",《文釋》同。細辨《十七帖》帖文,字當釋作"諸葛顯"。孫過庭《書譜》墨跡"顯"字四見,如"人亡業顯""迹顯心通""乍顯乍晦"等,"顯"字草法全同此字。顯爲諸葛亮兄瑾之曾孫,見《三國志·蜀志·諸葛亮傳附瞻傳》。爲審慎計,姑仍原文。

一七

　　青李、來禽、櫻桃、日給藤[1],已上四行[2]。子皆囊盛爲佳,函封多不生。足下所疏[3],云此果佳[4],可爲致子,當種之[5]。此種彼胡桃皆生也[6],吾篤喜種果[7],今在田里[8],惟以此爲事,故遠及。足下致此子者,大惠也。

1 "藤",《十七帖》作"縢"。黄伯思《跋唐人所摹〈十七帖〉後》云:"予嘗見畢文將叔云,家有唐初人所摹此帖,來禽等四物外又有密蒙華一種。故先相文簡公答王黄門寄密蒙華詩云:'多病眼昏書懶讀,煩君遠寄密蒙華。愁無內史詞兼筆,爲寫眞方到海涯。'蓋謂此也。然余案今諸本並無此一種,而《法書要錄》十七帖亦不載此,不知何緣。畢氏本有之,但未嘗見此帖,無從知其眞僞。姑記於此,以俟後觀云。"
2 "已上四行",謂青李等四種菓物分列四行,《十七帖》正如此。吳抄、《墨》卷一五、《墨池》卷五、《王集一》無。
3 "足下"句至條末,《十七帖》別爲一帖。《疏證》謂非是。
4 "果",《十七帖》、嘉靖本、王本、吳抄、《墨》卷一五、《墨池》卷五作"菓",字通,意更確。"佳",吳抄作"皆",與下句合爲一句,當誤。
5 "當種之",《十七帖》同。吳抄作"當種之時",當誤。
6 "此",《文釋》同。王本作"比",當誤。
7 "喜",《十七帖》同。《墨》卷一五作"意",誤;"果",《十七帖》、嘉靖本、王本、吳抄、《墨》卷一五、《墨池》卷五作"菓",字通。

8 "今",《十七帖》同,嘉靖本作"余",誤。

一八
彼所須此藥草[1],可示,當致。

1 "彼",《王集一》作"後",疑誤。

一九
虞安吉者[1],昔與共事,常念之。今爲殿中將軍,前過云,與足下中表,不以年老,甚欲與足下爲下寮[2]。意其資可得小郡,足下可思致之耶？所念,故遠及。

1 "虞安吉",傅校作"盧安吉"。按唐韋續《墨藪·九品書》載"晉虞安吉真草大篆",知作"盧安吉"非是。
2 "下寮",《十七帖》同。傅校作"下僚","寮""僚"字同。嘉靖本、王本作"小寮",誤。

二〇
吾有七兒一女,皆同生,婚娶以畢,惟一小者尚未婚耳。過此一婚,便得至彼。今內外孫有十六人,足慰目前。足下情致委曲[1],故具示。已上十七帖也[2]。

1 "致",《十七帖》、《閣帖》卷六、《澄清堂》卷一、吳抄、傅校、四庫本、《墨》卷一五、《墨池》卷五作"至",或當是。
2 "上",嘉靖本、王本、吳抄、《墨》卷一五作"前"。按刻帖本《十七帖》另有"今往絲布單衣財一端""足下今年政七十耶""去夏得足下致邛竹杖""彼鹽井火井皆有不""胡毋氏從妹平安""知彼清晏歲豐"六書語,《法書要錄》未收錄。茲據安思遠本《十七帖》迻錄如下:

今往絲布單衣財一端,示致意。

足下今年政七十耶,知體氣常佳,此大慶也。想復懃加頤養。吾年垂耳順,推之人理,得爾以爲厚幸,但恐前路轉欲逼耳。以爾要欲一遊目汶領,非復常言。足下但當保護,以俟此期,勿謂虛言。得果此緣,一段奇事也。

去夏得足下致邛竹杖,皆至,此士人多有尊老者。皆即分布,令知足下遠惠之至。

彼鹽井、火井皆有不？足下目見不？爲欲廣異聞,示。

胡毋氏從妹平安,故在永興居,去此七十也。吾在官,諸理極差。頃比復勿勿,來示雲與其婢問,來信□(此字圈塗)不得也。

知彼清晏歲豐,又所出有無乏,故是名處。且山川形勢乃爾,何可以不遊目。

附論:刻帖在整理二王書語中的功用問題

刻帖以書跡爲依據,故若帖文與底本相合,則底本不誤之可能性增加。舉兩例以明之:

〇四"卿舅可早至爲簡隔也",吳抄、傅校、《墨池》卷五"早"作"耳",本只消出校,即算完成校事。但查《十七帖》有該條,且"早"字亦作"耳",選擇的天平則不免傾向於"耳"字。唯爲審慎計,未徑改正文耳。

一一〇"吾爲轉差"①,《墨》卷一五、《墨池》卷五"爲"作"疾",本已疑其當是,後見《汝帖》卷六亦作"疾",且明顯可見"爲"乃"疾"字草寫之形誤,則在正文中改正並出校記以申明之。

雖然如此,刻帖並不盡可信據,何則? 以刻帖入五代始興,今存者則自宋初始,時已後彥遠百餘年。各帖或輾轉傳摹而成,而非盡據墨跡,帖目有多寡,編次有差互,分合有出入,摹勒失真致訛處亦在所不免。

譬如前述〇二條辨"方"是"等"非。按二字形雖近接,細察之第三筆運筆方向明顯不同,是二字分別之關鍵。唯方字右上不當有點,疑安思遠本《十七帖》摹刻者誤添(上野本及嶽雪樓本等即無),亦未可知。《澄清堂帖》卷二亦然,然旁釋不誤。文淵閣《四庫全書》本《墨池編》卷五作"示",亦相似字形辨識之誤,可謂治絲益棼了。

又譬如與《法書要錄》相校:

《閣帖》所收羲之《建安靈柩帖》"永惟"下奪"崩"字;《袁生帖》"吾所"下奪"盡"字;《龍保帖》《離不可居帖》《愛爲上帖》三帖,"龍保等平安也,謝之,甚遲見之""離不可居,叔當西耶,遲知問""愛爲上,臨書但有惆悵,知足下行至吳,念違",實割裂〇四"龍保等平安也"以下三條而成;所收獻之《靜息帖》"內外極生冷","內外"二字當爲行旁注,而誤摹填入正文中。如此之類甚多。

加之刻帖所錄多爲行草,刻者既有辨識之難,釋者自亦難臻一致。如上舉〇三"喜遲不可言",文徵明釋"遲"作"慰";〇九"知足下謂須服食",施宿、文徵明釋"謂"作"淂(得)",施宿釋"須"作"頃";一四"一一",或釋作"具",或釋作"乙乙"。宋劉次莊《法

---

① 此條非屬《十七帖》,爲《右軍書語》第一一〇條。

帖釋文》、明顧從義《法帖釋文考異》、張溥《漢魏六朝一百三家集》本《王右軍集》、《王大令集》、清王弘《十七帖述》、王澍《淳化秘閣法帖考正》等歷朝各家於各帖所釋不盡相同，甚至遞相駁正，固其宜也。

是知刻帖雖當利用，却遠不足以成爲金標準也，底本非必據改不可。可不改者如：

〇三"瞻近無緣，省告"，刻帖"省告"作"省苦"，而《疏證》不以爲然，且詞義實不甚明，故未取改底本。

〇四"卿舅可早"，刻帖"早"作"耳"，以原文可通，故不改。

二〇"足下情致委曲"，刻帖"致"作"至"，以原文可通，故未改。

當然也有可以據改補者：

一二"朱處仁今何在"，刻帖"何"作"所"，查另有一〇"今爲所在"，可相映證，故改。

一五"欲摹取"，"因"原脱，刻帖等多有之，且有版本依據，於文意亦更合，故補。

另有非關文字，而由文意理解之歧導致句讀之異者，此則非刻帖所能爲力者。《右軍書記》中此類甚多，此僅舉《十七帖》中涉"具"字之例：

〇一"先書以具示復數字"。

〇三"此信旨還具示問"。

〇七"省足下别疏具彼土山川諸奇"。

一三"省别具足下小大問"。

諸句中的"具"字當屬上句之末抑下句之首？

按"具"爲詳備義，多用於句末，尺牘中末句常用"不具"二字，即其例。又檢一四"想足下使還一一"，"一一"，亦詳備義，文徵明等多釋爲"具"，亦其證也。故〇七"省足下别疏具彼土山川諸奇"、一三"省别具足下小大問"，或當斷作"省足下别疏具，彼土山川諸奇""省别具，足下小大問"。

而"具"後綴動詞者似又不然。如"具示"二字，十七帖中凡四見，《法書要録》卷一〇所載義之其他書語中凡六見，視爲成詞，或更妥當。故〇一末二句斷作"先書以具示，復數字"，而不斷作"先書以具，示覆數字"、〇三末二句"此信旨還，具示問"，而不斷作"此信旨還具，示問"（如此斷自亦可通）。由此又知一六"信一一示"，亦即"信具示"之義，與一五末句"須(信)具告"義亦相同。

然耶非耶，不敢自必，博雅教之是幸。

毗陵易名晉陵索隱

李 賀

(山東理工大學文學與新聞傳播學院)

我國古代有一部人物雜傳叫《毗陵先賢傳》,已經散佚,撰者、卷數和成書年代皆不詳,且未見任何史志目錄著録,僅有幾則内容散見於《(嘉定)鎮江志》和《(咸淳)重修毗陵志》等方志中。根據殘存内容和毗陵地名演變情況推測,《毗陵先賢傳》蓋大致成書於魏晉至隋唐間,最遲不會晚於南宋嘉定年間。此外,明人歐陽東鳳在任常州知府期間編撰了一本書叫《晉陵先賢傳》,今存,記載了從春秋吴國至明代常州地區六十九位先賢事跡,然《(萬曆)常州府志》又稱此書爲《毗陵先賢傳》。歐陽東鳳之書與前代散佚的《毗陵先賢傳》肯定不是一書,毗陵(也作"毘陵")和晉陵卻是同一地方,都是常州的古稱。常州爲今天江蘇省的一個地級市,有明確地名記載的歷史可追溯到春秋時期,毗陵和晉陵就是這一歷史過程中的兩個重要地名。其實,晉陵之名正是由毗陵而改,然易名的具體時間,史書記載不盡相同,易名的背景、過程及其相關問題,諸書記載也比較模糊。故本文嘗試對毗陵易名晉陵之事作一系統的考證和探究,以待方家指正。

一、常州地名的沿革

在探究毗陵易名晉陵一事之前,我們先來梳理一下古代常州地名的沿革情況,以便説明沿革過程中的一些問題。常州古地名今最早可以追溯到春秋時吴國季札的封地延陵邑。季札爲吴王壽夢第四子,因其賢達,壽夢欲立之爲王,季札固辭不受;後爲躲讓王位,"季札棄其室而耕"①。壽夢第三子余祭即位後(前547)將延陵封給季札,故世稱季

---

① (漢)司馬遷:《史記》卷三一《吴太伯世家》,北京:中華書局,1982年,第1450頁。

札爲"延陵季子",歐陽東鳳《晉陵先賢傳》選録的第一位先賢即是"周延陵季子"。吴王夫差時,吴國被越國所滅,後楚國又吞并越國,故延陵邑又先後隸屬於越國和楚國。至秦王嬴政二十五年(前222),"王翦遂定荆、江南地;降越君,置會稽郡"①。至此,延陵邑成爲秦國會稽郡下轄之一縣,或稱延陵鄉、延陵縣。

西漢建立後,正式改延陵爲毗陵縣,仍隸屬會稽郡。在西漢前期,會稽郡曾先後隸屬於韓信的封國楚國、劉賈的封國荆國、劉濞的封國吴國,七國之亂平定後,會稽郡復歸中央;漢武帝元封五年(前106),設置刺史部十三州,會稽郡屬揚州。毗陵之地原本就屬於古九州之一的揚州,如《太平御覽》卷一七〇《州郡部·常州》引梁載言《十道志》所云:"常州,毗陵郡,《禹貢》揚州之域,春秋時屬吴,後屬越,戰國屬楚,秦漢爲毗陵縣,屬會稽郡。"②王莽稱帝後,在全國範圍内改了一大批地名,主要改其認爲不吉利的字。僅以會稽郡爲例,其下轄吴縣,王莽改爲泰德,曲阿改爲風美,烏傷改爲烏孝,無錫改爲有錫,海鹽改爲展武,等等。毗陵亦是改爲毗壇,《漢書·地理志》載:"毗陵,季札所居,江在北,東入海,揚州川,莽曰毗壇。"③一地之稱謂多有其歷史淵源或約定俗成,王莽新朝存在時間很短,其大肆竄改地名并没有得到人們的實際認同;東漢建立後又恢復了原名,於是毗壇變回了毗陵。東漢順帝永建四年(129),析會稽郡錢塘江以西部分地區設立吴郡,毗陵縣亦在其中。

三國東吴初期,以吴郡之無錫、毗陵等西部四縣置吴郡西部都尉;大約在嘉禾六年(237)至赤烏元年(238)期間④,吴郡西部都尉改稱毗陵典農校尉,治毗陵縣。吴郡西部都尉之職應該是沿襲漢制,相當於郡一級的行政區域,《後漢書·百官志》記載:"中興建武六年,省諸郡都尉,并職太守,無都試之役。省關都尉,唯邊郡往往置都尉及蜀國都尉,稍有分縣,治民比郡。"⑤典農校尉爲官職名,三國魏始置,以軍事屯墾的方式管理地方,職權大致如同太守。毗陵典農校尉在吴郡西部都尉的基礎上設立,應該也是相當於郡一級的行政區域。孫吴也在實行屯田的各郡設立典農校尉和典農都尉,西晉滅吴後,根據實際情況將這些典農校尉和典農都尉改成了郡、縣。其中,太康二年(281)省毗陵典農校尉,設立毗陵郡,下轄丹徒、曲阿、武進、延陵、毗陵、暨陽、無錫七縣,治毗陵。至

---

① (漢)司馬遷:《史記》卷六《秦始皇本紀》,北京:中華書局,1982年,第234頁。
② (宋)李昉等撰:《太平御覽》卷一七〇《州郡部》,北京:中華書局影印,1960年,第827頁下。
③ (漢)班固:《漢書》卷二八《地理志》,北京:中華書局,1962年,第1590—1591頁。
④ 陳玉屏先生推測毗陵典農校尉設立的時間爲嘉禾六年(237)或赤烏元年(238),較有道理。詳見其《論孫吴毗陵屯田的性質》一文,載《西南民族學院學報(哲學社會科學版)》,1989年第2期。
⑤ (南朝宋)范曄:《後漢書》卷一一八《百官志》,北京:中華書局,1965年,第3621頁。

此,毗陵縣依舊存在,而毗陵郡首次正式出現在歷史中。之後大約西晉末東晉初,毗陵郡易名晉陵郡,毗陵縣亦改爲晉陵縣,至於易名的具體時間諸書記載不尽相同,下文將具體論述,此處暫不展開。毗陵易名晉陵後,南朝沿襲。隋文帝開皇九年(589),罷晉陵郡,置常州、潤州,原晉陵郡分割入此二地;隋煬帝大業三年(607),又改常州爲毗陵郡,領晉陵、無錫、江陰、義興四縣。唐高祖武德二年(619),復改毗陵郡爲常州。此後,常州名號、建置雖屢有變化,但常州之名一直沿用至今。

二、史書記載毗陵易名晉陵之時間考辨

古代常州地區地名的沿革歷史大致還算清晰,只是毗陵易名晉陵的時間,諸史書記載不一。如《晉書·地理志》記載:

> 永興元年,分廬江之尋陽、武昌之柴桑二縣置尋陽郡,屬江州,分淮南之烏江、歷陽二縣置歷陽郡。又以周玘創義討石冰,割吴興之陽羨并長城縣之北鄉置義鄉、國山、臨津并陽羨四縣,又分丹陽之永世置平陵及永世,凡六縣,立義興郡,以表玘之功。又以毗陵郡封東海王世子毗,避毗諱,改爲晉陵。懷帝永嘉元年,又以豫章之彭澤縣屬潯陽郡。①

由此可見,《晉書》記載毗陵改爲晉陵的時間在永興元年(304)和永嘉元年(307)之間。周玘討伐石冰等人成功,徐州、揚州得以收復的時間在304年;又《晉書》記載地域變遷時,基本都冠有時間。故可推測,"毗陵郡封東海王世子毗,避毗諱,改爲晉陵"的時間也當是永興元年(304)。

《宋書·州郡志》又記載:"東海王越世子名毗,而東海國故食毗陵,永嘉五年(311),元帝改爲晉陵,始自毗陵徙治丹徒。"②對於毗陵易名晉陵一事,《晉書·地理志》和《宋書·州郡志》皆記載了時間,但并不一致;《宋書》的記載較《晉書》稍詳細些,言明晉陵之名由元帝所改,且郡治由原來的毗陵縣移到了丹徒縣。考他書對易名之事亦有相關記載,如《通典·州郡典》記載:"晉武帝省校尉,以屬毗陵郡。其後東海王越

---

① (唐) 房玄齡:《晉書》卷一五《地理志》,北京:中華書局,1974年,第463頁。
② (梁) 沈約:《宋書》卷三五《州郡志》,北京:中華書局,1974年,第1040頁。

嫡子毗封於毗陵，元帝以毗諱改爲晉陵郡。宋齊因之。"①《太平御覽》卷一七〇《州郡部·常州》引顧野王《輿地志》云："東海王越世子名毗。中宗爲越所表遣渡江，故改此（毗陵）爲晉陵。"②

元帝是晉元帝司馬睿，中宗是其廟號。《通典·州郡典》和《輿地志》雖未記載毗陵易名晉陵的時間，但和《宋書·州郡志》一樣都云晉陵之名由晉元帝司馬睿所改；以上四書亦皆提到了東海王司馬越、司馬毗父子，毗陵改爲晉陵是爲了避司馬毗的名諱，這些應該都是較爲可信的。然易名之時間，一爲永興元年（304），一爲永嘉五年（311），必有一處記載有誤，也有可能兩者皆不正確。清代學者成孺對《宋書》記載之永嘉五年（311）的易名之事就有所懷疑，其在《宋州郡志校勘記》中講到：

> 《晉志》惠帝永興元年，以毗陵郡封東海王世子毗，避毗諱，改爲晉陵。考《惠帝本紀》，永興元年十二月以司空越爲太傅，司空越即東海王，封其世子毗當在此時。永嘉五年三月戊午，詔下東海王越罪狀，告方鎮討之。丙子東海王薨，四月東海世子毗没於石勒，若謂永嘉五年避世子諱，改毗陵爲晉陵，恐與情事不合。疑志文"帝改爲晉陵"五字在"永嘉五年"上。③

成孺認爲，在永嘉五年（311）的時代背景下，因避司馬毗諱改毗陵爲晉陵"與情事不合"，此說有一定道理。因爲永嘉五年司馬越可謂臭名昭著，其子司馬毗又生死不明，故不太可能發生增封易名之事。然其又疑毗陵易名晉陵應在永嘉五年之前，是否如此還有待於進一步考證。被譽爲"晚清民初學者第一人"的楊守敬先生并不認爲"永嘉五年"的記載有誤，只是懷疑《宋史·州郡志》記載的內容有所脱漏，其在《補校宋書州郡志札記》"晉陵太守"後講到：

> 永嘉五年，帝改爲晉陵。按《寰宇記》，東海王越太子食菜毗陵，後爲石勒所没。元帝以少子哀王沖爲嗣，因諱毗改爲晉陵。又考越本傳，世子毗亦於永嘉五年殁於石勒。然則《宋志》此文有脱漏，當作"永嘉五年，毗没於石勒，元帝改爲晉陵"，方合。④

---

① （唐）杜佑：《通典》卷一八二《州郡典》，北京：中華書局，1988年，第4826頁。
② （宋）李昉等撰：《太平御覽》卷一七〇《州郡部》，北京：中華書局影印，1960年，第827頁下。
③ 成孺：《宋州郡志校勘記》，《二十五史補編》第3册，上海：開明書店，1937年，第4290頁上。
④ 楊守敬：《補校宋書州郡志札記》，見《歷代輿地沿革圖·劉宋州郡圖》，臺北：聯經出版事業公司，1981年，第4頁。

楊守敬先生并没有否定"永嘉五年"這一時間,只是認爲元帝改毗陵爲晉陵是在司馬毗没於石勒後。司馬毗確實於永嘉五年没於石勒的攻戰中,然没有證據證明"元帝以少子哀王沖爲嗣,因諱毗改爲晉陵"一事發生在"毗没於石勒"後的當年,故永嘉五年之説依舊没有信服力。

　　既然能夠確定毗陵改爲晉陵是爲了避東海王世子司馬毗諱,那麽就很有必要了解一下司馬越和司馬毗,以及《宋書》記載的"永嘉五年"和《晉書》記載的"永興元年"的歷史背景。司馬越字元超,司馬懿四弟東城武侯司馬馗之孫,曾因參與討伐楊駿有功而被封爲五千户侯,後爵升東海王,最初食邑六縣,應該是原東海郡部分地區,後晉惠帝又以下邳、濟陽二郡增封。司馬越亦爲西晉"八王之亂"的參與者之一,在八王之亂後期先後擊敗成都王司馬穎、河間王司馬顒等其他諸王勢力,惠帝詔其爲太傅兼録尚書事,開始掌控西晉的政權。惠帝去世後,司馬越立司馬熾爲帝,是爲晉懷帝。在司馬越輔政期間,面對内憂外患,其不思團結一致對外,反而排斥異己、爭權奪利,在誅殺王延後已大失衆望,《晉書·東海王越傳》記載:

　　　　越專擅威權,圖爲霸業,朝賢素望,選爲佐吏,名將勁卒,充於己府,不臣之迹,四海所知。而公私罄乏,所在寇亂,州郡攜貳,上下崩離,禍結釁深,遂憂懼成疾。永嘉五年,薨于項,祕不發喪。以襄陽王範爲大將軍,統其衆,還葬東海。石勒追及於苦縣甯平城,將軍錢端出兵距勒,戰死,軍潰。勒命焚越柩曰:"此人亂天下,吾爲天下報之,故燒其骨以告天地。"於是數十萬衆,勒以騎圍而射之,相踐如山,王公士庶死者十餘萬。王彌弟璋焚其餘衆,并食之。天下歸罪於越,帝發詔貶越爲縣王。①

由此可見,在永嘉五年(311)前後司馬越已有些"臭名昭著"了。其實在司馬越病逝前,其獨斷專行和不臣之心早已引起公憤,晉懷帝下詔頒布其罪狀,并要求各地討伐之。再説一下司馬毗,史書并無傳記,我們僅知其爲司馬越的世子,在司馬越掌權期間曾擔任過鎮軍將軍,除此之外再無任何功業和政績,可謂一個史不及書的"小人物"。然毗陵易名卻是因避其名諱,應該是因爲其父司馬越的緣故。以永嘉五年(311)的歷史背景來看,没有人願意冒天下之大不韙去爲了避司馬毗的諱而改毗陵之名,就如同成孺所言:

---

① (唐)房玄齡:《晉書》卷五九《東海王越傳》,北京:中華書局,1974年,第1625—1626頁。

"若謂永嘉五年避世子諱,改毗陵爲晉陵,恐與情事不合。"①

《宋書》記載的"永嘉五年"已不可靠,那《晉書》記載的"永興元年"呢?永興爲晉惠帝司馬衷第十個年號,共三年。永興元年(304)八王之亂方興未艾,晉惠帝成了諸王裹挾的一個傀儡。是年,成都王司馬穎擊殺了執政的長沙王司馬乂,控制朝廷、掌握政權,并強迫晉惠帝封其爲皇位繼承人;司馬越對其不滿,起兵討伐司馬穎,兵敗後遁回了封國東海。而晉元帝司馬睿在當時還只是琅琊王,并不屬於作亂的"八王"。《晉書》記載:"琅琊譬彼諸王,權輕衆寡,度長絜大,不可同年。"②就是說在西晉中後期,尤其在包括永興元年(304)和永嘉五年(311)在内的"八王之亂"期間,司馬睿相較於其他諸王來説,威望、實力皆無足輕重。其實永興元年(304),時任左將軍的司馬睿也參與了討伐成都王司馬穎的戰爭,失敗後被劫掠到鄴城,後逃回封國琅琊。由此來看,在永興元年(304)的歷史條件下,司馬睿怎麽可能會有閑心和資歷去做易名這類事情呢,而且當時司馬越的實力、聲望還并不突出。

再說一下永嘉五年(311),此時司馬睿已經渡江至建鄴,在王導等人的輔佐下經營江左地區,然當時的聲望不够、勢單力薄,還未完全贏得北方南遷士族和南方本土士族的支持,改元稱帝亦是幾年之後的事情。而前文已講,司馬越在當年已成了人神共憤之人。故司馬睿在永嘉五年(311)的時代背景下,似乎也還没有資歷和動機爲避司馬毗諱而改毗陵爲晉陵。

綜上,對於毗陵易名晉陵的時間,《晉書》記載的"永興元年"和《宋書》記載的"永嘉五年"都不能使人信服。其他史書、方志等對毗陵易名晉陵一事也没有更加詳細的記載。如宋史能之的《(咸淳)重修毗陵志》和明朱昱的《(成化)重修毗陵志》等,也只是説易名是爲了避東海王司馬越世子毗之諱,并没有記載具體時間。故對於毗陵易名晉陵的真正時間還需要重新探索。

三、司馬睿與司馬越之關係及易名動機探尋

對於毗陵易名晉陵的直接原因,已經確定是爲了避東海王世子司馬毗的名諱,而且易名的主導者是晉元帝司馬睿,所以應該梳理一下司馬睿與司馬越家族的關係,方可窺

---

① 成孺:《宋州郡志校勘記》,《二十五史補編》第 3 册,上海:開明書店,1937 年,第 4290 頁上。
② (唐)房玄齡:《晉書》卷五九《列傳二九》,北京:中華書局,1974 年,第 1590 頁。

得其易名之實際動機緣由。司馬越爲司馬懿四弟司馬馗之孫,司馬睿爲司馬懿曾孫,二人是不同支系的同姓諸侯王。司馬越是作亂的"八王"之一,并在後期異軍突起,一度成爲西晉實際的掌權者;司馬睿雖然不是"八王之亂"期間的核心人物,但也在後期參與進來,而且應該是依附於東海王司馬越的。因爲在永興元年(304)司馬越攜惠帝征伐坐鎮鄴城的成都王司馬穎的時候,時任左將軍的司馬睿也跟隨司馬越參加了討鄴戰爭。而且《晉書·元帝紀》又記載:"東海王越之收兵下邳也,假帝輔國將軍。尋加平東將軍、監徐州諸軍事,鎮下邳。俄遷安東將軍、都督揚州諸軍事。越西迎大駕,留帝居守。"①司馬睿儼然成爲司馬越的一個得力幫手,受命於司馬越,并替他看管後方。即便在永嘉初年南渡建鄴後,司馬睿仍然"受越命,討征東將軍周馥,走之"②。

司馬睿與司馬越雖都爲同姓諸侯王,但在血緣關係上并不親近,然二人各自封國琅琊和東海卻毗鄰。前文已講,在西晉中後期,尤其在"八王之亂"期間,琅琊王司馬睿的聲望、實力可謂微不足道;而東海王司馬越在"八王之亂"後期,聲名漸起,實力大漲,并成爲最終的勝利者。在如此戰亂動盪的時局中,權輕衆寡的司馬睿想要在夾縫中立足生存,最明智的做法大概就是尋找盟友或者依附強者吧,而相鄰的東海國應該就是最佳的對象了。其實,司馬睿和司馬越之間還有一個緊密的聯繫紐帶,那就是琅琊的王氏家族。司馬越和司馬睿的幕僚中都有王氏家族的人,且皆以之爲心腹股肱。

司馬越在擊敗其他諸王成爲西晉實際的掌權者後,需要網羅拉攏一批士族名士來支持其統治。《世說新語·賞譽》就云:"司馬太傅府多名士,一時儁異。"③其中,郡望琅琊的王衍當是最重要的人物之一。王衍字夷甫,"竹林七賢"之一的王戎從弟,有盛才美貌,妙善玄言且又長期累居顯職,爲一時之名士領袖。田余慶先生認爲:"司馬越與王衍,是一種各有圖謀的政治結合。司馬越以其宗王名分和執政地位,爲王衍及其家族提供官位權勢;王衍則爲司馬越網羅名士,裝點朝堂。"④確是如此,王衍以其聲望爲司馬越延攬了衆多士族名士。《晉書·王澄傳》記載:"時王敦、謝鯤、庾敳、阮脩皆爲衍所親善,號爲'四友'"⑤。除"四友"外,司馬越僚佐數十人亦多爲王衍所引薦。而司馬越也確實爲王衍及其族人提供了官位權勢,如《晉書·王衍傳》所載:

---

① (唐)房玄齡:《晉書》卷六《元帝紀》,北京:中華書局,1974年,第144頁。
② (唐)房玄齡:《晉書》卷六《元帝紀》,第144頁。
③ 余嘉錫:《世説新語箋疏》,北京:中華書局,2015年,第484頁。
④ 田余慶:《東晉門閥政治》,北京:北京大學出版社,2012年,第9頁。
⑤ (唐)房玄齡:《晉書》卷四三《王澄傳》,第1239頁。

衍雖居宰輔之重,不以經國爲念,而思自全之計。説東海王越曰:"中國已亂,當賴方伯,宜得文武兼資以任之。"乃以弟澄爲荊州,族弟敦爲青州。因謂澄、敦曰:"荊州有江漢之固,青州有負海之險,卿二人在外,而吾留此,足以爲三窟矣。"識者鄙之。①

由此可見,王衍與司馬越的合作不僅使自己穩居高位,更是爲王澄、王敦謀得了荊州刺史和青州刺史的要職。王衍的做法雖爲人所不齒,但在一定程度上,也反映了在動蕩時局的門閥政治中,士人以家族利益爲先的原則。王衍其中一個女婿爲裴氏家族的裴遐,當時琅琊王氏與河東裴氏皆爲名門望族,裴遐還是司馬越的妃子裴氏從兄。政治聯姻也是各大家族維持自身實力的一種重要手段,王衍通過與裴氏家族的聯姻,亦加深了與東海王司馬越之間的關係。

司馬睿的封國琅琊正是王氏家族的郡望,而與其緊密合作的王氏家族的代表人物是王導和王敦,在司馬越和王衍之後,他們正式開闢出了"王與馬共天下"的局面②,具體過程此不贅述。王導和王敦都是王衍從弟,三人皆爲琅琊王氏的代表人物。在當時,無論從年齡、資歷還是官職、聲望等方面來看,王衍都是三人之首,且作爲琅琊王氏家族的掌舵者,爲其家族鑄就"三窟"。王衍與王敦、王導之間的密切關係,必定會牽動司馬越和司馬睿二人。其實作爲司馬睿腹心股肱的王導和王敦,都曾直接效力過司馬越。在隨司馬睿南渡之前,王敦在王衍的引薦下曾被司馬越任命爲青州刺史,王導更是直接"參東海王越軍事"③,後被司馬睿請爲安東司馬。總之,在司馬越與司馬睿的緊密關係中,琅琊王氏家族的人物起到了至關重要的作用。

司馬睿依附於司馬越,甚至聽命於他,確是事實,但還看不出這與毗陵易名晉陵一事有何關聯。顧野王《輿地志》卻對易名原因稍有一提:"東海王越世子名毗。中宗爲越所表遣渡江,故改此(毗陵)爲晉陵。"④由此來看,"中宗爲越所表遣渡江"一事應該是毗陵易名晉陵的重要線索。永嘉元年(307)司馬睿南渡至建鄴後,晉室的政治中心也逐漸南移,直至司馬睿改元、稱帝,東晉王朝正式建立。《輿地志》記載司馬睿南渡是受

---

① (唐)房玄齡:《晉書》卷四三《王衍傳》,北京:中華書局,1974年,第1237—1238頁。
② 田余慶先生認爲司馬越與王衍在北方的合作經營已初具"王與馬共天下"的雛形,參見其《東晉門閥政治》一書中"司馬越與王衍"一節,北京:北京大學出版社,2012年。
③ (唐)房玄齡:《晉書》卷六五《王導傳》,第1745頁。
④ (宋)李昉等撰:《太平御覽》卷一七〇《州郡部》,北京:中華書局影印,1960年,第827頁下。

司馬越的上表派遣,而《晉書·元帝紀》記載:"永嘉初,用王導計,始鎮建鄴。"①卷五九《東海王越傳》載:"初,元帝鎮建鄴,裴妃之意也,帝深德之,數幸其第,以第三子沖奉越後。"②卷八〇《王羲之傳》又載:"元帝之過江也,(王)曠首創其議。"③裴妃是司馬越的妃子裴氏;王曠爲王羲之的父親,與王導、王敦爲族兄弟。對於司馬睿南渡一事,諸書記載不盡相同,且没有一種較爲詳細的記録。田余慶先生認爲,南渡之舉是琅邪王氏兄弟出謀劃策,裴妃大力襄助,最終決策當是出自司馬越和王衍二人,尤其是司馬越④。

我們且不管他人在司馬睿渡江一事上到底起了多大作用,然没有當權者司馬越的准許,無論王導等人如何出謀劃策,司馬睿應該是不能擅自渡江的。永嘉南渡之前以及渡後初期,司馬睿和王導都是受制於司馬越和王衍的。南渡之前,司馬睿受司馬越之命留守下邳,爲其看守後方;南渡之後,仍舊"受越命,討征東將軍周馥"⑤。所以司馬睿的南渡之舉當是如顧野王所言是受司馬越的"表遣","表遣"的背後應該是牽涉了很多人事,大致當如田余慶先生所言,具體的情形脉絡已難以考證。總之,此"表遣"無論是司馬越的主動命令,還是在他人的請求、建議下客觀准許,結果都是促成了司馬睿的南渡一事,而正是此舉奠定了司馬睿後來的帝王之業,故司馬睿對司馬越應該是有感念之心的。由此,司馬睿爲避司馬越世子司馬毗之名諱改毗陵爲晉陵,似乎有了動機,只是具體時間和契機還有待於進一步考索。

四、毗陵與東海國以及司馬毗之關係

縱觀歷史上地名的變更,多發生在新王朝伊始,或地域建置變遷之時。新舊王朝更替後,新王朝爲了展現新氣象、新風貌有時會改一些地名,比如王莽稱帝後就改了一大批地名。當然王莽改地名的原因應不止於此,兹不深究。新朝初期的地名改易更多的還是因爲地域建置的變化,比如西晉初期滅吴後,罷典農校尉、典農都尉設郡縣,隋朝初年罷郡置州、以州統縣,都改了一批地名。而地域建置變遷卻不一定是發生在新朝初期,比如封建時代王侯的封邑增削、廢置無常,都會帶來地域行政歸屬的變遷,隨之也會

---

① (唐)房玄齡:《晉書》卷六《元帝紀》,北京:中華書局,1974年,第144頁。
② (唐)房玄齡:《晉書》卷五九《東海王越傳》,第1626頁。
③ (唐)房玄齡:《晉書》卷八〇《王羲之傳》,第2093頁。
④ 參見田余慶:《東晉門閥政治》,北京:北京大學出版社,2012年,第16—18頁。
⑤ (唐)房玄齡:《晉書》卷六《元帝紀》,第144頁。

引起一些地名的變更。司馬睿將毗陵易名晉陵,直接原因是避司馬毗的名諱,然易名本身應該包含了地域建置變化這一重要信息,否則毗陵如何會與司馬毗聯繫到一塊。

《宋書·州郡志》記載:"東海王越世子名毗,而東海國故食毗陵。"①《通典·州郡典》又載:"晉武帝省校尉,以屬毗陵郡,其後東海王越嫡子毗封於毗陵。"②由此可見,毗陵郡確實和東海國或者説司馬毗有淵源。然《宋書》云"東海國故食毗陵"不知何據。考司馬越之東海國最初食邑六縣,當是從原東海郡劃分出來,後晉惠帝又以下邳、濟陽二郡增封。東海國與司馬睿之琅琊國毗鄰,皆屬徐州;而毗陵郡在今天的江蘇南部,在當時屬揚州。東海國與毗陵郡隸屬不同的兩州,且南北相距有些距離,所以言"東海國故食毗陵"似乎有些矛盾。至於《通典》記載的司馬毗被封於毗陵一事,其他史書資料並没有相關記載,司馬毗何時何故被何人封於毗陵已不得而知。即便如此,東海國以及司馬毗本人與毗陵郡確實還是有淵源的,據《晉書·元四王傳》記載:

> 元帝以東海王越世子毗没于石勒,不知存亡,乃以沖繼毗後,稱東海世子,以毗陵郡增本封邑萬户,又改食下邳、蘭陵,以越妃裴氏爲太妃,拜長水校尉。③

在司馬越病逝、司馬毗生死不明後,晉元帝司馬睿以自己的第三子司馬沖奉司馬毗後,並將毗陵郡增封東海國。這裏有值得注意的一點,元帝用以增封東海國的是"毗陵",而不是"晉陵",可見在此之前地名還未變更,當然也不排除仍以舊名相稱的可能。對於"以沖繼毗後",《晉書·東海王越傳》也有相關記載:"初,元帝鎮建鄴,裴妃之意也,帝深德之,數幸其第,以第三子沖奉越後。"④司馬沖既是毗後,當然也是越後,兩處記載並不衝突。

前文已講,晉元帝司馬睿之所以能夠南渡至建鄴,裴妃曾大力襄助,當然最關鍵的還是來自於司馬越的"表遣",故司馬睿以其子奉司馬越後,增封東海國以及封裴妃爲太妃,很明顯都是對司馬越家族的回報。既然是回報,那麽當時司馬睿的南渡之舉肯定已經給自己帶來了收獲,孫彪《宋書考論》"晉陵郡"條下就云:"元帝之得揚州,實東海王越之力,故以報之。"⑤衆所周知,司馬睿南渡之後最大的收獲莫過於改元稱帝、開闢

---

① (梁)沈約:《宋書》卷三五《州郡志》,北京:中華書局,1974年,第1040頁。
② (唐)杜佑:《通典》卷一八二《州郡典》,北京:中華書局,1988年,第4826頁。
③ (唐)房玄齡:《晉書》卷六四《元四王傳》,北京:中華書局,1974年,第1726頁。
④ (唐)房玄齡:《晉書》卷五九《東海王越傳》,第1626頁。
⑤ 孫彪:《宋書考論》,張舜徽主編:《二十五史三編》第5册,長沙:嶽麓書社,1994年,第309頁。

東晉王朝。事實應是如此,否則如果當時西晉還未滅亡,司馬睿即使有了很高的資歷、聲望,但作爲一個封王,擅自將自己的兒子封爲東海世子,并將屬於中央王朝的毗陵予以增封,是有違常理的。如果當時西晉已經滅亡,司馬睿作爲帝王做如此事情則是名正言順。

綜上推斷,上文《晉書·元四王傳》記載的事情應該是發生在東晉,司馬睿稱帝以後。雖是推斷,但也有跡可循。《晉書·東海王越傳》記載司馬越去世後,"何倫、李惲聞越之死,祕不發喪,奉妃裴氏及毗出自京邑,從者傾城,所經暴掠。至洧倉,又爲勒所敗,毗及宗室三十六王俱没於賊。裴妃爲人所略,賣於吳氏,太興中,得渡江,欲招魂葬越,元帝詔有司詳議……"①裴妃於"太興中"纔輾轉南渡至建鄴,而晉元帝"數幸其第,以第三子沖奉越後"當是在裴妃渡江之後。太興是東晉的第二個年號,司馬睿已然稱帝;第一個年號是建武,司馬睿當時只是改元稱晉王,并未稱帝。故司馬睿以其子司馬沖奉嗣司馬毗,以及增封毗陵諸事,當是發生在其稱帝以後的太興年間了。

司馬越病逝後,其軍隊爲石勒所敗,司馬毗與宗室三十六王俱没於賊,生死不明,所以司馬睿以其子司馬沖奉毗後只是稱東海世子,東海王名義上還是司馬毗,直到"東海太妃薨,因發毗喪,沖即王位"②。永嘉五年(311)石勒來攻的時候,其軍隊射殺了十餘萬王公士庶,司馬毗雖是一直"不知存亡",實際上應該已經遇害。故司馬睿將毗陵郡增封給東海國之時,司馬毗已經不在,東海領主實際上已是司馬沖,但在"沖即王位"之前,東海國名義上仍屬於司馬毗。至於《宋書·州郡志》記載的"東海國故食毗陵",以及《晉書·地理志》和《通典·州郡典》記載的司馬毗封於毗陵,都應源自於此。只是我們應該明白司馬毗本人并不曾實際擁有毗陵,否則諸史料記載真的就於事理不瞭了。

五、結論

綜上,我們已經知道司馬睿與司馬越家族淵源很深,尤其是司馬睿能夠南渡建鄴并最終立國江南,離不開司馬越和裴妃最初的表遣和支持。故司馬睿在稱帝後,開始對司馬越家族予以回報。回報之一就是以毗陵郡增封東海國,雖然實際上是封給自己的兒子司馬沖,然司馬沖在當時還只是稱東海世子,所以名義上封給的還是司馬毗,即便其

---

① (唐)房玄齡:《晉書》卷五九《東海王越傳》,北京:中華書局,1974年,第1626頁。
② (唐)房玄齡:《晉書》卷六四《元四王傳》,第1726頁。

當時可能已不在人世。毗陵犯司馬毗諱,故晉元帝在增封的時候,將毗陵改爲晉陵是極爲合情合理的。同時這也符合歷史上地名變更的一般規律:發生在新朝伊始,東晉雖還是晉朝,但相較於西晉來説也算是一個新的王朝;地域行政建置發生變化,毗陵由原屬揚州之一郡成了東海國轄地。故本文認爲毗陵易名晉陵之事,應該就是發生在司馬睿以毗陵郡增封東海國之時,即東晉初期的太興年間(318—321),當是在司馬睿稱帝後不久,具體何時已難考證。當然,此論亦并非定論,只是比《晉書》記載的永興元年(304)和《宋書》記載的永嘉五年(311)更合情理、符合歷史邏輯。

渝西石刻之於方志之史料價值舉隅

楊 梅

（四川外國語大學中文系）

地方志書者,地方之全史也。地方志書編纂由來已久,其起源可追溯至漢光武帝劉秀下令編寫《南陽風俗傳》①。自宋以降,方志編纂體例趨於定型,志書大量增加,及至明清,舉凡府、州、縣,俱有其志。纂修地方志書,石刻碑文是可靠的文獻資料之一。重慶境內石刻以渝西地區爲最,方志編纂者借助該地區石刻資料取得了豐碩的成果②,但由於方志編纂工程浩大,所涉文獻資料浩繁,參與人員衆多,難免存在疏漏與不足。今以渝西石刻爲據,對其中所涉明代地方官之姓字里籍、科考仕宦等進行梳理,以校補方志之訛漏。不妥之處,敬請方家指正。

一、以石刻考地方官之仕宦履歷：范府

范府,明正德二年(1507)舉人③。范府之仕宦履歷,乾隆《貴州通志·人物·鄉賢》載之有四:

> 范府,字季修,貴陽人,正德丁卯鄉舉,授巴陵教諭。賊藍、鄢起,都御史林俊召致戎幕,預參機宜,遷遂寧令。獎善良,鋤強梗。增修石城,不擾民而功就,擢雅州

---

① 倉修良：《方志學通論》,北京：方志出版社,2003年,第39頁。
② 如光緒《大足縣志·官師》的編纂者利用大足境內石刻材料新增刺史1人,靜南軍使1人,判官5人,縣令8人,縣丞7人,主簿6人,典史5人,教授1人,教諭5人,訓導5人；補訂了大足縣歷代官吏之里籍、銜名、任職年份多處[參光緒《大足縣志》卷六,清光緒三年(1877)刻本]。
③ 道光《貴陽府志》卷一五《選舉表》,成都：巴蜀書社,1992年,第248頁。

守。平高繼恩之亂,陞重慶府同知。致仕歸,與鄉人士結溪山詩社,朝夕唱和,著有《唐山詩集》。其没也,蜀人哀之。①

范府之任職年份,乾隆志闕如。考四川方志,雍正《四川通志·職官》載范府於正德中任巴縣教諭②;乾隆《雅州府志·秩官》與嘉慶《四川通志·職官》俱以范府爲正德朝最後一任雅州知州③;民國《遂寧縣志·職官》載范府於嘉靖初年任遂寧知縣④;乾隆《巴縣志·職官》"明重慶府同知"條闕如⑤,民國《巴縣志·職官》"明重慶府同知"下録有范府,列於萬曆朝之前,并附注"據大足縣林公碑補"⑥。乾隆《貴州通志》與四川方志所載有兩處有别:一爲范府任教諭之地,一爲范府官職遷除之次第。

(一)范府任教諭之地

關於范府任教諭之地究竟爲巴陵還是巴縣?可考諸民國《巴縣志·職官》所注"林公碑"。該碑即刻於大足北山佛灣北段末端之范府書《林俊詩碑并跋》⑦:

石屋忘年紀,霜松記十圍。壯容驚變盡,迂叟是真歸。扃小一莊足,名逃百念希。山盤開野水,新雨蕨芽肥。

風雨睡曾著,幽堂重乃心。龍歸先有洞,鹿觸故成林。遺蜕遭逢際,孤廬怳惚臨。更闌銷短燭,涼涙落衣襟。

---

①乾隆《貴州通志》卷二八,成都:巴蜀書社,2006年,第545頁。
②雍正《四川通志》卷三〇,文淵閣《四庫全書》第560册,臺北:商務印書館股份有限公司,1986年,第645頁。
③乾隆《雅州府志》卷八,成都:巴蜀書社,1992年,第506頁;嘉慶《四川通志》卷一〇二,成都:巴蜀書社,1984年,第3196頁。
④民國《遂寧縣志》卷六,成都:巴蜀書社1992年,第275頁。按,民國《遂寧縣志·城池》又載"正德十年,知縣范府易土以石"(民國《遂寧縣志》卷一,第17頁)。
⑤乾隆《巴縣志》卷六,乾隆二十六年(1761)刻本。
⑥民國《巴縣志》卷六,成都:巴蜀書社,1992年,第222頁。
⑦按,民國《大足縣志·山脉》録該詩碑,題爲"明重慶府教諭范府書林總制詩并跋"(民國《大足縣志》卷一,臺北:成文出版社有限公司,1976年,第110頁),然據詩碑末題,此時范府已任"重慶府同知"。又據《明史·職官志四》:"儒學。府,教授一人,訓導四人。州,學正一人,訓導三人。縣,教諭一人,訓導二人。"[(清)張廷玉等:《明史》卷七五,北京:中華書局,1974年,第1851頁]可知明代并無"府教諭"之職。由是觀之,民國《大足縣志》之題有失審諦。

右二詩，乃太子太保、刑部尚書、見素林公之作也。正德庚午，公被召起用，征勦劇賊，巡撫四川。府時爲巴縣教諭，幸從事幕下，受教最深。越明年，功成身退，蜀人爲立生祠。嘉靖初，科道交薦，三聘復起。其精忠大節，天下共知，無容喙者。茲累疏乞老，榮歸雲莊。仰慕風采，不可得見。近偶蒙寄賜小像，并雲莊之懷，誠如久處密林，忽見長天也。攜以公行，至大足，聞有奇巖，登摩雅刻，乃大宋太史公范祖禹撰《趙懿簡公神道碑》，上有遺像猶存。遂捐廩，命匠鑿一石洞，以鐫公之像；礱一石碑，以刻公之詩。用識蜀人之思，共傳不朽云。

嘉靖甲申秋八月十日，重慶府同知范府拜書，知大足縣事臨安唐鰲□。①

據該詩碑跋，可知正德庚午（正德五年，1510）范府時任巴縣教諭，非乾隆《貴州通志》所載"巴陵教諭"。巴陵，岳陽之古稱。林俊巡撫四川②，應付民變，斷不可與遠在湖南岳陽的"巴陵教諭"共事。且考光緒《巴陵縣志·職官》，有明一代，巴陵縣儒學教諭題名也無范府③。因此，范府任教諭之地，爲《林俊詩碑并跋》及雍正《四川通志》所載之巴縣。

（二）范府官職遷除之次第

范府官職遷除之次第，按乾隆《貴州通志》，范府以舉人授巴陵教諭，次遷遂寧令，再擢雅州知州，循資次補，最後以重慶府同知致仕。然據四川諸志，范府之履歷則多有起伏：先教諭，次知州，次知縣，次同知，其間若未遭貶謫，實有悖常理。范府知雅州與遂寧縣究竟孰先孰後？其中是否有貶謫？或確如乾隆《貴州通志》所載循資而除？方志與大足石刻俱不可徵。幸潼南大佛寺大佛正殿右側大佛洞左壁尚存范府題刻一則：

舊遊佳處再躋攀，重見民風太古還。燈火耀江渾似畫，老倪塞道卻如寰。鑒亭秋月人懷玉，棠樹春風我厚顏。寄語後來君子輩，循良端可對斯山。

予昔令遂寧，無遺愛。今自雅州轉渝郡，偶目公務至邑。邑多盱儒戀時，而儒

---

①按，本文所用大足石刻資料，來自《大足石刻銘文錄》與實地考察所得。唐鰲□，《大足石刻銘文錄》録作"唐鰲翔"（《大足石刻銘文錄》，重慶：重慶出版社，1999年，第67頁），誤。
②按，《明史·林俊傳》載林俊於"正德四年起撫四川"［（清）張廷玉等：《明史》卷一九四，第5138頁］，然據該詩碑跋，林俊任四川巡撫在正德五年，則《明史》所記非是。
③光緒《巴陵縣志》卷四八，南京：江蘇古籍出版社，2003年，第263頁。

者爲國名輔,不可淂而見之。獨正郎王公養浩林下得從南津之談,賦詩爲別。狀元徐茂元、王汝德、趙一元、黃大卿輩,暨耆英對堂教■■姚孝子追□止金馬橋,而春元王汝趙、黃峻卿、席大本、矣繼光,拉夏仲魁諸友飲餞女文詩,偕留宿焉。明晨告別及夔送慶■■相迎不可勝地。其鄉話喧騰,燈光爛珊之意。晚至下縣,火明如畫。顧暫■■■已久,無足以感君之者。汝若■■,遂邑士風之古,民心之淳也。邪媿不自勝,因書石以啟後之君子詩躋來。

　　嘉靖二年十月九日之吉旦,賜素渠子范府識。①

據其辭云"予昔令遂寧,無遺愛。今自雅州轉渝郡,偶以公務至邑"及末題"嘉靖二年十月九日之吉旦,賜素渠子范府識",則可知范府先知遂寧,次知雅州;至嘉靖二年(1523),范府已離任雅州。

(三) 范府遷除之年份與行事

　　如前所述,自正德二年(1507)至嘉靖二年(1523),十數年間,范府依次從巴縣教諭除升遂寧知縣、雅州知州、重慶府同知。結合石刻資料、方志文獻與史乘,范府遷除年份與行事之大略可考如下。

　　正德二年或稍後,范府以舉人授巴縣教諭。正德五年,林俊巡撫四川,"召致戎幕,預參機宜,遷遂寧令"。范府於何年知遂寧縣?方志未有確切記載。據明代地方官選任制度,范府以教諭遷遂寧知縣,當屬破例除用,且與林俊密切相關。《明太祖實錄》"洪武三年十二月癸酉"條:

　　　　吏部言:守令職主牧民,宜久其任,治效始著,而知府職任尤難,非老成廉能無過者不可居其任。請自今同知一考無過者,陞知府;知縣二考無過者,陞知州;縣丞一考無過者,陞知縣。從之。②

---

① 按,本文所用潼南大佛寺石刻資料爲劉師長東先生惠贈,茲謹致謝忱。
② 《明太祖實錄》卷五九,臺北:中央研究院歷史語言研究所校印,1962年,第1161頁。

又明初設巡按對地方官員進行考察,"巡按則代天子巡狩,所按藩服大臣、府州縣官諸考察,舉劾尤專,大事奏裁,小事立斷"①。自明宣宗設立巡撫制度②,巡撫也擁有巡按的權力,自是以後,"天下司、府、州、縣官賢否,獨在撫按"③。林俊任四川巡撫,舉薦幕僚范府知遂寧縣自在其職權之内。據《明史·林俊傳》,林俊平定四川後,因得罪總督洪鍾、御史俞緇,於正德六年(1511)十一月致仕④。又據潼南大佛寺嘉靖二年(1523)范府書《題石磴琴聲》:

> 十載攜琴單父鳴,風熏民物自澄清。重登更得山前意,緩步猶聞雲外聲。巖半月明孤鶴淚,江邊風細老龍驚。寺僧索我留題石,漫寫新詩舊墨屏。
>
> 嘉靖癸未,素渠子范府書。

可知范府知遂寧在正德年間,而非嘉靖朝,其任職年份大致在正德六年林俊致仕前。

此後范府以遂寧知縣遷雅州知州,再擢重慶府同知,皆因政績卓越之故。據明代文官考核制度,"府、州、縣正官三年一考,課於吏部,核其賢否而黜陟之"⑤,如前所揭,同知、縣丞一考無過則可陞知府、知縣,而知縣須二考無過方可陞知州。又據《明史·選舉志》載:"考滿之法,三年給由,曰初考,六年曰再考,九年曰通考。依職掌事例考核陞降。"⑥范府知遂寧縣後,"裁抑豪悍,修復學宮,易土城以石,永爲一方保障,陞雅州知州"⑦。范府增修石城在正德十年(1515)⑧,是時,范府當已通過初考留任。有明一代,除"員缺應補不待滿者"之"推陞",官員"凡陞遷,必滿考"⑨,因此,范府由遂寧知縣擢陞雅州知州當在再考之後,即在正德十三年(1518)前後。

關於范府除重慶府同知,乾隆《貴州通志》稱因平高繼恩之亂有功。高繼恩之亂,《明武宗實錄》"正德十四年六月庚寅"條載:

---

① (清)張廷玉等:《明史》卷七三《職官志》,北京:中華書局,1974年,第1768頁。
② (清)張廷玉等:《明史》卷九《宣宗紀》,第116頁。
③ (明)葉春及:《石洞集》卷二"審舉劾"條,文淵閣《四庫全書》第1286冊,第255頁。
④ (清)張廷玉等:《明史》卷一九四,第5138頁。
⑤ 《明太祖實錄》卷四五"洪武二年九月癸卯"條,第882頁。
⑥ (清)張廷玉等:《明史》卷七一,第1721頁。
⑦ 民國《遂寧縣志》卷六《政績》,第289頁。
⑧ 民國《遂寧縣志》卷一《城池》,第17頁。
⑨ (清)張廷玉等:《明史》卷七一《選舉志》,第1716頁。

初,天全六番招討高繼恩數侵暴蘆山民,知縣屠巒稍裁抑之,嘗繫其所縱軍士,繼恩不能平,執巒弟岱及吏數人,遂相訐奏。鎮巡議處久不報,繼恩愈益無憚,率衆焚掠蘆山之水東清源鄉,遂攻圍縣城。招討楊世仁亦以事怨巒,乃助繼恩兵,巒攜家潛走雅州。①

據明王瓊《爲地方緊急事》,正德十三年,朝廷因高繼恩與屠巒相互訐奏,命四川巡撫馬昊勘問:

查得前項蘆山縣知縣屠巒與天全六番招討高繼恩等各奏事情,已該都察院議擬,行巡撫都御史馬昊會同鎮守、巡按,督同都布按三司、守巡等官勘問,干碍夷情重大,即便議處具奏。於正德十三年三月内題奉聖旨,着鎮巡等官勘問明白,議處停當來說。延今一年之上,不見回奏。御史黎龍奏内開無前項奏行勘問緣由,顯是彼處鎮巡等官故違成命,不早勘斷,以致招討高繼恩不畏國法,恃力讐殺,貽患地方,損傷國體。②

因馬昊等人失職,以致於釀成禍患。正德十五年(1520),四川巡按黎龍奉旨勘處,明高繼恩、楊世仁等罪行,并建議調兵征討③。至正德十六年(1521),四川撫按派兵"剿天全六番招討司亂夷,斬招討使高文林,擒招討使高繼恩"④。雖然乾隆《雅州府志·秩官》、嘉慶《四川通志·職官》等皆未載范府參與平高繼恩事,但范府時任雅州知州,自不可能置身事外。又據前揭大足石刻《林俊詩碑并跋》及潼南大佛寺題刻二則,范府已於嘉靖二年前離任雅州,則其任雅州知州一任期滿即擢陞重慶府同知,可見在平高繼恩之亂中范府功績顯著。由是推知,范府任重慶府同知當在嘉靖元年(1522)前後。乾隆《雅州府志·秩官》及嘉慶《四川通志·職官》載范府爲正德朝最後一任雅州知州與此正合。

---

① 《明武宗實錄》卷一七五,第3404—3405頁。
②(明)王瓊:《晉溪本兵敷奏》卷八"四川類",《續修四庫全書》第476册,第25頁。
③《晉溪本兵敷奏》卷八"四川類",《續修四庫全書》第476册,第25—26頁。
④《明世宗實錄》卷三"正德十六年六月乙未"條,第138頁。

二、以石刻核地方官之次第：明嘉靖朝大足知縣

明嘉靖朝之大足知縣，嘉慶、光緒、民國《大足縣志》俱録有四位，并各注其據。嘉慶、光緒志《官師》：

> 袁衍：按，衍，桂林人，于嘉靖時任，曾補修城四門。舊縣志作"袁衍四"，誤。見寶頂山石刻。
> 唐鼇：嘉靖時任。按，鼇，臨安人，見北山石記。
> 李茂陽：嘉靖時任。見董極《孝泉碑記》。
> 董極：嘉靖時任。按，極修啟聖鄉賢名宦祠，建尊經閣。①

民國志《職官表》：

> 嘉靖三年甲申：唐鼇，見北山石刻。
> 二十八年己酉：李茂陽，舊志注："《雲南通志》：'知大足縣，操諭有方，盜息民安，以直忤上官，乞歸。'"
> 三十七年戊午：董極，見趙貞吉《建尊經閣碑記》。
> 四十年辛酉：袁衍，見寶頂山石刻。②

以上四位知縣，李茂陽與董極之次第，二志所録無別，然考其所據，不無矛盾之處；袁衍與唐鼇，二志所據石刻相同，排列次第卻有別。

（一）李茂陽與董極

李茂陽，字三山，雲南昆明人。據康熙《雲南府志·人物》，李茂陽以舉人授四川南

---

① 嘉慶《大足縣志》卷六，清光緒十六年（1890）刻本；光緒《大足縣志》卷六。按，道光《重慶府志·職官》"大足縣知縣"所載次第同（道光《重慶府志》卷四，第157頁）。
② 民國《大足縣志》卷四，第374—375頁。

充教諭,後因政績顯著遷大足知縣①。李茂陽何時知大足縣,康熙志闕如。李茂陽之科考年份,康熙《雲南府志·選舉》、道光《昆陽州志·選舉》俱載爲明嘉靖十三年甲午科(1534)舉人②。又康熙《雲南府志·人物》稱李茂陽與兄向陽於"嘉靖癸卯、丙午相繼舉於鄉"。李向陽,康熙、道光二志俱載爲嘉靖二十二年(1543)癸卯科舉人,由是推之,李茂陽則爲嘉靖丙午科(1546)舉人,與二志《選舉》所載不合。李茂陽任南充教諭事,嘉慶《南充縣志·職官表》、民國《新修南充縣志·職官表》俱失載。

　　李茂陽之科考年份可據大足石刻所載其知大足縣之年份推知。李茂陽知大足縣的時間,光緒《大足縣志》所記有二:其《輿地》"孝泉井"條下記爲"嘉靖己酉",即嘉靖二十八年(1549),而該條下所録明董極《孝泉碑記》又云"嘉靖己卯,三山子李茂陽氏來令兹土"③。嘉靖朝紀年無"己卯",則"己卯"當爲"己酉"之誤④。李茂陽擢升大足知縣乃因其任教諭後,南充縣"士類多所成就"⑤。一地之人才非朝夕可就,若李茂陽爲丙午科舉人,自其任南充教諭至除大足知縣,不過短短三年,實難取得"士類多所成就"之政績。由是觀之,李茂陽當爲甲午科舉人。康熙《雲南府志·人物》之"丙午",或因刊刻致誤,或因修志者以茂陽爲幼弟,揣測其科考年份當晚於長兄而誤改。

　　董極,號古南,江西流坑人,嘉靖甲辰(1544)貢士⑥。董極任大足知縣的時間,據民國《大足縣志·文徵上》所録碑文有二:一爲嘉靖乙酉。明趙貞吉《尊經閣記》云:"嘉靖乙酉春,知大足縣事董子極建閣於學宮之左,以奉六籍。"⑦嘉靖乙酉,即嘉靖四年(1525),與民國志《職官表》所録矛盾。一爲嘉靖己酉後十年。董極《孝泉碑記》云:"嘉靖己酉,三山子李茂陽氏來令兹土……因三山子解綬,而匠遂停鐫。踰十紀,余忝繼其職。"⑧據該碑記,董極知大足縣在李茂陽後十年,即在嘉靖己未(1559)前後;且董極於嘉靖甲辰,即嘉靖二十三年始入貢,則其知大足縣斷不可在此前,由是可知,《尊經閣記》所載"嘉靖乙酉"非是。

---

①康熙《雲南府志》卷一二,南京:鳳凰出版社,2009年,第316頁。按,李茂陽任南充教諭事,康熙《順慶府志·秩官》、嘉慶《南充縣志·職官》俱闕如。
②康熙《雲南府志》卷一〇,第255頁;道光《昆陽州志》卷一二,南京:鳳凰出版社,2009年,第369頁。
③光緒《大足縣志》卷二。
④按,民國《大足縣志》録董極《孝泉碑記》即爲"嘉靖己酉"。
⑤康熙《雲南府志》卷一二《人物》,第316頁。
⑥同治《樂安縣志》卷八《人物》、卷七《選舉》,"中國地方志叢書"華中地方,第263號,第761、680頁。
⑦民國《大足縣志》卷八《文徵上》,第712頁。
⑧民國《大足縣志》卷八《文徵上》,第715頁。

(二) 袁衍與唐鰲

袁衍,廣西臨桂人,明正德十一年(1516)舉人。袁衍的仕宦履歷有三:一爲長樂縣儒學教諭。康熙《長樂縣志·秩官》、道光《長樂縣志·職官表》俱載袁衍於正德十二年(1517)任長樂縣儒學教諭①。二爲長樂知縣。雍正《廣西通志·選舉》、嘉慶《臨桂縣志·選舉》俱載爲"長樂知縣",任職年份未詳②。三爲大足知縣,即光緒《大足縣志·官師》、民國《大足縣志·職官表》所載。袁衍於長樂縣所任究竟爲儒學教諭還是知縣?抑或以教諭遷知縣?惜無文獻可徵。關於袁衍知大足縣的時間,光緒志錄作嘉靖朝之首,民國志詳載爲嘉靖四十年(1561),二志皆附注"見寶頂山石刻"。考現存大足石刻,唯刻於寶頂山聖壽寺玉皇殿内明弘治十七年(1504)曹瓊撰《恩榮聖壽寺碑》碑陰之《遊寶頂寺和壁間郭通府韻》爲袁衍所書:

遊寶頂寺和壁間郭通府韻一首,雖詞格鄙俗,殊不可觀,將以紀歲月云耳。
撥冗春遊眼界明,遠迎簫鼓數山僧。觀風愧我荒新政,愛古令工洗舊銘。草軟隴頭黃犢卧,松香洞口白雲生。千秋勝概都收覽,誰禁禪堂咲語聲。
時嘉靖庚寅仲春二日,知大足縣事桂林袁衍書。

據該詩刻末題,袁衍於嘉靖庚寅,即嘉靖九年(1530)已在大足知縣任上。

唐鰲,雲南臨安人,明正德八年(1513)舉人③。據前文所揭大足北山佛灣《林俊詩碑并跋》末題"嘉靖甲申秋八月十日,重慶府同知范府拜書,知大足縣事臨安唐鰲□",可知嘉靖三年(1524)唐鰲已任大足知縣,則唐鰲早於袁衍任大足知縣明矣。光緒志所錄袁衍、唐鰲次第當誤。

民國志將袁衍列於唐鰲、李茂陽、董極三人之後,并以"寶頂山石刻"爲據,錄其爲嘉靖四十年知縣。嘉靖朝共四十五年(1522—1566),大足縣令當不止四位。抑或袁衍於嘉靖四十年再次任大足知縣?寶頂山另有嘉靖四十年袁衍題刻?然據民國志所錄大

---

① 康熙《長樂縣志》卷三,成都:巴蜀書社,1992年,第97頁;道光《長樂縣志》卷二,成都:巴蜀書社,1992年,第237頁。
② 雍正《廣西通志》卷七二,文淵閣《四庫全書》第567册,第229頁;嘉慶《臨桂縣志》卷二三,臺北:成文出版社有限公司,1967年,第380頁。
③ 雍正《建水州志》卷五《選舉》,南京:鳳凰出版社,2009年,第334頁。

足石刻,寶頂山石刻爲袁衍所書者唯嘉靖庚寅年詩刻而已,則民國志所錄當誤。由是觀之,就現存石刻資料而言,嘉靖朝大足縣令之次第當爲唐鰲、袁衍、李茂陽、董極。

三、以石刻校方志之訛漏:黄文與康圭

因年代久遠,加之史乘無載,不少地方官之姓字里籍、仕宦履歷等皆無傳世文獻可徵。方志纂修者或因未能充分搜集、考察石刻文獻而漏載、誤載地方官之仕宦履歷;或因囿於當地文獻資料,在考察宦遊他鄉士子之履歷時難免有不確之處。

(一) 黄文

潼南大佛寺大佛洞右壁現存明成化二年(1466)黄文書"石磴琴聲"并跋一則:

石磴琴聲
予因公務至此,僅旬日。每登是磴,嘗聞清音徹耳,宛若琴瑟之聲,故名"石磴琴聲",以紀歲月云耳。
大明成化二年歲在丙戌中秋後三日丁巳,四川潼川州判官、湖南星沙黄文書。
本山修造具戒比丘智慧鐫石。

據該題刻,黄文乃成化初年潼川州州判。黄文在四川之履歷,未見載於四川方志。嘉靖《四川總志·郡縣志·潼川州》、嘉慶《四川通志·職官·潼川府》等俱未錄明潼川州州判①,光緒《新修潼川府志·職官》"明潼川州判官"條下亦闕如②。

考嘉靖《長沙府志·選舉》,其"歲貢"條下列"黄文,潼州州判"③,光緒《湖南通志·選舉》"貢生"下列"黄文,潼川通判"④,二志俱無任職年份。乾隆《長沙府志·選

---

① 嘉靖《四川總志》卷一一,北京:書目文獻出版社,1988年,第218頁;嘉慶《四川通志》卷一〇二,第3203—3204頁。
② 光緒《新修潼川府志》卷一九,第386頁。
③ 嘉靖《長沙府志》卷三,嘉靖十三年(1534)刻本。
④ 光緒《湖南通志》卷一四六,《續修四庫全書》第644冊,第630頁。

舉》、乾隆《湖南通志·選舉》"貢生"條下俱録作州判,其任職年份、地點則闕如①。據潼南大佛寺石刻,黄文乃四川潼川州州判,其任職之地非嘉靖志所録之"潼州",職事也非光緒志所録"通判"。明初人才選拔採用進士、舉貢、吏員"三途并用"的方式,其中"外官推官、知縣及學官,由舉人、貢生選"②。黄文以貢生授潼川州判官,其品秩雖不高,僅爲從七品③,但因潼川州在明代爲直隸州,其州判也屬要職,地方志書不應失載。

(二)康圭

康圭,道光《重慶府志·職官》"大足縣知縣"條下列之於萬曆朝之首④。嘉慶、光緒《大足縣志·官師》俱云:"萬曆時任。按圭,嶺南人,見圓覺洞石壁詩刻。"⑤民國《大足縣志·職官表》録爲萬曆朝任職年份不詳之大足知縣,并附注其據,亦云"見寶頂圓覺洞石壁詩刻"⑥。嘉慶、光緒、民國諸志所據之詩刻,即大足寶頂山大佛灣圓覺洞甬道右壁之《秋日同馮、羅齋長遊圓覺洞有懷》:

> 石室何年敞,山出翠且重。晴雲常滿户,紫氣欲摩空。一樽聊避俗,二妙更從容。踏遍諸天路,悠然興不窮。
> 嶺南康圭題,門生馮臣虞、羅如綸刻。

據該詩刻末題,康圭爲嶺南人。考廣東方志,萬曆《廣東通志·郡縣志·廣州府》"鄉舉"條下載"康圭,通判",科考年份闕如⑦。雍正《廣東通志·選舉》"嘉靖三十四年乙卯鄉試榜"下有康圭,其注云"順德人,通判"⑧。道光《廣東通志·選舉》、咸豐《順德縣志·選舉表》俱録康圭之姓字里籍、科考年份與任職地:"順德人,字雅堂,烏蒙府通

---

① 乾隆《長沙府志》卷二七,臺北:成文出版社有限公司,1976年,第695頁;乾隆《湖南通志》卷八七,《四庫全書存目叢書》第218册,濟南:齊魯書社,1996年,第19頁。
② (清)張廷玉等:《明史》卷七一《選舉志三》,北京:中華書局,1974年,第1715頁。
③ (清)張廷玉等:《明史》卷七五《職官志四》,第1850頁。
④ 道光《重慶府志》卷四,第158頁。
⑤ 嘉慶《大足縣志》卷六;光緒《大足縣志》卷六。
⑥ 民國《大足縣志》卷四,第377頁。
⑦ 萬曆《廣東通志》卷二〇,《四庫全書存目叢書》第197册,第475頁。
⑧ 雍正《廣東通志》卷三三,文淵閣《四庫全書》第563册,第428頁。

判","字雅堂,龍江人,通判烏蒙府",嘉靖三十四年乙卯科舉人①。關於康圭之任職年份,廣東諸志皆闕如。

據咸豐《順德縣志》等志,康圭在四川之職事爲烏蒙府通判。烏蒙府,即烏蒙軍民府,唐時爲南詔部地,宋大理時爲烏蒙部地,元代爲烏撒烏蒙宣慰司烏蒙路,隸屬雲南行省。明洪武十五年(1382)爲烏蒙府,屬雲南布政司,十六年改屬四川布政司,十七年升爲軍民府②。清雍正五年(1727),改設流官,隸雲南。六年,置恩安、永善兩縣。九年,改名昭通府③。康圭在四川之履歷,四川、雲南方志,如嘉慶《四川通志·職官》、康熙《雲南通志·秩官》、嘉慶《永善縣志略》、宣統《恩安縣志·秩官》及民國《昭通志稿·官師》等俱失載。

圓覺洞石壁詩刻既無紀年亦無康圭職銜,僅憑此詩刻實難斷定康圭爲明萬曆朝大足知縣。幸嘉慶《大足縣志·祠祀》"崇仁祠"條下錄有明劉應箕《忠孝祠記》,據該文,明萬曆二年(1574),大足知縣康圭曾於縣南爲胡子昭建祠立碑④,則康圭確如道光《重慶府志》所載爲萬曆朝首任大足知縣,而非民國《大足縣志》所錄爲"年份不詳者"。據《明史·職官志四》,通判品秩爲正六品,知縣爲正七品⑤,則康圭之任烏蒙府通判,當在其知大足縣後,惜任職年份不得而知。

綜上所述,作爲記錄和保存地方歷史文化信息的重要載體,地方石刻不僅可校該地區舊志之訛漏,也可補與之相關聯的其他地區舊志之闕略,更可爲現今新志的編纂提供可靠的原始材料。

(本文原刊於《中國地方誌》2019 年第 6 期)

---

① 道光《廣東通志》卷七四,《續修四庫全書》第 670 册,第 437 頁;咸豐《順德縣志》卷一〇,清咸豐三年(1853)刊本。
② (清)張廷玉等:《明史》卷四三《地理志四》,北京:中華書局,1974 年,第 1039 頁。
③ (民國)趙爾巽等:《清史稿》卷七四《地理志二十一》,北京:中華書局,1977 年,第 2339 頁。
④ 嘉慶《大足縣志》卷三。
⑤ (清)張廷玉等:《明史》卷七五,第 1849、1850 頁。

王安石日常行實疑難考

劉成國
（華東師範大學中文系古籍所）

北宋政治家、文學家王安石的身後未有行狀、墓誌銘、神道碑等行世。他一生的事蹟，目前主要載於南宋以後的三種史傳，即《東都事略》卷七九《王安石傳》、杜大珪《名臣碑傳琬琰集》下卷一四《王荆公安石傳實錄》、《宋史》卷三二七《王安石傳》。它們的史料來源大半可追溯至元祐舊黨，頗有誣枉①，且其中所載，重點是熙寧變法，集中於王安石執政以後。李燾《續資治通鑑長編》也只是詳細記載了王安石熙寧三年四月至熙寧九年十月間（1070—1076）的日常政務活動。至於王安石其他階段的日常行實、交遊、治績等，自南宋後便一直缺乏客觀、翔實的史乘記載。清人蔡上翔《王安石年譜考略》雖素稱名作，然時至今日，由於史料方面的嚴重欠缺，已幾乎僅具學術史的價值及意義，不能爲王安石研究的進一步拓展提供詳盡的文獻支持②。以下本文擬對王安石一生日常行實中若干疑難問題，略作考證，以彌補傳統史傳之闕，糾正筆記傳聞之訛③。

---

①可見裴汝誠：《論宋元時期的三個王安石傳》，見《半粟集》，保定：河北大學出版社，2000年，第110—135頁。

②蔡譜是南宋後首部系統地爲王安石翻案、辨誣的著作，引導二十世紀學人重新認識王安石及熙寧變法。然蔡譜未見《續資治通鑑長編》（以下簡稱《長編》）及《宋會要輯稿》，對王安石詩文的編年僅有210篇，基本準確的爲150篇左右，僅占王安石詩文總數5.4%。蔡上翔：《王荆公年譜考略》，見《王安石年譜三種》，北京：中華書局，1994年。

③除《長編》《東都事略》《宋史》等外，王安石的若干佚事，尚散見於爲數頗多的宋人筆記中。只是，由於作者的撰寫態度、政治立場不盡相同，史料來源不一，筆記中這些佚事往往真偽參半，不可盡信。蔡上翔等學者均曾鉤玄索隱，考辨抉發。可見《王安石年譜三種》；裴汝誠：《〈默記〉研究》，載《半粟集》，第64—88頁；孫光浩：《王安石洗冤錄》，臺灣學生書局，1996年；顧宏義：《〈邵氏聞見錄〉有關王安石若干史料辨誤》，《河北大學學報》（哲社版）1998年第3期，第37—40頁；等等。

一、改字考

王安石字介甫,或謂其初字介卿,後改字介甫。吳曾《能改齋漫録》卷一四:"王荆公初官揚州幕職,曾南豐尚未第,與公甚相好也。嘗作《懷友》一首寄公,公遂作《同學一首》别之,荆公集具有其文……然《懷友》一首,《南豐集》竟逸去,豈少作删之耶?其曰介卿者,荆公少字介卿,後易介甫。予偶得其文,今載此云:'……介卿官於揚,予窮居極南,其合之日少,而離别之日多……介卿居今世,行古道,其文章稱其行,今之人蓋希,古之人固未易有也。爲作《懷友》書兩通,一自藏,一納介卿家。'"①

吳曾此説,影響深遠,朱熹、吳子良等皆沿襲。黎靖德《朱子語類》卷四五:"觀曾子固《送黄生序》,以其威儀似介卿,介卿,渠舊字也,故名其序曰'喜似'。"②吳子良《林下偶談》卷一"王介甫初字介卿":"王深甫集有《臨河寄介卿》詩,曾南豐集亦有《寄王介卿》詩。《能改齋漫録》載南豐《懷友》篇,蓋集中所遺者。"③

迄今此説仍有爭論④,今略作考辨。

士人改字之風,盛於北宋。如王安石之父王益,"始字損之,年十七,以文干張公詠。張公奇之,改字公舜良"⑤。士人改字,或因避諱而改;或圖科舉中第、仕途通順而改;或因原字意義不妥,改字明志,寄寓規訓。後者乃士人改字之主流,"反映了在科舉社會中,士人們對自己命運的深層關注和焦慮,以及新型的身份意識。即,通過命名表字,來展示個體的志向、理想和價值觀,以此凸現個人獨特的士人身份"⑥。"介卿"與"介甫"兩字,"介"字表德,而"卿""甫"皆爲附加美稱,二者意義相同,似無改動之必要。

---

① (宋)吳曾:《能改齋漫録》,上海:上海古籍出版社,1979年,第413頁。
② (宋)黎靖德:《朱子語類》,北京:中華書局,1986年,第1154頁。
③ 又見(明)方以智:《通雅》卷二〇,北京:中國書店,1990年,第260頁;(清)王士禎:《池北偶談》卷二六,北京:中華書局,1982年,第614頁;(清)何焯:《義門讀書記》卷四〇,北京:中華書局,1987年,第718頁。
④ 張海鷗以"卿"爲"親切稱謂",王安石不曾改字。《王介甫又稱介卿、介父》,《陰山學刊》2001年第3期,第31頁。侯體健以爲王安石初字"介",見《王安石字"介"説》,《古典文學知識》2008年第2期,第114—119頁。
⑤ (宋)王安石:《臨川先生文集》(以下簡稱《文集》)卷七一《先大夫述》,北京:中華書局,1959年,第750頁。
⑥ 關於宋人改字之風,可見拙文《宋代字説考論》,《文學遺産》2013年第6期,第64—76頁。

另，王安石長兄安仁字常甫，仲兄安道字勤甫①，弟安國字平甫，安禮字和甫，安上字純甫。若僅王安石以"卿"爲字，似於情理不合。

又考吳曾所舉《懷友一首寄介卿》作於仁宗慶曆三年（1043），同年，曾鞏尚有《酬介甫還自舅家書所感》。朱熹所舉"以其威儀似介卿"之句出自《喜似贈黃生序》，作於慶曆七年（1047），同年，曾鞏有《發松門寄介甫》《江上懷介甫》《與王介甫第一書》等②。如"介卿"爲王安石初字，按宋人改字之慣例，改字之後，初字往往廢棄，曾鞏不應以初字"介卿"、改字"介甫"混淆相稱。

然則曾鞏緣何以"介卿"稱王安石？竊謂"介卿"乃"介甫"之昵稱而已。此"卿"字，即《世說新語》所謂"卿自君我，我自卿君"，"親卿愛卿，是以卿卿；我不卿卿，誰當卿卿"之"卿"。此昵稱僅限於日常交往中極親密友人。慶曆六年（1046），王安石與王回京師定交，王回作《臨河寄介卿》③。仁宗至和二年（1055），韓維作《次韻知平甫同介甫當世過飲見招》，謂："介卿後至語聞暇。"④曾鞏、王回、韓維皆爲熙寧之前王安石的至交好友，故有此"特權"。以上諸例，均爲日常交往之昵稱錄諸書面，似非初字"介卿"，以至友人將王安石之初字、新字混稱。

二、"長安公"考

王安石因晚年退居江寧半山園，故人稱"半山老人""王半山"。以籍貫撫州臨川，故人稱"臨川先生""王臨川"。因晚年罷相退居江寧，人又稱"王金陵""王江寧""金陵丞相"。因生前曾封舒國公、荊國公，卒後賜諡"文"，追封爲舒王，故人多尊稱爲"王舒公""荊公""王荊公""文公""王文公""王荊文公""舒王"。以上各種稱謂，均可於宋人文集、筆記、史乘中習見之。

除以上外，宋人尚稱王安石爲"長安公"，此則極其罕見。呂南公《灌園集》卷八《王夢錫集序》："會熙寧天子將以經術作新士類，而丞相長安公父子實始受命成之。夢錫家遠方，獨取所謂《雜說》《字說》者讀而思之，推見其指，乃解《詩》《孟子》合四十萬言。

---

① 《王荊公年譜考略》卷四："安石兄弟七人，長安仁常甫，次安道勤甫。"《王安石年譜三種》，第268頁。
② 李震：《曾鞏年譜》卷一，蘇州：蘇州大學出版社，1997年，第101—110頁。
③ （宋）吳子良：《林下偶談》卷一，《叢書集成》初編本，第3頁。
④ （宋）韓維：《南陽集》卷四，景印文淵閣《四庫全書》第1101冊，臺灣商務印書館，1986年，第544頁。

書既成,而雱新説亦出,夢錫又取而讀之。"①

按,《王夢錫集序》所曰"《雜説》《字説》"者,乃王安石名著《淮南雜説》《熙寧字説》,治平、熙寧年間(1064—1068)行世②,故"長安公"必指王安石無疑。下文曰"書既成,而雱新説亦出","雱"者,王安石長子王雱,字元澤,《宋史》卷三二七有傳。所謂"新説",即《三經新義》之《詩經新義》及王雱《孟子義》。

《灌園集》作者吕南公(1047—1086),字次儒,"建昌南城人。於書無所不讀,於文不肯綴緝陳言。熙寧中,士方推崇馬融、王肅、許慎之業,剽掠補拆臨摹之藝大行。南公度不能逐時好,一試禮闈不偶,退築室灌園,不復以進取爲意……元祐初,立十科薦士。中書舍人曾肇上疏,稱其讀書爲文,不事俗學,安貧守道,志希古人,堪充師表科。一時廷臣亦多稱之,議欲命以官,未及而卒。遺文曰《灌園先生集》,傳於世"③。吕南公主要生活於北宋仁宗、英宗、神宗三朝,與王安石高足曾肇等頗有交往。他以"長安公"稱呼王安石,自屬親見親聞,決無臆造之嫌。題爲蘇軾、沈括所撰《蘇沈良方》卷七亦載:"治癩方……此丞相長安公家方,醫人無數。若頭面四體風瘡腫癢多汁者,只七八服即瘥。予親試之。"④

除以上兩條外,據筆者檢索,再無以"長安公"稱呼王安石之例。然則"長安公"稱呼由何而來?筆者以爲,此蓋因神宗熙寧二年(1069)二月,王安石自翰林學士除參知政事,封爵長安郡開國侯。制書由知制誥李大臨所草,已佚,僅存片段,無從確考⑤。然清代陸心源《皕宋樓藏書志》卷四三所著錄《黃帝三部鍼灸甲乙經》《脉經》,卷四四所著錄《外臺祕要方》等三書之序,明確記載熙寧二年五月二日、熙寧二年七月十四日,王安石除參知政事後的結銜爲:朝散大夫、右諫議大夫、參知政事、護軍、長安郡開國侯、食邑一千一百戶、賜紫金魚袋臣王安石。"長安郡開國侯"即王安石除參知事時的封爵。以封爵長安郡,故吕南公稱之爲"長安公"。朱彧《萍洲可談》卷一:"本朝五等之爵,自公、

---

① 景印文淵閣《四庫全書》第1123冊,第84頁。
② 可見拙著《荆公新學研究》第二章《荆公新學著述考》,上海:上海古籍出版社,2006年,第88頁。
③ (元)脫脫《宋史》卷四四四,北京:中華書局,1977年,第13122頁。
④ 景印文淵閣《四庫全書》第738冊,第271頁。
⑤ (宋)徐自明撰、王瑞來校補:《宋宰輔編年錄校補》卷七:"(熙寧二年二月)庚子,王安石參知政事。自翰林學士、工部侍郎兼侍講遷右諫議大夫除……二月,安石除右諫議大夫、參知政事,知制誥李大臨草制,有曰:'與其明察爲公,莫若嚴重而有制;與其將順爲美,莫若規正而有守。循紀綱,本教化,以輯寧之久,其在茲乎。'無甚褒異優借之辭。"北京:中華書局,1986年,第383頁。

侯、伯、子、男,皆帶本郡縣開國,至封某國公者則稱某國公。"①長安,亦王姓郡望之一②。稍後,王安石的封爵由"長安郡"改"太原郡"。太原,王姓郡望中最著者③。《文集》卷八七《贈司空兼侍中文元賈魏公神道碑》:"初卜葬公汴陽里,以水故改卜。熙寧元年八月庚申,葬許州陽翟縣三峯鄉支流村,奉敕改鄉名曰'大儒',村名曰'元老里'。朝散大夫、右諫議大夫、參知政事、太原郡開國侯、食邑一千一百户、賜紫金魚袋臣王某謹記。"④

至熙寧三年十二月,王安石自右諫議大夫、參知政事除禮部侍郎、同平章事,所封爵已自長安郡轉爲太原郡,進封開國公。《宋大詔令集》卷五六《王安石宰相制熙寧三年十二月丁卯》:"朝散大夫、右諫議大夫、參知政事、上護軍、太原郡開國侯、食邑一千一百户、賜紫金魚袋王安石……可特授金紫光禄大夫、行尚書禮部侍郎、同中書門下平章事、監修國史、上柱國,進封開國公、食邑一千户食、實封四百户,仍賜推忠協謀佐理功臣。"⑤王安石的"長安郡開國侯"封爵,僅存於熙寧初任參知政事期間,故宋人罕有以此稱呼者。

三、謁范仲淹考

范仲淹與王安石均爲宋代名臣。前者於仁宗朝發起慶曆革新,後者則於神宗朝主持熙寧變法。范仲淹於真宗大中祥符八年(1015)中進士第,與王安石父親王益有同年之誼。二者之間的交往,是宋代文史研究中的一個有趣的話題。高克勤認爲:"范仲淹以其非凡的改革實踐影響當時,又以其高尚的人格垂範後世,使後來者受到沾溉,給後來者以深刻的啟示。王安石就是後來者中傑出的一位。他既親受范仲淹的教誨,又與范仲淹有着相同的理想抱負,更有與范仲淹相近的遭際,與范仲淹一樣在歷史上烙下了

---

①(宋)朱彧:《萍洲可談》卷一,北京:中華書局,2007年,第112頁。
②(唐)林寶:《元和姓纂》卷五,北京:中華書局,1994年,第589頁。此承梁太濟先生提示,謹此致謝!
③陳希豐:《再談宋代爵的等級》:"由開國伯、子、男進封到開國公、侯,受封地將由縣進封至郡,這時受封地既可能運用原封原則,由原爵中縣進封爲元封隸屬之較大區域的郡,也可能另封一新郡。"《文史》2016年第3輯,第246頁。
④《文集》卷八七,第906頁。
⑤《宋大詔令集》卷五六,北京:中華書局,1962年,第383頁。

自己的印跡。"①問題在於,王安石是否曾親聆范仲淹的教誨,還是僅有禮儀性書啓往來?

在《文集》中,有三通王安石上范仲淹的書啓。其一爲《上范資政先狀》:"某比者之官敝邑,取道樂郊。引舟將次於近圻,斂板即趨於前屏。瞻望麾戟,下情無任。"②先狀,"先以狀至之意,臨見面前所致書信"③。此狀上於仁宗皇祐元年(1049)。慶曆八年(1048),王安石自鄞縣返江寧葬父。皇祐元年,他自江寧返歸鄞縣,途經杭州,撰《伍子胥廟記》④,而范仲淹恰以資政殿學士知杭州。《宋史》卷三一四《范仲淹傳》:"以疾請鄧州,進給事中。徙荆南,鄧人遮使者請留,仲淹亦願留鄧,許之。尋徙杭州,再遷戶部侍郎,徙青州。"⑤《乾道臨安志》卷三:"皇祐元年正月乙卯,以知鄧州、資政殿學士、給事中、禮部侍郎范仲淹知杭州。"⑥狀曰"比者之官敝邑,取道樂郊",謂本年王安石自江寧返鄞途經杭州。范仲淹於真宗大中祥符八年中進士第,與王安石父親王益有同年之誼,且素爲王安石仰慕之名臣,故王安石上先狀。在得到范仲淹回書後,王安石又有啓謝之。《文集》卷八一《謝范資政啓》:"竊陶大化,瞻若重霄。執訊隆堂,近修於常禮;占辭記室,屢致於尊光。賜逾褒衮之榮,仰極高山之詠。恭想鎮海都會,宣國福威。御六氣之和,薦百嘉之祐。伏惟某官,道宗當世,名重本朝。思皇廊廟之材,均逸股肱之郡。即還大政,以澤含生。某容跡海濱,被光台照。童烏署第,夙荷於揄揚;立鯉聯榮,復深於契眷。幸當棲庇,以處鈞成。"⑦范仲淹與王益同年進士,爲王安石之父執,故啓用"童烏""立鯉"典。既曰"夙荷於揄揚","復深於契眷",則之前范仲淹與王安石應當已有交往或書啓往還。

仁宗皇祐二年(1050)春,王安石自鄞縣離任。他先返臨川,繼而與王安國二人自臨川至杭州⑧,於是得以謁見范仲淹,受其教誨。《文集》卷八一《上杭州范資政啓》:"某近遊澗壤,久揖孤風。當資斧之無容,幸曳裾之有地。粹玉之彩,開眉宇以照人;縟星之文,借談端而飾物。羇瑣方嗟於中路,逢迎下問於魁材。仍以安石之甥,復見牢之之舅。

---

①高克勤:《道宗當世,名重本朝——簡論范仲淹與王安石》,見氏著《王安石與北宋文學研究》,上海:復旦大學出版社,2006年,第142頁。
②《文集》卷八一,第850頁。
③唐玲:《E考據時代下的學問與技術》,《華南師範大學學報》(哲社版)2016年第2期,第30頁。
④李德身:《王安石詩文繫年》,西安:陝西人民教育出版社,1987年,第51頁。
⑤(元)脱脱:《宋史》卷三一四,北京:中華書局,1977年,第10275頁。
⑥《宋元方志叢刊》,北京:中華書局,1990年,第3243頁。
⑦《文集》卷八一,第850頁。
⑧李德身:《王安石詩文繫年》,第61頁。

兹惟雅故,少稔燕閒。"賈三强將此啓繫於本年:"此文必作於皇祐二年王安石解知鄞縣事,返歸故鄉臨川,又赴杭州後作。"①甚是。詳啓意,王安石本年自臨川如錢塘,因資斧無容,曾謁范仲淹,頗受禮遇。"粹玉之彩,開眉宇以照人;縟星之文,借談端而飾物。"據此,王安石確曾謁見范仲淹。王銍《默記》卷下:"蔣希魯守蘇州,時范文正守杭州,極下士。王荆公兄弟時寄居于杭,平甫尚布衣少年也。一日過蘇,見希魯,以道服見之,平甫内不能平,時時目其衣。希魯覺之,因曰:'范希文在杭時,著道服以見客。'平甫對曰:'希文不至如此無禮。'"②此亦可爲佐證。《文集》卷八五《祭范潁州文仲淹》:"矧鄙不肖,辱公知尤。"③當非泛泛而言。陳師道《後山居士文集》卷一〇《上蘇公書》:"承諭,人須久而後知,誠如來示。知人固未易,未易之中又有甚難。范文正謂王荆公長於知君子,短於知小人,由今觀之,豈特所短,正以反置之耳。古之所謂腹心之臣者,以其同德也,故武王曰:'予有亂臣十人,同心同德。'而荆公以巧智之士爲腹心,故王氏之得禍大也……故謂知士當如范公,用士當以王公爲戒也。"④可見范仲淹於王安石了解頗深,不僅一面之緣而已⑤。

又,王安石兄弟此次過杭,與范仲淹之子范純仁亦交遊頗密。其時范純仁雖於皇祐元年進士及第,然未出仕,侍父游宦。杜大珪《名臣碑傳琬琰集》上卷一一《范忠宣公純仁世濟忠直之碑》:"皇祐元年,進士起家,歷知常州武進、許州長葛二縣,皆不赴。文正公薨,乃出仕。"⑥范純仁《范仲宣公文集》卷三《和吴君平遊蔣山兼呈王安國》其二:"錢塘山色飽相從,復此登臨景物同。舊國池臺餘草碧,夕陽樓閣半山紅。當時言笑如朝夢,今日心顏盡老翁。終愛巖間坐禪客,能將萬事付虚空。"⑦此詩作於英宗治平二年(1065),時范純仁爲江東轉運判官,而王安國丁憂居江寧⑧。詩曰"錢塘山色飽相從",即謂此次王安石兄弟杭州之行。

---

① 《王安石文繫年考》,見韓理洲主編:《中華傳統文化與新世紀國際學術研討會論文集》,西安:三秦出版社,2004年,第539頁。
② (宋)王銍:《默記》卷下,北京:中華書局,1981年,第50頁。
③ 《文集》卷八五,第888頁。
④ (宋)陳師道:《後山居士文集》卷一〇,上海:上海古籍出版社,1984年,第567頁。
⑤ 《王安石與北宋文學研究》,第131—142頁。
⑥ (宋)杜大珪:《名臣碑傳琬琰集》上卷一一,宋刻元明遞修本,第70頁。
⑦ 《宋集珍本叢刊》第15册,北京:線裝書局,2004年,第390頁。
⑧ 《王安石詩文繫年》,第163頁。《長編》卷二〇三,治平元年(1064)十一月己卯:"屯田員外郎、知襄邑縣范純仁爲江東轉運判官。"北京:中華書局,2004年,第4923頁。《長編》卷二〇五,治平二年(1065)六月辛卯:"江東轉運判官、屯田員外郎范純仁爲殿中侍御史。"第4967頁。

另，居杭期間，王安石與錢塘宰韓縝、杭州觀察判官王陶同遊望湖樓，有詩。《詩注》卷四七《杭州望湖樓回馬上作呈玉汝樂道》："水光山氣碧浮浮，落日將歸又少留。從此衹應長入夢，夢中還與故人遊。"玉汝即韓縝，時宰錢塘。《名臣碑傳琬琰集》下卷二〇《韓太保縝傳》："縝，字玉汝，潁昌人。父億，事仁宗爲參知政事，以父任補將作監主簿。慶曆初，擢進士第，知廬州合肥、杭州錢塘縣，改光祿寺丞、簽書南京留守判官。"韓縝於慶曆七年（1047）出宰錢塘，梅堯臣有《韓六玉汝宰錢塘》詩送之①。其宰錢塘，政績卓著，與王安石、謝景溫、謝景初齊名，有"江東四賢"之目。《范忠宣公文集》卷一三《謝公墓誌銘》："是時，荆公王介甫宰明之鄞縣，知樞密院韓玉汝宰杭之錢塘，公弟師直宰越之會稽，環吳越之境，皆以此四邑爲法。處士孫侔爲文以紀之。"②

樂道爲王陶之字，時爲杭州觀察判官。《名臣碑傳琬琰集》中卷二四《王尚書陶墓誌銘》："公諱陶，字樂道，其先京兆人。曾祖樵、祖誨，不仕。父應，贈禮部尚書。妣孟氏，追封常山郡太君。公力學博通，慶曆二年舉進士甲科，調岳州軍事判官。丁孟夫人憂，歷杭州觀察、荆南節度二判官，以書判優等升也。"③釋文瑩《湘山野錄》卷上："范文正公鎮餘杭，今侍讀王樂道公在幕。"④二人皆王安石同年，故同遊。

至於《上杭州范資政啓》所曰"言旋桑梓之邦，驟感神麻之詠。寫吳綾之危思，未盡攀瞻；憑楚乙之孤風，但傷間闊"，指范仲淹自杭州徙知青州。《乾道臨安志》卷三："皇祐元年正月乙卯，以知鄧州、資政殿學士、給事中、禮部侍郎范仲淹知杭州。二年十一月辛酉，徙京東東路安撫使、知青州。"青州，與范仲淹故居淄州毗鄰。江少虞《宋朝事實類苑》卷三四："范文正公未免乳，喪其父，隨母嫁淄州長山朱氏……仕宦四十年，晚鎮青州，西望故居纔百餘里。"⑤

皇祐四年（1052）五月二十日，范仲淹卒⑥，王安石有文祭之。《文集》卷八五《祭范潁州文》："嗚呼我公，一世之師。由初迄終，名節無疵……碩人今亡，邦國之憂。矧鄙不肖，辱公知尤。承凶萬里，不往而留。涕哭馳辭，以贊醪羞。"⑦

---

① （宋）梅堯臣著、朱東潤注：《梅堯臣集編年校注》卷一七，上海：上海古籍出版社，2006年，第405頁。
② 《宋集珍本叢刊》第15冊，北京：線裝書局，2004年，第469頁。
③ 《名臣碑傳琬琰集》中卷二〇，第326頁。
④ （宋）釋文瑩：《湘山野錄》卷上，北京：中華書局，1997年，第11頁。
⑤ （宋）江少虞：《宋朝事實類苑》，上海：上海古籍出版社，1981年，第436頁。
⑥ 《長編》卷一七二，皇祐四年五月丁卯："資政殿學士、戶部侍郎范仲淹，以疾求潁州，詔自青州徙，行至徐州，卒。贈兵部尚書，諡曰文正。"第4146頁。
⑦ 《文集》卷八五，第887頁。

四、編《唐百家詩選》考

《唐百家詩選》是一部由王安石所編的宋代重要詩歌選本。關於其編纂過程,王安石有明確説明。《文集》卷八四《唐百家詩選序》:"余與宋次道同爲三司判官時,次道出其家藏唐詩百餘編,委余擇其精者,次道因名曰《百家詩選》。廢日力於此,良可悔也。雖然,欲知唐詩者,觀此足矣。"①

嘉祐三年(1058)十月,王安石自江南東路提點刑獄任上,除爲三司度支判官②。翌年初,王安石入京就職,上書言事,此即著名的《上仁宗皇帝言事書》。此後,王安石一直在開封任度支判官,直至嘉祐八年八月丁母憂,自汴京返歸江寧③。至於宋敏求,嘉祐三年春曾出知太平州④。太平州屬江南東路,其時王安石提點江南東路刑獄,二人當有過從⑤。嘉祐三年末或四年初,宋敏求自太平州回京任三司度支判官,蘇頌《蘇魏公文集》卷五一《龍圖閣直學士修國史宋公神道碑》:"稍遷集賢校理,歷通判西京、知太平州。入爲羣牧判官、開封府推官、三司度支判官。墜馬傷足,出知亳州。"⑥杜大珪《名臣碑傳琬琰集》中卷一六范鎮撰《宋諫議敏求墓誌銘》曰:"凡三臨州,率不滿歲召還。"⑦梅堯臣與之唱和,《和次道省中初直》:"江南太守歸,夜直省中闈。霜氣冷侵被,月光斜入扉。官奴休執燭,侍史正薰衣。展轉不成寐,幽懷吟更微。"⑧"省中",謂計省,三司

---

① 《文集》卷八四,第883頁。
② 《長編》卷一八八,嘉祐三年(1058)十月甲子:"提點江南東路刑獄、祠部員外郎王安石爲度支判官。安石獻書萬言,極陳當世之務。"第4531頁。
③ 以上王安石行實,可見《王安石詩文繫年》,第118、156頁。
④ 司馬光《溫國文正公文集》卷九《送次道知太平州》曰:"專城方四十,自古以爲榮。"《四部叢刊》本。《名臣碑傳琬琰集》中卷一六范鎮《宋諫議墓誌》,宋敏求元豐二年(1079)卒,年六十一。"專城方四十",正在嘉祐三年。歐陽脩、劉德清《歐陽脩詩編年箋注》卷一三《送宋次道學士赴太平州》曰:"古堤老柳藏春煙,桃花水下清明前。江南太守見之笑,擊鼓插旗催解船。"北京:中華書局,2012年,第1442頁。梅堯臣亦有詩相送,《梅堯臣集編年校注》卷二八《送次道學士知太平州因寄曾子固》,繫於嘉祐三年,第998頁。
⑤ (宋)王安石著、李壁注《王荆文公詩箋注》卷二九《次韻次道憶太平州宅早梅》:"大梁春費寶刀催,不似湖陰有早梅。今日盤中看剪綵,當時花下就傳杯。紛紛自向江城落,杳杳難隨驛使來。知憶舊游還想見,西南枝上月徘徊。""江城",指太平州。上海:上海古籍出版社,2010年,第725頁。
⑥ 《蘇魏公文集》卷五一,北京:中華書局,2004年,第772頁。
⑦ (宋)杜大珪:《名臣碑傳琬琰集》中卷一六,第278頁。
⑧ 《梅堯臣編年校注》卷二八《和次道省中初直》,繫於嘉祐三年(1058)末,第1044頁。

也。嘉祐五年七月,歐陽脩上所修《唐書》①,宋敏求因參修《唐書》,自太常博士特授工部員外郎,其時官銜爲:"三司度支判官、朝奉郎、太常博士、充集賢校理編修唐書官、上騎都尉、賜緋魚袋宋敏求。"②嘉祐六年閏八月,宋敏求爲契丹生辰使③。嘉祐八年,"英宗踐祚,進兵部。墮馬傷足,得請亳州"④。

據以上履歷,自嘉祐四年至八年(1060—1063),王安石與宋敏求同爲三司度支判官,份屬同僚。《宋史》卷一六二《職官二》:"三部副使,各一人,通簽逐部之事。三部判官,各三人,分掌逐案之事。"⑤《唐百家詩選》當編於此期。考慮到嘉祐六年六月以後,王安石已遷知制誥,糾察在京刑獄,又管勾三班院,差遣繁冗⑥,故推測《唐百家詩選》當編於嘉祐五年、六年間(1060—1061)爲妥。

然而,對於此書的編撰時間,另有歧説。邵博《邵氏聞見後録》卷一九載:"晁以道言:'王荆公與宋次道同爲羣牧司判官,次道家多唐人詩集,公盡即其本,擇善者籤帖其上,令吏抄之。吏厭書字多,輒移荆公所取長詩籤置所不取小詩上。荆公性忽略,不復更視,唐人衆詩集以經荆公去取皆廢。今世所謂《唐百家詩選》曰荆公定者,乃羣牧司吏人定也。"⑦葉夢得《石林詩話》卷中:"後爲羣牧判官,從宋次道盡假唐人詩集,博觀而約取。"⑧

以上邵博、葉夢得皆以《唐百家詩選》成於王安石任羣牧判官任上,時與宋敏求(字次道)同僚,因假唐人詩集選之。王安石於仁宗至和元年九月至嘉祐元年十二月(1054—1056)任群牧判官⑨。若據邵博、葉夢得所云,則《唐百家詩選》當成於此期間。

有學者由此認爲:"若以(宋敏求)出知太平州爲中界,前後分别任群牧判官和三司

---

①《長編》卷一九二,嘉祐五年(1060)七月戊戌:"翰林學士歐陽脩等上所修《唐書》二百五十卷,刊修及編修官皆進秩或加職,仍賜器幣有差。"第4635頁。
②(宋)歐陽脩:《文忠集》附錄《轉禮部侍郎制詞》,景印文淵閣《四庫全書》第1103冊,第590頁。
③《長編》卷一九五,嘉祐六年閏八月己丑:"户部郎中、知制誥張瓌爲契丹國母生辰使,如京使朱克明副之;度支判官、刑部員外郎、集賢校理宋敏求爲契丹生辰使。"第4717頁。
④《名臣碑傳琬琰集》中卷一六,第276頁。
⑤《宋史》卷一六二,第3808頁。
⑥《長編》卷一九三,嘉祐六年六月戊寅:"度支判官、刑部員外郎、直集賢院、同修起居注王安石知制誥。初,安石辭起居注,既得請,又申命之,安石復辭至七八乃受。於是徑遷知制誥,安石遂不復辭官矣。"第4677頁。《王荆文公詩箋注》卷二七《送陳和叔》,自序:"嘉祐末,和叔以集賢校理判登聞鼓院……某以直集賢院爲三司度支判官,以知制誥糾察在京刑獄,同管勾三班院。"第663頁。
⑦(宋)邵博:《邵氏聞見後録》卷一九,北京:中華書局,1983年,第147頁。
⑧(清)何文煥:《歷代詩話》,北京:中華書局,1981年,第419頁。
⑨《王安石詩文繫年》,第82、91頁。

度支判官,則與王安石先後任群牧判官,三司度支判官之時間大體相合。故從仕歷的角度來看,難以對王安石編選《唐百家詩選》的時間是在任群牧判官或是任三司度支判官之時,作出可信的判斷。""關於《唐百家詩選》的成書時間,實有成於任羣牧判官和任三司判官二說。從王安石和宋敏求相似的仕歷來看,實不能作出簡單的去取。"①

此結論看似謹慎,其實不然。其一,王安石《唐百家詩選序》明言:"余與宋次道同爲三司判官。"其二,儘管宋敏求何時任群牧判官尚無從確知,然而王安石任群牧判官的時間及同僚卻可以清晰考證。《宋史》卷一六四《職官》四:"群牧司,制置使一人……判官二人,以京朝官充,掌内外廄牧之事,周知國馬之政而察其登耗焉。"②群牧司共置判官二人。至和元年(1054)九月,王安石任羣牧判官時,同任者爲李壽朋。《(民國)萬泉縣志》卷七載趙瞻撰《大宋河中府萬泉縣移修至聖文宣王廟記》:"至和元年夏六月丁巳,守令趙瞻撰并書。羣牧判官、尚書祠部員外郎李壽朋篆額。"至和二年(1055),李壽朋出知汝州,繼之者爲吴充。《宋史》卷二九一《李壽朋傳》:"遷羣牧判官,擊斷敏甚。皇城卒邐其縱游無度,出知汝州。"③《長編》卷一八〇至和二年(1055)六月庚寅:"羣牧判官、祠部員外郎李壽朋知汝州,坐皇城卒報其游從不檢也……甲午,太常博士、集賢校理吴充爲羣牧判官。"④由此可見,至和元年九月至嘉祐元年十二月(1054—1056),與王安石同任群牧判官者,前爲李壽朋,後爲吴充,前後同任羣牧判官者皆非宋敏求。故邵博所曰"王荆公與宋次道同爲羣牧司判官"必誤,不足爲據。

然則宋敏求何年任群牧判官?《宋史》卷二九一《宋敏求傳》:"同知太常禮院。石中立薨,子繼死,無他子。其孫祖仁疑所服,下禮官議。敏求謂宜爲服三年,當解官斬衰。同僚援據不一,判寺宋祁是其議,遂定爲令。加集賢校理,從宋庠辟,通判西京,爲羣牧、度支判官。"⑤蘇頌《蘇魏公文集》卷五一《龍圖閣直學士修國史宋公神道碑》曰:"稍遷集賢校理,歷通判西京、知太平州,入爲羣牧判官、開封府推官、三司度支判官。墜馬傷足,出知亳州。"據此,則宋敏求先從宋庠之辟,自同知太常禮院通判西京,繼而方入爲群牧判官。皇祐三年(1051)三月九日,宋庠罷相出知河南府兼西京留守,《宋會要輯稿》職官七八:"(皇祐)三年三月九日,工部尚書、同中書門下平章事、集賢殿大學士宋庠罷爲刑部尚書、充觀文殿大學士、知河南府。時言者以庠在相位,於國家無所建明,故

---

① 湯江浩:《北宋臨川王氏家族及文學考論》,北京:人民文學出版社,2005年,第365頁。
② (元)脱脱:《宋史》卷一六四,北京:中華書局,1977年,第3894頁。
③ (元)脱脱:《宋史》卷二九一,第9742頁。
④ 《長編》卷一八〇,第4351頁。
⑤ (元)脱脱:《宋史》卷二九一,第9736頁。

出之。"①宋敏求當於此年從宋庠之辟,通判西京。其時,司馬光有詩送之,《溫國文正公文集》卷八《送次道通判西京》:"相府新承檄,蘭臺舊校文。題輿榮得士,把袂惜離群。首夏郊原秀,晴陽草樹曛。觚稜日邊遠,闕塞霧中分。翠嶺林端出,飛泉竹外聞。金羈遊爛漫,珠履醉繽紛。人服聲光重,官無簿領勤。歸期肯留滯,漢主待淵雲。"②既曰"首夏",則宋敏求通判西京,當爲皇祐三年初夏四月。

皇祐五年七月,宋庠已"以戶部尚書徙許州"③,其知河南府兼西京留守,共計兩年。宋敏求應於此兩年内,自西京通判入爲群牧判官。以此推算,他最有可能於皇祐五年、至和元年間(1053—1054)任群判牧判官,而另一名群牧判官則爲上述之李壽朋。至和元年九月,王安石通判舒州任滿後入京任度支判官,所代之人或爲宋敏求,二人未嘗同任。

五、修《英宗實録》考

南宋晁公武《郡齋讀書志》卷六著録《英宗實録》三十卷,曰:"右皇朝曾公亮等撰。起藩邸,盡治平四年正月,凡四年。熙寧元年正月,詔公亮提舉,呂公著、韓維修撰,孫覺、曾鞏檢討。三月,又以錢藻檢討。四月,又以王安石、吴充爲修撰。二年七月,書成上之。"④據此,則王安石曾參預修撰《英宗實録》。然陳振孫《直齋書録解題》卷四載:"《英宗實録》三十卷。學士壽春吕公著晦叔、長社韓維持國、知制誥浦城吴充沖卿撰。熙寧元年正月奉詔,二年七月宰臣提舉曾公亮上之。"⑤此又以王安石未預編修,二者相互抵牾扞格。今《文集》卷四二有《乞免修實録劄子》:"臣准閣門報,勅差臣與吴充同修《英宗皇帝實録》。竊緣臣於吴充爲正親家,慮有共事之嫌。今來實録院止闕吕公著一人,臣於討論綴緝,不如吴充精密,若止差吴充一人以代公著,自足辦事。伏望聖恩詳酌指揮。所有勅牒,臣未敢受。取進止。"⑥王安石此劄子當上於神宗熙寧元年(1068)四月,是否得以免修,則不詳。

---

① 《宋會要輯稿》職官七八,上海:上海古籍出版社,2014年,第5198頁。
② (宋)司馬光:《溫國文正公文集》卷八,北京:中華書局,2012年,第76頁。
③ 王瑞來:《二宋年譜》,《中國典籍與文化論叢》第10輯,北京:北京大學出版社,2008年,第241頁。
④ (宋)晁公武:《郡齋讀書志》卷六,上海:上海古籍出版社,1990年,第130頁。
⑤ (宋)陳振孫:《直齋書録解題》卷四,上海:上海古籍出版社,1987年,第129頁。
⑥ 《文集》卷四二,第450頁。

今按，王明清《揮麈三録》卷一："《英宗實録》，熙寧元年曾宣靖提舉。王荆公時已入翰林，請自爲之，兼實録修撰，不置官屬。成書三十卷，出於一手。東坡先生嘗語劉壯輿義仲云：'此書詞簡而事備，文古而意明，爲國朝諸史之冠。'"①邵博《邵氏聞見後録》卷一四："《英宗實録》：'蘇洵卒，其子軾辭所賜銀絹，求贈官，故贈洵光禄寺丞。'與歐陽公之誌'天子聞而哀之，特賜光禄寺丞'不同。或云《實録》，王荆公書也。又書洵機論衡策文甚美，然大抵兵謀權利機變之言也。蓋明允時，荆公名已盛，明允獨不取，作《辨姦》以刺之，故荆公不樂云。"②

以上皆以王安石參預編修《英宗實録》。據邵博所言，因蘇洵曾撰《辨姦論》諷刺，故王安石在《英宗實録》中貶譏蘇洵"大抵兵謀權利機變之言也"，則又將《辨姦論》這一椿宋代歷史公案與《實録》的修撰相聯繫。既然王安石在《英宗實録》中刻意貶低蘇洵，爲何蘇洵之子蘇軾反而推許《實録》"爲國朝諸史之冠"？可見這兩種筆記，由於節外生枝，將《實録》修撰與王、蘇關係相絪合，愈使此事撲朔迷離。

今按，吕希哲《吕氏雜記》卷下："王荆公在翰林兼修《實録》，一日，以詩題實録院壁云：'御柳新黄染舊條，宫溝薄凍未全消。不知人世春多少，先看天邊北斗杓。'不數日，遂參知政事。"③吕希哲，吕公著之子，《宋史》卷三三六有傳："希哲字原明，少從焦千之、孫復、石介、胡瑗學，復從程顥、程頤、張載游，聞見由是益廣。以蔭入官，父友王安石勸其勿事科舉，以僥倖利禄，遂絶意進取。安石爲政，將置其子雱於講官，以希哲有賢名，欲先用之。希哲辭曰：'辱公相知久，萬一從仕，將不免異同，則疇昔相與之意盡矣。'安石乃止。"④吕希哲嘗問學於王安石，其父吕公著曾參預《英宗實録》編修，其言相當可信。

又陳瓘《四明尊堯集》卷八引王安石《日録》："余曰：'臣修《實録》，見趙槩《日録》一册，乃知趙槩非長者也。'上問歐陽脩，余稱其性質甚好。問：'何如邵亢？'余曰：'非亢比也。'又問：'何如趙抃？'余以爲勝抃。上曰：'人言先帝服藥時，脩見太皇太后決事，喜曰："官家病妨甚，自有聖明天子。"'余曰：'語非士大夫之語，必非脩出。若太皇太后決事，有稱歎之言，容或有之，亦是人之常情。但如陛下所聞，必非脩語。'上曰：'語出於趙槩。'余曰：'臣修《實録》，見趙槩所進《日録》一册，如韓琦言語即無一句，豈是韓琦都不語？如歐陽脩言語，於傳布爲不便者，所録甚多，漏中書語人，以此怨歐陽

---

① (宋)王明清：《揮麈録》，上海：上海書店，2001年，第186頁。
② (宋)邵博：《邵氏聞見後録》卷一四，北京：中華書局，1983年，第111頁。
③ 戴建國主編：《全宋筆記》第一編第十册，鄭州：大象出版社，2003年，第284頁。
④ (元)脱脱：《宋史》卷三三六，北京：中華書局，1977年，第10777頁。

脩,但謂其淳直,不能匿事。及見棐所進《日録》,乃知棐非長者也。'"①

《日録》,即王安石所撰《熙寧日録》,共八十卷,今佚,部分條目散見於陳瓘《四明尊堯集》、楊時《龜山先生文集》等。是書以日記形式,詳細記載了"起熙寧元年四月終七年三月,再起於八年三月,終於九年六月"這一期間,熙寧變法的始末原委。王安石既親言"臣修《實録》",自可爲確證。

---

① (宋)陳瓘:《四明尊堯集》卷八,清光緒章景祥翠竹室刻本,第27頁。

類型學的文學移植：
袁枚和傑爾查文自然詩比較研究

劉亞丁

（四川大學中國俗文化研究所、俄羅斯科學院遠東所中俄文化研究中心）

類型學作爲一種研究方法，被大量運用於跨語言的比較研究中，中國和英美學者在此研究領域都有比較豐富的實績，但是將類型學運用於文學研究，除了在蘇聯的文學研究中有運用於比較研究個案而外，在中文和英文的文學研究中罕見其運用的例子。筆者以爲，類型學在語言學研究中運用之實績，以及蘇聯學者的研究嘗試，爲文學類型學研究提供了路徑和目標，互聯網大數據分析技術也使展開這樣的研究更具可能性，本文即嘗試運用類型學對不同民族的並無譜系學聯繫的文學家進行比較研究，以具體實例探索這種方法的可行性。

一、類型學：從語言研究到文學研究

"類型學"（typology）在《新不列顛百科全書》中是這樣定義的："類型學居於學術前沿，與分類學相比，它並不那麼常用，但它的描述只用於對現象需得出結論的進一步研究的課題。類型學可導出是相似的結構，這結構要受研究者的意圖的制約，也受制於現象布局的方式。這種結構是限定於可以解釋的時期內的。"[1]目前在國内外語言學研究中，類型學被大量運用於跨語言的比較研究中。R. H. 羅賓斯（R. H. Robins）的《普通語言學通論》中有"語言比較"一章，其第一、二節爲"比較歷史語言學"和"類型學比較"。

---

[1] The New Encyclopaeddia Britannica in 30 Volumes, Chicfgo: Encyclopaeddia Britannica, Inc., 1980, Vol. 10, p. 221.

其中,他指出:"類型學實際上是證明一種形式和系統的方法,它要回答初學者面對一種新的語言時會問的問題:'這種語言像什麼語言?'"①這部著作從語音、語言、語法、結構、辭彙等方面展示了類型學分析的方法,注重語言類型學的普遍適用性和層次性。威廉·格羅夫特(Willian Groft)是在世界語言的多樣性中來考察類型學方法的價值,認爲"語言類型學的領域是探討人類語言的多樣性,以便理解它。類型學的基本原則是,必須充分關照語言的序列的寬闊(在給出時間的限制和信息的有效性的前提下),以便把握語言的多樣性和其局限性。在語言研究中,類型學是被作爲經驗主義的、比較的、能產的方法來加以使用的"②。R. M. W. 狄克遜(R. M. W. Dixon)和亞歷山大德拉·Y. 艾克亨瓦爾德(Alexandra Y. Aikhenvald)則從類型學的角度考察論元決定結構,分析了論元轉換(Argument transferring)、論元聚焦(Argument focusing)、論元控制(Argument manipulating)和論元所指標記(Marking referential role of arguments)四種狀態,將瓜賈賈拉語、菲律賓語、塔努安語、英語、納瓦約語、阿爾岡昆語導入這四種狀態進行性質比較③。這屬於中觀研究。當代語言類型學的代表人物格林伯格通過對歐洲、亞洲、非洲、亞洲的30種語言的抽樣調查,研究詞素跟語序的關係,試圖確定陳述的普遍性,找出一般性的原則④。這可謂宏觀研究。可見,語言類型學研究排除通常所說的影響關係——儘管上述的一些語言屬亞馬遜河流域土著語言,但研究者所觀察的是它們之間非譜系性的平行關係,它強調、突出跨語言的比較,試圖在盡可能多的跨語言的比較中尋求人類語言的一般共性或某些語言的個性⑤。總體來看,類型學方法被運用於研究不同語言之間的關係,它從語法、語音、辭彙和語義等層面展開,以圖通達語言的共性⑥。

---

①R. H. Robins, General Linguistics, Fourth edition, Beijing: Foreign Language and Research Press, 2000, p. 267.

②Willian Groft, "Typology," in Mark Aronoff and Janie Rees-Miller, eds. , The Handbook of Linguistics, Beijing: Foreign Language Teaching and Research Press, 2001, p. 340.

③R. M. W. Dixon and Alexandra Y. Aikhenvald, "A Typolgy of Argument-Determined Construction," in J. Bybee, J. Hanman and S. Thompson, eds. , Essays on Language Function and Language Type, Amsterdam & Philadelphia: John Benjamins Publishing Company, 1997, pp. 71—113.

④Joseph H. Greenberg:《某些主要跟語序有關的語法普遍現象》,陸丙甫、陸致極譯:《國外語言學》1984年第2期,第45—60頁。

⑤陸丙甫、金立鑫主編:《語言類型學教程》,北京:北京大學出版社,2015年,第8頁。

⑥參見方經民:《現代語言學方法論》,鄭州:河南人民出版社,1993年,第187—196頁;陸丙甫、金立鑫主編:《語言類型學教程》,北京:北京大學出版社,2015年,第25—26頁。

在國内學界和英語學界,鮮見將類型學運用於文學研究的案例①。正因爲如此,一些蘇聯人文學者的工作值得注意,他們將類型學移植到文學研究中,不同民族間並無直接聯繫的相似文學現象由此成了類型學的用武之地。如 И. А. 波羅尼娜(И. А. Боронина)在《日本中世紀抒情詩與其歐洲相應物》中描述了日本平安時代的武士歌與法國中世紀的普羅旺斯的破曉歌的相似性,並明確指出:"在本文中,我們僅討論類型學關係,即獨立發展、互不聯繫的關係。"該文從詩歌審美原則、基本内容、題材—體裁結構、詩歌語言這四個方面討論了這兩種文學現象的關係,亦即"我們在詩歌理想、詩的基本内容的層面上分析了這兩種文學現象的類型學的關係";"我們對平安時代抒情詩和普羅旺斯抒情詩歌的比較—類型學分析表明,這兩種文學現象之間存在着思想内容、一般的審美原則的相似性,這種原則通過内容、形式和表達方式的細節得以體現"②。這篇文章出自蘇聯科學院高爾基世界文學研究所的集體著作《東方與西方中世紀文學的類型學關係與聯繫》,李福清(Б. Л. Рифтин)在爲該書撰寫的代序言中,明確提出東西方文學之間關係有兩種,其一是類型學關係,其二是事實聯繫(即國内學界所説的影響關係)③。蘇聯漢學的奠基人 В. М. 阿列克謝耶夫(В. М. Алексеев)院士儘管没有用"類型學"或"類型學分析"之類的術語,但實際上也進行了比較—類型學研究,他在 1944 年發表了《羅馬人賀拉斯和中國人陸機論詩藝》,爲寫作此文他還將陸機的《文賦》、曹丕的《典論·論文》翻譯成俄文,作爲該文的附録④。此外,他還撰寫了《法國人布瓦羅與同時代中國人論詩藝》,分析布瓦羅與中國的袁黄和宋濂相似性和相異性。這篇文章展開比較的層次性相當分明:首先他把布瓦羅和中國的兩位詩人置於他們各自所處的民族文化的時代大格局中來考察,然後分析了中法作者的基本觀念的相似性,接着叙及中法作者的復古精神,最後得出結論:"在過去的 13—16 世紀兩種極爲不同的文化產生

---

①目前本文作者僅見 Rchard Hillman,"Towards a Typology of Cross-Channel Dramatic Borrowings:The View from the White Cliffs", in Renaissance and Reformation / Renaissance Et Réforme,40(3),109—131. 該文從悲劇、喜劇和歷史劇等體裁的角度,考察英國早期現代戲劇對法國戲劇借用的情況。嚴格地説,這篇論文未遵循類型學研究不關涉影響的規則。

②以上引文參見 И. А. Боронина. Японское средневековая лирика и ее европейсое соответствие, ————ИМЛИ АН СССР,《Типология и взаимосвязи средневековых литератур Востока и Запада》,М.:"Наука",1974,С. 547,557.

③Б. Л. Рифтин,Типология и взаимосвязи средневековых литератур, ————ИМЛИ АН СССР.《Типология и взаимосвязи средневековых литератур Востока и Запада》,С. 9—116.

④參見 В. М. Алексеев,Римлянин и китаец Лу Цзи, ————《Труды по китайской литературе》,М.:Восточная литература,2002,Кни. 1,С. 345—384.

了從人類的角度來看極爲相似的教誨型的詩人,儘管他們所操持的語言完全不同。"①20世紀80年代,著名文藝學家М.Б.赫拉普琴科(М.Б.Храпченко)寫出了《文學研究中的類型學》一文,對在文學研究中如何運用類型學方法作了思考②。

  從蘇聯學者的工作看,類型學由語言學轉入文學研究時,實際上經過了調試:排除不同民族之間的事實聯繫,不進行影響研究,將大範圍的數量歸納轉變爲基本上是一對一對比的微觀比較,同時段的現象是比較的必備條件,注重層次性或平行系統之間的比較。在文學研究領域中,不少學者注意到文學作品本身是有層次的,如英加登(Roman Ingarden)提出了"文學作品是層次的造體"的觀念,並試圖概括出文學作品普遍適用的層次:語音造體層面、意義單元或整體層面、系列觀相層面③。這是由微觀到宏觀的層次分類法,它比較符合文學作品本身的構成方式。就研究詩歌這種體裁而言,加斯帕羅夫(М. Гаспаров)提出,可以從這樣三個層面入手:即上層——思想形象層,中層——風格層,底層——音聲層④。這比較符合詩歌的體裁特徵。文本借鑒以加斯帕羅夫所採用的三層次分析法,根據研究對象的狀況又有所調試,從觀念層、意象層和織體層三個層面入手,對同時代的中國詩人袁枚(1716—1798)和俄國詩人傑爾查文(Г. Р. Державин,1746—1816)的自然詩作類型學分析。觀念層試圖回答以什麼觀念來表現自然的問題,意象層試圖回答表現了自然中的什麼問題,織體層試圖回答詩中的言者是如何處理描寫自然與其自我言說的關係的。

二、觀念層:主客無間與人神互通

  袁枚與傑爾查文在各自的詩歌創作中,都有大量的表現自然的作品,對讀這些創作於大致同一時代的不同文化背景下的作品,進而運用類型學方法加以分析,不失爲比較文學研究的一條路徑。以下將從上述三個層面對二人的自然詩作展開類型學研究,首

---

①Алексеев, Француз Буало и его китайские современники, ————《Труды по китайской литературе》,,М. :Восточная литература,2002, Кни. 1, С. 396.

②М. Б. Храпченко, Типологическое изучение литературы, ————《Познание литературы и искусства》, М. :"Наука", 1984, С. 175—209.

③參見羅曼·英加登:《論文學作品》,張振輝譯,開封:河南大學出版社,2008年,第48—194頁。

④參見 М. Гаспаров, "Снова тучи надо мною..." Медотика анализа,《О русской поэзии》. М. :Academia, С. 11—26.

先是觀念層面的比較研究,重點聚焦於二位詩人是如何看待自然與神的關係的,又是如何處理仕途進退與歸隱自然的關係的。

與人共情的自然是袁枚自然觀的呈現方式。感春傷秋,模山範水,是袁枚詩作的本色。其《隨園二十四詠》之一《倉山雲舍》中"看花共山笑,采藥與山分"一句①,正表達了袁枚與自然關係的精神核心。另如《迎春》:"迎春莫怪春難覓,好處從來過後知。隔歲梅花報花信,倚門楊柳望歸期。無邊暖漏聲聲催,有脚青旗步步移。料得東皇非長官,不應厭我出郊遲。"《送春》:"驪歌樹上子規啼,報導東皇出郡城。久住似嫌芳草老,輕裝不帶落花行。從今時節都無味,留贈雲山尚有情。早識相逢遽相別,當初翻悔下車迎。"②東皇,即"東皇太一","太一,星名,天之尊神,祠在楚東,以配東帝,故云東皇"③。按照傳統五行觀念,東屬春,故東皇被視爲春之神。由此可見袁枚"風趣"——對東皇,消解其神性,對己,則抒發其人情,竟然像情人一樣調侃東皇:"不應嫌我出郊遲","早識相逢遽相別,當初翻悔下車迎"。兩首詩首尾相接,寫迎春與送春,合而觀之,這裏子規含靈、青旗移足、東皇有意、詩人懷情,圓融完成了與自然的情感交流。又如《風洞》:"地立千尋石,天藏一洞風。吹時分冷煖,起處辨西東。傾耳如聞響,扶雲直到空。笑儂搖羽扇,也會顯神通。"④此詩中,詩人直接與風洞的造物主對話:笑儂搖羽扇,自然於是化作詩人情感相通之靈物。此外,袁枚還賦予無生命的自然物以生命,如《玉女峰》:"莫道玉人長不老,秋來也有鬢邊霜。"⑤而自然之物亦與詩人同喜共悲,如《荻港燈下聞笛》:"分明九曲長江水,都作回波上客心。"⑥《南山有古樹》《並頭牡丹詩》亦可作同樣觀。頗類西人利普斯所說的"移情",以我觀物,物皆著我之情,以物喻我,我即物之靈。

考察袁枚描寫山水的作品,有一個現象頗爲顯著,那就是其中的"神性"人物的存在方式。袁枚即使在描寫與先賢有關的山水祠觀之時,也未曾將先賢視爲神靈。《小倉山房詩文集》卷一一有《靈穀寺》《孝陵十八韻》《徐中山王墓》《梁武帝疑陵》等詩作懷念前賢的功績,但都直面其已故的事實,抒發的是"黃圖我欲披皇覽,白骨人誰認帝杷"⑦的感慨。在《佛者九流之一家》一文中,袁枚更是指摘佛家之虛妄,直言生死:"死

---

①袁枚:《小倉山房詩文集》,上海:上海古籍出版社,1988年,第350頁。
②袁枚:《小倉山房詩文集》,第80頁。
③參見袁珂:《中國神話傳說詞典》,上海:上海古籍出版社,1986年,第110頁。
④袁枚:《小倉山房詩文集》,第723頁。
⑤袁枚:《小倉山房詩文集》,第725頁。
⑥袁枚:《小倉山房詩文集》,第777頁。
⑦袁枚:《小倉山房詩文集》,第228頁。

而焚則熄,乃塔廟以神之。"①袁枚的作品中大量徵用先秦典籍中的神話人物,這些人物在其他的筆下與其説是在彰顯其"神性",毋寧説是在渲染"人性",正如東皇被描寫成戀人。聯繫袁枚對生死的超然態度等來看②,袁枚作品中神話性人物的出現,既是對中國傳統起興手法的承繼,也是古老知識在當下的轉述和挪用。在其與人共情的自然觀念下,無需借助神的中介,就與自然達成主客無間的交流。

與袁枚不同,人神共用的自然是傑爾查文自然觀的呈現。山水莊園、春去秋來、風雨雷電以及動物植物等等,都是傑爾查文吟詠的對象。在傑爾查文描寫自然的作品中,自然物或自然現象總是與神相伴隨,甚至是由神來構建或發起的。可以説,神性的因素始終滲透在他所描繪的自然畫面之中,如《雷霆》:"在百萬分之一秒/是誰用手掌點燃了星球?/啊,神啊,這是你的法則,/你的目光造出了和平,並觀察/石頭擦出了鋼的火花/彌特剌斯/把無邊空闊中的太陽掩進暗黑。"③詩中描繪的雷霆形象,透露出詩人的自然觀——自然中的各種現象,乃是神的意志在發揮作用。在這首詩裏,既有一般意義上的神(бог),又有彌特剌斯(митра)④,後者是來自於古代印度、伊拉克的司光明與善良的神。對傑爾查文的詩作進行梳理可以發現各種宗教的神,他們是自然的伴生物,或自然現象的發起者,其中古希臘神話人物更是常常被呈現。如在《噴泉》中,他唤出密涅瓦(雅典娜)、阿波羅和馬爾斯等希臘神來陪伴波將金。在《冬》中,繆斯回答詩人之問時説:"哎,美惠女神在哪里?"注家認爲,這是借古希臘神話人物——美惠女神(Хариты)來暗喻詩人所崇敬的貴婦⑤。在《美的誕生》中,傑爾查文詳述宙斯招飲,忽有所願望,在海浪造出了美神阿芙洛狄忒。在《薩爾斯村漫步》中,詩人寫道:"在石柱/與忒彌斯爲致敬/俄羅斯的英雄宏樓之間/如畫般投影。"⑥這裏忒彌斯(Фемида)是司法律與語言的女神⑦。《冬天的願望》的開頭就是:"在玻瑞阿斯的車上/伊俄羅斯在唉

---

①袁枚:《小倉山房詩文集》,上海:上海古籍出版社,1988年,第1580頁。
②詳參王志英:《袁枚評傳》下,南京:南京大學出版社,2011年,尤其是第十章"袁枚的生死觀與飲食觀"。
③Г. Р. Державин. Стихотворения, Л. : Советский писатель, 1957, C. 312.
④參見 М. Н. 鮑特文尼克等編:《神話辭典》,黃鴻森等譯,北京:商務印書館,1985年,第199—200頁;Мифы народов мира, Главный ред. С. А. Токарев, т. 2, М. : Большая Российской энциклопедия, 2000, C. 154—155.
⑤Г. Р. Державин. Стихотворения, C. 438.
⑥Г. Р. Державин. Стихотворения, C. 172.
⑦參見 М. Н. 鮑特文尼克等編:《神話辭典》,第286頁。

聲歎息。"①詩人讓玻瑞阿斯和伊俄羅斯這兩位古希臘神祇,營造了冬天的肅殺之景。此外,傑爾查文的自然中,還運用了東正教的文化元素,如《雷霆》中:"雷霆啊!你是造反的天使的雷霆,/你震撼了星宿的寶座。"②注家認為這是借用了墮落天使路法西(Люцефер)③的形象。甚至還有古代俄羅斯民族在接受東正教之前異教時代的神的影子,如《致幸福》:"在視權杖為珍寶的時日/它把佩倫遭到鐵鑄的城池。"④佩倫(Перун)是古代俄羅斯人異教時代的雷神⑤。而《鄉村生活》一詩,更是連續"祭出了"古代俄羅斯人異教時代的列利(Лель,愛神)、拉達(Лада,美神)、烏斯拉得(Услад,酒神)⑥,可說是傑爾查文對古代俄羅斯人異教時代的神的追憶。值得一提的是,傑爾查文寫了《上帝》一詩,杜納耶夫等學者們借此證實了他的東正教信仰⑦。其實僅從其對不同文化源頭的神話形象的大量運用中,已經不難發現傑爾查文的神性觀念。自然因神而有靈,因人而獲美,傑爾查文的自然詩營造了人—神—自然互通的三位一體。顯然,同為摹寫自然的詩作,但不同的處理人神的方式,展露出二人自然觀的差異。

在人生觀念上,兩位詩人亦在體現"自然"的另一層意義,即"不勉強也"⑧。回溯平生,袁枚與傑爾查文的志向有"合"有"分",二人都將為官為宦視作對本性的扭曲,渴望回歸自然。他們早年的志向和經歷可謂相伴:21歲時袁枚拜訪供職於廣西巡撫金鉷府中的叔父,為金鉷作《銅鼓賦》而提筆立就,因才氣橫溢受金氏賞識,遂被其舉薦赴乾隆元年(1736)博學鴻詞試。舉薦雖未能奏效,但袁枚卻由此聲名遠播。不久於乾隆三年(1738)中舉,次年中進士,入翰林院,選庶吉士。後因滿文考試的敗落被阻斷詞臣之路,袁枚只好接受外放江南任知縣的別樣人生。傑爾查文1743年出身於喀山省的破落貴

---

① Г. Р. Державин. Стихотворения, С. 117.

② Г. Р. Державин. Стихотворения, С. 313.

③ 參見 Мифы народов мира, главный ред. Токарев, т. 2, .. 84—85.

④ Г. Р. Державин. Стихотворения, С. 127.

⑤ 參見 Мифы народов мира, главный ред. Токарев, т. 2, С. 306.

⑥ 參見 Примечания к.《Деревенской жизни》Державин, Стихотворения, С. 436.

⑦ 參見 М. М. Дунаев, Православие и русская литература, I-II, М. : Хрестианская литература, 2001, т. 1, С. 284; Д. Л. Башкиров. Ода "Бог" Г. Р. Державина, - - - - 《Евангельский текст в русской литературе XVIII-XX века》, выпуск 2. , Петрозаводск, Изд. Петрозаводского университета, 1998, С. 140—150.

⑧ 參見舒新城等主編:《辭海》,上海:中華書局,1936年,第1108頁;其"自然"詞條中,有"言無勉強也"之義解。俄人在翻譯《道德經》的"道法自然"時,也有"不勉強"的意思,如馬斯洛夫的翻譯"Дао же самодостаточно"(道是自足的)。參見 А. Маслов. , Загадки тайны и коды "Дао дэ цзина", Ростов-на-Дону:Феникс, С. 181.

族家庭,11歲時父親病故,母親送他進了古典中學,19歲時參軍,後因參加鎮壓普加喬夫起義,葉卡捷琳娜二世犒賞軍功而受封了一個有三百農奴的莊園。1773年傑爾查文脫離軍職,不久進參政院供職。在軍隊時他便利用空餘時間寫詩,1782年寫作稱頌女皇的《費麗察》,兩年後相繼擔任奧倫堡和唐波夫總督。嗣後任葉卡捷琳娜二世的秘書,1802—1803年任司法大臣①。乾隆十三年(1748),袁枚辭去知縣之職,於江寧購"隨織造園"加以改造而稱"隨園",以此作爲歸隱之地,展開了其模山範水、酬唱文友、教誨弟子、逍遥自在的詩酒人生。他多有吟誦隨園的詩作②。傑爾查文在任總督和大臣之時留下的作品多數是與國家有關的政事、軍事方面的詩作,但也時有流露出其對自然山水、鄉野閑居的艷羨之意的詩作,如《佔領奧恰科夫的秋天》。1798年更寫下了《鄉村生活贊》:"無上幸福啊,那個遠離庶務的人!/他像大地的頭生子,歡叫於家邦一隅/勞作,不爲贖身/而爲自己,/爲自己的意願而勞作/……靜坐在自家的花園/草花茂盛,菜蔬青翠/或用彎刀砍野樹,獲其果實/嫁接枝條。"③從司法大臣任上退休之後,他蟄居於自己在諾夫戈羅德省的茲萬卡莊園,寫出了數量繁多的"自然之歌",如《天鵝》(1804)、《茨岡舞》(1805)、《致葉甫蓋尼兼叙茲萬卡莊園生活》(1807)、《農民節日》(1807)等。

袁枚辭官不久便寫下《隨園雜興》十一首,其第一、二首已然道盡辭官後田園家居生活之樂。其一:"官非與生俱,長乃遊王路。此味既已嘗,可以反我素。看花人欲歸,何必待暮春?白雲遊空天,來去亦無故。"其二:"喜怒不緣事,偶然心所生。升沉亦非命,偶然遇所成。讀書無所得,放卷起複行。能到竹林下,自有春水聲。"④兩相對讀,袁枚此詩似乎是在隔着時空與北國的傑爾查文對話。傑爾查文的《鄉村生活》亦似在"呼應"此詩之旨:"我需要城市的什麼?/我住在鄉村;/我不要綬帶和將星,/我懶得搭理寵臣;/我只想如何幸福地/享受生活;我想擁抱一切,/熱愛所有的人;/誰會來,什麼將發生?今天只屬於我,/明天一切都淡忘,/一切都會像影子一樣消失;/我什麼要虛耗分秒,/要尋愁覓恨,/不赴宴尋歡;/我不稀罕金銀財寶:/夫妻和諧就是富貴;/愛神

---

① 參見 A. A. Замостьянов. Гаврила Державин: Падал я, вставал в мой век... М.: Молодая гвардия, 2013.

② 參見王英志校點:《袁枚全集·前言》,南京:江蘇古籍出版社,1993年;王英志:《袁枚評傳》,南京:南京大學出版社,2002年。

③ Г. Р. Державин. Стихотворения, С. 271—272.

④ 袁枚:《小倉山房詩文集》,上海:上海古籍出版社,1988年,第111頁。

(Лель)、美神(Лада)就是富貴/酒神(Услад)才是我的好友。"①此詩作於1802年傑爾查文任司法部長之時,從其工作日志中可以看出已近花甲之年的他頗受案牘勞形之苦,這首詩的情緒與袁枚的《隨園雜興》頗爲近似,只是他眞正享受鄉村生活之樂的時間比後者晚了近三十歲。

三、意象層:靜態摹寫與動態描狀

從類型學的角度看,作家作品中的意象建構是可以進行比較的。就袁枚和傑爾查文的詩作來看,時序演化、春去秋來都可以成爲二人感時傷懷的起興點。袁枚《小倉山詩文集》中可以看到題涉春夏秋冬的詩作,傑爾查文也在1903—1804年間寫了以四季題名的詩。限於篇幅,以下僅選取二人題寫春秋的詩作進行類型學分析,重點關注其感春悲秋主題,通過勾稽字詞背後的"典故",發現相似意象背後的異與同。

感春是袁枚和傑爾查文共同的主題。袁枚作有《春興五首》,抒發其移居隨園後的興致和怡悅,如其五:"碧雲英與玉浮梁,酌向花神奏綠章。譣作洞簫生有願,化爲陶土生尤香。春光解戀身將老,世味深嘗興不狂。愛殺柔奴論風物,此心安處即吾鄉。"②整首詩前四句與後四句判若兩詩,前重想象,後叙感悟。錢鍾書先生轉述王夢樓語謂袁枚詩"如琵琶"③,揆諸此詩,似爲允當。因飲酒而脱離了當下的庸常,詩人即能直接面對花神而奏樂。花神,明代馮應京《月令廣義》謂女夷爲花神,《淮南子·天文》言"女夷鼓歌,以司天和,以長百榖禽獸草木",則花神爲主春夏萬物生長之神④。詩人在酒酣微醺、詩興盎然之際,將現實與想象糅合在一起,詩的前半如夢幻般的急管繁弦,後半則漸奏漸息,直至消歇無聲,對人生的至深領悟,人詩俱老的况味,醇厚而富有餘味。當然從袁枚當時的年紀來看,似有爲賦新詩强説"老"之嫌。

傑爾查文也有題爲《春天》的詩:"法翁的呼吸融化了冬天,/美好的春天的目光掠過;/涅瓦河奔向了貝爾特海峽的懷抱,/幾只船兒放下岸邊。/即使在山上雪也不反光,/即使火苗閃爍也烤不熱草垛,/群鳥搧動尾巴急促轉彎,/馬蹄敲擊地面發出的聲。//在月映的角落有澤費洛斯們/在晚霞裏翩翩起舞,/唱着讚美春天的歌,/舞步連

---

① Г. Р. Державин. Стихотворения, С. 289.
② 袁枚:《小倉山房詩文集》,上海:上海古籍出版社,1988年,第241頁。
③ 《錢鍾書集·談藝錄》,北京:三聯書店,2001年,第331頁。
④ 參見袁珂:《中國神話大詞典》,北京:華夏出版社,2015年,第35、151頁。

綿節拍清晰。//太陽以百合花般的光束/把火傾向海灘,彼得城深吸/清新微風在海灣打滾;你來吧,到那裏散步。//來吧,去看金光、藍天、綠樹、碧水,/孩子繞膝的嬌妻;/看着魅力無窮的自然,/你也幸福無比,利沃夫!"①這是傑爾查文寫給當時在克朗什塔得海關任職的内弟利沃夫的一首詩,開篇於對古希臘羅馬的神話人物法翁(Фавон)的描寫。法翁即詩中第二小節提到的澤費洛斯(зефир)②。澤費洛斯較早出現在荷馬史詩中,在《伊利昂紀》卷九有如此的講述:"一如魚群遊聚在大海,兩股勁風卷起水浪,玻瑞阿斯、澤費洛斯,從斯拉凱橫掃過來,奔突衝襲,掀起渾黑的浪頭,洶湧澎湃,衝散海草,逐波洋面。"③但在後世的詩中,澤費洛斯並非如此淒厲,往往爲暖風。如 1742 年羅蒙諾索夫在《伊莉莎白·彼得羅夫娜從莫斯科到聖彼得堡頌》中寫道:"何等可人的澤費洛斯吹拂着,把新的力量融進了情感?"④傑爾查文在詩中以神話人物澤費洛斯們的翩翩起舞,把春天的歡愉動態化。又在第三小節引入聖彼得堡這個城市,歸回人的現實世界,而且直接籲請獻詩的對象——利沃夫。到第四小節,詩人描寫令人愉悦的金光、藍天、綠樹、碧水,想象利沃夫在這個天地裏的幸福生活。細讀此詩可以發現,詩人的視點有一個由神起興過渡到大背景的自然,接着又轉到小背景的人化自然(城市),進而再到人的天地的漸進過程。若與袁枚的《春興》其五對照來看,二詩都是前有神幻的意象,後寫人生的感悟。不過,儘管大的"詩思"相似,但傑爾查文重感性歡愉,而袁枚重人生領悟,傑爾查文主動,袁枚主靜。

袁枚寫秋的詩歌也不少,如《送秋二首》,其一:"秋風整秋駕,問欲去何方。樹影一簾薄,蟲聲徹夜忙。花開香漸斂,水近意先涼。從此冬心抱,彈琴奏《履霜》。"其二:"袖手憑欄立,雲山事事非。雨疏分點下,雁急帶聲飛。楓葉紅雖在,芙蓉綠漸稀。何堪作秋士,年年送秋歸!"⑤詩中有一些故實,如"秋駕""冬心""履霜"等。其中,"秋駕"似出於《吕氏春秋·博志》:"尹儒學禦,三年而不得焉,苦痛之,夜夢受秋駕於其師。"高誘注:"秋駕,禦法也。"⑥正是因爲用典,此詩似與袁枚本人所宣導的性靈家法未必相合。但詩人以平實的語言,借助樹影、蟲聲、花開香斂、水涼、雨下、雁飛、楓葉紅、芙蓉稀等意

---

①Г. Р. Державин. Стихотворения, С. 298—299.
②法翁和澤費洛斯,可參閲 Мифы народов мира, главный ред. Токарев, т. 2, М. : Большая Российской энциклопедия, 2000, С. 556—557, С663.
③荷馬:《伊利亞特》,陳中梅譯,廣州:花城出版社,1994 年,第 191 頁。史詩名稱及神話人物譯音,各譯本有異。
④М. В. Ломоносов, Избранные произведения, Л. : Советский писатель, 1986, С. 85.
⑤袁枚:《小倉山房詩文集》,上海:上海古籍出版社,1988 年,第 201 頁。
⑥《吕氏春秋》,上海:上海古籍出版社,1989 年,第 214 頁下。

象,把秋去冬來做了自然呈現。雖然"雨疏分點下,雁急帶聲飛"略呈動態,但總體是靜態秋景。

傑爾查文同樣也有一些描繪秋天的詩作,如其寫於1788年的《佔領奧恰科夫的秋天》:"埃俄羅斯向玻瑞阿斯垂下白頭/戴脚銬走出洞穴,/像碩大的蝦一樣伸展腰身,/勇士向空中一揮手;/像放牧一樣趕着蔚藍的空氣,/攥緊空中的雲團,/一撒手潑出雲朵,/雨頃刻咆哮大作。//秋已然露出嫣紅的臉頰,/金黃的莊稼茬站滿田地。/向葡萄索取奢豪,/索取美味酒漿。/鳥群烤熱了天空,/茅草染白了大地,/帶紅兼黃的草/沿小徑伸展遠方。//玻瑞阿斯向秋眨眨眼,/把冬從北方呼喚,走來白髮魔女/揮着寬袍大袖;/雪、寒、霜登時而下,水即刻成冰,/因爲其冰冷的呼吸/自然之眼光也凝固。"①在這首詩中,神話人物發揮了重要作用,以動態性的畫面,將金秋的收穫和秋轉冬的寒冷都描繪了出來。詩人反覆請出了冬神玻阿瑞斯,他的"出場"爲秋天的景色帶來了動感,賦予無生命之物以生命。在俄羅斯皈依了被弗洛伊德稱爲"一神教"——東正教的幾個世紀後,這首詩卻借助於古希臘神話,獲得了萬物有靈般式的效果。與袁枚的主要呈現爲靜態的《送秋》相比較,傑爾查文寫景的動態特徵更加明顯,他在詩中寫出了季節的動態變化。當然袁枚的自然詩中具有動態的寫景也不少,只是與傑爾查文的詩相比較而言,動態略少而已。

四、織體層:客觀呈現與言者現身

從類型學的角度看,對織體層的考察,可以發現文學作品結構方式的相似性與差異性。"所謂織體(texture)是回答作品外層的構成問題,諸如其語言、聲音、形象;它的各部分的構成;它的風格。"②受篇幅所限,這裏主要從承載敘事抒情功能的"言者"(speaker)及其與作品中的自然描寫的結構關係加以討論,因爲正是詩歌中的"言者向讀者描寫事件,傳達情感和觀念"③。"言者"作爲文本的敘述者,在袁枚與傑爾查文的自然之詩中有不同的表現,其發揮的作用也同中有異。他們都不乏由複雜織體構成的自然詩。

---

①Г. Р. Державин. Стихотворения, С. 121 – 122.
②*How to Read a Folktale*: *The 'Ibonia' Epic from Madagascar*, Translation and Reader's Guide by Lee Haring, Cambridge, UK: Open Book Publisher, 2013, p. 21.
③《文學:閱讀、反應、寫作(詩歌卷)》(L. G. Kirszner & S. R. Mandell, eds., *Literature*: *Reading*, *Reacting*, *Writing*, Fifth Edition), "西方文學原本影印叢書", 北京:北京大學出版社, 2006年, 第823頁。

在袁枚的部分自然詩中,言者基本上發揮着類似小說中的全知全能的第三人稱敘述者的作用,只是客觀地對自然之物進行描寫,完全不發表對所描寫之物的評價,這樣自然之物仿佛在自我呈現。如《瞻園十詠爲托師健方伯作》組詩,就以瞻園中的各景爲吟哦對象,基本採取第三人稱來客觀敘述,其中《老樹齋》:"老樹得春光,亭簷遮幾年。數椽移向後,萬綠遮當天。葉密雨聲聚,枝高日脚懸。新基即究礎,暗合古賢緣。"①這裏言者作爲觀照者完全沒有干預所描寫的對象。《抱石軒》:"一軒當石起,緊抱丈人峰。花月分窗入,煙蘿合戶封。坐憐紅日廋,行覺綠陰濃。鳥問幽居客,人間隔幾重?"②在此詩中,除"憐"和"覺"洩露了言者的態度而外,其他也是客觀呈現。另如《竹林寺》只繪寺景,"耳根疑佛語,玲鐸有清音"③略將詩人帶入詩中。其他如《小倉山房詩集》卷二八中的《天柱峰》《老僧岩》《美人石》《展旗峰》《卓筆峰》等都是言者以第三人稱客觀描寫景物。

在傑爾查文的自然詩中,可以看到客觀性的言說者,如《農人與橡樹》:"農人用斧頭砍橡樹根,/橡樹時嗡嗡時轟鳴,/枝上樹葉不停地摇,/斧頭在隆起的樹根不停地砍,/樹林的樹都在瞧。//橡樹信得過根,對此很自豪,/也輕視農人的勞動。/農人一邊揮動斧頭,/一邊思考:'看它能挺幾時,/根會斷,樹會倒。'"④整首詩幾乎描畫了一個場面,言者似乎是上帝式的全知全能的"敘述者",他能深入樹和農夫的"内心",將其講述出來,但不作任何評判。不過,這樣的言者在傑爾查文的詩中是罕見的,在他的筆下,更多的言者是以第二人稱"你"直呼被描寫對象。如《山雀》整首詩以"你"來描繪山飛翔的山雀。《燕子》一詩,前面採用第二人稱,言者以與燕子對話的方式用燕子"視角"俯瞰世界,並在詩的末尾讓作者以第一人稱出場:"我的靈魂啊,你是世界之客。"⑤而在《蜜蜂》中,言者於第一小節就以"我"的名義直接出場:"金色的蜜蜂,/你怎麼總是嗡嗡嗡,/你幹嗎不飛走?/莫非你在欣賞我的繆斯?"⑥相對於傑爾查文自然詩中作者的現身,袁枚詩作中客觀的描寫要多而且顯。

袁枚還有部分自然詩可謂"多重織體",這類詩作雖然主要是以第三人稱敘述者的方式描寫自然,但由於詩人主觀性的言説内容——或追憶歷史,緬懷先賢,或借助神話

---

① 袁枚:《小倉山房詩文集》,上海:上海古籍出版社,1988年,第356頁。
② 袁枚:《小倉山房詩文集》,第356頁。
③ 袁枚:《小倉山房詩文集》,第614頁。
④ Г. Р. Державин. Стихотворения, С. 287.
⑤ Г. Р. Державин. Стихотворения, С. 208.
⑥ Г. Р. Державин. Стихотворения, С. 245.

典故,將多種精神性元素融入客觀的自然描寫中,呈現出多重層次結構和以"我"勝"景"特色。如《赴淮作渡江詠四首》就營構了互相嵌合的多重藝術織體。在第一首中,言者作爲第三人稱叙述者描摹"一聲篙入江,萬象化爲水。喜無塵埃浸,但把明月洗"①,爲一篇大作鋪墊山水背景、情緒空間。在第二首中,言者化作哲士感歎"四海同一魂,大夢酣茫茫"②,似與天地蒼生彼此溝通,而"百年會有期,行役殊未央。瞻彼江湖闊,知我道路長",更是觀大化而悟人生,爲後面的興歎先伏一筆。在第三首中,言者在日暮古戰場,追叙歷史往事,哀矜於南宋權臣韓侂胄的生平遭際,暗含詩人對出處理想的考量:"日落黃天蕩,懷古思英雄。南宋韓蘄王,於此觀軍容。……恢復全無功。韓公從此悟,萬事慎所終。策蹇西湖濱,醉倒東南峰。舉手天地動,放手煙雲空。朝爲大將材,暮作漁樵翁。"③到第四首,言者與詩人袁枚已合而爲一,從歷史追憶回到現實,憶及任高郵知州而受阻於吏部,而"我今過此邦,一望無田疇",有感於黃河氾濫之慘狀,生出懸想:"如我果牧此,何以佐一籌!"④在表述了自己"何不使決導,慨然棄數州。損所治河費,用爲徙民謀。……氾濫病可瘳"⑤的治理想法後,忽然醒悟:"安得陳明堂,並告東南侯。"⑥《赴淮作渡江詠四首》體現了袁枚的儒家本色,仕途困頓歸隱隨園後,仍不免有致君獻策、濟民佐政之思。四首詩的內容渾然一體,天地—人生—歷史—現實的進路,讓此詩致思深邃,元氣沛然。另如《觀大龍湫作歌》,言者借佛道人物描寫瀑布奇觀,發出了"獨佔宇宙奇觀偏"⑦的讚歎。在袁枚的自然詩中,篇幅比較大的古體詩往往以客觀自然起興,亮點則是言者與詩人合一的主觀性興歎。

  同樣,在傑爾查文的自然詩中,也有多重織體的作品,如在《流泉》一詩中,言者對流泉的吟誦就具有三重意義。在詩的開始部分,言者在對流泉作客觀描述的時候,詩人已然以第一人稱現身:"清澈的吟唱的流泉,/從高山向下流淌,/河灣飲流泉,河谷泛金光,/灑滿鮮花般的珠玉,/啊,流泉,在我的眼裏你是如此閃亮。"⑧這是對莫斯科郊外的格列別涅夫斯基泉的自然實體刻畫。此爲第一義,即實諦。在詩的中後部,言者和詩人合一後直接抒發情感:"我滿懷詩的激情,/走近你,流泉啊,/不免嫉妒那位詩人,/他飽

---

① 袁枚:《小倉山房詩文集》,上海:上海古籍出版社,1988年,第116頁。
② 袁枚:《小倉山房詩文集》,第116頁。
③ 袁枚:《小倉山房詩文集》,第116—117頁。
④ 袁枚:《小倉山房詩文集》,第117頁。
⑤ 袁枚:《小倉山房詩文集》,第117頁。
⑥ 袁枚:《小倉山房詩文集》,第117頁。
⑦ 袁枚:《小倉山房詩文集》,第722頁。
⑧ Г. Р. Державин. Стихотворения, С. 83.

飲你的清泉,/戴上了帕爾納索斯的桂冠。"①這裏的"帕爾納索斯"是阿波羅和文藝女神繆斯所居聖山,透露了古希臘神話中的卡斯塔利亞聖泉的信息。此爲第二義,即聖諦,但已經包含了下面要傾訴的俗諦。詩的最後一節:"啊,你的美譽傳遍所有城邦,/正如透過沉睡的樹林大山在迴響:/不朽的《俄羅斯頌》的寫作者啊,/聖神的格列別涅夫斯基泉/流溢出你詩的靈感。"②原來傑爾查文將俗世的實在物——俄羅斯詩人赫拉斯科夫當時所居住之地的格列別涅夫斯基泉,想象爲古希臘神話中表征詩的靈感之源的卡斯塔利亞聖泉,借此表達了對創作出《俄羅斯頌》的同時代詩人赫拉斯科夫的敬意和妒嫉。此爲第三義,即俗諦。從整體來看,自然中的格列別涅夫斯基流泉與神話中的斯塔利亞聖泉交匯呼應,述三諦,將實在地域、神話想象和世俗念想相嵌合,構成了紛繁而協和的藝術織體。另如《瀑布》一詩,言者亦先對瀑布作客觀描寫,然後以瀑布作爲波將金公爵一生明喻,將自然與人生紐結一體,構成詩作的多重織體。

結　語

從《新不列顛百科全書》對類型學的定義來看,類型學注重被研究對象的結構層次,將研究對象限定於"可以解釋的時期"。因此本文選擇基本處於同一時期的中俄兩位詩人,對袁枚和傑爾查文的自然詩作三個層次的對比考察。類型學的對比考察,可以具體細緻地揭示出不同文化背景的作家相類作品的差異。從觀念層看,袁枚與人共情的自然觀,使他不借助神的中介而與自然達成主客無間的交流,傑爾查文則在作品中營造出人—神—自然互通的三位一體;他們早年志趣相近,仕途雖順逆不一,然而殊途同歸,都以吟誦自然爲人生盛事。從意象層看,袁枚更鍾情於靜態描摹,傑爾查文更多追蹤自然的動態過程。從織體層看,袁枚的詩中言者客觀的第三人稱式的描述略多,傑爾查文詩中言者以詩人帶入式的干預更顯著。袁枚與傑爾查文之間關山阻隔,相識無緣,但對自然山水的喜愛和摹寫則是相近似的,他們通過詩作最終歸隱"山林",則佐證了"東海西海,心理攸同"乃不刊之論。若從傑爾查文作品中所呈現出的人—神—自然的溝通無礙出發,對學界所謂西方詩歌中人與自然是分離的刻板套語似可置喙,在此存而不論。

本文從微觀的角度,嘗試將語言學中的類型學移植到文學研究領域的可能性。當

---

① Г. Р. Державин. Стихотворения, С. 84.
② Г. Р. Державин. Стихотворения, С. 85.

把類型學應用於不同國家的同時代詩人的類似題材的寫作中的時候,實際上也達到了類型學在語言學研究中所達到的目的,即"確定陳述的普遍性,找出一般性的原則"。那麼是否可以將類型學運用於中觀和宏觀的文學研究中呢？應該可以。從類型學研究方法來看,語言學那種大規模的多種語言比較的研究,目前在文學研究中未見有如此運用的案例。但本文認爲,現在已經具有展開這樣的研究的可能性:根據民間文學研究中普遍採用的阿爾奈—湯普森分類法①,將不同民族的故事的相同元素輸入資料庫,然後借助大數據分析,就可以標記出不同的民族的故事的相同部分,這樣則可解決上文羅賓斯所提出的近似的問題:"這個語言像什麼語言",即"這個故事像什麼故事",構建起不同民族之間的相似故事元素的宏觀圖譜。足見,將類型學移植到文學研究中是大有可爲的。

---

① 參見斯蒂·湯普森:《世界民間故事分類學》,鄭海等譯,上海:上海文藝出版社,1991 年;丁乃通:《中國民間故事類型索引》,武漢:華中師範大學出版社,2008 年;D. L. Ashliman, A Guide to Folktales in the English Language: Based on the Aarne-Thopmson Classification Sestem, New York: Greenwood Press, 1987.

從碑記所見陳湛銓先生禪觀
考論修竹園詩中禪思

〔中國香港〕劉衛林

（香港城市大學）

香港國學名宿陳湛銓先生，不但精通經史之學，更深諳佛理。於其詩文之中，往往多有深蘊禪思詩句見諸筆下。本文即從傳世碑記所見入手，聯繫陳湛銓先生筆下所賦詩篇，闡述當中所表現禪理禪思諸作，分析其中所呈現意象與情懷間關係，並自詩中所涉及的禪思禪觀，進一步追溯其禪法特點及其所源出。此一考論對於彰明先生禪學造詣，以至詩歌創作内容及藝術特色，甚至進一步說明其創作歷程等問題，都可謂有重大的意義。

緒言

陳湛銓先生（1916—1986），字青萍，號修竹園主人，廣東新會人，香港著名國學家。畢業於國立中山大學中文系，師承詹安泰、古直、陳洵諸大家。歷任中山大學講師、上海大夏大學、珠海大學中文系教授。1949年隨珠海大學（今珠海學院）遷徙至香港。聯合書院成立，擔任中文系系主任。創辦經緯書院，並先後任教於華僑、浸會、嶺南等書院，並長期於學海書樓講授國學。著有《修竹園近詩》《周易乾坤文言講疏》《周易繫辭傳講疏》《莊學述要》《詩品補注》《陶淵明詩文述》《杜詩編年選注》《蘇詩編年選注》《元遺山論詩絕句講疏》等，平生所賦詩多達三萬六千餘篇①。

---

① 見陳湛銓著，陳達生編訂：《歷代文選講疏》上冊，開編所附《陳湛銓教授事略》，香港：商務印書館，2017年，第 i—ii 頁，下同。

先生不唯精通經史，又兼能深明佛理，就中對於禪學尤其多有掌握。從傳世碑記所見，足以考證陳湛銓先生對佛學之深具體會之外，更可考見先生對於禪學尤其深有認識。倘以此證諸修竹園詩篇的話，益足以闡明其中之禪觀與禪思，對於説明先生禪學造詣之外，更可以彰明其詩歌創作内容與藝術特色，甚至對闡釋其詩歌創作歷程等問題，肯定都會有所幫助。

一、陳湛銓先生與禪學

從傳世碑記當中，可以考見陳湛銓先生於佛學的深入認識，以至於禪學上的深刻體會。先生所撰《大嶼山寶蓮禪寺碑記》（見附圖一）之内，對於禪學觀念便有頗爲深入的發揮。寶蓮禪寺位於香港大嶼山昂平，由江蘇鎮江金山寺大悦、頓修、悦明三位禪師創建於1906年，其先標榜以農禪弘法。陳湛銓先生於1969年爲大嶼山寶蓮寺撰碑記，當中除記述禪寺創建外，又特申述禪宗法系及義理：

中土禪宗，傳自菩提達磨，昌於六祖惠能。教外別傳，如手指月，直透人心，初不立文字也。然自内學西來，累宋歷清。其間翻譯藏經傳録、佛門掌故，暨公案語録者，胥以文字爲筌蹄。故成道由人，傳道者要不離文字也。①

自碑文所載可見，先生不獨縷述禪宗傳燈譜系，更進而闡述禪門教外別傳，不立文字等旨趣，足證先生之於禪宗法系以至禪學大旨原有深刻之瞭解。至若碑文中所述内學西來之後，自宋代至清代以來傳道者，以"翻譯藏經傳録、佛門掌故，暨公案語録"等"胥以文字爲筌蹄"，進而闡明"成道由人，傳道者要不離文字"之説，也正是發揮禪門"如手指月，直透人心"，以世間一切方便説法的宗趣。碑文對此隨即又補充謂：

昔維摩詰雖曰："一切言説，不離是相。至於智者，不著文字。"然答舍利弗云："言説文字，皆解脱相，無離文字，説解挩②相也。"③

---

①陳湛銓：《大嶼山寶蓮禪寺碑記》，見陳湛銓著，陳達生編訂：《歷代文選講疏》下册，附録，第900頁。
②案："挩"即"脱"字。
③陳湛銓：《大嶼山寶蓮禪寺碑記》，見陳湛銓著，陳達生編訂：《歷代文選講疏》下册，附録，第900頁。

便是本乎《維摩詰所說經》內"不二"觀念①,發揮禪門以文字方便說法,主張既不著文字相,亦不離文字言說而說解脫相的見解。

至於禪學之於先生本人,以至先生對於禪學的態度或者興趣所在,在《大嶼山寶蓮禪寺碑記》內對此便有清晰而具體的說明:

> 余寢饋儒書,兼耽禪悅。世塵未淨,結習難空。聆寶鐸而心傾,仰法雲而目想。拊膺神越,願言意消。②

在以上"寢饋儒書,兼耽禪悅"的說明中,先生便明確點出自己一向雖以儒術爲根本,然而同時又愛好入禪時所帶來的愉悅自適,故此縱然是"世塵未淨,結習難空",仍然"聆寶鐸而心傾,仰法雲而目想",一心嚮往禪思,而至於"拊膺神越,願言意消"的地步。

二、陳湛銓先生詩中禪思

正如在《大嶼山寶蓮禪寺碑記》內所述,陳湛銓先生因"兼耽禪悅",而以言說文字爲解脫相,實踐禪門之不著文字相,亦不離文字而爲方便說法旨趣,此節又可證諸其筆下詩歌創作之中。在先生詩集中可見,其所賦諸篇往往雜入禪語,又每涉及禪學與禪觀,甚至對於禪門宗趣多有發揮。

在香港九龍荔枝角公園內的嶺南之風公園內,矗立着刻有陳湛銓先生詩句的碑(見附圖二),其中所透顯的禪思,足以反映先生從文字中體現禪理禪法。碑上所刻詩句是"燕來不誤東西屋,水靜渾忘上下流",兩句本出自先生《春望》詩,茲錄原作如下:

> 未除結習花終著,偶竊時名筆一鉤。紅雨春邊欺淚眼,白雲天末鬱鄉愁。燕來不誤東西屋,水靜渾忘上下流。誰識盧家老行者?嚴關堅坐在南州。③

---

①佛學上的"不二"之說,《法華》《華嚴》等大乘經典,以至天台、華嚴、三論諸宗皆多有發揮。至若維摩詰菩薩所說之"不二"觀念,可參見《維摩詰所說經》卷中《入不二法門品》的具體闡述。
②陳湛銓:《大嶼山寶蓮禪寺碑記》,見陳湛銓著,陳達生編訂:《歷代文選講疏》下冊,附錄,第901頁。
③陳湛銓著,陳達生編:《修竹園詩選》,香港:商務印書館,2015年,第113頁。

詩作於1959年,先生時在港任教於聯合書院。全篇抒發傷春惜別之情外,開篇起句"未除結習花終著"便是自比於《維摩詰所説經》中,結習未盡故花著而不墮的佛大弟子。詩中五六"燕來不誤東西屋,水靜渾忘上下流"兩句,正寫出靜慮入禪下觀照萬象之妙。本篇收筆"誰識盧家老行者?嚴關堅坐在南州"兩句,先生便正以禪宗六祖惠能堅坐禪關於南國自況,也爲嶺南之風公園內碑上所刻"燕來不誤東西屋,水靜渾忘上下流"兩句,取境出於禪觀,映照天地入懷而成就詩禪無礙添一佐證。李鴻烈先生在《修竹園詩選序》内點出這兩句"誠心氣交平語也,殊有佛味"①。相信便是見出其中蘊涵着禪思之故。

除此之外,先生在甲申年(1944)所賦《遣愁》一詩,即與禪學密切關涉,兹錄原詩如下:

使酒謳歌淚滿巾,莫教才調到無倫。儒難爲計將安適?夢得還家竟算真。坐夜獨朋鐙下影,觀心愁拂鏡中塵。蓼蟲食苦人誰惜?看取當前可笑身。②

詩題下記述寫於甲申歲,其時先生二十九歲。據《陳湛銓教授事略》所記,先生畢業於中山大學即獲聘爲校長室秘書兼講師,及抗日軍興,先生隨校轉進坪石、澂江等地。越二年,任教貴陽大夏大學文學院③。先生於前一首《雜詩》之摘句圖下注:"時已寓居大夏大學校園中"④。此篇既屬同時所作,知先生其時居於大夏大學貴陽校園內⑤。自七七事變,爲避日寇大夏大學不斷遷徙,先生遂隨校至貴陽。日寇自1939年至1944年間,一直瘋狂進攻西南各地,從湖南常德大會戰,到最後攻入貴州,數年間西南各地皆遭兵燹,戰亂中哀鴻遍野,先生所賦即在此背景之下。

本篇之詩題爲"遣愁",詩中所排遣之愁,固然如篇內稱之所以"使酒謳歌淚滿巾"者,正在於"莫教才調到無倫",雖抱無倫才調,於亂世中卻卒難爲用,故此下文纔會有"儒難爲計將安適"之嘆。儒者失路之悲,加以"夢得還家竟算真"的一份流落客子鄉思,在深宵獨坐形影相弔中,便交織成有待排遣的沉重愁緒,先生以"遣愁"命篇,恰好

①陳湛銓著,陳達生編:《修竹園詩選》,李鴻烈《修竹園詩選序》,第 xli 頁。
②陳湛銓著,陳達生編:《修竹園詩選》,第 42 頁。
③見陳湛銓著,陳達生編訂:《歷代文選講疏》上冊,開編所附《陳湛銓教授事略》,第 2 頁。
④見先生甲申所賦《雜詩》題下注。陳湛銓著,陳達生編:《修竹園詩選》,第 42 頁。
⑤因《修竹園詩選》內所錄諸篇,編次悉按時間先後爲序,本篇既次《雜詩》之後,故知同屬寓居大夏大學貴陽校園時所作。

說明一篇焦點正在於是。至於如何纔能排遣這份濃烈的失路之慨與流離之悲,頸聯"坐夜獨朋鐙下影,觀心愁拂鏡中塵"兩句,對此便給予了明確的解答。詩中觀心以拂鏡塵之說,本出自禪門拂鏡塵之喻,原謂人心本有覺性,拂除客塵,使本心清淨明白得以彰顯,以透見本來面目。其說見於北宗禪禪法,宗密在《中華傳心地禪門師資承襲圖》內,對此便有相當具體的說明:

> 北宗意者,眾生本有覺性,如鏡有明性。煩惱覆之不見,如鏡有塵闇。若依師言教,息滅妄念,念盡則心性覺悟,無所不知。如磨拂昏塵,塵盡則鏡體明淨,無所不照。故彼宗主神秀大師呈五祖偈云:"身是菩提樹,心如明鏡臺。時時須拂拭,莫遣有塵埃。"①

以上宗密所述北宗禪禪法,即以明鏡喻人本覺之性,拂塵令鏡明之喻,旨在遣去客塵,使心性覺悟。以此之故所謂"拂鏡中塵"者,本來就與"觀心"相關。佛門謂觀照己心,以明心之本性爲觀心。禪門有《觀心論》,傳爲梁代菩提達摩撰,一說唐代神秀所撰②。論中詳說觀心之法,以觀心一法總攝諸法。天台宗智顗亦有《觀心論》,以觀心爲旨,於一念妄心上觀照一心而見出本性。智顗弟子灌頂於《觀心論疏》內,對觀心法門便有如下闡述:

> 經云:"三界無別法,唯是一心作。"又云:"心如工畫師,能畫種種五陰。一切世間中。無不從心造。"故知心是二河之本,萬物之源。而今只爲一切禪慧,學者不知觀心,除煩惱病本。……經云:"能觀心性,名爲上定。"③

正闡明禪門以爲心造萬法,故主張觀心以除煩惱諸病,又以觀心之法爲上定。先生詩中"坐夜獨朋鐙下影,觀心愁拂鏡中塵"兩句,明確點出夜中於燈下獨坐,藉禪門觀心之法遣去客塵煩惱。以此可知先生既行觀心禪法於夜坐之中,則所謂獨自"坐夜"者,其實即爲坐禪而已;而所謂"愁拂鏡中塵"於觀心之中者,亦即藉坐禪觀心,以排遣其滿腔愁

---

①宗密:《中華傳心地禪門師資承襲圖》,見石峻、樓宇烈等編:《中國佛教思想資料選編》第二册,卷二,北京:中華書局,1983年,第464頁。

②《觀心論》又名《破相論》,全一卷。傳爲梁代菩提達摩撰,一說唐代神秀所撰,內容詳說禪門觀心之法,收於《大正新脩大藏經》第八十五册。

③灌頂:《觀心論疏》,見石峻、樓宇烈等編:《中國佛教思想資料選編》第一册,卷二,北京:中華書局,1983年,第176頁。

緒而已。詩題以"遣愁"爲名，正說明先生於置身世亂，流寓異鄉之際，在慷慨悲歌自傷儒難爲計，不知安適之中時，唯有藉禪觀禪法以排遣其百結愁腸。結句"看取當前可笑身"，便是以四念住禪法內，對治一身無明的身念住禪觀，觀照一身執着煩惱悲愁之顛倒可笑，以般若智慧照徹種種愁苦煩惱。

同此者尚有《自我入禪不復經意於文久矣寓樓閑寂心氣交平人生無常物論何極明燈忽滅坐以待旦》一詩，詩作於戊子歲，即1948年，先生時年三十三歲。詩云：

世位浮埃得失輕，并銷勝解滅詩名。鐙花未障枯禪眼，物論何如齧鼠聲？十指無鋒羣賊迫，九州全墨一心明。誰人會我沈冥趣？暗室看看慧日生。①

詩題所稱在"寓樓閑寂，心氣交平"中"坐以待旦"，其實亦屬於夜中坐禪，故詩中有"鐙花未障枯禪眼"與"九州全墨一心明"之說，即自述在坐禪之際，於禪定禪觀之中，得以放下一切詩名得失等塵俗的切身體驗。這稱處身於閑寂境界中，令心氣交平而進入禪定的方法，是北宗禪一向以來所提倡的禪法，宗密在《禪源諸詮集都序》內，於說明神秀與智詵等所提倡的禪法時，便詳述北宗禪對於坐禪時的這一要求：

遠離憒鬧，住閑靜處，調身調息，跏趺宴默，舌柱上齶，心注一境。②

宗密於《禪源諸詮集都序》內，又對這種處身閑靜處，遠離憒鬧而調身調息的禪法功用，有以下的說明：

背境觀心，息滅妄念。念盡即覺悟，無所不知，如鏡昏塵，須勤勤拂拭。塵盡明現，即無所不照。③

詩題中對"人生無常，物論何極"，以至詩中所述於入禪之際，得悟"世位浮埃得失輕"，而能"并銷勝解滅詩名"，便是以上宗密所稱，在入禪後息滅妄念，達到"念盡即覺悟"的具體表現。

---

① 陳湛銓著，陳達生編：《修竹園詩選》，第89頁。
② 宗密：《禪源諸詮集都序》，見石峻等編：《中國佛教思想資料選編》第二冊，卷二，北京：中華書局，1983年，第430頁。
③ 宗密：《禪源諸詮集都序》，第430頁。

至於詩中最後"誰人會我沈冥趣？暗室看看慧日生"兩句，既點出禪定中宴默之趣，而暗室中生慧日的說明，亦明確揭示其禪法與北宗禪的密切關係。玄賾《楞伽師資記》記禪門二祖惠可禪法時便稱：

> 若妄念不生，默然淨坐，大涅槃日，自然明淨。……若淨坐無事，如密室中燈，則能破闇，照物分明。若了心源清淨，一切願足，一切行滿，一切皆辨。①

先生詩中所謂"暗室看看慧日生"者，所描述的正是北宗禪以來所提倡的宴坐禪法，詩中所述的"暗室看看慧日生"境界，正是深入禪定，在"妄念不生，默然淨坐"之下，般若智慧如大涅槃日，如密室中燈，能破一切昏暗，照物分明而令一切皆辨，這一實踐過程的具體描述。

在先生詩集當中，類似上述各篇的闡述坐禪時感受與經驗，甚或發揮禪觀禪理的作品，往往在所多見。僅以《修竹園詩選》所錄爲例，其中如《禪關》《靜慮》《守默》《迴向》《連宵禪定起坐惻然》《微行》《書感（一）》《遷寓東山彌覺恬退閑卧成此》及《師儒》等諸篇，尤其具見先生參禪經歷，及對於禪法的具體實踐，以至當中多有入禪時所抒發的感受。

總　結

自以上所見碑記中先生文字，以至所賦詩篇中闡述發揮者，多牽涉到有關禪法禪觀禪思等各方面，在在均可證明先生之於禪學，不唯對理論方面有深入的理解，事實上更能深入禪法三昧，長期在生活中實踐着禪門——尤其屬北宗禪一系禪法，能夠在禪定當中體現禪趣之外，又能藉着禪觀以觀照萬象，在因定發慧中抖落人世種種榮辱得失，而得以在烽火流離歲月中放憂遣愁；並進一步將這種禪悅禪趣，甚至將在坐禪時抵於定慧寂照的體悟，一皆發爲歌詠，把由禪定而來的種種禪悅與解脫自在，於詩篇當中加以一一抒發。

能夠在詩中具見禪思，正是修竹園詩的一大特色，此所以對先生詩禪問題特有發覆

---

① 玄賾：《楞伽師資記》，載石峻、樓宇烈等編：《中國佛教思想資料選編》第四册，卷二，北京：中華書局，1983年，第157—158頁。

之必要。於此除足以彰明先生詩歌創作内容與藝術特色,以至禪學造詣等問題之外,這對於研究先生詩中所流露種種心事,以至闡釋有關先生詩歌創作歷程的變化等問題,可説都有極爲重大的作用及意義。

至若有關陳湛銓先生詩歌創作歷程變化的這一問題,凡讀先生詩者當知,其創作歷程中有一較特殊現像,厥爲其詩歌創作多集中見於早年與晚年之間,中年則較少詩作,此爲其有別於一般詩家者。

事實上先生於詩中對此早有解釋。1948年戊子歲先生有《自我入禪不復經意於文久矣寓樓閑寂心氣交平人生無常物論何極明燈忽滅坐以待旦》一詩,其詩題中稱"自我入禪,不復經意於文久矣"①,便是清晰説明因爲投入禪那境界之故,先生纔會久不復經意於文。禪法禪觀以至禪思對先生思想行事爲人之影響,不唯直接見之於歌詠諸篇之中,更深刻影響其詩歌創作。正因詩人情動於中之心,被寂而常照的清浄禪心所取代,是以先生自耽禪悦,投入禪那境界後,中年時即漸少詩歌創作。這對於考見修竹園詩中禪思,以至解答禪法禪觀如何影響着先生筆下創作,令其詩歌創作歷程産生重大變化等問題,都可説是具有莫大的意義。

附圖一　大嶼山寶蓮禪寺碑記

---

① 陳湛銓著,陳達生編:《修竹園詩選》,第89頁。

附圖二　九龍荔枝角嶺南之風公園碑

饒宗頤與無錫國專關係考

孔令彬
（韓山師範學院文學院）

無錫國專全稱私立無錫國學專修學校，始建於1921年，原名無錫國學專修館，館長唐文治。1928年更名爲無錫國學專門學校，1929年12月，又更名爲無錫國學專修學校。學校學制3年，其程度與國立大學相當，是民國時期唯一以傳承國學爲特色的大學，在社會上享有較高聲譽。抗戰爆發，與許多大學一樣，無錫國專也踏上了漫長遷徙之路，1938年2月抵達桂林；7月，校長唐文治因年高水土不服，回滬就醫，校長一職由教務主任馮振代理；11月桂林緊急疏散，學校復遷北流縣山圍村（馮振代校長的家鄉）；1941年秋，抗戰進入相持階段，學校回遷桂林，在穿山一帶興建校舍；至1944年夏，校舍已粗具規模，可容納五百餘人，占地三百餘畝。1939年春，唐文治校長應淪陷區舊有學生之請，在滬設立分校，學制與桂校相同，由是無錫國專有了桂校和滬校之分別。這裏饒宗頤先生所任教的無錫國專爲桂校，以下簡稱國專桂校或國專，後文不再具體說明。

抗戰爆發時，弱冠之年的饒宗頤在中山大學廣東通志館任纂修，負責藝文方面工作。1937年底，日軍進攻廣州前夕，饒宗頤回到了自己的家鄉潮州，1938年3月，曾短暫代替詹安泰先生在省立韓山師範學校上過三個月的課，是爲饒宗頤第一次走上講臺。1939年6月底，日軍攻佔潮州。8月，由於中文系教授詹安泰推薦，饒宗頤被遠在雲南澂江的中山大學聘爲研究員，遂動身前往，惜途中身患瘧疾不得不滯留香港，是爲饒宗頤與香港的第一次結緣。1941年底香港淪陷後，饒宗頤逃出香港回到家鄉潮汕，在尚未淪陷的揭陽縣城暫時居住下來。

一、去桂林

在揭陽居留期間，除了與流亡在此的潮州"壬社"名流石銘吾、邱汝濱及本地古詩文名家姚梓芳等相唱和，饒宗頤還在縣長陳暑木的支持下倡議成立了"揭陽文獻委員會"並任副主任委員，參與編輯出版了《文獻》雜誌創刊號，收集整理鄉邦文獻，尤其是整理了明朝大臣薛侃和郭之奇的年譜。期間，還曾到遷徙於饒平鳳凰山的省立金山中學任高中國文教員兼導師。

關於饒宗頤任教金山中學的時間，《饒宗頤傳》及《饒宗頤學藝記》等皆認爲始於1943年初，1943年秋，饒氏即受朋友推薦前往桂林無錫國專任教了。其實饒氏具體到饒平鳳凰山金中任教的時間可從保存下來的《千仞集詩序》加以推斷，該文發表在1946年9月8日《光華日報》的《嶺海詩流》欄目，署名"固庵居士"。

> 駕言還鄉，忽焉一歲。始者浮瓜沈李，税鞍榕城；今乃歷井捫參，幽棲鳳髻。離憂滿紙，停雲彌襟。凡所嗟歎，得如乾首，都爲一帙。記左太沖詩云："振衣千仞岡"，又賈長沙賦："鳳凰翔於千仞兮，覽德輝而下之。"漂漂自引之概，致足慕焉。予所居曰"鳳凰虛"，在萬峰之上，因取二家語，名吾集曰《千仞》，並序以詩，以見我志云。固庵記。①

從詩序第一句可知《千仞集》結集時間當爲作者從香港回到揭陽一年之際，第二句"始者浮瓜沈李"明指1942年夏天時曾寓居揭陽，第三句"今乃歷井捫參，幽棲鳳髻"則明確序文寫於寓居鳳凰山時。如此，則饒宗頤開始任教金山中學時間爲1942年秋季當無可置疑，至於饒氏在金中任教時間個人傾向於一學年，即至1943年春季學期結束。1943年下半年，饒宗頤可能把精力主要放在了"揭陽縣文獻委員會"的工作上，如編輯《文獻》，撰寫文章等。

---

① 轉引自劉文菊《饒宗頤與許偉餘、許心影父女交遊考略》(《饒學研究》2016年第三輯)，並參考報紙原文，標點字句均有所改動。

至於大家衆口一詞的1943年秋饒宗頤任教國專的説法①,最早文獻出處當爲胡曉明、李瑞明整理的《饒宗頤學述》一書,其學術年表部分:"一九四三年,赴廣西無錫國專教授。成《瑶山詩草》。"②這種説法筆者同樣不能認同。具體證據有二,一是饒宗頤自己公開發表的作品,如署名"百子"發表在1943年10月20日《嶺東民國日報·筆壘》(揭陽版)的兩首詩作《壽秋園丈》《癸未重九陪君懿銘吾購杖登黄岐山侣雲寺》,明確記載1943年重陽他還在陪友人登黄岐山。證據之二是詹安泰先生的一首詩作《固庵將赴桂林過訪平石別後寄此》:"舊諾今來遂隔年,尊前有意各難宣。從知一過空群馬,誰復偏張到獨弦? 撥悶聊當人痛飲(余素不能酒),攤書應共夜深眠。逢佳山水休輕負,寫一囊詩寄我箋。"③查該詩在《鷦鷯巢詩集》卷八,本卷作品編年大部分在甲申1944年,詩的前後分别爲《春半坐雨》《上巳日獨行漫賦》。從題材看這是一首寄贈之作,當與事件本身不能相隔太久,否則寄贈就失去了意義。綜合以上信息,我們認爲饒宗頤應是在1944年初動身前往桂林,途中正好經過詹安泰任教的中山大學坪石校區,然後於春季學期開學前抵達桂林無錫國專。

　　這裏還有一個問題尚需解決,即爲什麽是鄭師許介紹饒老去的無錫國專? 胡曉明《饒宗頤學述》引饒老的原話:"那時中山大學有朋友很關心我,鄭師許推薦我到無錫國專去任教。"④後來不知爲什麽陳韓曦卻這樣説:"在金山中學任教不久,好友鄭師許(1897—1952)向無錫國學專科學校(下簡稱國專)在廣西時期的校長馮振心(1897—1983)推薦饒宗頤到國專任教。"⑤把鄭師許説成是饒宗頤的"好友",事實果真如此嗎?

　　鄭師許,廣東東莞人,原名鄭沛霖。早年曾在東莞一中學教書,後考入南京高師。1926年畢業後曾在上海國立交通大學、暨南大學、大夏大學等校任教,從事古文字學、考古學、中外交通等方面研究,1936年回到廣東任省立勷勤大學教育學院教授。抗戰爆發,勷勤大學教育學院遷徙至廣西梧州,1938年勷勤大學由於種種原因被解散,是年底,鄭師許應上海時期的老朋友也是國專桂校代校長馮振邀請到了時在北流縣山圍村辦學的國專。鄭師許在無錫國專不足兩年,1940年即接受中山大學韶關坪石校區的邀

---

① 饒先生在許多場合自己也説是1943年秋,陸陽《無錫國專》,劉桂秋《無錫國專編年事輯》,嚴海建《饒宗頤傳》皆持此觀點。2014年饒先生的學生鄭煒明、胡忠信將這段歷史更正爲:"1944年4月至1945年在廣西任無錫國學專科學校,先後任講師、教授。"(見《饒宗頤教授學術簡歷》)
② 胡曉明、李瑞明整理:《饒宗頤學述》,杭州:浙江人民出版社,2000年,第132頁。
③ 詹安泰:《詹安泰全集》(4),上海:上海古籍出版社,2011年,第153頁。
④ 胡曉明、李瑞明整理:《饒宗頤學述》,杭州:浙江人民出版社,2000年,第15頁。
⑤ 陳韓曦:《饒宗頤:東方文化座標》,廣州:花城出版社,2015年,第43頁。

請,馮振有詩紀其事:《鄭師許兄任教國專將及兩載突應中山大學之聘苦留不住詩以送之》,總務主任蔣石渠也有詩相贈《鄭君某上海交大同事,赴粤時以課相委,及來北流,已先我在蘿村,每逢荔枝熟時,相與讀東坡"不妨長作嶺南人"之句,爲之悵然。君兹又有曲江之行,賦此以爲别》。從以上介紹不難發現,鄭師許不僅比饒宗頤大整整二十歲,且兩人生活工作基本没有交集,何來"好友"之説?换句話,鄭師許爲什麼要推薦一個素未謀面的年輕人去國專任教?考察兩人可能的見面時間地點只有1936至1937年的廣州,時饒宗頤在中山大學廣東通志館工作,或許某種機緣二人得以相見也未可知。從研究興趣方面,在中山大學通志館時期的饒宗頤偏向於地方文獻,並喜歡顧頡剛疑古派的方法而對上古歷史地理感興趣,與鄭師許的某些研究有一定交集。即使如此,由於戰亂,天各一方,中間又過了好幾年,二人又是如何聯繫上的呢?這裏筆者有一個大膽猜測,這個中間人應該就是詹安泰先生。詹安泰一直關心饒宗頤的發展並保持有密切聯繫,此時又與鄭師許同在中大坪石校區任教。想要跳出潮汕這個小圈子出來做學問的饒宗頤很可能不止一次在信中向詹安泰表達過自己想法,於是與國專比較熟悉的鄭師許就順理成章成爲其中的牽線人,也剛好印證了詹安泰"舊諾今來遂隔年,尊前有意各難宣"這句詩的涵義。

饒宗頤先生的弟子郭偉川則認爲是當時的兩廣監察史劉侯武促成的饒先生國專之行。郭氏説1942至1943年潮汕大饑,劉侯武前去賑災,年輕有學問的饒宗頤於是成爲了他的秘書。"選堂先生在揭陽蒙同鄉長輩劉侯武先生慧眼識英才,及後才有從揭陽赴廣西桂林之舉。蓋劉侯武先生的兩廣監察使署設於桂林,饒先生是他的主任秘書,在揭陽救災事畢之後,自然要隨其西行。而劉侯武先生在社會公職方面,他當年也是桂林無錫國專的校董,其時饒先生的朋友、前中山大學鄭師許教授又在該校任教,故饒先生其後得以執教於桂林無錫國專,顯然與劉、鄭二位的推介有關。"[1]這一説法,不知郭先生是否曾經求證過老師意見,筆者也一時難以判斷。

二、在桂林

抗戰時期的桂林由於獨特的地理位置再加上相對寬鬆的政治文化環境,很快便成爲抗戰後方一座十分活躍的城市,大批文化知名人士雲集,不少"流亡高校"遷徙於此,

---

[1] 郭偉川:《饒宗頤的學術文化》,廣州:花城出版社,2017年,第154頁。

"文化城"的聲譽響徹遠方。

1942年初,饒宗頤從香港返回家鄉潮汕的揭陽,此地雖然沒有淪陷,但畢竟地方偏狹且沒有多少學問可做,去饒平鳳凰山金山中學教書和參與倡立"揭陽縣文獻委員會"都是出於他想做一些事情的想法,然而自己更大的出路在哪里呢?也許此時在韶關坪石中山大學任教的前輩詹安泰可以幫忙介紹,於是,在鄭師許的牽線搭橋下纔有了他金色的憧憬,去桂林,那個大後方著名的"文化城",而國專也正是他的興趣所在。簡單收拾行李,告別家人,一個人帶上必備的書籍就出發了,終於趕在春季開學前到達了目的地——無錫國專在桂林的穿山校區。

此時的國專招收三種學生:初中五年制、高中三年制和二年制文秘專業。1944年春季的無錫國專,保存下來兩樣與饒宗頤有關的珍貴材料。一份是無錫國專部分教師的合影,饒宗頤站在第二排中間。一份是當時學校的職員名錄,裏面登記有饒宗頤的相關信息。其中年齡一欄爲"31"歲,明顯有誤,饒宗頤時年28歲。學歷一欄爲"中山大學研究員"(與其他人皆不一樣!)。經歷一欄內容較多:"曾任國立中山大學廣東通志館修撰、中央海外部海外教授、商務印書館特約編輯、廣東省立金山中學高中國文教員兼導師。"①在聘任職別一欄爲"講師"。查當時國專聘任的專職教授僅三位:馮振、蔣庭曜、向培良,梁漱溟爲"特別講座",其他兼任教授數名,副教授二名,講師數名,兼任講師二名,等等。以饒宗頤當時的學歷和經歷,國專聘任他爲講師也是十分恰當的。

在無錫國專教書應該是饒宗頤真正登上大學講臺的開始,主要講授古文字學和古典詩詞兩門課。不比在韓山師範學校時的代課,在這裏他需要系統的備課,而能夠參考的東西又很少,所以他應該把精力主要都放在了備課上,以致沒有時間去欣賞桂林的佳山水,同時也沒有多少時間去結交更多的新朋友。在他後來的《瑤山集》中提到的國專同事僅有七人:蔣庭曜、蔣庭榮兄弟,歐陽革辛,俞瑞徵,何蒙夫,吕方子(集義),巨贊上人②。1944年5月13日他發表在《光華日報·嶺海詩流》的詩作《贈玉清教授》《贈心影兼簡鄭三》是兩首懷人詩,詩中充滿了對朋友的思念之情,應該是他"獨在異鄉爲異客"孤獨寂寞的真實感受吧。

至於饒宗頤當時上課的情形,他的學生後來回憶道:

---

①中央海外部是國民黨中央的一個組織部門,主要負責海外華僑事宜。饒先生這裏所填海外部海外教授應該與華僑的培訓有關,可能是他居港期間的任職經歷,筆者未見到任何相關材料。

②後面三人爲國專兼課教師。

當時我是五年制三年級學生,記得饒老師所上我班的課程是"古文字學"。這門課程不好講授,因爲没有現成教材,但饒老師自己編寫,將一些古文字一一講解,力求深透。我班同學對饒老師所講解的古文字,極感興趣,認真學習。①
　　他在我們班講授《歷代散文》《文字學》兩門課程。上課時,饒老師講解詞義,清楚明瞭,舉出許多例證,使人觸類旁通,有時加入一些小故事,引起學生極大的興趣,他的學問功底深厚,知識淵博,思維敏捷,是我們最敬愛的一位老師。②

　　兩位學生一個是五年制三年級的黄偉,一個是五年制二年級的蕭德浩,由此可知當時饒宗頤上課的班級和所擔任的課程。但這種平静的日子並没有持續多久,1944 年夏,日本發動了打通中國大陸交通綫的豫湘桂戰役。6 月 20 日衡陽保衛戰打響之後,桂林形勢一下子嚴峻起來,政府於 6 月 22 日發出了第一次緊急疏散警報,各學校於是匆忙結束了這一學期的功課,本地生源學生則各自返鄉避難。當時桂林城的文化人主要有兩個疏散方向:一是向蒙山方向轉移,一是向昭平方向轉移。既然已經無事可做,又不用拖家帶口,所以一身自由的饒宗頤即告别國專同仁,向蒙山方向轉移,與他同行的正是自己任課的學生黄偉。

三、下蒙山

　　1944 年夏季日軍突然的大進攻,給很多中國人造成一種恐慌情緒,本來就已經無家可歸了,現在何處纔可以保全性命而不淪爲亡國奴?對於此時身在桂林的外地人來説只有一條路,那就是往深山更深處逃,饒宗頤没有選擇昭平而是往正南方向的蒙山。據蕭德浩回憶:"學校宣布提前放暑假。許多同學紛紛離校,我和淩超榮、譚可貴步行三天纔回到家鄉。不久,饒宗頤教授隻身來到蒙山。"③陸陽的説法更有趣:"饒宗頤從桂林撤離後,坐了一架牛車,走了 2 天隻身來到了蒙山。"④事實上他是和一位叫黄偉的學

---

①黄偉:《閻、饒兩教授避難蒙山追憶》,蘇州大學廣西校友會主編《無錫國專在廣西》,1993 年,内部資料,第 234 頁。
②蕭德浩:《饒宗頤師避難蒙山追憶》,《廣西文史》2000 年第 2 期。
③蕭德浩:《1944 年無錫國專在蒙山的艱苦歲月》,蘇州大學廣西校友會主編《無錫國專在廣西》,1993 年,内部資料,第 236 頁。
④陸陽:《無錫國專》,南京:鳳凰出版社,2011 年,第 330 頁。

生同行,黃偉在回憶中説道:"當時饒宗頤老師同我南下蒙山避難,到蒙山縣城後,饒老師住在'三民石印局'(我家開辦的書店)前後約有四個月。"①黃偉的老家就在蒙山縣城,而且家底不錯,我想這應該是饒先生選擇蒙山而不是昭平的主要原因。

饒宗頤到達蒙山的時間大約是七月初。"饒老師住下來後,每日都看書、寫詩、讀報,很少閑遊,有時找學生或朋友瞭解戰事消息。那時,我介紹饒老師和我的族伯蕭紹美認識。族伯是清末舉人,當時任蒙山縣修志局長。饒老師從修志局處借來《永安州志》(蒙山縣舊稱永安州),對蒙山縣的歷史、地理、政治、經濟、民風、習俗作了初步的瞭解,很感興趣,於是就有去金秀瑶區訪問之舉。"②金秀瑶區在蒙山縣城西面約三四十里的地方。據蕭德浩回憶,1944年的7月8日上午,他和黃偉、黃水新三人陪同饒宗頤從縣城出發,第一天經過天堂山、旱峽、新墟峽、金雞隘,晚上住在忠良鄉車田村的同學凌超榮家裏。第二天,在凌超榮帶領下一行五人走訪了嶺祖瑶區的多個村寨,晚上住鄉公所歇息。第三天一行人即告别嶺祖回到了縣城。黃偉回憶道:"饒老師到蒙山後,湘桂戰局一度緩和,我們幾位同學(蒙山人)邀同饒老師往忠良遠足野遊,饒老師所經過的地方如'旱峽''金雞隘''天塘山'等都寫下絶句或古詩。"③這就是饒宗頤的第一次大瑶山之行,一路所寫詩歌均收録在《瑶山集》中。

在蒙山縣城居住期間,不時有認識的朋友逃難過來。9月中老朋友簡又文一家受門人陳文奇邀請從平樂來,簡又文的老朋友立法委員西北大學教授趙文炳也來了,無錫國專的同事閻宗臨一家八月底來。9月12日,桂林再次拉響警報,代校長馮振帶領國專餘下的師生和圖書儀器從水路經陽朔、留公塘、平樂轉陸路,最後也來到了蒙山縣城。由於逃難的人實在太多,租房不易,國專師生在鍾文會、鍾文典兄弟的幫助下,很快就在距離縣城10餘里的東鄉文爾村復課,教師十餘人,學生三十餘人。馮振有《蒙山開課示諸生》《蒙山文爾村詒國專同人》,激勵師生在艱苦條件下,發奮讀書,國專師生還在重陽節一起登高遊玩了附近的怡夢沖。不過饒宗頤並未來這裏任教,這期間他主要參與了新創辦的黄花學院的教學工作。

隨着大批文化人從桂林逃難到蒙山縣城,也給地方文化教育帶來了機遇,蒙山縣中學校長孔憲銓與教務主任何覺夫商議正好利用這個機會創辦"黄花學院"。

---

① 黄偉:《閻、饒兩教授避難蒙山追憶》,蘇州大學廣西校友會主編《無錫國專在廣西》,1993年,内部資料,第234頁。

② 蕭德浩:《饒宗頤師避難蒙山追憶》,《廣西文史》2000年第2期。

③ 黄偉:《閻、饒兩教授避難蒙山追憶》,蘇州大學廣西校友會主編《無錫國專在廣西》,1993年,内部資料。

由於一些名家學者的到來,蒙山也"借東風"。由何覺夫、孔憲銓(蒙山初級中學校長)發起創辦"黃花學院",孔憲銓、陳文奇、吕仲箎、鍾文會等人爲校董。"黃花學院"辦有文專班及附中班。新生是經考試録取的。文專班招收三年制、五年制各班,三年制班學生50多人,五年制學生30多人,在縣城"武功書院"隔壁的韓家祠堂上課。……附中班在縣城陳家祠堂上課。"黃花學院"的校務由教務長何覺夫負責,擔任教學的有當時疏散來蒙山的著名史學家簡又文、無錫國專的饒宗頤、趙文炳,周培克、向培良教授。他們均義務任教。何覺夫講授英語;簡又文講授史學通論;饒宗頤講授文選、詩選、文字學等課程,他到堂最多;趙文炳講授歷史;周培克講授新聞通訊;向培良講授法律通論(六法全書);孔憲銓講授詞選①。

　　雖然不知道下一步會怎樣,但黄花學院在苦難中仍然選擇了自覺的文化使命。簡又文《違難蒙山》:"諸子常相過從,兼事唱酬,群借此風雅事起忘憂作用。何君創辦'黄花學院'於邑城,我們均義務分任教習。"②黄花學院同人甚至在中秋和重陽節依然不忘聚會唱和,可惜這種看起來像是平靜的生活很快就結束了。一個多月後,"日軍圍攻桂林,平樂、荔浦相繼淪陷,蒙山縣城緊急疏散。黄花學院不得不停辦,而國專無奈再次走上遷移之路"③。

　　蕭德浩回憶説:"有一天,我去饒老師住處,請問饒老師今後的動向,饒老師正在收拾行囊,神情緊張中含有幾分悽苦,淡淡地説:現在準備到文墟(縣城的西鄉)去。他隻身漂泊異鄉,生活困苦,甚是可憐。饒老師當即檢出一本較厚的書(《古書虛字集釋》裴學海著)送給我,並説:留個紀念吧!"④饒宗頤的好友簡又文一家應學生陳文奇之邀住到了其在鄉下文墟鎮屯治村的祖屋,在屯治村,簡又文收陳文奇叔伯兄弟陳文統(梁羽生)爲正式及門弟子。饒宗頤則和趙文炳、國專學生賈輔民一起避難在文墟鎮的龍頭村,住進了陳文奇一個親戚家中。"饒宗頤在龍頭村,得到梁羽生姐夫家李達池先生的熱情接待,李達池當年任蒙中總務主任,他們騰出一山樓給饒宗頤、趙文炳他們居住。"⑤屯治村與龍頭村相距不過六七里,饒宗頤和趙文炳時常過訪簡又文。由於饒宗頤在龍頭村李氏祠堂辦私塾謀生,陳文統尊父親之命經常去聽講,也與饒宗頤結下了一

---

①　謝天球:《無錫國專遷來蒙山辦學及黄花學院簡况》,《蒙山文史》(紀念抗日戰爭勝利五十周年專輯)1996年第3期。
②　劉海壽主編:《蒙山抗日風雲録》,2004年,内部資料,第32頁。
③　陸陽:《無錫國專》,南京:鳳凰出版社,2011年,第331頁。
④　蕭德浩:《饒宗頤師避難蒙山追憶》,《廣西文史》2000年第2期。
⑤　陶鋼著:《文心俠骨:蒙山之子梁羽生傳》,桂林:廣西師範大學出版社,2015年,第121頁。

段師生情。"當時,有一位青年學生陳文統是簡又文朋友的家人,他拜我爲師學制詩填詞,他就是後來著名的香港武俠小説家梁羽生。"①

1945年元旦前後,趁着寒假,饒宗頤經大藤峽長途跋涉到達金秀村,時無錫國專部分師生在總務主任蔣庭曜的帶領下轉移至金秀瑶區上課。國專師生住在瑶人家裏,儘管有校友歐陽革辛的照顧,但高山海拔,又是冬天,生活極其艱苦。饒宗頤與大家一起度過元旦,這天恰好也是國專的校慶日,遂現場賦詩《卅四年元旦值無錫國專二十四周年校慶,石渠置醴瑶山精舍,酒後呈座上諸公》。此外,饒先生尚有《贈蔣石渠》《瑶人宅中陪瑞徵丈飲酒》《別石渠》《金秀村遲蔣毅庵不知》等詩紀其事,這是饒宗頤先生第二次進入瑶區去拜訪住在那裏的國專朋友們。

就在饒宗頤返回龍頭村不久,元月15日蒙山縣城陷落日軍之手,16日,文墟鎮即被日軍掃蕩,饒宗頤與趙文炳一家隨民衆一起逃往西北方向的黄牛山中,而簡又文一家則逃難到屯治村正南方向的六排山中。饒宗頤和趙文炳從黄牛山下來曾專門去六排山上拜訪簡又文一家,大家見面皆唏噓不已(見饒宗頤《亂後晤簡又文有贈》)。這些逃難經歷,饒宗頤也都用詩的形式一一記録在《瑶山集》中。當然逃難的經歷不止一次,5月28日,日軍終於撤出蒙山縣城向荔浦方向退去,提心吊膽的日子於是可以稍稍放了下來。

有意思的是《廣西日報》(昭平版)還曾專門報導過饒宗頤的消息,《避難蒙山的幾個學者》:"國專教授饒固庵,素好研究《訓詁學》與《文字學》,敵陷蒙城時,圖書均無法運出,現寄居屯治村(有誤,應爲龍頭村),整理資料,着手寫《訓詁學與邏輯》及《比較語原學》二書。"②另外一篇《留蒙山文化人均將離開》:"去年自桂林疏散到蒙山之文化人簡又文,現仍留居蒙城,聞日内將動身返粵。饒固庵已赴北流國專執教。"③

四、北流山圍再相見

1944年11月,平樂、荔浦相繼失守,蒙山縣北鄉杜莫也被日軍佔領,蒙山縣城危機四起,饒宗頤、簡又文緊急疏散到鄉下文墟鎮的龍頭村和屯治村,但剛剛纔穩定下來一個多月的無錫國專師生又該何去何處?這時代校長馮振和總務主任蔣庭曜發生了分

---

① 饒宗頤、池田大作、孫立傳:《文化藝術之旅:鼎談集》,桂林:廣西師範大學出版社,2009年,第28頁。
② 劉海壽主編:《蒙山抗日風雲録》,2004年,内部資料,第74頁。
③ 劉海壽主編:《蒙山抗日風雲録》,第75頁。

歧:蔣庭曜認爲應該越過西邊的金秀瑤區向貴陽方向轉移,這樣可以徹底擺脫日軍的威脅。但馮振認爲去貴陽山高路遠,再加上有不少老教師不宜長途跋涉,而留在廣西家鄉總有資源可以依靠。討論顯然沒有達成一致,12月初,蔣庭曜帶領部分師生開始向金秀瑤區方向轉移,馮振有詩送別《蒙山送石渠暨諸同仁同學西征》(時桂林已危,大部分同學仍强欲西往貴陽,苦留不住,情見乎詞),部分蒙山籍學生返回家鄉避難,馮振則率部分師生先遷到大塘,不久即往昭平方向撤離。於是,無錫國專一東一西,開始了他最後也是最艱難的歲月。

蔣庭曜一行老師有俞瑞徵、向培良、蔣庭榮、馮靜居等,職員陳奇芬,學生十餘人。抵達瑤區金秀村時,柳州、桂林皆陷落,阻斷了前往貴陽的交通,於是在金秀瑤區長官歐陽革辛(原無錫國專講師)幫助下,師生們就地開課,條件十分艱苦,有兩位學生還到地方小學就任教職以解決生活問題。期間,有人來勸大家仍往昭平與其他國專同人會合。在金秀村兩個多月後,師生們又遷往平南縣大王村。三月底,得知馮振一行已經抵達北流山圍村,蔣庭曜又率領大家穿過敵人封鎖線,偷渡西江,經小道由容縣抵達山圍村。以上經歷蔣庭曜皆有詩作《至瑤山示歐陽局長》《潘李二生赴平村任小學教職,詩以慰之,並示諸同學》《瑤山高寒食艱有人自昭平來勸往從之賦贈》《瑤山示諸生》《自金秀遷平南大王開課》(第二日晚枕上作時三月十四日也)等紀其事①。

代校長馮振一行二十餘人的經歷更驚險無比,不僅要翻越的大山道路崎嶇,充滿艱險,更有一次被敵人追逃的經歷,其在日記中寫道:

(1944)十一月,荔浦淪陷,部分國專員生赴金秀瑤山。我與部分員生仍留文爾塘,旋遷大塘岑家。一月,蒙山淪陷。我與國專留蒙員生遷昭平仙回鄉鹿鳴村。二月,日寇至仙回搜劫。逃避山上露宿兩夜。寇退,仍回鹿鳴村。書籍行李多損失。旋往昭平縣城,轉往北陀鄉。三月,將國專員生眷屬安置在北陀國民中學。我與少數員工間道赴蒼梧戎墟,越過日寇淪陷區。沿容蒼公路步行八日至容縣,再回山圍鄉間。四月,無錫國專在山圍復課。②

這些苦難經歷,馮振《自然室詩稿續》中也有相關的記載和描述。遷徙中,閻宗臨、呂竹園兩家人留在了昭平北陀國民中學任教,其他人則平安抵達北流縣山圍村。不久

---

① 蔣庭曜:《石渠詩存·劫中草》共七十二首,記載無錫國專播遷桂林史實。
② 黨玉敏、王傑主編:《馮振紀念文集》,桂林:廣西師範大學出版社,2000年,第536頁。

蔣庭曜一行也來到了山圍，兩路人馬重新會合，這是抗戰中無錫國專第二次來到山圍。此次辦學地點借用了都龍鄉中心校的部分教室，並得到了馮振家鄉的大力支持。聽聞國專重又回來的消息，"從桂林疏散回鄉的，在北流附近各縣的疏散回家學生也紛紛回校復課。學校又在容縣、北流、玉林等，招收幾班新生。當時共有新舊學生聚起百餘人，教師有馮振、蔣庭曜、陳一百、蔣庭榮、俞瑞徵、馮靜居、吕逸卿、王震、巨贊法師、龍純如、馮介、馮贊廷、梁崇輔等人"①。爲了將損失的時間補回來，國專在暑假進行補課，秋季在校學生更多達二百餘人。

身在蒙山文墟龍頭村的饒宗頤也接到了馮振來自山圍的邀請，大約7月初結束了李家祠堂的私塾生涯，一路從黃村經平南武林鎮、大安鎮、七里村，約在八月中抵達北流縣山圍村。在山圍任教期間，終於迎來了抗戰勝利日人投降的好消息，蔣庭曜《山圍聞日寇投降》，饒宗頤《九月三日》均表達了歡欣喜悅與揚眉吐氣之情。饒詩曰："舉杯同祝中興日，甲午以來恨始平。一事令人堪莞爾，樓船兼作受降城。"教書之暇，饒宗頤還到附近遊玩了勾漏洞、桃源洞、鬼門關等自然風景，也到過北流縣江亭、藤縣蘇東坡繫舟處等人文景點憑弔。1945年的10月10日，饒宗頤與巨贊法師等人登上了附近的磐石山，饒宗頤賦詩《登磐石山同巨贊上人》，巨贊亦有唱和之作《民國卅四年國慶，登北流山圍之磐石山，用饒宗頤教授韵，時同執教於無錫國學專修學校》，表達了對未來新生活的希望。

此時的國專已向國民政府教育部打過幾次報告，因桂林校區已被炸毀，申請經費準備返回無錫復校。饒宗頤也接到了廣東文理學院院長羅香林的電報敦請他回去任教，而自己的老友簡又文剛被任命爲廣東文獻館館長，所以他最終決定學期結束後即回廣州。寒假來臨，饒宗頤告別在國專一起共患難的朋友，乘船由梧州下廣州，與之關係較好的總務主任蔣庭曜遂賦詩一首《送饒固庵》，依依不捨送別朋友：

甲申(1944)冬避寇瑶山，饒君自蒙山來訪，時四面皆敵，饒君日夕爲詩，幾忘烽煙之逼人也。及(次年)來山圍，敵已投降，本校亦定明春返錫，君於寒假先歸粵，頗有他去意，賦此爲贈。

猶憶窮山訪我時，漫天烽火賦新詩。瑩瑩真有不亡在，慼慼已成靡所之。差喜

---

① 陸陽：《無錫國專》，南京：鳳凰出版社，2011年，第333頁。（作者特注：此條引文信息有小誤，一是蔣庭榮此時在江西，抗戰勝利後，他直接到無錫參與國專復校工作。二是吕逸卿與閻宗臨此時皆在昭平北陀國民中學教書，未隨馮振到山圍。）

今朝得歸去,相看吾道任驅馳。贈君一語應須記,草長東南與子期。①

1946年初,饒宗頤任廣東文理學院教授,不及半載即回到家鄉任汕頭南華學院教授兼文史系主任,同時兼任《潮州志》編撰委員會副主任。我們注意到當時饒宗頤主持的汕頭《大光報》《文史週刊》欄目除了發表有《瑤山詩草》中的作品,同時還發表有馮振、蔣庭曜、巨贊的詩歌與文章。1947年6月底《文史週刊》欄目停刊,就再沒見到饒宗頤與無錫國專之間聯繫的信息了。

五、《瑤山詩草》

1944至1945兩年的廣西之行,是饒宗頤一生中遭遇到的最艱難困苦時期,由於戰亂與逃難,他没有寫作任何學術論文,這在他一生中是十分罕見的,不過卻也爲我們留下了一部十分重要的《瑤山詩草》。除了這部詩集外,還有一篇寫於蒙山的《囚城賦》和一篇寫於瑤山的《燭賦》,以及其他一些零星的文學作品。這個時期,堪稱他文學上的重要收穫期。

《瑤山詩草》結集於1945年重陽,1947年刊刻於汕頭,1978年《選堂詩詞集》出版時收入其中,更名爲《瑤山集》,當爲作者最後釐定的本子。《瑤山集》與初刻本差別頗大,不僅所收篇目增加數首,甚至還替換了一些内容,如《桃源洞》初刻本一首被改寫成另外兩首。其他從篇目到内容亦多有改動之處。後來臺灣新文豐《饒宗頤二十世紀學術文集》所收即《瑤山集》,而人大所出簡體字版訛誤甚多,貽誤後人。

《瑤山集》實爲饒宗頤自1944年7月違難蒙山至1945年10月於北流山圍重新執教國專之紀事詩也,雖非嚴格的時間排序,亦大體以事件爲先後。其中真實與瑤山瑤族相關者主要有兩次經歷:一是1944年7月初到蒙山在學生陪同下到嶺祖瑤寨考察所寫紀行之詩;一是1945年元旦前後饒宗頤獨自深入金秀瑤區看望無錫國專師生所寫見聞經歷之作。對少數民族風情習俗的興趣是饒宗頤早期學問的方向之一,我想這也應該是他利用兩次難得機會主動到訪瑤區的内在動力。這些作品除了描寫瑤區獨特的地理環境和居住環境(《旱峽》《金雞隘》《嶺祖村夜宿》諸篇),更描寫了瑤人獨特的生活習

---

① 蔣庭曜:《石渠詩存·劫中草》,蘇州大學廣西校友會主編《無錫國專在廣西》,1993年,内部資料,第265頁。

俗(《瑶山詠》《羅夢村道上》《瑶人宅中陪瑞徵丈飲酒》《始安竹枝詞》《瑶山詠》諸篇），作者還以歷史上瑶人與漢人關係緊張的史實提醒後人注意民族團結問題(《大藤峽》)。對於這類作品，時人多以爲可與明代鄺露《赤雅》相提並論而補其缺。

作品集中自然也有許多"歌也有思，哭也有懷"之作，在亂離逃亡之中，生命之脆弱、友情之珍貴、親情之渴望都是作者刻骨銘心的體驗和感受，尤其顯得哀婉動人。如《人日》《夢歸》《遣懷》《秋懷》等之思念親人故友，再如集中多達二十餘首與朋友相往返的酬唱之作，我們可稱之爲尚友詩者，當是作者面對苦難堅強生存下去的重要心理支撐。他如《冬至》《哀桂林》《哀柳州》《九月三日》等，"余生懸虎口，盡室寄龍頭。萬戶多荆杞，孤村有戍樓"。小則個人，大則天下，其情感之豐富細膩，表現手法之成熟，庶幾可與杜工部安史之亂所作流離之作相媲美。饒先生在談到這段日子的時候說：

> 我在國專時期沒有寫書，那是一個流離失所的時代，不過增加了很多詩料，《瑶山集》就是這段生活的記錄。這段生活值得留念，可以令人知道天寶之亂是怎麼一回事，可以知道杜甫是怎樣生活的。我那時用老杜的方法，老杜的語言寫了些詩，把老杜詩多讀了幾遍，也可從中看見那個時代的面影，個人在那個亂世中的感受。①

因爲錢仲聯在饒宗頤之前曾在北流山圍的無錫國專待過兩年，有過相似的體驗和感受，所以他爲《選堂詩詞集》所寫之序尤爲推崇《瑶山》一集：

> 拾橡空山，歌也有思，哭也有懷，藉詩騷以召國魂者有之矣。楊雲史、馬一浮、林庚白、楊無恙諸君之作，世之所樂頌，而選堂先生《瑶山》一集尤其獨出冠時者也。
> 余亦嘗隸永嘉流人之名矣，桂嶠南北，違難時哀吟之地，今誦《瑶山》集，所以感不絕於余心也。是集也，蓋繼變風變雅靈均、浣花以來迄於南明嶺表義士屈翁山、陳獨漉、鄺湛若之緒而揚之，其誰曰不然。②

這個評價不可謂不高。饒宗頤曾說"我到國專有一個好處，就是回到文學"，在某種意義正是如此。其實紀錄無錫國專播遷桂林，抒寫個人及國家苦難命運詩作的還有馮振

---

① 胡曉明，李瑞明整理：《饒宗頤學述》，杭州：浙江人民出版社，2000年，第18頁。
② 復旦大學中文系編：《選堂文史論苑》，上海：上海古籍出版社，1994年，第31頁。

《自然室詩稿續》和蔣庭曜《石渠詩存·劫中草》兩部詩集,將他們與《瑶山集》放在一起閲讀,無錫國專與個人和家國的關係在那個流離失所的年代纔會得到更全面的理解。

結　語

饒宗頤與無錫國專的因緣乃至桂林的山山水水是其一生的寶貴財富,正如他所説:"生命中有這樣一段經歷也好,很值得寶貴的。"五十多年後,已是八十多歲老人的饒宗頤面對胡曉明的採訪深情回憶起當初的人和事:"梁漱溟有一句話説得很好:'我根本没有什麽學問,我會抓問題,我就是從問題中讀書、論學。'""我跟巨贊能討論一些東西。校長馮振心,我也偶爾和他談談學問,他是很得中庸之道的,人非常好。""還有一位向培良,……人很有意思,有思想,有個性,手拿一根文明棍。他不大欣賞胡適之。胡適之説没有屈原這個人,向公説:'我也認爲没有胡適之這個人,胡適之?到哪里去了?'""蔣石渠先生字寫得很好,他受過沈寐老(沈曾植)的薰陶。"①此外還談及閔宗臨、歐陽革辛等人,從這些點滴回憶中人們不難體會到那段生活對饒宗頤一生的影響。

---

① 此段引文參見胡曉明、李瑞明整理:《饒宗頤學述》,杭州:浙江人民出版社,2000年,第16—18頁。

姚華文字學著述芻議

鄭海濤
（西華師範大學文學院）

姚華(1876—1930)，字一鄂，號重光、茫父，別號蓮花庵主，貴州貴築（今貴陽）人。光緒二十三年(1897)舉人。姚華一生著述甚爲宏富，論著涉及詩文、詞曲、金石、字畫、音韻、方言、古文字等諸多領域。姚華不僅長於文學與書畫藝事，其於文字小學方面亦造詣精深，頗有見地。正如門生鄭天挺在《書適》代序中所言："先生繼鄉先輩鄭珍、莫子偲之後，努力經史之學，尤精説文音韻，金石書畫，詞曲樂律，實爲一時大師。"①姚華文字學著述有《書適》《小學答問》《黔語》《説文三例表》《金石系》《佩文韻注》等，其中《説文三例表》《金石系》《佩文韻注》未見刊行，其他三部論著由鄧見寬先生從姚華孫輩姚何、姚伊、姚遂處搜求到原稿，1988年貴州人民出版社合編爲《書適》一書予以出版。此外，姚華個人別集《弗堂類稿》中亦有不少篇章涉及姚華於文字音韻方面的觀點與成就，惜學界關注甚少。以下筆者分別對姚華《書適》《小學答問》《黔語》三著的編撰理念與學術觀點進行辨析，以期從中管窺姚華深邃博大的學術思想。乖謬之處，尚望方家賜正。

一

《書適》爲姚華論文字學之最重要著述②。該著述作於一九一四年陰曆三月十五

---

① 鄭天挺：《書適》代序，貴陽：貴州人民出版社，1988年。
② 《書適》之名，得名於《北齊書·邢子才傳》："（邢子才）有書甚多，而不甚讎校。見人校書，常笑曰：'何愚之甚，天下書至死讀不可遍，焉能始複校此，且誤書思之，更是一適。'"見《北齊書》第三十六卷《補列傳第二十八》。後清人顧廣圻自號"思適居士"，其藏書銘印爲"時思誤書，亦是一適"，書齋亦名"思適齋"。姚華在《書適自序》中開篇即云："昔人云：'思誤書亦是一適。'予謂：'書之適，豈必誤哉？'"姚華以此爲書名，乃在於強調讀書人學習首先要正確使用漢字，方纔會心情愉悦。

日①,較爲全面系統地呈現了姚華於語言文字理論體系的建構情況。其中又重點闡述了我國古代語言文字的起源及發展演進的不同階段特徵,漢字的造字與字形之間的關係,文字的社會功能意義以及書寫工具的演進軌跡等議題。以上所列方面,均爲文字研究者必須直面的最重要論題,同時也是語言文字研究的根本起點。姚華參考許慎《說文解字》的觀點,對上述問題進行了理性的思考與合理的解答。

姚華首先强調文字的重要性與社會功用:"故欲考古,莫信於書。"指出對考古工作而言,最爲可信者當爲文字。並進一步强調文字具有"觀世"的意義功用:"吾意於書,可以觀世。"通過研究文字,其間可以考察社會時代的盛衰變化,可以觀照古代社會的結構狀態,同時也往往能夠讓研究者得到意想不到的驚喜與收穫:"是以古今之變,三才之奧,求之於書,如披沙揀金,往往見寶。"姚華首先强調語言文字的重要性,正是基於在當時文言文漸趨没落,白話文逐漸普及的時代大背景下,人們對語言文字的發展何去何從這一根本問題頗感惶惑的現狀有感而發,同時也是爲自己在後文中的諸多理論張本。通過語言文字巨大社會價值的凸顯,爲語言文字研究謀求存在的合理性與時效性,有助於轉變人們長期以來對"小學"的偏見與認識。

在列舉具體實例中,姚華特别對"一"字字形進行了詳細考辨:"卦始於一,又等猿而上之。一之興也,當與器同始。海外考古之士謂器始自石。自有石器,即有一矣。"同時指出:"一畫爲先,八卦始作。""一"是漢字中最基本的筆劃,許慎《說文解字》即將之作爲卷首展開論述。姚華認爲先出現"一"字筆形,其後方纔有畫卦;這與猿猴是人的祖先同理。在考索"一"字字形的産生時,姚華還吸收借鑒了國外考古學的最新成果,提出先有石器,次方纔有"一"字筆形的産生。他還對書契與結繩的關係作了細緻辨析:"書契所象,即仍結繩之形,所以與物之實象不無少遠者。"即文字所表達的圖像往往與實際形貌相差甚遠。爲了説明這一道理,姚華列舉了上古時代鐘鼎、彝器、款識上所刻文字如"乙""燕""豕""馬""半""羊""龜""它"等詞以佐證。姚華還肯定古文籀篆在"補史"方面的積極意義:"古史荒誕,其述事物之原,多不可憑。即偶有近實者,又苦疏略,且以後人竄易,難爲信史。欲補古史,於書中求材,古文籀篆所得不少。"後人對歷史的瞭解多依託於史書。然因編修者主觀喜惡與後人竄改等因素,導致史書所載事件往往難以成爲信史。而古文籀篆中所記文字,往往能夠成爲今人確鑿瞭解歷史的有益補充。姚華還以"寒""暑"二字爲例,具體分析了其間彰顯出的古人生活面貌。如他在分析"寒"字時云:"宀居之暖,不及於穴,故於宀下薦,上覆,皆利用草,人藏其中,四

---

①姚華在《書適》自序中記:"甲寅上元。"

塞而禦寒,下有仌,寒之象也。"這就清晰地揭示了"寒"字的產生與上古人穴居生活的聯繫。

姚華是名滿京華的畫壇巨匠,同時亦是具有深厚文學素養的詩人。他還從詩歌、繪畫等藝術創作觀念出發,提出考察文字的基本方法有三:一是由實測虛,二是由近致遠,三是以意逆志。他在《書適》中云:"吾觀於書,謂猶讀畫,當由實而測之虛,由近而致之遠,無盡之象,托以數畫。故説書者不可殢於相,當以意逆志,與詩同也。"文字源流距離今世甚遠,任何人都不可能實際重返歷史本原。故以歷史實物出發,結合近世情況去考索作爲遠古歷史的文字源流,這無疑是一條行之有效的正確方法。以意逆志是中國傳統詩學理論批評的重要主張,其意在於以自己的親身感受去揣度他人的想法本意。其無疑也是解讀文字起源的方法原則之一。

姚華還在《書適》中梳理了中國古代書寫工具的發展軌跡。他首先考索了筆的演進情況:"今書用筆,筆有二體,其身爲管,其端爲穎。穎有剛柔,質皆用毫。"他還對剛筆一類的演進情況作了詳盡論述:"剛筆之制有漆筆,用之於漆書;有刻筆,用之於書契。"墨筆興起則在漆書之後。"漆書之後,墨書代行。"此外,姚華還特別提及由歐洲傳入中國的鉛筆:"歐洲制筆有以木爲表,以鉛爲裡者,譯曰鉛筆。"鉛筆起源於十六世紀英格蘭牧羊人以石墨在羊身上計數;十九世紀初由美國木匠威廉·門羅改進技術,約在十九世紀末傳入中國,鉛筆以其使用的便利性對中國人的傳統書寫方式造成一定衝擊。雖然姚華述及鉛筆旨在説明其以石炭爲墨的書寫特徵,但其間也可看到姚華善於接收新興事物的一面。此外,姚華還對文字載體形式的變遷作了細緻的考索:"契之言約必取二合,或以金石,或以骨角,或以竹木,當順難易之次,先後遞變。"而"竹木之外,或以幣皮,其物易卷,故又曰卷、曰帙、曰函,則又卷册之總歸也。"其後演進的軌跡則是"竹木之變,更加輕薄,則用縑帛。""縑帛之用,亦謂之紙。"以上所論,要言不煩地勾勒出了文字書寫載體的基本脉絡與發展進程。

姚華精通金石之學,擅長書法,家中所藏金石甚富。在《續書適》篇末,他還列舉諸多金石篆文作爲佐證中國文字遞嬗的實例。如《夏雕戈文》《夏帶鉤文》《古龜甲刻辭文》《周石鼓文》《秦泰山刻石》《秦程邈書偽集》《漢魯孝王石刻》《漢池陽宫燈銘文》《漢建章昭鴈足證銘文》《漢祀三公碑》《漢高岳泰室石闕銘》《漢嵩岳少室石闕銘》《漢太尉楊震碑》《漢張芝章草書》《魏鐘繇〈絳貼〉》《古鉢封泥》《古玉鉢》《古玉押》等。以上所列,絶大部分取自姚華本人所藏碑刻拓本。姚華依據當時新出土的甲骨文、鐘鼎文等資料來辨析文字起源、演進等諸多關鍵問題,這是對乾嘉學派重視客觀實物,不輕易下主觀臆斷的學術精神的弘揚光大。在秉持乾嘉學術傳統的同時,姚華善於吸收借鑒西方學術界最新研究成果,以進化論爲核心貫穿其間,這種新見材料與科學方法的綜合運用,較之於動輒徵引前賢言論者無疑更具備説服力,與墨守成規、人云亦云者更是不可以道里計。故其結論雖新穎獨特然卻並非故作驚人之語,而是有客觀實證與科學方法作爲支撐證據。由此亦可窺見姚華深邃獨到的學術思想與相容通達的治學理念。

二

《小學答問》是姚華的古文字學概論,脱稿於 1900 年①。凡二十八章。關於此著的創作緣起,姚華友人熊繼先在《小學答問》跋中有詳細記載:"上《小學答問》二十八章,同里姚華(重光)撰。始脱稿於庚子歲。今年春,余與重光同就興義聘,攜以偕行,既以遊匪之變,囊篋盡失。抵里後,里中子弟有從來游者,於中文率無頭緒,因檢舊篋得此本以授之。蓋其初次底本也。"②從跋中所記,可知《小學答問》應作於姚華脱稿於 1900 年,其後姚華在 1902 年赴興義筆山書院任教之際將書稿帶至興義,作爲自己在書院宣講小學的教材講義。時聽課者有熊述之、王伯群等人,該著是一部初學文字者欲窺文字音韻門徑的入門教材。《小學答問》主要體現了姚華於小學研究的如下見解:

(一)主張品德教育與識字教育並重

在《小學答問》第一章《論門徑》中,姚華將"小學"所涉及範疇分爲兩大領域,其一爲"講幼儀朱子小學",其二是"講文字周官保氏六書"。前者係指朱熹與其弟子劉清之合編之《小學》,分内外兩篇,凡六卷。内篇爲《立教》《明倫》《净身》《鑒古》;外篇則爲《嘉言》《善行》。《小學》的核心思想是宣傳儒家孔孟之道,但其提倡守禮行孝、明德立志,對傳統美德的養成具有一定作用;"六書"係指漢字的六種造字方法,最早見於《周禮·地官·保氏》篇:"保氏掌諫王惡而養國子以道,乃教之六藝,……五曰六書。"此處正是代表了文字小學。姚華將蒙學範圍界定爲"講幼儀"與"講文字",正是以最精煉的文字概括了傳統蒙學的基本内容。時至今日,禮儀與文字亦均是蒙學教育的重要方面。

---

①關於《小學答問》的成書時間可參見姚華友人熊繼先於光緒二十八年壬寅冬十一月爲該著所題之跋:"上《小學答問》二十八章,同里姚華(重光)撰。始脱稿於庚子歲。"故該書成書於 1900 年。

②熊繼先《小學答問》跋,見姚華著、鄧見寬點注《書適》,貴陽:貴州人民出版社,1988 年,第 102—103 頁。

(二)提出"以母通子"的學習方法

《小學答問》中關於語音文字相關知識的介紹,多踵接許慎《説文解字》與段注而來,其中尤其值得注意的是第七章《論聲母通聲子》。正是在該章中,姚華提出了著名的"以母通子"的觀點,爲後人學習漢字的構造形狀與基本規律提供了一種以簡馭繁的科學方法。

姚華在第五章《論字母》中先辨析了"子"與"母"的定義:"造字之時字少,原無母名,後來字多,皆從先造之字相加而出,後來加成之字爲子,因爲先造之字爲母。"明晰了"子"與"母"的概念後,姚華從聲與義兩方面對"以母通子"的學習方法進行了闡發。他在第七章《論聲母通聲子》中以東部聲母爲例,解釋"文字各部聲子義,皆由各部聲母出"的規律。此外,他還引用老師雷廷珍《經義正衡叙録》中"説東聲字一通"一節説明了"各部聲子,皆可以聲母説之"的道理。"以母通子"法係針對漢字構造特點提出。衆所周知,漢字中形聲字數量爲最,其讀音與意義大多由母字衍生而來,或與母字有不可分割的聯繫。"以母通子"提出以抓基本字形、讀音爲主,推而廣之,舉一反三。對初學者而言往往能起到化繁爲簡、化多爲少的實際效果,是指示初學者瞭解漢字發音與意義的有效途徑。

《小學答問》成書之際,國人在習字用語上正是面臨西方文字與東方文字(日文)的雙重衝擊。在使用文字方面大多欠缺自信心,崇洋媚外者比比皆是。有提出以西文代替漢字者,有希望以日文代替漢字者,甚而有人悲觀地認爲漢字命運將如同希臘文,最終只爲人"間或一用"者①。在這種消極悲觀論調的影響之下,人們對小學普遍喪失興趣。《小學答問》提綱挈領式地介紹了文字音韻學的基礎知識,在形式上又是採取一問一答的靈活方式。此外,在具體學習方法上,姚華還針對漢字聲義特點提出"以母通子"的科學學習方法。是一部引導初學者迅速入門的通俗讀物。

關於對《小學答問》總體評價,姚華友人熊繼先在《小學答問》跋語中所論甚爲精當,熊繼先在痛感當時國内青年學子普遍存在盲從於時論,於中文之源流用法知之甚少或是不求甚解的現狀後評述曰:"是書於中文之源流、用法與夫近世中文何以趨於煩難

---

① 熊繼先《小學答問》跋記:"餘壹維今之言文字學者,大率以東西爲目的。有謂西文僅二十餘字母,以母拼音,捷於中文數倍者;有謂西文較難,不若假道於東文者;甚或謂大地既通西文,將行遍全球。中文繁難,必將如希臘古字,間或一用者。"見姚華著、鄧見寬點注:《書適》,貴陽:貴州人民出版社,1988年,第103頁。

之故,莫不詳述。設有同志相與提倡而發明之,則有功於中文與否? 雖不可知,亦可等於抱殘守缺之例也乎!"①此外,他還特別強調了"以母通子"法的簡捷性與科學性:"由母通子,則一切字無不可通。形、聲兩母,僅千餘名耳,數月之功,即以文字專門名家可也。"(同上)《小學答問》在普及文字學相關知識方面功不可没,尤其是針對中文之源流、用法這些語言學最基本的問題予以詳盡解釋,爲青年學子一窺小學門徑提供了必要的參考。其於中文的價值與意義雖不可具體估量,但對二十世紀初語言文字變革運動是有催生作用的。

三

《黔語》一書爲姚華晚年所著,該著撰寫工作開始於 1929 年,至姚華 1930 年病逝停筆。《黔語》爲貴陽方言著述,其體例與條目類似於方言辭典。姚華自幼生活在山城貴陽,對以貴陽方言爲代表的黔地方言瞭解甚深,該著即是以辭典式的條目記載了貴陽當地的諸多方言俗語,爲後人研究考察近世以來貴陽方言的發展變化提供了第一手的直接材料。

《黔語》作爲貴州方言整理與研究歷史上第一部專著,其研究重心在於整理與考辨貴陽地區的方言語彙。從姚華辨析方言的路數中,可以看到《黔語》一書明顯有如下幾個特色:

(一) 以曲釋詞(方言),即用元曲中的方言俗語佐證方言的淵源與涵義

姚華精熟於曲學,同時也是一代曲學理論名家。他曾經校勘元槧雜劇三十種,並通讀《六十種曲》,從其間集校宋盲詞數十則。對元雜劇與元散曲中的種種語彙爛熟於心。曲家的身份體現在《黔語》編撰中,即表現爲他常常以元雜劇或元散曲中所見的方言語彙運用於貴陽方言的探究之中,以曲釋詞。這是《黔語》探究方言詞義與演進變化情況最常用的研究方法。衆所周知,元曲在語體風格上的主要特徵就是適俗性,其語言詞彙往往是貼近民間大衆生活的日常俗語。因此,從這一角度而言,曲體文學在語言詞彙方面保存了諸多生動豐富的實際材料。趙義山先生在《明清散曲史》中論及散曲的

---

①熊繼先:《小學答問》跋,見姚華著、鄧見寬點注《書適》,貴陽:貴州人民出版社,1988 年,第103 頁。

語言學意義時云:"從語言學意義觀之,因曲可用口語俗語,所以,凡民衆口語中一切語料,皆可入曲,因此,曲之一體,不僅真實地保存了當時民衆口語中的常用語彙,而且還較爲真實地反映了聲韻分合的情况,這就自然爲研究語言中的詞彙和聲韻提供了第一手資料,特别是在聲韻演變方面的研究價值,可以説是無可替代的。"①較之於相對雅致而在文人士大夫等小範圍群體得到傳播的詩詞而言,曲體文學的流播層面與範圍自是大大超出詩詞,在反映民間方言語彙的演進上亦具有詩詞不可比擬的重要參考價值。從這一角度而言,姚華以曲釋詞的研究路數無疑是正確的。

以曲釋詞是《黔語》一書最明顯的特色。如他在解釋"踠跧"一詞時即引用元散曲家貫雲石之作與元南戲《荆釵記》中成語佐證其詞含義:"踠跧,見元貫酸齋【清江引】曲《知足》一首,有句云'醉後踠跧卧'。亦元人常語也。跧如酸呼,與栓同。貴陽亦有此呼,惟其字少見。北平拴馬,拴如此作。味酸齋曲,踠跧,但謂盤屈,貴陽語則有彆扭意,有喬假意。"又云:"蟠曲不直捷之謂踠跧。《荆釵》第二十七出【月上海棠第一曲】云:'拚擔些巇嶮受此踠跧。'""踠跧"一語,現仍在西南方言中廣泛使用,雲貴川方言中均有此詞,其含義爲挖苦、譏諷解。而現義當由"彆扭"義引申而來。《黔語》中對"踠跧"一詞的解釋,爲後人考索其詞義之變化提供了直接材料。其他如以明周履靖《錦箋記代選》中人物臺詞釋"撇脱";以北平徽班演劇《送親演禮出》釋"牙瓣";以《牡丹亭》釋"這答那答";以《西廂記》中【小桃紅曲】和李日華《南西廂》第二十五出【尾犯序第三曲】釋"撒沁";以《琵琶記》第二十六出【駐馬聽第二曲】釋"人人"等。從學理層面而言,曲體文學是反映方言發展變化的直接史料,其與方言口語之間的聯繫是詩詞不能比擬的。因此,姚華"以曲釋詞"的做法,一方面既發揮了自己的學術所長;另一方面也契合研究物件的基本質性。這一對漢語詞彙的研究思路值得後人參考借鑒。

(二)以詩詞文賦等傳統文體釋詞,彰顯出姚華一代通才的廣博學識

"以曲釋詞"固然是《黔語》中考索方言詞彙淵源、發展演進的最常用手段,但姚華對貴陽方言的研究角度並不僅僅局限於對曲體文學的依賴,而是詩詞文賦,皆廣採博取,彰顯出作者廣博深厚的學識素養與通達全面的學術氣度。姚華立足於小學著述,以文字、音韻研究爲本,結合乾嘉學派治理窮經的研究路數,同時穿插以作者所見之詩詞文賦等文學作品以爲佐證。既使得其考索結論爲人信服,同時亦提升了《黔語》一書的

---

①趙義山:《明清散曲史》,北京:人民文學出版社,2007年,第16頁。

學術品位。如他在考索"牙瓣"一詞時即綜合運用了《説文》《爾雅·釋草》《毛傳》中的相關解釋:"牙之數以瓣計。《説文》:'瓣,瓜中實也。'段注:'《衞風》齒如瓠犀。'《爾雅·釋草》及《毛傳》曰:'瓠犀,瓠瓣也。瓜中之實曰瓣,實中之可食者當曰人,如桃杏之人。'"貴陽方言中有"牙瓣"一詞,亦曰"牙巴絲絲"。姚華運用小學工具書以及《毛傳》對"瓣"一詞的相關解釋考索"牙瓣"的由來,一方面彰顯了其人廣博强識的學術根底,另一方面也是對乾嘉之學好引經據典佐證觀點這一治學路數的傳承。又如他對"嚇"的考索:

> 貴陽驚怪之詞。其音如霞。予求其本字不得,初疑是駭,音既不類,且駭亦黔語常用也。按:韓昌黎詩云:"兒童稍長成,雀鼠得驅嚇。"嚇音如罅。《莊子》:"鵄得腐鼠,鵷鶵①過之,仰而視之曰嚇。"是韓詩本之《莊子》也。而唐馬吉甫《蝸牛賦》:"本忘情於蜂守,亦何憚於鴻嚇。"焦弱侯云:"鴻當是鵄字之誤。……元曲中亦常用此字,宋詞字亦作唬。"

姚華接連列舉韓愈詩、莊子文以及唐人馬吉甫賦以爲佐證,考辨"嚇"一詞在古時詞彙系統中的使用情況。可見姚華對各體古代文學作品可謂熟稔於心,故往往能運用自如,信手拈來。這也使得儘管《黔語》一著在性質上屬於方言類著述,但在行文風格方面卻顯得文采燦然,其他如他以《詩·大雅》、錢塘汪景祺《讀書堂隨筆》《説文》《通俗文》《莊子》《史記·范雎傳》《漢書·高帝紀》《韓安國傳》《周仁傳》《襄陽耆舊傳》《字林》等相互參照釋"矢溺";以史達祖《齊天樂》詞"人間公道惟此"釋"道到";以《論語》《説文》參證釋"餿";以《説文》《廣韻》釋"像";等等。既可見姚華除以曲釋詞外,廣採博收經史子集之前世文獻中擇取詞彙釋貴陽方言的研究路數,同時亦可見姚華平日閱讀涉獵範圍之廣。對研究考察姚華知識結構不無裨益,或許亦能爲他人考索姚華經眼書目提供參考依據。

(三)文筆簡練生動,頗富趣味,爲後人考察清末民初貴陽一帶風土人情提供了直觀史料

《黔語》一書雖爲工具書性質,但在語言文字上並非正經古板的書面體,而是簡練

---

① 鄧見寬先生作"鵷錠",誤。

形象,富有趣味,爲後人考索當時貴陽一帶民風民俗以及方言俗語的運用及流變提供了直觀史料。如"貓貓馬馬"一則:

　　《僧了塵集》記了塵有一四字聯云:蒙貓貓迷,塔馬馬肩,亦貴陽語也。迷,呼如謎,即捉迷藏也。童戲之一。一兒被蒙,群兒藏之,蒙者口中唱曰:"貓貓迷,董董場,放出貓兒拿耗糧。"……馬馬肩,亦童戲。一兒以肩承他兒,或兩兒共荷一兒。蓋古者桀乘人之遺,漢武梁祠畫像有此一刻。貴陽語謂之"馬馬肩"。

　　筆者從小在貴州黔西南州晴隆、興義長大,貓貓迷與馬馬肩均爲兒時常玩遊戲,對姚華所記甚感親切。然不同僅在於"迷"一詞的發音,黔西南一帶訛爲"覓",去聲。姚華所記兒童遊戲場面筆墨甚爲簡略,然寥寥數語,一副生動的群兒戲耍圖如在眼前。爲後人研考黔地風俗亦提供了直觀史料。此外,姚華所學甚爲駁雜,他不但善用曲、詩、文等前朝典籍釋詞,而且還能發揮己博學通識之專長,結合漢代畫像磚所繪圖像予以考釋。這不僅提升了《黔語》一書的文化品位,而且這種不限於某一文藝門類中搜求材料,而是廣採博引的學術路數也能夠給予後人治學以有益啟迪。除以上所述之外,《黔語》中所記其他如"扛扛轎""翻鼓鼓""打拋"等則,均以簡練文字記載了黔地兒童遊戲的遊戲方式與遊戲場面,對後人考索研究民國時期貴州兒童遊戲的種類與形式大有裨益。"餳餳""搦飯團""糯米""甑底""粢餳糖""宵夜""青鋼木碗碗""枸醬""戽""構皮紙""馬桶""柮頭""行鑼""粉"等則記錄了黔地鄉民衣食住行方方面面的民俗人情,對黔地民俗的研究無疑具有重要參考價值。而"仙桃草""慈姑""送春歸""紫蘇子""苦蒜""金瓜椎""地鼓牛""地巴掌"等則記錄了黔地一帶獨有的草本植物類型,對考察貴州植物種類及分布有參鑒意義。"連械""碓櫜""風箱""叉魚""鬥擋""豬槽""斗笠"等條則記載了黔地農村生活的日常用具,對考察黔地農村鄉人生活面貌亦有幫助。

　　總而言之,《黔語》一書所記所雜,在系統性與條理性方面有所欠缺。且姚華因爲是貴陽人,其方言發音受西南官話影響較重,導致《黔語》中注音時有乖舛之處,如上聲、去聲不分,平舌、捲舌不分,前鼻音與後鼻音不分等。如他在釋"戽"一詞時云:"其語如虎",將去聲字注爲上聲字,顯誤;又如他注"跛"爲"北哀切",注"擘"爲"皮野切",注"臀"爲"都恩切"等,均與該詞實際發音有所不符。此類訛誤並非是姚華學養不足,而是他發音受貴陽方言影響極大的表現。較之於《黔語》一書的詞彙學價值、方言學價值、民俗學價值等而言無疑是瑕不掩瑜。

結　語

關於姚華在近代文字學與音韻學等小學領域的貢獻，鄧見寬先生在《書適》前言評價云："姚華博學廣營，根底雄厚，又有機會運用當年新出土的龜甲文、鐘鼎文等資料，在國内及留學日本期間於接受了資産階級治學觀點，其論述力求語語有本，又頗有創見不囿於前人。"①鄧先生初稿作于 1983 年，其時舉國正處革故鼎新之際，然而文學批評領域的話語言説方式受階級鬥爭説影響還十分明顯。故他所云"資産階級"一語，實際上也表達了其對西方、日本先進的治學理念。

---

①姚華著、鄧見寬點注:《書適》，貴陽:貴州人民出版社，1988 年，第 10 頁。

石濱純太郎的東方學研究

劉進寶

(浙江大學歷史學系)

石濱純太郎(1888—1968)是世界著名的東方學家,在國際東方學界佔有重要的地位,他還是著名的敦煌學家,"敦煌學"一詞就是由石濱純太郎在1925年首先使用的,同時他在整理出版《西域文化研究》方面成就突出。現將石濱先生在東方學研究方面的貢獻略作介紹。

一、石濱的東方學背景與貢獻

石濱純太郎所生活的時代,國際學術的潮流是東方學,而東方學又是在西方對東方的侵略或佔領下逐漸形成的一門學科,即在19世紀上半葉西方殖民主義向東方侵略過程中逐漸形成、發展起來的,它沒有一定的學科體系和理論架構,研究的對象也十分分散而不確定,並根據需要不斷在轉換研究重點和地域。

隨着西方"東方學"的興起,歷史比較語言學成爲學界的主流。"歷史比較語言學、印歐語系的發現,使人豁然開朗,原來人類存在親緣關係。"[1]它的特點是不僅要掌握多種東西方語言文字,同時還要掌握多種東方的民族語言和死文字,利用各種文字史料對種族氏族、語言文字及名物制度進行比勘和審訂。石濱純太郎就是這樣一位學者。據神田喜一郎在《追悼石濱純太郎博士》[2]中説:

---

[1] 參閲劉建:《東方與西方:二元對立抑或交光互影——東方學研究中的幾個理論與實踐問題》,曾瓊、曾慶盈編:《認識東方學》,北京:北京大學出版社,2014年,第50頁。

[2] [日]神田喜一郎,高野雪、初曉波、高野哲次譯:《敦煌學五十年》,北京:北京大學出版社,2004年,第124頁。

大阪這塊土地,時時孕育出天才學者,石濱純太郎博士便是其中之一。這位東洋學者的學識博大精深,在這一點上無人能夠與之匹敵。他十分尊重日本的內藤湖南先生和法國的伯希和教授,自己的研究也與這兩位學者方向一致。

伯希和懂多種語言文字,是公認的東方學大家。內藤湖南是著名的歷史學家,他提出的"唐宋變革論"已經成了中國古代歷史的重要命題。

據神田喜一郎介紹:

(石濱)博士精通英語、德語、法語及俄語,同時密切關注和掌握各國的研究最新動向和成果。而且這些語言都是他自學而成的,其稟賦之高,令人驚歎。①

由此可知,石濱氏除了精通英語、德語、法語和俄語這些國際上通行的語言外,還精通蒙古語、滿語、土耳其語,研究過藏語、梵語、西夏語,具有進行歷史比較語言學研究的最好基礎。

敦煌文獻發現並流入歐洲後,1910年2月,東京帝國大學的黑板勝美博士結束了兩年歐洲留學生活回國,帶回了關於西方諸國在中亞探險中所獲各種成果的信息。恰在此時,日本大谷光瑞考察團將在新疆考察所得運抵京都。內藤湖南就在1910年8月3日到6日的《朝日新聞》上以《西本願寺的發掘物》爲題進行了報導。十多年以後,也就是大正十三年(1924)七月內藤湖南率長子內藤乾吉、弟子大阪外國語學校的石濱純太郎、女婿鴛淵一到英法德意各國考察,翌年二月返國。在此期間,他們對歐洲所藏敦煌西域出土文獻及其研究狀況進行了詳細調查,尤其是閱覽了伯希和所得敦煌文獻670件,拍攝帶回了近百件照片②。日本絲綢之路研究專家長澤和俊認爲,石濱隨內藤考察歐洲後,成爲"關西地區研究西域古文書、敦煌胡語文書的最高權威"③。可以說,這次的歐洲之行,使石濱純太郎眼界大開,對國際學術界有關敦煌西域出土文物文獻研究的歷史和現狀有了全面的了解。也正是這次的歐洲考察,纔有了石濱純太郎於1925年8

---

① [日]神田喜一郎:《追悼石濱純太郎博士》,《敦煌學五十年》,北京:北京大學出版社,2004年,第124頁。

② 參閱[日]高田時雄:《探求敦煌與本——日本學者的歐洲訪書行》,日文版原載《佛教藝術》271號(2003年11月)。此據高田時雄《近代中國的學術與藏書》,北京:中華書局,2018年,第102—103頁。

③ [日]長澤和俊:《石濱純太郎》,見《日本人名大事典》第7卷,東京:平凡社,1979年。轉引自王冀青《論"敦煌學"一詞的詞源》,《敦煌學輯刊》2000年第2期,第112頁。

月在大阪關於"敦煌學"的演講①。

據王冀青介紹:1925年8月,石濱純太郎在一年一度的大阪懷德堂夏期講演中,以《關於敦煌石室遺書》爲題,作了四個晚上的演講,每次一個半小時。隨後石濱又對其講演稿略作增訂,並以《敦煌石室的遺書(懷德堂夏期講演)》爲名於1925年12月印刷出版。這是一本只有96頁的小册子,而且屬於"非賣品",印數很少,很難看到原本。後來再次整理潤色後收入教授的《東洋學史話》中,成爲學習敦煌學的必讀書②。

就是在1925年8月的演講及隨後的成書中,石濱純太郎多次提到了"敦煌學"一詞,如:伯希和是"法蘭西學院的西域學教授,主講敦煌學";"由於法國的敦煌學研究繁榮昌盛";"英國的敦煌學在很大程度上是靠各國學者的筆寫出來的";"還有一部題爲《石室秘寶》的影印本,這是中國敦煌學的第一號影印出版物,最值得紀念了";"對於那些想窺探一下中國學或想稍稍學點東洋學的人來説,如果不談敦煌學這個已成爲世界性的學問,那恐怕也是不行的";"我本人在這裏所講的,只是最最簡單的敦煌學的啓蒙内容";"敦煌學多趣多樣";"世界上出現了敦煌學,是一件值得欣喜若狂的事情";"廣義敦煌學的定義";"敦煌學的内容應該包括因中亞探險而産生出來的全部資料";等等。

從以上所述"敦煌學"一詞的内容及含義看,它已經是一個比較成熟並且爲大家所承認的詞語,所以石濱純太郎纔能熟練地使用。從語言的發生發展看,"敦煌學"一詞的出現應該早於1925年,此前,在日本學術界,已經有了"敦煌派""敦煌家""敦煌黨""敦煌屋"等辭彙,"敦煌學"應該就是在這些詞彙發展的基礎上形成的。其産生的時間應該在日本大正年間(1912—1925)③。

前已述及,石濱是一位東方學家,而東方學的範圍很廣,除了敦煌學外,藏學、西夏學、蒙古學等等原屬"漢學"的内容都包含其中。另外還有埃及學、印度學、亞述學等。

石濱除了在敦煌學方面的貢獻外,還在蒙古學、西夏學方面貢獻卓著。

(石濱)博士在研究中花費精力最大的是蒙古語研究。他很早就開始收集世界各地的相關文獻,廣泛深入地涉獵蒙古歷史、地理、風俗等等。關於蒙古語方面則聯繫同屬烏拉爾——阿爾泰語系的滿洲語、土耳其語文獻,博士的蒙古語研究就

---

① 參閲劉進寶:《東方學背景下的敦煌學》,《敦煌研究》2017年第3期,第8—15頁。
② 參閲王冀青:《論"敦煌學"一詞的詞源》,《敦煌學輯刊》2000年第2期,第110—132頁。
③ 參閲劉進寶:《東方學背景下的敦煌學》,《敦煌研究》2017年第3期,第8—15頁;王冀青:《論"敦煌學"一詞的詞源》,《敦煌學輯刊》2000年第2期,第110—132頁。

是建立在如此堅實的基礎上,形成了自己獨特的風格。石濱博士還曾經研究過藏語、梵語等,并且曾經一度熱衷於解讀西夏文字。

  在這些研究領域中,西洋學者佔據壓倒性的優勢,所以必須借鑒他們的成果。①

  石濱純太郎是日本大阪府人,據日本敦煌學專家高田時雄教授説:他的學術範圍很廣:"中國本土自不用説,從滿蒙到中亞、印度,興趣範圍所涉及的領域非常廣,并且充分利用自身優越的經濟條件,建立了東方學方面書籍的極爲豐富的收藏。"他雖然未能到達蘇聯,但卻積極地收集俄文文獻,是當時日本最熟悉蘇聯學術動向的學者。如在1927年發表的文章中就有"(奥登堡考察團發掘的)敦煌千佛洞出土"等字樣,同時還了解到了奥登堡第二次考察團獲得文獻之事,得知俄藏敦煌文獻大部分爲漢文文獻,還有粟特文二葉、梵文、回鶻文、西夏文等殘片,還知道阿列克謝耶夫正在編撰目録②。

  石濱純太郎還在西夏文獻研究方面有傑出的成績。1922年,石濱純太郎作爲專科生進入大阪外國語學校蒙語系學習,蒙語教師正是從京都大學外出講課的羽田亨。恰在此時,蘇聯西夏學專家聶歷山來到大阪外國語學校教授俄語。當聶歷山與石濱純太郎在大阪外國語學校相遇後,就在石濱純太郎的推薦下開始從事西夏文研究,并與石濱純太郎共同研究西夏文獻③。史金波先生指出:在日本真正開始西夏研究、并做出重要貢獻的是著名學者石濱純太郎,他在1920年便發表了《西夏學小記》的文章,提出"西夏學"一詞④。聶鴻音先生更明確指出:"1920年,日本學者石濱純太郎在《支那學》雜誌上發表了一篇短文,率先使用了'西夏學'這個術語,從而宣告了一個新學科的誕生。"⑤

---

  ①[日]神田喜一郎:《追悼石濱純太郎博士》,見《敦煌學五十年》,北京:北京大學出版社,2004年,第124頁。
  ②參閲[日]高田時雄:《俄國中亞考察團所獲藏品與日本學者》。關於阿列克謝耶夫的學術,請參閲劉進寶《孟列夫與俄藏敦煌文獻研究》,見劉進寶主編《絲路文明》第一輯,上海:上海古籍出版社,2016年,第195—205頁。
  ③參閲[日]高田時雄:《俄國中亞考察團所獲藏品與日本學者》,見劉進寶主編《絲路文明》第一輯,第221—222頁。
  ④史金波:《二十世紀日本西夏學研究》,見杜建録主編:《二十世紀西夏學》,銀川:寧夏人民出版社,2004年,第250頁。據史金波先生文中所注《西夏學小記》,《支那學》1卷3號,1920年;《西夏學小記續》,《支那學》3卷2號,1922年。
  ⑤聶鴻音:《西夏文獻:解讀的理想和理想的解讀》,《中國社會科學院院報》2006年9月28日。

二、石濱與《西域文化研究》

　　日本的西域中亞研究在第二次世界大戰以後的一段時間處於低潮,没有特別重要的論著發表,只是時有零散的文章問世。20世紀50年代初,又進入了一個新的高潮。其主要原因是:第一,在龍谷大學圖書館,找到了長期以來不知去向的大谷探險隊所獲敦煌吐魯番文書;第二,經山本達郎和榎一雄的努力,英國博物館和印度事務部圖書館收藏的斯坦因所獲漢、藏文寫本的縮微膠卷運到日本,入藏東洋文庫、京都大學等處。不久,又通過交換關係,獲得了北京圖書館所藏的縮微膠卷;第三,敦煌千佛洞對外開放,各國的敦煌學者能夠親臨其境進行考察,如畫家福田豐四郎就是大谷探險隊以後五十年第一個親訪敦煌的日本人;第四,中國王重民等編《敦煌遺書總目索引》和蘇聯孟列夫主編《亞洲民族研究所收藏敦煌漢文寫本注記目錄》的出版,爲敦煌學研究者提供了許多新材料。正是在這一背景下,1953年1月,由石濱純太郎、羽田亨等人發起,在龍谷大學成立了以石濱爲首的"西域文化研究會",彙集了一大批各個領域的專家,對新找到的大谷文書和各類敦煌文獻,進行了深入的研究。1958—1963年間出版了《西域文化研究》6卷7册,即1958年出版的第1卷《敦煌佛教資料》,1959年出版的第2卷《敦煌吐魯番社會經濟資料》(上),1960年出版的第3卷《敦煌吐魯番社會經濟資料》(下),1961年出版的第4卷《中央亞細亞古代語文獻》和《中央亞細亞古代語文獻·別册》,1962年出版的第5卷《中央亞細亞佛教美術》,1963年出版的第6卷《歷史與美術諸問題》。

1.《西域文化研究》的大致内容

　　《西域文化研究》第一卷是《敦煌佛教資料》,卷首刊出了吉川小一郎於1911年拍攝的敦煌千佛洞圖版,同時附了1957年剛訪問過敦煌的日本考古學代表團團員岡崎敬的解説,即《大谷探險隊與敦煌千佛洞》。然後是冢本善隆關於本卷研究的綜述性導引《敦煌佛教史概説》。還選取了部分佛典圖版,并有解説和研究。後面附有"龍大所藏敦煌古經目錄""敦煌佛教史年表"和"中亞研究文獻目錄"。

　　《西域文化研究》的第二、三卷是《敦煌吐魯番社會經濟資料》,這是史學研究最重要的資料。衆所周知,在此之前利用出土文獻研究中古社會經濟史主要依靠的是敦煌文書,對吐魯番和新疆其他地區出土文書則關注不夠,這主要是因爲中國所藏吐魯番文書直到20世紀80年代初纔在唐長孺先生主持下開始整理出版,所以當西域文化研究會對大谷探險隊所獲吐魯番文書進行整理研究時,就認識到它"可以探明社會經濟史的諸問題"而倍加關注。第二卷即《敦煌吐魯番社會經濟資料(上)》由七篇論文組成:那波利貞《千佛岩莫高窟與敦煌文書》、仁井田陞《唐末五代的敦煌寺院佃戶關係文書——關於人格不自由的規定》、周藤吉之《佃人文書的研究——唐代前期的佃人制》、西嶋定生《從吐魯番出土文書看均田制的實施狀況——以給田文書、退田文書爲中心》、西村元佑《唐代吐魯番均田制的意義——以大谷探險隊攜來欠田文書爲中心》、大庭修《吐魯番出土的北館文書——中國驛傳制度史上的一份資料》、小笠原宣秀《龍谷大學所藏大谷探險隊攜來吐魯番出土古文書素描》。這組論文主要利用敦煌吐魯番文書研究中古時期的土地制度,尤其是均田制度。

第三卷即《敦煌吐魯番社會經濟資料(下)》由八篇論文組成,即内藤乾吉《西域發現的唐代官文書研究》、小笠原宣秀和西村元佑《唐代徭役制度考》、仁井田陞《吐魯番出土唐代取引法關係文書》、周藤吉之《唐中期戶税的研究——以周氏一族文書爲中心》、小笠原宣秀《吐魯番出土宗教生活文書》、大庭修《唐告身的古文書學研究》、西村元佑《唐代敦煌差科簿研究——以大谷探險隊攜來敦煌、吐魯番古文書爲參考資料》、西嶋定生《吐魯番出土文書所見均田制的施行狀態補遺‧補正》。這組論文以官文書的介紹與研究爲主。

《西域文化研究》的第四卷是《中央亞細亞古代語文獻》,收入相關資料、研究文章八篇,即真田有美《大谷探險隊攜來梵語佛教寫本的描寫性目錄》、真田有美和清田寂雲《彼德洛夫斯基法華經中亞梵本研究》、羽田明和山田信夫《龍谷大學圖書館所藏回鶻文寫本目錄》、山田信夫《大谷探險隊攜來回鶻文買賣文書》、護雅夫《回鶻文借貸文書研究》、吉村修基《藏文醫藥文獻》、井口泰淳《吐火羅語、和田塞語佛經》、西田龍雄《基於語言及文獻的西夏研究》。

從上列八篇文章可知,本卷涉及了梵文、回鶻文、藏文、西夏文、吐火羅文與和田塞語等。由於民族語言文字的製版印刷比較困難,再加上頁數較多,第四卷還專門加了一册,即本卷的《別册》,主要是吐火羅語佛典的原文和日語翻譯,另外還有于闐語佛典。

第五卷《中央亞細亞佛教美術》由八篇文章組成,即羽溪了諦《西域佛教美術史序説》、熊谷宣夫《西域美術》、佐和隆研《敦煌石窟的壁畫》、上野照夫《西域的雕塑》、神田喜一郎《從中國書法史角度看大谷探險隊攜來品》、[故]禿氏祐祥、小川貫式《十王生七經贊圖卷的構造》、那波利貞《喀喇和卓高昌國墳墓内所見神像圖》、芳村修基《牧民的佛教美術》。

第六卷是《歷史與美術諸問題》，收入論文9篇，即龍村謙《大谷探險隊攜來古代錦綾類》、秋山光和《彌勒下生經變白描粉本與敦煌壁畫的製作》、月輪賢隆《藏傳釋尊入滅圖相》、土橋秀高《從敦煌本看種種菩薩戒儀——以斯坦因本爲中心》、《敦煌出土要行舍身經》、佐藤哲英《敦煌出土法照和尚念佛贊》、福原亮嚴《敦煌出土瑜伽師地論決擇分分門記》、松本善海《吐魯番文書所見唐代鄰保制》、山田信夫《回鶻文買賣契約文書的書式》。

以上我們對《西域文化研究》六卷七冊作了簡要介紹。從其豐富的內容可知，這套書收集了數十位日本學者的研究論文，是對大谷光瑞探險隊三次考察活動在佛學、歷史、考古、地理、美術等方面最早進行全面研究的成果彙編，被譽爲日本西域中亞研究的金字塔。

2. 石濱對大谷考察隊的介紹與評價

當我們談到《西域文化研究》的出版，就無法繞開石濱純太郎先生。關於西域文化研究會成立的背景和石濱加入該組織的情況，據石濱純太郎先生自述："多年來，我一直欽佩大谷光瑞師的雄圖，這也是我熱愛敦煌學的原因之一。直到現在，我仍對研究西域探險功績這一課題懷有熱情。"由於在龍谷大學圖書館發現了大谷探險隊攜來的西域文化資料，就擬成立西域文化研究會進行整理研究，龍谷大學校長森川智德先生徵求石濱先生的意見，再加上羽田博士的勸説，"所以決定答應這一邀請"①。

當我們翻開《西域文化研究》時，就會發現每卷前面都有石濱先生的"序言"，這些"序言"不僅闡述了每卷的編輯原則、主要內容、工作進展等，而且能得到許多學術史的信息。如關於大谷探險隊的歷史和所取得的成績、大谷文書的流散和收藏等。

石濱純太郎於昭和三十三年（1958）三月十日所寫《西域文化研究》的序言中，首先比較詳細地闡述了大谷光瑞考察團的三次中亞探險經歷和收穫："其中，第一回探險所得物多爲和田、庫車周圍佛教遺跡的出土品。第二回、第三回探險的所得物是以吐魯番近郊爲中心的出土品，庫車、敦煌等地的出土品亦得到關注。"他將大谷探險隊的考察譽爲"值得日本人驕傲的西域探險的壯舉"。

關於大谷探險隊的動機，大谷光瑞在大正四年（1915）三月刊行的《西域考古圖譜》

---

① [日]石濱純太郎：《西域文化研究》第一卷序言。

序言中這樣寫道:"前後三次探險的預期目的不止一個,但最重要的目的是探明佛教東漸的路徑,踏訪往昔中國求法僧前往印度的行跡。而且中亞早已落入了回教徒手中,佛教蒙受壓迫,這就更需要解開佛教史上的種種疑團。此外,需要彙集該地的經論、佛具、佛像,這些可以作爲研究佛教教義的考古學資料。如若可能,也希望可以破解地理學、地質學、氣象學方面的疑團。"①即"弄清楚亞洲之光——釋尊倡導的佛教究竟是經過怎樣的路徑由西域傳至中國大陸的也被認爲是年輕佛教徒最神聖的功業"②。石濱總結大谷"西域探險的目的主要是以下三點:第一點,佛教史研究;第二點,推進佛教教義研究;第三點,考察佛教及其他文化與自然現象的關聯"③。這是否是大谷探險隊的真正目的? 是否還有更重要的動機?

對於今天的學者來說,由於相關資料和檔案的公布,學術研究的深入,對大谷光瑞探險隊的情況已經比較熟悉。但在 20 世紀五六十年代,大谷考察團的探險情況許多還是空白,在這種背景下,石濱的介紹就顯得更加重要。

石濱是較早掌握和了解大谷文書的學者,他一直欽佩大谷光瑞的雄圖,對大谷的探險事業也傾注了大量心血,所以其對大谷探險隊的記述就是在資料大量公布的今天看來,仍然有許多新意。

大谷派遣西域中亞探險隊,除了想探明佛教的傳播外,當時歐洲學者間流行起前往中亞探險的風潮,也對正在英國首都倫敦留學的大谷光瑞產生了影響。"參加探險隊的渡邊、堀、橘、野村、吉川等幾位都堪爲光瑞師的左膀右臂。"④在第一次探險中,"渡邊哲信、堀賢雄兩位在和田、庫車、焉耆、吐魯番、烏魯木齊等地進行的調查具有歷史性的意義。但明治三十七年(1904)三月回到陝西西安的渡邊哲信、堀賢雄兩位卻沒有踏足敦煌,在對千佛洞並不很關心的那一時期這一點也是可以諒解的"⑤。在第三次探險時,恰好中國爆發了辛亥革命,大谷長時間沒有橘瑞超的消息,就派吉川小一郎從京都出發尋找。"吉川出發的時間是四十四年(1911)五月,他時年 27 歲,正是精力旺盛的時候。他在助手李毓慶的陪伴下經上海、西安、漢口等地於秋十月到達敦煌。吉川小一郎一方面努力收集關於橘氏的消息,一方面受命進行考古學的調查。當時敦煌千佛洞的盛名因斯坦因、伯希和兩位而被世界所知,但實地考察千佛洞的外國人卻很少,吉川氏是最

---

①轉引自石濱純太郎:《西域文化研究》第二輯序言。
②石濱純太郎:《西域文化研究》第一輯序言。
③石濱純太郎:《西域文化研究》第二輯序言。
④石濱純太郎:《西域文化研究》第二卷序言。
⑤石濱純太郎:《西域文化研究》第一卷序言。

早來到敦煌千佛洞的日本人。當時,住持王道士因籌集千佛洞的修理費而在尋找千佛洞所藏唐經的買家。第二年正月下旬,橘瑞超在吉川小一郎敦煌的住處找到了他。會合後,二人再度探訪敦煌千佛洞并停留數日,大約在此時二人得到了王道士的若干卷寫經。"①

3. 石濱對《西域文化研究》刊行的貢獻

關於編著《西域文化研究》的背景和内容:在大谷"探險獲得的古文化研究資料中,與佛教經典相關的材料是第一位的,除此之外,還有中國經籍、古文書、胡語文獻、繪畫、雕塑、織染、刺繡、古錢幣、印本、木簡等其他雜物,實爲豐富"。此前出版的《西域考古圖譜》刊出并介紹了大正四年六月的收集品圖版。"當時出於本願寺的經濟問題考慮,吉川小一郎將一部分收集品有所保留,如敦煌的出土品便没有全部刊出。"其後出版的《新西域記》上下兩册刊出了探險隊員的日記、收集品的圖版等。"但衆所周知,還有一些珍寶被京城(韓國首爾)博物館、旅順博物館收藏,這些珍寶因戰爭結束而重新回到我們的視野之中。上述兩書中提到的古文化資料現在因爲可以關聯到大範圍圖書館的藏品而能使學界受益。"因此,西域文化研究會便從昭和二十八年(1953)開始對龍大收藏品中敦煌佛教資料進行整理研究,《西域文化研究》第一卷"將會將上述兩書中無法看到的,如吉川小一郎攜來的敦煌收集品,以及流入其他地方的收集品作爲特色進行展示"。

石濱先生將其生命中的後半生都獻給了《西域文化研究》的編輯出版工作,這裏面既有對大谷探險隊的崇敬,對大谷光瑞本人自不必説,如對橘瑞超,他這樣記述:"橘瑞超師明治四十一年(1908)被選拔時是位十八歲的純真的美少年。橘師的性格充滿豪氣且積極向上,僅僅帶着地圖和指南針幾次翻越西域的流沙,幾近死亡,但最終達成了目標,這是值得驚歎的。回顧我的青年時代,我對橘瑞超師一直很尊崇,這也使得我對西域研究更加感興趣。""吉川氏也是一位偉才。"②大谷光瑞及其探險隊成員艱苦卓越的探險精神,更加增强了石濱整理編輯《西域文化研究》的決心,也有一種爲學術而"獻身"的使命感。繼承大谷探險隊的目標進行研究是本研究會設立的意義。爲達到這樣的研究目標,我們將儘快把研究基礎——探險隊員攜來的資料公開,回報學界的熱切期

---

① 石濱純太郎:《西域文化研究》第一卷序言。
② 石濱純太郎:《西域文化研究》第二卷序言。

盼,向世界介紹這次探險的價值。幸而去年《西域文化研究》第一卷刊登了"敦煌佛教資料",今年第二卷將繼續刊登,我感到十分欣慰①。

石濱在昭和三十四年(1959)3月10日寫作第二輯序言時,已年過古稀。他很感慨地寫道:"本研究會已成立六年,期間得到了諸位的協助。去年開始着手進行研究成果的發表,現已進行到第二卷。""去年秋,我與好友同慶古稀,此爲至上的幸福,唯盼本研究的完成。"②在第四卷序言中説:"本卷刊行印刷比預想之初困難更多……近年我的健康狀況不佳,承蒙出版社法藏館及印刷所各位的協助,在此表示衷心謝意。""本書第一卷刊行以來,每年刊行一卷,已經過了四年。實際上這樣的大册應該每年刊行一册,但我們遇到了比預想之初更多的困難。本書本卷至此纔能出版,感謝各方并期待新的成果。"③在第五卷序言中説:"西域文化研究會已經成立十年,《西域文化研究》已經出版六年。其間我們克服了經濟、時間方面的困難,終於取得如今的成果。感謝研究會内外人士的理解與幫助。在此,我代表研究者期盼今後與各位更加通力協作。"④在第六卷的序言中,石濱充滿感情地寫道:"我已經六次爲每卷的卷頭寫序了。回憶起來,昭和二十八年春是龍谷大學西域文化研究會成立十周年,距離着手編輯本書第一卷《敦煌佛教資料》又過了六年。其間參加、支持我們研究活動的研究會内外人員超過了六十名。因此本書全六卷刊行的論文也超過了六十篇。"⑤"在出版方面,我們受到了時間、經濟、人手方面的一些制約,因而出版論文的範圍不夠廣,雖然編輯們辛勤工作,但我們痛感力不能及。對於讀者們的學術上的批判,我們將保持謙虚的態度。"⑥

我們看看石濱爲每卷寫作序言的時間:

昭和三十三年(1958年)3月10日寫作第一卷序言;
昭和三十四年(1959年)3月10日寫作第二卷序言;
昭和三十五年(1960年)3月10日寫作第三卷序言;
昭和三十六年(1961年)3月寫作第四卷序言;
昭和三十七年(1962年)3月20日寫作第五卷序言;

---

① 石濱純太郎:《西域文化研究》第二卷序言。
② 石濱純太郎:《西域文化研究》第二卷序言。
③ 石濱純太郎:《西域文化研究》第四卷序言。
④ 石濱純太郎:《西域文化研究》第五卷序言。
⑤ 石濱純太郎:《西域文化研究》第六卷序言。
⑥ 石濱純太郎:《西域文化研究》第六卷序言。

昭和三十八年(1963年)2月20日寫作第六卷序言。

基本上都在每年的三月份,只有第六卷是二月份。這部大部頭、多卷本的集體項目,能夠按計劃每年出版一卷,的確是不容易的。如果沒有石濱傾注大量的心血來從事這項艱苦的工作,可能不會有這樣的結果。

從以上的序言可知,石濱對《西域文化研究》充滿了激情、責任,并爲此而獻出了自己的餘生。

在第一卷的序言中,石濱就説《西域文化研究》計劃出版五卷,當第五卷編輯完成後,由於其中的幾篇論文未能收入,準備再加一卷。在第六卷的序言中,又專門作了説明:"前卷序言中我提到過將前卷中因種種原因未能收入的論文編入此卷中。相比於更集中某一研究專題的前五卷,本卷没有統一的題目,但本卷所收的論文是對前五卷專題而言不可或缺的。請讀者原諒這個讓各方面論文混雜爲一的計劃。"①

4.《西域文化研究》的學術價值

前已述及,《西域文化研究》從宗教、歷史、語言、民族、藝術等各方面對西域中亞進行了全面探討,是日本敦煌吐魯番研究的金字塔。僅從我相對熟悉的史學角度而言,《西域文化研究》第二、三卷的《敦煌吐魯番社會經濟資料》最爲重要,因爲這些文書以前没有完整公布。現在通過對這些文書的精細研究,對中古社會經濟尤其是均田制的研究有較大貢獻,正如石濱先生在第二卷"序言"中所説:這些論文"以均田制施實的記載作爲基礎進行解釋,我認爲這一點含有許多創見,能給學界帶來較大影響。一直以來,學界諸位學者利用種種方法研究唐代均田制的施行狀態。通過本次發表的有關均田制的吐魯番出土古文書群可以判定唐代西邊的吐魯番地區完全施行了均田制,具體的個人的分配方法也可以通過文書記載得到了較好論證。"

由於敦煌文書發現早,數量多,收藏又比較整齊,此前利用出土文書研究社會經濟史,主要使用敦煌文書,而"本書在介紹吐魯番文書研究外,還刊載了那波利貞的敦煌文書概説,仁井田陞的寺院佃户文書等研究論文,可以對堪稱西域文書群中樞的敦煌文書作一概觀"。

吐魯番和敦煌都屬於中國西北邊陲,吐魯番文書和敦煌文書也有許多相似性,甚至

---

① 石濱純太郎:《西域文化研究》第六卷序言。

說有比較緊密的聯繫,所以以吐魯番文書整理研究爲主的《西域文化研究》,也同時發表了一些對敦煌文書或敦煌文書與吐魯番文書綜合研究的論文。"敦煌文書發現以來的近半個世紀,發表的著述、論文并不少,但對文書全貌進行概說的論文卻并不多。這一方面,那波博士的敦煌文書導引可堪指導。其次,仁井田陞博士依據敦煌文書研究法制史,周藤吉之在多篇論文中對唐代吐魯番文書中的均田制、佃人制做了相關探討。了解敦煌地區的佃戶制也能爲解答作爲唐代直轄地的西州地方的相似問題提供可能,這也能爲研究吐魯番文書作一導引。"①

石濱將正在從事的大谷文書刊行與從英國所得斯坦因敦煌文書照片研究、敦煌壁畫展覽等作爲一個整體來看待,認爲文書與壁畫的有機結合,使日本達到了一個"敦煌學的興盛期"。由於大谷文書是原件,"與斯坦因、伯希和文書及北京圖書館所藏敦煌文書相比,大谷探險隊攜來的吐魯番文書有獨特的價值"②。"在中國古文書學領域常將敦煌文書和吐魯番文書分開來看,這樣本身并沒有異議,但卻忽視了二者的聯繫。敦煌、吐魯番文書二者存在聯繫,在此基礎上加以研究可以爲差科簿研究提供新的線索。"③

石濱認爲此前學術界忽視了敦煌文書與吐魯番文書的聯繫,提出要重視二者之間的聯繫,呼籲將其結合起來進行綜合探討,這是非常有見地的。20年後,在蘭州成立了中國敦煌吐魯番學會,將其作爲一個整體,進行全面的整理與研究。

正因爲《西域文化研究》第二、三卷所收敦煌吐魯番社會經濟資料的論文,不僅公布了一批大谷文書,而且有很高的學術價值,對中國學者的研究具有一定的啓發和借鑒。"日本學者在研究吐魯番文書方面做出了顯著成績。特別是他們通過研究,闡明了唐代吐魯番地區實施均田制的具體情況,論述了唐代西州地區的租佃關係、戶稅、徭役制度、交易法、驛傳制度等社會經濟生活的各個方面。因此,《西域文化研究》這部著作已成爲研究魏晉南北朝隋唐史和我國西北地區地方史不可短缺的重要參考書。"④爲了給國內學術界提供借鑒參考,20世紀80年代初,中國社會科學院歷史研究所的姜鎮慶、那向芹二位先生將其中的10篇論文譯爲中文,編爲《敦煌學譯文集——敦煌吐魯番出土社會經濟文書研究》,由甘肅人民出版社出版。

---

① 以上引文均見石濱純太郎:《西域文化研究》第二卷序言。
② 石濱純太郎:《西域文化研究》第二卷序言。
③ 石濱純太郎:《西域文化研究》第三卷序言。
④ 姜鎮慶、那向芹:《敦煌學譯文集》譯者前言,見[日]周藤吉之等著,姜鎮慶、那向芹譯《敦煌學譯文集——敦煌吐魯番出土社會經濟文書研究》,蘭州:甘肅人民出版社,1985年。

收入《敦煌學譯文集》的 10 篇譯文因爲并不是全部按照《西域文化研究》第二、三卷的原文翻譯，所以略有不同①。

　　以上我們對石濱純太郎先生的東方學研究，尤其是對編著《西域文化研究》的貢獻做了簡介和評述。由此可知，石濱先生是一位著名的東方學家，在敦煌學、蒙古學、西夏學等方面都有比較突出的貢獻，值得進行紀念和表彰。

---

①《吐魯番出土佃人文書的研究》《唐中期戶税的研究》《佃人文書研究補考》，根據周藤吉之著《唐宋社會經濟史研究》一書作了重新翻譯；《從吐魯番出土文書看實施均田制的狀況》根據西嶋定生著《中國經濟史研究》一書用了重新翻譯；《通過唐代敦煌差科簿看唐代均田制時代的徭役制度》根據西村元佑著《中國經濟史研究》用了重新翻譯。

走好敦煌研究之路,引領後學四通八達

——項楚先生之學術成就與影響啟示錄

趙義山 張芷萱

(四川師範大學文學院)

說起敦煌學,國外學者不論,但就中國已經作古的前輩學者而言,我們可以列出一長串閃光的名字:羅振玉、王國維、蔣伯斧、陳垣、陳寅恪、王重民、向達、王慶菽、姜亮夫、任半塘、潘重規、季羡林、周一良、啟功、曾毅公、蔣禮鴻、周紹良等,他們中相當一部分人雖不專治敦煌學,但在20世紀上半葉,也一同爲中國敦煌學的研究奠定了基礎。項楚師從20世紀80年代初開始敦煌學研究,便是在前輩們敦煌文獻整理研究的基礎上向前開拓發展的。探驪得珠,後出轉精,數十年間,項楚師以驚人的學識和毅力,完成了《王梵志詩校注》《敦煌變文選注》《敦煌歌辭總編匡補》等堪稱項先生敦煌學研究(以下簡稱《項學》)里程碑似的著作,由此徹底改變了"'敦煌在中國,敦煌學在日本'的面貌,將我國建設成了世界公認的敦煌學研究中心,爲祖國爭得了榮譽"[1],將敦煌學推進到一個嶄新階段,其崇高的學術成就,被人譽爲"中國人文學術的標杆"[2]。

敦煌學最基礎的工作,無疑是敦煌文獻整理研究。學者們所做貢獻,我們以爲通常集中在三方面:一是文獻搜集整理、匯錄傳播,其學術價值在方便讀者能看得到;二是精細校訂、準確解釋,其價值在幫助讀者讀得懂;三是理論思考、系統總結,其價值在引導讀者見得遠;或貢獻其一,或貢獻其二,或三者兼之。通觀項楚師對敦煌文獻的整理研究,其跨越文史,涵蓋文學、語言、文字、音韻、歷史、社會、民俗、宗教、哲學等多學科知識的綜合性考訂研究,雖不限於前述三方面價值中某一方面,但其核心所在,則是通過對

---

[1] 張子開:《顯學中的敦煌學——項楚敦煌學論集·序》,見《顯學中的敦煌學——項楚敦煌學論集》,北京:生活·讀書·新知三聯書店,2018年,第2頁。

[2] 徐俊:《中國人文學術的標杆——〈項楚學術文集〉首發式致辭》,https://m.thepaper.cn/newsDetail_forward_3856265,2019年。

敦煌俗文學文獻的大面積精細校訂、準確解釋,從而幫助讀者能順利地讀懂原始文獻,正確理解原文的文學與文化意藴。項楚師近四十年用心專一,其所做大貢獻在此,所立大功德在此,其影響後學亦在此。此前,學界雖有同仁對項先生的治學特點和某些方面的貢獻有簡要介紹和評論,但似乎還缺少全面、系統的總結,通過梳理,這對完整地瞭解項先生的學術成就與影響,從中獲得應有的啓示和教益,以此促進敦煌學的不斷發展,是具有重要意義的。

一、平生功業在敦煌

項先生《杜馬屋存稿》中,除收録《〈敦煌歌辭總編〉佛教歌辭匡補舉例》《敦煌變文新校》等敦煌俗文學文獻研究文章之外,還收録了《寒山詩籀讀劄記》《盧仝詩論》《蘇軾詩中的行業語》《〈文心雕龍劄記〉的審美影響》《讀〈管錐編〉劄記》等論述唐宋詩及其他文史雜著的文章,可見其學術視野所及,雖專注敦煌,卻又並不囿於敦煌而較爲寬泛。但通觀項先生敦煌學研究,則主要集中在白話詩、變文和歌辭等通俗文學文獻的考校與釋讀。

(一)以《王梵志詩校注》爲代表的唐代白話詩整理研究

從項先生發表的論文看,其敦煌學研究,整理敦煌變文和王梵志詩幾乎同時起步。就對敦煌文獻中保存的王梵志詩的校釋而言,前輩學者在20世紀前期的著述,如劉復《敦煌掇瑣》、胡適《白話文學史》、鄭振鐸《插圖本中國文學史》《中國俗文學史》等,已經開始輯録或論述敦煌石室中發現的王梵志詩,到20世紀後期,趙和平、鄧文寬發表了《敦煌寫本王梵志詩校注》①,稍後,張錫厚出版了我國第一個王梵志詩較全的輯本《王梵志詩校輯》②,鑒於這兩部著作在校勘和注釋方面存在的諸多問題,項先生開始了王梵志詩的校釋工作。這一工作似開始於1981年,到1985年完成。項先生曾在1986年10月回憶説:"本書系由上海古籍出版社約撰,初稿寫作於一九八五年上半年。其後,北京大學中國中古史研究中心編《敦煌吐魯番文獻研究論集》第四輯打算全文發表,因

---

① 趙和平、鄧文寬:《敦煌寫本王梵志詩校注》,《北京大學學報》1980年第5期,第65—82頁;1980年第6期,第33—38頁。

② 張錫厚:《王梵志詩校輯》,北京:中華書局,1983年。

於同年年底將初稿謄清付之,現在再對這部謄清稿加以修訂,呈現給讀者。"①這部約五十萬字的《王梵志詩校注》,在1987年由北京大學中國中古史研究中心編《敦煌吐魯番文獻研究論集》第四輯全文刊載;其後經增補修訂,於1991年由上海古籍出版社正式出版了79萬字的《王梵志詩校注》;此後再經增補修訂,於2010年由上海古籍出版社出版了約八十萬字的《王梵志詩校注》增訂本。

在校注和增訂這一書稿的過程中,項先生陸續發表的論文有:《敦煌寫本王梵志詩校注補正》(《中華文史論叢》1981年第4輯,上海古籍出版社)、《王梵志詩校輯匡補》(《中華文史論叢》1985年第1輯,上海古籍出版社)、《王梵志詩十一首辨偽》(《中華文史論叢》1986年第2輯,上海古籍出版社)、《王梵志詩釋詞》(《中國語文》1986年第4期)、《王梵志詩論》(《文史》第31輯,中華書局,1988年)《王梵志的一組哲理詩(校釋與評論)》(《敦煌研究》1988年第1期)、《蘇藏法忍抄本王梵志詩校注》(《南開文學研究》,天津古籍出版社,1988年)《列1456號王梵志詩殘卷補校》(《中華文史論叢》1989年第1輯,上海古籍出版社)、《敦煌遺書中有關王梵志詩三條材料的校訂與解說》(《敦煌吐魯番文獻研究論集》第5輯,北京大學出版社,1990年)、《敦煌寫本斯四二七七王梵志詩校注》(《紀念陳寅恪先生百年誕辰學術論文集》,江西教育出版社,1994年)、《王梵志詩中的他人作品》(《敦煌吐魯番研究》第1卷,北京大學出版社,1996年)等。

這些論文,記載着項先生進行王梵志詩校訂和注釋的艱辛足跡和收獲,與集大成的《王梵志詩校注》一起,在學界產生了較大反響,其大面積的精審的文字校訂、闡幽發微的詩意確釋,以及諸如"'王梵志詩'絕不是一人所作,也不是一時所作"的重要論斷等,爲王梵志詩的順利研讀,可謂撥開了重重迷霧,由此贏得了學界的充分肯定和讚譽。日本著名漢學家入矢義高盛讚道:"對其極周詳精審之至的注釋,我只能起久長的驚歎之感。"②日本的中原健二教授亦讚揚說:"本書的最大特點可說是注解中的旁徵博引,其校勘的精確也證明作者的淵博學識,讀者會被本書引用的大量文獻所折服。尤其是作者自如地引用了佛教經典、《太平廣記》,乃至以變文爲主的敦煌文獻,而且又皆中鵠的,不能不使人爲作者的廣收博引而瞠目結舌。"③1998年,《王梵志詩校注》獲教育部第二屆全國高校人文社科優秀成果一等獎,可謂實至名歸。

---

①項楚:《王梵志詩校注·前言》(增訂本),上海:上海古籍出版社,2010年,第33頁。
②入矢義高:《評〈王梵志詩校注〉》,見《中國圖書》(日本)1991年第1期,轉引自張涌泉《入乎其內,出乎其外——項楚師的敦煌學研究》,《社會科學研究》2009年第5期,第183—187頁。
③中原健二:《評項楚著〈王梵志詩校注〉》,見《中國圖書》(日本)1994年第6期,轉引自張涌泉《入乎其內,出乎其外——項楚師的敦煌學研究》。

項先生與唐代白話詩研究相關的重要著作,還有《寒山詩注》(巴蜀書社,2000年)、《敦煌詩歌導論》(巴蜀書社,2001年),以及與張子開、譚偉、何劍平合著的《唐代白話詩派研究》(巴蜀書社,2005年。學習出版社,2007年)。《寒山詩注》曾於2002年獲四川省第十次哲學社科優秀成果一等獎,2003年獲教育部第三屆全國高校人文社科優秀成果三等獎;《唐代白話詩派研究》曾於2007年獲四川省第十二次哲學社科優秀成果一等獎,並入選國家社科基金成果文庫(第二批十種優秀成果),2009年獲教育部第四屆全國高校人文社科優秀成果一等獎。這些著作與《王梵志詩校注》一道,在唐代詩歌發展史研究中別開新境,產生了持久而深遠的學術影響。

(二)以《敦煌變文選注》爲代表的敦煌變文整理研究

自國學大師王國維先生1920年4月在《東方雜誌》發表《敦煌發現唐朝通俗詩及通俗小説》一文以來,收藏於敦煌石室中的通俗説唱文學作品便逐漸進入我國學人視野。羅振玉《敦煌零拾·佛曲三種》、劉復《敦煌掇瑣》等開始零星收録和刊布這類説唱文學作品,鄭振鐸先生1931年3月在《小説月報》發表《敦煌俗文學》一文,率先使用"變文"這一名稱來指稱這類通俗的説唱文學作品,並在其所著《插圖本中國文學史》《中國俗文學史》中對其加以論述,儘管後來學界對這一名稱展開過一些爭論,但"變文"一名最終還是被絕大多數學者所接受而沿用至今。自此以後,變文之輯録、考釋、論述者日漸增多,僅就文獻輯録、考釋而言,繼羅振玉、劉復之後,有向達所輯《敦煌叢抄》、周紹良所編《敦煌變文彙録》,可謂踵事增華,門徑大開;至1957年,由王重民、王慶菽、向達、周一良、啓功、曾毅公等合作校訂的《敦煌變文集》問世,算是這一工作階段性的集大成著述;1959年,蔣禮鴻先生《敦煌變文字義通釋》出版,釋疑解難,嘉惠學林甚多。時隔二十多年後,直至1983年,中國臺灣學者潘重規先生的《敦煌變文集新書》問世,補《敦煌變文集》篇目之缺,糾校録之誤,再將這一工作向前推進一大步。儘管如此,但因這種文獻的特殊性,正如項先生所言,今天的讀者"存在着三個主要的障礙:一是原卷文字錯訛滿紙,夾雜着許多俗字別字,有時達到'難以卒讀'的地步。二是其中使用了大量唐五代口語詞彙,這在當時雖然是一聽就懂,今天的讀者却感到索解爲難。三是其中有許多描寫佛教題材和表現佛教思想的作品,由於時代的變遷,今天的讀者就十分隔膜了"[1]。因此之故,前述《敦煌變文集》《敦煌變文集新書》等,仍不免有不少失校、誤校、失解、誤

---

[1] 項楚:《敦煌變文選注·前言》(增訂本),北京:中華書局,2006年,第7頁。

解之處,依然使讀者難以逾越前述三個障礙,正是有鑑於此,項先生在20世紀80年代進行王梵志詩校注的同時,也便開始了敦煌變文的選注工作。

從項先生《敦煌文學叢考》中收錄的有關變文考論的文章看,這項工作以《敦煌變文語詞劄記》一文起步,亦開始於1981年,至1988年11月10日爲巴蜀書社即將出版的《敦煌變文選注》(1990年版)寫下前言,項先生敦煌變文整理研究第一階段的工作,終於圓滿結束。在這八年之間,記錄着項先生關於變文探考足跡的主要成果有:《敦煌變文語詞劄記》(《四川大學學報》1981年第2期)、《敦煌變文校勘商榷》(《中國語文》1982年第4期)、《敦煌變文字義析疑》(《中華文史論叢》1983年第1輯,上海古籍出版社)、《敦煌文學雜考》(《1983年全國敦煌學術討論會論文集·文史遺書編》,甘肅人民出版社,1987年)、《〈伍子胥變文〉補校》(《文史》第17輯,中華書局,1983年)、《〈維摩碎金〉探索》(《南開學報》1983年第2期)、《變文字義零拾》(《中華文史論叢》1984年第2輯,上海古籍出版社)、《敦煌本〈孝子傳〉補校》(《敦煌研究》1985年第3期)、《〈廬山遠公話〉補校》(《敦煌學論集》,甘肅人民出版社,1985年)、《〈大目乾連冥間救母變文〉補校》(《四川大學學報叢刊·古籍整理研究》第27輯,四川大學出版社,1985年)、《敦煌變文語詞校釋商兌》(《中國語文》1985年第4期)、《〈破魔變文〉補校》(《敦煌學輯刊》1986年第2期)、《〈降魔變文〉補校》(《敦煌研究》1986年第4期)、《敦煌文學雜考》(《1983年全國敦煌學術討論會論文集》,甘肅人民出版社,1987年)、《敦煌文學研究漫談》(《文史知識》1987年第12期)、《敦煌變文字義續拾》(《敦煌語言文學研究》,北京大學出版社,1988年)、《〈敦煌變文集〉校記散錄》(載《敦煌語言文學論文集》,浙江古籍出版社,1988年)。

這些成果後來大多收入《敦煌文學叢考》(上海古籍出版社,1991年),所解決的問題,也都集中呈現到洋洋72萬言的《敦煌變文選注》(巴蜀書社,1990年)之中了,二書作爲姊妹篇,一同展示了項先生在敦煌變文研究中校異文、糾錯訛、補遺缺、析疑義、辨異説、釋紛爭、復原貌、發幽微、尋真意諸方面的扎實功底、深厚學養、聰明才智、謹慎態度和綜合實力,其傑出的成就和貢獻,不僅令國人驚歎,也令世人敬仰。中國臺灣學者、著名敦煌文學研究專家潘重規教授特爲此發表長篇書評,由衷地讚歎説:"項楚教授是國内研究敦煌學的一位傑出專家。由於我見聞所限,只能看到他的部分著作,但嘗鼎一臠,早已令我心儀不已。""覺其選擇之當,注釋之精,取材之富,不獨可供初學入門的津梁,也大大裨補了專家學者的闕失。賞奇析疑之餘,不能自已的逢人'説項'。因此,寫成此文,向海内外同好們一吐心聲。""底本中許多看來是斷不可通的錯亂文句,經過作者精心校理,終於怡然理順,豁然貫通。""統觀作者此書,從一字一句的解釋,到通篇大意的熔貫,原作使用文字的特性,寫作時代的環境背景,都一一加以透視,詳細説明。憑借作者豐富的學識,精密的心思,把幾乎僵化了的作品,又活潑潑地重現眼前。使我讀後獲得無比的樂趣;不敢獨享,也希望海内外讀者共同來細細品嘗!"①著名語言學家吕叔湘、江藍生先生也合撰《評項楚〈敦煌變文選注〉》一文,充分肯定其成就:"這部《選注》既吸收了蔣禮鴻、潘重規、徐振堮等衆多學者的研究成果,又融匯了作者本人多年來潛心研究的心得,在校勘和釋義兩方面都有很多創獲,可説是目前敦煌變文研究的集大成之作。"②並以大量例證,論説此書的 3 大優點:"(一)校勘精確""(二)釋義愜當""(三)廣徵博引,説解透闢"③。日本著名漢學專家入矢義高在評論《敦煌文學叢考》時説:"本書是由國際著名的項楚氏所著的,集其多年敦煌文學研究精粹之大成的著作,乃其前年所出大著《敦煌變文選注》的姊妹篇。對其淵博深厚的學養及不知倦怠的猛烈鑽研精神,我唯有欽佩嘆服之份。目前在此領域堪與項氏匹敵的,恐怕唯有美國的 Victor H. Mair 氏了。"④《敦煌文學叢考》一書,曾在 1995 年獲得教育部首届全國高校人文社科優秀成果一等獎。

項先生在完成《敦煌變文選注》之後,並未就此停步,而是繼續向前開拓,進入了第二階段的增補工作,其陸續發表的論文有:《〈維摩詰經講經文〉補校》(《敦煌吐魯番文獻研究論集》第 5 輯,北京大學出版社,1990 年)、《敦煌本〈燕子賦〉劄記》(《敦煌吐魯番文獻研究論集》第 5 輯,北京大學出版社,1990 年)、《令章大師李稍雲》(《中國文化》1991 年第 4 期)、《佛經故事與中國古小説》(《菩提》1992 年第 10 期)、《關於〈大目乾連冥間救母變文〉一段唱詞的校釋》(《敦煌研究》1992 年第 4 期)、《敦煌變文語詞校釋》(《近代漢語研究》,商務印書館,1992 年)、《敦煌變文新校》(《歲久彌光》,巴蜀書社,2001 年)、《〈廬山遠公話〉新校》(《中國文化》2001 年第 17—18 期)、《〈維摩詰經講經文〉新校》(《四川大學學報》2005 年第 4 期)。在 1997 年,項先生獲得國家社科基金資助項目"敦煌變文研究",其結項成果《敦煌變文選注》(二集)原擬單獨出版,後來與《敦煌變文選注》合在一起,分爲上、下編,由中華書局在 2006 年出版了《敦煌變文選注(增訂本)》。選入篇目,由原來的 27 篇,增加到 44 篇;字數由原來的 72 萬字,擴展到 115 萬字,真正是洋洋大觀了。

---

① 潘重規:《讀項楚著〈敦煌變文選注〉》,《中國文化》1990 年第 2 期,第 191—195 頁。
② 吕叔湘、江藍生:《評項楚〈敦煌變文選注〉》,《中國語文》1990 年第 4 期,第 307—312 頁。
③ 吕叔湘、江藍生:《評項楚〈敦煌變文選注〉》,第 307—312 頁。
④ 入矢義高:《評〈敦煌文學叢考〉》,見《中國圖書》(日本)1992 年第 2 期,轉引自張勇《項楚與敦煌學研究》,《中國文化》2001 年第 Z1 期,第 55—62 頁。

項先生在大約四十年前進行敦煌變文研究的同時,其高足、教育部長江學者特聘教授、浙江大學資深教授張涌泉教授,也與他的碩士導師郭在貽先生及其同門黃征教授一起,在敦煌學的另一重鎮浙江大學完成了以《敦煌變文校注》爲代表的重要成果,與項先生的《敦煌變文選注》一起,共同將中國的敦煌學研究推向高峰。2014 年,項先生作爲首席專家,獲得國家社科基金重大項目《敦煌變文全集》,張涌泉教授也加入這一研究團隊,東、西敦煌學研究的兩大重鎮緊密合作,必將再次取得舉世矚目的成就。

(三) 以《〈敦煌歌辭總編〉匡補》爲代表的敦煌歌辭研究

項先生在完成《敦煌變文選注》之後,於 1997 年獲得國家社科基金項目"敦煌變文研究"之前,曾有五年左右的時間投入了敦煌歌辭的研究。這一研究領域,原本也是大家雲集。自王國維於 20 世紀初在《唐寫本雲謠集雜曲子跋》《唐寫本春秋後語背記跋》(《觀堂集林》卷二一) 中首次披露敦煌寫本所載《鳳歸雲》《天仙子》《望江南》《菩薩蠻》等曲子詞以來,引起羅振玉、董康、劉復、朱祖謀、龍沐勳等人的興趣,他們相繼展開收輯,並在 20 世紀 30 年代最終完成了《雲謠集雜曲子》的輯錄工作。其後,詞學及文獻學前輩專家周泳先、冒廣生、唐圭璋、王重民等都有敦煌詞鉤沉輯佚的撰著,其中最重要者是王重民先生在 1950 年完成並由上海商務印書館出版的《敦煌曲子詞集》,收詞 160 餘首,是第一部收錄作品最多的敦煌歌辭專集。繼王重民之後,任二北先生亦在 20 世紀 50 年代初先後出版《敦煌曲初探》《敦煌曲校錄》二書,並在 20 世紀七八十年代完成了《敦煌歌辭總編》(上海古籍出版社,1987 年) 這一集大成的著作,全書七卷,共收錄作品凡 1300 餘首。任先生是唐代聲詩、歌辭及元散曲研究大家,貢獻卓著。儘管任先生在敦煌歌辭的校釋中也取得顯著成績,但因敦煌寫本文獻太過特殊,索解不易,因此,《敦煌歌辭總編》中"待校"者甚多,因對一些俗字、俗語、史實失察,對部分佛典、佛語、佛理不明,由此帶來的問題不少,再加之隨己意誤校、誤改、誤判者亦多,因此,在給讀者帶來方便的同時,也帶來不少問題甚至誤導。有鑒於此,項先生又對《敦煌歌辭總編》進行了長達五年左右的匡補工作,記錄這一工作的主要階段性成果有:《〈敦煌歌辭總編〉佛教歌辭匡補舉例 (上)》(載《中國與日本文化研究》第 1 集,大百科全書出版社,1991 年)、《〈敦煌歌辭總編〉匡補 (一)》(《文史》第 35 輯,中華書局,1992 年)、《S5588 號寫本之再探索——〈敦煌歌辭總編〉[求因果]匡補》(《九州島學刊》1992 年第 4 期)、《〈敦煌歌辭總編〉匡補 (二)》(《文史》第 36 輯,中華書局,1992 年)、《〈敦煌歌辭總編〉匡補 (三)》(《文史》第 37 輯,中華書局,1993 年)、《敦煌本〈行路難〉之再探討》(《第二届國際唐代學術會議論文集》，文津出版社，1993年）、《〈敦煌歌辭總編〉匡補（四）》（《文史》第38輯，中華書局，1994年）、《〈敦煌歌辭總編〉匡補（五）》（《文史》第39輯，中華書局，1994年）、《〈敦煌歌辭總編〉匡補（六）》（《文史》第40輯，中華書局，1995年）、《〈敦煌歌辭總編〉佛教歌辭匡補舉例》（《敦煌學國際研討會文集》，遼寧美術出版社，1995年）。這些成果最終彙集成18萬字的《敦煌歌辭總編匡補》一書，由巴蜀書社在2000年出版①。該書匡補任氏《敦煌歌辭總編》之錯訛或不妥之處，皆以"楚按"二字標出，據我們初步統計，書中出現的"楚按"，多達560餘條，而每一條"楚按"下面，其糾謬、正訛，或一處，或數處，保守估計，全書所匡補之處，當數以千計，這對於敦煌歌辭的正確釋讀，真是功莫大焉。

綜上所述可知，項先生在以王梵志詩、變文和歌辭等為代表的敦煌俗文學文獻整理研究中所付出的辛勞是何等巨大！其幫助讀者正確閱讀敦煌文獻的作用又是何等重要！假如没有這些糾謬正訛的項氏著述，普天下讀者因誤讀原始文獻而導致的郢書燕説，當不知凡幾！

二、沾溉文林啟八方

當無數讀者在《王梵志詩校注》《敦煌變文選注》《敦煌歌辭總編匡補》等著作的幫助下讀懂敦煌文獻之後，借以研究文學、藝術、語言、文字、歷史、社會、文化、宗教、民俗、音樂等，便可以各逞所能，各展其長了，故以之爲參考文獻而寫成專著之中外學人，不知凡幾！其接受沾溉啟迪之八方學子，又不知凡幾！我們僅以《王梵志詩校注》《敦煌變文選注》《敦煌歌辭總編匡補》三書出版之後，在期刊和碩博論文中的參考引用情況做一簡單的檢索統計，便可概知一二了。

（一）《王梵志詩校注》出版後被參考引用情況

在中國古代文學研究中，詩歌研究是比較大衆的學科，而唐詩研究，又是長期居於

---

① 按：據項楚師1999年10月20日所作序言可知，該書初稿曾由中國臺灣林聰明教授收入《敦煌叢刊二集》，由臺北新文豐出版公司於1995年1月出版，因未經本人校對，錯誤甚多，後經校改補充，改由巴蜀書社出版。

古代詩歌研究首位的,所以《王梵志詩校注》被參考引用的概率要高於其他兩種著作而居於首位(見表1)。

表1 《王梵志詩校注》出版後被參考引用情況統計表

年份	期刊論文	博士論文	碩士論文	會議論文	合計	備註
1987						
1988						
1989						
1990						
1991						
1992						
1993	2				2	
1994	4				4	
1995	1				1	
1996	1				1	
1997	2				2	1.《王梵志詩校注》初稿,1987年由北京大學中國中古史研究中心編《敦煌吐魯番文獻研究論集》第四輯全文刊載;其後經增補修訂,於1991年由上海古籍出版社正式出版;其後再經增補修訂,2010年由上海古籍出版社出版增訂本。
1998	2			1	3	
1999	2				2	
2000	3				3	
2001	4	1			5	
2002	8	1	2	2	13	
2003	7	9	5		21	2.表中資料不包括項先生本人論文。
2004	9	7	3		19	
2005	12	7	9		28	3.參考引用《王梵志詩校注》的論文篇數,按學科分布統計,如下:哲學與人文539篇;社會科學16篇;信息科技30篇;經濟與管理21篇。(按:不同學科之間有交叉重複)
2006	17	15	7		39	
2007	18	11	8	2	39	
2008	17	1	13	1	32	
2009	20	6	8	1	35	
2010	14	6	10	2	32	
2011	14	11	10		35	
2012	19	6	9		34	
2013	23	8	7	1	39	
2014	22	5	11		38	
2015	18	5	8	1	32	
2016	30	6	8	1	45	
2017	21	4	7		32	
2018	14	4	13		31	
合計	302	113	138	12	565	

（二）《敦煌變文選注》出版後被參考引用情況

　　《敦煌變文選注》與《王梵志詩校注》兩書出版的時間相近，後者之初稿比前者早三年面世。但如果就正式獨立出版的時間而言，《敦煌變文選注》還比《王梵志詩校注》早一年，但《敦煌變文選注》的被參考引用數，卻比《王梵志詩校注》還少了九十餘篇，其原因已如前述，因在中國古代文學研究中，散文受到的關注度遠不如詩（見表2）。

表2　《敦煌變文選注》出版後被參考引用情況統計表

年份	期刊論文	博士論文	碩士論文	會議論文	合計	備注
1991						1.《敦煌變文選注》，1990年由巴蜀書社初版；2006年由中華書局出版增訂本。 2.表中資料不包括項先生本人論文。 3.參考引用《敦煌變文選注》的論文篇數，按學科分布統計，如下：哲學與人文430篇；社會科學8篇；信息科技56篇；經濟與管理17篇。（按：不同學科之間有交叉重複）
1992						
1993	2				2	
1994	2				2	
1995	1				1	
1996	2				2	
1997	3				3	
1998						
1999	8				8	
2000	4				5	
2001	5	1			7	
2002	3	1	2		5	
2003	11	9	1		16	
2004	7	7			13	
2005	5	7	1		7	
2006	5	15	2		12	
2007	8	11	6	2	21	
2008	19	1	8		30	
2009	19	6	6	1	28	
2010	23	6	4	4	33	
2011	22	11	10		38	
2012	24	6	8		38	

续表

年份	期刊論文	博士論文	碩士論文	會議論文	合計	備注
2013	25	8	6	1	38	
2014	21	5	8		33	
2015	23	5	11	1	38	
2016	17	6	11		34	
2017	25	4	8		35	
2018	17	4	5		26	
合計	301	67	97	9	474	

(三)《〈敦煌歌辭總編〉匡補》出版後被參考引用情況

相比之下,《〈敦煌歌辭總編〉匡補》被參考引用,要比前述兩書少得多(見表3),雖然此書相對晚出,但這不是主要原因。其主要原因有兩點:一則,與詩文相比,詞曲相對屬於小衆學科,其關注度不及詩文;二則,此書當年由地方出版社出版且僅印1000册,社會流傳不廣,很多人只知有《敦煌歌辭總編》,但卻很少知道還有一部十分重要的《〈敦煌歌辭總編〉匡補》,故此書本應該發揮的重要作用,尚未能得到充分發揮,這真是學界尤其是詞學界的一大憾事。

表3 《〈敦煌歌辭總編〉匡補》出版後被參考引用情況統計表

年份	期刊論文	博士論文	碩士論文	會議論文	合計	備注
2000						1.《敦煌歌辭總編匡補》,最初由臺北新文豐出版公司於1995年出版,因未經本人校對,錯誤甚多,後經校訂,於2000年改由巴蜀書社出版。 2.表中資料不包括項先生本人論文。 3.參考引用《〈敦煌歌辭總編〉匡補》的論文篇數,按學科分布統計,如下:哲學與人文63篇;社會科學1篇;信息科技13篇;經濟與管理5篇。(按:不同學科之間有交叉重複)
2001	2				2	
2002	1	1			2	
2003	2	2	1		5	
2004	1	4	1		6	
2005	1	1			2	
2006	2			2	4	
2007			1	1	2	
2008			1		1	
2009	3	1		2	6	
2010			1	1	2	

續表

年份	期刊論文	博士論文	碩士論文	會議論文	合計	備注
2011	3	2			5	
2012	2		1		3	
2013	3	1	1		5	
2014	2	1	2		5	
2015		1	1		2	
2016	4	1	2		7	
2017	2	1	2		5	
2018	5		1		6	
合計	33	16	15	6	70	

因爲事冗時仄，又因眼疾讀寫不便，項先生其他著作被學界引用情況，尚未能一一考察；未進入知網檢索系統的專著和部分以書代刊的論文集，也無力涉及；對《王梵志詩校注》《敦煌變文選注》《〈敦煌歌辭總編〉匡補》三書被參考引用的情況，也僅僅只考察了中國大陸，還有中國香港、中國臺灣，以及歐、美、日、韓等地，也都尚未納入考察範圍；但是，僅中國大陸而言，其接受影響的學科範圍、學者範圍、地域範圍，便已十分廣泛。就學科範圍看，從知網檢索的大門類可知，其參考引用項先生著作的大學科門類，便有哲學與人文科學、社會科學、信息科技、經濟與管理科學等等；如果從學者層次來看，有教授、博士、碩士，有專門研究某一方向的學者，也有一般的社會讀者；如果從接受影響的學者之地域分布而言，就更是遍及全國乃至海外各地了。項先生近四十年來孜孜不倦地進行敦煌文獻的校訂考釋，盡最大努力幫助學人讀懂敦煌文獻，正確理解原文獻的意義，從而進行各自的深入研究，從這個意義上説，項先生的這種大面積精準考訂與校釋，仿佛敦煌學研究中的一位披荆斬棘者，以自我一己的辛勞，爲八方學子的前行，開闢了道路，掃除了障礙，其艱苦卓絕的貢獻，必將贏得憑藉其大著的津梁而四通八達的學者們永久的崇敬。

三、刮垢磨光守護志

全面總結項先生對敦煌文獻整理研究的貢獻，仔細考察項先生的治學路徑及其成就和特色，能讓我們獲得多方面的啟示和教益。

(一)文化守護與傳承的擔當意識

　　人類優秀的文化傳統,博大精深,歷史悠久,只有接受過人類優秀文化洗禮的人,纔有堅定不移的文化守護與傳承意識。在怎樣對待優秀文化的守護與傳承的問題上,只有文明智慧與野蠻愚蠢之分,而無國界、地域和種族之别。文明智慧者自覺守護與傳承文化,野蠻愚蠢者狹隘自私地占有甚至無情糟蹋,此一點,古今中外概莫能外。我經常想,凡是以文化人自居者,就應該像項先生那樣,堅守自己的研究領域,以文化的守護與傳承爲己任,並以此作爲自己的終身事業。在這方面,項先生没有自我宣傳,也没有慷慨之詞和豪壯之語,他只是默默地、永不知疲倦地去做,不曾有過動摇,也不曾有過躁動不安,他幾十年如一日地眷戀着自己的那條冷板凳,但最終做出令世人敬仰的成就和貢獻來,正所謂桃李不言,下自成蹊;正所謂學爲人師,身爲世範;正所謂功到自然成,德高聲自遠。

　　項先生2011年9月10日晚曾在四川大學做過一場學術報告,一位研究生同學曾用手機記録下報告的内容,並將其整理後發在網上。其中有不少項先生報告原話的記録,有一段原話是項先生回憶當年在敦煌的一段工作經歷:

　　　　我當時拿到三把鑰匙,這三把鑰匙可以打開莫高窟所有的洞門。那段時間,我真的能感受到"大漠孤煙直,長河落日圓"。我的心中有一種朝聖的感覺,忘掉了一切,好像敦煌就是我的全部的生活。①

　　記録完這段原話之後,那位同學又用自己的話簡述道:"但他又説,一開始他覺得自己只是個臨時工,並没有認識到敦煌文化的重要性,也没意識到自己此時處於多麽有利的位置,只是想趕緊干完。但是有一天晚上的經歷讓他的人生發生了轉變。"②緊接着,那位同學又記録下項先生的另一段原話:

　　　　一個晚上我醒來,我的四周是一片寂静,那是一種有生命的寂静。我的視綫裏漆黑一片,只能看見頭頂的星空。這時我好像聽到了隱約傳來的聲音,仔細聽了一

---

① 《聽項楚口述學術史》,http://ishare.iask.sina.com.cn/f/2DNYQ4tCSx.html,2017年。
② 《聽項楚口述學術史》,http://ishare.iask.sina.com.cn/f/2DNYQ4tCSx.html,2017年。

下纔發現那是莫高窟鐘樓的鈴鐺聲。那個時候,我覺得這聲音好像從遠處傳來,從歷史傳來,這聲音是唐代的聲音,是絲綢之路的聲音。此刻仿佛我看到的壁畫全部都動起來了。我知道我的一生將要與敦煌結緣。從此以後我抄寫卡片不再是以一個臨時工的心態來工作,而把它當做我的終生事業。①

是的,從那時起,項先生就已經將敦煌文獻整理作爲文化守護與傳承的"終身事業",始終不渝,毫不動搖。要感謝那位研究生同學(可惜不知其名)如實地記錄下項先生的原話,讓我們可以隨項先生的追憶,領略他那份立志獻身祖國傳統文化守護與傳承的赤子之心、鴻鵠之志!

此外,項先生還曾在《敦煌文學研究漫談》一文中談到:

敦煌文學作品是古代人民的創作,經過一千年的歷史塵埋,今天我們有責任恢復它原有的奪目光彩。目前我正在寫作《敦煌變文選注》,集中了變文中的精華作品詳加詮釋,目的就是爲更多的學者來研究這份珍貴文化遺產提供方便,也是爲了使這份遺產能够逐步走入今天的人民群衆之中。②

項先生説得非常好!對於敦煌文獻,"我們有責任恢復它原有的奪目光彩","使這份遺產能够逐步走入今天的人民群衆之中"。項先生是這樣想的,這樣說的,也一直是這樣做的。這便是一個文化人對於文化守護和傳承的自覺的責任擔當意識,有了這種自覺意識,纔可能有終身無悔的獻身精神。可以這樣説,項先生的學問,不僅是以他的聰明才智在做,更是將其作爲自己的生命構成,以自己的心血和軀命在做。愚鈍如我輩,雖不以敦煌學爲終身事業而另有學科職責,但項先生之文化守護與傳承之擔當意識,敢不僶俛效之,以爲楷模!

(二)積學以儲寶、酌理以富才的艱苦磨礪

如果僅有文化守護與傳承的責任擔當意識,但没有從事文獻整理研究的扎實功底和深厚學養,就只能是空懷壯志了。項先生之所以能在敦煌文獻整理研究中取得舉世

---

① 《聽項楚口述學術史》,http://ishare.iask.sina.com.cn/f/2DNYQ4tCSx.html,2017 年。
② 項楚:《敦煌文學研究漫談》,《文史知識》1987 年第 12 期,第 3—8 頁。

聞名的卓著成就,除了他立志文化守護與傳承的擔當意識外,就與他深厚的學養、扎實的功底以及過人的聰明才智分不開。但是,這深厚的學養和聰明才智,卻並非得之於先天稟賦,而是出自於後天的勤苦積累和艱苦磨礪。

項先生在《敦煌文學研究漫談》中回憶了他走上敦煌文學研究道路之後,因志在攻克閱讀敦煌文獻所遇到的俗字、俗語、佛典等"三個障礙",於是重新學習、發奮苦讀的情形:

> 敦煌文學(這裏主要指敦煌俗文學)研究中有待解答的難題多如牛毛,因此我把繼續攻克這三個障礙作爲第一階段研究工作的主要任務。
> 　　這就需要重新學習。我在中學和大學時代曾經如饑似渴地讀了許多書,有了一定古代文化的根底。這一次則是埋頭通讀了若干部篇幅浩繁的大書,例如《大藏經》、五代以前的正史、經部和子部的許多著作,《全唐詩》等總集讀了不止一遍,《太平御覽》本是供查閱的,我也逐條讀完,這就等於分門別類地讀了許多古佚書的殘文。在這個基礎上,再旁及別的雜著乃至某些較偏僻的著作。
> 　　……
> 　　在讀書中搜集解決問題的資料,並且不斷地發現新的問題,搜集解決新的問題的資料,使知識像雪球般越滾越大,使已有的知識彼此搭橋,如此往復不已,就會逐漸形成自己的治學領域和治學門徑。①

如此關起門來苦讀衆多卷帙浩繁的古代典籍,甚至是比較偏僻的大部頭僻書,肯下這種"笨功夫"的學者,在當今學界,不知還有幾人?即便還有其人,是否"笨"到了如此程度?在苦讀中"使知識像雪球般越滾越大",這便是"積學以儲寶"的過程;而"使已有的知識彼此搭橋",這便是融會貫通的本領;把這些積累起來的豐富知識融會貫通地運用於諸多問題的考論和道理的反復尋繹之中,從而提高思辨能力,這便是"酌理以富才"的過程;總之,只有知識儲備到位,思維訓練到位,又善於融會貫通,纔能在問題分析和語言表達中顯示出相應的智慧和才華來。

劉勰在《文心雕龍·神思》中說:"積學以儲寶,酌理以富才,研閱以窮照,馴致以懌詞。"②寫作的訓練與磨礪是如此,學術的訓練與磨礪又未嘗不是如此。項先生因其經

---

① 項楚:《敦煌文學研究漫談》,《文史知識》1987 年第 12 期,第 3—8 頁。
② 周振甫:《文心雕龍選譯》,北京:中華書局,1980 年,第 131 頁。

過了超越常人的勤苦磨礪，所以能在敦煌文獻的考校釋讀中，得心應手地、綜合性地運用各方面知識，不斷對敦煌文獻進行"刮垢磨光"，從而能複其真貌，尋其真意，把那些"多如牛毛"的問題，解決得妥帖圓滿，這纔不能不引起國內外同行權威專家們一致的折服與驚歎。誠如項先生所言：

> 各種學術之間從來就不是隔絕的，現代學術研究已經顯示出綜合性的趨勢。研究敦煌文學，如果不滿足於淺嘗輒止，那麽同時在語言、歷史、宗教、民俗等相關學科上也下一番功夫，就是必要的。一個人當然不可能門門精通，可是學識的深廣程度決定着學術成就的大小，卻是事實。我們只有通過永不滿足的求知欲望去努力接近這個目標。①

研究敦煌文學是如此，研究別的學科亦莫不如此，只有如項先生那樣，經過艱苦的磨礪，把"笨功夫"下夠了，方可有真正的學術成就可言的。

不過，想要下"笨功夫"勤苦磨礪，努力鑽研，如果不能平心靜氣，而是心浮氣躁，那也是不可能的。所以，項先生常常會給弟子們講述《楞嚴經》中"月光童子"的故事，這是勉勵我輩，在勤苦磨礪和發奮鑽研中，應像月光童子"修習水觀"那樣，做到靜如止水，澄如明月，方能靜了群動，空納萬境，這樣纔能靜心磨礪，刻苦鑽研，學有所成，研有所得的。

（三）敬畏學術、禮敬前賢的謙遜態度

項先生深知爲學不易，所以總是表現出對學術的敬畏之心和對前賢的禮敬之意。他曾經在一篇文章中這樣説：

> 敦煌文獻是祖先留給我們的一筆寶貴的文化遺産，是中華文化（不限於中華文化）的一大幸運。多年來海內外敦煌學的研究，已使中國和世界的許多學術門類有了長足的進展，而更大的進展則是可以預期的。作爲這筆文化遺産的現代繼承人，我們應該對它懷有十分尊重的態度、十分珍惜的心情，努力去恢復它的原貌，闡釋它的真義，使它在今天繼續爲人類文明的發展做出貢獻，而萬萬不可去傷害它。我

---

① 《聽項楚口述學術史》，http://ishare.iask.sina.com.cn/f/2DNYQ4tCSx.html，2017年。

曾看見過考古工作者清理出土文物的情景：那樣仔細地剔除粘連在外的泥土，使古物煥發光華；那樣小心翼翼地舉手投足，唯恐給古物造成任何新的損傷。我們研究敦煌文獻，雖然不一定接觸原卷實物，可是對於文獻的內容，也應該抱着十分嚴肅認真的態度。每改一字，每立一說，都要力求做到證據確鑿。①

要像發掘出土文物那樣小心翼翼地對待敦煌文獻的整理，要"對它懷有十分尊重的態度、十分珍惜的心情，努力去恢復它的原貌，闡釋它的真義，使它在今天繼續為人類文明的發展做出貢獻，而萬萬不可去傷害它"，項先生是這樣說的，數十年如一日也正是這樣做的。這種對古文獻的"尊重的態度"和"珍惜的心情"，就正是對學術的敬畏之心。項先生上面的一段話，雖然是在特定背景下針對一些特定對象講的，但對於我們每一位從事學術研究的學者而言，也是諄諄教誨。

正因為敬畏學術，所以，一定會禮敬前賢，這也是有良心的學者一種起碼的品格修養。在這方面，項先生也為我們樹立了楷模。項先生對那些為敦煌文獻整理研究做出了貢獻的前輩學人，總是時時懷敬仰之心，隨時不忘致感激之情的。如項先生在敦煌變文的考校注釋中已取得顯著成績並贏得同行們由衷讚揚時，他沒有忘記前賢在此道上有過付出和開創。王重民等六位先生在合作校訂的《敦煌變文集叙例》中，曾談到過他們校理敦煌變文的計畫和步驟：一、校印本；二、選注本；三、影印本。但先生們僅完成了第一個計畫。項先生在為《敦煌變文選注》撰寫前言時説：

> 可惜由於當時的外界形勢，六位先生只完成了校印本（即《敦煌變文集》）一種。現在，他們中的王重民和向達兩位先生已歸道山，然而他們弘揚學術的不朽業績和設計藍圖，卻鼓舞着我們去繼續完成由他們開始的事業。這本《敦煌變文選注》，可以説就是遵照六位先生關於"選注本"的設想而寫作的。②

不僅對前賢的"不朽業績和設計藍圖"心懷感激，而且將自己的貢獻看作前賢的未竟之業，其謙遜態度，溢於言表。

再如，項先生在完成《王梵志詩校注》後，亦曾在前言中追憶前人的貢獻，從劉復的《敦煌掇瑣》、胡適的《白話文學史》等，一直追述到趙和平、鄧文寬的《敦煌寫本王梵志

---

① 項楚：《關於〈大目乾連冥間救母變文〉一段唱詞的校釋》，《敦煌研究》1992年第4期，第99—105頁。
② 項楚：《敦煌變文選注·前言》（增訂本），北京：中華書局，2006年，第7頁。

詩校注》，以及張錫厚的《王梵志詩校輯》，不忘前人為自己的研究提供的方便，並對所有幫助過書稿寫作的先生一一致謝，並且不斷在修訂、再版《補記》《又記》中提及自己所得到的幫助，向曾經提供過幫助的人表示謝忱，生怕有所遺漏。在《增訂本又記》中，項先生特别記錄到：

> 半個月前我尊敬的季羨林先生仙逝了，猶記二十多年前，我在撰寫《王梵志詩校注》的初稿時，得到了季先生和北京大學的前輩周一良、王永興先生、宿白先生的鼓勵和扶持，初稿以手稿影印的方式，在北京大學中國中古史研究中心編《敦煌吐魯番文獻研究論集》全文刊載。往事歷歷在目，而哲人其萎，令我倍感悽愴，我在這裏表達無限的感激和哀思。①

讀着這些充滿深情而幾近感激涕零的文字，亦不禁令人對"哲人其萎"同生悼念和緬懷之情。

又如，項先生在寫作《〈敦煌歌辭總編〉匡補》時，首先充分肯定了任二北先生的成就和《總編》的學術價值：

> 任半塘先生的巨著《敦煌歌辭總編》，收辭多達一千三百多首，合歌辭與理論於一編，是目前這一領域收羅最廣、用力最勤的總結性著作。今後一切研究敦煌曲的學者，相信都將以《總編》所達到的成就為立足點，由此出發去進行新的探索。②

始終不忘自己的研究是在前賢奠定的基礎上進行的，始終不忘前人的成就和貢獻，始終對學術存敬畏之心，始終對前賢懷感激之情，這也是項先生示範給我們的學人品格。

項先生的學術成就和影響給予我們的啟示和教益，除上述幾點之外，另如實事求是、無徵不信的科學態度，精於校勘考據、擅長融匯貫通、熔語言、文學、宗教於一爐的治學特色，以及爬羅剔抉、刮垢磨光的卓絕貢獻等，海內外同行專家，以及張涌泉教授、張子開教授等諸位同門都曾多次言及，便無須再饒舌了。

---

① 項楚：《王梵志詩校注·前言》（增訂本），上海：上海古籍出版社，2010年，第41—42頁。
② 項楚：《〈敦煌歌辭總編〉佛教歌辭匡補舉例》，見《項楚敦煌語言文學論集》，上海：上海古籍出版社，2011年，第43頁。

四、相傳薪火固津梁

　　項先生四十年來澄心靜慮,勤苦努力地攻艱克難,以中華歷史文化的傳承爲己任,以對敦煌俗文學文獻的大面積精細校訂與準確解釋來幫助萬千讀者順利地讀懂原始文獻爲終身事業,從而不斷地把敦煌學推向前進,既很好地守護與傳承了祖國的歷史文化,爲中華學術贏得了持久的聲譽,爲中華人文學術研究"樹立了標杆",同時,其道德文章也爲後學樹立了光輝的榜樣。項先生對於敦煌文獻,不知疲倦地求真貌、索真意,恰如韓愈《進學解》所描繪者:"爬羅剔抉、刮垢磨光"①;"補苴罅漏,張惶幽眇。尋墜緒之茫茫,獨旁搜而遠紹"②;"焚膏油以繼晷,恒兀兀以窮年。先生之業,可謂勤矣!"③除了人類因科技的進步,其"繼晷"無須再"焚膏"之外,其餘則並無二致了。

　　項先生的學術追求,已經與敦煌學緊密地聯繫在一起,敦煌學已然成爲項先生的生命構成,而項先生的敦煌學研究早已形成了自己鮮明的個性特色。所以,項先生的敦煌學研究很值得系統總結、深入研究。比如,項先生的治學理念、學術成就、治學方法等,都值得全面總結,尤其是學術界對項先生不少研究成果的質疑、商兑,就很需要做全面的清理,選擇和肯定那些在質疑、商兑中呈現出的一些真知灼見,剔除那些自以爲是而想當然者的諸多謬誤,這或許可以看作是在學術殿堂中對項學批評的"爬羅剔抉、刮垢磨光",通過這項工作,可以使項學更加大放光彩。

　　筆者認爲,我們應該研究項學:就項學的形成、項學的成就、項學的特色、項學的評議、項學的傳承與未來發展等,展開系統總結與探討,這對項學的承傳有益,對敦煌學的發展有益。從某種意義上説,研究項學,其實也是研究敦煌學的組成部分;總結和研究項學,繼承和發揚項學,也是爲了更好地繼承敦煌學、發展敦煌學,是爲了鞏固和拓展以及更好地發揮項先生敦煌學成就的津梁作用,使從事敦煌學研究的後來者,能夠通過這一寬闊穩固的橋梁,順利地到達自己學術理想的彼岸。

---

①劉真倫、岳珍校注:《韓愈文集匯校淺注》第 2 冊,北京:中華書局,2010 年,第 146 頁。
②劉真倫、岳珍校注:《韓愈文集匯校淺注》第 2 冊,第 147 頁。
③劉真倫、岳珍校注:《韓愈文集匯校淺注》第 2 冊,第 147 頁。

論項楚先生的教育方法及其教育思想

王國巍

(西華大學文學與新聞傳播學院)

  2019年7月6日,四川大學中國俗文化研究所國際學術研討會如期舉行,海内外敦煌學、中國俗文學、語言學、古代文學等一百多位專家學者齊聚成都,就相關學科研究展開討論與交流。

  項楚先生是四川大學文科傑出教授,1940年7月出生於浙江永嘉縣,當代著名的敦煌學家、文獻學家、語言學家和文學史家,國家級重點學科"中國古典文獻學"學科帶頭人。現爲國務院學位委員會學科評議組成員,國家古籍整理出版規劃領導小組成員,中國敦煌吐魯番學會副會長,中國古代文學、古典文獻學、漢語言文字學博士生導師,中國教育部人文社會科學重點研究基地四川大學中國俗文化研究所所長。項先生的研究領域以敦煌學爲核心,涉及語言學、文學、文獻學和佛學等相關領域,其中對於敦煌俗文學的研究居於世界領先地位,已有《敦煌文學叢考》《敦煌變文選注》《王梵志詩校注》《敦煌詩歌導論》《〈敦煌歌辭總編〉匡補》《著名中年語言學家選集·項楚卷》《柱馬屋存稿》等學術專著問世,其中《敦煌變文字義析疑》等系列論文獲中國社科院青年語言學家一等獎,《敦煌文學叢考》獲全國高等學校首届人文社會科學研究優秀成果一等獎,《王梵志詩校注》獲全國高等學校第二届人文社會科學研究優秀成果一等獎,《寒山詩注》獲四川省哲學社會科學優秀成果一等獎。2017年項楚先生被授予"四川省社會科學傑出貢獻專家"榮譽稱號。2019年,中華書局重點推出《項楚學術文集》(共八種十一册),這是項楚先生在中國語言學、文獻學、文學史和敦煌學、佛學等主要方面學術成果的集中呈現,也是項先生學術思想的精華和俗文化研究的集大成之作,具有很高的學術和文化價值,該套文集的出版,澤被學林,爲同行及後人學習引用相關成果提供了極大的方便①。

---

  ①項楚:《項楚學術文集》,北京:中華書局,2019年。

项先生深厚的國學根柢，熟讀佛藏和四部典籍，精於校勘考據，擅長融會貫通，在研究中熔語言、文學、宗教於一爐，形成了卓爾不凡的研究特色，浙江大學張涌泉教授寫有《入乎其内，出乎其外——項楚師的敦煌學研究》一文①、四川省社科院王永波教授在《項楚先生與敦煌俗文學研究》中皆有具體論述②，當代學者張子開對項楚先生的研究也有過近似的論述，即：曾經記録着中國學術界坎坷歷程的"傷心史"和奮鬥史的敦煌學，自20世紀80年代以來在海峽兩岸三地突飛猛進，中國早已一躍而爲世界敦煌學重鎮；中國敦煌學研究在國際學術界的地位發生質變的過程中，以項楚教授等爲主的中青年學者委實功不可没。正如吕叔湘等所指出的，項氏的研究具有鮮明的特點：不僅精於校勘攷據，更擅長融會貫通，其以敦煌學爲基點而進行的中國古代典籍整理、中古俗語言文學研究、佛教文獻語言故實研究和其他方面的探索，處處體現出了博覽四部故書、諳熟典籍、具備深厚國學根柢的獨特學術風格③。如果從新中國學術史的角度來看，這種評價無疑是比較正確的，但就其項楚先生從教五十多年的歷程來看，目前對項楚先生教育思想與教育方法的研究似乎要顯得比較薄弱，筆者結合當年在四川大學讀書時，有幸聆聽到項先生課堂授課的經歷，結合所知項先生的教育實例，在此對項楚先生的教育思想做一個初步的整理與研究。

一、師承龐石帚，古典文學根基扎實，對教育事業始終滿懷熱情

大家知道，四川著名文史學家龐俊教授（1895—1964），重慶綦江縣人，字石帚，室名養晴室。早年肄業商業學堂，以貧輟學。後爲塾師，勤奮自學。1924年後，歷任成都高等師範學院教授、成都師範大學教授、華西大學教授兼中文系主任、光華大學教授兼中文系主任、四川大學教授等職。1950年成都解放後，仍任四川大學教授兼古典文學教研組主任、研究生導師。龐石帚先生把畢生獻給了教育事業，著有《國故論衡疏證》《論吃菜事魔與墨家者流》《養晴室遺集》等，均爲很有價值的著作。龐石帚教導學生有

---

①張涌泉：《入乎其内，出乎其外——項楚師的敦煌學研究》，《社會科學研究》2009年第5期。
②王永波：《項楚先生與敦煌俗文學研究》，《文學評論》2016年第6期。
③張子開《評〈敦煌變文選注（增訂本）〉》，《東方文化（Easern Studies）》，香港大學中文學院、史丹福大學中華語言文化研究中心（Chinese Language and Culture Studies, Stanford University）出版第四十二卷第一、二期合刊，2009年，第247頁。

方,提攜後進,其學生中優秀者衆多。他在四川大學教授過的學生屈守元,畢業後創辦了成華大學中文系,後爲四川師範大學中文系教授兼系主任;他指導的最後一名研究生就是項楚,可以説是師高弟子强、名師出高徒!

項楚先生于 1962 年從南開大學來到了四川大學,當時他立刻就感受到了四川大學既"有一點保守,又十分傳統"的學術氛圍,師從龐石帚先生開始點《文選》李善注。在"文化大革命"期間當過中學教師、在大涼山軍墾農場勞動了兩年,後來回到四川大學工作至今,他主要還是作爲一名教師而幾十年如一日地教書育人,從本科教學到研究生的培養,都傾注了項先生的全部心血。正如項先生所言,他"用傳統的方法、現代的觀點和跨學科的思維來研究中國的文化",傳承和延續了近代以來如蒙文通、徐中舒、繆鉞、龐石帚、楊明照等近代蜀學的最後一批大師所建立的四川大學人文科學的學術傳統。

在今年滿八十高齡的時候,仍然堅持爲祖國培養博士生,這種對教育滿懷熱情的赤忱,就是我國大學教師的高尚師德的具體表現。

二、以教促研,以研帶教,項先生的教學和他的研究成就互相促進,相得益彰

記得項先生曾經在一篇文章中説過,王梵志詩中有這麼幾句:"積聚萬金花,望得千年有。不知冥道中,車子來相受。"有的文章認爲"車子"錯了,應該改作"妻子"等,卻不知道"車子"原是人名。干寶《搜神記》卷一〇記載了這樣一個故事:有個叫周寜嘖的人,命定貧窮。有一天夢見天公可憐他,把命中注定屬於尚未出生的張車子的錢千萬,暫時借給他,從此果然逐漸成了富人。周家有個貧窮女雇工張嫗,在車房生了個私生子,取名車子。後來周家就逐漸窮了,而車子長大後卻成了富人,命中屬於張車子的財富終於還給了他。《文選》卷一五張衡《思玄賦》云:"或輦賄而違車兮,孕行産而爲對。"舊注也引張車子故事來解釋這兩句,李善注説見《鬼神志》及《搜神記》。《抱朴子内篇·辯問》也説:"爲人生本有定命,張車子之説是也。"可見張車子故事自東漢以來,流傳十分廣泛,梵志詩正是用了這個典故,説明貧富循環,皆由天定。研究者流覽偶有未備,就造成了錯改原文的結果①。這個例子,筆者也曾聽四川大學 2004 級的博士生們講起過,項先生在給他的學生上課時,多是先讓學生自己分段講解,然後同學們一起討論,

---

①項楚:《敦煌文學研究漫談》,《文史知識》1987 年第 12 期,第 15 頁。

最後項先生點評、糾錯與解惑。教學過程中貫穿其中的學術亮點,尤其是敦煌文獻方面的俗字、典故、文字校勘和語詞詮釋等,對聽課的學生具有極大的啟發性。真正體現了作爲一名大學教授所具有的學術思想和教育理念。

筆者于2004年9月到2005年7月,旁聽項楚老師給四川大學古典文獻、古代文學專業不同方向的博士研究生授課,其中,項楚先生講授的敦煌卷子《父母恩重難報經》等,當時選課的學生中就有李建軍、馬强才、陳冬根等,至今常想起十多年前的上課情景。當時,項先生在課堂上曾這樣給大家講到:"今天閱讀敦煌變文、王梵志詩和其他敦煌俗文學作品,存在着三個主要障礙。一是由於抄寫卷子的人文化水準低,原卷文字錯訛脱漏嚴重,其間還有許多當時民間流行的俗字,也增加了辨識的困難。二是其中使用了大量唐五代的口語詞彙,這在當時雖是一聽就懂,今天的讀者卻感到難以索解。三是由於時代的變遷,它們反映的歷史背景和思想觀念,和我們有較大差距,例如其中有大量描寫佛教題材或表現佛教思想的作品,今天的一般讀者就很難讀懂了。"隨後,項楚先生就結合他的研究心得,給大家進一步舉例講到街坊大人責罵孩子,總是稱爲"冤家""短命鬼"等,他在研讀元雜劇《崔府君斷冤家債主》的時候,並不覺得有什麽特別之處。至到研究王梵志詩:"怨家殺人賊,即是短命子。……債主暫過來,征我夫妻淚",纔具體探究此種觀念的來源,原來答案就在佛經之中。《五苦章句經》把"父子夫婦"等各種關係歸結爲"怨家""債主"等五種因緣,《衆經撰雜譬喻》中就記載了短命子向生母討還前世冤債的故事,影響所及,在我國小説中這類故事舉不勝舉。《太平廣記》中《盧叔倫女》所寫的短命子,不但討還前世錢財,兼及父母的眼淚,這就是王梵志詩中的"征我夫妻淚"。項先生的治學經驗在課堂和大家分享,既有深度,也有啟發性,先生的教學方法堪稱精彩絕妙!

後來工作之中,筆者在張子開老師的幫助和指導下,完成了《敦煌及海外文獻中的李白研究》的課題,其實,這最初也是上課時聽到項先生提及敦煌詩歌的觀點,課後隨即重點閱讀了項先生的專著《敦煌詩歌導論》,又多次向張子開教授請教,結合自己的愛好與興趣,初涉敦煌學的一次嘗試罷了。

三、教學方法比較靈活,對學生因材施教,充分尊重學生的個人志趣和愛好

項楚先生在教學中,講解敦煌卷子時,認爲對校法、本校法、他校法、理校法各有其精彩之處,給學生們介紹得比較多的參考資料有王重民先生等編的《敦煌變文集》、蔣

禮鴻先生的《敦煌變文字義通釋》、臺灣潘重規先生的《敦煌變文集新書》等，但是，項楚先生指導的博士生並不是必須都只能研究敦煌學，學生在徵得項先生同意後，博士論文選題基本上是比較開放和自由的，他充分尊重學生們的學術志趣，主要是從方法上給予指導，對學科知識有具體的要求，但不呆板，也不統一規定，所以，很多當代著名學者皆出自門下，各自都在自己喜歡的領域做出了一定的貢獻，例如張涌泉教授，雖是對敦煌學情有獨鍾，但研究領域不囿於寒山子詩歌，周裕楷教授對我國宋代詩歌又有獨到的見解，已是我國古代文學研究的著名領軍人物，劉黎明教授對《焦氏易林》的校注，取得了非常難得的學術成就，可惜，天不假年，劉黎明教授過早離世，實在是令人惋惜。

四川大學中國俗文化研究所所長、教育部"長江學者"張弘教授在2019年7月7日舉辦的中國俗文化國際學術研討會上也曾如是講述："項楚先生雖然是一位具有國際影響力的敦煌學家、佛教文獻學家、語言學家，不但學問做得好，而且待人接物尤其溫柔敦厚，非常寬容，對弟子的教育從不將觀點強加給學生，每個學生的研究都可以依照自己的特點來選題，所以項門弟子的研究方向五花八門……"據張弘教授自己回憶，他在與項先生多年的接觸過程中，同時也是受項先生教育多年，從未被要求"你要如何如何"，項先生的教育，如同禪宗默照禪，是以心印心的。

如果對項楚先生指導的學生進行一個系統的梳理，我們會發現，今天活躍在我國古典文學、古代文學、俗文學等相關領域的諸多優秀人才，項先生的學生皆是其佼佼者，這些人各有學術志趣，又有其共同的敦煌學學術背景。

四、項楚先生的課堂授課、個別指導、學術講座等，共同構成了晚年教育的主要形式，不局限於四川大學校內，而且在全國普及了敦煌學知識，吸引和培養了眾多的學術新人

筆者現所在的西華大學，曾在2012年6月邀請到項楚先生蒞臨圖書館報告廳，給西華學子講座了一場精彩的《我與敦煌學》，時間雖只有兩個小時，但是，座無虛席，很多西華大學的老師也是慕名前來聽講座，通過這種講座形式的開展，讓大多數青年學子感受到了我國敦煌藝術和敦煌文學的魅力，"飛天""供養人""敦煌學"等概念深入人心，講座不僅非常成功，而且讓很多西華學子立志本科畢業後報考了四川大學的研究生。

2019年5月23日14:55，中央電視臺科教頻道（CCTV-10）《人物》欄目播出了對

項楚先生的專訪——《立德樹人·項楚》，項楚先生作爲我國哲學社會科學界"德業雙馨"的代表，他的學術造詣和精神風範，尤其是其"立德樹人"的教育品德，值得我們學習。從某種意義上講，中央電視臺的這個報導，也是對全國廣大教育工作者尤其是高校教師樹立了榜樣，在當下加強"師德"考核的大背景下，項楚先生師德高尚，教育碩果累累，學術成就斐然，中央電視臺對項先生的報導就是對四川大學教育工作者的充分肯定，對四川大學百年來優秀師德師風的高揚。

項楚先生國學根基深厚，熟讀佛經，通覽四部，精於考據，擅長融會貫通，在研究中熔語言、文學、宗教於一爐，形成了獨特的治學風格。他在佛教文學研究中取得了豐碩的實績，並開創了系統而大量地運用佛教文獻進行中古漢語詞彙研究的先河，他對敦煌學的研究折服了自詡"敦煌學在外國"的外國學者，爲祖國贏得了榮譽。

四川大學校長李言榮院士在 2019 年 7 月 6 日的中國俗文化國際學術研討會的開幕式上比較準確地評論到："項楚先生作爲川大俗文化研究和敦煌學研究的一面旗幟，始終關心和推動着學校人文學科尤其是文獻學和俗文化領域的發展，在他五十多年的執教生涯中培養出了近百名研究生，指導過二十多名博士後，包括今天在座的不少知名學者，都已經成長爲這個領域的學術骨幹，可以說是桃李滿天下。"據筆者所知，項楚先生指導的第一位碩士生劉石，今天已是清華大學的著名教授，項先生的學生中已有三名學者是中國教育部的"長江學者"，他們大多數都在各個大學任教，已是我國教育和研究界的中堅力量。在項楚先生的倡議和大力推動下，四川大學在中國俗文化研究所的基礎上，成立了"中華多民族文化凝聚與全球傳播"協同創新中心等研究平臺，始終以教育爲己任、視學術爲生命的項楚先生仍然繼續發揮着重要作用。

當代著名的宋詩研究專家、四川大學中國俗文化研究所教授周裕鍇先生曾於 2019 年 7 月 5 日奉賀項楚師八秩大壽而作七律一首，全詩如下：

曾於絳帳覿門牆，千頃陂中一葦杭。
仰止書堂瞻岱泰，追陪杖屨探敦煌。
拈花顏破靈山會，除瓦心清水月光。
桃李滿庭酬雨露，飛觴共祝壽而康。

該詩生動地寫出了周教授曾授業與項楚先生門下的諸多喜悅與收獲，很好地表達了學界對項先生的真誠祝福。劉亞丁教授在次日《步裕鍇學兄詩原韻，敬賀項楚師八十華誕，不計工拙，略表寸誠》。由於筆者 2004 年 9 月，又曾在四川大學文學與新聞學院授業於周裕鍇先生,2019 年 7 月 7 日,筆者親見劉石教授所書録周教授的該詩之後,讚歎不已,故不昧淺陋,步周裕鍇教授之韻,賀項楚先生八秩壽,以表對項楚先生的敬仰之情,兹録於此,曰:

  徘徊廊廟繞宫牆,天府之國勝蘇杭。
  十年未見體猶健,六月花開樓輝煌。
  聞言宕泉蛟龍起,留影祥宇日月光。
  時賢相聚稱同門,義山昆曲祝永康。

義山者,項楚先生的博士弟子趙義山也,今爲四川師範大學文學院教授,當代的元曲研究著名專家。

  浙江大學著名敦煌學家、教育部"長江學者"張涌泉教授是項楚先生曾指導的博士生,他認爲項楚先生當之無愧是"中國當代俗文學研究第一人",對項楚先生"入乎其内,出乎其外"的治學特徵、實事求是無徵不信的學風、深厚的中國傳統文化素養,文學研究與語言研究相結合的治學特點多有剖析,筆者認爲,張教授如果能够結合他自己的親身授業經歷和課堂所見所聞,就項楚先生的教育思想再做必要的梳理與歸納,也許會給我們更多的啓示。

  今天,我們不僅要學習項楚先生的學術研究經驗,更要學習他的教育思想,學習他高尚的教師品德修養,把研究和教育緊密結合,用科研促進教學,在教學中傳播學術成果和求真務實的精神。